Götting/Schertz/Seitz

Handbuch des Persönlichkeitsrechts

Handbuch des Persönlichkeitsrechts

Herausgegeben

von

Professor Dr. Horst-Peter Götting, Dresden
Rechtsanwalt Dr. Christian Schertz, Berlin
Professor Dr. Walter Seitz, München

Bearbeitet von

Dr. Bernhard von Becker, Rechtsanwalt in München; *Simon Bergmann*, Rechtsanwalt in Berlin; Prof. *Dr. Volker Beuthien*, Marburg; *Julia Bezzenberger* LL.M., Rechtsanwältin in Berlin; *Dr. Michael Bohne*, Münster; *Dr. Oliver Brändel*, Rechtsanwalt in Hamburg; *Dr. Steffen Bunnenberg*, Rechtsanwalt in Berlin; Prof. *Dr. Oliver Castendyk*, Potsdam; *Dr. Martin Diesbach*, Rechtsanwalt in München; *Silke Freund*, Rechtsanwältin in München; Prof. *Dr. Hansjürgen Garstka*, Berlin; *Dr. Holger Gauß*, Rechtsanwalt in München; RiOLGProf. *Dr. Horst-Peter Götting*, Dresden; *Dr. Katrin Herresthal*, München; *Dr. Michael Heuchemer*, Rechtsanwalt in Bendorf; *Dominik Höch*, Rechtsanwalt in Berlin; *Dr. Kirsten von Hutten*, Rechtsanwältin in Hamburg; *Ina Kamps*, M.A., Rechtsanwältin in Köln; Prof. *Dr. Karl-Heinz Ladeur*, Hamburg; *Anne Lauber-Rönsberg*, Dresden; VizePräsBGH Dr. *Gerda Müller*, Karlsruhe; *Dr. Christian Schertz*, Rechtsanwalt in Berlin; *Dr. Anke Schierholz*, Rechtsanwältin in Bonn; *Dr. Christoph Schmelz*, Rechtsanwalt in Wiesbaden; VorsRiOLG a. D. Prof. *Dr. Walter Seitz*, München; RiOLG Dr. *Eva Spangler*; *Dr. Tomasz Targosz*, Krakau; *Lutz Tillmanns*, Bonn; *Dr. Anja Trebes*, Berlin; Prof. *Dr. Thomas Vesting*, Frankfurt/Main; *Dr. Endress Wanckel*, Rechtsanwalt in Hamburg; *Dr. Konstantin Wegner* LL.M., Rechtsanwalt in München; *Dr. Guido Westkamp*, London

Verlag C.H. Beck München 2008

Zitiervorschlag (Beispiel):

Müller in: Götting/Schertz/Seitz, Handbuch des Persönlichkeitsrechts, § 50 Rn. 13

Verlag C. H. Beck im Internet:
www.beck.de

ISBN 978 3 406 57049 0

© 2008 Verlag C. H. Beck oHG
Wilhelmstraße 9, 80801 München
Druck: fgb · freiburger grafische betriebe, Freiburg
Satz: ottomedien, Darmstadt

Gedruckt auf säurefreiem, alterungsbeständigem Papier
(hergestellt aus chlorfrei gebleichtem Zellstoff)

Vorwort

Die Anerkennung des allgemeinen Persönlichkeitsrechts zählt zu den tiefgreifendsten und weitreichendsten Veränderungen, die das deutsche Privatrecht nach dem Zweiten Weltkrieg erfahren hat. Damit wurde eine Forderung von Stimmen der Literatur erfüllt, die, wie insbesondere *v. Gierke* und *Kohler*, schon vor dem Inkrafttreten des Bürgerlichen Gesetzbuchs für einen umfassenden zivilrechtlichen Persönlichkeitsschutz eingetreten waren. Das allgemeine Persönlichkeitsrecht umrahmt die spezialgesetzlich geregelten besonderen Persönlichkeitsrechte wie das Recht am eigenen Bild und das Namensrecht und hat diese weitgehend in sich aufgenommen. Der zivilrechtliche Persönlichkeitsschutz steht in einer Zwillingsbeziehung mit den Grundrechten der Verfassung, auf dessen Schutzauftrag sich der BGH in der grundlegenden „Leserbrief"-Entscheidung berief.

Die treibende Kraft der Entwicklung des Persönlichkeitsschutzes ist die technische Entwicklung. So hat die Fotografie zu Beginn des letzten Jahrhunderts in Deutschland ebenso wie in anderen Ländern zur Anerkennung eines Bildnisschutzes geführt, durch den vor allem dem Bedürfnis nach einem Schutz der Privatsphäre Rechnung getragen wurde. Die heutige digitale Technik hat die visuelle Verfügbarkeit der Persönlichkeit in ein bisher unbekanntes Ausmaß gesteigert und eine neue Dimension der Bedrohung der Privatsphäre mit sich gebracht. Das Bildnis von jedermann kann durch jedermann in Sekundenschnelle hergestellt und über das Internet verbreitet werden.

Vor diesem Hintergrund bedarf das Individuum mehr denn je eines effektiven Schutzes gegen die Übermacht der Medien, denen der Einzelne mangels einer hinreichenden Gegenmacht zumeist wehrlos ausgeliefert ist. Der Persönlichkeitsschutz ist der Spiegel und der Kristallisationspunkt geistesgeschichtlicher Strömungen, die den Menschen als das Maß aller Dinge begreifen. Der Bogen spannt sich von der Antike über die Renaissance bis zur Aufklärung. Auch das christliche Menschenbild verlangt einen Schutz der Würde und der Entfaltungsfreiheit der Persönlichkeit, wie er in Art. 1 und 2 des Grundgesetzes verankert ist. Ungeachtet der gesetzlichen Regelungen spezieller Persönlichkeitsrechte, wie insbesondere des Rechts am eigenen Bilde und des Namensrechts, beruht die Ausgestaltung des Persönlichkeitsschutzes im Wesentlichen auf Richterrecht und ist durch eine reichhaltige und komplexe Kasuistik geprägt.

Ziel des Handbuchs ist es, eine Strukturierung und Systematisierung vorzunehmen und die verschiedensten Aspekte des Persönlichkeitsschutzes eingehend darzustellen. Konzeptionell unterscheidet es sich grundlegend von medien- bzw. presserechtlichen Werken vergleichbarer Art. Zentraler Ausgangspunkt sind die Rechte der Persönlichkeit und nicht die Rechte der Medien. Im Kontrast zur vorherrschenden strukturellen Prädominanz der Medienfreiheit wird nicht danach gefragt, inwieweit diese durch das Persönlichkeitsrecht begrenzt wird, sondern es wird umgekehrt danach gefragt, inwieweit das Persönlichkeitsrecht eine Einschränkung durch die Medienfreiheit erfährt. Damit wird das Verhältnis von Medienfreiheit und Persönlichkeitsrecht aus einem neuen Blickwinkel betrachtet.

Einen wesentlichen Schwerpunkt des Handbuchs bildet die Kommerzialisierung von Persönlichkeitsrechten im Rahmen von Werbung oder Merchandising. Man mag es bedauern, dass die Persönlichkeit in zunehmendem Maße entpersönlicht wird und das Persönlichkeitsrecht einen immaterialgüterrechtlichen Einschlag annimmt. Das Rad der Geschichte lässt sich aber nicht zurückdrehen; deshalb geht es darum, einen angemessenen rechtlichen Rahmen für die Kommerzialisierung von Persönlichkeitsrechten zu schaffen. Gerade in diesem Bereich ist noch vieles im Fluss und aus der fortschreitenden technischen Entwicklung dürften immer neue Herausforderungen erwachsen.

Vorwort

Die modernen Medien haben eine grenzüberschreitende Wirkung. Deshalb wurden auch Aspekte des internationalen Privatrechts und internationalen Zivilprozessrechts in die Darstellung einbezogen. Darüber hinaus wird ein Überblick über die Rechtslage in den wichtigsten europäischen Ländern sowie den USA gegeben.

Es wurde bewusst darauf verzichtet, die Meinungen der Autoren aufeinander abzustimmen und auf eine gemeinsame Linie festzulegen. Das Handbuch bekennt sich vielmehr zur Pluralität und Vielstimmigkeit. Es will zu einer fruchtbaren Diskussion und einem Wettstreit der Ideen anregen. Ebenso wie die Persönlichkeit befindet sich auch das Persönlichkeitsrecht in einem permanenten dynamischen Entwicklungsprozess. Entsprechendes gilt auch für das vorliegende Handbuch. Der Anfang ist gemacht.

Unser besonderer Dank gilt Herrn Rüdiger Müller für die hervorragende redaktionelle Betreuung.

Dresden, Berlin, München, im Juli 2008
Horst-Peter Götting
Christian Schertz
Walter Seitz

Inhaltsübersicht

1. Teil. Grundlagen des Persönlichkeitsrechts

1. Kapitel. Allgemeine Fragen

2. Kapitel. Das Persönlichkeitsrecht im Rahmen der Rechtsordnung

2. Teil. Verfassungsrechtlicher Persönlichkeitsschutz

3. Kapitel. Einführung

4. Kapitel. Die verfassungsrechtlichen Dimensionen des Persönlichkeitsrechts

3. Teil. Zivilrechtlicher Persönlichkeitsschutz

5. Kapitel. Einführung

6. Kapitel. Die besonderen Persönlichkeitsrechte

Inhaltsübersicht

6. Teil. Träger des Persönlichkeitsrechts

14. Kapitel. Natürliche Personen

15. Kapitel. Juristische Personen

7. Teil. Das Persönlichkeitsrecht im Rechtsverkehr

16. Kapitel. Persönlichkeitsrechtliche Verfügungen in Verträgen der Unterhaltungsindustrie

17. Kapitel. Merchandising- und Werbeverträge

18. Kapitel. Die Vermarktung der Privatsphäre

8. Teil. Rechtsfolgen der Verletzung des Persönlichkeitsrechts

19. Kapitel. Zivilrechtliche Rechtsfolgen und ihre Durchsetzung

20. Kapitel. Verfahrensrechtliche Fragen

9. Teil. Grenzüberschreitende Persönlichkeitsrechtsverletzungen, Europäisches Recht, Völkerrecht

21. Kapitel. Grenzüberschreitende Persönlichkeitsrechtsverletzungen

22. Kapitel. Völker- und europarechtliche Grundlagen

10. Teil. Persönlichkeitsschutz in ausländischen Rechtsordnungen

23. Kapitel. Europäische Länder

24. Kapitel. USA

Inhaltsverzeichnis

1. Teil. Grundlagen des Persönlichkeitsrechts

1. Kapitel. Allgemeine Fragen

§ 1. Inhalt, Zweck und Rechtsnatur des Persönlichkeitsrechts

§ 2. Geschichte des Persönlichkeitsrechts

Inhaltsverzeichnis

Inhaltsverzeichnis

2. Teil. Verfassungsrechtlicher Persönlichkeitsschutz

3. Kapitel. Einführung

§ 6. Verfassungsgeschichtliche und verfassungsdogmatische Grundlagen

4. Kapitel. Die verfassungsrechtlichen Dimensionen des Persönlichkeitsrechts

§ 7. Das allgemeine Persönlichkeitsrecht als Grundrecht

§ 8. Schutz der Persönlichkeit gegen den Staat

Inhaltsverzeichnis

§ 9. Schutzpflicht gegenüber privaten Gefährdungen

3. Teil. Zivilrechtlicher Persönlichkeitsschutz

5. Kapitel. Einführung

§ 10. Ideeller und kommerzieller Persönlichkeitsschutz

§ 11. Die Unterscheidung zwischen allgemeinem Persönlichkeitsrecht und besonderen Persönlichkeitsrechten

6. Kapitel. Die besonderen Persönlichkeitsrechte

§ 12. Das Recht am eigenen Bild

§ 13. Das Namensrecht

§ 14. Das Markenrecht

Inhaltsverzeichnis

§ 15. Das Urheberpersönlichkeitsrecht

7. Kapitel. Das Recht an sonstigen Persönlichkeitsmerkmalen

§ 16. Das Recht an der eigenen Stimme

§ 17. Das Recht am Persönlichkeitsbild (Lebensbild)

§ 18. Das Recht an Slogans, Gestiken, der Mimik und dem Image

8. Kapitel. Die Fallgruppen des allgemeinen Persönlichkeitsrechts

§ 19. Der Schutz vor Indiskretion

§ 20. Der Wahrheitsschutz

§ 21. Ehrenschutz, Schutz vor Schmähkritik

§ 22. Das Selbstbestimmungsrecht und das Recht auf informationelle Selbstbestimmung

4. Teil. Strafrechtlicher Persönlichkeitsschutz

9. Kapitel. Einführung

§ 23. Übersicht und Prozessuales

Inhaltsverzeichnis

5. Teil. Grenzen des Persönlichkeitsrechts

12. Kapitel. Kommunikationsfreiheit

§ 31. Wahrnehmung berechtigter Interessen

§ 32. Meinungs- und Pressefreiheit

§ 33. Kunstfreiheit

13. Kapitel. Sonstige Einschränkungen

§ 34. Funktionsfähigkeit der Rechtspflege

§ 35. Indemnität

6. Teil. Träger des Persönlichkeitsrechts

14. Kapitel. Natürliche Personen

§ 36. Lebende Personen

§ 37. Das Persönlichkeitsrecht des Verstorbenen

§ 38. Personenmehrheiten

Inhaltsverzeichnis

15. Kapitel. Juristische Personen

§ 39. Das Persönlichkeitsrecht juristischer Personen des Privatrechts

§ 40. Das Persönlichkeitsrecht juristischer Personen des Öffentlichen Rechts

7. Teil. Das Persönlichkeitsrecht im Rechtsverkehr

16. Kapitel. Persönlichkeitsrechtliche Verfügungen in Verträgen der Unterhaltungsindustrie

§ 41. Verträge mit Schauspielern, Moderatoren und Musikern

§ 44. Werbeverträge

18. Kapitel. Die Vermarktung der Privatsphäre

§ 45. Die Privatsphäre als Vermögensrecht

§ 46. Verträge über die Privatsphäre

8. Teil. Rechtsfolgen der Verletzung des Persönlichkeitsrechts

19. Kapitel. Zivilrechtliche Rechtsfolgen und ihre Durchsetzung

§ 47. Der Unterlassungsanspruch

Inhaltsverzeichnis

Inhaltsverzeichnis

§ 50. Der Anspruch auf materiellen Schadensersatz

§ 51. Der Anspruch auf Geldentschädigung

§ 52. Der Anspruch auf Herausgabe des Erlangten

Inhaltsverzeichnis

20. Kapitel. Verfahrensrechtliche Fragen

§ 55. Einstweiliger Rechtsschutz

Inhaltsverzeichnis

§ 56. Hauptsacheverfahren

§ 57. Vollstreckungsrechtliche Fragen

9. Teil. Grenzüberschreitende Persönlichkeitsrechtsverletzungen, Europäisches Recht, Völkerrecht

21. Kapitel. Grenzüberschreitende Persönlichkeitsrechtsverletzungen

§ 58. Anwendbares materielles Recht

§ 59. Internationale gerichtliche Zuständigkeit

Inhaltsverzeichnis

§ 60. Persönlichkeitsrechtsverletzungen im Internet

22. Kapitel. Völker- und europarechtliche Grundlagen

§ 61. Völkerrecht

§ 62. Recht der Europäischen Union

10. Teil. Persönlichkeitsschutz in ausländischen Rechtsordnungen

23. Kapitel. Europäische Länder

§ 63. Frankreich

§ 64. Persönlichkeitsschutz in Großbritannien (England und Wales)

§ 65. Österreich

§ 66. Polen

Inhaltsverzeichnis

Inhaltsverzeichnis

24. Kapitel. USA

§ 69. Vereinigte Staaten von Amerika (USA)

Inhaltsverzeichnis

Bearbeiterverzeichnis

Es haben bearbeitet:

Abkürzungs- und Literaturverzeichnis

Ausführliche Literaturangaben können den Schrifttumsverzeichnissen zu Beginn der einzelnen Paragrafen entnommen werden.

a. A.	andere(r) Ansicht
a. a. O.	am angegebenen Ort
a. E.	am Ende
a. F.	alte Fassung
a. M.	andere(r) Meinung
ABGB	Allgemeines Bürgerliches Gesetzbuch (Österreich)
abgedr.	abgedruckt
abl.	ablehnend
ABl.	Amtsblatt
Abs.	Absatz
AC	Actualidad Civil
AcP	Archiv für die civilistische Praxis
ADC	Anuario de Derecho civil
ADH	Anuario de Derechos humanos
AdminLR	Adminstrative Law Review
AfP	Archiv für Presserecht
AG	Aktiengesellschaft
AGB	Allgemeine Geschäftsbedingungen
AGG	Allgemeines Gleichbehandlungsgesetz
AJP	Zeitschrift für die aktuelle juristische Praxis (Schweiz)
AK-GG	Kommentar zum Grundgesetz für die Bundesrepublik Deutschland (Alternativkommentar)
AktG	Aktiengesetz
AktO	Aktenordnung
AllER	All England Law Reports
allg.	allgemein
ALR	Allgemeines Landrecht für die preußischen Staaten
Alt.	Alternative
Am. J. Comp. L.	American Journal of Comparative Law
Anh.	Anhang
Anm.	Anmerkung
AnwBl	Anwaltsblatt
AO	Abgabenordnung
AöR	Archiv des öffentlichen Rechts
APR	allgemeines Persönlichkeitsrecht
ArbG	Arbeitsgericht
ArbGG	Arbeitsgerichtsgesetz
ArchBürgR	Archiv für Bürgerliches Recht
ArchPR	Archiv Presserechtlicher Entscheidungen
ARD	Arbeitsgemeinschaft der öffentlich-rechtlichen Rundfunkanstalten der Bundesrepublik Deutschland
Art.	Artikel
ARV	Zeitschrift für Arbeitsrecht und Arbeitslosenversicherung (Schweiz)
ASOG	Allgemeine Sicherheits- und Ordnungsgesetz des Landes Berlin
ASTAG	Schweizerischer Nutzfahrzeugverband
AsylVfG	Gesetz über das Asylverfahren
AT	Allgemeiner Teil
AuA	Arbeit und Arbeitsrecht

Abkürzungs- und Literaturverzeichnis

BVerfGG . . . . Bundesverfassungsgerichtsgesetz
BVerfGK . . . . Sammlung der Kammerbeschlüsse des BVerfG
BVerfSchG . . . . Bundesverfassungsschutzgesetz
BVerwG . . . . Bundesverwaltungsgericht
bzw. . . . . beziehungsweise
C. civ. . . . . Code civil
CA . . . . Cour d'appel
CA . . . . Court of Appeals for England and Wales
ca. . . . . circa
Cal. . . . . California
Cal. Ct. App. . . . . California Court of Appeal
Cal. L. Rev. . . . . California Law Review
Cass. civ. . . . . Cour de cassation, chambre civile
Cass. crim. . . . . Cour de cassation, chambre criminelle
CC . . . . Código Civil
CDPA . . . . Copyright, Designs and Patents Act 1988
Ch. . . . . Chancery Division
Chi. . . . . Chicago
Chr. . . . . Chronique
CIL . . . . Contemporary Issues in Law
Cir. . . . . Circuit Court of Appeals
CLJ . . . . Cambridge Law Journal
CLR . . . . Commonwealth Law Reports (Australien)
CMLR . . . . Common Market Law Reports
Cmnd. . . . . Command Paper
Comm. . . . . Communication
Comm. L. . . . . Communications Law
CPI . . . . Code de la propriété intellectuelle
CR . . . . Computer und Recht
CTM . . . . Community Trade Mark
D. . . . . Recueil Dalloz-Sirey
D. Chron. . . . . Recueil Dalloz, Teil Chroniques
d. h. . . . . das heißt
D. Minn. . . . . District of Minnesota
D.C. . . . . District Court
D.P. . . . . Recueil Dalloz Périodique
dagg. . . . . dagegen
Damm/Rehbock . . . . . . Widerruf, Unterlassung und Schadensersatz in den Medien, 3. Aufl. 2008
DAR . . . . Deutsches Autorecht
DB . . . . Der Betrieb
DDR . . . . Deutsche Demokratische Republik
DENIC . . . . Deutsches Network Information Center (zentrale Registrierungsstelle für Domais unterhalb der Top-Level-Domain .de)
ders. . . . . derselbe
DFB . . . . Deutscher Fußball-Bund
DFL . . . . Deutsche Fußball Liga
DGHS . . . . Deutsche Gesellschaft für Humanes Sterben
dies. . . . . dieselbe(n)
DIN . . . . Deutsches Institut für Normung
Diss. . . . . Dissertation
DJT . . . . Deutscher Juristentag
dju . . . . Deutsche Journalistinnen- und Journalisten-Union
DJV . . . . Deutscher Journalisten-Verband
DNA-IFG . . . . DNA-Identitätsfeststellungsgesetz
DÖV . . . . Die Öffentliche Verwaltung
dpa . . . . Deutsche Presse-Agentur
DPMA . . . . Deutsches Patent- und Markenamt

Abkürzungs- und Literaturverzeichnis

FIFA . . . . Fédération Internationale de Football Association
FJ . . . . Fundamento Jurídico
Fn. . . . . Fußnote
FPR . . . . Familie, Partnerschaft, Recht
FS . . . . Festschrift
FSK . . . . Freiwillige Selbstkontrolle der Filmwirtschaft
FSR . . . . Fleet Street Reports
FuR . . . . Film und Recht
G. . . . . Gesetz
GA . . . . Goltdammer's Archiv für Strafrecht
Gaz. Pal. . . . . Gazette du Palais
GbR . . . . Gesellschaft bürgerlichen Rechts
gem. . . . . gemäß
GEMA . . . . Gesellschaft für musikalische Aufführungs- und mechanische Vervielfäl-
               tigungsrechte
GenG . . . . Genossenschaftsgesetz
GeschmMG . . . . Geschmacksmustergesetz
GewO . . . . Gewerbeordnung
GewSchG . . . . Gewaltschutzgesetz
GG . . . . Grundgesetz für die Bundesrepublik Deutschland
ggf. . . . . gegebenenfalls
GGO . . . . Gemeinsame Geschäftsordnung der Bundesministerien
GKG . . . . Gerichtskostengesetz
GmbH . . . . Gesellschaft mit beschränkter Haftung
GmbHG . . . . GmbH-Gesetz
GO . . . . Geschäftsordnung
Götting . . . . Das Recht am eigenen Bild (Anhang zu § 60), in: Schricker (Hrsg.),
               Urheberrecht – Kommentar, 3. Aufl. 2006
ders. . . . . Persönlichkeitsrechte als Vermögensrechte, 1995
GRUR . . . . Gewerblicher Rechtsschutz und Urheberrecht
GRUR Int. . . . . Gewerblicher Rechtsschutz und Urheberrecht, Internationaler Teil
GRUR-RR . . . . Gewerblicher Rechtsschutz und Urheberrecht, Rechtsprechungs-
               Report
GS . . . . Großer Senat
GSZ . . . . Großer Senat in Zivilsachen
GVBl. . . . . Gesetz- und Verordnungsblatt
GVG . . . . Gerichtsverfassungsgesetz
GWB . . . . Gesetz gegen Wettbewerbsbeschränkungen
H. & N. . . . . Hurlstone and Norma's Exchequer Reports
h. L. . . . . herrschende Lehre
h. M. . . . . herrschende Meinung
HABM . . . . Harmonisierungsamt für den Binnenmarkt (Marken, Muster und
               Modelle)
HABM-BK . . . . Beschwerdekammer des HABM
Hager . . . . Das Persönlichkeitsrecht (§ 823 C.), in: Staudinger, Kommentar zum
               Bürgerlichen Gesetzbuch, §§ 823–825, 13. Bearbeitung 1999
HambPresseG . . . . . . Hamburgisches Pressegesetz
Harv. L. Rev. . . . . Harvard Law Review
Hbd. . . . . Halbband
HbgPolDVG . . . . Gesetz über die Datenverarbeitung der Polizei (Hamburg)
HdbStR . . . . Handbuch des Staatsrechts der Bundesrepublik Deutschland
Helle . . . . Besondere Persönlichkeitsrechte im Privatrecht, 1991
HessVGH . . . . Hessischer Verwaltungsgerichtshof
HGB . . . . Handelsgesetzbuch
HL . . . . House of Lords
HPresseG . . . . Hessisches Pressegesetz
HRR . . . . Höchstrichterliche Rechtsprechung
HRRS . . . . Onlinezeitschrift für Höchstrichterliche Rechtsprechung zum Strafrecht

Abkürzungs- und Literaturverzeichnis

KV-GKG . . . . Kostenverzeichnis des GKG
KWG . . . . Gesetz über das Kreditwesen
L. & Contemp. Prob. . . . Law and Contemporary Problems
L. J. . . . . Law Journal
L. Rev. . . . . Law Review
LAG . . . . Landesarbeitsgericht
Lfg. . . . . Lieferung
LG . . . . Landgericht
LGVÜ . . . . Übereinkommen über die gerichtliche Zuständigkeit und die Vollstre-
 ckung gerichtlicher Entscheidungen in Zivil- und Handelssachen,
 geschlossen in Lugano am 16.9.1988
lit. . . . . litera
LK . . . . Leipziger Kommentar zum Strafgesetzbuch
LM . . . . Lindenmaier-Möhring, Nachschlagewerk des Bundesgerichtshofs
LMGRP . . . . Landesmediengesetz (Rheinland-Pfalz)
Löffler . . . . Presserecht – Kommentar zu den deutschen Landespressegesetzen,
 5. Aufl. 2006
Löffler/Ricker . . . . Handbuch des Presserechts, 5. Aufl. 2005
LP . . . . Legipresse
LPartG . . . . Lebenspartnerschaftsgesetz
LPI . . . . Ley de Propiedad Intelectual
LQR . . . . Law Quarterly Review
LS . . . . Legal Studies
L.S. . . . . Leitsatz
LTR . . . . Law Times Reports
LVerfG . . . . Landesverfassungsgericht
LVwG SH. . . . . Landesverwaltungsgesetz (Schleswig-Holstein)
m. . . . . mit
m. a. W. . . . . mit anderen Worten
m. w. N. . . . . mit weiteren Nachweisen
Mac. & G. . . . . Macnaghtens and Gordon's Chancery Reports
Magold . . . . Personenmerchandising, 1994
MarkenG . . . . Markengesetz
MDR . . . . Mitteldeutscher Rundfunk; Monatsschrift für Deutsches Recht
MDStV . . . . Mediendienste-Staatsvertrag
Media L. Rep. . . . . . . Media Law Reporter
MedienG . . . . Mediengesetz (Österreich)
MedienG Nov 2005 . . . Mediengesetz in der Fassung November 2005 (Österreich)
MedR . . . . Medizinrecht
MIR . . . . MEDIEN INTERNET und RECHT
MLR . . . . Modern Law Review
MMR . . . . MultiMedia und Recht
MR . . . . Medien und Recht (Österreich)
MünchKommBGB . . . . Münchener Kommentar zum BGB
MünchKommStGB . . . . Münchener Kommentar zum StGB
MünchKommZPO . . . . Münchener Kommentar zur ZPO
MV . . . . Mecklenburg-Vorpommern
n. F. . . . . neue Fassung
N.E. . . . . North Eastern Reporter
N.Y. . . . . New York
N.Y.S. . . . . West's New York Supplement (Court of Appeals)
Nachw. . . . . Nachweis(e)
NDR . . . . Norddeutscher Rundfunk
Nds. . . . . Niedersachsen
NdsPresseG . . . . Niedersächsisches Pressegesetz
NGG . . . . Niedersächsische Gleichberechtigungsgesetz
NJOZ . . . . Neue Juristische Online-Zeitschrift
NJW . . . . Neue Juristische Wochenschrift

Abkürzungs- und Literaturverzeichnis

NJWE-WettbR . . . . . . NJW-Entscheidungsdienst Wettbewerbsrecht
NJW-RR . . . . NJW-Rechtsprechungs-Report Zivilrecht
NK . . . . Neue Kriminalpolitik
NMZ . . . . neue musikzeitung
Nr. . . . . Nummer
NStZ . . . . Neue Zeitschrift für Strafrecht
NStZ-RR . . . . NStZ-Rechtsprechungs-Report Strafrecht
NVwZ . . . . Neue Zeitschrift für Verwaltungsrecht
NW . . . . Nordrhein-Westfalen
Nw. U. L. Rev. . . . . . . Northwestern University Law Review
NWB . . . . Neue WirtschaftsBriefe
NZA . . . . Neue Zeitschrift für Arbeits- und Sozialrecht
NZZ . . . . Neue Zürcher Zeitung
o. . . . . oben; oder
o. Ä. . . . . oder Ähnliche(s)
o. w. . . . . ohne weiteres
ÖBl . . . . Österreichische Blätter für gewerblichen Rechtsschutz und Urheberrecht
OG . . . . Obligationengesetz (Schweiz)
OGH . . . . Oberster Gerichtshof (Österreich)
oHG . . . . offene Handelsgesellschaft
OLG . . . . Oberlandesgericht
OLG-NL . . . . OLG-Rechtsprechung Neue Länder
OLGR . . . . OLG-Report
OLGZ . . . . Entscheidungen der Oberlandesgericht in Zivilsachen
OR . . . . Obligationenrecht (Schweiz)
OSA . . . . Orzecznictwo Sadów Apelacyjnych (Rechtsprechung der Berufungsge-
richte)
OSN . . . . Orzecznictwo Sadu Najwyzszego (Rechtsprechung der Obersten
Gerichts)
OSNCP . . . . Orzecznictwo Sadu Najwyzszego – Izba Cywilna i Administracyjna
oraz Izba Pracy i Ubezpieczen Spolecznych (Rechtsprechung des Obers-
ten Gerichts – Zivil- und Verwaltungskammer, Arbeits- und Sozialver-
sicherungskammer)
OSP . . . . Orzecznictwo Sadów Polskich (Rechtsprechung der polnischen Gerichte)
OSPiKA . . . . Orzecznictwo Sadów Polskich i Komisji Arbitrazowych (Rechtspre-
chung der polnischen Gerichte und Schiedsverfahrenskommissionen)
OWiG . . . . Gesetz über Ordnungswidrigkeiten
Ox. J. Legal Studies . . . . Oxford Journal of Legal Studies
PatG . . . . Patentgesetz
PatV . . . . Patentverordnung
Petersen . . . . Medienrecht, 3. Aufl. 2006
PiP . . . . Panstwo i Prawo (Staat und Recht)
PL . . . . Public Law
PolG NRW . . . . Polizeigesetz des Landes Nordrhein-Westfalen
PPH . . . . Przeglad Prawa Handlowego (Rundschau des Handelsrechts)
Prinz/Peters . . . . Medienrecht, 1999
ProdHaftG . . . . Produkthaftungsgesetz
PrPG . . . . Gesetz zur Stärkung des Schutzes des geistigen Eigentums und zur
Bekämpfung der Produktpiraterie v. 7.3.1990
PS . . . . Przeglad Sadowy (Gerichtliche Rundschau)
PVÜ . . . . Pariser Verbandsübereinkunft zum Schutz des gewerblichen Eigentums
v. 20.3.1883
QB . . . . Queens Bench Division
R. . . . . Regina; Rex
RabelsZ . . . . Zeitschrift für ausländisches und internationales Privatrecht
RAF . . . . Rote Armee Fraktion
RAG . . . . Reichsarbeitsgericht
RBerG . . . . Rechtsberatungsgesetz

RBÜ . . . . Revidierte Berner Übereinkunft zum Schutz von Werken der Literatur und Kunst v. 9.9.1886
RDM . . . . Revista de Derecho Mercantil
RdW . . . . Recht der Wirtschaft (Österreich)
Red. . . . . Redaktion
réf. . . . . référé
RegE . . . . Regierungsentwurf
RFID . . . . Radio Frequency Identification
RG . . . . Reichsgericht
RGLJ . . . . Revista General de Legislación y Jurisprudencia
RGSt . . . . Sammlung der Entscheidungen des RG in Strafsachen
RGZ . . . . Sammlung der Entscheidungen des RG in Zivilsachen
RhPf. . . . . Rheinland-Pfalz
RiStBV . . . . Richtlinien für das Strafverfahren und das Bußgeldverfahren
RIW . . . . Recht der internationalen Wirtschaft
Rixecker . . . . Das Allgemeine Persönlichkeitsrecht (Anhang zu § 12), in: Münchener Kommentar zum Bürgerlichen Gesetzbuch, Band 1/Teilband 1, 5. Aufl. 2006
RJ . . . . Repertorio de Jurisprudencia
Rn. . . . . Randnummer
RPEiS . . . . Ruch Prawniczy Ekonomiczny i Socjologicnzy (Juristische Ökonomische und Soziologische Bewegung)
RPflG . . . . Rechtspflegergesetz
Rs. . . . . Rechtssache
Rspr. . . . . Rechtsprechung
RStV . . . . Rundfunkstaatsvertrag (Staatsvertrag für Rundfunk und Telemedien)
RTDC . . . . Revue trimestrielle de droit civil
RVG . . . . Rechtsanwaltsvergütungsgesetz
RZ . . . . Österreichische Richterzeitung
S. . . . . Satz; Seite
s. . . . . siehe
S. D. . . . . Southern District
S. E. . . . . South Eastern Reporter (Supreme Court Georgia)
s. o. . . . . siehe oben
s. u. . . . . siehe unten
SA . . . . Sad Apelacyjny (Berufungsgericht)
SaarlMedienG . . . . . . Saarländisches Mediengesetz
SächsPolG . . . . Polizeigesetz des Freistaates Sachsen
SächsPresseG . . . . Sächsisches Gesetz über die Presse
SC . . . . Studia cywilistyczne (Zivilrechtliche Studien)
Schertz . . . . Das Recht am eigenen Bild (§ 18), in: Loewenheim (Hrsg.), Handbuch des Urheberrechts, 2003
ders. . . . . Merchandising, 1997
SchweizBG . . . . Schweizer Bundesgericht
Sec. . . . . Section
Seitz/Schmidt/Schoener . . . Der Gegendarstellungsanspruch – Presse, Film, Funk und Fernsehen, 3. Aufl. 1998
Sem.Jud (SJ) . . . . La Semaine Judiciaire (Schweiz)
SG . . . . Sozialgericht
SGB . . . . Sozialgesetzbuch
SH . . . . Schleswig-Holstein
Sic! . . . . Zeitschrift für Immaterialgüter-, Informations- und Wettbewerbsrecht (Schweiz)
SJZ . . . . Schweizerische Juristenzeitung
SK . . . . Systematischer Kommentar
Slg. . . . . Sammlung
SMI . . . . Schweizerische Mitteilung über Immaterialgüterrecht
SN . . . . Sad Najwyzszy (Oberstes Gericht)

Abkürzungs- und Literaturverzeichnis

Abkürzungs- und Literaturverzeichnis

ZS . . . . Zivilsenat

ZSR . . . . Zeitschrift für schweizerisches Recht (Schweiz)

ZStW . . . . Zeitschrift für die gesamte Strafrechtswissenschaft

ZUM . . . . Zeitschrift für Urheber- und Medienrecht

ZUM-RD . . . . ZUM Rechtsprechungsdienst

zust. . . . . zustimmend

zutr. . . . . zutreffend

ZVerfGB . . . . Zivilverfahrensgesetzbuch (Polen)

ZVglRWiss . . . . Zeitschrift für Vergleichende Rechtswissenschaft

ZZP . . . . Zeitschrift für Zivilprozeß

ZZPInt . . . . Zeitschrift für Zivilprozeß International

1. Teil. Grundlagen des Persönlichkeitsrechts

1. Kapitel. Allgemeine Fragen

§ 1. Inhalt, Zweck und Rechtsnatur des Persönlichkeitsrechts

Inhaltsübersicht

Schrifttum: *Amelung*, „Die zweite Tagebuchentscheidung des BVerfG", NJW 1990, 1753; *Baston-Vogt*, Der sachliche Schutzbereich des zivilrechtlichen allgemeinen Persönlichkeitsrechts, 1997; *Beater*, Medienrecht, 2007; *v. Becker*, Fiktion und Wirklichkeit im Roman. Der Schlüsselprozess um das Buch „Esra", 2006; *Beuthien*, Was ist vermögenswert, die Persönlichkeit oder ihr Image?, NJW 2003, 1220; *ders.*, Postmortaler Persönlichkeitsschutz auf dem Weg ins Vermögensrecht, ZUM 2003, 261; *Coing*, Europäisches Privatrecht, Bd. 2, 1989; *Dasch*, Die Einwilligung zum Eingriff in das Recht am eigenen Bild, 1990; *Dölemeyer/Klippel*, Der Beitrag der deutschen Rechtswissenschaft zur Theorie des gewerblichen Rechtsschutzes und Urheberrechts, in: FS 100 Jahre GRUR, Bd. 1, 1991, S. 185; *Fikentscher*, Wirtschaftsrecht, Bd. II, 1983; *Fikentscher/Heinemann*, Schuldrecht, 10. Aufl. 2006; *Forkel*, Das allgemeine Persönlichkeitsrecht – Betrachtung einer 50jährigen Entwicklung der Persönlichkeitsrechte im deutschen Privatrecht, in: Forkel/Sosnitza (Hrsg.), Zum Wandel beim Recht der Persönlichkeit und ihrer schöpferischen Leistungen, 2004, S. 29; *ders.*, Die Übertragbarkeit der Firma; in: FS Paulick, 1973, S. 101; *ders.*, Lizenzen an Persönlichkeitsrechten durch gebundene Rechtsübertragungen, GRUR 1988, 491; *v. Gierke*, Deutsches Privatrecht, Bd. I, 1859; *Götting*, Persönlichkeitsrechte als Vermögensrechte, 1995; *ders.*, Die Entwicklung des Markenrechts vom Persönlichkeits- zum Immaterialgüterrecht, in: FS Beier, 1996, S. 233; *ders.*, Sanktionen bei Verletzung des postmortalen Persönlichkeitsrechts, GRUR 2004, 801; *ders.*, Persönlichkeitsschutz und Kunstfreiheit, in: FS Raue, 2006,

S. 427; *Helle*, Privatautonomie und kommerzielles Persönlichkeitsrecht, JZ 2007, 444; *Hubmann*, Das Persönlichkeitsrecht, 2. Aufl. 1967; *ders.*, Die Zwangsvollstreckung in Persönlichkeitsrechte und Immaterialgüterrechte, in: FS Lehmann, Bd. 2, 1956, S. 812; *ders.*, Der zivilrechtliche Schutz der Persönlichkeit gegen Indiskretion, JZ 1957, 521; *Klippel*, Der zivilrechtliche Schutz des Namens, 1985; *Kohler*, Autorrecht, 1880; *ders.*, Die Idee des geistigen Eigentums, AcP 82 (1894), S. 141; *Chr. Krüger*, Persönlichkeitsschutz und Werbung – Zugleich eine Besprechung der beiden BGH-Entscheidungen „White-Christmas" und „Fußballtor", GRUR 1980, 628; *Krüger-Nieland*, Das Problem der Rechtswidrigkeit bei Beeinträchtigungen der Persönlichkeit, Karlsr. Forum 1961, 15; *Ladeur/Gostomzyk* Mephisto reloaded – Zu den Bücherverboten der Jahre 2003/2004 und der Notwendigkeit, die Kunstfreiheit auf eine Risikobetrachtung umzustellen, NJW 2005, 566; *Larenz/Canaris*, Schuldrecht II/2, 13. Aufl. 1994; *Larenz/Wolf*, BGB AT, 9. Aufl. 2004; *Leuze*, Die Entwicklung des Persönlichkeitsrechts im 19. Jahrhundert, 1962; *Mestmäcker*, Eingriffswettbewerb und Rechtsverletzung in der ungerechtfertigten Bereicherung, JZ 1958, 521; *Merkel*, Begriff des Immaterialgüterrechts, Diss. Erlangen-Nürnberg 1961; *Ohly*, Harmonisierung des Persönlichkeitsrechts durch den Europäischen Gerichtshof für Menschenrechte? – Rechtsvergleichende Anmerkungen zum Urteil in der Sache von Hannover/Deutschland, GRUR Int. 2004, 902; *ders.*, „Volenti non fit iniuria" Die Einwilligung im Privatrecht, 2002; *Peukert*, Persönlichkeitsbezogene Immaterialgüterrechte?, ZUM 2000, 710; *Raiser*, Der Stand der Lehre vom subjektiven Recht im Deutschen Zivilrecht, JZ 1961, 465; *Savigny*, System des heutigen Römischen Rechts, Bd. 1, 1814; *Scheyhing*, Zur Geschichte des Persönlichkeitsrechts im 19. Jahrhundert, AcP 158 (1959), 503; *Schlechtriem*, Bereicherung aus fremdem Persönlichkeitsrecht, in: FS Hefermehl, 1976, S. 445; *Schierholz*, Der Schutz der menschlichen Stimme gegen Übernahme und Nachahmung, 1998; *Schönherr*, Zur Begriffsbildung im Immaterialgüterrecht, in: FS Troller, 1976, S. 57; *Schwab*, Einführung in das Zivilrecht, 16. Aufl. 2005; *Seetzen*, Der Verzicht im Immaterialgüterrecht, Diss. Göttingen 1969; *Simon*, Das allgemeine Persönlichkeitsrecht und seine gewerblichen Erscheinungsformen, 1981; *Staudinger*, BGB Kommentar, 2007; *Stürner*, Anmerkung zu EuGHMR Urteil 59320/00 v. 24. 6. 2004, JZ 2004, 1018; *Trebes*, Zivilrechtlicher Schutz der Persönlichkeit von Presseveröffentlichungen in Deutschland, Frankreich und Spanien, 2002; *Ullmann*, Persönlichkeitsrechte in Lizenz?, AfP 1999, 209; *Warren/Brandeis*, The Right to Privacy, 4 Harv. L. Rev. 193 (1890).

A. Inhalt und Zweck

I. Allgemeines

1. Historischer Hintergrund

1   Begriff und Konzeption eines umfassenden Persönlichkeitsrechts haben vor allem bei *v. Gierke* gegen Ende des 19. Jahrhunderts eine erste klare Ausprägung gefunden. Die Befürworter eines umfassenden Persönlichkeitsschutzes konnten ihre Forderung nach einer Verankerung im BGB aber nicht durchsetzen. Der Gesetzgeber hat hiervon bewusst abgesehen.[1] Es galt deshalb lange Zeit der vom Reichsgericht aufgestellte Grundsatz, dass ein „allgemeines subjektives Persönlichkeitsrecht ... dem geltenden Bürgerlichen Rechte fremd" ist.[2] In der heute nur noch wenig beachteten **„Leserbrief"-Entscheidung**[3] vollzog der BGH einen „radikaler kaum denkbaren Paradigmenwechsel"[4] und konstituierte ein „allgemeines Persönlichkeitsrecht", indem er den Schutz gegen unerwünschte Veröffentlichungen aus der Abhängigkeit einer urheberrechtlichen Werkeigenschaft emanzipierte.[5] Die Überwindung der durch einzelne normative Ausprägungen des Persönlichkeitsschutzes gezogenen Grenzen gilt nicht nur gegenüber dem Urheberpersönlichkeitsrecht, sondern darüber hinaus auch gegenüber anderen spezialgesetzlichen Regelungen, wie dem Namensrecht nach § 12 BGB, dem Recht am eigenen Bilde nach §§ 22ff. KUG

---

[1] Siehe dazu unten § 2 Rn. 15.
[2] RGZ 69, 401, 403 – *Nietzsche-Briefe*; MünchKommBGB/*Rixecker*, Allg. PersönlR, Rn. 1.
[3] BGHZ 13, 334 = NJW 1954, 1404 – *Leserbrief*.
[4] MünchKommBGB/*Rixecker*, Allg. PersönlR, Rn. 11.
[5] Siehe dazu unten § 2 Rn. 16f.

sowie über § 823 Abs. 2 BGB auch dem Ehrenschutz nach §§ 185 ff. StGB, der Vertraulichkeit des gesprochenen Wortes, von Briefen, Daten und von zum persönlichen Lebensbereich gehörenden Geheimnissen nach §§ 201, 202, 202 a, 203, 204 StGB sowie dem Schutz vor unbefugten Aufnahmen nach § 201 a StGB. Eine besondere Regelung hat das BGB bezeichnenderweise für den Schutz der geschäftlichen Ehre in § 824 BGB vorgesehen. Demgegenüber wurde der allgemeine **Ehrenschutz** als eine Aufgabe des Strafrechts betrachtet.[6] Im Hinblick auf die Verallgemeinerung der in den besonderen Regelungen zum Persönlichkeitsschutz zum Ausdruck kommenden Grundwertungen kann man davon sprechen, dass es sich beim allgemeinen Persönlichkeitsrecht um einen Auffangtatbestand handelt,[7] wobei jeweils geprüft werden muss, ob der Gesetzgeber, der eine besondere persönlichkeitsrechtliche Regelung getroffen hat, einen tatbestandlich oder nach den Rechtsfolgen weitergehenden Schutz ausschließen wollte.[8]

2. Das allgemeine Persönlichkeitsrecht als sonstiges Recht

Da sich der Persönlichkeitsschutz in Abhängigkeit von der technologischen Entwicklung und der daraus resultierenden ökonomischen und sozialen Veränderungen stets neuen Herausforderungen gegenübersieht, lassen sich Inhalt und Grenzen nur sehr allgemein auf einem hohen Abstraktionsniveau definieren. Es handelt sich um einen offenen Tatbestand, der aufgrund einer umfassenden Güter- und Interessenabwägung der Konkretisierung im Einzelfall bedarf. Dies schließt allerdings die Herausbildung klar umrissener, unter Umständen sogar „vertypter" Einzeltatbestände, bei deren Erfüllung die **Rechtswidrigkeit** indiziert wird und nicht erst im Einzelfall positiv festgestellt werden muss, nicht aus. Bei „evidenten Eingriffen" bedarf es keiner komplizierten Güter- und Interessenabwägung.[9] Das auf richterlicher Rechtsfortbildung beruhende allgemeine Persönlichkeitsrecht findet seine normative Grundlage formal als **„sonstiges Recht"** iSv. § 823 Abs. 1 BGB und wird damit den absolut geschützten Rechtsgütern Leben, Körper, Gesundheit, Freiheit und Eigentum gleichgestellt. *Canaris* weist überzeugend darauf hin, dass sich das allgemeine Persönlichkeitsrecht, durch welches das geltende Deliktsrecht seit Erlass des BGB die wichtigste Wandlung erfahren hat, sich zwar rein sprachlich ohne Schwierigkeiten unter den Begriff des „sonstigen Rechts" subsumieren lässt.[10] „Teleologisch und systematisch passt es aber nicht in die ursprüngliche Konzeption des Gesetzes. Ihm fehlt nämlich in weiten Teilen die ‚sozialtypische Offenkundigkeit', die für die in § 823 Abs. 1 BGB ausdrücklich genannten Rechte und Rechtsgüter wie Eigentum, Leben, Gesundheit usw. charakteristisch und grundsätzlich auch für die Bestimmung des Begriffs des ‚sonstigen Rechts' maßgeblich ist. Denn man kann sein Substrat nicht ‚sehen', wie eine Sache oder den Körper eines Menschen, und es tritt im sozialen Leben auch nicht durchgängig mit derselben Offenkundigkeit in Erscheinung, wie z.B. das Recht am eigenen Namen, das nach § 12 BGB ein absolutes Recht darstellt und daher seit jeher als ‚sonstiges Recht' i.S.v. § 823 Abs. 1 BGB anerkannt worden ist."[11] Außerdem bedinge die Verwirklichung der eigenen Persönlichkeit geradezu die permanente Beeinträchtigung anderer Menschen in ihrer Persönlichkeit, was für die „klassischen" Rechte und Rechtsgüter des § 823 Abs. 1 BGB wie Eigentum, Leben, Gesundheit usw. grundsätzlich nicht gelte.[12] Vor diesem Hintergrund ist die Anerkennung des allgemeinen Persönlichkeits-

---

[6] Siehe dazu unten § 2 Rn. 9.

[7] BGHZ 80, 311, 319 = NJW 1981, 1738.

[8] *Larenz/Canaris*, Schuldrecht II/2, § 80 I 6 a; MünchKommBGB/*Rixecker*, Allg. PersönlR, Rn. 6; siehe zum Verhältnis des allgemeinen Persönlichkeitsrechts zu den besonderen Persönlichkeitsrechten unten § 11.

[9] Staudinger/*Hager*, § 823 Rn. C 17.

[10] *Larenz/Canaris*, Schuldrecht II/2, § 80 I 1.

[11] *Larenz/Canaris*, ebenda.

[12] *Larenz/Canaris*, ebenda.

rechts als „sonstiges Recht" i.S.v. § 823 Abs. 1 BGB lediglich eine formale normative Verankerung, ohne aber das Recht in seiner Substanz zu konturieren. Inhaltlich wird angesichts der generalklauselhaften Weite und dem dynamischen, offenen Entwicklungsprozess, in dem sich der Persönlichkeitsschutz notwendigerweise befindet, um technologischen Veränderungen Rechnung zu tragen, die Rechtsetzung im konkreten Einzelfall
auf den Richter delegiert. Dieser erlangt eine normative Gestaltungsfreiheit und Rechts-
etzungsmacht, die ganz erheblich von dem mit der Kodifikationsidee verbundenen
Bestreben nach Rechtssicherheit abweicht. Sie überschreitet deutlich die Freiheit und
Verantwortung, die dem Richter im *common law* als „law maker" zugebilligt wird. Sie
nähert sich damit gerade entgegen dem Willen des historischen Gesetzgebers der deliktischen Generalklausel des **Art. 1382 C. civ.** an, deren Regelungstatbestand sich darauf
beschränkt, jedermann zum Ersatz eines Schadens zu verpflichten, den er verursacht hat,
und damit ein so weites Feld eröffnete, dass in Frankreich schon frühzeitig auch der Persönlichkeitsschutz in das Deliktsrecht inkorporiert werden konnte.[13] Mehrere Anläufe,
eine Kodifizierung des zivilrechtlichen Persönlichkeitsschutzes vorzusehen, die auf die
Initiative verschiedener Juristentage zurückgingen,[14] scheiterten am entschiedenen Widerstand der Medien, denen es immer wieder gelang, die Politik durch Diffamierungs-
kampagnen von diesem Vorhaben abzubringen.

II. Schutzzweck

3   Angesichts der Tatsache, dass es sich beim allgemeinen Persönlichkeitsrecht um einen
entwicklungsoffenen Rahmentatbestand handelt, der in Anpassung an veränderte technologische, ökonomische und soziale Gegebenheiten stetig fortgeschrieben und im
Lichte der besonderen Umstände des Einzelfalls ausgefüllt werden muss, sind die Aussagen der Rechtsprechung zum Inhalt des allgemeinen Persönlichkeitsrechts vage und beschränken sich auf die Formulierung allgemeiner Leitprinzipien. Danach ist es **Zweck
des allgemeinen Persönlichkeitsrechts**, den Einzelnen vor der Gefährdung seiner immateriellen Integrität und Selbstbestimmung zu schützen und ihm einen „autonomen
Bereich eigener Lebensgestaltung zuzugestehen, indem er seine Individualität unter Ausschluss anderer entwickeln und wahrnehmen" kann.[15] Der Persönlichkeitsschutz soll seine
Wirkung in doppelter Hinsicht entfalten: einmal in statischer Sicht in dem Recht der
Persönlichkeit, in Ruhe gelassen zu werden,[16] und zum anderen in dynamischer Sicht in
dem Recht der Persönlichkeit auf freie Entfaltungsmöglichkeiten und aktive Entschlie-
ßungs- und Handlungsfreiheit.[17] *Hubmann*, dem das Verdienst zukommt, gleichsam als
Architekt dem von der Rechtsprechung mit lapidaren Worten anerkannten allgemeinen
Persönlichkeitsrecht eine dogmatische Struktur zu verleihen, sieht die übergeordneten
Anknüpfungspunkte im Recht auf Entfaltung der Persönlichkeit, im Recht an der Per-
sönlichkeit und im Recht auf Individualität und leitet daraus jeweils verschiedene
Schutzbereiche ab.

---

[13] Siehe dazu unten § 2 Rn. 15.
[14] Siehe dazu *Baston-Vogt*, Der sachliche Schutzbereich des zivilrechtlichen allgemeinen Persönlichkeitsrechts, S. 166 ff.; siehe auch *Forkel* in: Forkel/Sosnitza, Zum Wandel beim Recht der Persönlichkeit und ihrer schöpferischen Leistungen, S. 29, 30.
[15] BGHZ 131, 332, 337; MünchKommBGB/*Rixecker*, Allg. PersönlR, Rn. 3.
[16] BGHZ 106, 229 – *Briefkastenwerbung*.
[17] Siehe BGHZ 26, 349; siehe auch BVerfGE 49, 286, 298; *Beater*, Medienrecht, § 6 Rn. 334.

III. Schutz der Privatsphäre

Ähnlich wie in den USA, wo der berühmte Artikel von *Samuel D. Warren* und *Louis*   **4**
D. Brandeis, der im Jahre 1890 in der Harvard Law Review veröffentlicht wurde,[18] den
Anstoß für die Anerkennung des *Right of Privacy* durch den Gesetzgeber des Staates New
York im Jahre 1903 und durch den Supreme Court of Georgia im Jahre 1905[19] gab, war
auch die Entwicklung des Persönlichkeitsschutzes in Deutschland stark durch das Prinzip
des Schutzes der Privatsphäre geprägt. Auch die gesetzliche Regelung des Bildnisschutzes
aus dem Jahre 1907, zu der die Aufnahme des verstorbenen Reichskanzlers Bismarck Veranlassung gegeben hatte, war im Wesentlichen durch das Anliegen eines Schutzes der
Privatsphäre motiviert, obwohl der Bildnisschutz nach § 22 KUG keine Beschränkung
auf bestimmte Interessen vorsieht, sondern dem Einzelnen ohne Rücksicht auf die dahinter stehenden Motive – vorbehaltlich bestimmter Ausnahmen – die exklusive Entscheidungsbefugnis verleiht, die Veröffentlichung seines Bildnisses zu verbieten oder zu
erlauben.

1. Sphärentheorie

In der Absicht, eine Konturierung des Schutzbereichs der Privatsphäre vorzunehmen,   **5**
wurde die sog. **Sphärentheorie** entwickelt. Danach wird mit wechselnder Terminologie
quasi nach konzentrischen Kreisen zwischen einer unantastbaren Intimsphäre, der ihr
vorgelagerten und sie umgebenden Geheim- und Privatsphäre und der Sozialsphäre unterschieden.[20] Vor dem Hintergrund der Annahme eines „Rechts auf Einsamkeit", das in
den USA zutreffend als „right to be let alone"[21] bezeichnet wird, ging man von einer
„Dialektik zwischen Privatheit und Öffentlichkeit"[22] aus. Sie bildete die Grundlage für
eine graduelle Abstufung des Spannungsverhältnisses zwischen dem Rückzugsbedürfnis
des Individuums gegenüber dem Informationsbedürfnis der Allgemeinheit. Die Sphärentheorie hat ihre Abgrenzungsfunktion unter zwei verschiedenen Blickwinkeln weitgehend eingebüßt: zum einen durch die durchaus begrüßenswerte Anerkennung einer
„Privatheit in der Öffentlichkeit", die dadurch gekennzeichnet ist, dass jemand sich in eine
örtliche Abgeschiedenheit zurückgezogen hat, in der er objektiv erkennbar für sich
alleine sein will,[23] und zum anderen, weil Inhalt und Reichweite der „Privatheit in der
Öffentlichkeit" nicht vom Rechtsträger *ex ante* bestimmt wird, sondern von der Rechtsprechung *ex post* nach objektiv-normativen Kriterien, die den Betroffenen zu dem Zeitpunkt, in dem er des Privatsphärenschutzes bedarf, schon aufgrund der Subtilität von
Differenzierungen und Abwägungen gar nicht bekannt sein kann, so dass die entstehende
Rechtsunsicherheit sich zugunsten des Rechtsverletzers auswirkt. Nach der Rechtsprechung des BVerfG kommt es entscheidend darauf an, „ob der Einzelne begründetermaßen erwarten darf, unbeobachtet zu sein, oder ob er Plätze aufgesucht hat, wo er sich
unter den Augen der Öffentlichkeit bewegt".[24] Die nebulöse Unverbindlichkeit derartiger Formen und die bis zum Exzess betriebene Hypertrophie der Abwägungen im Einzelfall führt zu einer solchen Unsicherheit über den Privatsphärenschutz, dass dieser sich
in der Praxis weitgehend auflöst. So soll es im Allgemeinen bei der Beurteilungen des

---

[18] Siehe 4 Harv. L. Rev. 193 ff. (1890).
[19] *Pavesich v. New England Life Insurance Company*, 50 S. E. 68 (1905); siehe dazu *Götting*, Persönlichkeitsrechte als Vermögensrechte, S. 176 ff.
[20] MünchKommBGB/*Rixecker*, Allg. PersönlR, Rn. 9; siehe *Hubmann*, Das Persönlichkeitsrecht,
S. 320 ff.; *ders.* JZ 1957, 521, 524.
[21] *Warren/Brandeis* 4 Harv. L. Rev. 193, 195 (1890).
[22] *Baston-Vogt*, Der sachliche Schutzbereich des zivilrechtlichen allgemeinen Persönlichkeitsrechts,
S. 186.
[23] BGH AfP 1996, 140, 141 – *Caroline von Monaco*; BVerfGE 101, 361 = NJW 2000, 1021, 1022 –
Caroline von Monaco; Schricker/*Götting*, UrhG, § 60/§ 23 KUG Rn. 88.
[24] BVerfGE 101, 361 = NJW 2000, 1021, 1022 – *Caroline von Monaco*.

Privatsphärenschutzes auf die besonderen Umstände des Einzelfalls ankommen, während an Plätzen, an denen sich der Einzelne unter vielen Menschen befindet und die Voraussetzungen für einen Schutz i.S.v. Art. 2 Abs. 1 i.V.m. Art. 1 Abs. 1 GG von vornherein fehlen, da solche Orte das Rückzugsbedürfnis nicht erfüllen können und deswegen auch nicht den grundrechtlichen Schutz zu rechtfertigen vermögen, den dieses Bedürfnis aus Gründen der Persönlichkeitsentfaltung verdient. Der Einzelne könne solche Orte auch nicht etwa durch ein Verhalten, das typischerweise nicht öffentlich zur Schau gestellt würde, „in seine Privatsphäre umdefinieren". „Nicht sein Verhalten, ob allein oder mit anderen, konstituiert die Privatsphäre, sondern die objektive Gegebenheit der Örtlichkeit zur fraglichen Zeit. Verhält er sich daher an Orten, die nicht die Merkmale der Abgeschiedenheit aufweisen, so, als stünde er nicht unter Beobachtung, hebt er das Schutzbedürfnis für Verhaltensweisen, die an sich die Öffentlichkeit nichts angehen, selbst auf."[25] In der praktischen Konsequenz wird damit der Schutz der Privatsphäre in der Öffentlichkeit fast auf null reduziert. Wer sich als Person der Zeitgeschichte mit einem hohen Bekanntheitsgrad, der nach herkömmlicher Definition der Kategorie einer absoluten Person der Zeitgeschichte entspricht, zum Einkauf in die Öffentlichkeit begibt und sich damit an einen öffentlichen Ort bewegt, muss es dulden, von ganzen Heerscharen von Paparazzi verfolgt zu werden, die sich gegenüber dem Schutz der Privatsphäre auf ein legitimes Informationsbedürfnis der Öffentlichkeit berufen können. Die Bedeutung der Sphärentheorie ist damit auf ein Minimum reduziert. Sie vermag nur die Extremfälle zu erfassen, für deren Beurteilung es ihrer aber gar nicht bedarf. Letztlich wird die Frage, ob sich der Einzelne in eine ihm zuzubilligende „Abgeschiedenheit" zurückgezogen hat, situativ und kontextuell beantwortet, da er sich nach Auffassung des BVerfG an ein und demselben Ort zuzeiten mit gutem Grund unbeobachtet fühlen darf, zu anderen Zeiten aber nicht.[26]

6   Auch hinsichtlich des Schutzes der Intimsphäre erfüllt die Sphärentheorie praktisch kaum eine Abgrenzungsfunktion. Dass Eingriffe in den räumlich-gegenständlichen Bereich des Hauses oder der Wohnung eine Verletzung des allgemeinen Persönlichkeitsrechts darstellen, wo unter Umständen sogar Straftaten involviert sind, liegt auf der Hand und bedarf keiner näheren Begründung. Hinsichtlich des Intimbereichs, bei dem es häufig um Informationen aus dem Bereich des Sexuallebens geht, wird von der Rechtsprechung stets die Unantastbarkeit postuliert; in Wahrheit ist aber auch deren Schutz unter Berufung auf ein angeblich legitimes Informationsbedürfnis der Öffentlichkeit wegen eines vermeintlichen Sozialbezugs bestimmter Vorgänge bis zur Unkenntlichkeit relativiert. *Baston-Vogt* hat im Rahmen ihrer umfassenden Kritik der Sphärenbildung[27] anhand der **„Tagebuch"-Entscheidung des BVerfG**[28] eindrucksvoll nachgewiesen, dass der postulierte Schutz eines letzten unantastbaren Bereichs privater Lebensgestaltung ein Lippenbekenntnis ist. Ungeachtet der Tatsache, dass allein die Art und Weise der Aufbewahrung der Aufzeichnung auf den Geheimhaltungswillen des Betroffenen und den höchstpersönlichen Charakter des Inhalts schließen ließ, wurde die Zuordnung der Aufzeichnungen zum absolut geschützten Bereich persönlicher Lebensgestaltung schon deshalb in Frage gestellt, weil der Beschwerdeführer seine Gedanken schriftlich niedergelegt habe. Damit habe der Beschwerdeführer seine Gedanken aus dem von ihm beherrschbaren Innenleben entlassen und der Gefahr eines Zugriffs preisgegeben. Außerdem spreche der Inhalt der Aufzeichnung gegen ihren absoluten Schutz, da dieser über die Rechtssphäre ihres Verfassers hinausweise und Belange der Allgemeinheit nachhaltig berühre.[29] Nach *Amelung* erweist sich der „unantastbare" Bezirk der Person „nicht als fester Kern, sondern als Gum-

---

[25] BVerfGE 101, 361, 389 ff. = NJW 2000, 1021 – *Caroline von Monaco*.

[26] BVerfGE 101, 361 = NJW 2000, 1021, 1022 – *Caroline von Monaco*.

[27] *Baston-Vogt*, Der sachliche Schutzbereich des zivilrechtlichen allgemeinen Persönlichkeitsrechts, S. 180 ff.

[28] BVerfGE 80, 367 ff.

[29] Siehe dazu *Amelung* NJW 1990, 1753, 1755 f.

miball, der sich bei hinreichendem gesellschaftlichen Außendruck einbeulen lässt, bis die Luft heraus ist".[30] Auch *Baston-Vogt* beklagt zu Recht „die praktische Bedeutungslosigkeit des absoluten Kernbereichsschutzes" und, „dass es de facto einen absolut geschützten, eingriffsfesten Kernbereich nicht gibt."[31] Vor diesem Hintergrund ist es überraschend, dass das BVerfG ausgerechnet in einem fiktionalen Kontext, nämlich einem sog. „Schlüsselroman", dem Schutz der Intimsphäre den Vorrang gegenüber der künstlerischen Freiheit eingeräumt hat.[32] Angesichts der praktischen Untauglichkeit der Sphärentheorie und deren Widerlegung und Auflösung durch die Rechtsprechung plädiert sie zu Recht dafür, eine inhaltliche Bestimmung des Schutzbereichs des Persönlichkeitsrechts durch Herausarbeitung der geschützten Interessen vorzunehmen.[33]

2. Der Vorrang des öffentlichen Informationsinteresses

Ungeachtet der im Ergebnis untauglichen Versuche, die Intensität des Schutzes der Privatsphäre durch die Unterscheidung verschiedener Sphären im Sinne einer graduell abgestuften Skala zu bestimmen, ist festzustellen, dass der Schutz der Privatsphäre im deutschen Recht unter Berufung auf ein angeblich durch Art. 5 GG legitimiertes Informationsbedürfnis der Öffentlichkeit weitgehend ausgehöhlt worden ist. Praktisch hat die Rechtsprechung des BVerfG zur Folge, dass prominente Persönlichkeiten mit einem hohen Bekanntheitsgrad, die den Status einer absoluten Person der Zeitgeschichte erfüllen, „vogelfrei" sind und keinerlei Privatsphärenschutz genießen, wenn sie sich allein oder mit einem vertrauten Begleiter auf öffentlichen Plätzen bewegen. Auch bei rein „privaten Tätigkeiten" im Alltagsleben sind sie vor einer systematischen Verfolgung durch Fotografen („Paparazzi") nicht geschützt. Eine Beschränkung der Berichterstattung auf Vorgänge, die den demokratischen Meinungsbildungsprozess betreffen, schließt das BVerfG ausdrücklich aus, da Unterhaltung ebenfalls in den Grundrechtsschutz des Art. 5 Abs. 1 GG einbezogen wird.[34] Dabei ist der Begriff der „Unterhaltung", die in unserer heutigen „Unterhaltungsgesellschaft" ein ubiquitäres Phänomen darstellt, noch nicht einmal ansatzweise konturiert bzw. gar definiert worden. Mit Zauberformeln, wie etwa, dass auch „bloßer Unterhaltung" ein Bezug zur Meinungsbildung „nicht von vornherein abgesprochen werden" kann, weil sie eine „wichtige gesellschaftliche Funktion erfülle", lässt sich alles und nichts begründen, denn sie sind von faszinierender Unverbindlichkeit.[35] Man fragt sich, ob die ebenso vagen wie weichen Kriterien des BVerfG für die Streitgerichte überhaupt noch justiziabel sind. Dies gilt insbesondere dann, wenn im einstweiligen Rechtsschutz eine Eilentscheidung getroffen werden muss, die erhebliche faktische Auswirkungen für die am Rechtsstreit beteiligten Parteien hat. Demgegenüber trifft der EGMR eine grundlegende Unterscheidung zwischen der Berichterstattung über – auch umstrittene – Tatsachen, die zu einer Diskussion in einer demokratischen Gesellschaft beitragen können und sich z. B. auf Politiker in der Ausübung ihres Amtes beziehen, und der Berichterstattung über Einzelheiten aus dem Privatleben einer Person, die keine offiziellen Ämter begleitet.[36] Damit scheint sich der EGMR an dem im französischen Recht entwickelten Grundsatz zu orientieren, wonach bekannte Persönlichkeiten in der Regel nur bei Wahrnehmung ihrer öffentlichen Funktion (*fonction publique*) gegen ihren Willen abgebildet werden dürfen.[37] Mit der undifferenzierten und vagen Ausdehnung des aus Art. 5 GG ab-

---

[30] *Amelung*, a. a. O., 1756.

[31] *Baston-Vogt*, Der sachliche Schutzbereich des zivilrechtlichen allgemeinen Persönlichkeitsrechts, S. 199.

[32] Siehe BVerfG GRUR 2007, 1085 – *Roman „Esra"*.

[33] *Baston-Vogt*, a. a. O., S. 203 f.

[34] BVerfGE 101, 361, 389 ff. = NJW 2000, 1021, 1024 – *Caroline von Monaco*.

[35] Siehe BVerfG GRUR 2008, 539, 542 Rn. 63 – *Caroline von Hannover*.

[36] EGMR GRUR 2004, 1051 Rn. 63 ff. = NJW 2004, 2647, 2649 – *von Hannover/Deutschland*.

[37] Siehe *Trebes*, Zivilrechtlicher Schutz der Persönlichkeit von Presseveröffentlichungen in Deutschland, Frankreich und Spanien, S. 102 ff.; siehe auch *Ohly* GRUR Int. 2004, 902, 906.

geleiteten **legitimen Informationsbedürfnisses der Öffentlichkeit** durch das BVerfG wird einerseits der Personenkreis und andererseits der Themenkreis, bei dem der Privatsphärenschutz der Medienfreiheit untergeordnet wird, bis zur Unkenntlichkeit erweitert.

8   Dies gilt umso mehr, als es der Presse im Sinne einer autonomen „Definitionshoheit"[38] überlassen bleibt, zur Wahrnehmung ihrer meinungsbildenden Aufgaben nach publizistischen Kriterien selbst zu entscheiden, was sie des öffentlichen Interesses für Wert hält.[39] Dieser Verzicht auf eine normative Bewertung und Begrenzung des öffentlichen Informationsinteresses, der an den im US-amerikanischen Recht kritisierten „leave it to the press approach"[40] erinnert, erscheint zirkulär. Im Sinne einer „empirischen Selbstdefinition" wird es den Medien erlaubt, Neugier und Sensationslust anzustacheln, um sie dann unter Berufung auf die Pressefreiheit immer wieder aufs Neue zu befriedigen.[41] Mit einer solchen „Unlust an der Wertung"[42] verfehlt die Rechtsprechung die elementare Aufgabe, normative Leitlinien für die Begrenzung der Pressefreiheit durch den Persönlichkeitsschutz zu entwickeln.[43] Immerhin hat der BGH in seiner jüngeren Rechtsprechung konzediert, dass im Rahmen der Interessenabwägung zwischen dem Informationsinteresse der Öffentlichkeit und dem individuellen Interesse am Schutz der Privatsphäre eine qualitative Bewertung des Informationsgehalts vorzunehmen ist: „Je größer der Informationswert für die Öffentlichkeit ist, desto mehr muss das Schutzinteresse desjenigen, über den informiert wird, hinter den Informationsbelangen der Öffentlichkeit zurücktreten. Umgekehrt wiegt auch der Schutz der Persönlichkeit des Betroffenen desto schwerer, je geringer der Informationswert für die Allgemeinheit ist."[44] Dem Interesse der Leser an bloßer Unterhaltung wird gegenüber dem Schutz der Privatsphäre regelmäßig ein geringeres Gewicht beigemessen. Auch hierbei handelt es sich aber um Aussagen von geringer Substanz. Es stellt sich einerseits die Frage, was „bloße Unterhaltung" ist und andererseits, was unter einem „geringeren Gewicht" zu verstehen ist.

3. Die Verzichtstheorie

9   Nicht überzeugend ist die „Verzichtstheorie", die vom Bundesverfassungsgericht zur Begründung des Verlustes der Privatsphäre prominenter Persönlichkeiten herangezogen wird. Diesen kann eine frühere Bereitschaft, den Medien Einblick in ihr „Privatleben" zu gewähren, als (fiktiver) Rechtsverzicht entgegengehalten werden. Diese Konstruktion, die an die im amerikanischen Recht anzutreffende sog. **„Waiver-Theorie"** erinnert,[45] führt zu einer Verminderung des Schutzes der Privatsphäre. Dieser Gedanke ist tragfähig, soweit es um bestimmte einzelne Vorgänge oder Aspekte des Privatlebens geht, in welche der Betroffene den Medien bewusst Einblick gewährt hat. Abzulehnen ist aber, dass das BVerfG nicht einen situations- und zweckgebundenen Verzicht annimmt, sondern einen „situationsübergreifenden Totalverzicht" unterstellt.[46] Im Ergebnis bedeutet dies, dass derjenige, der Informationen aus seinem Privatleben preisgibt, ein für alle Mal seinen Privatsphärenschutz einbüßt. Eine solche undifferenzierte Beurteilung ist abzulehnen. Bild-

---

[38] So *Stürner* JZ 2004, 1018.

[39] BGH GRUR 2007, 523, 525 Rn. 18 – *Abgestuftes Schutzkonzept*; BGH GRUR 2007, 527, 529 Rn. 18 – *Winterurlaub*; jeweils unter Hinweis auf BVerfGE 101, 361, 392 = GRUR 2000, 446 = NJW 2000, 1021 – *Caroline von Monaco*.

[40] Siehe *Götting*, Persönlichkeitsrechte als Vermögensrechte, S. 187 m. w. N.

[41] Schricker/*Götting*, UrhG, § 60/§ 23 KUG Rn. 28, *Götting* GRUR 2007, 530, 531 (Anm.).

[42] So treffend *Stürner* JZ 2004, 1018.

[43] *Götting*, ebenda.

[44] BGH GRUR 2007, 523, 526 Rn. 20 – *Abgestuftes Schutzkonzept*; BGH GRUR 2007, 527, 529 Rn. 20 – *Winterurlaub*; jeweils unter Hinweis auf BVerfGE 101, 361, 391 = GRUR 2000, 446 = NJW 2000, 1021 – *Caroline von Monaco*; BGHZ 131, 332, 342 = GRUR 1996, 923 – *Caroline von Monaco II*.

[45] Siehe *Götting*, Persönlichkeitsrechte als Vermögensrechte, S. 193 f.

[46] BVerfGE 101, 361, 389 ff. = NJW 2000, 1021, 1023 – *Caroline von Monaco*; ebenso BGH GRUR 2005, 76, 78 – *„Rivalin" von Uschi Glas*.

lich gesprochen ist es ein erheblicher qualitativer Unterschied, ob jemand der Öffentlichkeit Zutritt zu seinem Garten, zu seinem Wohnzimmer oder zu seinem Schlafzimmer gewährt.[47]

4. Abgestuftes Schutzkonzept

Als Reaktion auf die Rechtsprechung des EGMR, die Deutschland ein Defizit beim   **10** Privatsphärenschutz bescheinigte,[48] vertritt der BGH in seiner neueren Rechtsprechung ein sog. **abgestuftes Schutzkonzept**.[49] Soweit damit der Eindruck erweckt wird, es handle sich um eine innovative Konzeption, um die Antipoden von Persönlichkeitsschutz und Pressefreiheit in eine angemessene Balance zu bringen, ist dies unzutreffend. Das „abgestufte Schutzkonzept" ergibt sich aus der Struktur der gesetzlichen Regelung der §§ 22, 23 KUG und ist in Rechtsprechung und Literatur, soweit es den Bildnisschutz betrifft, seit langem fest verankert.[50] Ausgangspunkt ist stets die Feststellung, dass Bildnisse einer Person grundsätzlich nur mit deren Einwilligung verbreitet werden dürfen (§ 22 S. 1 KUG). Eine Ausnahme vom Einwilligungserfordernis gilt für Bildnisse aus dem Bereich der Zeitgeschichte (§ 23 Abs. 1 Nr. 1 KUG). Die Ausnahme greift nicht ein, wenn durch die Verbreitung ein berechtigtes Interesse des Abgebildeten verletzt wird (§ 23 Abs. 2 KUG).[51] Diese dreistufige Prüfung ist über den Regelungsbereich des Rechts am eigenen Bilde hinaus eine verallgemeinerungsfähige Methode zur Festlegung des Schutzbereichs der Privatsphäre. Dabei handelt es sich um einen konzeptionellen Rahmen, der einer Ausfüllung durch eine klare Wertorientierung am Persönlichkeitsschutz bedarf.

Im Widerspruch hierzu beruht die Rechtsprechung implizit oder explizit auf der Prä-   **11** misse, dass dem aus Art. 5 GG abgeleiteten Informationsbedürfnis der Öffentlichkeit im Zweifel der Vorrang einzuräumen ist. Dies hat das BVerfG erst jüngst wieder bestätigt, indem es entgegen der Auffassung des BGH die Veröffentlichung von Fotos, die die Vermietung einer Villa von Prinzessin Caroline von Monaco betreffen, unter Berufung darauf, dass von Art. 5 GG auch die Unterhaltung geschützt wird, für zulässig erklärt.[52] Dies ist mit der Rechtsprechung des EGMR, die nach Auffassung des BVerfG „im Rahmen methodisch vertretbarer Gesetzesauslegung zu berücksichtigen und in das deutsche Recht zum Schutz der Persönlichkeit einzupassen ist,"[53] unvereinbar. Danach ist eine grundlegende Unterscheidung zu treffen zwischen der Berichterstattung, die zu einer Diskussion in einer demokratischen Gesellschaft beitragen kann und sich insbesondere auf Politiker in der Ausübung ihres Amtes bezieht, und der Berichterstattung über eine Person, die keine offiziellen Ämter begleitet.[54] Durch eine klare Ausrichtung an den Kriterien der Funktion und des thematischen Bezugs zur Funktion ließe sich eine angemessene Abgrenzung zwischen dem Individualinteresse und der Privatsphäre und dem Allgemeininteresse freier Information erreichen. Das BVerfG ist zu dieser Grenzziehung nicht bereit, sondern verwischt die Grenzen zwischen dem Recht auf Privatsphäre und dem Recht auf Information durch die (unbegründete) Behauptung eines nicht näher definierten und undifferenzierten **„Rechts auf Unterhaltung"**. Damit verfehlt es gleichermaßen seine Aufgabe, für einen effektiven Privatsphärenschutz und für Rechtssicherheit zu sorgen. Da die Medienfreiheit ohnehin die Oberhand gewinnt und effektive Sanktionen in Form von Ausgleichs- oder Schadensersatzansprüchen fehlen, wird für die massive Dauerbelästigung von Prominenten durch generalstabsmäßig geplante Verfolgungskampagnen von

---

[47] Schricker/*Götting*, UrhG, § 60/§ 23 KUG Rn. 96.
[48] EGMR GRUR 2004, 1051 – NJW 2005, 2647 – *von Hannover/Deutschland*.
[49] BGH GRUR 2007, 523 – *Abgestuftes Schutzkonzept*.
[50] *Götting* GRUR 2007, 530 (Anm.).
[51] Siehe zu dieser Systematik Schricker/*Götting*, UrhG, § 60/§ 23 KUG Rn. 77.
[52] BVerfG GRUR 2008, 539 – *Caroline von Hannover*; so nun auch der BGH, Urt. v. 1.7.2008, Az. VI ZR 67/08.
[53] BVerfG NJW 2004, 3407.
[54] EGMR GRUR 2004, 1051 Rn. 61 ff. = NJW 2004, 2647, 2649 – *von Hannover/Deutschland*.

Paparazzi ein Freibrief ausgestellt. Dass die psychischen Belastungen der Betroffenen und deren Angehörigen ein Ausmaß erreichen, das geeignet ist, deren Menschenwürde zu beeinträchtigen, weil sie zu einem Freiwild und Objekt der Unterhaltungsindustrie degradiert werden, wird vom BVerfG kaum zur Kenntnis genommen.

12 Unter dem Strich ist festzuhalten, dass der Schutz der Privatsphäre, der ebenso wie in anderen Ländern auch,[55] ursprünglich paradigmatisch für einen allgemeinen Persönlichkeitsschutz stand, in der deutschen Rechtsprechung bis auf ein Minimum reduziert wurde. Es ist durchaus nicht übertrieben, von einer Kapitulation gegenüber der Macht der Medien zu sprechen.

IV. Überblick über weitere Fallgruppen

13 Als eine weitere Fallgruppe, die mit dem Recht auf Privatsphäre in engem Zusammenhang steht, hat sich der Schutz vor Indiskretionen[56] herausgebildet. Anknüpfungspunkt ist dabei, dass Informationen über die Persönlichkeit gegen deren Willen an die Öffentlichkeit gelangen und damit deren Bedürfnis nach Diskretion bzw. Geheimhaltung missachtet wird. Während es hierbei bereits um das „Ob" der Veröffentlichung geht, betrifft die Fallgruppe des Wahrheitsschutzes die inhaltliche Richtigkeit oder Unrichtigkeit der über die Person verbreiteten Tatsachen. Im Hinblick auf die Selbstdarstellung der Persönlichkeit und ihrer sozialen Identität und Authentizität hat die Person einen Anspruch auf einen Schutz vor einer verfälschten Darstellung ihres Bildes in der Öffentlichkeit. Vom Wahrheitsschutz unterscheidet sich der Ehrenschutz dadurch, dass den Maßstab der Bewertung nicht im Inhalt, also der Wahrheit oder Unwahrheit der behaupteten Tatsachen, zu sehen ist, sondern in der Form, durch die der soziale Geltungsanspruch, also die Ehre, insbesondere durch Schmähkritik herabgewürdigt wird.[57]

14 Die technologische Entwicklung hat es mit sich gebracht, dass Identitätsmerkmale und die die Identität dokumentierenden Daten des Individuums in immer größerem Maße generiert, objektiviert und in Datenbanken systematisiert werden können, so dass die Gefahr eines gläsernen Menschen besteht, die Assoziationen zu *George Orwells* „1984" weckt. Das vom BVerfG als Reaktion auf die Gefahren der automatischen Datenverarbeitung im Volkszählungsurteil aus Art. 2 Abs. 1 i.V.m. 1 Abs. 1 GG abgeleitete Recht auf informationelle Selbstbestimmung[58] wird über die speziellen gesetzlichen Regelungen zum Datenschutz nach dem Bundesdatenschutzgesetz (BDSG) oder aber den Landesdatenschutzgesetzen hinaus auch durch das allgemeine Persönlichkeitsrecht geschützt.[59] In Anknüpfung an das Recht am eigenen Bilde wurde im Zuge des Schutzes vor unerwünschter Kommerzialisierung unter dem Dach des allgemeinen Persönlichkeitsrechts ein **Schutz der menschlichen Stimme** anerkannt.[60] In einem noch weiter gespannten Bogen wird in Analogie zum Recht am eigenen Bild ein übergreifender **Schutz des „Lebensbildes"** diskutiert,[61] der beim postmortalen Persönlichkeitsschutz in der **„Mephisto"-Entscheidung des BGH**[62] zum Bezugspunkt der persönlichkeitsrechtlichen Bewertung gemacht wurde. Über den Rahmen der gesetzlich geregelten Persönlichkeitsrechte hinaus, wie Bildnis und Name, können neben der bereits genannten menschlichen Stimme auch weitere Merkmale als Identitätskennzeichen fungieren, die eine bekannte Person repräsentie-

---

[55] Siehe dazu unten die Länderberichte §§ 63 ff.

[56] Siehe unten § 19.

[57] Siehe dazu unten § 21.

[58] Grundlegend BVerfGE 65, 1, 41 ff.

[59] Siehe dazu unten § 22.

[60] Grundlegend OLG Hamburg GRUR 1989, 666 – *Heinz Erhardt*, siehe dazu umfassend *Schierholz*, Der Schutz der menschlichen Stimme gegen Übernahme und Nachahmung, passim; siehe auch *Götting*, Persönlichkeitsrechte als Vermögensrechte, S. 135; eingehend dazu unten § 16.

[61] Siehe dazu eingehend unten § 17.

[62] BGH NJW 1968, 1773, 1774 – *Mephisto*; siehe auch BVerfGE 30, 173, 194 – *Mephisto*.

ren und wegen der in ihnen verkörperten Popularität einer kommerziellen Verwertbarkeit zugänglich sind. Zu denken ist etwa an Slogans, Gestiken, der Mimik oder das übergreifende Image, das durch eine Person geprägt wird bzw. durch sie geprägt wird.[63] Dies wirft insbesondere Fragen in Bezug auf das Markenrecht auf, das zunehmend als Instrument zur rechtlichen Absicherung des Personenmerchandising genutzt wird.[64]

Das auf Art. 1 und 2 GG beruhende allgemeine Persönlichkeitsrecht ist dadurch ge- **15** kennzeichnet, dass es sich in einem stetigen Spannungsverhältnis zu gegenläufigen Grundrechten befindet, welches sich nicht generell auflösen lässt, „sondern häufig einer auf die konkrete Problemlage bezogenen Kollisionslösung bedarf".[65] Begrenzt wird der Persönlichkeitsschutz durch die Kommunikationsfreiheit, insbesondere die Wahrnehmung berechtigter Interessen[66] und vor allem durch die Meinungs- und Pressefreiheit[67] sowie die Kunstfreiheit.[68] Hinzu treten Einschränkungen, die der Funktionsfähigkeit der Rechtspflege dienen[69] bzw. die sich aus der Indemnität[70] ergeben.

V. Übergreifendes dogmatisches Fundament

In der Tat erscheint das allgemeine Persönlichkeitsrecht „auf den ersten und vielleicht **16** auch noch auf den zweiten Blick" angesichts der „Fülle des einschlägigen Fallmaterials als amorphe Masse".[71] Sucht man nach einem übergeordneten dogmatischen Ansatzpunkt, der die verschiedenen Ausprägungen umfasst, die das allgemeine Persönlichkeitsrecht in den von der Rechtsprechung entwickelten Fallgruppen gefunden hat, so kristallisiert sich als kleinster gemeinsamer Nenner das **Selbstbestimmungsrecht** heraus, das allerdings aufgrund verschiedener Faktoren mit graduell abgestufter Intensität durch eine „Sozialpflichtigkeit des Individuums" begrenzt sein kann, die sich daraus ergibt, dass der Mensch, ob er will oder nicht, ein Gemeinschaftswesen ist, das in soziale Zusammenhänge eingebunden ist. Das Selbstbestimmungsrecht bezieht sich auf verschiedene Aspekte, nämlich zunächst auf der obersten Stufe auf das Recht auf „mediale Selbstbestimmung". Das heißt, der Einzelne kann grundsätzlich darüber entscheiden, ob er in den Medien in Erscheinung tritt oder nicht. Sofern er sich selbst bewusst in das Licht der Öffentlichkeit begeben hat oder sofern er ausnahmsweise wegen seiner öffentlichen Funktion, wie insbesondere als Politiker, eine öffentliche Darstellung dulden muss, hat er auf der zweiten Stufe einen Anspruch darauf, dass die Auseinandersetzung mit seinen Handlungen und Verhaltensweisen inhaltlich auf einer zutreffenden Tatsachenbasis beruht und in einer Form erfolgt, die seinem Achtungsanspruch gerecht wird und ihn nicht beleidigt oder herabwürdigt.

Hinsichtlich der wirtschaftlichen Verwertung von Persönlichkeitsmerkmalen folgt aus **17** dem Selbstbestimmungsrecht zum einen, dass es niemand dulden muss, dass seine Identitätskennzeichen, wie insbesondere Name oder Bildnis oder auch die Stimme, von einem anderen für kommerzielle Zwecke ausgebeutet werden. Mit dieser negativ ausgerichteten Komponente eines Schutzes vor unerwünschter kommerzieller Verwertung korrespondiert zum anderen ein positives Verwertungsrecht, das dem Individuum im Sinne eines **„wirtschaftlichen Persönlichkeitsrechts"**[72] die exklusive Befugnis zuweist, über seine

---

[63] Siehe dazu eingehend unten § 18.

[64] Siehe unten § 14.

[65] *Larenz/Canaris*, Schuldrecht II/2 § 80 V.

[66] Siehe dazu unten § 31.

[67] Siehe dazu unten § 32.

[68] Siehe dazu unten § 33.

[69] Siehe dazu unten § 34.

[70] Siehe dazu unten § 35.

[71] So *Larenz/Canaris*, Schuldrecht II/2 § 80 III 1. a).

[72] Siehe grundlegend *Fikentscher*, Wirtschaftsrecht, Bd. II, S. 112, 132; siehe auch *Götting*, Persönlichkeitsrechte als Vermögensrechte, S. 136 ff.; siehe dazu auch unten § 45.

Identitätsmerkmale zu disponieren und anderen deren kommerzielle Verwertung zu gestatten. Schließlich umfasst das Selbstbestimmungsrecht auch das Recht auf informationelle Selbstbestimmung, dem nicht nur durch die Datenschutzgesetzgebung, sondern auch durch das allgemeine Persönlichkeitsrecht Rechnung getragen werden muss. Hinzugekommen ist in jüngster Zeit ein neuer Aspekt der informationellen Selbstbestimmung, der im Sinne eines „virtuellen Schutzes der Privatsphäre" den „Schutz der Vertraulichkeit und Integritätswahrung" gewährleistet und sich vor allem gegen die Konsequenzen der digitalen Ausforschung unter der Bedingung der Heimlichkeit richtet.[73]

VI. Das Recht auf mediale Selbstbestimmung

18   Das Kernstück des allgemeinen Persönlichkeitsrechts bildet das Recht auf mediale Selbstbestimmung. Es liefert die dogmatische Basis für das Recht auf Privatsphäre und den Schutz vor unerwünschter Publizität, der die Entwicklung des allgemeinen Persönlichkeitsrechts nachdrücklich geprägt hat und bis heute neben dem Schutz vor unerwünschter kommerzieller Ausbeutung praktisch den breitesten Raum einnimmt. Hier tritt die Kollisionslage zwischen dem aus Art. 1 und 2 GG abgeleiteten Persönlichkeitsschutz und der grundrechtlich durch Art. 5 GG geschützten Kommunikationsfreiheit, also insbesondere der Meinungs-, Presse- und Kunstfreiheit, besonders deutlich zutage und die Notwendigkeit einer einzelfallbezogenen Güter- und Interessenabwägung zur Beurteilung der Rechtswidrigkeit erzeugt ein erhebliches Maß an Unsicherheit. Umso wichtiger ist die Festlegung eines Koordinatensystems, an dem die Bewertung auszurichten ist. Hieran hat es das BVerfG bisher fehlen lassen.

1. Das Persönlichkeitsrecht als Ausgangspunkt

19   Als Ausgangspunkt muss das Verhältnis zwischen Kommunikationsfreiheit und Persönlichkeitsschutz „vom Kopf auf die Füße" gestellt werden. Die maßgebliche Perspektive bildet das Persönlichkeitsrecht der betroffenen Person und nicht die Meinungs-, Presse- oder Kunstfreiheit. Es wird nicht die Kommunikationsfreiheit ausnahmsweise durch das Persönlichkeitsrecht eingeschränkt, sondern es wird umgekehrt das in Art. 1 und 2 GG als Fundamentalwert der Verfassung verankerte Persönlichkeitsrecht unter bestimmten, allgemein zu definierenden und im Einzelfall zu konkretisierenden Voraussetzungen zugunsten der Kommunikationsfreiheit eingeschränkt. Wie schon aus der Systematik des Grundgesetzes erkennbar wird, steht der Persönlichkeitsschutz, das heißt der Schutz des einzelnen Menschen in seiner Individualität, an der Spitze der Wertordnung des Grundgesetzes und ist dem Kommunikationsgrundrecht und der daraus erwachsenen Sozialpflichtigkeit vor- und übergeordnet. Der Mensch wird nicht von vornherein nur als sozial gebundenes Gemeinschaftswesen geschützt, sondern zunächst als selbstbestimmtes Individuum, das im Hinblick auf seine soziale Einbindung und sein selbstverantwortetes soziales Wirken ein Persönlichkeitsrecht hat, das als einen wesentlichen Kern das für die Bildung sozialer Identität unverzichtbare Selbstbestimmungsrecht über die Darstellung der eigenen Individualität beinhaltet. Hieraus folgt, dass dem Individuum als Teil seines Persönlichkeitsrechts ein **Recht auf „mediale Selbstbestimmung"** zusteht, das heißt es kann grundsätzlich über das „Ob" und das „Wie" seiner Medienpräsenz entscheiden. Eine Einschränkung dieses medialen Selbstbestimmungsrechts zugunsten einer medialen Fremdbestimmung ist erst dann gerechtfertigt, wenn sich das Individuum in eine soziale Sphäre begibt, wo es mit der Wahrnehmung seiner Person durch eine mehr oder weniger große Öffentlichkeit rechnen muss, oder, wenn es durch sein Verhalten oder Handeln auf Vorgänge oder Ereignisse einwirkt, an denen ein öffentliches Interesse besteht bzw. mit diesen zumindest freiwillig oder unfreiwillig in Berührung kommt.

---

[73] BVerfG NJW 2008, 822 – *Online-Durchsuchung*; siehe dazu *Miloš Vec* in FAZ v. 28. 2. 2008, S. 35.

2. Das Recht am eigenen Bilde als Regelungsmodell

Zur Umsetzung dieser Leitlinien kann auf die Wertungen zurückgegriffen werden, die   20
in den Regelungen des Bildnisschutzes nach §§ 22 f. KUG ihren Niederschlag gefunden
haben. Der **Bildnisschutz**, der dem Einzelnen ein umfassendes Selbstbestimmungsrecht
über die Darstellungen im Bild sichert, ist die wichtigste persönlichkeitsrechtliche Auslegung des Rechts auf Privatsphäre, das seinerseits auf dem im amerikanischen Recht entwickelten Gedanken des „right to be let alone" beruht.[74] Zugespitzt bedeutet dies, dass das
Individuum ein Recht darauf hat, ein von der Gesellschaft und der Öffentlichkeit abgeschirmtes Eremitendasein zu führen. Einen Einbruch in diese Abgeschiedenheit muss es
nur insoweit dulden, als es sich dem Licht der Öffentlichkeit oder gar der Medienöffentlichkeit aussetzt. Angesichts der Intensität und Diversität medialer Wirkungen beschränkt
sich die Prangerwirkung und die damit möglicherweise verbundene Beeinträchtigung
persönlichkeitsrechtlicher Interessen nicht mehr auf den sozialen Nahbereich, sondern
geht weit darüber hinaus. Unabhängig von dem Grad der individuellen Betroffenheit im
Einzelfall ist bei der generellen Analyse und Einordnung der Problematik davon auszugehen, dass der Einzelne der Macht und Willkür der Medien ebenso wehrlos ausgeliefert ist,
wie ehedem der staatlichen Herrschaft in vorkonstitutionellen Zeiten des „ancien régime".
Mangels Waffengleichheit existiert faktisch kein Recht zur Gegenrede oder umfassenden
Gegendarstellung. Soweit das presserechtliche Recht auf Gegendarstellung eingreift, handelt es sich zumeist um reinen Formalismus, da eine Gegendarstellung kaum jemals eine
vergleichbare Publizität erreicht wie die Darstellung. In Anbetracht der Tatsache, dass unerwünschte mediale Publizität für den Betroffenen ein erhebliches Risikopotential mit
sich bringt, da er unter Umständen in seiner Integrität und sozialen Geltung massiv, wenn
nicht gar existenziell beeinträchtigt, zumindest in seinem Seelenfrieden erheblich gestört
werden kann, ist im Sinne eines Rechts auf mediale Selbstbestimmung in Anlehnung an
§ 22 KUG davon auszugehen, dass eine mediale Fremddarstellung im Grundsatz nur mit
einer entsprechenden Einwilligung des Betroffenen zulässig ist.

3. Einschränkungen durch die Meinungsfreiheit

Es liegt auf der Hand, dass die „Regie der Selbstdarstellung" nicht grenzenlos ist, son-   21
dern dass sie aufgrund des öffentlichen Informationsinteresses ganz erhebliche Einschränkungen erfährt. In Anknüpfung an die Regelung des § 23 Abs. 1 Nr. 1 KUG gilt dies insbesondere für „Personen der Zeitgeschichte", wobei je nach der Bekanntheit der Person
einerseits und dem damit korrespondierenden Informationsinteresse der Öffentlichkeit
andererseits zwischen **„absoluten" und „relativen" Personen der Zeitgeschichte** zu
differenzieren ist, wobei diese Kategorien nicht als Schema, sondern als Ergebnis einer
differenzierten Bewertung zu begreifen sind.[75] Entsprechend einer solchen graduell
abgestuften „Sozialpflichtigkeit" des grundsätzlich bestehenden „Rechts auf mediale
Selbstbestimmung" ist auch die Einschränkung des Persönlichkeitsschutzes durch die
Kommunikationsfreiheit auszubalancieren und zu justieren. Konkret bedeutet dies, dass
Prominente, die durch ihr Wirken wesentlich auf die zeitgeschichtlichen Geschehnisse
einwirken bzw. aufgrund ihrer sozialen Stellung Subjekt und Objekt des gesellschaftlichen und politischen Diskurses sind, auch im Rahmen einer Berichterstattung oder im
Rahmen einer kritischen Auseinandersetzung dargestellt werden dürfen. Entsprechend
der Rechtsprechung des EGMR in Sachen Prinzessin Caroline von Hannover gegen die
Bundesrepublik Deutschland ist dabei aber eine Beschränkung auf die Auseinandersetzung mit der öffentlichen Funktion der betroffenen Person der Zeitgeschichte geboten.[76]

---

[74] Grundlegend *Warren/Brandeis* 4 Harv. L. Rev. (1890), 193, 196; siehe dazu *Götting*, Persönlichkeitsrechte als Vermögensrechte, S. 188 ff.

[75] Schricker/*Götting*, UrhG, § 60/§ 23 KUG Rn. 19 ff.

[76] Siehe EGMR GRUR 2004, 1051 Rn. 61 ff. = NJW 2004, 2647, 2649 – *von Hannover/Deutsch-
land*.

Die gegenteilige Auffassung des BVerfG, die ähnlich wie die amerikanische Rechtsprechung[77] letztlich jedes noch so primitive Unterhaltungsbedürfnis als legitimes Informationsinteresse der Öffentlichkeit anerkennt, ist abzulehnen, weil sie den faktischen Gegebenheiten nachgibt, statt sie unter Berücksichtigung legitimer Persönlichkeitsinteressen normativ zu begrenzen. Damit wird der Presse ein Freibrief ausgestellt, prominente Persönlichkeiten mit Paparazzi-Methoden zu verfolgen und in ihrer persönlichen Bewegungsfreiheit einzuschränken, um zum Zwecke der Befriedigung der Sensationslust pikante Details aus deren Privatleben vermarkten zu können. Wie dies mit dem Gebot des Schutzes der Menschenwürde sowie der Gewährleistung einer freien Entfaltung der Persönlichkeit vereinbar sein soll, bleibt das Geheimnis des BVerfG.

4. Einschränkungen durch die Kunstfreiheit

22   Einer besonderen Beurteilung bedarf die Kollision des Persönlichkeitsschutzes mit der **Kunstfreiheit**, weil hier eine **„kunstspezifische"** Betrachtungsweise am Platz ist. Dies betrifft insbesondere den sog. „Schlüsselroman", dessen Problematik erst jüngst durch den Fall „Esra" anschaulich illustriert wurde.[78] Im Ausgangspunkt ist zu berücksichtigen, dass die Kunst immer aus dem Fundus der Realität schöpft. Ohne eine Anknüpfung und Rückbindung an tatsächliche Geschehnisse und damit auch an lebendige Personen hätte Kunst wenig Überzeugungskraft und wäre unverständlich oder zumindest wenig anschaulich. Das Kernproblem besteht darin, ob bzw. inwieweit die dargestellten Personen in ihren individuellen Zügen erkennbar bleiben dürfen. Von einer unerwünschten Publizität kann nämlich eine „Prangerwirkung" ausgehen, die die soziale Geltung der betroffenen Personen in erheblichem Maße beeinträchtigt.

23   Auch hier können als Parameter die Regelungen der §§ 22 f. KUG zur Orientierung herangezogen werden. Eine ganz wesentliche Rolle für die Beurteilung der Frage, inwieweit der Persönlichkeitsschutz gegenüber der Kunstfreiheit zurückzuweichen hat und noch eine „Entschlüsselung" oder „Decouvrierung" wegen der geringen Verfremdung und der daraus resultierenden Erkennbarkeit der realen Person hinzunehmen ist, spielt deren Bekanntheit oder Prominenz im Sinne einer „Person der Zeitgeschichte" (§ 23 Abs. 1 Nr. 1 KUG). Je stärker eine Person durch ihr öffentliches Wirken in Erscheinung tritt, desto eher wird man einem Künstler auch eine fiktionale Auseinandersetzung mit ihr zubilligen müssen. Schwierigkeiten ergeben sich bei einer Mischung von Realität und Fiktionalität, bei der nicht mehr erkennbar wird, was „Wahrheit" und was „Dichtung" ist. Überzeugend erscheint der von *Ladeur/Gostomzyk* unterbreitete Vorschlag, in die Beurteilung eine „Risikobetrachtung" einzubeziehen und darauf abzustellen, wie groß die Gefahr einer tatsächlichen Beeinträchtigung von persönlichkeitsrechtlichen Interessen des Betroffenen ist.[79] Immerhin steht nicht nur Prominenten, die einen leichteren Zugang zu den Medien haben, sondern bezogen auf den für sie relevanten „sozialen Nahbereich" auch Privatpersonen die Möglichkeit des Dementis offen.[80] Außerdem ist zu bedenken, dass die unerwünschte Publizität jedenfalls bei Privatpersonen, die nicht oder nicht im selben Maße wie Personen der Zeitgeschichte im Blickpunkt der Öffentlichkeit stehen, durch gerichtliche Auseinandersetzungen und die sie begleitende mediale Berichterstattung die Persönlichkeitsverletzung noch verstärkt wird, weil auch Teile der Öffentlichkeit, denen die fraglichen Vorgänge bisher nicht bekannt waren, hierüber informiert werden.[81]

24   Zu einer Kollision zwischen dem Persönlichkeitsschutz und der Kunstfreiheit kommt es auch im Bereich der **Satire**. Mit Blick auf die Eigengesetzlichkeit der Kunst ist zu be-

---

[77] Siehe BVerfG NJW 2000, 1021, 1023 – *Caroline von Monaco*; siehe dazu auch *Götting*, Persönlichkeitsrechte als Vermögensrechte, S. 186 f.

[78] Siehe BVerfG GRUR 2007, 1085 – *Roman „Esra"*.

[79] *Ladeur/Gostomzyk* NJW 2005, 566, 568 f.

[80] Siehe zum Ganzen den instruktiven Essay von *v. Becker*, Fiktion und Wirklichkeit im Roman.

[81] *Götting* in: FS Raue, 2006, S. 427, 444.

achten, dass die Satire ein Zerrbild der Wirklichkeit vermittelt und sich dementsprechend einer Überprüfung nach den objektiven Kriterien von „falsch" und „richtig" bzw. „wahr" oder „unwahr" fast vollständig entzieht. Als Wertungsdirektive kann wiederum auf die Regelungen der §§ 22 f. KUG zurückgegriffen werden. Während Privatpersonen nicht ohne ihre Einwilligung zum Gegenstand einer satirischen Darstellung gemacht werden dürfen, ist dies bei Personen der Zeitgeschichte in gradueller Abstufung des Anlasses und des Umfangs ihrer Bekanntheit auch gegen ihren Willen weitgehend zulässig. Bei absoluten Personen der Zeitgeschichte herrscht eine fast unbeschränkte satirische Freiheit. Dies folgt daraus, dass die Satire (im Unterschied zum Schlüsselroman) ihrem Wesen nach fiktional und damit irreal ist, so dass sie von den Rezipienten nicht ernst genommen wird. Für eine Unzulässigkeit wegen Verfälschung des Charakterbildes der dargestellten Person ist deshalb kein Raum, weil die „Verfälschung" die „wesenseigene Realität" der Satire darstellt. Die Grenze der Zulässigkeit bildet die auch bei satirischen Darstellungen zu beachtende, weil unantastbare Intimsphäre.[82]

VII. Kommerzielle Verwertung von Persönlichkeitsmerkmalen in der Werbung

Lange Zeit galt der in ständiger Rechtsprechung aufgestellte Grundsatz als unumstöß- **25** lich, dass im Zusammenhang mit der unautorisierten Nutzung von Persönlichkeitsmerkmalen in der Werbung eine Kollision mit dem Recht auf freie Meinungsäußerung nach Art. 5 Abs. 1 S. 1 GG ausgeschlossen ist, weil die Veröffentlichung von Bildnissen für Werbezwecke nicht von einem Informationszweck gedeckt ist.[83] Wie der BGH in der „Paul Dahlke"-Entscheidung grundsätzlich festgestellt hat, dient die werbemäßige Verwendung von Bildnissen nicht dem Allgemeininteresse an einer sachgerechten Information, sondern allein den Geschäftsinteressen der mit der fraglichen Abbildung Kundenwerbung treibenden Firmen.[84] Es besteht ein berechtigtes Interesse daran, nicht zu einem Objekt der wirtschaftlichen Interessen eines Werbetreibenden gemacht zu werden.[85] Abgrenzungsschwierigkeiten konnten sich allenfalls ergeben, wenn Bildnisse bekannter Personen, wie insbesondere Spitzensportler und Unterhaltungskünstler, auf Verlagserzeugnissen wie Büchern[86] oder Wandkalendern[87] als Blickfang auf dem Titelblatt verwendet wurden. Zum maßgeblichen Beurteilungskriterium wurde dabei die Frage erhoben, ob bzw. inwieweit der Abbildung ein thematisches Konzept mit informativen Gehalt zugrunde lag.

In der **„Lafontaine"-Entscheidung hat der BGH** diesen Grundsatz dahingehend **26** modifiziert und eingeschränkt, dass die Abbildung eines prominenten Politikers als Teil einer satirischen Auseinandersetzung mit dem Zeitgeschehen von Art. 5 Abs. 1 S. 1 GG gedeckt ist. „Auch wenn die politische Auseinandersetzung im Rahmen einer Werbeanzeige erfolgt, steht sie unter dem besonderen Schutz der Meinungsäußerungsfreiheit (Art. 5 Abs. 1 S. 1 GG)".[88] Die Konsequenz ist, dass, jedenfalls bei einer satirisch politischen Auseinandersetzung in einer Werbeanzeige, eine Abbildung auch ohne Einwilligung des Betroffenen erlaubt ist, wenn zu der **„Person der Zeitgeschichte"** ein entsprechender thematischer Bezug vorhanden ist. Da das BVerfG aber nicht nur den politischen Diskurs, sondern auch die Unterhaltung unter den Schutz des Art. 5 Abs. 1 S. 1 GG stellt,[89] müsste dies konsequenterweise bedeuten, dass auch eine satirische Auseinandersetzung mit Pro-

---

[82] Siehe dazu BVerfGE 75, 369 – *Strauß-Karikatur*.
[83] Schricker/*Götting*, UrhG, § 60/§ 23 KUG Rn. 15.
[84] BGH GRUR 1956, 427, 428 – *Paul Dahlke*.
[85] BGH NJW 1997, 1152, 1153 – *Bob Dylan*.
[86] Siehe OLG Frankfurt/M. NJW 1989, 402 – *Boris Becker*.
[87] Siehe BGH GRUR 1979, 425 – *Fußballspieler*.
[88] BGH GRUR 2007, 139, 142 Rn. 21 – *Rücktritt des Finanzministers*; vgl. auch BGH, Urt. v. 5. 6. 2008, Az. I ZR 96/07 und I ZR 223/05.
[89] BVerfG NJW 2000, 1021, 1024 – *Caroline von Monaco*.

minenten aus dem Bereich von Sport und Unterhaltung die nicht genehmigte Verwendung ihrer Bildnisse oder auch anderer Persönlichkeitsmerkmale in der Werbung zu legitimieren vermag. Damit wird der Persönlichkeitsschutz über die Hintertür des Art. 5 Abs. 1 S. 1 GG unter Berufung auf einen Informationsgehalt der satirischen Werbung mit Prominenten den kommerziellen Interessen der Werbewirtschaft untergeordnet. Außerdem dürfte diese Rechtsprechung ein erhebliches Maß an Unsicherheit auslösen, da bereits im Bereich der Satire die erforderlichen Abgrenzungen äußerst subtil und diffizil sind.[90] Auch hier zeigt sich einmal mehr, dass die Rechtsprechung nicht in der Lage ist, eine klare Trennungslinie zwischen Informationen zu ziehen, die der politischen Auseinandersetzung in einer demokratischen Gesellschaft dienen und solchen, die ungeachtet satirischer Bezugnahmen auf prominente Politiker für einen Werbezweck genutzt werden. Es manifestiert sich eine Neigung zu einer reflexhaften Präponderanz der Meinungsfreiheit gegenüber dem Persönlichkeitsschutz.

B. Rechtsnatur

I. Mutter- oder Quellrecht

27   In dem Bewusstsein, dass sich das Persönlichkeitsrecht in seiner Substanz in umfassender Weise kaum definieren lässt, weil es gerade angesichts der bestimmenden Einflüsse der technologischen, ökonomischen und sozialen Veränderungen auf seine Ausgestaltung „entwicklungsoffen" ist, begnügt man sich mit sehr allgemeinen, metaphorischen Beschreibungen seiner Rechtsnatur. Dominierend ist die Charakterisierung als **Mutter-oder Quellrecht**.[91] Danach bildet das Persönlichkeitsrecht die Grundlage für die Herausbildung und Anerkennung neuer besonderer Persönlichkeitsrechte, die als Abspaltung anzusehen sind. Dies bietet den Vorteil, dass das allgemeine Persönlichkeitsrecht nicht statisch definiert wird, sondern sich dynamisch und entwicklungsoffen neuen Herausforderungen anpassen kann und damit umfassend die gesamte Persönlichkeit in allen gegenwärtigen und künftigen, zum Teil noch gar nicht überschaubaren Konfliktlagen schützt.[92] Hiergegen ist von *Baston-Vogt*[93] der Einwand erhoben worden, dass das allgemeine Persönlichkeitsrecht nicht die Quelle für Rechte, sondern selbst ein Recht sei. Nach ihrer Ansicht quellen die „besonderen Persönlichkeitsrechte" nicht aus dem allgemeinen Persönlichkeitsrecht, sondern bilden eigenständige, auf ihren speziellen Anwendungsbereich abgestimmte Schutzmittel, die den allgemeinen Persönlichkeitsschutz ergänzen, erweitern oder auch einschränken. Das allgemeine Persönlichkeitsrecht sei nicht Mutter, sondern Partner der speziellen Persönlichkeitsrechte. Dem ist entgegenzuhalten, dass die Ansicht, wonach die besonderen Persönlichkeitsrechte aus dem allgemeinen Persönlichkeitsrecht herauswachsen, nicht bedeutet, dass das allgemeine Persönlichkeitsrecht selbst kein Recht sei, sondern lediglich den Nährboden darstellt. Es geht nicht um die Frage der Rechtsqualität des allgemeinen Persönlichkeitsrechts, die schon begrifflich aber auch aufgrund der Ableitung aus Art. 1 und 2 GG nicht zu bestreiten ist, sondern um die Konturierung und Konkretisierung einzelner Schutzfunktionen durch besondere Persönlichkeitsrechte, die aber ihrerseits wiederum Wandlungen unterworfen sind und Rückwirkungen auf das Verständnis des allgemeinen Persönlichkeitsrechts entfalten. Ein Bei-

---

[90] Siehe dazu unten § 32 Rn. 160 ff. und § 33 Rn. 55 ff.

[91] Siehe BVerfG NJW 2002, 3767, 3768; BGHZ 24, 72, 78; BGH NJW 1957, 1146; *Hubmann*, Das Persönlichkeitsrecht, S. 131; *Larenz/Wolf*, BGB AT, § 8 I. 2. Rn. 7; siehe dazu eingehend *Baston-Vogt*, Der sachliche Schutzbereich des zivilrechtlichen allgemeinen Persönlichkeitsrechts, S. 101 f.

[92] So *Larenz/Wolf*, ebenda.

[93] *Baston-Vogt*, Der sachliche Schutzbereich des zivilrechtlichen allgemeinen Persönlichkeitsrechts, S. 102.

spiel hierfür liefert das Recht am eigenen Bilde, das als besonderes Persönlichkeitsrecht zu-allererst eine vermögensrechtliche Qualität angenommen[94] und in der Fortentwicklung der Kommerzialisierung wesentlich dazu beigetragen hat, dass der BGH in der „Marlene Dietrich"-Entscheidung die Vererblichkeit der vermögenswerten Bestandteile des Per-sönlichkeitsrechts anerkannt hat.[95]

Vor dem Hintergrund, dass sich das allgemeine Persönlichkeitsrecht und die eventuelle **28** Ausprägung einzelner besonderer Persönlichkeitsrechte in einem dynamischen Entwick-lungsprozess und einer Wechselwirkung befinden, die vor allem durch technologische Veränderungen bestimmt werden, ist es auch gerechtfertigt, von einem **Rahmenrecht**[96] zu sprechen, weil es sich notwendigerweise um ein Recht handelt, das nur den ungefäh-ren Rahmen seines Schutzbereichs absteckt, der aufgrund seiner generalklauselartigen Weite und Unbestimmtheit im Einzelfall eine umfassende Abwägung der beteiligten Gü-ter und Interessen verlangt.[97] In engem Zusammenhang mit der Ausfüllungsbedürftigkeit als Rahmenrecht steht auch die Funktion eines **Auffangtatbestandes**, wonach dem all-gemeinen Persönlichkeitsrecht die Aufgabe zufällt, Lücken im zivilrechtlichen Persön-lichkeitsschutz auszufüllen, die trotz Anerkennung einzelner Persönlichkeitsrechte ver-blieben und im Verlaufe der Zeit aus verschiedenen Gründen immer fühlbarer geworden sind.[98] Hierin liegt entgegen der Meinung von *Baston-Vogt*[99] keine Degradierung zu einer bloßen Rechtsfigur, der die Qualität eines subjektiven Rechts[100] abgesprochen wird, son-dern es handelt sich um eine Funktionsbeschreibung, die sich aus der Unmöglichkeit ergibt, zukünftige, technologische, ökonomische und soziale Entwicklungen zu prognos-tizieren und darauf bereits im Vorfeld zu reagieren. Insofern ist es für einen effektiven Persönlichkeitsschutz unverzichtbar, dass auch bisher unbekannte Phänomene und die sich daraus ergebenden Bedrohungen für den Schutz der Persönlichkeit durch das Netz des allgemeinen Persönlichkeitsrechts „aufgefangen" werden. In der „Soraya"-Entschei-dung hat das BVerfG nachdrücklich betont, dass der Richter nicht nur die Freiheit, son-dern geradezu die Verpflichtung zur Fortbildung des Rechts habe, wenn sich die gesell-schaftlichen Verhältnisse gewandelt haben, andernfalls würde er seine Aufgabe, Recht zu sprechen, verfehlen.[101]

II. Subjektives Recht

Es ist heute nahezu unbestritten, dass das allgemeine Persönlichkeitsrecht in seinen ver- **29** schiedensten Ausprägungen ein subjektives Recht ist. Nachdem sich die zivilrechtliche Dogmatik von dem traditionellen, von der Struktur des Eigentumsrechts orientierten Vorstellung eines Herrschaftsverhältnisses zwischen einem Subjekt und einem Objekt, als einem körperlichen Gegenstand, gelöst hat,[102] wird das subjektive Recht heute als eine von der Rechtsordnung verliehene Willensmacht zur Befriedigung bestimmter Interessen definiert.[103] Das Kernelement der „Rechtsmacht" bezieht sich auf ein festes, der Person zu-geeignetes Machtverhältnis, in dem ihr Wille herrscht.[104] Durch den Ausdruck „Rechts-

---

[94] Siehe dazu nur BGH GRUR 1956, 427 – *Paul Dahlke* sowie unten § 2 Rn. 26.

[95] BGHZ 143, 214 = GRUR 2000, 709 – *Marlene Dietrich*; siehe dazu auch unten § 2 Rn. 33 ff.

[96] *Fikentscher/Heinemann*, Schuldrecht, Rn. 1216.

[97] BGH NJW 1991, 1532; BGH NJW 1994, 124; *Larenz/Wolf*, BGB AT, § 8 I. 2. Rn. 7.

[98] BVerfGE 34, 269, 281 – *Soraya*.

[99] *Baston-Vogt*, Der sachliche Schutzbereich des zivilrechtlichen allgemeinen Persönlichkeitsrechts, S. 97 ff.

[100] Siehe dazu unten Rn. 29 ff.

[101] BVerfGE 34, 269, 288 f. – *Soraya*.

[102] Siehe dazu sogleich unten Rn. 30 ff.

[103] Siehe dazu und zum Folgenden *Baston-Vogt*, Der sachliche Schutzbereich des zivilrechtlichen allgemeinen Persönlichkeitsrechts, S. 87 ff., m. umf. Nachw.

[104] *Larenz/Wolf*, BGB AT, § 14 III. 1. Rn. 11.

macht" soll klargestellt werden, dass dabei nicht die wirtschaftliche Macht angesprochen ist, „sondern eine dem Berechtigten von der Rechtsordnung erteilte und kontrollierte Ermächtigung i.S.v. Handeln, Dürfen und rechtlichem Können, so dass die Definition auch auf Persönlichkeitsrechte zutrifft."[105] Das allgemeine Persönlichkeitsrecht wird sogar als Urbild eines subjektiven Rechts bezeichnet, da diese Rechtsfigur letztlich aus dem Gedanken des moralischen Wertes der Freiheit der Person geboren worden sei.[106]

30   Damit scheinen die Vorbehalte gegen eine Qualifizierung des allgemeinen Persönlichkeitsrechts als subjektives Recht, die in der wissenschaftlichen Diskussion des 19. Jahrhunderts ganz wesentlich zur Ablehnung der Anerkennung eines allgemeinen Persönlichkeitsrechts beitrugen, überwunden. Dass es nicht gelang, das Persönlichkeitsrecht in das Gefüge des Zivilrechts einzuordnen, lag daran, dass es nicht den traditionellen Strukturprinzipien des am Eigentumsrecht orientierten subjektiven Rechts entsprach.[107] Kennzeichnend hierfür war die Willensherrschaft des Subjekts über ein bestimmtes Objekt, welches den Gegenstand von Verfügungen bildete und einen Vermögenswert besaß. Die Anerkennung eines „Herrschaftsrechts über die eigene Person" und die damit verbundene Ineinssetzung von Subjekt und Objekt wurde nicht nur als einen logischen Widerspruch angesehen, sondern auch als eine Missachtung der ethischen Wertigkeit der Person, da sie in letzter Konsequenz zu dem inakzeptablen Ergebnis eines Rechts auf Selbstmord führen müsste.[108]

31   Einen gewissen Widerhall findet der sachenrechtliche Ansatz im Sinne einer Subjekt-Objekt-Herrschaftsrelation bis heute, wenn vereinzelt konstatiert wird, dass das Persönlichkeitsrecht den herkömmlichen Merkmalen des subjektiven Rechts nicht entspreche, da der „Mensch kein Herrschaftsrecht an sich selber zu haben" vermag.[109] Einer Orientierung und Bewertung des allgemeinen Persönlichkeitsrechts am Maßstab des traditionellen Begriffs des subjektiven Rechts hat *Hubmann* bereits in seinem grundlegenden Werk, „Das Persönlichkeitsrecht", aus dem Jahre 1953 eine klare Absage erteilt, indem er festgestellt hat: „Es gereicht der Rechtswissenschaft der Neuzeit keineswegs zu Ehre, daß sie den Begriff des subjektiven Rechts aus der Beziehung des Menschen zu den körperlichen Dingen der Außenwelt abgeleitet hat, so daß sie seine Beziehung zu unkörperlichen Dingen, um sie überhaupt rechtlicher Erfassung zugänglich zu machen und am Rechtsschutz teilnehmen zu lassen, als Immaterialgüterrechte nach Analogie des Eigentums behandeln mußte. Der Mensch als Geistwesen steht in Beziehung nicht nur zur Außenwelt, sondern auch zur Überwelt, zu Ideen und Werten sowie zu seinem eigenen Inneren, das sich wieder als ein Komplex von Beziehungen und Schichten enthüllt hat. Soll der Begriff des subjektiven Rechts ein umfassender, auf alle Erscheinungen menschlichen Daseins anwendbarer sein, so muß er diese Beziehungen mit ergreifen können."[110]

32   Diesen eindrucksvollen Worten *Hubmanns* sollen nur zwei Bemerkungen hinzugefügt werden. Erstens verkennt das rückwärts gewandte Festhalten am traditionellen Begriff des subjektiven Rechts, dass sich Dogmatik neuen rechtlichen Erscheinungsformen anzupassen hat und nicht umgekehrt. Zweitens stellt man sich die Frage, ob die Entwicklung der Immaterialgüterrechte an den Traditionalisten, die offenbar in der formalistischen Enge deutscher Begriffsjurisprudenz gefangen sind, völlig vorbeigegangen ist.

---

[105] *Larenz/Wolf*, ebenda.
[106] *Krüger-Nieland*, Karlsr. Forum 1961, 15, 18; zustimmend *Baston-Vogt*, Der sachliche Schutzbereich des zivilrechtlichen allgemeinen Persönlichkeitsrechts, S. 89.
[107] Siehe *Götting*, Persönlichkeitsrechte als Vermögensrecht, S. 5 f., m. w. N.
[108] So *Savigny*, System des heutigen Römischen Rechts, Bd. 1, S. 336, zitiert nach *Coing*, Europäisches Privatrecht, Bd. 2, S. 297; *Leuze*, Die Entwicklung des Persönlichkeitsrechts im 19. Jahrhundert, S. 175; *Scheyhing* AcP 158 (1959), 503, 517.
[109] *Beuthien* NJW 2003, 1220, 1221.
[110] *Hubmann*, Das Persönlichkeitsrecht, S. 116.

III. Vermögensrecht

1. Begriffsklärung

Der Gedanke, dass Persönlichkeitsrechten vermögensrechtliche Qualität zukommen   33
kann, galt lange Zeit als eine Provokation, die ganz überwiegend auf entschiedene Ablehnung stieß, denn sie rührt an einer in der deutschen Dogmatik fest verankerten Vorstellung
über das Verhältnis beider Rechte zueinander. Die traditionell dominierende dualistische
Ausrichtung des Verständnisses von Persönlichkeitsrechten führte dazu, dass sie in einem
antinomischen Gegensatz zu den Vermögensrechten gestellt wurden. Die Gründe für die
Fokussierung der Persönlichkeitsrechte auf den ideellen Bereich und ihre disjunktive Abgrenzung von den Vermögensrechten sind vielschichtig. Einen philosophischen Einfluss
auf diese idealistische Prägung mag der deutsche Idealismus ausgeübt haben. *Kant* rückte
zwar die Autonomie der Persönlichkeit in das Zentrum seines philosophischen Denkens,
hatte dabei aber vor allem das Leitbild der „sittlichen Persönlichkeit" im Sinne einer ethischen Maxime im Auge.[111] Außerdem hatte die Unterscheidung zwischen dem Eigentum
als „äußere Sphäre der Freiheit" i.S.v. *Hegel* und der autonomen Persönlichkeit selbst eine
weit zurückreichende rechtsphilosophische Tradition.[112] Eine wesentliche Rolle dürfte
auch der Umstand gespielt haben, dass sich das Persönlichkeitsrecht nicht in die traditionelle Struktur des subjektiven Rechts einordnen ließ, für das die Willensherrschaft des Subjekts über ein bestimmtes Objekt als charakteristisch angesehen wurde, welches den Gegenstand von Verfügungen bildete und einen Vermögenswert besaß. In krassem Gegensatz dazu
stand das unveräußerliche Persönlichkeitsrecht, das nicht auf ein Herrschaftsobjekt bezogen
ist, sondern auf das Subjekt, die Person „als Zweck an sich", die ihren angeborenen ethischen
Wert in sich selbst trägt.[113] Im Zusammenhang mit der Deutung der Persönlichkeitsrechte
und ihrer Antinomie zu den Vermögensrechten wird auch eine Verbindung zum Gleichheitssatz hergestellt: Während Persönlichkeitsrechte jedermann von Geburt aus zustehen,
kommen niemandem von Geburt an Vermögensrechte zu, sondern sie müssen erst erworben werden und ihre Verteilung ist ungleich.[114] Der Konzeption der Hauptvertreter der
Persönlichkeitstheorie entspricht die Annahme eines solchen kontradiktorischen Verhältnisses zwischen den Persönlichkeits- und Vermögensrechten nicht. Ganz im Gegenteil findet sich bei *v. Gierke*[115], dem wohl bedeutendsten Pionier des Persönlichkeitsschutzes, die
ausdrückliche Feststellung, dass manche Persönlichkeitsrechte zugleich Vermögensrechte
seien. Auch *Gareis* und *Kohler* erkannten die vermögensrechtliche Bedeutung von Persönlichkeitsrechten an.[116] Gleiches gilt auch für *Hubmann*, der nach dem Zweiten Weltkrieg die
Grundlage der persönlichkeitsrechtlichen Dogmatik geschaffen hat.[117] Diese Einschätzung
erklärt sich daraus, dass Persönlichkeitsrechte auch und gerade Rechtspositionen betrafen,
die in einer engen Verbindung zur Persönlichkeit standen, bei denen es aber auch und zum
Teil sogar vorrangig um den Schutz wirtschaftlicher Interessen ging.[118] In der „Marlene
Dietrich"-Entscheidung weist der BGH ausdrücklich darauf hin,[119] dass das Warenzeichenrecht vom Reichsgericht noch als Persönlichkeitsrecht eingeordnet wurde.[120]

---

[111] Siehe *Götting*, Persönlichkeitsrechte als Vermögensrecht, S. 5.
[112] *Ohly*, „Volenti non fit iniuria" Die Einwilligung im Privatrecht, S. 157.
[113] *Götting*, Persönlichkeitsrechte als Vermögensrecht, S. 5.
[114] *Schwab*, Einführung in das Zivilrecht, S. 129 Rn. 279.
[115] Deutsches Privatrecht, Bd. I, S. 706.
[116] Siehe *Ohly*, „Volenti non fit iniuria" Die Einwilligung im Privatrecht, S. 157, m. w. N.
[117] Siehe *Hubmann*, Das Persönlichkeitsrecht, S. 133 ff.
[118] Eingehend dazu *Simon*, Das allgemeine Persönlichkeitsrecht und seine gewerblichen Erscheinungsformen, passim; *Klippel*, Der zivilrechtliche Schutz des Namens, S. 192 ff.; *Dölemeyer/Klippel* in:
FS 100 Jahre GRUR, S. 185, 224 ff. Rn. 67 ff.
[119] BGH GRUR 2000, 709, 713 – *Marlene Dietrich*.
[120] RGZ 69, 401, 403 – *Nietzsche-Briefe*; RGZ 108, 8, 9 – *Saccharin*; RGZ 113, 413, 414 – *Der Tor
und der Tod*; siehe dazu auch *Götting* in: FS Beier, S. 233, 234 f.

2. Abgrenzung gegenüber den Immaterialgüterrechten

34   Eine Ursache für die häufig anzutreffende Annahme einer Dichotomie von Persönlichkeits- und Vermögensrechten dürfte auch die Gleichsetzung oder Vermengung der Begriffe „Vermögensrechte" und **„Immaterialgüterrechte"** sein. Der behauptete Gegensatz besteht nämlich nicht zwischen Persönlichkeits- und Vermögensrechten, sondern zwischen Persönlichkeits- und Immaterialgüterrechten.[121] Anfänglich wurden diejenigen Rechte, die heute den Immaterialgüterrechten zugerechnet werden, wie insbesondere das Warenzeichenrecht, von einem weit verstandenen Begriff des Persönlichkeitsrechts erfasst.[122] Auch der BGH weist in der „Marlene Dietrich"-Entscheidung[123] auf die Metamorphose des Warenzeichenrechts vom Persönlichkeitsrecht zum Immaterialgüterrecht hin. Die Unterscheidung zwischen beiden Kategorien geht auf *Kohler* zurück, der den Begriff des Immaterialgüterrechts prägte, nachdem sich herausgestellt hatte, dass sich in Deutschland anders als in Frankreich oder England die Idee des „geistigen Eigentums" nicht durchsetzen konnte.[124] Nach seiner Definition ist das wesentliche Abgrenzungskriterium für die Unterscheidung zwischen Persönlichkeits- und Immaterialgüterrechten in dem Grad der Verkehrsfähigkeit und damit Veräußerlichkeit zu sehen. Während Persönlichkeitsrechte wegen ihrer Verknüpfung mit dem Rechtsträger als höchstpersönliche Rechte unübertragbar sind und nur in eng begrenztem Maße kraft obligatorischer Vereinbarungen disponibel sind, sind Immaterialgüterrechte Rechte an verselbständigten, verkehrsfähigen geistigen Gütern.[125] Obwohl beide Rechte begrifflich einander ausschließende Gegensätze bilden, stehen sie schon aufgrund ihrer gemeinsamen historischen Wurzeln sachlich in einem engen Zusammenhang. Außerdem ist die Einordnung in eine der Kategorien nicht von axiomatischer, zeitloser Gültigkeit, sondern unterliegt Veränderungen. So kann ein Persönlichkeitsrecht sich aufgrund bestimmter Umstände, wie der technischen Entwicklung oder gewandelter Anschauung, derart von der Person ablösen und verselbständigen, dass es zu einem Immaterialgüterrecht wird. Ein Beispiel hierfür liefert die bereits erwähnte Entwicklung des Warenzeichenrechts vom Persönlichkeits- zum Immaterialgüterrecht. Außerdem gibt es Mischformen, wie das Urheberrecht, in denen ideelle und materielle Interessen untrennbar ineinander verwoben sind. Es ist zugleich Persönlichkeits- und Vermögensrecht. Die zum Teil anzutreffende persönlichkeitsrechtliche Überhöhung oder gar Mystifizierung des Urheberrechts ist weltfremd. *Hubmann* hat zutreffend festgestellt: „Auch der Künstler, der sein Werk nur um der Kunst willen schafft, muß doch von ihm leben, er muß damit zugleich Vermögenswerte erstreben, um sich die Grundlage seines Schaffens zu erhalten."[126]

35   Zu den Immaterialgüterrechten zählt das **Urheberrecht** deshalb nicht, weil es gemäß § 29 Abs. 1 UrhG nach dem in Deutschland geltenden monistischen Ansatz nicht nur hinsichtlich der Urheberpersönlichkeitsrechte, sondern als Ganzes auch hinsichtlich seiner Verwertungsrechte nicht übertragbar ist. Allerdings nähert sich das Urheberrecht in starkem Maße an ein Immaterialgüterrecht an, da der Urheber die Möglichkeit hat, in weitem Umfang darüber zu disponieren, indem er anderen gegenständlich wirkende Nutzungsrechte einräumt. Zudem sind nicht nur die verwertungsrechtlichen, sondern auch die persönlichkeitsrechtlichen Befugnisse so weit disponibel, dass nur ein im Einzelfall durch Interessenabwägung zu ermittelnder unverzichtbarer Kern beim Rechtsinhaber

---

[121] Siehe hierzu und zum Folgenden *Götting*, Persönlichkeitsrechte als Vermögensrecht, S. 9 ff.

[122] Siehe *Dölemeyer/Klippel* in: FS 100 Jahre GRUR, S. 185, 228 f. Rn. 73 f., m. umf. Nachw.

[123] BGH GRUR 2000, 709, 712 f.

[124] Siehe *Kohler* AcP 82 (1894), S. 141 f.

[125] Siehe *Kohler*, Autorrecht, S. 74; siehe auch *Forkel* in: FS Paulick, S. 101, 108; *ders.*, GRUR 1988, 491 ff.; *Hubmann* in: FS Lehmann, S. 812, 821; *Klippel*, Der zivilrechtliche Schutz des Namens, S. 497; *Dölemeyer/Klippel* in: FS 100 Jahre GRUR, S. 185, 229 Rn. 74; *Merkel*, Begriff des Immaterialgüterrechts, S. 78 ff.; *Seetzen*, Der Verzicht im Immaterialgüterrecht, S. 36 ff.; *Schönherr* in: FS Troller, S. 57, 62; siehe auch *Peukert* ZUM 2000, 710, 711, 715.

[126] *Hubmann*, Das Persönlichkeitsrecht, S. 133.

bleibt.[127] Vor diesem Hintergrund ist es gerechtfertigt, das Urheberrecht als ein Mischrecht zwischen Persönlichkeits- und Immaterialgüterrecht zu bezeichnen.[128]

3. Schlussfolgerungen

Mit Blick auf die kommerzielle Verwertung der Identitätsmerkmale von zumeist prominenten Persönlichkeiten für Zwecke der Werbung und des Merchandising lässt sich kaum bestreiten, dass Persönlichkeitsrechte insoweit auch einen vermögensrechtlichen Gehalt aufweisen und demnach entgegen der häufig anzutreffenden antinomischen Abgrenzung beider Kategorien auch als Vermögensrechte zu qualifizieren sind. Der BGH hat sich hierzu in der „Marlene Dietrich"-Entscheidung eindeutig bekannt, indem er ein Resümee seiner bisherigen Rechtsprechung gezogen hat. Wörtlich hat er ausgeführt: „Das allgemeine Persönlichkeitsrecht und seine besonderen Erscheinungsformen dienen in erster Linie dem Schutz ideeller Interessen, insbesondere dem Schutz des Wert- und Achtungsanspruchs der Persönlichkeit. Dieser Schutz wird dadurch verwirklicht, dass bei einer Verletzung dieser Rechte neben Abwehransprüchen auch Schadensersatzansprüche in Betracht kommen, die nicht nur den Ersatz materieller, sondern – wenn es sich um einen schwerwiegenden Eingriff handelt und die Beeinträchtigung nicht in anderer Weise befriedigend ausgeglichen werden kann – auch auf den Ausgleich immaterieller Schäden gerichtet sind." „Darüber hinaus schützen das allgemeine Persönlichkeitsrecht und seine besonderen Ausprägungen aber auch vermögenswerte Interessen der Person. Der Abbildung, dem Namen sowie sonstigen Merkmalen der Persönlichkeit, wie etwa der Stimme, kann ein beträchtlicher wirtschaftlicher Wert zukommen, der im Allgemeinen auf der Bekanntheit und dem Ansehen der Person in der Öffentlichkeit – meist durch besondere Leistungen etwa auf sportlichem oder künstlerischem Gebiet erworben – beruht. Die bekannte Persönlichkeit kann diese Popularität und damit ein verbundenes Image dadurch wirtschaftlich verwerten, dass sie Dritten gegen Entgelt gestattet, ihr Bildnis oder ihren Namen, aber auch andere Merkmale der Persönlichkeit, die ein Wiedererkennen ermöglichen, in der Werbung für Waren oder Dienstleistungen einzusetzen. Durch eine unerlaubte Verwertung ihrer Persönlichkeitsmerkmale, etwa für Werbezwecke, werden daher häufig weniger ideelle als kommerzielle Interessen der Betroffenen beeinträchtigt, weil diese sich weniger in ihrer Ehre und ihrem Ansehen verletzt fühlen, als vielmehr finanziell benachteiligt sehen.[129] Der BGH hat die kommerziellen Interessen an der Persönlichkeit von jeher in den durch die Persönlichkeitsrechte gewährleisteten Schutz einbezogen: Die Persönlichkeitsrechte sollen danach die allein dem Berechtigten zustehende freie Entscheidung darüber schützen, ob und unter welchen Voraussetzungen sein Bildnis oder sein Name – Entsprechendes gilt für andere kennzeichnende Persönlichkeitsmerkmale – den Geschäftsinteressen Dritter dienstbar gemacht wird.[130] Im Hinblick auf die wirtschaftlichen Interessen an der Persönlichkeit hat der BGH anerkannt, dass das Persönlichkeitsrecht auch vermögenswerte Bestandteile aufweist.[131] Dementsprechend hat er das Recht am eigenen Bild als ein vermögenswertes Ausschließlichkeitsrecht bezeichnet und generell bei der Verletzung des Persönlichkeitsrechts Ersatzansprüche für möglich erachtet."[132]

---

[127] Siehe Schricker/*Dietz*, UrhG, Vor §§ 12ff. Rn. 27ff.

[128] *Götting*, Persönlichkeitsrechte als Vermögensrecht, S. 11.

[129] Unter Hinweis auf *Schlechtriem* in: FS Hefermehl, S. 445, 465; *Götting*, Persönlichkeitsrechte als Vermögensrechte, S. 266.

[130] Unter Hinweis auf BGHZ 20, 345, 350 f. = GRUR 1956, 427 – *Paul Dahlke*; BGHZ 81, 75, 80 = NJW 1981, 2402 – *Carrera*.

[131] Unter Hinweis auf BGHZ 50, 133, 137 = GRUR 1968, 552 – *Mephisto*.

[132] BGH GRUR 2000, 709, 712 – *Marlene Dietrich*, unter Hinweis auf BGHZ 20, 345, 353 und 355 = GRUR 1956, 427 – *Paul Dahlke*; BGHZ 30, 7, 16 = GRUR 1959, 430 – *Caterina Valente*; BGH GRUR 1961, 138, 140 – *Familie Schölermann*; BGH GRUR 1979, 732, 734 – *Fußballtor*; BGH GRUR 1992, 557, 558 = NJW 1992, 2084 – *Joachim Fuchsberger*.

37   Die Anerkennung als Vermögensrecht, soweit es um die kommerzielle Verwertung, insbesondere für Werbe- und Merchandisingzwecke, geht, ist Ausfluss der Funktion des Persönlichkeitsschutzes, die Selbstbestimmung und freie Entfaltung der Persönlichkeit zu schützen. Dies gilt auch und gerade in wirtschaftlicher Hinsicht im Sinne eines **„wirtschaftlichen Persönlichkeitsrechts".**[133] Mit der Anerkennung eines vermögensrechtlichen Zuweisungsgehalts, der früher entschieden abgelehnt wurde,[134] wird ein effektiver Schutz vor kommerzieller Fremdbestimmung erreicht, weil dem Rechtsträger bei einer unautorisierten Nutzung seiner Persönlichkeitsmerkmale ein Schadensersatz- bzw. ein Ausgleichsanspruch aufgrund von Eingriffskondiktion, insbesondere nach Maßgabe der Lizenzanalogie, zusteht.[135] In diesem Zusammenhang ist darauf hinzuweisen, dass die vermögensrechtliche Qualität nicht in erster Linie eine rechtliche, sondern eine faktische Frage ist, über die der Marktmechanismus entscheidet. Kein Recht hat an und für sich einen „abstrakten" wirtschaftlichen Wert, sondern erlangt diesen erst aufgrund einer Nachfrage als „Wirtschaftsgut". An diese ökonomische Wertentscheidung ist die Rechtsordnung grundsätzlich gebunden, denn aus dem Prinzip der Privatautonomie folgt, dass es der freien Entscheidung von Anbietern und Nachfragern überlassen bleibt, ob sie Persönlichkeitsdetails zum Gegenstand wirtschaftlicher Verwertung machen oder nicht. An diese ökonomische Wertentscheidung ist die Rechtsordnung grundsätzlich gebunden. Sie darf dagegen nur dann einschreiten, wenn höherrangige rechtliche oder ethische Prinzipien entgegenstehen. Ansonsten hat sie den rechtlichen Ordnungsrahmen zu schaffen und erforderlichenfalls korrigierend einzugreifen, um bei auftretenden Konflikten und Problemen sach- und interessengerechte Lösungen zu gewährleisten.[136] Hiervon geht auch der BGH aus, wenn er in der „Marlene Dietrich"-Entscheidung Folgendes ausführt: „Zum anderen ist zu bedenken, dass die Rechtsordnung hinsichtlich der Vermarktung rechtlich geschützter Positionen kein starres System bildet, an dem sich die Wirklichkeit orientieren müsste. Vielmehr kommt dem Recht neben der nicht zu bestreitenden Aufgabe, durch Wertentscheidungen vorgegebene Grenzen zu setzen, auch eine dienende Funktion zu, indem es einen Ordnungsrahmen auch für neue Formen der Vermarktung bieten muss, die im Interesse sowohl des Vermarkters als auch desjenigen liegen, der eine solche Vermarktung seiner Person gestatten möchte. Zwar muss die Rechtsordnung den Forderungen, die sich aus der fortschreitenden Kommerzialisierung des Persönlichkeitsrechts ergeben, dort entgegentreten, wo höherrangige rechtliche oder ethische Prinzipien dies gebieten".[137]

38   Eine wesentliche Beschränkung des „wirtschaftlichen Selbstbestimmungsrechts" und der aus der ökonomischen Wertentscheidung erwachsenden Marktgängigkeit von Name, Bildnis oder anderen Identitätskennzeichen ist der Grundsatz der Unübertragbarkeit von Persönlichkeitsrechten, der zwar aufgrund der Kommerzialisierung ins Wanken geraten ist, an dem aber im Kern festzuhalten ist. Eine translative Übertragung von Persönlichkeitsrechten ist mit der Höchstpersönlichkeit von Persönlichkeitsmerkmalen unvereinbar. Niemand kann gänzlich und ein für alle Mal auf sein Selbstbestimmungsrecht bezüglich seiner Darstellung verzichten und sich der Fremdbestimmung eines anderen ausliefern. Dies stünde im Widerspruch zum Leitbild der personalen Autonomie, wie sie als Bestandteil der objektiven Wertordnung in Art. 1, 2 GG verankert ist, über die der Einzelne nicht disponieren kann, sondern an die er gebunden ist. Aus dieser Unverzichtbar-

---

[133] Siehe dazu unten § 45.

[134] Siehe *Mestmäcker* JZ 1958, 521, 525; *Raiser* JZ 1961, 465, 468; *Kleine* GRUR 1968, 654.

[135] Siehe zusammenfassend BGH GRUR 2000, 709, 712 ff. – *Marlene Dietrich*.

[136] I.d.S. mit Blick auf den Bildnisschutz *Götting*, Persönlichkeitsrechte als Vermögensrechte, S. 66; kritisch dazu *Helle* JZ 2007, 444, 450 f.

[137] BGH GRUR 2000, 709, 713 – *Marlene Dietrich*, unter Hinweis auf *Schlechtriem* in: FS Hefermehl, S. 445, 453, 457; *Chr. Krüger* GRUR 1980, 628, 637; *Dasch*, Die Einwilligung zum Eingriff in das Recht am eigenen Bild, S. 22 f.; *Götting*, Persönlichkeitsrechte als Vermögensrechte, S. 66 f.

keit folgt zwingend die Unübertragbarkeit.[138] Aus dem Selbstbestimmungsrecht über die eigene Identität und dem Prinzip der Privatautonomie folgt aber andererseits, dass der Person das Recht zuzugestehen ist, anderen Nutzungsrechte an ihren Persönlichkeitsrechten einzuräumen, die gegenüber Dritten und auch ihr selbst eine absolute, gegenständliche Wirkung entfalten.

Als Modell kann das wegen des vergleichbaren Ineinandergreifens ideeller und vermö- **39** gensrechtlicher Belange ebenfalls unübertragbare **Urheberrecht** herangezogen werden. Danach kann der Rechtsinhaber in Anlehnung an die Regelung des § 31 UrhG einem anderen ausschließliche oder einfache Nutzungsrechte einräumen, die räumlich, zeitlich oder inhaltlich beschränkt werden können. Eine pauschale Rechtseinräumung zur kommerziellen Nutzung, die in Verträgen häufig als „Übertragung" bezeichnet wird, ist abzulehnen. Im Sinne des urheberrechtlichen Zweckübertragungsgrundsatzes ist zum einen eine Bestimmtheit oder zumindest Bestimmbarkeit des Inhalts und der Reichweite der Rechtseinräumung zu verlangen und zum anderen im Sinne einer restriktiven Auslegung eine strikte Beschränkung auf den jeweiligen Vertragszweck vorzunehmen.[139] Mit Rücksicht darauf, dass die Persönlichkeit sich in einem permanenten dynamischen Entwicklungsprozess befindet und Veränderungen, manchmal sogar tiefgreifenden Wandlungen unterliegt, ist dem Träger des Persönlichkeitsrechts ein Widerrufsrecht aus wichtigem Grund zuzugestehen, wobei in Anlehnung an § 42 UrhG insbesondere an einen Widerruf wegen gewandelter Überzeugung zu denken ist. Da es für den Rechtsinhaber von wesentlicher Bedeutung ist, von wem seine Identität kommerziell verwertet wird, sollte eine Weiterübertragung eines Nutzungsrechts entsprechend der urheberrechtlichen Regelung in § 34 Abs. 1 S. 1 UrhG von seiner Zustimmung abhängig gemacht werden. Auch hierin kommt die fortwirkende Bindung an den unverzichtbaren und unübertragbaren höchstpersönlichen Kern des Persönlichkeitsrechts zum Ausdruck, der auch und gerade im Verhältnis zu Dritten zu beachten ist und die Verkehrsfähigkeit der Nutzungsrechte in gleicher Weise wie im Urheberrecht einschränkt.

Eine Abspaltung der kommerziellen Verwertungsrechte und deren Verselbständigung **40** zu Immaterialgüterrechten, den sog. **„Persönlichkeitsgüterrechten"**,[140] ist abzulehnen. Eine solche dualistische Trennung, wie sie auch im amerikanischen Recht vorgenommen wird, wo man strikt zwischen „Right of Privacy" und „Right of Publicity" unterscheidet,[141] trägt der Tatsache, dass ideelle und materielle Interessen miteinander verknüpft sind und in einer Wechselwirkung zueinander stehen, nicht hinreichend Rechnung. Bei einer solchen Aufspaltung zwischen der ideellen und der materiellen Sphäre müssten die Verwertungsrechte völlig frei und ungehindert, ohne irgendeine Rücksichtnahme auf die ideellen Belange, die durch die Kommerzialisierung berührt werden, übertragbar sein. Ein solcher „Totalausverkauf" der Persönlichkeit, die selbst bei Kollision mit existentiellen Grundüberzeugungen des Rechtsträgers zu einer vollständigen Fremdbestimmung führt, widerspricht dem mit Persönlichkeitsrechten verfolgten Grundanliegen, die Würde und das Selbstbestimmungsrecht des Menschen zu wahren, ohne ihm aber das wirtschaftliche Selbstbestimmungsrecht vollständig zu verweigern.[142] Die vorgeschlagene immaterialgüterrechtliche Ablösung der mit dem Persönlichkeitsrecht verknüpften kommerziellen Verwertungsrechte stößt zu Recht auf verfassungsrechtliche Bedenken.[143]

---

[138] *Götting*, a. a. O., S. 278.
[139] Siehe *Götting*, Persönlichkeitsrechte als Vermögensrechte, S. 279.
[140] I.d.S. *Beuthien* NJW 2003, 1220 ff.; *ders.* ZUM 2003, 261 f.; siehe auch *Ullmann* AfP 1999, 209, 214; kritisch *Peukert* ZUM 2000, 710, 715; siehe auch unten § 2 Rn. 32.
[141] Siehe zum US-amerikanischen Recht eingehend unten § 69.
[142] *Götting* GRUR 2004, 801, 805.
[143] Siehe *Peukert* ZUM 2000, 710, 715.

41   Die in Abweichung vom Prinzip der Unübertragbarkeit anerkannte Vererblichkeit der vermögenswerten Bestandteile,[144] deren Schutzdauer inzwischen auf 10 Jahre begrenzt wurde,[145] dient ganz wesentlich der Wahrung der ideellen Interessen des Verstorbenen, weil sie eine effektive Handhabe gegen eine unkontrollierte und mit seinen Überzeugungen kollidierende Ausbeutung seiner Persönlichkeitsmerkmale bieten.[146]

§ 2. Geschichte des Persönlichkeitsrechts

Inhaltsübersicht

Schrifttum: *Acquarone*, L'ambiguïté de droit à l'image, D. Chron. 1985, 129; *Beater/Habermeier*, Verletzungen von Persönlichkeitsrechten durch die Medien, 2004; *Beseler*, System des gemeinen deutschen Privatrechts, 1853; *Beuthien/Schmölz*, Persönlichkeitsschutz durch Persönlichkeitsgüterrechte, 1999; *Bötticher*, Zur Ausrichtung der Sanktion nach dem Schutzzweck verletzten Privatrechtsnorm, AcP 158 (1959/1960), 385; *Brehmer/Voegeli*, Das allgemeine Persönlichkeitsrecht, JA 1978, 374; *Brüggemeier*, Oberstes Gesetz ist das Wohl des deutschen Volkes, JZ 1990, 24; *Buchner*, Informationelle Selbstbestimmung im Privatrecht, 2006; *v. Caemmerer*, Der privatrechtliche Persönlichkeitsschutz nach deutschem Recht, in: FS von Hippel, 1967, S. 27; *Coing*, Zur Entwicklung des zivilrechtlichen Persönlichkeitsschutzes, JZ 1958, 558; *ders.*, Die Entwicklung des Persönlichkeitsrechts im 19. Jahrhundert, in: FS Maihofer, 1988, S. 75; *ders.*, Europäisches Privatrecht, Bd. 2, 1989; *Dreier*, Kompensation und Prävention, 2002; *Ebert*, Pönale Elemente im deutschen Privatrecht, 2004; *Forkel*, Lizenzen an Persönlichkeitsrechten durch gebundene Rechtsübertragung, GRUR 1988, 491; *Freitag*, Die Kommerzialisierung von Darbietung und Persönlichkeit des ausübenden Künstlers, 1993; *Gaillard*, Le double nature de droit à l'image et ses conséquences en droit positif français, D. Chron. 1984, 161; *v. Gierke*, Deutsches Privatrecht, Bd. 1, 1859; *ders.*, Der Entwurf eines bürgerlichen Gesetzbuchs und das deutsche Recht, 1898; *Götting*, Persönlichkeitsrechte als Vermögensrechte, 1995, *ders.*, Die bereicherungsrechtliche Lizenzanalogie bei Persönlichkeitsverletzungen, in: FS Ullmann, 2006, S. 65; *ders.*, Die Vererblichkeit der vermögenswerten Bestandteile des Persönlichkeitsrechts – ein Meilen-

---

[144] BGH GRUR 2000, 709 – *Marlene Dietrich*.
[145] BGH GRUR 2007, 168, 169 f. – *kinski-klaus.de*.
[146] IdS. BGH GRUR 2000, 709, 713 – *Marlene Dietrich*.

stein in der Rechtsprechung des BGH, NJW 2001, 585; *ders.,* Sanktionen bei Verletzung des post-mortalen Persönlichkeitsrechts, GRUR 2004, 801; *Helle,* Besondere Persönlichkeitsrechte im Privat-recht, 1991, *Kindler,* Einführung in das italienische Recht, 1993; *Klass,* Die zivilrechtliche Einwilli-gung als Instrument zur Disposition über Persönlichkeitsrechte, AfP 2005, 507; *Klingenberg,* Vom persönlichen Recht zum Persönlichkeitsrecht. Zur Entwicklung der Urheberrechtstheorie im 19. Jahrhundert, ZRG Germ. Abt. 96 (1979), 183; *Kohler,* Das Eigenbild im Recht, 1903; *ders.,* Urhe-berrecht an Schriftwerken und Verlagsrecht, 1907; *ders.,* „Das Recht an Briefen", ArchBürgR 7, 94; *Leuze,* Die Entwicklung des Persönlichkeitsrechts im 19. Jahrhundert, 1962; *Magold,* Personenmer-chandising, 1994; *Meyer,* Privatrechtliche Persönlichkeitsrechte, Diss. Basel, 2008; *Ohly,* „Volenti non fit iniuria" Die Einwilligung im Privatrecht, 2002; *Peukert,* Persönlichkeitsbezogene Immaterialgüterrechte?, ZUM 2000, 710; *Prantl,* Die journalistische Information zwischen Aus-schlußrecht und Gemeinfreiheit, 1983; *Reber,* Die Schutzdauer des postmortalen Persönlichkeitsrechts in Deutschland und den USA (von Marlene Dietrich über Klaus Kinski zu Marilyn Monroe) – ein Irrweg des Bundesgerichtshofs?, GRUR Int. 2007, 492; *v. Savigny,* System des heutigen Römischen Rechts, Bd. 1, 1814; *Schack,* Besprechung von: Götting, Persönlichkeitsrechte als Vermögensrechte, AcP 195 (1995), 594; *Schertz,* Merchandising, 1997; *Scheyhing,* Zur Geschichte des Persönlichkeits-rechts im 19. Jahrhundert, AcP 158 (1959), 503; *Schricker,* Urheberrecht, 3. Aufl. 2006; *Simon,* Das allgemeine Persönlichkeitsrecht und seine gewerblichen Erscheinungsformen, 1981; *Ullmann,* Per-sönlichkeitsrechte in Lizenz?, AfP 1999, 209; *Ulmer,* Urheber- und Verlagsrecht, 3. Aufl. 1980; *Unger,* System des österreichischen allgemeinen Rechts I, 1892.

A. Einleitung

Die Geschichte des Persönlichkeitsrechts lässt sich ebenso schwer erfassen wie die Per- 1 sönlichkeit und das Persönlichkeitsrecht. Sie weist keine klar umrissenen Konturen auf und ist nicht monokausal oder eindimensional verlaufen, sondern vollzog sich in einem bis heute nicht abgeschlossenen Prozess, der aus den verschiedensten Quellen gespeist wird, die sich gegenseitig beeinflusst oder miteinander vereint haben. Auch wenn das **„Leserbrief"-Urteil des BGH** vom 25. 5. 1954[1] als der „Geburtstag" des allgemeinen Persönlichkeitsrechts angesehen wird, so bildet dieses Datum nicht den Ausgangspunkt der Entwicklung, sondern markiert lediglich einen Durchbruch, weil ein umfassendes, nicht abschließend definiertes und auch nicht definierbares allgemeines Persönlichkeits-recht als grundlegendes Institut des positiven Rechts anerkannt wurde. Hinter diesem Meilenstein liegt aber ein langer, beschwerlicher und oftmals verschlungener Weg. Nach der „Leserbrief"-Entscheidung[2] eröffnete sich ein weites Feld, das ganz im Sinne des *„case law"* von der Rechtsprechung durch eine Vielzahl von Entscheidungen mit Fixpunkten versehen wurde, das sich aber bis heute nicht endgültig überschauen lässt. Ein entschei-dender Grund hierfür liegt darin, dass das Bedürfnis nach einem Persönlichkeitsschutz und dementsprechend die Herausbildung des Persönlichkeitsrechts in seinen verschieden-sten Ausprägungen ganz wesentlich von der technologischen Entwicklung bestimmt wird. Im Zuge technologischer und ökonomischer Veränderungen zeichnen sich deshalb immer neue Horizonte ab, die sich aber kaum verlässlich antizipieren lassen. Im Hinblick auf die prognostische Unsicherheit ist man deshalb geneigt, in Anlehnung an eine gän-gige Beschreibung des Phänomens „Wettbewerb" auch in Bezug auf die fortschreitende Entwicklung des Persönlichkeitsrechts von einem „dynamischen Entdeckungsverfahren" zu sprechen. Unter dem Blickwinkel des technologisch bedingten Entwicklungsprozesses des Persönlichkeitsrechts lassen sich retrospektiv einige Phänomene identifizieren, die einen nachhaltigen Einfluss ausgeübt haben. Dabei ist freilich zu berücksichtigen, dass die Wirkungszusammenhänge so vielschichtig sind, dass die Entwicklungslinien sich überlagern oder ineinander verflochten sind.

---

[1] BGHZ 13, 334 = NJW 1954, 1404 – *Leserbrief.*
[2] Ebenda.

2   Eine ganz wesentliche Antriebsfeder für die Entwicklung des Persönlichkeitsschutzes
ist die Drucktechnik und die damit verbundenen Vervielfältigungsmöglichkeiten als
Grundlage für eine Information und Kommunikation, die ein massenmediales Forum geschaffen hat, das über den sozialen Nahbereich weit hinausreicht. Hieraus resultierte mit
der Entstehung von Printmedien mit hohen Auflagen, die sich als kommerzielle Unternehmen vor allem von dem Ziel einer profitablen Vermarktung von Information und
Sensation leiten lassen, ein wachsender Verlust der Kontrolle über die „informationelle
Selbstbestimmung". Dies hatte vor allem zur Konsequenz, dass **Indiskretionen** aus dem
persönlichen Bereich gegen den Willen des Betroffenen verbreitet wurden. Hieraus erwuchs die Forderung nach einem Schutz der Privatsphäre. Ihr wurde zunächst über dem
Umweg des Urheberrechts, insbesondere auch durch eine großzügige Anerkennung der
erforderlichen Werkqualität, mit Hilfe des dem Autor persönlicher Aufzeichnungen zustehenden Veröffentlichungs- und Verbreitungsrecht entsprochen.[3] Dem wenig befriedigenden Zustand, dass der Schutz der Privatsphäre davon abhing, ob die privaten Aufzeichnungen die für einen urheberrechtlichen Schutz erforderliche Schöpfungshöhe besa-
ßen, wurde erst durch die Anerkennung des allgemeinen Persönlichkeitsrechts durch die
„Leserbrief"-Entscheidung[4] ein Ende gesetzt.

3   Auf den durch die Entwicklung der Fotografie ausgelösten Quantensprung zu einer
visuell geprägten Mediengesellschaft, deren Dominanz sich im Zuge der Entwicklung
von Fernsehen und heute auch Internet immer mehr verfestigte und verstärkte, reagierte
der Gesetzgeber schon sehr frühzeitig, nämlich bereits im Jahre 1907 mit der Verankerung des Bildnisschutzes in §§ 22 ff. KUG. Der gesetzliche Bildnisschutz zielt in erster Linie
auf den Schutz der Privatsphäre, er greift aber unabhängig davon ein. Dem Abgebildeten
steht ein Selbstbestimmungsrecht und ein Verfügungsrecht über sein Bildnis zu, ohne
dass es darauf ankäme, ob der Inhalt oder Kontext die Privatsphäre berührt. Darüber hinaus besteht ein vom spezialgesetzlichen Bildnisschutz zu unterscheidender Schutz der
Privatsphäre, der im allgemeinen Persönlichkeitsrecht wurzelt und sich nicht speziell auf
Abbildungen bezieht, sondern thematisch und räumlich bestimmt wird.[5] Über dessen
Begrenzung durch ein (vermeintliches) Informationsbedürfnis der Öffentlichkeit besteht
bis heute Uneinigkeit und Unsicherheit.[6] Während es beim Schutz der Privatsphäre um
die Abwehr unerwünschter Öffentlichkeit als solcher geht, also um die Wahrung von
Diskretion, betrifft der Schutz vor Entstellungen der Identität Fälle, in denen der soziale
Geltungsanspruch des Betroffenen dadurch beeinträchtigt wird, dass er durch falsche,
verzerrende oder irreführende Berichterstattung in ein falsches Licht gerückt wird, wie
etwa durch erfundene Interviews,[7] durch inkorrekte Zitate[8] oder durch Vorspiegelung
einer Fälschung als Werk eines bestimmten Künstlers.[9]

4   Die aus der Breitenwirkung der Medien resultierende Bekanntheit und Popularität
prominenter Persönlichkeiten schuf die Voraussetzung dafür, dass deren Persönlichkeitsmerkmale wie Name und Bildnis im Rahmen der konkreten Leitbild- und Lifestyle-
werbung als Imageträger eingesetzt wurden und einen erheblichen kommerziellen Wert
annahmen. Die Rechtsprechung reagierte hierauf bereits in einer Leitentscheidung vom
8. 5. 1956,[10] indem sie das Recht am eigenen Bild als „vermögenswertes Ausschließ-
keitsrecht" anerkannte und dem Rechtsinhaber entsprechend den für die Verletzung von

---

[3] RGZ 79, 397, 398; RGZ 113, 413, 414; RGZ 69, 401, 403 – *Nietzsche-Briefe.*

[4] BGHZ 13, 334 ff. = NJW 1954, 1404 f. – *Leserbrief.*

[5] BVerfG NJW 2000, 1021, 1022 – *Caroline von Monaco.*

[6] Siehe einerseits BVerfG, a. a. O., 1024 f. und andererseits EGMR GRUR 2004, 937 = JZ 2004,
1015, 1016 Rn. 63 ff., mit kritischer Anm. von *Stürner.*

[7] BGH GRUR 1965, 254 – *Soraya;* BGHZ 128, 1 = NJW 1995, 861 – *Caroline von Monaco.*

[8] BVerfG NJW 1993, 2925; BVerfG NJW 1980, 2070 – *Eppler;* BGH NJW 1998, 1391 – *Echte Professoren;* BGH NJW 1982, 635 – *Böll/Walden II.*

[9] BGHZ 107, 384 = NJW 1990, 1986 – *Emil Nolde.*

[10] BGHZ 20, 345 = GRUR 1956, 427 – *Paul Dahlke.*

Immaterialgüterrechten anerkannten Grundsätzen einen Bereicherungsausgleich nach Maßgabe der angemessenen **Lizenzanalogie** zusprach.[11] Das lange Zeit geltende einschränkende Erfordernis einer Lizenzbereitschaft[12] wurde jüngst aufgegeben,[13] so dass es für die Zuerkennung einer angemessenen Lizenzgebühr nicht mehr darauf ankommt, ob der Rechtsinhaber überhaupt bereit gewesen wäre, ein Einverständnis für die kommerzielle Verwertung seines Persönlichkeitsmerkmals zu geben.

Unmittelbarer Ausfluss der technischen Entwicklung ist auch der auf dem Grundrecht **5** der informationellen Selbstbestimmung beruhende **Datenschutz**, der eine vorrangige spezialgesetzliche Regelung erfahren hat, die aber subsidiär vom Auffangtatbestand des allgemeinen Persönlichkeitsrechts ergänzt wird, soweit die gesetzlichen Regelungen nicht abschließend sind.[14] Entsprechendes gilt auch für den im Entstehen begriffenen grundrechtlichen Schutz der Vertraulichkeits- und Integritätserwartung, der jüngst im Zusammenhang mit der Problematik der Zulässigkeit von Online-Durchsuchungen entwickelt wurde und angesichts der engen Verknüpfung des allgemeinen Persönlichkeitsrechts mit den verfassungsrechtlichen Grundlagen[15] auch zivilrechtliche Rückwirkungen haben dürfte.[16] Im Zuge der mit der Entwicklung der digitalen Informations- und Kommunikationstechnologien einhergehenden „Dematerialisierung" ist zu erwarten, dass sich der ursprünglich räumlich gegenständlich ausgerichtete Schutzbereich immer mehr auf einen Schutz der „virtuellen Privatsphäre" verlagert. Es zeigt sich einmal mehr, dass der Persönlichkeitsschutz und damit auch das allgemeine Persönlichkeitsrecht in seinen verschiedensten Ausprägungen ganz wesentlich durch die Impulse bestimmt werden, die von der technologischen Entwicklung ausgehen.

B. Die Entwicklung bis zum Inkrafttreten des BGB

I. Injurienklage und Ehrenschutz

Als einen ersten, wenn auch im Vergleich zum allgemeinen Persönlichkeitsrecht sehr iso- **6** lierten und fragmentarischen Ansatz eines Schutzes der Persönlichkeit hinsichtlich ihres sozialen Geltungsanspruchs wird der Ehrenschutz gesehen.[17] Dieser war sowohl im Römischen Recht als auch in den germanischen Volksrechten anerkannt.[18] Die aus dem 12-Tafel-Gesetz entwickelte *actio iniuriarum aestimatoria* erlangte mit der Rezeption des Römischen Rechts gemeinrechtliche Geltung in ganz Kontinentaleuropa.[19] Nach Überwindung der engen Tatbestände des 12-Tafel-Gesetzes wurde die *contumelia*, also die Missachtung der fremden Persönlichkeit, als Charakteristikum der *actio iniuriarum* betrachtet.[20] Bei Anknüpfung an diesen Kerngedanken hätte sich die Chance geboten, auf der Grundlage des Ehrenschutzes einen zivilrechtlichen Persönlichkeitsschutz im BGB zu etablieren. Die Entwicklung nahm jedoch in Deutschland einen anderen Verlauf, weil sich die vorherrschende Strömung durchsetzte, dass das Institut des Ehrenschutzes primär den Strafgesetzen zu

---

[11] BGH GRUR 1956, 427, 429 – *Paul Dahlke.*

[12] BGHZ 26, 349 = BGH GRUR 1958, 408, 410 = NJW 1958, 827 – *Herrenreiter.*

[13] BGH GRUR 2007, 139 – *Rücktritt des Finanzministers.*

[14] Siehe MünchKommBGB/*Rixecker*, Allg. PersönlR, Rn. 105.

[15] Siehe dazu grundlegend *Buchner*, Informationelle Selbstbestimmung im Privatrecht, 2006.

[16] BVerfG NJW 2008, 822 – *Online-Durchsuchung*; siehe dazu FAZ v. 28. 2. 2008, S. 35.

[17] Siehe zum Folgenden *Scheyhing* AcP 158 (1959), 503, 505 ff.; *Kern* in: Beater/Habermeier, Verletzungen von Persönlichkeitsrechten durch die Medien, S. 82, 83 ff.; siehe auch *v. Caemmerer* in: FS von Hippel, S. 27 ff.; *Coing* in: FS Maihofer, S. 75, 78 ff.; siehe auch *Helle*, Besondere Persönlichkeitsrechte im Privatrecht, S. 3 ff.

[18] *Kern*, a. a. O., S. 84.

[19] *Scheyhing* AcP 158 (1959), 503, 505; *Kern* in: Beater/Habermeier, Verletzungen von Persönlichkeitsrechten durch die Medien, S. 82, 84.

[20] *Scheyhing*, ebenda; *Kern,* ebenda.

überlassen sei.[21] Die Injurienklage wurde deshalb durch die Reichsjustizgesetze abge-
schafft.[22] Das deutsche Recht befindet sich damit im Gegensatz zu anderen kontinentaleuropäischen Ländern, wo der Ehrenschutz in das Zivilrecht integriert und zu einem
umfassenderen Persönlichkeitsschutz ausgebaut wurde. Dies gilt insbesondere für das französische Recht, das sich mit der großen Generalklausel des Art. 1382 C. civ. deutlich von
der durch eine Enumeration von Einzeltatbeständen mit einer beschränkten Generalklausel
gekennzeichneten Konzeption des § 823 BGB unterscheidet. **Art. 1382 C. civ.** lautet wie
folgt: „Tout fait quelconque de l'homme, qui cause à autrui un dommage, oblige celui par la
faute duquel il est arrivé, à le réparer" Diese weit gefasste Deliktsnorm eröffnet ganz allgemein der richterlichen Rechtsfortbildung einen weiten Gestaltungsspielraum. Auf dieser
normativen Grundlage fand nicht nur der Ehrenschutz auch ohne ausdrückliche Erwähnung einen Platz im System des zivilrechtlichen Deliktsrechts, sondern er bildete auch den
Anstoß für eine darüber hinausreichende Konstituierung und Konturierung des Schutzes
von Persönlichkeitsrechten. Dieser erlangte dadurch eine besondere Durchschlagskraft,
dass ganz im Gegensatz zur Regelung des § 253 BGB auch für die Verletzung von Gefühlen, also immateriellen Schäden, hohe Geldbeträge als Schadensersatz zugesprochen wurden. So hat das Tribunal de la Seine in einem Urteil vom 16. 6. 1858 eine Zeichnerin, die
nach einer nur für die Familie bestimmten Fotografie einer Verstorbenen auf dem Totenbett
eine Zeichnung angefertigt und öffentlich ausgestellt hatte, zur Zahlung von 5.000,00 Frs.
verurteilt und dies wie folgt begründet: „Attendu que nul ne peut sans le consentement
formel de la famille, reproduire et livrer à la publicité les traits d'une personne sur son lit de
mort, quelle qu'ait été la célébrité de cette personne ... Attendu que le droit de s'opposer à
cette reproduction est absolu; qu'il a son principe dans le respect que commande la douleur
des familles, et qu'il ne saurait être méconnu sans froisser les sentiments les plus intimes et
les plus respectables de la nature et de la piété domestique".[23]

7   Der Fall erinnert an die Tat von zwei Journalisten, die heimlich in das Sterbezimmer
von **Otto von Bismarck** (gestorben: 30. 7. 1898) eingedrungen waren und den Leichnam Bismarcks fotografiert hatten. Mangels einschlägiger Rechtsnormen (am Begehungs-
ort Friedrichsruh im preußischen Kreisherzogtum Lauenburg galt noch der Sachsenspiegel!), musste das Reichsgericht sein Urteil (Verbot der Veröffentlichung des Bildes
und Vernichtung der Negative, Platten usw.) auf Hausfriedensbruch stützen.[24] Diese dogmatisch und konstruktiv fragwürdige Notlösung offenbarte die Lückenhaftigkeit des
Persönlichkeitsschutzes[25] und gab einen wesentlichen Anstoß für die Einführung des
Bildnisschutzes in das KUG vom 9. 1. 1907 (§§ 22 ff.).[26] Bemerkenswert ist, dass das französische Recht einer derartigen Spezialregelung nicht bedurfte, sondern sogar der postmortale Bildnisschutz aus der Generalklausel des Art. 1382 C. civ. abgeleitet werden
konnte. An der französischen Rechtsentwicklung hat sich auch die schweizerische Rechtsprechung orientiert, die letztlich in die Regelung des **Art. 28 ZGB** einmündete.[27] Auch
in Italien wurde der Ehrenschutz in den *codice civile* aufgenommen und bildete den Anknüpfungspunkt für die von Rechtsprechung und herrschender Meinung entwickelte
Lehre vom allgemeinen Persönlichkeitsrecht, der „teoria monistica".[28]

---

[21] Motive zum BGB II, S. 715 = *Mugdan*, Materialien II, S. 418 f.

[22] Siehe dazu *Ebert*, Pönale Elemente im deutschen Privatrecht, S. 234; *Kern* in: Beater/Habermeier,
Verletzungen von Persönlichkeitsrechten durch die Medien, S. 82, 84; *Scheyhing* AcP 158 (1959), 503,
507; *Helle*, Besondere Persönlichkeitsrechte im Privatrecht, S. 4.

[23] Tribunal de la Seine v. 16.6.1858, Dalloz Jurisprudence Général 1854.3.62, zitiert nach *Coing* in:
FS Maihofer, S. 75, 77.

[24] EuGZ 45, 170.

[25] Siehe zur Kritik der Entscheidung des RG *Kohler*, Das Eigenbild im Recht, 1903, S. 12.

[26] Siehe Schricker/*Götting*, UrhG, § 60/22 KUG, Rn. 3 f.

[27] *Coing* in: FS Maihofer, S. 75, 78.

[28] *Kern* in: Beater/Habermeier, Verletzungen von Persönlichkeitsrechten durch die Medien, S. 82,
83, unter Hinweis auf *Kindler*, Einführung in das italienische Recht, S. 86.

Während der Ehrenschutz in den genannten kontinentaleuropäischen Ländern ein 8 Wegbereiter für die Entwicklung eines umfassenderen Persönlichkeitsschutzes war, ist das englische Recht im Prinzip bis heute den klassischen *Torts Libel* **und** *Slander* verhaftet geblieben, die (wie viele andere Rechtsinstitute des *common law* auch) durch eine formalistische Enge gekennzeichnet sind. Im Gegensatz zum amerikanischen Recht konnte sich weder ein umfassendes **Right of Privacy**[29] noch ein **Right of Publicity**[30] herausbilden.[31] Eine Verbesserung des bisher allenfalls nur fragmentarisch vorhandenen, im Wesentlichen auf den Ehrenschutz beschränkten Persönlichkeitsschutzes lässt allenfalls der auf den europäischen Einfluss zurückgehende *Human Rights Act* erwarten.

Für das deutsche Recht bleibt festzuhalten, dass der Ehrenschutz anders als in den oben 9 genannten kontinentaleuropäischen Ländern nicht den Weg zu einem umfassenderen persönlichkeitsrechtlichen Schutz ebnete, sondern ihn mit der Abschaffung der Injurienklage durch die Reichsjustizgesetze und die Zuordnung des Ehrenschutzes zum Strafrecht eher versperrte.

II. Der persönlichkeitsrechtliche Ansatz von Donellus

Als Vordenker eines umfassenderen Konzepts des Persönlichkeitsrechts, das über den 10 Ehrenschutz hinausreicht und dem heutigen Verständnis des Persönlichkeitsrechts bereits sehr nahe kommt, gilt der französische Vertreter des juristischen Humanismus *Hugo Donellus* im „commentariorum iuris civilis libri" von 1590.[32] Vor dem Hintergrund der Wendung zur Neuzeit rückt er den Menschen als Individuum in das Blickfeld der Rechtsordnung und geht davon aus, dass dem Menschen bestimmte Güter als das „Seine" unabhängig vom Haben äußerer Dinge zukommt.[33] In sein System der Privatrechte integriert er „quod vere et proprie nostrum est" und unterscheidet dabei zwischen „in persona cuiusque" und „in rebus externis".[34] Als Güter, die jedem Menschen als das „Seine", unabhängig vom Innehaben äußerer Dinge, zustehen, betrachtet *Donellus* „vita, incolumitas corporis, libertas, existimatio" (Recht auf Leben, körperliche Unversehrtheit, Freiheit und Ruf).[35] Zur Begründung seiner Theorie stützt sich *Donellus* auf eine Sentenz *Ulpians*: „Honeste vivere, alterum non laedere, suum quique tribuere"[36]. Wird dieses Gebot, Angriffe auf Leben, Unversehrtheit des Körpers, Freiheit und Wertschätzung, unterlassen, so zieht er neben anderen Rechtsbehelfen auch die *actio iniuriarum* in Erwägung.[37] Ob er damit über das Römische Zivilrecht hinaus geht oder es allenfalls auffüllt und modifiziert, ist umstritten. Während *Scheyhing* Letzteres annimmt,[38] tendiert *Leuze* zu Ersterem und geht davon aus, dass *Donellus* „seinen völlig neuen und umwälzenden Gedanken, dass dem Menschen in seiner Eigenschaft als Mensch bestimmte Rechte zustehen, so fest in das Römische Recht eingebettet [hat], dass eigentlich nur die Feststellung getroffen werden kann, *Donellus* habe Persönlichkeitsrechte der Personen anerkannt, die sich im Besitz der drei Römischen Status befinden".[39] Einigkeit besteht indes darüber, dass in der Folge

---

[29] Siehe unten § 69 Rn. 3 ff.

[30] Siehe unten § 69 Rn. 16 ff.

[31] Siehe zum englischen Recht unten § 64.

[32] *Kern* in: Beater/Habermeier, Verletzungen von Persönlichkeitsrechten durch die Medien, S. 82, 85; *Leuze*, Die Entwicklung des Persönlichkeitsrechts im 19. Jahrhundert, S. 14 f.; *Scheyhing* AcP 158 (1959), 503, 508.

[33] *Leuze*, ebenda; *Scheyhing*, ebenda.

[34] *Kern* in: Beater/Habermeier, Verletzungen von Persönlichkeitsrechten durch die Medien, S. 82, 85.

[35] Siehe auch *Coing* JZ 1958, 558 ff.

[36] *Scheyhing* AcP 158 (1959), 503, 508.

[37] *Scheyhing*, ebenda.

[38] *Scheyhing* AcP 158 (1959), 503, 508 f.

[39] *Leuze*, Die Entwicklung des Persönlichkeitsrechts im 19. Jahrhundert, S. 15.

das Gedankengut *Donellus* keine Gefolgschaft gefunden hat, weil starr an der Römischen Statuslehre festgehalten wurde und es deshalb nicht gelang, die Konzeption eines umfassenderen Persönlichkeitsrechts in das System des Römischen Rechts zu integrieren.[40]

III. Die Naturrechtslehre im 17. und 18. Jahrhundert

11   Rückblickend erscheint es verwunderlich, warum die von der Naturrechtslehre des 17. und 18. Jahrhunderts entwickelte Theorie der angeborenen Rechte des Menschen (*iura connata*), die insbesondere von *Pufendorf*, *Thomasius* und *Wolff* vertreten wurde, nicht zum Ausgangspunkt der Ausprägung eines umfassenden Persönlichkeitsrechts wurde.[41] Die Diskussion über das Persönlichkeitsrecht vollzog sich vor dem Hintergrund des grundsätzlichen Streits zwischen **Romanisten** und **Germanisten**.[42] Von der historischen Rechtsschule wurde die Idee eines Persönlichkeitsrechts auf der Grundlage der angeborenen Rechte entschieden abgelehnt. In Anknüpfung an *Kant* hat *v. Savigny* zwar eine natürliche Autonomie des Menschen angenommen, die die Freiheit unter dem Sittengesetz gewährleistet. Hieraus hat er aber lediglich die Rechtsfähigkeit aller Menschen abgeleitet, ein umfassendes Persönlichkeitsrecht hingegen scharf zurückgewiesen. Maßgeblich hierfür war zum einen, dass die Geschichte die Schutzmöglichkeiten für die Person nicht als innere Einheit überliefert hat[43] und zum anderen, dass sich die Anerkennung eines Persönlichkeitsrechts nicht mit dem begrifflichen und systematischen Verständnis des subjektiven Rechts als dem Grundbaustein der Privatrechtsordnung vereinbaren ließ. Kennzeichnend für das subjektive Recht war in Anlehnung an die Strukturprinzipien des Eigentumsrechts die Vorstellung einer Willensherrschaft des Subjekts über ein bestimmtes Objekt, das Gegenstand von Verfügungen bildete. Dementsprechend folgerte *v. Savigny*, dass die Anerkennung von Persönlichkeitsrechten auf die Annahme eines Herrschaftsrechts durch die eigene Person hinauslaufe. Eine solche In-Eins-Setzung von Subjekt und Objekt widerspreche aber nicht nur der Logik, sondern missachte auch die ethische Wertigkeit der Person, denn sie würde in letzter Konsequenz zu dem inakzeptablen Ergebnis eines Rechts auf Selbstmord führen.[44]

12   Obwohl das **Allgemeine Preußische Landrecht (ALR)** einen naturrechtlichen Einschlag aufweist, ist der Gedanke des Persönlichkeitsrechts nicht auf fruchtbaren Boden gefallen und konnte sich nicht durchsetzen. In ALR I, 1, § 1 heißt es: „Der Mensch wird, insofern er gewisse Rechte in der bürgerlichen Gesellschaft genießt, eine Person genannt" und ALR I, 6, § 1, der die Pflichten und Rechte aus unerlaubter Handlung regelt, bezeichnet als Schaden u.a. „jede Verschlimmerung des Zustandes eines Menschen in Ansehung seines Körpers, seiner Freiheit oder Ehre".[45] Diese Ansätze wurden aber nicht zu einem umfassenden Konzept des Persönlichkeitsschutzes ausgebaut, sondern blieben partiell, weil sich die Naturrechtslehre im Wesentlichen nur in der Anerkennung der Rechtsfähigkeit manifestierte. *Scheyhing* hat dies dahingehend zusammengefasst, dass die Grundsätze über die natürlichen Rechte „zu allgemein gehalten, die abgeleiteten Regeln dagegen zu speziell [waren], um in das positive Recht aufgenommen werden zu können.

---

[40]   *Leuze*, ebenda; *Scheyhing* AcP 158 (1959), 503, 508 f.

[41]   Siehe dazu *Leuze*, Die Entwicklung des Persönlichkeitsrechts im 19. Jahrhundert, S. 15 ff.; *Coing* in: FS Maihofer, S. 75, 80; *Scheyhing* AcP 158 (1959), 503, 511 ff; *Kern* in: Beater/Habermeier, Verletzungen von Persönlichkeitsrechten durch die Medien, S. 82, 85 f.

[42]   *Kern*, ebenda.

[43]   *Scheyhing* AcP 158 (1959), 503, 517.

[44]   *V. Savigny*, System des heutigen Römischen Rechts, Bd. 1, S. 336, zit. nach *Coing*, Europäisches Privatrecht, Bd. 2, S. 297; *Leuze*, Die Entwicklung des Persönlichkeitsrechts im 19. Jahrhundert, S. 49; *Simon*, Das allgemeine Persönlichkeitsrecht und seine gewerblichen Erscheinungsformen, S. 175; *Scheyhing* AcP 158 (1959), 503, 517.

[45]   *Leuze*, a. a. O., S. 25 f.

Aus diesem Grunde erscheinen im ALR angeborene allgemeine Rechte des Menschen; diese werden aber nicht inhaltlich umschrieben, sondern lediglich erklärt als Folge der allgemeinen Freiheit, das eigene Wohl unter Wahrung der Rechte anderer zu suchen."[46] Auch auf das österreichische ABGB hat die Naturrechtslehre einen Einfluss ausgeübt, der jedoch ebenfalls nicht zur Anerkennung eines Persönlichkeitsrechts führte. § 16 des ABGB lautet: „Jeder Mensch hat angeborene, schon durch die Vernunft einleuchtende Rechte, und ist daher als Person zu betrachten". Hierin wurde aber lediglich ein Hinweis auf die Rechtsfähigkeit gesehen und unter Zugrundelegung von *Savignys* Begriff des subjektiven Rechts die Lehre von Rechten an der eigenen Person abgelehnt.[47]

IV. Der Einfluss des Urheberrechts

Wesentliche Impulse für die Entwicklung und dogmatische Fundierung des Persönlich- **13** keitsrechts gingen vom Urheberrecht aus. Bei der Erfassung und Einordnung dieses verhältnismäßig neuen Rechts, dessen Bedeutung aus der sich verschärfenden Problematik des „unrechtmäßigen Büchernachdrucks" und dem damit verbundenen technologisch bedingten sozioökonomischen Konflikt erwuchs, schwankte die Wissenschaft zwischen den (scheinbaren) Antipoden einer materiellen vermögensrechtlichen und einer ideellen persönlichkeitsrechtlichen Deutung. Während die Romanisten ausschließlich auf den vermögensrechtlichen Aspekt fokussierten, sahen die Germanisten den Kern des Urheberrechts in einem auf den Schutz der Individualität des Urhebers ausgerichteten „Persönlichkeitsrecht".[48] So bezeichnet *Beseler* das Autorrecht als „ein Recht der Persönlichkeit, welches gegen jeden Dritten ausgeübt werden kann".[49] Der Germanist *Otto von Gierke*, ein Schüler *Beselers*, qualifizierte das Urheberrecht als ein Persönlichkeitsrecht,[50] wobei er annahm, dass diese Definition auch die vermögensrechtlichen Aspekte einschloss. Er ging nämlich davon aus, dass entgegen der späteren Begriffsprägung einer einseitigen Ausrichtung auf den Schutz ideeller Interessen,[51] die Begriffe „Persönlichkeitsrechte" und „Vermögensrechte" nicht disjunktiv sind, das heißt sie bilden keinen antinomischen Gegensatz und schließen einander nicht gegenseitig aus.[52] *V. Gierke* zählt das Urheberrecht vielmehr zu den Persönlichkeitsrechten, die zugleich Vermögensrechte sind.[53] Diese Charakterisierung bereitete den Weg für die monistische Theorie, die die Grundlage für die bis heute geltende Urheberrechtsgesetzgebung bildet. Die Verflechtung der materiellen und ideellen Interessen, die das Urheberrecht kennzeichnet, kommt anschaulich in der berühmten **„Baummetapher"** von *Eugen Ulmer* zum Ausdruck, die wie folgt lautet: „Das Verhältnis, in dem der Interessenschutz zur Gestaltung des Urheberrechts und zu den aus dem Urheberrecht fließenden Befugnissen steht, kann man sich an einem Bild verdeutlichen. Die beiden Interessengruppen erscheinen, wie bei einem Baum, als die Wurzeln des Urheberrechts, und diese selbst als der einheitliche Stamm. Die urheberrechtlichen Befugnisse aber sind mit den Ästen und Zweigen vergleichbar, die aus dem Stamm erwachsen. Sie ziehen die Kraft bald aus beiden, bald ganz oder vorwiegend aus einer der Wurzeln."[54] Unrichtig ist aller-

---

[46] *Scheyhing* AcP 158 (1959), 503, 511.

[47] *Coing* in: FS Maihofer, S. 75, 81, unter Hinweis auf *Unger*, System des österreichischen allgemeinen Rechts I, § 60, insb. S. 504.

[48] *Kern* in: Beater/Habermeier, Verletzungen von Persönlichkeitsrechten durch die Medien, S. 82, 86; *Coing*, a. a. O., S. 75, 82; siehe auch *Leuze*, Die Entwicklung des Persönlichkeitsrechts im 19. Jahrhundert, S. 80 ff.

[49] *Beseler*, System des gemeinen deutschen Privatrechts, 1. Aufl. Bd. 3, S. 336, zitiert nach *Kern*, a. a. O., S. 87; *Klingenberg*, ZRG Germ. Abt. 96 (1979), 183, 201; siehe dazu auch *Leuze*, a. a. O., S. 91.

[50] *V. Gierke*, Deutsches Privatrecht, Bd. I, S. 757.

[51] Siehe dazu *Götting*, Persönlichkeitsrechte als Vermögensrechte, S. 4 ff.

[52] Siehe dazu *Götting*, a. a. O., S. 7 f.

[53] *V. Gierke*, Deutsches Privatrecht, Bd. I, S. 706.

[54] *Ulmer*, Urheber- und Verlagsrecht, § 18 II. 4., S. 116.

dings die vorherrschende Auffassung, dass es sich beim Urheberrecht um ein Mischrecht aus vermögensrechtlichen und persönlichkeitsrechtlichen Elementen handelt,[55] da der Begriff des Persönlichkeitsrechts ohne weiteres auch den Schutz vermögensrechtlicher Interessen umfassen kann. Zutreffend ist es, das Urheberrecht als ein Mischrecht von Persönlichkeits- und Immaterialgüterrecht zu definieren. Bei Immaterialgüterrechten handelt es sich nämlich um die Rechte an immateriellen, „geistigen" Gütern, über die der Rechtsinhaber verfügen kann und die sich so weit von ihrer Bindung an dessen Persönlichkeit gelöst haben, dass sie zum Gegenstand von Transfergeschäften gemacht und übertragen werden können. Die Zwitterstellung des Urheberrechts nach Maßgabe der geltenden deutschen monistischen Auffassung resultiert daraus, dass das Urheberrecht als solches unter Lebenden unübertragbar ist (§ 29 Abs. 1 UrhG), dass es aber vererblich ist und dass zur wirtschaftlichen Verwertung Nutzungsrechte eingeräumt werden können sowie schuldrechtliche Einwilligungen und Vereinbarungen zu Verwertungsrechten erteilt und im eng begrenzten Umfang sogar Rechtsgeschäfte über Urheberpersönlichkeitsrechte abgeschlossen werden können (§ 29 Abs. 2 UrhG). Die monistische Theorie hat sich gegen die von *Josef Kohler* begründete dualistische Theorie durchgesetzt, der in Anknüpfung an die Deutungen von *Fichte, Hegel* und *Schoppenhauer* das Urheberrecht als ausschließliches Recht an einem vermögenswerten immateriellen Gut (Immaterialgüterrecht) betrachtete; daneben besteht unabhängig, gleichwohl mit wechselseitigem Bezug, ein Individualrecht ohne spezifisch urheberrechtlichen Gehalt.[56] Einer dualistischen Konzeption mit ähnlicher Prägung folgt das französische, schweizerische sowie das Urheberrecht der skandinavischen Länder.

V. Otto von Gierke als „Vollender" des (allgemeinen) Persönlichkeitsrechts

14   Der Germanist *Otto von Gierke* gilt als Vollender der Bemühungen um die Etablierung eines (allgemeinen) Persönlichkeitsrechts, die in der Rechtswissenschaft insbesondere in der 2. Hälfte des 19. Jahrhunderts unternommen wurden. In seinem Werk „Deutsches Privatrecht" erweitert er die auf das Urheberpersönlichkeitsrecht bezogenen Überlegungen und baut sie zu einem breit gefassten „allgemeinen Recht der Persönlichkeit" aus. Die Charakterisierung dieses Rechts zeugt von beeindruckender Weitsicht, denn sie hat bis heute nichts von ihrer Gültigkeit verloren. *Von Gierke* definiert das (allgemeine) Persönlichkeitsrecht wie folgt: „Das Recht der Persönlichkeit ist ein subjektives Recht und muss von jedermann anerkannt und geachtet werden. Es ist das einheitliche subjektive Grundrecht, das alle besonderen subjektiven Rechte fundamentiert und in sie alle hineinreicht, das daher so gut die öffentlichen Rechte wie die Privatrechte und so gut die Rechte an Sachen wie die Rechte an Personen trägt und begleitet. Inwieweit aber aus ihm besondere Rechte herauswachsen oder in ihm der Stoff zu solchen Rechten unausgeschieden stecken bleibt, darüber entscheidet die rechtsgeschichtliche Entwicklung. Und diese Entscheidung ist gerade hinsichtlich der Rechte an der eigenen Person im römischen und in unserem Rechte ungleich ausgefallen." Mit dem im Entstehung begriffenen BGB setzt er sich kritisch auseinander und bemängelt, dass der Gesetzgeber die höchsten Güter der Persönlichkeit wie leibliche Unversehrtheit, Freiheit und Ehre nur indirekt in den Abschnitt über die „Schuldverhältnisse aus unerlaubten Handlungen" zur Geltung bringen will.[57] Die Tatsache, dass das BGB im Unterschied zu anderen kontinentaleuropäischen Rechtsordnungen[58] nicht an die *actio iniuriarum* angeknüpft und den Ehrenschutz in das Zivilrecht inkorporiert hat, ist in ihren Auswirkungen ambivalent zu bewerten. Einerseits

---

[55] Siehe statt vieler nur *Ulmer,* a. a. O., § 18 III. 1., S. 117.

[56] *Kohler,* Urheberrecht an Schriftwerken und Verlagsrecht, S. 128 ff.; siehe dazu *Ulmer,* Urheber- und Verlagsrecht, § 17 II. 1., S. 112 f.; siehe auch *Schricker/Vogel,* UrhG, Einl. Rn. 71.

[57] *V. Gierke,* Der Entwurf eines bürgerlichen Gesetzbuchs und das deutsche Recht, S. 84; siehe auch *Leuze,* Die Entwicklung des Persönlichkeitsrechts im 19. Jahrhundert, S. 113.

[58] Siehe dazu oben Rn. 6.

mag dies zu einer retardierten Etablierung eines zivilrechtlichen Persönlichkeitsschutzes geführt haben; andererseits provozierte und stimulierte dieses Defizit in der Wissenschaft eine Gegenansicht, die einen Persönlichkeitsschutz postulierte, der weit über diesen eng begrenzten Radius hinausging. *Kern* bemerkt hierzu treffend, dass „gelegentlich die Krankheit auch den Heilungsprozess anstößt."[59] *V. Gierke* kommt das Verdienst zu, das theoretische Fundament für das allgemeine Persönlichkeitsrecht gelegt zu haben, „so dass mit Fug gesagt werden kann, dass *v. Gierke* in seinem Werk das Fazit eines Jahrhunderts gezogen hat".[60] *Kern* weist zu Recht darauf hin,[61] dass *v. Gierke* zur Illustrierung der praktischen Folgen eines umfassenden Persönlichkeitsschutzes einen Fall anführt, der etwa 60 Jahre später am Anfang der endgültigen Durchsetzung des Rechtsinstituts in der modernen Rechtsprechung durch die **„Leserbrief"-Entscheidung**[62] des BGH stehen sollte. Im „deutschen Privatrecht" heißt es: „So kann z. B. unter dem Gesichtspunkt eines Eingriffes in das Recht der Persönlichkeit die unbefugte Veröffentlichung der Briefe eines anderen auch dann als Rechtsverletzung erscheinen, wenn an den Briefen ein Urheberrecht nicht besteht."[63]

C. Die Entwicklung des Persönlichkeitsrechts nach dem Inkrafttreten des BGB

I. Die Zeit vor dem Zweiten Weltkrieg

Die von den Protagonisten des Persönlichkeitsrechts, insbesondere von ihrem Hauptvertreter *Otto von Gierke*, erhobene Forderung, ein allgemeines Persönlichkeitsrecht im BGB zu verankern, wurde von den Vätern des Gesetzes nicht erfüllt. Entsprechend der allgemeinen Struktur des Deliktsrechts, die durch einen Verzicht auf eine generalklauselhafte Grundnorm nach dem Modell des Code Civil (Art. 1382) geprägt war, beschränkte man sich auf partielle Regelungen wie das Namensrecht in § 12 BGB. Der Ehrenschutz wurde als Konsequenz der Abschaffung der **Injurienklage** durch die Reichsjustizgesetze ausgeklammert und fand lediglich im Schutz der Geschlechtsehre der Frau gemäß § 1300 BGB a. F. einen speziellen Niederschlag.[64] Im Übrigen konnten bei Verletzung persönlichkeitsrechtlicher Interessen im Einzelfall Schutzgesetze im Sinne des § 823 Abs. 2 BGB eingreifen und zivilrechtliche Folgen auslösen. Zu berücksichtigen ist dabei freilich, dass § 253 BGB, wonach immaterielle Schäden, abgesehen von dem **Schmerzensgeldanspruch** nach § 847 BGB a. F. und § 1300 Abs. 1 BGB a. F., grundsätzlich nicht in Geld ersatzfähig sind, einer effektiven Sanktionierung entgegensteht. Entsprechendes gilt auch für den subsidiär eingreifenden Auffangtatbestand des § 826 BGB bei Vorliegen einer vorsätzlichen sittenwidrigen Schädigung und bei Verletzung des im Jahre 1907 eingeführten Bildnisschutzes nach den §§ 22 ff. KUG, die ein Schutzgesetz gemäß § 823 Abs. 2 BGB darstellten. Das Schwergewicht lag hier auf den strafrechtlichen Sanktionen (§ 33 KUG), die aber in der Praxis kaum eine Rolle spielten. Vor dem Hintergrund einer vom Gesetzgeber bewusst nur punktuellen Regelung zum Schutz spezifischer persönlichkeitsrechtlicher Interessen statuierte das Reichsgericht im Jahre 1908 den Grundsatz, dass ein „allgemeines subjektives Persönlichkeitsrecht im geltenden bürgerlichen Rechte fremd"

---

[59] *Kern* in: Beater/Habermeier, Verletzungen von Persönlichkeitsrechten durch die Medien, S. 82, 87.

[60] *Scheyhing* AcP 158 (1959), 503, 525.

[61] *Kern* in: Beater/Habermeier, Verletzungen von Persönlichkeitsrechten durch die Medien, S. 82, 88.

[62] BGHZ 13, 334 – *Leserbrief*, siehe dazu unten Rn. 16 f.

[63] *V. Gierke*, Deutsches Privatrecht, Bd. I, S. 705 Fn. 9.

[64] *Ebert*, Pönale Elemente im deutschen Privatrecht, S. 470 ff.; siehe dazu *Kern* in: Beater/Habermeier, Verletzungen von Persönlichkeitsrechten durch die Medien, S. 82, 84 f.

ist.[65] Die Lücken, die aus dem partiellen Persönlichkeitsschutz resultierten, versuchte man auf Umwegen zu schließen. Soweit es sich um unautorisierte Briefveröffentlichungen handelte, bot das Urheberpersönlichkeitsrecht eine Handhabe, sofern die erforderliche Werkeigenschaft angenommen werden konnte.[66] Darüber hinaus hat das Reichsgericht in zahlreichen Entscheidungen Persönlichkeitsrechten einen Schutz über § 826 BGB zugebilligt.[67] Vereinzelt wurde der Begriff des Bildnisses im Rahmen von § 22 KUG weit ausgelegt. So wurde er auf den Fall ausgedehnt, dass eine Person auf der Bühne und im Film mit Hilfe einer Maske dargestellt wurde.[68] Dieser Tendenz eines extensiven Verständnisses des Bildnisschutzes folgt die Rechtsprechung bis heute.[69] Von der untergerichtlichen Rechtsprechung[70] wurde das Reichsgericht dazu aufgefordert, ein umfassenderes, allgemeines Persönlichkeitsrecht zu entwickeln.[71] Diese Versuche führten jedoch nicht zum Erfolg.[72] Geradezu makaber erscheint es, dass sich im Entwurf eines Volksgesetzbuches aus den Jahren 1941/42 ein Persönlichkeitsrecht findet, das tatbestandlich auf den Schutz der Privatsphäre begrenzt ist:[73] „Wird das berechtigte Interesse eines Volksgenossen am Schutz seiner privaten Lebensführung dadurch verletzt, dass ein Unberufener Tatsachen seines Privatlebens an die Öffentlichkeit bringt, so kann der Betroffene auf Unterlassung und bei Verschulden auf Schadensersatz klagen" (§ 22 Abs. 1 S. 1, Buch I „Der Volksgenosse").[74] Dies ändert nichts daran, dass die Diktatur des Nationalsozialismus jegliche ernsthafte Bemühungen um die Schaffung eines Persönlichkeitsschutzes zum Erliegen brachte.

II. Die Zeit nach dem Zweiten Weltkrieg

1. Die „Leserbrief"-Entscheidung

16 Nach dem Zweiten Weltkrieg bereiteten die grundlegend veränderten Rahmenbedingungen den Boden für die Entwicklung eines allgemeinen Persönlichkeitsrechts.[75] Als wesentlich werden vor allem zwei Faktoren angesehen: Zum einen führte die technologische Entwicklung, wie Teleobjektive, Kleinkameras, Abhöranlagen und Tonbandgeräte, zu einer verstärkten Bedrohung der Privatsphäre. Die Massenmedien, Presse, Film, Rundfunk und Fernsehen, erlangten eine Breitenwirkung, die die Auswirkungen von Persönlichkeitsrechtsverletzungen in bisher unbekannter Weise verschärften.[76] Zum anderen hatten sich die verfassungsrechtlichen Grundlagen fundamental geändert, da das Grundgesetz für die Bundesrepublik Deutschland vom 23. 5. 1949 mit der Staatsfundamentalnorm des Art. 1 GG und dem Recht auf freie Entfaltung der Persönlichkeit in

---

[65] RGZ 69, 401, 403 – *Nietzsche-Briefe*; siehe dazu MünchKommBGB/*Rixecker*, Allg. PersönlR, Rn. 1; *Staudinger/Hager*, § 823 Rn. C 1; *Kern* in: Beater/Habermeier, Verletzungen von Persönlichkeitsrechten durch die Medien, S. 82, 89; siehe auch BGHZ 13, 334, 337 = NJW 1954, 1404 – *Leserbrief*, m.w.N.

[66] Siehe die Nachweise der reichsgerichtlichen Rechtsprechung in BGHZ 13, 334, 337 = NJW 1954, 1404 – *Leserbrief*.

[67] RGZ 72, 175, 176 f.; RGZ 115, 416 f.; RGZ 162, 7, 11 f.

[68] KG JW 1928, 363, 364 – *Piscator*.

[69] Siehe dazu *Schricker/Götting*, UrhG, § 60/22 KUG Rn. 22 ff.; siehe BGH GRUR 2000, 715 – *Der blaue Engel*.

[70] OLG Kiel NJW 1930, 78, 80; KG UFITA 1931, 320, 322, 324.

[71] *Staudinger/Hager*, § 823 Rn. C 1.

[72] RG HRR 1933, Nr. 1319.

[73] *Kern* in: Beater/Habermeier, Verletzungen von Persönlichkeitsrechten durch die Medien, S. 82, 90.

[74] Zitiert nach *Brüggemeier* JZ 1990, 24, 25 f.; *Kern*, ebenda.

[75] Siehe zur Entwicklung des allgemeinen Persönlichkeitsrechts umfassend *Forkel* in: Forkel/Sosnitza, Zum Wandel beim Recht der Persönlichkeit und ihrer schöpferischen Leistungen, S. 9 ff.; siehe auch *Meyer*, Privatrechtliche Persönlichkeitsrechte, § 17 Rn. 414 ff.

[76] So *v. Caemmerer* in: FS von Hippel, S. 27, 31.

Art. 2 GG geradezu eine Aufforderung enthielt, den Persönlichkeitsschutz nicht nur verfassungsrechtlich zu garantieren, sondern auch zivilrechtlich zu implementieren.[77]

Der Durchbruch gelang mit einer Entscheidung des BGH, die heute zu den am wenig-   **17** sten beachteten Urteilen zählt.[78] Die **„Leserbrief"**- oder „Schachtbrief"-**Entscheidung** betraf einen Fall, in dem ein Rechtsanwaltsschreiben im Mandanteninteresse als Leserbrief veröffentlicht wurde. Eine Beleidigung war hierin nicht zu sehen. Der Anwalt wurde aber menschlich und politisch in ein falsches Licht gerückt. Der BGH stellte klar, dass der dagegen geltend gemachte Anspruch auf Widerruf nicht davon abhänge, ob der Brief urheberrechtsschutzfähig sei und deshalb der daraus resultierende Veröffentlichungsschutz eingreife, sondern stützte sich auf das dem Kläger zustehende allgemeine Persönlichkeitsrecht. Er wandte sich damit gegen die ständige Rechtsprechung des Reichsgerichts, die ein allgemeines Persönlichkeitsrecht abgelehnt hatte, und folgte ausdrücklich *v. Gierke* und *Kohler*, die sich für die Anerkennung eines umfassenden Persönlichkeitsrechts eingesetzt hatten.[79] Wörtlich heißt es dazu: „Briefe oder sonstige private Aufzeichnungen dürfen in der Regel nicht ohne Zustimmung des noch lebenden Verfassers und nur in der vom Verfasser gebilligten Weise veröffentlich werden. Das folgt aus dem in Art. 1 und 2 GG verankerten Schutz der Persönlichkeit und gilt daher auch dann, wenn die Aufzeichnungen nicht die individuelle Formprägung aufweisen, die für einen Urheberrechtsschutz erforderlich ist."[80]

2. Die „Herrenreiter"-Entscheidung

Da es sich im gegebenen Fall um einen Anspruch auf Widerruf handelte, blieb zu-   **18** nächst die Frage offen, ob dem Geschädigten auch ein Anspruch auf Schadenersatz zusteht. Dem schien § 253 Abs. 1 BGB im Wege zu stehen, wonach wegen eines Schadens, der nicht Vermögensschaden ist, grundsätzlich keine Entschädigung in Geld gefordert werden kann. Der BGH übersprang diese Klippe in der berühmten **„Herrenreiter"-Entscheidung**.[81] In dem Fall ging es um die ungenehmigte Verwendung eines Bildes eines Turnierreiters zur Werbung für ein sexuelles Potenzmittel. Der BGH stellte bei dieser Gelegenheit folgenden Grundsatz auf: „Nachdem durch die Art. 1, 2 GG das Recht zur freien Selbstbestimmung der Persönlichkeit als ein Grundwert der Rechtsordnung anerkannt ist, ist es gerechtfertigt, in analoger Anwendung des § 847 BGB auch dem durch die unbefugte Veröffentlichung seines Bildes Verletzten wegen eines hierdurch hervorgerufenen, nicht vermögensrechtlichen Schadens eine billige Entschädigung in Geld zu gewähren." Begründet wurde die analoge Anwendung des § 847 a.F. mit einer „Freiheitsberaubung im Geistigen". Nachdem der BGH den Anspruch auf Geldentschädigung in den Fällen einer schweren Verletzung des Persönlichkeitsrechts zunächst aus einer Analogie zu § 847 BGB hergeleitet hatte, ist er erst später dazu übergegangen, einen solchen Geldleistungsanspruch unter Durchbrechung des vom BGB gesetzten Regelungsrahmens unmittelbar auf die rechtliche Grundlage von Art. 1 und 2 GG zu stützen. Für diese Ausweitung hat sich die Rechtsprechung für befugt, aber auch gemäß Art. 1 Abs. 3 GG verpflichtet gehalten, um den Wertungen der Art. 1, 2 Abs. 1 des Grundgesetzes im Bereich des Persönlichkeitsschutzes Rechnung zu tragen.[82] Die Zubilligung einer Entschädigung

---

[77] I.d.S. auch *v. Caemmerer*, ebenda.

[78] So zutreffend *Kern* in: Beater/Habermeier, Verletzungen von Persönlichkeitsrechten durch die Medien, S. 82, 90.

[79] BGHZ 13, 334 ff. = NJW 1954, 1404 f. – *Leserbrief*, unter Hinweis auf *Otto v. Gierke*, Deutsches Privatrecht, Bd. I, S. 707, Bd. III, S. 887; *Kohler* ArchBürgR 7, 94 ff., 101; sowie Art. 28 Schweizer ZGB.

[80] BGH, ebenda.

[81] BGHZ 26, 349 = BGH GRUR 1958, 408, 410 = NJW 1958, 827 – *Herrenreiter*.

[82] BGH GRUR 1972, 97, 98 – *Liebestropfen*, gebilligt von BVerfGE 34, 269 – *Soraya*; siehe auch BGH GRUR 1996, 373, 374 – *Caroline von Monaco*; *Schricker/Götting*, UrhG, § 60/§§ 33-50 KUG, Rn. 25.

für immaterielle Beeinträchtigungen steht allerdings unter dem Vorbehalt, dass zwei Vor-aussetzungen erfüllt sind: Zum einen muss eine solche Eingriffsschwere vorliegen, dass die Zuerkennung einer Geldentschädigung als Ausgleich für ideelle Beeinträchtigungen als ein unabweisbares Bedürfnis erscheint; zum anderen kann vom Schädiger eine Ent-schädigung in Geld für einen immateriellen Schaden nur verlangt werden, wenn sich die erlittene Beeinträchtigung nicht in anderer Weise befriedigend ausgleichen lässt.[83]

3. Die „Mephisto"-Entscheidung

19 Den Grundstein für die Anerkennung eines postmortalen Persönlichkeitsschutzes legte der BGH in der **„Mephisto"-Entscheidung**,[84] die vom BVerfG gebilligt wurde.[85] Der Fall betraf die aufgrund der deutlichen Parallelen der Schilderung des Lebensbildes und anderer Hinweise erkennbare Darstellung von Gustav Gründgens in der Person des Hendrik Höfgen in dem Roman „Mephisto. Roman einer Karriere" von *Klaus Mann*, in dem die Verstrickungen der Karriere dieser „Kulturgröße" in das Unrechtsystem des National-sozialismus kritisch beleuchtet wurde. Die Verbreitung des Romans wurde in Anerken-nung eines postmortalen Persönlichkeitsschutzes wegen schwerwiegender Entstellungen des fortwirkenden Lebensbildes des Verstorbenen untersagt. Anders als der postmortale Bildnisschutz, der gemäß § 22 S. 3 KUG 10 Jahre nach dem Tode des Abgebildeten endet, hat die Rechtsprechung insbesondere bei berühmten Persönlichkeiten die zeitlichen Grenzen des postmortalen Achtungsanspruchs weit ausgedehnt; im Falle des Malers Emil Nolde wurde der Fortbestand auch noch 30 Jahre nach dessen Tod bejaht.[86] Den Wahr-nehmungsberechtigten wurden jedoch bei einer Verletzung des postmortalen Persönlich-keitsrechts lediglich Abwehransprüche, nicht aber Schadensersatzansprüche zuerkannt, weil ein Verstorbener keinen durch eine Geldzahlung auszugleichenden Schaden erleiden könne.[87]

III. Der Schutz vor Kommerzialisierung und der Schutz der Kommerzialisierung

20 Die unautorisierte, kommerzielle Verwertung der Persönlichkeitsmerkmale Prominen-ter nahm und nimmt in der deutschen Rechtsprechung einen breiten Raum ein und hat die Entwicklung des Persönlichkeitsrechts nachhaltig geprägt. Im Mittelpunkt steht da-bei das Recht am eigenen Bilde (§§ 22 ff. KUG); tangiert wird aber auch das Namens-recht nach § 12 BGB auf der Basis des allgemeinen Persönlichkeitsrechts. Retrospektiv lassen sich grob zwei Phasen unterscheiden: Zunächst legte die Rechtsprechung den Ak-zent der Beurteilung ausschließlich auf den Aspekt der Abwehr einer unerwünschten Pu-blizität in der Werbung und der damit einhergehenden, als moralisch abwertend empfun-denen Unterstellung, dass man sein Bildnis oder seinen guten Namen gegen ein Entgelt für Werbezwecke zur Verfügung stellt. Erst allmählich kristallisierte sich heraus, dass Per-sönlichkeitsrechte, wie das Bildnis oder der Name, auch positive Nutzungsmöglichkeiten eröffnen, die vom Rechtsträger bewusst zur Einnahmeerzielung eingesetzt werden, so dass die unautorisierte Nutzung als Eingriff in eine ihm ausschließlich zugewiesene Ver-mögensposition erscheint. Dies hat zur Folge, dass durch eine unautorisierte Verwendung von Persönlichkeitsmerkmalen in der Werbung nicht oder zumindest nicht allein ideelle, sondern materielle Interessen verletzt werden. Konsequenzen hatte dies vor allem für die Sanktionen, da die Rechtsprechung in Anbetracht dieser Interessenlage dem Verletzten

---

[83] BGH GRUR 1972, 97, 98 – *Liebestropfen*; siehe auch *Schricker/Götting*, a. a. O., Rn. 26.

[84] BGH NJW 1968, 1773 – *Mephisto*.

[85] BVerfG NJW 1971, 1645 – *Mephisto*.

[86] BGHZ 107, 385 – *Emil Nolde*; *Schricker/Götting*, UrhG, § 60/22 KUG, Rn. 56, m.w.N.

[87] BGH GRUR 2000, 709, 713 – *Marlene Dietrich*; siehe auch BGH GRUR 2006, 252, 253 f. – *Post-mortaler Persönlichkeitsschutz*; siehe auch *Schricker/Götting*, a. a. O., Rn. 62.

die bei Eingriffen in Immaterialgüterrechte anerkannten Ansprüche, insbesondere nach der in der Praxis dominierenden Lizenzanalogie aufgrund der Eingriffskondiktion nach § 812 Abs. 1 S. 1 2. Alt. BGB, zubilligte.

1. Der „moralisierende" Ansatz

Obwohl die Frage nach dem Schutz der mit der kommerziellen Bildnisverwertung 21 verknüpften vermögensrechtlichen Interessen bereits durch das Gesetz in der Regelung des § 22 S. 2 KUG in Umrissen vorgezeichnet war und sie sich auch in der Praxis anlässlich der Verwertung der Bildnisse bekannter Personen für Werbezwecke[88] stellte, hat dieser Aspekt in der Rechtsprechung zunächst keinerlei Niederschlag gefunden.[89] Die kommerzielle Verwertung von Bildnissen wurde als Verletzung der ideellen Integrität des Abgebildeten, nicht aber als Eingriff in eine ihm ausschließlich zugewiesene Vermögensposition betrachtet. Hinter dieser Sichtweise stand der Sittenkodex der „besseren Volkskreise", wonach es geradezu als ehrenrührig galt, dem Verdacht ausgesetzt zu sein, dass man gegen Zahlung von Geld sein Bildnis für Werbezwecke zur Verfügung stellt.

a) Die „Graf Zeppelin"-Entscheidung. Deutlich zum Ausdruck kommt diese mo- 22 ralische Haltung in der „Graf Zeppelin"-Entscheidung,[90] in der die Beklagte, eine Tabakfabrikationsfirma, dazu verurteilt wurde, in die Löschung des für sie als Warenzeichen eingetragenen Namens und Bildnisses des Grafen Zeppelin einzuwilligen und jeden weiteren Gebrauch zu unterlassen. Obwohl der Generalbevollmächtigte des Grafen einem anderen Zigarettenfabrikanten die Erlaubnis erteilt hatte, den Namen und das Bildnis als Warenzeichen für eines seiner Produkte zu benutzen und die angestrengte Klage vor allem dem Zweck diente, diesem die Rechte aus der gegenüber dem Beklagten später erfolgten Anmeldung und Eintragung des Zeichens zu sichern, wird in der Urteilsbegründung mit keinem Wort auf die naheliegende Frage eingegangen, ob der Kläger durch das unbefugte Verhalten der Beklagten nicht – zumindest auch – in seinen kommerziellen Interessen beeinträchtigt wird. Immerhin bleibt die Vermutung nicht fern, dass Graf Zeppelin, der für seine fliegerischen Unternehmungen erhebliche Mittel benötigte, für die Erlaubnis, seinen Namen und sein Bildnis als Warenzeichen zu benutzen, eine finanzielle Gegenleistung erhalten hatte. Dies gilt umso mehr, als Graf Zeppelin seine Flüge derart umfassend in Form von Exklusivverträgen vermarktet hatte, dass dies eine Diskussion darüber auslöste, ob damit nicht ein unzulässiges Nachrichtenmonopol errichtet wird.[91] Ohne diesem Aspekt irgendeine Beachtung zu schenken, machte sich das Reichsgericht die von Graf Zeppelin in der Klagebegründung aufgestellte Behauptung zu eigen, er fühle sich durch das Verhalten des Beklagten „moralisch" geschädigt[92] und stützte seine Urteilsbegründung auf die Erwägung, es widerstrebe „einem feinfühligen Menschen", mit „gewissen Waren in Verbindung gebracht" zu werden[93] und es entspräche gewiss nicht dem Geschmacke eines jeden, sein Bildnis auf den Waren eines beliebigen Händlers prangen zu sehen.[94]

b) Ausländische Rechtsprechung. Auf dieselben Moralvorstellungen gründeten 23 sich auch ausländische Urteile dieser Zeit. So gab ein französisches Gericht[95] der Klage einer Revueschauspielerin gegen die unbefugte Verwendung ihres Bildnisses für eine Biskuitwerbung mit der Begründung statt, die Klägerin werde in ihrem Ansehen geschädigt, weil der Eindruck entstehe, sie würde ihre Schönheit gegen Geld für kommerzielle

---

[88] Siehe RGZ 74, 308 – *Graf Zeppelin*; RGZ 125, 80 – *Tull Harder*.
[89] Siehe zum Folgenden *Götting*, Persönlichkeitsrechte als Vermögensrechte, S. 45 ff.
[90] Siehe RGZ 74, 308 – *Graf Zeppelin*; kritisch dazu *Brehmer/Voegeli* JA 1978, 374, 377 f.
[91] Siehe dazu *Prantl*, Die journalistische Information zwischen Ausschlußrecht und Gemeinfreiheit, S. 170, m. umf. N.
[92] RGZ 74, 308, 309 – *Graf Zeppelin*.
[93] RG, a. a. O., 311.
[94] RGZ 74, 308, 313 – *Graf Zeppelin*.
[95] Tribunal commercial de la Seine Gaz. Pal. 1892/II, 107.

Zwecke zur Verfügung stellen. Auf dieselbe Erwägung stützte sich auch das *House of Lords* in der berühmten Entscheidung „Tolley v. Fry and Sons".[96] Nach Auffassung des Gerichts wurde ein berühmter Amateur-Golfspieler durch die unbefugte Verwendung seines Bildnisses in einer Werbekampagne für Schokolade diffamiert, weil dadurch der Eindruck erweckt würde, er habe sich in seiner Stellung als Amateur-Sportler „prostituiert". Auch die amerikanische Rechtsprechung war zu Beginn der Entwicklung des *Right of Privacy* noch von den bürgerlichen Wertmaßstäben geprägt, wonach es als anstößig galt, sich womöglich gegen Geld für Werbung zur Verfügung zu stellen.[97]

24   **c) Die „Tull Harder"-Entscheidung.** Im Zuge der ökonomischen, technologischen und gesellschaftlichen Veränderung, insbesondere der Entwicklung der visuellen Massenmedien, gingen immer mehr bekannte Persönlichkeiten dazu über, ihre Popularität durch lukrative Werbeverträge zu vermarkten. Das führte zu einem Wertewandel, so dass an der kommerziellen Verwertung von Persönlichkeitsmerkmalen kein moralischer Anstoß mehr genommen wurde. Die von einer unautorisierten Kommerzialisierung betroffenen Prominenten fühlten sich dementsprechend in aller Regel weniger „moralisch" als vielmehr „materiell" geschädigt. Dieser Interessenverlagerung konnte sich auch die Rechtsprechung auf Dauer nicht verschließen. Die alleinige Ausrichtung auf den Schutz ideeller Werte geriet in einem immer schärferen Konflikt zu den wirtschaftlichen Gegebenheiten und gerade die sich lockernden „sittlichen Anschauungen" mussten in ein Schutzdefizit einmünden. Bei einem Festhalten am Kriterium der „moralischen Schädigung" sind Prominente im Grundsatz schutzlos der völlig ungehinderten Verwertung ihrer Bildnisse ausgeliefert, sofern nicht besondere Begleitumstände vorliegen, die der Verwendung des Bildnisses einen diffamierenden oder entwürdigenden Charakter verleihen. In besonders anschaulicher Weise wird diese paradoxe Situation durch die **„Tull Harder"-Entscheidung des Reichsgerichts** aus dem Jahre 1929[98] illustriert, die ebenso wie das fast 20 Jahre früher ergangene **„Graf Zeppelin"-Urteil** der moralisch geprägten Argumentation verhaftet bleibt, sich andererseits inhaltlich von den dort maßgeblichen sittlichen Anschauungen löst und gerade deshalb zu einem höchst fragwürdigen Ergebnis gelangte. Gegenstand der Entscheidung war die Klage des Fußball-Idols Tull Harder gegen die Verwendung seines Bildnisses für Sammelbilder, die als Bestandteil einer Bilderserie „Volkstümliche deutsche Fußballer" zu Reklamezwecken einer bestimmten Zigarettenmarke beigefügt wurden. Das Reichsgericht wies die Unterlassungsklage mit der Begründung ab, dass der Kläger als Person der Zeitgeschichte (§ 23 Abs. 1 Nr. 1 KUG) die Verwendung seines Bildnisses auch ohne seine Einwilligung dulden müsse, da er durch sie nicht in einem berechtigten Interesse (§ 23 Abs. 2 KUG) verletzt werde, denn „die Anpreisung von Waren zum Kauf und zur Kundenwerbung im geschäftlichen Verkehr bedeuten an sich noch keinen Zweck niederer oder gar unsittlicher Art, der ein ihm dienstbar gemachtes Bildnis allgemein entwürdigt".[99] Verallgemeinernd bedeutet dies, dass die ungenehmigte Verwendung von Bildnissen Prominenter für sich genommen nicht sittlich anstößig und daher grundsätzlich erlaubt ist.

2. Der „kommerzielle" Ansatz

25   Die Akzentverschiebung hinsichtlich der durch eine unbefugte Bildnisveröffentlichung berührten Interessen blieb nicht ohne Rückwirkung auf die Rechtsnatur des Rechts am eigenen Bilde.[100] In Frankreich wird dem „droit á l'image" eine Doppelnatur zugeschrieben, wonach es sich aus einer persönlichkeitsrechtlichen und einer vermögens-

---

96 [1931] A.C. 333.
97 *Götting*, Persönlichkeitsrechte als Vermögensrechte, S. 193.
98 RGZ 125, 80 – *Tull Harder.*
99 RG, a. a. O., 82 f.; kritisch zu dieser Ausklammerung wirtschaftlicher Interessen aus dem Bildnisschutz auch *Helle*, Besondere Persönlichkeitsrechte im Privatrecht, S. 187.
100 Siehe zum Folgenden *Götting*, Persönlichkeitsrechte als Vermögensrechte, S. 49.

rechtlichen Seite zusammensetzt.[101] Noch weiter fortgeschritten ist die Entwicklung in den Vereinigten Staaten von Amerika, wo das Recht am eigenen Bilde im dualistischen Sinne zwei verschiedenen, zwar miteinander verwandten, aber doch voneinander unabhängigen Rechten zugeordnet wird. Soweit es um eine Verletzung ideeller Interessen geht, fällt es in den Schutzbereich des *Right of Privacy*; soweit es um Eingriffe in die mit seiner kommerziellen Verwertbarkeit verknüpften materiellen Interessen geht, gehört es zum *Right of Publicity*, das ein „property right" ist. In ähnlichen Bahnen verlief auch die Entwicklung des Namensrechts, das allerdings von vornherein aufgrund der Verwendung des Namens als Warenzeichen oder Firma in noch stärkerem Maße kommerziell vorgeprägt war als das Recht am eigenen Bild.[102] Soweit der Name als Werbemittel verwendet wird, geschieht dies häufig in Kombination mit einem Bildnis und die Rechtsprechung hat die für das Recht am eigenen Bilde entwickelten Grundsätze insoweit auf das Namensrecht übertragen.[103]

a) Die „Paul Dahlke"-Entscheidung. In der berühmten **„Paul Dahlke"-Entschei-** **26**
dung[104] aus dem Jahre 1956 beugte sich der BGH den faktischen Gegebenheiten der Kommerzialisierung und bezeichnete das Recht am eigenen Bilde als „vermögenswertes Ausschließlichkeitsrecht".[105] Das Gericht stützte sich dabei auf ein Sachverständigengutachten, wonach bekannte Künstler wie der Kläger Veröffentlichungen ihrer Bildnisse zu Werbezwecken „meist nur gegen eine nicht unerhebliche Vergütung" gestatten.[106] Die Charakterisierung als Vermögensrecht wurde ferner dadurch unterstrichen, dass die für die Verletzungen von Immaterialgüterrechten entwickelte und heute gewohnheitsrechtlich anerkannte Lizenzanalogie unter bestimmten Voraussetzungen auch bei Eingriffen in das Recht am eigenen Bilde für anwendbar erklärt wurde.[107] Demnach kann der Rechtsinhaber bei einer ungefugten Verwendung seines Bildnisses für Werbezwecke als Schadensersatz oder, was praktisch noch wichtiger ist, als Bereicherungsausgleich unter dem Gesichtspunkt der verschuldensunabhängigen Eingriffskondiktion eine angemessene Lizenzgebühr verlangen. Dabei wird betont, dass es für das Bestehen des Bereicherungsanspruchs unerheblich ist, ob sich der Rechtsinhaber durch eine anderweitige Verwertung der Aufnahme hätte ein Entgelt beschaffen können, da der Bereicherungsanspruch nicht eine Vermögensminderung im Vermögen des Benachteiligten, sondern einen grundlosen Vermögenszuwachs im Vermögen des Bereicherten ausgleichen solle.[108] Der von der Beklagten erhobene Einwand, die zur Begründung eines Bereicherungsanspruchs erforderliche Aufwendungsersparnis läge nicht vor, weil sie bei Kenntnis der Vergütungspflicht von der Verwendung der Aufnahme abgesehen hätte, wurde mit dem Argument zurückgewiesen, dass sie sich an der Sachlage, die sie selbst geschaffen habe, festhalten lassen müsse.[109]

b) Die „Herrenreiter"-Doktrin. Dem Fortschritt, der diesem Paradigmenwechsel **27**
von einer ausschließlich am Schutz der ideellen Interessen orientierten, „moralisierenden", zu einer realistischen, wirtschaftlichen Betrachtungsweise darstellte, folgte schon kurze Zeit später mit der **„Herrenreiter"-Entscheidung**[110] aus dem Jahre 1958 ein Rückschritt, dessen Auswirkungen lange spürbar waren.[111] Nach dem dort aufgestellten Erfor-

---

[101] Siehe *Gaillard*, D. Chron. 1984, 162; *Acquarone*, D. Chron. 1985, 129.
[102] Siehe dazu *Götting*, Persönlichkeitsrechte als Vermögensrechte, S. 108 ff.
[103] Siehe *Götting*, a. a. O., S. 126 ff.
[104] BGH GRUR 1956, 427 – *Paul Dahlke*.
[105] BGH, a. a. O., 429.
[106] BGH, ebenda.
[107] BGH GRUR 1956, 427, 430 – *Paul Dahlke*.
[108] BGH, ebenda.
[109] BGH GRUR 1956, 427, 430 – *Paul Dahlke*.
[110] BGHZ 26, 349 = BGH GRUR 1958, 408 = NJW 1958, 827 – *Herrenreiter*.
[111] Siehe zum Folgenden *Götting*, Persönlichkeitsrechte als Vermögensrechte, S. 50 ff.; siehe auch
Schricker/Götting, UrhG, § 60/§§ 33–50 KUG, Rn. 16; *Götting* in: FS Ullmann, S. 65, 67 ff.

dernis einer sog. „Lizenzbereitschaft" ist es eine unabdingbare Voraussetzung für die Zuerkennung eines Anspruchs auf angemessene Lizenzgebühr, dass der Rechtsinhaber überhaupt bereit gewesen wäre, sich unter bestimmten Voraussetzungen mit dem Eingriff
einverstanden zu erklären, also quasi die erfolgte unbefugte Verwendung seines Persönlichkeitsmerkmals zu genehmigen.[112] Demnach versagt die Fiktion eines abgeschlossenen
Lizenzvertrages insbesondere dann, wenn dem Rechtsinhaber aufgrund der Lizenzanalogie unterstellt wird, er hätte sich für viel Geld in einer ihm unwürdigen Art und Weise
abbilden lassen, was als kränkend und damit als erneute Persönlichkeitsverletzung empfunden werden könnte.[113] Im Ergebnis führte diese quasi-vertragliche Konstruktion der
Lizenzanalogie dazu, dass deren Zuerkennung von einer objektiven und subjektiven
„kommerziellen Präformierung"[114] abhängt. In objektiver Hinsicht war demnach erforderlich, dass das Persönlichkeitsmerkmal kommerzialisierbar war, also für den Rechtsinhaber zum Zeitpunkt des Eingriffs generell überhaupt die Möglichkeit einer wirtschaftlichen Verwertung bestand und es damit ein für den vermögensrechtlichen Zuweisungsgehalt konstitutiven Marktwert besaß. In subjektiver Hinsicht wurde verlangt, dass der
Berechtigte auch im konkreten Einzelfall zu einer Kommerzialisierung bereit gewesen
wäre. Beide Kriterien stehen im Widerspruch zur Funktion der Eingriffskondiktion aus
§ 812 Abs. 1 S. 1 Alt. 2 BGB. Deren Aufgabe ist es nicht, eine Vermögensminderung beim
Rechtsinhaber, sondern einen grundlosen Vermögenszuwachs beim Rechtsverletzer auszugleichen, denn es handelt sich um „Bereicherungsrecht" und nicht um „Entreiche-
rungsrecht". Hieraus folgt, dass die Bereicherung nicht aus der Sicht des Entreicherten,
sondern aus der Sicht des Bereicherten zu beurteilen ist. In der „Oskar Lafontaine"-Ent-
scheidung[115] hat der BGH den kritischen Einwendungen des Schrifttums Rechnung getragen und sich stillschweigend von der **„Herrenreiter"-Doktrin** verabschiedet. Danach
kommt es in Abkehr von der früheren ständigen Rechtsprechung für einen Anspruch auf
Zahlung der angemessenen Lizenzgebühr nicht darauf an, ob der Abgebildete bereit oder
in der Lage gewesen wäre, gegen Entgelt Lizenzen für die Verbreitung und öffentliche
Wiedergabe seines Bildnisses einzuräumen.[116] Mit dem Abschnitt vom Erfordernis der
„Lizenzbereitschaft" hat sich der I. Zivilsenat des BGH im Bereich der kommerziellen
Verwertung von Persönlichkeitsrechten den für die Verletzung von Immaterialgüterrechten geltenden Grundsatz angepasst, dass es unerheblich ist, ob der Verletzte oder der Verletzer bereit gewesen wären, einen Lizenzvertrag abzuschließen, oder ob der Verletzte in der
Lage gewesen wäre, eine angemessene Lizenzgebühr zu erzielen.[117] Bemerkenswert ist,
dass der VI. Zivilsenat des BGH an dem Erfordernis einer „kommerziellen Präformierung"
im Sinne der „Herrenreiter"-Doktrin noch immer insoweit festhält, als er die Zuerkennung einer Lizenzanalogie mit der Begründung ablehnt, dass der fraglichen Abbildung
zum Zeitpunkt ihrer Herstellung kein wirtschaftlicher Wert zugekommen sei.[118]

28   **c) Unübertragbarkeit.** Nach einem lange Zeit als unumstößlich geltenden Grundsatz, der für die Rechtsnatur von Persönlichkeitsrechten geradezu als konstitutiv angesehen wurde,[119] sind diese unübertragbar, weil die von ihnen geschützten Rechtsgüter
nicht verkehrsfähig sind, sondern höchstpersönlich und deshalb unveräußerlich.[120] Un-

---

[112] BGHZ 26, 349 = BGH GRUR 1958, 408, 409 = NJW 1958, 827 – *Herrenreiter.*
[113] BGH, a. a. O., 408.
[114] So *Bötticher* AcP 158 (1959/1960), 385, 403 f.
[115] BGH GRUR 2007, 139 – *Rücktritt des Finanzministers.*
[116] BGH, a. a. O., (1. LS.).
[117] Siehe dazu *Dreier*, Kompensation und Prävention, S. 258, unter Hinweis auf die grundlegende
Entscheidung des Reichsgerichts RGZ 35, 63 zur Zuerkennung der Lizenzanalogie bei einer unerlaubten Vervielfältigung und Verbreitung von Musikwerken.
[118] Siehe BGH GRUR 2006, 252, 253 – *Postmortaler Persönlichkeitsschutz.*
[119] Siehe dazu oben § 1 Rn. 34.
[120] Siehe zum Folgenden *Götting*, Persönlichkeitsrechte als Vermögensrechte, S. 142 ff.; *Ohly,*
„Volenti non fit iniuria" Die Einwilligung im Privatrecht, S. 159 ff. und passim.

geachtet dieses Axioms der Unübertragbarkeit besteht insbesondere im Zusammenhang mit der Vermarktung der Popularität prominenter Persönlichkeiten ein Bedürfnis, von dem durch die Persönlichkeitsrechte gewährleisteten Selbstbestimmungsrecht über die eigenen Identitätsmerkmale in positiver Richtung Gebrauch zu machen und anderen rechtlich verbindliche Nutzungsbefugnisse einzuräumen. Ein Instrument hierfür bildet die **Einwilligung**. Sie stellt das klassische Mittel dar, über an sich unveräußerliche Rechte in begrenztem Rahmen zu disponieren. Die Einwilligung entspringt einem deliktsrechtlichen Denkansatz: Das, was ohne sie eine unerlaubte Handlung darstellen würde, wird durch sie ausnahmsweise erlaubt. Über dieses Ergebnis herrscht zwar Einigkeit, Meinungsverschiedenheiten bestehen aber darüber, auf welchem konstruktiven Weg es zu begründen ist. Strittig ist, auf welcher Ebene die Einwilligung ihre Wirkung entfaltet. Im engen Zusammenhang damit steht die Frage nach der Rechtsnatur der Einwilligung, über die bis heute keine endgültige Klarheit gewonnen werden konnte.[121] Kennzeichnend für die Einwilligung ist, dass der Begünstigte keine absolut gegen jedermann wirkende Rechtsstellung, sondern nur einen relativen *inter partes* wirkenden, gegen den Rechtsinhaber gerichteten obligatorischen Anspruch erhält.

Angesichts einer zunehmenden Marktgängigkeit aufgrund der fortschreitenden Kommerzialisierung von Persönlichkeitsrechten sind in der Literatur Stimmen laut geworden, die mit unterschiedlicher Intensität für eine Übertragbarkeit bezüglich der kommerziellen Verwertungsrechte eintreten. Eine translative Übertragung der Persönlichkeitsrechte als solche ist ausgeschlossen, weil dies mit dem Schutz der Menschenwürde und dem Recht auf Selbstbestimmung unvereinbar ist. Vereinzelt wird für eine uneingeschränkte Übertragbarkeit der mit Persönlichkeitsrechten verbundenen kommerziellen Verwertungsrechte und damit für eine Abspaltbarkeit, die immaterialgüterrechtliche Bezüge trägt, plädiert.[122] Überwiegend wird in Anlehnung an das Urheberrecht eine **gebundene** oder auch konstitutive **Übertragung** befürwortet.[123] Danach findet weder eine vollständige noch definitive Übertragung des Vollrechts statt, sondern es wird nur ein Teil des Rechtsgehalts abgespalten und vom Inhaber des Mutterrechts auf den Erwerber, der ein Tochterrecht erlangt, weitergegeben. Der Rechtsinhaber kann aber anderen mit „gegenständlicher", absoluter Wirkung Nutzungsrechte einräumen, die von dem bei ihm verbleibenden Vollrecht abgelöst und als Teilrecht konstitutiv in die Rechtszuständigkeit eines anderen überführt werden, aber gleichwohl derart an das Stammrecht gebunden bleiben, dass der Berechtigte zur Wahrung seiner unverzichtbaren ideellen Interessen gewisse Einwirkungsmöglichkeiten auf die wirtschaftliche Verwertung behält.[124]

Der BGH hat zur Frage der Übertragbarkeit *inter vivos* bisher noch nicht abschließend Stellung genommen. In der **„Marlene Dietrich"-Entscheidung**[125] hat er dazu ausgeführt: „Die Frage, ob die dem Schutz kommerzieller Interessen an der Persönlichkeit dienenden vermögenswerten Bestandteile des Persönlichkeitsrechts übertragbar und vererblich sind, hat der BGH bislang nicht ausdrücklich entschieden. In einigen Entscheidungen ist aber bereits angedeutet, dass der Grundsatz der Unübertragbarkeit und Unvererblichkeit nicht notwendig für alle Bestandteile des Persönlichkeitsrechts gilt. So hat er in der ‚Mephisto'-Entscheidung ausgesprochen, ‚dass das Persönlichkeitsrecht – abgesehen von seinen vermögenswerten Bestandteilen – als höchstpersönliches Recht un-

---

[121] Eingehend dazu allgemein *Ohly*, a.a.O., S. 178 ff.; speziell zur Disposition über persönlichkeitsrechtliche Befugnisse *Götting*, a.a.O., S. 147 ff.; siehe auch *Klass* AfP 2005, 507, 510 ff.

[122] *Ullmann* AfP 1999, 209, 214; *Beuthien/Schmölz*, Persönlichkeitsschutz durch Persönlichkeitsgüterrechte, S. 34; siehe dazu *Peukert* ZUM 2000, 710, 715.

[123] So *Forkel* GRUR 1988, 491, 494; *Götting*, Persönlichkeitsrechte als Vermögensrechte, S. 65, 133; *Freitag*, Die Kommerzialisierung von Darbietung und Persönlichkeit des ausübenden Künstlers, S. 165 ff.; *Magold*, Personenmerchandising, S. 515 ff.; *Schertz*, Merchandising, Rn. 380 ff.

[124] Vgl. i.d.S. zum Urheberrecht *Ulmer*, Urheber- und Verlagsrecht, § 83 II, S. 359.

[125] BGH GRUR 2000, 709, 712 – *Marlene Dietrich*.

übertragbar und unvererblich ist'[126] In der ‚NENA'-Entscheidung hat er offengelassen, ob die Übertragung des Rechts am eigenen Bild wegen seines Rechtscharakters als allgemeines Persönlichkeitsrecht ausgeschlossen ist."[127]

31   In der **„NENA"-Entscheidung** bezeichnete der BGH die Frage, ob das Recht am eigenen Bild wegen seines persönlichkeitsrechtlichen Charakters übertragbar sei, ausdrücklich als umstritten, lies sie aber offen, weil sie nach seiner Auffassung nicht entscheidungserheblich war.[128] Die Klägerin, eine Verwertungsgesellschaft, der die Sängerin NENA in einem „Merchandising-Sponsor-Promotion-Vertrag" sämtliche für die kommerzielle Nutzung des akustischen und optischen Umfeldes von NENA erforderlichen Rechte, insbesondere das Recht am eigenen Bild, das Recht am Namen „NENA", das Recht am Logo „übertragen" hatte, sei jedenfalls aufgrund der von NENA erteilten „Generalermächtigung" hinsichtlich des Anspruchs aus § 812 Abs. 1 S. 1 2. Alt. BGB aktiv legitimiert.[129] Mit Blick auf die Frage der Übertragbarkeit *inter vivos* hat der BGH in der „Marlene Dietrich"-Entscheidung ferner Folgendes festgestellt: „Eine Reihe von Gesichtspunkten spricht dafür, dass die vermögenswerten Bestandteile des Persönlichkeitsrechts nicht in derselben Weise unauflöslich an die Person ihres Trägers gebunden sind wie der Teil des Persönlichkeitsrechts, der dem Schutz ideeller Interessen dient. … Ob dieser Teil des Persönlichkeitsrechts [gemeint sind ‚die vermögenswerten Bestandteile des Persönlichkeitsrechts'] unter Lebenden übertragen werden kann oder ob an ihm Nutzungsrechte eingeräumt werden können, bedarf demgegenüber im Streitfall keiner Entscheidung."[130]

32   Gegen die in der Literatur vereinzelt vorgeschlagene[131] Abspaltung der kommerziellen Verwertungsrechte im Sinne eines dualistischen Ansatzes mit der Folge, dass der abgespaltete Teil einen immaterialgüterrechtlichen Charakter annimmt, spricht, dass damit die untrennbare Verflechtung ideeller und vermögensrechtlicher Interessen missachtet wird.[132] Auch bei der wirtschaftlichen Verwertung können gewichtige ideelle Interessen tangiert werden, denn auch durch sie prägt die Person ihre soziale Identität. Eine völlige Ablösung der wirtschaftlichen Dispositionsbefugnis vom Rechtsträger führt dazu, dass Selbstbestimmung durch Fremdbestimmung ersetzt wird, weil die Persönlichkeit insoweit keinen Einfluss mehr auf ihre öffentliche Darstellung ausüben kann, sondern sich vollständig dem Willen des Inhabers der kommerziellen Nutzungsrechte ausliefert. Hiergegen werden zu Recht auch verfassungsrechtliche Bedenken erhoben.[133] Umgekehrt folgt aus dem Selbstbestimmungsrecht über die eigene Identität und dem Prinzip der Privatautonomie aber auch, dass der Person das Recht zuzugestehen ist, anderen **Nutzungsrechte an ihren Persönlichkeitsrechten** einzuräumen, die gegenüber Dritten und auch hier selbst eine absolute, „gegenständliche" Wirkung entfalten, sofern sie damit das Selbstbestimmungsrecht nicht vollkommen aus der Hand gibt.[134] Als Modell kann das wegen des vergleichbaren Ineinandergreifens ideeller und vermögensrechtlicher Belange ebenfalls unübertragbare Urheberrecht herangezogen werden. Danach kann der Rechtsinhaber in Anlehnung an die Regelung in § 31 UrhG einem anderen ausschließliche oder einfache Nutzungsrechte einräumen, die entsprechend § 32 UrhG räumlich, zeitlich oder inhaltlich beschränkt werden können. Darüber hinaus sollte die urheberrechtliche Zweckübertragungsregel (§ 31 Abs. 5 UrhG) sowie auch das Erfordernis einer Zustimmung der Weiterübertragung von Nutzungsrechten (§ 34 Abs. 1 S. 1 UrhG) und auch die

---

[126] BGHZ 50, 133, 137 = GRUR 1968, 552.

[127] BGH GRUR 1987, 128 = NJW-RR 1987, 231.

[128] BGH GRUR 1987, 128 f. – *NENA*.

[129] Siehe *Götting*, Persönlichkeitsrechte als Vermögensrechte, S. 60 ff.; siehe auch *Ohly*, „Volenti non fit iniuria" Die Einwilligung im Privatrecht, S. 155 f.; *Peukert* ZUM 2000, 710, 716.

[130] BGH GRUR 2000, 709, 712 – *Marlene Dietrich*.

[131] Siehe oben § 1 Rn. 40.

[132] Siehe unten § 10.

[133] Siehe *Peukert* ZUM 2000, 710, 715.

[134] Siehe zum Folgenden *Götting*, Persönlichkeitsrechte als Vermögensrechte, S. 279.

Vorschriften über den Rückruf wegen gewandelter Überzeugung (§ 42 UrhG) entsprechend angewandt werden.

d) Vererblichkeit der vermögenswerten Bestandteile des Persönlichkeitsrechts. 33 Einen Quantensprung bedeutet die inzwischen schon legendäre **„Marlene Dietrich"-Entscheidung,**[135] in der der BGH die **Vererblichkeit der vermögenswerten Bestandteile des Persönlichkeitsrechts** anerkannt hat. Damit lösen sich die kommerziellen Verwertungsrechte vollständig von der Person des Rechtsträgers und leben über dessen Tod weiter. Der BGH betont, dass das allgemeine Persönlichkeitsrecht und seine besonderen Erscheinungsformen, wie das Recht am eigenen Bilde und das Namensrecht, dem Schutz nicht nur ideeller, sondern auch kommerzieller Interessen der Persönlichkeit dienen. Die vermögenswerten Bestandteile des Persönlichkeitsrechts sollen nach dem Tode des Rechtsträgers des Persönlichkeitsrechts jedenfalls so lange fortbestehen, wie die ideellen Interessen noch geschützt sind. Die entsprechenden Befugnisse gehen auf den Erben als Träger des Persönlichkeitsrechts über und können von diesem entsprechend dem ausdrücklichen oder mutmaßlichen Willen des Verstorbenen ausgeübt werden. Zur Begründung der Vererblichkeit der vermögenswerten Bestandteile des Persönlichkeitsrechts verweist der BGH nachdrücklich darauf, dass diese geboten sei, um den Schutz gegenüber einer kommerziellen Nutzung von Name, Bildnis und sonstigen Persönlichkeitsmerkmalen des Verstorbenen durch Nichtberechtigte zu gewährleisten. „Ein wirkungsvoller postmortaler Schutz der vermögenswerten Bestandteile des Persönlichkeitsrechts ist nur gewährleistet, wenn der Erbe in die Rolle des Trägers des Persönlichkeitsrechts treten und ebenso wie dieser unter Wahrung der mutmaßlichen Interessen des Verstorbenen gegen eine unbefugte Nutzung vorgehen kann."[136] Durch diesen Schutz der kommerziellen Interessen, die den Erben ungeachtet eigennütziger Motive eine Handhabe gegen die ungehinderte Ausbeutung des Ansehens des Verstorbenen durch beliebige Dritte bietet, wird auch der Schutz der ideellen Interessen gegenüber dem früheren Rechtszustand ganz erheblich verbessert.

Nach der „Mephisto"-Rechtsprechung war zwar anerkannt, dass das fortwirkende 34 Lebensbild der Persönlichkeit gegen schwerwiegende Entstellungen geschützt ist,[137] dem Wahrnehmungsberechtigten wurden jedoch bei einer Verletzung des postmortalen Persönlichkeitsrechts lediglich Abwehransprüche, nicht aber Schadensersatzansprüche zuerkannt, weil ein Verstorbener keinen durch eine Geldzahlung auszugleichenden Schaden erleiden könne.[138] Die Abwehransprüche nützen aber nur wenig, wenn die Rechtsverletzung – wie es häufig der Fall ist – bereits beendet ist, bevor der Anspruchsberechtigte davon Kenntnis erlangt. Durch die Anerkennung der Vererblichkeit der vermögenswerten Bestandteile an Persönlichkeitsrechten wird dieses Schutzdefizit beseitigt, da den Erben die Möglichkeit eröffnet wird, gegen die unberechtigte kommerzielle Verwertung der Persönlichkeitsmerkmale des Verstorbenen diejenigen Sanktionen einzusetzen, die diesem auch zu Lebzeiten zugestanden hätten. Sie können nämlich einen Schadensersatzanspruch geltend machen, den sie entweder konkret oder nach der Lizenzanalogie oder nach dem herauszugebenden Verletzergewinn berechnen können.[139]

Im Ergebnis führt die Kumulation des postmortalen, ideellen, kommerziellen Interes- 35 senschutzes auch zu einer Kumulation der Kontrollmöglichkeiten. Wird das Bildnis des Verstorbenen für kommerzielle Zwecke verwendet, so ist die Zustimmung sowohl des

---

[135] BGH GRUR 2000, 709 – *Marlene Dietrich*.

[136] BGH, a. a. O., 713.

[137] BGHZ 50, 133, 136 ff. = GRUR 1968, 552 – *Mephisto*; siehe auch BGHZ 107, 384, 391 = GRUR 1995, 668 – *Emil Nolde* m. w. N.

[138] BGH GRUR 2000, 709, 713 – *Marlene Dietrich*, unter Hinweis auf BGH GRUR 1974, 794, 795 – *Todesgift*; BGH GRUR 1974, 797, 800 = NJW 1974, 1371 – *Fiete Schulze*.

[139] BGH, a. a. O., S. 715 unter Hinweis auf BGHZ 20, 345, 353 f. = GRUR 1956, 427 – *Paul Dahlke*.

Erben als Inhaber der vermögenswerten Bestandteile des Persönlichkeitsrechts als auch der Angehörigen erforderlich (§ 22 S. 3 KUG). Ebenso können durch eine kommerzielle Verwendung von Persönlichkeitsmerkmalen die durch das allgemeine Persönlichkeitsrecht geschützten ideellen Interessen des Verstorbenen tangiert sein, mit der Folge, dass der Wahrnehmungsberechtigte gegen eine solche Verwendung trotz Zustimmung der Erben einschreiten könnte.[140] Insofern stellt sich die Lage nicht anders dar als beim Urheberrecht, bei dem ebenfalls die auf dem Schutz der ideellen Interessen gerichteten urheberpersönlichkeitsrechtlichen Befugnisse (§§ 11 ff. UrhG) häufig nicht in derselben Hand liegen wie die Nutzungsrechte.[141] Die im Schrifttum geäußerte Kritik, dass damit einer weiteren Kommerzialisierung der Persönlichkeit Vorschub geleistet wird,[142] wird vom BGH überzeugend zurückgewiesen. Tatsächlich bietet die Vererblichkeit die Möglichkeit, eine ungehinderte Kommerzialisierung durch Dritte zu unterbinden und dient damit gleichzeitig auch dem Schutz ideeller Interessen. Dies gilt nicht zuletzt in Fällen, in denen der Name, das Bildnis oder andere Persönlichkeitsmerkmale eines Verstorbenen von Dritten entgegen dem Willen der Erben und/oder Angehörigen und entgegen dem mutmaßlichen Willen des verstorbenen Trägers des Persönlichkeitsrechts zu kommerziellen Zwecken verwendet werden.[143]

36   Wenig überzeugend ist es, dass der BGH in der Entscheidung „kinski-klaus.de"[144] die **Schutzdauer der vermögenswerten Bestandteile des postmortalen Persönlichkeitsrechts in Analogie** zu § 22 S. 3 KUG auf 10 Jahre nach dem Tod der Person begrenzt, dagegen soll unter den Voraussetzungen und dem Umfang des postmortalen Schutzes die ideellen Bestandteile des postmortalen Persönlichkeitsschutzes über diese Frist hinaus fortbestehen können. In der „Marlene Dietrich"-Entscheidung wurde die Dauer des Schutzes mit dem Fortbestand des Schutzes der ideellen Interessen verknüpft. Demnach bestehen die vermögenswerten Bestandteile des Persönlichkeitsrechts nach dem Tode des Trägers des Persönlichkeitsrechts jedenfalls fort, solange die ideellen Interessen noch geschützt sind.[145] Die 10-Jahres-Frist des § 22 S. 3 KUG wurde lediglich als ein „Anhaltspunkt" angesehen. Ob ein längerer Schutz der kommerziellen Interessen dann in Betracht zu ziehen ist, wenn und soweit sich aus dem allgemeinen Persönlichkeitsrecht ausnahmsweise ein längerer Schutz ideeller Interessen ergibt, wurde offengelassen.[146] Abweichend hiervon hat der BGH in der Entscheidung „kinski-klaus.de" die 10-Jahres-Frist des § 22 S. 3 KUG zur starren und absoluten Obergrenze des Schutzes erklärt. Diese Begrenzung, die der Gesetzgeber für das Recht am eigenen Bilde im Jahre 1907 vorgenommen hat, trägt den fundamentalen Veränderungen einer Entwicklung zu einer ubiquitären Medienwelt mit Film, Fernsehen und Internet und dem daraus resultierenden „digitalen Langzeitgedächtnis", das die Erinnerung an Ikonen aus Kultur, Unterhaltung und Sport über Jahrzehnte lebendig hält, in keiner Weise Rechnung.[147] Entgegen der Unterstellung des BGH ist eine analoge Anwendung des § 22 S. 3 KUG nicht zwingend. Das Argument, dass eine darüber hinausgehende zeitliche Ausdehnung der Schutzdauer der vermögenswerten Bestandteile des postmortalen Persönlichkeitsrechts mit der Wertung des § 22 KUG nicht vereinbar wäre, ist nicht stichhaltig. Die Grenzen und die darin zum Ausdruck kommenden Wertungen des Bildnisschutzes sind durch die Entwicklung des auf richterlicher Rechtsfortbildung beruhenden allgemeinen Persönlichkeitsrechts längst überwunden worden. Das Recht am eigenen Bilde wird, worauf in der

---

[140] BGH GRUR 2000, 709, 714 – *Marlene Dietrich*.
[141] BGH, ebenda, unter Hinweis auf *Forkel*, GRUR 1988, 491, 493 ff.; *Götting*, Persönlichkeitsrechte als Vermögensrechte, S. 133, 279.
[142] *Schack* AcP 195 (1995), 594 f.
[143] So BGH GRUR 2000, 709, 713 – *Marlene Dietrich*.
[144] BGH GRUR 2007, 168 – *kinski-klaus.de*.
[145] BGH GRUR 2000, 709 2. LS – *Marlene Diedrich*.
[146] BGH, a. a. O., 714, unter Hinweis auf BGHZ 50, 133, 140 f. = GRUR 1968, 552 – *Mephisto*.
[147] Siehe *Götting* GRUR 2007, 168, 170 f. (Anm. zu BGH GRUR 2007, 168 – *kinski-klaus.de*).

Entscheidung zu Recht hingewiesen wird,[148] als eine besondere Erscheinungsform des allgemeinen Persönlichkeitsrechts betrachtet. Aus diesem Grund erlischt, wie in der Entscheidung ausdrücklich klargestellt wird, auch der postmortale Schutz der ideellen Bestandteile des Persönlichkeitsrechts nicht nach Ablauf der 10-Jahres-Frist des § 22 S. 3 KUG.[149] Wenn sich der BGH insoweit nicht an die Schutzdauer des § 22 S. 3 KUG gebunden fühlt, so besteht kein Grund, hinsichtlich des postmortalen kommerziellen Persönlichkeitsschutzes eine strikte Bindung an die 10-Jahres-Frist des KUG anzunehmen. Dem Bedürfnis nach Rechtssicherheit, dem man seine Berechtigung kaum absprechen kann, könnte in Anlehnung an das Urheberrecht durch eine Frist von 70 Jahren post mortem angemessen Rechnung getragen werden.[150] Angesichts einer mit dem Urheberrecht vergleichbaren Interessenlage werden damit die Belange des Verstorbenen, seiner Erben und der Allgemeinheit in eine stimmige Balance gebracht. Damit würde auch ein Wertungswiderspruch ausgeräumt, denn es ist nicht einzusehen, warum der Urheberrechtsschutz für eine Fotografie als Lichtbildwerk, die ihren Marktwert ausschließlich der Prominenz der abgebildeten Person verdankt, 70 Jahre nach dem Tod des Urhebers fortbesteht, während die auf dem Lebenswerk des Verstorbenen beruhenden vermögenswerten Bestandteile des Persönlichkeitsrechts bereits nach 10 Jahren erlöschen sollen. Nach 70 Jahren kann man in der Tat davon sprechen, dass die Erinnerung an das verstorbene Individuum so sehr verblasst, dass seine Identitätsmerkmale zum kulturellen Allgemeingut gehören.[151] Auch in den USA wird für das „Right of Publicity" in vielen Staaten eine wesentlich engere Schutzfrist von 50 bis zu 100 Jahren post mortem anerkannt.[152]

---

[148] BGH GRUR 2007, 168, 170 Rn. 17 – *kinski-klaus.de*, unter Hinweis auf BGHZ 143, 214, 218 = GRUR 2000, 709 – *Marlene Dietrich*.

[149] BGH, a. a. O., Rn. 18.

[150] Siehe *Götting*, Persönlichkeitsrechte als Vermögensrechte, S. 281; *ders.* NJW 2001, 585; *ders.* GRUR 2004, 801, 806; *ders.* GRUR 2007, 168, 171; Schricker/*Götting*, UrhG, § 60/§ 22 KUG Rn. 63.

[151] Zustimmend *Reber* GRUR Int. 2007, 492, 498.

[152] Siehe *Reber*, a. a. O., 497.

2. Kapitel. Das Persönlichkeitsrecht im Rahmen der Rechtsordnung

§ 3. Das Verhältnis zwischen verfassungsrechtlichem und zivilrechtlichem Persönlichkeitsschutz

Inhaltsübersicht

Schrifttum: *Canaris*, Grundrechte und Privatrecht, AcP 184 (1984), 201; *ders.*, JZ 1987, 993; *Dürig*, Grundrechte und Zivilrechtsprechung, in: FS Nawiasky, 1956, S. 157; *Enneccerus/Nipperdey*, BGB AT, 15. Aufl. 1959; *Hochhuth*, Kein Grundrecht auf üble Nachrede – Der Stolpe-Beschluss des BVerfG schützt das Personal der Demokratie; NJW 2006, 189, *Larenz/Canaris*, Schuldrecht II/2, 13. Aufl. 2008; *Maunz/Dürig*, Kommentar zum Grundgesetz, 2003; MünchKommBGB/*Rixecker*, Allgemeines Persönlichkeitsrecht, 4. Aufl. 2000; *Neumeyer*, Person – Fiktion – Recht, Diss. Dresden 2008; *Nipperdey*, Grundrechte und Privatrecht, in: FS Molitor, 1962, S. 17; *Soergel*, BGB, 13. Aufl. 1999; *Staudinger*; BGB Kommentar, 2007.

A. Zum Streit über die Wirkung der Grundrechte im Zivilrecht

1   Unstrittig ist, dass die Grundrechte auf den zivilrechtlichen Persönlichkeitsschutz einwirken und er letztlich von diesen abgeleitet wird. Es besteht auch kaum ein Zweifel, dass Art. 1 Abs. 1 und Art. 2 Abs. 1 GG nicht nur die Grundlage des verfassungsrechtlichen, sondern auch des zivilrechtlichen Persönlichkeitsschutzes bilden. Bis heute umstritten sind aber die konstruktive Begründung und die Reichweite der **Wirkung der Grundrechte** auf den zivilrechtlichen Persönlichkeitsschutz. Den Hintergrund der Problematik bilden die Lehren der „unmittelbaren" und „mittelbaren" Drittwirkung.

I. Unmittelbare Drittwirkung

2   Die von *Nipperdey*[1] begründete Lehre von der **unmittelbaren Drittwirkung** besagt, dass Adressat der Grundrechte nicht nur der Staat, sondern – zumindest für manche Grundrechte – auch die Rechtssubjekte des Privatrechts sind. Für das Zivilrecht hat dies zur Folge, dass die Grundrechte im rechtsgeschäftlichen Bereich zu gesetzlichen Verboten i.S.d. § 134 BGB werden, im deliktischen Bereich zu absoluten Rechten i.S.d. § 823 Abs. 1 BGB oder zu Schutzgesetzen i.S.d. § 823 Abs. 2 BGB.[2] Die These von der unmittelbaren Drittwirkung der Grundrechte wurde zunächst vom BAG rezipiert.[3] Später scheint das Gericht hiervon Abstand genommen zu haben.[4] Gegen die Annahme einer unmittelbaren Drittwirkung wird eingewandt, dass sie auf verfassungsdogmatische Bedenken stoßen muss,

---

[1] *Enneccerus/Nipperdey*, BGB AT, 15. Aufl. 1959, § 15 Ziff. 4; *Nipperdey* in: FS Molitor, S. 17 ff.
[2] Siehe *Canaris* AcP 184 (1984), 201, 202.
[3] Siehe BAGE 1, 185, 191 ff.; BAG NJW 1984, 824, 825.
[4] Siehe BAGE 48, 122, 138 f.

weil Wortlaut und Systematik des Grundgesetzes zeigen, dass die Grundrechte nach ihrer Konzeption notwendigerweise Abwehrrechte des Bürgers gegen den Staat sind[5] und dass eine unmittelbare Grundrechtsbindung Privater zugleich deren gleichfalls verfassungsmäßig gewährleistete Privatautonomie entwerten würde.[6] Aus diesem Grunde wird auch die Charakterisierung des Persönlichkeitsrechts als „privates Grundrecht" abgelehnt.[7]

II. Mittelbare Drittwirkung

Nach der vom BVerfG im „Lüth"-Urteil aus dem Jahre 1958 begründeten **Theorie** 3 **der mittelbaren Drittwirkung** ist das Wertesystem der Grundrechte als verfassungsrechtliche Grundentscheidung für die gesamte Rechtsordnung und damit auch für das Zivilrecht verbindlich.[8] Hieraus folgt, dass keine Rechtsnorm im Widerspruch zu den Grundrechten stehen darf, sondern jede Auslegung in ihrem Geiste zu erfolgen hat. Dies gilt ganz besonders für die Ausfüllung der im Einzelfall zu konkretisierenden Generalklauseln, die als „Einbruchstellen"[9] in das Bürgerliche Recht fungieren. Aus Art. 1 Abs. 3 GG ergibt sich die Verpflichtung der Zivilgerichte, die Ausstrahlungswirkung der Grundrechte der Verfassung gebührend zu beachten, da sie den Betroffenen andernfalls in seinen Grundrechten verletzen. Prüfungsmaßstab des BVerfG ist die Frage, ob das ordentliche Gericht die Reichweite und Wirkkraft der Grundrechte im Zivilrecht zutreffend erfasst und beurteilt hat. Dieser auf *Dürig*[10] zurückgehenden Lehre von der sog. „mittelbaren Drittwirkung" folgt das BVerfG in ständiger Rechtsprechung.[11] Im Zusammenhang mit dem Persönlichkeitsschutz geht es dabei regelmäßig darum, das Spannungsverhältnis zwischen dem durch Art. 1 Abs. 1 und Art. 2 Abs. 1 GG garantierten allgemeinen Persönlichkeitsrecht und der von Art. 5 GG gewährleisteten Kommunikationsfreiheit, insbesondere das Recht auf freie Meinungsäußerung und die Kunstfreiheit, im Sinne einer praktischen Konkordanz in eine angemessene Balance zu bringen.

III. Schutzgebotsfunktion der Grundrechte

Nach einer neueren, im Vordringen befindlichen Ansicht, die wesentlich von *Canaris* 4 geprägt wurde,[12] wird die Drittwirkung durch Schutzpflichten des Staates bezüglich des Verhältnisses der Privatrechtssubjekte untereinander vermittelt.[13] Aus der **Schutzgebotsfunktion der Grundrechte** ergebe sich die Verpflichtung des Staates, die in den Grundrechten zum Ausdruck kommenden Werte und Rechtsgüter auch gegen Verletzungen von Seiten Privater zu schützen.[14] Die Aufgabe, die Schutzgebotsfunktion zu verwirklichen, falle im Wesentlichen dem einfachen Recht und damit auch dem Zivilrecht zu.[15] In erster Linie ist der Gesetzgeber dazu berufen, den Grundrechten durch Änderung bestehender oder Schaffung neuer Gesetze Geltung zu verschaffen, wobei er bei der Ausgestaltung des Schutzes einen weiten Gestaltungsspielraum habe, denn er müsse, beispielsweise im Persönlichkeitsschutz, nur das von der Verfassung gebotene Mindestmaß

---

[5] MünchKommBGB/*Rixecker*, Allg. PersönlR, Rn. 2, *Canaris* AcP 184 (1984), 201, 203 f.

[6] *Dürig* in: FS Nawiasky, S. 157, 159.

[7] MünchKommBGB/*Rixecker*, Allg. PersönlR, Rn. 2.

[8] BVerfGE 7, 198, 204 ff. – *Lüth*.

[9] So BVerfG, a. a. O., 206.

[10] *Dürig* in: FS Nawiasky, S. 157, 176 ff.

[11] Siehe etwa BVerfGE 85, 1, 13 – *Kritische Bayer-Aktionäre*.

[12] *Canaris* AcP 184 (1984), 201, 212 ff.; *ders.* JZ 1987, 993; siehe auch *Larenz/Canaris*, Schuldrecht II/2, § 80 I.

[13] Siehe *Baston-Vogt*, Der sachliche Schutzbereich des zivilrechtlichen allgemeinen Persönlichkeitsrechts, S. 21 ff.

[14] Siehe BVerfGE 39, 1, 42 ff.; BVerfGE 88, 203.

[15] *Canaris* AcP 184 (1984), 201, 227.

sicherstellen.[16] Darüber hinaus muss aber auch die Auslegung und Anwendung des bestehenden Rechts den Wertungen der Grundrechte entsprechen.[17] Bei der Ausfüllung und Konkretisierung von Generalklauseln ist die Rechtsprechung verpflichtet, in Wahrnehmung der Schutzgebotsfunktion die grundrechtlichen Wertungen umzusetzen. Damit wird dem vom BVerfG gerade im Zusammenhang mit dem allgemeinen Persönlichkeitsrecht aufgestellten Grundsatz entsprochen, dass der Richter nicht nur die Befugnis, sondern auch die Aufgabe zu „schöpferischer Rechtsfindung" hat.[18] Im Ergebnis führt die Anknüpfung an die Schutzgebotsfunktion der Grundrechte dazu, dass der Staat verpflichtet ist, auch auf dem Gebiet des Zivilrechts die Grundrechte eines Bürgers gegenüber den Eingriffen seines Mitbürgers zu schützen. Auch das BVerfG betont in jüngerer Zeit verstärkt, dass der Gesetzgeber und die Gerichte auch gegenüber Verletzungen durch Private und den aus den Grundrechten resultierenden verfassungsrechtlichen Schutzauftrag Rechnung zu tragen haben.[19]

B. Die Rechtsprechung des BGH

5   In der grundlegenden **„Leserbrief"-Entscheidung**, mit der das allgemeine Persönlichkeitsrecht anerkannt wurde, hat sich der BGH auf eine unmittelbare Drittwirkung der Grundrechte gestützt, indem er ausgeführt hat: „Nachdem nunmehr das Grundgesetz das Recht des Menschen auf Achtung seiner Würde (Art. 1 GG) und das Recht auf freie Entfaltung seiner Persönlichkeit auch als privates, von jedermann zu achtendes Recht anerkennt … muss das allgemeine Persönlichkeitsrecht als ein verfassungsmäßig gewährleistetes Grundrecht angesehen werden."[20] Auch die Verpflichtung zum Ausgleich immaterieller Schäden bei der Verletzung von ideellen Persönlichkeitsinteressen, die sich mit § 253 BGB nicht vereinbaren lässt, leitet der BGH bis heute unmittelbar aus den Grundrechten ab, nachdem der sog. „Schmerzensgeldanspruch" zunächst mit einer Analogie zu § 847 BGB begründet wurde.[21]

In der „Marlene Dietrich"-Entscheidung hat der BGH dazu Folgendes ausgeführt: „Dieser Ausgleich beruht allerdings nicht auf einem Schmerzensgeldanspruch nach § 847 BGB, sondern auf einem Rechtsbehelf, der unmittelbar auf den Schutzauftrag aus Art. 1 und 2 Abs. 1 GG zurückgeht."[22] Das Gericht beruft sich dabei auf die „Soraya"-Entscheidung des BVerfG.[23] Zusammenfassend ist festzustellen, dass sich der BGH hinsichtlich der konstruktiven Herleitung des allgemeinen Persönlichkeitsrechts insoweit auf die Annahme einer „unmittelbaren Drittwirkung" stützt.

C. Eigene Stellungnahme

6   Es lässt sich nicht bestreiten, dass das allgemeine zivilrechtliche Persönlichkeitsrecht auf dem Fundament des grundrechtlichen, durch die Verfassung verbürgten Persönlichkeitsschutzes beruht und von diesem die grundlegenden Wertungen und Impulse empfängt

---

[16] *Canaris*, a. a. O., 231 f.

[17] *Baston-Vogt*, Der sachliche Schutzbereich des zivilrechtlichen allgemeinen Persönlichkeitsrechts, S. 22.

[18] BVerfGE 34, 269, 287 – *Soraya*; siehe dazu *Baston-Vogt*, a. a. O., S. 22.

[19] Siehe etwa BVerfG ZUM 2007, 380; BVerfG NJW 2006, 207, 208 – *IM-Sekretär*; BVerfGE 99, 185, 194 f.; BVerfGE 96, 56, 64; BVerfGE 84, 212, 226 f.

[20] BGHZ 13, 334, 338; kritisch dazu *Canaris* AcP 184 (1984), 201, 231 f.; *Larenz/Canaris*, Schuldrecht II/2, § 80 I 3.

[21] BGHZ 26, 394 = NJW 1958, 872, 930 – *Herrenreiter*; zustimmend *Larenz/Canaris*, Schuldrecht BT II/2, § 80 I 4.

[22] BGH GRUR 2000, 709, 712 – *Marlene Dietrich*.

[23] BVerfGE 34, 269, 282, 292 = GRUR 1974, 44, 46, 48, 50 – *Soraya*.

und in sich aufnimmt. Dies ergibt sich daraus, dass auch der „Privatrechtsstreit" niemals nur „privat" ist, da über den Streitenden das Gesetz steht und jedes Gesetz in die Normenhierarchie eingebunden und damit verfassungskonform auszulegen ist.[24] „Kern des Drittwirkungsstreits ist nicht das Ob, sondern das Wie der Grundrechtswirkung."[25] Eine scharfe Trennung zwischen zivil- und verfassungsrechtlichem Persönlichkeitsschutz ist nicht möglich.[26] Andererseits sind der verfassungsrechtliche und der zivilrechtliche Persönlichkeitsschutz nicht deckungsgleich oder gar identisch. Dies wäre nur dann der Fall, wenn man, wie allerdings der BGH, von einer unmittelbaren Drittwirkung der Grundrechte ausginge. Dagegen spricht, dass sich der verfassungs- und zivilrechtliche Persönlichkeitsschutz an unterschiedliche Adressaten richtet. Der verfassungsrechtlich verbürgte grundrechtliche Schutz richtet sich an den Staat, während das zivilrechtliche allgemeine Persönlichkeitsrecht die Rechtsverhältnisse zwischen privaten Rechtssubjekten betrifft.[27] Am plausibelsten und überzeugendsten vermag die Anknüpfung an die Schutzgebotsfunktion der Grundrechte ihre Wirkung auf das Zivilrecht im Allgemeinen und die Fundierung eines allgemeinen Persönlichkeitsrechts im Besonderen zu erklären. Danach ist der zivilrechtliche Persönlichkeitsschutz Mittel zum Zweck der Erfüllung des verfassungsrechtlichen Schutzauftrags; „es ist die Projektion des Grundrechts auf die zivilrechtliche Ebene".[28] Daraus, dass die Grundrechte nur einen Kernbereich des Schutzes gebieten und im Übrigen aber dem Gesetzgeber einen weiten Gestaltungsspielraum belassen, der im Rahmen von Generalklauseln auch durch die Rechtsprechung ausgefüllt werden kann, kann der zivilrechtliche Persönlichkeitsschutz weiter reichen als der verfassungsrechtlich zwingend erforderliche. Nach der Rechtsprechung des BVerfG ist die Anerkennung vererblicher kommerzieller Bestandteile des Persönlichkeitsrechts zwar von Verfassungs wegen nicht geboten, aber auch nicht ausgeschlossen, so dass die Intensität des zivilrechtlichen Persönlichkeitsschutzes stärker ausgeprägt ist, als sie von Verfassungs wegen erforderlich ist.[29]

§ 4. Das Verhältnis zum Urheberrecht, Gewerblichen Rechtsschutz und Wettbewerbsrecht

Inhaltsübersicht

Schrifttum: *v. Bassewitz,* Prominenz® und Celebrity™ – Die Vermarktung bekannter Persönlichkeiten in Deutschland, England und den USA, 2008; *Dölemeyer/Klippel,* Der Beitrag der deutschen Rechtswissenschaft zur Theorie des gewerblichen Rechtsschutzes und Urheberrechts, in: FS 100 Jah-

---

[24] *Hochhuth* NJW 2006, 189, 191.

[25] *Baston-Vogt,* Der sachliche Schutzbereich des zivilrechtlichen allgemeinen Persönlichkeitsrechts, S. 24.

[26] So *Di Fabio* in: Maunz-Dürig, Art. 2 Abs. 1 Rn. 138; *Staudinger/Hager* BGB § 823 Rn. C 4 f.

[27] Soergel/*Beater*, BGB, § 823 Anh. IV Rn. 6.

[28] *Neumeyer,* Person – Fiktion – Recht, Diss. Dresden 2008.

[29] Siehe BVerfG NJW 2006, 3409 – *Marlene Dietrich;* siehe dazu *Neumeyer,* a. a. O.

re GRUR, Bd. 1 1991, S. 185; *Fezer*, Lauterkeitsrecht-Kommentar, 2005; *Fikentscher*, Wettbewerb und gewerblicher Rechtsschutz, 1958; *v. Gierke*, Deutsches Privatrecht, Bd. I, 1859; *Götting*, Gewerblicher Rechtsschutz, 8. Aufl. 2007; *ders.*, Wettbewerbsrecht, 2005; *ders.*, Persönlichkeitsrechte als Vermögens-rechte, 1995; *Helth*, Der Schutz der kommerziellen Aspekte der Persönlichkeit im australischen Recht, 2007; *Hubmann*, Die Zwangsvollstreckung in Persönlichkeits- und Immaterialgüterrechte, FS Lehmann, 1956, S. 812; *ders.*, Persönlichkeitsrecht, 1962; *Ingerl/Rohnke*, Markengesetz, 2. Aufl. 2003; *Klippel*, Der zivilrechtliche Schutz des Namens, 1985; *Kohler*, Der unlautere Wettbewerb, 1914; *Kraßer*, Patentrecht, 2004; *Lobe*, Die Bekämpfung des unlauteren Wettbewerbs, Bd. I: Der unlautere Wettbe-werb als Rechtsverletzung nach dem Bürgerlichen Gesetzbuch und Nebengesetzen, 1907; *Georg Mül-ler*, Bemerkungen über das Urheberpersönlichkeitsrecht, UFITA 2 (1929), 367; *Neumann-Duesberg*, Das gesprochene Wort im Urheber- und Persönlichkeitsrecht, 1949; *Peifer*, Individualität im Zivil-recht, 2001; *Schricker*, Urheberrecht, 3. Aufl. 2006; *Ulmer*, Urheber- und Verlagsrecht, 3. Aufl. 1980; *Windisch*, Persönlichkeitsbezogene Komponenten in Immaterialrechten, GRUR 1993, 352.

A. Urheberrecht

I. Historische Zusammenhänge

1   Aus dem Blickwinkel der historischen Entwicklung besteht zwischen der Herausbil-dung eines allgemeinen Persönlichkeitsrechts und dem Urheberrecht ein enger, wenn nicht gar „genetischer" Zusammenhang. Beide Rechte sind gleichsam durch eine „Zwil-lingsbeziehung" miteinander verbunden. Ungeachtet der in Deutschland geltenden **mo-nistischen Theorie**, wonach ideelle und materielle Interessen ineinander verwoben sind und das Urheberrecht als ein einheitliches Recht zu deuten ist, wird in seiner Charakte-risierung folgende Differenzierung vorgenommen: „Seiner Rechtsnatur nach ist das subjektive Urheberrecht mit seiner vermögensrechtlichen Seite Immaterialgüterrecht, hinsichtlich des Schutzes der ideellen Urheberinteressen Persönlichkeitsrecht."[1] Mitte des 19. Jahrhunderts fanden sich in der rechtswissenschaftlichen Literatur Deutungen, die dies aus dem Gewerberecht ableiteten und im Sinne eines „quasi-wettbewerbsrechtlichen" Ansatzes „das Recht des Urhebers als bloßen Reflex gesetzlicher Nachdruckverbote (Jolly, Maurenbrecher, Gerda, Laband), andere als ein generalisiertes Privileg, das heißt als ein lediglich aus wirtschaftlichen oder kulturellen Zweckmäßigkeitserwägungen her-vorgegangenes Monopolrecht" betrachteten.[2] Bei anderen stand ähnlich wie beim angel-sächsischen *Copyright Approach* der Schutz des Verlegers bei unbefugter Werkvervielfälti-gung ein Verstoß gegen das Nachdruckverbot im Vordergrund (Verlagsrechtheorie).[3]

2   *Otto v. Gierke*, der Hauptarchitekt der Persönlichkeitsrechtstheorie, trat vehement da-für ein, das Urheberrecht in Gänze als ein Persönlichkeitsrecht aufzufassen und wandte sich entschieden gegen eine rein vermögensrechtliche oder gewerberechtliche Charakteri-sierung, der er mit folgenden Worten entgegentrat: „Auch bei Anhängern der gewerb-lichen Auffassung des Urheberrechts begegnet eine derartige Ausscheidung der aus der Persönlichkeit fließenden Rechte, die dem Urheber in mehr oder minder vollem Maße zugestanden, jedoch nicht als Bestandteile des Urheberrechts anerkannt werden. Allein jede solche Zerreißung des Urheberrechts ist verwerflich. In der Gesetzgebung hat sie keine Stütze. Sie widerspricht aber auch dem geschichtlich entwickelten Rechtsbewusst-sein und den Bedürfnissen der Wissenschaft. Die Herrschaft des Urhebers über sein Geisteserzeugnis kann sich freilich zu mancherlei besonderen Befugnissen entfalten, bleibt aber in allen ihren Äußerungen ein einheitliches Recht."[4]

---

[1] Schricker/*Schricker*, UrhG, Einl. Rn. 21.
[2] Schricker/*Vogel*, UrhG, Einl. Rn. 69.
[3] Schricker/*Vogel*, ebenda; unter Hinweis auf *Dölemeyer/Klippel* in: FS 100 Jahre GRUR, S. 185, 206 ff.
[4] *V. Gierke*, Deutsches Privatrecht, Bd. I, S. 768.

„Das Urheberrecht ist somit in seinem ganzen Umfange als ein aus geistiger Schöpfung   3
fließendes Persönlichkeitsrecht zu konstruieren."[5] Diese rein persönlichkeitsrechtliche
Charakterisierung des Urheberrechts hat sich zwar nicht vollständig durchgesetzt. Als
Gegenposition zu der von *Kohler* vertretenen sog. **dualistischen Theorie**, der für eine
Trennung zwischen dem vermögenswerten immaterialgüterrechtlichen Teil und dem davon unabhängig bestehenden Individualrecht eintrat, hat sich im deutschen Recht aber
die monistische Theorie etabliert. Danach verbinden sich die vermögens- wie persönlichkeitsrechtlichen Elemente zu einer unauflösbaren Einheit.[6] Bei der theoretischen Grundlegung des allgemeinen Persönlichkeitsrechts stand das Urheberrecht Pate und ebnete den
Weg für die Idee eines umfassenden Persönlichkeitsschutzes, der anders als in anderen
Ländern in Deutschland nicht durch eine Anknüpfung an die Injurienklage geebnet
wurde.[7]

Den Kristallisationspunkt des historischen Zusammenhangs zwischen dem Urheber-   4
persönlichkeitsrecht und der Anerkennung des allgemeinen Persönlichkeitsrechts bildet
die **„Leserbrief"-Entscheidung** des BGH. In ihr löste dieser sich in Abkehr von der
reichsgerichtlichen Rechtsprechung von der urheberrechtlichen Abhängigkeit des Persönlichkeitsschutzes gegen unbefugte Veröffentlichung von Briefen oder sonstigen privaten Aufzeichnungen, indem er feststellte: „Das RG hat zwar in st. Rspr. den Veröffentlichungsschutz für Briefe davon abhängig gemacht, ob diese die für den Urheberrechtsschutz erforderliche individuelle Formprägung aufweisen.[8] Demgegenüber ist mit Recht
vom Schrifttum darauf hingewiesen worden, dass ein Bedürfnis nach der Anerkennung
eines Persönlichkeitsschutzes hinsichtlich der Verwertung eigener Aufzeichnungen in
gleicher Weise auch dann besteht, wenn dieser Schutz nicht aus dem Urheberpersönlichkeitsrecht abgeleitet werden kann, weil es an einer auf individueller geistiger Tätigkeit
beruhenden Formgestaltung der fraglichen Aufzeichnung fehlt."[9] Damit hat sich der
BGH vom urheberpersönlichkeitsrechtlichen Schutz gelöst und in dessen Erweiterung
der Konstituierung des allgemeinen Persönlichkeitsrechts zum Durchbruch verholfen.

II. Aktuelle Bezüge

Auch aus heutiger Sicht besteht zwischen dem allgemeinen Persönlichkeitsrecht und   5
dem Urheberrecht eine enge Verbindung. Wie bereits mehrfach ausgeführt,[10] bietet das
Urheberrecht wegen der vergleichbaren untrennbaren Verflechtung materieller und
ideeller Interessen und deren Wechselwirkung einen wesentlichen Orientierungsrahmen
für die Beurteilung der Möglichkeiten und Grenzen der Disposition über vermögenswerte Bestandteile des Persönlichkeitsrechts. Dies gilt im Hinblick auf die Frage der Einräumung und Weiterübertragung von Nutzungsrechten, des Rückrufs wegen gewandelter Überzeugung sowie auch die Festlegung einer angemessenen Schutzfrist und des postmortalen vermögensrechtlichen Persönlichkeitsrechts.

Auch wenn das Urheberpersönlichkeitsrecht dem allgemeinen Persönlichkeitsrecht in   6
seinem Wesen nahesteht,[11] dürfen trotz der Übereinstimmungen die grundlegenden Unterschiede zwischen dem Urheberpersönlichkeitsrecht und dem allgemeinen Persönlichkeitsrecht nicht übersehen werden. Das **Urheberpersönlichkeitsrecht** hat einen Bezug

---

[5] *V. Gierke*, a. a. O., S. 764.
[6] Siehe Schricker/*Vogel*, UrhG, Einl. Rn. 71 ff.
[7] Siehe dazu oben § 2 Rn. 6.
[8] Unter Hinweis auf RGZ 41, 48; 69, 401.
[9] BGH NJW 1958, 1404 – *Leserbrief*, unter Hinweis auf *Ulmer*, Urheber- und Verlagsrecht, § 83
IV; *Neumann-Duesberg*, Das gesprochene Wort im Urheber- und Persönlichkeitsrecht, S. 158 ff.; *Georg
Müller* UFITA 2 (1929), 367, 383 ff.
[10] Siehe oben § 1 Rn. 34 f., § 2 Rn. 13.
[11] So *Ulmer*, Urheber- und Verlagsrecht, § 6 III 1.

auf ein bestimmtes, vom Urheber geschaffenes Werk, es schützt also sein Verhältnis, sein „geistiges Band" zu einem Produkt seiner Kreativität, in dem sich seine Individualität widerspiegelt. Beim Urheberpersönlichkeitsrecht ist demzufolge eine Subjekt-Objekt-Relation vorhanden. Demgegenüber besteht beim allgemeinen Persönlichkeitsrecht eine Subjekt-Subjekt-Relation, da sich das Schutzinteresse auf die Persönlichkeit als Ganzes, in allen ihren Ausprägungen richtet. Vor diesem Hintergrund geht das Urheberpersönlichkeitsrecht als „besonderes" oder „benanntes" Persönlichkeitsrecht dem allgemeinen Persönlichkeitsrecht vor und verdrängt es, soweit es reicht.[12] Dies schließt jedoch nicht aus, dass das allgemeine Persönlichkeitsrecht „in besonders gelagerten Einzelfällen ergänzend herangezogen werden kann"[13] und eine Auffangfunktion erfüllt.[14] Dies gilt namentlich auch dann, wenn Individualinteressen des Urhebers verletzt werden, die sich nicht auf ein einzelnes Werk, sondern auf die Gesamtheit seines Werkschaffens beziehen.[15]

B. Gewerblicher Rechtsschutz

I. Allgemeines

7　　Während das Urheberrecht gerade aufgrund seines persönlichkeitsrechtlichen Gehalts unauflöslich mit der Persönlichkeit des Urhebers verbunden bleibt und daher weder in Teilen noch als Ganzes übertragbar ist (§ 29 Abs. 1 UrhG) und selbst im Hinblick auf seine verwertungsrechtlichen Komponenten immer die Tendenz hat, so weit wie möglich beim Urheber zu verbleiben (*Ulmer*),[16] sind die gewerblichen Schutzrechte von der Persönlichkeit fast vollständig abgelöst und ihr gegenüber verselbständigte Immaterialgüterrechte, über die vom Rechtsinhaber unbeschränkt disponiert werden kann. Die gewerblichen Schutzrechte schützen technische Innovation durch das **Patent-, Gebrauchsmuster-, Sortenschutz- und Halbleiterschutzrecht** sowie die Designleistung, die sich in Produktgestaltungen manifestiert, durch das Geschmacksmusterrecht und als Schlüssel für die kommerzielle Kommunikation Kennzeichen für die Vermarktung unternehmerischer Leistungen durch das Markenrecht. Die Individualität der Persönlichkeit spiegelt sich in den gewerblichen Schutzrechten, deren übergeordnete Rechtfertigung in dem Schutz unternehmerischer Leistung und dem wirtschaftspolitischen Ziel der Innovationsförderung zu sehen ist, nur in sehr geringem Maße wider.

8　　*Peifer* sieht in seiner grundlegenden Schrift[17] den wesentlichen Unterschied zwischen dem Urheberrecht und den gewerblichen Schutzrechten darin, dass Ersteres durch eine **subjektbezogene Individualität** gekennzeichnet ist, weil sich im Schutzgegenstand eine persönlich-geistige Entäußerung wiederfindet, während Letzteres (nur) eine **objektbezogene Individualität** aufweist, die unabhängig davon ist, welches Individuum sie hervorgebracht hat, so dass sich die Eigenart der Person nicht in dem Immaterialgut widerspiegelt. Auch wenn sich hiergegen der Einwand erheben lässt, dass in vielen wirtschaftlich äußerst bedeutsamen Bereichen der „Urheberrechtsindustrien", in denen der Schutz von Werken mit äußerst geringer Individualität (kleine Münze) in Frage steht und in denen die Werkproduktion durch ein hohes Maß an Arbeitsteilung und damit Austauschbarkeit gekennzeichnet ist, praktisch keinen grundlegenden Unterschied mehr zur „objektiven Individualität" bei gewerblichen Schutzrechten besteht,[18] so ist diese Diffe-

---

[12] Schricker/*Dietz*, UrhG, Vor §§ 12 ff. Rn. 15.

[13] Schricker/*Dietz*, ebenda.

[14] Siehe dazu oben § 2 Rn. 5 sowie unten § 11.

[15] So *Ulmer*, Urheber- und Verlagsrecht, § 6 III.

[16] Urheber- und Verlagsrecht, § 84 IV.

[17] *Peifer*, Individualität im Zivilrecht, S. 328 ff. und passim.

[18] So *Götting*, Gewerblicher Rechtsschutz, § 1 Rn. 9.

renzierung unter dem Blickwinkel der historischen Entwicklung und dogmatischen Verankerung sowie auch in Bezug auf die klassischen Bereiche des Schutzes von Werken der Literatur, Wissenschaft und Kunst zutreffend. Tendenziell sind die Leistungen, die den Gegenstand der gewerblichen Schutzrechte bilden, austauschbar und tragen nicht den Stempel der Persönlichkeit, weil sich deren Individualität in ihnen nicht in gleicher Weise wie bei dem persönlichkeitsrechtlich geprägten Urheberrecht manifestiert. Allerdings haben auch die zum gewerblichen Rechtsschutz zählenden Rechte einen mehr oder minder stark ausgeprägt persönlichkeitsrechtlichen Einschlag, der sich bei den technischen Schutzrechten und auch bei dem Geschmacksmusterrecht im Wesentlichen auf ein Benennungsrecht reduziert, mit denen die entsprechende Leistung gewürdigt und ihr Erbringer geehrt wird.

Beim **Markenrecht** besteht in der historischen Entwicklung ein enger Zusammenhang mit dem Namensrecht und damit auch mit dem Persönlichkeitsrecht. Der Grund hierfür liegt darin, dass der Name das nahe liegendste Mittel für die unternehmerische Präsentation von Waren und Dienstleistungen ist und häufig auch das Unternehmen als Ganzes bezeichnet. Aus diesem Grunde wurde auch das dem heutigen Markenrecht vorausgehende **Warenzeichenrecht** von der Rechtsprechung lange Zeit als „Persönlichkeitsrecht" definiert, obwohl es, wenn auch unter eingeschränkten Voraussetzungen, übertragbar war.[19] Inzwischen hat sich das Markenrecht, insbesondere vor dem Hintergrund einer schwindenden Bedeutung der Namensmarken und der Dominanz von Sachbezeichnungen, vollständig von seinen persönlichkeitsrechtlichen Wurzeln gelöst und ist als selbständiges Wirtschaftsgut ohne jede Einschränkung übertragbar und damit ein völlig verselbständigtes Immaterialgüterrecht. Die Firma liegt im Grenzbereich zwischen Persönlichkeits- und Immaterialgüterrecht, da sie einerseits Name des Kaufmanns (§ 17 HGB) und andererseits aber auch Bezeichnung des Handelsgeschäfts ist, was in §§ 22 und 23 HGB darin zum Ausdruck kommt, dass sie nur zusammen mit diesen veräußert werden kann.[20]   **9**

Ihre objektive Prägung, die gewerbliche Schutzrechte im Vergleich zu dem in der Persönlichkeit des Werkschöpfers verankerten Urheberrecht aufweisen, und die daraus resultierende geringe persönlichkeitsrechtliche Komponente offenbart sich auch darin, dass die gewerblichen Schutzrechte zum einen auf einem staatlichen Verleihungsakt beruhen, der eine Registereintragung voraussetzt, und zum anderen, dass der Rechtsinhaber nicht notwendigerweise der Erbringer der geschützten Leistung wird, sondern ein Dritter, bei dem es sich sogar um eine juristische Person handeln kann. Beim Urheberrecht ist dies wegen des dort geltenden Schöpferprinzips ausgeschlossen. Unter dem Strich bleibt festzuhalten, dass die gewerblichen Schutzrechte als im Wesentlichen völlig verselbständigte Immaterialgüterrechte nur Anklänge an den Persönlichkeitsschutz enthalten.   **10**

II. Patent- und Gebrauchsmusterrecht

1. Erfinderpersönlichkeitsrecht

Die allerdings im Vergleich zum Urheberrecht äußerst schwach ausgeprägte persönlichkeitsrechtliche Seite des Patentrechts ergibt sich aus dem Erfinderpersönlichkeitsrecht, das dem Schutz der persönlichen Interessen des Erfinders dient und im Patentrecht stärker entwickelt ist als im Gebrauchsmusterrecht, weil bei kleineren Erfindungen die persönlichen Interessen fast völlig hinter die Verwertungsinteressen zurücktreten.   **11**

---

[19] Siehe dazu oben § 1 Rn. 33 f.
[20] Siehe *Hubmann* in: FS Lehmann, S. 812, 825; *ders.*, Persönlichkeitsrecht, S. 282 f.; *Klippel*, Der zivilrechtliche Schutz des Namens, S. 535; siehe auch *Götting*, Persönlichkeitsrechte als Vermögensrechte, S. 118.

2. Anspruch auf Erfinderbenennung

12   Ausfluss des Erfinderpersönlichkeitsrechts ist der Anspruch auf Erfinderbenennung:[21] Der Erfinder kann verlangen, bei der Unterrichtung der Öffentlichkeit über den Inhalt der Erfindung durch die Veröffentlichung der Patentschrift als solcher genannt zu werden; damit trägt das Gesetz dem berechtigten Interesse des Erfinders an der Anerkennung seiner Urheberschaft Rechnung.[22] Dieses bereits in Art. 4ter PVÜ enthaltene Recht auf die Erfinderehre wird durch §§ 37, 63 PatG im Patentrecht – nicht dagegen im Gebrauchsmusterrecht – ausdrücklich anerkannt. Gemäß § 37 Abs. 1 PatG hat der Anmelder, der ja, insbesondere bei Arbeitnehmererfindungen, häufig nicht der Erfinder ist, dem DPMA wahrheitsgemäß (§ 124 PatG) den Erfinder innerhalb von 15 Monaten ab dem für den Zeitrang der Anmeldung maßgeblichen Tag zu benennen und eventuell anzugeben, wie das Recht auf das Patent an ihn gelangt ist. Das DPMA hat den Erfinder bei den in § 63 Abs. 1 PatG erwähnten Veröffentlichungen anzugeben, sofern dieser nicht das Unterbleiben der Nennung beantragt. Ein Verzicht auf die Erfinderehre ist rechtlich unwirksam (§ 63 Abs. 5 PatG). Dies schließt aber nicht aus, dass der Erfinder als Ausfluss seines allgemeinen Persönlichkeitsrechts die Entscheidung treffen darf, im Verborgenen zu bleiben[23] (zu den Einzelheiten siehe §§ 7, 8 PatV vom 1.9.2003).[24] Bei unrichtiger oder unterbliebener Nennung kann der Erfinder vom Patentsucher oder Patentinhaber sowie von dem zu Unrecht Benannten die Zustimmung zur Berichtigung oder Nachholung der Nennung verlangen (§ 63 Abs. 2 PatG).[25] Der Anspruch kann durch Klage auf Abgabe der Willenserklärung der Zustimmung vor dem Gericht für Patentstreitsachen (§ 143 PatG) geltend gemacht werden. Daneben besteht gegen die erwähnten Personen auch ein Schadensersatzanspruch nach § 823 BGB. Bei Vorliegen der entsprechenden Voraussetzungen kann im Wege des vorbeugenden Rechtsschutzes der nicht oder nicht richtig benannte Erfinder schon vor Offenlegung der Patentanmeldung die Berichtigung der Erfinderbenennung erlangen, obwohl § 63 Abs. 2 S. 1 1. Alt. PatG eigentlich davon ausgeht, dass seine unrichtige Nennung bereits erfolgt ist.[26] Die Ansprüche sind höchstpersönlicher Natur, nicht übertragbar und nicht pfändbar.[27] Sie sind vor den ordentlichen Gerichten zu erheben.[28] Aus dem Recht auf die Erfinderehre ergibt sich kein Anspruch bei einer öffentlichen Erwähnung oder Beschreibung der Erfindung oder auf dem erfinderischen Erzeugnis genannt zu werden. Auch ein Anspruch auf Mitwirkung bei einer Erfinderehrung kann daraus nicht abgeleitet werden.[29]

13   Aus dem gesetzlichen **Schutz der Erfinderehre** wird man auch ein Recht auf **Anerkennung der Erfinderschaft** entnehmen müssen. Der Erfinder kann also gegen Bestreitung seiner Erfindereigenschaft und gegen Verletzung seiner Erfinderehre (zB. gegen die Behauptung, seine Erfindung sei so alt wie Methusalem)[30] mit der Feststellungsklage[31] sowie der Schadensersatz- und Unterlassungsklage vorgehen (§ 823 und analog § 1004 BGB), bei unrichtiger Erfinderbenennung in der Patentanmeldung hat er einen Anspruch auf Berichtigung gegen den Anmelder. Auch bei Gebrauchsmustern wird man

---

[21] Siehe *Kraßer*, Patentrecht, 2004, § 20 IV; *Götting*, Gewerblicher Rechtsschutz, § 17 Rn. 4; siehe auch *Windisch* GRUR 1993, 352, 357 f.

[22] BGH GRUR 2004, 272 – *Rotierendes Schaftwerkzeug*.

[23] BGH GRUR 1994, 104 – *Akteneinsicht XIII*.

[24] BlPMZ 2003, 322.

[25] OLG Karlsruhe GRUR-RR 2003, 328 – *Erfindernennung*, siehe auch BGH GRUR 2004, 272 – *Rotierendes Schaftwerkzeug*.

[26] BGH GRUR 1969, 133, 134 – *Luftfilter*.

[27] BGH GRUR 1978, 583, 585 – *Motorkettensäge*.

[28] BPatGE 13, 53, 56.

[29] BGH GRUR 1961, 470 ff. – *Mitarbeiter-Urkunde*.

[30] Siehe RG GRUR 1935, 722, 728.

[31] BGH GRUR 1979, 145, 148 – *Aufwärmvorrichtung*.

ein Recht auf Anerkennung der Erfinderschaft bejahen müssen, obwohl es bei ihnen keine Erfinderbenennung gibt.

Ein **Recht auf Erfinderbenennung** findet sich auch im **Europäischen Patentüber-** 14 **einkommen** (EPÜ). Art. 62 EPÜ bestimmt, dass der Erfinder gegenüber dem Anmelder oder Inhaber des europäischen Patents das Recht hat, vor dem EPA als Erfinder genannt zu werden. Es obliegt dem Anmelder, den Erfinder zu nennen und, wenn er nicht selbst oder nicht allein der Erfinder ist, eine Erklärung darüber abzugeben, wie er das Recht auf das europäische Patent erlangt hat (Art. 81 EPÜ). Die Frist für die Nennung beträgt grundsätzlich 16 Monate ab Anmelde- oder Prioritätstag (Art. 91 Abs. 5 EPÜ). Die Anmeldung gilt als zurückgenommen, wenn sie versäumt wird (Art. 91 Abs. 5 EPÜ).

III. Geschmacksmusterrecht

Ähnlich wie das Patentrecht normiert auch das Geschmacksmusterrecht einen **An-** 15 **spruch auf Entwerferbenennung**, der sowohl dem Schutz ideeller, aber auch materieller Interessen dient, die sich mit der gestalterischen Leistung verbinden. Danach hat der Entwerfer gegenüber dem Anmelder oder dem Rechtsinhaber das Recht, im Verfahren vor dem DPMA und im Register als Entwerfer benannt zu werden. Wenn das Muster das Ergebnis einer Gemeinschaftsarbeit ist, kann jeder einzelne Entwerfer seine Nennung verlangen (§ 10 GeschmMG). Sinn der Vorschrift ist es, den Entwerfern von Geschmacksmustern eine angemessene Publizität zu eröffnen, damit sie sich einen besonderen Ruf als Mustergestalter erarbeiten können, so dass insgesamt die Stellung der Designer gestärkt wird.[32]

IV. Markenrecht

Abgesehen davon, dass das Markenrecht historisch betrachtet persönlichkeitsrechtliche 16 Wurzeln hat, das sich vor allem aus der ursprünglichen Dominanz der Namens- oder Firmenmarke erklärt,[33] bestehen aus heutiger Sicht Berührungspunkte mit Fragen des Persönlichkeitsrechts unter zwei gegensätzlichen Aspekten.

Einerseits trifft das Markenrecht Vorkehrungen dagegen, dass der Name oder das Bild- 17 nis einer Person gegen ihren Willen zugunsten eines anderen als Marke geschützt wird. Nach § 13 MarkenG zählen zu den sonstigen Rechten, die ihren Inhaber berechtigen, gegen eine Markeneintragung vorzugehen, unter anderem das Namensrecht und das Recht an der eigenen Abbildung (§ 13 Abs. 1 Nr. 1 und 2 MarkenG). Die aus der Verletzung dieser Rechte resultierende materiell-rechtliche Löschungsreife ist durch Löschungsklage (§§ 51, 55 MarkenG) oder einredeweise im Verletzungsprozess geltend zu machen, nicht aber im Wege des Widerspruchs (§ 42 MarkenG).[34]

Andererseits bietet das Markenrecht prominenten Persönlichkeiten durch die Ein- 18 tragung ihres Namens oder Bildnisses ihre Popularität im Rahmen von Merchandising-verträgen durch Lizenzierung oder aber auch Übertragung der an ihren Persönlichkeits-merkmalen bestehenden Markenrechte, kommerziell zu verwerten. Die Markenrechte an Namen oder Bildnis werden damit ungeachtet der ihnen zugrunde liegenden persönlich-keitsrechtlichen Qualität zu uneingeschränkt disponiblen Rechten, die entsprechend den allgemein geltenden markenrechtlichen Regeln frei übertragbar oder lizenzierbar sind (§§ 27, 30 MarkenG). Das Markenrecht hat als Instrument des Personenmerchandising auch im Zusammenhang mit den Fragen des postmortalen Persönlichkeitsrechts an Bedeutung gewonnen, nachdem der BGH in der Entscheidung „kinski-klaus.de" die Schutz-

---

[32] Begr. RegE BlPMZ 2004, 222, 231.
[33] Siehe dazu oben Rn. 9.
[34] Siehe *Ingerl/Rohnke*, MarkenG, § 13 Rn. 17.

dauer der vermögenswerten Bestandteile des postmortalen Persönlichkeitsrechts in entsprechender Anwendung des § 22 S. 3 KUG auf 10 Jahre nach dem Tod der Person begrenzt hat.[35] Eine längere Schutzmöglichkeit, die allerdings bei weitem nicht die Intensität des umfassenden Schutzes der vermögenswerten Bestandteile des Persönlichkeitsrechts erreicht, eröffnet das zeitlich unbegrenzte Markenrecht.[36]

C. Wettbewerbsrecht

19   Sieht man davon ab, dass ursprünglich die Auffassung dominierte, wonach das **UWG**, ausgehend von einem weit verstandenen, einheitlichen Persönlichkeitsrecht, die Person in der Ausübung ihrer gewerblichen Tätigkeit schützt,[37] weist das Wettbewerbsrecht kaum Berührungspunkte mit dem Persönlichkeitsrecht auf.

20   Mit Blick auf die Frage, ob § 1 UWG a.F. Ansprüche wegen der unbefugten Verwendung von Bildnissen für Werbezwecke zu begründen vermag, hat der BGH ausgeführt, dass das Wettbewerbsrecht keine Möglichkeit bietet, den Streitfall ohne Rückgriff auf das Persönlichkeitsrecht zu lösen. „Auch wenn zwischen den Parteien ein Wettbewerbsverhältnis bestehen sollte, lässt sich eine Zuordnung der Vermarktungsmöglichkeiten nicht wettbewerbsrechtlich, sondern nur über das Persönlichkeitsrecht begründen."[38]

21   Auch unter dem Blickwinkel eines möglichen Verstoßes gegen das **Irreführungsverbot** (§ 5 UWG) ergibt sich keine andere Beurteilung. Selbst wenn man davon ausginge, dass es sich hierbei um eine relevante Angabe handelt, die geeignet ist, die wirtschaftlichen Entscheidungen der angesprochenen Verbraucher zu beeinflussen, weil ein in Wahrheit nicht vorhandenes Lizenzverhältnis zwischen dem Werbenden und der betroffenen Persönlichkeit vorgetäuscht wird, so muss es der höchstpersönlichen Entscheidung des Rechtsinhabers vorbehalten bleiben, ob und wie er sich hiergegen zur Wehr setzt. Nicht ausgeschlossen ist immerhin auch, dass er die Werbung gegen Zahlung einer entsprechenden Lizenzgebühr nachträglich genehmigt. In diese Dispositionsbefugnis darf nicht durch die nach dem UWG klagebefugten Konkurrenten oder Verbände eingegriffen werden. Bemerkenswert ist, dass im Unterschied hierzu im australischen Recht der Schutz gegen eine unautorisierte Verwendung von Name oder Bildnis in der Werbung oder zum Zwecke des Merchandising ausschließlich auf die verbraucherschützenden Regelungen vor irreführenden Angaben im geschäftlichen Verkehr gestützt wird.[39]

22   Eine Schnittstelle zwischen wettbewerbsrechtlichen und persönlichkeitsrechtlichen Konflikten ergibt sich nach der Rechtsprechung des BGH bei der **Briefkastenwerbung**. Hat der Empfänger durch einen entsprechenden Sperrvermerk am Briefkasten erkennbar seinen ablehnenden Willen zum Ausdruck gebracht, so stellt die Missachtung durch Werbetreibende eine rechtswidrige Beeinträchtigung nicht nur von Eigentum oder Besitz des Briefkasteninhabers, sondern auch seines allgemeinen Persönlichkeitsrechts (Selbstbestimmungsrechts) dar.[40]

---

[35] BGH GRUR 2007, 168 3. LS – *kinski-klaus.de*, mit kritischer Anm. von *Götting*.

[36] Siehe zum Ganzen umfassend unten § 14 sowie *v. Bassewitz*, Prominenz, S. 125 ff.

[37] I.d.S. vor allem *Kohler*, Der unlautere Wettbewerb, 1914, S. 17 ff.; *Lobe*, Die Bekämpfung des unlauteren Wettbewerbs, Bd. I: Der unlautere Wettbewerb als Rechtsverletzung nach dem Bürgerlichen Gesetzbuch und Nebengesetzen, S. 145 ff.; siehe auch *Fikentscher*, Wettbewerb und gewerblicher Rechtsschutz, S. 224 m. w. N.; *Fezer/Fezer*, UWG, § 1 Rn. 10; *Götting*, Wettbewerbsrecht, § 4 Rn. 8.

[38] BGH GRUR 2000, 709, 715 – *Marlene Dietrich*.

[39] Siehe dazu *Helth*, Der Schutz der kommerziellen Aspekte der Persönlichkeit im australischen Recht, passim.

[40] BGHZ 106, 229 = GRUR 1989, 225, 226.

§ 5. Persönlichkeitsrecht und Pressekodex

Inhaltsübersicht

Schrifttum: *Baum,* Lernprozess und Interessenkonflikt – Die freiwillige Selbstkontrolle der Presse dient der ganzen Gesellschaft, in: Handbuch Medienselbstkontrolle, 2005, 112; *Bermes,* Der Streit um die Presse-Selbstkontrolle: Der Deutsche Presserat, 1991; *Bismarck von,* Geben Sie Orientierung – 50 Jahre Presserat, in: Deutscher Presserat, Jahrbuch 2007, 27; *Bölke,* Das Gesetz allein kann nicht für Anstand sorgen, in: *Gerhard/Pfeiffer,* Wer die Medien bewacht – Medienfreiheit und ihre Grenzen im internationalen Vergleich, 2000, 43; *Bullinger,* Bedeutungsverlust der Pressefreiheit, AfP-Sonderheft 2007, 21; *Dietrich,* Der Deutsche Presserat – eine Untersuchung aus rechtlicher Sicht, 2002; *di Fabio,* Medienfreiheit: Kontinuität und Wandel, AfP-Sonderheft 2007, 3; *ders.,* Persönlichkeitsrechte im Kraftfeld der Medienwirkung, AfP 1999, 126; *Gottzmann,* Möglichkeiten und Grenzen der Freiwilligen Selbstkontrolle in der Presse und der Werbung, 2005; *Hauss,* Presse-Selbstkontrolle – Aufgaben und Grenzen, AfP 1980, 178; *Löffler,* Presserecht, 5. Aufl. 2006; *ders.,* Das Standesrecht der Massenmedien in weltweiter Sicht, AfP 1971, 16; *Löffler/Ricker,* Handbuch des Presserechts, 5. Aufl. 2005; *Maruhn,* Der Deutsche Presserat, in: FS Oppenberg, 1987, 170; *Mauchenheim von,* Der Deutsche Presserat – Organisation und Tätigkeit, in: FS Löffler, 1980, 253; *Münch,* Freiwillige Selbstkontrolle bei Indiskretionen der Presse, 2002; *Müntinga,* Die journalistischen Wahrheits- und Sorgfaltspflichten und die Möglichkeiten ihrer Durchsetzung, 1999; *Peters,* Die publizistische Sorgfaltspflicht, NJW 1997, 1334; *Prinz/Peters,* Medienrecht, 1999; *Ricker,* Rechte und Pflichten der Medien unter Berücksichtigung des Rechtsschutzes des Einzelnen, NJW 1990, 2097; *Protze,* Mangelnde Sorgfalt, in: Deutscher Presserat, Jahrbuch 2000, 58; *Scholz,* Pressefreiheit und presserechtliche Selbstkontrolle, in: FS Maunz, 1981, 337; *Schulz/Held,* Regulierte Selbstregulierung als Form modernen Regierens, 2002; *Schweizer,* Selbstkontrolle der Printmedien, in: FS Herrmann, 2002, 121; *ders.,* Pluralistische Wirklichkeit, 2. Aufl. 1998; *Schwetzler,* Persönlichkeitsrechtsschutz durch Presseselbstkontrolle, 2005; *C.-H. Soehring,* Vorverurteilung durch die Presse, 1999; *Stapf,* Medienselbstkontrolle, 2006; *Stürner,* Pressefreiheit und Persönlichkeitsrechtsschutz im Selbstverständnis der Printmedien, in: Bitburger Gespräche, Jahrbuch 1999/I, 105; *ders.,* „Fair trial" und öffentliche Meinung, JZ 1980, 1; *Suhr,* Europäische Presse-Selbstkontrolle, 1998; *Ukrow,* Die Selbstkontrolle im Medienbereich in Europa, 2000; *Ulmer/Niemeier,* Die freiwillige Selbstkontrolle durch Organisationen, AfP 1975, 829.

A. Persönlichkeitsschutz durch Medienselbstkontrolle

Die Beachtung der Persönlichkeitsrechte, insbesondere im Rahmen der Berichterstattung innerhalb der journalistisch geprägten Medien, ist ständiges Thema sowohl auf juristischer als auch auf journalistischer Seite, solange es Medienöffentlichkeit gibt. Wenn das Interesse an Fragen des Persönlichkeitsrechtsschutzes in jüngster Zeit wieder zugenommen hat, so haben hierzu sicherlich die Rechtsprechung des Europäischen Gerichtshofs für Menschenrechte hinsichtlich des **Schutzes von Prominenten,** die zunehmende Frage der **Kommerzialisierung von Persönlichkeitsrechten** sowie schließlich die Möglichkeit weltweiter Präsens von Privatheit durch das **Internet** beigetragen. Zudem ist ein wachsender Konkurrenzdruck im Mediengeschäft feststellbar mit dem dabei einhergehenden Ringen um Auflagen und Einschaltquoten. Hierbei kann der Persönlichkeitsrechtsschutz leicht ins Hintertreffen kommen. **1**

Vielfach kann eine einmal erfolgte Verletzung des Persönlichkeitsrechts mit den hier von der Rechtsprechung vorgesehenen Ansprüchen auf Gegendarstellung, Widerruf, Unterlassung oder Schadensersatz durch Geldentschädigung nicht ganz beseitigt oder geheilt werden. Selbstbewusste Akteure in der Öffentlichkeit, versierte Rechtsvertreter, Betroffenenverbände und Konkurrenzmedien sind auch oft daran interessiert, Persönlichkeitsrechte und deren Verteidigung strategisch einzusetzen. So kann beobachtet werden, dass von vornherein darauf verzichtet wird, diese presserechtlichen Ansprüche geltend zu machen. Der Erfahrungssatz „Semper aliquid haeret" wird gern gebraucht, der **Hilflosigkeit** solcher **Medienopfer** Ausdruck zu geben. An dieser Stelle beginnt die Bedeutung der **Medienselbstkontrolle.** **2**

I. Das Allgemeine Persönlichkeitsrecht in der journalistischen Praxis

Das Verhältnis zwischen individuellem Persönlichkeitsrecht und dem Presse- und Rundfunkrecht ist naturgemäß konfliktträchtig. Die Spannung wird dadurch verschärft, dass jede Beeinträchtigung der Indivdualsphäre einem großen Personenkreis bekannt wird und die nachträgliche Beseitigung der Störung meist nicht dieselbe Aufmerksamkeit erregt wie die Verletzung. Für die journalistische Praxis bedeutet dies, dass der Presse im Interesse des Persönlichkeitsschutzes eine Prüfungs- und Wahrheitspflicht obliegt, die aus journalistischen Erfordernissen eingeschränkt und auf eine berufs- oder pressemäßige Sorgfalt verengt ist. Im Rahmen der **publizistischen Verantwortung** verlangt sie vom einzelnen Journalisten, dass er alle zur Verfügung stehenden Informationsquellen lege artis ausschöpft. Diese journalistische Sorgfalt ist allerdings dann intensiver, wenn insbesondere bei ehrenrührigen Vorgängen das Ansehen des Betroffenen schwer und nachhaltig beeinträchtigt werden kann. **3**

Für den Betroffenen bedeutet es, dass er im Rahmen seines allgemeinen Persönlichkeitsrechts grundsätzlich selbst bestimmen kann, was über ihn berichtet wird. Sofern er das öffentliche Forum hinnehmen muss, ist er geschützt in der Art und Weise der Veröffentlichung. So kann er den Schutz seiner Identität verlangen und die wahrheitsgemäße **4**

Darstellung der ihn betreffenden Tatsachen, z. B. bei der Wiedergabe seiner Äußerungen. Diese täglich wiederkehrende **Güterabwägung** ist selbstverständlicher und integraler Bestandteil der journalistischen Arbeit. Sie findet sich praktisch wieder in jeder Polizei- und Gerichtsberichterstattung, im Lokalen- oder Wirtschaftsteil, bei der politischen Berichterstattung bis hin ins Feuilleton und die Sportberichterstattung – dann jedenfalls, wenn letztere, wie zur Zeit die Berichterstattung über Dopingfälle im Radsport, investigativ von statten geht.

II. Formen der Medienselbstkontrolle

5   Der soeben beschriebene Befund bringt es mit sich, dass sich die Medien – Presse, Rundfunk, Internet, Werbung, Film etc. – in unterschiedlichen Formen von Selbstkontrolle, alternative Mechanismen und Prüfsysteme für den Betroffenenschutz aufgebaut haben. Die Funktionsweise und die Leistungsfähigkeit der einzelnen Selbstkontrollinstitutionen ist allerdings sehr unterschiedlich. Während sich im Bereich der Rundfunkmedien vorzugsweise gesetzlich eingerichtete Kontrollmechanismen herausgebildet haben, sog. **Co-Regulierungsinstanzen** (auch regulierte Selbstregulierung), überwiegen im Bereich der Presse und Werbung die Formen freiwilliger Selbstkontrolle.[1] Sowohl Co-Regulierungseinrichtungen als auch freiwillige Selbstkontrolleinrichtungen behandeln in ihren Leitlinien auch Fragen des APR und Verstöße gegen die Menschenwürde.

6   Die folgenden Ausführungen konzentrieren sich auf die Arbeit der freiwilligen Selbstkontrolle in der Presse. Bei dem **Begriff der freiwilligen Selbstkontrolle** handelt es sich mitnichten um einen eindeutig feststehenden Ausdruck. Je nach Standpunkt werden einzelne Begriffselemente betont oder vernachlässigt. Klar scheint dabei lediglich zu sein, dass dieser Regulierungsform drei Elemente zugeordnet werden können: der Aspekt der Kontrolltätigkeit, der Aspekt des Selbstbezugs der Kontrolle und der Aspekt der Freiwilligkeit der Tätigkeit.[2] Diese drei Elemente liegen bei der Tätigkeit des Deutschen Presserats als Einrichtung der freiwilligen Selbstkontrolle der Presse vor.

III. Freiwillige Selbstkontrolle der Presse im Verfassungsgefüge

7   Die Meinungs- und Medienfreiheit ist keineswegs nur für eine lebendige Demokratie von schlechthin konstitutiver Bedeutung, sondern auch für die freie Entfaltung der Persönlichkeit in der staatsfreien Gesellschaft. Insbesondere die Medienfreiheit, die aus systematischen Gründen weit verstanden werden muss, setzt einen besonders verantwortlichen Umgang voraus, der aber nicht extern, sondern allenfalls intern kontrolliert werden soll. Der hohe Rang der Meinungs- und Medienfreiheit legt Mechanismen der Selbstkontrolle nahe, mit denen ein eigener professioneller Standard fixiert und seine Verletzung mit medieneigenen Mitteln offengelegt wird. Im Pressebereich steht hierfür der **Pressekodex des Deutschen Presserats**.[3] Die Selbstkontrolle ist in diesem Zusammenhang ein organisiertes Forum zur Maßstabbildung, moralische Regeln werden hier, wenn nicht gerade konstituiert, so doch konkretisiert und auf den Fall angewandt. Sie führt einen höchst pragmatischen ethischen Diskurs, eine Art Organisationsethik, ein Brevier für Journalisten: Der maßstabsetzende Ausgangspunkt dieser schwierigen Tätigkeit kann nur die im Persönlichkeitsschutz vergegenständlichte Würde des Menschen sein.[4]

---

[1] Zu den verschiedenen Formen von Medienregulierung vgl. *Hoffmann-Riem/Schulz/Held*, Konvergenz und Regulierung, 2000, S. 48 ff.; *Schulz/Held*, Regulierte Selbstregulierung als Form modernen Regierens, 2002, S. A-2 f.; *Ukrow*, Selbstkontrolle, S. 19, 26 ff.

[2] Vgl. *Gottzmann*, Möglichkeiten und Grenzen der FSK, S. 11.

[3] *Di Fabio*, AfP-Sonderheft 2007, 3, 4.

[4] *Ders.*, AfP 1999, 126, 130.

Nach *Di Fabio* verträgt die Selbstkontrolle aber keine konterkarierende Attribuierung.   8
Sie müsse staatsfrei gehalten werden, sonst beginne ein diffuser Prozess der Denaturie-
rung von klar getrennten Freiheits- und Verantwortungssphären.[5] Im Ergebnis bedeutet
dies die Ablehnung von Bemühungen, diese freiwillige Selbstkontrolle schleichend unter
staatlichen oder pressefremden Einfluss zu bringen, mithin auch eine Absage an Formen
regulierter Selbstregulierung, wie sie in anderen Medienbereichen anzutreffen sind.

1. Das publizistische „Standesrecht"

Für viele Berufe, so auch für die Publizisten – Journalisten, Herausgeber, Verleger – ha-   9
ben sich neben den Regelungen der allgemeinen Gesetze geschriebene und ungeschriebene Standesregeln ohne Gesetzeskraft entwickelt, die eine natürliche Ergänzung der
Rechtsordnung bilden. Sie legen nicht nur fest, was „rechtens" ist, sondern fordern darüber hinaus ein berufsethisches Verhalten ein, das dem Ansehen des Berufsstandes in der
Öffentlichkeit und damit auch seinen beruflichen, wirtschaftlichen und sonstigen Interessen dient. Der Pressekodex des Deutschen Presserats formuliert das in seiner Präambel wie
folgt, „Die im Grundgesetz der Bundesrepublik verbürgte Pressefreiheit schließt die Unabhängigkeit und Freiheit der Information, der Meinungsäußerung und der Kritik ein.
Verleger, Herausgeber und Journalisten müssen sich bei ihrer Arbeit der Verantwortung
gegenüber der Öffentlichkeit und ihrer Verpflichtung für das Ansehen der Presse bewusst
sein. Sie nehmen ihre publizistische Aufgabe fair, nach bestem Wissen und Gewissen, unbeeinflusst von persönlichen Interessen und sachfremden Beweggründen wahr."

Gemeinsam mit den gesetzlichen Regelungen zur Berufsausübung (vgl. die Regelun-   10
gen der Landespressegesetze) bilden die sog. **Standesregeln** das Standesrecht der Presse
im weiteren Sinne.[6] Nach *Löffler* gehören zum Standesrecht der Presse im engeren Sinne
alle geschriebenen und ungeschriebenen Regeln ohne Gesetzeskraft, zu deren Beachtung
sich die Angehörigen der Publizistik übereinstimmend bekennen. So sind diese beruflichen Standesregeln weder Rechtsnormen im Sinne der staatlichen Rechtsordnung noch
rein ethische Prinzipien ohne Geltungsanspruch. „Sie stehen vielmehr als Teil der unser
soziales Leben regulierenden Sittenordnung zwischen Recht und Moral".[7]

2. Verfassungsrechtliche Rahmenbedingungen

Den verfassungsrechtlichen Rahmen für die Presseselbstkontrolle liefert Art. 5 Abs. 1   11
GG mit seinen einzelnen grundrechtlichen Gewährleistungen. Dort ist die Meinungs-
äußerungs- und Informationsfreiheit gesichert (Satz 1), die Presse-, Rundfunk- und
Filmfreiheit garantiert (Satz 2) und das Zensurverbot ausdrücklich betont (Satz 3). Diese
institutionellen Garantien sichern Rechte mit im Einzelnen unterschiedlichen subjektiv-
und objektivrechtlichen Positionen. Die Rechte wiederum finden ihre Schranke in den
Vorschriften der allgemeinen Gesetze, den gesetzlichen Bestimmungen zum Schutz der
Jugend und dem Recht der persönlichen Ehre (Art. 5 Abs. 2 GG).

Diesen vorgenannten **„Kommunikationsgrundrechten"** stehen andere Rechtsposi-   12
tionen und Grundrechte der Verfassung gegenüber. Erinnert sei nur an das in Art. 1 GG
enthaltene **Menschenwürdeprinzip,** das hier besonders interessierende Persönlichkeitsrecht in Art. 2 GG und das daraus vom BVerfG entwickelte Recht auf informationelle
Selbstbestimmung, welches sich im geltenden Datenschutzrecht niedergeschlagen hat.[8]
Aber auch die verfassungsmäßige Grundordnung sowie die Demokratieprinzipien beschränken die Meinungsäußerungs- und Pressefreiheit. Allgemeine Gesetze, die etwa
zum Schutz dieser anderen Rechtsgüter erlassen worden sind, begrenzen die Kommuni-

---

[5] *Ders.*, AfP-Sonderheft 2007, 4.
[6] Löffler/*J. Löffler*, Presserecht, BT StandesR, Rn. 1.
[7] So *M. Löffler*, AfP 1971, 16/17; Löffler/*J. Löffler*, Presserecht, BT StandesR, Rn. 1.
[8] BVerfGE 65, 1 – *Volkszählungsgesetz*. Vgl. auch jüngst BVerfG, 1 BvR 370/07 vom 27. 2. 2008,
welches ein „Grundrecht auf Gewährleistung der Vertraulichkeit informationstechnischer Systeme"
ausgesprochen hat.

kationsgrundrechte. Diese allgemeinen Gesetze müssen den Anforderungen des Art. 5 Abs. 2 GG entsprechen, d. h. die Presse einschränkende Spezialgesetze wären verfassungswidrig. Zu den grundrechtlichen Anforderungen hat sich das BVerfG in verschiedenen Urteilen[9] geäußert und einen strengen Kriterienkatalog aufgestellt. Danach müssen auch allgemeine Gesetze immer so abgefasst und angewandt werden, dass sie die Ausübung der Kommunikationsgrundrechte genügend stark gewährleisten.[10]

13　So sind die in Art. 5 GG garantierte Pressefreiheit und das dort hervorgehobene Zensurverbot die Grundlagen der Presseselbstkontrolle in Deutschland. Nach den einschlägigen Normen der Landespressegesetze bzw. Landesmediengesetze erfüllt die Presse ihre *öffentliche Aufgabe* insbesondere dadurch, dass sie Nachrichten beschafft und verbreitet, Stellung nimmt, Kritik übt oder auf andere Weise an der Meinungsbildung mitwirkt.[11] Das BVerfG spricht in diesem Zusammenhang von der **„schlechthin konstituierenden Bedeutung“ der Pressefreiheit für das demokratische Staatswesen.**[12] Aus dieser Aufgabe ergeben sich nicht nur besondere Schutzrechte, sondern auch erhöhte Pflichten der Presse. So gehen mit der Pressefreiheit Pflichten einher, die umso ernster genommen werden müssen, je höher man das Grundrecht der Pressefreiheit einschätzt.[13] Mit anderen Worten, der Pressefreiheit ist die Presseverantwortung immanent. An dieser Stelle setzt der Gedanke der beruflichen Selbstkontrolle an: Presseselbstkontrolle macht Staatskontrolle überflüssig. Wenn die Presse selbst „für Ordnung in den eigenen Reihen“[14] sorgt, gibt es für den Staat keinen äußeren Anlass einzugreifen.

14　Nach der kompetenziellen Aufteilung weist die Verfassung das Presserecht – seit Abschaffung der Rahmengesetzgebungskompetenz in Art. 75 Nr. 2 GG durch das Föderalismusreformgesetz zum 1. 9. 2006 – den Ländern vollständig zu. Aus diesem Grund sind auf der nächsten föderalen Ebene die Regelungen der 16 Landespresse- und Landesmediengesetze maßgebend.

3. Regelungen der Landespresse- und Landesmediengesetze

15　Die jeweiligen Landesgesetze beschränken sich auf die Regelungen des Presseordnungs- und Informationsrechts der Presse sowie Bestimmungen über das Gegendarstellungsrecht. Um jedoch den Grundsatz der Pressefreiheit zu unterstreichen, präzisieren sie in ihren einleitenden Bestimmungen, „Die Presse ist frei.“ Für die Arbeit der freiwilligen Selbstkontrollle enthalten die Landespressegesetze wichtige Maßgaben. Zur Vermeidung der während der NS-Zeit gemachten leidvollen Erfahrungen eines Missbrauchs der berufsständischen Organisation (Reichspressekammer), die bis zur völligen Beseitigung der Pressefreiheit geführt hat, verbieten die einschlägigen LPG in § 1 übereinstimmend „Berufsorganisationen der Presse mit Zwangsmitgliedschaft und eine mit hoheitlicher Gewalt ausgestattete Standesgerichtsbarkeit“.[15]

---

[9] So etwa BVerfGE 7, 198 – *Lüth*; E 21, 271 – *Südkurier*; E 26, 186, 205 - *Ehrengerichte*; E 59, 231, 263 – *Freie Mitarbeiter*; E 62, 230, 44 – *Boykottaufruf*.

[10] Zum Grundsatz der „praktischen Konkordanz“ bei der Rechtsgüterabwägung vgl. *Hesse*, Grundzüge des Verfassungsrechts, 19. Aufl., Rn. 325.

[11] Stellvertretend für die Landespressegesetze vgl. § 3 LPG NW vom 24. 5. 1966 und § 5 LMG RP vom 4. 2. 2005; gegen den schleichenden Trend der Substitution der Begriffe Presse- und Rundfunkfreiheit vgl. *Bullinger*, Bedeutungsverlust der Pressefreiheit?, in: AfP 2007, 21, 23.

[12] BVerfGE 10, 121 ff.

[13] BVerfGE 12, 113, 130 – *Schmid;* vgl. auch BGHZ 31, 308 – *Alte Herren;* konkretisiert wird der Gedanke in BVerfGE 20, 162 – *Spiegel.*

[14] *M. Löffler*, Presserecht, Kommentar, Bd. I, 3. Aufl. 1983, § 1 LPG, Rn. 193.

[15] So enthält z. B. § 1 Abs. 3 und 4 LPG NW die folgenden Bestimmungen: „Sondermaßnahmen, die die Pressefreiheit beeinträchtigen, sind verboten“ und „Berufsorganisationen der Presse mit Zwangsmitgliedschaft und eine mit hoheitlicher Gewalt ausgestattete Standesgerichtsbarkeit der Presse sind unzulässig“. Ähnliche Regelungen gibt es in allen Bundesländern mit Ausnahme der Länder Rheinland-Pfalz und Saarland, deren Landesmediengesetze aus neuerer Zeit keine vergleichbaren Bestimmungen mehr enthalten.

Ob dieses absolute Verbot einer obligatorischen Berufsordnung verfassungsfest und im **16** Ergebnis heute noch sinnvoll erscheint[16], soll hier nicht weiter behandelt werden. Einigkeit besteht jedenfalls darüber, dass Berufsorganisationen auf freiwilliger Basis keinerlei rechtlichen Bedenken begegnen.[17] An dieser Stelle setzt die Arbeit des Deutschen Presserats ein.

IV. Deutscher Presserat und Pressekodex

Am 20. November 1956 trafen sich in Bonn fünf Verleger und fünf Journalisten und **17** gründeten den Deutschen Presserat. Dieser Akt war eine Reaktion auf die Pläne des damaligen Innenministers, ein Bundespressegesetz zu schaffen, das staatliche Aufsichtsinstanzen für die Presse vorsah. Für die Gründer des Presserats stand dabei fest, dass eine Kontrolle der Pressefreiheit unter Beteiligung des Staates unvereinbar ist. Sie formulierten die Aufgaben des Presserats 1956 so, dass der Deutsche Presserat als repräsentative Gesamtvertretung der deutschen Presse ein freies Organ zur Verteidigung und Wahrung der Pressefreiheit sein und gleichzeitig über die Einhaltung der Grenzen der Pressefreiheit wachen sollte. Bis zur Formulierung der publizistischen Grundsätze in Form eines Pressekodex vergingen anderthalb Jahrzehnte, in deren Verlauf der Presserat anlässlich einzelner Beschwerden diverse Leitlinien für die aktuelle journalistische Praxis ausgearbeitet hat.

1. Geschichte des Presserats

Der Deutsche Presserat bestand 1956 aus zehn Mitgliedern, je fünf des Deutschen Jour- **18** nalistenverbandes e.V. (DJV) und des Bundesverbandes Deutscher Zeitungsverleger e.V. (BDZV). Das Kommunique über die Konstituierung des Presserats legte u. a. die Aufgabe der Feststellung und Beseitigung von Missständen im Pressewesen fest. Im Herbst 1957 wurden, um im Namen der gesamten Presse handeln zu können, Angehörige des Verbandes Deutscher Zeitschriftenverleger e.V. (VDZ) und 1960 Angehörige der Industriegewerkschaft Druck und Papier/Deutsche Journalisten-Union, aufgenommen mit der Konsequenz, dass sich die Zahl der Mitglieder auf 20 erhöhte.

In den ersten Jahren seiner Tätigkeit beschäftigte sich der Deutsche Presserat vornehm- **19** lich mit der Gesetzgebung des Bundes und der Länder, insbesondere damit, Beeinträchtigungen der Pressefreiheit abzuwehren.[18] Die Feststellung und Beseitigung von Missständen im Pressewesen spielte hingegen in den ersten 15 Jahren nur eine untergeordnete Rolle.[19] Anfang der 70er Jahre nahm der Deutsche Presserat die Beschwerdearbeit in umfangreicherer Form auf. 1970 richtete er eine Beschwerdekommission ein, um die immer zahlreicher eingehenden Beschwerden vorzubereiten und damit das Plenum zu entlasten. Als Basis für die Beschwerdearbeit wurden 1973 die „Publizistischen Grundsätze", d. h. der Pressekodex gebilligt und veröffentlicht.[20] Die dort niedergelegten journalistischen Verhaltensstandards hatte man auf der Grundlage der seinerzeit bereits entschiedenen Fälle, der verabschiedeten Resolutionen, Richtlinien und Empfehlungen sowie unter Berücksichtigung ausländischer Vorbilder[21] entwickelt.

---

[16] *Scholz* in: FS Maunz, S. 349 ff.; *ders.*, Pressefreiheit und Persönlichkeitsschutz, Medien Dialog 1 (1995), S. 15 ff.; *Kriele*, Plädoyer für eine Journalistenkammer, ZRP 1990, 109 ff.; *Barton*, Pressefreiheit und Persönlichkeitsschutz, AfP 1995, 452 ff.

[17] Vgl. *Löffler/Ricker*, Handbuch Presserecht, 40. Kap., Rn. 5; OLG Hamburg AfP 1960, 151; OLG Köln, AfP 2006, 374.

[18] *Maruhn* in: FS Oppenberg, 1987, S. 179; *C.-H. Soehring*, Vorverurteilung, 1999, S. 123 f.

[19] *Bermes*, Streit um Presse-Selbstkontrolle, S. 171; *Schwetzler*, Persönlichkeitsschutz, S. 163.

[20] Deutscher Presserat, Tätigkeitsbericht 1973, S. 90 ff.

[21] Vgl. IFJ-Code of Bordeaux vom 28.4.1954, veröffentlicht in: Press Councils and Press Codes, IPI 1966, S. 91.

2. Struktur des Presserats

20   Der Deutsche Presserat ist heute ein eingetragener Verein nach dem BGB und damit eine juristische Person des privaten Rechts. Strukturen und Aufgaben sind in seiner Satzung vom 25. 2. 1985[22] geregelt. Danach ist der „Trägerverein des Deutschen Presserats e.V.", ein Zusammenschluss der Verleger- und Journalistenverbände (BDZV, VDZ, DJV und dju in Verdi) mit dem Zweck, für die Pressefreiheit in Deutschland einzutreten und das Ansehen der deutschen Presse zuwahren. Der Mitgliederversammlung gehören je zwei Vertreter der vier Trägerorganisationen an. Die Mitgliederversammlung beschränkt sich vornehmlich auf die Regelung der rechtlichen, finanziellen und personalpolitischen Entscheidungen in der Organisation.

21   Als Fachgremien unterhält der Trägerverein das Plenum des Deutschen Presserats (den eigentlichen „Presserat") sowie zwei aus dem 28-köpfigen Plenum gewählte allgemeine Beschwerdeausschüsse mit je acht Mitgliedern sowie einen Beschwerdeausschuss für den Redaktionsdatenschutz mit sechs Mitgliedern. Sämtliche Gremien des Deutschen Presserats werden durch Benennung bzw. Wahl der Trägerorganisationen mit ehrenamtlich tätigen Verlegern und Journalisten für eine Amtsperiode von zwei Jahren – Verlängerung möglich – paritätisch besetzt. Der Vorsitz der Gremien wechselt alle zwei Jahre unter den vier Organisationen. Anders als bei verschiedenen europäischen Presseräten (Schweden, Großbritannien, Niederlande, Belgien, Schweiz) und abweichend von der Praxis des Deutschen Presserats in der Zeit von 1977 bis 1981, handelt es sich heute um eine reine Selbstkontrolleinrichtung, d. h., dem Deutschen Presserat und seinen Gremien steht kein externer Sachverständiger als Vorsitzender vor.

3. Aufgaben des Presserats

22   Die aktuellen Aufgaben des Deutschen Presserats sind im § 9 der Trägervereinssatzung niedergelegt. Nach der dortigen Aufzählung hat der Presserat den Auftrag, Missstände im Pressewesen festzustellen und auf deren Beseitigung hinzuwirken (Nr.1), Beschwerden über einzelne Zeitungen, Zeitschriften oder Pressedienste sowie bestimmte journalistische Onlineinhalte zu prüfen und in begründeten Fällen Maßnahmen auszusprechen (Nr. 2), Empfehlungen und Richtlinien für die publizistische Arbeit zu geben – d. h. den Pressekodex herauszugeben – (Nr. 3), für den unbehinderten Zugang zu den Nachrichtenquellen einzutreten (Nr. 4), Entwicklungen entgegenzutreten, die die freie Information und Meinungsbildung des Bürgers gefährden könnten (Nr. 5) sowie die Selbstregulierung im Bereich des Redaktionsdatenschutzes zu organisieren (Nr. 6). Mit zwei Aufgabenkomplexen beschäftigt sich der Presserat ausdrücklich nicht: Zum einen sind dies Themen der Tarifpolitik, zum anderen die Behandlung medienwettbewerbsrechtlicher Fragen.

23   Finanziert wird der Presserat durch Beiträge der Mitgliederorganisationen[23] sowie über einen Bundeszuschuss.[24] Das **Beschwerdeverfahren** des Deutschen Presserats ist in der Beschwerdeordnung[25] und ergänzend in der Geschäftsordnung[26] geregelt.

4. Zuständigkeit bei Beschwerden

24   Der Presserat ist nach seinen eigenen Regelungen zuständig für die Prüfung und Entscheidung von Beschwerden über periodische Druckwerke, vor allem Zeitungen und Zeitschriften, sowie Nachrichtenagenturen und andere redaktionelle Hilfsunternehmen der Presse. Eine eingeschränkte Zuständigkeit besteht des weiteren für journalistisch-redaktionelle Inhalte von Anzeigenblättern und der elektronischen Presse (Telemedien).

---

[22] In der Fassung vom 7. 12. 2005, vgl. www.presserat.de/wir-ueber-uns/Satzung.

[23] So § 1 Abs. 3 Satzung Trägerverein.

[24] Gesetz zur Gewährleistung der Unabhängigkeit des vom Deutschen Presserat eingesetzten Beschwerdeausschusses vom 18. 8. 1976 (BGBl. I S. 2215). Nach diesem Gesetz unterstützt der Bund die Arbeit durch einen unmittelbaren Zuschuss aus dem Bundesetat, dessen Höhe zur Zeit bei € 178.000 liegt.

[25] Vgl. hierzu § 54 Rn. 14 ff.

[26] Vgl. www.presserat.de/wir-ueber-uns/Geschäftsordnung.

Beschwerden werden jedoch wegen fehlender Zuständigkeit nicht angenommen über Rundfunkprogramme (Hörfunk und Fernsehen), Bücher, Vereinspresse und sonstige Mitgliederorgane, sog. harmlose Druckwerke (vgl. § 7 Abs. 3 LPG NW) und jegliche Formen von Anzeigen und offener Werbung. Der Presserat prüft die Zuständigkeit bei jeder Beschwerde inzidenter und unterrichtet Beschwerdeführer unter Nennung der gegebenenfalls zuständigen Stellen bzw. Einrichtungen der Selbstkontrolle.[27]

Generell erfolgt die Beschwerde aus der Leserschaft, also von außen. § 1 Abs. 1 BO sieht **25** hierzu die **Popularbeschwerde** ohne die Voraussetzung der eigenen Betroffenheit vor. Nach § 1 Abs. 2 BO kann eine Beschwerde auch eigeninitiativ, d. h. vom Presserat bzw. seinen Gremien selbst oder einzelnen Mitgliedern des Presserats vorgetragen werden. Von dieser Möglichkeit wird allerdings nur sehr selten Gebrauch gemacht.[28]

5. Pressekodex als Beleg für die Verantwortung der Presse

Zur Orientierung sowohl für Journalisten als auch verlegerisch Verantwortliche, aber **26** auch als Anhaltspunkt für Rezipienten hat der Deutsche Presserat in Zusammenarbeit mit den Presseverbänden den Pressekodex mit den publizistischen Grundsätzen erarbeitet. Der Kodex funktioniert als normativer Bezugsrahmen, mit dessen Hilfe Abweichungen wahrgenommen und sanktioniert werden können. So heißt es in der Präambel, „Die Publizistischen Grundsätze konkretisieren die Berufsethik der Presse. Sie umfasst die Pflicht, im Rahmen der Verfassung und der verfassungskonformen Gesetz das Ansehen der Presse zu wahren und für die Freiheit der Presse einzustehen." Darüber hinaus dienen die 16 Ziffern als Bezugsrahmen für die Prüfung von Beschwerden über die Verletzung der Berufspflichten. Als praktische Hilfe zur Beurteilung auftretender Fragen und redaktioneller Probleme existieren − in Konkretisierung des Pressekodex − die Richtlinien für die redaktionelle Arbeit nach den Empfehlungen des Deutschen Presserats.[29]

In der Sammlung von Empfehlungen und Geboten des Presserats stehen vor allem Re- **27** geln zur **Achtung der Menschenwürde** und zum Schutz der Glaubwürdigkeit der Medien im Vordergrund. Da es für den Journalistenberuf keine Zugangsbeschränkung gibt, existieren weiterhin handwerkliche Standards als professionelle Grundlage für die Arbeit. Der Presserat verleiht diesen handwerklichen Regeln berufsethischen Rang, indem er sie in den Pressekodex aufnimmt. So soll Professionalität auch eine Qualität sichern und durch die Schaffung einer Ordnung einen Rahmen für den angemessenen Umgang mit gegensätzlichen Interessen bereithalten.[30] Darüber hinaus enthält der Pressekodex Verweise zum Gesetz und formuliert Grundsätze, die sich bereits aus anderen Gesetzen und der Rechtsprechung ergeben. Damit agiert er an der Schnittstelle von Ethik und Recht.[31] Somit haben die presseethischen Grundsätze und Richtlinien des Pressekodex nicht die Funktion einschlägiger Rechtsvorschriften. Sie konkretisieren vielmehr die Berufsethik der Presse und der in der Branche tätigen Journalisten und Verleger und symbolisieren damit die publizistische Verantwortung der Presse.

Im Pressekodex ist das Normen- und Wertesystem festgeschrieben, das die publizisti- **28** schen Akteure für sich fixiert haben − angelegt als ein permanenter Lernprozess, der durch die Spruchpraxis immer wieder hinterfragt, aktualisiert und verbessert werden muss. Dieser Lernprozess ist ausdrücklich nicht nur den mehr oder weniger willkürlichen „Willensakten von Vertragspartnern" zu verdanken, die den selbst gesetzten Regeln folgen, sondern er ist eingebettet in die allgemeine Wertediskussion einer demokratisch organisierten Gesellschaft, deren konsertierte Normen in der Verfassung fixiert sind.[32]

---

[27] Vgl. § 5 Abs. 1 S. 2 BO, zu Einzelheiten des Beschwerdeverfahrens s. § 54 Rn. 14 ff.

[28] Vgl. Ausführungen in § 54 Rn. 4.

[29] Eine aktuelle Version des Pressekodex, der dazugehörigen Richtlinien und Fallbeispiele vgl. auch die Website www.presserat.de/Pressekodex.

[30] *Stapf*, Medienselbstkontrolle, 2006, S. 63 f.

[31] *Bölke* in: Gerhard/Pfeiffer, S. 43.

[32] *Baum*, Lernprozess und Interessenkonflikt, S. 112, 119.

B. Der Pressekodex

29   Der Deutsche Presserat hat seine Verpflichtung zur Aufstellung von Empfehlungen und Richtlinien für die publizistische Arbeit[33] durch den 1973 erstmals vorgelegten Pressekodex[34] mit ergänzenden Richtlinien für die publizistische Arbeit eingelöst.

I. Entstehung und Entwicklung des Pressekodex

1. Kasuistik der ersten Jahre

30   Schon seit seiner Gründung 1956 äußerte sich der Presserat regelmäßig zu konkreten Ereignissen in der Presse. Dabei sollte es jedoch nicht bleiben. Anders als der britische Press Council wollte sich der Deutsche Presserat nicht mit einem „case law" begnügen, das die Beurteilung einzelner Angelegenheiten zur alleinigen Grundlage für die Bewertung ähnlich gelagerter Fälle erklärt.[35] Sein Ziel war vielmehr die Formulierung allgemeiner Leitsätze zu Fragen des journalistischen Verhaltens. Die einzelnen Verhaltensregeln sollten dabei jedoch nicht unabhängig voneinander stehen, sondern in einer allgemein zugänglichen Gesamtkodifikation integriert werden.[36]

31   Vor der Kodifizierung der publizistischen Grundsätze als Pressekodex hatte der Presserat bereits zu diversen Anlässen Richtlinien für die publizistische Arbeit herausgegeben. So kodifizierte er bereits am 27.11.1959 die Pflicht der Presse zur Richtigstellung von sachlich unzutreffenden Meldungen. „Die Richtigstellung ist und bleibt eine selbstverständliche Pflicht der Redaktion, … dabei macht es keinen Unterschied, ob die Richtigstellung auf einem Berichtigungsbegehren beruht oder von der Zeitung oder Zeitschrift von sich aus erfolgt." Auch die Polizei- und Gerichtsberichterstattung spielte in den ersten Jahren der Existenz des Presserats eine große Rolle im Rahmen von Beschwerdeverfahren. Am 29.9.1966 beschloss der Presserat deshalb die Richtlinie zur Berichterstattung über Ermittlungsverfahren und gerichtliche Voruntersuchungen. Die Presse sollte bei der Berichterstattung über Ermittlungs- und Strafverfahren und bei der Namensnennung „Zurückhaltung üben". „Keinesfalls darf sie in Fällen, in denen nur ein – wenn auch dringender – Tatverdacht besteht, im Text, in der Überschrift oder durch die Art der Darstellung den Eindruck erwecken, als ob der Verdächtige oder Beschuldigte schuldig oder bereits als Täter überführt sei. Präjudizierende Behauptungen verstoßen gegen den verfassungsrechtlichen Schutz der Menschenwürde und der Persönlichkeit. Sie bergen auch die Gefahr straf- und zivilrechtlicher Haftung in sich." [37]

32   Der Namensnennung und Abbildung Jugendlicher in der Presse widmete der Presserat am 16.2.1967 eine gesonderte Richtlinie. Mit der Namensnennung und Abbildung von Betroffenen und Straftätern hatte sich der Presserat im Laufe der 50er und 60er Jahre im Rahmen von Beschwerdeverfahren immer wieder zu befassen.

2. Pressekodex von 1973

33   Im Jahre 1972 beauftragten die Mitglieder des Presserats das Gründungsmitglied Rupert Giessler mit der Formulierung journalistischer Verhaltensregeln, dem sog. **„Pressekodex"**. Giesslers Entwurf lehnte sich an die 1954 in Bordeaux beschlossene Deklaration der „Internationalen Journalisten-Föderation" sowie an die journalistischen Verhaltens-

---

[33] Nach § 9 Nr. 2 Satzung Trägerverein.
[34] Derzeit in der Fassung vom 13.9.2006, in: Deutschen Presserat, Jahrbuch 2007, S. 196 ff.
[35] Vgl. *Gottzmann*, Möglichkeiten und Grenzen der FSK, S. 99; *Bermes*, Streit um Presse-Selbstkontrolle, S. 208.
[36] *Gottzmann*, Möglichkeiten und Grenzen der FSK, S. 99.
[37] Deutscher Presserat, Jahrbuch 1988, S. 136 f.

regeln, die 1972 in München von den Journalistenverbänden der EG einschließlich der Schweiz und Österreich festgelegt wurden, an.[38]

Am 19./20. 9. 1973 verabschiedete der Deutsche Presserat den endgültigen Text des Pres- **34** sekodex und überreichte ihn am 12.12.1973 Bundespräsident Gustav Heinemann in Bonn.[39] Dieser gab seiner Hoffnung Ausdruck, „dass sich alle Zeitungen und Journalisten an den Pressekodex halten". Nur auf diese Weise werde man vermeiden können, „dass diese zarte Pflanze bürgerlicher Eigenverantwortung durch staatliches Eingreifen ersetzt werden muss".[40] In über 20.000 Exemplaren gedruckt und in der Branche verteilt, fasste er damit erstmals in Deutschland ein von Praktikern für Praktiker allseits vertretbares **Mindestmaß der Berufsethik im Journalismus** zusammen.

Zunächst 1973 noch 15 Grundsätze zählend, widmete sich der Pressekodex in Ziffer 7 **35** ausdrücklich den Persönlichkeitsrechten. Dort hieß es, „die Presse achtet das Privatleben und die Intimsphäre des Menschen. Berührt jedoch das private Verhalten eines Menschen öffentliche Interessen, so kann es auch in der Presse erörtert werden. Dabei ist zu prüfen, ob durch eine Veröffentlichung Persönlichkeitsrechte Unbeteiligter verletzt werden".[41] Der Wortlaut von Ziffer 7 der seinerzeitigen Fassung ist fast wörtlich in Ziffer 8 der heute noch gültigen Fassung des Pressekodex übernommen worden. Die seinerzeitige Ziffer 8 enthielt den Verzicht auf unbegründete Beschuldigungen insbesondere ehrverletzender Natur, Ziffer 12 das heute in Ziffer 13 festgeschriebene Vorverurteilungsverbot.

Neben dem Text des eigentlichen Pressekodex existierten weiterhin eine größere Zahl **36** von Verlautbarungen des Presserats. Die Terminologie dieser Verlautbarungen blieb bis gegen Ende der 80er Jahre uneinheitlich. Neben sog. allgemein gültigen Resolutionen existierten „Appelle des Presserats", Empfehlungen, Richtlinien, Verlautbarungen, Stellungnahmen und Entschließungen, jeweils beschlossen auf den in der Regel quartalsmäßig abgehaltenen Presseratssitzungen und veranlasst durch einzelne Beschwerden, Diskussionen, Gesetzentwürfe etc. Verschiedene dieser Verlautbarungen insbesondere aus den 70er Jahren befassen sich auch mit dem allgemeinen Persönlichkeitsrecht. So stellen die „Leitsätze für die Behandlung von Leserbriefen" vom 7./8. 2. 1974 in Ziffer 8 heraus, „aus dem allgemeinen Persönlichkeitsrecht folgt, dass Änderungen oder Kürzungen von Zuschriften namentlich bekannter Verfasser ohne deren Einverständnis unzulässig sind. . . .".[42]

Mit ausdrücklichem Hinweis auf die ständige Rechtsprechung beschloss der Presserat **37** am 6./7. 6. 1974 die „Resolution zur Namensnennung und Abbildung von Beschuldigten und Straftätern".[43] Diese Resolution ist Vorläufer der heutigen Richtlinie 8.1 – Nennung von Namen/Abbildungen. Auch die „Resolution zur Berichterstattung über Fälle von Freitod" vom 2./3. 12. 1975 und die „Resolution zur publizistischen Behandlung der Entlassung und Begnadigung von Strafgefangenen" vom 28. 9. 1971[44] behandeln explizit Persönlichkeitsrechte von Betroffenen.

3. Entwicklung des Pressekodex bis 2007

Im Zusammenhang mit der Behandlung der sog. **„Generalsaffäre"** beschloss der **38** Presserat am 25./26. 11. 1976 erstmals, den Pressekodex zu ergänzen. Er führte eine neue Ziffer 6 über die Vereinbarung der Vertraulichkeit in den Kodex ein.[45] Die nächste größere Novellierung zum Pressekodex und den Richtlinien erfolgte Ende der 80er Jahre. Bis dahin zählte der Presserat – unabhängig von den in 16 Ziffern festgeschriebenen pu-

---

[38] Deutscher Presserat, Tätigkeitsbericht 1973, S. 33; *Gottzmann*, Möglichkeiten und Grenzen der FSK, S. 99.

[39] Deutscher Presserat, Tätigkeitsbericht 1973, S. 31 ff.

[40] Deutscher Presserat, Tätigkeitsbericht 1973, S. 34.

[41] Deutscher Presserat, Tätigkeitsbericht 1973, S. 90, 91.

[42] Deutscher Presserat, Tätigkeitsbericht 1975/76, S. 81.

[43] Deutscher Presserat, Tätigkeitsbericht 1975/76, S. 82.

[44] Deutscher Presserat, Tätigkeitsbericht 1975/76, S. 78, 85.

[45] Deutscher Presserat, Jahrbuch 1978, S. 45.

blizistischen Grundsätzen des Pressekodex – 37 „Richtlinien für die publizistische Arbeit nach den Empfehlungen des Deutschen Presserats". Sie waren in den Jahren bis 1988 anlassbezogen entstanden und kontinuierlich ergänzt worden. Diese Sammlung sollte die Aussagen des Pressekodex exemplarisch vertiefen. Der Richtlinienkatalog diente auch bereits seit Tätigkeit des Beschwerdeausschusses zur Beurteilung von Beschwerden und Missständen.

39 Da die Richtlinien in der bisherigen Form aber im Laufe der Jahre von vielen Autoren zusammengestellt worden waren und in Details durch zeitliche Bezüge ihrer Aktualität und Wirkung eingebüßt hatten, ergab sich die Notwendigkeit, den Richtlinienkatalog zu ergänzen. Anlass waren die Diskussionen über die Geiselnahme von Gladbeck, die *Barschel*-Affäre und diverse Beschwerden über Persönlichkeitsrechtsverletzungen durch Namensnennung und anderes.[46] Die Richtlinien wurden im Laufe des Jahres 1989 aktualisiert, systematisch neu geordnet und den einzelnen Kodexziffern zugeordnet. Damit sollte auch der Zusammenhang von Kodex und Richtlinien deutlich werden. Der Presserat verabschiedete die Neufassung am 14. 2. 1990.[47]

40 Mitte der 90er Jahre wurde, ausgehend von der konkreten Beschwerdearbeit des Presserats, das Bedürfnis nach einer Novellierung des Pressekodex und der ihn ergänzenden Richtlinien erneut deutlich. 1996 beschloss der Presserat dann eine Neufassung des Kodex. Im Zuge der Novellierung wurden die einzelnen Grundsätze und ihre Richtlinien teilweise neu formuliert, inhaltlich erweitert und in ihrer Systematik verbessert.[48] Im Zusammenhang mit der Schaffung der „Freiwilligen Selbstkontrolle Redaktionsdatenschutz" wurden 2001 wesentliche Erweiterungen im Text der Grundsätze und der sie ergänzenden Richtlinien vorgenommen.[49] Das Recht auf informationelle Selbstbestimmung – Datenschutzrecht – als Teilkomplex des allgemeinen Persönlichkeitsrechts, fand Eingang sowohl in die Präambel des Pressekodex, in die Ziffern 3, 4 und insbesondere Ziffer 8 **(Persönlichkeitsrechte).**

41 Die letzte Novellierung des Pressekodex datiert vom 13. 9. 2006. Im Rahmen der Jubiläumsfeier zum 50. Geburtstag hat der Presserat am 20. 11. 2006 in Berlin den novellierten Pressekodex an Bundespräsident *Horst Köhler* übergeben und gleichzeitig der Öffentlichkeit vorgestellt. Seit Beginn 2006 hatte sich eine Kommission des Presserats mit der Überarbeitung der Publizistischen Grundsätze beschäftigt. Dabei sind Erkenntnisse aus der Arbeit der Beschwerdeausschüsse, aktuelle Entwicklungen innerhalb der Presse sowie externer Sachverstand mit eingeflossen. Auf seiner Sitzung am 13. 9. 2006 haben die Mitglieder des Plenums einstimmig die Neuregelungen des Pressekodex beschlossen.

42 Der in Ziffer 7 festgehaltene Trennungsgrundsatz von Werbung und Redaktion wurde im Hinblick auf Veröffentlichungen über Eigenmarketingaktionen erweitert. Textlich neu gefasst wurden auch die Ziffern 9 und 10 des Kodex. Das in Ziffer 13 festgehaltene Vorverurteilungsverbot erfuhr zudem im Hinblick auf ein vorliegendes Geständnis eines Tatverdächtigen eine Konkretisierung. In der Interview-Richtlinie 2.4 wurde nun klargestellt, dass eine Autorisierung aus presseethischer Sicht nicht zwingend notwendig ist. Neben einer teilweisen Neusystematisierung erhielten die einzelnen Ziffern zudem Überschriften, mit denen ihr Regelungsbereich beschrieben wird. Der überarbeitete Kodex ist seit dem 1. Januar 2007 gültig.

4. Urheberschaft am Pressekodex

43 Der Pressekodex gehört als Schriftwerk zu den in § 2 Abs. 1 UrhG aufgezählten Werkarten (Ziffer 1). Er ist urheberrechtlich geschützt, da er eine persönliche geistige Schöpfung nach § 2 Abs. 2 UrhG darstellt. Hauptautor des Pressekodex war *Rupert Giessler,* auf ihn geht der aus den Jahren 1972/73 stammende erste Entwurf zurück. Das ausschließliche

---

[46] Deutscher Presserat, Jahrbuch 1989, S. 11.
[47] A.a.O., S. 12.
[48] Deutscher Presserat, Jahrbuch 1996, S. 29 f.
[49] Vgl. Deutscher Presserat, Jahrbuch 2001, S. 49 f.

Nutzungsrecht kann als auf den Deutschen Presserat übertragen angesehen werden.[50] Das wesentliche Ergebnis der Arbeit des Presserats ist – bezogen auf die Aufstellung publizistischer Grundsätze – der Text des Pressekodex. Nach dem Sinn der dem Presserat erteilten satzungsgemäßen Aufgabe umfasst dies die Befugnis, den Text zu verwerten, d. h. Vervielfältigungsstücke davon herzustellen und diese zu verbreiten. Nur auf diese Weise kann der Trägerverein seinen Satzungszweck erfüllen. Das dem Trägerverein übertragene Nutzungsrecht gestattet es diesem, den Pressekodex zu vervielfältigen und zu verbreiten. Er ist daher Inhaber der ausschließlichen Rechte auf Vervielfältigung und Verbreitung des Pressekodex.[51]

II. Rechtsnatur des Pressekodex

Der Pressekodex beruht weder auf einer gesetzlichen Grundlage noch enthält er   **44** Rechtsnormen. Dies könnte den Schluss zulassen, dass er in letzter Konsequenz rechtlich nicht verbindlich ist. Doch sowohl die Rechtswissenschaft, die Ethik als auch die Sozialwissenschaften kennen allerdings Verhaltensregeln mit normativer und verbindlicher Wirkung.

1. Zur gesetzlichen Grundlage

Dem Selbstverständnis der Freiwilligen Selbstkontrolle entsprechend entzieht sich die   **45** Kodifizierung von ethischen Verhaltensregeln einer staatlichen Regelungskompetenz. Wie schon die Institutionalisierung des Presserats keine gesetzliche Ermächtigungsgrundlage voraussetzt und damit auch nicht durch Gesetz veranlasst ist, existiert auch keinerlei gesetzliche Verpflichtung zum Erlass des Pressekodex.[52] Mit dem Bundesgesetz vom 18. 8. 1976[53] widmet sich der Gesetzgeber zwar der Tätigkeit des Deutschen Presserats. Es handelt sich dabei lediglich um eine Finanzierungsregelung. In vier Paragrafen setzt das Gesetz die Existenz des Deutschen Presserats und eines von diesem betriebenen **Beschwerdeausschusses** voraus. Die gesetzlichen Regelungen beschränken sich deshalb ausschließlich auf budgetrechtliche Bestimmungen. Ein Pressekodex spielt in diesem Zusammenhang ohnehin keine Rolle.

Mediengesetzliche Regelungen der jüngeren Zeit nehmen in ähnlicher Weise Bezug   **46** auf den Presserat bzw. seinen Kodex, allerdings unter vollständigem Verzicht auf materiellrechtliche bzw. inhaltliche Vorgaben. Diese gesetzlichen Regelungen sind Folgen einer stärkeren Normierung des Mediendatenschutzrechts. Die Novelle des Bundesdatenschutzgesetzes im Jahre 2002, insbesondere das sog. **Medienprivileg** in § 41 Abs. 1 BDSG[54] zog eine Reihe von Änderungen in Landespressegesetzen nach sich. Das Land Hamburg entschied sich in § 11a des Hamburgischen Pressegesetzes[55], den Deutschen Presserat und den Pressekodex ausdrücklich in Bezug zu nehmen. So heißt es in der Bestimmung, „soweit Unternehmen oder Hilfsunternehmen der Presse personenbezogene Daten ausschließlich zu eigenen journalistisch-redaktionellen oder literarischen Zwecken erheben, verarbeiten oder nutzen, gelten von Vorschriften des BDSG nur die §§ 5, 9 und 38a sowie § 7 mit der Maßgabe, dass nur für Schäden gehaftet wird, die durch eine Ver-

---

[50] So festgestellt in einem nicht veröffentlichten Gutachten von Prof. Dr. *Rainer Jakobs* vom 11. 9. 1990 im Auftrag des Trägervereins des Deutschen Presserats e.V..

[51] Ergebnis des Rechtsgutachtens *Jakobs*, s. Rn. 50.

[52] Die Einrichtung von Presseräten war lediglich in dem Gesetzentwurf des Bundesinnenministeriums für ein Presserechtsrahmengesetz von 1952 vorgesehen, abgedruckt in: *C. H. Lüders*, Presse- und Rundfunkrecht, Textsammlung, 1952. Der Gesetzgeber hat hierauf allerdings bislang verständlicherweise verzichtet.

[53] Gesetz zur Gewährleistung der Unabhängigkeit des vom Deutschen Presserat eingesetzten Beschwerdeausschusses, BGBl. I S. 2215.

[54] Vgl. Gesetz zur Änderung des BDSG und anderer Gesetze vom 18. 5. 2001, BGBl. I, S. 904.

[55] Gesetz vom 29. 1. 1965, zuletzt geändert durch Gesetz vom 28. 1. 2003 (GVBl. S. 11).

letzung des Datengeheimnisses nach § 5 des BDSG oder durch unzureichende technische oder organisatorische Maßnahmen im Sinne des § 9 des BDSG eintreten. Soweit Unternehmen nicht der Selbstregulierung durch den Pressekodex und die Beschwerdeordnung des Deutschen Presserats unterliegen, gelten für sie die Vorschriften des von § 41 Abs. 3 und 4 Satz 1 BDSG entsprechend." Die übrigen Bundesländer verzichteten bei Umsetzung der Detailregelung in den jeweiligen Pressegesetzen auf eine Erwähnung des Pressekodex.

47   In ähnlicher Weise wie das Pressegesetz Hamburg löst der Rundfunkstaatsvertrag[56] diesen Verweis für den redaktionellen Datenschutz im Falle der neuen Telemedien. Hierzu zählt auch die elektronische Presse. Im neuen Rundfunkstaatsvertrag ist der Pressekodex des Deutschen Presserats erwähnt bei den Regelungen zum Redaktionsdatenschutz bei Telemedien. Doch auch in den §§ 57 Abs 2 S. 3 und 59 Abs. 1 S. 3 RfStV enthielt sich der Gesetzgeber bewusst einer materiell-inhaltlichen Regelung zum Pressekodex. Zusammenfassend lässt sich also festhalten, dass der Pressekodex kein Produkt staatlicher Normierung darstellt, sondern von seiner Existenz lediglich ausgeht und eine Rechtsfolge daraus ableitet.

2. Standesrecht

48   Standesrecht in Form von Standesgrundsätzen reglementieren das Verhalten der Berufsangehörigen. Standesregeln, wie sie der Presserat in seinem Pressekodex formuliert hat, kommt allerdings **kein Rechtsnormcharakter** zu, da sie weder als formelles Gesetz erlassen wurden, noch auf gesetzliche Ermächtigungsgrundlage beruhen. Dementsprechend unterscheiden sie sich von staatlich normierten Verhaltensregeln dadurch, dass sie nicht mit staatlichem Zwang durchgesetzt werden können, sondern allein sozialem Geltungsanspruch unterliegen.[57]

49   In der einschlägigen Literatur[58] wird der Pressekodex als Bestandteil des Standesrechts der Presse aufgefasst. Dabei umfasst das Standesrecht der Presse geschriebene und ungeschriebene Standesgrundsätze, deren Einhaltung von einem verantwortungsbewussten Publizisten erwartet wird.[59] Die Gesamtheit dieser nicht auf staatlichem Recht beruhenden publizistischen Standesgrundsätze bilden das Standesrecht der Presse im engeren Sinne. Hierbei handelt es sich gerade nicht um Recht, es geht vielmehr um den der Rechtsordnung vorgelagerten berufsethischen Raum.[60] Dagegen hält *Stürner* den Pressekodex und seine Richtlinien nicht für „Standesrecht". Dieses sei letztlich immer in irgendeiner Form hoheitlich durchsetzbar, vom Presserat dagegen – anders als von den Berufskammern der freien Berufe – gerade nicht bezweckt. Wenn man den Grundgedanken gleichgeordneter Kritik als Basis der Arbeit des Presserats ernst nehme, handelt es sich bei den Verhaltensnormen um Regeln einer Standesethik, die in freier öffentlicher Meinungsbildung um ihre Akzeptanz kämpfen.[61]

50   Dem Pressekodex und den dazugehörenden Richtlinien kommt demzufolge mangels hoheitlicher Legitimation keine Rechtsnormqualität zu. Die publizistischen Grundsätze des Pressekodex sind jedoch Ausdruck verlegerischen und journalistischen Standesauffassungen darüber, was in diesen Berufszweigen als sorgfältige, fachgerechte und ethisch korrekte Berufsausübung angesehen wird.

---

[56] In der Fassung des 9. Staatsvertrages zur Änderung rundfunkrechtlicher Staatsverträge vom 22.11.2006, Zustimmungsgesetz NW vom 28.2.2007, GVBl. 7, 107.

[57] *Gottzmann*, Möglichkeiten und Grenzen der FSK, S. 98; *Löffler* AfP 1971, 16 f.; *v. Mauchenheim* in: FS M. Löffler, S. 262.

[58] *Münch*, Freiwillige Selbstkontrolle, S. 184; *Löffler/Ricker*, Handbuch Presserecht, 40. Kap., Rn. 17.

[59] *Löffler/Ricker*, Presserecht, 40. Kap., Rn. 2.

[60] *Stürner*, Bitburger Gespräche, S. 105, 109 f.

[61] *Ders.*, a. a. O., S. 110.

III. Konkretisierung der Berufsethik

1. Regelungen des Pressekodex im Überblick

Der Pressekodex in der aktuellen Fassung vom 13. 9. 2006[62] enthält 16 publizistische   **51** Grundsätze und den jeweiligen Grundsätzen zugeordnet insgesamt 42 Richtlinien. In der Präambel werden als Adressaten dieser Verhaltensregeln neben den Journalisten gleichrangig Verleger und Herausgeber genannt. Diese „müssen sich bei ihrer Arbeit der Verantwortung gegenüber der Öffentlichkeit und ihrer Verpflichtung für das Ansehen der Presse bewusst sein." Darüber hinaus bestimmt die Präambel, ähnlich der Formulierung in Art. 38 S. 2 GG für die Abgeordneten des Deutschen Bundestages, dass die genannten Berufsgruppen „ihre publizistische Aufgabe nach bestem Wissen und Gewissen, unbeeinflusst von öffentlichen Interessen und sachfremden Beweggründen" wahrzunehmen haben. Die 16 publizistischen Grundsätze des Pressekodex lassen sich in folgende Komplexe zusammenfassen:

- oberste Gebote der publizistischen Arbeit: Achtung vor der Wahrheit mit wahrhaftiger Unterrichtung der Öffentlichkeit sowie Wahrung der Menschenwürde nach Ziffer 1
- allgemeine journalistische Sorgfaltsregeln: Beachtung der Sorgfaltspflichten, Richtigstellung falscher Tatsachen, lautere Recherche – Ziffern 2, 3 und 4
- Unabhängigkeit der Publizisten: Wahrung der Vertraulichkeit, Trennung der Funktionen, Trennung von Werbung und Redaktion, Bestechungsverbot – Ziffern 5, 6, 7 und 15
- Beachtung der Persönlichkeitsrechte: Sorgfalt bei der Namensnennung und Bildberichterstattung, Schutz der Ehre, Beachtung der Unschuldsvermutung – Ziffern 8, 9 und 13
- Wirkungsverantwortung der Presse: Verzicht auf Schmähung religiöser Überzeugungen, Verzicht auf Gewaltdarstellungen / Einhaltung des Jugendschutzes und Diskriminierungsverbot – Ziffern 10, 11 und 12

2. Regelungsmethodik des Pressekodex

Die publizistischen Grundsätze des Pressekodex sind als abstrakt-generelle Tatbestände   **52** formuliert, die die Bewertung einer Vielzahl von Fällen ermöglichen. Die weite und allgemeine Formulierung der Kodexziffern macht eine Konkretisierung erforderlich, die insbesondere über die Richtlinien für die Publizistische Arbeit nach den Empfehlungen des Deutschen Presserats geschieht.[63] Die Befolgenserwartung an die in den Richtlinien enthaltenen ethischen Gebote und Verbote ist dabei genauso groß wie an den Pressekodex. Die eingesetzte Regelungstechnik soll lediglich gewährleisten, dass sich die im Rahmen der Richtlinie ständig erforderlichen Ergänzungen und Modifikationen nicht unmittelbar auf den Kodex auswirken.[64]

Als Auslegungshilfe für den Pressekodex können auch weitere Appelle, Vereinbarungen und Resolutionen des Presserats herangezogen werden. Des Weiteren sind auch normative Regelungen zu beachten. Etwa dort, wo sich der Pressekodex an die gesetzliche Terminologie anlehnt. Dies gilt insbesondere im Bereich des Persönlichkeitsrechts im weiteren Sinne. Schließlich erfährt der Pressekodex seine Auslegungen durch die kontinuierliche Spruchpraxis der Beschwerdeausschüsse. Diese liefert Anhaltspunkte für die Interpretation und Präzisierung einzelner publizistischer Grundsätze.   **53**

---

[62] www.presserat.de/pressekodex mit Synopse der Textfassungen.

[63] Zur Methodik eingehend vgl. *Schweizer*, Selbstkontrolle der Printmedien, in: FS G. Herrmann, S. 121,140 ff.

[64] Vgl. *Schwetzler*, Persönlichkeitsschutz, S. 271; *Suhr*, Presse-Selbstkontrolle, S. 38, *C.-H. Soehring*, Vorverurteilung, S. 133.

3. Verhältnis zwischen Pressekodex und APR

54   Die materiellen Maßstäbe, die sich aus dem Pressekodex mit seinen Richtlinien, konkretisiert durch die Spruchpraxis, ergeben, sind insgesamt von hoher Bedeutung für den Persönlichkeitsschutz. Sie dienen dazu, **Verletzungen der journalistischen Ethik** festzustellen und gegebenenfalls zu ahnden. Denn den in ihrem APR Verletzten kann auf diese Weise Wiedergutmachung und Satisfaktion geleistet werden. Damit dient das Persönlichkeitsrecht auch dem Individualschutz. Darüber hinaus bezweckt der Pressekodex, qualitative Maßstäbe zur Vermeidung von Verletzungen des APR zu etablieren. Er verfolgt mit seiner Ausrichtung auf einen „guten Journalismus" präventive Ziele. So hält das Regelwerk des Pressekodex insbesondere die Journalisten an, im Vorfeld und bei der Berichterstattung die berührten Persönlichkeitsrechte zu beachten und Verletzungen derselben zu vermeiden. Dabei ist der präventive Effekt aufgrund des mangelnden Bekanntheitsgrades des Presskodex[65] bisher noch begrenzt, trotz inzwischen intensiven Bemühungen des Presserats, den Pressekodex und die Spruchpraxis branchenübergreifend bekannt zu machen.[66]

55   Der zivilrechtliche Persönlicheitsschutz wird hauptsächlich geprägt durch die vielfältige und differenzierte Kasuistik der Zivilgerichte und des BVerfGs. Das APR ist deshalb naturgemäß von der Rechtsprechung ex post entwickelt worden, also nach Überlegung durch die beteiligten Richter, evtl. durch mehrere Instanzen und jedenfalls lange Zeit nach dem konkreten Vorfall. Damit liegt die Entscheidung lange Zeit hinter der Berichterstattung, die ja möglichst aktuell sein soll. Das schränkt die Praxistauglichkeit dieser richterlichen Grundsätze insofern ein, als die Presse und die in ihr tätigen Journalisten gezwungen sind, vorab und vor der Veröffentlichung beurteilen zu sollen und zu müssen, ob und wie sie berichten dürfen. Gerade deshalb ist es wichtig, der Praxis über den Pressekodex und dessen Richtlinien hinaus Leitlinien an die Hand zu geben, die für die Zulässigkeit der Berichterstattung von Bedeutung sein können und durch deren Beachtung sich das Risiko einer unzulässigen Berichterstattung infolge Persönlichkeitsrechtsverletzung mit der Folge von **Unterlassungs- und Schadensersatzansprüchen** mindestens verringern lässt.[67]

4. Pressekodex als Prüfungsmaßstab bei Beschwerden

56   Bei sämtlichen dem Presserat vorgelegten Beschwerden prüft er die Vereinbarkeit einer journalistischen Veröffentlichung oder eines Verhaltens mit dem Pressekodex. Entscheidungsmaßstab ist die Berufsethik der Presse mit der Folge, dass Beschwerden begründet sind, wenn die Berufsethik verletzt wurde.[68] Da Letztere durch die publizistischen Grundsätze des Pressekodex konkretisiert wird, ist einer Beschwerde stattzugeben, wenn Verletzungen des Pressekodex festgestellt wurden. Das Gleiche gilt bei Verstößen gegen die Richtlinien für die publizistische Arbeit, da sie nur aus regelungstechnischen Gründen nicht in den Pressekodex selbst eingegliedert wurden und die Befolgenserwartung an sie nicht geringer als an den Pressekodex ist. Die publizistischen Grundsätze gemeinsam mit den Richtlinien für die publizistische Arbeit bilden damit den entscheidenden Prüfungsmaßstab im Beschwerdeverfahren.

---

[65] *Schweizer* in: FS Herrmann, S. 178; *Schwetzler*, Persönlichkeitsschutz, S. 324.

[66] Vgl. *Institut zur Förderung publizistischen Nachwuchses/Deutscher Presserat* (Hrsg.), Ethik im Redaktionsalltag, 2005; *Deutscher Presserat*, Regeln für guten Journalismus, 2004; Pressefreiheit zwischen Markt und Politik, Grenzen und ethische Grundsätze des Journalismus, Politik betrifft uns, Heft 4/2006; CD-Rom des Deutschen Presserats mit aktueller Spruchpraxis 2007.

[67] *G. Müller*, Probleme der Gerichtsberichterstattung, Referat vom 2. 2. 2007, www.reginopreis.de.

[68] Vgl. Absatz 4 der Präambel zum Pressekodex.

IV. Bindungswirkung des Pressekodex

Zunächst ist die zentrale Frage zu beantworten, für wen der Pressekodex verbindlich 57
ist. Als Grundlagen der Bindungswirkung sind neben den Statuten des Deutschen Presserats auch die Regelungswerke der Trägerorganisationen – also der Verleger- und Journalistenverbände – heranzuziehen.

1. Grundlagen der Bindungswirkung

a) Statuten des Presserats und seiner Trägerverbände

Aus den Statuten des Deutschen Presserats ergibt sich eine unmittelbare Bindung aus- 58
schließlich für die Mitglieder des Trägervereins. Gemäß dem Wortlaut des § 10 Abs. 2 S. 1
der Satzung[69] sind nur die Mitglieder des Trägervereins unmittelbar an den Pressekodex
und die Grundsätze des Presserats gebunden. Als „Mitglieder des Trägervereins" im Sinne
des § 10 Abs. 2 sind gemäß § 2 Abs. 1 der Satzung ausschließlich der BDZV, der VDZ, der
DJV und die dju – Fachgruppe Journalismus in ver.di[70], sowie je eine von den unter Ziffer 1 bis 4 aufgeführten Organisationen benannte natürliche Person vorgesehen. Zwar
sieht § 10 Abs. 2 S. 2 der Satzung vor, dass die Mitglieder des Trägervereins darauf hinwirken, dass sich die Verlage von periodischen Druckwerken schriftlich zum Pressekodex
und den Gundsätzen zum Redaktionsdatenschutz bekennen und die von den zuständigen
Gremien ausgesprochenen Sanktionen befolgen. Diese Regelung erweitert aber die Bindungswirkung nicht. Sie stellt vielmehr eine Obliegenheit der entsprechenden Mitgliedsorganisationen dar, den Verlagen die Selbstverpflichtung zu empfehlen. Die Regelung in
§ 10 Abs. 2 S. 1 der Satzung bedeutet für die Verlegerverbände BDZV und VDZ, dass jeweils der Bundesverband gebunden ist. Deren Mitglieder sind die Landesverlegerverbände, in denen sich einzelne in den Bundesländern ansässige Verlagshäuser organisiert
haben. Da also die Landesverbände und auch die Verlagshäuser selbst nicht Mitglied im
Trägerverein sind, besteht für diese keine unmittelbare Bindungswirkung durch § 10
Abs. 2 der Satzung.

Für den DJV gilt zunächst Vergleichbares. § 10 Abs. 2 der Satzung bindet den Bundes- 59
verband DJV. Die Mitglieder des DJV, dessen Landesverbände, und deren Mitglieder, die
einzelnen Journalisten, sind daher nicht über die Satzung des Trägervereins unmittelbar
an den Pressekodex gebunden. Allerdings können die Mitglieder der Landesverbände zugleich Mitglieder des DJV sein, soweit die jeweiligen Landesverbandssatzungen eine entsprechende Mitgliedschaftsvermittlungsklausel vorsehen, wie es teilweise der Fall ist.[71]
Die der dju-Fachgruppe Journalismus in ver.di beigetretenen Journalisten sind ebenfalls
keine unmittelbaren Mitglieder des Trägervereins.

Zwar ist denkbar, dass die Formulierung in der Präambel des Pressekodex „Verleger, 60
Herausgeber und Journalisten müssen sich bei ihrer Arbeit der Verantwortung gegenüber
der Öffentlichkeit und ihrer Verpflichtung für das Ansehen der Presse bewusst sein" die
Bindungswirkung auf die Mitglieder der Trägervereinsorganisationen erstreckt. Allein
das Bewusstsein der genannten Personengruppen reicht jedoch für eine Bindungswirkung nicht aus. Zudem umfasst die Formulierung keine ausdrückliche Verpflichtung auf
den Kodex.

Aus den Statuten der Trägerorganisationen ergibt sich ebenfalls keine unmittelbare 61
Geltung des Pressekodex für deren Mitglieder bzw. für die untergeordneten Verbandsebenen. Teilweise sehen dies jedoch die Statuten der Landesverbände vor. Die Satzungen

---

[69] Satzung Trägerverein vom 25.11.2003.

[70] Bundesverband Deutscher Zeitungsverleger e.V. (BDZV), Verband Deutscher Zeitschriftenverleger e.V. (VDZ), Deutscher Journalisten-Verband e.V. (DJV), Deutsche Journalistinnen- und Journalisten-Union (dju) in ver.di.

[71] Z. B. § 2 Abs. 1 Satzung DJV NRW vom 28. 4. 2007.

des BDZV[72] und die des VDZ[73] sprechen lediglich von der „Wahrung der publizistischen Aufgabe der deutschen Zeitungsverleger"[74], der „Wahrung und Förderung des Ansehens der Zeitungsverlage in der Öffentlichkeit"[75] und der „Wahrung der gemeinsamen wirtschaftlichen kulturellen und beruflichen Interessen der Zeitschriftenverleger".[76] Der Kodex wird auch in den Satzungen der Landesverbände nicht erwähnt.

62   Die Satzung des Bundesverbandes DJV[77] sieht ebenfalls ausdrücklich keine unmittelbare Geltung des Pressekodex vor. Auf Landesebene wird die Bindungswirkung jedoch ausdrücklich durch verschiedene Regelungen begründet. Teilweise schreiben die Landessatzungen die Anerkennung des Pressekodex bzw. die Verpflichtung der Mitglieder zur Einhaltung dieser Grundsätze als Aufnahmebedingung vor.[78] Einige Landesverbände erkennen in ihrer Satzung auch selbst den Pressekodex an bzw. erklären ihn zum Bestandteil derselben.[79] In der Geschäftsordnung der dju – Fachgruppe Medien in ver.di[80] selbst ist kein Hinweis auf den Pressekodex enthalten. Die Fachgruppe und ihre Mitglieder sind lediglich an den Zweck der ver.di gebunden, der darin besteht, „die wirtschaftlichen und ökologischen, die sozialen, beruflichen und kulturellen Interessen ihrer Mitglieder im In- und Ausland" zu fördern.[81] Die einzige Quelle, in der auf den Pressekodex Bezug genommen wird, ist die von dju in ver.di aufgestellte **„Charta zur Sicherung von Qualität im Journalismus".** Sie begründet jedoch keine unmittelbare Bindung etwa im Sinne einer Beitrittsvoraussetzung o. Ä. Sie hat lediglich Empfehlungscharakter, da sie nicht durch Unterschrift oder als Bedingung für ein Mitgliedschaftsrecht etc. verbindlich gemacht wurde. Es kann jedoch davon ausgegangen werden, dass sich die in der dju in ver.di organisierten Journalisten zumindest moralisch an die berufsethischen Regelungen des Pressekodex gebunden sehen.

b) Selbstverpflichtung und Rechtsqualität der Erklärung

63   Da die einzelnen Verlagshäuser, wie oben bereits gezeigt, nicht von der Bindungswirkung des Pressekodex erfasst sind, hat der Trägerverein von der Regelung in § 10 Abs. 1 der Satzung Gebrauch gemacht und den Regelungen des Pressekodex durch das Unterzeichnen von sog. **„Selbstverpflichtungerklärungen"** zur Verbindlichkeit verholfen. Die Regelung fordert lediglich die „Verlage von periodischen Druckwerken" dazu auf, „sich schriftlich zum Pressekodex und den Grundsätzen zum Redaktionsdatenschutz zu bekennen". Die Selbstverpflichtungserklärungen sehen vor, dass sich das jeweilige Verlagsunternehmen „zum Pressekodex und den Grundsätzen zum Redaktionsdatenschutz" bekennt. Inzwischen liegen dem Presserat 855 unterschriebene Selbstverpflichtungserklärungen vor.[82]

64   Das Unterzeichnen einer Selbstverpflichtungserklärung schließlich begründet und realisiert die Bindungswirkung des Pressekodex für die einzelnen Verlage. Umstrittener Ansicht nach stellt die Selbstverpflichtungserklärung eine rechtsverbindliche Erklärung in Form eines mit Rechtsbindungswillen abgegebenen Vertragsangebots dar, das der Träger-

---

[72] Satzung in der Fassung vom 16. 10. 2000.

[73] Satzung in der Fassung vom 12. 11. 2003.

[74] § 2 Nr. 2b) der Satzung des BDZV.

[75] § 2 Nr. 2c) der Satzung des BDZV.

[76] § 1 Nr. 2 der Satzung des VDZ.

[77] Satzung vom 7./8. 11. 2006.

[78] Z. B. DJV-NRW: § 1 Abs. 2 S. 2 der Satzung; DJV-Bayern: § 3 Abs. 1 c der Satzung vom 8. 6. 2002.

[79] Z. B. DJV-Hessen: § 2 Nr. 1b) der Satzung vom 12. 8. 2000; DJV-Baden-Wüttemberg: § 1 Abs. 1 S. 5 der Satzung vom 19./20. 5. 2006.

[80] Fassung vom 4. 3. 2007.

[81] § 5 Nr. 2 der Satzung von ver.di in der Fassung vom 29./30. 11. 2006.

[82] *Rosenhayn*, FSK-Redaktionsdatenschutz – Vom Modell zur festen Größe, in: Deutscher Presserat, Zweiter Bericht zum Redaktionsdatenschutz 2006, S. 13, 14; Verlagsliste, a. a. O., S. 77 ff.

verein stillschweigend annehme.[83] Aufgrund der eigenen Einschätzung des Presserats, der sich selbst als moralische Instanz versteht, die aufgrund der berufsethischen Legitimation auf die Überzeugungskraft seiner Arbeit setzt[84], wird man die Selbstverpflichtungserklärung nur eingeschränkt als rechtlich sanktionsbewehrte Absichtserklärung der Verlage verstehen können.[85]

2. Bindungswirkung der Selbstverpflichtung

Gegenstand der Selbstbindung sind die Vorgaben und Inhalte des Pressekodex ein- **65** schließlich der Grundsätze zum Redaktionsdatenschutz. Von besonderer Bedeutung insbesondere für einzelne Journalisten in diesem Zusammenhang sind dabei die neu eingefügten Regeln zur Finanzmarktberichterstattung in Ziffer 7 i.V.m. Richtlinie 7.4 des Pressekodex.[86] Verändert sich der Pressekodex inhaltlich, ist dies für alle dem Kodex Verpflichteten unproblematisch. Die Trägerorganisationen sind nach § 10 Abs. 2 S. 1 der Satzung an „(den) Pressekodex und die Grundsätze des Deutschen Presserats zum Redaktionsdatenschutz" gebunden. Auch die Verlagshäuser, die die Selbstverpflichtungserklärungen unterzeichnen, bekennen sich entsprechend. Einige Journalisten, die Mitglied im DJV sind, haben sich je nach landesverbandlicher Regelung auf „den Pressekodex" verpflichtet. Mit der jeweils weiten Fassung des Wortlauts sind auch alle neu eingefügten Inhalte nach einer Änderung des Pressekodex erfasst.

Die ordnungsgemäße Verabschiedung der Änderungen erfolgt über das Plenum. Ob- **66** wohl die Satzung diese Spezialzuständigkeit des Plenums nicht ausdrücklich vorsieht, ist es gängige Praxis, dass dieses Gremium die Änderungen des Pressekodex beschließt. Aus der Satzung lässt sich die Zuständigkeit lediglich ableiten. So sieht § 9 Satzung Trägerverein als Aufgaben „des Presserates" vor, auf die Beseitigung von Missständen im Pressewesen hinzuwirken (Ziffer 1), Empfehlungen für die publizistische Arbeit zu geben (Ziffer 3) und Entwicklungen entgegenzutreten, die die freie Information und Meinungsbildung des Bürgers gefährden könnten (Ziffer 5). „Der Presserat" ist gemäß § 7 Abs. 1 der Satzung das Gremium des „Trägervereins des Deutschen Presserats", das mit 28 Mitgliedern besetzt ist und das die in § 9 der Satzung aufgelisteten Aufgaben erfüllt. Die Mitglieder werden von den Trägerorganisationen zu diesem Zwecke in das Gremium entsandt (§ 7 Abs. 2 Satzung Trägerverein). Damit führt das Gremium „Deutscher Presserat" die Aufgaben im Interesse des Trägervereins aus, dessen Mitglieder dem Pressekodex unmittelbar verpflichtet sind und der selbst Empfänger der Selbstverpflichtungserklärung der Verlage ist.

Parallel zum Erfordernis der amtlichen Bekanntmachung von Gesetzen im jeweiligen **67** Amtsblatt, gewährleistet der Presserat diese Transparenz grundsätzlich durch eine branchenübliche Veröffentlichung der Änderungen des Pressekodex in Form von Pressemitteilungen und der Publikation der Änderungen auf den Internetseiten des Presserats.

3. Pressekodex für journalistische OnlineInhalte

Berufsethisch ungeregelt ist zurzeit noch die elektronische Presse. Der Teilnahme der **68** reinen Online-Anbieter an der Selbstregulierung des Presserats steht bislang die bisherige Begrenzung seiner Zuständigkeiten entgegen. Nach § 9 Nr. 2 S. 2 Satzung Trägerverein kann der Presserat nur Beschwerden behandeln, die „journalistische Beiträge (betreffen), die von Zeitungs- oder Zeitschriftenverlagen oder Pressediensten in digitaler Form ver-

---

83 *Dietrich*, Deutsche Presserat, S. 43 f.
84 Z. B. Deutscher Presserat, Jahrbuch 1995, S. 9 f.
85 So auch *Gottzmann*, Möglichkeiten und Grenzen der FSK, 2005, S. 143 ff.
86 Abgedruckt in: Deutscher Presserat, Jahrbuch 2007, S. 229 ff. Diese Kodexergänzung geht auf die Regelungen zur Verbesserung des Anlegerschutzes zurück und ist abgestimmt auf § 34b Abs. 4 WpHG. Danach tritt für die Erstellung und Weitergabe von Finanzanalysen durch Wirtschaftsjournalisten der Pressekodex an die Stelle der entsprechenden gesetzlichen Regelungen nach dem WpHG.

breitet werden und zeitungs- oder zeitschriftenidentisch sind".[87] Diese Regelung wird konkretisiert durch § 9 Nr. 2 S. 3 Satzung Trägerverein, wonach digitale Beiträge insbesondere dann zeitungs- oder zeitschriftenidentisch sind, wenn sie vollständig oder teilweise Inhalte von Zeitungen oder Zeitschriften wiedergeben bzw. Inhalte von Zeitungen oder Zeitschriften als Vorabmeldung verbreitet haben.[88] Reine Online-Anbieter veröffentlichen naturgemäß nicht printidentisch, so dass sie gemäß dem Wortlaut der Satzung nicht an der Selbstregulierung teilnehmen.

69   Aufgrund des zunehmenden Online-Angebots auf dem Pressemarkt und den sich dadurch ergebenden Grauzonen besteht jedoch die Notwendigkeit, auch Online-Inhalte der Selbstregulierung zu unterziehen, die nicht printidentisch veröffentlicht werden. Zudem ist es auch rechtlich nicht ausgeschlossen, Online-Inhalte unter den Begriff der Presse zu subsumieren.[89] Die Veränderung der Marktstrukturen darf nicht zu einem Verlust der Qualität von journalistischer Arbeit führen, die auch der Deutsche Presserat durch den Pressekodex und die Beschwerdemöglichkeit sichert.[90]

4. Pressekodex im Rundfunkbereich

70   Der Pressekodex ist von Akteuren der Presse für Akteure in der Presse aufgestellt und – vermittelt durch die Berufsverbände und den Deutschen Presserat – als berufsethisches Normenwerk verbindlich gemacht worden. Für den Bereich des Rundfunkprogramms und die dabei tätigen Journalisten entwickelt er zunächst keine formale Verbindlichkeit. Dennoch kommt dem Pressekodex und den publizistischen Grundsätzen mittelbar Bedeutung im Rundfunk zu. Nach § 10 Abs. 1 RfStV haben Berichterstattung und Informationssendungen sowohl des öffentlich-rechtlichen wie des privaten Rundfunks „den anerkannten journalistischen Grundsätzen" zu entsprechen. Konkretisierend fährt die Vorschrift fort, die Sendungen müssen unabhängig und sachlich sein. „Nachrichten sind vor ihrer Verbreitung mit der nach den Umständen gebotenen Sorgfalt auf Wahrheit und Herkunft zu prüfen. Kommentare sind von der Berichterstattung deutlich zu trennen und unter Nennung des Verfassers als solche zu kennzeichnen."

71   Den Kanon der anerkannten journalistischen Grundsätze definiert der Rundfunkgesetzgeber nicht, er benennt in § 10 Abs. 1 S. 2 bis 4 RfStV lediglich einige wichtige journalistische Grundsätze ausdrücklich. Neben diesen kommt hier auch der Pressekodex als Katalog journalistischer Grundsätze zur Geltung.[91] Dies folgt nicht nur aus der vereinzelt in den Presse- und Mediengesetzen der Länder[92] verordneten Erstreckung der einschlägigen presserechtlichen Vorschriften auf den Rundfunk, sondern auch aus der Beobachtung, dass sich die Gerichte an den Vorschriften für die Presse auch im Bereich des Rundfunks orientieren.[93] Obliegt dem Rundfunk im Rahmen der Wahrnehmung berechtigter Interessen etwa die Beweislast für angemessene Recherchemaßnahmen, für den Vorrang der rundfunkmäßigen Information gegenüber persönlichkeitsrechtlichen Belangen oder solchen der informationellen Selbstbestimmung, dann geben die Bestimmungen des Pressekodex Anhaltspunkte dafür, ob die in den Medien zu beachtenden Pflichten gewahrt wurden.[94]

---

[87] § 9 Nr. 2 S. 2 entspricht dem Beschluss des Trägervereins vom 6. 5. 1997.

[88] § 9 Nr. 2 S. 3 entspricht dem Beschluss des Trägervereins vom 6. 5. 1997.

[89] Vgl. Nachweise in: *Löffler/Ricker*, Handbuch Presserecht, 1. Kap., Rn. 5 m.w.N.

[90] *v. Bismarck*, „Geben Sie Orientierung" – 50 Jahre Presserat, in: Deutscher Presserat, Jahrbuch 2007, S. 27, 30 f.

[91] *Hartstein/Ring/Kreile/Dörr/Stettner*, Rundfunkstaatsvertrag, Kommentar, § 10 RfStV Rn. 3.

[92] Vgl. § 23 Abs. 1 LPG Berlin, § 7 Abs. 2 LMedG RP.

[93] Z. B. OLG Köln AfP 1987, 602, 603.

[94] So Hahn/Vesting/*Flechsig*, Rundfunkrecht, Kommentar, 2003, § 10 Rn. 32; *Herrmann*, Rundfunkrecht, 1994, § 22 Kap. IV. Rn. 82 ff.

V. Bedeutung des Pressekodex in der Rechtsprechung

Der Pressekodex enthält mit seinen Verhaltensanforderungen einen Maßstab für sorg- 72
fältiges journalistisches Arbeiten. So liegt es nahe, dass er von den Gerichten zur Konkretisierung presserechtlich relevanter gesetzlicher Generalklauseln herangezogen wird.
Diese Ansicht findet in Literatur und Rechtsprechung auch zahlreiche Vertreter.[95] Die im
Pressekodex dokumentierte **Standesauffassung** der Presseangehörigen soll insbesondere
im Hinblick auf die Verletzung von Sorgfaltspflichten bei der **Pressehaftung** (§§ 823 ff.,
249 ff. BGB) und bei der Beurteilung der Unlauterkeit im Rahmen der §§ 3, 4 UWG Bedeutung erlangen.

1. Uneingeschränkte Heranziehung durch Gerichte

Eine verbindliche Auslegung von **Generalklauseln** durch die Verhaltensregeln des 73
Pressekodex begegnet verfassungsrechtlichen Bedenken. Diese begründen sich bei Auf-
zeigen der Kritik des BVerfG am anwaltlichen Standesrecht. Das BVerfG hat in seinen
Beschlüssen aus dem Jahre 1987[96] in Abkehr von seiner bisherigen Rechtsprechung[97] festgestellt, dass die anwaltlichen Verhaltensrichtlinien nicht Grundlage von Gerichtsentscheidungen sein können. Diesen Entscheidungen des Gerichts wird man eine pauschale,
uneingeschränkte Heranziehung von Generalklauseln entgegenhalten können.[98] Zudem
entspricht der Pressekodex auch nicht den Anforderungen des Art. 10 Abs. 2 EMRK mit
der Folge, dass er daher nicht materielle Grundlage für **Eingriffe in die Pressefreiheit**
sein kann.[99] Anders verhält es sich aber bei der häufig anzutreffenden Praxis der Gerichte,
den Pressekodex als bloße Auslegungshilfe zur Konkretisierung von Generalklauseln heranzuziehen.[100]

2. Berücksichtigung des Pressekodex als Auslegungshilfe

Verfassungsrechtliche Einwendungen existieren hierbei sicherlich nicht. Immerhin hat 74
das BVerfG in der angesprochenen Entscheidung[101] angemerkt, dass „die Richtlinien (…)

---

[95] Löffler/*J. Löffler*, Presserecht, BT StandesR, Rn. 27; Löffler/*Bullinger*, Presserecht, § 1 LPG,
Rn. 192; *Löffler/Ricker*, Handbuch Presserecht, 39. Kap., Rn. 4 und 40. Kap., Rn. 13; *C.-H. Soehring*,
Vorverurteilung, S. 65; *Münch*, FSK bei Indiskretionen, S. 184 f.; *Dietrich*, Deutsche Presserat, S. 96 ff.;
Hauss AfP 1980, 178 (180); *J. Soehring*, Presserecht, 3. Aufl. 2000, § 2 Anm. 2.5; *Prinz/Peters*, Medien-
recht, Rn. 177 und 276; *Peters* NJW 1997, 1334,1335; *Ricker* NJW 1990, 2097, 2098; *Ulmer/Niemeier* AfP
1975, 829, 834; *Gottzmann*, Möglichkeiten und Grenzen der FSK, S. 105; *Schwetzler*, Persönlichkeitsschutz, S. 270; einschränkend: Löffler/*Steffen*, Presserecht, § 6 LPG, Rn. 20, 49; ablehnend: *Suhr*,
Presse-Selbstkontrolle, S. 43 ff.; vgl. auch BGH NJW 1979, 1041; OLG Köln AfP 1987, 602, 603; OLG
Düsseldorf AfP 1988, 354, 355; OLG Braunschweig WRP 1978, 458, 460.
[96] BVerfGE 76, 171 ff.; E 76, 196 ff.
[97] BVerfGE 36, 212, 217.
[98] *Gottzmann*, Möglichkeiten und Grenzen der FSK, S. 106 ff.
[99] Suhr, Presse-Selbstkontrolle, S. 46; *Gottzmann*, Möglichkeiten und Grenzen der FSK, S. 109.
[100] Vgl. BGH NJW 1979, 1041 (zu Ziffer 13 Pressekodex – Unschuldsvermutung); LG Bremen,
unveröff. Urteil vom 29. 11. 1994, Az.: 1 O 2117/1994a (zu Ziffer 13 Pressekodex – Unschuldsvermutung); OLG Köln AfP 1987, 602 (zu Ziffer 8 Pressekodex – Persönlichkeitsrechte); OLG Düsseldorf
AfP 2000, 574, 575 (zu Ziffer 8 Pressekodex – Persönlichkeitsrechte); LG Kiel, unveröff. Urteil vom
30. 3. 1992, Az.: 9 O 338/91 (zu Ziffer 9 Pressekodex – Schutz der Ehre); LG Hamburg AfP 1994, 64,
66 (zu Ziffer 1 Pressekodex – Achtung der Menschenwürde); OLG München AfP 2004, 138, 141 (zu
Ziffer 4 Pressekodex – Grenzen der Recherche); OLG Braunschweig WRP 1978, 458, 460 (zu Ziffer
7 Pressekodex – Trennung von Werbung und Redaktion); OLG Düsseldorf AfP 1988, 354, 355 (zu
Ziffer 7 Pressekodex – Trennung von Werbung und Redaktion); LG Hamburg, unveröff. Urteil vom
13. 7. 1994, Az.: 315 O 143/94 (zu Ziffer 7 Pressekodex – Trennung von Werbung und Redaktion); LG
Hamburg, unveröff. Urteil vom 10. 1. 1995, Az.: 312 O 374/94 (zu Ziffer 7 Pressekodex – Trennung
von Werbung und Redaktion).
[101] BVerfGE 76, 171, 187.

trotz fehlender Normqualität immer wieder wie Rechtssätze behandelt werden". So ist die Praxis zu beobachten, dass die Richter die Pressekodexregeln als Auslegungshilfe dafür benutzen, was Ausdruck bestehender Standesauffassung ist, im Übrigen aber die Generalklausel autonom konkretisieren. Hier ist die materielle Grundlage für den Grundrechtseingriff somit nicht im Pressekodex zu sehen, sondern allein in der durch eine autonome Entscheidung des Richters konkretisierten Generalklausel.[102]

75   Erfolgte etwa ein gravierender Verstoß gegen den Pressekodex, kann dies als Anhaltspunkt dafür herangezogen werden, dass es sich um einen **Verstoß gegen die guten Sitten** handelt, z.B. wenn die zugesicherte Vertraulichkeit bei einem Hintergrundgespräch ohne Grund gebrochen wird[103], oder wenn unbegründete Beschuldigungen ohne nachvollziehbare Grundlage veröffentlicht werden.[104] Die Vorstellungen der Journalisten von den handwerklichen Regeln des eigenen Berufsstandes können bei der Bestimmung der „den Umständen nach erforderlichen Sorgfalt" im Sinne des § 6 LPG keinesfalls außer Acht gelassen werden.[105] In den für die Anwendung des Pressekodex einschlägigen Entscheidungen haben die Gerichte eine Einzelfallabwägung vorgenommen und die Verhaltensstandards autonom formuliert. Sodann hat die gebotene Auslegung einer presserechtlich relevanten Generalklausel gerade auch für den Bereich des Persönlichkeitsrechts lediglich eine inhaltliche Entsprechung im Pressekodex, findet dort aber nicht ihre eigentliche Grundlage. Der Pressekodex wurde somit als Auslegungshilfe verwendet.[106]

76   Nach *Münch* eröffnen sich in diesem Bereich allerdings noch Einflussmöglichkeiten der freiwilligen Selbstkontrolle auf die ordentliche Gerichtsbarkeit. Der Presserat könnte dazu beitragen, dass der Ermessensspielraum der Gerichte bei der Definition der publizistischen **Sorgfaltspflicht** geringer wird. Durch eine konsequente und widerspruchsfreie Spruchpraxis und durch die Weiterentwicklung der publizistischen Grundsätze kann der Presserat darauf hinwirken, dass sich presseübergreifend diese Grundsätze als allgemein anerkannter Sorgfaltsmaßstab etablieren[107] und eine normative Wirkung entfalten, die auch von den Gerichten nicht (mehr) ignoriert werden kann. Allzu häufig ist in letzter Zeit der von den Presseangehörigen anzuwendende Sorgfaltsmaßstab von den Zivilgerichten fernab der Pressewirklichkeit bestimmt worden.[108]

C. Publizistische Grundsätze mit Bezug zum Allgemeinen Persönlichkeitsrecht

77   Der Pressekodex weist an diversen Stellen Bezüge zum APR auf. Dem Schutz der Privatsphäre und – seit 2001 – auch dem Datenschutz dient vor allem Ziffer 8 des Pressekodex. Ein weiterer Schwerpunkt des Persönlichkeitsschutzes bildet der Grundsatz der **Unschuldsvermutung** mit dem dort behandelten **Vorverurteilungsverbot** in Ziffer 13 Pressekodex. Schließlich werden in diversen weiteren Kodex-Grundsätzen einzelne

---

[102] Vgl. *Gottzmann*, Möglichkeiten und Grenzen der FSK, S. 111; *Münch*, FSK bei Indiskretionen, S. 185.
[103] BGH AfP 1987, 508 – *Langemann*; vgl. Ziffer 5 Pressekodex – Berufsgeheimnis, Verbot nachrichtendienstlicher Tätigkeit (Richtlinie 5.2).
[104] LG Hamburg ZIP 1997, 1409; vgl. Ziffer 9 Pressekodex – Schutz der Ehre.
[105] *Löffler/J. Löffler*, Presserecht, BT StandesR, Rn. 27; *Prinz/Peters*, Medienrecht, Rn. 276.
[106] Ungeachtet der Verwendung des Pressekodex als Auslegungshilfe in der Zivilgerichtsbarkeit greift auch die Arbeitsgerichtsbarkeit verschiedentlich auf Regelungen des Pressekodex zurück, vgl. LAG Sachsen AfP 1999, 392, 393 (zu Ziffer 5 Pressekodex – Berufsgeheimnis, nachrichtendienstliche Tätigkeit); LAG Brandenburg, unveröff. Urteil vom 16.11.2000, Az.: 3 Sa 398/00 (zu Ziffer 5 Pressekodex – Berufsgeheimnis); ArbG Frankfurt/Oder AfP 2000, 591, 592 (zu Ziffer 5 Pressekodex – Berufsgeheimnis, nachrichtendienstliche Tätigkeit).
[107] *Münch*, FSK bei Indiskretionen, S. 185; *Löffler/J. Löffler*, Presserecht, BT StandesR, Rn. 27.
[108] Vgl. *Schweizer* in: FS Herrmann, S. 139; *ders.*, Pluralistische Wirklichkeit, S. 40 ff.

Aspekte des Persönlichkeitsschutzes berührt. Soweit sie damit auch einem indirekten Schutz der Persönlichkeit dienen, werden sie im Folgenden vorgestellt. Schließlich bilden die Regelungen zum Redaktionsdatenschutz mit den dabei behandelten Richtlinien zur Informationellen Selbstbestimmung von Betroffenen in der Presseberichterstattung einen wichtigen Aspekt des Persönlichkeitsrechts im Rahmen der Freiwilligen Selbstkontrolle.

I. Direkter Schutz der Persönlichkeit durch Ziffer 8 Pressekodex

Besondere Relevanz für die Selbstkontrolle und damit gleichzeitig die Beschwerdearbeit des Presserats ist der Grundsatz in Ziffer 8 des Pressekodex mit dem besonderen Schutz des Privatlebens und der Intimsphäre des Menschen. Bevor die einzelnen Richtlinien von Ziffer 8, die diverse Fallgestaltungen in der Berichterstattung enthalten, vorgestellt werden, bieten sich einige erläuternde Bemerkungen zur Regelungssystematik von Ziffer 8 an. **78**

1. Systematik von Ziffer 8

Ziffer 8 des Pressekodex bestimmt: „Die Presse achtet das Privatleben und die Intimsphäre des Menschen. Berührt jedoch das private Verhalten öffentliche Interessen so kann es im Einzelfall in der Presse erörtert werden. Dabei ist zu prüfen, ob durch eine Veröffentlichung Persönlichkeitsrechte Unbeteiligter verletzt werden. Die Presse achtet das Recht auf informationelle Selbstbestimmung und gewährleistet den redaktionellen Datenschutz." **79**

Schon die grundsätzlichen Bestimmungen in Ziffer 8 zeigen, dass der Pressekodex sich in der Begrifflichkeit an das Allgemeine Persönlichkeitsrecht anlehnt, dabei allerdings mit Rücksicht auf das Selbstverständnis der Selbstkontrolle die Rechtskategorien und Begriffe des Persönlichkeitsrechts nicht direkt übernimmt. So führt Ziffer 8 den **Begriff „Privatleben"** eines Menschen ein, ohne dass dieser in der Rechtsphäre benutzt wird. Der **Begriff „Intimsphäre des Menschen"** wiederum ist unmittelbar dem Persönlichkeitsrecht im engeren Sinne entnommen, welches sich in diesem Zusammenhang auf die **Sphärentheorie** stützt. Satz 2 von Ziffer 8 Pressekodex fährt fort mit dem Ausdruck „privates Verhalten", ohne dass dieses im Allgemeinen Persönlichkeitsrecht eine besondere Rolle spielt. In Satz 3 knüpft dann der Pressekodex unter Berücksichtigung von Unbeteiligten an die Kategorie „Persönlichkeitsrechte" an, um dann – für den unbefangenen Leser eher überraschend – in Satz 4 die Begriffe „Informationelle Selbstbestimmung" und „Datenschutz" einzuführen. Dieser kurze Text von Ziffer 8 zeigt – wie übrigens alle anderen Regelungen des Pressekodex entsprechend –, dass dieser Ethiknormen-Kodex keiner strengen Systematik in der Struktur folgt. Der Text des Pressekodex ist organisch gewachsen, vielfach überarbeitet und den praktischen Bedürfnissen der aktuellen ethisch/normativen Diskussion jeweils angepasst. Darüber hinaus stützt sich der Pressekodex in seiner Terminologie sowohl auf die Rechtswissenschaft als auch auf die journalistische Praxis. **80**

a) Namensnennung und Bilddarstellung. Ziffer 8 enthält 8 Richtlinien, wobei sich die ersten sieben mit der Text- und Bildberichterstattung befassen und Richtlinie 8.8 – Auskunft – mit einem datenschutzrechtlichen Spezifikum im Anschluss an eine erfolgte Berichterstattung. Die Richtlinie 8.1 – Nennung von Namen/Abbildungen – orientiert sich in ihrem Regelungsinhalt an einzelne Kategorien von betroffenen Personen im Rahmen der Text- und Bildberichterstattung. Demgegenüber widmen sich die Richtlinien 8.2 und 8.7 einzelnen inhaltlich voneinander abgegrenzten Fallgestaltungen in der Berichterstattung. **81**

b) Personeller Bezug in Richtlinie 8.1. Absatz 1 von Richtlinie 8.1 unterscheidet zunächst zwischen Opfern und Tätern, zwischen Erwachsenen (nicht ausdrücklich genannt) **82**

sowie Kindern und Jugendlichen. Absatz 3 der Richtlinie erwähnt die **„Familienange-hörigen"** als eine besondere Gruppe unter den mittelbar Betroffenen, Absatz 4 der Richtlinie die Gruppe der Tatverdächtigen eines Kapitalverbrechens, Absatz 5 widmet sich den Amts- und Mandatsträgern im Rahmen der Berichterstattung über Straftaten und führt dabei auch **„Personen der Zeitgeschichte"** ein. Schließlich behandelt Absatz 6 der Richtlinie den Fall der identifizierenden Berichterstattung von sog. Vermissten.

83   Die Liste der von der Berichterstattung Betroffenen enthält keine abschließende Aufzählung. Die Erwähnung dieser Personengruppen deutet vielmehr darauf hin, dass damit Rücksicht genommen wird auf die typischerweise anfallenden Konstellationen in der Unfall-, Polizei- und Gerichtsberichterstattung.

84   Hervorzuheben ist in diesem Zusammenhang, dass Kinder und Jugendliche einen über den allgemeinen Schutz ihrer Persönlichkeit herausgehobenen „besonderen Schutz" genießen[109]. Entsprechendes gilt für die Opfer von Unglücksfällen oder Straftaten[110]. Gleiches muss gelten für die „Familienangehörigen und sonstigen durch die Veröffentlichung mittelbar Betroffenen" bei der Berichterstattung über Unglücksfälle und Straftaten, obwohl Absatz 3 der Richtlinie hier eine andere Formulierung wählt. Bei den Letztgenannten „sind Namensnennung und Abbildung grundsätzlich unzulässig"[111]. Regelungskontext in Richtlinie 8.1 legt nahe, dass der Grad der Zurückhaltung bei der Namensnennung und Bildberichterstattung abhängt von der Zugehörigkeit zu den unterschiedlichen Kategorien der Betroffenen. Je stärker einer als Akteur auf den Gang der Geschehnisse Einfluss nehmen kann, desto später setzt sein Persönlichkeitsrechtsschutz ein. Unglücksopfer oder Familienangehörige derselben genießen daneben einen sehr weitgehenden Schutz vor Namensnennung und Bildveröffentlichung.

c) Güterabwägung

85   Eine zentrale Aussage von Ziffer 8 befindet sich an einem eher versteckten Ort in Richtlinie 8.1 Abs. 1. Satz 3 dieses Absatzes beinhaltet die zentrale Pflicht jedes Journalisten, die bei der identifizierenden Berichterstattung in allen Themenbereichen immer zu beachtende **Sorgfaltsregel,** die gegenüberstehenden Güter zu vergleichen. „Immer ist zwischen dem Informationsinteresse der Öffentlichkeit und dem Persönlichkeitsrecht des Betroffenen abzuwägen." Diese Verpflichtung zur Güterabwägung existiert unabhängig von den konkret Beteiligten, ihrer Nähe zum Geschehen sowie dem sachlichen Anlass für die Berichterstattung.

86   In Ergänzung zu Richtlinie 8.1 stellt Richtlinie 8.2 klar, dass auch der private Wohnsitz sowie andere Orte der privaten Niederlassung, wie z. B. Krankenhaus-, Pflege-, Kur-, Haft- oder Rehabilitationsorte, als weitere personenidentifizierende Merkmale einen besonderen Schutz genießen. Auch für sie gilt die Güterabwägungsregel in Richtlinie 8.1 Abs. 1 Satz 3. Bei Veröffentlichung dieser Angaben wird in Anbetracht der besonderen Sensibilität der örtlichen Daten das Persönlichkeitsrecht gegenüber dem Informationsinteresse der Öffentlichkeit regelmäßig vorgehen.

2. Einzelne Fallgestaltungen

87   Im Anschluss an die Richtlinien 8.1 und 8.2 enthalten die Richtlinien 8.3 bis 8.7 Regelungen zu einzelnen, praktisch häufig auftretenden Fallgestaltungen in der Berichterstattung.

88   **a) Resozialisierung in der Berichterstattung.** Mit der Detailregelung zur Berichterstattung im Anschluss an Strafverfahren nimmt der Pressekodex in der Richtlinie 8.3 ausdrücklich Bezug auf den Aspekt der Resozialisierung, wie ihn das BVerfG seit seiner sog. **Lebach-Entscheidung** im Jahre 1973 aufgestellt hat[112]. Die Einschränkung zum

---

[109] Siehe Richtlinie 8.1 Abs. 1 S. 2.
[110] Siehe Richtlinie 8.1 Abs. 2 S. 1.
[111] Siehe Richtlinie 8.1 Abs. 3.
[112] Vgl. BVerfGE 35, 202 – *Lebach*.

Verbot der Namensnennung und Abbildung für die Fälle, dass „ein neues Ereignis" einen direkten Bezug zu dem früheren Vorgang schafft, umschreibt diejenigen Ausnahmen, in denen das Informationsinteresse der Öffentlichkeit im Hinblick auf ein aktuelles Ereignis die Zulässigkeit einer identifizierenden Berichterstattung indiziert. Es kann etwa bejaht werden in Fällen von Aufsehen erregenden Nachahmungstaten oder prominenten Verfilmungen historischer Verbrechensfälle.

b) Berichterstattung über Krankheiten

Von großer Bedeutung für die Berichterstattung ist die Richtlinie 8.4 – Erkrankungen. **89** Diese stellt klar, dass körperliche und psychische Erkrankungen oder Schäden grundsätzlich in die Geheimsphäre des Betroffenen fallen. „Mit Rücksicht auf ihn und seine Angehörigen soll die Presse in solchen Fällen auf Namensnennung und Bild verzichten und abwertende Bezeichnungen der Krankheit ... vermeiden". Die Richtlinie stellt damit ein prinzipielles Verbot der identifizierenden Berichterstattung auf, das nur in begründeten Ausnahmefällen durchbrochen werden kann[113]. Schließlich behandelt Richtlinie 8.4 Satz 2 noch einen besonderen Fall des postmortalen Persönlichkeitsschutzes von Personen der Zeitgeschichte. Sie genießen „über den Tod hinaus den Schutz vor diskriminierenden Enthüllungen". Der Kontext zum Regelungsgegenstand „Erkrankungen" bleibt hier eher fraglich.

c) Berichterstattung zu Fällen von Selbsttötung. Die Richtlinie 8.5 verfolgt pres- **90** seethisch verschiedene Ziele. Zunächst dient sie ebenfalls dem postmortalen Persönlichkeitsschutz, da sie bei der Berichterstattung über Selbsttötungen Zurückhaltung gebietet. Ein sich aus der Richtlinie evtl. ergebender Schutz der Angehörigen von Selbstmordopfern stellt sich hingegen nicht als unmittelbarer Regelungsgegenstand der Richtlinie, sondern als ein bloßer Reflex dar[114]. Die Richtlinie 8.5 verfolgt allerdings noch eine weitere Zielsetzung. Sie soll neben der Beachtung der postmortalen Persönlichkeitsrechte auch durch die Empfehlung zur zurückhaltenden Berichterstattung die Gefahr von Nachahmungstätern mindern[115].

d) Veröffentlichung von Jubiläumsdaten. Richtlinie 8.7 gebietet Redaktionen, sich **91** vor der Veröffentlichung von Jubiläumsdaten solcher Personen, die sonst nicht im Lichte der Öffentlichkeit stehen, zu vergewissern, dass die Betroffenen damit einverstanden sind. Es ist also die Einwilligung der Betroffenen einzuholen. In der Regel wird es in diesem Zusammenhang um Personen gehen, die weder absolute noch relative Personen der Zeitgeschichte sind. Auch wenn sich die Informationen über sie als korrekt erweisen, tritt bei ihnen das öffentliche Informationsinteresse gegenüber dem Persönlichkeitsschutz prinzipiell zurück. Eine identifizierende Berichterstattung ist mithin unzulässig, es sei denn, die Betroffenen haben in die Publikation eingewilligt.

e) Sonstige Fälle persönlichkeitsrelevanter Berichterstattung. Nach Richtlinie **92** 8.6 soll die Berichterstattung über Oppositionelle in Ländern, in denen Opposition gegen die Regierung Gefahren für Leib und Leben bedeuten kann, zurückhaltend gehandhabt werden.[116] Entsprechendes gilt auch für die Berichterstattung über Flüchtlinge und deren Folgen für zurückgebliebene Verwandte und Freunde. Die Gefährdung der Genannten soll bei der Frage der Veröffentlichung „bedacht" werden, stellt also einen Abwägungsfaktor dar.

---

[113] *Schwetzler*, Persönlichkeitsschutz, S. 303.

[114] *Dies.*, a. a. O., S. 293.

[115] Vgl. Deutscher Presserat, Jahrbuch 2001, S. 69 f.

[116] Die Richtlinie geht zurück auf die Resolution des Deutschen Presserats zur Berichterstattung über Fluchtbewegungen aus der ehemaligen DDR, vgl. *Bermes*, Streit um Presse-Selbstkontrolle, S. 180 ff.

II. Schutz der Persönlichkeit durch Unschuldsvermutungen
nach Ziffer 13 Pressekodex

93   Die Unschuldsvermutung kann als Ausprägung des APR angesehen werden[117]. Nach Ziffer 13 hat „die Berichterstattung über Ermittlungsverfahren, Strafverfahren und sonstige förmliche Verfahren … frei von Vorurteilen" zu erfolgen. „Der Grundsatz der Unschuldsvermutung gilt auch für die Presse." Ziffer 13 erfuhr im Jahre 2006 eine wichtige Überarbeitung[118].

1. Vorverurteilungsverbot

94   Die Berichterstattung über Ermittlungs- und Gerichtsverfahren dient der sorgfältigen Unterrichtung der Öffentlichkeit über Straftaten und andere Rechtsverletzung, deren Verfolgung und richterliche Bewertung. Sie darf dabei nicht vorverurteilen. Einschränkend hält Richtlinie 13.1 fest, dass eine Person als Täter bezeichnet werden darf, wenn diese ein Geständnis abgelegt hat und zudem Beweise gegen sie vorliegen oder wenn die Person die Tat unter den Augen der Öffentlichkeit begangen hat. Zwischen dem Verdacht und der erwiesenen Schuld ist in der Sprache der Berichterstattung deutlich zu unterscheiden. Seit 2006 enthält der Pressekodex in Richtlinie 13.1 allerdings eine Klarstellung dahingehend, dass „in der Sprache der Berichterstattung die Presse nicht an juristische Begrifflichkeiten gebunden (ist), die für den Leser unerheblich sind". Diese Feststellung geht zurück auf verschiedene Beschlüsse der Beschwerdeausschüsse. Die Ausschüsse hatten hier Veröffentlichungen für mit dem Pressekodex vereinbar gehalten, in denen Tatverdächtige als „Mörder" bezeichnet worden sind und die Betroffenen geständig waren und etwa auch DNA-Tests den Tatvorwurf bestätigten.[119]

2. Gestaltung der Folgeberichterstattung

95   Richtlinie 13.2 betont, dass die Presse dann auch über einen rechtskräftig abschließenden Freispruch bzw. über eine deutliche Minderung des Strafvorwurfs berichten soll, wenn sie vorher über die noch nicht rechtskräftige Verurteilung des Betroffenen berichtet hat. Diese Empfehlung gilt allerdings nur für den Fall, dass nicht berechtigte Interessen des Betroffenen dem entgegenstehen.

3. Straftaten von Jugendlichen

96   Richtlinie 13.3 verlangt bei der Berichterstattung über Ermittlungs- und Straftaten gegen Jugendliche sowie über ihr Auftreten vor Gericht, mit Rücksicht auf die Zukunft der Betroffenen besondere Zurückhaltung zu üben.

III. Schutz der Ehre nach Ziffer 9 Pressekodex

97   Nach Ziffer 9 Pressekodex widerspricht es journalistischer Ethik, mit unangemessenen Darstellungen in Wort und Bild Menschen in ihrer Ehre zu verletzen. Bis 2006 wies der Kodexgrundsatz noch einen anderen Wortlaut auf: „Es widerspricht journalistischem Anstand, unbegründete Behauptungen und Beschuldigungen, insbesondere ehrverletzender Natur, zu veröffentlichen."[120] Auffallend an dieser Regelung – alter wie neuer Text – ist, dass hierzu keine konkretisierenden Richtlinien existieren. Abgesehen von der Auslegung kann zur näheren Bestimmung des Inhalts der Kodexziffer daher allein auf die Spruchpraxis verwiesen werden.

---

[117] Vgl. *C.-H. Soehring*, Vorverurteilung, S. 68 f.; *Stürner* JZ 1980, S. 3, 5; BVerwG NJW 1988, S. 660.
[118] Deutscher Presserat, Jahrbuch 2007, S. 43, 44.
[119] Vgl. Beschwerdefälle BK2-7/05, BK2-38/05, BK1-98/05 und BK2-188/05, Deutscher Presserat, Jahrbuch 2006, S. 30–32.
[120] Deutscher Presserat, Jahrbuch 2007, 168, 184.

Die Verwendung des Begriffs „Darstellung" lässt darauf schließen, dass Ziffer 9 Presse- **98** kodex sowohl einer Subsumtion von Tatsachenbehauptungen als auch von Werturteilen offen steht. Allerdings muss es sich um unangemessene Bemerkungen handeln, die Menschen „in ihrer Ehre verletzen" können. Dies wird man vermuten, wenn die betreffenden Werturteile herabsetzend sind oder sich die Tatsachenbehauptungen als unwahr und gleichzeitig als unangemessen in Form und Inhalt erweisen. Für den Fall der Tatsachenbehauptung ist der Zusammenhang mit dem Wahrhaftigkeits- und Sorgfaltsgebot von Ziffern 1 und 2 Pressekodex zu beachten. Im Ergebnis wird also in Ziffer 9 Pressekodex das Recht der Selbstdarstellung, vor allem der Ehrenschutz, angesprochen. Dieser Grundsatz ist deshalb persönlichkeitsrelevant.[121]

IV. Indirekter Schutz der Persönlichkeit durch andere Kodexregelungen

Auch die Ziffern 1 bis 5 sowie 10 bis 12 Pressekodex sind für das APR von Bedeutung, **99** obwohl mit ihnen nicht primär die Beachtung des Persönlichkeitsschutzes intendiert ist.

1. Wahrheitsgebot, Recherche- und Sorgfaltspflichten

Bestandteil der obersten Gebote der Presse sind die Achtung vor der Wahrheit und die **100** Wahrung der **Menschenwürde** in Ziffer 1 Pressekodex. Ziffer 2 Pressekodex enthält neben den Geboten zur Recherche und Sorgfalt ein **Verfälschungsverbot**. Dieser Grundsatz stellt ausdrücklich klar, dass die Recherche ein integraler Bestandteil der journalistischen Sorgfalt ist. Zudem gebietet er die sorgfältige Prüfung des Wahrheitsgehalts von Nachrichten und Informationen, untersagt die Entstellung bzw. Verfälschung von Mitteilungen und Dokumenten und fordert die Kenntlichmachung von unbestätigten Meldungen, Gerüchten, Vermutungen und Symbolfotos. Damit bezwecken diese allgemeinen journalistischen Handwerksregeln (oberste Gebote) unter anderem, eine Verfälschung des Persönlichkeitsbildes zu verhindern, und dienen mittelbar dem Schutz des APR.[122]

Die Sorgfaltspflichten umfassen auf der zweiten Richtlinien-Ebene den korrekten **101** Umgang mit Umfrageergebnissen (Richtlinie 2.1), Symbolfotos (Richtlinie 2.2), Vorausberichten (Richtlinie 2.3), Interviews (Richtlinie 2.4), grafischen Darstellungen (Richtlinie 2.5) und Leserbriefen (Richtlinie 2.6).

2. Verbot unlauterer Recherche

Für den Schutz der Privatsphäre ist sodann Ziffer 4 Pressekodex von Bedeutung, wo- **102** nach „unlautere Recherchemethoden" untersagt sind, da sich oft schon eine aufdringliche Informationsrecherche als ein erster Schritt in Richtung Verletzung der Privatsphäre darstellt. Nach dem Pressekodex ist eine verdeckte Recherche nur dann gerechtfertigt, wenn damit nur auf diese Weise Informationen von besonderem öffentlichen Interesse beschafft werden können. Sollte die Information anderweitig zugänglich sein, ist die verdeckte Recherche unzulässig (Richtlinie 4.1).

Die mehrfache unberechtigte Verschaffung von Zutritt zu Krankenzimmern und Hei- **103** men, sowie das Fotografieren von Trauernden ohne deren Zustimmung veranlassten den Presserat zu seiner Richtlinie 4.2 mit den dort festgehaltenen Rechercheregeln im Falle des Kontakts zu schutzbedürftigen Personen.[123] Hier ist besondere Zurückhaltung geboten. Schutzbedürftig sind v. a. geistig und körperlich Erkrankte, Menschen in Extremsituationen, Kinder und Jugendliche. Die oft eingeschränkte Willenskraft darf nicht gezielt zur Informationsbeschaffung ausgenutzt werden. Mit diesem Inhalt verfolgt die Regelung auch einen Schutz des APR.

---

[121] Vgl. *Schwetzler*, Persönlichkeitsschutz, S. 307; *Stürner*, Bitburger Gespräche, S. 114.

[122] *Schwetzler*, Persönlichkeitsschutz, S. 276.

[123] Vgl. *Schlottfeldt*, Verwertung rechtswidrig beschaffter Informationen, S. 182; *Münch*, FSK bei Indiskretionen, S. 216.

3. Richtigstellung

104   Ziffer 3 Pressekodex umfasst als Schutzgegenstand das Recht an der korrekten Darstellung der eigenen Person. Die Regelung statuiert eine ethische Pflicht zur autonomen
Richtigstellung, übrigens ohne ein unmittelbares gesetzliches Pendant hierzu. Bei der
Falschberichterstattung wird zwar von der Rechtsprechung ein Anspruch auf Folgeberichterstattung anerkannt, Ziffer 3 Pressekodex reicht allerdings weiter.[124]

4. Ziffern 10 bis 12 Pressekodex

105   Sowohl die Verbote, religiöse, weltanschaulich oder sittliche Überzeugungen zu
schmähen (Ziffer 10 Pressekodex), Gewalt, Brutalität und Leid unangemessen sensationell
darzustellen (Ziffer 11 Pressekodex), als auch das Verbot, Menschen zu diskriminieren
(Ziffer 12 Pressekodesx) dienen auch der Wahrung der Belange von Berichterstattungs-
opfern und damit mittelbar deren Persönlichkeitsrecht.

V. Pressekodex und informationelle Selbstbestimmung

1. Mediendatenschutzrechtlicher Ansatz

106   Zur Erfüllung der verfassungsmäßigen Aufgabe der Presse, dem Informationsinteresse
der Allgemeinheit zu genügen, ist die Recherche, Redaktion, Veröffentlichung und Archivierung von persönlichen Daten, im datenschutzrechtlichen Sinne also die Erhebung,
Verarbeitung und Nutzung personenbezogener Daten, unverzichtbar.[125] Der Umgang
der Presse mit persönlichen Daten ist daher in Einklang zu bringen mit dem Schutz des
Persönlichkeitsrechts des Einzelnen, wie es das Datenschutzrecht vorsieht. Die journalistisch-redaktionelle Datenverarbeitung würde jedoch, unterläge sie in vollem Umfang
den Regelungen des BDSG, eine unabhängige und kritische Berichterstattung unmöglich machen. § 41 Abs. 1 BDSG und der dort gesetzlich vorgeschriebenen Zweckbindung trägt dem Rechnung. Diese Vorschrift zielt darauf ab, den Schutz des informationellen Selbstbestimmungsrechts mit den besonderen grundrechtlichen Gewährleistungen
für die Pressemedien zu harmonisieren. Der Gesetzgeber hat hiermit eine besondere
Regelung für die Verarbeitung und Nutzung personenbezogener Daten durch die Presse
geschaffen. Mittels rahmengesetzlicher Regelung ist festgehalten, dass nur einige wenige
Normen des BDSG anwendbar sind.

107   Zur Auflösung des **Spannungsverhältnisses Pressefreiheit/Datenschutz** besonders
geeignet ist die Freiwillige Selbstkontrolle, da hierdurch gewährleistet werden kann, dass
die Presse im Bereich ihrer grundrechtlich geschützten Arbeit in eigener Verantwortung
die Umsetzung der datenschutzrechtlichen Vorgaben sicherstellt.[126] Der Deutsche Presserat verfügt mit seinem Pressekodex über ein geeignetes standesrechtliches Regelwerk und
mit der Beschwerdeordnung über ein entsprechendes Instrumentarium zur Handhabung
der erforderlichen Interessenabwägung. Diverse Grundsätze des Pressekodex stellen –
insbesondere in ihrer seit 2001 erweiterten Fassung – eine Konkretisierung des Rechts
auf informationelle Selbstbestimmung und damit ein berufsethisches Normengefüge dar.
Diese Verhaltensregeln zur Förderung datenschutzrechtlicher Regelungen finden auch
über § 38a BDSG ausdrücklich die Unterstützung des Gesetzgebers. Zudem fördert die
EG-Datenschutzrichtlinie von 1995 solcherart Verhaltensregeln, indem sie die Mitglieds-

---

[124] Vgl. *Schwetzler,* Persönlichkeitsschutz, S. 287; *Stürner,* Bitburger Gespräche, S. 111.

[125] Vgl. BVerfGE 20,162 – *Spiegel;* E 66, 116 – *Wallraff III;* BVerfG, 1BvR 330/96 vom 12.3.2003.

[126] Vgl. *Tillmanns*, Die Freiwillige Selbstkontrolle Redaktionsdatenschutz als Modell gleichgeordneter Selbstregulierung, in: Deutscher Presserat, Erster Bericht zum Redaktionsdatenschutz 2004,
S. 11, 12 ff.; *ders.,* Gegenstand und Reichweite der Selbstregulierung des Deutschen Presserats, in: *Möl-
ler/v. Zezschwitz,* Datenschutz und Medien, S. 69 ff.

staaten nachdrücklich auffordert, betroffene Wirtschaftskreise zu ermutigen, solche Regeln auszuarbeiten.[127]

Die Sondervorschrift des BDSG zur journalistischen Datenverarbeitung ist danach auf   **108** eine normative Säule ausgerichtet, die durch eine Säule der freiwilligen Selbstkontrolle ergänzt wird. Mit der Umsetzung der in § 41 Abs. 1 BDSG genannten Standards datenschutzrechtlicher Regelungen im Pressebereich wird Art. 9 der EG-Datenschutzrichtlinie erfüllt. Mit der bundesrechtlichen Rahmenvorschrift und den vom Deutschen Presserat im Wege der Freiwilligen Selbstkontrolle geschaffenen Verhaltensgrundsätzen ist für den Redaktionsdatenschutz ein richtlinien- und verfassungskonformer Ausgleich zwischen Datenschutz und Pressefreiheit gefunden worden.

2. Aufbau und Arbeitsweise der FSK-Redaktionsdatenschutz

Die langjährigen Erfahrungen und Kompetenzen des Presserats mit den wichtigen Ar-   **109** beitsgrundlagen – Pressekodex und Beschwerdeprüfung – haben seit 2001 eine grundsätzliche Erweiterung erfahren. Hiermit wurden die Anforderungen aus dem Bereich des Datenschutzes in das bewährte Modell der Presseethik integriert. Der Presserat hat deshalb 2000/2001 den Pressekodex um datenschutzrelevante Regelungen ergänzt. Gesondert zu erwähnen sind hier insbesondere Richtlinien zu den Themen

- Richtigstellung von personenbezogenen Daten, die nachweislich falsch veröffentlicht wurden – Richtlinie 3.1
- Dokumentierung von Richtigstellungen, Widerrufen, Gegendarstellungen und Presseratsrügen – Richtlinie 3.2
- Auskunftsanspruch – Richtlinie 8.8
- Sperrung und Löschung von personenbezogenen Daten – Richtlinie 4.3
- Datenübermittlung – Richtlinie 5.3
- Schutz des Aufenthaltsortes – Richtlinie 8.2.

Diese Bestimmungen zum Redaktionsdatenschutz konkretisieren die in den Pressege-   **110** setzen statuierte Sorgfaltspflicht der Presse und dienen so im Verletzungsfalle als Maßstab zur Ausfüllung eines Haftungsanspruches. Damit korespondierend stellt die Präambel zum Pressekodex seit dem 20. 6. 2001 fest, dass die Regelungen zum Redaktionsdatenschutz für die Presse gelten, soweit sie personenbezogene Daten zu journalistisch-redaktionellen Zwecken erhebt, verarbeitet oder nutzt. „Von der Recherche über Redaktion, Veröffentlichung, Dokumentation bis hin zur Archivierung dieser Daten achtet die Presse das Privatleben, die Intimsphäre und das Recht auf informationelle Selbstbestimmung des Menschen."

D. Spruchpraxis des Presserats zum Allgemeinen Persönlichkeitsrecht

Die Spruchpraxis des Presserats umfasst inzwischen ca. 7.000 Sprüche. Sie ist seit 1985   **111** vollständig digital erfasst und abrufbar.[128] Selbst diejenigen Sprüche mit Bezug zum APR belaufen sich auf ca. 1.500. Sie konzentrieren sich schwerpunktmäßig auf die Auslegung der Ziffer 8 sowie der Ziffern 9 und 13 des Pressekodex. Unabhängig davon berühren auch Entscheidungen, die sich mit allgemeinen Sorgfaltspflichten (Ziffern 1 bis 3) einschließlich Fragen der Recherche (Ziffer 4) bis hin zu Aspekten der Wirkungsverantwortung der Presse (Ziffern 10 bis 12) befassen, mittelbar auch Persönlichkeitsrechte von Betroffenen.

---

[127] Art. 27 in Verbindung mit dem Erwägungsgrund Nr. 61 der EU-Richtlinie zum Schutz natürlicher Personen bei der Verarbeitung personenbezogener Daten und zum freien Datenverkehr vom 24. 10. 1995.

[128] Seit 2004 liegt jedem Jahrbuch eine aktuelle CD-Rom mit der vollständigen Spruchpraxis seit 1985 bei.

112   In Anlehnung an *Stürner*[129] soll sich die Übersicht zur Spruchpraxis im Bereich des APR mit vier Hauptfeldern des Persönlichkeitsschutzes befassen:
- Schutz der Anonymität und Privatheit
- Schutz der verfahrensbefangenen Personen
- Schutz der Ehre
- Schutz der persönlichen Identität und wahrhaftige Berichterstattung über eine Person.

113   Vorab lässt sich bereits feststellen, dass der standesethische Schutz in einem Punkt grundsätzlich stets weiterreicht als der zivilrechtliche Schutz: Nicht nur die betroffene Person, sondern „jedermann" kann sich an den Presserat wenden und mit einer **Beschwerde** unter Zugrundelegen des Pressekodex **berufsethische Bedenken** geltend machen.[130] Dieses Spektrum spiegelt sich in der folgenden Dokumentation auch wider.

I. Schutz der Anonymität und Privatheit

1. Namensnennung und Abbildung

Unfälle unter Alkoholeinfluss haben mit dem Beruf nichts zu tun, Amtschefin keine Person der Zeitgeschichte

114   Eine Regionalzeitung berichtet, eine Amtsleiterin sei betrunken Auto gefahren und habe zwei Verkehrsunfälle verursacht. Sie beruft sich dabei auf eine Polizeiinformation. Der Alkoholtest habe 2,1 Promille ergeben. Der Artikel ist gezeichnet mit den Kürzeln der Zeitung und einer Agentur.

115   Die Zeitung verletzt nach Auffassung eines Lesers die Menschenwürde, da die betroffene Frau bereits jetzt als Schuldige und nicht als Verdächtige hingestellt werde.

116   Die Chefredaktion ist unter anderem der Ansicht, die Aufnahme von Ermittlungen durch die Staatsanwaltschaft sei ein formaler Akt, dessen Nennung üblich sei. Aus dem Polizeibericht sei hervorgegangen, dass die Frau sofort gefasst und einem Alkoholtest unterzogen worden sei. Dann habe sie sich offenkundig zu den Vorwürfen bekannt.

117   Der Beschwerdeausschuss spricht wegen der identifizierenden Angaben zur Betroffenen aufgrund eines Verstoßes gegen die Ziffer 8 Pressekodex einen Hinweis aus. Bei der erforderlichen Abwägung hat die Redaktion die Persönlichkeitsrechte der Betroffenen nicht angemessen gewichtet. Eine Amtsleiterin ist nicht als Person der Zeitgeschichte zu betrachten. Die Namensnennung war deshalb unangemessen. (BK1-74/06)

2. Einwilligung des Betroffenen

Nach Zugfahrt ins Krankenhaus

118   „Blauer Dunst! Frau klagt gegen Bahnchef" – unter dieser Überschrift berichtet ein Boulevardblatt über die folgenreiche Zugfahrt einer Frau, die dabei so sehr erkrankt sein will, dass sie nach der Reise ins Krankenhaus eingeliefert werden musste. Aus dem Bericht geht hervor, dass sie Strafanzeige gegen Bahnchef Mehdorn gestellt habe. In dem Artikel wird die Frau namentlich genannt; ein Foto ohne Pixelung und Gesichtsbalken ist beigestellt.

119   Die Beschwerdeführerin vertritt die Auffassung, an dem Artikel sei nur der Punkt richtig, dass sie mit dem ICE gefahren sei. Das Foto sei ohne ihre Einwilligung abgedruckt worden und sie sei durch ihren vollen Namen erkennbar. Darüber hinaus werde sie als Lungenkranke diskriminiert.

120   Die Rechtsabteilung hält dem entgegen, der Bericht und die Pressemitteilung, die die Beschwerdeführerin in ihrem Anschreiben zitiere, stimmten überein. Dies belege auch das Schreiben der Staatsanwaltschaft, mit dem diese mitteile, dass das Verfahren gegen Bahnchef Mehdorn wegen fehlenden Tatverdachts eingestellt worden sei. Soweit sich die

---

[129] *Stürner,* Bitburger Gespräche, S. 110 ff.
[130] Vgl. *Stürner,* a. a. O., S. 111

Frau über die Nennung ihres Namens beklage, verweist die Zeitung auf die Pressemitteilung einer Nichtraucherinitiative, in der im Zusammenhang mit dem Vorgang der volle Name der Beschwerdeführerin genannt werde. Da sie auf der im Internet einzusehenden Mitgliederliste der Nichtraucherinitiative geführt werde, habe die Redaktion davon ausgehen können, dass diese Presseerklärung mit Wissen und im Einverständnis der Beschwerdeführerin herausgegeben worden sei. Was das Foto angehe, so sei die Frau wegen ihres Engagements in Nichtraucherinitiativen als Person der Zeitgeschichte anzusehen. Dies gelte auch, da sie Strafanzeige gegen den Bahnchef gestellt und dadurch ein öffentliches Interesse geradezu zwangsläufig auf sich gezogen habe.

Der Presserat erklärt die Beschwerde für unbegründet. Insbesondere stellen weder der **121** Abdruck des Fotos noch die Nennung des Namens einen Verstoß gegen Ziffer 8 dar. Die Zeitung durfte von der Einwilligung der Beschwerdeführerin in die Veröffentlichung ausgehen. Bereits seit einiger Zeit setzt sich die Frau in der Öffentlichkeit für Nichtraucher ein. Mehrmals hat sie mit ungewöhnlichen Aktionen die Öffentlichkeit gesucht. Der Beschwerdeausschuss vermag auch keinen Verstoß gegen Ziffer 1 zu erkennen, da der Autor des Artikels in Übereinstimmung mit der Pressemitteilung des Vereins „Pro Rauchfrei" wahrheitsgemäß über das Geschehen berichtete. (BK1-63/06)

3. Minderjährige

12-Jähriger ging auf Lehrerin los, die einen Streit schlichten wollte; Strafunmündiges Kind im Bild gezeigt

„Schüler (12) prügelt Lehrerin k.o." titelt eine Boulevardzeitung und berichtet über **122** eine Schulhofrangelei. Beim Versuch zu schlichten, wurde eine Lehrerin von dem Jungen durch einen Faustschlag verletzt. Der tatverdächtige Schüler wird auf einem beigestellten Foto ungepixelt gezeigt.

Der Beschwerdeführer ruft den Presserat an. Er ist der Ansicht, dass die Abbildung des **123** der Tat verdächtigen Schülers gegen Ziffer 8 verstoße. Das Foto verletze den Schutz von jugendlichen Straftätern, so dass eine solche Abbildung in der Regel zu unterlassen sei.

Die Rechtsabteilung der Zeitung erklärt, dass das Foto des Schülers mit der schriftli- **124** chen Genehmigung der Eltern veröffentlicht worden sei. Auch mit der identifizierbaren Veröffentlichung des Fotos seien sie einverstanden gewesen.

Die Zeitung hat die in Ziffer 8 definierten Persönlichkeitsrechte des Schülers verletzt. **125** Der Presserat spricht deshalb eine nicht-öffentliche Rüge aus. Die Veröffentlichung des ungepixelten Fotos des Zwölfjährigen war nicht zulässig. Nach Richtlinie 8.1 ist die Abbildung von mutmaßlichen Tätern bei der Berichterstattung über Straftaten in der Regel nicht gerechtfertigt. Immer ist zwischen dem Informationsinteresse der Öffentlichkeit und dem Persönlichkeitsrecht des Betroffenen abzuwägen. In der Richtlinie ist festgehalten, dass bei Straftaten Jugendlicher mit Rücksicht auf deren Zukunft möglichst Namensnennung und identifizierende Fotos zu unterlassen sind, sofern es sich nicht um schwere Taten handelt. Im vorliegenden Fall ist zu berücksichtigen, dass der Junge noch als Kind gilt und damit nicht einmal bedingt strafmündig war. Dass die Eltern der Bildveröffentlichung zugestimmt und auf eine Pixelung verzichtet haben, ist unerheblich. Im Hinblick auf die Strafunmündigkeit des Jungen erkennt der Presserat die Verantwortung der Redaktion, das Foto trotz der elterlichen Zustimmung unkenntlich zu machen. (BK2-236/06)

4. Krankheit und Tod

Mutmaßungen über die Ursache des Todes eines Hotelpächters, Identifizierbarkeit

Eine Lokalzeitung berichtet über den Tod eines Mannes nach einem Streit mit seiner **126** Lebensgefährtin. Die Zeitung veweist auf eine Mitteilung der Ermittlungsbehörden, wonach gegen die Frau ein Verfahren wegen des Verdachts eines Tötungsdelikts eingeleitet werde. Klar sei, dass die tätliche Auseinandersetzung zum Tod des Mannes geführt habe. Äußere Gewalteinwirkung sei nicht zu erkennen. Schließlich weist die Zeitung darauf hin, dass es sich bei dem Paar um die Pächter eines Hotels handele. Dabei werden der Name des Hotels und der Ort genannt. Einen Tag später teilt die Zeitung mit, der Mann sei nicht durch direkte Gewalteinwirkung gestorben. Es habe einen Streit gegeben, in dessen Verlauf der Mann eine Platzwunde erlitten habe. Die Frau sei wieder auf freien Fuß gesetzt worden. Vermutlich werde gegen sie eine Anzeige wegen gefährlicher Körperverletzung erstattet. Auch in diesem Beitrag wird erwähnt, dass es sich bei den Betroffenen um die Pächter des genannten Hotels handele.

127 Ein Leser des Blattes, Eigentümer des Hotels, wirft der Zeitung vor, aus dem Vorgang in reißerischer Art und Weise einen Gattenmord zu machen. Tatsächlich sei der Mann an den Folgen einer Krankheit gestorben, an der er lange gelitten habe. Auch nach dem offiziellen Bekanntwerden der Wahrheit habe die Redaktion sich nicht verpflichtet gesehen, Schadensbegrenzung zu betreiben. Der Tenor der Richtigstellung im zweiten Beitrag sei von keinerlei Bedauern über die erste Veröffentlichung geprägt, sondern von weiteren unterschwelligen Beschuldigungen. Beim Leser halte sich der Eindruck, dass die Frau den Tod ihres Partners bewirkt habe. Zudem kritisiert der Beschwerdeführer den Hinweis, dass es sich bei den Betroffenen um die Pächter seines Hotels handele. Durch diese klare Identifizierung komme der Artikel einer öffentlichen Hinrichtung gleich. Die Chefredaktion der Zeitung stellt fest, aus der Pressemitteilung der Polizei gehe eindeutig hervor, dass es sich bei dem Vorfall um ein Tötungsdelikt nach einer tätlichen Auseinandersetzung handele. In dem genannten Ort gebe es nur ein Hotel. Es sei jedem Menschen im Ort bekannt, dass es dort einen Todesfall gegeben habe, in dem die Polizei ermittele.

128 Der Presserat spricht eine Missbilligung aus. Durch den Hinweis, dass es sich bei den Betroffenen um die Pächter des genannten Hotels handele, habe die Zeitung gegen deren Persönlichkeitsrecht verstoßen. Ein Informationsinteresse der Öffentlichkeit an der Erkennbarkeit des Paares kann das Gremium nicht entdecken. Es wäre angebracht gewesen, auf die identifizierende Angabe zu verzichten, da sich der Sachverhalt für den Leser auch ohne dieses Detail erschlossen hätte. (B1-149/2003)

5. Sexualität

Vorwürfe aus anonymen Quellen, Vereinspräsident soll sich an Minderjährigen vergangen haben

129 Eine Boulevardzeitung berichtet auf ihrer Titelseite sowie im Innenteil über Diskussionen im Internetforum eines Fußballclubs der Regionalliga. Dem Präsidenten des Clubs wird dabei in großer Ausführlichkeit vorgeworfen, er habe im Trainingslager seiner Mannschaft auf Kuba Sex mit Minderjährigen gehabt. Anstoß für einen Fels, der so langsam ins Rollen komme, habe der Bericht eines nach Havanna mitgereisten Anhängers in der kommenden Ausgabe des Fan-Magazins gegeben. Das Blatt zitiert auch den Betroffenen, der erklärt, er habe im November 2004 einen 20-jährigen Kubaner kennen- und lieben gelernt, diesen natürlich im Januar wieder getroffen und ganz ohne Kohle gemocht und geliebt. Der Freund sei allerdings nie in seinem Hotelzimmer gewesen und er, der Präsident, habe „überaus genau darauf geachtet, dass wir unsere Liebe nur dort gezeigt und gelebt haben, wo es möglich, erlaubt und – gerade auch im Vereinsinteresse – nicht anstößig war".

130 Ein Leser sieht die journalistische Sorgfaltspflicht verletzt und beschwert sich beim Presserat. Die Berichterstattung basiere ausschließlich auf Aussagen anonym schreibender Autoren. Es wäre die Pflicht der Zeitung gewesen, deren Identität zu überprüfen und zu klären, ob sie bei dem Trainingslager auf Kuba überhaupt anwesend waren. Durch die Berichterstattung werde zudem die Privatsphäre des Vereinspräsidenten verletzt, da persönliche Beziehungen nichts mit seiner öffentlichen Funktion zu tun hätten.

131 Die Zeitung räumt ein, dass der Redaktion in der Tat ein Fehler unterlaufen sei. Die Verdächtigungen gegen den Vereinspräsidenten hätten sich im Nachhinein als ungerechtfertigt herausgestellt. Der Chefredakteur habe daraufhin aber alles Mögliche unternommen, um den Betroffenen von den Vorwürfen zu befreien und ihn zu rehabilitieren. So habe er sich persönlich öffentlich in einer der Folgeausgaben entschuldigt. Weiterhin habe

er ein persönliches Gespräch mit ihm geführt und sich dabei nochmals entschuldigt. Schließlich habe die Zeitung eine strafbewehrte Unterlassungserklärung abgegeben.

Die Beschwerdekammer kommt zu dem Ergebnis, dass die beiden Beiträge gegen die **132** Ziffern 2 und 8 verstoßen und die Zeitung zu missbilligen ist. Allein auf der Basis anonymer Aussagen in einem Internetforum ist es nicht gerechtfertigt, solche Vorwürfe über das Sexualleben publik zu machen. Die Folgen für den Betroffenen sind kaum abzuschätzen. Hier ist die Privatsphäre des Betroffenen berührt, an der keinerlei öffentliches Interesse besteht, das sein Persönlichkeitsrecht überlagern würde. Auch die Tatsache, dass er Präsident eines Fußballclubs und in seiner Region eine bekannte Persönlichkeit ist, rechtfertigt es nicht, über die hier geschilderten Vorwürfe zu berichten. Der Presserat begrüßt es, wie offensiv die Zeitung mit dem Fehler umgegangen ist und wie rasch sie darauf reagiert hat. Diese Reaktion wird auch bei der Wahl der Maßnahme berücksichtigt. Da die Angelegenheit durch die Veröffentlichung einer Entschuldigung zumindest zu einem Teil wiedergutgemacht worden ist, verzichtet der Presserat auf das Aussprechen einer Rüge. (BK2-55/05)

6. Unfall und Schicksal

Das Foto eines getöteten Jungen

Eine Boulevardzeitung berichtet über den Tod eines zehnjährigen Jungen bei einem **133** Terroranschlag in Ägypten. Es werden Fotos des Kindes abgedruckt.

Zwei Leser kritisieren, dass das Bild mit unlauteren Mitteln beschafft worden sei. Ein **134** Journalist habe sich als freier Mitarbeiter diverser Zeitungen ausgegeben und behauptet, von einer Lehrerin des Jungen geschickt worden zu sein. Auch bei Mitschülern des Kindes habe er sich nach einem Foto erkundigt. Die Zeitung habe das so erlangte Foto ohne weitere Nachforschungen und ohne das Gesicht des Getöteten unkenntlich zu machen, abgedruckt. Eine Einwilligung der Eltern zum Abdruck habe nicht vorgelegen.

Die Rechtsabteilung der Zeitung stellt fest, dass nach ihrem Wissen das Foto ord- **135** nungsgemäß recherchiert worden sei. Der freie Mitarbeiter habe sich in seiner langjährigen Tätigkeit als verantwortungsbewusst und sorgfältig erwiesen. Auf Nachfrage habe der Journalist glaubwürdig erklärt, dass er sich in keinem Fall als Mitarbeiter irgendwelcher Zeitungen ausgegeben habe. Es sei jedem Gesprächspartner klar gewesen, dass er für die Boulevardzeitung tätig war. Auf Nachfrage habe er auch sofort seinen Presseausweis vorgelegt.

Die Zeitung hat gegen Ziffer 8 verstoßen. Die Interessenabwägung hat ergeben, dass **136** ein öffentliches Interesse, das das Persönlichkeitsrecht des getöteten Kindes überlagert hätte, im konkreten Fall nicht zu erkennen ist. Die Zeitung hatte auch offensichtlich nicht die Einwilligung der Eltern des Jungen, dessen Foto abzudrucken. Diese hätte vorliegen müssen. Da der Presserat nicht klären kann, ob das Foto mit unlauteren Methoden beschafft wurde, stellt er in diesem Punkt das Verfahren ein. Im Übrigen wird eine Rüge erteilt. (BK2-93 und 94/06)

7. Selbsttötung

Selbsttötung eines Familienvaters, Zurückhaltung bei Berichterstattung über Suizid geboten

Eine Zeitung berichtet über den Suizid eines Familienvaters aus einem Ortsteil einer **137** Kleinstadt. In dem Artikel wird der Vorname des Mannes vollständig und der Nachname gekürzt genannt, sein Alter angegeben und der Ortsteil benannt, in dem er mit seiner Familie wohnte.

Der Beschwerdeführer prangert einen Verstoß gegen Ziffer 8 i.V. mit Richtlinie 8.5 an.

Die Beschwerdegegnerin könne keinen Eingriff in die Intimsphäre des Verstorbenen **138** erkennen. Da die in dem Artikel beschriebene Auseinandersetzung zwischen dem Verstorbenen und der Mutter der gemeinsamen Kinder in einem kleinen Dorf stattgefunden und sich dort sehr spektakulär und öffentlich abgespielt habe, sei insgesamt nur die Sozialsphäre berührt. Mit der Abkürzung des Familiennamens habe die Redaktion hinreichende Zurückhaltung geübt. Wegen der spektakulären Umstände des Selbstmordes sei der Verstorbene eine relative Person der Zeitgeschichte. Der Mann habe gerade eine Tötungsart und einen Tötungsort gewählt, angesichts derer er damit habe rechnen müssen, dass aufgrund der Sperrung der Bahnstrecke zahlreiche Dritte betroffen sein würden. Diese hätten ein Recht darauf zu erfahren, was die Verspätungen verursacht habe.

139   Die Zeitung hat gegen Ziffer 8 verstoßen. Richtlinie 8.5 gebietet Zurückhaltung bei der Berichterstattung über Selbsttötungen. Daran hat sich die Zeitung nicht gehalten. Der Verstorbene ist nicht durch die Art der Namensnennung identifizierbar, wohl aber durch die Nennung des Ortsteils, aus dem er stammte. Der Presserat erkennt kein überwiegend öffentliches Interesse an dieser identifizierenden Berichterstattung. Auch die ausführliche Schilderung der Begleitumstände der Selbsttötung wie die familiäre Situation, die Vorbereitung und die einzelnen Umstände des tragischen Geschehens waren nicht von öffentlichem Informationsinteresse. Der Presserat hält den Verstoß gegen Ziffer 8 für gegeben und spricht eine Missbilligung aus. (BK2-150/06)

8. Datenschutz

Zeitung veröffentlicht Daten einer übergewichtigen Sechsjährigen, Identifizierbarkeit bei Telefonaktion

140   Eine Lokalzeitung schildert unter der Überschrift „Anstatt Big Mac und Burger lieber mal selbst kochen" den Verlauf einer Telefonaktion zum Thema „Übergewicht bei Kindern". Einleitend wird der Inhalt des Telefonanrufes eines Vaters wiedergeben. Vorname, Alter, Größe und Gewicht seiner Tochter und der Wohnort der Familie werden genannt. Es wird festgestellt, dass ein Gewicht von 31 Kilogramm viel zu viel sei. Seit einem guten halben Jahr nehme das Mädchen zu, wird der besorgte Vater zitiert. Vor einem Dreivierteljahr sei Hannas Großvater gestorben, lässt der Mann wissen. Der Kinderarzt in der Redaktion hält es laut Zeitung für möglich, dass da ein Zusammenhang bestehe. Ein für Kinder nicht selten traumatisches Erlebnis könne durchaus eine solche Reaktion hervorrufen, meine er. Er habe zu mehr Bewegung und einer optimierten Mischkost geraten.

141   Der Vater beschwert sich nach Erscheinen des Artikels beim Presserat. Er ist der Ansicht, dass durch den Beitrag die Würde und die Rechte seiner Tochter verletzt würden. Der Arzt habe ihn telefonisch nach dem Alter und dem Gewicht der Tochter, nach dem Wohnort, den Essensgewohnheiten und möglichen traumatischen Situationen für seine Tochter befragt. Zwei Tage später habe er den scheinbar vertraulich behandelten Informationsaustausch zwischen ihm und dem Kinderarzt in einem Aufmacher der Zeitung über die Telefonaktion gelesen. Die personenbezogenen Daten seien preisgegeben worden, ohne dass er gefragt worden sei. Im Verlaufe eines darauf folgenden Gesprächs mit der Autorin des Artikels sei ihm klar geworden, dass während der Telefonaktion Lautsprecher eingeschaltet gewesen seien und die Autorin des Artikels den Gesprächsinhalt habe mitschreiben können.

142   Der Chefredakteur der Zeitung erklärt, Telefonaktionen mit Experten in Zusammenarbeit mit Kooperationspartnern seien für die Zeitung ebenso gängige Praxis wie die anschließende Berichterstattung darüber. Absicht sei es, für Themen, die einzelne Leser berührten, im Sinne von praktischer Lebenshilfe für die Allgemeinheit Öffentlichkeit herzustellen. Dabei sei es immer das Bestreben, Fragen und Antworten so authentisch wie möglich zu publizieren. Im Gegensatz zu früheren Aktionen sei es diesmal um ein Thema mit ausgeprägt persönlicher Komponente gegangen. Ohne die Nennung von persönlichen Daten wie Alter, Gewicht und Körpergröße sowie des sozialen Umfelds hätte die Darstellung des Problems und die von den Experten angesprochenen Handlungsoptionen wenig Sinn gemacht. Dass die Nennung des Vornamens und des Wohnorts der Betroffenen in einer Kleinstadt Eingeweihten die Entschlüsselung der Person ermöglicht habe, sei selbstverständlich nicht beabsichtigt gewesen und werde bedauert. Eine entsprechende Entschuldigung des Chefredakteurs sei vom Beschwerdeführer akzeptiert worden. Eine Verletzung von Persönlichkeitsrechten habe der Redaktion fern gelegen. Der

Beschwerdeführer teilt dem Presserat mit, dass er die Entschuldigung des Chefredakteurs zwar akzeptiere, seine Beschwerde aber dennoch aufrechterhalte, zumal die Zeitung erst auf ein Schreiben des Presserats hin reagiert habe.

Der Beschwerdeausschuss zum Redaktionsdatenschutz erkennt in der Veröffentlichung **143** einen Verstoß gegen Ziffer 8 und spricht gegen die Zeitung eine Missbilligung aus. Bei seiner Entscheidung berücksichtigt der Ausschuss das ernsthafte Bemühen der Redaktion, den Schaden durch eine Entschuldigung bei den Betroffenen wiedergutzumachen. Das Gremium beanstandet, dass das betroffene Mädchen durch die Art der Darstellung identifiziert werden kann. Hierdurch wird das Kind in seinem Persönlichkeitsrecht verletzt. Aus zweierlei Gründen hätte die Redaktion dafür Sorge tragen müssen, dass der Vorgang anonymisiert dargestellt wird. Zum einen handelt es sich aufgrund des Themas der Telefonaktion um einen äußerst sensiblen Bereich personenbezogener Daten. Zum anderen steht mit der betroffenen Person ein sechsjähriges Mädchen im Fokus der Veröffentlichung.

Bei Kindern und Jugendlichen sollte die Redaktion aufgrund gesteigerter Schutzbe- **144** dürftigkeit besondere Sorgfalt in einer Veröffentlichung walten lassen. Darüber hinaus kritisiert der Ausschuss, dass für Leser, die an der Telefonaktion teilnehmen wollten, nicht erkennbar war, dass die Telefonate von der Redaktion mitgehört und aufgezeichnet werden sollten und die Sachverhalte zur Veröffentlichung gedacht waren. Das Gremium hält eine solche Information bei der Durchführung von Lesertelefonaktionen für dringend erforderlich. Unabhängig von entsprechenden gesetzlichen Vorgaben entspricht eine solche Information auch presseethischen Anforderungen. Der Ausschuss empfiehlt der Redaktion daher, bei künftigen Telefonaktionen ihre Leser in einer entsprechenden Ankündigung über die geplante Verfahrensweise zu informieren. (B2-2/04)

9. Prominente

Foto eines Kranken

In einem Beitrag über Menschen, die im Koma liegen, befasst sich eine Zeitschrift **145** auch mit dem Schicksal eines prominenten Angehörigen des europäischen Hochadels. Ein Foto zeigt ihn im Krankenbett. Gegen die Veröffentlichung dieses Fotos waren bereits in den Jahren 1984 bis 1986 mehrere Unterlassungserklärungen von anderen Publikationen eingeholt worden.

Familienangehörige sehen in der Verwendung des Fotos einen schweren Eingriff in das **146** Persönlichkeitsrecht des Kranken.

Die Redaktion hatte das Bild als Funkempfang ohne Quellenangabe archiviert. Sie **147** ging deshalb von ihrem Recht zur Veröffentlichung aus. Der wahre Sachverhalt wird ihr erst nach der Veröffentlichung bekannt.

Der Presserat übermittelt der Zeitschrift eine Missbilligung. Die Veröffentlichung des **148** Fotos verstößt gegen Ziffer 8. Das Foto hätte ohne Einwilligung der Angehörigen des Abgebildeten nicht veröffentlicht werden dürfen. Im Umgang mit dem Bildmaterial hätte die Redaktion der Zeitschrift ein größeres Unrechtsbewusstsein zeigen müssen. (B 48/90)

II. Schutz der verfahrensbefangenen Personen

1. Verdachtsberichterstattung

Geheimdienstliches

In einem Beitrag belastet eine Zeitung den BND und das Bayerische Landeskriminal- **149** amt im Zusammenhang mit einem Fall von Plutoniumschmuggel schwer. Die Zeitung zitiert einen Aktenvermerk des Auswärtigen Amtes, in dem es heißt, der Fall sei „auch nach eigener Darstellung des BND – von unseren Diensten nicht nur aufgedeckt, sondern weitgehend herbeigeführt" worden. Unter Hinweis auf weitere BND-Vermerke stützt der Artikel die Behauptung, es gehe offenbar direkt auf den Staatsminister beim

Bundeskanzler zurück, dass der BND seine finanziellen Zusagen gegenüber einem (namentlich genannten) V-Mann nicht gehalten habe. Der Minister habe die Zahlung auch mit Rücksicht auf den Bundestagswahlkampf zurückgehalten.

150   In seiner Beschwerde beim Presserat legt der Minister dar, dass er entgegen den Behauptungen des Verfassers zu keiner Zeit mit der Honorierung des V-Mannes befasst war.

151   Die Zeitung dagegen nennt Vermerke und Schreiben von Mitarbeitern des BND als Quellen ihrer Behauptungen. Darin ist u.a. mehrmals die Rede davon, dass eine „höhere politische Ebene" die Entscheidung über die Höhe des Honorars für den V-Mann treffe. Die einzige höhere politische Ebene für den BND sei das Bundeskanzleramt.

152   Der Presserat weist die Beschwerde als unbegründet zurück. Die Schriftstücke, auf welchen der Bericht beruht, legen auch nach Überzeugung des Presserats den Schluss nahe, dass mit der „höheren politischen Ebene" nur die vorgesetzte Behörde des BND, also das Bundeskanzleramt, und mithin der Beschwerdeführer als Leiter dieses Amtes gemeint sein könne. Die Schlussfolgerung, dass der Minister die Zahlung des Honorars für den V-Mann auch mit Rücksicht auf den Bundestagswahlkampf zurückgehalten habe, ist nach Ansicht der Zeitung zwar weitgehend, aber journalistisch noch vertretbar. Dieser Position kann sich auch der Presserat anschließen. Er hält die Veröffentlichung in den erwähnten Passagen für eine insgesamt zulässige Verdachtsberichterstattung. (B 112/95)

2. Angeklagte und verurteilte Straftäter

Namensnennung im Gerichtsbericht, verurteilter Anwalt sieht sich dadurch identifizierbar

153   Eine Tageszeitung berichtet über den Verlauf einer Gerichtsverhandlung, in der ein Rechtsanwalt wegen der Veruntreuung von Mandantengeldern zu einer Freiheitsstrafe auf Bewährung und zu einer Geldauflage verurteilt worden ist. Der Angeklagte wird mit vollem Namen genannt. Außerdem wird erwähnt, dass er in seinem Heimatort Kreisvorsitzender des Roten Kreuzes ist.

154   Der Betroffene beschwert über die Art der Berichterstattung. In diesem Zusammenhang verweist der Rechtsanwalt auf eine frühere Beschwerde gegen die selbe Tageszeitung, die schon einmal unter Nennung seines vollen Namens über die bevorstehende Verhandlung berichtet und dabei seine Funktion als Kreisvorsitzender des Roten Kreuzes ebenfalls hervorgehoben hatte. In diesem Fall habe der Presserat einen Hinweis erteilt.

155   Es sei unstreitig, dass ihre Berichterstattung die Fakten richtig wiedergegeben habe, stellt die Chefredaktion fest. Es handele sich demnach um eine Straftat von erheblicher Schwere. Gleichzeitig stehe der Beschwerdeführer als Rechtsanwalt mit seinem beruflichen Wirken in der Öffentlichkeit. Die Straftat habe in Ausübung seiner beruflichen Tätigkeit stattgefunden. Die Ausführungen gelten für den Betroffenen umso mehr, als er neben seiner beruflichen Tätigkeit auch Kreisvorsitzender des Roten Kreuzes sei, das wichtige und in der Region bekannte soziale Einrichtungen unterhalte. Damit übernehme er eine herausgehobene Stellung im gesellschaftlichen Leben des Landkreises. So sei er auch immer wieder Teil der lokalen Berichterstattung der Zeitung gewesen. Dies sei auch mit seiner Zustimmung geschehen. Der Anwalt habe sich zum Jahreswechsel sogar im Privatbereich seines Hauses ablichten lassen und auch ansonsten stets das Licht der Öffentlichkeit gesucht. Im Zusammenhang mit der Straftat habe sich auch eine öffentliche Diskussion darüber ergeben, ob er noch Kreisvorsitzender des Roten Kreuzes bleiben könne.

156   Die Beschwerdekammer sieht keinen Verstoß gegen Ziffer 8 und weist die Beschwerde als unbegründet zurück. Im vorliegenden Fall sieht die Kammer ein berechtigtes Informationsinteresse der Öffentlichkeit darin begründet, dass der Beschwerdeführer als Anwalt wegen Untreue in mehreren Fällen gerichtlich verurteilt worden ist. Der damaligen Veröffentlichung lag eine andere Situation zu Grunde. Damals war das Urteil noch nicht gesprochen, sodass es sich seinerzeit lediglich um eine Verdachtsberichterstattung gehandelt hat. (BK2-235/04)

3. Jugendliche Straftäter

Foto von Straftätern

Drei Jugendliche knipsen sich während eines Einbruchs mit einer vor Ort gefundenen **157** Sofortbildkamera. Offenbar in Unkenntnis der Direktentwicklung lassen sie den Film am Tatort zurück. Aufgrund des Fotos werden die Täter schnell ermittelt. Eine Sonntagszeitung titelt: »Wie kann man nur so blöd sein! Einbrecher fotografierten sich – und ließen das Bild liegen«. Die Zeitung zeigt das Farbfoto und nennt die Vornamen der abgelichteten Täter.

Ein Rechtsanwalt ist der Ansicht, die Zeitung verstoße gegen den Schutz von jugend- **158** lichen Straftätern. Sie würden wegen einer vergleichsweise geringfügigen Straftat an den Pranger gestellt. Der Beitrag sei auch nicht durch die vermeintliche Komik des Falles zu rechtfertigen.

Die Zeitung verweist darauf, die Polizei habe ihr das Bild als Fahndungsfoto zur Ver- **159** fügung gestellt.

Unabhängig davon, ob das Foto der Beschwerdegegnerin von der Polizei zu Fahn- **160** dungszwecken überlassen worden ist, hätte das Foto nur in anonymisierter Form veröffentlicht werden dürfen. Eine Abbildung von Straftätern ist allenfalls dann gerechtfertigt, wenn sie ein Kapitalverbrechen begangen haben und wenn die Abbildung im Interesse der Verbrechensaufklärung liegt. Der Presserat hält die Verstöße gegen Ziffer 8 für so gravierend, dass er eine Rüge ausspricht. (B 71/91)

4. Kriminalitätsopfer

Identifizierbarkeit einer vergewaltigten Frau, Darstellung von Details verletzt zugleich Intimsphäre

In zwei Beiträgen innerhalb einer Woche berichtet eine Lokalzeitung über einen Mann, **161** der wegen der zweifachen Vergewaltigung einer Frau zu einer Freiheitsstrafe verurteilt worden ist. In beiden Artikeln wird erwähnt, dass das Opfer, eine Bekannte des Täters, 46 Jahre alt und von Beruf Kinderärztin sei, zum Zeitpunkt der Tat mit einem ukrainischen Bildhauer verheiratet gewesen sei und selbst auch aus der Ukraine stamme. Zudem sei ihre Abschiebung in die Ukraine aufgrund eines Kirchenasyls verhindert worden. In dem Bericht über den Verlauf der Gerichtsverhandlung wird auch der minderjährige Sohn der betroffenen Frau, der die erste Vergewaltigung miterlebt hatte, mit Details seiner Beobachtungen zitiert.

Bekannte des Opfers sind der Ansicht, dass die Frau durch die Veröffentlichung identi- **162** fizierbar wird.

Die Rechtsabteilung des Verlages betont, dass die Entwicklung, die dem Strafverfahren **163** zu Grunde gelegen habe, in der erschienenen Form dargestellt werden musste. Nur so werde der Öffentlichkeit der Hintergrund für die skrupellosen und menschenverachtenden Erpressungen der Frau durch den Angeklagten deutlich. Aufgrund der existenziellen Angst des Opfers, dem eine Abschiebung drohte, sei auch nur zu erklären, dass die Frau sich nach der ersten Vergewaltigung ein zweites Mal mit dem Angeklagten in einem Hotel getroffen habe. Eine namentliche Nennung sei ausdrücklich nicht erfolgt, dies gelte auch für eventuelle Abkürzungen. Eine offensichtliche Erkennbarkeit sei daher nicht gegeben. Alleiniger Anknüpfungspunkt könne allenfalls der Vorfall um das Kirchenasyl sein.

Der Presserat erkennt Verstöße gegen die Ziffer 8 und erteilt der Zeitung eine Rüge. **164** Durch die Bekanntgabe persönlicher Details wird die Frau in ihrem Lebensumfeld klar identifizierbar. Dabei hätten die Vorgänge ohne weiteres auch so geschildert werden können, dass die besonderen Umstände der Tat – die Ausnutzung der Notlage des Opfers – für den Leser verständlich und die Anonymität der Betroffenen gleichzeitig gewahrt worden wäre. (B1-177/03)

5. Angehörige verfahrensbefangener Personen

Foto einer Minderjährigen, Redaktion will im Einverständnis mit der Mutter gehandelt haben

165   Ein Boulevardblatt berichtet über den mutmaßlichen Mörder eines zwölfjährigen Mädchens und dessen letzte Freundin. In dem Beitrag wird ein Brief der Ex-Freundin an den Verdächtigen veröffentlicht, ebenso ein Foto von ihr und zwei Bilder ihrer kleinen Schwester, für die sich der Verdächtige „interessiert" haben soll.

166   Ein Leser sieht sowohl das Persönlichkeitsrecht der Ex-Freundin verletzt, als auch das von zwei Personen, deren Daten teilweise aus dem abgedruckten Brief hervorgehen.

167   Die Chefredaktion teilt mit, dass die Berichterstattung mit Einwilligung der Ex-Verlobten und der allein sorgeberechtigten Mutter erfolgt sei. Beide Frauen hätten bereitwillig Details aus ihrem Leben erzählt. In dem Gespräch sei nicht einmal vereinbart worden, dass der Name der Ex-Verlobten verändert oder ihr Gesicht mit einem Balken anonymisiert werden solle. Diese Maßnahmen habe die Redaktion selbstständig zum Schutz der Betroffenen vorgenommen. Auch die Veröffentlichung des Briefes der Ex-Verlobten sei in vollem Einverständnis erfolgt.

168   Der Presserat spricht aufgrund Verstoßes gegen Ziffer 8 gegen die Zeitung eine öffentliche Rüge aus. Sie hat das Privatleben und die Intimsphäre der Beteiligten verletzt. Durch die Veröffentlichung der Fotos, auch wenn Augenbalken verwendet wurden, sowie durch den aus dem Brief hervorgehenden tatsächlichen Namen wird die minderjährige Schwester der ehemaligen Verlobten des mutmaßlichen Kindermörders für ein bestimmtes Umfeld identifizierbar. Bei der Beurteilung des Falles kann es keine Rolle spielen, dass die Mutter der Veröffentlichung des Fotos zugestimmt hat. (B 98/01)

6. Resozialisierung

Wegen einer Ohrfeige wird ein Lehrer bei Namensnennung an den Pranger gestellt

169   Nach einem Bericht der örtlichen Zeitung soll ein Musiklehrer des Gymnasiums eine Schülerin der Jahrgangsstufe sechs geohrfeigt haben. Die Zeitung nennt den Mann beim Namen, beschreibt seinen beruflichen Werdegang, veröffentlicht sein Porträt und erwähnt, dass der Lehrer über Jahre ein Verhältnis mit einer minderjährigen Schülerin hatte. Dieses Vorkommnis sei unbestritten und disziplinarrechtlich geahndet.

170   Der Betroffene ist der Ansicht, dass durch die Veröffentlichung seines Namens und seines Fotos sein Persönlichkeitsrecht verletzt und dass er einer Vorverurteilung ausgesetzt wird. Es gehe vordergründig um ein „Nachkarten" in einer Sache, die über Jahre zurückliege.

171   Die Chefredaktion des Blattes hält die Beschwerde für so unsubstantiert, dass eine detaillierte Stellungnahme ihrerseits weder möglich noch geboten sei.

172   Der Presserat kommt zu dem Schluss, dass ein eklatanter Verstoß gegen das Persönlichkeitsrecht des Beschwerdeführers und damit gegen Ziffer 8 vorliegt. Einzig und allein wegen des Verdachts, dass er eine Schülerin geohrfeigt haben soll, wird in großer Aufmachung ein Mensch an den Pranger gestellt, wird sein kompletter Name genannt und sein Foto veröffentlicht. Ein öffentliches Interesse an einer Berichterstattung in dieser detaillierten Form kann der Presserat nicht feststellen. Für erschwerend hält das Gremium, dass die Redaktion auch darüber berichtete, dass der Lehrer vor einiger Zeit ein Verhältnis mit einer minderjährigen Schülerin hatte, das disziplinarrechtlich geahndet worden ist. Die Erwähnung dieses Altfalles war nicht notwendig, da er in keinem Zusammenhang mit dem aktuellen Vorgang steht. (B 166/98)

III. Schutz der Ehre

1. Schmähkritik und Menschenwürde

Hauptdarstellerin eines Films mit ihren Rollen identifiziert, Menschenwürde

In mehreren Beiträgen beschäftigt sich eine Boulevardzeitung mit den Hauptdarstel- **173** lern eines Films, der anlässlich der Berlinale 2004 mit einem „Goldenen Bären" ausgezeichnet worden ist. Unter der Überschrift „Deutsche Film-Diva in Wahrheit Porno-Star" wird über die Vergangenheit der bejubelten Schauspielerin berichtet und mitgeteilt, sie habe ihr Filmhandwerk in Hardcore-Pornos gelernt. Die Zeitung zeigt entsprechende Szenen im Bild. In einem weiteren Beitrag wird gemeldet, dass die Eltern der Schauspielerin entsetzt seien und sich von ihrer Tochter abwenden. Schließlich enthält die Zeitung, dass auch der männliche Hauptdarsteller in dem preisgekrönten Film eine zwielichtige Vergangenheit habe. Der Schauspieler sei schon mehrmals verurteilt worden.

Eine Medienwissenschaftlerin ist der Ansicht, Regisseur, Schauspieler und Schauspie- **174** lerin würden in erheblicher Weise in ihren Persönlichkeitsrechten und in ihrer Menschenwürde verletzt sowie in rassistischer und sexistischer Weise diskriminiert.

Die Rechtsabteilung der Zeitung weist den Vorwurf zurück. Die Schauspielerin habe **175** zwölf Pornofilme gedreht. Ferner gebe es mindestens zwei Bildbände sowie Kalender mit Aktaufnahmen von ihr. Es sei also keineswegs so, dass irgendjemand die Intim- oder Persönlichkeitssphäre der Betroffenen verletzt hätte. Vielmehr habe die Schauspielerin ihre Haut selbst auf den Markt getragen. Wer Pornos drehe, die am Markt frei erworben werden können, wolle keine Intimsphäre, sondern das Gegenteil. Als der nun ausgezeichnete Film in Berlin aufgeführt worden sei, habe der Regisseur seine Hauptdarstellerin als eine „Neuentdeckung" vorgestellt, die noch nie vor einer Kamera gestanden habe und per Zufall beim Einkaufen entdeckt worden sei. All dies habe sich als eine PR-Lüge erwiesen. Erst die Zeitung habe die zahlreichen Unwahrheiten aufgedeckt. Eine ordnungsgemäße Recherche habe auch im Falle des männlichen Hauptdarstellers stattgefunden.

Der Presserat spricht wegen Verstößen gegen die Ziffern 1, 2 und 12 gegen die Zeitung **176** eine öffentliche Rüge aus. Es ist grundsätzlich nicht zu beanstanden, dass über die Vergangenheit einer Schauspielerin berichtet wird. Dabei ist aber zu beachten, dass in der Berichterstattung die Persönlichkeit der Betroffenen nicht mit den Rollen, die sie gespielt hat, identifiziert wird. Das ist in mehreren der vorliegenden Artikel geschehen. So wird über die Filmschauspielerin immer wieder im Zusammenhang mit ihrer Porno-Vergangenheit berichtet. Diese Berichterstattung entwürdigt die Betroffene und verletzt damit die in Ziffer 1 geforderte Wahrung der Menschenwürde. Erschwerend kommt hinzu, dass in der Berichterstattung über die Schauspielerin auch an vielen Stellen Fotos aus ihren Pornofilmen veröffentlicht werden. Da es sich dabei um öffentliche Werke handelt, kann selbstverständlich ein Foto aus einem dieser Filme publiziert werden. Die Kombination von Text und Bild überschreitet jedoch deutlich eine Grenze. Die andauernde Betonung ihrer Porno-Vergangenheit auch mit Fotos zu belegen, diskriminiert die Betroffene und verletzt Ziffer 12. Zudem moniert der Presserat die Bezeichnung der Schauspielerin als „Goldene (Porno-)Bärin". Diese Überschrift unterstellt, dass die Betroffene den Preis für einen Pornofilm bekommen hat, was nicht der Wahrheit entspricht. Diese Formulierung verstößt gegen den Wahrheitsgrundsatz in Ziffer 2. (BK2-117/04)

2. Abwertende Urteile

Bezeichnung „gaga", psychischen Zustand eines Angeklagten ohne Sorgfalt beschrieben

Vor dem Dom hatte er eine Klagemauer errichtet, um für Minderheiten zu demons- **177** trieren. Jetzt muss er sich wegen Widerstandes gegen die Staatsgewalt vor Gericht verantworten. Eine Boulevardzeitung berichtet darüber. Bei seiner Einweisung ins Krankenhaus hätten Experten bei dem arbeitslosen Lehrer eine „querulatorische Psychose" diagnostiziert. Mit anderen Worten: Der Mann sei ein notorischer Querulant. Die Experten werden bereits in der Schlagzeile zitiert: Der Betroffene sei „gaga". Eine Woche später veröffentlicht das Blatt das Urteil: „Amtlich: Herr der Klagemauer ist gaga". Der Richter habe entschieden, dass der Angeklagte nicht schuldfähig sei und deshalb freigesprochen werden müsse.

178   Eine Bürgerinitiative beschwert sich über eine diffamierende Berichterstattung. In der Verhandlung vor dem Amtsgericht sei auf ein Gutachten aus dem Jahre 1976 Bezug genommen worden, das eindeutig zu dem Schluss gekommen sei, der Angeklagte sei weder in seiner geistigen Fähigkeit noch in seiner Schuldfähigkeit eingeschränkt. Eine psychiatrische Untersuchung habe weder in dem aktuellen Gerichtsverfahren noch damals stattgefunden, noch sei ein Beschluss hierzu gefasst worden.

179   Die Rechtsabteilung des Verlages hält die Kritik an den Artikeln für abwegig. Es sei lediglich darüber berichtet worden, was in öffentlicher Verhandlung vor dem Amtsgericht erörtert und entschieden worden sei. Die Wortwahl entspreche dem Stil einer Boulevardzeitung.

180   Der Presserat spricht gegen die Zeitung eine Missbilligung aus. Sie habe mit beiden Veröffentlichungen gegen Ziffer 8 verstoßen. Wer über körperliche und psychische Erkrankungen und Schäden berichten will, muss laut Richtlinie 8.4 bedenken, dass er in die Geheimsphäre des Betroffenen eingreift. Mit Rücksicht auf ihn und seine Angehörigen soll die Presse in solchen Fällen auf Namensnennung und Bild verzichten und abwertende Bezeichnungen der Krankheit vermeiden. Bei dem Begriff „gaga" handelt es sich nach Auffassung des Presserats um eine solche abwertende Bezeichnung der psychischen Befindlichkeit des in diesem Fall Betroffenen. Die Darstellung der Schuldunfähigkeit des Betroffenen lässt das notwendige Fingerspitzengefühl und damit die erforderliche Sorgfalt bei der Umschreibung des vor Gericht thematisierten psychischen Zustands des Betroffenen vermissen. (B 45/00)

3. Öffentlicher Pranger

Ehre eines Richters verletzt, unter voller Namensnennung an öffentlichen Pranger gestellt

181   Eine Regionalzeitung berichtet in zwei ihrer Lokalausgaben, dass gegen einen Richter im Amtsgericht eine dicke Dienstaufsichtsbeschwerde eingereicht worden sei. Schon seit längerem löse das dienstliche Gebaren des Richters immer wieder Kopfschütteln aus. Nicht selten zeige er ganz offen, dass ihn der gerade zu erörternde Fall regelrecht langweile. Nicht eben zart besaitete Anwälte lasteten dem Mann in der Robe zudem an, bisweilen extrem autoritär und damit prozessual in der Regel wenig hilfreich aufzutreten. Als der Jurist jetzt wieder einmal ein für einen Richter mehr als ungewöhnliches Verhalten an den Tag gelegt habe, hätten die Betroffenen das nicht, wie viele ihrer Leidensgenossen zuvor, auf sich beruhen lassen. Auf dem Wege einer förmlichen, umfassenden und sehr detaillierten Dienstaufsichtsbeschwerde hätten seine Vorgesetzten jetzt erfahren, welch eigentümliches Verständnis von Verhandlungsführung ihr Richter auslebe – nach Überzeugung der Betroffenen und der beteiligten Anwälte in keiner Weise sachdienlich, völlig unangemessen und zudem höchst zweifelhaft.

182   Der betroffene Richter gesteht in seiner Beschwerde ein, dass der Artikel für sich gesehen aufgrund der vom BVerfG entwickelten Rechtsprechung zur Pressefreiheit wahrscheinlich nicht zu beanstanden sei. Der Gesamtkontext, in dem er stehe, könnte jedoch zu einer anderen Einschätzung führen. Er übersendet eine auf das Wesentliche gestraffte Darstellung der Begleitumstände, aus der nach seiner Ansicht deutlich werde, aus welchem Anlass der Zeitungsartikel vermutlich entstanden sei. Der Richter hatte zwei Monate zuvor den Sohn des Verlegers der Zeitung wegen unerlaubten Erwerbs von Kokain und Handeln mit Marihuana zu einer Freiheitsstrafe auf Bewährung verurteilt. Insgesamt sieht er sich durch die Berichterstattung diskreditiert und in der Dienstaufsichtsbeschwerde sowie der Berichterstattung eine Retourkutsche dafür, dass er die Hauptverhandlung gegen den Verlegersohn durchgeführt habe. Bemerkenswert sei, dass die Beschwerde aus dem Büro der Anwälte stamme, die den Sohn des Verlegers seinerzeit verteidigt hatten.

Der Präsident des zuständigen Landgerichts legt gleichfalls Beschwerde ein. Er ist der **183** Ansicht, dass der Zeitungsartikel die Grundsätze des fairen Journalismus nachhaltig verletze. Obwohl die Dienstaufsichtsbeschwerde in keinem Zusammenhang mit der Art und Weise stehe, wie der Richter in der Verhandlung mit Verteidiger und Angeklagten umgegangen sei, sei sie in dem Artikel sinnentstellend und in tendenziöser Weise als Beleg für die Notwendigkeit genannt worden, dass der Richter „endlich einmal einen Schuss vor den Bug" bekomme. Der Autor verunglimpfe die angeblich überzogene autoritäre Verhandlungsführung des Richters. Insgesamt sei die Berichterstattung verzerrend und herabsetzend, da der Richter seine Pflichten weder innerhalb noch außerhalb des Verfahrens verletzt habe.

Die Chefredaktion der Zeitung erklärt, dass der von den Beschwerdeführern ange- **184** führte Zusammenhang zwischen einem die Zeitung nicht betreffenden Prozess sowie dem in zwei der Lokalausgaben erschienenen Bericht nicht bestehe. Das Verfahren sei der Redaktion überhaupt nicht bekannt gewesen. Es habe vielmehr Hinweise von Rechtsanwälten sowie Bürgern an die Lokalredaktion gegeben, sich doch einmal mit der Verhandlungsführung des Richters zu beschäftigen. Man habe dies Wochen später u.a. durch den Besuch von Verhandlungen des Richters sowie durch Gespräche mit Anwälten getan. Bei dieser Recherche hätten sich sämtliche Kritikpunkte, die in dem Artikel genannt worden seien, herauskristallisiert. Diese seien konkrete Ergebnisse der Recherchen. Völlig haltlos seien die Vorwürfe eines möglichen Rachefeldzuges.

Der Presserat stellt fest, dass die Zeitung mit ihrer Veröffentlichung gegen die Ziffern **185** 2 und 9 verstoßen hat. Und spricht eine öffentliche Rüge aus. Der Beitrag enthält eine Vielzahl unbewiesener Behauptungen, für die keine entsprechenden Quellen genannt werden. In der Unterzeile der Überschrift wird auf eine Dienstaufsichtsbeschwerde hingewiesen, auf deren Inhalt in dem Beitrag überhaupt nicht eingegangen wird. Stattdessen werden ohne Belege verschiedene beleidigende Beschuldigungen gegen den betroffenen Richter veröffentlicht. Unter Nennung des vollen Namens wird dieser an den öffentlichen Pranger gestellt, ohne dass die Zeitung die Urheber der zusammengetragenen Vorwürfe nennt. Dieses Vorgehen stellt einen Verstoß gegen die journalistische Sorgfaltspflicht dar. (B 144/163/164/01)

4. Satire

Karikatur des Bundeskanzlerehepaares

„Falls es jemand noch nicht gemerkt haben sollte: Vorsicht Satire!", schreibt eine Zeit- **186** schrift zu einer Karikatur von *Helmut Kohl* im Dienstwagen und einer fast nackten *Hannelore Kohl* auf dem Kotflügel des Fahrzeugs. Herr K. sei Deutscher Meister im Kanzlertiteltragen. Das Schicksal einer jeden Kanzler-Gattin sei es bekanntlich, das Show-Girl des Kanzler-Amtes zu sein. Und diese Rolle habe Frau K. in den 14 Jahren Regentschaft des Herrn K. klaglos gespielt und stets eine gute Figur gemacht.

Das Bundeskanzleramt vertritt die Auffassung, die Veröffentlichung verletze Würde **187** und Persönlichkeitsrecht von *Hannelore* und *Helmut Kohl*.

Die Chefredaktion der Zeitschrift weist darauf hin, dass es sich bei der beanstandeten **188** Zeichnung eindeutig um eine Karikatur handele, woraus sich auch die Berechtigung der Veröffentlichung ableite. Das Blatt sei Bestandteil einer satirischen Prominenten-Galerie, welche seit mehreren Jahren in dieser Zeitschrift erscheine. Nur dem leichtfertigen Betrachter könne die Fehlinterpretation unterlaufen, Frau *Kohl* sei auf dem Bildnis irgendwie „halbseiden" gekleidet und in ein entsprechend schummriges Licht gerückt. Sie sei vielmehr im „klassischen Revue-Girl-Outfit" dargestellt und daran sei nichts unschicklich.

Der Presserat weist die Beschwerde als unbegründet zurück. Er sieht in der Darstellung **189** eine kritische, überspitzte Aussage über den Bundeskanzler und seine Ehefrau. Auch wenn die Persönlichkeitsrechte beider Betroffenen berührt sind, hält er die Veröffentlichung im Abwägen mit der Satirefreiheit doch für zulässig. Bei beiden Personen handelt es sich um absolute Personen der Zeitgeschichte. Damit können sie gleichzeitig auch Ziele kritischer und satirischer Darstellungen sein. Der Presserat legt bei seiner Prüfung den Maßstab der Ziffer 1 zugrunde. Ob dagegen die Grenzen des guten Geschmacks überschritten wurden, ist dabei eine andere Frage. Über Geschmacksfragen urteilt der Presserat grundsätzlich nicht. (B 8/97)

IV. Schutz der persönlichen Identität, wahrhaftige Berichterstattung über Personen

1. Tatsachenbehauptung und Wahrheit

Foto einer Richterin, mit einer Falschbehauptung wurde die Ehre der Juristin verletzt

190   Eine Zeitung berichtet über einen Jugendlichen, der mit einem Intelligenz-Quotienten von 56 als schwachsinnig gelte, mit 1,81 m Größe und 85 Kilo Gewicht aber ein Kampfsportler sei. Seit seinem 10. Lebensjahr habe er schon 81 Strafanzeigen wegen Gewaltdelikten bekommen. Trotzdem habe er immer eine verständnisvolle Richterin gefunden. Statt für harte Strafen habe sich die Juristin für Haftverschonung, Bewährung und Anti-Gewalt-Seminare entschieden. In einem Artikel werden der Vorname, das Initial des Familiennamens sowie das Alter der Richterin genannt. Zudem wird ein Foto von ihr mit Augenbalken veröffentlicht.

191   Die zuständige Justizsenatorin ist entsetzt, wie die Zeitung mit der Jugendrichterin umgegangen sei. Durch ein großes und kaum anonymisiertes Foto und die Darstellung im Text sei sie quasi „zum Abschuss" freigegeben worden. Die genaue Angabe der Abteilung des Amtsgerichts in Kombination mit Hinweisen zur Person machten sie für jeden halbwegs engagierten Nachfrager persönlich erkennbar. In dem Artikel werde zudem der sachlich falsche Eindruck erweckt, der Täter befinde sich auf freiem Fuß, obwohl er zurzeit eine durch die angegriffene Jugendrichterin verhängte Jugendstrafe von vier Jahren verbüße. In einem anderen Verfahren gegen ihn habe die Richterin auch noch eine bislang nicht rechtskräftige Jugendstrafe von vier Jahren und sechs Monaten ausgesprochen.

192   Die Redaktionsleitung der Zeitung entgegnet, dass das Persönlichkeitsrecht der Richterin durch die Berichterstattung nicht verletzt worden sei. In ihrer Funktion bekleide sie ein öffentliches Amt. Bei einer Berichterstattung über ihr Berufsleben müsse sie deshalb auch mit der Möglichkeit einer Identifikation leben. Keinesfalls sei sie, wie die Beschwerdeführerin anführe, in unzumutbarer Weise belästigt worden. Durch die Überschrift solle nicht der Eindruck vermittelt werden, dass sich der jugendliche Straftäter noch auf freiem Fuß befinde. Vielmehr solle dem Leser verdeutlicht werden, dass es einem 20-Jährigen gelungen sei, in hundert Fällen strafrechtlich in Erscheinung zu treten, ohne dass ernsthafte Gegenmaßnahmen getroffen worden seien.

193   Der Presserat missbilligt die Veröffentlichung, da sie seiner Meinung nach gegen die Ziffern 2, 8 und 9 verstößt. Mit der Behauptung in der Überschrift, die Richterin habe den jugendlichen Straftäter nie weggesperrt, verletzt das Blatt die journalistische Sorgfaltspflicht. Wie die Beschwerdeführerin dargelegt hat, hatte die Richterin in zwei Fällen Haftstrafen gegen den jungen Mann verhängt. Die Behauptung, sie habe ihn nie weggesperrt, ist daher falsch. Mit dieser Falschbehauptung, die ihre Professionalität trifft, wird die Richterin zugleich in ihrer Ehre verletzt. Hierbei ist zu berücksichtigen, dass sie durch die in dem Beitrag enthaltenen Angaben sowie über das beigestellte Foto für einen nicht unbedeutenden Personenkreis identifizierbar wird. Das Foto verletzt nach Auffassung des Gremiums zudem das Persönlichkeitsrecht der Richterin. Fotos von Richtern als Träger öffentlicher Ämter dürfen zwar grundsätzlich veröffentlicht werden. Sie dürfen jedoch nicht die Privatsphäre verletzen. (B1-59/2003)

2. Einseitige Kritik

Betroffenen nicht gehört, Zeitung veröffentlicht einseitige Kritik an einem Archivleiter

Eine Lokalzeitung würdigt das zehnjährige Bestehen des Kleist-Archivs im Ort. Es **194** wird ein international renommierter Kleist-Forscher zitiert, der den jetzigen Leiter des Archivs für nicht konsensfähig halte. Der Wissenschaftler sehe darin auch den Grund, dass es keinerlei Zusammenarbeit zwischen der Kleist-Gesellschaft, dem Kleist-Museum und dem Kleist-Archiv gebe. In einem Buch über die Erotik und Sexualität im Werk Heinrich von Kleists firmiere der Archivleiter als Herausgeber, obwohl sein Vorgänger im Amt diese Publikation zum größten Teil redaktionell betreut habe. Er werde den Verdacht nicht los, so der Germanistikprofessor, dass sich hier jemand mit fremden Federn schmücke.

Der betroffene Archivleiter ist der Ansicht, die Aussagen des Kleist-Forschers seien von **195** der Redaktion ungeprüft übernommen worden. Die Zeitung habe eine sehr einseitige Recherche betrieben und nur eine einzige Person befragt, die zudem in Fachkreisen sehr umstritten sei. Eine im Rahmen eines Unterlassungsbegehrens abgegebene Erklärung des Kleist-Forschers, in der dieser seine Aussagen relativiert, habe die Zeitung trotz Zusendung und Bitte um Veröffentlichung bis heute nicht publiziert.

Der Presserat missbilligt die Veröffentlichung und beruft sich dabei auf Ziffer 2. Wenn **196** eine Person, derart angegriffen wird, ist es journalistisch fair, dieser auch eine Erwiderung zuzugestehen. Da dies nicht geschehen ist, erkennt der Presserat einen deutlichen Verstoß gegen die Sorgfaltspflicht. (B 146/02)

3. Richtigstellung

Anklage gegen einen Rechtsanwalt, spät gemeldeten Freispruch unverzüglich gemeldet

Eine Zeitung berichtet über einen Prozess gegen einen Rechtsanwalt, der sich wegen **197** des Verdachts der Beihilfe zur Falschaussage verantworten muss.

Der Anwalt ist der Ansicht, dass sein Persönlichkeitsrecht verletzt worden sei. Dies sei **198** mittlerweile auch gerichtlich festgestellt worden. In dem Bericht, der auf eine *dpa*-Meldung zurückgehe, sei der Sachverhalt falsch dargestellt worden. Die Zeitung habe über den Prozess berichtet, obwohl er zu diesem Zeitpunkt bereits freigesprochen worden sei.

Die Chefredaktion widerspricht der Behauptung, die Redaktion habe die *dpa*-Meldung **199** verfälscht. Sie merkt an, dass zu dem Zeitpunkt, als die Zeitung die *dpa*-Meldung übernommen habe, noch nichts über den Ausgang des Verfahrens gemeldet worden sei. Der später von *dpa* gemeldete Freispruch habe in der Ausgabe dieses Tages nicht mehr berücksichtigt werden können. Nachdem man von dem Freispruch erfahren habe, sei unverzüglich berichtet worden.

Der Presserat weist die Beschwerde als unbegründet zurück. Inhaltliche Falschdarstel- **200** lungen kann der Presserat nicht feststellen. Sinngemäß gibt der Beitrag das wieder, was in der ersten *dpa*-Meldung enthalten ist. Nachdem die Zeitung vom Freispruch des Anwalts erfahren hat, wurde auch dieser Sachverhalt unverzüglich berichtet. Nach Meinung des Beschwerdeausschusses genügt diese Richtigstellung, um der in Ziffer 3 formulierten Anforderung gerecht zu werden. (B1-214/02)

4. Unlautere Recherchemethoden

Journalisten schleichen sich in ein kirchliches Seminar ein, verdeckte Recherche

Eine Evangelische Akademie lädt ein interessiertes Publikum zu einer Tagung mit dem **201** Thema „Wo bleibb da hummoooa …?" Religion, Kirche, Komik" ein. Unter der Berufsbezeichnung „Student" melden sich auch zwei Männer an, die der Veranstaltung aber nicht bis zu deren Ende beiwohnen. Zwei Monate später erscheint in einer Satire-Zeitschrift unter der Überschrift „Die Ignoranten und die Wahnsinnigen" ein fünfseitiger Artikel, der ein protestantisches Akademiewochenende protokolliert. In dem Beitrag werden die Namen von Seminarteilnehmern genannt und Fotos veröffentlicht.

202   Die Studienleiterin der Akademie, welche die Tagung geleitet hat, bittet den Presserat, diese Berichterstattung zu rügen. Man möge im Blick auf Ausdrucksweise und menschenverachtende sowie sexistische Töne des Artikels geteilter Meinung sein oder sie gar mit Verweis auf die Freiheit der Presse achselzuckend hinnehmen. Dies möge auch im Blick auf namentlich genannte und im Foto abgebildete Personen gelten, soweit sie während der Tagung eine öffentliche Rolle eingenommen hätten. Für inakzeptabel im Sinne von Ziffer 8 halte sie jedoch die Veröffentlichung von Namen und Fotos von Tagungsteilnehmern in Zusammenhang mit herabwürdigenden Urteilen – zumal jegliche Pressefreiheit und inhaltliche Mitteilung auch über eine Anonymisierung gewährleistet worden wäre.

203   Die Chefredaktion der Zeitschrift teilt mit, dass sie sich nicht weiter zu der Beschwerde äußere.

204   Der Presserat sieht vor allem das Persönlichkeitsrecht einer Tagungsteilnehmerin verletzt, die mit Namen genannt und in einem Foto vorgestellt wird. Da es sich bei der Betroffenen um eine Privatperson handelt, war diese Handlungsweise nicht gerechtfertigt. An einer Berichterstattung über sie unter Namensnennung bestand kein öffentliches Interesse. Der Presserat registriert damit einen Verstoß gegen Ziffer 8. Er stellt aber auch einen Verstoß gegen Ziffer 4 fest, da sich die beiden Mitarbeiter der Zeitschrift nicht als Journalisten zu erkennen gegeben haben. Im konkreten Fall bestand kein Anlass für eine verdeckte Recherche. Der Presserat spricht gegen die Zeitschrift eine Missbilligung aus. (B 125/01)

5. Zweitveröffentlichung

Foto eines Toten

205   Die Leserin einer Illustrierten beanstandet die Veröffentlichung von zwei Fotos unter der Überschrift „Barschel Affäre – Zweifel an der Selbstmordtheorie". Die Aufnahmen zeigen den teilweise obduzierten Schädel von Uwe Barschel und den Toten in der Badewanne des Genfer Hotels, wie er 1987 aufgefunden wurde.

206   Die Beschwerdeführerin ist der Ansicht, das aus dem gerichtsmedizinischen Obduktionsbefund stammende Foto missachte die Intimsphäre des Toten und schutzwürdige Interessen der Hinterbliebenen. Eine Rechtfertigung durch das öffentliche Interesse gebe es nicht, da das Foto dem Leser keinen Aufschluss über die Zweifel an der Selbstmordtheorie gebe und keinen Informationswert habe. Die Veröffentlichung des „Badewannen-Fotos" sei nach der Presserats-Entscheidung von 1987 ein erneuter Eingriff in die Belange der Hinterbliebenen, da es ohne neuen Informationsgehalt sei.

207   Der Presserat kann einen Verstoß gegen die Publizistischen Grundsätze nicht erkennen. Die Abbildung des teilweise obduzierten Schädels enthält keine individuellen Züge. Nur die Bildunterschrift gibt darüber Auskunft, dass es sich um den Schädel des Uwe Barschel handelt. Der Presserat sieht die schutzwürdigen Belange der Hinterbliebenen dadurch nicht verletzt. In regelmäßigen Abständen macht die Familie des Toten öffentlich darauf aufmerksam, dass sie die Theorie eines Mordes vertritt und die Aufklärung des Falles fordert. Insofern kommt das veröffentlichte Foto den Interessen der Hinterbliebenen eher entgegen als es ihnen widerspricht. Zwar ist der Zeitschrift im Jahr zuvor wegen einer „Zweitveröffentlichung" des Badewannen-Motivs eine Rüge erteilt worden. Diese Entscheidung bedeutet jedoch nicht, dass Presseorgane künftig an jeglichem Wiederabdruck dieses Fotos gehindert sind. Anlass für die Rüge war, dass die Illustrierte eine Woche nach der Erstveröffentlichung des „Badewannen-Fotos" dasselbe Motiv noch einmal in großer Aufmachung so präsentierte, als seien darin im Vergleich zur eben erfolgten Erstveröffentlichung noch weitere Informationen enthalten. Dies aber war nicht der Fall. Der Presserat hätte eine Zweitveröffentlichung nicht gerügt, wenn das Bild als „Memo" in zurückhaltenderem Format erschienen wäre. Im vorliegenden Fall bewertet der Presserat die neuerliche Veröffentlichung als „Memo". Im Zusammenhang mit der Überschrift erinnert das Foto an die Umstände, die zum Zeitpunkt des Todes von Uwe Barschel herrschten, über den es bis heute offensichtlich noch keinerlei Aufklärung gibt. (B 48/88)

2. Teil. Verfassungsrechtlicher Persönlichkeitsschutz

3. Kapitel. Einführung

§ 6. Verfassungsgeschichtliche und verfassungsdogmatische Grundlagen

Inhaltsübersicht

Schrifttum: *Albers*, Informationelle Selbstbestimmung, 2005; *Assmann, Aleida*, Erinnerungsräume, 1999; *Augsberg/Augsberg*, Kombinationsgrundrechte, AöR 132 (2007), 539 ff.; *Baecker*, Wozu Gesellschaft?, 2007; *Balthasar*, Der Schutz der Privatspähre im Zivilrecht, 2006; *Beck/Beck-Gernsheim*, Individualisierung in modernen Gesellschaften – Perspektiven und Kontroversen einer subjektorientierten Soziologie, in: dies. (Hrsg.), Riskante Freiheiten, 1994; *Böckenförde*, Schutzbereich, Eingriff, verfassungsimmanente Schranken, Der Staat 42 (2003), 165 ff.; *Britz*, Freie Entfaltung durch Selbstdarstellung, 2007; *Castells*, The Network Society, 2004; *Crary*, Aufmerksamkeit, 2002; *Descombes*, L'idée d'un sens commun, Philosophia Scientia, 2002, 147 ff.; *Ehrlich*, Grundlegung der Soziologie des Rechts (1913), 4. Aufl. 1989; *Esposito*, Communitas, 2004; *ders.* Immunitas, 2004; *Fögen*, Das Lied vom Gesetz, 2006; *dies.*, Römische Rechtsgeschichten, 2003; *Franck*, Die Ökonomie der Aufmerksamkeit, 1998; *Fuhrmann*, Persona, in: Marquard/Stierle (Hrsg.), Identität, 1979, 83–106; *Gensollen*, Des résaux aux communautés, Working Paper, 2005; *Gergen*, The Saturated Self, 2000; *Götting*, Persönlichkeitsrechte als Vermögensrechte, 1995; *Grimm*, Die Zukunft der Verfassung, 1991; *ders.*, Persönlichkeitsschutz im Verfassungsrecht, in: Karlsruher Forum 1996, 1997, 3 ff.; *Hesse*, Grundzüge des Verfassungsrechts der Bundesrepublik Deutschland, 1995; *Hoffmann-Riem*, Informationelle Selbstbestimmung in der Informationsgesellschaft, AöR 123 (1998), 513 ff.; *ders.*, Grundrechtsanwendung unter Rationalitätsanspruch, Der Staat 43 (2004), 203 ff.; *Höfling*, Die Unantastbarkeit der Menschwürde, JuS 1995, 857 ff.; *Hufen*, Staatsrecht II; *Jarren*, Medien- und Öffentlichkeitswandel im modernen Staat, AfP 1994, 191 ff.; *Kahl*, Vom weiten Schutzbereich zum engen Gewährleistungsgehalt, Der Staat 43 (2004), 167 ff.; *Kondylis*, Der Niedergang der bürgerlichen Denk- und Lebensform, 2007; *Ladeur*, „Offenheitspflege" im Internet – eine neue Funktion für die objektiv-rechtliche Dimension der „Medienfreiheit"?, in: ders. (Hrsg.), Innovationsoffene Regulierung des Internet, 2003, 101 ff.; *ders.*, Das Medienrecht und die Ökonomie der Aufmerksamkeit, 2007; *ders.*, Datenschutz – vom Abwehrrecht zur planerischen Optimierung von Wissensnetzwerken, DuD 2000, 12 ff.; *ders.*, Der Staat gegen die Gesellschaft, 2006; *ders.*, Kritik der Abwägung in der Grundrechtsdogmatik, 2004; *ders.*, Negative Freiheitsrechte und gesellschaftliche Selbstorganisation, 2000; *ders.*, Das subjektive Recht und der Wunsch nach Gerechtigkeit als sein Parasit, Rechtssoziologie i.E., Manuskript; *Lasch*, Das Zeitalter des Narzißmus, 1995; *Lipovetzki*, Narziß oder die Leere, 1995; *Luhmann*, Das Erziehungssystem der Gesellschaft, 2002; *ders.*, Das Recht der Gesellschaft, 1993; *ders.*, Die Form „Person", in: ders. (Hrsg.) Soziologische Aufklärung Bd. 6, 1995; *ders.*, Die Gesellschaft der Gesellschaft, 2 Bde., 1997; *ders.*, Die Politik der Gesellschaft, 2000; *ders.*, Die Realität der Massenmedien, 1996; *ders.*, Gesellschaftsstruktur und Semantik, 1980; *ders.*, Soziologische Aufklärung Bd. 6, 2. Aufl. 2005; *Masing*, Der Rechtsstatus des Einzelnen im Verwaltungsrecht, in: Hoffmann-Riem/Schmidt-Aßmann/Voßkuhle (Hrsg.), Grundlagen des Verwaltungsrechts Bd. I, 2006, § 7; *Morlok*, Selbstverständnis als Rechtskriterium, 1993; *Riesman*, The Lonely Crowd, New Haven 1950; *Ritter/Gründer* (Hrsg.), Historisches Wörterbuch der Philosophie, Basel, Erscheinungsjahr nach Bd; *Rogozinski*, Le don de la Loi, Paris 1999; *Rorty*, Kontingenz, Ironie und Solidarität, 1989; *Schmitt Glaeser,*, in: Isensee/Kirchhoff (Hrsg.), Handbuch des Staatsrechts der Bundesrepublik Deutschland Bd. VI, 1989, § 129; *Schuppert*, Staatswissenschaft, 2003; *Schuppert/Bumke*, Die Konstitutionalisierung der Rechtsordnung, 2000; *Seemann*, Prominenz als Eigentum, 1996; *Sennett*, Verfall und Ende des öffentlichen Lebens, 1983; *Shawney/Prandelli*, Communities of Creation, California Management Review 42/4 (2000), 24 ff.; *Simon*, Kant, Berlin/New York 2003; *Steinhauer*, Bildregeln, Diss. Frankfurt am Main, 2008 i.E; *ders.*, Gerechtigkeit als Zufall, Wien/New York 2007; *Teubner*, Globale Zivilverfassungen, ZaöRV 63 (2003), 1 ff. *ders.*, Die anonyme Matrix, Der Staat 45 (2006), 161 ff.; *Trilling*, Das Ende der Aufrichtigkeit, 1983; *Vesting*, Soziale Geltungsansprüche in fragmentierten Öffentlichkeiten, AöR 122 (1997), 337 ff.; *ders.*, Das Internet und die Transformation des Datenschutzes, in: Karl-Heinz Ladeur (Hrsg.), Innovationsoffene Regulierung des Internet, 2003, 155 ff.; *ders.*, Prozeduales Rundfunkrecht, 1997; *ders.*, Rechtstheorie, 2007; *Whitman*, „Human dignity" in Europe and the United States, in: Nolte (ed.), European and US Constitutionalism, Cambridge 2005, 108 ff.; *ders.*, Enforcing Civility and Respect, The Yale Law Journal 109 (2000), 1279 ff.; *ders.*, The Two Western Cultures of Privacy, Yale Law Journal 113 (2004), 1151 ff.

A. „Konstitutionalisierung" des Persönlichkeitsschutzes

I. Das allgemeine Persönlichkeitsrecht als Produkt richterlicher Rechtsfortbildung

1   Das **„allgemeine Persönlichkeitsrecht"** ist ein Produkt der jüngeren Rechtsentwicklung.[1] Seine verfassungsrechtliche Karriere ist durch **richterliche Rechtsfortbildung** ausgelöst worden, insbesondere durch die Rechtsprechung des Bundesverfassungsgerichts seit dem Elfes-Urteil.[2] Der dogmatische Ausgangspunkt der Konstruktion eines allgemeinen Persönlichkeitsrechts als „unbenanntes Freiheitsrecht" wird heute allgemein in der Verknüpfung zweier Grundrechtstatbestände gesehen, nämlich der Verknüpfung des Grundrechts der freien Entfaltung der Persönlichkeit aus Art. 2 Abs. 1 GG und der Menschenwürde aus Art. 1 Abs. 1 GG.[3] Solche Verknüpfungsformen sind in neuerer Zeit als **„Kombinationsgrundrechte"** bezeichnet worden und das allgemeine Persönlichkeitsrecht als „Archetyp der Kombinationsmethodik".[4] Nach einer in der Kommentarliteratur

---

[1] BVerfGE 54, 148, 153 – *Eppler* (allgemeines Persönlichkeitsrecht = „unbenanntes Freiheitsrecht"); zur Entwicklung der Rechtsprechung *Grimm* in: Karlsruher Forum 1996, S. 3 ff.; *Dreier*, GG, Art. 2 I, 68 ff.; *Schmitt Glaeser*, HdStR VI, § 129, Rn. 9; *di Fabio* in: Maunz/Düring/Herzog (Hrsg.), GG, Art. 2 Abs. 1, Rn. 127 ff.; v. Mangoldt/Klein/*Starck*, GG I, Art. 2 Abs. 1, Rn. 14 ff.; *Albers*, Selbstbestimmung, S. 193 ff., 217 ff.; *Britz*, Freie Entfaltung, S. 2 ff.; vgl. auch *Schuppert/Bumke*, Die Konstitutionalisierung, S. 12 ff.; *Bernhard von Becker*, Fiktion und Wirklichkeit im Roman, 2006, 49 ff.

[2] BVerfGE 6, 32, 41 – *Elfes* („letzter unantastbarer Bereich menschlicher Freiheit"); 27, 1, 6 f. – *Mikrozensus* („unantastbarer Bereich privater Lebensgestaltung").

[3] Vgl. nur BVerfGE 27, 1, 6 – *Mikrozensus*; 101, 361, 379 – *Caroline von Monaco II*; 117, 202, 226 – *heimlicher Vaterschaftstest*; weitere umfangreiche Nachweise bei *di Fabio* (Fn. 1).

[4] Vgl. nur *Augsberg/Augsberg* AöR 132 (2007), 539 ff., 569; der Begriff „Kombinationsgrundrecht" stammt von *Höfling* JuS 1995, 857, 862.

verschiedentlich ausgeführten Ansicht handelt es sich beim allgemeinen Persönlichkeitsrecht aber richtigerweise nicht um ein „Zwillingsgrundrecht",[5] bei dem Art. 2 Abs. 1 und
Art 1 Abs. 1 kumulativ zur Anwendung kämen.[6] **Art. 1 Abs. 1 GG** fungiert im allgemeinen Persönlichkeitsrecht nicht als eigentlich betroffene Norm, sondern nur als **objektive
Leit- und Auslegungsrichtlinie.**[7] Eine andere Auffassung verbietet sich schon wegen
der privilegierten Stellung des Menschenwürdeschutzes, der im Grundgesetz schrankenlos gesichert ist (Art. 1 Abs. 1 GG). Dagegen konkurriert das Persönlichkeitsrecht – insbesondere als Recht auf Selbstdarstellung in der Öffentlichkeit – notwendigerweise mit
anderen Grundrechten und der Eigenrationalität der durch sie geschützten Handlungs-
felder, insbesondere mit der Dynamik des durch die Kommunikations- und Medienfreiheiten (Art. 5 Abs. 1 und Abs. 3 GG) geschützten Presse-, Fernseh- und Kunstbetriebs.
Das allgemeine Persönlichkeitsrecht ist damit viel stärker als die Menschenwürdegarantie
unvermeidlichen Konflikten zwischen verschiedenen Handlungsfeldern und Rationalitäten innerhalb der Gesellschaft ausgesetzt, die der Kompatibilisierung bedürfen und damit
eo ipso Einschränkungen des Persönlichkeitsschutzes nach sich ziehen.

Aufgrund seiner rechtsdogmatischen Ableitung aus Art. 2 Abs. 1 GG kann das allge-   2
meine Persönlichkeitsrecht nicht vom Grundrecht der **„allgemeinen Handlungsfreiheit"** getrennt werden, dessen Karriere ebenfalls mit dem **Elfes-Urteil** des Bundesverfassungsgerichts beginnt.[8] Mit diesem Urteil beginnt allerdings auch die alles andere als
unproblematische Entdifferenzierung des Rechts der freien Persönlichkeitsentfaltung zu
einer unspezifischen allgemeinen Handlungsfreiheit. Dass diese Mutation des Art. 2
Abs. 1 GG zu einer als Auffanggrundrecht fungierenden „Beliebigkeitsfreiheit" insbesondere in der Kommentarliteratur bis heute im Großen und Ganzen auf breite Akzeptanz
stößt, ist insofern verwunderlich, als nicht nur der Wortlaut von Art. 2 Abs. 1, 1. Halbsatz
GG („freie Entfaltung seiner Persönlichkeit"), sondern auch die Schranke des Art. 2 Abs. 1
, 2. Halbsatz GG (Rechte anderer, verfassungsmäßige Ordnung, Sittengesetz) eine re-
striktivere Lesart sowohl des Schutzbereiches der Norm als auch der Schranke – jenseits
ihrer Interpretation als verfassungsmäßige Gesamtrechtsordnung[9] – nahegelegt hätte. Immerhin ist die Notwendigkeit der Grenzziehung (von Schutzbereichen), ohne die keine
Grundrechtsdogmatik auskommt, in der jüngeren Rechtsprechung des Bundesverfassungsgerichts – etwa im Fall von Produktwarnungen (Art. 12 GG), im Fall der Warnung
vor Sekten (Art. 4 GG) und im Ausschluss von nicht-politischen Versammlungen aus dem
Versammlungsbegriff des Art. 8 GG – zu Recht (wieder) stärker akzentuiert worden.[10]
Es wäre deshalb an der Zeit, diese Ansätze zu systematisieren und auch auf die allgemeine
Handlungsfreiheit zu übertragen. Das muss nicht zwingend zu der schon früh in der
Literatur vertretenen Persönlichkeitskerntheorie führen,[11] aber eine wieder stärker an den
Wortlaut des Grundgesetzes anknüpfende Interpretation von Art. 2 Abs. 1 GG müsste
doch reflektieren, dass ein Grundrecht, das vom Taubenfüttern über das Reiten im Wald

---

  [5] *Starck* (Fn. 1), Rn. 15, 56 f.

  [6] Sachs/*Murswiek*, Grundgesetz-Kommentar, Art. 2, Rn. 63; vgl. auch *Dreier* (Fn. 1), Rn. 68; *Ladeur*
(in diesem Handbuch).

  [7] BVerfGE 33, 367, 377 – *Sozialarbeiter*; Starck (Fn. 1), Rn. 15; *Schmitt Glaeser* (Fn. 1), Rn. 17; *Ladeur*
(in diesem Handbuch), *Dreier* (Fn. 1), Rn. 68; *Murswiek* (Fn. 6), Rn. 63; *Höfling* (Fn. 4), 862; noch weiter gehender *Britz* (Fn. 1), S. 25, die das allgemeine Persönlichkeitsrecht ganz von Art. 1 Abs. 1 GG
entkoppeln will.

  [8] BVerfGE 6, 32, 40 ff. – *Elfes.*

  [9] So bekanntlich schon BVerfGE 6, 32, 38 – *Elfes* („allgemeine Rechtsordnung", „die materiellen
und formellen Normen der Verfassung").

  [10] BVerfGE 105, 252 – *Glykol*; 105, 279, 294 – *Osho*; NJW 2001, 2459, 2460 – *Love Parade*; kritisch
dazu *Kahl* Der Staat 43 (2004), 167 ff.; und die Erwiderung von *Hoffmann-Riem* Der Staat 43 (2004),
203 ff.; vgl. auch *Böckenförde* Der Staat 42 (2003), 165 ff.; *Ladeur*, Grundrechtsdogmatik, S. 79, 83.

  [11] Vgl. dazu aus der Literatur *Hesse*, Verfassungsrecht, Rn. 428.

nahezu jede beliebige menschliche Betätigung schützt, nur um den Preis der Selbstaufgabe aller Differenzen, der „Banalisierung von Grundrechten",[12] zu haben ist.

II. Das allgemeine Persönlichkeitsrecht als eigenständiges Grundrecht

3   Das allgemeine Persönlichkeitsrecht ist **kein Supergrundrecht** auf **grenzenlose Anerkennung des Selbst** im sozialen Verkehr, auch kein „allgemeines und umfassendes Verfügungsrecht über die Darstellung der eigenen Person".[13] Trotz seiner dogmatischen Ableitung aus der allgemeinen Handlungsfreiheit haben Rechtsprechung und Dogmatik mit dem allgemeinen Persönlichkeitsrecht ein **eigenständiges Grundrecht** aus dem weiteren Grundrecht der allgemeinen Handlungsfreiheit ausdifferenziert. Auch wenn das „Allgemeine" des allgemeinen Persönlichkeitsrechts auf den ersten Blick einen gesteigerten Respekt vor dem Einzelmenschen im Sinne einer körperlich und seelisch voll individuierten Einheit zum Ausdruck zu bringen scheint, zerfällt das allgemeine Persönlichkeitsrecht bei seiner richterrechtlichen Aktualisierung doch zwangsläufig in einzelne **Grundrechtsfragmente** (Schutz der Intimsphäre, Recht am eigenen Bild, Recht am eigenen Wort, Ehrenschutz usw.); außerdem kann es als dynamisches Grundrecht in seinem Schutzgehalt nicht abschließend fixiert und „systematisiert" werden. Nach zutreffender – und auch vom Bundesverfassungsgericht selbst wiederholt geäußerter – Ansicht verdichtet sich der in Art. 2 Abs. 1 GG angelegte Persönlichkeitsschutz erst bei „Grundrechtslücken" in bestimmten sozialen und institutionellen Kontexten, etwa bei neuartigen und von anderen Grundrechten nicht abgedeckten (technischen) Gefährdungen zu einer eigenen, den speziellen Freiheitsrechten angenäherten Grundrechtsgarantie, d. h. es fallen grundsätzlich solche Handlungen und Handlungskontexte in den Schutzbereich des allgemeinen Persönlichkeitsrechts, die nicht Gegenstand der besonderen Freiheitsgarantien des Grundgesetzes sind, „diesen aber in ihrer konstituierenden Bedeutung für die Persönlichkeit nicht nachstehen".[14] Die Notwendigkeit dieser „Lückenschließung" durch richterliche Rechtsfortbildung wird über Veränderungen des „Realbereichs" der Norm und hier insbesondere über eine folgenorientierte Argumentation entwickelt, die an „neuartige(n) Gefährdungen der Persönlichkeitsentfaltung" orientiert ist.[15] Zu diesen **neuartigen Gefährdungen** der **Persönlichkeitsentfaltung** hat das Bundesverfassungsgericht im Volkszählungsurteil die Kapazitäts- und Leistungsgewinne der staatlichen Informationsverarbeitung gezählt, wie sie aus der Substitution einer aktenförmig arbeitenden Bürokratie durch das neue Medium des Computers resultieren.[16] In diesem Kontext ist ein relativ weit verstandenes Recht auf „informationelle Selbstbestimmung" geschaffen worden, „die Befugnis des einzelnen, grundsätzlich selbst zu entscheiden, warum und innerhalb welcher Grenzen persönliche Lebenssachverhalte offenbart werden".[17] Das Allgemeine des allgemeinen Persönlichkeitsrechts besteht im Unterschied zur allgemeinen Handlungsfreiheit also gerade darin, ein Sammelbegriff für notwendigerweise **fragmentierte Persönlichkeitsrechte** zu sein. Es handelt sich beim allgemeinen Persönlich-

---

[12] BVerfGE 80, 137, 168 – *Reiten im Walde* (Sondervotum Grimm); kritisch auch *Jestaedt*, Grundrechtsentfaltung im Gesetz, 1999, S. 44 ff.

[13] BVerfG, 1 BvR 1602/07 v. 26. 2. 2008, Rn. 46. BVerfGE 101, 361, 380 – *Caroline von Monaco II*; vgl. auch 99, 185, 194 – *Scientology*; 97, 125, 148 f. – *Titelseiten*; 82, 236, 269 – *Schubart*; 54, 148, 153 – *Eppler*; vgl. auch *Schmitt Glaeser* (Fn. 1), Rn. 27.

[14] BVerfGE 101, 361, 380 – *Caroline von Monaco II*; vgl. auch 99, 185, 193 – *Scientology*; 54, 148, 153 – *Eppler*.

[15] BVerfGE 101, 361, 380 – *Caroline von Monaco II*.

[16] BVerfGE 65, 1, 41 f. – *Mikrozensus*; vgl. jetzt auch 1 BvR 370/07 v. 27. 2. 2008, Rn. 201 (Grundrecht auf Gewährleistung der Integrität und Vertraulichkeit informationstechnischer Systeme.

[17] BVerfGE 65, 1, 42 – *Mikrozensus*; 1 BvR 2388/03 v. 10. 3. 2008, Rn. 59; weitere Nachwiese bei *Dreier* (Fn. 1), Rn. 68, 69; vgl. auch *Albers* (Fn. 1), S. 152 ff.

keitsrecht mit anderen Worten um einen flexiblen („innovationsoffenen") Grundrechts-tatbestand, dessen Einzelkomponenten aus Rück- und Vorgriffen auf seine eigene An-wendungsgeschichte in einem prinzipiell endlosen Prozess der Rechtsfortbildung erzeugt werden.[18]

III. Kein klassisches Grundrecht

Das **allgemeine Persönlichkeitsrecht** lässt sich ebenso wenig wie die **allgemeine** 4 **Handlungsfreiheit** aus der Geschichte der westlichen Freiheitsproklamationen oder der Moralphilosophie Kants herleiten.[19] Als Produkte richterlicher Rechtsfortbildung setzen allgemeines Persönlichkeitsrecht und allgemeine Handlungsfreiheit schon insofern einen **tiefen institutionellen Einschnitt** in der neueren Verfassungsgeschichte voraus, als noch die Weimarer Verfassung die Möglichkeit einer die Individualbeschwerde einschließenden Verfassungsgerichtsbarkeit nicht kannte und man daher im Weimarer Verfassungsrecht auch keinerlei Beobachtungen zum allgemeinen Persönlichkeitsrecht und zur allge-meinen Handlungsfreiheit findet. Aber auch der Sache nach ist die Rückverweisung an die liberale Tradition eher irreführend. Sie korreliert das allgemeine Persönlichkeitsrecht und die allgemeine Handlungsfreiheit letztlich mit dem **Vernunftsubjekt** von **neuzeit-lichem Rationalismus** und **Aufklärung** (der Mensch als Person, als Zweck an sich selbst). Dabei wird aber schlicht übersehen, dass insbesondere Kants Moralphilosophie „nicht den Menschen als konkretes Einzelwesen mit seinen vielfältigen, auch materiellen Interessen im Auge hatte, sondern das überindividuelle Vernunftsubjekt der ‚sittlichen Persönlichkeit'".[20] Das bedeutet vor allem, dass Kants abstraktes Vernunftsubjekt von sei-ner Kehrseite, der Selbstbindung an eine ebenso **abstrakte fremde Vernunft,** nämlich der des allgemeinen *Gesetzes,*[21] nicht gelöst werden kann. Eine freie Person im kantischen Sinn ist *per se* an Regeln gebunden (Autonomie), und zwar an solche, die auch jeder an-dere akzeptieren kann. Die universelle Freiheit des Subjekts korrespondiert hier immer mit universellen Pflichten, und gerade diese **Abstraktheit** des **nomologischen Gesetz-begriffs** ist bis heute Gegenstand der (philosophischen) Kant-Kritik. Jedenfalls ist Kants Freiheitsbegriff mit der Vorstellung einer allgemeinen Handlungsfreiheit als individueller Beliebigkeitsfreiheit unvereinbar. Eine solche Freiheit zur Beliebigkeit kann im Übrigen auch nicht der *Virginia Bill of Rights* von 1776 oder der französischen Menschenrechtsdekla-ration von 1789 unterlegt werden.

In Wahrheit ist die **Beziehung** zwischen dem **Vernunftsubjekt cartesianisch-kanti-** 5 **scher Prägung** und dem **liberalen Recht** viel komplizierter als es viele Interpretationen des Art. 2 Abs. 1 GG heute wahrhaben wollen. Das überindividuelle Vernunftsubjekt der „sittlichen Persönlichkeit" hat sich nicht etwa in der allgemeinen Handlungsfreiheit und/ oder dem allgemeinen Persönlichkeitsrecht materialisiert, vielmehr kann die **liberale**

---

[18] Ähnlich *Schmitt Glaeser* (Fn. 1), Rn. 28, 29. Eine andere Frage ist, ob diese sachbereichsbezoge-nen Konkretisierungen immer gelungen sind. Das wird man gerade für den Fall des Rechts auf informationelle Selbstbestimmung bezweifeln müssen, dessen Schutzbereich vom Bundesverfas-sungsgericht – auf der Grundlage einer kaum akzeptablen Staatsfixierung – zu weit gefasst worden ist. Kritisch zu einer umfassenden Datenschutz-Schutzpflicht etwa *di Fabio* (Fn. 1), Rn. 190. Vgl. allg. zur Problematik der Anpassung des Datenschutzes an neue soziale Bedingungen *Albers* (Fn. 1); vgl. auch *Vesting* in: Ladeur (Hrsg.), Innovationsoffene Regulierung des Internet, 155 ff.; *Hoffmann-Riem* AöR 123 (1998), 513 ff.; *Ladeur* DuD 2000, 12 ff.

[19] So aber z. B. *Starck* (Fn. 1), Rn. 1, 9; *Dreier* (Fn. 1) Art. 2 I, Rn. 5; vgl. auch *Hufen*, Staatsrecht II, S. 178 (der Mensch als „Zweck an sich"); kritisch (im weiteren Kontext der Menschwürde) *Whit-man* in: Nolte (ed.), European and US Constitutionalism, S. 108, 111 (the magnificent abstractions of Kant „have little to do with the socio-historical reality of dignity in Europe.")

[20] *Götting*, Persönlichkeitsrechte, S. 5.

[21] Dazu aus philosophischer Sicht etwa *Simon*, Kant, S. 148, 152 (Person); *R. Esposito*, Communitas, S. 110.

Rechtstradition mit ihrer umfassenden Rechts- und Verfassungsbindung gar nicht ohne dieses Vernunftsubjekt kohärent gedacht werden. Anders gesagt: Das Vernunftsubjekt cartesianisch-kantischer Prägung ist als mitlaufender Subtext in nahezu *jede* klassisch-liberale Rechtsvorschrift eingeschrieben. Es mag an dieser Stelle genügen, für das Privatrecht etwa auf die Anerkennung der Rechtsfähigkeit *jeder* natürlichen Person (§ 1 BGB), die Willensfreiheit (§ 130 BGB) und das Institut der Privatautonomie (§ 145 BGB) hinzuweisen. Auch das Verfassungsrecht konkretisiert die „sittliche Persönlichkeit" in ganz unterschiedlichen sozialen Zusammenhängen, etwa im Bereich der Wirtschaft als Eigentums- und Berufsfreiheit (Art. 14, 12, 2 Abs. 1 GG), im Bereich der öffentlichen Kommunikation als Meinungs-, Presse- oder Versammlungsfreiheit (Art. 5 Abs. 1, 8 Abs. 1 GG) und im Bereich der Religion als individuelle und kollektive Religionsfreiheit (Art. 4 GG). Auch der verfassungsrechtliche Persönlichkeitsschutz ist (und muss) von vornherein auf bestimmte soziale und institutionelle Zusammenhänge zugeschnitten (werden), und zwar solche, die aus der Kollision von besonderen Persönlichkeitsrechten einerseits und den hochverdichteten Rationalitäten der unterschiedlichen Funktionssysteme der modernen Gesellschaft andererseits resultieren. Damit sind vor allem die Medien angesprochen.

B. Persönlichkeitsschutz – systematisch und historisch

I. Das Persönlichkeitsrecht – Recht des Menschen oder Kommunikationsgrundrecht?

6   Eine verfassungsgeschichtliche Grundlegung des Persönlichkeitsschutzes gewinnt erst festen Boden unter den Füßen, wenn sie erkennt und anerkennt, dass das Persönlichkeitsrecht eine andere, außerhalb seiner selbst liegende Seite hat, von der es gerade als Persönlichkeits*recht* nicht getrennt werden kann. Diese andere Seite des Persönlichkeitsrechts kann man seine **mediale und soziale Epistemologie** nennen. **Mediale Epistemologie** meint: Das allgemeine Persönlichkeitsrecht ist ersichtlich von einem Netzwerk schriftbasierter juristischer Kommunikation (und daran gebundener Kognitionen) abhängig. Als Gegenstand richterlicher Rechtsfortbildung und einer diese Rechtsfortbildung kommentierenden Literatur ist das allgemeine Persönlichkeitsrecht Ausdruck einer **textabhängigen Beobachtung des Rechtssystems** auf der Ebene zweiter Ordnung.[22] Seine Verwendung und Anwendung erfolgt zwar normalerweise in Kontexten, die mit besonderen juristischen Fachausdrücken durchsetzt sind, z. B. in einem Gerichtsurteil, Kommentar oder Anwaltsschriftsatz, aber letztlich bleibt auch dieser rechtsspezifische Gebrauch der Schriftsprache an die normale Schriftsprache gekoppelt. Damit verweist die Verwendung des Begriffs „allgemeines Persönlichkeitsrecht" in einem juristischen Kontext zwingend auf die transsubjektive Struktur der Schrift, auf ihre allgemeinen Formen und Regeln, auf die gemeinsam geteilten Bedeutungen der Worte, während es eine rein privatjuristische Behandlung des Persönlichkeitsrechts so wenig geben kann wie eine Privatsprache im Sinne von *L. Wittgenstein.* Jede Interpretation des allgemeinen Persönlichkeitsrechts knüpft notwendigerweise an ein schon existierendes gemeinsames Wissen an, das die textbasierte Rechtssprache voraussetzt; und dieses Netzwerk schriftbasierter juristischer Kommunikation, in dem die Semantik des allgemeinen Persönlichkeitsrechts laufend reproduziert und variiert wird, bleibt seinerseits in ein Netzwerk sozialer Kommunikation eingeflochten.

7   Damit verweist die mediale Epistemologie des allgemeinen Persönlichkeitsrechts zugleich auf eine **soziale Epistemologie.** Das Persönlichkeitsrecht ist nicht nur von artifiziellen, in der juristischen Kommunikation benutzten Medien abhängig, sondern auch

---

[22] Vgl. dazu näher *Vesting*, Rechtstheorie, Rn. 10 ff. m.w.N.

von **praktischen Verwendungserfahrungen** (und ein daran gebundenes Wissen), das nicht in abstrakten Definitionen gespeichert und im Rechtssystem „autonom" verwaltet werden kann. Alle Rechtsnormen basieren auf gewissen Grundannahmen darüber, „wie die kulturelle Umwelt, auf die sie angewandt werden sollen, beschaffen ist".[23] Das gilt auch für die verfassungsrechtlichen Persönlichkeitsrechte. Was wir juristisch unter **„Person"** verstehen, ist unausweichlich an soziale Operationen, an die überlappenden Kommunikationsnetzwerke der postmodernen Gesellschaft gebunden. In der **postmodernen heterarchischen „zentrumslosen" Gesellschaft** (im Unterschied zur hierarchischen „zentralistischen" Adelsgesellschaft der Tradition) ist für Personen kennzeichnend, dass diese „Berufe, Mitgliedschaften, präferierte Interaktionen wählen und in der Wahl identisch bleiben" müssen,[24] nicht aber länger durch ihren sozialen Status identifiziert werden. Personen agieren hier auf ganz verschiedenen Plätzen und müssen sich in ihrer jeweiligen Rolle als Vater, Ehemann, Liebhaber, Rennfahrer, als Hebamme, Politikerin oder Society Kolumnistin in die jeweils eigenständigen Bedingungen der verschiedenen sozialen Handlungszusammenhänge einklinken – und dabei z.T. im Laufe von Sekunden ganz unterschiedliche Rollen in Einklang bringen, z. B. die Rolle des fürsorgenden Vaters *und* des halsbrecherischen Rennfahrers, wenn die junge Mutter plötzlich mit ihrem Baby in die Boxengasse kommt. Je komplexer diese Rollenvielfalt, je komplexer die Person. Ein derartiges Rollenmanagement kann aber auch misslingen und zu einer Spaltung der Persönlichkeit führen: Auf dem Laufsteg die strahlende und selbstbewusste Schönheit, im wirklichen Leben nichtssagend und matt. *N. Luhmann* hat diese Bindung aller Personalität an gesellschaftliche Kommunikationsnetzwerke auf die Formel gebracht, dass Person eine Form sei, genauer, eine Zwei-Seiten Form im Sinne von *G. Spencer Brown.* „Der Mensch – das ist die andere unmarkierte Seite der Form ‚Person'".[25] „Persönlichkeit" im Sinne des Persönlichkeitsrechts ist also gerade nicht die **abstrakte Person** à la Kant, die Person als Zweck an sich selbst, sondern die **relationale** Person, die Person, die durch die *Einschränkung* von sozialen Verhaltensmöglichkeiten charakterisiert ist, nämlich durch solche, die aus den Anschlusszwängen und -möglichkeiten bereits stattgefundener Kommunikationen resultieren. Wenn das „erste" Wort gesagt ist, kann diese Dynamik *nie* mehr rückgängig gemacht werden.

Auch wenn *Luhmanns* soziologischer Personenbegriff nicht einfach eins zu eins in ei- **8** nen verfassungsrechtlichen Kontext übertragen werden darf (und hier im Hinblick auf die mit ihm verbundene strikte Trennung von Kommunikation und Bewusstsein auch nicht übernommen werden soll), ist sein Ansatzpunkt, Person als Form und damit als Ausdruck einer sozial (und nicht natürlich) konstituieren Grenzziehung zu begreifen, doch fruchtbar. Auch der verfassungsrechtliche Persönlichkeitsschutz setzt die **Unterscheidung** von **Person** und (empirisch-physischem) **Mensch** voraus. Die Person des allgemeinen Persönlichkeitsrechts gibt es nur als Artefakt der gesellschaftlichen Kommunikation. Das allgemeine Persönlichkeitsrecht ist einerseits eine im Rechtssystem selbst – auf der Ebene der Beobachtung zweiter Ordnung – vorzunehmende und daher notwendigerweise an Schrift gebundene Zurechnung auf bestimmte Rollen, Funktionen und Handlungen einzelner „natürlicher" oder anderer juristischer Personen (Organisationen). Andererseits sind insbesondere öffentlichkeits- und kommunikationsbezogene Persönlichkeitsrechte – der Schutz der Privatsphäre (in einem weiten Sinn), der Schutz der Intimkommunikation, der Schutz der Ehre, das Recht am eigenen Bild, das Recht am eigenen Wort usw.[26] – von Handlungsmöglichkeiten und -beschränkungen innerhalb bestimmter sozialer Kontexte und Institutionen abhängig. **Persönlichkeitsrechte** sind

---

[23] *Seemann*, Prominenz, S. 20; vgl. allg. *Ladeur*, Negative Freiheitsrechte.

[24] *Luhmann*, Die Gesellschaft der Gesellschaft, S. 771.

[25] *Luhmann*, Das Erziehungssystem der Gesellschaft, S. 28; vgl. auch *ders.*, Soziologische Aufklärung Bd. 6, S. 137 ff.; *ders.*, Organisation und Entscheidung, S. 89 ff.

[26] Dazu näher *Ladeur* (Fn. 6).

andersherum formuliert **nie Rechte des empirischen Menschen** im Sinne von Rechten eines an sich sozialitätslosen (sprachlosen) Individuums, das sich ursprünglich „beliebig" und „unbegrenzt" selbst bestimmt, selbst darstellt und dabei, gewissermaßen im zweiten Schritt, auf die „beliebigen" und „unbegrenzten" Selbstbestimmungs- und Selbstdarstellungsrechte anderer an sich sozialitätsloser (sprachloser) Individuen stößt. Das ist eine völlig irreführende Vorstellung, die auch in der vom Bundesverfassungs-gericht verwendeten Formel von der „Spannung Individuum – Gemeinschaft", der „Ge-meinschaftsbezogenheit und Gemeinschaftsgebundenheit der Person" mitgeschleppt wird, [27] so als könnte es das Individuum auch ohne Gemeinschaft geben.

9   Mit der Unterscheidung von (empirisch-physischem) Mensch und (artifizieller) Person und der Akzentuierung von **sozialen Rollen,** die einer Person in der Kommunikation zugeschrieben werden, wird hier zugleich an einen alten Sprachgebrauch angeknüpft. Das lateinische **persona** bezeichnete ursprünglich eine im (griechischen) Theater von den Schauspielern verwendete Maske, die die zu spielende Rolle typisierte und zugleich als Schallverstärker benutzt wurde (von *personare*, durchtönen). Schon bei *Cicero* ist *persona* als Name für eine Rolle im sozialen Leben (und nicht mehr nur im Theater) belegt, wie z. B. der Übernahme der Rolle des Verteidigers in einem Gerichtsverfahren oder der Übernahme der Funktion des Quästors in der *res publica*.[28] Person meinte also traditionel-lerweise immer eine **soziale Zuschreibung** (mittels Sprache und Medien), die im Kon-text der alteuropäischen zentralistischen Adelsgesellschaft durch sozialen Status, Geburt, Herkunft oder Schicksal fixiert war. Dieser Rahmen macht sich auch im römischen Zi-vilrecht bemerkbar, auch wenn der Begriff *persona* dort eher farblos als Bezeichnung für beliebige menschliche Individuen, auch für Sklaven, verwendet wird.[29] Die Bindung an den sozialen und politischen Status blieb jedenfalls noch der traditionelle Sprachge-brauch, nachdem der Begriff schon stark in das Fahrwasser des (liberalen) Individualis-mus geraten war.[30] Erst in der frühen Neuzeit löste sich der Personenbegriff von diesen ontologischen Verankerungen und erhielt jetzt insofern einen veränderten Sinn, als Per-son bei *Th. Hobbes* nicht mehr Repräsentation eines Seins ist, „sondern Präsentation eines Selbst, das sich für Zwecke des sozialen Verkehrs festlegt."[31] Das ist zugleich die Ab-sprungbasis für den technischen Begriff der juristischen Person, unter dem das heutige Recht bekanntlich ein Rechts*subjekt* versteht, d. h. einen Träger von Rechten und Pflich-ten. In der postmodernen zentrumslosen Gesellschaft und einer darauf eingestellten Rechtstheorie wird dieses konstruktive Moment im Personenbegriff in dem Sinne zuge-spitzt, dass die Vorstellung eines Personensubjekts, das selbständig existieren könnte – außerhalb des Beziehungsgeflechts, in dem es seinen Platz einnimmt[32] – aufgegeben und durch die Vorstellung einer **anfänglichen Verstrickung der Person in soziale Kom-munikationsnetzwerke** ersetzt wird. Wer „Ich" sagt, muss kommunizieren und rückt damit unweigerlich in die symbolische Ordnung der Sprache, ihre Regeln und Lebens-formen ein.[33] Deshalb ist das **Persönlichkeitsrecht** richtigerweise als **Kommunika-**

---

[27] Vgl. nur BVerfGE 65, 1, 44 – *Mikrozensus*. Damit wird die liberale Tradition der Selbstdisziplin und des Ordnungsvertrauens verfehlt, das an die Stelle von Tradition (und Religion) tritt; vgl. nur *Esposito*, Immunitas, S. 113 ff., 120 f., 136 f., 150 f.

[28] Vgl. Eintrag ‚Person' in: Ritter/Gründer (Hrsg.), Historisches Wörterbuch der Philosophie; vgl. auch *Fuhrmann* in: Marquard/Stierle (Hrsg.), Identität, S. 83 ff., 88 f.

[29] Vgl. dazu *Fuhrmann*, ebd., S. 96 f.

[30] Das Lateinlexikon von *Egidio Forcellini* (1965) fasst den römischen Sprachgebrauch von *persona* in dem Satz zusammen: „Persona est conditio status, munus, quod quisque inter homines et in vita civili gerit", hier zitiert nach *Luhmann* (Fn. 25 – Aufklärung), S. 141.

[31] *Luhmann* (Fn. 24), S. 907; vgl. auch S. 997 (zum Personenbegriff bei *Balthasar Gracian*).

[32] Nahezu wörtlich übernommen von *Guéhenno*, Das Ende der Demokratie, S. 57.

[33] Vgl. dazu *Ladeur*, Das subjektive Recht und der Wunsch nach Gerechtigkeit als sein Parasit, erscheint in Rechtssoziologie 2008 i.E., Manuskript S. 15 f.; vgl. auch allg. *Descombes* Philosophia Scientia, 2002, 147 ff. (unter Rekurs auf Wittgenstein).

tionsgrundrecht zu bestimmen. Es rekurriert auf das Individuum als **Verkehrsknoten-punkt** gesellschaftlicher Kommunikation, nicht aber auf das Individuum als Mensch, auf die **Biomasse** des **menschlichen Körpers.**[34]

II. Persönlichkeitsschutz und bürgerliche Ehrenordnung

Dass der verfassungsrechtliche Persönlichkeitsschutz zwangsweise auf bestimmte soziale Umwelten und eine dort verankerte mediale und soziale Epistemologie verweist, **10** heißt historisch vor allem, dass **Evolution** und **Karriere** des **Persönlichkeitsrechts** nicht von der **Infrastruktur von Regeln und Konventionen** getrennt werden kann, die noch in den Kommunikationsnetzwerken der bürgerlichen Gesellschaft des 19. Jh. im Begriff der (bürgerlichen) **Ehre** kondensiert waren. Der Begriff der Ehre ist kein beliebig definierbarer Begriff, sondern war in der Vergangenheit – und ist es teilweise noch heute – an eine **Ehrenordnung** im Sinne einer kollektiven gesellschaftlichen Einrichtung und damit an relativ stabile praktische Wissensbestände gebunden.[35] Wie sehr diese Vergangenheit einer Ehrenordnung noch die jüngere verfassungsrechtliche Vorstellung des allgemeinen Persönlichkeitsrechts geprägt hat, zeigt sich nicht zuletzt daran, dass Persönlichkeitsrechte in der Rechtsprechung des Bundesverfassungsgerichts nicht selten über den Unterschied zum Ehrenschutz konturiert worden sind, indem der Schutz der Persönlichkeit in einer über den Ehrschutz hinausgehenden Absetzbewegung jeweils bereichsspezifisch mit neuen Facetten angereichert worden ist, z. B. durch die Konstruktion eines über ehrrührige Verwendungen/Darstellungen hinausgehenden Persönlichkeitsrechts am eigenen Bild.[36]

Für das **Recht auf Selbstdarstellung** in der Öffentlichkeit gilt die genetische Abhän- **11** gigkeit des Persönlichkeitsschutzes von einem gemeinsamen Ehrenkodex sogar uneingeschränkt. Das Recht auf Selbstdarstellung gewann eine fassbare Kontur erst durch Rückverweisung an den gesellschaftlichen Begriff der bürgerlichen Ehre und das daran gebundene gemeinsame praktische Wissen, das bis in die jüngste Vergangenheit in erster Linie Gegenstand des kommunikationsbezogenen Strafrechts war (§§ 185 ff. StGB).[37] Gegen diesen Ehrenschutz existierte zunächst auch nur ein eingeschränktes Presseprivileg im Rahmen einer nur begrenzt zulässigen „Wahrnehmung berechtigter Interessen" (§ 193 StGB).[38] Auch das Zivilrecht verwies über § 823 Abs. 2 BGB auf den strafrechtlichen Ehrenschutz und kannte darüber hinaus nur einzelne (besondere) Persönlichkeitsrechte, wie etwa das Namensrecht (§ 12 BGB) und die in § 824 BGB verankerte Kreditwürdig-

---

[34] Die Biomasse menschlicher Körper ist kein unmittelbarer Gegenstand des Grundrechtsschutzes, auch nicht von Art. 2 Abs. 2 Satz 1 GG. Das Recht auf Leben und körperliche Unversehrtheit erfährt erst im Kontext der Freiheit der Person (Art. 2 Abs. 2 Satz 2 GG) überhaupt seinen Sinn, d. h. als Folge der Notwendigkeit, Leben und körperliche Unversehrtheit von der freien Entscheidung des Einzelnen her deuten zu müssen (Liberalismus) und nicht mehr, wie im römischen Zivilrecht, von der möglichen Wertbestimmung des Lebens und des Körpers durch einen „Herrn", wie etwa im Fall der als rechtmäßig angesehenen „Ergreifung" (*mancipatio*) eines Sklaven im Krieg, ein Fall, der immer auch den Verlust über die Souveränität des eigenen Körpers bedeutete. Zur Unmöglichkeit, mittels Recht den Körper zu erreichen vgl. allg. *Teubner* Der Staat 45 (2006), 161–187.

[35] *Ladeur* (Fn. 6); *ders.*, Medienrecht, S. 44 ff., 46.

[36] Vgl. nur BVerfGE 97, 125, 147 – *Caroline von Monaco I* („Die in Art. 5 Abs. 2 GG als Rechtfertigungsgrund für Einschränkungen der Kommunikationsgrundrechte genannte persönliche Ehre bildet zwar einen wichtigen Bestandteil des Persönlichkeitsrechts, erschöpft dieses aber nicht. Das Persönlichkeitsbild einer Person kann vielmehr auch durch Darstellungen beeinträchtigt werden, die ihre Ehre unberührt lassen"); implizit auch schon 54, 148, 154 – *Eppler*. Man sieht: Ohne „Ehre" geht es offensichtlich nicht!

[37] Vgl. nur *Fischer*, Strafgesetzbuch; *Karpf*, Die Begrenzung des strafrechtlichen Schutzes der Ehre, S. 53 ff.

[38] *Fischer* (Fn. 37); *Karpf* (Fn. 37), S. 154 f.

keit, ein Recht, das aber wiederum auf den Begriff Ehre, nämlich den der „Geschäftsehre", rekurrierte.[39] Das allgemeine Persönlichkeitsrecht des Zivilrechts, als sonstiges Recht im Sinne von § 823 Abs. 1 BGB, ist dagegen wiederum ein relativ spätes Produkt richterlicher Rechtsfortbildung, die bereits stark auf die **Entwicklung** einer **Medienöffentlichkeit** reagiert. Bekanntlich ist das allgemeine Persönlichkeitsrecht des Zivilrechts insbesondere aus der frühen Rechtsprechung des Bundesgerichtshofes hervorgegangen (Schacht-Brief-Urteil),[40] während ein „ungeschriebenes" allgemeines Persönlichkeitsrecht, wie es noch vor Inkrafttreten des KUG beispielsweise *O. v. Gierke* und *J. Kohler* gefordert hatten, von der Rechtsprechung des Reichsgerichtes nicht akzeptiert wurde.[41]

III. Das aristokratische Erbe der bürgerlichen Ehrenordnung

12   Die bürgerliche Ehrenordnung enthielt insofern ein **aristokratisches** und damit **elitäres Moment,** als diese noch unmittelbar auf den Schutz von (adeligen männlichen) Respektspersonen und deren „Satisfaktionsfähigkeit" verwies, die gegebenenfalls im Duell gesichert werden musste. Die Vorstellung eines Anspruchs auf öffentliche Anerkennung der „Führungseliten" als Statusprivileg reicht bis in früheste aristokratische Gesellschaften zurück. Sie lässt sich schon in der griechischen Antike etwa bei *Aristoteles* in Begriffen wie *timé* und *areté* nachweisen, in der „Ehre" (*timé*) – im Kontext eines teleologischen Konzepts des öffentlichen Lebens – als Lohn und Ausdruck eines am Wohlergehen anderer verdienten Mannes und einer daraus abgeleiteten „Vortrefflichkeit" (*areté*) aufgrund für die Stadtgemeinschaft (*polis*) erbrachter Leistungen galt.[42] Während der frühen Neuzeit wurde der **Schutz der männlichen Ehre durch Satisfaktionsfähigkeit** sogar zu einem bestimmenden Merkmal der Interaktion in Oberschichten. Das ging so weit, dass sich das Duell zwischenzeitlich gegenüber seiner ursprünglichen Funktion als Medium der „Etikettenwahrung" verselbständigte, insbesondere in der höfischen Gesellschaft Frankreichs in der 2. Hälfte des 17. Jh.[43] In der aufkommenden bürgerlichen Welt des 18. und 19. Jh. verlor die Ehre allmählich ihre persönlichkeitszentrale Bedeutung. Sie wurde hier durch das Regulativ des Gewissens bzw. in der puritanischen Kultur Neu-Englands durch eine „Schuldkultur" ersetzt, die den Traditionen und Regelbeständen der Vergangenheit nicht mehr einfach „blind" folgte, sondern diese im „Spiegel des Anderen" reflexiv aneignete.[44] *J. Q. Whitman* hat in mehreren rechtsvergleichenden Studien aber dennoch zeigen können, dass der staatliche Schutz der Person gegen Beleidigungen in Frankreich und Deutschland bis heute stark durch das aristokratische Erbe der bürgerlichen Ehrenordnung bestimmt wird, im Unterschied zur **Rechtstradition der USA,** deren Besonderheit nach *Whitman* gerade in der Abwesenheit solcher Anschlüsse gesehen werden muss. „Continental Europe is a world in which former status privileges have been generalized. Indeed, we can say that continental Europe is in many ways less a world of rights than a world of generalized privileges. Nothing comparable has happened in the United States."[45]

---

[39] Palandt/*Sprau*, Bürgerliches Gesetzbuch, § 824 Rn. 1; vgl. auch *Götting* (Fn. 20), S. 24; *Karpf* (Fn. 37), S. 40.

[40] BGHZ 13, 334, 338 – *Leserbrief.*

[41] Vgl. nur RGZ 69, 401, 403; *Karpf* (Fn. 37), S. 40; *Götting* (Fn. 20), S. 18; *Steinhauer*, Bildregeln, § 3 I 3 (Kohler); zur zivilrechtlichen Entwicklung vgl. auch *Balthasar*, Zivilrecht, S. 98 ff.

[42] *Aristoteles*, Nikomachische Ethik, 1095 b 23 ff.; Eintrag ‚Ehre' in: Ritter/Gründer (Fn. 28).

[43] *Luhmann*, Gesellschaftsstruktur und Semantik Bd. 1, S. 96 f.; zum Duell in der deutschen Tradition vgl. *Whitman* The Yale Law Journal 109 (2000), 1279, 1314; zur Funktion der Etikette als Merkmal des Persönlichkeitsschutzes *ders.* Yale Law Journal 113 (2004), 1151, 1167.

[44] Zum Gewissen *Luhmann*, Ausdifferenzierung des Rechts, S. 335; zur puritanischen Schuldkultur und ihrer Verankerung in einer Selbstbeobachtung *Ladeur*, Der Staat gegen die Gesellschaft, S. 20 ff.; zum neuzeitlichen Subjektbegriff bei Locke vgl. auch *A. Assmann*, Erinnerungsräume, S. 98.

[45] *Whitman* (Fn. 19), S. 108, 116 ff., 110 f. (Zitat); *ders.* (Fn. 43 – YLJ 109), 1279, 1314; vgl. auch *Ladeur* (Fn. 35 – Medienrecht), S. 47.

Die These *Whitmans* deckt sich in gewisser Weise mit den Ergebnissen einer neueren **13** Studie zum Bildnisschutz von *F. Steinhauer*. Das im deutschen Gesetzesrecht nur rudimentär und erst relativ spät geregelte **Recht am eigenen Bild** (§§ 22, 23 KUG) und seine im Rechtssystem angefertigten „Eigenbilder" knüpfen in vielfacher Hinsicht an die vormoderne **Bildrhetorik** an, insbesondere in Gestalt allgemeiner **Angemessenheits-und Schicklichkeitsregeln.** So weist etwa der im Bismarckfall eine nicht unerhebliche Rolle spielende Begriff der „Pietät" einen Bezug zum rhetorischen Ordnungsmuster *decorum* auf, das seinerseits als ein teils explizites, teils implizites Regelwerk beschrieben werden kann, dessen Funktion in der Festlegung, Lösung und Verschiebung von Referenzen in der Kommunikation lag, indem es etwa die Unterscheidung von hohen, mittleren und niedrigen Stillagen (*genus grande, genus medium, genus humile*) bei der Bewertung von Bildkonflikten bereitstellte. Damit wirkte der bildrhetorische Maßstab des *decorum* als Programm der Fixierung von Angemessenheit im Recht weiter (womit umgekehrt auch die Taxonomien der Bilder auf die Differenzierungsformen der Gesellschaft eingestellt werden konnten). So wie alle Rechtsnormen auf gewissen Grundannahmen darüber basieren, „wie die kulturelle Umwelt, auf die sie angewandt werden sollen, beschaffen ist",[46] verwies auch das **Recht am eigenen Bild** auf **vorrechtliche „rhetorische" Infrastrukturen,** die das Rechtssystem durch ein „re-entry" internalisierte. Damit destabilisierte das *decorum* noch im 19. Jahrhundert (und nach *Steinhauer* tut es das noch heute) die Stabilität der Grenze zwischen einem „innerhalb" und einem „außerhalb" des Rechts angesiedelten rhetorischen Regelbestand, um so einerseits dem Recht in seinen eigenen Operationen als Infrastruktur zur Verfügung zu stehen und andererseits seine eigensinnige Differenz gegenüber dem Recht zu behaupten.[47]

IV. Zusammenfassung

Die voranstehenden systematischen und historischen Überlegungen sollten deutlich **14** machen, dass von einem Persönlichkeits*recht* nur in einer paradoxen Weise die Rede sein kann. Das **Persönlichkeitsrecht** ist als juristische Konstruktion in all seinen Ausformungen von **gesellschaftlichen Erwartungen** und **Konventionen** abhängig. Der Persönlichkeitsschutz kann daher nicht über rein innerjuristische „Definitionen" unmittelbar handhabbar gemacht werden: „Persönlichkeit" ist immer die relationale Persönlichkeit eines in sozialer Kommunikation verstrickten Individuums. Diese enge Verknüpfung des Persönlichkeitsrechts mit sozialen Konventionsbeständen ist im Fall des **Ehrenschutzes** besonders evident. In der aristokratischen Gesellschaft manifestierte sie sich darin, dass an den Ehrbegriff die „Satisfaktionsfähigkeit" und ihre Verteidigung im provozierten Duell geknüpft war, die sich jedem Versuch einer rechtlichen Begrenzung entzog. Die Ehre des Geburtsadels galt als eine Art Naturrecht, „das von keiner fürstlichen Gewalt und nicht einmal von der Kirche eliminiert werden konnte."[48] Zwar hing diese rechtstranszendierende Kraft des Duells maßgeblich mit dem Selbstbehauptungswillens des Adels als Stand im Zuge der Auflösung der alteuropäischen „zentralistischen" Gesellschaft und der zunehmenden Varietät wirtschaftlicher und politischer Verhältnisse zusammen (Umstellung auf funktionale Differenzierung),[49] aber immerhin genügte der Rekurs auf Ehre und Satisfaktionsfähigkeit noch lange, um einen anderen rechtmäßig töten zu können. Noch die **bürgerliche (männliche) Ehrenordnung,** in der der Innenraum des Gewissens die Steigerung von Handlungsoptionen eines von aristokratischen Statusverhältnis-

---

[46] *Seemann* (Fn. 23), S. 20.
[47] *Steinhauer* (Fn. 41), S. 236 (Manuskript).
[48] *Luhmann* (Fn. 24), S. 943, ähnlich S. 719 („das Moment der Ehre entzog sich ... immer der politischen Disposition"); *Whitman* (Fn. 19), S. 117.
[49] *Luhmann* (Fn. 24), S. 736.

sen entlasteten Individuums steuern muss, ist nach einer Beobachtung von *G. Simmel* ein
Bindemittel an ein zweckmäßiges Verhalten der Mitglieder einer Gesellschaft auch dort,
wo dieses Verhalten durch „äußerliche Gesetzgebung" nicht erreicht werden kann.[50] Auch
Simmel geht es also um den **sozialen Charakter** der **Ehre,** um die Bindung des „äußerlichen" Rechtsbegriffs an „innere" gesellschaftliche Kommunikations- und Regelbil-
dungsprozesse, in denen die Ehre einer beständigen Mutation − einer laufenden Ent-Stel-
lung, Ver-Rückung oder „Dekonstruktion" − unterliegt. Diese Bindung des Persönlichkeitsschutzes an die Evolution praktisch erprobter Regel- und Konventionsbestände hat
E. Ehrlich sehr früh auf die einprägsame Formel gebracht, dass alle Normen, durch die
Persönlichkeitsrechte gewahrt werden, **„auf Übung"** beruhen.[51]

C. Persönlichkeitsschutz in der postmodernen (Medien-)Gesellschaft

I. Fragmentierung der Öffentlichkeit

15   Die Einsicht in die Existenz eines Verweisungszusammenhangs zwischen Persönlichkeitsrechten und allgemein anerkannten Konventionen und Regeln des sozialen Umgangs von Personen ist heute weitgehend verloren gegangen. Das ist insofern nachvollziehbar, als der **tradierte Ehrenkodex** nicht zuletzt unter dem **Druck der Evolution
des Mediensystems** (Kino, Videokultur, *yellow press*, Privatfernsehen, Internet etc.) seine
einstige Bedeutung verloren hat. In dem Maße, in dem die Selbstbeschreibungen der Gesellschaft − das „laufende Fortschreiben von Realitätskonstruktionen"[52] − viel stärker als
je zuvor durch (Massen-)Medien geprägt werden, sind auch die Produktions- und Repro-
duktionsbedingungen sozialer Regel- und Konventionsbildung für Medieneinflüsse
durchlässig geworden. Das gemeinsame praktische Wissen, die persönlichkeitsbezogenen
Regeln und Konventionen, die das Rechtssystem jetzt noch in seiner Umwelt als stabil
gegeben voraussetzen kann, sind selbst in hohem Maße an **mediale Darstellungsbedin-
gungen** gekoppelt, mit der Folge, dass die Selbstdarstellung von Personen mehr und
mehr durch die **Ökonomie der Aufmerksamkeit** und ihre Identitätsmarken − das
Image von Pop-Stars und anderen Prominenten (Filmschauspieler, Models, Fußballer
etc.) − dirigiert wird: Selbst der französische Staatspräsident meint heute, für seine öffentliche Selbstdarstellung *und* sein Privatleben nicht mehr ohne Anleihen beim Starsystem
auskommen zu können (Carla Bruni).[53] Die sozialen Regeln und Konventionen, in die
personale Geltungsansprüche stets eingebettet waren und sind, werden also nicht mehr in
relativ autarken sozialen Milieus wie etwa der höfischen Gesellschaft des Adels oder der
Salon- und Wohnzimmerkultur des Bürgertums produziert und reproduziert, sondern an
die mediale Realität des Kinos, des Fernsehens, des *cyberspace* usw. gekoppelt und über mit
den Medien verknüpfte Arenen, über öffentliche Empfänge, (Film-)Festivals, Sport-
veranstaltungen und andere (Medien-)Events in die reale Realität zurückgereicht, womit
zugleich die Unterscheidung von medialer und realer Realität instabil wird. Diese Entwicklung findet im Rechtssystem vor allem darin seinen Ausdruck, dass sich die einfach-
rechtliche Sanktion von Persönlichkeitsverletzungen vom Strafrecht (Beleidigung, üble
Nachrede, Verleumdung) ins Privatrecht und über die „Drittwirkung" von Grundrechten
eben auch ins Verfassungsrecht verlagert hat. Damit ist zugleich die Bedeutung von Kon-

---

    [50] *G. Simmel*, Einleitung in die Moralwissenschaft, Bd. 1, S. 190 − auch wenn *Simmel* auf die
bekannte kantische Unterscheidung von staatlich („äußerlich") sanktioniertem Rechtskodex einerseits und „innerlich" sanktioniertem Moralkodex andererseits anspielt; *Ladeur* (Fn. 45), S. 148.
    [51] *Ehrlich*, Soziologie, S. 307.
    [52] *Luhmann*, Die Realität der Massenmedien, S. 156.
    [53] Vgl. allg. *Franck*, Ökonomie; *Sennett*, Verfall, S. 291 ff., 324 ff.; aus rechtlicher Perspektive *Ladeur*
(Fn. 35 − Medienrecht).

flikten in der **Unterhaltungsöffentlichkeit** (im Unterschied zur politischen Öffentlichkeit) gewachsen.[54]

Die Gründe für diese Entwicklung liegen letztlich in einem **umfassenden sozialen**   16 **Wandel,** der – vielleicht seit den späten 60er Jahren des 20. Jahrhunderts – Wirtschaft, Politik, Kultur, Öffentlichkeit, Sozialisation und Individuen gleichermaßen erfasst hat. Die relativ starren (fordistischen) Muster der Industriegesellschaft hat die **Netzwerkökonomie** durch eine neue Logik der flexiblen Produktion ersetzt, die in den neuartigen „kommunitaristischen" Produktionsformen der Film- und Computerindustrie vielleicht am weitesten fortgeschritten ist.[55] Der relativ stabile Parteien- und Verbändestaat der Nachkriegszeit, der Staat der Industriegesellschaft,[56] ist durch einen sehr viel flexibleren Typus des Reformstaats der professionellen Gruppen abgelöst worden, der Repräsentation und Amtsmacht durch Moderation und Kontakte ersetzt.[57] Die relativ starre Massenkultur des standardisierten (Arbeiter- und Angestellten-)Lebens ist durch eine überreiche Eventkultur abgelöst worden, die sich vor allem in einer boomenden Freizeitindustrie manifestiert, die jetzt ganz darauf eingestellt ist, die Suche nach dem permanenten *kick* zu bedienen.[58] Damit korrespondieren eine Öffentlichkeit und ein öffentliches Leben, deren Themen nicht mehr wie die Honoratiorenöffentlichkeit des Liberalismus oder die Gruppenöffentlichkeit der sozialstaatlichen Massendemokratie (Parteien, Verbände, Kirchen) durch ein oder mehrere weltanschauliche Interessenträger beherrscht werden, sondern durch die **zufallsgetriebenen Konjunkturen** einer **fragmentierten Unterhaltungsöffentlichkeit:**[59] gestern gewalttätige Jugendkriminalität, heute Eisbären im Zoo, morgen eine Präsidentschaftskandidatin, die ihre ganze Menschlichkeit durch den Hauch einer Träne zeigt (Hillary Clinton).

II. Fragmentierung des Selbst

Diese Durchsetzung des öffentlichen Raums, und auch der politischen Selbstdarstel-   17 lung, mit Formen und Mustern der privaten Vorstellungswelt findet ihre Entsprechung in einer **narzisstisch schwachen Persönlichkeit,** „der Heraufkunft einer bislang unbekannten Form der Sozialisierung und Individualisierung, die zu jener des 17. und 18. Jahrhunderts in größtem Gegensatz steht".[60] Während der Liberalismus noch von einer **festen Einheit des Selbst** ausgehen konnte, von einem Begriff des Individuums, für das Treue zu sich selbst und die Internalisierung von Regeln einem gültigen, moralischen Ideal der Aufrichtigkeit und Authentizität entsprach (das bei *Rousseau,* den schottischen Moralphi-

---

[54] Vgl. *Ladeur* (Fn. 35 – Medienrecht), S. 177 ff.; vgl. zur Entwicklung der Öffentlichkeit und des „Unterhaltungsmilieus" auch *Vesting,* Rundfunkrecht, S. 202 ff.

[55] Vgl. allg. zu empirischen Entwicklung *Castells,* Network Society, S. 151 ff.; zur Computerindustrie *Sawhney/Prandelli* California Management Review 42/4 (2000), 24 ff.; vgl. auch *Gensollen,* Des réseaux aux communautés.

[56] Vgl. nur *Grimm,* Verfassung, S. 241 ff., 263 ff.

[57] *Schuppert,* Staatswissenschaft, S. 143, 124; zum Amt als Kontaktknotenpunkt und seiner Abhängigkeit von Kontaktnetzwerken vgl. auch *Baecker,* Wozu Gesellschaft?, S. 102 ff., 119 ff.; *Ladeur* (Fn. 44), S. 119 ff.

[58] Diese umfassende Individualisierung hat insbesondere in der Soziologie dazu geführt, das alte Hierarchiemodell sozialer Schichtung aufzugeben. Gruppenspezifische Existenzformen werden nicht länger durch statusbezogene Begriffe wie „Stand", „Klasse" und „Schicht" abgebildet, sondern in Theorien der Milieusegmentierung beschrieben und durch Begriffe wie „soziales Milieu", „soziokulturelles Segment", „Lebensmuster", „Lebensstil" und „Lebenslage" ersetzt. Vgl. nur *Beck/Beck-Gernsheim* in: dies. (Hrsg.), Riskante Freiheiten, S. 10, sprechen von einer „Individualisierung der Lebensformen".

[59] Vgl. nur *Jarren* AfP 1994, 191 ff.; *Luhmann,* Die Politik der Gesellschaft, S. 285; *Ladeur* (Fn. 44), S. 122 f.; *ders.* (Fn. 35 – Medienrecht), S. 128 ff., 184 ff. (zur Unterhaltungsöffentlichkeit).

[60] *Lipovetzky,* Narziß, S. 7.

losophen und in der englischen Literatur des 19. Jahrhunderts vielleicht besonders klar und sichtbar in Erscheinung trat),[61] hat D. *Riesman* schon im Kontext der Industriegesellschaft von einem außengeleiteten Sozialcharakter gesprochen.[62] In der postmodernen Gesellschaft der Gegenwart erreicht diese Verflüssigung des Selbst eine neue Qualität. Sie mündet jetzt in einer eher haltlosen, fragmentierten, flottierenden Individualität, in einer **„Gesellschaft der innerlich aufgelösten Personen"**.[63] Damit wird eine äußerst ambivalente Bewusstseinsstruktur freigesetzt: Der Narzissmus setzt eine psychisch labilere Struktur an die Stelle eines „stabilen Kerns" des Selbst, ein Bewusstsein, „das vollkommen unbestimmt und allen möglichen Schwankungen unterworfen ist".[64] Durch diese Unbestimmtheit steigert der Narzissmus aber die Empfänglichkeit des Selbst für eine komplexer werdende Mitwelt. Das Selbst wird zu einem flottierenden Raum, ohne dauerhaft festen Bezugspunkt, ein **„protean self"** (R. J. *Lifton*), das sich aufgrund seiner Vielgestaltigkeit und Geschmeidigkeit besser als sein Vorgänger an die Beschleunigung des gesellschaftlichen Wandels anpassen kann.[65] R. *Rorty* spricht – im Kontext einer literaturwissenschaftlichen Analyse – von einer neuartigen **„Kontingenz des Selbst",** von einem Netz aus kontingenten Beziehungen, einem Gewebe, „das sich rückwärts in die Vergangenheit und vorwärts in die Zukunft erstreckt" und an die Stelle „einer geformten, einheitlichen, gegenwärtigen, unabhängigen Substanz [tritt], die die Möglichkeit bot, stetig und als Ganzes gesehen zu werden".[66]

III. Anpassung des verfassungsrechtlichen Persönlichkeitsschutzes an die neuartigen Bedingungen der Aufmerksamkeitsökonomie

18 Wenn die alte Ehrenordnung des Adels und des Bürgertums dadurch geprägt waren, dass die Anerkennung von Personen hier nach sozialen Statusbestimmungen und allgemein gültigen Regeln und Konventionen bewertet wurde und wenn die neue postmoderne Öffentlichkeit sehr viel mehr durch die mediale Dynamik einer Aufmerksamkeitsökonomie beeinflusst und bestimmt wird, der ein fragmentiertes und verflüssigtes Selbst der Person entspricht, dann sind es vor allem diese Veränderungen, an die (verfassungs-)rechtliche Überlegungen zur **(Neu-)Konturierung des Persönlichkeitsschutz** heute anknüpfen müssen. Das Persönlichkeitsrecht muss sich dann aber auf eine viel größere **Heterogenität der Regeln** und **Konventionen** sozialer **Anerkennung** einlassen sowie auf eine starke **Fragmentierung** seiner **Konfliktfelder** und **-muster,** die insbesondere dazu zwingt, den Konflikttypus politische Öffentlichkeit zu relativieren. Es käme also darauf an, das Persönlichkeitsrecht auch in Zukunft an den zwar stärker flexibilisierten, aber nach wie vor vorhandenen Individualitätsmustern zu orientieren, „in denen die Diversität des Individuums und die unterschiedlichen Versionen der Inklusion in

---

[61] Vgl. *Trilling,* Aufrichtigkeit, S. 11 ff., 91.

[62] *Riesman,* The Lonely Crowd, S. 19, 99 ff.

[63] *Kondylis,* Niedergang, S. 83.

[64] *Lipovetsky* (Fn. 60), S. 84; vgl. auch allg. *Lasch,* Narzißmus; *Gergen,* The Saturated Self.

[65] Die narzisstische Selbstbezogenheit des postmodernen Individuums kann insoweit als Ausdruck der Anpassung an den Übergang zur „Gesellschaft der Netzwerke" (Ladeur) auf der Ebene des psychischen Systems interpretiert werden. Der Begriff des psychischen *Systems* wird durch diese Entwicklung aber selbst problematisch; der Narzissmus indiziert insofern auch eine Grenze der *System*theorie, die Denken/Bewusstsein als autopoietisch geschlossenes System von Wissen/Kommunikation/Medien als ebenfalls autopoietisch geschlossenem System unterscheiden will. Das trägt gerade der in die Kommunikationsnetzwerke der postmodernen Gesellschaft hinein reichenden Ausfransung des narzisstisch schwachen Subjekts nicht hinreichend Rechnung. Hier macht sich vielmehr Luhmanns Hang bemerkbar, den Systembegriff und die durch Systembildung ausgelöste Grenzziehung (hier zwischen Bewusstsein und Kommunikation) zu verdinglichen, während die Produktivität vorübergehender „Sinnzusammenbrüche" (*Stäheli*) zu wenig akzentuiert wird.

[66] *Rorty,* Solidarität, S. 52, 80 f.

selbstorganisierte Beziehungsnetzwerke zum orientierungsbildenden Referenzrahmen der Dogmatik werden".[67] Persönlichkeitsrechte können schon wegen der transsubjektiven Regeln der ihrerseits grundrechtlich geschützten Funktionssysteme – Wirtschaft, Politik, Medien, Wissenschaft etc. – nicht einfach der **Selbstdefinition** der **Person** überlassen werden. Systemtheoretisch gesprochen wird das Bewusstsein der Menschen in der postmodernen Gesellschaft zu einer endogen unruhigen Umwelt der Funktionssysteme, das deren notwendige Anpassungsfähigkeit und laufende Erneuerung durch übersteigerte Ansprüche auf „Anerkennung" blockieren, aber durch seine prinzipielle Fluidität und Flexibilität auch erleichtern kann. Der leicht reizbare, leicht irritierbare narzisstische Charakter tendiert einerseits zur Destruktivität (z. B. im nihilistischen Hass der Vorstadtghettos), er kann aber auch schneller auf Veränderungen reagieren als die stärker in ihren Kommunikationsroutinen befangenen Funktionssysteme. Das ist der Hintergrund, vor dem **Individualität** und **Personalität** in der **postmodernen (Medien-)Gesellschaft** durch Persönlichkeitsrechte verfassungsrechtlich abgestützt werden müssen, aber eben nicht uneingeschränkt (unreflektiert) nachgezeichnet werden dürfen.

Eine solche „systemtheoretische" Position ist insbesondere der Vorstellung entgegenge-   **19** setzt, die „subjekttheoretisch" auf die Anerkennung der Persönlichkeit als solcher und den unbegrenzten Schutz ihrer Selbstdarstellung zielt. Dazu tendiert etwa *G. Britz. Britz* ist der Auffassung, dass das Persönlichkeitsrecht eine freie (innere) Entfaltung der Persönlichkeit durch die Ermöglichung der eigenen „Selbst-Wahl" schützt.[68] Ein derartiger Anspruch auf staatliche Ermöglichung „kontinuierlicher Selbstdistanzierung, Selbst-Wahl und Selbstvergewisserung"[69] erscheint schon deshalb neben der Sache zu liegen, als damit die gesellschaftlichen Vermittlungen des Selbst, insbesondere die Heraufkunft eines neuen narzisstischen Persönlichkeitstypus, dessen vornehmstes Interesse die Möglichkeit der Steigerung von **„Selbstaufmerksamkeit"** ist,[70] übergangen werden. Eine Position, die nur das Selbst und dessen *eigene* Distanzierung, dessen *eigene* Wahl und dessen *eigene* Vergewisserung ins Spiel bringt, liefe letztlich auf die verfassungsrechtliche Pflicht zur Förderung beliebiger Wünsche des Einzelnen, d. h. zur **Förderung narzisstischer Persönlichkeitsstrukturen**, hinaus. Ein derartig unreflektierter Anerkennungsanspruch entspricht weder liberaler Tradition noch kann er durch Rekurs auf das **Selbstverständnis des Grundrechtsträgers** bei der Konturierung von Schutzbereichen gegründet werden. Das Kriterium des Selbstverständnisses ist bei Grundrechten wie Eigentum, Kunst, Religion, Beruf etc. *per se* auf die **Sachgesetzlichkeiten** des jeweiligen **Grundrechtsfeldes** bezogen, die ihrerseits stark durch darauf bezogene epistemische Gemeinschaften und deren Interpretationskulturen geprägt werden.[71] Das gilt auch für das allgemeine Persönlichkeitsrecht.[72] Ansonsten gerät der Persönlichkeitsschutz in die Gefahr, zu einem diffusen Schutz von widersprüchlichen Selbstwahrnehmungen zu werden, ja „nichts anderes als ein subjektives Gefühl zu schützen".[73] Das ist gerade auf verfassungsrechtlicher Ebene nicht zu akzeptieren, denn Grundrechte wie Eigentums-, Kunst- und Religionsfreiheit sollen ja gerade die Eigenrationalität der Funktionssysteme (z. B. der Wirtschaft) durch Steigerung der Reflexivität der (einfachrechtlichen) Rechtsordnung gewährleisten[74] –

---

[67] *Ladeur* (Fn. 6).

[68] *Britz* (Fn. 1), S. 22, 67. Eine (verwaltungsrechtliche) Parallele findet diese Auffassung bei *Masing* Bd. I, § 7 Rn. 8, demzufolge das „Individuum", der „für sich entscheidende Einzelne allein", der „letzte Grund und Bezugspunkt des Rechts" ist.

[69] *Britz* ebd., S. 67.

[70] *Franck* (Fn. 53), S. 31.

[71] Vgl. für die Kunst *Crary*, Aufmerksamkeit, 17 f.; für die Medien *Ladeur* (Fn. 35 – Medienrecht), insb. S. 128 ff.; vgl. allg. *Morlok*, Selbstverständnis.

[72] *Albers* (Fn. 1), S. 211, 223 (auch für das Schutzgut Privatsphäre gilt, „daß die Notwendigkeit einer Typisierung Element jeder allgemeinen rechtlichen Regelung ist").

[73] *Ladeur* (Fn. 35 – Medienrecht), S. 80, 160.

[74] *Teubner* ZaöRV 63 (2003), 1 ff., 20.

und mit diesen Sachgesetzlichkeiten und Zwängen muss sich das Individuum arrangieren, nicht aber können diese Sachgesetzlichkeiten und Zwänge einfach durch einen unspezifischen Schutz auf „Anerkennung" übergangen werden. Nicht nur *Britz*, auch die Rechtsprechung tendiert jedoch stark zu einer **„Subjektivierung"** des **Persönlichkeitsschutzes,** die letztlich von der Illusion getragen wird, dass das Rechtssystem durch die Erfindung solcher Begriffe wie „informationelle Selbstbestimmung" eine eigene freischwebende Normativität gegen die Wirklichkeit der gesellschaftlichen Funktionssysteme und der mit ihnen vermittelten Selbstorganisationsmechanismen in Anschlag bringen könnte.

IV. Exemplarisch: Bismarck und Caroline v. Monaco

20 *N. Luhmann* hat im Zusammenhang mit seiner Theorie der Autopoiesis sozialer Systeme die These aufgestellt, dass das autopoietische System der Systemtheorie keinen **Anfang** kennt, weil es immer schon angefangen haben muss, „um seine Operationen aus eigenen Produkten reproduzieren zu können."[75] Auch das Rechtssystem hat nach *Luhmann* immer schon angefangen zu prozessieren, nämlich in dem Moment, in dem es beginnt, sich auf vorgefundene Traditionen zu beziehen, auf seine eigene Praxis, so wie etwa die Römer den Rekurs auf das Zwölf-Tafeln-Gesetz als eine seit unvordenklichen Zeiten gültige Praxis stilisiert und damit selbst − nachträglich − einen vermeintlichen Anfang des römischen Rechts geschaffen haben.[76] „Die Rechtspraxis operiert stets in einer Situation mit historisch gegebenem Recht, denn anders könnte sie gar nicht auf die Idee kommen, sich selbst als Rechtspraxis zu unterscheiden."[77] Das gilt auch für die Genese des **allgemeinen Persönlichkeitsrechts,** insbesondere für das **Recht am eigenen Bild.** Die juristische Literatur beginnt um 1900 in verschiedenen Kommentaren immer wieder auf die von Bismarck (und seiner Familie) nicht autorisierte und ästhetisch so misslungene Photographie des toten Altkanzlers als angeblichem Auslöser für die reichsgerichtliche Konstruktion eines Rechts am eigenen Bild zu referieren. Dadurch gelang der rechtswissenschaftlichen Beobachtung des Rechts (auf der Ebene zweiter Ordnung) selbst einen „Anfang" im System des Bildnisschutzes zu schaffen: Der Bismarck-Fall und seine Behandlung durch das Reichsgericht wurden zum kausalen Anstoß für die Entwicklung eines Rechts am Bild − nachdem die Kommunikation über die Notwendigkeit eines allgemeinen Persönlichkeitsrechts und ein Recht am eigenen Bild schon längst in Gang gekommen war.[78]

21 Aber gerade der **Bismarckfall** ist auch ein Fall, der zeigt, dass das Persönlichkeitsrecht an die **Reproduktion** sozialer **Regeln** und **Konventionen** gebunden ist. Wenn man akzeptiert, dass Bilder nie bloß aus einem visuellen Feld bestehen, sondern ihnen immer auch ein Text „eingeschrieben" ist, kann man Bilder mit *Steinhauer* von einer in der Rhetorik verankerten Selbstregulierung der Sprachqualität von Bildern abhängig sehen, von einem **„rhetorischen Paradigma der Bildregeln".**[79] Entgegen der Auffassung der idealistischen Ästhetik knüpft diese Sichtweise an die humantische Tradition des eloquenten Bildes an, zu dem eben nicht nur das Bild als visuelles Feld, sondern auch seine sprachabhängigen Regeln und poetischen Regime gehören. Diese manifestieren sich im Bismarck-Fall als Reflexe der Rhetorik: durch den „Einbau einer protojuristischen Rationalität ins Eigene des Rechts" konnten die Ablichtung Bismarcks und der Einbruch

---

[75] *Luhmann* (Fn. 24), S. 440.

[76] Dazu *Fögen*, Römische Rechtsgeschichten, S. 61 ff., 78; *dies.*, Das Lied vom Gesetz, S. 51 ff.

[77] *Luhmann*, Das Recht der Gesellschaft, S. 57.

[78] Vgl. dazu *Steinhauer*, Gerechtigkeit, S. 60 ff., 64 („Der Bismarckfall ist der Augenblick, an dem das Recht im Zeitfluss an die rhetorische Oberfläche drängt (wie zum Luft holen). Eine Schwelle für ein neues Recht wird aufgebaut. Eine Anfangsszene, die im Zeitfluss für Wirbel sorgt.").

[79] *Steinhauer*, Bildregeln.

in das Sterbezimmer als Verletzung des Pietätsgefühls durch die Störung der „feierlichen Stille" des Todes rekonstruiert und mit der bloßen Neugierde des (niederen) Publikums abgeglichen werden. Die ikonischen Differenzen wurden dadurch zu juristischen, zu einem Eigenbild des Rechts, aber dieses Eigenbild lebte von Voraussetzungen, die nicht solche des Rechtssystems waren, sondern eben auf relativ stabile gesellschaftliche Regeln und Konventionen verwiesen. Diese konnten von der Rechtsprechung dann auf eine paradox grenzüberschreitende/nicht-grenzüberschreitende Weise als Schicklichkeit, als „Rechtsgefühl" und „Rechtsbewusstsein", in Anschlag gebracht werden.

Während Rechtsprechung und Literatur im Bismarckfall noch an eine relativ stabile **22** Tradition des gemeinsamen Wissens um **Regeln** der **Schicklichkeit** und **Pietät** anknüpfen konnten, ist die verfassungsrechtliche Rechtsprechung zu Caroline von Monaco Ausdruck der bislang ungelösten Schwierigkeit, den Persönlichkeitsschutz auf die neuartigen Bedingungen der **Aufmerksamkeitsökonomie** einzustellen. Eine Differenz springt insbesondere ins Auge: Caroline von Monaco hat nie – im Unterschied zu Bismarck – ein offizielles politisches Amt bekleidet, und doch wird sie von der Zivilrechtsprechung als **absolute Person** der **Zeitgeschichte** eingestuft.[80] Diese Qualifikation geschieht durchaus zu Recht, aber auch in der Rechtsprechung des Bundesverfassungsgerichts wird dabei viel zu wenig reflektiert, dass man im Fall der neuen Stars der Aufmerksamkeitsökonomie – und damit auch im Fall von Caroline von Monaco – von „Zeitgeschichte" nur noch im Sinne einer „Zeit" und einer „Geschichte" sprechen kann, die eine Zeit und Geschichte der Medien (geworden) ist: Spätestens seit Grace Kelly, der Hollywoodstar, 1956 Fürst Rainier von Monaco geheiratet hat (aus deren Ehe auch Caroline hervorgegangen ist), hat es das Fürstentum mit der ursprünglichen Bedeutung einer größeren Kreisstadt geschafft, ein Maß an (globaler) medialer Aufmerksamkeit auf sich zu ziehen, die der des englischen Königshauses kaum nachsteht. Diese Aufmerksamkeit erstreckt sich inzwischen auf die gesamte Familie – und zwar keineswegs nur zu deren Nachteil. Nicht nur die Mitglieder des Fürstenhauses haben immer wieder in ihren Karrieren von ihrer Prominenz profitiert, auch der gesamtökonomische Reichtum des Fürstentums, der ganz auf der Anziehungskraft für Reiche (Luxuskonsum) und Prominente (Unterhaltungsindustrie) beruht, ließe sich ohne Medien gar nicht erklären.[81]

Diese **Abhängigkeit der Prominenz vom Mediensystem** findet in der Rechtspre- **23** chung des Bundesverfassungsgerichts kaum Beachtung. Seit der Caroline-Entscheidung von 1999 versucht das Bundesverfassungsgericht Konflikte zwischen Persönlichkeitsschutz und medialer (presseförmiger) Berichterstattung von Prominenten, die sich – wie im Fall von Caroline von Monaco – bis in das Privatleben hinein erstreckt, über eine neuartige Akzentuierung eines in Art. 2 Abs. 1 GG verankerten **Privatsphärenschutzes** zu bewältigen – und nicht mehr über eine von der Medienfreiheit und seine besonderen Schranken (Art. 5 Abs. 2 GG) bestimmte Abwägung mit dem allgemeinen Persönlichkeitsrecht.[82] Damit will das Bundesverfassungsgericht offensichtlich auf die z.T. harsche Kritik an seiner Rechtsprechung zum Ehrenschutz reagieren;[83] welche Motive für diesen Kurswechsel aber auch immer ausschlaggebend gewesen sein mögen, im Ergebnis sucht das Verfassungsgericht auch für Prominente der Unterhaltungsöffentlichkeit eine **Sphäre**

---

[80] Vgl. dazu aus neuerer Zeit BGH AfP 2007, 208, 209; restriktiv etwa LG Hamburg v. 2. 3. 2007, AfP 2008, 97 ff.

[81] Vgl. dazu nur die Hinweise bei *Ladeur* (Fn. 35 – Medienrecht), S. 130.

[82] So bei Konflikten zwischen Medien- bzw. Meinungsfreiheit und Persönlichkeitsrechten in BVerfGE 97, 125, 144 ff. – *Caroline von Monaco I*; 93, 266, 292 ff., 294 f. – *Soldaten sind Mörder*; 61, 1, 11 – *Wahlkampf*. Das ist ein Ausdruck der im Lüth-Urteil akzentuierten Vermutung für den Vorrang der freien Meinungsbildung, die sich „aufbautechnisch" darin ausdrückt, dass die Presse- und Meinungsfreiheit den Startpunkt aller weiteren Operationen bilden und nicht das allgemeine Persönlichkeitsrecht. Zum Hintergrund jüngst erneut *Dieter Grimm,* Der Stolpe-Beschluss des BVerfG – eine Rechtsprechungswende?, AfP 2008, 1 ff.

[83] Vgl. dazu *Vesting* AöR 122 (1997), 337-371.

räumlicher und thematischer „Abgeschiedenheit" zu sichern. Das ist insofern zu be-
grüßen, als damit die Tendenzen zur Schaffung konturenloser Rechte („informationelle
Selbstbestimmung") begrenzt werden. Entgegen dem Eindruck, den man aus dem
Volkszählungsurteil gewinnen konnte, betont das Bundesverfassungsgericht im Fall der
Veröffentlichung von Fotografien, die Caroline von Monaco in privaten und alltäglichen
Zusammenhängen zeigen, ausdrücklich, dass das Grundrecht der Selbstdarstellung **kein**
„allgemeines und umfassendes Verfügungsrecht über die **Darstellung der eigenen**
Person" enthalte.[84] In einer durch Medien bestimmten Öffentlichkeit kann es kein
ausschließliches Recht geben, nur so von anderen dargestellt zu werden, wie man sich selber sieht oder gesehen werden möchte.[85] Eine Berührung des Grundrechts kann daher
von vornherein nur jenseits dieser Sphäre erfolgen. So schützt das allgemeine Persönlichkeitsrecht beispielsweise nicht gegen die heute populären Formen des Bildjournalismus
(Gala, Bunte, Vanity Fair etc.), sofern Stars **„öffentliche Funktionen"** erfüllen und insoweit den „Bedingungen öffentlicher Auftritte" ausgesetzt sind.[86] Das Gleiche gilt, wenn
gewöhnlich als privat geltende Angelegenheiten durch Exklusivverträge öffentlich gemacht werden.[87] Der Persönlichkeitsschutz greift grundsätzlich erst, wenn sich Prominente „in privater Eigenschaft oder alltäglichen Zusammenhängen in der Öffentlichkeit"
bewegen.[88] Dieser Ausgangspunkt wird durch das „Recht am eigenen Bild" und sodann
durch den „Schutz der Privatsphäre" gegenüber medialer Beobachtung weiter konkretisiert.[89] Diese Grenze des Rechts der Selbstdarstellung wird auch in anderen Zusammenhängen betont und gilt beispielsweise auch für Unternehmen und ihre Produktdarstel-
lung am Markt im Verhältnis zu staatlichen Informationsinteressen.[90]

24   Die **raumbezogene Komponente** der **Sphärentheorie** zielt auf den Schutz von
„Rückzugsbereichen", in dem „der Einzelne zu sich kommen, sich entspannen oder auch
gehen lassen kann".[91] Der Grundrechtsschutz für derartige Rückzugsbereiche ist in nicht
ganz klarer Weise doppelt verankert: Einmal knüpft er an objektive Gegebenheiten der
Örtlichkeit zu einem gegebenen Zeitpunkt an. Zur Privatsphäre in diesem Sinne gehören
private Grundstücke, Häuser und Wohnungen (häuslicher Bereich), einsame Gegenden
(abgeschiedene Natur) und alle (privaten) Orte, die von der breiten Öffentlichkeit deutlich getrennt sind. Dagegen sind öffentliche Plätze, an denen sich viele Menschen befinden, von vornherein aus dem Privatsphärenschutz ausgeschlossen. Rückzugsbereiche
können aber auch durch einen objektiv erkennbaren Rückzugswillen definiert sein. Sie
können sich also durchaus auch auf öffentliche Räume beziehen, in denen Prominente
und ihre Familien die Möglichkeit haben sollen, „frei von öffentlicher Beobachtung und
damit der von ihr erzwungenen Selbstkontrolle zu sein", und zwar auch ohne dass sie sich
dort notwendig anders verhalten als in der Öffentlichkeit.[92] Wo die Grenzen der räumlich geschützten Privatsphäre im Einzelnen verlaufen, lässt sich nach Ansicht des Bundesverfassungsgerichts letztlich nur situativ bestimmen, ausschlaggebend sei jedoch, „ob der
Einzelne eine Situation vorfindet oder schafft, in der er begründetermaßen und somit

---

[84] BVerfG, 1 BvR 1602/07 v. 26. 2. 2008, Rn. 46. BVerfGE 101, 361, 380 – *Caroline von Monaco II.*
Ein derartig weit verstandenes Recht, so die Begründung, würde nicht nur das Schutzziel, Gefährdungen der Persönlichkeitsentfaltung zu vermeiden, übersteigen, sondern auch weit in die Freiheits-
sphäre Dritter hineinreichen.

[85] BVerfGE 101, 361, 380 – *Caroline von Monaco II*; ähnlich bereits 99, 185, 194 – *Scientology*; 97,
125, 148 f. – *Caroline von Monaco I*; 82, 236, 269 – *Schubart.*

[86] BVerfGE 101, 361, 385, 386 – *Caroline von Monaco II.*

[87] BVerfGE 101, 361, 385 – *Caroline von Monaco II.*

[88] BVerfGE 101, 361, 381 – *Caroline von Monaco II.*

[89] BVerfGE 101, 361, 381, 382 – *Caroline von Monaco II*; zur Ausdifferenzierung des Rechts auf
Achtung der Privatsphäre vgl. ausführlich *Albers* (Fn. 1), 193 ff., 206 ff.

[90] BVerfGE 105, 252, 266 – *Glykolwarnung.*

[91] BVerfGE, 101, 361, 382 f. – *Caroline von Monaco II.*

[92] BVerfGE 101, 361, 383 – *Caroline von Monaco II.*

auch für Dritte erkennbar davon ausgehen darf, den Blicken der Öffentlichkeit nicht ausgesetzt zu sein".[93] An einer **örtlichen Abgeschiedenheit** fehlt es beispielsweise, wenn Caroline von Monaco ein allgemein zugängliches Strandbad besucht und dort „stürzt", auch wenn es sich dabei um das Strandbad „Le Monte-Carlo-Beach" handelt, wo man normalerweise „unter sich ist".[94]

Der **thematischen Komponente des Privatsphärenschutzes** will das Bundesverfas-   25
sungsgericht solche Pressemeldungen zuordnen, die wegen ihres Informationsinhalts typischerweise als „privat" eingestuft werden und eine **„unbefangene Kommunikation"** blockieren können.[95] Das soll insbesondere dann der Fall sein, wenn „ihre öffentliche Erörterung oder Zurschaustellung als unschicklich gilt, das Bekanntwerden als peinlich empfunden wird oder nachteilige Reaktionen der Umwelt auslöst".[96] So hebt eine mit zahlreichen prominenten Gästen gefeierte Hochzeit nicht die Privatsphäre auf. Presseberichte, die solche Ereignisse zum Anlass nehmen, um über die Vermögensverhältnisse oder bestimmte persönliche Vorlieben einzelner Hochzeitsgäste zu berichten, sind deshalb dem verfassungsrechtlich geschützten Bereich „privater Themen" zuzuordnen.[97] Auch Presseberichte über Scheidungsgründe können der Privatsphäre zugeordnet werden.[98] Gehen Prominente shoppen, sollen schließlich auch Meldungen in Zeitschriften über den Preis eines Pullovers, Konfektionsgröße und Kreditkartenbenutzung in die Privatsphäre fallen. Solche Informationen werden nicht durch die Öffentlichkeit des Ortes ermöglicht, sondern setzen „eine indiskrete Beobachtung im einzelnen" voraus.[99] Zweifel hat das Bundesverfassungsgericht dagegen angemeldet, ob schon die Schilderung des Einkaufs in öffentlich zugänglichen Geschäften der Privatsphäre zugeordnet werden kann.[100] In einer neueren Entscheidung stellt das Gericht auch (oder zumindest auch) auf die Rolle ab, die der Betroffene in der Interaktion mit den Medien übernimmt.[101]

Dieses **Sphärenmodell** leidet trotz aller Differenziertheit daran, dass es die neuen   26
Stars der Unterhaltungsöffentlichkeit letztlich unter die politische Öffentlichkeit des Lüth-Urteils subsumiert (Kampf der Meinungen als Lebenselement der Demokratie). Damit wird die Bewältigung von Konflikten des Typs Caroline von Monaco auf die Bewältigung von Konflikten des Typs Bismarck zugeschnitten. Damit verfehlt die Rechtsprechung aber gerade die neuartigen **Mechanismen** und **Gefahren** des **Star-Systems.** Bei den neuen Stars der Unterhaltungsöffentlichkeit, die an die Stelle der Helden und Führer des 19. und frühen 20. Jahrhunderts getreten sind (Brad Pitt etwa bevorzugt heute in Berlin die Wohnlagen, die einst die nationalsozialistische und später staatssozialistische Nomenklatura schätzte), kann insbesondere von einer „Privatsphäre" im herkömmlichen Sinn der Unterscheidung Privatsphäre/politische Öffentlichkeit nicht mehr die Rede sein. Stars stehen für ihre gesamte Lebensführung, ihre (wechselnden) Beziehungen, ihre (wechselnden) Wohnorte, ihr (wechselndes) Gewicht, ihren (wechselnden) Nagellack usw. und spielen gerade wegen dieser umfassenden öffentlichen Durchleuchtung ihres Selbst eine Schlüsselrolle bei der Formung der Identität ihrer Zuschauer.[102] Das ist aber etwas ganz anderes als für besondere (staats-)politische Leistungen öffentlich bekannt zu sein, wie es bei Bismarck der Fall war. Diese **Politikfixierung,** die den Zugang zu den neuen Phänomenen der Publikation des Privaten in der **Unterhaltungsöffentlichkeit** verstellt, ist in der **Rechtsprechung des EGMR** noch stärker ausgeprägt. Dort wird die

---

[93] BVerfGE 101, 361, 384 – *Caroline von Monaco II.*
[94] BVerfG NJW 2000, 2192 f.
[95] BVerfGE 101, 361, 382 – *Caroline von Monaco II.*
[96] BVerfGE 101, 361, 382 – *Caroline von Monaco II.*
[97] BVerfG NJW 2000, 2193 f.
[98] BVerfG NJW 2000, 2189 f.
[99] BVerfG NJW 2000, 2194 f.
[100] BVerfG ebd.
[101] Vgl. insbesondere BVerfG 1 BvR 452/04 vom 2. 6. 2006; *Ladeur* (Fn. 35), S. 117.
[102] *Seemann* (Fn. 23), S. 259.

Berichterstattung über Prominente über die Differenz eines bloß neugierigen Publikums der „tabloid press" einerseits und eines an politischer „Diskussionen" von „allgemeinem Interesse" interessierten Publikums andererseits abgegrenzt. „The Court considers that a fundamental distinction needs to be made between reporting facts – even controversial ones – capable of contributing to a debate in a democratic society relating to politicians in the exercise of their functions, for example, and reporting details of the private life of an individual who, moreover, as in this case, does not exercise official functions."[103] Das hat zur Folge, dass die für die Medien allgemein zugängliche (nicht über Exklusivverträge strukturierte) Berichterstattung über Prominente im Kern auf Fälle der Wahrnehmung „offizieller Funktionen" beschränkt bleibt, während das Bundesverfassungsgericht wenigstens von „öffentlichen Funktionen" spricht und den Schutz der Pressefreiheit grundsätzlich auch auf „Unterhaltung" erstreckt.[104]

27   Gegen eine derartige Politikfixierung gilt es abschließend ein weiteres Mal daran zu erinnern, dass das Recht seinen Kontakt zur Entwicklung der Gesellschaft behalten muss, wenn es in Zukunft nicht nur von antiquarischem Interesse sein will. „The law, even in its most intellectually ambitious and grandiose moments, is the product of quotidian prejudices and assumptions".[105] Das gilt auch für das **allgemeine Persönlichkeitsrecht** und seine verfassungsrechtliche Konturierung. Das bedeutet keineswegs einfach Anpassung an die Fakten, die durch die **Dynamik** der **Aufmerksamkeitsökonomie** geschaffen werden. Im Gegenteil! Aber anstatt sich wie das Bundesverfassungsgericht und der **Europäische Gerichtshof für Menschenrechte** einer „Kommerzialisierung" des Persönlichkeitsrechts entgegenzusetzen, die längst eingetreten ist, käme es darauf an, einen neuen Ausgleich zwischen dem berechtigten Interesse der Medien an der Berichterstattung über Prominente und ihrem Schutz vor den Medien durch ein Modell zu finden, das jenseits einer für die neue Medienprominenz überholten Differenz von Privatheit und Öffentlichkeit ansetzt. Statt auf ein Sphärenmodell zu rekurrieren, das den Schadensbegriff vor allem in Fällen positiver Berichterstattung bis zur Unkenntlichkeit aufweicht, um „unbefangene Kommunikation" zu schützen, am Ende aber mit jeder neuen kasuistischen Unterscheidung immer neue Unbestimmtheitsstellen erzeugt, die schon im nächsten Fall wieder gefüllt werden müssen, müsste vor allem dort, wo es in Konflikten vom Typ Caroline letztlich um finanzielle (und nicht um personenbezogene) Interessen geht – um das Attraktionsmanagement des Images von Prominenten –, der Persönlichkeitsschutz auf Art. 14 GG verlagert werden. Daran könnten dann neue Abstimmungsregeln jenseits eines diffusen „Privatsphärenschutzes" für die Unterhaltungsöffentlichkeit geknüpft werden.[106]

---

[103] EGMR vom 24.6.2004, *Case of v. Hannover vs. Germany*, Rn. 63; vgl. auch BVerfG, 1 BvR 1602/07, v. 26. 2. 2008, Rn. 52 f., 57.

[104] Vgl. nur 1 BvR 1602/07, v. 26. 2. 2008, Rn. 60 ff.

[105] *Whitman* (Fn. 19), S. 123.

[106] Anknüpfend an Elemente des US-amerikanischen *right of publicity Ladeur* (Fn. 35 – Medienrecht), 137 ff.; vgl. auch *Seemann* (Fn. 23), S. 266 (der – insbesondere für das amerikanische und schweizerische Recht – von einer Bewegung des Persönlichkeitsrechts hin zum geistigen Eigentum spricht).

4. Kapitel. Die verfassungsrechtlichen Dimensionen des Persönlichkeitsrechts

§ 7. Das allgemeine Persönlichkeitsrecht als Grundrecht

Inhaltsübersicht

Schrifttum: *Amelung,* Die zweite Tagebuchentscheidung des BVerfG, NJW 1990, S. 1753ff.; *Augsberg, I./Augsberg, S.*, Prognostische Elemente in der Rechtsprechung des Bundesverfassungsgerichts, VerwArch 2007, S. 290ff.; *Beater,* Medienrecht, 2007; *v. Becker,* Fiktion und Wirklichkeit im Roman, Der Schlüsselprozess um das Buch „Esra" – ein Essay, Würzburg 2006; *ders.,* Neues zum „Schlüsselfilm". Zum Verbot des Films Rothenburg, AfP 2006, S. 124; *Benda,* Die anonyme Geburt, JZ 2003, S. 533ff.; *Britz* Freie Entfaltung durch Selbstdarstellung, 2007; *Buchner,* Informationelle Selbstbestimmung im Privatrecht, 2006; *v. Coelln,* Lebach einmal anders – die Rundfunkfreiheit fordert ihr Recht, ZUM 2001, S. 478ff.; *Cohendet/Llerena,* Routines and Incentives – The Role of Communities in the Firm, Industrial and Corporate Change 2003, S. 271; *Degenhart,* Das allgemeine Persönlichkeitsrecht, Art. 2 I iV mit Art. 1 I GG, JuS 1992, S. 361ff.; *Dreier,* Erkennungsdienstliche Maßnahmen im Spannungsfeld von Gefahrenabwehr und Strafverfolgung, JZ 1987 S. 1009ff.; *Duttge,* Strafprozessualer Einsatz von V-Personen und Vorbehalt des Gesetzes, JZ 1996, S. 556ff.; *Ehmann,* Zum kommerziellen Interesse an Politikerpersönlichkeiten, AfP 2007, S. 81ff.; *Eisenberg/Puschke,* Zur Zuständigkeit für polizeiliche Maßnahmen der Strafverfolgungsvorsorge, JZ 2006, S. 729ff.; *Enders,* Das Recht auf Kenntnis der eigenen Abstammung, NJW 1989, S. 881ff.; *Fahnemann,* Zum Schutz der Vermögenssorge durch GG Art. 6 und zur Pflicht des Staates, unbegrenzte Verschuldung des Minderjährigen bei Ausübung der Vermögenssorge durch die Eltern zu verhindern, JZ 1986, S. 1055ff.; *Fehn/Horst,* Behördliche Pressearbeit bei strafprozessualen Maßnahmen, AfP 2007, S. 13ff.; *Fetzer/Zoller,* Verfassungswidrige Videoüberwachung, NVwZ 2007, S. 775ff.; *Goecke,* Unbegrenzte Haftung Minderjähriger?, NJW 1999, S. 2305ff.; *Götting,* Persönlichkeitsschutz und Kunstfreiheit, in: FS Raue, Hrsg: Jacobs, S. 427; *Gostomzyk,* Informationelle Selbstbestimmung der öffentlichen Hand? – BVerfG NJW 2001, 1633, JuS 2002, S. 228ff.; *Gounalakis/Rhode,* Persönlichkeitsschutz im Internet, 2002; *Grafton/Sinnott-Armstrong/Gazzaniga, S.J./Gazzaniga, M. S.,* u.a., Brain Scans Go Legal, Scientific American – Mind Dezember 2006/Januar 2007, S. 30; *Grimm,* Die Meinungsfreiheit in der Rechtsprechung des Bundesverfassungsgerichts, NJW 1995, S. 1697ff.; *dwes.,* Der Stolpe-Beschluss des BVerfG – eine Rechtsprechungswende?, AfP 2008, S. 1ff.; *Gröschner,* Öffentlichkeitsaufklärung als

Behördenaufgabe, DVBl 1990, S. 619; *Gusy*, Grundrechtsschutz vor staatlichen Informationseingriffen, VerwArch 74 (1983), S. 91ff.; *ders.*, Informationelle Selbstbestimmung und Datenschutz – Fortführung oder Neuanfang?, KritV 2000, S. 52ff.; *ders.*, Rasterfahndung nach Polizeirecht, KritV 2002, S. 474ff.; *Habermas*, Die Zukunft der menschlichen Natur. Auf dem Weg zu einer liberalen Eugenik?, 2005; *ders.*, The Language Game of Responsible Agency, Philosophical Explorations 10 (2007), S. 13; *Harris*, Enhancing Evolution: The Case for Making Better People, 2007; *Heintschel von Heinegg*, Verfassungsrechtliche Rahmenbedingungen der Unterhaltungsberichterstattung, AfP Sonderheft 2007, S. 40ff.; *Hillgruber*, Der Staat des Grundgesetzes – nur bedingt abwehrbereit?, JZ 2007, S. 209ff.; *Hirte*, Mitteilung und Publikation von Gerichtsentscheidungen, NJW 1988, S. 1698ff.; *Hoffmann-Riem*, Grundrechtsanwendung unter Realitätsanspruch, Der Staat 2004 (43), S. 203ff.; *ders.*, Informationelle Selbstbestimmung in der Informationsgesellschaft, AöR 123 (1998) S. 513ff.; *ders.*, Kontrolldichte und Kontrollfolgen bei nationalem und europäischem Schutz von Freiheitsrechten von mehrpoligen Rechtsverhältnissen, EuGRZ 2006, S. 493ff.; *Jarass*, Bausteine einer umfassenden Grundrechtsdogmatik, AöR 120 (1995), S. 345ff.; *ders.*, Das allgemeine Persönlichkeitsrecht im Grundgesetz, NJW 1989, S. 857ff.; *Kahl*, Von weitem Schutzbereich zum engen Gewährleistungsgehalt, Der Staat 2004 (43), S. 167ff.; *Kinzig*, Stalking – ein Fall für das Strafrecht?, ZRP 2006, S. 255ff.; *Klatt*, Zur Beweiserhebung im Asylverfahren – Der Beschluss des BVerfG v. 26. 1. 2005, NVwZ 2007, S. 51ff.; *Kloepfer/Breikreutz*, Videoaufnahme und Videoaufzeichnung als Rechtsproblem, DVBl 1998, S. 1149ff.; *Kluth/Sander*, Verfassungsrechtliche Aspekte einer Organspendepflicht, DVBl 1996, S. 1285ff.; *Knerr*, Die Namensnennung bei der Publikation gerichtlicher Entscheidungen (1), JurPC 2004, Web-Dok 73/2004; *Ladeur*, Ausschluss von Teilnehmern an Diskussionsforen im Internet, MMR 2001, S. 787ff.; *ders.*, Das Recht der Rundfunkprogrammveranstalter auf „Kurzberichterstattung" von Spielen der Fußballbundesliga, GRUR 1989, S. 885ff.; *ders.*, Datenschutz – vom Abwehrrecht zur planerischen Optimierung von Wissensnetzwerken, DuD 2000 S. 12ff.; *ders.*, Datenverarbeitung und Datenschutz bei neuartigen Programmführern in „virtuellen Videotheken", MMR 2000, S. 715ff.; *ders.*, Der rechtliche Schutz der Fernsehwerbung gegen technische Blockierung durch die Fernsehfee, GRUR 2005, S. 559ff.; *ders.*, Die Anpassung des privaten Medienrechts an die Unterhaltsöffentlichkeit, NJW 2004, S. 393ff.; *ders.*, eBay-Bewertungssystem und staatlicher Rechtsschutz von Persönlichkeitsrechten, K&R 2007, S. 85ff.; *ders.*, Fiktive Lizenzentgelte für Politiker?, ZUM 2007, S. 111ff.; *ders.*, Persönlichkeitsrecht und „Comedy", NJW 2000, S. 1977ff.; *ders.*, Schutz von Prominenz als Eigentum, ZUM 2000, S. 879ff.; *ders.*, Zur Zulässigkeit der Verwendung eines Prominentenfotos bei der Eigenwerbung für ein Presseerzeugnis, AfP 2007, S. 242ff.; *ders.*, Fiktion und Wahrheit. Anmerkungen zum Esra-Urteil des BVerfG, AfP 2008, i. E.; *Ladeur/Gostomzyk*, Ein Roman ist ein Roman ist ein Roman?, ZUM 2004, S. 426ff.; *dies.*, Mephisto reloaded – Zu den Bücherverboten der Jahre 2003/2004 und der Notwendigkeit, die Kunstfreiheit auf eine Risikobetrachtung umzustellen, NJW 2005, S. 566ff.; *Lenckner*, Der Grundsatz der Güterabwägung als Grundlage der Rechtfertigung, GA 1985, S. 295ff.; *Lappé*, Ethical Issues in Manipulating the Human Germ-Line, in: Helga Kuhse/ Peter Singer (Hrsg.), Bioethics, An Anthology, 2. Aufl., 2006, S. 198; *Lorenz*, „Operative Informationserhebung" im Strafverfahren, „Unverfügbares" und Grundrechtschutz durch „Institutionelle Kontrolle", JZ 1992, S. 1000ff.; *ders.*, Absoluter Schutz versus absolute Relativität, GA 1992 S. 254ff.; *Lücke*, Die spezifischen Schranken des allgemeinen Persönlichkeitsrechts und ihre Geltung für die vorbehaltslosen Grundrechte, DÖV 2002, S. 93ff.; *Masing*, Parlamentarische Untersuchungen gegenüber Privaten?, Der Staat 1988, 273; *Maske*, Nochmals – Die Videoüberwachung von offiziellen Plätzen, NVwZ 2001, S. 1248ff.; *Mitsch*, Der neue Stalking-Tatbestand im Strafgesetzbuch, NJW 2007, S.1237ff.; *Morse, Stephen*, New Neuroscience, Old Problems, in: Brent Garland (Hrsg.), Neuroscience and the Law. Brain, Mind, and the Scales of Justice, 2004, S. 157; *Neumeyer*, Fiktion und Fortschritt. Zur Esra-Entscheidung des BVerfG, AfP 2008, i. E.; *Obergfell*, Dichtung oder Wahrheit? Anmerkungen zum Spannungsverhältnis zwischen Kunstfreiheit und Persönlichkeitsrechtsschutz, ZUM 2007, 910; *Oeter*, „Drittwirkung" der Grundrechte und die Autonomie des Privatrechts, AöR 119 (1994), S. 529ff.; *Pauly*, Sperrwirkung des verfassungsrechtlichen Ehebegriffs, NJW 1997, S. 1955ff.; *Peters*, Die freie Entfaltung der Persönlichkeit als Verfassungsziel, in: FS Laun, 1953, S. 669; *Pitschas/Aulehner*, Informationelle Sicherheit oder „Sicherheitsstaat"?, NJW 1989, S. 2353ff.; *Roggan*, Die Videoüberwachung von offiziellen Plätzen, NVwZ 2001, S. 134ff.; *Roßnagel* (Hrsg.), Handbuch Datenschutzrecht, 2003; *ders./Laue*, Zweckbindung Im Electronic Government, DÖV 2007, S. 543ff.; *Roth*, Die Verwertung rechtswidrig erlangter Beweismittel im Zivilprozeß, in: Recht der Persönlichkeit, 1996, S. 279; *Rüping/Kopp*, Steuerrechtliche Mitwirkungspflichten und strafrechtlicher Schutz vor Selbstbelastung, NStZ 1997, S. 530ff.; *Schack*, JZ 2000, S. 1056 (Anmerkung); *Schoch*, Das Recht auf Zugang zu staatlichen Informationen, DÖV 2006, S. 1ff.; *Schubert*, Von Kopf bis Fuß auf Verwertung eingestellt? Die Dogmatik der Vermögensrechte der Persönlichkeit im Licht der neusten Rechtsprechung von BGH und BVerfG, AfP 2007, S. 20ff.; *Schulz/Jürgens*, Das Recht am eigenen Bild – Eine fallorientierte Einführung in die Struktur und aktuelle Probleme des Bildnisschutzes, JuS 1999, S. 664ff. und S. 770ff.; *Schulte*, Informales Verwaltungshandeln als Mittel staatlicher Umwelt- und Gesundheitspflege, DVBl 1988, S. 512; *Schwabe*, Datenschutz im privaten Versicherungsrecht, JZ 2007, S. 579ff. (Anmerkung); *Soehring/Seelmann-Eggebrecht*, Die Entwicklung des Presse- und Äußerungsrechts in den Jahren 2000–2004, NJW 2005, S. 571; *Solove*, The Future of reputation. Gossip, Rumor and Privacy on the Internet, New Haven 2007; *Spieker*, Verantwortlichkeit von Internetsuchdiensten für Persönlichkeitsrechtsverletzungen in ihren Suchergebnislisten, MMR 2005, S. 727ff.; *Starck*, Zum Anspruch des nichtehelichen Kindes auf Auskunft über seine Abstammung gegenüber seiner Mutter, JZ 1997, S. 779ff.; *Starke*, Informationsschutz zwischen Pressefreiheit und staatlichem Strafverfolgungsinteresse, AfP 2007, S. 91ff.; *Sunstein*, Republic.com 2.0, Princeton 2007; *Teubner*, Ein Fall von struktureller Korruption? Die Familienbürgschaft in der Kollision unverträglicher Handlungslogiken (BVerfGE 89, 214ff), KritV 2000, S. 388ff.; *Thode*, Amtshaftung für Akte der Strafjustiz, DRiZ 2002, S. 417ff.; *Tiedemann*, Von den Schranken des allgemeinen Persönlichkeitsrechts, DÖV 2003, S. 74ff.; *Trute*, Der Schutz personenbezogener Informationen in der Informationsgesellschaft, JZ 1998, S. 822ff.; *Volkmann*, Grenzen der präventiven Rasterfahndung, JZ 2006, S. 918 (Anmerkung); *Wagner*, Anmerkung zum Marlene-Dietrich-Urteil, GRUR 2000, S. 717ff.; *Wenzel/Burkhardt*, Das Recht der Wort- und Bildberichterstattung: Handbuch des Äußerungsrechts, 5. Aufl, 2003; *Winterer*, Straf- und zivilrechtlicher Umgang mit Stalking in Deutschland – Stalking und häusliche Gewalt, FPR 2006, S. 199ff.; *Zacharias*, Zur Abgrenzung von Menschenwürde und allgemeines Persönlichkeitsrecht, NJW 2001, S. 2950ff.

A. Das Verhältnis von Art. 2 Abs. 1 und Art. 1 Abs. 1 GG

I. Der Wandel des Art. 2 Abs. 1 zur Garantie der allgemeinen Handlungsfreiheit

Das allgemeine Persönlichkeitsrecht ist ein Nebenprodukt der strukturellen Verände- 1 rung der Bedeutung von Art. 2 Abs. 1 GG insbesondere durch das Elfes-Urteil des BVerfG und die daran anschließende Dogmatik.[1] Der Wortlaut von Art. 2 Abs. 1 schien zunächst ein Verständnis dieses Grundrechts im Sinne des Schutzes eines „Persönlichkeitskerns" nahezulegen.[2] Dies wurde bestätigt durch die Formulierung eines eng gefassten „benannten" Gesetzesvorbehalts, nämlich der Begrenzung des Grundrechts durch „Rechte Dritter", die „verfassungsmäßige Ordnung" und das „Sittengesetz". Das BVerfG hat bekanntlich das „Recht auf freie Entfaltung der Persönlichkeit" zu einem Recht auf – im wahrsten Sinne des Wortes – **„allgemeine Handlungsfreiheit"** entdifferenziert – mit den bekannten Folgen für den Gesetzesvorbehalt,[3] der nach der neuen Lesart jedes „formell und materiell mit dem Grundgesetz vereinbare Gesetz" umfasst. Dadurch ist aber die Gefahr entstanden, dass eine Einebnung verschiedener Facetten des Persönlichkeitsschutzes eintreten könnte, wenn das so verstandene Grundrecht unterschiedslos – jedenfalls vom Schutzbereich her – etwa von der Freiheit zu rauchen oder spazieren zu gehen[4] bis zum Schutz der Intimkommunikation[5] oder vor der Durchleuchtung der Persönlichkeit durch staatliche Beobachtung reichen würde.[6] Der Schutz der Menschen-

---

[1] BVerfGE 6, 32, 41; 54, 143, 146; 74, 129, 151; 80, 137, 152ff.; Sachs/*Murswiek*, Art. 2 Rn. 65, zur Handlungsfreiheit a.a.O., Rn. 42f.; Jarass/*Pieroth*, Art. 2 Rn. 2ff.; *Di Fabio* in: MDH, Art. 2 Rn. 12ff.; *Starck* in: vMKS, Art. 2 Rn. 8ff.; *Dreier* in: DR, Art. 2 Rn. 27ff.

[2] Vgl. aus der älteren Literatur *Peters* in: FS Laun, 1953, S. 669; *ders.*, Das Recht auf freie Entfaltung der Persönlichkeit in der höchstrichterlichen Rechtsprechung; restriktiver auch *Hesse*, Grundzüge, Rn. 426ff.; *Grimm*, SV zu BVerfGE 80, 137, 164ff. – *Reiten im Wald*.

[3] *Dreier* in: DR, Art 2 Rn. 52ff.; *Starck* in: vMKS, Art. 2 Rn. 22ff.; Jarass/*Pieroth*, Art. 2 Rn. 59ff.

[4] BVerfGE 90, 145 – *Cannabis*; BVerfGE 80, 137 – *Reiten im Wald*.

[5] Vgl. nur BVerfGE 109, 279 – *großer Lauschangriff*; vgl. allg. Roßnagel/*Trute*, Kap. 2.5 Rn. 25f.

[6] BVerfGE 89, 69, 82 – *Akten der Suchtberatung*; Art. 33, 367, 374 (Sozialarbeiter); 89, 69, 82

würde durch Art. 1, der seinerseits durch einen hohen Schutzanspruch (ohne Gesetzesvorbehalt) einerseits und die Unklarheit seiner Konturen andererseits bestimmt wird,[7] schien allein für einen Ausgleich nicht tragfähig zu sein. Die Problematik hängt auch damit zusammen, dass die schwer fassbare Menschenwürde weitgehend erst durch den Charakter bestimmter Eingriffe definiert werden kann und damit allenfalls einen schwach konturierten handlungsbezogenen Schutzbereich hat.[8]

II. Das allgemeine Persönlichkeitsrecht als Sonderfall der Handlungsfreiheit?

1. Die Eigenständigkeit des Persönlichkeitsschutzes durch Art. 2 Abs. 1

2   Demgegenüber muss ein Rechtsschutz des Persönlichkeitsrechts in seiner aktiven Variante immer in Konkurrenz zu anderen öffentlichen und privaten Kommunikationen und ihren Geltungsansprüchen geraten:[9] z. B. kann ein **Recht auf öffentliche Selbstdarstellung** nicht von vornherein auf den Ausschließlichkeitsanspruch des Menschenwürdeschutzes festgelegt werden. Daraus hat sich die Auffassung entwickelt, dass aus dem Zusammenwirken von Art. 2 Abs. 1 (in einer engeren Lesart) und der Menschenwürde aus Art. 1 Abs. 1 ein neues „allgemeines Persönlichkeitsrecht" abzuleiten ist.[10] Dies ist also ein früher Vorläufer der später so genannten Kombinationsgrundrechte,[11] die die Funktion haben, einen Teil des durch ein Grundrecht (eher schwach) gewährleisteten Schutzes durch Kopplung an ein anderes Grundrecht aufzuwerten (Beispiel dafür wäre die „Aufwertung" der allgemeinen Handlungsfreiheit des muslimischen Metzgers, der durch Schächtung nur das Fleisch verkaufen will, durch die Berücksichtigung objektiv-rechtlicher Dimension der Glaubensfreiheit bei der Abwägung der betroffenen Interessen.[12]

2. Die Bedeutung von Art. 1 Abs. 1

3   Für das Verhältnis von Art. 2 Abs. 1 und Art. 1 Abs. 1 GG bedeutet dies, dass die „**Menschenwürde** ... dabei als programmatische Leit- und Auslegungsrichtlinie, nicht als

---

(Daten über die Psychische Verfassung); 78, 77, 84 (Akten über die Entmündigung); *Jarass/Pieroth,* Art. 2 Rn. 45, 45a; *Starck* in: vMKS, Art. 2 Rn. 114ff.; *Dreier* in: DR, Art. 2 Rn. 70; *Di Fabio,* MDH Art. 2 Rn. 152.

    [7] Vgl. nur *Dreier* in: DR, Art. 1 Rn. 50ff.; *Starck* in: vMKS, Art. 1 Rn. 117; *Herdegen* in: MDH, Art. 1 Rn. 30

    [8] *Dreier* in: DR, Art. 1 Rn. 60; *Starck* in: vMKS, Art. 1 Rn. 17; *Jarass/Pieroth,* Art. 1 Rn. 11.; zum Charakter der Norm des Art. 1 Abs. 1 als Grundrechtsgarantie vgl. BVerfGE 61, 126, 137; *Sachs/Höfling,* Art. 1 Rn. 3ff. (bejahend); als objektiv-rechtliche Verpflichtung *Dürig* in: MDH Art. 1 Rn. 4 (frühere Bearbeitung), *Stein/Frank,* Staatsrecht, 20. Aufl., 2007, § 29 III 2; vgl. allg. *Sachs/Murswiek,* Art. 2 Rn. 135; in zivilrechtlicher Sicht ebenso *Beater,* Medienrecht, Rn. 334.

    [9] Vgl. *Dreier* in: DR, Art. 2 Rn. 68f.; *Starck* in: vMKS, Art. 2 Rn. 86ff.; *Jarass/Pieroth,* Art. 2 Rn. 42; *Di Fabio* in: MDH, Art. 2 Rn. 128f.; *Schmitt Glaeser,* HStR VI, § 129 Rn. 20ff.; allg. *Britz* Freie Entfaltung durch Selbstdarstellung, 2007.

    [10] Zum Verhältnis von Art. 2 Abs. 1 und Art. 1 Abs. 1 *Dreier* in: DR, Art. 2 Rn. 6; *Starck* in: vMKS, Art. 2 Rn. 88; *Schmitt Glaeser,* HStR VI § 129, Rn. 17ff.; *Sachs/Murswiek,* Art. 2 Rn. 60; v. *Münch/Kunig/Kunig,* Art. 2 Rn. 30; *Di Fabio,* MDH, Art. 2 Rn. 128; das BVerfG betont stark die Dominanz der „passiven Seite" des allgemeinen Persönlichkeitsrechts als Recht auf Respektierung der „engeren Persönlichkeitssphäre" BVerfGE 75, 369, 380, die stärker Art. 1 Abs. 1 zugeordnet wird, während die aktive Seite aus Art. 2 Abs. 1 abgeleitet wird; vgl. auch *Sachs/Murswiek,* Art. 2 Rn. 60. *Jarass/Pieroth,* Art. 2 Rn. 39. Dies erscheint nach der hier vertretenen Auffassung nicht angemessen, da das Persönlichkeitsrecht insgesamt als Kommunikationsgrundrecht zu bestimmen ist; vgl. aber *Starck* in: vMKS, Art. 2 Rn. 87.

    [11] BVerfGE 101, 36; ZUM 2007, 829 – *Esra* (Persönlichkeitsrecht/Elternrecht); 104, 337 (Art. 2/Art. 4 Abs. 1); vgl. dazu *I. Augsberg/S. Augsberg* AöR 2007; *Höfling* in: FS Rüfner, 2003, S. 329ff.

    [12] Vgl. grundsätzlich kritisch *Höfling,* a.a.O.

eigentlich betroffene Norm" fungiert.[13] Dies verbietet sich wegen des starken Schutzes der Menschenwürde, die gegen Relativierung geschützt werden muss, während das allgemeine Persönlichkeitsrecht geradezu zwangsläufig in Konkurrenz zu anderen, insbesondere Kommunikationsgrundrechten treten muss. Die Konstruktion ist nicht ganz unproblematisch, denn das Grundrecht der Menschenwürde soll ja seinerseits gerade Abwägungen mit anderen Grundrechten und Interessen verhindern. Art. 1 Abs. 1 statuiert dann eher eine Art Abwägungsgrenze, die das Persönlichkeitsrecht „konfliktfähiger" in der Kollision mit anderen Rechten und den Schrankengesetzen macht.[14] So hat das BVerfG letztlich auch das Verhältnis von Art. 2 Abs. 1 (Allgemeine Handlungsfreiheit) und Glaubenfreiheit in dem genannten Fall bestimmt.[15] Der Schutz des Persönlichkeitsrechts ist aber nicht identisch mit der (enger zu fassenden) Menschenwürde.[16]

Im Übrigen lässt sich daran eine **Binnendifferenzierung des Persönlichkeitsschut- 4 zes** nach h. M. anschließen: Die eher aktive Komponente der Selbstdarstellung wird durch Art. 2 Abs. 1 geschützt,[17] während die eher passive dem Schutzbereich von Art. 1 Abs. 1 zuzurechnen ist (deren Schutz − wie erwähnt − gerade primär durch den Eingriff bestimmt wird, während der Schutzbereich selbst wenig Eigenständigkeit entwickeln kann). Dies fand seine Konsequenz z. B. darin, dass das postmortale Persönlichkeitsrecht dann allein über Art. 1 Abs. 1 gewährleistet wird.[18] Aber auch hier bleibt das Problem, dass die unvermeidliche Abwägung letztlich durch eine flexible Abgrenzung des Schutzbereichs ersetzt werden muss.

III. Verhältnis zu sonstigen Grundrechten

Der Schutzbereich des allgemeinen Persönlichkeitsrechts ist nicht immer leicht von 5 dem anderer Grundrechte abzugrenzen. Grundsätzlich gehen **spezielle Grundrechte** vor. Dies gilt z. B. für das Elternrecht aus Art. 6 Abs. 1 GG. Auch die Konstellation eines nach § 1684 Abs. 1 BGB gebotenen Umgangs des leiblichen Vaters mit dem nicht rechtlichen Kind ist über Art. 6 zu bewältigen. Der mögliche Eingriff in das allgemeine Persönlichkeitsrecht des Vaters, der den Kontakt ablehnt und seine neue Familie dadurch gefährdet sieht, ist kein Fall der Beeinträchtigung des allgemeinen Persönlichkeitsrechts (eine entsprechende Verfassungsbeschwerde war beim BVerfG anhängig).[19] Vor allem in der Variante des Rechts auf informationelle Selbstbestimmung kann ein Eingriff auch den Schutz des Fernmeldegeheimnisses aus Art. 10 und die Unverletzlichkeit der Woh-

---

[13] BVerfGE 33, 367, 377; 34, 328, 345; 80, 367, 372 − *abwägungsfester Schutz der Intimsphäre*; 109, 279, 313; ZUM 2007, 829 − *Esra*; *Schmitt Glaeser*, HStR VI § 129, Rn. 61ff. *Dreier* in: DR, Art. 2 Rn. 68; *Starck* in: vMKS, Art. 2 Rn. 85, 89; *Jarass/Pieroth*, Art. 2 Rn. 60; *Sachs/Murswiek*, Art. 2 Rn. 63.

[14] BVerfGE 27, 344, 351; 34, 338, 245; 35, 202, 219; 72, 155, 170; 82, 236, 269; 90, 263, 270; OLG Bremen NJW 1996, 1000; *Starck* in: vMKS, Art. 2 Rn. 89; *Sachs/Murswiek*, Art. 2 Rn. 61; *Jarass/Pieroth*, Art. 2 Rn. 60f.

[15] BVerfGE 104, 337.

[16] *Di Fabio*, Der Schutz der Menschenwürde durch Allgemeine Programmgrundsätze, 2000, S. 63.

[17] BVerfGE 27, 1, 6f.; 80, 367, 373ff.; *Sachs/Murswiek*, Art. 2 Rn. 64; *Starck* in: vMKS, Art. 2 Rn. 85, 89: *Dreier* in: DR, Art. 68; *Di Fabio*, MDH, Art. 2 Rn. 130; *Jarass*, Die Entwicklung des allgemeinen Persönlichkeitsrechts in der Rechtsprechung des Bundesverfassungsgerichts, in: Erichsen/Kollhosser/Welp, Recht der Persönlichkeit, 1996, S. 89ff.; *Thieme*, Das Deutsche Personenrecht, 2003, S. 336ff.

[18] BVerfGE 30, 303ff.

[19] Vgl. OLG Celle MDR 2001, 395: dort wird nur eine Verletzung von Art. 2 Abs. 1 unter dem Gesichtspunkt der Handlungsfreiheit geprüft und verneint; grundsätzlich wird man hier Art. 6 Abs. 1 GG als das vorrangige Grundrecht ansehen müssen; vgl. auch VerfGH Berlin FamRZ 2004, 970: Ablehnung der Erzwingung des Umgangs des Vaters mit einem Kind keine Verletzung des Erziehungsrechts der Mutter); BVerfG 1 BvR 1620/04 v. 1. 4. 2008.

nung nach Art. 13 beeinträchtigen. Insoweit besteht aber kein Verhältnis der Spezialität zugunsten dieser Grundrechte: Sie schützen jeweils die räumliche Selbstbestimmung bzw. die Ungestörtheit der Kommunikationskanäle – dies aber ohne Rücksicht auf die betroffenen Inhalte (es kann sich auch um unpersönliche Datenkommunikation handeln). Der Persönlichkeitsschutz wird besonders durch Art. 2 Abs. 1 bzw. Art. 1 Abs. 1 erfasst.[20] Ähnliches gilt für das Verhältnis zu Art. 5 Abs. 1 (unter dem Gesichtspunkt der negativen Meinungsfreiheit) und Art. 4 Abs. 1 (im Hinblick auf die negative Glaubensfreiheit.[21]

B. Struktur des allgemeinen Persönlichkeitsrechts – als Abwehrrecht

I. Persönlichkeitsrecht und Kommunikation in der postmodernen Gesellschaft

6   Das allgemeine Persönlichkeitsrecht scheint sich – dies wird durch die Anlehnung an Art. 1 Abs. 1 bestätigt – einem gesteigerten **Respekt vor der Person und dem Individuum** zu verdanken.[22] Allerdings sind die Personalität selbst und ihr Schutz nicht ohne Ambivalenz – dies wird sich auch bei der Beobachtung der Konflikthaftigkeit und der Bestimmung der Grenzen des Persönlichkeitsrechts zeigen. Der Schutz der Person ist historisch ein später Ausläufer des Übergangs des hierarchischen Aufbaus der Gesellschaft zur Ausdifferenzierung von Funktionssystemen. Die Person steht nicht mehr unter dem Druck der „Repräsentation eines Seins",[23] das dem Einzelnen eine feste Stelle zuweist, sondern sie wird zur „Präsentation eines Selbst, das sich für Zwecke des sozialen Verkehrs festlegt". Sie muss „unterschiedliche Interaktionen wählen und in der Wahl identisch bleiben".[24] Person wird damit sogleich durch die zeitliche Unterbrechung der Kontinuität von Vergangenheit (Tradition) und Zukunft geprägt. Dem Menschen wird infolge eines historischen Wandels „Personalität" des Verhaltens als „gewählt" und „durch eigenes Verhalten kommunikativ beeinflussbar" zugerechnet.[25] Personalität ist damit nicht nur Freiheit, sondern auch Last: „Individualität" wird zum Ausgleich für das „unaufhebbare Fürsichsein" der Kommunikationssysteme gewährt.[26] Das „Individuum der *Gesellschaft*"[27] existiert stets im Plural der „individuell verstreuten Bewusstseinssysteme",[28] die zugleich in einem Verhältnis der Kopplung zu den Kommunikationssystemen stehen.

II. Das Persönlichkeitsrecht zwischen individueller Willkürfreiheit und gesellschaftlicher Typisierung – das Ende der kollektiven „Ehrenordnung"

1. Welches ist die „Sachgesetzlichkeit" des Persönlichkeitsschutzes?

7   Diese Überlegungen können auch für eine rechtliche Perspektive auf den Persönlichkeitsschutz anschlussfähig werden. Der Schutz der Persönlichkeit kann nämlich in die Gefahr geraten, zu einem diffusen Schutz von Gefühlen, Idiosynkrasien oder wider-

---

[20] So auch *Schmitt Glaeser*, HStR VI, § 129 Rn. 27 f., 81ff.

[21] So auch *Schmitt Glaeser*, HStR VI, § 129 Rn. 27f., 83.

[22] *Luhmann*, Die Gesellschaft der Gesellschaft, 1997, S. 107ff.; in verfassungsrechtlicher Perspektive Roßnagel/*Trute*, Kap. 2.5, Rn. 14f.; stärker die individuelle Seite der Persönlichkeitsentfaltung betonend, Roßnagel/*Roßnagel*, Kap. 1 Rn. 4.

[23] *Luhmann*, ebd., S. 907.

[24] *Luhmann*, ebd., S. 771.

[25] *Luhmann*, ebd., S. 643; auch *Britz* Freie Entfaltung durch Selbstdarstellung, 2007, S. 15, 19.

[26] *Luhmann*, ebd., S. 107.

[27] *Schroer*, Das Individuum der Gesellschaft.

[28] *Luhmann*, ebd., S. 107; in rechtstheoretischer Perspektive *Wielsch*, Habilschrift, 2007, S. 38.

sprüchlichen Selbstwahrnehmungen zu geraten,[29] wenn es nicht gelingt, die **Selbstdefinition der Persönlichkeit** über die Orientierung an Individualitätsmustern und typischen Konfliktfeldern in der sozialen Kommunikation zu bestimmen und zu begrenzen. Der Rekurs auf die Selbstdefinition bei der Konturierung von Schutzbereichen ist bei Grundrechten, die bestimmte Sachgesetzlichkeiten und ihre Entwicklung gewährleisten (Kunst, Religion, Beruf, etc.),[30] leichter als bei einem Grundrecht, das die Individualität in ihrer Selbstbezüglichkeit zu gewährleisten scheint. Dies ist vor allem deshalb problematisch, weil die charakteristische Verschiebung der einfachrechtlichen Sanktion von Persönlichkeitsverletzungen sich vom Strafrecht (Beleidigung, üble Nachrede etc.) mehr und mehr ins Privatrecht verlagert hat. Darin kommt das Ende einer tradierten kollektiven „Ehrenordnung"[31] zum Ausdruck, die die Anerkennung von Personen nach konventionalisierten Standards der Leistung und der gesellschaftlichen Statusbestimmung zumessen konnte.[32]

2. „Identität" als Bezugsrahmen des Persönlichkeitsrechts?

Die Fokussierung des Anspruchs auf Anerkennung der Persönlichkeit als solcher und **8** ihrer ganz unterschiedlichen nur situativ bestimmbaren Erscheinungsformen gegenüber dem Staat wie gegenüber Privaten[33] leistet einer Expansion des Selbst Vorschub, die mit dem Aufstieg der Medien zusammenhängt[34] und die Möglichkeit der „Selbstaufmerksamkeit"[35] steigert. Die (Selbst-)Beobachtung von **„Identität"**[36], die in der neueren Literatur vielfach als charakteristisch für die Postmoderne genannt wird, und die unspezifische Erwartung von „Anerkennung" sind relativ neue Phänomene, die nicht ohne Weiteres zu einer rechtlichen Nachzeichnung der Konturen der Persönlichkeit nötigen. Das Leben in und mit medialen Informationsnetzwerken und das daraus entstehende „Leben mit überdosierter Information" sowie die „ständige Überforderung des Achtgebens (gehört) zur Normalität"[37] und fordert eine genauere Bestimmung des einer permanenten Selbständerung unterliegenden „proteushaften" Selbst der Persönlichkeit,[38] das keine feste Substanz behaupten kann.

III. Die Gegenprobe zur Bestimmung des Schutzbereichs – die Konturen des Eingriffsbegriffs

1. Ist jeder Informationsgebrauch potentiell ein Eingriff in Rechte Dritter?

Unter Berücksichtigung der Entwicklung der jeweiligen Funktionssysteme der Me- **9** dien und der Netzwerke, mit und in denen die Persönlichkeit interagiert, muss der Schutzbereich des allgemeinen Persönlichkeitsrechts stärker ausdifferenziert und die un-

---

[29] *Ladeur*, Das Medienrecht und die Ökonomie der Aufmerksamkeit, 2007, S. 80.

[30] Vgl. allg. *Morlok*, Selbstverständnis als Rechtskriterium, 1993; für die Medien *Ladeur*, ebd., S. 110 (Literatur); 128ff., 256ff. (Massenmedien); vgl. zur Literatur auch *Hörisch*, Das Wissen der Literatur, 2007.

[31] Vgl. dazu allg. *Todorov*, La vie commune. Essai d'anthropologie générale, 1998, S. 116f.; *Ladeur*, a.a.O., S. 46ff.

[32] *Todorov*, ebd., S. 116f.

[33] Vgl. dazu nur *Honneth*, Kampf um Anerkennung. Zur moralischen Grammatik sozialer Konflikte, 4. Aufl., 1994.

[34] *Franck*, Ökonomie der Aufmerksamkeit, 1998, S. 31, 64.

[35] *Franck*, ebd. S. 31.

[36] Vgl. etwa *Kaufmann*, Ego. Pour une sociologie de l'individu, 1998; *Ehrenberg*, La fatigue d'être soi, 1998; *ders.*, L'individu incertain, 1999; zur Bewahrung der „sozialen Identität" durch das allgemeine Persönlichkeitsrecht *Schmitt Glaeser*, HStR VI § 129 Rn. 59; auch *Jarass* NJW 1989, 359; ders./ *Pieroth*, Art. 2 Rn. 30; *Roßnagel/Trute*, Rn. 2.5. Rn. 14f.; *Britz,* ebd.

[37] *Franck*, ebd., S. 64.

[38] *Lifton*, The Protean Self, 1994; *Illouz*, Oprah Winfrey and the Glamour of Misery, 2003; *dies.*, Gefühle in Zeiten des Kapitalismus, 2004.

ausbleibliche Fragmentierung der Persönlichkeitsentwicklung dogmatisch abgearbeitet werden. In einem engen Zusammenhang damit steht die Frage der **Bestimmung des „Eingriffs"** in den Schutzbereich.[39] Die Zahl und Art der Eingriffe i. e. S., die der Ausübung des Persönlichkeitsrechts durch Ge- oder Verbote rechtliche Schranken setzen, dürfte sich nicht wesentlich geändert haben in den letzten Jahrzehnten. Die Informatisierung der Berufswelt, die Mediatisierung der Öffentlichkeit und die Verwischung der Grenzen zwischen Öffentlichem und Privatem sowie die Verwandlung auch der kommunizierenden Individuen in Kommunikationsknoten innerhalb von „Netzwerken von Netzen"[40] (nicht nur) im Internet steigert die Zahl der informationellen Kontakte (auch der ungewollten) ins Unermessliche.

10   Hier stellt sich die Frage, ob jede unfreiwillige informationelle Operation der Datenherstellung und -verbreitung zu einem (faktischen) „Eingriff" aufgehöht werden muss oder ob nach neuen „netzwerkgerechten" bereichsspezifischen Zurechnungsregeln gesucht werden muss, die der Fragmentierung der Persönlichkeit Rechnung tragen. M. a. W. die gesetzliche Abhängigkeit der Achtungsansprüche, die sich in der „Ehrenordnung" der tradierten bürgerlichen Gesellschaft niedergeschlagen hatte, muss auf der Höhe der Zeit rekonstruiert werden im funktionalen Äquivalent der Sicherung von Teilhaberechten des **„Individuums der Gesellschaft der Netzwerke"**. Anderenfalls besteht die Gefahr, dass die Qualifizierung aller möglichen medialen Operationen in informationellen Netzwerken als „Eingriff" am Ende als Bezugsrahmen paradoxerweise ein beziehungsloses Individuum als Normalform unterstellen,[41] vor der jeder Kontakt zum „Eingriff" wird, der entweder eine Einwilligung oder eine gesetzliche Ermächtigungsgrundlage verlangt.

2. Die Suche nach Identitätsmustern der Persönlichkeitsbildung und die „Unruhe" des Individuums als gesellschaftliche „Ressource"

11   Dieses Problem wird sich vor allem bei der „informationellen Selbstbestimmung" zeigen.[42] Im Folgenden soll deshalb versucht werden, die Persönlichkeitsrechte des „Individuums der *Information*sgesellschaft" im Hinblick auf die Funktionsregeln der ihrerseits durch Grundrechte geschützten **Selbstorganisation der gesellschaftlichen Teilsysteme** (Medien, Politik, Kunst, Wirtschaft etc.[43]) nicht der Selbstdefinition des „Eigenen" (gegen das „Fremde") allein der Persönlichkeit zu überlassen, sondern nach zwangs-

---

[39] Vgl. zum „faktischen Eingriff" allg. *Sachs* in: Sachs, vor Art. 1 Rn. 58ff.; zum „faktischen Eingriff" in Persönlichkeitsrechte Sachs/*Murswiek*, Art. 2 Rn. 79, 84; zu Überwachungsmaßnahmen: ebd., Rn. 87; *Philipp*, Staatliche Verbraucherinformation im Umwelt- und Gesundheitsrecht, S. 153ff.; *Gusy* VerwArch 1983, 91ff.; *Pitschas/Aulehner* NJW 1989, 2353; *Pieroth/Schlink*, Staatsrecht II, Rn. 265; Jarass/*Pieroth*, Art. 2 Rn. 53; *Dreier* in: DR, Art. 2 Rn. 83; für eine engere Fassung des Begriffs des „faktischen Eingriffs mit Recht *Hoffmann-Riem* AöR 123 1998, 513, 531; *Kloepfer/Breitkreutz* DVBl 1998, 1149ff.; *Duttge* Der Staat 1997, 281ff.; *Albers*, Informationelle Selbstbestimmung, S. 70ff.; zum Datenschutz (Speicherung und Weitergabe von Daten) BVerfGE 65, 1, 43; 84, 239, 279; vgl. allg. *Rogall*, Informationseingriff und Gesetzesvorbehalt im Strafverfahrensrecht, 1992; auch über den Datenschutz hinaus wird die staatliche Informationserhebung und -verwertung im Bereich der Gefahrenabwehr als faktischer Eingriff eingeordnet: *Dreier* JZ 1987, 1009ff.; *Bär*, Zugriff auf Computerdaten im Strafverfahren; BVerfG 93, 181, 186 – *Rasterfahndung/BND*; BVerfG JZ 2006, 906 m. Anm. *Volkmann* (Rasterfahndung/Terroristen); vgl. zu den Anforderungen an die Bestimmtheit von Gesetzen, die zur Kontenabfage durch Strafverfolgungs- und Finanzbehörden ermächtigen, BVerfG DVBl 2007, 1023.

[40] Vgl. (zur Medienentwicklung) *Noam*, Interconnecting the Network of Networks, 2001; allgemein *Castells*, Das Informationszeitalter. Wirtschaft, Gesellschaft, Kultur, Bd. 1: Die Netzwerkgesellschaft, 2002.

[41] Vgl. dazu in gesellschaftstheoretischer Perspektive, *Rey*, Une folle solitude, 2006.

[42] *Albers*, Informationelle Selbstbestimmung, 2005, S. 152ff.; *dies.*, Umgang mit personenbezogenen Informationen und Daten, in: Hoffmann-Riem/Schmidt-Aßmann/Voßkuhle (Hrsg.), Handbuch. Grundlagen des Verwaltungsrechts, Bd. II, § 22 Rn. 58ff.; zur Entwicklung der Rechtsprechung vgl. *Podlech*, AK-GG, Art. 2 Rn. 59a, b.

[43] Vgl. dazu allg. *Ladeur*, Das Medienrecht und die Ökonomie der Aufmerksamkeit, 2007, insbes. S. 255ff.

läufig fragmentierten Individualitätsmustern zu suchen, in denen die Diversität des Individuum und die unterschiedlichen Versionen der Inklusion in selbstorganisierte Beziehungsnetzwerke zum orientierungsbildenden Referenzrahmen der Dogmatik werden.[44] Das Individuum wird in einer funktional differenzierten Gesellschaft mit der je eigener Rationalität verschiedener Kommunikationssysteme Bestandteil eines „Varietätspools", einer ungebundenen „Unruhe",[45] die die notwendige Voraussetzung für die Anpassungsfähigkeit und die Erneuerung der gesellschaftlichen Teilsysteme bilden. Veränderungen, neue Möglichkeiten werden – wie P. Fuchs[46] mit Recht angenommen hat – schneller „errechnet" als in den schwerfälligeren Funktionssystemen, mit denen die „verstreuten Bewusstseinssysteme" gekoppelt sind. Dies wäre eine Erklärung dafür, warum Individualität und Personalität auch und gerade in einer funktional differenzierten Gesellschaft besonderen Schutz verdienen. Damit lässt sich auch die Notwendigkeit eines „Spielraums" für die Selbstbeschreibung und Selbsterprobung der Individuen begründen, die rechtlich über das „allgemeine Persönlichkeitsrecht" abgestützt wird. Damit lässt sich auch der aus der Sicht der Funktionssysteme mindestens partiell intransparent bleibende Kern der Persönlichkeit als Gegenstand des Grundrechtschutzes ableiten.[47]

IV. „Gemeinschaftsgebundenheit" als Formel für die Bestimmung der Grenzen des „Selbst" der Person

Personalität steht nicht außerhalb der Gesellschaft oder im Gegensatz zu ihr, anderer- **12** seits erscheint die Ausgleichsformel des BVerfG, die Annahme der **„Gemeinschaftsgebundenheit"**[48] der Person zu grob, als dass sie dem Spannungsverhältnis zwischen der „Eigenrationalität" der Systeme und des „Selbst" der Person gerecht werden könnte. Die Person wird auch nicht im Nachhinein mit den Zumutungen der Sozialität konfrontiert: „Person" ist ein „Verkehrssymbol der sozialen Kommunikation".[49] Wie noch zu zeigen sein wird, steht ihr Schutz in einem Entsprechungsverhältnis zu den Erfordernissen der Kommunikationssysteme, deren Expansion sie Selbst- und Fremdbegrenzungen aufherrscht, die die Sicherung der jeweiligen Eigenrationalität vor der Selbstgefährdung durch unbegrenzte Expansion systemischer Rationalitätsansprüche bezwecken. Dies führt eine Art „Stopp-Regel" der Selbstbegrenzung in die blind ihre Funktion maximierenden sozialen Systeme ein, die die Erhaltung eines „Ideenpools" gewährleistet, dessen Selbsterneurungfähigkeit für alle Kommunikationssysteme von Bedeutung ist.[50]

Diese systemtheoretische Skizze will nicht andere Erklärungsansätze für illegitim er- **13** klären, noch weniger versucht sie, die Normativität der Verfassung allein für sich in Anspruch zu nehmen und andere Theorien als falsch von vornherein aus der Diskussion auszuschließen. Die **dogmatischen Konkretisierungen** müssen jeweils sich selbst sprechen und praktische Plausibilität auch für andere Konzeptionen gewinnen. Die hier vorgetragene Fassung der Systemtheorie kann aber als eine allgemeine Theorie bei der Formulierung von Konkretisierungsschritten im Einzelnen für Argumente aus anderen Konzeptionen anschlussfähig werden, soweit sie für Argumente aus anderen Konzeptionen durchlässig bleibt. Sie kann insbesondere das Verhältnis von Personalität und Sozialität (im Hinblick auf die einzelnen Kommunikationssysteme) begrifflich schärfer fassen und für die Beobachtung des Wandels der Personalität öffnen.

---

[44] Vgl. *Luhmann*, Soziale Systeme 3 (1997), S. 23ff.

[45] Vgl. dazu *Luhmann*, Die Gesellschaft der Gesellschaft, S. 1019.

[46] *Fuchs*, Moderne Kommunikation, S. 67f., vgl. auch *Stäheli*, Sinnzusammenbrüche, 2000, S. 106; in rechtstheoretischer Perspektive *Wielsch*, Habilschrift, 2007, S. 35.

[47] *Luhmann*, Das Erziehungssystem der Gesellschaft, 2000, S. 28, 30; *Britz* Freie Entfaltung durch Selbstdarstellung, 2007, S. 31.

[48] BVerfGE 4, 7, 15; 8, 274, 329; 45, 187, 242; 50, 290, 353; 65, 1, 44; 77, 121, 125.

[49] *Luhmann*, ebd., S. 39.

[50] Vgl. zum Schutz der Privatautonomie auch *Podlech*, AK-GG, Art. 2 Rn. 59e.

§ 8. Schutz der Persönlichkeit gegen den Staat

Inhaltsübersicht

A. Persönlichkeit und Geheimnisschutz

I. Räumliche Ausgrenzung des Privaten

1. Intimgespräche, Selbstreflexion des Individuums

Im allgemeinen Persönlichkeitsrecht hat der **Schutz eines Raums der Privatsphäre**,[1] 1
insbesondere der Wohnung, der über die Integrität des Wohn*raums* hinausgeht, der durch
Art. 13 GG gewährleistet wird. Dort wird der Akzent bei der Ausgrenzung der räumlichen Sphäre selbst gesetzt (die dementsprechend auch Geschäftsräume umfasst), hier steht
der Raum als „Möglichkeitsraum" für die unbeobachtete Selbstbezüglichkeit der Person,

---

[1] v. Münch/Kunig/*Kunig*, Art. 2 Rn. 32f.; *Di Fabio*, MDH Art. 2 Rn. 154.

der gegenüber die Zwänge der Sozialität gelockert werden oder zurücktreten.[2] Dieser Raum soll gegen die Beobachtung durch Kommunikationssysteme und andere Personen geschützt sein, er dient damit auch der Entlastung von sozialen Zwängen. Die nicht für den Anschluss an die öffentliche Kommunikation bestimmten Verhaltensweisen einschließlich der Intimkommunikation mit einer durch die Raumgrenzen bestimmten „Inklusivität" sollen nicht ohne weiteres „rekodiert" werden, z. B. als Geständnis gegenüber einem Träger öffentlicher Gewalt im Strafverfahren.[3] Dies gilt ohne Rücksicht auf die Art der Selbstbezüglichkeit, z. B. das Selbstgespräch, das Intim- oder Privatgespräch,[4] die Tagebuchaufzeichnung,[5] sexuelles Verhalten etc.

2 Dies muss grundsätzlich auch für den virtuellen Raum einer paradoxen Intimkommunikation in technisch eingegrenzten privaten, auf Ausschluss externer Kommunikationsteilnehmer angelegten Foren wie dem Internet gelten, soweit sie ein funktionales Äquivalent zur räumlichen Ausgrenzung in der „Offline-Welt" bilden. Dadurch dürfte auch das **Recht auf Anonymität** in virtuellen Räumen gerechtfertigt sein,[6] soweit es dem persönlichen Austausch dient. Ähnliches gilt – soweit dies technisch möglich ist – für die Entscheidung über die Wahl der Kommunikationspartner.

2. Rechtliche Begrenzung der funktional zulässigen Eingriffe in die Intimsphäre

3 Soweit der Staat durch gerechtfertigte Einschränkung der räumlichen Bestimmung über die Ausübung des Persönlichkeitsrechts auch über die Intimkommunikation verfügt (Briefkontakt von Strafgefangenen[7]), muss die Beschränkung auf das für die Zwecke z. B. des **Verfahren**s nötige Mindestmaß begrenzt werden.[8] Das bedeutet, dass die Briefkontrolle für die Verhinderung der Verfahrenssabotage oder die Vorbereitung neuer Straftaten eingesetzt werden darf, nicht aber zur Kontrolle des „selbstbezüglichen" Moments der Kommunikation. Dies gilt etwa für Beschimpfungen des Aufsichtspersonals oder der Richter, soweit sie im privaten Austausch mit Verwandten oder anderen Personen des Vertrauens geäußert werden. Insoweit bleibt der Intimschutz erhalten, weil die Kontrolle nur einem durch das Verfahren begrenzten Zweck dienen darf. Das BVerfG[9] hat hier noch einmal einen Unterschied zwischen der privaten Kommunikation in eigenen Räumen und der Intimkommunikation im engeren Sinne gemacht. Dies hat Bedeutung für die Reichweite des Schutzes gegen das Abhören von Gesprächen durch Telefonkontrolle, Richtmikrofone („großer Lauschangriff") o.ä. Techniken.[10] Die Wahl abgelegener Orte,

---

[2] BVerfGE 90, 255, 261f. (Briefkontrolle); 57, 170, 177ff.; NJW-Spezial 2007, 1194; *Dreier* in: DR, Art. 2 Rn. 70; *Starck* in: vMKS, Art. 2 Rn. 173.

[3] BVerfGE 18, 146, 147; 80, 367, 373ff. – *Tagebuch; Dreier* in: DR, Art. 2 Rn. 70; *Starck* in: vMKS, Art. 2 Rn. 91 m.w.N.; *Di Fabio*, MDH Art. 2 Rn. 154; vgl. auch *Amelung* NJW 1990, 1753; *Lorenz* GA 1992, 254ff. (Tagebuch).

[4] BVerfGE 109, 279ff. – *großer Lauschangriff*; vgl. allg. Roßnagel / *Trute*, Kap. 2.5 Rn. 14f.

[5] Vgl. die Nachweise in Fn. 46.

[6] BGH NJW 1991, 1532; KG NJW-RR 2005, 350; vgl. auch die Beiträge in: Bäumler / von Mutius (Hrsg.), Anonymität im Internet, 2003; hier zeigt sich aber wieder die kommunikative Seite des allgemeinen Persönlichkeitsrechts: Anonymität ist ein Modus der Kommunikation, der nicht auf die Abschirmung der Persönlichkeit reduziert werden kann; deshalb kann es ein Recht auf Anonymität nur geben, soweit dies nicht als Bedrohung oder Gefährdung der Interessen und Rechte der Kommunikationspartner erscheinen kann.

[7] Aus dem Persönlichkeitsrecht ergibt sich auch ein Recht auf Kontakt zu Angehörigen BVerfGE 57, 170, 177.

[8] Vgl. die Nachweise in Fn. 46; dazu *Dreier* in: DR Art. 2 Fn. 70; allg. *Starck* in: vMKS Art. 2 Rn. 131; *Di Fabio*, MDH, Art. 2 Rn. 156; *Ladeur*, Das Medienrecht und die Ökonomie der Aufmerksamkeit, 2007, S. 95ff.

[9] BVerfGE 90, 255, 261f.; 57, 170, 177ff. – *Strafgefangene*; 109, 279ff. – *großer Lauschangriff*; vgl. allg. dazu *Hillgruber* JZ 2007, 209.

[10] BVerfGE 112, 304 – *GPS-Überwachungssystem; Vassiliki* CR 2005, 572.

an denen keine Beobachtung erwartet wird, oder auch der Innenraum von Kraftfahrzeugen sind dem Schutz des Intimraumes gleichzusetzen.

II. Methodisch kontrollierte Beobachtung der persönlichen Identität

1. Das Problem der Intransparenz der Methoden und Ziele der Begutachtung

Probleme des Persönlichkeitsschutzes stellen sich auch bei der wissenschaftlichen Be- **4** gutachtung durch methodisch reflektierte und deshalb für den Betroffenen vielfach intransparente Befragung, Messung von Körperfunktionen oder symptomatische Beobachtung zum Zwecke der Einschätzung persönlicher Merkmale, zur Bewertung der „Zurechnungsfähigkeit" i. w. S. der Person für ihre Handlungsweisen.[11] Auch die Befragung von Verwandten als Zeugen für Zwecke der Aufklärung im Asylverfahren kann unverhältnismäßig sein, wenn dadurch ein Risiko für den Betroffenen entsteht oder wenn dadurch Informationen über das Intimverhalten preisgegeben werden.[12] Dies gilt etwa für **medizinisch-psychologische Gutachten**[13] für die Zwecke der Feststellung der Fahrtüchtigkeit im Straßenverkehr oder die Begutachtung besonderer körperlicher oder geistiger Merkmale, die für die Einstellung in besonders verantwortungsvolle Positionen für erforderlich gehalten werden kann.[14] Wie noch zu zeigen sein wird, kann dies nicht grundsätzlich durch den Grundrechtsschutz des allgemeinen Persönlichkeitsrechts ausgeschlossen werden. Es handelt sich hier aber jedenfalls um Verhaltensweisen, mit denen der Persönlichkeitsschutz tangiert wird. Denn es geht um die Beobachtung und (unfreiwillige) Mitteilung von vor allem symptomalen Informationen, deren Bedeutung für den Betroffenen vielfach selbst nicht oder nicht in vollem Umfang erkennbar wird, z. B. schwere Krankheiten, deren Symptome zwar spürbar, nicht aber interpretierbar sind.[15]

2. Der Schutz des Intimraums und des Körpers vor intransparenten Formen der Beobachtung

Dieser Schutzeffekt steht in einem engen Zusammenhang mit dem Schutz des Intim- **5** raums. Auch der **Körper der Person** soll nicht ohne besondere gesetzliche Legitimation als Träger von Informationen durch Experten oder Expertensysteme „abgelesen" werden können: Während es bei den unter 1. beschriebenen Phänomenen um die „Entfremdung" von Nicht-Kommunikation oder Intimkommunikation in realen oder virtuellen Räumen geht, steht hier die Psyche oder der Körper als Symptomträger im Vordergrund. Dabei kommt es im Ergebnis aber nicht darauf an, ob die Symptome nur für Experten „lesbar" sind. Hier wird die Körperlichkeit und die Psyche der Person als solche geschützt, soweit bestimmte Eigenschaften nicht ohne weiteres der Beobachtung zugänglich sind – wie äußerliche persönliche Merkmale (Haarfarbe, Größe etc.). Unter diesem Gesichtspunkt kann auch die frühere Praxis der Eintragung „unveränderlicher körperlicher Merk-

[11] BSGE 60, 284, 286 – *Schwerbehindertenstatus*; BVerfGE 78, 77, 84 – *Unterlagen über Entmündigung*; 44, 353, 372 – *Suchtberatung*; 33, 367, 374 – *Akten des Sozialarbeiters*; 89, 69, 82 – *Daten zur psychischen Verfassung*; 77, 121, 125 – *persönliche wirtschaftliche Verhältnisse*; 106, 28, 44 – *Mithöranlage*; 34, 238, 246 – *heimlicher Tonbandmitschnitt*; *Starck* in: vMKS Art. 2 n. 91ff.; *Jarass/Pieroth*, Art. 2 Rn. 44ff.; *Di Fabio*, MDH, Art. 2 Rn. 161; kritisch zu den Grenzen der Beweiserhebung *Kohlhaas* ZRP 1972, 52.

[12] BVerwG NVwZ 2007, 51 (mit nicht unproblematischer Verallgemeinerung); vgl. auch *Klatt* NVwZ 2007, 51.

[13] *Beater*, Medienrecht, Rn. 1122f.

[14] BGHZ 98, 32, 34 – *psychiatrische Untersuchung*; BVerfGE 89, 69, krtisch dazu *Franzen* DVBl 1993, 998; BVerwGE 80, 224; NZV 1996, 84 m. Anm. *Gehrmann* – medizinisch-psychologischer Test – dazu bedarf es eines begründeten Anlasses – entweder Fehlverhalten oder – im Rahmen von Dienstverhältnissen – Erwartung der Aussagefähigkeit einer Methode.

[15] BGHZ 98, 32, 34 – *psychiatrische Untersuchung*; BVerwG NJW 1986, 2332 – *systematische Beobachtung*; *Starck* in: vMKS Art. 2 Rn. 100;

male" in Personalprobleme problematisch sein, soweit sie über nicht-neutrale Angaben wie die genannten hinausgehen.

III. Patientendaten, Mitteilung privater Informationen durch Angehörige etc.

6   Insbesondere bei **Patientendaten**[16] ist der Schutz der Persönlichkeit von hohem Wert. Hier besteht insbesondere die Gefahr, dass Akten, die für medizinische Zwecke erhoben worden sind, durch Transfer in einen anderen öffentlichen oder privaten Entscheidungs- zusammenhang (Arbeitgeberfunktion) nicht nur fehlinterpretiert werden und zu falschen Schlussfolgerungen führen, sondern dass ohne eine „informationelle Gewaltenteilung"[17] der Einzelne möglicherweise von einer bestimmten Krankenbehandlung oder -diagnose abgehalten wurde, wenn und soweit er mit der Verbreitung der Information rechnen müsste. Hier hat das allgemeine Persönlichkeitsrecht als Abwehrrecht eine legitime Rolle.[18]

7   Ähnliches gilt für **Ehescheidungsakten**[19] (z. B. Berücksichtigung in einem Diszipli- narverfahren). Hier besteht die Gefahr, dass Informationen aus der Privat- oder gar Intim- sphäre das Fortkommen im dienstlichen Bereich gefährden. Ähnliches gilt auch für die – z. B. aus privaten Gründen erfolgende – Anschwärzung eines Beamten oder öffentlichen Angestellten bei der Verwaltung. Solche Informationen dürfen grundsätzlich nicht gegen den Betroffenen verwendet werden, es sei denn es lägen gravierende Hinweise auf ein strafbares Verhalten vor. Diese Leistung des allgemeinen Persönlichkeitsrechts besteht in der Separierung von Beziehungskreisen, die nicht wechselseitig füreinander durchlässig sein sollen und eigene Rationalitäten entwickeln können.

IV. Untersuchung von Persönlichkeitsmerkmalen in öffentlichen Verfahren, insbesondere Strafverfahren

1. Herkömmliche Verfahren

8   Das **Strafverfahrensrecht** lässt unter bestimmten Umständen allerdings auch eine Untersuchung der Persönlichkeit bzw. von Persönlichkeitsmerkmalen eines Angeklagten oder eines Zeugen zu. Auch hier muss das Risiko einer Stereotypisierung des Betroffenen beachtet werden. Solche Untersuchungen sind im Zusammenhang mit schweren Straf- taten zulässig. Im Übrigen gilt der Grundsatz in dubio pro reo. Vor allem bei invasiven Maßnahmen (Eingriffe in das Gehirn etc.) ist auf den Grundsatz der Verhältnismäßigkeit zwischen möglichen Folgen und möglicher Strafe abzustellen.[20] Bei Eingriffen in die körperliche Unversehrtheit ist allerdings das Grundrecht auf Leben das speziellere.[21] Auch in anderen Verfahren (z. B. sorgerechtliches Verfahren über den Umgang mit Kin- dern) kann eine medizinisch-psychologische Begutachtung zur Klärung der Frage, ob dies dem Kindeswohl entspricht, nicht ohne gesetzliche Grundlage angeordnet wer- den.[22]

---

[16] BVerfGE 33, 373, 378ff.; 89, 69, 82f.; *Starck* in: vMKS Art. 2 Rn. 98.

[17] Vgl. dazu nur *Podlech*, AK-GG, Art. 2 Rn. 80.

[18] Vgl. auch zur gerichtlichen Weisung an Straftäter, einen Arzt von seiner Schweigepflicht zu ent- binden, BVerfG MedR 2006, 586.

[19] *Starck* in: vMKS Art. 2 Rn. 103; v. Münch/Kunig/*Kunig*, Art. 2 Rn. 34.

[20] BVerfGE 16, 194, 202; 47, 239, 248; Jarass/*Pieroth*, Art. 2 Rn. 67.

[21] Zu den Grenzen der Verwendung medizinisch-psychologischer Gutachten (Haschischkonsum) BVerfGE 89, 69, 83ff.; Grenzen der Benutzung von Patientenakten im Strafverfahren BVerfGE 32, 373, 379ff.; 44, 353, 372f.

[22] BVerfG FamRZ 2004, 523.

2. Einsatz von Lügendetektoren

Ob generell der Einsatz technischer Mittel zur Abschätzung der Glaubwürdigkeit von 9
Personen das allgemeine Persönlichkeitsrecht oder gar die Menschenwürde beeinträchtigt, ist zweifelhaft. Die Beobachtung der physiologisch zu erfassenden Seite persönlichen Verhaltens sollte nicht grundsätzlich als Verletzung des Persönlichkeitsrechts eingeordnet werden.[23] Die Frage kann aber letztlich offen bleiben. Entscheidend ist das Risiko von „false positives" oder „false negatives". Die Technik des Einsatzes von **Lügendetektoren**[24] kann nicht als so zuverlässig angesehen werden, dass die technologische Abstützung der Einschätzung einer Person als glaubwürdig oder unglaubwürdig angemessen erscheint. Deshalb ist auch das freiwillige Angebot, sich bei seiner Aussage der Kontrolle durch einen Lügendetektor auszusetzen, unzulässig.[25] Grundsätzlich zeigt dieses Beispiel aber die Grenzen der „Objekt-Formel" zur Bestimmung der Menschenwürde und der Substantialisierung der menschlichen Persönlichkeit.

Die „maschinelle" Bestimmung der Glaubwürdigkeit eines Menschen kann nicht 10
schon für sich genommen deren Persönlichkeitsrecht beeinträchtigen, *wenn* nachgewiesen werden kann, dass die Gehirnaktivitäten bei wahren und bei unwahren Kommunikationen sich deutlich unterscheiden lassen. Ansätze zu einer solchen Bestimmung sind in der Tat vielversprechend, aber – und hier zeigt sich die Bedeutung des allgemeinen Persönlichkeitsrechts – die Fehlerquellen sind immer noch so bedeutsam, dass eine Verwendung zu Lasten von Individuen nicht akzeptabel erscheint: So hängt die **Zuverlässigkeit** offenbar von der Formulierung der Fragen ab; der Einfluss des Alters der Probanden ist ungeklärt, fraglich ist auch die Wirkung von pathologischen Veränderungen des Gehirns oder der einer starken ideologischen Fixierung (Terroristen!). Experimente sind bisher überwiegend mit durchschnittlich oder überdurchschnittlich intelligenten gesunden Probanden (Studenten) durchgeführt worden. Wie unterdurchschnittlich intelligente Probanden reagieren in einer nicht spielerisch-unverbindlichen Situation, ist jedoch weitgehend ungeklärt.[26] Solche Verfahren nehmen eine naturwissenschaftlich-technisch begründete Geltung in Anspruch, der gegenüber die Verteidigung des Betroffenen erschwert würde. Deshalb wäre ein Vertrauen in solche Methoden nur dann angemessen, wenn der Anspruch auf Verlässlichkeit tatsächlich mit an Sicherheit grenzender Wahrscheinlichkeit eingelöst werden kann.

3. Brain Scanning

Ähnliches wie für das unter (b) Ausgeführte gilt auch für die Perspektive des „**Brain** 11
Scanning".[27] Mit dieser Methode werden bestimmte Gehirnaktivitäten und insbesondere Funktionsdefizite des Gehirns in „bildgebenden" Verfahren sichtbar gemacht. Damit kann der Effekt, der dem „Lügendetektor" zugeschrieben wird, möglicherweise mit anderen Mitteln realisiert werden. Andererseits können – so die Annahmen von Neurowissenschaftlern – emotionale Defizite belegt werden, aus denen sich Rückschlüsse auf die Schuldfähigkeit ziehen lassen. Dies wird in Zukunft möglicherweise eine Herausforderung für das Strafrecht werden. Einstweilen steht aber auch hier die Sicherheit der Methode in Frage, soweit es um die Fähigkeit zur Feststellung der Glaubwürdigkeit von Personen geht. Was die Feststellung der für die Schuldfähigkeit möglicherweise relevanten Normalitätsabweichungen in den Gehirnaktivitäten betrifft, so bedarf es ebenfalls einer methodisch sehr viel genaueren Analyse der zugrunde liegenden Phänomene und vor allem einer präziseren Abschätzung des Zusammenhangs von physiologisch zu bestimmenden Prozessen und der rechtlich-moralischen Zuschreibung von Verantwortung.

---

[23] Vgl. Fn. 58.

[24] BVerfG NJW 1982, 375; *Di Fabio*, MDH Art. 2 Rn. 155.

[25] BVerfG NJW 1982, 375 = NStZ 1982, 38 m. Anm. *Amelung*.

[26] Vgl. den Bericht www.nzz.ch/nzz am Sonntag/9. 11. 2007.

[27] *Grafton/Sinnott-Armstrong/S. I. Gazzaniga/M. S. Gazzaniga, u.a.*, Scientific American – Mind Dezember 2006/Januar 2007, 30.

Hier kann es auch keinen Raum für die Geltung des Grundsatzes „in dubio pro reo" geben. Dieser Grundsatz gilt für Tatsachen, aber nicht für Grundsatzfragen der Feststellung des Zusammenhangs zwischen physiologisch zu beschreibenden Tatsachen und Prozessen einerseits und Grundannahmen über die Schuldfähigkeit andererseits. Dies schließt zunächst den unfreiwilligen Einsatz solcher Methoden z. Z. aus. Die gleichen Gründe sprechen aber auch gegen die Verwertung des Ergebnisses solcher Verfahren, wenn der Angeklagte sich freiwillig unterwirft.[28]

B. Selbstentfaltung in öffentlichen Räumen

I. Vorbemerkung: Persönlichkeitsverletzung durch Beeinträchtigung der Selbstdarstellung in Kommunikationsprozessen

12   Die Persönlichkeit soll nicht nur vor der Veröffentlichung der Privat- und Intimsphäre i. e. S. (vgl. oben) geschützt werden,[29] sondern auch ein Recht haben, über ihre **Beteiligung an Kommunikationen** weitgehend selbst zu bestimmen. Was in einem Kommunikationsnetzwerk geäußert worden ist (privater Gesprächskreis), darf nicht ohne weiteres in andere Kommunikationsnetzwerke (Zeitung etc.) transformiert werden. Hier zeigen sich neue Konfliktlinien, da die Wirkung von Kommunikationen in öffentlichen Räumen nicht von vornherein ausschließlich der Eigenbestimmung unterliegen kann. Insbesondere das „Recht auf informationelle Selbstbestimmung" ist in der Formulierung des BVerfG[30] zu weit gefasst worden: das Handeln in öffentlichen Räumen unterliegt anderen Regeln als die Kommunikation in Intimräumen, in denen Kommunikationspartner und Kommunikationsinhalte sehr viel weiter gehend der persönlichen Bestimmung unterliegen: Hier ist immer auch zu beachten, dass sich in den Foren des Öffentlichen aufgrund der Beteiligung an vorangegangenen Kommunikationen und Kommunikationsnetzwerken bestimmte soziale Regeln, Anschlusszwänge und -muster durch Selbstorganisation herausgebildet haben, denen man sich, wenn man sich an dem jeweiligen Forum beteiligt, nicht durch Inanspruchnahme der Freiheit zur Selbstinterpretation der Regeln gänzlich entziehen kann. Hier verändert sich die Freiheit, wenn man einmal über das „ob" der Teilnahme an der Kommunikation entschieden hat, auf der Ebene des „wie": Dort unterliegt die Person der Obliegenheit der Vermeidung selbstwidersprüchlichen Verhaltens. (Diese Problematik stellt sich vor allem bei der Frage der Drittwirkung des allgemeinen Persönlichkeitsrechts im Privatrecht.)

13   Der Staat muss und kann seine Anschlüsse an die privaten Kommunikationen im öffentlichen Raum sehr viel stärker durch Standardisierung von Verfahren und Interventionszwecken festlegen. Deshalb kann hier noch am ehesten umgekehrt von einem „Recht auf informationelle Selbstbestimmung" die Rede sein,[31] das der Person das Recht einräumt, ihre Kommunikationskanäle gegen **externe Beobachtung und Erforschung (durch den Staat)** abzuschirmen.[32] Anders als bei Privaten (durch den gleichrangigen

---

[28] *Morse* in: Garland (Hrsg.), Neuroscience and the Law. Brain, Mind, and the Scales of Justice, S. 157.

[29] Vgl. zum Konzept der „Sphären" auch Vogelgesang, Grundrecht auf informationelle Selbstbestimmung?, 1987, S. 44; *Di Fabio*, MDH, Art. 2 Rn. 160.

[30] BVerfGE 65, 1, 42; vgl. allg. Roßnagel/*Trute*, 2.5. Rn. 21ff.; zur dogmatischen Konturierung *ders.* JZ 822, 825 (Bestandteil des „Rechts auf Selbstdarstellung"); Sachs/*Murswiek* Art. 2 80; *Dreier* in: DR Art. 2 Rn. 78; *Starck* in: vMKS Art. 2 Rn. 114ff., kritisch zur Unschärfe des Gewährleistungsbereichs *Di Fabio*, MDH Art. 2 Rn. 173; *Schmitt Glaeser*, HStR VI § 129 Rn. 76, *Placzek*, Allgemeines Persönlichkeitsrecht und privatrechtlicher Informations- und Datenschutz, 2005, S.   164 ff.

[31] Vgl. dazu allg. *Hoffmann-Riem* AöR 123 (1998), 503; *Ladeur* DuD 2000, 12.

[32] BVerfG NJW 2006, 976 – Verbindungsdaten für Internetkommunikation auf dem eigenen Computer geschützt durch Persönlichkeitsrecht; vgl. allg. *Beater*, Medienrecht, 2007, Rn. 336.

Schutz der Kommunikationsgrundrechte) ist die Beteiligung des Staates an den Persönlichkeitsrechte tangierenden öffentlichen Kommunikationsforen jeweils besonders legitimationsbedürftig.[33] Hier ist zu unterscheiden zwischen punktuellen Kommunikationen z. B. durch Minister (öffentliche Kritik an Personen oder Organisationen[34]) und der systematischen, prozedural strukturierten Warnung durch Verwaltungsbehörden. Diese kann nicht allein durch legitime öffentliche Interessen gerechtfertigt werden.[35] Dazu bedarf es einer gesetzlichen Regelung. Rechtsverletzungen können auch in der unverhältnismäßigen Erweiterung des Auftrags eines Untersuchungsausschusses bestehen, soweit dadurch in die Persönlichkeitssphäre von Individuen oder juristischen Personen eingedrungen wird.[36]

II. Einzelne Konfliktbereiche

1. Recht am eigenen Bild

a) **Begründung eines besonderen Bildnisschutzes.** Das BVerfG hat die verfassungsrechtliche Rechtfertigung für den besonderen Schutz des **Rechts am eigenen Bild**[37] mit der medientechnischen Möglichkeit begründet, „das Erscheinungsbild eines Menschen in einer bestimmten Situation von diesem abzulösen, datenmäßig zu fixieren und jederzeit vor einem unüberschaubaren Personenkreis zu reproduzieren".[38] Hier geht es einmal um den Schutz der Intimkommunikation gegen bildliche Intervention, deshalb ist der Schutz dort am stärksten ausgeprägt, vor allem aber geht es um die weitaus schwierigere Bestimmung der Grenzen der Anfertigung von Bildern i. w. S. aus dem Bereich des nicht auf die repräsentative Darstellung von Geltungsansprüchen gegenüber der Öffentlichkeit festgelegten Privaten: Nicht nur fotografische oder filmische Reproduktionen des Auftretens der Personen einer Privatsphäre (jenseits der Intimsphäre), der Sozialsphäre der Alltagskommunikation in öffentlichen Räumen und der Selbstdarstellung[39] in der oder gegenüber der Öffentlichkeit (Repräsentation der Person).[40] Die Charakterisierung des Konflikts durch das BVerfG geht an einem zentralen Moment des Bildmediums vorbei. Das Bild ist vor allem Medium der Erzeugung von Aufmerksamkeit und nicht nur der „Fixierung" von Eindrücken geworden; es wird tendenziell positiv oder negativ mit Reizen aufgeladen, die auf die unmittelbare Erzeugung von Prominenz dadurch zielen, dass sie – wie in den Massenmedien – von einer großen Vielzahl von Menschen gleichzeitig wahrgenommen werden.[41]

Konflikte um das Recht am eigenen Bild stellen sich vielfältig vor allem gegenüber anderen Privaten (vgl. unten). Aber auch der Staat nimmt in tradierten ebenso wie in neuen elektronischen Formen das Recht zur Erstellung und Verwertung von Bildern für sich in Anspruch. Dazu gehört das **Fotografieren für Zwecke der Identifikation** in Ausweisen, die Erstellung von Fotografien für erkennungsdienstliche Zwecke[42] sowie die Video-

---

[33] Anders BVerfGE 105, 252 – *Glykol*; vgl. auch zutreffend *Gröschner* DVBl 1990, 619; *Schulte* DVBl 1988, 512.

[34] BVerfGE 40, 287, 291 – *verfassungsfeindliche Bestrebungen*.

[35] So aber BVerfGE 105, 252 – *Glykol*.

[36] BVerfGE 77, 1 – *Neue Heimat*; *Masing* Der Staat 1988, 273.

[37] *Beater*, Medienrecht, 2007, Rn. 338, spricht von „bildlicher Selbstbestimmung".

[38] BVerfGE 101, 361, 381 – *Caroline von Monaco*; auch 35, 202, 220; 87, 334, 340; *Dreier* in: DR Art. 2 Rn. 72; *Starck* in: vMKS Art. 2 Rn. 97; *Di Fabio* in: MDH Art. 2 Rn. 193ff.; allg. *Schulz/Jürgens* JuS 1999, 664 u. 770; *Helle* Besondere Persönlichkeitsrechte im Privatrecht, S. 84ff., 129ff.

[39] Vgl. dazu nur *Podlech*, AK-GG, Art. 2 Rn. 59c.

[40] Vgl. zur Berechtigung des Denkens in Sphären unterschiedlichen Schutzes *Di Fabio* MDH, Art. 2 Rn. 162.

[41] *Franck*, Ökonomie der Aufmerksamkeit, 1994, S. 173f.

[42] Vgl. auch zur langfristigen Videoüberwachung wegen des Verdachts der Begehung strafbarer Handlungen BGH NJW 1998, 1237.

überwachung öffentlicher Straßen und Plätze, vgl. § 6b BDSchG.[43] Staatliche und massenmediale Erzeugung von Bildern sind dann miteinander verknüpft, wenn der Staat Bildinformationen (etwa für Zwecke der Fahndung) an die Medienöffentlichkeit weitergibt und dadurch vor allem negative Aufmerksamkeit erzeugt. Hier stellt sich die Frage, wieweit der Staat – über die privaten Medien vermittelt (Presse) – die öffentliche Aufmerksamkeit auf eine bestimmte Person lenken darf. Daneben besteht das Problem der unspezifischen Sammlung von Bildern zur „Risikovorsorge" und zur Verknüpfung zwischen verschiedenen (Straf-)Verfahren. Ähnlich steht es mit der Fernsehberichterstattung aus Gerichtsverhandlungen.[44]

16   **b) Vom herkömmlichen Gebrauch der Bilder zur ubiquitär einsetzbaren Digitalisierung.** Im Privatrecht werden einzelne Aspekte des Rechts am eigenen Bild durch §§ 22 ff. KUG geregelt. Der Staat hat vor allem den Einsatz von Fotos und Videoaufnahmen für Zwecke der Gefahrenabwehr,[45] aber auch der **Gefahrenvorsorge** (Beobachtung von Plätzen und Einrichtungen ohne Verdacht) nur partiell gesetzlich geregelt (vgl. unten). Eine Regelung für die Erstellung von Fotos für Zwecke der Ermöglichung gegenwärtiger oder künftiger Strafverfahren.[46]

17   Charakteristisch für die Tendenz, die bisher eher punktuelle und konventionelle Variante der Herstellung und Verarbeitung von Fotos zu dynamisieren, ist die **elektronische Bearbeitung** von Bildern in digitalen Datensätzen, die systematisch nach variablen Zwecken mit anderen Arten (auch anderen Fotos etc.) korreliert werden.[47] Den Anfang dazu bildet die biometrische Kodierung von Fotos, die die automatische Wiedererkennung einer Person anhand später aufgenommener Fotos erlaubt. Durch die Spezialisierung und Kombination einer ganzen Serie von Fotos lassen sich – unter Verknüpfung mit anderen Dateien (Aufenthaltsbestimmungen etc.) – „Bewegungsbilder" erstellen,[48] deren Informationswert gerade durch die Kombination von Informationen gesteigert werden kann. In Zukunft könnte es möglicherweise bei digitalisierten Fotos zu automatischen Vergleichen mit Videoaufnahmen an öffentlichen Plätzen kommen. (Praktisch scheint diese Technik aber noch auf große Schwierigkeiten zu stoßen, die ihren Einsatz wegen der Risikoanfälligkeit fragwürdig erscheinen lassen.) Das Recht am eigenen Bild kann auch durch Verfälschung eines Bildes (Retuschierung,[49] digitale Bearbeitung etc.) erfolgen.

2. Recht am eigenen Wort

18   **a) Besondere Anforderungen an den Staat.** Die eine Seite des allgemeinen Persönlichkeitsrechts betrifft die „Selbstbestimmung über die Adressierung des Gesprächs".[50]

---

[43] BVerfG 1 BvR 2368/06 v. 23. 2. 2007 – *Videoüberwachung eines öffentlichen Platzes* – *Regensburg*; and. SchweizBG, EuGRZ 2007, 200; Videoüberwachung öffentlicher Straßen und Plätze in Baden-Württemberg zulässig: VG Karlsruhe NVwZ 2002, 117; *Dreier*, DR Art. 2 72; *Starck* in: vMKS Art. 2 Rn. 97; vgl. auch *Roggan* NVwZ 2001, 134; *Maske* NVwZ 2001, 1248; *Büllesfeld*, Polizeiliche Videoüberwachung öffentlicher Straßen und Plätze zur Kriminalitätsvorsorge, 2002; Sachs/*Murswiek* Art. 2 Rn. 88a; *Di Fabio* MDH Art. 2 Rn. 176.

[44] BVerfGE 91, 125, 136 f.; 103, 44, 64; *Britz*, Fernsehaufnahmen aus dem Gerichtssaal, 1999; *Gostomzyk* JuS 2003, 228.

[45] *Schenke*, Polizei- und Ordnungsrecht, 4. Aufl. Rn. 30; *Gusy*, Polizeirecht, 6. Auflage, Rn. 257, 341; *Rachor* in: Lisken/Denninger, Hb des Polizeirechts, 4. Aufl., 2007, E 233.

[46] Dies gehört allerdings zur Gefahrenabwehr: BVerwG JZ 2006, 727 m. krit. Anm. *Eisenberg/ Puschke*.

[47] Das BVerfG hat in einer neuen Entscheidung dafür eine detaillierte gesetzliche Grundlage verlangt, BVerfG 1 BvR 2368/06 v. 23. 2. 2007.

[48] Deren Bedeutung sollte aber nicht überschätzt werden, vgl. Roßnagel/*Trute*, 2.5. Rn. 26; *Ladeur* DuD 2000, 12.

[49] BVerfG, AfP 2005, 171; and. in derselben Sache: Vorrang für Satire: BGHZ 156, 206, 211 – *Fotomontage*; kritisch *Beater*, Medienrecht, 2007, Rn. 1568.

[50] BVerfGE 106, 28, 44 – *Mithöreinrichtung*; *Dreier*, DR Art. 2 Rn. 73; *Starck* in: vMKS Art. 2 Rn. 72 ff.; v. Münch/Kunig/*Kunig*, Art. 2 Rn. 5.

Allerdings ist dies mit Einschränkungen zu versehen: Diese Seite des Schutzes des allgemeinen Persönlichkeitsrechts bezieht sich auf akustische Wiedergabe, nicht den Inhalt des Gesprächs als solchen. Die Weitergabe des **„eigenen Wortes"** in den Worten anderer kann davon nicht umfasst sein. Die Annahme, man könne sich darauf verlassen, dass das gesprochene Wort „nicht über den gewählten Adressatenkreis hinaus bekannt" werde,[51] würde zu weit gehen. Die Weitergabe durch private Dritte kann gegen besondere rechtliche Vorschriften des Geheimnisschutzes verstoßen. Es gehört zu den Regeln der Kommunikation, dass man im Übrigen vor der Wiedergabe von Gesprächsinhalten durch Gesprächspartner selbst nicht rechtlich sicher sein kann.[52] Für den Staat gelten engere Grenzen. Auch ein legal bekannt gewordenes Geheimnis darf nicht ohne besondere Ermächtigung weitergegeben werden.

b) Insbesondere: Das Abhören von Gesprächen mit technischen Mitteln. Die **19** Gewinnung von Informationen durch **Abhören mittels technischer Vorrichtungen** oder sonst durch heimliches Eindringen in den abgegrenzten Bereich einer privaten oder geschäftlichen Kommunikationssphäre ist ein besonders schwerer Eingriff in das Persönlichkeitsrecht. Dazu gehört auch das Speichern des gesprochenen Wortes, das die genauere Intonation registriert – darüber kann der Äußernde, anders als über den Inhalt, frei verfügen.[53] Hinzu kommt die Möglichkeit, die Worte über Tonträger, so wie sie gesprochen worden sind, an Dritte weiterzuleiten. Auch diese Möglichkeit ist dem Äußernden selbst vorbehalten.[54] Ähnlich zu behandeln ist die über Täuschung erreichte Möglichkeit des Mithörens eines Gespräches, von dem man nach dem ausdrücklichen oder konkludent erklärten Willen des Äußernden ausgeschlossen bleiben sollte. Diese Art des Mithörens und der Weitergabe gesprochener Worte an Dritte verletzt ebenfalls das allgemeine Persönlichkeitsrecht. Die Aufnahme des gesprochenen Wortes mittels Tonträger ist ohne Wissen des Betroffenen allerdings dann zulässig, wenn dies dem Beweis eines illegalen Verhaltens des Betroffenen dient. Auf die gute Absicht des Abhörenden allein kommt es aber nicht an: Nur der tatsächlich erlangte Beweis des illegalen Verhaltens oder ein anderes öffentliches Interesse kann das Abhören rechtfertigen.[55] Der Zweck kann sich sowohl aus der Privatsphäre ergeben, er kann aber auch das öffentliche Interesse an der Aufklärung bestimmter Sachverhalte betreffen, soweit die Presse sich dieses zu eigen macht.

---

[51] BVerfGE 106, 28, 44; *Dreier* DR Art. 2 Rn. 73; *Starck* in: vMKS Art. 2 Rn. 92ff.; die besondere Gefahr für die Persönlichkeit besteht hier eher in dem durch das Medium der Sprachaufzeichnung erzeugten falschen Eindruck der Unmittelbarkeit der Wiedergabe einer Kommunikation: auch das Medium hat eine Selektivität, die über die der Wiedergabe fremder Kommunikationen in „eigenen Worten" hinausgeht.

[52] *Ladeur,* Das Medienrecht und die Ökonomie der Aufmerksamkeit, S. 223, 233ff., *Strahilevitz,* A Social Network Theory of Privacy, Chicago Public Law and Legal Theory Working Paper Nr. 79, 2004; *Ross,* American Journal of Comparative Law 2007, 493, 505; and. jetzt aber BVerfG ZUM 2007, 829 – *Esra,* SV Hoffmann-Riem; dazu *Obergfell* ZUM 2007, 910; *Neumeyer,* AfP 2007, 509.; *Ladeur* AfP 2008, 30.

[53] OLG München AfP 2005, 371 – *Aufdeckung von Schleichwerbung.*

[54] Das BVerfG hat allerdings eine Unterscheidung zwischen einem absolut geschützten Intimbereich und einem weiteren privaten Bereich vorgenommen, der in besonderen Fällen (Aufklärung oder Verhinderung schwerer Staftaten) dem staatlichen Eingriff unterliegt, BVerfGE 80, 367, 373f., 103, 21, 31; diese Abgrenzung ist kaum praktikabel; vgl. kritisch *Starck* in: vMKS Art. 2 Rn. 93; zustimmend aber *Schmitt Glaeser* HStR VI § 129 Rn. 36; vgl. auch *Dreier,* DR Art. 2 Rn. 87, der ebenfalls die mangelnde Trennschärfe dieser Unterscheidung kritisiert. Hier käme es eher darauf an, durch prozedurale Vorkehrungen (eindeutige Zurechnung von Verantwortung, Trennung der persönlichen Beziehungsnetzwerke von Abhörendem und Abgehörtem) Überwirkungen über die Grenzen der Aufhebung des Schutzes der Intimsphäre hinaus zu verhindern.

[55] OLG München AfP 2005, 327 – *Nachweis von Schleichwerbung*; BGHZ 80, 25; BVerfGE 66, 116 – beide: *Wallraff/Bild-Zeitung.*

3. Anerkennung und Respektierung der Sexualität des Individuums

20   Zum allgemeinen Persönlichkeitsrecht gehört auch das Recht auf **Anerkennung der eigenen Sexualität**.[56] Dies gilt auch für die Homosexualität.[57] Hier treffen Abwehrrecht und Schutzansprüche – die sich aus der objektiv-rechtlichen Dimension des allgemeinen Persönlichkeitsrechts ergeben – zusammen. So muss der Staat z. B. die namens- und statusrechtlichen Konsequenzen (Namensänderung etc.) der Geschlechtsumwandlung durch rechtliche Regelung abstützen.[58] Allerdings ergibt sich daraus nicht das Recht auf gleichberechtigte Anerkennung homosexueller Lebensgemeinschaften. Hier ist der besondere Schutz der Ehe durch Art. 6 GG vorrangig.[59]

III. Beeinträchtigung durch Verfälschen des eigenen Wortes oder falsche, aber nicht ehrenrührige Tatsachenbehauptungen

1. Verfälschen und Interpretieren eines Persönlichkeitsbildes

21   Unabhängig von einer Beeinträchtigung des Ansehens einer Person ist schon die **Verfälschung oder das Unterschieben von Äußerungen** eine Beeinträchtigung des allgemeinen Persönlichkeitsrechts, soweit dies mit der Auffassung des Betroffenen nicht vereinbar ist.[60] Dies gilt auch für die Veröffentlichung fiktiver Interviews, auch wenn sie durch die Zusammenstellung der Antworten anderenorts getane Äußerungen richtig wiedergibt.[61] Allerdings zeigt sich hier, dass es kein „allgemeines umfassendes Verfügungsrecht über die Darstellung der eigenen Person" geben kann.[62] Jede Kommunikation schließt, soweit sie sich über einen Intim- und Privatbereich hinaus richtet, an vorangegangene Kommunikationen an und bietet sich zur Kommentierung und zur Interpretation an. Hier muss sich die Selbstdarstellung einer Person an den Regeln, Verhaltens- und Wahrnehmungsmustern bestimmter „Sprachspiele" messen lassen, an denen sie teilnimmt. Eine Person ist keine selbstbestimmte Monade, die über die Wirklichkeiten und Reichweiten von Anschlusskommunikationen frei verfügen könnte, wenn sie sich einmal auf ein bestimmtes Forum in der Öffentlichkeit begeben hat. Dies gilt vor allem für die Kommunikation unter Privaten und insbesondere in den Massenmedien.

2. Besonderheiten des Schutzes gegenüber dem Staat

22   Auch durch **Kommunikationen des Staates** kann aber die Verletzung des allgemeinen Persönlichkeitsrechts in der Variante der Verfälschung des eigenen Wortes[63] oder durch falsche Tatsachenbehauptungen[64] hervorgerufen werden, wenn etwa eine Person zu Unrecht beschuldigt wird, eine bestimmte Äußerung getätigt zu haben, die zwar nicht ehrenrührig ist, aber nicht der Persönlichkeit des Betroffenen entspricht.

---

[56] BVerfGE 47, 46, 73 – *Sexualkunde*; 49, 286, 297 – *Geschlechtsumwandlung*; *Starck*, vMKS Art. 2 Rn. 108;

[57] *Starck*, vMKS Art. 2 Rn. 109

[58] BVerfGE 115, 1 – *Transsexuelle*.

[59] BVerfG NJW 1993, 3058; *Pauly* NJW 1997, 1955; Jarass/*Pieroth*, Art. 6 Rn. 2; der EGMR hat aber in einem französischen Fall die Diskriminierung von Homosexuellen (hier: einer lesbischen Frau) bei der Adoption für unvereinbar mit dem Gleichheitssatz, Art. 14 EMRK, und dem Schutz des Privat- und Familienlebens, Art. 8, erklärt); Urt. v. 22. 1. 2008 (Appl. No. 43546/02).

[60] BVerfGE 82, 236, 269 (gegenüber dem Staat); BVerfGE 54, 148, 155; 34, 269, 282 – gegenüber Privaten – erfundenes Interview; *Dreier*, DR Art. 2 Rn. 79; *Starck* in: vMKS Art. 2 Rn. 94; *Di Fabio* MDH Art. 2 Rn. 142, 199f.

[61] BVerfGE 34, 269, 282f. – *Soraya*; 101, 361 – *Caroline von Monaco*.

[62] So aber BVerfGE 101, 361, 380 – *Caroline von Monaco*.

[63] BVerfGE 54, 208 – *Böll/Walden* – *Privatrecht*.

[64] VGH Baden-Württemberg NJW 1997, 754 – *öffentliche Kritik wegen Scientology-Mitgliedschaft*; dazu BVerfG 2. Kammer Az. 1 BvR 1241/97 v. 16. 8. 2002 (Nichtannahmebeschluss); BGH NJW 2007, 686 – *Bezeichnung als „Terroristentochter"* – *zulässig*.

IV. Recht am Namen, Pseudonyme

Vom allgemeinen Persönlichkeitsrecht wird auch der **Schutz des Namens**[65] aber auch   23
der von Pseudonymen[66] umfasst. Darüber hinaus kann auch die Wahl des Namens im
Falle der Heirat als durch das allgemeine Persönlichkeitsrecht geschützt angesehen werden. Dabei muss nicht jede Alternative geschützt sein (etwa die Wahl eines Doppel-
namens).[67] Auch hier treffen die abwehrrechtliche Dimension und die objektiv-rechtliche
Schutzpflicht (objektiv-rechtlicher Schutz) zusammen: Die Schutzpflicht, die dem Staat
eine Gestaltungsfreiheit lässt, kann sich zu einem Schutzanspruch verdichten. Aus der
Schutzpflicht ergibt sich auch die Pflicht zur Gewährung von Gegendarstellungsansprüchen gegenüber den Medien.[68]

V. Schutz der persönlichen Ehre

1. Besonderheiten des Schutzes des Achtungsanspruchs gegenüber dem Staat

Der Schutz des allgemeinen Persönlichkeitsrechts umfasst auch grundsätzlich einen   24
Achtungsanspruch, der im staatlichen Bereich nicht nur verbal, sondern auch durch
unangemessene Behandlung z. B. im Strafverfahren,[69] im Übrigen aber auch durch Private verletzt werden kann. Zum Schutz des öffentlichen Ansehens als Teil des allgemeinen Persönlichkeitsrechts gehört auch die Pflicht des Staates, das Bekanntwerden einer
Person und ihres Namens in der Öffentlichkeit im Zusammenhang mit Strafverfahren
oder dem Vorwurf eines sozial schädlichen fragwürdigen Verhaltens in der Öffentlichkeit
nur unter besonderen Bedingungen zu erlauben.[70]

Aus dem allgemeinen Persönlichkeitsrecht ergibt sich auch eine Schranke für die **Öf-**   25
fentlichkeitsarbeit der Staatsanwaltschaft[71] oder anderer Behörden, die dabei unangemessene Beeinträchtigungen des Persönlichkeitsrechts zu vermeiden haben.[72] Dies gilt
insbesondere bei der Einrichtung eines „Chats" über eine nicht aufgeklärte Straftat: Hier
besteht eine erhebliche Gefahr, dass ungeprüft Verdächtigungen in der Öffentlichkeit ver-

---

[65] BVerfGE 78, 38, 49; 104, 373, 387; *Di Fabio* MDH Art. 2 Rn. 203; *Dreier*, DR Art. 2 Rn. 75;
Starck in: vMKS Art. 2 Rn. 111; Namensänderung Transsexueller BVerfG NJW 1997, 1632.

[66] BVerfGE 78, 38, 52; 1 BvR 2047/03 v. 21. 8. 2006 – *maxem*; der Schutz des Pseudonyms umfasst
auch den Schutz vor der Nennung des bürgerlichen Namens, wenn der Betreffende nur unter diesem Pseudonym aufgetreten ist, AG Berlin-Charlottenburg MR 2006, 254 – *postmortaler Namensschutz*.

[67] KG FGPrax 2006, 160 – *Wahl eines isländischen Vornamens: Christiansdottir*; *Dreier*, DR Art. 2
Rn. 75; *Starck* in: vMKS Art. 2 Rn. 111.

[68] BVerfGE 63, 131, 142f.

[69] BVerfG 1 BvR 2293/03 v. 1. 6. 2003 – *Speicherung von Daten wegen verbleibenden „Restverdachts" einer
Straftat*; BVerfG 2 BvR 2132/06 v. 25. 9. 06 – *Strafvollzugsplan*; BVerfG NJW 2007, 1933 – *Lebenslange
Freiheitsstrafe*; BGH NJW 2006, 3572 – *Überbelegung des Haftraums – Amtshaftung*; BVerfG NJW 2006,
2683 – *Verlegung eines Strafgefangenen*.

[70] Zu gerichtlichen Entscheidungen vgl. *Knerr* JurPC 73/2004; zur Veröffentlichung durch Private
gegenüber den Medien BVerfG 1 BvR 131/96 v. 24. 3. 1998; zu den Regeln des Presserats Richtlinien
Nr. 13.

[71] BGH NJW 1994, 1281; LG Düsseldorf NJW 2003, 2536; *Lorz* AfP 2005, 97; *Fehn* AfP 2007,
13.

[72] BVerfGE 105, 279 – *Osho*; BayVerfGH NVwZ 1998, 391 – *Warnung vor Sekte berührt Grundrecht
aus Art. 4 GG und allgemeines Persönlichkeitsrecht*; BVerwG NJW 1989, 412; 1992, 62; BayVGH NVwZ
1986, 327 – *Äußerung in Gemeinderatssitzung*; VGH B-W NJW 1997, 754 – *Scientology*; OVG Schleswig
NJW 1993, 807 – *Kritik an Arzt*; OVG Lüneburg NJW 1992, 192 – *Verfassungsschutzbericht*; OVG
Koblenz NJW 1991, 2659; *Faber*, Der Schutz der Ehre und des Rufs vor herabsetzenden Äußerungen
des Staates; *Ossenbühl*, Staatshaftung, 5. Aufl., 1998, S. 290f. – dort auch zur dogmatischen Konstruktion und zu den einzelnen Ansprüchen.

breitet werden.[73] Bei Verletzung bestehen Unterlassungs-, Widerrufs- und Entschädigungsansprüche, die aus dem Grundrechtsschutz abzuleiten sind.[74] Insbesondere darf der Name des Beschuldigten nur dann in der Öffentlichkeit bekannt werden, wenn es sich nicht um Jugendliche und um schwere Straftaten handelt.

2. Verfälschung der Persönlichkeit

26   Aus dem allgemeinen Persönlichkeitsrecht ergibt sich in Verbindung mit dem Rechtsgedanken aus § 1004 BGB auch ein Unterlassungsanspruch gegen rechtswidrige Verletzungen des Persönlichkeitsrechts durch Verfälschung. Hier muss zunächst zwischen einem öffentlich-rechtlichen gegen den Staat gerichteten und einem privatrechtlichen Anspruch unterschieden werden. Je nach Sachzusammenhang der Äußerung mit einer in **öffentlich-rechtlicher oder in privatrechtlicher Form** wahrzunehmenden Aufgabe sind auch die Ansprüche wegen Verletzung des Persönlichkeitsrechts einzuordnen. Im Ergebnis bestehen allerdings kaum Unterschiede. Eine Grenze besteht im Falle der Indemnität für Anfragen von Abgeordneten in Parlamenten etc., soweit es sich nicht um verleumderische Beleidigung handelt.[75] Dieser Schutz gilt auch für Minister, soweit sie in Parlamenten gegenüber Abgeordneten, soweit es sich um Persönlichkeitsverletzungen im Inhalt durch Äußerungen z.B. im Rahmen der Beantwortung einer Anfrage oder bei ähnlichen Gelegenheiten handelt. Es kann ein Anspruch auf Löschung rechtswidriger persönlichkeitsverletzender Äußerungen in Akten bestehen.[76] Ggf. ergibt sich entsprechend dem Rechtsgedanken des privatrechtlichen Entschädigungsanspruchs bei Persönlichkeitsverletzungen auch ein öffentlich-rechtlicher Amtshaftungsanspruch auf Entschädigung für Verletzungen des Persönlichkeitsrechts durch staatliche Stellen.[77]

3. Beachtung des Endes legitimer öffentlicher Aufmerksamkeit (Resozialisierung)

27   In den unter b) genannten Fällen kann der Staat durch öffentliche Äußerungen, insbesondere in Strafverfahren, das Ansehen einer Person und das allgemeine Persönlichkeitsrecht in einer legitimen Form beeinträchtigt haben. Daraus kann sich aber zugleich die Verpflichtung ergeben, die auf ein Fehlverhalten gelenkte Aufmerksamkeit nach dem Wegfall des öffentlichen Interesses soweit wie möglich zu beseitigen, soweit dies von der **Resozialisierung** gefordert wird,[78] jedenfalls aber dazu beizutragen, indem dem Betroffenen auch Schutz gegenüber der Aufmerksamkeit durch private Dritte geboten wird (Fall „Lebach": Resozialisierung).[79] Hier zeigen sich Reichweite und Grenze der Abhängigkeit der Persönlichkeitsrechte von Kommunikationsprozessen und rechtlich geregelten Ermittlungsverfahren: Das Interesse des Staates verändert sich, wenn das Ziel des Verfahrens erreicht worden ist.[80] Dann müssen dauerhafte Überwirkungen auf andere

---

[73] Vgl. dazu instruktiv OLG Celle Az. 16 U 2/075 O 138 LG Hildesheim, Urt. v. 19. 6. 2007; zu Persönlichkeitsrechtsverletzungen durch die „virtuelle Verwaltung" vgl. *Gounalakis/Rhode,* Persönlichkeitsschutz im Internet, 2002, Rn. 253 ff.

[74] Zur besonderen Variante des Löschungsanspruchs bei rechtswidriger Speicherung von Daten o. Ä. (insbesondere erkennungsdienstliche Unterlagen) VGH B-W NJW 1987, 2762; VG Frankfurt NJW 1987, 2248.

[75] BGHZ NJW 1982, 2246; OVG Münster DVBl 1967, 53 − *Minister;* Jarass/*Pieroth* Art. 46 Rn. 2.

[76] BayVGH BayVBl 1991, 657 − *Verwaltungsrechtsweg.*

[77] BGH NJW 1980, 2801, 2807; NJW 1981, 672 − *leichtfertige Weitergabe ehrenrühriger Behauptungen;* BGHZ 161, 33 − *menschenrechtswidrige Unterbringung im Strafvollzug;* LG Düsseldorf NJW 2003, 2356 − *tendenziöse Berichterstattung der Staatsanwaltschaft; Thode* DRiZ 2002, 417 − *Staatsanwaltschaft.*

[78] Deshalb ist die Befugnis zu Weitergabe einer getilgten Vorstrafe eingeschränkt, BVerfG NJW 2000, 1859; NJW 2006, 1865.

[79] BVerfGE 35, 202, 235 − *Lebach I* − *Schutz gegenüber Privaten;* NJW 2000, 1859 − *Lebach II;* 45, 187, 238 f.; 64, 261, 276 f.; 72, 105, 115; *Dreier, DR,* Art. 2 Rn. 77; v. Münch/Kunig/*Kunig,* Art. 2 Rn. 36; *Beater,* Medienrecht, Rn. 1002 ff.; zu „Lebach II" auch v. *Coelln* ZUM 2001, 478.

[80] OLG Nürnberg AfP 2007, 127; OLG Frankfurt ZUM 2007, 546 − *Nennung des Namens eines*

Kommunikationsforen unterbrochen werden, damit das „re-entry" der Person in die Kommunikationssysteme ermöglicht wird.

C. Das allgemeine Persönlichkeitsrecht in öffentlichen Versicherungen

Im Zuge der Erweiterung der sozialstaatlichen Garantien stellt sich auch die Frage, ob   **28** und wieweit Entscheidungen innerhalb der **öffentlich-rechtlichen Versicherungen** über Alternativen bei der Wahl von Therapien oder Untersuchungsmöglichkeiten u. a. dem allgemeinen Persönlichkeitsrecht zuzuordnen sind,[81] obwohl es sich um Entscheidungsmöglichkeiten innerhalb einer zunächst durch Gesetz (und damit durch Eingriff in die allgemeine Handlungsfreiheit) geschaffenen Rechtsverhältnisses jenseits der „natürlichen" Handlungs- und Entfaltungsfreiheit geht. Grundsätzlich muss bei aller Beschränkung durch die systembedingten Vorgaben eines Versicherungssystems auch die Freiheit zur Wahl von Alternativen zwischen Leistungen wieder in ein staatlich-rechtlich konstituiertes Verhältnis eingeführt werden. Das BVerfG hat dies in einer unklaren Argumentation aus Art. 2 Abs. 1 als Konsequenz aus der gesetzlichen Begrenzung der allgemeinen Handlungsfreiheit abgeleitet.[82] Dies erscheint zweifelhaft. Nach anderer Auffassung muss die Therapiewahlfreiheit grundsätzlich dem allgemeinen Persönlichkeitsrecht zugeordnet werden.[83] Auch dies ist nicht ganz überzeugend: angemessener und problemnäher erscheint es, diese Handlungsmöglichkeiten einem Recht auf Gesundheit zuzurechnen (Art. 2 Abs. 2 GG), das dann ebenfalls nicht nur ein Abwehrrecht ist, sondern aufgrund der objektiv-rechtlichen Dimension Schutzrechte und Schutzpflichten[84] innerhalb von öffentlich-rechtlichen Versicherungsverhältnissen konstituieren kann.

D. Das Recht auf Bestimmung über die Verarbeitung von Daten durch technische Systeme (Datenschutz)

I. Bedeutung des Rechts auf informationelle Selbstbestimmung

Das Recht auf informationelle Selbstbestimmung ist in Rechtsprechung und Literatur   **29** vor allem im Hinblick auf die **Sammlung, Speicherung und (Re-)Kombination von Daten** (sprachlich, bildlich, akustisch) zur wechselnden Bündelung und Generierung neuer Informationen thematisiert worden.[85] Die Art der Datennutzung ist unterschiedlich: einfache Varianten sind die Erstellung von Registern, die von mehreren Behörden bei verschiedenen Gelegenheiten benutzt werden können. Die klassische Amtshilfe durch Aktenversendung wird durch neue Datenverarbeitungssysteme grundlegend

---

Straftäters oder identifizierende Berichte kurz vor dessen Entlassung; vgl. auch KG Berlin AfP 2007, 376 – *Foto eines Mitglieds der ehemaligen RAF im Zusammenhang mit einer Diskussion um vorzeitige Entlassung.*

[81] BVerfG JZ 2006, 463 m.abl. Anm. *Huster* – Bioresonanztherapie; vgl. zur Ableitung von Rechten aus Art. 2 Abs. 2 GG *Schmidt-Aßmann*, Grundrechtspositionen und Legitimationsfragen in öffentlichen Gesundheitswesen, 2001 S. 23ff.

[82] BVerfG JZ 2006, 463.

[83] BSGE 78, 70; Urt.v. 28. 9. 2006 (B 3 KR 28/05 R).

[84] Allg. *Schmidt-Aßmann*, Grundrechtspositionen und Legitimationsfragen im öffentlichen Gesundheitswesen, 2001.

[85] BVerfGE 65, 1, 43; 78, 77, 84; *Dreier*, DR Art. 2 Rn. 78; *Starck*, vMKS Art. 2 Rn. 114; krit. v. Münch/Kunig/*Kunig*, Art. 2 Rn. 38; *Di Fabio*, MDH Art. 2 Rn. 173; *Schmitt Glaeser*, HStR VI § 129 Rn. 76; vgl. auch Roßnagel/*Trute*, 2.5 Rn.20ff.; *ders.* JZ 1998, 822; *Ladeur* DuD 2000, 12; *Hoffmann-Riem* in: Bäumler (Hrsg.), Der neue Datenschutz, 1998, S. 11ff.; *ders.*, AöR 123 (1998), 513; sehr weitgehend *Roßnagel/Laue*, DÖV 2007 543, 544.

verändert. Dies hat einmal quantitative Folgen: Diese schlagen sich in der Vervielfältigung der Nutzung von Daten nieder, die durch Computerprogramme für eine Vielzahl von Beteiligten lesbar gemacht werden und dadurch eine Wertsteigerung erfahren. Andererseits können durch die massenhafte systematische Verarbeitung und Kombination von Daten statistische Regelmäßigkeiten entdeckt werden, die entweder in Bezug auf einen bestimmten Betroffenen oder generell für das Lernen von Verwaltungsstrategien fruchtbar gemacht werden können.[86]

30   Daraus ergibt sich eine schwer zu bewältigende Ambivalenz: einerseits kann das Verhalten Einzelner z. B. gegenüber Sozialbehörden durch **„Persönlichkeitsprofile"**[87] kalkulierbarer werden, andererseits können komplexe Strategien z. B. der Hilfe erst durch den Austausch von Daten und ihre Verarbeitung nach unterschiedlichen Fragestellungen in ihrer Wirkung abgeschätzt werden. Unter diesem Gesichtspunkt kann Datenverarbeitung zu einer Verbesserung der Leistungen des Staates führen. Ähnliches gilt auch für Krankendateien: Die Sammlung von Informationen über Krankheiten kann dazu beitragen, dass bestimmte Verlaufsmuster erst diagnostiziert werden können, die sonst in unterschiedlichen (getrennt geführten) Krankenakten nicht erkennbar wären. Die Beispiele zeigen die Heterogenität des Konfliktfeldes.

II. Recht auf informationelle Selbstbestimmung als Abwehrrecht?

1. Selbstbestimmung über die eigenen „Daten"?

31   Das BVerfG und große Teile der Literatur haben die Komplexität der möglichen Nutzung vernetzter Daten allzu sehr dadurch reduziert, dass sie das **Recht auf informationelle Selbstbestimmung in Form eines Abwehrrechts** konstruiert haben.[88] Dieses Recht auf informationelle Selbstbestimmung soll das Recht einräumen, „mit hinreichender Sicherheit (zu) überschauen, welche ihn betreffenden Informationen in bestimmten Bereichen seiner sozialen Umwelt bekannt sind".[89] Es soll die Freiheit geschützt werden, „aus eigener Selbstbestimmung zu planen oder zu entscheiden". Wenn der Einzelne das Wissen möglicher Kommunikationspartner nicht einigermaßen abzuschätzen vermöge, könne er in seiner Freiheit in der Ausübung dieses Rechts wesentlich gehemmt werden.[90] *H. Duttge* hat mit Recht eine derart weit reichende Freiheit als unrealistisch angesehen,

---

[86] Vgl. dazu grundsätzlich *Ladeur*, Die Kommunikationsinfrastruktur der Verwaltung, in: Hoffmann-Riem/Schmidt-Aßmann/Voßkuhle (Hrsg.), Handbuch der Verwaltungsrechtswissenschaft, 2008, § 21.

[87] Dessen Erstellung soll verfassungswidrig sein, VerfGH Berlin NJW 2006, 1416; vgl. allg. *Albers*, Informationelle Selbstbestimmung, S. 126; *Di Fabio* MDH, Art. 2 Rn. 173; erforderlich erscheint jedenfalls der Schutz gegenüber der Veröffentlichung von „Persönlichkeitsprofilen" durch die Staatssicherheit der früheren DDR, *Benda/Umbach*, Stasi-Akten und das Persönlichkeitsrecht von Politikern, 2002, S. 93ff.

[88] BVerfGE 65, 1, 43; *Roßnagel/Laue* DÖV 2007, 543, 545, ebd.; krit. *Duttge* Der Staat 1997, 281, 303; *Gusy* KritV 2000, 52.

[89] BVerfGE 65, 1, 43; die Einschränkungen, die in dieser Hinsicht vorgenommen werden, dienen letztlich sogar dazu, die Verfügung des Einzelnen über „seine" Daten weiter einzuschränken, als dies bei einem herkömmlichen Abwehrrecht der Fall wäre: Die Verfügung über die Daten sei „Funktionsvoraussetzung einer freien und demokratischen Gesellschaft" und sei deshalb „nicht in das Belieben des Individuums als Händler (!) seiner Daten gestellt" (*Roßnagel/Laue* DÖV 2007, 543, 544; hier zeigt sich, dass es offenbar – anders als behauptet – nicht um die Erhaltung von Freiheit geht, sondern um ein autoritäres Freiheitsverständnis, das dem Einzelnen von politischen Gruppen aufoktroyiert werden soll: Wer den Schutz seiner eigenen Daten für nicht freiheitskonstituierend hält, muss im Übrigen kein „Händler seiner Daten" sein; zur Verfügung über Daten durch Einwilligung *Starck*, vMKS Art. 2 Rn. 178.

[90] BVerfGE 65, 1, 43

weil die einzelne Person in der öffentlichen Kommunikation zwangsläufig in ihrem Verhalten unterschiedlichen Lesarten und Sichtweisen zugänglich ist.

2. Kein eigentumsähnliches Recht (Immaterialgüterrecht) an „Daten"

Vor allem steht dies im Widerspruch zu der ausgedehnten sozialstaatlichen Betreuung　**32** des Einzelnen, der ganz oder teilweise nicht selbst verantwortlich und planend von seiner Freiheit Gebrauch machen kann (oder will). Es kann nicht auf der einen Seite ein soziales Recht auf Hilfe in Anspruch genommen werden, dessen Ausübung dann auf einer zweiten Ebene wie ein Abwehrrecht gegen staatliche Beobachtung abgeschirmt wird.[91] Dies spricht auch dagegen, das Recht auf informationelle Selbstbestimmung zu einem gegenüber dem allgemeinen Persönlichkeitsrecht verselbständigten eigenen Recht zu erweitern. In einer Entscheidung zum Privatversicherungsrecht hat das BVerfG selbst klargestellt: „Gerade im Verkehr zwischen Privaten lässt sich dem allgemeinen Persönlichkeitsrecht allerdings kein dingliches Herrschaftsrecht über bestimmte Informationen entnehmen."[92] „Der Einzelne ist vielmehr eine sich innerhalb der sozialen Gemeinschaft entfaltende, auf Kommunikation angewiesene Persönlichkeit."[93] Dies gilt nicht nur für das Privatrecht. Soweit das Persönlichkeitsrecht in öffentlichen Kommunikationssystemen wahrgenommen wird, hat es eher den Charakter eines **Teilhaberechts**, dessen Ausübung auf die Rechte anderer in einer öffentlichen „Informationsordnung" abgestimmt werden muss. Diese Besonderheit kann durch bloße Abwägung zwischen heterogenen Interessen nicht angemessen abgebildet werden.

3. Differenzierung nach Schutzbedürfnissen und Risikobereichen

Sinnvoller wäre es, einzelne Ausprägungen zu unterscheiden und dabei vor allem darauf　**33** abzustellen, ob es um die Sammlung und Kombination von Daten über abwehrrechtlich geschütztes Verhalten[94] oder ob es um **sozialstaatliche Hilfeleistungen** und deren Systematisierung und Beobachtung geht. Das bedeutet nicht, dass das Recht des Einzelnen in der Leistungsverwaltung systematisch verkürzt wäre. Hier muss aber berücksichtigt werden, dass im Bereich der Abwehrrechte und der dadurch geschützten Verhaltensweisen auch die Koordination mit anderen Partnern grundsätzlich spontan selbstorganisiert wird, während Hilfesysteme gerade Defizite der Selbstorganisation für eine Vielzahl von Betroffenen (Versicherten, Gemeinschaften, Sozialhilfe, Familien- und Jugendhilfe etc.) kompensieren sollen und die dadurch veränderten Verhaltensmuster (Gewöhnung an Hilfe, Missbräuche, Entstehung unbeabsichtigter Nebenwirkungen etc.) ein Lernen auf der Seite des Staates verlangen, und zwar nicht nur im Interesse der letztlich die Hilfe finanziell leistenden Bürger, sondern auch der Betroffenen selbst: Es geht vielfach um die Beobachtung hochkomplexer Wirkungszusammenhänge im Hinblick auf die Effekte für den Einzelnen, wie die Haltbarkeit der Versicherungs- und Hilfesysteme insgesamt.

4. „Informationelle Gewaltenteilung"

Auch die dabei entstehenden Konflikte werfen auf der Seite des Staates durchaus Pro-　**34** bleme der informationellen Gewaltenteilung zwischen Einrichtungen der Hilfe (z. B. Sozialamt, Schule etc.) auf,[95] aber diese sind nicht mit einem undifferenzierten Eingriffs-

---

[91] Wer Sozialhilfe in Anspruch nimmt, muss gewisse Einschränkungen seines Persönlichkeitsrechts hinnehmen BVerwGE 67, 163, 169; 91, 375, 379; vgl. allg. Roßnagel/*v. Petersdorff*, 8.13 Rn. 41ff.

[92] BVerfG JZ 2007, 576 m. krit. Anm. *Schwabe*.

[93] BVerfGE 65, 1, 43f.

[94] Dass es letztlich um eine Vorverlagerung des Schutzes „abweichender Verhaltensweisen" geht, lässt sich aus der Argumentation von *Roßnagel/Laue* DÖV 2007, 343, 345, erkennen: Offenbar muss das Informationsverhalten des Staates weitestgehend begrenzt und kontrolliert werden, weil auch das entfernte Risiko, dass aus der Kombination von „unverfänglichen" Daten „Abweichungen" deduziert werden könnten, als bedenklich angesehen wird; vgl. auch schon BVerfGE 65, 1, 43). Darin ist auch die Kritik an der Rasterfahndung begründet, BVerfG JZ 2007, 906 m. Anm. *Volkmann*.

[95] Vgl. allg. *Albers*, Informationelle Selbstbestimmung, 463ff.

denken im Hinblick auf ein „Recht auf informationelle Selbstbestimmung" sinnvoll zu erfassen. Es mag durchaus angebracht sein, im Einzelnen zwischen Intim-, Privat- und Sozialsphäre zu unterscheiden, vor allem dann, wenn die Informationen aus der Sozialsphäre für den Einzelnen im Kontakt zur Verwaltung belastend und stereotypisierend wirken können. Die allgemeine Konzeption des „Recht auf informationelle Selbstbestimmung" als Abwehrrecht, in das durch Datenerhebung eingegriffen wird, ist jedoch nicht tragfähig.[96] Dies schlägt sich darin nieder, dass auch die gesetzlichen Ermächtigungsgrundlagen entsprechend der Weite des Gesetzesvorbehalts insgesamt eher unspezifisch bleiben.[97] Statt dessen wäre es angemessener, den Schutzbereich des „Rechts auf informationelle Selbstbestimmung" enger zu fassen und nach einer **„öffentlichen Informationsordnung"**[98] zu suchen, die genauer darauf eingestellt ist, Risiken und Chancen der Kombination bzw. Trennung von Informationskanälen und -netzwerken zu unterscheiden.[99] Dass es kein „belangloses Datum" mehr geben soll,[100] ist in dieser Weite möglicherweise richtig, daraus ergibt sich aber kein Ansatz für eine unterscheidungsfähige Begriffsbildung. Andererseits erscheint es zweifelhaft, dass jedem medial oder computergesteuerten Sammeln von Daten oder Bildern für sich genommen schon ein Bezug auf das Persönlichkeitsrecht des Einzelnen zugeschrieben werden kann, insbesondere wenn die Daten wiederum nur durch Computerprogramme ausgewertet werden und erst am Ende des Prozesses möglicherweise nur eine begrenzte Zahl von personenbezogenen Datenprofilen erzeugt wird, die Anlass zur weiteren administrativen Bearbeitung bieten.[101]

5. Neue Fahndungsmethoden: Rasterfahndung, Schleierfahndung, Videoüberwachung, „Online-Durchsuchung"

35   **a) „Gefahrenvorsorge":** Diese Frage stellt sich z. B. für die **Videoüberwachung** öffentlicher Straßen und Plätze,[102] die sich nicht gegen einzelne Personen richten kann. Ein allgemeines Unbehagen, das ohnehin nur von einer Minderheit offenbar empfunden wird, kann die Überwachung nicht zu einem „Eingriff" machen.[103] Eine Überschreitung der Eingriffsschwelle ist vielmehr erst dann anzunehmen, wenn eine Individualisierung vorgenommen wird, indem etwa ein Bildausschnitt oder etwa eine Bildsequenz isoliert wird, die auf eine einzelne Person bezogen ist (Vorführung des Teils eines Videobandes, der einen der so genannten Kofferbomber im Kölner Hauptbahnhof zeigt). Dies gilt auch für die **Rasterfahndung**[104], Schleierfahndung (ohne konkreten

---

[96] Vgl. aber zum Gebot, die Überweisung von Sozialleistungen nicht als solche – nach außen erkennbar – zu kennzeichnen BVerwG DVBl 1994, 1313; Roßnagel/*v. Petersdorff*, 8.13 Rn. 42ff.; zum Sozialdatenschutz auch BVerfG 1 BvR 422/00 v. 10. 4. 2000.

[97] Vgl. wieder BVerfG DVBl 2007, 1023; in dieser Hinsicht zutreffend *Roßnagel/Laue* DÖV 2007, 543, 545; krit. auch Roßnagel/*Trute*, 2.5. Rn. 36ff.

[98] Zur Veröffentlichung von Bezügen der Vorstandmitglieder der Krankenkassen BVerfG ZfS 2007, 113.

[99] Vgl. dazu grundsätzlich *Vesting*, Die Bedeutung von Information und Kommunikation für die verwaltungsrechtliche Systembildung, in: Hoffmann-Riem/Schmidt-Aßmann/Voßkuhle (Hrsg.), Handbuch der Verwaltungsrechtswissenschaft, 2007, § 22 Rn. 47ff.; *ders.* in: Hoffmann-Riem/Schmidt-Aßmann (Hrsg.), Verwaltungsrecht in der Informationsgesellschaft, 2000, S. 101.

[100] BVerfGE 65, 1, 45; vgl. *Starck*, vMKS, Art. 2 Rn. 80.

[101] Dieses Problem stellt sich in einer konkreten Form bei der Erfassung von DNA – diese darf nur für Zwecke der Identifikation erfolgen, BVerfG NJW 2001, 879.

[102] Vgl. die Nachweise oben Fn. 91.

[103] And. BVerfG 1 BvR 2368/06 v. 23. 2. 2007 – *Videoüberwachung eines öffentlichen Platzes – Regensburg*; dazu *Fetzer/Zöller* NVwZ 2007, 778; *Dreier*, DR Art. 2 Rn. 78ff.; allg. auch *Starck*, vMKS Art. 2 Rn. 108; *Di Fabio* MDH Art. 2 Rn. 173.

[104] BVerfG JZ 2006, 906 m. Anm. Volkmann; *Gusy* KritV 2002, 474; *Brugger*, Freiheit und Sicherheit, 2001; *Hillgruber* JZ 2007, 2009, 212; vgl. allg. auch *Albers*, Umgang mit personenbezogenen Informationen und Daten, in: Hoffmann-Riem/Schmidt-Aßmann/Voßkuhle (Hrsg.), Handbuch. Grundlagen des Verwaltungsrechts, Bd. II, § 22 Rn. 58, 60.

Verdacht)[105] oder das maschinelle Abhören von Gesprächen nach einzelnen Wörtern, deren Registrierung dann in einem individuell fokussierten Verfahren fortgeführt wird. Die Durchsuchung der Datenkommunikation ist ähnlich zu bewerten. Hier wäre es im Übrigen angemessen, die Methoden und Instrumente solcher automatisierter Überwachung mit Hilfe von Computersystemen genauer festzulegen und einen nicht-individualrechtlich angelegten prozeduralen Schutz durch Kontrolle der Durchführung von Überwachungsmaßnahmen zu sichern und dabei zwischen den für Grundrechte der Person riskanten und ungefährlichen Methoden zu unterscheiden. Das BVerfG hat das allgemeine Persönlichkeitsrecht um ein (neues) **„Grundrecht auf Gewährleistung der Vertraulichkeit und Integrität informationstechnischer Systeme"** erweitert.[106]

b) Neuer prozeduraler und technischer Schutz. In Zukunft wird aber die Ausweitung des E-Government und der wachsende Austausch von Informationen zwischen Behörden einen starken Veränderungsdruck erzeugen: Die Wahrnehmung von statistischen Wahrscheinlichkeits- und Verhaltensmustern kann einerseits zu einem bedeutsamen Lerneffekt in der Verwaltung führen,[107] andererseits ist das Risiko der Stereotypisierung von einzelnen Personen und der Selbstverstärkung von „Persönlichkeitsbildern"[108] durch Zuschreibung von Eigenschaften (z. B. aufgrund des Verhaltens gegenüber sozialer Hilfe) nicht zu vernachlässigen. Aber auch hier kann sich eine Terminologie als fruchtbar erweisen, die sich insbesondere im Umweltrecht entwickelt hat, nämlich die Unterscheidung zwischen Risiko und Gefahr. Im Bereich der „Vorsorge" für den Persönlichkeitsschutz muss durch die Formulierung von Beobachtungs- und Beschreibungsmustern für statistische Suchmasken etc. darauf geachtet werden, dass das Lernen der Verwaltung aus komplexen **Datennetzwerken** auf vermeidbare Risiken für Persönlichkeitsrechte eingestellt wird. Interessanterweise wird Systemdatenschutz primär festgelegt auf Datenvermeidung.[109] Die Entwicklung der Computertechnologie macht jedoch auch eine „Einkapselung" von z. B. Data-Mining derart möglich, dass Suchprozesse in weitem Umfang ermöglicht, eine Individualisierung aber erst nach einer zusätzlichen Systementscheidung erlaubt werden kann.[110] Von einer „Gefahr" für den Einzelnen kann aber erst dann die Rede sein, wenn bei den Verknüpfungen insbesondere auf die Identifikation einzelner Personen oder abgrenzbarer Personengruppen gezielt wird.

6. Risikovorsorge mithilfe neuro-wissenschaftlicher Methoden

Die Ergebnisse **neuro-wissenschaftlicher Untersuchungen** deuten darauf hin, dass bestimmte, relativ früh in der Kindheit zu beobachtende Prozesse in der Gehirnaktivität möglicherweise ohne therapeutische Intervention das Risiko erheblicher Gewalt gegen andere begründen können.[111] Hier wird an die Möglichkeit einer prophylaktischen Vorsorgeuntersuchung gedacht. Auch dagegen sprechen erhebliche Bedenken unter dem Gesichtspunkt des Persönlichkeitsschutzes: Das Risiko einer Stigmatisierung insbesondere von Kindern ist angesichts nicht auszuschließender Unsicherheiten der Methode („false positives") so groß, dass ihr Einsatz kaum akzeptabel erscheint.

---

[105] LVerfG M-V DVBl 2000, 262 m. Anm. *Engelken.*

[106] BVerfG, 1 BvR 370/07, 575/07 v. 27. 2. 2008; auch BVerfGE E 109, 27, 356 – *„Imsi-Catcher".*

[107] Vgl. dazu *Ladeur,* Die Kommunikationsinfrastruktur der Verwaltung, in: Hoffmann-Riem/Schmidt-Aßmann/Voßkuhle (Hrsg.), Handbuch der Verwaltungsrechtswissenschaft, 2008, § 21.

[108] Diese Gefahr hat auch das BVerfG in seinem Volkszählungsurteil schon gesehen (E 65, 1, 42; vgl. aber zur Überschätzung der Möglichkeit der Erstellung von „Persönlichkeitsbildern" Roßnagel/*Trute,* 2.5. Rn. 26; *Ladeur* DuD 2000, 12.

[109] § 3a BDSchG; allg. Roßnagel/*Dix,* 3.5 Rn. 12ff.; 19ff.; kritisch *Bull* NJW 2006, 1617.

[110] Vgl. zu einigen technischen Ansätzen „A Little Privacy, Please", www.sciam.com/august 2007; auch das Interview mit *L. Sweeney,* ebd., 27. 6. 2007; zum prozeduralen Schutz zählt auch der Richtervorbehalt, BVerfG 1 BvR 2074/05, 1254/07 – *Kfz-Kennzeichen..*

[111] *Strüber/Lück/Roth,* The Violent Brain, Scientific American-Mind 17, Nr. 6 2006/2007, S. 20.

III. Humangenetische Methoden der Erfassung
von Persönlichkeitsmerkmalen

1. DNA-Untersuchung für Zwecke der Identifizierung

38   Ein großer Teil der Fragen, die mit dem Einsatz der **Humangenetik** und ihren Methoden aufgeworfen werden, betrifft zunächst die Frage der Menschenwürde, nämlich die
Frage, wie weit es ein „Wesen des Menschen" oder des Lebens gibt, das durch den Einsatz
gentechnischer Methoden tangiert werden kann.[112] Daneben ist aber auch das allgemeine
Persönlichkeitsrecht betroffen, soweit es um Informationen geht, die die Bestimmung genetischer Eigenschaften und Dispositionen einzelner Individuen zu erlauben beanspruchen.[113] Auch hier zeigt sich, dass ein „allgemeines Persönlichkeitsrecht" nicht ohne den
Zusammenhang mit gesellschaftlichen Kommunikationssystemen und mit dem über sie
gespeicherten Varietätspool von Informationen verstanden werden kann.[114] Gegenstand
des Persönlichkeitsschutzes kann hier nicht eine „Substanz" der Persönlichkeit sein, die
sich in das genetische Material „einschreibt",[115] vielmehr geht es um die Frage, welche Gefahren und Risiken aus der Kenntnis bzw. auch umgekehrt aus der Unkenntnis von gene-
tischen Informationen folgen können.[116] Die **Untersuchung der DNA** einer Person ist zu
Zwecken der Identifikation zulässig, dem Missbrauch durch Erfassung weiterer Eigenschaften muss durch Sicherungsvorkehrungen entgegengetreten werden.[117] In Frankreich
hat der Verfassungsrat aber die Einführung eines freiwilligen Gentests im Zusammenhang
mit der Familienzusammenführung von Immigranten für verfassungsmäßig erklärt.[118]

2. Gesetzliche Regelung der Bestimmung genetischer Risiken für öffentliche und private Zwecke

39   Auch beim Einsatz der Humangenetik stellt sich das Problem einer informationellen
Gewaltenteilung.[119] Das zeigt sich insbesondere bei der Zuschreibung von Risiken auf
bestimmte **genetische Eigenschaften**.[120] Daraus kann sich − vor allem bei Unsicherheit
der Prognose der Folgenerwartungen − wiederum eine problematische Stigmatisierung
des einzelnen Individuums ergeben, wenn die Persönlichkeit auf eine bestimmte Ent-
wicklungslinie festgelegt wird. Umgekehrt kann sich daraus eine informationelle Über-
legenheit des einzelnen Individuums ergeben, die es erlaubt, einseitig Risiken auf öffentliche oder private Versicherungen und damit zugleich auf weitere Dritte abzuwälzen.[121]

---

[112]   Vgl. aus der kaum mehr überschaubaren Literatur nur die grundsätzlichen Beiträge von *Sloter-
dijk*, Regeln für den Menschenpark, 1999; *Habermas*, Die Zukunft der menschlichen Natur. Auf dem
Weg zu einer liberalen Eugenik?, 2005; *ders.*, Philosophical Explorations 10 (2007), 13.

[113]   v.Münch/Kunig/*Kunig*, Art. 2 Rn. 40; Roßnagel/*Trute*, 2.5. Rn. 27.

[114]   Zum Schutz des eigenen (nicht nur des fremden) Nichtwissens als Teil des Persönlichkeitsschutzes auch Roßnagel/*Trute*, 2.5. Rn. 61: Dieser Grenzfall zeigt die Prägung des Persönlichkeitsrechts durch eine „Informationsordnung", die durch Kommunikations- und Kommunikationsbe-
grenzungsregeln innerhalb eines Beziehungsnetzwerks funktioniert.

[115]   BVerfG NJW 2001, 879; EuGRZ 2001, 249; VerfGH Berlin NJW 2006, 1416 (DNA-Ent-
nahme nach § 81c Abs. 2 S. 1 StPO verstößt nicht gegen die informationelle Selbstbestimmung); vgl.
grundsätzlich *Monteleoni* New York University Law Review 2007, 247, 254ff.

[116]   Roßnagel/*Trute*, 2.5. Rn. 61.

[117]   Vgl. BVerfGE 103, 21 − *genetischer Fingerabdruck I*; BVerfG EuGRZ 2001, 249 (genetischer Fingerabdruck II); VGH B-W NJW 2001, 1083.

[118]   NZZ.ch/v. 16. 11. 2007

[119]   *Podlech*, AK-GG, Art. 2 Rn. 80.

[120]   Vgl. auch zum eigenen Recht der Person auf Nichtwissen bestimmter genetischer Risiken
und Eigenschaften *Koppernock*, Das Grundrecht auf bioethische Selbstbestimmung, 1997; *Di Fabio*
MDH, Art. 2 Rn. 192.

[121]   Vor allem die Verbilligung und Vereinfachung der Methoden der Analyse des Genoms kann
dem einzelnen Individuum leicht einen Informationsvorteil verschaffen, der längerfristig dazu füh-

Auch hier geht es deshalb wieder nicht um den abstrakten Schutz eines Abwehrrechts, sondern um ein Teilhaberecht in Bezug auf die Handlungsmöglichkeiten, die dem Individuum verschlossen bleiben können, wenn ihm durch eine genetische Prognose eine bestimmte Zukunft oktroyiert würde, die wegen ihrer langfristigen Perspektive erheblich Vorwirkungen erzeugt und dem Individuum eine Vielzahl von Entwicklungsmöglichkeiten abschneidet. Das gilt vor allem für das Arbeitsrecht.[122] Hier muss der Gesetzgeber ggf. eine Risikoverteilung vornehmen, die einen Teil des Risikos veröffentlicht, da auch das öffentliche Interesse an der Offenhaltung des Varietätspools der Gesellschaft und ihrer Individuen auf dem Spiel steht. Einseitige, durch die Konstruktion des Abwehrrechts nahegelegte Konstruktionen können dem aber nicht gerecht werden.

3. Schutz der Persönlichkeit vor sich selbst: insbesondere Verbot der Selbstveränderung des Genoms?

Zu berücksichtigen ist auch die Möglichkeit der **Selbstveränderung des eigenen**   **40** **Genoms**[123]: Einwirkungen auf dieses eigene Genom zu therapeutischen Zwecken müssen grundsätzlich dem Individuum zur freien Entscheidung vorbehalten bleiben. Problematisch erscheint aber die nicht-therapeutisch indizierte Veränderung des Genoms, die sich auch auf Nachkommen auswirkt. Dies kann nicht allein durch das allgemeine Persönlichkeitsrecht gerechtfertigt sein, da auch die Nachkommen betroffen sind. Dieser Konflikt demonstriert erneut, wie sehr das allgemeine Persönlichkeitsrecht in einen Gesamtzusammenhang gesellschaftlicher Kommunikations- und Reproduktionssysteme einbezogen ist, der sich einem bloßen Denken in Grenzbegriffen („Abwehr" von Grenzüberschreitungen) entzieht. Mit unspezifischen Güterabwägungen allein kann dies nicht ausgeglichen werden.

E. Akteneinsichtsrechte, Auskunftsansprüche, Zeugnisverweigerungsrechte

I. Informationsrechte als Teil des objektiv-rechtlichen Schutzes der Persönlichkeit

Gerade ein teilhaberechtliches Verständnis des allgemeinen Persönlichkeitsrechts kann   **41** auch den **Akteneinsichtsrechten** besser gerecht werden[124] als eine abwehrrechtliche Konstruktion: Akteneinsichtsrechte können die aktive Seite des Teilhaberechts insofern instrumentieren, als zwar nicht jede Integration von Information in eine Akte als „Eingriff" anzusehen ist, aber umgekehrt im Interesse der informationellen Gewaltenteilung grundsätzlich ein Recht auf Transparenz der informationellen Operationen bestehen muss, Einsicht in die tatsächlich geführten Akten-Dateien zu nehmen und die Berichtigung oder Beseitigung von Daten zu verlangen.[125] Ggf. kann es auch ein Recht geben, Informationen über den das Individuum belastenden Informanten zu erhalten, damit der Betreffende sein Persönlichkeitsrecht gerichtlich verteidigen kann.[126] Erforderlich ist auch die Begrenzung der Beschlagnahme von Datenträgern bei Rechtsanwälten.[127] Es

---

ren kann, das viele Risiken nicht mehr versicherbar sein werden, „Genetics, Medicine and Insurance: Do Not Ask or Do Not Answer?", www.economist.com/23. 8. 2007.

[122] Vgl. nur Roßnagel/*Büllesbach*, 6.1 Rn. 29ff.; 43ff.; insbes. zur Videoüberwachung Rn. 57f.

[123] *Lappé* in: Kuhse/Singer (Hrsg.), Bioethics, 1999, S. 203.

[124] Vgl. § 28 VwVfG; jetzt IFG, dazu den Überblick bei *Schoch* DÖV 2006, 1.

[125] § 35 BDSchG; dazu allg. Roßnagel/*Abel* 7.11 Rn. 10.

[126] BVerwG NJW 1983, 2954; SG Stade Urt. v. 23. 2. 2006 (S 6 AL 112/02); *Starke* AfP 2007, 91.

[127] BVerfGE 113, 29; bei Verstößen bestehen Beweisverwertungsverbote vgl. auch LAG S-H, RDV 2005, 274; dagegen für den Zivilprozess kritisch (formalisierte Beweisgrundsätze) *H. Roth*, Recht der Persönlichkeit, S. 279.

besteht aber kein Anspruch auf Einsicht in Strafakten[128] oder in Akten des Verfassungsschutzes, soweit dadurch amtliche Interessen beeinträchtigt werden können. Ein Auskunftsanspruch ist aber grundsätzlich zu bejahen, soweit nicht ein gravierendes Verfah-
rensinteresse entgegensteht.[129]

II. Zeugnisverweigerungsrechte und informationelle Gewaltenteilung

42   Auf diesem Hintergrund sind auch **Zeugnisverweigerungsrechte**[130] zu verstehen:
Sie gewähren dem Einzelnen die Möglichkeit, sich der Erzeugung von Informationen zu
widersetzen, die ihn selbst oder einen Verwandten belasten (insbesondere im Strafverfahren). Die Zeugnisverweigerungsrechte, die eher professionelle Funktionen haben und
z. B. Journalisten[131] und Pfarrer schützen sollen, werden durch die entsprechenden speziellen Grundrechte geschützt. Der Vergleich lässt aber eine Gemeinsamkeit erkennen,
nämlich wiederum die Funktion der informationellen Gewaltenteilung: in dem einen
wie dem anderen Fall sind Rückwirkungen der Aussagepflicht einmal auf das Individuum (Missachtung des Selbstschutzes[132]) und seine Verwandten zu erwarten, im anderen Fall geht es um Rückwirkungen auf die Funktionswahrnehmung innerhalb gesellschaftlicher Kommunikationssysteme, wenn befürchtet werden muss, dass Aussagen gegenüber Journalisten etc. an den Staat weitergegeben werden können.

F. Personeller Schutzbereich

I. Schutz natürlicher Personen

1. Das allgemeine Persönlichkeitsrecht als Menschenrecht

43   Das allgemeine Persönlichkeitsrecht ist ein Menschenrecht, seine Ausübung ist nicht
von der Staatsangehörigkeit abhängig. Denkbar erscheint auch ein vorgeburtliches Persönlichkeitsrecht des Embryos. Es erscheint jedoch angemessener, z. B. die oben beschriebenen Interessenkonstellationen (brain scanning u. ä.) einmal der **objektiv-rechtlichen
Dimension** des Schutzes der Persönlichkeit zuzuordnen und zum anderen den Schutz
des Elternrechts dagegen in Stellung zu bringen. Verfassungsrechtlich besteht nicht die
Notwendigkeit, den Persönlichkeitsschutz darüber hinaus zu subjektivieren.

2. Kinder und Jugendliche

44   **a) Altersgrenze.** Fraglich erscheint, ob es eine Altersgrenze für die Ausübung von
Grundrechten gibt und ob ggf. das Recht der **Kinder und Jugendlichen** auf Offenhaltung einer künftig selbst zu bestimmenden Ausübung von Persönlichkeitsrechten eines
besonderen gesetzlichen oder richterlichen Schutzes bedarf. Dies ist grundsätzlich zu bejahen.[133] Es lässt sich zugleich aus dem hier entwickelten Konzept des teilhaberechtlichen

---

[128] BVerfG NJW 1990, 2766.

[129] BVerwG 28. 11. 2007 VerwG 6 A 2.07 (für BND; für diesen gilt aber § 15 Abs. 1 BVerfSchG
entsprechend).

[130] Vgl. § 52 StPO (Verwandte); § 53 Abs. 1 Nr. 1–3 StPO (Geistliche, Rechtsanwälte, Ärzte
u. Ä.); Roßnagel/*Miedbrodt* 4.9 Rn. 21ff., 96ff. (Ärzte).

[131] § 53 Abs. 1 Nr. 5 (Journalisten); zu den Grenzen allg. BGHSt 41, 363.

[132] Es gibt aber kein grenzenloses Recht, sich nicht selbst belasten zu müssen – dies gilt nur für
aktive Selbstbelastung durch Aussagen etc.; vgl. allg. BVerfG 2 BvR 1337/03 v. 25. 9. 2003; *Di Fabio*
MDH, Art. 2 Rn. 187; *Rüping/Kopp* NStZ 1997, 530; v. Münch/Kunig/*Kunig*, Art. 2 Rn. 35; dieses
Recht gilt auch nicht für alle Verfahren BVerfGE 56, 37, 49.

[133] Verstärkung des Persönlichkeitsrechts der Eltern durch Art. 6 Abs. 1, soweit es um das Verhältnis zu ihren Kindern geht, BVerfGE 101, 361 – *Caroline von Monaco II*; BVerfG NJW 2003, 3262f. –
eigenes Persönlichkeitsrecht des Kindes gegenüber den Massenmedien; BVerfGE 96, 375 – *Kind als Schaden*;
104, 373, 385 – *Namensgebung*); 83, 130, 140 – *Jugendschutz als Persönlichkeitsschutz*; 75, 201, 218 – *Kindes-*

Charakters des Persönlichkeitsrechts eine Konkretisierung dieses Gedankens ableiten: Das allgemeine Persönlichkeitsrecht muss im Zusammenhang mit der Offenheit der Kommunikationssysteme und der Zufuhr des Neuen auch die freie Betätigung der Individuen in einem anderen Licht erscheinen lassen. Dies gilt umso mehr für Kinder und Jugendliche.[134] Selbst die Nennung des Vornamens des minderjährigen Kindes einer prominenten Mutter ist mit dessen Persönlichkeitsrecht nicht zu vereinbaren.[135]

b) Persönlichkeitsrechte als Entwicklungsrechte. Das **Persönlichkeitsrecht als**   **45** **Entwicklungsrecht**[136] ist z. B. dann betroffen, wenn über die Gestaltung von Sexualkunde in Schulen zu entscheiden ist:[137]: ein Jugendlicher, der von seinen Eltern in einer bestimmten Richtung durch insbesondere Religion auf diese Sexualität vorbereitet wird bzw. davon zunächst ferngehalten wird, kann nicht nach (Lehr-)Plan in der Schule mit ganz anderen Informationen konfrontiert werden. Dies ist eine Konstellation, die von der Glaubens- und Gewissensfreiheit möglicherweise nicht mit umfasst wird, da es nicht um Eingriffe im engeren Sinne geht.

Ein anderes Problem stellt sich im Zusammenhang mit der Anlegung von **Schul-**   **46** **akten**[138] und ihrer Kombination z. B. mit Akten der Sozialdienste[139] oder mit medizinischen Daten (Diagnose eines Hangs zur Gewalt). Vor allem verhaltensabhängige (aus deren Eigenschaften gewonnene) Diagnosen bringen das Risiko der Stigmatisierung mit sich, zumal wenn sie von nicht einschlägig vorgebildeten Personen (Lehrern) oder anderem staatlichen Personal interpretiert werden. Andererseits müssen bestimmte Verhaltensbeobachtungen, die für den Umgang mit Kindern und Jugendlichen in der Gemeinschaft mit anderen von Bedeutung sind, ggf. auch Lehrern bekannt gegeben werden. Hier bedarf es einer genaueren gesetzlichen Regelung und einer administrativen Beobachtung der faktischen Verarbeitung von Informationen insbesondere in der Schule.[140]

c) Verfassungsrechtliche Schutzpflichten im Zivilrecht zugunsten des Kindes   **47** **– Haftungsgrenzen.** Das BVerfG hat bestimmte Entwicklungsmöglichkeiten von Kindern und Jugendlichen, die vor allem ihre Entwicklung nach der Volljährigkeit beeinträchtigen könnten, als durch das allgemeine Persönlichkeitsrecht garantiert angesehen.[141] Dies gilt vor allem für die Haftung und Verschuldung Minderjähriger durch Verfügungen ihrer **Eltern als gesetzliche Vertreter.**[142] Aus dem Persönlichkeitsrecht des Kindes hat das BVerfG auch ein Recht auf Kenntnis der eigenen Abstammung abgeleitet.[143] Die-

---

wohl bei Unterbringungsentscheidung; 79, 256, 268f.; 90, 263, 270; 96, 56, 63; 47, 46, 72 – *Sexualkunde*; *Di Fabio* MDH Art. 2 Abs. 1 Rn. 212ff.; *Dreier*, DR Art. 2 Rn. 77, 81; *Starck* vMKS Art. 2 Rn. 107 (Recht auf Kenntnis der eigenen Abstammung); ebd., Rn. 185ff. (einzelne Persönlichkeitsrechte des Kindes); v. Münch/Kunig/*Kunig*, Art. 2 Rn. 39; *Jeand'heur*, Verfassungsrechtliche Schutzgebote zum Wohl des Kindes und staatliche Interventionspflichten aus der Garantienorm des Art. 6 Abs. 2 Satz 2 GG, 1993, S. 18.

[134] KG Berlin AfP 2007, 221 - *Fotos des Engels von Rainier von Monaco*; *Beater*, Medienrecht, 2007, Rn. 347.

[135] KG Berlin AfP 2007, 374.

[136] BVerfG NJW 2000, 2191; allg. *Di Fabio*, Art. 2 Rn. 208.

[137] BVerfGE 47, 46; VG Hamburg Urt. v. 19. 1. 2004 (5 VG 5827/2003 – *Sexualkunde für muslimische Mädchen*).

[138] Roßnagel/*Linnenkohl* 8.11 Rn. 7ff.

[139] Roßnagel/*v. Petersdorff* 8.13 Rn. 50ff.

[140] Vgl. die Nachweise bei *Linnenkohl*, ebd., Rn. 14 zur Regelung der personenbezogenen Datenverarbeitung in Schulen.

[141] *Di Fabio* MDH, Art. 2 Rn. 208.

[142] BVerfG NJW 1998, 3557f. – *Haftung*; BVerfGE 72, 155, 170 – *finanzielle Verpflichtung durch die Eltern als gesetzliche Vertreter*; *Dreier*, DR Art. 2 Rn. 77; *Goecke* NJW 1999, 2305; *Fehnemann* NJW JZ 1986, 1055; *Degenhart* JuS 1992, 361, 367f.

[143] BVerfGE 79, 256, 268f.; 90, 263, 270; 96, 56, 63; OLG Hamm FamRZ 1991, 1229; *Dreier*, DR Art. 2 Rn. 77; *Di Fabio*, MDH Art. 2 Rn. 212; *Starck*, vMKS Art. 2 Rn. 107; Jarass/*Pieroth*, Art. 2 Rn. 57; *Benda* JZ 2003, 533, 536.

ses Recht erstreckt sich aber gegenüber dem Staat nur auf die Erlangung der im staatlichen Raum verfügbaren Informationen (dies wäre noch in Anlehnung an einen Abwehranspruch – Eingriff durch Vorenthaltung von auf eine Person verweisenden Wissens – zu konstruieren.

48   **d) Insbesondere: Recht auf Kenntnis der eigenen Abstammung und Recht des Vaters auf Auskunft über das Kind.** Einen Ausgleich konkurrierender Interessen muss der Staat bei der Bewältigung der Frage nach der Einführung einer Pflicht zur Eröffnung von **Informationen über die Abstammung des Kindes** durch die Mutter – im Dreiecksverhältnis zwischen dieser, dem Staat und dem Kind vornehmen. Nach h. M. kann sich die Mutter hier auf den Schutz ihrer Intimsphäre berufen.[144] Dies erscheint nicht zweifelsfrei, da dieses Recht nicht ohne weiteres den Verpflichtungen gegenüber dem Kind vorgeordnet sein kann. Dabei geht es einmal um Unterhaltsansprüche gegenüber dem Vater, andererseits aber auch um Informationen, die später für die Grundrechte des Kindes von Bedeutung sein können. Diese Frage gehört aber eher in den Bereich der objektiv-rechtlichen Dimension (Schutzpflicht) des allgemeinen Persönlichkeitsrechts. Ähnliches gilt auch für Auskunftsansprüche des Vaters gegen die Mutter, insbesondere gerichtet auf Mitteilung des Namens und des Geburtsdatums zur Vorbereitung einer Vaterschaftsfeststellungsklage.[145]

49   **e) Insbesondere: Klärung der Abstammung bei künstlicher Insemination.** Ein schwierigerer Konflikt entsteht bei der Frage nach dem Recht auf Sicherung der Information über die Abstammung eines Kindes,[146] z. B. bei **künstlicher Insemination** (Samenspende).[147] Hier ergibt sich ein Konflikt mit dem Interesse an der Generierung von Samenspendern, die anonym bleiben, und dem Recht auf Kenntnis der Abstammung. Das Recht kann ohnehin nur in Grenzen durchgesetzt werden (z. B. ist das Kind immer zunächst abhängig von der Anerkennung der Ehelichkeit durch seine Eltern, auch wenn dies nicht der Realität entspricht). Hier sprechen die besseren Argumente dafür, das Recht auf Information des Kindes zurücktreten zu lassen, zumal die Zeugung durch Samenspende sich von einer unehelichen Vaterschaft deutlich dadurch unterscheidet, dass eine persönliche Beziehung zur Mutter von vornherein nicht gewollt war. Auch dies muss vom allgemeinen Persönlichkeitsrecht gedeckt sein. Grundsätzlich gibt es aber auch umgekehrt ein Recht des aufgrund der Ehe als Vater angesehenen Mannes, die tatsächliche Vaterschaft auf eine zumutbare Weise feststellen zu lassen.[148] Auch wenn dies für das Kind erhebliche nachteilige Konsequenzen haben kann, muss ein solches Verfahren doch zur Verfügung gestellt werden. Anders ist es mit dem Interesse eines außerehelichen Sexualpartners der verheirateten Frau: Hier kann das Recht sich für den Schutz der ehelichen Gemeinschaft bzw. der Familie entscheiden. Hier wird besonders deutlich, wie stark das Recht des einen vom Recht des anderen abhängig ist.

50   Grundsätzlich besteht auch ein Recht auf **Geschlechtsumwandlung**[149] und auf eine entsprechende Namenswahl (s.o.). Die Wahl von Haar- bzw. Barttracht gehört ebenfalls zum allgemeinen Persönlichkeitsrecht (soweit nicht Art. 4 GG vorgeht). Einschränkungen sind aber mit besonderen Dienstpflichten verbunden.[150]

---

[144] BVerfGE 96, 56, 61; *Dreier*, DR Art. 2 Rn. 77; *Starck*, vMKS Art. 2 Rn. 107;

[145] LG Gera FamRZ 2006, 1221.

[146] BVerfGE 79, 256, 268; 90, 263, 270; 96, 56, 63 = JZ 1997, 777 m. Anm. Starck; *Dreier*, DR Art. 2 Rn. 107; *Enders* NJW 1989, 881.

[147] *Starck*, vMKS, Art. 2 Rn. 107; *Di Fabio* MDH Art. 2 Abs. 1 Rn. 213; *Enders*, ebd.

[148] BVerfG NJW 2007, 753; vgl. auch BVerfGE 108, 82, 105; keine Verschaffungspflicht: BVerfGE 79, 236, 269.

[149] *Starck*, vMKS Art. 2 Rn. 110; BVerfG NJW 1997, 1632; E 115, 1.

[150] BVerfGE 47, 239, 248f.; *Starck*, vMKS Art. 2 Rn. 112; vgl. aber auch zur Entwürdigung in staatlichen Dienstverhältnissen BVerwG DÖV 2006, 1005.

II. Betreuungsverhältnis

Einen Eingriff in das allgemeine Persönlichkeitsrecht bedeutet auch die (frühere) Ent-   **51** mündigung[151] oder die **Betreuung** nach dem gegenwärtigen Recht,[152] wenngleich diese Variante staatlicher Intervention in Individualrechte ambivalent ist: Auf der einen Seite wird dem Betreuten die Möglichkeit zu bestimmten selbständigen Entscheidungen genommen, andererseits kann die hier betroffene Freiheit auch die Schutzlosigkeit gegenüber Selbstgefährdungen eigener Rechte, insbesondere des eigenen Vermögens bedeuten. Dies zeigt, dass das allgemeine Persönlichkeitsrecht nicht eindeutig den klassischen Abwehrrechten zugeordnet werden kann. Sein Gebrauch setzt bestimmte Grundfähigkeiten voraus, deren Fehlen schnell zu einem Verlust elementarer Handlungsmöglichkeiten durch Selbstgefährdung bei der Ausübung anderer Grundrechte wie der Vertragsfreiheit führen kann. Eine weitere Konsequenz des allgemeinen Persönlichkeitsrechts auch des Betreuten zeigt sich darin, dass die Bekanntgabe des Betreuungsverhältnisses nur in Grenzen zulässig ist, weil sonst auch die trotz Beschränkung noch verbliebenen Entfaltungsmöglichkeiten nicht mehr ausgeübt werden können. Hier muss den anderen Individuen ein gewisses Risiko aufgebürdet werden.

Nach *H. Dreier*[153] stellt sich hier die Frage, ob und wie weit die „Grundlagen auto-   **52** nomer Selbstbestimmung" eher dem „unantastbaren Kernbereich der allgemeinen Handlungsfreiheit" zuzuordnen sind. Es erscheint aber aus systematischen und dogmatischen Gründen angemessen, diesen Schutz beim allgemeinen Persönlichkeitsrecht zu konzentrieren, soweit es um die Frage der **dauerhaften Begrenzung der Handlungsmöglichkeiten** geht. Daneben mag sich die Frage stellen, wieweit auch die faktischen Grundlagen der Entfaltungsfreiheit im Einzelfall durch die allgemeine Handlungsfreiheit und deren objektiv-rechtliche Dimension gewährleistet sind und vor dem Eingehen übermäßig belastender Verträge schützen kann.[154]

III. Allgemeines Persönlichkeitsrecht für juristische Personen?

Die Geltung des **allgemeinen Persönlichkeitsrechts für juristische Personen**[155]   **53** und andere Personenverbände (Personalgesellschaften des HGB etc.) ist umstritten.[156] Soweit der Individualbezug des allgemeinen Persönlichkeitsrechts als Teilhaberecht betroffen ist, liegt es auf der Hand, dass insoweit ein Rechtschutz juristischer Personen (i. w. S.) nicht in Betracht kommen kann.[157] Nach der hier angenommenen engen Verknüpfung des allgemeinen Persönlichkeitsrechts mit den Prinzipien einer öffentlichen Informationsordnung[158] und den sich daraus ergebenden Gesichtspunkten der informationellen

---

[151] Vgl. insbes. BVerfGE 78, 77 (Verfassungswidrigkeit der öffentlichen Bekanntgabe einer Entmündigung); auch BVerfG NJW 2001, 879 (zu § 2 DNA-IFG; das Gesetz ist inzwischen außer Kraft getreten; die Regelung ist in §§ 81 f–h StPO integriert worden).

[152] Zur früheren Rechtslage BVerfGE 78, 77, 84; 84, 192, 194ff.; *Dreier*, DR Art. 2 Rn. 77; *Starck*, vMKS Art. 2 Rn. 131; zur Einführung der Betreuung *Starck*, ebd.

[153] *Dreier*, DR Art. 2 Rn. 77.

[154] BVerfGE 89, 214, 218; vgl. dazu nur *Teubner* KritV 2000, 388.

[155] BGHZ 98, 94; NJW 1994, 1281 (bejahend, soweit es um wirtschaftliche Geltung geht); auch *Prinz/Peters*, Medienrecht, Rn. 192ff.; *Beater*, Medienrecht, Rn. 348.

[156] Vgl. zu den Einschränkungen BVerfGE 67, 100, 142; nach *Podlech*, AK-GG, Art. 2 Rn. 60, ist insbesondere der Schutz der informationellen Selbstbestimmung zu verneinen; restriktiv auch *Roßnagel/Trute* 2.5. Rn. 30.

[157] *Dreier*, DR Art. 2 Abs. 1 Rn. 56, 82; dagegen allg. *Schmitt Glaeser*, HbStR VI, § 129 Rn. 88; *Kau*, Vom Persönlichkeitsschutz zum Funktionsschutz, S. 95ff. *Hirte* NJW 1988, 1698; offengelassen in BVerfG NJW 1994, 1784.

[158] Vgl. *Vesting*, Die Bedeutung von Information und Kommunikation für die verwaltungsrechtliche Systembildung.

Gewaltenteilung zwischen Privaten und dem Staat, ist die Erstreckung des Persönlichkeitsrechts auf Organisationen jedoch naheliegend.[159] (Davon zu unterscheiden ist die Verletzung des Persönlichkeitsrechts durch pauschalierende Kritik an einer Gruppe: „Soldaten sind Mörder").[160] Ein Schutz aus Art. 14 oder Art. 12 GG allein erscheint nicht ausreichend. Dies mag für eigentumsähnlich verfestigte Bestandteile wie das „Image" einer juristischen Person, das Know how oder das Ansehen einer Marke etc. gelten. Die Verkehrsgeltung des Ansehens eines Unternehmens reicht aber über den wirtschaftlichen Wert für das Unternehmen oder den Verband hinaus und sollte dem Persönlichkeitsrecht zugeordnet werden. Dies gilt erst recht für den Schutz von nicht-wirtschaftlichen Verbänden. Die Verstärkung des Schutzes durch Art. 1 Abs. 1 GG, der aber ohnehin relativ geringe Bedeutung zukommt, ist allerdings nicht in Erwägung zu ziehen.[161] Insbesondere der Schutz der besonderen Ausprägungen des Persönlichkeitsrechts (Recht am eigenen Wort, Recht auf Gegendarstellung[162]) steht aber auch nach Auffassung des BVerfG juristischen Personen zu.[163]

IV. Recht auf Sterben, postmortaler Persönlichkeitsschutz

1. Organentnahme

54   Die **Organentnahme** beim Sterbenden tangiert – unabhängig davon, wie weit Lebensfunktionen vor dem Eingriff aufrechterhalten werden müssen – das allgemeine Persönlichkeitsrecht.[164] Die Organspende kann aber freiwillig oder mit Zustimmung von Angehörigen erfolgen.[165]

2. Postmortales Persönlichkeitsrecht

55   **Verfassungsrechtliches Gebot der Anerkennung eines postmortalen Persönlichkeitsrechts.** Auch ein **postmortales Persönlichkeitsrecht** ist grundsätzlich anzuerkennen.[166] Vielfach wird es wegen des Schutzes der „passiven" Seite des Persönlichkeitsrechts dem *Schutzbereich* des Art. 1 Abs. 1 GG zugeordnet.[167] Dies erscheint aber zweifelhaft im Hinblick auf die ebenfalls legitime Anerkennung der wirtschaftlichen Elemente des postmortalen Persönlichkeitsschutzes, die wieder „aktiv" genutzt werden. Der Grund für die Anerkennung des postmortalen Persönlichkeitsrechts ist umstritten. Z. T. wird er in der Priorität bzw. im nachwirkenden Interesse der Angehörigen, z. B. in wirtschaftlicher oder emotionaler Hinsicht über den Tod hinaus gesehen.[168] Nach der hier vertretenen Konzeption, die den Zusammenhang des Persönlichkeitsrechts mit dem Fungieren der gesellschaftlichen Kommunikationssysteme akzentuiert, erscheint die letztere

---

[159] Bejahend z. B. VGH Baden-Württemberg VBlBW 2007, 340 – Bezeichnung einer Organisation als verfassungsfeindlich; ähnlich VG München, Urt. v. 22. 5. 2006 (M 7 K 05.5) – „allgemeines Persönlichkeitsrecht einer religiösen Vereinigung").

[160] BVerfGE 93, 266.

[161] *Dreier,* DR Art. 2 Rn. 82; *Di Fabio,* Art. 2 Abs. 1 Rn. 224ff.

[162] Zur Reichweite des Anspruchs auf Gegendarstellung (Titelseite) BVerfGE 97, 125; KG AfP 2007, 231.

[163] BVerfGE 106, 28, 42; 63, 131, 142ff.; vgl. allg. *Kraft* in: FS Hubmann, S. 201.

[164] Vgl. nur *Di Fabio* MDH, Art. 2 Rn. 204f.; *Lenckner* GA 1985, 295.

[165] *Starck,* vMKS Art. 2 Rn. 113; *Kluth/Sander* DVBl 1996, 1285.

[166] Vgl. schon BVerfGE 30, 173, 194; NJW 2001, 594 – *Willy Brandt-Gedenkmedaille;* NJW 2001, 2957 (W. Kaisen); kritisch *Zacharias,* NJW 2001, 2950; dazu auch OLG Bremen AfP 1987, 514 m. Anm. *Ladeur.*

[167] *Dreier,* DR, Art. 2 RN. 81; Art. 1 Rn. 72ff.; deshalb soll grundsätzlich kein Anspruch auf Geldentschädigung wegen Verletzung des postmortalen Persönlichkeitsrechts bestehen, vgl. aber BGH NJW 2006, 605 wo dies im Fall Marlene Dietrich anders gesehen wird; allg. *Schack* JZ 2000, 1060.

[168] Vgl. allg. *Claus,* Postmortaler Persönlichkeitsschutz im Zeichen allgemeiner Kommerzialisierung, 2004.

Auffassung vorzugswürdig. Gerade die enge Verknüpfung mit den Kommunikationssystemen lässt es legitim erscheinen, das Prozessieren von personbezogenen Informationen und Daten jedenfalls noch eine Zeitlang nach dem Tode dieser Person zuzurechnen und nur die Wahrnehmung des Rechts den Angehörigen bzw. (in wirtschaftlicher Hinsicht) den Erben zuzuordnen.[169] Deshalb ist es auch nicht angemessen, den postmortalen Schutz des Persönlichkeitsrechts ganz aus Art. 2 Abs. 1 herauszuverlagern und der Menschenwürde nach Art. 1 Abs. 1 zuzuordnen.[170]

3. Postmortales Persönlichkeitsrecht als ökonomisches Recht?

Die Rechtsprechung hat inzwischen mit Recht auch die Nachwirkungen des **ökono-** 56 **mischen Wertes des „Image"** einer Person[171] als durch das allgemeine Persönlichkeitsrecht geschützt anerkannt.[172] Namen und bildliche Darstellungen von Personen haben unter den Bedingungen der „Ökonomie der Aufmerksamkeit", die der Anerkennung der Personen durch die Medien einen besonderen Wert beimisst, jenseits ihrer nicht-ökonomischen Effekte auf das „Image" auch einen ökonomischen Wert.[173] Die Dogmatik des Persönlichkeitsschutzes darf diese Wirkungen nicht ignorieren.[174] Dies gilt zunächst für Art. 14 und Art. 12, der faktische Leistungen, die einen hohen ökonomischen Wert haben (z. B. die Veranstaltung von professionellen Fußballspielen, Know how), auch gegen bildliche Verwertungen durch Dritte schützen muss.[175] Aus dem Schutzbereich des allgemeinen Persönlichkeitsrechts aber informationelle Leistungen nicht ausgeschlossen werden, die eng mit der Person verbunden bleiben und nicht als Eigentum im verfassungsrechtlichen Sinne verselbständigt werden. Die Alternative dazu wäre die freie Aneignung des ökonomischen Wertes der Selbstdarstellung der Persönlichkeit in der Öffentlichkeit durch Dritte. Dies kann dem Rang des Persönlichkeitsrechts auch in verfassungsrechtlicher Hinsicht nicht gerecht werden. Das postmortale Persönlichkeitsrecht ist im Wesentlichen für das Privatrecht von Bedeutung.[176] Grundsätzlich ist aber auch die ökonomische Seite des Persönlichkeitsschutzes an den Staat adressiert. Seine Ausgestaltung und Konkretisierung kann im weiteren Umfang durch die Rechtsprechung erfolgen. Verfassungsrechtlich ist nur vorgegeben, dass das *postmortale* Persönlichkeitsrecht seinem Kern nach – und zwar sowohl im Hinblick auf das immaterielle Ansehen als auch im Hinblick auf den ökonomischen Wert der persönlichen Selbstdarstellungen, verfassungsrechtlich geschützt ist.

G. Staatliche Beeinträchtigung des Persönlichkeitsrechts

I. Vorbemerkung: Verhältnis von Schutzbereichsbestimmung und Schrankendefinition

Die Schwierigkeiten der Bestimmung des **Schutzbereichs des allgemeinen Persön-** 57 **lichkeitsrechts** reproduzieren sich bei der Abgrenzung von Eingriffen und eingriffsähnlichen Beeinträchtigungen (ebenso wie bei der Bestimmung der Schranken) von nicht-

---

[169] Schutz für 10 Jahre nach dem Tode BGH VersR 2007, 550.

[170] So aber *Dreier*, DR Art. 2 Rn. 81; ebd., Art. 1 Rn. 72ff.

[171] Vgl. dazu allg. *Ladeur*, Das Medienrecht und die Ökonomie der Aufmerksamkeit, 2007.

[172] BGH GRUR 2000, 715 – *Der blaue Engel*; vgl. dazu auch *Wagner* GRUR 2000, 717, 719; *Prinz/Peters*, Medienrecht, Rn. 884f.

[173] Vgl. insbes. BGH GRUR 2000, 715.

[174] BVerfG ZUM 2007, 380 – *kein Entschädigungsanspruch bei nichtwirtschaftlicher Beeinträchtigung für Angehörige*.

[175] Vgl. nur *Petersen*, Medienrecht, 2006, Rn. 274ff.

[176] Vgl. nur BGHZ 143, 214 – *Marlene Dietrich I*; BGH GRUR 2000, 715 – *Marlene Dietrich II* – *Der blaue Engel*.

rechtlich relevanten Kommunikationen (Kritik, Beschreibung von Leistung etc.). Eine sehr weite Fassung des Schutzbereichs muss sich konsequenterweise auch darin niederschlagen, dass alle möglichen „Berührungen" des Persönlichkeitsrechts zum „Eingriff" werden können. Leider ist das BVerfG bei der Bestimmung des Schutzbereichs des allgemeinen Persönlichkeitsrechts alles andere als dogmatisch konsequent. Während es in anderen Grundrechtsbereichen (Art. 12: Produktwarnung,[177] Art. 4: Warnung vor Sekten, Art. 8: Ausgrenzung nicht-politischer Versammlungen aus dem Schutzbereich) zu einer schärferen Konturierung des Schutzbereiches neigt,[178] um nicht die Last der Abstimmung mit konkurrierenden Interessen ganz der Schrankenbestimmung und damit dem Verhältnismäßigkeitsprinzip zuzuweisen – ist es beim Persönlichkeitsrecht anders verfahren. Es hat den Schutzbereich hier insbesondere bei der informationellen Selbstbestimmung[179] so weit ausgedehnt, dass jede Art von „Berührung" der Ausübungsbedingungen zum Eingriff wird, der dann auf den Gesetzesvorbehalt trifft.[180] Dies ist umso problematischer, als z. B. die Videoüberwachung von einer großen Mehrheit der Betroffenen nicht als „Eingriff" empfunden wird, sondern im Gegenteil als Steigerung des Sicherheitsgefühls erlebt wird. Hier besteht die Gefahr, dass allein die Ablehnung bestimmter Sicherheitsmaßnahmen die Betroffenheit zum „Eingriff" macht.[181] Ähnliches gilt für medientechnisch vermittelte, ggf. auch ohne jede Kenntnisnahme eines Hoheitsträgers erfolgende Datenauswertung im Hinblick auf bestimmte Verhaltens- oder Beziehungsmuster.

II. Beobachtung „riskanter Netzwerke" – insbesondere Terrorprävention und der Grundsatz „in dubio pro libertate"

58   Bei der grundrechtlichen Einordnung der systematischen Datenauswertung muss beachtet werden, dass der „Gesellschaft der Netzwerke",[182] die neue Formen der Kooperation zwischen Individuen und Organisationen hervorbringt, ihre Schattenseite in **„riskanten Netzwerken"** findet, die ebenfalls zwischen dem individuellen Verhalten (oder der bewussten Verbindung oder Planung kriminellen Handelns) und der „organisierten Kriminalität" (sozusagen der Wiedergänger der „Gesellschaft der Organisationen") neue Varianten krimineller Gefährdungen erzeugen. Diese müssen möglicherweise neue Reaktionsformen staatlichen Handelns provozieren, die nicht – wie das BVerfG an-

---

[177] Vgl. nur *Di Fabio* MDH, Art. 2 Rn. 171.
[178] BVerfGE 105, 252 – *Glykol*; NJW 2001, 2459 – *Love Parade*; dazu die Kontroverse zwischen *Hoffmann-Riem*, Enge oder weite Gewährleistungsbereiche der Grundrechte?, in: FS Bryde, 2003, S. 53ff.; und *Kahl* Der Staat 2004, 167; Erwiderung von *Hoffmann-Riem* Der Staat 2004, 203.
[179] Vgl. allg. *Podlech*, AK-GG, Art. 2 Rn. 78.
[180] BVerfGE 65, 1, 42ff.; kritisch in dieser Hinsicht auch *Roßnagel/Laue* DÖV 2007, 543, 545, die im Übrigen ebenfalls für den weiten Schutzbereich optieren; *Podlech*, AK-GG, Art. 2 Rn. 79.
[181] Vgl. zum „faktischen Eingriff" allg. Sachs/*Sachs*, vor Art. 1 Rn. 58ff.; zum „faktischen Eingriff" in Persönlichkeitsrechte; Sachs/*Murswiek*, Art. 2 Rn. 79, 84; zu Überwachungsmaßnahmen: ebd, Rn. 87; *Philipp*, Staatliche Verbraucherinformation im Umwelt- und Gesundheitsrecht, 1989, S. 153ff.; *Gusy* VerwArch 1983, 91ff.; *Pitschas/Aulehner* NJW 1989, 2353; *Pieroth/Schlink*, Staatsrecht II, Rn. 265; Jarass/*Pieroth*, Art. 2 Rn. 53ff.; *Dreier* in: DR, Art. 2 Rn. 83; für eine engere Fassung des Begriffs des „faktischen Eingriffs mit Recht *Hoffmann-Riem* AöR 123 (1998), 513, 531; *Kloepfer/Breitkreutz* DVBl 1998, 1149ff.; *Duttge* Der Staat 1997, 281ff.; zum Datenschutz (Speicherung und Weitergabe von Daten) BVerfGE 65, 1, 43; 84, 239, 279; vgl. allg. *Rogall*, Informationseingriff und Gesetzesvorbehalt im Strafverfahrensrecht, 1992; auch über den Datenschutz hinaus wird die staatliche Informationserhebung und -verwertung im Bereich der Gefahrenabwehr als faktischer Eingriff eingeordnet: *Dreier* JZ 1987, 1009ff.; *Bär*, Zugriff auf Computerdaten im Strafverfahren, 1992; Rasterfahndung (BND) BVerfGE 93, 181, 186; BVerfG JZ 2006, 906 m. Anm. *Volkmann* (Rasterfahndung/Terroristen).
[182] Vgl. allg. *Castells*, Das Informationszeitalter. Wirtschaft, Gesellschaft, Kultur, Bd. 1: Die Netzwerkgesellschaft, 2001; allg. *Ladeur*, Der Staat gegen die Gesellschaft, 2006; zu zivilrechtlichen Netzwerken *Teubner*, Netzwerke als Vertragsverbund, 2004.

nimmt[183] – einfach auf die Vorverlagerung des Verdachts gegen Individuen reduziert werden können. Ein Beispiel für solche „riskanten Netzwerke" könnte die Selbstradikalisierung in hermetisch verschlossenen ideologischen Zirkeln sein, die das computerspezifische „Copy and Paste"-Verfahren irrational zu allen möglichen Verbindungen zwischen Versatzstücken einer verschwörungstheoretisch gestifteten Weltsicht nutzt.[184] Solche Netzwerke bilden sich unterhalb der Grenze der organisierten Kriminalität und anders als bloße „Gesprächskreise" zwischen Individuen, bei denen die Gesellschaft auf die Existenz von Hemmschwellen zwischen dem Reden und dem Handeln setzt. Die hybride, extrem selektive Kommunikation in solchen Netzwerken kann wegen der sichtbar gewordenen Risiken nicht einfach ignoriert werden, bis sie die Schwelle zur „konkreten Gefährdung" in Tatplänen überschreitet.[185] Dies wäre schon deshalb verfehlt, weil es sich um Kommunikationen innerhalb von Gruppen handelt, die anders als üblich nicht in gesellschaftlich überlappende unterschiedliche Kommunikationskreise eingebunden sind, die der Selbstradikalisierung Grenzen setzen. Auch dies ist bei der liberalen Zurückhaltung gegenüber aggressiven „Reden" zu berücksichtigen. Ebenfalls lässt sich festhalten, dass die neuen Phänomene der Persönlichkeitsentfaltung in Netzwerken nicht mit einer grenzenlosen Ausdehnung des Eingriffsbegriffs bewältigt werden können.

III. Ambivalentes Staatshandeln als „Grundrechtsberührung"?

1. Das frühere Beispiel der Sexualkunde

Das BVerfG hat früher in einem anderen Fall einer ambivalenten, von den Betroffenen **59** ganz unterschiedlich wahrgenommenen staatlichen Einwirkung auf die Persönlichkeit (Sexualkunde) eine differenzierende Lösung entwickelt:[186] **Sexualkunde** wird je nach vorangegangener Erziehung als kenntniserweiternd, neutral oder aber als belastend empfunden; in diesem Beispiel hat das BVerfG deshalb von einer bloßen „Grundrechtsberührung"[187] gesprochen, nicht aber von einem Eingriff im engeren oder weiteren Sinne. Dies ist der eigentliche Anwendungsbereich der „Wesentlichkeitstheorie"[188]: danach wird staatliches Handeln, das nicht die Ausübung der Handlungsfreiheit beschränkt, aber doch deren *Bedingungen* „berührt" oder verändert, dem Regime des Gesetzesvorbehalts[189] unterstellt. Dies könnte sich als anschlussfähig auch für die verfassungsrechtliche Dogmatik des allgemeinen Persönlichkeitsrechts erweisen (vgl. unten).

So ließe sich eine **Videoüberwachung**[190] als „grundrechtsberührend" klassifizieren – **60** wegen der unterschiedlichen Wahrnehmung durch die Betroffenen – und damit das Erfordernis der gesetzlichen Regelung eines „Konzepts" der Risikovorsorge in einer öffentlichen „Informationsordnung" begründen. Daraus folgt aber noch nicht, dass es sich auch um eine Beschränkung des Rechts auf informationelle Selbstbestimmung handelt. Ähnliches ließe sich auch für die so genannte Rasterfahndung oder andere automatische über elektronische Medien vermittelte Verknüpfungen von „Daten" zu „Risikotrajektorien" annehmen.[191]

---

[183] BVerfG JZ 2006, 906 m. Anm. *Volkmann.*

[184] RAND Corporation, Radicalisation of Diasporas and Terrorism, 2007, *Ladeur,* Riskantes Netz, FAZ Nr. 96 v. 24. 4. 2008, S. 8.

[185] So aber offenbar das BVerfG JZ 2006, 906, 910; vgl. aber auch BVerfGE 109, 279, 356 – *IMSI-Catcher – Erfassung der Mobilkommunikation.*

[186] BVerfGE 47, 46.

[187] BVerfGE 47, 46, 74.

[188] BVerfGE 47, 46, 79: „wesentlich" bedeutet „wesentlich für die *Verwirklichung* der Grundrechte" (H. von mir – KHL).

[189] Zu dessen Strukturierungsfunktion BVerfGE 113, 376.

[190] BVerfG 1 BvR 2368/06 v. 23. 2. 2007 – *Videoüberwachung eines öffentlichen Platzes – Regensburg.*

[191] BVerfG JZ 2006, 906 m. Anm. *Volkmann.*

2. Der Vergleich mit der Dogmatik des zivilrechtlichen Persönlichkeitsschutzes

61   Hier mag ein Vergleich mit den privatrechtlichen Konflikten um das allgemeine Persönlichkeitsrecht hilfreich sein: **das allgemeine Persönlichkeitsrecht ist im Privatrecht** nicht als „absolutes Recht" im engeren Sinne einzuordnen, dessen Beeinträchtigung die objektive Rechtswidrigkeit nahelegt.[192] Vielmehr bedarf die Abstimmung unterschiedlicher Selbst- und Fremddarstellungen und der Beobachtung oder Beschreibung selbstorganisierter Konditionen und Verhaltensmuster in den unterschiedlichen Konfliktfeldern (politische Presse, Boulevardpresse, Satire,[193] Comedy etc.[194]), bevor über die rechtlichen Möglichkeiten und Grenzen des Persönlichkeitsschutzes im Privatrecht geurteilt werden kann. Daran lässt sich auch für das Verfassungsrecht anknüpfen.

62   Vielfach geht es im Bereich des staatlichen Handelns auch eher um − anders als im Privatrecht − die netzwerkgerechte Offenlegung staatlicher Handlungsstrategien: das besondere Merkmal staatlicher Beobachtung von oder Intervention in Kommunikationsnetzwerke (Videoüberwachung[195]) oder der bildlichen oder datenmäßigen Registrierung massenhaften Verhaltens (Beobachtung eines mehr oder weniger großen Publikums auf öffentlichen Plätzen) wird primär nicht im Hinblick auf den Einzelnen und sein Persönlichkeitsrecht von Bedeutung, sondern eher im Hinblick auf die **Intransparenz von Beobachtungsstrategien** für die Entwicklung von Verknüpfungsmustern, also längeren Handlungsketten und -netzwerken der Beschreibung. Diese „Risikolage" lässt sich vergleichen mit dem Einsatz anderer Techniken, denen gegenüber eine Schutzpflicht des Staates insofern besteht,[196] als ihre Auswirkungen auf das Eigentum oder die Gesundheit Dritter nicht entsprechend gesellschaftlichen Erfahrungen an einer „Gefahrenschwelle" zu beobachten und zu bewerten sind, sondern unterhalb dieser Schwelle im Bereich der entfernten oder kumulativen Risiken zunächst ein staatliches „Konzept" für ihre Bewältigung aber vor allem für den Schutz Dritter ein Verfahren zu entwickeln ist,[197] das die Beobachtung durch die betroffenen Dritten ermöglicht.

IV. Das Problem des Eingriffsbegriffs

1. Eingriffsdogmatik und neue Handlungsformen

63   Die **medientechnische Verarbeitung** von Wissen und Informationen über die Architektur von Computern und der Computersoftware darf nicht nur als eine Steigerung der Eingriffsmöglichkeit durch Vorverlagerung der Beobachtung von *Individuen* interpretiert werden, vielmehr muss genauer darauf abgestellt werden, dass hier keineswegs ein „Vorverdacht" gegen alle möglichen betroffenen Individuen formuliert wird,[198] sondern eine systembedingte informationstechnologische Erschließung neuen Wissens durch Auswertung großer Datenmassen erfolgt, das an Beziehungsnetzwerke zwischen Individuen gebunden ist (eine politische terroristische Gruppe) oder durch ebenso medientechnisch vermittelte Sammlung und Sortierung einer Fülle von Bild- und Datenströmen ermöglicht wird.

---

[192] BGH NJW 2005, 2766, 2770; NJW 2004, 762, 764; zum Verhältnis von zivilrechtlichem und verfassungsrechtlichem Persönlichkeitsschutz *Palandt/Sprau*, § 823 Rn. 96.

[193] BVerfG NJW 1987, 2661; 1992, 2073 − „*geb. Mörder*"; BVerfGE 85, 1; OLG Hamburg ZUM 1995, 280 − *Engholm/Titanic*; *Gounalakis* NJW 1995, 809; *Beater*, Medienrecht, 2007, Rn. 1639ff.

[194] LG München I AfP 2007, 60; vgl. dazu *Ladeur*, Das Medienrecht und die Ökonomie der Aufmerksamkeit, 2007.

[195] Vgl. zur Unzulässigkeit gezielter Videoüberwachung durch eine Ausländerbehörde OVG Hamburg ZAR 2007, 248; allg. § 6b BDSchG.

[196] *Di Fabio* MDH, Art. 2 Rn. 135; zur Schutzpflicht beim Datenverkehr Roßnagel/*Trute*, 2.5. Rn. 46ff.

[197] Vgl. zum Konzept des Risikos in der Vorsorge gegen Umweltschäden nur BVerwGE 69, 37 − *Heidelberg*; vgl. allg. auch *Ladeur* CMLR 2003, 1455.

[198] So BVerfG JZ 2006, 906, 908, im Anschluss an *Gusy* KritV 2002, 474.

Die neue technische Rationalität ist noch kein Grund, ihren Einsatz durch den Staat **64** für unproblematisch zu halten, es ist jedoch zu beachten, dass die medientechnologische Erzeugung und Sortierung großer Datenmengen, die nach statistischen Regelmäßigkeiten insbesondere Verknüpfungsmustern zwischen Verhaltensweisen abgesucht werden oder eine kooperative Nutzung von großen Datenbanken oder der Erzeugung neuen Wissens in „epistemischen Gemeinschaften"[199] diesseits der Organisation erlauben, die gesellschaftliche Wissensstruktur insgesamt grundlegend verändert hat. Deshalb bedarf es neuer „Verkehrsregeln" für die staatliche Nutzung der neuen Medientechniken, die aber nicht an den alten Grenzbegriffen („Eingriff", Schranke, Abwehrrecht etc.) orientiert werden kann. Hier geht es vor allem um Handlungsstrategien, die eher an das Denken in Risikobegriffen zum Beispiel aus dem Umweltrecht angelehnt werden können: So stellt sich die neue Aufgabe eine Art **„Informationsvorsorge"**[200], die gerade durch die permanente „Mobilisierung" der Gesellschaft erforderlich wird, da die soziale Kontrolle, die früher die Verfolgung abweichenden Verhaltens in sehr viel höherem Maße ermöglicht hat als heute, in der zunehmenden Virtualisierung der Beziehungen in der postmodernen Gesellschaft bis hin zur Anonymisierung stark an Gewicht einbüßt.

2. Eingriffe und eingriffsähnliche Akte

Die staatliche Beeinträchtigung des allgemeinen Persönlichkeitsrechts kann zunächst **65** in der Form des klassischen **„Eingriffs"** erfolgen.[201] Ein solcher liegt dann vor, wenn z. B. einer Person die Mitteilung von Informationen geboten wird. Eingriffsähnliche Akte, die das allgemeine Persönlichkeitsrecht tangieren, liegen dann vor, wenn eine Maßnahme sich etwa gegen eine bestimmte Person richtet,[202] also der Tendenz nach ihre freien Entfaltungsmöglichkeiten beschränken soll und überdies wesentliche Entfaltungsmöglichkeiten reduziert oder ausgeschlossen werden:[203] Beispiel dafür sind das Abhören von Personen, das gerade das vermeintlich unbeobachtete Verhalten, ob im Intimraum oder außerhalb, registrieren soll, um verfahrenswesentliche Informationen (z. B. für einen Strafprozess) zu gewinnen. Dies gilt für die „verdeckte Ermittlung".[204] Hier liegt die Wesentlichkeit der Beeinträchtigung schon in der Heimlichkeit selbst. Ähnliches gilt für das gezielte Fotografieren (für Zwecke der Strafverfolgung oder der Vorbeugung von Straftaten oder sonst polizeiwidrigem Verhalten).[205]

3. Bedeutung der unterschiedlichen Folgewirkungen

Eine für die Bestimmung der Grundrechtsrelevanz wesentliche Folgewirkung staat- **66** lichen Handelns kann darin bestehen, dass mit dem Bild wichtige Informationen verknüpft werden, die die Ausübung der entsprechenden Grundrechte beeinträchtigen können: z. B. gilt dies für die Zuschreibung von „Gefährlichkeit" im Hinblick auf mögliches künftiges Verhalten (z. B. Straftaten). Dies ist eine konkrete **Gefährdung der betroffenen Person** selbst, da ihr ein Risiko zugeschrieben wird, das z. B. aus der Begehung früherer Straftaten oder Ordnungswidrigkeiten abgeleitet wird (erkennungsdienstliche Behandlung). Anders ist es aber bei der gesamthaften Beobachtung des Verkehrs auf öffentlichen Plätzen oder an anderen öffentlichen Orten. Die fotografische Registrierung

---

[199] *Cohendet/Llerena*, Industrial and Corporate Change 2003, 271, 280; vgl. auch *Ladeur* ZfRSoz 2006, 87.

[200] Vgl. allg. *Aulehner*, Polizeiliche Gefahren- und Informationsvorsorge, 1998.

[201] Vgl. nur *Epping*, Grundrechte, 3. Aufl., 2006, S. 345; *Pieroth/Schlink*, Staatsrecht II. Die Grundrechte, Rn. 259; auch BVerfGE 66, 39, 60.

[202] VG Münster Beschl. v. 20. 9. 2006 (1 L 637/06) – *Anbringen einer Informationstafel durch Gemeinde in einem Planfeststellungsverfahren.*

[203] *Epping*, ebd.; *Pieroth/Schlink*, ebd.

[204] Vgl. nur *Duttge* JZ 1996, 556.

[205] *Schenke*, Polizei- und Ordnungsrecht, 5. Aufl., 2007; Rn. 30; *Gusy*, Polizeirecht, 6. Aufl., 2006, Rn. 257, 341; *Rachor* in: Lisken/Denninger, Handbuch des Polizeirechts, 6. Aufl., 2007, E Rn. 233.

von Einzelpersonen führt nicht zur Zurechnung eines bestimmten Verdachts, sondern neue technische Methoden werden gegen eine Vielzahl von Menschen eingesetzt, um eine kleine Zahl von tatsächlich rechtswidrig Handelnden zu identifizieren. Erst dann ist das Registrieren als eingriffsähnlich einzuordnen.[206]

4. Faktische nicht-eingriffsähnliche „Berührungen" des Persönlichkeitsrechts

67   Wie erwähnt kann nicht schon die Beobachtung einer Person als „Eingriff" im engeren Sinne oder als eingriffsähnlich eingeordnet werden, sondern nur als **„Berührung"** der Ausübungsbedingungen, wie dies das BVerfG im „Sexualkunde"-Fall[207] angenommen hatte. Eine andere Auffassung wäre schon deshalb verfehlt, weil dann die Bedeutung der unterschiedlichen staatlichen Handlungsweisen im Zusammenhang mit der Selbstdarstellung und der „Selbstverschließung" des Einzelnen gegenüber der Öffentlichkeit nicht angemessen differenziert und rechtlich abgestuft werden könnte.[208] Damit würde auch der Schutz des Gesetzesvorbehalts[209] entwertet: wenn der „Eingriff" trivialisiert wird und jede Berührung des Persönlichkeitsrechts zu einer gesetzlichen Regelung zwänge, bestünde die Gefahr, dass die Zahl der gesetzlichen Ermächtigungen vervielfältigt wird und sie damit ihre Unterscheidungsfähigkeit einbüßen – dies ist jetzt im Datenschutzrecht zu beobachten, –[210] aber die eigentlichen neuralgischen Punkte, an denen sich Konfliktlinien erkennen lassen und unter dem Gesichtspunkt der informationellen Gewaltenteilung einer rechtlichen Einhegung bedürfen, eher aus dem Blick geraten.

68   Eine weitere Variante der Grundrechtsberührung ist unter dem Gesichtspunkt der objektiv-rechtlichen Dimension des Schutzes des Persönlichkeitsrechts und seiner Ausübung in und gegenüber Kommunikationsnetzwerken von Bedeutung. Hier geht es um die **Transparenz von „informationellen Netzwerken"**, nicht um „Eingriffe" in das Persönlichkeitsrecht. Deshalb kommt es genau darauf an, solche mit dem Prozessieren von Informationen verbundenen Risiken genauer zu lokalisieren und für ihre Bewältigung Grundsätze einer öffentlichen Informationsordnung zu entwickeln. Vielfach wird schon die Sammlung von Information, z. B. das Registrieren von Kfz-Nummern im Bereich der Anwendung von „toll collect"-Systemen[211] auf der Autobahn zum Grundrechtseingriff erklärt, zumal wenn durch die Kombination von Daten „Bewegungsbilder" erstellt werden können. Aber welche Bedeutung sollen solche „Bewegungsbilder" für den Staat haben, wenn sie nicht unter konkrete Untersuchungszwecke subsumiert werden. Dies wäre z. B. dann anzunehmen, wenn etwa Demonstranten auf diese Weise beobachtet würden, oder wenn dies im Zusammenhang mit der Verfolgung steuerrechtlicher Delikte (Umfang der Nutzung von Lastwagen für Transporte) oder die Beobachtung der Einhaltung von Ruhezeiten im Zusammenhang mit strafrechtlichen Verfahren (fahrlässige Tötung) eingesetzt würden. Darüber muss jeweils konkret entschieden werden, aber das Risiko der Erstellung von „Bewegungsbildern" als solchen ist ein reiner Mythos.[212] Vielfach gewinnt man den Eindruck, als solle das allgemeine Persönlichkeitsrecht auch die Möglichkeit gewährleisten, möglichst unbeobachtet Straftaten zu begehen.

---

[206] Zu einer anderen Auffassung neigt offenbar das BVerfG, vgl. Urt. v. 23. 2. 2007 (1 BvR 2368/06) – *Videoüberwachung eines öffentlichen Platzes* – *Regensburg*; dazu *Fetzer/Zöller* NVwZ 2007, 778.

[207] BVerfGE 47, 46.

[208] Vgl. allg. *Di Fabio* MDH, Art. 2 Rn. 166.

[209] v. Münch/Kunig/*Kunig*, Art. 2 Rn. 42.

[210] *Roßnagel/Laue* DÖV 2007 543, 545.

[211] Vgl. www.heise-online.de/6. 11. 2003: „LKW-Maut: Toll Collect weist Vorwürfe der Datenschützer zurück"; vgl. dazu auch das Autobahnmautgesetz – das die Verarbeitung der für Kontrollzwecke erhobenen Daten ausschließt – steht nicht der Beschlagnahme nach §§ 100g, 100b StPO entgegen; AG Gummersbach, NJW 2003, 240.

[212] Vgl. allg. *Ladeur* DuD 2000, 12; differenzierend auch Roßnagel/*Trute* 2.5 Rn. 26; jetzt abl. zur automatischen Kfz-Kennzeichenerfassung BVerfG 1 BvR 2074/05, 1254/07.

Die bloße Beobachtung einer bestimmten Örtlichkeit mit **Videokameras** kann nur 69 als eine faktische Berührung des Persönlichkeitsrechts, nicht aber als ein Eingriff eingeordnet werden. Dies ergibt sich schon daraus, dass die Beobachtung eine große „Streubreite" hat.[213] Das bedeutet aber nicht, dass eine Vielzahl von Personen unter einen Verdacht gestellt wird, sondern die Beobachtung hat zunächst kein identifizierbares Objekt. Erst wenn zusätzliche Momente hinzutreten, kann die Beobachtung überhaupt als zielgerichtet angesehen werden.[214] Die objektiv-rechtliche Dimension des Grundrechts verpflichtet den Staat dazu, auch im Vorfeld des Eingriffs mögliche Gefährdungen des Persönlichkeitsschutzes zu beobachten und ihnen ggf. vorzubeugen.

V. Erweiterung des Persönlichkeitsschutzes um eine „objektiv-rechtliche Dimension"

1. Persönlichkeitsrecht als Kommunikationsrecht

Nach der hier vertretenen Konzeption ist die abwehrrechtliche Komponente des 70 Grundrechtschutzes durch das allgemeine Persönlichkeitsrecht enger zu fassen als nach der h.M.[215] Umgekehrt muss die objektiv-rechtliche Dimension weiter verstanden werden: Wie erwähnt ordnet sich auch das allgemeine Persönlichkeitsrecht in eine Rechtskonzeption ein, die den Individualschutz eng verknüpft mit dem Funktionieren der Kommunikationssysteme der Gesellschaft.[216] Hier wie bei den anderen Immaterialgüterrechten geht es deshalb auch um eine **(objektiv-rechtliche) Informationsordnung**, die auf die Gewährleistung der Wissens(ver)teilung[217] in der Gesellschaft angelegt ist. Deshalb muss die legitime Nutzung der medientechnischen Sammlung, Speicherung und Auswertung von Wissen, das über Beziehungsnetzwerke zwischen Individuen verteilt ist, nicht so sehr abwehrrechtlich eingedämmt als objektiv-rechtlich und vor allem prozedural nach einem transparenten „Konzept" strategisch dimensioniert und ihr Einsatz für den Einzelnen nachvollziehbar sein.[218]

2. Zur Notwendigkeit der systematischen Beobachtung neuer Gefährdungen für das Individuum

Vor allem aber kommt es darauf an, dass die Einhaltung der Regeln, deren Prozessieren 71 für den Einzelnen grundsätzlich nicht beobachtbar ist, durch systematische **ex-post-Evaluation** unter Beteiligung verwaltungsexterner Kräfte beobachtet und kontrolliert wird.[219] Dies ist charakteristisch für die objektiv-rechtliche Dimension des allgemeinen Persönlichkeitsrechts; sie kommt vor allem im Datenschutz zum Tragen. Die objektiv-rechtliche Verpflichtung des Gesetzgebers erzeugt aber zunächst Schutzpflichten für diesen selbst und die Verwaltung für den Bereich staatlich-öffentlicher Informationserhebung und -verarbeitung.[220] Diese Seite der objektiv-rechtlichen Dimension der Grundrechte verpflichtet den Staat auch dazu, neue Methoden der Analyse der Gehirnprozesse des Menschen („brain scanning") und der „Persönlichkeitsverbesserung" („enhancement")

---

[213] Darin sieht das BVerfG gerade die besondere Schwere der Belastung, die offenbar hier den „Eingriff" ausmacht, BVerfG JZ 2006, 906, 910; 107, 299, 328.

[214] Vgl. zu einem solchen ausländerrechtlichen Fall OVG Hamburg ZAR 2007, 248 – *Verdacht einer Scheinehe*.

[215] Vgl. dazu nur *Dreier*, DR Art. 2 Rn. 89.

[216] Vgl. allg. *Ladeur*, Das Medienrecht und die Ökonomie der Aufmerksamkeit.

[217] *Wielsch*, Habilschrift, 2007, S. 38, 231; auch *Hoffmann-Riem,* AöK 1998, 513 ff.

[218] Zur Bedeutung des „Konzepts" für die Umweltvorsorge BVerwGE 69, 37, 45; *Ladeur* CMLR 2003, 1455.

[219] Dies ist im Grunde auch die Rechtfertigung für den prozeduralen Grundrechtsschutz im Bereich technologischer Gefährdungen, BVerfGE 49, 89, 136 ff. – *Kalkar*; 50, 30 – *Mülheim-Kärlich*.

[220] Vgl. nur *Ladeur* DuD 2000, 12.

im öffentlichen Bereich (z. B. Verwertung im Strafverfahren,[221] Förderung der „Verbesserung" der persönlichen, insbesondere intellektuellen und emotionalen Leistungsfähigkeit[222]) sehr zurückhaltend unter Beobachtung von Nebenwirkungen zur Benutzung zuzulassen.

H. Schranken des Persönlichkeitsrechts

I. Allgemeines zur Schrankenbestimmung

1. Entwicklung der Rechtsprechung

72   Vor allem der Zusammenhang des allgemeinen Persönlichkeitsrechts mit der **Menschenwürde** aus Art. 1 Abs. 1 führt zu einer Aufwertung dieses Rechts gegenüber der allgemeinen Handlungsfreiheit, die durch jedes formell und materiell verfassungsgemäße Gesetz eingeschränkt werden kann.[223] Das BVerfG hat seine Rechtsprechung zunächst an Art. 2 Absatz 2 Satz 1 GG (Recht auf Leben und Gesundheit) und damit letztlich an einer Verhältnismäßigkeitsprüfung orientiert, die den höheren Wert des allgemeinen Persönlichkeitsrechts beachtet.[224] Später hat es seinen Ansatzpunkt auf die Schrankentrias des Art. 2 Absatz 1 umgestellt, doch hat es bei der Bestimmung der „verfassungsmäßigen Ordnung" einen strengeren Maßstab angelegt als bei der allgemeinen Handlungsfreiheit.[225] Bei der Bestimmung der Tragweite des allgemeinen Persönlichkeitsrechts ist auch Vorsicht beim Rekurs auf verfassungsimmanente Schranken (z. B. der Funktionsfähigkeit der Strafrechtspflege[226] oder anderer öffentlicher Interessen) angezeigt: Jedenfalls bedarf es stets – soweit es um Eingriffe oder eingriffsähnliches staatliches Handeln geht – einer gesetzlichen Grundlage.[227] Ob als Schranke nur Grundrechte anderer oder „diesen ebenbürtige Verfassungswerte der Gemeinschaft"[228] gelten können, kann – entgegen *H. Dreier*[229] – dahingestellt bleiben, da diese Formel interpretationsbedürftig bleibt. Die Zuordnung des Schutzes eines „Wesenskerns" der Persönlichkeit zum Schutzbereich von Art. 1 (und damit zur „Schrankenfestigkeit") führt nicht weiter, weil damit mehr Fragen aufgeworfen als gelöst werden.

73   Nach der hier vertretenen Auffassung ist der Schutzbereich des allgemeinen Persönlichkeitsrechts bei der Ausübung in Kommunikationssystemen (nicht nur in Medien i.e.S., auch Wirtschaft, Kunst etc.) in dem oben beschriebenen Sinne eng zu fassen. Auch im Übrigen darf das **allgemeine Persönlichkeitsrecht als Kommunikationsrecht** (anders für den Bereich der räumlich oder sonst durch Absonderung ausgegrenzten Persönlichkeitssphäre) nicht aus den sozialen Bezügen herausgelöst werden.[230] Angesichts

---

[221] *Grafton/Sinnott-Armstrong/S. I. Gazzaniga/M. S. Gazzaniga, u.a.*, Scientific American – Mind Dezember 2006/Januar 2007, 30; vgl. allg. *Merkel u.a.*, Intervening in the Brain, 2007.

[222] *Harris*, Enhancing Evolution: The Case for Making Better People, 2007.

[223] BVerfGE 6, 32, 37ff.; 80, 137, 150; 90, 145, 172; 96, 10, 21; vgl. dazu nur *Dreier*, DR Art. 2 Rn. 86, 52ff.; Jarass/*Pieroth*, Art. 2 Rn. 59ff.

[224] BVerfGE 32, 373, 379; vgl. im Übrigen nur v. Münch/Kunig/*Kunig*, Art. 2 Rn. 43.

[225] BVerfGE 65, 1, 43f.; 79, 256, 269; 97, 228, 269; Jarass/*Pieroth*, Art. 2 Rn. 59ff.; *Dreier*, DR Art. 1 Rn. 86; *Starck*, vMKS Art. 2 Rn. 31.

[226] BVerfGE 32, 373, 381.

[227] *Dreier*, DR Art. 2 Rn. 82.

[228] *Lücke* DÖV 2002, 93.

[229] *Dreier*, DR Art. 2 Rn. 86.

[230] Gerade die „Substanzialisierung des Persönlichkeitsrechts führt aber dazu, dass – angesichts der mangelnden Unterscheidungsfähigkeit der „Sphären" der Persönlichkeitsentfaltung – die Konturen der unterschiedlichen Reichweite des verfassungsrechtlichen Schutzes – diffus bleiben; darin ist *Dreier*, DR Art. 2 Rn. 88 zuzustimmen; vgl. auch *Hesse*, Grundzüge, Rn. 428; Sachs/*Murswiek*, Art. 2 Rn. 105; *Pieroth/Schlink*, Staatsrecht II, Rn. 376.

der unterschiedlichen Konfliktkonstellationen der Persönlichkeit „im Netzwerk" (privater und öffentlicher Beziehungen) kann deshalb das Verhältnismäßigkeitsprinzip auch nicht auf eine „strikte Anwendung" festgelegt werden.[231]

2. Informationelle Gewaltenteilung als Ordnungsprinzip

Die Rechtsprechung hat für den Datenschutz als **prozeduralen Schutz** auch das   **74** Erfordernis der Zweckbindung von legitimerweise erhobenen Daten betont.[232] Das BVerfG hat mit einer je-desto-Formel operiert, die doch wieder in ein Denken in „Sphären" zurückfällt,[233] wenn die „Intimsphäre" als „unantastbarer Bereich privater Lebensgestaltung" gegenüber dem Staat besondere Achtung und Schutz verdienen soll.[234] Dieser scheint zweifelhaft, damit verliert der kommunikationsbezogene Gehalt des Persönlichkeitsrechts außerhalb der Privatsphäre i.e.S. an Kontur. Dies zeigt auch der Zusammenhang zwischen weit gefasster Schutzbereichsdefinition einerseits und konturloser Schrankenbestimmung andererseits.[235]

Auch die Definition eines Kernbereichs des Persönlichkeitsrechts im Rekurs auf Art. 1   **75** wird kaum gelingen.[236] Hier käme es deshalb genauer darauf an, statt in quasi-räumlichen Sphären zu denken (eine Konzeption, die das BVerfG im Bereich der informationellen Selbstbestimmung ohnehin für unterkomplex hält[237]), Ansätze zu einer „informationellen Gewaltenteilung" zu entwickeln, die insbesondere Wissen und Nichtwissen des Staates stärker auf den **Schutz von Diversität** und Selbstorganisationsleistungen der Gesellschaft und ihrer Teilsysteme bezieht.[238] Dies lässt sich im Bereich der öffentlichen Aufgaben am Beispiel der Produktwarnung (Schutzbereich des Art. 12) demonstrieren: Aus der Tatsache allein, dass eine Warnung zutreffend ist, folgt noch nicht, dass sie ohne Ermächtigungsgrundlage verbreitet werden darf.[239] Jeder Kommunikation ist eine Selektivität eigen: Die öffentliche Adressierung eines bestimmten Problems durch öffentliche Kommunikation ist mit einer Akzentsetzung verknüpft; eine solche Möglichkeit kann dem Staat nicht ohne weiteres offenstehen, weil hier zunächst ein Vorrang für die gesellschaftliche Kommunikation einerseits und des staatlichen *Handelns* (insbesondere zur Gefahrenabwehr) andererseits besteht.

3. Insbesondere: Schutz durch Verfahren

An der öffentlichen Kommunikation kann der Staat sich aber nicht ohne weitere Legi-   **76** timation beteiligen.[240] Im Zusammenhang mit rechtlich strukturierten **Verfahren** (Beobachtung durch den Verfassungsschutz, strafprozessualer Ermittlungsverfahren) besteht ein besonderer Verfahrensschutz des Einzelnen. Dies ist auch auf andere Bereiche zu übertragen: Das Verfahren der Informationsverarbeitung (einschließlich der Evaluation) hat eine besondere Bedeutung bei nicht-öffentlicher informationeller Intervention des Staa-

---

[231] BVerfGE 27, 344, 351; 32, 373, 379; 33, 367, 377; *Dreier*, DR Art. 2 Rn. 87.

[232] BVerfGE 65, 1, 44ff., 64; vgl. dazu nur *Podlech*, AK-GG, Art. 2 Rn. 81, 82; *Roßnagel/Trute* 2.5. Rn. 36ff.

[233] Vgl. zur Notwendigkeit des Übergangs „von der Sphärenlehre zu Verwendungszusammenhängen" *Roßnagel/Trute*, 2.5. Rn. 10ff.; zur Unterscheidung der Sphären *Beater*, Medienrecht, 2007, Rn. 351.

[234] BVerfGE 89, 69, 82; 87, 228, 269.

[235] BVerfGE 105, 252 – *Glykol*; NJW 2001, 2459 – *Love Parade*; dazu die Kontroverse zwischen *Hoffmann-Riem*, Enge oder weite Gewährleistungsbereiche der Grundrechte?, in: FS Bryde, 2003, S. 53ff.; und *Kahl* Der Staat 2004, 167; Erwiderung von *Hoffmann-Riem* Der Staat 2004, 203.

[236] Dafür aber *Tiedemann* DÖV 2003, 74.

[237] BVerfGE 65, 1, 42ff.; vgl. auch Sachs/*Murswiek* Art. 2 Rn. 105f.

[238] *Luhmann*, Soziale Systeme 3 (1997), 23ff.

[239] So aber BVerfGE 105, 252 – *Glykol*; kritisch *Ohler* ZLR, 632; *Murswiek* DVBl 1997, 1021; *Bumke* 2004, 3.

[240] Anders BVerfGE 105, 252 – *Glykol*.

tes. Der prozedurale Schutz des Einzelnen[241] hat in diesem Bereich vorrangige Bedeutung gegenüber einem als materiell rechtlich verstandenen „Abwehrrecht", das gegen bloße „Berührung" der Ausübung des Persönlichkeitsrechts durch Videoaufnahmen oder Datenregistrierung geltend gemacht wird. Solange legitime Zwecke verfolgt werden, die den einzelnen Betroffenen vor allem deshalb nur oberflächlich berühren, weil die Beobachtung massenhaft und mit großer Streubreite erfolgt,[242] sind solche Maßnahmen zulässig, die sich in der vorübergehenden Speicherung von Informationen erschöpfen, also die Schwelle, jenseits deren einzelne Personen gezielt zum Gegenstand staatlicher Maßnahmen oder der gezielten Beobachtung werden.

II. Grenzen der Beschränkbarkeit

1. Verhältnismäßigkeitsprinzip

77   Nach der herrschenden Meinung wird der „effektive Garantiebereich des allgemeinen Persönlichkeitsrechts"[243] durch die Anwendung des **Verhältnismäßigkeitsprinzips** bestimmt. Die Rechtsprechung des BVerfG operiert mit der Abwägung zwischen insbesondere privaten und öffentlichen Belangen, während ein „Kernbereich" des Persönlichkeitsrechts, der durch die ausgrenzende Komponente der Intim- bzw. Privatsphäre charakterisiert ist, absoluten Schutz genießen und dem Ausgleich mit anderen konkurrierenden Rechtsgütern nicht unterworfen sein soll.[244] Die Konkretisierung durch die Rechtsprechung bleibt nicht frei von Widersprüchen: So sollen etwa Tagebuchaufzeichnungen nicht absolut geschützt sein,[245] während nach der Entscheidung zum „großen Lauschangriff"[246] das Abhören von Gesprächen im Intimbereich eben zu einem absolut geschützten Bereich der Persönlichkeit gehören soll. Die Bedeutung der Invasion der Privatsphäre wird offenbar nicht unabhängig von der Bezugnahme auf bestimmte technische Systeme qualifiziert (der paradigmatische Fall für den „Datenschutz" ist immer noch die elektronische Datenverarbeitung). Die letztere Position ist vor allem deshalb zu kritisieren, weil die Rechtsprechung zu wenig beachtet, welche Risiken mit dem Eindringen in diese „Intimsphäre" tatsächlich verbunden sind. Hier wäre daran zu denken, die Überwirkung von abgehörten Informationen durch prozedurale Vorkehrungen (Garantie der Trennung der persönlichen Kontaktnetzwerke des Abhörenden und des Abgehörten, eindeutige persönliche Zuordnung der Verantwortung, um die rechtswidrige Weitergabe von Informationen an Dritte zu erschweren etc.).

---

241 Insoweit zutreffend BVerfGE 65, 1, 46 – Datenschutzbeauftragter; dies ist Ausdruck einer weiter ausgreifenden Veränderung des Rechts durch ein Denken in Netzwerken, das u.a. das Zusammenwirken mehrerer Entscheidungen (z. B. innerhalb einer Vorsorgestrategie, BVerwGE 69, 37, 45 – *Konzept*) beobachtet. Das gilt auch für den Datenschutz; vgl. allg. *Di Fabio* MDH, Art. 2 Rn. 137.

242 Dies gilt gerade für den „Glykol"-Fall des BVerfG (E 105, 252), in dem die Warnung vor *bestimmten* österreichischen Weinen zugleich eine unbestimmte Vielzahl von *österreichischen* Weinen tangiert hat.

243 *Dreier*, DR Art. 2 Rn. 87

244 BVerfGE 6, 32, 41; 32, 373, 378; 80, 367, 373; 103, 21, 31; kritisch zum Ehrenschutz *Lorenz* JZ 1992, 1000, 1004.

245 BVerfGE 80, 367, 373ff. – Tagebuch; *Dreier* in: DR, Art. 2 Rn. 70; *Starck* in: vMKS, Art. 2 Rn. 91 m.w.N.; *Di Fabio* MDH, Art. 2 Rn. 128; kritisch *Podlech*, AK-GG, Art. 2 Rn. 59d, der den Zusammenhang mit Art. 1 betont; vgl. auch *Amelung* NJW 1990, 1753; *Lorenz* GA 1992, 254ff. (Tagebuch); *Beater*, Medienrecht, Rn. 1124.

246 BVerfGE 109, 279ff. – großer Lauschangriff; vgl. allg. dazu *Hillgruber* JZ 2007, 209; vgl. auch BVerfG 2 BvR 543/06 v. 11. 5. 2007 (neugefasster § 100c StPO verfassungsgemäß); das Autobahnmautgesetz – das die Verarbeitung der für Kontrollzwecke erhobenen Daten ausschließt – steht nicht der Beschlagnahme nach §§ 100g, 100b StPO entgegen; AG Gummersbach NJW 2003, 240.

2. Prozeduralisierung der Schranken

An dem vorgenannten Beispiel lässt sich zeigen, dass und wie die kommunikative Seite   78
des allgemeinen Persönlichkeitsrechts[247] durch **verfahrensrechtliche Spezifizierungen**
der Regulierung zur Geltung gebracht werden können. Es lässt sich zugleich demonstrieren, dass die an materiell rechtlicher Grenzziehung orientierte Abwägung gegen kollektive Rechte bzw. Interessen (des Staates) diese Besonderheit des allgemeinen Persönlichkeitsrechts verfehlt.[248] Stattdessen muss jeweils geprüft werden, ob und wie medien-
technologisch abgestützte Informationsstrategien zur Erzeugung und Nutzung neuen
Wissens zugleich dazu benutzt werden können, zum Schutz des Persönlichkeitsrechts die
Überwirkung von Maßnahmen der Datenspeicherung bzw. bearbeitenden Maßnahmen
auf andere als die gerade betroffenen Bereiche (z. B. Vorbereitung eines Strafverfahrens[249])
zu verhindern, zu erschweren oder zu begrenzen. Dabei ist jeweils die Stellung des Betroffenen in und zu den Medien zu beachten.[250] Technische Vorkehrungen zur Risiko-
begrenzung können z. B. darin bestehen, dass Informationserhebung oder -analyse in einem ersten Schritt – so weit wie möglich – ganz auf ein geschlossenes medientechnisches
System beschränkt wird (z. B. Rasterfahndung[251]) und erst in einem zweiten Schritt die
Bewertung durch das staatliche Personal ermöglicht wird.

§ 9. Schutzpflicht gegenüber privaten Gefährdungen

Inhaltsübersicht

---

[247] Zum Verhältnis von „Außengerichtetheit" und Ausgrenzungsleistung des Persönlichkeitsrechts
Beater, Medienrecht, 2007, Rn. 335.
[248] Vgl. BVerfGE 93, 181, 186 – *Rasterfahndung/BND*; BVerfG JZ 2006, 906 m. Anm. *Volkmann*
(*Rasterfahndung/Terroristen*).
[249] BVerfGE 32, 373, 379ff.; 44, 353, 372f.
[250] *Beater*, Medienrecht, 2007, Rn. 978ff.
[251] BVerfG JZ 2006, 906, 914ff. Sondervotum *Haas*.

A. Schutzpflichten für den Privatrechtsgesetzgeber

I. Das allgemeine Persönlichkeitsrecht als „Immaterialgüterrecht"

Das allgemeine Persönlichkeitsrecht muss ähnlich wie ein **Immaterialgüterrecht**[1] 1
nicht nur von der Ausschließlichkeit der Verfügungsmöglichkeiten des Berechtigten her
konstruiert werden, sondern muss im Zusammenhang mit Nutzungs- und Zugangsregeln gedacht werden, die das auf Personen „verteilte Wissen für den Aufbau von Wissen
im sozialen System"[2] erschließen. Als Teilhaberecht − in einem neuen gesellschaftlichen
Sinne, nicht als Recht auf Berücksichtigung bei der staatlicher Verteilung von Handlungsmöglichkeiten − ist es (soweit es nicht um die Exklusionswirkung des Schutzes der
Intim-/Privatsphäre geht) von vornherein darauf angelegt, aus der „Wissensinfrastruktur",
die von den Kommunikationssystemen erhalten und weiter entwickelt wird,[3] neue Möglichkeiten zu generieren, aber auch die darin eingeschriebenen Zwänge zu beobachten.
Jedes Immaterialgüterrecht, das den Schutz eines Wissens gewährleistet, wird nicht nur
von Ausschlussregeln bestimmt, die das Verfügungsrecht des Rechtsträgers ausmachen,
sondern zugleich von Zugangsregeln, die entweder als Konsequenz der vertraglichen
Einräumung von Nutzungsrechten oder als gesellschaftlich statuierte Nutzungsrechte
(privater Gebrauch, Zitatrechte, „fair use") begründet werden.[4] Dazu gehören die nicht
auf den Erwerb eines Nutzungsrechts beschränkten Möglichkeiten des „fair use", die den
Anschluss des privat erzeugten und aneignungsfähigen Wissens an den öffentlichen
Ideenpool der Gesellschaft erhalten sollen.[5] Ähnliches gilt auch für das Persönlichkeitsrecht, dessen Gebrauch ebenfalls von vornherein durch Quasi-„Zitatrechte", die Möglichkeit der Kommentierung, des Beschreibens und der Verwerfung von Ansprüchen auf
Anerkennung etc. enthalten.[6]

II. Neue Medientechnologien und Gefährdung des allgemeinen Persönlichkeitsrechts

1. Schutz gegen private Datensammlung und -verarbeitung

Die objektiv-rechtliche Dimension der Grundrechte im Allgemeinen und deren Spezi- 2
fizierung für das allgemeine Persönlichkeitsrecht im Besonderen erfassen auch private
Gefährdungen. Betroffen sind hier z.T. ähnliche Verhaltensweisen wie im öffentlichen
Bereich, wenngleich die Deutung der verschiedenen Konkretisierungen der sich daraus
ableitenden **Schutzpflichten im privaten Bereich** oft unterschiedlich ist.[7] Z. B. ist eine
Persönlichkeitsrechtsverletzung durch staatliche Kommunikation gegenüber der Öffent-

---

[1] Vgl. allg. *G. Wagner* VersR 2000, 1305.

[2] *Wielsch*, Habilschrift, 2007, S. 38.

[3] Vgl. dazu nur *Serres*, „Hermes ist der Gott unserer Zeit, nicht Prometheus. Die andere Globali-
sierung: Plädoyer für einen elektronisch vernetzten Lehrbetrieb und ein neues Programm des Wissens", in: *FAZ* vom 10. 1. 2001, 46; *Ladeur*, Die Kommunikationsinfrastruktur der Verwaltung, in:
Hoffmann-Riem/Schmidt-Aßmann/Voßkuhle (Hrsg.), Handbuch der Verwaltungsrechtswissenschaft, 2008, § 21.

[4] Vgl. in gesellschaftstheoretischer Perspektive *Benkler*, The Wealth of Networks: How Social Pro-
duction Transforms Markets and Freedom, 2006.

[5] Vgl. dazu *Ladeur* ZUM 2000, 879; *ders./Vesting* in: Hoffmann-Riem/Eifert (Hrsg.), i. E.

[6] Deshalb kann es kein ausschließliches Recht zur Verfügung über das Selbstbild geben, vgl.
zuletzt 1 BvR 1533/07; 1 BvR 350/02; 1 BvR 402/02 v. 12./19. 12. 2007; weiter aber BVerfGE 35, 202,
220 − *Lebach*; 63, 131, 142.

[7] v. Münch/Kunig/*Kunig*, Art. 2 Rn. 40; zum Persönlichkeitsrecht auch *Ruffert*, Vorrang der Verfassung und Eigenständigkeit des Privatrechts, 2001, S. 486 f.

lichkeit weitaus weniger wichtig als im privaten Bereich, in dem die wichtigsten Kommunikationssysteme, vor allem die Medien, zu verorten sind. Zum Teil ist die faktische Betroffenheit ähnlich, aber die Auswirkungen unterscheiden sich, weil auf der Seite der Privaten z. B. die Aufnahme und Speicherung von Bildern durch Videokameras jedenfalls nicht mit spezifisch staatlichen Mitteln verknüpft werden kann. Dennoch muss der Staat den Einsatz von Videokameras und anderen Speichermedien (z. B. RFID[8] als eine Art elektronische „Signatur" für insbesondere Waren) im privaten Bereich beobachten, weil z. B. die Einwilligung[9] ohne angemessene Information und Aufklärung nicht sinnvoll als Rechtfertigung durch Betroffene erteilt werden kann. Hier hat der Staat die Aufgabe, Informationen über das Funktionieren von Medientechnologien zu sammeln und zu verbreiten. Vor allem im Bereich des Einsatzes von Informationstechnologien gegenüber Dritten muss durch Gesetzgebung gewährleistet werden, dass der betroffene Einzelne unterschiedliche Gestaltungsoptionen (z. B. Abwehr anonymer Telefonanrufe) wahrnehmen kann. Dies gilt auch für die Speicherung von Daten bei der Nutzung neuer Medien. Der Gesetzgeber hat hier ein angemessenes Informations- und Schutzniveau zu schaffen.

2. Konflikt zwischen Schutz vor und Ermöglichung von Datennutzung durch Private

3   Nach der hier vertretenen Konzeption des allgemeinen Persönlichkeitsrechts als Kommunikationsrecht ist der Schutz aber nicht einseitig im Sinne der Abwehr der Erhebung oder Verarbeitung von Daten – **„Datensparsamkeit"** – zu verstehen.[10] Dies würde der Dynamik der Kommunikationsnetzwerke nicht gerecht. Hier zeigt sich auch, dass die Speicherung von „Persönlichkeitsprofilen", wie sie etwa für die effiziente Nutzung neuer interaktiver Medien benötigt werden, ambivalent ist. Der Staat darf seine Schutzpflicht nicht so verstehen, dass die geschützten Interessen „substanzhaft" als objektiv festgelegt erscheinen, sondern auch eine Verfügung des Einzelnen über die Anlegung solcher „Persönlichkeitsprofile"[11] durch flexible Regulierung ermöglicht werden muss, da damit auch Interessen des Individuums geschützt werden können („Personalisierung" der Werbung oder der Programminformationen etc.[12]). Es käme also darauf an, die Entwicklungs- und Entscheidungsmöglichkeiten des Einzelnen tranparent zu halten. Wegen der starken Dynamik des Bereichs der neuen Medien kann der Staat die Beobachtung und Veränderung der Informationstechnologien nur begrenzt selbst übernehmen, um so wichtiger wäre eine neue Variante der „regulierten Selbstregulierung"[13] durch Förderung der Aktivität selbstorganisierter Datenschutzvereine oder -netzwerke deren institutionelle Abstützung, damit die Entscheidungsfreiheit des Einzelnen prozedural abgestützt wird.

3. Gefährdungen durch private Medien – insbesondere: Haftung im Internet

4   Das BVerfG hat mit Recht den Schutz des allgemeinen Persönlichkeitsrechts durch **Gegendarstellungsansprüche**[14] als grundrechtlich gewährleistet angesehen und die unzulängliche gesetzliche Ausgestaltung gerügt.[15] Dieses Problem stellt sich um so mehr bei der Gefährdung des Rechts im Internet. Die neue Haftungsregelung des Telemediengesetzes (§§ 7 ff.), die die Haftung insbesondere für Äußerungen Dritter nicht gesondert geregelt hat, sondern dem allgemeinen Recht überlassen hat, ist als verfassungsmäßig an-

---

[8] Vgl. *Locquenghien*, Science, Technology and Innovation Studies 2006, 17.

[9] Vgl. allg. *Di Fabio* MDH, Art. 2 Rn. 228; *Libertus* ZUM 2007, 621.

[10] § 3a BDSchG; allg. *Roßnagel*/*Dix* 3.5 Rn. 12ff.; 19ff.; kritisch *Bull* NJW 2006, 1617.

[11] Vgl. dazu nur *Di Fabio* MDH, Art. 2 Rn. 173.

[12] *Ladeur* MMR 2000, 715.

[13] Vgl. dazu nur *Hoffmann-Riem*, Reform, S. 21ff.; im Übrigen die Beiträge in „Die Verwaltung", Beiheft 2001.

[14] BVerfG Urt. v. 19. 12. 2007, Az. 1 BvR 967/05; vgl. allg. *Beater*, Medienrecht, 2007, Rn. 1798ff.

[15] BVerfGE 106, 28, 42; 63, 131, 142ff.; vgl. allg. *Kraft* in: FS Hubmann, S. 201.

zusehen.[16] Andererseits ist aber auch eine gewisse Haftung von insbesondere Service-Providern für Äußerungen Dritter nach § 1004 BGB verfassungsrechtlich geboten.[17] Die Durchsetzung von Ansprüchen auf Widerruf, Unterlassung, Entschädigung[18] gegenüber dem Äußernden selbst ist vielfach erschwert oder unmöglich, da die Verantwortung durch technische Anonymisierung verschleiert werden kann. Die Provider schaffen aber ein gewisses Risiko, von dem sie sich nicht durch Berufung auf die primäre Verantwortlichkeit des Handelnden befreien können. Es muss sich zeigen, ob nicht – ähnlich wie im Urheberrecht[19] – wegen der Ubiquität von Persönlichkeitsverletzungen im Internet zusätzlich auch Auskunftsansprüche über die Identität von Nutzern ggf. auch gegen den Service-Provider geregelt werden müssen.[20] Es ist auch fraglich, ob die vielfältigen Privilegierungen der Medien i.e.S. auch auch Blogs im Internet, einem neuen hybriden Medium, zu übertragen sind. Hier besteht ein Experimentier- und Beobachtungsbedarf, der es dem Gesetzgeber erlaubt, zunächst der Rechtsprechung einen gewissen Gestaltungsspielraum zu überlassen.

Des Weiteren ist es erforderlich, einfache Verfahren der internetgerechten Streitschlichtung, **„Cyber Court"**, als ein funktionales Äquivalent zu Gegendarstellungsansprüchen zu ermöglichen, die nicht für alle Internetkommunikationen angemessen sind (z.B. für „Chat-Rooms");[21] auch dies müsste unter dem Gesichtspunkt des objektiv-rechtlichen Schutzes des Persönlichkeitsrechts gesetzlich ausgestaltet werden. Die Analogie zum Immaterialgüterrecht trägt auch hier so weit, dass die technisch bedingte Erleichterung von Verletzungen des Persönlichkeitsrechts (wie etwa bei urheberrechtlich geschützten Werken durch Videorecorder oder jetzt auch durch das Internet selbst) nach einer gesetzlichen Kompensation der aus der Balance geratenen (privaten) informationellen „Gewaltenteilung" verlangt.[22] 5

4. Insbesondere: Beobachtungspflicht des Gesetzgebers im Hinblick auf systematische Gefährdungen der Persönlichkeitsrechte im Internet

Es ist mehrfach betont worden, dass die neuen flexiblen Netzwerke von Relationierungen im Internet neue Risiken für die Persönlichkeitsrechte schaffen. Zwar hat es immer die Verbreitung von Gerüchten, Schmähungen, Verleumdungen in lokalen Beziehungskreisen gegeben, gegen die sich die Betroffenen wegen der Anonymität der Verbreitung kaum effektiv zur Wehr setzen konnten, im Internet können sich solche Netzeffekte jedoch sehr viel schneller und folgenreicher ausbreiten und damit Persönlichkeitsrechte auf eine neue Weise gefährden. Die Haftungsbegrenzung des TMG (§§ 7ff.) mag auch unter dem Gesichtspunkt einer **legislativen Schutzpflicht für den Persönlichkeitsschutz** z. Z. zulässig sein, den Gesetzgeber trifft aber eine Pflicht zur Beobachtung der Entwicklung des Internet und seiner Veränderungen.[23] 6

Dies gilt auch für die Gefährdungen, die von neuen Kommunikationsformen (etwa den Blogs) ausgehen.[24] Jedenfalls bedarf – wie im Titel einer neuen amerikanischen Mo-

---

[16] Vgl. zur begrenzten Haftung für Betreiber von „Meinungsforen" im Internet auch OLG Düsseldorf AfP 2006, 267; KG CR 2006, 413 – *Einbindung von Internetseiten Dritter*; AG Dannenberg MMR 2006, 567 – *eBay*; *Spieker* MMR 2005, 727; LG Berlin MMR 2005, 785 – *Suchmaschine*.

[17] Dies gilt auch für die rechtswidrige Verbreitung von Aktfotos im Internet, LG Berlin ZUM-RD 2006, 519.

[18] Zu den Grenzen eines solchen Anspruchs OLG Frankfurt ZUM 2007, 390; LG Hamburg NJW-RR 2000, 978 – *H. Schmidt/S. Stahnke*; vgl. dazu *Ladeur* NJW 2000, 1977.

[19] OLG München v. 21.9.2006; a.A. OLG Frankfurt MMR 2005, 241; vgl. auch *Dietrich* GRUR-RR 2006, 145; jetzt geregelt in §§ 101 Abs. 2, 9 UrhG.

[20] Zum geltenden Recht – abgeleitet aus § 242 BGB – bejahend LG Berlin ZUM 2006, 430 – *persönlichkeitsrechtsverletzende Veröffentlichung von Aktfotos*.

[21] Vgl. *Ladeur* MMR 2001, 787 (virtuelles Hausrecht).

[22] Vgl. *Ladeur* GRUR 2005, 393 (Fernsehfee).

[23] BVerfGE 50, 290, 333ff. – *Mitbestimmung*.

[24] Vgl. allg. *Sunstein*, Republic 2.0, 2007.

nographie apostrophiert – „The Future of Reputation" durch Internetaktivitäten einer genaueren Beobachtung.[25] An deren Ende könnte die Pflicht stehen, die Haftungserleichterung für Dritte nach dem TMG partiell zu reduzieren. Ob auf diesem Hintergrund die erweiterte Haftung von Forumsbetreibern für fremde wie für eigene Beiträge, wie sie LG und OLG Hamburg (Überwachungspflicht bei naheliegender Gefahr von Persönlichkeitsverletzungen[26]) verfassungsrechtlich gefordert ist, erscheint beim gegenwärtigen Stand der Internetnutzung zweifelhaft.

III. Gesetzliche Regulierung der Gefährdungen des allgemeinen Persönlichkeitsrechts durch Private in der „offline-Welt"

1. Verfassungsrechtliche Gewährleistung des privatrechtlichen Schutzes des allgemeinen Persönlichkeitsrechts

7   Auch die **privaten Abwehransprüche** zum Schutz des allgemeinen Persönlichkeitsrechts (nach dem BGB, KUG, UrhG etc.) im Rechtsverkehr zwischen Privaten sind Ausdruck der objektiv-rechtlichen Dimension der Grundrechte, deshalb sind gesetzliche Reduzierungen dieser Ansprüche verfassungsrechtlich nur in Grenzen gestattet.[27] Ein Problem stellt auch heute noch die Rechtfertigung eines privatrechtlichen Entschädigungsanspruchs wegen Persönlichkeitsrechtsverletzung dar. § 253 BGB a.F. und § 253 BGB n.F. haben Entschädigungsansprüche für immaterielle Beeinträchtigungen des Persönlichkeitsrechts nur in den gesetzlich vorgesehenen Fällen zugelassen, dazu gehörte und gehört die Verletzung des allgemeinen Persönlichkeitsrechts nicht.[28] Die Rechtsprechung hat allerdings von einer – wie das BVerfG angenommen hat – „Rechtsfortbildung contra legem"[29] einen solchen Anspruch auch für solche Varianten der Persönlichkeitsrechtsverletzung ermöglicht, die nicht in Analogie zum Quasi-Lizenzentgelt für rechtswidrige Urheberrechtsnutzungen ermöglichen.[30] Aus verfassungsrechtlichen Gründen kann ein solcher Anspruch aber nur dann anerkannt werden, wenn eine schwere Persönlichkeitsverletzung vorliegt.[31] Im Übrigen bedürfte es einer genaueren gesetzlichen Konkretisierung der Anspruchsvoraussetzungen. Problematisch kann die Annahme erheblicher Schuld auch dann sein, wenn z. B. ein Kommentator eine missverständliche Äußerung in einem bestimmten Sinne interpretiert, ohne einen sog. Interpretationsvorbehalt zu machen.[32]

8   Ob dies eine zivilrechtlich plausible Lösung eines dogmatischen Problems war, eine solche Rechtsfortbildung für die Fälle vorzunehmen, in denen von einer **fiktiven Lizenz** wegen des verletzenden Charakters des „Gebrauchs" von Persönlichkeitsrechten (für Werbezwecke z. B. im Falle des „Herrenreiters"[33]) keine Rede sein kann, kann aus verfassungsrechtlicher Perspektive dahingestellt bleiben. Verfassungsrechtlich wäre es möglicherweise näherliegend gewesen, zum Schutz des allgemeinen Persönlichkeitsrechts durch die Verfassung selbst, Art. 2 Absatz 1 GG, eine solche Ermächtigung zu sehen. Im Interesse der

[25] *Solove*, The Future of Reputation.

[26] LG Hamburg MMR 2007, 450 – *supernature*; OLG Hamburg MMR 2006, 744 m. Anm.v. *Feldmann* – *Heise*.

[27] *Dreier*, DR Art. 2 Rn. 89; vgl. auch *Helle*, Besondere Persönlichkeitsrechte im Privatrecht, 1991, S. 213ff.; 306ff.

[28] BGHZ 26, 349 (st. Rspr.); BVerfGE 34, 269, 279ff.; kritisch *Dreier*, DR Art. 2 Rn. 89; vgl. allg. *Di Fabio* MDH, Art. 2 Rn. 142.

[29] Vgl. dazu nur *Petersen*, Medienrecht, 2006, Rn. 95ff.

[30] BGHZ 81, 75, 79: „geistige und wirtschaftliche Selbstbestimmung"; vgl. *Beater*, Medienrecht, Rn. 339; *Ladeur*, Das Medienrecht und die Ökonomie der Aufmerksamkeit, 2007.

[31] BGHZ 35, 363; *Petersen*, Medienrecht, 2006, Rn. 98; vgl. LG München I, ZUM 2008, 537 i. E. m. Anm. *Ladeur*.

[32] So BVerfG NJW 1980, 2072; and. BGH NJW 1978, 197 – *Böll/Walden*.

[33] BGHZ 26, 349; vgl. aus der Literatur nur *Petersen*, Medienrecht, 2006, Rn. 95ff.

Medienfreiheit muss aber eine Abstufung der Voraussetzungen der Zuerkennung von Unterlassungsansprüchen und von Entschädigungsansprüchen vorgenommen werden. Letztere sind – außer bei der Nutzung des ökonomischen Werts des „Images" eines Prominenten – nur dann zuzuerkennen, wenn es sich um eine besonders schwere Verletzung handelt.[34] Möglicherweise konnte das dogmatische Problem verfassungsrechtlich deshalb als schwer lösbar erscheinen, weil zur Zeit die Entwicklung der Rechtsprechung zum Entschädigungsanspruch für Persönlichkeitsrechtsverletzungen die dogmatische Figur der objektiv-rechtlichen Dimension der Grundrechte, hier des allgemeinen Persönlichkeitsrechts, noch nicht so ausdifferenziert war wie in der späteren Rechtsprechung des BVerfG.[35]

Nicht jeder „Schmerzensgeldanspruch" hat aber seine Fundierung im grundrechtlichen	9
Persönlichkeitsschutz, dies ist z. B. zu verneinen für den Anspruch nach § 15 Abs. 2 AGG. Er soll eine Politik der Gleichbehandlung durchsetzen, dies wird aber nicht durch das allgemeine Persönlichkeitsrecht aus Art. 2 Abs. 1/Art. 1 Abs. 1 GG abgestützt.

2. Verhältnis von privatrechtlichem und strafrechtlichem Persönlichkeitsschutz

Wie oben entwickelt, trifft den Gesetzgeber zunächst objektiv-rechtlich die Verpflich-	10
tung, das allgemeine Persönlichkeitsrecht angemessen auch gegen Verletzungen durch Private zu schützen.[36] In der Vergangenheit konnte möglicherweise davon ausgegangen werden, dass dieser **Schutz durch das Strafrecht** (§§ 185 ff. StGB) als ausreichend gelten konnte, solange noch ein eher objektives Verständnis von einer „Ehrenordnung" bestand, die die Zurechnung und Zumessung von Achtungsansprüchen aus sozialer Leistung in gesellschaftlichen Konventionen artikuliert hat. Je mehr aber die „Ehre" privatisiert und individualisiert worden ist, desto weniger schien der transsubjektive Ehrenschutz, auf den das Strafrecht festgelegt ist, noch angemessen für den Schutz der individuellen Persönlichkeitsrechte. Dies schlägt sich auch darin nieder, dass faktisch der strafrechtliche Ehrenschutz gegenüber den Erwartungen, die nunmehr an das Zivilrecht gerichtet werden, stark an Bedeutung eingebüßt hat. Dementsprechend lässt sich die These formulieren, dass der Gesetzgeber diese Entwicklung nicht ignorieren und weiter auf die Angemessenheit des strafrechtlichen Ehrenschutzes vertrauen darf.

IV. Notwendigkeit des Übergangs vom strafrechtlichen zum zivilrechtlichen Persönlichkeitsschutz – insbesondere durch Schaffung von Entschädigungsansprüchen

1. Der Aufstieg der „Unterhaltungsöffentlichkeit" und die Zunahme von Gefährdungen des Persönlichkeitsrechts

Aus den oben angestellten Überlegungen folgt eine objektiv-rechtliche Verpflichtung,	11
das Zivilrecht für die Durchsetzung des Persönlichkeitsrechtsschutzes stärker zu öffnen. Die an sich bestehende legislative Gestaltungsfreiheit bei der Einlösung von Schutzpflichten verdichtet sich aber zu bestimmten Gesetzgebungsaufträgen, wenn Alternativen kaum ausreichend erscheinen. Dies muss für den Fall der Entschädigung von Persönlichkeitsrechtsverletzungen angenommen werden. Da der Wandel der Medien und der Werbung, insbesondere der Aufstieg der **„Unterhaltungsöffentlichkeit"**[37], innerhalb deren Berichte aus dem Privatleben von Prominenten, die die neuen Lebensmuster der Erzeugung und Aneignung von Aufmerksamkeit prägen, sehr viel stärker rechtswidrigen Be-

---

[34] BGH NJW 1961, 2059 – *Ginseng*; OLG Frankfurt ZUM 2007, 390; allg. *Prinz/Peters*, Medienrecht, 1999, Rn. 745 ff.; *Beater*, Medienrecht, Rn. 1749 ff.

[35] BVerfGE 89, 214 – *Bürgschaft*; 81, 242 – *Handelsvertreter*.

[36] Vgl. zur Schutzpflicht des Privatrechtsgesetzgebers nur *Dreier*, DR Art. 2 Rn. 89; *Jarass/Pieroth*, Art. 2 Rn. 57 f.

[37] Vgl. dazu auch *Heintschel von Heinegg* AfP SH 2007, 40.

obachtungen ausgesetzt sind als früher. Ähnliches gilt für die mediale skandalisierende Beobachtung professioneller Leistungen[38] oder die Nutzung von Bildern nicht-prominenter Personen für Zwecke des Reality-TV[39] oder die Zweitcodierung von legitimen politischen Berichten durch Comedy-Formate.[40]

12   Auf diesem Hintergrund erscheint es durchaus sinnvoll, angesichts des langen Zögerns des Gesetzgebers bei der Schaffung einer expliziten Rechtsgrundlage anzunehmen, dass das gesetzliche Verbot der Erweiterung der Anspruchsgrundlagen für den **Ersatz immaterieller Schäden** dann einer Analogie nicht entgegensteht, wenn aus der Verfassung selbst ein gesetzgeberischer Auftrag zur Einführung der Entschädigung abzuleiten ist, dem sich der Gesetzgeber jedenfalls nicht durch ein Verbot entgegenstellen kann, wenngleich ihm im Übrigen noch Ausgestaltungsmöglichkeiten verbleiben.

2. Zulässigkeit der Rechtsfortbildung contra legem – verfassungsrechtliche Gewährleistung von Entschädigungsansprüchen bei Verletzung des Persönlichkeitsrechts

13   Das aus der älteren wie der neuen Formulierung von § 253 BGB abzuleitende Vorrecht für die Entscheidung des Gesetzgebers ist in einem solchen Fall kein Hindernis für die **Rechtsfortbildung**, da der Gesetzgeber die vorausgesetzte Entscheidungsfreiheit gar nicht mehr hat. Im Ergebnis bleibt es dabei, dass die Entwicklung von Entschädigungsansprüchen für immaterielle Folgen einer Persönlichkeitsrechtsverletzung verfassungsrechtlich durchaus Bestand hat. Im Hinblick auf die Höhe des Entschädigungsanspruchs gibt es nur allgemeine Vorgaben des Verfassungsrechts für das einfache Zivilrecht. Dabei muss eine gewisse Konsistenz und Gleichmäßigkeit beachtet werden, aber es gibt z. B. auch kein verfassungsrechtliches Gebot, Verletzungen des Persönlichkeitsrechts in einer bestimmten Weise gegenüber Körperschäden abzustufen.[41] Die Bemessung der Höhe des Entschädigungsanspruchs muss aber der Bedeutung der Verletzung, insbesondere dem Grad der Verbreitung der Zeitung und der Schwere der Beeinträchtigung angemessen sein. Die Voraussetzungen müssen im Interesse der Medienfreiheit einschränkend interpretiert werden, weil sonst eine Abschreckungswirkung zu Lasten der Presse zu befürchten ist.[42]

B. Insbesondere: Die Drittwirkung des allgemeinen Persönlichkeitsrechts

I. Konstruktion der Drittwirkung des allgemeinen Persönlichkeitsrechts als Grundrecht und deren Verhältnis zur zivilrechtlichen Dogmatik des Persönlichkeitsschutzes

1. Die „Mittelbarkeit" des Grundrechtsschutzes

14   Das BVerfG war in seinen konstruktiven Ansätzen zur dogmatischen Herleitung der **Drittwirkung** weder in der Vergangenheit noch in der Gegenwart immer konsistent.[43]

---

[38] BGH NJW 1997, 1448 – *Chefarzt*; allg. *Di Fabio* MDH, Art. 2 Rn. 243.

[39] OLG Hamm ZUM 2004, 388 – *Lisa Loch/Stefan Raab*; auch LG Köln ZUM 2003, 325 – ebenfalls *Stefan Raab*.

[40] LG Berlin ZUM 2005, 567 – *Mutter mit Schultüte*.

[41] BVerfG NJW 2000, 2187 – *Schockschaden von Eltern/Entschädigung für Persönlichkeitsverletzungen Prominenter*; vgl. auch *G. Wagner* VersR 2000, 1305.

[42] Vgl. zu Gegendarstellungsansprüchen in diesem Sinne BVerfG v. 19. 12. 2007 Az. 1 BvR 967/05.

[43] BVerfG 7, 198, 205 – *Lüth*; 25, 256 – *Blinkfüer*; 42, 143, 148; 73, 261, 268; vgl. allg. *Jarass* AöR 1995, 352; *Oeter* AöR 119 (1994), 529; *Dreier*, DR Art. 2 Rn. 57ff.; vgl. allg. *Di Fabio* MDH, Art. 2 Rn. 138.

Vor allem die Bestimmung der „Mittelbarkeit" der Drittwirkung ist weiter Gegenstand von Kontroversen. Verfehlt erscheint es aus heutiger Sicht – im Anschluss an die Entwicklung der Dogmatik der objektiv-rechtlichen Dimension der Grundrechte –, dass der Richter den Grundrechten als Abwehrrechten durch Entscheidung erst eine konstitutive Wirkung für das Privatrecht geben und dabei die Generalklauseln als Einfallstor in das Zivilrecht nutzen muss. Diese Konstruktion erscheint vor allem dann unangemessen, wenn die Grundrechte gerade nicht zur Abwehr von zivilrechtlichen Ansprüchen mobilisiert werden (wie im Lüth-Fall[44]), sondern umgekehrt aus den Grundrechten Ansprüche (z. B. auf Zugang zu einer privat organisierten Landespressekonferenz, zu privatrechtlich organisierten öffentlichen Veranstaltungen für Zwecke der Berichterstattung etc.[45]) aus Grundrechten abgeleitet werden sollen. In diesem Fall geht es gerade nicht um Eingriffsabwehr. Ähnlich ist es auch dann, wenn zwei Grundrechte konkurrieren (allgemeines Persönlichkeitsrecht/Meinungsfreiheit): Das den angemessenen verfassungsrechtlichen Ausgleich zwischen diesen Grundrechten verfehlende zivilgerichtliche Urteil kann daher nicht als Eingriff in das eine Grundrecht bei gleichzeitiger unverhältnismäßiger Erweiterung des konkurrierenden Grundrechts (z. B. Meinungsfreiheit) konstruiert werden.

2. „Mittelbarkeit" und objektiv-rechtliche Dimension des Grundrechtsschutzes

Sinnvoller erscheint auch hier der Rekurs auf die objektiv-rechtliche Dimension der Grundrechte: Der Anspruch auf den Schutz des allgemeinen Persönlichkeitsrechts bleibt ein zivilrechtlicher Anspruch aus § 823 oder § 1004 BGB, aber bei der konkretisierenden Anwendung des allgemeinen Persönlichkeitsrechts auf den Einzelfall muss der Richter beachten, dass **Abwägung und Ausgleich** konkurrierender Interessen für beide beteiligte Grundrechte konstitutiv sind und nicht etwa zunächst der „Tatbestand" eines absolut geschützten Rechts in Rechtswidrigkeit indizierender Weise als erfüllt angesehen werden muss und erst in einem zweiten Schritt nach einer Rechtfertigung zu fragen ist.[46] Im Übrigen handelt es sich um zwei prinzipiell gleichrangige Rechte, die auch nicht wie im Verhältnis zwischen Staat und dem Privaten nach dem Verhältnismäßigkeitsprinzip aufeinander abgestimmt werden können (allerdings stellt sich auch innerhalb der staatlichen Sphäre die Situation häufig anders dar, weil auch der Staat im Dreiecksverhältnis häufig mit unterschiedlichen Grundrechtserwartungen konfrontiert ist[47]). 15

Die Verknüpfung der verfassungsrechtlichen Drittwirkung mit den **Generalklauseln des Privatrechts** hat vor allem den Sinn, dessen Eigenrationalität,[48] insbesondere den primär durch das Zivilrecht selbst vorzunehmenden Ausgleich zwischen den Privaten, der sich strukturell vom Ausgleich zwischen privaten und öffentlichen Interessen unterscheidet – zu ermöglichen und ihm Priorität einzuräumen. Insbesondere die Generalklauseln wie etwa der Rekurs auf die „guten Sitten", aber auch z. B. die Offenheit des Fahrlässigkeitsbegriffs („im Verkehr erforderliche Sorgfalt"), Treu und Glauben nach § 242 BGB etc. erweitert partiell die Perspektive auf das Zivilrecht durch ein Moment der Selbstreflexion, das Interessen Dritter einbezieht: Dies gilt insbesondere für den „sittenwidrigen" Vertrag, dessen Anstößigkeit nicht nur in der Einseitigkeit der Interessen- 16

---

[44] BVerfGE 7, 198.

[45] Vgl. *Markfort* ZUM 200, 829.

[46] Vgl. BGHZ 24 72, 78 – *Patientenakten*; für eine fallbezogene Abwägung im Verfassungsrecht BVerfGE 93, 266 – *Soldaten sind Mörder*; *Helle*, Besondere Persönlichkeitsrechte, 1991, 23ff.; *Beater*, Medienrecht, 2007, Rn. 329; das BVerfG geht davon aus, dass sich feste Vorrangregeln nicht formulieren lassen, BVerfGE 97, 228, 257 (dies erscheint nicht unproblematisch).

[47] Vgl. nur *Hoffmann-Riem* EuGRZ 2006, 492; für den Datenschutz *Buchner*, Informationelle Selbstbestimmung im Privatrecht, 2006, insbes. S. 206 f.; BVerfG, JZ 2007, 576 – *Datenschutz im Privatversicherungsrecht*; allgemein *Ruffert*, Vorrang der Verfassung und Eigenständigkeit des Privatrechts, 2001, S. 490 f.

[48] *Teubner* ZaöRV 2003, 1.

durchsetzung, sondern auch in der Missachtung der übergreifenden institutionellen Komponente des Vertrages besteht (zivilrechtlicher Institutionenschutz[49]). Daran kann und muss auch der verfassungsrechtliche Drittschutz der Grundrechte anknüpfen, der über die objektiv-rechtliche Dimension zur Geltung gebracht wird.

3. Konsequenzen für das Verhältnis von Verfassungsrecht und Privatrecht

17   Der Schutz der Pressefreiheit,[50] aber auch des allgemeinen Persönlichkeitsrechts soll nicht nur dem Schutz der Interessen der unmittelbar Beteiligten dienen, sondern die Leistung der Presse für Dritte ebenso wie die Erhaltung der Schutzfunktion des allgemeinen Persönlichkeitsrechts für die **Offenheit und Kreativität der Kommunikationssysteme** erhalten, die ebenfalls davon abhängig sind, dass die Individualität der Kommunikation sowie der Schutz der Nicht-Kommunikation in der Privatsphäre gewährleistet ist. Daraus ergibt sich auch eine Arbeitsteilung zwischen verfassungsrechtlicher Drittwirkung der Grundrechte und privatrechtlicher Konkretisierung und Fortbildung des allgemeinen Persönlichkeitsrechts: Die letztere Seite des Persönlichkeitsrechtsschutzes genießt den Vorrang vor der ersteren; die Drittwirkung der Grundrechte schützt das „spezifische Verfassungsrecht“;[51] dessen Funktion sollte vor allem darin bestehen, eben die übergreifenden Gesichtspunkte des Persönlichkeitsrechts zur Geltung zu bringen, die das Interesse Dritter oder die öffentlichen Interessen an der Personalität betreffen. Das BVerfG hat dazu aber kaum objektivierbare Standards entwickelt. Es kommt darauf an, ob der Einfluss der Grundrechte auf das Zivilrecht grundsätzlich verkannt worden ist oder die Bestimmung des Verhältnisses willkürlich ausfällt oder die Grenzen der Rechtsfortbildung missachtet worden sind.

18   Vor allem das **Verhältnis von verfassungsrechtlichem und einfachgesetzlichem Persönlichkeitsschutz** ist schwer zu bestimmen, da die Ansätze sich – anders z. B. als bei der Frage der Einwirkung von Art. 5 GG auf die Interpretation des Zivilrechts[52] – weitgehend überschneiden: Selbst für den Fall, dass das *Zivilgericht* die grundrechtliche Dimension des Persönlichkeitsschutzes nicht ausdrücklich erwähnt hat, lässt sich nicht ohne weiteres annehmen, dass die grundrechtliche Abstützung des Rechts verkannt worden ist. Das BVerfG setzt vor allem beim Gewicht der Sanktion, aber auch der Begründung im Einzelfall an: „Je mehr eine zivilgerichtliche Entscheidung grundrechtsgeschützte Voraussetzungen freiheitlicher Existenz und Betätigung verkürzt, desto eingehender muss die verfassungsgerichtliche Prüfung sein.“[53]

19   Das Verhältnis der aus der objektiv-rechtlichen Dimension des allgemeinen Persönlichkeitsrechts abzuleitenden „Schutzpflicht“ zur Drittwirkung des allgemeinen Persönlichkeitsrechts im Privatrecht ist dann so zu bestimmen, dass die erstere Seite den **Gesetzgeber und die Verwaltung** bei ihren gestaltenden Aufgabenwahrnehmungen trifft, während die letztere Variante die richterliche Interpretation und Spezifizierung des Rechts am Einzelfall kennzeichnet. In dieser Hinsicht hat der Richter aber keine andere Stellung als z. B. bei der Konkretisierung der Generalklauseln des Zivilrechts, nicht aber wird er selbst zum Adressaten des klassischen Eingriffsabwehranspruchs. Der Anspruch desjenigen, der sich auf die objektiv-rechtliche Dimension der Grundrechte – hier des allgemeinen Persönlichkeitsrechts – im Zivilrecht beruft, bleibt ein zivilrechtlicher Anspruch gegen den Verpflichteten. Anderenfalls könnte sich der Gläubiger z. B. im vorge-

---

[49] Vgl. schon *Teubner*, Standards und Direktiven in Generalklauseln, 1971.

[50] OLG Frankfurt AfP 2006, 569 – *Speicherung des Berichts über im Online-Archiv einer Zeitung*; ähnlich OLG Köln AfP 2007, 126.

[51] BVerfGE 18, 85, 92f.; 43, 130, 136; 82, 272, 280; 101, 361, 388; AfP 2005, 171 – *Ron Sommer*; *Grimm* NJW 1995, 1697; *Beater*, Medienrecht, 2007, Rn. 1549.

[52] Vgl. nur das schon klassisch gewordene Lüth-Urteil, BVerfGE 7, 198, 206ff.

[53] BVerfGE 61, 1, 6; auch BVerfGE 81, 278, 289; 89, 214, 234; vgl. auch *Rinken*, AK-GG, Art. 93 Rn. 115ff. vor Art. 93; *Pieroth/Schlink*, Staatsrecht II, Rn. 1172ff.; BVerfG-K EuGRZ 1997, 420: „Wertungsrahmen der Fachgerichte“.

richtlichen Streit gegenüber dem Verpflichteten nicht auf die Grundrechte berufen, weil der Staat (als Instanz zur Gewährleistung des Rechtsschutzes auch zwischen Privaten) noch nicht beteiligt ist. (Dies kann anders sein im nachbarrechtlichen Dreiecksverhältnis, wo – wenn keine eindeutigen Rechtsnormen die Kopplung von öffentlich rechtlichem Drittschutz und Privatrecht vorsehen (z. B. im Umweltrecht oder im Baurecht[54]) – zunächst zu klären ist, ob und wie weit private nachbarrechtliche Ansprüche und öffentlich rechtlicher Drittschutz miteinander koordiniert sind: Verändert das öffentliche Baurecht das Verständnis der „Ortsüblichkeit" im Sinne von § 906 BGB[55]?).

II. Besondere Formen des Persönlichkeitsschutzes

1. Datenschutz und Privatsphäre

Die objektiv-rechtliche Dimension des allgemeinen Persönlichkeitsrechts verpflichtet **20** den Staat auch dazu, wie erwähnt, die Privatsphäre des Einzelnen gegen das – vor allem technisch ermöglichte - **Ausspähen von Daten aus der Privatsphäre** zu schützen. Es ist allerdings nicht ganz leicht, daraus konkrete Forderungen abzuleiten, da die „Online-World" sich der staatlichen Regulierung auf Grund ihrer technologischen Dynamik entziehen kann. Sinnvoller wäre es deshalb, die Schutzpflicht des Staates stärker prozedural zu konstruieren und die private Selbstorganisation des Schutzes des Persönlichkeitsrechts durch kollektive Formen abzustützen, die etwa dem Modell des Aufbaus kollektiver Elemente des Schutzes der Immaterialgüterrechte folgen (Wahrnehmung der Nutzungsrechte durch VG Wort, GEMA etc.). Dazu gehört auch die Eröffnung der Möglichkeit, über „Persönlichkeitsbilder" im eigenen Interesse (gegen finanzielle Entschädigung oder die Gewährung von Leistungen wie personalisierte Angebote etc.) verfügen zu können.

Der Staat sollte nach dem Muster der **„regulierten Selbstregulierung"** auch für die **21** Streitigkeiten um die Grenzen der Nutzung von „Persönlichkeitsbildern" oder einzelner Daten im privaten Bereich die Einrichtung von Schlichtungsstellen („Cyber Courts") anregen,[56] da das Interesse an der gerichtlichen Entscheidung über Rechte vielfach an der Durchsetzung von Rechten vielfach an der Geringfügigkeit im Einzelfall scheitert, während in einem übergreifenden Interesse die objektiv-rechtliche Dimension der Grundrechte ein einfaches Verfahren der Klärung erforderlich erscheint.

2. Das Ausspähen der Privatsphäre durch andere Private (außerhalb des Datenschutzes)

a) Verdeckte Beobachtung öffentlichen Verhaltens. In der Öffentlichkeit hat der **22** Einzelne grundsätzlich **kein Recht auf Schutz vor verdeckter gezielter Beobachtung**, auch wenn diese z. B. organisiert durch Privatdetektive erfolgt. Nur auf den ersten Blick erscheint es paradox, dass dies anders ist, wenn die Beobachtung systematisch darauf angelegt ist, ihrerseits beobachtet zu werden (Phänomene wie „Stalking").[57] Soweit sich der Einzelne in der Öffentlichkeit bewegt, erzeugt er ständig „Informationen" und lesbare Spuren, die von Dritten wahrgenommen werden können. Damit muss im Alltagsleben gerechnet werden. Die gezielte Beobachtung ist davon nicht ausgenommen. Anders ist dies aber bei der Aufnahme von Fotos oder Videos. Dazu bedarf es einer Rechtfertigung, an die von Verfassungs wegen aber keine allzu hohen Anforderungen gestellt

---

[54] Vgl. allg. *Säcker*, MK-BGB, § 906 Rn. 9ff.
[55] *Säcker*, ebd., Rn. 7ff.
[56] *Ladeur* MMR 2000, 715; *ders.* k&r 2007, 85, grundsätzlich zum Problem des Datenschutzes im Privatrecht *Buchner*, Informationelle Selbstbestimmung im Privatrecht, 2006, insbes. S. 206 f., wo mit Recht die Vernachlässigung der Rechte privater Datenverarbeiter kritisiert wird; ob es ein allgemeines Recht auf Anonymität geben kann, erscheint zweifelhaft, vgl. aber *Bäumler/von Mutius* (Hrsg.), Anonymität im Internet, 2003.
[57] *Kinzig* ZRP 2006, 255; *Mitsch* NJW 2007, 1237.

werden dürfen.[58] Der Schutz des Persönlichkeitsrechts muss dann erst auf der Schwelle der Verwertung der so gewonnenen Informationen ansetzen: Z.B. ist die Beobachtung zum Zwecke der Feststellung ehewidrigen Verhaltens eine Handlungsform, die grundsätzlich auf das eigene Risiko des Beobachteten zuzurechnen ist,[59] das der Entwicklung oder Auseinanderentwicklung eines persönlichen Kommunikationsverhältnisses sozial adäquat ist, soweit es für die Durchsetzung eigener Interessen für erforderlich gehalten wird. Soweit eine gewonnene Information dagegen primär zur Schädigung des Partners benutzt wird (Anschwärzen bei einem Arbeitgeber etc.)[60] ist an die Konkretisierung der Voraussetzungen des Anspruchs aus § 826 BGB (bzw. für Unterlassungsansprüche § 1004 BGB) zu denken. Ähnlich ist es bei der Mitteilung so gewonnener Daten an Medien zur Verbreitung in der Öffentlichkeit. Dazu bedarf es auch einer zusätzlichen Legitimation (vgl. dazu unten).

23   Wiederum anders zu bewerten ist das Verbreiten so gewonnener Informationen im Wege des **„Klatsches"** außerhalb der medialen Verstärkung durch Verbreitung an ein unbestimmtes Publikum: Gegen Klatsch kann es grundsätzlich keinen Rechtsschutz geben,[61] soweit nicht die Grenzen der Schmähkritik[62] und des Schutzes vor falschen Behauptungen[63] überschritten werden. Zutreffende, aber peinliche, auch heimlich gewonnene Informationen sind – außer bei Verletzung des Rechts am eigenen Wort[64] oder am eigenen Bild (Videoaufnahmen[65]) verletzt werden –, die aufgrund einer privaten Partnerschaft[66] oder sonst eines Vertrauensverhältnisses durch „Einweihung" Dritter in ein privates Geheimnis verbreitet werden, sind jedenfalls verfassungsrechtlich nicht grundsätzlich gegen Weitergabe geschützt.[67] Dies ist ein persönliches Risiko, das im Einzelnen allein vom Zivilrecht beobachtet, bewertet und ggf. sanktioniert werden kann. Verfassungsrechtlich besteht insoweit keine grundrechtliche Schutzpflicht.[68] Anders ist dies bei professionellen Geheimnisträgern (Ärzte, Therapeuten, Pfarrer).

24   **b) Offene belästigende Beobachtungen in der Öffentlichkeit („Stalking").** Eine Persönlichkeitsverletzung ist allerdings – wie erwähnt – die für den Betroffenen wahrnehmbare Beobachtung und Verfolgung über einen längeren Zeitraum, soweit sie normalerweise als belästigend oder bedrohlich erlebt wird. Dies bedarf jedenfalls einer be-

---

[58] Keine anlassunabhängige Überwachung eines Hauseingangsbereichs gegen den Willen von Mietern LG Berlin NMZ 2001, 207; anders zur Ermittlung eines Schädigers OLG Karlsruhe VersR 2002, 590.

[59] Auch Videoaufnahmen zur Ermittlung ehewidrigen Verhaltens zulässig, LG Gießen, 1 S 297/95 v. 15.11.1996; anders aber Filmen eines Nachbarn auf dessen Grundstück zu Beweiszwecken, AG Bielefeld DSB 2006, Nr. 1, 18; auch BGH JZ 1995, 1114 m. Anm. *Helle.*

[60] Vgl. das Beispiel der Entscheidung OLG Hamm NJW-RR 1995, 1114 – *Liebesbriefe.*

[61] Vgl. *Ladeur,* Das Medienrecht und die Ökonomie der Aufmerksamkeit, 2007.

[62] BVerfG NJW 1992, 2815 – *Gestapomethoden;* NJW 2006, 3769; NJW 2006, 3266 – *Mengele des DDR-Doping-Systems;* allg. *Di Fabio* MDH, Art. 2 Rn. 244; *Grimm* NJW 1995, 1697; *Beater,* Medienrecht, 2007, Rn. 1616ff.

[63] BVerfGE 61, 1, 8; 85, 1, 15; zur Abgrenzung von Tatsachenbehauptungen und Meinungsäußerungen *Prinz/Peters,* Medienrecht, 1999, Rn. 5ff.

[64] *Di Fabio* MDH, Art. 2 Rn. 166; *Beater,* Medienrecht, 2007, Rn. 1125.

[65] Vgl. jetzt § 6b BDSchG; AG Bielefeld DSB 2006, Nr. 1, 18; v. Münch/Kunig/*Kunig,* Art. 2 Rn. 35; *Di Fabio* MDH, Art. 2 Rn. 174; 193.

[66] Anders ist dies bei besonderer Schädigungsabsicht OLG Hamm NJW-RR 1995, 1114.

[67] *Beater,* Medienrecht, Rn. 1120. Dies setzt einen anderen Akzent bei der Bestimmung der Bedeutung des Persönlichkeitsrechts voraus, der eher der amerikanischen Tradition folgt und die Freiheit gegenüber der (unverfügbaren) Würde betont: *Ross,* American Journal of Comparative Law 2007, 493, 505; *Whitman,* Yale LJ 2004, 1151.

[68] Im amerikanischen Recht wird ein Abwehranspruch wegen „private facts tort" – bei Veröffentlichung privater Geheimnisse – grundsätzlich anerkannt; der Supreme Court hat aber die Frage der Verfassungsmäßigkeit dieser Rechtsprechung (Meinungsfreiheit) offengelassen, *Zimmermann* Cornell Law Review 1983, 291, 303.

sonderen Rechtfertigung. Die Schwelle der Belästigung ist jedenfalls beim so genannten **Stalking** anzunehmen, der dauerhaften, auf Wahrnehmbarkeit angelegten Beobachtung an verschiedenen Orten, verstärkt durch briefliche, mündliche, telefonische Kontaktaufnahme.[69] Dies ist ein Verhalten, dem sowohl prominente Opfer als auch nicht-prominente Personen ausgesetzt sind (Letztere insbesondere bei Beendigung oder Ablehnung persönlicher Kontakte). Der Gesetzgeber hat dies inzwischen auch zu einem Straftatbestand erhoben. Dazu ist insbesondere die häufige unerwünschte telefonische Kontaktaufnahme zu rechnen, soweit dies als bedrohlich oder belästigend empfunden werden kann. Zivilrechtlich wird häufig eine Sanktion durch einen Unterlassungsanspruch nach §§ 826, 1004 BGB möglich sein, da die durch den Verfolger erkennbare Ablehnung durch das Opfer die Beurteilung eines solchen Verhaltens als sittenwidrig rechtfertigt.[70] § 238 StGB ist auch als Schutznorm i.S. von § 823 Abs. 2 BGB anzusehen. Deshalb ist heute davon auszugehen, dass der Gesetzgeber alles getan hat, was zum rechtlichen Schutz der Persönlichkeit gegen solche Handlungen jedenfalls aus verfassungsrechtlicher Sicht erforderlich erscheinen konnte.

c) Ausspähen der Privatsphäre. aa) Eindringen in die Intim- und Privatsphäre. 25 Das gezielte Beobachten in der Privatsphäre (die nicht zum Intimkreis der Kontaktpersonen gehören), soweit diese durch Hindernisse (Mauern, Zäune etc.) oder durch normalerweise als schützend angesehene Entfernung (Einsamkeit am Strand, in den Bergen etc.) abgegrenzt ist, darf grundsätzlich nicht durch Überwindung dieser Hindernisse erfolgen. Das die Rechtswidrigkeit begründende Moment der Verletzung besteht hier in der Ausnutzung des Gefühls des Rückzugs aus der Sozialsphäre, dass aus der faktisch zu erwartenden Abwesenheit Dritter entsteht. Ein solches Eindringen liegt auch dann vor, wenn die Grenzen der Intim- bzw. Privatsphäre durch medientechnische Mittel überwunden werden (z.B. Fotografieren mit Teleobjektiv[71]) unter Bedingungen, die die Anwesenheit Dritter nicht erwarten lassen. Ein berechtigtes Interesse kann allerdings diese Bindung der Ausgrenzung einer Intims- bzw. Privatsphäre legitimieren: Insbesondere für Private gerechtfertigt, Beweismittel für illegales Verhalten zu gewinnen. Dies gilt auch für die Presse, wenn ein entweder gegen den handelnden selbst oder gegen Interessen Dritter gerichtetes illegales Verhalten von einem gewissen Gewicht belegt werden soll.[72]

bb) Erschleichen von Vertrauen. Auch das Erschleichen des **Vertrauens einer Per- 26 son,** um sie zum Sprechen über ihre Intimsphäre zu veranlassen, ist als Persönlichkeitsverletzung einzuordnen. Anders ist aber der bloße Vertrauensbruch zu bewerten: Wenn etwa Geheimnisse ausgetauscht werden (Klatsch), so ist dies – es sei denn es gingen besondere täuschende Verhandlungen voraus – nicht als im verfassungsrechtlichen Sinne persönlichkeitsverletzend anzusehen.[73] Der Betroffene muss es aber nicht hinnehmen, dass ein Geheimnis aus seinem Intim- oder Privatbereich medial verbreitet wird, auch wenn er durch möglicherweise vertrauensseliges Verhalten gegenüber einem Dritten (der nicht selbst ein Medienmitarbeiter ist) das Risiko erst geschaffen hat. Diese Variante des Persönlichkeitsschutzes ist aber auf die Intim- und Privatsphäre zu begrenzen.[74]

cc) Kein verfassungsrechtlich relevanter Vertrauensbruch bei Verrat privater 27 Geheimnisse. Die nicht durch räumliche oder anders gekennzeichnete Begrenzung un-

---

[69] *Kinzig* ZRP 2006, 255; *Mitsch* NJW 2007, 1237.

[70] *Winterer* FÜR 2006, 199.

[71] BVerfG NJW 2006, 2836 – auch für *Luftbildaufnahmen der Anwesen von Prominenten* – unter diesem Gesichtspunkt ist auch der Google Earth-Dienst im Internet problematisch; erst recht problematisch Aufnahme eines Wohnhauses eines Prominenten mit Namensnennung, KG NJW 2005, 2320; allg. *Beater*, Medienrecht, 2007, Rn. 1358.

[72] OLG München AfP 2005, 327; BGHZ 80, 25; BVerfGE 66, 116 – beide: *Wallraff/Bild-Zeitung*.

[73] s.o.

[74] Zur Unterscheidung unterschiedlicher „Schutzsphären" vgl. *Prinz/Peters*, Medienrecht, 2007, Rn. 73ff.

terscheidbare Sozialsphäre (Zusammentreffen ausgewählter Beteiligter (Hochzeitsfeier u.ä.[75]) genießt den Schutz gegen Beobachtung und Berichterstattung durch Eindringlinge,[76] nicht aber gegen die Berichterstattung durch eingeladene Beteiligte (auch diese kann natürlich vertragsrechtlich o.ä. ausgeschlossen werden). Die betreffende Person kann auch das **Fotografieren oder den Einsatz ähnlicher Bildtechniken während eines privaten Treffens** begrenzen. Hier muss ein deutlicher Unterschied gemacht werden zwischen verbalen Berichten von auch begrenzt öffentlichen sozialen Begegnungen und der Verwendung von medialen Bildtechniken. Die eigene, nicht durch den Einsatz von Medien verstärkte Beobachtung durch Teilnehmer gehört als sozialadäquates Phänomen zur kommunikativen Seite eines Ereignisses; über das Fotografieren kann der Berechtigte aber explizit oder implizit verfügen.

28   **dd) Klatsch als Sammlung von „Bruchstücken" des alltäglichen Lebens.** Es muss auch – ebenso wie bei Berichten von nicht durch Ausgrenzung von Veranstaltungsräumen geschützten Ereignissen – berücksichtigt werden, dass die **Berichterstattung über den Alltag von Personen** und deren private Rituale, Verhaltensweisen und Kommunikationen in sozialen Räumen unterschiedlicher Verdichtung (auch Abendgesellschaften, Partys, informelle Treffen etc.) in einen Bereich des Gesellschaftlichen gehören, an deren Beobachtung ein legitimes Interesse Dritter besteht.[77] Beispiele dafür wären die berühmten „Tagebücher" der Goncourt Brüder,[78] „worin Hunderte von Menschen, größtenteils Schriftsteller, in ihrer Alltagsexistenz vorgeführt wurden". (Der Großteil des Materials wurde übrigens bei Abendessen und literarischen Soireen gesammelt.) Auch die Goncourts wurden des Verrats an ihren Freunden, der Gleichgültigkeit gegenüber der unabdingbaren emotionalen Seite der gesellschaftlichen Beziehungen geziehen, aber „Jules und Edmond waren Connaisseurs, die den Bedarf an Fakten und Objekten weckten, die vorher als belanglos galten. Ohne sie wäre das Paris des späten 19. Jahrhunderts wohl leerer und ferner".[79] Es gilt auch für die Beobachtung von Alltagsverhalten in der Postmoderne, auch wenn die medialen Sammler der „Bruchstücke des täglichen Lebens"[80] nicht über den Stil der Goncourts verfügen (das gilt ebenso für die Objekte ihrer Beobachtung).

29   **ee) Ausspähen von Unternehmen.** Auch das Eindringen in einen durch **beruflichen Geheimnisschutz**[81] normalerweise ausgegrenzten Geschäftsbereich, um interne Vorgänge des Unternehmens zu erkunden, kann eine Persönlichkeitsverletzung sein.[82] Im Allgemeinen hat hier aber der besondere Grundrechtsschutz für professionelle Geheim-

---

[75] In einem englischen Fall (Hochzeit von Michael Douglas und Catherine Zeta-Jones) hat der zuständige High Court allerdings einen „breach of confidence" durch einen unerlaubt fotografierenden Gast oder Eindringling angenommen, der seine Fotos an ein „People Magazine" verkauft hatte („Hello!"), nachdem – dies ist nicht ganz untypisch – die Stars selbst einen Exklusivvertrag über zu veröffentlichende Fotos mit einem anderen Magazin geschlossen hatten („OK!"); Douglas v. Hello! (No 6) (HC) (2003) 3 All ER 996; vgl. auch *Rozenberg*, Privacy and the Press, 2004, S.74ff., 81ff. Diese Rechtsprechung, deren Grundlagen aus dem 19. Jahrhundert stammen, ist allerdings auch in England umstritten.

[76] Anders war dies im Streit um Fotos von Günther Jauchs Hochzeit, aufgenommen auf dem Hof der Schlosskirche, trotz räumlicher Abgrenzung zu bewerten (so mit Recht LG Hamburg, FAZ v. 14.1. 2008, S. 34): Die Anwesenheit einer Vielzahl von Gästen und geringere Ausgrenzungswirkung der Begrenzung eines grundsätzlich öffentlichen Hofraums schließen den erhöhten Schutz der Privatsphäre aus.

[77] Vgl. zu einem „abgestuften Schutzkonzept" jetzt BGH AfP 2007, 121.

[78] *Robb*, Schätze der Eitelkeit, Merkur 699 (2007), S. 585.

[79] *Robb*, ebd., 588.

[80] *Robb*, ebd., 593.

[81] Zum Schutz einer „Geheimsphäre" vgl. insbes. *Prinz/Peters*, Medienrecht, 1999, Rn. 81ff.

[82] Mit Einschränkungen BGHZ 138, 311ff. – *Appartement-Hotelanlage*; kritisch *Beater*, Medienrecht, 2007, Rn.1116; *ders*. JZ 1998, 1101.

nisse Vorrang, z. B. das Grundrecht der Pressefreiheit für den Bereich der Redaktion.[83] Dagegen sind Unternehmen im Übrigen durch (ggf. nachwirkende) Geheimhaltungspflichten im Arbeitsrecht oder sonst im Vertragsrecht häufig geschützt. Im Falle eines Einschleichens in ein Unternehmen unter einem Vorwand, ohne dass es zu einem Vertragsschluss kommt oder nach Anfechtung wegen Täuschung (oder auch aus sonstigen Nichtigkeitsgründen im Falle eines Vertragschlusses) kann der Handelnde aber nicht besser stehen.

ff) Unverlangtes Aufdrängen von Werbung. Die Zivilrechtsprechung hat die **un- 30 verlangte belästigende Werbung** als eine Verletzung des zivilrechtlichen Persönlichkeitsrechts angesehen. Dabei wird zugleich meistens auch Art. 2 Abs. 1 als beeinträchtigt genannt.[84] Dabei bleibt allerdings der Rechtsprechung ein Spielraum, innerhalb dessen eine Abstufung des zivilrechtlichen Persönlichkeitsschutzes ohne Verstoß gegen den grundrechtlichen Persönlichkeitsschutz zulässig ist.

III. Missbrauch des Namens einer Person

Eine Persönlichkeitsverletzung liegt auch dann vor, wenn z. B. für Auftritte in Porno- 31 filmen ein **Name** gewählt wird, der auf eine andere Namensträgerin verweist.[85]

IV. Insbesondere: das Recht am Bild und am eigenen Wort

1. Verfassungsrechtliche Grundlagen des Rechts

Zivilrechtsgeber hat insbesondere das **Recht am eigenen Bild** als ein besonderes Per- 32 sönlichkeitsrecht durch § 22 ff. KUG gegen Verletzung durch private Dritte geschützt.[86] Diese Regelung wird den Anforderungen der objektiv-rechtlichen Dimension des Persönlichkeitsrechts der daraus folgenden Schutzpflicht für den Gesetzgeber gerecht; vgl. jetzt auch die Begrenzung auch privater Videoaufnahmen durch § 6b BDSchG.[87] Bei der Interpretation dieser Vorschrift im Einzelnen ist wiederum die Drittwirkung der Grundrechte durch den Zivilrichter zu beachten. Bei der Bestimmung der Grenzen des Rechts am eigenen Bild sind – gegenüber der öffentlichen verbalen Berichterstattung – einige Besonderheiten zu beachten, weil eine Person sehr viel stärker unmittelbar zur Anschauung gebracht und dabei auch der mehr momentane Gefühlsausdruck zur Geltung gebracht werden kann, an dessen Vergänglichkeit der Betroffene eher interessiert gewesen wäre.[88]

Das **Fotografieren für Beweiszwecke** wird dadurch partiell begrenzt. Die Recht- 33 sprechung ist hier z.T. sehr weit gegangen.[89] Hier muss aber außerhalb der engeren

---

[83] BVerfGE 66, 116; BGHZ 80, 25 – *Wallraff „Undercover-Journalist" bei der BILD-Zeitung.*

[84] Vgl. nur LG Berlin, Urt. v. 18. 7. 2006, JurPC Web-Dok 6/2007.

[85] LG Berlin ZUM-RD 2006, 522.

[86] Vgl. nur *Schricker/Götting*, § 60/§ 22 KUG Rn. 7 zum Verhältnis von Verfassungsrecht und Zivilrecht; *Helle*, Besondere Persönlichkeitsrechte im Privatrecht, S. 84ff., 129ff.; *Schulz/Jürgens* JuS 1999, 664 u. 770; *Osiander*, Das Recht am eigenen Bild im allgemeinen Persönlichkeitsrecht, 129ff., wo mit Recht die heutige Bedeutung der Normen angesichts des Gewichts des konkretisierenden Richterrechts relativiert wird; vgl. auch KG GRUR-RR 2007, 247 – *Abbildung eines ehemaligen Offiziers der DDR-Grenztruppen.*

[87] Heimliche Video- und Bildaufnahmen zulässig, wenn keine andere Möglichkeit besteht, LG Zweibrücken NJW 2004, 85.

[88] Vgl. nur LG Hamburg ZUM-RD 2006, 251; OLG Hamburg ZUM 2006, 639; LG Hamburg ZUM-RD 2007, 425 – *Foto einer Frau mit zufällig entblößter Brust; Beater*, Medienrecht, 2007, Rn. 1268.

[89] OLG Hamm JZ 1998, 308: danach soll die Abbildung auch nicht schon durch ein allgemeines Beweissicherungsinteresse gerechtfertigt werden, daraus können sich im Strafprozess Beweisverwertungsverbote ergeben, AG Stuttgart, Urt. v. 18. 4. 2001 (Az. 8 Cs 32 Js 1688/00); grundsätzlich müs-

Sphäre des Privaten, die durch bauliche Eingrenzung oder räumliche Entfernung gegen Beobachtung geschützt werden soll, darauf geachtet werden, dass nicht statisch bestimmte Sphären mehr oder weniger Zugänglichkeit (Intim-Privat-Sozial-Öffentliche Sphäre) zu unterscheiden sind, sondern grundsätzlich danach unterschieden werden muss, welchen Lebensstil der Betreffende für sich gewählt hat und wie weit er dadurch zu einem „Medienplayer" geworden ist.

2. Eingeschränkter Schutz der „Personen der Zeitgeschichte"

34   Ein Verhalten des „Medienplayers" in der Sozialsphäre kann, auch wenn er sich nicht explizit an die Öffentlichkeit wendet, grundsätzlich als legitimer Gegenstand öffentlicher Aufmerksamkeit[90] und dann auch als Objekt der Abbildung gelten. Auch hier muss berücksichtigt werden, dass der „Prominente" die **Regeln der „Ökonomie der Aufmerksamkeit"** für sich nutzt und ihnen deshalb auch – mit Einschränkungen – dann unterworfen sein muss, wenn sie ihm ungelegen erscheinen. Die Beschränkung des Rechts am eigenen Bild wirkt auch über das Ende der Funktion hinaus, die das Interesse begründet hat.[91] Die Eigenschaft, „Medienplayer" zu sein, kann aber nicht durch die Medien allein aufgedrängt werden.[92] So kann die legitime Sachberichterstattung (z. B. lokales Ereignis) nicht die „Recodierung" von Bildern in anderen Medienformaten (z. B. Comedy) legitimieren.[93] Die frühere stärkere Differenzierung zwischen „konzentrischen" Kreisen des Öffentlichen, in deren Zentrum die staatliche Öffentlichkeit des Entscheidens stand,[94] sind für die fragmentierte Öffentlichkeit der Postmoderne nicht mehr angemessen.

35   Öffentliche Aufmerksamkeit für **„Personen der Zeitgeschichte"**[95] kann allerdings auch „relativ" im Bezug auf ein bestimmtes Ereignis (Kriminalitätsfall) sein.[96] Hier ist auch zwischen unterschiedlichen Graden und Wirkungsweisen der „Einwilligung" in die Beobachtung zu unterscheiden: Wer sich an einem FKK-Strand nackt den Blicken anderer präsentiert, willigt deshalb nicht darin ein, dass er fotografiert oder gar sein Bild verbreitet wird.[97]

---

sen hier aber auch Notstandsrechte gelten. Im konkreten Fall war die Einschränkung deshalb gerechtfertigt, weil die Videoüberwachung nicht angezeigt worden war, wie dies jetzt auch § 6b BDSchG verlangt; zulässig deshalb nach Information der Betroffenen, BayObLG NJW 2002, 2893.

[90] *Beater*, Medienrecht, 2007, Rn. 926.

[91] KG Berlin AfP 2007, 375 (früherer Außenminister Fischer, dies gilt auch für seine Frau und deren Tochter).

[92] Vgl. *Beater*, Medienrecht, 2007, Rn. 989; allerdings muss hier zwischen der Bestimmung über die Reichweite des Interesses an einer Person des öffentlichen Lebens und der Begründung eines Interesses an einer Person, die eher außerhalb der Öffentlichkeit steht, unterschieden werden. In der ersteren Variante ist den Medien durchaus ein Recht auf Definition des öffentlichen Interesses zuzusprechen.

[93] OLG Hamm ZUM 2004, 388 – *Lisa Loch/Stefan Raab*; LG Berlin ZUM 2005, 567 – *Mutter mit Schultüte*.

[94] Vgl. *Ladeur*, Publizistik 2000, 442.

[95] *Beater*, Medienrecht, 2007, Rn. 1284f.; bei einem ehemaligen Politiker wirkt das Interesse nach KG AfP 2007, 375.

[96] *Prinz/Peters*, Medienrecht, 1999, Rn. 848ff. (Person der Zeitgeschichte); KG NJW-RR 2007, 345; LG München I AfP 2007, 57; *Di Fabio* MDH, Art. 2 Rn. 24; auch der Schutz „absoluter Personen der Zeitgeschichte" wird mehr und mehr differenziert, BVerfG 1 BvR 1602/07; 1606/07; 1626/07 – *Caroline von Monaco*.

[97] LG Berlin ZUM-RD 1996, 457; 2002, 929; ZUM-RD 2006, 519; OLG Frankfurt ZUM-RD 2000, 119 – *Katharina Witt/Playboy*; OLG Hamburg ZUM 1996, 789; LG München I ZUM 2004, 321 – *FKK*; vgl. auch LG Düsseldorf Urt. v. 13. 12. 2006 (12 O 194/05) – *Sauna*; vgl. auch schon BGH NJW 1974, 1947 – *Nacktaufnahme* – rechtswidrig, auch wenn der/die Betroffene nicht erkennbar ist); *Beater*, Medienrecht, 2007, Rn. 1276.

Die Einwilligung[98] in die Veröffentlichung von Nacktfotos in einer Zeitschrift kann   **36**
grundsätzlich nicht – auch unabhängig vom Urheberrecht des Fotografen – die Abbildung in einer anderen Zeitschrift oder einer anderen Umgebung rechtfertigen.[99] Auch im
Übrigen muss aber der **Einwilligung** eine angemessene Information vorausgehen – dies
gilt z. B. für die Einwilligung zu Fernsehaufnahmen durch Laien („Nachmittagstalk-
shows" etc.).[100] Hier ist eine Grenze der Einwilligung in Darstellungen in den Medien zu
beachten, die die Menschenwürde verletzen.[101] Dies gilt insbesondere für sog. Casting
Shows, bei denen offenbar chancenlosen Bewerbern suggeriert wird, dass ihre Bewerbung ernst genommen wird, während es dem Fernsehveranstalter nur darum geht, einen
Kandidaten lächerlich zu machen.[102] Dies wirft einmal Fragen der Programmaufsicht auf,
zum anderen wäre es erforderlich, im Interesse des Persönlichkeitsschutzes die Wirksamkeit der Einwilligung in Filmaufnahmen in Frage zu stellen und zugleich einen Anspruch
auf Entschädigung wegen Persönlichkeitsverletzung in abschreckender Höhe zuzusprechen. Dies hätte zugleich eine heilsame Wirkung auf Programmgestaltung mancher Fern-
sehanbieter.

Entgegen der **Auffassung des EGMR**[103] ist nach der hier vertretenen Auffassung da-   **37**
von auszugehen, dass nicht nur politische Interessen der Öffentlichkeit das Fotografieren
rechtfertigen, sondern dass dabei die besonderen Konventionen zu beachten sind, die in
den Medien und für bestimmte Medienformate erzeugt werden.[104] Öffentliche Funktionsträger müssen sich das Fotografieren aber nur in ihrer amtlichen Funktion gefallen
lassen.[105] Das KG Berlin hat in einer neueren Entscheidung sich offenbar bei der Abgrenzung von Öffentlichkeit und Privatheit wieder stärker an der Rechtsprechung des
BVerfG (statt an der des EGMR) orientiert und betont, dass die Presse primär selbst nach
publizistischen Kriterien entscheiden können müsse, „was sie des öffentlichen Interesses
für wert hält".[106]

3. Das Recht am gesprochenen Wort; Briefe

Ähnliches gilt auch für das **Recht am gesprochenen Wort**: Insbesondere die Herstel-   **38**
lung und Verbreitung von Telefonmitschnitten verletzt das Persönlichkeitsrecht des Betroffenen.[107] Im Übrigen schützt dagegen auch § 201 StGB (im Zivilrecht i. V. § 823
Abs. 2 BGB). Anders ist dies bei Wortprotokollen, die nicht die gleiche Eingriffstiefe haben wie ein Tonbandmitschnitt.[108] Die Veröffentlichung von Briefen, die erkennbar nicht
für die Öffentlichkeit bestimmt waren, verstößt ebenfalls gegen das allgemeine Persönlichkeitsrecht.[109]

---

[98] BGH NJW 1996, 593 – *Willy Brandt*; vgl. allg. dazu *Beater*, Medienrecht, 1279; *Götting* in: FS
Raue, S. 427, 444.

[99] Weitergehend *Wenzel/Burkhardt* u.a., Kap. 5 Rn. 64; vgl. auch zur Reichweite der Einwilligung
der Teilnahme an einem Fotoshooting LG Dortmund ZUM-RD 2006, 355.

[100] OLG Karlsruhe NJW-RR 2006, 1198.

[101] *Di Fabio*, Der Schutz der Menschenwürde durch Allgemeine Programmgrundsätze, 2000,
S. 38.

[102] Vgl. FAZ Nr. 28 v. 2. 2. 2008, S. 39 – *Deutschland sucht den Superstar/RTL*.

[103] EGMR NJW 2004, 2647; vgl. jetzt BVerfG 1 BvR 1602/07; 1606/07; 1626/07 v. 26. 2. 2008 –
Caroline von Monaco.

[104] Zur Retuschierung eines Fotos BGH NJW 2006, 603.

[105] *Beater*, Medienrecht, 2007, Rn. 1327.

[106] KG Berlin AfP 2007, 375.

[107] BGHZ 73 120, 128ff. – *Abhöraffäre: H. Kohl/Stern*; vgl. dazu *Beater*, Medienrecht, 2007,
Rn. 1128.

[108] BGHZ 80, 25, 42; *Beater*, Medienrecht, 2007, Rn. 1130.

[109] BGH NJW-RR 1990, 764; *Beater*, Medienrecht, 2007, Rn. 1131.

V. Privatsphäre und Arbeitsrecht

39   Die **Bedeutung des allgemeinen Persönlichkeitsrechts für das Arbeitsrecht** ist nicht ganz leicht zu bestimmen, weil der Betrieb zunächst eine Sphäre bildet, deren Funktionalität vom Arbeitgeber bestimmt wird.[110] Dadurch wird die Persönlichkeitsentfaltung begrenzt. Das Interesse des Arbeitgebers an der Beobachtung des Verhaltens der Arbeitnehmer ist umso gewichtiger, als gerade heutige Arbeitsprozesse, die eine größere Autonomie der Arbeitnehmer und die verstärkte Nutzung von Kommunikationsmittel (Internet) erfordern, eine Vielzahl von Gegebenheiten zur Verwischung der Grenzen zwischen privaten und betrieblichen Interessen bietet. Dies gilt insbesondere für die private Nutzung des Telefons des Internets etc. Die Nutzung solcher medialer Ressourcen darf vom Unternehmen daraufhin kontrolliert werden, ob sie für legitime Zwecke erfolgt.

40   Es erlaubt dem Arbeitgeber allerdings nicht, **Telefongespräche** ohne Zustimmung des Arbeitnehmers abzuhören,[111] wohl aber das Registrieren der angerufenen Nummern. Anders ist dies bei einem konkreten Verdacht der Begehung einer Straftat.[112] Auch andere sensible betriebliche Abläufe, bei denen die Verwischung zwischen privaten und betrieblichen Interessen besteht (Materialausgabe), dürfen durch Videoüberwachung[113] u.ä. Methoden kontrolliert werden.[114] Im Einzelnen ist die Konkretisierung der Grenzen des allgemeinen Persönlichkeitsrechts im Arbeitsrecht dem einfachen Recht überlassen. Der Arbeitgeber muss zulässig erhobene Daten vor dem Zugriff Unbefugter sichern.[115]

C. Verletzungen des allgemeinen Persönlichkeitsrechts durch Herabsetzung des Ansehens durch Wort, Bild oder in anderer Weise

I. Persönlichkeitsverletzungen (auch) außerhalb der Massenmedien

1. Persönlichkeitsrecht als Quasi-Immaterialgüterrecht

41   Verfassungsrechtlich ergibt sich auch ein Gebot des Schutzes des allgemeinen Persönlichkeitsrechts aus dem Grundrecht des Art. 2 Abs. 1 für zivilrechtlich zu bewertende Beziehungen. Der Schutz der privaten Geltungsansprüche gegen Kränkungen, Beleidigungen oder falsche ehrenrührige Behauptungen ist im Einzelnen abzustimmen auf die – außer in ganz eindeutigen Fällen der Herabsetzung[116] – konkurrierenden Grundrechte aus Art. 5 Abs. 1 und 3. Außerhalb des Bereichs, der infolge des Einsatzes der Medien das Persönlichkeitsrecht tendenziell stark berührt, ist der Persönlichkeitsschutz relativ strikt zu beachten. Dies gilt insbesondere dann, wenn eine **„Prangerwirkung"**[117] deshalb zu befürchten ist, weil der Einzelne, der nicht schon vorher in der Öffentlichkeit stand, sich

---

[110] Vgl. allg. Roßnagel/*Büllesbach* 6.1. Rn. 9ff.

[111] Vgl. auch LAG Hamm NZA-RR 2002, 464; *Beater*, Medienrecht, 2007, Rn. 1126ff.

[112] LAG Berlin BB 1988, 1024.

[113] Nach BAG 1 ABR 21/03 v. 29. 6. 2004 ist aber eine allgemeine verdachtsunabhängige Videoüberwachung unzulässig. § 6b BDSchG gilt hier nicht, da es sich nicht um öffentlich zugängliche Räume handelt. Diebstähle oder Unregelmäßigkeiten dürften eine solche Überwachung aber rechtfertigen; für eine verdachtsabhängige Videoüberwachung BAG 2 AZR 51/02 v. 27. 3. 2003, AP Nr. 6 zu § 87 BetrVerfG.

[114] ArbG Hamburg AuA 2007, 51 – *Suchtmittelkontrolle*.

[115] BAG NJW 2007, 794.

[116] *Di Fabio* MDH, Art. 2 Rn. 171.

[117] BVerfG NJW 2000, 2413 – „Anknüpfungspunkt sozialer Ausgrenzung und Isolierung"; vgl. auch *Beater*, Medienrecht, Rn. 340.

dagegen nur schwer zur Wehr setzen kann. Kränkungen und Verdachtsbehauptungen,[118] die in Verbindung mit dem Berichtsinteresse der Medien möglicherweise gerechtfertigt sein können[119] (vgl. unten), sind in der privaten Sphäre oder im Geschäfts- und Arbeitsleben zu bewerten. In diesem Bereich kann allerdings die Wahrnehmung berechtigter Interessen berücksichtigt werden (§ 193 StGB,[120] der entsprechend auch im Zivilrecht gilt[121]). Dadurch können auch Ansprüche wegen Persönlichkeitsverletzungen ausgeschlossen werden, die auf die Unterlassung von Äußerungen in einem Rechtsstreit zielen. Damit würde die Rechtsverfolgung möglicherweise empfindlich beeinträchtigt.[122] Aus verfassungsrechtlichen Gründen ist diese Rechtsprechung der Zivilgerichte nicht zu beanstanden.[123] Allerdings bestehen dann Bedenken, wenn die Äußerungen einen Dritten betreffen, der sich möglicherweise gar nicht dagegen zur Wehr setzen könnte;[124] jedenfalls für den Fall, dass es sich um eine reine Schmähung handelt, darf aus verfassungsrechtlichen Gründen ein Anspruch des Dritten auf Unterlassung nicht ausgeschlossen werden.[125]

2. Mediale „Grenzüberschreitungen"

Das Ansteigen der **„Reizschwelle"** in der Massenkommunikation[126] ist bei der Be-   **42** stimmung mediengerechter Sorgfaltsstandards zu berücksichtigen, diese Überlegung darf gegenüber der privaten oder beruflichen Kommunikation nicht ohne weiteres zu einer entsprechenden Abschwächung des Schutzes des allgemeinen Persönlichkeitsrechts führen. Dennoch spielen auch hier Konventionen eine große Rolle; Überwirkungen der Standards, die in den Medien entwickelt worden sind, auf die nichtmediale Kommunikation sind nicht von vornherein auszuschließen. Die Abstimmung der betroffenen Kommunikationsrechte und der aus dem Persönlichkeitsrecht folgenden Ansprüche auf Selbstdarstellung muss im Einzelnen dem Privatrecht überlassen bleiben. Das Beispiel zeigt auch, dass bei Interessenkollisionen grundsätzlich auf die Offenheit der Kommunikationsverhältnisse für Neues abzustellen ist (anders ist dies aber, wenn das Interesse an der Innovation nicht ins Gewicht fällt).

II. Insbesondere: Allgemeines Persönlichkeitsrecht und Massenmedien

1. Persönlichkeitsrecht als „Quasi-Eigentum"

Wie oben erwähnt, muss das Persönlichkeitsrecht in seinem Verhältnis zu und in priva-   **43** ten Kommunikationssystemen, in denen es vielfach ausgeübt oder in Frage gestellt wird, näher bestimmt werden. Vor allem die Vermittlung von Wissen über bekannte Personen, die in der Vergangenheit auch z. B. in literarischer Form Gegenstand der öffentlichen Anteilnahme geworden sind, ist durch den **Aufstieg der Massenmedien** einschließlich der Werbung[127] zu einem auch wirtschaftlich mehr und mehr relevanten Phänomen gewor-

---

[118] BVerfG ZUM 2007, 468; *Beater*, Medienrecht, 2007, Rn. 1457 (Verdacht der Begehung einer Straftat).

[119] *Prinz/Peters*, Medienrecht, 1999, Rn. 270; *Petersen*, Medienrecht, 2006, Rn. 107

[120] Vgl. allg. *Tröndle/Fischer*, StGB, § 193 Rn. 13, 17.

[121] Vgl. zur Wahrnehmung berechtigter Interessen durch den Konkursverwalter BGH NJW 1995, 397; vgl. allg. auch BGH NJW 1998, 1399.

[122] BGH VersR 2005, 277; VI ZR 14/076 U 134/05 v. 11. 12. 2007. *Palandt/Sprau*, BGB, 67. Aufl., § 823 Rn. 37, 104.

[123] BVerfG NJW-RR 2007, 840.

[124] *Seyfahrt* NJW 1999, 1287, 1289.

[125] OLG Bamberg NJW-RR 1999, 322.

[126] BGH NJW 1994, 124 – *Höchst*.

[127] Zu den Möglichkeiten und Grenzen der Eigenwerbung der Presse mit Fotos Prominenter OLG München AfP 2007, 237 m. krit. Anm. *Ladeur*.

den.[128] In der „Ökonomie der Aufmerksamkeit" sind die Formen der Anteilnahme zur Ressource im Auf- und Abbau von „Images" geworden, die einen an der „Börse für Aufmerksamkeit[129]" starken Schwankungen unterliegenden ökonomischen Wert haben. Diese Veränderung der Rolle der Persönlichkeit muss innerhalb des Rechtssystems in der Konturierung des Persönlichkeitsrechts nachgezeichnet werden. In der Rechtsprechung ist dies im vergangenen Jahrhundert in verschiedenen Schüben geschehen: Verfassungsrechtlich gesehen wird das „Image" prominenter Personen, die ihren Konsum und ihren Lebensstil in der Öffentlichkeit inszenieren und auch beruflich vielfach als Medienstar (Musik, Film, Fernsehen, Sport etc.) agieren,[130] mit quasi-eigentumsrechtlichen Komponenten ausgestattet. Dies hat sich in der Zivilrechtsprechung dann auch in der Anerkennung von Ansprüchen auf ein Quasi-Lizenzentgelt bei unberechtigter Benutzung von Bildern, von Namen etc. für Werbezwecke niedergeschlagen.[131]

2. Wer bestimmt das öffentliche Interesse an der Beobachtung einer Person?

44   Es ist eine Frage der zivilrechtlichen Dogmatik, ob auch die eher imageschädigenden Kommunikationen nach quasi – eigentumsrechtlichen Regeln zu bewerten sind oder ob dies Gegenstand besonderer Ansprüche wegen Verletzung Missachtungsanspruchs i.e.S. wird. Jedenfalls muss in beiden Varianten – dies ist vor allem gegen die Rechtsprechung des EGMR[132] einzuwenden – beachtet werden, dass das **Image von Personen**[133], die in der Öffentlichkeit einen bestimmten Lebensstil demonstrieren, zum Gegenstand des Schutzes des allgemeinen Persönlichkeitsrechts wird, aber auch in Analogie zum Immaterialgüterrecht Gegenstand eines Schranken setzenden „fair use" (im amerikanischen Sinne) in der öffentlichen Medienkommunikation werden kann und darf. Auch das Alltagsleben,[134] der Gebrauch von Konsumgegenständen, die Entfaltung eines Lebensstils etc., gehören zu den legitimen Themen der Medien, nachdem einmal die herkömmlichen Formen der persönlichen Beobachtung in der Öffentlichkeit (bei öffentlichen Ereignissen etc.) weitgehend auf den Medienkommunikation überlagert worden ist.[135]

---

[128] Vgl. aus zivilrechtlicher Sicht nur *Götting*, Persönlichkeitsrechte als Vermögensrechte, 1995, insbesondere zur historischen Entwicklung, S. 21; *Beater*, Medienrecht, 2007, Rn. 975; *Schubert* AfP 2007, 20; BGH NJW 2005, 2844 – *Esra*; LG München AfP 2004, 156 m. Anm. *Ladeur*; vgl. allg. auch *Ladeur/Gostomzyk* NJW 2005, 566; *dies.* ZUM 2004, 426; *von Becker*, Fiktion und Wirklichkeit im Roman, 2006; *Ladeur*, Das Medienrecht und die Ökonomie der Aufmerksamkeit, 2007.

[129] Vgl. allg. *Franck*, Ökonomie der Aufmerksamkeit, 1998.

[130] *Ladeur*, Das Medienrecht und die Ökonomie der Aufmerksamkeit, 2007.

[131] BGHZ 20, 345 – *Paul Dahlke*; OLG München AfP 2007, 242 m. abl. Anm. *Ladeur* (Werbung in Nullnummer der FAS mit Bild von Boris Becker); BGH NJW 2007, 689 – *Lafontaine/satirische Werbung durch Art. 5 Abs. 1 GG gedeckt*; and. LG Hamburg ZUM 2007, 155 – *J. Fischer – fiktives Lizenzentgelt bei nicht genehmigter Werbung*; kritisch dazu *Ladeur* ZUM 2007, 111; *Ehmann* AfP 2007, 81 – beide zu Fotos von Politikern; vgl.auch *Soehring/Seelmann-Eggebrecht* NJW 2005, 571; die Strategie der Anwälte in Prozessen wegen Verletzung des Persönlichkeitsrechts durch Bildaufnahmen Prominenter zielt in jüngster Zeit unmittelbar auf die Durchsetzung von Ansprüchen wegen eines fiktiven (relativ hohen) Lizenzentgelts und daneben auf ein Schmerzensgeld; vgl. FAZ v. 14.1. 2008, S. 34, am Beispiel des Streits um Fotos von Günther Jauchs Hochzeit aus dem (abgeschirmten) Hof der Schlosskirche in Potsdam (das LG Hamburg hat die Klage wegen des Interesses der Öffentlichkeit abgewiesen.

[132] EGMR NJW 2004, 2647 – *Caroline von Monaco*; zu den Bindungswirkungen der Rechtsprechung des BVerfG vgl. BGH ZUM 2007, 651; vgl. auch zur Abstimmung von europäischem und nationalem Schutz des Persönlichkeitsschutzes BGH AfP 2007, 208; kritisch *Söder* ZUM 2008, 89.

[133] Vgl. allg. *Beater*, Medienrecht, Rn. 977.

[134] OLG Hamburg ZUM 2006, 424.

[135] Vgl. allg. *Ladeur*, Das Medienrecht und die Ökonomie der Aufmerksamkeit, 2007.

3. Prominente als „Vorbild"?

Das öffentliche Interesse darf nicht auf die für die öffentliche, auf den Staat bezogene **45** Meinungs- und Willensbildung relevanten Themen verengt werden, wie dies in den fünfziger Jahren vielfach angenommen werden konnte. Das BVerfG hat diese Entwicklung der Caroline-Rechtsprechung dahin gekennzeichnet, dass Prominenten auch außerhalb der Politik und des öffentlichen Lebens eine **„Vorbild"-Funktion** zukomme.[136] Die Formulierung mag der Realität der Massenmedien und ihren Themen nicht gerecht werden, aber im Kern ist dies soweit zutreffend, wie die Erzeugung und „Aneignung" von Aufmerksamkeit im Alltagsleben, erst recht natürlich bei öffentlichen Auftreten derjenigen Personen, die als „Medienplayer"[137] einzuordnen sind, zu ihrer Art der Wahrnehmung des allgemeinen Persönlichkeitsrechts gehört, aber dann auch von anderen beobachtet und in den Medien beschrieben, bildlich wiedergegeben und kommentiert werden darf. Die Grenzen sind da aber im Einzelnen durch das Zivilrecht und die Zivilrechtspraxis zu bestimmen. Dies ist nicht immer eine leichte Aufgabe.[138] Jedenfalls muss aber beachtet werden, dass nach dem Zerfall eines Bestandes an relativ allgemeinen Konventionen über das Sagbare und das Unsagbare die Selbstorganisation und Ausdifferenzierung von unterschiedlichen Medienformaten, -kampagnen, -stilen beobachtet und im Hinblick auf die Herausbildung neuer Standards und Muster abgetastet werden muss, dann kann sich die Konkretisierung der Abstimmung des allgemeinen Persönlichkeitsrechts auf die Grundrechte der Medien neu orientieren. Hier kommt es im Einzelnen darauf an, an welchen Kommunikationen und Foren der Selbstdarstellung sich die betreffende Person bisher beteiligt hat. Orientierungsbildende Verhaltensmuster werden in der Postmoderne fragmentiert in unterschiedlichen Arenen erzeugt. Dies gilt z.B. für „Comedy".[139]

4. Wer hat die Interpretationsherrschaft über die Darstellung einer Person in der Öffentlichkeit?

Viele Konflikte um die Grenzen des allgemeinen Persönlichkeitsrechts in der Medien- **46** berichterstattung betreffen nicht die Grenze zwischen einem quasi räumlich verstandenen privaten Raum und einer öffentlichen Sphäre, sondern einen **Streit um die Interpretationsherrschaft** über die Selbst- und Fremddarstellung von Personen in der Öffentlichkeit.[140] Z.B. der bekannte Minister, der seine Frau und sein Privatleben in Interview zum Gegenstand des Medieninteresses gemacht hat, kann sich nicht bei einem Wechsel der Partnerin abrupt auf den Schutz der Privatsphäre berufen, die er vorher selbst „veröffentlicht" hatte.[141] Wer hier allerdings konsequent ist, kann auf die Beachtung einer schärferen Grenze seiner Privatsphäre und den Schutz von „Begleitern" in privaten oder halb öffentlichen Räumen unter Berufung auf das allgemeine Persönlichkeitsrecht durchsetzen.[142] Das allgemeine Persönlichkeitsrecht von Kindern Prominenter muss ohnehin selbständig

---

[136] BVerfGE 97, 125; 99, 185; 101, 361, 393; vgl. auch BGHZ 128, 1 – *Caroline v. Monaco I*; NJW 1996, 984 – *Caroline v. Monaco II*; BGHZ 131, 332 – *Caroline v. Monaco III*.

[137] LG Berlin AfP 2007, 257 – *Fernsehmoderator*; vgl. zu „Prominentenanwälten" LG Berlin AfP 2007, 164.

[138] Dies gilt zumal seit dem Urteil des EGMR NJW 2004, 2647 – *Caroline v. Monaco*; die Gerichte judizieren seit diesem Urteil kaum mehr berechenbar; vgl. etwa die widersprüchliche „Begleiterrechtsprechung" des KG zu *Grönemeyer* AfP 2004, 556f. und AfP 2004, 564ff.; vgl. auch BGH NJW 2007, 1977; auch BVerfG NJW 2006, 28 35 – *Bericht über Verkehrsverstoß*; *Beater*, Medienrecht, 2007, Rn. 988.

[139] *Ladeur* NJW 2000, 1977.

[140] BGH AfP 2007, 44 – *Bericht über Abberufung als Geschäftsführer*.

[141] Vgl. zu den Abgrenzungsproblemen nur die widersprüchliche „Begleiterrechtsprechung" des KG zu Grönemeyer AfP 2004, 556f. und AfP 2004, 564ff.; vgl. auch BGH NJW 2007, 1977; auch BVerfG NJW 2006, 28 35 – *Bericht über Verkehrsverstoß*; *Beater*, Medienrecht, 2007, Rn. 988.

[142] BVerfG NJW 2006, 868; OLG Hamburg ZUM 2006, 340.

bewertet werden[143] und kann nicht der Verfügung der Eltern ohne weiteres überlassen bleiben.

47   Aus der Sicht des Verfassungsrechts kommt es vor allem darauf an, bei der **Abstimmung von allgemeinem Persönlichkeitsrecht und Medienfreiheiten** nicht an einem traditionellen Modell einer quasi-räumlichen Unterscheidung von Sphären des Öffentlichen und des Privaten festzuhalten sondern eher funktional danach zu fragen, welche Form der Selbstdarstellung eine Person gegenüber der Öffentlichkeit gewählt hat, weil sie davon auch profitiert, wenn es um die Bestimmung der Grenzen des allgemeinen Persönlichkeitsrechts geht.[144] Daraus ergibt sich auch ein funktional entsprechendes „Beobachterformat". Viele derjenigen Prominenten, die ihr Privatleben gegen Beobachtung durch die Medien abschirmen (z. B. Caroline von Monaco), müssen sich daran festhalten lassen, dass sie in ihrer professionellen, öffentlichen Funktion vielfach von der Aufmerksamkeit profitieren, die auch durch ihr Privatleben geweckt wird:[145] So ist z. B. die wirtschaftliche Seite des Luxuskonsums, des Lebensstils, der Selbstdarstellung, die in Monaco gepflegt werden, nicht ohne eine entsprechende Selbstinszenierung des Fürstenhauses denkbar – wie der Vergleich mit anderen Monarchien zeigt, die weitaus weniger Aufmerksamkeit finden.

III. Das Persönlichkeitsrecht als Thematisierungsverbot – und seine Grenzen

1. Die Unterscheidung von Verantwortungs- und Risikosphären

48   Das Persönlichkeitsrecht fungiert im Bereich der Massenkommunikation auch als **Thematisierungsverbot und -grenze**. Im ersteren Sinne bedeutet dies, dass der oben bezeichnete Bereich der Intim- und Privatsphäre, der mit räumlichen technischen u. ä. Mitteln gegen Beobachtung abgeschirmt wird, grundsätzlich auch rechtlich nicht der Beobachtung durch Medienangehörige offenstehen kann. Das gilt auch für die Berichterstattung über Inhalte aus diesem Bereich, die von Dritten übernommen worden sind, die das Persönlichkeitsrecht verletzt haben. Von diesem Thematisierungsverbot sind sowohl wörtliche als auch bildliche Berichte umfasst. Seine Reichweite ist auch auf mediale Berichte zu erstrecken, deren Gegenstand persönliche Geheimnisse sind, die von den Betroffenen selbst an Dritte (nicht Mitarbeiter der Medien) weitergegeben[146] und von diesen an Medien weitergegeben: was oben für die Verbreitung über den Klatsch angenommen worden ist, kann nicht auf die mediale Berichterstattung erstreckt werden.

49   Sinnvoll ist ein Denken in **Verantwortungs- und Risikosphären** im Verhältnis zu Persönlichkeits- und Kommunikationsgrenzen: Dass Geheimnisse gebrochen werden, muss man grundsätzlich erwarten (es sei denn, es bestünde ein besonderer rechtlicher Schutz oder die Umstände seien besonders verwerflich),[147] anders ist dies aber für die

---

[143] BGHZ 158, 218, 221 – *Charlotte Casiraghi I/Caroline v. Monaco*; *Beater*, Medienrecht, 2007, Rn. 1287.

[144] Nach neueren Einschätzungen sind neun von zehn Indiskretionen über Lady Diana, die stets als Opfer der Presse angesehen worden ist, von ihr selbst veranlasst worden, www.faz.net/FAS v. 25. 8. 2007: „Was Engländer von Diana nicht wissen dürfen".

[145] Vgl. zu Rudi Carrell OLG Karlsruhe AfP 1980, 363; ähnlich auch LG Berlin ZUM-RD 2006, 353; 248; OLG Karlsruhe NJW 2006, 617 – *Albert II. von Monaco* – öffentliches Interesse bejaht, allerdings mit zweifelhafter Begründung; LG Hamburg ZUM-RD 2005, 283 – *Vaterschaft eines Schauspielers*.

[146] *Beater*, Medienrecht, 2007, Rn. 1120.

[147] In den USA besteht aber das Institut des „private facts tort", dessen Konturen unscharf sind: in der Rechtsprechung wird es vor allem gegen die mediale Verbreitung von Tatsachen aus dem Privatleben gewendet, vgl. nur die Entscheidung des Supreme Court: Cox Broad. Corp v. Cohn, 420 US 469, 489 1975 sowie *Mischel*, Cardozo Arts and Entertainment Law Journal 2007, 811, 818; ähn-

Medienberichterstattung. Ist ein Geheimnis allerdings durch mündliche Verbreitung entwertet worden, kann es auch in den Medien aufgegriffen werden, dies darf aber nicht der
erste Schritt sein. Die Differenzierung erscheint erforderlich, weil dadurch die Aussicht,
Geheimnisse verkaufen zu können, verringert wird.

2. Engeres Verständnis der ausgegrenzten Privatsphäre durch das BVerfG

Das BVerfG hat diese ausgegrenzte Sphäre des **Persönlichkeitsschutzes als Geheim-**   50
nisschutz allerdings mit Recht eng gefasst. Auch in der „Sozialsphäre" der Alltagsgeschäfte, der privaten und beruflichen Kontakte mit anderen muss sich ein Prominenter,[148] der durch seinen Lebensstil, seinen Konsum, seine öffentlichen Auftritte auf
verschiedenen Foren der gesellschaftlichen Kommunikation bekannt geworden ist,
grundsätzlich beobachten lassen und die Berichterstattung darüber zulassen.[149]

Dies gilt auch für das **Fotografieren und Filmen** einschließlich der Beobachtung   51
durch so genannte Leserreporter, die von den Medien animiert werden, über Begegnungen
mit Prominenten durch Bild und Wort zu berichten. Die Befugnis zur Berichterstattung ist
dann anzunehmen, wenn in der Öffentlichkeit eine Person des öffentlichen Interesses etwa
von intimen Regungen übermannt wird (Tränenausbruch). Dies gilt grundsätzlich auch
für peinliche Situationen.[150] Nicht anders ist dies für den Intimbereich zu bewerten (z. B.
Fotografieren der Entblößung einer weiblichen Brust durch eine ungewollte körperliche
Bewegung,[151] außer wenn dies bewusst in Kauf genommen worden ist).

3. Schutz vor der Berichterstattung über die räumliche Sphäre der persönlichen Lebensgestaltung

Besonderen Schutz genießt auch die **räumlich ausgegrenzte Privatsphäre (Woh-**   52
nung) vor der Berichterstattung in den Medien. Dies gilt nicht für das Fotografieren
eines Wohnhauses, aber für das Überfliegen des Grundstücks zum Zwecke des Fotografierens oder die Angabe der Adresse oder der Telefonnummer in den Medien.[152]

IV. Persönlichkeitsrecht von Kindern gegenüber den Massenmedien

Prominente Kinder oder **Kinder** Prominenter dürfen grundsätzlich nur mit Einwilli-   53
gung der Erziehungsberechtigten oder bei repräsentativen Anlässen fotografiert werden.[153] Dies gilt selbst dann, wenn ihre Eltern widersprüchlich und inkonsequent handeln und sich bei ihren Handlungsweisen eher von ökonomischen als von den Interessen
des Kindes leiten lassen. Das widersprüchliche Verhalten von Eltern kann nicht zu Lasten
von Kindern bewertet werden.

V. Thematisierungsgrenzen – Verfälschung des Persönlichkeitsbildes

1. Kein verfassungsrechtlicher Schutz für falsche Berichte

Falsche oder verfälschende Berichte über eine Person sind mit dem allgemeinen   54
Persönlichkeitsrecht unvereinbar. Allerdings hat das Zivilrecht dazu im Einzelnen – in

---

lich in England für „breach of confidence"; Douglas v. Hello! (No 6) (HC) (2003) 3 All ER 996;
vgl. auch *Rozenberg*, Privacy and the Press, 2004, S.74ff., 81ff.

[148] HessVGH NJW 2006, 3737 – *Berichterstattung unter Namensnennung über Eigengeschäfte mit Aktion
durch Führungsperson.*

[149] BVerfGE 97, 125; 99, 185; 101, 361 – *Caroline v. Monaco*; BGH DSB 2006, Nr. 1, 19 – *Bericht über
Verkehrsverstoß.*

[150] Ähnlich auch Trauer OLG Thüringen NJW-RR 2005, 1566 – *Eltern.*

[151] LG Hamburg ZUM-RD 2006, 251.

[152] OLG Hamburg ZUM-RD 2004, 578; BVerfG 1 BvR 507/01 v. 2. 5. 2006.

[153] BVerfGE 101, 361 – *Caroline v. Monaco II*; BGH JZ 2004, 622 m. Anm. v. *Gerlach.*

einer verfassungsrechtlichen Weise – Standards und Konfliktlösungen entwickelt, die dem Persönlichkeitsrecht im Konflikt mit den Medien Grenzen setzen. Dies gilt für Irrtümer, die unter rechtlich akzeptabler Verarbeitung des Aktualitätsdrucks in den Medien begangen werden.[154] Hier bestehen nur eingeschränkte Ansprüche auf Unterlassung von Behauptungen in der Zukunft (soweit sie sich „nicht mehr aufrechterhalten lassen") und auf einen beschränkten Widerruf.[155] Der Verurteilte hat auch zum Schutz seiner Meinungsfreiheit das Recht, darauf hinzuweisen, dass er zur Abgabe der Widerrufserklärung verpflichtet worden ist.[156]

2. Beweis- und Vermutungsregel für die Abgrenzung von Meinung und Tatsachenbehauptung

55   **a) „Im Zweifel für Meinungsfreiheit" – Grenze dieses Grundsatzes.** Die **Interpretation von Tatsachen** und die Bestimmung ihres Verhältnisses von Meinungsgehalt und Wertungsperspektive sind unter Berücksichtigung der besonderen Bedingungen der Medienöffentlichkeit zu bestimmen.[157] Bei der Bewertung des Verhältnisses von Meinung und Tatsachen[158] ist bei Äußerungen, die von öffentlicher Relevanz sind, eher eine Interpretation zu wählen, die für die Medien günstig ist.[159] Auch die Verdachtsberichterstattung[160] ist bei besonderem öffentlichem Interesse und unter Mitteilung der Unzuverlässigkeit der Information zulässig.[161] Dies ist nicht als einfache Parteinahme für die Medien und die Kommunikationsfreiheit zu verstehen sondern als Tribut an die Interpretationsbedürftigkeit und -fähigkeit von Äußerungen in der Öffentlichkeit. Die Verurteilung zum Widerruf einer Meinungsäußerung ist mit Art. 5 Abs. 1 GG grundsätzlich nicht vereinbar,[162] allerdings kann dies anders sein, wenn Tatsachenurteil und wertende Meinung untrennbar miteinander verknüpft sind. Es kann ggf. auch ein Berichtigungsanspruch (in der Form einer Veröffentlichung des Urteils) ausreichen; dies ist ein Minus gegenüber dem Widerruf.[163]

56   Das BVerfG hat diesen Grundsatz in der jüngsten Vergangenheit eingeschränkt und nunmehr eine retroperspektive und eine prospektive Sichtweise unterschieden: Soweit es um den Widerruf von Äußerungen oder Entschädigungsansprüche geht, soll es bei dem

---

[154] Vgl. aber zur Beweislast für die Richtigkeit von Behauptungen (entsprechend § 186 StGB; § 193 StGB gilt hier nicht) OLG Hamburg ZUM-RD 2006, 236; vgl. allg. nur *Di Fabio* MDH, Art. 2 Rn. 239.

[155] Vgl. *Prinz/Peters*, Medienrecht, Rn. 690ff. m.w.N.; deshalb gibt es auch keinen Anspruch auf Unterlassung von Filmaufnahmen, weil diese möglicherweise für eine persönlichkeitsverletzende Berichterstattung benutzt werden; dies ist mit der Beachtung der Autonomie der Medien nicht vereinbar, LG Essen ZUM-RD 2006, 183.

[156] BVerfGE 28, 1, 9; *Petersen*, Medienrecht, 2006, Rn. 149.

[157] Vgl. allg. nur BGHZ 132, 13 – *Lohnkiller*.

[158] Eine falsche Tatsachenbehauptung kann nach BVerfG auch in der Manipulation eines Fotos liegen, BVerfGE 2005, 147 – *Ron Sommer-Fotomontage*.

[159] BVerfGE 85, 1, 15: dies gilt nach der neueren Rechtsprechung des BVerfG aber nur für Entschädigungs- und Widerrufsansprüche; prospektiv (Unterlassung) hat das Interesse des Betroffenen Vorrang: BVerfG NJW 2006, 207 – *Stolpe*; ähnlich auch für „verdeckte Äußerungen" OLG Köln AfP 2006, 365; kritisch dazu *Seelmann-Eggebert* AfP 2007, 86; dazu jetzt *Grimm* AfP 2008, 1. Zu Gegendarstellungsansprüchen in solchen Fällen OLG Karlsruhe AfP 2007,55; auch hier gilt aber wieder die Vermutung zugunsten der Presse: BVerfG Urt. v. 19. 12. 2007, Az. 1 BvR 967/05. Zu den Grenzen LG Frankfurt a. M. ZUM-RD 2006, 404 – *Joschka Fischer – früher – „passionierter Schläger"*; *Beater*, Medienrecht, 2007, Rn. 358.

[160] BVerfG ZUM 2007, 468.

[161] Vgl. zur Verdachtsberichterstattung nur *Peters/Prinz*, Medienrecht, 1999, Rn. 273ff. m.w.N.; Ähnliches gilt für den Bericht über ein eingestelltes Strafverfahren LG Berlin ZUM-RD 2006, 133.

[162] BGH NJW 1982, 2246; 1987, 1400; *Petersen*, Medienrecht, Rn. 147.

[163] OLG Köln AfP 1985, 223.

Grundsatz bleiben, dass im Zweifel das Meinungselement den Vorrang hat. Soweit es allerdings um Unterlassungsansprüche für die Zukunft geht, soll eher der **Standpunkt des Betroffenen** ausschlaggebend sein.[164] Dies erscheint wenig überzeugend, da es nicht primär um die Verteilung der Risiken zwischen den unmittelbar Beteiligten geht, sondern das Verhältnis von Person und Kommunikationssystem bestimmt werden muss. Für die Medien ist es aber von großer Bedeutung, dass ein gewisser Beurteilungsspielraum eingeräumt wird. Anders sieht das BVerfG die Rechtslage bei Ansprüchen auf Gegendarstellung: Hier soll es wegen der möglichen Rückwirkung auf die Entscheidungsfreiheit der Journalisten wiederum auf den Standpunkt der Presse ankommen.[165]

b) Unterscheidung verschiedener Foren der Öffentlichkeit – insbesondere lite-   57
rarische Öffentlichkeit. Hier ließe sich möglicherweise nach **Fallgruppen** differenzieren: Gegenüber anderen „Medienplayers", die ihrerseits eine aktive Rolle in der Öffentlichkeit spielen, muss eine weitere Interpretationsfreiheit herrschen als gegenüber sonstigen Personen, die nur zufällig in die Öffentlichkeit geraten sind. Für diese erscheint die neue Linie des BVerfG durchaus angemessen zu sein. Bei der Bestimmung der Grenzen des Ehrenschutzes für die Meinungsfreiheit nach Art. 5 Abs. 1, 2 GG muss jedenfalls die Bedeutung der Medienfreiheit allgemein und vor allem die Ausdifferenzierung und Selbstorganisation von Genres, Formaten, Foren in der fragmentierten Öffentlichkeit berücksichtigt werden. Dabei muss jeweils gefragt werden, ob und wie weit die Interpretation einer inkriminierten Äußerung durch die Muster des jeweiligen Forums geprägt wird und welche Bedeutung ihr deshalb zukommt. Daneben muss gefragt werden, ob der Betroffene nicht durch Vorinformation des jeweiligen Publikums und seine spezifischen Wahrnehmungsinteressen geschützt wird. Dies kann einmal bedeuten, dass eine Äußerung vor einem literarischen Publikum[166] ein anderes Gewicht erhält als z. B. in einer Boulevardzeitung.

3. Die Bestimmung des Schadensbegriffs in der Unterhaltungsöffentlichkeit

Es muss andererseits beachtet werden, welches Gewicht Tatsachenelemente einer Äuße-   58
rung z. B. im Kontext einer comedyhaften oder satirischen Äußerung erhalten.[167] Eine Abschwächung der Wirkung der Äußerung im Sinne einer **Schadensminderung** kann auch dadurch erfolgen, dass innerhalb eines Publikums eine Kontroverse ausgelöst wird und der Betroffene dadurch geschützt wird, dass unterschiedliche Wahrnehmungen veröffentlicht werden. Eine Möglichkeit der Kompensation kann auch darin gesehen werden, dass der Betroffene z. B. in Talkshows die Möglichkeit ausführlicher Kommentierungen soweit geschützt sein kann, dass eine Schädigung des Persönlichkeitsrechts als ganz oder teilweise kompensiert betrachtet werden kann.[168] Dies gilt nicht für eindeutig falsche Behauptungen, sondern es ist beschränkt auf gemischte Tatsachen- und Meinungsäußerungen.[169]

---

[164] BVerfG NJW 2006, 207 – *Stolpe*; ähnlich auch für „verdeckte Äußerungen" OLG Köln AfP 2006, 365; kritisch dazu *Seelmann-Eggebert* AfP 2007, 86; zu Gegendarstellungen in solchen Fällen OLG Karlsruhe AfP 2007,55.

[165] BVerfG v. 19. 12. 2007 Az. 1 BvR 967/05.

[166] Vgl. BVerfG NJW 1993, 1462 – *Böll/Henscheid*; Verriss in einer Literaturzeitschrift; das BVerfG hat dies allerdings nicht näher berücksichtigt.

[167] BVerfG NJW 1998, 1386 – *Koschwitz/Münzen-Erna*; NJW 1993, 1462 – *Böll/Henscheid*; *Ladeur* NJW 2000, 1977.

[168] So mit Recht LG Berlin NJW-RR 2005, 693.

[169] LG Berlin ZUM-RD 2006, 391 – *Bohlen/Anders*; anders noch LG Berlin NJW-RR 2005, 693; vgl. dazu auch *Ladeur* NJW 2004, 393; allg. *ders.*, Das Medienrecht und die Ökonomie der Aufmerksamkeit, 2007.

4. Die Grenze der „Schmähkritik"

59   Von einer unzulässigen **Schmähkritik** kann dann die Rede sein, wenn die (wertende) Äußerung keinerlei legitime Anschlussfähigkeit für die öffentliche Diskussion hat. Dies gilt insbesondere für Formalbeleidigungen, aber auch für scheinbar sachhaltige Kritik (Bezeichnung als „Neonazi", Rede von „Gestapo-Methoden"[170]), wenn diese als gänzlich überzogen erscheint. Dies dient auch dazu, die Unterscheidungsfähigkeit der politischen Sprache zu erhalten. Z.B. darf sich auch scharfe Kritik nicht o. w. eines Vergleichs mit NS-Methoden bedienen. Dabei kann aber zwischen Adressaten unterschieden werden, die in der Öffentlichkeit stehen und sich auch polemisch äußern dürfen, und z.B. Verwaltungsbeamten, die ihrerseits enge Grenzen der Sachlichkeit zu beachten haben. Bei der „Schmähkritik"[171] muss allerdings wiederum beachtet werden, ob die Einordnung angesichts des jeweiligen Forums tatsächlich nach verallgemeinerungsfähigen Standards erfolgen darf oder ob nicht ein bestimmtes Selbstverständnis z.B. eines literarischen Publikums („Verriss") ausschlaggebend sein muss; Einschränkungen des Persönlichkeitsschutzes verlangt das literarische Mittel der **Satire**.[172]

60   Die witzig gemeinte **Schmähung des Aussehens** einer Frau (Empfehlung zur Teilnahme an einer Schönheitsoperationsshow) in einer Fernsehsendung ist aber als schwere Persönlichkeitsverletzung einzuordnen.[173] Die Schmähkritik ist durch eine besondere Absicht charakterisiert; dies ist auch zu verlangen, da ein „Recht am Lebensbild" als umfassendes Recht auf Schutz einer Selbstdarstellung als Person nicht anzuerkennen ist.[174]

5. Persönlichkeitsverletzung durch „Rating" von vergleichbaren Leistungen?

61   Ein neues Problem wird mit **„Ratings"** von insbesondere persönlichen Leistungen wie Unterricht durch Lehrer oder Vorlesungen von Professoren aufgeworfen. Die Bewertungen können schon für sich genommen persönlichkeitsverletzend sein, wenn etwa eine mit Namen genannte Lehrerin nach einem Kriterium wie „sexy" nach einer Notenskala bewertet wird. Wie auch in anderen Fällen bestimmte Teilöffentlichkeiten mit je unterschiedlichen Konventionen zu unterscheiden sind (Comedy, Literaturzeitschrift etc.) – je nachdem, ob und wieweit der Kritisierte entweder durch die Sachkunde des Forums oder dadurch, dass er sich einem Forum einfach entziehen kann („Münzen-Erna"),[175] schon ausreichend geschützt sein kann, so muss umgekehrt die Unreife (Minderjährigkeit) und gemeinsame Abhängigkeit der Schüler wie der Lehrer von der Institution Schule ein höheres Schutzniveau zugunsten der Bewerteten fordern.

62   Bei der Einschätzung des **„Rating" von Lehrern durch Schüler**[176] muss insbesondere beachtet werden, dass die Schüler mündlich untereinander ohnehin die Möglichkeit haben, Lehrer auch mit starken Worten zu bewerten, ohne dass faktisch eine Schutzmöglichkeit für den Betroffenen besteht.[177] Demgegenüber fällt das Interesse an einer (anony-

---

[170] BVerfG NJW 1992, 2815 – *Gestapo-Methoden*.

[171] LG Berlin ZUM-RD 2006, 391 – *Bohlen/Anders*; anders noch LG Berlin NJW-RR 2005, 693; allg. zur Schmähkritik BVerfGE 85, 1, 14; 7, 198, 208 – *Lüth*; NJW 1993, 1462 – *Henscheid*; *Prinz/Peters*, Medienrecht, Rn. 91ff.; BGHZ 39, 124 – *Fernsehansagerin*; BGH NJW 1998, 1391 – *Rechte Professoren*.

[172] BVerfGE 75, 369, 377; 86, 1, 12; BGHZ 143, 199; 156, 206 – *Ron Sommer/Bildmanipulation* (and. in diesem Fall BVerfG AfP 2005, 171).

[173] LG Hannover ZUM 2006, 574.

[174] Vgl. dazu BGH NJW 1975, 1882 – *Der Geist von Oberzell*; OLG Frankfurt NJW, 2007, 699, 700; ablehnend auch *Hoffmann-Riem* Sondervotum zum „Esra"-Urteil des BVerfG ZUM 2007, 829 – *Esra*; vgl. auch *v. Coelln* ZUM 2001, 478.

[175] BVerfG NJW 1998, 1386 – *Koschwitz/Münzen-Erna*; NJW 1993, 1462 – *Böll/Henscheid*; *Ladeur* NJW 2000, 1977.

[176] Vgl. *Plog* CR 2007, 668.

[177] Vgl. zur amerikanischen Rechtsprechung über die Meinungsfreiheit der Schüler in der Schule auch Verga Santa Clara Computer & High Technology Law Journal 2007, 727.

men) medialen Verbreitung von Bewertungen im Internet wegen der erweiterten Zugangsmöglichkeit (auch bei einer Zugangsbeschränkung) nicht erheblich ins Gewicht. Dies gilt um so mehr, als die Bewertungsstandards häufig eher emotionale Einschätzungen zulassen oder begünstigen. Im Übrigen muss beachtet werden, dass die Bewertung zwar subjektiv ist, aber wegen der Fixierung einer Durchschnittsnote und damit durch Aufhebung von „Ausreißern" einen Eindruck von Angemessenheit und Sachlichkeit der Bewertung vorspiegeln, der vor allem dann nicht gerechtfertigt ist, wenn – wie meistens – nur wenige Bewertungen eingehen. Deshalb ist jedenfalls im Schüler-Lehrer-Verhältnis ein solches „Rating" nur unter besonderen Voraussetzungen zulässig, etwa wenn eine kontrollierte sachliche repräsentative Bewertung gewährleistet wird.[178]

VI. Persönlichkeitsrecht und Kunstfreiheit

1. Insbesondere: „Dokumentarische Kunst" (Autobiographie) als Tatsachenbehauptung?

Auf dem Hintergrund der beschriebenen Grundsätze lässt sich auch der in den letzten Jah- **63** ren häufig aufgetretene Konflikt zwischen **Persönlichkeitsschutz und Kunstfreiheit**[179] abspannen. Allein die Unterhaltungsabsicht eines Films kann nicht als unvereinbar mit dem Persönlichkeitsrecht einer im Film dargestellten Person angesehen werden.[180] Kunstwerke mit dokumentarischen Elementen (Autobiographie[181]), in denen sich Personen aus dem Bekanntenkreis des Autors wiederzuerkennen glauben, sind durch die Rechtsprechung Einschränkungen im Rekurs auf Persönlichkeitsschutz unterworfen worden. Hier muss differenziert werden zwischen Personen, die in der einen oder anderen Weise von einer Vielzahl von Lesern und Interessenten identifiziert werden können,[182] und solchen, bei denen dies nur in einem beschränkten Kreis von Bekannten denkbar erscheint. Das Persönlichkeitsrecht verlangt als Teil der immanenten Grenzen der Kunstfreiheit eine Beachtung, die aber nicht das Gewicht der Kunstfreiheit in Frage stellen darf.[183] Das bedeutet, dass die „Benutzung" von Elementen aus der Wirklichkeit zunächst nach den „Regeln der Kunst" bestimmt werden muss.[184] Auf diese Variante der künstlerischen Kommunikation ist in unterschiedlichen Zeiten durchaus auch mit Ablehnung reagiert worden. Aber auch dies gehört zur Selbstorganisation der Kultur als Konflikt, der nicht ohne weiteres durch rechtliche Mittel „ausgeglichen" werden kann.[185]

Kunst hat immer schon die Freiheit in Anspruch genommen, Personen auf eine **64** ätzende, höhnische oder komische Weise darzustellen. Deshalb kann dies nicht aus der

---

[178] And. OLG Köln, ZUM 2008, 238 m. Anm. *Heller;* dazu *Ladeur* RdJB 2008, 16.

[179] Vgl. BGH NJW 2005, 2844 – *Esra;* LG München AfP 2004, 156 m. Anm. *Ladeur;* vgl. allg. auch *Ladeur/Gostomzyk* NJW 2005, 566; *dies.* ZUM 2004, 426; *von Becker,* Fiktion und Wirklichkeit im Roman, 2006; *Ladeur,* Das Medienrecht und die Ökonomie der Aufmerksamkeit; 2007; OLG Hamburg AfP 2007, 143 – *Contergan-Film;* OLG Frankfurt NJW 2007, 699 – *Verfilmung des Lebens des „Kannibalen";* LG Hagen NJW-RR 2007, 1057 – *Theaterstück;* OLG Hamm AfP 2006, 261; *v. Becker* AfP 2006, 124; *Ladeur/Gostomzyk* NJW 2005, 566.

[180] Anders wohl OLG Frankfurt NJW 2007, 699.

[181] Vgl. aus literaturtheoretischer Sicht *Gasparini,* Est-il je?, 2004.

[182] Dies gilt schon für den früheren Fall Mephisto (BVerfGE 30, 173).

[183] Das BVerfG hat nunmehr aber eine Verfassungsbeschwerde wegen Persönlichkeitsverletzung durch ein Theaterstück (BVerfG ZUM 2008, 323 – *„Hagener Mädchenmord")* zurückgewiesen; dazu *v. Becker* ZUM 2008, 265.

[184] BVerfG NJW 2008, 39 – *Esra.*

[185] And. das BVerfG NJW 2008, 39 – *Esra;* dazu die mit Recht kritischen Sondervoten der Richter Gaier, Hohmann-Dennhardt und Hoffmann-Riem, die stärker den Eigenwert der Kunst in Anschlag gebracht wissen wollen; kritisch auch *Neumeyer* AfP 2008, i. E.; auch *Obergfell* ZUM 2007, 910; *Ladeur* AfP 2008, 32; auch LG Hamburg 324 O 281/06, 282/06, 906/06, 907/06 v. 18. 4. 2008 – *„Contergan"; Gostomzyk* NJW 2008, 737.

Perspektive des Persönlichkeitsrechts von vornherein als/wie ein Eingriff wahrgenommen werden. Zur künstlerischen Kommunikation gehören auch das Spielen mit Ambivalenzen und die Bearbeitung von Elementen aus der „ersten Welt" in der **Eigenwelt der Kunst**.[186] Die Möglichkeit der Kollision kann – entgegen manchen Annahmen in der Literaturwissenschaft[187] – nicht dadurch geleugnet werden, dass die „Wirklichkeit" der Kunst geleugnet wird.[188] Die Kollision kann nicht in einer begriffslosen „Abwägung" zum Verschwinden gebracht werden.[189] Die Biller-Entscheidung des BVerfG[190] differenziert hier zu Unrecht zwischen Unmittelbarkeit (Wiedergabe „eigener" Worte) und Mittelbarkeit der Berichterstattung sowie zwischen Intimsphäre und sonstigem sozialem Verhalten. Auch die Verarbeitung der Wirklichkeit durch ein bestimmtes Format („Unterhaltung" kann als solche nicht persönlichkeitsverletzend sein.[191]

2. Zur Notwendigkeit der Anerkennung eines Beurteilungsspielraums bei der „Verfremdung" der benutzten Lebensdaten

65   Eine „kunstgerechte" Form der Achtung des Persönlichkeitsrechts wäre darin zu sehen, dass der realistische Roman (oder das realistische Porträt des Autors) eine gewisse **Verfremdung der „benutzten" Lebensbilder** abverlangt werden muss, die die Identifikation betroffener Personen erschwert (soweit es sich nicht um öffentlich bekannte Personen handelt, die sich diesem Konflikt ohnehin eher aussetzen lassen müssen) aber das Risiko der Identifizierbarkeit durch Bekannte muss dem Träger des Persönlichkeitsrechts zugewiesen werden.[192] Das heißt umgekehrt, dass der Autor einen Beurteilungsspielraum für sich in Anspruch nehmen muss. Es muss berücksichtigt werden, dass ein Roman oder ein Theaterstück ohnehin überwiegend von den Lesern nicht mit einem unmittelbaren Interesse an der Enthüllung der Identität von Figuren gelesen wird. Diese im Bekanntenkreis eines Autors nicht fern liegende Möglichkeit ist aber hinzunehmen, weil dieser ohnehin auch die Möglichkeit gehabt hätte, Intimitäten durch Klatsch in der Nachbarschaft und im Bekanntenkreis zu verbreiten.

66   Bei **prominenten Personen**, die als Romanfiguren „benutzt" werden, ist Verfremdung kaum möglich. Hier muss man darauf setzen, dass ein höheres Maß an Aggressivität gegenüber den politischen „Führern" unvermeidlich ist und durch die Kunstform

---

186 Vgl. *Luhmann*, Die Kunst der Gesellschaft, S. 98f.

187 Vgl. die Gutachten in „Schreibheft", Nr. 55 (2000). Im Verfahren der Verfassungsbeschwerde gegen die Entscheidung des BGH über den Roman „Esra" (M. Biller) sind auch – zum Unverständnis der Presse – Gutachten zur Literatureigenschaft des Romans vorgelegt worden (*Eichner/Mix*, Ein Fehlurteil als Maßstab? – Zu Maxim Billers *Esra*, Klaus Manns *Mephisto* und dem Problem der Kunstfreiheit in der Bundesrepublik Deutschland, (www.urheberrecht.org/14.6.2007, insbes. S. 30, 38) die das BVerfG – verständlicherweise – nicht berücksichtigt hat: *Das* ist nicht das entscheidende Problem: Es geht um die Rechtsfrage, wie weit das Persönlichkeitsrecht einer Person, die im Roman „vorkommt", der Freiheit der Kunst Grenzen setzen kann; vgl. BVerfG NJW 2008, 39 – *Esra*; vgl. auch LG Leipzig Urt. v. 17.12.2007, Az. 10 O 912/07: Dort ging es um die Autobiographie einer heute 93-jährigen Frau, die eine 65 Jahre zurückliegende Liebesgeschichte erwähnt. Die Klage wegen Verletzung des Persönlichkeitsrechts wird abgewiesen, da der Name der (in der Öffentlichkeit ebenfalls kaum bekannten) Person des Geliebten verfremdet worden sei und die Person „positiv" gezeichnet worden sei. Dem Ergebnis ist zuzustimmen, doch ist die Begründung bedenklich, weil wieder nicht die tatsächliche Benachteiligung durch Ansehensminderung in der Öffentlichkeit herausgearbeitet wird. Auf die positive oder negative Zeichnung des Persönlichkeitsbildes kann es nicht ankommen.

188 Dazu neigt auch das SV Gaier, Hohmann-Dennhardt.

189 Dazu neigt aber die Rechtsprechung; vgl. schon BVerfGE 30, 173 – *Mephisto*; jetzt BVerfG NJW 2008, 39 – *Esra*; *Ladeur/Gostomzyk* KUR 2004, 161 („Der Tod des Kanzlers"); OLG Frankfurt ZUM 2006, 407 – *Der Kannibale von Rotenburg*.

190 BVerfG NJW 2008, 39 – *Esra*; zum Problem der Entschädigung in diesem Fall, LG München I, ZUM 2008, 537 m. Anm. *Ladeur*.

191 And. OLG Frankfurt ZUM 2006, 407 – *Der Kannibale von Rotenburg*; krit. *Ladeur* KUR 2006 Nr. 3, S. 57.

192 Vgl. nur *Ladeur*, Das Medienrecht und die Ökonomie der Aufmerksamkeit, 2007.

das Überwirken in die Realität weitaus stärker begrenzt wird als bei anderen medialen Formen des politischen Streits. Hier sollte die Praxis in den USA beispielgebend sein, wenn sie das Persönlichkeitsrecht in der Öffentlichkeit stark eingeschränkt sieht und Konflikte auf die öffentliche Auseinandersetzung verweist.[193] Im Übrigen ist aber wegen der Bedeutung der Kunstfreiheit eine genauere Untersuchung der Reichweite der Schädigung des Persönlichkeitsrechts des „Dargestellten" erforderlich: Im Übrigen muss genauer gezeigt werden, dass und wie die Persönlichkeitsrechte beeinträchtigt worden sind. Dazu gehört eine Erhebung der Verbreitung und eine Feststellung dazu, wer die „Entschlüsselung" überhaupt vornehmen konnte. Die Gerichte begnügen sich vielfach mit eher formelhaften Feststellungen.[194] Dass aber auch durch fiktionale Darstellungen eine reale Person in ihrem Persönlichkeitsrecht beeinträchtigt werden kann, ist nicht auszuschließen. Dazu bietet der amerikanische Streit um den Film „The Red Kimono" aus dem Jahr 1931 ein anschauliches Beispiel: Verfilmung der Lebensgeschichte einer Frau, die in ihrer Jugend von Prostitution gelebt hatte, dann aber ein „bürgerliches Leben" geführt hatte, aus dem sie durch die entlarvende filmische Darstellung herausgerissen worden war.[195]

VII. Postmortales Persönlichkeitsrecht – Ehrenschutz und Wertschutz

1. Legitimation des postmortalen Persönlichkeitsrechts

Wie oben angemerkt ist auch das **postmortale Persönlichkeitsrecht** geschützt.[196]   **67** Dies ist konsequent, wenn das Verhältnis von Person und Kommunikationssystem akzentuiert wird, wie dies hier der Fall ist. Die zwangsläufig über den Tod nachwirkende Kommunikation einer Person in den Kommunikationssystemen bedarf konsequenterweise des verfassungsrechtlichen Schutzes. Ob dies mit Pietätsgefühl der Überlebenden oder den Nachwirkungen des Lebens des Toten geschuldet ist, kann dahingestellt bleiben.[197] Wegen des Zusammenhangs von Persönlichkeit und Kommunikationssystem bereitet die Konstruktion keine Schwierigkeiten. Problematisch erscheint allerdings die Annahme, beim immateriellen postmortalen Persönlichkeitsschutz könne es keine Abwägung mit kollidierenden Rechtsgütern geben.[198] Dies erscheint mit der hier vorgenommenen kommunikativen Akzentsetzung nicht vereinbar, da auch die Begrenzung des Persönlichkeitsschutzes nach dem Tode weiterwirken muss.[199] Allerdings ist es gerade nach der hier vertretenen Auffassung wiederum konsequent, die nur noch begrenzt mögliche, aber nicht ausgeschlossene Verteidigung der eigenen Kommunikationsinteressen – eben auch durch Dritte – zu berücksichtigen.

Der **Mephisto-Fall**[200] zeigt, dass bei prominenten Verstorbenen (hier: G. Gründgens)   **68** die Wahrnehmung der Kommunikationsinteressen durch lebende Kommunikationsteilnehmer möglich und auch den Interessen des Toten angemessen erfolgen kann. Auch beim postmortalen Persönlichkeitsschutz muss zwischen Persönlichkeitsschutz und An-

---

[193] *Whitman*, Yale Law Journal 1999, 1279; allg. *Ladeur*, Das Medienrecht und die Ökonomie der Aufmerksamkeit.

[194] *Ladeur* AfP 2008, i. E.

[195] Melvin v. Reid 112 Cal. App. 285, 297 (Cal. Ct. App. 1931).

[196] BGHZ 143, 114 – *Marlene Dietrich*; BGH ZUM 2007, 54 – *Klaus Kinski*; BVerfGE 30, 173 – *Mephisto*; BVerfG NJW 2006, 3409 – *Marlene Dietrich*; LG Düsseldorf ZUM 2002, 390 – *J. Beuys*; allg. *Prinz/Peters*, Medienrecht, 2007, Rn. 131ff.; *Beater*, Medienrecht, 2007, Rn. 346.

[197] Vgl. dazu nur *Claus*, Postmortaler Persönlichkeitsschutz im Zeichen allgemeiner Kommerzialisierung, 2004.

[198] BVerfG NJW 2006, 3409f.; 2001, 594; 2957.

[199] Vgl. zum Verhältnis zwischen Entschädigungsanspruch aus eigenem und abgeleitetem Recht LG Hamburg AfP 2007, 382.

[200] BVerfGE 30, 173.

sehensschutz unterschieden werden; konsequenterweise sind grundsätzlich auch postmortal beide Seiten zu schützen. Die Rechtsprechung hat sich in der Vergangenheit
wegen der starken Fixierung auf die Substanz einer vom Kommunikationssystem getrennten Persönlichkeit mit der Anerkennung eines ökonomischen „Bestandsschutzes"
des allgemeinen Persönlichkeitsrechts über den Tod hinaus schwergetan.

2. Postmortales Persönlichkeitsrecht als „Immaterialgüterrecht"

69   Das BVerfG ist in seiner **„Marlene Dietrich"**-Entscheidung allerdings davon ausgegangen, dass der Schutz der ökonomischen Bestandteile des postmortalen Persönlichkeitsschutzes verfassungsrechtlich zulässig, aber nicht geboten sei,[201] der postmortale
Schutz diene nicht den Erben. Es ist jedoch nur folgerichtig, das „Image" einer Person
auch nach dem Tode als Wirtschaftsgut zu schützen. Anderenfalls würde dies nur dazu
führen, dass das „Image" als Wirtschaftsgut von Dritten angeeignet werden könnte. Die
Rechtsprechung hat mit Recht den postmortalen Rechtsschutz der Persönlichkeit befristet.[202] Auch hier zeigt sich die Vergleichbarkeit mit den immateriellen Rechtsgütern (vgl.
§ 22 S. 3 KUG). Das BVerfG hat dies aus verfassungsrechtlicher Sicht gebilligt.[203]

70   Das **ökonomische Interesse** muss nach dem Tode wegen dieser Ähnlichkeit von den
Erben wahrgenommen werden können. Der postmortale Ehrenschutz kann aus verfassungsrechtlicher Sicht auch nahen Verwandten anvertraut sein.[204] Dies ist eine Frage des
Zivilrechts.[205] Allerdings kann die Art der postmortalen Verwertung des Persönlichkeitsrechts die Menschenwürde des Verstorbenen beeinträchtigen.[206] Davon zu unterscheiden
ist aber die Möglichkeit der Inanspruchnahme eines postmortalen Entschädigungsanspruchs aus abgeleitetem Recht. Dies ist grundsätzlich zu verneinen. Wiederum anders ist
der allerdings nur in engen Grenzen als berechtigt anzuerkennende Anspruch aus Verletzung des eigenen Persönlichkeitsrechts eines überlebenden Angehörigen zu bewerten, die
uno actu mit der Verletzung des Persönlichkeitsrechts des verstorbenen Angehörigen begangen worden sein kann.[207]

---

[201] BVerfG NJW 2006, 3409.

[202] BGH NJW 2007, 684 – *Klaus Kinski*; 10 Jahre entsprechend § 22 S. 3 KUG.

[203] BVerfG NJW 2006, 3409.

[204] *Claus*, Postmortaler Persönlichkeitsschutz im Zeichen allgemeiner Kommerzialisierung,
2004.

[205] Zu den zivilrechtlichen Fragen der Wahrnehmung des postmortalen Persönlichkeitsrechts
durch Erben oder Angehörige vgl. *Hager/Staudinger*, § 823 Rn. C 38ff.; zur Reichweite der verfassungsrechtlichen Kontrolle der zivilgerichtlichen Rechtsprechung vgl. BVerfG NJW 2006, 207f.

[206] BVerfG NJW 2006, 3409.

[207] LG Hamburg AfP 2007, 382 (allerdings dort verneint für den Anspruch der Ehefrau wegen
eines Fotos des bei einem Unfall getöteten Ehemanns).

3. Teil. Zivilrechtlicher Persönlichkeitsschutz

5. Kapitel. Einführung

§ 10. Ideeller und kommerzieller Persönlichkeitsschutz

Inhaltsübersicht

Schrifttum: *Beuthien,* Was ist vermögenswert, die Persönlichkeit oder ihr Image?; NJW 2003, 1220; *ders.,* Postmortaler Persönlichkeitsschutz auf dem Weg ins Vermögensrecht, ZUM 2003, 261; *Beuthien/Schmölz,* Persönlichkeitsschutz durch Persönlichkeitsgüterrechte – Erlös-Herausgabe statt nur billige Entschädigung in Geld, 1999, S. 29; *Buchner,* Informationelle Selbstbestimmung im Privatrecht, 2006; *Coing,* Europäisches Privatrecht, Bd. 2, 1989; *Fikentscher,* Wirtschaftsrecht, Bd. 2, 1983; *Forkel,* Allgemeines Persönlichkeitsrecht und „wirtschaftliches" Persönlichkeitsrecht, in: FS Neumayer, 1985, S. 229; *v. Gierke,* Deutsches Privatrecht, 1. Bd., 1895; *Götting,* Persönlichkeitsrechte als Vermögensrechte, 1995; *ders.,* Die Vererblichkeit der Vermögenswerten Bestandteile des Persönlichkeitsrechts – ein Meilenstein in der Rechtsprechung des BGH, NJW 2001, 585; *ders.,* Sanktionen bei Verletzung des postmortalen Persönlichkeitsrechts, GRUR 2004, 801; *Heitmann,* Der Schutz der materiellen Interessen an der eigenen Persönlichkeitssphäre durch subjektiv-private Rechte – zugleich ein Beitrag zur Abgrenzung des allgemeinen Persönlichkeitsrechts, Diss. Hamburg 1963; *Jung,* Persönlichkeitsrechtliche Befugnisse nach dem Tode des Rechtsträgers, AfP 2005, 317; *Larenz/Wolf,* Allgemeiner Teil des Bürgerlichen Rechts, 9. Aufl. 2004; *Lehmann,* Das wirtschaftliche Persönlichkeitsrecht von Anbieter und Nachfrager, in: FS Hubmann, Beiträge zum Schutz der Persönlichkeit und ihrer schöpferischen Leistungen, 1985, S. 255; *Peifer,* Individualität im Zivilrecht. Der Schutz persönlicher, gegenständlicher und wettbewerblicher Individualität im Persönlichkeitsrecht, Immaterialgüterrecht und Recht der Unternehmen, 2001; *Peukert,* Persönlichkeitsbezogene Immaterialgüterrechte?, ZUM 2000, 710; *Savigny,* System des heutigen Römischen Rechts, Bd. 1, 1814; *Schricker,* Urheberrecht, 3. Aufl. 2006.

A. Einleitung

1   Die Frage, in welchem Verhältnis ideeller und kommerzieller Persönlichkeitsschutz zueinander stehen, stellte sich lange Zeit nicht, weil nach dem traditionellen Verständnis des
Persönlichkeitsrechts davon ausgegangen wurde, dass dieses sich ausschließlich oder zumindest ganz überwiegend auf die höchstpersönlichen unveräußerlichen, ideellen Interessen des Rechtsträgers bezieht. Erst die zunehmende **Kommerzialisierung** einzelner
Persönlichkeitsrechte, wie insbesondere des Rechts am eigenen Bilde und des Namens,
haben die historisch unbegründete[1] Prämisse, wonach der Schutz kommerzieller Interessen bei der Deutung der Rechtsnatur des Persönlichkeitsrechts keine Rolle spielt, ins
Wanken gebracht. Im Schrifttum wird eine Diskussion darüber geführt, ob es sich beim
Schutz ideeller und kommerzieller Interessen um ein einheitliches Recht oder aber um
verschiedene, miteinander zwar in Zusammenhang stehende, aber getrennte Rechte handelt. Hierbei zeigen sich deutliche Parallelen zum Streit über die monistische oder dualistische Deutung des Urheberrechts, wie er im 19. Jahrhundert ausgetragen wurde.[2]

2   Insgesamt zeichnen sich in der wissenschaftlichen Diskussion über die Folgen der
Kommerzialisierung drei Grundlinien ab: Nach einer Mindermeinung, die man als tradi-
tionalistisch bezeichnen könnte, ist daran festzuhalten, dass das Persönlichkeitsrecht dem
Schutz ideeller Interessen dient. Nach der extremen Gegenposition wird unter dem Eindruck der Kommerzialisierung und des damit verbundenen wirtschaftlichen Werts gerade
von Name, Bildnis, Stimme und auch anderen Persönlichkeitsmerkmalen Prominenter
im Sinne einer dualistischen Konzeption die Abspaltung eines immaterial-güterrecht-
lichen Persönlichkeitsnutzungsrechts befürwortet. Nach einer vermittelnden Lösung, die
zwischen den beiden Extremen liegt, sollte das für das deutsche Urheberrecht bestim-
mende **monistische Modell** zur konzeptionellen Ausgestaltung des Persönlichkeitsrechts herangezogen werden.

B. Die verschiedenen Ansichten

I. Das Festhalten am ideellen Interessenschutz

3   Nach *Peifer* ist daran festzuhalten, dass das Persönlichkeitsrecht dem Schutz ideeller
Interessen dient.[3] Die Ausbildung der menschlichen Individualität müsse einen weiten,
unverfügbaren Raum behalten: „Daneben bleiben Geschäfte möglich, durch welche die
Person inhaltlich näher bestimmten Handlungen zustimmt, welche die wirtschaftliche
Nutzung ihrer Persönlichkeitsmerkmale betreffen. Das Instrument hierzu ist die Einwilligung der betroffenen Person. Versuche, diese Einwilligung zu verselbständigen, so dass sie
als übertragbares Recht dem Persönlichkeitsattribut anhaftet, sind allerdings zurückzuweisen. Die Einwilligung ist das zentrale Instrument, durch das die Person ihr Selbstbe-
stimmungsinteresse steuern kann."[4] Nach Ansicht von *Peifer* fehlt dem Persönlichkeitsgut
ein wirtschaftlicher Zuweisungsgehalt. „Versuche, den Gewinn aus einer ohne Einwilligung der Person vorgenommenen Vermarktung von Persönlichkeitsgütern bereicherungsrechtlich durch die Eingriffskondiktion abzuschöpfen, setzen sich hierüber hinweg.
Dem steht nicht entgegen, für solche Nutzungen der betroffenen Person einen Anspruch
auf Zahlung einer Lizenzgebühr zu gewähren, wenn die Person der Nutzung zugestimmt
hätte. Diesen Anspruch kann auch der Verwerter im Wege der gewillkürten Prozessstand-

---

1 Siehe dazu unten Rn. 3.
2 Siehe statt vieler nur Schricker/*Vogel*, UrhG, Einl. Rn. 71 f.
3 *Peifer*, Individualität im Zivilrecht, S. 326.
4 *Peifer*, ebenda.

sschaft geltend machen, obwohl deren Zulässigkeit eigentlich voraussetzte, dass die Befugnis selbst übertragbar ist. Steht fest, dass die Person einer kommerziellen Nutzung ihrer Persönlichkeitsgüter widersprochen hätte, dann kommt eine Lizenzgebühr nicht in Betracht. Hier bleibt nur immaterieller Schadensersatz."[5]

II. Dualistischer Ansatz

Der dualistische Ansatz ist dadurch gekennzeichnet, dass in verschiedenen begrifflichen 4 Ausprägungen und inhaltlichen Spielarten für eine immaterial-güterrechtsähnliche Abspaltung und Verselbständigung der vermögenswerten Bestandteile des Persönlichkeitsrechts vom ideellen Interessenschutz plädiert wird. Damit wird eine scharfe Trennung zwischen den ideellen und materiellen Interessen der Persönlichkeit vorgenommen, die an den **Dualismus** zwischen dem auf den ideellen Interessenschutz ausgerichteten **Right of Privacy** und dem auf den Schutz kommerzieller Interessen zugeschnittenen **Right of Publicity** in den USA erinnert.[6]

1. Persönlichkeitsnutzungsrecht

Einen ersten Vorstoß in diese Richtung unternahm *Heitmann* in seiner Hamburger Dis- 5 sertation aus dem Jahre 1963,[7] in der er für die Anerkennung eines „Persönlichkeitsnutzungsrechts" eintrat, das als übertragbares und vererbliches Vermögensrecht streng von dem auf dem Schutz der ideellen Sphäre zugeschnittenen allgemeinen Persönlichkeitsrecht abzugrenzen sei,[8] denn es stelle einen Missbrauch dar, die hinter diesem stehende „Persönlichkeitsidee" zu bemühen, wo es in Wahrheit nur „um klingende Münze" gehe.[9]

2. Wirtschaftliches Persönlichkeitsrecht

Einem dualistischen Ansatz folgt auch *Fikentscher*, der kritisch konstatiert, das all- 6 gemeine Persönlichkeitsrecht gewähre nur einen umfassenden Schutz der Persönlichkeit in nichtwirtschaftlicher Hinsicht, klammere aber den wirtschaftlichen Schutz der Persönlichkeit weitgehend aus, weil dieser sich über das „Recht am Unternehmen" auf den Unternehmer beschränke.[10] Um diese Lücke zu schließen, plädiert er dafür, dem auf den Privatbereich ausgerichteten allgemeinen Persönlichkeitsrecht ein von diesem unabhängiges und eigenständiges **„wirtschaftliches Persönlichkeitsrecht"** zur Seite zu stellen.[11] Der von *Fikentscher* geprägte Begriff des „wirtschaftlichen Persönlichkeitsrechts", der in der Literatur Anhänger gefunden hat,[12] wird von ihm in einem umfassenden Sinne verstanden und geht in seiner Bedeutung über die Kommerzialisierung von Persönlichkeitsmerkmalen weit hinaus, denn das dahinterstehende Konzept soll insbesondere auch als dogmatisches Fundament für eine Stärkung der Rechte des Konsumenten dienen.[13]

3. Persönlichkeitsgüterrechte

Beuthien plädiert für eine strikte Trennung zwischen dem allgemeinen Persönlichkeits- 7 recht, das auf den Schutz von Lebensgütern beschränkt sein soll, und den Persönlichkeitsgüterrechten, die nicht Bestandteile des menschlichen Innenlebens, sondern von der

---

[5] *Peifer*, Individualität im Zivilrecht, S. 326.

[6] Siehe dazu unten § 69 Rn. 16 ff.

[7] *Heitmann*, Der Schutz der materiellen Interessen an der eigenen Persönlichkeitssphäre durch subjektiv-private Rechte – zugleich ein Beitrag zur Abgrenzung des allgemeinen Persönlichkeitsrechts, Diss. Hamburg 1963.

[8] *Heitmann*, a.a.O., S. 78 ff.

[9] *Heitmann*, a.a.O., S. 4.

[10] *Fikentscher*, Wirtschaftsrecht, Bd. 2, S. 112.

[11] *Fikentscher*, a.a.O., S. 112, 132 f.

[12] Zustimmend *Lehmann* in: FS Hubmann, S. 255 ff.; siehe auch *Forkel* in: FS Neumayer S. 229 ff.

[13] *Fikentscher*, Wirtschaftsrecht, Bd. 2, S. 112, 132.

Person und damit von der Persönlichkeit zu unterscheiden sind.[14] Nicht die Persönlichkeit, sondern die **Gegenstände mit nahem Persönlichkeitsbezug,** wie menschliche Abbilder, vertrauliche Daten und Persönlichkeitsbilder, sollen der Person zugeordnet werden, auf deren Persönlichkeit sie hinweisen und von der sie geprägt sind und als Herrschaftsrecht in die Struktur der Vermögensrechte des BGB eingeordnet werden. Wörtlich heißt es dazu: „Die Persönlichkeit ist kein außerhalb der Person bestehender Gegenstand, sondern ein wesentlicher Bestandteil der lebenden Person. Die Freiheit der Person ist ein Lebensgut. Dagegen sind der Name, das menschliche Abbild, Film- und Tonaufnahmen sowie Daten mit nahem Persönlichkeitsbezug und das durch diese geformte Persönlichkeitsbild, Gegenstände im Sinne des bürgerlichen Rechts."[15] An anderer Stelle heißt es: „Dem Inhaber eines absoluten Herrschaftsrechts an einem Gegenstand steht grundsätzlich neben einem Ausschließungsrecht auch ein Verwertungsrecht zu. Ein Ausschließungsrecht an einem Gegenstand ohne die ausschließliche Zuweisung der Verwertungsbefugnis besteht nur dann, wenn letztere im Einzelfall durch gesetzliche Wertungen missbilligt wird. Dies ist bei den Gegenständen mit nahem Persönlichkeitsbezug nicht der Fall, so dass darin absolute Herrschaftsrechte in Form von Verwertungsrechten bestehen können. Daher sind Persönlichkeitsgüterrechte anzuerkennen."[16]

III. Monistischer Ansatz

1. Rechtsprechung

8   Im Gegensatz zu der oben geschilderten dualistischen Aufspaltung des Persönlichkeitsrechts geht die Rechtsprechung des BGH davon aus, dass in einem monistischen Sinne das einheitliche Persönlichkeitsrecht sowohl dem Schutz ideeller als auch kommerzieller Interessen dient. Wörtlich heißt es dazu im ersten Leitsatz der **„Marlene Dietrich"-Entscheidung:** „Das allgemeine Persönlichkeitsrecht und seine besonderen Erscheinungsformen, wie das Recht am eigenen Bild und das Namensrecht, dienen dem Schutz nicht nur ideeller, sondern auch kommerzieller Interessen der Persönlichkeit."[17] An einer anderen Stelle findet sich folgende Feststellung: „Darüber hinaus schützen das allgemeine Persönlichkeitsrecht und seine besonderen Ausprägungen aber auch vermögenswerte Interessen der Person. Der Abbildung, dem Namen sowie sonstigen Merkmalen der Persönlichkeit, wie etwa der Stimme, kann ein beträchtlicher wirtschaftlicher Wert zukommen, der im Allgemeinen auf der Bekanntheit und dem Ansehen der Person in der Öffentlichkeit – meist durch besondere Leistungen, etwa auf sportlichem oder künstlerischen Gebiet erworben – beruht. Die bekannte Persönlichkeit kann diese Popularität und ein damit verbundenes Image dadurch wirtschaftlich verwerten, dass sie Dritten gegen Entgelt gestattet, ihr Bildnis oder ihren Namen, aber auch andere Merkmale der Persönlichkeit, die ein Wiedererkennen ermöglichen, in der Werbung für Waren oder Dienstleistungen einzusetzen. Durch eine unerlaubte Verwertung ihrer Persönlichkeitsmerkmale, etwa für Werbezwecke, werden daher häufig weniger ideelle als kommerzielle Interessen der Betroffenen beeinträchtigt, weil diese sich weniger in ihrer Ehre und in ihrem Ansehen verletzt fühlen, als vielmehr finanziell benachteiligt sehen.[18] Der BGH hat die kommerziellen Interessen an der Persönlichkeit von jeher in den durch die Persönlichkeitsrechte

---

[14] *Beuthien/Schmölz*, Persönlichkeitsschutz durch Persönlichkeitsgüterrechte – Erlös-Herausgabe statt nur billige Entschädigung in Geld, S. 29; siehe auch *Beuthien* NJW 2003, 1220 ff.; *ders.* ZUM 2003, 261 f.

[15] *Beuthien/Schmölz*, a.a.O., S. 24.

[16] *Beuthien/Schmölz*, Persönlichkeitsschutz durch Persönlichkeitsgüterrechte – Erlös-Herausgabe statt nur billige Entschädigung in Geld, S. 37 f.

[17] BGH GRUR 2000, 709 – *Marlene Dietrich.*

[18] Unter Hinweis auf *Schlechtriem* in: FS Hefermehl, S. 445, 465; *Götting*, Persönlichkeitsrechte als Vermögensrechte, S. 266.

gewährleisteten Schutz einbezogen. Die Persönlichkeitsrechte sollen danach die allein dem Berechtigten zustehende freie Entscheidung darüber schützen, ob und unter welchen Voraussetzungen sein Bildnis oder sein Name – Entsprechendes gilt für andere kennzeichnende Persönlichkeitsmerkmale – den Geschäftsinteressen Dritter dienstbar gemacht wird.[19] Im Hinblick auf die wirtschaftlichen Interessen an der Persönlichkeit hat der BGH anerkannt, dass das Persönlichkeitsrecht auch vermögenswerte Bestandteile aufweist.[20] Dementsprechend hat er das Recht am eigenen Bild als ein **vermögenswertes Ausschließlichkeitsrecht** bezeichnet und generell bei der Verletzung des Persönlichkeitsrechts **Ersatzansprüche** für möglich erachtet."[21]

2. Literatur

In der Erkenntnis, dass sich ideelle und materielle Interessen nicht auseinanderdividieren lassen, sondern untrennbar ineinander verflochten sind, wird auch in der Literatur eine monistische Konzeption postuliert, wonach das „wirtschaftliche Persönlichkeitsrecht" einen integralen Bestandteil des allgemeinen Persönlichkeitsrechts und deren speziellen Ausprägungen bildet.[22] Auch *v. Gierke*, einer der Väter der Persönlichkeitsrechtstheorie, sah den Schutz der „wirtschaftlichen Betätigung" als Bestandteil des „allgemeinen Rechtes der Persönlichkeit" an.[23] Eine differenzierte Haltung nimmt *Peukert* ein, der davon spricht, dass die „Persönlichkeitsverwertungsrechte" gegenüber dem allein die ideellen Interessen schützenden allgemeinen Persönlichkeitsrecht eine Sonderstellung einnehmen.[24] Gleichzeitig wendet er sich aber mit Nachdruck gegen eine immaterialgüterrechtliche Abspaltung der vermögenswerten Bestandteile und plädiert dafür, dass der Ordnungsrahmen für die faktische Kommerzialisierung kennzeichnender Persönlichkeitsmerkmale auch in Zukunft im persönlichkeitsrechtlichen Modell gesucht werden solle.[25]

C. Kritik und eigener Lösungsansatz

I. Kritik

1. Gegen die Reduktion des Persönlichkeitsrechts auf den Schutz ideeller Interessen

Die Stimmen in der Literatur, die dafür eintreten, das Persönlichkeitsrecht generell auf den ideellen Interessenschutz zu begrenzen und ihm auch bezüglich der kommerzialisierbaren Identitätskennzeichen, wie Name oder Bild, einen vermögensrechtlichen Gehalt im Prinzip absprechen, sind entgegen dem ersten Anschein nicht die „Retter des Persönlichkeitsrechts", sondern ihre Auffassung führt zu einer kontraproduktiven Wirkung, die das Petitum eines effektiven Schutzes der ideellen Interessen geradezu konterkariert. Wer unterstellt, dass die freie und ungehinderte Ausbeutung des Werbewertes prominenter Persönlichkeiten der zunehmenden Kommerzialisierung entgegen wirkt, verletzt einfache

---

[19] Unter Hinweis auf BGHZ 20, 345, 350 f. = GRUR 1956, 427 – *Paul Dahlke*; BGHZ 81, 75, 80 = NJW 1981, 2402 – *Carrera*.

[20] Unter Hinweis auf BGHZ 50, 133, 137 = GRUR 1968, 552 – *Mephisto*.

[21] Unter Hinweis auf BGHZ 20, 345, 353 und 355 = GRUR 1956, 427 – *Paul Dahlke*; BGHZ 30, 7, 16 = GRUR 1959, 430 – *Caterina Valente*; BGH GRUR 1961, 138, 140 – *Familie Schölermann*; BGH GRUR 1979, 732, 734 – *Fußballtor*; BGH GRUR 1992, 557, 558 = NJW 1992, 2084 – *Joachim Fuchsberger*; BGH GRUR 2000, 709, 712 – *Marlene Dietrich*.

[22] Siehe *Götting*, Persönlichkeitsrechte als Vermögensrechte, S. 138 f.; *Buchner*, Informationelle Selbstbestimmung im Privatrecht, S. 218 ff.; siehe auch *Forkel* in: FS Neumayer, S. 229, 243 f.

[23] *v. Gierke*, Deutsches Privatrecht, 1. Bd., S. 713 f.

[24] *Peukert* ZUM 2000, 710, 721.

[25] *Peukert*, ebenda.

Regeln der Logik und lässt leicht nachvollziehbare Erkenntnisse über die ökonomische Steuerungsfunktion der Zuordnung von Ausschließlichkeitsrechten außer Acht.[26] Moralische Entrüstung vermag eine rationale Argumentation nicht zu ersetzen. Es liegt auf der Hand, dass das Ziel, einer ungehinderten und unkontrollierten Kommerzialisierung der Persönlichkeitsmerkmale Prominenter entgegenzutreten, am besten dadurch erreicht werden kann, dass sie oder ihre Erben sich als Inhaber der vermögenswerten Bestandteile des Persönlichkeitsrechts gegen eine **unbefugte Nutzung** nicht nur mit Abwehr-, sondern auch mit **Ersatzansprüchen** zur Wehr setzen können. Es gilt die Devise: „Schutz vor Kommerzialisierung durch Kommerzialisierung". Ein Festhalten an dem Erfordernis der Lizenzbereitschaft als Voraussetzung für die Anwendung der Lizenzanalogie im Rahmen der Eingriffskondiktion nach § 812 Abs. 1 S. 1 Alt. 2 BGB, wie es von *Peifer*[27] im Sinne der **„Herrenreiter"-Doktrin**,[28] aber entgegen der jüngsten Rechtsprechung des I. Zivilsenats des BGH,[29] fordert, ist nicht nur bereicherungsrechtlich verfehlt,[30] sondern führt auch unter persönlichkeitsrechtlichen Aspekten zu grotesken Ergebnissen. Es wäre nämlich grob ungerecht, wenn gerade bei schweren Verletzungen ein Anspruch aus Eingriffskondiktionen entfiele, weil diese regelmäßig keine Zustimmung des Betroffenen finden. Ein Ausgleichsanspruch wegen immateriellen Schadens (**„sog. Schmerzensgeldanspruch"**) wird nur dann gewährt, wenn ein „schwerwiegender Eingriff" vorliegt.[31]

2. Wider den Dualismus im Persönlichkeitsrecht

11   Der dualistische Ansatz, wonach das allgemeine Persönlichkeitsrecht auf den Schutz ideeller Interessen zugeschnitten ist und daneben ein immaterial-güterrechtsähnliches Persönlichkeitsverwertungs- oder -güterrecht besteht, das dem Schutz der kommerziellen Interessen des Rechtsträgers dient, widerspricht der grundlegenden Erkenntnis, dass sich ideelle und materielle Interessen nicht klar und eindeutig voneinander trennen lassen, sondern miteinander verflochten sind und in einer Wechselwirkung zueinander stehen. Diese Doppelfunktion des Persönlichkeitsschutzes, bei dem beide Interessenkreise ineinander übergehen, zieht sich wie ein roter Faden durch die verschiedensten Ausprägungen des Persönlichkeitsschutzes. Durch Eingriffe in das urheberrechtliche Veröffentlichungsrecht (§ 12 UrhG) oder des Rechts auf Anerkennung der Urheberschaft (§ 13 UrhG) oder in das Recht auf Werkintegrität (§ 14 UrhG) können **Ansehensminderungen oder Identitätsverfälschungen** entstehen, die den Urheber nicht nur ideell beeinträchtigen, sondern negative Rückwirkungen auf die Verwertbarkeit des Werkes oder aber auf den wirtschaftlichen Erfolg künftiger Werke haben können. Ganz generell ist das Ansehen zwar einerseits ein immaterieller Wert, der sich als solcher einer Berechenbarkeit nach ökonomischen Kategorien entzieht und an dem der Person nicht aus pekonären Gründen, sondern aus Gründen ihres sozialen und seelischen Wohlbefindens gelegen ist. Gleichzeitig hat aber der „gute Name" ganz erhebliche wirtschaftliche Bedeutung im Hinblick auf das „good will" oder den „Kredit", wenn sich die Person unternehmerisch betätigt. Letzterem hat auch das BGB durch den **Deliktstatbestand** des § 824 BGB Rechnung getragen. Ebenso kann etwa ein Star, der seine Popularität zu vermarkten pflegt, sowohl ideell als auch materiell geschädigt werden, wenn seine Identität für die Absatzförderung eines anrüchigen oder minderwertigen Produktes ausgenutzt wird. Vor diesem Hintergrund erscheint eine Aufspaltung des Persönlichkeitsschutzes in eine ideelle und eine ökonomische

---

[26] *Götting* NJW 2001, 585, 586.

[27] *Peifer,* Individualität im Zivilrecht, S. 326.

[28] BGH GRUR 1958, 408 f. – *Herrenreiter.*

[29] BGH GRUR 2007, 139 – *Rücktritt des Finanzministers*; a.A. BGH GRUR 2006, 252, 253 f. – *Postmortaler Persönlichkeitsschutz* (VI. Zivilsenat).

[30] Siehe dazu oben § 50 Rn. 35, 38.

[31] Siehe etwa BGH GRUR 1985, 398, 400 – *Nacktfoto*; Schricker/*Götting*, UrhG, § 60/§§ 33–50 KUG, Rn. 26 f.

Sphäre nicht gerechtfertigt. Der unteilbaren, einheitlichen Persönlichkeit sollte vielmehr ein einheitliches Persönlichkeitsrecht entsprechen, das gleichermaßen beide Interessenkreise umfasst.[32] In diesem Sinne ist auch die Entscheidung des BGH „Rennsportgemeinschaft" zu deuten, wo in einem Atemzug vom „Recht auf geistige und wirtschaftliche Selbstbestimmung" gesprochen wird.[33]

Aus diesem Grunde ist auch die von *Beuthien* vorgeschlagene Anerkennung eines „Per-   **12** sönlichkeitsgüterrechts" abzulehnen, auch wenn zu konzedieren ist, dass es sich dabei um die bisher umfassendste und ausgereifteste Konzeption eines dualistischen Ansatzes handelt. Sie gründet sich auf die Prämisse, dass die Persönlichkeit und die mit ihr verknüpften Lebensgüter, wie Freiheit, Leben, Körper und Gesundheit, von den gegenständlichen Wirtschaftsgütern, wie Name, Bildnis, Film- und Tonaufnahmen sowie Daten mit nahem Persönlichkeitsbezug, zu trennen sind.[34] Diese Differenzierung zwischen Persönlichkeit und „Persönlichkeitsgütern" ist verfehlt, weil hier der maßgebliche Bezugspunkt der Bewertung verkannt wird. Er liegt in den „inneren Lebensgütern" der Persönlichkeit selbst, nämlich in den untrennbaren und unveräußerlichen Rechten der Freiheit und Selbstbestimmung, durch deren Ausübung die Persönlichkeit ihr Persönlichkeitsbild und damit ihre Identität bildet. Bei **Identitätskennzeichen,** wie Name oder Bildnis, handelt es sich um ein Medium, dessen Ausübung in der Freiheit und Selbstbestimmung des Individuums wurzelt und das *in concreto* die Persönlichkeit in ihrer sozialen Identität prägt. Kurz gesagt: Identitätskennzeichen sind Instrumente der Persönlichkeitsbildung und müssen deshalb so weit wie möglich der Regie der **Selbstbestimmung** vorbehalten bleiben. Sie dürfen nicht dem Regime der Fremdbestimmung ausgeliefert werden.

Der entscheidende Einwand gegen eine dualistische Trennung der auf den Schutz   **13** ideeller Interessen ausgerichteten Persönlichkeitsrechte und der vermögensrechtlichen Persönlichkeitsgüterrechte, wie sie auch im **amerikanischen Recht** vorgenommen wird, wo man strikt zwischen **„Right of Privacy"** und **„Right of Publicity"** unterscheidet,[35] liegt darin begründet, dass mit solch einer Spaltung dem unverzichtbaren Kern der mit Persönlichkeitsrechten (mehr oder weniger) verknüpften ideellen Interessen nicht hinreichend Rechnung getragen wird. Die Konstruktion, „Persönlichkeitsgüterrechte" aus dem allgemeinen Persönlichkeitsrecht herauszulösen, erweist sich bei näherem Hinsehen als kontraproduktiv. Gegen die Anerkennung einer vermögensrechtlichen Komponente des Persönlichkeitsrechts und für die Abspaltung eines „Persönlichkeitsgüterrechts" spricht auch nicht die für sich genommen zweifellos richtige Feststellung, dass das Persönlichkeitsrecht nicht den herkömmlichen Merkmalen der Subjekt-Objekt-Relation des subjektiven Rechts entspricht, da der „Mensch ... kein Herrschaftsrecht an sich selbst zu haben" vermag.[36] Dies, so *Beuthien,* verbiete sich, weil es menschenunwürdig sei, § 253 Abs. 1 BGB.[37] Damit wird unterstellt, dass es sich bei dem archaischen, durch Herrschaftsvorstellungen über den Gegenstand des Sacheigentums geprägten Begriff des subjektiven Rechts um ein Axiom mit Ewigkeitsgeltung handle, dem man sich unreflektiert unterzuordnen habe. Die in der engstirnigen Struktur anachronistischer Zivilrechtsdogmatik verhafteten Vorbehalte, dass das Persönlichkeitsrecht nicht mit der Kategorie des subjektiven Rechts vereinbar sei, weil es wegen deren Einsetzung von Subjekt und Objekt in letzter Konsequenz zu dem inakzeptablen Ergebnis eines Rechts auf Selbst-

---

[32] *Götting,* Persönlichkeitsrechte als Vermögensrecht, S. 138 f.

[33] BGH GRUR 1981, 846, 847 – *Rennsportgemeinschaft.*

[34] Siehe *Beuthien/Schmölz,* Persönlichkeitsschutz durch Persönlichkeitsgüterrecht – Erlös-Herausgabe statt nur billige Entschädigung in Geld, S. 24, 37; siehe auch *Beuthien* NJW 2003, 1220 ff.; *ders.* ZUM 2003, 261 f.

[35] Siehe dazu eingehend *Götting,* Persönlichkeitsrechte als Vermögensrechte, S. 168 ff., 191 ff., 266 ff.; siehe auch unten § 69 Rn. 3, 16.

[36] *Beuthien* NJW, 2003, 1220, 1221.

[37] *Beuthien/Schmölz,* Persönlichkeitsschutz durch Persönlichkeitsgüterrechte – Erlös-Herausgabe statt nur billige Entschädigung in Geld, S. 19 ff.

mord führen würde,[38] ist spätestens seit der **Herausbildung der Immaterialgüter-rechte** überholt. Abgesehen davon wird bei einer derartigen rückwärts gerichteten Betrachtungsweise verkannt, dass sich die Dogmatik neuen rechtlichen Erscheinungsformen anzupassen hat und nicht umgekehrt. Dies ist im Übrigen auch schon längst geschehen. So ordnen *Larenz/Wolf* das Persönlichkeitsrecht ganz zwanglos in die Kategorie des subjektiven Rechts ein.[39]

14 Der Versuch, die „Persönlichkeitsgüterrechte" in das Prokrustesbett der tradierten Herrschaftsstruktur des **subjektiven Rechts** zu zwängen, führt bei konsequenter Umsetzung dazu, dass „Persönlichkeitsgüterrechte" zum Zwecke der wirtschaftlichen Nutzung vollständig übertragbar sind.[40] Eine solche Entäußerung und Veräußerung ist mit den durch Persönlichkeitsrechte geschützten Rechtsgütern unvereinbar, denn diese sind unveräußerlich. Auch bei der kommerziellen Verwertung können gewichtige ideelle Interessen tangiert werden; deshalb kann niemand ein für alle Mal auf sein Selbstbestimmungsrecht bezüglich seiner öffentlichen Darstellung verzichten und sich der Fremdbestimmung eines anderen ausliefern.[41] Hiergegen werden zu Recht auch verfassungsrechtliche Bedenken vorgebracht.[42]

15 Ein ganz gravierender Nachteil der Konstruktion eines „Persönlichkeitsgüterrechts" offenbart sich auch beim **postmortalen Persönlichkeitsschutz.** Während der BGH betont, dass die Erben hinsichtlich der Verwertung von Persönlichkeitsmerkmalen des Verstorbenen an dessen Willen gebunden sind,[43] geht *Beuthien* davon aus, dass das „Persönlichkeitsgüterrecht" vollkommen losgelöst von den nach der Rechtsprechung des BGH fortwirkenden ideellen Interessen des Persönlichkeitsschutzes vererblich ist, so dass die Erben ein uneingeschränktes Dispositionsrecht über die kommerzielle Verwertung besitzen, auch wenn damit gegen den erklärten oder mutmaßlichen Willen des Verstorbenen in eklatanter Weise verstoßen wird. Das nachfolgende Zitat belegt dies, weil das elementare Anliegen des postmortalen Persönlichkeitsschutzes, nämlich der über den Tod hinaus wirkende Schutz der Menschenwürde, geradezu konterkariert wird: „Damit erübrigt sich eine weitere begriffliche Unstimmigkeit in der Begründung des BGH. Ein Erbe darf mit den Nachlassgegenständen nach Belieben verfahren. Auf den Willen des Verstorbenen braucht er dabei keine Rücksicht zu nehmen. Die Persönlichkeitsgüter machen insoweit keine Ausnahme. Der Erbe darf diese auch dann verwerten, wenn der Verstorbene dies überhaupt nicht oder nur anders gewollt hätte ..."[44] Damit wird das Persönlichkeitsrecht seines persönlichkeitsrechtlichen Inhalts beraubt. Die konsequente Anwendung dieser Auffassung würde dazu führen, dass die Erben von Marlene Dietrich ohne Rücksicht auf deren erklärten oder mutmaßlichen Willen berechtigt wären, Nacktfotos der Schauspielerin zu „verkaufen"[45] und daraus ihren Profit zu ziehen, obwohl allgemein bekannt ist, dass Marlene Dietrich, die in den letzten Jahrzehnten ihres Lebens äußerst publicityscheu war, sich einer solchen Vermarktung ganz entschieden widersetzt hätte.[46]

---

[38] So *Savigny,* System des heutigen Römischen Rechts, Bd. 1, S. 336; zitiert nach *Coing,* Europäisches Privatrecht, Bd. 2, S. 297.

[39] *Larenz/Wolf,* Allgemeiner Teil des Bürgerlichen Rechts, § 14 Rn. 13, § 15 Rn. 21.

[40] Siehe dazu und zum Folgenden *Götting* GRUR 2004, 801, 805.

[41] *Götting,* Persönlichkeitsrechte als Vermögensrechte, S. 278.

[42] Siehe *Peukert* ZUM 2000, 710, 715.

[43] BGH GRUR 2000, 709 (2. LS) – *Marlene Dietrich.*

[44] *Beuthien* NJW 2003, 1220, 1222; i.d.S. auch *Jung* AfP 2005, 317, 320 f.

[45] Vergleiche OLG München GRUR-RR 2002, 341 – *Marlene Dietrich nackt.*

[46] *Götting* GRUR 2004, 801, 807.

II. Eigener Lösungsansatz

Aus dem **unverzichtbaren und unveräußerlichen Selbstbestimmungsrecht** über   **16** die für die Identitätsbildung der Persönlichkeit elementaren Identitätskennzeichnungen, wie Name, Bildnis oder andere Kennzeichen, folgt, dass das Persönlichkeitsrecht in seiner Gesamtheit, das heißt also auch im Hinblick auf die mit ihm verbundenen kommerziellen Nutzungsmöglichkeiten hinsichtlich einzelner Persönlichkeitsmerkmale, im Kern unübertragbar ist. Wie schon mehrfach ausgeführt,[47] kann wegen des vergleichbaren Ineinandergreifens ideeller und vermögensrechtlicher Belange im Sinne der monistischen Theorie auf die modellhaften Regelungen des Urheberrechts zurückgegriffen werden.[48] Danach kann der Rechtsinhaber in Anlehnung an die Regelung in § 31 UrhG einem anderen ausschließliche oder einfache Nutzungsrechte einräumen, die zeitlich oder inhaltlich beschränkt werden können. Auch wenn sich bestimmte Ausschnitte des Persönlichkeitsrechts aufgrund dieser Dispositionsmöglichkeiten verselbständigen, so bleiben sie doch untrennbar mit der Persönlichkeit verbunden. Dies drückt sich etwa darin aus, dass dem Träger des Persönlichkeitsrechts ein Widerrufsrecht aus wichtigem Grunde, wie insbesondere wegen gewandelter Überzeugung, in Anlehnung an das Rückrufsrecht nach § 42 UrhG zuzugestehen ist. Weil sich die Persönlichkeit in einem dynamischen Entwicklungsprozess befindet und sich die Einstellungen zu bestimmten Fragen oder auch grundlegende Überzeugungen einschneidend ändern können, muss dem Rechtsträger die Möglichkeit eingeräumt werden, sich somit von einer unter anderen Umständen getroffenen Entscheidung über die kommerzielle Verwertung seiner Persönlichkeitsmerkmale distanzieren zu können. Die Schwierigkeit liegt hierbei darin, einen angemessenen Ausgleich zwischen dem aus dem Persönlichkeitsschutz resultierenden Bedürfnis, sich aus vertraglichen Verpflichtungen lösen zu können, und dem durchaus **legitimen Verwerterinteresse** an Rechtssicherheit und Verlässlichkeit zu finden. Problematisch sind insbesondere auch langfristige Bindungen, die den Rechtsinhaber in seiner Freiheit beschränken, an der kommerziellen Verwertung seiner Persönlichkeitsmerkmale in der Werbung, durch die auch seine Identität geprägt wird, Veränderungen vornehmen bzw. die Honorierung an den gestiegenen Marktwert seiner Popularität anpassen zu können. Es ist Aufgabe der Rechtswissenschaften, sich dieser bisher nicht hinreichend beachteten Problematik zu widmen und Lösungen zu entwickeln.

Da es für den Rechtsinhaber von wesentlicher Bedeutung ist, von wem seine Identität   **17** kommerziell verwertet wird, sollte eine **Weiterübertragung des Nutzungsrechts** entsprechend der urheberrechtlichen Regelung in § 34 Abs. 1 S. 1 UrhG von dessen Zustimmung abhängig gemacht werden. Auch hierin kommt die fortwirkende Bindung an den unverzichtbaren und unübertragbaren höchstpersönlichen Kern des Persönlichkeitsrechts zum Ausdruck, welche auch und gerade im Verhältnis zu Dritten zu beachten ist und die Verkehrsfähigkeit der Nutzungsrechte in gleicher Weise wie im Urheberrecht einschränkt. „Persönlichkeitsgüterrechte", die dieses persönlichkeitsrechtliche Band bewusst durchtrennen, um eine strikte Aufspaltung zwischen der ideellen und materiellen Sphäre vorzunehmen, müssten konsequenterweise völlig frei und ungehindert, ohne Rücksichtnahme auf die ideellen Belange, die durch eine Kommerzialisierung berührt werden, übertragbar sein. Ein solcher „Totalausverkauf" der Persönlichkeit, welcher selbst bei Kollision mit existenziellen Grundüberzeugungen des Rechtsträgers zu einer vollständigen Fremdbestimmung führt, ist abzulehnen, denn er widerspricht dem mit den Persönlichkeitsrechten verfolgten Grundanliegen, die Würde und das Selbstbestimmungsrecht des Menschen zu wahren, ohne ihm aber das wirtschaftliche Selbstbestimmungsrecht vollständig zu verweigern.

---

[47] Siehe oben Rn. 8 ff.
[48] Siehe dazu und zum Folgenden zusammenfassend *Götting*, Persönlichkeitsrecht als Vermögensrecht, S. 279 ff.; siehe auch *ders.* GRUR 2004, 801, 805.

§ 11. Die Unterscheidung zwischen allgemeinem Persönlichkeitsrecht und besonderen Persönlichkeitsrechten

Inhaltsübersicht

Schrifttum: *Baston-Vogt*, Der sachliche Schutzbereich des zivilrechtlichen allgemeinen Persönlichkeitsrechts, 1997, *v. Caemmerer*, Die absoluten Rechte in § 823 I BGB, Karlsr. Forum 1961, S. 23; *Canaris*, Grundrechtswirkungen und Verhältnismäßigkeitsprinzip in der richterlichen Anwendung und Fortbildung des Privatrechts, JuS 1989, 161; *Deutsch*, Das Persönlichkeitsrecht des Patienten, AcP 192 (1992), 161; *Helle*, Besondere Persönlichkeitsrechte im Privatrecht, 1991; *Götting*, Persönlichkeitsrechte als Vermögensrechte, 1995; *Larenz/Canaris*, Schuldrecht II/2, 13. Aufl. 1994; *Lerche*, Massenmedium und Persönlichkeitsschutz aus verfassungsrechtlicher Sicht, Universitas 1990, 670; MünchKommBGB/*Rixecker*, Allgemeines Persönlichkeitsrecht, 4. Aufl. 2000; *Neben*, Triviale Personenberichterstattung als Rechtsproblem, 2001; *Neumeyer*, Person – Fiktion – Recht, Diss. Dresden 2008; *Schlechtriem*, Inhalt und systematischer Standort des allgemeinen Persönlichkeitsrechts, DRiZ 1975, 65; *Schricker*, Urheberrecht, 3. Aufl. 2006; *Ulrich*, Das Recht auf Identität im zivilrechtlichen Persönlichkeitsschutz, 1995.

A. Theoretischer Hintergrund

I. Die Auffassungen in der Literatur

1   Als „besondere Persönlichkeitsrechte" werden diejenigen bezeichnet, die nicht wie das allgemeine Persönlichkeitsrecht auf richterlicher Rechtsfortbildung beruhen, sondern auf gesetzlichen Normierungen, die – wie insbesondere das Namensrecht nach § 12 BGB sowie das Recht am eigenen Bilde – schon vor der Anerkennung des allgemeinen Persönlichkeitsrechts existierten. Nach *Helle* lassen sich als Bestandteile eines Oberbegriffs „Besonderes Persönlichkeitsrecht" folgende Elemente herauskristallisieren.[1]

2   1. Das besondere Persönlichkeitsrecht muss einen materiellen Gehalt aufweisen, das heißt es muss ebenso wie das allgemeine Persönlichkeitsrecht den Schutz der Persönlichkeit bezwecken, so dass Rechte, bei denen der Persönlichkeitsschutz nur im Hintergrund oder als Nebenzweck eine Rolle spielt, ausscheiden.[2]

3   2. Voraussetzung für die Charakterisierung als besonderes Persönlichkeitsrecht ist darüber hinaus die Positivität, das heißt nur gesetzlich festgelegte Schutzpositionen können als besondere Persönlichkeitsrechte angesprochen werden.[3]

4   3. Kennzeichnend für besondere Persönlichkeitsrechte ist darüber hinaus, dass sie Tatbestände aufweisen, das heißt im Gegensatz zum allgemeinen Persönlichkeitsrecht mit seiner generalklauselhaften Weite und Unbestimmtheit setzen sie einen fest geregelten und umschriebenen Tatbestand voraus, dessen Verwirklichung die Rechtswidrigkeit indiziert, die nur mit besonderen Rechtfertigungsgründen ausgeschlossen werden kann. Die besonderen Persönlichkeitsrechte sollen sich vom allgemeinen Persönlichkeitsrecht also dadurch unterscheiden, dass sie gerade nicht von einer Einzelfallabwägung abhängig sind, sondern die Interessenabwägung hat bereits der Gesetzgeber vollzogen, der Tatbestand ist das Produkt seiner Abwägung.[4]

---

[1] *Helle*, Besondere Persönlichkeitsrechte im Privatrecht, S. 37 ff.
[2] *Helle*, a.a.O., S. 37.
[3] *Helle*, Besondere Persönlichkeitsrechte im Privatrecht, S. 38.
[4] *Helle*, a.a.O., S. 38.

4. Bei besonderen Persönlichkeitsrechten handelt es sich um subjektive Rechte, weil **5** die von ihnen geschützten Persönlichkeitsgüter sich so verdichtet und damit aus dem allgemeinen Persönlichkeitsrecht heraus entwickelt haben, dass man bei ihnen in einer Güterzuweisung im Sinne der klassischen, ursprünglich von § 823 Abs. 1 BGB erfassten absoluten Rechte sprechen kann.[5]

5. Nach *Helle* sollen die besonderen Persönlichkeitsrechte auf Tatbestandsebene *leges* **6** *speciales* gegenüber dem allgemeinen Persönlichkeitsrecht sein; hingegen soll der Grundsatz der Verdrängung der generellen durch die spezielle Norm auf der Rechtsfolgenebene nicht gelten, so dass man von einer „limitierten und indizierenden Spezialität" sprechen kann.[6]

In der jüngeren Literatur findet sich die Ansicht, dass die besonderen Persönlichkeits- **7** rechte als *leges speciales* dem allgemeinen Persönlichkeitsrecht vorgehen und soweit sie als abschließende Regelung gedacht seien, eine Sperrwirkung entwickelten, mit der Folge, dass dann das allgemeine Persönlichkeitsrecht nicht mehr ergänzend herangezogen werden dürfe.[7] Das allgemeine Persönlichkeitsrecht fungiert damit nur dann als ein Auffangtatbestand, soweit es sich um einen Bereich handelt, der durch die besonderen Persönlichkeitsrechte nicht geschützt wird.

Abweichend von dieser radikalen These eines Vorrangs der besonderen Persönlichkeits- **8** rechte mit einer Sperrwirkung ist nach einer anderen Auffassung eine Differenzierung vorzunehmen. Hierbei ist wertend zu prüfen, ob der Gesetzgeber, der eine besondere persönlichkeitsrechtliche Regelung getroffen hat, einen tatbestandlich oder nach den Rechtsfolgen weitergehenden Schutz durch das allgemeine Persönlichkeitsrecht ausschließen wollte.[8] Allgemein solle aber gelten, dass regelmäßig ein gesetzlicher „Sonderschutz" das Persönlichkeitsrecht nicht schwächen und nicht zu einer Unterschreitung des verfassungsrechtlich Gebotenen führen will.[9]

II. Die Haltung der Rechtsprechung

Der BGH geht davon aus, dass es sich bei den besonderen Persönlichkeitsrechten um **9** **spezielle Ausprägungen des allgemeinen Persönlichkeitsrechts** handelt, die nach dessen Anerkennung integraler Bestandteil des aus dem Verfassungsrecht abgeleiteten generellen Persönlichkeitsschutzes sind. So wird das von § 22 KUG gesetzlich normierte Recht am eigenen Bild als „ein Ausschnitt, eine besondere Erscheinungsform des allgemeinen Persönlichkeitsrechts", bezeichnet.[10] Hieraus folgt, dass der Wortlaut der Regelungen über besondere Persönlichkeitsrechte keine starre Grenze bildet oder gar **Sperrwirkung** entfaltet. Die Einbettung des Rechts am eigenen Bild in das allgemeine Persönlichkeitsrecht hat zu einer Erweiterung des gesetzlich festgelegten Bildnisschutzes geführt. § 22 KUG verbietet nicht die Herstellung, sondern nur das Verbreiten und öffentliche Zurschaustellen bereits hergestellter Bildnisse. Obwohl die Beschränkung auf diese Verletzungshandlungen dem eindeutigen Willen des Gesetzgebers entsprach,[11] ist

---

[5] *Helle*, Besondere Persönlichkeitsrechte im Privatrecht, S. 39, unter Hinweis auf *v. Caemmerer*, Karls. Forum 1961, S. 23 und *Schlechtriem* DRiZ 1975, 65, 68.

[6] *Helle*, a.a.O., S. 41.

[7] Siehe dazu *Neumeyer*, Person – Fiktion – Recht, Diss. Dresden 2008, S. 53, unter Hinweis auf *Baston-Vogt*, Der sachliche Schutzbereich des zivilrechtlichen allgemeinen Persönlichkeitsrechts, S. 112 ff.; *Neben*, Triviale Personenberichterstattung als Rechtsproblem, S. 148; *Ulrich*, Das Recht auf Identität im zivilrechtlichen Persönlichkeitsschutz, S. 20 ff.

[8] So MünchKommBGB/*Rixecker*, Allg. PersönlR, Rn. 6.

[9] MünchKommBGB/*Rixecker*, ebenda, unter Hinweis auf *Larenz/Canaris*, Schuldrecht II/2, § 80 I 6 a.

[10] Siehe BGH NJW-RR 1987, 231 – *Nena*; siehe auch BGH NJW 2005, 215, 217 – *Töchter von Caroline von Hannover*; *Schricker/Götting*, UrhG, § 60/§ 22 KUG Rn. 7.

[11] Siehe Drucksachen des Reichstags Nr. 30, S. 29 = GRUR 1906, 11, 25.

heute anerkannt, dass § 22 KUG keine abschließende Sonderregelung darstellt, sondern durch das allgemeine Persönlichkeitsrecht ergänzt wird, das bereits im „Vorfeld" eingreift und einen Schutz gegen die ungenehmigte Anfertigung von Bildnissen gewährt. Nach der Rechtsprechung des BGH ist die Bildnisherstellung im Falle einer „Bildniserschleichung" aus dem Privatbereich unzulässig, denn es stelle einen Eingriff in das allgemeine Persönlichkeitsrecht dar, wenn von einer Person innerhalb ihrer privaten Sphäre ohne ihr Wissen und gegen ihren Willen Bildaufnahmen zum Zweck der Veröffentlichung angefertigt werden.[12]

10   Auch im Bereich des **Namensrechts** wurden die von § 12 BGB gesteckten Grenzen bewusst überschritten und ein weiter reichender Namensschutz unter Rückgriff auf das allgemeine Persönlichkeitsrecht gewährt.[13]

Auch das **Urheberpersönlichkeitsrecht** wird durch das allgemeine Persönlichkeitsrecht ergänzt, wenn etwa die Verwendung des Namens eines Künstlers für ein nicht von ihm stammendes Werk verboten werden soll und das Recht auf Anerkennung der Urheberschaft oder das Urheberbezeichnungsrecht nach § 13 UrhG hierfür keine Handhabe bietet.[14]

B. Praktische Folgen

11   Die praktische Relevanz der Unterscheidung zwischen besonderen Persönlichkeitsrechten und dem allgemeinen Persönlichkeitsrecht ist äußerst gering. Festhalten lässt sich lediglich, dass die besonderen Persönlichkeitsrechte dadurch gekennzeichnet sind, dass sie auf gesetzlichen Regelungen beruhen, die aber durch das auf richterliche Rechtsfortbildung beruhende allgemeine Persönlichkeitsrecht ausgedehnt und modifiziert werden können, sofern sich nicht eindeutig und klar belegen lässt, dass es sich um eine vom Gesetzgeber im Rahmen der abstrakten Interessenabwägung bewusst vorgenommene Beschränkung des Schutzes handelt.

12   Entgegen der in der Literatur vorgenommenen Charakterisierung der besonderen Persönlichkeitsrechte und der behaupteten wesentlichen Unterschiede gegenüber dem allgemeinen Persönlichkeitsrecht sind die **Übergänge fließend.** Es lassen sich keine markanten Gegensätze erkennen, auf die sich die Annahme einer grundlegend verschiedenen Struktur stützen lässt. Ungeachtet der unterschiedlichen normativen Grundlagen weisen im Gegenteil besondere Persönlichkeitsrechte und das allgemeine Persönlichkeitsrecht so viele Gemeinsamkeiten auf, dass eine Kategorienbildung zwar formal möglich, inhaltlich aber wenig ertragreich ist.

13   Die Behauptung, dass bei den gesetzlich normierten Tatbeständen der besonderen Persönlichkeitsrechte, die Rechtswidrigkeit indiziert wird und damit auf der Ebene der Rechtfertigungsgründe den Anspruchsgegner die **Darlegungs- und Beweislast** dafür trifft, dass ausnahmsweise Rechtfertigungsgründe eingreifen, ist zwar bei oberflächlicher Betrachtung zutreffend, erweist sich aber bei näherem Hinsehen in vielen Fällen als graue Theorie. So wird im Rahmen des § 23 Abs. 1 und 2 KUG letztlich genauso abgewogen, wie bei der erforderlichen Feststellung der Rechtswidrigkeit des Eingriffs in das allgemeine Persönlichkeitsrecht. Im Bereich des Bildnisschutzes wird sogar eine doppelte Abwägung verlangt. Maßgebliches Kriterium für die Beurteilung der Frage, ob die Ausnahmeregelung des § 23 Abs. 1 Nr. 1 KUG eingreift, weil der Abgebildete als **„Person der Zeitgeschichte"** zu qualifizieren ist und deshalb die Sozialgebundenheit des Bildnisschutzes zum Tragen kommt, ist eine Abwägung zwischen dem **legitimen Informationsinteresse der Öffentlichkeit** und dem **Selbstbestimmungsrecht der betroffenen Person.** Selbst

---

[12] Grundlegend BGH GRUR 1957, 494, 497 – *Spätheimkehrer*; siehe dazu auch *Götting*, Persönlichkeitsrechte als Vermögensrechte, S. 25.

[13] Siehe etwa BGH GRUR 1959, 430 – *Catarina Valente*; siehe dazu *Götting*, Persönlichkeitsrechte als Vermögensrechte, S. 92 f.

[14] Siehe BGHZ 107, 384, 390 – *Emil Nolde*.

wenn die Voraussetzungen des § 23 Abs. 1 Nr. 1 KUG bejaht werden, so ist gemäß § 23 Abs. 2 KUG im Wege einer weiteren Abwägung festzustellen, ob nicht vorrangige individuelle Interessen des Abgebildeten entgegenstehen. Umgekehrt bildet sich in bestimmten Fällen auch bei Eingriffen in das allgemeine Persönlichkeitsrecht eine Indikationswirkung. Insbesondere *Canaris* plädiert überzeugend dafür, sie durch eine Typisierung auch im Bereich des allgemeinen Persönlichkeitsrechts zu entwickeln.[15] In der Tat ist es kaum einzusehen, warum es in dem von *Canaris* als Beispiel angeführten **„Soraya"-Fall**[16] einer einzelfallbezogenen Abwägung bedurfte, um die Rechtswidrigkeit der Verbreitung eines gefälschten Interviews festzustellen.[17] Außerdem verwischen sich die Grenzen einer schematischen Einteilung in tatbestandlich fixierte besondere Persönlichkeitsrechte mit einer Indizwirkung hinsichtlich der Rechtswidrigkeit und des durch einen offenen Tatbestand gekennzeichneten allgemeinen Persönlichkeitsrechts mit einer Abwägung zur Feststellung der Rechtswidrigkeit in Konstellationen, in denen die tatbestandlichen Grenzen der besonderen Persönlichkeitsrechte gerade durch das allgemeine Persönlichkeitsrecht überwunden werden, wie zB., wenn der **Bildnisschutz** auf das Herstellen von Aufnahmen ausgedehnt wird. Die Anerkennung des allgemeinen Persönlichkeitsrechts in der „Leserbrief"-Entscheidung[18] resultierte gerade daraus, dass ein vom Urheberpersönlichkeitsrecht unabhängiger und über dessen tatbestandliche Grenzen hinausgehender Schutz gegen die unautorisierte Veröffentlichung eines Briefes gewährt wurde.

Ein Vorrang der besonderen Persönlichkeitsrechte im Sinne von *leges speciales* ist abzulehnen, denn die wesentliche Funktion des allgemeinen Persönlichkeitsrechts besteht darin, den als unzureichend empfundenen Schutz der sondergesetzlichen Regelungen durch einen allgemeinen Auffangtatbestand zu ergänzen. Würden die besonderen Persönlichkeitsrechte eine Sperrwirkung gegenüber dem allgemeinen Persönlichkeitsrecht entfalten, bestünde die Gefahr, dass der Schutz in ihrem Anwendungsbereich schwächer wäre als außerhalb.[19] Die besonderen Persönlichkeitsrechte sind somit spezielle Ausprägungen des Persönlichkeitsschutzes, die in das allgemeine Persönlichkeitsrecht eingebettet sind. Aufgrund ihrer tatbestandlichen Ausformung geben sie eine erste Orientierung; sie sind aber lediglich der Ausgangspunkt, nicht aber der Endpunkt der persönlichkeitsrechtlichen Bewertung. Die Frage, ob bzw. inwieweit ein über die gesetzlichen Tatbestände hinausreichender Schutz gerechtfertigt ist, ist dabei der ständige Begleiter. Angesichts der Tatsache, dass die Ausformung des Persönlichkeitsschutzes vor allem durch die technologische Entwicklung beeinflusst wird und die sich wandelnden Herausforderungen an den Persönlichkeitsschutz eine stetige Adaption an veränderte Verhältnisse erfordern,[20] können die besonderen Persönlichkeitsrechte nicht als abschließende Regelungen betrachtet werden. Andernfalls würde die Rechtsprechung nicht der im Hinblick auf die Ausgestaltung des Persönlichkeitsschutzes maßgeblichen **Schutzgebotsfunktion der Grundrechte**[21] gerecht werden.   **14**

Vor diesem Hintergrund erscheint es zur Vermeidung von Missverständnissen terminologisch angebrachter, nicht von besonderen Persönlichkeitsrechten zu sprechen, da hiermit ein nicht vorhandenes Vorrangverhältnis gegenüber dem allgemeinen Persönlichkeitsrecht angedeutet wird, sondern dem Vorschlag *Neumeyers* folgend, den Begriff „benannte Persönlichkeitsrechte" zu verwenden.[22]   **15**

---

[15] Siehe *Larenz/Canaris*, Schuldrecht II/2, § 80 I 5. sowie *Canaris* JuS 1989, 161, 169 f., jeweils unter Hinweis auf BVerfGE 34, 269, 282 f. – *Soraya*.

[16] Siehe BGH NJW 1965, 685, 686 – *Soraya*; BVerfGE 34, 269, 282 f.

[17] Kritisch auch *Helle*, Besondere Persönlichkeitsrechte im Privatrecht; *Lerche* Universitas 1990, 670, 672, 676; *Deutsch* AcP 192 (1992), 161, 164.

[18] BGHZ 13, 334 – *Leserbrief*.

[19] *Larenz/Canaris*, Schuldrecht II/2, § 80 I 6.

[20] Siehe BVerfGE 34, 269, 286 ff. – *Soraya*.

[21] Siehe dazu oben § 3 Rn. 4.

[22] *Neumeyer*, Person – Fiktion – Recht, Diss. Dresden 2008, S. 53 f.

6. Kapitel. Die besonderen Persönlichkeitsrechte

§ 12. Das Recht am eigenen Bild

Inhaltsübersicht

Schrifttum: *Damm/Rehbock,* Widerruf, Unterlassung und Schadensersatz in den Medien, 3. Aufl. 2008; *Dasch,* Die Einwilligung zum Eingriff in das Recht am eigenen Bild, 1990; *Dreier/Schulze,* Urheberrechtsgesetz, 2. Aufl. 2006; *Forkel,* Das Caroline-Urteil aus Straßburg – Richtungsweisend für den Schutz auch der seelischen Unversehrtheit, ZUM 2005, 192; *Freitag*, Die Nachahmung bekannter Persönlichkeiten in der Werbung, GRUR 1994, 345; *Grabenwarter*, Schutz der Privatsphäre versus Pressefreiheit: Europäische Korrektur eines deutschen Sonderwegs? AfP 2004, 309; *v. Gamm*, Urheberrechtsgesetz, 1968; *ders.*, Wettbewerbs- und Wettbewerbsverfahrensrecht, Bd. 1: Wettbewerbsrecht, Halbbd. 1: Grundlagen, Europäisches Gemeinschaftsrecht, Internationales Wettbewerbsrecht, Gesetz gegen den unlauteren Wettbewerb unter Einschluss kartellrechtlicher Aspekte, Halbbd. 2: Namens- und Firmenschutz, Zugabe- und Rabattrecht, Texte der Gesetze, Verordnungen, Richtlinien und Abkommen, 5. Aufl. 1987; *Götting*, Persönlichkeitsrechte als Vermögensrechte, 1995; *Helle*, Besondere Persönlichkeitsrechte im Privatrecht, 1991; *Hubmann*, Das Persönlichkeitsrecht, 2. Aufl. 1967; *Klass*, Zu den Grenzen der Berichterstattung über Personen des öffentlichen Lebens – Die Urteilsserie des BGH vom 6. 3. 2007 im Lichte der Rechtsprechung des BVerfG und des EGMR, AfP 2007, 517; *dies.* Anm. zu BVerfG, Beschl. v. 26. 2. 2008, ZUM 2008, 432; *Kleine-Kossack*, Das Recht der deutschen Praxis auf die Rechtsstellung des EGMR in: Stern/Putting, Das Caroline-Urteil des EGMR und die Rechtsprechung des Bundesverfassungsgerichts – Vortragsveranstaltung des Instituts für Rundfunkrecht an der Universität zu Köln vom 29. 4. 2005; *Krüger*, Persönlichkeitsschutz und Werbung, GRUR 1980, 628; *Kunig*, Die Medien und das Persönlichkeitsrecht – Einige Gedanken aus Europäischer Veranlassung in: Jacobs/Papier/Schuster, Festschrift für Peter Raue, Köln/Berlin/München, 2006; *Loewenheim*, Handbuch des Urheberrechts, 2003; *Löffler/Ricker*, Handbuch des Presserechts, 5. Aufl. 2005; *Magold*, Personenmerchandising, 1994; *Mann*, Auswirkungen der Caroline-Entscheidung des EGMR auf die forensische Praxis, NJW 2004, 3220; *Möhring/Nicolini*, Urheberrechtsgesetz, 2. Aufl. 2000; *Münchener* Kommentar zum Bürgerlichen Gesetzbuch, Band 1: Allgemeiner Teil §§ 1–240, AGB-Gesetz, 4. Aufl. 2001; *Müller*, Abschied von der absoluten Person der Zeitgeschichte? Die Zukunft des Persönlichkeitsrechts zwischen Karlsruhe und Straßburg, Interview ZRP 2007, 173; *Neumann-Duesberg*, Das „Recht auf Anonymität" in seiner Erscheinungsform als Recht am eigenen Bild, Juristen-Jahrbuch, Bd. 7 (1966/1967), S. 138; *ders.*, Bildberichterstattung über absolute und relative Personen der Zeitgeschichte, JZ 1960, 114; *Pietzko*, Die Werbung mit dem Doppelgänger eines Prominenten, AfP 1988, 209; *Poll*, Die Entwicklung des „Rechts am eigenen Bild", ZUM 1988, 454; *Prinz/Peters*, Medienrecht, 1999; *Rebman*, Aktuelle Probleme des Zeugnisverweigerungsrechts von Presse und Rundfunk und das Verhältnis zur Presse und Polizei bei Demonstrationen, AfP 1982, 189; *Schertz*, Merchandising, 1997; *ders.*, Verfilmung tatsächlicher Ereignisse, ZUM 1998, 757; *ders.*, Die wirtschaftliche Nutzung von Bildnissen und Namen Prominenter, AfP 2000, 495; *ders.*, Der Schutz der Persönlichkeit vor heimlichen Bild- und Tonaufnahmen, AfP 2005, 421; *ders.*, Bildnisse, die einem höheren Interesse der Kunst dienen – Die Ausnahmevorschrift des § 23 Abs. 1 Ziff. 4 KUG, GRUR 2007, 558; *Schricker*, Urheberrecht, 2006; *Söder*, Persönlichkeitsrecht in der Presse – Pressefreiheit nur noch im Dienste „legitimer Informationsinteressen"?, ZUM 2008, 89; *Soehring*, Presserecht, 2000; *Schwerdtner*, Das Persönlichkeitsrecht in der deutschen Zivilrechtsordnung, 1977; *Stark*, Das Caroline-Urteil und seine verfassungsrechtlichen Konsequenzen in: Stern/Putting, Das Caroline-Urteil des EGMR und die Rechtsprechung des Bundesverfassungsgerichts – Vortragsveranstaltung des Instituts für Rundfunkrecht an der Universität zu Köln vom 29. 4. 2005; *Strothmann*, Werbung mit bekannten Persönlichkeiten, GRUR 1996, 693; *Stümer*, Anmerkungen zum Urteil des EGMR, JZ 2004, 1018; *Teichmann*, Abschied von der absoluten Person der Zeitgeschichte, NJW 2007, 1917; *Ulmer*, Urheber- und Verlagsrecht, 3. Aufl. 1980; *Wanckel*, Foto- und Bildrecht, 2. Aufl. 2006; *Wasserburg*, Der Schutz der Persönlichkeit im Recht der Medien, 1988; *Wenzel*, Das Recht der Wort- und Bildberichterstattung, Handbuch des Äußerungsrechts, 5. Aufl. 2003; *Zagouras*, Bildnisschutz und Privatsphäre im nationalen und europäischen Kontext, AfP 2004, 509.

A. Allgemeines – Rechtsnatur

1 Das Recht am eigenen Bild **ist das ausschließliche Recht des Menschen,** über die **Verbreitung und öffentliche Zurschaustellung seines Bildnisses** zu entscheiden.[1] Geregelt ist es in den **§§ 22 ff. Kunsturhebergesetz** (KUG), die nach § 141 Nr. 5 UrhG fortgelten. Im KUG vom 9. 1. 1907 wurden neben dem Recht des Urhebers und des Bestellers eines Personenbildnisses (§ 18 KUG, jetzt § 60 UrhG) auch die Rechte des Abgebildeten gegen die unberechtigte Verbreitung seines Bildnisses geregelt. Die Aufnahme des Rechts

---

[1] *Ulmer*, Urheber- und Verlagsrecht, 31 ff.

am eigenen Bild im ehemals für das **Urheberrecht** geltende Kunsturhebergesetz begründete sich in der **Sachnähe** der zu regelnden Materie. Insofern wurden im KUG ursprünglich die Rechte des Bestellers eines Bildnisses, des Urhebers und des Abgebildeten sowie die sich hieraus jeweils ergebenden Einschränkungen bewusst an einer Stelle behandelt. Üblicherweise wird in den urheberrechtlichen Kommentaren auch das Recht am eigenen Bild im Anhang zu § 60 UrhG kommentiert.[2] Das Recht am eigenen Bild ist indes von seiner **Rechtsnatur** her **ein Persönlichkeitsrecht** und kein **Urheberrecht**.[3]

2   Wie das Namensrecht gem. § 12 BGB stellt es eine **spezielle Ausformung des allgemeinen Persönlichkeitsrechts** dar.[4] Der Bundesgerichtshof erkannte im Jahr 1954 in der Entscheidung *Leserbrief* erstmals das allgemeine Persönlichkeitsrecht als ein durch Art. 1 und 2 GG verfassungsmäßig garantiertes Grundrecht und zugleich zivilrechtlich nach § 823 Abs. 1 BGB geschütztes „sonstiges Recht" an.[5] In ihrem Regelungsbereich gehen die Vorschriften der §§ 22 ff. KUG der generalklauselartigen Regelung des allgemeinen Persönlichkeitsrechts vor.[6] Bei der Verletzung des Rechts am eigenen Bild ist daher ein Rückgriff auf das allgemeine Persönlichkeitsrecht ausgeschlossen. Als **Auffangtatbestand** lebt **das allgemeine Persönlichkeitsrecht** jedoch auf, wenn es im Zusammenhang mit der Verwendung eines Bildnisses nicht nur um eine von diesem Schutzbereich erfasste Persönlichkeitsrechtsverletzung geht.[7] Da die §§ 22–24 KUG ausschließlich die Verbreitung und öffentliche Zurschaustellung von Bildnissen regeln, erfasst das allgemeine Persönlichkeitsrecht etwa die ebenso nicht gestattete unerlaubte Anfertigung eines Bildnisses.[8]

3   Ähnlich dem Urheberrecht dient das allgemeine Persönlichkeitsrecht in seinen besonderen Erscheinungsformen wie das Recht am eigenen Bild und das Namensrecht **nicht nur dem Schutz ideeller, sondern auch kommerzieller Interessen** der Persönlichkeit.[9] Das Recht am eigenen Bild schützt daher **sowohl den Wert- und Achtungsanspruch** der Persönlichkeit, zugleich aber als **vermögenswertes Ausschließlichkeitsrecht** auch vor unerlaubter Verwertung von Bildnissen zu Werbezwecken.[10]

B. Der Verbotstatbestand des § 22 KUG

4   Die **Grundregel** zur Frage der Zulässigkeit von Abbildungen von Personen ist § 22 Abs. 1 KUG. Danach dürfen Bildnisse **nur mit Einwilligung** des Abgebildeten verbreitet und öffentlich zur Schau gestellt werden. Zur Frage der Herstellung von Personenaufnahmen äußert sich § 22 KUG nicht. Allerdings kann auch diese im Einzelfall rechtswidrig sein. Die Rechtsgrundlagen finden sich hier im allgemeinen Persönlichkeitsrecht und inzwischen auch im § 201a StGB.

---

[2] Vgl. etwa *Schricker/Götting*, Urheberrecht, § 60/§§ 22–24, 33–50 KUG; *Möhring/Nicolini*, Urheberrechtsgesetz, § 60, Anh. §§ 22–24, 33 KUG.

[3] Vgl. *Schricker/Götting*, Urheberrecht, § 60/§ 22 KUG Rn. 7; *v. Gamm*, Urheberrechtsgesetz, Einf. Rn. 102.

[4] BGH NJW-RR 1987, 231 – *NENA; v. Gamm*, Wettbewerbsrecht, Kap. 24 Rn. 10; *Schricker/Götting*, Urheberrecht, § 60/§ 22 KUG Rn. 7; *MünchKommBGB/Rixecker*, Anh. zu § 12 Rn. 30; *Dasch*, Recht am eigenen Bild, S. 4; *Helle*, Besondere Persönlichkeitsrechte, S. 40 f.; *Wasserburg*, Schutz der Persönlichkeit, 56 ff.; *Magold*, Personenmerchandising, S. 397, 404.

[5] BGHZ 13, 334, 338 – *Leserbrief*; vgl. auch *MünchKommBGB/Rixecker*, Anh. zu § 12 Rn. 10; *Helle*, Besondere Persönlichkeitsrechte, S. 6; *Wenzel/v. Strobel-Albeg*, Wort- und Bildberichterstattung, Kap. 5 Rn. 2; *Wasserburg*, Schutz der Persönlichkeit, S. 49.

[6] BGHZ 30, 7, 11 – *Caterina Valente; v. Gamm*, Wettbewerbsrecht, Kap. 24 Rn. 10.

[7] *Magold*, Personenmerchandising, S. 402.

[8] Siehe sogleich B II 1 sowie BGHZ 24, 200, 208 – *Spätheimkehrer;* BGH GRUR 1967, 205 – *Vor unserer eigenen Tür.*

[9] BGHZ 143, 214 – *Marlene.*

[10] BGH GRUR 1987, 128 – *NENA;* BGHZ 143, 214, 218 f. – *Marlene.*

I. Der Begriff des Bildnisses

Ein **Bildnis** im Sinne von § 22 Abs. 1 KUG ist die **Darstellung einer oder mehrerer** 5 **Personen, die die äußere Erscheinung des Abgebildeten in einer für Dritte erkennbaren Weise wiedergibt.**[11] Voraussetzung ist daher ein Personenbildnis. Abbildungen von Phantasiegestalten oder auch von Landschaften oder Sachen fallen nicht hierunter.[12] Bei einem Bildnis muss es sich nicht um ein Portrait im engeren Sinne handeln.[13] Erfasst sind vielmehr sämtliche Darstellungen von lebenden oder auch toten Personen.[14] Dabei kommt es nicht auf die **Herstellungsweise, Art und Form** des Bildnisses sowie auf das Medium der Publikation an.[15] Unerheblich ist daher, ob das Bildnis auf Ansichtskarten, in Werbeprospekten oder Zeitungen publiziert wird.[16] Unter die vom Bildnisschutz erfassten Abbildungsformen fallen Fotografien, Fotomontagen, Zeichnungen, Gemälde, Karikaturen, aber auch dreidimensionale Darstellungen wie Bronzestatuen, Plastiken und Puppen, die die Gesichtszüge einer realen Person tragen.[17]

Umstritten ist, ob auch Darstellungen oder Abbildungen von **Doppelgängern** bzw. 6 **Schauspielern** in der Rolle prominenter Personen als Bildnisse der von ihnen verkörperten Personen anzusehen sind.[18] Gerade in der Werbung und bei Verkaufsveranstaltungen erfreut sich diese Vermarktungsform besonderer Beliebtheit.[19] Von den Gegnern wird hauptsächlich vorgetragen, dass der Rückgriff auf den Bildnisschutz in diesen Fällen aus einer Zeit fehlenden allgemeinen Persönlichkeitsschutzes stamme, wofür heute aufgrund der Existenz des allgemeinen Persönlichkeitsrechts keine Notwendigkeit mehr bestehe.[20] Diese Ansicht vermag jedoch nicht zu überzeugen. Auch nach Anerkennung eines allgemeinen Persönlichkeitsrechts gibt es gute Gründe, die vorgenannten Fälle weiter unter den Bildnisbegriff fallen zu lassen. So macht es für den **Bildnisbegriff** im Sinne der Darstellung einer Person **keinen Unterschied,** ob die Person mit **Mitteln der bildenden Kunst** und **Fotografie** oder durch ein **Zusammenwirken von Maske, Mimik und Gestik** dargestellt wird.[21] **Erkennbarkeit** als die wesentliche Voraussetzung für den Bildnisbegriff ist in diesen Fällen gegeben, da nicht der Doppelgänger, sondern der Prominente zu sehen ist. Seine äußere Erscheinung und nicht die eigene wird durch das Double wiedergegeben. Das Recht am eigenen Bild umfasst insoweit richtigerweise **nicht nur die Abbildung einer Person im engeren Sinne,** sondern auch die **Darstellung einer Person durch einen Schauspieler auf der Bühne, im Film und Fern-**

---

[11] *Wenzel/v. Strobel-Albeg,* Wort- und Bildberichterstattung, Kap. 7 Rn. 8; *Schricker/Götting,* Urheberrecht, § 60/§ 22 KUG Rn. 14; *Helle,* Besondere Persönlichkeitsrechte, S. 91.

[12] *Wenzel/v. Strobel-Albeg,* Wort- und Bildberichterstattung, Kap. 7 Rn. 11 f.

[13] *Schricker/Götting,* Urheberrecht, § 60/§ 22 KUG Rn. 15.

[14] *Schricker/Götting,* a.a.O.; kritisch: *Wenzel/v. Strobel-Albeg,* Wort- und Bildberichterstattung, Kap. 7 Rn. 10.

[15] *Wenzel/v. Strobel-Albeg,* Wort- und Bildberichterstattung, Kap. 7 Rn. 20.

[16] *Helle,* Besondere Persönlichkeitsrechte, S. 98.

[17] Vgl. im Einzelnen: *Wenzel/v. Strobel-Albeg,* Wort- und Bildberichterstattung, Kap. 7 Rn. 20; *Schricker/Götting,* Urheberrecht, § 60/§ 22 KUG Rn. 15; *Helle,* Besondere Persönlichkeitsrechte, S. 98; *Schertz,* Merchandising, Rn. 311; auch LG Stuttgart AfP 1983, 292, 293.

[18] Dafür bereits KG JW 1928, 363 – *Piscator;* daran anschließend BGHZ 26, 52, 67 – *Sherlock Holmes;* OLG Hamburg NJW 1975, 649, 650 – *Aus nichtigem Anlass* BGH NJW 2000, 2201 – *Der blaue Engel; v. Hartlieb,* Kap. 26 Rn. 10; *Schricker/Götting,* Urheberrecht, § 60/§ 22 KUG Rn. 20 und 33; *v. Gamm,* Urheberrechtsgesetz, Einf. Rn. 104; differenzierend *Helle,* Besondere Persönlichkeitsrechte, S. 98 ff., der zwischen Masken und Fotos von Doubeln unterscheidet; dagegen *Wenzel/v. Strobel-Albeg,* Wort- und Bildberichterstattung, Kap. 7 Rn. 18; *Pietzko* AfP 1988, 209, 214; *Freitag* GRUR 1994, 345, 346.

[19] Vgl. nur den von *Freitag* GRUR 1994, 345, geschilderten Fall des LG Offenburg.

[20] So *Wenzel/v. Strobel-Albeg,* Wort- und Bildberichterstattung, Kap, 7 Rn. 18; *Pietzko* AfP 1988, 209, 214; *Freitag* GRUR 1994, 345, 346.

[21] *v. Hartlieb,* Kap. 26 Rn. 10.

sehen[22] bzw. durch einen **Doppelgänger auf einem Foto.**[23] Vom Bildnisbegriff erfasst ist weiterhin die Darstellung eines Lebensbildes in der Literatur, insbesondere einem Tatsachenroman oder einer Biografie, sofern die Person erkennbar ist.[24]

7   Ungeschriebenes **Tatbestandsmerkmal** für den Bildnisschutz ist bei dem jeweiligen Bild die **Erkennbarkeit der Person.**[25] Dies ergibt sich zwar oftmals aus den Gesichtszügen. Erkennbar ist der Abgebildete jedoch auch aufgrund der für ihn typischen Figur, Bekleidung, Frisur, Gestik etc.[26] Insofern kann für die Erkennbarkeit der Person auch eine Rückenaufnahme oder ein Schattenriss ausreichen.[27] Auch **andere Identifizierungshilfen** kommen in Betracht. So wurde die für den Bildnisbegriff notwendige Erkennbarkeit auch im Fall der Abbildung eines Kunstfliegers bejaht, dessen Kopf auf dem Bild nur 1 mm groß war, es Bekannten des Piloten jedoch möglich war, diesen aufgrund der charakteristischen Merkmale des Flugzeuges auszumachen.[28] Zur Identifizierung genügt auch die **Namensangabe unter dem Bild** oder die **Mitteilung anderer Umstände** wie Wohnort etc. Zu berücksichtigen sind alle Umstände bei einer Veröffentlichung. So wird regelmäßig von der Rechtsprechung bei der Frage der Erkennbarkeit die zugehörige Textveröffentlichung mit berücksichtigt.[29] Selbst wenn also das Bild durch technische Hilfen „entindividualisiert" wurde, kann dennoch ein Bildnis im Sinne der Norm vorliegen, wenn sich aus dem Begleittext Hinweise auf die Identität der abgebildeten Personen ergeben.[30]

8   Insofern sind auch die **in der Presse** und **im Fernsehen** teilweise festzustellenden Bemühungen durch **Augenbalken, Pixelung des Gesichts** und sonstige Maßnahmen, das Gesicht unkenntlich zu machen, **unbehelflich,** wenn und solange sich die Erkennbarkeit aus anderen Umständen, die gleichzeitig mit der Bildveröffentlichung mitgeteilt werden, ergibt.[31] Eine Erkennbarkeit liegt nicht erst dann vor, wenn auch der flüchtige Durchschnittsleser oder Betrachter den Abgebildeten erkennen kann. Vielmehr ist bereits die Erkennbarkeit durch **einen mehr oder weniger großen Bekanntenkreis** ausreichend.[32] Abzustellen ist auf den Schutzzweck des § 22 KUG, welcher die Persönlichkeit davor schützen will, **gegen ihren Willen in Gestalt der Abbildung für andere verfügbar** zu werden.[33] Der besondere Rang des Anspruchs darauf, dass die Öffentlichkeit die Eigensphäre der Persönlichkeit und ihr Bedürfnis nach Anonymität respektiert, ver-

---

[22] So ausdrücklich BGHZ 26, 52, 67 – *Sherlock Holmes;* OLG Hamburg NJW 1975, 649, 650 – *Aus nichtigem Anlass.*

[23] Ebenso BGH NJW 2000, 2201 – *Der blaue Engel;* LG Stuttgart AfP 1983, 292; *Helle,* Besondere Persönlichkeitsrechte, S. 100 f.

[24] Vgl. zum Meinungsstand: *Schertz* ZUM 1998, 757; *ders.* GRUR 2007, 558, 562 f.

[25] *v. Gamm,* Wettbewerbsrecht, Kap. 24 Rn. 13; *ders.,* Urheberrechtsgesetz, Einf. Rn. 103; *Wenzel/ v. Strobel-Albeg,* Wort- und Bildberichterstattung, Kap. 7 Rn. 13; *Schricker/Götting,* Urheberrecht, § 60/ § 22 KUG Rn. 16; *Helle,* Besondere Persönlichkeitsrechte, S. 93; *Schertz,* Merchandising, Rn. 311; *Löffler/Ricker,* Handbuch des Presserechts, 43. Kap. Rn. 4.

[26] Vgl. Schricker/*Götting,* Urheberrecht, § 60/§ 22 KUG Rn. 16, der das Beispiel Charly Chaplin nennt, der allein aufgrund von Schnurrbart, Melone und Stöckchen erkennbar ist.

[27] BGH GRUR 1979, 732, 733 – *Fussballtor,* wonach die Rückenaufnahme eines Fußballers deswegen verboten wurde, da dieser durch die Nummer auf dem Rücken identifizierbar war. Der Schattenriss einer männlichen Person, die in einem Trenchcoat gekleidet ist und einen Hut trägt, als Marke für die Zigarette „Casablanca" ist beispielsweise zugleich ein Bildnis von Humphrey Bogart.

[28] OLG Nürnberg GRUR 1973, 40, 41; kritisch im Ergebnis aber auch BGH GRUR 1979, 732, 733 – *Fussballtor.*

[29] *Wanckel,* Foto- und Bildrecht, Rn. 127.

[30] Vgl. *Prinz/Peters,* Medienrecht, Rn. 827.

[31] Vgl. *Wanckel,* Foto- und Bildrecht, Rn. 128; *Loewenheim/Schertz,* Handbuch des Urheberrechts, § 18 Rn. 6.

[32] Vgl. *Schricker/Götting,* Urheberrecht, § 60/§ 22 KUG Rn. 17, 25; *Löffler/Ricker,* Handbuch des Presserechts, 43. Kap. Rn. 5.

[33] Vgl. *Schricker/Götting,* Urheberrecht, § 60/§ 22 KUG Rn. 25; *Prinz/Peters,* Medienrecht, Rn. 827.

langt nach Auffassung des BGH eine Einbeziehung auch solcher Fallgestaltungen in den Schutz der Vorschrift.[34] Nicht erforderlich ist ein Beweis, dass Außenstehende die abgebildete Person tatsächlich erkannt haben. Es genügt, dass der Abgebildete begründeten Anlass hat anzunehmen, er könnte identifiziert werden.[35]

II. Anfertigen von Bildnissen

Wie sich bereits aus dem Normtext der §§ 22, 23 KUG ergibt, ist dort **nur das Verbreiten** und öffentliche Zurschaustellen unter ein Einwilligungserfordernis des Abgebildeten gestellt. Das KUG enthält daher keinerlei Regelung zur Frage, wann die **bloße Herstellung einer Personenaufnahme** zulässig bzw. unzulässig ist. In Betracht kommen hier sowohl das allgemeine Persönlichkeitsrecht als Auffangtatbestand, aber auch der neue § 201a StGB.

1. § 823 Abs. 1 BGB-Verletzung des allgemeinen Persönlichkeitsrechts durch Herstellung eines Bildnisses

Im Falle der bloßen Herstellung eines Bildnisses kann die zivilrechtliche Untersagungsnorm des § 823 Abs. 1 BGB als Auffangtatbestand zur Anwendung kommen. So entspricht es bereits der bisher herrschenden Meinung und Rechtsprechung, dass schon **das ungenehmigte Herstellen von Personenbildnissen eine Verletzung** des von § 823 Abs. 1 BGB geschützten **allgemeinen Persönlichkeitsrechts** darstellen kann.[36] Ob und in welchem Umfang bereits das bloße Herstellen solcher Bildnisse unzulässig ist, kann jedoch nur unter Würdigung aller Umstände des Einzelfalls und durch Vornahme einer Güter- und Interessenabwägung ermittelt werden, die alle rechtlich, insbesondere auch die verfassungsrechtlich geschützten Positionen der Beteiligten berücksichtigt.[37] Dabei kann jedoch grundsätzlich davon ausgegangen werden, dass das Fotografieren einer Person nur in dem Umfang zulässig ist, in dem auch die spätere Verbreitung dieser Aufnahme zulässig wäre.[38]

So steht das allgemeine Persönlichkeitsrecht **dem heimlichen Anfertigen fotografischer Aufnahmen** entgegen. Dies gilt insbesondere für den Fall, dass sich der Fotograf unter einem Vorwand die Möglichkeit des Fotografierens verschafft hat.[39] Weitere Fälle der sogenannten „Bildniserschleichung" sind etwa das **Hineinfotografieren in Privaträume** und das **Verwenden starker Teleobjektive,** um hierdurch aus weiter Entfernung oder aus einem versteckten Ort heraus unbemerkt Personen in ihrem Privatbereich „abzuschießen".

Das angesprochene **Erschleichen einer Bildnisherstellung** wurde vom **Bundesgerichtshof** insbesondere in einer Entscheidung aus dem Jahre 1966 vertieft erörtert.[40] Der Entscheidung lag die Ausstrahlung einer mehrteiligen Dokumentation über die Zeit des Nationalsozialismus zugrunde, in der es um einen Belastungszeugen ging, der in einem Prozess vor dem Volksgerichtshof gegen den Angeklagten ausgesagt hatte, woraufhin dieser zum Tode verurteilt wurde. Dabei wurde eine heimliche Alltagsaufnahme dieses Belastungszeugen gezeigt, die aus dem Jahre 1962 datierte.

---

[34] BGH NJW 1979, 2205 – *Fußballtorwart.*

[35] BGH NJW 1971, 698, 700 – *Liebestropfen;* OLG München AfP 1999, 351; OLG München AfP 1983, 276; OLG Hamburg AfP 1975, 916; *Wenzel/v. Strobel-Albeg,* Wort- und Bildberichterstattung, 7. Kap. Rn. 15; *Prinz/Peters,* Medienrecht, Rn. 827.

[36] BGH NJW 1957, 1315, 1316 – *Spätheimkehrer;* BGH NJW 1966, 2353 ff. – *Vor unserer eigenen Tür; Prinz/Peters,* Medienrecht, Rn. 814; *Schricker/Götting,* Urheberrecht, § 60/§ 22 KUG Rn. 34; *Loewenheim/Schertz,* Handbuch des Urheberrechts, § 18 Rn. 7.

[37] BGH NJW 1995, 1955; *Wenzel/von Strobl-Albeg,* Wort- und Bildberichterstattung, Kap. 7 Rn. 22; *Prinz/Peters,* Medienrecht Rn. 814.

[38] *Soehring,* Presserecht, Rn. 9.4.

[39] BGH NJW 1957, 1315, 1316 – *Spätheimkehrer.*

[40] BGH NJW 1966, S. 2353 – *Vor unserer eigenen Tür.*

Ausgehend von der Annahme, dass die eigenmächtige Herstellung von Bildnissen grundsätzlich als Verletzung des allgemeinen Persönlichkeitsrechts anzusehen ist und dass die Erschleichung einer Bildnisherstellung nur in Ausnahmefällen aufgrund überwiegender Interessen der Allgemeinheit oder eines Einzelnen gestattet sein kann, gelangte der Bundesgerichtshof folgerichtig in diesem Fall zu dem Ergebnis, dass bereits das Herstellen der streitgegenständlichen Aufnahme die Rechte des Betroffenen verletzt. Schon in dieser Entscheidung wurde festgehalten, dass die Bildberichterstattung infolge der Entwicklung des Fernsehens, der Kinematografie und der Bildzeitungen eine so große Bedeutung erlangt habe, dass der Rechtsschutz des Einzelnen gegenüber einer von ihm nicht gestatteten Fixierung und Vorführung eines Bildnisses nicht abgebaut werden dürfe. Die neuen technischen Möglichkeiten gäben besonderen Anlass, auf eine Wahrung der vom Recht gesetzten Schranken zu achten und einem Missbrauch des leichter verletzbar gewordenen Persönlichkeitsrechts vorzubeugen. **Das Recht dürfe sich in diesem Punkt der technischen Entwicklung nicht beugen.**[41]

12   Das allgemeine Persönlichkeitsrecht steht aber nicht nur dem heimlichen Fotografieren entgegen. Auch wenn jemand ganz offen vorgeht, sind **Aufnahmen aus der Intim- und Privatsphäre** ohne Einwilligung des Betroffenen **unzulässig.**[42] So hat es das OLG Düsseldorf als unzulässig angesehen, wenn Fotoaufnahmen einer Wohnung ohne das Einverständnis des Wohnungsinhabers gemacht werden. Auch in einem solchen Fall liegt nicht erst in dem Verbreiten der Fotografien, sondern schon im Herstellen ein Eingriff in die Privatsphäre und damit in das allgemeine Persönlichkeitsrecht vor.[43]

13   Die dargestellten Grundsätze können sogar im öffentlichen Verkehrsraum Geltung beanspruchen. So hatte der Bundesgerichtshof im Jahre 1995 über die Zulässigkeit der **Videoüberwachung** eines öffentlichen Zugangsweges zu entscheiden.[44] Festgehalten wurde, dass die ständige und gezielte Videoaufzeichnung eines solchen Weges selbst dann eine schwerwiegende Beeinträchtigung des allgemeinen Persönlichkeitsrechts der auf diese Weise beobachteten Personen darstellt, wenn diese Überwachung zu Zwecken der Störungsabwehr erfolgt.

Ihre Rechtfertigung findet die dargestellte Rechtsprechung vor allem in dem Umstand, dass bereits die Herstellung der Fotografie geeignet ist, eine bestimmte Situation oder einen an sich nicht verallgemeinerungsfähigen situationsgebundenen Ausdruck gleichsam zu verabsolutieren.[45] Überdies würde es eine unzumutbare Belastung der Persönlichkeit des Betroffenen darstellen, wenn er mangels Rechtsschutzes gegen die unerwünschte Herstellung von Bildnissen auch in der Kontrolle über die etwaige Verbreitung solcher Aufnahmen eingeschränkt wäre.

2. § 201 a StGB – Verletzung des höchstpersönlichen Lebensbereichs durch Bildaufnahmen

14   Mit der neueren Regelung des § 201 a StGB sollte **auf die neuen technischen Möglichkeiten** reagiert werden, insbesondere auf die weite Verbreitung von **Fotohandys** und anderen Kameras und das Umsichgreifen von Praktiken wie der Herstellung von Fotoaufnahmen aus weiter Entfernung oder aus einem Versteck mittels leistungsstarker Zoomtechnik bei Kameras. Ebenso sollte dem sogenannten **„Kameravoyeurismus"** Einhalt geboten werden, etwa dem Installieren von Fotokameras in **Umkleidekabinen, Damentoiletten, Arztzimmern und dem Einstellen derartiger Bilder ins Internet.**[46] Erfasst sein sollen Bildaufnahmen, die von Betroffenen in einem persönlichen Rückzugsbereich – der Wohnung oder einem sonst besonders geschützten Raum – gefertigt werden.

---

[41] BGH NJW 1966, 2353, 2354 – *Vor unserer eigenen Tür.*
[42] *Prinz/Peters,* Medienrecht, Rn. 815.
[43] OLG Düsseldorf NJW 1994, 1971.
[44] BGH NJW 1995, 1955.
[45] *Wenzel/v. Strobl-Albeg,* Wort- und Bildberichterstattung, Kap. 7 Rn. 22.
[46] *Wanckel,* Foto- und Bildrecht, Rn. 306.

Öffentlich zugängliche Orte sollen aus dem räumlichen Schutzbereich der Vorschrift ausgeklammert sein.[47]

§ 201a Abs. 1 StGB verbietet bereits **die unbefugte Herstellung von Bildaufnah-** 15 **men von Personen,** die sich in **Wohnungen** oder **einem gegen Einblick besonders geschützten Raum** befinden, ebenso die Übertragung derartiger Bilder, etwa durchs Internet. Weitere Voraussetzung ist jedoch, dass durch die unbefugte Bildherstellung bzw. Übertragung **der höchstpersönliche Lebensbereich** der betroffenen Person verletzt wird. In § 201a Abs. 2 StGB ist auch unter Strafe gestellt, wer derartige Bildaufnahmen gebraucht oder Dritten zugänglich macht.

Voraussetzung ist zunächst, dass sich die Person, von der ein Bildnis hergestellt wird, zum Zeitpunkt der Aufnahme in einer Wohnung oder in einem gegen Einblicke besonders geschützten Raum befindet. Hierunter fallen insbesondere Gäste- und Hotelzimmer, Toiletten, Umkleidekabinen oder ärztliche Behandlungszimmer.[48] Als weiteres Tatbestandsmerkmal muss hinzukommen, dass durch die Herstellung der Bildaufnahme der höchstpersönliche Lebensbereich des Betroffenen verletzt wird. Die Gesetzesbegründung verweist hierbei auf den von der Rechtsprechung des Bundesverfassungsgerichts verwendeten und in der zivilrechtlichen Rechtsprechung näher ausgeformten **Begriff der Intimsphäre.** Diese umfasst bekanntermaßen insbesondere die Bereiche **Krankheit, Tod und Sexualität,** aber auch die **innere Gedanken- und Gefühlswelt, Fragen des Sexuallebens, Nacktaufnahmen** etc. Insbesondere sofern der Abbildungsgegenstand Krankheit, Tod, Sterben, eine sexuelle Handlung, Nacktheit, Benutzung von Toiletten, Saunen und Solarien durch Personen ist, ist das Tatbestandsmerkmal des höchstpersönlichen Lebensbereichs erfüllt.[49]

Schließlich muss die entsprechende **Bildaufnahme unbefugt** erfolgen. D.h., dass eine derartige Aufnahme mit Einwilligung des Betroffenen bereits den Straftatbestand selbst nicht erfasst.

III. Verbreiten und öffentliches Zurschaustellen von Bildnissen

Das **Recht am eigenen Bild** schützt gemäß seinem Wortlaut des § 22 Satz 1 KUG vor 16 dem unerlaubten Verbreiten und öffentlichem Zurschaustellen von Bildnissen. Wie gesehen, ist die bloße Herstellung und Vervielfältigung nicht erfasst, kann jedoch insbesondere im Falle der unautorisierten Anfertigung eines Bildnisses eine Verletzung des allgemeinen Persönlichkeitsrechts darstellen (s. soeben II.).[50]

Der Begriff des **Verbreitens** ist weiter als der des § 17 Abs. 1 UrhG, der eine *öffentliche* Verbreitung verlangt. Vielmehr ist **auch eine Verbreitung im privaten Bereich,** etwa durch Verschenken eines Vervielfältigungsstückes, vom Wortlaut der Norm erfasst. In Anlehnung an § 17 UrhG ist jedoch der **Vertrieb von körperlichen Bildnissen** (Original oder Vervielfältigungsstück) erforderlich, so dass die unkörperliche Wiedergabe in Film, Fernsehen, Internet oder auch auf CD-ROM allein als öffentliches Zurschaustellen im Sinne von § 22 KUG zu qualifizieren ist.[51] Hierunter ist jegliche Schaffung der Möglichkeit, ein Bildnis wahrzunehmen, zu verstehen.[52] Die Gewerbsmäßigkeit ist jedoch nicht erforderlich.[53]

---

[47] BT-Drucks. 15/2466, 5.

[48] Vgl. *Schertz* AfP 2005, 421, 425.

[49] Vgl. *Schertz* AfP 2005, 421, 425.

[50] BGHZ 24, 200, 208 ff. – *Spätheimkehrer;* BGH NJW 1966, 2353, 2354 – *Vor unserer eigenen Tür;* OLG Frankfurt am Main GRUR 1958, 508, 509 – *Verbrecherbraut.*

[51] *Wenzel/v. Strobel-Albeg,* Wort- und Bildberichterstattung, Kap. 7 Rn. 44; *Schricker/Götting,* Urheberrecht, § 60/§ 22 KUG Rn. 36, 37.

[52] *Wenzel/v. Strobel-Albeg,* Wort- und Bildberichterstattung, Kap. 7 Rn. 44; *Schricker/Götting,* Urheberrecht, § 60/§ 22 KUG Rn. 37.

[53] *Loewenheim/Schertz,* Handbuch des Urheberrechts, § 18 Rn. 8.

IV. Die Einwilligung des Abgebildeten

17   Soweit nicht die Ausnahmeregelungen der §§ 23 und 24 KUG greifen, ist die Verbreitung und öffentliche Zurschaustellung von Bildnissen **nur mit Einwilligung** des Abgebildeten gestattet. Fehlt die Einwilligung, ist das Recht am eigenen Bild verletzt. Die Beweislast für die Erteilung und den Umfang der Einwilligung liegt grundsätzlich beim
Einwilligungsempfänger, also dem Verbreiter.[54] Hat der Abgebildete für die Abbildung
eine Entlohnung erhalten, dreht sich die Beweislast nach § 22 Satz 2 KUG um, gilt die
Einwilligung im Zweifel als erteilt.

1. Rechtsnatur der Einwilligung

18   Umstritten ist, welche **Rechtsnatur** die Einwilligung hat und welche Wirkungen sie
entfaltet. Die überwiegende Meinung sieht in ihr eine rechtsgeschäftliche Erklärung und
führt zumeist den durch die Anwendbarkeit des § 104 ff. BGB gewährleisteten Minder-
jährigenschutz als Begründung an.[55] Nach anderer Ansicht, insbesondere des BGH, stellt
die Einwilligung einen Realakt dar, für dessen Auslegung indes die Grundsätze für
rechtsgeschäftliche Willenserklärungen herangezogen werden können.[56] Andere sehen
wiederum in der Einwilligung schlicht ein negatives Tatbestandsmerkmal des § 22 KUG.
Angesichts des höchstpersönlichen Charakters der so zu qualifizierenden Einwilligung sei
es in der Tat fraglich, ob sie sich als rechtsgeschäftliche Erklärung bezeichnen lasse.[57] Im
Interesse des Minderjährigenschutzes spricht vor allem die eingetretene Kommerzialisierung des Rechts am eigenen Bild und die Anerkennung dieses Rechts als vermögenswertes
Ausschließlichkeitsrecht für die Qualifizierung als rechtsgeschäftliche Erklärung.[58] Gerade vor dem Hintergrund der Vermarktung von Personen durch Merchandisingmaßnahmen erscheint es angemessen und notwendig, **die Einwilligung als Willenserklärung**
anzusehen. Dem entspricht auch die **Vertragspraxis.** So erfolgt die Einwilligung zu einer
Bildnisveröffentlichung nicht selten gegen Zahlung eines Entgeltes, üblicherweise in
Form eines Vertrages.[59] Diese Rechtswirklichkeit muss bei der Beurteilung der Rechtsnatur der Einwilligung berücksichtigt werden. Die Qualifizierung als Willenserklärung lässt
sich ferner auch aus dem Gesetz herleiten, da § 22 Satz 1 KUG selbst die Entlohnung als
gleichsam vertragliche Gegenleistung der Einwilligung gegenüberstellt. In der Praxis hat
der Meinungsstreit indes kaum Bedeutung, da nach allen Auffassungen die Grundsätze
für rechtsgeschäftliche Willenserklärungen bei der Auslegung herangezogen werden können.[60] Zudem sind sich die Beteiligten Auffassungen einig, dass gegenüber der Willenserklärung nach BGB aufgrund der besonderen Qualität der Einwilligung Ausnahmen
zugelassen sind wie die Widerrufbarkeit[61] oder auch im Falle der Einsichtsfähigkeit das
Einwilligungserfordernis des Minderjährigen.[62]

---

[54] Vgl. *Löffler/Ricker,* Handbuch des Presserechts, 43. Kap. Rn. 7 a.E.

[55] *Dasch,* Recht am eigenen Bild, S. 38, 57; *Soehring,* Presserecht, Rn. 19.44; *Löffler/Ricker,* Handbuch des Presserechts, 43. Kap. Rn. 6.

[56] BGH NJW 1980, 1903, 1904.

[57] Vgl. *Wenzel/v. Strobl-Albeg,* Wort- und Bildberichterstattung, 7. Kap. Rn. 60.

[58] *Schertz,* Merchandising, Rn. 317 mwN.; *Dasch,* Recht am eigenen Bild, S. 38.

[59] *Dasch,* Recht am eigenen Bild, S. 58; *Wenzel/von Strobel-Albeg,* Wort- und Bildberichterstattung,
Kap. 7 Rn. 60 ff.; *Schertz,* Merchandising, Rn. 318.

[60] So etwa BGH NJW 1980, 1903, 1904.

[61] *Schricker/Götting,* Urheberrecht, § 60/§ 22 KUG Rn. 41; *Loewenheim/Schertz,* Handbuch des
Urheberrechts, § 18 Rn. 10.

[62] *Schricker/Götting,* Urheberrecht, § 60/§ 22 KUG Rn. 42; *Loewenheim/Schertz,* Handbuch des
Urheberrechts, § 18 Rn. 11.

2. Ausdrückliche und stillschweigende Einwilligung

Die Einwilligung kann **stillschweigend, konkludent** oder **ausdrücklich** erfolgen.[63]   **19**
So willigt ein Passant, der bei einer Straßenumfrage einem Fernsehreporter ohne gesonderte Erklärung bereitwillig zu dessen Fragen Auskunft gibt, konkludent in die Verbreitung der entsprechenden Bild- und Tonaufnahmen in zeitnahem Zusammenhang ein. Von
einer stillschweigenden Einwilligung ist daher auszugehen, wenn die abgebildete Person
die Herstellung der Aufnahme in Kenntnis ihres Zwecks billigt.[64] Ob eine stillschweigende Einwilligung vorliegt, ist nach den allgemeinen Auslegungsregeln der §§ 133, 157
BGB zu ermitteln. Das **bloße Hinnehmen** der Aufnahme stellt noch keine Einwilligung
in die Veröffentlichung dar.[65] Derjenige, der den **Zweck einer Aufnahme nicht kennt,**
kann daher auch nicht rechtswirksam in die Veröffentlichung einwilligen. Das Zulassen
eines Hochzeitsfotografen bei einer Veranstaltung durch das Brautpaar stellt daher keine
Einwilligung in die Verbreitung eines entsprechenden Fotos des Brautpaares in der regionalen Tageszeitung dar. Andererseits willigt ein Model in die Verbreitung der von ihr hergestellten Aufnahmen im Rahmen einer Presseberichterstattung über eine Modenschau
stillschweigend ein, sofern sie von der Anwesenheit der Presse bei der Modenschau weiß.
Diese **stillschweigende Einwilligung** deckt jedoch **nicht die werbliche Verwertung**
eines solchen Bildes in einer Werbeanzeige für die vorgeführte Mode.[66] Auch in Fällen der
Überrumpelung durch ein Kamerateam kann in dem bloßen Geschehenlassen der
Aufnahmen **keine stillschweigende Einwilligung** gesehen werden.[67] Auch die immer
gängigere Praxis, dass Kamerateams Polizei, Zoll, Sozialarbeiter etc. bei ihrer Arbeit be-
gleiten, lässt keine andere Bewertung zu. Werden hier Personen gefilmt, die Gegenstand
von behördlichen Maßnahmen sind, wissen diese in der Regel nicht, warum ein Kamerateam dabei ist. Es besteht auch die Möglichkeit, dass es sich um einen Kameramann der
Polizei zum Zwecke der Beweissicherung handelt. Der Umstand, dass die Betroffenen
hier nicht den Aufnahmen widersprechen, kann also keinerlei Rechtswirkung entfalten
und insbesondere keine stillschweigende Einwilligung darstellen.

Die **Gestattung eines Fotoshootings** in einem Studio **ohne nähere Zweckbestim-**   **20**
mung, wofür die Aufnahmen dienen sollen, stellt jedenfalls keine stillschweigende Einwilligung für die Verwendung dieser Fotos im Rahmen kommerzieller Merchandising-
maßnahmen für einen Kalender dar. So sah es das OLG Hamburg als rechtswidrig an,
dass derartige Studioaufnahmen der Band Backstreet Boys in einem Kalender ohne Genehmigung verbreitet wurden.[68]

Eine **ausdrückliche Einwilligung** kann sowohl schriftlich als auch mündlich erfol-
gen. In der Praxis haben sich hier verschiedene Formen der ausdrücklichen Einwilligung
herausgebildet. Zunächst einmal finden sich derartige Gestattungen üblicherweise in
Moderations-, Schauspieler- oder **Künstlerverträgen der Unterhaltungsindustrie.**
Gleiches gilt für **Merchandising-** und **Werbeverträge,** insbesondere bei Prominenten.
Im Modelbereich ist der sogenannte „model release" üblich. Hier gestattet das Model die
Nutzung der hergestellten Aufnahmen für konkrete Zwecke.[69] Ebenso werden bei der an-
gedachten Verbreitung von Nacktaufnahmen, etwa in Erotik-Fotostrecken der Printma-
gazine, regelmäßig detaillierte Verträge abgeschlossen, in welchen sich auch eine konkrete
Einwilligung in die Verbreitung der Fotos in einem genau festgelegten Umfang findet.

---

[63] *Schricker/Götting,* Urheberrecht, § 60/§ 22 KUG Rn. 43; *Wenzel/von Strobl-Albeg,* Wort- und
Bildberichterstattung, Kap. 7. Rn. 63.
[64] BGH GRUR 1968, 652, 654 – *Ligaspieler.*
[65] *Prinz/Peters,* Medienrecht, Rn. 834.
[66] OLG Koblenz GRUR 1995, 771 ff.; LG Düsseldorf AfP 2003, 469, 470; siehe auch *Wanckel,*
Foto- und Bildrecht, Rn. 142.
[67] Vgl. *Wanckel,* Foto- und Bildrecht, Rn. 144.
[68] OLG Hamburg AfP 1999, 486, 487 ff.
[69] *Wanckel,* Foto- und Bildrecht, Rn. 148.

3. Umfang der Einwilligung

21   Die Einwilligung kann entsprechend der Einräumung von Nutzungsrechten im Urheberrecht **zeitlich, räumlich und sachlich** (Zweck der Bildveröffentlichung) **beschränkt** oder **unbeschränkt** erteilt werden.[70] Die urheberrechtliche Zweckübertragungsregel kommt hier analog zur Anwendung, wenn der Umfang und die Reichweite der Einwilligung zu ermitteln sind.[71] Entsprechend deckt die Einwilligung in die Verbreitung immer nur den konkreten vertraglich vereinbarten Zweck ab.[72] In Zweifelsfällen bedarf es der Auslegung. Eine Einwilligung in die Verbreitung des eigenen Bildnisses im Rahmen einer redaktionellen Berichterstattung berechtigt nicht zur Nutzung von Fotos zu Werbezwecken.[73] Eine pauschale Einwilligung im Rahmen eine Shootings zur Verbreitung des Fotos zu Werbezwecken gestattet nicht die Nutzung des Fotos zu Wahlwerbezwecken bzw. im Rahmen einer Anzeige für einen Telefonsexdienst.[74] Die Einwilligung in die Verwendung eines Nacktfotos für ein Biologieschulbuch gestattet nicht die Jahre später stattfindende Ausstrahlung im Fernsehen.[75]

Die **Einwilligung** stellt zunächst eine **rein schuldrechtliche Gestattung** dar.[76] Aufgrund der zunehmenden Kommerzialisierung von Persönlichkeitsrechten ist es inzwischen anerkannt, dass auch beim Recht am eigenen Bild in Anlehnung an die Figur der gebundenen Rechtsübertragung aus dem Urheberrecht **Nutzungsrechte an dem Bildnis** mit dinglicher Wirkung Dritten eingeräumt werden können.[77]

Das Persönlichkeitsrecht ist danach nicht übertragbar und verbleibt als Stammrecht beim Inhaber. Wird das jeweilige Nutzungsrecht, etwa die Verwendung eines Bildnisses zu Merchandisingzwecken, exklusiv eingeräumt, steht dem Lizenznehmer und Einwilligungsempfänger ein eigenes Abwehrrecht gegen Dritte zu.[78]

4. Widerrufbarkeit der Einwilligung

22   Anders als alle (sonstigen) rechtsgeschäftlichen Willenserklärungen ist die Einwilligung in die Verbreitung des eigenen Bildnisses unter bestimmten Umständen ex nunc **aus wichtigem Grund widerrufbar**[79], insbesondere dann, wenn die Weiterverwendung des Fotos aufgrund gewandelter Überzeugung persönlichkeitsrechtsverletzend wäre und insofern dem Einwilligungsgeber ein Festhalten an der zuvor erteilten Zustimmung nicht zumutbar ist.[80] Insofern wird hier zumeist eine Analogie zu § 42 UrhG (Rückruf wegen gewandelter Überzeugung) vorgenommen.[81] So ist es einer ehemaligen Prostituierten gestattet, die Einwilligung zur Veröffentlichung von Fotos in „eindeutigem" Sachzusammenhang rückgängig zu machen, wenn sie sich vollständig aus dem Milieu zurückge-

---

[70] *Helle,* Besondere Persönlichkeitsrechte, S. 109; *Schricker/Götting,* Urheberrecht, § 60/§ 22 KUG Rn. 44; *Loewenheim/Schertz,* Handbuch des Urheberrechts, § 18 Rn. 13.

[71] *Loewenheim/Schertz,* Handbuch des Urheberrechts, § 18 Rn. 13.

[72] OLG Hamburg ZUM 1995, 637; OLG Hamburg AfP 1995, 508 ff.; *Prinz/Peters,* Medienrecht, Rn. 837; *Wenzel/von Strobl-Albeg,* Wort- und Bildberichterstattung, Kap. 7. Rn. 77, 80.

[73] BGHZ 20, 346 − *Paul Dahlke;* BGH NJW 1956, 1554; OLG Hamburg AfP 1981, 357; LG Hamburg AfP 1995, 527; *Prinz/Peters,* Medienrecht, Rn. 837.

[74] BGH GRUR 1980, 259.

[75] BGH GRUR 1985, 398, 399 − *Nacktfoto.*

[76] *Helle,* Besondere Persönlichkeitsrechte, 109.

[77] Vgl. zum Diskussionsstand: *Schertz,* Merchandising, Rn. 375–382.

[78] Vgl. *Schertz,* Merchandising, Rn. 381.

[79] Vgl. *Wenzel/v. Strobel-Albeg,* Wort- und Bildberichterstattung, Kap. 7 Rn. 84.

[80] Vgl. *Wenzel/v. Strobel-Albeg,* Wort- und Bildberichterstattung, Kap. 7. Rn. 84 f.; *Löffler/Ricker,* Handbuch des Presserechts, 43. Kap. Rn. 7; *Schricker/Götting,* Urheberrecht, § 60/§ 22 KUG Rn. 41.

[81] Vgl. *Schricker/Götting,* Urheberrecht, § 60/§ 22 KUG Rn. 41, wobei ein Entschädigungsanspruch des Einwilligungsempfängers aus § 42 Abs. 2 Satz 1 UrhG analog überwiegend wegen einer zu starken Einschränkung der Entscheidungsfreiheit des Widerrufsberechtigten abgelehnt wird, der aber dem Einwilligungsempfänger einen Ersatz des Vertrauensschadens in Analogie zu § 122 BGB zuerkennt.

zogen hat.[82] Gleiches gilt für einen Konzertgeiger im Zusammenhang mit Fotografien in einem Werbeprospekt, die ihn noch in seiner früheren Zeit als Leiter einer „Zigeunerkapelle" zeigen.[83] Demgegenüber soll der alleinige Wunsch einer jungen Schauspielerin, nur noch in seriösen Film- und Fernsehrollen aufzutauchen, für den Widerruf einer zwei Jahre zuvor erteilten Einwilligung zur Veröffentlichung von Aktbildern nicht genügen.[84]

Sobald ein Widerruf einer einmal erteilten Einwilligung in die Verbreitung eines Bild-   **23** nisses wegen gewandelter Überzeugung möglich ist, darf die Ausübung des Selbstbestimmungsrechts nicht durch die Verpflichtung **zur Zahlung einer Entschädigung** erschwert werden. Ein Anspruch auf Zahlung einer angemessenen Entschädigung in analoger Anwendung der Vorschrift des § 42 Abs. 3 UrhG kommt nicht in Betracht. So besteht keine hinreichende Interessenidentität zwischen dem hier vorliegenden Wunsch des Widerrufs einer Einwilligung in die Verbreitung und Veröffentlichung eines Bildnisses und dem in § 42 Abs. 3 UrhG direkt geregelten Fall der Entschädigung bei Rückruf eines eingeräumten Nutzungsrechtes an einem Werk.[85] Das Recht am eigenen Bild unterliegt als Ausformung des durch die Art. 2 Abs. 1 GG geschützten allgemeinen Persönlichkeitsrechts einem stärken Schutz als die im Urhebergesetz geschützten Rechte an Werken der Literatur, Wissenschaft und Kunst. Insofern kommt grundsätzlich nur der **Ersatz des Vertrauensschadens** in analoger Anwendung des § 122 BGB in Betracht.[86]

Ein Widerrufsrecht aus wichtigem Grund besteht auch dann, wenn der Einwilligungsempfänger bei der Nutzung von Fotografien getroffene Vereinbarungen etwa durch Verbreitung nicht freigegebener Fotos aus einer Fotoserie nicht einhält oder sonstwie die Persönlichkeitsrechte der abgebildeten Person verletzt.[87] In derartigen Fällen ist das Vertrauensverhältnis zwischen dem Einwilligungsgeber und dem Einwilligungsempfänger gerade in Bezug auf die zukünftige Verbreitung der Fotos entfallen.

5. Einwilligung nach dem Tod des Abgebildeten

Nach § 22 Satz 3 und 4 KUG bedarf es **nach dem Tode des Abgebildeten** noch **wei-   **24** tere 10 Jahre für eine Bildveröffentlichung der Einwilligung der Angehörigen,** also etwa des Ehegatten, der Eltern, Kinder oder nach LPartG des eingetragenen Lebenspartners.[88]

Die zeitliche Grenze von 10 Jahren ist jedoch nicht abschließend. Mit Anerkennung eines **postmortalen allgemeinen Persönlichkeitsrechtes** kann Letzteres auch bei der Verbreitung eines Bildnisses eines Verstorbenen nach Ablauf von 10 Jahren zum Tragen kommen, etwa bei Verwendung von Bildnissen berühmter Persönlichkeiten zu Werbezwecken[89] oder im Falle sonstiger grob ehrverletzender Beeinträchtigungen.[90] In der

---

[82] *Helle,* Besondere Persönlichkeitsrechte, S. 100.

[83] Loewenheim/*Schertz,* Handbuch des Urheberrechts, § 18 Rn. 10.

[84] OLG München AfP 1989, 570, 571.

[85] AG Charlottenburg AfP 2002, 172; siehe auch *Wanckel,* Foto- und Bildrecht, Rn. 173.

[86] *Schricker/Götting,* § 22 KUG/§ 60 Rn. 41.

[87] So sah etwa das Landgericht Hamburg das Widerrufsrecht gegenüber einer Fotoagentur als Einwilligungsempfänger für gegeben an, die nicht verhindert hatte und auch insofern mit kausal dafür war, dass die Fotografie einer anerkannten Schauspielerin im Rahmen einer Fotomontage auf der Titelseite einer Fernsehzeitschrift vor einem Hintergrund mit zahlreichen Katzenbabys zum Zwecke der vermeintlichen Verbildlichung der Abbildung gesetzt worden war.

[88] Schricker/*Götting,* Urheberrecht, § 60/§ 22 KUG Rn. 57; Geschwister zählen nach herrschender Meinung nicht zu den privilegierten Angehörigen, was jedoch in der Literatur nicht begründet wird. Tatsächlich ist nach hiesiger Auffassung kein Grund erkennbar, die Geschwister nicht zu den Angehörigen zu zählen. Dies wird insbesondere dann relevant, wenn es keine anderen Angehörigen gibt. Hier ist kein Grund ersichtlich, warum dann nicht die Geschwister die postmortalen Gestattungen vornehmen müssen.

[89] Vgl. hierzu den Fall BGHZ 143, 114 – *Marlene* sowie *Schertz,* Merchandising, Rn. 383–389.

[90] BVerfG NJW 1971, 1645, 1646 f. – *Mephisto;* BGHZ 50, 133, 137 ff. – *Mephisto;* BGH GRUR 1984, 907, 908 – *Frischzellenkosmetik;* BGHZ 107, 384, 391 – *Emil Nolde.*

Rechtsprechung wurden Ansprüche aus postmortalen Persönlichkeitsrechten auch noch 30 Jahre nach dem Tod der Persönlichkeit hat.[91] Indes ist auch diese zeitliche Grenze nicht abschließend. Der BGH hat inzwischen in der sogenannten *Marlene*-Entscheidung die Vererblichkeit vermögenswerter Befugnisse am Recht am eigenen Bild anerkannt und gesteht den Erben insoweit Schadensersatzansprüche zu, ohne sich jedoch in dieser Entscheidung zur zeitlichen Dauer dieser ererbten Rechtsposition abschließend zu äußern.[92] Zuletzt entschied der BGH in der *kinski-klaus.de*-Entscheidung, dass beim Namensrecht diese ererbte Vermögensposition auf 10 Jahre begrenzt sei.[93] In der Literatur wird demgegenüber bei vermarktbaren Persönlichkeitsgütern wie den Bildnissen prominenter Persönlichkeiten zu Werbe- oder Merchandisingzwecken zunehmend eine Analogie zu den urheberrechtlichen Schutzfristen von 70 Jahren post mortem autoris vorgeschlagen.[94]

C. Einschränkungen des Bildnisschutzes gem. § 23 KUG

25   Die §§ 23, 24 KUG enthalten **Einschränkungen der Grundregel,** wonach Bildnisse nicht ohne die Einwilligung des Abgebildeten verbreitet und zur Schau gestellt werden dürfen, die zumeist aus Gründen des **Informationsinteresses der Öffentlichkeit** vorgesehen sind:

I. Bildnisse aus dem Bereich der Zeitgeschichte (§ 23 Abs. 1 Nr. 1 KUG)

1. Einführung

26   Gem. § 23 Abs. 1 Nr. 1 KUG dürfen Bildnisse aus dem Bereich der Zeitgeschichte ohne die nach § 22 KUG erforderliche Einwilligung verbreitet werden, vorbehaltlich der Einschränkung durch die berechtigten Interessen des Abgebildeten gem. § 23 Abs. 2 KUG. Gesetzgeberischer Grund dieser Beschränkung ist das in diesen Fällen vorhandene **legitime Informationsinteresse der Allgemeinheit an einer Berichterstattung** über prominente Persönlichkeiten und ihr öffentliches Tun.[95] Dieser **Tatbestand** dürfte der **Wichtigste im Bildnisschutz** sein, da er für den gesamten Bereich der Berichterstattung über Prominente die einschlägige Norm darstellt. Presse- und Rundfunkunternehmen können sich insofern bei der Berichterstattung über bekannte Persönlichkeiten in vielen Fällen auf diesen Freistellungstatbestand berufen.

27   Bei der Auslegung der Norm wurde in den letzten Jahrzehnten zumeist auf die Figur der **„Person der Zeitgeschichte"** zurückgegriffen.[96] Insbesondere *Neumann-Duesberg* und die dem folgende BGH-Rechtsprechung unterschieden hierbei zwischen absoluten und relativen Personen der Zeitgeschichte.[97] Als absolute Person der Zeitgeschichte bezeichnete *Neumann-Duesberg* Personen, bei denen an allen Vorgängen, die ihre Teilnahme am öffentlichen Leben ausmachen, ein Informationsinteresse besteht. Als relative Personen der Zeitgeschichte sah er solche an, die lediglich in Bezug auf ein bestimmtes Ereignis in den Blickpunkt der Öffentlichkeit geraten und allein hierdurch ein Informationsinteresse der Öffentlichkeit hervorrufen.

28   Wann ein solches **berechtigtes Informationsinteresse** der Öffentlichkeit im Einzelfall bestand, war und ist umstritten. So stellte das **Bundesverfassungsgericht** in seiner

---

[91] BGHZ 107, 384, 329 – *Emil Nolde.*

[92] BGHZ 143, 114 – *Marlene.*

[93] S. hierzu Darstellung beim Namensrecht, § 13 Rn. 46.

[94] Vgl. *Götting,* Persönlichkeitsrechte als Vermögensrechte, S. 281; im Ergebnis auch *Strothmann* GRUR 1996, 693; *Schertz,* Merchandising, Rn. 389.

[95] *v. Gamm,* Urheberrechtsgesetz, Einf. Rn. 115.

[96] Vgl. *Wenzel/v. Strobl-Albeg,* Wort- und Bildberichterstattung, Kap. 8, Rn. 8; *Schricker/Götting,* Urheberrecht, § 60/§ 23 KUG, Rn. 19; *v. Gamm,* Urheberrechtsgesetz, Einf. Rn. 116.

[97] *Neumann-Duesberg* JZ 1960, 114.

Grundsatzentscheidung vom 15.12.1999 zu der Problematik der Güter- und Interessen-abwägung fest, dass es bei absoluten Personen der Zeitgeschichte keine Beschränkung der einwilligungsfreien Veröffentlichungen auf Bilder gebe, welche die abgebildeten Personen bei Ausübung ihrer Funktionen zeige. Die Öffentlichkeit habe vielmehr ein berechtigtes Interesse zu erfahren, ob zeitgeschichtlich relevante Personen „funktionales und persönliches Verhalten überzeugend und in Übereinstimmung bringen".[98] Die dortige Klägerin wurde als absolute Person der Zeitgeschichte eingeordnet. Bilder, die sie an öffentlichen Plätzen, auch im privaten Alltag, zeigten, wurden für zulässig erachtet.

Überlagert wurde diese Entscheidung jedoch durch die **Caroline-Entscheidung des** **29** **Europäischen Gerichtshofs für Menschenrechte (EGMR)** in Straßburg vom 24.6. 2004, die neue Maßstäbe für die deutsche Rechtsprechung forderte.[99] Hierdurch geriet die Rechtsentwicklung und die Auslegung des § 23 Abs.1 Nr.1 KUG in Bewegung. Insbesondere kritisierte der EGMR die Rechtsfigur der absoluten Person der Zeitgeschichte, da die jeweils prominente Person nicht wegen ihrer herausgehobenen Stellung interessant sei bzw. Nachrichtenwert habe, sondern es ähnlich wie bei der relativen Person der Zeitgeschichte darauf ankomme, in welchem Zusammenhang über sie berichtet wird, bzw. sie abgebildet wird.[100]

Der **BGH** folgte sodann unlängst in erheblichen Teilen der Rechtsprechung des Euro- **30** päischen Gerichtshofs für Menschenrechte und stellte in einigen Grundsatzentscheidungen fest, dass nach den Bedenken des EGMR gegen den Begriff der absoluten Person der Zeitgeschichte es im Ergebnis um die Frage gehe, unter welchen Voraussetzungen „über solche in der Öffentlichkeit bekannte Personen berichtet werden darf".[101] Unbeschadet der Frage, ob die jeweils abgebildete Person eine relative oder absolute Person der Zeitgeschichte im bisherigen Rechtssinne sei, reiche es jedenfalls nicht aus, dass die Person der Öffentlichkeit bekannt sei. Vielmehr komme eine Ausnahme vom Erfordernis der Einwilligung grundsätzlich nur dann in Betracht, wenn **die Berichterstattung ein Ereignis von zeitgeschichtlicher Bedeutung betrifft.**[102] Dies sei etwa bei Bildern eines Fußballnationaltorwarts im Urlaub nicht der Fall,[103] indes bei Fotos einer Politikerin nach ihrem Rücktritt beim Einkaufen zu bejahen.[103a] Schließlich erkannte unlängst auch das **Bundesverfassungsgericht,** dass der BGH damit im Einklang mit der Verfassung den Begriff der Person der Zeitgeschichte in Zukunft nicht oder nur noch begrenzt nutze und stattdessen im Wege der einzelfallbezogenen Abwägung über das Vorliegen eines Bildnisses aus dem „Bereich der Zeitgeschichte" entscheiden wolle.[104]

Aus diesem kurzen Abriss über die Entwicklung der Rechtsprechung von der ur- **31** sprünglichen Bundesverfassungsgerichtsentscheidung, über den Europäischen Gerichtshof für Menschenrechte, die Korrekturen des BGH bis zu der neuesten Feststellung des Bundesverfassungsgerichts ergibt sich, dass die Auslegung dieses Ausnahmetatbestandes auch durch die deutschen Obergerichte erhebliche Veränderungen erfahren hat. Die **bisherige Kommentierung und Literatur** zu § 23 Abs.1 Nr.1 KUG orientiert sich jedoch zumeist noch an der alten Rechtslage. Neuere Darstellungen finden sich bisher nur wenig.[105] Demgegenüber schildern *Wenzel* sowie *Prinz/Peters* noch die alte Rechtslage.

---

[98] BVerfG AfP 2000, 76 ff.

[99] EGMR AfP 2004, 348.

[100] Vgl. *Müller* ZRP 2007, 173.

[101] BGH AfP 2007, 121, 123.

[102] BGH a.a.O.; BGH Urteil vom 1. Juli 2008 – VI ZR 243/06 – *Sabine Christiansen;* BGH Urteil vom 1. Juli 2008 – VI ZR 67/08 – *Ferienvilla in Kenia;* BGH Urteil vom 24. Juni 2008 – VI ZR 156/06 – *Heide Simonis.*

[103] BGH AfP 2007, 475, 477.

[103a] Vgl. BGH-Urteil vom 24. Juni 2008 – VI ZR 156/06 – *Heide Simonis.*

[104] BVerfG AfP 2008, 163, 169.

[105] *Schricker/Götting,* Urheberrecht, § 60/§ 23 KUG sowie *Wanckel,* Foto- und Bildrecht stellen bereits die Entscheidung des Europäischen Gerichtshofs für Menschenrechte dar. Es fehlt jedoch die

32 Im Folgenden soll zunächst das unstreitig gebliebene Erfordernis des Informationszwecks bei der Bildveröffentlichung erläutert werden. Da die **Rechtsfigur der Person der Zeitgeschichte nach wie vor als Auslegungsmodell relevant** sein wird, wenngleich BGH wie Bundesverfassungsgericht in Zukunft vorrangig im Wege der einzelfallbezogenen Abwägung über das Vorliegen eines Bildnisses aus dem Bereich der Zeitgeschichte entscheiden wollen, erfolgt dennoch ein **kurzer Abriss über die Rechtsfigur der absoluten und relativen Person der Zeitgeschichte.** Als Schwerpunkt stellt sich die aktuelle Auslegung zum Begriff des legitimen Informationsbedürfnisses bzw. Informationswertes des jeweiligen Abbildungsgegenstandes dar. Hierzu erfolgt eine Übersicht über die alte Rechtsprechung vom Bundesverfassungsgericht und BGH, die Entscheidung des Europäischen Gerichtshofs für Menschenrechte, die Folgerechtsprechung der Oberlandesgerichte und des BGH sowie die Bestätigung der Rechtsprechung in entscheidenden Teilen durch das Bundesverfassungsgericht.

2. Informationszweck

33 Anerkanntermaßen ist es als ungeschriebenes Tatbestandsmerkmal für die Abbildungsfreiheit nach § 23 Abs. 1 Nr. 1 KUG jedenfalls erforderlich, dass bei der Nutzung des „Bildnisses aus dem Bereich der Zeitgeschichte" ein **Informationszweck** hinzukommt.[106] Dies ergibt sich bereits aus der Gesetzesbegründung, in welcher als **Grund** für die Einschränkung des Bildnisschutzes bei Personen der Zeitgeschichte das legitime Informationsinteresse der Allgemeinheit benannt wird.[107]

Bei der Verbreitung von Bildnissen **im Rahmen redaktioneller Berichterstattung** in Zeitungen und Zeitschriften, in Film und Fernsehen, ist im Regelfall zumindest vom Vorliegen eines Informationszwecks auszugehen. Eine andere Frage ist, ob der Informationswert der Abbildung für die Einschränkung des Rechts am eigenen Bild genügt, weil ein entsprechendes legitimes Informationsinteresse der Öffentlichkeit an der Abbildung besteht.

34 Bereits am **Informationszweck** fehlt es jedoch zumeist anerkanntermaßen **bei Verwendung von Bildnissen für jegliche Form von Werbung** ohne Zustimmung des zumeist prominenten Abgebildeten.[108]

So befand der BGH regelmäßig, dass sich auf die Ausnahmevorschrift des § 23 Abs. 1 Nr. 1 KUG nicht berufen könne, wer nicht einem schutzwürdigen Informationsbedürfnis der Allgemeinheit nachkomme, sondern durch die **Verwertung des Bildnisses eines anderen zu Werbezwecken allein seine Geschäftsinteressen befriedigen**

---

neueste Rechtsprechung des Bundesverfassungsgerichts bzw. im Falle *Schricker/Götting* des BGH, da diese nach Erscheinen der jeweiligen Werke veröffentlicht wurden.

[106] *Neumann-Duesberg,* Juristen-Handbuch, Bd. 7 (1966/1967), 138, 148 ff.; *Wenzel/v. Strobl-Albeg,* Wort- und Bildberichterstattung, Kap. 8, Rn. 4, 42; *v. Gamm,* Urheberrecht, Einf. Rn. 119; *Hubmann,* Persönlichkeitsrecht, S. 299 f.; *Schricker/Götting,* Urheberrecht, § 60/§ 23 KUG Rn. 8.

[107] Vgl. *v. Gamm,* Urheberrechtsgesetz, Einf. Rn. 115; *Neumann-Duesberg,* Juristen-Jahrbuch, Bd. 7 (1966/1967), 138, 144 f.; siehe auch RGZ 74, 308, 312 – *Graf Zeppelin* – zu § 23 Abs. 1 Nr. 1 KUG: „Diese Bestimmung ist mit der Erwägung begründet, dass die Verwertung des Bildnisses von Personen, die im öffentlichen Leben stehen oder in Kunst und Wissenschaft ein allgemeines Interesse wachrufen, nicht schlechthin an die Genehmigung des Abgebildeten geknüpft werden könne, dass vielmehr entsprechend den natürlichen Bedingungen sozialen und geschichtlichen Lebens ein gewisses publizistisches Anrecht an der freien Darstellung solcher Personen einzuräumen sei."

[108] Vgl. BGHZ 20, 345 – *Paul Dahlke;* BGHZ 30, 7 – *Caterina Valente;* BGH GRUR 1961, 138 – *Familie Schölermann;* BGH GRUR 1968, 652 – *Ligaspieler;* BGH GRUR 1979, 425 – *Fußballspieler;* BGH GRUR 1979, 732 – *Fußballtor;* BGH NJW-RR 1987, 231 – *NENA;* BGH AfP 1992, 149, 150 – *Joachim Fuchsberger;* KG UFITA Bd. 90 (1981), 163, 164 – *Udo Lindenberg;* OLG Frankfurt am Main ZUM 1988, 248 – *Boris Becker;* OLG Hamburg ZUM 1995, 214; aus der Literatur *Neumann-Duesberg,* Juristen-Jahrbuch, Bd. 7 (1966/1967), 138, 149 f.; *Krüger* GRUR 1980, 628 ff.; *Poll* ZUM 1988, 454, 456; *v. Gamm,* Urheberrechtsgesetz, Einf. Rn. 119; *Schertz* AfP 2000, 495; *Schricker/Götting,* Urheberrecht, § 60/§ 23 KUG Rn. 15 f.; *Wenzel/v. Strobel-Albeg,* Wort- und Bildberichterstattung, Kap. 8 Rn. 42 ff.; s. auch zu Werbeverträgen § 44.

wolle.[109] Während das Reichsgericht noch bei der unerlaubten Werbung die Verletzung des Selbstbestimmungsrechts als rein ideellen Ansatz in den Vordergrund stellte, sah der BGH später durch das Recht am eigenen Bild auch kommerzielle Interessen des Abgebildeten geschützt. Er bezeichnete die Befugnis, über die **Verwendung seines Bildnisses in der Werbung** zu entscheiden, ausdrücklich **als vermögenswertes Ausschließlichkeitsrecht** und billigte aufgrund der fehlenden Einwilligung in einen konkreten Fall eine fiktive Lizenzgebühr nach bereicherungsrechtlichen Grundsätzen zu.[110]

Dabei lässt sich nicht bei jeder kommerziellen Bildnisnutzung eine klare **Trennlinie zwischen Informations- und Werbezwecken** ziehen.[111] Die **Rechtsprechung** ist darüber hinaus **uneinheitlich.** Als **Werbung** und damit zustimmungsbedürftige Nutzung des Bildnisses **wurde angesehen:** die Nutzung eines Großbildes von Graf Zeppelin als Warenzeichen oder zu Reklamezwecken für Zigarren[112], die Verbreitung eines Bildnisses von Paul Dahlke auf einem Motorroller in Werbeanzeigen ohne Zustimmung des Schauspielers[113], Werbeprospekte eines Fernsehgeräteherstellers, bei welchen in den abgebildeten Bildschirmen Szenen aus einer Fernsehserie der Familie Schölermann einkopiert waren[114], die Abbildung der Rückenaufnahme eines Fußballspielers in Werbeprospekten eines Fernsehgeräteherstellers[115], die Nutzung einer Portraitaufnahme eines Schauspielers mit Brille in Anzeigen örtlicher Tageszeitungen für ein Optikergeschäft[116], der Massenvertrieb von Sammelbildern bei Portraits von bekannten Fußballspielern zum Einkleben in ein Sammelalbum[117], der unautorisierte Vertrieb von Fotos, T-Shirts, Stoffaufnähern, Medaillonhalsketten, Briefpapier, Fotoschlüsselanhängern, Fotozahnbürste und Halstücher mit dem Bild der bekannten Popsängerin NENA[118], der ungenehmigte Vertrieb von Fotografien eines populären Musikers, die als Satz, bestehend aus 14 Bildern, zum Kauf angeboten wurden[119], die Verwendung einer Fotografie von Bob Dylan auf einem CD-Cover einer nicht von Bob Dylan autorisierten CD mit seiner Musik[120], sowie die unerlaubte Nutzung des Bildnisses von Marlene Dietrich auf sog. Merchandisingartikeln (Henkeltassen, Telefonkarten, T-Shirts, Armbanduhren, Anstecker) sowie bei Werbung für Autos und/oder Kosmetika,[121] der Einsatz eines Bildnisses von Boris Becker zur Bewerbung eines noch nicht erschienenen Presseerzeugnisses mit einem sogenannten Dummy.[122]

Demgegenüber wurde von der Rechtsprechung **ohne Einwilligung des Prominenten** für zulässig erachtet: die unautorisierte Verwendung einer Großaufnahme von Franz Beckenbauer in einer Kampfszene eines Länderspiels auf dem Titelblatt eines Fußballkalenders[123], der ungenehmigte Vertrieb einer Münze mit dem Bildnis von Willy Brandt, bei welcher auf der Rückseite die wichtigsten Stationen seines Lebens (Bundeskanzler, regierender Bürgermeister, Friedensnobelpreisträger) aufgeführt und durch Symbole illustriert waren[124], der Abdruck eines Schauspielerfotos auf der Titelseite einer Kundenzeit-

---

[109] BGH AfP 1992, 149, 150 – *Joachim Fuchsberger.*
[110] BGHZ 20, 345 – *Paul Dahlke.*
[111] Vgl. hierzu umfassend *Schertz* AfP 2000, 495.
[112] RGZ 74, 308 ff. – *Graf Zeppelin.*
[113] BGHZ 20, 345 – *Paul Dahlke.*
[114] BGH GRUR 61, 138 – *Familie Schölermann.*
[115] BGH GRUR 1979, 732 – *Fußballtor.*
[116] BGH AfP 1992, 149, 150 – *Joachim Fuchsberger.*
[117] BGH GRUR 1968, 652 – *Ligaspieler.*
[118] BGH NJW-RR 1987, 231 – *NENA.*
[119] OLG Hamburg ZUM 1995, 214.
[120] BGH AfP 1997, S. 575 – *Schallplattenhülle.*
[121] BGHZ 143, 114 – *Marlene.*
[122] OLG München GRUR = RR 2003, 292 (nicht rechtskräftig).
[123] BGH GRUR 1979, 425 – *Fußballspieler.*
[124] BGH AfP 1996, 66, 68 – *Abschiedsmedaille;* demgegenüber OLG München NJW-RR 1990, 1327, 1328; ebenso auch das OLG Frankfurt am Main ZUM 1995, 485, 487 im Ergebnis zutreffend in der Vorinstanz; vgl. auch Kritik hierzu *Schertz,* Merchandising, 341; *Schertz* AfP 2000, 495 ff.

schrift, sofern im Innern des Blattes ein Textbeitrag über die abgebildete Person enthalten ist[125], die Veröffentlichung eines Bildnisses von Udo Lindenberg auf dem Umschlag eines Buches über das Leben des bekannten Rocksängers[126], der Abdruck eines Bildnisses von Boris Becker auf dem Umschlag eines Tennislehrbuches,[127] der Abdruck eines blickfangmäßigen Fotos von Günther Jauch auf der Titelseite einer Kreuzworträtselzeitschrift.[128]

35   Ein Sonderfall in der Kasuistik stellt die sogenannte BGH-Entscheidung *Lafontaine* dar.[129]

In diesem Fall hatte ein Autovermieter mit dem Bildnis des zurückgetretenen Bundesministers der Finanzen geworben, welches in der konkreten Anzeige durchgestrichen war und mit dem Text unterschrieben: „S. verleast auch Autos für Mitarbeiter in der Probezeit." Landgericht und Hanseatisches Oberlandesgericht hatten die Nutzung als rechtswidrig erachtet.[130] Auch der BGH stellt in seiner Entscheidung fest, dass **im Fall der Verwendung eines Bildnisses für eine Werbeanzeige in der Regel das Persönlichkeitsrecht** des ohne Einwilligung Abgebildeten gegenüber dem Veröffentlichungsinteresse des Werbenden **überwiegen** würde. Im konkreten Fall werde aber nicht der Image- oder Werbewert des Klägers für die beworbene unternehmerische Leistung ausgebeutet. Vielmehr setze sich die Werbeanzeige satirisch mit einem aktuellen Tagesereignis auseinander. Die Entscheidung wurde auch vom BGH ausdrücklich als Ausnahme bezeichnet, wenngleich er hiernach ähnlich für das Namensrecht entschied.[130a] Darüber hinaus besteht die Gefahr, dass sie in Zukunft zur Umgehung durch die Werbeindustrie führen wird. So lädt sie geradezu dazu ein, bei werblichen Nutzungen möglichst satirische Bezüge vorzunehmen, um sich die Einwilligung des Prominenten und damit die entsprechende Lizenzgebühr zu ersparen. Der klassische Fall vom Einsatz von Bildnissen Prominenter in der Wirtschaftswerbung wird auch weiterhin unzulässig bleiben. Entsprechend billigte auch das Landgericht Hamburg dem ehemaligen Bundesaußenminister Joschka Fischer für eine werbliche Nutzung seines Bildnisses eine Geldentschädigung in Höhe von 200.000,00 Euro zu.[131] Hier hatte ein Verlag im Rahmen einer gestatteten Einführungskampagne für ein Zeitschriftenprodukt Anzeigen mit dem Abbild von Gesichtern bekannter Persönlichkeiten veröffentlicht, denen sie die Gesichtszüge jüngerer Kinder im Wege des sogenannten Morphing gegeben haben.

36   Im Ergebnis bedarf daher in der Regel die **Nutzung des Bildes Prominenter** in der **Werbung für andere Produkte** (Wirtschaftswerbung) oder als **Warenzeichen** sowie im Rahmen von **Merchandisingmaßnahmen,** bei welcher das Bildnis selbst als Ware vertrieben wird (Fotos, Postkarten, Sammelbilder, Puppen, Buttons, Aufkleber) oder deren wertbestimmender Faktor ist (Bildnis auf Gebrauchsgegenständen ohne eigene Charakteristik wie T-Shirts, Federtaschen, Zahnbürsten etc.) mangels vorhandenem Informationszweck bei der Bildnisnutzung der **Zustimmung des Abgebildeten,** während **Abbildungen** auf Titelseiten von Büchern und Zeitschriften **mit irgendwie gearteten redaktionellen Inhalten,** der Bezug auf den Abgebildeten nimmt, auch ohne Einwilligung des Prominenten **zulässig** sind.[132]

---

[125] BGH AfP 1995, 495, 496 – *Elmar Wepper.*

[126] KG UFITA Bd. 90 (1981), 163, 164 – *Udo Lindenberg.*

[127] OLG Frankfurt am Main ZUM 1988, 248 – *Boris Becker.*

[128] LG Hamburg, AfP 2006, 391.

[129] BGH 2006, 559 – *Lafontaine;* entsprechend zum Namensrecht: BGH Urteile vom 5. Juni 2008 – I ZR 223/05 – *Dieter Bohlen;* I ZR 96/07 – *War es Ernst? Oder August?* s. hierzu auch 17. Kap. § 44.

[130] OLG Hamburg AfP 2004, 566 – *Lafontaine.*

[130a] BGH Urteile vom 5. Juni 2008 – I ZR 223/05 – *Dieter Bohlen;* I ZR 96/07 – *War es Ernst? Oder August?*

[131] LG Hamburg AfP 2006, 585.

[132] S. umfassend hierzu mit Fallgruppenbildung: *Schertz,* Merchandising, Rn. 327–351; *Schertz* AfP 2000, 495 ff.

3. Bereich der Zeitgeschichte

Wie das Bundesverfassungsgericht festgestellt hat, wird es in Zukunft bei der Entschei-   37
dung, ob die Abbildungsfreiheit nach § 23 Abs. 1 Nr. 1 KUG gegeben ist, nicht oder nur
noch **begrenzt** auf den **Begriff der Person der Zeitgeschichte** ankommen, sondern im
Wege einer einzelfallbezogenen Abwägung über das Vorliegen eines Bildnisses aus dem
Bereich der Zeitgeschichte zu entscheiden sein.[133] Der BGH stellt nach neuester Rechtsprechung bei der jeweiligen Bildnisnutzung darauf ab, ob ein „legitimes Informationsinteresse" besteht, da über ein „Ereignis von zeitgeschichtlicher Bedeutung" berichtet wird.
Der Begriff der Person der Zeitgeschichte ist daher nicht mehr von der Relevanz, die er in
der bisherigen Literatur und Rechtsprechung hatte. Dennoch soll ein Überblick über die
bisherige Rechtsprechung zu den Begriffen absolute und relative Person der Zeit-
schichte gegeben werden, da sie als Auslegungsmodelle nach wie vor in der BGH-Rechtsprechung Erwähnung finden. Wie aufgezeigt werden wird, wird insbesondere die Rechtsprechung zur relativen Person der Zeitgeschichte noch von Relevanz sein.

a) Personen der Zeitgeschichte. In Zukunft wird es nicht mehr auf die unbedingte   38
Unterscheidung zwischen absoluten und relativen Personen der Zeitgeschichte ankommen. Eine prominente Person, die bisher absolute Person der Zeitgeschichte war, ist hiernach nicht mehr per se wegen ihrer herausgehobenen Stellung interessant, bzw. hat Nachrichtenwert, insbesondere aus sich heraus bereits Abbildungswert. Vielmehr kommt es
ähnlich wie bei der relativen Person der Zeitgeschichte darauf an, in welchem Zusammenhang über sie berichtet wird, bzw. sie abgebildet wird.[134] Der BGH formuliert sogar
konkret, dass es unbeschadet der Frage, ob das Bild eine relative oder eine absolute Person
der Zeitgeschichte im Sinne der bisherigen Rechtsprechung darstellt, es sich jedenfalls
um eine in der Öffentlichkeit bekannte Person handeln muss.[135] Hinzu kommen muss
dann noch nach neuester Rechtsprechung, dass die Berichterstattung ein Ereignis von
zeitgeschichtlicher Bedeutung betrifft. Bei der **absoluten Person der Zeitgeschichte**
reichte bisher **zumeist der prominente Status als zeitgeschichtliches Ereignis aus,
um sie abzubilden.** Begrenzt war dies nur durch die berechtigten Interessen wie Intim-
und Privatsphäre. Wenn der BGH jetzt in seinen neuen Entscheidungen neben dem Prominentenstatus regelmäßig ein besonderes Ereignis und damit eine zusätzliche zeit-
schichtliche Relevanz für die zulässige Berichterstattung fordert, unterscheidet sich die
absolute Person der Zeitgeschichte und die relative Person der Zeitgeschichte nicht mehr.
Voraussetzung ist zunächst, dass es sich überhaupt um eine „Person der Zeitgeschichte"
handelt. Dies ist der Begriff, den der BGH in seinen neuesten Urteilen verwendet.[136]

Unter **Personen der Zeitgeschichte** fallen zunächst solche Personen, die im Bereich   39
des **Sports,** der **Politik,** der **Kultur,** der **Wirtschaft** oder der **Gesellschaft** insgesamt
Zeitgeschichte machen und **über ihren Tod hinaus im Blickpunkt des Interesses** stehen werden, daneben alle Personen, **die durch ein bestimmtes Ereignis (Straftat,
Unglücksfall, Gerichtsprozess)** für einen bestimmten Moment in den Blickpunkt des
öffentlichen Interesses gerückt sind.

In der bisherigen Rechtslage wurde wie dargelegt zwischen absoluten und relativen
Personen der Zeitgeschichte unterschieden.[137]

---

[133] BVerfG AfP 2008, 163, 169. Vgl. im Einzelnen unten Rn. 61.
[134] So ausdrücklich *Müller* ZRP 2007, 173.
[135] Vgl. BGH AfP 2007, 121, 123. Vgl. im Einzelnen unten Rn. 59.
[136] Vgl. *Klass* AfP 2007, 517, 522; BGH AfP 2007, 121; BGH AfP 2007, 208; BGH AfP 2007,
472; BGH AfP 2007, 475.
[137] *Neumann-Duesberg* JZ 1960, 114; *Wanckel*, Foto- und Bildrecht, Rn. 184; *Wenzel/v. Strobl-Albeg*,
Wort- und Bildberichterstattung, Kap. 8, Rn. 8; *Schricker/Götting*, Urheberrecht, § 60/§ 23 KUG,
Rn. 19.

40   **aa) Absolute Person der Zeitgeschichte.** Als **absolute Person der Zeitgeschichte** wurden danach Personen angesehen, die durch Geburt, Stellung, Leistung oder ihr sonstiges Verhalten außergewöhnlich aus dem Kreis der Mitmenschen herausragen.[138]

Bei absoluten Personen der Zeitgeschichte bestand nach Auffassung des BGH ein generelles Informationsinteresse ohne aktuellen Anlass.[139] Danach setzte die einwilligungsfreie Veröffentlichung absoluter Personen der Zeitgeschichte keinen Bezug zu einem zeitgeschichtlichen Ereignis voraus, das im öffentlichen Interesse stand. Vielmehr war die Person selber hier das zeitgeschichtliche Ereignis. Die Bildnisveröffentlichung war darüber hinaus nicht darauf beschränkt, die absoluten Personen der Zeitgeschichte bei öffentlichen Auftritten zu zeigen. Vielmehr durften Bilder auch außerhalb der jeweiligen Funktion veröffentlicht werden. Begrenzt wurde dieses lediglich durch § 23 Abs. 2 KUG, wonach die berechtigten Interessen wie Privat- und Intimsphäre mit abzuwägen sind.[140]

Nach der **früheren Rechtsprechung** gehörten zu den **absoluten Personen der Zeitgeschichte Politiker** wie Joschka Fischer,[141] Gerhard Schröder,[142] Willy Brandt,[143] Franz-Josef Strauß,[144] **Führungspersönlichkeiten der Wirtschaft**,[145] **Sänger** wie Udo Lindenberg,[146] Nena,[147] Caterina Valente,[148] Back Street Boys,[149] Marius Müller-Westernhagen,[150] Nina Hagen,[151] **Schauspieler** wie Paul Dahlke,[152] die Schauspieler der Fernsehserie Familie Schölermann,[153] Joachim Fuchsberger,[154] **Sportler**[155] sowie **Angehörige fürstlicher Häuser**.[156]

Bei Personen, die für einen gewissen Zeitraum einen besonders in der Öffentlichkeit stehenden Beruf ausüben wie **Moderatoren, Soap- und Telenoveladarsteller, Nachrichtensprecher,** darf nicht allein aufgrund der temporären Prominenz automatisch von einer absoluten Person der Zeitgeschichte ausgegangen werden. Nicht selten verflüchtigt sich der Bekanntheitsgrad, wenn die Personen nicht mehr auf dem Bildschirm zu sehen sind.[157]

41   **bb) Relative Person der Zeitgeschichte.** Anders als bei absoluten Personen der Zeitgeschichte, bei welchen die bloße Prominenz als zeitgeschichtliches Ereignis nach bisheriger Rechtslage ausreichte, musste auch nach altem Recht **bei relativen Personen der Zeitgeschichte ein bestimmtes zeitgeschichtliches Ereignis** hinzukommen, welches das Interesse der Öffentlichkeit geweckt hat. Bei absoluten Personen der Zeit-

---

138 *Schricker/Götting,* a.a.O.
139 Vgl. BGH NJW 1996, 1128, 1129 m.w.N.
140 Vgl. zur früheren Rechtslage bei absoluten Personen der Zeitgeschichte: *Wenzel/v. Strobl-Albeg,* Wort- und Bildberichterstattung, Kap. 8, Rn. 10.
141 KG Berlin AfP 2007, 573.
142 LG Berlin AfP 2003, 176.
143 BGH AfP 1996, 66.
144 OLG München NJW-RR 1990, 1327.
145 BGH ZUM 1994, 431.
146 KG UFITA Bd. 90 (1981), 163.
147 BGH NJW-RR 1987, 231.
148 BGHZ 30, 7.
149 OLG Hamburg AfP 1999, 486.
150 OLG Hamburg WRP 1995, 124 ff.
151 LG Berlin AfP 2001, 246, 247.
152 BGHZ 20, 345.
153 BGH GRUR 1961, 138.
154 BGH AfP 1992, 149, 150.
155 RGZ 125, 80 – *Tull Harder;* BGH GRUR 1968, 652 – *Liga-Spieler;* BGH GRUR 1979, 425 – *Fußballspieler;* BGH GRUR 1979, 732 – *Fußballtor;* OLG Frankfurt/Main ZUM 1988, 248 – *Boris Becker.*
156 BGH AfP 1996, 138; BGH AfP 1996, 140 – *Caroline von Monaco.*
157 Vgl. hierzu auch *Wanckel,* Foto- und Bildrecht, Rn. 185.

geschichte stand demnach die Person als zeitgeschichtliches Ereignis im Mittelpunkt, bei relativen Personen der Zeitgeschichte das Ereignis.

Da der BGH wie das Bundesverfassungsgericht wie aufgezeigt die Rechtsfigur der absoluten Person der Zeitgeschichte im Ergebnis aufgegeben haben und regelmäßig ein besonderes Ereignis und damit eine neben dem Prominentenstatus zusätzliche zeitgeschichtliche Relevanz für die Zulässigkeit der Abbildung verlangen, gibt es im Sinne der bisherigen Definitionen im Ergebnis nur noch „relative Personen der Zeitgeschichte".[158] Insofern kann die diesbezügliche bisherige Rechtsprechung auch in größerem Umfang zur Anwendung kommen und bei der Interessenabwägung herangezogen werden als die zur absoluten Person der Zeitgeschichte.

Die Abbildungsfreiheit wird nach der bisherigen Lehre bei der relativen Person der Zeitgeschichte begrenzt durch die Voraussetzungen des **„Ereignisbezuges"** und der **„Aktualität".**[159] Erforderlich ist daher ein bestimmtes Geschehen, welches die jeweilige dann relative Person der Zeitgeschichte in den Blickpunkt der Öffentlichkeit rückt. Es ist mithin das zeitgeschichtliche Ereignis selbst, das die Person, die hiermit im Zusammenhang steht, zur relativen Person der Zeitgeschichte macht.[160] Nicht erforderlich ist daher, dass die relative Person der Zeitgeschichte vor der Bildveröffentlichung bereits bekannt ist.[161] Bei relativen Personen der Zeitgeschichte ist die Abbildungsfreiheit jedoch zeitlich befristet. Mit Wegfall des Informationsinteresses entfällt die sogenannte „Aktualität".[162] Dieses ist der Fall, wenn zu einem Zeitpunkt die Erinnerung an das maßgebliche Ereignis für die Öffentlichkeit keine Rolle mehr spielt.[163]

Im Laufe der Jahre haben sich zu dem Begriff der relativen Person der Zeitgeschichte in der Rechtsprechung Fallgruppen entwickelt, die im Folgenden kurz aufgezeigt werden:

(1) Temporäre berufsbezogene Prominenz. Nicht jeder **Schauspieler, Sänger**   **42** oder **Sportler** ist automatisch eine absolute Person der Zeitgeschichte. Zwar wurde dies für bestimmte Personen wie Udo Lindenberg, Nena, Caterina Valente, Nina Hagen, Joachim Fuchsberger, Paul Dahlke oder Boris Becker durch die Rechtsprechung ausdrücklich festgestellt. Hierbei handelt es sich jedoch jeweils um Prominente, die über längere Zeit durch ihr künstlerisches oder sportliches Wirken im Blickpunkt der Öffentlichkeit standen und damit Teil der Kulturgeschichte des Landes wurden. Anders sind die Fälle von durch das Fernsehen oder die sonstige Unterhaltungsindustrie für einen bestimmten Zeitraum bekannt gewordenen Persönlichkeiten zu beurteilen. Gerade in den letzten Jahren ist es offensichtlich, dass Personen durch **Castingshows, Telenovelas** oder **Soaps** für einen gewissen Zeitraum im Blickpunkt der Öffentlichkeit stehen, dann aber, nachdem die Serie abgesetzt wird oder die Teilnehmer aus den Castingshows ausgeschieden sind, **in kürzester Zeit an Bekanntheit verlieren.** Diese sind insofern nur im Zusammenhang mit ihrem jeweiligen Auftritt in den Medien relative Personen der Zeitgeschichte. Sie müssen daher auch nur solche Bildveröffentlichungen hinnehmen, die sie in ihrer jeweiligen Funktion, Rolle bzw. bei einem konkreten Auftritt zeigen.[164]

(2) Spektakuläre Kriminal-, Justiz- und sonstige Rechtsfälle. Immer wieder stehen   **43** spektakuläre Kriminalfälle im jeweiligen Stadium – vom Ermittlungsverfahren bis zur Verurteilung – im Blickpunkt der Öffentlichkeit. Inwiefern hier eine Bildberichterstattung über die beteiligten Tatverdächtigen, später Angeklagten bzw. Verurteilten, die

---

[158] So auch *Wanckel,* Foto- und Bildrecht, Rn. 190.

[159] *Helle,* Besondere Persönlichkeitsrechte im Privatrecht, S. 146.

[160] *Helle,* a.a.O., S. 147.

[161] *Helle,* a.a.O., S. 147.

[162] *Helle,* a.a.O., S. 147 ff.

[163] *Helle,* a.a.O., S. 148.

[164] LG Berlin AfP 1999, 991, wonach eine Schauspielerin aus einer täglichen Serie (konkret „Gute Zeiten – Schlechte Zeiten") nur als relative Person der Zeitgeschichte anzusehen ist; vgl. ebenso LG Berlin AfP 2004, 455.

Opfer und die anderen an den Prozessen beteiligten Personen wie Ermittlungsbeamte, Richter und Rechtsanwälte zulässig ist, ist im Einzelfall zu entscheiden:

Straftäter können von vornherein nur relative Personen der Zeitgeschichte sein. Dabei gilt jedoch von vornherein, dass **Täter von „Allerweltstaten"** keine relative Person der Zeitgeschichte sind. Der „normale Straftäter", der Gegenstand eines Ermittlungs- oder Strafverfahrens ist, hat grundsätzlich ein Recht darauf, vor der Öffentlichkeit anonym zu bleiben.[165] Erforderlich ist vielmehr, dass die **Schwere der Straftat,** die **Person des Täters** oder **besondere Umstände,** die die Tat deutlich aus dem Kreis der alltäglichen Kriminalität herausheben, den Täter oder auch den Tatverdächtigen zur relativen Person der Zeitgeschichte machen.[166] Bei der Abbildung von bloßen Tatverdächtigen sind die Grundsätze der Verdachtberichterstattung zu berücksichtigen. Es ist deutlich zu machen, dass es sich bei dem Vorwurf um einen bloßen Verdacht handelt. Ansonsten führt die zusätzliche Bildveröffentlichung zu einer besonderen Stigmatisierung. Darüber hinaus gilt, dass zum Zeitpunkt des bloßen Tatverdachts gegen eine Person diese erheblich seltener als relative Person der Zeitgeschichte anzusehen ist, als Personen, gegen die bereits eine Anklage vorliegt oder eine Verurteilung erfolgt ist.[167] In Ausnahmefällen kann indes bereits die Verbreitung eines Bildnisses eines Tatverdächtigen zulässig sein, wenn ein überwiegendes Interesse der Öffentlichkeit an der Aufklärung und Darstellung des Falls besteht.[168] Dies betrifft etwa die bekannten Fälle der Fernsehfahndung im Format „*Aktenzeichen XY*".[169] **Jedenfalls für Fälle der Schwerkriminalität, wenn der Täter der Tat dringend verdächtig ist, ist dieser bereits in diesem Stadium relative Person der Zeitgeschichte.**[170] Nach einer Verurteilung ist das Resozialisierungsinteresse zu berücksichtigen. Auch in Fällen besonders schwerwiegenden Taten, die in die Kriminalgeschichte der Bundesrepublik Deutschland eingegangen sind, verlieren die Täter nach geraumer Zeit die Eigenschaft als relative Person der Zeitgeschichte und können beanspruchen, dass nicht mehr identifizierend über sie berichtet wird.[171] Eine Ausnahme hiervon sind die **Terroristen der RAF.** Hier ist zu berücksichtigen, dass es sich bei ihren Taten um solche handelt, die in „einzigartiger Weise die Geschichte der Bundesrepublik Deutschland geprägt haben und an denen daher auch noch heute ein derartiges zeitgeschichtliches Interesse besteht, dass über sie berichtet werden darf".[172] Im Kontext ihrer Straftaten sind daher RAF-Terroristen auch noch heute als relative Person der Zeitgeschichte anzusehen, so dass insbesondere die früheren Fahndungsfotos aus den 70er und 80er Jahren als Bildnisse aus dem Bereich der Zeitgeschichte auch noch heute veröffentlicht werden dürfen.[173]

44   Die **Opfer spektakulärer Verbrechen** sind nach herrschender Meinung grundsätzlich nicht als relative Personen der Zeitgeschichte anzusehen.[174] Das gilt auch für Opfer von spektakulären Unglücksfällen. Sie genießen den besonderen Schutz der Rechtsordnung. Ein besonderes Informationsinteresse der Öffentlichkeit an der Abbildung eines Opfers ist daher nur in ganz besonderen Ausnahmefällen überhaupt anzuerkennen. So dürfe die Ausstrahlung der Bilder des von der RAF entführten Arbeitgeberpräsidenten

---

[165] Wenzel/*v. Strobel-Albeg,* Kap. 8, Rn. 21; *Prinz/Peters,* Medienrecht, Rn. 853; *Schricker/Götting,* Urheberrecht, § 60/§ 23 KUG; *Wanckel,* Foto- und Bildrecht, Rn. 196.

[166] Vgl. *Helle,* Besondere Persönlichkeitsrechte im Privatrecht, S. 159.

[167] *Wanckel,* Foto- und Bildrecht, Rn. 195; *Helle,* Besondere Persönlichkeitsrechte im Privatrecht, S. 157.

[168] Wenzel/*v. Strobel-Albeg,* Kap. 8, Rn. 22.

[169] OLG Frankfurt/Main NJW 1971, 47 – *Aktenzeichen XY* ungelöst.

[170] OLG Frankfurt/Main a.a.O.; Wenzel/*v. Strobel-Albeg,* Wort- und Bildberichterstattung, Kap. 8, Rn. 22.

[171] BVerfG GRUR 1973, 541 – *Lebach; Schricker/Götting,* Urheberrecht, § 23 KUG/§ 60 UrhG, Rn. 36; *Helle,* Besondere Persönlichkeitsrechte im Privatrecht, S. 158.

[172] LG Berlin AfP 2007, 282, 284 – *RAF-Terroristin.*

[173] LG Berlin a.a.O.

[174] Wenzel/*v. Strobel-Albeg,* Wort- und Bildberichterstattung, Kap. 8, Rn. 23; *Prinz/Peters,* Medienrecht, Rn. 854.

Hanns-Martin Schleyer einen solchen Ausnahmefall darstellen. Die Veröffentlichung von Bildern eines Opfers des Inzest-Täters von Amsdetten ist demgegenüber unzulässig, auch wenn sie massenhaft und weltweit erfolgt ist. Es besteht kein öffentliches Interesse daran zu erfahren, wie das weibliche Opfer kurze Zeit vor dem Beginn des 24jährigen Martyriums ausgesehen hat.

Ebenso entschied das Hanseatische Oberlandesgericht, dass das Opfer eines Mordversuchs grundsätzlich Anspruch darauf hat, dass das an ihm begangene Verbrechen nach Abschluss des gerichtlichen Verfahrens und der Berichterstattung in der Presse nicht auch noch zum Gegenstand eines Fernsehfilms gemacht wird.[175]

Auch die Parteien von die Öffentlichkeit interessierenden **Zivil- und Verwaltungs-** **45** **verfahren** können relative Personen der Zeitgeschichte sein. Gleiches gilt für Richter, Staatsanwälte und Rechtsanwälte, die in spektakulären Prozessen als Verfahrensbeteiligte auftreten.[176] Allerdings muss es sich um Prozesse handeln, die im besonderen Blickpunkt der Öffentlichkeit stehen. Dies gilt nicht für normale Strafverfahren oder übliche Presseprozesse, in welchen Anwälte zumeist die Interessen von Prominenten gegen die Boulevardpresse durchsetzen.[177] So ist etwa der Anwalt als presserechtlicher Vertreter eines Straftäters, dessen Straftat ein zeitgeschichtliches Ereignis darstellt, selbst nicht als relative Person der Zeitgeschichte anzusehen.[178]

(3) Familiäre und partnerschaftliche Beziehungen. Nach bisheriger Rechtslage **46** konnten auch familiäre oder partnerschaftliche Beziehungen einer absoluten Person der Zeitgeschichte dazu führen, dass das Familienmitglied bzw. der Lebenspartner relative Person der Zeitgeschichte wurde.[179] Die bloße Eigenschaft als Familienmitglied oder Lebenspartner genügte jedoch für die Abbildungsfreiheit nicht.[180] Nach der sogenannten **„Begleiterrechtsprechung"** durften Personen, die als **vertraute Begleiter von absoluten Personen der Zeitgeschichte** mit diesen gemeinsam in der Öffentlichkeit auftraten, ihrerseits als relative Personen der Zeitgeschichte abgebildet werden.[181] Im ersten vom OLG Hamburg entschiedenen Fall der sogenannten vertrauten Begleitung ging es um ein Bildnis, welches den damaligen Schlagersänger Roy Black Arm in Arm in Begleitung einer Frau bei einem Spaziergang in Hamburg zeigte. Das Oberlandesgericht sah in diesem Fall das Bildnis der Begleiterin als zulässig an.

Unter Berücksichtigung der Veränderung der Rechtsprechung durch die *Caroline*-Ent- **47** scheidung des Europäischen Gerichtshofs für Menschenrechte und der entsprechenden Veränderung der Rechtsprechung des Bundesgerichtshofs und des Bundesverfassungsgerichts kommt die sogenannte „Begleiterrechtsprechung" nur noch eingeschränkt zur Anwendung. So müssen in Zukunft die Begleiter von absoluten Personen der Zeitgeschichte nach dem a maiore ad minus-Schluss überhaupt nur die Bildveröffentlichungen dulden, die auch bisher als absolute Person der Zeitgeschichte eingestufte Betroffene nunmehr hinnehmen müssen.[182] Da es auch **Prominente,** die bisher als absolute Person der Zeitgeschichte angesehen wurden, **nicht dulden müssen, dass sie im privaten Alltag, im Urlaub, beim Spaziergang oder Einkaufen abgebildet** werden, wenn mit der Bildveröffentlichung keine zusätzlichen Informationen verbunden sind, als die Abbildung der bloßen Privatheit des Prominenten, **gilt dies erst recht für die sie begleitenden Personen.** Etwas anderes gilt selbstverständlich bei einem öffentlichen Auftritt, bei einer

---

[175] OLG Hamburg NJW 1975, 649 – *Aus nichtigem Anlass.*
[176] *Prinz/Peters,* Medienrecht, Rn. 855; *Wenzel/v. Strobel-Albeg,* Wort- und Bildberichterstattung, Kap. 8, Rn. 20; *Schricker/Götting,* Urheberrecht, § 60/§ 23 KUG, Rn. 34.
[177] LG Berlin NJW-RR 2000, 555; *Wenzel/v. Strobel-Albeg,* a.a.O.
[178] LG Berlin NJW-RR 2000, 555.
[179] *Wenzel/v. Strobel-Albeg,* Wort- und Bildberichterstattung, Kap. 8, Rn. 24.
[180] LG Köln AfP 1994, 165 – *Harald Schmidt.*
[181] OLG Hamburg AfP 1990, 437 ff.
[182] Vgl. ebenso *Wanckel,* Foto- und Bildrecht, Rn. 203.

Premiere, einem Ball oder einem sonstigen im Blickpunkt der Öffentlichkeit stehenden Ereignis. Der bloße Umstand, dass eine Frau in Begleitung eines sehr prominenten Sängers durch Rom geht, stellt nach Auffassung des BGH kein zeitgeschichtliches Ereignis im Sinne von § 23 Abs. 1 Nr. 1 KUG dar und macht daher auch die Frau, die den prominenten Sänger begleitet, in diesem Moment nicht zu einer relativen Person der Zeitgeschichte.[183] Insofern wäre der oben beschriebene *Roy Black*-Fall heute anders zu entscheiden.

48   **Kinder** von Prominenten sind nicht automatisch aufgrund ihrer prominenten Eltern als relative Person der Zeitgeschichte anzusehen.[184] Seit jeher hat daher das Bundesverfassungsgericht auch bei Kindern von Prominenten einen besonderen Schutz ihrer Persönlichkeitsrechte anerkannt, wonach es Kindern von Prominenten möglich sein muss, unbeobachtet von Medien aufzuwachsen.[185] Nach alter Rechtslage wurde daher die sogenannte Begleiterrechtsprechung auf die Eltern-Kind-Beziehung von absoluten Personen der Zeitgeschichte nicht angewandt. Insofern waren Fotos von Kindern mit ihren prominenten Eltern bei Spaziergängen oder Einkaufsbummeln auch nach der alten Begleiterrechtsprechung nicht zulässig.[186] Etwas anderes gilt dann, wenn es sich um einen gemeinsamen, bewussten Auftritt der Person der Zeitgeschichte mit dem Kind in der Öffentlichkeit handelt[187], etwa bei einem gemeinsamen Auftritt der Familie bei einer öffentlichen Veranstaltung.[188]

49   **(4) Kontextneutrale Abbildungen von relativen Personen der Zeitgeschichte.** Umstritten war nach bisheriger Rechtslage bei relativen Personen der Zeitgeschichte, ob von diesen **nur ein Foto** veröffentlicht werden durfte, **das das zeitgeschichtliche Ereignis abbildet** oder ob auch anderes Bildmaterial zulässig war.[189] Die Rede war in diesem Zusammenhang von kontextzugehörigen Aufnahmen im Gegensatz zu kontextfremden Aufnahmen.[190] Nach einer Auffassung durfte bei relativen Personen der Zeitgeschichte aufgrund der Ereignisbezogenheit der Abbildungsfreiheit nur Fotomaterial veröffentlicht werden, welches im Zusammenhang mit dem Ereignis hergestellt wurde.[191] Nach anderer Auffassung konnten bei einer Berichterstattung über ein zeitgeschichtliches Ereignis in diesem Zusammenhang die relativen Personen der Zeitgeschichte auch durch Aufnahmen im Bild gezeigt werden, bei welchen es sich um kontextneutrales Bildmaterial handelte, soweit es nicht sinnverfälschend verwendet wurde.[192]

So stelle die Veröffentlichung sogenannter kontextneutraler Abbildungen der Personen keine stärkere Persönlichkeitsbeeinträchtigung dar als ein das zeitgeschichtliche Ereignis wiedergebendes Foto. Dies ist vor allem bei **Passbildern** oder **sonstigen Portraitaufnahmen** der Fall, bei welchem eine Änderung des Sinngehalts der Aufnahme auch bei einer Verwendung für ein späteres zeitgeschichtliches Ereignis, an welchem die relative Person der Zeitgeschichte teilgenommen hat, denklogisch ausgeschlossen ist.[193]

---

[183] KG NJW 2005, 605, 606 ff. – *Grönemeyer II* – bestätigt durch BGH AfP 2007, 472 – *Grönemeyer*.

[184] Vgl. *Prinz/Peters,* Medienrecht, Rn. 856; *Schricker/Götting,* Urheberrecht, § 60/§ 23 KUG, Rn. 40; *Wanckel,* Foto- und Bildrecht, Rn. 204; Wenzel/*v. Strobel-Albeg,* Wort- und Bildberichterstattung, Kap. 8.

[185] BVerfG AfP 2000, 75, 79 – *Caroline von Monaco;* BVerfG NJW 2005, 1857 – *Charlotte Casiraghi.*

[186] Vgl. *Wanckel,* Foto- und Bildrecht, Rn. 2004 mwN.; *Prinz/Peters,* Medienrecht, Rn. 856 mwN.; OLG Hamburg AfP 97, 535, 537.

[187] OLG Hamburg, a.a.O.

[188] Vgl. *Schricker/Götting,* Urheberrecht, § 60/§ 23 KUG, Rn. 41.

[189] Vgl. *Prinz/Peters,* Medienrecht, Rn. 850.

[190] Vgl. Wenzel/*v. Strobel-Albeg,* Kap. 8, Rn. 2627.

[191] So *Prinz/Peters,* a.a.O.

[192] Vgl. BVerfG NJW 2001, 1921 – *Prinz Ernst August von Hannover;* BGH NJW 2005, 594 – *Uschi Glas;* Wenzel/*v. Strobel-Albeg,* Kap. 8, Rn. 15.

[193] So auch Wenzel/*v. Strobel-Albeg,* Kap. 8, Rn. 27.

Die Frage, inwiefern kontextneutrale Fotos bei der Veröffentlichung von Bildnissen relativer Personen der Zeitgeschichte im Zusammenhang mit einem zeitgeschichtlichen Ereignis auch nach neuester Rechtslage zulässig bleiben, lässt sich noch nicht eindeutig entscheiden. Allerdings dürfte auch hier die Grundüberlegung des Bundesverfassungsgerichts zum Tragen kommen, dass Veröffentlichungen von kontextneutralem Fotomaterial, etwa von Passbildern, nicht stärker in die Persönlichkeitsrechte eingreifen als das Fotomaterial vom zeitgeschichtlichen Ereignis selbst. Ist also auch nach neuer Rechtslage eine Bildberichterstattung wegen eines entsprechenden legitimen Informationsinteresses der Öffentlichkeit an einem zeitgeschichtlichen Ereignis zulässig, dürfen nach hiesiger Auffassung die in diesem Zusammenhang zeitgeschichtlich relevanten Personen auch in kontextneutralen Fotos abgebildet werden. Rechtsprechung hierzu liegt allerdings noch nicht vor.

b) Legitimes Informationsinteresse/Zeitgeschichtliches Ereignis. Wie bereits   50
oben aufgeführt, hat sich die Rechtslage gerade jüngst verändert. Die alte Rechtsprechung des Bundesverfassungsgerichts und des BGH ist in erheblichen Teilen obsolet geworden. Auch die Rechtsfigur der Person der Zeitgeschichte ist – wie aufgezeigt – im Wandel. Um die neue Rechtslage zu erläutern, soll kurz auf die **„rechtshistorische" Entwicklung** des Begriffs „Bildnis aus dem Bereich der Zeitgeschichte" eingegangen werden.

aa) Die alte Rechtslage nach Bundesverfassungsgericht und Bundesgerichts-   51
hof. Wie oben bereits dargelegt, lag nach der **alten Rechtslage** bei absoluten Personen der Zeitgeschichte das zeitgeschichtliche Ereignis bereits in der Eigenschaft als absolute Person der Zeitgeschichte, bei relativen Personen der Zeitgeschichte in dem jeweiligen Ereignis, aus dessen Grunde die Person zur relativen Person der Zeitgeschichte wurde.

Das Bundesverfassungsgericht hat in der Grundsatzentscheidung *Caroline von Monaco*[194] im Jahre 1999 die damals geltende Rechtslage zusammengefasst. So sei bei der Auslegung und Anwendung der §§ 22/23 KUG nicht nur das allgemeine Persönlichkeitsrecht, sondern auch die in Art. 5 Abs. 1 S. 2 GG garantierte Pressefreiheit zu berücksichtigen.[195] In Bezug auf das maßgebliche Informationsinteresse stellte das Bundesverfassungsgericht fest, dass die Presse nach publizistischen Kriterien entscheiden dürfe, was sie des öffentlichen Interesses für Wert hält und was nicht. Die Pressefreiheit diene der freien individuellen und öffentlichen Meinungsbildung, die nicht auf den politischen Bereich beschränkt sei. So finde **auch in unterhaltenden Beiträgen Meinungsbildung** statt. Insofern könne auch der bloßen Unterhaltung der Bezug zur Meinungsbildung nicht von vornherein abgesprochen werden. Dies gelte auch für die Berichterstattung über Personen. Konkret stellte das Bundesverfassungsgericht fest, dass prominente Personen überdies für bestimmte Wertvorstellungen und Lebenshaltungen stünden und damit vielen deshalb Orientierung bei eigenen Lebensentwürfen bieten würden. Da **prominente Personen** eine **Leitbildfunktion** erfüllten, bestünde **ein legitimes öffentliches Interesse an den verschiedensten Lebensbezügen solcher Personen.** Zur Frage, wer zu diesem Personenkreis gehört, den das Bundesverfassungsgericht mit „prominente Personen" bezeichnete und damit in Bezugnahme auf die Rechtsfigur der absoluten Person der Zeitgeschichte stellte, stellte das Bundesverfassungsgericht klar, dass ein öffentliches Interesse unter dem Gesichtspunkt demokratische Transparenz und Kontrolle **nicht nur bei Personen des politischen Lebens** gegeben sei, sondern **auch bei anderen Personen des öffentlichen Lebens.** Insofern entspreche die nicht auf bestimmte Funktionen oder Ereignisse begrenzte Darstellung von Personen den Aufgaben der Presse und falle daher ebenfalls in den Schutzbereich der Pressefreiheit. Erst bei der Abwägung mit kollidierenden Persönlichkeitsrechten könne es nach Auffassung des Bundesverfassungsgerichts darauf ankommen, ob Fragen, die die Öffentlichkeit wesentlich angehen, ernsthaft und

---

[194] BVerfG AfP 2000, 76 ff.
[195] BVerfG a.a.O. 80.

sachbezogen erörtert oder lediglich private Angelegenheiten, die nur die Neugier befriedigen, ausgebreitet werden.[196]

Unter Berücksichtigung dieser Erwägungen bestätigte das Bundesverfassungsgericht die Auffassung des Bundesgerichtshofs, wonach die Tatbestandsvoraussetzungen des § 23 Abs. 1 Nr. 1 KUG sich nach dem Maßstab des Informationsinteresses der Allgemeinheit bestimmen und aufgrund dessen Veröffentlichungen von Abbildungen der prominenten Person auch außerhalb ihrer jeweils repräsentativen Funktion zulässig seien. Eine Beschränkung der einwilligungsfreien Abbildungen, die Personen von zeitgeschichtlicher Bedeutung bei der Ausübung der Funktionen zeigen, die sie in der Gesellschaft wahrnehmen, sei nicht anzuerkennen. Vielmehr könne sich das legitime Informationsinteresse wegen der herausgehobenen Funktion der absoluten Person der Zeitgeschichte auch auf Informationen darüber erstrecken, wie sich diese Person generell, also außerhalb ihrer jeweiligen Funktion, in der Öffentlichkeit bewegt. Die Öffentlichkeit habe ein berechtigtes Interesse daran zu erfahren, ob solche Personen, die oft als Idol oder Vorbild gelten, funktionales und persönliches Verhalten überzeugend in Übereinstimmung bringen.[197] Ein schrankenloser Zugriff auf Bilder von Personen der Zeitgeschichte werde der Presse indes dadurch nicht eröffnet, da § 23 Abs. 2 KUG den Gerichten ausreichend Möglichkeit gebe, die berechtigten Interessen, insbesondere die schützenswerte Privatsphäre, hinreichend zu berücksichtigen.

52 Im Ergebnis legte das Bundesverfassungsgericht in dieser Entscheidung den **räumlichen Schutz von Prominenten** derart fest, dass absolute Personen der Zeitgeschichte, **es dulden müssten**, dass man sie beim **Einkaufen, Radfahren, Reiten** oder im Beachclub abbildet, da sie für sich genommen bereits **aufgrund ihres Status** und ihrer Bedeutung allgemeine öffentliche Aufmerksamkeit fänden. So konkret im Fall von Caroline von Monaco. Eine **Grenze** setzt das Bundesverfassungsgericht für **Bereiche erkennbarer Zurückgezogenheit.** So betonte das Gericht, dass **nicht nur der häusliche Bereich** in den Schutzbereich der Privatsphäre falle, sondern auch im öffentlichen Raum **eine örtliche Abgeschiedenheit** ausreichen könne, in der sich jemand zurückgezogen hat, um dort objektiv erkennbar für sich alleine zu sein und in der er sich im Vertrauen auf die Abgeschiedenheit so verhält, wie er es in der breiten Öffentlichkeit nicht tun würde.[198] Damit wurden Bilder, die auch absolute Personen der Zeitgeschichte in Momenten örtlicher Abgeschiedenheit (z. B. dunkle Terrasse in einem Gartenlokal) zeigten, wenngleich sie nicht in den Bereich der häuslichen Sphäre aufgenommen wurden, als die Grenze dessen angesehen, bei welchen in Abwägung mit der Pressefreiheit das öffentliche Informationsinteresse entfiel.

53 Damit folgte das Bundesverfassungsgericht der zuvor vom BGH getroffenen Feststellungen.[199] Die „alte" Rechtslage lässt sich wie folgt **zusammenfassen:**

Bei **absoluten Personen der Zeitgeschichte** begründet bereits **ihr Status** das Informationsinteresse an Abbildungen. Zu den Personen zählen nicht nur Politiker, sondern insgesamt Personen aus dem öffentlichen Leben. Derartige Personen dürfen nicht nur bei öffentlichen Auftritten gezeigt werden, sondern **auch, wenn sie sich privat an öffentlichen Plätzen** bewegen. Geschützt bleiben der häuslicher Bereich und Momente erkennbarer Zurückgezogenheit in örtlicher Abgeschiedenheit.

Gegen diese Auffassung, dass bei absoluten Personen der Zeitgeschichte der Status bereits als zeitgeschichtliches Ereignis, welches ein legitimes Informationsinteresse der Öffentlichkeit ausübt, genügt, um diese Personen nicht nur bei öffentlichen Auftritten, sondern auch im privaten Alltag auf öffentlichen Plätzen abzubilden, wandte sich Prinzessin Caroline von Monaco in ihrer Beschwerde an den Europäischen Gerichtshof für Menschenrechte.

---

[196] BVerfG a.a.O., 80.
[197] BVerfG a.a.O., 81.
[198] BVerfG a.a.O., 81.
[199] Vgl. BGH AfP 1996, 138 – *Caroline von Monaco.*

bb) Die Rechtsprechung des EGMR zum legitimen Informationsinteresse. Die 54
beschriebene Rechtslage, wie sie das Bundesverfassungsgericht in der Entscheidung aus
dem Jahr 1999 noch einmal zusammenfassend festgestellt hatte, war Gegenstand der Überprüfung durch den Europäischen Gerichtshof für Menschenrechte. Insbesondere stellte
sich der Gerichtshof der in Deutschland seit langer Zeit bestehenden Auffassung entgegen,
dass bei „absoluten Personen der Zeitgeschichte" ein generelles berechtigtes Informationsinteresse unterstellt wird, so dass bei diesem Personentyp regelmäßig ein „Bildnis" aus dem
Bereich der Zeitgeschichte „im Sinne von § 23 Abs. 1 Nr. 1 KUG" vorliegen soll.

Der Auffassung des Bundesverfassungsgerichts und des BGH, dass **Aufnahmen von
Prominenten, die sie beim Einkaufen, beim Sport, beim Gang auf öffentlichen
Straßen** etc. zeigen, **bereits deswegen ein zeitgeschichtliches Ereignis** darstellen, da
es sich bei den abgebildeten Personen um absolute Personen der Zeitgeschichte handelt,
ist der **Europäische Gerichtshof entgegengetreten** und erkannte hierin eine **Verletzung der nach Art. 8 EMRK** (Europäische Menschenrechtskonvention) **geschützten
Privatsphäre.**

Bei der Abwägung zwischen dem Schutz der Privatsphäre und der Freiheit der Meinungsäußerung ist nach Auffassung des EGMR maßgeblicher Gesichtspunkt, ob die
Fotoaufnahmen zu einer **Diskussion über eine Frage von allgemeinem Interesse**
beitragen oder nicht.[200] Nach Auffassung des Gerichtshofs gibt es einen grundsätzlichen
Unterschied zwischen einer Berichterstattung über Fakten, die geeignet sind, eine Debatte in einer demokratischen Gesellschaft auszulösen, wenn sie sich **auf Politiker beispielsweise in Ausübung ihrer Ämter** bezieht, und einer **Berichterstattung über
Einzelheiten aus dem Privatleben einer Person,** die überdies **solche Funktionen
nicht ausübt.**[201] Im ersteren Fall spiele die Presse ihre wesentliche Rolle als „Wachhund"
in einer demokratischen Gesellschaft und trage dazu bei, Ideen und Informationen zur
Frage von öffentlichem Interesse weiterzugeben. Bei der Berichterstattung über das Pri-
vatleben von Personen, die keine öffentlichen Ämter bekleiden, treffe dies indes nicht zu.
Vor diesem Hintergrund stellte der Gerichtshof fest, dass die Auslegung der deutschen
Gerichte zu § 23 Abs. 1 KUG, derzufolge eine Person als solche als „absolute Person der
Zeitgeschichte" eingestuft wird, Bedenken begegne. Eine solche Definition könne, da sie
einen sehr begrenzten Schutz des Privatlebens und des Rechts am eigenen Bild biete, für
Persönlichkeiten aus dem Bereich der Politik gelten, die öffentliche Ämter bekleiden. Sie
könne **aber nicht für eine Privatperson** gelten, bei der das Interesse der breiten Öffentlichkeit ausschließlich auf ihre **Zugehörigkeit zu einer Herrscherfamilie** gestützt
würde, während sie selbst **keine öffentlichen Funktionen** ausübe. Bei derartigen Personen hat **nach Auffassung des EGMR die Öffentlichkeit kein legitimes Interesse**
daran zu erfahren, wo eine Person − auch wenn sie eine bekannte Persönlichkeit ist − sich
aufhält und wie sie sich allgemein in ihrem **Privatleben** verhält, selbst wenn sie sich an
Orte begibt, die nicht immer als abgeschieden bezeichnet werden können. Derartige
Fotos dienten nur dem Zweck, die Neugier eines bestimmten Publikums im Hinblick auf
Einzelheiten aus dem Privatleben der abgebildeten Person zu befriedigen. Ein Beitrag zu
einer Debatte von allgemeinem gesellschaftlichem Interesse könne hierin nicht gesehen
werden. Der Gerichtshof erinnert hierbei an **die grundsätzliche Bedeutung des
Schutzes des Privatlebens bei der Entfaltung der Persönlichkeit** jedes Einzelnen.
Ihm zufolge müsse jeder, auch eine der breiten Öffentlichkeit bekannte Person, eine „berechtigte Hoffnung" auf Schutz und Achtung seiner Privatsphäre haben.[202]

Interessant sind hier die tatsächlichen Gründe, die das Gericht anführt. So könne nicht 55
unberücksichtigt bleiben, wie die konkreten Fotos entstanden seien, nämlich heimlich
und aus einigen hundert Meter Entfernung ohne Wissen und Zustimmung der Abgebil-

[200] EGMR AfP 2004, 348.
[201] EGMR a.a.O., 351.
[202] EGMR a.a.O., 351.

deten. Ebenso nicht gänzlich außer Acht gelassen werden könne die Belästigung, der zahlreiche Personen des öffentlichen Lebens in ihrem Alltag durch die **Belagerungszustände** von Paparazzi ausgesetzt sind. Schließlich hob der Gerichtshof auch auf den **technischen Fortschritt** bei der Aufzeichnung und Wiedergabe personenbezogener Daten ab, die eine verstärkte **Wachsamkeit beim Schutz des Privatlebens** erfordere mache. Dies gelte insbesondere für die systematische Aufnahme bestimmter Lichtbilder und ihre großflächige Verbreitung in der Öffentlichkeit.

Im Ergebnis beanstandete der Gerichtshof damit die Rechtsauffassung des Bundesverfassungsgerichts, wonach die bloße Eigenschaft als absolute Person der Zeitgeschichte genüge, um Bilder aus dem privaten Alltag der abgebildeten prominenten Personen zuzulassen und erkannte hierin eine Verletzung von Art. 8 EMRK.

56   **cc) Die Folgen der EGMR-Entscheidung in Deutschland – Die neue Rechtslage.** In der **Literatur** fand die EGMR-Entscheidung nicht wenig Zustimmung.[203] So wurde festgestellt, dass die Linie des EGMR mit der Betonung der Schutzbedürftigkeit einer Privatheit, die nichts zu tun hat mit Ämtern, Würden und Rollen in der Öffentlichkeit, einfacher und plausibler sei als die teilweise zweifelhaften Differenzierungen der bisherigen Rechtsprechung in Deutschland.[204] *Forkel* stellte fest, dass durch diese Rechtsprechung mitnichten das Ende der Freiheit von Presse und Funk heraufziehe, sondern die Medien ihre Rolle sogar besser ausüben könnten, wenn ihr tatsächliches Handeln auch in Respekt vor den betroffenen Mitmenschen und deren Persönlichkeitsrechten geschehe.[205] Ebenso erkannte *Stümer,* dass die weitgehende Ausklammerung der Qualität des Informationsinteresses bei der Güteabwägung ein Irreweg gewesen sei.[206] Die Medien müssten auch im Interesse der Pressefreiheit der Versuchung widerstehen, gerade im voyeuristischen Eingriff ins Persönlichkeitsrecht eine verteidigungswürdige Bastion zu sehen. Im Ganzen stellte *Stark* fest, dass die Befürchtungen, dass nicht mehr über einen in der Disco pöbelnden Fußballstar berichtet werden dürfe, die Aussagen des Europäischen Gerichtshofs für Menschenrechte verkennen. In diesem Falle bestehe eine deutliche Beziehung zu der die Prominenz begründeten öffentlichen Stellung, so dass in Wort und Bild berichtet werden dürfe.[207] *Götting* ergänzte, dass der EGMR zu Recht eine „qualitative Bewertung des Informationsinteresses vorgenommen habe".[208]

Teilweise stieß die Entscheidung auch auf erhebliche Widerstände.[209] So ging es bei der Entscheidung nicht um die Korrektur eines deutschen Sonderweges, sondern um den Versuch, die Rechtslage in ganz Europa auf dem Niveau Frankreichs einzurichten.[210] Auch die Verlegerverbände kritisierten die Entscheidung des Europäischen Gerichtshofs scharf, da sie eine nicht unerhebliche Einschränkung der Pressefreiheit befürchteten.

57   In welchem **Umfang die deutschen Gerichte** die Entscheidung des EGMR zu berücksichtigen hatten, war umstritten. Nach der Rechtsprechung des Bundesverfassungsgerichts dürfen die Entscheidungen des Gerichtshofs aus Straßburg nicht unberücksichtigt bleiben, da die Europäische Menschenrechtskonvention ein völkerrechtlicher Vertrag ist und damit den Rang eines einfachen Bundesgesetzes hat.[211]

---

[203] *Wanckel,* Foto- und Bildrecht, Rn. 179; *Schricker/Götting,* Urheberrecht, § 60/§ 23 KUG, Rn. 28; *Kunig* in: FS Raue, S. 191 ff.; *Hermann* ZUM 2004, 665; *Stümer* JZ 2004, 1018, 1019; *Dreier/Schulze,* UrhG, § 23 KUG, Rn. 29 ff.; *Stark* in: Stern/Putting „Das Caroline-Urteil", S. 33; *Kleine-Kossack* in Stern/Putting, Das Caroline-Urteil des EGMR, S. 54; *Forkel* ZUM 2005, 192; *Teichmann* NJW 2007, 1917.
[204] *Kunig,* a.a.O.
[205] *Forkel* a.a.O.
[206] *Stümer* a.a.O.
[207] *Stark* a.a.O.
[208] *Schricker/Götting* a.a.O.
[209] *Zagouras* AfP 2004, 509 ff.; *Mann* NJW 2004, 3220.
[210] Vgl. *Grabenwarter* AfP 2004, 309.
[211] BVerfG NJW 2004, 3407, 3408; *Kunig* a.a.O., 198.

Die **Oberlandesgerichte** fällten infolge des Spruchs aus Straßburg zunächst unter- 58 schiedliche Entscheidungen. So erachtete das Kammergericht die Veröffentlichung von Fotos der Begleiterin eines bekannten Sängers in einer Fußgängerzone in Rom für unzulässig,[212] obwohl es kurz vor der Straßburg-Entscheidung noch eine ähnliche Situation in einem Londoner Straßencafé von denselben Protagonisten für zulässig hielt.[213] Demgegenüber sah das Oberlandesgericht Hamburg Bilder von Oliver Kahn im Urlaub in St. Tropez auch in Ansehung der Straßburger Entscheidung noch als zulässig an, da er sich an einem Platz unter vielen Menschen aufgehalten habe.[214]

Der **Bundesgerichtshof** folgte schließlich **in erheblichen Teilen der Rechtspre- 59 chung des Europäischen Gerichtshofs für Menschenrechte** und stellte in einigen Grundsatzentscheidungen im Jahre 2007 fest, dass es nach den Bedenken des EGMR gegen den Begriff der absoluten Person der Zeitgeschichte im Ergebnis um die Frage gehe, unter welchen Voraussetzungen „über solche in der Öffentlichkeit bekannten Personen berichtet werden darf".[215] **Eine Aufnahme vom Erfordernis der Einwilligung** komme grundsätzlich nunmehr nur dann in Betracht, wenn die **Berichterstattung ein Ereignis von zeitgeschichtlicher Bedeutung** betreffe. Erfasst seien **nicht nur Vorgänge von historisch-politischer Bedeutung,** sondern ganz **allgemein das Zeitgeschehen,** also alle Fragen von allgemeingesellschaftlichem Interesse.[216] Entscheidend sei der **Informationswert der Abbildung.** Hierbei könne die zugehörige Wortberichterstattung nicht unberücksichtigt bleiben.

Im konkreten Fall entschied der Bundesgerichtshof, dass grundsätzlich **Bilder eines 60 prominenten Ehepaares im Winterurlaub** für sich genommen **kein zeitgeschichtliches Ereignis** bzw. keinen Vorgang von allgemeinem Interesse darstellen würden. Ausnahmsweise wurden die streitgegenständlichen Bilder zum Teil als dann für zulässig angesehen, wenn in der Wortberichterstattung auf die Erkrankung des damaligen Vaters bzw. Schwiegervaters der Eheleute hingewiesen wurde und damit ein „zeitgeschichtliches Ereignis, … über das das Presse berichten" dürfe, vorliege.[217] Demgegenüber hielt der BGH die Bilder des Fußballnationaltorwarts auf einer Promenade in St. Tropez, anders als noch das Hanseatische Oberlandesgericht, für unzulässig. Auch hier wurde auf den Informationswert der Abbildung für die Öffentlichkeit abgestellt. **Das Interesse der Leser an bloßer Unterhaltung** habe **gegenüber dem Schutz der Privatsphäre regelmäßig ein geringeres Gewicht** und sei nicht schützenswert.[218] Auch bei den „bisher sogenannten Personen der Zeitgeschichte" könne nicht außer Betracht bleiben, ob die Berichterstattung zu einer **Debatte mit einem Sachgehalt** beitrage, der über die Befriedigung der bloßen Neugier hinausgehe. Der Informationswert des konkreten beanstandeten Bildes eines Prominenten im Urlaub in St. Tropez für die Öffentlichkeit bestehe wesentlich in der **Unterhaltung ohne gesellschaftliche Relevanz.** Der Bericht über den Aufenthalt des dortigen Klägers und seiner Begleitung in St. Tropez stelle insofern keinen Vorgang von allgemeinem Interesse und auch kein zeitgeschichtliches Ereignis dar.[219]

Auch die Kammergerichtsentscheidung *Grönemeyer II* bestätigte der BGH mit ähnlichen bzw. denselben Gründen wie in den anderen beiden Entscheidungen.[220] Der BGH stellt hier ausdrücklich fest, dass die **Abwägung** der widerstreitenden Rechte und Grundrechte der abgebildeten Personen aus Art. 1 Abs. 1, 2 Abs. 1 GG einerseits und der

---

[212] KG NJW 2005, 605, 606 ff. – *Grönemeyer II.*
[213] KG NJW 2005, 603 – *Grönemeyer I.*
[214] Hans.OLG AfP 2006, 471.
[215] BGH AfP 2007, 121, 123.
[216] BGH a.a.O.
[217] BGH AfP 2007, 124.
[218] BGH AfP 2007, 476.
[219] BGH AfP 2007, 477.
[220] BGH AfP 2007, 472 – *Grönemeyer;* ebenso BGH Urteil vom 1. Juli 2008 – VI ZR 243/06 – *Sabine Christiansen.*

Presse aus Art. 5 Abs. 1 Satz 2 GG andererseits **schon bei der Zuordnung zum Bereich der Zeitgeschichte erforderlich** sei.[221] In diesen Grundsatz statuiert der BGH, dass unabhängig von den berechtigten Interessen in § 23 Abs. 2 KUG die **Abwägung der kollidierenden Grundrechtsgüter bereits auf Tatbestandsebene** unter dem Stichwort „**Bereich der Zeitgeschichte**" im Sinne von § 23 Abs. 1 KUG zu erfolgen hat.[222] Ob eine Berichterstattung ein Ereignis von zeitgeschichtlicher Bedeutung betreffe, sei im Rahmen einer Interessenabwägung zwischen dem Informationsinteresse der Öffentlichkeit einerseits und dem Interesse des Abgebildeten an dem Schutz seiner Privatsphäre andererseits zu ermitteln. Es komme für die Abwägung daher maßgeblich **auf den Informationswert der Abbildung** an. Aufnahmen, die Prominente im Urlaub bzw. in der Freizeit in Rom zeigten, während sie spazieren gehen bzw. allgemeine Aufnahmen aus dem Alltagsleben bei Tätigkeiten, die grundsätzlich dem privaten Bereich zuzurechnen seien, liefern nach Auffassung des BGH keine Information über ein zeitgeschichtliches Ereignis. Die **bloße Abbildung des privaten Alltags in der Öffentlichkeit,** auch wenn es sich nicht um Orte der Abgeschiedenheit handelt, sind daher nach Auffassung des BGH **für sich genommen kein zeitgeschichtliches Ereignis** mehr, auch wenn es sich bei den abgebildeten Personen um absolute Personen der Zeitgeschichte handelt. In diesem Fall ist eine weitere Abwägung nach möglicherweise verletzenden berechtigten Interessen im Sinne von § 23 Abs. 2 KUG nicht mehr erforderlich. Mangels Informationswert für die Allgemeinheit liegt bereits ein zeitgeschichtliches Ereignis im Sinne des Tatbestandes des § 23 Abs. 1 Nr. 1 KUG nicht vor. Anders hingegen bewertete der BGH unlängst Bilder, die die Ministerpräsidentin Heide Simonis in Kiel beim Einkaufen am Tag ihres Rücktritts zeigten. Bei Personen des politischen Lebens, so der BGH in der noch nicht veröffentlichten Entscheidung, sei ein gesteigertes Informationsinteresse des Publikums nach wie vor anzuerkennen.[222a]

61   Dem folgte sodann die Grundsatzentscheidung des Bundesverfassungsgerichts, die erste, die im Bildrecht auf die Straßburger Entscheidung des Europäischen Gerichtshofs für Menschenrechte folgte. Das **Bundesverfassungsgericht** hob in dieser **Grundsatzentscheidung** im Jahre 2008 in den Urteilsgründen zunächst darauf ab, dass „mit dem Fortschritt der Aufnahmetechniken wachsende Möglichkeiten der Gefährdung von Persönlichkeitsrechten verbunden" seien. „Die zunehmende Verfügbarkeit kleiner und handlicher Aufnahmegeräte setze insbesondere prominente Personen gesteigerten Risiken aus, in praktisch jeder Situation unvorhergesehen und unbemerkt mit der Folge fotografiert zu werden, dass das Bildnis in den Medien veröffentlicht wird."[223] Weiterhin verwies das Bundesverfassungsgericht in seiner Entscheidung zunächst auf seine ältere Rechtsprechung und hielt insofern daran fest, dass soweit Medien sich in ihrer Berichterstattung mit prominenten Personen befassen, nicht allein die Aufdeckung von Unstimmigkeiten zwischen öffentlicher Selbstdarstellung und privater Lebensführung von allgemeinem Interesse seien. Auch der „bloßen Unterhaltung" könne ein Bezug zur Meinungsbildung nicht abgesprochen werden.[224] Bei der Gewichtung des Informationsinteresses im Verhältnis zu dem kollidierenden Persönlichkeitsschutz komme dem **Gegenstand der Berichterstattung allerdings maßgebliche Bedeutung** zu, etwa der Frage, ob private Angelegenheiten ausgebreitet würden, die lediglich die Neugier befriedigen. Soweit das Bild nicht schon als solches eine für die öffentliche Meinungsbildung bedeutsame Aussage enthalte, sei sein Informationswert im Kontext mit der dazugehörigen Wortberichterstattung zu ermitteln.[225] Das Bundesverfassungsgericht erkannte weiter, dass **anders**

---

[221] BGH AfP, a.a.O., 474.

[222] So auch in der Analyse *Söder* in ZUM 2008, 89, 90.

[222a] Vergleiche BGH Urteil vom 24. Juli 2008 – VI ZR 156/06 – *Heide Simonis.*

[223] BVerfG AfP 2008, 163, 165.

[224] BVerfG a.a.O., 166.

[225] BVerfG a.a.O., 167.

als nach der bisherigen Rechtsprechung der Schutzanspruch das Persönlichkeitsrecht auch außerhalb der Voraussetzung einer örtlichen Abgeschiedenheit ein erhöhtes Gewicht zukomme, so, wenn die Medienberichterstattung den Betroffenen **in Momenten der Entspannung oder des Sich-Gehen-Lassens** außerhalb der Einbindung in die Pflichten des Berufs und Alltags erfasse.[226] Es sei verfassungsrechtlich daher nicht gewährleistet, dass eine Person von zeitgeschichtlichem Interesse bei Aufenthalten außerhalb einer Situation räumlicher Abgeschiedenheit stets und ohne Beschränkung für die Zwecke medialer Verwertung fotografiert werden dürfe.[227] Den erhöhten Schutzanspruch bejahte das Gericht damit nunmehr auch auf öffentlichen Plätzen, im konkreten Fall für Skilifte.[228]

Entscheidend hebt das Bundesverfassungsgericht weiterhin darauf ab, dass der Bundesgerichtshof verfassungsrechtlich insbesondere nicht **gehindert** war, **auf eine Nutzung** der bisher von ihm in Anlehnung an die Literatur entwickelten **Rechtsfigur der Person der Zeitgeschichte** zu verzichten. Da der Begriff der „Person der Zeitgeschichte" verfassungsrechtlich nicht vorgegeben sei, stehe es den Fachgerichten von Verfassung wegen frei, ihn in Zukunft nicht oder nur noch begrenzt zu nutzen und stattdessen im Wege der einzelfallbezogenen Abwägung über das Vorliegen eines Bildnisses aus dem „Bereich der Zeitgeschichte" (§ 23 Abs. 1 Nr. 1 KUG) zu entscheiden.[229] Es widerspreche weiterhin hierbei nicht verfassungsrechtlichen Vorgaben, dass der Bundesgerichtshof die einfachrechtliche Abwägung maßgeblich darauf stütze, ob durch die visuellen Darstellungen der auch bei prominenten Personen grundsätzlich geschützte einfach-rechtliche „Kernbereich der Privatsphäre" beeinträchtigt wird.[230]

In der konkreten Fallanwendung kam das Bundesverfassungsgericht zumeist zu denselben Ergebnissen wie der Bundesgerichtshof und erachtete es als richtig, dass es „der Bundesgerichtshof für maßgeblich angesehen hat, dass es sich bei dem konkreten Bericht **ausschließlich um einen Bericht über Urlaubsverhalten** gehandelt hat, in welchem sich die dortige Beschwerdeführerin einer Bildberichterstattung durch Medien gerade in der Situation eines ihrem Entspannungsbedürfnis gewidmeten Urlaubsaufenthaltes ausgesetzt war". In einem derartigen Fall von bloßen Urlaubsfotos gäbe **es kein über die Befriedigung bloßer Neugier an den privaten Angelegenheiten hinausgehendes Informationsinteresse** der Öffentlichkeit. Damit erachtete auch das Bundesverfassungsgericht bloße Urlaubsfotos, die die Person im privaten Alltag zeigten, anders als in der früheren Rechtsprechung, als nicht mehr zulässig an und ordnete sie damit auch nicht mehr dem Begriff des „Bildnis aus dem Bereich der Zeitgeschichte" zu. Ebenso bestätigte das Bundesverfassungsgericht aber die Entscheidung des Bundesgerichtshofs, dass in einer Erkrankung des Regierenden Fürsten von Monaco **ein Ereignis von allgemeinem Interesse** liege und die Presse aus diesem Anlass auch in Bildern darüber berichten darf, wie die Tochter und der Schwiegersohn zu dieser Zeit Urlaub machten. Anders als der BGH sah das Bundesverfassungsgericht in derselben Entscheidung hingegen ein kleinformatiges Foto, welches Caroline von Monaco und ihren Mann in Freizeitkleidung unter anderen Menschen „in Urlaubslaune" zeigte, als rechtmäßig an, da es in dem dort maßgebenden Bericht nach Auffassung des Gerichts nicht um die Beschreibung einer Szene des Urlaubs als Teil des Privatlebens ging, sondern darüber berichtet wurde, dass die Prinzessin und ihr Ehemann eine von ihnen gelegentlich zu Urlaubszwecken genutzte auf einer Insel vor Kenia gelegene Villa an Dritte vermietete. Insofern sei die **Stroßrichtung des Berichts** hier **nicht der Privaturlaub** gewesen, sondern der Umstand, dass auch

---

[226] BVerfG a.a.O., 167.

[227] BVerfG a.a.O., 168.

[228] Ebenso in der Bewertung der Bundesverfassungsgerichtsentscheidung: *Klass* ZUM 2008, 432, 434.

[229] BVerfG a.a.O., 169.

[230] BVerfG a.a.O., 169.

Prominente ihre Villen vermieten und einen „Hang zu ökonomischem Denken" entwickelt hätten. Das **konkrete** Foto gebe zudem keine Aufschlüsse über Freizeit- und Urlaubsgewohnheiten der Abgebildeten. Die dargestellte Situation des Beisammenseins mit anderen Menschen lasse auch nichts dafür erkennen, dass die Abgebildete bei einer in „besonderem Maße typischen Entspannungsbedürfnissen gewidmeten und daher gegenüber medialer Aufmerksamkeit und Darstellung in erhöhtem Umfang schutzbedürftigen Aktivität abgebildet worden war".[231]

62   **dd) Zusammenfassung.** Insofern kann nach den ersten BGH-Entscheidungen und nunmehr auch der ersten Bundesverfassungsgerichtsentscheidung die Rechtslage in Deutschland nach der Entscheidung des Europäischen Gerichtshofs für Menschenrechte wie folgt zusammengefasst werden:

Es reicht bei absoluten Personen der Zeitgeschichte nicht mehr aus, dass sie diesen **Status** haben. Dieser Tatbestand selbst begründet allein **kein zeitgeschichtliches Ereignis** mehr. Vielmehr muss in Zukunft bei den abgebildeten „prominenten Personen" bzw. in der Öffentlichkeit bekannte Personen geprüft werden, welchen Informationswert die Abbildung hat, insbesondere ob hiermit ein „zeitgeschichtliches Ereignis" dokumentiert wird. Entscheidend ist insofern der **Informationswert** der **Abbildung.** Hierbei wird die **Wortberichterstattung mit berücksichtigt.** Werden durch die Veröffentlichungen nur private Angelegenheiten ausgebreitet, die lediglich die Neugier befriedigen, wird dieses in Zukunft nicht mehr ausreichen, um eine legitimes Informationsinteresse zu begründen. Vielmehr ist darauf abzustellen, ob das Bild selbst etwas dokumentiert, an welchem ein legitimes Informationsinteresse besteht, was bei der **Abbildung der bloßen Privatheit** (Urlaub, Spaziergang, Einkaufen) von Prominenten im Regelfall **nicht mehr gegeben** ist. Besteht der Informationswert des Bildes also im Wesentlichen in der Unterhaltung ohne gesellschaftliche Relevanz, wird im Zweifelsfall dem Persönlichkeitsschutz der Vorrang einzuräumen sein. Die deutsche Rechtsprechung und ausdrücklich das Bundesverfassungsgericht haben die **frühere Begrenzung des Persönlichkeitsschutzes** von Prominenten auf den häuslichen Bereich und Orte der Abgeschiedenheit nunmehr auch **auf öffentliche Plätze erweitert,** wenn sich die Betroffenen in „Momenten der Entspannung oder des Sich-Gehen-Lassens außerhalb der Einbindung in die Pflichten des Berufs und des Alltags befinden."[232]

Allerdings können Fotos **abhängig von der jeweiligen Wortberichterstattung,** die die abgebildeten **Personen der Zeitgeschichte in privaten Momenten** in der Öffentlichkeit zeigen, **dann zulässig** sein, wenn hiermit die **Öffentlichkeit interessierende Sachverhalte** zusätzlich **dokumentiert** oder erläutert werden, oder wenn die Stoßrichtung des Berichts nicht beispielsweise das Urlaubsverhalten von Prominenten oder Ähnliches ist, sondern konkret im entschiedenen Fall etwa allgemein über das Sozialverhalten von Prominenten berichtet wird, wie das Vermieten von Schlössern und Häusern.

Bei den **bisher als relative Person der Zeitgeschichte Bezeichneten** gilt im Ergebnis nichts anderes. Ihre Abbildung wird nach altem wie neuem Recht nur dann zulässig sein, wenn hiermit ein zeitgeschichtliches Ereignis bebildert wird, was sich nicht aus der Person selbst bzw. einer Eigenschaft als Prominenter herleiten lässt, sondern aus zeitgeschichtlichen Ereignissen im engeren Sinne wie ein spektakulärer Unglücksfall, eine Straftat von erheblicher Bedeutung, ein Sieg in einem sportlichen oder künstlerischen Wettkampf oder Ähnlichem. Bei relativen Personen der Zeitgeschichte kann daher eher als bei absoluten Personen der Zeitgeschichte auf die frühere Rechtsprechung zurückgegriffen werden, da auch sie eben ein zeitgeschichtliches Ereignis unabhängig von dem Status der Person forderte.

---

[231] BVerfG a.a.O., 171; der BGH hat nunmehr seine Entscheidung korrigiert im Urteil vom 1. Juli 2008 BGH VI ZR 67/08 – *Ferienvilla in Kenia.*

[232] Ebenso in der Bewertung des Bundesverfassungsgerichts: *Klass* ZUM 2008, 432, 434.

Es ist allerdings festzustellen, dass auch die neueste Entscheidung des Bundesverfassungsgerichts **nicht unbedingt abschließende Rechtssicherheit** bietet und viele Fälle der Bildberichterstattung noch nicht abschließend beurteilt werden können. Es kommt hinzu, dass die neueste Rechtsprechung, die auf die Wortberichterstattung (Erkrankung des Vaters/Vermietverhalten von Prominenten) abstellt, die Gefahr in sich birgt, dass die Medien in Zukunft, um Fotos von Prominenten abzubilden, die sie im bloßen privaten Alltag zeigen, als Alibi eines entsprechenden Berichterstattungsanlass eine parallele Wortberichterstattung konstruieren. Hier besteht ein gewisses Restrisiko des Missbrauchs, welcher von den Gerichten in den nächsten Jahren ggf. durch weitere Einzelfallrechtsprechung korrigiert werden muss.

II. Bilder einer Landschaft oder Örtlichkeit mit Personen als Beiwerk (§ 23 Abs. 1 Nr. 2 KUG)

Gemäß § 23 Abs. 1 Nr. 2 KUG dürfen weiterhin ohne Einwilligung des Abgebildeten **63** **Bilder** veröffentlicht werden, auf denen die **Personen nur als Beiwerk neben einer Landschaft oder sonstigen Örtlichkeit** erscheinen. Der Tatbestand des § 23 Abs. 1 KUG unterscheidet ausdrücklich zwischen „Bildern" und „Bildnissen". Aus dem Wortlaut der Norm ergibt sich, dass es sich hier nicht um ein Bildnis, also um eine Personenabbildung, handeln darf, die im Vordergrund steht, sondern eben um ein Bild, welches eine Landschaft oder sonstige Örtlichkeit wiedergibt. Der Unterschied dazu ist, dass beim Bildnis eine Abbildung vorliegt, bei welcher die Personenabbildung im Vordergrund steht. Abzustellen ist bei diesem Freistellungstatbestand auf den **Gesamteindruck des Bildes**.[233] Weiter abzustellen ist auf das Verhältnis des Abgebildeten zu dem übrigen Gegenstand der Abbildung. Kann hierbei die Personenabbildung auch entfallen, ohne den Gegenstand und den Charakter eines konkreten Bildes zu verändern, ist von einer **hinreichenden Unterordnung der Personenabbildung** unter der Gesamtdarstellung auszugehen.[234] Die Personendarstellung darf daher nicht selbst Thema des Bildes sein.[235] Der Gesamteindruck muss ergeben, dass die Veröffentlichung der Landschaft oder der sonstigen Örtlichkeit im Vordergrund steht. Sofern die Person das Bild fast vollständig ausfüllt, können die Voraussetzungen des § 23 Abs. 1 Nr. 2 KUG von vornherein nicht zur Anwendung kommen. Dies gilt auch, wenn sie nur von hinten zu sehen ist.[236] Beiwerk ist beispielsweise eine Person, die auf einem Foto in einem Kalender nur beiläufig zwischen verschiedenen anderen Gegenständen der Abbildung eines Werksgeländes erscheint.[237]

Bei **Fernseh- und Filmaufnahmen** ist zusätzlich der Kontext der Berichterstattung heranzuziehen. Hier ergibt sich oftmals aus dem Text, ob die abgebildeten Personen Beiwerk sind oder eigentlicher Gegenstand der Abbildung. Wird etwa zum Zwecke der Berichterstattung über Weihnachtseinkäufe eine Fußgängerzone abgebildet, sind die Personen, die durch das Bild laufen, im Zweifel als Beiwerk anzusehen. Das gilt selbstverständlich nicht, wenn sie konkret angezoomt werden, also nahezu oder vollständig das Bild ausfüllen.

Wird die Person, die bei einem Bild als Beiwerk anzusehen ist, aus diesem Bild herausgeschnitten und zum Gegenstand einer eigenständigen Abbildung gemacht, entfällt

---

[233] BGH NJW 1979, 2206; OLG Frankfurt am Main AfP 1984, 115; OLG Düsseldorf GRUR 1970, 618; *Wenzel/v. Strobel-Albeg,* Wort- und Bildberichterstattung, Kap. 8 Rn. 47 f., 22; *Schricker/Götting,* Urheberrecht, § 60/§ 23 KUG Rn. 48.

[234] Vgl. *v. Gamm,* Urheberrechtsgesetz, Einf. Rn. 121; *Schricker/Götting,* §§ 60/23 KUG Rn. 48; OLG Oldenburg NJW 1989, 400; OLG Karlsruhe GRUR 1989, 823.

[235] Vgl. OLG Karlsruhe GRUR 1989, 823, 824.

[236] BGH NJW 1979, 2203.

[237] Vgl. OLG Frankfurt AfP 1984, 115.

ebenso der Freistellungstatbestand des § 23 Abs. 1 Nr. 2 KUG. Die abgebildete Person auf dem Bild wird dann zum Bildnis im Sinne von § 22 KUG, mit der Folge, dass die Einwilligung in die Verbreitung erforderlich ist, es sei denn, dass andere Freistellungstatbestände greifen.

III. Bilder von Versammlungen, Aufzügen und ähnlichen Vorgängen (§ 23 Abs. 1 Nr. 3 KUG)

64   Gemäß § 23 Abs. 1 Nr. 3 KUG dürfen ohne die nach § 22 KUG erforderliche Einwilligung Bilder verbreitet werden von **Versammlungen, Aufzügen** und **ähnlichen Vorgängen,** an denen **die dargestellten Personen teilgenommen** haben. Der gesetzgeberische Grund dafür, dass in Ausnahme zu § 22 KUG in § 23 Abs. 1 Nr. 3 KUG die Wiedergabe von Bildern von Versammlungen zulässig ist, liegt darin, dass das **allgemeine Informationsinteresse** im Rahmen einer Interessenabwägung der Vorrang vor persönlichkeitsrechtlichen Belangen des Abgebildeten eingeräumt wird.[238] So wäre eine **Bildberichterstattung** über Veranstaltungen mit vielen Teilnehmern aufgrund des grundsätzlichen Einwilligungserfordernisses des § 22 KUG den Medien praktisch verwehrt, wenn sie von jedem, der erkennbar auf den Bildern zu sehen ist, jeweils die Einwilligung einholen müssten.[239] Da durch diese Vorschrift allerdings der Bildnisschutz erheblich eingeschränkt wird, ist der Anwendungsbereich genau zu definieren.

65   Zunächst einmal ist unbedingt erforderlich, dass die Bildwiedergabe der Allgemeinheit **zum Zwecke der Information einen Eindruck** von der **jeweils wiedergegebenen Veranstaltung** vermittelt.[240] Die bildliche Wiedergabe einer Versammlung dient dann nicht mehr dem Informationsinteresse der Öffentlichkeit, wenn das fragliche Foto im Wege der Fotomontage durch Anbringung in Wahrheit nicht vorhandener Wahlparolen „bearbeitet" wurde und zu politischen Werbezwecken eingesetzt wird.[241]

66   Die Einschränkung des Rechts am eigenen Bild gründet sich auf dem besonderen Gegenstand der Darstellung, der nämlich keine Personenabbildung, sondern eben ein Geschehen wiedergibt.[242] Der Gesetzeszweck und auch der Wortlaut machen es daher erforderlich, dass nicht nur im Tatsächlichen es sich um eine Menschenmenge handelt, die fotografiert wird und weiterhin, dass sich diese Situation auch auf dem Bild wiederfindet, welches verbreitet werden soll. Die abgebildete Menge von Personen muss so groß sein, dass sich der Einzelne nicht mehr aus ihr hervorhebt.[243] Abzustellen ist hierbei wiederum auf den optischen Gesamteindruck. Bei **weniger als 12 Personen** hebt sich der Einzelne noch aus der Menge hervor, so dass der Ausnahmetatbestand der § 23 Abs. 2 Nr. 3 KUG erst bei einer größeren Personenanzahl zur Anwendung kommt.[244]

67   Keine Voraussetzung ist, dass die Versammlung vollständig wiedergegeben wird. So ist auch die Wiedergabe eines Ausschnitts der Veranstaltung zulässig, wenn hierdurch ein repräsentativer Eindruck des Gesamtgeschehens vermittelt wird.[245] Keinesfalls von § 23 Abs. 1 Nr. 3 KUG gedeckt sind Bilder, **die einzelne Teilnehmer der Veranstaltung** als Personen wiedergeben.[246] Einzelne Portraitaufnahmen sind daher von § 23 Abs. 1 Nr. 3

---

[238] LG Stuttgart AfP 1989, 765.

[239] Vgl. zu diesem Argument auch *Wanckel,* Foto- und Bildrecht, Rn. 208.

[240] LG Stuttgart AfP 1989, 765.

[241] LG Stuttgart a.a.O.

[242] *v. Gamm* Urheberrechtsgesetz, Einf. Rn. 122; LG Köln AfP 94, 246, 247.

[243] *Helle,* Besondere Persönlichkeitsrechte im Privatrecht, S. 168.

[244] *Prinz/Peters,* Rn. 872.

[245] *Wenzel/v. Strobl-Albeg,* Wort- und Bildberichterstattung, Kap. 8, Rn. 51; LG Stuttgart AfP 1989, 765.

[246] *Prinz/Peters* Rn. 872; *Wenzel/v. Strobl-Albeg,* a.a.O., Kap. 8, Rn. 51; LG Hamburg, AfP 2008, 100, 102.

KUG nicht gedeckt. Aus diesem Grunde sind etwa Einzelfotos einer Braut, selbst wenn eine Hochzeit öffentlich stattfindet, niemals von § 23 Abs. 1 Nr. 3 KUG gedeckt.[247] ebenso wenig Portraitaufnahmen eines Polizeibeamten auf Demonstrationen.[248]

Abbildungsrelevante Vorgänge sind „Versammlungen, Aufzüge und ähnliche Vor- **68** gänge". Es muss sich um einen Vorgang handeln, der in der Öffentlichkeit stattfindet und daher auch von der Öffentlichkeit wahrgenommen werden kann.[249] Anerkanntermaßen fallen unter den Begriff **Demonstrationen, Karnevalsumzüge, Sport- und Partei-veranstaltungen.**[250] Schwierig sind private Familienfeiern, insbesondere **Trauerfeier-lichkeiten** und **Hochzeiten** zu beurteilen, die in der Öffentlichkeit wahrnehmbar sind. Familiäre Feste im engen privaten Kreis oder an öffentlich nicht zugänglichen Orten sind von vornherein nicht von § 23 Abs. 1 Nr. 3 KUG erfasst. Aufgrund des privaten Charak-ters derartiger Veranstaltungen sind aber auch für **Bilder von Trauerzügen, Beerdi-gungen** oder Hochzeiten besondere Informationsinteressen zu fordern. Dieses kann sich aus der Prominenz des Verstorbenen bzw. der Trauergäste ergeben.[251] Zulässig kann unter diesem Gesichtspunkt auch eine Abbildung eines Trauerzuges sein, der im Rahmen eines Dokumentarfilms gezeigt wird, um beispielhaft die Art und Weise der Trauer in der heu-tigen Gesellschaft zu dokumentieren.[252] Allerdings sind hier unbedingt die Grenzen des § 23 Abs. 2 KUG zu berücksichtigen. So haben die Angehörigen unter diesem Gesichts-punkt im Zweifel das Recht zu erklären, dass sie eine Bildberichterstattung nicht wün-schen, insbesondere wenn es sich bei den Toten um die Opfer schwerer Verbrechen oder sonstiger tragischer Todesfälle handelt.[253] Bei einem derartigen Fall müssen die Medien unbedingt den erklärten Willen der Beteiligten respektieren. Auch **Hochzeitsfeiern** können nur unter ganz besonderen Umständen „ähnliche Vorgänge" im Sinne von § 23 Abs. 1 Nr. 3 KUG sein. Im Zweifel sind Hochzeiten private Veranstaltungen, auch wenn es sich bei den Beteiligten um Prominente handelt. Insofern hat das Landgericht Berlin auch bei der Berichterstattung über die Hochzeit eines bekannten Fernsehmoderators er-kannt, dass eine Berichterstattung zwar zulässig sein könne, jedoch eine Berichterstattung über Details der Hochzeitsfeierlichkeiten im Einzelnen rechtswidrig sei.[254] Etwas anderes kommt dann in Betracht, wenn die Beteiligten durch ihr mediales Eigenverhalten zuvor die Berichterstattung über die Hochzeitsfeierlichkeiten angeheizt haben, etwa indem sie die Berichterstattung über ihre Hochzeit zum Gegenstand eines Exklusivvertrages mit einer Boulevardzeitung gemacht oder sich sonst wie umfassend hierzu in der Öffentlich-keit erklärt haben.

Die **abgebildeten Personen** müssen weiterhin an der Veranstaltung **teilgenommen** **69** haben. Hierbei ist kein verabredetes Treffen erforderlich. Auch spontane Protestversamm-lungen können hierunter fallen.[255] Wegen der Formulierung „Teilnahme an der Ver-sammlung" ist jedoch erforderlich, dass die beteiligten Personen zumindest einen **kollek-tiven Willen** haben, etwas Gemeinsames zu tun.[256] Dieses ist bei einer Anzahl von Per-sonen, die sich zufällig gemeinsam in einem öffentlichen Park nackt sonnen, nicht der Fall.[257] Teilweise wurde die Auffassung vertreten, dass **Polizeibeamte bei Demonstra-tionen** nicht im Sinne von § 23 Abs. 1 Nr. 3 KUG an diesen teilnehmen, sondern ledig-

---

[247] LG Hamburg AfP 2008, 100, 102.
[248] OLG Stuttgart AfP 1980, 64.
[249] *Wenzel/v. Strobel-Albeg,* Wort- und Bildberichterstattung, Kap. 8 Rn. 49; *Prinz/Peters,* Rn. 872; *Wanckel,* Foto- und Bildrecht, Rn. 205; aA *Helle,* Besondere Persönlichkeitsrechte, S. 166 f.
[250] *Wanckel,* Foto- und Bildrecht, Rn. 209.
[251] *Schricker/Götting,* Urheberrecht, § 60/§ 23 KUG, Rn. 69.
[252] LG Köln AfP 1994, 246, 247.
[253] LG Köln NJW 1992, 443.
[254] LG Berlin AfP 2006, 394.
[255] *Prinz/Peters,* Rn. 594.
[256] OLG München NJW 1988, 915.
[257] OLG München a.a.O.; *Wenzel/v. Strobl-Albeg,* Wort- und Bildberichterstattung, Kap. 8 Rn. 50.

lich polizeiliche Aufgaben erfüllen.[258] Diese Auffassung ist jedoch abzulehnen, da auch der **Polizeieinsatz** bei einer Versammlung **Teil der Versammlung** ist. Alles andere würde zu einer unerträglichen Einschränkung der Presseberichterstattung über Demonstrationen führen.

IV. Bildnisse, die einem höheren Interesse der Kunst dienen (§ 23 Abs. 1 Nr. 4 KUG)

70   Gemäß § 23 Abs. 1 Nr. 4 KUG entfällt das Einwilligungserfordernis auch dann, wenn es sich um **Bildnisse** handelt, die **nicht auf Bestellung angefertigt** wurden, sofern die Verbreitung oder Zurschaustellung einem **höheren Interesse der Kunst** dient. In der **Literatur** und **Rechtsprechung** geht die **Bedeutung** des § 23 Abs. 1 Nr. 4 KUG **gegen Null**.[259] Dies verwundert indes, da diese Norm eine einfache gesetzliche Regelung der notwendigen **Abwägung zwischen Kunstfreiheit und Persönlichkeitsrecht** darstellt und damit von ihrem Anwendungsbereich viele aktuelle Fälle erfasst, in denen sich Personen gegen die tatsächliche oder unterstellte Darstellung ihres Lebensbildes bzw. einer sonstigen künstlerischen Verbildlichung im Film, auf der Bühne oder in Romanen zur Wehr setzen.

1. Bisherige tatsächliche Bedeutung des § 23 Abs. 1 Nr. 4 KUG

71   Zunächst einmal soll kurz der bisherige Anwendungsbereich des § 23 Abs. 1 Nr. 4 KUG in Rechtsprechung und Literatur aufgezeigt werden. In der **Rechtsprechung** findet sich überhaupt nur **eine veröffentlichte Entscheidung,** die eine Freistellung von dem Einwilligungserfordernis bei der grundsätzlich einwilligungsabhängigen Veröffentlichung eines Bildnisses ausdrücklich auf § 23 Abs. 1 Nr. 4 KUG gestürzt hat. So entschied das OLG München,[260] dass die Abbildung eines schwarzen Sheriffs in einer Schwarz-Weiß-Aufnahme, bei welcher der schwarze Sheriff mit verschränkten Armen vor einem Biergarten hinter einer geschlossenen Reihe leerer Stühle posiert und bei welcher einer der Stühle ein Schild mit der Aufschrift „Geschlossene Gesellschaft" trägt, auf Grund eines höheren Interesses an der Kunst verbreitet werden dürfe. Das OLG Karlsruhe hat etwa dagegen die Heranziehung des § 23 Abs. 1 Nr. 4 KUG in einem Fall unterlassen, der ein **satirisches Poster** zum Gegenstand hatte, das einen Rüstungsfabrikanten bei der Übergabe einer Feldhaubitze an den Bundesminister der Verteidigung zusammen mit dem Text „Alle reden vom Frieden. Wir nicht. Zweckverband der Rüstungsindustrie" zeigte. Obwohl es sich bei einem satirischen Poster vorrangig um Kunst und nicht um Information in Presse, Film und Fernsehen handelt, rechtfertigte das OLG Karlsruhe die Verbreitungsbefugnis mit § 23 Abs. 1 Nr. 1 KUG, da es sich bei den abgebildeten Personen um solche der Zeitgeschichte handele.[261] Es hätte hier indes näher gelegen, die satirische Darstellung unter § 23 Abs. 1 Nr. 4 KUG zu subsumieren, da der § 23 Abs. 1 Nr. 1 KUG Bildnisse von so genannten Personen der Zeitgeschichte vom Einwilligungserfordernis befreit, wenn bei der jeweiligen Nutzung der Abbildung ein Informationsinteresse auf Seiten der Allgemeinheit besteht[262] und auf Seiten des das Bildnis Verbreitenden ein Informationszweck vorhanden ist, den dieser wahrnimmt.[263] Diese Situation ist vorrangig bei der Verbreitung von Bild-

---

[258] *Rehmann* AfP 1982, 189, 193.

[259] *Wenzel,* Kap. 8, Rn. 54.

[260] Vgl. OLG München ZUM 1997, 388 (391).

[261] Vgl. OLG Karlsruhe NJW 1982, 647.

[262] Vgl. *Neumann-Duesberg,* Juristen-Jahrbuch, Bd. 7 1966/1967, S. 138 (144 ff.); *Hubmann,* PersönlichkeitsR, 2. Aufl. (1967), S. 299 f.; *Ulmer,* Urheber- und VerlagsR, 2. Aufl. (1967), S. 31 f.; *Poll* ZUM 1988, 545 (546); *Schricker/Gerstenberg/Götting,* UrheberR, 2. Aufl. (1999), § 23 KUG, Rn. 6; *Schertz* in: Loewenheim, Hdb. des UrheberR, 2003, § 18 Rn. 19.

[263] Vgl. *Neumann-Duesberg* (o. Fußn. 6), S. 138 (148 ff.); Schricker/*Gerstenberg/Götting* (o. Fußn. 6), § 23 Rn. 7; *Schertz* in: *Loewenheim* (o. Fußn. 6), § 18 Rn. 19.

nissen im Rahmen redaktioneller Berichterstattung von Zeitungen, Zeitschriften, Film und Fernsehen gegeben. Bei satirischen Darstellungen geht es nach hiesiger Auffassung weniger um die Information der Allgemeinheit als vielmehr um die künstlerische Auseinandersetzung mit gesellschaftlichen oder politischen Begebenheiten, so dass bereits an dieser Stelle empfohlen werden kann, die Fälle der Satire – unabhängig davon, ob es sich bei den abgebildeten Personen um Personen der Zeitgeschichte oder um solche handelt, bei denen grundsätzlich ein Einwilligungserfordernis besteht – unter § 23 Abs. 1 Nr. 4 KUG zu subsumieren. Insofern sollte die **Zulässigkeit von Bildnisnutzungen bei satirischen** und vergleichbaren Veröffentlichungen **anhand des § 23 Abs. 1 Nr. 4 KUG** beurteilt werden. Die Abwägung der widerstreitenden persönlichkeitsrechtlichen Interessen kann dann im Rahmen des § 23 Abs. 2 KUG geschehen, wenn nämlich durch die konkrete Satire berechtigte Interessen verletzt werden.[264]

Bei der **Literatur** fällt auf, dass die Kommentierung zu der genannten Vorschrift regel- **72** mäßig nur sehr knapp ausfällt. Teilweise wird sogar ausdrücklich festgestellt, dass sie „in der Praxis allerdings keine Rolle spielt".[265] Anderenorts wird die Norm vollständig ignoriert, in dem nur die ersten drei Ausnahmevorschriften des § 23 Abs. 1 KUG behandelt werden.[266] Der Literatur ist insofern zuzustimmen, dass tatsächlich der § 23 Abs. 1 Nr. 4 KUG **in der Praxis** aber auch in der Rechtsprechung **kaum Beachtung** gefunden hat. Dies verwundert aber umso mehr, als es sich bei dieser Norm um **eine einfachgesetzliche Regelung der Gemengelage von Kunstfreiheit und Persönlichkeitsrecht** handelt. So ist das Recht am eigenen Bild, welches in den §§ 22, 23 KUG geregelt ist, wie das Namensrecht in § 12 BGB, anerkanntermaßen eine spezielle Ausformung des allgemeinen Persönlichkeitsrechts und damit ebenso grundgesetzlich verankert.[267] In diesem Zusammenhang ist erwähnenswert, dass § 23 Abs. 1 Nr. 4 KUG nach seinem Wortlaut dem Grunde nach feststellt, dass zunächst einmal die Kunstfreiheit dem Selbstbestimmungsrecht des Einzelnen vorgeht und dieses nur dann anders zu beurteilen ist, wenn die konkrete Verwendung des Bildnisses zu künstlerischen Zwecken berechtigte Interessen des Abgebildeten i.S. von § 23 Abs. 2 KUG verletzt. Bei verfassungskonformer Auslegung der Norm stehen sich indes die Kunstfreiheit und das Persönlichkeitsrecht gleichberechtigt gegenüber, so dass also keinem der Rechtsgüter von vornherein Vorrang gegenüber dem anderen zukommt.[268]

Die entscheidende Erklärung für die bisherige mangelnde Bedeutung der Norm dürfte **73** insbesondere darin liegen, dass die Gerichte oftmals, wenn es um die Abwägung von Persönlichkeitsschutz und Kunstfreiheit bei einer Bildnutzung ging, sogleich die Grundrechte anwendeten.[269] Dies ist zum einen zwar insoweit richtig, als die Gerichte an die Grundrechte gebunden sind und insofern bei ihren Entscheidungen die entsprechenden Abwägungen vorzunehmen haben. Der zivilrechtliche Unterlassungsanspruch, über den die Gerichte jedoch zumeist zu entscheiden hatten, ergibt sich indes nicht unmittelbar aus den Grundrechten, die grundsätzlich nur im Verhältnis Bürger-Staat Geltung beanspruchen und Abwehr- und Leistungsrechte des Bürgers gegen den Staat begründen können.

---

[264] Vgl. etwa die Entscheidung OLG Hamburg NJW-RR 1994, 1373 – *Engholm,* bei welcher das OLG zutr. eine Bildveröffentlichung des damaligen schleswig-holsteinischen Ministerpräsidenten auf dem Titelbild der Titanic verbot, da die Darstellung die Menschenwürde des Klägers verletze.

[265] Vgl. *Fricke,* in: *Wandtke/Bullinger,* UrheberR, 2. Aufl. (2006), § 23 KUG Rn. 28; *Damm/Rehbock,* Widerruf, Unterlassung und Schadensersatz in Presse und Rundfunk, 2. Aufl., Rn. 210; *Gounalakis/ Rohde,* Persönlichkeitsschutz im Internet, 2002, Rn. 66.

[266] Vgl. *Soehring,* PresseR, 3. Aufl. (2003), § 21 Rn. 21.2.

[267] Vgl. *Schertz,* in: *Loewenheim* (o. Fußn. 6), § 18 Rn. 2.

[268] Vgl. so zuletzt BGH GRUR 2005, 788; AfP 2005, 464 – *Esra;* vgl. auch *Schertz* GRUR 2007, 558, 559.

[269] Vgl. OLG Hamburg NJW-RR 1994, 1373 – *Engholm;* LG Berlin AfP 1997, 735 – *Markwort gegen Zitty;* KG, NJW 2004, 3639 = AfP 2004, 371 – *Meere;* OLG Hamburg AfP 2004, 375; LG Berlin AfP 2002, 250 – *Shawn Fielding.*

Der eigentliche Unterlassungsanspruch muss sich vielmehr aus einer zivilrechtlichen Norm – hier also den §§ 22, 23 KUG, § 823 Abs. 1 BGB i.V.m. § 1004 BGB – ergeben. Insofern muss nach hiesiger Auffassung bei der Entscheidung über zivilrechtliche Unterlassungsansprüche jedenfalls auch die entsprechende Untersagungsnorm einfachen Rechts als anspruchsbegründende Norm zur Anwendung kommen und Erwähnung finden. Selbstverständlich ist diese Norm aber im Lichte der Grundrechte und insofern in vorliegenden Fällen unter Berücksichtigung des Persönlichkeitsrechts und der Kunstfreiheit auszulegen und anzuwenden.

2. Der Tatbestand des § 23 Abs. 1 Nr. 4 KUG

74   § 23 Abs. 1 Nr. 4 KUG regelt eine Ausnahme des § 22 KUG, wonach grundsätzlich die Einwilligung des Abgebildeten bei der Verbreitung von Bildnissen erforderlich ist. Bei **Bildnissen, deren Verbreitung einem höheren Interesse der Kunst** dient, darf nach § 23 Abs. 1 Nr. 4 KUG das Bildnis **ohne seine Einwilligung** verbreitet werden. Hiervon ausgenommen sind solche Verbreitungshandlungen, die unter § 23 Abs. 2 KUG fallen, weil die Verbreitung ein berechtigtes Interesse des Abgebildeten verletzt. Bildnisse, die einem höheren Interesse der Kunst dienen, können vielfältige Qualität haben. Unter den sog. weiten Bildnisbegriff fallen hierunter **jedwede Form der Abbildung des menschlichen Antlitzes,** das Ölgemälde, die Skizze, die Karikatur, die Fotografie, die dreidimensionale Abbildung einer Person, insbesondere die Plastik oder Statue, aber auch das filmische Abbild eines Menschen in Form von Videoinstallationen bzw. jedwede andere filmische Abbildung des Menschen.[270] Auch die **Darstellung des Lebensbildes im Film, auf der Bühne oder in der Literatur** unterliegt, wie oben aufgezeigt wurden, dem Bildnisbegriff. Gerade für die letztgenannten Nutzungsarten kommt **daher § 23 Abs. 1 Nr. 4 KUG unbedingt als einschlägige Norm in Frage.** Die Darstellung von Lebensbildern in Film, auf der Bühne oder in der Literatur sind Bildnisnutzungen zu künstlerischen Zwecken und eben nicht solche, die vorrangig der Information dienen im Rahmen der Berichterstattung. Letzterer Fall ist durch § 23 Abs. 1 Nr. 1 KUG geregelt und deckt allein die Nutzung von Bildnissen von Personen der Zeitgeschichte, ob nun absolute oder relative. Die Regelung des § 23 Abs. 1 Nr. 4 KUG und die gleichzeitige Erkenntnis, dass hiervon eben auch die genannten Darstellungsformen in Film, auf der Bühne und Literatur erfasst sind, ergeben aber, dass derartige Darstellungsformen **unabhängig davon rechtlich zulässig** sein können, ob es sich **bei den Abgebildeten um Personen der Zeitgeschichte** oder um normale Personen handelt, die nicht unter § 23 Abs. 1 Nr. 1 KUG fallen.

Bildnisse des § 23 Abs. 1 Nr. 4 KUG müssen nach allgemeiner Ansicht **keinen Werkcharakter** im Sinne des Urheberrechtsgesetzes haben.

Bei der Auslegung des Begriffs „zu künstlerischen Zwecken" ist vielmehr der Kunstbegriff des Bundesverfassungsgerichts heranzuziehen. Dieses lässt es hierfür genügen, dass bei formaler typologischer Betrachtung die Gattungsanforderungen eines bestimmten Werktyps erfasst sind (z. B. Malen, Bildhauen, Dichten).[271] Vor diesem Hintergrund ist es verfassungsrechtlich geboten, **jedwede Form von Bildnis,** welches einen **bestimmten Werktyp** unter Anwendung der formalen Betrachtungsweise des Bundesverfassungsgerichts entspricht, als ein solches anzusehen, welches zu künstlerischen Zwecken im Sinne von § 23 Abs. 1 Nr. 4 KUG verbreitet wird.

75   Bei dem privilegierten Bildnis muss es sich um ein solches handeln, welches **nicht auf Bestellung angefertigt** worden ist. Hintergrund dieser gesetzgeberischen Überlegung ist, dass im Falle der Bestellung eines Bildnisses der Abgebildete zu dem Künstler in eine Art Vertrauensverhältnis tritt, so dass eine weitergehende Berücksichtigung seiner Inter-

---

[270] Vgl. *Schertz* GRUR 2005, a.a.O., 562.
[271] Vgl. BVerfGE 67, 213 (226) – *Anachronistischer Zug;* auch v. *Münch/Kunig/Wendt* (o. Fußn. 28), Art. 5 Rn. 90.

essen angezeigt ist.[272] Die Eigentümlichkeit der Beziehung ist auch in § 60 UrhG erkennbar. So darf nach § 60 UrhG der Besteller eines Bildnisses, also der Auftraggeber, das Bildnis durch Lichtbild vervielfältigen oder vervielfältigen lassen, ohne den Urheber zu fragen. Dementsprechend – und hierzu praktisch spiegelbildlich – ist dem Urheber oder demjenigen, der Bildnisse zu künstlerischen Zwecken verbreiten möchte, die Privilegierung des § 23 Abs. 1 Nr. 4 KUG verwehrt, sobald die betreffenden Bildnisse auf Bestellung hergestellt werden. Beide Vorschriften, die des § 60 UrhG und die des § 23 Abs. 1 Nr. 4 KUG, räumen demnach den Interessen des Bestellers, über sein Bildnis frei verfügen zu können, jeweils den Vorrang ein. Die Bestellung i.S. des § 23 Abs. 1 Nr. 4 KUG setzt eine Beauftragung durch den Abgebildeten voraus. Eine Vergütung sieht der Gesetzgeber ausdrücklich nicht vor. Hätte er dieses gewollt, wäre es in den Tatbestand aufgenommen worden. Dieses ist daraus zu erkennen, dass er in § 22 Abs. 1 Nr. 3 KUG an eine Zahlung einer Vergütung eine konkrete Rechtsfolge geknüpft hat, von deren Erwähnung er in § 23 Abs. 1 Nr. 4 KUG ausdrücklich abgesehen hat.

76 Wie alle Freistellungstatbestände des § 23 Abs. 1 KUG darf die Darstellung keine berechtigten Interessen des Abgebildeten verletzen, insbesondere also nicht eine Verletzung der Menschenwürde oder der Privat- und Intimsphäre beinhalten.[273] Zu beachten ist auch der Wahrheitsschutz, wenn die Lebensbilddarstellung etwa in Form eines Romans sich nahe an der Realität anlehnt oder den Anspruch erhebt, diese wiederzugeben. Je weiter sich die Lebensbilddarstellung von der Realität entfernt, je kunstgerechter sie ist, umso mehr tritt der Wahrheitsschutz zurück, kommt die Kunstfreiheit zum Tragen und damit auch der Freistellungstatbestand des § 23 Abs. 1 Nr. 4 KUG in Abwägung mit § 23 Abs. 2 KUG.[274]

V. Verletzung berechtigter Interessen nach § 23 Abs. 2 KUG

77 Entsprechend dem Stufenkonzept der §§ 22, 23 KUG erfolgt schließlich eine Prüfung, ob die konkrete Veröffentlichung im Sinne von § 23 Abs. 2 KUG berechtigte Interessen des Abgebildeten verletzt. Das Prüfungsschema ist daher zunächst, ob eine Einwilligung vorliegt (§ 22 KUG). Liegt sie nicht vor, stellt sich die Frage, ob eine der Ausnahmen des § 23 Abs. 1 Nr. 1–4 KUG in Betracht kommen. Kommt eine Ausnahme in Betracht, ist weiterhin und abschließend zu prüfen, ob nicht dennoch **„berechtigte Interessen des Abgebildeten"** im Sinne von § 23 Abs. 2 KUG verletzt werden. Was unter „berechtigte Interessen des Abgebildeten" zu subsumieren ist, hat sich aus einer umfassenden Kasuistik der Rechtsprechung entwickelt:

Die Veröffentlichung darf insbesondere keine unzulässige Verletzung der Geheim-, Intim- oder Privatsphäre, keine Ansehensminderung oder Wahrheitsverletzung darstellen.[275] Auch Personen der Zeitgeschichte müssen daher eine Bildberichterstattung über ihre Intim- oder Privatsphäre grundsätzlich nicht dulden.[276]

78 Die Nutzung eines **Bildnisses zu Werbezwecken** ist **keine Frage der Verletzung berechtigter Interessen** im Sinne von § 23 Abs. 2 KUG.[277] Vielmehr ist dann schon § 23 Abs. 1 Nr. 1 KUG tatbestandlich nicht einschlägig, da die Bildnisnutzung nicht gemäß dem unbeschriebenen Tatbestandserfordernis zur Wahrnehmung eines Informationszwecks erfolgt.[278]

---

[272] Vgl. Begr. des Entwurfs zum KUG, stenografische Berichte über die Verhandlung des Reichstages – 11. Legislaturperiode – II Session, 1. Sessionsabschnitt 1905/1906.

[273] BGH GRUR 2005, 788 – AfP 2005, 464 – *Esra*; KG NJW 2004, 3639 = AfP 2004, 371 – *Meere.*

[274] Vgl. hierzu Näheres: *Schertz,* a.a.O., 564 ff.

[275] Vgl. Wenzel/*v. Strobel-Albeg,* Wort- und Bildberichterstattung, Kap. 8 Rn. 55 ff.

[276] Vgl. Schricker/*Götting,* Urheberrecht, § 60/§ 23 KUG Rn. 83, 101.

[277] Ebenso *Wenzel,* aaO; anders: *Schricker/Götting,* Urheberrecht, § 60/§ 23 KUG, Rn. 108.

[278] Vgl. oben Rn. 33.

79   Weiterhin ist bereits an dieser Stelle festzustellen, dass § 23 Abs. 2 KUG bei dem Tatbestandsmerkmal des **§ 23 Abs. 1 Nr. 1 KUG** „Bildnisse aus dem Bereich der Zeitgeschichte" in Zukunft **nur noch als Auffangtatbestand** dient. So stellte der BGH ausdrücklich in der *Grönemeyer* II-Entscheidung fest, dass die Abwägung der widerstreitenden Rechte und Grundrechte der abgebildeten Person aus Art. 1 Abs. 1, 2 Abs. 1 GG einerseits und der Presse aus Art. 5 Abs. 1 Satz 2 GG andererseits schon bei der Zuordnung zu dem Bereich der Zeitgeschichte erforderlich sei.[279] In diesem Grundsatz statuiert der BGH, dass unabhängig von den berechtigten Interessen in § 23 Abs. 2 KUG die Abwägung der kollidierenden Grundrechtsgüter **bereits auf Tatbestandsebene** unter dem Stichwort „Bereich der Zeitgeschichte" im Sinne von § 23 Abs. 1 Nr. 1 KUG zu erfolgen hat. Ob eine Berichterstattung ein Ereignis von zeitgeschichtlicher Bedeutung im Sinne des Tatbestandes nach § 23 Abs. 1 Nr. 1 KUG ist, sei im Rahmen einer Interessenabwägung zwischen dem Informationsinteresse der Öffentlichkeit und dem Interesse des Abgebildeten an dem Schutz seiner Privatsphäre andererseits zu ermitteln. Wie oben aufgezeigt, hat der BGH neue Grundsätze entwickelt, wonach Personen der Zeitgeschichte **nicht mehr nur in ihrem häuslichen Bereich oder an Orten der Abgeschiedenheit** vor Eingriffen durch Bildberichterstattung geschützt sind. Auch bei **Bildern aus dem privaten Alltag im öffentlichen Straßenraum** sind in Zukunft Bilder verboten, wenn und solange der Informationswert der Abbildung kein zeitgeschichtliches Ereignis dokumentiert, sondern die bloße Privatheit abbildet. Insofern kommt der Privatsphärenschutz in den beschriebenen Fällen bereits auf der Ebene des § 23 Abs. 1 Nr. 1 KUG zum Tragen und nicht erst auf der Ebene der möglicherweise zusätzlich zu berücksichtigenden berechtigten Interessen des Abgebildeten im Sinne von § 23 Abs. 2 KUG.

80   Da § 23 Abs. 2 KUG aber für alle Ausnahmetatbestände des § 23 Abs. 1 Nr. 1–4 KUG Anwendung findet, gilt selbstverständlich auch hier umfassend, dass **die Abbildung auch nach den anderen Freistellungstatbeständen keine Verletzung der Privatsphäre, geschweige denn der Intim- oder Geheimsphäre** darstellen darf. Diese geschützten Bereiche sind umfassend in dem Kapitel „Der Schutz vor Indiskretion" dargestellt. Insofern sei auf die dortige umfassende Erläuterung der drei Sphären verwiesen. Ebenso kommt eine Verletzung der berechtigten Interessen nach § 23 Abs. 2 KUG in Betracht, wenn es sich bei der Bildnisdarstellung aus dem Kontext heraus, wegen der Bildunterschrift oder aufgrund des Bildes selbst um eine **Schmähkritik** handelt bzw. die Veröffentlichung einer **Wahrheitsverletzung** darstellt.[280] Auch insofern sei auf die detaillierten Darstellungen der Schutzrichtungen des allgemeinen Persönlichkeitsrechts in den § 20 (Der Wahrheitsschutz) und § 21 (Der Ehrenschutz) verwiesen. Im Folgenden sollen daher allein ergänzend die **bildspezifischen Grundsätze** zu diesen Schutzrichtungen aufgezeigt werden.

81   Zur **Privatsphäre** gehörte nach früherer Rechtsprechung nicht **nur der häusliche Bereich** des Betroffenen bzw. auch des Prominenten, sondern auch öffentliche Orte, an welchen sich eine Person zurückgezogen hatte, um objektiv erkennbar für sich alleine zu sein mit der Folge, dass sie sich in der konkreten Situation im Vertrauen auf die Abgeschiedenheit so verhält, wie sie es in der breiten Öffentlichkeit nicht tun würde.[281] Die Rechtsprechung des EGMR und die sich daraus ableitende Rechtsprechung des Bundesgerichtshofs und des Bundesverfassungsgerichts haben hier den Schutzbereich erweitert und in der Zukunft **auch Fotografien, die nicht innerhalb des eigenen Hauses oder in Räumen örtlicher Abgeschiedenheit hergestellt wurden,** für unzulässig erachtet, sondern auch solche, die die Personen in Momenten der Entspannung oder des Sichgehenlassens außerhalb der Einbindung in die Pflichten des Berufs und des Alltags zeigen.[282] Insofern wird in

---

[279]   BGH AfP 2007, 472 – *Grönemeyer.*
[280]   Vgl. Wenzel/*v. Strobel-Albeg,* Wort- und Bildberichterstattung. Kap. 8 Rn. 79 u. 80.
[281]   Vgl. BVerfG NJW 2000, 1022 ff.; BGH AfP 1996, 140, 142 – *Paparazzi-Fotos.*
[282]   Vgl. BVerfG AfP 2008, 163, 167.

Zukunft nach der Rechtsprechung des Bundesverfassungsgerichts infolge der Rechtsprechung des BGH und des EGMR auch **Bildmaterial von Prominenten aus dem Urlaub, beim Spaziergang oder Einkaufen** der schützenswerten Privatsphäre zuzurechnen sein, bei dessen Veröffentlichung ohne besondere zusätzliche Umstände kein zeitgeschichtliches Ereignis mehr im Sinne von § 23 Abs. 1 Nr. 1 KUG vorliegt. Regelmäßig werden dann auch die berechtigten Interessen des Abgebildeten im Sinne von § 23 Abs. 2 KUG verletzt sein. Der räumliche Bereich der Privatsphäre wurde insofern durch die neueste dargelegte Rechtsprechung erweitert.

Inhaltlich ist die **Privatsphäre ein disponibles Gut.** Insofern kommt dem medialen **82** Vorverhalten des Abgebildeten eine nicht unerhebliche Relevanz zu. Derjenige, der **Exklusivverträge** über die Berichterstattung aus seiner Privatsphäre abschließt, etwa **Homestorys** macht, Bildrechte an seiner Hochzeit exklusiv verkauft etc. läuft Gefahr, den ihm grundsätzlich zustehenden Privatsphärenschutz zu verlieren.[283] Allerdings führt nicht jede Äußerung zum Privatleben zum Verlust des Privatsphärenschutzes. Vielmehr muss die Frage eines möglichen Verzichts auf Privatsphärenschutz im Einzelfall beurteilt werden. Allgemeine lapidare Sätze über private Gewohnheiten führen nicht dazu, dass Fotos aus dem privaten Alltagsleben zulässig sind. Vielmehr bedarf es einer **nachgewiesen initiativen Vermarktung der Privatheit,** die dann zu dem beschriebenen Rechtsverlust führt. Ein Politiker, der beispielsweise vielfach seine Familie zum Gegenstand seiner Wahlkampfwerbung macht und auch Berichte über das private Familienleben in den eigenen vier Wänden zulässt, kann schwerlich den ihm grundsätzlich zustehenden Intim- und Privatsphärenschutz geltend machen, wenn eine Berichterstattung hiernach über eine außereheliche Beziehung erfolgt.

Im Bildbereich ist die **Intimsphäre** in jeder Hinsicht tabu, so dass sich eine Bericht- **83** erstattung über diesen Bereich des Privatlebens in Bildform ohne Einwilligung grundsätzlich als unzulässig erweist. Dies gilt auch für Personen der Zeitgeschichte. In den Bereich fallen vor allen Dingen **bildliche Darstellungen von Krankheiten und Nacktaufnahmen.**[284] Auch Personen der Zeitgeschichte müssen die Verbreitung von Nacktaufnahmen nicht dulden, da dieses auch ihre berechtigten Interessen im Sinne von § 23 Abs. 2 KUG verletzt. Für die Unzulässigkeit ist es nicht erforderlich, dass die Person vollständig unbekleidet ist.[285]

Das Oberlandesgericht Frankfurt entschied in diesem Zusammenhang, dass Nacktaufnahmen einer bekannten Eiskunstläuferin, die mit ihrer Einwilligung zunächst in einem Herrenmagazin veröffentlicht wurden, erneut veröffentlicht werden dürfen im Zusammenhang mit einer Berichterstattung über diese Fotos.[286] Diese Entscheidung ist jedoch auf viel Widerstand gestoßen.[287] Richtigerweise ist zu berücksichtigen, dass es **dem Selbstbestimmungsrecht des Einzelnen obliegt,** wem er konkret die Veröffentlichung einer Nacktaufnahme gestattet. Erfahrungsgemäß ist es auch absolut **branchenüblich,** dass für derartige **exklusive Fotostrecken nicht unerhebliche Geldbeträge** bezahlt werden. Insofern stellt diese Entscheidung über eine Gestattung einer derartigen Fotostrecke unter gleichzeitigem Ausschluss der weiteren Verbreitung im Vertrag nichts anderes als die Ausübung des Selbstbestimmungsrechts über den vermögenswerten Teil des Persönlichkeitsrechts dar.[288] Insofern hat auch das Landgericht Berlin in einem vergleichbaren Fall, in dem es auch um die **Veröffentlichung von Nacktfotos** eines TV- Serienstars

---

[283] Vgl. *Schricker/Götting,* Urheberrecht, § 60/§ 23 KUG, Rn. 95; vgl. auch BGH GRUR 2005, 76/78 – „*Rivalen*".

[284] *Wanckel,* Foto- und Bildrecht, Rn. 233; *Schricker/Götting,* Urheberrecht, § 60/§ 23 KUG Rn. 100.

[285] Vgl. *Wanckel,* a.a.O., Rn. 233.

[286] OLG Frankfurt NJW 2000, 594, 595 – *Katarina Witt.*

[287] Vgl. *Wanckel,* a.a.O., Rn. 234; *Wenzel/v. Strobel-Albeg,* Wort- und Bildberichterstattung, Kap. 8 Rn. 59.

[288] Zu diesem Argument ebenso: *Wenzel/v. Strobel-Albeg,* a.a.O.

ging, entschieden, dass die erneute Verbreitung von Nacktfotos, die zunächst einem Magazin exklusiv gestattet waren, unzulässig ist. Aufgrund des Exklusivvertrages mit dem Verlag hätte die Betroffene gar keine Veranlassung gehabt, mit einer Veröffentlichung durch einen anderen Verlag zu rechnen. Der Veröffentlichung stehe daher jedenfalls ein berechtigtes Interesse im Sinne von § 23 Abs. 2 KUG entgegen.[289] Etwas anderes ist in den Fällen anzunehmen, in welchen Personen regelmäßig ihre Intimsphäre vermarktet haben und auch vielfach Nacktaufnahmen mit verschiedenen Medien zugelassen haben.

84   Neben dem Schutz vor Indiskretion als berechtigtes Interesse kommt als „berechtigtes Interesse" im Sinne von § 23 Abs. 2 KUG der **Wahrheitsschutz zum Tragen.** Hier soll zunächst erneut auf die Darstellung Wahrheitsschutz als eine der Schutzrichtungen des allgemeinen Persönlichkeitsrechts verwiesen werden. In bildrechtlicher Hinsicht ist der Wahrheitsschutz insbesondere bei Fotomontagen von Relevanz. Erweckt die **Fotomontage** den falschen Eindruck, dass sie ein wahres Geschehen abbildet, kommt hier der Wahrheitsschutz als berechtigtes Interesse im Sinne von § 23 KUG zum Tragen und verbietet die entsprechende Verbreitung eines derartigen Bildes. Auch **unwahre Bildunterschriften** können die Bildnisverbreitung insgesamt unzulässig machen. Auch die spätere **Bildbearbeitung,** die dazu führt, dass das Gezeigte nicht das wiedergibt, was tatsächlich fotografiert wurde, kann im Einzelfall zu einer Verletzung der berechtigten Interessen führen. Die Mittel der heutigen Bildbearbeitung ermöglichen es praktisch bei jedem Foto, den Inhalt der Aussage durch wenige technische Mittel zu verändern. Insofern stellt sich bereits die Frage, ob die heutige Fotografie noch für sich in Anspruch nehmen kann, ob sie überhaupt authentisch ist, also die Realität abbildet. Dies muss im Einzelfall entschieden werden.

So entschied das Bundesverfassungsgericht in der *Ron Sommer*-Entscheidung, dass eine versteckte Bildmanipulation auch in einer Karikatur von einer prominenten Person eine Persönlichkeitsrechtsverletzung darstellen kann.[290] In dem zugrundeliegenden Fall hatte eine Zeitschrift ein Foto des damaligen Telekom-Chefs für eine Fotomontage genutzt, bei welcher der Kopf des Managers auf dem Körper eines anderen Mannes montiert war, der auf einem bröckelnden magentafarbenen „T" saß. Der Karikaturist hatte hierbei den Kopf des Managers im Verhältnis zum übrigen Körper künstlich vergrößert, was jedoch für den Betrachter nicht erkennbar war. Das Bundesverfassungsgericht sah in dieser bildhaften Darstellung eine unrichtige Tatsachenbehauptung über das Aussehen des Abgebildeten, da dessen Proportionen falsch wiedergegeben wurden.

85   Schließlich kommt auch unter dem Gesichtspunkt der Verletzung berechtigter Interessen der **Schutz vor Schmähkritik** zum Tragen. Hier wird zunächst auf die eigenständige Darstellung des Schutzes vor Schmähkritik in § 21 verwiesen. Diese Schutzrichtung des allgemeinen Persönlichkeitsrechts ist zugleich ein bei der Bildnisverbreitung zu berücksichtigendes berechtigtes Interesse im Sinne von § 23 Abs. 2 KUG. Eine Bildverbreitung kann daher unter dem Gesichtspunkt der Verletzung berechtigter Interessen auch die Ehre und den Ruf des Betroffenen verletzen.

Bei der Bildnisnutzung muss es dabei zu einer **Herabsetzung, Anprangerung oder sonstigen Verächtlichmachung** kommen, mit der Folge, dass die bildliche Darstellung mit einer erheblichen negativen Tendenz verbunden ist.[291] In Betracht kommt, dass die Bildunterschrift oder der sonstige Kontext den Abgebildeten unnötig anprangert, bzw. das Bildnis selbst entstellend wirkt, insbesondere wenn Personen in Momenten psychischer oder physischer Beeinträchtigung abgebildet werden, etwa bei einer Beerdigung.[292]

---

[289] LG Berlin AfP 1999, 191, 192.

[290] BVerfG AfP 2005, 171.

[291] *Schricker/Götting,* Urheberrecht, § 60/§ 23 KUG, Rn. 106; *Damm/Rehbock,* Widerruf, Unterlassung und Schadenseratz, Rn. 289.

[292] LG Köln AfP 1991, 757; *Damm/Rehbock,* Widerruf, Unterlassung und Schadenseratz, Rn. 289; *Wenzel/v. Strobel-Albeg,* Wort- und Bildberichterstattung, Kap. 8, Rn. 88.

Gleiches gilt für stark betrunkene Personen oder in sonstiger hilfloser Lage, wie Unfallopfer, die abtransportiert werden, Patienten in Krankenhausbetten.[293]

Oftmals wird es bei Fällen der bildlichen Schmähung auf eine Interessenabwägung zwischen der Kunstfreiheit und den berechtigten Interessen des Abgebildeten ankommen.[294] So erachtete es das OLG Karlsruhe für zulässig, einen Rüstungsfabrikanten bei der Übergabe einer Feldhaubitze an den Bundesminister der Verteidigung zusammen mit dem Text: „Alle reden vom Frieden. Wir nicht. Zweckverband der Rüstungsindustrie." abzubilden. Ähnlich befand der BGH bei einem Plakat von Greenpeace, welches ein Portraitfoto des Vorstands der Hoechst AG mit Namensnennung abbildete verbunden mit dem Text: „Alle reden vom Klima, wir ruinieren es."[295]

D. § 24 KUG – Ausnahme im öffentlichen Interesse

Das Einwilligungserfordernis des Abgebildeten entfällt auch dann, wenn zum Zwecke **86** der Rechtspflege oder öffentlichen Sicherheit insbesondere im Rahmen von Fahndungen nach Vermissten oder Straftätern Fotografien des Gesuchten verbreitet werden. Diese Vorschrift findet ihre Parallelen in § 45 UrhG, der Vervielfältigungen von Werken zum Zwecke der Rechtspflege und öffentlichen Sicherheit gestattet. **Adressat der Norm** sind **ausschließlich Behörden.**[296] Daher muss die Fahndung mit einem Bildnis eines potentiellen Täters von den Strafverfolgungsbehörden initiativ eingeleitet werden. Eine originäre Verbreitung von Bildnissen möglicher Straftäter durch die Medien ist daher nach § 24 KUG nicht privilegiert. Vielmehr darf die Bildveröffentlichung in Medien erst auf die Veranlassung durch die Polizei hin erfolgen.

E. Rechtsfolgen der Verletzung des Rechts am eigenen Bild

Da die Ansprüche in späteren Kapiteln behandelt werden sollen, wird im Folgenden **87** nur in aller gebotenen Kürze auf die spezifischen Rechtsfolgen beim Recht am eigenen Bild eingegangen:

Die Rechtsfolgen im Falle der Verletzung des Rechts am eigenen Bild ergeben sich aus den §§ 33, 37, 38, 41–44, 48 und 50 KUG sowie insbesondere, was die zivilrechtlichen Ansprüche angeht, aus den §§ 823 Abs. 1, §§ 812 und 1004 BGB. Dem Abgebildeten steht entsprechend § 1004 BGB sowohl ein **Beseitigungsanspruch** als auch ein **Unterlassungsanspruch** zu, der kein Verschulden erfordert, sondern nur die objektiv rechtswidrige Verletzung und eine Wiederholungs- bzw. Erstbegehungsgefahr. Die Gefahr der Wiederholung ist regelmäßig durch die Verletzungshandlung indiziert.

Der **Anspruch auf Vernichtung** ergibt sich direkt aus § 37 KUG, wonach insbesondere die zur widerrechtlichen Vervielfältigung und Vorführung ausschließlich bestimmten Vorrichtungen vernichtet werden müssen.

Dem Betroffenen steht ferner ein Anspruch auf **Schadensersatz** zu, wobei bei der Berechnung des Schadens §§ 97 ff. UrhG analog heranzuziehen sind.[297] Es besteht insofern also ein Wahlrecht zwischen **Herausgabe** des durch die Verletzung erzielten Gewinns, der Geltendmachung des konkreten Schadens einschließlich entgangenen Gewinns oder

[293] *Wanckel,* Foto- und Bildrecht, Rn. 242.
[294] Siehe auch hierzu die Darstellung zum Ausnahmetatbestand des § 23 Abs. 1 Nr. 4 KUG (Bildnisse, die einem höheren Interesse der Kunst dienen), Rn. 66 ff.; vgl. *Wenzel/v. Strobel-Albeg,* Wort- und Bildberichterstattung, Kap. 8, Rn. 81, 82.
[295] BGH NJW 1994, 124 – Greenpeace.
[296] *Schricker/Götting,* Urheberrecht, § 60/§ 23 KUG, Rn. 5.
[297] *v. Gamm,* Urheberrechtsgesetz, Einf. Rn. 129.

die Beanspruchung eines Schadensersatzes in Höhe **einer angemessenen Lizenzgebühr.** Die letztere Variante dürfte die in der Praxis üblichste sein, insbesondere bei einer unerlaubten Nutzung von Bildern eines Prominenten zu Werbezwecken. Abhängig vom Werbewert können die entsprechenden Schadensersatzsummen nicht unerheblich sein und mitunter sechs- bis siebenstellige Beträge aufweisen.[298] Auch bei der unerlaubten Verbreitung von Nacktaufnahmen wurde teilweise der Abbildungswert der Bilder in Höhe einer fiktiven Lizenzgebühr zuerkannt.[299]

Die angemessene Lizenzgebühr kann auch im **Rahmen der Eingriffskondiktion** aus § 812 BGB durchgesetzt werden, für dessen Tatbestandsvoraussetzungen es nicht auf ein Verschulden des Verletzers ankommt. Das Gericht kann im Verletzungsprozess gem. § 287 ZPO die Höhe der angemessenen Lizenzgebühr nach eigener Überzeugung festlegen.[300]

Stellt die Bildveröffentlichung zugleich eine schwere Persönlichkeitsrechtsverletzung dar, was nach den Umständen des Einzelfalles zu ermitteln ist, kommt ein Anspruch auf **Schmerzensgeld** (immaterielle Geldentschädigung) aus § 823 Abs. 1, Abs. 2 BGB iVm §§ 22 und 23 Abs. 2 KUG iVm Art. 1 und 2 Abs. 1 GG in Betracht. Eine solche kommt insbesondere bei Eingriffen in die Privatsphäre oder in den Intimbereich durch Veröffentlichung von Nacktfotos oder auch durch einen grob ehrabschneidenden Begleittext in Betracht.[301]

Nach inzwischen herrschender Auffassung kann ein Schmerzensgeldanspruch (immaterielle Geldentschädigung) neben einem (materiellen) Schadensersatz etwa auf Lizenzgebühr geltend gemacht werden.[302]

Eine Verletzung des Rechts am eigenen Bild stellt zudem eine Straftat dar und kann auf Antrag des Betroffenen mit Geldstrafe oder Freiheitsstrafe bis zu einem Jahr geahndet werden (§§ 33 Abs. 1 und Abs. 2 KUG).

---

[298] *Schertz* AfP 2000, 495 ff.

[299] LG Berlin AfP 2005, 455; LG Hamburg AfP 1995, 526 – *Nena Bodypainting.*

[300] Vgl. *Schricker/Götting,* Urheberrecht, § 60/§ 33–50 KUG Rn. 23.

[301] Vgl. etwa BGH GRUR 1958, 408 – *Herrenreiter;* BGH GRUR 1962, 211, 214 – *Hochzeitsbild;* BGH GRUR 1962, 324 – *Doppelmörder;* BGH GRUR 1985, 389, 400 – *Nacktfoto.*

[302] Vgl. OLG München NJW-RR 1996, 539, 540; *Schricker/Götting,* Urheberrecht, § 60/§§ 33–50 KUG Rn. 12; *Prinz/Peters,* Medienrecht, Rn. 921; *Wenzel/von Strobel-Albeg,* Wort- und Bildberichterstattung, Kap. 14 Rn. 150.

§ 13. Das Namensrecht

Inhaltsübersicht

Schrifttum: *Boeckh,* Markenschutz an Namen und Bildnissen realer Personen, GRUR 2001, 29 ff.; *Bunnenberg,* Namensmerchandising, 2007; *Dünnwald,* Namensrecht und Massenmedien, UFITA 49 (1967/1), 129; *Eckhardt,* Zur Namensanmaßung im Rahmen einer Domainregistrierung, CR 2005, 364 ff.; *Fezer,* Markenrecht: Kommentar zum Markengesetz, zur Pariser Verbandsübereinkunft und zum Madrider Markenabkommen, Dokumentation des nationalen, europäischen und internationalen Kennzeichenrechts, 3., neubearbeitete Aufl. 2001; *Frommeyer,* Persönlichkeitsschutz nach dem Tode und Schadensersatz – BGHZ 143, 214 ff. („Marlene Dietrich") und BGH, NJW 2000, 2201 f. („Der blaue Engel"), JuS 2002, 13; *Gauß,* „Human Brands" – Markenschutz für Name, Bildnis, Signatur und Stimme einer Person, WRP 2005, 570 ff.; *Götting,* Persönlichkeitsrecht als Vermögensrechte, 1995; *ders.,* Die Vererblichkeit der vermögenswerten Bestandteile des Persönlichkeitsrechts – ein Meilenstein in der Rechtsprechung des BGH, NJW 2001, 585; *ders.,* Sanktionen bei Verletzung des postmortalen Persönlichkeitsrechts, GRUR 2004, 801; *Hackbarth,* „Branchenübergreifende Gleichnamigkeit" bei Domainstreitigkeiten vor dem Hintergrund der „mho.de"-Entscheidung des BGH, WRP 2006, 519 ff.; *Hefermehl,* Der namensrechtliche Schutz geschäftlicher Kennzeichen, in: FS Hueck, 1959, S. 519 ff.; *Hoffmann,* Mögliche Beschränkungen des Persönlichkeitsrechtes berühmter Namensträger bei Domainstreitigkeiten – Randbemerkungen zur Entscheidung „kurt-biedenkopf.-de", JurPc Web-Dok. 159/2001; *Ingerl/Rohnke,* Markengesetz: Gesetz über den Schutz von Marken und sonstigen Kennzeichen, 2. Aufl. 2003; *Jung,* Die Vererblichkeit des Allgemeinen Persönlichkeitsrechts, 2005; *Klippel,* Der zivilrechtliche Schutz des Namens: Eine historische und dogmatische Untersuchung, 1984; *Knaak,* Das Recht der Gleichnamigen: Eine rechtsvergleichende Untersuchung zu Inhalt und Grenzen eines kennzeichenrechtlichen Sondertatbestandes, 1979; *Köhler,* Wettbewerbsrecht: Gesetz gegen den unlauteren Wettbewerb, Preisangabenverordnung, 25., neu bearbeitete Aufl. 2007; *Krüger, Christof,* Persönlichkeitsschutz und Werbung, – Zugleich eine Besprechung der beiden BGH-Entscheidungen „White Christmas" und „Fussballtor" –, GRUR 1980, 628 ff.; *Lichtenstein,* Der Idealwert und der Geldwert des zivilrechtlichen Persönlichkeitsrechts vor und nach dem Tod, 2005, S. 362 ff.; *Magold,* Personenmerchandising: Der Schutz der Persona im Recht der USA und Deutschlands, 1994; *Münchener Kommentar,* Kommentar zum Bürgerlichen Gesetzbuch, *Rebmann/Säcker* (Hrsg.), Band I: Allgemeiner Teil, §§ 1–240, 5. Aufl. 2006; *Nordemann, Wilhelm,* Vorschlag für ein Urhebervertragsgesetz, GRUR 1991, 1 ff.; *Palandt,* Kommentar zum Bürgerlichen Gesetzbuch, 66., neubearbeitete Aufl. 2007; *Pietzko,* Die Werbung mit dem Doppelgänger eines Prominenten, AfP 1988, 209 ff.; *Preiss,* Die Werbung mit Persönlichkeiten und Figuren (Merchandising) nach schweizerischer Praxis, in FS Blum, 1978, S. 181 ff.; *Reber,* Die Schutzdauer des postmortalen Persönlichkeitsrechts in Deutschland und den USA (von Marlene Dietrich über Klaus Kinski zu Marilyn Monroe) – ein Irrweg des Bundesgerichtshofs, GRUR Int. 2007, 492; *Sack,* Die eigenmächtige Werbung mit fremden Namen als Delikt, WRP 1984, 521 ff.; *Schack,* Das Persönlichkeitsrecht der Urheber und der ausübenden Künstler nach dem Tode, GRUR 1985, 352 ff.; *Schertz,* Die wirtschaftliche Nutzung von Bildnissen und Namen Prominenter, AfP 2000, 495 ff.; *Schertz,* Merchandising: Rechtsgrundlagen und Rechtspraxis, 1997; *Schmidt, Karsten,* Handelsrecht, 5., völlig neu bearbeitete Aufl. 1999; *Seemann,*

Prominenz als Eigentum: parallele Rechtsentwicklungen einer Vermarktung der Persönlichkeit im amerikanischen, deutschen und schweizerischen Persönlichkeitsschutz, 1996; *Soergel,* Kommentar zum Bürgerlichen Gesetzbuch, Band I: Allgemeiner Teil §§ 1–103 BGB, 13. Aufl. 2000; *Staudinger/Schmidt-Bendun,* Marlene Dietrich und der (postmortale) Schutz vermögenswerter Persönlichkeitsrechte, Jura 2001, 241 ff.; *Szalata,* Der zivilrechtliche Schutz des Familiennamens im Rahmen von Werbemaßnahmen, 1991; *Ullmann,* Persönlichkeitsrechte in Lizenz?, AfP 1999, 209 ff.; *ders.,* Caroline v., Marlene D., Eheleute M. – ein fast geschlossener Kreis, WRP 2000, 1049 ff.; *von Gamm,* Wettbewerbsrecht, 1987; *Weber, Ralph,* Der Name als Rechtsinstitut und der bürgerlich-rechtliche Schutz seines Trägers gegen unbefugten Fremdgebrauch – eine systematische und rechtsgeschichtliche Untersuchung zu dem Gemengebereich des § 12 BGB und des Allgemeinen Persönlichkeitsrechts, 1995/1996; *Wenzel,* Das Recht der Wort- und Bildberichterstattung, Handbuch des Äußerungsrechts, 5. Aufl. 2003; *Wortmann,* Die Vererblichkeit vermögensrechtlicher Bestandteile des Persönlichkeitsrechts, 2005.

Weiterführende Literatur: *Aaker,* Dimensions of Brand Personality, Journal of Marketing Research, Vol. 34, August 1997, 347 ff.; *Biene,* Starkult, Individuum und Persönlichkeitsgüterrecht, Überlegungen zur interessengerechten rechtlichen Gestaltung der wirtschaftlichen Nutzung von Persönlichkeitsaspekten, 2004; *Böll,* Handbuch Licensing, 2001; *dies.,* Merchandising und Licensing: Grundlagen, Beispiele, Management, 1999; *Bolz,* Marken, Mythen, Medien, Die Funktion der Marke in der Wirtschaft des Unsichtbaren: Werte besetzen, Mythen entfalten, Ideen verwirklichen, FAZ vom 27. Juni 2000, Verlagsbeilage Nr. 146: Markenartikel, S. B1; *Bornkamm,* Markenrecht und wettbewerbsrechtlicher Kennzeichenschutz – Zur Vorrangthese der Rechtsprechung, GRUR 2005, 97 ff.; *Bücking,* Internet-Domains – Neue Wege und Grenzen des bürgerlich-rechtlichen Namensschutzes, NJW 1997, 1886 ff.; *Deutsch/Ellerbrock,* Titelschutz: Werktitel und Domainnamen, 2. Aufl. 2004; *Deutsch,* Der Schutz von Marken und Firmen außerhalb des Wettbewerbsbereichs, in: FS Gaedertz 1992, S. 199 ff.; *Fezer,* Kumulative Normenkonkurrenz im Kennzeichenrecht, WRP 2000, S. 863 ff.; *Fezer,* Was macht ein Zeichen zur Marke?, WRP 2000, 1 ff.; *Forkel,* Allgemeines Persönlichkeitsrecht und „wirtschaftliches Persönlichkeitsrecht", in: FS Neumayer 1985, S. 229 ff.; *ders.,* Lizenzen an Persönlichkeitsrechten durch gebundene Rechtsübertragung, GRUR 1988, 491 ff.; *ders.,* Zur Zulässigkeit beschränkter Übertragung des Namensrechts, NJW 1993, 3181 ff.; *Freitag,* Die Nachahmung bekannter Persönlichkeiten in der Werbung, GRUR 1994, 345 ff.; *Hieronimus,* Persönlichkeitsorientiertes Markenmanagement: Eine empirische Untersuchung zur Messung, Wahrnehmung und Wirkung der Markenpersönlichkeit, 2003; *Hölscher/Riesenbeck,* Markenpersönlichkeit: Warum passt Günther Jauch zu Krombacher?, McKinsey Akzente: consumer & service industries, Nr. 26, Dezember 2002, S. 2 ff.; *Kur,* Internet Domainnames, Brauchen wir strengere Zulassungsvorschriften für die Datenautobahn?, CR 1996, 325 ff.; *Lack,* Privatrechtlicher Namensschutz, 1991; *Reng,* Die Marke Beckham, Die Zeit Nr. 25, Zeitfußball, Sonderheft zur EM 2004, Juni 2004, S. 12 ff.; *Schertz,* Der Merchandisingvertrag, ZUM 2003, 631 ff.; *Schwenzer, Ingeborg,* Namensrecht im Überblick, FamRZ 1991, 390 ff.; *Weidert/Lührig,* Was hat Vossius, was Shell nicht hat und umgekehrt?, WRP 2002, 880 ff.

A. Einleitung

1   Nach § 12 S. 1 BGB kann derjenige, dessen Recht zum Gebrauch eines Namens von einem anderen bestritten wird oder dessen Interessen dadurch verletzt werden, dass ein anderer unbefugt den gleichen Namen gebraucht, Beseitigung und bei Wiederholungsgefahr nach S. 2 auch Unterlassung verlangen. Das Namensrecht nach § 12 BGB schützt damit den Namensträger vor Namensleugnung und Namensanmaßung.

2   Der Schutzbereich des Namensrechts wird durch das Markenrecht überlagert. Vor allem der Schutz berühmter Marken gegen Verwässerung und Rufausbeutung, der durch das Namensrecht ursprünglich gewährt wurde, wird heute durch das Markenrecht miterfasst.[1] Damit ist die Vorrangthese der Rechtsprechung, wonach das Markenrecht dem Namensrecht vorgeht, zum Tragen gekommen.

---

[1] Vgl. *Bunnenberg*, Namensmerchandising, Kapitel II § 3 D; § 4 B 5.

Im Zusammenhang mit der Kommerzialisierung des Namens ist vor allem der Ver- **3** letzungstatbestand der Namensanmaßung von Relevanz. Derjenige, der einen Namen kommerzialisiert, leugnet nicht das Namensrecht eines anderen, sondern gebraucht ihn. Von entscheidender Bedeutung ist in diesem Zusammenhang, inwieweit ein tatsächliches Gebrauchen des Namens in der Werbung und auf Produkten ein „Gebrauchen" im Sinne von § 12 BGB darstellt. Zunächst wird jedoch kurz dargestellt, wer Träger des Namensrechts ist bzw. welches seine Schutzobjekte sind.

B. Der schutzfähige Name

Das Namensrecht schützt den Namen in seiner Funktion als Identitätsbezeichnung ge- **4** gen Namensleugnung und Namensanmaßung.[2] Schutzobjekt ist der Name und jedes Zeichen, das wie ein Name wirkt.

Namen sind grundsätzlich nur **wörtliche Bezeichnungen**.[3] Bildzeichen oder unaus- **5** sprechbare Buchstabenkombinationen sind keine Namen.[4] Das Namensrecht schützt zunächst den bürgerlichen Vor- und Familiennamen sowie den Künstlernamen (Pseudonyme) natürlicher Personen.[5] **Vornamen** haben im Allgemeinen keine Namensfunktion, da sie ebenso wie Allerweltsnamen auf keine bestimmte Person hinweisen.

Zeichen sind nur dann als Namen erfasst, wenn ihnen **Namensfunktion** zukommt.[6] **6** Namensfunktion hat ein Zeichen, wenn es eine Person und/oder ein Unternehmen kennzeichnet. Die Namensfunktion kann sich aus der Verkehrsgeltung oder aus der Unterscheidungskraft ergeben.[7] Namensfunktion durch **Unterscheidungskraft** liegt dann vor, wenn eine Bezeichnung geeignet ist, Personen und / oder Unternehmen im Verkehr individualisierend zu unterscheiden.[8] Dies bedeutet, dass der Verkehr in der Bezeichnung einen eindeutigen Hinweis auf den Träger des Namens erhält.[9] Besonders originelle, einprägsame und eigenartige Bezeichnungen haben Unterscheidungskraft.[10] Sie kann aber auch durch Verfremdung üblicher Worte, durch unübliche Verwendung oder durch Kombination mit anderen Wörtern erlangt werden.[11] Weit verbreitete Namen wie Müller, Meier, Schulz etc. genießen damit keinen Namenschutz, es sei denn, sie weisen in Verbindung mit dem Vornamen oder kraft Verkehrsgeltung auf einen bestimmten Namensträger hin. Gleichfalls kann eine Bezeichnung ihre Unterscheidungskraft verlieren, indem sie im Laufe der Zeit in den allgemeinen Sprachgebrauch übergeht.[12]

Fehlt dem Zeichen Unterscheidungskraft, kann es durch **Verkehrsgeltung** Namens- **7** funktion erlangen.[13] Dafür ist es erforderlich, dass ein nicht unerheblicher Teil des Verkehrs das Zeichen als einen Hinweis auf eine bestimmte Person und / oder ein Unternehmen ansieht.[14] Dieser wird bei prominenten Personen mit Allerweltsnachnamen wie dem

---

[2] Vgl. BGH GRUR 1996, 423, 424 – *J.C. Winter*; BGH GRUR 1960, 550, 553 – *Promota*; Protokolle 2. Lesung Band I, S. 45; *Mugdan* Band I, S. 593, 824 f., 981 f.; *Bunnenberg*, Namensmerchandising, Kapitel III § 3.

[3] *Schertz*, Merchandising, Zweiter Teil, H., II., 2. a.

[4] *Schertz*, Merchandising, Zweiter Teil, H., II., 2. a.

[5] *v. Gamm*, Wettbewerbsrecht, Kap. 53 Rn. 1.

[6] Vgl. *Bunnenberg*, Namensmerchandising, Kapitel III § 3 E.

[7] Vgl. *Fezer*, § 15 Rn. 40 ff; *Bunnenberg*, Namensmerchandising, Kapitel III § 4 A.

[8] BGH GRUR 1960, 434, 435 – *Volks-Feuerbestattung*.

[9] *Soergel/Heinrich*, § 12 BGB Rn. 145.

[10] Vgl. zur Entscheidungspraxis: *Fezer*, § 15 Rn. 41 f.

[11] Vgl. dazu mit zahlreichen Beispielen: *Soergel/Heinrich*, § 12 BGB Rn. 145.

[12] BGH GRUR 1955, 95, 96; vgl. weiter *Fezer*, § 15 Rn. 44 ff.

[13] BGH GRUR 1959, 25, 26 – *Triumph; Bunnenberg*, Namensmerchandising, Kapitel III § 4 A.

[14] BGHZ 43, 245, 252 f.; 15, 107, 109 f. – *Koma*; BGH GRUR 1959, 25, 26 f. – *Triumph*; 1955, 81, 483 – *Hamburger Kinderstube*; 1958, 339, 341 – *Technika*.

Showmoderator *Harald Schmidt,* dem Tennisspieler *Boris Becker* oder dem Politiker *Joschka Fischer* in den allermeisten Fällen vorliegen.[15]

8   Ausnahmsweise kann Namensschutz auch für **Vornamen** bestehen, wenn schon sein alleiniger Gebrauch beim Publikum **Erinnerungen an einen bestimmten Träger** des Namens weckt und daher geeignet ist, Verwechslungen mit diesem hervorzurufen.[16] So befand das OLG München im Jahre 1959, dass allein die Nennung des Namens *Romy* im Zusammenhang mit einem Film bei dem größten Teil des Filmpublikums die Erinnerung an die damalige Klägerin *Romy Schneider* wachrufe.[17] Ferner sah der BGH den in Alleinstellung „gebrauchten" Vornamen *Uwe* als für *Uwe Seeler* nach § 12 BGB geschützten Namen an, nachdem im Rahmen einer Meinungsumfrage 61% der Befragten geantwortet hatten, dass, wenn sie den Namen *Uwe* hören oder lesen würden, sie an den bekannten Fußballspieler denken würden.[18] In der Verwendung des Werbemotivs mit der Überschrift „War das Ernst? Oder August?" erblickte das OLG Hamburg eine für eine Vielzahl der Adressaten des Werbemotivs erkennbare Anspielung auf Ernst August von Hannover, was der BGH bestätigte, denn über den Prinzen wurde damals zahlreich in der Presse berichtet.[19] Das Schweizerische Bundesgericht versagte demgegenüber im Jahre 1966 der unter dem Künstlernamen *Sheila* bekannten französischen Schlagersängerin *Antue Chancel* von vornherein namensrechtlichen Schutz gegen ein Unternehmen, welches die Bezeichnung *Sheila* für Parfüms benutzen wollte.[20] Als Begründung führte das Gericht an, dass der Vorname *Sheila* im angelsächsischen Sprachgebiet derart allgemein verbreitet sei, dass er die Künstlerin nicht hinreichend individualisiere. Vor dem Hintergrund der damaligen hohen Popularität der Sängerin vermag diese Entscheidung nicht zu überzeugen.[21] Man denke nur an den vergleichbaren Fall, dass heute ein Kosmetikhersteller ein Parfüm mit der Bezeichnung *Madonna* auf den Markt brächte. Obwohl es sich bei diesem Namen ursprünglich um die Bezeichnung der Mutter Jesu handelt, besteht kein Zweifel, dass ein überragender Teil des Verkehrs ihn mit der bekannten Popsängerin verbindet und insoweit dieser Name für sie nach § 12 BGB geschützt ist. In einem derartigen Fall wird die Namensübereinstimmung keine zufällige sein, vielmehr der Werbende die Popularität der Person bewusst für sich zu Nutzen machen wollen.[22]

9   § 12 BGB gilt entsprechend für **Personenvereinigungen** mit oder ohne Rechtsfähigkeit.[23] Hierzu zählen auch juristische Personen des öffentlichen Rechts, wie Gebietskörperschaften (Stadtnamen), Rundfunk-Anstalten und Universitäten oder Organisationen wie *Greenpeace, UNICEF* oder *World Wildlife Fund*.[24] Mitgeschützt sind trotz ihrer Bildzeicheneigenschaft aufgrund ihrer Namensfunktion ausnahmsweise Wappen und Vereinssymbole.[25] In diesem engen Rahmen kommt auch ein Namensschutz nach § 12 BGB von anderen als Personennamen sowie von Bildzeichen in Betracht.

---

[15] Ebenso *v. Gamm,* Wettbewerbsrecht, Kap. 53 Rn. 1.

[16] Vgl. BGH NJW 1983, 1184, 1185 – *UWE;* OLG München GRUR 1960, 394 – *Romy; Schertz,* Merchandising, Zweiter Teil, H., II., 2.

[17] OLG München GRUR 1960, 394 – *Romy.*

[18] BGH NJW 1983, 1184, 1185 – *UWE;* Den Vertrieb von Damen- und Herrenhosen unter der Bezeichnung *Uwe* durch einen Dritten wertete der Senat jedoch im Ergebnis nicht als ein „Gebrauchen" i.S.v. § 12 BGB, da der Verkehr bei dieser konkreten Benutzungshandlung die Namensverwendung nicht als einen Hinweis auf den bekannten Namensträger ansehe.

[19] OLG Hamburg ZUM 2007, 660 ff. – *Ernst August,* BGH Urteil vom 5. 6. 2008 – I ZR 96/07.

[20] BGE 92 II, 305 – *Sheila.*

[21] So auch *Preiss,* S. 199; a.A. *Krüger* GRUR 1980, 628, 633.

[22] A. A. *Krüger* GRUR 1980, 628, 633; der einen solchen Namensschutz als zu umfassend erachtet und derartige Namensübereinstimmungen entgegen der tatsächlichen Marktsituation offenbar für zufällig hält.

[23] *Schertz,* Merchandising, Zweiter Teil, H., II., 2. a; *v. Gamm,* Wettbewerbsrecht, Kap. 53 Rn. 3 ff.

[24] BGH GRUR 1964, 38 – *Dortmund grüßt.*

[25] BGHZ 119, 237 – *Universitätsemblem;* OLG Karlsruhe GRUR 1986, 479, 480 – *Universitätssiegel.*

Da sich im Bereich des geschäftlichen Verkehrs der Tatbestand des § 12 BGB mit dem   10
des unbefugten Namensgebrauchs nach §§ 5, 15 **MarkenG** deckt, bedarf es an dieser
Stelle keiner weiteren Vertiefung.

Festzuhalten bleibt somit, dass durch das Namensrecht heute grundsätzlich jedes Zei-   11
chen mit Namensfunktion geschützt werden kann.[26] Ergänzend ist zu sagen, dass sich
nicht nur natürliche Personen auf das Namensrecht berufen können, sondern auch juristische Personen, nicht rechtsfähige Vereine und Personenvereinigungen.[27] Damit erweitert das Namensrecht den Zeichenschutz.

C. Verletzungstatbestand der Namensanmaßung

Die Namensanmaßung ist gegenüber der Namensbestreitung im wirtschaftlichen Be-   12
reich von größerer Bedeutung.[28] Der Schutz vor Namensanmaßung nach § 12 S. 1 BGB
setzt voraus, dass jemand den gleichen Namen eines anderen unbefugt gebraucht und dadurch ein schutzwürdiges Interesse eines anderen verletzt.

I. Namensgebrauch

Nicht jede Verwendung eines fremden Namens stellt nach der Rechtsprechung einen   13
Gebrauch des Namens im Sinne von § 12 S. 1 BGB dar. Von einem Namensgebrauch ist
vielmehr nur dann auszugehen, wenn ein beachtlicher Teil des Verkehrs dabei auf irgendeine persönliche Beziehung des Namensträgers zu dem mit seinem Namen bezeichneten
Subjekt schließen kann.[29] Die Rechtsprechung geht insofern von der Notwendigkeit einer **Zuordnungsverwirrung** bzw. Identitätsverwirrung aus.[30] Sie greift zur Definition
der Zuordnungs- und Identitätsverwirrung auf das Markenrecht zurück.[31] Eine **Zuordnungsverwirrung** liegt vor, wenn nicht ganz unbeachtliche Verkehrskreise Beziehungen
zwischen den beiden Namensträgern annehmen könnten (Verwechslungsgefahr im weiteren Sinne[32]). Eine Identitätsverwirrung liegt vor, wenn bei den beteiligten Verkehrs-
kreisen ein Irrtum über die Identität der Person oder des Unternehmens hervorgerufen
wird (Verwechslungsgefahr im engeren Sinne[33]). Für einen Namensgebrauch ist bereits
das Vorliegen einer Zuordnungsverwirrung ausreichend. Darüber hinaus gilt, je stärker
die Unterscheidungskraft ist, umso weiter ist der Zuordnungsbereich.[34] Der Schutz vor
Zuordnungsverwirrung ist daher umso stärker, je mehr sich der Name im Verkehr durch-

---

[26] Vgl. zur Vorrangthese des Markenrechts: *Bunnenberg*, Namensmerchandising, Kapitel II, § 5
und Kapitel IV; im Übrigen: Kapitel III § 4 A.

[27] Vgl. *Ingerl/Rohnke* MarkenG, nach § 15 Rn. 10 m.w.B.

[28] *Fezer*, § 15 Rn. 53; *Schmidt, K.* Handelsrecht, S. 192.

[29] *Fezer*, § 15 Rn. 56; *Bunnenberg*, Namensmerchandising, Kapitel III § 4 B 2 a.

[30] Allgemein: BGH GRUR 2002, 917, 919 – *Düsseldorfer Stadtwappen*; 2002, 622, 624 – *shell.de*;
1996, 422, 423 – *J.C. Winter*; BGHZ 119, 237, 245 – *Universitätsemblem*; BGH GRUR 1983, 262 –
Uwe; OLG München ZUM-RD 1998, 128 – *Brice*; BGHZ 91, 117, 120 – *Mordoro*; 81, 75, 78 – *Carrera/
Rennsportgemeinschaft*; 30, 7, 10 – *Caterina Valente*; *Klippel* stellt sich gegen die Begrifflichkeiten Zuordnungsverwirrung oder Identitätstäuschung und hebt allein entscheidend auf eine Verwirrung hinsichtlich der familiären Zuordnungsfunktion ab. „Weniger die „Zuordnung" des unberechtigt den
Namen Führenden zum klagenden Familienmitglied als die im Namen ausgedrückte Familienzuge-
hörigkeit wird überprüft." *Klippel*, Namensschutz, S. 416.

[31] *Bunnenberg*, Namensmerchandising, Kapitel III § 4 B 2 a; *Schmidt, K.* Handelsrecht, S. 192; *Hefermehl* in: FS Hueck, S. 519, 533; kritisch: *Weber*, Name, § 25 III 2 a.

[32] BGHZ 15, 107, 110 vgl. im Übrigen Fn. 2.

[33] BGH GRUR 1957, 426 – *Getränke Industrie*; RGZ 108, 272, 274 – *Merx*, vgl. im Übrigen
Fn. 2.

[34] *Fezer*, § 15 Rn. 72.

gesetzt hat.[35] Die Zuordnungsverwirrung bestimmt sich nach dem Einzelfall, nach der Auffassung des Verkehrs und ist insofern dem Wandel der Zeit unterworfen.[36]

14   Für die Annahme einer Zuordnungsverwirrung ist erforderlich, dass der Name so benutzt wird, dass der Namensträger dadurch in Beziehung zu etwas gesetzt wird, wozu tatsächlich keine Beziehung besteht.[37] Beispielsweise liegt eine Zuordnungsverwirrung vor, wenn sich jemand selbst mit dem Namen eines anderen bezeichnet oder wenn der Verkehr annimmt, dass der Namensträger dem Benutzer ein **Recht zu einer entsprechenden Verwendung** des Namens erteilt hat.[38] Schon die Registrierung einer Internetdomain kann so zu einer Zuordnungsverwirrung führen.[39]

15   Namensassoziationen, die durch die Verwendung anderer charakteristischer Merkmale des Namensträgers hervorgerufen werden, sind nicht durch das Namensrecht geschützt.[40] Solche charakteristischen Merkmale sind beispielsweise bestimmte Sprechweisen oder Sprach- bzw. Rechtschreibfehler: „Da werden Sie geholfen!" oder die Körperhaltung von David Beckham beim Freistoß. Doppelgänger wecken eine Namensassoziation ohne das Namensrecht zu verletzen, es sei denn, sie bezeichnen sich mit dem Namen des Vorbilds.

16   Der Gebrauch des gleichen Namens erfordert nicht den **Gebrauch des identischen Namens.** Auch dann wird der gleiche Name gebraucht, wenn nur einzelne Namensteile, insofern es sich um wesentliche Bestandteile handelt, genutzt werden.[41] Dadurch wird der Schutzumfang des § 12 BGB erheblich erweitert, gleichzeitig das Ziel der Verhinderung der Zuordnungsverwirrung effektiv verfolgt. Denn § 12 BGB würde dieses Ziel verfehlen, wenn es möglich wäre, allein durch das Weglassen einzelner Buchstaben sich den Ansprüchen aus § 12 BGB zu entziehen.

17   Gleichwohl ist nicht jede Namennutzung ein Namensgebrauch. Die Rechtsprechung differenziert insoweit nach der Art der Nutzung. Der BGH befand in der *Caterina Valente-* **Entscheidung,** bei der es um die **bloße Erwähnung des Namens der Künstlerin in einer Werbeanzeige** für Zahnersatzreiniger ging („Wenn ich auch nicht so berühmt wurde wie meine große Kollegin *Caterina Valente,* so war doch die Bühne meine Welt. ...") zur Frage des Vorliegens eines Namensgebrauchs: „Es geht jedoch zu weit, den eigenmächtigen namentlichen Hinweis auf eine andere Person, wenn er im Zusammenhang mit einer Werbung erfolgt, ausnahmslos als einen Namensmissbrauch zu bezeichnen. Schließt die Art des Hinweises aus, dass die angepriesenen Leistungen und Waren dem Genannten irgendwie zuzurechnen seien oder unter seinem Namen in Erscheinung treten sollen, so kann eine solche Erwähnung seiner Person zwar aus anderen Gründen eine Rechtsverletzung sein; sie ist aber kein unbefugter Gebrauch des Namens, da sich der Werbende in einem solchen Fall den durch den Namen repräsentierten Eigenwert der Person des anderen weder für sich noch für seine Erzeugnisse oder Leistungen oder für einen Dritten aneignet."[42]

---

[35] *Fezer,* § 15 Rn. 72.

[36] Vgl. dazu *Fezer,* § 15 Rn. 74.

[37] BGHZ 30, 7, 10 – *Caterina Valente;* BGH GRUR 1964, 38, 40 – *Dortmund grüßt.*

[38] RGZ 74, 308, 310 f. – *Graf Zeppelin;* BGH GRUR 1983, 262, 264 – *Uwe;* BGHZ 119, 237, 245 – *Universitätsemblem; Ingerl/Rohnke* MarkenG, nach § 15 Rn. 15 m.w.N.; *Schertz* AfP 2000, 495, 504; *Bunnenberg,* Namensmerchandising, Kapitel III § 4 B 2 a; zur Abgrenzung von einer bloßen Namensnennung vgl.: *Ingerl/Rohnke* MarkenG, nach § 15 Rn. 17 m.w.N.

[39] BGH GRUR 2007, 811 – *grundke.de;* BGH GRUR 2002, 622, 624 – *shell.de;* BGH NJW 2005, 1196 – *mho.de;* LG Köln CR 2005, 133 f.; LG Hannover MMR 2005, 550 – *schmidt.de; Bunnenberg,* Namensmerchandising, Kapitel III § 4 B 2 a.

[40] Hier könnte aber eine Verletzung des allgemeinen Persönlichkeitsrechts in Betracht kommen. Vgl. BGH GRUR 1994, 732, 735 – *McLaren; Bunnenberg,* Namensmerchandising, Kapitel III § 4 B 2 a.

[41] BGHZ 8, 318, 320 – *Pazifist;* BGH GRUR 1971, 517, 518 – *SWOPS; Bunnenberg,* Namensmerchandising, Kapitel III § 4 B 2 a.

[42] BGHZ 30, 7, 9 – *Caterina Valente.*

Teilweise wird aus diesen Ausführungen der Schluss gezogen, dass die **Verwendung** 18
fremder Namen in der Werbung oder im Zusammenhang mit Waren grundsätzlich
nicht unter § 12 BGB falle.[43] Diese Auffassung ist abzulehnen. Den Ausführungen des
BGH ist lediglich zu entnehmen, dass er **allein die Fälle bloßer Namenserwähnung
in der Werbung,** ohne dass der Verkehr dem Namensträger dies irgendwie zurechnet, aus
dem Anwendungsbereich des § 12 BGB ausschließen wollte. Demgegenüber hat der
BGH an anderer Stelle bereits mehrmals festgestellt, dass er eine Namensverwendung, bei
der beim Publikum der Eindruck entsteht, der Namensträger habe dem Benutzer ein
Recht zu entsprechender Verwendung des Namens im Zusammenhang mit Waren oder
in der Werbung erteilt, wegen der hierdurch bewirkten Zuordnungsverwirrung als Namensgebrauch i.S.v. § 12 BGB ansieht.[44] Im Fall *Caterina Valente* war es in der Tat so, dass
die oben zitierte bloße Nennung der Künstlerin durch eine andere Person im Werbetext
nicht geeignet war, eine Zuordnungsverwirrung im Sinne einer beim Publikum vermuteten Erlaubnis auszulösen. Anders wäre der Fall jedoch zu beurteilen gewesen, wenn in
der Anzeige behauptet worden wäre, dass *Caterina Valente* die angepriesene Ware benutze
bzw. wenn eine Doppelgängerin als *Caterina Valente* aufgetreten oder das Produkt nach ihr
benannt worden wäre. Hier wäre der Verkehr von einer Gestattung ausgegangen, mithin
§ 12 BGB zur Anwendung gekommen.

Ein Namensgebrauch kann insoweit etwa in der Verwendung des Namens als Marke,[45] 19
zur Bezeichnung von Waren,[46] als Zeitschriftentitel,[47] Filmtitel[48] sowie als Aufschrift auf
einem T-Shirt liegen.[49]

Ein Namensgebrauch liegt dann nicht vor, wenn die Benutzung des Namens nicht zu 20
einer Zuordnungsverwirrung führt. Beispielsweise urteilte der BGH so auch in der
„**Rolex-Uhr mit Diamanten**"-**Entscheidung**, dass eine „Privatperson, die sich mit
veränderter Markenware kleidet, […] weder die Marke noch den berühmten Namen des
Markeninhabers in rechtlich relevanter Weise [verletzt]",[50] weil der Name in diesem Fall
derart mit einem Produkt verbunden wurde, so dass anzunehmen war, dass er dies nicht
tat, „um sich namensmäßig zu bezeichnen oder um auf einen eigenen Geschäftsbetrieb
unter diesem Namen hinzuweisen".[51]

Eine Sonderfrage ist, wann die **Verwendung von Vornamen** – vorausgesetzt sie sind 21
für eine bestimmte Person nach oben genannten Kriterien grundsätzlich geschützt- ein
„**Gebrauchen**" **i.S.v. § 12 BGB** darstellt. Das OLG München hat zu der Frage der
Zuordnungsverwirrung bei Verwendung des Vornamens *Romy* in einem Filmtitel festgestellt, dass der überwiegende Teil des Publikums den Schluss ziehe, dass irgendwelche
Beziehungen zwischen dem Film und der Schauspielerin *Romy Schneider* bestünden.[52]
Hierzu wurde in der Literatur angemerkt, dass ein solcher Schutz des Vornamens nur für
den Bereich gelten könne, in dem *Romy Schneider* einen hohen Bekanntheitsgrad habe, so
dass etwa eine Klage der Schauspielerin gegen einen Schuhfabrikanten, der seine Schuhe
mit dem Kennzeichen *Romy* versehen hätte, abzuweisen gewesen wäre.[53] Ähnlich entschied der BGH, als er den „Gebrauch" des Vornamens von *Uwe Seeler* in Zweifel zog, weil

---

[43] *v. Gamm*, Wettbewerbsrecht, Kap. 24, Rn. 11; *Wenzel*, S. 555 ff.; *Schertz*, Merchandising, Zweiter
Teil, H., II., 2. b.
[44] BGH GRUR 1964, 38, 40 – *Dortmund grüßt*; BGHZ 119, 237, 246 – *Universitätsemblem*; BGH
GRUR 1994, 732, 735 – *McLaren*; auch *Krüger* GRUR 1980, 628, 633.
[45] RGZ 74, 308, 310 – *Graf Zeppelin*.
[46] BGHZ 30, 7, 9 – *Caterina Valente;* RG GRUR 1925, 222.
[47] RG JW 1927, 1585.
[48] OLG München GRUR 1960, 394 – *Romy*.
[49] BGHZ 119, 237, 245 f. – *Universitätsemblem*.
[50] BGH GRUR 1998, 696 ff. – *Rolex-Uhr mit Diamanten*.
[51] BGH GRUR 1998, 696, 697 – *Rolex-Uhr mit Diamanten*.
[52] OLG München GRUR 1960, 394 – *Romy*; *Schertz*, Merchandising, Zweiter Teil, H., II., 2. b.
[53] *Krüger* GRUR 1980, 628, 633.

die Bekanntheit des Fußballspielers auf dessen sportlicher Tätigkeit beruhe, während der Anspruchsgegner den Vornamen *Uwe* beim Vertrieb von modischer Konfektion wie Jacken und Hosen, nicht speziell im Gebiet der Sportkleidung, verwende.[54] Der Verkehr verstehe die Verwendung des Vornamens in diesem Fall nur als zufällige Übereinstimmung und vermute nicht irgendwelche Beziehungen.

22   Die Beschränkung des Schutzes von Vornamen, die beim Verkehr **Erinnerungen an eine bestimmte Person** wachrufen und insoweit grundsätzlich für diese geschützt sind, auf die jeweilige „Branche" bzw. das ureigene Betätigungsfeld dieser Person, wie im Fall *Romy* auf den Filmbereich und im Fall *Uwe* auf den Sportbereich, erscheint aufgrund der Bekanntheit von Merchandisingmaßnahmen, also beispielsweise Lizenzen für branchenfremde Produkte oder Dienstleistungen, nicht mehr sachgerecht. So würde heute der Verkehr die Verwendung des Vornamens *Boris* für andere als Sportbekleidung entgegen den Ausführungen des BGH in der *Uwe-Entscheidung* nicht unbedingt mehr für eine reine Zufälligkeit halten, sondern möglicherweise von einer Gestattung durch *Boris Becker* ausgehen. Entsprechend hat sich die Opel AG die Verwendung des Vornamens *Steffi* als Bezeichnung für ein Sondermodell des Opel Corsa von *Steffi Graf* ausdrücklich gegen Entgelt gestatten lassen.[55]

II. Unbefugtheit

23   Eine weitere Voraussetzung für den Namensschutz ist die Unbefugtheit des Gebrauchs des Namens.[56] Der Gebrauch ist dann unbefugt, wenn ein eigenes Benutzungsrecht nicht gegeben ist oder wenn sich die Unrechtmäßigkeit aus den gesetzlichen Vorschriften ergibt.[57]

24   Unbefugt i.S.v. § 12 S.1 BGB kommt die gleiche Bedeutung zu wie der Rechtswidrigkeit i.S.d. § 823 BGB.[58] Sind die übrigen Tatbestandsmerkmale des § 12 S.1 BGB erfüllt, ist das Namensrecht verletzt, es sei denn, dem Verletzer steht ein **Rechtfertigungsgrund** zur Verfügung.[59] Als Rechtfertigungsgrund kommt zunächst eine Gestattung in Betracht. Hier verpflichtet sich der Namensträger zumeist in einem sog. Gestattungsvertrag, auf Unterlassungsansprüche zu verzichten.[60] Die Gestattung kann jedoch auch konkludent erfolgen.

25   Für die Frage, wann der Gebrauch des Namens ohne Gestattung des Namensträgers gerechtfertigt und insoweit nicht unbefugt ist, werden ferner die in § 23 Abs. 1 Nr. 1 KUG zum Recht am eigenen Bild geregelten sowie hierzu von der Rechtsprechung entwickelten Grundsätze herangezogen.[61] Insoweit kann bei Personen der Zeitgeschichte der **Gebrauch des Namens zum überwiegenden Zwecke der Information der Öffentlichkeit** befugt sein. Allerdings dienen viele Fälle nicht Informationsinteressen der Allgemeinheit, sondern allein kommerziellen Interessen. Dies hat zur Folge, dass der Gebrauch des Namens in der Werbung, für andere Produkte als Marke sowie als wertbestimmender Faktor der Ware (z.B. Name eines Popstars auf Aufklebern, Buttons oder Gebrauchsgegenständen ohne eigene Charakteristik) im Regelfall nicht durch § 23 Abs. 1

---

54   BGH NJW 1983, 1184, 1185 – *UWE*.

55   *Ah-yue Lou*, Markenartikel 1991, S. 404, 405; *Schertz*, Merchandising, Zweiter Teil, H., II., 2. b.

56   Vgl. speziell zum Fokus der Unbefugtheit: *Schertz* AfP 2000, 495 ff; *Bunnenberg*, Namensmerchandising, Kapitel III § 4 B 2 c.

57   Z.B. §§ 3, 5 UWG, 823 I, 826 BGB Vgl.: BGH GRUR 1996, 422, 423 – *J.C. Winter*; 1960, 550, 552 – *Promota*.

58   *Palandt/Heinrichs*, § 12 Rn. 25; *Schertz*, Merchandising, Zweiter Teil, H., II., 2. b.

59   *Palandt/Heinrichs*, § 12 Rn. 25.

60   *Palandt/Heinrichs*, § 12 Rn. 17

61   Vgl. BGHZ 30, 7, 13 – *Caterina Valente*; *Dünnwald*, UFITA 49 (1967/1), 129, 142 f.; *v. Gamm*, Wettbewerbsrecht, Kap. 24 Rn. 17; *Schertz*, Merchandising, Zweiter Teil, H., II., 2. b.

Nr. 1 KUG analog gedeckt ist. Eine Ausnahme bildet der Namensgebrauch auf dem Umschlag eines Buches, wenn ein sachlicher Bezug zum Inhalt besteht (Biographie).

III. Interessenverletzung

Die Verletzung des Namensrechts schickt schließlich eine Interessenverletzung voraus. **26** Eine Interessenverletzung i.S.v. § 12 S. 1 BGB liegt nach allgemeiner Ansicht grundsätzlich immer dann vor, wenn eine Zuordnungsverwirrung besteht.[62]

Für den Schutz durch § 12 BGB genügt **jedes anzuerkennende schutzwürdige Interesse**. Die schutzwürdigen Interessen sind dabei grundsätzlich weit zu verstehen.[63] Wird ein Name gebraucht, kann ein familiäres, ein ideelles, selbst ein Affektionsinteresse genügen.[64] Keiner muss sich den Gebrauch seines Namens in einer Produktbezeichnung gefallen lassen.[65] Zwar haben Tote kein Namensrecht mehr, aber dennoch können nahe Angehörige durch den missbräuchlichen Gebrauch des Namens des Toten in ihren Interessen verletzt sein.[66]

Das Interesse muss allerdings **schutzwürdig** sein. Ob es das ist, beurteilt sich nach dem **27** Ergebnis der Abwägung der widerstreitenden Interessen. Ein Interesse ist dann schutzwürdig, wenn es den **Vorrang vor den gegenläufigen Interessen** hat.[67] Der Namensinhaber kann beispielsweise nicht die Sperrung einer seinem Namen entsprechenden Internetdomain für jede zukünftige Eintragung eines Dritten verlangen.[68] Die Interessen der Registrierungsstelle an einem effektiven Verfahren überwiegen. Der Namensinhaber hat die Möglichkeit, bei einem streitigen Verfahren seinen Rang durch einen Dispute-Antrag bei der Registrierungsstelle zu sichern. Bei Erfolg der Klage kann der Namensinhaber die Internetdomain selbst registrieren.[69] Demgegenüber ist eine Prüfungspflicht der Registrierungsstelle, ob ein Registrierungsgesuch gegen Rechte Dritter verstoße, unverhältnismäßig.[70]

Auch das Interesse an der Schlag- und Werbekraft, dem Ruf einer Person oder eines **28** Unternehmens, wird geschützt, soweit nicht schon das Markenrecht greift. Dieser **Schutz vor Verwässerung** wird aber nur in Ausnahmefällen gewährt.[71] So sind nur solche Zeichen schutzwürdig, die Kraft langen Gebrauchs und umfassender Werbung eine weit überragende Verkehrsgeltung und Alleinstellung sowie eine besondere Wertschätzung des gekennzeichneten Unternehmens erlangt haben und auf diese Weise berühmt geworden sind.[72] Der Inhaber einer Bezeichnung mit überragender Verkehrsgeltung muss somit ein berechtigtes Interesse daran haben, „dass ihm eine unter großem Aufwand von Zeit und Geld erworbene Alleinstellung erhalten bleibt und alles vermieden wird, was diese Stellung beeinträchtigen könnte".[73]

---

[62] BGH GRUR 1951, 332 – *Koh-i-noor*; BGH GRUR 1957, 561 – *Rei-Chemie*; RGZ 117, 215, 220 – *Eskimo Pie*; RGZ 171, 147,153 – *Salamander*; *Fezer*, § 15 Rn. 68; *Palandt/Heinrichs*, § 12 Rn. 30; *Schertz*, Merchandising, Zweiter Teil, H., II., 2. b.

[63] *Fezer*, § 15 Rn. 67.

[64] BGH GRUR 1958, 302 – *Lego*; *Ingerl/Rohnke* MarkenG, nach § 15 Rn. 19 m.w.N.

[65] RGZ 74, 308, 310 – *Graf Zeppelin*.

[66] BGHZ 8, 318 – *Pazifist*; RG GRUR 1925, 222; RG JW 1939, 154; *Fezer*, § 15 Rn. 67.

[67] BGH GRUR 1958, 302 – *Lego*; RG JW 1939, 153; *Bunnenberg*, Namensmerchandising, Kapitel III § 4 B 2 a.

[68] Vgl. BGH NJW 2004, 1793 – *Kurt-biedenkopf.de*; *Hoffmann*, JurPC Web-Dok. 159/2001.

[69] Vgl. BGHZ 149, 191, 206 – *shell.de*.

[70] Vgl. BGH NJW 2004, 1793 – *Kurt-biedenkopf.de*; *Hoffmann*, JurPC Web-Dok. 159/2001.

[71] BGHZ 15, 107 – *Koma*; BGHZ 19, 23 – *Magirus*; BGH GRUR 1951, 332, 333 – *Koh-i-noor*; BGH GRUR 1987, 711, 713 – *Camel Toursw*; BGH GRUR 1990, 711, 713 – *Telefonnummer 4711*.

[72] BGHZ 19, 23, 27 – *Magirus*; BGH GRUR 1959, 182, 186 – *Quick*; BGH GRUR 1991, 863, 866 – *Avon*.

[73] BGHZ 15, 107, 112; BGHZ 19, 23, 27 – *Magirus*; BGHZ 28, 320, BGH GRUR 1960, 550, 552 – *Promonta*; BGH GRUR 1966, 623, 624 – *Kupferberg*.

D. Verletzungstatbestand der Namensleugnung

29   Namensleugnung ist Namensbestreitung. Sie liegt vor, wenn jemand dem Namensträger das Recht zum Gebrauch des Namens streitig macht und damit den Rechtsbestand des Namens in Frage stellt.[74] Ein Bestreiten durch schlüssiges Verhalten reicht. Eine besondere Interessenverletzung muss nicht dargelegt werden.[75] Dies muss weder dauernd, öffentlich oder zwingend gegenüber dem Namensträger erfolgen, noch ist eine kränkende Absicht erforderlich. In der bloßen Verwendung eines Namens durch einen Nichtberechtigten beispielsweise als Internetdomain[76] liegt noch keine Namensleugnung. Selbst wenn der Nichtberechtigte Schutzrechte für den Namen beantragt, liegt noch keine Namensleugnung vor.[77] Ihre praktische Bedeutung gegenüber der Namensanmaßung ist deshalb gering.[78]

E. Das Recht der Gleichnamigen

30   In Fällen der Gleichnamigkeit beruft sich der Beklagte ebenfalls auf das Namensrecht und dessen zulässige Ausübung.[79] Das Recht der Gleichnamigen ist nicht gesetzlich kodifiziert.[80] Vielmehr bilden die allgemeinen zeichenrechtlichen Schutzvorschriften die Grundlage.

31   Praktische Relevanz entfaltete das Recht der Gleichnamigen zunächst beim Schutz wirtschaftlicher Interessen. Hintergrund ist das jedem zustehende Recht, sich in redlicher Weise unter seinem Namen im geschäftlichen Verkehr als selbständiger Gewerbetreibender zu betätigen.[81] „Niemand darf am ehrlichen Gebrauch seines Namens im Wirtschaftsleben gehindert werden."[82] Jeder hat im geschäftlichen Verkehr die Freiheit, gleiche oder ähnliche Individualisierungsmittel zu verwenden.[83] Grundsätzlich gilt hier das **Prioritätsprinzip**. Das heißt, derjenige der als erster seinen Namen wirtschaftlich nutzt, darf seinen Namen als wirtschaftliches Individualisierungsmerkmal gebrauchen.

32   Stehen sich zwei Menschen mit dem gleichen Namen gegenüber, so ist die Zuordnungsverwirrung regelmäßig aufgrund der mehr oder weniger fehlenden Einzigartigkeit von Namen hinzunehmen. Denn grundsätzlich liegen im privaten Bereich keine besonderen Interessen vor, den Namen eines Menschen gegenüber anderen Namensgleichen zu privilegieren.[84]

33   Wenn ein Name auf einen Unternehmensnamen trifft und der Name nicht geschäftlich genutzt werden soll, also beispielsweise der Sohn den Familiennamen zuerst als Internetdomain registriert hat, ist der Sohn grundsätzlich nicht zur Freigabe der Domain auf Grund des Namensrechts des Unternehmens verpflichtet. Hier bleibt es beim Prioritätsprinzip. Denn eine Person, die eine ihrem Familiennamen entsprechende Domain angemeldet hat, besitzt ein ebenso legitimes Interesse an der Benutzung der fraglichen Domain wie ein regional bekanntes Unternehmen mit dem gleichen Namen.[85] **Ausnahmsweise**

---

[74] *Fezer*, § 15 Rn. 54; *Ingerl/Rohnke*, MarkenG, nach § 15 Rn. 11; *Bunnenberg*, Namensmerchandising, Kapitel III § 4 B 2 a.
[75] OLG Düsseldorf WRP 1999, 343, 347 – *ufa.de*.
[76] BGH GRUR 2002, 622, 624 – *shell.de*.
[77] Für Titelschutzrechte vgl.: OLG München WRP 1996, 787, 788 – *Frankenberg*.
[78] *Ingerl/Rohnke* MarkenG, nach § 15 Rn. 11 a.E.
[79] *Knaak* Recht der Gleichnamigen, S. 11.
[80] *Knaak,* Recht der Gleichnamigen, S. 18; *Bunnenberg*, Namensmerchandising, Kapitel III § 4 B 3.
[81] *MünchKommBGB/Schwerdtner*, § 12 Rn. 196 m.w.N.
[82] *Fezer*, § 15 Rn. 96.
[83] *Hefermehl* in: FS Hueck, S. 519 ff., 537.
[84] *Bunnenberg*, Namensmerchandising, Kapitel III § 4 B 3.
[85] LG Paderborn – ZUM-RD 2000, 344.

ist der Namensträger aber zur Freigabe der Internetdomain verpflichtet, wenn das Namensrecht des anderen ein „**besseres Recht**" darstellt.[86] Ein Recht wird zum „besseren Recht", wenn es durch einen besonderen Besitzstand gekennzeichnet ist. Bei der Feststellung, wer ein „besseres Recht" hat, sind im Rahmen einer Interessenabwägung alle namensrelevanten Belange abzuwägen. Solche sind u.a. die **besondere Bedeutung und die überragende Bekanntheit des Namensträgers und die Einmaligkeit einer Internetdomain**.[87] Bei Gleichrangigkeit der Interessen verbleibt es beim Gerechtigkeitsprinzip der Priorität.[88] Auch bei einem relativ stärkeren Recht des Gegners gegenüber dem Domaininhaber verbleibt es bei der Priorität, denn die Rechtssicherheit hat Vorrang. Der Rechtsverkehr ist bei einer möglichen Fülle von Konflikten auf eine einfache Grundregel angewiesen.[89] Nur der Einzelfall kann eine Ausnahme zulassen.[90]

Wird der Name geschäftlich genutzt, kann zum Beispiel der Markeninhaber zunächst **34** von dem Gleichnamigen verlangen, dass er das Nötige tut, um eine Verwechslungsgefahr zu vermeiden.[91] Der Namensträger ist nicht zwingend verpflichtet, die seinen Namen tragende Internetdomain zugunsten des Markeninhabers sofort aufzugeben. So entschied der BGH in der „vossius.de"-Entscheidung: „Vielmehr kann eine mögliche Verwechslungsgefahr auch auf andere Weise ausgeräumt werden. So kann der Internetnutzer auf der ersten sich öffnenden Seite darüber aufgeklärt werden, dass es sich nicht um die Homepage des anderen Namensträgers handelt, zweckmäßigerweise verbunden mit einem Querverweis auf diese Homepage."[92]

Der Markeninhaber kann dem Namensträger die Verwendung als Domainname im ge- **35** schäftlichen Verkehr schließlich verbieten, wenn „der Dritte kein berechtigtes Interesse vorweisen kann, diesen Domainnamen außerhalb des sachlichen oder räumlichen Wirkungsfelds des kennzeichenrechtlichen Anspruchs – etwa für private Zwecke oder für ein Unternehmen in einer anderen Branche – zu verwenden".[93] Der Namensträger muss dann die Registrierung löschen lassen.

F. Die Nichtnennung des Namens/Namensanonymisierung

Das Namensrecht schützt nur vor Namensanmaßung und Namensleugnung. Ein An- **36** spruch auf Nichtnennung des Namens ist nicht erfasst. Beispielsweise können Opfer einer Straftat oder ehemalige Straftäter daher nicht aufgrund des Namensrechts die Nennung ihrer Namen verhindern. Die Frage eines Anspruchs auf Nichtnennung bzw. Anonymisierung beurteilt sich **nach dem Allgemeinen Persönlichkeitsrecht** der zu Nennenden.

---

[86] BGH GRUR 2002, 622 – *shell.de*; OLG Stuttgart MMR 2006, 41; OLG Hamm MMR 2005, 381; *Bunnenberg*, Namensmerchandising, Kapitel III § 4 B 3.

[87] BGH GRUR 2002, 622 ff. – *shell.de*; OLG Stuttgart MMR 2006, 41; OLG Hamm MMR 2005, 381. Eine weitere Möglichkeit, die Ausnahme vom Prioritätsprinzip in der shell.de Entscheidung einzuschränken, ist es, die „überragende Bekanntheit" erst bei einem Grad von über 60% anzunehmen. Zustimmend *Hackbarth* WRP 2006, 519, 521 m.w.N. Die Bedeutung der Internetdomain setzt sich bei den Bundesgerichten durch. Für den BFH ist eine Internetdomain ein nicht abnutzbares immaterielles Wirtschaftsgut. BFH MMR 2007, 310, 311.

[88] BGH NJW 2005, 1196, 1197 – *mho.de*; OLG Stuttgart MMR 2006, 41; *Hackbarth* WRP 2006, 519, 521; vgl. weiter: *Eckhardt* CR 2005, 364 ff.

[89] BGH GRUR 2002, 706 – *vossius.de*.

[90] BGH NJW 2005, 1196, 1197 – *mho.de*; OLG Stuttgart MMR 2006, 41; *Hackbarth* WRP 2006, 519, 521.

[91] *Köhler/ders.* Wettbewerbsrecht, § 4 Rn. 10.93.

[92] BGH GRUR 2002, 706 – *vossius.de*.

[93] BGH GRUR 2002, 706 – *vossius.de*.

37   Umgekehrt gewährt das Namensrecht auch keinen Anspruch auf Nennung des Namens. Dieser Anspruch ergibt sich allein aus anderen spezialgesetzlichen Normen wie beispielsweise §§ 13, 74 und 93 UrhG.

G. Der Schutz des nicht institutionalisierten Vermögenswertes im Namen

38   Der nicht institutionalisierte Vermögenswert ist zum Beispiel in Fällen gegeben, in denen berühmte Persönlichkeiten ihren Namen bisher gar nicht oder nur für einen begrenzten Teil kommerzialisiert haben. Schauspieler, die mit ihrem Namen bisher beispielsweise für Schmuck geworben haben, besitzen noch einen nicht institutionalisierten Vermögenswert für die Werbung für Kosmetikprodukte. Relevant sind also Fälle, in denen sich im Namen ein Vermögenswert gebildet hat, der noch nicht durch den Namensträger realisiert wurde. Er nutzt seinen Namen (in einem Bereich) noch nicht wirtschaftlich, obwohl er sich wirtschaftlich nutzen ließe.

39   Der Schutz des Vermögenswertes im Namen erfolgt nicht ausschließlich und hauptsächlich durch das Namensrecht. Der Name bleibt aber gleichfalls Anknüpfungspunkt, denn in ihm wird ein Vermögenswert realisiert. Hinsichtlich des durch einen Dritten realisierten Vermögenswertes kommen die Schutznormkomplexe des **Schadensrechts, des Bereicherungsrechts und des Geschäftsführungsrechts** in Betracht.[94] Bezüglich der angemaßten Entscheidung über die Kommerzialisierung des Namens kann aufgrund des **allgemeinen Persönlichkeitsrechts** Unterlassung und Beseitigung verlangt werden. Wird darüber hinaus der Eindruck erweckt, der Namensträger habe der Nutzung zugestimmt, was angesichts der heutigen Professionalisierung des Merchandisinggeschäfts wohl regelmäßig anzunehmen ist, kann der Namensträger auch aufgrund **des Namensrechts** Unterlassung und Beseitigung verlangen.[95]

H. Postmortaler Schutz des Vermögenswertes im Namen

40   In den letzten Jahren ist ein wachsendes wirtschaftliches Interesse an Namen verstorbener prominenter Personen zu verzeichnen. So wurden die Namen von anderen als den Namensträgern als Marken eingetragen.[96] Im Markenregister finden bzw. fanden sich Lady Diana,[97] Frank Sinatra,[98] John F. Kennedy Jr.[99] und Mutter Theresa[100] sowie historische Personen wie Johann Wolfgang von Goethe, Johann Sebastian Bach oder Theodor Fontane.[101] Diese Entwicklung legt die Frage nahe, ob der Rechtsschutz mit dem Tod endet.

---

[94] Vgl. § 50 ff.; *Bunnenberg*, Namensmerchandising, Kapitel V § 3.

[95] Siehe oben Rn. 13.

[96] Der Spiegel, Ötzi und Lady Di, Clevere Geschäftsleute sichern sich die lukrativen Rechte an ungeschützten Namen. Jüngstes Opfer ist die Telekom, Heft 46/1999, 90 ff.; *Bunnenberg*, Namensmerchandising, Kapitel V § 4.

[97] Es existieren bzw. existierten 16 Eintragungen. Vgl. zu dieser Problematik BPatG Beschluss vom 2. 3. 2004 – Az: 24 W (pat) 36/02 – *Lady Di*.

[98] Unter den jeweiligen Registernummern: DPMA 398 27 435; DPMA 398 27 461; DPMA 398 27 466; DPMA 398 27, 887; DPMA 398 28 182; DPMA 398 28 635.

[99] Unter der Registernummer: DPMA 399 42 388. *Boeckh* GRUR 2001, 29 ff., 30 Fn.: 5 weist in diesem Zusammenhang darauf hin, dass diese Eintragung vom 19. 7. 1999 stammt. Der Name Carolyn Kennedy-Bassette wurde ebenfalls als Marke eingetragen (DPMA 399 44 015), wobei die Eintragung vom 26. 7. 1999 stammt. John F Kennedy Jr. und seine Frau Carolyn Kennedy-Bassette kamen bei einem Flugzeugabsturz am 16. 7. 1999 ums Leben.

[100] Unter der Registernummer: DPMA 398 28 842.

[101] Vgl. Der Spiegel, Ötzi und Lady Di, Clevere Geschäftsleute sichern sich die lukrativen Rechte an ungeschützten Namen. Jüngstes Opfer ist die Telekom, Heft 46/1999, 90 ff.

Die Rechtsprechung ging früher davon aus, dass das Namensrecht mit dem Tode des **41** Berechtigten erlischt.[102] Dennoch war der Verstorbene nicht gänzlich schutzlos. Denn der in dem Namensrecht beinhaltete Wert- und Achtungsanspruch wirkte als Ausschnitt des allgemeinen Persönlichkeitsrechts über den Tod des Namensträgers hinaus fort.[103] Es konnte Unterlassung und Widerruf[104] verlangt werden, nicht aber Entschädigung. Dieser Anspruch wurde mit dem Argument abgelehnt, dass das allgemeine Persönlichkeitsrecht als solches nicht übertragbar sei[105] und weil die Ausgleichung und Genugtuungsfunktion der Entschädigung nach dem Tode des Berechtigten nicht mehr erfüllt werden könne.[106] Bereicherungsansprüche schützten mangels eines Zuweisungsgehaltes nicht, da das Persönlichkeitsrecht nicht fortbestand, sondern nur fortwirkte.[107] Zusammengefasst erkannte die Rechtsprechung somit ein **postmortales Persönlichkeitsrecht** an, welches wenigstens gegen grobe ehrverletzende Entstellung nach dem Tode[108] Schutz bieten sollte. Dieser Schutz war nicht nur von der Eingriffsintensität abhängig, sondern auch vom Bekanntheitsgrad und der Bedeutung des Verstorbenen.[109] Durch die Einbeziehung des Bekanntheitsgrades als Voraussetzung eines postmortalen Persönlichkeitsschutzes schloss die Rechtsprechung einen Schutz für weniger bekannte Personen aus.[110] In Deutschland blieb die eigenmächtige Verwertung der wirtschaftlichen Interessen an dem Verstorbenen somit weitgehend sanktionslos.[111] Der Nutznießer riskierte damit nicht mehr als die Kosten für eine Unterlassungserklärung. Ein vererbliches Vermögensrecht an der Persönlichkeit wurde nicht anerkannt.

Vermehrt wurde auf Widersprüchlichkeiten hingewiesen, so z. B., dass das Urheber- **42** recht gem. § 28 UrhG vererblich oder ein postmortaler Schutz für die kommerzielle Verwertung von Bildnissen gem. § 22 S. 2 KUG möglich ist, wonach es sogar der Einwilligung der Angehörigen bedarf, wenn das Bildnis innerhalb einer zehnjährigen Schutzfrist veröffentlicht werden solle.[112] Mit Zunahme der in der Persönlichkeit wurzelnden wirtschaftlichen Bedeutung stieg das Bedürfnis eines Schutzes. Schließlich war es gerechter, die „dem Verstorbenen nahestehenden Personen von seinem Ruhm profitieren zu lassen, den dieser durch seine Leistungen erworben hatte, als es beliebigen Dritten zu gestatten, sich am Publizitätswert seiner Identitätsmerkmale zu bereichern."[113]

Der postmortale Schutz von Persönlichkeitsdetails wurde weiterhin nicht einheitlich **43** beantwortet.[114] Zum einen wurde ein vererbliches Vermögensrecht an der Person gefordert,[115] welches sich in seinem Schutz an § 22 S. 2 KUG orientieren soll,[116] oder es wurde generell auf die Vererblichkeit der mit Persönlichkeitsrechten verbundenen vermögensrechtlichen Befugnisse verwiesen.[117] Das OLG Hamburg wandte in der „Heinz Erhardt"-Entscheidung[118] § 22 S. 2 KUG auf die Nutzung der Stimme analog an, denn

---

[102] BGHZ 8, 318, 324 – *Pazifist.*

[103] BVerfG, NJW 1971, 1645, 1646 ff. – *Mephisto;* BGHZ 107, 384, 392 – *Emil Nolde; Bunnenberg,* Namensmerchandising, Kapitel V § 4.

[104] BGHZ 50, 133 – *Mephisto;* BGH GRUR 1984, 907, 908 – *Frischzellenkosmetik.*

[105] BGH NJW 1974, 1371.

[106] BGH NJW 1974, 1371; *Magold,* Personenmerchandising, S. 491 m.w.N.; *Schack* GRUR 1985, 352, 358.

[107] *Magold* Personenmerchandising, S. 492.

[108] BGHZ 50, 133, 139 – *Mephisto;* BGH WRP 1984, 681, 684 – *Frischzellenkosmetik.*

[109] BGH JZ 1990, 37 – *Emil Nolde; Seemann,* Prominenz als Eigentum, S. 170.

[110] So auch: *Seemann,* Prominenz als Eigentum, S. 171.

[111] *Magold,* Personenmerchandising, S. 494.

[112] *Bunnenberg,* Namensmerchandising, Kapitel V § 4.

[113] *Götting,* Persönlichkeitsrechte als Vermögensrechte, S. 281.

[114] *Seemann,* Prominenz als Eigentum, S. 169; *Bunnenberg,* Namensmerchandising, Kapitel V § 4.

[115] *Magold,* Personenmerchandising, S. 497, 573.

[116] *Magold,* Personenmerchandising, S. 573 f.

[117] *Götting* orientiert sich dabei im weitesten an dem amerikanischen „Right of Publicity" und will eine Schutzfrist von 70 Jahren gewähren. *Götting* Persönlichkeitsrechte als Vermögensrechte, S. 281;

wenn die Persönlichkeit zu Lebzeiten als Ganzes vor ihrer Ausbeutung geschützt sei, müsse dies auch entsprechend für einen postmortalen Schutz gelten. Weiterhin verwies das OLG Hamburg auf die „Notwendigkeit, derartige Verwertungsmöglichkeiten für die Erben zu schützen".[119]

44   Eine generelle Antwort, ob die wirtschaftlichen Interessen nach dem Tode weiter geschützt werden, war somit lange unklar, ebenso wie die mögliche Dauer eines solchen Schutzes.[120] Ein bedeutender Fortschritt war mit der **„*Marlene Dietrich*"-Entscheidung**[121] des BGH zu verzeichnen. Darin sprach er sich dafür aus, dass die vermögenswerten Bestandteile des Persönlichkeitsrechts nach dem Tod des Trägers weiterhin bestehen, jedenfalls solange noch die ideellen Interessen fortwirken. Die entsprechenden Befugnisse gehen auf die Erben des Trägers des Persönlichkeitsrechts über. Die Bestandteile des Persönlichkeitsrechts, an denen vermögenswerte Interessen bestehen, sind vererblich, soweit das ideelle Interesse noch geschützt wird. Nicht vererblich sind dagegen die höchstpersönlichen Bestandteile der Persönlichkeit.[122] Der BGH ermöglicht damit einen postmortalen Schutz nicht nur für das Bildnis oder den Namen, sondern für alle sonstigen Merkmale der Persönlichkeit, an denen ein wirtschaftliches Interesse bestehen kann. Das BVerfG hat die Rechtsprechung des BGH bestätigt.[123]

45   In Konsequenz der gestiegenen Bedeutung des postmortalen Schutzes hat das BPatG festgestellt, dass die Marke **„Lady Di"** wegen Bösgläubigkeit des Anmelders zu löschen war.[124] „Bei dem geläufigen Namen der verstorbenen Diana, Princess of Wales, handelt es sich um eine bedeutende wirtschaftliche Position, **deren Verwertung in erster Linie der Namensträgerin bzw. deren Erben zusteht.** Die Anmeldung der angegriffenen Marke erfolgte ohne ersichtlichen eigenen Benutzungswillen zur Verwendung als Sperrmarke, in der Absicht, die Berechtigten von der Nutzung des Namens auszuschließen bzw. durch den Verkauf der Marke wirtschaftliche Vorteile zu erlangen." [125] Durch eine unerlaubte Verwertung des Namens werden mehr wirtschaftliche Interessen berührt als ideelle, weil sich die Betroffenen „weniger in ihrer Ehre und ihrem Ansehen verletzt fühlen, als vielmehr finanziell benachteiligt sehen".[126]

46   Nach Ansicht des BGH ist der postmortale Schutz nunmehr in entsprechender Anwendung der Schutzfrist für das postmortale Recht am eigenen Bild – § 22 S. 3 KUG – **auf zehn Jahre begrenzt.**[127] Daher unterlagen die Erben des 1991 verstorbenen Schauspielers *Klaus Kinski* den Inhabern der Internetdomain: **„kinski-klaus.de"** und konnten keinen Schadensersatz wegen Verletzung des postmortalen Persönlichkeitsrechts *Kinskis* begehren.[128] In der Literatur ist die Dauer des postmortalen Schutzes umstritten.[129] Eine Ansicht geht davon aus, den Schutz so lange zu gewähren, wie auch die ideellen Bestandteile

Für *Schertz* folgt aus der Anerkennung der Einräumbarkeit von Nutzungsrechten an Persönlichkeitsbestandteilen die Vererblichkeit. *Schertz*, Merchandising, Rn. 388; *Ullmann* AfP 1999, 209, 214.

[118] OLG Hamburg GRUR 1989, 666 – *Heinz Erhardt*. Gegenstand war die Nutzung einer Stimmenimitation des verstorbenen Schauspielers zu Werbezwecken; vgl. weiter: *Schertz*, Merchandising, 159 ff.

[119] OLG Hamburg GRUR 1989, 666 – *Heinz Erhardt*.

[120] *Bunnenberg*, Namensmerchandising, Kapitel V § 4.

[121] BGH NJW 2000, 2195 ff. – *Marlene Dietrich*.

[122] Mit Verweis auf: BGHZ 50, 133, 137 – *Mephisto*.

[123] BVerfG ZUM 2005, 865 – *Blauer Engel*; *Bunnenberg*, Namensmerchandising, Kapitel V § 4.

[124] BPatG Beschluss vom 2. 3. 2004 – Az: 24 W (pat) 36/02 – *Lady Di*; *Bunnenberg*, Namensmerchandising, Kapitel V § 4.

[125] BPatG Beschluss vom 2. 3. 2004 – Az: 24 W (pat) 36/02 – *Lady Di*.

[126] BPatG Beschluss vom 2. 3. 2004 – Az: 24 W (pat) 36/02, Rn.: 21 – *Lady Di*.

[127] BGH NJW 2007, 684 ff. – *kinski-klaus.de*; *Ullmann* WRP 2000, 1049 ff., 1053; *Bunnenberg*, Namensmerchandising, Kapitel V § 4.

[128] BGH NJW 2007, 684 ff. – *kinski-klaus.de*.

[129] Vgl. *Wortmann*, Die Vererblichkeit vermögensrechtlicher Bestandteile des Persönlichkeitsrechts, 2005, S. 306 ff.; *Lichtenstein*, Der Idealwert und der Geldwert des zivilrechtlichen Persönlichkeits-

geschützt sind.[130] Andere wollen eine Schutzdauer von 30 oder 70 Jahren gewähren.[131] Nach Ansicht des BGH sind die betroffenen Interessen bereits in der Regelung des § 22 S. 3 KUG ausgeglichen und auf die vermögensrechtlichen Bestandteile des Persönlichkeitsrechts übertragbar.

Der Rückgriff auf § 22 S. 3 KUG ist mit der bisherigen Rechtsprechung des Bun- **47** desgerichtshofs aber nicht zwingend. Der BGH hat wiederholt darauf hingewiesen, dass das Recht am eigenen Bild eine besondere Erscheinungsform des allgemeinen Persönlichkeitsrechts ist und der postmortale Schutz der ideellen Bestandteile des Persönlichkeitsrechts nicht nach Ablauf der 10-Jahres-Frist erlischt.[132] Die Namen berühmter Persönlichkeiten wie Willy Brandt und John F. Kennedy wären aber nach der *„kinski-klaus.de“*-Entscheidung für die Kommerzialisierung gemeinfrei. Sogar der Name *Lady Di* könnte seit dem Jahr 2008 von jedem wirtschaftlich genutzt werden, obwohl „die Erinnerung an den Verstorbenen" zweifelsfrei noch „nicht verblasst"[133] ist. *Götting* geht zutreffend davon aus, dass der kommerzielle postmortale Persönlichkeitsschutz auch im Dienste des ideellen Interessenschutzes steht.[134] Dies legte auch die Argumentation des Bundesgerichtshof nahe: „Die Anerkennung der Vererblichkeit der vermögenswerten Bestandteile des Persönlichkeitsrechts ist geboten, um den Schutz gegenüber einer kommerziellen Nutzung von Name, Bildnis und sonstigen Persönlichkeitsmerkmalen des Verstorbenen durch Nichtberechtigte zu gewährleisten. Ein wirkungsvoller postmortaler Schutz der vermögenswerten Bestandteile des Persönlichkeitsrechts ist nur gewährleistet, wenn der Erbe in die Rolle des Trägers des Persönlichkeitsrechts treten und ebenso wie dieser unter Wahrung der mutmaßlichen Interessen des Verstorbenen gegen eine unbefugte Nutzung vorgehen kann."[135] Die Kommerzialisierung verbieten zu können oder zu ermöglichen ist gerade Ausdruck der ideellen Bestandteile des Persönlichkeitsrechts.

Ferner kann die Schutzfrist von § 22 S. 3 KUG schon grundsätzlich in Frage gestellt **48** werden. Die mehr als 100 Jahre geltende Regelung ist nicht mehr zeitgemäß. 1907 gab es noch keine Filme, kein Fernsehen und auch kein Internet. Es ist ein Grundsatz modern wirtschaftender Massenmedien, Lebensbilder von Bekanntheiten lange wach zu halten. Es ist einfacher eine bekannte Persönlichkeit mit einem Inhalt oder Produkt zu verknüpfen, als eine neue Bekanntheit zu schaffen. Auch der Hinweis auf das Interesse der Öffentlichkeit, sich mit dem Leben und Werk einer zu Lebzeiten weithin bekannten Persönlichkeit auseinandersetzen zu können, greift bei Nutzungen, etwa zu Werbe- oder Merchandisingzwecken nicht durch. Gegenstand der wirtschaftlichen Nutzung des Namens ist nicht die freie Meinungsäußerung oder die Kunstfreiheit.

Erstrebenswert wäre daher eine Orientierung an dem Urheberrecht, welches nach **49** 70 Jahren erlischt. Die Interessen des kommerziellen postmortalen Persönlichkeitsschutzes und des Urheberrechtsschutzes sind vergleichbar. Das Bild oder der Name der Persönlichkeit verdankt seinen Marktwert allein den Leistungen der Persönlichkeit, ebenso, wie das Werk durch die Schöpfungsleistung der Persönlichkeit gekennzeichnet ist.[136]

---

rechts vor und nach dem Tod, 2005, S. 362 ff.; *Jung*, Die Vererblichkeit des Allgemeinen Persönlichkeitsrechts, 2005, S. 256 ff.

[130] *Staudinger/Schmidt* Jura 2001, 241, 246; *Frommeyer* JuS 2002, 13, 18.

[131] Vgl. m.w.N. BGH NJW 2007, 684 ff. – *kinski-klaus.de.*

[132] BGH NJW 2007, 684, 686 – *kinski-klaus.de;* BGH NJW 2000, 2195, 2199 – *Marlene Dietrich; Reber,* Die Schutzdauer des postmortalen Persönlichkeitsrechts in Deutschland und den USA – ein Irrweg des BGH?, GRUR Int. 2007, 492, 494.

[133] BGHZ 50, 133 – *Mephisto.*

[134] *Götting* GRUR 2007, 171.

[135] BGH NJW 2000, 2195, 2198 – *Marlene Dietrich.*

[136] *Götting* GRUR 2007, 171; *Schertz,* Merchandising, Zweiter Teil, H., IV.

§ 14. Das Markenrecht

Inhaltsübersicht

Schrifttum: *Boeckh,* Markenschutz an Namen und Bildnissen an realer Personen, GRUR 2001, 29; *Götting,* Persönlichkeitsmerkmale von verstorbenen Personen der Zeitgeschichte als Marke, GRUR 2001, 615; *Kaufmann,* Die Personenmarke, Köln, Berlin, München 2005; *Ströbele/Hacker,* Markengesetz, 8. Auflage, 2006.

1 Die Eintragung von Personenmarken, die das Konterfei oder den Namen von Prominenten schützen, bietet sowohl für den Rechtsinhaber als auch für dessen Rechtsnachfolger erhebliche Vorteile. Eine Personenmarke kann auch nach dem Tod des eigentlichen Rechtsinhabers theoretisch unbegrenzt verlängert werden. Zudem können Marken im Gegensatz zu Persönlichkeitsrechten ohne weiteres veräußert und lizenziert werden.[1] Die Eintragung einer Marke ermöglicht im Übrigen die Stellung eines Grenzbeschlagnahmeantrags nach der Verordnung (EG) 1383/2003 bzw. § 146 MarkenG um die Einfuhr markenverletzender Waren in die europäische Union zu unterbinden.[2]

2 In der Vergangenheit wurde eine erhebliche Anzahl solcher Personenmarken für die unterschiedlichsten Waren und Dienstleistungen registriert. Die jüngste Spruchpraxis des BPatG stellt jedoch strengere Anforderungen an die Eintragbarkeit solcher Zeichen, die

---

[1] Siehe unten Rn. 54 ff.

[2] Verordnung (EG) § 22 Nr. 1383/2003 des Rates vom 22. 7. 2003 über das Vorgehen der Zollbehörden gegen Waren, die im Verdacht stehen, bestimmte Rechte geistigen Eigentums zu verletzen, und die Maßnahmen gegenüber Waren, die bekanntermaßen derartige Rechte verletzen.

teilweise konträr mit dem persönlichkeitsrechtlichen Schutz einer Person laufen können. Grundlegend für die restriktive Haltung des BPatG war der „Porträtfoto Marlene Dietrich" Beschluss aus dem Jahr 2005.[3] Diese Entscheidung ist allerdings nicht rechtskräftig. Die Rechtsbeschwerde ist derzeit beim BGH anhängig. Die nachfolgend dargestellten Beschränkungen der Eintragung personenbezogener Marken stehen folglich unter der Prämisse der Bestätigung durch den BGH, dessen Entscheidung erst nach Redaktionsschluss dieses Werks veröffentlicht wird.

Darüber hinaus muss auch bei der Beurteilung der Verletzung solcher Personenmarken berücksichtigt werden, dass personenbezogene Marken stets mit Blick auf ihre Funktion als Herkunftszeichen und die Auffassung des angesprochenen Verkehrs zu bewerten sind, wodurch ebenfalls deutliche Abweichungen zum persönlichkeitsrechtlichen Schutz entstehen können. Das Markenrecht kann folglich den persönlichkeitsrechtlichen Schutz nur ergänzen und nicht ersetzen.

A. Markenfähigkeit, Schutzhindernisse und Löschungsverfahren

I. Markenfähigkeit und graphische Darstellbarkeit, §§ 3 Abs. 1, 8 Abs. 1 MarkenG

Bereits die beispielhafte Aufzählung in § 3 Abs. 1 MarkenG („insbesondere Wörter einschließlich Personennamen, Abbildungen") belegt die grundsätzliche Markenfähigkeit des **Namens** und des **Bildnisses einer Person**.[4] Auch die **Signatur** einer Person kann als Wort-/Bildmarke eingetragen werden. Darüber hinaus ist es auch möglich, die **Stimme einer Person** als Hörmarke zu schützen. Hier werden allerdings strenge Anforderungen an die graphische Darstellbarkeit gestellt. Sofern sich die Hörmarke in Notenschrift darstellen lässt, wird die erforderliche graphische Darstellbarkeit in der Regel bejaht.[5] Nicht ausreichend sind dagegen Hinweise, dass das Zeichen aus den Noten eines bekannten musikalischen Werkes besteht, dass es sich bei der Hörmarke um einen Tierlaut handelt oder etwa die Einreichung einer Notenfolge ohne weitere Erläuterung.[6] Bei Sonagrammen bejaht die jüngste Eintragungspraxis des Harmonisierungsamts für den Binnenmarkt (HABM) im Gegensatz zum Deutschen Patent- und Markenamt eine hinreichende grafische Darstellbarkeit.[7]

II. Fehlende Unterscheidungskraft, § 8 Abs. 2 Nr. 1 MarkenG

Nach allgemeiner Definition ist **Unterscheidungskraft** im Sinne von § 8 Abs. 2 Nr. 1 **4** MarkenG die einer Marke innewohnende konkrete Eignung, vom Verkehr als **Herkunftshinweis** für die beanspruchten Waren und Dienstleistungen eines Unternehmens gegenüber solcher anderer Unternehmen aufgefasst zu werden und folglich die betriebliche Zuordnung der durch die Marke geschützten Waren und Dienstleistungen zu ermöglichen.[8] § 8 Abs. 2 Nr. 1 MarkenG schließt solche Zeichen von der Eintragung aus, denen für die beanspruchten Waren und Dienstleistungen jede Unterscheidungskraft

---

[3] BPatG GRUR 2006, 333, 335ff. – *Porträtfoto Marlene Dietrich.*
[4] BGH GRUR 1996, 422f. – *JC Winter*; BPatG NJWE-WettbR 1999, 153 – *Michael Schumacher Porträtfoto*; OLG Köln GRUR 2000, 66f. – *Michael Jackson Kalenderfoto*; *Götting* GRUR 2001, 615, 619; *Boeckh* GRUR 2001, 29, 31.
[5] EuGH GRUR 2004, 54, 57 – *Shield Mark/Kist*; BPatG GRUR 1997, 60f. – *SWF–3 Nachrichten*; BPatG GRUR 1997, 62 – *INDIKATIV SWF-3.*
[6] EuGH a.a.O.
[7] HABM GRUR 2006, 343, 344 – *Arzneimittel Ihres Vertrauens*; HABM GRUR 2003, 1054; anderer Ansicht auch Ströbele/Hacker/*Hacker* § 3 Rn. 54 m.w.Nachw.
[8] Ständige Rechtsprechung BGH GRUR 2001, 1151f. – *Marktfrisch*; BGH GRUR 2003, 1050 – *Cityservice*; Ströbele/Hacker/*Ströbele* § 8 Rn. 38 m.w.Nachw.

fehlt. Diese „konkrete" Unterscheidungskraft beurteilt sich anhand des beanspruchten Waren- und Dienstleistungsverzeichnisses und danach, ob der konkret angesprochene Verkehr das beanspruchte Zeichen für diese Waren oder Dienstleistungen als Hinweis auf ein bestimmtes Unternehmen auffasst.[9]

Maßgeblich ist der branchenübliche Einsatz von Marken als Herkunftshinweise für die beanspruchten Waren und Dienstleistungen.[10] Hierbei geht die ständige Rechtsprechung des Bundesgerichtshofs bei der Feststellung des erforderlichen Grades der Unterscheidungskraft von einem großzügigen Maßstab aus.[11] Der EuGH missbilligt jedoch eine derartige Absenkung und legt einen strengeren Maßstab an, um die unberechtigte Eintragung von Marken zu unterbinden.[12]

Für personenbezogene Marken hat dies zur Folge, dass im Rahmen des Eintragungsverfahrens überprüft werden muss, ob der Name oder das Bild vom angesprochenen Verkehr als Hinweis auf die Herkunft der Waren und Dienstleistungen angesehen wird oder nur als Beschreibung des Lebens oder des Wirkungskreises der jeweiligen Person, da Zeichen, welche die beanspruchten Waren oder Dienstleistungen oder deren wesentliche Eigenschaften und Merkmale beschreiben, regelmäßig Unterscheidungskraft fehlt.

1. Das Bildnis einer Person

5   In der Entscheidung „Michael Schumacher Porträtfoto" bejahte das BPatG Unterscheidungskraft für ein Porträtfoto des Formel 1 Rennfahrers ohne Rücksicht auf die beanspruchten Waren und Dienstleistungen mit der Erwägung, dass dem Bildnis einer Person von Haus aus die stärkste Unterscheidungskraft zukomme, und dass der Verkehr solche Bilder ohne weiteres auch als betrieblichen Herkunftshinweis auffasse.[13]

6   Diese Praxis wurde jedoch vom BPatG in der Entscheidung „Porträtfoto Marlene Dietrich" im Jahr 2005 ausdrücklich aufgegeben.[14] Die Anmelderin hatte ein Porträtfoto der verstorbenen Schauspielerin als Marke für zahlreiche Waren und Dienstleistungen in den unterschiedlichsten Klassen angemeldet, u.a. für Tonträger aller Art, Druckereierzeugnisse und Unterhaltungsdienstleistungen. Das BPatG verneinte Unterscheidungskraft nach § 8 Abs. 2 Nr. 2 MarkenG für nahezu sämtliche beanspruchten Waren und Dienstleistungen mit der Begründung, dass das Porträtfoto von Marlene Dietrich für einen Großteil der Waren und Dienstleistungen vom Verkehr als reine Inhaltsangabe angesehen würde. Hinsichtlich Waren und Dienstleistungen aus dem Merchandising- Bereich, für die das Porträtfoto keine unmittelbare beschreibende Angabe darstelle, werde es vom angesprochenen Verkehr lediglich als reines Werbemittel und folglich ebenfalls nicht als Herkunftshinweis wahrgenommen.[15] Hier stellte das BPatG auf den Imagetransfer ab, der bei der Bewerbung von Waren durch Prominente stattfindet, und gelangte zu der Annahme, dass Prominente, die neben ihrer eigentlichen Tätigkeit (in der Sport-, Musik- oder Unterhaltungsbranche) unternehmerisch tätig sind, indem sie sich als Werbeträger vermarkten, nicht als Hersteller oder als Erbringer der beworbenen Produkte oder Dienstleistungen auftreten, sondern ausschließlich als Anbieter von „Werbedienstleistungen", sodass nur diese Dienstleistungen angeboten würden.[16] Das BPatG grenzte sich auch deutlich von der in der Literatur vertretenen Auffassung ab, der angesprochene Verkehr erkenne in der Verwendung des Namens oder Bildnisses einer berühmten verstorbenen Person stets einen Hinweis auf die Gestattung dieser Verwendung durch die Erben oder sonstige Berechtigte.[17]

---

[9] BGH GRUR 2002, 261f. – *AC*.

[10] HABM-BK ABL-HABM 2002, 248, 264 – *Zahnbürstenkopf*.

[11] BGH GRUR 2002, 816, 817 – *Bonus II*; BGH GRUR 2004, 502, 504 – *Gabelstapler II*.

[12] EuGH GRUR 2004, 1027, 1030 – *Das Prinzip der Bequemlichkeit*.

[13] BPatG BIPMZ 1999, 43ff. – *Michael Schumacher Porträtfoto*.

[14] BPatG GRUR 2006, 333, 335ff. – *Porträtfoto Marlene Dietrich*.

[15] BPatG GRUR 2006 a.a.O.

[16] BPatG 2006, 333, 335ff. – *Porträtfoto Marlene Dietrich*.

[17] Noch anders: BPatG, Beschluss vom 1. 12. 2004, 32 W (pat) 388/02.

Dem BPatG ist zuzugestehen, dass der angesprochene Verkehr die Namen und Bilder von Prominenten regelmäßig nicht unmittelbar mit einer bestimmten Erbringungsstätte gleichsetzt, sondern – gerade im Merchandising-Bereich – diese Waren nur aufgrund des dargestellten Imagetransfers erwirbt. Unter Zugrundelegung der oben dargestellten Voraussetzungen, welche die deutsche und europäische Spruchpraxis an die Unterscheidungskraft stellen, reicht dies eben nicht aus. Gleiches gilt für Waren und Dienstleistungen, die den Tätigkeitsbereich des jeweiligen Prominenten unmittelbar oder mittelbar beschreiben. Hierdurch entsteht ein auf den ersten Blick widersprüchliches Ergebnis, da ein Prominenter gerade für diejenigen Waren und Dienstleistungen keinen Markenschutz erlangen kann, die sein Schaffen ausmachen oder beschreiben. Gerade im Musikbereich können Künstler jedoch als Anbieter und folglich als betriebliche Herkunftsstätte von musikbezogenen Waren, etwa CDs, und Dienstleistungen, etwa Konzerten, angesehen werden. Folglich kann der Auffassung des BPatG nicht unreflektiert gefolgt werden. Nach Auffassung des BPatG kann sich der Anmelder auch nicht darauf berufen, sein Name oder sein Bild seien zugunsten seiner Person monopolisiert, da hieraus nicht geschlossen werden kann, der Verkehr fasse den Namen oder das Bild auch als Herkunftshinweis im Sinne des Markengesetzes auf.[18] Auch die nachfolgende Spruchpraxis des BPatG folgt diesen Erwägungen.[19] Die „Porträtfoto Marlene Dietrich" Entscheidung ist allerdings nicht rechtskräftig. Die Rechtsbeschwerde ist derzeit beim BGH anhängig und wird nicht vor Redaktionsschluss dieses Werks entschieden.

2. Der Name einer Person

a) Namen lebender Personen erfüllen in der Regel die erforderliche Unterschei- 7 dungskraft im Sinne von § 8 Abs. 2 Nr. 1 MarkenG. Bei **weit verbreiteten Nachnamen** muss anhand des konkreten Waren- und Dienstleistungsverzeichnisses und mit Blick auf die Wahrnehmung des angesprochenen Verkehrs geprüft werden, ob Unterscheidungskraft gegeben ist.[20] Bei der Eintragung von Namen dürfen nach Auffassung des EuGH keine strengeren Bewertungskriterien angewendet werden, als bei herkömmlichen Wortmarken.[21] Die Eintragung kann demzufolge nicht allein mit der Begründung abgelehnt werden, bei dem angemeldeten Zeichen handele es sich um einen weitverbreiteten Namen, der schon per se keine Unterscheidungskraft genieße.

Dementsprechend hatte das BPatG in einer älteren Entscheidung etwa die Eintragbar- 8 keit des Namens „Franz Beckenbauer" für zahlreiche Waren und Dienstleistungen der Klassen 29, 30, 31 und 35 bejaht.[22] Anders sind Fälle zu beurteilen, in denen der beanspruchte Name eine Eigenschaft der beanspruchten Waren oder Dienstleistungen bezeichnet, wie etwa „Diesel", „Otto" oder „Wankel" für Motoren.[23] Die jüngste Spruchpraxis des BPatG zur Eintragung von Namen bekannter Personen greift zudem die Grundsätze der „Porträtfoto Marlene Dietrich" Entscheidung auf.[24] Mithin muss auch bei der Anmeldung von Namen prominenter Personen geprüft werden, ob der angesprochene Verkehr den Namen im Hinblick auf alle Waren und Dienstleistungen tatsächlich als Herkunftshinweis oder als reine Beschreibung der Tätigkeit der Person ansieht.

Mit dem BPatG muss folglich danach differenziert werden, in welchem Bereich die be- 9 treffende Person auftritt. So sind etwa bei **Sportlern** andere Waren und Dienstleistungen von der Eintragung ausgeschlossen als bei **Musikern** oder **Schauspielern**. Bei Sportlern scheidet eine Eintragung des Namens als Marke für Sportartikel regelmäßig aus, da der

---

[18] BPatG GRUR 2006 a.a.O.

[19] BPatG, Beschluss vom 23. 5. 2007, 29 W (pat) 35/06 – *Ringelnatz*.

[20] EuGH GRUR Int. 2005, 42, 43 – *Nichols*.

[21] EuGH GRUR a.a.O.

[22] BPatG, Beschluss vom 15. 3. 2002, 33 W (pat) 212/00.

[23] BPatG a.a.O.

[24] BPatG, Beschluss vom 23. 5. 2007, 29 W (pat) 106/06 – *Mirabeau*; BPatG, Beschluss vom 23. 5. 2007, 29 W (pat) 35/06 – *Ringelnatz*.

Verkehr den Namensträger nicht als Herkunft ansieht, sondern annehmen muss, der Name sei nur gegen Entgelt für Werbemaßnahmen zur Verfügung gestellt worden oder er nimmt einen Imagetransfer vor, ohne den Sportler als Hersteller der Waren zu sehen. Bei Musikern müssen Einschränkungen hinsichtlich Waren und Dienstleistungen gemacht werden, die sich als inhaltsbeschreibend für deren Tätigkeit darstellen. Bei Schauspielern gelten diese Einschränkungen im Hinblick auf die Waren und Dienstleistungen aus dem Film- oder Theaterbereich. Darüber hinaus sind mit dem BPatG – unabhängig von dem jeweiligen Tätigkeitsbereich – solche Artikel von der Eintragung ausgeschlossen, die vom **Imagetransfer** des Publikums „leben", wie etwa die üblichen **Merchandisingprodukte** T-Shirts, Poster, Tassen etc. Anderes dürfte hingegen etwa für Parfums gelten, da der Verkehr hier bereits seit langem daran gewöhnt ist, dass Prominente, wie etwa Gabriella Sabatini, solche Produkte unter ihrem eigenen Namen vertreiben.

10   Abweichend müssen dagegen Fälle beurteilt werden, in denen die Person **in Zusammenhang mit von ihr hergestellten Waren bekannt geworden** ist, wie etwa „Wolfgang Joop" oder „Jil Sander". Hier verbindet der Verkehr den Namen mit einem bestimmten Geschäftsbetrieb und mit bestimmten Waren. Sofern man diese Erwägungen auch auf **Dienstleistungen** ausdehnt, müsste Unterscheidungskraft etwa auch für den Namens eines Sängers für „Gesangsdienstleistungen" oder „Konzerte" bejaht werden, da ein Sänger solche Dienstleistungen erbringt und gegenüber dem Veranstalter auch abrechnet. Wie das BPatG solche Fälle künftig löst, bleibt mit einiger Spannung zu erwarten.

11   Die obigen Beschränkungen gelten im Übrigen auch für bekannte **Bühnennamen, Pseudonyme** oder **Spitznamen**. Auch **allgemein bekannte „Musternamen"**, die auf Formblättern und Vordrucken auf austauschbare, beliebige Personen hinweisen, wie etwa dem Namen „Max Mustermann", wird ebenfalls Unterscheidungskraft abgesprochen.[25]

12   **b)** Gleiches gilt für **verstorbene Personen der Zeitgeschichte**. Hier geht die „Marlene Dietrich" Rechtsprechung des BGH zwar davon aus, dass im Regelfall die Erben als Träger der vermögenswerten Persönlichkeitsbestandteile deren Nutzung gegen Entgelt zugestimmt haben.[26] Folglich wird teilweise angenommen, dieses potentielle Lizenzverhältnis begründe den Hinweis auf eine bestimmte betriebliche Herkunft und folglich die konkrete Unterscheidungskraft im Sinne von § 8 Abs. 2 Nr. 1 MarkenG.[27]

Eine solche Vermutung kann jedoch im markenrechtlichen Eintragungsverfahren nicht uneingeschränkt gelten, da die Frage der Unterscheidungskraft mit Blick auf die konkret beanspruchten Waren und Dienstleistungen beurteilt werden muss. Selbst wenn man unterstellt, dass dem angesprochenen Verkehr bekannt ist, dass Prominente ihren Namen für Werbemaßnahmen zur Verfügung stellen, so begründet dies keinen Herkunftshinweis im Sinne von § 8 Abs. 2 Nr. 1 MarkenG für Waren und Dienstleistungen, die den Tätigkeitsbereich der betreffenden Person beschreiben. Bei Merchandisingartikeln begründet der Imagetransfer, der vom Verkehr bei diesen Artikeln vorgenommen wird, ebenfalls keinen Herkunftshinweis.[28]

Ein unmittelbar beschreibender Bezug zum Tätigkeitsfeld des Namensträgers wurde vom BPatG allerdings unlängst hinsichtlich „Sir Peter Ustinov" für das „Sammeln von Spenden, finanzielle Förderung und finanzielles Sponsoring" trotz diverser karitativer Tätigkeiten des Namensträgers verneint.[29]

13   **c) Namen allgemein bekannter historischer Persönlichkeiten** fallen unter das kulturelle Erbe der Allgemeinheit. Folglich ordnet sie der Verkehr regelmäßig auch nicht einem konkreten Geschäftsbetrieb zu.[30] Dessen ungeachtet muss in jedem Einzelfall auch

---

[25] BPatG, Beschluss vom 30. 12. 2004, 32 W (pat) 28/06 – *Max Mustermann*.
[26] BPatG GRUR 2006, 591 – *Georg Simon Ohm*; *Götting* GRUR 2001, 615, 620.
[27] *Götting* a.a.O.
[28] BPatG 2006, 333, 335f. – *Porträtfoto Marlene Dietrich*.
[29] BPatG, Beschluss vom 11. 10. 2005, 33 W (pat) 17/05 – *Sir Peter Ustinov*.
[30] BPatG GRUR 1998, 1021f. – *Mona Lisa*.

auf die Reichweite der Bekanntheit und auf die beanspruchten Waren und Dienstleistungen abgestellt werden. Je nach Bildungsniveau des angesprochenen Verkehrs ergeben sich hier sicher eklatante Unterschiede. Bei gängigen Waren sollte auf ein durchschnittliches Bildungsniveau abgestellt werden. Folglich sind nur die Namen solcher historischer Personen von der Eintragung ausgeschlossen, die dem angesprochenen Verkehr tatsächlich auch bekannt sind. Fehlt es an einer allgemeinen Bekanntheit, bejaht das BPatG Unterscheidungskraft.[31]

Weiter kann im Einzelfall auch maßgeblich sein, ob **Markenschutz für den Vor- und** **14** **Nachnamen beansprucht** wird oder aber nur für den isolierten Nachnamen, mit dem der Verkehr keine bekannte historische Persönlichkeit verbinden kann. Folglich wurde etwa die Eintragbarkeit des Namens „Kafka" für Dienstleistungen im Gastronomiebereich bejaht.[32] Weiter sah das BPatG eine hinreichende Unterscheidungskraft des Namens „Mirabeau" für Druckereierzeugnisse sowie Datenträger aller Art als gegeben an und begründete dies damit, dass „Mirabeau" vom angesprochenen Verkehr nicht als ausschließlicher Hinweis auf den Namen des französischen Politikers, Physiokraten und Publizisten Honoré Gabriel du Riqueti, Comte de Mirabeau aufgefasst würde und dass folglich kein klarer und eindeutiger Aussagegehalt im Hinblick auf die beanspruchten Waren vorliege.[33]

In Bezug auf „Ringelnatz" stellt das BPatG bei der Bewertung der Schutzerstreckung **15** einer internationalen Marke für Waren und Dienstleistungen der Klassen 9, 16 und 41 dagegen fest, dass dem angesprochenen Verkehr das Pseudonym des Schriftstellers und Malers Hans Bötticher bekannt sei. Folglich wurde die konkrete Eignung, vom Verkehr als Unterscheidungsmittel für die angemeldeten Waren und Dienstleistungen eines Unternehmens gegenüber anderen Unternehmern aufgefasst zu werden, verneint.[34] Unter Zugrundelegung der „Porträtfoto Marlene Dietrich" Entscheidung kam das Gericht zur Ansicht, dass das angesprochene Publikum in dem Namen des verstorbenen Schriftstellers auch im Hinblick auf Waren, die urheberrechtlich geschützt sein können, lediglich eine Urheberbezeichnung und folglich einen Hinweis auf das Werk, nicht jedoch einen Hinweis auf eine bestimmte Betriebsstätte sehe.[35] Nach Auffassung des Gerichts rechtfertigen auch etwaige bestehende urheberrechtliche Verwertungsrechte der Markeninhaberin sowie das Vorliegen des Einverständnisses der Erben von Ringelnatz mit der internationalen Markenregistrierung kein anderes Ergebnis. Dem BPatG ist zuzugestehen, dass dem deutschen Markenrecht eine Vorschrift fehlt, welche die Eintragung von Personennamen oder Persönlichkeitsmerkmalen nur mit Zustimmung dieser Person oder der Erben gestattet, wie etwa Art. 21 Abs. 2 des italienischen Markengesetzes.[36] Da die fehlende Einwilligung des Namensträgers keinen Zurückweisungsgrund darstellt, kann auch umgekehrt das Einverständnis des Rechteinhabers in die Markenanmeldung für sich gesehen keinen Eintragungsanspruch begründen.[37]

Nach alledem steht der Eintragung von **Namen allgemein bekannter historischer** **16** **Persönlichkeiten** wie etwa Johann Sebastian Bach, Ludwig van Beethoven oder Johann Wolfgang von Goethe, § 8 Abs. 1 Nr. 2 MarkenG entgegen.[38] Ausnahmen macht das BPatG im Hochschulbereich, da die Zahl von Hochschulen überschaubar sei und diese bereits vielfach aufgrund gesetzlicher Regelungen oder kraft Tradition die Namen historischer Personen führen.[39]

---

[31] BPatG, Beschluss vom 17. 7. 2007, 33 W (pat) 124/04 – *Warburg*; BPatG, Beschluss vom 17. 7. 2007, 33 W (pat) 123/04 – *Warburg Bank*.
[32] BPatG, Beschluss vom 10. 4. 2003, 25 W (pat) 255/01 – *Kafka*.
[33] BPatG, Beschluss vom 23. 5. 2007, 29 W (pat) 106/06 – *Mirabeau*.
[34] BPatG, Beschluss vom 23. 5. 2007, 29 W (pat) 35/06 – *Ringelnatz*.
[35] BPatG a.a.O.
[36] BPatG a.a.O.
[37] BPatG a.a.O.
[38] *Götting* GRUR 2001, 615, 620.
[39] BPatG GRUR 2006, 591, 592 – *Georg Simon Ohm*.

17   Diese Problematik wurde in der deutschen und europäischen Eintragungspraxis bislang uneinheitlich gelöst. Das Harmonisierungsamt für den Binnenmarkt sah beispielsweise den Namen „Mozart" mangels bestehender Unterscheidungskraft für nicht eintragbar an.[40] Das BPatG bejahte demgegenüber in einer älteren Entscheidung Unterscheidungskraft für den Begriff „Mozartkugeln".[41] Für „Richard Wagner" wurde dagegen die erforderliche Unterscheidungskraft verneint.[42] Auch das Oberlandesgericht München sah in der „Mozart" Entscheidung im Hinblick auf den Nachnamen des verstorbenen Komponisten Unterscheidungskraft nach Art. 7 lit. b der Gemeinschaftsmarkenverordnung für gegeben an.[43] Auch „Johann Sebastian Bach" wurde in der Vergangenheit erfolgreich als Marke eingetragen und war Gegenstand eines Verletzungsverfahrens.[44] In einer jüngeren Entscheidung aus dem Jahr 2007 verneinte das BPatG Unterscheidungskraft des Namens „Karl May" für Waren und Dienstleistungen, die das Leben, das künstlerische Schaffen oder die Person von Karl May zum inhaltlichen Gegenstand haben können. Für andere Warenbereiche, wie etwa Bekleidungsstücke, Schuhwaren oder Süßwaren wurde demgegenüber Unterscheidungskraft im Sinne von § 8 Abs. 2 Nr. 2 MarkenG angenommen.[45]

18   **d) Namen bekannter Romanfiguren** sprechen sowohl das BPatG als auch der BGH die erforderliche Unterscheidungskraft ab.[46] Dem liegt die Erwägung zugrunde, dass ein Buchtitel vom Verkehr nicht als Hinweis auf einen bestimmten Geschäftsbetrieb, sondern nur als Mittel zur Unterscheidung eines Buches von einem anderen angesehen wird. Abweichend wurden dagegen die Namen „Asterix" und „Obelix" beurteilt. Beide Marken waren bereits mehrfach Gegenstand von Verletzungsverfahren.[47] Romanfiguren, die nicht so bekannt sind, dass der angesprochene Verkehr diese als Inhaltsangabe ansieht oder ihnen einen bestimmten Symbolwert zuordnet, können ebenfalls als Marke eingetragen werden. So wurde die Eintragbarkeit von „Der kleine Eisbär" bejaht.[48]

3. Die Signatur einer Person

19   Im „Franz-Marc-Beschluss" bejahte das BPatG Unterscheidungskraft nach § 8 Abs. 2 Nr. 1 MarkenG im Hinblick auf **Künstlersignaturen** für solche Waren, auf denen die Arbeiten des Künstlers nicht in einer Weise reproduziert werden können, dass sie „wesensbestimmendes Merkmal" der Ware selbst werden.[49] Bei Signaturen **allgemein bekannter historischer Persönlichkeiten** lässt sich allerdings ein herkunftshinweisender Bezug zu einem bestimmten Unternehmen wohl kaum herleiten. Maßgeblich ist wieder, ob die Person einen solchen Bekanntheitsgrad erreicht hat, dass sie dem konkret angesprochenen Verkehr ein Begriff ist. Hierbei spielt das Bildungsniveau des Verkehrs eine nicht unerhebliche Rolle. Im Hinblick auf die Signatur von „Leonardo Da Vinci" gelangte das BPatG im Jahr 2007 zu Recht zur Ansicht, dass der angesprochene Verkehr die Unter-

---

[40] HABM, Beschluss vom 8. 9. 2006, R009 97/05-2. Ebenso wurde der Begriff „Mozartspezialitäten" bewertet, vergleiche HABM, Beschluss vom 2. 5. 2006, R009 5/05-2.

[41] BPatG, Beschluss vom 22. 1. 2003, 32 W (pat) 265/01 – *Mozartkugeln.*

[42] BPatG, Beschluss vom 10. 4. 2000, 32 W (pat) 420/99 – *Richard Wagner.*

[43] OLG München GRUR-RR 2002, 12f. – *Mozart.*

[44] OLG Dresden NJW 2001, 615ff. – *Johann Sebastian Bach.* Das Gericht war hierbei an der Markeneintragung durch das DPMA gebunden und hatte nur darüber zu entscheiden, ob Verwechslungsgefahr im Sinne von § 14 MarkenG gegeben war. Diese wurde jedoch unter anderem mit der Erwägung verneint, dass der eingetragenen Marke nur eine sehr schwache Kennzeichnungskraft zukommt. Weiter bestand nach Auffassung des Gerichts ein erhebliches Freihaltebedürfnis für die Allgemeinheit, da „Bach" ein Teil des öffentlichen Erbes sei.

[45] BPatG, Beschluss vom 23. 10. 2007, 32 W (pat) 28/05 – *Karl May.*

[46] BGH ZUM 2003, 297ff. – *Winnetou;* BPatG 42, 250, 255ff. – *Winnetou.*

[47] EuGH, GRUR 2004, 138 – *Asterix/Starix;* OLG Hamburg GRUR-RR 2006, 408 – *Obelix;* OLG München NJOZ 2003, 830ff. – *Obelix/Mobilix.*

[48] BPatG GRUR 2006, 593 – *Der kleine Eisbär.*

[49] BPatGE 42, 275, 280ff. – *Franz Marc.*

schrift des weltbekannten Künstlers und Wissenschaftlers nicht als betrieblichen Herkunftshinweis auffasst, und verneinte daher warenübergreifend die erforderliche Unterscheidungskraft.[50]

Bei **Signaturen lebender Personen sowie verstorbener Personen der Zeitge-** **20** **schichte** ist zunächst davon auszugehen, dass dem Namen einer Person von sich aus Unterscheidungskraft zukommt, die durch die besondere Individualität der Signatur sogar noch verstärkt wird.[51] Einschränkungen müssen mit dem BPatG wieder bei solchen Waren gemacht werden, auf denen die Signatur oder die Werke des Künstlers in einer Weise reproduziert werden können, dass sie wesensbestimmendes Merkmal dieser Waren werden. Mit der „Marlene Dietrich Porträtfoto" Entscheidung des BPatG ist weiter davon auszugehen, dass auch im Hinblick auf übliche Merchandisingwaren, wie etwa T-Shirts, Tassen etc., vom Verkehr kein Bezug auf ein bestimmtes Unternehmen hergestellt wird.[52] Gleiches gilt für solche Waren und Dienstleistungen, welche die Person oder deren Tätigkeitsbereich unmittelbar beschreiben. Folglich dürfte die Eintragung von Signaturen auch in diesem Bereich künftig ausgeschlossen sein, sofern der BGH die vom BPatG eingeschlagene Richtung im Beschwerdeverfahren zum Beschluss „Marlene Dietrich Porträtfoto" nicht korrigiert.

4. Die Stimme einer Person

In Bezug auf Hörmarken liegt Unterscheidungskraft vor, wenn feststeht, dass das Hör- **21** zeichen vom Verkehr als Kennzeichen und nicht nur als lautliche Untermalung aufgefasst wird.[53] Die akustische Wiedergabe eines nicht unterscheidungskräftigen, insbesondere eines beschreibenden oder rein werbemäßigen Textes begründet daher nicht die Eintragungsfähigkeit als Marke.[54] Abweichend werden unterscheidungskräftige Texte mit zusätzlichen phonetischen Effekten, etwa einer eingängigen Melodie, beurteilt.[55]

III. Freihaltebedürfnis, § 8 Abs. 2 Nr. 2 MarkenG

Ein Freihaltebedürfnis im Sinne von § 8 Abs. 2 Nr. 2 MarkenG schließt solche Marken **22** von der Eintragung aus, die ausschließlich aus Angaben bestehen, die vom angesprochenen Verkehr zur Bezeichnung der Beschaffenheit, des Wertes oder sonstigen Merkmalen von Waren oder Dienstleistungen benutzt werden. § 8 Abs. 2 Nr. 2 MarkenG erfasst auch Zeichen, bei denen Besorgnis besteht, dass diese in der Zukunft als Sachangabe verwendet werden.[56] Freihaltebedürftig sind zwar nur eindeutig beschreibende Angaben.[57] § 8 Abs. 2 Nr. 2 MarkenG steht der Eintragung jedoch bereits dann entgegen, wenn das Zeichen zumindest in einer seiner möglichen Bedeutungen ein Merkmal der beanspruchten Waren oder Dienstleistungen beschreibt.[58] § 8 Abs. 2 Nr. 2 MarkenG erfasst zudem alle beschreibenden Zeichen und Angaben und ist nicht auf unersetzliche Angaben beschränkt, für die keine Alternativen bestehen.[59] Weiter spielt es keine Rolle, ob wesentliche oder nur nebensächliche Eigenschaften der Waren oder Dienstleistungen beschrieben werden, da § 8 Abs. 2 Nr. 2 MarkenG beschreibende Angaben oder Zeichen jeder Art vom Markenschutz ausschließt – unabhängig von deren wirtschaftlicher Bedeutung.[60]

---

[50] BPatG, Beschluss vom 24. 10. 2007, 28 W (pat) 103/06 – *Leonardo Da Vinci.*
[51] BPatGE 42, 275, 280ff. – *Franz Marc.*
[52] BPatG GRUR 2006, 333, 335f. – *Porträtfoto Marlene Dietrich.*
[53] Ströbele/Hacker/*Ströbele* § 8 Rn. 171.
[54] Ströbele/Hacker/*Ströbele* a.a.O. Rn. 174.
[55] Ströbele/Hacker/*Ströbele* a.a.O.
[56] BGH 2002, 61ff – *AC.*
[57] BGH WRP 2001, 692, 694ff. – *Test it.*
[58] EuGH GRUR 2004, 146, 147f. – *Doublemint;* BGH GRUR 2003, 343f. – *Buchstabe Z.*
[59] Ströbele/Hacker/*Hacker* § 8 Rn. 192.
[60] EuGH GRUR 2004, 680, 681 – *Biomild.*

1. Das Bildnis einer Person

23   Bei **Bildnissen bekannter Persönlichkeiten** stellt die jüngste Spruchpraxis des
BPatG darauf ab, ob das Bild in einer seiner möglichen Bedeutungen ein Merkmal der
beanspruchten Waren oder Dienstleistungen beschreibt.[61] In der Entscheidung „Porträtfoto Marlene Dietrich" wurde folglich ein Freihaltebedürfnis für ein schwarz-weiß Foto
von Marlene Dietrich für solche Waren und Dienstleistungen angenommen, die sich thematisch mit den Filmen, den Liedern und dem Leben oder insgesamt mit der Person
Marlene Dietrich befassen oder befassen können.[62] Das BPatG grenzte sich hier deutlich
von dem im Jahr 1999 ergangenen Beschluss „Michael Schumacher Porträtfoto" ab, in
dem warenübergreifend ein Freihaltebedürfnis mit der Begründung abgelehnt worden
war, die Verfügungsmacht über das eigene Bild liege grundsätzlich nur bei dem Abgebildeten und auch die Notwendigkeit einer redaktionellen Befassung mit der abgebildeten
Person könne kein Freihaltebedürfnis begründen, da eine solche Berichterstattung stets
über § 23 Abs. 1 Nr. 1 KUG gerechtfertigt wäre.[63]

24   Die jüngste Rechtsprechung des BGH begrenzt den postmortalen Schutz von Persönlichkeitsmerkmalen gegen rein wirtschaftliche Eingriffe analog § 22 S. 2 KUG auf einen
Zeitraum von 10 Jahren nach dem Tod des Abgebildeten.[64] Mithin spricht einiges dafür,
Bildnisse lebender Personen und verstorbene Personen der Zeitgeschichte, denen
(noch) der postmortale Schutz des KUG zukommt, gleich zu behandeln und in beiden
Fällen darauf abzustellen, ob sich die beanspruchten Waren und Dienstleistungen thematisch mit dem Leben oder dem Tätigkeitsbereich der dargestellten Person befassen.

25   Gemeinfrei gewordene Bildnisse **bekannter verstorbener Personen der Zeitgeschichte sowie Abbildungen allgemein bekannter historischer Persönlichkeiten**
fallen in das kulturelle Erbe der Allgemeinheit, sodass hier ein generelles Freihaltebedürfnis der Registrierung entgegenstehen dürfte.

2. Der Name einer Person

26   **a)** Ein Freihaltebedürfnis besteht auch bei **Namen lebender Personen** im Hinblick
auf Waren und Dienstleistungen aus dem Tätigkeitsbereich der Namensträger. Im Übrigen greifen die oben dargestellten Beschränkungen der „Porträtfoto Marlene Dietrich"
Entscheidung, die auch im „Ringelnatz" Beschluss bestätigt wurden.[65] Waren und
Dienstleistungen, die sich thematisch mit dem Tätigkeitsbereich oder dem Leben der Person befassen können, sind dementsprechend freihaltebedürftig.[66] Folglich steht nach Auffassung des BPatG § 8 Abs. 2 Nr. 2 MarkenG der Eintragung von Personenmarken gerade
für diejenigen Waren und Dienstleistungen entgegen, welche die Bekanntheit der jeweiligen Person ausmachen. Gleiches gilt für bekannte **Bühnennamen, Pseudonyme** oder
Spitznamen. Die Rechtsbeschwerde gegen die Entscheidung „Marlene Dietrich Porträtfoto" war bei Redaktionsschluss noch beim BGH anhängig.

27   **b)** Auch bei **verstorbenen Personen der jüngeren Zeitgeschichte** gelten die oben
dargestellten Beschränkungen. Im Hinblick auf „Rainer Werner Fassbinder" wurde zwar
ein Freihaltebedürfnis für Dienstleistungen im Theater und Kinobereich sowie für Film-
und Fernsehproduktion verneint.[67] Das BPatG begründete seine Entscheidung unter anderem mit der Erwägung, dass niemand ernsthaft annehme, dass z. B. ein „Goethe Theater" ausschließlich die Werke dieses Schriftstellers spielt, sondern dass die Vorstellung nahe
liege, mit einer solchen Bezeichnung werde der betreffende Künstler geehrt. Von dieser

---

[61] BPatG GRUR 2006, 333, 334ff. – *Porträtfoto Marlene Dietrich.*
[62] BPatG GRUR 2006 a.a.O.
[63] BPatG a.a.O.
[64] BGH GRUR 2007, 168, 169f. – *kinski.klaus.de*
[65] BPatG GRUR 2006, 333, 334f. – *Porträtfoto Marlene Dietrich*; BPatG, Beschluss vom 23. 5.
2007, 29 W (pat) 35/06 – *Ringelnatz.*
[66] BPatG GRUR 2006 a.a.O.
[67] BPatG, Beschluss vom 1. 12. 2004, 32 W (pat) 388/02 – *Rainer Werner Fassbinder.*

Entscheidung hat sich das BPatG im „Porträtfoto Marlene Dietrich" Beschluss allerdings deutlich abgegrenzt.[68]

c) Im Hinblick auf **Namen historischer Persönlichkeiten** besteht ein Freihalte- **28** bedürfnis jedenfalls für Waren und Dienstleistungen, welche die betreffende Person darstellen bzw. als thematischen Mittelpunkt haben können.[69] Bei **allgemein bekannten historischen Persönlichkeiten** spricht viel für ein allgemeines, umfassendes Freihaltebedürfnis. Zu Recht wurde folglich die Eintragung von „Mozart", „Mozartkugeln", „Mozartspezialitäten" und für „Richard Wagner" abgelehnt.[70] Ausnahmen werden wieder im Hochschulbereich gemacht. Hinsichtlich „Georg Simon Ohm" gelangte das BPatG zur Auffassung, dass im Fach „Elektrotechnik" niemand ernsthaft erwarte, dass die „Ohmschen Lehren" den ausschließlichen oder auch nur schwerpunktmäßigen Inhalt von Vorlesungen, Übungen oder Seminaren bilden, und verneinte ein Freihaltebedürfnis.[71]

Abweichungen können sich ergeben, sofern **nicht der vollständige Zu- und Nach- 29 name** einer bekannten historischen Persönlichkeit angemeldet wird und der angesprochene Verkehr beispielsweise den Nachnamen nicht ohne weiteres als unmittelbaren Hinweis auf eine bestimmte Person ansieht. So hat das BPatG etwa für „Kafka" ein Freihaltebedürfnis für Dienstleistungen aus dem Gastronomiebereich verneint.[72]

d) In den „Winnetou" Entscheidungen sahen sowohl das BPatG als auch der BGH den **30** Namen der Karl May Romanfigur als reine Inhaltsbeschreibung für die beanspruchten Waren und Dienstleistungen „Filmproduktion; Veröffentlichung und Herausgabe von Büchern und Zeitschriften sowie Druckereierzeugnisse" an und bejahten folglich ein Freihaltebedürfnis für **Namen bekannter Romanfiguren.** Der Umstand, dass die Antragstellerin sich auf bestehenden Werktitelschutz an dieser Bezeichnung berufen hatte, wurde von beiden Gerichten als unbeachtlich angesehen.[73] Bei Romanfiguren, die nicht so bekannt sind, dass sie vom Verkehr als Inhaltsangabe angesehen oder mit bestimmten herausragenden Eigenschaften der Figur verbunden werden, besteht dagegen kein Freihaltebedürfnis.[74]

3. Die Signatur einer Person

Im Hinblick auf **Künstlersignaturen** bejaht das BPatG ein Freihaltebedürfnis für **31** Waren, auf denen die Signatur oder die Werke des Künstlers in einer Weise reproduziert werden können, dass sie wesensbestimmende Merkmale der Ware selbst werden. Weiter muss mit der jüngsten Spruchpraxis des BPatG wieder darauf abgestellt werden, ob sich die beanspruchten Waren oder Dienstleistungen thematisch mit den der betreffenden Person befassen könnten.[75] Die „Marlene Dietrich Porträtfoto" Entscheidung des BPatG war allerdings bei Redaktionsschluss nicht durch den BGH **bestätigt.**

4. Die Stimme einer Person

Bei Hörmarken kommt ein Freihaltebedürfnis im Sinne von § 8 Abs. 2 Nr. 2 MarkenG **32** insbesondere dann in Betracht, wenn der wiedergegebene Text einen für die beanspruchten Waren oder Dienstleistungen unmittelbar beschreibenden Sinngehalt hat.[76] Die bloße

---

[68] BPatG GRUR 2006, 333, 334ff. – *Porträtfoto Marlene Dietrich.*

[69] BPatG GRUR 2004, 432 – *Furndsberg.*

[70] HABM, Beschluss vom 8. 9. 2006 – R0097/05-2 – *Mozart*; HABM, Beschluss vom 8. 9. 2006, R0102/05-2 – *Mozartkugeln*; HABM, Beschluss vom 2. 5. 2006, R0095/05-2 – *Mozartspezialitäten*; BPatG, Beschluss vom 12. 4. 2000, 32 W (pat) 420/99.

[71] BPatG GRUR 2006, 591, 592 – *Georg Simon Ohm.*

[72] BPatG Beschluss vom 10. 4. 2003, 25 W (pat) 255/01.

[73] BGH ZUM 2003, 297ff. – *Winnetou*, BPatGE 42, 250, 254ff. – *Winnetou.*

[74] BPatG GRUR 2006, 593 – *Der kleine Eisbär.*

[75] BPatG GRUR 2006, 333, 334 f. – *Porträtfoto Marlene Dietrich.*

[76] Ströbele/Hacker/*Ströbele* § 8 Rn. 283.

akustische Untermalung kann auch in diesem Zusammenhang nicht die Eintragungsfähigkeit begründen.

IV. Gattungsbezeichnungen, § 8 Abs. 2 Nr. 3 MarkenG

33   § 8 Abs. 2 Nr. 3 MarkenG steht der Eintragung solcher Marken entgegen, die ausschließlich aus Zeichen oder Angaben bestehen, die im allgemeinen Sprachgebrauch oder den täglichen Verkehrsgepflogenheiten zur Bezeichnung der beanspruchten Waren oder Dienstleistungen **üblich geworden** sind. Erfasst werden Gattungsbezeichnung oder solche Angaben, die, ohne Gattungsbezeichnung zu sein, zur Kennzeichnung von beanspruchten Waren oder Dienstleistungen dem Verkehr üblich geworden sind.[77] Diese Problematik stellt sich bei der Eintragung von Persönlichkeitsmerkmalen in der Regel nur bei Produktbezeichnungen, die den Namen eines Prominenten enthalten, wie etwa „Mozartkugeln".[78]

V. Täuschungsgefahr, § 8 Abs. 2 Nr. 4 MarkenG

34   Infolge Täuschungsgefahr wird die Eintragung solcher Zeichen abgelehnt, die geeignet sind, das Publikum über die Art, die Beschaffenheit oder die geographische Herkunft der Waren und Dienstleistungen zu täuschen. Im nationalen Anmeldeverfahren wird nach § 37 Abs. 3 MarkenG die Anmeldung jedoch nur dann zurückgewiesen, wenn eine „ersichtliche Eignung zur Täuschung" vorliegt, eine umfangreiche Detailprüfung wird nicht vorgenommen.

Die Problematik der Täuschungsgefahr stellt sich bei personenbezogenen Marken in Fällen, in denen **Dritte** den Namen oder das Bildnis eines Prominenten als Marke anmelden. Das US-amerikanische Markenrecht greift dem vor und untersagt die Anmeldung von Marken, die ganz oder zum Teil aus Namen, Bildnissen oder der Unterschrift einer lebenden Person oder eines verstorbenen amerikanischen Präsidenten bestehen. Hier muss die vorherige Zustimmung des Rechtsträgers eingeholt werden.[79] Das BPatG verneint dagegen eine Täuschungsgefahr bei der Anmeldung personenbezogener Marken durch Dritte mit der Erwägung, dass die Verwendung des Namens eines Prominenten durch Dritte lediglich den Schluss zulasse, der Namensträger habe mit dem betreffenden Unternehmen einen Werbevertrag abgeschlossen und sei allenfalls Abnehmer der fraglichen Waren.[80] Dem ist zuzustimmen, zumal im kursorischen Eintragungsverfahren nicht ausgeschlossen werden kann, dass zwischen dem Anmelder und dem Rechtsträger tatsächlich geschäftliche Beziehungen bestehen.[81] Der Rechtsträger kann bei unberechtigten Eintragungen das Löschungsverfahren nach §§ 55, 13 Abs. 2 MarkenG einleiten.[82]

---

[77] Ströbele/Hacker/*Ströbele* a.a.O. Rn. 295ff.

[78] OLG München GRUR-RR 2002, 12ff. – *Mozart*; HABM Beschluss vom 8. 9. 2006, R 0102/05-2 – *Mozartkugeln*; *Götting* GRUR 2001, 615, 620ff.

[79] 15 USC § 1052 (a) sowie (b).

[80] BPatGE 29, 89, 91ff. – *BORIS.*

[81] BPatG NJWE WettbR 1999, 153, 154 – *Michael Schumacher Porträtfoto.*

[82] Siehe unten Rn. 39 f.

VI. Verstoß gegen die öffentliche Ordnung, § 8 Abs. 2 Nr. 5 MarkenG

Verstöße gegen die „öffentliche Ordnung" und die „guten Sitten" spielen bei der Ein- **35** tragung von personenbezogenen Marken nur selten eine Rolle. Im „Mona Lisa" Beschluss lässt das BPatG offen, ob auch § 8 Abs. 2 Nr. 5 MarkenG der Anmeldung der original-getreuen Wiedergabe des Kunstwerkes von Da Vinci entgegensteht, meldet hiergegen jedoch erhebliche Bedenken an.[83] Der Begriff der „öffentlichen Ordnung" erfasst auch die Gesamtheit aller formell und materiell rechtmäßig zustande gekommener Gesetze und folglich auch Art. 1 und 2 GG sowie § 12 BGB und §§ 22, 23 KunstUrhG.[84]

Sowohl der Name als auch das Bildnis einer Person unterfallen jedoch den „sonstigen Rechten" im Sinne von § 13 MarkenG, die im Anmeldeverfahren nicht geprüft werden und auch nicht zum Widerspruch berechtigen. Eine umfassende Prüfung dieser Rechte wäre im kursorischen Eintragungsverfahren auch nicht möglich. Eine Vorverlagerung der Prüfung des Persönlichkeitsschutzes unter dem Gesichtspunkt der öffentlichen Ordnung lässt sich folglich nicht mit der vom Gesetzgeber vorgenommenen Differenzierung zwischen absoluten und relativen Schutzhindernissen vereinbaren.[85]

Ein Verstoß gegen die öffentliche Ordnung kommt dagegen bei der Anmeldung von **36** **Namen und Bildnissen von Repräsentanten des Staates** in Betracht.[86] Gleiches gilt für Fälle, in denen eine **herabwürdigende oder diffamierende Bezugnahme** auf eine bestimmte Person vorliegt, da hier ein offensichtlicher Verstoß gegen die guten Sitten besteht, oder wenn Persönlichkeitsmerkmale von Kriegsverbrechern, Massenmördern oder Terroristen als Marke angemeldet werden – wie etwa das Zeichen „Bin Ladin".[87]

VII. Bösgläubige Markenanmeldungen, § 8 Abs. 2 Nr. 10 MarkenG

Bösgläubige Markenanmeldungen werden gemäß §§ 8 Abs. 2 Nr. 10 i.V.m. 37 Mar- **37** kenG ebenfalls nur dann zurückgewiesen, wenn die Bösgläubigkeit offensichtlich ist. Die Anmeldung einer Marke wird als missbräuchlich und folglich als bösgläubig angesehen, wenn sie ohne sachlich gerechtfertigten Grund zur Erreichung einer dem Markenrecht fremden und zu missbilligenden Zielsetzung erfolgt, die auf eine unlautere Behinderung eines Zeichenbenutzers oder auf die Übernahme oder jedenfalls auf eine Störung seines Besitzstandes hinausläuft.[88] Der zweckfremde Einsatz einer Marke als Mittel des Wettbewerbskampfes braucht nicht der einzige Beweggrund der Anmeldung zu sein, es reicht aus, dass dieser das wesentliche Motiv war.[89] Ein Indiz für die Rechtsmissbräuchlichkeit liegt vor, wenn die Marke für die unterschiedlichsten Warenklassen ohne ernsthaften Benutzungswillen angemeldet wird.[90] Der Benutzungswille des Anmelders kann jedoch im Rahmen des Eintragungsverfahrens nicht hinreichend überprüft werden. § 25 MarkenG gewährt dem Anmelder zudem eine 5-jährige Benutzungsschonfrist. Mit der **Recht-**

---

[83] BPatG GRUR 1998, 1023 – *Mona Lisa.*

[84] *Boeckh* a.a.O.

[85] *Götting* GRUR 2001, 615, 621f.

[86] *Boeckh* GRUR 2001, 29, 32.

[87] HABM, Beschluss vom 29. 9. 2004, R0176/04-2 – *Bin Ladin.* Das Amt stellte bei der Ablehnung der Eintragung unter anderen darauf ab, dass der Name „Bin Ladin" vom Verkehr mit dem Terrorattentat gegen das World Trade Center in New York am 11. 9. 2001 in Verbindung gebracht wird.

[88] BGH GRUR 2000, 1032, 1033 ff. – *EQUI 2000*; BGH GRUR 2001, 2042, 2044 ff. – *Classe E.*

[89] BGH GRUR 1986, 74, 76 – *Shamrock III*; BGH GRUR 1998, 412, 414 – *Analgin.*

[90] BGH GRUR 2001, 242, 244 ff. – *Classe E.* Gleiches gilt, wenn der Anmelder unmittelbar nach der Eintragung Unterlassungs- und Schadensersatzansprüche geltend macht, OLG Hamburg GRUR 1990, 694 – *Conrad Johnson.*

sprechung des BGH wird im Übrigen der Benutzungswille bei der Anmeldung einer Marke grundsätzlich widerlegbar vermutet.[91]

38   Die Anmeldung von Persönlichkeitsmerkmalen bekannter Personen begründet daher nur bei Vorliegen weiterer **offensichtlicher Indizien** eine bösgläubige Markenanmeldung.[92] Abweichend werden dagegen Fälle bewertet, in denen Marken für die Persönlichkeitsmerkmale **verstorbener Prominenter** durch Dritte **unmittelbar nach deren Tod** angemeldet werden.[93]

VIII. Das markenrechtliche Löschungsverfahren

1. §§ 51, 55 i.V.m. § 13 MarkenG

39   §§ 51, 55 i.V.m. § 13 MarkenG bieten dem Berechtigten ein Instrument gegen die unautorisierte **Eintragung seiner Persönlichkeitsmerkmale durch Dritte** vor den ordentlichen Gerichten vorzugehen. Bei der Löschungsklage handelt es sich um eine Kennzeichenstreitsache im Sinne von § 140 MarkenG. Ausschließlich zuständig sind die Spezialkammern der Landgerichte. Löschungsansprüche wurden beispielhaft für die Marken „(Pierre) Brice“ sowie „Marlene“ bejaht.[94] Die Löschungsgründe nach §§ 13 Abs. 1, Abs. 2 Nr. 1, 2 MarkenG können im Verletzungsprozess auch als Einrede geltend gemacht werden.[95]

2. § 50 MarkenG i.V.m. § 8 Abs. 2 Nr. 10 MarkenG

40   Ein Löschungsantrag nach § 50 MarkenG i.V.m. § 8 Abs. 2 Nr. 10 MarkenG wegen **Bösgläubigkeit** kann von jeder Person beim DPMA gestellt werden, sofern das Schutzhindernis zum Zeitpunkt der Antragstellung noch besteht, §§ 50 Abs. 2, 54 Abs. 1 MarkenG. Im Fall einer bösgläubigen Markenanmeldung kann vor den ordentlichen Gerichten auch ein Anspruch nach §§ 3 UWG, 826 BGB auf Einwilligung in die Löschung der Marke geltend gemacht werden. Im Fall einer bösgläubigen Markenanmeldung kann dem Inhaber der Marke ferner der Einwand des Rechtsmissbrauchs nach §§ 826, 242 BGB entgegen gehalten werden.[96]

In der Entscheidung „Johann Sebastian Bach“ wurde die Frage der Bösgläubigkeit offengelassen, da das Gericht eine Markenverletzung bereits aus anderen Gründen verneint hatte.[97] Bei näherer Betrachtung des Tatbestandes der Entscheidung spricht jedoch einiges für eine bösgläubige Markenanmeldung, da der Inhaber der Marke eine Vielzahl anderer Marken angemeldet hatte, kein weitergehendes Vermarktungskonzept nachweisen konnte und der Gegenpartei unmittelbar nach Eintragung der Marke mit „juristischen Konsequenzen“ gedroht hatte.

---

[91] BGH GRUR 2001, 242, 245 – *Classe E.*

[92] Anderer Ansicht: *Kaufmann,* Die Personenmarke, S. 77.

[93] BPatG Beschluss vom 2. 3. 2004, 24 W (pat) 36/02.

[94] LG München, NJW E-WettbeR 1998, 135ff.; LG München GRUR-RR 2001, 161, 163 ff. – *Marlene.* Demgegenüber verneinte das OLG Stuttgart in der Entscheidung „Ivan Rebroff“ den Löschungsanspruch des gleichnamigen Sängers gegen eine für Spirituosen, Liköre, Weine und Schaumweine sowie weinhaltige Getränke eingetragene Wortmarke „Rebroff“ mit der Begründung, der Nachname des Sängers habe nicht den erforderlichen Bekanntheitsgrad. Weiter wurde eine Branchennähe bei den in Frage stehenden Produkten verneint, OLG Stuttgart GRUR-RR 2002, 55, 56ff. – *Ivan Rebroff.*

[95] *Götting* GRUR 2001, 615, 622.

[96] BGH GRUR 2000, 1032, 1033ff. – *EQUI 2000.*

[97] OLG Dresden NJW 2001, 615, 617 – *Johann Sebastian Bach.*

B. Die Verletzung personenbezogener Marken

I. Markenmäßige Nutzung von Personenmarken

Markenrechtliche Ansprüche kommen nur dann in Betracht, wenn der Verletzer das **41** betreffende Zeichen im geschäftlichen Verkehr und zudem als Herkunftshinweis nutzt. Der Begriff der **markenmäßigen Nutzung** wird weit ausgelegt und erfasst auch Fälle, in denen Plagiate mit dem Hinweis verkauft werden, dass es sich nicht um Originalware handele.[98] In der „Arsenal FC" Entscheidung stellte der EuGH fest, dass die Herkunftsgarantie einer Marke nur dann sichergestellt werden könne, wenn die Marke auch gegenüber Konkurrenten geschützt wird, welche die Stellung und den guten Ruf der Marke ausnutzen, da sie Waren verkaufen, die keine Originale sind. § 14 Abs. 3 MarkenG enthält einen nicht abschließenden Katalog von Benutzungstatbeständen, wie etwa das Anbringen des Zeichens auf Waren, ihrer Aufmachung oder ihrer Verpackung (§ 14 Abs. 3 Nr. 1 MarkenG), das Anbieten, Inverkehrbringen und Besitzen von Waren unter dem betreffenden Zeichen (§ 14 Abs. 3 Nr. 2 MarkenG) sowie das Anbieten und Inverkehrbringen von Waren und Dienstleistungen (§ 14 Abs. 2 Nr. 3 MarkenG) oder die Einfuhr und Ausfuhr von solchen Waren (§ 14 Abs. 3 Nr. 4 MarkenG).

Auch die **ornamentale Verwendung fremder Marken**, wie etwa ein großflächiger **42** Aufdruck auf einem T-Shirt, wird von der jüngeren Rechtsprechung als markenmäßige Nutzung angesehen.[99] Dies gilt insbesondere für Fälle, in denen das Zeichen blickfangmäßig herausgestellt wird.[100] Demzufolge müsste eine Markenverletzung auch bei der dekorativen Verwendung von Namen oder Bildnissen Prominenter auf T-Shirts oder auf Merchandising-Artikeln bejaht werden – sofern für solche Waren markenrechtlicher Schutz besteht. Hier entstünde allerdings ein Widerspruch zur jüngsten Spruchpraxis des BPatG, die gerade bei solchen Waren die erforderliche Unterscheidungskraft verneint.[101]

Die Nutzung von **Persönlichkeitsmerkmalen bekannter historischer Personen** **43** kann dagegen nicht als markenmäßige Nutzung angesehen werden, da der Verkehr hier keinen Bezug zu einem bestimmten Unternehmen herstellt. So verneinte auch das OLG Dresden eine markenmäßige Nutzung bei der Verwendung des Namens und des Abbildes des verstorbenen Komponisten Johann Sebastian Bach im Rahmen einer Porzellanserie.[102]

---

[98] EuGH WRP 2002, 1415 – *Arsenal FC*.

[99] OLG Hamburg MarkenR 2005, 332, 334 f. – *Junge Pioniere;* OLG Hamburg GRUR-RR 2006, 224 f. – *Trabi 03*; LG Berlin GRUR-RR 2007, 40, 41 f. – *Stiftung Gentest*. Anderer Ansicht: *Kaufmann,* Die Personenmarke, S. 104. Eine markenmäßige Benutzung muss allerdings dann verneint werden, wenn mehrere Marken als Dekor nebeneinander verwendet werden und die streitgegenständliche Ware zusätzlich (etwa auf einem Etikett oder einem Anhänger) einen erkennbaren Herkunftshinweis auf ein anderes Unternehmen enthält, BGH GRUR 1994, 635 ff. – *Pulloverbeschriftung.*

[100] BGH GRUR 1981, 277, 278 – *Biene Maja*.

[101] Siehe oben Rn. 4 f.

[102] Das OLG Dresden verneinte in der Entscheidung NJW 2001, 615ff. – *Johann Sebastian Bach* eine markenmäßige Benutzung mit der Begründung, dass bei künstlerischen Auseinandersetzungen mit zeitgeschichtlichen Ereignissen und/oder historischen Personen keine kennzeichenmäßige Nutzung vorliege.

II. Voraussetzung der Markenverletzung

1. Kennzeichnungskraft von Personenmarken

44   Die Kennzeichnungskraft einer Marke hat maßgeblichen Einfluss auf deren Schutzumfang und ist abhängig von der besonderen Eigenart und Einprägbarkeit des Zeichens sowie von der **Verkehrsgeltung** und folglich dem Bekanntheitsgrad der Marke **mit Blick auf die beanspruchten Waren und Dienstleistungen.** Personenmarken genießen daher in der Regel nur eine **durchschnittliche Kennzeichnungskraft**, obwohl dem Namen und dem Abbild einer bekannten Person isoliert gesehen eine starke Bekanntheit zukommen kann. Die gesteigerte Kennzeichnungskraft einer personenbezogenen Marke muss demzufolge gesondert unter Beweis gestellt werden.[103] Folglich gehen deutsche Oberlandesgerichte davon aus, dass auch die überragende Bekanntheit der Comicfiguren „Asterix" und „Obelix" nicht automatisch dazu führt, dass die gleichnamigen Marken als bekannte Marken einzustufen sind.[104] Persönlichkeitsmerkmale bekannter historischer Persönlichkeiten sind nach der hier vertretenen Auffassung ohnehin nicht schutzfähig und genießen daher auch im Fall einer Registrierung nur einen erheblich verminderten Schutzumfang.[105]

2. Markenähnlichkeit

45   **a) Bildmarken** genießen keinen allgemeinen Motivschutz. Folglich kann eine Marke, in der ein Motiv verkörpert ist, nur Schutz gegen die Verwendung desselben Motivs beanspruchen, wenn es sich hierbei um eine Darstellung handelt, die mit der älteren Marke als begrifflich oder bildlich ähnlich anzusehen ist.[106] Bildmarken, die sich an einen beschreibenden Inhalt anlehnen, sowie Darstellungen, die der Natur entnommen sind und folglich wenig verfremdende Phantasie aufweisen, haben ebenfalls einen entsprechend niedrigeren Schutzumfang.[107]

Beim **bildlichen Vergleich** zweier Bildzeichen ist ausschlaggebend, ob die konkrete Ausgestaltung der jüngeren Marke den angesprochenen Verkehr hinreichend an das markenrechtlich geschützte Bildnis erinnert, wobei Umrandungen, Verzierungen aber auch die Größe und Farbe der Bilder außer Betracht bleiben müssen.[108] Bei Bildmarken, die Prominente darstellen, kann zudem nicht ohne weiteres davon ausgegangen werden, dass die Gesichtszüge der abgebildeten Person die Marke so stark prägen, dass auch bei erheblich abweichenden Abbildungen ohne weiteres eine bildliche Ähnlichkeit angenommen werden kann.[109] Die bildliche Markenähnlichkeit bleibt demzufolge regelmäßig auf Fälle beschränkt, in denen das angegriffene Zeichen die dargestellte Person in einer Weise wiedergibt, die der älteren Marke ähnelt.

---

[103] HABM, Entscheidung vom 9. 8. 2005, B 270704 – *Diana Princess of Wales/Diana's Crowing Glory.*

[104] OLG München NJOZ 2003, 823f. – *Obelix*; OLG Hamburg GRUR-RR 2006, 408, 410 – *Obelix.* Allerdings hat das Europäische Gericht erster Instanz in zwei Entscheidungen den Marken „Asterix" bzw. „Obelix" hohe Kennzeichnungskraft zugesprochen, EuG GRUR Int. 2004, 138 – *Asterix/Starix*; EuG GRUR Int. 2006, 49 – *Obelix/Mobilix.*

[105] BPatG, Beschluss vom 2. 8. 2000, 28 W (pat) 105/99 – *Bach/Johann Sebastian Bach*; BPatG, Beschluss vom 19. 8. 2004, 32 W (pat) 082/03. Das OLG Frankfurt geht allerdings in der Entscheidung von einer durchschnittlichen Kennzeichnungskraft aus, OLGR Frankfurt 1992, 2004 – *Goethe/ Geheimrat Goethe.* Ebenso: BPatG, Beschluss vom 19. 8. 2004, 32 W (pat) 082/03. Hier führt das BPatG aus, dass eine generelle Kennzeichnungsschwäche von Namen bekannter historischer Persönlichkeiten nicht angenommen werden könne.

[106] Ströbele/Hacker/*Ströbele*, § 9 Rn. 235f. m.w.Nachw.

[107] BGH GRUR 1996, 385, 387 – *Springende Raubkatze.*

[108] BGH GRUR 1964, 71, 75 – *Personifizierte Kaffeekanne.*

[109] Hierbei ist an den Vergleich eines Porträtfotos mit der Darstellung der gesamten Person zu denken.

Beim **begrifflichen Vergleich** unterschiedlicher Darstellungen derselben Person muss dagegen kein breiter, allgemeiner Sinngehalt gefasst werden, um die Gleichheit des Motivs zu begründen. Hier macht es keinen Unterschied, ob nur das Gesicht der Person dargestellt wird oder aber die Person in ihrer Gesamtheit. Weiter umfasst die begriffliche Ähnlichkeit auch Darstellungen von Schauspielern in ihrer Rolle, sofern diese als Person erkennbar bleiben. Allerdings können zusätzliche Bildelemente die angegangene Abbildung entscheidend mitprägen und folglich einen hinreichenden Unterschied begründen. Daher muss in jedem Fall überprüft werden, ob der angesprochene Verkehr das angegriffene Zeichen tatsächlich begrifflich mit der älteren Bildmarke gleichsetzt, insbesondere, ob das jüngere Zeichen von der dargestellten Person geprägt wird.

b) Eine personenbezogene **Bildmarke** kann auch durch die **Verwendung eines** **46** **Wortzeichens** – etwa des Namens der Person – verletzt werden, wenn eine **begriffliche Ähnlichkeit** vorliegt. Dies gilt vor allem dann, wenn der angesprochene Verkehr in dem Bild das jüngere Wortzeichen verkörpert sieht bzw. das Wortzeichen im Bild wiedererkennt.[110] Hierbei ist jedoch notwendig, dass das Wort die „naheliegende, ungezwungene und abschließende Benennung des konkreten Bildes" darstellt.[111] Die bloße Möglichkeit der Wiedererkennung begründet dagegen keine hinreichende begriffliche Ähnlichkeit.[112] Schwierigkeiten bestehen weiter, sofern die Bildmarke die abgebildete Person nicht isoliert oder in einer bekannten Rolle darstellt, da in diesen Fällen der Name der Person nicht unbedingt die naheliegende, ungezwungene und abschließende Benennung des konkreten Bildes nahelegt.

c) Der **Schutz von Namensmarken**, die sich aus dem **Vor- und Nachnamen einer** **47** **Person** zusammensetzen, wird auf nationaler und europäischer Ebene teilweise unterschiedlich bewertet. Der BGH geht von dem Grundsatz aus, dass der angesprochene Verkehr sich regelmäßig an dem aus dem Vor- und Familiennamen gebildeten Gesamtnamen orientiert, zu dessen Individualisierung auch der Vorname wesentlich beiträgt.[113]

Ausnahmen werden jedoch gemacht, wenn die jüngere Kombinationsmarke **durch einen Bestandteil geprägt** wird. Hier spricht das BPatG den Inhabern älterer Namensmarken auch Schutz gegen jüngere Gesamtnamensmarken mit identischen oder ähnlichen Nachnamensbestandteilen zu.[114] Auch das Europäische Gericht erster Instanz hat in der Entscheidung „Enzo Fusco/Antonio Fusco" das Vorliegen einer Verwechslungsgefahr in einem Fall bejaht, in dem nur der Nachname übereinstimmte, die Vergleichszeichen jedoch abweichende Vornamen aufwiesen.[115] Als maßgeblich wurde hier angesehen, dass „Fusco" ein weit verbreiteter Nachnamen in Italien sei und dass es sich weder bei „Antonio" noch bei „Enzo" um in Italien ungewöhnliche Vornamen handele. Da der Widerspruch auf eine italienische Marke gestützt wurde, stellte das EuG auch darauf ab, wie das italienische Publikum die in Frage stehenden Zeichen wahrnimmt, und wies darauf hin, dass die Wahrnehmung von Marken, die sich aus Personennamen zusammensetzen, in den verschiedenen Ländern der europäischen Gemeinschaft unterschiedlich sein kann.[116] Abweichend bewertet das EuG jedoch Fälle, bei denen es sich bei dem übereinstimmenden Nachnamen um einen besonders häufig verwendeten Namen handelt.[117]

Bei **Prominenten, die unter ihrem Vornamen bekannt sind**, kann eine Marke, die **48** sich aus dem Vor- und dem Nachnamen des Prominenten zusammensetzt, auch dann ver-

---

[110] BGH GRUR 1989, 510, 512 – *Teekanne II*.

[111] BPatG GRUR 1996, 887 – *Schlüsselbild* – bestätigt durch BGH GRUR 1999, 990, 991f. – *Schlüssel*.

[112] BGH GRUR 1975, 487, 489 – WMF-*Mondmännchen*.

[113] BGH GRUR 2000, 233, 234ff. – *Rausch/Elfi Rausch*; BGH GRUR 2000, 1031ff. – *Carl Link*.

[114] BPatGE 47, 198 – *Ella Mai*; bestätigt durch BGH GRUR 2005, 513ff. – *Mey/Ella Mai*.

[115] EuG GRUR Int. 2005, 499, 501 – *Enzo Fusco/Antonio Fusco*.

[116] EuG GRUR Int. a.a.O.

[117] EuG GRUR Int. 2005, 503, 507 – *Sissi Rossi*. Ebenso: HABM, Entscheidung vom 7. 3. 2007, R 502/2006-1 – *Barbara Becker/Becker*.

letzt werden, wenn nur der Vorname markenmäßig genutzt wird. So sieht das BPatG in der Entscheidung „BORIS/BORIS BECKER" Verwechslungsgefahr in Form der mittelbaren Verwechslungsgefahr für gegeben, da der Tennisspieler in den bekannten Publikumsorganen üblicherweise mit seinem Vornamen „Boris" benannt wird und sich diese Benennung auch auf alle gesellschaftlichen Bereiche, insbesondere die Werbung erstreckt.[118] Sofern der Vorname eines Prominenten beim Publikum Erinnerungen an seinen Träger weckt und daher geeignet ist, Verwechslung mit dem Träger hervorzurufen, verläuft der markenrechtliche Schutz folglich parallel mit dem persönlichkeitsrechtlichen Schutz bekannter Vornamen.[119]

49   **d)** Die große **Bekanntheit des Namens des Rechtsträgers** kann auch dazu führen, dass bei der Verwendung eines lediglich ähnlichen Zeichens die Gefahr von Verwechslungen infolge des klar erkennbaren, **abweichenden Sinngehalts** ausgeschlossen sein kann. Sofern der Verkehr der Marke eine eindeutige Bedeutung zumisst, die auch ohne weiteres erfasst wird, geht der EuGH davon aus, dass diese vorhandenen Bedeutungsunterschiede etwaige, zwischen den Zeichen bestehende, optische und klangliche Ähnlichkeiten neutralisieren.[120] Dies hat zur Folge, dass Marken, die einen bekannten Namen schützen, geringerer Schutz zukommen kann als Marken, die unbekanntere Namen schützen. Im Gegensatz zu bekannten Marken (wie etwa „Porsche", „Bosch" oder „Siemens") können markenrechtliche Ansprüche hier auch nicht auf Rufausbeutung oder Verwässerung nach § 14 Abs. 2 Nr. 3 MarkenG gestützt werden, da Personenmarken in den meisten Fällen nicht die Anforderungen bekannter Marken erfüllen.[121] Der markenrechtliche Schutz bekannter Personennamen ist daher regelmäßig auf die Verwendung identischer Zeichen beschränkt. Allerdings hat ein potentieller Verletzer auch kein Interesse daran, ein Zeichen zu nutzen, das dem Namen einer bekannten Person nur ähnelt, da der Aufmerksamkeitswert, der mit einer solchen Verwendung bezweckt wird, sich letzten Endes nur durch die Verwendung des korrekten Namens begründen dürfte.

III. Einwendungen und Einreden

50   Im Rahmen eines Verletzungsverfahrens kann sich der Verletzer grundsätzlich nicht auf **ältere Rechte Dritter** berufen. Eine Ausnahme besteht nur analog § 986 BGB, wenn der Verletzer aufgrund einer schuldrechtlichen Gestattung zur Nutzung des prioritätsälteren Rechtes eines Dritten berechtigt ist.[122] Zu solchen älteren Rechten gehören auch Persönlichkeitsrechte im Sinne von § 13 MarkenG, wobei ausreicht, dass der Verletzer aufgrund einer schuldrechtlichen Gestattung des Rechtsträgers zur Nutzung des Zeichens legitimiert ist.

51   Weiter kann auch die **Kunstfreiheit nach Art. 5 Abs. 3 GG** eine tragende Rolle spielen. Diese schützt sowohl den Werk- als auch den Wirkbereich der Kunst, sodass auch der Verkauf eines Kunstwerkes unter Art. 5 Abs. 3 GG fällt.[123] Die Freiheit der Kunst wird jedoch durch andere Güter mit Verfassungsrang beschränkt, wie etwa das Urheberpersönlichkeitsrecht oder das Recht am eingerichteten ausgeübten Gewerbebetrieb.[124] Gleiches gilt für das Eigentumsrecht nach Art. 12 GG, das auch Marken schützt.[125] Im Rahmen der vorzunehmenden Güterabwägung ist somit entscheidend, ob der Wert eines Artikels

---

[118] BPatG GRUR 1998, 1027ff. – *Boris/Boris Becker*.

[119] Siehe hierzu: BGH NJW 1983, 1184ff. – *Uwe*; OLG München GRUR 1960, 394 – *Romy*; LG München GRUR-RR 2001, 161, 163ff. – *Marlene*.

[120] EuGH GRUR 2006, 237, 238 – *Picasso/Picaro*; EuG GRUR Int. 2006, 49, 54 – *Obelix/Mobilix*; EuG GRUR Int. 2004, 138, 141 – *Asterix/Starix*.

[121] Siehe oben Rn. 44.

[122] BGH GRUR 1994, 652, 653 – *Virion*.

[123] BVerfG NJW 1971, 1645, 1646.

[124] BVerfG a.a.O.

[125] BVerfG GRUR 1979, 773, 775 – *Weinbergsrolle*.

im verwendeten (markenrechtlich geschützten) Bildnis oder Namen der Person oder aber in der künstlerischen Bearbeitung liegt. Beim kommerziellen Vertrieb von Massenartikeln steht im Regelfall ein kommerzielles Interesse und gerade nicht die künstlerische Auseinandersetzung im Vordergrund, sodass sich der Verletzer hier nicht auf Art. 5 Abs. 3 GG berufen können dürfte.[126]

Nach § 23 Nr. 1 MarkenG kann es einem Dritten nicht untersagt werden, im geschäftlichen Verkehr seinen Namen oder seine Anschrift zu benutzen, sofern die Benutzung nicht gegen die guten Sitten verstößt. Diese Vorschrift ist Ausdruck des Grundsatzes, dass niemand an der **lauteren Führung seines Namens** am geschäftlichen Verkehr gehindert werden soll. § 23 Nr. 1 MarkenG schützt neben dem Namen natürlicher Personen auch den Gebrauch von Handelsnamen.[127] Die „Anschrift" im Sinne von § 23 Nr. 1 MarkenG umfasst allgemeine Adressangaben, nicht aber Domainnamen oder E-Mail-Adressen.[128] Der Namensgebrauch steht jedoch unter dem Vorbehalt der Sittenwidrigkeit. Der Inhaber hat folglich alles zu unterlassen, was den berechtigten Interessen des Markeninhabers in unlauterer Weise zuwiderläuft.[129] Unzulässig sind folglich Strohmannfirmen oder Fälle, in denen die Herbeiführung einer Verwechslung beabsichtigt war. Hier finden auch die Grundsätze der Koexistenz im Sinne des **Rechtes der Gleichnamigen** keine Anwendung.[130] Im Übrigen berechtigt die Gleichnamigkeit nicht dazu, sich den eigenen Namen als Marke eintragen zu lassen oder eine solche Marke zu nutzen.[131]

§ 23 Nr. 2 MarkenG stellt die Nutzung eines mit einer Marke identischen oder ähnlichen Zeichens frei, sofern dieses eine Angabe über die Merkmale und Eigenschaften von Waren oder Dienstleistungen – wie insbesondere ihre Art, ihre Beschaffenheit, ihrer Bestimmung oder ihren Wert darstellt. Erforderlich ist wieder, dass die Benutzung nicht gegen die guten Sitten verstößt. § 23 Nr. 3 MarkenG stellt dagegen sogenannte „notwendige Bestimmungsangaben" frei. Beiden Fallgruppen kann daher in den Fällen Bedeutung zukommen, in denen die Marke für Waren oder Dienstleistungen eingetragen wurde, obwohl mit der jüngeren Spruchpraxis des BPatG fehlende Unterscheidungskraft bzw. ein Freihaltebedürfnis angenommen hätte werden müssen.[132]

C. Die Personenmarken im Rechtsverkehr

I. Übertragung von Personenmarken

Nach § 27 Abs. 1 MarkenG kann eine Marke für alle Waren und Dienstleistungen oder nur einen Teil übertragen werden. Hierbei ist nicht erforderlich, dass der bestehende Geschäftsbetrieb mitübertragen wird. Beim Übergang eines Unternehmens wird nach § 27 Abs. 2 MarkenG jedoch vermutet, dass die Marken des Unternehmens vom Geschäftsübergang erfasst werden. Auch personenbezogene Marken sind folglich frei übertragbar. Der Erwerb einer Namensmarke gewährt allerdings ohne die Einräumung weitergehender Befugnisse nicht das **Recht, den Namen zu führen**.[133] Das Recht des Namensinhabers zur weiteren Führung seines eigenen Namens bleibt vielmehr von der Übertragung der Marke unberührt, sofern keine zusätzlichen vertraglichen Abreden über den Verzicht auf namensrechtliche Befugnisse getroffen wurden.[134]

52

53

54

---

126 OLG Hamburg, Urteil vom 13. 1. 2007, Az. 7 U 41/03 – *Oliver Kahn.*
127 EuGH GRUR 2005, 153, 156f. – *Anheuser Busch/Budvar.*
128 Ströbele/Hacker/*Hacker* § 23 Rn. 10 mit weiteren Nachweisen.
129 EuGH a.a.O.
130 BGH GRUR 1991, 475, 477 – *Caren Pfleger.*
131 BGH GRUR 1966, 499ff. – *Merck*; BGH GRUR 1991, 475, 477 – *Caren Pfleger*; BGH GRUR 1995, 825, 828 – *Torres*; LG Hamburg NJOZ 2006, 1746, 1755 – *Malteser-Bier.*
132 Siehe hierzu oben Rn. 4ff., 22ff.
133 BGH GRUR 1996, 422f. – *J. C. Winter.*
134 BGH GRUR 1996 a.a.O.

II. Lizenzierung von Personenmarken

55　　Nach § 30 MarkenG kann eine Marke auch Gegenstand von ausschließlichen oder nicht ausschließlichen Lizenzen sein, die darüber hinaus räumlich, sachlich oder zeitlich beschränkt werden können. Eine Lizenz gestaltet nur die Nutzung der Marke in ihrer eingetragenen Form, nicht jedoch verwechselbare oder ähnliche Bezeichnungen.[135] Ein **ausschließlicher Lizenznehmer** kann nach § 30 Abs. 3 MarkenG Rechtsverletzungen selbständig verfolgen. Erforderlich ist die Zustimmung des Markeninhabers, die auch im Voraus erteilt werden kann. Das Vorliegen der ausschließlichen Lizenz muss zudem im Bestreitensfall nachgewiesen werden. Dies gelang dem Kläger in der Entscheidung „Michael Jackson Kalenderfoto" nicht.[136] Ein **einfacher Lizenznehmer** erleidet dagegen durch die unbefugte Benutzung der Marke regelmäßig keinen Schaden, da er mit der Vergabe weiterer Lizenzen und folglich auch mit der Vermarktung durch Dritte rechnen muss. Einfache Lizenznehmer können folglich Markenverletzungen nur im Wege der Prozessstandschaft verfolgen.

56　　Zwischen der **Erlaubnis zur Verwertung eines Persönlichkeitsmerkmales** und der Befugnis, eine entsprechende Marke eintragen zu lassen, besteht **keine Wechselwirkung**. Beide Einwilligungen sind strikt voneinander zu trennen.[137] Bei Verwertungsverträgen sollte daher eine Regelung getroffen werden, in der genau bestimmt wird, ob und in welchem Umfang eine Markenanmeldung durch den Lizenznehmer erfolgen darf. Weiter sollte möglichst auch eine Verpflichtung getroffen werden, dass der Lizenznehmer die Marke bei Beendigung des Lizenzvertrages an den Lizenzgeber übertragen muss.

§ 15. Das Urheberpersönlichkeitsrecht

Inhaltsübersicht

---

[135] BGH GRUR 2001, 54, 55ff. – *Subway/Subwear*.
[136] OLG Köln GRUR 2000, 66, 67f. – *Michael Jackson Kalenderfoto*.
[137] LG München GRUR-RR 2001, 161, 162ff. – *Marlene*.

Schrifttum: *Bornkamm*, Ungeschriebene Schranken des Urheberrechts? Anmerkungen zum Rechtsstreit Botho Strauß/Theater Heute, in: FS Piper, 1996, S.641; *Dreier/Schulze*, Urheberrechtsgesetz (UrhG), Kommentar, 2. Aufl. 2006; *Forkel*, Gebundene Rechtsübertragung, 1977; *ders.*, Lizenzen an Persönlichkeitsrechten durch gebundene Rechtsübertragung, GRUR 1988, 491; *v Gierke*, Deutsches Privatrecht, Bd. 1, 1895; *Götting*, Urheberrechtliche und vertragsrechtliche Grundlagen, in: FS Schricker, Urhebervertragsrecht, 1995, S.53; *Haberstumpf*, Handbuch des Urheberrechts, 2. Aufl. 2000; *Kohler*, Urheberrecht an Schriftwerken und Verlagsrecht, 1907; *Ohly*, „Volenti non fit iniuria" Die Einwilligung im Privatrecht, 2002; *Schricker*, Urheberrecht, 3. Aufl. 2006; *ders.*, Die Einwilligung des Urhebers in entstellende Änderungen des Werkes, in: FS Hubmann, Beiträge zum Schutz der Persönlichkeit und ihrer schöpferischen Leistungen, 1985, S. 409; *Seifert*, Das Zitatrecht nach „Germania 3", in: FS Erdmann, 2002, S.195; *Ulmer*, Urheber- und Verlagsrecht, 3. Aufl. 1980; *Wandtke/Bullinger*, Praxiskommentar zum Urheberrecht (UrhR), 2. Aufl. 2006.

A. Allgemeines

I. Monistische Theorie

Grundlegend für das Verständnis des Urheberpersönlichkeitsrechts ist die monistische **1** Deutung des Urheberrechts insgesamt. Diese setzte sich einerseits gegenüber dem rein persönlichkeitsrechtlichen Ansatz von *v. Gierke*[1] und andererseits gegenüber der sog. dualistischen Theorie von *Kohler*[2] durch, wobei Letztere in anderen europäischen Ländern, wie insbesondere in Frankreich, Belgien, der Schweiz, aber auch in den skandinavischen Ländern, Anerkennung gefunden hat. Ausfluss der monistischen Theorie ist die Erkenntnis, dass sich die durch das Urheberrecht insgesamt geschützten ideellen und vermögensrechtlichen Interessen des Urhebers nicht strikt voneinander trennen lassen, sondern in einer Wechselbeziehung zueinander stehen und ineinander verwoben sind, bzw. eine unauflösliche Einheit bilden. Dies kommt in der berühmten **„Baummetapher"** von *Ulmer* in folgender Weise zum Ausdruck: „Das Verhältnis, in dem der Interessenschutz zur Gestalt des Urheberrechts und zu den aus dem Urheberrecht fließenden Befugnissen steht, kann man sich an einem Bild verdeutlichen. Die beiden Interessengruppen erscheinen, wie bei einem Baum, als die Wurzeln des Urheberrechts, und dieses selbst als der einheitliche Stamm. Die urheberrechtlichen Befugnisse aber sind mit den Ästen und Zweigen vergleichbar, die aus dem Stamm erwachsen. Sie ziehen die Kraft bald aus beiden, bald ganz oder vorwiegend aus einer der Wurzeln".[3] Dem Urheberpersönlichkeitsrecht kommt im Wechselspiel des Schutzes ideeller und materieller Interessen die Rolle zu, die geistige und persönliche Beziehung des Urhebers zu seinem Werk zu sichern.[4]

Im internationalen Urheberrecht ist in Art. 6bis RBÜ der Grundsatz statuiert, dass der **2** Urheber unabhängig von seinen vermögensrechtlichen Befugnissen und selbst nach deren Abtretung das Recht behält, die Urheberschaft am Werk für sich in Anspruch zu nehmen und sich jeder Entstellung, Verstümmelung, sonstiger Änderung oder Beeinträchtigung des Werks zu widersetzen, welche seiner Ehre oder seinem Ruf nachteilig sein könnten. Da das Urheberpersönlichkeitsrecht zuerst im französischen Rechtskreis anerkannt wurde, spricht man auch vom **„droit moral".** Dieser Begriff ist nicht deckungsgleich mit der Bezeichnung **„moral rights",** wie sie im angelsächsischen Recht gebräuchlich ist. Während in den kontinentaleuropäischen Staaten im Gefolge der französischen Rechtstradition die Vorstellung vorherrscht, dass die Person des Urhebers im Zentrum steht und das Urheberrecht nicht nur deren wirtschaftliche, sondern über das Urheberpersönlichkeitsrecht auch deren ideelle Interessen zu schützen hat, zielt das angloamerikanische Copyrightsystem in

---

[1] *v. Gierke*, Deutsches Privatrecht, Bd. 1, S. 762 ff.; siehe oben § 1 Rn. 1.
[2] *Kohler*, Urheberrecht an Schriftwerken und Verlagsrecht, S. 128 ff.; siehe oben § 10 Rn. 4.
[3] *Ulmer*, Urheber- und Verlagsrecht, § 18 II. 4.
[4] *Dreier/Schulze*, UrhG, Vor § 12 Rn. 1.

einem fast „wettbewerbsrechtlichen Sinne" primär auf den Schutz gegen die unerlaubte Herstellung von Kopien. Zugespitzt könnte man sagen, dass im Vordergrund nicht der Schutz des Urhebers, sondern der Schutz des Verlegers oder allgemein gesprochen des Verwerters steht. Diesem kann das Copyright vollständig übertragen werden. Die „moral rights", die in den USA ursprünglich nur als deliktische Ansprüche geschützt waren und erst nach dem Beitritt der USA zur RBÜ aufgrund spezieller Regelungen Anerkennung gefunden haben, spielen demgegenüber nur eine untergeordnete Nebenrolle. Die das deutsche Recht prägende unauflösliche Bindung des Urhebers an sein Werk, welche durch die im Kern unverzichtbaren Urheberpersönlichkeitsrechte gewährleistet werden soll, hat für das Urheberrecht insgesamt ihren Niederschlag in dem Prinzip der Unübertragbarkeit gefunden. Gemäß § 29 Abs. 1 S. 1 UrhG ist das Urheberrecht grundsätzlich nicht übertragbar, das heißt die Unübertragbarkeit bezieht sich nicht nur auf die persönlichkeitsrechtlichen, sondern auch auf die verwertungsrechtlichen Elemente. Damit kommt deutlich zum Ausdruck, dass das Urheberrecht „gleichsam die Tendenz hat, soweit wie möglich beim Urheber zurückzubleiben".[5] Die Unübertragbarkeitsregel ist Ausdruck der monistischen Theorie, wonach persönlichkeitsrechtliche und vermögensrechtliche Interessen des Urhebers nicht getrennt nebeneinander stehen, sondern unauflöslich miteinander verwoben sind.

II. Urheberpersönlichkeitsrecht im engeren und weiteren Sinne

1. Urheberpersönlichkeitsrecht im engeren Sinne

3   Hinsichtlich der persönlichkeitsrechtlichen Prägung des Urheberrechts ist zwischen dem Urheberpersönlichkeitsrecht im engeren und demjenigen im weiteren Sinne zu unterscheiden. Das Urheberpersönlichkeitsrecht im engeren Sinne besteht aus den in den §§ 12–14 UrhG geregelten Rechten, nämlich dem Veröffentlichungsrecht (§ 12 UrhG), dem Recht auf Anerkennung der Urheberschaft (§ 13 UrhG) sowie dem Recht, Entstellungen oder andere Beeinträchtigungen des Werkes zu verbieten (§ 14 UrhG). Diese Rechte bilden den Kern des Urheberpersönlichkeitsrechts. Auch wenn das Schwergewicht ihres Schutzzwecks darin liegt, das „geistige Band zwischen dem Urheber und seinem Werk" und damit dessen ideelle Interessen zu wahren, so dienen sie gleichzeitig auch dem Schutz kommerzieller Interessen. So wird etwa ein Autor durch die gegen seinen Willen erfolgende Veröffentlichung eines aus seiner Feder stammenden Werkes nicht notwendigerweise nur ideell, sondern gleichermaßen auch wirtschaftlich beeinträchtigt. Es mag sein, dass er die Veröffentlichung bewusst unterbinden wollte, weil er von der Qualität (noch) nicht überzeugt war. Die eintretende **Ansehensminderung** betrifft zunächst seine ideellen Interessen. Sie kann aber sehr wohl wirtschaftliche Folgewirkungen haben, wenn die Leserschaft dies zum Anlass nimmt, seinen Werken keine Aufmerksamkeit mehr zu schenken.[6] Auch die **Unterlassung der Urhebernennung** hat nicht unbedingt negative Auswirkungen auf allein ideelle Interessen. Da die Namensnennung auch eine Werbefunktion erfüllt, kann deren Unterlassung ebenso wirtschaftliche Einbußen nach sich ziehen. Schließlich berühren zwar Eingriffe in die Integrität des Werkes zunächst das ideelle Interesse des Autors an einer unverfälschten Präsentation seines Schaffens und der darin zum Ausdruck kommenden Persönlichkeit, aber die fehlende Authentizität und damit etwa einhergehende Qualitätseinbußen können ebenso materielle Beeinträchtigungen zur Folge haben.

2. Urheberpersönlichkeitsrecht im weiteren Sinne

4   Zum Urheberpersönlichkeitsrecht im weiteren Sinne zählen alle Regelungen des Urheberrechtsgesetzes, in denen mit unterschiedlicher Intensität im Sinne der monistischen

---

[5] *Ulmer*, Urheber- und Verlagsrecht, § 80 II 2.
[6] *Götting*, FS Schricker, S. 53, 65.

Theorie, die das Leitmotiv des deutschen Urheberrechts bildet, die persönlichkeitsrechtliche Prägung des Urheberrechts zum Ausdruck kommt. Auch die **Verwertungsrechte** weisen einen persönlichkeitsrechtlichen Einschlag auf, und deren Regelungen sind im Lichte des mit dem Urheberpersönlichkeitsrecht verfolgten Zwecks auszulegen, das Werk als geistiges Produkt der Persönlichkeit des Autors zu achten. Im Einzelnen hat die urheberpersönlichkeitsrechtliche Komponente in unterschiedlich starker Ausprägung ihren Niederschlag in folgenden Regelungen gefunden: Zugangsrecht (§ 25 UrhG), Grundsatz der Unübertragbarkeit des Urheberrechts (§ 29 UrhG), erforderliche Zustimmung zur Weiterübertragung von Nutzungsrechten (§ 34 Abs. 1 UrhG, § 35 Abs. 1 UrhG), Erfordernisse bei Änderungen des Werkes (§ 39 UrhG), Rückrufsrecht wegen Nichtausübung (§ 41 UrhG), Rückrufsrecht wegen gewandelter Überzeugung (§ 42 UrhG), Änderungsverbot (§ 62 UrhG), Erfordernis der Quellenangabe (§ 63 UrhG), Ersatz des immateriellen Schadens (§ 97 Abs. 2 UrhG) und Einschränkungen der Zwangsvollstreckung wegen Geldforderungen in das Urheberrecht (§§ 113 ff. UrhG).[7]

III. Unübertragbarkeit und Unverzichtbarkeit

Das Urheberpersönlichkeitsrecht ist in seinem Kern unverzichtbar und unübertragbar.　**5** Hierin liegt vor allem der Grund dafür, dass das einheitliche Urheberrecht insgesamt auch hinsichtlich seiner verwertungsrechtlichen Komponente gemäß § 29 Abs. 1 UrhG für unübertragbar erklärt wird. Der **Grundsatz der Unverzichtbarkeit und Unübertragbarkeit** schließt aber gewisse Lockerungen der höchstpersönlichen Bindung an den Urheber durch die Disposition über urheberpersönlichkeitsrechtliche Befugnisse nicht aus. Unzulässig ist ein pauschaler Verzicht oder eine pauschale Verfügung, die das Urheberpersönlichkeitsrecht und seine speziellen Ausprägungen als Ganzes umfasst. Möglich sind aber im Einzelnen inhaltlich spezifizierte und in ihrem Umfang klar umrissene und konkretisierte Dispositionen über urheberpersönlichkeitsrechtliche Befugnisse. Dies folgt bereits daraus, dass sie zum Teil mit der verwertungsrechtlichen Seite des Urheberrechts eng verknüpft sind. So wird mit dem **Vervielfältigungs- und Verbreitungsrecht** an einem Werk auch das hierfür erforderliche Veröffentlichungsrecht − ausdrücklich oder stillschweigend − eingeräumt.[8] Auch Änderungen seines Werkes, die sein Recht auf **Werkintegrität** (§ 14 UrhG) berühren, kann der Urheber erlauben. Hierauf wird in § 29 Abs. 2 UrhG durch die Bezugnahme auf § 39 UrhG ausdrücklich hingewiesen. Nach § 39 Abs. 1 UrhG kann eine Änderung des Werkes bzw. dessen Titel oder Urheberbezeichnung zum Gegenstand einer entsprechenden Vereinbarung gemacht werden („wenn nichts anderes vereinbart ist"). Damit unterstellt der Gesetzgeber, dass „Rechtsgeschäfte über Urheberpersönlichkeitsrechte" (§ 29 Abs. 2 UrhG) möglich sind.

Auch bei Werkänderungen ist eine Abgrenzung zwischen dem unzulässigen Pauschal-　**6** verzicht und zulässigen Einwilligungen im Einzelfall vorzunehmen.[9] Einschränkungen des Rechts auf Anerkennung der Urheberschaft (§ 13 UrhG) können sich aufgrund von Branchenübungen ergeben, wenn die Bezeichnung des Urhebers aus praktischen Gründen auf Schwierigkeiten stößt, wobei allerdings an die Verpflichtung, für eine Urheberbezeichnung zu sorgen, keine geringen Anforderungen gestellt werden dürfen.[10] Im Rahmen einer **sog. Ghostwriter-Abrede** kann vereinbart werden, dass nicht der eigentliche Autor, also der Ghostwriter, sondern ein anderer als Urheber genannt wird.[11] Damit

---

[7] *Dreier/Schulze*, UrhG, Vor § 12 Rn. 3.

[8] *Dreier/Schulze*, UrhG, Vor § 12 Rn. 12, unter Hinweis auf BGH GRUR 1955, 201, 204 − *Cosima Wagner*.

[9] Schricker/*Dietz*, UrhG, Vor §§ 12 ff. Rn. 28; *Schricker*, FS Hubmann, S. 409, 413.

[10] BGH ZUM 1995, 40, 42 − *Namensnennungsrecht des Architekten*; siehe Schricker/*Dietz*, UrhG, Vor §§ 12 ff. Rn. 28; *Dreier/Schulze*, UrhG, § 13 Rn. 26.

[11] Siehe KG UFITA 80 (1977), 369, 374 − *Manfred Köhnlechner*.

ist aber kein endgültiger Verzicht auf die Urheberschaft des Ghostwriters verbunden. Im Übrigen ist davon auszugehen, dass eine solche Vereinbarung kündbar oder widerruflich ist, wie auch ein Vertrag über künftige Werke nach 5 Jahren gekündigt (§ 40 UrhG) oder ein **Rückrufsrecht** nicht über einen längeren Zeitraum ausgeschlossen werden kann (§ 41 UrhG).[12] Im Falle einer hinreichenden Bestimmtheit im Sinne einer Bestimmbarkeit sind auch Vorausverfügungen über urheberpersönlichkeitsrechtliche Befugnisse hinsichtlich eines noch zu schaffenden Werkes denkbar. Unwirksam ist aber der Vorausverzicht auf das Rückrufsrecht wegen Nichtausübung (§ 41 Abs. 4 S. 1 UrhG) und wegen gewandelter Überzeugung (§ 42 Abs. 2 S. 1 UrhG); seine Ausübung kann vertraglich nicht (§ 42 Abs. 2 S. 2 UrhG) oder im voraus mehr als 5 Jahre nicht (§ 41 Abs. 4 S. 2 UrhG) ausgeschlossen werden.[13]

7   Das Instrument für die Disposition über Urheberpersönlichkeitsrechte bildet die Einwilligung, über deren Rechtsnatur noch immer erhebliche Unklarheit besteht.[14] Je nach dem Willen des Rechtsinhabers und des Begünstigten kann es sich bei der Einwilligung entweder nur um eine schuldrechtliche Gestattung oder auch um die Einräumung einer gegenständlichen, gegenüber Dritten wirkenden Rechtsposition handeln. Im letzteren Fall erhält der Einwilligungsempfänger die Möglichkeit, selbständig gegen die Verletzung von Urheberpersönlichkeitsrechten, wie etwa Entstellungen des Werkes durch Dritte, vorzugehen.[15] Dies kann auch als eine „gebundene Übertragung" in Form einer konstitutiven Rechtseinräumung gedeutet werden.[16]

IV. Das Verhältnis zum allgemeinen Persönlichkeitsrecht

8   Das Urheberpersönlichkeitsrecht wird als „rechtlich selbständige Erscheinungsform des Persönlichkeitsrechts" aufgefasst.[17] Wie bereits an anderer Stelle dargelegt,[18] ist das Urheberpersönlichkeitsrecht werkbezogen, das heißt es schützt das geistige Band zwischen dem Urheber und dem von ihm geschaffenen Werk, in dem sich seine Persönlichkeit widerspiegelt. Voraussetzung für die Anwendbarkeit der Regelungen über das Urheberpersönlichkeitsrecht ist, dass ein von einem Urheber geschaffenes urheberrechtlich schutzfähiges Werk vorliegt. Im Unterschied hierzu schützt das allgemeine Persönlichkeitsrecht die Persönlichkeit in ihrer Gesamtheit. Etwas zugespitzt könnte man sagen, dass das Urheberpersönlichkeitsrecht objektbezogen und das allgemeine Persönlichkeitsrecht subjektbezogen ist.

9   Wie alle „besonderen" oder besser „benannten" Persönlichkeitsrechte ist zwar auch das Urheberpersönlichkeitsrecht in das **allgemeine Persönlichkeitsrecht** eingebettet.[19] Allerdings verdrängen die urheberpersönlichkeitsrechtlichen Regelungen das allgemeine Persönlichkeitsrecht insoweit, als der Gesetzgeber aufgrund einer **abstrakten Interessenabwägung** bewusst eine Begrenzung des persönlichkeitsrechtlichen Schutzes des Urhebers vorgenommen hat. So kann etwa die nach der Veröffentlichung aus § 12 Abs. 2 UrhG folgende Freiheit der Inhaltsmitteilung nicht unter Berufung auf das allgemeine Persönlichkeitsrecht unterlaufen werden. Dies schließt andererseits aber nicht aus, dass das allgemeine Persönlichkeitsrecht in Einzelfällen ergänzend herangezogen werden kann und eine „Auffangfunktion" erfüllt, wenn sich herausstellt, dass der gesetzlich normierte

---

[12] Schricker/*Dietz*, UrhG, § 13 Rn. 29; *Dreier/Schulze*, UrhG, § 13 Rn. 31.
[13] Schricker/*Dietz*, UrhG, Vor §§ 12 ff. Rn. 26.
[14] Siehe *Ohly*, „Volenti non fit iniuria" Die Einwilligung im Privatrecht, S. 267 ff.
[15] *Ohly*, a.a.O., S. 271.
[16] Siehe grundlegend *Forkel*, Gebundene Rechtsübertragung, 1977, S. 178 ff.; *ders.* GRUR 1988, 491.
[17] Schricker/*Dietz*, UrhG, Vor §§ 12 ff. Rn. 14; *Dreier/Schulze*, UrhG, Vor § 12 Rn. 5.
[18] Siehe oben Rn. 3.
[19] Siehe oben § 11.

Schutz eine planwidrige Lücke aufweist. Dies gilt insbesondere dann, wenn sich die Individualinteressen des Urhebers nicht auf ein einzelnes Werk, sondern auf die Gesamtheit seines Werkschaffens oder Œuvres beziehen.[20] In den Schutzbereich des allgemeinen Persönlichkeitsrechts fällt auch das Recht auf **Schaffensfreiheit** bzw. das **„droit de créer"**, das als das Recht auf die freie Betätigung der geistigen und seelischen Kräfte des künstlerisch Schaffenden gekennzeichnet wird.[21] Das Urheberpersönlichkeitsrecht greift nicht ein, da es den Urheber in seinen Beziehungen zu einem bereits geschaffenen Werk, nicht aber bei der Tätigkeit des Schaffens selbst schützt.[22] Nicht vom Urheberpersönlichkeitsrecht, sondern vom allgemeinen Persönlichkeitsrecht erfasst, wird auch das „droit de non-paternité", das heißt das Recht, sich gegen die Zuschreibung eines vom Urheber in Wahrheit nicht geschaffenen Werkes zu wehren.

Erhebliche Unterschiede zwischen dem Urheberpersönlichkeitsrecht und dem allge- **10**
meinen Persönlichkeitsrecht bestehen hinsichtlich der **Schutzdauer.** Während Ersteres vererblich ist (§ 29 Abs. 1 UrhG) und als Teil des einheitlichen Urheberrechts gemäß § 64 UrhG 70 Jahre nach dem Tode des Urhebers erlischt, endet Letzteres regelmäßig mit dem Tod des Rechtsträgers. Eine Ausnahme gilt für den **Bildnisschutz,** der gemäß § 22 S. 3 KUG noch 10 Jahre nach dem Tode des Abgebildeten zugunsten seiner Angehörigen fortbesteht. Im Übrigen können sich Wahrnehmungsberechtigte aufgrund des fortwirkenden Achtungsanspruchs gegen schwerwiegende Entstellungen des Lebensbildes des Verstorbenen oder grobe Herabsetzung seiner Ehre oder seines Ansehens zur Wehr setzen.[23] Für die Dauer des **postmortalen Persönlichkeitsschutzes** gilt keine feste zeitliche Grenze, sondern sie hängt von den Umständen des Einzelfalls ab, wobei es neben der Intensität der Beeinträchtigung vor allem auch auf die Bekanntheit und Bedeutung des Persönlichkeitsbildes ankommt.[24] Das Schutzbedürfnis schwindet in dem Maße, indem die Erinnerung an den Verstorbenen verblasst und im Laufe der Zeit auch das Interesse an der Nichtverfälschung des Lebensbildes abnimmt.[25]

Hinsichtlich des Urheberpersönlichkeitsrechts treten die Erben als Rechtsnachfolger in **11**
die volle Rechtsstellung des Urhebers ein und können auch urheberpersönlichkeitsrechtliche Entscheidungen des Urhebers umstoßen, soweit sie nicht durch Auflagen oder durch Einsetzung eines Testamentsvollstreckers (§ 28 Abs. 2 UrhG) wirksam gebunden sind.[26] Begründet wird dies mit der Überlegung, dass der Urheber die Möglichkeit hat, durch entsprechende testamentarische Auflagen oder die Einsetzung eines Testamentsvollstreckers dafür zu sorgen, dass die Rechtsnachfolger über seinen Tod hinaus an seine Entscheidung gebunden bleiben. Hierin liegt eine Abweichung gegenüber der Rechtsprechung zur Vererblichkeit der vermögenswerten Bestandteile des Persönlichkeitsrechts. Danach gehen die entsprechenden Befugnisse auf die Erben des Trägers des Persönlichkeitsrechts über und können von diesen nur „entsprechend dem ausdrücklichen oder mutmaßlichen Willen des Verstorbenen ausgeübt werden".[27]

---

[20] Siehe BGH GRUR 1995, 668 – *Emil Nolde.*
[21] Schricker/*Dietz*, UrhG, Vor §§ 12 ff. Rn. 16; m. w. N.
[22] Schricker/*Dietz*, ebenda.
[23] BGH NJW 1968, 1773, 1774 ff. – *Mephisto*; BVerfGE 30, 173, 196 = NJW 1971, 1645 – *Mephisto*; BGH NJW 1990, 1986, 1988 – *Emil Nolde.*
[24] BGH NJW 1990, 1986, 1988 – *Emil Nolde.*
[25] BGH, ebenda.
[26] So Schricker/*Dietz*, UrhG, Vor §§ 12 ff. Rn. 30; *Dreier/Schulze,* UrhG, Vor § 12 Rn. 11.
[27] BGH GRUR 2000, 709 (2. LS.) - *Marlene Dietrich.*

B. Urheberpersönlichkeitsrecht im engeren Sinne

I. Gesamtzusammenhang zwischen den einzelnen
Urheberpersönlichkeitsrechten

12   Zum Urheberpersönlichkeitsrecht im engeren Sinne zählen diejenigen Rechte, die im Urheberrechtsgesetz im IV. Abschnitt unter der Überschrift „Urheberpersönlichkeitsrecht" genannt werden, nämlich das Veröffentlichungsrecht (§ 12 UrhG), das Recht auf Anerkennung der Urheberschaft (§ 13 UrhG) und das Recht auf den Schutz vor Entstellungen des Werkes (§ 14 UrhG). Der gemeinsame Zweck der verschiedenen Ausprägungen des Urheberpersönlichkeitsrechts besteht darin, das geistige Band zwischen dem Urheber und seinem Werk zu schützen, weil es als **„persönliche geistige Schöpfung"** (§ 2 Abs. 2 UrhG) auch seine Persönlichkeit widerspiegelt. Um diesem Zweck zu entsprechen, sichern die einzelnen Urheberpersönlichkeitsrechte dem Urheber in abgestufter Weise die Herrschaft über sein Werk. Von zentraler Bedeutung ist dabei das Veröffentlichungsrecht, weil der Urheber durch dessen Ausübung die Entscheidung darüber trifft, ob er das Werk überhaupt aus seinem Herrschaftsbereich entlassen und der Öffentlichkeit präsentieren möchte, um sich an der „kulturellen Kommunikation" zu beteiligen. Das dem Urheber exklusiv zugewiesene Veröffentlichungsrecht tangiert zugleich aber auch das Recht auf **mediale Selbstbestimmung,** denn mit der Veröffentlichung des Werkes tritt regelmäßig, abgesehen von Pseudonymen oder anonymen Veröffentlichungen, auch der Urheber selbst als Persönlichkeit öffentlich in Erscheinung und gerät durch das Werk in den Fokus der Aufmerksamkeit und kritischen Auseinandersetzung.

13   Das Recht auf Anerkennung der Urheberschaft erfüllt – ähnlich wie das **Namensrecht** auch – eine auf den Urheber und sein Werk bezogene Zuordnungsfunktion. Damit soll einerseits gewährleistet werden, dass der Urheber die ihm gebührende Anerkennung erhält und sich nicht andere mit fremden Federn schmücken. Zum anderen ist das Recht auf Urheberbenennung eine wichtige Voraussetzung dafür, dass der Urheber auch unabhängig von seinen einzelnen Werken einen möglichst hohen Bekanntheitsgrad erreichen kann, der seinerseits eine Werbewirkung für den Absatz zukünftiger Werke entfalten kann. Der Schutz vor Entstellungen des Werkes bezweckt, dass es auch nach der durch die Veröffentlichung eingetretene Entlassung aus dem Herrschaftsbereich des Urhebers dessen authentisches Zeugnis bleibt und die in ihm enthaltenen Aussagen nicht verfälscht werden. Tangiert wird damit gleichzeitig der allgemein im Rahmen des Rechts auf mediale Selbstbestimmung verankerte Schutz der Identität, das heißt, das Individuum, in diesem Fall der Urheber, hat das Recht, so dargestellt zu werden, wie er sich durch sein Werk präsentiert.

II. Die einzelnen Urheber- und Persönlichkeitsrechte

1. Das Veröffentlichungsrecht

14   **a) Recht der Erstveröffentlichung.** Gemäß § 12 Abs. 1 UrhG hat der Urheber das Recht zu bestimmen, ob und wie sein Werk zu veröffentlichen ist. Die Ausübung des Veröffentlichungsrechts stellt eine wesentliche Zäsur dar, weil der Urheber damit das Werk aus seinem Herrschaftsbereich entlässt und es mit der Erstveröffentlichung verbraucht ist.[28] Die Erstveröffentlichung erstreckt sich aber nur auf das Werk in derjenigen konkreten Form, die der Urheber für die Veröffentlichung vorgesehen hat.[29] Mit der Veröffentlichung sind weitreichende Rechtsfolgen verbunden, so ist etwa die öffentliche

---

[28] Siehe Schricker/*Dietz*, UrhG, § 12 Rn. 7; *Dreier/Schulze*, UrhG, § 12 Rn. 6; *Wandtke/Bullinger*, UrhG, § 12, Rn. 9.

[29] *Dreier/Schulze*, a.a.O., Rn. 8.

Mitteilung des wesentlichen Inhalts (§ 12 Abs. 2 UrhG) sowie die öffentliche Ausstellung (§ 18 UrhG) und das Zitieren von Stellen des Werks in einem selbständigen Sprachwerk nach § 51 Nr. 2 UrhG zulässig. Üblicherweise wird das Erstveröffentlichungsrecht in Zusammenarbeit mit der Ablieferung des Werkexemplars und der Einräumung des jeweiligen Nutzungsrechts stillschweigend ausgeübt. Auch bei künftigen Werken ist eine vorweggenommene Verfügung über das **Erstveröffentlichungsrecht** nicht möglich, sondern diese erfolgt erst nach dessen Fertigstellung und Ablieferung.[30] Die Auffassung,[31] dass ein Eingriff in das Veröffentlichungsrecht durch ein überragendes Informationsinteresse der Allgemeinheit gerechtfertigt sein kann, so dass eine Veröffentlichung ausnahmsweise ohne Zustimmung des Urhebers oder gar gegen seinen erklärten Willen zulässig ist, wird überwiegend abgelehnt, weil der Gesetzgeber im Rahmen der Schranken verbindlich und abschließend geregelt habe, was zulässigerweise die Rechte des Urhebers beschränkt und was nicht.[32] Allerdings wurde der nicht genehmigte Abdruck der Berufungsschrift, die im Rahmen des Strafverfahrens gegen den DDR-Regime-Kritiker Professor Havemann eingereicht worden war, für zulässig gehalten.[33]

b) Das Recht der ersten Inhaltsmitteilung. Dem Erstveröffentlichungsrecht vor- **15** gelagert ist das Recht der ersten Inhaltsmitteilung. Gemäß § 12 Abs. 2 UrhG ist es dem Urheber vorbehalten, den Inhalt seines Werkes öffentlich mitzuteilen oder zu beschreiben, solange weder das Werk noch der wesentliche Inhalt oder eine Beschreibung des Werkes mit seiner Zustimmung veröffentlicht ist. Das Recht der ersten Inhaltsmitteilung, das ebenfalls mit der ersten Ausübung erlischt, ist eine notwendige **Ergänzung zum Erstveröffentlichungsrecht**. Es stellt eine Ausnahme von dem Grundsatz dar, dass sich der urheberrechtliche Schutz auf die Verkörperung des Werkes in einer bestimmten Form, aber nicht auf den Inhalt als solchen bezieht. Ohne die Regelung des § 12 Abs. 2 UrhG wäre das Ziel, dem Urheber die endgültige Entscheidung darüber zu überlassen, ob bzw. wann er das Werk veröffentlicht, das seine Gedanken, Meinungen, Überzeugungen oder künstlerische Aussagen vermittelt und damit Teil seiner persönlichen Identität ist, verfehlt.

Im Umkehrschluss folgt aus der Formulierung des § 12 Abs. 2 UrhG, dass jedermann **16** berechtigt ist, den Inhalt des Werkes öffentlich mitzuteilen oder zu beschreiben, wenn das Werk selbst oder der wesentliche Inhalt oder eine Beschreibung des Werkes mit Zustimmung des Urhebers veröffentlicht ist. Dementsprechend stellt § 12 Abs. 2 UrhG gleichzeitig auch eine Schrankenregelung dar, die die Bestimmungen der §§ 44 a ff. UrhG ergänzt.[34]

2. Das Recht auf Anerkennung der Urheberschaft, Urhebernennungsrecht

Die Regelung des § 13 UrhG sichert das geistige Band zwischen dem Urheber und sei- **17** nem Werk dadurch, dass es ihm als sein Werk zuerkannt und zugeordnet und er als Persönlichkeit mit ihm identifiziert wird. § 13 UrhG enthält zwei verschiedene Tatbestände: Nach S. 1 hat der Urheber das Recht auf Anerkennung seiner Urheberschaft am Werk, so dass er in Übereinstimmung mit Art. 6bis RBÜ die Befugnis hat, gegen jeden vorzugehen, der ihm seine Urheberschaft streitig macht.[35] Dies kann durch falsche Zuordnung geschehen oder durch Imitation oder andere Plagiate, die als eigene Werke des Plagiators herausgegeben werden.[36] Nach S. 2 des § 13 UrhG steht dem Urheber ein **sog. Urheber-**

---

[30] Schricker/*Dietz*, UrhG, § 12, Rn. 20; *Dreier/Schulze*, UrhG, § 12 Rn. 9.

[31] So Schricker/*Will*, UrhG, § 97 Rn. 20 ff.

[32] So *Bornkamm*, FS Piper, S. 641, 648 ff.; dagegen auch Schricker/*Schricker*, UrhG, § 51 Rn. 8; *Seifert*, FS Erdmann, S. 195, 207 ff.; BGH GRUR 2003, 956, 957 – *Gies-Adler*.

[33] OLG Hamburg GRUR 2000, 146 f. – *Berufungsschrift*; a.A. bezüglich der Veröffentlichung von Briefen von Botho Strauß KG NJW 1995, 3392.

[34] Schricker/*Dietz*, UrhG, § 12 Rn. 29; *Haberstumpf*, Handbuch des Urheberrechts, Rn. 205; *Ulmer*, Urheber- und Verlagsrecht, § 39 III 2.

[35] *Dreier/Schulze*, UrhG, § 13 Rn. 1.

[36] Schricker/*Dietz*, UrhG, § 13 Rn. 8; *Dreier/Schulze*, UrhG, § 13 Rn. 15.

nennungsrecht zu, das heißt er kann bestimmen, ob das Werk mit einer Urheberbezeichnung zu versehen und welche Bezeichnung zu verwenden ist. Der Urheber kann bestimmen, ob das Werk mit seinem Vor- und/oder Familiennamen, einem Pseudonym oder bei Werken der bildenden Kunst einer Signatur gekennzeichnet wird. Als negative Kehrseite des Rechts auf Anerkennung der Urheberschaft hat der Urheber auch das Recht, sich von seinem Werk zu distanzieren und kann beanstanden, nicht oder nicht mehr mit ihm in Verbindung gebracht zu werden. Dies gilt nicht nur für die gesetzlich vorgesehene Möglichkeit der anonymen oder pseudonymen Form der Veröffentlichung, sondern der Urheber kann darüber hinaus ein **Namensnennungsverbot** aussprechen.[37]

18   § 13 UrhG bietet allerdings keinen Schutz gegen die Zuordnung fremder Werke, da das Urheberpersönlichkeitsrecht kein „droit de non-paternité" beinhaltet. Eine Handhabe gibt aber das als Auffangtatbestand ergänzend eingreifende allgemeine Persönlichkeitsrecht.[38] Darüber hinaus kann aufgrund des Namensrechts die Beseitigung einer fälschlich angebrachten Signatur bei einer Kunstfälschung verlangt werden.[39]

19   Einschränkungen erfährt das Urhebernennungsrecht durch Verkehrssitte und Branchenübungen, wobei bei der Beurteilung der Frage, ob diese rechtliche Anerkennung verdienen, ein strenger Maßstab anzulegen ist.[40] Einen stillschweigenden Verzicht auf die Ausübung wird man insbesondere dann anzunehmen haben, wenn die Urheberbenennung auch auf technische Schwierigkeiten stößt, die sich nicht oder nur mit unzumutbaren Maßnahmen beseitigen lassen.

3. Das Recht auf Werkintegrität

20   **a) Der Gesamtzusammenhang des Änderungsverbots.** Nach § 14 UrhG hat der Urheber das Recht, eine Entstellung oder eine andere Beeinträchtigung seines Werkes zu verbieten, die geeignet ist, seine berechtigten geistigen oder persönlichen Interessen am Werk zu gefährden. Die Regelung statuiert einen umfassenden Schutz des geistigen und persönlichen Bandes, der über den in Art. 6bis Abs. 1 RBÜ genannten Schutz von Ruf und Ehre hinausgeht.[41] Das Recht auf **Werkintegrität** hat in einer Reihe weiterer Vorschriften seinen Niederschlag gefunden: § 39 UrhG regelt das **Änderungsverbot** und dessen Einschränkungen im Rahmen der Einräumung von Nutzungsrechten zwischen dem Urheber und dem Nutzungsberechtigten. § 62 Abs. 1 UrhG bekräftigt das Änderungsverbot bei Nutzungen, die im Rahmen der Schrankenregelungen zulässig sind und verweist auf § 39 UrhG. § 62 Abs. 2–4 UrhG enthält darüber hinaus hinsichtlich bestimmter Benutzungsarten und Werkkategorien Ausnahmeregelungen über die Zulässigkeit bestimmter Änderungen. Beim Film, bei dem im Rahmen einer arbeitsteiligen Produktion eine Vielzahl von Einzelbeiträgen zu einem „Gesamtkunstwerk" verschmelzen, genießt das Gesamtinteresse an einer reibungslosen Herstellung und Verwertung den **Vorrang gegenüber dem Individualinteresse** des einzelnen Urhebers, so dass dessen urheberpersönlichkeitsrechtliche Befugnisse eingeschränkt werden. Dies kommt in den Auslegungsregeln der §§ 88, 89 UrhG sowie vor allem in § 93 Abs. 1 UrhG zum Ausdruck, wonach sich Urheber des Filmwerks und der zu seiner Herstellung benutzten Werke sowie Inhaber verwandter Schutzrechte hinsichtlich der Herstellung und Verwertung des Filmwerkes „nur gröbliche Entstellungen oder andere gröbliche Beeinträchtigungen ihrer Werke oder Leistungen verbieten" können. § 44 VerlG regelt die Zulässigkeit von Änderungen bei periodischen Sammelwerken.

---

[37] Schricker/*Dietz*, UrhG, § 13 Rn. 10.

[38] Siehe BGH NJW 1990, 1986, 1987 f. – *Emil Nolde*; Schricker/*Dietz*, UrhG, § 13 Rn. 11; *Dreier/Schulze*, UrhG, § 13 Rn. 16.

[39] BGH, ebenda.

[40] Schricker/*Dietz*, UrhG, § 13 Rn. 25; *Dreier/Schulze*, UrhG, § 13 Rn. 26; Wandtke/Bullinger/*Bullinger*, UrhG, § 13 Rn. 24; *Haberstumpf*, Handbuch des Urheberrechts, Rn. 214; siehe auch BGH ZUM 1995, 40, 42 – *Namensnennungsrecht des Architekten*.

[41] *Dreier/Schulze*, UrhG, § 14 Rn. 3, unter Hinweis auf die Amtl. Begr.

Der in § 14 UrhG prinzipiell niedergelegte **Entstellungsschutz** gewährleistet die Au-　21
thentizität der Präsentation des vom Urheber veröffentlichten (§ 12 UrhG) Werkes, das
als **„persönliche geistige Schöpfung"** (§ 2 Abs. 2 UrhG) seine Persönlichkeit repräsentiert und einen Teil seiner Identität bildet. Es besteht insofern eine Parallele zu dem im
allgemeinen Persönlichkeitsrecht verankerten Wahrheitsschutz,[42] der unabhängig davon
eingreift, ob die dem Betroffenen wahrheitswidrig zugeschriebenen Äußerungen urheberrechtlichen Schutz genießen.

　　b) Interessenabwägung. Wie sich aus der Formulierung des § 14 UrhG ergibt („oder　22
eine andere Beeinträchtigung"), bildet die Beeinträchtigung den Oberbegriff, der sowohl
die Änderung (§ 39 Abs. 1 UrhG) als auch die Entstellung umfasst, wobei Letzterer ein
besonders schwerwiegender Fall der Beeinträchtigung ist, so dass zwischen beiden ein lediglich gradueller Unterschied besteht.[43] Nach Auffassung des BGH setzt der Begriff der
Werkänderung (§ 39 Abs. 1 UrhG) grundsätzlich einen Eingriff in die Substanz des Werkes voraus.[44] Demgegenüber geht die Literatur davon aus, dass sich ein Nebeneinander
des Entstellungs- und Veränderungsverbotes weder sachlich noch semantisch begründen
lässt und die Vorschriften in ihrem Zusammenspiel den unter dem grundsätzlichen Vorbehalt einer Interessenabwägung stehenden Schutz der Werkintegrität begründen.[45]
Dementsprechend kann eine Beeinträchtigung sowohl bei Substanzeingriff als auch dann
gegeben sein, wenn das Werk in einem anderen Sachzusammenhang gestellt wird, ohne
dabei in die Substanz als solche einzugreifen.[46] Es genügt, wenn das Werk ohne inhaltliche Änderung durch Form und Art seiner Wiedergabe und Nutzung beeinträchtigt
wird.[47]

　　Die Beurteilung der Frage, ob das Recht auf Werkintegrität verletzt wird, erfolgt auf-　23
grund einer dreistufigen Prüfung:[48]

　　1. Es ist zu klären, ob eine Beeinträchtigung vorliegt, worunter jede Änderung zu verstehen ist, bei der vom geistig-ästhetischen Gesamteindruck des Werkes abgewichen
wird, den der Urheber in der Regel durch die Veröffentlichung seines Werkes bestimmt
hat.[49]

　　2. Sodann ist zu prüfen, ob die berechtigten Interessen des Urhebers gefährdet werden.

　　3. Schließlich ist eine Interessenabwägung vorzunehmen, wobei den Ausgangspunkt
die Wahrung des Bestands- und Integritätsinteresses des Urhebers darstellt, da im Urheberrecht ganz allgemein ein grundsätzliches Änderungsverbot gilt.[50]

　　Im Kern geht es darum, das Interesse des Urhebers an der authentischen Vermittlung　24
des in seinem **„geistigen Eigentum"** zum Ausdruck kommenden geistig-ästhetischen
Gehalts und das Interesse des Sacheigentümers mit dem Werkstück nach seinem Belieben
zu verfahren, es insbesondere nach seinen Nutzungsbedürfnissen zu verändern, zum Ausgleich zu bringen. Besonders deutlich zeigt sich diese Interessenkollision bei Änderungen
von Bauwerken.[51] Ein wesentliches Beurteilungskriterium bildet einerseits die Gestaltungshöhe, das heißt der Grad der schöpferischen Eigenart und der spezifische künstle-

---

[42] Siehe dazu unten § 20.
[43] Schricker/*Dietz,* UrhG, § 14 Rn. 19 ff.; *Dreier/Schulze,* UrhG, § 14 Rn. 5.
[44] BGH GRUR 1982, 107, 109 – *Kirchen-Innenraumgestaltung.*
[45] Schricker/*Dietz,* UrhG, § 14 Rn. 5, *Dreier/Schulze,* UrhG, § 14 Rn. 6; *Haberstumpf,* Handbuch
des Urheberrechts, Rn. 218.
[46] *Dreier/Schulze,* ebenda; *Haberstumpf,* ebenda.
[47] BGH GRUR 2002, 532, 534 – *Unikatrahmen.*
[48] Siehe Schricker/*Dietz,* UrhG, § 14 Rn. 18 ff.; *Dreier/Schulze,* UrhG, § 14 Rn. 9 ff.
[49] BGH GRUR 1989, 106, 107 – *Oberammergauer Passionsspiele II*; Schricker/*Dietz,* UrhG, § 14
Rn. 21; *Dreier/Schulze,* UrhG, § 14 Rn. 10.
[50] BGH GRUR 1974, 675, 676 – *Schulerweiterung*; Schricker/*Dietz,* UrhG, § 14 Rn. 28; *Dreier/
Schulze,* UrhG, § 14 Rn. 16.
[51] Siehe BGH GRUR 1974, 675, 677 – *Schulerweiterung*; BGH GRUR 1999, 230 – *Treppenhausge-
staltung*; Schricker/*Dietz,* UrhG, § 14 Rn. 36, 36 a; *Dreier/Schulze,* UrhG, § 14 Rn. 26.

rische Rang des Werkes und andererseits die Intensität des Eingriffs.[52] Eine Rolle spielt auch das Verhalten des Urhebers. Hat dieser sich im Vorfeld mit vergleichbaren Änderungen einverstanden erklärt, so kann er sich gegen Änderungen, die eine ähnliche Eingriffsintensität aufweisen, nicht zur Wehr setzen.[53]

25   Die Interessenabwägung steht auch im Zentrum der Regelung des § 39 UrhG, der für die Werknutzung in Folge vertraglicher Einräumung von Nutzungsrechten gilt. Das hier statuierte Änderungsverbot gilt nicht nur für Eingriffe in die Werkintegrität, sondern erstreckt sich darüber hinaus auf die **Urheberbezeichnung** und den Titel des Werkes, so dass dieser in der Regel nicht besonders urheberrechtlich geschützt wird, teilweise in den Urheberrechtsschutz einbezogen wird (sog. innerer Titelschutz).[54] § 39 Abs. 1 UrhG statuiert den Grundsatz, dass der Inhaber eines Nutzungsrechts das Werk, dessen Titel oder Urheberbezeichnung (§ 10 Abs. 1 UrhG) nicht ändern darf, wenn nichts anderes vereinbart ist. Daraus ergibt sich, dass – konkret umrissen – auf den Vertragszweck bezogene Vereinbarungen getroffen werden können, in denen der Urheber nicht pauschal, sondern für den Einzelfall auf den Entstellungsschutz verzichtet und sich mit bestimmten Änderungen einverstanden erklärt.[55] Nach § 39 Abs. 2 UrhG dürfen Änderungen des Werkes und seines Titels auch ohne eine entsprechende Vereinbarung vorgenommen werden, wenn der Urheber seine Einwilligung nach Treu und Glauben nicht versagen kann. Die Ausfüllung und Konkretisierung des unbestimmten Rechtsbegriffs „Treu und Glauben" hat durch eine Interessenabwägung zu erfolgen, für die die auch im Rahmen des § 14 UrhG maßgeblichen Kriterien gelten.

26   **c) Werkvernichtung.** Auf den ersten Blick erscheint es einleuchtend, dem Urheber auch einen Schutz gegen die **Werkvernichtung** zu gewähren, da sie als schärfste Form der Beeinträchtigung zu qualifizieren ist.[56] Wenn bereits die Entstellung verboten ist, so ist es nur konsequent, wenn sich der Urheber erst recht der vorsätzlichen Vernichtung seines Werkes widersetzen kann. Im Gegensatz zur Anerkennung eines solchen grundsätzlichen Bestandsschutzes herrschte lange Zeit die Meinung vor, dass eine Werkvernichtung grundsätzlich zulässig ist. Dabei stütze man sich auf ein obiter dictum in der Rechtsprechung des Reichsgerichts, wonach man dem Eigentümer „für den Regelfall auch das Recht nicht versagen" könne, das Werk „völlig zu vernichten".[57] Das zur Begründung angeführte Argument, dass ein zerstörtes und dann nicht mehr fortbestehendes Werk nicht mehr als beeinträchtigt angesehen werden könne,[58] ist nicht überzeugend. Vielmehr wird mit der Zerstörung des Werkoriginals das berechtigte Interesse des Urhebers beeinträchtigt, durch sein Werk weiter auf den kulturellen oder gesellschaftlichen Kommunikationsprozess einzuwirken. Inzwischen hat sich im Schrifttum die Auffassung durchgesetzt, dass auch zur Beurteilung der Zulässigkeit der Werkvernichtung eine Interessenabwägung vorzunehmen ist.[59]

27   Dabei kommt es vor allem darauf an, ob es sich um ein **Vervielfältigungsstück** oder um einmaliges Original oder ob es sich um ein Werk von hohem künstlerischem Rang handelt.[60] Es ist bei einem unersetzbaren Werk nach Wegen zu suchen, die eine Vernich-

---

[52] Schricker/*Dietz,* UrhG, § 14 Rn. 31; *Dreier/Schulze,* UrhG, § 14 Rn. 26; *Haberstumpf,* Handbuch des Urheberrechts, Rn. 221.

[53] Siehe BGH GRUR 1989, 107 – *Oberammergauer Passionsspiele II;* OLG München GRUR 1986, 463 – *Die unendliche Geschichte; Haberstumpf,* ebenda.

[54] *Haberstumpf,* Handbuch des Urheberrechts, Rn. 222.

[55] *Schricker* in: FS Hubmann, S. 409, 416.

[56] Schricker/*Dietz,* UrhG, § 14 Rn. 38.

[57] RGZ 79, 793, 401 – *Felseneiland mit Sirenen.*

[58] Siehe dazu die Nachweise bei Schricker/*Dietz,* UrhG, § 14 Rn. 38.

[59] *Dreier/Schulze,* UrhG, § 14 Rn. 28, unter Hinweis auf BGHZ 29, 66, 71 – *Mauer-Bilder,* wo von einer gebotenen Interessenabwägung die Rede ist.

[60] *Dreier/Schulze,* ebenda; Schricker/*Dietz,* UrhG, § 14 Rn. 38.

tung vermeiden.[61] In Anlehnung an das Schweizer Urheberrechtsgesetz[62] soll dem Eigentümer jedenfalls bei Werken, die nicht mit anderen Gebrauchszwecken verbunden sind, die Verpflichtung treffen, dem Urheber das Werk vor der beabsichtigten Vernichtung zur Rücknahme zum Materialwert anzubieten.[63] Dies wird jedenfalls dann für zumutbar gehalten, wenn der Eigentümer den Namen und die Anschrift kennt oder aber ohne größere Mühe in Erfahrung bringen kann.[64]

Bei **Bauwerken,** aber auch mit dem Boden fest verbundenen Großplastiken, wird ein **28** **Bestandsschutz** generell abgelehnt, da dem Recht des Eigentümers, mit seinem Grundstück nach Belieben zu verfahren (§§ 903 f. BGB), der Vorrang eingeräumt wird.[65] Begrenzt wird die Befugnis zum Abriss allenfalls durch den Denkmalschutz, um das öffentliche Interesse am Fortbestand des Bauwerkes zu wahren.[66] Entsprechend der Regelung im Schweizer Urheberrecht[67] soll der Eigentümer aber verpflichtet sein, den Urheber rechtzeitig von dem geplanten Abriss zu informieren, damit er sein Zugangsrecht (§ 25 UrhG)[68] wahrnehmen und Fotografien anfertigen oder auf eigene Kosten Kopien der Pläne herstellen lassen kann.[69]

---

[61] So *Dreier/Schulze*, ebenda; ebenso Schricker/*Dietz*, ebenda.

[62] Art. 15 Abs. 1 URG.

[63] *Dreier/Schulze,* UrhG, § 14 Rn. 28; Schricker/*Dietz*, UrhG, § 14 Rn. 38 a; siehe auch *Ulmer*, Urheber- und Verlagsrecht, S. 220.

[64] Schricker/*Dietz*, a.a.O., Rn. 39.

[65] Schricker/*Dietz*, UrhG, § 14 Rn. 14; *Dreier/Schulze*, UrhG, § 14 Rn. 28.

[66] *Dreier/Schulze*, ebenda.

[67] Art. 15 Abs. 3 URG.

[68] Siehe zur Anwendbarkeit auf Bauwerke Schricker/*Vogel*, UrhG, § 25 Rn. 10.

[69] Schricker/*Dietz*, UrhG, § 14 Rn. 40. Dies gilt grundsätzlich auch für die Zerstörung aufgedrängter Kunstwerke, wie z. B. Graffitis, da sie ungeachtet des rechtswidrigen Schöpfungsvorgangs, wie die Bilder an der Berliner Mauer, urheberrechtlichen Schutz genießen, siehe BGHZ 129, 66, 71 – *Mauer-Bilder*. Da der Eigentümer durch die aufgedrängte Kunst aber in seinem Eigentumsrecht verletzt wird, geht die Interessenabwägung zu seinen Gunsten aus, er hat einen Beseitigungsanspruch aus §§ 823, 1004 BGB, siehe *Dreier/Schulze*, UrhG, § 14 Rn. 30.

7. Kapitel. Das Recht an sonstigen Persönlichkeitsmerkmalen

§ 16. Das Recht an der eigenen Stimme

Inhaltsübersicht

Schrifttum: *Beuthin/Hieke*, Unerlaubte Werbung mit dem Abbild prominenter Personen, AfP 2000, 353; *Bortloff*, Tonträgersampling als Vervielfältigung, ZUM 1993, 476; *Dreier/Schulze,* Kommentar zum Urheberrecht, 2. Auflage 2004; *Flechsig*, Der Leistungsintegritätsanspruch des ausübenden Künstlers, 1978; *Freitag*, Die Kommerzialisierung von Darbietung und Persönlichkeit des ausübenden Künstlers, 1993; *Fromm/Nordemann*, Kommentar zum Urheberrechtsgesetz, 2. Auflage 1998; *Helle*, Besondere Persönlichkeitsrechte im Privatrecht, 1991; *Henning-Bodewig*, "Celebrity Endorsement": Die Haftung von Prominenten für Werbung nach deutschem und amerikanischem Recht, WRP 1990, 21; *Hoeren*, Sounds von der Datenbank, – Zur urheber- und wettbewerbsrechtlichen Beurteilung des Samplings in der Popmusik, GRUR 1989, 11; *Landfermann*, Handy-Klingeltöne im Urheber- und Markenrecht, 2006; *Lausen*, Der Schaupieler und sein Replikant, ZUM 1997, 86 *Peukert*, Persönlichkeitsbezogene Immaterialgüterrechte?, GRUR 2000, 710; *Pietzko*, Die Werbung mit dem Doppelgänger eines Prominenten, AfP 1988, 209; *Raue*, Eva & Adele – der Mensch als „Werk" im Sinne des Urheberrechts, GRUR 2000, 951; *Reber*, Schutzdauer des postmortalen Persönlichkeitsrechts in Deutschland und den USA, GRUR Int. 2007, 492; *Schack*, Urheber- und Urhebervertragsrecht, 4. Aufl. 2007; *Schierholz*, Der Schutz der menschlichen Stimme gegen Übernahme und Nachahmung, 1998; *Schricker* Urheberrecht, Kommentar, 3. Auflage 2006; *Schwarz/Schierholz*, Das Stimmplagiat: der Schutz berühmter Schauspieler und Sänger gegen Nachahmung im amerikanischen und deutschen Recht, in FS Kreile 1994, 723; *Spieß*, Urheber- und wettbewerbsrechtliche Problem des Sampling in der Popmusik, ZUM 1991, 524; *Schulze*, Urheberrecht und neue Musiktechnologien, ZUM 1994, 15; *Tenschert*, Ist der Sound urheberrechtlich schützbar?, ZUM 1987, 612; *Weßling*, Der zivilrechtliche Schutz gegen digitales Sampling, 1995.

A. Einleitung

Zur Frage des Schutzes der menschlichen Stimme gibt es in Deutschland bislang **1** wenig Literatur und noch weniger Rechtsprechung. In den USA dagegen hat die Frage der ungenehmigten Nutzung bekannter Stimmen die Gerichte umfangreich beschäftigt.[1] Soweit ersichtlich, hat in Deutschland die Frage des Stimmschutzes nur in einer einstweiligen Verfügung des OLG Hamburg[2] eine Rolle gespielt; das Gericht untersagte die Nachahmung der markanten Stimme von Heinz Erhard als unzulässigen Eingriff in dessen Persönlichkeitsrechte. Auch in Österreich gibt es nur eine einzige Entscheidung zur Nutzung der Stimmen bekannter Schauspieler in einem Wahlwerbespot.[3] Doch schon diese wenigen Entscheidungen zeigen, dass auch die menschliche Stimme durchaus Gegenstand von unzulässiger Kommerzialisierung sein kann und wie die anderen besonderen Merkmale einer Person – Name und Bildnis – als eindeutiges **Identifizierungsmerkmal** die Vereinnahmung der ganzen Person ermöglicht.

Die Stimme ist ein markanter Ausdruck der Person – man erkennt nicht nur Familie **2** und Freunde sofort am Telefon, gerade für Schauspieler, Synchronsprecher und Sänger ist die Stimme ein wichtiges Erkennungsmerkmal. Nur wenige Worte reichen aus, um eine Person eindeutig zu identifizieren. Dabei weist die Stimme nicht nur eindeutig auf ihren Träger hin; sie charakterisiert ihn zugleich durch die unmittelbar transportierten Emotionen und Gefühle der Person. Sie kann aufgezeichnet, vervielfältigt und bearbeitet (z. B. im Wege des Sampling) werden und so unabhängig von der persönlichen Präsenz ihres Trägers genutzt werden.

Dies macht die **Stimme besonders für die Werbung interessant,** die stets entweder **3** auf der Suche nach Testimonials[4] ist oder aber die Sympathie oder auch nur die Aufmerksamkeit, die die Öffentlichkeit einer bestimmten Person entgegenbringt, auf die beworbenen Produkte zu übertragen sucht.[5] Daher sind alle veröffentlichten Gerichtsentscheidungen – in den USA wie in Deutschland und Österreich – zu Fragen der ungenehmigten Nutzung bekannter Stimmen in der Werbung ergangen. Als Nutzungen der Stimme sind dabei sowohl die Verwendung der Originalstimme denkbar[6] als auch die Imitation der Stimme, wenn die betreffende Person nicht selber für die Werbung zur Verfügung stand.[7]

Was allerdings die Stimme von den anderen Persönlichkeitsmerkmalen wie Name und **4** Bildnis unterscheidet, ist, dass sie nicht alleine steht, sondern stets mit einem „Inhalt" nämlich dem gesprochenen Text, dem gesungenen Lied in Erscheinung tritt. Von diesem „Inhalt" muss die Stimme abstrahiert werden – denn die Fragen des Schutzes des Inhaltes und die Frage nach dem Schutz der Stimme selber betreffen verschiedene Schutzgegenstände und müssen getrennt betrachtet werden. Allerdings besteht eine Wechselwirkung

---

[1] Vgl. Nancy Sinatra v. Goodyear Tire and Rubber Co. 435 F. 2d 711; Bette Davis v. Transworld Airlines, 297 F. Supp. 343; Booth v. Colgate-Palmolive Company, 362 F. Supp 343; Middler v Ford Motor Co. GRUR Int. 1989, 338; Joplin Enterprises v. Allen, 795 F 2d 349; Waits v Frito-Lay, 978 F. 2d 349.

[2] OLG Hamburg NJW 1990, 1995 – *Heinz Erhardt.*

[3] Oberster Gerichtshof Wien, AZ 6 Ob 278/02b, red. Leitsatz in MuR 2003, 92.

[4] Vgl. *Henning-Bodewig,* „Celebrity Endorsement": Die Haftung von Prominenten für Werbung nach deutschem und amerikanischem Recht, WRP 1990, 21.

[5] Vgl. *Beuthin/Hieke,* Unerlaubte Werbung mit dem Abbild prominenter Personen, AfP 2000, 353.

[6] So der Fall, der der Entscheidung des OGH Wien zugrunde lag: in der Werbung für eine politische Partei wurden Aufnahmen mit den Stimmen bekannter Schauspieler verwendet, MuR 2003, 92.

[7] So in der Heinz-Erhardt-Entscheidung des OLG Hamburg, NJW 1990, 1995, und den Bette-Middler (Middler v Ford Motor Co. GRUR Int. 1989) und Tom-Waits (Waits v Frito-Lay, 978 F. 2d 349) Entscheidung des Court of Appeals, Ninth Circuit.

zwischen den Schutzbereichen, so dass der Schutz der Stimme durchaus vom Schutz des Inhalts beeinflusst und begrenzt werden kann.[8]

5   Die US-amerikanische Rechtsprechung stützt den Schutz der Stimme sowohl auf wettbewerbsrechtliche Ansprüche (passing off)[9] als auch auf ein „Right of publicity",[10] das neben dem „Right of Privacy" die zweite Säule des persönlichkeitsrechtlichen Schutzes darstellt.[11] Ein solches klar abgrenzbares „Recht zur Werbenutzung" gibt es in Deutschland nicht.

B. Der Schutz der Stimme und der urheberrechtliche Leistungsschutz

6   Urheberrechtlicher Schutz kommt für die Stimme nicht in Frage,[12] denn die Stimme ist kein Werk, sie ist nicht das Ergebnis eines kreativen Aktes der Urhebers, sondern vielmehr Hilfsmittel und Werkzeug, ein Instrument bei denkbaren kreativen Akten.[13] Dies gilt auch dann, wenn die Stimme das Ergebnis von umfangreicher Stimmbildung und Gestaltung ist, also nicht mehr der natürlichen untrainierten Stimme entspricht.[14] Weil die Stimme aber nicht ohne einen „Inhalt", das Gesprochene oder Gesungene, in Erscheinung tritt, kommt als Schutz für diesen Inhalt der urheberrechtliche Leistungsschutz für künstlerische Darbietungen in Frage.

I. System des urheberrechtlichen Leistungsschutzes

7   Die im UrhG gewährten Leistungsschutzrechte werden auch verwandte Schutzrechte genannt. Sie werden gewährt für die Leistungen bei der Vermittlung eines Werkes. Diese Leistungen können künstlerischer, technischer oder organisatorischer Art sein. Der Leistungsschutz ist als „kleines Urheberrecht" ausgestaltet; insbesondere Schutzumfang und Schutzdauer sind geringer als der urheberrechtliche Schutz. Wie das Urheberrecht die persönlichen und geistigen Beziehungen des Urhebers zu seinem Werk schützt,[15] schützt das Leistungsschutzrecht der ausübenden Künstler entsprechend die Darbietung des Interpreten, der das Werk dem Publikum vermittelt. Während das Urheberrecht dem Autor umfangreich jegliche Verwertung seines Werkes vorbehält und die Nutzungsrechte in §§ 15 ff. UrhG nur beispielhaft aufzählt, stehen dem ausübenden Künstler allerdings nur die in §§ 73 ff. UrhG ausdrücklich genannten Rechte zu. Anders als das Urheberrecht sind die Leistungsschutzrechte zudem vollständig übertragbar.

8   Ohne Zustimmung darf die Darbietung des ausübenden Künstlers nicht aufgezeichnet (§ 75 Abs. I UrhG), vervielfältigt und verbreitet (§ 75 Abs. II UrhG) oder öffentlich wie-

---

[8] Dazu unten unter D.

[9] *Lahr v. Adell Chemical Co. et al.* 300, F 2d 256; zum Verhältnis der Persönlichkeitsrechte und dem Wettbewerbsrecht s. u. § 9.

[10] *Waits v Frito-Lay*, 978 F. 2d 349; *Middler v Ford Motor Co.* GRUR Int. 1989.

[11] Ausführlicher dazu *Schwarz/Schierholz*, Das Stimmplagiat: der Schutz berühmter Schauspieler und Sänger gegen Nachahmung im amerikanischen und deutschen Recht, in: FS *Kreile*, S. 723, 726 ff.

[12] *Landfermann*, Handy-Klingeltöne im Urheber- und Markenrecht, S. 184; *Lausen*, Der Schauspieler und sein Replikant, ZUM 1997, 87, 89; *Schierholz*, Der Schutz der menschlichen Stimme gegen Übernahme und Nachahmung, S. 16.

[13] Vgl. *Schierholz*, (Fn. 12) S. 16.

[14] *Lausen*, Der Schauspieler und sein Replikant, ZUM 1997, 87, 89; zur Problematik des urheberrechtlichen Schutzes von individuellen Personen und ihrem Erscheinungsbild vgl. die Entscheidung des LG Hamburg, ZUM 1999, 658 – *Eva und Adele*; *Raue*, Eva & Adele – der Mensch als „Werk" im Sinne des Urheberrechts, GRUR 2000, 951.

[15] § 11 S. 1 UrhG.

dergegeben (§ 76 Abs. I Ziff. 1 UrhG) werden; ist die Darbietung erlaubterweise aufgezeichnet worden und ist diese Aufnahme erschienen oder erlaubterweise öffentlich zugänglich gemacht worden, so darf sie zwar gesendet werden, dem ausübenden Künstler steht für die Sendung jedoch ein unverzichtbarer Vergütungsanspruch zu (§ 78 Abs. I Ziff. 2 und Abs. II, III UrhG). Als persönlichkeitsrechtliche Aspekte des Leistungsschutzrechts sind das Recht der Anerkennung der Darbietung und Namensnennung (§ 74 UrhG) sowie der Entstellungsschutz (§ 75 UrhG) zu nennen. Der Leistungsschutz endet für die Verwertungsrechte 50 Jahre nach dem Zeitpunkt der Aufzeichnung bzw. dem Erscheinen der Aufzeichnung (§ 82 UrhG); der persönlichkeitsrechtliche Schutz endet mit dem Tod des Künstlers, jedoch nicht vor Ablauf des Schutzes der Verwertungsrechte (§ 76 UrhG).

II. Gegenstand des urheberrechtlichen Leistungsschutzes

Dem System des urheberrechtlichen Schutzes folgend kann Gegenstand des Leistungs- **9** schutzes nur die Darbietung eines Werkes oder einer Ausdrucksform der Volkskunst[16] sein, wobei es allerdings nicht darauf ankommt, ob das dargebotene Werk tatsächlich (noch) Schutz genießt.[17] Damit scheidet der urheberrechtliche Leistungsschutz für alle Inhalte aus, die nicht die erforderliche Werksqualität erreichen, also z. B. die Wiedergabe von einfachen Nachrichtentexten[18] und insbesondere die freie Rede im Alltag. Allerdings dürfen die Anforderungen an die Werksqualität beim Leistungsschutz nicht höher sein als bei allgemeinen Urheberrecht, wo auch die „kleine Münze" Schutz genießt.[19]

III. Schutz der Stimme im System der Leistungsschutzrechte

Die menschliche Stimme selber kann nicht Gegenstand des leistungsschutzrechtlichen **10** Schutzes sein, denn der Schutzgegenstand ist eine konkrete Darbietung oder Aufführung; nicht jedoch die Stimme selber.[20] Allerdings kann sich die Stimme gleichsam in dieser Darbietung konkretisieren,[21] so dass über den Schutz der Darbietung **indirekt** auch ein **Schutz** der Stimme erfolgt. Stets ist dabei Voraussetzung für einen solchen indirekten Schutz der Stimme über den leistungsschutzrechtlichen Darbietungsschutz, dass Gegenstand der Darbietung ein grundsätzlich urheberrechtsschutzfähiges Werk ist.[22]

1. Die Verwertungsrechte: Vervielfältigung, Verbreitung und öffentliche Zugänglichmachung

Unproblematisch ist der Schutz gegen Vervielfältigung, Verbreitung oder öffentliche **11** Zugänglichmachung, wenn es sich um die Darbietung ganzer Werke geht – hier sind die Vorschriften des UrhG unmittelbar und uneingeschränkt anwendbar.

Schwieriger ist es, wenn – wie beim Sampling – nur Teile einer Darbietung verwen- **12** det werden. In den Fällen der ausschnittsweisen Nutzung von Teilen und Ausschnitten leistungsschutzrechtlich relevanter Darbietungen ist Voraussetzung für den Schutz, dass

[16] Gemeint sind damit v.a. Darbietungen aus dem Bereich der Folklore; vgl. Dreier/Schulze/ *Dreier*, § 73 Rn. 9. Keine leistungsschutzfähigen Darbietungen sind dagegen die Leistungen von Zirkusartisten, Varietékünstlern und Sportlern; vgl. Dreier/Schulze/*Dreier*, § 73 Rn. 12.
[17] Schricker/*Krüger*, § 73 Rn. 12; Dreier/Schulze/*Dreier* § 73 Rn. 8
[18] Vgl. LG Hamburg, GRUR 1976 – *Rundfunksprecher*; BGH, GRUR 1981, 419 – *Nachrichtensprecher*.
[19] BGH GRUR 1981, 419 – *Quizmaster*; BGH GRUR 1963, 213 – *Fernsehwiedergabe von Sprachwerken*.
[20] *Lausen*, Der Schauspieler und sein Replikant, ZUM 1997, 87, 89.
[21] Vgl. *Freitag*, Die Kommerzialisierung von Darbietung und Persönlichkeit des ausübenden Künstlers, S. 79 ff.
[22] Vgl. *Schierholz*, (Fn. 12) S. 33.

das genutzte Teil der Darbietung wiederum ein Werk zum Gegenstand hat – hier sei nur auf die umfangreiche Literatur der neunziger Jahre zu diesem Problem verwiesen.[23] Da es beim Sampling in der Regel um die Übernahme und Bearbeitung von nur kurzen Sequenzen einer Darbietung geht, ist der Schutzbereich des Leistungsschutzes in der Regel nicht eröffnet, denn die übernommenen Teile der Darbietung erreichen zumeist nicht den Umfang, der nötig wäre, um das Dargebotene als Werk zu schützen.

2. Der persönlichkeitsrechtliche Schutz: Entstellungsschutz

13   Der leistungsschutzrechtliche Entstellungsschutz gibt dem ausübenden Künstler das Recht, eine Entstellung oder andere Beeinträchtigung seiner Darbietung zu verbieten, die geeignet ist, das Ansehen oder seinen Ruf als ausübender Künstler zu gefährden (§ 75 UrhG). Eine solche Entstellung nimmt die Rechtsprechung dann unproblematisch an, wenn die Einheit von mimischer und stimmlicher Darbietung auseinandergerissen wird. So hat das KG bereits 1966 eine Entstellung angenommen, als eine Rundfunkanstalt Aufzeichnungen von Schlagerdarbietungen (für die sie sich die Rechte zur Sendung und „akustischen Wahrnehmbarmachung" hatte einräumen lassen) als Playback für eine Fernsehaufzeichnung mit einem lediglich posierenden Chor nutzte.[24] Auch die **Nachsynchronisierung** der deutschen Sprachfassung eines Filmes durch einen anderen als den Originalschauspieler wurde als Entstellung im Sinne des Leistungsschutzes gewertet – hier ist der Schutzgegenstand allerdings nicht die Stimme, sondern die Gesamtheit der schauspielerischen Leistung.[25] Obwohl seit diesen Entscheidungen der leistungsschutzrechtliche Schutz mehrfach reformiert wurde, würden die Gerichte heute wohl genauso entscheiden.

14   Nicht als Entstellung ist es dagegen zu bewerten, wenn lediglich die **Stimme imitiert** wird und nicht eine konkrete Darbietung bearbeitet und verändert wird. So verneint das OLG Hamburg in der Heinz-Erhardt-Entscheidung Ansprüche aus leistungsschutzrechtlichen Bestimmungen, da die Stimme Heinz Erhardts von einem Sprecher nachgeahmt wurde, der einen – von Heinz Erhardt niemals gesprochenen – Werbetext verlas und dabei auch für Heinz Erhardt typische Redewendungen verwendete.[26] Grund dafür ist, dass bei einer Imitation ja gerade keine eigene Darbietung des Imitierten vorliegt, die Gegenstand des Leistungsschutzes sein könnte. [27]

15   Einen Sonderfall auf der Grenze zwischen Leistungsschutz und Persönlichkeitsrecht stellt die niederländische **Entscheidung „Dominee Dimitri"**[28] dar: Der Kläger war bekanntes Mitglied der niederländischen reformierten Kirche und hatte einige Bekanntheit erreicht durch seine Überzeugung, dass House Musik schädlich für die Jugend sei; er hatte dies nicht nur wiederholt öffentlich geäußert, sondern auch vor entsprechenden House Parties versucht, die Jugendlichen vor dem schädlichen Einfluss dieser Musik zu bewahren. Eine Musikproduktionsfirma hatte eine Aufzeichnung eines Rundfunkinterviews bearbeitet und daraus eine House Musik CD produziert. Die Stimme wurde

---

[23] *Bortloff*, Tonträgersampling als Vervielfältigung, ZUM 1993, 476; *Hoeren*, Sounds von der Datenbank – zur urheber- und wettbewerbsrechtlichen Beurteilung des Samplings in der Popmusik, GRUR 1989, 11; *Tenschert*, Ist der Sound urheberrechtlich schützbar?, ZUM 1987, 612; *Spieß*, Urheber- und wettbewerbsrechtliche Probleme des Sampling in der Popmusik, ZUM 1991, 524; *Schulze*, Urheberrecht und neue Musiktechnologien, ZUM 1994, 15; *Weßling*, Der zivilrechtliche Schutz gegen digitales Sampling; vgl. auch OLG Hamburg ZUM 1991, 545 – *Rolling Stones*.

[24] KG FuR, 1967, 62.

[25] OLG München, UFITA Bd. 28 (1957), 342.

[26] OLG Hamburg, NJW 1990, 1995 – *Heinz Erhardt*.

[27] *Lausen*, Der Schauspieler und sein Replikant, ZUM 1997, 86, 89; genauso verhält es sich mit dem urheberrechtlichen Schutz, der ein vom Urheber geschaffenes Werk voraussetzt und nicht greift, wenn eine „Fälschung" dem Urheber zugeschrieben werden soll; vgl. BGH NJW 1990, 1986 – *Emil Nolde*.

[28] Mulder v. Never Mind Music, Rechtbank te Haarlem vom 20. September 1994, Mediaforum B 99.

einem „Dominee Dimitri" zugeschrieben; die Produktion machte den Eindruck eines Interviews, bei dem allerdings die Originalsätze willkürlich zusammengeschnitten waren. Die Rechtbank te Haarlem hat einen leistungsschutzrechtlichen Entstellungsschutz gar nicht erst geprüft, sondern dem Unterlassungs- und Schadensersatzbegehren des Klägers wegen Beleidigung stattgegeben. Dies ist vor dem Hintergrund der schwachen Ausprägung der Leistungsschutzrechte in den Niederlanden nicht verwunderlich. Auch in Deutschland hätten die Gerichte wohl eher persönlichkeitsrechtliche Ansprüche bejaht und leistungsschutzrechtlichen Entstellungsschutz verneint. Denn selbst wenn man unterstellt, dass der Kläger ein Werk (kleine Münze) dargeboten habe, würde man dennoch in einer solchen Konstellation davon ausgehen müssen, dass die „Bearbeitung" auf einer inhaltlich-textlichen Ebene stattfindet und nicht das Ansehen oder den Ruf als Interpret in Frage stellt.

IV. Ergebnis

Leistungsschutz für stimmliche Darbietungen kommt nur in Frage, wenn es sich um die **16** Aufzeichnung, Vervielfältigung, Verbreitung oder öffentliche Zugänglichmachung von Werksdarbietungen handelt. Wird eine stimmliche Leistung übernommen, die nicht die Darbietung eines Werkes zum Gegenstand hat (entweder weil der Ausschnitt zu knapp ist oder es sich um freie Rede im Alltag handelt), scheidet der Leistungsschutz aus.

Bei der Verwendung von Ausschnitten einer Darbietung greift der Leistungsschutz **17** nur, wenn der Ausschnitt mindestens so lang ist, dass das Dargebotene noch als urheberrechtlich schützbares Werk zu qualifizieren ist.

Leistungsschutzrechtliche Ansprüche wegen Entstellung sind nur gegeben, wenn die **18** Veränderungen an der Darbietung geeignet sind, dem Ansehen oder dem Ruf als ausübender Künstler zu schaden. Beeinträchtigungen des allgemeinen Achtungsanspruchs sind dagegen nicht vom leistungsschutzrechtlichen Entstellungsschutz erfasst.

Der Leistungsschutz greift ebenfalls nicht, wenn die Stimme nachgeahmt wird, da hier **19** gerade keine Leistung des Rechtsträgers übernommen wird. In diesen Fällen kommen persönlichkeitsrechtliche und evtl. auch wettbewerbsrechtliche Ansprüche in Frage.[29]

C. Persönlichkeitsrechtlicher Schutz der Stimme

I. Der Schutz von Persönlichkeitsmerkmalen –
Einordnung der Stimme

Wichtige Persönlichkeitsrechte (wie das Recht am eigenen Namen in § 12 BGB und **20** im Markenrecht, das Recht am eigenen Bild im §§ 22 ff. KUG, oder das Urheberpersönlichkeitsrecht in §§ 13, 14 UrhG) haben außerhalb der deliktischen Generalklausel des § 823 BGB eine sondergesetzliche Regelung erfahren. Eine solche Sonderregelung fehlt für den Schutz der menschlichen Stimme. Allerdings weist die Stimme einige wichtige Gemeinsamkeiten mit sondergesetzlich geregelten Persönlichkeitsmerkmalen wie dem Recht am Namen und dem Recht am eigenen Bild auf: Wie diese individualisiert und charakterisiert sie ihren Träger in hohem Maße – die Person ist sofort erkennbar, wenn man die Stimme hört. Zudem ist sie von ihrem Träger ablösbar, d.h. sie kann genutzt werden, ohne dass die sprechende/singende Person tatsächlich anwesend ist. Dadurch wird die Stimme kommerzialisierbar – nicht umsonst befassen sich die Gerichtsentscheidungen zum Stimmschutz mit der ungenehmigten Nutzung in der Werbung.

---

[29] So haben die US-amerikanischen Entscheidungen zum Stimmschutz (s. Fn. 1) alle (auch) wettbewerbsrechtliche Aspekte geprüft.

21   Dies sieht auch der **BGH** so: „Der Abbildung, dem Namen sowie sonstigen Merkmalen der Person wie der Stimme kann ein beträchtlicher wirtschaftlicher Wert zukommen, der im Allgemeinen auf der Bekanntheit und dem Ansehen der Person in der Öffentlichkeit – meist durch besondere Leistung etwa auf sportlichem oder künstlerischem Gebiet erworben – beruht. Die bekannte Persönlichkeit kann diese Popularität und ein damit verbundenes Image dadurch wirtschaftlich verwerten, dass sie Dritten gegen Entgelt gestattet, ihr Bildnis oder ihren Namen aber auch andere Merkmale der Persönlichkeit, die ein Wiedererkennen ermöglichen, in der Werbung für Waren oder Dienstleistungen einzusetzen."[30]

22   Vereinzelt wird die Ansicht vertreten, für den Schutz der menschlichen Stimme seien die Vorschriften des Bildnisschutzes nach **§ 22 KUG analog** anzuwenden,[31] was zur Folge hätte, dass die Ausnahmen der §§ 23, 24 KUG sowie die kurze Schutzfrist von nur zehn Jahren nach dem Tode (§ 22 S. 2 KUG) anwendbar wären. Für eine solche analoge Anwendung der Vorschriften des KUG besteht aber kein Bedarf, da der deliktische Persönlichkeitsschutz – sei es über das Allgemeine Persönlichkeitsrecht oder als besonderes Persönlichkeitsrecht ausreichend und angemessen ist.[32] Zutreffender ist es, Stimme als besonderes Persönlichkeitsrecht anzusehen.[33]

II. Bedeutung der Einordnung der Stimme als besonderes Persönlichkeitsrecht

23   Aufgrund der Einordnung der Stimme als besonders Persönlichkeitsrecht[34] stellt jede ungenehmigte Nutzung der Stimme einen Eingriff in das Recht an der Stimme dar und gibt dem Betroffenen Unterlassungs- und Schadensersatzansprüche.[35] Die Rechtsprechung hat inzwischen bei kommerzialisierbaren Persönlichkeitsmerkmalen auch die Zuerkennung von materiellem Schadensersatz zugelassen.[36] In der **Entscheidung „Marlene Dietrich"** betont der BGH, die Persönlichkeitsrechte dienen nicht nur dem Schutz ideeller Interessen der Person, sondern auch dem Schutz materieller Interessen.[37] Ein auf die Verletzung der materiellen Interessen gründender Schadensersatzanspruch kann – ähnlich wie bei den Immaterialgüterrechten – auf dreifache Weise berechnet werden: Zum einen kann der tatsächlich erlittene ursächlich durch den Eingriff hervorgerufene Schaden ausgeglichen werden, es kann der Schaden in Analogie zur angemessenen Lizenzgebühr berechnet werden oder der Verletzte kann die Herausgabe des Verletzergewinnes verlangen.[38]

---

[30] BGH, GRUR 2000, 709, 712 – *Marlene Dietrich*.

[31] *Lausen*, Der Schauspieler und sein Replikant, ZUM 1997, 86, 90.

[32] *Landfermann*, S. 187.

[33] *Peukert*, Persönlichkeitsrechtsbezogene Immaterialgüter?, ZUM 2000, 710, 719 f.; *Schack*, UrhR, Rn. 50; *Schwarz/Schierholz*, (Fn. 11) 723, 735, *Landfermann*, S. 186.

[34] Ausführlich zu dem deliktischen Schutz der Persönlichkeit und des Allgemeinen sowie der besonderen Persönlichkeitsrechte (und deren Abgrenzung voneinander) s. o. § 11.

[35] Der Unterlassungsanspruch ist in § 1004 BGB geregelt, der deliktische Schadensersatzanspruch in § 823 BGB.

[36] BGH, GRUR 2000, 709 – *Marlene Dietrich*; BGH, GRUR 2000, 715 – *Der blaue Engel*; BVerfG, GRUR 2006, 1049 – *Schadensersatz wegen der Verletzung des postmortalen Rechts am eigenen Bild*; *Reber*, Schutzdauer des postmortalen Persönlichkeitsrechts in Deutschland und den USA, GRUR Int. 2007, 492; kritisch zur Angleichung der Persönlichkeitsrechte an die Immaterialgüterrechte *Peukert*, Persönlichkeitsbezogene Immaterialgüterrechte?, GRUR 2000, 711.

[37] BGH, GRUR 2000, 709, 711 – *Marlene Dietrich*.

[38] BGH, GRUR 2000, 709, 715 – *Marlene Dietrich*; ausführlich s. u. § 50.

III. Ergänzender Schutz nach dem Allgemeinen Persönlichkeitsrecht

Bei der Nutzung einer fremden Stimme in der Werbung kann neben dem Eingriff in 24 das besondere Persönlichkeitsrecht der Stimme zugleich das Allgemeine Persönlichkeitsrecht in Form des allgemeinen Achtungsanspruchs betroffen sein, denn dem Publikum wird suggeriert, der Betroffene habe der Werbung zugestimmt.[39] Ein solcher Eingriff führt allerdings wegen der Höchstpersönlichkeit des Rechtsgutes nicht zu materiellem Schadensersatz, sondern kann – bei besonderer Schwere des Eingriffs – einen Anspruch auf immateriellen Schadensersatz geben.[40]

D. Besonderheit des deliktischen Schutzes an der Stimme – der Leistungsschutz als Schutz der Konkretisierung der Stimme in einer Darbietung

Wenn die Nutzung einer stimmlichen Äußerung sowohl die Voraussetzungen des Leis- 25 tungsschutzes für die Darbietung des Inhaltes erfüllt als auch als Eingriff in das Persönlichkeitsrecht der Stimme zu bewerten ist, stellt sich die Frage, in welchem Verhältnis die beiden Schutznormen zueinander stehen. Diese Frage hat vor allen Dingen praktische Bedeutung, weil der Schutzumfang des Leistungsschutzes enger ist als der deliktische Schutz der Persönlichkeitsrechte.

Leistungsschutz und deliktischer Schutz der Stimme betreffen zwar unterschiedliche 26 Schutzbereiche (der Leistungsschutz regelt Schutzumfang und -Dauer der Darbietung eines Werkes, während der deliktische Stimmschutz als sehr viel weiter gehender persönlichkeitsrechtlicher Schutz des Stimmträgers ausgestaltet ist). Dennoch kann die Regelung des Leistungsschutzes Auswirkungen auf den deliktischen Persönlichkeitsschutz haben, denn im Rahmen der Leistungsschutzrechte hat sich der Gesetzgeber bewusst entschieden, bestimmte Nutzung als zulässig anzusehen. Zu denken ist hier einerseits an eine Verwertung einer Darbietung nach Ablauf der Schutzfrist und andererseits an die Imitation von Sound und Stil des ausübenden Künstlers – also an diejenigen Fälle, in denen der Leistungsschutz zwar grundsätzlich anwendbar wäre, weil es sich bei der stimmlichen Leistung um eine Darbietung handelt, im konkreten Fall der Schutz aber versagt wird.

Eine Sperrwirkung der leistungsschutzrechtlichen Vorschriften für den deliktisch-per- 27 sönlichkeitsrechtlichen Schutz kann man nur annehmen, wenn der Schutzbereich des Leistungsschutzes grundsätzlich eröffnet ist, wenn es sich also um die stimmliche Darbietung eines Werkes handelt. Dies allerdings führt zu dem auf den ersten Blick merkwürdigen **Ergebnis**, dass der Inhalt des stimmlich Wiedergegebenen darüber entscheidet, ob der engere Leistungsschutz oder der weitere deliktische Persönlichkeitsschutz einschlägig ist: Handelt es sich um alltägliche Äußerungen, so ist der deliktische Persönlichkeitsschutz uneingeschränkt einschlägig, während bei der Wiedergabe von Werken die Grenzen des Leistungsschutzes zu berücksichtigen sind.[41]

Begründen lässt sich dies allerdings mit der Überlegung, dass sich die Stimme bei der 28 Darbietung eines Werkes in dieser Darbietung konkretisiert hat. Bei zulässigen Aufzeichnungen dieser Darbietung und den sich daran anschließenden Verwertungen handelt es sich um den „Broterwerb" des ausübenden Künstlers; solche Aufzeichnungen finden in der Praxis kaum ohne umfangreiche vertragliche Regelungen und ohne Vergütung statt.

---

[39] *Landfermann*, S. 187.
[40] Zu den Voraussetzungen und der Schwierigkeit der Bestimmung der Höhe des immateriellen Schadensersatzes s. u. § 51.
[41] *Schierholz*, (Fn. 12) S. 90.

Andererseits muss niemand damit rechnen, dass seine stimmlichen Äußerungen im beruflichen und privaten Umfeld aufgezeichnet werden;[42] bei vereinbarten Aufzeichnungen wie z. B. Interviews gibt es üblicherweise einen festumrissenen Verwertungsrahmen und sämtliche Verwertungen außerhalb dieses Rahmen müssen zumindest der persönlichkeitsrechtlichen Prüfung zugänglich sein.[43]

29   Einen Grenzfall stellt hier wiederum das **Sampling** dar. Sampling ist in der Regel nicht nach Leistungsschutz zu beurteilen, weil die übernommenen Sequenzen zu kurz sind, um als eigenständiges Werk angesehen werden zu können. Gerade deshalb steht auch nicht die Wiedergabe eines Werkes im Vordergrund, sondern es geht darum, die Stimme als solche mit ihrem Sound und ihren anderen identifizierenden Merkmalen zu verarbeiten. Daher wird man beim Sampling keine Sperrwirkung der leistungsschutzrechtlichen Vorschriften gegenüber dem deliktischen Persönlichkeitsschutz annehmen können.[44] Allerdings sind die grundsätzlichen Wertungen des Gesetzgebers im Urheber- und Leistungsschutz zu beachten, wonach Stil und Sound nicht geschützt werden können. Persönlichkeitsrechtlicher Schutz gegen das Sampling ist also nur dann gegeben, wenn der Eindruck entsteht, es handle sich um eine authentische Äußerung – nicht dagegen wenn nur Sound und typische Stilmerkmale übernommen werden.[45]

E. Daraus ergeben sich folgende Fallgruppen des Schutzes der Stimme

I. Übernahme einer künstlerischen Darbietung

30   Wenn sich das Recht an der Stimme in einer künstlerischen Darbietung konkretisiert hat und es sich um die Darbietung eines Werkes handelt, dann beurteilen sich sämtliche Nutzungen dieser Darbietung ausschließlich nach den §§ 73 ff. UrhG. Der Schutz umfasst die in §§ 77, 78 abschließend aufgeführten Nutzungen. Die Schutzdauer beträgt für die Verwertungsrechte 50 Jahre nach Erscheinen der Aufzeichnung, bzw. nach der Aufzeichnung, wenn diese innerhalb der Schutzfrist nicht erschienen ist (§ 82 UrhG). Der persönlichkeitsrechtliche Leistungsschutz endet mit dem Tod des ausübenden Künstlers, aber nicht vor Ablauf der Schutzfrist für die Verwertungsrechte (§ 76 UrhG).

31   Ein darüber hinausgehender Schutz nach dem deliktischen Persönlichkeitsrecht ist allenfalls in solchen Fällen denkbar, in denen eine Entstellung vorliegt, die neben dem leistungsschutzrechtlichen Persönlichkeitsrecht vor allen Dingen den allgemeinen Achtungsanspruch des Interpreten betrifft.[46]

---

[42] *Schierholz*, (Fn. 12) S. 90 f.

[43] Vgl. den niederländischen Fall „Dominee Dimitri": Mulder v. Never Mind Music, Rechtbank te Haarlem vom 20. September 1994, Mediaforum B 99, oben Rn. 15.

[44] *Schierholz*, (Fn. 12) S. 95.

[45] Ähnlich auch LG München, MIR 01/2007 (Dok. 018/2007) – *Erkan und Stefan*. Diese Entscheidung ist allerdings nicht zum Sampling ergangen, sondern zur Frage, ob besondere Sprechweisen und Stilmittel, die von den Klägern verwendet werden, für die Werbung genutzt werden dürfen. Das Gericht hat die Klage mit der Begründung abgewiesen, die Kläger hätten gerade keinen eigenen Sprachstil entwickelt, sondern die Verwendung der deutschen Sprache durch zahllose türkischstämmige Jugendliche in Deutschland parodiert – also ein allgemeines Phänomen imitiert.

[46] Ausführliche Beispiele gibt *Flechsig*, Der Leistungsintegritätsanspruch des ausübenden Künstlers, S. 41 ff. und 71 ff.

II. Sampling

Gegen Sampling vermag der urheberrechtliche Leistungsschutz in der Regel keinen 32 Schutz zu gewähren; hier kann nur der deliktische Persönlichkeitsschutz weiterhelfen. Allerdings greift der persönlichkeitsrechtlichen Schutz nur, wenn das Sample den Eindruck einer authentischen eigenen stimmlichen Äußerung erweckt, denn Stil und Sound genießen keinen Schutz.[47]

III. Übernahme einer anderen stimmlichen Leistung (die kein Werk zum Gegenstand hat)

Auch alltägliche Äußerungen können einerseits für die Werbung genutzt werden, wie 33 in dem Fall, der der Entscheidung des OGH Wien zugrunde lag: In der Wahlwerbung für eine politische Partei wurden Aufnahmen mit den Stimmen bekannter Schauspieler verwendet.[48] Andererseits werden solche alltäglichen Äußerungen zunehmend auch als Handy-Klingeltöne vermarktet.[49] Dass hier längst nicht mehr nur „klassische" Interpreten-Darbietungen aus der Musik- und Filmbranche verwendet werden, sondern auch prägnante Äußerungen Prominenter, zeigt der „Königsklingelton" „Por qué non te callas?". Dies hatte der spanischen Königs Juan Carlos genervt den venezolanischen Präsidenten Hugo Chaves am 13. November 2007 gefragt – bereits Anfang Dezember 2007 hatte die Vermarktung dieses Klingeltons den Mobilfunkbetreibern und den Besitzern von Internetseiten Einnahmen von 2,2 Mio. Euro beschert.[50] Schließlich kann die Aufnahme auch zur Herstellung einer neuen „Darbietung" bearbeitet werden, wie dies im niederländischen Fall „Dominee Dimitri"[51] geschah.

Diese Nutzungen sind stets als Eingriff in das Recht an der Stimme zu bewerten – und 34 zwar nach den Regeln des Schutzes der besonderen Persönlichkeitsrechte. Da der Anwendungsbereich des Leistungsschutzes in diesen Fällen nicht eröffnet ist, tritt insofern bei Schutzumfang und Schutzdauer keine Sperrwirkung ein.

IV. Verdeckte Imitation der Stimme

Bei der verdeckten Imitation der Stimme soll das Publikum glauben gemacht werden, 35 es handle sich um eine authentische Äußerung des Stimmträgers, obwohl dieser hierfür gerade nicht zur Verfügung stand – sei es aus praktischen Gründen oder weil er seine Mitwirkung ausdrücklich abgelehnt hatte.[52] Die verdeckte Imitation der Stimme zu Werbezwecken ist eine Form der Doppelgängerwerbung.[53]

Bei ihr tritt das Interesse des Imitators, seine besondere Begabung, bestimmte Stimmen 36 imitieren zu können, kommerziell zu nutzen, in Konflikt mit dem Interesse des Stimmträgers, der selber darüber entscheiden will, ob und in welcher Form seine Stimme genutzt und sein besonderes Persönlichkeitsmerkmal verwertet[54] werden soll. Da es dem Nutzer aber bei der verdeckten Imitation der Stimme gerade darauf ankommt, den Eindruck zu erwecken, es handle sich um die Original-Stimme, hat die Leistung des Imitators gegenüber der Original-Stimme keinen eigenständigen Wert. Nur an die Origi-

---

[47] Vgl. LG München MIR 01/2007 (Dok. 018/2007) – *Erkan und Stefan.*
[48] OHG, MuR 2003, 92.
[49] Ausführlich dazu: *Landfermann,* Handy-Klingeltöne im Urheber- und Markenrecht.
[50] Vgl. Süddeutsche Zeitung vom 5.12.2007, S.19.
[51] Mulder v. Never Mind Music, Rechtbank te Haarlem vom 20. September 1994, Mediaforum B 99, s. o. Rn.15.
[52] Vgl. Waits v Frito-Lay, 978 F. 2d 349; Middler v Ford Motor Co. GRUR Int. 1989.
[53] *Pietzko,* Die Werbung mit dem Doppelgänger eines Prominenten, AfP 1988, 205 ff.
[54] Vgl. BGH GRUR 2000, 709, 711 – *Marlene Dietrich.*

nal-Stimme, deren Bekanntheit und Anziehungskraft soll angeknüpft werden. Diese Kommerzialisierung steht jedoch allein dem Träger der Original-Stimme zu, diesem gegenüber müssen die Interessen des Imitators (der ja bei der verdeckten Imitation der Stimme gar nicht persönlich in Erscheinung tritt) zurücktreten.

37   Die verdeckte Imitation ist also als Eingriff in das Recht an der Stimme zu werten. Gegen Imitation der Stimme gibt es keinen Leistungsschutz, weil es sich gerade nicht um eine Leistung/Darbietung des Imitierten handelt. Die Wertungen des Leistungsschutzes entfalten bei der verdeckten Imitation keine Sperrwirkung.

V. Offene Imitation der Stimme

38   In den Fällen der offenen Imitation der Stimme weiß das Publikum, dass es nicht die Original-Stimme sondern eine Imitation hört. Die Äußerungen können also weder sprachlich noch inhaltlich dem Stimmträger zugeordnet werden. Dennoch kann – gerade bei der Verwendung der offenen Imitation in der Werbung – eine Kommerzialisierung des Rufes bzw. des Aufmerksamkeitswertes des Stimmträgers vorliegen. Anders als bei der verdeckten Imitation der Stimme wird hier aber nicht die Stimme selber, sondern der Aufmerksamkeitswert des Stimmträgers genutzt.

39   Bei der offenen Imitation der Stimme tritt der **Interessenkonflikt** zwischen Imitator und dem Träger der Original-Stimme deutlicher zutage, da das Publikum ja erkennt, dass es sich um eine Imitation handelt. Die Interessen des Imitierten bleiben die gleichen wie bei der verdeckten Imitation, nämlich selber darüber entscheiden zu können, ob und in welcher Form er die Bekanntheit seiner Stimme verwerten möchte. Bei der offenen Imitation kann sich der Imitator, der je eine eigene erkennbare Leistung erbracht hat, jedoch möglicherweise auf die Kunst- und Meinungsfreiheit sowie auf das Recht der Entfaltung der eigenen Person berufen, beispielsweise bei der Parodie.[55]

40   Einen Sonderfall stellt die **Werbung mit Synchronsprechern** dar, deren Stimme der Öffentlichkeit als die „deutsche" Stimme des Originalschauspielers bekannt ist. Bei der Synchronsprecherwerbung kann die Öffentlichkeit nicht davon ausgehen, dass es sich um authentische Äußerungen des Original-Schauspielers handelt. Auch wird man von dem Synchronsprecher nicht verlangen können, dass er sich jeglicher Kommerzialisierung seiner Stimme enthält, nur weil er einem bekannten Schauspieler seine Stimme geliehen hat. Allenfalls ist unter Berücksichtigung besonderer Umstände der Werbung (z. B. wenn neben der Stimme weitere Anknüpfungen an den Originalschauspieler vorhanden sind) denkbar, dass der allgemeine Achtungsanspruch des Originalschauspielers tangiert ist. Das Recht an der Stimme des Originalschauspielers kann aber durch Synchronsprecherwerbung nicht verletzt werden.

41   Man kann bei der offenen Imitation der Stimme also nicht automatisch von einem Eingriff in das Recht an der Stimme ausgehen; es wird stets eine Interessenabwägung im Einzelfall zu erfolgen haben. Eine Faustregel für die **Fälle offener Doppelgängerwerbung** hat *Pietzko*[56] vorgeschlagen: So ist zunächst zu untersuchen, welcher Effekt mit der Imitation erreicht werden soll. Dann ist zu prüfen, ob dieser Effekt auch hätte erzielt werden können, wenn der Imitierte Anstelle des Imitator aufgetreten wäre. Ist dies der Fall, so hat die Imitation keinen eigenen Wert, sondern ist häufig einfach nur die billigere Lösung. Dies braucht der Imitierte aber nicht hinzunehmen.[57] Nur in diesen Fällen wäre dann auch das Recht an der Stimme verletzt – in anderen Fällen käme eine Verletzung des allgemeinen Persönlichkeitsrechts in Betracht. Dabei müssen stets die besonderen Umstände des Einzelfalles berücksichtigt und die Interessen des Imitierten gegen die Interessen des Imitators abgewogen werden.

---

[55] Vgl. *Pietzko*, Die Werbung mit dem Doppelgänger eines Prominenten, AfP 1988, 209, 218.
[56] *Pietzko*, Die Werbung mit dem Doppelgänger eines Prominenten, AfP 1988, 209, 218.
[57] *Schierholz*, (Fn. 12) S. 99.

§ 17. Das Recht am Persönlichkeitsbild (Lebensbild)*

Inhaltsübersicht

Schrifttum: *v. Becker, Bernhard.* Fiktion und Wirklichkeit im Roman – Der Schlüsselprozess um das Buch „Esra", Würzburg 2006; *Beuthien, Volker (Hrsg.).* Persönlichkeitsgüterschutz vor und nach dem Tode, Marburger Medienschriften, Band 4, Baden-Baden 2002; *Beuthien, Volker.* Bildberichte über aktive und passive Personen der Zeitgeschichte, ZUM 2005, 352–356; *ders.* Das Recht auf nichtmediale Alltäglichkeit, K&R 2004, 457–460; *ders.* Postmortaler Persönlichkeitsschutz auf dem Weg ins Vermögensrecht, ZUM 2003, 261–262; *ders.* Was ist vermögenswert, die Persönlichkeit oder ihr Image? – Begriffliche Unstimmigkeiten in den Marlene Dietrich-Urteilen, NJW 2003, 1220–1222; *ders.* Zur Mitgliedschaft als Grundbegriff des Gesellschaftsrechts – Subjektives Recht oder Stellung im pflichthaltigen Rechtsverhältnis? –, in: FS Herbert Wiedemann zum 70. Geburtstag, München 2002, S. 755 ff.; *Beuthien, Volker/Hieke, Mario.* Unerlaubte Werbung mit dem Abbild prominenter Personen, Dogmatische Grundlagen und Rechtsfolgen, AfP 2001, 353–363; *Beuthien, Volker/Schmölz, Anton S.* Persönlichkeitsschutz durch Persönlichkeitsgüterrechte – Erlösherausgabe statt nur billige Entschädigung in Geld, Schriftenreihe Information und Recht, Thomas Hoeren et al (Hrsg.), München 1999; *Beuthien, Volker/Wasmann, Dirk.* Zur Herausgabe des Verletzergewinns bei Verstößen gegen das Markengesetz – Zugleich Kritik an der sogenannten dreifachen Schadensberechnung –, GRUR 1997, 255–261; *Canaris, Claus-Wilhelm.* Gewinnabschöpfung bei Verletzung des allgemeinen Persönlichkeitsrechts, in: FS Erwin Deutsch zum 70. Geburtstag, Köln/Berlin/Bonn/München 1999, S. 85–109; *ders.* Lehrbuch des Schuldrechts, Zweiter Band, Besonderer Teil, 2. Halbband, 13. Auflage, München 1994; *Eckert, Jörn.* Der Begriff der Freiheit im Recht der unerlaubten Handlungen, JuS 1994, 625–631; *Ehmann, Horst.* Das Persönlichkeitsrecht als Wert, als Grundrecht und als absolut-subjektives Recht, in: FS Georgiades zum 70. Geburtstag, München 2006; *Erman.* Westermann, Harm Peter (Hrsg.), Bürgerliches Gesetzbuch, Handkommentar, I, 12. Auflage, Köln 2008; *Ernst-Moll, Jürgen.* Das

---

* Bei der Sichtung und Überprüfung von Rechtsprechung und Schrifttum sowie bei der Erörterung der Sachprobleme hat mich mein wissenschaftlicher Mitarbeiter *Rouven Kober* tatkräftig unterstützt.

Recht am eigenen Bildnis – vor und vor allem nach dem Tode, GRUR 1996, 558–566; *Fahrenberg, Jochen.* Menschenbilder. Psychologische, biologische, interkulturelle und religiöse Ansichten, Institut für Psychologie, Universität Freiburg 2007; *Fromm, Friedrich Karl.* Die neue Erbrechtsregelung im Urheberrecht, NJW 1966, 1244–1247; *Götting, Horst-Peter.* Anmerkung zu BGH GRUR 2007, 168 – kinski-klaus.de –, 170–171; *ders.* Die Vererblichkeit der vermögenswerten Bestandteile des Persönlichkeitsrechts – ein Meilenstein in der Rechtsprechung des BGH, NJW 2001, 585–587; *ders.* Persönlichkeitsrechte als Vermögensrechte, Tübingen 1995; *Gregoritza, Anna.* Die Kommerzialisierung von Persönlichkeitsrechten Verstorbener, Eine Untersuchung der Rechtsfortbildung durch den Bundesgerichtshof in den Marlene Dietrich-Urteilen vom 1. Dezember 1999, Berlin 2003; *Helms, Tobias.* Gewinnherausgabe als haftungsrechtliches Problem, Tübingen 2007; *Henne, Thomas.* Alles schon mal dagewesen? – Parallelen zwischen den „Mephisto"-Entscheidungen der deutschen Gerichte und der Debatte um Walsers Tod eines Kritikers, NJW 2003, 639–641; *Hubmann, Heinrich.* Das Persönlichkeitsrecht, 2. Auflage, Köln/Graz 1967; *Joecks, Wolfgang/Miebach, Klaus (Hrsg.).* Münchener Kommentar zum StGB, Band 3, §§ 185–262 StGB, München 2003; *Jung, Alexander.* Persönlichkeitsrechtliche Befugnisse nach dem Tode des Rechtsträgers, AfP 2005, 317–323; *Kohler, J.* Zum Autorrecht und Individualrecht, III. Der Fall der Bismarckphotographie, GRUR 1900, 196–210; *Kötz, Hein und Wagner, Gerhard.* Deliktsrecht, 10. Auflage, München 2006; *Leinveber, Gerhard.* Grundfragen des Rechts am eigenen Bild – Eine grundsätzliche Stellungnahme zu der jüngsten höchstrichterlichen Rechtsprechung über den Bildnisschutz, GRUR 1967, 236–240; *Maunz, Theodor und Dürig, Günter (Begr.).* Grundgesetz Kommentar, Band I, Art. 1–5; München EGL; *Medicus, Dieter.* Bürgerliches Recht, 20. Auflage, München 2004; *Nicolini, Käte und Ahlberg, Hartwig (Hrsg.).* Urheberrechtsgesetz, Kommentar, 2. Auflage, München 2000; *Palandt.* Bürgerliches Gesetzbuch, 66. Auflage, München 2007; *Prütting, Hanns/Wegen, Gerhard/Weinreich, Gerd.* BGB Kommentar, Neuwied 2006; *Reber, Nikolaus.* Die Schutzdauer des postmortalen Persönlichkeitsrechts in Deutschland und den USA (von Marlene Dietrich über Klaus Kinski zu Marilyn Monroe) – ein Irrweg des Bundesgerichtshofs?, GRURInt 2007, 492–498; *Rebmann, Kurt/Rixecker, Roland/Säcker, Franz Jürgen (Hrsg.).* Münchener Kommentar zum Bürgerlichen Gesetzbuch, Band 5, Schuldrecht Besonderer Teil III, §§ 705–853, Partnerschaftsgesellschaftsgesetz, Produkthaftungsgesetz, 4. Auflage, München 2004; *Säcker, Franz Jürgen (Red.).* Münchener Kommentar zum Bürgerlichen Gesetzbuch, Band 1, Allgemeiner Teil (§§ 1–240), AGB-Gesetz, 2. Auflage, München 1984; *Säcker, Franz Jürgen/Rixecker, Roland (Hrsg.).* Münchener Kommentar zum Bürgerlichen Gesetzbuch, Band 1, Allgemeiner Teil, 1. Halbband: §§ 1–240, ProstG, 5. Auflage, München 2006; *Schricker, Gerhard (Hrsg.).* Urheberrecht, Kommentar, 3. Auflage, München 2006; *Schulze Wessel, Lambert.* Die Vermarktung Verstorbener, Persönlichkeitsrechtliche Abwehr- und Ersatzansprüche, Berlin 2001; *Schwerdtner, Peter.* Das Persönlichkeitsrecht in der deutschen Zivilrechtsordnung, Berlin 1976; *Seifert, Fedor.* Postmortaler Schutz des Persönlichkeitsrechts und Schadensersatz – Zugleich ein Streifzug durch die Geschichte des allgemeinen Persönlichkeitsrechts, NJW 1999, 1889–1897; *Soergel (Begr.), Andreas Spickhoff (Red.).* Schuldrecht 10, §§ 823–853, ProdHG, UmweltHG, Band 12, 13. Auflage, Stuttgart 2005; *Soergel (Begr.), Neu hrsg. von W. Siebert et al.* Bürgerliches Gesetzbuch, Band 4/2, Schuldrecht III/2 (§§ 651a–704), 12. Auflage, Berlin/Köln 2000; *Stender-Vorwachs, Jutta/Theißen, Natalia.* Das Persönlichkeitsrecht der Frau in den Medien, NJW 2006, 549–553; *Teichmann, Christoph.* Abschied von der absoluten Person der Zeitgeschichte, NJW 2007, 1917–1920; *Ullmann, Eike.* Persönlichkeitsrechte in Lizenz?, AfP 1999, 209–214; *Wagner, Gerhard.* Neue Perspektiven im Schadensersatzrecht – Kommerzialisierung, Strafschadensersatz, Kollektivschaden, Gutachten A, A5 – A135, in: Verhandlungen des 66. DJT, Band I, Ständigen Deputation des Deutschen Juristentages (Hrsg.), München 2006; *Wanckel, Endress.* Foto- und Bildrecht, 2. Auflage, München 2006; *Wandtke, Artur-Axel/Bullinger, Winfried (Hrsg.).* Praxiskommentar zum Urheberrecht, 2. Auflage, München 2006; *Wortmann, Florian.* Die Vererblichkeit vermögensrechtlicher Bestandteile des Persönlichkeitsrechts, Berlin 2005.

I. Grundlegung der Begriffe

1. Person

1   Das Persönlichkeitsbild lässt sich nur bestimmen, wenn man die Begriffe der Person und der Persönlichkeit klärt. **Person** ist der Mensch als einzelnes Lebewesen, dem von der Rechtsordnung bestimmte rechtliche Fähigkeiten, insbesondere die Rechts- und die Geschäftsfähigkeit, zugeordnet werden.

2. Persönlichkeit

Was **Persönlichkeit** ist, wird im juristischen Schrifttum selten näher umschrieben. Zu 2 begreifen ist darunter der Inbegriff aller derjenigen Merkmale, die einen Menschen als unverwechselbares, selbstbestimmtes und selbstverantwortliches Individuum kennzeichnen. Im Anschluss an Erkenntnisse der Psychologie lässt sich die Persönlichkeit als das mit Seele, Bewusstsein der eigenen Identität, Vernunft, freiem Willen sowie jeweils besonderen geistigen und musischen Anlagen ausgestattete individuelle Steuerungssystem des Menschen zur Bewältigung seiner Umweltbeziehungen verstehen.[1] Die Einzigartigkeit dieses Systems, mit dem der Mensch sein Verhalten vernunft- und wertorientiert zu lenken vermag, verleiht diesem seine Würde (Art. 1 I GG). Mittels der unverwechselbaren Eigenart der Persönlichkeit kann der Einzelne seinen Willen frei entfalten und seine sozialen Beziehungen frei gestalten (Art. 2 I GG). Dementsprechend möchte jeder selbst entscheiden, ob und inwieweit er Dritten Einblicke in seine Persönlichkeit gewährt. Als der Inbegriff besonderer natürlicher Anlagen, Eigenschaften und Fähigkeiten ist die Persönlichkeit wesentlicher Bestandteil der Person.

3. Persönlichkeitsbild

Da der Mensch als soziales Wesen auf Kommunikation und Interaktion mit den Mit- 3 menschen angelegt ist und beides ständig in die Tat umsetzt, hinterlassen seine Willensäußerungen und sein gesellschaftliches Verhalten Eindrücke bei den Mitmenschen. Diese ziehen aus beidem Rückschlüsse auf seine Eigenschaften, seinen Charakter und seine Fähigkeiten, mithin auf seine Persönlichkeit. Auf diese Weise verdichten sich die Vorstellungen Dritter über die Persönlichkeit eines Menschen zu einem **Persönlichkeitsbild**. Dieses setzt sich zusammen aus der *Wahrnehmung* des Menschen durch Dritte sowie aus dem *Urteil*, das sich diese dabei über seine Person, seine Eigenschaften und Fähigkeiten sowie seine Denk- und Lebensweise bilden. Das Persönlichkeitsbild besteht daher aus dem Gesamteindruck, den der Mensch auf andere macht. Es setzt sich dabei zusammen aus dem (dynamischen) **Lebensbild** und dem (eher statischen) **Charakterbild**.[2] Beide Teilbilder gehen freilich, da sich der menschliche Charakter oft auch in der Lebensweise und in der ausgeübten Berufstätigkeit ausdrückt, mit fließenden Grenzen ineinander über.

Da sich das Persönlichkeitsbild aus der Summe der Eindrücke zusammensetzt, die eine 4 Person bei anderen Personen hinterlässt, ist dieses nicht Bestandteil der Persönlichkeit als Teil des menschlichen Organismus. Vielmehr existiert es als **Persönlichkeitsabdruck** in den es wahrnehmenden und verarbeitenden Dritten und damit **außerhalb der Person des Persönlichkeitsträgers**.[3] Da das Persönlichkeitsbild auf der (oft flüchtigen oder begrenzten) Wahrnehmung und den Werturteilen der Mitmenschen beruht, muss es nicht der wahren Persönlichkeitsstruktur, gleichen. Es muss insbesondere nicht dem entsprechen, wie der Betreffende sich selbst sieht oder gesehen werden möchte. Dennoch ist das Persönlichkeitsbild schützenswert, weil es die **soziale Geltung** widerspiegelt, derer der Mensch für die Achtung seiner selbst bedarf und nach der dieser daher gewöhnlich strebt.

---

[1] *Beuthien/Schmölz*, Persönlichkeitsschutz durch Persönlichkeitsgüterrechte, S. 8 u. 62 m. N; interdisziplinär betrachtend *Fahrenberg*, Menschenbilder. Psychologische, biologische, interkulturelle und religiöse Ansichten, passim.

[2] Näher BVerfGE 35, 202, 220 = NJW 1973, 1227 – *Soldatenmord von Lebach* u. BGHZ 50, 133, 141 ff. = NJW 1968, 1773 – *Mephisto*. Zum Lebens- und Charakterbild vor allem *Hubmann*, Das Persönlichkeitsrecht, S. 302 ff. (Das Lebensbild) u. S. 306 ff. (Das Charakterbild). Im sonstigen Schrifttum werden die Begriffe Charakter-, Lebens- und Persönlichkeitsbild meist nicht klar voneinander abgegrenzt.

[3] *Beuthien/Schmölz*, a.a.O. (Fn. 1), S. 14 f. u. 62. *Hubmann*, a.a.O. (Fn. 2), spricht von dem „Vorstellungsbild, das der Einzelne auf Grund seines Lebensschicksals, seiner Erlebnisse, seiner Handlungen und Unterlassungen der Umwelt vermittelt. Es umfasst die Gesamtheit des Lebensablaufes einer Person oder einen wesentlichen Abschnitt daraus" (S. 302 f.).

5   Die Entstehungsursachen und Bestandteile des Persönlichkeitsbildes sind vielfältig. Dieses fügt sich mit ineinander fließenden Grenzen insbesondere zusammen aus körperlichen, geistigen und seelischen Merkmalen (vor allem Geschlecht, Alter, Gestalt, Stimme und Sprechweise, eigentümliche Art, sich zu bewegen, bestimmten Gesten), charakterlichen Anlagen (etwa Aufrichtigkeit, Tatkraft, Großmut, Kleinmut, Geiz), besonderen Tätigkeiten und Untätigkeiten, mündlichen und schriftlichen Äußerungen, geistigen und musischen Fähig- und Fertigkeiten sowie sämtlichen eigenpersönlichen Lebensdaten (einschließlich außergewöhnlicher Schicksalsschläge).[4] Persönlichkeitsprägend kann auch das Fehlen bestimmter Persönlichkeitsmerkmale sein.

6   Gegen ein rechtlich als solches erfassbares Persönlichkeitsbild spricht nicht, dass grundsätzlich so viele Persönlichkeitsbilder entstehen können, wie Mitmenschen der Person begegnen oder mit dieser sonstwie in Berührung kommen. Es lässt sich auch nicht einwenden, dass es kein einheitliches Persönlichkeitsbild, sondern so viele unterschiedliche Persönlichkeitsbilder gibt wie Persönlichkeitsmerkmale oder Verhaltensweisen der Person.[5] Denn als Abdruck einer einzelnen Persönlichkeit kann es letztlich nur ein einziges Persönlichkeitsbild geben. Bewerten die Mitmenschen die einzelnen Persönlichkeitsausprägungen unterschiedlich, so entscheidet nicht die überwiegende Einschätzung, sondern es entsteht ein dementsprechend **differenziertes Persönlichkeitsbild**,[6] das den Menschen in seiner Vielfältigkeit, Rätselhaftigkeit und Widersprüchlichkeit zeigt. Gerade auch in dieser Differenziertheit ist das menschliche Persönlichkeitsbild schutzwürdig. Da die menschliche Persönlichkeit insgesamt Schutz verdient, oft nicht in allen ihren Facetten angegriffen wird, gilt es auch **Persönlichkeitsteilbilder** (etwa das Berufsbild) vor Verletzungen zu bewahren. Deshalb schließt die Möglichkeit von zwangsläufig begrenzten Persönlichkeitsteilbildern den Persönlichkeitsbildschutz nicht aus.

4. Persönlichkeitsbild als Wirtschafts- und Rechtsgut

7   Je größer der Bekanntheitsgrad einer Person ist, desto stärker erweckt sein **biosoziales Persönlichkeitsbild** das Interesse von Mitmenschen. Dieses kann sich zu einem Interesse der breiten Öffentlichkeit steigern. Diese neigt dann dazu, möglichst viel über die Gesamtpersönlichkeit der betreffenden Person zu erfahren. Das Persönlichkeitsbild gewinnt auf diese Weise gesellschaftlichen Informationswert. Dieses wird damit bei entsprechender Nachfrage zum verwertungsfähigen **Wirtschaftsgut**[7] und, soweit es rechtlich schutzwürdig ist,[8] zum **Rechtsgut**. Das gilt nicht nur für das Persönlichkeitsbild prominenter Personen, sondern grundsätzlich auch für das einfacher Menschen, sobald diese (namentlich infolge einer herausragenden Tat oder eines besonderen Schicksals) zum Gegenstand öffentlichen Interesses werden.[9]

II. Rechtsschutz der Persönlichkeit und des Persönlichkeitsbildes

1. Wechselbezüglichkeit von Persönlichkeit und Persönlichkeitsbild

8   Die Persönlichkeit des Menschen und deren Abbild bei den Mitmenschen stehen in einer ständigen Wechselbeziehung zueinander. Das gesellschaftliche Persönlichkeitsbild wird fortlaufend durch neu hervortretende Persönlichkeitsmerkmale ergänzt, vertieft

---

[4] Näher dazu *Beuthien/Schmölz*, a.a.O. (Fn. 1), S. 14 u. 62.

[5] So aber *Canaris*, Schuldrecht, § 80 II 5 a (S. 508).

[6] Dabei stehen die natürlichen Anlagen für „bio" und die gesellschaftliche Interaktion für „sozial". „Die *biosozialen Daten über die Person* sind nicht Teil der Person und damit auch nicht Teil der von der jeweiligen Person untrennbaren Persönlichkeit. Vielmehr handelt es sich um als solche erfassbare *Gegenstände mit nahem Persönlichkeitsbezug*, die zu Medienerzeugnissen verarbeitet werden" (*Beuthien/Schmölz*, a.a.O. (Fn. 1), S. 16).

[7] Näher *Beuthien/Schmölz*, a.a.O. (Fn. 1), S. 17 ff. u. 62.

[8] Näher unten Rn. 11 ff.

[9] Zum Marktwert des Abbildes eines Erschlagenen unten Rn. 17 („Muttermordfall").

und (zum Vorteil oder Nachteil) verändert. Ebenso kann das Bild, das sich die Mitmenschen von einer Person machen, auf dessen Denk- und Verhaltensweise einwirken und damit dessen Persönlichkeit formen. Wird in das Persönlichkeitsbild und mit diesem in die äußere Achtung der Person eingegriffen, so ist damit zugleich die Persönlichkeit im Sinne der inneren Selbstachtung verletzt. Umgekehrt schlägt aber nicht jede Persönlichkeitsverletzung auf das Persönlichkeitsbild durch, weil diese (etwa als Ehrenkränkung unter vier Augen) nicht stets nach außen dringt. Auch muss nicht jede rechtswidrige Preisgabe eigenpersönlicher Daten das Persönlichkeitsbild verfälschen. Schließlich führt nicht jede Störung des Persönlichkeitsbildes zu einem Vermögensschaden des Betroffenen.

2. Verschiedenheit der Schutzgüter

a) Gleichzeitiger Rechtsschutz der Persönlichkeit und des Persönlichkeitsbil- 9 **des.** Die menschliche Persönlichkeit wird nach gefestigter Rechtsprechung[10] und herrschender Ansicht im Schrifttum[11] durch das allgemeine Persönlichkeitsrecht geschützt, und zwar durch § 823 I BGB.[12] Dabei ist zweitrangig, wo man dieses allgemeine Persönlichkeitsrecht dort im Einzelnen dogmatisch verortet[13], ob man es (wie der BGH) als sonstiges Recht im Sinne des § 823 I BGB begreift, es in weiter verfassungskonformer Auslegung mit in das Tatbestandsmerkmal „Freiheit" einbezieht[14] oder den gesetzlichen Schutzgüterkatalog Leben, Körper, Gesundheit, Freiheit rechtsfortbildend um das weitere Lebensgut der „Persönlichkeit" ergänzt.[15] Jeweils kann sich der Betroffene nicht nur gegen die persönliche Kränkung seiner selbst (*innere Verletzung*), sondern auch gegen den Eingriff in sein Persönlichkeitsbild als Spiegelbild der eigenen Persönlichkeit bei anderen (*äußere Verletzung*) zur Wehr setzen.[16] Das allgemeine Persönlichkeitsrecht beinhaltet insoweit einen **Achtungsanspruch** zwecks Abwehr von Kränkung der Persönlichkeit und unerlaubter Verlautbarung persönlichkeitsprägender Lebensdaten sowie auf Beseitigung bereits eingetretener Verletzungsfolgen und Schadensersatz einschließlich des erlittenen

---

[10] Anerkannt durch BGHZ 13, 334 = NJW 1954, 1404 – *Leserbrief*. Geprägt durch BGHZ 24, 72 = NJW 1957, 1146 – *Krankenpapiere*; 24, 200 = NJW 1957, 1315 – *Spätheimkehrer*; 26, 349 = NJW 1958, 827 – *Herrenreiter*; 30, 7 = NJW 1959, 1269 – *Caterina Valente*; 31, 308 = NJW 1960, 476 – *Alte Herren*; 35, 363 = NJW 1961, 2059 – *Ginsengwurzel*; 39, 124 = NJW 1963, 902 – *Fernsehansagerin*; 50, 133 = NJW 1968, 1773 – *Mephisto*; 107, 384 = NJW 1990, 1986 – *Emil Nolde*; 128, 1 = NJW 1995, 861 – *Caroline von Monaco I* (erfundenes Interview); 131, 332 = NJW 1996, 1128 – *Caroline von Monaco III* (Paparazzifotos); 143, 214 = NJW 2000, 2195 – *Marlene Dietrich*; BGH NJW 1996, 984 – *Caroline von Monaco II* (irreführender Zeitschriftenartikel: Kampf gegen Brustkrebs); NJW 2005, 2844 – *Esra*. Zur Rspr.entw. s. *Ehmann* in: FS Georgiades, S. 113, 134 ff.; *Kötz/Wagner*, Deliktsrecht, Rn. 371 ff.; *Seifert* NJW 1999, 1889. Zuvor versuchte die Rspr. Eingriffe in das APR u.a. mit § 826 BGB zu begegnen (RGZ 115, 416 – *Auskunftei*). Anfänglich war dem RG ein „allgemeines subjektives Persönlichkeitsrecht" sogar fremd (RGZ 69, 401, 403 – *Briefe Nietzsches*); ein solches sei nur „als Oberbegriff über die einzelnen von der Rechtsordnung anerkannten Befugnissen denkbar" (RGZ 113, 413, 414 – *Der Tor und der Tod*).

[11] *Beater* in: Soergel, Anh IV Rn. 1 ff.; *Hubmann* (Fn. 2), S. 303 m. N; *Prütting* in: Prütting/Wegen/Weinreich, § 12 Rn. 33; *Sprau* in: Palandt, § 823 Rn. 83 ff.; *Wagner* in: Müko, BGB, § 823 Rn. 172 ff.; s. auch *Kötz/Wagner*, a.a.O. (Fn. 10), Rn. 363 ff.

[12] Anerkannt durch BVerfGE 34, 269 = NJW 1973, 1221, 1223 – *Soraya*: „Das BVerfG hat keinen Anlass, dieser Rechtsprechung des BGH von Verfassungswegen entgegenzutreten."

[13] Näher dazu *Ehmann*, a.a.O. (Fn. 10), S. 138 f. („Freiheit als Oberbegriff der absoluten Rechte des § 823 I BGB"); *Kötz/Wagner*, a.a.O. (Fn 10): Rn. 142 („Freiheit") u. Rn. 363 ff. („sonstiges Recht").

[14] *Eckert* JuS 1994, 625, 630: „Der Schutz der Freiheit durch das allgemeine Persönlichkeitsrecht ist [...] unzureichend. Es bleiben Lücken, die nur durch einen weiten Freiheitsbegriff geschlossen werden können."

[15] *Medicus*, Bürgerliches Recht, Rn. 615 (S. 414).

[16] Zutr. BVerfG NJW 2008, 39, 41 – *Esra*: Schutz vor Äußerungen, die geeignet sind, sich abträglich auf das „*Bild*" der Person „*in der Öffentlichkeit*" auszuwirken (Hervorhebung vom Verf.).

Nichtvermögensschadens (§§ 823 I, 253 BGB).[17] In entsprechender Weise ist das Recht am Persönlichkeitsbild geschützt, dessen Verletzung freilich anders als bei der Verletzung der Persönlichkeit selbst nicht zum Ersatz eines Nichtvermögensschadens berechtigt. Der Schutz der Persönlichkeit und der Schutz des Persönlichkeitsbildes greifen so ineinander.

10   **b) Besonderer Schutz des Persönlichkeitsbildes.** Soweit das Persönlichkeitsbild als Wirtschaftsgut vermögenswert ist, wird es nach Ansicht des BGH zu einem vermögenswerten Bestandteil des allgemeinen Persönlichkeitsrechts,[18] für dessen Verletzung der Ersatz des Vermögensfolgeschadens verlangt werden darf. Wie freilich ein ausschließlich auf die menschliche Persönlichkeit und damit auf den Menschen selbst bezogenes, mithin notwendig insgesamt ideelles Recht zugleich sowohl Persönlichkeitsrecht als auch Vermögensrecht zu sein vermag, bleibt dabei, weil sich alle Vermögensgegenstände nicht innerhalb, sondern außerhalb der Person befinden, ebenso offen wie unerfindlich.[19] Klarer und folgerichtiger ist es deshalb, das Persönlichkeitsbild als **unkörperlichen Gegenstand außerhalb der Person** zu begreifen und, soweit dieses anders als beim Normalbürger infolge öffentlichen Interesses den Rang eines Wirtschaftsgutes erreicht, in ein **Persönlichkeitsgüterrecht** eingehen zu lassen.[20] Als **Immaterialgüterrecht** lässt sich dieses unschwer sowohl schadensersatzrechtlich als eigentumsähnliches sonstiges Recht im Sinne des § 823 I BGB als auch bereicherungsrechtlich als Vermögensrecht mit wirtschaftlichem Zuweisungsgehalt im Sinne des § 812 I 1 Fall 2 BGB einordnen. Die wissentliche Verwertung eines fremden Persönlichkeitsbildes ist eine unerlaubte Geschäftsanmaßung im Sinne des § 687 II BGB.[21]

11   Als **Teilhabeanspruch** gewährt das Persönlichkeitsgüterrecht am eigenen Persönlichkeitsbild daher **Schutz vor unerlaubter Verwertung.** Es gestattet über die Eingriffskondiktion (§§ 812 I 1 Fall 2, 818 II BGB) den Zugriff auf das vom Verletzten ersparte marktübliche Verwertungsentgelt (sog. Lizenzgebühr) sowie bei Vorsatz[22] darüber hinaus auf den Verletzererlös[23] (§§ 687 II, 681 S. 2, 667 BGB).[24] Als Schadensersatz kann über die

---

[17] Dass Verletzungen des allgemeinen Persönlichkeitsrechts nicht ausdrücklich in § 253 II BGB aufgenommen sind, steht einer Geldentschädigung nicht entgegen, da die Rspr. inzwischen davon ausgeht, dass es sich um ein unmittelbar auf Art. 1 u. 2 I GG zurückgehendes Recht handelt (BT-Drs. 14/7752, S. 24 f). Folgerichtig ist dann freilich, da Art. 1 I, 2 I GG den Ersatz des immateriellen Schadens nicht selbst anordnen, § 253 I BGB anzuwenden.

[18] BGHZ 143, 214, 218 ff. = NJW 2000, 2195 – *Marlene Dietrich* u. BGH NJW 2000, 2201 – *Blauer Engel.*

[19] Näher dazu *Beuthien* NJW 2003, 1220 ff.

[20] Näher dazu *Beuthien/Schmölz,* a.a.O. (Fn. 1), S. 26 ff.

[21] Jeweils lassen sich aus dem Zuweisungsgehalt des betroffenen Rechts besondere Abschöpfungsgrenzen entwickeln. Dazu *Helms,* Gewinnherausgabe als haftungsrechtliches Problem, S. 173 ff., 175, für Fälle, in denen die eigenpersönliche Identität des Abgebildeten für den Gewinnerzielungsvorgang von untergeordneter Bedeutung war. Dagegen möchte *Wagner,* 66. DJT, A97, die Gewinnabschöpfung bei vorsätzlich-lukrativem Delikt gänzlich einem neu zu schaffenden § 251 III BGB zuordnen: „Hat sich der Ersatzpflichtige vorsätzlich über die Berechtigung des Gläubigers [= des Geschädigten] hinweggesetzt, so kann dieser statt des Schadensersatzes die Herausgabe des Gewinns, den der Ersatzpflichtige erzielt hat, und Rechnungslegung über diesen Gewinn verlangen" (s. hierzu auch Anm. *Helms,* zuvor, S. 481 ff.).

[22] Bei nur fahrlässigen unerlaubten Eingriffen in ein fremdes Persönlichkeitsgüterrecht kann der vom Verletzenden erzielte Erlös, wenn zugleich schwer die Persönlichkeit des Betroffenen verletzt ist, bei der Bemessung der aus §§ 823 I, 253 (vormals § 847 a.F.) BGB i.V.m. Art. 1 I, 2 I GG zum Zwecke der Genugtuung zu zahlenden Entschädigung berücksichtigt werden (*Beuthien,* Zum postmortalen Persönlichkeitsschutz, in: Persönlichkeitsgüterschutz vor und nach dem Tode, S. 89 (Fn. 20).

[23] Zu dessen Berechnung *Beuthien/Schmölz,* a.a.O. (Fn. 1), S. 45 ff., 53 u. 68.

[24] Aus verschärfter Bereicherungshaftung (§§ 819 I, 818 IV i.V.m. § 285 I (vormals § 281 a.F.) BGB) lässt sich die Pflicht zur Herausgabe des Verletzererlöses (entgegen *Canaris* in: FS Deutsch,

§§ 823 I, 252 BGB) stattdessen auch der dem Verletzten entgangene Gewinn gefordert werden, falls dieser entsprechende Vorkehrungen getroffen hatte. Letzteres ist freilich bei Eingriffen in die Intimsphäre so gut wie nie und auch bei Eingriffen in die Privatsphäre eher selten der Fall. Umso wichtiger ist dann die Pflicht zur Herausgabe des Verletzererlöses.[25] Auf diese Weise ergänzen der Persönlichkeitsschutz und der Persönlichkeitsgüterschutz einander.[26]

c) Postmortaler Schutz des Persönlichkeitsbildes. Alle diese Vorschriften ermög-   **12** lichen vermögensrechtlich zugleich einen umfassenden **postmortalen Persönlichkeitsschutz**.[27] Nach Ansicht des BGH[28] gehen die Befugnisse, die mit den von ihm angenommenen „vermögenswerten Bestandteilen des allgemeinen Persönlichkeitsrechts" verbunden sind, auf den oder die Erben über. Allerdings sollen diese sie nur dem ausdrücklichen oder mutmaßlichen Willen des Verstorbenen gemäß ausüben können.[29] Mit den vermögenswerten Bestandteilen des allgemeinen Persönlichkeitsrechts[30] hat der BGH ein diesem innewohnendes Vermögensrecht an der Persönlichkeit geschaffen. Das aber ist begrifflich ein Widerspruch in sich. Das Gericht wähnt sich insoweit im Einklang mit den besonderen Persönlichkeitsrechten, insbesondere mit dem Recht am eigenen Bilde (§ 22 KUG) und dem Urheberrecht (§ 11 UrhG). Bei diesen Doppelrechten kann neben das personenrechtliche Persönlichkeitsrecht ein vermögensrechtliches Verwertungsrecht treten, weil sich dieses auf einen bestimmten Gegenstand außerhalb der Person bezieht. Demgegenüber begnügt sich der BGH mit weicher, unbestimmter Dogmatik: Die besonderen „vermögenswerten Bestandteile" verbleiben innerhalb des allgemeinen Persönlichkeitsrechts, treten also nicht als Gegenstand neben dieses. Der Mensch selbst hat, weil er nicht handelbar ist, ohnehin keinen Vermögenswert. Vermögenswert haben zudem nicht Rechtsbestandteile, sondern nur Gegenstände, auf die sich entsprechende Vermögensrechte beziehen. Vor allem verkennt der BGH bei dem Vergleich des allgemeinen Persönlichkeitsrechts mit den Immaterialgüterrechten, dass sich zwar die menschliche Persönlichkeit in Gegenständen, namentlich in Werken, auszudrücken vermag, dass aber umgekehrt die menschliche Persönlichkeit nicht durch Gegenstände geprägt werden kann. Es stimmt also die erforderliche Begrifflichkeit nicht.

Auch im Ergebnis lässt sich so der gebotene Rechtsschutz nicht vollends erreichen. Ein   **13** ererbter deliktsrechtlicher Schadensersatzanspruch der Erben aus §§ 823 I, 1922 I BGB wegen unerlaubter Vermarktung des Persönlichkeitsbildes des Erblassers scheidet immer dann aus, wenn der Tote insoweit keinen Vermögensschaden mehr erlitten hat. Einen eigenen entgangenen Gewinn (§ 252 BGB) können die Erben nur geltend machen, wenn sie bereits selbst Verwertungsvorbereitungen getroffen haben (§ 252 S. 2 Fall 2 BGB). Auf den gewöhnlichen Lauf der Dinge (§ 252 S. 2 Fall 1 BGB) können sie sich schwerlich berufen, weil keinesfalls alle Erben die vermögenswerten Bestandteile der Persönlichkeit des Verstorbenen zu vermarkten pflegen.

1999, S. 85, 86 u. 91 ff.) nicht ableiten (*Beuthien*, Verletzererlösherausgabe aus verschärfter Bereicherungshaftung (§§ 819 I, 818 IV i.V.m. § 285 I BGB)?, in: Persönlichkeitsgüterschutz vor und nach dem Tode, S. 91 ff.).

[25] BGHZ 143, 214, 225 f. = NJW 2000, 2195 – *Marlene Dietrich*; Näher *Beuthien/Schmölz*, a.a.O. (Fn. 1), S. 66 ff.

[26] *Beuthien*, Zum postmortalen Persönlichkeitsschutz, a.a.O. (Fn. 22), S. 88 f.

[27] Näher dazu *Beuthien*, Zum postmortalen Persönlichkeitsschutz, a.a.O. (Fn. 22), S. 83 ff. u. *ders.* ZUM 2003, 261 ff.

[28] BGHZ 143, 214 = NJW 2000, 2195 – *Marlene Dietrich* sowie BGH NJW 2000, 2201 – *Blauer Engel* (Vorinstanz: OLG München, BB 1997, 1971). Ebenso BGH NJW 2006, 605, 607 – *Muttermordfall* u. BGH NJW 2007, 684, 685 – *kinski-klaus.de*.

[29] BGHZ 143, 214, 226 – *Marlene Dietrich*. Dazu BVerfG NJW 2006, 3409, 3410: „halten der verfassungsrechtlichen Prüfung stand".

[30] Für solche waren schon *Götting*, Persönlichkeitsrechte als Vermögensrechte, 1995, S. 281 u. *Ullmann* AfP 1999, 209 ff., eingetreten.

14 Der BGH[31] hofft zwar diese Schwierigkeit damit zu umgehen, dass er den Erben gestattet, im Wege der sogenannten **dreifachen Schadensberechnung** den Verletzererlös als eigenen Schaden geltend zu machen.[32] Aber bei der Herausgabe des Verletzererlöses geht es nicht um Schadensersatz, sondern um Gewinnabschöpfung. Deshalb ist diese von § 252 BGB gelöste dritte Art der Schadensberechnung schadensersatzrechtlich unzulässig.[33]

15 Wenig einleuchtend ist auch, weshalb die Erben über die auf sie übergegangenen vermögenswerten Bestandteile des allgemeinen Persönlichkeitsrechts nicht (wie es § 1922 I BGB entspricht) frei, sondern nur dem Willen des Verstorbenen entsprechend verfügen dürfen. Denn soweit diese Bestandteile vermögensrechtlicher Natur sind, sind sie grundsätzlich frei von ihrer als solche unvererblichen ideellen Natur und Bindung.[34] Nur soweit die Art und Weise der Verwertung den Achtungsanspruch der Angehörigen i. S. des § 22 S. 3 KUG berührt, müssen diese zustimmen.[35] Die Gefahr, dass sich sämtliche Erben den ihnen zugefallenen Persönlichkeitswert in einer dem Andenken des Verstorbenen widersprechenden Weise selbst zunutze machen, ist ohnehin gering. Zweifelhaft ist zudem, wer vor allem beim mutmaßlichen Willen des Erblassers die schwierige Beweislast tragen soll.[36] Der vermögensrechtlich einzig folgerichtige Weg ist demgegenüber, ein ohne jede Einschränkung vererbliches Persönlichkeitsgüterrecht am den Tod der Person überdauernden Persönlichkeitsbild und ggf. schützenswerten Teilen davon anzuerkennen. Dieses hat im Gegensatz zur menschlichen Persönlichkeit wirtschaftlichen Zuweisungsgehalt und gewährt den Erben daher grundsätzlich die gleichen Rechte wie (wenn er noch leben würde) dem Erblasser.[37]

16 Dabei kommt es[38] nicht darauf an, ob es sich „um eine kommerzielle Nutzung handelt, wie sie dem Verstorbenen (noch)[39] selbst möglich gewesen wäre". Das hat sich gerade im *Muttermordfall* gezeigt. Zwar war dort die von ihrer Tochter erschlagene Mutter vor der Bluttat der Öffentlichkeit unbekannt. Aber das änderte sich geradezu schlagartig mit dem Bekanntwerden der Tat. Ebenso plötzlich kam ihrem Abbild, wie die herbeieilenden Fotoreporter zeigen, öffentliches Interesse und damit wirtschaftlicher Wert zu. Juristische Sekunden können dabei keine Rolle spielen. Deshalb ist unerheblich, ob das Opfer zur Zeit der rechtswidrigen Abbildung bereits tot war oder noch auf dem Sterbelager oder gar noch während des Sterbens ihr eigenes Schicksal und damit den für die Öffentlichkeit wesentlichen Teil ihres Lebensbildes wirtschaftlich hätte verwerten können. Auch sonst kommt es nicht auf den Bekanntheitsgrad zu Lebzeiten des Erblassers an. Vielmehr genügt, dass dessen Lebensbild nachträglich bekannt wird und erst dadurch wirtschaftlichen Wert gewinnt oder dass dieser erst von den Erben erkannt wird. Denn vererbt wurde auch die Verwertungschance.

17 Unselbständige Rechtsbestandteile lassen sich grundsätzlich nicht abtreten. Das macht es schwierig, die sog. vermögenswerten Bestandteile des allgemeinen Persönlichkeitsrechts **unter Lebenden zu übertragen**.[40] Dafür aber besteht ein wirtschaftliches Be-

---

[31] BGHZ 143, 214, 232 = NJW 2000, 2195, 2201 – *Marlene Dietrich.*

[32] Zur Entwicklung der sog. dreifachen Schadensberechnungsmethode, *Helms*, a.a.O. (Fn. 21), S. 222 ff.

[33] Näher dazu *Beuthien/Wasmann* GRUR 1997, 255 ff. u. *Beuthien* in: Soergel, § 687 Rn. 17 a.E.

[34] Im Urheberrecht ist das freilich umstritten. Für die Bindung der Erben an den mutmaßlichen Willen des Verstorbenen dort BGHZ 15, 249 = JZ 1955, 211, 214 – *Cosima Wagner* u. BGH NJW 1989, 384, 385 – *Oberammergauer Passionsspiele II.* Anders insbes. *Fromm* NJW 1966, 1244, 1245, u. *Schricker* in: Schricker, Urheberrecht, § 30 Rn. 3 m. N.

[35] Vgl. BGHZ 143, 214, 226 f. = NJW 2000, 2195, 2199 – *Marlene Dietrich.*

[36] Insoweit zutreffend *Götting*, NJW 2001, 585, 586: „erhebliche praktische Schwierigkeiten".

[37] Zur Schutzdauer dieser postmortalen Rechte unten Rn. 41.

[38] Entgegen BGH NJW 2006, 605, 607 – *Muttermordfall.*

[39] Klammerzusatz vom Verf.

[40] Offen gelassen von BGHZ 143, 214, 221 ff. = NJW 2000, 2195, 2197 – *Marlene Dietrich.*

dürfnis, insbesondere wenn der Persönlichkeitsträger außerstande ist, seine Vermögensinteressen selbst wahrzunehmen (etwa als Berufssportler keine Zeit findet, sich darum selbst zu kümmern). Mittels eines Persönlichkeitsgüterrechts am Persönlichkeitsbild lässt sich dessen Übertragung unter Lebenden reibungslos bewerkstelligen, während man für die Übertragung der Persönlichkeitsrechtsbestandteile eine gewagte Analogie zu § 413 BGB bemühen müsste. Auch die Einräumung dinglicher Nutzungsrechte[41] wird mittels eines Persönlichkeitsgüterrechts leichter begründbar.

d) Schutzbereiche des Rechts am Persönlichkeitsbild. Die Struktur des Rechts   **18** am Persönlichkeitsbild folgt der des allgemeinen Persönlichkeitsrechts. Daher kommt es wie bei dessen Verletzung darauf an, welche sich im Persönlichkeitsbild widerspiegelnde Wirkungssphäre der Persönlichkeit betroffen ist, als deren innerster Schutzbereich die höchstpersönliche **Intimsphäre**, als mittlerer Bereich die alltägliche **Privatsphäre** sowie als äußerster Bereich die individuelle **Sozialsphäre**. Dabei nimmt der Schutz des Persönlichkeitsbildes wie derjenige der Persönlichkeit naturgemäß von innen nach außen ab. Dieser entwickelt sich also vom absoluten zum sich immer stärker relativierenden Persönlichkeitsbildschutz. Die Intimsphäre (insbesondere das Geschlechtsleben, geheime Neigungen und vertrauliche Aufzeichnungen) gehen grundsätzlich niemandem etwas an. Auch die abgeschiedene privat/familiäre Lebenssphäre innerhalb von Haus, Wohnung, Garten und dergleichen ist in der Regel zu achten, weil sich der Betreffende dort oft so zwanglos verhält, wie er es mit Rücksicht auf die Öffentlichkeit sonst nicht tun würde.[42] Das kann selbst dann gelten, wenn die betreffende Person ihre räumlich abgegrenzte Privatsphäre verlässt, aber ihre private Zurückgezogenheit außerhalb dieser ersichtlich ebenso wie jeder andere Normalbürger ungestört geachtet sehen möchte.[43] Der Persönlichkeitsschutz endet also nicht „an der Haustür".[44] Das gilt grundsätzlich auch für Personen der Zeitgeschichte. Diese bleiben auch als Teil der Zeitgeschichte Menschen, gehören nicht vollends der Öffentlichkeit und deren grenzenloser Neugier und haben daher auch außer Hauses grundsätzlich ein Recht auf nichtmediale private Alltäglichkeit.[45] Das gilt insbesondere für Personen, die ohne ihr Zutun zum Gegenstand der Zeitgeschichte geworden sind.[46] Die **Sozialsphäre** schließlich schützt und bewahrt die persönliche Eigenart und das Selbstbestimmungsrecht des Menschen in seinen persönlichen (insbesondere wirtschaftlichen und beruflichen) Beziehungen zur Gesellschaft.[47]

---

[41] Dazu *Moll* GRUR 1996, 558, 562 f. m.N.

[42] KG NJW 2005, 2320 − *Villa in Potsdam*; OLG Karlsruhe NJW 2006, 617 − *Fürst Albert von Monaco*.

[43] Vgl. BGHZ 131, 332 = NJW 1996, 1128 u. BVerfG NJW 2000, 1021 − *Caroline von Monaco III*.

[44] So freilich noch die Vorinstanz zu BGH (Fn. 43): OLG Hamburg NJW-RR 1995, 790, 792.

[45] Näher dazu *Beuthien*, K&R 2004, 457, 459, u. *ders.*, ZUM 2005, 352, 354 zu EGMR NJW 2004, 2647, 2650. Im Ergebnis ebenso (obschon anders als der EGMR nicht auf einen Verstoß gegen Art. 8 EMRK abhebend) BGH GRUR 2007, 527, 528! Zurückhaltender jüngst wieder BVerfG (1 BvR 1602/07, 1606/07 u. 1626/07) v. 26.2.2008, Quelle: Juris Rn. 60 − *Caroline von Hannover*: „Auch die Normalität des Alltagslebens [...] prominenter Personen" darf „der Öffentlichkeit vor Augen geführt werden, wenn dies der Meinungsbildung zu Fragen von allgemeinem Interesse dienen kann". Klammerzusätze vom Verf.

[46] Zu den unterschiedlichen Persönlichkeitsschutzgrenzen bei „aktiven und passiven Personen der Zeitgeschichte" sowie zur weithin untauglichen Unterscheidung von „absoluten und relativen Personen der Zeitgeschichte", *Beuthien* ZUM 2005, 352 ff.

[47] Siehe BGH NJW 2005, 592 − *Abtreibungsarzt* −; Einzelheiten und Nachweise zu den einzelnen Persönlichkeitssphären: *Beater* in: Soergel, Anh IV § 823 Rn. 32 ff., 42 ff.; *Rixecker* in: Müko, BGB, Anhang zu § 12 Rn. 9; *Sprau* in: Palandt, § 823 Rn. 83 ff.

III. Verletzungstatbestände

19   Als gesellschaftliches Spiegelbild der Persönlichkeit ist das Persönlichkeitsbild ebenso vielfältig und vielschichtig wie diese. Entsprechend vielgestaltig sind die Verletzungen des Persönlichkeitsbildes. Nicht jede Verletzung des allgemeinen Persönlichkeitsrechts beeinträchtigt jedoch auch das Persönlichkeitsbild. So verletzt bereits jeder Eingriff in die informationelle Selbstbestimmung das allgemeine Persönlichkeitsrecht, auch wenn sich das nicht auf das Persönlichkeitsbild auswirkt. Vielmehr ist das Recht am Persönlichkeitsbild erst verletzt, wenn auf die betreffende Person ein neues Licht fällt, deren Persönlichkeitsbild also verändert, insbesondere verfälscht wird.[48] Dabei muss sich jedoch das Persönlichkeitsbild nicht notwendig nachteilig wandeln. Denn niemand muss sich schlechter, aber auch nicht besser machen lassen als er ist.

20   In das Recht am Persönlichkeitsbild kann durch **Tatsachenbehauptungen** und durch **Werturteile** eingegriffen werden. Jeweils werden eigenpersönliche Lebensdaten betroffen, und zwar entweder persönliche Verhaltensweisen oder personenbezogene Ereignisse. Unwahre Tatsachenbehauptungen sind stets unzulässig. Das bedeutet freilich nicht, dass alle das Persönlichkeitsbild anderer Personen betreffende wahre Tatsachenbehauptungen ausnahmslos zulässig sind. Vielmehr steht jedem aufgrund des Rechts auf die freie Entfaltung seiner Persönlichkeit (Art. 2 I GG) grundsätzlich das Recht auf informationelle Selbstbestimmung zu[49], dies freilich nur im Rahmen der allgemeinen Gesetze. Werturteile sind als Ausfluss der Meinungsfreiheit (Art. 5 I GG) grundsätzlich zulässig, allerdings nur bis zur Grenze der verletzenden Schmähkritik.[50]

IV. Das Persönlichkeitsbild im Spiegel der Rechtsprechung

21   In der Rechtsprechung hat das Persönlichkeitsbild von Anfang an die Entwicklung des allgemeinen Persönlichkeitsrechts begleitet, allerdings nur als dessen besonderer Ausdruck. Das zeigt schon die erste bahnbrechende Entscheidung des BGH zum allgemeinen Persönlichkeitsrecht.[51]

1. Erfindung nicht bestehender persönlichkeitsprägender Lebensdaten

22   Grundlegend ist insoweit die *Leserbriefentscheidung* des BGH.[52] Die beklagte Wochenzeitschrift, die kritisch über den Präsidenten der Reichsbank und Wirtschaftsminister der Hitlerzeit Hjalmar Schacht berichtet hatte, veröffentlichte einen von dessen Rechtsanwalt zugesandten Schriftsatz, in dem Richtigstellung verlangt wurde, unter der Rubrik „Leserbriefe". Dies geschah in derart verkürzter Form, dass der Eindruck entstand, der Anwalt wolle sich als Privatmann für die Belange von Schacht einsetzen. Nach Ansicht des Gerichts wurde dadurch ein **„falsches Persönlichkeitsbild"** vermittelt und damit die persönlichkeitsrechtliche Eigensphäre des Verfassers verletzt. Neben die Persönlichkeitsverletzung trat der rechtswidrige Eingriff in das auch vermögensrechtlich über §§ 812 I 1 Fall 2, 818 II sowie §§ 687 II, 681 S. 2, 667 BGB zu schützende Berufsbild als Rechtsanwalt. Denn der angebliche Leserbrief war als verkappter redaktioneller Beitrag zu werten.

---

[48] So verletzt ein erfundenes Interview zwar das allgemeine Persönlichkeitsrecht der betreffenden Person (BGH NJW 1965, 685 – *Soraya*; BGHZ 128, 1 = NJW 1995, 861 – *Caroline von Monaco I* (erfundenes Interview)), aber es verfälscht, falls es inhaltlich nichtssagend ist, nicht das Persönlichkeitsbild. Freilich kann auch durch ein solches Interview rechtswidrig das unveränderte (alte) Persönlichkeitsbild wirtschaftlich ausgenutzt werden.

[49] Näher dazu *Di Fabio* in: Maunz/Dürig, GG, Lfg. 39 (Juli 2001), Art. 2 I Rn. 173 ff.

[50] Näher dazu *Herzog* in: Maunz/Dürig, GG, Art. 5 I, II, Lfg 30 (Dezember 1992), Rn. 47e und 49 ff.

[51] Siehe sogleich Rn. 22.

[52] BGHZ 13, 334 = NJW 1954, 1404.

Eingriffe in das Berufsbild betrafen auch die *Ginseng*[53]- und die *Frischzellenkosmetik*[54]-*Entscheidungen*, in denen Hochschullehrern wahrheitswidrig unterstellt wird, fachfremd zu forschen[55] bzw. eine bestimmte medizinische Therapie auch für Zwecke der Kosmetik einsetzbar zu halten.[56] Nicht nur Persönlichkeitsverletzungen, sondern auch rechtswidrige Eingriffe in das vermögenswerte Lebensbild enthielten erfundene Interviews mit prominenten Personen[57], in denen diese angeblich über ihre privaten Gefühle berichten.

2. Fälschung fremder persönlichkeitsprägender Lebensdaten

Verfälscht wird das Persönlichkeitsbild, wenn der Aufruf zur Bekämpfung einer weit **23** verbreiteten Frauenkrankheit durch eine weibliche Person der Zeitgeschichte in der Presse so dargestellt wird, als kämpfe diese tapfer gegen eine eigene Krebserkrankung.[58] Dagegen wird das Persönlichkeitsbild eines Massenmörders nicht schon dadurch verfälscht, dass ihm im Film auch ein Mord zugeschrieben wird, den er nicht begangen hat.[59]

3. Aufdeckung und Verbreitung fremder persönlichkeitsprägender Lebensdaten

Hierher gehören vor allem Berichte über das oder aus dem bisher unbekannten Vor- **24** leben prominenter Personen, die eine andere Sicht auf deren Persönlichkeitsstruktur eröffnen. Oft geht es dabei um die nicht zum jetzigen Persönlichkeitsbild passende politische Vergangenheit, insbesondere um die Zugehörigkeit zu einer nationalsozialistischen Organisation. Jüngstes Beispiel sind dafür die *Briefe*, in denen der Schriftsteller *Günter Grass* dem damaligen Wirtschaftsminister Schiller nahelegt, seine Mitgliedschaft in der NSDAP öffentlich bekannt zu machen.[60]

4. Unerlaubte Verwertung fremder persönlichkeitsprägender Lebensdaten

Bei diesem Bereich ragen vor allem drei **typische Fallgruppen** heraus: **25**

a) Redaktionelle Indienstnahme eines fremden Lebens- oder Berufsbildes. **26** Hierher gehört vor allem die nicht nur fortgesetzte, sondern geradezu planmäßige Ausspähung des Privatlebens Caroline von Monacos zwecks medialer Verbreitung und wirtschaftlicher Ausnutzung des so genährten Unterhaltungsstoffes. Dadurch wurde diese nicht nur in ihrer Persönlichkeit belästigt. Vielmehr wurde dieser zugleich und vor allem ein öffentliches Persönlichkeitsbild aufgenötigt und zum eigenen Vorteil der Presse ausgebeutet.[61]

b) Öffentliche Berichterstattung über Straftäter und deren Straftaten. Straftäter **27** brechen die Rechtsordnung und damit den öffentlichen Rechtsfrieden. Sie erzeugen da-

---

53 BGHZ 35, 363 = NJW 1961, 2059.
54 BGH GRUR 1984, 907.
55 So in BGHZ 35, 363 = NJW 1961, 2059: – *„bekannter Ginsengforscher"*.
56 So in BGH GRUR 1984, 907 in Bezug auf eine das Altern verzögernde Frischzellentherapie.
57 BGH NJW 1965, 685 – *Soraya u. BGHZ 128, 1* = NJW 1995, 861 – *Caroline von Monaco I*.
58 BGHZ 128, 1 = NJW 1995, 861 – *Caroline von Monaco I* (erfundenes Interview).
59 OLG Hamburg UFITA 26 (1958), 109 ff. – *Bruno Lüdke*.
60 LG Berlin ZUM-RD 2007, 423 – *Grass-Schiller-Briefe*.
61 BGHZ 128, 1 = NJW 1995, 861 – *Caroline von Monaco I* (erfundenes Interview); 131, 332 = NJW 1996, 1128 u. BVerfG NJW 2000, 1021 – *Caroline von Monaco III* (Familienfotos), hierzu EGMR NJW 2004, 2647, 2650 u. BVerfG (1 BvR 1602/07, 1606/07 u. 1626/07) v. 26. 2. 2008, Quelle: Juris; BGHZ 171, 275 = NJW 2007, 1977 – *Caroline von Hannover* (Winterurlaub); BGH NJW 1996, 984 – *Caroline von Monaco II* (irreführender Zeitschriftenartikel: Kampf gegen Brustkrebs);. Sodann auch in Bezug auf ihre Tochter (BGH NJW 2004, 1795 – *Charlotte Casiraghi* u. BGH NJW 2005, 56 – *Charlotte Casiraghi II*), ihres Sohnes (BGH NJW 1996, 985 – *Kumulationsgedanke*) und ihres Ehemannes (BGH NJW 2007, 1981 – *Prinz Ernst August von Hannover*). Im Einzelnen zur Caroline-Rechtsprechung auch *Stender–Vorwachs/Theißen* NJW 2006, 549 ff.; *Teichmann* NJW 2007, 1917 ff.; *Wanckel*, Foto- u. Bildrecht, Rn. 179 ff. Zur außervertraglichen Gewinnhaftung sowie zur Höhe des Schadensersatzes im Fall „Caroline von Monaco I", Helms, S. 173 ff. bzw. S. 294 ff.

mit das grundsätzlich berechtigte Interesse der Öffentlichkeit, nicht nur über die Tat und deren Umstände, sondern auch über die Person des Täters unterrichtet zu werden. Zu dieser Information sind vornehmlich die Medien befugt (Art. 5 I GG). Diese dürfen aber nur über Lebensdaten berichten, welche unmittelbar mit der Tat zusammenhängen und diese erklärlich machen. Dagegen darf nicht in allen Einzelheiten das gesamte Leben des Täters als private Lebensgeschichte dargestellt werden. So darf sich das Fernsehen nicht über die aktuelle Berichterstattung hinaus in Form eines Dokumentarspiels zeitlich unbeschränkt mit der Person des Straftäters und seiner Privatsphäre befassen.[62] Durch eine Straftat wird also nicht das gesamte private Lebensbild gemeinfrei.

28   **c) Verwertung und Vermarktung fremder Lebensläufe in Schrift-, Bühnen- und Filmwerken. (aa)** Die Kette der Urteile, die sich mit derartigen Eingriffen in ein fremdes Persönlichkeitsbild befassen, ist lang.[63] In Fällen dieser Art prallen meist das Persönlichkeitsrecht des Betroffenen (Art. 1 I, 2 I GG), insbesondere dessen Interesse an einem unbeschädigten Persönlichkeitsbild in der Öffentlichkeit, und die Meinungs- oder Kunstfreiheit des Autors (Art. 5 I u. III GG) aufeinander. Deshalb ist jeweils eine Güter- und Interessenabwägung unerlässlich. Dieser ist zugrundezulegen, dass Kunst nicht nur aus Intuition und Phantasie entsteht, sondern dass ein Künstler für sein Schaffen vielfältige Anregungen aus seinem gesellschaftlichen Umfeld bezieht. Insbesondere für einen zeitkritischen Künstler ist es unverzichtbar, seine Umwelterfahrungen zu verarbeiten. Dabei ist dieser oft zwangsläufig darauf angewiesen, an das Leben und Wirken sowie die Persönlichkeitsausstrahlung von Menschen aus dem Bereich der Zeitgeschichte anzuknüpfen.

29   **(bb)** Wertungserheblich ist zunächst das künstlerische Ziel und damit die Literaturgattung. **Biografien** haben vorwiegend dokumentarischen Charakter und dürfen daher nichts Unwahres enthalten und nichts Wesentliches auslassen. Dagegen müssen **Erzählwerke** (wie Romane und Novellen) die dargestellte Person und ihr Lebensbild hinreichend eigenschöpferisch zu einer Kunstfigur verselbständigen und verfremden. Urbild und Abbild dürfen sich also nicht weithin decken. Die Verfremdung geschieht vor allem durch das Weglassen bestimmter vorhandener Eigenschaften und/oder durch das Hinzufügen anderer Eigenschaften, über die das Vorbild nicht verfügt. Allerdings entsteht dann leicht eine Situation, in der die Leser nicht mehr hinreichend zwischen Fiktion und Wirklichkeit zu unterscheiden vermögen. Jedenfalls stößt die künstlerische Gestaltungsfreiheit dann an Grenzen, wenn die nur teilweise verfremdete Person weiterhin allgemein oder doch für einen nicht unerheblichen Leserkreis erkennbar bleibt. Denn die Kunstfreiheit findet ihre Grenze in der unantastbaren Menschenwürde (Art. 1 I GG) als dem obersten Verfassungswert.[64] Deshalb dürfen die als anregende Vorlage benutzte Person und

---

[62] BVerfG NJW 1973, 1226 – *Soldatenmord von Lebach.* Vgl. aber auch BVerfG NJW 2000, 1859 – *Lebach II.*

[63] Aus der älteren Rechtsprechung sind vor allem einschlägig: **Filmwerke**: BGHZ 26, 52 = NJW 1958, 459 – *Sherlock Holmes*; LG Berlin (West) UFITA 30 (1960), 92 ff. – *Joseph Schmidt: „Ein Lied geht um die Welt"*; OLG Hamburg UFITA 26 (1958), 109 – *Bruno Lüdke: „Nachts, wenn der Teufel kam".* Auch Wahlwerbespots: OLG Köln AfP 1998, 647 – *Altbundeskanzler Konrad Adenauer*; OLG Bremen AfP 1994 – *Wilhelm Kaisen.* **Bühnenwerke**: OLG Berlin JW 1928, 363 – *Piscator-Bühne: „Rasputin",* speziell die „Dreikaiserszene". **Schriftwerke**: LG Hamburg UFITA 51 (1968), 352, OLG Hamburg UFITA 51 (1968), 363, BGHZ 50, 133 = NJW 1968, 1773 u. BVerfG NJW 1971, 1645 – *Mephisto*; BGH GRUR 1974, 797 – *Fiete Schulze.*
Aus der aktuellen Rechtsprechung: **Schriftwerke**: LG München I, GRUR–RR 2004, 92, OLG München NJOZ 2005, 4343, BGH NJW 2005, 2844 u. BVerfG NJW 2008, 39 – *„Esra"*; Vorlage: Lebens- u. Liebesbeziehungen des Autors Maxim Biller. **Filmwerke**: OLG Frankfurt, AfP 2006, 185 – *„Rohtenburg"*; Vorlage: Kannibale von Rotenburg; LG Koblenz NJW 2007, 695 – *„Kommissarin Lucas"*; Vorlage: Gäfgen-Fall. **Bühnenwerke**: OLG Hamm, AfP 2006, 261 u. BVerfG (Pressemitteilung v. 31. 1. 2008 zu 1 BvR 1533/07, 350/02, 402/02) – *„Ehrensache"*; Vorlage: Hagener Mädchenmordfall.

[64] BVerfG NJW 1971, 1645, 1647 – *Mephisto.*

deren Persönlichkeitsbild auch in der ästhetischen Fiktionalität der daran angelehnten Kunstfigur nicht entstellt und nicht herabgewürdigt oder gar erniedrigt werden.[65] Die Kunstfreiheit ist dadurch gewahrt, dass es dem Künstler unbenommen bleibt, insoweit in den rein fiktiven Bereich auszuweichen. Erkennbar personenbezogene Schmähschriften sind also auch in Gedicht- oder Romanform unzulässig.

Leitentscheidungen sind insoweit, was die gebotene eigenschöpferische Verfremdung **30** angeht, die *Esra-Entscheidungen* des BGH[66] und des BVerfG.[67] Der Schutz des Persönlichkeitsbildes vor Entehrung und verunglimpfender Verfälschung war bereits Jahrzehnte vorher in den *Mephisto-Entscheidungen* des BGH[68] und des BVerfG[69] entwickelt worden. In jüngster Zeit Aufsehen erregt hat auch der kritisch-satirische Roman von *Martin Walser* „Tod eines Kritikers", in dem der Autor gezielt und für nahezu jeden literarisch interessierten Leser unverkennbar in polemisch-kränkender Weise auf die Person und das Berufsgebaren des Literaturzensors *Marcel Reich-Ranicki* anspielt.[70]

(cc) Entsprechendes gilt für die **Bühnen- und Filmwerke.** Auch hier dürfen reale **31** Personen und deren Leben dargestellt werden. Inwieweit dabei Abweichungen von der Wirklichkeit erlaubt sind, hängt zunächst davon ab, ob eine Dokumentation oder ein Spielstück beabsichtigt ist, was tunlichst klarzustellen ist. Dokumentarische Darstellungen sind der historischen Wahrheit verpflichtet und müssen sich eng an diese halten. Dagegen dürfen Spielstücke freier gestaltet werden. Sonst könnten diese vielfach ihren von der Kunst- und Medienfreiheit gedeckten Unterhaltungszweck nicht erreichen. Deshalb sind auch dort Abweichungen von der Wirklichkeit nicht nur ausnahmsweise[71], sondern trotz Erkennbarkeit der realen Person grundsätzlich zulässig, solange sie das Persönlichkeitsbild nicht verfälschen (d. h. im Kern verändern).[72] Bis zu dieser Grenze ist hinzunehmen, dass der Zuschauer teilweise nicht mehr zwischen Wirklichkeit und Fiktion zu unterscheiden vermag.

(dd) Im Einzelnen ist freilich vieles ungewiss und ungeklärt, was angesichts der Of- **32** fenheit und Tiefgründigkeit des Kunstbegriffes nicht überrascht.[73] So hat man versucht, für die Abgrenzung der realen Person und der fiktiven Kunstfigur den Begriff des **Typus** nutzbar zu machen, weil es Aufgabe der Kunst sei, „das Wesentliche, das aus dem Wirklichen herausgehobene Typische" darzustellen.[74] Aber das hilft jedenfalls immer dann wenig weiter, wenn durch den dargestellten Menschentyp eine bestimmte Person hindurch-

---

[65] OLG Hamburg UFITA 51 (1968), 362, BGH NJW 1968, 1773, 1776 – *Mephisto.*

[66] BGH NJW 2005, 2844. Vorentscheidungen LG München I GRUR–RR 2004, 92 u. OLG München NJOZ 2005, 4343 – *Esra.* Das Buch „Esra" von *Maxim Biller* erschien 2003 im Kiepenheuer & Witsch-Verlag.

[67] BVerfG NJW 2008, 39 – *Esra.*

[68] Oben Fn. 65 Das Buch „Mephisto, Roman einer Karriere" von *Klaus Mann* erschien erstmalig im Querido-Verlag, Amsterdam, im Jahre 1936.

[69] Oben Fn. 64.

[70] Der Roman ist im Suhrkamp-Verlag 2002 erschienen. Näher *Henne* NJW 2003, 639. Zu einem gerichtlichen Rechtsstreit ist es insoweit (soweit ersichtlich) nicht gekommen.

[71] So LG Hamburg in Bezug auf das Persönlichkeitsprofil des Vaters eines contergangeschädigten Kindes im Film *„Eine einzige Tablette"* (FAZ v. 19.3.2007, Nr. 66, S. 38). Das LG Hamburg wies jedoch am 18.4.2008 die Unterlassungsklagen der seinerzeitigen Herstellerfirma des Schlafmittels Contergan und eines weiteren Klägers als unbegründet ab, Presseerklärung des WDR vom selbigen Tag, http://www.wdr.de/unternehmen/presselounge/pressemitteilungen/2008/04/20080418_contergan.phtml., gesichtet am 22.4.2008 (Vorverfahren: OLG Hamburg NJOZ 2007, 2695 (7 U 143/06) u. NJW-RR 2007, 1268 (7 U 142/06), BVerfG NJW 2007, 3197).

[72] Dafür reicht (entgegen LG Hamburg, a. a. O (Fn. 71)) grundsätzlich nicht aus, dass die „Wohnverhältnisse" nicht wirklichkeitsgetreu dargestellt werden.

[73] Besonders aufschlussreich insoweit *von Becker*, Fiktion und Wirklichkeit im Roman – Der Schlüsselprozess um das Buch „Esra", S. 75 ff.

[74] So BVerfRichter *Stein* in seiner abweichenden Meinung zur Mephisto-Entscheidung des BVerfG (abgedruckt in NJW 1971, 1648, 1650).

scheint und diese sich gerade durch die Zuweisung zu einem verächtlichen Menschentyp verletzt sieht.[75]

33   Eine allgemein verbindliche Grenze zwischen Persönlichkeitsschutz und Kunstfreiheit lässt sich daher nicht ausmachen. Letztlich dürfte nur eine umfassende Interessenabwägung im Einzelfall helfen. Wertungsgesichtspunkte sind dabei vor allem die Kunstgattung, die Notwendigkeit der Indienstnahme einer realen Person, die Art und Weise der Beschaffung der Persönlichkeitsdaten (insbesondere mit oder ohne Bruch fremden Vertrauens oder durch beharrliches Ausspähen), die Tiefe der Persönlichkeitsverletzung, die Art und das Ausmaß der Persönlichkeitsverfremdung und nicht zuletzt die ästhetische Schöpfungshöhe. Da Menschen soziale Wesen sind und Kunst als unverzichtbares Kulturgut zum gesellschaftlichen Zusammenleben gehört, will das Kunstschaffen bis zu einem gewissen Grade auch erlitten sein. Das gilt im Sinne eines sozialen Sonderopfers auch für einzelne persönlich Betroffene. Nicht von ungefähr hat der BVerfG[76] betont, dass zwischen dem Maß, in dem der Autor eine von der Wirklichkeit abgelöste Realität schafft, und der Persönlichkeitsverletzung eine Wechselbeziehung besteht: „Je stärker Abbild und Urbild übereinstimmen, desto schwerer wiegt die Beeinträchtigung des Persönlichkeitsrechts. Je mehr die künstlerische Darstellung besonders geschützte Dimensionen des Persönlichkeitsrechts berührt, desto stärker muss die Fiktionalität sein, um eine Persönlichkeitsverletzung auszuschließen." Das gilt auch für das Recht am Persönlichkeitsbild.

V. Grenzen des Rechts am Persönlichkeitsbild

1. Allgemeine Grenzen

34   Da sich im Persönlichkeitsbild die Vielfalt der Persönlichkeit widerspiegelt, stellt auch das Recht am Persönlichkeitsbild ähnlich wie das allgemeine Persönlichkeitsrecht einen **offenen Tatbestand** dar[77], innerhalb dessen besondere Verletzungshandlungen herauszuarbeiten sind. Innerhalb dieser Eingriffstypologie fragt sich dann, ob der Eingriffstatbestand jeweils bestimmt genug ist, um schon von diesem auf dessen Rechtswidrigkeit schließen zu können. Als *Leitlinie* kann dabei dienen: Je dreister der Eingriff ist und je unangemessener die Eingriffsfolgen für den Betroffenen sind, desto augenscheinlicher ist die Verletzung rechtswidrig. So leuchtet jedem ein, dass man nicht mit fremden Persönlichkeitsmerkmalen eigennützig Geschäfte machen, insbesondere diese nicht ohne Einwilligung zu Reklamezwecken verwerten darf.

35   Drängt sich die Rechtswidrigkeit nicht als evident auf, so ist diese wie bei der Verletzung des allgemeinen Persönlichkeitsrechts[78] im Wege der einzelfallbezogenen **Güter- und Interessenabwägung** zu ermitteln[79]. Das gilt vor allem dann, wenn sich Grundrechte des Handelnden und das Recht am Persönlichkeitsbild gegenüberstehen.

---

[75] Schon *Klaus Mann* hatte sich (letztlich wenig glaubhaft) darauf zu berufen versucht (s. Begleitwort des Verlegers Rowohlt u. Ausführungen des LG Hamburg UFITA 51 (1968), 352, 355), er habe im Mephisto-Roman in der Person des Hendrik Höfgen nicht Gustav Gründgens porträtieren, sondern ausschließlich den Typ des gewissenlosen Karrieristen und geistigen Mitläufers darstellen wollen. Tatsächlich hat er den in der gebildeten Zeitgenossen erkennbarer Weise am Beispiel von G. getan und hat dabei die Kunst als Waffe benutzt.

[76] NJW 2008, 39 – *Esra*.

[77] Zum APR: *Prütting*, a. a. O. (Fn. 11), § 12 Rn. 37; *Wagner*, a.a.O. (Fn. 11), § 823 Rn. 172; *Sprau*, a.a.O. (Fn. 11), § 823 Rn. 95.

[78] Seit BGHZ 13, 334, 338 = NJW 1954, 1404 – *Leserbrief* st Rspr.

[79] Näher *Kötz/Wagner* (Fn. 10), Rn. 382 ff. u. 465 ff.

2. Wahrnehmung berechtigter Interessen

Der Eingriff in ein fremdes Persönlichkeitsbild kann durch ein berechtigtes Interesse **36** gerechtfertigt sein. Dieses kann insbesondere folgen aus (a) der Meinungsfreiheit (Art. 5 I 1 GG), (b) der Pressefreiheit und der Freiheit der Berichterstattung durch Rundfunk und Film (Art. 5 I 2 GG), (c) der Kunstfreiheit (Art. 5 III 1 Fall 1 GG), (d) der Wissenschaftsfreiheit (Art. 5 III 1 Fall 2 GG) und sonstigen den Eingriff rechtfertigenden Umständen (vgl. § 824 II BGB, 193 StGB).[80]

3. Erhöhtes öffentliches Informationsinteresse bei Personen der Zeitgeschichte

Bildnisse aus dem Bereich der Zeitgeschichte dürfen grundsätzlich ohne Einwilligung **37** der abgebildeten Person verbreitet und zur Schau gestellt werden (§ 23 I Nr. 1 KUG). Etwas anderes gilt nur, wenn dadurch ein berechtigtes Interesse des Abgebildeten oder seiner Angehörigen verletzt wird (§ 23 II KUG). Dadurch wird für Personen der Zeitgeschichte das **Recht am eigenen Bilde** im Sinne des § 22 KUG eingeschränkt. Allerdings schützt diese Vorschrift nur das äußere Erscheinungsbild. Die Persönlichkeit des Betroffenen im Übrigen wird insoweit nach herrschender Ansicht lediglich über das allgemeine Persönlichkeitsrecht geschützt.[81] Indes überzeugt Letzteres nur, soweit sich die Persönlichkeit oder wesentliche Teile von dieser nicht in einem abgrenzbaren Persönlichkeitsbild niedergeschlagen und sich insoweit nicht vergegenständlicht haben. Denn dem **äußeren Abbild** des Menschen entspricht dessen **inneres Persönlichkeitsbild**, insbesondere dessen Charakterbild. Nur in der Zusammenschau beider erschließt sich die Gesamtheit der menschlichen Persönlichkeit.[82]

Bei Personen der Zeitgeschichte hat die Öffentlichkeit also nicht nur ein schützenswer- **38** tes Unterrichtungsinteresse daran, wie eine prominente Person aussieht, insbesondere sich ihr gegenüber in ihrer Zeitgeschichtlichkeit äußerlich darstellt. Vielmehr ist der Öffentlichkeit gerade auch daran gelegen, hinter das Antlitz zu schauen, um so Rückschlüsse auf den Charakter der zeitgeschichtlich herausragenden Person ziehen zu können. Denn nur das gestattet ein Urteil darüber, ob das **Persönlichkeitsprofil** und die von der betreffenden Person beanspruchte **zeitgeschichtliche Rolle** zueinander passen.[83]

Deshalb bietet es sich an, § 23 I Nr. 1 KUG auf Darstellungen und Berichte, die ein **39** Licht auf das innere Persönlichkeitsbild gestatten, entsprechend anzuwenden. Das ist insbesondere dann angebracht, wenn die sich betroffen fühlende Person selbst die Öffentlichkeit gesucht oder gar für sich in oder gegenüber der Öffentlichkeit eine politisch-moralische Vorbildfunktion in Anspruch genommen hat, dann aber dem abträgliche Lebensdaten bekannt werden (wie insbesondere das jahrzehntelange Verschweigen der Zugehörigkeit zu einer Truppeneinheit der Waffen-SS durch einen sich ständig öffentlich für die SPD engagierenden und sich namentlich gegen das verbreitete Nichtbekenntnis zur NS-Vergangenheit wendenden Schriftsteller[84]).

---

[80] Zu § 193 StGB: *Joecks* in: Müko, StGB, § 193 Rn. 36 ff.; *Leinveber* GRUR 1967, 236, 238. Zu § 824 II BGB: *Schaub* in: Prütting/Wegen/Weinreich, BGB, § 824 Rn. 13 ff.; *Sprau*, a.a.O. (Fn. 11), § 824 Rn. 9; *Wagner*, a.a.O. (Fn. 11), § 824 Rn. 38 ff.

[81] OLG Karlsruhe GRUR 2004, 1058; *Fricke* in: Wandtke/Bullinger, Praxiskommentar zum Urheberrecht, § 22 KunstUrhG Rn. 6 m. N.

[82] Insofern war es nur folgerichtig, dass man den Geltungsbereich des § 22 KUG auf den Persönlichkeitsausdruck in Form von Tanz, Pantomime und charakteristischen Gesten ausgedehnt hat (zur Erkennbarkeit: *Fricke*, a.a.O. (Fn. 81), § 22 KUG Rn. 5 ff.; *Gass* in: Möhring/Nicolini, UrhG, § 22 KUG Rn. 11 ff.; *Wanckel*, a.a.O. (Fn. 59) Rn. 121 ff u. 125 ff.).

[83] Unrichtig demgegenüber *Schwerdtner*, Müko, BGB (1984), § 12 Rn. 196, wonach „der Meinungsbildungsprozess in der Öffentlichkeit bezogen auf das allgemeine Publikum durch Bildveröffentlichungen und Namensnennungen überhaupt nicht und durch Lebens- und Charakterbilddarstellungen unwesentlich gefördert wird".

[84] *Günther Grass* hatte das in seinem Buch „Beim Häuten der Zwiebel" (erschienen im Steidl Verlag 2006) selbst angedeutet, was eine Debatte zu den Briefen von *Grass* an den seinerzeitigen Bun-

40   Gegen die **entsprechende Anwendung von § 23 I Nr. 1 KUG** auf Lebensbilddarstellungen soll freilich sprechen, dass diese „gegenüber der bloßen Bilddarstellung nicht nur ein mehr, sondern ein aliud" sei.[85] Jedoch ist das lediglich eine Behauptung, die angesichts der Einheit der menschlichen Gesamtpersönlichkeit und der (vor allem beim Minenspiel deutlich werdenden) Wechselbezüglichkeit von Innen und Außen der Person nicht überzeugt. Schwerer wiegt demgegenüber der Einwand, dass die entsprechende Anwendung des § 23 I Nr. 1 KUG auf das Persönlichkeitsbild die in jedem Einzelfall gebotene Interessenabwägung zwischen dem Diskretionsinteresse des Betroffenen und dem Aufklärungsinteresse der Öffentlichkeit zu sehr zu Lasten des Ersteren verschieben würde. Denn dann würden Personen der Zeitgeschichte „zunächst einmal dem öffentlichen Zugriff unterliegen", den sie nur abzuwenden vermöchten, wenn sie ein besonderes berechtigtes Geheimhaltungsinteresse im Sinne des § 23 II KUG ins Feld führen könnten.[86] In der Tat führen die Personen der Zeitgeschichte in aller Regel neben ihrer zeitgeschichtlich allgemein interessierenden Funktion und Rolle abseits der Öffentlichkeit ein privates Leben. In diesem wollen sie nicht nur wie jeder andere Mensch unbehelligt bleiben, sie müssen dies sogar tun, weil ein menschliches Leben nicht ständig (gleichsam rund um die Uhr) außergewöhnlich zu sein vermag. Deshalb steht auch diesen (wie gezeigt) ein **Recht auf Achtung ihrer privaten Alltäglichkeit** zu.[87] Verhalten sich diese prominenten Personen alltäglich, bleiben sie zwar Personen der Zeitgeschichte. Aber ihrem Verhalten fehlt insoweit die gesellschaftliche Relevanz, sodass dann kein „Bildnis aus dem Bereich der Zeitgeschichte" i. S. des § 23 I Nr. 1 KUG vorliegt.[88] Auch Personen der Zeitgeschichte genießen daher in Bezug auf ihr gewöhnliches, nicht zur öffentlichen Meinungsbildung beitragendes und daher zeitgeschichtlich unerhebliches Alltagsverhalten Abbildungsschutz.[89] Das gilt grundsätzlich auch dann, wenn sie sich insoweit in den öffentlichen Raum begeben. Damit ist die Sorge, über die entsprechende Anwendung von § 23 I Nr. 1 KUG könnte den Personen der Zeitgeschichte das für jeden Menschen unverzichtbare Recht auf ungestörte Privatheit genommen werden, ausgeräumt.

41   Einblicke in ihr Persönlichkeitsbild muss eine Person der Zeitgeschichte daher nur dann einwilligungslos hinnehmen, wenn und soweit diese auf sein zeitgeschichtlich aussagekräftiges Charakterbild abzielen. Insoweit aber besteht ein schützenswertes öffentliches Interesse daran, die Persönlichkeit prominenter Personen **eigens in ihrer Zeitgeschichtlichkeit** verstehen[90] und gegebenenfalls kritisieren zu können.

4. Dauer des postmortalen Persönlichkeitsbildschutzes

42   Der BGH[91] lässt die vermögenswerten Bestandteile des allgemeinen Persönlichkeitsrechts entspr. § 22 S. 2 KUG zehn Jahre nach dem Tode der Person erlöschen. Das Persönlichkeitsbild einer zu Lebzeiten sehr bekannten Person sei auch nach ihrem Tode Teil der gemeinsamen Geschichte. Das Interesse der Angehörigen (§ 22 KUG) oder – bei den vermögenswerten Bestandteilen des postmortalen Persönlichkeitsrechts – das der Erben an

---

deswirtschaftsminister Schiller auslöste. Zum Letzteren auch LG Berlin ZUM-RD 2007, 423 – *Grass-Schiller-Briefe*.

[85] So *Schwerdtner*, Das Persönlichkeitsrecht in der deutschen Zivilrechtsordnung, S. 220 u. 222; *ders.*, a.a.O. (Fn. 83), § 12 Rn. 196 freilich nur noch von einem „Mehr" sprechend.

[86] So *Schwerdtner*, a.a.O. (Fn. 85), S. 222.

[87] Näher dazu *Beuthien* K&R 2004, 457, 458 f.

[88] BGHZ 171, 275 = NJW 2007, 1977 – *Caroline von Hannover* (Winterurlaub) u. *Beuthien* ZUM 2005, 352, 354 f.

[89] Nicht einschlägig ist insoweit § 23 II KUG. Berechtigtes Interesse im Sinne dieser Vorschrift ist also nicht schon der Wunsch, wo auch immer im alltäglichen Privatleben unbehelligt zu bleiben. Gemeint sind dort vielmehr darüber hinausgehende schutzwürdige Sonderinteressen (wie Schutz vor Peinlichkeit, *Beuthien* ZUM 2005, 352, 355 m. N.).

[90] Im Einzelnen dazu *Beuthien/Hieke* AfP 2001, 353, 358.

[91] BGH NJW 2007, 684 (686) – *kinski-klaus.de*. Noch offen lassend in BGHZ NJW 2000, 2195 – *Marlene Dietrich*.

einer wirtschaftlichen Verwertung des Persönlichkeitsbildes müsse deshalb nach Ablauf von zehn Jahren zurücktreten. Eine darüber hinausreichende Schutzdauer sei mit der Wertung des § 22 KUG unvereinbar. Indes überzeugt das wenig. Das Recht am eigenen Abbild i. S. des § 22 KUG wurde aus Anlass der rechtswidrig vom Leichnam Bismarcks aufgenommenen Fotos und der dazu nur auf Hausfriedensbruch gestützten Entscheidung des Reichsgerichts[92] geschaffen.[93] Dabei sollte diese Vorschrift ursprünglich nur die ideellen Interessen des Abgebildeten oder seiner Angehörigen schützen. Dementsprechend ging es auch in dem über hundert Jahre alten § 22 S. 3 KUG lediglich um einen angemessenen Ausgleich zwischen dem Anspruch der Angehörigen auf Achtung der Persönlichkeit und dem Informationsinteresse der Allgemeinheit.[94] Insoweit ist eine Zehnjahresfrist angemessen. Denn die Trauer und das Pietätsgefühl der Angehörigen verblassen von Jahr zu Jahr mehr. Damit nimmt insoweit[95] auch deren ideelles Schutzbedürfnis ab.[96]

Auf die wirtschaftlichen Verwertungsinteressen der Erben trifft das jedoch nicht in   **43** gleicher Weise zu. Der Bekanntheitsgrad und damit der Vermarktungswert eines auf öffentliches Interesse stoßenden Persönlichkeitsbildes schwindet meist nicht in so kurzer Zeit. Jedenfalls lässt sich dieses wirtschaftlich werthafte Interesse oft leicht wiederbeleben. Vor allem ist auch nach Ablauf einer Schutzfrist von zehn Jahren nicht einzusehen, warum die in das Persönlichkeitsbild eingegangene fremde Lebensleistung oder ein dieses prägendes fremdes Schicksal zum eigennützigen wirtschaftlichen Vorteil beliebiger Dritter gemeinfrei werden soll.[97] Gewiss wird das Persönlichkeitsbild einer zu Lebzeiten sehr bekannten Person nach ihrem Tode „auch Teil der gemeinsamen Geschichte".[98] Aber das öffentliche Geschichtsinteresse ist ideeller Natur und gibt keinem Außenstehenden das Recht zur wirtschaftlichen Ausbeutung. Zudem wird das „berechtigte Interesse der Öffentlichkeit, sich mit Leben und Werk einer zu Lebzeiten weithin bekannten Person auseinandersetzen zu können",[99] bereits durchgängig (also ohne die Zehnjahresfrist des § 22 S. 3 KUG) durch § 23 I Nr. 1 KUG sowie durch Art. 5 GG gewährleistet. Völlig unerheblich ist schließlich, dass die Zehnjahresfrist „Rechtssicherheit schafft".[100] Denn das tut jede Frist, nicht nur eine zehnjährige. Angesichts der Verschiedenheit der ideellen und der materiellen Interessen kann das den vermögenswerten Bestandteilen des allgemeinen Persönlichkeitsrechts entsprechende Persönlichkeitsgüterrecht am postmortalen Persönlichkeitsbild auch schwerlich fortdauern, „solange die ideellen Interessen noch geschützt sind". Das gilt umso mehr, als der postmortale Achtungsanspruch der Angehörigen nur einer persönlichkeitskränkenden wirtschaftlichen Verwertung entgegensteht und es zu einer solchen (weil der Persönlichkeitswerbewert ausgenutzt werden soll) meist nicht kommt.[101]

---

[92] Dazu RGZ 45, 170 – *Totenbild* (Fürst Otto v. Bismarck); zur Urteilsbegründung *Kohler*, GRUR 1900, 196.

[93] Zum Hintergrund als auch zur Photographie selbst s. „Bismarcks Tod und Deutschlands Tränen, Reportage einer Tragödie" von Lothar Machtan (erschienen im Goldmann-Verlag 1998).

[94] Vgl. Verhandlungen des Reichstages, 11. Legislaturperiode, II. Session, 1. Sessionsabschnitt 1905/06 Nr. 30, 1526 (1540 ff.).

[95] Der Schutz der Persönlichkeit aus § 823 I BGB vor Verunglimpfung dauert freilich über zehn Jahre hinaus an (OLG München GRUR 2000, 709, 711: angebliche Nacktfotos von Marlene Dietrich).

[96] Vgl. BGH NJW 2007, 684, 685 – *kinski-klaus.de*, unter Hinweis auf BVerfGE 30, 173 = NJW 1971, 1645, 1647 – *Mephisto*.

[97] Das erkennt im Grundsatz auch der BGH an (s. BGHZ 143, 214, 224 – *Marlene Dietrich* = NJW 2000, 2195, 2198, unter Hinweis u.a. auf *Götting*, Persönlichkeitsrechte als Vermögensrechte, S. 281.

[98] So BGH NJW 2007, 684, 686 – *kinski-klaus.de*.

[99] Darauf weist BGH NJW 2007, 684, 685 – *kinski-klaus.de* hin.

[100] Auch das führt BGH NJW 2007, 684, 685 – *kinski-klaus.de* ins Feld.

[101] Dafür freilich in Bezug auf die vermögenswerten Persönlichkeitsrechtsbestandteile BGHZ 143, 214 = NJW 2000, 2195 – *Marlene Dietrich*. Zust. *Schulze Wessel*, Die Vermarktung Verstorbener,

44   Die in § 22 S. 3 KUG bestimmte kurze Dauer des postmortalen Bildnisschutzes passt daher nicht, wenn das Abbild des Verstorbenen zu Werbezwecken verwendet oder sonstwie wirtschaftlich verwertet wird. Gewiss hat sich das Recht am eigenen Bilde i. S. des § 22 S. 1 KUG im Laufe der Zeit über das Persönlichkeitsrecht hinaus auch zu einem Vermögensrecht entwickelt.[102] Aber die Schutzfrist des § 22 S. 3 KUG ist, weil die Erben bis zur *Marlene Dietrich-Entscheidung* des BGH[103] keinen postmortalen Vermögensrechtsschutz genossen, im Windschatten dieser Entwicklung verblieben. Sie muss daher an diese angepasst werden.

45   In Bezug auf das äußere Abbild ist das (soweit ersichtlich) bisher nicht erkannt worden. Dagegen werden für den postmortalen Schutz der vermögenswerten Bestandteile des allgemeinen Persönlichkeitsrechts in Schrifttum verschiedene Schutzfristen vorgeschlagen. Diese reichen von fünfundzwanzig bis dreißig[104] oder fünfunddreißig[105] Jahren bis zu siebzig Jahren.[106] Als Vorbild für eine siebzigjährige Schutzdauer dient § 64 UrhG. Aber das Persönlichkeitsbild wird auch durch eine besondere Lebensleistung nicht einem Kunstwerk vergleichbar.[107] Ist das Lebensbild nur durch ein besonderes Schicksal geprägt, versagt jede Vergleichswertung zum Urheberrecht. Stattdessen ist davon auszugehen, dass das äußere und das innere Persönlichkeitsbild insofern gleichwertig sind, als beide zusammen die gesamte Persönlichkeit widerspiegeln. Deshalb lässt sich das innere Persönlichkeitsbild postmortal nicht länger schützen als das äußere Abbild. Nur muss für beide bei wirtschaftlicher Verwertung eine sachgerechtere Lösung gefunden werden. Die dafür maßgebenden Wertungen sind § 22 KUG zu entnehmen. Nach § 22 S. 2 KUG gilt die Einwilligung des Abgebildeten damit, dass er sich abbilden ließ, im Zweifel als erteilt, wenn dieser eine Entlohnung erhielt. Das zeigt zugleich, dass man sich die Erlaubnis zur Abbildung und zu deren Verbreitung im Zweifel erkaufen muss. Das trifft insbesondere dann zu, wenn das Abbild einen am Markt verwertbaren wirtschaftlichen Wert verkörpert. In entsprechender Weise können die Erben des Abgebildeten eine marktgerechte Vergütung erwarten, und zwar (wie gezeigt) länger als zehn Jahre nach dem Tode des Abgebildeten. Deshalb lassen sich die Wertungen des § 22 S. 2 KUG und die des § 22 S. 3 KUG dahin zusammenführen, dass an der wirtschaftlichen Verwertung sowohl der Vermarkter als auch die Erben teilhaben sollen. Das ist schon nach geltendem Recht dadurch erreichbar, dass man beim postmortalen Persönlichkeitsbildschutz zwar an der zehnjährigen Schutzfrist des § 22 S. 3 KUG festhält,[108] diese aber nicht schon mit dem Tode der Person, sondern jeweils erst mit der Verwertungshandlung beginnen lässt. Auf diese

---

2001, S. 142; Anm. *Götting* zu BGH GRUR 2007, 168 – *kinski-klaus.de*, 170, 171 u. *Reber* GRUR Int 2007, 492, 498.

[102] So insbesondere BGHZ 20, 345, 353 u. 355 = NJW 1956, 1554 – *Paul Dahlke*; 30, 7, 16 = NJW 1959, 1269 – *Catarina Valente*.

[103] BGHZ 143, 214 = NJW 2000, 2195.

[104] So *Gregoritza*, Die Kommerzialisierung von Persönlichkeitsrechten Verstorbener, S. 128 ff., 131: Für die Dauer der eigenen Lebenszeit der Hinterbliebenen; *Wanckel*, a.a.O. (Fn. 59) Rn. 245: 25 bis 30 Jahre (Schutzdauer einer Generation). Dagegen *Wortmann*, Die Vererblichkeit vermögensrechtlicher Bestandteile des Persönlichkeitsrechts, 2005, S. 306 ff.: 30-jährige Frist könnte zwar eine Alternative zu 70 Jahren sein (S. 310), dafür fehlen aber die gesetzlichen Anhaltspunkte. Daher bleibt es bei den 10 Jahren (S. 311).

[105] So *Jung* AfP 2005, 317, 322 f.: Dauer einer Generation.

[106] So *Götting*, Persönlichkeitsrechte als Vermögensrechte, 1995, S. 281 u. *ders.* NJW 2001, 585, 586; *Reber* GRUR Int 2007, 492, 498.

[107] Insoweit versagt auch der von *Götting* NJW 2001, 585, 586, angestellte Vergleich zwischen einer „Fotografie als *Lichtbildwerk*, die ihren Marktwert ausschließlich der Prominenz der abgebildeten Person verdankt" und den „auf dem *Lebenswerk* des Verstorbenen beruhenden vermögenswerten Bestandteilen des Persönlichkeitsrechts" (Hervorhebungen vom Verfasser).

[108] Künftig sollte diese freilich, weil der Vermarktungswert des äußeren und inneren Persönlichkeitsbildes bei hohem Marktwert erheblich länger andauert, an die international ausgedehnteren Schutzfristen (dazu *Reber* GRUR Int 2007, 492, 498) angepasst werden.

Weise sind die Erben, solange das äußere Abbild oder das Persönlichkeitsbild noch Profit abwerfen, immerhin jeweils zehn Jahre lang gewinnbeteiligt. Als Höchstschutzdauer mag dabei die des § 64 UrhG dienen.

VI. Schlusswürdigung

Im Mittelpunkt des Persönlichkeitsrechtsschutzes steht die menschliche Persönlichkeit **46** selbst. Diese wird als rechtlich schutzwürdiges Lebensgut durch das allgemeine Persönlichkeitsrecht geschützt. Neben das allgemeine Persönlichkeitsrecht treten besondere Persönlichkeitsrechte. Das Besondere an diesen ist, dass sie sich, wie insbesondere das Namensrecht (§ 12 BGB), das Recht am äußeren Abbild der Person (§ 22 KUG) und das Urheberrecht (§ 11 UrhG) auf einen außerhalb der Person befindlichen und damit gegenständlich erfassbaren Persönlichkeitsausdruck beziehen. Ein solches besonderes Persönlichkeitsrecht ist auch das als Persönlichkeitsgüterrecht ausgestaltete **Recht am inneren Persönlichkeitsbild**. Gewiss eignet sich das Persönlichkeitsbild, weil auch seine Grenzen in jedem Einzelfall zu bestimmen sind, wenig dazu, das allgemeine Persönlichkeitsrecht mittels einer besonderen Fallgruppe zu präzisieren.[109] Darum aber geht es nicht. Vielmehr verfolgt das Recht am Persönlichkeitsbild als notgedrungen wertungsoffenes Immaterialgüterrecht ein sachlich eigenständiges, konstruktiv anders nicht erreichbares Rechtsschutzziel. Nur das Recht am gesellschaftlichen Persönlichkeitsbild eröffnet ohne eine fragwürdige sog. dreifache Schadensberechnung den Zugang zur Herausgabe des Verletzererlöses als der rechtlich wirksamsten und daher tatsächlich abschreckendsten Sanktion. Als Vermögensrecht sorgt dieses vor allem für einen umfassenden postmortalen Persönlichkeitsschutz. Das Recht am Persönlichkeitsbild übernimmt damit eine besondere Rechtsschutzaufgabe *neben* dem allgemeinen Persönlichkeitsrecht. Es dient auf seine Weise der Funktion, die nach Ansicht des BGH die sog. vermögenswerten Bestandteile des allgemeinen Persönlichkeitsrechts erfüllen sollen, aber nicht erfüllen können, weil sich das allgemeine Persönlichkeitsrecht anders als die besonderen Persönlichkeitsrechte nicht auf einen Gegenstand außerhalb der Person, sondern auf die Persönlichkeit und damit den Menschen selbst bezieht. Insofern vermag das Persönlichkeitsbild außerhalb des allgemeinen Persönlichkeitsrechts mehr und anderes zu leisten als innerhalb dieses Rechts. Dass auch das Recht am Persönlichkeitsbild einen offenen Tatbestand darstellt, folgt, weil sich in ihm die Vielfalt der Persönlichkeit abbildet, aus der Natur der Sache. Das aber ist bei vielen anderen sonstigen Rechten im Sinne des § 823 I BGB nicht anders.[110]

---

[109] Insoweit zutr. (aber zu Unrecht ein vom allgemeinen Persönlichkeitsrecht zu trennendes, besonderes Persönlichkeitsrecht am Persönlichkeitsbild verwerfend) *Ehmann* in: Erman, BGB, Anh. § 12 Rn. 104 u. 175.

[110] Dazu *Beuthien* in: FS Wiedemann, 2002, S. 755, 764 ff.

§ 18. Das Recht an Slogans, Gestiken,
der Mimik und dem Image

Inhaltsübersicht

Schrifttum: *Erdmann*, Schutz von Werbeslogans, GRUR 1996, 550; *Freitag*, Die Kommerzialisierung von Darbietung von Persönlichkeit des ausübenden Künstlers, Baden-Baden 1993; *Hubmann*, Das Persönlichkeitsrecht, Münster, 1953; *Jakobs*, Gibt es einen Posenschutz?, WRP 2000, 986; *Münchener Kommentar zum Bürgerlichen Gesetzbuch* (Hg. Rebmann, Säcker, Rixecker), Band 1, 5. Aufl., 2006; *Peifer*, Individualität im Zivilrecht, 2001; *Raue,* EVA UND ADELE − der Mensch als „Werk" im Sinne des Urheberrechts, GRUR 2000, 951; *Schertz*, Merchandising − Rechtsgrundlagen und Rechtspraxis, 1997; *Ströbele/Hacker*, Markengesetz, 8. Auflage, 2006.

1   Die werbemäßige Verwertung einer bekannten Person ist nicht auf die Persönlichkeitsmerkmale Name, Stimme und Bildnis beschränkt. Die US-amerikanische Rechtsprechung dehnt daher bereits seit langem den Anwendungsbereich des **„Right of Publicity"** weit aus, um den Bestrebungen „kreativer" Werbetreibender entgegenzuwirken, am Symbolwert von Prominenten teilhaft zu werden. In der Entscheidung „Carson v. Here's Johnny Portable Toilets" wurde der Schutz des Right of Publicity auch auf **Slogans** ausgedehnt, die vom Publikum mit einer berühmten Person verknüpft werden.[1] Darüber hinaus greift das Right of Publicity auch bei der werbemäßigen Verwertung von **Gegenständen**, die typisch für eine bestimmte Person geworden sind − etwa einen charakteristischen Rennwagen.[2] Das Right of Publicity umfasst zudem die werbemäßige Verwendung von biografischen Daten und Interviews.[3]

2   Vergleichbare Fälle wurden in Deutschland eher selten gerichtlich entschieden. Ausgangspunkt des Schutzes solcher nicht unmittelbar anhaftender Persönlichkeitsmerkmale ist der persönlichkeitsrechtliche **Schutz des allgemeinen Lebensbildes**, das eine Person in ihrem Daseins- und Lebensbild in der Öffentlichkeit schützt und folglich auch die Verwertung der Person ohne Nutzung ihres äußeren Erscheinungsbildes oder ihres Namens umfasst.[4] Das Persönlichkeitsrecht bietet zudem **Schutz gegen die Entstellung der Identität** einer Person.[5] Der Schutz von Mimiken, Gestiken und Posen sowie der Schutz von Slogans und des Images einer Person wird jedoch regelmäßig vom gleichzeitig eingreifenden Bildnis- oder Namensschutz überlagert und hängt im Übrigen von der konkreten Art der kommerziellen Auswertung und deren „Eingriffstiefe" ab.

---

[1] *Carson v. Here's Johnny Portable Toilets, Inc.*, 698 F.2d 831 (6th Cir. 1983), veröffentlicht in GRUR Int. 1985, 64 ff.

[2] *Motschenbacher v. R. J. Reynolds Tobacco Co.*, 489 F.2d 821 (9th Cir. 1974).

[3] *Cher v. Forum International Ltd.*, 692 F. 2d 634 (9th Cir. 1982).

[4] *Hubmann*, Das Persönlichkeitsrecht § 33 b m.w.Nachw.

[5] Münchener Kommentar zum BGB/*Rixecker,* Anhang zu § 12 BGB Rn. 80f.

A. Mimik, Gestiken, Posen

I. Persönlichkeitsrechtlicher Schutz

Mimiken, Gestiken oder Posen bekannter Personen haben in die deutsche Rechtspre- **3** chung regelmäßig nur bei der Überprüfung der **Erkennbarkeit im Rahmen des Bildnisschutzes nach § 22 KUG** Einklang gefunden. So wurde beispielsweise eine hinreichende Erkennbarkeit bejaht, da eine Zuordnung von Statur, Haltung und Haarschnitt zu einem von hinten abgebildeten Fußballtorwart bejaht werden konnte.[6] Weiter wurde auch die Erkennbarkeit eines Reiters anhand eines mit ihm abgebildeten bekannten Pferdes bejaht.[7] Auch die Abbildung eines Schauspielers in einer Rolle unterfällt dem Bildnisschutz nach § 22 KunstUrhG, sofern der Schauspieler erkennbar bleibt.[8] Gleiches gilt, wenn die vom Schauspieler verkörperte Person allgemein bekannt ist.[9]

Der Schutz des KUG greift zudem, wenn die abgebildete Person anhand ihrer Gesichtszüge, ihrer Statur, ihrem Haarschnitt, ihrer Körperhaltung oder ihres Outfits identifiziert werden kann.[10] So bejahte der BGH in der Entscheidung „Der blaue Engel" einen Eingriff in den Bildnisschutz nach § 22 KUG im Hinblick auf eine Werbeanzeige, welche die berühmte Szene des gleichnamigen Films nachstellte, in der Marlene Dietrich lasziv gekleidet als Tänzerin auf einem Barhocker sitzt und das linke Bein anwinkelt, da mit der Werbeanzeige der Eindruck erweckt wurde, es handele sich um eine Abbildung der Filmikone in dieser Rolle.[11]

In Fällen, in denen der Bildnisschutz nicht zur Anwendung gelangt, weil es an der **4** erforderlichen Erkennbarkeit fehlt, kann das **allgemeine Persönlichkeitsrecht** als Auffangtatbestand zur Anwendung kommen, etwa wenn kein Bildnis sondern nur ein Bildfragment verwendet wird, das nur das „geistige Erinnerungsbild an eine bestimmte Person" hervorruft, nicht aber die dargestellte Person erkennbar wiedergibt.[12]

Bei **mittelbaren personenbezogenen Merkmalen,** wie etwa Schnauzer, Melone **5** und Stock von Charly Chaplin, kommt regelmäßig wieder der Bildnisschutz zum Tragen, da gerade bei der Werbung mit Doppelgängern gezielt auf die Erkennbarkeit der nachgeahmten bzw. dargestellten prominenten Person abgestellt wird.

Problematisch stellt sich dagegen die Verwendung **situationsbezogener Persönlich- 6 keitsmerkmale** dar – wie etwa **Posen** oder **Gestiken**, die vom Publikum aufgrund bekannter Filmszenen mit einer bestimmten Person verbunden werden. Hier muss zunächst berücksichtigt werden, dass menschliche Posen grundsätzlich gemeinfrei sind, auch wenn sie die Erinnerung an einen bestimmten Film oder eine bestimmte Person wecken.[13] Die Verwendung solcher Posen und Gestiken kann folglich nur in Ausnahmefällen einen Vorrang des Individualschutzes rechtfertigen. Hier muss der Persönlichkeitsschutz des Einzelnen mit dem allgemeinen Freihaltebedürfnis für menschliche Posen und Attitüden abgewogen werden.[14] Bekannte Filmszenen, wie das hochfliegende weiße Kleid von Marilyn Monroe in dem Film „Das verflixte 7. Jahr" oder die Abschiedsszene in „Casablanca", unterfallen folglich erst dann dem Schutz des allgemeinen Persönlichkeitsrechts, wenn sie eine vergleichbar starke Identifikationswirkung beim Publikum erzeugen wie

---

[6] BGH NJW 1979, 2205 – *Fußballtorwart.*
[7] BGH GRUR 1970, 618 – *Schleppjagd.*
[8] BGH GRUR 1961, 138 – *Familie Schölermann;* OLG Karlsruhe GRUR 1985, 136 – *Volvo Reklame.*
[9] OLG Hamburg, NJW 1975, 649f. – *Aus nichtigem Anlass.*
[10] *Jacobs* WRP 2000, 896f.
[11] BGH GRUR 2000, 715, 716f. – *Der blaue Engel.*
[12] OLG Karlsruhe GRUR 2004, 1058f. – *Bildfragment.*
[13] *Jacobs* WRP a.a.O.
[14] *Jacobs* WRP 2000, 896, 898.

unmittelbare oder mittelbare personenbezogene Merkmale.[15] Hier verlaufen die Grenzen fließend. Ein wichtiges prozessuales Instrument für den Verletzten ist die **Einholung einer Verkehrsbefragung**, mit der der Zuordnungsgrad einer bestimmten Gestik oder Pose zum Rechtsträger festgestellt wird.

II. Urheberrechtlicher Schutz

7   Auch das **Urheberrecht** bietet grundsätzlich Schutz für **Posen oder Gestiken**, vorausgesetzt diese ragen aus dem Alltäglichen und Üblichen herausragen, dass von einer hinreichenden **schöpferisch-geistigen Leistung** gesprochen werden kann. So wurde etwa urheberrechtlicher Schutz für das Foto einer ungewöhnlichen und ballettuntypischen „Klammerpose" zweier Tänzer bejaht und das Nachstellen dieser Pose untersagt.[16] Rechtsinhaber ist hier allerdings der Fotograf und nicht die dargestellten Models.[17]

8   **Reale Personen** stellen trotz speziell kreiertem Image und Aussehen regelmäßig keine persönliche geistige Schöpfung und folglich auch **kein urheberrechtliches Werk** dar, da sie nicht das Ergebnis gestalterischen Tätigwerdens sondern immer nur ein Mensch sein können.[18] Auch bei Schaffung einer bestimmten Künstleridentität und optischen Veränderungen wird üblicherweise nichts (mehr) erzeugt, das sich aus der Masse des bereits Bestehenden so deutlich abhebt, dass die erforderliche Gestaltungshöhe des Urheberrechts erreicht wird. **Künstlernamen** erreichen in der Regel schon infolge ihrer Kürze nicht die erforderliche Gestaltungshöhe des Urheberrechts.[19]

9   Der **Stil und die Manier eines Künstlers** sowie dessen **Darstellungstechniken** unterfallen ebenfalls nicht dem urheberrechtlichen Schutz, der nur das Werk selbst, nicht jedoch die Methode des Schaffens, den Stil oder die Technik einer Darstellung erfasst.[20] Folglich wurde Urheberschutz anlässlich des ungenehmigten Abdrucks von Auftritten des Künstlerpaars „Eva und Adele" verneint, das als künstlich geschminktes, zweigeschlechtliches Zwillingspaar mit kahl geschorenen Köpfen, Miniröcken, hochhackigen Schuhen sowie demselben Schmuck als „lebende Bilder" auftrat.[21] Anderes gilt für pantomimische Werke und Tanzdarbietungen, bei denen mittels Körpersprache Empfindungen und Gedanken ausgedrückt werden. Eine körperliche Fixierung der Choreografie ist nicht erforderlich. Folglich können so genannte „Happenings" Urheberschutz genießen.[22] Im Gegensatz zu rein sportlichen Darbietungen, die keinen geistigen Inhalt ausdrücken, kann zudem auch die Choreografie einer Eislaufrevue urheberschutzfähig sein.[23]

10   Auch bei **fiktiven Figuren** kommt urheberrechtlicher Schutz nur dann in Betracht, wenn die fiktive Figur individuelle Züge besitzt, die losgelöst von der Person des Darstellers die erforderliche Schöpfungshöhe des Urheberrechts erreichen.[24] In Fällen, in denen die persönlichen Züge des darstellenden Schauspielers durch Masken oder spezielle Kostüme so überdeckt werden, dass dieser in den Hintergrund tritt, basiert der Film regelmäßig auf einem literarischen Werk oder einem Comic, sodass sich der urheberrechtliche Schutz der Figuren an den dortigen Ausgestaltungen zu orientieren hat.[25]

---

[15] *Jacobs* a.a.O.
[16] OLG Köln GRUR 2000, 43ff. – *Klammerpose*.
[17] *Jacobs* a.a.O.
[18] *Schertz* S. 40.
[19] *Schertz* a.a.O.
[20] BGH Z 5, 1, 4f. – *Hummel I*; BGH GRUR 1970, 250f. – *Hummel III*; BGH GRUR 1976, 434, 436 – *Merkmalklötze*; BGH GRUR 1977, 547, 550 – *Kettenkerze*.
[21] LG Hamburg 1999, 658f. – *Eva und Adele II*; anderer Auffassung: *Raue* GRUR 2000, 951, 953f.
[22] BGH GRUR 1985, 529f. – *Happening*.
[23] BGH GRUR 1960, 606, 608 – *Eisrevue II*.
[24] *Schertz* S. 34f.
[25] Hierbei ist an die Figuren „Batman", „Dracula" oder „Spiderman" zu denken.

In Einzelfällen verschmelzen allerdings Darsteller und fiktive Figur, sogenannte 11
„**Characterizations**". Hier entwickeln sich die Merkmale der Figuren zu den Identitätsmerkmalen des darstellenden Schauspielers wie etwa bei den Marks Brothers, Charly
Chaplin oder Stan Laurel sowie Oliver Hardy, so dass eine Trennung zwischen Schauspieler
und Filmfigur nicht möglich ist. In solchen Fällen greift jedoch wieder der Bildnisschutz
des § 22 KUG, da der darstellende Schauspieler für das Publikum erkennbar bleibt.[26]

B. Slogans, Zitate

Die **Veröffentlichung erfundener Interviews** oder die **Wiedergabe von erfunde-** 12
nen Zitaten unterfallen dem Schutz der Person vor der Entstellung ihrer Identität.[27]
Maßgeblich ist hier, ob dem Leser vermittelt wird, ein wiedergegebener Text stelle eine
so von dem Betroffenen stammende Erklärung dar. Folglich ist nicht erforderlich, dass
eine angebliche Äußerung in direkter Rede wiedergegeben wird.[28]

Die **Verwendung korrekt wiedergegebener Zitate zu Werbezwecken** war nur 13
selten Gegenstand gerichtlicher Auseinandersetzungen. Der Rechtsstreit des ehemaligen
FC Bayern München Trainers Giovanni Trapattoni mit einem Münchner Autohaus wegen
der werbemäßigen Verwendung von Auszügen aus der berühmten Pressekonferenz des
Italieners, insbesondere des Spruchs „Ich habe fertig", vor dem Landgericht München I
wurde gütlich beigelegt.[29] Persönlichkeitsrechtlicher Schutz kann bei der unbefugten
Verwendung von Slogans und Zitaten zu Werbezwecken allerdings nur greifen, wenn in
der Öffentlichkeit ein **hinreichender Zuordnungsgrad** zum Rechtsträger besteht.
Slogans wie der Werbespruch „Ja ist denn heut' schon Weihnachten" von Franz Beckenbauer oder die Äußerung „Mailand oder Madrid – Hauptsache Italien" des Fußballspielers
Andreas Möller sollten einen solchen Zuordnungsgrad erreichen. Maßgebliches prozessuales Instrument ist wieder die Einholung einer Verkehrsbefragung.

Einfacher gestalten sich die Fälle, in denen ein **Slogan unter Benennung des Äu-** 14
ßernden werbemäßig verwendet wird, da der **ergänzende namensrechtliche Schutz**
des allgemeinen Persönlichkeitsrechts auch solche Verwertungsformen erfasst, in
denen der Name einer Person verwendet wird, ohne dass der Eindruck erweckt wird, die
benannte Person stehe mit ihrem Namen in einer bestimmten Beziehung zum bewor-
nen Produkt oder Unternehmen.[30] Allerdings kann in Einzelfällen die Veröffentlichung
durch das Zitatrecht, etwa § 51 Nr. 2 UrhG, gerechtfertigt sein. In Fällen, in denen das
Zitat lediglich dazu dient, den Aufmerksamkeitswert der Veröffentlichung zu erhöhen,
spricht jedoch einiges dafür, dass die Interessen des Rechtsträgers überwiegen.

Für den Fall, dass ein **bekannter Werbeslogan** unberechtigt genutzt wird, steht auch 15
der Weg über den **ergänzenden wettbewerbsrechtlichen Leistungsschutz nach §§ 3,**
4 Nr. 9 UWG offen. Allerdings gelten hier strenge Anforderungen. Da Werbeslogans
von Haus aus nur eine geringe wettbewerbliche Eigenart zukommt, kommt mit dem
BGH wettbewerblicher Schutz nur bei Vorliegen besonders gewichtiger Unlauterkeits-
merkmale in Betracht.[31] Auch **urheberrechtlicher Schutz** wird bei Slogans regelmäßig
mit dem Verweis auf die fehlende schöpferische Gestaltungshöhe versagt.[32]

---

[26] Siehe oben § 12 Rn. 6.
[27] BVerfG NJW 1993, 295 – *Appler*; BGH GRUR 1965, 264 – *Soraya*; BGH NJW 1995, 861 – *Caroline von Monaco*; BGH NJW 1998, 1391 – *Rechte Professoren*; BGH NJW 1982, 635 – *Böll/Walden II*.
[28] BVerfG NJW 1980, 2072 – *Böll/Walden*; Münchener Kommentar zum BGB/*Rixecker*, Anhang
zu § 12 BGB Rn. 81.
[29] LG München, Az.: 32 O 9096/06.
[30] BGH GRUR 1959, 430f. – *Catharina Valente*; BGH GRUR 1981, 846, 848 – *Rennsportgemeinschaft*; LG München NJW-RR 2002, 617 – *Uli*.
[31] BGH GRUR 1997, 308, 310 – *Wärme fürs Leben*, vgl. auch *Erdmann* GRUR 1996, 550, 555f.
[32] OLG Frankfurt WRP 1973, 162f.; KG GRUR 1971, 368, 370; OLG Braunschweig GRUR

16 Weiter können **Werbeslogans** grundsätzlich auch **als Marke registriert** werden. Die Rechtsprechung stellt jedoch strenge Anforderungen an die Eintragbarkeit solcher Slogans, da sich die Identifizierungsfunktion einer Marke und die Werbewirkung des Slogans regelmäßig gegenseitig ausschließen.[33] **Unterscheidungskraft** im Sinne von § 8 Abs. 2 Nr. 1 MarkenG wird folglich nur dann bejaht, wenn die Wortfolge eine Herkunftsfunktion erfüllt, die gegenüber einer möglichen Werbewirkung im Vordergrund steht.[34] Unterscheidungskräftig sind daher regelmäßig nur solche Werbeslogans, die keinen eindeutigen unmittelbaren Bezug zu den beanspruchten Waren und Dienstleistungen haben, wobei sowohl die Mehrdeutigkeit und Interpretationsdürftigkeit eines Slogans als auch die Kürze und Originalität sowie die Prägnanz der Wortfolge des Slogans maßgebliche Bedeutung haben können.[35] Weiter wird ein **Freihaltebedürfnis** im Sinne von § 8 Abs. 2 Nr. 2 MarkenG angenommen, wenn die Wortfolge für die beanspruchten Waren- und Dienstleistungen einen bekannten, dem Verkehr in eindeutig beschreibender Weise geläufigen Begriff darstellt.[36] Ein Freihaltebedürfnis wird auch dann bejaht, wenn erkennbar ist, dass Konkurrenten des Anmelders den Slogan verwenden oder in der Zukunft benötigen können.[37] Sowohl die deutsche Eintragungspraxis als auch das HABM sind folglich sehr zurückhaltend bei der Eintragung von Werbeslogans. Ein Großteil der Anmeldungen hat keinen Erfolg.

C. Image

17 Das Image stellt nach allgemeiner Ansicht das Vorstellungsbild dar, das Einzelne oder eine Gruppe über ein Subjekt haben.[38] Das Image einer Person ist folglich mit dieser untrennbar verbunden und setzt sich zusammen aus den verschiedensten Details ihres Lebens, wie etwa ihren Erlebnissen, ihren öffentlichen Auftritten oder persönlichen Neigungen. Diese **ideelle untrennbare Verbundenheit** mit dem Träger und die fehlende Möglichkeit, einen öffentlichen, kommerzialisierbaren Bereich des Images zu bestimmen, unterscheidet das Image einer Person von deren Namen oder Bildnis.[39] Folglich wird das Image als solches als zu unbestimmt angesehen, um diesem **persönlichkeitsrechtlichen Schutz** im Sinne eines absoluten Rechts zukommen zu lassen.[40]

Diese Unbestimmtheit und die ideelle Verbundenheit des Images mit dem Rechtsträger engen auch die Möglichkeiten ein, das Image einer Person **vertraglich auszuwerten**. Wegen der zu befürchtenden ideellen Schäden dürfte eine Verwertung des Images nur einvernehmlich und nicht exklusiv möglich sein, wobei Vertragsstrafen bei imageschädigendem Verhalten als nichtig und nicht durchsetzbar angesehen werden.[41] Anderes gilt jedoch für sog. „moral clauses", die dem Vertragspartner des Rechtsträgers ein Recht zur außerordentlichen Kündigung bei Drogeneskapaden etc. sichern.

1955, 205f; OLG Düsseldorf GRUR 1978, 640f.; OLG Stuttgart GRUR 1956, 481; OLG Frankfurt GRUR 1987, 44.
[33] BGH GRUR 1999, 1093, 1095 – *For You*; BGH GRUR 2000, 720, 721 – *Unter uns*; BGH GRUR 2002, 1150 – *LOOK*; BGH GRUR 2002, 816f. – *BONUS II*.
[34] EUGH GRUR 2004, 1028, 1029 – *Das Prinzip der Bequemlichkeit*.
[35] *Ströbele/Hacker/Ströbele* § 8 Rn. 116 m.w.Nachw.
[36] BPatG, Beschluss vom 12. 7. 2006, 29 W (pat) 075/04 – *Die Profis*.
[37] HABM, Entscheidung vom 10. 2. 2006, R 0727/05-2.
[38] *Peifer*, S. 191 m.w.Nachw.
[39] *Freitag*, S. 155.
[40] LG München I, Urteil vom 20. 12. 2006, Az.: 9 O 3430/06.
[41] *Freitag* a.a.O.

8. Kapitel. Die Fallgruppen des allgemeinen Persönlichkeitsrechts

§ 19. Der Schutz vor Indiskretion

Inhaltsübersicht

Schrifttum: *Dreier/Schulze*, UrhG, 2. Aufl. 2006 (dort Kommentierung zu §§ 22 ff. KUG); *Ellermann*, Die Reeperbahn im Visier – zur verfassungsrechtlichen Zulässigkeit der öffentlichen Videoüberwachung; Die Polizei 2006, 271; *Engels/Jürgens*, Auswirkungen der EGMR-Rechtsprechung zum Privatsphärenschutz, NJW 2007, 2517; *Helle*, Besondere Persönlichkeitsrechte im Privatrecht, 1991; *Helle*, Privatfotos Prominenter – Spagat zwischen Karlsruhe und Straßburg, AfP 2007, 192; *Hubmann*, Das Persönlichkeitsrecht, 2. Aufl. 1967; *Löffler*, Presserecht, 5. Aufl. 2006; *Neumann-Duesberg*, Bildberichterstattung über absolute und relative Personen der Zeitgeschichte, JZ 1960, 114; *Lorz/Bosch*, Rechtliche Parameter für die Öffentlichkeitsarbeit der Justiz, AfP 2005, 97; *Prinz/Peters*, Medienrecht, 1999; *Seitz*, Einmal nackt – immer frei ?, NJW 2000, 2167; *Seitz/Schmidt/Schoener*, Der Gegendarstellungsanspruch, Presse, Film, Funk und Fernsehen, 3. Auflage 1998; *Schertz*, Der Schutz der Persönlichkeit vor heimlichen Bild- und Tonaufnahmen, AfP 2005, 421; *Schricker*, Urheberrecht, 3. Aufl. 2006 (dort Kommentierung zu §§ 22 ff. KUG); *Soehring*, Presserecht, 3. Aufl. 2000; *Wanckel*, Der Schutz der Persönlichkeit bei künstlerischen Werken, NJW 2006, 578; *Wanckel*, Foto- und Bildrecht, 2. Auflage 2006; *Wandtke/Bullinger*, Urheberrecht, 2. Aufl. 2006 (dort Kommentierung zu §§ 22 ff. KUG); *Wenzel*, Handbuch des Äußerungsrechts, 5. Aufl. 2005.

Weiterführende Literatur: *Born*, Gen-Milch und Goodwill – Äußerungsrechtlicher Schutz durch das Unternehmenspersönlichkeitsrecht, AfP 2005, 110; *Busch*, Romanverbote – zu den Grenzen der Privatzensur, AfP 2004, 203; *Dorf*, Luftbildaufnahmen und Unverletzlichkeit der Wohnung, NJW 2006, 951; *Halfmeyer*, Privatleben und Pressefreiheit: Rechtsvereinheitlichung par ordre des Strasbourg, AfP 2004, 417; *Heldrich*, Persönlichkeitsschutz und Pressefreiheit nach der Europäischen Menschenrechtskonvention, NJW 2004, 2634; *Herrmann*, Anmerkung zum Urteil des EGMR vom 24.6.2004, ZUM 2004, 665; *Hohmann-Dennhardt*, Freiräume – Zum Schutz der Privatheit, NJW 2006, 545; *Gersdorf*, Caroline-Urteil des EGMR: Bedrohung der nationalen Medienordnung, AfP 2005, 221; *Grabenwarter*, Schutz der Privatsphäre versus Pressefreiheit: Europäische Korrektur eines deutschen Sonderweges?, AfP 2004, 309; *Leutheusser-Schnarrenberger*, Die Zukunft des allgemeinen Persönlichkeitsrechts, in: FS Engelschall, 1996, 13; *Mann*, Auswirkungen der Caroline-Entscheidung des EGMR auf die forensische Praxis, NJW 2004, 3220; *Prütting/Stern*, Das Caroline-Urteil des EGMR und die Rechtsprechung des BVerfG, 2005; *Stürner*, Caroline-Urteil des EGMR – Rückkehr zum richtigen Maß, AfP 2005, 213; *Teubel*, Die Rechtsprechung zur Berichterstattung über Prominente nach der Caroline-Entscheidung des EGMR; *Wanckel*, Persönlichkeitsschutz in der Informationsgesellschaft, 1999; *Wanckel*, Vom Umgang mit der Wahrheit: Wie weit reicht das Selbstbestimmungsrecht, in: FS Engelschall, 1996, 265.

A. Grundlagen des zivilrechtlichen Indiskretionsschutzes

1   Der zivilrechtliche Schutz vor Indiskretion ist in der deutschen Rechtsprechung zum Persönlichkeitsrecht fest verankert. Er setzt das verfassungsrechtliche **informationelle Selbstbestimmungsrecht** (hierzu § 22) auf der Ebene des Zivilrechts um und gewährleistet im Gegensatz zum Schutz gegen Verfälschungen des Personenbildes durch Unwahrheiten (hierzu § 20) eine Kontrolle über die Erhebung und Verwendung von wahren Informationen über die eigene Person. Die Feststellung, dass ein erheblicher Teil der medienrechtlichen Auseinandersetzungen nicht die Verbreitung unwahrer, sondern wahrer Tatsachen betrifft[1] dokumentiert die besondere praktische Bedeutung des Indiskretionsschutzes und das ausgeprägte Bedürfnis der Betroffenen, ihrem Privat- und Geheimbereich Respekt zu verschaffen.

Der Indiskretionsschutz resultiert aus dem **Selbstbestimmungsgedanken**, welchen das BVerfG in der **Lebach**-Entscheidung[2] wie folgt formuliert hat: Das Recht auf freie Entfaltung der Persönlichkeit und die Menschenwürde, also beide Grundrechte, aus welchen das allgemeine Persönlichkeitsrecht verfassungsrechtlich hergeleitet wird, sichern jedem einzelnen einen autonomen Bereich privater Lebensgestaltung, in dem er seine Individualität entwickeln und wahren kann. Hierzu gehört auch das Recht, in diesem Bereich für sich zu sein, „sich selber zu gehören" und den Einblick durch andere auszuschließen. Das BVerfG begründete so ein **„Verfügungsrecht über die Darstellung der Person"**, wonach jedermann grundsätzlich selbst und allein bestimmen dürfe, ob und wieweit andere sein Lebensbild im Ganzen oder bestimmte Vorgänge aus seinem Leben öffentlich darstellen dürfen. Dieser **Selbstbestimmungsgedanke** wurde sodann in der **Eppler**-Entscheidung[3] fortgeschrieben und später aus aktuellem Anlass in der **Volkszählungs**-Entscheidung hinsichtlich der zusätzlichen Gefährdungen, die sich aus den modernen Datenverarbeitungsmöglichkeiten ergeben, zum **Recht auf informationelle Selbstbestimmung** ausgeformt.[4] In jüngerer Zeit hat das BVerfG den Selbstbestimmungsgrundsatz für den Bereich der redaktionellen Berichterstattung relativiert und die Auffassung vertreten, dass das allgemeine Persönlichkeitsrecht dem Einzelnen keinen Anspruch gibt, nur so von anderen dargestellt zu werden, wie er sich selber sieht oder gesehen werden möchte.[5] Ungeachtet dieser partiellen Einschränkung ist das von der Privatsphäre geschützte Recht auf Selbstbestimmung bei der Offenbarung persönlicher Lebensumstände von der Rechtsprechung anerkannt. Es schützt nicht nur vor Ausforschungen durch den Staat, sondern entfaltet auch auf der Ebene des **Zivilrechts** einen umfassenden Schutz, gegen den Willen des Betroffenen für die Öffentlichkeit „verfügbar" gemacht zu werden.[6]

2   Schon der ersten Entscheidung des BGH zum allgemeinen (zivilrechtlichen) Persönlichkeitsrecht lag ein Fall einer Indiskretion zu Grunde. Ein an die Redaktion gerichtetes anwaltliches Schreiben war von einer Zeitung als **Leserbrief** abgedruckt worden, ohne dass eine Einwilligung des Einsenders vorlag. Der BGH billigte dem Einsender die Befugnis zu, selbst darüber zu entscheiden, ob und in welcher Form seine Aufzeichnungen der Öffentlichkeit zugänglich gemacht werden.[7] Wenig später entschied der BGH in dem bildrechtlichen Fall **„Spätheimkehrer"**[8], dass es niemand dulden muss, innerhalb der **privaten Umgebung** ohne Wissen und gegen den Willen aufgenommen zu werden,

---

[1] *Soehring*, Rn. 19.1.
[2] BVerfGE 35, 202 = NJW 1973, 1226.
[3] BVerfGE 45, 148 = NJW 1980, 2070.
[4] BVerfGE 65, 1 = NJW 1984, 419.
[5] BVerfG NJW 2000, 1021, 1022 – Caroline m. w. N.; *Soehring*, 19.2.
[6] BVerfG NJW 1991, 2411; BGH GRUR 2004, 438, 440.
[7] BGHZ 13, 334 = NJW 1954, 1404; ähnlich aktuell auch KG Berlin NJW-RR 2007, 842.
[8] BGHZ 24, 200 = NJW 1957, 1315.

wenn dies zum Zweck der Veröffentlichung erfolgt. Wiederum kurze Zeit später wurde die **heimliche Aufnahme eines Gespräches mittels Tonbandes** als Verletzung des allgemeinen Persönlichkeitsrechts angesehen.[9]

Der Schutz gegen Indiskretion durch das allgemeine Persönlichkeitsrecht ist somit der **3** **Schutz gegen die Verbreitung wahrer Tatsachen** über eine Person ohne deren Einwilligung. Dieser Indiskretionsschutz ist unmittelbarer Ausdruck des **Selbstbestimmungsgedankens**, der dem allgemeinen Persönlichkeitsrecht zu Grunde liegt. Allerdings muss dieser Grundrechtsschutz in vielen Konstellationen mit den geschützten Rechten Dritter oder anderen Verfassungsgütern (insbesondere der Informations-, Presse- und Rundfunkfreiheit) in Ausgleich gebracht werden, wozu in der Lebach-Entscheidung[10] wesentliche Grundsätze aufgestellt wurden. Als Hilfsinstrument dieser **Güter-** und **Interessenabwägung** dient die Zuordnung der Sachinformation zu Schutzsphären. Begründet wurde der Sphärengedanke von Hubmann,[11] welcher die Begriffe der **Individualsphäre**, der **Privatsphäre** und der **Geheimsphäre** einführte. Später trat noch die **Intimsphäre** hinzu, welche nach der Rechtsprechung besonderen Schutz geniest. In der Eppler-Entscheidung aus dem Jahre 1980 hat das BVerfG die Privat-, Geheim- und Intimsphäre (neben dem Ehrenschutz, dem Recht an Bild und Wort sowie dem Verfügungsrecht über die Darstellung der eigenen Person) ausdrücklich als Ausprägungen des Persönlichkeitsrechts anerkannt.[12]

Das Denken in Schutzsphären verleitet zu einem räumlichen Verständnis der Reichweite des Indiskretionsschutzes. Doch nicht alles, was nach dem Willen des Betroffenen geheim bleiben soll, kann einer räumlichen Sphäre zugeordnet werden. Ferner ist nicht alles, was in der „**Öffentlichkeitssphäre**" stattfindet oder sich gar keiner räumlichen Sphäre zuordnen lässt, damit schon allein aus diesem Grunde vom Indiskretionsschutz ausgenommen. Die jüngere Rechtsprechung hat herausgearbeitet, dass es einen Indiskretionsschutz nicht nur innerhalb bestimmt abgrenzbarer Lebensräume gibt. Vielmehr ist – wie das BVerfG 1999 in der für die heutige Rechtslage wegweisenden Caroline-Entscheidung festgestellt hat – die **Privatsphäre thematisch** und **räumlich** zu verstehen. Unter dem räumlichen Bereich (hierzu Rn. 13 ff.) versteht die Rechtsprechung den persönlichen **Rückzugsbereich** des Einzelnen, in welchem dieser sich entspannen oder auch gehen lassen kann, ohne **Beobachtungsdruck** durch Außenstehende. Der thematische Bereich der Privatsphäre soll Angelegenheiten umfassen „die wegen ihres Informationsinhaltes typischerweise als privat eingestuft werden"[13] (hierzu Rn. 5 ff.). Auch der geschützte Intimbereich ist nicht rein räumlich abgrenzbar, sondern umfasst alle Angelegenheiten, die das Intimleben betreffen (siehe Rn. 27 ff.). Daneben besteht ein anerkannter Geheimnisschutz (hierzu näher Rn. 35 ff.)

B. Reichweite des Indiskretionsschutzes

I. Der Schutz des Privatbereiches

Der Schutz der Privatsphäre ist von der Verfassung garantiert. Ihm kommt deshalb **4** auch im Zivilrecht besondere Bedeutung zu, wie auch der BGH ausdrücklich anerkannt hat.[14] Er untergliedert sich nach der Rechtsprechung in den thematischen Schutzbereich und den räumlichen Schutzbereich, wobei sich beide Bereiche überschneiden können und jeweils anhand der zu entscheidenden Fälle näher konkretisiert werden.

---

[9] BGHZ 27, 284 = NJW 1958, 1344 = GRUR 1958, 615.
[10] BVerfGE 35, 202, 225 f. = NJW 1973, 1226.
[11] *Hubmann*, Das Persönlichkeitsrecht, 2. Auflage 1967.
[12] BVerfGE 54, 148, 154 = NJW 1980, 2070.
[13] BVerfG, NJW 2000, 1021, 1022.
[14] BGH GRUR 2004, 438, 440.

1. Der thematische Schutzbereich

5   Seit der *Caroline*-Entscheidung des BVerfG[15] ist anerkannt, dass der thematische Bereich des Indiskretionsschutzes – unabhängig von Ort des Geschehens – Angelegenheiten erfasst, die wegen ihres Informationsinhalts typischerweise als privat eingestuft werden, weil ihre öffentliche Erörterung oder Zurschaustellung als unschicklich gilt, das Bekanntwerden als peinlich empfunden wird oder nachteilige Reaktionen der Umwelt auslöst. Als **Beispiele** nannte das BVerfG einige seiner bereits entschiedenen Fälle, nämlich die Auseinandersetzung mit sich selbst in **Tagebüchern,**[16] die **vertrauliche Kommunikation** unter Eheleuten,[17] **sozial abweichendes Verhalten**[18] und auch die Bereiche **Sexualität** und **Krankheiten.** Beide letztgenannten Bereiche unterfallen auch dem Aspekt der Intimsphäre.[19] Dies verdeutlicht, dass der thematische Schutzbereich die anderen (räumlichen) Schutzsphären ergänzt und beide Bereiche nicht trennscharf abgrenzbar sind. Der thematische Schutzbereich der Privatsphäre umfasst vor allem auch solche Angelegenheiten, die sich nicht räumlich zuordnen lassen, weil sie sich überall auswirken oder ereignen können. Eine Krankheit beschäftigt den Betroffenen z. B. beruflich wie privat, im Wohnzimmer aber auch beim Gang auf der Straße. Ein dauerndes Ehezerwürfnis lässt sich ebenfalls nicht einem bestimmten Ort zuordnen. **Familientragödien** und **innerfamiliäre Streitigkeiten** fallen in den Schutz der Privatsphäre, auch wenn sie in besonders tragischer Weise (Mord/Selbstmord) enden.[20] Der Schutz kann auch gewährleistet sein, wenn es um Vorgänge geht, die in der Öffentlichkeit stattgefunden haben. So bleibt z. B. ein **Ehestreit,** der sich während eines Einkaufsbummels entzündet, eine Privatangelegenheit der Eheleute, auch wenn einige Passanten Zeugen der Diskussionen werden, sofern die Kontrahenten sich nicht lautstark an die Öffentlichkeit wenden oder ihre Auseinandersetzung gar wissentlich vor laufender Kamera austragen. Auch die unfreiwillige Ansicht eines entblößten weiblichen Oberkörpers aufgrund eines beim Tanzen verrutschten Kleides auf einer Veranstaltung ist nicht für die Öffentlichkeit bestimmt.[21] Die Peinlichkeit eines solchen „Busenunfalls" würde erheblich verstärkt, wenn das Geschehnis fixiert und in die breite Öffentlichkeit getragen werden dürfte. Der Indiskretionsschutz gebietet hier trotz des öffentlichen Ortes, dass die Medien ebenso wie die Teilnehmer der Veranstaltung „wegsehen", also diskret sind.

6   Den thematischen Indiskretionsschutz, also den Schutz vor der unfreiwilligen Kenntniserlangung durch andere bei „sensiblen" Informationen, unabhängig von deren Entstehungsort, begründet das BVerfG damit, dass anderenfalls die Auseinandersetzung mit sich selbst, die **unbefangene Kommunikation** unter Nahestehenden, die **sexuelle Entfaltung** oder die Inanspruchnahme **ärztlicher Hilfe** beeinträchtigt oder unmöglich wäre, was nicht akzeptabel sei, da es sich um grundrechtlich geschützte Verhaltensweisen handele.[22] Gleiches gilt nach Art. 2 Abs. 1 GG auch für die **Teilnahme am Gemeingebrauch öffentlicher Straßen, Wegen und Plätzen** (z. B. beim Bummeln, Einkaufen, bei sportlichen Aktivitäten) oder an **Veranstaltungen** mit einer größeren Teilnehmerzahl. Auch hier wäre es unangemessen, die Unbefangenheit dadurch einzuschränken, dass jedermann ständiger Beobachtung ausgesetzt ist und mit einer öffentlichen Verbreitung rechnen muss. Der Schutz des Privatbereiches erstreckt sich daher auch auf **Schilderungen alltäglicher Ereignisse**, wie z. B. den Besuch einer Modeboutique mit Kauf eines

---

[15] BVerfG NJW 2000, 1021, 1022.
[16] BVerfG 80, 367 = NJW 1990, 563.
[17] BVerfG 27, 344 = NJW 1970, 55.
[18] BVerfG 44, 353 = NJW 1977, 1489.
[19] Sexualität: BVerfGE 47, 46 = NJW 1978, 807; BVerfGE 49, 286 = NJW 1979, 595; Krankheiten: BVerfGE 32, 373 = NJW 1972, 1123.
[20] BGH NJW 1980, 1790, 1791.
[21] LG Hamburg AfP 2006, 197.
[22] BVerfG NJW 2000, 1021, 1022.

Pullovers mit Kreditkarte, auch wenn es sich um einen Prominenten handelt[23] (zum Schutz von Prominenten siehe Rn. 20 ff.).

In besonderem Maße schutzwürdig ist der Betroffene, wenn ihm in der Öffentlichkeit **7** ein peinliches Missgeschick passiert und er mit dessen öffentlicher Darstellung Hohn und Spott ausgesetzt wird. Ein Sturz über ein Hindernis während eines Strandbesuches einer bekannten Persönlichkeit darf daher beispielsweise von der Presse nicht veröffentlicht werden.[24] Ebenso ist es unzulässig, einen verletzten Schauspieler beim Betreten eines **Krankenhauses** auf Krücken nach einem Unfall zu fotografieren und diese Aufnahmen zu veröffentlichen.[25] Gleiches gilt auch für Personen in Schock- und Ausnahmesituationen, die in ihrer freien Willenbetätigung eingeschränkt sind, wie z. B. **Opfer** von **Unfällen** oder **Straftaten**,[26] geistig **Verwirrte**, **Pflegebedürftige** oder **Betrunkene**.[27]

Zum thematischen Schutzbereich der Privatsphäre zählt auch das **Recht auf unge-** **8** **störte Trauer** und **Religionsausübung**. Unzulässig sind daher grundsätzlich ungenehmigte Schilderungen und Aufnahmen von **Beerdigungen** und vergleichbaren Trauersituationen, unabhängig davon, ob sie öffentlich einsehbar sind oder nicht.[28] Das OLG Hamburg hat Aufnahmen, die *Prinzessin Caroline* beim **Gebet** in einer von außen einsehbaren Freiluft-**Kirche** zeigen, der geschützten Privatsphäre zugeordnet.[29] Es sind allerdings Ausnahmefälle denkbar, in denen aus Gründen überwiegender öffentlicher Informationsinteressen öffentliche Darstellungen der Religionsausübung in der Medienberichterstattung zulässig sein können, so z. B., wenn in einem Nachrichtenmagazin über Hass und Hetze in Koranschulen berichtet wird und dabei ein mit versteckter Kamera gefilmter islamischer Prediger gezeigt wird, der zum „Dschihad" aufruft.[30] Solche Eingriffe in den Indiskretionsschutz bei der religiösen Betätigung setzen jedoch ein überragendes **Informationsinteresse** an der authentischen Darstellung voraus, welches deutlich über Neugier und **Unterhaltungsinteressen** hinausgeht, wie es z. B. bei der realitätsnahen Darstellung der Ursachen der Terrorgefahr der Fall ist.

Situationen, in denen **Zärtlichkeiten** ausgetauscht werden, fallen thematisch in die **9** geschützte Privatsphäre, auch wenn die Zuneigung außerhalb der eigenen vier Wände gezeigt wird, so z. B. Turteleien an Deck einer **Yacht**, die vor dem Hafen von Palma de Mallorca ankerte.[31] Eine Ausnahme kann nur gelten, wenn die Personen in besonders herausgehobener Weise die Aufmerksamkeit auf sich lenken, indem sie sich z. B. auf einer Bühne während einer öffentlichen Veranstaltung vor Publikum nahe kommen.

Da nach der Rechtsprechung des BVerfG auch die **Sexualität** zum geschützten thema- **10** tischen Bereich der Privatsphäre zählt, sind auch unter diesem Aspekt des zivilrechtlichen Persönlichkeitsschutzes grundsätzlich sämtliche Mitteilungen über **sexuelle Ausrichtungen**, Betätigungen und Vorlieben unzulässig. Jedermann darf allein entscheiden, ob und inwieweit er eine öffentliche Erörterung seiner Sexualität und seiner Intimsphäre (hierzu näher unter Rn. 27 ff.) zulassen will. Unzulässig sind daher z. B. „Outings" der Homosexualität gegenüber der breiten Öffentlichkeit. Dies gilt auch dann, wenn der Betroffene an einer Homosexuellen-Veranstaltung (Parade zum „Christopher street day") als einer unter Vielen teilgenommen hat[32] oder es sich um eine bekannte Persönlichkeit

---

[23] BVerfG NJW 2000, 2194.

[24] A. A. OLG Hamburg AfP 1999, 175, 176; bestätigt durch BVerfG NJW 2000, 2192; beide noch vor EGMR NJW 2004, 2647 in der Erwägung, es handele sich um eine „absolute Person der Zeitgeschichte".

[25] LG München I, Urteil vom 5. 12. 1996, Az. 7 0 17955/96.

[26] OLG Hamburg AfP 2005, 76, 77; *Prinz/Peters* Rn. 877; *Wanckel*, Fotorecht, Rn. 242.

[27] OLG Karlsruhe NJW-RR 1999, 1700; LG München I ZUM 2005, 922; LG Köln AfP 2002, 343.

[28] OLG Jena NJW-RR 2005, 1566, 1568; LG Köln NJW 1992, 443.

[29] OLG Hamburg, OLG Report 2001, 139.

[30] OLG Köln NJW 2005, 2554, 2556 – *Hassprediger*.

[31] OLG Hamburg, OLG Report 2001, 139.

[32] LG München I, Urteil vom 21. 7. 2005, Az. 704742/05.

mit ständiger Medienpräsenz handelt, die ihre sexuelle Ausrichtung vor der Öffentlichkeit geheim hält.

11 **Spekulationen** und **Gerüchte** rechtfertigen grundsätzlich keine Eingriffe in das Persönlichkeitsrecht.[33] Dies gilt insbesondere, wenn es sich um Spekulationen über Vorgänge aus der Privat- oder Intimsphäre handelt. Daher ist es z. B. unzulässig, öffentlich Vermutungen über **Hochzeits-**, **Trennungs-** oder **Scheidungsabsichten** anzustellen[34] oder in der Medienberichterstattung über angebliche **(sexuelle) Beziehungen** eines nicht verheirateten Paares zu spekulieren, indem über eine gemeinsame Asienreise mit gemeinsamen Übernachtungen in Hotels berichtet wird,[35] oder öffentlich in einem Presseartikel Vermutungen über den Vater des Kindes eines bekannten Models anzustellen, indem zu einem Artikel über die Schwangerschaft unter der Überschrift „Wer war es ?" sechs Männerportraits abgebildet werden.[36] Da **Liebesverhältnisse** „naturgemäß vertraulichen Charakter" haben, sei eine spekulative Berichterstattung ohne konkrete Anhaltspunkte einer tatsächlichen gefestigten Beziehung zu einem bekannten Tennisspieler ein schwerwiegender Eingriff in die Privatsphäre, entschied auch das LG Berlin zutreffend auf Antrag einer Frau, die einige Male mit Boris Becker in der Öffentlichkeit zu sehen war (u. a. in einem Gastraum auf dem Oktoberfest, in einem Lokal und einem Londoner Taxi).[37] Ähnlich entschied das LG Berlin einen Fall der Veröffentlichung von Aufnahmen einer unbekannten Frau, die Bundesaußenminister *Joschka Fischer* bei einem **Flohmarktbummel** in Berlin begleitet hatte, da der Kontext der Bildnisveröffentlichung auch in diesem Fall nur spekulativen Charakter hatte.[38]

12 Die h. M. zählt auch die **Vermögensverhältnisse** (Einkommen, Eigentum, aber auch Mittellosigkeit, finanzielle Probleme) zur geschützten Privatsphäre.[39] Naheliegender ist es, diesen Bereich thematisch dem **Geheimnisschutz** zuzuordnen (hierzu Rn. 35 ff.), da sich die Eigentums- und Vermögensverhältnisse oft aus Dokumenten ergeben, die dem Geheimnisschutz unterfallen und – jedenfalls im nordeuropäischen Rechtskreis – nach allgemeinem Verständnis an den finanziellen, wirtschaftlichen Aspekten der Existenz ein natürliches Geheimhaltungsbedürfnis besteht. Unabhängig von der Zuordnung dieses Aspekts des Persönlichkeitsschutzes besteht dieser Schutz insbesondere, aber nicht nur, wenn eine Indiskretion über Vermögensangelegenheiten das soziale Ansehen des Betroffenen negativ berührt.[40] Aber auch eine wertneutrale oder positive Schilderung der finanziellen Situation verletzt das Persönlichkeitsrecht, z. B. bei Bekanntgabe der Höhe des monatlichen Gehalts oder sonstiger Einkünfte.[41] Allerdings kann auch in diesem Bereich eine Selbstöffnung der Privatsphäre eintreten, die den Schutz einschränkt, wenn der Betroffene selbst seine wirtschaftliche Situation in die Öffentlichkeit trägt (hierzu Rn. 25 ff.).

2. Der räumliche Schutzbereich

13 Der Privatsphäre werden in räumlicher Hinsicht in erster Linie Vorgänge zugerechnet, die in örtlich abgeschirmten häuslichen Bereichen stattfinden, in die nur besonders befugte Personen Eintritt haben, wie es z. B. bei **Wohnungen**, **Privathäusern** und zugehörigen Außenanlagen[42] wie **Gärten** der Fall ist. Schon in der frühen Rechtsprechung war der Schutz der Privatsphäre allerdings nicht ausschließlich auf diesen abgeschirmten Be-

---

[33] BVerfG NJW 2001, 1921, 1926; KG Berlin AfP 2007, 366.

[34] BGH NJW 1995, 861; OLG Hamburg, Urteil vom 21. 4. 1998, 7 U 10/98.

[35] BVerfG NJW 2001, 1921, 1926.

[36] LG Hamburg, Urteil vom 28.2.1997, Az. 324 0 80/97.

[37] LG Berlin, Urteil vom 25. 3. 2003, Az. 27 0 1049/03.

[38] LG Berlin, Urteil vom 16. 9. 2003, Az. 27 0 238/03.

[39] *Prinz/Peters*, Rn. 72 m. w. N.

[40] OLG Hamburg AfP 1992, 376.

[41] AG Berlin AfP 1996, 188; a. A. OLG Celle AfP 1997, 819.

[42] BGH GRUR 2004, 438, 439.

reich, der den engsten Kern der räumlichen Privatsphäre ausmacht, beschränkt. In der *„Spätheimkehrer*-Entscheidung"[43] rechnete der BGH beispielsweise auch die **Geschäftsräume** einer Vermieterin zu ihrer Privatsphäre und verbot die Nutzung einer sie dort zeigenden Aufnahme, die unbemerkt während eines Gesprächs hergestellt worden war. In jüngerer Zeit hat die Rechtsprechung auch die Ausspähung von Geschäftsräumen von außen durch technische Hilfsmittel (z. B. die Herstellung von Fotos mittels Teleobjektivs, die Teilnehmer einer geschlossenen Gesellschaft bei einer Firmenfeier zeigen) als Eingriff in die Privatsphäre qualifiziert, die in derartigen Fällen auch den **juristischen Personen**, die diese Räume nutzen, zustehen kann[44] (zur Trägerschaft des Persönlichkeitsrechts siehe eingehend unten §§ 36–40).

Das **BVerfG** hat den räumlichen Bereich der Privatsphäre als den Bereich definiert, in dem der Einzelne zu sich kommen, sich entspannen oder auch gehen lassen kann. Es müsse ein Lebensraum gewährleistet sein, in dem jedermann die Möglichkeit hat, frei von öffentlicher Beobachtung und damit der von ihr erzwungenen Selbstkontrolle zu sein, auch ohne dass er sich dort notwendig anders verhielte als in der Öffentlichkeit. Bestünden solche **Rückzugsbereiche** nicht mehr, könnte der Einzelne psychisch überfordert sein, weil er ständig darauf achten müsste, wie er auf andere wirkt und ob er sich richtig verhält.[45]

Allgemein anerkannt ist, dass der **häusliche Bereich** zu diesem vor Indiskretionen ge- **14** schützten Rückzugsbereich zählt. Schilderungen von Vorgängen aus diesem Bereich sind nur mit Einwilligung aller Betroffenen zulässig. Bei Fotografien kommt es nicht allein darauf an, ob Personen in ihrem privaten Umfeld zu sehen sind. Auch personenlose **Innenaufnahmen** von Wohnräumen fallen unter den Schutz der Privatsphäre, weil sie preisgeben, wie der Betroffene räumlich lebt, sich einrichtet und mit welchen Dingen er sich umgibt.[46] Entsprechendes muss für vergleichbare Schilderungen des Innenraumes in Textform gelten und für Aufnahmen von noch im Bau befindlichen Wohnräumen, soweit diese schon Einrichtungs- und Ausstattungsmerkmale wiedergeben (z. B. Kamine, Küchen, Schwimmbäder) und ihrem zukünftigen Bewohner namentlich zugeordnet werden. Neben eigenen Wohnräumen können auch temporär zu Wohnzwecken genutzte angemietete oder kostenlos überlassene fremde Räumlichkeiten wie z. B. **Hotelzimmer**, **Feriendomizile**[47] sowie zugehörige **Balkone, Terrassen** und **Gärten** zu den geschützten Orten zählen, soweit sie nicht ausnahmsweise so gestaltet sind, dass man sich dort der Öffentlichkeit präsentiert und somit bewusst Einblicke Dritter zulässt oder gar provoziert. Auch dann ist in der **Interessenabwägung** noch zu berücksichtigen, dass es einen erheblichen Unterschied macht, ob nur zufällige **Passanten** kurze Ausschnitte des Privatlebens zur Kenntnis nehmen können oder ob solche Beobachtungen in die breite Öffentlichkeit getragen werden, etwa in Form einer Medienberichterstattung. Letzteres ist nur zulässig, wenn entweder (ausnahmsweise) von einer **konkludenten Einwilligung** ausgegangen werden kann, was nur dann zu erwägen ist, wenn die Betroffenen von der legalen Anwesenheit von Journalisten im Einblicksbereich wissen oder ausgehen müssen, wie dies etwa auf einem einsehbaren Hotelbalkon während einer Veranstaltung im Hotelkomplex mit offensichtlicher Medienpräsenz der Fall sein kann (zur sogenannten **Selbstöffnung der Privatsphäre** siehe auch Rn. 25 ff.). Auch während des **Besuchs in fremden Wohnungen/Wohnhäusern** bei privaten Einladungen tritt eine Öffnung der Privatsphäre nur gegenüber den dort Anwesenden ein (Gastgeber, andere Gäste). Diese müssen die so erlangten Einblicke für sich behalten. Als sozialadäquates, vorhersehbares Verhalten kann

---

43 BGH NJW 1957, 1315, 1316.
44 LG Berlin ZUM 2004, 578, 579 – *Autohaus*; ähnlich schon früher BGH NJW 1957, 1315 ff. – *Spätheimkehrer*; OLG München AfP 1992, 78, 79 – *Anwaltsbüro*.
45 BVerfG NJW 2000, 1021, 1022.
46 OLG Düsseldorf NJW 1994, 1971; LG Hamburg NJW-RR 2005, 1357; *Prinz/Peters*, Rn. 887.
47 BGH GRUR 2004, 438, 439.

allenfalls toleriert werden, dass die **Gäste** in ihrem überschaubaren privaten Kreis von Verwandten und Freunden über das dort Erlebte berichten. Unzulässig ist jedenfalls die Veröffentlichung vor einem breiten Medienpublikum,[48] sei es durch die Einschaltung der Medien bzw. Mitwirkung an deren Beiträgen oder in eigener Regie, z. B. über das Internet oder anderen Publikationswegen. Dritte sind nicht berechtigt, deren Beobachtungen zu verbreiten, insbesondere medial zu veröffentlichen, selbst wenn ein anwesender Gast Indiskretionen ausplaudert. Dies gilt entsprechend für die in jüngerer Zeit zu beobachtende Praxis einiger Boulevard- und Unterhaltungsmedien, für Informationen oder Fotos über private Beobachtungen, meist zufälliger Art, kopfgeldähnliche Honorare auszuloben und die Informanten vornehm als „**Leser-Reporter**" zu bezeichnen. Passanten, die so Indiskretionen an die Medien tragen, unterliegen auch dann, wenn sie honorarlos tätig werden, den Beschränkungen der Privatsphäre der Betroffenen. Wer sich nicht als Journalist oder Informant der Medien zu erkennen gibt (in der Regel schon deshalb, weil er seinen Entschluss zur Zusammenarbeit mit den Medien erst später fasst) löst bei den Betroffenen auch keine Verpflichtungen zur Abschirmung oder kontrolliertem „medienkonformen" Verhalten aus. Der Privatbereich würde seine geschützte Funktion als Rückzugsbereich im obigen Sinne völlig verlieren, wenn jedermann ständig damit rechnen müsste, dass private Gäste oder zufällige Passanten ihre Beobachtungen nicht für sich behalten.[49] Der BGH hat im Zusammenhang mit **Luftbildaufnahmen** von Prominentenvillen ergänzend klargestellt, dass es niemand hinnehmen muss, dass seine häusliche Privatsphäre gegen seinen Willen unter **Überwindung bestehender Hindernisse** oder mit geeigneten Hilfsmitteln (z. B. Teleobjektiv, Leiter, Flugzeug) ausgespäht wird, um die so gewonnenen Einblicke kommerziell auszuwerten.[50] Der Schutz der Privatsphäre bei umfriedeten Wohngrundstücken entfällt auch nicht, wenn Vorbeikommende aufgrund der landschaftlichen Begebenheiten Grundstücksteile einsehen können.[51]

15   Nicht abschließend geklärt ist die Frage, ob bereits die **Erhebung** von Informationen (also z. B. die **Niederlegung von Beobachtungen** und die **Anfertigung von Aufnahmen**) aus dem Bereich der Privatsphäre, z. B. in Wohnungen, Wohnhäusern und zugehörigen Außenanlagen, rechtswidrig in die Privatsphäre eingreift oder erst deren Verwertung (Veröffentlichung). Hierbei kommt es stets auf die besonderen Umstände der Datenerhebung im konkreten Einzelfall an. Maßgeblich ist in erster Linie, ob die Person, die die Informationen erhebt, berechtigter Weise Einblicke in die Örtlichkeiten erlangt hat oder sich in rechtswidriger Weise Zugang verschafft hat und dabei auch den Tatbestand des **Hausfriedensbruchs** nach § 123 StGB verwirklicht hat. Ungeschützt sind grundsätzlich Beobachtungen, die jemand machen kann, der zulässigerweise, also in der Regel mit Erlaubnis des Betroffenen, im geschützten Privatbereich aufhalten durfte (z. B. eingeladene **Gäste**) und dabei nicht gezielt Informationen ausspäht, die ihm nicht ohne weiteres zugänglich sind. Auch Gäste dürfen z. B. nicht Schränke durchwühlen, verdeckte Unterlagen einsehen oder Räume betreten, die ersichtlich nicht ohne besondere Erlaubnis für die Gäste freigegeben sind, wie z. B. **Schlafzimmer**, **Badezimmer** im oberen Stockwerk, wenn es zugleich auch eine Gästetoilette im Erdgeschoss gibt, **Keller-** und **Lagerräume**, häusliche Büros und **Arbeitszimmer**, verschlossene Räume. Wer eine Person zu sich einlädt, duldet damit zwar in der Regel, dass diese Einblicke in die bei der Einladung genutzten Räume erhält (z. B. Flure, Wohnzimmer), muss aber nicht damit rechnen, dass der Gast die Gelegenheit nutzt, um auch die anderen Wohn- und Lebensräume des Gastgebers auszuspionieren oder gar Einblicke in Unterlagen nimmt, die nicht offen herumliegen. Der Gastgeber gibt nur solche Informationen über seine persön-

---

[48] BGH NJW 1981, 1366, 1367 – *Aufmacher II*.
[49] Ähnlich auch zu Beobachtungen von „Leser-Reportern" im öffentlichen Raum (Urlaub auf Mallorca): LG Berlin NJW-RR 2007, 923.
[50] BGH GRUR 2004, 438, 440.
[51] BGH GRUR 2004, 438, 439.

lichen Lebensumstände preis, die sich aus denjenigen Wohnbereichen zwangsläufig ergeben, die er für seine Gäste öffnet, in denen er seine Feier o. Ä. durchführt. Beschränkungen bestehen für die Gäste aber auch hinsichtlich solcher Informationen, die sie unvermeidbarerweise zur Kenntnis nehmen (also z. B. die Ausstattung und Dekoration des Wohnzimmers, die Musik, die der Gastgeber während des Besuchs spielt, seine Bücher und andere Gegenstände, die dort liegen) hinsichtlich der Weitergabe und Veröffentlichung dieser Erkenntnisse (siehe oben Rn. 14). In der Praxis stellt sich die Frage der Zulässigkeit der Erhebung der Informationen bevorzugt im Zusammenhang mit der **Herstellung von Aufnahmen** innerhalb des privaten Lebensbereichs. Zahlreiche Stimmen halten dies zutreffenderweise für unzulässig.[52] Für diese (auch hier vertretene) Ansicht spricht, dass mit der Herstellung der Aufnahmen eine Fixierung privater Lebensverhältnisse vorgenommen wird, die dem Betroffenen die Kontrolle über den späteren Umgang mit diesem Material nimmt und dieses als Vorbereitungshandlung eine Gefahrenquelle für spätere Verletzungshandlungen schafft. Das BVerfG spricht insoweit im Zusammenhang mit dem Recht am eigenen Bild von einer **„datenmäßigen Fixierung"**.[53]

Die **Herstellung von Personenfotos** stellt auch im Privatbereich keinen Eingriff in **16** das **Recht am eigenen Bild** (hierzu § 12) des Abgebildeten dar, da die Vorschriften im Kunsturhebergesetz (KUG) erst die Verbreitung und öffentliche Zurschaustellung von Personenaufnahmen von der Einwilligung des Betroffenen abhängig machen (§ 22 KUG). Die Frage der Zulässigkeit der Herstellung von Personenfotos beurteilt sich auch in diesen Fällen allein anhand des **allgemeinen Persönlichkeitsrechts** aus Art. 2 Abs. 1 GG i.V.m. Art. 1 Abs. 1 GG. Unter den besonderen Voraussetzungen des neuen § 201 a StGB kann schon die Herstellung eines Personenfotos strafrechtlich relevant sein. Diese Strafnorm stellt die **Verletzung des höchstpersönlichen Lebensbereichs durch Bildaufnahmen** unter Strafe und wurde vom Gesetzgeber im Jahre 2004 als Reaktion auf die neuen technischen Rahmenbedingungen (z. B. Fotohandys, Minikameras) eingeführt.[54] Der gesetzgeberische Wille, den Schutz der Privatsphäre schon auf die Herstellung von Aufnahmen zu erstrecken, ist auch bei der zivilrechtlichen Güterabwägung im Zusammenhang mit dem allgemeinen Persönlichkeitsrecht zu berücksichtigen. Nicht übersehen werden darf ferner, dass die rechtswidrige Veröffentlichung eines Personenfotos eine **Straftat** gemäß § 33 KUG ist und die Herstellung der Aufnahmen als Vorbereitungshandlung zur Begehung dieser Straftat angesehen werden kann. Dieser Umstand kann u.a. zu einem polizeilichen Einschreiten zur Verhinderung einer künftigen Verletzung des Rechts am eigenen Bild berechtigen.[55] Richtigerweise ist daher in Literatur und Rechtsprechung anerkannt, dass schon das ungenehmigte Herstellen eines Personenfotos im Privatbereich eine **Verletzung des allgemeinen Persönlichkeitsrechts** aus Art. 2 Abs. 1 i.V.m. Art. 1 Abs. 1 GG darstellen kann,[56] und zwar nach der jüngeren Rechtsprechung[57] auch dann, wenn hinter der Herstellung der Aufnahme **keine** – nachweisbare – **Veröffentlichungsabsicht** steht. Dieser Auffassung liegt die zutreffende Erwägung zu

---

[52] OLG Hamburg AfP 1991, 437 f.; OLG Düsseldorf NJW 1994, 1971 ff.; *Soehring,* Rn. 21.36; *Helle,* S. 56; Wenzel/*Strobl-Albeg* in: *Wenzel,* Kap. 8, Rn. 25 ; *Prinz/Peters,* Rn. 888 m. w. N.

[53] BVerfG NJW 2000, 1021, 1022. Zu Besonderheiten im Zusammenhang mit journalistisch-redaktioneller Tätigkeit *Wanckel,* Fotorecht, Rn. 15 m. w. N.

[54] Hierzu näher *Schertz* AfP 2005, 421; *Wanckel,* Fotorecht, Rn. 306 ff. m. w. N.

[55] So z. B. OLG Bremen NJW 1977, 158 ff.; OLG Celle NJW 1979, 57 ff.; VG Karlsruhe NJW 1980, 1708 ff.; vgl. auch *Helle,* S. 69f.; kritisch *Soehring,* Rn. 9.10.

[56] *Löffler/Steffen,* § 6 LPG Rn. 123; *Helle,* S. 71 ff.; *Prinz/Peters,* Rn. 809; *Schricker/Gerstenberg/Götting,* Urheberrecht, § 22 KUG Rn. 11; *Wandtke/Bullinger/Fricke,* UrhR, § 22 KUG Rn. 9; BGH NJW 1957, 1315, 1316 – *Spätheimkehrer;* BGH NJW 1966, 2353 ff. – *Vor unserer eigenen Tür;* BGH NJW 1975, 2075, 2076 – *Demonstration;* OLG Frankfurt GRUR 1958, 508 ff.; OLG Hamburg AfP 1983, 41 ff.; OLG Hamburg NJW-RR 1990, 1000; VG Köln AfP 1988, 182f.; AG Charlottenburg, Urteil vom 2. 3. 2005, 212 C 242/04, unveröffentlicht.

[57] BGH AfP 1995, 597 – *Videoüberwachung.*

Grunde, dass der Betroffene schon mit der Herstellung einer Aufnahme die Kontrolle über sein Bildnis und über dessen spätere Verwendung verliert. Hat ein Fotograf erst einmal ein Bildnis angefertigt, besteht zumindest die Möglichkeit, dass das Bildnis auch lange Zeit nach der Herstellung veröffentlicht wird, auch in einem verfälschenden Zusammenhang.[58] Zudem empfinden Betroffene in vielen Fällen bereits die Anfertigung einer Fotografie als belästigend oder verunsichernd und verlieren ihre natürliche Unbefangenheit[59], die der private Rückzugsbereich ja gerade bewahren soll. Das BVerfG hat den Bildnisschutz folgerichtig ausdrücklich auf die Anfertigung und Verwendung von Fotografien bezogen: Dem Einzelnen sind Einfluss- und Entscheidungsmöglichkeiten zu gewährleisten, die ihn wirksam vor einer **„datenmäßigen Fixierung"** seines Erscheinungsbildes und dessen beliebige Überführung in eine unüberschaubare Medienöffentlichkeit schützen.[60] Das Schutzbedürfnis begründet sich nach Auffassung des BVerfG insbesondere auch durch die Gefahr der Kontextänderung durch eine vom Entstehungsanlass losgelöste Verwendung der Aufnahmen. Hierbei hat das BVerfG berücksichtigt, dass der Fortschritt der (digitalen) Aufnahmetechnik die **Gefahr des Kontrollverlustes** noch gesteigert hat.

Somit dürfen im Privatbereich grundsätzlich nur Aufnahmen hergestellt werden, mit denen der Betroffene einverstanden ist oder die unter den engen Voraussetzungen der §§ 23 ff. KUG auch ohne Einwilligung veröffentlicht werden dürften[61] (hierzu näher oben § 12). Dies bedeutet, dass der **Verwendungszweck** bereits vor der Herstellung einer Aufnahme definiert werden muss und die Prüfung der Zulässigkeit einer einwilligungslosen Veröffentlichung nach § 23 KUG bereits zu diesem Zeitpunkt erfolgen muss, wenn der Betroffene nicht mit der Herstellung der Aufnahmen einverstanden ist. Damit verlagert sich die stets anhand aller Umstände des Einzelfalls vorzunehmende Güter- und Interessenabwägung zwischen dem Persönlichkeitsrecht des Abzubildenden und den Interessen des Fotografen bzw. des von ihm verfolgten öffentlichen Informationsinteresses (im Bereich der Medienberichterstattung) bereits auf den Moment der Herstellung der Aufnahmen.[62] Da die einwilligungslose Veröffentlichung von Personenaufnahmen aus dem Privatbereich nach § 23 Abs. 2 KUG sogar bei bekannten Persönlichkeiten nur in wenigen Ausnahmefällen zulässig ist, gewährt das allgemeine Persönlichkeitsrecht somit im Ergebnis einen umfassenden, indes nicht völlig lückenlosen Schutz gegen die Herstellung dieser Aufnahmen.

17   Da der Indiskretionsschutz der Privatsphäre auch den erweiterten thematischen Schutz umfasst (siehe oben Rn. 5 ff.) und der räumliche Schutzbereich der Privatsphäre nicht an der Haustür oder den Grundstücksgrenzen endet (siehe oben Rn. 13 ff.), kann der Schutz vor der unerlaubten Herstellung von Personenaufnahmen im Einzelfall auch dann bestehen, wenn die Aufnahmen in öffentlich zugänglichen Bereichen hergestellt werden. Dies ist insbesondere dann der Fall, wenn die Situation in die engere Privat- oder gar in die Intimsphäre des Betroffenen fällt, so insbesondere bei Aufnahmen von peinlichen oder besonders vertraulichen Situationen, z. B. beim **Umziehen** oder beim (Sonnen-) Baden[63] oder beim Austausch von **Zärtlichkeiten** sowie während persönlicher **Auseinandersetzungen**. Nach zutreffender Auffassung des OLG Karlsruhe[64] ist z. B. auch die Herstellung von Aufnahmen eines pflegebedürftigen **Wachkomapatienten** ein unzulässiger Eingriff in dessen Persönlichkeitsrecht. Entsprechendes muss auch für **Kranke, Verletzte, Opfer von Unfällen und Straftaten** und Personen in **hilfloser Lage** gel-

---

[58] *Helle,* S. 68.

[59] *Prinz/Peters,* Rn. 816; das LG Bonn NJW-RR 2005, 1067 spricht von „Überwachungsdruck".

[60] BVerfG NJW 2000, 1021, 1022.

[61] Im Ergebnis ebenso Wenzel/*von Strobl-Albeg,* Kap. 7, Rn. 25.

[62] Ähnlich schon vor BVerfG NJW 2000, 1021, 1022: *Helle,* S. 76 ff.

[63] OLG Hamburg AfP 1982, 41.

[64] OLG Karlsruhe NJW-RR 1999, 1699, 1670 f.

ten, unabhängig von ihrem Aufenthaltsort. Unzulässig ist in der Regel auch die Praxis der sog. **Paparazzi-Fotografie,** bei welcher unter Einsatz leistungsstarker bzw. versteckter Kamerasysteme aus weiter Entfernung oder aus getarnter Position unbemerkt fotografiert wird, um so unter Ausnutzung der Arglosigkeit der Betroffenen, die sich unbeobachtet fühlen, Einblicke in das **Privatleben** auszuspähen und zu fixieren. Der BGH spricht insoweit von einer „**Bildniserschleichung**", die unter bestimmten Voraussetzungen auch bei hochrangigen Prominenten unzulässig ist[65] (zur Veröffentlichung solcher Fotos siehe oben § 12). Auch das unbemerkte **Hineinfotografieren in Geschäftsräume** oder die Fortsetzung solcher Aufnahmen nach eindeutiger Aufforderung, dies zu unterlassen, ist als unzulässig angesehen worden.[66]

Unter den Schutz des häuslichen Bereichs fällt grundsätzlich auch die **Wohnadresse,** 18 weil die Bekanntgabe der Adresse die Gefahr begründet, dass die Rückzugsfunktion beeinträchtigt wird.[67] Eine Einschränkung dieses Schutzes besteht − ebenso für die **Telefonnummer** − aber nach dem BGH dann, wenn die Adresse von jedem ohne Mühe aus allgemein zugänglichen Quellen, wie z. B. dem **Telefonbuch** ersichtlich ist und daher kein sensibles, vom Betroffenen geheim gehaltenes Datum ist.[68] Diese Einschränkung des BGH wird in der Literatur unter Hinweis auf das **informationelle Selbstbestimmungsrecht** (hierzu § 31) mit beachtlichen Erwägungen in Frage gestellt.[69] Der Einschränkung des BGH kann allenfalls dann gefolgt werden, wenn es sich tatsächlich nur um solche **Verzeichnisse** wie ein Telefonbuch handelt, die jedermann leicht zur Verfügung stehen und der dortige Eintrag freiwillig mit Wissen und Wollen des Betroffenen, also selbstbestimmt erfolgt ist. Zutreffend ist daher die Ansicht des LG Hamburg, wonach die Bekanntgabe der Adresse einer Schauspielerin in einem speziellen Verzeichnis der Filmbranche nicht dazu führt, dass diese Adresse auch in anderer Weise publiziert werden darf.[70] Informationen aus Verzeichnissen, die nur unter bestimmten Voraussetzungen aufgrund eines Antrags zugänglich sind und in die der Betroffene aufgrund rechtlicher Verpflichtungen mit seiner Wohnadresse aufgenommen wurde, wie z. B. dem **Melderegister** oder einer **Mitgliederkartei** eines Vereins, fallen nicht darunter, auch wenn es gelungen sein sollte, die Adresse auf diese Weise auszuspähen oder sonst wie zu beschaffen. Entsprechendes muss auch für andere Quellen gelten, in denen der Betroffene seine Wohnanschrift angeben musste, wie z. B. im Rubrum von gerichtlichen Verfahren[71] oder im Zuge von Vorgängen bei Behörden und Unternehmen. Soweit der Schutz der Wohnadresse reicht, erfasst dieser auch andere Informationen, die der Preisgabe der Adresse gleichkommen oder ein vereinfachtes Auffinden des Wohnorts ermöglichen, wie z. B. eine **Wegbeschreibung**[72] zu einem Urlaubsdomizil oder die Veröffentlichung eines **Fotos** der **Straßenansicht** eines **Wohnhauses** unter Mitteilung des Namens und einer − sei es auch nur vagen − Ortsbeschreibung, die mit einem gewissen Aufwand das Auffinden des Hauses und damit die Ermittlung der Adresse zulässt. Dabei kann schon die Angabe des Stadtteils in Verbindung mit einer Außenansicht ausreichen, wie z. B. die Mitteilung des Kölner Villenviertels Hahnwald oder des Berliner Stadtteils Zehlendorf, unter besonderen Umständen sogar schon die Angabe des Ortes (z. B. „Villa in Potsdam"), wenn damit das Wohnhaus als Rückzugsort gefährdet wird.[73]

---

[65] BGH NJW 1996, 1128, 1129; hierzu BVerfG NJW 2000, 1021 und EGMR NJW 2004, 2647.

[66] BGH NJW 1957, 1315 ff. − *Spätheimkehrer*; OLG München AfP 1992, 78, 79 − *Anwaltsbüro*; LG Berlin ZUM 2004, 578 − *Autohaus*; siehe auch *Prinz/Peters,* Rn. 814 m. w. N.

[67] BGH GRUR 2004, 438, 441f.; *Prinz/Peters,* Rn. 126.

[68] BGH GRUR 2004, 438, 441.; a. A. *Prinz/Peters,* Rn. 126.

[69] *Prinz/Peters,* Rn. 126.

[70] LG Hamburg AfP 1996, 185, 186.

[71] *Prinz/Peters,* Rn. 124 m. w. N.

[72] BGH GRUR 2004, 438, 441f.

[73] OLG Hamburg NJW-RR 2005, 414; KG Berlin NJW 2005, 2330, 2331; Einzelheiten bei *Wanckel,* Fotorecht, Rn. 80 f.

19 Wegen des Bezugs auf die Entfaltung der Persönlichkeit darf der **Rückzugsbereich** nicht von vornherein auf den häuslichen Bereich begrenzt werden, wie das BVerfG zutreffend betont hat.[74] Denn die Funktionen, denen er dient, können nur erfüllt werden, wenn er **nicht an** den **Hausmauern oder Grundstücksgrenzen endet.** Die notwendige **Erholung** von einer durch Funktionszwänge und Medienpräsenz geprägten Öffentlichkeit ist vielfach nur in der Abgeschiedenheit einer natürlichen Umgebung, etwa in einem **Ferienort,** zu gewinnen. Deswegen muss der Einzelne grundsätzlich die Möglichkeit haben, sich auch in der freien, gleichwohl abgeschiedenen **Natur** oder an Örtlichkeiten, die von einer breiten Öffentlichkeit deutlich abgeschieden sind, in einer von öffentlicher Beobachtung freien Weise zu bewegen. Das gilt gerade gegenüber solchen technischen Hilfsmitteln, die die räumliche Abgeschiedenheit überwinden, ohne dass der Betroffene dies bemerken kann.[75]

Das BVerfG hat es bisher ausdrücklich abgelehnt, die **Grenzen** der geschützten Privatsphäre **außerhalb des Hauses** abstrakt-generell zu definieren. Sie können vielmehr nach Auffassung des BVerfG nur aufgrund der jeweiligen Beschaffenheit des Ortes bestimmt werden. Ausschlaggebend sei, ob der Einzelne eine Situation vorfindet oder schafft, in der er begründetermaßen und somit auch für Dritte erkennbar davon ausgehen darf, den Blicken der Öffentlichkeit nicht ausgesetzt zu sein. Ob die Voraussetzungen der Abgeschiedenheit erfüllt sind, lasse sich nur situativ beurteilen. Der Einzelne könne Orte auch nicht durch sein Verhalten, das typischerweise nicht öffentlich zur Schau gestellt wurde, in seine Privatsphäre umdefinieren. Nicht sein Verhalten, ob allein oder mit anderen, konstituiere die Privatsphäre, sondern die objektive Gegebenheit der Örtlichkeit zur fraglichen Zeit.[76] Die Eingrenzung des Indiskretionsschutzes bei Vorgängen des Privatlebens in der Öffentlichkeit auf eine undefinierte örtliche Abgeschiedenheit hat zum einen zu einer erheblichen Rechtsunsicherheit und zum anderen zu einer ebenfalls erheblichen Preisgabe privater Lebensvorgänge in der Medienberichterstattung geführt, die den Indiskretionsschutz in vielen Fällen ohne sachlich nachvollziehbare Begründung unangemessen reduziert hat. Der **EGMR** hat daher zu Recht diese Rechtsprechung als Verstoß gegen den in Art. 8 EMRK gewährleisteten Schutz des Privatlebens angesehen und die Bundesrepublik Deutschland wegen einer Verletzung der europäischen Menschenrechtskonvention verurteilt.[77] Dieser Konflikt zwischen dem EGMR und dem BVerfG stellt die Rechtsprechung vor das schwierige Problem, unter Berücksichtigung der Bindungswirkung der Entscheidungen des BVerfG nach § 31 BVerfGG einerseits und der (auch die Judikative treffende) Pflicht der Beachtung des Konventionsrechts und der Rechtsprechung des EGMR (Art. 46 I EMRK) andererseits einen angemessenen Schutz der Privatsphäre vor Indiskretionen auch außerhalb besonders örtlich abgeschiedener Bereiche zu gewährleisten.[78] Der BGH hat zwischenzeitlich den Schutz des Privatlebens auch auf Vorgänge des privaten Alltagslebens erstreckt, die sich an **Orten der breiten Öffentlichkeit** abspielen, sofern nicht ausnahmsweise überwiegende Informationsinteressen an der Preisgabe des Privatlebens begründet sind[79]. Das BVerfG[79a] hat die neue Linie des BGH im Ergebnis bestätigt, allerdings geringere Anforderungen an die Informationsinteressen der Öffentlichkeit gestellt. Da diese Thematik in der Praxis regelmäßig im Zusammenhang mit Prominenten relevant ist und sich die benannte Rechtsprechung auf solche „Personen des öffentlichen Lebens" bezieht, wird hierauf näher nachfolgend unter 3. eingegangen.

---

[74] BVerfG NJW 2000, 1021, 1022.

[75] BVerfG NJW 2000, 1021, 1022.

[76] BVerfG NJW 2000, 1021, 1022.

[77] EGMR NJW 2004, 2647.

[78] Hierzu *Wanckel,* Fotorecht, Rn. 179 m. w. N.; *Helle* AfP 2007, 192 m. w. N.; *Engels/Jürgens* NJW 2007, 2517 m. w. N.

[79] BGH NJW 2007, 3440 – *Grönemeyer*; BGH NJW 2007, 1877; BGH NJW 2008, 749 – *Oliver Kahn.*

[79a] BVerfG NJW 2008, 1793: Vermietung einer Ferienvilla durch Prominenten.

3. Privatsphärenschutz bei Medienveröffentlichungen über „Personen der Zeitgeschichte" (Prominente)

Die seit Jahren zu beobachtende Tendenz zur **Personalisierung** und **Visualisierung** 20 der redaktionellen Berichterstattung in allen Medien, sowie der fortschreitende Trend, triviale Personenberichterstattung auch in solchen Medien vorzunehmen, die nicht zum engeren Kreis der typischen Boulevard- und Unterhaltungsmedien zählen, führt zu einer großen Zahl von Rechtsstreitigkeiten über den **Indiskretionsschutz von Prominenten.** Die Rechtsprechung hat als Reaktion auf diese Entwicklung in den vergangenen rund zehn Jahren den Schutz der Privatsphäre auch insoweit gestärkt. Gleichwohl sind die Grenzen noch nicht abschließend geklärt, nicht zuletzt aufgrund einer Kollision zwischen der Rechtsprechung des BGH, des BVerfG und des EGMR zu diesem Themenbereich.[80]

Auch bei Personen, die aufgrund ihres Ranges oder Ansehens, ihres Amtes oder Einflusses, ihrer Fähigkeiten oder Taten besondere Beachtung finden, besteht ein rechtlich anerkanntes Bedürfnis nach dem Schutz eines unbeobachteten Lebensraumes, in dem diese sich unbefangen verhalten können. Wer, ob gewollt oder ungewollt, zur **Person des öffentlichen Lebens** geworden ist, verliert damit nicht sein Anrecht auf eine **Privatsphäre,** die den Blicken der Öffentlichkeit entzogen bleibt. Dies gilt nach der Rechtsprechung des BVerfG auch für demokratisch gewählte **Amtsträger,** die zwar für ihre Amtsführung öffentlich rechenschaftspflichtig sind und sich in diesem Umfang öffentliche Aufmerksamkeiten gefallen lassen müssen, nicht aber für ihr Privatleben, sofern dieses die Amtsführung nicht berührt.[81]

Trotz dieses Grundsatzes wurde der Indiskretionsschutz von bekannten Personen von der Rechtsprechung auch in der jüngeren Vergangenheit nur lückenhaft gewährt, da bei Veröffentlichungen in Massenmedien (Presse, Rundfunk) die **Güterabwägung** des Persönlichkeitsrechts der Betroffenen mit der Presse- und Rundfunkfreiheit (Art. 5 GG) in der Regel zu dem Ergebnis führte, dass die öffentlichen Informationsbelange als vorrangig angesehen wurden, sofern Prominente sich an öffentlich zugänglichen und einsehbaren Orten aufgehalten haben.[82]

Dieser eingeschränkte Schutz der Privatsphäre von Prominenten vor Indiskretionen in 21 Massenmedien ist durch die *Caroline*-Entscheidung des EGMR[83] im Jahre 2004 erweitert worden. Sie sind zukünftig auch außerhalb abgeschirmter Lebensbereiche (z. B. Wohnungen, Häuser, geschützte Gärten, Hotelzimmer) vor Indiskretionen geschützt. Eines der häufigsten Probleme ist dabei die Herstellung und Verbreitung von sogenannten Paparazzi-Fotografien, die unbemerkt in beliebigen **Alltagssituationen** hergestellt werden. Die deutsche Rechtsprechung hatte hier den für Bildnisveröffentlichungen in § 22 KUG geregelten Einwilligungsvorbehalt für „Personen der Zeitgeschichte" weitgehend aufgrund § 23 Abs. 1 Nr. 1 KUG außer Kraft gesetzt, in dem bei **„Personen der Zeitgeschichte"**[84] generell ein berechtigtes Informationsinteresse der Öffentlichkeit unterstellt wurde, welches schon aus der Person selbst resultieren sollte.[85] Der Schutz gegen Indiskretionen aus dem Privatleben wurde nur in den sehr engen Grenzen des § 23 Abs. 2 KUG (Verletzung berechtigter Interessen) gewährleistet. Dieser Ansatz führte im Bereich von Fotoveröffentlichungen bei Personen der Zeitgeschichte dazu, dass private Vorgänge, die sich an öffentlichen Orten abspielen (**Spaziergänge in der Natur, Einkaufsbum-**

---

[80] EGMR NJW 2004, 2647; BVerfG NJW 2000, 1021; BGH NJW 1996, 1128; BGH GRUR 2007, 523, 526; BGH NJW 2007, 3440; BGH NJW 2008, 749; BVerfG NJW 2008, 1793.

[81] BVerfG NJW 2000, 1021, 1022.

[82] So z. B. BGH NJW 1996, 1128.

[83] EGMR NJW 2004, 2647.

[84] *Neumann-Duesberg* JZ 1960, 144; BGH NJW 1996, 1128; zum Begriff ausführlich *Wanckel,* Fotorecht, Rn. 178 ff. m. w. N.

[85] BGH NJW 1996, 1128, 1129.

mel, **Café- und Restaurantbesuche, sportliche Aktivitäten,** Begleitung von Kindern zur Schule etc.) nicht der geschützten Privatsphäre zugerechnet wurden, weil sie öffentlich wahrnehmbar waren. Der BGH hatte dabei zwar im Grundsatz anerkannt, dass es eine geschützte Privatsphäre auch außerhalb der eigenen vier Wände gibt.[86] Allerdings machte der BGH den Indiskretionsschutz dort von einer **„örtlichen Abgeschiedenheit"** abhängig. Ferner müsse der Wille zum Alleinsein objektiv erkennbar sein und der Betroffene sich in der konkreten Situation im Vertrauen auf die Abgeschiedenheit so verhalten, wie er es in der breiten Öffentlichkeit nicht tun würde. Außerhalb dieses örtlich und situationsbedingt eng begrenzten Schutzbereiches müssten „absolute Personen der Zeitgeschichte" die Veröffentlichung von Bildaufnahmen von sich hinnehmen, auch wenn diese sie nicht bei der Wahrnehmung einer **öffentlichen Funktion** zeigen.[87] Diese Grundsätze galten auch für vergleichbare textliche Darstellungen außerhalb des Anwendungsbereichs des Rechts am eigenen Bild nach dem KUG. Das BVerfG hatte die vom BGH entwickelten Kriterien im Wesentlichen bestätigt, dabei aber darauf hingewiesen, dass die Privatsphäre nicht allein räumlich bestimmt ist, sondern auch den vorstehend erörterten thematischen Bereich erfasst (siehe oben Rn. 5 ff.). In räumlicher Hinsicht billigte das BVerfG auch **Prominenten** einen **Rückzugsbereich** zu, in dem sie frei von öffentlicher Beobachtung und damit der von ihr erzwungenen Selbstkontrolle sein können (siehe oben Rn. 19).[88] Trotz dieser Grundsätze grenzte auch das BVerfG die Reichweite der räumlichen Privatsphäre von Prominenten außerhalb des häuslichen Bereichs ein. Der Schutz ende zwar nicht an den Hausmauern oder **Grundstücksgrenzen** des Wohnsitzes, sondern könne zur unbeobachteten Erholung auch Rückzugsbereiche in der freien Natur und an Ferienorten erfassen.[89] Da das BVerfG den räumlichen Bereich der Privatsphäre aber dahingehend eingrenzte, ob der Einzelne sich in einer Situation befand, in der er begründetermaßen und für Dritte erkennbar davon ausgehen durfte, den Blicken der Öffentlichkeit nicht ausgesetzt zu sein,[90] waren weite Bereiche des alltäglichen Privatlebens Prominenter auf öffentlichen Straßen, Wegen und Plätzen sowie frei zugänglichen Räumlichkeiten wie z. B. Restaurants und Ladengeschäfte für die einwilligungslose Medienberichterstattung frei gegeben.

Auf dieser Grundlage hielt das BVerfG – wie zuvor der BGH – beispielsweise die ungenehmigte Veröffentlichung solcher Aufnahmen für zulässig, die **Prominente** beim **Einkaufen** auf einem Markt, beim **Reiten** auf einer Koppel, beim **Radfahren** in der freien **Natur** und bei einem **Restaurantbesuch** zeigen. In unklarer Abgrenzung hierzu wurde nur eine Aufnahme, die im Dämmerlicht in einem abgeschiedenen **Gartenlokal** hergestellt wurde, als Verletzung der Privatsphäre angesehen. Das BVerfG erweiterte dabei den geschützten Bereich in räumlicher Hinsicht jedoch auf den **elterlichen Umgang** von Prominenten mit ihren **Kindern.**[91] Auch Kinder von Personen der Zeitgeschichte sollen unbeobachtet und ungestört aufwachsen können. Deshalb erweitert der von Art. 6 GG geschützte elterliche Umgang mit den Kindern die Privatsphäre der Eltern, soweit dies für ein ungestörtes („normales") Eltern-Kind-Verhältnis erforderlich ist, etwa wenn prominente Eltern in der Öffentlichkeit mit ihren Kindern unterwegs sind, etwa ihre Kinder zur Schule bringen, Ausflüge unternehmen oder sich mit diesen im Park, auf Spielplätzen oder Veranstaltungen aufhalten.

Bei Darstellungen von **Alltagsgeschäften** Prominenter kommt es auf die **Informationsdichte** der jeweiligen Veröffentlichung an. So waren z. B. die vom BGH und vom BVerfG beurteilten Aufnahmen, die Prinzessin Caroline beim Einkaufen zeigen, ver-

---

[86] BGH NJW 1996, 1128.
[87] BGH NJW 1996, 1128.
[88] BVerfG NJW 2000, 1021, 1022.
[89] BVerfG NJW 2000, 1021, 1022.
[90] BVerfG NJW 2000, 1021, 1022.
[91] BVerfG NJW 2000, 1021, 1023.

gleichsweise informationsarm, weil sie nur ihre Bekleidung in der Weise dokumentierten, wie sie auch von Passanten auf der Straße wahrgenommen werden konnte. Wenige Monate später hat das BVerfG (wie die Vorinstanzen) im Fall einer **Textberichterstattung** in einer Illustrierten den Indiskretionsschutz weiter gefasst. Eine **detailreiche Schilderung eines Einkaufs** in einer Boutique wurde als Verletzung der Privatsphäre angesehen, weil dort zahlreiche Einzelheiten, wie z. B. die Konfektionsgröße, die Auswahl eines Pullovers und der Einsatz einer Kreditkarte, mitgeteilt wurden. Derartige Details können nur durch gezielte Beobachtung und Ausspähung gewonnen werden.[92] Solche gezielten Indiskretionen sind auch bei Prominenten unzulässig, selbst dann, wenn es sich um Begebenheiten handelt, die an öffentlich zugänglichen Orten stattgefunden haben. Auch eine zeitlich über einen längeren Zeitraum andauernde **Observation** ist unzulässig.[93]

Der **EGMR** vertritt die Auffassung, dass die von den deutschen Gerichten entwickel-   22
ten Kriterien keinen ausreichenden Schutz des **Privatlebens** von **Prominenten** gewährleisten. Dabei richtet sich die Kritik des EGMR insbesondere gegen die von *Neumann-Duesberg* entwickelten, von den Zivilgerichten übernommenen und im Wesentlichen vom BVerfG gebilligten Lehre von **„absoluten Personen der Zeitgeschichte"**,[94] hinsichtlich derer ein generelles berechtigtes Informationsinteresse unterstellt wird. Eine solche Einordnung mit der Folge eines sehr beschränkten Schutzes des Privatlebens und des Rechts am eigenen Bild könne allenfalls für **Personen des politischen Lebens** in Frage kommen, die amtliche Funktionen wahrnehmen. Für andere Prominente, bei denen das Interesse des breiten Publikums und der Presse einzig auf ihrer Bekanntheit beruhe, während sie selbst keine amtlichen Funktionen haben, lasse sich eine solche Einordnung nicht rechtfertigen. Jedenfalls sei eine Beschränkung der Rechtsfolgen der Einordnung als „Person der Zeitgeschichte" erforderlich, damit der **Staat** seiner positiven Verpflichtung zum Schutz des Privatlebens und des Rechts am eigenen Bild, wie sie sich aus der **Art. 8 der Europäischen Menschenrechtskonvention** ergibt, nachkommen könne. Es genüge nicht, jemanden als „absolute Person der Zeitgeschichte" einzustufen, um ein Eindringen in das Privatleben zu rechtfertigen. Vielmehr muss nach Auffassung des **EGMR** das maßgebliche Kriterium der Abwägung zwischen dem Schutz des Privatlebens und der Freiheit der Meinungsäußerung der Beitrag sein, den die veröffentlichten Fotos und Artikel zu einer **Diskussion von allgemeinem Interesse („debate of generell interest")** leisten. In Situationen des alltäglichen Privatlebens fehle es regelmäßig an einem solchen Beitrag, da es nicht um die Ausübung offizieller Aufgaben ginge, wenn Fotos und Artikel ausschließlich der Darstellung des Privatlebens dienen. Die Öffentlichkeit habe aber trotz der allgemeinen Bekanntheit einer Person **kein berechtigtes Interesse** daran, zu wissen, wo sie sich befindet und wie sie sich allgemein in ihrem **Privatleben** verhält, selbst wenn sie sich an Orten aufhält, die man nicht als abgeschieden bezeichnen könne. Doch selbst wenn dieses Interesse der Öffentlichkeit bestünde und ebenso ein wirtschaftliches Interesse der Zeitschriften, die Fotoaufnahmen und Artikel veröffentlichen, müssten diese Interessen bei unterhaltenden Medienbeiträgen vor dem Recht auf wirksamen Schutz ihres Privatlebens zurücktreten.[95]

Die Rechtsprechung der Zivilgerichte hatte nach dem Urteil des **EGMR** zunächst   23
keine einheitliche Linie gefunden. Während z. B. das Oberlandesgericht Hamburg zunächst seine Rechtsprechung aus der Zeit vor der Entscheidung des EGMR im Hinblick auf die Bindungswirkung des Urteils des BVerfG (§ 31 BVerfGG) beibehielt und ua. die Veröffentlichung von Aufnahmen, die Caroline von Hannover im Urlaub auf Kenia zeigten, billigte,[96] hielt das KG Berlin die Veröffentlichung von Fotos eines bekannten Sän-

---

92 BVerfG NJW 2000, 2194, 2195.
93 KG Berlin AfP 2006, 369, 370.
94 Siehe oben § 12 Rn. 54 ff.; *Neumann-Duesberg* JZ 1960, 114.
95 EGMR NJW 2004, 2647, 2650 f.
96 OLG Hamburg AfP 2006, 179 – *Caroline/Kenia.*

gers mit seiner Begleiterin während des Besuchs eines **Straßencáfes** in einer **Fußgängerzone** in Rom für unzulässig,[97] obwohl es noch kurz vor dem Urteil des EGMR eine vergleichbare Situation (Besuch eines Londoner Straßencáfes in Begleitung) nicht unter den Indiskretionsschutz der Privatsphäre gestellt hatte.[98]

Während der **BGH** zunächst eine nähere Auseinandersetzung mit dem **EGMR** vermieden hat,[99] ist er Anfang des Jahres 2007 jedenfalls im Ergebnis auf die Linie des EGMR eingeschwenkt. Unabhängig von der Bekanntheit oder „Prominenz" der Person, über die berichtet wird (also unabhängig davon, ob es sich um eine „Person der Zeitgeschichte" im Sinne der älteren Rechtsprechung zum KUG vor der Entscheidung des EGMR handelt) ist ein Eingriff in die Persönlichkeitsrechte, insbesondere in die Privatsphäre, nur dann zulässig, wenn dies der Berichterstattung über ein **Ereignis von zeitgeschichtlicher Bedeutung** dient.[100] Ein **Skiurlaub** eines prominenten Ehepaares in St. Moritz ist als solches kein zeitgeschichtliches Ereignis von entsprechender Bedeutung, hingegen eine schwere, lebensbedrohliche Erkrankung des regierenden Fürsten von Monaco (des Vaters der Abgebildeten). Nur wenn die Bildveröffentlichung einer Skiurlaubsszene auf offener Straße in der Berichterstattung in unmittelbarem Zusammenhang mit dem akuten Gesundheitszustand des Vaters/Schwiegervaters steht, also das Verhalten der Abgebildeten als engste Verwandte während einer lebensbedrohlichen Situation eines Staatsoberhauptes dokumentiert, ist es nach Auffassung des BGH in seiner jüngsten Rechtsprechung ausnahmsweise zulässig, in die Privatsphäre einzugreifen.[101] Darüber hinaus fällt ein **Urlaub** jedoch in den Kernbereich der **Privatsphäre,** auch hinsichtlich solcher Vorgänge, die sich während des Urlaubs auf öffentlichen Straßen abgespielt haben.

Später bestätigte der **BGH** in diesem Sinne auch die Rechtsprechung des KG Berlin hinsichtlich der Unzulässigkeit von Aufnahmen eines bekannten Sängers in Rom mit Begleitung in einer Fußgängerzone und einem Straßencáfe.[102] Ebenso hielt der BGH in jüngerer Zeit die Veröffentlichung von Aufnahmen, die einen Spitzenfußballer in Begleitung seiner Freundin auf der Promenade in St. Tropez zeigen, während er noch kurz vorher Familienurlaub mit seiner Ehefrau und den Kindern auf Sardinien gemacht habe, für unzulässig.[103]

Zusammenfassend ist daher festzustellen, dass die Entscheidung des **EGMR** zu einer **Erweiterung des Indiskretionsschutzes von Prominenten** in der Medienberichterstattung geführt hat. Die gegen Indiskretionen geschützte Privatsphäre erfasst bei Prominenten (und natürlich auch bei Personen ohne Bekanntheit) grundsätzlich **Alltagsgeschäfte** auf öffentlichen Wegen und Plätzen, sowie **Urlaubsaufenthalte** umfassend. Eingriffe sind nur im begründeten Ausnahmefall aus Gründen überragender öffentlicher Informationsinteressen zulässig. Hierfür reichen **Neugier** und bloße **Unterhaltungsinteressen** keinesfalls aus.

24   Erlangt eine Person erst durch ein bestimmtes zeitgeschichtliches Ereignis temporär oder durch einen Veränderung seines Lebens (z. B. einen beruflichen Aufstieg oder eine neue Beziehung zu einem hochrangigen Prominenten) dauerhaft öffentliche Bekanntheit, bestehen in der Regel keine überwiegenden Informationsinteressen an der Preisgabe von **privaten Dingen aus seiner Vergangenheit.** Daher sah z. B. das LG Berlin zutreffend die Veröffentlichung von **Jugendfotos** der neuen Lebensgefährtin eines bekannten

---

[97] KG Berlin NJW 2005, 605, 606 f. – *Grönemeyer II*; bestätigt durch BGH NJW 2007, 3440.

[98] KG Berlin NJW 2005, 603 – *Grönemeyer I.*

[99] BGH GRUR 2005, 76, 77 – *Rivalin/Uschi Glas.*

[100] BGH GRUR 2007, 523, 525 – *„Abgestuftes Schutzkonzept"*; hierzu jetzt auch BVerfG NJW 2008, 1793.

[101] BGH GRUR 2007, 523, 526; BGH GRUR 2007, 527, 529.

[102] BGH NJW 2007, 899.

[103] BGH NJW 2008, 749.

Künstlers als Verletzung der Privatsphäre an.[104] Entsprechende Verletzungen der **Privat-sphäre** liegen auch dann vor, wenn private Vorgänge aus vergangener Zeit in Textform geschildert werden. Etwas anderes kann nur dann gelten, wenn diese Vorgänge im unmittelbaren Zusammenhang mit der neuen, einem berechtigten öffentlichen Interesse unterliegenden Funktion des Betroffenen stehen und im Sinne einer **biografischen Darstellung** seines Werdeganges veröffentlicht werden. So dürfte es zulässig sein, bei der Vorstellung eines neu gewählten Ministers wahrheitsgemäß mitzuteilen, dass er schon in frühester Jugend in einer Organisation politisch aktiv war. Hingegen dürfte auch in diesem Beispiel die Mitteilung, wann er seine erste Freundin hatte oder ob er als Kind lieber mit Modellautos oder Fußball gespielt hat, dem Indiskretionsschutz der Privatsphäre unterfallen, es sei denn, er gibt diese Informationen selbst preis (zur Selbstöffnung der Privatsphäre siehe nachfolgend 4.).

4. Selbstöffnung der Privatsphäre

Die **Reichweite** des **Privatsphärenschutzes** ist auch von individuellen Umständen   25 abhängig, die in der Person bzw. der Lebensgestaltung des Betroffenen liegen. Ausgehend von der Erwägung, dass das Persönlichkeitsrecht zwar grundsätzlich das Recht beinhaltet, selbstbestimmt über Art und Umfang der öffentlichen Darstellung der Person zu entscheiden, gleichzeitig aber nicht garantiert, nur in einem gewünschten Licht zu erscheinen (siehe Rn. 1), wird der individuelle Schutzbereich einer Person dadurch definiert, inwieweit er selbst private oder intime Details in Ausübung seiner freien Selbstbestimmung initiativ in die Öffentlichkeit trägt. Wenn eine Person z. B. freiwillig Teile ihres Privatlebens der Öffentlichkeit präsentiert, etwa indem sie sich freizügig in **Interviews** über Details aus seinem Privatleben auslässt, sich im Zuge von **„Homestories"** im eigenen Wohn- oder Schlafzimmer fotografieren lässt oder private (Urlaubs-)Fotos oder andere vertrauliche Aufzeichnungen der Presse zu Veröffentlichungszwecken überlässt, kann sie sich insoweit nicht auf den persönlichkeitsrechtlichen Indiskretionsschutz berufen, wenn andere danach entsprechende Veröffentlichungen ohne Mitwirkung und Einwilligung tätigen. Niemand kann sich auf sein Recht auf Privatheit hinsichtlich solcher Aspekte seines Lebens berufen, die er selbst der Öffentlichkeit preisgibt. Der Schutz der Privatsphäre vor öffentlicher Kenntnisnahme entfällt nach höchstrichterlicher **Rechtsprechung,** soweit sich jemand selbst damit einverstanden zeigt, dass bestimmte, gewöhnlich als privat geltende Angelegenheiten öffentlich gemacht werden, denn die berechtigte Erwartung, dass die Umwelt Angelegenheiten oder Verhaltensweisen aus geschützten Lebensbereichen nicht zur Kenntnis nimmt, muss konsequent zum Ausdruck gebracht werden.[105] Eine **Selbstöffnung der Privatsphäre** kann nach der Rechtsprechung auch nach einer ursprünglich rechtswidrigen Verletzung der Privatsphäre oder des Rechts am eigenen Bild durch eine ungenehmigte Veröffentlichung während eines hieraus resultierenden Unterlassungsprozesses eintreten, wenn z. B. eine zunächst geheim gehaltene neue Beziehung während des Verfahrens durch einen gemeinsamen Besuch bei einer öffentlichen Veranstaltung mit erwartbarer Medienpräsenz und entsprechender Berichterstattung öffentlich bekannt und in Interviews von den Betroffenen selbst bestätigt wird.[106] Auch dann bleibt jedoch die Veröffentlichung von Fotos, die erkennbar private Situationen (gemeinsamer Spaziergang in der freien Natur) aus der **Zeit vor der Bekanntgabe** der Beziehung dokumentieren und an denen keine berechtigten Informationsinteressen bestehen, unzulässig.[107]

Eine derartige Selbstöffnung der Privatsphäre hat die Rechtsprechung auch dann angenommen, wenn jemand sein Privatleben kommerzialisiert, indem er z. B. mit einem Me-

---

[104] LG Berlin ZUM-RD 2004, 312, 315.
[105] BVerfG NJW 2000, 1021, 1023; BGH GRUR 2005, 76, 78; bestätigt durch BVerfG AfP 2006, 448, 452; BGH GRUR 2004, 762; BGH GRUR 2004, 766.
[106] BGH GRUR 2005, 76, 78 – *Rivalin/Uschi Glas.*
[107] BGH GRUR 2005, 76, 78; bestätigt durch BVerfG AfP 2006, 448, 452.

dium gegen Honorar **Exklusivverträge** über die Berichterstattung über private Lebensvorgänge abschließt.[108] Ebenso wurde eine – grundsätzlich unzulässige – Verbreitung von Luftaufnahmen eines Feriendomizils (Finca auf Mallorca) vor dem Hintergrund vergleichbarer, mit Wissen und Wollen der Betroffenen realisierter Vorveröffentlichungen ausnahmsweise nicht als Verletzung der Privatsphäre angesehen.[109]

26   Allerdings ist vor der Annahme einer Selbstöffnung der Privatsphäre im Hinblick auf den damit einhergehenden bedeutenden Rechtsverlust für den Betroffenen in jedem Einzelfall sorgfältig zu prüfen, wie weit die selbstbestimmte Öffnung des Privatbereiches reicht. Nach dem Caroline-Urteil des **EGMR** steht jedermann – auch Prominenten – insoweit eine erweiterte **Kontrollmöglichkeit** hinsichtlich der Berichterstattung über das Privatleben zu.[110] Ebenso erkennt auch der **BGH** an, dass es Situationen geben kann, in denen sich der Betroffene nur unter dem **Druck** einer bereits ohne Zustimmung und Mitwirkung erfolgten öffentlichen Erörterung seiner privaten Lebensumstände der (Medien-)Öffentlichkeit stellt[111] und dabei private Dinge preisgibt, die nach seinem Willen Privatsache geblieben wären. Wenn z. B. die ehemalige Lebensgefährtin eines Schauspielers die Medien zur Durchsetzung angeblicher Ansprüche oder auch nur aus persönlicher **Rache** instrumentalisiert und in Presseinterviews unter Schilderung höchst privater Vorgänge schwere **Vorwürfe** über den privaten Lebenswandel ihres ehemaligen Weggefährten erhebt, muss dieser hierzu in sachlich gebotener Form seinerseits in Interviews darauf erwidern können, ohne das dies zu zukünftigen Einschränkungen seines Indiskretionsschutzes führt, sofern er dabei nicht ohne nachvollziehbaren Grund zusätzliche private Dinge preisgibt, die nicht zur **Erwiderung** auf die vorbekannte Darstellung erforderlich sind.[112]

Wer sich einmal in kontrollierter Situation aufgrund entsprechender Vereinbarungen unter Wahrung umfassender Mitbestimmungsrechte hinsichtlich der späteren Verwertung in seiner Privatwohnung von der Presse fotografieren lässt, verliert damit nach der hier vertretenen Auffassung nicht sein Recht, sich gegen ungenehmigte Einblicke in die Wohnung zu wehren, da die Selbstöffnung nur die genehmigte Situation betrifft, in welcher der Betroffene sich die Kontrolle über den Umfang der Preisgabe seines privaten Lebensumfeldes vorbehalten hat. Bei **„Homestories"** von Prominenten ist zudem stets zu prüfen, ob es sich bei dem abgebildeten privaten Lebensumfeld des Betroffenen tatsächlich um seine im normalen Privatleben bewohnten Räumlichkeiten handelt. Nicht selten werden zur Produktion von „Homestories" angemietete Hotelzimmer, Wohnungen, Häuser oder entsprechende Räumlichkeiten von unbekannten Freunden und Bekannten genutzt, gerade weil der Betroffene das Ziel verfolgt, seinen wirklichen privaten, familiären Lebensraum vor Einblicken zu schützen. Da die selbstbestimmte öffentliche Preisgabe in solchen Fällen gerade nicht darauf abzielt, Einblicke in das reale Lebensumfeld zu gestatten, der Betroffene vielmehr durch die Nutzung fremder Räume **Schutzvorkehrungen** zugunsten seines **Privatlebens** trifft, ist im Regelfall bei der gebotenen Interessenabwägung kein sachlicher Grund gegeben, Indiskretionen durch Dritte zuzulassen. Etwas anderes kann nur in besonders gelagerten Ausnahmefällen gelten, wenn der Betroffene mit der gestellten „Homestory" besondere öffentliche Aufmerksamkeit auf sich lenkt, der dadurch erweckte Eindruck (z. B. existenzbedrohende Armut, Bedürftigkeit der Sozialhilfe) aber in deutlichem Widerspruch zu seiner tatsächlichen Lebenssituation (luxuriöser Reichtum) steht und ausnahmsweise ein öffentliches Informationsbedürfnis an der realistischen Darstellung der tatsächlichen Situation besteht.

---

[108] BVerfG NJW 2000, 1021, 1023.

[109] BGH GRUR 2004, 438, 441; bestätigt durch BVerfG NJW 2006, 2838; BGH GRUR 2004, 442, 444; bestätigt durch BVerfG NJW 2006, 2836.

[110] EGMR NJW 2004, 2647, 2650 ff. Vgl. im Einzelnen oben § 12 Rn. 54 ff.

[111] BGH GRUR 2005, 76, 78.

[112] So auch LG Berlin, Urteil vom 31. 8. 1999, Az. 27 O 291/99, bestätigt durch KG Berlin, Urteil vom 27. 6. 2000, Az. 9 U 8609/99; ebenso LG Berlin, Urteil vom 31. 8. 1999, Az. 27 O 292/99.

Selbstbestimmte Öffnungen geschützter Sphären unterliegen der strengen **Zweckbindung** hinsichtlich weiterer Veröffentlichungen durch Dritte. Dies gilt insbesondere, wenn die Preisgabe von Informationen und Einsichten im Zusammenhang mit der **beruflichen Tätigkeit** des Betroffenen erfolgt. Eine Schauspielerin, die eine unbekleidete Szene in einem Theaterstück zu spielen hat, muss daher nicht dulden, dass eine Zeitung Standfotos dieser Nacktszenen veröffentlicht. Ihr Schutz des Intimbereiches (hierzu nachfolgend II.) geht auch dann vor, wenn die Zeitung das Nacktfoto im Zusammenhang mit einer Berichterstattung über das Stück abdruckt.[113] Ein Model, welches sich für ein **Sexualkundelehrbuch** ablichten lässt, wird in seinem Persönlichkeitsrecht verletzt, wenn dieses Foto in eine Fernsehsendung übernommen wird. Nach zutreffender Auffassung des BGH gilt dies auch dann, wenn sich der Fernsehbeitrag mit dem Sexualkundelehrbuch beschäftigt.[114] Wer sich für ein aufwändig produziertes, hochwertiges Erotik- oder „**Männermagazin**" unbekleidet fotografieren lässt, öffnet seine Intimsphäre damit nicht ohne weiteres hinsichtlich eines Nachdrucks dieser Bilder in anderen Medien. Nach der hier vertretenen Auffassung erfasst die selbstbestimmte Öffnung seiner Intimsphäre nur den erkennbaren Leserkreis der ausgewählten (hochwertigen) Veröffentlichung, an deren näherer Ausgestaltung er mitwirken kann und die naturgemäß immer auf der Basis eines besonderen Vertrauensverhältnisses zum Fotografen und den zuständigen Redakteuren erfolgt. Dies muss jedenfalls dann gelten, wenn die der Fotoproduktion zugrunde liegenden Vereinbarungen ausdrücklich nur eine Veröffentlichung in dem Magazin vorsehen, wie dies häufig der Fall ist. Dann ist auch ein Nachdruck der Bilder im Zusammenhang mit der Berichterstattung über die Magazin-Veröffentlichung unzulässig. Dies ist indes in der Rechtsprechung umstritten. Das OLG Frankfurt hielt die Wiedergabe von **Playboyfotos** einer bekannten Eiskunstläuferin für zulässig, das LG München I hingegen die Übernahme von Playboyfotos einer Studentin in ein Erotikportal im Internet für unzulässig.[115]

II. Der Schutz des Intimbereiches

Nach gefestigter Auffassung in der Literatur und der Rechtsprechung ergibt sich aus   27 dem allgemeinen Persönlichkeitsrecht für jedermann ein umfassender Schutz der **Intimsphäre** gegen Indiskretionen.[116] Darstellungen und Erörterungen des Intimbereiches sind grundsätzlich nur mit ausdrücklicher Einwilligung des Betroffenen zulässig, gleichgültig in welcher redaktionellen Form (z. B. Behauptungen, Meinungsäußerungen, Vermutungen, Spekulationen) oder technischen Form dies geschieht. Der Intimbereich ist die „**Tabuzone**", in der die Selbstbestimmung des Individuums absolut ist. Nur der Betroffene selbst darf bestimmen, was aus diesem Bereich Dritten bekannt werden soll. Schon die **Erhebung** von Informationen aus dem Intimbereich (z. B. das Ausspähen geschlechtlicher Begegnungen oder die heimliche Herstellung von entsprechenden Aufnahmen) ist unzulässig, weil sie die Kontrolle über die spätere Verwendung dieser Informationen aus der Hand des Betroffenen nehmen und ihn der Gefahr vielfacher Indiskretionen über Angelegenheiten aus diesem besonders schutzwürdigen Bereich aussetzen.

Weniger klar umrissen ist die **Reichweite** der **Intimsphäre**. Nach hM. in der Literatur   28 und überwiegenden Teilen der Rechtsprechung fallen in diesen absolut geschützten Bereich Darstellungen von **sexuellen Vorgängen, Krankheiten, Gesundheitsproblemen und Verletzungen**[117] und Abbildungen des **nackten Körpers**.[118] Seit das BVerfG die

---

[113] OLG Saarbrücken NJW-RR 2000, 1571, 1572.
[114] BGH NJW 1985, 1617, 1618.
[115] OLG Frankfurt NJW 2000, 594, 595; LG München I ZUM-RR 2005, 38, 42.
[116] BVerfG NJW 1973, 891, 892 – *Tonbandaufnahme*; BGH NJW 1991, 1552, 1553 – *Notfallarzt*; BGH NJW 1988, 1984, 1985 – *Telefonsex*; BGH NJW 1988, 1016, 1017; BGH NJW 1981, 1366 ff. – *Der Aufmacher II.*
[117] LG München I ZUM 2005, 922 – *Nichte Versaces.*
[118] BGH NJW 1985, 1617 ff. – *Nacktaufnahme.*

Bereiche **Sexualität** und **Krankheiten** auch dem thematischen Bereich der Privatsphäre zugeordnet hat[119] besteht eine Überschneidung zwischen der Privat- und der Intimsphäre. Insoweit kann an dieser Stelle zur Meidung von Wiederholungen auf die obige Darstellung (Rn. 5 ff.) verwiesen werden.

Der absolute Schutz der Intimsphäre ist nach der jüngeren **Rechtsprechung**[120] und nach einigen Stimmen in der Literatur[121] dahingehend beschränkt, dass **detailarme Darstellungen** sexueller Vorgänge, wie z. B. die schlichte Angabe des Scheidungsgrundes „**Ehebruch**" in der Berichterstattung über die Scheidung eines Adelspaares, nicht in die Intimsphäre, sondern aufgrund der unterlassenen Preisgabe weiterer Details in die **Privatsphäre** eingeordnet wurden. Dies mit der Folge, dass eine **Güterabwägung** mit den öffentlichen Informationsinteressen vorzunehmen war, die aus besonderen Gründen des konkreten Falls sogar dazu führte, dass nach Auffassung des BGH im Gegensatz zu den Vorinstanzen keine rechtswidrige Indiskretion vorlag.[122] Das BVerfG hat eine gegen diese Entscheidung erhobene Verfassungsbeschwerde nicht zur Entscheidung angenommen, hierbei aber offengelassen, ob diese Zuordnung in jeder Hinsicht einer verfassungsrechtlichen Überprüfung standhalten könne.[123]

29 Die Entscheidung über die Verbreitung von **Aufnahmen,** die ganz oder teilweise den **nackten Körper** (Nacktfotos) zeigen, ist grundsätzlich allein dem Abgebildeten vorbehalten. Dies gilt auch für „Personen der Zeitgeschichte", die sich insoweit auf § 23 Abs. 2 KUG berufen können[124] (siehe § 12). Die Intimsphäre ist auch dann betroffen, wenn sich der Abgebildete situationsgebunden einer begrenzten Öffentlichkeit unbekleidet gezeigt hat, z. B. als Gast in einem FKK-Gelände,[125] in Form von **Nacktfotos** in einem „**Männermagazin**"[126] oder einen **Sexualkundelehrbuch**,[127] auf einer Theaterbühne in einer unbekleideten Szene[128] oder in einem **Sexvideo,** welches nicht an die breite Öffentlichkeit gelangen sollte.[129] **Aktfotos** aus einem Hochglanzmagazin dürfen daher nicht ohne Einwilligung im Internet auf einem Erotik-Portal veröffentlicht werden, ein privates Sexvideo darf nicht zum Gegenstand des politischen Meinungskampfes gemacht werden, indem es im Landtag gezeigt wird und eine **Schauspielerin,** die sich in einer Rolle unbekleidet auf der Bühne zeigt, muss nicht dulden, dass Zeitungen Standbilder dieser Szene veröffentlichen und sie so weitaus intensiver begehrlichen Blicken aussetzen, als es die flüchtigen Szenen im Theaterspiel vor einem begrenzten Publikum tun.

Die Rechtsprechung rechnet zutreffend auch Aufnahmen, auf denen der Abgebildete nicht gänzlich unbekleidet, aber weitgehend nackt zu sehen ist, zur geschützten Intimsphäre, auch wenn die „entscheidenden Stellen" verdeckt sind.[130] Auch Fotos einer unfreiwilligen zeitweiligen Entblößung des Busens aufgrund eines gewagten Ballkleides während eines schwungvollen Tanzes („**Busenunfall**") verletzen die Intimsphäre, auch dann, wenn dies in der Öffentlichkeit eines größeren Balls passiert.[131]

30 Der Eingriff in die Intimsphäre kann sich auch aus dem **Kontext** einer Fotoveröffentlichung ergeben, beispielsweise wenn eine Aufnahme zur Bebilderung in eine erfundene

---

[119] BVerfG NJW 2000, 1021, 1022.
[120] BGH NJW 1999, 2893 – *Ehebruch,* bestätigt durch BVerfG NJW 2000, 2189.
[121] Löffler/*Steffen*, Presserecht, § 6 LPG, Rn. 66, 214; *Wenzel*, Rn. 5.41.
[122] BGH NJW 1999, 2893 – *Ehebruch,* im Ergebnis bestätigt durch BVerfG NJW 2000, 2189.
[123] BVerfG NJW 2000, 2189, 2190.
[124] OLG Hamburg NJW 1996, 1151, 1152; *Wanckel,* Fotorecht, Rn. 233.
[125] LG München I NJW 2004, 617, 618.
[126] LG München I ZUM-RD 2005, 38, 42.
[127] BGH NJW 1985, 1617, 1618.
[128] LG Saarbrücken NJW-RR 2000, 1571, 1572.
[129] OLG Stuttgart NJW-RR 2004, 619, 623.
[130] KG Berlin NJW-RR 1999, 1703, 1704 im Falle eines „Unterhosenfotos"; ähnlich AG Berlin Charlottenburg NJW-RR 1999, 1546, 1547.
[131] LG Hamburg AfP 2006, 197.

Sexgeschichte eingebunden wird[132] oder im Wege eine **„Zwangsoutings"** die **Homosexualität** eines Mannes durch die Veröffentlichung eines Fotos in bekleidetem Zustand
im Rahmen eines Artikels mit der Überschrift „So leben Schwule und Lesben in München" preisgegeben wird.[133] Unzulässige Eingriffe in die Intimsphäre liegen auch dann
vor, wenn nicht die tatsächliche Nacktheit des Abgebildeten preisgegeben wird, weil ihm
im Wege der **Fotomontage** ein fremder (nackter) Körper untergeschoben wird.[134] Auch
die **Satire** rechtfertigt Eingriffe in die Intimsphäre durch unbekleidete Darstellungen in
der Regel nicht.[135] Ebenso ist es auch in satirischen Beiträgen unzulässig, sich mit erfundenen sexuellen Anzüglichkeiten über eine namentlich benannte und im Bild gezeigte
Person lustig zu machen, wie dies in der Sendung „TV Total" im Fall des Nachwuchs-
modells Lisa Loch geschehen ist.[136]

Auch in **künstlerischen Werken** (z. B. **Romanen, Gemälden, Zeichnungen, Fil-** 31
men, Schauspielen) ist der Indiskretionsschutz des Intimbereiches gewährleistet. In
diesen Fällen bedarf es allerdings einer Güterabwägung mit den Belangen der **Kunstfreiheit** (hierzu näher § 33), die jedoch aufgrund des besonders gewichtigen Schutzes des
Intimbereichs in der Regel zurücktreten muss. So ist es z. B. unzulässig, ein bekanntes
Model nackt im Pin-up-Stil auf einem Schokoriegel zu zeichnen, wobei es unerheblich
ist, ob es sich um eine Nachahmung des realen Körpers oder um einen untergeschobenen
nackten Körper handelt, der der Phantasie des Künstlers entsprungen ist.[137] Ebenso verletzt es die Intimsphäre, wenn in einem **Theaterstück** über einen realen Mädchenmord
die angebliche **starke sexuelle Ausrichtung, Frühreife** und moralische Haltlosigkeit
des Opfers ohne Einwilligung ihrer Mutter dargestellt wird.[138]

Bei der Abwägung mit der **Kunstfreiheit** kommt es zunächst darauf an, ob die betroffene Person noch erkennbar ist, was nicht nur bei Namensnennung der Fall sein kann.
Die **Erkennbarkeit** kann sich auch aus anderen Details, wie z. B. biografischen Daten ergeben, wobei es nach der insoweit strengen Rechtsprechung genügt, wenn Personen mit
entsprechenden Vorkenntnissen aus der näheren privaten Umgebung, also dem Kreis von
Freunden, Bekannten und der Familie, den Betroffenen identifizieren können.[139] Nur bei
Darstellungen, bei denen dem Künstler eine reale Person als gedankliche Anregung und
Vorlage gedient haben mag, diese jedoch derart mit fiktionalen Elementen verfremdet
wurde, dass niemand mehr die reale Person in der Kunstfigur erkennen kann, scheidet die
Betroffenheit im Sinne des Persönlichkeitsrechts aus.

Sofern die Erkennbarkeit im obigen Sinne gegeben ist, versucht die Rechtsprechung
den kunstspezifischen Gesichtspunkten dadurch Rechnung zu tragen, dass zudem zu prüfen ist, ob das **Urbild** (die reale Person) zu einem verselbständigten künstlerischen **Abbild** weiterentwickelt worden ist, wobei es auf die Sicht der Rezipienten ankommt. Dies
ist nach der Rechtsprechung der Fall, wenn sich das Abbild für die Leser bzw. Betrachter
durch die künstlerische Gestaltung des Stoffs und die Einordnung in den Kontext des
Kunstwerkes so verselbständigt hat, dass die individuellen, persönlichen Aspekte des
Urbildes verblassen und zugunsten des Allgemeinen, Zeichenhaften des Abbildes objektiviert sind.[140] Es kommt im Ergebnis darauf an, dass die Leser bzw. Betrachter des
Kunstwerkes erkennen können und müssen, dass die künstlerische Darstellung nicht mit
der Realität der Biografie des Betroffenen übereinstimmt, also aus dem Kunstwerk keine

---

[132] KG Berlin NJW-RR 1999, 1703, 1704.
[133] LG München I, Urteil vom 21. 7. 2005, Az. 7 0 4742/05, rkr.
[134] LG Berlin AfP 2002, 249, 250.
[135] LG Berlin AfP 2002, 249, 250.
[136] OLG Hamm NJW-RR 2004, 919.
[137] OLG Hamburg, Urteil vom 27. 5. 1997, Az. 7 U 51/97.
[138] LG Hagen NJW-RR 2007, 1057.
[139] BVerfG NJW 2004, 3619, 3629; BGH NJW 2005, 2844, 2845 m. w. N. – *Esra*.
[140] BVerfG NJW 1971, 1645 – *Mephisto*; BGH NJW 2005, 2844, 2847 – *Esra* mit Anmerkung *Wanckel* NJW 2006, 578.

Rückschlüsse auf den Betroffenen ziehen. Dieses Maß der erforderlichen Verfremdung wird indes nur selten erreicht, wenn schon die erste Voraussetzung, die Erkennbarkeit, dem Grunde nach gegeben ist. Lehnt sich z. B. eine **Romanfigur** an eine reale Person an, wird diese daher nicht bereits aufgrund der Einbettung in die Erzählung zum verselbständigten Abbild.[141] Gleiches gilt auch für die Darstellung von Personen in **Theaterstücken,** die ersichtlich an ein reales Geschehen anknüpfen.[142] Nicht ausreichend sind nach der Rechtsprechung des BGH auch **redaktionelle Hinweise** im Vor- oder Nachspann, in denen darauf hingewiesen wird, dass es sich (angeblich) um „frei erfundene Personen" handelt, Ähnlichkeiten nur zufällig und nicht beabsichtigt seien bzw. die fiktiven Figuren nicht identisch mit realen Personen seien oder es sich nicht um eine dokumentarische Darstellung tatsächlicher Vorgänge handele.[143]

Indiskretionen durch die Verwertung wahrheitsgemäßer Informationen in künstlerischen Werken sind nach der Rechtsprechung nur dann unzulässig, wenn dies zu einer **schwerwiegenden Persönlichkeitsrechtsverletzung** führt.[144] Insoweit können die Kriterien herangezogen werden, die die Rechtsprechung zum medienrechtlichen Geldentschädigungsanspruch (siehe § 51) aufgestellt hat, da auch der Anspruch auf Geldentschädigung nicht bei einfachen, sondern nur bei schwerwiegenden Verletzungen besteht.[145] Eingriffe in die **Intimsphäre** führen in der Regel zu derartigen schwerwiegenden Eingriffen in das Persönlichkeitsrecht.[146] Daneben kommen auch Eingriffe in den engeren Bereich der Privatsphäre[147] in Betracht, also z. B. Indiskretionen über das **häusliche Familien- und Beziehungsleben**[148] und **höchstpersönliche Lebensplanungen,** wie z. B. Hochzeitsabsichten[149] sowie die Auswertung heimlicher Tonbandmitschnitte.[150] Im Fall des Romans *Esra* sah der BGH die Schilderung der Liebesbeziehung des Autors mit Einzelheiten aus dem Beziehungs- und **Sexualleben** und der Mitteilung eines **Abtreibungsversuches** und mehrerer **Operationen** als schwerwiegende Verletzung an, die nicht von der Kunstfreiheit gedeckt war.[151]

32   Hinsichtlich etwaiger konkludenter **Einwilligungen** in Eingriffe in die Intimsphäre ist die Rechtsprechung zutreffenderweise streng. Es gilt eine enge **Zweckbindung.** Ein Modell, welches sich für ein hochwertige Fotomagazin nackt fotografieren lässt, muss es z. B. nicht dulden, dass diese Aufnahmen auch in anderem Zusammenhang im Internet veröffentlicht werden.[152] Unabhängig hiervon ist aber auch die Intimsphäre (wie auch die Privatsphäre, siehe oben Rn. 25 ff.) in besonderen Fällen einer **Selbstöffnung** zugänglich, wenn sich der Betroffene selbst freiwillig oder gar aus kommerziellen Motiven freizügig in der (Medien-)Öffentlichkeit präsentiert. Da die Selbstbestimmung in Bezug auf Informationen aus dem Intimbereich jedoch grundsätzlich umfassend garantiert ist, ist hierbei ein enger Maßstab anzulegen. Eine Öffnung der Intimsphäre kann nur konkret bezogen auf die Vorgänge angenommen werden, die der Betroffene selbst preisgegeben hat. Wenn z. B. eine Ex-Geliebte in den Medien freizügig über die sexuellen Vorlieben und Fähigkeiten ihres ehemaligen Liebhabers plaudert, verletzt sie damit dessen Intimsphäre. Sie müsste danach aber auch tolerieren, wenn der Betroffene öffentlich auf die

---

[141] BGH NJW 2005, 2844, 2847 – *Esra* mit Anmerkung *Wanckel* NJW 2006, 578.
[142] LG Hagen NJW-RR 2007, 1057, 1058.
[143] BGH NJW 2005, 2844, 2846 – *Esra.*
[144] BGH NJW 2005, 2844, 2847 – *Esra.*
[145] Hierzu grundlegend BGH NJW 1995, 861, 864 – *Caroline I.; Prinz/Peters,* Rn. 745 ff.; *Löffler/ Steffen,* § 6 LPG, Rn. 335 ff.
[146] BGH AfP 1988, 34, 35 – *Intime Beziehungen; Prinz/Peters,* Rn. 746 m. w. N.
[147] *Prinz/Peters,* Rn. 747.
[148] BGH NJW 2005, 2844, 2848 – *Esra.*
[149] BGH NJW NJW 1995, 861 – *Caroline I.*
[150] *Löffler/Steffen,* § 6 LPG, Rn. 337.
[151] BGH NJW 2005, 2844, 2848 – *Esra.*
[152] LG München I ZUM-RD 2005, 38, 42.

einseitige Darstellung der gemeinsam erlebten Sexualität reagiert, indem er seine Erinnerungen preisgibt.

Außerhalb derartiger Sonderfälle kommt eine Öffnung der Intimsphäre in der Regel nicht in Betracht. Der BGH hat z. B. die kurze Ausstrahlung (2 Sekunden) eines Nacktfotos aus einem Schulbuch in einer Fernsehsendung als Eingriff in die Intimsphäre angesehen, obgleich sich der Fernsehbeitrag inhaltlich mit dem Schulbuch auseinandersetze.[153] **Keine konkludente Einwilligung** oder Selbstöffnung der Intimsphäre liegt auch vor, wenn sich jemand unbekleidet in einem ausgewiesenen **FKK-Gelände** aufhält. Die Verwendung von Aufnahmen in einem Fernsehbericht (Wissenschaftsmagazin) zum Thema „Nacktheit und Scham" ohne ausdrückliche Einwilligung verletzt die Intimsphäre schwerwiegend und begründet einen Anspruch auf Geldentschädigung[154] (zum Geldentschädigungsanspruch vgl. unten § 51).

Berechtigterweise ist ein Urteil des OLG Frankfurt a.M. auf Kritik gestoßen, wonach eine „Öffnung" der Intimsphäre und ein Verzicht auf den Schutz eintritt, wenn jemand freiwillig **Nacktfotos** herstellen lässt und mit deren Veröffentlichung in einem bestimmten Medium einverstanden ist. Dies hat nach Meinung des Gerichts zur Folge, dass einem Nachdruck eines Playboy-Fotos im Zusammenhang mit der Berichterstattung über diese Fotos keine berechtigten Interessen der Abgebildeten entgegenstehen.[155]

Derartige Fälle bedürfen einer äußerst differenzierten Betrachtung anhand der besonderen Umstände des jeweiligen Einzelfalles. Hierbei ist bei Nacktbildern insbesondere die **starke Intensität des optischen Eindrucks** von Fotos zu berücksichtigen, die es dem Betrachter erlauben, die körperlichen Begebenheiten des entblößten Abgebildeten ungestört beliebig oft und über beliebige Dauer zu studieren. Zustimmung verdient deshalb ein entgegenstehendes Urteil des LG Saarbrücken,[156] in welchem die Veröffentlichung eines Nacktfotos aus einer Theateraufführung in Zeitungen als unzulässiger Eingriff in die Intimsphäre angesehen wurde. Die Veröffentlichung derartiger Nacktaufnahmen verletzt auch dann die Intimsphäre der Schauspielerin, wenn die Fotos im Zusammenhang mit einer Berichterstattung über das Theaterstück veröffentlicht werden, weil der „flüchtige" Eindruck der Theaterzuschauer ein anderer ist, als die Einsichtnahmemöglichkeiten, die die breite Leserschaft aufgrund der gedruckten Standfotos gewinnt. Auch eine **Kontextänderung** von Nacktfotos kann gegen eine Selbstöffnung und oder konkludente Einwilligung zu weiteren Veröffentlichungen sprechen. Es verletzt daher die Intimsphäre des Modells, wenn **Playboy**-Fotos in eine pornografische **Internetseite** eingestellt werden.[157]

Der **politische Meinungskampf** rechtfertigt grundsätzlich keine Eingriffe in die Intimsphäre. Nach der jüngeren Rechtsprechung ist schon der private Lebensbereich von Amtsträgern und Politikern gegen Indiskretionen geschützt, wenn dieser nicht die Amtsführung oder Ausübung des Mandats berührt.[158] Dies muss entsprechend für den besonders schutzwürdigen Intimbereich gelten. Unzulässig ist daher z. B. der Versuch, die persönliche Integrität eines Politikers durch die Vorführung eines Sexvideos während einer Landtagssitzung in Frage stellen zu wollen, wenn diese Aufnahmen nichts mit seiner politischen Tätigkeit zu tun haben und nicht in die Öffentlichkeit gelangen sollten.[159] Eine

33

---

[153] BGH NJW 1985, 1617, 1618.

[154] LG München I NJW 2004, 617, 618 f.

[155] OLG Frankfurt a.M. NJW 2000, 594, 595; a. A. in ähnlich gelagerten Fällen z. B. BGH NJW 1985, 1617, 1618; LG Berlin AfP 2001, 246, 247; LG Hamburg, Urteil vom 12. 12. 2003, Az. 324 0 593/03 – unveröffentlicht; LG Berlin AfP 2004, 455, 456 f.; LG München I ZUM-RD 2005, 38, 42; kritisch zur Theorie „einmal nackt, immer nackt" *Seitz* NJW 2000, 2167; jetzt auch unter Hinweis auf EGMR NJW 2004, 2647 *Dreier,* UrhR, § 23 KUG, Rn. 27.

[156] LG Saarbrücken NJW-RR 2000, 1571, 1572.

[157] LG München I ZUM-RR 2005, 38, 42.

[158] BVerfG NJW 2000, 1021, 1022.

[159] OLG Stuttgart NJW-RR 2004, 619, 622 f. – *Sexvideo im Landtag.*

Ausnahme vom umfassenden Schutz der Intimsphäre kann bei Politikern allenfalls dann bestehen, wenn diese insoweit selbst Informationen in die Öffentlichkeit geben, sich also z. B. zu einer außerehelichen Sexualbeziehung bekennen, sofern dies nicht allein unter dem Druck einer zuvor erfolgten rechtswidrigen Indiskretion geschieht. Eine weitere Ausnahme kann bestehen, wenn die Information aus der Intimsphäre die Amtsführung berührt, etwa weil es sich um eine körperliche Liebesbeziehung eines **Verteidigungsministers** zu einer ausländischen **Geheimdienstmitarbeiterin** handelt oder seine private Lebensführung in deutlichem Widerspruch zu den von ihm in hervorgehobener Weise öffentlich politisch vertretenen Positionen steht (etwa ein **katholischer Familienpolitiker,** der sich politisch energisch für uneingeschränkte sexuelle Treue in der Ehe einsetzt, selbst aber in ehebrecherischer Weise wiederholt in sexuelle Affären mit wechselnden Partnerinnen verwickelt ist). Selbst in solchen Fällen gebietet der Schutz des Intimbereiches aber bei Veröffentlichungen eine Beschränkung auf die wesentlichen sachlichen Fakten. Detaillierte Ausschmückungen mit Einzelheiten wären unverhältnismäßig. Die gebotene sachliche, zurückhaltende detailarme Darstellung fällt dann nach der Rechtsprechung nicht in den Bereich der absolut geschützten Intimsphäre, sondern in die der Abwägung zugängliche Privatsphäre (siehe oben Rn. 28).[160]

34   Auch in **zivilrechtlichen Verfahren** vor Gericht oder in **behördlichen Angelegenheiten** ist die Intimsphäre trotz des Rechtfertigungsgrundes der „**Wahrnehmung berechtigter Interessen**" (§ 193 StGB analog, hierzu § 37) absolut geschützt, wenn die Preisgabe nicht zur Beurteilung des Sachverhaltes zwingend erforderlich ist. Eine unzulässige Indiskretion aus der Intimsphäre ist daher beispielsweise die Beifügung von Nacktaufnahmen zu einer **Klageschrift,** ohne dass dieses zur zweckentsprechenden Rechtsverfolgung erforderlich war.[161] Werden vor Gericht private oder intime Details verhandelt, weil dies zur rechtlichen Beurteilung eines Sachverhalts erforderlich ist, besteht trotz der begrenzten **Gerichtsöffentlichkeit** ein Indiskretionsschutz hinsichtlich weitergehender Veröffentlichungen. Streitet z. B. eine ehemalige Lebensgefährtin eines Schauspielers vor Gericht über den Widerruf einer Schenkung, ist die Berichterstattung über diesen Prozess mit privaten oder intimen Details unzulässig, insbesondere die Veröffentlichung von Auszügen aus den **Schriftsätzen.**[162] Dies gilt auch dann, wenn eine Partei mit der Veröffentlichung einverstanden ist, die Inhalte aber (auch) die Privat- oder Intimsphäre der anderen Partei betreffen.

III. Der Geheimnisschutz

35   Anerkannt ist, dass sich der zivilrechtliche Indiskretionsschutz auch auf die Geheimsphäre bezieht, also jedermann **Geheimnisschutz** genießt. Der Schutz der Geheimsphäre ist seit langem höchstrichterlich bestätigt.[163] Die **Reichweite** dieses Schutzes ist jedoch nicht klar abgegrenzt, insbesondere bestehen **Überschneidungen** mit dem Schutz der **Privatsphäre** (siehe Rn. 5 ff.).[164] Ebenso wenig ist es Literatur oder Rechtsprechung bisher gelungen, den Begriff des geschützten Geheimnisses einheitlich zu definieren. Wenn man die **Geheimsphäre** als den Bereich des menschlichen Lebens versteht, der der Öffentlichkeit bei verständiger Würdigung nicht preisgegeben werden soll,[165] ergeben

---

[160] BGH NJW 1999, 2893.

[161] LG München I, Urteil vom 20. 4. 2005, Az. 7 0 24252/04, unveröffentlicht, insoweit rechtskräftig.

[162] LG Berlin, Urteil vom 31. 8. 1999, Az. 27 0 291/99, bestätigt durch KG Berlin, Urteil vom 27. 6. 2000, Az. 9 U 8609/99; ebenso LG Berlin, Urteil vom 31. 8. 1999, Az. 27 0 292/99.

[163] BVerfG NJW 1980, 2070, 2071; BVerfG NJW 1978, 807; BVerfG NJW 1972, 1123; BVerfG NJW 1970, 555; BVerfG NJW 1969, 1707.

[164] So auch Löffler/*Steffen,* § 6 LPG, Rn. 69; *Prinz/Peters,* Rn. 86.

[165] So Wenzel/*Burkhardt,* Kap. 5., Rn. 40; aktuell von der Rspr. übernommen in LG Köln CR 2007, 195 = MMR 2006, 758.

sich daraus allenfalls vage Anhaltspunkte für die praktische Rechtsanwendung im konkreten Fall. Zudem besteht dann nach der jüngeren Rechtsprechung des BVerfG eine Überlappung des geschützten Geheimbereiches mit dem thematischen Bereich der **Privatsphäre,** da dieser als Schutz von Angelegenheiten verstanden wird, die wegen ihres Informationsinhalts typischerweise als privat eingestuft werden, weil ihre öffentliche Erörterung oder Zurschaustellung als unschicklich gilt, das Bekanntwerden als peinlich empfunden wird oder nachteilige Reaktionen der Umwelt auslöst (siehe hierzu oben Rn. 5 ff.).[166] Der **Geheimnisschutz** kann sich darüber hinaus aber auch auf Informationen erstrecken, deren Preisgabe jedenfalls unmittelbar keine negativen Folgen im Sinne der Peinlichkeit oder Herabwürdigung des Betroffenen mit sich bringt. Die bestehenden und wohl auch unvermeidlichen Abgrenzungsschwierigkeiten zwischen der Privat- und der Geheimsphäre sind in der Praxis im Ergebnis von untergeordneter Bedeutung, da der Schutz beider Bereiche von dem Umfang abhängig ist, in welchem der Betroffene diese Bereiche vor öffentlicher Wahrnehmung abschirmt und zudem beide Bereiche einer **Güter- und Interessenabwägung** mit anderen geschützten Rechten, insbesondere den von Art. 5 GG geschützten öffentlichen Informationsinteressen zugänglich sind[167] (hierzu § 32). Auch bei der Gewichtung der Interessen innerhalb der Güterabwägung kann grundsätzlich weder der Geheimbereich noch der Privatbereich vorrangig sein, da es immer auf die individuellen Aspekte ankommt. Nur der Schutz des Intimbereiches ist absolut (siehe oben Rn. 27). In Fällen besonders gewichtiger Informationsinteressen der Öffentlichkeit können die Medien aber unter Einhaltung der publizistischen Sorgfalt berechtigt sein, Informationen aus dem Geheimbereich, die sie nur aufgrund einer Indiskretion eines Informanten mit Zugang zu vertraulichen Informationen erhalten konnten, zu verwerten.[168]

Der Geheimnisschutz resultiert wie der Schutz des Privatlebens letztlich aus dem **Recht auf informationelle Selbstbestimmung**[169] (hierzu näher § 22), wonach grundsätzlich jedermann selbst entscheiden kann, welche Sachverhalte (personenbezogene Daten) wann, gegenüber wem und in welchem Umfange offenbart werden,[170] ohne dass dabei zwischen sensiblen und unsensiblen Daten unterschieden werden kann. Der aus dem allgemeinen Persönlichkeitsrecht folgende zivilrechtliche Geheimnisschutz ist somit eng mit den datenschutzrechtlichen Vorschriften (BDSG sowie Landesdatenschutzgesetze und bereichsspezifische Datenschutzvorschriften) verbunden und ergänzt diese. Darüber hinaus ist der Geheimnisschutz in der deutschen Rechtsordnung durch strafrechtliche Normen (z. B. §§ 201, 201 a, 353 b StGB) und **Spezialvorschriften** (z. B. §§ 17, 20 UWG, § 93 Abs. 1 Satz 2 GmbHG, § 116 AktG) verankert.

Kennzeichnend für den Geheimnisschutz ist, dass ein **Geheimhaltungswille** des Betroffenen besteht und dieser auch konsequent dadurch zum Ausdruck gebracht wird, dass der Betroffene die Information nach besten Kräften vor Kenntnisnahme schützt. Der Geheimnisschutz entfällt, wenn der Betroffene die Geheimhaltung selbstbestimmt und freiwillig aufgibt, indem er etwa persönliche **Aufzeichnungen** in einer **Biografie** veröffentlicht. Umgekehrt kann der Geheimnisschutz sogar die tatsächliche **Identität** eines **Künstlers** erfassen, wenn dieser seine künstlerische Tätigkeit konsequent nur unter einem **Künstlernamen** und in einer Verkleidung ausübt, die sein wahres Antlitz versteckt hält und die er nicht nur bei Auftritten, sondern auch bei Einladungen zu sonstigen öffentlichen Veranstaltungen (z. B. Preisverleihungen, Galas, Medienparties) trägt.[171] Preisgaben aufgrund zwingender gesetzlicher Vorschriften (z. B. aufgrund der steuer-

---

[166] BVerfG NJW 2000, 1021, 1022.
[167] BGH NJW 1979, 647, 649 - *Kohl/Biedenkopf.*
[168] BGH NJW 1987, 2667, 1668.
[169] BVerfG NJW 1984, 419 - *Volkszählung.*
[170] Wenzel/*Burkhardt,* Kap. 5., Rn. 40.
[171] LG Berlin AfP 2005, 292 - *Atze Schröder.*

lichen **Erklärungspflicht**) oder im Zuge von erforderlichen Angaben in gerichtlichen und behördlichen Verfahren sowie im Zusammenhang mit vertraglichen Angelegenheiten (z. B. Bankgeschäften) müssen insoweit außer Betracht bleiben und können keine Einschränkung des Geheimnisschutzes außerhalb dieser Vorgänge oder Verfahren begründen.

36 Unter dieser Grundvoraussetzung (konsistent gelebter Geheimhaltungswille) fallen unter den Geheimnisschutz z. B. **persönliche Aufzeichnungen,** die entweder gar nicht (**Tagebücher,**[172] private „Gedächtnisstützen", Vermerke,[173] Entwürfe, Auswertungen, Berechnungen, Planungen, Notizen[174]) oder nur von bestimmten Empfängern (**Briefe, Telegramme, E-mails**) zur Kenntnis genommen werden sollen. Geschützt sind dabei grundsätzlich auch berufliche oder **geschäftliche Briefe** und **Aufzeichnungen,**[175] solange sie nicht ausdrücklich oder der Natur der Sache nach an eine unbestimmte Öffentlichkeit gerichtet sind. Ein anwaltliches **Schreiben** an eine Redaktion darf daher nicht ohne ausdrückliche Erlaubnis als **Leserbrief** veröffentlicht werden.[176] Dies gilt auch, wenn es sich um ein „presserechtliches **Informationsschreiben**" handelt, welches ein Anwalt an eine Vielzahl von Redaktionen richtet, um Hintergründe aufzuzeigen und rechtwidrige Veröffentlichungen zu verhindern.[177] Entsprechendes muss auch für sonstige **Geschäftskorrespondenz** mit einem beschränkten Beteiligtenkreis, z. B. zwischen Kunde und Firma, Firma und (Aufsichts-)Behörden oder besonders auch bei firmeninterner Korrespondenz zwischen Abteilungen oder Niederlassungen gelten. Auch wenn Aktivitäten im Berufs- und Geschäftsleben grundsätzlich nicht der Privat- oder Geheimsphäre unterfallen,[178] weil sie sich zwangsläufig an die Öffentlichkeit richten bzw. in Interaktion mit dieser geschehen, bedeutet dies in erster Linie, dass sich Unternehmen Kritik und öffentliche Erörterungen ihres Geschäftsgebarens gefallen lassen müssen, aber nicht zwangsläufig auch, dass hierzu eine Preisgabe der Kommunikation im beschränkten Teilnehmerkreis erforderlich ist (zum Persönlichkeitsschutz von Unternehmen siehe auch nachfolgend V.). Ausnahmen können dann geboten sein, wenn die Veröffentlichung eines Geschäftsbriefes der Dokumentation eines Vorgangs von überwiegender allgemeiner Bedeutung dient, also überragende Informationsinteressen erfüllt werden, die den Geheimnisschutz ausnahmsweise zurücktreten lassen müssen. Gleiches gilt für **Geschäftsbücher** und sonstige **Geschäftsunterlagen,** die ebenfalls grundsätzlich dem Geheimnisschutz unterfallen.[179] Im geschäftlichen Bereich sind aber Eingriffe in den Geheimnisschutz in bestimmten Fällen gesetzlich vorgesehen, so z. B. in das **Bankgeheimnis**[180] aufgrund eines **Einsichtsrechts** der Gläubiger beim Registergericht im Falle der Liquidation nach § 74 Abs. 3 Satz 2 GmbHG.[181]

Da der Geheimnisschutz auf die Inhalte gerichtet ist, kommt es auf die **körperliche Form** der Korrespondenzen und **Aufzeichnungen** nicht an. Geschützt sind daher auch **E-Mails.** Zutreffend hat das LG Köln daher die ungefragte Veröffentlichung von E-mails mit geschäftlichem Inhalt auf einer Homepage im Internet als Verletzung der Geheimsphäre gewertet.[182]

---

[172] BGH NJW 1955, 260 – *Cosima Wagner;* Löffler/*Steffen,* § 6 LPG, Rn. 69; *Prinz/Peters,* Rn. 86.

[173] LG Hamburg NJW – 1989, 1160.

[174] *Prinz/Peters,* Rn. 86.

[175] Wenzel/*Burkhardt,* Kap. 5., Rn. 41.

[176] BGH NJW 1954, 1401 – *Leserbrief.*

[177] So im Ergebnis KG Berlin NJW-RR 2007, 842, 844, wobei in der Begründung jedoch nicht auch die Geheimsphäre abgestellt wurde.

[178] BGH NJW 1962, 32 – *Waffenhändler.*

[179] OLG Hamm AfP 1993, 740; *Soehring,* Rn. 19.10; *Prinz/Peters,* Rn. 86.

[180] Hierzu auch BGH AfP 2006, 150 – *Kirch.*

[181] Hierzu BayOLG NZG 2003, 439; OLG Braunschweig GmbHR 1993, 509.

[182] LG Köln CR 2007, 195 = MMR 2006, 758.

Ebenfalls dem Geheimnisschutz unterfallen vertrauliche **Gespräche**[183] und **Telefonate,**[184] auch wenn sie geschäftlicher Natur sind. Unzulässig ist somit das Mithören z. B.
durch Freisprecheinrichtungen[185] oder mittels gezielter Abhörmaßnahmen und Aufzeichnung der Gespräche[186] sowie deren Auswertung in **Gesprächsprotokollen** und deren
spätere Veröffentlichung. Der Geheimnisschutz gewährleistet insoweit die Unbefangenheit der freien Kommunikation und trägt in dieser Weise zur umfassenden Gewährleistung der Meinungsfreiheit (Art. 5 GG) bei. In diesen Fällen muss nach der strengen
Rechtsprechung sogar die ebenfalls in Art. 5 GG garantierte Pressefreiheit zurücktreten.
Unzulässig war z. B. die Veröffentlichung eines Gesprächsprotokolls eines abgehörten Te-
lefonats zweier Spitzenpolitiker in einer Zeitschrift.[187] Unter das vom Geheimnisschutz
erfasste **Recht am eigenen** (gesprochenen) **Wort** fällt insbesondere auch die Weitergabe
und Veröffentlichung von Gesprächsinhalten und aus den Gesprächen gewonnenen Informationen, die aus **vertraulichen Gesprächen** zur Vorbereitung eines gemeinsamen
Buchprojekts stammen, welches später aber nicht zusammen durchgeführt wurde.[188] In
der Regel unzulässig ist es auch, sich unter Vortäuschung falscher Tatsachen in eine **Besprechung,** eine **Pressekonferenz** oder eine sonstige, nur einem ausgewählten Teilnehmerkreis geöffnete **Veranstaltung** einzuschleichen, und die so gewonnenen Erkenntnisse
auszuwerten.[189]

Anerkanntermaße unterfallen auch **Krankenunterlagen** in jeglicher Form sowie ver-   **37**
gleichbare sensible Unterlagen dem Geheimnisschutz, also z. B. **Krankenakten** und **-kar-
teien,**[190] **Ehescheidungsakten,**[191] Unterlagen und Korrespondenzen von **Ärzten** und
anderen Heilberufen, **Rechtsanwälten, Psychologen, Steuerberatern, Familien-** und
Ehetherapeuten.[192] Dieser Aspekt des Geheimnisschutzes ist auch strafrechtlich durch
§ 201 StGB abgesichert. Insbesondere in diesem Bereich offenbaren sich die eingangs
erwähnten Überschneidungen mit der **Privatsphäre.**

Dies gilt auch für die **Einkommens-** und **Vermögensverhältnisse** sowie die sonsti-   **38**
gen wirtschaftlichen Daten einer Person. Die hM. rechnet diese der Privatsphäre zu.[193] Da
sich die unter diesem Aspekt gegen Indiskretionen geschützten Informationen in der
Regel aus Unterlagen ergeben, die dem Geheimnisschutz im obigen Sinne unterfallen,
besteht eine enge Sachnähe zum Geheimnisschutz, weshalb es richtiger erscheint, den
Schutz von persönlichen **Wirtschaftsdaten** insgesamt unter den Aspekt des Geheimnisschutzes zu fassen.

Unerheblich für Umfang und Reichweite des Geheimnisschutzes sind **ungenehmigte**   **39**
Veröffentlichungen Dritter, die ohne Mitwirkung des Betroffenen geschehen. Anderenfalls wäre die Dispositionsbefugnis über den Geheimnisschutz in die Hände Dritter
gelegt, die den an sich bestehenden Schutz durch eine unzulässige Indiskretion jederzeit
beenden könnten. Diese Rechtsfolge würde unverhältnismäßig in die vom Persönlichkeitsrecht garantierte Selbstbestimmung eingreifen. Dieser Aspekt des Indiskretionsschutzes ist von gesteigerter Bedeutung, seit das Medium **Internet** jedermann einfach, schnell
und kostengünstig die Möglichkeit gibt, Informationen einer weltweiten Öffentlichkeit
zugänglich zu machen. Auch vor diesem neuen tatsächlichen Hintergrund kann der ver-

---

183   BGH NJW 1987, 2667 – *Langemann.*
184   BVerfG NJW 2002, 3619; BGH NJW 1979, 647 – *Kohl/Biedenkopf*; *Soehring* Rn. 19.9.
185   *Löffler/Steffen,* § 6 LPG, Rn. 69; a. A. OLG Brandenburg NJW-RR 2002, 1127.
186   BVerfG NJW 1273, 891, 892; BGH NJW 1988, 1016; *Soehring,* Rn. 19.9.
187   BGH NJW 1979, 647 – *Kohl/Biedenkopf.*
188   BGH NJW 1987, 2667 – *Langemann.*
189   BVerfG NJW 1984, 1741, 1742 ff.
190   BVerfGE 32, 373, 379; BGH NJW 1957, 1146, 1147.
191   BVerfGE 27, 344, 350 f.
192   *Löffler/Steffen,* § 6 LPG, Rn. 69.
193   OLG Hamburg AfP 1992, 376, 377; AG Berlin AfP 1996, 188; *Prinz/Peters,* Rn. 72 m. w. N.

einzelt vertretenen Ansicht,[194] der Geheimnisschutz könne entfallen, wenn eine Tatsache nach ungenehmigten Veröffentlichungen allgemein bekannt sei, nicht gefolgt werden.

IV. Recht auf Anonymität (Schutz vor Namensnennung)

40   Das individuelle Schutzbedürfnis für ein **Recht auf Anonymität** ist ebenso von den subjektiven Einstellungen und Verhaltensweisen des Individuums abhängig, wie seine **Reichweite.** Es gibt Menschen, die gerne bekannt sind oder werden wollen, auch über den beruflichen Bereich hinaus und dafür bereit sind, Teile ihres Privatlebens freiwillig in die Öffentlichkeit zu tragen (zur Selbstöffnung der Privatsphäre, die dann auch den Aspekt der Namensnennung erfasst, siehe oben Rn. 25 ff.). Andere trennen streng zwischen ihrem Berufs- und dem Privatleben und wollen sich nur in geschäftlichen Angelegenheiten „einen Namen machen". Andere hingegen üben ihr **Selbstbestimmungsrecht** über die öffentliche Darstellung dahingehend aus, dass sie auch in beruflichen Angelegenheiten, erst recht aber im Privatleben weitestmöglich anonym, also unbekannt, bleiben wollen. Dies setzt indes voraus, dass sie ihr Verhalten dahingehend ausrichten, also auch in geschäftlichen Dingen ihren Namen und sonstige personenbezogene Daten nur so weit preisgeben, wie dies unvermeidbar ist (z. B. bei Geschäftskorrespondenz), aber jede andere Form öffentlicher Aufmerksamkeit vermeiden. Dies kann so weit gehen, dass auch auf namentliche Einträge in öffentlich zugänglichen Verzeichnissen (Telefonbuch etc.) verzichtet wird. Wer sich konsequent und bestmöglich von der Öffentlichkeit abschirmt hat in stärkerem Maße ein Recht auf Anonymität, als andere.

Das Recht auf Anonymität ergibt sich bereits aus dem vorstehend erörterten Recht auf Wahrung der Diskretion über Vorgänge aus dem **Privat-, Intim- und Geheimbereich** (siehe oben Rn. 5 ff.). Während der persönlichkeitsrechtliche Schutz in diesen Bereichen in erster Linie auf den Schutz vor der Preisgabe von Details und ganzen Lebensvorgängen gerichtet ist, kann darüber hinaus auch ein Schutz vor der Namensnennung an sich bestehen. Des Weiteren ergibt sich in der Rechtspraxis ein Recht auf Anonymität auch aus dem **Wahrheitsschutz** (hierzu § 20) dahingehend, dass bei Verfälschungen der Biografie durch Unwahrheiten natürlich auch die Namensnennung unzulässig ist. Im Grenzbereich zwischen Anonymitäts- und Wahrheitsschutz liegt die sogenannte **Verdachtsberichterstattung** über nicht abschließend geklärte Straftaten und sonstige Verfehlungen, die strengen Voraussetzungen unterliegt und bei welcher der Aspekt der Namensnennung stets gesondert zu prüfen und in die Güter- und Interessenabwägung einzubeziehen ist (hierzu auch § 20 Rn. 5). Reißerische Herausstellungen, die zu einer **Prangerwirkung** führen, sind bei einer Verdachtsberichterstattung unzulässig.[195]

41   Zu dem vom Persönlichkeitsrecht gewährleisteten Indiskretionsschutz zählt grundsätzlich auch das Recht, in gewählter Anonymität zu bleiben und die eigene Person nicht in identifizierbarer Weise in der Öffentlichkeit dargestellt zu sehen.[196] Der **Anonymitäts- und Namensschutz** ist aber nicht absolut, sondern besteht im Einzelfall nur nach einer Interessenabwägung mit kollidierenden Rechtsgütern, insbesondere mit der Presse- und Rundfunkfreiheit aus Art. 5 GG. Die Rechtsprechung erkennt dabei an, dass Berichte unter Namensnennung die persönliche Sphäre der Betroffenen intensiver berühren, als anonymisierte und personalisierte Berichte und die Wirkung von Kritik verstärken, weshalb stets mit besonderer Sorgfalt abgewogen werden muss, ob dem Informationsinteresse nicht auch ohne Namensnennung genügt werden kann.[197]

Der in dieser Weise partiell garantierte Schutz vor ungenehmigter Namensnennung resultiert nicht aus dem **Namensrecht** gemäß § 12 BGB (hierzu näher § 13), da das zivil-

---

[194] Wenzel/*Burkhardt,* Kap. 5., Rn. 43.
[195] OLG Frankfurt NJW-RR 2007, 1115 f.
[196] BGH NJW-RR 2007, 619, 620 m. w. N.
[197] BGH NJW 1980, 1790, 1791.

rechtliche Namensrecht aus dieser Norm allein gegen eine **Identitätsverwirrung** durch unbefugten Namensgebrauch schützt, sowie davor, dass dem Namensträger sein Recht zum Gebrauch des Namens von einem anderen bestritten wird.[198] Diese Aspekte des Namensschutzes sind indes bei indiskreten Veröffentlichungen des Namens im Zusammenhang mit wahrheitsgemäßen Vorgängen, mit denen der namentlich Benannte tatsächlich im Zusammenhang steht, nicht einschlägig. Das Namensrecht aus § 12 BGB entfaltet seinen Schutz aber im Zusammenhang mit Medien partiell z. B. bei Internetadressen (**Domains**), die den Namen des Betroffenen ohne seine Einwilligung nutzen.[199]

Der vom allgemeinen Persönlichkeitsrecht erfasste Schutz vor Aufhebung selbstgewählter Anonymität durch unerlaubte Namenspreisgabe resultiert aus dem Aspekt der **informationellen Selbstbestimmung**[200] (Näheres § 22), wonach jeder selbst darüber entscheiden darf, ob, wann und innerhalb welcher Grenzen seine persönlichen Daten in die Öffentlichkeit gebracht werden dürfen.[201] Dieses Recht ist aber nicht schrankenlos gewährleistet. Insbesondere muss der Einzelne Beschränkungen hinnehmen, die aus überwiegenden Gründen des **Gemeinwohls** geboten sind.[202] Ein diensthabender **Notfallarzt** muss daher z. B. nach Auffassung des BGH die Veröffentlichung seines **Namens,** seiner **Dienstadresse** und seiner **dienstlichen Telefonnummer** in der Lokalpresse dulden, auch wenn die kassenärztliche Vereinigung die Erreichbarkeit auf einem anderen Weg (über die Rettungsleitstelle) organisatorisch sicherstellt.[203]

Die Namensnennung im Zusammenhang mit der **beruflichen Tätigkeit** des Betroffe- 42 nen ist daher eher zulässig,[204] als eine namentliche Benennung einer Person in Bezug auf deren **Privatleben** (z. B. familiäre Angelegenheiten, Freizeitgestaltung, Ausübung von Hobbies). Das Recht auf Anonymität besteht in erster Linie, wenn eine Veröffentlichung die **Privat- oder Intimsphäre** betrifft (hierzu vorstehend unter Rn. 5 ff.; 27 ff.). Fällt die Namensnennung mit der Bekanntgabe der Adresse, Telefon- oder Faxnummer oder der E-Mail-Adresse zusammen, ist in der Interessenabwägung zu berücksichtigen, ob es sich hierbei um die beruflichen Daten des Betroffenen handelt (z. B. Firmenanschrift, geschäftlich genutzter Telefonanschluss, der BGH spricht insoweit im Zusammenhang mit den Praxisdaten eines Arztes von „keinen sensiblen Informationen"[205]) oder um die privaten Kontaktdaten seines Privatwohnsitzes, die im Hinblick auf den Schutz der Privatsphäre stärkeren Schutz genießen (hierzu auch oben, Rn. 18).

Abseits von Fällen, in denen die Namensnennung Gemeinwohlbelangen im Sinne der Sicherstellung der Erreichbarkeit eines Angehörigen einer der Allgemeinheit besonders verpflichteten Berufsgruppe auch außerhalb der üblichen Geschäftszeiten dient (neben Ärzten[206] kommt dies nur bei wenigen weiteren Berufen, wie z. B. Pfarrern, Seelsorgern und Therapeuten mit Notdienstverpflichtungen in Betracht), ist auch im Zuge der Erörterung **beruflicher Vorgänge** eine Namensnennung nicht immer zulässig. Es kommt darauf an, ob ein anerkennenswertes öffentliches Informationsinteresse nur am Vorgang in sich, oder auch speziell an der namentlichen Benennung besteht. Wird z. B. über eine angeblich fehlerhafte Entscheidung in einem **behördlichen Verfahren** (oder einem entsprechenden Vorgang in einem **Unternehmen**) berichtet, erstrecken sich berechtigte Informationsbelange in der Regel nicht auf den Namen des Sachbearbeiters, der den Vorgang in Ausübung seines Berufes zu bearbeiten hatte, selbst wenn dieser objektiv einen Fehler gemacht haben sollte. Für den Bereich der **Medienberichterstattung** gilt der

198 BGH NJW 1991, 1532 – *Notfallarzt.*
199 BGH GRUR 2004, 619, 620 – *kurt-biedenkopf.de* m. w. N.
200 Grundlegend BVerfG NJW 1984, 419 – *Volkszählung.*
201 BGH NJW 1991, 1532, 1533 f. – *Notfallarzt.*
202 BGH NJW 1991, 1532, 1533 f. – *Notfallarzt.*
203 BGH NJW 1991, 1532, 1533 f. – *Notfallarzt.*
204 BGH NJW-RR 2007, 619; BGH NJW 1991, 1532 – *Notfallarzt.*
205 BGH NJW 1991, 1532, 1533 f. – *Notfallarzt.*
206 BGH NJW 1991, 1532, 1533 f. – *Notfallarzt.*

Grundsatz, dass das Anliegen der Journalisten und Redakteure, die Authentizität einer Berichterstattung durch eine personalisierte Darstellung zu steigern, also „Ross und Reiter" namentlich zu benennen, nicht allein aus sich selbst heraus ein Überwiegen der von Art. 5 GG geschützten öffentlichen Informationsinteressen gegenüber den Belangen des Persönlichkeitsschutzes begründet.[207] Es bedarf vielmehr der Abwägung der betroffenen Interessen unter den Umständen des **Einzelfalls,** wobei in der Abwägung zu berücksichtigen ist, ob sich das berechtigte öffentliche Informationsinteresse nur auf den Vorgang bezieht, über den berichtet wird oder gerade auch auf die Person. Nur in letzterem Fall kommt eine Namensnennung (oder eine in sonstiger Weise personalisierte Berichterstattung) in Betracht, während insbesondere bei Vorgängen, die den **Privat-, Intim- oder Geheimbereich** der Person betreffen, dem Recht auf Anonymität Vorrang gebührt, soweit der Betroffene sich nicht aus eigenem Antrieb heraus der Öffentlichkeit gestellt hat. Vor diesem Hintergrund begegnet es grundsätzlich Bedenken, wenn das BVerfG in jüngerer Zeit die namentliche Benennung einer Frau im Zuge eines Fernsehbeitrags zum Thema „Scheidungsopfer Mann" als verfassungsrechtlich zulässig angesehen hat, zumal es im Beitrag über höchst persönliche Angelegenheiten, nämlich finanzielle Streitigkeiten anlässlich eines **Scheidungskrieges,** ging und der Beitrag unter aktiver Mitwirkung des geschiedenen Ehemanns als „Scheidungsopfer" entstanden war.[208] Bei dieser Entscheidung ist aber zu berücksichtigen, dass das BVerfG aus prozessualen Gründen im Rahmen einer Verfassungsbeschwerde nur über eine Klagabweisung bezüglich eines Antrags auf **Geldentschädigung** (siehe § 51) zu entscheiden hatte, also nur zu prüfen war, ob die Zivilgerichte in verfassungsrechtlich bedenkenloser Weise das Vorliegen einer besonders schwerwiegenden Persönlichkeitsrechtsverletzung verneint hatten (während der **Unterlassungsanspruch,** der schon bei einfachen Persönlichkeitsrechtsverletzungen besteht (siehe § 47) nicht vom BVerfG zu prüfen war). Dass mit der Namensnennung keine schwere Verletzung des Persönlichkeitsrechts verbunden war, begründete das BVerfG im konkreten Fall damit, dass **nur** der **Nachname** genannt wurde, der keineswegs selten anzutreffen sei, und auch keine Bekanntgabe des Wohnortes erfolgt sei. Ferner waren im Zusammenhang mit der Nennung des Nachnamens im Beitrag keine Fotos gezeigt worden, was das BVerfG in der Gesamtschau zu der Annahme führte, dass keine nachhaltige Möglichkeit einer Identifizierung durch die Zuschauer eröffnet worden war. Aufgrund dieser besonderen Umstände des Einzelfalls erscheint es vertretbar, die Namensnennung nicht als schwerwiegend im Sinne des Geldentschädigungsanspruchs anzusehen. Bedenken bestehen aber hinsichtlich der zuvor vom OLG Karlsruhe[209] im Gegensatz zum LG vertretenen Auffassung, es bestünde auch kein Unterlassungsanspruch auf Namensnennung bzw. sonstige Darstellung in identifizierbarer Weise. Zwar ist ein berechtigtes öffentliches Interesse an einer Darstellung der finanziellen Folgen streitiger Scheidungen angesichts der hohen Scheidungsrate anzuerkennen. Auch die **Illustration** der **Thematik** anhand konkreter Fälle vermag dem Grunde nach diesem Zweck zu dienen. Überwiegende öffentliche Informationsinteressen an der unfreiwilligen Personalisierung eines solchen Einzelfalls, der letztlich eine höchstpersönliche und zivilrechtliche Auseinandersetzung unter Privatpersonen bleibt, bestehen aber nicht.

43   Anders kann die in jedem Fall erforderliche Güterabwägung ausfallen, wenn die Berichterstattung die **berufliche Sphäre** betrifft und der Betroffene eine **bedeutende Funktion** innehat (z. B. als **Firmeninhaber, Geschäftsführer, Vorstand**), die in unmittelbaren Zusammenhang mit dem Thema der Berichterstattung steht. Berichtet z. B. ein Verbrauchermagazin über Probleme bei der Abwicklung eines Gewährleistungsfalls nach einem Produkterwerb von einer Handelsgesellschaft, ist eine namentliche Benennung des Geschäftsführers gegen seinen Willen unzulässig, jedenfalls wenn er nicht persönlich mit

---

[207] BVerfG NJW 2007, 1055, 1056 – „*Scheidungsopfer Mann*"; BVerfG NJW 1990, 1980.
[208] BVerfG NJW 2007, 1055, 1056 – „*Scheidungsopfer Mann*".
[209] OLG Karlsruhe ZUM 2001, 883.

dem Vorgang aus dem Tagesgeschäft befasst war, da seine namentliche Benennung keine relevante Information zum Thema beisteuern würde. Gleiches gilt für den den Vorgang betriebsintern bearbeitenden **Sachbearbeiter,** sofern nicht besondere Gründe, die in dessen Person liegen, ausnahmsweise zu überwiegenden Informationsinteressen auch hinsichtlich der Offenlegung seiner Identität führen. Bei der Abberufung eines Geschäftsführers einer landeseigenen GmbH, die ein Klinikum mit ca. 900 Mitarbeitern betreibt, hielt der BGH[210] eine Namensnennung in einer sachlich gehaltenen **Pressemeldung** unter kurzer Beschreibung der Gründe für zulässig. Der erforderliche persönliche Bezug des Vorgangs auf den Betroffenen lag in diesem Einzelfall in der Tatsache begründet, dass er sein Amt nach einem medienwirksamen Skandal, der zur Abberufung seines Vorgängers führte, als **Krisensanierer** angetreten hatte und hierbei auch über den lokalen Bereich hinaus mit Interviews in die Öffentlichkeit getreten war. Auch die gehobene Größe des Klinikums und der Umstand, dass dieses der öffentlichen Hand gehört, waren in der Abwägung ausschlaggebend, ebenso der Umstand, dass er wegen einer Störung seines Vertrauensverhältnisses zu einem Großteil der Mitarbeiter abberufen wurde. Wer sich im **Wirtschaftleben** betätigt, muss sich nach der Rechtsprechung des BGH in erheblichem Umfang **Kritik** an seinen Leistungen aussetzen und das Recht auf Kritik umfasse auch die Namensnennung. Gleichzeitig stellte der BGH klar, dass eine Namensnennung auch im beruflichen Zusammenhang unzulässig ist, wenn dadurch eine **Stigmatisierung, soziale Ausgrenzung** oder **Prangerwirkung** zu besorgen ist.[211] Aufgrund der Prangerwirkung sah der BGH eine von einer Bürgerbewegung 1992 veröffentlichte **Namensliste** von 4500 informationellen Mitarbeitern aus einer begrenzten Region als unzulässig an.[212] In jüngerer Zeit hielt das LG Frankfurt/Oder hingegen die Erwähnung einzelner Namen in einer wissenschaftlichen Arbeit über die DDR (Broschüre des Berliner Stasi-Unterlagenbeauftragten) für zulässig.[213]

Weitere **Beispiele** aus der **Rechtsprechung**: Zulässig ist nach Auffassung des KG Ber- **44** lin die identifizierbare Berichterstattung über einen ehemaligen **Polit-Offizier der Grenztruppen der DDR** auch noch über 15 Jahre nach der Wiedervereinigung.[214] Demgegenüber hielt das OLG Hamburg die identifizierbare Berichterstattung über eine rund **fünf Jahre zurückliegende Verurteilung** (fünf Jahre Haft wegen Beihilfe zur Untreue) für unzulässig, auch wenn erneut gegen den Täter ermittelt wird.[215] Zulässig war jedoch die namentliche Benennung eines dringend **Tatverdächtigen** in einem Medienbericht, der wegen des Verdachts gravierender Delikte über einen längeren Zeitraum (Bildung einer kriminellen Vereinigung, illegales Glücksspiel, Steuerhinterziehung) in Untersuchungshaft saß.[216] Ebenso zulässig war die Namensnennung eines wegen Mordes dringend tatverdächtigen Taxifahrers in Untersuchungshaft während einer gemeinsamen Pressekonferenz der Staatsanwaltschaft und der Polizei, die entsprechende Medienberichte nach sich zog.[217] Hingegen sah das OLG Hamm die Namensnennung in der **Öffentlichkeitsfahndung** der **Polizei** ohne dringenden Tatverdacht und ohne Haftbefehl als unverhältnismäßig an.[218] Unzulässig war auch die nicht anonymisierte Weitergabe von **dienstlichen Daten** über **Vorstrafen** und Ermittlungsverfahren durch einen Polizeibeamten.[219] Ebenfalls unzulässig war die Preisgabe des Namens eines Polizeibeamten im Zuge eines in einem Buch über einen „St-Pauli-Killer" veröffentlichten **Zitats,** in

---

[210] BGH NJW-RR 2007, 619, 620 – *Klinik-Geschäftsführer.*
[211] BGH NJW-RR 2007, 619, 620 f. – *Klinik-Geschäftsführer.*
[212] BGH GRUR 1994, 913, 914.
[213] LG Frankfurt/Oder AfP 2006, 272.
[214] KG Berlin GRUR-RR 2007, 247; ebenso KG Berlin AfP 2007, 243.
[215] OLG Hamburg AfP 2007, 228, 229.
[216] OLG Frankfurt GRUR 1990, 1056.
[217] OLG Celle NJW 2004, 1461.
[218] OLG Hamm GRUR 1993, 154, 155.
[219] LG Deggendorf NJW-RR 1993, 410.

welchem die unbestätigte Behauptung aufgestellt wurde, er habe für einen Bordellbetreiber gearbeitet.[220] Auch die Mitteilung des tatsächlichen Namens des Fernsehkommissars „Balko" in Zusammenhang mit einer Berichterstattung über dessen **Kokainkonsum** und **Festnahme** auf dem Oktoberfest war unzulässig, da es nur um den Eigenverbrauch und Besitz einer geringen Menge ging.[221] Als unzulässige Verletzung des Persönlichkeitsrechts sah das OLG Frankfurt eine nicht anonymisierte reißerische Verdachtsberichterstattung über einen **Kannibalismusvorwurf** gegen einen psychisch kranken Mordverdächtigen an.[222] Ausnahmsweise ist nach Auffassung des BGH eine namentliche Berichterstattung über einen **Verkehrsverstoß** zulässig, wenn es sich um einen besonders gravierenden Verstoß handelt (Geschwindigkeitsüberschreitung um 81 km/h), der Täter prominent ist und bereits zuvor auffällig war.[223] Die Berichterstattung über **Zivilprozesse** rechtfertigt eine Namensnennung der Parteien nur im Ausnahmefall.[224] Ein **Anwalt,** der im Rahmen eines Mandats ein **„presserechtliches Informationsschreiben"** an Redaktionen versendet, in welchem er zu staatsanwaltschaftlichen Ermittlungen gegen seine Mandantin Stellung nimmt, muss nicht dulden, dass ein namentlich gekennzeichnetes Zitat daraus veröffentlicht wird.[225] Ebenso darf der Name eines **Anwalts,** dessen Gemeinschaftskanzlei im Zuge von **Ermittlungen** gegen dessen Sozius durchsucht wird, nur dann genannt werden, wenn dabei ausdrücklich darauf hingewiesen wird, dass sich die Ermittlungen nicht gegen ihn richten.[226] Der Schöpfer einer medizinischen **Behandlungsmethode,** die in der Fachwelt allgemein nach ihm benannt wird, kann die Verwendung seines Namens zur Bezeichnung der Methode nicht untersagen,[227] ebenso kann nach Ansicht des BGH der Bruder eines im Zuge eines **Familiendramas** durch Selbstmord verstorbenen Mannes mangels Betroffenheit nicht die Bekanntgabe des gemeinsamen Familiennamens verbieten lassen.[228] Letztere Ansicht des BGH ist wenigstens dann im Ergebnis fragwürdig, wenn man davon ausgeht, dass auch die Namensnennung des unmittelbar betroffenen verstorbenen Bruders unzulässig wäre, weil die Familientragödie nebst Selbstmord in die **Privatsphäre** fällt, wovon die Vorinstanzen zutreffend ausgingen.[229]

45   Bei Personen, die aufgrund besonderer Umstände in ihrer Person der **Entführungsgefahr** oder sonstigen **Personengefährdung** ausgesetzt sind, ist dieser Aspekt bei der Güterabwägung zum Recht auf Anonymität besonders zu berücksichtigen.[230] Veröffentlichungen, die das Risiko potentiell erhöhen, sind allenfalls dann zulässig, wenn überragende öffentliche Informationsinteressen gerade an der Preisgabe der Identität bestehen.

46   Ein **Künstler,** der ausnahmslos nur im Kostüm mit Perücke und unter einem **Künstlernamen** auftritt, hat ein Recht auf Anonymitätsschutz hinsichtlich seines bürgerlichen Namens und realen Aussehens, soweit er seine wahre Identität konsequent geheim hält und nicht als Privatperson, dh. außerhalb seiner Rolle, öffentliche Aufmerksamkeit erregt.[231]

47   In der **Werbung** und zur Kennzeichnung von kommerziellen Produkten ist die ungenehmigte Verwendung fremder Namen, ebenso alle anderen Formen der Bezugnahme auf reale Personen, in der Regel unzulässig.[232] Dies gilt auch für Vornamen[233] und allge-

---

[220] BGH GRUR 1997, 396, 397 f. – *Lohnkiller.*

[221] OLG Hamburg AfP 2006, 257 – *Balko.*

[222] OLG Frankfurt NJW-RR 2007, 1115 – *Kannibalismusvorwurf.*

[223] BGH AfP 2006, 62 – *Verkehrsverstoß;* bestätigt durch BVerfG AfP 2006, 354.

[224] AG Charlottenburg AfP 2006, 595, 596; OLG Hamburg AfP 2008, 303; KG Berlin AfP 2007, 562.

[225] KG Berlin NJW-RR 2007, 843.

[226] OLG Karlsruhe NJW 2005, 2400.

[227] LG Düsseldorf NJW E-WettbR 2000, 117.

[228] BGH NJW 1980, 1790, 1791.

[229] Zur Betroffenheit von Angehörigen später auch BGH AfP 2006, 67.

[230] BVerfG NJW 2000, 2194; OLG München AfP 1991, 435 f.; *Prinz/Peters,* Rn. 880; für Fotos: *Wanckel,* Fotorecht, Rn. 246.

[231] LG Berlin AfP 2005, 292 – *Atze Schröder.*

[232] BGH NJW 2000, 2195, 2197 – *Marlene;* BGH NJW 1959, 1269 – *Caterina Valente.*

mein bekannte Spitznamen[234], die dem Betroffenen zugeordnet werden können, ebenso für Geschäftsnamen.[235] Der BGH lässt in jüngerer Zeit namentliche Bezugnahmen auf bekannte Personen in der Werbung zu, wenn sich diese aktuelle in satirischer Weise auf das Zeitgeschehen bezieht und zugleich nicht den Eindruck erweckt, der Genannte würde das beworbene Produkt empfehlen.[235a]

Kinder, auch solche von Prominenten, haben das verfassungsrechtlich verbürgte **48** Recht, unbeobachtet und unbefangen aufzuwachsen. Sie genießen daher einen umfassenden Anonymitätsschutz in den Medien.[236] Schon die Preisgabe des Vornamens kann unzulässig sein.[237] Eine Ausnahme besteht nur, wenn sie bei bedeutsamen Veranstaltungen auftreten und über diese Veranstaltung aktuell berichtet wird.[238]

V. Indiskretionsschutz bei Unternehmen

Der Schutz durch das zivilrechtliche allgemeine Persönlichkeitsrecht erstreckt sich auch **49** auf **Wirtschaftsunternehmen** in allen Rechtsformen. Nach der Rechtsprechung des BGH entfaltet sich seine Schutzwirkung bei juristischen Personen allerdings nur insoweit, „als sie aus ihrem Wesen als Zweckschöpfung des Rechts und ihren Funktionen dieses Rechtsschutzes bedürfen".[239] Diese wenig konkrete **Einschränkung** versucht der **BGH** dahingehend näher zu beschreiben, dass der Schutz insbesondere dann besteht, wenn das Unternehmen in seinem **sozialen Geltungsbereich** als Arbeitgeber oder als Wirtschaftsunternehmen betroffen ist.[240] Das **BVerfG**[241] hat offengelassen, ob juristische Personen sich in vollem Umfange auf das verfassungsrechtliche allgemeine Persönlichkeitsrecht aus Art. 2 Abs. 1 iVm. Art. 1 Abs. 1 GG berufen können (was wegen des engen Bezugs zur Menschenwürde, Art. 1 Abs. 1 GG, fraglich ist), ist dem BGH aber jedenfalls hinsichtlich der Anwendbarkeit des zivilrechtlichen Persönlichkeitsrechts mit der Beschränkung auf den sozialen Geltungsanspruch gefolgt. Dies aus der Erwägung, dass juristische Personen jedenfalls durch die **allgemeine Handlungsfreiheit** des Art. 2 Abs. 1 GG in ihrer **wirtschaftlichen Betätigung** geschützt sind.[242] In der Literatur wird anders formuliert. Geschützt sei alles, was der unternehmerischen Betätigung und Entfaltung im Wirtschaftsleben dient.[243]

Das **Unternehmenspersönlichkeitsrecht,** auch als Recht am Unternehmen oder als Aspekt des Rechts am eingerichteten und ausgeübten Gewerbebetriebs bezeichnet,[244] ist als Ausprägung des allgemeinen Persönlichkeitsrechts ein **Rahmenrecht** und daher nicht absolut geschützt. Eingriffe in dieses Rahmenrecht sind nur dann rechtswidrig, wenn die in jedem Einzelfall vorzunehmende Güter- und Interessenabwägung mit geschützten Rechten Dritter zu einem Überwiegen des Unternehmenspersönlichkeitsrechts führt.[245] Das Unternehmenspersönlichkeitsrecht ergänzt dabei insbesondere Schutzlücken, die in

---

[233] BGH NJW 2000, 2195 – *Marlene*; OLG Hamburg AfP 2007, 371 – *Ernst August*; a. A. aus Gründen des Einzelfalls jetzt BGH, Urteile vom 5. 6. 2008, Az. I ZR 223/05 und I ZR 96/07.

[234] LG München I GRUR-RR 2007, 214 – *Schweini*.

[235] BGH NJW 1981, 2402 – *Rennsportgemeinschaft*.

[235a] BGH, Urteile vom 5. 6. 2008, Az. I ZR 223/05 und I ZR 96/07; ähnlich bereits vorher BGH NJW 2007, 689 – *Lafontaine*.

[236] BVerfG NJW 2000, 1021, 1023; BVerfG NJW 2005, 1857, 1859; KG Berlin AfP 2007, 374.

[237] KG Berlin AfP 2007, 374.

[238] BGH NJW 2004, 1795, 1796.

[239] BGH NJW 1994, 1281, 1282 – *Jahresabschlussanalyse*.

[240] BGH NJW 1994, 1281, 1282 – *Jahresabschlussanalyse*; BGH NJW 1986, 2951.

[241] BVerfG NJW 1994, 1784 – *Jahresabschlussanalyse*.

[242] BVerfG NJW 1994, 1784 – *Jahresabschlussanalyse*.

[243] Löffler/*Steffen*, § 6 LPG, Rn. 142.

[244] Zur unterschiedlichen Terminologie: *Prinz/Peters*, Rn. 187.

[245] BGH NJW 1981, 1089 – *Aufmacher I*; *Prinz/Peters*, Rn. 187 m. w. N.

der Anwendung einfachgesetzlicher Schutznormen entstehen können.[246] Der Schutz von Wirtschaftsunternehmen ist in erster Linie ein Schutz vor Verfälschungen durch die Verbreitung von **Unwahrheiten** (siehe § 20), wie er z. B. durch die Tatbestände der **Kreditschädigung** (§ 824 BGB) und der vorsätzlichen sittenwidrigen Schädigung (§ 826 BGB) schon durch das BGB gewährleistet wird. **Marken, geschäftliche Bezeichnungen und Unternehmenskennzeichen** sind durch das Markenrecht ua. gegen Verwechslungen geschützt (§§ 5, 14 ff. MarkenG). Das Wettbewerbsrecht (UWG) schützt Unternehmen ua. unter den Anwendungsvoraussetzungen des UWG ebenfalls gegen Unwahrheiten (z. B. § 4 Nr. 8 UWG), Herabsetzungen und Verunglimpfungen (z. B. § 4 Nr. 7 und § 6 Nr. 5 UWG). Das Unternehmenspersönlichkeitsrecht schützt hierzu ergänzend vor **Schmähungen,** die über das Maß berechtigter, sachlich begründbarer Meinungsäußerungen hinausgehen (zur Schmähkritik siehe § 21). Um solche Aspekte des Unternehmensschutzes geht es vorliegend nicht.[247]

50   Der Indiskretionsschutz von Wirtschaftsunternehmen ist naturgemäß weniger weitreichend, als der entsprechende Schutz natürlicher Personen, weil unternehmerische Tätigkeit weitgehend in den Bereich der **Öffentlichkeitssphäre** fällt. Insbesondere hat ein Unternehmen keine absolut geschützte Intimsphäre.[248] Allerdings gewährt die Rechtsordnung Unternehmen partiell einen Schutz vor Indiskretionen aus dem Bereich der Privat- und der Geheimsphäre. Unternehmen wird auf der Ebene einfachen Rechts durch die wettbewerbs(straf)rechtlichen Vorschriften in §§ 17–19 UWG Schutz vor Indiskretionen gewährt, indem ua. der **Verrat von Geschäfts- und Betriebsgeheimnissen** durch Betriebsangehörige und die ungenehmigte **Verwertung von Vorlagen** unter Strafe gestellt wird. Der aus dem Unternehmenspersönlichkeitsrecht folgende Indiskretionsschutz ist weiter. Er erstreckt sich auch auf betriebsfremde Personen und kann sogar Informationen erfassen, die in anderer Form aufgrund gesetzlicher Vorschriften (wie z. B. §§ 325 ff. HGB) veröffentlicht werden müssen. Der **Indiskretionsschutz** umfasst somit nicht nur das „Ob" der Preisgabe, sondern auch das „Wie", also eine Entscheidungsbefugnis über Anlass und Art und Weise der Veröffentlichung.

51   Die **Reichweite** des Indiskretionsschutzes hängt von der **Sensibilität** der jeweiligen Informationen einerseits und den mit der Veröffentlichung verfolgten Interessen andererseits ab. In der **Güterabwägung** stehen sich das Indiskretionsbedürfnis des Unternehmens und das Interesse an freier Kommunikation über Wahrheiten gegenüber.[249] Obwohl Unternehmen in Bezug auf ihre geschäftlichen Aktivitäten am Markt naturgemäß grundsätzlich in den meisten Fällen in dem der Öffentlichkeit zugewandten Bereich (also der Öffentlichkeitssphäre) tätig sind, bestehen nach der Rechtsprechung des BGH hohe Anforderungen an die zur Zulässigkeit ungenehmigter Veröffentlichungen erforderlichen schutzwürdigen Interessen, wenn es sich um besonders sensible Daten handelt. So ist es z. B. unzulässig, wenn ein Professor der Wirtschaftswissenschaften in Seminaren für Steuerberater den **Jahresabschluss** eines mittelständischen Bauunternehmens veröffentlicht und als Fallbeispiel nutzt, ohne die Daten zu anonymisieren.[250] In der Güter- und Interessenabwägung wurde der aus dem Unternehmenspersönlichkeitsrecht folgende Indiskretionsschutz sogar gegenüber der **Wissenschaftsfreiheit** im Hinblick auf die Preisgabe der finanziellen Situation des Unternehmens als überwiegend beurteilt. Nach Auffassung des BGH führte die nach §§ 325 ff. HGB vorgeschriebene Veröffentlichung des Jahresabschlusses im Bundesanzeiger nicht zu einer anderen Bewertung des Schutzbedürfnisses. Anders als die Vorinstanz (OLG Frankfurt a. M.) vertrat der BGH die Ansicht, dass die **Publizitätsvorschriften** des HGB nur dem Schutz Dritter dienen, die mit dem Unter-

---

[246] Löffler/*Steffen*, § 6 LPG, Rn. 140.
[247] Hierzu z. B. *Prinz/Peters*, Rn. 206 ff.; Löffler/*Steffen*, § 6 LPG, Rn. 144 m. w. N.
[248] BGH NJW 1981, 1089, 1091 – *Aufmacher I*.
[249] Ähnlich Löffler/*Steffen*, § 6 LPG, Rn. 146 a.
[250] BGH NJW 1994, 1281, 1282 – *Jahresabschluss*.

nehmen in Beziehungen stehen oder treten wollen. Mit der Veröffentlichung und Erörterung des Jahresabschlusses in den Steuerberaterseminaren sei aber gezielt das Interesse anderer (Fach-)Kreise auf die Daten gelenkt worden, auch und gerade gegenüber solchen Personen, die nicht in geschäftlicher Verbindung mit dem Unternehmen stehen. Dies sei vom Schutzzweck des handelsrechtlichen Publizitätsgebots nicht gedeckt.

Dementsprechend muss sich der Schutz von unternehmensinternen Daten nach dem Unternehmenspersönlichkeitsrecht umfassend ebenso auf alle anderen Informationen erstrecken, die keinen Publizitätspflichten unterliegen, vom Unternehmen auch nicht freiwillig veröffentlicht werden oder sogar in besonderer Weise rechtlich geschützt sind (z. B. durch das Urheber- oder Patentrecht, §§ 17 ff. UWG, das **Steuergeheimnis,** § 30 AO oder den strafrechtlichen Geheimnis- und Vertraulichkeitsschutz, §§ 201 ff. StGB). Insoweit greift auch bei Unternehmen der Schutz der **Geheimsphäre** ein (siehe hierzu oben Rn. 35 ff.).

Anerkannt ist ferner, dass Unternehmen in **räumlicher Hinsicht** Indiskretionsschutz **52** zusteht, der das Ausspähen von Vorgängen in **Betriebsstätten** und auf **Betriebsgeländen** umfasst. Insoweit wird der Schutz durch das Unternehmenspersönlichkeitsrecht durch das **Hausrecht** ergänzt, welches dem Unternehmensinhaber bzw. den von ihm beauftragten Personen das Recht gibt, über Zutrittsmöglichkeiten und auch über das Verweilen frei zu entscheiden[251] und damit die Möglichkeit schafft, indiskrete Einblicke zu verhindern oder zu beenden. Der Wunsch nach Informationen rechtfertigt grundsätzlich keine Einschränkungen oder Verletzungen des Hausrechts,[252] auch nicht für **journalistische Zwecke.** Für die redaktionelle Berichterstattung über Themen, die ein berechtigtes gravierendes Informationsinteresse der Öffentlichkeit betreffen, kann jedoch die journalistische Verwertung von Informationen (z. B. Aufnahmen), die unter Hausfriedensbruch entstanden sind, ausnahmsweise zulässig sein.[253]

Dabei sind jedoch strenge Anforderungen an die Wertigkeit des **Informationsinteresses** zu stellen. Insbesondere ist zu erwägen, ob die Information der Öffentlichkeit auch ohne den Eingriff sachgerecht möglich gewesen wäre. Denn es muss auch juristischen Personen ein räumlicher Bereich zugestanden werden, aus dem sie Dritte fernhalten können, weil es anderenfalls kaum möglich wäre, z. B. sensible und nicht zur Veröffentlichung bestimmte Geschäfte abzuwickeln[254] oder auch nur die von Kunden und Mitarbeitern gewünschte Diskretion zu bewahren. Die Möglichkeiten zur geschäftlichen Betätigung wären erheblich eingeschränkt, wenn es innerhalb des eigenen Betriebsgeländes nicht möglich wäre, unbeobachtet und ungestört zu arbeiten, Geschäfte anzubahnen und abzuwickeln und ausgewählte Kunden und Geschäftspartner zu empfangen. Aus diesem Grunde verbot das LG Berlin z. B. Aufnahmen, die von öffentlichem Grund aus mittels **Teleobjektiv** durch die **Schaufensterscheiben** eines Autohauses gemacht wurden, während dort eine **Kundenveranstaltung** mit geladenen Gästen (ua. der damals gerade aus der Haft entlassene Egon Krenz und weitere hochrangige Vertreter der ehemaligen DDR) abgehalten wurde.[255] Wie schon dieses Beispiel zeigt, erstreckt sich der Indiskretionsschutz von Unternehmen in räumlicher Hinsicht auch auf Bereiche, die grundsätzlich dem Kunden- oder Passantenverkehr frei gegeben sind. Der Erwerb eines **Fahrausweises** berechtigt z. B. nicht gleichzeitig zur Herstellung von Filmaufnahmen für journalistische Zwecke im Inneren eines **Bahnabteiles,** auch wenn die dort anwesenden weiteren Fahrgäste einverstanden sind.[256] Hierzu bedarf es der Dreherlaubnis der Bahn AG (die im ent-

---

[251] BGH NJW 2006, 377; OLG Hamburg, Urteil vom 23. 8. 2005, Az. 7 U 39/05 – *Pelztierfarm*; KG Berlin NJW 2000, 2210; Näheres in Bezug auf Aufnahmen: *Wanckel,* Fotorecht, Rn. 9 ff.

[252] BGH NJW 2006, 377; KG Berlin NJW 2000, 2210.

[253] BVerfG NJW 2005, 883 – *Tierversuchslabor*; ähnlich BGH NJW 1998, 2141 – *Ferienanlage*.

[254] LG Berlin ZUM 2004, 578, 579 – *Autohaus*.

[255] LG Berlin ZUM 2004, 578, 580 – *Autohaus*.

[256] KG Berlin NJW 2000, 2210, 2211.

schiedenen Fall angefragt, aber nicht erteilt worden war). Unzulässig ist auch das unerlaubte Drehen in einer **Anwaltskanzlei,** die aufgrund des Mandatsgeheimnisses zu den
besonders schutzwürdigen Büroräumen zählt (gleiches muss z. B. für **Arztpraxen** und
Räume sonstiger Heilberufe und **Steuerberaterbüros** gelten), insbesondere wenn die
Fortsetzung der Aufnahmen untersagt wird.[257]

53   Das Unternehmenspersönlichkeitsrecht schützt auch vor der Verbreitung von **Betriebsinterna** durch eigenes Personal, also vor Indiskretionen durch Angestellte und sonstige
Mitarbeiter, die – aus welchen Gründen auch immer – „an die Öffentlichkeit gehen". Der
persönlichkeitsrechtliche Indiskretionsschutz tritt dabei neben etwaige (arbeits-)vertrags-
rechtliche Verschwiegenheitspflichten und den wettbewerbs- oder strafrechtlichen Geheimnisschutz und ergänzt diesen, weil er z. B. auch für **ehemalige Mitarbeiter** gilt und
insbesondere **gezielte Ausspähungen** durch **Scheinmitarbeiter** erfasst, die sich nur mit
dem Ziel der heimlichen Informationsbeschaffung im Unternehmen betätigen.[258]
Die Reichweite des Indiskretionsschutzes soll nach der Rechtsprechung auch insoweit
„von Fall zu Fall aufgrund der jeweils betroffenen Spannungslage" ermittelt werden, in
denen die Interessen des Unternehmens in Konflikt mit den Interessen anderer stehen.[259]
Wie komplex diese **Güterabwägung** ist, besonders wenn es um die redaktionelle Berichterstattung geht, zeigen beispielhaft die ausführlichen (und vom BVerfG nicht gänzlich geteilten) Erwägungen des BGH im Fall Wallraff/BILD.[260] Anerkannt ist dem Grunde nach
jedenfalls das Bedürfnis eines Unternehmens nach einer **Vertraulichkeitssphäre** im eigenen Hause, die die unverzichtbare Grundlage der Zusammenarbeit der Mitarbeiter ist und
ua. der Bildung von Meinungen und der Durchsetzung von Entscheidungen dient.[261] Ein
Mindestbestand an **Vertraulichkeitsschutz** gehört zu den Grundlagen nicht nur eines jeden **Arbeitsverhältnisses,** sondern auch jeder unternehmerischen Betätigung. Sonst wäre
nach Auffassung des BGH nicht nur der vertrauensvollen Zusammenarbeit und der unbefangenen Meinungsbildung im Unternehmen die Grundlage entzogen, sondern auch der
Schutz von Betriebs- und Geschäftsgeheimnissen durch Offenlegungen schon im Vorfeld
bedroht.[262] Deshalb sind Veröffentlichungen von Betriebsinterna durch (ehemalige) Mitarbeiter nur ausnahmsweise unter den Voraussetzungen zulässig, dass dadurch **gewichtige
innerbetriebliche Missstände** aufgedeckt werden, durch die die Öffentlichkeit betroffen ist und denen durch betriebsinternes Vorstelligwerden nicht erfolgreich begegnet werden kann.[263] Derart wichtige Missstände mit hinreichender Öffentlichkeitsrelevanz
(Nachrichtenwert) können z. B. ernstzunehmende Sicherheitsmängel in einem Kernkraftwerk oder einer anderen Einrichtung mit erheblichem Gefahrenpotential für Mensch und
Umwelt sein, wenn der Mitarbeiter zuvor seine Kenntnisse und Bedenken ergebnislos betriebsintern an die zuständigen Stellen berichtet hat. In wirtschaftlicher Hinsicht können
z. B. ernsthafte und nachhaltige Kapitalprobleme von **Banken, Anlagegesellschaften
und Versicherungen,** die zu einer konkreten akuten Gefährdung von Kundengeldern
führen, als „gewichtige Missstände" im Sinne der Rechtsprechung angesehen werden.
Nicht ausreichend sein dürften in der Regel z. B. finanzielle Unregelmäßigkeiten oder
Notlagen in einem Unternehmen, welches im Eigentum eines Alleinunternehmers steht,
ein Zusammenbruch des Unternehmens also nicht die Öffentlichkeit bzw. Teile derselben,
sondern nur den Einzelunternehmer treffen würde. Etwas anderes könnte in diesem Beispiel indes gelten, wenn das Unternehmen Geschäfte mit anderen Unternehmen tätigt und
dabei in nicht unerheblichem Umfange Verbindlichkeiten eingeht, also mittelbar auch die

---

[257] OLG München AfP 1992, 78, 79.
[258] BVerfG NJW 1984, 1741 – *Aufmacher/Wallraff*; BGH NJW 1981, 1089 – *Aufmacher I.*
[259] BGH NJW 1981, 1089, 1090 – *Aufmacher I.*
[260] BVerfG NJW 1984, 1741 – *Aufmacher/Wallraff*; BGH NJW 1981, 1089 – *Aufmacher I.*
[261] BGH NJW 1981, 1089, 1090 – *Aufmacher I.*
[262] BGH NJW 1981, 1089, 1091 – *Aufmacher I.*
[263] BGH NJW 1981, 1089, 1090 – *Aufmacher I.*

Existenz der Geschäftspartner bedroht ist. Der Nachrichtenwert eines betriebsinternen Missstandes kann sich aber im Einzelfall auch aus anderen Umständen ergeben. Der BGH hat im Fall Wallraff/BILD z. B. die Schilderung einer Redaktionskonferenz, die erhebliche **Verstöße gegen die journalistische Wahrheits- und Sorgfaltspflicht** offenbarte, als Offenlegung eines gewichtigen Missstandes angesehen[264] und die Veröffentlichung (anders als die Vorinstanz) für zulässig gehalten. Das BVerfG hat diese Auffassung allerdings aus besonderen Gründen des Falls nicht geteilt, weil es die **Redaktionskonferenz** im Hinblick auf das von Art. 5 GG garantierte Redaktionsgeheimnis und die Pressefreiheit als besonders schutzwürdig ansah.[265] Eine Schilderung eines Besuchs in der **Privatwohnung** des Redaktionsleiters war nach Auffassung des BGH ebenso unzulässig, obwohl es dort auch um berufliche Dinge gegangen war.[266] Insoweit lag aber keine Verletzung des Unternehmenspersönlichkeitsrechts, sondern der Privatsphäre des Redaktionsleiters vor. Andere Schilderungen der beruflichen Tätigkeit des Redaktionsleiters in den Redaktionsräumen hielt der BGH hingegen für zulässig, obwohl sich der Berichtende unter falscher Identität eingeschlichen hatte.[267]

Die **Namen** eines Unternehmens sowie seiner **Produkte** und **Dienstleistungen** zäh-   54
len in den naturgemäß der Öffentlichkeit zugewandten Bereich und stehen somit nicht unter Indiskretionsschutz. Das Unternehmen ist mit seinen Namen und Produkten werbend am Markt tätig und damit in der Öffentlichkeit. Ein Unternehmen kann somit kein Recht auf Anonymität in einem Umfange haben, wie es bei natürlichen Personen besteht (siehe oben Rn. 40 ff.). Daher kann es nicht selbstbestimmt entscheiden, ob und wann sein Name veröffentlicht wird, sofern nicht besondere Umstände hinzutreten (z. B. Verbreitung von Unwahrheiten, hierzu § 20) oder ausnahmsweise der Schutz des Marken- oder Urhebergesetzes eingreift. Allerdings sind auch bei Unternehmen namentliche Darstellungen unzulässig, die zu einer unverhältnismäßigen **Prangerwirkung** führen, insbesondere, wenn die Veröffentlichung zu eigennützigen wirtschaftlichen Interessen des Publizierenden erfolgt. Das KG Berlin verbot daher z. B. eine **Namensliste** von Unternehmen auf der Homepage einer **Anwaltskanzlei,** die sich auf die Vertretung von Kapitalanlegern spezialisiert hatte und dort die Namen aller Unternehmen (Finanzdienstleistern) tabellarisch aufgelistet hatte, gegen die sie mandatiert war.[268]

Bei der **redaktionellen Berichterstattung** muss ein Unternehmen grundsätzlich die Nennung seines Namens bzw. des Namens seiner Produkte und Dienstleistungen oder Abbildungen derselben dulden, wenn dies nur beispielhaft zur Verdeutlichung oder Illustration von Vorgängen dient, die die ganze Branche, Warengruppe oder jedenfalls auch eine Vielzahl von Wettbewerben ebenfalls betrifft.[269] So wird z. B. nach der Rechtsprechung des BGH der Hersteller eines formaldehydhaltigen Desinfektionsmittels durch die Abbildung seines Produkts in einer Nachrichtensendung nicht in seinen geschützten Rechten verletzt, auch wenn zahlreiche Konkurrenzprodukte ebenfalls Formaldehyd enthalten, die Konzentration im eigenen Produkt nicht besonders hoch ist und der Hersteller auch keine führende Rolle in diesem Markt einnimmt.[270] Unzulässig sind derartige willkürliche Herausstellungen erst dann, wenn sie ohne jeden Anlass zu einer Anprangerung führen (also das Mittel gar kein Formaldehyd enthalten hätte).[271] In solchen Fällen greift aber der Schutz gegen Unwahrheiten ein, nicht der Indiskretionsschutz des Unternehmenspersönlichkeitsrechts. Da Unternehmen bezüglich ihrer wirtschaftlichen Betätigung in gehobenem Umfang öffentliche Aufmerksamkeit und Kritik dulden müssen, ist auch

---

[264] BGH NJW 1981, 1089, 1092 – *Aufmacher I.*
[265] BVerfG NJW 1984, 1741, 1742 ff.
[266] BGH NJW 1981, 1366, 1367 – *Aufmacher II.*
[267] BGH NJW 1981, 1366, 1367 ff. – *Aufmacher II.*
[268] KG Berlin AfP 2006, 75 – *Gegnerliste.* Aufgehoben durch BVerfG GRUR 2008, 352.
[269] BGH NJW 1987, 2746, 2747; Löffler/*Steffen,* § 6 LPG, Rn. 146 b m. w. N.
[270] BGH NJW 1987, 2746, 2747 – *Antiseptika.*
[271] BGH NJW 1987, 2746, 2747 – *Antiseptika*; BGH NJW 1966, 1857 – *Tai Ginseng.*

die Herausgabe einer **behördlichen Pressemitteilung,** in der wahrheitsgemäß und sachlich über eine Gerichtsverhandlung berichtet wird, in welcher es um die Geschäftspraktiken dieses Unternehmens ging, nicht rechtswidrig und begründet keine **Amtshaftungsansprüche.**[272]

55   Obgleich in der Literatur vertreten wird, dass sich der Indiskretionsschutz von Unternehmen auch darauf erstrecken kann, dass ohne sachlichen Anlass **längst verjährte (wahre) Dinge** erneut ans Licht geholt werden,[273] müssen Unternehmen nach der Rechtsprechung auch die dokumentarische oder künstlerische Aufarbeitung von länger zurückliegenden und juristisch längst **erledigten Skandalen** oder Problemfällen dulden, sofern dies wahrheitsgemäß erfolgt. Der zeitliche Abstand, innerhalb dessen die öffentliche Erinnerung wieder auf das Geschehnis gelenkt werden darf, hängt in erster Linie von der Bedeutung des damaligen Vorgangs ab. Im Fall des Contergan-Skandals hielt das OLG Hamburg eine künstlerische Verfilmung der Ereignisse aus den sechziger Jahren noch im Jahre 2006, also rund 40 Jahre später, für zulässig, sah aber gleichzeitig in einigen Passagen gleichwohl eine Verletzung des Unternehmenspersönlichkeitsrechts.[274]

VI. Videoüberwachung

56   Ein jüngeres Problemfeld des zivilrechtlichen Indiskretionsschutzes mit wachsender praktischer Bedeutung ist die Einrichtung und der Betrieb von technischen Anlagen zur **Videoüberwachung.** Videoüberwachungsanlagen betreffen das informationelle Selbstbestimmungsrecht aller von den Kameras erfassten Personen und führen zur Erhebung und gegebenenfalls auch Speicherung personenbezogener Daten.[275] Die Aufnahmen dokumentieren nicht nur, wer sich wann an welchem Ort aufgehalten hat (und sind damit dem Grunde nach geeignet, **Bewegungsprofile** zu erstellen), sondern auch in welcher Begleitung er sich befunden hat, wie er sich verhalten hat und in welcher Verfassung er gewesen ist. Die „Beobachtung öffentlich zugänglicher Räume mit optisch-elektronischen Einrichtungen" ist schon auf der Ebene des einfachen Rechts datenschutzrechtlich in § 6 b BDSG geregelt, der Zulässigkeitsvoraussetzungen definiert. Danach ist die Beobachtung öffentlich zugänglicher Räume mit optisch-elektronischen Überwachungsanlagen nur zulässig, wenn dies zur Aufgabenerfüllung öffentlicher Stellen, zur Wahrnehmung des Hausrechts oder zur Wahrnehmung berechtigter Interessen für konkret festgelegte Zwecke erforderlich ist. Sicherzustellen ist nach BDSG ferner, dass keine schutzwürdigen Interessen der Betroffenen überwiegen, die Aufnahmen nur für den vorher festgelegten Zwecks genutzt werden und die Beobachtung unter Angabe des Verantwortlichen durch **Hinweisschilder** o. Ä. bekannt gemacht wird, damit er sich auf die Situation einstellen kann. Dem BDSG unterliegen Bundesbehörden, aber auch nichtöffentliche Stellen (§ 1 BDSG). Letztere werden in § 2 IV BDSG weit definiert. Es handelt sich neben juristischen Personen und Gesellschaften auch um natürliche Personen und privatrechtliche Personenvereinigungen. Deshalb unterfällt z. B. auch ein **Kaufhaus,** welches eine Videoüberwachungsanlage betreibt, den Vorgaben des § 6 b BDSG, welcher als **Schutzgesetz** im Sinne von § 823 Abs. 2 BGB angesehen wird und damit in Verbindung mit § 1004 BGB zivilrechtliche Unterlassungsansprüche begründen kann.[276] Das AG Berlin-Mitte hat beispielsweise einem Berliner Kaufhaus auf Antrag eines Passanten den Betrieb einer **Außenüberwachungsanlage** teilweise untersagt, weil es die Interes-

---

272 OLG Karlsruhe AfP 2006, 264; anders zur Öffentlichkeitsarbeit der Justiz: OLG Düsseldorf AfP 2005, 375; LG Düsseldorf NJW 2003, 2536; OLG Hamm NJW 2000, 1278; hierzu auch *Lorz/ Bosch* AfP 2005, 97 m. w. N.

273 *Löffler/Steffen,* § 6 LPG, Rn. 146 a.

274 OLG Hamburg AfP 2007, 146.

275 BVerfG NJW 2007, 2320 (nur Ls.) = NVwZ 2007, 688; BGH AfP 1995, 597.

276 AG Berlin-Mitte NJW-RR 2004, 532.

sen des Kaufhauses (Verhinderung und Verfolgung von **Straftaten,** wie z. B. Sachbeschädigungen, Diebstähle, Überfälle und Verkehrssicherungspflichten) insoweit als geringwertiger ansah, als das Recht auf informationelle Selbstbestimmung des Klägers. Die gesetzliche Regelung des § 6 b BDSG setzt die Datenschutzgrundsätze der Datenminimierung, der Zweckbindung und der Verhältnismäßigkeit (Erforderlichkeit) bei der Datenerhebung in Bezug auf die Videoüberwachung um. Deshalb ist grundsätzlich auch nur eine **anonyme Videoüberwachung** zulässig. Werden die Aufnahmen bestimmten Personen zugeordnet, sind diese gemäß § 6 b Abs. 4 BDSG zu benachrichtigen, was in der Praxis eine **Personalisierung** der Aufnahmen in vielen Fällen aufgrund des erheblichen Aufwandes der Benachrichtigungspflicht rechtlich unmöglich machen dürfte. Aufnahmen sind gemäß § 6 b Abs. 5 BDSG zeitnah zu löschen, wenn sie für ihren Zweck nicht mehr erforderlich sind. Die Löschung wird z. B. in solchen Fällen, in denen eine Überwachung zur Verhinderung und Verfolgung von Straftaten eingesetzt wird, spätestens nach 12–14 Stunden vorzunehmen sein, weil dann feststeht, ob die Aufnahmen zur Beweissicherung benötigt werden und auch der Abschreckungsgedanke keine längere Speicherung rechtfertigt. Anders können Sachverhalte zu beurteilen sein, in denen sich die Relevanz einer Aufnahme naturgemäß auch erst zeitlich später ergeben kann, z. B. beim Missbrauch von **Geldautomaten,** weil rechtswidrige Abhebungen oder Manipulationen oft erst nach Wochen entdeckt werden.

Unabhängig von § 6 b BDSG sind bei Einrichtung und Betrieb von Videoüberwachungseinrichtungen immer auch die Persönlichkeitsrechte der Betroffenen zu beachten. **57** Nach der Rechtsprechung des BGH besteht allgemein kein Schutz davor, außerhalb des befriedeten Besitztums, insbesondere auf öffentlichen Wegen, durch andere beobachtet zu werden. Andererseits muss der Einzelne es auch in diesem Bereich keineswegs dulden, dass jedermann von ihm Bildnisse, insbesondere Filmaufnahmen mittels einer Videokamera, fertigt.[277] Denn schon die Herstellung eines Bildnisses ohne Einwilligung des Abgebildeten kann unzulässig in dessen nach § 823 Abs. 1 BGB geschütztes allgemeines Persönlichkeitsrecht eingreifen. Dabei wird das allgemeine Persönlichkeitsrecht des Betroffenen insbesondere im Fall einer **„Bildniserschleichung"** verletzt, wenn etwa Abbildungen einer Person in deren privatem Bereich in der Absicht hergestellt werden, sie der Öffentlichkeit zugänglich zu machen.[278] Aber auch die Herstellung von Bildnissen einer Person, insbesondere die Filmaufzeichnung mittels Videogerät oder anderer Speicherung, in öffentlich zugänglichen Bereichen stellt grundsätzlich einen unzulässigen Eingriff in das Persönlichkeitsrecht des Betroffenen dar, und zwar auch dann, wenn zum Zeitpunkt der Herstellung keine Veröffentlichungsabsicht besteht.[279] Nach der BGH-Entscheidung zur privaten **Videoüberwachung** eines **Zugangsweges** zu einem **Privatgrundstück** kann die Frage, ob und in welchem Umfang bereits die Fertigung derartiger Bilder rechtswidrig und unzulässig ist, nur unter Würdigung aller Umstände des Einzelfalls durch Vornahme einer Güter- und **Interessenabwägung** ermittelt werden.[280] Dabei geht der **BGH** davon aus, dass **Passanten,** die öffentlichen Wegraum nutzen, Videoaufnahmen hinnehmen müssen, bei denen nur schlicht ein öffentlicher Weg erfasst wird, wie dies etwa bei Foto- und Filmaufnahmen von **Touristen** oder dergleichen der Fall ist, wo es also in erster Linie um das Stadt- und Straßenbild oder um bauliche Anlagen geht und Passanten nur zufällig mit einbezogen werden. Anders ist die Rechtslage hingegen nach BGH bei der **gezielten Überwachung** eines bestimmten Stücks eines öffentlichen Weges über längere Zeiträume und mit Regelmäßigkeit, wenn diese Überwachung dar-

---

[277] BGH AfP 1995, 597 ff.; Zur Videoüberwachung öffentlicher Plätze: BVerfG NJW 2007, 2320 (nur Ls.) = NVwZ 207, 688; zur polizeilichen Flächenüberwachung: *Ellermann* Die Polizei 2006, 271 ff.
[278] BGH NJW 1957, 1315 – *Spätheimkehrer.*
[279] BGH AfP 1995, 597 ff.
[280] BGH AfP 1995, 597 ff.

auf angelegt ist, Benutzer des Weges in einer Vielzahl von Fällen abzubilden und aufzuzeichnen. Insbesondere wenn die Videoüberwachung sich auf Zugangswege zu **Wohngrundstücken** bezieht, können die Bewohner und ihre Besucher der Videoaufzeichnung nicht ausweichen, wenn sie sich auf dem Wege von oder zu dem Wohngrundstück befinden. Da die Betroffenen dann weder beeinflussen können, wann sie bei solchen Gelegenheiten aufgenommen werden, noch jeweils feststellen können, ob solche Aufzeichnungen gefertigt worden sind oder nicht, müssen sie daher ständig mit der Überwachung dienenden Aufzeichnungen ihres Bildes rechnen. Da dabei potentiell auch festgehalten wird, wann und mit welcher **Begleitung** die Anwohner den Weg begangen haben, mit welchem Gesichtsausdruck und in welcher Stimmung, führe schon die Herstellung der Videoaufzeichnungen zu einer unkontrollierbaren Fixierung, die die Betroffenen nicht hinnehmen bräuchten.[281]

58   Ausdrücklich offen ließ der BGH die Frage, ob eine Videoüberwachung ausnahmsweise zulässig ist, wenn sie aufgrund eines begründeten **Verdachts** der Beschaffung von **Beweismitteln** zur Verfolgung konkreter unzulässiger oder strafbarer Handlungen dient. Das generelle Interesse, Unratablagerungen zu vermeiden, reicht nach BGH nicht aus. Ebenso sah das OLG Düsseldorf die Videoüberwachung eines **Garagenhofes** zur Verhinderung und Verfolgung von Beschädigungen an Autos in Abwägung mit den Persönlichkeitsrechten der Bewohner als unzulässig an.[282] Hinsichtlich der **Verwertbarkeit** von Aufnahmen der Videoüberwachung als **Beweismittel** stellen auch die Instanzgerichte auf eine Interessenabwägung im Einzelfall ab, was zu unterschiedlichen Ergebnissen führt.[283] Bei der **Videoüberwachung** in **Gemeinschaftseigentumswohnanlagen** ist die Installation einer Überwachungskamera nur mit Zustimmung aller Wohnungseigentümer zulässig.[284] Schon die Installation von **Kameraattrappen** kann ohne Einwilligung rechtswidrig sein, weil diese einen „Überwachungsdruck" erzeugen, der das Persönlichkeitsrecht auch dann rechtswidrig verletzt, wenn tatsächlich keine Aufzeichnung oder Übertragung erfolgt.[285] Zulässig kann die Installation privater Überwachungseinrichtungen sein, wenn sie ausschließlich das eigene Grundstück erfassen. Der Aspekt des „Überwachungsdrucks" tritt dann zurück, auch wenn dem Betroffenen unklar ist, ob die Kameras nicht doch seinen Bereich erfassen.[286] Die **Videoüberwachung am Arbeitsplatz** unterliegt dem **Mitbestimmungsrecht des Betriebsrates** nach § 87 Abs. 1 Nr. 6 BetrVG. Hierbei ist unter Beachtung des Verhältnismäßigkeitsgrundsatzes eine Güterabwägung zwischen den schützenswerten Interessen des Arbeitgebers (z. B. Verhinderung von Straftaten, Qualitätssicherung) und den Persönlichkeitsrechten der betroffenen Mitarbeiter vorzunehmen. Dies gilt insbesondere für die Entscheidung darüber, in welchem Umfang eine Videoüberwachung durchgeführt wird und ob bzw. wie lange die Aufnahmen gespeichert werden.[287]

---

[281] BGH AfP 1995, 597, 598; ähnlich OLG Düsseldorf NJW 2007, 780.

[282] OLG Düsseldorf NJW 2007, 780.

[283] Z. B. OLG Karlsruhe NJW 2002, 2799 ff. – Unverwertbarkeit bei Stellplatzüberwachung; AG Zerbst NJW-RR 2003, 1595 – *Verwertbarkeit bei „wildem Urinieren" im Keller*; LG Zweibrücken NJW 2004, 83 f. – *Verwertbarkeit bei Betriebsdiebstahl*.

[284] OLG Düsseldorf NJW 2007, 780; AG Frankfurt a. M. NJW-RR 2003, 158 m. w. N.; BayObLG NJW-RR 2005, 384; a. A. OLG Zweibrücken NJW 2004, 374.

[285] LG Bonn NJW-RR 2005, 1067.

[286] LG Koblenz NJW-RR 2006, 1200.

[287] BAG NJW 2005, 313.

§ 20.　Der Wahrheitsschutz

Inhaltsübersicht

Schrifttum: *Gas,* Die Variantenlehre des BVerfG bei mehrdeutigen Äußerungen, AfP 2006, 428; *Helle,* „Variantenlehre" und Mehrdeutigkeit der verletzenden Äußerung, AfP 2006, 111; *Hochhuth,* Kein Grundrecht auf üble Nachrede – Der Stolpe-Beschluss des BVerfG schützt das Personal der Demokratie, NJW 2006, 189; *Kadner,* Die Vereinbarkeit von Fotomontagen mit dem Recht am eigenen Bild, 2004; *Löffler,* Presserecht, 5. Aufl. 2006; *Prinz/Peters,* Medienrecht, 1999; *Seelmann-Eggebert,* Im Zweifel gegen die Meinungsfreiheit ?, AfP 2007, 86; *Seitz/Schmidt/Schoener,* Der Gegendarstellungsanspruch, Presse, Film, Funk und Fernsehen, 3. Auflage 1998; *Soehring,* Presserecht, 3. Aufl. 2000; *Wanckel,* Foto- und Bildrecht, 2. Auflage 2006; *Wenzel,* Handbuch des Äußerungsrechts, 5. Aufl. 2005 (zitiert *Bearbeiter* in *Wenzel*).

Weiterführende Literatur: *Frömming,* Zur Haftung der Medien für persönlichkeitsrechtsverletzende Zitate, in: FS Engelschall, 1996, 47; *Wanckel,* Vom Umgang mit der Wahrheit: Wie weit reicht das Selbstbestimmungsrecht, in: FS Engelschall, 1996, 265.

A. Grundsätze

Während das allgemeine Persönlichkeitsrecht unter dem Aspekt des Indiskretions- **1** schutzes (hierzu vorstehend § 19) Schutz vor der Verbreitung wahrer Tatsachenbehauptungen gewährt, besteht unter dem Aspekt des Wahrheitsschutzes auch ein Schutz gegen **Unwahrheiten.** Zivilrechtliche Grundlage zur Durchsetzung des allgemeinen Persönlichkeitsrechts gegen Unwahrheiten durch den **Unterlassungsanspruch** sind § 1004 Abs. 1 und § 823 Abs. 2 BGB iVm. § 186 StGB, wobei die Belange der grundrechtlich geschützten Meinungsfreiheit (hierzu § 38) über § 823 Abs. 2 BGB, § 193 StGB (**Wahrnehmung berechtigter Interessen,** hierzu § 31) Ausdruck finden.[1] Daneben gewährt auch § 824 BGB mit dem Tatbestand der **Kreditschädigung** zivilrechtlichen Schutz gegen Unwahrheiten, die geeignet sind, wirtschaftliche Nachteile zu begründen.

Unwahre Tatsachenbehauptungen sind solche Mitteilungen, die nicht im Einklang mit **2** den tatsächlichen Gegebenheiten stehen. Meinungen können in diesem Sinne nicht wahr oder unwahr sein (vgl. § 32 Rn. 5). Der Schutz gegen Unwahrheiten greift daher nur bei **Tatsachenbehauptungen** ein. Im äußerungsrechtlichen Sinne sind Tatsachenbehauptungen dadurch gekennzeichnet, dass sie zumindest theoretisch dem Beweis ihrer objektiven Richtigkeit zugänglich sind,[2] während Meinungsäußerungen durch subjektive Elemente des Meinens und Dafürhaltens geprägt sind. Nicht unter den persönlichkeitsrechtlichen **Wahrheitsschutz** fallen daher auch solche Meinungsäußerungen, die der Betroffene als verletzend und unsachlich empfindet. Von der Rechtsprechung wird im Lichte des Art. 5 GG ein weiter Freiraum für Kritik, auch für Kritik in deutlicher oder polemischer Form, gewährt, sofern diese auf zutreffenden Fakten aufbaut. Hierbei kommt es immer auf die

---

[1] BVerfG NJW 2006, 207, 208 – *Stolpe.*
[2] BGH NJW 1994, 2614; eingehend zur Abgrenzung Tatsache/Meinung *Prinz/Peters,* Rn. 29 ff. m.w.N.

Umstände des Falls an. So darf z. B. nach einer sorgfältigen wissenschaftlichen Analyse über einen Medienauswertungsdienst die Meinung geäußert werden, er betreibe einen „manipulativen Umgang mit Daten".[3] Der BGH hat in einem anderen Beispiel die Äußerung, jemand habe bereits zweimal Pleite gemacht, als Tatsachenbehauptungen angesehen, während im selben Fall die Äußerung, jemand wisse wie man gekonnt Pleite geht, als Meinungsäußerung angesehen wurde.[4] Eine Meinungsäußerung, die nicht unter den Schutz gegen Unwahrheiten fällt, ist z. B. nach der Rechtsprechung auch die Aussage in der Wahlwerbung, ein verstorbener Bürgermeister würde heutzutage DVU wählen.[5] Nur Meinungsäußerungen, die aus unzutreffenden Tatsachengrundlagen hergeleitet werden, können ausnahmsweise unzulässig sein (zur **Schmähkritik** siehe nachfolgend § 21). Tatsachen, die einer Bewertung (oder sonstiger Form einer Meinungsäußerung) zugrunde liegen, unterliegen grundsätzlich dem Wahrheitsschutz. Unwahre Tatsachenbehauptungen sind auch insoweit kein vor der Meinungsäußerungsfreiheit schützenswertes Gut. Allerdings schränkt die Rechtsprechung des Bundesverfassungsgerichts diesen Grundsatz dahin gehend ein, dass unwahre Tatsachenbehauptungen, die Grundlage einer Meinungsäußerung sind, nur dann aus dem Schutzbereich herausfallen, wenn die Unwahrheit dem Äußernden bekannt ist oder bereits zum Zeitpunkt der Äußerung unzweifelhaft feststeht.[6] In der Güterabwägung mit dem Persönlichkeitsrecht kommt objektiv unwahren Tatsachenbehauptungen aber regelmäßig ein geringeres Gewicht zu, weil an der Verbreitung von Unwahrheiten auch unter dem Gesichtspunkt der Meinungsfreiheit kein schützenswertes Interesse besteht.[7]

3   Nach der Rechtsprechung des BGH verletzt nicht jede wahrheitswidrige Behauptung ohne weiteres das Persönlichkeitsrecht des Betroffenen. Vielmehr ist der rechtswidrige Eingriff in jedem Einzelfall festzustellen.[8] Das BVerfG hat dies verfassungsrechtlich nicht beanstandet.[9] Jedoch besteht eine faktische **Vermutung** der Unzulässigkeit der öffentlichen Verbreitung falscher Tatsachenbehauptungen,[10] insbesondere durch die Massenmedien, weil in der Güterabwägung mit Art. 5 GG zugunsten des Persönlichkeitsrechts ins Gewicht fällt, dass **Unwahrheiten** kein verfassungsrechtlich schützenswertes Rechtsgut sind.[11] Die von Art. 5 GG geschützte freie Kommunikation und Meinungsäußerung kann sich nur auf der Basis zutreffender Tatsacheninformationen sachgerecht entfalten. Auch das BVerfG vertritt die Auffassung, dass für die Verbreitung unwahrer Tatsachenbehauptungen in der Regel **kein rechtfertigender Grund** besteht.[12] Die Presse- und Meinungsfreiheit tritt bei unwahren Tatsachenbehauptungen grundsätzlich hinter das Persönlichkeitsrecht zurück.[13]

4   Gleichwohl wird in Teilen der Literatur[14] und der Rechtsprechung[15] die Auffassung vertreten, es gäbe auch „**wertneutrale Falschdarstellungen**", die das Persönlichkeitsrecht nicht beeinträchtigen und daher auch keine Ansprüche des Betroffenen auslösen können (hierzu näher Rn. 19 ff.). Verletzungen des allgemeinen Persönlichkeitsrechts durch Unwahrheiten treten jedenfalls dann ein, wenn die wahrheitswidrige Behauptung den **sozialen Geltungsanspruch** des Betroffenen verletzt, indem sie z. B. sein **Lebens-**

---

[3] OLG Köln AfP 2003, 267, 268.
[4] BGH NJW 1994, 2616.
[5] BVerfG NJW 2001, 2957.
[6] BVerfG AfP 2004, 47; BVerfG AfP 1999, 57.
[7] BVerfG AfP 2003, 539, 540.
[8] BGH NJW 2006, 609.
[9] BVerfG NJW 2006, 207, 208 – *Stolpe*.
[10] *Soehring*, Rn. 18.1.
[11] BVerfG NJW 1992, 1439 – *Bayer*.
[12] BVerfG NJW 2006, 207, 209 – *Stolpe*.
[13] BVerfG NJW 1999, 1322, 1324 – *Helnwein/Scientologie*.
[14] *Soehring*, Rn. 18.5 ff.
[15] BGH NJW 2006, 609.

bild, seine **Biografie,** verfälscht oder falsche Vorstellungen über seine Persönlichkeit erweckt.

Nach der Rechtsprechung ist der Wahrheitsschutz eingeschränkt, wenn dessen strikte 5 Umsetzung aufgrund der daraus resultierenden zivil- und strafrechtlichen Ansprüche zu einer unangemessen Beschränkung der Kommunikations- und Meinungsfreiheit aus Art. 5 Abs. 1 GG führen würde. Hierbei wird angenommen, dass schon die Angst vor etwaigen Rechtsfolgen unzulässiger Äußerungen die Ausübung des Rechts auf freie Meinungsäußerung (Art. 5 GG) hemmen könnte.[16] Auf der anderen Seite unterliegt jeder, der sich öffentlich über fremde Angelegenheiten äußern will, der **publizistischen Sorgfalt,**[17] deren oberstes Gebot die Recherche- und **Wahrheitspflicht** ist. Für die Presse ist das Wahrheitsgebot ausdrücklich auch in den Landespressegesetzen verankert. Auch wer sich nicht journalistisch betätigt, muss sich nach Kräften bemühen, durch umfassende Recherchen die Wahrheit herauszufinden, bevor er sich öffentlich artikuliert. Ein Recht darauf, „ins Blaue hinein" ungesicherte Behauptungen tatsächlicher Art über Dritte aufzustellen, gibt es grundsätzlich nicht. Der Umfang der Sorgfaltsanforderungen richtet sich nach der Bedeutung und den Folgen, die eine Falschbehauptung für den Betroffenen haben würde, aber auch nach den jeweils gegebenen Aufklärungsmöglichkeiten. Für Journalisten und Medien können die Anforderungen daher strenger sein als für Privatleute, insbesondere für Presseagenturen, die die Medien mit Informationen beliefern, auf deren Richtigkeit das verbreitende Medium in der Regel vertrauen darf („privilegierte Quelle").[18] Nach ständiger Rechtsprechung dürfen die Anforderungen an die publizistische Sorgfalts- und Wahrheitspflicht aber nicht überspannt werden, damit die Funktion der Meinungsfreiheit nicht darunter leidet.[19] Aus diesem Grund ist insbesondere unter engen Voraussetzungen eine **Verdachtsberichterstattung** über noch nicht abschließend geklärte Vorgänge und Vorwürfe, insbesondere strafrechtlicher Natur, möglich, wenn dies sachlich und ausgewogen sowie auf der Basis eines Mindestbestandes an Beweistatsachen geschieht, es dadurch nicht zu einer Vorverurteilung des Betroffenen kommt und die Darstellung deutlich als Verdacht gekennzeichnet wird. Ferner kommt eine Verdachtsberichterstattung nur dann in Betracht, wenn dem Betroffenen hierzu Gelegenheit zur Stellungnahme gegeben wurde und es sich um Vorgänge handelt, hinsichtlich derer ein überragendes Informationsinteresse besteht.[20] Bei **Straftaten** ist dies in der Regel bei **Alltagskriminalität** nicht der Fall (zur Verdachtsberichterstattung siehe Näheres unter § 31, **Wahrnehmung berechtigter Interessen**).

Zum Schutze der Meinungsfreiheit ging die höchstrichterliche Rechtsprechung bisher 6 davon aus, dass bei der äußerungsrechtlichen Beurteilung von **mehrdeutigen Äußerungen** stets die Verständnisvariante zugrunde gelegt werden muss, die den sich Äußernden am geringsten belastet. Wenn also die Mehrdeutigkeit zu mindestens einer rechtlich zulässigen Auslegung führen konnte (z. B. als zulässige Bewertung und nicht als falsche Tatsachenbehauptung), wurde den Betroffenen der Schutz gegen diese Äußerung versagt und der Meinungsfreiheit der Vorrang eingeräumt. Nach der Grundsatzentscheidung des BVerfG im Fall *Stolpe* ist dies nur noch aufrechtzuerhalten, soweit es um Ansprüche mit straf- oder zivilrechtlicher **Sanktionswirkung** für bereits getätigte Äußerungen geht. Hinsichtlich eines in die Zukunft gerichteten zivilrechtlichen Unterlassungsanspruchs, der vor zukünftigen Verletzungen des Persönlichkeitsrechts schützen soll, sind alle nicht entfernt liegenden Deutungsvarianten zugrunde zu legen. Diese Richtungsänderung begründet das BVerfG mit der zutreffenden Erwägung, dass es dem sich Äußernden zu-

---

[16] BVerfG NJW 2006, 207, 209 – *Stolpe* m.w.N.; BVerfG NJW 1999, 1322, 1324 – *Helnwein/Scientologie.*

[17] Hierzu *Prinz/Peters,* Rn. 275 ff.; *Peters* NJW 1997, 1334.

[18] BVerfG AfP 2003, 539, 540.

[19] BGH NJW 2000, 1036; OLG Celle NJW-RR 2001, 335.

[20] BGH NJW 2000, 1036.

gemutet werden kann, sich in der Zukunft eindeutig zu äußern und er hinsichtlich der bereits aufgestellten (mehrdeutigen) Äußerung die Möglichkeit hat, eine Verurteilung durch ein Zivilgericht (und die daraus resultierenden Kosten) zuvor durch eine Unterlassungserklärung abzuwenden.[21] Mit dieser Änderung der Rechtsprechung wurde eine in der Praxis bedeutende Lücke des zivilrechtlichen Wahrheitsschutzes geschlossen. Insbesondere wird die in der Medienpraxis mitunter anzutreffende Übung, unhaltbare Vorwürfe in bewusst unklarer Weise öffentlich zu artikulieren, deutlich erschwert.[22]

B. Einzelheiten

I. Erscheinungsformen unwahrer Tatsachenbehauptungen

1. Übersicht

7   Die **Erscheinungsformen** von verletzenden Falschbehauptungen sind vielfältig:
Die Hauptfallgruppe unwahrer Tatsachenbehauptungen sind solche, in denen entweder ein Sachverhalt insgesamt sachlich unzutreffend ist, z. B. weil der Behauptende sich nicht umfassend informiert hat und nur einseitig Informationen aus einer Quelle übernommen hat oder er die Falschmeldung gar selbst frei erfunden hat. Daneben liegt eine rechtlich relevante Unwahrheit vor, wenn ein zutreffender Sachverhalt einer Person zugeordnet wird, die damit tatsächlich nichts zu tun hat, z. B. durch eine **Namens- oder Bildverwechslung**[23] oder eine bewusste Falschzuordnung. Bei derartigen Schilderungen unwahrer Lebenssachverhalte kommt es nicht darauf an, ob sie den Betroffenen positiver oder negativer darstellen, als er ist, weil die Verletzung des Persönlichkeitsrechts schon in der Verfälschung des sozialen Geltungsanspruchs, des „öffentlichen Bildes der Person", liegt.[24] In rechtlicher Hinsicht kann prozessual auch dann eine Falschbehauptung vorliegen, wenn es sich um **kreditschädigende Äußerungen** (§ 824 BGB) oder um Aussagen handelt, die den Tatbestand der **üblen Nachrede** oder **Verleumdung** erfüllen (§§ 186, 187 StGB, hierzu §§ 26, 27) und der sich Äußernde die ihm in diesen Fällen obliegende **Beweislast** nicht erfüllen kann.
Anerkannt ist der persönlichkeitsrechtliche Schutz vor Unwahrheiten ferner in besonderen Fallgruppen, z. B. als Schutz der **Zitattreue** und vor untergeschobenen **Äußerungen**[25] (hierzu näher Rn. 15 ff.), der Schutz vor der Verbreitung von Falschbehauptungen in **Zitaten** Dritter[26] und der Schutz vor Falschbehauptungen durch nicht erkennbare **Bildmanipulationen** (**Fotomontagen,** hierzu näher Rn. 16 ff.).[27] Der Schutz vor Falschbehauptungen über **zukünftige Ereignisse**[28] ist zu unterscheiden von **Prognosen,** die keinen Anspruch auf das tatsächliche Eintreten des vorhergesagten Ereignisses erheben, sondern erkennbar auf einer subjektiven vorausschauenden Meinung beruhen. Derartige Prognosen sind nur im Ausnahmefall unzulässig, z. B. bei **astrologischen Vorhersagen** über Kinder von Prominenten in Form eines „**Geburtshoroskopes**".[29]

8   Der Schutz vor Unwahrheiten erfasst auch eine **unvollständige Darstellung.** Bei einer Berichterstattung über Personen dürfen nicht solche Fakten verschwiegen werden, deren

---

[21] BVerfG NJW 2006, 207, 209 – *Stolpe.*

[22] Zu den Konsequenzen des Stolpe-Urteils siehe *Helle* AfP 2006, 110; *Hochhuth* NJW 2006, 189; kritisch *Gas* AfP 2006, 428; *Seelmann-Eggebert* AfP 2007, 86 ff.

[23] OLG Koblenz NJW 1997, 1375; LG Berlin NJW-RR 1998, 316.

[24] *Löffler/Steffen,* Presserecht, § 6 LPG, Rn. 62; ähnlich auch in Bezug auf Bildnismanipulationen BVerfG NJW 2005, 3271 – *Ron Sommer.*

[25] BGH NJW 1995, 861, 862 – *Caroline I*; BVerfG NJW 1980, 2072 – *Böll/Walden*; BGH NJW 1982, 635 – *Böll/Walden II.*

[26] BGH NJW 1996, 1131, 1133 – *Lohnkiller.*

[27] BGH NJW 2006, 603 – *Ron Sommer.*

[28] BGH NJW 1995, 861, 864 – *Caroline I.*

[29] BVerfG NJW 2003, 3262.

Mitteilung beim Rezipienten zu einer für den Betroffenen günstigeren Beurteilung des Gesamtvorgangs geführt hätte.[30] Nicht nur in solchen Fällen können Unwahrheiten auch in sog. **verdeckten Sachaussagen** liegen,[31] also in dem, was „zwischen den Zeilen" steht. Wenn aus mehreren unstreitigen Tatsachen in einer Berichterstattung eine bestimmte ehrverletzende Schlussfolgerung gezogen werden kann, ist nach der Rechtsprechung des BGH die unvollständige Berichterstattung rechtlich wie eine unwahre Tatsachenbehauptung zu behandeln, wenn die **Schlussfolgerung** bei Mitteilung der verschwiegenen Tatsache weniger naheliegend erscheint und deshalb durch das Verschweigen dieser Tatsache beim unbefangenen Durchschnittsleser ein falscher Eindruck entstehen kann.[32] Wird z. B. über eine Wohnungsbaugenossenschaft mit zahlreichen Wohnblöcken und über hundert Wohnungen unter Abbildung einer sanierungsbedürftigen Fassade berichtet, sie lasse in großem Umfange Gebäude verfallen und kümmere sich nicht darum, darf dabei nicht verschwiegen werden, dass die Genossenschaft schon seit längerer Zeit ein millionenschweres Sanierungsprogramm aufgelegt hat, zahlreiche Blöcke bereits saniert sind und die Instandsetzung der abgebildeten Fassade fest einplant ist. In einem Bericht, der sich mit einer namentlich genannten Person beschäftigt, darf die journalistische Kürzung des mitgeteilten Sachverhalts nicht so weit gehen, dass der Zuschauer oder Leser ein nach der negativen Seite entstelltes Bild dieser Person oder Angelegenheit erhält, weil ihm nur einseitige Ausschnitte mitgeteilt werden.[33] So hat z. B. der BGH die in einem Radiobeitrag verdeckt aufgestellte Behauptung, ein katholischer Geistlicher habe den Schwangerschaftsabbruch einer angeblich von einem Pfarrer geschwängerten Minderjährigen nicht verhindert, für unzulässig gehalten, weil in dem Beitrag nicht mitgeteilt wurde, dass dem Geistlichen weder der Name des Mädchens noch der Name des Pfarrers mitgeteilt worden war und er somit zum damaligen Zeitpunkt nicht konkret eingreifen konnte.[34]

Nicht nur unwahre Behauptungen über äußerlich wahrnehmbare Vorgänge können **9** falsche Tatsachenbehauptungen im äußerungsrechtlichen Sinne sein, sondern auch Mitteilungen über innere Umstände und Kenntnisse. Diese werden als sogenannte **innere Tatsachen** bezeichnet. In der Regel handelt es sich hierbei um Mitteilungen über **Motive, Absichten, Einstellungen, Gefühle, Hoffnungen** von Personen, die diesen zugeschrieben werden.[35] Die Abgrenzung zur Bewertung des Verhaltens des Betroffenen durch den Autoren, also zur Meinungsäußerung, kann nur kontextbezogen im Einzelfall vorgenommen werden. Als innere Tatsache wurde z. B. die Behauptung angesehen, jemand habe wissentlich fehlerhafte Zahlen genannt, damit Prüfungsausschüsse fehlgesteuert würden,[36] ebenso die Mitteilung, jemand sei an etwas interessiert[37] oder habe etwas aus einem bestimmten Grund abgelehnt.[38]

Eine unwahre Tatsachenbehauptung kann auch in Form einer **Frage** aufgestellt wer- **10** den, wenn es sich nicht um eine „echte", also ergebnisoffene Frage, sondern um eine rhetorische Frage handelt.[39] Letzteres ist der Fall, wenn eine Frage nicht auf eine Antwort durch einen Dritten gerichtet ist oder nicht für verschiedene Antworten offen ist, sondern – jedenfalls durch den Gesamtzusammenhang – den Lesern die Antwort vorgege-

---

[30] BGH NJW 2004, 598 – *Klinik Monopoly*.

[31] BGH NJW 2004, 598, 599 – *Klinik Monopoly*; BGH NJW 1980, 2801, 2803; *Prinz/Peters*, Rn. 9.

[32] BGH NJW 2006, 601.

[33] BGH NJW 2006, 601, 603; BGH NJW 2000, 656.

[34] BGH NJW 2006, 601, 603.

[35] OLG Hamburg AfP 1983, 289, 290; OLG Frankfurt AfP 1983, 279, 281; LG Hamburg AfP 1990, 332; *Seitz/Schmidt/Schoener*, Rn. 378 f.; *Wenzel*, Rn. 4.49.

[36] BGH NJW 1992, 1314 – *Kassenarztrundschreiben*.

[37] LG Hamburg AfP 1990, 332.

[38] OLG Köln AfP 1972, 231.

[39] BVerfG NJW 2003, 660; BVerfG NJW 1992, 1442, 1444; BGH NJW 2004, 1034 – „*U. im Bett mit Caroline*".

ben wird.[40] Dies ist z. B. der Fall, wenn zu der Frage „U. im Bett mit Caroline?" gleichzeitig mitgeteilt wird, der Betroffene habe sich dazu „eindeutig zweideutig" geäußert. Das
OLG München hat die Frage „Hat der Stadtrat das Schützenzelt erst zugelassen, nachdem
es bei ihm versichert war?" im Zusammenhang mit der Überschrift „Die Machenschaften
des Stadtrats H." als Tatsachenbehauptung angesehen.[41]

Unwahre Tatsachenbehauptungen können auch in Beiträgen enthalten sein, die insgesamt bewertenden Charakter haben, also z. B. in **Bewertungsforen**[42] oder in **Kommentaren**[43], in welchen neben den Bewertungen des Kommentators auch Sachaussagen
aufgestellt werden, z. B. als Ausgangspunkt der Kommentierung. So handelt es sich beispielsweise um eine Tatsachenbehauptung, wenn innerhalb eines gekennzeichneten
Kommentar mitgeteilt wird, ein Bürgermeister tue nichts, um türkischen Mitbürgern zu
einem Fußballplatz zu verhelfen, sondern verweise sie auf einen wenig genutzten Platz
20 Kilometer entfernt.[44]

Ebenso schließt der **künstlerische** oder **satirische Charakter** eines Werkes nicht ohne
weiteres aus, dass darin enthaltene Sachaussagen unter dem Aspekt des persönlichkeitsrechtlichen Wahrheitsschutzes unzulässig, weil unwahr, sind. So können z. B. unwahre
Tatsachenbehauptungen in **Romanen**[45] oder **Filmen**[46] (zu **Fotomontagen**[47] mit satirischem Einschlag siehe unten Rn. 18 und § 33 Rn. 60) unzulässig sein, wenn sie nach der
Aufmachung des jeweiligen Werkes von den Rezipienten als Schilderung der tatsächlichen Begebenheiten verstanden werden, den dargestellten Sachverhalt aber unzutreffend wieder geben und dadurch das Lebensbild oder der soziale Geltungsanspruch des
Betroffenen schwerwiegend verfälscht wird. Bei der in solchen Fällen stets erforderlichen
Güterabwägung mit der Kunstfreiheit (hierzu § 33) kommt es darauf an, ob die fiktionalen Elemente die Darstellung derart dominieren, dass sich das reale **Urbild** zu einem
fiktionalen **Abbild** vollständig verselbständigt hat, das Publikum die Fakten also nicht
mehr auf die reale Person bezieht (hierzu im Zusammenhang mit der Privat- und Intimsphäre § 33 Rn. 38).

11   Liegt eine unwahre Tatsachenbehauptung im obigen Sinne vor, kommt es auf die technische **Art und Weise** ihrer öffentlichen **Verbreitung** nicht an. Neben den klassischen
Fällen von der Verbreitung von Unwahrheiten in Medienbeiträgen (gedruckte und elektronische **Presse, Bücher, Rundfunk, audiovisuelle Medien** wie **Film** und Fernsehen)
kann daher auch die Veröffentlichung im **Internet** rechtswidrig in das allgemeine Persönlichkeitsrecht eingreifen, so z. B. eine unwahre Tatsachenbehauptung in einem ebay-Bewertungssystem.[48] Auch mündliche Verbreitungen an die Öffentlichkeit, z. B. in Reden,
verletzen das Persönlichkeitsrecht, wenn sie unwahr und von nicht ganz unerheblicher
Bedeutung sind (zur Problematik der „wertneutralen Unwahrheiten" unten Rn. 19 f).

12   In Fällen, in denen ein Sachverhalt mehrere Personen gleichzeitig betrifft, steht der
Wahrheitsschutz in engem Zusammenhang mit dem **Recht auf Anonymität** (hierzu
§ 19 Rn. 40). Wird z. B. eine gemeinschaftlich betriebene Rechtsanwaltskanzlei von der
Polizei durchsucht, wobei sich die Ermittlungen nur gegen einen Sozius richten, ist eine
Darstellung unzulässig, die den Eindruck erweckt, die Ermittlungen richten sich auch
gegen den anderen Sozius. Der nicht von den Ermittlungen betroffene Sozius kann eine
Nennung seines Namens untersagen, sofern dies nicht ausdrücklich klargestellt wird.[49]

---

[40] BGH NJW 2004, 1034, 1035.
[41] OLG München AfP 1987, 440, 441; vgl. auch OLG Frankfurt ZUM 1992, 361.
[42] LG Konstanz NJW-RR 2004, 1635.
[43] BVerfG AfP 2004, 48.
[44] BVerfG AfP 2004, 48.
[45] BVerfG NJW 1971, 1645; BGH NJW 1968, 1773 – *Mephisto*; BGH NJW 2005, 2847 – *Esra*.
[46] OLG Hamburg AfP 2007, 143 – *Contergan*; OLG Frankfurt NJW 2007, 699 – *Rohtenburg*.
[47] BVerfG NJW 2005, 3271.
[48] LG Konstanz NJW-RR 2004, 1635.
[49] OLG Karlsruhe NJW 2005, 2400.

2. Besondere Aspekte des Wahrheitsschutzes

a) Schlagzeilen und journalistische Verkürzungen. Medien neigen dazu Sachver- **13** halte zuzuspitzen, zu pointieren oder gar reißerisch aufzubereiten. Die Rechtsprechung gibt ihnen hierzu einen beachtlichen, aber nicht uneingeschränkten Freiraum, da die Pressefreiheit als Recht verstanden wird, über Ausrichtung, Inhalt und Form einer Publikation frei zu bestimmen.[50] Dies gilt auch für Unterhaltungsmedien (also im Grundsatz auch für die Boulevardmedien) und die journalistische Darstellungsform des **„Infotainment",**[51] in welcher Sachinformationen unterhaltsam aufbereitet oder mit Unterhaltung vermengt werden.

Das Erfordernis journalistischer Aufbereitung von Themen rechtfertigt aber keine Falschbehauptungen, insbesondere keine Entstellungen durch Verkürzungen. Dies gilt auch für **Schlagzeilen,** die sich naturgemäß auf Kernaussagen beschränken müssen, und andere besonders hervorgehobene Sätze mit eigenständigem Aussagegehalt.[52] Das BVerfG hat z. B. (wie die Vorinstanzen) die Ankündigung eines Artikels im **Inhaltsverzeichnis** einer Wirtschaftszeitschrift „Gewerkschaftsskandal: Von Arbeitgebern geschmiert und vor der Pleite – die NGG" als selbständige, unzulässige Sachaussage angesehen.

Titelseitenschlagzeilen haben eine besondere Bedeutung, weil darin enthaltene **14** Aussagen sich besonders einprägen und auch Leser erreichen, die die Publikation nicht kaufen und vollständig durchlesen. Die Rechtsprechung spricht hier von „Kiosk- und Gegenübersitzer"-Lesern. Inhalte von Schlagzeilen sind isoliert zu betrachten, wenn sie einen eigenständigen Aussagegehalt haben. Ob eine dort aufgestellte Falschaussage im Haupttext richtiggestellt wird, ist irrelevant, wenn der Haupttext nicht alle Leser erreicht. Gleiches gilt, wenn in anderer Weise in einer besonders hervorgehobenen Weise eine Falschaussage aufgestellt wird, die erst an anderer Stelle differenziert erläutert wird.[53] Die Titelschlagzeile „Exklusiv Caroline spricht zum ersten Mal von Traurigkeit, Hass auf die Welt, Glücksuche" wurde vom BGH als Tatsachenbehauptung eines Exklusiv-Interviews bewertet.[54] Das OLG Hamburg verstand die **Schlagzeile „**Petra Kelly nackt – 80.000 DM" als Behauptung, Frau Kelly habe sich für diese Summe nackt fotografieren lassen.[55] Erst im Text wurde deutlich, dass über einen Prozess berichtet wurde, den Frau Kelly wegen der Veröffentlichung von nicht autorisierten Nacktzeichnungen führte.

b) Zitattreue und untergeschobene Äußerungen. Da die Menschen in der öffent- **15** lichen Wahrnehmung auch daran gemessen werden, ob, wozu und in welcher Weise sie sich öffentlich zu Wort melden, ist der Schutz vor der **Unterschiebung nicht getaner oder Verfälschung getätigter Aussagen** im Bereich des Wahrheitsschutzes von besonderer Bedeutung. Eine Verletzung des zivilrechtlichen Persönlichkeitsrechts liegt vor, wenn eine eigene Äußerung verfälscht wird. Gleiches gilt, wenn eine Äußerung oder gar ein ganzes **Interview**[56] erfunden wird. Zitaten kommt die besondere Überzeugungs- und Beweiskraft des Faktums zu, der Zitierte wird als Zeuge gegen sich selbst ins Feld geführt.[57] In der Wiedergabe eines unwahren Zitats liegt zum einen die falsche Tatsachenbehauptung, dass der Betroffene sich überhaupt geäußert hat, zum anderen die weitere Falschbehauptung, dass er sich tatsächlich in der zitierten Weise zu Wort gemeldet hat.[58]

---

[50] BVerfG NJW 2000, 1021, 1024 – *Caroline.*
[51] BVerfG NJW 2000, 1021, 1024 – *Caroline.*
[52] BVerfG NJW 2004, 277.
[53] BVerfG NJW 2004, 277, 278.
[54] BGH NJW 1995, 861, 862 – *Caroline I.*
[55] OLG Hamburg AfP 1988, 247.
[56] BVerfG NJW 1973, 1226 – *Soraya*; BGH NJW 1995, 861 – *Caroline I.*
[57] BVerfG NJW 1980, 2072 – *Böll/Walden.*
[58] *Frömming* in: FS Engelschall, S. 49; *Soehring,* Rn. 14.7; *Wanckel,* Persönlichkeitsschutz in der Informationsgesellschaft, S. 125.

Der Schutz vor untergeschobenen Äußerungen greift auch dann ein, wenn die Äußerung inhaltlich vom Betroffenen stammen könnte, weil sie sich in seine Haltung und Sichtweise der Dinge einfügt. Denn auch die Entscheidung, ob sich jemand öffentlich artikuliert, und wenn ja zu welchem Zeitpunkt, ist ein maßgebliches Kriterium dafür, welches Bild der Betroffene in der Öffentlichkeit abgibt. Der Schutz wegen Unwahrheiten wäre daher unzureichend, wenn man in derartigen Fällen nur darauf abstellen würde, ob die unterschobene Äußerung inhaltlich zur Auffassung und Gedankenwelt des Betroffenen passt. Unter diesem Aspekt ist auch bei der Zusammenfassung tatsächlich gehaltener Reden und anderer Beiträge zur öffentlichen Kommunikation besondere Sorgfalt geboten. Wird eine Rede zusammengefasst, darf dies nicht zu einer einseitigen Interpretation führen. Wenn der Inhalt der **Rede** verschiedene Auslegungsmöglichkeiten zulässt, muss dies kenntlich gemacht werden.[59] Das Persönlichkeitsbild in der Öffentlichkeit wird nicht nur dadurch definiert, mit welchem Inhalt sich eine Person zu Wort meldet, sondern maßgeblich auch durch die Wortwahl. Man kann sich in seiner Wortwahl z. B. diplomatisch oder bewusst provozierend äußern, man kann rhetorisch geschickt oder einfach banal formulieren. Man kann grammatikalisch korrekt formulieren oder dabei Schwächen offenbaren. Man kann die Dinge pointiert zuspitzen oder sich in inhaltsleere Phrasen verlieren. Diese Beispiele verdeutlichen, dass schon allein die Wortwahl, unabhängig vom Thema, viel über die Persönlichkeit und Befindlichkeit des sich Äußernden aussagt, weshalb der Wahrheitsschutz eine strenge **Zitattreue** auch hinsichtlich der Formulierung und ihrem Kontext gebietet.

16 **c) Unwahrheiten durch Bilder.** Auch visuelle Informationen können unwahre Tatsachen verbreiten. Voraussetzung ist dabei, dass das Bild von den Rezipienten als Abbildung der Realität verstanden wird. Dies ist in der Regel bei **Fotomontagen** und elektronisch **bearbeiteten Fotografien**[60] der Fall, soweit die Bearbeitungen für den Betrachter nicht erkennbar sind. **Zeichnungen** erheben hingegen in der Regel keinen Anspruch auf eine realistische Darstellung, da sie naturgemäß Ausdruck der Phantasie oder der subjektiven Wahrnehmung sowie künstlerischen Interpretation des Zeichners sind, was dem Betrachter auch ohne weiteres offenbar wird.

Eine unwahre Tatsachenbehauptung durch visuelle Darstellungen wird z. B. aufgestellt, wenn im Wege einer Fotomontage ein Bild eines geplanten Neubauvorhabens gestaltet wird, jedoch die Intensität und Art und Weise der Bebauung nicht mit den tatsächlichen Planungen übereinstimmt. Ebenso wird eine unwahre Behauptung aufgestellt, wenn eine Personengruppe aus mehreren Einzelfotos zusammenmontiert wird (ohne dass die Montage leicht erkennbar ist oder ausdrücklich gekennzeichnet wurde) und damit die Sachaussage aufgestellt wird, die Personen seien in der dargestellten Weise zusammen an einem Ort zu einer Zeit gewesen. Rechtswidrig ist daher z. B. eine Montage eines bekannten Mannes mit seiner Ehefrau und seiner Geliebten, mit welcher der Eindruck erweckt wurde, die Drei hätten einträchtig zusammen vor der Kamera posiert.[61]

17 Unwahre Tatsachen können auch durch **Bildausschnitte** behauptet werden, wenn dabei wesentliche Informationen unterschlagen werden. Ein Beispiel hierfür ist die (soweit ersichtlich niemals gerichtlich beurteilte) Veröffentlichung eines Fotos aus dem Irak-Krieg, auf welchem ein Soldat einem am Boden liegenden Mann scheinbar menschlich hilfsbereit Wasser zu trinken gibt, wobei jedoch ein links im Bild stehender weiterer Soldat weggeschnitten wurde. Dieser fixierte die Person als Gefangenen und hielt ihm ein Gewehr an den Kopf, während der Mann wohl unter Zwang trank. Unwahre Tatsachenbehauptungen können auch durch das **Zusammenwirken von Fotos und Texten** (begleitende Artikel, Bildunterschriften) aufgestellt werden, wenn Fotos verwechselt oder

---

[59] OLG Frankfurt NJW-RR 2005, 54.
[60] Hierzu ausführlich *Wanckel,* Fotorecht, Rn. 247 ff.; *Kadner,* Die Vereinbarkeit von Fotomontagen mit dem Recht am eigenen Bild, 2004.
[61] LG München I AfP 2003, 373.

zweckentfremdet werden und zur Illustration von Vorgängen eingesetzt werden, mit denen der Abgebildete nichts zu tun hat.[62]

Die technischen Möglichkeiten der **elektronischen Bildbearbeitung** schaffen nahezu beliebige Möglichkeiten, Bildinformationen zu verändern und zu manipulieren. **18** Das BVerfG hatte im Fall *Ron Sommer* Gelegenheit zu einer grundsätzlichen Stellungnahme und hat festgehalten, dass das allgemeine Persönlichkeitsrecht vor der Verbreitung technisch manipulierter Bilder schützt, die den Anschein erwecken, ein **authentisches Abbild** der Person zu sein, und zwar unabhängig davon, ob die Veränderungen vorteilhaft oder nachteilig für den Betroffenen sind oder ob sie in guter oder in verletzender Absicht vorgenommen wurden.[63] Hierbei ging das BVerfG trotz der heutigen einfachen technischen Veränderungsmöglichkeiten zutreffend davon aus, dass Fotos Authentizität suggerieren und die Betrachter regelmäßig davon ausgehen, dass der Abgebildete in Wirklichkeit so aussieht, wie auf dem Foto dokumentiert. Nach Auffassung des BVerfG gilt dies auch, wenn sich aus dem Kontext des Bildnisses eindeutig ergibt, dass jedenfalls an anderer Stelle des Gesamtmotivs Veränderungen vorgenommen wurden bzw. das Motiv einen satirischen Einschlag hat.[64] Im konkret entschiedenen Fall hatte eine Wirtschaftszeitschrift einen kritischen Beitrag über den damaligen Telekom-Vorstand *Ron Sommer* mit einer Montage illustriert, in welcher er wirklichkeitsfremd auf einem übergroßen Telekom-Symbol sitzt, dabei aber auch nicht leicht erkennbare Veränderungen an seinem Kopf und Körper vorgenommen.

II. Die Problematik von „wertneutralen Falschbehauptungen"

Eine Verletzung des zivilrechtlichen allgemeinen Persönlichkeitsrechts liegt nach der **19** Rechtsprechung des BGH dann nicht vor, wenn es sich um eine **wertneutrale Darstellung** handelt. Dies ist nach der Auffassung des BGH z. B. dann der Fall, wenn über eine Person behauptet wird, er habe sich gegenüber der Zeitschrift Stern geäußert, während er tatsächlich der Presseagentur dpa ein Interview gegeben hat.[65] In diesem Einzelfall erscheint die Auffassung des BGH vertretbar, weil jemand, der sich gegenüber der größten deutschen Presseagentur äußert, damit rechnen muss, dass seine Äußerung auch in der Zeitschrift Stern veröffentlicht wird. Sein sozialer Geltungsanspruch, der grundsätzlich auch das Recht umfasst, selbst zu entscheiden, wem gegenüber er sich äußert, wird daher allenfalls unerheblich verfälscht. Ähnlich liegt der Fall, wenn behauptet wird, jemand habe gegen eine Firmenfusion geklagt, die Klage jedoch nicht von ihm persönlich, sondern durch eine GmbH, deren Geschäftsführer der Betroffene ist, erhoben wurde. Hierbei ging das LG Köln davon aus, dass der Geschäftsführer die GmbH alleine und vollständig beherrschte, sodass die Willensbildung dieser juristischen Person allein durch ihn erfolgte.[66]

Aus der Rechtsprechung des BVerfG ergibt sich ein **strenger Maßstab** für die Erheblichkeitsprüfung zugunsten eines umfassenden Persönlichkeitsschutzes gegen Falschdarstellungen. Zum einen, weil es in der Regel für die Verbreitung unwahrer Tatsachenbehauptungen keinen rechtfertigenden Grund gibt[67] und Falschbehauptungen

---

[62] OLG Koblenz NJW 1997, 1375; OLG Hamm NJW-RR 1997, 1044; KG Berlin NJW-RR 1999, 1703; OLG Hamburg NJW-RR 1995, 220.

[63] BVerfG NJW 2005, 3271 – *Ron Sommer*; kritisch dazu *v. Becker* AfP 2005, 247.

[64] BVerfG NJW 2005, 3271; aA. zuvor im selben Fall BGH NJW 2004, 596; der BGH hat die Sache danach zur weiteren Aufklärung über die Veränderungen zurückverwiesen, BGH NJW 2006, 603; siehe auch OLG Hamburg, AfP 2008, 82.

[65] BGH NJW 2006, 609; bestätigt durch BVerfG NJW 2008, 747.

[66] LG Köln AfP 2007, 380, 381.

[67] BVerfG NJW 2006, 207, 209 – *Stolpe* m.w.N.; BVerfG NJW 1999, 1322, 1324 – *Helnwein/Scientologie.*

grundsätzlich nicht von Art. 5 Abs. 1 GG geschützt sind.[68] Zum anderen bestätigt das BVerfG in ständiger Rechtsprechung ausdrücklich, dass das zivilrechtliche Persönlichkeitsrecht insbesondere vor verfälschenden oder entstellenden Darstellungen schützt, die nicht von **ganz unerheblicher Bedeutung** sind.[69]

20   Vor diesem Hintergrund erscheint die in Teilen der Literatur vertretene Auffassung, dass wertneutrale Falschdarstellungen keine Verletzung des Persönlichkeitsrechts darstellen, solange dadurch nicht der soziale Geltungs- oder Achtungsanspruch oder die Tatbestände der §§ 186 StGB und § 824 BGB verletzt würden,[70] als zu weit gehend. Andere Stimmen in der Literatur sind dieser Auffassung zutreffenderweise kritisch entgegengetreten.[71] Schon die Frage, welche Falschbehauptungen wertneutral sind und welche nicht, hängt vom Kontext, im Wesentlichen aber auch vom subjektiven Standpunkt des Rezipienten ab. Wer z. B. in seiner Gedankenwelt das Vorurteil pflegt, die Fahrer roter Autos seien notorische Raser mit erheblichem Gefährdungspotential für andere Verkehrsteilnehmer, wird der Mitteilung, jemand fahre ein rotes Auto (obgleich er tatsächlich ein braunes fährt) eine andere Bedeutung zumessen, als jemand dem die Farbe fremder Autos völlig gleichgültig ist. Auch das von *Soehring*[72] gewählte Beispiel einer (angeblich) wertneutralen Falschbehauptung, jemand habe seinen letzten Urlaub in Madeira verbracht, während er sich auf Mallorca aufhielt, ist vor diesem Hintergrund kritisch zu betrachten. Denn viele Rezipienten verbinden mit der Insel Madeira andere Gedanken (ewiger Frühling, Wandertouren, älteres Publikum) als mit Mallorca („Ballermann"; Promi-Insel).[73] Das Merkmal der „Wertneutralität" ist grundsätzlich kaum geeignet, die Relevanz einer Falschbehauptung für das Persönlichkeitsrecht zu gewichten. Geeigneter erscheint der vom BVerfG gewählte Weg, die Erheblichkeit der Bedeutung der Verfälschung für den Betroffenen zu bewerten, wobei auch dabei zu berücksichtigen ist, dass diese Erheblichkeit stets von individuellen und subjektiven Umständen beim Betroffenen und bei den Rezipienten sowie dem jeweiligen Kontext abhängig ist. Aus dieser Erwägung heraus hat das BVerfG auch in anderem Zusammenhang in der grundlegenden Entscheidung zum **informationellen Selbstbestimmungsrecht** dargelegt, dass nicht zwischen sensiblen und unsensiblen personenbezogenen Daten unterschieden werden kann und es im Grundsatz keine belanglosen Personendaten gibt.[74] Diese Überlegung muss entsprechend auch hier gelten. Demnach ist es geboten, nur allenfalls solche falschen Tatsachenbehauptungen über Personen aus dem Schutze des Persönlichkeitsrechts auszunehmen, die – wie es auch das BVerfG vorgibt – gänzlich unerheblich für das öffentliche Bild des Betroffenen sind, und zwar unter jeder denkbaren, nicht völlig fernliegenden subjektiven Sichtweise des Rezipienten. Die Erheblichkeit einer Falschbehauptung ist die Regel, eine Belanglosigkeit die Ausnahme, die stets unter allen Aspekten begründet werden muss. Einer der wenigen solcher Fälle könnte das in der Literatur[75] gebildete **Beispiel** der falschen Angabe des Stockwerks, in dem sich das Büro einer Person befindet, sein, wenn das Stockwerk für die Beurteilung des geschilderten Sachverhalts völlig unbedeutend ist. Allerdings offenbart gerade dieses Beispiel, dass sich die Bedeutung einer Falschinformation später noch ändern kann. Denn es kommt immer auf den **Kontext** an: Wird z. B. später wahrheitsgemäß berichtet, dass Mitarbeiter aus einer Abteilung im 8. Stock einer Bank in einen Korruptionsskandal verwickelt sind, erscheint eine zuvor scheinbar irrelevante Falschmeldung, eine Person sitze im 8. Stock (statt richtig im 9.), in einem völlig anderen Licht und legt den Verdacht der Verwicklung in den Skandal nahe. Da gerade im

---

68 BVerfG NJW 1993, 1845; NJW 1993, 916; NJW 1992, 1439 – *Bayer*.
69 BVerfG NJW 2006, 207, 208 – *Stolpe* m.w.N., BVerfG NJW 2008, 747, 748.
70 *Soehring*, Rn. 18.5 ff.
71 *Prinz/Peters*, Rn. 28 f.
72 *Soehring*, Rn. 18.5.
73 Ähnlich *Prinz/Peters*, Rn. 128 m.w.N.
74 BVerfG NJW 1984, 419, 422 – *Volkszählung*.
75 *Prinz/Peters*, Rn. 129.

Zeitalter der internen und externen digitalen Pressearchive Informationen, die einmal veröffentlicht wurden, kaum noch in Vergessenheit geraten, erscheint es auch insoweit geboten, an eine angebliche Belanglosigkeit von Falschinformationen im Interesse des Persönlichkeitsrechts, aber auch im Interesse einer wahrheitsgemäßen Information der Öffentlichkeit strenge Anforderungen zu stellen.

Keine unbeachtlichen „wertneutralen Falschbehauptungen" sind jedenfalls Aussagen, **21** die die individuelle höchstpersönliche **Lebensplanung** des Betroffenen berühren, wie z. B. die Mitteilung falscher **Hochzeitsabsichten**[76] oder auch die Behauptung, jemand schicke seine Kinder zukünftig auf eine ausländische Privatschule, weil damit eine Aussage über die Lebensplanung des Betroffenen verbunden ist und der Betroffene Spekulationen ausgesetzt wird, aus welchen Motiven angeblich eine ausländische Schule ausgewählt wurde.[77] Auch Behauptungen, die etwas über die politische oder sonstige **Ausrichtung**[78] oder den **Charakter,** die **Persönlichkeit** und die **Erscheinung** des Betroffenen aussagen, sind niemals „wertneutral", so z. B. die unzutreffende Behauptung, ein Spitzenpolitiker färbe sich die grauen Schläfen.[79]

§ 21. Ehrenschutz, Schutz vor Schmähkritik

Inhaltsübersicht

---

[76] BGH NJW 1995, 861, 862 – *Caroline I.*
[77] OLG Hamburg, Urteil vom 2. 6. 1998, Az.: 7 U 47/08.
[78] BVerfG NJW 1999, 1322 – *Helnwein/Scientology.*
[79] BVerfG AfP 2003, 539.

Schrifttum: *Bölke,* Kritik an Macht ist schutzbedürftig – Wann wird Kritik zur Schmähung?, NJW 2004, 2352; *Coing,* Ehrenschutz und Presserecht, 1960; *Eidenmüller,* Der unliebsame Kritiker – Theaterkritik und Schmähkritik, NJW 1991, 1439; *Hirsch,* Ehre und Beleidigung, 1967; *Hochhuth,* Schatten über der Meinungsfreiheit – Der „Babycaust"-Beschluss des BVerfG bricht mit der Vermutung für die Zulässigkeit der freien Rede, NJW 2007, 192; *Koppe/Zagouras,* Haftung für Produktkritik, GRUR 2005, 1011; *Kübler,* Öffentlichkeit als Tribunal – Zum Konflikt zwischen Medienfreiheit und Ehrenschutz, JZ 1984, 876; *ders.,* Ehrenschutz, Selbstbestimmung und Demokratie, NJW 1999, 1281; *Ladeur,* Meinungsfreiheit, Ehrenschutz und die Veränderung der Öffentlichkeit in den Massenmedien, AfP 1993, 531; *Neumann-Duesberg,* Ehrenrecht und Presserecht, NJW 1960, 749; *Otto,* Der strafrechtliche Schutz vor ehrverletzenden Meinungsäußerungen, NJW 2006, 575.

A. Begrifflichkeit

1   Unter dem Begriff der **Schmähkritik** werden Äußerungen zusammengefasst, die zivilrechtlich unzulässig und im Rahmen der strafrechtlichen Prüfung ggf. auch strafrechtlich relevant (Verwirklichung von Äußerungsdelikten) sind. Der Begriff ist allerdings schillernd und vom Bundesgerichtshof erstmals wohl in der Höllenfeuer-Entscheidung verwendet worden,[-1] damals allerdings ohne den Begriff näher zu erläutern. Die Begriffszusammensetzung aus „Schmähung" und „Kritik" weist auf das Charakteristische von schmähkritischen Äußerungen hin, ohne allerdings eine abschließende Definition zu ermöglichen. Es geht um bewertende („kritische") Äußerungen in Bezug auf einen Sachverhalt oder eine Person, die sich allerdings nicht (in erster Linie) sachlich-kritisch mit dem Betreffenden auseinandersetzt, sondern herabwürdigend, mithin schmähend. Der Begriff ist seit seiner ersten Verwendung schillernd geblieben;[0] es bleibt eine Bewertung unter Berücksichtigung der zu schildernden Maßgaben, wann noch eine hinzunehmende Kritik und wann eine Herabwürdigung der Person vorliegt.

B. Definitions- und Abgrenzungsbemühungen

2   Der BGH hat konkretisiert, dass eine Schmähkritik dann vorliegt, wenn es sich um Kritik handelt, die nicht mehr nur scharf, schonungslos oder auch ausfällig, dabei aber auch sachbezogen ist, sondern wenn diese auf eine **vorsätzliche Ehrkränkung** hinausläuft.[1] Die Herabwürdigung der Person muss im Vordergrund stehen.[2] Aufgrund der überragenden Bedeutung der Meinungsfreiheit, die in Art. 5 Abs. 1 GG niedergelegt ist, ist naturgemäß der Begriff der Schmähkritik eng auszulegen.[3] Denn bei der Schmähkritik handelt es sich um einen Unterfall der (an sich zulässigen) Meinungsäußerung, die deswegen als rechtswidrig eingeordnet wird, weil sie in ihrer Ausdrucksform oder in ihrem Ausdruckszusammenhang, das Ehrgefühl des Betroffenen herabzusetzen geeignet ist bzw. dieses Ehrgefühl tatsächlich herabsetzt.

I. Abhängigkeit der Einordnung von „sozialen Standards"

3   Da die Frage, ob eine Äußerung in erster Linie der Herabwürdigung des Betroffenen dient oder nicht, selber eine Frage der Bewertung ist, ist die Kasuistik zur Frage des Vorliegens einer Schmähkritik dem Wandel der Zeit unterlegen. Ob eine Äußerung sich noch als zulässig oder als rechtswidrige Verletzung der Ehre einer Person darstellt, ist auch

---

[-1] BGH NJW 1966, 1617, 1619.
[0] Löffler/*Steffen* § 6 Rn. 190.
[1] BGH, NJW 1974, 1762 – *Deutschlandstiftung.*
[2] BVerfG NJW 1993, 1462 – *Böll;* BVerfG NJW 994, 2413; BGHZ 91, 117, 122; BGH NJW 2002, 1192.
[3] BVerfG NJW 199, 204; BGH AfP 2000, 167, 170.

von den **„sozialen Standards" der Zeitgeschichte** abhängig, innerhalb derer sie fällt. Generell lässt sich feststellen, dass aufgrund der wachsenden Reizüberflutung in der Informationsgesellschaft und dem damit verbundenen Zwang durch griffige, teils übers Ziel hinausschießende Formulierungen Aufmerksamkeit zu erregen, der Bereich der Schmähkritik heute noch enger ist als vor Jahrzehnten. Äußerungen über Äußerlichkeiten von Personen oder das Verhalten von Unternehmen, die vor 20 oder 30 Jahren zu einer Untersagung durch die Gerichte geführt haben, werden heute in ähnlicher Form als Teil des Meinungskampfes akzeptiert und sind daher nicht unzulässig. Vor diesem Hintergrund sei vor der Heranziehung von Präjudizien, insbesondere aus länger zurückliegenden Jahren, gewarnt.[4]

II. Eigenes Vorverhalten des Betroffenen

Zweiter Aspekt bei der Frage nach der Einordnung einer Äußerung als Schmähkritik 4
oder noch zulässige Meinungsäußerung ist die Frage des Hintergrunds der Äußerung. Dies betrifft zum einen die Frage, in welchem Lebensbereich die Äußerung fällt (vgl. dazu gleich unter III.). Dies betrifft aber insbesondere auch die Frage nach dem **eigenen Vorverhalten** des von der Äußerung Betroffenen.[5] Wer sich in der Vergangenheit der Öffentlichkeit zugewandt hat, muss schärfere öffentliche Kritik hinnehmen als eine reine Privatperson, die sich mit einer öffentlichen Äußerung über sich auseinandersetzen muss. Äußerungen im politischen, wirtschaftlichen oder unternehmerischen Bereich dürfen schon aus diesem Grund weiter gehen als Äußerungen über die Privat- und Intimsphäre.[6] Aber auch scharfe, überspitzte und ggf. sogar geschmacklose Kritik am Privatleben einer Person kann zulässig sein, wenn der Betroffene Tatsachen aus seinem Privatlebens zum Gegenstand öffentlicher Erörterung gemacht hat und diese Tatsachen Ausgangspunkt für die Meinungsäußerung über den Betroffenen ist.[7]

III. Konkreter Kontext der Äußerung

Entscheidend ist auch der **konkrete Kontext der Äußerung.** Auch aus diesem Grund 5
ist vor einer pauschalen Übernahme früherer Judikate als Gradmesser für die Einordnung als Schmähkritik oder zulässige Meinungsäußerung zu warnen. So kann sich beispielsweise schon die Bezeichnung einer Person als „Lügner" als Schmähkritik darstellen, wenn im Kontext der Äußerung in keiner Weise erläutert wird, welche Verhaltensweisen des Betroffenen eine solche Einordnung als Person, die bewusst die Unwahrheit sagt, tragen sollen. Anders stellt sich die Situation hingegen dar, wenn der Äußernde so genannte Anknüpfungstatsachen darlegt, mit denen sich die Bezeichnung als „Lügner" jedenfalls rechtfertigen lässt. Sind die dazu mitgeteilten Anknüpfungstatsachen zutreffend, bleibt für eine Unzulässigkeit der Bezeichnung als „Lügner" wenig Raum. Stellen sich die mitgeteilten Anknüpfungstatsachen hingegen als unzutreffend dar, kommt eine Unzulässigkeit der Bezeichnung als „Lügner" in Betracht – dann aber wohl eher als unwahre Tatsachenbehauptung über eine Person denn als Schmähkritik.
Der Äußernde ist aber nicht verpflichtet, die Anknüpfungstatsachen, die die scharfe 6
Kritik heraufbeschworen haben, auch mit der inkriminierten Äußerung darzutun. Ent-

---

[4] Worauf auch Löffler/*Steffen* § 6, Rn. 190 zu Recht hinweist.
[5] Für die strafrechtliche Beurteilung so auch BGHSt 12, 287, 294.
[6] BVerfG NJW 1993, 1845, 1846.
[7] So hat das OLG München AfP 2005, 560 die Bezeichnung einer Frau als „Busenmacherwitwe" für zulässig erachtet, da die Betroffene nach den Feststellungen des Gerichts ihre Ehe mit einem Schönheitschirurgen, ihre eigenen kosmetischen Operationen und ihre neue Beziehung zum Gegenstand von Presseberichterstattung gemacht hatte.

scheidend ist nur, dass sie bestehen und im Rahmen einer juristischen Auseinandersetzung ggf. dargelegt werden können.[8]

IV. Ziele und Motive des Äußernden

7   Von Bedeutung sind auch die **Ziele und Motive des Äußernden** für die Frage der Einordnung der Behauptung. Dies ergibt sich bereits aus der bereits zitierten allgemeinen Definition der Schmähkritik, die nach der „vorsätzlichen Ehrkränkung" verlangt und damit ein subjektives Element beinhaltet, das – dogmatisch nicht unproblematisch – auch im Rahmen eines auf Störungsbeseitigung gerichteten Unterlassungsanspruchs geprüft und ggf. unterstellt wird. Dem Äußernden muss es gerade um die Herabwürdigung des Betroffenen der Äußerung gehen; sie muss sein Ziel sein. Daher ist nicht nur objektiv nach der Wirkung der Äußerung auf den Betroffenen oder auf das sonstige Publikum zu fragen, sondern auch nach den Beweggründen des Äußernden. Dies kann insbesondere dann von Relevanz sein, wenn die Äußerung an sich sich sogar als Tatsachenbehauptung darstellen könnte, jedoch aufgrund des Kontextes und des Beweggrundes des Äußernden als Schmähkritik einzuordnen ist. So ist die Bezeichnung einer Person als „Jude" in Verbindung mit der „Zugehörigkeit zur fremdvölkischen Minderheit" zu Recht als Schmähkritik eingeordnet worden.[9] Ähnliches kann für die beschimpfende Bezeichnung als „Ausländer" in dem jeweils von Fremdenfeindlichkeit bestimmten Kontext gelten. Hier kommt es jedenfalls auch auf die vom Äußernden verfolgten Zwecke an.

V. Sonderfall Kunstfreiheit

8   Zu beachten ist weiter, welche Grundrechte sich gegenüberstehen. Äußerungen, die in einem wie auch immer gearteten künstlerischen Kontext fallen, sind anders zu beurteilen als Äußerungen in einem sachlichen Text. Dies gebietet sich schon wegen der – ohne ausdrückliche Schranke – normierten **Kunstfreiheit** gemäß Artikel 5 Abs. 3 GG.[10] So sind vom Landgericht Dresden Äußerungen in einem Theaterstück, die im Sinn einer Aufforderung zur Ermordung einer bekannten Persönlichkeit gedeutet werden können, keine Schmähkritk, wenn sich im Gesamtkontext des Stückes andere Interpretationsmöglichkeiten finden lassen.[11] Bei satirischen Darstellungen gilt Ähnliches. Hier ist im Lichte der Kunstfreiheit zu fragen, ob der Aussagekern der Mitteilung einen sachlichen Bezug aufweist. Ist dies der Fall, kommt eine Einordnung als unzulässige Schmähkritik kaum in Betracht.[12]

VI. Recht auf „Gegenschlag"

9   Fraglich kann das Vorliegen einer Schmähkritik auch dann sein, wenn die Vorgeschichte der Auseinandersetzung zwischen Äußerndem und Betroffenen einer Äußerung dem Äußernden ein **Recht auf Gegenschlag**[13] gibt und daher eine eigentlich nicht mehr hinnehmbare Schmähung noch als zulässig anzusehen ist. War die inkriminierte Äußerung als erkennbare Reaktion auf ein zuvor vom Betroffenen an den Tag gelegtes Verhalten anzusehen, sind auch überspitzte Äußerungen zulässig, die ohne diese Vorgeschichte nicht hinzunehmen wären. Dies ist letztlich ein Unterfall des Vorverhaltens

---

[8] Vgl. OLG Köln AfP 2003, 267; BGH NJW 1974, 1762.
[9] OLG Celle, NStZ-RK 2004, 107.
[10] Vgl. dazu nur BVerfGE 67, 213, 228.
[11] LG Dresden, AfP 2005, 83.
[12] *Wenzel,* Kap. 5 Rn. 98.
[13] Allgemein dazu Wenzel/*Burkhardt* Kap. 6 Rn. 21.

des Betroffenen (vgl. dazu unter II.). Dies führt aber nicht dazu, dass im Bereich der persönlichen Ehre wegen früherer Auseinandersetzungen zwischen Parteien die Schmerzgrenze des Betroffenen ins Unermessliche ausgeweitet würde.[14]

C. Kategorisierungen nach Art und Inhalt der Äußerung

Die Kategorisierung von potenziellen schmähkritischen Äußerungen ist grundsätzlich **10**
in vier verschiedenen Kategorien möglich:

I. Formalbeleidigungen

Hierunter fallen im weitesten Sinne **Schimpfwörter** ohne Nähe zur Darstellung eines **11**
verurteilungswürdigen Verhaltens. Dabei kommt es dann auch nicht darauf an, ob im Zusammenhang mit der Benutzung des Schimpfwortes ein die Person betreffender Sachverhalt zutreffend dargestellt wird. Es erscheint auch im Rahmen des Meinungskampfes in einer Gesellschaft schlechthin unvorstellbar, einen Querschnittsgelähmten als „Krüppel“[15] zu bezeichnen oder andere Personen als Schuft oder Kanaille.[16] Auch die Bezeichnung als „Schwein“ in Bezug auf eine Person oder die – häufig zitierte – Bezeichnung von Heinrich Böll als „steindummer, kenntnisloser, talentfreier Autor, aber auch einer der verlogensten ja korruptesten (...) ein teils pathologischer, teils harmloser Knallkopf“ stellt sich als Anreihung von Schimpfwörtern dar, die sich durch sachliche Kritik am Autor nicht rechtfertigen lässt.[17] Gleiches gilt für eine Bezeichnung vom Polizeibeamten als „Scheißbulle“.[18] In diese – wohl deutlichste – Kategorie fallen also alle auch nach heutigem Verständnis als besonders herabwürdigend angesehenen Schimpfwörter, ohne dass es auf die Frage des Sachzusammenhangs ankäme.

II. Beschimpfungen im weiteren Sinne

Hierunter fällt ein Großteil der Äußerungen, die im Zusammenhang mit potenziellen **12**
Schmähkritiken auftauchen. Sie enthalten drastische Formulierungen, nicht jedoch Formalbeleidigungen, so dass nicht unterschiedslos zu vermuten ist, dass es alleine um die Herabwürdigung des anderen geht. Es handelt sich vielmehr um Äußerungen, die generell dazu geeignet sind; es kommt aber für die rechtliche Einordnung darauf an, ob **Sachnähe** zu einer zugrunde liegenden Auseinandersetzung besteht.[19] In einem solchen Fall sind auch einprägsame, starke Formulierungen hinzunehmen. Dies gilt insbesondere bei griffigen Übertreibungen. So ist es zulässig, Kreditvermittler als „Kredithaie“ zu bezeichnen. Auch Kritik an Geschäftsmodellen durch die Bezeichnungen „Bauernfängerei“[20] oder „Wohnungshai, dem Wolfcharakter zukommt“[21] sind zulässig. Ebenso ist Kritik an staatlichen Maßnahmen wie zum Beispiel der Verkehrsüberwachung durch Ausdrücke

---

[14] Zu Recht übt das Bayerische Oberste Landesgericht AfP 2002, 221, scharfe Kritik an einer Entscheidung der Vorinstanz, die die Äußerung „Zigeunerjude“ über ein Mitglied des Zentralrates der Juden für noch zulässig erachtet hatte.

[15] BVerfGE 86, 1, 13.

[16] Während man bei dem vom OLG Hamburg in diese Reihe gestellten Begriff „Halunke“ nach heutiger Sicht schon durchaus anderer Auffassung sein könnte; vgl. dazu OLG Hamburg AfP 1990, 135.

[17] BVerfG NJW 1993, 1462.

[18] OLG Oldenburg JZ 1990, 126.

[19] Vgl. OLG Köln AfP 1983, 472.

[20] BGH NJW 2005, 279.

[21] OLG Köln AfP 1982, 404.

wie „Drückerkolonne" oder „Abkassierkolonne", die wie „Gierige Geier"[22] über die Nummernschilder der Falschparker herfallen, als zulässig erachtet worden. Gleiches gilt für die Bezeichnung von Radarmessungen durch die Polizei als „Wegelagerei".[23]

III. Äußerungen mit (jedenfalls auch) Tatsachencharakter

13   Wie bereits geschildert sind auch Schmähkritiken denkbar, die im Wesentlichen auf der Schilderung von (ggf. zutreffenden) Tatsachenbehauptungen fußen. Sie können sich dann als Schmähkritik darstellen, wenn insbesondere der Anlass und Beweggrund des Äußernden lediglich auf die **Herabwürdigung der Person** abzielen. Dies gilt beispielsweise bei der Bezeichnung eines Nicht-Deutschen als „Ausländer" in einem fremdenfeindlichen Kontext bzw. dann wenn die Äußerung als reine Beschimpfung des Betroffenen daherkommt. Gleiches gilt für die Bezeichnung eines Geschäftsmanns als „Geschäftemacher". Es handelt sich um eine Äußerung, die bei einem Unternehmer sicherlich auch einen zutreffenden Tatsachencharakter hat, die sich aber im Kontext der jeweiligen Äußerung als negative, substanzlose Schmähung der Person des Betroffenen darstellen und dann unzulässig sein kann. Auch bei derartigen Äußerungen ist also nach der Sachnähe der Äußerung zu fragen.

IV. Sonstige nicht näher kategorisierbare Äußerungen

14   Als nicht durch Sachnähe geprägte Herabwürdigung einer Person können sich auch andere, auf Grund des Kontextes problematische Äußerungen wie beispielsweise **Spekulationen** über deren Verhalten darstellen. So ist die Äußerung „Auch Konrad Adenauer und Kurt Schumacher würden heute die Republikaner wählen" vom Oberlandesgericht Köln als grobe Entstellung des Lebensbildes der Verstorbenen und damit als Schmähung eingeordnet worden.[24] Gleiches gilt für die Behauptung, dass ein Richter „dem Volksgerichtshof zugeordnet werden müsse".[25] In die ähnliche Richtung der Unterstellung einer bestimmten Motivation geht die Äußerung, einer Mutter käme es darauf an, aus dem auf ärztlichen Fehlern beruhenden Tod ihres Kindes Kapital zu schlagen.[26] Allerdings kommt hier in dem konkreten Kontext auch eine Unzulässigkeit der Behauptung aufgrund einer unzutreffend zugeordneten inneren Tatsachenbehauptung über die Motivation der Mutter in Betracht. Als Schmähkritik ist ebenfalls die Darstellung über einen Rechtsanwalt eingeordnet worden, mit der der Anschein erweckt wurde, er habe nur unnütze Tätigkeiten entfaltet und sich ein hohes Honorar ohne ausreichende Gegenleistung zahlen lassen.[27] Als Schmähung hat das Oberlandesgericht Köln[28] auch bestimmte Behauptungen über ein Wirtschaftsmagazin aufgefasst, dem Gefälligkeitsjournalismus zugunsten eines Anzeigenkunden unterstellt worden ist. Dies hat das Oberlandesgericht Köln selbst dann angenommen, wenn sich eine hohe Anzeigenzahl dieses Kunden in dem Medium nachweisen ließ. Es ist also festzuhalten, dass Schmähkritik nicht stets in Form einer knappen, herabwürdigenden Beleidigung oder Schimpfwortbenutzung liegen muss, sondern sich auch aus einer bestimmten, einer Person oder Organisation unterstellten Motivation und Verhaltensweise ergeben kann, die als nach den sozialen Standards und Wertvorstellungen als ungehörig angesehen werden.

---

[22] OLG Düsseldorf NJW 1992 1335.
[23] OLG Düsseldorf NStZ-RR, 2003, 295.
[24] NJW 1999, 1969.
[25] OLG Hamburg NJW 1990, 1246.
[26] OLG Köln AfP 1972, 223.
[27] NJW 1961, 1914.
[28] AfP 2001, 332.

D. Kategorisierung nach zugeordnetem Lebensbereich

Die Anforderung der Rechtssprechung an die Bejahung einer Schmähkritik bezie- **15** hungsweise die Einordnung als noch **zulässige Meinungsäußerung** ist je nach Lebensbereich, um den es bei dem Sachverhalt geht, unterschiedlich. Wie beschrieben besteht eine generelle Tendenz, auch in scharfer Sprache vorgetragene Angriffe zuzulassen, um dem Recht auf Ausübung der Meinungsfreiheit den verfassungsrechtlich gebotenen Raum zu geben. Traditionell werden scharfe Äußerungen aber insbesondere im Bereich Politik, Wirtschaft und sonstige Sozialsphäre besonders umfassend hingenommen. Denn in diesen Bereichen bedarf die für eine lebendige Demokratie konstituierende öffentliche Meinungsbildung im besonderen Umfang einem **weitgehenden Vorrang des freien Wortes.** So hat sich zu den folgenden genannten Lebensbereichen die Kasuistik entwickelt:

I. Äußerungen im politischen Raum

Wie bereits geschildert ist insbesondere im **politischen Meinungskampf** die Mei- **16** nungsfreiheit ein hohes Gut, so dass der Bereich der Schmähkritik erheblich zurückgedrängt ist. Dies gilt nicht nur für den auch häufig über die elektronischen Medien ausgetragenen Meinungskampf in der Bundes- und Landespolitik, sondern auch für lokale oder regionale Auseinandersetzungen.

So hat das Bundesverfassungsgericht[29] Äußerungen über den Bewerber um ein Bürger- **17** meisteramt auf lokaler Ebene für zulässig gehalten, mit denen diesem unterstellt wurde, er „hatte keine Skrupel, eine Lüge mit der nächsten Lüge beschönigen zu wollen und das, wo das Gericht daneben stand". Der Betroffene sei „über Leichen" gegangen, habe eine „illegale Idee" umgesetzt und habe „unsere Rechtsordnung mit Füßen getreten". Das Bundesverfassungsgericht erkannte hier aufgrund des Gesamtkontextes eine jedenfalls auch sachliche Auseinandersetzung mit der Tätigkeit des Betroffenen, so dass es die Äußerungen als zulässige Meinungsäußerungen eingeordnet hat. Einen früheren hochrangigen CSU-Politiker darf man nach Ansicht des Bundesverfassungsgerichts als „Zwangsdemokraten" bezeichnen,[30] die CSU selber darf als „NPD von Europa" bezeichnet werden.[31]

Ähnlich wie Politiker müssen sich auch die **Behörden** bei ihrem Verhalten der – auch **18** überspitzten – Kritik des Publikums stellen. So hat das Bundesverfassungsgericht die Äußerung in einem Leserbrief zur Abschiebung von Asylanten: „Asylanten bei Nacht und Nebel verschleppt. Ich nenne das zum Himmel schreiende Gestapo-Methoden" für zulässig gehalten, da es dem Äußernden um den Ausdruck seines Unverständnisses für den Umgang mit den Asylbewerbern ging und in diesem Zusammenhang eine überspitzte Formulierung wie die „Gestapo-Methoden" noch zulässig sei.[32] Anders sei allerdings der Fall zu beurteilen, wenn sich die Kritik namentlich auf bestimmte Beamte bezogen hätte. Eine Kritik an der Verwaltungspraxis in der genannten Form ist aber zulässig. In diesen Zusammenhang fallen auch die häufig streitigen Auseinandersetzungen um Bezeichnungen von Soldaten. Während das Bundesverfassungsgericht das Tucholsky-Zitat „Soldaten sind Mörder" für eine zulässige Meinungsäußerung gehalten hat,[33] sind drastische Formulierungen wie „Folterknechte, KZ-Aufseher, Henker"[34] für unzulässig gehalten worden.

---

[29] AfP 2003, 538.
[30] NJW 1991, 95.
[31] BVerfGE 6, 1, 7.
[32] BVerfG NJW 1992, 2815.
[33] BVerfGE 93, 266, 293.
[34] BGHSt 36, 83.

19   Gerade in Bezug auf Politiker tauchen darüber hinaus immer wieder Vergleiche mit dem Nationalsozialismus auf – sei es als Bezeichnung von Politikern als „alter Nazi", „Oberfaschist", „Jungfaschist" oder „Nazimörder".[35] Derartige Bezeichnungen sind nicht per se unzulässig. Hier ist aufgrund des Kontextes und des Beweggrundes des Äußernden genau abzuschichten, ob die Äußerung als substanzlose Schmähung des Betroffenen einzuordnen ist oder ob es einen – jedenfalls entfernt erkennbaren – sachlichen Grund für die Bezeichnung des Betroffenen mit derartigen Vergleichen gibt. Dies kann sich beispielsweise daraus ergeben, dass sich der Betroffene während des dritten Reiches als überzeugter Nationalsozialist dargestellt hat. Der Anknüpfungspunkt kann sich auch daraus ergeben, dass der Betroffene heute **rechtsradikales Gedankengut** vertritt. Auch in einem solchen Fall kann die Bezugnahme auf die Zeit des **Nationalsozialismus** je nach Einzelfall zulässig sein. Auch insofern kommt es erneut auf die genaue Berücksichtigung des Kontextes der Äußerung an.

II. Äußerungen im wirtschaftlichen und unternehmerischen Bereich

20   Hier gilt der erheblich herabgesetzte Schutz ebenso wie im politischen Bereich: Wer sich mit seinen wirtschaftlichen und unternehmerischen Leistungen der Öffentlichkeit zuwendet und von öffentlicher Aufmerksamkeit profitiert, muss sich ebenso wie Politiker auch scharfer und überspitzter Kritik an seinem Verhalten und seinen Produkten stellen.[36] Für einen umfassenden Schutz vor scharfer Kritik besteht kein Raum. Im Wesentlichen kommt Schutz von Unternehmen und Wirtschaftsführern überhaupt nur bei Formalbeleidigungen oder Beschimpfungen ohne jeglichen sachlichen Anknüpfungspunkt in Betracht. So hat das Oberlandesgericht Hamm die Benennung von Bankiers als „Mafiavergleichbare Gestalten" für eine unzulässige Schmähkritik gehalten.[37] Ob eine solche Äußerung auch im heutigen Kontext verschärften Wettbewerbs und erheblicher öffentlicher Kritik am Auftreten zahlreicher Unternehmen in einer globalisierten Welt ebenfalls noch unterschiedslos als unzulässig einzuordnen wäre, darf bezweifelt werden. Es wird im Wesentlichen auch hier auf den **Kontext der Äußerungen** ankommen. Insbesondere Unternehmen, die aufgrund ihres Geschäftsmodells Kritik auf sich ziehen, müssen sehr scharfe Formulierungen hinnehmen. Dies gilt beispielsweise auch für Ärzte, die aufgrund ihrer umstrittenen Behandlungsmethoden als „Scharlatan, Pfuscher, personifizierter Vertreter der Vitaminindustrie" bezeichnet werden.[38] Dem gegenüber hat aber beispielsweise das Landgericht Hamburg in einer nicht veröffentlichten Entscheidung die Darstellung der Entscheidungsabläufe bei einem mit der Abwicklung von Krediten befassten Unternehmen als „Tötungsorganigramm" für eine unzulässige Schmähkritik gehalten.

21   Mangelhafte **Warentests** durch Medien, die von vorneherein darauf abzielen, ein Produkt herabzuwürdigen, zu einem Boykott aufrufen oder bewusst manipuliert sind, können sich aufgrund mangelnder Objektivität ebenfalls als Schmähung des Unternehmens darstellen.[39]

22   Im Fall schmähender Äußerungen durch Konkurrenten ergeben sich Ansprüche nicht nur aus dem Unternehmenspersönlichkeitsrecht gemäß §§ 823, 1004 BGB analog i. V. m. Art. 1 Abs. 1, Art. 2 Abs. 1 GG bzw. dem Recht am ausgeübten und eingerichteten Gewerbebetrieb, sondern auch aus §§ 3 ff. UWG.

---

[35] Vgl. dazu nur OLG Hamburg NJW 1992, 2035; BVerfG NJW-RR 2000, 1721 („Multifunktionär mit einschlägiger brauner Sektenerfahrung").
[36] Wenzel/*Burkhardt* Kap. 5 Rn. 96.
[37] DB 1980, 1213.
[38] OLG Karlsruhe NJW-RR 2002, 1695.
[39] Darauf weisen zutreffend *Koppe/Zagouras,* GRUR 2005, 1012 hin; vgl. auch BGH NJW 2002, 1192, 1193.

III. Äußerungen in der sonstige Sozialsphäre

Auch wer in anderer Weise als im politischen oder wirtschaftlichen Bereich die Öffent-   23
lichkeit sucht und diese für seine Zwecke nutzt, muss mit erheblicher Kritik an sich
leben.

1. Religiöser und weltanschaulicher Bereich

Dies gilt beispielsweise im **religiösen bzw. weltanschaulichen Bereich.** Eine Geist-   24
heilerin muss die Bezeichnung ihrer Tätigkeit als „absurde Scharlatanerie" hinnehmen.[40]
Ruft ein islamischer Prediger in einer Predigt dazu auf, dass schon Kinder im Hinblick
auf den „Dschihad" erzogen werden müssten, so darf dieser als „Hassprediger" bezeichnet
werden.[41] Die Bezeichnung der Osho-Bewegung als „pseudo-religiös" wurde allerdings
mit Blick auf Art. 4 GG und dem Umstand, dass die Äußerung von der Sektenbeauftragten der katholischen Kirche stammte, als unzulässig eingeordnet.[42]

2. Kritik an Medizinern

a) **Pointierungen.** Häufig gerät die **Kritik an Ärzten** überspitzt, vor allem wenn sie   25
im öffentlichkeitsrelevanten Bereich praktizieren – sei es, weil sie Schwangerschaftsabbrüche vornehmen,[43] sei es weil sie in spektakulären Krankheitsfällen ärztlich tätig gewesen sind. Stets ist bei der Beurteilung der Äußerungen auch hier zu fragen: Liegen der
scharfen Kritik an dem Mediziner Anknüpfungstatsachen zugrunde, die die Kritik als
(noch) mit Sachnähe erscheinen lassen? Falls nein, ist vor dem Hintergrund der unter II.
geschilderten Umstände zu fragen, ob die Bewertung schon derart überspitzt ist, dass das
Recht auf Schutz der Persönlichen Ehre höher zu bewerten ist als die Meinungsfreiheit
des Äußernden. So hat das OLG Karlsruhe die Bezeichnung eines Arztes als „Pfuscher,
Scharlatan, pseudoreligiöser Vitaminguru" für zulässig gehalten, da tatsächliche Anhaltspunkte vorlagen, die die Bewertung rechtfertigten.[44]

b) **„Babycaust"-Entscheidung.** Erhebliche, über die Beurteilung von überspitzten   26
Meinungsäußerungen hinausgehende Bedeutung hat die **„Babycaust-Entscheidung"**
des Bundesverfassungsgerichtes.[45] Die Äußerung von Abtreibungsgegnern über einen
Arzt, der rechtmäßig Schwangerschaftsabbrüche durchführt „Damals: Holocaust – heute:
Babycaust" hat das Gericht in Bezug auf den Arzt als Schmähkritik bewertet. Über den
Arzt dürfe allerdings behauptet werden, „Tötungsspezialist für ungeborene Kinder Dr. F".
Es handele sich um eine Tatsachenbehauptung, die trotz drastischer Worte im Kern zutref-
fend sei. Von prägender Bedeutung ist die Entscheidung des Verfassungsgerichts wegen
der Ausführungen zu der dritten in Rede stehenden Äußerung „Kinder-Mord im Mut-
terschoß". Das Bundesverfassungsgericht hat ausgeführt, dass die Aussage mehrdeutig sei
– „Mord" als umgangssprachliche Bezeichnung einer Tötung bei Hervorhebung der Ver-
werflichkeit oder als Vorwurf im rechtstechnischen Sinne einer Tat nach § 211 StGB. Im
Anschluss an die „Stolpe"-Rechtsprechung des Gerichts[46] ist danach bei Unterlassungsansprüchen zu prüfen, ob eine oder mehrere Deutungsvarianten zu einer rechtswidrigen
Beeinträchtigung des Persönlichkeitsrechts führen. Ist dies der Fall, so ist diese der rechtlichen Bewertung zugrunde zu legen. Das Bundesverfassungsgericht wendet dies ausdrücklich nicht nur auf Tatsachenbehauptungen an, sondern auch bei der Betrachtung
von Werturteilen. Nach dieser Maßgabe wurde Mord im rechtstechnischen Sinne als

---

[40] OLG Karlsruhe AfP 1997, 721.
[41] OLG Köln NJW 2005, 2554; vgl. auch OLG Brandenburg NJW-RR 2007, 1641 zum Begriff
„Hasspredigt" mit demselben Ergebnis wie das Oberlandesgericht Köln.
[42] BVerfGE 105, 279.
[43] Dazu unten Rn. 26.
[44] NJW-RR 2002, 1695.
[45] NJW 2006, 3769; vgl. dazu auch *Hochhuth* NJW 2007, 192.
[46] NJW 2006, 207.

Deutungsvariante zugrunde gelegt, worin eine erhebliche Betroffenheit des Allgemeinen Persönlichkeitsrechts des Arztes liege. Es muss die Rechtsprechung der Fachgerichte abgewartet werden, ob mit dieser Maßgabe der von Verfassungs wegen enge Korridor unzulässiger Meinungsäußerungen Erweiterung erfährt. Klar ist, dass bei drastischen Äußerungen Vorsicht geboten ist, wenn unklar bleibt, wer oder was gemeint sein soll. In einer pauschalen Kritik an allgemeinen Zuständen kann bei Anwendung der dargelegten Deutungsmöglichkeiten rasch auch die Bewertung des Verhaltens bestimmter im Kontext genannter Personen gesehen werden.

3. Kritik an Künstlern und ihrem Werk

27   Geharnischte Worte sind auch bei der **Kritik an künstlerischen Leistungen** nicht unüblich und in gewissem Umfang hinzunehmen. Wer sich auf einer Bühne oder im Konzertsaal exponiert – noch dazu vielleicht in Kritik provozierenden Aufführungen – muss mit scharfen Worten rechnen. Bedenklich daher, bereits bei der bloßen Äußerung über den Hauptdarsteller eines Stückes „Über Herrn X gibt es nichts zu sagen, er war nicht da", eine Schmähkritik zu vermuten, solange nicht der Kritiker jedenfalls im Prozess Anknüpfungspunkte für eine derartige Äußerung benennen kann.[47]

4. Kritik an Lehrern

28   Auch die Bewertung der Arbeitsleistung von **Lehrern** durch ihre Schüler auf einem Internetportal ist nicht zu beanstanden, wenn dort Bewertungskriterien wie „schlechter Unterricht" oder „unmotiviert" bereitgehalten werden. Derartige Äußerungen über die Sozialsphäre von Lehrern, nämlich die Beurteilung ihres Unterrichts, stellen keine Schmähkritik dar.[48] Gleiches wird für **Rechtsanwälte und andere Dienstleister** gelten.

IV. Äußerungen im Bereich der Privat- und Intimsphäre

29   Erhöhter Schutz gilt bei überzogenen Meinungsäußerungen über das Intim- und Privatleben von Personen; es sei denn, diese sind in der Vergangenheit mit diesem „hausieren" gegangen. Je intimer die Details sind, zu denen Wertungen abgegeben werden, desto weniger ist eine solche Kritik zulässig. Behauptungen über die Körperlichkeit von Personen können aber noch zulässige Meinungsäußerungen sein, wenn sie in Bezug eine Person gemünzt sind, die in gewissem öffentlichem Licht steht.[49] Nicht mehr hinnehmbar ist in Bezug auf eine Fernsehansagerin die Behauptung, sie sehe aus wie eine „ausgemolkene Ziege, bei der die Milch sauer werde".[50] Auch die Bezeichnung einer Sängerin als „ostdeutsches Hormonwrack" stellt eine Schmähkritik dar. Anders hat wiederum das Kammergericht die Bezeichnung eines Schauspielers, der sich in der Vergangenheit zu seinen Liebesbeziehungen öffentlich geäußert hatte, als „Beziehungswrack" bewertet. Die Herabwürdigung der Person stehe nicht im Vordergrund, vielmehr die Auseinandersetzung mit dem Beziehungsleben des Betroffenen.[51]

V. Äußerungen in gerichtlichen und behördlichen Verfahren

30   Äußerungen von Rechtsanwälten und Parteien in gerichtlichen Verfahren sind in sehr weitem Rahmen privilegiert. Anders jedoch dann, wenn die ursprünglich schriftsätzlich aufgestellte Behauptung von dem äußernden Rechtsanwalt hernach auf seine Webseite zum Abruf gestellt wird. Dann gelten die üblichen Haftungsmaßstäbe.[52] Gleiches gilt für

---

47 So aber *Eidenmüller* NJW 1991, 1439, 1441.
48 OLG Köln GRUR-RR 2008, 26 – *spickmich.de*.
49 So z.B. OLG Karlsruhe für die Behauptung „kleingewachsener Patriarch", AfP 2001, 336.
50 BGHZ 39, 124.
51 Beschluss vom 21. Juni 2005, Az. 9 U 4/05.
52 LG Hamburg MMR 2005, 128.

Äußerungen im Verwaltungsverfahren.[53] Unzulässig sind alleine die Person herabwürdigende Äußerungen im Rahmen einer Dienstaufsichtsbeschwerde.[54]

VI. Rechtsmeinungen

Gerade im Bereich der Wirtschaftsberichterstattung werden häufig Begriffe wie „Betrü- **31** ger", „Krimineller" oder „Verbrecher" benutzt. Es ist fein zu differenzieren, ob dem Betreffenden hier wegen eines **konkreten Sachverhaltes** der Vorwurf strafbaren Verhaltens gemacht wird **oder** es um die **pauschale Herabwürdigung** ohne Anknüpfungspunkt geht. Das Landgericht Bonn hat die Behauptung im Rahmen einer AG-Hauptversammlung: „Der Vorstand ist nicht zu entlasten, sondern zu verknasten. Der Vorstand hat die Minderheitsaktionäre in der Vergangenheit so schwer belogen, betrogen und über das Ohr gehauen, dass er für „alle Ewigkeit ohne Brot und Wasser in den Knast gehört. Er hat die Aktionäre auf deutsch schwer beschissen. Dass er sich seines Betrugs sicherlich bewusst ist, zeigt schon alleine die Tatsache, dass er die Hauptversammlung absichtlich auf einen Tag vor Weihnachten gelegt hat. Hier sollte endlich einmal der Staatsanwalt tätig werden." für zulässig erachtet. Die Äußerung stehe im erkennbaren Zusammenhang mit den geschäftlichen Aktivitäten des Vorstandes und sei daher keine Schmähkritik.[55] Hingegen muss ein Rechtsanwalt es sich nicht gefallen lassen, dass ein früherer Mandant ihn gegenüber Dritten als „arglistigen Täuscher", „uneinsichtigen dummen Tölpel", „Lügner" und „Prozessbetrüger" bezeichnet – wenn wie im entschiedenen Fall kein Ansatzpunkt für eine derartige Behauptung im Verhalten des Anwalts zu sehen war.[56] Die Behauptung, ein anderer hätte in einem zivilgerichtlichen Verfahren „Prozessbetrug" begangen, kann sich aber auch als Tatsachenbehauptung darstellen, die zu untersagen ist, wenn sie unwahr ist.[57]

VII. Äußerungen im Internet

Hier stellen sich in der Praxis im Wesentlichen zwei Problemfelder, die – auch wenn **32** sie nicht internet-spezifisch sind – so doch gerade im virtuellen Raum immer wieder auftreten. Dem Grunde nach gilt für die Schutzkonstruktion im Bereich der persönlichen Ehre nichts anderes als in anderen Medien.[58] Aufgrund der – vermuteten – **Anonymität im Netz** und des leichten Zugangs zu diesem Massenmedium ist ein verstärktes Auftreten überspitzter Formulierungen in Foren, Kommentarfunktionen oder privaten Webseiten zu registrieren. Derartige Äußerungen stellen das eine Problemfeld dar, wobei sich hier eher rechtliche Fragen der **Haftung** für Foreninhalte stellen[59] und tatsächliche Fragen der Auffindbarkeit der Störer als Fragen nach dem Grenzverlauf zwischen Schmähkritik und zulässiger Bewertung.

Der zweite virulente Bereich sind geltend gemachte äußerungsrechtliche Ansprüche **33** wegen angeblich unzulässiger Bewertungen unter Benutzern bei Auktionsportalen wie ebay. Hier findet sich mittlerweile ein stattlicher Umfang von Judikatur, die den Bereich der Schmähkritik in enge Grenzen gesetzt hat.[60]

---

[53] OLG Düsseldorf NVwZ 1998, 435.
[54] OLG Karlsruhe NJW-RR 2006, 1640.
[55] LG Bonn NJW-RR 2006, 486.
[56] OLG Saarbrücken NJW 2003, 762.
[57] OLG Celle AfP 2002, 508.
[58] Urteil des LG Hamburg, Az. 324 O 819/03 vom 30. 7. 2004; Urteil des LG München I, Az. 4 HKO 12190/06, vom 17. 10. 1996.
[59] OLG Düsseldorf MMR 2006, 553; OLG Koblenz MMR 2008, 54; LG Köln MMR 2007, 337.
[60] Vgl. nur LG Düsseldorf MMR 2004, 496; AG Peine NJW-RR 2005, 275; AG Erlangen NJW 2004, 3720; AG Dannenberg MMR 2006, 567.

§ 22. Das Selbstbestimmungsrecht und das Recht
auf informationelle Selbstbestimmung

A. Hintergrund

1   Seit dem Vordringen der Elektronischen Datenverarbeitung in alle Lebensbereiche Anfang der 60er Jahre des 20. Jahrhunderts erfuhr die Diskussion um die Wahrung der Persönlichkeitsrechte eine dramatische Wende. Zunächst in den USA, dann aber sehr bald
auch in Europa und anderen Teilen der Welt wurde in der Wissenschaft, aber auch von
Regierungen, parlamentarischen Gremien und der Öffentlichkeit erörtert, unter welchen
Voraussetzungen personenbezogene Daten mit Hilfe von Computern verarbeitet werden
dürfen.[1]

---

[1] *Westin,* Privacy and Freedom, 1967; *Miller,* Der Einbruch in die Privatsphäre, 1972; in Deutschland bereits *Simitis,* Automation in der Rechtsordnung – Möglichkeiten und Grenzen, Schriftenreihe der Juristischen Studiengesellschaft Karlsruhe, Heft 78, 1967.

Die Ursprungsdiskussion in den USA, die sich vor dem Hintergrund der Reformpläne **2** der Kennedy-Administration zur Einführung einer zentralen Bundesdatenbank für alle amerikanischen Staatsbürger und Staatsbürgerinnen entwickelte,[2] nahm Bezug auf Thesen zum **Right to Privacy,** das erstmals von *Warren* und *Brandeis* (einem späteren Richter am Supreme Court, der die Menschenrechte in diesem Gericht erheblich gefördert hat) im Jahr 1890 in einer Deutlichkeit formuliert wurde, die heute noch Bestand hat: Gerade war der Rotationsdruck erfunden und in dessen Folge die Boulevardpresse entstanden, entwickelten diese beiden damals jungen Rechtsanwälte die These, dass nicht erst, wie bis dahin gängig, der physische Eingriff in Rechtsgüter wie Leben, Freiheit oder Eigentum rechtliche Relevanz besitzt, sondern bereits das Sammeln von – in unserer heutigen Diktion – Informationen. Sie postulierten, dass bereits das Erheben von Informationen ein Eingriff in das Right to Privacy darstellt.[3]

Diese Thesen, zunächst in der Fachwelt energisch bestritten, fanden im US-amerikani- **3** schen Recht jedoch im Laufe der Jahre ihren Durchbruch. In seinem Lehrbuch zum Schadensersatzrecht[4] unterscheidet *Prosser* die **Eingriffsformen „intrusion"** (Eindringen in die Privatsphäre), **„disclosure"** (Veröffentlichung über die Privatsphäre) und **„false light"** (falsche Darstellung). Eine weitere von ihm definierte Eingriffsform, „appropriation" (Namensmissbrauch), stellt inzwischen unter der Bezeichnung „identity theft" ein erhebliches Problem der Datensicherheit im Internet dar. Diese Tatbestände beeinflussten die Formulierung des Privacy Act 1974,[5] der nach der Zurückweisung der Pläne zum Aufbau der Bundesdatenbank durch den Kongress 1965 entwickelt worden war und zunächst die Befugnisse der amerikanischen Bundesregierung zur Verarbeitung personenbezogener Daten sowie die Rechte der Betroffenen hinsichtlich dieser Daten regelte.

Die Diskussion in den USA fand ihr Echo noch in den sechziger Jahren in Europa und **4** führte zu heftigen Debatten, die zum einen zu der Überzeugung führten, dass die amerikanischen Positionen übernommen werden müssten, allerdings in mehrerer Hinsicht erweitert: Die Gesetzgebung sollte nicht beschränkt sein auf die Verarbeitung von Daten in Computern, da auch von der Verarbeitung von Daten in herkömmlichen **Medien Gefahren für die Persönlichkeitsrechte** ausgehen; nicht nur die Verarbeitung von Daten durch staatliche Behörden, sondern auch diejenige durch private Stellen stellt ein Risiko für die Persönlichkeitsrechte dar; und schließlich: nur die Einrichtung effektiver Kontrollinstanzen gibt Gewähr für die Umsetzung der Regelungen.

Die Wortwahl für das neue Rechtsgebiet war nicht einfach. Die Nutzung des im Zivil- **5** recht eingebürgerten **„Persönlichkeitsrechts"** schien wegen der jahrzehntelangen Diskussion um diese Rechtsfigur nicht angemessen und zudem der Technik nicht gerecht werdend. Anklänge an die einige Jahre zuvor geführte Diskussion über die Verbesserung der Sicherheit an Arbeitsplätzen unter der Bezeichnung „Maschinenschutz" führten zum **Begriff „Datenschutz",** der trotz seiner Missverständlichkeit (nicht Daten werden geschützt, sondern die Personen, auf die sich die Daten beziehen) inzwischen weltweit gebräuchlich ist (data protection, protection des données, zaschtschyta danych usw.). Ausgehend vom ersten „Datenschutzgesetz" der Welt, dem Hessischen Datenschutzgesetz von 1970,[6] führen nahezu alle einschlägigen Gesetze diesen Begriff im Titel, auch die Europäische Grundrechtecharta verwendet ihn in Art. 8: „Jede Person hat das Recht auf Schutz der sie betreffenden Daten."[7] Dies dürfte durchaus eine Referenz auf Art. 8 der Europäischen Menschenrechtskonvention sein, die den Schutz des Privatlebens definiert und für die Mitgliedstaaten des Europarats verbindliches Recht ist.

---

[2] *Bull,* Datenschutz oder die Angst vor dem Computer, 1984, S. 73 f.
[3] *Warren/Brandeis,* The Right to Privacy, Harvard Law Review, Vol IV, 1890, S. 193 ff.
[4] *Prosser,* Law of Torts, 1964.
[5] Privacy Act, U.S. C. Sec. 552 a.
[6] GVBl I 1970, S. 625 ff.
[7] Charta der Grundrechte der Europäischen Union, ABl. EG 2000, C 364/1 ff.

6   Nach jahrelangen Beratungen, die auf einem 1971 an der Universität Regensburg gefertigten Gutachen[8] beruhten, wurde das erste Bundesdatenschutzgesetz (BDSG) am 1. Februar 1977 verkündet.

7   Als sich das Bundesverfassungsgericht 1983 anhand der geplanten Volkzählung mit der Frage befassen musste, welche verfassungsrechtlichen Prinzipien der staatlichen Verarbeitung personenbezogener Daten zugrunde liegen,[9] griff es einen anderen, in der Literatur entwickelten Begriff auf, der den Zusammenhang mit den Persönlichkeitsrechten deutlicher macht: das Recht auf informationelle Selbstbestimmung. Der erste Leitsatz des **Volkszählungsurteils** bestimmt den Inhalt dieses Rechts unter Bezugnahme auf Art. 2 Abs. 1 in Verbindung mit Art. 1 Abs. 1 GG: „Das Grundrecht gewährleistet ... die Befugnis des Einzelnen, grundsätzlich selbst über die Preisgabe und Verwendung seiner persönlichen Daten zu bestimmen." – eine Formulierung, die sinngemäß bereits bei *Warren/ Brandeis* auftaucht.[10]

8   Die weitere grundsätzliche Aspekte enthaltenden Ausführungen des Gerichts zwangen den Gesetzgeber nicht nur das Bundesdatenschutzgesetz zu novellieren, sondern auch eine Reihe von Spezialgesetzen zu ändern oder sogar zu schaffen, um dem **Grundsatz der Normenklarheit** nachzukommen, der ein Pendant zur informationellen Selbstbestimmung darstellt. So wurden in das Sozialgesetzbuch, Buch X, den bereits zuvor vorhandenen Regelungen neue Bestimmungen beigefügt, die letztlich zu einer Parallelgesetzgebung für den Bereich sozialer Systeme führten.

9   1995 trat die **Europäische Datenschutzrichtlinie**[11] in Kraft, deren Umsetzung ins deutsche Recht eine erneute Novellierung erforderte. Zwar musste an der Systematik des Gesetzes nichts Grundsätzliches geändert werden, es waren jedoch Regelungen einzufügen, die dem BDSG bisher fremd waren, wie etwa zum Datenverkehr mit Ländern außerhalb des Europäischen Wirtschaftsraumes, zur Verarbeitung besonderer („sensibler") personenbezogener Daten, zur Zulässigkeit automatisierter Einzelentscheidungen oder zum Widerspruchsrecht gegen rechtmäßige Datenverarbeitung (s.u.).

10   Ein weiteres bahnbrechendes Urteil des Bundesverfassungsgerichts ergänzt die informationelle Selbstbestimmung um einen essentiellen Aspekt: Anknüpfend an frühere, jedoch im Hinblick auf den generellen Charakter der informationellen Selbstbestimmung nicht weiter ausgearbeitete Positionen zu einer Abschichtung verschiedener Persönlichkeitssphären (**„Sphärentheorie"**),[12] u. a. einer dem Staat nicht zugänglichen Intimsphäre, wird in dem Urteil zum *Großen Lauschangriff* den Einzelnen ein Kernbereich der Persönlichkeit zugestanden, über den Daten von staatlichen Stellen schon nicht erhoben, geschweige denn weiter verarbeitet werden dürfen. Eine Abwägung mit anderen Schutzgütern komme nicht in Betracht.[13]

In einer weiteren Entscheidung hat das Bundesverfassungsgericht das Grundrecht auf informationelle Selbstbestimmung um einen wesentlichen technischen Aspekt angereichert: Im Hinblick auf die Zulässigkeit von (heimlichen) On-line-Durchsuchungen privater Computer durch die Sicherheitsbehörden hat es, ebenfalls aus Art. 1 und 2 GG abgeleitet, dieses um ein „Grundrecht auf Gewährleistung der Vertraulichkeit und Integrität informationstechnischer Systeme" angereichert (Fußnote: BVerfG Urteil v. 27. 2. 2008, 1 BvR 370/07). Danach ist die heimliche Infiltration eines Computers auch auf gesetzlicher Grundlage nur zulässig, wenn tatsächliche Anhaltspunkte einer konkreten Gefahr

---

[8] *Deutscher Bundestag,* Grundfragen des Datenschutzes, *Steinmüller u. a.,* Drucksache VI/3826, 1971.

[9] BVerfGE 65, S. 1 ff.

[10] AaO, S. 198: „The common law secures to each individual the right of determining, ordinarily, to what extent his thoughts, sentiments, and emotions shall be communicated to others."

[11] Richtlinie 95/46/EG des Europäischen Parlaments und des Rates vom 24. Oktober 1995 zum Schutz natürlicher Personen bei der Verarbeitung personenbezogener Daten und zum freien Datenverkehr.

[12] BGHZ 20, S. 345, 347.

[13] BVerfG 1 BvR 2378/98, 1084/99.

Garstka

für ein überragend wichtiges Rechtsgut bestehen, rechtsstaatliche Sicherungen wie Richtervorbehalt oder der Schutz des Kernbereichs privater Lebensgestaltung sind wie beim Großen Lauschangriff erforderlich.

B. Geltungsbereich der Datenschutzgesetze

I. Institutioneller Geltungsbereich

Entsprechend der Gesetzgebungskompetenz des Bundes umfasst das **BDSG** den Daten schutz in der Bundesverwaltung sowie der Privatwirtschaft. Für die Landesverwaltungen haben die Bundesländer, nach der Wiedervereinigung auch alle neuen Bundesländer eigene Landesdatenschutzgesetze geschaffen. Die Landesdatenschutzgesetze folgen allerdings im Wesentlichen dem BDSG, so dass im Großen und Ganzen ein einheitliches Regelungsregime besteht.   **11**

Zwei bedeutsame Ausnahmen betreffen die Medien sowie die öffentlich-rechtlich verfassten Religionsgesellschaften. Bereits im ersten BDSG wurde den „Unternehmen und Hilfsunternehmen der **Presse** zu eigenen journalistisch-redaktionellen oder literarischen Zwecken" das **Privileg** zugestanden, dass in diesem Bereich nur die Vorschriften über die Informationssicherheit gelten, nicht aber die materiellen Vorschriften des BDSG. Dies war in der Erwartung geschehen, dass in dem damals geplanten Presserechtsrahmengesetz datenschutzrechtliche Vorschriften geschaffen würden. Dies ist jedoch nicht zustande gekommen. Das BDSG 2001 beschränkt in einem Gesetzgebungsauftrag an die Länder (§ 41 BDSG) die Geltung für die Medien ebenfalls auf die Datensicherungsvorschriften der §§ 5 (Datengeheimnis) und 9 (Technische und organisatorische Maßnahmen) mit einer entsprechenden Schadensersatzregelung, die mit einer Beweislastumkehr verbunden ist (§ 7), verweist aber auch auf die Möglichkeit, nach § 38 a BDSG der Presse die Möglichkeit an die Hand zu geben, selbst Verhaltensregeln zu schaffen. Die Länder sind dieser Vorgabe durchgängig gefolgt. Der Deutsche Presserat hat danach im Wege der Selbstregulierung seinen Pressekodex sowie die Beschwerdeordnung um Grundsätze zum redaktionellen Datenschutz ergänzt.[14]   **12**

Die Institutionen der öffentlich-rechtlich verfassten **Religionsgemeinschaften** unterliegen ebenfalls weder dem Bundes- noch den Landesdatenschutzgesetzen, da sie zwar öffentliche Stellen, aber nicht welche des Bundes oder Länder sind. Sowohl die Evangelische Kirche in Deutschland als auch die Bistümer der Katholischen Kirche haben sich allerdings eigene Datenschutzregelungen gegeben, die im Wesentlichen den Vorgaben der staatlichen Gesetze folgen.[15] Strittig ist allerdings nach wie vor, ob für die von Kirchen in privatrechtlicher Form geführten Einrichtungen, z. B. Krankenhäuser oder Sozialeinrichtungen, staatliches oder kirchliches Datenschutzrecht gilt.   **13**

II. Materieller Geltungsbereich

Der Ausgangsidee folgend, dass Datenschutz und informationelles Selbstbestimmungsrecht dem Schutz der Persönlichkeitsrechte vor den Gefahren der Datenverarbeitung dienen, ist der Geltungsbereich der Datenschutzgesetze auf **personenbezogene Daten** beschränkt. Hierzu ist allerdings nicht erforderlich, dass die betroffenen Datensätze den Namen oder andere unmittelbar identifizierende Daten enthalten. Es genügt vielmehr, dass die Personen, auf die sich die Daten beziehen, „bestimmbar" sind (§ 3 Abs. 1 BDSG).   **14**

---

[14] Publizistische Grundsätze 20. Juni 2001, Beschwerdeordnung vom 22. Juni 2001.

[15] Datenschutzgesetz der Evangelischen Kirche in Deutschland (DSG-EKD) vom 12. November 1993 (ABl.EKD S. 505), geändert durch Kirchengesetz vom 7. November 2002 (ABl.EKD S. 381); zur schwierigeren Rechtssituation in der katholischen Kirche siehe www.datenschutz-kirche.de.

15   Was dies bedeutet, wird mittelbar in der Definition des **Anonymisierens** als Gegenbegriff zur Personenbezogenheit in § 3 Abs. 6 a BDSG erläutert: Danach sind Daten anonym und damit nicht mehr dem BDSG unterworfen, wenn die Einzelangaben nicht mehr oder nur mit einem unverhältnismäßigen Aufwand an Zeit, Kosten und Arbeitskraft einer Person zugeordnet werden können.

16   Dem Wortlaut des Gesetzes folgend muss es sich um natürliche Personen im Sinne des § 1 BGB handeln, d. h. zunächst, dass **juristische Personen** (im Gegensatz z. B. zum österreichischen Recht) nicht geschützt sind. Allerdings schließt diese Bestimmung vordergründig auch Daten über Ungeborene und Verstorbene aus – ein misslicher Umstand, der in der Praxis Probleme auslöst, die nur mit dem Rückgriff auf das allgemeine Persönlichkeitsrecht gelöst werden können (z. B. Pränataldiagnostik, DNA-Analysen Verstorbener).

17   Der Umgang mit **personenbezogenen Daten** (§ 1 Abs. 1 BDSG) ist zergliedert in mehrere Phasen: Erhebung, Verarbeitung und Nutzung, wobei die Verarbeitung nochmals in mehrere Teilaspekte gegliedert ist, unter denen die Datenübermittlung am bedeutsamsten ist: Sie liegt vor, wenn Daten an Dritte weitergegeben oder von diesen z. B. über einen **On-line-Zugriff** abgerufen werden. Im Hinblick auf die besonderen Anforderungen an zweckentfremdende Verwertung von Daten kommt dieser Phase besondere Bedeutung zu.

18   Während im öffentlichen Bereich jede Verarbeitung personenbezogener Daten dem Datenschutzrecht unterliegt, gibt es im **privaten Bereich** zwei deutliche Einschränkungen. Die eine betrifft die Form der Datenverarbeitung. Zwar haben die europäischen Datenschutzgesetze im Gegensatz zum US-amerikanischen Vorbild des Privacy Act den Geltungsbereich nicht auf automatisierte Datenverarbeitung beschränkt, andererseits bestand jedoch eine Scheu davor, jegliche Form von Informationsverarbeitung einzubeziehen. Insbesondere war man – auch auf Druck der Wirtschaft – nicht bereit, die Verarbeitung von Informationen in Akten der klassischen Art einzubeziehen. Die für den öffentlichen Bereich inzwischen aufgegebene Privilegierung dieser Daten wurde für den privaten Bereich in bestimmtem Umfang aufrechterhalten. Nach wie vor setzt die Geltung der Datenschutzgesetze hier voraus, dass die Daten abgesehen von automatisierter Verarbeitung in oder aus „Dateien", also aus gleichartigen und auswertbaren Merkmalen aufgebauten Datensammlungen, verarbeitet werden. Streng formalisierte Sammlungen wie Formularsammlungen, Listen oder Akten mit vorgegebenem Ordnungsschema werden danach erfasst, nicht aber Bücher oder unsortierte Zettelsammlungen.

19   Die andere Ausnahme betrifft Daten, die ausschließlich „für persönliche oder familiäre Tätigkeiten" verarbeitet werden. Diese, gegenüber der in den vorherigen Fassungen des BDSG der Europäischen Datenschutzrichtlinie folgenden inversen Formulierung schließt die in diesem Bereich verarbeiteten Daten, unabhängig von der Verarbeitungsform (also auch in Notebooks, Handhelds u. a. verarbeiteten Daten) vom Geltungsbereich aus. Allerdings hat der Europäische Gerichtshof entschieden, dass eine Veröffentlichung derartiger Daten im Internet an der Privilegierung nicht teilnimmt, und die Europäische Datenschutzrichtlinie, damit auch das BDSG insoweit immer anwendbar ist.[16] Das bedeutet z. B., dass das sog. Blogging, also das Einstellen privater Tagebücher, von Kommentaren zu irgendwelchen Ereignissen oder Fotos aus dem Privatleben, in den Geltungsbereich des BDSG fällt.

---

[16]   Urteil vom 6. 11. 2003, C-101/01.

C. Grundsätzliche Regelungen

I. Zulässigkeit der Datenerhebung, -verarbeitung und -nutzung

Das BDSG folgt – wie auch die Europäische Datenschutzrichtlinie – dem Regime des **20** Verbots mit **Erlaubnisvorbehalt**: Die Verarbeitung personenbezogener Daten bedarf einer ausdrücklichen Rechtsgrundlage, sowohl im öffentlichen als auch im privaten Bereich. Das BDSG sieht drei Varianten von Befugnisnormen vor: das BDSG selbst, „andere Rechtsvorschriften", also Spezialnormen, oder die Einwilligung der Betroffenen (§ 4 Abs. 1 BDSG).

Am weitesten reichend ist die **Einwilligung**: Sie entspricht dem Prinzip der informa- **21** tionellen Selbstbestimmung am ehesten **(volenti non fit iniuria).** Sie ist allerdings nur wirksam, wenn sie auf der freien Entscheidung der Betroffenen beruht und vor allem nur dann, wenn diese über den Zweck der Datenverarbeitung sowie auf die Folgen der Verweigerung der Einwilligung informiert worden sind. Hier eröffnet sich ein Dilemma des Datenschutzes: In manchen Lebenssituationen werden Leistungen nur dann gewährt, wenn derartige Einwilligungen „freiwillig" geleistet werden: die Einwilligung in die Datenübermittlung von Banken an die Schufa bei einer Kontoeröffnung, an Versicherungsunternehmen beim Abschluss eines Versicherungsvertrages oder in die Datenverarbeitung von Daten durch künftige Arbeitgeber oder Wohnungsvermieter. In welchem Umfang derartige „Obliegenheiten" abverlangt werden können oder gar falsche Angaben zu keinen rechtlichen Konsequenzen führen können, ist bislang ungeklärt.

Sofern keine Einwilligung vorliegt, muss die Verarbeitung personenbezogener Daten **22** auf einer gesetzlichen Rechtsgrundlage beruhen. Die **Subsidiariät** des allgemeinen Datenschutzrechts führt dazu, dass zunächst geprüft werden muss, ob spezielle Rechtsgrundlagen vorliegen. Erst wenn dies nicht der Fall ist, kommen die allgemeinen Bestimmungen des BDSG zum Zuge.

II. Übermittlung personenbezogener Daten ins Ausland

Ungeachtet materieller Rechtsvorschriften, die auch im Inland die Datenübermittlung **23** verhindern würden, enthält das BDSG 2001 entsprechend der Europäischen Datenschutzrichtinie formale Kriterien für die Übermittlung von Daten ins Ausland sowie an über- oder zwischenstaatliche Stellen (§§ 4b, 4c BDSG). Während die Weitergabe von Daten innerhalb des Europäischen Wirtschaftsraums (also über die EU-Mitgliedsstaaten hinaus auch an Norwegen, Island und Liechtenstein; die Schweiz gehört dem EWR nicht an) den gleichen Kriterien unterliegt wie der Datenverkehr im Inland, bedarf es bei der Datenübermittlung an **„Drittstaaten"** zusätzlicher Maßnahmen, wenn nicht gesetzlich vorgesehene Ausnahmen wie z. B. die Einwilligung, die Erforderlichkeit für eine Vertragsabwicklung oder die Wahrung eines wichtigen öffentlichen Interesses dies gebieten (§ 4 c BDSG). Als geeignetes Instrument hat sich die Vereinbarung von Vertragsklauseln, für die es inzwischen von den europäischen Gremien gebilligte Vorgaben gibt, sowie von verbindlichen Unternehmensregelungen (Binding Corporate Rules, BCR) herausgestellt. Letztere sind auf Grund eines von der sog. Art. 29-Datenschutzgruppe, einem Gremium der europäischen Datenschutzinstitutionen aufgrund Art. 29 der Datenschutzrichtlinie, im Rahmen eines geregelten Verfahrens bereits mit bindender Wirkung verabschiedet worden.

III. Meldepflichten und Datenschutzbeauftragte

1. Meldepflichten

24   Eine der Grundideen des europäischen Datenschutzes war es, dass automatisierte Datenverarbeitungsverfahren an eine **Kontrollstelle** gemeldet werden und unter bestimmten Voraussetzungen genehmigt werden müssen. Das erste auf nationaler Ebene verabschiedete Datenschutzgesetz, das schwedische Data Lagen, folgte dieser Idee, die Datenschutzgesetze in Österreich, Frankreich, Großbritannien u. a. vollzogen dies nach. Der deutsche Datenschutzgesetzgeber ist von Anfang an zurückhaltend mit diesem Konzept umgegangen, hat es zunächst nur im öffentlichen Bereich umfassend vorgesehen, im privaten Bereich allerdings nur eingeschränkt auf die Datenverarbeitung für fremde Zwecke.

25   Die Europäische Datenschutzrichtlinie griff die Verpflichtung zur Registrierung auf, allerdings mit wesentlichen Ausnahmen. Danach kann die Meldepflicht entfallen, wenn die verantwortliche Stelle einen Beauftragten für Datenschutz bestellt hat und dieser ein internes Verzeichnis der automatisierten Verfahren – auch für den Zugriff durch jedermann – bereithält. Das BDSG ist dieser Ausnahmeregelung gefolgt.

2. Interne Datenschutzbeauftragte

26   Die Einrichtung betrieblicher Datenschutzbeauftragter und zunehmend, schließlich auch im Bund, behördlicher Datenschutzbeauftragter hat sich als wesentliches Instrument der Durchsetzung datenschutzrechtlicher Instrumente und damit des Schutzes der Persönlichkeitsrechte herausgestellt.

27   Eine wichtige Aufgabe der Beauftragten für den Datenschutz ist neben der Überwachung der ordnungsgemäßen Anwendung der Datenverarbeitung die Verpflichtung, die bei der Verarbeitung personenbezogener Daten tätigen Personen mit den **Datenschutzvorschriften** vertraut zu machen.

28   Die **internen Beauftragten** für den Datenschutz haben eine besondere Stellung: Sie sind dem Leiter der verantwortlichen Stelle unmittelbar zu unterstellen, sie sind weisungsfrei und dürfen wegen der Erfüllung ihrer Aufgaben nicht benachteiligt werden (§ 4 f Abs. 3 BDSG).

29   Sie haben die Aufgabe, die ordnungsgemäße Anwendung der Datenverarbeitungsprogramme zu überwachen sowie die dabei beschäftigten Personen aus- und fortzubilden (§ 4 g Abs. 1 BDSG). Sie haben ferner eine Übersicht über die automatisierten Datenverarbeitungsverfahren zu führen, die jedermann in geeigneter Weise verfügbar zu machen sind (4 g Abs. 2 BDSG). Das BDSG hat damit gerade von der Regelung der Europäischen Datenschutzrichtlinie Gebrauch gemacht, die grundsätzlich zwar eine Meldung aller Verfahren an die Kontrollstellen (also Bundes- und Landesdatenschutzbeauftragte sowie Aufsichtbehörden) vorschreibt, aber eine Ausnahme für den Fall vorsieht, dass die verantwortliche Stelle einen unabhängigen Datenschutzbeauftragten bestellt, der ein entsprechendes Verzeichnis führt (Art. 18 Abs. 2). Eine Meldepflicht besteht allerdings nach wie vor bei geschäftsmäßiger Datenverarbeitung zum Zwecke der Übermittlung (s.o.).

IV. Datenverarbeitung im Auftrag und Funktionsübertragung

30   Die Übertragung der Verarbeitung personenbezogener Daten auf dritte Stellen, seien es rechtlich selbständige Unternehmen im eigenen Konzern oder außenstehende Unternehmen (**„Outsourcing"**), hat eine erhebliche Bedeutung angenommen. Soweit dies im Rahmen klarer Auftragsverhältnisse erfolgt (z. B. Nutzung externer Datenverarbeitungsmöglichkeiten im Rahmen von Server Based Computing, Druck von Unterlagen, Postversand) bleibt der Auftraggeber verantwortliche Stelle, d. h. für die Datenverarbeitung zuständig. Er hat die Verpflichtung, beim Auftragnehmer den Datenschutz sicherzustellen (§ 11 BDSG).

Problematisch ist die „**Funktionsübertragung**", bei der dem Auftragnehmer nicht **31** nur weisungsgebundene Vorgehensweisen, sondern eigenständige Entscheidungsspielräume übertragen werden. Beispiele hierfür sind Inkassounternehmen, Personalverwaltungsunternehmen oder gar – wie im Versicherungsbereich – Unternehmen, die essentielle Unternehmensbereiche wie etwa die Schadensabwicklung übernehmen. Inwieweit hier ebenfalls die Bestimmungen über die Datenverarbeitung im Auftrag angewandt werden können oder es sich materiell um Datenübermittlungen zwischen verschiedenen Unternehmen handelt, ist ein zwischen Unternehmen und Aufsichtsbehörden umstrittenes Thema.

V. Besondere Techniken

Prinzipiell enthalten sich die Datenschutzgesetze Aussagen über besondere Techniken. **32** Für bestimmte Formen sind jedoch gleichwohl **Sonderregelungen** aufgenommen worden. Bereits im BDSG 1991 waren Bestimmungen über die Einrichtung von Online-Verfahren eingeführt worden. Das BDSG 1977 hatte – der damaligen Technik folgend – gefordert, dass bei der Einrichtung derartiger Verfahren die gesamten bereitgehaltenen Daten als übermittelt gelten; dies war mit dem Erforderlichkeitsprinzip nicht zu vereinbaren, so dass streng genommen Online-Zugriffe nach dem damaligen Gesetz rechtswidrig waren. Nunmehr wurden die Übermittlungsvorschriften auf den einzelnen Abruf bezogen, jedoch die Einrichtung von Online-Verfahren formalen Vorschriften unterworfen: Abwägung zur Angemessenheit des Verfahrens, Gewährleistung der Kontrolle, Unterrichtungsvorschriften. Ausnahmen gelten für den Abruf allgemein zugänglicher Quellen, z. B. dem Internet (§ 10 BDSG). Mit dem BDSG 2001 sind Vorschriften für weitere Techniken hinzugekommen.

Große Bedeutung in der öffentlichen Diskussion hat die Frage, unter welchen Bedin- **33** gungen **Videoüberwachung** zulässig ist, die wegen des Preisverfalls gerade in diesem Bereich nahezu für jedermann erschwinglich ist. Das BDSG selbst enthält hierzu eine Regelung zur „Beobachtung öffentlich zugänglicher Räume mit optisch-elektronischen Einrichtungen" (§ 6 b).

Zunächst muss es sich dabei allerdings um öffentlich zugängliche Räume handeln, das **34** heißt, dass die Videoüberwachung am Arbeitsplatz, im privaten Wohnbereich oder in Räumen mit besonderen Zugangsbestimmungen (Beispiel: Bars, die nur Mitgliedern zugänglich sind) nicht unter diese Regelung fällt. Hier gelten die Bestimmungen über das allgemeine Persönlichkeitsrecht, aber auch über Sonderregelungen wie über das Recht am eigenen Bild.

Die früher heftig diskutierte Frage, ob die Videotechnik analog (keine Geltung des **35** BDSG mangels Dateibezug) oder digital erfolgt, dürfte heute angesichts des Stands der Technik keine Rolle mehr spielen. Im Anwendungsbereich des BDSG ist die Videoüberwachung zulässig zur Aufgabenerfüllung öffentlicher Stellen (§ 6 b Abs. 1 Nr. 1) – eine Variante, die bislang kaum Bedeutung erlangt hat, da sich die **Sicherheitsbehörden** wegen des dort geltenden **Spezialitätsgrundsatzes** nicht auf diese allgemeine Regelung berufen können, sondern besonderer Befugnisnormen bedürfen (s.u.). Erhebliches Gewicht hat dagegen Nr. 2 dieser Vorschrift, die die Videoüberwachung zur Wahrnehmung des Hausrechts erlaubt. Hierauf wird die Installation aller Videokameras gestützt, die den Außenbereich von Gebäuden zur Verhinderung oder Aufklärung von Straftaten (Einbruch, Sachbeschädigung wie Graffitischmierereien, Erregung öffentlichen Ärgernisses) betrifft. Die Rechtsprechung hat allerdings den Bereich, den die Kamera dabei umfassen darf, auf einen Meter vor der privaten Grundstückgrenze beschränkt. Nr. 3 wiederum lässt die Überwachung auch zur Wahrnehmung berechtigter Interessen für konkret festgelegte Zwecke zu, eine Vorschrift, die nur in Sonderfällen Bedeutung hat (z. B. Überwachung von Spielbanken). Für alle drei Varianten gilt, dass keine Anhaltspunkte dafür bestehen, dass schützwürdige Interessen der Betroffenen überwiegen, eine Regelung, die

in der Praxis z. B. schon bei der Videoüberwachung in Umkleidekabinen von Schwimm-
bädern zur Diebstahlsverhinderung eine Rolle gespielt hat.

36   Sollen die durch die Kameras aufgenommenen Bilder nicht nur beobachtet, sondern
auch gespeichert werden, bedarf es einer zusätzlichen Betrachtung der **Erforderlichkeit.**
(§ 6 b Abs. 3). Es hat sich z. B. in öffentlichen Verkehrsmitteln eingebürgert, dass Aufnahmen entgegen ursprünglich diskutierten Verfahren nicht nur anlassbezogen, etwa bei
Beobachtung einer Straftat durch den Fahrer, sondern für einen gewissen Zeitraum kontinuierlich aufgezeichnet werden. Der Zugriff ist allerdings dann unter engen Voraussetzungen zulässig.

37   Abgesehen von diesen materiellen Vorgaben enthält § 6 b auch formale Vorschriften,
die der informationellen Selbstbestimmung dienen: Die Beobachtung und die verantwortliche Stelle sind erkennbar zu machen, d. h. es müssen entsprechende, gut erkennbare **Informationszeichen** angebracht werden. Hierfür gibt es mittlerweile ein vom
Deutschen Institut für Normung (DIN) verabschiedetes Piktogramm.[17]

38   Eine **Benachrichtigungspflicht** besteht, wenn durch Videoüberwachung erhobene
Daten einer bestimmten Person zugeordnet werden, allerdings unter den restriktiven
Voraussetzungen der §§ 19 a und 33 BDSG. Eine **Löschungspflicht,** wenn die Daten zur
Erreichung des Zwecks nicht mehr erforderlich sind, ergänzt dies, in der Regel wird dies
durch festgelegte Fristen erreicht.

39   Eine Regelung, deren Reichweite noch nicht zu konturieren ist, betrifft den Einsatz
„mobiler personenbezogener Speicher- und Verarbeitungsmedien (§§ 3 Abs. 10, 6 c
BDSG). Vom Gesetzgeber ins Auge gefasst und im Gesetzgebungsverfahren intensiv beraten war die Frage, ob und wie **„Chipkarten"** einer datenschutzrechtlichen Regelung
zugeführt werden können.

40   Die Lösung des BDSG 2001 besteht darin, einerseits nur solche **„smart cards"** einzubeziehen, die über die Speicherung hinaus weitere Verarbeitungsfunktionen ermöglichen,
andererseits aber auf eine Zulässigkeitsregelung zu verzichten und statt dessen die ausge-
benden Stellen zu einer hinreichenden Information der Betroffenen zu verpflichten, insbesondere auch Geräte bereitzustellen, mit denen die auf den Karten gespeicherten Daten
den Betroffenen kenntlich gemacht werden können. Inzwischen haben sich gerade in
diesem Bereich spezialrechtliche Regelungen entfaltet oder angekündigt, die über diese
allgemeinen Bestimmungen hinaus besondere Anwendungsformen definieren (Gesund-
heitskarte, Jobcard u. a.).

VI. Datensicherheit und Auditierung

41   Die Sicherheit der Informationsverarbeitung hat sich als ein wesentlicher Faktor der
Verlässlichkeit und damit auch Vertraulichkeit der Datenverarbeitung erwiesen. Das
BDSG hatte von Anfang an hierzu einen Katalog von Maßnahmen vorgesehen, der zwar
von maßgeblichen Informatikern formuliert worden war, allerdings inzwischen eher als
veraltet gilt (Anlage zu § 9 Satz 1 BDSG). Stattdessen geben die **neueren Landesdatenschutzgesetze** (z. B. § 5 Abs. 2 Berliner Datenschutzgesetz) die Prinzipien wieder, die in
der Informatikwissenschaft hierzu entwickelt worden sind: Vertraulichkeit, Integrität,
Verfügbarkeit, Authentizität, Revisionsfähigkeit und Transparenz.

42   Das BDSG 2001 hat zusätzlich die weltweit, auch im Rahmen internationaler Normie-
rungsbestrebungen vertretene Idee aufgegriffen, die Möglichkeit eines **„Datenschutz-
audits"** (§ 9 a BDSG) zu schaffen. Demnach können datenverarbeitende Stellen ihr
Datenschutzkonzept durch unabhängige Stellen bewerten und veröffentlichen lassen.
Bislang gibt es auf Bundesebene keine Umsetzung dieser Vorschrift, allein das Unabhängige Landeszentrum für Datenschutz in Schleswig-Holstein kann derartige Zertifizierun-
gen aussprechen.

---

[17] DIN 33450.

D. Verarbeitung personenbezogener Daten im öffentlichen Bereich

I. Datenerhebung

Das **Volkszählungsurteil** des Bundesverfassungsgerichts hatte für öffentliche Stellen **43** im Gegensatz zum ersten Datenschutzgesetz, das die Datenerhebung nur marginal behandelte, diese Phase zum entscheidenden Kriterium der Datenverarbeitung erklärt: Der Zweck der Datenerhebung entscheidet über das weitere Schicksal der Daten, erhobene Daten dürfen über die Erforderlichkeit zum ursprünglichen Zweck hinaus nur unter genau bestimmten Voraussetzungen verarbeitet werden.

Für die öffentlichen Stellen des Bundes, und dem folgend auch für die Gesetze für Lan- **44** desbehörden, bestimmt § 13 BDSG, dass das Erheben personenbezogener Daten nur zulässig ist, wenn deren Kenntnis zur Erfüllung der Aufgaben der verantwortlichen Stelle erforderlich ist. Im Gegensatz zum BDSG erheben manche Landesgesetze den Anspruch, dass die Aufgabe gesetzlich, und nicht nur z. B. durch Verwaltungsvorschriften festgelegt ist.

Wesentlicher ist der **Begriff der „Erforderlichkeit"** selbst. Er hat im Laufe der Jahre **45** eine Erweiterung erfahren, die über den üblichen Gebrauch für den kleinsten möglichen Grundrechtseingriff hinausgeht und letztlich das verfassungsmäßige Verhältnismäßigkeitsprinzip als solches umfasst: Die Verarbeitung personenbezogener Daten muss für den vorgegebenen Zweck geeignet sein (erstaunlicherweise zeigt die Praxis der Datenschutzbeauftragten, dass nicht einmal dies immer der Fall ist), den geringsten Eingriff unter möglichen Varianten darstellen (der klassische Fall der Erforderlichkeit) – und am Ende auch angemessen (dogmatisch: verhältnismäßig im engeren Sinne) sein: Auch in der Datenverarbeitung darf nicht mit Kanonen auf Spatzen geschossen werden, oder wie der US-amerikanische Supreme Court drastisch im Hinblick auf unanständige („indecent") Inhalte im Internet entschied, man dürfe kein Haus anzünden, um ein Schwein zu braten.

II. Weitere Verarbeitung der Daten

Der Doktrin des Bundesverfassungsgerichts im Volkszählungsurteil folgend, bedarf **46** nach der Erhebung der Daten die weitere Verarbeitung einer zusätzlichen Rechtfertigung: Sie darf zunächst nur zu den Zwecken erfolgen, zu denen sie auch erhoben worden sind. Soweit dies hiefür erforderlich ist, bietet § 14 Abs. 1 BDSG die Rechtsgrundlage. Für die Verwendung der Daten für andere Zwecke sind zusätzliche Befugnisnormen erforderlich: Entgegen den Stellungnahmen der Datenschutzbeauftragten zum Gesetzgebungsverfahren zum BDSG 2001 finden diese sich allerdings bereits im BDSG reichlich, auch wenn man von den vielfältigen Ausnahmen in Spezialgesetzen absieht. § 14 Abs. 2 BDSG zählt alleine neun Ausnahmegruppen vor: Zwingende Voraussetzung für die Durchführung einer Rechtsvorschrift, Einwilligung, Interesse des Betroffenen, Verdacht falscher Angaben durch diesen, allgemeine Zugänglichkeit der Daten, Erforderlichkeit für Wahrung des Allgemeinwohls, Verfolgung von Straftaten und Ordnungswidrigkeiten, Abwehr einer schwerwiegenden Beeinträchtigung der Rechte Dritter, wissenschaftliche Forschung. Dabei sind noch nicht gerechnet die Verwendung der Daten zu Aufsichts- und Kontrollbefugnissen, der Rechnungsprüfung oder der Durchführung von Organisationsuntersuchungen (!) sowie zu Ausbildungs- und Prüfungszwecken (§ 14 Abs. 3 BDSG). Man sieht leicht, dass die vom Bundesverfassungsgericht intendierte **Beschränkung zweckentfremdender Verwendung** von Daten durch die Ausgestaltung des Gesetzes konterkariert wurde. Bislang hat sich allerdings noch kein Kläger gefunden, der diesen Zustand angegriffen hätte.

47   Das BDSG enthält hinsichtlich öffentlicher Stellen besondere Vorschriften für die Datenübermittlung. Allerdings verweisen § 15 (Übermittlung an private Stellen) und § 16 BDSG (Übermittlung an nicht-öffentliche Stellen, also Privatunternehmen) in mehr oder weniger umständlicher Verweisung wiederum auf § 14, so dass § 14 Abs. 2 und 3 BDSG zur zentralen Durchbrechungsnorm der vom Bundesverfassungsgesetz eigentlich vorgegebenen **Zweckbindung** der Verarbeitung personenbezogener Daten wurde.

E. Verarbeitung personenbezogener Daten im nicht-öffentlichen Bereich

I. Verarbeitung von Daten für eigene Zwecke

48   Wie unter A dargestellt, unterliegt die Verarbeitung personenbezogener Daten im nicht-öffentlichen, also vor allem im Bereich der **Privatunternehmen,** nur dann dem BDSG, wenn die Daten in Form von Dateien, also geordneten und auswertbaren Datensammlungen verarbeitet werden. Hinzu kommt, dass auch die Erhebung der Daten, also die zentrale Phase der Informationsverarbeitung, nur dann in den Geltungsbereich fällt, wenn sie entweder unter Einsatz von Datenverarbeitungsanlagen erfolgt oder zumindest für die spätere Verarbeitung in Dateien vorgesehen ist (§ 1 Abs. 2 Nr. 3 BDSG). Anhörungen, etwa im Verlauf von Bewerbergesprächen, oder das Ausfüllen von Fragebogen der verschiedensten Art, fallen damit nur bedingt unter den Geltungsbereich des BDSG.

49   Die zentrale Befugnisnorm für die Verarbeitung personenbezogener Daten im nicht-öffentlichen Bereich ist § 28 BDSG. Diese Bestimmung regelt den Umgang mit personenbezogenen Daten für eigene Zwecke. Diese müssen, der verfassungsrechtlichen Logik des **Zweckbindungsgrundsatzes** folgend, vor der Erhebung feststehen. Als primärer Zweck wird in § 28 Abs. 1 S. 1 Nr. 1 BDSG genannt, dass die Daten „der Zweckbestimmung eines Vertragsverhältnisses oder vertragsähnlichen Vertrauensverhältnisses mit dem Betroffenen" dienen. Dies ist ein Abrücken vom im öffentlichen Bereich klar formulierten **Erforderlichkeitsgrundsatz,** hat aber in der Praxis wenig Bedeutung: Auf diese Bestimmung kann der Umgang mit personenbezogenen Daten in der Regel auch nur dann gestützt werden, wenn die Verarbeitung für den Vertragszweck geeignet, der geringste Eingriff in die Persönlichkeitsrechte und angemessen ist.

50   Allerdings eröffnet Nr. 2 derselben Bestimmung einen Ausweg, dessen sich Unternehmen in weiten Bereichen bedienen: Danach ist der Umgang mit personenbezogenen Daten auch dann rechtmäßig, wenn dies zur Wahrung berechtigter Interessen der verantwortlichen Stelle erforderlich ist – das ist noch verständlich –, aber – und hier schlägt der juristische Scharfsinn Purzelbäume – „kein Grund zur Annahme besteht, dass das schutzwürdige Interesse des Betroffenen an dem Ausschluss der Verarbeitung oder Nutzung überwiegt". Im Wesentlichen wird diese Bestimmung im Rahmen der Werbewirtschaft in Anspruch genommen, sie dient aber anderweit ebenfalls als **„Regenschirmklausel",** die jede Form von Datenverarbeitung rechtfertigt. Abgesehen davon, dass offensichtlich das schutzwürdige Interesse der Betroffenen vor einer Erhebung seiner Daten keine Rolle zu spielen scheint, soll die verantwortliche Stelle nur dann von der Verarbeitung der Daten absehen müssen, wenn konkrete Hinweise darauf bestehen, dass die Betroffenen ein hohes schutzwürdiges Interesse daran haben, dass die Datenverarbeitung unterbleibt. Dies führt dazu, dass dem berechtigten Interesse der verantwortlichen Stelle hohe, der informationellen Selbstbestimmung der Betroffenen aber allenfalls dann Bedeutung beigemessen wird, wenn dieser seine Rechte bereits geltend gemacht hat (was in der Regel nicht der Fall ist) oder krasse Interessentatbestände vorliegen (z. B. bei der Bewerbung von Kindern mit Sexualartikeln).

51   Nr. 3 derselben Vorschrift betrifft allgemein zugängliche Daten oder Daten, die die verantwortliche Stelle ohnehin veröffentlichen dürfte – gegenüber Nr. 2 kaum ein Un-

terschied, weil erneut die schutzwürdigen Interessen der Betroffenen in derselben fragwürdigen Weise formuliert werden, aber darüber hinaus auch noch die Prüfung des berechtigten Interesses an der Verarbeitung der Daten entfällt. Die Vorschrift über die Zulässigkeit einer zweckändernden Verwendung (§ 28 Abs. 2 BDSG) enthält einen Rückverweis auf Abs. 1, der im Grunde genommen das Prinzip des **Zweckänderungsverbots** ad absurdum führt.

Hinzu kommen weitere Tatbestände, die eine Übermittlung oder Nutzung für eigene 52 Geschäftszwecke erhobener Daten für allerlei andere Zwecke zulassen: berechtigte Interessen eines Dritten, Abwehr von Gefahren für die staatliche und öffentliche Sicherheit, Verfolgung von Straftaten. Bestimmte Grunddaten wie Name, Anschrift, Geburtsjahr, aber auch die Angabe über die Zugehörigkeit der Betroffenen zu einer Personengruppe sind mehr oder weniger freigegeben – erneut unter Verweis auf die zuvor schon stehenden verklausulierten Formeln zur Wahrung der schutzwürdigen Interessen der Betroffenen (§ 28 Abs. 3 Nr. 1 bis 3). Auch die Forschung hat sich ein Privileg hinsichtlich der privaten Datenverarbeitung erstritten (§ 28 Abs. 3 Nr. 4 BDSG).

Klarere Regelung zur Wahrung der Persönlichkeitsrechte durch die Privatwirtschaft 53 enthalten allerdings die folgenden Bestimmungen. So sieht § 28 Abs. 4 BDSG ein **Widerspruchsrecht** gegen die Nutzung oder Übermittlung zu Werbezwecken, aber auch für Markt- und Meinungsforschung vor. Die Betroffenen müssen auch über die Möglichkeit unterrichtet werden – was allerdings kaum geschieht.

Besondere Arten personenbezogener Daten (**„sensible Daten"**) unterliegen auch im 54 privaten Bereich besonderen Restriktionen, die zu einem besonders komplizierten Geflecht von Befugnistatbeständen führen, vor allem im Bereich medizinischer Daten, das nur durch Einwilligungsregelungen oder allenfalls Verhaltensregeln aufgelöst werden kann (§ 28 Abs. 6 ff. BDSG).

II. Verarbeitung von Daten für fremde Zwecke

Der Umgang mit Daten von Personen, mit denen die verantwortliche Stelle keine 55 Geschäftsbeziehungen unterhält, und die konsequenterweise mit der Verarbeitung ihrer Daten nicht rechnen müssen und schon gar nicht ihre Einwilligung gegeben haben, ist eines der zentralen Probleme des Datenschutzes. Beachtliche Wirtschaftszweige stehen dahinter: Kreditauskunfteien, angefangen von der **Schufa**, einer im Wesentlichen von Banken getragenen und im Bereich von Konsumentenkrediten tätigen Gesellschaft, über verschiedene Kreditauskunfteien bis hin zu weltweit tätigen Direktmarketingunternehmen. Ferner unterliegen dieser Vorschrift Markt- und Meinungsforschungsunternehmen, die Daten in anonymisierter Form an ihre Auftraggeber übermitteln.

§ 29 BDSG sieht hierfür besondere Vorschriften vor. Da bei der Erhebung und den 56 weiteren Phasen der Datenverarbeitung ein **berechtigtes Interesse** des Unternehmens selbst nicht vorliegt, da die Daten ja mit dem Ziel verarbeitet werden, sie an interessierte Dritte weiterzugeben, entfällt hier dieser Rechtfertigungsgrund, es kommt vielmehr zunächst nur darauf an, dass – wiederum – kein Grund zu der Annahme besteht, dass der Betroffene ein schutzwürdiges Interesse an dem Ausschluss der Erhebung, Speicherung oder Veränderung hat. Daten aus allgemein zugänglichen Quellen erfahren nach Abs. 2 hier ebenfalls eine **Privilegierung.** Allerdings muss bei der Übermittlung der von diesen Unternehmen gespeicherten Daten ein berechtigtes Interesse der Empfänger vorliegen und erneut eine Überprüfung der schutzwürdigen Interessen der Betroffenen stattfinden. Dieses ist glaubhaft zu machen und hinreichend zu dokumentieren.

Eine Sondervorschrift ist durch das BDSG 2001 eingeführt worden: Einem Vorbild im 57 **Telekommunikationsgesetz** folgend, hat die Aufnahme personenbezogener Daten in elektronische, aber auch gedruckte Adress-, Telefon-, Branchen- oder vergleichbare Verzeichnisse zu unterbleiben, wenn der entgegenstehende Wille des Betroffenen aus dem zugrunde liegenden Verzeichnis ersichtlich ist. Dies bedeutet, dass Herausgeber abgeleiteter Verzeichnisse (z. B. Übernahme aus dem Telefonbuch) dann unterbleiben müssen, wenn der ursprüngliche Herausgeber diese Daten entsprechend gekennzeichnet hat, wozu dieser verpflichtet ist.

58   Eine strenge Vorschrift betrifft die **besondere Zweckbindung für Daten,** die ausschließlich zu Zwecken der Datenschutzkontrolle, der Datensicherung oder zur Sicherstellung eines ordnungsgemäßen Betriebes einer Datenverarbeitungsanlage gespeichert werden. Sie dürfen nur für diese Zwecke verwendet werden (§ 31).

F. Rechte der Betroffenen

I. Voraussetzungen

59   Die Rechte der Betroffenen hinsichtlich der Verarbeitung ihrer Daten waren ein Grundanliegen des Datenschutzes bereits in der Ursprungsdiskussion in den USA. Das Recht auf Auskunft über die über die eigene Person gespeicherten Daten oder – weitergehend – das Einsichtsrecht in Unterlagen, in denen derartige Daten enthalten sind, ist als „magna charta des Datenschutzes" bezeichnet worden. Im **Volkszählungsurteil** hat das Bundesverfassungsgericht einen Bezug zur Rechtsweggarantie des Art. 19 Abs. 4 Grundgesetz hergestellt und betont, dass der Rechtsschutz der Bürger unzureichend wäre, wenn verhindert würde, „dass der Bürger Kenntnis davon erlangen könnte, wer wo über welche seiner personenbezogenen Daten in welcher Weise und zu welchen Zwecken verfügt".[18] Dass das Grundrecht auf informationelle Selbstbestimmung dieses Anspruchs bedarf, ist ohne Zweifel.

60   In der Gesetzgebungsgeschichte des Datenschutzes intensiv diskutiert wurde die Frage, in welchem Umfang „proaktiv", d. h. von vorneherein die Betroffenen über die Verarbeitung ihrer Daten informiert werden müssen. Gegenüber den ersten Fassungen des BDSG hat die Datenschutzrichtlinie eine klare Position gezogen und die verantwortlichen Stellen zu einer Vorabinformation zumindest über die verantwortliche Stelle selbst, die **Zweckbestimmung** der Verarbeitung, aber auch weitere Daten verpflichtet, soweit sie nicht ohnehin bekannt sind (Art. 10). Besondere Bedeutung hat die Information über „Empfänger oder Kategorien der Empfänger der Daten", die insbesondere angesichts verflochtener Unternehmensstrukturen zu erheblichen Schwierigkeiten führen kann.

61   Dies führt dazu, dass dem Prinzip der Transparenz bei der Verarbeitung personenbezogener Daten besonderes Gewicht beigemessen werden muss. Im Zeitalter des **Internet** stellt sich dabei die Frage, inwieweit proaktiv bereits Daten auf Websites eingestellt und darüber hinaus über Internetportale zugänglich gemacht werden sollten oder sogar müssen.

62   Den **Transparenzrechten** – seien sie nur auf Antrag oder von vornherein zu gewähren, müssen Folgerechte zur Seite stehen: Rechte auf Berichtigung, wenn die Daten falsch sind, auf Löschung, wenn die Daten z. B. unzulässigerweise erhoben oder zu lange aufgebahrt worden sind.

63   Die Europäische Datenschutzrichtlinie hat weitere Rechte in die Datenschutzgesetzgebung eingebracht, insbesondere das **Recht auf Widerspruch** gegenüber rechtmäßiger Datenverarbeitung. Dieses war im deutschen Recht zunächst nur im Hinblick auf Werbung und Markt- und Meinungsforschung eingeräumt worden, im BDSG 2001 hat es aber auch der europäischen Regelung folgend jede Person, wenn wegen deren besonderen persönlichen Situation deren schutzwürdiges Interesse überwiegt (§§ 20 Abs. 5, 35 Abs. 5 BDSG und entsprechende Landesbestimmungen).

---

[18]   BVerfGE 65, 74.

II. Rechte der Betroffenen im Einzelnen

1. Öffentlicher Bereich

Der **Auskunftsanspruch** im öffentlichen Bereich des Bundes, aber dem folgend auch **64**
im Bereich der Länder, bezieht sich auf die zu der antragstellenden Person gespeicherten
Daten, auch soweit sie sich auf die Herkunft dieser Daten beziehen, auf die Empfänger –
oder mildernd – Kategorien von Empfängern, sowie auf den Zweck der Speicherung.
Freilich schränkt eine Vielzahl von Ausnahmebestimmungen, beginnend von Ausnahmen bei nicht automatisierter Datenverarbeitung (§ 19 Abs. 1 S. 3 f. BDSG über gesetzliche Aufbewahrungsvorschriften (§ 19 Abs. 2 BDSG) und Belangen der Sicherheitsbehörden (§ 19 Abs. 3 BDSG) bis hin zu Daten, die ihrem **„Wesen** nach geheimgehalten
werden müssen" (§ 19 Abs. 4 Nr. 3 BDSG), die „Magna Charta" erheblich ein. Angesichts
der grundsätzlichen Bedeutung dieses Rechts, die vom Bundesverfassungsgericht auch so
bestätigt wurde, sind diese Ausnahmen allerdings restriktiv auszulegen.

Die **Benachrichtigungspflicht,** wenn Daten ohne Kenntnis der Betroffenen erhoben **65**
und in der Folge verarbeitet werden (§ 19 a), ist ebenfalls eine Vorschrift, die eher auf dem
Papier steht, als dass sie praktische Bedeutung hätte, da sie in wesentlichen Fällen entfallen kann: wenn der Betroffene auf andere Weise Kenntnis erlangt hat, wenn die Unterrichtung einen unverhältnismäßigen Aufwand erfordert (wobei unklar ist, was dies für
ein Aufwand sein sollte) oder gesetzliche Regeln die Verarbeitung der Daten vorsehen.
Dies relativiert auch den für die informationelle Selbstbestimmung bedeutsamen Fall,
dass der Betroffene nicht mit der Übermittlung an andere Stellen rechnen muss (§ 19 a
Abs. 1 S. 2 BDSG).

Unter den Folgevorschriften bemerkenswert sind jene über die Sperrung, d. h. die Be- **66**
fugnis zur weiteren Speicherung mit der Auflage, dass die Daten ohne Einwilligung der
Betroffenen nur noch übermittelt oder genutzt werden dürfen, wenn wissenschaftliche
Zwecke, eine Beweisnot, überwiegende Interessen oder eine anderweitige Rechtsgrundlage dies unerlässlich erscheinen lassen. Anlass für eine Sperrung statt der Löschung können sein Aufbewahrungsfristen, schutzwürdige Interessen der Betroffenen selbst (z. B.
vor Verlust von Unterlagen), unverhältnismäßiger Aufwand bei der Löschung oder Unklarheit über die Richtigkeit der Daten (§ 20 Abs. 2 ff. BDSG).

Ist durch unzulässige oder unrichtige Datenverarbeitung ein Schaden entstanden, ist **67**
verschuldensunabhängig **Schadensersatz** zu leisten, bei einer schweren Verletzung des
Persönlichkeitsrechts auch für einen **immateriellen Schaden** (§ 8 BDSG). Diese Vorschrift geht über die für alle, also auch die privaten Stellen, geltende Schadensersatzvor-
schrift des § 7 BDSG hinaus, beschränkt sich allerdings auf automatisierte Datenverarbeitung.

2. Nicht-öffentlicher Bereich

Bei Privatunternehmen gewichtet das BDSG das Verhältnis von Vorabinformation und **68**
Auskunftsansprüchen anders: Primär ist der Betroffene über die Verarbeitung seiner Daten zu unterrichten, wenn diese entgegen § 4 Abs. 2 BDSG ohne seine Kenntnis gespeichert werden, wobei diese Vorschrift ebenfalls eine große Anzahl von Ausnahmen enthält
(§ 33 BDSG).

Daneben steht der **Auskunftsanspruch** über die eigenen Daten, der grundsätzlich **69**
demjenigen im öffentlichen Bereich gleicht, wobei im Falle der geschäftsmäßigen Verarbeitung der Daten zum Zwecke der Übermittlung **Geschäftsgeheimnisse** die Verweigerung der Auskunft rechtfertigen können (§ 34 BDSG). Konsequenterweise besteht der
Auskunftsanspruch nicht, wenn eine Benachrichtigungspflicht nach § 33 BDSG vorliegt,
was aber kaum eine praktische Bedeutung hat, da die Unternehmen in der Regel bereit
sind, auch dann eine individuelle Auskunft über die Daten zu erteilen, wenn die Betroffenen bereits über die Tatsache der Speicherung ihrer Daten informiert worden sind.

70   Der **Schadensersatzanspruch** im privaten Bereich ist beschränkt auf die allgemeine Regelung des § 7 BDSG, d. h. den verantwortlichen Stellen wird eingeräumt, sich zu entlasten, soweit sie die nach den Umständen des Falles gebotene Sorgfalt beachtet haben, was zwar im Gegensatz zum öffentlichen Bereich nicht zu einer Verschuldensunabhängigkeit, also einer Gefährdungshaftung, wohl aber zu einer **Beweislastumkehr** führt.

G. Kontrolle und Sanktionen

I. Kontrollsystem

1. Öffentlicher Bereich

71   Ein wesentliches Element der Datenschutzgesetzgebung in Europa war von Anfang im Gegensatz zum US-amerikanischen Privacy Act die Einrichtung von Kontrollinstitutionen, die die Einhaltung der Datenschutzvorschriften wahren sollten. Das Hessische Datenschutzgesetz hatte als Erstes weltweit einen **Datenschutzbeauftragten** eingeführt, dessen Auftrag in der unabhängigen Kontrolle des Datenschutzes bestand, der sich aber auf die öffentliche Verwaltung des Landes Hessen beschränkte.

72   Das BDSG 1977 übernahm dieses Modell für den Bereich der Bundesbehörden und schaffte die Institution des Bundesbeauftragten für den Datenschutz, der inzwischen auch die Aufgabe des Beauftragten für Informationsfreiheit übernommen hat. Alle Länder folgten dem und richteten Landesbeauftragte für den Datenschutz für die jeweiligen Landesverwaltungen ein.

73   Die **Befugnisse** des Bundesbeauftragten sowie der Landesbeauftragten sind weit reichend: Ihnen ist – in Bund und Ländern gleichermaßen – Auskunft sowie Einsicht in alle Unterlagen, Daten und Datenverarbeitungsprogramme zu gewähren. Der Zutritt zu den Diensträumen ist jederzeit zu ermöglichen (z. B. § 24 Abs. 4 S. 1 BDSG). Besondere Geheimhaltungsvorschriften, wie z. B. das Post- und Fernmeldegeheimnis oder die ärztliche Schweigepflicht, können gegenüber dem Bundesbeauftragten (§ 24 Abs. 2 BDSG) sowie den Landesbeauftragten (§ 24 Abs. 6) nicht geltend gemacht werden. Gewisse Einschränkungen gelten für Sicherheitsbehörden. Allerdings spielt die Einschränkung auf die persönliche Kontrolle durch die Datenschutzbeauftragten oder gar die Möglichkeit, die „Staatswohlklausel" zur Unterbindung der Kontrolle geltend zu machen (a.a.O. S. 2), in der Praxis keine Rolle.

74   Weisungsbefugnisse stehen den Datenschutzbeauftragten nicht zu, sie sind darauf verwiesen, Beanstandungen auszusprechen und **Vorschläge** zur Verbesserung des Datenschutzes zu machen. Allerdings stellen die regelmäßig zu erstellenden **Tätigkeitsberichte** (beim Bund alle zwei Jahre, in den Ländern teilweise jährlich) ein wirksames Mittel dar, festgestellte Mängel zu beseitigen, da die Berichte im Bundestag und den Landesparlamenten in öffentlicher Sitzung diskutiert werden und sich die verantwortlichen Stellen dort rechtfertigen müssen.

2. Nicht-öffentlicher Bereich

75   Bei der Bundesgesetzgebung 1977 war allerdings zu klären, wie die Datenschutzkontrolle im nicht-öffentlichen Bereich zu regeln sei. Die Debatte um ein – z. B. dem Arbeitssicherheits- und Immissionsschutzrecht folgendes – ausschließlich internes Kontrollsystem oder die Einrichtung staatlicher externer Kontrollorgane führte zu einem komplizierten, über die Gesetzgebungsphasen zum BDSG weiter entwickelten Geflecht der verschiedensten Institutionen, die allerdings bald ein reges Eigenleben entfalteten.

76   Das Gesetzgebungsverfahren zum BDSG führte zu dem Ergebnis, dass im nicht-öffentlichen Bereich ein duales System eingeführt wurde: Einerseits wurden Aufsichtsbehörden für den Datenschutz eingerichtet, für deren Organisation die Länder zuständig sind. Die Aufgabe der Aufsichtsbehörden wurde in den meisten Fällen den Innenministe-

rien der Länder übertragen, die eigene **Datenschutzreferate** einrichteten und teilweise die Kontrolle auf nachgeordnete Behörden übertrugen (z. B. auf Regierungsbezirke oder Sonderbehörden wie . das Thüringer Landesverwaltungsamt). In letzterem Fall haben sich jenseits der Rechtslage sog. „**Oberste Aufsichtsbehörden**" etabliert, die die Aufgabe der Koordinierung des Datenschutzes im „Düsseldorfer Kreis" wahrnehmen. Ob diese Ausgestaltung den Vorgaben der Europäischen Datenschutzrichtlinie entspricht, ist Gegenstand einer Klage der Europäischen Kommission vor dem Europäischen Gerichtshof, da diese die Auffassung vertritt, dass auf diese Weise die erforderliche Unabhängigkeit nicht gewährleistet ist. In anderen Ländern wurde die Aufgabe der Aufsichtsbehörde von vorneherein (z. B. Bremen, Hamburg) oder im Laufe der Jahre (z. B. Berlin, Nordrhein-Westfalen, Schleswig-Holstein) an die für den Datenschutz bei Landesbehörden zuständigen Landesdatenschutzbeauftragten übertragen.

Andererseits wurden die Privatunternehmen von Anfang an ab einer bestimmten Grö- **77** ßenordnung verpflichtet, **betriebliche Datenschutzbeauftragte** nach dem Vorbild der Sicherheits- und Immissionsschutzbeauftragten einzurichten, die für die Wahrung des Datenschutzes im Betrieb verantwortlich sind. Nach einer Novellierung des BDSG im Jahr 2006 sind hierzu Stellen verpflichtet, die mindestens zehn Personen bei automatisierter Datenverarbeitung, mindestens 20 im Übrigen beschäftigen, soweit sie nicht besonders sensible Daten verarbeiten (§ 4 f Abs. 1 BDSG).

Diese ursprünglich nur auf den nichtöffentlichen Bereich beschränkte Regelung ist **78** schrittweise, ausgehend von Verwaltungsvorschriften in Bayern, auf den öffentlichen Bereich ausgedehnt worden. Inzwischen ist die Berufung interner Datenschutzbeauftragter umfassend verpflichtend und Bestandteil des Allgemeinen Teils des Datenschutzrechts (s.o.).

II. Sanktionen

Zwar können bis auf wenige Ausnahmen (Untersagung der Datenverarbeitung durch **79** die Aufsichtsbehörde bei nicht abgestellten schwerwiegenden Mängeln der Datensicherung, § 38 Abs. 5 S. 2 BDSG; Untersagung bei rechtswidriger Datenübermittlung in Drittländer nach europäischem Recht, § 24 Abs. 1 Berliner Datenschutzgesetz) von den Kontrollinstanzen keine unmittelbaren Weisungen an die verantwortlichen Stellen erfolgen.

Verstöße gegen das BDSG (und manchen Ländern auch gegen das Landesdaten- **80** schutzrecht) stellen jedoch Ordnungswidrigkeiten dar, die mit Bußgeld belegt werden können. Dabei sind zwei Tatbestandsgruppen zu unterscheiden: Verstöße gegen formale Vorschriften wie etwa die fehlende Bestellung eines internen Datenschutzbeauftragten oder keine oder mangelhafte Auskunftserteilung an die Betroffenen oder die Aufsichtsbehörde, können mit einer Geldbuße bis zu 25 000 Euro belegt werden (§ 43 Abs. 1, 3 BDSG). Bei Verstößen gegen die materiellen Vorschriften des BDSG – bereits ganz allgemein bei unbefugter Datenverarbeitung – beträgt die Höhe des Bußgeldes bis zu 250 000 Euro (§ 43 Abs. 2, 3 BDSG). Dabei enthält der Katalog der materiellen Verstöße unbefugte Handlungen, die im inhaltlichen Teil gar nicht ausdrücklich geregelt sind: die unbefugte Zugänglichmachung von Daten an Dritte und die Erschleichung von Daten durch unrichtige Angaben – Handlungsweisen, die in der Praxis zu den häufigsten individuellen datenschutzrechtlichen Verfehlungen gehören (§ 43 Abs. 2 Nr. 3, 4).

Zuständig für die Verfolgung der **Ordnungswidrigkeiten** sind die fachlich zuständi- **81** gen Obersten Bundes- bzw. Landesbehörden (§ 36 Abs. 1 Ordnungswidrigkeitengesetz), die die Zuständigkeit in den meisten Fällen allerdings auf die Aufsichtsbehörden übertragen haben. Offen ist, ob und in welchem Umfang der Bundesbeauftragte bzw. die Landesbeauftragten Bußgelder gegen öffentliche Stellen verhängen können.

Den „Empfehlungen zur Ausgestaltung von Straf- und Bußgeldvorschriften im Ne- **82** benstrafrecht" des Bundesministeriums für Justiz folgend enthält das BDSG gesondert von den Ordnungswidrigkeiten auch Strafvorschriften. Sofern ein Tatbestand nach § 43 Abs. 2 BDSG begangen wurde, ist dieser gleichzeitig eine Straftat, wenn der Täter gegen Entgelt oder in der Absicht, sich oder einen anderen zu bereichern oder einen anderen zu schädigen, gehandelt hat („unechter Mischtatbestand"). Allerdings wird die Tat nur auf Antrag verfolgt. In vielen Fällen ist der datenschutzrechtlich Betroffene nicht daran interessiert, einen derartigen Antrag zu stellen (z. B. wenn der Dritte, dessen Daten unbefugt abgerufen und an ihn weitergegeben werden, selbst an den Daten interessiert ist; Standardfall: Abruf aus dem Polizeiinformationssystem durch einen Polizeibeamten, der diese Daten für eine Gegenleistung an einen Kriminellen weitergibt). Hierfür sehen die Datenschutzbeauftragten ein Strafantragsrecht der Datenschutzbeauftragten und der Aufsichtsbehörden vor (§ 44 BDSG), von dem vor allem dann Gebrauch gemacht wird, wenn ein **Strafverfolgungsinteresse** trotz fehlendem Antrag besteht.

H. Andere Vorschriften über den Datenschutz

I. Grundsatz

83   Die allgemeinen Datenschutzvorschriften sind subsidiär, d. h. sie treten dann zurück, wenn in Spezialvorschriften besondere Anforderungen an den Datenschutz formuliert sind (§ 4 Abs. 1 BDSG, Rn. 22). Insbesondere das Volkszählungsurteil des Bundesverfassungsgerichts hat dazu geführt, dass im Hinblick auf das Gebot der Normenklarheit eine Vielzahl von Gesetzen geschaffen wurden, die die datenschutzrechtlichen Anforderungen für einzelne Gesetzgebungsbereiche festlegten oder vielmehr sie für diese Bereiche absenkten. Datenschutzbeauftragte haben diese Tendenz „Verrechtlichungsfalle" genannt, da im Vordergrund „allzu oft die gesetzliche Absicherung der behördlichen Praxis oder sogar die Schaffung von zusätzlichen Verarbeitungsbefugnissen" stand, die Folgen des Volkszählungsurteils seien daher „eher ernüchternd" gewesen.[19]

84   Andererseits hat dies dazu geführt, dass in Bereichen, in denen der Umgang mit personenbezogenen besonders sensibel ist, nunmehr gegenüber den allgemeinen Datenschutzvorschriften deutlich klarere Vorschriften bestehen. Dies gilt zum Beispiel im Geltungsbereich des Sozialgesetzbuches, gebündelt in den §§ 67 ff. SGB X sowie untersetzt in jedem einzelnen Buch des SGB als Ausprägung des Sozialgeheimnisses (§ 35 SGB I).

85   Angesichts der zunehmend beherrschenden Stellung des Internets in der „Informationsgesellschaft" gewinnt der Datenschutz für die Telekommunikation immer mehr Bedeutung. Er ist spezialrechtlich verankert im Telekommunikationsgesetz sowie im Telemediengesetz. Das dort im Hinblick auf Art. 10 GG streng ausgestaltete Telekommunikationsgeheimnis hinsichtlich der dort anfallenden Verkehrs-, Standort- und Inhaltsdaten (§§ 88 TKG, 12 TMG) konnte allerdings nicht unbedingt verhindern, dass unter Verstoß gegen diese Vorschriften personenbezogene Daten zweckwidrig genutzt wurden.[20]

II. Datenschutz bei Strafverfolgung und Gefahrenabwehr

86   Die Gewährleistung des Datenschutzes bei Strafverfolgung und Gefahrenabwehr stand von jeher im Mittelpunkt öffentlicher Debatten. „Datenschutz ist Täterschutz" wird regelmäßig als Argument gegen die Gewährleistung der informationellen Selbstbestimmung in diesem Bereich angeführt. Tatsächlich findet sich kein Beispiel, dass die Durchsetzung des Datenschutzes hier zu negativen Folgen geführt hätte. Vielmehr zeigt vor

---

[19] *Peter Schaar,* Das Ende der Privatsphäre. Der Weg in die Überwachungsgesellschaft. München 2007. S. 103 f.

[20] Vgl. etwa die Berichte über den Zugriff auf Telekommunikationsdaten hochrangiger Bediensteter der Deutschen Telekom durch Sicherheitsdienste, z. B. DER SPIEGEL 23/2008, S. 20 ff.

allem auch die Praxis der Datenschutzbeauftragten, dass stets ein Ausgleich zwischen den Belangen der Sicherheit und der informationellen Selbstbestimmung gesucht wird.

1. Strafverfolgung

Eine Vielzahl der spezialgesetzlichen Befugnisse der Strafverfolgungsbehörden stellt **87** einen Eingriff in das informationelle Selbstbestimmungsrecht dar. Traditionell sind dies etwa die Befugnisse zur erkennungsdienstlichen Behandlung (§ 81 b StPO) oder zur Postüberwachung (§ 99 StPO). In Zusammenhang mit den terroristischen Ereignissen seit den siebziger Jahren des letzten Jahrhunderts wurden weitere Befugnisse geschaffen, die das Recht zur Erhebung und Verarbeitung personenbezogener Daten durch Strafverfolgungsbehörden erheblich ausweiteten, z. B. zur Rasterfahndung (§ 98 a StPO), zur Observation von Verdächtigen (§ 100 f StPO) oder zum Einsatz verdeckter Ermittler (§ 110 a StPO).

Die Ermöglichung des Abhörens des nichtöffentlich gesprochenen Wortes mit tech- **88** nischen Mitteln in der Wohnung („Großer Lauschangriff", § 100 c StPO) führte zu Verfassungsbeschwerden, auf Grund derer das Bundesverfassungsgericht die Bestimmungen für verfassungswidrig erklärte, insbesondere weil kein hinreichender Schutz des Kernbereichs der Persönlichkeit gewährleistet war.[21]

Auch die Erhebung von Daten über den Aufenthaltsort von Verdächtigen mittels eines **89** GPS-Geräts führte zu einer Entscheidung des Bundesverfassungsgerichts, in der dies zwar bei Straftaten von erheblicher Bedeutung für zulässig erklärt (inzwischen § 100 f StPO), dem Gesetzgeber allerdings aufgegeben wurde, künftige Entwicklungen zu beobachten, um eine „Rundumüberwachung" mit modernen, dem Betroffenen verborgenen Mitteln zu verhindern (BVerfG, Urteil v. 12. 4. 2005, 2 BvR 581/01).

Besonders kritisch werden seit jeher die Befugnisse der Strafverfolgungsbehörden zum **90** Eingriff in die Telekommunikation gesehen. Ursprünglich auf die Möglichkeit beschränkt, Telefonate zur Verfolgung weniger schwerer Straftaten abzuhören, wurden die Befugnisse auf eine Vielzahl weiterer Straftaten ausgedehnt (§ 100 a StPO) sowie um technische Möglichkeiten erweitert (z. B. Auskunft über Telekommunikationsverbindungen einschließlich Standortdaten durch Telekommunikationsdienstleister, § 100 g StPO; Ermittlung von Kennnummern von Mobilfunkgeräten durch sog. IMSI-Catcher, § 100 i StPO).

Die auf Grund europarechtlicher Vorschriften (Fn: Richtlinie 2006/24/EG des Euro- **91** päischen Parlaments und des Rates vom 15. März 2006 über die Vorratsspeicherung von Daten, die bei der Bereitstellung öffentlich zugänglicher elektronischer Kommunikationsdienste erzeugt oder verarbeitet werden (ABl. EU Nr. L 105 S. 54–60) eingeführte Verpflichtung der Telekommunikationsanbieter, Verkehrsdaten ohne Rücksicht auf die Erforderlichkeit ein halbes Jahr zu speichern (Gesetz zur Neuregelung der Telekommunikationsüberwachung und anderer verdeckter Ermittlungsmaßnahmen vom 9. 11. 2007), stößt ebenfalls auf verfassungsrechtliche Kritik. In einer Eilentscheidung hat das Bundesverfassungsgericht angeordnet, dass diese Daten vorläufig nur in gegenüber dem Gesetzestext eingeschränktem Umfang verwertet werden dürfen (Beschluss vom 11. 3. 2008, 1 BvR 256/08).

Insgesamt kann festgestellt werden, dass die Gewährleistung der informationellen **92** Selbstbestimmung bei der Strafverfolgung nicht nur auf dem politischen, sondern auch auf dem verfassungsrechtlichen Prüfstand steht.

Dessenungeachtet enthält die Strafprozessordnung in §§ 474 ff. eine Reihe von Vor- **93** schriften, die den Datenschutz beim Umgang mit personenbezogenen Daten im justiziellen Verfahrensablauf betreffen.

---

[21] BVerfG, Urteil vom 3. 3. 2004, 1 BvR 2378/98.

2. Gefahrenabwehr und Verfassungsschutz

94   Der Befund aus datenschutzrechtlicher Sicht im Bereich der Gefahrenabwehr ähnelt demjenigen bei der Strafverfolgung. Zwar wurden in die Landespolizeigesetze deutlich vor entsprechenden Aktivitäten bei der Strafprozessordnung Datenschutzbestimmungen eingefügt, die Tendenz, die Befugnisse der Polizeibehörden zur Gefahrenabwehr stetig auszuweiten, besteht aber auch hier. Gleiches gilt für die Verfassungsschutzbehörden.

95   Mehrere Entscheidungen des Bundesverfassungsgerichts haben inzwischen den Landesgesetzgebern insbesondere bei der Nutzung technischer Mittel Grenzen aufgezeigt:

96   Bestimmungen des niedersächsischen Sicherheits- und Ordnungsgesetzes, die eine vorbeugende Telefonüberwachung zuließen, wurden für verfassungswidrig erklärt, u. a. weil das Gesetz keine einschränkenden Tatbestandsmerkmale enthielt, die die Abgrenzung eines harmlosen von dem in eine Straftatenbegehung mündenden Verhaltens ermöglichten.[22]

97   Die Durchführung einer präventiven Rasterfahndung nach dem 11. September 2001 durch Polizeibehörden des Landes Nordrhein-Westfalen war verfassungswidrig, da keine konkrete Gefahr für hochrangige Rechtsgüter wie Bestand oder Sicherheit des Bundes oder eines Landes oder für Leib, Leben oder Freiheit einer Person gegeben war.[23]

98   Die Vorschrift im Verfassungsschutzgesetz Nordrhein-Westfalen, die der dortigen Verfassungsschutzbehörde die heimliche On-line-Durchsuchung erlaubte, wurde für verfassungswidrig erklärt, da sie nicht berücksichtigte, dass eine derartige Maßnahme voraussetzt, dass tatsächliche Anhaltspunkte einer konkreten Gefahr für ein überragend wichtiges Rechtsgut vorliegen müsse, die Entscheidung eines Richters erforderlich sei und der absolut geschützte Kernbereich privater Lebensgestaltung beachtet werden müsse. Das Gericht postulierte in dieser Entscheidung ein Grundrecht auf Gewährleistung der Vertraulichkeit und Integrität informationstechnischer Systeme (s. o.).[24]

99   Die automatische Kennzeichenerfassung, die das hessische und schleswig-holsteinische Polizeirecht zuließen, wurde für verfassungswidrig erklärt, da es an einer normenklaren Bestimmung des Anlasses und des Verwendungszwecks der automatisierten Erhebung fehlte.[25]

100   Zusammenfassend ist festzustellen, dass es im Bereich der Gefahrenabwehr mehr noch wie bei der Strafverfolgung an einer durchgängig verfassungsrechtlich orientierten Grundorientierung hinsichtlich der Gewährleistung des Datenschutzes fehlt.

---

[22]   BVerfG, Urteil vom 27. 7. 2005, 1 BvR 668/04.
[23]   BVerfG, Beschluss von 4. 4. 2006, 1 BvR 518/02.
[24]   BVerfG, Urteil vom 27. 2. 08, 1 BvR 370/07.
[25]   BVerfG, Urteil vom 11. März 2008, 1 BvR 2074/05.

4. Teil. Strafrechtlicher Persönlichkeitsschutz

9. Kapitel. Einführung

§ 23. Übersicht und Prozessuales

Inhaltsübersicht

Schrifttum: *Arzt,* Der strafrechtliche Ehrenschutz – Theorie und praktische Bedeutung, JuS 1982, 717 ff.; *v. Becker,* Rechtsfragen der Satire, GRUR 2004, 908 ff.; *Bender,* Das postmortale allgemeine Persönlichkeitsrecht: Dogmatik und Schutzbereich, VersR 2001, 815 ff.; *Bosch,* Der strafrechtliche Schutz vor Foto-Handy-Voyeuren und Paparazzi, JZ 2005, 377 ff.; *Borgmann,* Von Datenschutzbeauftragten und Bademeistern – Der strafrechtliche Schutz am eigenen Bild durch den neuen § 201a StGB, NJW 2004, 2133 ff.; *Bornkamm,* Die Berichterstattung über schwebende Verfahren und das Persönlichkeitsrecht des Beschuldigten, NStZ 1983, 102 ff.; *ders.,* Pressefreiheit und Fairness des Strafverfahrens. Die Grenzen der Berichterstattung über schwebende Strafverfahren im englischen, amerikanischen und deutschen Recht, 1989; *Bottke,* Strafprozessuale Rechtsprobleme massenmedialer Fahndung, ZStW 93 (1981), 425 ff.; *Breyer/Mehle/Osnabrügge/Schaefer,* Strafprozessrecht, Bonn 2005; *Dahs,* Handbuch des Strafverteidigers, 6. Auflage, Köln 1999; *Dreier/Schulze,* Urheberrechtsgesetz, Urheberrechtswahrnehmungsgesetz, Kunsturhebergesetz, Kommentar, 2. Auflage, München 2006; *Dressing/Maul-Backer/Gass,* Forensisch-Psychiatrische Begutachtung bei Stalking, NStZ 2007, 253 ff.; *Eisele,* Strafrechtlicher Schutz vor unbefugten Bildaufnahmen, JR 2005, 6 ff.; *Engels/Jürgens,* Auswirkungen der EGMR-Rechtsprechung zum Privatsphärenschutz, NJW 2007, 2517 ff.; *Gazeas,* Stalking als Straftatbestand – effektiver Schutz oder strafrechtlicher Aktionismus KJ 2006, 247 ff.; *Grave,* Der von der Presse als „Täter" bezeichnete Tatverdächtige, NJW 1981, 209 ff.; *Erdsiek,* Störung der Rechtspflege durch Presseverstöße, NJW 1963, 1048 ff.; *Ernst,* Gleichklang des Persönlichkeitsschutzes im Bild- und Tonbereich? NJW 2004, 1278 ff.; *Flechsig,* Schutz gegen Verletzung des höchstpersönlichen Lebensbereichs durch Bildaufnahmen, ZUM 2004, 605 ff.; *Haagen,* Under suspicion – die Verdachtsberichterstattung, Anwaltsblatt 2007, 491 ff.; *Hamm,* Große Strafprozesse und die Macht der Medien, Baden-Baden 1997; *Hassemer,* Vorverurteilung durch die Medien? NJW 1985, 1921 ff.; *Helldrich,* Persönlichkeitsschutz und Pressefreiheit nach der EMRK, NJW 2004, 2634 ff.; *Hesse,* § 201a StGB aus Sicht des öffentlich-rechtlichen Rundfunks, ZUM 2005, 432 ff.; *Heuchemer/Daleman,* Verwertungsverbot für die Beweisergebnisse rechtswidriger Hausdurchsuchungen? – Strafprozessrechtsdogmatische Folgeprobleme von BVerfG NJW 2001, 1121, in: JA 2003, 430 ff.; *Heuchemer,* Zum Notwehrexzeß (§ 33 StGB): Putativnotwehrexzeß und Exzeß bei anderen Rechtfertigungsgründen, JA 1999, 724 ff.; *ders.,* Die Behandlung von Motivbündeln beim Notwehrexzeß (§ 33 StGB) in der Rechtsprechung – Nachlese zu BGH StV 1999, 145, JA 2000, 382 ff.; *ders.,* § 73d StGB: Die Verfassungsmäßigkeit des erweiterten Verfalls – Anmerkung zu BVerfG, Urt. v. 14. 1. 2004, 2 BvR 564/95, JA 2004, 868 ff.; *ders.,* Der strafrechtliche Schutz des Persönlichkeitsrechts. Lexikonbeitrag, in: Beck-'scher Onlinekommentar zum Strafgesetzbuch (BeckOK StGB), Stand 9/2007; *ders.,* Der Erlaubnistatbestandsirrtum, Berlin 2005; *ders.,* Zur funktionalen Revision der Lehre vom konkreten Vorsatz: Methodische und dogmatische Überlegungen zur *aberratio ictus,* JA 2005, 275 ff.; *ders.,* Die misslungene Flucht – Klausurprobleme der aberratio ictus, JA 2006, 460 ff.; *Heuchemer/Paul,* Die Strafbarkeit unbefugter Bildaufnahmen – Tatbestandliche Probleme des § 201a StGB, JA 2006, 616 ff.; *Hoppe,* Bildaufnahmen aus dem höchstpersönlichen Lebensbereich – der neue § 201a StGB, GRUR 2004, 990 ff.; *Hassemer,* Vorverurteilung durch die Medien? NJW 1985, 1921 ff.; *Hillenkamp,* Verfahrenshindernisse von Verfassungs wegen, NJW 1989, 2841 ff.; *Jarass,* Das allgemeine Persönlichkeitsrecht im Grundgesetz, NJW 1989, S. 857 ff.; *Jarass/Pieroth,* Grundgesetz für die Bundesrepublik Deutschland, Kommentar, 7. Auflage, München 2004; *Jerouschek,* „Sie können mich mal . . .“ als Beleidigung i. S. d. § 185 StGB, zugleich Besprechung von OLG Karlsruhe Beschl. v. 1. 6. 2004 – 1 Ss 46/04, NStZ 2006, 345 ff.; *Jochum,* Kampf den Voyeuren und Paparazzi in Deutschland!? NJW-Editorial Heft 25/2004 S. I; *Kargl,* Die Differenz zwischen Wort und Bild im Bereich des strafrechtlichen Persönlichkeitsschutzes, ZStW 117 (2005), 324 ff.; *Kerscher,* Gerichtsberichterstattung und Persönlichkeitsschutz, Hamburg 1983; *Kindhäuser,* Gefährdung als Straftat, Frankfurt 1989; *ders.,* Strafrecht Besonderer Teil I, 2. Auflage, München 2005; *Koch,* Strafrechtlicher Schutz vor unbefugten Bildaufnahmen – Zur Einführung von § 201a StGB, GA 2005, 589 ff.; *Kramer,* Presseauskünfte im Ermittlungsverfahren – Staatsanwaltschaft oder Polizei? AfP 97, 429 ff.; *Kühl,* Persönlichkeitsschutz des Tatverdächtigen und die Unschuldsvermutung, in: FS Hubmann Frankfurt a.M. 1985, 241 ff.; *ders.,* Zur Strafbarkeit unbefugter Bildaufnahmen, AfP 2004, 190 ff.; *ders.,* Strafrechtlicher Persönlichkeitsschutz gegen Bildaufnahmen, Schünemann – Symposion 2005, 211 ff.; *Lackner/Kühl,* Strafgesetzbuch, Kommentar 25. Auflage München 2005; *Laubenthal,* Beleidigung Jugendlicher durch sexuelle Handlungen – BGH NJW 1986, 2442, in: JuS 1987, 700 ff.; *Leipziger Kommentar zum Strafgesetzbuch,* 11. Auflage, Band 1 §§ 1–31, Berlin/New York 2003; Band 5 §§ 185–262, Berlin/New York 2003; *Maurach/Schroeder/Maiwald,* Strafrecht Besonderer Teil I 1 9. Auflage Heidelberg 2003; *Marxen,* Medienfreiheit und Unschuldsvermutung, GA 1980, 365 ff.; *Mende,* Grenzen privater Ermittlungen durch den Verletzten einer Straftat, Berlin 2001; *Meyer,* Strafbarkeit und Strafwürdigkeit von „Stalking“ im deutschen Recht, ZStW 115 (2003), 249 ff.; *Meyer-Goßner,* Strafprozessordnung 49. Auflage München 2006; *Mitsch,* Strafrechtlicher Schutz des Rechts am eigenen Bild im Strafvollzug, Schwind-FS (2006), 603 ff.; *Müller, G.* Probleme der Gerichtsberichterstattung, NJW 2007, 1617 ff.; *Münchener Kommentar zum Strafgesetzbuch,* Band 2/1, §§ 52–79b, München 2005 und Band 3, §§ 185 ff., München 2006; *Nomos-Kommentar zum Strafgesetzbuch,* hrsg. von Kindhäuser, Neumann und Paeffgen, 2 Bände, 2. Auflage Neuwied 2005; *Obert/Gottschalck,* § 201a StGB aus Sicht des privaten Rundfunks, ZUM 2005, 436 ff.; *Peglau,* Der Schutz des allgemeinen Persönlichkeitsrechts durch das Strafrecht, 1997; *ders.,* Plädoyer für einen stärkeren strafrechtlichen Persönlichkeitsschutz, ZRP 1998, 249 ff.; *Pollähne,* Lücken im strafrechtlichen Diskurs – Zu den Gesetzentwürfen zur Verbesserung des Schutzes der Intimsphäre, KritV 2003, 387 ff.; *Rahmlow,* Einzelne Probleme des Straftatbestandes „Verletzung des höchstpersönlichen Lebensbereichs durch Bildaufnahmen“ (§ 201a StGB), HRRS 2005, 84 ff.; *Rogall,* Anm. zu AG Hamburg Vorlagebeschluss v. 9. 3. 84 146-344/83 (abgedr. NStZ 1984, S. 266 ff.), NStZ 1984, 266 ff.; *Roxin, Claus,* Strafrechtliche und strafprozessuale Probleme der Vorverurteilung, NStZ 1991, 153 ff.; *Roxin, Imme,* Die Rechtsfolgen schwerwiegender Rechtsstaatsverstöße in der Strafrechtspflege, München 1988; *Sauren,* Bedrohung der freien Berichterstattung durch den neuen § 201a StGB? ZUM 2005, 425 ff.; *Schmidt,* Gewinnabschöpfung im Straf- und Bußgeldverfahren, München 2006; *Schönke/Schröder,* Strafgesetzbuch, 27. Aufl. München 2006; *Soehring/Seelmann-Eggebert,* Die Entwicklung des Presse- und Äußerungsrechts 1997 bis 1999, NJW 2000, S. 2466 ff.; *Stange/Rillinger,* Begriff und Erscheinungsformen des „Stalking“, StraFo 2003, 194 ff.; *Stark,* Ehrenschutz in Deutschland, Berlin 1995; *ders.,* Die Rechtsprechung des BVerfG zum Spannungsverhältnis von Meinungsfreiheit und Ehrenschutz, in: JuS 1995, 689 ff.; *Stürner,* Schutz des Gerichtsverfahrens vor öffentlicher Einflussnahme, JZ 1978, 161 ff.; *ders.,* „Fair trial“ und öffentliche Meinung, JZ 1980, 1 ff.; *Systematischer Kommentar zum Strafgesetzbuch* hrsg. von Rudolphi, Horn, Günther, Samson, Band 1, Allgemeiner Teil, §§ 1–79b; Band 2, Besonderer Teil, §§ 80–200, Neuwied, Loseblattsammlung, letzte Ergänzungslieferung Juli 2007; *Tenckhoff,* Grundfälle zum Beleidigungsrecht, JuS 1988, 793 ff.; *ders.,* Grundfälle zum Beleidigungsrecht, JuS 1989, 35 ff.; *Tillmanns/Führ,* § 201a StGB – Eine problemorientierte

Betrachtung aus Sicht der Presseselbstregulierung, ZUM 2005, 441 ff.; *Többens,* Die Mitteilung und Veröffentlichung einer Anklageschrift (§ 353 d Nr. 3 StGB) und der Schutz der Anonymität eines Beschuldigten im Strafverfahren, GA 1983, 97 ff.; *Tröndle/Fischer,* Strafgesetzbuch und Nebengesetze 54. Aufl. München 2007; *Ulsamer,* Einige Bemerkungen über Medien und Strafprozess, in: Festschrift für Gerd Jauch, S. 221 ff., München 1990; *Wandtke/Bullinger,* Praxiskommentar zum Urheberrecht, München 2006; *Wendt,* Das Recht am eigenen Bild als strafbewehrte Schranke der verfassungsrechtlich geschützten Kommunikationsfreiheiten des Art. 5 Abs. 1 GG, AfP 2004, 181 ff.; *Wolter,* Der Schutz des höchstpersönlichen Lebensbereichs in § 201a StGB – Ein Kommentar zu Kristian Kühl, Schünemann – Symposion 2005, 225 ff.; *Wolff-Reske,* Die Korrespondenz zwischen Gefangenen und ihnen nahestehenden Personen als „beleidigungsfreier Raum", Jura 1996, 184 ff.; *Würkner,* Freiheit der Kunst, Persönlichkeitsrecht und Menschenwürdegarantie, ZUM 1988, 171 ff.; *Zitscher,* Die Beziehungen zwischen der Presse und den deutschen Strafrichtern – Eine soziologische Untersuchung, Kiel 1968.

A. Die Strafvorschriften, die Zielsetzungen des Gesetzgebers und die rechtspolitische Entwicklung

Im Strafgesetzbuch finden sich nur wenige Vorschriften, die dem Schutz des Persön- **1** lichkeitsrechts[1] dienen. Dies sind zunächst die **Ehrenschutztatbestände** der §§ 185 ff. StGB sowie einige Normen im fünfzehnten Abschnitt, nämlich die §§ 201 ff. StGB.[2] Im letztgenannten Bereich ist insbesondere die durch das 36. Strafrechtsänderungsgesetz (36. StÄG)[3] eingefügte Vorschrift des § 201a StGB zu nennen, die dem Schutz des **höchstpersönlichen Lebensbereichs** vor Bildaufnahmen dient. Als Spezialvorschrift mit einer verwandten, auf das Persönlichkeitsrecht bezogenen Schutzrichtung außerhalb des StGB existiert weiterhin § 33 Kunsturhebergesetz (KUG), der das **Recht am eigenen Bild** betrifft und dabei bei fehlender Einwilligung des Betroffenen die **Verbreitung** oder das **öffentliche Zur-Schau-Stellen** von solchen Bildnissen mit Strafe bedroht, die entgegen den §§ 22, 23 KUG aufgenommen worden sind.

Während § 201a StGB im umfassenden Sinne die Herstellung, die Übertragung sowie **2** das Zugänglichmachen etc. von Bildaufnahmen jeder Art erfasst, die im Sinne der tatbestandlichen Umschreibung hergestellt worden sind,[4] ist der Anwendungsbereich des § 33 KunstUrhG auf die unbefugte Verbreitung **nicht bewegter Bilder** beschränkt. Nicht gemäß § 33 KunstUrhG strafbar ist, wer eine Bildaufnahme von einer anderen Person ohne deren Einverständnis herstellt und an eine dritte Person weitergibt.[5] Es war eines der im Gesetzgebungsverfahren ausdrücklich betonten Motive des Normgebers, durch § 201a StGB einen über diesen eingegrenzten tatbestandlichen Bereich hinausgehenden strafrechtlichen Schutz vor der Fertigung und Verbreitung solcher Bildaufnahmen zu erzielen, die das Persönlichkeitsrecht verletzen.[6] Insbesondere sollte ein „Gleichlauf" mit dem Schutzbereich des § 201 StGB erzielt werden.[7]

---

[1] Verstanden als Gesamtbegriff des Persönlichkeitsrechts in all seinen Ausprägungen.

[2] Zur fragmentarischen Konzeption des strafrechtlichen Persönlichkeitsschutzes BeckOK StGB/ *Heuchemer* (3/2007) § 201a Rn. 1.3; *Heuchemer/Paul* JA 2006, 616.

[3] 36. StÄG vom 30. 7. 2004, BGBl. I, 2012. Zur Entstehungsgeschichte des Gesetzes und zu den Regelungszielen *Eisele* JR 2005, 6.

[4] Zu den Begehungsweisen im Einzelnen BeckOK StGB/*Heuchemer* (9/2007) § 201a Rn. 16 ff. (9/2007).

[5] Zur daraus entstandenen und einhellig als misslich empfundenen Schutzlücke BT-Drs. 15/ 2466, S. 4 und dazu mit weiteren Nachweisen *Heuchemer/Paul* JA 2006, 616, 617 f.

[6] BT-Drs. 15/2466, S. 4; BR-Drs. 164/03, S. 5; dazu *Borgmann* NJW 2004, 2133; *Ernst* NJW 2004, 1277; *Heuchemer/Paul* JA 2006, 616; 620; *Kühl* AfP 2004, 190; *Wendt* AfP 2004, 181; *Vahle* NWB 2004, 2745 m. w. N.

[7] *Ernst* NJW 2004, 1278; vgl. zu diesem Ziel des Gesetzgebers BT-Drs. 15/2466.

3   Die Schaffung des § 201a StGB ist die jüngste Reaktion des Strafgesetzgebers auf eine
intensiv geführte rechtspolitische und wissenschaftliche Diskussion über den verstärkten
Schutz des Persönlichkeitsrechts[8] und die im Rahmen dieser Debatte seit langem nachdrücklich erhobene Forderung nach einer **Ausweitung des Persönlichkeitsschutzes,**
die aufgrund der immer stärker wahrgenommenen Gefährdung des Persönlichkeitsrechts
und des höchstpersönlichen Lebensbereichs[9] infolge signifikanter Entwicklungen der
Mediengesellschaft[10] wie der Ausweitung des **„Paparazzi-Unwesens"**[11], der Heraus-
prägung **neuer Formen von Kriminalität**[12] und auch aktueller Entwicklungen und
Ereignisse[13] insbesondere durch den Ruf nach dem Strafgesetzgeber als *ultima ratio* geprägt war.[14]

4   Der maßgebliche Grund für diese breite, von Wissenschaft und Rechtspolitik nahezu
einhellig getragene Initiative waren dabei insbesondere jene **technischen Entwicklungen** der letzten Jahre, die das Persönlichkeitsrecht als zunehmend verletzlich erscheinen
ließen, indem sie mit immer raffinierteren und versteckteren, teilweise für den Betroffenen kaum merklichen Methoden die Möglichkeiten zur Verletzung des Persönlichkeitsrechts rasant verbessert und die **Ausspähung des höchstpersönlichen Lebensbereichs**
ermöglicht haben:[15] Neue Aufnahme- und Übertragungstechniken ermöglichten es nunmehr, „live"-Bilder aus dem höchstpersönlichen Lebensbereich auf Bildschirmen aufzunehmen und an jedem Ort der Welt in Echtzeit zu übertragen. Die **Mikrotechnik** setzt
heute ohne großen Aufwand und Kosten jedermann instand, mit Hilfe elektronischer
Mittel einen Blick in intime Lebensbereiche anderer Menschen zu werfen. Arbeitgeber
haben die Möglichkeit, unbemerkt **Videoaufnahmen** ihrer Arbeitnehmer zu fertigen.[16]
Das Zeitalter von Mikrotechnik, **Massenmedien** und **Internet** ließ den Ruf nach dem
Strafgesetzgeber laut werden.

5   Weiterhin hat die häufig „investigativ" angelegte und für das Persönlichkeitsrecht der
Betroffenen – und auch für besonnene Medienkonsumenten – oftmals unzuträglich
lästige Berichterstattung über das Privatleben Prominenter unter Verletzung deren persönlichen Lebensbereichs zu einer weiteren Verstärkung dieses Rufes geführt. Zahlreiche
Exzesse der zunehmend von Konkurrenzdruck und Verdrängungswettbewerb getriebe-
nen und daher bei der Gewinnung von Bildern aus dem persönlichen Lebensbereich und

---

    [8] Dazu *Gazeas* KJ 2006, 247; *Stange/Rillinger,* StraFo 2003, 194; *Tillmanns/Führ* ZUM 2005, 441;
den exemplarischen Charakter hervorhebend *Eisele* JR 2005, 6; *Heuchemer/Paul* JA 2006, 616.

    [9] Zu diesem Begriff und seinem Verhältnis zu dem in § 68a I StPO, § 171b I Satz 1 GVG verwen-
deten Begriff des „persönlichen Lebensbereichs" BT-Drs. 15/2466, S. 4.

    [10] Zu ihren Entwicklungen und dem Spannungsfeld zum Persönlichkeitsschutz *Hesse* ZUM
2005, 432; *Obert/Gottschalck* ZUM 2005, 436; *Tillmanns/Führ* ZUM 2005, 441 m. w. N.

    [11] *Bosch,* JZ 2005, 377; *Jochum,* NJW-Editorial Heft 25/2004. Insbesondere hat sich zunehmend
eine regelrechte „Industrie" von Bildagenturen entwickelt, die professionellen oder privaten
Schnappschuss-Jägern teilweise hohe Summen für Bilder von Prominenten bietet, die für das Boule-
vard interessant sind – eine zuvor ungekannte Entwicklung, die das Persönlichkeitsrecht nachhaltig
gefährdet. Zum verschärften medialen Konkurrenzkampf als Hintergrund dieser Entwicklung *Haagen,* Anwaltsblatt 2007, S. 491.

    [12] Vgl. zu den verschiedenen Formen und der Kriminologie des „Stalking" *Dressing/Maul-Backer/
Gass* NStZ 2007, 253; *Gazeas* KJ 2006, 247; *Meyer* ZStW 115 (2003), 249.

    [13] So haben etwa insbesondere markante Ereignisse wie etwa der Tod von *Lady Diana* am
31. 8. 1997 die an den Gesetzgeber gerichtete Forderung nach Abhilfe laut werden lassen. Das rechtspolitische Klima seit dieser Zeit, das nach dem Zugriff des Gesetzgebers ruft, beschreibt etwa *Peglau*
ZRP 1998, 249.

    [14] Dazu *Bosch,* JZ 2005, 377; *Eisele* JR 2005, 6; *Wolter,* Schünemann – Symposion 2005, S. 225.

    [15] Hinsichtlich § 201a StGB wurden im Gesetzgebungsverfahren und im Rahmen der begleiten-
den rechtspolitischen Diskussion Ferngläser, Teleskope, Nachtsichtgeräte, Schlauchkameras oder vergleichbare technische Instrumente genannt, die einen effizienten und häufig auch unbemerkten
Zugriff auf den höchstpersönlichen Lebensbereich erlauben; vgl. *Heuchemer/Paul* JA 2006, 616, 617.

    [16] Vgl. BAG NJW 2003, 3436 m. w. N.

„Stories" tendenziell skrupellos vorgehenden Medien[17] wurden einhellig verurteilt.[18] So wurde das Bedürfnis drängend, wenigstens die engsten Bereiche häuslicher und sonst offensichtlich **privater Lebensgestaltung** gegen die Fertigung, Verbreitung und Übertragung von Bildaufnahmen unter strafrechtlichen Schutz zu stellen.[19]

Das Ergebnis dieses Rufes nach dem Strafgesetzgeber in Form der zur *lex lata* gewordenen Fassung des § 201a StGB und die praktische Bedeutung und Handhabbarkeit dieser Vorschrift für die Sanktionierung von Persönlichkeitsrechtsverletzungen bleiben im Einzelnen zu untersuchen. Bereits an dieser Stelle sei ohne eine Vorwegnahme dieser Analyse und Wertung angemerkt: Gewichtige Stimmen aus der Wissenschaft vermissen bis heute ein axiologisch stimmiges und gesetzestechnisch durchdachtes Konzept, das der Umsetzung des im Grunde einhellig als dringlich empfundenen Anliegens zugrunde liegt, offensichtliche strafrechtliche **Schutzlücken zu schließen.**[20] Sie bemängeln insbesondere die Dominanz aktionistischer tagespolitischer Strömungen einer *„ad-hoc*-Gesetzgebung"[21] – namentlich mit Blick auf § 201a StGB. Die tatbestandliche Reichweite dieser Vorschrift und ihre Tauglichkeit zur Erzielung eines sinnvollen Persönlichkeitsrechtsschutzes bleiben nachstehend zu analysieren.

Ein Sonderfall, der nur ansatzweise strafrechtlichem Schutz unterstellt ist, sind Persönlichkeitsrechtsverletzungen im Rahmen der grassierenden medialen Berichterstattung über **laufende Gerichtsverfahren.** Dabei ist insbesondere die rechtlich besonders problematische **Verdachtsberichterstattung** in **Strafprozessen** zu nennen.[22] Exzesse der Medien in diesem Bereich sind nicht nur regelmäßig eine Zumutung für alle (Verfahrens-)Beteiligten, insbesondere auch für die Opfer der abzuurteilenden Straftaten.[23] Vielmehr stehen ihre Folgen oft auch den Zwecken und dem geordneten Ablauf des (Straf-)Verfahrens evident entgegen. Dies betrifft nicht nur die Problematik der Beeinflussung der Justiz durch öffentliche mediale **Vorverurteilungen oder Vor-Freisprüche.**[24] Vielmehr können derartige Einwirkungen auch zur prozessual nicht minder fatalen **Manipulation des Prozessverhaltens** der Verfahrensbeteiligten führen.[25] Die einzige Vorschrift, die in diesem Zusammenhang im Rahmen ihrer unterschiedlichen

---

[17] Dazu *Haagen* Anwaltsblatt 2007, S. 491.

[18] Zu den Ansätzen dieser Diskussion Ende der 90er-Jahre *Peglau*, ZRP 1998, 249; zur neueren Entwicklung mit rechtspolitischem Akzent *Pollähne* KritV 2003, 387; zu den Auswirkungen der EGMR-Rechtsprechung zum Schutz der Privatsphäre auf die Rspr. und rechtspolitische Diskussion *Engels/Jürgens* NJW 2007, 2517 ff.

[19] Zur Begründung der Strafwürdigkeit des Eindringens in den persönlichen Lebensbereich im Einzelnen und zur Systemwidrigkeit des Fehlens jedes Schutzes gegen dort gefertigte Bildaufnahmen BT-Drs. 15/2466, S. 4 f.

[20] *Ernst* NJW 2004, 1278.

[21] So die kritische Wertung der Aktivität des Gesetzgebers bei *Lackner/Kühl* StGB § 201a Rn. 2.

[22] Dazu *G. Müller* NJW 2007, 1617 m. w. N. Eingängig zu den für den Persönlichkeitsschutz misslichen Konsequenzen des zunehmenden Konkurrenzkampfes der Medien und der aus strukturellen Gründen immer geringeren Sorgfalt der Berichterstattung *Haagen* Anwaltsblatt 2007, S. 491: „Da wird skandalisiert ohne veritablen Skandal, ohne fundierte Anhaltspunkte. Hauptsache, man liegt vorne mit irgendeiner Verdachtsmeldung ... Die Folge: Es wird unter Zeitdruck und bei knappen finanziellen Ressourcen oft genug mehr spekuliert als recherchiert."

[23] Sie bzw. ihre Angehörigen haben unter den Voraussetzungen der §§ 395 ff. StPO das Recht zum Anschluss an die öffentliche Klage als Nebenkläger, sodass sie Verfahrensbeteiligte im förmlichen Sinne werden – und von den Folgen medialer Eingriffe und Übertreibungen (vgl. *Haagen,* Fn 22, S. 491) umso mehr beeinträchtigt sind. Unter den Folgen leiden somit Täter, Opfer und Justiz gleichermaßen. Zum Problem vgl. auch *Grave* NJW 1981, 209.

[24] Dazu *Bornkamm* NStZ 1983, 102 ff., ders. Pressefreiheit, passim; *Bottke* ZStW 93 (1981), S. 425 ff., *Erdsiek* NJW 1963, S. 1048 ff.; *Grave* NJW 1981, S. 209 ff.; *Hassemer* NJW 1985, S. 1921 ff., *Roxin* NStZ 1991, S. 153 ff.

[25] Zur zentralen Bedeutung der Organisation einer (polizeilichen oder staatsanwaltlichen) Informationspraxis zur Verhinderung solcher Persönlichkeitsrechtsverletzungen vgl. *Kramer* AfP 97, 429.

Schutzzwecke jedenfalls auch dem strafrechtlichen Schutz des Persönlichkeitsrechts dient,[26] ist das Verbot der **Mitteilung von Gerichtsverhandlungen** gemäß § 353d Nr. 3 StGB.[27] Normzweck dieser Vorschrift ist es, Persönlichkeitsrechtsverletzungen zu erfassen, die durch die öffentliche **Bekanntgabe von Verfahrensakten** aus Ermittlungs- und Strafverfahren oder durch wörtliche Zitate daraus entstehen und durch die „authentifizierende Wirkung der Amtlichkeit"[28] dieser Akten einen maßgeblichen **Einfluss auf die öffentliche Meinung** ausüben können, bevor der Fall öffentlich verhandelt wurde. Dadurch soll die Vorverurteilung eines Beschuldigten in der öffentlichen Meinung vermieden werden, der häufig gerade durch die öffentliche Exposition aus dem Privat- und Familienleben, Tathintergründen wie z. B. finanziellen Schwierigkeiten der Angeklagten und der Bekanntgabe von Details aus ihrem Sexualleben pp. Vorschub geleistet wird.[29] Typische Eingriffe in das Persönlichkeitsrecht durch solche Vorverurteilungen sind auch gegeben, wenn **Tatortbefunde** nebst Fotos aus der Wohnung oder dem sonstigen privaten Umfeld des Angeklagten oder anderer Betroffener Teil der Akten sind, durch die Anklageschrift usw. in Bezug genommen werden[30] und vor der Eröffnung des Verfahrens öffentliche Verbreitung finden. Zwar nicht im Sinne eines im Sinne gezielter gesetzgeberischer Intention konzipierten Schutzes des Persönlichkeitsrechts, aber doch durch eine indirekte Schutzwirkung versieht § 353d Nr. 3 StGB eine wichtige und sogar unverzichtbare Aufgabe in der Systematik des strafrechtlichen Persönlichkeitsschutzes, indem die Vorschrift die Weitergabe solcher Materialien vor einer öffentlichen Erörterung in der Hauptverhandlung verbietet.[31] Gleichwohl bewertet das Schrifttum die Vorschrift überwiegend kritisch. In der Rechtsprechung spielt sie derzeit nahezu keine Rolle.[32] Ihre Einzelfragen und ihre Effizienz zum Schutzes des Persönlichkeitsrechts werden im Anschluss an die Betrachtung der §§ 185 ff. und §§ 201 ff. StGB gesondert behandelt.[33]

Im Folgenden soll zunächst ein „vor die Klammer" gezogener Überblick über die gesetzliche Ausgestaltung des Persönlichkeitsschutzes einige wichtige prozessuale Gemeinsamkeiten zusammenfassen, die für die praktische Handhabung wichtig sind. Dann folgt die Analyse der einzelnen materiellen Strafnormen.

B. Prozessuales

I. Ausgestaltung als Antragsdelikte

8   Nach der in § 152 I StPO normierten **Offizialmaxime** ist die Strafverfolgung Aufgabe allein des Staates. Daraus ergibt sich ein **„Anklagemonopol" der Staatsanwaltschaft,** das im Kernstrafrecht nur durch die eher seltenen Ausnahmen der Antrags-, Er-

---

[26] Neben dem auf den Schutz vor Abbildungen beschränkten und deshalb in diesem Zusammenhang zu vernachlässigenden § 33 KUG.

[27] Dazu und zur Bedeutung der Vorschrift als Norm des Persönlichkeitsschutzes BeckOK StGB/ *Heuchemer* (3/2007) Lexikonbeitrag „Der strafrechtliche Persönlichkeitsschutz" Rn. 5.

[28] *Többens* GA 1983, 83, 107.

[29] BeckOK StGB/*Heuchemer* § 353d Rn. 1.1.

[30] Typischerweise werden Fotos, Gutachten, Tatortbefunde und Vermerke in „Lichtbildordnern" usw. zusammengefasst und durch Vermerke – insbesondere den Vermerk über den Abschluss der Ermittlungen gemäß § 169a StPO und die Anklageschrift – in Bezug genommen.

[31] Hierzu mit überzeugenden Argumenten *Roxin* NStZ 1991, 153; allgemein zur zentralen Bedeutung des Persönlichkeitsschutzes durch die Unschuldsvermutung *Bornkamm* NStZ 1983, 102, 103; *Kühl,* FS Hubmann, S. 241, 246 ff.; *Stürner* JZ 1978, 161, 164; *ders.* JZ 1980, 1, 3 ff.; zu den prozessualen Folgen der Missachtung (Verfahrenshindernis) *Hillenkamp* NStZ 1989, 2841, 2844.

[32] Vgl. die Nachweise bei *Tröndle/Fischer,* § 353d Rn. 6.

[33] Vgl. zu Einzelheiten auch BeckOK StGB/*Heuchemer* § 353d Rn. 1.1.

mächtigungs- und Privatklagedelikte durchbrochen wird.[34] In Abweichung von diesem Grundsatz, der das strafprozessuale System weitgehend prägt und dabei insbesondere Ausdruck des Gedankens ist, dass die schärfste sanktionierende (Straf-)gewalt nur durch den Staat selbst ausgeübt werden darf, was auch die Einleitung und Durchführung eines Strafverfahrens umschließt, überlässt die Rechtsordnung den Schutz des Persönlichkeitsrechts teilweise dem Verletzten: Alle oben unter I. genannten Delikte des strafrechtlichen Persönlichkeitsschutzes sind als **Antragsdelikte** ausgestaltet, wie aus § 194 I StGB, § 205 I StGB bzw. § 33 II KUG folgt.[35] Die Ausgestaltung als Antragsdelikte ist dabei nicht als Indiz zu werten, dass das Persönlichkeitsrecht für die (Straf-)Rechtsordnung ein Rechtsgut von nachrangiger Wichtigkeit darstellt. Der legislatorische Grund liegt vielmehr in der Überlegung, der besonders sensiblen Natur des Persönlichkeitsrechtsschutzes auch durch seine prozessuale Ausgestaltung Rechnung zu tragen: Das Strafrecht will verhindern, dass staatliche Ermittlungshandlungen ohne den Willen des Verletzten durchgeführt werden. Es soll vielmehr in dessen Hand liegen, ob die Strafverfolgung stattfindet oder nicht, wie es in den Gesetzesmaterialien zu § 201a StGB auch ausdrücklich klargestellt wurde: „Dies entspricht dem Umstand, dass es um den höchstpersönlichen Lebensbereich des Einzelnen geht. Der Verletzte soll selbst entscheiden können, ob er ein strafrechtliches Verfahren in Gang setzt."[36] So soll verhindert werden, dass gerade in dem sensiblen höchstpersönlichen Lebensbereich sich die Durchführung eines Strafverfahrens mit anschließender öffentlicher Hauptverhandlung auch dann als Danaergeschenk für den Verletzten erweisen kann, wenn der Täter letztlich verurteilt wird.

Aus der Ausgestaltung als Antragsdelikte folgen prozessuale Besonderheiten, die von großer Wichtigkeit für die praktische Handhabung der strafrechtlichen Verfolgung von Persönlichkeitsrechtsverletzungen sind und deshalb nachstehend betrachtet werden.

1. Das „besondere öffentliche Interesse" als Voraussetzung der amtswegigen Strafverfolgung

„Reine" Antragsdelikte werden gemäß Ziffer 86 I RiStBV nur dann durch die Staats- 9 anwaltschaft verfolgt, wenn ein **besonderes öffentliches Interesse** an der Strafverfolgung besteht. Gemäß Ziffer 86 III RiStBV liegt ein besonderes öffentliches Interesse „in der Regel vor, wenn der Rechtsfrieden über den Lebenskreis des Verletzten hinaus gestört und die Strafverfolgung ein gegenwärtiges Anliegen der Allgemeinheit ist". Genannt werden dazu im Normtext beispielhaft einige Merkmale, die das Tatunrecht erhöhen, nämlich das **Ausmaß der Rechtsverletzung,** die **Rohheit** oder **Gefährlichkeit** der Tat, die **niedrigen Beweggründe** des Täters oder die **Stellung des Verletzten** im öffentlichen Leben. Eine Ausnahme enthält Ziffer 86 II Satz 2, wonach ein öffentliches Interesse auch dann vorliegen kann, wenn dem Verletzten wegen seiner **persönlichen Beziehung zum Täter** die Erhebung einer **Privatklage nicht zugemutet** werden kann.

Satz 1 enthält mithin eher präventiv, Satz 2 hingegen vorrangig individualisierend be- 10 stimmte Merkmale, die ein qualifiziertes Interesse an der amtswegigen Strafverfolgung begründen. In der Praxis wird das besondere öffentliche Interesse nur selten bejaht. Ziffer 86 III RiStBV eröffnet dem Staatsanwalt aber die Möglichkeit, Ermittlungen darüber anzustellen, ob ein besonderes öffentliches Interesse im Einzelfall vorliegt − und gibt dadurch dem Verletzten bzw. seinem Rechtsbeistand die Möglichkeit, durch gezielten Vortrag die Staatsanwaltschaft zur Auseinandersetzung mit den Tatsachen zu zwingen, die im

---

[34] Zu unterscheiden ist in systematischer Hinsicht zwischen den Antragsdelikten (Beispiel: §§ 123, 185, 223, 247; 194, 239, 248a StGB), den Ermächtigungsdelikten (Beispiel: §§ 90, 90b, 97, 102ff. StGB) und den Privatklagedelikten (Beispiel: §§ 123, 185, 223, 229, 303 StGB). Zur prozessualen Ausgestaltung der vorliegend interessierenden Normen im Einzelnen sogleich im Haupttext.

[35] Ebenso § 109 UrhG, was ggf. für das Urheberpersönlichkeitsrecht relevant sein kann.

[36] BT-Drs. 15/2466 S. 5f.

konkreten Einzelfall für ein solches Interesse und damit für die amtswegige Verfolgung sprechen. Hier kommt in der praktischen Handhabung neben den genannten Kriterien auch die **Bedeutung der Sache** in Betracht, die sich in der Praxis über die in Ziffer 86 II RiStBV ausdrücklich genannten Kriterien hinaus auch aus der **Person des Täters**[37] oder auch aus der Wahrnehmung der Sache in der Öffentlichkeit, insbesondere infolge der **Medienberichterstattung** ergeben kann.[38]

11   Immer dann, wenn die Sache keine über den **Lebenskreis des Betroffenen** hinausweisende Bedeutung hat, verweist die Staatsanwaltschaft den Anzeigeerstatter jedoch auf den Privatklageweg, wie es in Ziffer 87 RiStBV geregelt ist. Die Staatsanwaltschaft kann das besondere öffentliche Interesse an der Strafverfolgung auch einfach dadurch dokumentieren, dass sie **Anklage erhebt.** Eine besondere Kundgabe, ein Aktenvermerk oder ein sonstiger deklaratorischer Rechtsakt ist dann weder erforderlich[39] noch in der praktischen Handhabung üblich.

2. Die Dreimonatsfrist des § 77b StGB; prozessuale Besonderheiten

12   Der Strafantrag muss bei allen Antragsdelikten und somit bei sämtlichen Normen des strafrechtlichen Persönlichkeitsschutzes binnen der **Dreimonatsfrist** des § 77b StGB gestellt werden. Der Fristlauf beginnt mit der Kenntniserlangung von Tat und Täter. Die Versäumung der Frist löst ein **materielles Prozesshindernis** aus.[40] Wichtig ist: Für die Fristberechnung gelten nicht etwa die §§ 42 ff. StPO, da diese sich nur auf strafprozessuale Fristen beziehen. Die Strafantragsfrist stellt aber eine **sachlich-rechtliche Frist** dar.[41] Auch eine analoge Anwendung der differenzierten Bestimmungen in den §§ 42–47 StPO auf diese sachlich-rechtliche Frist, insbesondere die Gewährung einer Wiedereinsetzung nach Fristversäumung durch den Strafantragsberechtigten nach den §§ 44 ff. StPO, kommt nicht in Betracht. Zwar mögen eine Regelungslücke hinsichtlich präziser Vorschriften zur Fristberechnung sowie eine gleichartige Interessenlage bestehen, aber die Wirkungen des aus Art. 103 II GG, § 1 StGB abgeleiteten **Analogieverbots** im materiellen Strafrecht steht einer entsprechenden Anwendung zwingend entgegen. Denn für den von einer etwaigen Fristversäumung begünstigten Beschuldigten würde die damit verbundene Ausweitung der Strafbarkeit eine im materiellen Strafrecht stets verbotene **Analogie zulasten des Beschuldigten** (Analogie *in malam partem*) bedeuten. Härten und offensichtliche Unbilligkeiten für den Strafantragsberechtigten werden dadurch gemildert, dass die Frist des § 77b StGB erst in dem Zeitpunkt dann in Gang gesetzt wird, in dem es ihm tatsächlich und rechtlich möglich ist, den Strafantrag zu stellen.[42] Hindernisse können erhebliche **Krankheit**[43] oder im Einzelfall auch **schwerste Drohungen**[44] sein, die den Berechtigten von der Ausbringung des Strafantrags faktisch abhalten. Entscheidend für die Bejahung eines solchen Hindernisses ist es, ob für ihn eine tatsächliche (oder rechtliche) Verhinderung bestand, den Strafantrag auszubringen. Der insoweit an-

---

[37] Somit eben nicht nur, wie eigentlich im Normtext des Ziff. 86 II RiStBV bestimmt, derjenigen des Verletzten. Die in der Praxis vollzogene Ausweitung ist aber unbedenklich, da es sich bei den in II beispielhaft genannten Kriterien um Regelbeispiele handelt.

[38] Zum medialen Einfluss insoweit *Bornkamm* NStZ 1983, 102 ff.; *ders.* Pressefreiheit, passim; *Bottke* ZStW 93 (1981), 425; *Erdsiek* NJW 1963, 1048; *Hamm,* Große Strafprozesse, passim; *Hassemer* NJW 1985, 1921 m. w. N. Die Berichterstattung über einen Fall bereits im Ermittlungsverfahren kann somit auch für die Frage bedeutsam werden, ob die Staatsanwaltschaft Anklage erhebt. Auf diese Weise ist es möglich, dass Medien direkten Einfluss auf das Verfahren erlangen.

[39] *Schaefer*, in: *Breyer/Mehle/Osnabrügge/Schaefer* Strafprozessrecht, S. 274.

[40] *Osnabrügge*, in: *Breyer/Mehle/Osnabrügge/Schaefer* Strafprozessrecht, S. 29.

[41] *Meyer-Goßner* StPO Vor § 42 Rn. 2.

[42] *LK-Jähnke* § 77b Rn. 12; *Schönke/Schröder/Stree/Sternberg-Lieben,* § 77b Rn. 19; *SK/Rudolphi* § 77b Rn. 1.

[43] RG HRR 40 Nr. 39; BGHSt 2, 124.

[44] *Schönke/Schröder/Stree/Sternberg-Lieben,* § 77b Rn. 19.

zulegende Maßstab ist streng. Ein **Rechtsirrtum** über die Erforderlichkeit eines Strafantrags ist stets unbeachtlich.[45]

§ 77b V StGB normiert einen besonderen Fall des Ruhens des Fristlaufs, wenn ein An- **13** trag auf **Sühneversuch** gemäß § 380 StPO gestellt wird.[46] Der Grund dieser Ausnahme ist die Vermeidung unnötiger Strafanträge, die allein zu Zwecken der Fristwahrung gestellt werden.[47] Ein gleichwohl gestellter Strafantrag ist jedoch gültig.[48] Sobald die **Bescheinigung** über den erfolglosen Sühneversuch ausgefolgt wird, so läuft die Strafantragsfrist weiter.

3. Die Rücknahme des Strafantrags

Der Strafantrag kann vom Berechtigten gemäß § 77d StGB **zurückgenommen** wer- **14** den, wodurch bei Verneinung des besonderen öffentlichen Interesses das materielle Verfolgungshindernis wieder eintritt.[49] Wurde das Verfahren aufgrund einer vorsätzlichen oder leichtfertigen **unwahren Anzeige** (hier: verbunden mit dem Strafantrag) eingeleitet, so gelten im Falle einer sodann erfolgenden **Rücknahme** der Anzeige und des Antrages als **Sondervorschriften** hinsichtlich der **Verfahrenskosten** die §§ 469, 470 StPO. Insoweit ist die Besonderheit des § 469 II StPO zu beachten, wonach die Entscheidung auf Antrag der Staatsanwaltschaft durch das Gericht ergeht, das für die Eröffnung des Hauptverfahrens nach allgemeinen Regeln zuständig gewesen wäre.

Für die **Form** des Strafantrags gilt § 158 II StPO. Abweichend vom Grundsatz nach **15** § 158 I StPO, wonach die Strafanzeige und der Strafantrag bei den Behörden und Beamten des Polizeidienstes und den Amtsgerichten mündlich oder schriftlich angebracht werden können, ist es nach § 158 II StPO bei den hier vorliegenden **reinen Antragsdelikten** erforderlich, den Antrag bei einem Gericht oder der Staatsanwaltschaft **schriftlich oder zu Protokoll,** bei einer „anderen Behörde" – also den Polizeidienststellen – aber ausschließlich schriftlich anzubringen. Inhaltlich ist es erforderlich und hinreichend, wenn der Antrag das unbedingte Verlangen erkennen lässt, die fragliche Tat verfolgen zu wollen.

II. Die Ausgestaltung als Privatklagedelikte

Die Beleidigungsdelikte der §§ 185 ff. StGB sowie der Tatbestand des § 33 KUG sind **16** fernerhin **Privatklagedelikte** gemäß § 374 I Nr. 2 bzw. Nr. 8 StPO.[50] § 376 StPO normiert für die in § 374 StPO genannten Delikte ausdrücklich die Einschränkung, dass die öffentliche Klage von der Staatsanwaltschaft nur erhoben wird, wenn dies im **öffentlichen Interesse** liegt. Insoweit gelten die oben ausgeführten Grundsätze für die Bestimmung des öffentlichen Interesses. Zu beachten ist, dass dieser Begriff, soweit er in den §§ 183 II, 230 I, 248a, 257 IV S. 2, 263 IV, 265a III, 266 II StGB Erwähnung findet, enger gefasst ist als im vorliegenden Zusammenhang des „öffentlichen Interesses" als Rechtsbegriff, der in flexibler Weise die amtswegige Verfolgung im Bedarfsfall und nach den Umständen des Einzelfalles ermöglichen oder versagen soll.[51] Wird das öffentliche Interesse verneint, so kann der Geschädigte die in § 374 I StPO genannten Delikte aber als

---

[45] So ausdrücklich OLG Hamm NJW 1970, 578 bei Nichtkenntnis des Antragserfordernisses; Schönke/Schröder/*Stree/Sternberg-Lieben,* § 77b Rn. 20. Entsprechendes gilt für alle Rechtsirrtümer hinsichtlich der Ingangsetzung des Fristlaufes pp.

[46] Zu prozessualen Einzelheiten Schönke/Schröder/*Stree/Sternberg-Lieben* StGB 27. Aufl. § 77b Rn. 22.

[47] BR-Drs. 546/83 S. 44.

[48] Schönke/Schröder/*Stree/Sternberg-Lieben,* § 77b Rn. 22.

[49] *Breyer,* in: *Breyer/Mehle/Osnabrügge/Schaefer* Strafprozessrecht, S. 215.

[50] Im Einzelnen zur Privatklage vgl. *Mayer-Goßner,* StPO, § 374 Rn. 2ff.

[51] OLG Düsseldorf DAR 1971, 160; LK/*Hirsch* § 230 Rn. 9; *Meyer-Goßner* StPO § 376 Rn. 3; vgl. insoweit Ziffern 234 I, 243 I, III RiStBV.

Privatkläger vor dem Strafgericht selbst verfolgen, wobei er bei einigen Abweichungen in prozessualen Details im Wesentlichen die Funktionen der Anklagebehörde so wahrnimmt, wie dies aus dem Verfahren der öffentlichen Klage gemäß den §§ 199 ff. StPO bekannt ist.[52]

17   Gemäß § 377 II StPO kann der Staatsanwalt in jeder Lage des Verfahrens bis zum Eintritt der Rechtskraft die **Verfolgung übernehmen.** Der Zweck dieser Regelung ist einerseits eine gewisse Vorsorge, die das grundsätzlich von den §§ 374 ff. StPO nicht berührte **Monopol der staatlichen Strafverfolgung** nach dem **Offizialgrundsatz** in jeder Lage des Verfahrens durch eine entsprechende Kompetenz gesichert ist. Andererseits eröffnet § 377 StPO eine flexible Reaktionsmöglichkeit, wenn im Laufe des Verfahrens ein staatliches Verfolgungsinteresse entsteht, z. B. wenn doch überraschend erkannt werden muss, dass auch ein Offizialdelikt zu Spruch steht[53] oder andere Gründe die öffentliche Verfolgung gebieten. Die Regelung ist sinnvoll, da die Staatsanwaltschaft in der Regel von der Anbringung einer Privatklage zunächst nicht einmal Kenntnis erhält. Entscheidungen aus diesem Verfahren werden ihr nicht zugestellt.[54] Nur im **Rechtsmittelverfahren** wirkt sie nach § 390 III S. 1 StPO mit. Frühester Zeitpunkt der Übernahme durch die Staatsanwaltschaft ist derjenige des Eingangs der Privatklage bei dem Gericht, das für die Entscheidung zuständig sein kann.[55] Die Regelung des § 377 II StPO statuiert ein **Übernahmerecht.** Die Übernahme kann auch gegen den Willen des Privatklägers erfolgen.[56] Die Literatur betont ein **Beobachtungsrecht** der Staatsanwaltschaft in der Hauptverhandlung,[57] das aber in aller Regel überflüssig ist, da die Hauptverhandlung ohnedies öffentlich ist. Eine eigenständige Bedeutung kann dieses Recht daher nur in Fällen der faktischen Beschränkung des Publikums der Hauptverhandlung haben.[58]

18   Ein denkbarer Anwendungsbereich im **Jugendstrafrecht** besteht kaum, da gemäß § 80 I JGG gegen einen Jugendlichen die Privatklage nicht erhoben werden kann. Der einzig denkbare Fall, wo dieses Recht eine eigenständige Bedeutung hat, ist somit die **Widerklage** gegen den jugendlichen Privatkläger, die in § 80 II S. 1 JGG geregelt ist.

19   Entschließt der Privatkläger sich zur Erhebung der Privatklage, so verfügt er über ähnliche Rechte und muss zugleich ähnliche Förmlichkeiten beachten wie die Staatsanwaltschaft. § 384 I StPO statuiert, dass sich das weitere Verfahren nach den Vorschriften richtet, „die für das Verfahren auf erhobene öffentliche Klage gegeben sind", also nach den §§ 200 ff. StPO. Nach Satz 2 dieser Vorschrift dürfen **Maßregeln der Besserung und Sicherung** nicht angeordnet werden. Die **Verlesung des Eröffnungsbeschlusses** über-

---

[52] Genannt sind hier die §§ 199 ff. StPO, welche die Förmlichkeiten etwa der Anklage pp. betreffen, da der Privatkläger selbstverständlich die typisch hoheitlichen Befugnisse der StA, welche auch die Ermächtigung zu Grundrechtseingriffen bedeuten, nicht hat. Nicht einschlägig sind für die Privatkläger – der Struktur der Privatklage gemäß – auch die Ermessensvorschriften zur (teilweise einseitigen, die Mitwirkung des Gerichts nicht voraussetzenden) Verfahrenseinstellung etwa nach den §§ 153 ff. StPO.

[53] Eine getrennte Verfolgung und Aburteilung ist in derartigen Fällen nämlich nur dann zulässig, wenn es sich um mehrere prozessuale Taten im Sinne des § 264 StPO handelt; vgl. nur *Meyer-Goßner* StPO § 376 Rn. 9. Die Staatsanwaltschaft muss deshalb in Fällen des Aufscheinens eines Offizialdelikts in einem vermeintlich reinen Privatklageverfahren aufgrund des Legalitätsprinzips, § 152 StPO, und der Offizialmaxime die Verfolgung übernehmen, wenn Privatklagedelikt und Offizialdelikt zusammenfallen. Freilich ist eine Teileinstellung nach § 154 StPO (bei mehreren prozessualen Taten) bzw. § 154a StPO (bei einer prozessualen Tat) möglich.

[54] *Meyer-Goßner* StPO § 377 Rn. 1.

[55] BGHSt 26, 214, 216; *Meyer-Goßner* StPO § 377 Rn. 5 m. w. N.

[56] *Meyer-Goßner* StPO § 377 Rn. 4.

[57] *Meyer-Goßner* StPO, § 377 Rn. 2 m. w. N.

[58] Die „klassischen" Fälle sind die mangelnde Größe des Verhandlungssaales oder – insbesondere – des sonstigen Terminsorts, etwa wenn eine Augenscheinnahme stattfindet. Dem Staatsanwalt ist dann die Anwesenheit stets gestattet.

nimmt gemäß § 384 II StPO der Vorsitzende an der Stelle, an welcher der Staatsanwalt im Verfahren der öffentlichen Klage gemäß § 243 III Satz 1 StPO den Anklagesatz verlesen müsste. Wichtig ist noch, dass gemäß § 384 III StPO das Gericht den **Umfang der Beweisaufnahme** bestimmt. § 385 StPO normiert die prozessualen Rechte des Privatklägers und zugleich einige wesentliche Abweichungen: Soweit in dem Verfahren auf erhobene öffentliche Klage die Staatsanwaltschaft zuzuziehen und zu hören ist, wird gemäß § 385 I StPO in dem Verfahren auf erhobene Privatklage der Privatkläger zugezogen und gehört. § 385 II StPO normiert, dass zwischen der **Zustellung der Ladung** des Privatklägers zur Hauptverhandlung und dem Hauptverhandlungtag eine Frist von mindestens einer Woche liegen muss. Diese Norm ist dem § 217 I StPO nachgebildet, der für das Zwischenverfahren bei der öffentlichen Klage gilt. § 385 III StPO sieht für die Akteneinsicht Regelungen vor, die denen des § 147 StPO ähneln. § 385 V StPO statuiert geringfügige Abweichungen im **Revisionsverfahren.** Danach ist ein Antrag des Privatklägers nach § 349 II StPO nicht erforderlich und § 349 III StPO ist nicht anzuwenden. Zweck dieser Abweichungen ist die Vereinfachung des Rechtsmittelverfahrens und der bewusste Verzicht auf das formalisierte Verfahren der Gegenerklärung, die auch ansonsten im Revisionsverfahren nur fakultative Bedeutung hat, im Falle der Privatklage.

Die **Formanforderungen** im Privatklageverfahren entsprechen weitgehend jenen im   **20** Verfahren der öffentlichen Klage. Insbesondere muss gemäß § 381 S. 1 StPO die **Anklageschrift** den in § 200 I StPO normierten Förmlichkeiten entsprechen. Der weitere Fortgang, nämlich die **Mitteilung** einer vorschriftsmäßig erhobenen Klage an den Beschuldigten, erfolgt gemäß § 382 StPO auch ähnlich dem amtswegigen Verfahren – vgl. § 201 StPO – unter Bestimmung einer Frist zur Erklärung.

Der Privatkläger kann gemäß § 374 I StPO die Privatklage aber auch verfolgen, ohne   **21** dass es einer vorgängigen Anrufung der Staatsanwaltschaft bedarf. Das Verfahren richtet sich nach den §§ 374 ff. StPO. Die Vorschrift des § 383 StPO ist der **Prüfung im Zwischenverfahren** gemäß den §§ 199 ff. StPO, insbesondere dem dort geltenden § 203 StPO nachgebildet. Eine Besonderheit des Privatklageverfahrens liegt in der Möglichkeit der **Widerklage** des Beschuldigten, die gemäß § 388 I StPO bis zur Beendigung des letzten Wortes gemäß § 258 II 2 StPO im ersten Rechtszug möglich ist, soweit der Beschuldigte gleichfalls durch eine privatklagefähige Straftat verletzt worden ist.[59] Gemäß § 80 I JGG kann im **Jugendstrafrecht** gegen einen Jugendlichen **keine Privatklage** erhoben werden. Möglich ist nach § 80 II S. 1 JGG jedoch die **Widerklage** gegen den jugendlichen Privatkläger.

Durchgeführte Privatklagen sind sehr selten. Dies folgt im Bereich des strafrechtlichen   **22** Persönlichkeitsschutzes auch aus der besonderen Natur der Ziele der Geschädigten, die häufig eher wirtschaftlicher Natur und daher mit den Mitteln des Strafrechts nicht zu befriedigen sind.[60] Im Falle der Beleidigung und weiterer dort genannter Delikte ist nach § 380 I StPO im Vorfeld der Erhebung der Klage die Durchführung eines **Sühneversuches** erforderlich. Auf die prozessuale Bedeutung des § 380 V StPO für den Fristlauf nach § 77b StGB wurde bereits hingewiesen. Für § 33 KUG gilt diese Einschränkung nicht.

III. Die Befugnis zur Nebenklage nach § 395 I Nr. 1 b StPO

Der Katalog der nebenklagefähigen Delikte des § 395 I, II StPO erfasst gemäß § 395 I   **23** Nr. 1 b rechtswidrige Taten „nach den §§ 185 bis 189 des Strafgesetzbuches" und nach II Nr. 3 auch „den durch eine rechtswidrige Tat nach § 142 Abs. 2 des Patentgesetzes, § 25 Abs. 2 des Gebrauchsmustergesetzes, § 10 Abs. 2 des Halbleiterschutzgesetzes, § 39 Abs. 2 des Sortenschutzgesetzes, § 143 Abs. 2 des Markengesetzes, § 14 Abs. 2 des Geschmacks-

---

[59] Die Vorschrift ist eine prozessuale Entsprechung der materiellrechtlichen Straffreierklärung bei wechselseitigen Beleidigungen gemäß § 199 StPO.

[60] Im Einzelnen dazu unten III. 4.

mustergesetzes und den §§ 108 a und 108 b Abs. 3 des Urheberrechtsgesetzes Verletzten."[61] Dies bedeutet, dass der Verletzte sich durch eine **Anschlusserklärung** gemäß § 396 StPO, die vor Erhebung der öffentlichen Klage bei der **Staatsanwaltschaft** (§ 396 I S. 2 StPO)[62] oder danach bei **Gericht** einzureichen ist (§ 396 I S. 2 StPO), der öffentlichen Klage anschließen kann.

24   Dadurch gewinnt er weitreichende prozessuale Befugnisse. So ist der Nebenkläger nach erfolgtem Anschluss auch dann, wenn er als Zeuge vernommen werden soll, zur Anwesenheit in der Hauptverhandlung berechtigt (§ 397 StPO). Dies kann für seine Wahrnehmung des Prozessgeschehens und somit für die Ausführung seiner Rechte von zentraler Bedeutung sein.[63] Die einzelnen prozessualen Rechte des Nebenklägers sind in § 397 StPO normiert. Sie umfassen die Befugnis zur **Ablehnung eines Richters** (§§ 24, 31 StPO) oder **Sachverständigen** (§ 74 StPO), das Fragerecht (§ 240 II StPO), das Recht zur **Beanstandung von Anordnungen** des Vorsitzenden (§ 238 II StPO) und von Fragen (§ 242 StPO), das **Beweisantragsrecht** (§ 244 StPO) sowie das Recht zur **Abgabe von Erklärungen** (§§ 257, 258 StPO).

25   Der Nebenkläger kann sich der **Rechtsmittel unabhängig von der Staatsanwaltschaft** bedienen (§ 401 StPO). Jedoch kann der Nebenkläger das Urteil nicht mit dem Ziel anfechten, dass **eine andere Rechtsfolge** der Tat verhängt wird oder dass der Angeklagte wegen einer Gesetzesverletzung verurteilt wird, die nicht zum Anschluss des Nebenklägers berechtigt (§ 400 StPO). Für die **Nebenklagekosten** gilt § 472 StPO.

26   Zusammenfassend ist festzuhalten, dass die durch § 395 II Nr. 3 StPO eröffnete Möglichkeit des Verletzten, sich der öffentlichen Klage als Nebenkläger anzuschließen, diesem weitreichende und auch prozessual effiziente Möglichkeiten eröffnet. Die Nebenklagebefugnis ist für den Verletzten in Ansehung der mit ihr verbundenen prozessualen Möglichkeiten somit ein recht scharfes Schwert, das im Rahmen seiner Reichweite auch eine **effiziente Rechtsdurchsetzung** ermöglicht und dem Verletzten namentlich durch die Rechte des § 397 StPO und die **Rechtsmittelbefugnis des § 401 StPO** wichtige Handlungsmöglichkeiten gibt. Auch die denkbare **Kostenfolge** zum Nachteil des Verurteilten nach § 472 I 1 StPO kann eine **Präventivwirkung** entfalten, wobei bereits die außergerichtliche Inaussichtstellung der Nebenklage Wirkungen auf das Verhalten des Gegners entfalten kann. Relativiert wird dies alles jedoch dadurch, dass mit den §§ 185 ff. StGB nur ein kleiner Teil der für den Persönlichkeitsschutz relevanten Strafvorschriften nebenklagefähig ist.

IV. Akteneinsicht gemäß § 406e StPO

27   Eine wichtige Rolle für den in seinem Persönlichkeitsrecht Verletzten spielt auch die Möglichkeit der **Akteneinsicht nach § 406e StPO.** Nach dieser Vorschrift kann für den **Verletzten** ein Rechtsanwalt die Akten einsehen, die dem Gericht vorliegen oder diesem im Falle der Erhebung der öffentlichen Klage vorzulegen wären. Voraussetzung der Ertei-

---

[61] Die Ausgestaltung des Katalogs nebenklagefähiger Delikte nach § 395 II StPO war stets Gegenstand rechtspolitischer Kritik. Auch jüngst im Zuge des Opferschutzgesetzes, das zeitgleich mit dem Gesetz zur Modernisierung der Justiz am 1. 9. 2004 in Kraft trat, wurde die Streichung der in Nr. 3 genannten Delikte vorgeschlagen. Gesetz geworden sind derartige Reformvorschläge bislang jedoch nicht.

[62] Die vor Erhebung der öffentlichen Klage bei der Staatsanwaltschaft oder dem Gericht eingegangene Anschlusserklärung wird mit der Erhebung der öffentlichen Klage wirksam; § 396 I S. 2 StPO.

[63] In der Praxis kann es dem Nebenkläger im Einzelfall anzuraten sein, im Hinblick auf die gerichtliche Beweiswürdigung auf dieses Recht in bestimmten Situationen zu verzichten oder – wenn seine eigene Vernehmung geplant ist – zu versuchen, auf einen möglichst frühen Zeitpunkt der Vernehmung hinzuwirken und sich in der Verhandlung anwaltlich vertreten zu lassen. Dies ist aber eine taktische Frage des Einzelfalles, sodass sich generelle Aussagen verbieten.

lung der Akteneinsicht ist es, dass der Rechtsanwalt ein **berechtigtes Interesse** dartut (§ 406 e I S. 1 StPO). Eine **Glaubhaftmachung** ist nicht erforderlich.[64] Zweck dieser Regelung ist es, dem Verletzten eine effiziente Wahrnehmung seiner Rechte zu ermöglichen, wozu es der Information über sämtliche tatsächliche Vorgänge bedarf, die Bestandteil der ggf. anzuklagenden prozessualen Tat sind. Eine erhebliche Bedeutung kommt der Vorschrift im Verlauf des nicht öffentlichen Ermittlungsverfahrens zu. Hier ist die Einsichtnahme in die Ermittlungsakte für den Verletzten regelmäßig die einzige und zugleich die effizienteste Möglichkeit, die für die Durchführung eines Zivilverfahrens erforderlichen Informationen zu erlangen. Der Verletzte kann die durch den **Untersuchungsgrundsatz** (§§ 155 II, 160 II, 202, 244 III StPO) eröffneten Möglichkeiten ausnutzen und den von der Staatsanwaltschaft ermittelten Sachverhalt seinem Klagevortrag und seinen Beweisangeboten im Rahmen des Zivilverfahrens zugrunde legen. Die Praxis zeigt, dass der Weg über die strafprozessuale Akteneinsicht häufig benutzt wird, um einfacher und umfassender an Informationen zu gelangen, als es durch die zivilprozessualen Instrumentarien möglich wäre.[65] Ist dies gelungen, so wird der Strafantrag häufig zurückgezogen.[66]

V. Praktische Bedeutung, prozessuale Rechte des Verletzten

Die **praktische Bedeutung** der das Persönlichkeitsrecht schützenden Strafvorschrif- 28 ten in der Strafverfolgungspraxis gilt gemeinhin als eher gering.[67] Diese Feststellung ist zutreffend, soweit man vorrangig auf die statistische Zahl der Verfahren und Verurteilungen blickt.[68] Für den Rechtsanwalt können die Strafnormen der §§ 185 ff., 201 ff. StGB, 3 KUG usw. jedoch prozessual eine überragende Bedeutung erlangen, denn der gezielte Einsatz der an sie geknüpften strafprozessualen Instrumentarien lässt sie zu einer bedeutenden Waffe in der Hand des Geschädigten werden. Dies gilt insbesondere im Hinblick auf die Wirkungen der **Offizialmaxime** des § 152 StPO, der **„Ermittlungsgeneralklausel"** des § 163 I StPO im Ermittlungsverfahren und die Statuierung des **Untersuchungsgrundsatzes** im Ermittlungs- bzw. Hauptverfahren gemäß den §§ 155 II, 244 II StPO: Polizei und Staatsanwaltschaft sind aufgrund des in § 152 StPO verankerten **Legalitätsprinzips** verpflichtet, auf den form- und fristgerecht ausgebrachten Strafantrag hin die Tatsachen zu ermitteln, die für und gegen die Verletzung eines Strafgesetzes sprechen, und die Beweismittel zu sichern. Die Möglichkeiten, die ihnen dabei zur Verfügung stehen, übertreffen im Hinblick auf die Ressourcen der Ermittlungsbehörden und insbesondere die Ausübung **hoheitlicher Befugnisse** und hoheitlichen Zwangs etwa nach den §§ 98 ff., 102 ff., 100 a ff., 111 ff. StPO bei weitem die tatsächlichen und rechtlichen Möglichkeiten **privater Ermittlungen** – ganz abgesehen von deren rechtlicher Problematik[69] und Kosten. Sie verursachen als Maßnahmen der amtswegigen Strafverfolgung dem Anzeigeerstatter auch **keine (Gerichts-)Kosten.**[70] Die staatliche Pflicht zur umfassenden Ermittlung des Sachverhalts ermöglicht dem Geschädigten die Nutzung der insoweit gesammelten Beweise auch in einem gleichlaufenden Zivilverfahren. Die strafprozessualen Instrumentarien in sachgerechter Weise zu nutzen, ist nicht selten entscheidend für den Ausgang eines Zivilverfahrens.

---

[64] *Meyer-Goßner,* StPO 47. Aufl. § 406 e Rn. 1 m. w. N.

[65] *Dreier/Schulze* UrhG § 106 Rn. 2; *Wandtke/Bullinger* – *Hildebrandt* UrhG § 106 Rn. 4 m. w. N.

[66] *Wandtke/Bullinger* – *Hildebrandt* UrhG § 106 Rn. 4.

[67] *Borgmann* NJW 2004, 2133, 2135; *Tröndle/Fischer* § 201a Rn. 2 a. E.; *Wolter,* Schünemann – Symposion (2005), 225, 234 m. w. N.

[68] *Borgmann* NJW 2004, 2133, 2135; *Tröndle/Fischer* § 201a Rn. 2 a. E.

[69] Hierzu eingehend *Mende,* Grenzen privater Ermittlungen durch den Verletzten einer Straftat, S. 224, 244.

[70] Zu denken ist allenfalls an die Kosten für die Beauftragung eines Rechtsanwalts, soweit dieser die Strafanzeige formuliert und ausbringt.

29   Ein wichtiges Werkzeug ist dabei – nach Einleitung der Ermittlungen in Ausübung des Strafantragsrechts des Verletzten – insbesondere auch das soeben erwähnte **Recht auf Akteneinsicht,** das der anwaltlich vertretene Verletzte gemäß § 406e StPO wahrnehmen kann. Hierdurch werden ihm die Erkenntnisse nutzbar, die im Strafverfahren aufgrund des **Untersuchungsgrundsatzes** mithilfe des Einsatzes der staatlichen Ressourcen der Strafverfolgung und der hieraus folgenden besonderen prozessualen Befugnisse ermittelt werden. So hat das Recht aus § 406e StPO nicht nur für das Strafverfahren selbst Bedeutung, sondern immer auch dann, wenn die Akten des Strafverfahrens Erkenntnisse enthalten, die entscheidend sind für die Durchsetzung der zivilrechtlichen Ansprüche eines Geschädigten in einem gleichlaufenden Zivilrechtsstreit, und der dort bestehenden **Darlegungs- und Beweislast** des Klägers. Obgleich die zivilrechtlichen Rechtsfolgen – namentlich ein Unterlassungs- oder Schadensersatzbegehren – in empirischer Hinsicht viel häufiger den Interessen des Geschädigten entspricht als die spezifisch strafrechtlichen Rechtsfolgen,[71] ist die Beherrschung der strafprozessualen Instrumentarien aus diesem Grunde von zentraler Bedeutung für eine effektive prozessuale Durchsetzung des Persönlichkeitsschutzes.

30   Zusammenfassend: Die dem strafrechtlichen Persönlichkeitsschutz dienenden Normen und die aufgrund ihrer Existenz bestehenden prozessualen Instrumente, nämlich insbesondere das **Akteneinsichtsrecht,** die bei Beleidigungsdelikten gemäß § 395 I Nr. 1 b) StPO bestehende Befugnis, sich einer erhobenen öffentlichen Klage als **Nebenkläger** anzuschließen, und mit Einschränkungen auch die Privatklage eröffnen **erhebliche prozessuale Chancen** für denjenigen, der in seinem Persönlichkeitsrecht verletzt wurde. Der gezielte Einsatz der genannten Rechte entscheidet nicht selten über das Schicksal auch einer zivilrechtlichen Rechtsverfolgung. Daher ist die Kenntnis der prozessualen und materiellrechtlichen Besonderheiten des strafrechtlichen Persönlichkeitsschutzes oft eine entscheidende Voraussetzung für den prozessualen Erfolg gerade auch im Rahmen einer bürgerlich-rechtlichen Streitigkeit. Diese Aspekte müssen daher bei der Gewährung anwaltlichen Rates und bei der Festlegung einer Verfahrensstrategie dringend bedacht werden. Die aus dem Einsatz dieser Instrumente folgenden Chancen werden vom Verletzten aber selten ausreichend wahrgenommen, was sich am eher geringen forensisch-statistischen Stellenwert der entsprechenden Strafvorschriften in den Verfahrens- und Urteilsstatistiken zeigt.[72]

VI. Gesetzestechnische Besonderheiten des strafrechtlichen Persönlichkeitsrechtsschutzes

31   Ursache dieser erstaunlichen Diskrepanz zwischen den erheblichen prozessualen Chancen einerseits und der geringen forensischen Bedeutung andererseits sind die Probleme, die sich bei der Statuierung strafrechtlichen Schutzes gegen Persönlichkeitsrechtsverletzungen auftun. Diese sind strukturell vorgegeben und machen die rechtlichen Rahmenbedingungen aus, in denen der strafrechtliche Persönlichkeitsschutz stattfindet bzw. die Grenzen, in denen er realisierbar ist: Das Persönlichkeitsrecht ist ein wenig randscharf bestimmtes, mehrdimensionales und abstrakt gefasstes Recht.[73] Für das Strafrecht hingegen ist der aus § 1 StGB, Art. 103 II GG abgeleitete Grundsatz der **Tatbestandsbestimmtheit** ein grundlegendes, verfassungskräftig fundiertes Postulat. Aufgrund dieses Spannungsfelds werden zugleich die Grenzen deutlich, die dem strafrechtlichen Persönlichkeitsschutz in seiner Konzeption und in seiner praktischen Wirksamkeit notwendigerweise

---

[71] Hierzu und zu den praktischen Folgen für die prozessuale Handhabung unten Rn. 36.

[72] Die Statistik der Verurteilungen reiht die einschlägigen Tatbestände regelmäßig in den hinteren und hintersten Bereich der forensischen Relevanz: In der Kriminalstatistik sind sie nicht einmal gesondert ausgewiesen.

[73] Vgl. allgemein oben § 1 Rn. 16.

gesetzt sind aus Gründen, die dem Persönlichkeitsrecht, Strafrecht oder dem Verfassungsrecht jeweils spezifisch sind.

VII. Beispielhaft: § 201a StGB

Geradezu exemplarisch ist die Vorschrift des § 201a StGB. Die *de lege lata* unbefriedi   **32**
gende gesetzestechnische Gestaltung neuer Vorschriften und des strafrechtlichen Persönlichkeitsschutzes insgesamt findet in dieser Norm wohl ihren deutlichsten Ausdruck. Im
Anschluss an ein kontroverses Gesetzgebungsverfahren, das zunächst das durchaus sinnvolle und vom Gesetzgeber zunächst auch im Blick geführte Ziel eines „Gleichlaufs" mit
§ 201 StGB verfolgte,[74] entstand ein **legislatorischer Formelkompromiss**. Im Bericht
des Rechtsausschusses, BT-Drs. 15/2995, S. 6 ist ausdrücklich von einem **„Minimalkonsens"** die Rede,[75] der in der fast einhelligen Kritik des Schrifttums geradezu zum Sinnbild für verpasste Chancen beim strafrechtlichen Persönlichkeitsschutz geworden ist. Der
oft gerügte **Mangel einer gesetzgeberischen Konzeption** zeigt hier seine Folgen:
Nachdem es schon länger auf der rechtspolitischen Agenda stand,[76] versuchte der Gesetzgeber, eine einhellig als solche empfundene Gesetzeslücke zu schließen.[77] Doch alsbald
zeigten sich im Gesetzgebungsverfahren Widerstände, die zu Kompromissen führten, die
dem einhellig als missglückt bewerteten Tatbestand bis heute aufgeprägt sind. Zu den
Hemmschuhen eines effizienten Schutzes des Persönlichkeitsrechts mit strafrechtlichen
Mitteln gehört insbesondere die durch Interessengruppen wirkungsvoll zur Geltung gebrachte Furcht, die **Pressefreiheit** zu stark einzuschränken, wie das Gesetzgebungsverfahren zu § 201a StGB mit nachhaltiger Wirkung demonstriert hat. Eine effizient organisierte **Medien-Lobby** sorgte dafür, dass der ursprünglich sehr viel weiter gefasste
Tatbestand auf bestimmte räumliche Schutzbereiche restringiert wurde.[78] Nicht nur eine
sprichwörtlich „hektische Ad-hoc-Gesetzgebung",[79] sondern gezielte Einflussnahmen bescherten einen unbefriedigenden Zuschnitt der Norm.[80]

Die daraus folgenden Auslegungsstreitigkeiten belasten die praktische Effizienz – und   **33**
zeigen eindrucksvoll, dass einzelne, scheinbar sehr spezielle Fragen der Norminterpretation nicht ohne Rückkopplung an ein übergeordnetes leitendes Bild oder Prinzip der

---

[74] *Ernst* NJW 2004, 1278.

[75] Vgl. hierzu und zur weiteren Kritik *Heuchemer/Paul* JA 2006, 616, 617 und dort Rn. 22. Exemplarisch: Weder im CDU/CSU-Entwurf (BT-Drs. 15/533) noch im FDP-Entwurf (BT-Drs. 15/361)
war eine Beschränkung des tatbestandlichen Schutzbereichs von § 201a StGB auf bestimmte Örtlichkeiten überhaupt vorgesehen. Noch im Rechtsausschuss wies die CDU/CSU-Fraktion ausdrücklich darauf hin, dass die Endfassung einen „Minimalkonsens" darstelle, BT-Drs. 15/2995, S 6; kritisch
ferner *Kühl* in: *Lackner/Kühl* § 201a Rn. 2; *ders.* AfP 2004, 190, 194.

[76] Im Entwurf 1962 hielt man – nach intensiven Diskussionen – mehrheitlich eine Pönalisierung
für nicht erforderlich, während der Alternativ-Entwurf zum BT von 1972 mit § 146 StGB eine
Schutzvorschrift gegen „Unbefugtes Abhören und Abbilden" enthielt.

[77] Noch unter Geltung des „alten" Rechts traten MünchKommStGB/*Graf* Vor § 201 Rn. 3 und
LK-*Schünemann*, 11. Aufl, Vor § 201 Rn. 11 für eine Pönalisierung *de lege ferenda* ein; der Gesetzgeber
sah sich letztlich auch durch Exzesse im Medienbereich (Schlagworte: Vorgehen der „Paparazzi",
exzessives Ausgreifen des „Stalking", also des Nachstellens, das häufig typischerweise auch Taten nach
§ 201a StGB einschließt; zum Begriff und zur Definition dieser Verhaltensweisen *Dressing/Maul-
Backer/Gass* NStZ 2007, 253 sowie *Tröndle/Fischer* § 201a Rn. 1a) zum Handeln genötigt.

[78] Vgl. dazu BT-Drs. 15/361, 3; 15/1891, 6 ff., *Kühl* AfP 2004, 190, 193, zum Problem der Beschränkungen der Presseberichterstattung durch § 201a StGB *Sauren* ZUM 2005, 425.

[79] Sie betrifft das StGB in besonderer Weise: Allein in den Jahren 2002/2003 wurden 15 neue
Strafvorschriften in das StGB aufgenommen. *Kühl* weist in seinem Aufsatz zu § 201a StGB, AfP
2004, 191, 192, darauf hin, dass § 261 StGB innerhalb weniger Jahre fünfmal geändert wurde. Insoweit kritisch zum überstürzten und aktionistischen Handeln des Gesetzgebers *Lackner/Kühl* StGB,
Vor 13 Rn. 3 m. w. N.

[80] Zu den Auslegungsfragen dieser Vorschrift im Einzelnen unten Rn. 33.

„richtigen" **Dichte strafrechtlichen Persönlichkeitsschutzes** zu beantworten sind: Soll der **„Gleichlauf mit § 201"** im Sinne einer Entsprechung der tatbestandlichen Schutzbereiche[81] das für die Auslegung entscheidende, im Gesamtbild „richtige" Ziel der Auslegung des § 201a StGB sein? Soll der Rechtsbegriff des „höchstpersönlichen Lebensbereichs" eine enge Auslegung, beschränkt auf die **„Trias aus Sexualität, Krankheit, Tod"**[82] erfahren oder eine weit gefasste? Keine dieser Fragen ist ohne einen ganzheitlichen Blick auf die gesetzgeberische Intention und eine wenigstens annähernde Bestimmung der Aufgaben und Grenzen des Persönlichkeitsschutzes mit strafrechtlichen Mitteln zu leisten – mit tiefgreifenden Folgen für die Praxis: Die Unsicherheiten bei der Auslegung sind für Staatsanwaltschaften und Gerichte so stark, dass bereits dadurch die Norm bis heute zur **faktischen Bedeutungslosigkeit** verurteilt wurde. Dies ist verständlich, da für die Anklagebehörden die Aussichten einer Anklage oder eines Rechtsmittels oft unkalkulierbar erscheinen. Die Zurückhaltung ist angesichts der allgemein verknappten Ressourcen auch nur zu verständlich. Insoweit hat sich in der Praxis realisiert, was die Kritiker erwartet haben.[83] Deshalb soll – der Analyse der allein praxisbezogenen konkreten Fragen vorangestellt – ein kurzer Blick auf die Legitimationsfrage der Sensibilisierung für dieses Leitproblem dienen. Gerade im Rahmen einer praxiorientierten Darstellung ist dies erforderlich, da eine sichere Handhabung prozessualer Einzelfragen stets die Frage nach Maß und Zweck eines Persönlichkeitsschutzes stellt, der mit den eingriffsintensiven Mitteln des Strafrechts vollzogen wird. Dies gilt umso mehr, als § 201a StGB und § 33 KunstUrhG als die beiden Schlüsselnormen des strafrechtlichen Schutzes des Persönlichkeitsrechts **kaum Rechtsprechung** hervorgebracht haben: Über die Tatbestandsmäßigkeit einer großen Zahl von gängigen Fallgestaltungen hat noch kein Gericht entschieden. Beispielhaft: Wer mit guten Argumenten bestimmen will, ob außer den Evidenzbeispielen wie Toiletten, Umkleidekabinen und ärztliche Behandlungszimmer[84] weitere **„intime" Orte** wie ein Nacktbadestrand, die „lauschige" Parkbank, ein von einer (wie?) blickdichten Hecke umgebenes oder einem (wie?) blickdichten Zaun umfasstes Grundstück[85] oder öffentliche Sammelumkleidekabinen zum tabestandlichen Schutzbereich des § 201a StGB gehören,[86] wird nicht weiterkommen, wenn sich übergeordnete Grundsätze nicht formulieren lassen. Deshalb ist die Kenntnis der Prinzipien umso wichtiger. Die Beantwortung von Einzelfragen der Auslegung setzt Überlegungen zu einem „richtigen" Maß des strafrechtlichen Persönlichkeitsschutzes voraus, die ihrerseits nur im Lichte der notwendigen, aus der Struktur des Strafrechts folgenden sowie verfassungsrechtlich begründeten Grenzen geleistet werden können. Aus diesem Grunde ist die Fixierung von Sinn, Zweck und Grenzen auch für die konkrete Rechtsanwendung entscheidend. Sie soll im Wege einer knappen, die erforderlichen Grundlagen umreißenden Zwischenbetrachtung versucht werden.

---

[81] Eingehend zu diesem im Gesetzgebungsverfahren betonten Postulat *Ernst* NJW 2004, 1278, *Heuchemer/Paul* JA 2006, 616, 617 und 620 m. w. N.

[82] So ein häufig formulierter Vorschlag aus dem Gesetzgebungsverfahren; vgl. BT-Drs. 15/2466, S. 4; kritisch dazu *Borgmann* NJW 2004, 2133, 2134, zustimmend jedoch *Heuchemer/Paul* JA 2006, 616.

[83] Diese Entwicklung hat insbesondere *Borgmann* NJW 2004, 2133 vorhergesehen; ähnlich *Heuchemer/Paul* JA 2006, 616, die mit dem Versuch einer engen Auslegung versucht haben, klare Konturen zu schaffen.

[84] So die Nennung „unstreitiger" Räumlichkeiten in BT-Drs. 15/2466, S. 5.

[85] Kritisch aufgrund der schwer möglichen Abgrenzung zu diesen Beispielen aus dem Gesetzgebungsverfahren *Heuchemer/Paul* JA 2006, 616, 618.

[86] Diese Frage aufwerfend *Heuchemer/Paul* JA 2006, 616, 618.

§ 24. Strafrecht und Verfassungsrecht

Schrifttum: *siehe Schrifttum zu § 23.*

A. Der fragmentarische Charakter
des strafrechtlichen Persönlichkeitsschutzes und seine
verfassungsrechtlichen Hintergründe

Schon der bis hierhin erfolgte Blick auf die hier einschlägigen Normen lässt die **frag-** **1**
mentarische Konzeption des strafrechtlichen Schutzes des Persönlichkeitsrechts erkennen und deckt die Gründe auf, aus denen die häufig von tagespolitischem Eifer getriebe-
nen Gesetzesinitiativen zum Gegenstand nachhaltiger dogmatischer und rechtspolitischer
Kritik wurden:[1] Alle Ausprägungen des Persönlichkeitsrechts sind abstrakt bestimmte
und hochgradig normativ aufgeladene Rechtsgüter. Dies gilt gleichermaßen für die
Menschenwürde aus Art. 1 I GG, für die **allgemeine Handlungsfreiheit** aus Art. 2 I
GG sowie für das vom BVerfG und der h.L. als Rahmenrecht begriffene **allgemeine
Persönlichkeitsrecht,** das – ohne spezielle gesetzliche Normierung – aus Art. 2 I und
Art. 1 I GG hergeleitet wird.[2] Die Aufgabe des letztgenannten Rechts ist es, die mit der
Menschenwürdegarantie eng verbundene Persönlichkeitssphäre und die Erhaltung der
Grundbedingungen der Menschenwürde zu gewährleisten.[3] Das Persönlichkeitsrecht
stellt mithin in all seinen Ausprägungen[4] ein untrennbar mit verfassungsrechtlichen Wer-
tungen verknüpftes, abstrakt gefasstes und hinsichtlich der Grenzen seiner rechtlichen
Schutzwürdigkeit heftig umstrittenes Rechtsgut dar.[5] Teile dieses Rechts unter straf-

---

[1] Insoweit kritisch insbesondere zu § 201a StGB *Gazeas* KJ 2006, 247; BeckOK StGB/*Heuchemer,*
§ 201a Rn. 2 ff (3/2007); *Heuchemer/Paul* JA 2006, 616, 617.

[2] Vgl. insoweit BeckOK StGB/*Heuchemer* § 201a Rn. 2 ff (3/2007); BVerfGE 54, 148, 153; 72,
155, 172; 75, 369, 380; *Jarass* NJW 1989, 857.

[3] BVerfGE 54, 148, 153; 72, 155, 172; BeckOK StGB/*Heuchemer* § 201a Rn. 2 ff (3/2007).

[4] Zu den zivilrechtlichen Ausprägungen vgl. oben §§ 10 ff.

[5] Zur verfassungsrechtlichen Dimension und den einschlägigen Grundrechten vgl. oben §§ 6–9.

rechtlichen Schutz zu stellen, stellt qualifizierte Anforderungen an die materielle Legiti-mation und an die gesetzestechnische Ausgestaltung einer Strafnorm: Schafft der Gesetz-geber einen strafrechtlichen Tatbestand, so hat er das Spannungsfeld zwischen dem Schutz des Persönlichkeitsrechts einerseits und den Beschränkungen der Strafgesetzgebung an-dererseits zu beachten, die aus den Verfassungswerten des Art. 5 I GG und anderen grundrechtlichen Gewährleistungen resultieren.[6] Insbesondere in Fragen der **Satire** und bei **politischen Karikaturen** spielt häufig auch das allgemeine **Persönlichkeitsrecht** aus Art. 1 I GG iVm. Art. 2 I GG und die **Menschenwürdegarantie** aus Art. 1 I GG eine Rolle.[7] Die rechtspolitische Diskussion um die „richtige" Reichweite seines (insbeson-dere: strafrechtlichen) Schutzes dauert fort, ohne dass auch nur annähernd Konsens über das „richtige" Maß bestünde. Ebenso ist der Stellenwert in diesem Bereich widerstreiten-den Verfassungswerte, nämlich der **Meinungsfreiheit,** der Wertigkeit des Schutzes der Persönlichkeitssphäre, der **informationellen Selbstbestimmung** und nicht zuletzt des **Ehrbegriffs** stark normativ geprägt, emotional aufgeladen und deshalb seinerseits ab-hängig von tagespolitischen Schwankungen. Diese „Wertungsoffenheit" kollidiert mit dem **Bestimmtheitsgebot** aus Art 103 I 2 GG, § 1 StGB, das den Strafgesetzgeber und den Strafrichter gleichermaßen bindet. Schon deshalb muss der strafrechtliche Per-sönlichkeitsschutz bis zu einem gewissen Grade fragmentarisch bleiben. Zwingende ver-fassungsrechtliche Begrenzungen folgen insbesondere aus der **Pressefreiheit** und der **Rundfunkfreiheit** (Art 5 I 1 2 GG). Damit gerät der Grenzverlauf seines rechtlichen Schutzes auch in Abhängigkeit von momentanen rechtspolitischen Strömungen, wie sich gerade auch anhand der jüngeren Diskussion („Caroline von Hannover"[8]) wieder ein-drucksvoll gezeigt hat.[9] Gerade in letzter Zeit nehmen zumeist jene Stimmen überhand, die das Gewicht der Meinungsfreiheit unterstreichen und den fragmentarischen Charak-ter der strafrechtlichen Sicherung von Rahmenrechten als notwendig ansehen – gerade im Hinblick auf die mangelnde Bestimmtheit des Persönlichkeitsrechts. Die bereits er-wähnte Diskussion um § 201a StGB mit seinem unklaren Schutzgegenstand des „höchst-persönlichen Lebensbereichs"[10] hat dies erneut demonstriert. Die relative Unklarheit des Schutzgutes verträgt sich jedoch nicht mit dem Satz *nullum crimen, nulla poena sine lege stricta, scripta, certa et praevia,* der die in Art. 103 II GG verfassungsrechtlich abgesicherte, für das Strafrecht zentrale Verbürgung der **Bestimmtheits- und Gesetzlichkeitsanfor-derungen** umschreibt.[11] Die strikten Vorgaben des Bestimmtheitsgebots und des **Ge-setzlichkeitsprinzips** (Art. 103 II GG, § 1 StGB) gebieten es, dass der strafrechtliche Per-sönlichkeitsschutz – erstens – tatbestandlich klar bestimmt und begrenzt ist, *soweit* er stattfindet, zweitens aber auch, dass er bis zu einem gewissen Grade fragmentarisch blei-ben *muss.*

---

[6] Anschaulich zu den Grundlagen der Abwägung *Stark,* Ehrenschutz in Deutschland, 1995, passim und *ders.,* JuS 1995, 689, 690. Entsprechende Fragen stellen sich bei den Delikten des 15. Abschnitts des StGB.

[7] *Würkner* ZUM 1988, S. 171, 173.

[8] EGMR NJW 2004, 2647 ff. – *Caroline von Hannover.*

[9] Es herrscht in rechtspolitischer Hinsicht keineswegs Einigkeit über die Frage der „richtigen" Reichweite des strafrechtlichen Schutzes des Persönlichkeitsrechts. Zur Kontroverse vgl auch *Jahn,* FAZ vom 1. 9. 2004, S 5; *Borgmann* NJW 2004, 2133; *Ernst* NJW 2004, 1277 m. w. N.

[10] Vgl. dazu *Heuchemer/Paul* JA 2006, S. 626.

[11] Vgl. dazu Schönke/Schröder – *Eser,* § 1 Rn. 6 ff; 3 ff (lex praevia), 8 ff (lex scripta), 17 ff (lex certa) und 24 ff (lex stricta) m. w. N. Zur Funktion des Gesetzlichkeitsprinzips und Bestimmtheitsge-bots vgl. auch Rn. 51.

B. Die fragmentarische Gestalt des strafrechtlichen Persönlichkeitsschutzes

Die Bruchstückhaftigkeit des Strafrechtsschutzes zeigt sich weiter darin, dass das StGB **2** **keinen Schutz gegen öffentliche Bloßstellungen** bietet. Nur falsche ehrenrührige Angaben über eine Person sind nach den §§ 185 ff. StGB strafbar, während die bloßstellende Offenbarung wahrer Tatsachen aus dem Privat- oder Intimleben nur in den sehr engen Grenzen der sog. **Formalbeleidigung nach § 192 StGB** pönalisiert sind.[12] Im Rahmen der §§ 201 ff. StGB ist die Weitergabe bestimmter Geheimnisse nur dann strafbar, wenn sie nach § 203 StGB durch **Angehörige bestimmter Berufsgruppen** erfolgt. § 353 d Nr. 3 StGB erfasst nur verbotene Mitteilungen **bestimmter schriftlicher Dokumente** aus bestimmten gerichtlichen Verfahren. Die Weitergabe gleichermaßen kompromittierender Akten aus einem **Zivilverfahren** oder **Verwaltungsverfahren** ist selbst dann straflos, wenn diese Akten ersichtlich in deckungsgleichem Umfang aus rechtlich zwingenden Gründen (vgl. § 152 StPO) zum Gegenstand eines Strafverfahrens werden *müssen*.

C. Begrenzungen durch das Verfassungsrecht: Die indirekte Wirkung des Art. 20 III GG

Weiteren Einschränkungen seiner faktischen Wirksamkeit ist das Persönlichkeitsrecht **3** – mittelbar – auch durch Art. 103 I, III GG sowie Art. 20 III GG unterworfen. Diese Normen garantieren als Unterfall des **Rechtsstaatsprinzips** auch die **Funktionsfähigkeit der staatlichen Strafrechtspflege.** Dies geschieht freilich nicht im Sinne einer vom Gesetzgeber beabsichtigten Einschränkung, sondern als unerwünschter, aber unvermeidlicher Nebeneffekt der Durchführung eines Strafverfahrens: Aus Art. 20 III GG, 103 I, III GG werden als verfahrensrechtliche Grundsätze u. a. das zwingend zu gewährende **rechtliche Gehör** jedes Beteiligten sowie das **Öffentlichkeitsprinzip** abgeleitet. Daraus folgt auch der nur unter engen Voraussetzungen einschränkbare Grundsatz der Öffentlichkeit der Hauptverhandlung, der in Konflikt steht mit dem Geheimhaltungsinteresse, das dem Schutz des Persönlichkeitsrechts typisch ist. Somit kann paradoxerweise gerade der Versuch, ihm mit strafrechtlichen Mitteln zur Durchsetzung zu verhelfen, zu Beeinträchtigungen des Persönlichkeitsrechts führen. Ist ein Strafverfahren wegen Verletzung des persönlichen Lebensbereichs einmal eingeleitet, kann die damit einhergehende öffentliche Offenbarung von persönlichen Details in der Hauptverhandlung dem Verletzten Schaden zufügen, der sein Genugtuungsinteresse übersteigt. Insoweit kollidieren die Belange des Persönlichkeitsrechtsschutzes mit den verfahrensrechtlichen Prinzipien des **Untersuchungsgrundsatzes** (§§ 155 II, 202 und insbes. 244 II StPO) sowie des Öffentlichkeitsgrundsatzes, der in § 169 I GVG und Art. 6 I 1 EMRK einfachgesetzlich niedergelegt ist. Die Möglichkeiten zum Ausschluss der Öffentlichkeit aus Gründen des Schutzes der Privatsphäre eines Prozessbeteiligten nach § 171 b GVG bieten keine ausreichende Abhilfe – zumal sie von den Gerichten im Hinblick auf die Gefahr einer Aufhebung des Urteils gemäß dem absoluten Revisionsgrund des § 338 Nr. 6 StPO in der Praxis eher restriktiv angewendet werden. Aus dieser Konfliktlage[13] resultiert die Ausgestaltung aller hier behandelten Vorschriften als **Strafantragsdelikte.**

---

[12] Dazu im Einzelnen unten Rn. 97.
[13] *Marxen* GA 1980, 365 spricht – auch mit Blick auf die Unschuldsvermutung – von einem „Konflikt zwischen zwei Rechtsprinzipien".

D. Korrespondiert der strafrechtliche Schutz
mit den Interessen der Beteiligten?

4   Diese Erkenntnis, dass der vom Gesetzgeber intendierte Persönlichkeitsschutz in seiner
Durchführung in der (Prozess-)Praxis ambivalent wirken kann, leitet über zu der Kernfrage, ob und inwieweit der bestehende strafrechtliche Schutz, insbesondere seine **prozessuale Struktur** und die durch das Strafrecht erzielbaren **Rechtsfolgen** überhaupt
den **Interessen der Verletzten** entsprechen. Das Strafrecht kann selbstverständlich nur
dann ein geeignetes Instrument zur Gewährleistung des Persönlichkeitsrechts sein, wenn
seine Rechtsfolgen die **Interessen der Verletzten** berücksichtigen. Aus dieser Überlegung resultieren wichtige Erkenntnisse für die praktische Handhabung.

I. Das individualistische Zurechnungsmodell des Strafrechts als Hindernis
bei der Erfassung der Aktivität von (Medien-)Unternehmen

5   Ein erheblicher Teil der Verletzungen des Persönlichkeitsrechts geschieht vor dem Hintergrund des Konkurrenz- und Verdrängungswettbewerbs der Medien- und Unterhaltungsbranche und hat somit einen primär **wirtschaftlichen Bezug**: Die handelnden
Akteure sind insoweit häufig **Medienunternehmen,** und die Verletzungen des Persönlichkeitsrechts Prominenter spielen sich im Rahmen des wettbewerbsrechtlich dominier-
ten Marktgeschehens der **Medienbranche** ab. Um die Rahmenbedingungen der von
Medien verursachten und geförderten Persönlichkeitsrechtsverletzungen verständlich zu
machen, ist es erforderlich, die **typischen Interessen** zu verstehen, die für das Handeln
der Akteure verantwortlich sind. Als Ursache der Bereitschaft der Medien zu Beeinträchtigung und Zerstörung privater Lebensbereiche Prominenter sind v.a. **wirtschaftliche
Gründe** zu nennen. Der ökonomische Druck zwischen den Konkurrenten im Medienbereich nimmt beständig zu. Sowohl im Bereich der Printmedien wie auch dem des
Fernsehens wird der Kosten- und Wettbewerbsdruck immer stärker.[14] Der dadurch entstehende Verdrängungswettbewerb forciert eine möglichst plakative, schlagzeilenträch-
tige Berichterstattung, die auf Neutralität, Objektivität und die Respektierung der Persönlichkeitssphäre kaum Bedacht nimmt. Dies führt dazu, dass, wie etwa *Hamm* ausführt,
„Medienprodukte entstehen, deren wirtschaftliche Wertbemessung nicht Wertmaßstäben,
wie „Wahrheitsgehalt" und „Rechtmäßigkeit", sondern den marktpolitischen Gesetzmäßigkeiten von Angebot und Nachfrage folgen."[15] Zeit- und Aktualitätsdruck sind im Medienbereich stark geworden. Außerdem werden Übertreibungen, Verzerrungen und das
Eindringen in Privatbereiche und das „Ausschlachten" privater oder intimer Lebenssachverhalte ganz bewusst in Kauf genommen, um Auflage oder Einschaltquote zu erhöhen.[16] Der Schutz und die Respektierung privater Lebensbereiche werden der Profitma-
ximierung untergeordnet. Dies fällt in der Kosten-Nutzen-Rechnung umso leichter, je
unklarer die Grenzen des rechtlichen Schutzes dieser Lebensbereiche umrissen sind.

---

[14] Instruktiv zu diesen Rahmenbedingungen und strukturellen wirtschaftlichen Zwängen der
heutigen Presselandschaft mit nachteiligen Folgen für diejenigen, die durch häufig substanzlose Spekulationen in ihrem Persönlichkeitsrecht betroffen sind, *Haagen* AnwBl 2007, 491.

[15] *Hamm,* Große Strafprozesse, S. 31. *Zitscher* betont, dass gerade der Verbreitungsgrad der Medien
die Untersuchung der Ursachen und Wirkungen ihrer Berichterstattung erschwert: „Angesichts des
großen Verbreitungsgebiets (...) ist aber ihre Einbeziehung in eine soziologische Untersuchung mit
erheblichen Schwierigkeiten verbunden." (S. 20)

[16] Hinzu kommt die Feststellung, dass die Tendenz, „korrigierend auf die Rechtsprechung ein(zu)-
wirken" (*Zitscher* S. 43), gerade in der Presse seit langem verbreitet ist und ein Machtmittel darstellt;
vgl. dazu *Zitscher* S. 43 ff.

Der Umstand, dass Medien und somit Unternehmen als juristische Personen agieren, erschwert aber die Erfassung durch die Rechtsfolgen des Strafrechts. Das deutsche Strafrecht verfolgt nämlich ein genuin **individualistisches Zurechnungsmodell**[17]: Der Zweck der Strafe ist es, im Sinne der Lehre von der **positiven Generalprävention**[18] die Geltung der Normen durch die Bestrafung des Täters zu stabilisieren,[19] indem der Einzelne für sein Fehlverhalten zur Verantwortung gezogen wird. Unter der Geltung des deutschen Strafrechts kann ein Unternehmen nicht Subjekt einer Kriminalstrafe sein, denn juristische Personen oder Personenmehrheiten sind im strafrechtlichen Sinn weder handlungs- noch schuldfähig. Gerade im Medienbereich handeln aber regelmäßig Unternehmen, für die das Eindringen in den persönlichen Lebensbereich Prominenter etc. zum „täglichen Geschäft" gehört.[20] 6

II. Das mangelnde Interesse der Akteure an den strafrechtlichen Rechtsfolgen

Außer dem Umstand, dass der Kreis der typischen strafrechtlichen Normadressaten aus den zu a) genannten Gründen die im Medienbereich tätigen Unternehmen nicht direkt erfasst, resultiert das Folgeproblem, dass auch die Rechtsfolgen des Strafrechts nicht immer einen effizienten Schutz des Persönlichkeitsrechts ermöglichen, da sie die Interessen der Akteure häufig gerade nicht treffen. Das Spektrum der strafrechtlichen Rechtsfolgen ist auf die **Tatschuldvergeltung** im Sinne der **Durchsetzung des staatlichen Strafanspruchs** konzentriert. Die **Prinzipien des Strafprozesses** sind, diesem Ziel folgend, durch die StPO recht starr festgelegt. Betrachtet man die Struktur des Strafverfahrens und seine **Prozessmaximen,** so sind Zweifel erlaubt, ob dieses Instrumentarium kongruent ist mit den Verletzteninteressen. Ein kurzer Überblick über diese Maximen unter dem konkreten Blickwinkel ihrer Relevanz für den Schutz des Persönlichkeitsrechts ist daher erforderlich. 7

1. Verfahrensgrundsätze des Strafprozesses

Für den Strafprozess gelten eine Reihe spezifischer Prinzipien. Hervorzuheben ist zunächst das **Akkusationsprinzip,** wonach die Eröffnung der gerichtlichen Untersuchung durch die Erhebung einer Anklage bedingt ist (§ 151 StPO). Die Anklage bestimmt den **Umfang der gerichtlichen Untersuchung und Entscheidung** (§§ 155 I, 264 I StPO). Bereits erwähnt wurde die **Offizialmaxime** und das **Anklagemonopol** der Staatsanwaltschaft gemäß § 152 I StPO mit den vorliegend einschlägigen Durchbrechungen im Bereich der **Antrags- und Privatklagedelikte**[21]. Ein weiteres strafverfahrensrechtliches Leitprinzip wird durch das **Legalitätsprinzip** gebildet. Danach ist die Strafverfolgung die Pflicht des Staates. Die Staatsanwaltschaft und Polizei müssen wegen aller verfolgba- 8

---

[17] Vgl. dazu auch *Taschke,* „Strafvorschriften und Ordnungswidrigkeiten", in: Anhalt/Dieners, Handbuch des Medizinprodukterechts, 2003, § 19 Rn. 29.

[18] Vgl. dazu *Heuchemer,* Erlaubnistatbestandsirrtum, S. 4 ff.

[19] *Heuchemer,* Erlaubnistatbestandsirrtum, S. 4 ff.

[20] Zu den damit verbundenen Problemen, insbesondere zu der Gefahr einer Vorverurteilung des Beschuldigten durch die wirtschaftlichen Interessen zur Erhöhung der Auflage bzw. Einschaltquote *Bornkamm,* Pressefreiheit und Fairness des Strafverfahrens, 1980, *Hamm,* Große Strafprozesse, passim; *Roxin,* NStZ 1991, 153. Eine weitere Schwierigkeit bei der Erfassung des Handelns von Unternehmen besteht darin, dass die Schutzrichtung der strafrechtlichen Vorschriften häufig nicht klar ist und daher oft offenbleibt, inwieweit das Persönlichkeitsrecht überhaupt geschützt ist. Verwiesen sei auf das genannte Beispiel der strafrechtlichen Vorschriften des UrhG: Durch § 106 und § 107 I Nr. 1 UrhG ist nur partiell das **Urheberpersönlichkeitsrecht,** im Übrigen aber die wirtschaftliche Seite des Urheberrechts geschützt, was die Auslegung und Funktionalisierbarkeit der Vorschriften zum Schutz des Persönlichkeitsrechts nicht eben vereinfacht.

[21] Vgl. oben I.1.

ren Straftaten Ermittlungen durchführen, soweit die Voraussetzungen des § 152 II bzw. § 163 StPO gegeben sind. Die Staatsanwaltschaft ist verpflichtet, bei Vorliegen eines **hinreichenden Tatverdachts** nach § 170 I StPO anzuklagen. Eine prozessuale Absicherung findet das Legalitätsprinzip im Klageerzwingungsverfahren der §§ 172 ff. StPO. Ferner gilt der **Untersuchungsgrundsatz.** Danach stellt der Strafprozess einen **Amtsprozess** dar, der vom **Parteienprozess** abzugrenzen ist. Durch die Staatsanwaltschaft (§ 160 II StPO) und das Gericht (§§ 155 II, 202, 244 II StPO) ist das Gericht zur Erforschung der materiellen Wahrheit verpflichtet. Die Staatsanwaltschaft nimmt keine Parteirolle wahr, sondern ist zur Objektivität verpflichtet (§ 160 II StPO). Das Gericht nimmt eine selbständige Untersuchung vor und ist nicht an Vorbringen, Erklärungen und Anträge der Beteiligten gebunden (§§ 155 II, 206 StPO). Es gilt der **Grundsatz der Mündlichkeit.** Danach kann nur der in der Hauptverhandlung mündlich vorgetragene Prozessstoff Grundlage des Urteils sein (vgl. § 261 StPO). Verstöße dagegen können in der Revision mit der **Inbegriffsrüge** angegriffen werden. Nach dem **Grundsatz der Unmittelbarkeit** muss das erkennende Gericht die Beweise selbst erheben sowie grundsätzlich das originäre Beweismittel ausschöpfen, wie es in den §§ 261, 226, 250 StPO Niederschlag findet. Das Prinzip der **freien Beweiswürdigung** sieht vor, dass es keine Bindung des Gerichts an gesetzliche Beweisregeln gibt. Das Tatgericht ist aber an Erfahrungssätze, Denkgesetze und wissenschaftliche Erkenntnisse gebunden. Ein weiteres zentrales Prinzip des Strafprozesses ist der **Öffentlichkeitsgrundsatz,** wie er in § 169 I GVG, Art. 6 I 1 EMRK normiert ist. Verfahrensrechtliche Ausnahmen von diesem Grundsatz bestehen gemäß den §§ 171 ff. GVG. Im vorliegenden Zusammenhang relevant ist insbesondere § 171b GVG, wonach die Öffentlichkeit zum Schutz der Privatsphäre ausgeschlossen werden kann. Es liegt nahe, dass der Öffentlichkeitsgrundsatz als Verfahrensprinzip in besonderer Weise in einem **Spannungsverhältnis** steht mit dem Schutz des Persönlichkeitsrechts. Kommt es zu einem Strafverfahren mit öffentlicher Hauptverhandlung, so können im Laufe des Verfahrens genau diejenigen persönlichen Details aus dem Privat- und Intimbereich zutage kommen und einer breiten Öffentlichkeit zur Kenntnis gebracht werden, vor deren Bekanntwerden die verletzte Strafnorm schützen sollte. Der Strafrechtsschutz ist hier ein zweischneidiges Schwert, da er in das glatte Gegenteil des Beabsichtigten umschlagen kann.[22] Der Beschuldigte hat nach dem **Beschleunigungsgrundsatz** Anspruch auf eine Durchführung des Verfahrens innerhalb angemessener Zeit. Normiert ist dies in Art. 6 I 1, 5 III EMRK, Art. 2 I iVm. 20 III GG (**Rechtsstaatsprinzip**). Nach der **Konzentrationsmaxime** soll die Hauptverhandlung möglichst ununterbrochen durchgeführt werden; §§ 228, 229 StPO. Weiter gilt gemäß § 101 I 2 GG mit § 16 GVG die **Garantie des gesetzlichen Richters.** Verschiedene Einzelbestimmungen der StPO konkretisieren den **Grundsatz des rechtlichen Gehörs.** Dieses in Art. 103 I GG verankerte Prinzip gibt dem Beschuldigten das Recht, sich gegenüber der Staatsanwaltschaft und dem Gericht zu äußern, Anträge zu stellen und tatsächliche wie rechtliche Ausführungen zu machen. Das Gericht muss die Ausführungen zur Kenntnis nehmen und für seine Entscheidung ernsthaft und erkennbar in Erwägung ziehen.[23] Strafprozessuale Ausprägungen des Grundsatzes des rechtlichen Gehörs finden sich in den §§ 33, 115, 118, 128, 163 a I, 175, 201, 230 I, 243 II, IV, 257, 258 und 265 StPO. Schließlich wird der Strafprozess noch gekennzeichnet von dem Grundsatz des **fairen Verfahrens** (hergeleitet aus Art. 1 I, 2 I GG iVm. 20 III GG, Art. 6 I 1 EMRK), das **Verbot des Zwanges zur Selbstbezichtigung** (*nemo tenetur seipsum accusare* Art. 1 I iVm. 2 I GG; ausgeprägt

---

[22] Vgl. dazu bereits oben I.1. als Begründung für die Ausgestaltung der hier behandelten Delikte als Antragsdelikte.

[23] Dies gilt für die Begründung gerichtlicher Entscheidungen genauso wie für Rechtsmittelentscheidungen und ist in der Rspr. des EGMR zu Art. 6 EMRK verankert; vgl. EGMR – *Van de Hurk/NK*, Urt. v. 19. 4. 1994 A 288 Rn. 61; SK/EMRK – *Paeffgen* Art. 6 Rn. 78 m. w. N.

in § 136 a StPO), die **Unschuldsvermutung** (hergeleitet aus Art. 20 III GG) sowie das **Verbot der Doppelbestrafung** (*ne bis in idem;* Art. 103 III, Art. 14 VII IPBPR).

2. Rechtsfolgen des Strafrechts

a) Kriminalstrafe als Regelfolge. Die **Rechtsfolge** einer strafgerichtlichen Verur- 9 teilung, die im Wege der Verurteilung im Anschluss an eine Hauptverhandlung oder im **Strafbefehlsverfahren** (§§ 407 ff. StPO) erfolgen kann, besteht in der Bestrafung des Täters in den beiden Formen der **Freiheitsstrafe** (§ 38 f. StGB) oder der Verhängung einer **Geldstrafe** (§§ 40 ff. StGB). Fernerhin können **Nebenfolgen** nach den §§ 44 ff. StGB verhängt werden. Die Verhängung einer Kriminalstrafe befriedigt allenfalls das abstrakte Genugtuungsinteresse des Geschädigten, lässt dabei aber die – häufig viel wichtigeren – **wirtschaftlichen Interessen** des Opfers unbeachtet.[24] Kommt es zur Verhängung einer Geld- oder Freiheitsstrafe, so kann dies den Interessen des Verletzten sogar abträglich sein, da beides die **Solvenz des Schädigers** beeinträchtigen kann. Für den Geschädigten kann es also durchaus einen **Zielkonflikt** bedeuten, wenn er entscheidet, ob er die Strafjustiz anruft. Genau dieser Zielkonflikt ist der Grund dafür, dass das strafprozessuale Instrumentarium von dem in seinem Persönlichkeitsrecht Verletzten häufig lediglich benutzt wird, um – etwa über die Akteneinsicht des § 406e StPO – an Erkenntnisse zur Durchsetzung seiner im zivilrechtlichen Bereich liegenden Interessen zu gelangen und den Strafantrag dann zurückzuziehen.[25]

b) Sonderfall: Haftung von Unternehmen nach den §§ 30 OWiG, 73 StGB. Ne- 10 ben den Rechtsfolgen, die dem allgemeinen individualistischen Modell des Strafrechts gemäß gegen natürliche Personen verhangen werden können, halten das Strafrecht und das Recht der Ordnungswidrigkeiten mit § 30 OWiG und § 73 StGB aber noch solche Rechtsfolgen bereit, die den **Vermögensgewinn aus Persönlichkeitsrechtsverletzungen** abschöpfen sollen und dabei – direkt oder mittelbar – auch gegen Unternehmen als juristische Personen verhängt werden können. § 30 OWiG erfasst Unternehmen direkt, wenn deren Mitarbeiter Straftaten oder Ordnungswidrigkeiten begangen haben. Die Verfallsanordnung kann sich gemäß § 73 I StGB gegen einen Tatbeteiligten richten. § 73 III StGB ermöglicht es, die Verfallsanordnung auch gegen denjenigen zu richten, für den der Täter oder Teilnehmer gehandelt hat, so dass die Vorschrift auch **Unternehmensmitarbeiter** erfasst.[26] Sinn dieser Vorschriften ist es, am wirtschaftlichen Interesse der Handelnden anzusetzen und der Bereitschaft zur Begehung von Straftaten aus einem kommerziellen Interesse heraus in präventiv wirksamer Weise zu begegnen. Diese Instrumentarien sollen nachstehend kurz umrissen werden, um ihre **Funktionalisierbarkeit im Kampf gegen Persönlichkeitsrechtsverletzungen** zu untersuchen.

c) Unternehmensgeldbuße/Verbandsgeldbuße nach § 30 OWiG. § 30 OWiG er- 11 möglicht die Festsetzung einer **Verbandsgeldbuße** gegen ein Unternehmen. Der Zweck dieser Regelung liegt darin, bei einem Unternehmen den **wirtschaftlichen Vorteil abzuschöpfen,** der ihm aufgrund einer Straftat oder Ordnungswidrigkeit zugeflossen ist. Dadurch sollen die **Inhaber, Vertreter und Organe** von Unternehmen dazu angehalten werden, bei ihrem Agieren im Markt nicht gegen Strafvorschriften im weiteren Sinne – also Bußgeldtatbestände eingeschlossen – zu verstoßen. Voraussetzung der Verhängung einer Verbandsgeldbuße ist das Vorliegen einer **Bezugstat,** also der Straftat oder Ordnungswidrigkeit einer natürlichen Person. Der Täter muss zu dem in § 30 I Nr. 1–4 OWiG genannten Personenkreis gehören. Durch die Bezugstat müssen die **Pflichten einer Personenvereinigung verletzt** worden sein.

---

[24] Zu den Konsequenzen, nämlich der Bevorzugung der Zivilklage mit dem Ziel der Erlangung von Schadensersatz und Schmerzensgeld *Peglau* ZRP 1998, S. 249, 250.

[25] Vgl. oben II. 4. Und 5 sowie Wandtke/Bullinger – *Hildebrandt* UrhG § 106 Rn. 4.

[26] Zu den Einzelheiten der Verantwortlichkeit und der Verhängung der Sanktion vgl. sogleich Rn. 43.

12   **d) Verfall nach § 73 StGB.** Nach § 73 StGB ordnet das Gericht den **Verfall** an, wenn der Täter oder Teilnehmer für die Tat oder aus ihr etwas erlangt hat.[27] Die §§ 73 ff. StGB dienen der Abschöpfung von rechtswidrig erlangten Vermögensvorteilen aus Straftaten. Die Vorschriften bezwecken, dem Täter den Anreiz zur Tatbegehung zu nehmen, indem deliktisch erlangter Profit der Staatskasse verfällt, soweit nicht dem Verletzten aus der Tat ein Anspruch erwachsen ist, den der Täter dann nicht mehr erfüllen könnte (vgl § 73 I 2 StGB).[28] Die Probleme des Verfalls nach § 73 StGB haben Rspr. und Literatur in letzter Zeit verstärkt beschäftigt: Nachdem das Rechtsgebiet lange vernachlässigt wurde, lösten einige Aufsehen erregende Gerichtsentscheidungen[29] eine zunehmende Beachtung der Vorschriften über den Verfall in der Literatur aus,[30] die zu einer Renaissance der §§ 73 ff. StGB führte.

Auf den ersten Blick begrenzt wird die Effizienz des strafrechtlichen Instrumentariums zur **Gewinnabschöpfung** durch § 73 I 2 StGB, wonach eine Anordnung des Verfalls dann nicht stattfinden darf, soweit dem Verletzten aus der Tat ein Anspruch erwachsen ist, dessen Erfüllung dem Täter oder Teilnehmer den Wert des aus der Tat Erlangten entziehen würde. Diese Ausnahme wurde häufig als „Totengräber des Verfalls" bezeichnet. Gerade im vorliegenden Zusammenhang, wo es insbesondere darum gehen muss, dass der Verletzte die vermögenswerten Vorteile der Tat erlangt, ist die Regelung aber durchaus sinnvoll. Verfiele der Vermögenswert nämlich zugunsten des Staates, so würde das die Effizienz der strafrechtlichen Normierungen der §§ 73 ff. StGB als Instrumentarien *im wirtschaftlichen Interesse des Geschädigten* gerade zerstören.

13   Teilweise enthalten die zum Schutz des Persönlichkeitsrechts konzipierten Normen auch **Spezialvorschriften über den Verfall und die Einziehung.** So ist der Absatz 4 des § 201a StGB dem § 201 V StGB nachgebildet und ermöglicht die Einziehung der hergestellten Aufnahmen sowie der verwendeten technischen Geräte. Durch die Bezugnahme auf § 74a StGB werden die **Einziehungsmöglichkeiten gegen Dritte** erweitert.[31] Entsprechend sieht § 110 UrhG vor, dass Gegenstände, auf die sich eine Straftat nach den §§ 106, 107 I Nr. 2, §§ 108 bis 108 b UrhG bezieht, eingezogen werden können.[32]

Eine **prozessuale Flankierung** und Sicherung der Vorschriften über Verfall und Einziehung nach den §§ 73 ff. StGB finden sich in §§ 111 b, d ff. StPO. Danach kann auf Antrag der Staatsanwaltschaft durch gerichtlichen Beschluss zur Sicherung des staatlichen Anspruchs auf Verfall von Wertersatz der dingliche Arrest in das Vermögen eines dringend Tatverdächtigen verhängt werden. In der Praxis werden diese vorläufigen Maßnahmen von den Staatsanwaltschaften durchaus häufig ergriffen, wenn sie im Falle weiterer Zuwartens die Gefahr einer Vereitelung des Anspruchs erkennen. Da die strafgerichtlichen Arrestverfügungen wieder aufgehoben werden können, wenn ihre Voraussetzungen entfallen und insbesondere, wenn sie – was auch durch Zeitablauf während des Strafverfahrens geschehen kann – unverhältnismäßig werden, ist der Verletzte aber zur effizienten Verteidigung seiner Interessen gehalten, selbst zivilgerichtliche Arreste zu erwirken.

14   **e) Zwischenergebnis und Wertung.** Die §§ 30, 130 OWiG und die strafrechtlichen Vorschriften über den Verfall (§§ 73 ff. StGB) und die Einziehung (§ 74 StGB) stellen ein

---

[27] Grundlegend *Schmidt*, Gewinnabschöpfung, passim und *Herzog/Mühlhausen*, Geldwäschebekämpfung und Gewinnabschöpfung, München 2006; zum erweiterten Verfall gemäß § 73d *Heuchemer* JA 2004, 868 ff.

[28] Zu den Grundlagen des Rechts des Verfalls und zum erweiterten Verfall *Heuchemer* JA 2004, 876 f., *ders.* BeckOK StGB § 73 Rn. 1 ff.

[29] So haben etwa LG München I BKR 2003, 385 und OLG München BKR 2004, 29 eine intensive Diskussion zu den Rechtsbehelfen des Geschädigten gegen eine Verfallsanordnung im Strafurteil ausgelöst und dabei auch grundsätzliche Fragen des Verfalls aufgeworfen; vgl. dazu *Heuchemer* JA 2004, 876 f. mwN dort.

[30] Vgl. *Heuchemer* JA 2004, 876 f. m. w. N. aus Literatur und Rspr. dort.

[31] BT-Drs. 15/2466 S. 5.

[32] Vgl. dazu *Dreier/Schulze*, UrhG § 110 Rn. 1 ff.

effizientes Instrument im Kampf gegen die Verletzung des Persönlichkeitsrechts dar, indem sie am wirtschaftlichen Interesse der Schädiger ansetzen. Die durch sie bewirkte Gewinnabschöpfung entfaltet präventive Wirkung gegen Persönlichkeitsrechtsverletzungen. Weiter ermöglicht § 74 StGB die **Einziehung des Tatwerkzeugs,** was für den Schädiger ebenfalls eine erhebliche wirtschaftliche Einbuße bedeuten kann.

f) Empirische Betrachtung: Das Strafrecht als bloßes „Vehikel" zivilrechtlicher 15
Rechtsdurchsetzung. Gleichwohl zeigt die forensische Realität, dass die strafrechtlichen Instrumentarien häufig nur als **Vehikel der zivilrechtlichen Rechtsverfolgung** benutzt werden. So führt *Hildebrandt* aus: „Häufig geht es dem Verletzten in Urheberrechtsstrafverfahren in erster Linie nicht um die Bestrafung des Täters als vielmehr darum, auf Staatskosten den Sachverhalt feststellen zu lassen, um mittels Akteneinsicht nach § 406 e StPO Unterlagen für einen Zivilprozess zu gewinnen; nicht selten wird der Strafantrag nach Aufklärung des Sachverhalts zurückgezogen."[33] Eindrucksvoller als durch diese empirische Tatsache lässt sich die mangelnde Abstimmung der strafrechtlichen Instrumentarien und der Besonderheiten des Strafprozesses auf die Ziele der Betroffenen wohl kaum unter Beweis stellen: Es zeigt sich, dass an den Rechtsfolgen des Zivilrechts und insbesondere der Möglichkeit, pekuniären Schadensersatz zu erlangen, durchaus ein Interesse besteht, und dabei auch die **Funktionalisierung des strafprozessrechtlichen Amtsaufklärungsgrundsatzes** willkommen ist. Von der weitergehenden Durchführung eines Strafverfahrens wird aber doch häufig abgesehen.

Die Achillesferse des bestehenden Strafrechtsschutzes ist es nach alledem, dass eine Ver- 16
antwortlichkeit von Unternehmen nach dem prinzipiell individuellen Zurechnungsmodell des Strafrechts grundsätzlich nicht existiert. Es ist aber für eine sachgerechte Durchsetzung des Persönlichkeitsrechts besonders wichtig, Unternehmen – etwa Medienkonzerne – in die Sanktionierung einzubeziehen, da typischerweise sie es sind, die aus einem kommerziellen Interesse heraus Persönlichkeitsrechte verletzen und bisweilen dieses Risiko im Interesse der Auflagensteigerung etc. auch bewusst, also vorsätzlich, eingehen.[34]

Weiter ist festzuhalten, dass die Geschädigten – etwa in ihrem Persönlichkeitsrecht verletzte Prominente – häufig an den Rechtsfolgen des Strafrechts, die eben in erster Linie eben in der Verhängung einer Strafsanktion bestehen, kein Interesse haben. Ihr Ziel ist nicht eine – oftmals, wie etwa bei § 33 KUG, nur umständlich im Privatklageweg der §§ 374 ff. StPO durchsetzbare – Bestrafung des Täters. Vielmehr geht es ihnen primär um die Gewinnabschöpfung sowie finanziellen und/oder immateriellen Schadensersatz.[35] Ihnen als Akteuren des wirtschaftlichen Lebens kommt es vielmehr darauf an, den wirtschaftlichen Gewinn im Sinne pekuniären Schadensersatzes abzuschöpfen, der mit der Verletzung des Persönlichkeitsrechts Prominenter erzielbar ist. Dies ist nur im Wege einer Zivilklage erreichbar, wobei den Strafvorschriften nur mittelbar eine Rolle als Schutzgesetze iSd. § 823 II BGB zukommt. Dies ist auch ein Grund dafür, warum die Vorschriften des § 201a StGB und des § 33 KunstUrhG derzeit in der Rechtspraxis nahezu leer laufen.

Von größerer Relevanz sind aber die Vorschriften der §§ 30 OWiG, 73 ff. StGB. Sie ermöglichen Sanktionen, die im wirtschaftsrechtlichen Umfeld der Problematik eine effektive präventive Wirkung erzielen können, indem sie den Unternehmen die Gewinne rechtswidriger Eingriffe in eine fremde Rechtssphäre abschneiden.

---

[33] Wandtke/Bullinger – *Hildebrandt,* UrhG § 106 Rn. 4.

[34] Bekannt ist dieses Phänomen etwa aus dem Zusammenhang der Problematik der Vorverteilung des Angeklagten durch die Medien; vgl. insoweit *Bornkamm,* Pressefreiheit und Fairness des Strafverfahrens, 1980, *Scherer* Gerichtsöffentlichkeit als Medienöffentlichkeit, 1979 sowie *Wagner,* Prozessführung über Medien, 1987. Mit rechtsvergleichender Perspektive vgl. auch *Meyer,* Öffentliche Vorverurteilungen bzw. *Eser/Meyer* Öffentliche Vorverurteilung und faires Strafverfahren, 1986. Vgl. auch *Roxin* NStZ 1991, 153.

[35] Dazu, dass das Begehren nach Schadensersatz und Schmerzensgeld im Vordergrund steht, vgl. *Peglau* ZRP 1998, 249, 250.

10. Kapitel. Ehrenschutz

§ 25. Beleidigung

Inhaltsübersicht

Schrifttum: *siehe Schrifttum zu § 23.*

1 Die Ehrenschutzdelikte der §§ 185 ff. StGB wurden im Zuge der Reformgesetzgebung häufig verändert.[1] Ihre Konstante blieb dabei das **Strafantragserfordernis** des § 194 StGB, dessen strafprozessuale Einzelheiten und Folgen bereits oben dargestellt worden sind.[2]

---

[1] So sah § 187a StGB a.F. bis in die Nachkriegsjahre hinein einen „Ehrenschutz von Politikern" vor.

[2] Dagegen tummelten sich im Vierzehnten Abschnitt aus heutiger Sicht anachronistisch anmutende Verfahrensregelungen aus der Zeit der Dreigliedrigkeit des strafrechtlichen Sanktionensystems. So sah § 191 StGB a.F. die Aussetzung von Beleidigungsverfahren vor „bis zu dem Beschlusse, dass die Eröffnung der Untersuchung nicht stattfinde, oder bis zum Ende der eingeleiteten Untersuchung", soweit das Verfahren nicht von Amts wegen eingeleitet wurde. Diese „vorläufige Einstellung" von Verfahren, die auf Strafanzeige und Strafantrag des Verletzten beruhen, zeigt das Misstrauen des Gesetzgebers gegen die Initiative des Verletzten und hatte in § 164 a.F. StGB eine Entsprechung. Beides stellte eine gewollte zeitliche Einschränkung des Amtsermittlungsgrundsatzes im Vorverfahren für den Fall privater Anzeigen dar. – § 199 StGB a.F. war in der offiziellen Bezeichnung der Vorschrift plastisch als „richterliche Aufrechnungsbefugnis" tituliert, was die Vorstellung von der wechselseitigen Aufhebung von Unrecht und Strafwürdigkeit verdeutlicht.

A. Deliktsstruktur

Die Deliktsstruktur der Beleidigungsdelikte differenziert nach der **Art und Weise der** 2
Bekanntgabe der Äußerung und nach ihrem **Adressaten.** Das Schutzgut der „Ehre" ist
nur gegen bestimmte Angriffsformen und damit in fragmentarischer Weise geschützt:
Eine Strafe verwirkt nur, wer unwahre (§ 187 StGB) oder jedenfalls nicht erweisliche
(§ 186 StGB) Tatsachen behauptet. Hingegen sind – außerhalb der tatbestandlich engen
Grenzen der Formalbeleidigung nach § 192 StGB – **wahre Mitteilungen aus dem Pri-**
vat- und Intimleben einer Person straflos, obwohl ihre Verbreitung für den Leumund
des Opfers mindestens ebenso schädlich sein kann wie die unwahrer Tatsachen.[3] Der
strafrechtliche Schutz gegen die Beleidigung ist somit bereits im Ansatzpunkt genauso
fragmentarisch ausgestaltet wie der des Persönlichkeitsrechts insgesamt. Er ist damit weit
entfernt von einem – rechtspolitisch immer wieder geforderten – einheitlichen Ehr-
schutz- und **„Indiskretions"-Tatbestand.**[4] Die Beleidigungsdelikte waren stets Ausgangspunkt der Grundfragen des strafrechtlichen Schutzes des Persönlichkeitsrechts. Dies
war zunächst bereits deshalb der Fall, weil sie den einzigen Normenkomplex des StGB
darstellen, der in der Realität der Strafverfolgung einige statistische Relevanz und somit
eine nennenswerte empirische Bedeutung besitzt.[5] Dennoch erfolgt häufig eine Verweisung auf den für den Verletzten umständlichen **Privatklageweg** der §§ 374 ff. StPO. In
der Realität der Strafverfolgung erfolgt dann, wenn Beleidigungsdelikte und Offizial-
delikte in einem Tatkomplex gemeinsam verwirklicht werden, häufig eine Einstellung
oder **Beschränkung der Strafverfolgung** nach § 154 StPO (bei mehreren prozessualen
Taten) bzw. § 154a StPO (bei einer prozessualen Tat) durch die Staatsanwaltschaft.

I. Das Schutzgut der Ehre

Das Rechtsgut der §§ 185 ff. StGB ist, von § 189 StGB abgesehen, nach ganz h.M. **aus-** 3
schließlich die Ehre.[6] Der Begriff der „Ehre" wird im gesamten 14. Abschnitt des StGB
weder verwendet noch bestimmt. Er ist ein rein normativer Begriff – und umschreibt
nach einem prägnanten Wort *Reinhart Maurachs* „das subtilste, mit den hölzernen Handschuhen des Strafrechts am schwersten zu erfassende und daher am wenigsten wirksam
geschützte Rechtsgut unseres Strafrechtssystems."[7] Dieses Zitat, das zugleich zum Leitmotiv des strafrechtlichen Persönlichkeitsrechtsschutzes insgesamt werden könnte, verdeutlicht das Grundproblem des Ehrenschutzes mit den Mitteln des Kriminalstrafrechts:
Das strafrechtliche **Bestimmtheitsgebot** (*„lex certa"*) verlangt einen klar umrissenen und
insoweit typisierbaren Sachverhaltskern, der allein die Verhängung einer staatlichen Strafe
als *ultima ratio* innerhalb des Sanktionsspektrums der Rechtsordnung legitimieren kann.
Der Ehrbegriff jedoch ist vielschichtig und die Frage, ob die Ehre als wohl das fra- 4
gilste, am stärksten von Wertungen durchdrungene Schutzgut der Strafrechtsordnung

---

[3] Vgl. KG NStZ 1992, 385; BVerfGE 35, 202; LG Hamburg MDR 1992, 522 m. w. N. Dazu *Peglau*
ZRP 1998, 249, 250.

[4] Dazu *Peglau,* Der Schutz des allgemeinen Persönlichkeitsrechts durch das Strafrecht, 1997,
S. 1 ff. 23 ff.; 129 f.; ders., ZRP 1998, S. 249, 251 mwN dort. *Peglau* schlägt zur Verwirklichung dieses
Vorhabens eine Regelbeispieltechnik vor (a.a.O. S. 251 sub 3).

[5] *Peglau* ZRP 1998, S. 249, 250.

[6] BGHSt 1, 289; 11, 71; 16, 62; 36, 148; *Lackner/Kühl,* Vor § 185 Rn. 1; Schönke/Schröder-*Lenckner,*
Vor §§ 185 ff Rn. 1.

[7] *Maurach/Schroeder/Maiwald* § 24 Rn. 1 – Wie sich zeigen wird, kann das Bild von den „hölzernen
Handschuhen" durchaus als Leitmotiv des strafrechtlichen Schutzes des Persönlichkeitsrechts insgesamt gelten, so dass das erste Beispiel einer Pönalisierung von Persönlichkeitsrechtsverletzungen in
den §§ 185 ff. StGB einer besonders aufmerksamen Analyse bedarf; im Einzelnen dazu und zur
Kasuistik sogleich.

verletzt ist, hängt von einer Vielzahl von situativen und normativen Besonderheiten ab, die sich jeder schematischen Behandlung widersetzen und auch stets im Lichte und im **Konflikt mit anderen Rechtssätzen** zu bestimmen sind.[8] Im normativ aufgeladenen, kaum randscharf zu bestimmenden Ehrbegriff **Verfassungsgüter** von höchstem Wert kollidieren: Die Freiheit der **Kunst, Presse und Meinungsäußerung** stellen ihrerseits konstitutive Rechtswerte mit Verfassungsrang dar, deren besondere, über andere Grundrechte hinausgehende, wertsetzende Bedeutung das *BVerfG* in ständiger Rechtsprechung betont. So hat das *BVerfG* das Grundrecht der Meinungsfreiheit zu den „vornehmsten Menschenrechten überhaupt" gerechnet[9] und seine konstitutive Bedeutung für ein freiheitliches demokratisches Gemeinwesen hervorgehoben.[10] Einerseits hat ein funktionierender Ehrenschutz konstitutive Grundbedeutung für die Gesellschaft.[11] Dieser Bedeutung steht die bereits in soziologischer Hinsicht festzustellende Vielschichtigkeit, amorphe Gestalt und mangelnde rechtliche Fassbarkeit des Ehrbegriffs gegenüber. Wie sehr dieser Begriff und auch die Reichweite des strafrechtlichen Ehrenschutzes von situativen Einzelheiten abhängen, hat *Maurach* ausgeführt: „Das Vorliegen eines Angriffs gegen die Ehre ist von unzähligen Unwägbarkeiten abhängig, von Stellung, Sensibilität und Bildungsgrad des Betroffenen ebenso wie von jenen des Angreifers, nicht zuletzt von den gegenseitigen Beziehungen beider von den Umständen der Tat."[12] Der **kasuistische Charakter** der Rechtsprechung zeigt, dass diese Bemerkung nichts von ihrer Aktualität verloren hat. Gerade im Schnittfeld mit anderen, verfassungsrechtlich geschützten Rechtsgütern wie insbesondere der Presse- und Meinungsfreiheit nach Art. 5 GG stellen sich Wertungsfragen, bei denen das Instrumentarium des Strafrechts schnell an seine Grenzen stößt: Wann schlägt die rechtlich nicht zu beanstandende, von der Meinungs- und Pressefreiheit geschützte Wertung in eine strafbare Ehrkränkung um? Wo genau ist die Grenze zwischen erlaubter, unter grundrechtlichem Schutz stehender Satire und strafbarer Beleidigung?[13] Entsprechende Fragen stellen sich bei der beleidigungsstrafrechtlichen Beurteilung **politischer Karikaturen**.[14]

II. Die Ausfüllung des Ehrbegriffs

5   Die h.L. vertritt − schon insoweit aber nicht ohne Abweichungen[15] − heute den **normativ-faktischen Ehrbegriff**[16], wonach sowohl die **innere Ehre,** also der dem Menschen als Träger geistiger und sittlicher Werte zukommende **Achtungsanspruch,** als auch die darauf gegründete **äußere Ehre,** nämlich das Ansehen und der gute Ruf einer Person in der Gesellschaft ist.[17] Diese Unsicherheiten haben auch dazu geführt, dass die „Ehre" als Schutzgut unterschiedlichen Bestimmungen unterliegt und sich eine unüberschaubare, noch lange nicht zu einem auch nur vorläufigen Ende gelangte Diskussion entwickelt hat.[18] So unterscheidet man zwischen dem **faktischen und dem normativen**

---

[8] Dies erinnert an die schwierige Fassbarkeit des Schutzgutes des Persönlichkeitsrechts insgesamt. Insoweit werden die Probleme vorweggenommen, die sich in ähnlicher Weise bei allen Tatbeständen zeigen, durch welche das Persönlichkeitsrecht unter strafrechtlichen Schutz gestellt werden soll. Deshalb hat die Diskussion anhand der §§ 185 ff. StGB exemplarischen Wert.

[9] BVerfGE 7, 198, 208.

[10] BVerfGE 62, 230, 247; 71, 206, 220; 76, 196, 208 f. m. w. N.

[11] Vgl. auch mit rechtsgeschichtlichen Akzenten *Stark,* Ehrenschutz in Deutschland, 1995, passim.

[12] *Maurach/Schroeder/Maiwald* § 24 Rn. 1.

[13] Dazu *von Becker* GRUR 2004, 908 ff.; *Würkner* ZUM 1988, 171, 172 f.

[14] Eingehend *Würkner* ZUM 1988, S. 171 ff.

[15] Vgl. NK-*Zaczyk,* StGB Vor § 185 Rn. 7.

[16] BeckOK- StGB/*Valerius* § 187 Rn. 2.

[17] St. Rspr. seit BGHSt 11, 67, 70 f.

[18] Zu Einzelheiten ihres Verlaufs *Maurach/Schroeder/Maiwald* § 24 I.

Ehrbegriff.[19] Für den **faktischen Ehrbegriff** ist entscheidend, ob eine Person sich durch eine Äußerung faktisch in ihrer Ehre angegriffen fühlt bzw. ob durch die Äußerung ihre Ehre objektiv beeinträchtigt wird. Für den **normativen Ehrbegriff** ist nicht nur die Personenwürde des Verletzten, sondern auch seine soziale Geltung von Bedeutung.[20] Die h.L. vertritt einen **dualistischen Ehrbegriff,** wonach einerseits der personale, andererseits aber auch der soziale (tatsächliche) Geltungswert einer Person im Sinne ihrer „inneren" bzw. „äußeren" Ehre entscheidend ist.[21]

B. Der Grundtatbestand der Beleidigung (§ 185 StGB)

I. Objektiver Tatbestand

1. Begehungsweisen

Nach § 185 StGB steht „die Beleidigung" unter Strafe. Die Beleidigung ist definiert als 6 die **Kundgabe von Missachtung oder Nichtachtung** gegenüber einem anderen in dem Sinne, dass ihm der sittliche, personale oder **soziale Geltungswert** durch das Zuschreiben negativer Qualitäten abgesprochen wird.[22] Bereits RGSt 71, 159[23] prägte die Formel von der Beleidigung als „vorsätzliche Kundgabe der **Missachtung** oder **Nichtachtung".** Diese Formel wurde in st. Rspr. beibehalten. Diese Kundgabe muss sich an einen anderen, d.h. die betroffene oder eine dritte Person richten.[24] **Tathandlung** ist die Kundgabe einer Äußerung, die wörtlich, schriftlich, bildlich oder durch schlüssige Handlungen erfolgen kann.[25] Die Äußerung muss in einer Sprache erfolgen, die der Adressat versteht; eine Formulierung in einer der angesprochenen oder betroffenen Person unverständlichen Sprache erfüllt den Tatbestand nicht.[26] Drei **Begehungsweisen** der Beleidigung sind denkbar: (1) Werturteile gegenüber dem Betroffenen, (2) Werturteile über den Betroffenen gegenüber Dritten, (3) Tatsachenbehauptungen gegenüber dem Betroffenen.[27] Richten muss sich die Kundgabe an einen anderen − also den Betroffenen oder einen Dritten − der sie als Beleidigung auffassen muss.[28] **Passiv beleidigungsfähig** sind alle lebenden natürlichen Personen.[29] Für den Schutz gegen die Herabsetzung Verstorbener gilt (nur) der Sondertatbestand des § 189 StGB mit seiner besonders schwierigen Schutzzweckbestimmung.[30] Die h.M. geht davon aus, dass auch **Institutionen** und **Personengemeinschaften** unter gewissen Voraussetzungen beleidigungsfähig sind.[31] Dabei kommt es insbesondere auf die **Abgrenzbarkeit** und **Individualisierbarkeit** der Betroffenen an. **Funktionsbezogene Individualisierungen** wie durch die Bezeichnung des Adressaten als „mit der Sache befasste Amtsperson" genügt, soweit die Individualisierung sichergestellt ist.[32] Regelmäßig wird der Tatbestand durch positives Tun verwirklicht. Aber auch ein Begehen durch **Unterlassen** ist denkbar.[33]

---

[19] Vgl. *Kindhäuser* BT S. 144 ff.; *Maurach/Schroeder/Maiwald* § 24 Rn. 2.

[20] *Jakobs* AT S. 628 ff; *Tenckhoff,* Ehrbegriff, S. 181 m. w. N.

[21] BGHSt 1, 288; 11, 67, 70 f.; *Geppert,* Jura 1983, 530, 531; vgl. *Kindhäuser,* BT S. 144 ff.

[22] Schönke/Schröder − *Lenckner* § 185 Rn. 1 − zur Verfassungsmäßigkeit BVerfGE 93, 291 f.

[23] Fortgesetzt in der ständigen Rechtsprechung des BGH seit BGHSt 1, 288, 289.

[24] *Tröndle/Fischer* § 185 Rn. 6.

[25] *Tröndle/Fischer* § 185 Rn. 5.

[26] *Tröndle/Fischer* § 185 Rn. 5.

[27] *Tröndle/Fischer* § 185 Rn. 5.

[28] BGHSt 9, 17; *Tröndle/Fischer* § 185 Rn. 6.

[29] Schönke/Schröder − *Lenckner,* Vor § 185 Rn. 2; *Kindhäuser* BT S. 145 m. w. N.

[30] Dazu im Einzelnen unten § 28.

[31] Vgl. dazu RGSt 70, 141; 74, 269; BGHSt 6, 186; 36, 88; *Küpper* JA 1985, 455; *Lackner/Kühl* Rn. 5.

[32] BayObLG NJW 2000, 1584; *Tröndle/Fischer* § 185 Rn. 6.

[33] *Tröndle/Fischer* § 185 Rn. 9.

2. Kasuistik

7   Die Rechtsprechung hat eine umfangreiche Kasuistik entwickelt. Ein gedrängter und beispielhafter Abriss soll einen Eindruck von der Annahme und Verneinung der Tatbestandsmäßigkeit in der Praxis geben, ohne dabei die gängigen Kommentare ersetzen zu wollen: Eine Beleidigung wurde **bejaht** bei der Titulierung eines verkehrswidrig fahrenden Autofahrers als **„Schwein"**[34]; beim Zeigen des **„Vogels"**[35], beim Ansinnens des **Geschlechtsverkehrs gegen Entgelt**[36], bei der Übersendung einer Postkarte des Grafikers Staeck mit den „Konturen eines Amtsarsches" an einen Polizisten;[37] beim Vergleich polizeilichen Vorgehens mit **„Gestapo-Methoden"**[38]; bei der Bezeichnung als **„Jude"**[39]; auch die Bezeichnung einer jüdischen Person als „Jude", wenn dabei eine diskriminierende Absicht in rassistischem Zusammenhang zutage tritt,[40] bei der Bezeichnung von Rechtsanwälten als **„sogenannte Rechtsanwälte"**[41], bei der Titulierung einer Fernsehansagerin als „ausgemolkene Ziege",[42] beim demonstrativen Verwenden von Anführungszeichen, um die private oder berufliche Tätigkeit eines anderen zu diskreditieren,[43] bei der Äußerung, ein Richter gehöre dem **„Volksgerichtshof"** zugeordnet,[44] bei der Titulierung eines anderen mit **politischen Invektiven** wie etwa als „Jungfaschist",[45] bei der Bezeichnung des OLG Nürnberg als „Reichsparteitagsgericht"[46] „Faschist" und „Kriegstreiber";[47] „Altkommunist im Geist des Massenmörders Stalin"[48] sowie bei der Bezeichnung eines Soldaten als „Folterknecht", „KZ-Aufseher" oder „Henker";[49] desgleichen die Verwendung der Bezeichnung „Stasi" für das Staatsschutzdezernat einer Polizeidirektion,[50] Bezeichnung als „Oberfaschist",[51] „Zwangsdemokrat",[52] „Kriegstreiber".[53] Eine Beleidigung verwirkt auch, wer einen Behinderten als „Krüppel"[54] oder Bankiers als „mafia-ähnliche Gestalten"[55] tituliert.

8   Eine Beleidigung liegt nicht vor bei allgemeinen „Unhöflichkeiten, Distanzlosigkeiten oder Persönlichkeitsverletzungen ohne abwertenden Charakter"[56]. Den Tatbestand **verneint** hat die Rechtsprechung: beim indiskreten Beobachten eines Paares, das öffentlich Zärtlichkeiten austauscht;[57] bei – auch drastischen – Äußerungen gegenüber Polizeibe-

---

[34]   OLG Hamm DAR 1957, 214, 1584; *Tröndle/Fischer* § 185 Rn. 9.

[35]   OLG Düsseldorf NJW 1960, 1072; *Tröndle/Fischer* § 185 Rn. 9; zweifelnd *Amelung* in: FS Rudolphi (2004), S. 373, 377.

[36]   BGH NStZ 1992, 34.

[37]   AG Hamburg NJW 1989, 410; *Tröndle/Fischer* § 185 Rn. 9.

[38]   LG Hechingen NJW 1984, 1766; *Tröndle/Fischer* § 185 Rn. 9.

[39]   BGHSt 8, 325; *Tröndle/Fischer* § 185 Rn. 9.

[40]   OLG Celle NStZ-RR 2004, 107.

[41]   VGH Mannheim Anwaltsblatt 1979, 227, dagegen NK-*Zaczyk* § 185 Rn. 10; vgl. *Tröndle/Fischer* § 185 Rn. 9.

[42]   BGHZ 39, 124, dagegen NK-*Zaczyk* § 185 Rn. 10.

[43]   OLG Hamm NJW 1982, 1656.

[44]   OLG Hamburg NJW 1990, 1246.

[45]   OLG Karlsruhe MDR 1978, 421.

[46]   OLG Bamberg NJW 1994, 1977; Schönke/Schröder-*Lenckner* § 185 Rn. 13.

[47]   OLG Hamm NJW 1982, 660; BayObLG NStZ 1983, 265.

[48]   AG Weinheim NJW 1994, 1544; LG Mannheim NStZ-RR 1996, 360.

[49]   BGHSt 36, 84.

[50]   AG Weinheim NJW 1994, 1544.

[51]   OLG Düsseldorf NJW 1986, 1662.

[52]   BVerfGE 82, 282.

[53]   BGH NJW 1982, 652.

[54]   BVerfGE 86, 13, OLG Düsseldorf NJW 1990, 1117.

[55]   OLG Hamm DB 1980, 1215.

[56]   *Tröndle/Fischer* § 185 Rn. 10.

[57]   BayObLG NJW 1962, 1782; dies befindet sich im Wertungsgleichlauf mit den Gesetzesmaterialien BT-Drs. 15/2466, S. 4 wonach der „freche Blick" straflos bleiben soll.

amten, um den Unmut über eine Radarkontrolle auszudrücken (**„Wegelagerei"**).[58] Insoweit zeigt sich das starke, von der Rechtsprechung auch klar akzentuierte Gewicht der Meinungsfreiheit und die Abgrenzung des Tatbestands von bloßen Taktlosigkeiten. Umstritten sind die Fälle des unverlangten **Zusendens von sexualbezogenen Veröffentlichungen,** deren Tatbestandsmäßigkeit die Rspr.[59] gegen den Widerstand der fast einhelligen Literatur[60] annimmt. Entsprechend sieht die Rspr. in der **Weitergabe von sexualbezogenen Fotos oder Videoaufnahmen** an Dritte eine Beleidigung,[61] während die Literatur eine solche verneint.[62] Auch die Unmutsäußerung „Sie können mich mal.." gegenüber einer Gemeindevollzugsbeamtin erfüllt den Tatbestand nicht, wenn nicht das (vollendete) **Götz-Zitat** geäußert wurde, sondern nach den konkreten Umständen der Situation auch eine andere Formulierung gemeint gewesen sein kann („... gern haben ...").[63] Dies unterstreicht das (gebotene) Bemühen der Rechtsprechung, auch derb formulierte Kritik und pointiert ausgedrückten Unmut aus dem Tatbestand auszunehmen, wo nicht der herabsetzende Charakter eindeutig auszumachen ist. So vollführt die Judikatur eine sinnvolle, strafrechtlich überzeugende und letztlich wohl auch verfassungsrechtlich zwingende Restriktion des Tatbestands: § 185 StGB ist kein „Auffangtatbestand" für allgemeine Unhöflichkeiten und insbesondere solche mit sexuellem Bezug.[64] Dies würde dem Gebot der **Tatbestandsbestimmtheit** zuwiderlaufen: § 185 StGB hat keine „lückenfüllende Aufgabe"[65] und darf eine solche auch aus verfassungsrechtlichen Gründen nicht versehen. Zwar kann eine Beleidigung in einer verbalen oder schlüssigen Äußerung mit sexuellem Bezug liegen. Jedoch kommt es weitergehend darauf an, dass diese Äußerung einen **selbständigen beleidigenden Charakter** aufweist.[66] Zu beachten ist auch, dass die **„Geschlechtsehre"** keinen besonderen Teil der Ehre ausmacht. Lediglich dann, wenn die darauf bezogene Äußerung nach Betrachtung der Gesamtheit der Umstände des Einzelfalles Beleidigungscharakter trägt, ist § 185 StGB verwirkt. Dabei kommt es insbesondere auf die herabsetzende Bewertung des Opfers durch ausdrückliches oder konkludentes Verhalten an.[67] Als Abgrenzung ist zu beachten, dass bloße **Taktlosigkeiten** den Tatbestand nicht erfüllen. Auch schützt § 185 StGB nicht den Anspruch auf **eheliche Treue**: Es stellt für den Ehegatten keine Beleidigung dar, wenn ein Dritter mit dem anderen Ehegatten die Ehe bricht.[68] Entsprechende Grundsätze gelten bei der Missachtung von **Eltern- und Sorgerechten**: Unter Beleidigungsgesichtspunkten tatbestandslos ist die (damals noch nicht bestrafte) **Züchtigung eines fremden Kindes** in Anwesenheit eines Erziehungsberechtigten.[69] Bei sexuellen Handlungen an oder

---

[58] OLG Düsseldorf NStZ-RR 2003, 295; ähnlich BayObLG NJW 2005, 1291, 1292: Bezeichnung eines kontrollierenden Polizeibeamten als „Wegelagerer".

[59] BGHGrSSt 11, 67.

[60] *Kern* JZ 1958, 618; *Tröndle/Fischer* § 185 Rn. 10 m. w. N.

[61] BGHSt 9, 17.

[62] *Tröndle/Fischer* § 185 Rn. 10 m. w. N.

[63] OLG Karlsruhe NStZ 2005, 158; kritisch dazu *Jerouschek* NStZ 2006, 345 ff.

[64] Grundlegend: BGHSt 36, 149; *Otto,* JZ 1989, 803; *Hillenkamp* NStZ 1989, 529; *Kiehl* NJW 1989, 3003; *Tröndle/Fischer* § 185 Rn. 11 m. w. N.

[65] BGHSt 16, 63; *Schönke/Schröder-Lenckner* § 185 Rn. 4.

[66] So die Formel nach st. Rspr. und Literatur; vgl. nur BGH NJW 1989, 3029; BGH NStZ 1986, 453 f.; BGH NStZ 1995, 129; LG Darmstadt NStZ-RR 2005, 140; *Arzt* JuS 1982, 717, 725 ff.; LK-*Hilgendorf* § 185 Rn. 28 ff.; *Schönke/Schröder-Lenckner* StGB § 185 Rn. 4; *Lackner/Kühl* § 185 Rn. 6.

[67] BGHSt 36, 150; BGH NJW 1989, 3029; BGH NStZ 1993, 182; BGH NStZ 1995, 129; *Otto* JZ 1989, 803; *Hillenkamp* NStZ 1989, 529; *Kiehl* NJW 1989, 3003, 3004; *Laubenthal* JuS 1987, 702; *Tröndle/Fischer* § 185 Rn. 11 m. w. N.

[68] OLG Zweibrücken NJW 1971, 1225; *Schönke/Schröder-Lenckner* § 185 Rn. 4a, anders noch RGSt 70, 94; RGSt 75, 259 m. w. N.

[69] *Schönke/Schröder-Lenckner* § 185 Rn. 4b; anders noch OLG Koblenz NJW 1955, 602.

vor Kindern stellen diese nur bei Hinzutreten besonderer Umstände eine Beleidigung der Eltern dar.[70]

3. „Beleidigungsfreier Raum"; Parlamentarische Äußerungen nach § 36 StGB

9   Mit unterschiedlichen dogmatischen Begründungen anerkennen Rspr. und h.L. einen **beleidigungsfreien Raum,** wenn die inkriminierte Äußerung in besonders geschützten Enklaven gefallen ist, in denen man – als *ratio* der tatbestandlichen Restriktion – ein unbefangenes und nicht unter der Furcht vor Strafe stehendes Wort führen dürfen soll. Anerkannt tatbestandslos sind zunächst Äußerungen über Dritte im **engsten Familienkreis.** Entsprechendes gilt im vertraulichen Raum im Rahmen von **Lebenspartnerschaften** und „**familienersetzenden Bezugspersonen**"[71]. Es handelt sich dabei nicht um einen Anwendungsfall des **besonderen Rechtfertigungsgrundes des § 193 StGB**[72], sondern bereits um eine immanente Begrenzung des Tatbestandes,[73] da aus dem Schutz des Persönlichkeitsrechts die Anerkennung eines **strafrechtsfreien Raumes** führt, in welchem auch die Abwägung des § 193 StGB grundsätzlich nicht stattfindet.[74] Auch wer – etwa als **Strafgefangener** nach StVollzG, als **Untersuchungshäftling** oder im Zuge der allgemeinen **Postbeschlagnahme gemäß § 98 II S. 4, 99 ff. StPO** – besonderen Formen der Briefüberwachung unterliegt, verliert das Rechts auf diese strafrechtsfreie vertrauliche Äußerung nicht.[75] Vertrauensperson in diesem Sinne kann namentlich bei Strafgefangenen auch der **Verteidiger** sein. Seinerseits genießt er das **Beschlagnahmeverbot** des § 97 StPO, aus welchem bei rechtswidrig dennoch erfolgender Beschlagnahme ein Beweisverwertungsverbot folgt, so dass eine Beleidigung schon abgesehen von der Frage der Tatbestandsmäßigkeit nicht bestraft werden kann.[76] Die gesamte Korrespondenz mit ihm unterfällt jedoch der genannten Ausnahme – auch wenn die fraglichen Schreiben beim Strafgefangenen als Mandanten lagern, so dass Beschlagnahmefreiheit gemäß § 97 I StPO wegen § 97 II StPO nicht besteht. Die Vorschrift des **§ 36 StGB** enthält einen **Strafausschließungsgrund** für Äußerungen und Berichte, die als parlamentarische Äußerungen im **Bundestag,** in der **Bundesversammlung** oder einem **Gesetzgebungsorgan** eines Landes getätigt werden in dieser **Körperschaft** oder in einem ihrer **Ausschüsse.**[77]

4. Täterschaft, Mittäterschaft und mittelbare Täterschaft; Teilnahme

10   Täter ist derjenige, der die Äußerung kundtut. Die Kundgabe durch einen Dritten, der den Sinn der Äußerung nicht versteht, ist als **mittelbare Täterschaft** möglich.[78] Auch die **mittelbare Kundgabe** durch berufsmäßige Mittler wie durch die Nutzung von **Medien** (Annoncen, Leserbriefe, Anmietung von TV-Sendeplatz, Äußerung als Gast in Fernsehsendungen, Betätigung als „Leserreporter") ist möglich[79] und stellt grundsätzlich eine Form des Selbst-Begehens dar. Die Nutzung von Medien für die Kundgabe einer

---

[70] Mit vertiefter Kasuistik der v.a. älteren und wohl überholten Rspr. – z.B. RGSt JW 1937, 1331: Beleidigung bejaht schon bei Begehung der Tat in der elterlichen Wohnung – vgl. Schönke/Schröder-*Lenckner* § 185 Rn. 4b.

[71] OLG Frankfurt NStZ 1994, 404 f.; LK-*Hilgendorf* § 185 Rn. 11 ff.; MünchKommStGB/*Regge* § 185 Rn. 58 ff.; Schönke/Schröder-*Lenckner* § 185 Rn. 9; *Geppert* Jura 1983, 534; *Tenckhoff* JuS 1988, 788; *Wolff-Reske* Jura 1996, 184.

[72] So aber die h.L.; vgl. die Nachweise bei *Tröndle/Fischer* § 185 Rn. 12.

[73] Vgl. BVerfGE 90, 255, 261; BVerfG NJW 1994, 1149; BVerfG NStZ 1996, 509.

[74] Wie hier *Tröndle/Fischer* § 185 Rn. 12.

[75] Vgl. BVerfGE 90, 255; *Tröndle/Fischer* § 185 Rn. 12.

[76] Zur Begründung dieses Beweisverwertungsverbots anhand der Beweisverbotslehren und mit Nachweisen aus Rspr. und Literatur *Heuchemer/Daleman* JA 2003, 430 ff. m. w. N. dort.

[77] Die Rechtsnatur als Strafausschließungsgrund wird einhellig angenommen; vgl. Schönke/Schröder-*Lenckner* § 185 Rn. 19.

[78] *Tröndle/Fischer* § 185 Rn. 13.

[79] *Tröndle/Fischer* § 185 Rn. 13.

Äußerung lässt jedoch die Frage einer Rechtfertigung durch kollidierende Verfassungsrechtsgüter – mit der Folge des Tatbestandsausschlusses oder auf Rechtfertigungsebene gesetzestechnisch vermittelt durch § 193 StPO – in besonderem Maße aktuell werden, da insoweit stets die Verfassungsgüter aus Art. 5 GG zu berücksichtigen sind. **Mittäterschaft** ist möglich, wenn sich jeder Beteiligte die ehrenrührige Erklärung unmittelbar zu eigen macht.[80] Die **Teilnahme** ist möglich nach allgemeinen Regeln.

II. Subjektiver Tatbestand

Bedingter Vorsatz genügt. Er muss das Bewusstsein umfassen, dass die Äußerung die **11** Missachtung eines anderen darstellt nach gängigen Kriterien der Auslegung,[81] sowie weiterhin die entsprechende Wahrnehmung durch den anderen.[82] Es kommt dabei allein auf den objektiven Sinn der Äußerung an. Dass der Täter weiß oder damit rechnet, der Adressat werde eine Äußerung als herabsetzend empfinden, der dieser objektive Sinn nicht innewohnt, erfüllt den subjektiven Tatbestand nicht.[83] Eine dahin gehende Annahme wäre ein strafloses Wahndelikt. Eine besondere **Beleidigungsabsicht** ist nicht erforderlich.[84] Der sensiblen Charakteristik des Schutzgutes der Ehre gemäß, muss die Bestimmung des Vorsatzes auf den sozialen Sinn der Herabsetzung unter Berücksichtigung von **Bedeutungswandlungen** erfassen.[85] Der **Irrtum** über die Person des Adressaten berührt nach allgemeinen Irrtumsregeln den Vorsatz nur dann nicht, wenn er sich als **error in persona** darstellt.[86] Die nach h.L. beachtliche **aberratio ictus**[87] führt hingegen zum Entfall des Vorsatzes und damit zur Straflosigkeit, da die fahrlässige Beleidigung nicht strafbar ist.

C. Rechtswidrigkeit

I. Einwilligung

Die **Einwilligung** beseitigt die Strafbarkeit des Ehrangriffs. Nach h.L. schließt sie die **12** Rechtswidrigkeit aus.[88] Auch die **mutmaßliche Einwilligung** kann in Betracht kommen.

II. Die Struktur des besonderen Rechtfertigungsgrundes nach § 193 StGB

1. Grundlagen

Als Rechtfertigungsgrund kommt insbesondere die **Sondervorschrift des § 193** **13** **StGB** in Betracht. Sie ist entscheidendes Korrektiv für die Bestrafung aus den Beleidigungsdelikten,[89] denn diese Vorschrift ist der systematische Ort der Abwägung der betroffenen Rechtswerte. Die Wahrnehmung berechtigter Interessen stellt demgegenüber –

---

[80] Schönke/Schröder-*Lenckner* StGB § 185 Rn. 17.
[81] BayObLG NJW 1957, 1607; OLG Zweibrücken NJW 1986, 2960 m. w. N.
[82] *Tröndle/Fischer* § 185 Rn. 17.
[83] *Tröndle/Fischer* § 185 Rn. 17.
[84] BGH NStZ 1992, 34.
[85] *Tröndle/Fischer* § 185 Rn. 17.
[86] Zu allgemein daher *Tröndle/Fischer* § 185 Rn. 17.
[87] Insoweit kritisch *Heuchemer* JA 2006, 460 ff.
[88] BGHGrSSt 11, 72; 23, 3; Schönke/Schröder-*Lenckner* 3 185 Rn. 15; *Tenckhoff* JuS 1988, 787 ff.; *Tröndle/Fischer* § 185 Rn. 16.
[89] Teilweise wird die Anwendbarkeit bei § 187 und § 189 StGB ausgeschlossen; vgl. dazu unten. Zutreffenderweise ist § 193 StGB aber auch dort anzuwenden.

dogmatisch betrachtet – einen Fall des **erlaubten Risikos** dar.[90] Ist die Tatbestandsmäßigkeit nach dieser Maßgabe bejaht, so stellt sich in den Fällen tadelnder Urteile über wissenschaftliche, künstlerische oder gewerbliche Leistungen, Äußerungen, die „zur Ausführung oder **Verteidigung von Rechten** oder zur **Wahrnehmung berechtigter Interessen** gemacht" worden sind und bei **dienstlichen Anzeigen oder Urteilen** pp. die Frage, ob der **besondere Rechtfertigungsgrund** des § 193 StGB greift. Diese explizit genannten Fälle sind erweitert um die Generalklausel der ähnlichen Fälle in § 193 4. Var. StGB. Schon die Gesetzesfassung zeigt **verfassungsrechtliche Kardinalprobleme** im Spannungsverhältnis von Meinungsfreiheit und Ehrenschutz[91] auf, wobei das BVerfG durch die **„Wechselwirkungslehre"**[92], die **„Vermutungsformel"**[93] und die (strafbarkeitsbegrenzende) Annahme einer ohnedies herrschenden und daher prägnante Äußerungen erlaubenden **„Reizüberflutung"**[94] im Rahmen der öffentlichen Auseinandersetzung einige Topoi der Auslegung geschaffen hat, die freilich eine verlässliche Vorhersage seiner jeweiligen Entscheidung keineswegs durchgreifend erlaubt. Dabei ist zu beachten, dass nicht nur die Grundrechte aus Art. 5 I GG für die Abwägung bedeutsam sind, sondern auch weitere Grundrechte wie Art. 12 I GG, wenn es etwa um die strafrechtlichen Grenzen anwaltlichen Vortrags vor Gericht usw. geht, also um Ehrverletzungen durch Rechtsanwälte im Rahmen der Mandatsausübung zum Stichwort der Beleidigung beim „Kampf um das Recht."[95] Die Folge ist eine wenig transparente Kasuistik.

2. Presse- und Kunstfreiheit

14   Besonders interessante Rechtsfragen stellen sich im Zusammenhang der Presse- und Kunstfreiheit. So hat der 2. Strafsenat des OLG Hamburg in seinem **„Hexenjagd"-Urteil** vom 13. 5. 1983 das Recht des Schriftstellers bejaht, durch das Verfassen eines sog. Schlüsselromans mit einem „künstlerischen Gegenschlag" auf erfolgte Beleidigungen zu reagieren.[96] Dies freilich wirft intrikate Fragen auf, da dann die „Auseinandersetzung" ganz aus dem Bereich des Rechtlichen auf literarisches Terrain geschieht, welches mit rechtlicher Begrifflichkeit naturgemäß besonders schwierig zu erfassen ist.[97]

3. Das Sonderproblem der Satire

15   Die besondere Problematik dieser Fragen folgt bereits aus den verfassungsrechtlichen Vorgaben gemäß Art. 5 GG. Im Gegensatz zur Meinungs- und Pressefreiheit ist die **Kunstfreiheit vorbehaltlos gewährleistet.** Der in Art. 5 II GG normierte **Gesetzesvorbehalt** findet nach h.L. auf die Kunstfreiheit des Art. 5 III GG keine Anwendung. Deshalb kommt es darauf an, ob es sich bei einer Satire um Kunst handelt.[98] Dies impliziert freilich Wertungsfragen, bei denen das Recht oft an seine Grenzen stößt, die es aber nichtsdestoweniger beantworten muss.[99] So haben sich im Anschluss an das *BVerfG* verschiedene Obergerichte und der *BGH* auf die Position zurückgezogen, dass Satire zwar Kunst sein könne, aber nicht jede Satire zugleich Kunst sei[100] – was natürlich im Kern alle Fragen offenlässt.

---

[90] *Tröndle/Fischer* § 193 Rn. 1.

[91] Dazu *Stark,* Ehrenschutz in Deutschland, 1995, passim; *ders.* JuS 1995, 693 ff.

[92] BVerfG 7, 198, 208 und seither st. Rspr., kritisch *Kniesel* NVwZ 1992, 1130 m. w. N.

[93] Besonders pointiert in BVerfG NJW 1994, 2943 („*Soldaten sind Mörder*").

[94] BVerfG 76, 278, 286; kritisch *Stark* JuS 1995, 688, 690.

[95] *Tröndle/Fischer,* § 193 Rn. 28 ff.

[96] OLG Hamburg NJW 1984, 1130 = JR 1983, 508 m. abl. Anm. Otto; vgl. dazu *Würkner* ZUM 1988, 171, 172.

[97] Vgl. dazu auch *von Becker* GRUR 2004, 908 ff.

[98] Vgl. *von Becker* GRUR 2004, S. 908 ff.

[99] Zu den damit verwobenen Streitfragen über den Kunstbegriff vgl. *von Becker* GRUR 2004, S. 908 ff.

[100] Zuletzt OLG Hamm NJW-RR 2004, 919; BGH NJW 2004, 596 = GRUR 2004, 590; dazu *von Becker* GRUR 2004, S. 908 ff.

Aus der genannten **Schrankenkonstruktion** ergibt sich die Konsequenz, dass bei Bejahung der Kunsteigenschaft einer Satire eine Beschränkung nur durch gleichrangige Verfassungsgüter möglich ist. Dafür kommt insbesondere das Persönlichkeitsrecht in Betracht. Die sich daran anschließende Abwägung anhand des Verhältnismäßigkeitsgrundsatzes verlangt eine um maximalen Ausgleich der beteiligten Interessen (sog. **praktische Konkordanz**) bemühte Auslegung.[101]

4. Sonderfall des § 193 StGB: Die mandatsbezogene Tätigkeit von Rechtsanwälten

Immer wieder war die Rechtsprechung mit Fällen befasst, in denen Rechtsanwälte gegen Richter und Staatsanwälte den **Vorwurf der Rechtsbeugung** erhoben haben. Das BVerfG hat statuiert, dass es der verfassungsrechtlich verbürgte Anspruch des Beschuldigten (und damit: seines Bevollmächtigten) sei, rechtserhebliche Tatsachenbehauptungen in einem Prozess aufzustellen, ohne dabei Gefahr zu laufen, gemäß § 186 StGB bestraft zu werden, wenn sich die behauptete Tatsache nicht erweisen lässt.[102] In einem noch jüngeren Urteil hat der EGMR Anwälten zugestanden, Handlungen von Ermittlungsbeamten auch in scharfer Form zu kritisieren, ohne sich dabei der Gefahr einer Bestrafung aus dem Beleidigungsstrafrecht oder einer disziplinarrechtlichen Ahndung auszusetzen.[103] In dem zugrunde liegenden Fall hatte ein niederländischer Rechtsanwalt im Gerichtssaal vorgetragen, dass die von einem Ermittlungsbeamten des Sozialhilfeträgers schriftlich aufgenommene Aussage seines Mandanten nur auf unzulässige Weise erlangt worden sein könne. Sein Mandant sei unter Druck gesetzt worden, um belastende Erklärungen zu erhalten, deren Bedeutung der Mandant nicht oder nicht ausreichend verstanden habe, da kein Dolmetscher anwesend gewesen sei. Der Anwalt wurde disziplinarrechtlich geahndet. Diesem Ergebnis hat sich der EGMR nicht angeschlossen, sondern vielmehr ausgeführt, es liege eine Verletzung des Rechts auf freie Meinungsäußerung nach Art. 10 EMRK vor. Der EGMR führte insbesondere aus, aus der besonderen Natur des von Rechtsanwälten ausgeübten Berufs folge eine gewisse **Freiheit beim Sachvortrag.** Die Grenzen hinnehmbarer Kritik seien weiter zu ziehen als bei Privatpersonen.[104] Durch diese Rechtsprechung wird der besonderen Natur des anwaltlichen Mandatsverhältnisses Rechnung getragen. Zur Kasuistik nach der deutschen Rechtsprechung: Der Rechtsanwalt darf nicht unangemessen ehrverletzende und zusätzlich **abwertende Äußerungen** vortragen.[105] Erlaubt ist es ihm aber in weiten Grenzen, den Tatsachenvortrag mit wertenden Elementen zu mischen, die auch **drastische, polemische und überzogene Ausführungen** beinhalten dürfen. Der unerlaubte Bereich ist erst erreicht, wenn ehrverletzende Tatsachen **bewusst unrichtig dargestellt werden** und ihre Unhaltbarkeit auf der Hand liegt.[106] Dies gilt namentlich für den **Vorwurf der Rechtsbeugung.**[107] Erst dort sind Tatsachenbehauptungen nicht mehr geschützt, wo sie zur Meinungsbildung nicht mehr beitragen können.[108] Unerlaubtes Terrain ist betreten, wenn wertende Schlussfolgerungen in keinem Verhältnis zu zutreffenden Tatsachenbehauptungen mehr stehen.[109] Erlaubt sind aber jedenfalls auch unnötig scharfe, polemisch überspitzte Vorwürfe wie der **Vorwurf objektiver Willkür**[110]. Selbst eine **standeswidrige,** aber nicht

[101] Vgl. auch *von Becker* GRUR 2004, S. 908 ff.
[102] BVerfG NJW 2000, 3196.
[103] EGMR, Urteil vom 28.10.2003 – 39657/98 = NJW 2004, 3317 = NJW Spezial 2004, S. 376.
[104] EGMR, Urteil vom 28.10.2003 – 39657/98 = NJW 2004, 3317 = NJW Spezial 2004, S. 376.
[105] OLG Düsseldorf NStZ-RR 1996, 7.
[106] OLG Düsseldorf NJW 1998, 3214; BayObLG NStZ-RR 2002, 41 f.; *Tröndle/Fischer* § 193 Rn. 28.
[107] BayObLG NStZ-RR 2002, 41 f.; *Tröndle/Fischer* § 193 Rn. 28.
[108] BVerfGE 90, 241, 247 m.w.N.
[109] OLG Bremen NStZ 1999, 621; BayObLG JZ 2001, 717; *Tröndle/Fischer* § 193 Rn. 28.
[110] OLG Düsseldorf NStZ 1998, 516; *Tröndle/Fischer* § 193 Rn. 28.

vollkommen sachwidrige Interessenvertretung ist gerechtfertigt.[111] Erst bei Hinzutreten einer zusätzlichen Abwertung (etwa: der Richter sei zu dumm oder habe absichtlich falsch entschieden,[112] der Beisitzer sei dem Vorsitzenden „hörig"[113]) ist die Grenze zum Unerlaubten überschritten.

5. Sonderproblem des Ausbringens von Strafanzeigen

17   Jedem Staatsbürger steht es – geschützt durch § 193 StGB – frei, Dienstvergehen und Straftaten anzuzeigen. Jede nicht bewusst falsche Anzeige ist **gerechtfertigt**; unabhängig davon, ob der Anzeigerstatter von dem fraglichen Sachverhalt überhaupt persönlich betroffen ist.[114] Jedoch kann eine Beleidigung vorliegen, wenn er naheliegende Erkundigungen über die Richtigkeit des Anzeigeinhalts **leichtfertig** unterlässt.[115] Gerade aber bei der – im vorliegenden Zusammenhang der Ergründung von Persönlichkeitsrechtsverletzungen relevanten – **Aufklärungsanzeige** braucht er von dem Inhalt der Anzeige nicht selbst positiv überzeugt zu sein.[116]

6. Die Berichterstattung über Strafverfahren

18   Die Berichterstattung über Strafverfahren kann das Persönlichkeitsrecht aus den bereits oben im 9. Kapitel zu I. 1 geschilderten Gründen in besonders nachhaltiger Weise berühren. Nach der Rspr. gelten folgende Grundsätze: Unzulässig ist es, die Einleitung des Ermittlungsverfahrens oder die Anklage mit dem Nachweis der Schuld gleichzusetzen.[117] **Entlastende Tatsachen** müssen mitgeteilt werden. Der volle **Name des Beschuldigten** darf nur dann genannt werden, wenn das Verfahren eine schwere Straftat betrifft und das Verfahren das besondere Interesse der Öffentlichkeit auf sich zieht.[118] Diese wertungsoffenen Kriterien haben zu einer Judikatur geführt, die wenig vorhersehbar ist.

D. Qualifikation: Die tätliche Beleidigung gemäß § 185 Halbsatz 2 StGB

19   Der **Qualifikationstatbestand** nach § 185 Halbsatz 2 StGB setzt eine direkte körperliche Einwirkung auf einen anderen voraus, aus welcher sich ihre **ehrenrührige Sinnbedeutung** ergibt.[119] Für die Strafschärfung konstitutiv ist der spezifisch ehrverletzende Charakter des Körperangriffs, die dem Deliktstyp als Äußerungsdelikt entsprechen muss. Beispiele: **Anspucken**[120], **Abtasten** aufgrund eines fingierten Diebstahlverdachts,[121] **Ohrfeige, Abschneiden der Haare.**[122]

---

[111] BVerfG 2000, 199; KG NStZ-RR 1998, 12; LG Frankfurt AnwBl 1977, 169; *Tröndle/Fischer* § 193 Rn. 28.
[112] KG StV 1997, 485.
[113] BGH NStZ-RR 1998, 12.
[114] OLG Köln NJW 1997, 1247 m. w. N. dort; *Tröndle/Fischer* § 193 Rn. 32.
[115] *Tröndle/Fischer* § 193 Rn. 32.
[116] OLG Köln NJW 1997, 1247 m. w. N.
[117] BGH NJW 2000, 1036; OLG Frankfurt NJW-RR 1990, 990; OLG München NJW-RR 1996, 1488, 1494; OLG Brandenburg NJW 1995, 88 m. w. N.
[118] BGH NJW 2000, 1036; LG Berlin AfP 2002, 62.
[119] BGH NJW 1951, 368; *Tröndle/Fischer* § 185 Rn. 18.
[120] OLG Zweibrücken NJW 1991, 241.
[121] BGHSt 35, 77.
[122] Schönke/Schröder-*Lenckner* § 185 Rn. 18.

E. Konkurrenzen

Die Beleidigung **mehrerer Personen** in einem Akt begründet **gleichartige Tatein-** 20
heit.[123] Tateinheit ist möglich mit § 113 StGB, mit den §§ 31, 32, 36 WStG.[124] **Tateinheit**
ist weiterhin möglich mit den §§ 174 bis 174c StGB, sowie mit §§ 176 bis 179 StGB.[125] Die
Qualifikation des § 185 Halbsatz 2 kann in Tateinheit stehen mit § 223 StGB;[126] **Tat-**
einheit ist aus Gründen der **Klarstellung** und der **Ausschöpfung des Unrechts** insbesondere immer dann anzunehmen, wenn es − etwa in Fällen des **Übermaßunrechts**
einer Verletzung − erforderlich ist, den besonderen Unwert der beigebrachten Körperverletzung gesondert zum Ausdruck zu bringen (Beispiel: besonders nachhaltige Verletzung).[127] Hinter § 186 StGB und § 187 StGB tritt § 185 StGB grundsätzlich zurück[128]
im Wege der **Gesetzeskonkurrenz.** Wenn die Literatur teilweise meint, **Tatmehrheit**
komme „im Einzelfall" in Betracht, wenn mehrere selbständige Beleidigungen an verschiedenen Stellen eines Briefes oder einer Druckschrift geäußert werden,[129] so ist entlang
dem Merkmal der „Selbständigkeit" zu differenzieren: Um ausnahmsweise Tatmehrheit zu
begründen, muss die zusätzliche Rechtsverletzung ein klares eigenständiges Gewicht
haben, also etwa mehrere Personen durch sachlich völlig selbständige Herabsetzungen beinhalten.

F. Rechtsfolgen; Strafe; Verjährung

Eine **kurze Freiheitsstrafe** nach § 47 I 2. Var StGB ist nicht bereits deshalb gerechtfer- 21
tigt, weil der Beleidigte Vorsitzender eines gerichtlichen Spruchkörpers ist und die Beleidigung vor einer Schulklasse geschah.[130] „Politische Verblendung" ist kein Strafmilde-
rungsgrund der Beleidigung.[131] Die **Verjährung** von Beleidigungen, die **Presseinhalts-**
delikte sind, richtet sich nach den Landespressegesetzen der Länder. Beleidigungen sind
verboten nach Ziffer 9 des **Pressekodex**[132] („Schutz der Ehre: Es widerspricht journalistischer Ethik, mit unangemessenen Darstellungen in Wort und Bild Menschen in ihrer
Ehre zu verletzen"), so dass als weiterer, nichtförmlicher Rechtsbehelf gegen derartige
Veröffentlichungen der **Deutsche Presserat** angerufen werden kann im Rahmen des
dortigen Selbstkontrollverfahrens der Presse mit dem Ziel eines Abdrucks (Ziffer 19 des
Pressekodex). Hinsichtlich Privatklage, Sühneversuch und Nebenklage ist die Beleidigung in Bezug genommen durch die §§ 374 I Nr. 2, 380, 395 StGB.

---

[123] St. Rspr. seit RGSt 66, 1.

[124] OLG Celle NJW 1961, 521.

[125] BGHSt 35, 78; OLG Düsseldorf GA 1988, 473; SK-*Rudolphi/Rogall* § 185 Rn. 31; *Tröndle/Fischer*
§ 185 Rn. 20.

[126] BGH MDR/D 1975, 196; LK/*Hilgendorf* Vor § 185 Rn. 43; MünchKomm StGB/*Regge* § 185
Rn. 44; Schönke/Schröder-*Lenckner* § 185 Rn. 20.

[127] Konkurrenzdogmatisch grundlegend zur Behandlung von Fällen des Übermaßunrechts
MünchKomm StGB/ *von Heintschel-Heinegg* Vor §§ 52 ff. Rn. 52 ff.

[128] BGHSt 6, 161; OLG Stuttgart JZ 1969, 1850.

[129] So insbesondere LK/*Hilgendorf* § 185 Rn. 43; *Tröndle* bis 49. Auflage § 185 Rn. 19; einschränkend
nunmehr *Tröndle/Fischer* § 185 Rn. 19.

[130] Schönke/Schröder-*Lenckner* § 185 Rn. 21; Köln OLGSt 2, S. 39.

[131] BGH NJW 1995, 340; Schönke/Schröder-*Lenckner* § 185 Rn. 21.

[132] Vgl. den Pressekodex und die Beschwerdeordnung des Deutschen Presserates; abrufbar unter
www.presserat.de.

§ 26. Üble Nachrede

Inhaltsübersicht

Schrifttum: *siehe Schrifttum zu § 23.*

1   Die üble Nachrede ist **keine Qualifikation** des § 185 StGB. Vielmehr verbietet die Vorschrift als eigener Tatbestand einen Angriff auf die Ehre, dessen Angriffsrichtung in der Tatsachenbehauptung gegenüber einem Dritten liegt. Die *ratio* der gegenüber der Beleidigung **erhöhten Strafdrohung** liegt in der Überlegung, dass die inkriminierten objektiven (ehrenrührigen) Tatsachen eine **erhöhte Richtigkeitsgewähr** in sich tragen als das von § 185 StGB untersagte Werturteil: Einer subjektiven Wertung kann der Adressat der Äußerung folgen oder auch nicht. Mitgeteilte Tatsachen ermöglichen es jedem, sein „eigenes", für den Betroffenen aufgrund des Akts eigener Wertung des Adressaten häufig besonders nachteiliges Bild zu machen.[1] Zutreffend besteht die Deliktscharakteristik somit in der **Ermöglichung fremder Missachtung.**[2] Deshalb ist die Gefahr des Ehrangriffs höher. Seiner Deliktsnatur nach ist § 186 StGB ein **abstraktes Gefährdungsdelikt.**[3]

A. Objektiver Tatbestand

I. Tatsache in Abgrenzung vom Werturteil

2   **Tatsachen** sind äußere Geschehnisse, konkrete Vorgänge oder Zustände und Verhältnisse der Vergangenheit oder Gegenwart, die Gegenstand sinnlicher Wahrnehmung sein könnten und dem Beweis zugänglich sind.[4] Dazu zählen auch **innere Tatsachen** und Sachverhalte,[5] also **Absichten, Motive** usw., soweit sie in der äußeren Welt zur Erschei-

---

[1] *Tröndle/Fischer* § 186 Rn. 1 mwN dort.

[2] Schönke/Schröder-*Lenckner* § 186 Rn. 1.

[3] LK/*Hilgendorf* § 186 Rn. 10; MünchKomm StGB/*Regge* § 186 Rn. 2; Schönke/Schröder-*Lenckner* § 186 Rn. 1; *Tröndle/Fischer* § 186 Rn. 1; a.A. – konkretes Gefährdungsdelikt – *Amelung* in: FS Rudolphi (2004), S. 373, 376; *Kindhäuser,* Gefährdung als Straftat, 298 ff.; *Zieschang,* Gefährdungsdelikte, 301 ff. m. w. N.

[4] BVerfGE 94, 8; BGH NJW 1994, 2614; BGH NJW 1998, 3048; Schönke/Schröder-*Lenckner* § 186 Rn. 3; *Tröndle/Fischer* § 186 Rn. 2; die Formel wird bisweilen – je nach Schwerpunkt der konkreten Fallumstände – geringfügig gewandelt.

[5] *Tröndle/Fischer* § 186 Rn. 2.

nung gelangt sind, also zu dieser in Beziehung gesetzt werden können.[6] Tatsache ist – zusammenfassend – alles, was **wahr oder falsch** sein kann.[7]

Von § 186 StGB nicht erfasste **Meinung** ist hingegen jede Äußerung, die durch Elemente der subjektiven Stellungnahme, des Dafürhaltens oder Meinens geprägt ist und deshalb nicht wahr oder unwahr, sondern je nach der persönlichen Überzeugung nur falsch oder richtig sein kann.[8] Maßgebend dafür ist der objektive Sinngehalt der Äußerung, wie er von dem Adressaten unter Berücksichtigung des Kommunikationszusammenhangs und des Kontextes zu verstehen ist.[9] Bei **mehrdeutigen Äußerungen** ist im Zweifel die Auslegung als Werturteil milder und daher *in dubio mitius* zu wählen. Bleibt eine zur Straflosigkeit führende Auslegungsmöglichkeit, so ist sie zugrunde zu legen.[10]   3

II. Eignung zur Ehrverletzung

Die behauptete Tatsache muss geeignet sein, die betroffene Person **verächtlich** zu machen bzw. in der öffentlichen Meinung **herabzuwürdigen.** Diesen beiden Begehungsweisen eignet kein sachlicher Unterschied, da in beiden Fällen die Zuschreibung einer ehrenrührigen Tatsache nach den oben zu 1. genannten Grundsätzen stattfindet.[11] Voraussetzung ist die **objektive Eignung** zur Herabsetzung des Betroffenen. Wird hingegen nur ein bei objektiver Wertung unverfängliches Geschehen fälschlich als herabsetzend bewertet, so genügt dies nicht.[12] Der Deliktscharakteristik als abstraktes Gefährdungsdelikt entsprechend, ist die **Eignung** zur Verächtlichmachung bzw. Herabsetzung ausreichend; dieser Erfolg muss nicht eingetreten sein.[13] Diese Eignung ist zu verneinen, wenn der Empfänger die Unrichtigkeit der Tatsachenbehauptung ohne weiteres erkennt[14] oder der Täter sie bloß irrig annimmt.[15]   4

III. Tathandlungen

1. Behaupten; § 186 1. Var. StGB

Tathandlung ist das **Behaupten** oder **Verbreiten** von Tatsachen, die zur Verächtlichmachung geeignet sind. Behaupten bedeutet, etwas als nach eigener Überzeugung geschehen oder vorhanden richtig hinzustellen, auch wenn man es von dritten Personen erfahren hat.[16] Es kommt nicht darauf an, ob derjenige, der die Behauptung aufstellt, sie einschränkend relativiert („wie ich glaube", „wahrscheinlich"),[17] solange nur das charakteristische Element der Darstellung als „richtig" erkennbar erhalten bleibt. Auch die Weiter-   5

---

[6] BGHSt 6, 357; BGHSt 12, 291; OLG Köln N JW 1993, 1486; Schönke/Schröder-*Lenckner* § 186 Rn. 3.

[7] *Tröndle/Fischer* § 186 Rn. 2.

[8] BVerfGE 61, 1; 85, 14; 94, 8; BGH NJW 1982, 2242, 2248; BGH NJW 1996, 1133; BGH NJW 1998, 3048; Schönke/Schröder-*Lenckner* § 186 Rn. 3 m. w. N.

[9] BGHSt 6, 162; BGH NJW 1993, 930; BGH NJW 1004, 2614; BGH NJW 1996, 1133; BGH NJW 1997, 1247; BGH NJW-RR 1994, 1247; Schönke/Schröder-*Lenckner* § 186 Rn. 3; *Tröndle/Fischer* § 186 Rn. 3 jeweils m. w. N.

[10] *Tröndle/Fischer* § 186 Rn. 3a.

[11] MünchKomm StGB/*Regge* § 186 Rn. 13; Schönke/Schröder-*Lenckner* § 186 Rn. 5; *Tröndle/Fischer* § 186 Rn. 4.

[12] OLG Karlsruhe NJW 2005, 612, 614; *Tröndle/Fischer* § 186 Rn. 4.

[13] *Tröndle/Fischer* § 186 Rn. 5.

[14] SK/Rudolphi/*Zaczyk* § 186 Rn. 11; NK-*Zaczyk* § 186 Rn. 5; *Tröndle/Fischer* § 186 Rn. 5.

[15] OLG Karlsruhe NJW 2005, 612, 614; *Tröndle/Fischer* § 186 Rn. 4.

[16] BGH NJW 1996, 1132; BGH JZ 1997, 785; Schönke/Schröder-*Lenckner* § 186 Rn. 7; *Tröndle/Fischer* § 186 Rn. 8 m.w.N.

[17] MünchKomm StGB/*Regge* § 186 Rn. 16, *Tröndle/Fischer* § 186 Rn. 8.

gabe fremder Wahrnehmungen oder Mitteilungen ist daher ein „Behaupten", wenn zum Wahrheitsgehalt positiv Stellung bezogen wird und der Äußernde sich damit die Mitteilung zu eigen macht.[18] Besonders „listige" Behauptungen wie die Einkleidung in eine **rhetorische Frage** oder den **Ausspruch eines Verdachts** hindern die Tatbestandsmäßigkeit nicht.[19] Generell hindert die Spitzfindigkeit des Äußernden das Vorliegen eines Behauptens nicht. So erfüllt das **Bestreiten einer Tatsache** den Tatbestand, wenn darin die **schlüssige Behauptung** einer anderen liegt.[20] Auch **Falschzitate**[21] und faktisches Handeln wie die öffentliche Durchsuchung einer Person in einem Kaufhaus wegen des Verdachts eines Diebstahls[22] erfüllen den Tatbestand, denn auch hier ist für den Betrachter das für § 186 StGB maßgebliche Kriterium einer **tatsächlichen Grundlage für eigene Missachtung**[23] gegeben.

6   Die Tatsachenbehauptung **im vertraulichen Kreis** und weiteren als „**beleidigungsfreie Räume**" geschützten Enklaven erfüllt indes den Tatbestand genauso wenig wie bei der Beleidigung gemäß § 185 StGB; das dazu Ausgeführte und die Fallgruppen gelten entsprechend.[24] Auch stellt die Schaffung einer bloß **kompromittierenden Sachlage** kein Behaupten da: Es fehlt dann am Merkmal der „Äußerung" oder am „Drittbezug".[25] Solches Verhalten kann aber ggf. – die weiteren spezifischen Merkmale vorausgesetzt – eine falsche Verdächtigung gemäß § 164 I StGB darstellen.[26]

2. Verbreiten; § 186 2. Var. StGB

7   Verbreiten meint das **Mitteilen** einer Tatsache als **von anderer Seite gehört**. Die 2. Var. ergänzt das „Verbreiten" der 1. Var. des § 186 StGB somit in solchen Fällen, in denen der Äußernde sich die Tatsache nicht als Gegenstand eigener Überzeugung zu eigen macht.[27] Die Verbreitung eines „Gerüchts als Gerücht" genügt,[28] und zwar selbst dann, wenn der Äußernde hinzusetzt, das Gerücht sei völlig unglaubwürdig oder habe sich nicht bestätigt.[29] Diese Rechtsprechung trägt der für den Tatbestand konstitutiven Überlegung Rechnung, dass die üble Nachrede einen besonders wirksamen Ehrangriff bereits dann darstellt, wenn ein derartiges Gerücht als (ehemals) diskussionswürdige Grundlage dargestellt wird: Auch dann kann der Empfänger der Information eine für den Betroffenen nachteilige Grundlage einer eigenen abschätzigen Wertung drin finden. Insbesondere ist diese Rspr. im Hinblick auf falsche Gerüchts- und Verdachtsmeldungen in der Presse entstanden.[30] Ebenso genügt das Weitergeben an eine einzige Person, selbst wenn diese die Behauptung nicht weitergeben soll.[31] Das Verbreiten setzt keinen **Erfolg** voraus in dem Sinne, dass der Empfänger das Gerücht oder die Tatsachenmeldung noch nicht kannte.[32]

---

[18] BGH NJW 1996, 1132; BGH JZ 1997, 785; Schönke/Schröder-*Lenckner* § 186 Rn. 7.

[19] OLG Braunschweig NJW 1956, 194; OLG Hamm NJW 1971, 853; NK – *Zaczyk* § 186 Rn. 8; *Tröndle/Fischer* § 186 Rn. 8 m.w.N.

[20] Schönke/Schröder-*Lenckner* § 186 Rn. 7; *Tröndle/Fischer* § 186 Rn. 8.

[21] BVerfGE 54, 217 ff.; *Tröndle/Fischer* § 186 Rn. 8.

[22] OLG Hamm NJW 1987, 1034; *Tröndle/Fischer* § 186 Rn. 8.

[23] Vgl. zu dem Kriterium Schönke/Schröder-*Lenckner* § 186 Rn. 7.

[24] Vgl. oben § 25 Rn. 9.

[25] MünchKommStGB/*Regge* § 186 Rn. 16; Schönke/Schröder-*Lenckner* § 186 Rn. 7; *Tenckhoff,* JuS 1988, 621; *Tröndle/Fischer* § 186 Rn. 8.

[26] Zur sogenannten „Beweismittelfunktion" *Tröndle/Fischer* § 164 Rn. 3.

[27] Schönke/Schröder-*Lenckner* § 186 Rn. 8; *Tenckhoff* JuS 1988, 621; *Tröndle/Fischer* § 186 Rn. 9.

[28] *Tröndle/Fischer* § 186 Rn. 9.

[29] BGHSt 18, 182; OLG Hamm NJW 1953, 596; OLG Hamburg, NJW 1967, 213; *Tröndle/Fischer* § 186 Rn. 9.

[30] Vgl. *Soehring/Seelmann-Eggebrecht* NJW 2000, 2466, 2470; *Tröndle/Fischer* § 186 Rn. 9.

[31] *Tröndle/Fischer* § 186 Rn. 9.

[32] Schönke/Schröder-*Lenckner* § 186 Rn. 8; *Tröndle/Fischer* § 186 Rn. 9; a.A. OLG Neustadt MDR 1962, 235; LK/*Hilgendorf* § 186 Rn. 9.

3. In Beziehung auf einen anderen

Die Tatsache muss in Beziehung auf einen anderen behauptet worden sein. Diese For- **8**
mulierung umschreibt die deliktsspezifische Typologie des § 186 StGB: Der Herabgesetzte und der Empfänger der Mitteilung dürfen nicht personengleich sein.[33] Die Äußerung der Tatsache gegenüber dem Beleidigten selbst erfüllt § 185 StGB.[34] Jedoch genügt die bloße **Möglichkeit einer Kenntnisnahme** durch Dritte nicht.[35] Die **Aufgabe
eines bloßstellenden Inserats** unter Angabe des Namens des Betroffenen ist tatbestandsmäßig.[36] Der Betroffene muss **bestimmt** sein.[37] Jedoch muss der Empfänger die
Identität des Täters nicht kennen.[38] Aus der Deliktscharakteristik des § 186 StGB folgt
zwingend, dass in den Fällen der (auch unter § 186 StGB möglichen) **Kollektivbeleidigung** der Empfänger nicht Angehöriger der beleidigungsfähigen **Personenmehrheit**
sein darf,[39] wofür – beispielhaft – die Herabsetzung der Angehörigen einer **bestimmten
Behörde** anzuführen wäre, der der Empfänger nicht angehören darf.[40]

4. Unwahrheit der Tatsache

Erforderlich ist, dass die Tatsache **nicht erweislich wahr** ist. Das Merkmal der Nicht- **9**
erweislichkeit ist **objektive Bedingung der Strafbarkeit.**[41] Daraus folgt, dass sich der
Vorsatz weder auf die Unwahrheit der ehrenrührigen Tatsache noch auf die Nichterweislichkeit beziehen muss.[42] Diese Folge entspricht der Deliktscharakteristik als **abstraktes
Gefährdungsdelikt.** Konsequent ist es dann auch, dass – entgegen einer jüngeren Auffassung[43] – die Verwirkung des § 186 StGB **keine objektive Sorgfaltspflichtverlet-
zung** hinsichtlich der Wahrheitsfrage voraussetzt.[44] Nur diese Sicht führt zu einem effizienten strafrechtlichen Schutz der Ehre gegen den regelmäßig besonders nachhaltigen
Angriff durch Tatsachenbehauptungen gegenüber Dritten.[45] Plastisch und überzeugend
spricht die Literatur von einer **Umkehrung des Zweifelsatzes** im Dienste des strafrechtlichen Persönlichkeitsschutzes.[46]

Geführt ist der **Wahrheitsbeweis,** wenn der **Tatsachenkern** der Äußerung erwiesen
ist.[47] Unwesentliche Abweichungen, Änderungen und Aufbauschungen ändern nichts
daran, dass der Tatbestand entfällt.

---

[33] LK/*Hilgendorf* § 186 Rn. 1; MünchKomm StGB/*Regge* § 186 Rn. 19; Schönke/Schröder-*Lenckner* § 186 Rn. 9; *Tenckhoff* JuS 1988, 621; *Tröndle/Fischer* § 186 Rn. 10.

[34] BayObLG NJW 1959, 57; OLG Koblenz MDR 1977, 864; *Tenckhoff* JuS 1988, 621; *Tröndle/Fischer* § 186 Rn. 10.

[35] *Tröndle/Fischer* § 186 Rn. 10 m.w.N.

[36] BGH NStZ 1984, 216; *Tröndle/Fischer* § 186 Rn. 10.

[37] *Tröndle/Fischer* § 186 Rn. 10.

[38] *Tröndle/Fischer* § 186 Rn. 10.

[39] *Tröndle/Fischer* § 186 Rn. 10.

[40] MünchKomm StGB/*Regge* § 186 Rn. 19; *Tröndle/Fischer* § 186 Rn. 9.

[41] „Klassische" Meinung der Rechtsprechung seit RGSt 69, 81; BGH NJW 1987, 1034; OLG Koblenz MDR 1977, 864; hingegen vermittelnd, nämlich Elemente eines Strafausschließungsgrun-des der „Erweislichkeit" annehmend BGHSt 11, 274; Schönke/Schröder-*Lenckner* § 186 Rn. 10. Sach-lich machen die Positionen keinen Unterschied, so dass der rein dogmatische Streit hier nicht weiter vertieft werden soll.

[42] Schönke/Schröder-*Lenckner* § 186 Rn. 10.

[43] *Hirsch* ZStW 90, 980; Kindhäuser, Gefährdung als Straftat, S. 305 ff.; NK-*Zaczyk* § 186 Rn. 19 m.w.N.

[44] H.L.; LK/*Herdegen* § 186 Rn. 4, *Lackner/Kühl* § 186 Rn. 7a; Schönke/Schröder-*Lenckner* § 186 Rn. 10 m.w.N.

[45] So auch Schönke/Schröder-*Lenckner* § 186 Rn. 10.

[46] *Tröndle/Fischer* § 186 Rn. 11; dagegen hat *Amelung* das Merkmal der „unterstellten Ehrbarkeit" als Kommunikationsvoraussetzung in der FS Rudolphi (2004), S. 373, 377 ins Treffen geführt. Frei-lich hat der Gesetzgeber in der klaren Formulierung des § 186 StGB eine Entscheidung für den effektiven Persönlichkeitsschutz getroffen.

[47] BGHSt 18, 182; *Tenckhoff* JuS 1989, 38; *Tröndle/Fischer* § 186 Rn. 12.

B. Subjektiver Tatbestand

10   Bedingter Vorsatz ist erforderlich und hinreichend. Dieser muss sich darauf beziehen, dass die Tatsache ehrenrührig ist, und dass der Äußernde sie behauptet oder verbreitet,[48] sowie dass sie mindestens einer dritten Person zur Kenntnis gelangt. Aufgrund der soeben geschilderten Charakteristik als abstraktes Gefährdungsdelikt mit der Nichterweislichkeit als objektiver Strafbarkeitsbedingung gehört das Bewusstsein der Unwahrheit ebenso wenig zum Vorsatz wie das Merkmal der Nichterweislichkeit selbst.[49] Auch ist ein **subjektiver Sorgfaltsverstoß** hinsichtlich der Nichterweislichkeit aus den genannten Gründen nicht zu fordern.[50]

C. Rechtswidrigkeit

11   Die Rechtswidrigkeit kann gemäß § 193 StGB nach den bereits genannten Kriterien ausgeschlossen sein,[51] sowie weiterhin aufgrund **mutmaßlicher Einwilligung.**[52] Die irrige Annahme, der Äußernde habe die mitgeteilte Tatsache sorgfältig geprüft, führt zur entsprechenden Anwendung des § 16 I StGB.[53] Dies führt zu einer sinnvollen Einschränkung der Strafbarkeit gerade bei der Weitergabe von Medienberichten, die sich im Nachhinein als falsch erweisen – und verhindert, dass ihre Weiterverbreitung zur ubiquitären Strafbarkeit nach § 186 StGB führt. Lösbar ist diese Konstellation indes auch als Fallgruppe des die objektive Zurechnung ausschließenden **erlaubten Risikos.**

D. Qualifikation: § 186 HS. 2 StGB

I. Begehen durch öffentliche Äußerung

12   Eine qualifizierte Strafe verwirkt nach § 186 HS. 2 StGB, wer die üble Nachrede durch öffentliche Äußerung oder durch das Verbreiten von Schriften begeht. **Öffentlich** ist die Tat begangen, wenn die Äußerung der **konkreten Möglichkeit** nach einer größeren, nicht durch nähere Beziehungen zueinander verbundenen Zahl von Menschen zur Kenntnis gelangen kann.[54] Es kommt nicht darauf an, ob auch tatsächlich mehrere Menschen von ihr Kenntnis genommen haben. Der Maßstab der Praxis ist die Anwesenheit einer nicht ganz geringen Zahl von Menschen; nach OLG Celle NStZ 1994, 440 sollen bereits drei Personen genügen, was jedoch zu streng ist.[55] Die Äußerung in einer geschlossenen Versammlung erfüllt die Qualifikation nicht.[56]

II. Begehen durch das Verbreiten von Schriften

13   Der Verbreitung von Schriften stehen gemäß § 11 III StGB Ton- oder Bildträger usw. gleich. Fälle der schriftlichen Äußerung liegen vor in Fällen der Verbreitung von **Flug-**

---

[48] BayObLG JZ 1989, 700; *Tröndle/Fischer* § 186 Rn. 13.
[49] *Tröndle/Fischer* § 186 Rn. 13.
[50] Str., vgl. oben und die Nachweise bei *Tröndle/Fischer* § 186 Rn. 13a.
[51] Vgl. auch Schönke/Schröder-*Lenckner* § 186 Rn. 12; *Tröndle/Fischer* § 186 Rn. 14.
[52] Schönke/Schröder-*Lenckner* § 186 Rn. 12; *Tröndle/Fischer* § 186 Rn. 14.
[53] Schönke/Schröder-*Lenckner* § 186 Rn. 12.
[54] KG JR 1984, 241; OLG Celle NStZ 1994, 440; Schönke/Schröder-*Lenckner* § 186 Rn. 19; MünchKomm/*Regge* § 186 Rn. 34; NK-*Zaczyk* § 186 Rn. 27 und 29 m.w.N.
[55] Kritisch daher auch: Schönke/Schröder-*Lenckner* § 186 Rn. 19; *Tröndle/Fischer* § 186 Rn. 16.
[56] NK-*Zaczyk* § 186 Rn. 28; *Tröndle/Fischer* § 186 Rn. 16.

schriften, Flugblättern, Werbedrucken und **Zeitungen,** aber auch, wenn die öffentliche Anbringung an **Litfasssäulen, schwarzen Brettern, Hauswänden, Reklametafeln** einer **unabgeschlossenen Vielzahl von Dritten** die Kenntnisnahme ermöglicht.[57] Die Aufnahme in eine **Broschüre**[58] oder in einen Katalog oder Versendung in einem unverschlossenen Umschlag[59] genügt nicht. Äußerungen in öffentlich zugänglichen Massenmedien wie dem **Internet** durch die Einstellung in eine **Homepage** sind öffentlich; Äußerungen in **Fernsehsendungen** und in **Rundfunksendungen** desgleichen, sobald diese ausgestrahlt sind. **E-Mails** sind nicht öffentlich, solange sie einem abgeschlossenen Adressatenkreis zugesandt werden.[60]

E. Konkurrenzen

Idealkonkurrenz mit § 185 StGB ist möglich, wenn der Äußernde zusätzlich zu seinen **14** Bekundungen gegenüber Dritten auch dem von der Herabsetzung Betroffenen gegenüber seine Missachtung zum Ausdruck bringt.[61] Ansonsten – bei der Äußerung ausschließlich gegenüber Dritten – geht § 186 StGB der Beleidigung gemäß § 185 StGB stets im Wege der **Gesetzeskonkurrenz** in Form der **Spezialität** vor. Dies gilt auch dann, wenn der Äußernde mit der Tatsachenbehauptung noch eine eigene Wertung verbindet.[62] Idealkonkurrenz ist auch möglich mit § 90b StGB sowie mit § 130 StGB.[63]

§ 27. Verleumdung

Inhaltsübersicht

Schrifttum: *siehe Schrifttum zu § 23.*

Die Verleumdung enthält zwei „Tatbestände", denen auch zweierlei unterschiedliche **1** Schutzrichtungen korrespondieren: Als Verleumdung im engeren Sinne beinhaltet der Tatbestand ein **Ehrverletzungsdelikt.** Bis auf die Unwahrheit der Tatsache und den darauf bezogenen Vorsatz stimmt der Verleumdungstatbestand insoweit mit § 186 StGB überein. In der zweiten Variante ist sie ihrer Deliktscharakteristik nach ein **Vermögensgefährdungsdelikt.**[1] Sie stellt einen Spezialfall der **Kreditgefährdung** dar, und der tatbestandliche Schutzbereich geht über die bloße „wirtschaftliche Seite der Ehre" hinaus.[2]

---

[57] Beispiele auch bei Schönke/Schröder-*Lenckner* § 186 Rn. 20; *Tröndle/Fischer* § 186 Rn. 17.

[58] KG JR 1984, 249.

[59] RGSt 37, 289.

[60] *Tröndle/Fischer* § 186 Rn. 19.

[61] Schönke/Schröder-*Lenckner* § 186 Rn. 21.

[62] Schönke/Schröder-*Lenckner* § 186 Rn. 21.

[63] *Tröndle/Fischer* § 186 Rn. 21.

[1] *Lackner/Kühl* § 187 Rn. 2; MünchKomm StGB/*Regge* § 187 Rn. 3; Schönke/Schröder-*Lenckner* § 187 Rn. 1; *Tröndle/Fischer* § 187 Rn. 1.

[2] *Lackner/Kühl* § 187 Rn. 2; MünchKomm StGB/*Regge* § 187 Rn. 3; Schönke/Schröder-*Lenckner* § 187 Rn. 1; *Tröndle/Fischer* § 187 Rn. 1.

A. Objektiver Tatbestand

2 In objektiver Hinsicht ist in beiden Varianten das Behaupten oder die **Verbreitung von unwahren Tatsachen**[3] erforderlich. Die Unwahrheit der Tatsache muss feststehen. Bestehen Zweifel, so kommt § 186 StGB in Betracht. Die erste, dem Ehrenschutz im engeren Sinne gewidmete Variante setzt voraus, dass die unrichtige Tatsachenbehauptung geeignet ist, einen Dritten verächtlich zu machen oder herabzuwürdigen. Insoweit gelten die oben zu § 186 StGB ausgeführten Grundsätze.[4] Die zweite Variante setzt weiter voraus, dass die unwahre Tatsache geeignet ist, den **Kredit** des Betroffenen zu **gefährden.** Der Kredit ist definiert als dasjenige Vertrauen, das jemand hinsichtlich der Erfüllung seiner vermögensrechtlichen Verbindlichkeiten genießt[5] bzw. als das Vertrauen in seine **Leistungsfähigkeit und -willigkeit**[6]. Erforderlich ist nicht, dass dieses Vertrauen tatsächlich erschüttert worden ist. Es genügt die anhand der konkreten Umstände des Einzelfalles zu bemessende Eignung der Tatsachenbehauptung hierzu.[7] Der Charakteristik der Strafvorschrift als Vermögensdelikt entsprechend, kann sich die Behauptung auch gegen juristische Personen richten.[8]

B. Subjektiver Tatbestand

3 Strukturell entspricht der Vorsatz der Verleumdung dem der üblen Nachrede,[9] wobei aber **sicheres Wissen** (dolus directus II. Grades) hinsichtlich der Unwahrheit der behaupteten Tatsache hinzutreten muss; dolus eventualis genügt insoweit nicht,[10] wohl aber hinsichtlich der allgemeinen Eignung der Äußerung zur Verächtlichmachung und Kreditgefährdung.[11]

C. Rechtswidrigkeit

4 Der Ausschluss der Rechtswidrigkeit ist möglich durch **Einwilligung**[12] und **mutmaßliche Einwilligung.** In Sonderfällen kann sie auch durch **rechtfertigenden Notstand** gemäß § 34 StGB und auch[13] durch § 193 StGB ausgeschlossen werden.

D. Qualifikation

5 Für die Qualifikation der Begehung durch **öffentliche Behauptung** bzw. durch eine solche, die durch das **Verbreiten von Schriften** erfolgt, gilt das oben zur üblen Nachrede Ausgeführte ohne Abweichungen.[14]

---

[3] Zur Abgrenzung von Werturteilen im Einzelnen oben § 25 Rn. 4; diese Grundsätze gelten entsprechend.

[4] Vgl. oben § 32 I 1 und auch *Tröndle/Fischer* § 187 Rn. 3.

[5] LK/*Hilgendorf* § 187 Rn. 3; *Tröndle/Fischer* § 187 Rn. 3a.

[6] Schönke/Schröder-*Lenckner* § 187 Rn. 4.

[7] Schönke/Schröder-*Lenckner* § 187 Rn. 4.

[8] *Lackner/Kühl* § 187 Rn. 2; NK-*Zaczyk* § 187 Rn. 4; Schönke/Schröder-*Lenckner* § 187 Rn. 4; *Tröndle/Fischer* § 187 Rn. 3a m.w.N.

[9] *Tröndle/Fischer* § 187 Rn. 4.

[10] BayObLG JZ 1989, 700.

[11] *Tröndle/Fischer* § 187 Rn. 4.

[12] NK-*Zaczyk* § 187 Rn. 6 nimmt insoweit Tatbestandsausschluss an.

[13] Entgegen Schönke/Schröder-*Lenckner* § 187 Rn. 6.

[14] Vgl. oben § 26 Rn. 12.

E. Konkurrenzen

Auch hinsichtlich der Konkurrenzen ergeben sich keine Unterschiede zu § 186 StGB.[15]   **6**
Weitergehend ist **Idealkonkurrenz** aus Gründen der Klarstellung und Ausschöpfung
des Unrechts möglich mit § 153 ff. StGB, § 164 StGB, sowie mit § 15 UWG.[16]

§ 28. Verunglimpfung des Andenkens Verstorbener

Inhaltsübersicht

Schrifttum: *siehe Schrifttum zu § 23.*

Der Schutzzweck der Vorschrift ist problematisch und gilt in der Literatur ausdrücklich   **1**
als „schwierig zu bestimmen".[1] Ein Toter hat keine aktualisierbare Ehre, die als Schutzgut
des strafrechtlichen Persönlichkeitsschutzes dienen könnte. Deshalb schützt § 189 StGB
nach h.L. das **Pietätsgefühl der Hinterbliebenen.**[2] Präzisierend wird teilweise auch die
Ehre der Hinterbliebenen im Bezug zum Verstorbenen als das spezifische Schutzgut
erwähnt.[3] An zeitliche Grenzen ist die Strafbarkeit der Verunglimpfung nicht gebunden.
Auch das Andenken an solche Menschen, die bereits vor langer Zeit gestorben sind oder
keine Hinterbliebenen haben, ist mithin geschützt.[4] Da in diesen Fällen eine auf die
Hinterbliebenen zielende Schutzzweckbestimmung nicht möglich ist,[5] wird von einer
neueren, funktionalen Lehre mit überzeugenden Gründen vertreten, dass der tatbestandliche Schutzzweck im Bereich des **öffentlichen Friedens** liegt.[6]

A. Objektiver Tatbestand

Tathandlung ist das „Verunglimpfen" und bezeichnet eine besonders grobe und schwer-   **2**
wiegende Herabsetzung,[7] die in Form einer **Beleidigung** (§ 185 StGB), einer **üblen
Nachrede** (§ 186 StGB) oder einer **Verleumdung** geschehen kann.[8] Entscheidend ist dabei, dass über das Beleidigungsdelikt hinaus eine **besonders schwere Kränkung** vorliegt.[9]

---

[15] Vgl. oben § 26 Rn. 14.

[16] Schönke/Schröder-*Lenckner* § 187 Rn. 8.

[1] *Tröndle/Fischer* § 189 Rn. 2.

[2] *Tröndle/Fischer* § 189 Rn. 2, wo als zweites Schutzgut – im Strafrecht problematisch – die fortwirkende Menschenwürde des Verstorbenen genannt wird.

[3] NK-*Zaczyk* § 189 Rn. 1; *Tröndle/Fischer* § 189 Rn. 2, dafür den Zusammenhang mit § 168 und
§ 194 II anführend.

[4] OLG München NJW-RR 1994, 925.

[5] Nicht überzeugend daher die Ausweitung auf das „Pietätsgefühl der Allgemeinheit" im Fall
„Churchill", OLG Düsseldorf 1967, 1142; krit. dazu *Tröndle/Fischer* § 189 Rn. 2.

[6] MünchKomm StGB/*Regge* § 189 Rn. 1.

[7] BayObLG NJW 1988, 2902; OLG Düsseldorf NJW 1967, 1142; *Tröndle/Fischer* § 189 Rn. 3.

[8] Schönke/Schröder-*Lenckner* § 189 Rn. 2, *Tröndle/Fischer* § 189 Rn. 3.

[9] St. Rspr.; BayObLG JZ 1951, 786; OLG Düsseldorf NJW 1967, 1142, BayObLG NJW 1988,
2902 m.w.N.

Dabei kommt es auf die Umstände des Einzelfalles an. Es ist daher zu schematisch, wenn nach einem Teil der Literatur diese Schwere bei einer Verleumdung stets, bei einer üblen Nachrede nur dann, wenn selbige einiges Gewicht hat, und bei einer Beleidigung nur unter „besonders gravierenden Begleitumständen" angenommen wird.[10] Es kommt nicht auf den Typus des Beleidigungsdelikts an, sondern vielmehr auf die Schwere der Kränkung, die sich aus dem Inhalt und der Form der Herabsetzung ergeben kann. Sie ist beispielhaft zu bejahen bei **Tätlichkeiten am Leichnam**.[11] Sie kann sich auch aus dem **Tatort** ergeben[12] oder aus sonstigen besonders gravierenden Umständen wie der Wahl besonders übler Schimpfworte, Taten nach § 168 StGB,[13] usw. Der Beleidigte muss vor der Tat **gestorben** sein oder, was rechtlich insoweit gleich steht, **amtlich für tot erklärt** worden sein.[14] Die Verunglimpfung unter einer **Kollektivbezeichnung** erfüllt den Tatbestand.[15] Der Bezug auf eine Gruppe, deren Gemeinsamkeit sich gerade aus der Art und Weise des Todes ergibt, ist zulässig und bildet als die Fallgruppe der **Leugnung des Massenmordes an Juden** einen wesentlichen Teil der Kasuistik.[16]

B. Subjektiver Tatbestand

3 **Bedingter Vorsatz** ist erforderlich und zugleich hinreichend.[17] Er muss sich auch auf den Tod des von der Herabsetzung Betroffenen beziehen. Die Behandlung eines diesbezüglichen **Irrtums** ist umstritten, da sie entscheidend von der **Bestimmung des Schutzgutes** abhängt: Erachtet man die Ehre des Betroffenen als durch § 189 StGB geschützt und nimmt weiter an, der Vorsatz des Verunglimpfens eines Verstorbenen sei im Vorsatz der Beleidigung eines Lebenden enthalten, so führt die fälschliche Annahme, der Verstorbene lebe, zur Bestrafung aus § 189 StGB.[18] Die irrtümliche Annahme, die Person sei tot, führt hingegen zur Straflosigkeit.[19] Wer jedoch die Rechtsgüter der §§ 185 ff. StGB und 189 StGB als unvereinbar verschieden erachtet, gelangt in beiden Irrtumsfällen (also der jeweils fälschlichen Annahme, die Person lebe oder sei tot) zwingend zum Ergebnis der Straflosigkeit. So entspricht es der h.L.[20] Dieser Ansicht ist zu folgen: Das Bestimmtheitsgebot fordert eine klar umrissene Definition des Schutzzwecks des § 189 StGB. Nachdem der überzeugende **funktionale Ansatz** diesen Schutzzweck im Bereich des **öffentlichen Friedens** verortet sieht, ist er inkommensurabel mit dem Schutzzweck der §§ 185 ff. StGB. Diese Verschiedenheit der Schutzrichtung muss in der Irrtumslehre konsequent beachtet werden.

---

[10] *Tröndle/Fischer* § 189 Rn. 3.

[11] Schönke/Schröder – *Lenckner* § 189 Rn. 2.

[12] *Tröndle/Fischer* § 189 Rn. 3.

[13] BayObLG JZ 1951, 786; BayObLG NJW 1988, 2902; LG Göttingen NJW 1979, 1559; Münch-Komm StGB/*Regge* § 189 Rn. 18; *Tröndle/Fischer* § 189 Rn. 3.

[14] LK/*Hilgendorf* § 189 Rn. 3; *Tröndle/Fischer* § 189 Rn. 3.

[15] BGH NJW 1955, 800; MünchKomm StGB/*Regge* § 189 Rn. 18; Schönke/Schröder-*Lenckner* § 189 Rn. 2; *Tröndle/Fischer* § 189 Rn. 3 m.w.N.

[16] BGHSt 40, 105; BayObLG NStZ 1997, 284.

[17] BayObLG JZ 1951, 786, Schönke/Schröder-*Lenckner* § 189 Rn. 3; *Tröndle/Fischer* § 189 Rn. 4 m.w.N.

[18] *Tröndle/Fischer* § 189 Rn. 4.

[19] SK/*Rudolphi/Rogall* § 189 Rn. 4; *Tröndle/Fischer* § 189 Rn. 4.

[20] *Lackner/Kühl* § 189 Rn. 4; MünchKomm StGB/*Regge* § 189 Rn. 19; Schönke/Schröder-*Lenckner* § 189 Rn. 3; *Rüping,* GA 1977, 305; *Tenckhoff,* JuS 1988, 201 m.w.N.

C. Rechtswidrigkeit

Eine Rechtfertigung nach **§ 193 StGB** scheidet nach h.L. aus.[21] Dieser restriktiven **4** Sicht kann jedoch nicht gefolgt werden, so dass mit der Gegenansicht[22] gerade angesichts der unter Bestimmtheitsgesichtspunkten problematischen Definition des Schutzgutes und der Tathandlungen die aus verfassungsrechtlichen Gründen für das Wertgefüge des strafrechtlichen Persönlichkeitsschutzes entscheidende Abwägung des § 193 StGB auch auf § 189 StGB bezogen werden können muss. Die insoweit in ständiger Rechtsprechung entwickelten Grundsätze sind zuverlässig und zugleich flexibel genug, um in allen Einzelfällen zu überzeugenden Ergebnissen zu gelangen. Entsprechendes gilt, wenn zweifelhaft ist, ob die betreffende Person noch lebte, als die Tathandlung vorgenommen wurde: auch dann tritt konsequentermaßen Straflosigkeit ein.[23]

D. Konkurrenzen, Strafantrag

Liegt die Tathandlung in der Vollführung **beschimpfenden Unfugs** am **Leichnam** **5** oder an der **Aufbahrungs- oder Beisetzungsstätte** eines Verstorbenen, die unter § 168 StGB tatbestandsmäßig ist, so geht diese Vorschrift im Wege der **Gesetzeskonkurrenz** vor, da sie bezogen auf das allgemeine Pietätsempfinden und das postmortale Persönlichkeitsrecht eine doppelte Schutzrichtung hat sowie eine höhere Strafe androht.[24] Bezüglich des **Strafantrags** ist § 194 II StGB zu beachten.

E. Besonderheiten

Hingewiesen sei zunächst noch auf den **Qualifikationstatbestand des § 188 StGB.** **6** Er schärft die Strafe für Taten nach §§ 186, 187 StGB gegenüber Persönlichkeiten des politischen Lebens. Normzweck ist es, der **Vergiftung des politischen Lebens** durch Ehrabschneidungen entgegenzuwirken.[25]

§ 190 StGB normiert den **Wahrheitsbeweis durch Strafurteil.** Nach dieser Vorschrift **7** ist der Beweis der Wahrheit einer behaupteten Tatsache als erbracht anzusehen, wenn der Beleidigte wegen dieser Tat rechtskräftig verurteilt worden ist. Hingegen ist nach Satz 2 der Vorschrift der **Beweis der Wahrheit ausgeschlossen,** wenn der Beleidigte vor der Behauptung oder Verbreitung rechtskräftig freigesprochen ist. Die Vorschrift begründet **kein allgemeines Beweiserhebungsverbot.**[26]

§ 192 StGB betrifft die sog. **Formalbeleidigung:** Auch die Äußerung einer wahren **8** Behauptung schließt die Bestrafung nach § 185 StGB nicht aus, wenn das Vorhandensein einer Beleidigung aus der Form der Behauptung oder Verbreitung oder aus den Umständen, unter welchen sie geschah, hervorgeht. Beispiele sind die **Benutzung von Schimpfworten** oder die **tendenziöse Zusammenstellung** der Behauptung.[27] Ein typischer Fall ist die Veröffentlichung von Details aus der **Intimsphäre.** Weiter kann das demonstrativ-öffentliche **Eintreiben von Schulden** den Tatbestand erfüllen.[28] Der Tat-

---

[21] Schönke/Schröder-*Lenckner* § 189 Rn. 4 m.w.N.
[22] NK-*Zaczyk* § 189 Rn. 9 m.w.N.
[23] *Lackner/Kühl* § 189 Rn. 4; MünchKomm StGB/*Regge* § 189 Rn. 19; Schönke/Schröder-*Lenckner* § 189 Rn. 3; *Rüping* GA 1977, 305; *Tenckhoff* JuS 1988, 201; *Tröndle/Fischer* § 193 Rn. 4.
[24] Schönke/Schröder-*Lenckner* § 189 Rn. 5.
[25] Zu Einzelheiten vgl. Schönke/Schröder-*Lenckner* § 188 Rn. 1–10.
[26] *Tröndle/Fischer* § 193 Rn. 4.
[27] *Tenckhoff* JuS 1989, 35, 39; *Tröndle/Fischer* § 192 Rn. 2.
[28] LG Leipzig NJW 1995, 3190; LG Bonn NJW-RR 1995, 1515; Schönke/Schröder-*Lenckner* § 192 StGB Rn. 1; *Tröndle/Fischer* § 192 Rn. 2 m.w.N.

bestand wird auch bejaht bei der Reaktualisierung einer länger zurückliegenden ehrenrührigen Tatsache.[29] Im Sinne der h.M.[30] stellt – gegen eine zahlenmäßig unterlegene Gegenansicht[31] – der sog. **Publikationsexzess** einen Fall des § 192 StGB dar: Die Veröffentlichung einer wahren ehrenrührigen Tatsache, obgleich an ihr kein legitimes öffentliches Interesse besteht, kränkt das Persönlichkeitsrecht in einer besonders effizienten Weise, die den Betroffenen waffenlos zurücklässt. Der **Vorsatz** muss sich darauf erstrecken, dass Form oder Umstände der Kundgebung ehrverletzend sind.

9   Die Einzelheiten zum **Strafantrag** als Strafverfolgungsvoraussetzung (§ 194 StGB) wurden im Einzelnen oben[32] dargelegt. Bei den Beleidigungsdelikten ergeben sich keine Besonderheiten.

10   § 199 StGB ermöglicht die **Straffreierklärung** bei **wechselseitig begangenen Beleidigungen** (sog. **Kompensation** oder **Retorsion**). Der Zweck dieser Vorschrift ist es, die bei wechselseitiger Tatbegehung gleichsam „auf dem Fuße" erfolgte Erwiderung zu berücksichtigen und somit dem Erstbeleidiger eine besondere Strafe zu ersparen.[33] Für den Zweittäter ist die **Nähe zur Notwehr** zu berücksichtigen, was aus funktionalen Erwägungen heraus den Entfall der Strafe legitimieren kann: Es ist oftmals keine gesonderte Strafwürdigkeit in der Person des Zweittäters begründbar, wenn die vom Erstbeleidiger hervorgerufene und daher zu vertretende Situation durch Erwiderung der Beleidigung „erledigt" werden kann. Insoweit ähnelt die Begründung der Straffreiheit dem systemwidrigen Privileg des Notwehrexzesses gemäß § 33 StGB.[34] Einzelheiten sind umstritten.[35]

11   **Bekanntgabe der Verurteilung** gemäß § 200 StGB: Ist die Beleidigung öffentlich oder durch Verbreiten von Schriften begangen und ihretwegen auf Strafe erkannt worden, so ist auf Antrag des Verletzten die öffentliche Bekanntmachung durchzuführen. Gemäß Abs. 2 ist die Art der Bekanntmachung **im Urteil zu bestimmen,** um eine adäquate Form der Kompensation der Ehrverletzung im jeweiligen Einzelfall bestimmen zu können. Der Inhalt der Bestimmung richtet sich nach der Art und Weise der Verletzung und muss eine sinnvolle und zureichende Kompensation gewähren.

---

[29] Schönke/Schröder-*Lenckner* § 192 StGB Rn. 1.

[30] OLG Braunschweig MDR 1948, 186; OLG Frankfurt NJW 1948, 226; *Lackner/Kühl* § 192 Rn. 2: *Peglau* ZRP 1998, 250 f.; Schönke/Schröder-*Lenckner* § 192 Rn. 1 m.w.N.

[31] LG Hamburg MDR 1992, 522.

[32] Vgl. oben I 1.

[33] Schönke/Schröder-*Lenckner* § 199 Rn. 1.

[34] Vgl. *Heuchemer,* JA 1999, 724 ff.; *ders.,* JA 2000, 382 ff.

[35] Schönke/Schröder-*Lenckner* § 199 Rn. 1 m.w.N.

11. Kapitel. Sonstige Tatbestände

§ 29. Die Verletzung des persönlichen Lebens- und Geheimbereichs

Inhaltsübersicht

Schrifttum: *siehe Schrifttum zu § 23.*

A. Überblick

Nur kursorisch hingewiesen sei auf die weiteren Tatbestände des 15. Abschnitts des **1** StGB, die ebenfalls dem strafrechtlichen Persönlichkeitsschutz dienen, aber hier nicht vertieft behandelt werden können. Dies ist zunächst die Verletzung der Vertraulichkeit des Wortes gemäß § 201 StGB, die Verletzung des Briefgeheimnisses gemäß § 202 StGB, das Ausspähen von Daten gemäß § 202a StGB sowie die Verletzung von Privatgeheimnissen gemäß § 203 StGB und die Annexvorschrift des § 204 StGB, welche die Verwertung von Geheimnissen im Sinne des § 203 StGB betrifft.

I. Schutzgut

§ 201a StGB schützt den **höchstpersönlichen Lebensbereich.** Das Strafrecht kannte **2** diesen in Anlehnung an den Begriff des „persönlichen Lebensbereichs" in § 171b GVG entstandenen, aber enger auszulegenden Begriff bis dahin nicht. Der Schutzbereich reicht nicht so weit wie der des persönlichen Lebensbereichs gemäß §§ 68a I StPO, 171b GVG.[1] Erfasst ist der Kerngehalt des allgemeinen Persönlichkeitsrechts, also die Intimsphäre, die **Sexualsphäre und der Bereich von Krankheit und Tod**[2]. Der Bereich der Religion

---

[1] Dazu *Lackner/Kühl,* § 201a Rn. 1.
[2] *Lackner/Kühl,* § 201a Rn. 1; *Hoppe* GRUR 2004, 990, 993; *Bosch* JZ 2005, 377, 379.

gehört nicht zu diesem Kerngehalt,[3] denn religiöse Betätigungen scheiden insbesondere deshalb aus, weil sie kaum randscharf abgrenzbar sind und daher die Konturen der Schutzwürdigkeit zu undeutlich sind. Einige Autoren bezweifeln unter dem Aspekt der mangelnden Tatbestandsbestimmtheit die **Verfassungsmäßigkeit der Vorschrift**[4]. In der Tat ist es fraglich, ob angesichts des unklaren Schutzgutes und der präzisierungsbedürftigen Tatbestandsmerkmale die Anforderungen des aus Art 103 II GG, § 1 StGB abgeleiteten Prinzips der *lex certa* gewahrt sind. Diesen Bedenken ist durch eine **restriktive, verfassungskonforme Auslegung** der einzelnen Tatbestandsmerkmale Rechnung zu tragen,[5] da mit dem Begriff des „höchstpersönlichen Lebensbereichs" ein relativ konturloses, offenes Rechtsgut zum Tatbestandsmerkmal wurde.[6]

II. Normcharakter

3   Die Vorschrift ist ein **Verletzungsdelikt.** Entgegen jener Meinung, die auch in den Gesetzesmaterialien einen Anhaltspunkt findet[7] und wonach ein Gefährdungsdelikt vorliegen soll, ist entscheidend der Wortlaut der Vorschrift zu beachten, wonach der höchstpersönliche Lebensbereich gerade *verletzt* werden muss. Dadurch ist auch klargestellt, dass nicht jede Bildaufnahme im Bereich einer Wohnung usw. den Tatbestand erfüllt.[8] In der Begehungsweise des Zugänglich-Machens für Dritte gemäß § 201a II StGB wird die den Tatbestand insgesamt kennzeichnende Charakteristik als Verletzungsdelikt noch deutlicher. Teilweise wird nur die erste Begehungsweise als Verletzungsdelikt betrachtet; während die übrigen als Gefährdungsdelikt qualifiziert werden.[9]

III. Rechtspolitische Hintergründe

4   Die Einführung des § 201a StGB ist die im Eingangskapitel dargestellte Reaktion des Strafgesetzgebers auf die bereits lange erhobene rechtspolitische Forderung nach einer Verstärkung des strafrechtlichen Schutzes des Persönlichkeitsrechts.[10] Die Vorschrift soll eine Parallelisierung des Schutzes gewährleisten, die das Gesetz gegen unerlaubtes Abhören einerseits durch § 201 StGB und gegen das bislang nur durch § 33 KunstUrhG erfasste unerlaubte Abbilden andererseits bietet. Mit dem Verbot bestimmter Bildaufnahmen in § 201a StGB hält der deutsche Gesetzgeber zugleich Anschluss an eine **gesamteuropäische Rechtsentwicklung,** denn die meisten europäischen Strafrechtsordnungen kennen Strafnormen, die unerlaubte Bildaufnahmen aus der Privatsphäre und/oder deren Verbreitung pönalisieren.[11] Zweck der Schaffung des § 201a StGB war es auch, diese im Vergleich zu den Rechtsordnungen der europäischen Nachbarstaaten bestehende Lücke zu schließen.

---

3   BeckOK StGB/*Heuchemer,* § 201a Rn. 1, a.A. *Hoppe* GRUR 2004, 990, 993.

4   *Pollähne* KritV 2003, 387; dazu *Lackner/Kühl,* § 201a Rn. 1 und *Wendt* AfP 2004, 181 m.w.N.

5   BeckOK StGB/ *Heuchemer,* § 201a Rn. 1.

6   Grundlegend kritisch daher *Bosch* JZ 2005, 377, 379; *Borgmann* NJW 2004, 2133.

7   Vgl. BT-Drs. 15/2466, 4.

8   *Lackner/Kühl,* § 201a Rn. 3.

9   *Hoppe* GRUR 2004, 990, 991.

10   Vgl. die Nachweise dort und *Peglau,* Der Schutz des allgemeinen Persönlichkeitsrechts durch das Strafrecht, 1997, passim; *ders.* ZRP 1998, 249; *Schünemann* ZStW 90, 11, 33 m.w.N.

11   Vgl. BeckOK StGB/*Heuchemer,* § 201a Rn. 5.1.; Überblick bei *Hoppe* GRUR 2004, 990, 993.

B. Objektiver Tatbestand

I. Wohnung

Tatbestandlich erfasst sind die **Wohnung** und solche Räume, die in qualifizierter Weise 5 gegen Einsichtnahme geschützt sind. Die für diese Begrenzung des räumlichen Schutzbereichs maßgebliche Absicht des Gesetzgebers war die strafbewehrte Abschirmung des letzten höchstpersönlichen Rückzugsbereichs.[12] Auf die zivilrechtlichen Eigentümerbefugnisse und darauf, wem das Hausrecht zusteht, kommt es nicht an. Auch Gäste in einer **fremden Wohnung** oder einem **Hotelzimmer** sind geschützt;[13] genauso wie der **Haftraum** eines Straf- oder Untersuchungsgefangenen.[14] „Wohnung" sind nur solche Räume, die im „Mittelpunkt des privaten Lebens stehen". Der Schutzbereich ist folglich identisch mit dem Inbegriff der Räume, die einer Person als Unterkunft dienen oder zur Benutzung freistehen.[15] **Nebenräume** wie Keller, Flure, Treppenhäuser, Garagen usw. scheiden aus.

II. Gegen Einblick besonders geschützte Räume

Erfasst gegen Einblick sind auch besonders geschützte Räume wie **Toiletten, Um-** 6 **kleidekabinen** und **ärztliche Behandlungszimmer.** Auch ein Garten, der mit einer **blickdichten Hecke** umgeben ist, kann im Einzelfall eine derartige Räumlichkeit darstellen. Ein umschlossener Raum wie in § 243 I Satz 1 Nr. 1 StGB muss nicht vorhanden sein.[16] Das Merkmal liegt aber immer nur dann vor, wenn ein **erkennbar abgeschirmtes Anwesen** vorliegt. Andernfalls lassen sich die Abgrenzungsprobleme nicht bewältigen, denn etwa selbst eine hohe und blickdichte Hecke schützt in dicht besiedelten Gebieten kaum vor Blicken etwa aus der zweiten Etage des Nachbarhauses oder von erhöhten Punkten aus, die einen guten Einblick ermöglichen. Dies führt zu Unsicherheiten, die mit den besonderen Bestimmtheitsanforderungen strafrechtlicher Schutzgesetze gemäß § 1 StGB, Art. 103 II GG unvereinbar wären.[17] Der Begriff „gegen Einblick besonders geschützt" ist aus diesem Grunde enger auszulegen als die „Orte erkennbarer Abgeschiedenheit" im Sinne der Caroline-Entscheidung des BVerfG.[18]

III. Verletzung des höchstpersönlichen Lebensbereichs

Als tatbestandsmäßiger **Erfolg** muss eine „Verletzung des höchstpersönlichen Lebens- 7 bereichs" eingetreten sein.[19] Abweichend von § 201 I 1 StGB, für dessen Verwirklichung die unbefugte Aufnahme jedes nichtöffentlich gesprochenen Wortes ausreicht, genügt für eine Strafbarkeit nach § 201a I StGB die unbefugte Aufnahme einer Person in einer geschützten Räumlichkeit noch nicht. Eine Verletzung des höchstpersönlichen Lebensbereichs liegt vor, wenn der Täter durch eine der im Tatbestand beschriebenen Begehungsweisen in die **Intimsphäre** eines anderen eindringt. Die Verletzung der Privatsphäre und

---

[12] BT-Drs 15/2466, 5.
[13] BeckOK StGB/*Heuchemer* § 201a Rn. 11; BT-Drs 15/2466, 5.
[14] BeckOK StGB/*Heuchemer* § 201a Rn. 11.
[15] BeckOK StGB/*Heuchemer* § 201a Rn. 11.1.
[16] BT-Drs 15/2466, 5; BeckOK StGB/*Heuchemer* § 201a Rn. 12.
[17] *Heuchemer/Paul* JA 2006, 616; BeckOK StGB/*Heuchemer* § 201a Rn. 12.1.
[18] BVerfGE 101, 361 Leitsatz 1.
[19] Str., anders BT-Drs 15/2466, 4, wonach ein Gefährdungsdelikt vorliegt; differenzierend *Hoppe* GRUR 2004, 990, 991, der nur die erste Begehungsweise als Verletzungsdelikt ansieht und im Übrigen von einem Verletzungsdelikt ausgeht.

des einfachen persönlichen Lebensbereichs genügt nicht. Dies ergibt sich zwar nicht aus dem Wortlaut der Vorschrift, folgt aber erstens aus den Abgrenzungsschwierigkeiten, die ansonsten zwingend auftreten würden, und zweitens – insbesondere – aus den besonderen Anforderungen an die Tatbestandsbestimmtheit sowie an die materielle Legitimation der Kriminalstrafe. Tatbestandlich erfasst aus diesem Grunde nur die **innere Gedanken- und Gefühlswelt** mit ihren äußeren Erscheinungsformen wie **vertraulichen Briefen und Tagebuchaufzeichnungen** sowie die Angelegenheiten, für die ihrer Natur nach ein Anspruch auf Geheimhaltung besteht, also etwa der **Gesundheitszustand,** Einzelheiten über das **Sexualleben** sowie **Nacktaufnahmen.** Verkürzt ist auf die Trias von „Krankheit, Tod und Sexualität" abzustellen.[20] Diese Begrenzung entspricht der in den Gesetzesmaterialien explizit vorgenommenen Gleichsetzung des höchstpersönlichen Lebensbereichs mit der Intimsphäre.[21] Als Folge dieser Restriktion ist beispielsweise die **Videoüberwachung** z. B. eines fremden Arbeitszimmers nach wie vor straflos, denn in aller Regel bedeutet eine solche noch keinen Eingriff in die Intimsphäre des Opfers.[22] Freilich kommt es auch hier auf die Umstände des Einzelfalles an – insbesondere, ob nach den konkreten objektiven Bedingungen ein Interesse des Betroffenen erkennbar wird, den fraglichen Raum als Kernbereich auch intimer Lebensgestaltung zu schützen und abzuschirmen. Dies ist eine Tat- und Tatsachenfrage nach den jeweiligen örtlichen Bedingungen und Verhältnissen.

IV. Verletzungshandlungen

1. Herstellen einer Bildaufnahme, § 201a I StGB

8   Der Tatbestand enthält mit dem „Herstellen" und dem „Übertragen" einer Bildaufnahme zwei Begehungsweisen. **„Herstellen"** bedeutet das **Hervorbringen einer Bildaufnahme.**[23] Diese Variante erfasst damit alle Handlungen zur **Anfertigung** einer Bildaufnahme mit technischen Mitteln durch die Speicherung des Motivs auf einem Datenträger.[24] Sie erstreckt sich somit auf jede chemische, elektromagnetische, digitale oder auf sonstige Weise erfolgte **Fixierung des Bildes auf einem Träger.** Maßgeblich für die Begehungsweise ist insoweit – unabhängig von den technischen Besonderheiten – allein die **Reproduzierbarkeit des Bildes.**[25] Kann es erneut visuell wahrnehmbar gemacht werden, so liegt ein tatbestandsmäßiges „Herstellen" vor. Das spezifische Unrecht liegt in der **bildlichen Perpetuierung** der vergänglichen äußeren Erscheinung einer Person.[26] Nicht erfasst ist weiterhin der bloße **„freche Blick",** also die Einblicknahme in den tatbestandlich geschützten Geheimnisbereich, die nicht dauerhaft fixiert oder an Dritte übertragen wird.[27] Das **„Spähen am Schlüsselloch"** oder ähnliche Eingriffe in den höchstpersönlichen Lebensbereich sind also weiterhin auch dann straflos, wenn sie mit technischen Hilfsmitteln (Ferngläsern, Teleskopen, Nachtsichtgeräten, Schlauchkameras pp.) vorgenommen werden. Somit ist die vom Gesetzgeber nach den Gesetzesmaterialien beabsichtigte Parallelisierung zu § 201 StGB nicht erreicht worden, denn § 201 II Nr 1

---

[20] BT-Drs 15/2466, 5; *Lackner/Kühl,* StGB § 201a Rn. 3; BeckOK StGB/*Heuchemer,* § 201a Rn. 12.1.

[21] Zur näheren Begründung anhand der Gesetzesmaterialien und dem Gesetzeszusammenhang BeckOK StGB/*Heuchemer,* § 201a Rn. 14.1, 15 m. w. N.

[22] Vgl. auch *Kühl* AfP 2004, 190, 196.

[23] *Lackner/Kühl,* § 201a Rn. 4.

[24] BT-Drs. 15/2466, 5; *Hoppe* GRUR 2004, 990, 993.

[25] *Lackner/Kühl* § 201a Rn. 4; *Kühl* AfP 2004, 190, 194; BeckOK StGB/*Heuchemer* § 201a Rn. 14.1, 15 m. w. N.

[26] *Lackner/Kühl* § 201a Rn. 4; *Kühl* AfP 2004, 190, BeckOK StGB/*Heuchemer* § 201a Rn. 14.1, 15 m. w. N.

[27] BT-Drs 15/2466, 5; *Lackner/Kühl* § 201a Rn. 4.

StGB stellt auch das bloße Belauschen jedenfalls dann unter Strafe, wenn technische Hilfsmittel eingesetzt werden. Die Bildaufnahmen müssen **von einer anderen Person** sein, also das Abbild einer natürlichen anderen **lebenden Person** zeigen.[28] Es ist auch ausreichend, wenn lediglich **Teile der Person** abgebildet werden, solange die Person insgesamt anhand dieser Teile noch grundsätzlich identifizierbar ist.[29]

2. Übertragen einer Bildaufnahme, § 201a I StGB

Das „Übertragen" erfasst **Echtzeitübermittlungen** von Bildinformationen durch **9** sog. **Webcams** oder **Spycams,** bei denen es zwar zu einer Zwischenspeicherung, nicht aber zu einer dauerhaften Fixierung des Bildes kommt.[30] Darin liegt zugleich auch die maßgebliche Abgrenzung zu § 201a II StGB, der die Weitergabe der Aufnahme an Dritte pönalisiert. Dieser setzt nämlich voraus, dass eine Bildaufnahme zuvor hergestellt, also nicht nur zwischengespeichert worden ist. In keinem Fall ist es jedoch erforderlich, dass der Täter die Bildaufnahme selbst zur Kenntnis nimmt, bevor er sie überträgt.[31]

3. Gebrauchen einer Bildaufnahme, § 201a II StGB

„Gebrauchen" meint jede Nutzung der Bildaufnahme etwa durch **Archivieren, Spei-** **10** **chern oder Kopieren,**[32] durch die der Täter eine selbständige Verfügungsgewalt über das Bildprodukt erhält. Irrelevant ist, ob die Nutzung durch einen anderen als den Hersteller geschieht oder der Täter den hergestellten Film selbst ansieht.[33] Taugliches Tatobjekt ist dabei allein eine **unbefugt hergestellte Aufnahme,** die eine Person in einer geschützten Räumlichkeit abbildet und in ihrem höchstpersönlichen Lebensbereich verletzt. Anders als bei Abs. 1 ist die **Unbefugtheit** der Aufnahme demnach im Rahmen des Abs. 2 der Vorschrift ein **Tatbestandsmerkmal,** auf das sich der Vorsatz beziehen muss. So entspricht es auch herrschender Auslegung des § 201 I Nr. 2 StGB,[34] so dass insoweit eine gewisse Parallelisierung zu § 201 I StGB geschaffen worden ist, wie der Gesetzgeber sie ausweislich der Materialien als Gesamtkonzept verfolgt hatte.

Die Definition des Gebrauchmachens nach den Materialien[35] ist zu weit gefasst. Im **11** Falle der Weitergabe an Dritte bedeutet § 201a II StGB ein beträchtliches Strafbarkeitsrisiko. Ein „Ausnutzen der technischen Möglichkeiten des Bildträgers" lässt sich nämlich schon dann bejahen, wenn eine auf einem Server abgelegte Bilddatei in den Zwischenspeicher eines Internetnutzers (sog. „Cache") heruntergeladen und auf dessen Bildschirm sichtbar gemacht wird. Dann würde auch das bloße Anschauen von unbefugt hergestellten Bildern im Internet nach § 201a II StGB strafbar sein, wenn der Nutzer zumindest mit dolus eventualis bezüglich der Unbefugtheit der Bildaufnahme handelt. Wieso das bloße Anschauen eines Bildes im Internet nach § 201a StGB Strafe verdienen soll, während der sog „freche Blick" sogar dann straflos bleibt, wenn er unter Einsatz technischer Hilfsmittel erfolgt, ist wertungsmäßig nicht nachvollziehbar.[36] Ein Gebrauchmachen ist deshalb nur dann zu bejahen, wenn der Täter eine **selbständige Verfügungsgewalt** über das Bildprodukt hat. Dies ist eine zusätzliche, ungeschriebene Voraussetzung zur Restriktion des Tatbestandes. Für den Internetnutzer bedeutet dies: Erst wenn das Bild bewusst **heruntergeladen** und auf einem Datenträger **abgespeichert** wird, kann man von einer Verfügungsgewalt und mithin von einem „Gebrauchmachen" sprechen.

---

[28] *Tröndle/Fischer* § 201a Rn. 5.
[29] *Koch* GA 2005, 595; *Kargl* ZStW 117 (2005), 324, 340; BeckOK StGB/*Heuchemer* § 201a Rn. 16.2.
[30] BT-Drs 15/2466 S. 4; *Lackner/Kühl* § 201a Rn. 5.
[31] *Lackner/Kühl* § 201a Rn. 4.
[32] BT-Drs 15/244, 5; *Lackner/Kühl* § 201a Rn. 6.
[33] BT-Drs 15/2466, 5; 15/1891, 7.
[34] *Tröndle/Fischer* § 201 Rn. 14.
[35] Wenn die „technischen Möglichkeiten des Bildträgers ausgenutzt werden"; BT-Drs 15/2466, 5.
[36] *Heuchemer/Paul* JA 2006, 616.

4. Dritten Zugänglichmachen, § 201a III StGB

12   Dritten Zugänglichmachen meint das Ermöglichen des Zugriffs auf das Bild. Es kann durch das Weitergeben oder Aushändigen des Bildes oder die Kenntnisnahme vom Gegenstand durch einen oder mehrere Dritte geschehen.[37] Schon das **Ablegen auf einem Server,** der anderen Internetnutzern den Abruf des Bildes ermöglicht, erfüllt demgemäß Abs. 2. Die Tathandlung selbst ist wie in Abs. 2 zu verstehen.

C. Subjektiver Tatbestand

13   **Bedingter Vorsatz** ist erforderlich und ausreichend. Dies setzt zunächst die Kenntnis aller tatsächlichen Umstände voraus. Die Unbefugtheit der Aufnahme, um deren Gebrauch bzw. Weitergabe es geht, ist Tatbestandsmerkmal und muss somit vom Vorsatz umfasst sein. Wer also irrig davon ausgeht, die Bildaufnahme wurde mit der Einwilligung des Opfers hergestellt, unterliegt also nicht einem **Erlaubnistatbestandsirrtum,** sondern schlicht einem **Tatbestandsirrtum,** der nach § 16 I Satz 1 StGB den Vorsatz ausschließt. Für das **normative Tatbestandsmerkmal** des „höchstpersönlichen Lebensbereichs" ist eine Parallelbeurteilung nach laienhafter Art erforderlich. Das Merkmal **„unbefugt"** in den Absätzen 1 und 3 ist allgemeines Verbrechensmerkmal ohne Relevanz für den Tatbestand. Für das „Zugänglichmachen" (Absatz 3) muss der Täter mindestens mit dolus eventualis bzgl. des Tatobjekts, der Ermöglichung des Zugriffs und des Tatererfolgs handeln. Weiter ist ein **wissentlich unbefugtes** Vorgehen erforderlich. Dieses Merkmal ist dem Tatbestand zuzuordnen und stellt kein „negatives" subjektives Rechtfertigungselement dar.[38] Schon im objektiven Tatbestand sind daher mögliche Rechtfertigungsgründe (v.a. die **Einwilligung**) relevant. Auch für denkbare Irrtumsfälle hat die Einordnung als Tatbestandsmerkmal Konsequenzen: In einem vorsatzausschließenden **Tatbestandsirrtum** nach § 16 I StGB – und nicht im Erlaubnistatbestandsirrtum – handelt der Täter, wenn er aufgrund einer irrigen Tatsachenwahrnehmung etwa an das (Fort)bestehen einer Einwilligung glaubt. Beispielhaft: Er hat in einem Telefonat die Anweisung des Abgebildeten missverstanden, die ihm entgegen einer zuvor bestehenden Vereinbarung fortan jeden Gebrauch der Bilder verbietet. Der bloße Glaube an das Erlaubtsein der Tat, etwa aufgrund einer falschen rechtlichen Bewertung, löst demgegenüber nur einen **Verbotsirrtum** (§ 17 StGB) aus.

D. Rechtswidrigkeit

14   Das Merkmal „unbefugt" iSd § 201a I, III StGB ist kein Tatbestandsmerkmal, sondern ein Hinweis auf das **allgemeine Verbrechensmerkmal der Rechtswidrigkeit.** Es hat den Sinn, auf die Rechtfertigungsgründe zu verweisen, die bei § 201a StGB namentlich in Form der Einwilligung besonders häufig vorliegen können. Speziell bei der Einwilligung ist zu berücksichtigen, dass § 201a StGB ebenso wie § 201 StGB **kein „heimliches" Vorgehen** erfordert und eine Bildaufnahme folglich auch dann strafbar sein kann, wenn sie zwar mit Wissen, aber gegen den ersichtlichen Willen des Opfers geschieht.[39]

---

[37] BT-Drs 15/2466, 5.

[38] *Kühl* AfP 2004, 190, 196; *Lackner/Kühl* § 201a Rn. 8.

[39] Dies entspricht der bisher hM zu § 201 StGB (*Tröndle/Fischer* StGB § 201 Rn. 10; *Lackner/Kühl* StGB § 201 Rn. 11 m.w.N, a.A. *Schönke/Schröder/Lenckner* StGB § 201 Rn. 13, der eine tatbestandseinschränkende Funktion des Merkmals „unbefugt" für Handlungen mit Wissen des Opfers annimmt.

I. Die Einziehung technischer Mittel
gemäß § 201a IV StGB

§ 201a IV StGB ermöglicht die **Einziehung** der Tatwerkzeuge. Insoweit gelten die all- **15**
gemeinen Regeln über die Einziehung nach den §§ 74 ff. StGB. Die Vorschrift entspricht
§ 201 V StGB, so dass auf die dortigen Ausführungen verwiesen werden kann.[40] § 74a
StGB wird für anwendbar erklärt. Somit kann unter den dort normierten Voraussetzungen auch eine **Dritteinziehung** erfolgen.

III. Strafantrag; Eigenschaft als Schutzgesetz
gemäß § 823 II BGB

Die Tat wird nur auf **Antrag** verfolgt; § 205 I StGB. Im Gegensatz zu § 33 KunstUrhG **16**
ist § 201a StGB aber kein Privatklagedelikt iSd. §§ 374 ff. StPO. § 201a StGB stellt ein
Schutzgesetz iSd. § 823 II BGB dar.[41]

E. Konkurrenzen

Es besteht **Tateinheit** mit § 33 KunstUrhG. Die Gegenansicht, die Tatmehrheit an- **17**
nimmt,[42] verkennt die durchaus **abweichende Schutzrichtung** der beiden Vorschriften
und gelangt deshalb nicht zum gerade auf Konkurrenzebene entscheidend anzustreben-
den Ausdruck des vollständigen Tatunrechts im Schuldspruch.[43] § 201a StGB betrifft den
höchstpersönlichen Lebensbereich, während § 33 KunstUrhG ein Verbreitungsdelikt darstellt. Somit kann nur durch die Annahme von Idealkonkurrenz sachgerecht ausgedrückt
werden, dass der Täter sowohl den höchstpersönlichen Lebensbereich verletzt als auch das
weitergehende Unrecht einer Verbreitung verwirklicht hat. **Tatmehrheit** kommt ausnahmsweise nur dann in Betracht, wenn der Täter unbefugt eine Bildaufnahme im Sinne
von § 201a I StGB herstellt und diese später und aufgrund eines neuen Tatentschlusses
durch Weitergabe an einen Dritten verbreitet. Das vorherige Herstellen steht dann in
Realkonkurrenz zur untereinander idealkonkurrierenden Erfüllung der begehungsweisen einer Weitergabe[44] und Verbreitung.[45]

---

[40] Zu den besonderen Problemen der Ausnahme vom Verfall nach § 73 I Satz 2 StGB und die Einziehung im Rahmen des § 201a StGB und den damit verbundenen verfassungsrechtlichen Problemen *Hoppe* GRUR 2004, 990, 995.

[41] *Tröndle/Fischer* § 201a Rn. 3.

[42] *Lackner/Kühl* § 201a Rn. 11 m.w.N.

[43] Zu diesem zentralen Ziel der Konkurrenzlehre im Sinne des Ausschöpfungsgebots MüKo
StGB/von Heintschel-Heinegg Vor §§ 52 ff. StGB Rn. 17, 19 ff., 26 f.; unter dem Stichwort der Klar-
stellungsfunktion insbesondere auch Rn. 27.

[44] § 201a II StGB.

[45] § 33 KunstUrhG.

§ 30. Weitere Vorschriften des strafrechtlichen Persönlichkeitsrechtsschutzes

Inhaltsübersicht

Schrifttum: *siehe Schrifttum zu § 23.*

A. Die verbotene Mitteilung über Gerichtsverhandlungen gemäß § 353 d Nr. 3 StGB

I. Vorbemerkung

1   Wie dargelegt wurde, können mediale Vorverurteilungen einen erheblichen Eingriff in das Persönlichkeitsrecht bedeuten. Die einzige Norm des geltenden Strafrechts, die **Vorverurteilungen** verhindern soll und somit mittelbar auch das **Persönlichkeitsrecht** schützt, ist § 353 d Nr. 3 StGB. Nach dieser Norm wird bestraft, wer „3. die Anklageschrift oder andere amtliche Schriftstücke eines Strafverfahrens (. . .) ganz oder in wesentlichen Teilen im Wortlaut öffentlich mitteilt, bevor sie in öffentlicher Verhandlung erörtert worden sind oder das Verfahren abgeschlossen ist."

2   Die Vorschrift wird vom Schrifttum überwiegend kritisch gewertet. *Tröndle/Fischer* halten sie für einen „Schlag ins Wasser". Der Deutsche Juristentag sprach sich für die Abschaffung der Norm aus.[1] Das Amtsgericht Hamburg stufte sie sogar als verfassungswidrig ein mit der Begründung, „dass § 353 d Nr. 3 in seiner jetzigen Fassung schlechthin (. . .) ungeeignet erscheint, die von ihm intendierten Ziele zu erreichen".[2] Das BVerfG widersprach dieser Ansicht und führte aus, dass § 353 d Nr. 3 StGB zwar einen Schutz gegen Vorverurteilungen „nur in einem bestimmten Umfang gewährleisten kann", aber angesichts des hohen Ranges der Pressefreiheit aus Art. 5 GG einen zulässigen Kompromiss darstelle.[3]

3   Bei genauerem Hinsehen zeigt sich, dass § 353 d Nr. 3 StGB eine sinnvolle Vorschrift ist, die in gewissem Umfang geeignet ist, Vorverurteilungen entgegenzuwirken und somit das Persönlichkeitsrecht zu schützen in einem Bereich, in welchem ansonsten kaum Schutz existiert.[4] Weder im Kernstrafrecht noch außerhalb des StGB finden sich Vorschriften, die

---

[1] NJW 1990, 2992 sub IV 11. b).

[2] NStZ 1984, 265, 266.

[3] BVerfGE 71, 206, 217 ff.

[4] Möglichen Persönlichkeitsrechtsverletzungen im Rahmen einer Hauptverhandlung kann ansonsten nur durch das Gericht mit den Mitteln der sitzungspolizeilichen Gewalt des Vorsitzenden gemäß den §§ 169 ff. GVG entgegengesteuert werden. Die Möglichkeiten und Grenzen dieses Schutzes sind extrem umstritten. Die Entscheidung ist ganz auf verfassungsrechtliches Terrain verlegt, da außer der Verfassungsbeschwerde und dem Eilantrag nach §§ 32 ff. BVerfGG keine rechtliche Hand-

der für den Ablauf des Verfahrens regelmäßig besonders abträglichen Vorverurteilung Einhalt gebieten könnten. Die in **Art. 6 II EMRK** normierte Unschuldsvermutung bindet nur staatliche Stellen, so dass auch die im nationalen Recht im Rang eines Bundesgesetzes unmittelbar gültige und ggf. über eine Beschwerde nach den Art. 34 ff. EMRK vor dem EGMR individuell durchsetzbare Europäische Menschenrechtskonvention keinen Schutz gegen **Vorverurteilungen durch private Presseorgane** und die damit einhergehenden, besonders massiven Beeinträchtigungen des Persönlichkeitsrechts in einer besonders prekären und für Einflüsse anfälligen Sphäre bieten kann.

Der vom AG Hamburg kritisierte Umstand, dass die sinngemäß umschreibende Wie-   **4** dergabe amtlicher Schriftstücke erlaubt und nur das wörtliche Zitat verboten ist, nimmt der Norm gerade nicht ihre Eignung zur Bekämpfung der Vorverurteilung und der damit verbundenen, besonders intensiven Verletzung des Persönlichkeitsrechts in einer besonders kritischen Verfahrensphase. Diese Differenzierung führt nämlich zur Bestrafung der Publikation illegal durch Ermittlungsbeamte weitergegebener Aktenstücke – und damit gerade zu einem für die Entstehung von Vorverurteilungen problematischen Punkt der Zusammenarbeit von Ermittlungsbehörden und Medien.[5] § 353d StGB will also „den in der Öffentlichkeit verheerenden Eindruck verhindern, als sitze der interessierte Journalist neben dem interessierten Staatsanwalt und tippe dessen Verfügungen unvermittelt ins Blatt"[6] – und erweist sich insoweit als sinnvolle Vorschrift. Die Anwendung des § 353d Nr. 3 StGB eignet sich somit trotz der Kritik, die der Norm üblicherweise entgegengetragen wird,[7] **Missbräuche in der Zusammenarbeit von Ermittlungsbehörden und Medien** zu unterbinden und das Persönlichkeitsrecht in einem Stadium des (Straf-)Verfahrens zu schützen, wo dieser Schutz besonders nottut, da die Weitergabe der tatbestandlich erfassten Dokumente in aller Regel zu einer nachteiligen Beeinflussung des Verfahrens und zu einer Bloßstellung des Betroffenen führt. Die Norm vermag zugleich dem Eindruck entgegenzuwirken, als existiere ein unkontrollierbares Zusammenwirken von Ermittlern und den Medien und als seien die Journalisten über die aktuellen Ermittlungsschritte rundum informiert. Damit lässt sich zugleich das **„Zwielicht der Justizwidrigkeit"**[8] eines laufenden Verfahrens unterdrücken, das dadurch entsteht, dass aus unbekannter Quelle amtliche Verfahrensdokumente wörtlich publiziert werden. Eine Erweckung des § 353d Nr. 3 StGB „aus ihrem Schlummerdasein"[9] wäre also zweckdienlich.[10] Im Einzelnen betrachtet werden soll hier nur Nr. 3, der – als einzige Begehungsweise – auch dem Persönlichkeitsschutz dient.

II. Objektiver Tatbestand

§ 353d Nr. 3 StGB schützt die **Unbefangenheit der Verfahrensbeteiligten**[11] sowie   **5** die vom Verfahren Betroffenen vor vorzeitiger öffentlicher Bloßstellung und Vorverurteilung.[12] Die Vorschrift ist ein **Presseinhaltsdelikt**[13]. Nr. 3 sanktioniert Verstöße gegen

---

habe gegen eine Anordnung nach den §§ 169 ff. GVG existiert. Laut einer Mitteilung der Hessischen Staatskanzlei vom 30. 5. 2007 im derzeit anhängigen Verfassungsbeschwerdeverfahren 1 BvR 697/03 soll ggf. die Schaffung von Anfechtungs- und Rechtsschutzmöglichkeiten gegenüber sitzungspolizeilichen Anordnungen zur Beschränkung einer Medienberichterstattung geschaffen werden.

    [5] Vgl. dazu oben 2 b).
    [6] *Hassemer* NJW 1985, 1921, 1923.
    [7] Vgl. dazu *Többens* GA 1983, S. 97 ff. m.w.N dort.
    [8] *Roxin* NStZ 1995, 151, 159.
    [9] *Többens* GA 1983, S. 97.
    [10] *Heuchemer*, Der strafrechtliche Persönlichkeitsschutz, Lexikonbeitrag im BeckOK StGB Rn. 5 und 5.1.; *ders.*, BeckOK/StGB § 353b Rn. 1.1 m.w.N dort.
    [11] *Tröndle/Fischer* § 353d StGB Rn. 1.
    [12] *Roxin* NStZ 1991, 153; *Többens* GA 1983, 83, 107.
    [13] *Tröndle/Fischer* § 353d StGB Rn. 1.

das Verbot, die Anklageschrift und bestimmte andere amtliche Schriftstücke im Wortlaut öffentlich mitzuteilen. Erfasst ist auch der **Anklagesatz** gemäß § 200 I Satz 1 StPO.[14] **Tathandlung** ist das öffentliche Mitteilen. Tatbestandsmäßig ist auch die **Mitteilung wesentlicher Teile,** also solcher, die für die Sache oder einen Beteiligten wichtig ist. Eine sinngemäße inhaltliche Wiedergabe genügt nicht; vielmehr muss das Schriftstück ganz oder in wesentlichen Teilen wiedergegeben werden.[15] Geringfügige Änderungen des Wortlautes hindern die Strafbarkeit – gegen eine Minderansicht[16] – nicht.[17]

III. Subjektiver Tatbestand

6   In subjektiver Hinsicht ist **bedingter Vorsatz** erforderlich und ausreichend. Die irrige Annahme, zur Begehung befugt zu sein, begründet einen **Verbotsirrtum** nach § 17 StGB. Eine falsche Beurteilung des Merkmals „erörtert" begründet einen für den Vorsatz unbeachtlichen **Subsumtionsirrtum.**

IV. Konkurrenzen

7   **Tateinheit** ist möglich mit den §§ 94ff, 185ff, 293 StGB.

B. Falsche Verdächtigung gemäß § 164 StGB

8   Bei der **falschen Verdächtigung** gemäß § 164 StGB ist es umstritten, ob die Vorschrift nur dem Schutz der Rechtspflege oder auch den Individualinteressen des Geschädigten und somit zumindest *auch* dem Persönlichkeitsschutz dient.[18] Im Hinblick auf die in § 165 StGB normierte Möglichkeit, die öffentliche Bekanntgabe der Verurteilung zu erreichen,[19] sprechen die besseren Argumente dafür, den Schutz des Persönlichkeitsrechts als von § 164 StGB (mit)umfasst anzusehen.[20] Auch hier folgen aus der Zwiespältigkeit der Schutzrichtung erhebliche Auslegungsprobleme.[21] Damit sind die im StGB normierten Vorschriften aufgeführt, die zum Schutz des Persönlichkeitsrechts dienen.[22]

---

[14] *Tröndle/Fischer* § 353d Rn. 6 gegen OLG Hamm NJW 1977, 967.

[15] *Tröndle/Fischer* § 353d Rn. 6.

[16] *Schönke/Schröder/Lenckner/Perron* § 353d Rn. 49.

[17] Zu den objektiven Merkmalen BeckOK StGB/*Heuchemer* § 353d Rn. 7 und 7.1.

[18] Zum Streitstand vgl. die Nachweise bei *Tröndle/Fischer* 52. Aufl. § 164 Rn. 2 m.w.N.

[19] Vgl. bei den Beleidigungsdelikten insoweit die entsprechende Vorschrift des § 200 StGB.

[20] Vgl. dazu *Peglau,* Der Schutz des allgemeinen Persönlichkeitsrechts durch das Strafrecht S. 30 f.; *ders.* ZRP 1998, S. 249.

[21] Vgl. dazu *Hirsch* in: GS Schröder, S. 307 ff.; *Langer,* Die falsche Verdächtigung, 1973, passim; *ders.* GA 1987, 292.

[22] Inzident spielte das Argument des Persönlichkeitsrechtsschutzes aber auch bei anderen Vorschriften, deren Schutzrichtung abweicht, eine Rolle. So wurde etwa in den Gesetzesmaterialien die Heraufstufung des Wohnungseinbruchsdiebstahls vom Regelbeispiel nach § 243 zum Qualifikationstatbestand nach § 244 I Nr. 3 StGB damit begründet, dass das mit dem Einbruch verbundene Eindringen in die private Lebenssphäre des Opfers regelmäßig besonders gravierende Folgen habe (BT-Drs. 13/8587 S. 43; dazu *Schönke/Schröder-Eser* § 244 Rn. 30; *Tröndle/Fischer* § 244 Rn. 16). Diese qualifizierte Strafe für das Eindringen in einen besonders geschützten Bereich lässt sich als Reflex des Persönlichkeitsrechtsschutzes im Bereich der Eigentumsdelikte verstehen. Zu beachten ist: Der Schutzbereich ist insoweit bei § 244 StGB enger als der des § 201a StGB. Einzig vor dem Hintergrund des Arguments, dass nur ein enger, persönlicher Lebensbereich geschützt sein soll, ist die damals umstrittene Heraufstufung zur Qualifikation verständlich (vgl. Schönke/Schröder-*Eser* § 244 Rn. 30). Der Wohnungsbegriff des § 244 StGB ist enger gefasst als der Begriff der „Räumlichkeiten" nach § 123 StGB (dazu *Tröndle/Fischer* § 244 Rn. 17).

C. Schlussübersicht: Strafrechtlicher Persönlichkeitsschutz außerhalb des StGB

I. Die Strafnorm des § 106 UrhG

Die zentrale Strafnorm des Urhebergesetzes (UrhG) ist § 106. Danach macht sich straf- **9** bar, wer in anderen als den gesetzlich zugelassenen Fällen ohne Einwilligung des Berechtigten ein Werk oder eine Bearbeitung oder Umgestaltung eines Werkes vervielfältigt, verbreitet oder öffentlich wiedergibt. § 106 II UrhG normiert die Strafbarkeit des Versuchs.[23] Die praktische Bedeutung der Vorschrift ist untergeordnet.[24] Zur Vervollständigung des Kompendiums ist die Vorschrift hier aber zu nennen, da sie nach h.L. einen mittelbaren Schutz des Persönlichkeitsrechts statuiert.[25] Die Vorschrift des § 107 UrhG dient wegen der erfassten Verletzung urheberpersönlichkeitsrechtlicher Befugnisse auch dem Schutz des Persönlichkeitsrechts.[26] Freilich hat § 107 UrhG keine praktische Bedeutung und brachte etwa Wandtke/Bullinger-Hildebrand § 107 Rn. 1 zu der radikalen Ansicht, sie solle ersatzlos gestrichen werden. § 108 Nr. 7 UrhG kann wegen der Verweisung auf § 94 I S. 2 UrhG in begrenztem Umfang auch Schutz gegenüber Entstellungen und Kürzungen von Luftbildern gewähren. In Abs. 2 ist die Strafbarkeit des Versuchs normiert. Keine persönlichkeitsrechtsschützende Dimension haben §§ 108 a, b. Von prozessualer Bedeutung ist das Strafantragserfordernis des § 109 UrhG. Die Einziehung ist nach § 110 UrhG wichtig. § 111 UrhG statuiert die Möglichkeit der Bekanntgabe der Verurteilung; eine Parallele zu den §§ 165, 200 StGB.

II. Weitere Normen, die reflexhaft auch Bestandteile des Persönlichkeitsrechts schützen

Im Nebenstrafrecht finden sich weitere Normen, die z.T. die Ausstrahlungen des Per- **10** sönlichkeitsrechts im weiteren Sinne schützen. Sie werden im vorliegenden Zusammenhang nicht behandelt. Es sei aber kursorisch auf die Vielzahl der Vorschriften hingewiesen, bei denen die Schutzrichtung nicht eindeutig ist und es sich nicht ohne weiteres bestimmen lässt, ob die wettbewerbsrechtliche, die öffentlich-rechtliche oder eben die das Persönlichkeitsrecht schützende Dimension der jeweiligen Norm im Vordergrund steht. Ein Beispiel dafür sind die strafrechtlichen Vorschriften und Ordnungswidrigkeiten des UrhG. Insoweit ist durch die Strafnorm des § 106 UrhG und durch den Bußgeldtatbestand des § 107 UrhG nur partiell das **Urheberpersönlichkeitsrecht**[27], im Übrigen aber die wirtschaftliche Seite des Urheberrechts geschützt.[28] Die Schutzrichtung der Normen stellt also ein Konglomerat verschiedener Zielsetzungen dar, innerhalb derer das Persönlichkeitsrecht eine mehr oder weniger zentrale Rolle spielt.

Fernerhin schuf der Gesetzgeber durch das Gesetz zur Verbesserung des zivilrechtlichen **11** Schutzes bei Gewalttaten und Nachstellungen sowie der Erleichterung der Überlassung der Ehewohnung bei Trennung vom 11. 12. 2001[29] (**Gewaltschutzgesetz**) mit Wirkung zum 1. 1. 2002 eine in der wissenschaftlichen Auseinandersetzung bis dato kaum wahrgenommene, weitere Strafnorm zum Schutz des (höchst)persönlichen Lebensbereichs: Nach **§ 4 GewSchG** wird mit Freiheitsstrafe bis zu einem Jahr oder mit Geldstrafe be-

---

[23] Dies erst seit dem PrPG von 1990 (vgl. *Schulze/Dreier* § 106 Rn. 12).
[24] *Schulze/Dreier* UrhG § 106 Rn. 2.
[25] Wandtke/Bullinger-*Hildebrand* § 106 Rn. 6: nur mittelbarer Schutz.
[26] *Schulze/Dreier* UrhG § 106 Rn. 1 und § 107 Rn. 1.
[27] Insbesondere geschieht dies durch § 107 I Nr. 1 UrhG; vgl. *Schulze/Dreier* UrhG § 106 Rn. 1.
[28] Vgl. dazu *Dreier/Schulze* UrhG § 106 Rn. 1.
[29] BGBl. 2001 I, 1479.

straft, wer einer bestimmten vollstreckbaren Anordnung gemäß § 1 I 1 oder 3 GewSchG jeweils auch in Verbindung mit § 1 II 2 GewSchG zuwiderhandelt. Gemäß § 4 Satz 2 GewSchG bleibt die Strafbarkeit nach anderen Vorschriften unberührt.[30] Bemerkenswert ist, dass es im Gesetzentwurf zu § 4 GewSchG ausdrücklich hieß, das Zivilrecht gewährleiste keinen hinreichenden Schutz absoluter Rechte, wobei das **allgemeine Persönlichkeitsrecht** ausdrücklich angeführt war.[31] Deshalb sei gerade die *strafrechtliche* Bewehrung von Schutzanordnungen erforderlich.[32] Erfahrungsberichte über die praktische Effizienz im Umgang mit der Vorschrift liegen noch nicht vor.[33]

---

[30] Zu dieser Vorschrift eingehend *Merscher,* Die Verzahnung von Straf- und Zivilrecht im Kampf gegen häusliche Gewalt, 2004, S. 156 ff. und S. 183 ff.

[31] BT-Drs. 14/5429 zu Art. 1 GewSchG § 4 S. 32; dazu *Merscher,* Die Verzahnung von Straf- und Zivilrecht im Kampf gegen häusliche Gewalt, 2004, S. 185.

[32] *Merscher,* Die Verzahnung von Straf- und Zivilrecht im Kampf gegen häusliche Gewalt, 2004, S. 185.

[33] Im Datenschutzrecht verbieten die Strafnorm des § 44 BDSG (mit § 43 II BDSG) und die Bußgeldvorschrift des § 43 II BDSG die unbefugte, vorsätzliche oder fahrlässige Erhebung, Verarbeitung, Weitergabe usw. personenbezogener Daten, die nicht allgemein zugänglich sind. Auch hier kann im Merkmal der Personenbezogenheit und dem damit vermuteten Geheimhaltungsinteresse ein maßgeblicher Anknüpfungspunkt dafür erblickt werden, dass das Persönlichkeitsrecht jedenfalls reflexartig mitgeschützt ist. Ein Beispiel für eine ganz überwiegend wirtschaftliche Schutzrichtung, hinter die ein persönlichkeitsrechtlicher Reflex fast ganz zurücktritt, stellen die Straf- und Bußgeldnormen des KWG dar. So stellen §§ 55 a und b KWG die unbefugte Verwertung bzw. Offenbarung von Angaben über Millionenkredite unter Strafe; jeweils in Verbindung mit § 14 II S. 8 f. KWG. Auch hier kann der widerrechtliche Umgang mit den in § 14 II S. 8 f. KWG ausdrücklich erwähnten personenbezogenen Daten das Persönlichkeitsrecht iwS. berühren. § 56 KWG enthält entsprechende Bußgeldvorschriften. Weiter zu nennen sind die Strafnorm des § 95 TKG sowie die Ordnungswidrigkeit des § 96 TKG; jeweils iVm der PostdienstedatenschutzVO. Weiter kommt die Verletzung einer Geheimhaltungspflicht nach § 404 AktG (Strafnorm), sowie die Bußgeldvorschrift des § 405 AktG in Betracht. Zu nennen sind ferner die Verletzung der Geheimhaltungspflicht nach § 85 GmbHG (Strafnorm) sowie § 151 GenG und §§ 144 ff GewO. Trotz der in erster Linie wirtschaftsrechtlichen Zielrichtung betreffen die genannten Normen aber auch das **Recht auf informationelle Selbstbestimmung,** das unbestritten einen Teilbereich des Persönlichkeitsrechts darstellt. Für alle nur *Jarass/Pieroth,* GG Art. 2 Rn. 28 a und Verweis in den verfassungsrechtlichen Teil des Handbuchs – Die genannten Normen sollen keine abschließende Aufzählung darstellen, sondern nur das Problem veranschaulichen, wie vielgestaltig und mit anderen Schutzzielen kombiniert und von diesen überlagert der Persönlichkeitsrechtsschutz statuiert wird.

5. Teil. Grenzen des Persönlichkeitsrechts

12. Kapitel. Kommunikationsfreiheit

§ 31. Wahrnehmung berechtigter Interessen

Inhaltsübersicht

Schrifttum: *Adomeit*, Wahrnehmung berechtigter Interessen und Notwehrrecht, JZ 1970, 495; *Bein-mann*, Meinungsfreiheit und Strafrecht, 1981; *Bornkamm*, Die Berichterstattung über schwebende Strafverfahren und das Persönlichkeitsrecht des Beschuldigten, NStZ 1983, 102; *Brammsen*, Zur Frage, ob Äußerungen, Soldaten bzw. Angehörige der Bundeswehr seien potentielle Mörder, strafbar sind oder durch Wahrnehmung berechtigter Interessen gerechtfertigt sein können, JR 1992, 82; *Dalbker-meyer*, Der Schutz des Beschuldigten vor identifizierenden und tendenziösen Pressemitteilungen der Ermittlungsbehörden, 1994; *Erdsiek*, Wahrnehmung berechtigter Interessen ein Rechtfertigungs-grund? JZ 1969, 311; *Eser*, Wahrnehmung berechtigter Interessen als allgemeiner Rechtfertigungs-grund, 1969; *Huff*, Sorgfaltspflichten von Journalisten bei der Justizberichterstattung, in: FS Damm, 2005, 70; *Geerds*, Berichterstattung über Strafsachen, in: FS Oehler, 1985, 423; *ders.*, Über das Er-schleichen von Informationen für publizistische Zwecke, JR 1982, 183; *Geppert*, Wahrnehmung be-rechtigter Interessen (§ 193 StGB), Jura 1985, 25; *Jäger*, Wahrnehmung berechtigter Interessen durch Auskunfteien, NJW 1956, 1224; *Karpf*, Die Begrenzung des strafrechtlichen Schutzes der Ehre, 2004; *Kretschmer*, Strafrechtlicher Ehrenschutz und Meinungs- und Pressefreiheit im Recht der Bundes-republik Deutschland und der Vereinigten Staaten von Amerika, 1994; *Kühl*, Persönlichkeitsschutz des Tatverdächtigen durch die Unschuldsvermutung – Ein Beitrag zu Grenzen der Kriminalbericht-erstattung, in: FS Hubmann, 1985, 241; *Lege*, Privatsphäre und Politik – Helmut Kohl und die Stasi-Unterlagen, Jura 2005, 616; *Lenckner*, Die Wahrnehmung berechtigter Interessen, ein „übergesetz-licher" Rechtfertigungsgrund?, in: GS Noll, 1984, 243; *Meurer*, Wahrnehmung berechtigter Interessen und Meinungsfreiheit, in: FS Hirsch, 1999, 652; *Murswiek*, Verfassungsschutz – Mitarbeit als staats-bürgerliche Obliegenheit?, in: GS Blumenwitz, 2008; *ders.*, Der Verfassungsschutzbericht – Funktio-nen und rechtliche Anforderungen, in: *Oebbecke/Pieroth* (Hrsg.), Islam und Verfassungsschutz, 2007; *Pernice*, Öffentlichkeit und Medienöffentlichkeit – Die Fernsehberichterstattung über öffentliche staatliche Sitzungen am Beispiel von Bundestag und Bundesrat, Gerichten und Gemeinderäten, 2000; *Peters*, Die publizistische Sorgfalt, NJW 1997, 1334; *Pieroth*, Pressefreiheit und Gefahrenabwehr, AfP 2006, 301; *Reichold*, Zur presseüblichen Sorgfalt im Rahmen der Recherchen für eine Repor-

tage, EWiR 1987, 891; *Reinhardt*, Zivilrechtlicher Schutz des Ansehens und berechtigte Interessenwahrnehmung, in: FS R. Lange, 1976, 195; *Rhode*, Publizistische Sorgfalt und redaktionelle Rechts-
pflichten, 2004; *Schmidt*, Wahrnehmung berechtigter Interessen ein Rechtfertigungsgrund?, JZ 1970,
8; *Claas-Hendrik Soehring*, Vorverurteilung durch die Presse, 1999; *Jörg Soehring*, Das Recht der journalistischen Praxis, 1990; *Wanckel*, Vom Umgang mit der Wahrheit: Wie weit reicht das Selbstbestimmungsrecht?, in: FS Engelschall, 1996, 265; *Zaczyk*, § 193 als Rechtfertigungsgrund, in: FS Hirsch,
1999, 820; *Zielemann*, Der Tatverdächtige als Person der Zeitgeschichte, 1982; *Zippelius*, Meinungsfreiheit und Persönlichkeitsrecht, in: FS Hubmann, 1985, 511.

A. Einleitung

1   Die Medien, insbesondere die Massenmedien, üben eine **öffentliche Aufgabe**[1] aus, indem sie in Angelegenheiten von öffentlichem Interesse Nachrichten beschaffen und verbreiten, Stellung nehmen und Kritik üben.[2] Die **Informationsfunktion** soll so ausgestaltet sein, dass sie so vollständig, sachlich und verständlich wie möglich die Rezipienten
in die Lage versetzt, das öffentliche Geschehen zu verfolgen. Da unsere Gesellschaft viel
zu großräumig geworden ist, kommen wir mit dem direkten Gespräch, der unmittelbaren Kommunikation, nicht mehr aus. Jeder Einzelne und die vielfältigen Gruppen, die in
der heutigen Informations- und Wissensgesellschaft bestehen, sind darauf angewiesen,
miteinander ins Gespräch gebracht zu werden. Hier setzt die Funktion der Massenmedien
an, deren Aufgabe das Herstellen von Öffentlichkeit[3] bzw. das Schaffen eines Forums ist.
Die öffentliche Meinung[4] wird vor diesem Hintergrund zu einem permanent präsenten
„unsichtbaren" Parlament.[5]

2   Im Rahmen der von den Massenmedien wahrgenommenen **Meinungsbildungs-
funktion** kommt es immer wieder zu einer Konfliktsituation zwischen dem öffentlichen Informationsinteresse und dem Allgemeinen Persönlichkeitsrecht der von den
Veröffentlichungen der Massenmedien Betroffenen. Gleichwohl wird das im Raum
stehende öffentliche Informationsinteresse auch entscheidend durch das Verhalten des
Betroffenen und seine Stellung in der Öffentlichkeit beeinflusst. Deswegen kann die
Stellung in der Öffentlichkeit oder eine Teilnahme an der öffentlichen Diskussion
berechtigte Informationsinteressen auslösen, die über die Argumentationsebene und
-schiene der sog. Wahrnehmung berechtigter Interessen[6] den Eingriff in das Allgemeine

---

[1] Der Gedanke, die Presse nehme eine öffentliche Aufgabe wahr, weswegen ihr bei der Interessenwahrnehmung eine Sonderstellung zukomme, hat seinen historischen Ausgangspunkt in § 1 des
NS-Schriftleitergesetzes (sic!) vom 4. 10. 1933 (RGBl. 11, 713).

[2] So heißt es in § 3 des Pressegesetzes für das Land Nordrhein-Westfalen: „Die Presse erfüllt eine
öffentliche Aufgabe insbesondere dadurch, dass sie Nachrichten beschafft und verbreitet, Stellung
nimmt, Kritik übt oder auf andere Weise an der Meinungsbildung mitwirkt."

[3] BVerfGE 20, 162, 174 f. – *Spiegel*.

[4] Die von den Medien veröffentlichten Meinungen sind nicht mit der sog. öffentlichen Meinung
gleichzusetzen, einem Begriffspaar, um dessen genaue Beschreibung sich die Gelehrten seit Sokrates
bis heute streiten. Die Publizistikwissenschaftlerin *Elisabeth Noelle-Neumann* bietet als Beschreibung
des wissenschaftlich so umstrittenen wie ungeklärten Phänomens an: „Öffentliche Meinung ist
gegründet auf das unbewusste Bestreben von in einem Verband lebenden Menschen, zu einem
gemeinsamen Urteil zu gelangen, zu einer Übereinstimmung, wie sie erforderlich ist, um zu handeln
und wenn notwendig entscheiden zu können." Der Presserechtler und „elder statesman" des Presserechts *Martin Löffler* bietet eine andere Definition an: „Öffentliche Meinung ist die während eines
gewissen Zeitraums in einem größeren, individuell nicht bestimmten Teil der Bevölkerung vorherrschende übereinstimmende Ansicht bzw. Einstellung zu Personen, Ereignissen oder Zuständen."

[5] So die plastische Wendung von: Löffler/Arndt/Noelle-Neumann/Haacke/*Löffler*, Die öffentliche Meinung, 1962, S. 21.

[6] *Löffler* hat das Prinzip der Wahrnehmung berechtigter Interessen mit Recht als die „Magna
Charta der Kritikfreiheit von Presse und Rundfunk" bezeichnet (vgl. *Löffler*, Presserecht, 3. Auflage,
§ 6 LPG Rn. 66).

Persönlichkeitsrecht des Betroffenen rechtfertigt. Ausgangspunkt bildet § 193 StGB, der bestimmt:

> *"Tadelnde Urteile über wissenschaftliche, künstlerische oder gewerbliche Leistungen, desgleichen* **Äußerungen, welche zur Ausführung oder Verteidigung von Rechten oder zur Wahrnehmung berechtigter Interessen gemacht werden** *(gesonderte Hervorhebung durch den Verfasser), sowie Vorhaltungen und Rügen der Vorgesetzten gegen ihre Untergebenen, dienstliche Anzeigen oder Urteile von Seiten eines Beamten und ähnliche Fälle sind nur insoweit strafbar, als das Vorhandensein einer Beleidigung aus der Form der Äußerung oder aus den Umständen, unter welchen sie geschah, hervorgeht."*

Da der Mensch in der Regel keinen direkten Zugang zur Wahrheit (altgr. ἀλήθεια, lat. **3** veritas) hat und somit stets damit rechnen muss, dass sich eine im guten Glauben aufgestellte Behauptung ex post als unrichtig erweist,[7] können mit Hilfe der Wahrnehmung berechtigter Interessen ex ante vorhandene Äußerungsinteressen das Integritätsinteresse bzw. persönlichkeitsrechtliche Schutzinteresse des Betroffenen überwiegen.

Das Rechtsinstitut der Wahrnehmung berechtigter Interessen, das in § 193 StGB und in **4** § 824 Abs. 2 BGB für das Behaupten oder Verbreiten kreditgefährdender unwahrer Tatsachen seine einfachgesetzliche Ausprägung erhalten hat und über diese beiden Normen hinausgehend auch **auf die gesamte Rechtsordnung Anwendung**[8] findet und somit als **übergreifender und übergeordneter Rechtsgedanke** angesehen werden kann, nimmt dem Mitteilenden das Risiko ab, dass sich eine von ihm aufgestellte Behauptung trotz Beachtung der von ihm zu verlangenden Sorgfalt nachträglich als falsch erweist.[9] Dieses Rechtsinstitut schützt letztlich die Medien in den Konstellationen, in denen sich im Nachhinein herausstellt, dass eine veröffentlichte Behauptung unzutreffend ist, sie aber „im guten Glauben" an die Richtigkeit dieser Informationen publiziert haben.[10]

Ob ehrenrührige Enthüllungen, Verleumdungen oder politisch-satirische Karikaturen, **5** das rechtliche Spannungsverhältnis zwischen der Äußerungsfreiheiten und dem Persönlichkeitsschutz ist so alt wie die technische Reproduktion von Information selbst. In der heutigen Informations- und Wissensgesellschaft mit ihrer medialen Reizüberflutung erfährt dieser Konflikt eine neue Aktualität und Virulenz. Konnte bspw. eine Ehrverletzung im 19. Jahrhundert in einem Duell enden, sind die heute zu erwartenden rechtlichen Konsequenzen im Vergleich hierzu eher gering. Die Zurückdrängung des Persönlichkeitsschutzes zu Gunsten der Meinungs- und Pressefreiheit bei der Wahrnehmung berechtigter Interessen wirkt sich in der **Rechtsfolge** auf den Unterlassungs-, Berichtigungs- und Schadensersatzanspruch bzw. Schmerzensgeldanspruch wegen schwerwiegender bzw. hartnäckiger Persönlichkeitsrechtsverletzung aus, da die Wahrnehmung berechtigter Interessen die Rechtswidrigkeit entfallen lässt.[11] Im Hinblick auf den Unterlassungsanspruch ist eine weitere Konsequenz die Aushebelung der Beweisregel des § 186 StGB, da nach dieser gesetzlich konkretisierten **Beweislastregel** die Gefahr, dass sich die Wahrheit bzw. Unwahrheit der Äußerung nicht erweisen lässt, grundsätzlich beim Äußernden liegt.[12] Der Betroffene kann daher Unterlassung verlangen, auch wenn die Behauptung unter Umständen wahr ist. Dies gilt aber nicht, wenn sich der Äußernde auf ein Handeln in Wahrnehmung berechtigter Interessen beruft. Der fehlende Beweis der Unwahrheit geht dann zu Lasten des Betroffenen.[13] Die Wahrnehmung berechtigter Interessen wirkt sich auch auf die Wiederholungsgefahr aus, die bei jedem Unterlassungsanspruch vorliegen muss. Im Regelfall wird diese bei einer rechtswidrig erfolgten Veröffentlichung

---

  7 Vgl. MünchKommBGB/*Wagner*, 4. Auflage, § 823 Rn. 39.

  8 Vgl. *Soehring*, Presserecht, 3. Auflage, § 15 Rn. 15.2.; *Fezer/Prinz*, UWG, Band 1, 2005, § 4-S 7 Rn. 119.

  9 *Prinz/Peters*, Medienrecht, Rn. 254. In Anlehnung an die treffende Formulierung des BGH zu § 193 StGB (vgl. BGH NJW 1985, 1621, 1622 – *Türkol I*).

  10 BGH NJW 1985, 1621, 1622 – *Türkol I*.

  11 Vgl. unten Rn. 7 f.

  12 Vgl. auch: VG Regensburg, Urteil v. 8. 3. 2006, Az. RN 3 K 05.00184.

  13 BGH NJW 1987, 2225, 2226 – *Chemiegift*; BGH GRUR 1989, 781, 782 ff. – *Wünschelrute*.

vermutet. Eine Äußerung, die in Wahrnehmung berechtigter Interessen getätigt wurde, ist aber nicht rechtswidrig, so dass die spezifische Vermutung der Wiederholungsgefahr entfällt und die **Erstbegehungsgefahr vielmehr dargelegt werden muss**. Dafür sind wiederum konkrete Anhaltspunkte hinsichtlich der bevorstehenden Rechtsverletzung erforderlich, die – sofern sie nicht in einer rechtlich erheblichen, nachvollziehbaren und substantiierten Weise vorgetragen werden können – den Unterlassungsanspruch entfallen lassen.[14]

6   Das Rechtsinstitut der Wahrnehmung berechtigter Interessen kommt bei **medienrechtlichen Sachverhalten** nur bei übler Nachrede in Form des § 186 StGB in Verbindung mit § 823 Abs. 2 BGB in Betracht, nicht aber bei der Verletzung des Allgemeinen Persönlichkeitsrechts nach § 823 Abs. 1 BGB. Dies gerade vor dem dogmatischen Hintergrund, als dass das Allgemeine Persönlichkeitsrecht als sog. Rahmenrecht als offener Tatbestand zu qualifizieren ist. Insofern sind in diesen Konfliktlagen derartige Umstände, aufgrund derer berechtigte Interessen wahrgenommen werden, im Rahmen der Rechtswidrigkeitsabwägung zu berücksichtigen.[15]

B. Dogmatische Einordnung der Wahrnehmung berechtigter Interessen

7   Die dogmatische Einordnung des § 193 StGB mit seinem Hauptanwendungsfall der Wahrnehmung berechtigter Interessen[16] ist von einem kontroversen Meinungsbild gekennzeichnet. Die Einordnung selbst ist nicht als dogmatisches Glasperlenspiel im Sinne einer l'art pour l'art zu werten, sondern hat **essentielle praktische Konsequenzen** für die Rechtsfolgen begehrter medienrechtlicher Ansprüche.[17] Nach überwiegender Auffassung handelt es sich um einen Rechtfertigungsgrund,[18] der die Tatbestandsmäßigkeit bestehen und die Rechtswidrigkeit entfallen lässt. Der Bundesgerichtshof nimmt teilweise eine extensivere Auslegung vor und verneint schon den Tatbestand der Persönlichkeitsverletzung, wenn die verfassungskonforme Auslegung die Zulässigkeit ergebe.[19] Uneinheitlich beurteilt wird innerhalb der herrschenden Meinung die exakte Fassung dieses Rechtfertigungsgrundes. Die Mehrheit qualifiziert die Norm des § 193 StGB als **Fall der Interessenkollision**, wonach die Belange des Verletzers diejenigen des Attackierten überwiegen.[20] Diese Sichtweise findet uneingeschränkte Zustimmung hinsichtlich der Werturteile, da es bei dieser Konstellation von vornherein nur um konfligierende Belange geht.

8   Bei Tatsachenbehauptungen hingegen wird von *Burkhardt* eingewandt,[21] dass eine Behauptung entweder wahr sei, womit kein Kollisionsfall vorliege, oder falsch, was bedeute, dass das Interesse des Behauptenden nicht überwiegen könne. Demnach gehe es letztendlich um den **Aspekt des erlaubten Risikos**. Doch auch dieser Fall lässt sich *sub signo* einer Interessenkollision einer Lösung zuführen, da das Interesse an der Mitteilung nach ordentlicher Recherche auch dann das Interesse des Betroffenen überwiegt, wenn die Gefahr nicht ausgeschlossen werden kann, dass sich letztendlich doch die Unwahrheit

---

[14] Vgl. BGH NJW 1987, 2225, 2226 – *Chemiegift*.
[15] *Prinz/Peters*, Medienrecht, Rn. 254.
[16] So zutreffend: MünchKommStGB/*Joecks*, § 193 Rn. 20.
[17] Vgl. oben Rn. 5.
[18] BVerfG NJW 2000, 3196; BVerfG JR 1995, 160, 161; BVerfG NJW 1992, 2815, 1816; BGHSt 36, 83, 89; BGH NStZ 1987, 554; OLG Hamm NJW 1987, 1034, 1035; *Lenckner* in: *Schönke/Schröder*, Kommentar zum StGB, 27. Auflage, § 193 Rn. 1, 8.
[19] BGHZ 45, 296, 307; 50, 133, 143.
[20] *Roxin*, Strafrecht – Allgemeiner Teil, 3. Auflage, § 18 Rn. 33 f.
[21] *Wenzel/Burkhardt*, Das Recht der Wort- und Bildberichterstattung, 5. Auflage, 6. Kapitel Rn. 31 f.

der Behauptung herausstellt.[22] Im Schrifttum wird namentlich unter Berufung auf den Fall, dass sich die Behauptung später als unwahr herausstellt, die Ansicht vertreten, § 193 StGB sei generell kein Rechtfertigungs-, sondern nur ein **Entschuldigungsgrund**.[23] Dieser Ansatz vermag aber aus rechtsdogmatischen und -politischen Gründen nicht zu überzeugen. Insbesondere würde das Rechtsinstitut der Wahrnehmung berechtigter Interessen seine Wirkung einbüßen. Könnte der Äußernde die Wahrheit seiner Aussage nicht beweisen, so müsste die Äußerung vom erkennenden Gericht auch dann untersagt werden, wenn berechtigte Interessen wahrgenommen worden sein sollten. In diesem Fall wäre die Äußerung doch dann rechtswidrig. Ferner bleibt die sog. Notwehrprobe zu beachten. Nach den gängigen Regeln könnte der Attackierte bereits auch präventiv zur Selbsthilfe greifen. Das wäre mit der heutigen Wertigkeit vom Marktplatz der Meinungen nicht mehr in Einklang zu bringen. Es bleibt damit festzuhalten, dass die Verbreitung von Äußerungen in Wahrnehmung berechtigter Interessen **nicht rechtswidrig** und somit auch **nicht strafbar** ist.[24]

In welchem **Verhältnis** das Rechtsinstitut der Wahrnehmung berechtigter Interessen **9** zur grundgesetzlich verankerten Meinungs- und Pressefreiheit des Art. 5 Abs. 1 GG steht, ist nach überzeugender Auffassung des Bundesverfassungsgerichts dahin gehend zu beurteilen, dass § 193 StGB als **besondere Ausprägung** des Grundrechts der Meinungsfreiheit eingeordnet wird.[25] Demnach kann nicht davon ausgegangen werden, dass § 193 StGB letztlich seine selbständige Bedeutung als Rechtfertigungsgrund verloren habe.[26] Die Anwendung des § 193 StGB enthebt das Gericht aber nicht von der Aufgabe, die verfassungsrechtliche Lage in seine Erwägungen einzubeziehen.[27] Mit anderen Worten: Bei der Auslegung und Anwendung der zivilrechtlichen Vorschriften müssen die zuständigen Gerichte die betroffenen Grundrechte **interpretationsleitend** berücksichtigen, damit deren wertsetzender Gehalt auch auf der Rechtsanwendungsebene gewahrt bleibt.[28]

C. Kreis der Wahrnehmungsberechtigten

Zum **Kreis der Wahrnehmungsberechtigten** gehört zunächst derjenige, der eigene **10** Interessen wahren will.[29] Ausreichend ist aber auch, dass der Betreffende mit dem Interesse hinreichend in Verbindung steht. Dies ist der Fall, wenn er dem Interessenträger persönlich nahesteht, so bei naher Verwandtschaft, enger Freundschaft oder langjährigem Arbeitsverhältnis.[30] Mittelbare Eigeninteressen können genügen, so bei Zugehörigkeit zu einem Verein mit einem abgegrenzten Personenkreis und übersehbarer Zusammengehörigkeit.[31] Ein Gemeindeangehöriger kann ein Interesse daran haben, Zweifel an der Lauterkeit eines städtischen Polizeibeamten aufzuklären.[32] Das Gleiche gilt für die Integrität des Bürgermeisters oder das Interesse an der Wahl eines geeigneten Beamten.[33] Das Mitglied einer Partei ist befugt, der Partei schädigendes Tun eines anderen Parteimitglieds an-

---

[22] Überzeugend: *Roxin*, Strafrecht – Allgemeiner Teil, 3. Auflage, § 18 Rn. 35.
[23] *Erdsiek* NJW 1966, 1385, 1389; *Roeder* in: FS Heinitz, 1972, S. 240.
[24] MünchKommStGB/*Joecks*, § 193 Rn. 1.
[25] BVerfGE 42, 143, 152. Neuerdings wieder andeutend: BVerfG NJW 2006, 207, 208 – „IM-Sekretär" Stolpe.
[26] So jedoch: *Lenckner* in: GS Noll, 1984, S. 243, 249.
[27] BVerfG NJW 1982, 2655, 2656 – *Kredithaie*.
[28] BVerfG NJW 2006, 207, 208 – „*IM-Sekretär*" Stolpe.
[29] MünchKommStGB/*Joecks*, § 193 Rn. 23.
[30] BayObLG NJW 1965, 58.
[31] *Hilgendorf* in: Leipziger Kommentar zum StGB, 11. Auflage, § 193 Rn. 19.
[32] RGSt 59, 172.
[33] BayObLG NJW 1956, 354.

zuzeigen.[34] Allgemeine staatsbürgerliche Interessen können ebenfalls nach der Rechtsprechung genügen.[35] **Jeder einzelne Bürger** ist daher berechtigt, öffentliche Missstände zu kritisieren sowie auf die politische Willensbildung Einfluss zu nehmen. Fremde Interessen bzw. Drittinteressen dürfen ebenfalls wahrgenommen werden, sofern dem Äußernden deren Wahrnehmung übertragen worden ist.[36] Zur Wahrnehmung von **Allgemeininteressen** gehört auch die Anzeige von Straftaten, Dienstvergehen und polizeiwidrigen Handlungen.[37] Ihre Anzeige ist regelmäßig auch dann gerechtfertigt, wenn der Vorwurf später nicht bewiesen werden kann.[38]

11   Der weite Kreis der Wahrnehmungsberechtigten mag aus heutiger Perspektive nahezu als selbstverständlich erscheinen, gehörte aber noch nicht von Anfang an zum *sensus communis*. In der *Altherren-Entscheidung* aus dem Jahr 1959 führt der BGH aus[39]:

> *„Das RG hatte der Presse den Rechtfertigungsgrund nur dann zugebilligt, wenn zu der behandelten Angelegenheit eine nahe Beziehung des Redakteurs oder Autors im Sinne einer besonderen Interessenberührung bestand (RGZ 83, 362; RGSt 56, 38; RGSt 63, 92; RGSt 64, 10). Diese Auffassung wird der im demokratischen Staat besonders bedeutsamen Funktion der Presse, die Bürger über öffentliche Angelegenheiten zu unterrichten und an der politischen Meinungsbildung mitzuwirken, nicht gerecht. Gerade wegen der Wichtigkeit dieser Aufgabe ist die Freiheit der Presse durch das Grundgesetz (Art. 5 Abs. 1 Satz 2) besonders geschützt. Es ist der inzwischen herrschend gewordenen Meinung zuzustimmen, daß die Presse im Rahmen ihrer öffentlichen Aufgabe, insbesondere der Behandlung politischer Angelegenheiten, zur Wahrung der Interessen der Öffentlichkeit befugt ist.“*

Die Annahme, die Presse erfülle eine öffentliche Aufgabe und nur deswegen sei sie zur Wahrnehmung fremder Interessen legitimiert, hat zur Folge, dass derjenige, der nicht zur Presse gehört und damit keine „öffentliche Aufgabe" erfüllt, keine Legitimation zur Wahrnehmung fremder Interessen hat.[40] Deutlich kommt diese Schlussfolgerung in einer Entscheidung des OLG Stuttgart[41] zum Ausdruck, in der formuliert wird:

> *„Nur derjenige kann sich auf das öffentliche Informationsbedürfnis berufen, der berechtigt ist, Interessen des Publikums wahrzunehmen. Privatpersonen scheiden danach in der Regel aus. Dagegen ist bereits (. . .) die Presse als Sprachrohr der öffentlichen Meinung anerkannt.“*

D. Berechtigung des Interesses

12   Die Berechtigung des Interesses lässt sich mit dem Begriffspaar „öffentliches Informationsinteresse" umreißen, das gewiss eine „schillernde Kategorie" darstellt.[42] Es bleibt zunächst festzuhalten, dass Art und Grad des Interesses der Öffentlichkeit an der Publikation bei der **einzelfallspezifischen Abwägung** berücksichtigt werden dürfen und auch müssen. Der Schutzbereich der Pressefreiheit erstreckt sich auf alle Presseveröffentlichungen, einschließlich der nicht professionellen Presse, ohne Rücksicht auf ihren Wert.[43] Auch die Sensations- und Regenbogenpresse kann sich auf den Wirkungsgehalt des Art. 5 Abs. 1 GG berufen.[44] Eine Differenzierung würde den Weg zu einer Zensur ebnen. Gleichwohl schließt dies aber nicht die Prüfung aus, ob *in concreto* die schutzwürdigen In-

---

[34] KG JZ 1953, 91 f.

[35] BVerfGE 12, 113, 130; BGHZ 31, 308, 314.

[36] *Lackner/Kühl*, Kommentar zum StGB, 26. Auflage, § 193 Rn. 6.

[37] MünchKommStGB/*Joecks*, § 193 Rn. 23.

[38] *Lenckner* in: *Schönke/Schröder*, Kommentar zum StGB, 27. Auflage, § 193 Rn. 20.

[39] BGHZ 31, 308, 312.

[40] Vgl. *Beater*, Medienrecht, § 11 Rn. 936 ff.

[41] OLG Stuttgart JZ 1960, 126, 130.

[42] *Beater*, Medienrecht, § 11 Rn. 941.

[43] BVerfGE 25, 296, 307 – *Blinkfüer*; 101, 361, 389 ff. – *Paparazzi-Fotos*; BGH NJW 2004, 764 – *Luftbildaufnahme I*.

[44] BVerfGE 66, 116, 132 – *Der Aufmacher*.

teressen etwa der betroffenen Person einem Beitrag zur Meinungsbildung in einer die Öffentlichkeit wesentlich berührenden Frage oder bloßer Neugier oder dem Sensationsbedürfnis weichen soll;[45] einer Pressefehde oder einer anderen internen Auseinandersetzung.[46] Im ersteren Fall muss der Betroffene, vor allem wenn es um die Kontrolle und Kritik an der Ausübung öffentlicher Gewalt von Staatsorganen oder an den nichtstaatlichen Herrschaftsverhältnissen in der Gesellschaft geht, ein erhebliches Maß an Beeinträchtigungen hinnehmen, die im Einzelfall auch nicht voll verifizierte und sich später als falsch herausstellende Informationen implizieren.[47] Es geht gerade bei dieser Fallkonstellation darum, mit Blickwinkel auf Art. 5 Abs. 1 GG **um der Demokratie willen** den freien Meinungsaustausch, die von der Furcht vor Repressionen freie Erörterung zu gewährleisten.

Vom öffentlichen Informationsinteresse nicht erfasst werden Informationen, die einen **13** **rein individuellen Bezug** haben, sich also entweder von vornherein nicht auf Angelegenheiten von allgemeinem Interesse beziehen oder gar nicht auf die öffentliche Meinungsbildung zielen.[48] Vor diesem Kontext genießen Äußerungen einen verfassungsrechtlich geringeren Schutz, je mehr sie sich inhaltlich auf den Rahmen rein persönlicher Auseinandersetzungen beschränken.[49] Nach Auffassung des Bundesgerichtshofes kann ausnahmsweise **personalisierende Kritik** wegen der exponierten Stellung des Betroffenen – hier Vorstandsvorsitzender eines Chemie-Konzerns – trotz erheblicher Nachteile für seine Person zulässig sein, wo es um unternehmerische Entscheidungen mit weitreichenden Folgen für die Umwelt geht.[50] Nach *Beater* ist in zutreffender Weise davon auszugehen, dass ein öffentliches Informationsinteresse dann in Betracht zu ziehen ist, wenn eine Angelegenheit bereits öffentlich ist und sich der Betroffene nunmehr gegen öffentliche Angriffe wehrt.[51] Die **Bewertung des Publikationsinteresses** darf sich aber nicht allzu sehr auf die Form der Darstellung beziehen, sondern muss auch die Trends der Medien zur Unterhaltung berücksichtigen.[52] Hierunter lässt sich die Entwicklung einer besonderen Form von „Unterhaltungsöffentlichkeit" subsumieren, die nicht an der Wahrheit der nur vordergründig eingesetzten Informationen interessiert ist, sondern vielmehr an dem Verhalten der Beteiligten bzw. Ausfüllen ihrer „Rollen" mit Elementen des Spielerischen.[53] Es kommt letztlich bei der Konturierung des Begriffspaares „öffentliches Informationsinteresse" auch auf die Berücksichtigung des von *Walter Wilburg*[54] entwickelten „beweglichen Systems" an.[55]

Den Medien soll bei der Feststellung des öffentlichen Informationsinteresses nicht die **14** Möglichkeit eröffnet werden, auf Kosten des Einzelnen ökonomisch Kasse machen zu können, so dass die **kommerziellen Motive** kein öffentliches Informationsinteresse begründen können. Es gibt vielmehr eine nachvollziehbare Differenzierung zwischen dem

---

[45] BVerfGE 34, 269, 283 – *Soraya*; BVerfGE 35, 202, 223 – *Lebach I*; BVerfGE 50, 234, 240 – *Kölner Volksblatt*.

[46] BVerfGE 25, 256, 264 – *Blinkfüer*; BVerfGE 51, 129, 137 – *Kunstkritik*; BVerfGE 61, 1, 11 – *Wahlkampfäußerung*; BVerfGE 82, 272, 281 – *Zwangsdemokrat*.

[47] Grundlegend: BVerfGE 7, 198, 212 – *Lüth*; BVerfG NJW 2000, 2413, 2415 – *IM-Liste*; OLG Dresden NJW 2004, 1181 – *Mordverdacht*.

[48] *Beater*, Medienrecht, § 11 Rn. 946.

[49] BVerfGE 24, 278, 283 – *Östliche Zustände*; BVerfGE 60, 234, 240 – *Kredithaie*.

[50] BGH NJW 1994, 124, 126 – *Greenpeace-Plakat*.

[51] *Beater*, Medienrecht, § 11 Rn. 946. Es erfolgt ein Verweis auf sog. Auf der Wolga verhaftet-Entscheidung des Bundesverfassungsgerichts (vgl. BVerfGE 12, 113, 128 f. – *Auf der Wolga verhaftet*).

[52] *Löffler/Steffen*, Presserecht, 5. Auflage, 2006, § 6 LPG Rn. 46 b.

[53] *Ladeur* NJW 2004, 393 ff.

[54] *Wilburg*, Entwicklung eines beweglichen Systems im bürgerlichen Recht, 1950; *ders.*, The Development of a Flexible System in the Area of Private Law, Neuauflage 2000.

[55] Zum „beweglichen System" im Sinne eines abgestuften Sorgfaltsmaßstabs bei den journalistischen Sorgfaltsanforderungen: *Weiner/Schmelz* K&R 2006, 453 ff.

rechtlich relevanten öffentlichen Informationsinteresse und dem, woran die Öffentlichkeit möglicherweise noch interessiert ist.[56] Vor diesem Hintergrund reicht das Interesse von Medien an der Verbreitung bloßer Sensationsnachrichten zur Steigerung ihrer Verkaufzahlen[57] sowie an Formen der persönlichkeitsbeeinträchtigenden Werbung[58] nicht aus, um Eingriffe in das Persönlichkeitsrecht des Betroffenen zu legitimieren.

15   Das Zitieren aus **anwaltlichen Schriftsätzen** kann je nach den spezifischen Gegebenheiten des Einzelfalles auch geeignet ein, das Informationsinteresse der Öffentlichkeit zu begründen.[59] Zwar steht grundsätzlich allein dem Verfasser des Schriftsatzes die Befugnis zu, darüber zu entscheiden, ob und in welcher Form eine sprachliche Gedankenfestlegung seiner Person der Öffentlichkeit zugänglich gemacht werden soll,[60] jedoch existiert **kein generelles Verbot** aus Schriftsätzen von Rechtsanwälten zu zitieren.[61]

E. Geeignetheit und Erforderlichkeit der Interessenwahrnehmung

16   Die Geeignetheit und Erforderlichkeit der Interessenwahrnehmung sind neben der Angemessenheit als verfassungsrechtliche Ausprägung des Grundsatzes der Verhältnismäßigkeit zu werten und meinen, dass die beleidigende Äußerung bei einer **ex-ante-Betrachtung** den wahrgenommenen Interessen dient, also Aussicht auf Erfolg verspricht.[62] An einem solchen wahrgenommenen Interesse kann es fehlen, wenn der Äußernde sich an einen beliebigen Personenkreis wendet, der weder ein eigenes Informationsinteresse hat noch in der Lage ist, das wahrgenommene Interesse in irgendeiner Form zu fördern.[63] Nicht geeignet zur Wahrnehmung von Interessen ist es auch, wenn der Äußernde einen Polizeibeamten, den er in einem schriftlichen Beweisantrag als Zeugen benannt hat, als „bedenkenlosen Berufsträger" bezeichnet.[64] Ferner scheidet eine Berufung auf die Wahrnehmung berechtigter Interessen bei **haltloser Beleidigung** des Staatsanwalts im Plädoyer des Verteidigers aus.[65] Begründet wird diese Entscheidung damit, dass, wenn der Beleidigte selbst durch seine Verhaltensweise keinen nachvollziehbaren Anlass zum Vorwurf der Rechtsbeugung und einer damit verknüpften Wertung geboten hat, der Verteidiger sich in seinem Plädoyer mangels innerem Zusammenhang zur Ausführung oder Verteidigung von Rechten zugunsten seines Mandanten nicht auf die Wahrnehmung berechtigter Interessen berufen kann.[66]

17   Das Kriterium der Erforderlichkeit ist anzunehmen, wenn die beleidigende Äußerung zur Durchsetzung des verfolgten Interesses notwendig war.[67] Daraus folgt, dass bei gleich wirksamen Mitteln grundsätzlich das mildeste zu wählen ist. Eine gewisse Einschränkung erfährt das Erfordernis des mildesten Mittels aufgrund der **Ausstrahlungswirkung des Art. 5 GG** in dem Kontext, wo eine öffentliche Auseinandersetzung der allgemeinen Meinungsbildung dient.[68] Jedenfalls in Fällen, in denen es um eine die

---

[56] Vgl. *Beater*, Medienrecht, § 11 Rn. 948.
[57] BGH NJW-RR 1988, 733, 734 – *Intime Beziehungen*; BGH JZ 1965, 411, 413 – *Gretna Green*.
[58] BGHZ 151, 26, 30 – *Marlene Bildnis*.
[59] KG, Urteil v. 12.1.2007, Az. 9 U 102/06.
[60] Vgl. BVerfG NJW 1980, 2070; BGH NJW 1954, 1404.
[61] BVerfG NJW 2000, 2416; KG, Beschluss v. 31.10.2006, Az. 9 W 152/06.
[62] *Rudolphi/Rogall* in: Systematischer Kommentar zum Strafgesetzbuch, 66. Lieferung 2006, § 193 Rn. 22.
[63] *Lenckner* in: *Schönke/Schröder*, Kommentar zum StGB, 27. Auflage, § 193 Rn. 10.
[64] OLG Hamburg JR 1997, 521.
[65] OLG Jena, Beschluss v. 4.7.2001, Az. 1 Ss 157/01.
[66] OLG Jena, Beschluss v. 4.7.2001, Az. 1 Ss 157/01.
[67] MünchKommStGB/*Joecks*, § 193 Rn. 28.
[68] BVerfG NJW 2006, 207, 210.

Öffentlichkeit wesentlich berührende Angelegenheit geht, kann möglicherweise eine unwahre Behauptung demjenigen, der sie aufstellt oder verbreitet, so lange nicht untersagt werden, wie er vor der Aufstellung und Verbreitung seiner Behauptung hinreichend sorgfältige Recherchen über den Wahrheitsgehalt angestellt hat.[69] In diesem Bereich kann nicht bereits jede unnötige Schärfe zu einem Ausschluss der Rechtfertigung über das Rechtsinstitut der Wahrnehmung berechtigter Interessen führen.[70] Wer Kritik an öffentlichen Missständen artikuliert, ist demnach keineswegs auf das mildeste Mittel zur Verdeutlichung seines Standpunktes beschränkt. **Schmähkritik**, also Kritik, bei der nicht die Auseinandersetzung in der Sache, sondern die Diffamierung der Person im Vordergrund steht, kann allerdings niemals das Eingreifen der Wahrnehmung berechtigter Interessen legitimieren.[71] So ist die Bezeichnung „Zigeunerjude" gegenüber einem Mitglied des Zentralrates der Juden in Deutschland als Schmähkritik nicht gerechtfertigt.[72]

Nach dem Grundsatz der Erforderlichkeit scheidet eine Rechtfertigung auch aus, wenn   **18** der Ehrangriff des Äußernden **in der konkreten Art und Weise** zur Durchsetzung des verfolgten Interesses nicht notwendig war. An der Erforderlichkeit fehlt es, wenn der Äußernde unnötigerweise die Flucht in die Öffentlichkeit antritt[73] oder Vorfälle unter Namensnennung der daran Beteiligten mitteilt, obgleich die Namensnennung zur Wahrnehmung des verfolgten Interesses nicht notwendig war.[74] Auch nicht mehr durch die Wahrnehmung berechtigter Interessen gedeckt ist zudem der Sachverhalt, wo ein Presseorgan während des Ermittlungsverfahrens behauptet, der mit vollem Namen genannte Beschuldigte habe eine schwere Straftat begangen, obwohl nur unzureichende Verdachtsgründe[75] vorliegen.[76]

F. Angemessenheit der Interessenwahrnehmung

Auf der letzten Stufe der Verhältnismäßigkeit ist die **Angemessenheit** der Interessen-   **19** wahrnehmung zu bestimmen. Dies bezieht sich auf den letzten Satzteil des § 193 StGB, wonach sich das Vorhandensein einer Beleidigung aus der Form der Äußerung oder aus den Umständen, unter welchen sie geschah, ergeben kann. Der Ehrangriff muss **nach Inhalt, Form und den Umständen** durch das von dem Äußernden verfolgte konkrete Interesse sowie das allgemeine Aufklärungsinteresse aufgewogen werden.[77] Daran fehlt es, wenn der Äußernde seine Äußerung öffentlich, also z.B. in der Presse vorträgt, obwohl insoweit ein öffentliches Informationsinteresse nicht besteht und der Angegriffene durch diese Form des Angriffs besonders hart getroffen wird.[78] Bei der Kritik an öffentlichen Behörden ist der Gang in die Öffentlichkeit in der Regel erst dann angemessen, wenn Vorstellungen bei der zuständigen Stelle erfolglos geblieben sind oder von vornherein aussichtslos erschienen.[79] An der Angemessenheit des Mittels fehlt es ferner, wenn der Äußernde das zur Interessenwahrnehmung **sachlich Erforderliche** in einer übersteigerten oder entstellenden Form zum Ausdruck bringt.[80] Unangemessen sind **ehrenrührige**

---

[69] BGH NJW 1996, 1131.

[70] OLG Frankfurt NJW 1980, 598.

[71] BVerfG NJW 1999, 204, 206; BVerfG NJW 1995, 3303, 3304; MünchKommStGB/*Joecks*, § 193 Rn. 40.

[72] BayObLG NStZ 2002, 210.

[73] MünchKommStGB/*Joecks*, § 193 Rn. 30.

[74] BGH JZ 1965, 413.

[75] Vgl auch die Ausführungen unter § 20 J.

[76] BGH NJW 2000, 1036, 1037; BGH NJW 1987, 2682.

[77] MünchKommStGB/*Joecks*, § 193 Rn. 30.

[78] *Rudolphi/Rogall* in: Systematischer Kommentar zum Strafgesetzbuch, 66. Lieferung 2006, § 193 Rn. 26.

[79] RGSt 15, 19; OLG Braunschweig NJW 1948, 697; OLG Köln NJW 1958, 802.

[80] LG Göttingen NJW 1979, 1558, 1559 f.

Äußerungen, deren Haltlosigkeit von vornherein erkennbar war.[81] Andererseits ist die Angemessenheit der Interessenwahrnehmung dann anzunehmen, wenn in einem veröffentlichten Leserbrief Angehörige einer bestimmten Volksgruppe als überproportional kriminell, wenig integrationswillig und das staatliche Sozialsystem unberechtigt ausnutzend dargestellt werden, wenn die Äußerungen im Zusammenhang mit der politischen Meinungsäußerung erfolgten und nicht lediglich auf reine Stimmungsmache abzielen oder allein eine die Menschenwürde angreifende Diffamierung im Vordergrund steht.[82] In dieser Konstellation kommt wieder die grundlegende Bedeutung der Meinungsäußerungsfreiheit für die Konstituierung eines demokratischen Gemeinwesens zum Tragen, die von den Gerichten zu respektieren und in dem jeweiligen Fall zu Grunde zu legen ist.

20   **Scharfe Kritik** ist auch gegenüber rechtmäßigen behördlichen Maßnahmen möglich. Andernfalls wäre das Recht, die geltenden Gesetze einer moralischen oder politischen Kritik zu unterziehen und auf deren Änderung hinzuwirken, nicht mehr ausreichend gesichert.[83] Daraus ist die Schlussfolgerung zu ziehen, dass im **Wahlkampf** wegen des besonders hohen Gewichts der Meinungsfreiheit, aber auch des Informationsinteresses der Allgemeinheit, beleidigende Äußerungen noch durch die Wahrnehmung berechtigter Interessen gedeckt sein können, die diesem Rechtsinstitut in normalen Situationen nicht mehr unterfallen.[84] So ist die Bezeichnung der NPD als „Verbrecher-Partei", „braune Pest", „Neonazis" oder „Rechtsextremisten" als Beitrag zur öffentlichen Meinungsbildung durch die Wahrnehmung berechtigter Interessen gedeckt.[85] Wer sich am politischen Meinungskampf – insbesondere in den hoch emotionalisierten Wahlkampfzeiten – selbst mit scharfer oder überspitzter Kritik des politischen Gegners beteiligt, muss daher auch scharfe Kritik des Gegners hinnehmen.[86] In dieser Konstellation besteht aber nach zutreffender Ansicht[87] ein **Recht auf Gegenschlag**. Als Gegenschlag sind all die herabsetzenden Äußerungen im Rahmen einer öffentlichen, der allgemeinen Meinungsbildung dienenden Auseinandersetzung noch gerechtfertigt, die gemessen an den von der Gegenseite geäußerten Auffassungen oder ihrem Verhalten nicht unverhältnismäßig erscheinen und noch als **adäquate Reaktion** auf den vorangegangenen Vorgang verstanden werden können.[88] Erforderlich ist jedoch auch in diesen Sachverhaltskonstellationen, dass Anlass und Reaktion durch einen gemeinsamen Bezug auf die Sache, d. h. die öffentliche Meinungsbildung berührende konkrete berechtigte Interessen, verknüpft sind.[89] Ein Recht auf Gegenschlag dergestalt, dass man quasi nach biblischem Vorbild im Sinne eines *ius talionis* Gleiches mit Gleichem vergelten dürfe, existiert daher nicht.[90] Eine durch das Grundrecht der Meinungsfreiheit nicht mehr gedeckte Schmähkritik und damit eine rechtswidrige Beleidigung sind auch dann anzunehmen, wenn im politischen Meinungskampf der Gegner als „Altkommunist im Geiste des Massenmörders Stalin" bezeichnet wird[91] oder der eine Fahrausweiskontrolle begleitende Polizist als „Clown" tituliert wird.[92] Gleiches

---

[81] *Rudolphi/Rogall* in: Systematischer Kommentar zum Strafgesetzbuch, 66. Lieferung 2006, § 193 Rn. 30.

[82] OLG Brandenburg, Beschluss v. 15. 5. 2006, Az. 1 Ws 75/06 und 1 WS 76/06.

[83] So deutlich: BVerfG StV 1992, 268.

[84] BVerfGE 7, 198, 212; 12, 127; 24, 282 f.

[85] Mit dieser Begründung wurde ein strafrechtliches Ermittlungsverfahren seitens der Staatsanwaltschaft Nürnberg-Fürth am 13. 12. 2007 eingestellt. Vgl. http://www.justiz.bayern.de/gericht/olg/ n/presse/archiv/2007/01069/htm.

[86] OLG Hamm NJW 1982, 1658.

[87] MünchKommStGB/*Joecks*, § 193 Rn. 31.

[88] BVerfGE 24, 282, 286; 54, 137 ff.; BVerwG JZ 1984, 1118; BGHZ 45, 308; OLG Koblenz NJW 1978, 1816; OLG Düsseldorf NStZ-RR 1996, 164, 166.

[89] OLG Köln NJW 1977, 398; *Otto* JR 1983, 7.

[90] So auch: MünchKommStGB/*Joecks*, § 193 Rn. 31.

[91] LG Mannheim NStZ-RR 1996, 360. Vgl. auch: OLG Jena NJW 2002, 1890.

[92] KG NJW 2005, 2872.

muss für Presseberichte gelten, denen es allein auf Sensationen und Skandale ankommt.[93] Der Gesichtspunkt der öffentlichen Meinungsbildung gewährt kein „publizistisches Verunglimpfungsrecht auf Gegenseitigkeit".[94]

G. Subjektives Rechtfertigungselement

Die Rechtfertigung aus der Wahrnehmung berechtigter Interessen setzt – dies ist nun **21** einmal **Wesensmerkmal** sämtlicher Rechtfertigungsgründe – ein subjektives Rechtfertigungselement voraus. Streitig sind die inhaltlichen Anforderungen. Mit der herrschenden Auffassung ist davon auszugehen, dass die Absicht der Interessenwahrnehmung gegeben sein muss.[95] Dahinter steht die logische und auch zwingende Grundüberlegung, dass nur auf diesem Wege das Rechtsinstitut der Wahrnehmung berechtigter Interessen seine dogmatische Existenzberechtigung erlangen kann. Allerdings darf diese Sichtweise nicht dazu verleiten, dass die Wahrnehmung des berechtigten Interesses das alleinige oder das Endziel des Handelns ist.[96] Weitere Ziele oder Bestrebungen wie Rache, Neid oder Missgunst sollen die Absicht freilich nicht ausschließen.[97] Bei einem derartigen Motivbündel muss die Interessenwahrnehmung jedoch der dominierende Beweggrund bleiben.[98] Es ist somit die **sorgfältige Prüfung** nötig, ob es wirklich einen konkreten Zusammenhang zwischen der ehrverletzenden Äußerung und der Interessenwahrnehmung gibt.

H. Pflichtenmaßstab

I. Journalistische Sorgfaltspflicht

Da die Presse eine **breite Öffentlichkeit** erreicht – das sog. disperse Publikum anspricht[99] – und die Presse überdies eine „öffentliche Aufgabe" bei der Meinungsbildung **22** erfüllen soll,[100] normiert § 6 LPG die besondere Sorgfaltspflicht der Presse, alle Nachrichten vor ihrer Verbreitung „mit der nach den Umständen gebotenen Sorgfalt" auf Inhalt, Herkunft und Wahrheit zu prüfen. Da die Presse rasch berichten muss, um ihren Beitrag zur Bildung der öffentlichen Meinung zu erfüllen, und nicht die Möglichkeit besitzt, im Wege einer dem gerichtlichen Verfahren entsprechenden Beweisaufnahme die Wahrheit verlässlich zu ermitteln, genügt sie ihrer statuierten **„Wahrheitspflicht" im Sinne des § 6 LPG**, wenn sie sich bei ihrer Berichterstattung ernstlich um die Wahrheit bemüht. In seiner Gesamtfassung bestimmt § 6 LPG Folgendes:

> *„Die Presse hat alle Nachrichten vor ihrer Verbreitung mit der nach den Umständen gebotenen Sorgfalt auf Wahrheit, Inhalt und Herkunft zu prüfen. Die Verpflichtung, Druckwerke von strafbarem Inhalt freizuhalten oder Druckwerke strafbaren Inhalts nicht zu verbreiten (§ 20 Abs. 2) bleibt unberührt".*

In eindringlicher Weise dokumentiert sich die Bedeutung der Wahrheits- und Sorgfaltspflichten in der *Abgeordnetenbestechung-Entscheidung*[101]. In diesem Streitfall hatte ein Nach-

---

[93] BGHSt 18, 187; *Lenckner* in: *Schönke/Schröder*, Kommentar zum StGB, 27. Auflage, § 193 Rn. 17.

[94] *Maurach*, Strafrecht Besonderer Teil, 5. Auflage, § 19 II C 3 b).

[95] MünchKommStGB/*Joecks*, § 193 Rn. 57.

[96] *Rudolphi/Rogall* in: Systematischer Kommentar zum Strafgesetzbuch, 66. Lieferung 2006, § 193 Rn. 32.

[97] BGHSt 18, 187; OLG Hamburg JR 1952, 203 f.

[98] RGSt 34, 216, 217; RGSt 61, 400, 401, RGSt 66, 1, 3.

[99] Dieses von *Gerhard Maletzke* geprägte Begriffspaar meint, dass die Rezipienten von Massenmedien in der Regel räumlich – vielfach auch raumzeitlich – voneinander getrennt sind (vgl. *Maletzke*, Psychologie der Massenkommunikation, 1963).

[100] Vgl. oben Rn. 1.

[101] BGHZ 68, 331 – *Abgeordnetenbestechung*.

richtenmagazin in seiner Titelgeschichte über den gescheiterten Versuch berichtet, den Bundeskanzler *Willy Brandt* durch ein Misstrauensvotum zu stürzen. Der Beitrag stützte sich auf ein mit „Gruß B." gezeichnetes Fernschreiben, das der Deutschen Presseagentur zugegangen und in der Schweiz aufgegeben war. Dieses Schreiben teilte ohne weitere Angaben mit, es seien mit bestimmten Abgeordneten „Übertrittsverhandlungen" aufgenommen worden und der Kläger habe als etwaige Gegenleistung hohe Geldsummen bei einer schweizerischen Bank bereitgestellt. Das Nachrichtenmagazin entschloss sich allein auf dieser Tatsachengrundlage zur Veröffentlichung. Es hatte nicht einmal sichere Anhaltspunkte dafür, wer als Absender des Fernschreibens in Betracht kam. Über Anhaltspunkte für die inhaltliche Richtigkeit des Schreibens verfügte die Redaktion erst recht nicht. Zugleich war zu beachten, dass der Informant nicht nur vor der Öffentlichkeit, sondern auch gegenüber dem Empfänger seines Fernschreibens anonym bleiben wollte, was die Mitteilung noch weiter ins Zwielicht rückte. Insgesamt wertete der Bundesgerichtshof das **Verhalten des Magazins als groben Verstoß** gegen die journalistische Sorgfaltspflicht und hielt die Veröffentlichung im Ergebnis für rechtswidrig.[102] Der Journalist kommt also folglich nicht umhin, vor einer Berichterstattung einen **Mindestbestand an Beweistatsachen** zusammenzutragen. Soweit sich der Wahrheitsgehalt der Information jedoch nicht belegen lässt, ist er gehalten, auf die Veröffentlichung zu verzichten.[103]

23   Die **Legitimation von Sorgfaltspflichten** findet sich in der von der Presse beanspruchten und von ihr eröffneten Einflussmacht. Mit einer unwahren Berichterstattung können existentielle Gefahren nicht nur für den einzelnen Betroffenen, sondern auch für die demokratisch verfasste Gesellschaft verbunden sein und damit auch für die Presse selbst, die durch Verzichte auf Sorgfaltspflichten und -anforderungen die ihr zugedachten Grundrechtsgarantien selbst in Frage stellt. Diesen Komplex bringt *Steffen* auf einen anschaulichen Nenner, wenn er davon spricht, dass Kompetenzen Verantwortlichkeit bedingen und erst Verantwortung Kompetenz schafft.[104]

24   Da in den Medien stets eine öffentliche, d.h. besonders risikointensive Begehungsweise erfolgt, muss ein Journalist daher eine **Falschmeldung nach Kräften** auszuschalten suchen.[105] Zwar muss er nicht dem Betroffenen rechtliches Gehör wie ein Richter gewähren bzw. eine gerichtliche Wahrheitsfindung betreiben,[106] doch muss er mit pressemäßiger Sorgfalt die Nachricht recherchieren.[107] Allein der Wunsch, möglichst exklusiv auf dem Sektor des sog. Enthüllungs- bzw. Kampagnen-Journalismus einen „Knüller" zu publizieren, rechtfertigt keine üble Nachrede.[108] Grundsätzlich ist der **Maßstab der publizistischen Sorgfalt** streng anzulegen, da die umfassende Gewährleistung der Äußerungsfreiheit nur dann ihre Berechtigung erfährt, wenn die Medien sorgfältig bei ihrer publizistischen Tätigkeit vorgehen.[109]

25   Der **Prüfungsinhalt** der journalistischen Sorgfaltspflicht erstreckt sich auf die Wahrheit, den Inhalt und die Herkunft der Tatsachen. Die Medien müssen sich stets über die **Zuverlässigkeit** von Informanten und Quellen vergewissern.[110] Ferner sind die Medien gehalten, den Sachverhalt soweit zu erforschen, dass die Gefahr, über den Betroffenen etwas Falsches zu berichten, nach Kräften ausgeschaltet wird.[111] Das bloße Beharren des

---

[102] BGHZ 68, 331, 332 ff. – *Abgeordnetenbestechung.*
[103] BGH NJW 1997, 1148, 1149 – *Stern-TV.*
[104] Löffler/*Steffen*, Presserecht, 5. Auflage, § 6 LPG Rn. 4.
[105] BGH NJW 1977, 1289.
[106] In diesem Sinne: OLG Nürnberg ZUM 1998, 849, 850; OLG Köln NJW 1963, 1634; aA. OLG Stuttgart NJW 1972, 2320.
[107] BGH NJW 1987, 2225; OLG Hamburg ZIP 1992, 117; AG Mainz NStZ 1995, 347.
[108] BGH NJW 1977, 1288.
[109] Wenzel/*Burkhardt*, Das Recht der Wort- und Bildberichterstattung, 5. Auflage, 6. Kapitel Rn. 118.
[110] BGHZ 31, 308, 313 – *Alte Herren.*
[111] BGHZ 132, 13, 23 ff. – *Lohnkiller.*

Betroffenen auf einer persönlichen Aussprache bzw. das Verweigern einer telefonischen Auskunft ist aber nicht unbedingt ein ausreichender Grund, von einer Nachfrage abzusehen.[112] Die Pflicht, sich um die Wahrheit zu bemühen, umfasst auch die Pflicht zur **Vollständigkeit der Berichterstattung**.[113] So impliziert es eine Verletzung der publizistischen Sorgfalt, wenn bei einem kritischen Bericht die entlastenden, für den Betroffenen sprechenden Umstände nicht mitgeteilt werden.[114] Bei der **Verwendung von Schlagzeilen** ist der Journalist gehalten, bei der Formulierung der Schlagzeile Sorge dafür zu tragen, dass durch die knappe Formulierung der Schlagzeile kein falscher Eindruck hervorgerufen wird.[115] Seit der *Lohnkiller-Entscheidung*[116] dürfen Medien die Behauptung des Inhabers eines Bordells, ein namentlich genannter Polizeichef habe sich von dem früheren Bordellbetreiber bestechen lassen, nicht einfach als **Zitat** übernehmen, wenn es an einer eigenen und ernsthaften Distanzierung fehlt und die Ermittlungen zugleich keine ausreichende Tatsachengrundlage für den Wahrheitsgehalt dieser Aussage ergeben haben.[117] Sofern die Berichterstattung Schilderungen aus der **Privat-, Geheim- oder Intimsphäre** einer Person betrifft, dann hat eine Zeitung wegen des existenzbedrohenden Charakters solcher Meldungen besonders sorgfältig zu prüfen und das Informationsinteresse der Öffentlichkeit gegenüber dem Persönlichkeitsrecht des Betroffenen gewissenhaft festzustellen.[118] Bei der Publikation von Anzeigen und Leserbriefen sind die Medien ebenfalls zur Überprüfung ihrer rechtlichen Zulässigkeit verpflichtet, jedoch beschränkt sich die Prüfungspflicht auf grobe und unschwer zu erkennende Rechtsverstöße.[119] Auf den Inhalt amtlicher Mitteilungen können die Medien vertrauen.[120] Dies gilt nach Auffassung des Europäischen Gerichtshofes für Menschenrechte (EGMR) auch für einen noch nicht freigegebenen Untersuchungsbericht.[121] Weitere Nachforschungen sind bei Berichten von als zuverlässig anerkannten Agenturen ebenfalls nicht erforderlich, soweit sich nicht aus dem Inhalt der Nachricht Zweifel an deren Richtigkeit ergeben.[122] **Nicht leichtfertig** handelt, wer einer unvollständigen und nicht durch Belege gedeckten Auskunft eines Ministeriums weniger Glauben schenkt als den mit Belegtatsachen versehenen Informationen unterer Behörden.[123] Eine andere Bewertung des vorgenannten Beispiels wäre mit dem Schutzbereich des Art. 5 GG und der Unabhängigkeit der Presse schwerlich vereinbar. Es ist vielmehr das Recht und die spezifische Aufgabe der Medien, auch den Auskünften von Behörden, hoher Staatsbeamter und Politiker gegebenenfalls kritisch und insistierend skeptisch entgegenzutreten. Dies speziell angesichts jener Fälle, in denen politische Skandale nur aufgrund einer hartnäckigen Recherche aufgedeckt wurden.[124]

Für die **Prüfungsintensität** lässt sich konstatieren, dass der zu verlangende Grad an   26 Richtigkeitsgewähr umso höher anzusetzen ist, je schwerer und nachhaltiger das Ansehen des Betroffenen durch die Veröffentlichung beeinträchtigt wird.[125] Die Prüfung muss aber auch für sog. „heiße Eisen" bzw. für **Vorgänge mit besonderer öffentlicher Be-**

---

[112] BGH GRUR 1966, 157, 158 – *Wo ist mein Kind.*
[113] BVerfGE 12, 113, 130 – *Schmidt/Spiegel.*
[114] OLG München NJW-RR 1996, 1493, 1495; OLG Hamburg NJW-RR 1994, 1176, 1177.
[115] BVerfG NJW 2004, 277, 278; OLG Hamburg AfP 1988, 247.
[116] BGHZ 132, 13 – *Lohnkiller.*
[117] BGHZ 132, 13, 23 f. – *Lohnkiller.*
[118] BGH NJW-RR 1988, 733, 734 – *Intime Beziehungen.*
[119] BGH GRUR 1999, 418 – *Möbelklassiker*; BGH, GRUR 1994, 454, 455 – *Schlankheitswerbung.*
[120] OLG Karlsruhe AfP 1993, 587; OLG Stuttgart AfP 1990, 147; LG Oldenburg AfP 1988, 79, 80.
[121] EGMR NJW 2000, 1015.
[122] KG ZUM 2008, 59, 60; LG Hamburg AfP 1990, 332. Zur Pressemitteilung eines Rechtsanwaltsbüros als sog. nicht privilegierte Quelle: LG Hamburg, Urteil v. 24. 10. 2006, Az. 324 O 633/06.
[123] AG Mainz AfP 1993, 787.
[124] AG Mainz AfP 1993, 787.
[125] BVerfG NJW 2006, 595, 596.

deutung intensiv sein, da sie in der Öffentlichkeit in der Regel intensive Reaktionen auslösen, in ihrer Wertigkeit und in ihrem Aussagegehalt in erheblichem Maße umstritten sind und den Betroffenen in besonderer Weise negativ belasten, wenn seine Verbindung zu ihnen öffentlich gemacht wird.[126]

II. Kodex des Deutschen Presserates

27   Auch der Kodex des Deutschen Presserates enthält wichtige **Auslegungs- und Orientierungspunkte** hinsichtlich der journalistischen Sorgfaltpflichten und statuiert journalistisch-ethische Grundregeln. In Ziffer 1 des Pressekodex in der Fassung vom 13. September 2006 heißt es, dass *„die Achtung vor der Wahrheit, die Wahrung der Menschenwürde und die wahrhaftige Unterrichtung der Öffentlichkeit oberste Gebote der Presse sind"* und *„jede in der Presse tätige Person auf dieser Grundlage das Ansehen und die Glaubwürdigkeit der Medien wahrt"*. Ferner wird in Ziffer 2 festgelegt, dass die *„Recherche ein unverzichtbares Instrument journalistischer Sorgfalt ist"*. Die **Berufsethik** der Presse erfährt in der Praxis ihre Ergänzung durch weitere praktische Regeln, die sich herausgebildet haben und qualifizierten Journalismus kennzeichnen. In diesem Zusammenhang wäre zu nennen, dass eine Quelle allein keine Nachricht ergibt, sondern es für eine Nachricht mindestens zwei voneinander unabhängiger Quellen bedarf. Zudem ist ein **Mindestmaß an kritischer Distanz** zu wahren.[127]

III. Allgemeiner Pflichtenmaßstab

28   Auch für Personen, die nicht der Presse angehören, bedarf es bei der berechtigten Berufung auf die Wahrnehmung berechtigter Interessen der Berücksichtigung eines **allgemeingültigen Pflichtenmaßstabes**. Zunächst ist eine Einschätzung der dem Betroffenen drohenden Schäden nach Umfang und Eintrittswahrscheinlichkeit sowie eine Identifikation der dem Erklärenden zur Verfügung stehenden Sorgfaltsmaßnahmen inklusive der mit ihrer Durchführung verbundenen Kosten vorzunehmen. Ausgangspunkt bildet hier der **Standpunkt eines verständigen Durchschnittsmenschen** in der Situation des Erklärenden zum Zeitpunkt ex ante,[128] von dem aus die Frage zu stellen ist, wie wahrscheinlich es war, dass sich die Information als falsch erweisen würde, und in welchem Umfang mit Beeinträchtigungen und Schäden des Betroffenen zu rechnen war, wenn die Information in den Verkehr gebracht würde. Darüber hinaus bedarf es der **Feststellung**, welche Maßnahmen zur Aufklärung der bestehenden Wahrheitszweifel zur Verfügung standen, und wie hoch der Aufwand gewesen wäre, den die Durchführung dieser Maßnahmen verursacht hätte. Schließlich ist der **Nutzen** zu ermitteln, den die jeweilige Information – ihre Wahrheit unterstellt – für den Erklärenden, für interessierte Dritte und für die Allgemeinheit gebracht hätte.

29   Ließen sich die zu vorgenannten Punkten getroffenen Feststellungen in einen mathematischen Zahlenwert überführen, so wäre zu formulieren: Eine Wahrnehmung berechtigter Interessen liegt vor, wenn der durch die Verbreitung der Information generierte Nutzen die Summe aus Sorgfalts- und Schadenskosten übersteigt.[129] Unter Berücksichtigung dieser Prämissen treffen den Mitteilenden umso intensivere Sorgfalts- und Aufklärungspflichten, je schwerwiegender die Nachteile sind, die dem Betroffenen im Fall der Unwahrheit der Behauptung drohen, und je unsicherer die Grundlage ist, auf der die

---

[126] Löffler/*Steffen*, Presserecht, 5. Auflage, § 6 LPG Rn. 166.
[127] So ist nachfolgendes Credo das Motto des Hanns-Joachim-Friedrichs-Preises: „Ein Journalist macht sich aus Prinzip keine Sache zu eigen, nicht einmal eine gute."
[128] So bereits: RG JW 1930, 1732; RG Gruchot 61, 799, 801.
[129] In ähnlichem Sinne: BGH NJW 1986, 981, 982.

Information beruht.[130] Letztlich lässt sich festhalten, dass auch überragende Informationspflichten nicht von der Beachtung von Sorgfaltspflichten entbinden. Die **Durchführung von Aufklärungsmaßnahmen** wird gerade vorausgesetzt, jedoch kann – sofern in zeitlicher Hinsicht die Information einen besonderen Wert hat – eine Reduktion von Aufklärungspflichten gegeben sein, nicht jedoch eine Pflichtenschrumpfung auf Null.

Ein **Anwalt** darf sich grundsätzlich auf die ihm von **seinem Mandanten** mitgeteilten **30** Tatsachen verlassen[131] und darf auch von diesen Tatsachen getragene Werturteile äußern.[132] Es kommt nur dann zu einer Prüfungspflicht, wenn sich die Unwahrheit der Tatsache bzw. das Unhaltbare des Werturteils aufdrängt. Die Prüfungspflicht äußert sich in Rückfragen und Nachforschungen im Rahmen der Möglichkeiten des Anwalts. Vom Anwalt selbst aufgestellte Behauptungen unterliegen seiner **eigenen** Prüfungspflicht.[133]

J. Typische Fallgruppen

I. Verdachtsberichterstattung

Die Verdachtsberichterstattung ist nicht ohne Berechtigung nach *Prinz/Peters* als „Para- **31** defall der Wahrnehmung berechtigter Interessen" zu qualifizieren.[134] Wird durch die Medien über ein strafrechtliches Ermittlungsverfahren gegenüber einer Person oder wegen der Unterstützung einer terroristischen Vereinigung berichtet, so belasten derart abträgliche Verdächtigungen den Betroffenen nachhaltig, und zwar auch dann, wenn die Medien darauf hinweisen,[135] dass der Vorwurf „nicht sicher sei". Der Betroffene steht am Pranger[136] und muss hinfort mit einem (menschlichen) Makel behaftet leben.[137] Die öffentliche Berichterstattung über eine **Straftat unter Namensnennung** und Abbildung des Täters stellt regelmäßig eine erhebliche Beeinträchtigung des Persönlichkeitsrechts dar, weil das Fehlverhalten öffentlich bekannt gemacht und die Person in den Augen des Publikums negativ qualifiziert wird.[138] Dies gilt in besonderem Maße, wenn lediglich über **laufende Ermittlungen** berichtet wird, wegen der Gefahr, dass die Öffentlichkeit die bloße Einleitung eines Ermittlungsverfahrens mit dem Nachweis der Schuld gleichsetzt und deshalb auch im Fall einer späteren Einstellung des Ermittlungsverfahrens nicht ausgeschlossen ist, dass vom Schuldvorwurf „etwas hängenbleibt".[139]

Auf der anderen Seite gehört es zum Aufgaben- und Pflichtenspektrum der Medien, **32** die Öffentlichkeit über für sie bedeutsame **Verdachtslagen** zu berichten. Um die Spannungslage zwischen den persönlichkeitsrechtlichen Schutzinteressen und dem grundgesetzlich gewährleisteten Informationsauftrag der Presse einem sachgerechten Verhältnis zuzuführen, muss eine **zulässige Verdachtsberichterstattung** entsprechende Kriterien und Parameter erfüllen. Es sind – wie *Prinz/Peters* zu Recht betonen – „spezielle Voraus-

---

[130] BGH NJW 1957, 1149, 1150.
[131] RGZ 140, 392; BGH JZ 1962, 486; LG Berlin MDR 1956, 758; LG Köln MDR 1973, 65; OLG Köln NJW 1979, 1723.
[132] AG Frankfurt AnwBl 1977, 170.
[133] Vgl. auch: *Praml* NJW 1976, 1967; *Walchshöfer* MDR 1975, 1.
[134] *Prinz/Peters*, Medienrecht, Rn. 265.
[135] *Prinz/Peters*, Medienrecht, Rn. 265.
[136] Instruktiv zur Prangerwirkung: *Soehring* GRUR 1986, 518.
[137] OLG Frankfurt ZUM 1992, 362, 365 – *OP-Pfusch ohne Ende*. Auch in der Verbreitung einer echten Frage kann die Äußerung eines Verdachts liegen, auf die die Grundsätze über die Zulässigkeit einer Verdachtsberichterstattung Anwendung finden. Vgl. OLG Hamburg, Urteil v. 8. 4. 2008, Az. 7 U 21/07.
[138] BGH NJW 2006, 599.
[139] BGH NJW 2000, 1036.

setzungen gegenüber denjenigen der Wahrnehmung berechtigter Interessen im Allgemeinen".[140]

33   Im Rahmen der **Verfassungsschutzberichterstattung** kommt der Frage nach der Zulässigkeit und den Grenzen der Verdachtsberichterstattung eine nachhaltige Bedeutung zu. Ein anschauliches Beispiel[141] für eine sog. Verdachtskaskade liefert *Murswiek*: Ein rechtsextremistischer Liedermacher wird von einer Organisation („Die Deutschen Konservativen") eingeladen, um bei einer Versammlung mit den Teilnehmern deutsche Volkslieder zu singen. Damit macht diese Organisation sich wegen Nichtausgrenzung des Extremismus verdächtig, obwohl sie dem Sänger nicht etwa Gelegenheit gibt, auf der Versammlung extremistische Ansichten zu äußern oder Lieder mit extremistischem Inhalt zu singen – erste Stufe. Der Ehrenpräsident dieser Organisation, ein bekannter CDU-Politiker, wird kraft dieses Amtes vom Verfassungsschutz als „mitverantwortlich" für den Sänger-Auftritt bezeichnet – zweite Stufe. Der Ehrenpräsident ist auch Kolumnist einer Wochenzeitung, so dass sich aus dem Sängerauftritt bei den „Deutschen Konservativen" ein Anhaltspunkt dafür ergibt, dass diese Zeitung extremistische Ziele verfolgt. Dies ist ein so gravierender Anhaltspunkt, dass hierüber im Verfassungsschutzbericht[142] berichtet wird – dritte Stufe. Angesichts der Wirkungen des Verfassungsschutzberichtes, den wirklichen und angeblichen Verfassungsfeind als nicht zur Gemeinschaft der „Demokraten" gehörend zu brandmarken und an den „Schandpfahl der aufgeklärten demokratischen Gesellschaft" zu stellen,[143] ist eine Verdachtsberichterstattung nur zulässig, wenn es um einen **gravierenden Vorgang** geht.[144] In der *Junge-Freiheit-Entscheidung* des Bundesverfassungsgerichts[145] wird verfassungsgerichtlich expliziert, dass, wenn die Nennung in einem Verfassungsschutzbericht an Meinungsäußerungen oder Presseveröffentlichungen anknüpft, bei der Gesetzesauslegung die besondere Bedeutung der Meinungs- und Pressefreiheit für die Demokratie berücksichtigt werden muss. Die genannten Freiheiten lassen auch eine **kritische Auseinandersetzung** mit Verfassungsgrundsätzen und -werten zu. Eine Kritik an der Verfassung und ihren wesentlichen Elementen ist ebenso erlaubt wie die Äußerung der Forderung, tragende Bestandteile der freiheitlich demokratischen Grundordnung zu ändern.[146] Daher reicht bloße Kritik an Verfassungswerten nicht schon als Anlass aus, um eine verfassungsfeindliche Bestrebung im Sinne der verfassungsschutzgesetzlichen Normen zu bejahen und allein deshalb die betreffende Zeitung bereits im Verfassungsschutzbericht zu benennen.[147]

34   Nach den **Grundsätzen** der höchstrichterlichen Rechtsprechung sind an die **zulässige Verdachtsberichterstattung** über laufende strafrechtliche Ermittlungen nachfolgende Anforderungen zu stellen:

„Voraussetzung für die Zulässigkeit einer solchen Berichterstattung ist zunächst das Vorliegen eines Mindestbestandes an Beweistatsachen, die für den Wahrheitsgehalt der Information sprechen und ihr damit erst „Öffentlichkeitswert" verleihen (...). Dabei sind die Anforderungen an die Sorgfaltspflicht umso höher anzusetzen, je schwerer und nachhaltiger das Ansehen des Betroffenen durch die Veröffentlichung beeinträchtigt wird (...). Die Darstellung darf ferner keine Vorverurteilung des Betroffenen enthalten, also durch eine präjudizierende Darstellung den unzutreffenden Eindruck erwecken, der Betroffene sei der ihm vorgeworfenen strafbaren Handlung bereits überführt (...). Unzulässig ist nach

---

140 *Prinz/Peters*, Medienrecht, Rn. 265.

141 Vgl. *Murswiek*, Verfassungsschutz – Mitarbeit als staatsbürgerliche Obliegenheit?, in: GS Blumenwitz, 2008, S. 18 Fn. 59.

142 Vgl. Verfassungsschutzbericht Nordrhein-Westfalen 2002, S. 99.

143 *Murswiek* NVwZ 2004, 769, 771 ff.

144 BGH NJW 1977, 1288, 1289 – *Abgeordnetenbestechung*; OLG München NJW-RR 1996, 1487, 1488 – *Sex-Papst*; OLG Köln AfP 1986, 347 – *Schwere Straftaten*.

145 BVerfG NJW 2006, 2912 – *Junge Freiheit*.

146 BVerfG NJW 2006, 2912, 2915 – *Junge Freiheit*.

147 BVerfG NJW 2006, 2912, 2915 – *Junge Freiheit*. Zu den Anforderungen an eine Berichterstattung im Verfassungsschutzbericht: VG Hamburg, Urteil v. 13. 12. 2007, Az. 8 K 3483/06.

diesen Grundsätzen eine auf Sensationen ausgehende, bewusst einseitige oder verfälschende Darstellung; vielmehr müssen auch die zur Verteidigung des Beschuldigten vorgetragenen Tatsachen und Argumente berücksichtigt werden (. . .). Auch ist vor der Veröffentlichung regelmäßig eine Stellungnahme des Betroffenen einzuholen (. . .). Schließlich muss es sich um einen Vorgang von gravierendem Gewicht handeln, dessen Mitteilung durch ein Informationsbedürfnis der Allgemeinheit gerechtfertigt ist."[148]
Handelt es sich um nicht mehr als um einen Verdacht, ist dies ähnlich wie bei einem Zitat kenntlich zu machen, im Zweifel sind auch entlastende Momente mitzuteilen.[149] Insbesondere ist es nicht erforderlich bzw. zumindest nicht mehr angemessen, einen bloßen Verdacht als feststehende Tatsache darzustellen.[150] In diesem Zusammenhang ist die **Unschuldsvermutung** des Art. 6 Abs. 2 EMRK zu beachten und auch heranzuziehen.[151] Bezogen auf die grundgesetzlichen Wertungen ist im **Rechtsstaatsprinzip** die Vermutung der Schuldlosigkeit verankert.[152] Sie verbietet *"zum einen, im konkreten Strafverfahren ohne gesetzlichen, prozeßordnungsgemäßen – nicht notwendigerweise rechtskräftigen – Schuldnachweis, Maßnahmen gegen den Beschuldigten zu verhängen, die in ihrer Wirkung einer Strafe gleichkommen und ihn verfahrensbezogen als schuldig zu behandeln; zum anderen verlangt sie den rechtskräftigen Nachweis der Schuld, bevor dem Verurteilten diese im Rechtsverkehr allgemein vorgehalten werden darf"*.[153] Bei der Verdächtigung einer Person, welche einer abgrenzbaren Gruppe angehört, kann die Nennung des konkret in Verdacht geratenen **erforderlich werden**, wenn sonst der Verdacht auf alle Gruppenmitglieder zu fallen droht.[154] Generell ist ein Mindestmaß an Beweistatsachen zur Stützung des Verdachts darzulegen und unter Beweis zu stellen.[155]

Nach einem **Freispruch** muss das Informationsinteresse der Öffentlichkeit an einer   35
identifizierenden Berichterstattung hinter dem Persönlichkeitsrecht des Betroffenen zurücktreten.[156] Dasselbe gilt auch für Konstellationen, wo es zu einer Presseberichterstattung unter Namensnennung und Abbildung eines bereits vor längerer Zeit verurteilten Straftäters kommt, wenn dieser vor einer vorzeitigen Haftentlassung steht und für die Berichterstattung kein neuer aktueller Anlass besteht.[157] Mit fortschreitender zeitlicher Distanz tritt das Interesse und Informationsbedürfnis der Öffentlichkeit, über die Straftat unter Abbildung und namentlicher Erwähnung des Täters unterrichtet zu werden, immer weiter zurück, während das Persönlichkeitsrecht des Betroffenen unter dem **Gesichtspunkt des Anonymitätsinteresses und des Rehabilitationsinteresses** zunehmend an Bedeutung gewinnt. Etwas anders gilt nur dann, wenn es einen neuen, aktuellen Anlass für die zu beurteilende Berichterstattung gibt.

II. Kritik an wissenschaftlichen, künstlerischen und beruflichen Leistungen

Tadelnde Urteile über wissenschaftliche oder künstlerische Leistungen nehmen, wie   36
sich aus § 193 StGB *ex lege* ergibt, berechtigte Interessen wahr, soweit sich ein beleidigen-

---

[148] BGH NJW 2000, 1036.
[149] BGH NJW 2000, 657. Neuerdings: KG, Urteil v. 17. 4. 2008, Az. 10 U 211/06.
[150] Vgl. *C. H. Soehring*, Vorverurteilung durch die Presse, 1999, S. 92.
[151] OLG Dresden NJW 2004, 1181, 1182; OLG Brandenburg NJW 1995, 886; *Kühl* in: FS Hubmann, 1985, S. 241, 248 ff.
[152] BVerfGE 38, 105, 115; 74, 358, 369 ff.; 82, 106, 114; 110, 1, 22 f.
[153] BVerfGE 74, 358, 371.
[154] BGHSt 19, 235, 238 f.
[155] KG ZUM 2008, 58 f.
[156] OLG Brandenburg NJW-RR 2003, 920 f.
[157] LG Frankfurt, Urteil v. 5. 10. 2006, Az. 2-03 0 305/06. Zur Namensnennung bei aktivem Auftreten in der Öffentlichkeit: LG München I ZUM – RD 2008, 34 ff.

der Charakter nicht aus ihrer Form oder ihren Umständen ergibt.[158] Im Rahmen der Abwägung mit den persönlichkeitsrechtlichen Schutzinteressen des Betroffenen sind die Wissenschafts- und Kunstkritik nicht mit dem Gewicht der Freiheit von Wissenschaft und Kunst selbst zu bewerten, sondern als **Stellungnahmen im öffentlichen Meinungskampf** von der Schutzfunktion des Art. 5 Abs. 1 GG umfasst.[159] Es handelt sich in diesem Zusammenhang um sog. „meinungsäußernde Kunst",[160] wobei zu beachten bleibt, dass die Verfassungsrechtsprechung das Spezialitätsverhältnis zwischen Art. 5 Abs. 3 GG und Art. 5 Abs. 1 GG etwas aufweicht, wenn sie ausführt, dass „eine satirische Äußerung im Einzelfall im Schutzbereich beider Grundrechte liegen kann".[161] Der Verriss eines Romans kann sich nicht auf die Kunstfreiheit berufen.[162] Werden die beleidigenden Äußerungen bewusst in Versform gekleidet, um sich auf den Kunstbezug berufen zu können, ist die Grenze zur Kunstfreiheit überschritten.[163] Der Kunstkritik muss aber – auch wenn sie die Wirkung einer Zensur entfalten kann – ein weiter Beurteilungsspielraum zukommen.[164] Bei wissenschaftlichen Äußerungen bleibt im Rahmen der vorgenannten Grenzen zudem festzuhalten, dass sie als Beiträge auf der Suche nach Wahrheit zu qualifizieren sind und durch andere wissenschaftliche Darlegungen und Ausführungen widerlegt werden können. Demnach tragen sie den „Stempel der Falsifizierbarkeit" *(Wagner)* auf der Stirn.

37   Auch bei der Kritik an wissenschaftlichen, künstlerischen und beruflichen Leistungen sind Verletzungen der Menschenwürde, Formalbeleidigungen und solche Äußerungen, bei denen nicht mehr die Auseinandersetzung in der Sache, sondern Beschimpfungen, Schmähungen[165] und Diffamierungen der Person im Vordergrund stehen, nicht gerechtfertigt. Zu Recht wird daher eine Rechtfertigung auch bei Äußerungen verneint, die einen in keinem Verhältnis zum Anlass stehenden **Wertungsexzess** darstellen.[166] Von Bedeutung ist ferner, ob die Reaktion des Äußernden fallbezogen ist oder in einer abwertenden Kennzeichnung der Person besteht, weshalb Ehrverletzungen, durch die der Betroffene, losgelöst vom konkreten Streit, umfassend und verallgemeinert herabgesetzt wird, nicht gerechtfertigt sind.[167] Bei herabsetzender Kritik fremder Äußerungen müssen diese selbst richtig wiedergegeben werden, wobei dies innerhalb der noch von Art. 5 Abs. 1 GG gedeckten interpretierenden Zitierweise geschehen kann.[168]

---

[158] MünchKomm/*Rixecker*, 5. Auflage, Anhang zu § 12 Rn. 155.

[159] BGH AfP 1997, 909; OLG München NJW 1994, 1964.

[160] So ordnete das OLG Frankfurt ein satirisches Umweltplakat mit der Zeile *„Alle reden vom Klima – Wir ruinieren es"* alleine der Meinungsfreiheit zu, ohne Erwägungen zur Kunstfreiheit anzustellen. Vgl. OLG Frankfurt NJW 1991, 361.

[161] BVerfGE 86, 1, 9.

[162] BVerfG NJW 1993, 1462; *Isensee* in: FS Kriele, 1997, S. 5, 20.

[163] BayObLG NJW 1994, 952; BayObLG NJW 1995, 145; KG JR 1998, 213.

[164] So auch deutlich: Wenzel/*Burkhardt*, Das Recht der Wort- und Bildberichterstattung, 5. Auflage, 6. Kapitel Rn. 147.

[165] Als unzulässige Schmähkritik ist nachfolgendes Beispiel von *Burkhardt* anzusehen: Kommentierung des Auftritts einer Schauspielerin mit den Worten „Zu Goebbels Zeiten hätte man ihr den nackten Hintern versohlt" (vgl. Wenzel/*Burkhardt*, Das Recht der Wort- und Bildberichterstattung, 5. Auflage, 6. Kapitel Rn. 149).

[166] LG Nürnberg NJW 1998, 3423; BayObLG NStZ 1983, 265, 266; OLG Frankfurt NJW 1977, 1353, 1354; *Lenckner* in: *Schönke/Schröder*, Kommentar zum StGB, 27. Auflage, § 193 Rn. 16.

[167] OLG Düsseldorf NJW 1986, 1262, 1263.

[168] Vgl. BVerfGE 54, 208; *Roellecke* JZ 1980, 701; *W. Schmidt* NJW 1980, 2066.

§ 32. Meinungs- und Pressefreiheit

Inhaltsübersicht

Schrifttum: *Ahrens*, Die Benetton-Rechtsprechung des BVerfG und die UWG-Fachgerichtsbarkeit, JZ 2004, 763; *Baston-Vogt*, Der sachliche Schutzbereich des zivilrechtlichen allgemeinen Persönlichkeitsrechts, 1997; *v. Becker*, Fiktion und Wirklichkeit im Roman. Der Schlüsselprozess um das Buch „ESRA", 2006; *ders.*, Der geschlossene Vorhang – Der Beschluss des BVerfG zum „ESRA"-Fall, K&R 2007, 620; *Bull*, Freiheit und Grenzen des politischen Meinungskampfes, FS 50 Jahre BVerfG, Band II, 2001, 163 ff.; *Bruns*, Persönlichkeitsschutz und Pressefreiheit auf dem Marktplatz der Ideen, JZ 2005, 428; *Bullinger*, Medien, Pressefreiheit, Rundfunkverfassung, FS 50 Jahre BVerfG, Band II, 2001, 193; *ders.*, Bedeutungsverlust der Pressefreiheit, AfP-Sonderheft 2007, 21; *Dagtoglou*, Wesen und Grenzen der Pressefreiheit, 1963; *Di Fabio*, Medienfreiheit, Medienfreiheit: Kontinuität und Wandel, AfP-Sonderheft 2007, 3; *ders.*, Persönlichkeitsrecht im Kraftfeld der Medienwirkung, AfP 1999, 126; *Dörr*, Der Einfluss der Judikatur des BVerfG auf das Medienrecht, VerwArch 2001, 149; *Ehmann*, Zum kommerziellen Interesse an Politikerpersönlichkeiten, AfP 2007, 81; *Engels/Jürgens*, Auswirkungen der EGMR-Rechtsprechung zum Privatsphärenschutz – Möglichkeiten und Grenzen der Umsetzung des „Caroline"-Urteils im deutschen Recht, NJW 2007, 2517; *Erichsen*, Das Grundrecht der

Meinungsfreiheit, Jura 1996, 84; *Ernst*, Zu den Rechtsfragen einer verfälschten Bildberichterstattung, AfP 2006, 529; *Fein/Horst*, Behördliche Pressearbeit bei strafprozessualen Maßnahmen. Zum Spannungsfeld zwischen öffentlichen Informations- und Geheimhaltungsinteressen, AfP 2007, 13; *Grabenwarter*, Schutz der Privatsphäre versus Pressefreiheit: Europäische Korrektur eines deutschen Sonderweges?, AfP 2004, 309; *ders.*, Medienfreiheit und Bildnisschutz nach der Menschenrechtskonvention, FS Ress, 2005, 979; *Grimm*, Die Meinungsfreiheit in der Rechtsprechung des Bundesverfassungsgerichts, NJW 1995, 1697; *Groß*, Zur Pressefreiheit, DÖV 1992, 981; *Großmann*, Die Rechtsprechung des BVerfG zur Meinungsfreiheit, FS Schwartländer, 1988, 131; *Grzeszick*, Neue Medienfreiheit staatlicher und gesellschaftlicher Ordnung. Das Beispiel des Internets, AöR 123 (1998), 174 ff.; *Hager*, Persönlichkeitsschutz gegenüber Medien, Jura 1995, 566; *Häntzschel*, Das Grundrecht der freien Meinungsäußerung und die Schranken der allgemeinen Gesetze des Art. 118 U der Reichsverfassung, AöR n.F. (1926), 228; *Heintschel-Heinegg*, Verfassungsrechtliche Rahmenbedingungen der Unterhaltungsberichterstattung, AfP-Sonderheft 2007, 40; *Heldrich*, Persönlichkeitsschutz und Pressefreiheit nach der Europäischen Menschenrechtskonvention, NJW 2004, 2634; *Henne/Rietlinger* (Hrsg.), Das Lüth-Urteil aus (rechts-)historischer Sicht. Die Konflikte um Veith Harlan und die Grundrechtsjudikatur des Bundesverfassungsgerichts, 2005; *Heselhaus*, Neue Entwicklungen bei der Bestimmung des Schutzbereichs der Meinungsfreiheit, NVwZ 1992, 740; *Hochhuth*, Die Meinungsfreiheit im System des Grundgesetzes, 2007; *Hoppe*, Die „allgemeinen Gesetze" als Schranke der Meinungsfreiheit, JuS 1991, 734; *Hufen*, Meinungsfreiheit als Grundrecht ökonomischer Kommunikation, FS R. Schmidt, 2006, 347; *Kläver*, Pressefreiheit im Wandel der Zeit, UFITA 2007, 87; *Köhler*, Auskunftspflicht und Auskunftsverweigerungsrecht öffentlicher Unternehmen gegenüber der Presse, WRP 2007, 62; *Kube*, Ehrenschutz im Verfassungsrecht des Frühkonstitutionalismus und im Grundgesetz, AöR 125 (2000), 341; *Kunig*, Die Pressefreiheit, Jura 1995, 589; *Kübler*, Perspektiven des Persönlichkeitsschutzes, AfP 2007, 1; *ders.*, Massenkommunikation und Medienverfassung, FS Lerche, 1993, 649; *Ladeur*, eBay-Bewertungssystem und staatlicher Rechtsschutz von Persönlichkeitsrechten, K&R 2007, 85; *Lenski*, Persönlichkeitsschutz Prominenter unter EMRK und Grundgesetz, NVwZ 2005, 50; *Lerche*, Die Meinungsfreiheit in der Rechtsprechung des Bundesverwaltungsgerichts, FG 50 Jahre BVerwG, 2003, 979; *Leusel*, Das grundgesetzliche Zensurverbot, 2004; *Löffler/Ricker*, Handbuch des Presserechts, 5. Auflage, 2005; *Loock*, Das allgemeine Persönlichkeitsrecht der öffentlichen Person in den Medien, 2005; *Lücke*, Die „allgemeinen Gesetze", Art. 5 Abs. 2 GG, 1998; *Maaß*, Der Dokumentarfilm – Bürgerlichrechtliche und urheberrechtliche Grundlagen der Produktion, 2006; *Mann*, Auswirkungen der Caroline-Entscheidung des EGMR auf die forensische Praxis, NJW 2004, 3220; *Nolte/Tams*, Grundfälle zu Artikel 5 I 1 GG. Überblick über die Rechtsprechung, JuS 2004, 111, 199, 294; *Pfeifer*, Zensurbehütete Demokratie, Das Zensurverbot des Artikel 5 I 3 GG, 2003; *Rothenbücher*, Erstbericht zum ersten Beratungsgegenstand: Das Recht der freien Meinungsäußerung, Verhandlungen der Tagung der Deutschen Staatsrechtslehrer zu München am 24. und 25. März 1927, VVDStRL 4, Berlin 1928, 6; *Schmelz*, Persönlichkeitsschutz gegenüber Forenbetreibern – Anmerkung zu BGH, VI ZR 101/06, ZUM 2007, 535; *ders.*, Die Haftung von Forenbetreibern für rechtswidrige Postings – Anmerkung zu OLG Hamburg, 7 U 50/06, ZUM 2006, 756; *ders.*, Geldentschädigung für Angehörige bei Verletzung des postmortalen Persönlichkeitsrechtes – Anmerkung zu BGH, VI ZR 265/04, ZUM 2006, 214; *ders.*, Kunstfreiheit versus Persönlichkeitsrecht – Anmerkung zur ESRA-Entscheidung des BVerfG, JA 2005, 836; *Schmidt-De Calluwe*, Pressefreiheit und Beihilfe zum Geheimnisverrat i.S. des § 353b StGB – Der Fall „Cicero" und die Entscheidung des BVerfG, NVwZ 2007, 640; *Schmidt-Jortzig*, Meinungs- und Informationsfreiheit. HdbStR VI § 141, 635; *Schmitt-Glaeser*, Die Meinungsfreiheit in der Rechtsprechung des Bundesverfassungsgerichts, AöR 113 (1988), 52; *ders.*, Der Fall Günter Wallraff oder die Dogmatisierung der Kritik, AfP 1981, 314; *ders.*, Meinungsfreiheit, Ehrschutz und Toleranzgebot, NJW 1996, 873; *Seelmann-Eggebert*, Im Zweifel gegen die Meinungsfreiheit, AfP 2007, 86; *Seiler*, Persönlichkeitsschutz und Meinungsfreiheit in der neueren Rechtsprechung des EGMR, des BVerfG und des BGH, WRP 2005, 545; *Smend*, Zweitbericht zum ersten Beratungsgegenstand: Das Recht der freien Meinungsäußerung, Verhandlungen der Tagung der Deutschen Staatsrechtslehrer zu München am 24. und 25. März 1927, VVDStRL 4, Berlin 1928, 44; *Soehring*, Presserecht, 3. Auflage, 2000; *Starke*, Informantenschutz zwischen Pressefreiheit und staatlichem Strafverfolgungsinteresse, AfP 2007, 91; *Stamm*, Das Bundesverfassungsgericht und die Meinungsfreiheit, Parlamentarische Beilage 2001, 16; *Stender-Vorwachs/Theißen*, Rechtliche Aspekte der Berichterstattung über Frauen in den Medien, AfP 2006, 512; *Streintz*, Der Einfluß der Verfassungsrechtsprechung auf die Pressefreiheit, AfP 1997, 857; *Studienkreis für Presserecht und Pressefreiheit* (Hrsg.), Presserecht und Pressefreiheit, FS Löffler, 1980; *Teichmann*, Abschied von der absoluten Person der Zeitgeschichte, NJW 2007, 1917; *Tettinger*, Schutz der Kommunikationsfreiheiten im deutschen Verfassungsrecht, JZ 1990, 761; *Tsakiridis*, Das Recht der Meinungs-äußerungsfreiheit nach Art. 10 EMRK, 1988; *Wallenhorst*, Medienpersönlichkeitsrecht und Selbstkontrolle der Presse. Eine vergleichende Untersuchung zum deutschen und englischen Recht, 2007; *Wassermann*, O si tacuisses ... Was Richter nicht sagen sollten, NJW 2001, 1470; *Wegner/Wallenfels/Kaboth,* Recht im Verlag, 2005; *Wente*, Persönlichkeitsschutz und Informationsrecht der Öffentlichkeit im Strafverfahren, StV 1988, 218; *Wenzel/Burkhardt/Gamer/v. Strobl-Albeg*, Das Recht der Wort- und Bildberichterstattung, 5. Auflage, 2003; *Wilke*, Pressefreiheit, 1984; *ders.*, Grundzüge der Medien- und Kommunikationsgeschichte. Von den Anfängen bis ins 20. Jahrhundert, 2000; *Wolf*, Medienfreiheit und Medienunternehmen, 1985; *Zacker*, Die Meinungsfreiheit zwischen den Mühlsteinen der Ehrabschneider und der Menschenwürde, DÖV 1997, 238; *Zagouras*, Satirische Politikerwerbung – Zum Verhältnis von Meinungsfreiheit und Persönlichkeitsschutz, WRP 2007, 115; *ders.*, Der „Reding-Wallström-Plan" zum Schutz der Meinungsvielfalt in Europa, AfP 2007, 1.

A. Einleitung[1]

Die nach heutigem Verständnis selbstverständliche Garantie umfassender Meinungsfreiheit ist erst das Ergebnis jüngster Geschichte. Dem Art. 19 der Allgemeinen Erklärung der Menschenrechte 1948[2] und der folgenden Etablierung des Rechts der freien Meinungsäußerung und der Pressefreiheit in Art. 5 GG am 23. Mai 1949 ging ein langer Kampf um die Freiheit der Meinungsäußerung voraus. In Deutschland führte dieser Weg über die Verfassung der Paulskirche, das Kaiserreich und die Weimarer Reichsverfassung zunächst in die „Rechtsverwüstung" (Laufs) des Dritten Reichs, bevor die rechtliche Neuordnung nach dem Ende des Zweiten Weltkrieges eine neue, dem Gedanken der Meinungsfreiheit offene Staatsverfassung ermöglichte. Die Medien waren immer wieder Sprachrohr der Bürger und stete Kritiker des staatlichen Systems. Um ihren Einfluss möglichst gering zu halten, setzte der Staat ihrer Forderung nach mehr Freiheit seine Machtmittel der Zensur, Auflage oder Konzessionierung in unterschiedlichster Weise entgegen. Erst heute werden die Medien als wesentlicher Faktor für die politische Willensbildung der Bevölkerung und als Kontrolleure der staatlichen Macht allseits akzeptiert. **1**

Das Recht auf Entfaltung und Schutz der Persönlichkeit wie auch Äußerungs- und Pressefreiheit haben danach ihre Wurzeln in grundgesetzlichen Normen, das Rechte auf freie Entfaltung der Persönlichkeit in Art. 2 Abs. 1 i.V. m. Art. 1 GG, die Garantie der Meinungs- und Äußerungsfreiheit in Art. 5 Abs. 1 GG. Nicht selten kollidieren diese beiden Verfassungswerte in äußerungsrechtlichen Konfliktfällen, wenn in den Medien Äußerungen über Personen und ihr Wirken verbreitet werden. Dann sind die beiden Güter durch Abwägung zur bestmöglichen Geltung zu bringen.[3] Weder für das eine noch für das andere Verfassungsgut gilt per se ein absoluter Vorrang, vielmehr handelt es sich im Verhältnis zueinander um relative Rechte. **2**

I. Die Grundrechte aus Art. 5 Abs. 1 GG

1. Die Äußerungs- und Informationsfreiheit

Art. 5 Abs. 1 Satz 1 GG lautet *„Jeder hat das Recht, seine Meinung in Wort, Schrift und Bild zu äußern und zu verbreiten und sich aus allgemein zugänglichen Quellen ungehindert zu unterrichten".* Die von Art. 5 Abs. 1 Satz 1 GG geschützte **Meinungsfreiheit umfasst alle Formen der Meinungsäußerung** sowie die **freie Wahl von Ort und Zeit der Äußerung.** Jeder soll sagen können, was er denkt, auch wenn er keine nachprüfbaren Gründe für sein Ur- **3**

---

[1] Die Verfasser danken Rechtsanwältin **Dr. Julia Hoecht** für die intensive und konstruktive Mitarbeit an diesem Kapitel.

[2] „Jeder hat das Recht auf Meinungsfreiheit und freie Meinungsäußerung; dieses Recht schließt die Freiheit ein, Meinungen ungehindert anzuhängen sowie über Medien jeder Art und ohne Rücksicht auf Grenzen Informationen und Gedankengut zu suchen, zu empfangen und zu verbreiten."

[3] BVerfG NJW 1958, 257 – *Lüth.*

teil angibt oder angeben kann. Bei einem **Beitrag zum geistigen Meinungskampf** in einer für die Öffentlichkeit wesentlichen Frage spricht daher die **Vermutung für die Zulässigkeit der Äußerung**.[4] Ausdrücklich wird in Art. 5 Abs. 1 Satz 1 GG darauf hingewiesen, dass nicht nur das Recht besteht, die Meinung zu äußern, sondern auch, diese zu verbreiten. Daneben enthält Art. 5 Abs. 1 GG auch die Garantie der **Informationsfreiheit**: Sie bedeutet das Recht, sich aus **allgemein zugänglichen Quellen** zu informieren.[5]

2. Die Presse- und Rundfunkfreiheit

4   Art. 5 Abs. 1 Satz 2 GG lautet: „Die Pressefreiheit und die Freiheit der Berichterstattung durch Rundfunk und Film werden gewährleistet". Presse- und Rundfunkfreiheit sind gleichrangig und stellen einen Unterfall der Äußerungsfreiheit dar.[6] Allerdings weist Wenzel zu Recht darauf hin, dass dieses Grundrecht über die Äußerungsfreiheit hinaus auch die **institutionelle Eigenständigkeit der Presse** gewährleistet.[7] Umfasst ist die gesamte Tätigkeit der Presse und des Rundfunks, und zwar ungeachtet des spezifischen Mediums, aber auch der Qualität, Bedeutung, Verbreitung, Auflage etc.[8] Allen Versuchen, den Schutz der Pressefreiheit nur „seriöser" Berichterstattung zukommen zu lassen und für Unterhaltungs- und Boulevardblätter auszunehmen bzw. einzuschränken, haben die höchsten Gerichte immer wieder – zu Recht – eine Absage erteilt,[9] wenngleich die Zielrichtung der Berichterstattung bei der Güterabwägung und der Bewertung des Grades des öffentlichen Interesses Berücksichtigung findet. Während die in einem Presseerzeugnis enthaltene Äußerung bereits durch Art. 5 Abs. 1 Satz 1 GG geschützt ist, geht es bei der besonderen Garantie der Pressefreiheit um die einzelne Äußerungen übersteigende Bedeutung der Presse für die freie, individuelle und öffentliche Meinungsbildung. Daher bezieht sich der Schutz von Art. 5 Abs. 1 Satz 2 GG vor allem auf die Voraussetzungen, die gegeben sein müssen, damit die Presse ihre Aufgaben im öffentlichen Kommunikationsprozess erfüllen kann. Der Schutzbereich der Pressefreiheit ist etwa berührt, wenn es um Einschränkungen der Tätigkeit der im Pressewesen tätigen Personen in Ausübung ihrer Funktion, eines Presseerzeugnisses selbst, der institutionell-organisatorischen Voraussetzungen und Rahmenbedingungen oder der Institution einer freien Presse überhaupt geht. Handelt es sich dagegen um die Frage, ob eine bestimmte Äußerung erlaubt war oder nicht, insbesondere ob das Persönlichkeitsrecht des Betroffenen verletzt ist, ist ungeachtet des Verbreitungsmediums Art. 5 Abs. 1 Satz 1 GG einschlägig.[10]

3. Schutzbereich

5   **a) Tatsachenbehauptungen und Meinungsäußerungen.** Da Art. 5 Abs. 1 explizit nur auf die „Meinung" abstellt war zunächst umstritten, ob nur **Meinungsäußerungen** oder auch **Tatsachenbehauptungen** den grundgesetzlichen Schutz genießen. Mit der „Wahlkampfäußerung"-Entscheidung[11] hat das BVerfG jedoch klargestellt, dass Art. 5 Abs. 1 GG auch auf Tatsachenbehauptungen Anwendung findet; diese Auffassung wurde im Anschluss sowohl vom BGH als auch vom BVerfG mehrfach bestätigt.[12]

---

    [4] BVerfG NJW 1995, 3303 – *Soldaten sind Mörder*; 1983, 1415 – *Wahlkampfäußerung*; NJW 1958, 257 – *Lüth*.
    [5] Siehe im Einzelnen Wenzel/*Burkhardt*, Recht der Wort- und Bildberichterstattung, 5. Auflage, 1. Kap. Rn. 27 f.
    [6] BVerfG NJW 1973, 1226 ff. – *Lebach I*.
    [7] BVerfG NJW 1983, 1181 ff.; Wenzel/*Burkhardt*, Recht der Wort- und Bildberichterstattung, 5. Auflage, 1. Kap. Rn. 30.
    [8] BVerfG NJW 1997, 386 – *Werkszeitung*; BVerfG NJW 2000, 1024 – *Caroline von Monaco*.
    [9] BVerfG NJW 2000, 1021 – *Caroline von Monaco*; BVerfG NJW 1973, 1221 – *Soraya*.
    [10] BVerfG NJW 1992, 1439 ff.
    [11] BVerfG NJW 1983, 1415 – *Wahlkampfäußerung*.
    [12] BVerfG NJW 2003, 277 ff. – *JUVE-Handbuch*; AfP 2000, 272 – *FAP*; BGH NJW 1997, 2681 – *Die 500 besten Anwälte II*.

Die Unterscheidung zwischen Tatsachenbehauptung und Meinungsäußerung spielt **6** dennoch in der Rechtspraxis eine erhebliche Rolle. Vereinfacht gesprochen sind **Tatsachenbehauptungen** Äußerungen über Gegebenheiten, die dem **Beweis zugänglich** sind; während demgegenüber die **Meinungsäußerung** durch die **Elemente der Stellungnahme, des Dafürhaltens und Meinens** geprägt sind.[13]

Meinungen genießen den Schutz des Grundrechts, ohne dass es darauf ankäme, ob die **7** Äußerungen wertvoll oder wertlos, richtig oder falsch, begründet oder grundlos, emotional oder rational ist. Auch scharfe und übersteigerte Äußerungen fallen grundsätzlich in den Schutzbereich des Art. 5 Abs. 1 Satz 1 GG. So hat der BGH die Bezeichnungen *„Damals Holocaust – heute: Babycaust"*[14] und *„Dr. F. Tötungsspezialist für ungeborene Kinder"*, mit denen Abtreibungsgegner vor einer Klinik demonstriert hatten, als vereinbar mit dem Persönlichkeitsrecht der Betroffenen erachtet. Der BGH betonte, dass angesichts der heutigen Reizüberflutung aller Art auch Äußerungen, die in scharfer und abwertender Kritik bestehen und mit übertriebener Polemik vorgetragen werden, hinzunehmen sind, solange die Absicht im Vordergrund steht, Aufmerksamkeit über ein Anliegen zu erzielen, das von öffentlichem Interesse ist.

Während **Meinungsäußerungen einen weitgehenden Schutz** genießen und **8** grundsätzlich nur dann unzulässig sind, wenn sie die **Grenze zur Schmähkritik**[15] überschreiten, sind **Tatsachenbehauptungen** von Art. 5 Abs. 1 GG erfasst, wenn sie **Voraussetzung der Meinungsbildung** sind.[16] Sie genießen dagegen dann **keinen grundrechtlichen Schutz**, wenn sie **erkennbar oder erwiesenermaßen unwahr** sind.[17] Dies gilt etwa auch für unrichtige, verfälschte oder entstellte Zitate, die Überzeugungs- und Beweiskraftfunktion für sich in Anspruch nehmen und damit eine besonders scharfe und gefährliche Waffe im Meinungskampf sind.[18] Derartige Äußerungen sind für die freie Meinungsbildung grundsätzlich nicht relevant. Auch **wahre Tatsachenbehauptungen** können allerdings (ausnahmsweise) unzulässig sein, und zwar insbesondere wenn sie eine besonders geschützte Sphäre des Betroffenen[19] betreffen und nicht ausnahmsweise ein überwiegendes öffentliches Interesse an der Tatsachenmitteilung besteht.

Tatsachenbehauptungen, deren Unwahrheit nicht erwiesen ist, sind nicht von **9** vornherein dem Schutz der Äußerungsfreiheit entzogen. Vielmehr kommt es hier auf die näheren Umstände des Einzelfalls, insbesondere die Art der Darstellung (z. B. nach den Grundsätzen der Verdachtsberichterstattung[20]) und die Sorgfalt der Recherche an.[21] So hat der BGH[22] in einer Entscheidung über einen Pressebericht über behauptete Auswirkungen einer Umweltverschmutzung ausdrücklich betont, dass veröffentlichende Presseorgane zwar nicht von der **Pflicht zu sorgfältiger Prüfung des Wahrheitsgehaltes** ihrer Berichte entbunden sind, ihnen aber auch stets nur die mit ihren Mitteln einzuhal-

---

[13] St. Rechtsprechung, siehe nur BVerfG 2003, 277 – *JUVE*; NJW 1995, 3303 – *Soldaten sind Mörder II*; BVerfG NJW 1983, 1415 – *NPD von Europa*.

[14] BGH NJW 2000, 3421, 3422 – *Holocaust/Babycaust*.

[15] Der Begriff der Schmähkritik wird von der Rechtsprechung dahingehend definiert, dass die Kritik nicht mehr nur scharf, schonungslos und auch ausfällig, aber noch sachbezogen ist, sondern auf eine vorsätzliche Ehrkränkung hinausläuft, bei der alleine die Diffamierung der Person im Vordergrund steht; BVerfG NJW 1993, 1462 – *Böll*. Im Lichte der Meinungsäußerungsfreiheit ist der Begriff eng auszulegen; BVerfG NJW–RR 2000, 1712; NJW 1999, 204 m.w.N.

[16] BVerfG NJW 1992, 1439, 1440; BVerfG NJW 1983 1415 – *NPD von Europa*; BVerfG NJW 1980, 2072 – *Böll/Walden*.

[17] BVerfG NJW 2003, 277 – *JUVE-Handbuch;* BGH NJW 1997, 2681 ff. – *Die 500 besten Anwälte II;* BVerfG NJW 1983, 1415 – *NPD von Europa*.

[18] BVerfG NJW 2003, 277 – *JUVE-Handbuch;* BVerfG NJW 1983, 1415; BVerfG NJW 1980, 2072, 2073.

[19] Zu den Schutzsphären des Persönlichkeitsrechts siehe § 1 Rn. 5.

[20] Siehe zu diesen Grundsätzen Rn. 15 und 119 ff.

[21] BVerfG NJW 2003, 277, 278 – *JUVE-Handbuch*.

[22] BGH 1987, 2225 ff.

tende „pressemäßige" Sorgfalt abverlangt werden kann. Die auf die Aktualität ihrer Beiträge angewiesene Presse muss sich deshalb einer in Wahrnehmung berechtigter Interessen
beabsichtigten Äußerung nicht schon dann enthalten, wenn sie sie nicht mit den einem
Richter zur Verfügung stehenden Mitteln zur Gewissheit beweisen kann.[23] Bei Einhaltung
dieser Grundsätze können Tatsachenbehauptungen, deren Wahrheit im Zeitpunkt der Äußerung ungewiss ist, zulässig sein.[24] Diesen Pflichten hat das BVerfG durch den sog. *Stolpe*-
Beschluss[25] eine weitere Facette hinzugefügt: Bei einer (dauerhaft) ungeklärten Wahrheitslage muss der Äußernde auf die Zweifelhaftigkeit seiner Äußerung hinweisen.[26]

10   So einfach und plausibel diese Unterscheidung zwischen Tatsachenbehauptungen und
Meinungsäußerungen zunächst klingt, so kompliziert ist die konkrete Zuordnung in der
Praxis, da Meinungen in der Regel auf Tatsachen basieren und eine eindeutige Trennung
der Äußerungsbestandteile meist nicht ohne Sinnentstellung möglich ist.[27] Jedenfalls
kann die Frage, **ob eine Tatsachenbehauptung oder eine Meinungsäußerung** vorliegt, **nicht pauschal beantwortet** werden, sondern ist anhand aller Aspekte des Einzelfalls zu entscheiden. Grundsätzlich ist für die Einstufung als Tatsachenbehauptung wesentlich, ob die Äußerung einer Überprüfung auf ihre Richtigkeit mit den Mitteln des
Beweises zugänglich ist.[28] Dabei ist aber festzuhalten, dass das Element des Meinens und
Dafürhaltens in einer Aussage auch versteckt enthalten sein kann. Unabdingbare Voraussetzung für eine zutreffende Einordnung einer Äußerung ist daher die Ermittlung des
Aussagegehaltes. Dabei darf nicht isoliert auf eine herausgehobene Textpassage abgestellt
werden; vielmehr ist diese im Zusammenhang mit dem gesamten Aussagetext zu deuten.
Da es insoweit auf die Erfassung des objektiven Sinns der Aussage ankommt, ist weder
die subjektive Absicht des Äußernden noch das subjektive Verständnis des von der Äußerung Betroffenen entscheidend, sondern allein das Verständnis, das – unter Berücksichtigung des allgemeinen Sprachgebrauchs- ein unvoreingenommenes Durchschnittspubli-
kum der Aussage zumisst.[29] Sind Tatsachenbehauptungen mit Werturteilen vermischt
oder in ihnen versteckt, ist zu prüfen, was im Vordergrund steht und überwiegt. Ist eine
Äußerung, in der Tatsachen und Werturteile sich mischen, durch die Elemente der Stellungnahme, des Dafürhaltens oder Meinens geprägt, ist sie als Meinung vom Grundrecht
des Art. 5 Abs. 1 GG geschützt.

11   In Anbetracht der zahlreichen verschiedenen Äußerungsvarianten hat sich in der Judikatur eine **Fülle an Kategorien**[30] gebildet, bei denen insbesondere auf Äußerungscharakter (Substanz der Äußerung, offene oder verdeckte Behauptungen, Schlussfolgerungen,
Fragen etc.) sowie das Äußerungsumfeld (politischer Meinungskampf, Satire, Produktkritik, Sphäre etc.) abgestellt wird.[31]

12   Im Hinblick auf den Äußerungscharakter kann zwischen **offenen und verdeckten
Äußerungen** zu unterscheiden sein. Im Gegensatz zu der offenen Äußerung ergibt sich
bei verdeckten Äußerungen aus dem Gesamtzusammenhang des Mitteilungsinhalts eine
Behauptung, die dem Empfänger im Wege der eigenen Schlussfolgerung „zwischen den

---

23 BGH NJW 1987, 2225, 2226.
24 BVerfG NJW 2003, 1856, 1857 – *Kernkraftwerk*.
25 BVerfG AfP 2005, 544 ff. – *Stolpe/IM-Sekretär*.
26 Zu Recht weist *Grimm* AfP 2008, 5, in diesem Zusammenhang darauf hin, dass diese Sorgfaltspflicht nicht die Recherche und Wahrheitsprüfung, sondern die Art und Weise der Äußerung
betrifft.
27 Jede Äußerung enthält letztlich subjektive Elemente, die mehr oder minder stark ausgeprägt
sind. Ob etwas „hoch" oder „tief", „schnell" oder „langsam", „heiß" oder „kalt" ist, unterliegt immer
auch der subjektiven Einschätzung des Äußernden; siehe etwa das anschauliche Beispiel von Wenzel-
Burkhardt, Recht der Wort- und Bildberichterstattung, Kap. 4 Rn. 75.
28 Statt aller BVerfG NJW 1996, 1529 ff.
29 BGH NJW 1998, 3047, 3048.
30 Siehe etwa die Kategorien im Anhang zu diesem Paragrafen.
31 Siehe ferner unten Rn. 74 ff.

Zeilen" nahegelegt wird. Dies kann auch durch **Weglassen für die richtige Bewertung wesentlicher Informationen** geschehen. So hat der BGH entschieden, dass auch die **bewusst unvollständige Berichterstattung** wie eine unwahre Tatsachenbehauptung zu behandeln sei.[32] Entscheidend ist dabei allerdings, dass es sich um für die richtige Beurteilung des Sachverhalts wesentliche Tatsachen handelt, die weggelassen wurden. Abgestellt wird in diesem Zusammenhang in der Judikatur[33] immer wieder auf die Frage, ob eine Äußerung ein bestimmtes Verständnis auch ohne explizite Äußerung nahelegt.

Wird die Äußerung in **Form einer Frage** getätigt, kommt es auf den Charakter der   **13** Frage an. Offen gestellte Fragen (echte Fragen) sind regelmäßig keine Tatsachenbehauptung und genießen wie Meinungsäußerungen den vollen Schutz aus Art. 5 Abs. 1 GG.[34] Allerdings werden Fragen häufig eingesetzt, um im Wege der **verdeckten Äußerung** eine Schlussfolgerung des Empfängers nahezulegen. In diesen Fällen ist zu ermitteln, ob die Frage eher wertenden oder eher behauptenden Charakter hat, um den Äußerungsgehalt als Meinungsäußerung oder Tatsachenbehauptung qualifizieren zu können.[35] Da Fragen ein beliebtes Stilmittel im Zusammenhang mit Verdächtigungen („Hat er Millionen unterschlagen?") sind, gelten unter Umständen ergänzend die **Grundsätze der Verdachtsberichterstattung**.[36]

Das **Stilmittel des Zitats** wiederum birgt für den Äußernden besondere Gefahren.   **14** Denn regelmäßig wird mit einem Zitat ungeachtet seines genauen Inhalts zunächst behauptet, der Zitierte habe sich dergestalt geäußert.[37] Es sind auch deshalb besondere Sorgfaltsmaßstäbe anzulegen, da ein Zitat häufig dazu dienen soll, der eigenen Äußerung durch den Hinweis auf die übereinstimmende Anschauung ein größeres Gewicht zu verleihen. Ein Zitierter muss sich nicht gefallen lassen, mit einem falschen Zitat in Verbindung gebracht zu werden. Gleiches gilt, wenn ein Zitat in einem anderen inhaltlichen Zusammenhang wiedergegeben und dadurch unrichtig wird.[38] Darüber hinaus muss der Zitierende sich auch den Inhalt des Zitats regelmäßig wie eine eigene Äußerung entgegenhalten lassen. Ein Zitat macht sich der Äußernde damit grundsätzlich zu eigen, es sein denn, er **distanziert sich erkennbar** von der zitierten Äußerung. Dies kann auf unterschiedliche Weise geschehen und ist abhängig von dem Medium; in Printmedien kann es genügen, das Zitat in Anführungsstriche zu setzen,[39] wobei bei schwerwiegenderen Eingriffen die **Darstellung der Gegenansicht** gefordert wird.[40] Im Übrigen gelten bei Zitaten die üblichen Grundsätze insbesondere im Hinblick auf die Unterscheidung von Tatsachenbehauptungen und Meinungsäußerungen.

Über **Verdachtsmomente und Gerüchte** zu berichten, ist ureigene Aufgabe und Ver-   **15** antwortung der Medien. Es würde der anerkannten Wächterfunktion der Medien zuwiderlaufen, wenn sie erst nach restloser Aufklärung des Sachverhalts über Missstände und öffentlichkeitsrelevante Vorgänge berichten dürften. Die Rechtsprechung hat dementsprechend ausdrücklich betont, dass es das Recht der Medien ist, Geschehnisse im Verdachtsstadium aufzugreifen.[41] Allerdings müssen hierbei im Rahmen der **journalistischen Sorgfaltspflichten verschiedene Regeln** beachtet werden.[42] Entscheidend ist

---

[32] BGH NJW 2006, 601; NJW 2000, 656).

[33] OLG Köln NJW-RR 2000, 470; OLG München NJW 1997, 804; OLG Hamburg AfP 1988, 143; weitere Nachweise bei Wenzel-*Burkhardt*, Recht der Wort- und Bildberichterstattung, Kap. 4 Rn. 16.

[34] BVerfG NJW 2003, 660; NJW 1992, 1442.

[35] BVerfG NJW 2003, 660, 661.

[36] Siehe oben § 31 Rn. 31 sowie unten Rn. 77.

[37] BVerfG NJW 1995, 861, 862 – *Caroline von Monaco I;* NJW 1980, 2072.

[38] BVerfG ZUM-RD 2008, 117 ff.

[39] LG Stuttgart NJW-RR 2001, 834; OLG Hamburg AfP 1974, 11.

[40] BGH NJW 1997, 1148, 1149 – *Stern TV.*

[41] BGH NJW 2000, 1036 – *Verdachtsberichterstattung;* NJW 1977, 1288 ff. – *Abgeordnetenbestechung.*

[42] BGH NJW 2000, 1036 – *Verdachtsberichterstattung;* NJW 1977, 1288 ff. – *Abgeordnetenbestechung.*

eine **ausgewogene Berichterstattung** auf Basis eines **tatsachengestützten Anfangsverdachts**, die den **aktuellen Kenntnisstand** umfassend berücksichtigt. Eine Verdachtslage muss als solche dargestellt werden. Auch bei starken Indizien darf nicht der Eindruck entstehen, es bestünde bereits Gewissheit. Einseitige und vorverurteilende Berichte sind zu vermeiden; auf den Betroffenen ist vor dem Hintergrund der Unschuldsvermutung besonders Rücksicht zu nehmen, wobei dies umso mehr gilt, je schwerer der konkrete Vorwurf wiegt.[43] Daraus folgt etwa, dass Namen und Fotos der betroffenen Personen nur bei Vorliegen eines überwiegenden öffentlichen Interesses genannt bzw. abgebildet werden dürfen.[44] Bei Unternehmen liegt insoweit die Eingriffsschwelle grundsätzlich höher als bei natürlichen Personen. In besonderem Maße gelten die vorstehenden Grundsätze bei Berichten über **Strafverfahren**.[45] Zu unterscheiden ist von diesen Fällen eine Situation, in der auch nach allen Aufklärungsbemühungen die Wahrheit nicht ermittelbar ist. In diesen Fällen gilt nach neuester Rechtsprechung, dass der Äußernde in besonderer Art und Weise auf die ungesicherte Tatsachenlage hinweisen muss.[46]

16   **Schlussfolgerungen** können – wenn von der subjektiven Wertung geprägt – Meinungsäußerungen sein.[47] Hingegen kann in Schlussfolgerungen auch die Mitteilung der Tatsachenbasis, auf der sie beruhen, enthalten sein, so dass von einer Tatsachenbehauptung auszugehen ist.[48] Die Aussage etwa „durch seine vernichtende Kritik hat der Juror die Karriere der Kandidatin zerstört" dürfte aufgrund des überwiegenden Wertungscharakters eine Meinungsäußerung sein, während etwa die Äußerung „weil der ehrgeizige Vater nur seinem Beruf nachging und 200 Tage im Jahr im Ausland war, hat er seine Fürsorgepflichten vernachlässigt" zumindest im Hinblick auf den Äußerungsteil zum Auslandsaufenthalt eine Tatsachenbehauptung darstellt. In eine ähnliche Kategorie fallen **(rechtliche) Beurteilungen und Testberichte.** Rechtliche Einordnungen sind im Allgemeinen Meinungsäußerungen, nur ausnahmsweise Tatsachenbehauptungen.[49] Gleiches gilt für Testberichte über Produkte.[50]

17   Die Mitteilung von **inneren Vorgängen**, also Motiven, Plänen, Absichten oder Kenntnissen von Personen, können Tatsachenbehauptungen und Meinungsäußerungen sein. Wird ein subjektiver Vorgang eines anderen als definitiv feststehend mitgeteilt, handelt es sich regelmäßig um Tatsachenbehauptungen. Der Vorwurf, jemand habe „wissentlich" falsche Zahlen genannt, wurde deshalb als Tatsachenbehauptung angesehen.[51] Andererseits kann eine Vielzahl von (äußerlichen) Indizien auf einen inneren Vorgang hinweisen, so dass die Äußerung hierüber als eine Schlussfolgerung anzusehen ist.[52] Das Einrichten einer Baustellenabgrenzung und Ausheben einer Grube legt den Schluss nahe, dass ein größeres Bauvorhaben geplant sei – die Mitteilung dieser Absicht stellt daher aufgrund der wahrgenommenen Indizien die Schlussfolgerung des Äußernden dar.

---

[43] BGH NJW 2000, 1036 – *Verdachtsberichterstattung.*

[44] BGH NJW 2000, 1036 – *Verdachtsberichterstattung;* NJW 1994, 1950 ff.

[45] Siehe unten Rn. 119 ff.

[46] BVerfG AfP 2005, 544 ff. – *Stolpe/IM-Sekretär.*

[47] BVerfG NJW 1994, 1779 – *Ausschwitz-Lüge.*

[48] BGH GRUR 1970, 254 – *Remington.*

[49] BGH NJW 1982, 2246 ff. – *Klinikdirektoren;* NJW 1965, 294 – *Volkacher Madonna;* OLG München AfP 2002, 78 – *Millionenschieberei;* eine Tatsachenbehauptung liegt vor, wenn dazu konkrete Tatsachen mitgeteilt werden; BGH NJW 1976, 1198 – *Panorama.*

[50] BGH NJW 1987, 2222 ff. – *Warentest IV;* NJW 1976, 620 ff. – *Warentest II;* siehe auch BGH NJW 1989, 1923 ff. – *Warentest V:* ausnahmsweise Tatsachenbehauptung bei vergleichendem Warentest.

[51] BGH NJW 1992, 1314 – *Korruptionsprozess;* siehe auch BGH NJW 1998, 1223 – *Versicherungsrundschreiben.*

[52] Siehe hierzu BVerfG NJW 1991, 95 – *Zwangsdemokrat;* BGH NJW 1995, 861 ff. – *Caroline von Monaco I;* BGH NJW 1998, 1223 – *Versicherungsrundschreiben;* siehe auch *Seitz/Schmidt/Schoener,* Der Gegendarstellungsanspruch in Presse, Rundfunk und Fernsehen, 3. Auflage 1998, Rn. 379.

Bei der Einordnung einer Äußerung ist zudem der **Äußerungsrahmen** von Bedeu-   **18** tung. Als grobe Unterscheidungskategorien können hier die (sich teilweise überschneidenden) Bereiche Satire, politischer Meinungskampf, kritische sowie boulevardjournalistische Berichterstattung (weiter differenzierbar nach Gegenstand der Berichterstattung), Unternehmens- und Produktkritik sowie Kommerzialisierung von Persönlichkeitsmerkmalen (z. B. in der Werbung) dienen.[53] Im Rahmen der **Abwägung der wechselseitigen Interessen** kann diesem Äußerungsrahmen ein besonderes Gewicht zukommen.[54] So ist etwa im Rahmen der Satire oder des politischen Meinungskampfes die **Eingriffsschwelle grundsätzlich höher** als etwa bei Berichten über Angelegenheiten, die die Privatsphäre von Personen betreffen.

Die vorstehenden Kategorien bilden lediglich **Typusbeschreibungen** für anzutref-   **19** fende Äußerungen. Es gibt in der Praxis häufig Mischformen, bei denen eine eindeutige Zuordnung nicht möglich ist. Insbesondere sind auch häufig Tatsachenbehauptungen mit Meinungsäußerungen untrennbar verwoben. Im Grundsatz gilt bei diesen **gemischten Äußerungen**, dass der Schwerpunkt der Äußerung ausschlaggebend ist, wobei dies nach dem Empfängerverständnis zu ermitteln ist.[55] Bei der Zuordnung einer Äußerung in den Bereich der Tatsachenbehauptung oder Meinungsäußerung hat dabei unter dem Eindruck der grundgesetzlichen Äußerungsfreiheit der **richterliche Grundsatz** entwickelt, dass eine **Äußerung stets in ihrem Zusammenhang** zu bewerten und **im Zweifel als Meinungsäußerung** zu qualifizieren ist.[56] Dies gilt insbesondere auch dann, wenn der Tatsachengehalt der gemischten Äußerung so substanzarm ist, dass er gegenüber dem Wertungscharakter in den Hintergrund tritt.[57] In ständiger Rechtsprechung hat sich dabei folgender Grundsatz entwickelt: Sofern eine Äußerung, in der Tatsachen und Meinungen sich vermengen, durch die Elemente der Stellungnahme auch des Meiners geprägt sind, wird sie als Meinung nach Art. 5 Abs. 1 GG geschützt. Das gilt insbesondere dann, wenn eine Trennung der wertenden und der tatsächlichen Gehalte den Sinn der Äußerung aufhöbe oder verfälschte.[58]

b) Das Äußerungsverständnis. Bei der Bewertung einer Äußerung kommt es   **20** grundsätzlich auf das **Verständnis des Durchschnittsrezipienten**[59] an und zwar nicht reduziert auf Äußerungsbestandteile, sondern in ihrem Gesamtkontext.[60] Es wird also nicht auf den Äußernden und dessen Äußerungsverständnis, sondern den **Empfängerhorizont** abgestellt. Die Absichten und Motive des Äußernden spielen grundsätzlich keine Rolle, wie also eine Äußerung gemeint war, ist grundsätzlich irrelevant.[61] Auf Empfängerseite kommt es auf spezielles Vorwissen oder besondere Kenntnisse ebenso wenig an wie auf die subjektive Rezeption des Äußerungsadressaten. Bei der Ermittlung des Aussagekern sind immer auch der **Gesamtkontext der Äußerung**[62] sowie das besondere **Nutzerverhalten** und damit die **Empfängergewohnheiten** in Bezug auf das **jeweilige Medium** zu berücksichtigen.[63] Die Interpretation richtet sich dabei nach dem **allgemeinen Sprachverständnis**, nicht nach der philologisch korrekten Sprachdefinition. Richtet sich die Äußerung an einen speziellen Rezipientenkreis, dann kann es auf dessen Verständnis ankommen, auch wenn dieses – z. B. aufgrund von Vorkenntnissen,

---

[53] Siehe unten die einzelnen Fallgruppen unter Rn. 152 ff.

[54] Zur Abwägungskasuistik siehe unten Rn. 37 ff.

[55] BVerfG NJW 1983, 1415 – *Wahlkampfäußerung*; BVerfG NJW 1984, 1741 – *Der Aufmacher*; zum Empfängerverständnis *Grimm*, NJW 1995, 1697 ff.

[56] BVerfG NJW 1983, 1415; NJW 1992, 1439; BGH NJW 1997, 2513.

[57] BVerfG NJW-RR 2001, 411 – *Kollusion*; NJW 1992, 1439; BGH NJW 2002, 1192, 1194.

[58] St. Rspr. zuletzt BVerfG ZUM – RD 2008, 114, 116 m. w. N.

[59] BGH GRUR 1981, 437; GRUR 1970, 370, 372.

[60] BVerfG NJW 1995, 3303 – *Soldaten sind Mörder;* BGH NJW 2000, 656.

[61] BGH NJW 1998, 3047; GRUR 1982, 318.

[62] BGH NJW 1997, 2513 m. w. N.

[63] BVerfG NJW 1999, 483, 484; NJW 1995, 3303 – *Soldaten sind Mörder;* BGH NJW 2002, 1192.

Spezialwissen, Kulturzugehörigkeit etc. – von dem der Allgemeinheit abweicht.[64] Das durch eine vorangegangene Äußerung geschaffene Verständnis kann bei der Nachfolgeäußerung zu berücksichtigen sein.[65]

21 Bei **mehreren Deutungsmöglichkeiten eines Äußerungsinhalts** darf eine zur Verurteilung führende Deutung nur dann der Entscheidung zugrunde gelegt werden, wenn die anderen Deutungen mit tragfähigen Gründen ausgeschlossen worden sind.[66] Bei **unklarer Wahrheitslage** darf es der Äußernde nicht bei einer mehrdeutigen Äußerung belassen, sondern muss auf die Zweifel an seiner Deutung hinweisen.[67] Ob die vom BGH bisher vertretene Formel,[68] es müsse bei mehrdeutigen Äußerungen stets diejenige zugrunde gelegt werden, die den Betroffenen am wenigsten beeinträchtigt, nach der *Stolpe*-Entscheidung des BVerfG[69] aufrechterhalten bleiben kann, bleibt abzuwarten.[70]

22 Das Verständnis hinsichtlich des Inhalts einer Äußerung kann sich wandeln, sog. **Bedeutungswandel**. Der Begriff der „Heuschrecke" etwa hat erst seit der prägenden Verwendung durch Franz Müntefering im April 2005 (in einem Interview mit der Bild am Sonntag) einen neuen Sinngehalt bekommen und steht seitdem insbesondere für einen dem „Raubtierkapitalismus" zugewandten Investor. Entscheidend für die Beurteilung einer Äußerung ist jedenfalls der **Zeitpunkt der Veröffentlichung** und nicht ein eventuell später entstandenes Empfängerverständnis.[71]

23 Bei der Ermittlung des Bedeutungsgehalts spielen auch die **Art der Äußerung sowie das Medium** eine Rolle. Spontane Äußerungen in einem Fernsehinterview sind anders zu gewichten und einzuordnen als wissenschaftliche Essays, zugespitzte Wahlkampfäußerungen anders als umfassende Reportagen. Das Empfängerverständnis kann zudem von dem jeweiligen Medium und der ihm eigenen Darstellungstechnik beeinflusst werden. Boulevardjournalismus neigt bekanntermaßen zu Übertreibungen und Emotionalisierungen, während das Publikum dieses nicht unbedingt in einer qualifizierten Biografie über eine politische Persönlichkeit erwarten mag – je nach Medium und medialem Umfeld kann der Sinngehalt einer Äußerung entsprechend einzuordnen sein, zumal die Rechtsprechung den Medien auch zugesteht, die Dinge unter Inkaufnahme einer verkürzten Darstellung „auf den Punkt" zu bringen.[72] Die Wechselwirkung zwischen Text und Bild wird häufig bei der Sinnermittlung zu berücksichtigen sein.[73]

24 **c) Wort- und Bildberichterstattung.** Gemäß Art. 5 Abs. 1 GG hat jeder das Recht, seine Meinung in **Wort, Schrift und Bild** zu äußern. Das Grundrecht umfasst daher ausdrücklich die Möglichkeit, Meinungen in verschiedener Darstellungsform kundzutun. Die Veröffentlichung von Fotos kann genauso wie die schriftlicher oder wörtlicher Äußerungen geschützte Persönlichkeitssphären des Abgebildeten betreffen oder aber im überwiegenden öffentlichen Interesse liegen. Insofern sind die von der Rechtsprechung entwickelten Kriterien bei der Beurteilung von Text- und Bildveröffentlichungen ähnlich. Ein Unterschied besteht bei den gesetzlichen Ausprägungen des Persönlichkeitsrechtsschutzes auf Seiten des Betroffenen. Bei persönlichkeitsrelevanten Textveröffentlichungen kommt regelmäßig das **Allgemeine Persönlichkeitsrecht** zur Anwendung.[74] Der Inhalt des Allgemeinen Persönlichkeitsrechts ist in jedem zu beurteilenden Fall neu

---

[64] BGH NJW 1985, 1621 – *Türkol*; GRUR 1971, 591 ff.

[65] BGH GRUR 1980, 1090 ff.

[66] BVerfG AfP 2005, 544, 545 – *Stolpe/IM-Sekretär*.

[67] BVerfG AfP 2005, 544 ff. – *Stolpe/IM-Sekretär*.

[68] BGH AfP 2005, 506, 507 – *Stolpe/IM Sekretär*; AfP 2004, 124, 125 – *Caroline v. Monaco*.

[69] BVerfG AfP 2005, 544 ff. – *Stolpe/IM-Sekretär*.

[70] Siehe zu den Tendenzen und Auswirkungen des *Stolpe*-Beschlusses m.w.N. *Mann*, AfP 2008, 6 ff.

[71] *Wenzel/Burckhardt*, Recht der Wort- und Bildberichterstattung, 5. Auflage, 4. Kap. Rn. 20.

[72] BGH NJW 1992, 1312 – *Korruptionsprozess*.

[73] KG NJW-RR 1999, 1547.

[74] Eingeschränkt bei belanglosen Tatsachenbehauptungen, BVerfG AfP 2008, 55.

zu bestimmen und die Rechtswidrigkeit eines Eingriffs durch Abwägung festzustellen.[75] Gegenüber den spezialgesetzlich geregelten Persönlichkeitsrechten, insbesondere dem **Recht am eigenen Namen** aus § 12 BGB[76] und dem **Recht am eigenen Bild** aus §§ 22, 23 KUG,[77] ist das allgemeine Persönlichkeitsrecht also ein **übergeordnetes Rahmenrecht**, das seine zivilrechtliche Geltung über § 823 Abs. 1 BGB i.V. m. Art. 2, 1 GG als „sonstiges Recht" findet.[78] Die Rechtsprechung hat unterschiedliche Schutzbereiche des allgemeinen Persönlichkeitsrechts entwickelt, insbesondere den **informationellen Selbstbestimmungsschutz,**[79] **den Diskretionsschutz,**[80] den Schutz des persönlichen Lebensbildes[81] und **den Ehrenschutz**[82] und nimmt im Rahmen der Güterabwägung Differenzierungen unter Berücksichtigung insbesondere nach **Eingriffsintensität** vor.

Eine besondere Ausgestaltung hat das allgemeine Persönlichkeitsrecht in Form des für 25 die Presseberichterstattung ebenfalls besonders relevanten Rechts am eigenen Bild[83] gefunden, das sich nach §§ 22, 23 KUG beurteilt. Während § 22 KUG den Schutzbereich des Rechts am eigenen Bild normiert und im Kern das **alleinige Verfügungsrecht jedes Menschen über sein Abbild** festhält,[84] regelt § 23 KUG einige Ausnahmen, in denen Bildnisse ohne die nach § 22 KUG grundsätzlich erforderliche Einwilligung des Betroffenen veröffentlicht werden dürfen. Die wesentlichste[85] Ausnahme stellt dabei § 23 Nr. 1 KUG dar, wonach Bildnisse aus dem „Bereiche der Zeitgeschichte" ohne Einwilligung veröffentlicht werden dürfen. Den hiermit etablierten Begriff der **Person der Zeitgeschichte** hat die Rechtsprechung teilweise auch in den Bereich der Wortberichterstattung übernommen.[86] U.a. anhand dieses wesentlichen Kriteriums wird die im Rahmen des offenen Tatbestandes erforderliche **Abwägung** zwischen dem **öffentlichen Interesse** an der Veröffentlichung einerseits und dem **Schutzinteresse des Betroffenen** andererseits vorgenommen.[87]

---

[75] Grundlegend BGH NJW 1954, 1404ff. – *Leserbrief.*

[76] Siehe oben § 13.

[77] Siehe oben § 12.

[78] Siehe im Einzelnen oben § 11.

[79] BVerfG NJW 2000, 2413 – *IM-Liste*; BVerfG NJW 2000, 2189ff. – *Ehebruch* zu BGH NJW 1999, 2893ff. – *Ehebruch*; BVerfG NJW 1984, 419 – *Volkszählung*; LG Hamburg AfP 1996, 185ff.; LG Berlin, Urteil v. 6. 3. 2007 – Az. 27 O 72/07 (Bekanntgabe des bürgerlichen Namens des Comedians *Atze Schröder*; anders LG Hamburg bei identischer Fall-Konstellation: *„Umstände, aus denen heraus sein Interesse an der Wahrung seiner Anonymität für den Bereich seines Privatlebens dieses berechtigte Interesse der Öffentlichkeit in einem solchen Maße überwiegen könnte, dass nicht einmal sein bürgerlicher Name öffentlich gemacht werden dürfte, hat der Kläger nicht vorgebracht".*

[80] Vgl. hierzu grundlegend BGH NJW 1954, 1404 – *Leserbrief* sowie weiter BVerfG NJW 2002, 3619 – *Mitgehörtes Telefonat*; BGH NJW 1988, 1016; BVerfG NJW 1973, 891 – *Tonbandaufnahme*; OLG Karlsruhe AfP 2003, 440.

[81] Grundlegend BVerfG NJW 1973, 1226 – *Lebach I*; siehe auch BGH NJW 1999, 2893 – *Ehebruch*; BGH NJW 1980, 2070 – *Eppler*; BVerfG NJW 2000, 1021 – *Caroline von Monaco*.

[82] Zum positiven Ehrenschutz vor Kommerzialisierung BVerfG NJW 2001, 594, 595 – *Willy Brandt-Gedenkmünze*; BGH NJW 2002, 2317 – *Marlene Dietrich II*; NJW 2000, 2195 – *Marlene Dietrich I*; NJW 2000, 2201 – *Der blaue Engel*; OLG Hamburg AfP 1993, 582ff. – *Huschke von Busch*; AfP 1989, 760 – *Heinz Erhard*; zum negativen Ehrenschutz vor Herabwürdigung BVerfG NJW 2003, 3760; NJW 1999, 1322 – *Helnwein*; NJW 1993, 1462 – *Heinrich Böll*; NJW 1991, 95 – *Zwangsdemokrat*; BGH AfP 2000, 167, 170; OLG Köln ZUM-RD 2003, 574, 576.

[83] Siehe grundlegend BVerfG NJW 1973, 1226, 1229 – *Lebach I*.

[84] BVerfG NJW 2000, 1021 – *Caroline von Monaco*; BGH NJW 2000, 2201 – *Der blaue Engel*; NJW 1973, 1226, 1229 – *Lebach I*.

[85] Siehe auch Wenzel/*Burkhardt*, Recht der Wort- und Bildberichterstattung, 5. Auflage, 8. Kap. Rn. 4.

[86] Siehe unten Rn. 87ff.

[87] BVerfG NJW 2000, 1024 – *Caroline von Monaco*; NJW 1973, 1226, 1229 – *Lebach I*; BGH NJW 2007, 1981 – *Prinz Ernst August*; NJW 1979, 2203 – *Fußballkalender*.

26   **d) Behaupten und Verbreiten.** Art. 5 Abs. 1 Satz 1 GG erwähnt bereits das „Äußern" und das „Verbreiten" einer Meinung – beides nimmt gleichermaßen am Grundrechtsschutz teil.[88] Diese Begrifflichkeit hat die Rechtsprechung bei der Beurteilung von Äußerungen aufgegriffen. Grundsätzlich wird zwar der Verbreiter einer rechtswidrigen Äußerung genauso als Störer angesehen wie der Äußernde (vgl. § 824 BGB). Jedoch kann der (bloße) Verbreiter unter Umständen bestimmte Privilegien für sich in Anspruch nehmen. Bei den Verbreitern wird in zwei Kategorien unterschieden, den technischen und intellektuellen Verbreiter.

27   Etwas wird in diesem Sinne geäußert, wenn eine eigene Erkenntnis oder Mitteilung Dritten gegenüber mitgeteilt, behauptet wird. Der **Begriff des Behauptens** wird von der Rechtsprechung weit ausgelegt. Verdachtsäußerungen, Fragen, Einschränkungen und Abschwächungen („Meines Wissens", „Offenkundig"), aber auch Äußerungen Dritter können, z. B. in Zitatform, gelten als Äußerung des Behauptenden, insbesondere wenn er sich hiervon nicht distanziert.[89] Der Äußernde haftet grundsätzlich in vollem Umfang für die von ihm getätigte Aussage.[90]

28   Gleiches gilt im Kern auch für den **intellektuellen Verbreiter**, der sich durch eine eigene gedankliche Beziehung zu der fraglichen Äußerung auszeichnet. Dies ist insbesondere der Fall, wenn er sich Äußerungen Dritter nicht zu eigen macht, aber gleichwohl (z. B. in einem Fernsehbericht) verbreitet, z. B. durch Gegenüberstellung mehrer konträrer Positionen.[91] In diesem Fall können ihm diese Äußerungen Dritter nicht zugerechnet werden, so dass eine Haftung entfallen kann.

29   Das (nur) **technische Verbreiten** liegt vor, wenn der an der Verbreitung Beteiligte nur technische Hilfsmittel für die Verbreitung der Äußerung zur Verfügung stellt, ohne deren Inhalt zu kennen oder sich mit dieser auseinandergesetzt zu haben. Im Verlags- und Pressebereich sind dies insbesondere **Druckereien, Auslieferungen, Spediteure, Grossisten, Barsortimente und Händler**.[92] Aber auch das Fernsehen und der Hörfunk kann nur technischer Verbreiter sein, etwa bei Live-Diskussionen. Auch der technische Verbreiter ist grundsätzlich an der Störung beteiligt.[93] Es ist umstritten, ob er per se als **Störer** anzusehen ist oder ob er nicht erst dann als Störer in Anspruch genommen werden kann, wenn er konkrete ihm **obliegende Prüfungspflichten verletzt** hat oder trotz Kenntnis der Rechtswidrigkeit der von ihm verbreiteten Äußerung keine Gegenmaßnahmen ergreift. Stellt man mit der überwiegenden **Auffassung der Literatur**[94] darauf ab, dass Verletzer i. S. d. § 8 Abs. 1 Satz 1 UWG nur der **Täter im strafrechtlichen Sinne** sein kann, scheidet eine Inanspruchnahme des absichtslosen technischen Verbreiters aus. Denn dafür wäre erforderlich, dass der technische Verbreiter selbst oder in mittelbarer Täterschaft den objektiven Tatbestand einer wettbewerbswidrigen Handlung adäquat kausal verwirklicht haben oder aber daran als Anstifter oder Gehilfe teilgenommen haben.[95]

30   Die **Rechtsprechung** hat den **Störerbegriff** ursprünglich weit ausgelegt, aber im Laufe der letzten Jahre zu Recht **zunehmend eingeschränkt**. Äußerungen des BGH in aktuellen Entscheidungen deuten sogar darauf hin, dass dieser den sachenrechtlichen Störerbegriff vollständig aufgeben und den Zuwiderhandelnden mit der Literatur allein am überzeugenderen strafrechtlichen Täterbegriff messen wird.[96] Nach der wohl noch herr-

[88] Siehe hierzu auch *Löffler/Ricker*, Handbuch des Pressrechts, 5. Auflage, 2005, 7. Kap. Rn. 9 ff.
[89] Siehe oben Rn. 10.
[90] Siehe zu den einzelnen Ansprüchen unten §§ 47–54.
[91] BGH GRUR 1969, 624, 627 – *Hormoncreme*.
[92] *Wenzel/Burkhardt*, Recht der Wort- und Bildberichterstattung, 5. Auflage, 1. Kap. Rn. 101.
[93] BGH NJW 1997, 2180 – *Architektenhonorar* m. w. N.
[94] *Hefermehl/Köhler/Bornkamm*, UWG, 25. Aufl. § 8 Rn. 2.2 f., Rn. 2.15 ff.
[95] *Hefermehl/Köhler/Bornkamm*, a. a. O., § 8 Rn. 2.5.
[96] BGH GRUR 2005, 171, 172 – *Ausschreibung von Ingenieurleistungen*.

schenden Meinung ist der technische Verbreiter, sofern nicht eine gesetzliche Privilegierung wie in den §§ 7 ff. TMG[97] vorliegt, auch ohne Kenntnis der Rechtsverletzung als unterlassungspflichtiger Störer jedenfalls dann anzusehen, wenn er Prüfungspflichten verletzt hat.[98] Der **Umfang dieser Prüfungspflichten** bestimmt sich danach, ob und inwieweit dem als Störer in Anspruch genommenen eine Prüfung zumutbar ist; der Umfang der Prüfungspflichten darf jedenfalls nicht so weit reichen, dass dem Prüfungspflichtigen seine geschäftliche Betätigung unmöglich gemacht wird.[99] Hat er Kenntnis von der Rechtsverletzung obliegt ihm als Teil vorbeugender Prüfungspflichten, dafür zu sorgen, dass **in der Zukunft kerngleiche Verstöße** durch **geeignete und zumutbare Maßnahmen verhindert werden**.[100] Für einen Schadensersatzanspruch gegenüber dem technischen Verbreiter wird es im Übrigen meist am Verschulden fehlen.[101]

Im Einklang mit der jüngeren Rechtsprechung und Literatur bedarf es nach der hier **31** vertretenen Auffassung jedenfalls eines **willentlichen und kausalen Beitrages** des technischen Verbreiters zur Rechtsverletzung, so dass er – analog der Rechtslage des bloßen „Durchleiters" für Online-Medien – ohne Verletzung einer Prüfungspflicht nicht in Anspruch genommen werden kann. Für **Pressegrossisten und Buchhändler** wird im Übrigen mittlerweile explizit vertreten, dass eine Störerhaftung ohne Kenntnis des rechtsverletzenden Inhalts des Presseprodukts regelmäßig ausscheidet.[102] Eine konkrete Pflicht zur Prüfung der Inhalte trifft diese Verbreiter regelmäßig nicht.[103] Konsequenz dieser Auffassung ist selbstverständlich nicht, dass der technische Verbreiter nicht auf Unterlassung in Anspruch genommen werden könnte. Die Störereigenschaft tritt beim ihm jedoch erst dann ein, wenn er trotz Kenntnis des Rechtsverstoßes nicht tätig wird. Mit **Eintritt der Bösgläubigkeit** haftet der technische Verbreiter dann auch für weitere Rechtsverstöße (sowie für Anwaltskosten des Verletzten), da er ab diesem Zeitpunkt einen willentlichen Beitrag zur Rechtsverletzung leistet.

II. Adressaten der Grundrechte

Nach Art. 5 Abs. 1 GG hat „jeder" das Recht, seine Meinung zu äußern und zu verbrei- **32** ten. Dieses sog. Jedermannsrecht steht damit natürlichen deutschen (Art. 116 GG) und nichtdeutschen Personen zu und richtet sich also an **alle Bürger im Anwendungsbereich des Grundgesetzes**. Über Art. 19 Abs. 3 GG gelten Grundrechte auch für **juristische Personen**, sofern die Grundrechte ihrem Wesen nach auf diese anwendbar sind. Dies ist für die Rechte aus Art. 5 GG unbestritten.[104] Dabei gilt der Schutz für **inländische juristische Person**, die also ihren (effektiven) Sitz, das heißt das **tatsächliche Zentrum ihrer Aktionen**, im Inland haben. Diese Feststellung erfolgt in jedem Einzelfall selbständig und unabhängig etwa vom Sitz eines Mutterkonzerns oder sonstiger gesellschaftsrechtlicher Verflechtungen.[105] Auch die **Auslandspresse und ausländische Verlage** sowie Journalisten etc. können sich danach in der Bundesrepublik auf den Grund-

---

[97] Die Rechtsprechung wendet diese Haftungsprivilegien auf Unterlassungsansprüche mit teilweiser fragwürdiger Begründung nicht an; BGH NJW 2007, 2558, 2559 – *Verantwortlichkeit für Internet-Foren*.

[98] OLG München NJW-RR 2002, 186; AfP 2001, 139 f.

[99] BGH NJW 2007, 2636, 2639 – *Internet-Versteigerung II*; ZUM 2001, 869 – *ambiente*.

[100] BGH NJW 2007, 2636 – *Internet-Versteigerung II*; GRUR 2004, 860 – *Internet-Versteigerung I*.

[101] So auch Wenzel/*Burckhardt*, Recht der Wort- und Bildberichterstattung, 5. Auflage, 10. Kap. Rn. 221.

[102] OLG Frankfurt ZUM-RD 2008, 128 ff.; Wenzel/*Burckhardt*, Recht der Wort- und Bildberichterstattung, 5. Auflage, 10. Kap. Rn. 223.

[103] OLG Frankfurt ZUM-RD 2008, 128, 130.

[104] BVerfG NJW-RR 2004, 1710; BVerfGE 50, 239.

[105] *Jarass/Pieroth*, GG, Art 19 Rn. 20.

rechtschutz aus Art. 5 GG berufen. Öffentlich-rechtliche **Funktionsträger in amtlicher Eigenschaft** können sich dagegen auf Art 5 Abs. 1 GG nicht berufen.[106]

B. Konfliktfälle zwischen Persönlichkeitsrecht und Äußerungsfreiheit

I. Grundsätze

33   Die Grundrechte aus Art. 5 Abs. 1 (Äußerungsfreiheit) und Art. 2 Abs. 1 i.V.m. Art. 1 GG (Persönlichkeitsrecht) können in Konflikt miteinander geraten. Dabei unterliegen die Grundrechte aus Art. 5 Abs. 1 GG der Schrankenregelung nach Art. 5. Abs. 2 GG, wonach die Äußerungsfreiheit durch die Bestimmungen der **allgemeinen Gesetze** eingeschränkt werden kann. Kommt es zu Kollisionen dieser Grundrechte, geht das BVerfG im Grundsatz davon aus, dass alle Grundrechte gleichrangig sind und nicht durch hierarchische Über-Untergeordnetenverhältnisse gelöst werden können.

34   Vor diesem Hintergrund hat das Bundesverfassungsgericht in den nachfolgend vorgestellten Leitentscheidungen **wichtige Grundsätze** des Umgangs mit Grundrechtskonflikten aufgestellt. Danach dürfen die allgemeinen Gesetze im Sinne des Art. 5 Abs. 2 GG **keine Beschränkungsautomatik** der Grundrechte aus Art. 5 Abs. 1 GG entfalten. Nach der **Wechselwirkungslehre** sind vielmehr die allgemeinen Gesetze als Schranken der Äußerungsfreiheit verfassungskonform auszulegen.

35   Auch wenn sowohl Persönlichkeitsrecht als auch die Äußerungsfreiheit gleichsam Abwehrrechte gegen staatliche Eingriffe darstellen, spielen sich die Konflikte zwischen diesen beiden Verfassungsrechten regelmäßig auf der zivilrechtlichen Ebene zwischen natürlichen oder juristischen Personen ab. Im Ergebnis findet somit in diesen Fällen im Rahmen der zivilrechtlichen Anspruchsgrundlagen (insbesondere §§ 823 ff. BGB) eine **Abwägung der widerstreitenden Interessen** statt. Die Äußerungsfreiheit findet dort ihre Grenzen, wo Persönlichkeitsrechte Dritter verletzt sind. **Hauptkriterien** im Rahmen dieser Abwägung sind die **Intensität des Eingriffes in den Persönlichkeitsbereich** einerseits und das **öffentliche Interesse an der Berichterstattung bzw. der persönlichkeitseingreifenden Äußerung** andererseits.

36   Die Judikatur hat zudem **weitere Abwägungskriterien** je nach Konfliktlage entwickelt, die anhand der nachfolgend vorgestellten Leitentscheidungen vorgestellt werden. Dabei spielt in dem jeweiligen Einzelfall der **Schutzumfang der kollidierenden Rechte**, insbesondere die **Eingriffschwere** sowie die (öffentliche) Rolle und das Verhalten des Grundrechtsträgers eine gewichtige Rolle. Dabei verdeutlichen die nachfolgend referierten Leitentscheidungen, wie der Persönlichkeitsrechtsschutz in verschiedenen Bereichen in seinem Verhältnis zu den Freiheitsrechten aus Art. 5 Abs. 1 GG von der Rechtsprechung entwickelt und ausgestaltet wurde.[107]

II. Leitentscheidungen und wesentliche Abwägungskriterien

1. Wechselwirkung der Grundrechte: Die Lüth-Entscheidung

37   Die Lüth-Entscheidung[108] des Ersten Senats des Bundesverfassungsgerichts vom 15. Januar 1958 stellt eine prägende Wegmarke in der Entwicklung der Konfliktlage zwischen Persönlichkeitsrecht und Meinungs- bzw. Pressefreiheit unter dem Regime des Grundgesetzes dar.

---

[106] *Jarass/Pieroth*, GG Art. 5 Rn. 8, 137; BVerwGE NJW 1988, 1748.
[107] Siehe zum Schutzumfang des Persönlichkeitsrechts im Verhältnis zur Kunstfreiheit unten § 33.
[108] BVerfGE 7, 198 – *Lüth*.

Die Entscheidung erging auf die Verfassungsbeschwerde des Hamburger Senatsdirek- **38**
tors *Lüth*, der Filmtheaterbesitzer und Kinobesucher in einer Ansprache auf der Woche
des deutschen Films im Jahre 1950 aufgefordert hatte, einen Film des Regisseurs *Veit*
Harlan zu boykottieren, der im Dritten Reich Drehbuchverfasser und Regisseur des anti-
semitischen und mit antijudaischen Hasstiraden versehenen Films „Jud Süß" gewesen war.
Lüth war im zivilgerichtlichen Eilverfahren verurteilt worden, weil die Zivilgerichte in
dem Boykottaufruf eine „sittenwidrige Schädigung" gem. § 826 BGB gesehen hatten.[109]
Das Bundesverfassungsgericht hat die Entscheidung aufgehoben. Der rechtswissenschaft-
liche Paradigmenwechsel fand im Lüth-Urteil in zwei Stufen statt: 1. durch die Ausdehnung der Grundrechtsgeltung auf die Privatrechtsbeziehungen (Ausstrahlungswirkung,
mittelbare Drittwirkung[110]) und 2. durch die Erstreckung der verfassungsgerichtlichen
Prüfungskompetenz auf die Berücksichtigung der Ausstrahlungswirkung bei der Anwendung des einfachen Rechts. In der für das Grundrecht auf Meinungsfreiheit als „eines der
vornehmsten Menschenrechte überhaupt" und als für eine *„freiheitlich-demokratische Staats-*
ordnung schlechthin konstituierend" entscheidenden Passage der Urteilsbegründung heißt es:
  „Aus dieser grundlegenden Bedeutung der Meinungsäußerungsfreiheit für den freiheitlich-demokra-
  *tischen Staat ergibt sich, daß es vom Standpunkt dieses Verfassungssystems **nicht folgerichtig** wäre,*
  *die sachliche Reichweite gerade dieses Grundrechts jeder **Relativierung durch einfaches Gesetz (und***
  damit zwangsläufig durch die Rechtsprechung der die Gesetze auslegenden Gerichte) zu
  überlassen".[111]
Der hinter dem Lüth-Urteil stehende Grundgedanke äußert sich also in concreto **39**
darin, dass ein Gesetz (hier § 826 BGB) zwar durchaus verfassungsmäßig sein kann, dies
aber nicht seine verfassungswidrige Anwendung im Einzelfall ausschließt. Deshalb fordert das Bundesverfassungsgericht ein **zweistufiges Verfahren**, in dem nicht nur das die
Meinungsfreiheit beschränkende Gesetz, sondern auch seine spätere Anwendung verfassungsrechtlichen Maßstäben genügen muss. Es geht realiter darum, eine sog. Beschränkungsautomatik[112] zu verhindern. Auf der entscheidenden Anwendungsstufe haben deshalb weder das „allgemeine Gesetz" im Sinne des Art. 5 Abs. 2 GG noch das Grundrecht
selbst einen abstrakten Vorrang; sie stehen nicht in einer Beziehung einer einseitigen Beschränkung. Vielmehr äußert sich ihr Verhältnis zueinander wie folgt:
  *„Es findet vielmehr eine **Wechselwirkung** in dem Sinne statt, daß die ‚allgemeinen Gesetze' zwar*
  dem Wortlaut nach dem Grundrecht Schranken setzen, ihrerseits aber aus der Erkenntnis der wertset-
  zenden Bedeutung dieses Grundrechts im freiheitlich demokratischen Staat ausgelegt und so ihrer das
  Grundrecht begrenzenden Wirkung selbst wieder eingeschränkt werden müssen."[113]
Die Quintessenz dieser vom Bundesverfassungsgericht postulierten **Ausstrahlungs-** **40**
wirkung[114] des Kommunikationsgrundrechts auf die Anwendungsstufe des einfachen
Rechts ist, dass die erste Stufe einen signifikanten Bedeutungsverlust erfährt (also die
Frage nach der Verfassungsmäßigkeit des Schrankengesetzes). Vor diesem Hintergrund er-
scheint es plausibel, warum das Bundesverfassungsgericht bei seiner Auslegung des Be-

---

[109] Zum Sachverhalt: *Zielinski*, Veit Harlan. Analysen und Materialien zur Auseinandersetzung
mit einem Filmregisseur des deutschen Faschismus, 1981.
[110] Instruktiv: *Schwabe*, Probleme der Grundrechtsdogmatik, 1977. Die Überlegungen münden
in den Hinweis und der Herleitung, dass und weshalb „es im Verhältnis von Privaten zueinander
irgendwelche ‚rechtsleeren Räume' nicht geben kann" (vgl. *Schwabe*, Probleme der Grundrechtsdogmatik, 1977, S. 213).
[111] BVerfGE 7, 198, 208 – *Lüth* (Hervorhebung nachträglich).
[112] Begriffsschöpfung von *Schmitt-Glaeser*. Vgl. *Schmitt-Glaeser*, Die Meinungsfreiheit in der Rechtsprechung des Bundesverfassungsgerichts, AöR 97 (1972), S. 60 ff.; S. 276 ff.
[113] BVerfGE 7, 198, 208 – *Lüth* (Hervorhebung nachträglich).
[114] Unter der Ausstrahlungswirkung wird verstanden, dass „der Richter kraft Verfassungsgebotes
zu prüfen hat, ob von der Anwendung zivilrechtlicher Vorschriften im Einzelfall Grundrechte
berührt werden. Trifft das zu, dann hat er diese Vorschriften im Lichte der Grundrechte auszulegen
und anzuwenden" (vgl. BVerfGE 84, 192, 194 f.; ähnlich: BVerfGE 73, 261, 269; 103, 89, 100).

griffs der allgemeinen Gesetze in Art. 5 Abs. 2 GG durchaus konträre Positionen der Weimarer Staatsrechtslehre einfach miteinander kombiniert. Gerade in dem Lüth-Urteil wird deutlich, dass sich der Schwerpunkt der Verfassungsrechtsdogmatik von den Fragen des abstrakten Vorrangs zu den Begriffen und Kriterien führt, die der Bearbeitung des Konflikts zwischen der Meinungsfreiheit und den durch sie betroffenen Rechten Dritter dienen sollen: Das Bundesverfassungsgericht untersucht „Motiv, Ziel und Zweck der Äußerung", entwickelt Kriterien für die Bewertung der Motive über die Begriffskette „Beitrag zum öffentlichen Meinungskampf und Verfolgung privater Interessen" und überprüft das Verständnis der Behauptung, das die Zivilgerichte ihrer Entscheidung zu Grunde gelegt hatten.[115]

41 Die **konkrete Konfliktbearbeitung** findet auf der zweiten Stufe in jenem Procedere statt, das das Bundesverfassungsgericht abgekürzt als **Güterabwägung**[116] bezeichnet.[117] Insofern wird der reale Konflikt zwischen dem Kommunikationsgrundrecht und den durch seine Ausübung betroffenen Rechtsgütern in das Zentrum der konkreten Rechtsanwendung gestellt. Ohne die Durchführung einer Güter- und Interessenabwägung[118] würde der Schutzbereich des Kommunikationsgrundrechts von außen – von seinen Schranken her – bestimmt oder der durch Art. 5 Abs. 2 GG aufgegebene und ermöglichte Rechtsgüterschutz würde unterminiert. Die **Wechselwirkungstheorie** ist also die Methode der Konfliktbearbeitung und -entscheidung, die sicherstellen soll, dass der Normenkonflikt nicht vorschnell zu Lasten der einen Seite aufgelöst wird.

42 Der Konflikt zwischen den Kommunikationsgrundrechten und dem allgemeinen Persönlichkeitsrecht ist also auf der Grundlage dieser Wechselwirkungstheorie aufzulösen. Ausgangspunkt bildet dabei die Strukturierung des Persönlichkeitsrechtes anhand der einzelnen Zielrichtungen bzw. Zielsetzungen des Persönlichkeitsschutzes. Zunächst kann unter dem Gesichtspunkt einer systematischen Ordnung eine **Differenzierung zwischen vier Persönlichkeitsinteressen** vorgenommen werden:[119] Selbstbestimmungsschutz, Diskretionsschutz, Identitätsschutz und Ehrenschutz. Der Selbstbestimmungsschutz richtet sich gegen Fremdbestimmung, d. h. dagegen, dass andere in Bereichen des Persönlichkeitsrechtsträgers tätig werden, die mit seiner Person so eng verbunden sind, dass dieses Tätigwerden unmittelbar auf ihn und seine Persönlichkeitsentfaltung zurückstrahlt. Beim Bild, dem Namen, aber insbesondere bei der filmischen Umsetzung eines Lebens- und Charakterbildes handelt es sich um Persönlichkeitsmerkmale, die direkter Ausdruck der spezifischen Persönlichkeit des Rechtsträgers sind und unmittelbare Rückschlüsse auf sie zulassen. Im Gegensatz dazu umfasst der Diskretionsschutz das Recht, in Ruhe gelassen zu werden und sich nach außen hin abzuschirmen. Der Zugriff anderer auf Persönlichkeitsmerkmale soll nicht gesteuert und kontrolliert, sondern vielmehr ausgeschlossen werden.[120] Das Persönlichkeitsinteresse des Identitätsschutzes zielt auf die Wahrung der Identität der eigenen Person ab. Das Identitätsinteresse ist betroffen, wenn von einer Person ein Bild geschaffen wird, das mit ihrem wahren Selbst nicht übereinstimmt.[121] Der Schutz der persönlichen Ehre erstreckt sich auf ehrenrührige Behauptungen oder diffamierende Meinungsäußerungen.

---

[115] BVerfGE 7, 198, 215 ff. – *Lüth.*

[116] Zur Abwägung als „sinnvolle Wertungsdiskussion" *(Max Weber)* mit ihrer langjährigen und umfangreichen Rechtsprechungsgeschichte neuerdings: *Hofmann,* Abwägung im Recht. Chancen und Grenzen numerischer Verfahren im Öffentlichen Recht, 2007.

[117] BVerfGE 7, 198, 210 f. – *Lüth.*

[118] Teilweise wird polemisch von einem „wohltätig einlullenden Balsam der Güterabwägung je nach Fall" gesprochen (vgl. *Lerche* AfP 1976, 55).

[119] Neuerdings wieder: *Maaß,* Der Dokumentarfilm, S. 172 ff.

[120] *Baston-Vogt,* Der sachliche Schutzbereich, S. 402 f.

[121] *Maaß,* Der Dokumentarfilm, S. 173.

2. Selbstbestimmungsschutz: Lebach-Urteil (1973) und Lebach-Beschluss (2000) des Bundesverfassungsgerichts

Die beiden *Lebach-Entscheidungen* des Bundesverfassungsgerichts[122] basieren auf der **43** Unterscheidung von zivilrechtlichem und verfassungsrechtlichem Persönlichkeitsrecht. Der Bildnisschutz der §§ 22, 23 KUG wird zunächst den allgemeinen Gesetzen im Sinn von Art. 5 Abs. 2 GG zugeordnet. Es handelt sich um einfach-gesetzliches Recht, das allerdings *„eine unmittelbare Verstärkung durch die Verfassungsgarantie des Persönlichkeitsschutzes"* erfährt.[123] Im *Lebach-Urteil* wird deutlich, was mit der Formel der sog. Verstärkung gemeint ist: Die Instanzgerichte müssen bei der Anwendung des einfachrechtlichen Persönlichkeitsschutzes **die „Ausstrahlungswirkung" des verfassungsrechtlichen Persönlich-keitsschutzes** beachten. Das Verkennen der Ausstrahlungswirkung des Art. 2 Abs. 1 GG in Verbindung mit Art. 1 Abs. 1 GG begründet eine Grundrechtsverletzung.[124] Die Wechselwirkungstheorie führt hier also zu einer direkten **Abwägung kollidierender Grundrechtsgüter,** wobei keines der betroffenen Grundrechte grundsätzlichen Vorrang beanspruchen kann. Die Entscheidung betrifft den zivilrechtlichen Streit über die Ausstrahlung des Fernsehdokumentarspiels „Der Soldatenmord von Lebach" durch das ZDF. Die beiden Haupttäter waren wegen des Mordes an vier Bundeswehr-Soldaten zu lebenslanger Freiheitsstrafe verurteilt worden. Der Beschwerdeführer wurde wegen Beihilfe zu 6 Jahren Haftstrafe verurteilt. Das Fernsehspiel wurde im Frühjahr 1972 fertig gestellt. Im Juli 1973 wurde mit der vorzeitigen Haftentlassung des Beschwerdeführers gerechnet, der die Ausstrahlung der Sendung durch einen Eilantrag vor den Zivilgerichten zu verhindern suchte. Der Beschwerdeführer hatte erst vor dem Bundesverfassungsgericht Erfolg, das sich nicht auf die Feststellung des Grundrechtsverstoßes beschränkt, sondern realiter „durchentschieden" hat.

Das Bundesverfassungsgericht beschreibt zunächst den Schutzbereich[125] der beiden be- **44** troffenen Grundrechte. Das ist auf der einen Seite das verfassungsrechtliche Persönlichkeitsrecht als Grundrechtsschutz eines autonomen Bereichs privater Lebensgestaltung,[126] das Recht, in diesem Bereich „für sich zu sein", „sich selber zu gehören" und darüber zu bestimmen, ob und inwieweit das eigene Lebensbild im Ganzen oder bestimmte Vorgänge öffentlich dargestellt werden dürfen.[127] Das Gericht beschreibt dann abstrakt die Gründe, die eine **Beschränkung des verfassungsrechtlichen Persönlichkeitsrechts** rechfertigen können. Beschränkungen des verfassungsrechtlichen Persönlichkeitsrechts kommen dort in Betracht, wo **„Sein oder Verhalten" des Einzelnen „Sozialbezug"** aufweisen, d. h. wo der Einzelne auf andere einwirkt und dadurch die „persönliche Sphäre von Mitmenschen oder Belange der Allgemeinheit berührt".[128] Das Bundesverfassungsgericht betont aber gleichzeitig, dass diesen Schrankengründen – gleichsam in einer argumentativen Schleife – wiederum Art. 2 Abs. 1 in Verbindung mit Art. 1 Abs. 1 GG als Korrektiv entgegengehalten werden muss.[129]

In gleicher Weise verfährt das Bundesverfassungsgericht gegenüber den von der Rund- **45** funkanstalt betroffenen Rechten aus der Rundfunkfreiheit, indem es zunächst den Schutzbereich der Rundfunkfreiheit als Programmfreiheit abstrakt beschreibt. Es wird in

---

[122] BVerfGE 35, 202 – *Lebach I* und BVerfG NJW 2000, 1859 – *Lebach II.*

[123] BVerfGE 35, 202, 224 f. – *Lebach I.*

[124] BVerfGE 35, 202, 238 f. – *Lebach I.*

[125] Zum Schutzbereich als Bestandteil der allgemeinen Grundrechtslehre: *Hufen,* Staatsrecht II – Grundrechte, 2007, S. 67 ff.

[126] *Strictu dictu* gesagt ist bei diesem Privatsphärenkonzept die Privatsphäre überhaupt nicht berührt. Diese dogmatische Herausforderung hat in der Folgezeit zu einem explizit entwicklungsoffenen „Allgemeinen Persönlichkeitsrecht" geführt (vgl. auch: *Grimm,* Persönlichkeitsschutz im Verfassungsrecht, in: Karlsruher Forum 1996, Schutz der Persönlichkeit, 1997, S. 3 ff.).

[127] BVerfGE 35, 202 ff. – *Lebach I.*

[128] BVerfGE 35, 202 ff. – *Lebach I.*

[129] BVerfGE 35, 202, 220 f. – *Lebach I.*

diesem Zusammenhang hervorgehoben, dass der Grundrechtsschutz der Rundfunkfreiheit nicht auf seriöse oder anerkennenswerten privaten oder öffentlichen Interessen dienende Produktionen beschränkt ist. Mit anderen Worten: Die **Rundfunkanstalt muss keine berechtigten oder legitimen Interessen nachweisen, um sich auf ihr Grundrecht berufen zu können.** Erst „wenn die Wahrnehmung der Rundfunkfreiheit mit anderen Rechtgütern in Konflikt gerät, kann es auf das mit der konkreten Sendung verfolgte Interesse, die Art und Weise der Gestaltung und die erzielte oder voraussehbare Wirkungen ankommen".[130] Die Rundfunkfreiheit wird zwar durch die allgemeinen Gesetze gemäß Art. 5 Abs. 2 GG beschränkt. Sie darf jedoch durch die Rücksicht auf andere Rechtsgüter nicht relativiert werden; die beschränkenden Gesetze müssen ihrerseits mit Blick auf die Verfassungsgarantie der Rundfunkfreiheit ausleget und gegebenenfalls wieder eingeschränkt werden.[131] *Mutatis mutandis* gilt mit Blick auf das konkrete methodische Procedere auch für die Kollision des Allgemeinen Persönlichkeitsrechtes mit der Meinungs- und Pressefreiheit.

46   Das Bundesverfassungsgericht fasst also in seinen Entscheidungsgründen zwei Konfliktlösungsparameter ins Auge: a) Nach Möglichkeit müssen beide Verfassungswerte zum Ausgleich gebracht werden, und b) wenn sich dies nicht erreichen lässt, so ist unter Berücksichtigung der **falltypischen Gestaltung** und der besonderen Umstände des Einzelfalles zu entscheiden, welches Interesse zurückzutreten hat.[132] Da der erste Lösungsparameter im konkreten Fall ausscheidet, muss über den Vorrang entschieden werden. Bei der Bestimmung des Vorrangs sind die **Abwägungskriterien** von entscheidender Bedeutung. **Hauptkriterien** sind die **Intensität des Eingriffes in den Persönlichkeitsbereich** einerseits und das **öffentliche Interesse an der Berichterstattung** andererseits. Die besondere Intensität des Eingriffs in das Persönlichkeitsrecht wird mit der großen Verbreitung und der Suggestivität des Mediums Fernsehen begründet, die dazu führe, dass schon eine um Objektivität und Sachlichkeit bemühte Berichterstattung weitaus stärker in die Privatsphäre eingreife als eine Wort- und Bildberichterstattung. Erst in diesem Zusammenhang spielt die Form der Darstellung eine Rolle, weil das Dokumentarspiel einerseits den Eindruck der Authentizität und der Wirklichkeitsnähe erwecke, aber andererseits das Lebensbild[133] des Betroffenen auf die Straftat hin orientiere und verkürze.[134]

47   Im *Lebach-Beschluss* hebt das Bundesverfassungsgericht ergänzend zu dem *Lebach-Urteil* hervor, dass das Allgemeine Persönlichkeitsrecht den Straftätern keinen Anspruch darauf vermittelt, in der Öffentlichkeit überhaupt nicht mehr mit der Tat konfrontiert zu werden.[135] Ferner wird angemerkt, dass die Ausstrahlung eines Fernsehfilms, in dem ein vor 27 Jahren verübtes Verbrechen dokumentarisch dargestellt wird, das Persönlichkeitsrecht des Täters sowie sein Interesse an seiner Resozialisierung nicht in erheblicher Weise verletzt, wenn die Namen der Täter und einzelner Betroffener geändert wurden und der Täter daher nur für Personen, die ihn ohnehin bereits kennen, identifizierbar ist.[136] Mit einem Filmverbot würde zugleich generell die Möglichkeit unterbunden, anhand der filmischen Darstellung eines Verbrechens eine bestimmte zeitgeschichtlich interessante Phase zu thematisieren.[137]

---

[130] BVerfGE 35, 202 ff. – *Lebach I.*

[131] BVerfGE 35, 202, 223 – *Lebach I.*

[132] BVerfGE 35, 202, 225 – *Lebach I.*

[133] Zur Lebens- und Charakterbildverfilmung umfassend und instruktiv: *Maaß,* Der Dokumentarfilm: bürgerlichrechtliche und urheberrechtliche Grundlagen der Produktion, 2006.

[134] BVerfGE 35, 202, 226 ff. – *Lebach I.*

[135] BVerfG NJW 2000, 1859, 1860 – *Lebach II.*

[136] BVerfG NJW 2000, 1859 – *Lebach II.*

[137] BVerfG NJW 2000, 1859, 1861 – *Lebach II.* Vgl. zur Problematik halbdokumentarischer Verfilmungen auch unten § 33 Rn. 44 ff.

3. Diskretionsschutz: Entscheidung des Europäischen Gerichtshofs für Menschenrechte in Sachen „Caroline von Monaco" (2004)

In der Entscheidung des Europäischen Gerichtshofs für Menschenrechte (EGMR)[138]   **48** zur Weiterentwicklung des Persönlichkeitsschutzes gegenüber den Massenmedien in Sachen *Caroline von Monaco* wurde das Urteil des Bundesverfassungsgerichts vom 15. 12. 1999[139] einer neuen und folgenreichen Bewertung und Wertung unterzogen.[140] Kernpunkt beider Entscheidungen war die Frage nach der Zulässigkeit der Veröffentlichung von Fotos aus dem Privatleben der Prinzessin, die bei ihren Auftritten in der Öffentlichkeit im weiteren Sinn entstanden sind, zum Beispiel beim Ausreiten, beim Fahrradfahren, beim Einkaufen, beim Tennisspielen, beim Verlassen ihrer Wohnung oder im Beach-Club von Monte Carlo. Wie das Verhältnis zwischen den Rechtsprechungen der Verfassungsgerichte – *scil.* EGMR auf der einen, Bundesverfassungsgericht auf der anderen Seite – aufzulösen ist, ist Gegenstand der gesamten Staatsrechtslehre[141] und sollte im Sinne des bereits präferierten Kooperationsmodells zu deuten und auszulegen sein. Immerhin handelt es sich um einen europäischen „Verfassungsverbund" aus einen Gefüge komplementärer Teilverfassungen, zu dem neben den nationalen Verfassungen auch der EU- und EG-Vertrag sowie die EMRK gehören.[142]

Der Gerichtshof hebt mit Recht hervor, dass die Verletzung des Rechts auf Achtung   **49** des Privatlebens nach Art. 8 Abs. 1 EMRK durch Publikation nicht ganz losgelöst vom Kontext der Entstehung der Bildung und damit der Belästigung beurteilt werden kann, welcher Personen des öffentlichen Lebens in ihrem Tagesablauf ausgesetzt sind.[143] Die Unterschiede zwischen der Entscheidung des Bundesverfassungsgerichts und des EGMR betreffen weniger deren Rechtsgrundlagen als die von den Gerichten angestellten **Wertungen** bei der Kollision zwischen Allgemeinem Persönlichkeitsrecht und Meinungs- bzw. Pressefreiheit.

Der EGMR verwirft die Argumentation des Bundesverfassungsgerichts und fordert   **50** eine fundamentale Unterscheidung zwischen Berichten über Tatsachen, die einen **Beitrag zu einer öffentlichen Debatte** in einer demokratischen Gesellschaft leisten können und Berichten über das Privatleben von Personen ohne offizielle Funktionen wie die Beschwerdeführerin. Die streitgegenständlichen Fotos seien nur dazu bestimmt, die Neugier der Gesellschaft zu befriedigen. Sie könnten keinerlei Beitrag zu einer Debatte von allgemeinem gesellschaftlichem Interesse liefern. Sie verdienten daher nur eingeschränkt den Schutz der Pressefreiheit.[144] Mit der prinzipiellen Ablehnung einer Unterscheidung zwischen Information und Unterhaltung nach dem Konzept des Bundesverfassungsgerichts sind die Ausführungen des EGMR nicht zu vereinbaren. Ein weiteres Abwägungskriterium für die Konfliktlage bemüht der EGMR in der Hinsicht, dass er eine legitime Erwartung von Schutz und Respektierung des Privatlebens annimmt, die auch in der Öffentlichkeit bekannte Personen genießen dürfen.[145] Das Gewicht der Pressefreiheit

---

[138] EGMR GRUR 2004, 1051.

[139] BVerfGE 101, 361.

[140] Unter dem Einfluss der EGMR-Entscheidungen sind die nachfolgenden Entscheidungen des BGH ergangen: BGH NJW 2007, 1981; BGH NJW 2007, 1977; BGH BeckRS 2007, 06634; BGH BeckRS 2007 06729.

[141] Vgl. exemplarisch die auf der Tagung der Vereinigung der deutschen Staatsrechtslehrer zu dem Thema „Rechtsprechungskonkurrenz zwischen nationalen Verfassungsgerichten, Europäischem Gerichtshof und Europäischem Gerichtshof für Menschenrechte" im Jahr 2006 gehaltenen Referate: *Oeter* VVDStRL 66 (2007), 361; *Merli* VVDStRL 66 (2007), 392. Vgl. zu diesem Thema ausführlich oben § 12 Rn. 50 ff.

[142] Überzeugend: *Oeter* VVDStRL 66 (2007), 361.

[143] EGMR GRUR 2004, 1051, 1054 – *Caroline von Monaco.*

[144] EGMR GRUR 2004, 1051, 1054 – *Caroline von Monaco.*

[145] EGMR GRUR 2004, 1051, 1054. In diesem Punkt erfolgt eine Anlehnung an eine frühere Entscheidung des EGMR (vgl. EGMR RJD 1997 – *III-Halford/United Kingdom*).

hängt nach der Konzeption des EGMR entscheidend von dem Beitrag ab, den ein Bild oder ein Artikel zu einer Debatte von öffentlichem Interesse leistet.[146] Den Ausführungen des EGMR ist damit zu entnehmen, dass er die Abbildungsfreiheit lediglich auf solche Themen beschränken will, bei denen die Medien die Rolle eines „Wachhundes" – Stichwort *watchdog function* der Medien – spielen.[147] Dieses restriktive und letztlich engherzige Verständnis ist aber insofern zu kritisieren, als sich das Informationsinteresse der Öffentlichkeit nicht auf staatstragende Frage beschränkt.[148] Die Entscheidung des EGMR wird bzw. hat die Begründungsanforderungen in Streitigkeiten wegen der Abbildung von Personen der Zeitgeschichte in privaten Situationen erhöht. Denn zum Umgang mit Entscheidungen des EGMR hat das Bundesverfassungsgericht festgestellt, dass sich die nationalen Gerichte mit ihnen zumindest auseinandersetzen und sie im Rahmen methodisch vertretbarer Gesetzesauslegung beachten müssen.[149] Dabei dürfen die Entscheidungen des EGMR bei der Anwendung der Grundrechte aber nur so lange als Auslegungshilfe herangezogen und in den betroffenen nationalen Teilrechtsbereich eingepasst werden, wie überhaupt Auslegungs- und Abwägungsspielräume eröffnet sind.[150]

4. Identitätsschutz:

51   **a) Soraya–Beschluss des Bundesverfassungsgerichts (1973).** Im *Soraya-Beschluss* des Bundesverfassungsgerichts[151] tritt das Allgemeine Persönlichkeitsrecht in zweierlei Gestalt auf: Einerseits als zivilrechtliches Persönlichkeitsrecht, das unter das Begriffspaar „sonstige Rechte" im Sinn des § 823 Abs. 1 BGB subsumiert wird und vom Bundesverfassungsgericht als allgemeines Gesetz gemäß Art. 5 Abs. 2 GG behandelt wird, und andererseits als verfassungsrechtlicher Privatsphärenschutz, der die „potentielle Wirkkraft des allgemeinen Gesetzes aus dem Schutzauftrag der Art. 1 und Art. 2 GG"[152] heraus verstärkt.

52   Das Bundesverfassungsgericht wählt eine dogmatische Konstruktion in der das zivilrechtliche Persönlichkeitsrecht mit der Pressefreiheit kollidiert,[153] so dass eine Abwägung erforderlich ist, bei der das „**Persönlichkeitsrecht nicht schlechthin den Vorrang** beanspruchen kann".[154] Im Rahmen der Abwägung wird zunächst der Inhalt des verletzten Rechts dargestellt: In dem erdichteten Interview über Vorgänge aus dem Privatleben der Klägerin liege „ein unbefugtes Eindringen in den privaten Lebensbereich der Klägerin, die allein darüber zu befinden habe, ob und in welcher Form sie Vorgänge ihres Privatlebens der Öffentlichkeit zugänglich machen wolle".[155] Als entgegenstehender Abwägungsgesichtspunkt kommt nur in Betracht, „ob die Presse im konkreten Fall eine Angelegenheit von öffentlichem Interesse ernsthaft und sachbezogen erörtert"[156] und damit zur Bildung der öffentlichen Meinung beiträgt. Das führt zum Vorrang des Persönlichkeitsrechts im konkreten Fall. Der „Schutz der Privatsphäre verdient gegenüber Presseäußerungen dieser Art unbedingten Vorrang",[157] weil ein erfundenes Interview zu einer „wirklichen Meinungsbildung"[158] nichts beitragen kann.

---

[146] EGMR GRUR 2004, 1051, 1053 – *Caroline von Monaco.*
[147] EGMR GRUR 2004, 1051, 1053 – *Caroline von Monaco.*
[148] So auch: *Grabenwarter* AfP 2004, 309; *Mann* NJW 2004, 3220.
[149] BVerfG NJW 2004, 3407, 3410.
[150] BVerfG NJW 2004, 3407, 3410.
[151] BVerfGE 34, 269 – *Soraya.*
[152] BVerfGE, 34, 269, 282.
[153] Unter Berücksichtigung der neueren Rechtsprechung des Bundesverfassungsgerichts (seit: BVerfGE 85, 1, 11) wäre dogmatisch-konstruktiv das Grundrecht der Meinungsfreiheit als tauglicher Prüfungsmaßstab anzulegen.
[154] BVerfGE, 34, 269, 282 – *Soraya.*
[155] BVerfGE, 34, 269, 282 – *Soraya.*
[156] BVerfGE, 34, 269, 282 – *Soraya.*
[157] BVerfGE, 34, 269, 282 – *Soraya.*
[158] BVerfGE, 34, 269, 282 – *Soraya.*

b) Eppler-Beschluss des Bundesverfassungsgerichts (1980). Die Bedeutung des 53
Eppler-Beschlusses[159] kommt darin zum Ausdruck, dass das Bundesverfassungsgericht in
dieser Entscheidung eine vorläufige Summe seiner Rechtsprechung zur Konfliktlage zwischen den Kommunikationsgrundrechten und dem Allgemeinen Persönlichkeitsrecht gezogen und einen weiteren Anwendungsbereich des Persönlichkeitsrechts definiert hat. Der
Eppler-Beschluss betrifft allgemein den Fall einer sog. untergeschobenen Äußerung.[160]

Streitgegenstand war eine Musterrede des Rednerdienstes der CDU aus dem Landtags- 54
wahlkampf in Baden-Württemberg 1976 zur Wirtschaftspolitik der SPD, in der behauptet
wurde, die SPD wolle „wie Eppler und Steffen es formuliert haben – die Belastbarkeit
der Wirtschaft prüfen". Der SPD-Politiker Eppler hatte auf Unterlassung der zitierten Behauptung geklagt, weil er weder wörtlich noch sinngemäß jemals geäußert habe, man
müsse die Belastbarkeit der Wirtschaft prüfen. Die Unterlassungsklage wurde von den
Zivilgerichten abgewiesen. Das Bundesverfassungsgericht hat das Urteil aufgehoben. Das
Berufungsurteil beruht zum einen auf einer Entscheidung über die Beweislast. Nach Auffassung des OLG war es Sache des Klägers, zu beweisen, dass er die streitige Äußerung
nicht getan hat. Da die Beweisaufnahme zu einem „non liquet" führte, wurde zu Lasten
des Klägers entschieden. Zum anderen beruht die Berufungsentscheidung auf der Alternativbegründung, dass die umstrittene Unterstellung das Persönlichkeitsrecht des Klägers
nicht verletze. Demnach sei „maßgeblich, ob die streitige Behauptung – deren Unrichtigkeit unterstellt – geeignet gewesen sei, ein falsches Persönlichkeitsbild des Beschwerdeführers zu zeichnen. Dies sei jedoch nicht der Fall. Äußerungen des Beschwerdeführers
in anderem Zusammenhang zeigten vielmehr deutlich, dass seine Auffassungen von
den Äußerungen Steffens – die unstreitig gefallen seien – allenfalls unwesentlich unterschieden".[161] Es werde deshalb kein unrichtiges Persönlichkeitsbild vermittelt.

Das Bundesverfassungsgericht befasst sich in seiner Entscheidung im Wesentlichen mit 55
der Alternativbegründung, die letztlich die grundsätzliche Bedeutung des Falles ausmacht. Es stellt zunächst fest, dass der Sachverhalt nicht den „bisherigen Konkretisierungen" des Allgemeinen Persönlichkeitsrechts unterfällt, zu dessen Schutzgütern das Bundesverfassungsgericht erstmals auch die **persönliche Ehre** rechnet.[162] Die Unterstellung
ist aber im konkreten Fall weder ehrverletzend noch sonst herabwürdigend. Auch die
Soraya-Entscheidung betraf mit einem erfundenen Interview über das Privatleben eine untergeschobene Äußerung; es war jedoch – anders als im Fall *Eppler* – gleichzeitig mit der
Privatsphäre ein „anerkanntes Schutzgut des Persönlichkeitsrechts" betroffen.[163] Gleichwohl lag nach Ansicht des Bundesverfassungsgerichts eine Verletzung des Allgemeinen
Persönlichkeitsrechts vor. Die entsprechende Passage, die auch den Ansatzpunkt für spätere Verallgemeinerungsversuche[164] des Bundesverfassungsgerichts und des Schrifttums
bildet, lautet:

„*Sofern ein solches Schutzgut (scil. die Privatsphäre – Anmerkung C.S.) nicht beeinträchtigt ist,
bedeutet es gleichfalls einen Eingriff in das allgemeine Persönlichkeitsrecht, wenn jemandem Äußerungen in den Mund gelegt werden, die er nicht getan hat und die seinen von ihm selbst definierten sozialen
Geltungsanspruch beeinträchtigen. Dies folgt aus dem* dem *Schutz des allgemeinen Persönlichkeitsrechts zugrunde liegenden Gedanken der Selbstbestimmung: Der Einzelne soll – ohne Beschränkung*

---

[159] BVerfGE 54, 148 ff. – *Eppler.*
[160] Die Besonderheit des Falles besteht darin, dass die Beweisaufnahme im konkreten Fall keine
Klärung gebracht hatte, ob die streitige Äußerung tatsächlich wörtlich oder sinngemäß gefallen
war.
[161] BVerfGE 54, 148, 150 – *Eppler.*
[162] BVerfGE 54, 148, 154 – *Eppler.*
[163] BVerfGE 54, 148, 155 – *Eppler.*
[164] Neuerdings wird dieser Begründungsstrang sinngemäß auch vom LG Berlin aufgenommen
in einer Entscheidung, in der einer Zeitung die Veröffentlichung des bürgerlichen Namens des als
Kunstfigur auftretenden Comedian *Atze Schröder* untersagt wurde (vgl. LG Berlin, Urteil v. 6. 3. 2007
– Az. 27 O 72/07).

auf seine Privatsphäre – grundsätzlich entscheiden können, wie er sich Dritten gegenüber oder der Öffentlichkeit gegenüber darstellen will, ob und inwieweit von Dritten über seine Persönlichkeit verfügt werden kann; dazu gehört im besonderen auch die Entscheidung, ob und wie er mit einer eigenen Äußerung hervortreten will. Im Zusammenhang hiermit kann es nur Sache der einzelnen Person selbst sein, über das zu bestimmen, was ihren sozialen Geltungsanspruch ausmachen soll; insoweit wird der Inhalt des allgemeinen Persönlichkeitsrechts maßgeblich durch das Selbstverständnis seines Trägers geprägt (vgl. – für die Kultusfreiheit – BVerfGE 24, 236, 247 f.). Es wäre daher mit Art. 2 Abs. 1 GG unvereinbar, für die Frage, ob das Unterschieben einer nicht getanen Äußerung das Persönlichkeitsrecht des Betroffenen beeinträchtigt, nicht maßgebend auf dessen Selbstdefinition, sondern auf das Bild abzustellen, das sich andere – begründet oder unbegründet – von ihm machen oder machen können".[165]

56   Die Neuerung im *Eppler-Beschluss* besteht darin, dass das Bundesverfassungsgericht den Schutz vor untergeschobenen Äußerungen gegenüber dem Privatsphärenschutz verselbständigt. Eine untergeschobene Äußerung, die nicht die Privatsphäre betrifft, beeinträchtigt ein anderes Schutzgut, nämlich den **selbst definierten sozialen Geltungsanspruch**. Im konkreten Fall hatte die Berufungsinstanz nicht nur den Inhalt des Persönlichkeitsrechts verkannt, sondern es hatte vielmehr bereits gegen dieses Recht mit der Maßgabe verstoßen, dass es sich ein eigenes Persönlichkeitsbild des SPD-Politikers entworfen und diesen Entwurf als Maßstab für die Prüfung verwendet hatte, ob die zugeschriebene Äußerung das Persönlichkeitsbild Epplers verfälscht. Das Bundesverfassungsgericht beanstandet es als selbständige Grundrechtsverletzung durch die Berufungsinstanz, dass „der soziale Geltungsanspruch des Beschwerdeführers in seinem Inhalt nicht von ihm selbst, sondern von dem Gericht bestimmt"[166] wurde.

57   **c) Böll/Walden-Beschluss des Bundesverfassungsgerichts (1980).** Auch die Entscheidung über die Verfassungsbeschwerde[167] des Schriftstellers *Heinrich Böll* betrifft den Fall einer untergeschobenen Äußerung. Sie erging am gleichen Tag wie der *Eppler-Beschluss*, so dass beide Entscheidungen gewissermaßen eine synergetische Einheit bilden.
Streitgegenstand war ein Fernsehkommentar des Publizisten Matthias Walden im Sender Freies Berlin, in dem er vor allem Intellektuelle beschuldigt hatte, für ein geistiges Klima der Sympathie mit dem Terrorismus verantwortlich zu sein, das den Mord an dem Präsidenten des Kammergerichts in Berlin 1974 erst ermöglicht habe. Die streitige Passage lautete: „Heinrich Böll bezeichnete den Rechtsstaat, gegen den die Gewalt sich richtet, als ‚Misthaufen' und sagte, er sähe ‚nur Reste verfaulender Macht, die mit rattenhafter Wut verteidigt' würden. Er beschuldigte diesen Staat, die Terroristen ‚in gnadeloser Jagd' zu verfolgen".[168] In der Berufung war der Kommentator vom OLG zur Zahlung eines Schmerzensgeldes in Höhe von DM 40.000,- verurteilt worden, weil er die dem Schriftsteller zugeschriebenen Äußerungen durchgehend unzutreffend wiedergegeben habe. Der Bundesgerichtshof hob die Verurteilung auf.[169] Nach seiner Auffassung war der Kommentar auch in seinem zitierenden Teil von Art. 5 Abs. 1 GG geschützt. Die Wiedergabe der Äußerungen Bölls sei „nicht falsch", auch die öffentlichen Reaktionen auf seine „Dritte Wuppertaler Rede" hätten gezeigt, dass er vielfach so verstanden worden sei, als richteten sich seine Angriffe nicht gegen bestimmte Teile der Presse, sondern gegen den Rechtsstaat. Das Bundesverfassungsgericht hat das Urteil des BGH aufgehoben.

58   Das Bundesverfassungsgericht nimmt in seiner Entscheidung bei der Bestimmung des Schutzbereichs des Allgemeinen Persönlichkeitsrechts in Kurzform auf den *Eppler-Beschluss* Bezug: Das Allgemeine Persönlichkeitsrecht „umfaßt unter anderem die persönliche Ehre und das Recht am eigenen Wort; es schützt den Grundrechtsträger auch dagegen, daß ihm Äußerungen in dem Mund gelegt werden, die er nicht getan hat und die

---

[165] BVerfGE 54, 148, 155 f. – *Eppler*.
[166] BVerfGE 54, 148, 156 – *Eppler*.
[167] BVerfGE 54, 208 – *Böll/Walden*.
[168] BVerfGE 54, 208, 209 – *Böll/Walden*.
[169] BGH NJW 1978, 1797.

seinen von ihm selbst definierten sozialen Geltungsanspruch beeinträchtigen".[170] Der Argumentationsschwerpunkt besteht in der Darlegung der **besonderen Schwere der Persönlichkeitsrechtsverletzung**: Das Persönlichkeitsrecht werde durch das unrichtige Zitat „in besonderem Maße berührt", weil mit einem Zitat nicht die subjektive Meinung des Kritikers zur Diskussion gestellt werde; das Zitat sei vielmehr „eine Tatsache, an der sich der Kritisierte festhalten lassen muß", ihm komme die „besondere Überzeugungs- und Beweiskraft des Faktums zu".[171] Unrichtige, verfälschende oder entstellende Zitate griffen besonders tief in das Persönlichkeitsrecht ein, weil der Kritisierte „sozusagen als Zeuge gegen sich selbst ins Feld geführt"[172] werde.

Das Besondere an diesem Beschluss besteht darin, dass es nach der Feststellung der **59** Schwere der Persönlichkeitsrechtsverletzung nicht (sic!) zu einer Abwägung mit dem Grundrecht auf Meinungsfreiheit kommt. Das Bundesverfassungsgericht begründet vielmehr, dass es an einem **verfassungsrechtlichen Gegengewicht** fehlt. Falschzitate werden als unwahre Tatsachenbehauptungen aus dem Schutzbereich der Meinungsfreiheit ausgeschlossen, so dass überhaupt kein Grundrechtskonflikt zwischen Allgemeinem Persönlichkeitsrecht und Meinungsfreiheit vorliegt. Es wird ausgeführt, dass „unrichtige Zitate nicht durch Art. 5 Abs. 1 GG geschützt sind".[173] *Sub signo* der Bedeutung für die Rechtsprechungslinie des Bundesverfassungsgerichts zum Allgemeinen Persönlichkeitsrecht begründet der *Böll/Walden-Beschluss* für die Fallkonstellation vom Typus „Falschzitat" einen generellen Vorrang des Persönlichkeitsrechts.

5. Ehrenschutz: Islamkritik-Urteile des Europäischen Gerichtshofs für Menschenrechte (2006)

Die Entscheidungen des EGMR[174] zur Islamkritik sollen neben der *Caroline von Mo-* **60** *naco-Entscheidung* des EGMR unter einem anderen Vorzeichen den Einfluss der **supranationalen Rechtsordnung**[175] auf die nationale (Medien-)Rechtsordnung dokumentieren. In ähnlicher Verbindung von Meinungs-, Informations- und Medienfreiheit sind in Art. 10 EMRK Presse-, Rundfunk- und Filmfreiheit – obwohl nicht *expressis verbis* erwähnt – anerkannt. Auch der EGMR in Straßburg hat diese Menschenrechte als Bestandteile in zahlreichen wichtigen Entscheidungen immer wieder hervorgehoben.[176] Gegenstand des Verfahrens vor dem EGMR waren islamkritische Äußerungen eines Journalisten, der in seinem fünfbändigen Werk „Islamiyet Gerçegi" (Die Realität des Islam) auf 196 Seiten eine historische Studie und einen kritischen Kommentar des Korans expli-

---

[170] BVerfGE 54, 208, 217 – *Böll/Walden*.

[171] BVerfGE 54, 208, 217 – *Böll/Walden*.

[172] BVerfGE 54, 208, 217 f. – *Böll/Walden*.

[173] BVerfGE 54, 208, 219 – *Böll/Walden*.

[174] EGMR NVwZ 2007, 313 – *Odabasi u. Koçak/Türkei;* EGMR NVwZ 2007, 314 – *Aydin Tatlav/ Türkei.*

[175] Nach ständiger Rechtsprechung des Europäischen Gerichtshofs (EuGH) ist die Meinungs- und Informationsfreiheit ein Gemeinschaftsgrundrecht, dessen Wahrung er zu sichern hat (vgl. EuGH, Rs. C-100/88, Slg. 1989, 4285, Rn. 16 – *Oyowe u. Traore/Kommission*; EuGH, Rs. 260/89, Slg. 1991, I-2925, Rn. 44 – *ERT*; EuGH, Rs. C-159/90, Slg. 1991, I-4685, Rn. 30 f. – *Grogan*). Die Rechtsprechung ist nur fragmentarisch. Der EuGH leitet aus der Meinungs- und Informationsfreiheit im Rahmen der Grundfreiheiten überdies Schranken und Schranken-Schranken ab, die beschränkende Maßnahmen der Mitgliedstaaten zu berücksichtigen haben (vgl. EuGH, Rs. 260/89, Slg. 1991, I-2925, Rn. 44 f. – *ERT*; EuGH, Rs. C-112/00, Slg. 2003, I-5694, Rn. 69 ff. – *Schmidberger*; EuGH, Rs. C-159/90, Slg. 1991, I-4685, Rn. 31 – *Grogan*; EuGH, Rs. C-71/02, Slg. 2004, I-3025, Rn. 50 – *Karner*). Die Rechtsprechung des EuGH interpretiert die Meinungsfreiheit als allgemeines Kommunikationsgrundrecht und orientiert sich ausdrücklich an Art. 10 EMRK und der Rechtsprechung des EGMR (vgl. EuGH, Rs. 368/95, Slg. 1997, I-3689, Rn. 26 – *Familiapress*; EuGH, Rs. C-274/99 P, Slg. 2001, I-1611, Rn. 40 f. – *Connolly/Kommission*).

[176] Vgl. EGMR NJW 1999, 1315 – *Veröffentlichung von Steuerdokumenten*; EGMR NJW 2000, 1015 – *Seehundjagd.*

zierte. Der Journalist wandte sich nach einem erfolglosen Instanzenzug gegen seine Verurteilung wegen Beschimpfung der Religion nach § 173 Abs. 3 TürK-StGB an den EMR wegen Verletzung von Art. 10 EMRK.

61   Die **Grundprinzipien** der Judikatur des EGMR äußern sich zunächst darin, dass der Begriff „Meinung" **weit** ausgelegt wird. Der Schutzbereich von Art. 10 Abs. 1 EMRK umfasst die positive und negative Freiheit, eine Meinung zu äußern oder auf eine bestimmt Weise zu verbreiten. Erfasst ist jede Ansicht, Überzeugung, Stellungnahme, Tatsachenäußerung und jedes Werturteil unbeschadet der Qualität des Inhalts.[177] So fallen auch verletzende, schockierende, beunruhigende oder kommerzielle Meinungsäußerungen in den Schutzbereich. Ziel ist insbesondere der Schutz einer freien Debatte über politische Fragen, so dass z. B. kritische Äußerungen über Politiker oder Äußerungen dieser selbst besonders geschützt werden.[178] Erfasst werden somit sämtliche vorstellbare Arten der Individualkommunikation, nach neuerer Rechtsprechung des EGMR auch Realhandlungen, sofern sie einen kommunikativen Gehalt aufweisen.[179]

62   Vor diesem Hintergrund erweisen sich die Entscheidungen des EGMR *in puncto* „Islamkritik" als Stärkung der Kommunikationsfreiheiten, wenn „die Freiheit der Meinungsäußerung, einer der Grundpfeiler der demokratischen Gesellschaft, nicht nur für günstig aufgenommene oder als unschädlich oder unwichtig angesehene ‚Informationen' oder ‚Ideen' gilt, sondern auch für solche, die verletzen, schockieren oder beunruhigen".[180] Der EGMR führt aber in seiner Entscheidung gleichzeitig neben dem besonderen Wert der Freiheit der Meinungsäußerung aus, dass – wie Art. 10 Abs. 2 EMRK anerkennt – die **Ausübung des Recht der freien Meinungsäußerung allerdings mit Pflichten und Verantwortung verbunden ist.** Bei religiösen Glaubensvorstellungen kann dazu die Verpflichtung zählen, sich Äußerungen zu enthalten, die für andere grundlos beleidigend sind und eine Profanierung bedeuten.[181]

63   Dem jeweiligen Staat wird das Recht zugestanden, Maßnahmen zu ergreifen, die darauf abzielen, bestimmte Verhaltensweisen zu verhindern, darunter die Mitteilung von Informationen und Ideen, die mit der Achtung der Gedanken, Gewissens- und Religionsfreiheit anderer für unvereinbar erklärt werden.[182] In diesem Zusammenhang kommt dem EGMR die Aufgabe zu, abschließend über die Vereinbarkeit der Einschränkung mit der Konvention zu prüfen. Diese Prüfung hat dergestalt zu erfolgen, dass der EGMR nach den Umständen des Einzelfalles abwägt, ob der Eingriff einem „dringenden sozialen Bedürfnis" entspricht und „zum verfolgten berechtigten Ziel verhältnismäßig ist.[183] Bei der Ausübung der zwei streitgegenständlichen Grundfreiheiten sind die gegensätzlichen Interessen gegeneinander abzuwägen.

64   Für den EGMR bestand kein „dringendes soziales Bedürfnis", das es zuließe, den überprüften Eingriff als „verhältnismäßig zu dem verfolgten berechtigten Ziel"[184] anzusehen. In seinen Argumentationssträngen verweist der EGMR zudem darauf, dass Pluralismus, Toleranz und eine offene Geisteshaltung eine demokratische Gesellschaft kennzeichnen, und die, welche die Freiheit ausüben, ihre Religion zu bekennen, ob sie nun zur religiösen Majorität oder zu einer religiösen Minorität gehören, vernünftigerweise nicht erwarten können, das geschützt gegen jede Kritik tun zu können. Sie müssen aus Sicht des

---

[177] *Bernsdorff* in: *Meyer* (Hrsg.), Kommentar zur Charta der Grundrecht der Europäischen Union, 2. Auflage 2006, Art. 11 Rn. 176 m.w.N.
[178] EGMR, Nr. 12/1984/84/131, Serie A/103, Rn. 42 – *Lingens/Österreich*; EGMR, Nr. 2/1991/254/325, Serie A/236 Rn. 42 – *Castells/Spanien*.
[179] EGMR, Nr. 2/1991/254/325, Serie A/236 Rn. 42 – *Castells/Spanien*.
[180] EGMR NVwZ 2007, 314 – *Aydin Tatlav/Türkei*.
[181] EGMR NVwZ 2007, 314, 315 – *Aydin Tatlav/Türkei*. In Fortsetzung zu: EGMR, Slg. 2003-IX Nr. 67 – *Murphy/Irland*.
[182] EGMR NVwZ 2007, 314, 315 – *Aydin Tatlav/Türkei*.
[183] So bereits EGMR, Slg. 1996-V, S. 1956 Nr. 53 – *Wingrove/Vereinigtes Königreich*.
[184] EGMR NVwZ 2007, 314, 316 – *Aydin Tatlav/Türkei*.

Gerichtshofs die Ablehnung ihrer religiösen Vorstellungen durch andere und selbst die Verkündung von Lehre tolerieren und hinnehmen, die ihren Glauben anfeinden.[185] Die Meinungsfreiheit als Kommunikationsgrundrecht wird mit dieser Entscheidung konsequent in ihrer sowohl positiven als auch negativen Komponente geschützt.

In seiner zweiten, die Islamkritik betreffenden Entscheidung expliziert der EGMR zusätzlich zu den vorgenannten Grundsätzen, dass die Schranken der Meinungsfreiheit in Art. 10 Abs. 2 EMRK eng auszulegen sind.[186] Im Mittelpunkt müsse bei der Prüfung die Frage nach der „Notwendigkeit in einer demokratischen Gesellschaft" stehen. Des Weiteren betont der EGMR, dass das Erfordernis, ein Werturteil unter Beweis zu stellen, sich nicht erfüllen lässt und schon für sich das Recht auf freie Meinungsäußerung verletzt.[187]   **65**

C. Fallgruppen

Es ist deutlich geworden, dass in Konfliktfällen eine **Abwägung der kollidierenden** **66** **Schutzgüter** vorzunehmen ist. In der überwiegenden Zahl der entschiedenen Fälle läuft die richterliche Betrachtung schlussendlich auf eine **Gegenüberstellung des persönlichkeitsrechtlichen Schutzinteresses** des Betroffenen mit **dem öffentlichen Interesse** an der Berichterstattung bzw. der streitgegenständlichen Äußerung hinaus. Auch wenn im Grundsatz jede Äußerungsform ungeachtet des Mediums, Genres, Themas und der Zielgruppe am Grundrechtsschutz der Äußerungsfreiheit teilnimmt, haben sich in der Judikatur falltypische Kategorien herausgebildet, innerhalb derer je nach Art, Thema und Eingriffsintensität der Äußerungen verschiedene Abwägungsmaßstäbe Berücksichtigung finden.

I. Äußerungen im politischen Meinungskampf

Gerade Äußerungen über **politische Themen**, sei es **von Politikern selbst** oder auch **67** **über Politiker**, sei es in der Presse oder in einem anderen Medium, zeichnen sich häufig durch eine gewisse Schärfe aus und bewegen sich nicht selten an der Grenze zu Schmähkritik und Beleidigung.

Grundsätzlich umfasst die verfassungsrechtlich garantierte Meinungsfreiheit bzw. Pres- **68** sefreiheit auch **stark überspitzte oder gar polemisierende Ausdrücke** und Äußerungen. Die Schwelle, ab der eine Äußerung rechtswidrig und deshalb unzulässig ist, ist **in der Regel** erst bei einer **diffamierenden Schmähkritik** überschritten.[188] Auch wenn eine Schmähkritik im Gegensatz zu Formalbeleidigungen nicht von vornherein aus dem Schutzbereich des Art. 5 Abs. 1 GG herausfällt, so tritt im Rahmen der Abwägung zwischen dem Ehrenschutz und der Äußerungsfreiheit in Fällen der Schmähkritik die Meinungsfreiheit aber in der Regel hinter dem Ehrenschutz zurück.[189] Wegen dieses die Meinungsfreiheit verdrängenden Effekts ist der **Begriff der Schmähkritik eng auszulegen**. Danach macht auch eine überzogene oder gar ausfällige Kritik eine Äußerung für sich genommen noch nicht zur Schmähung. Vielmehr muss nach der Rechtsprechung des BGH[190] hinzukommen, dass bei der Äußerung nicht mehr die Auseinandersetzung in der Sache, sondern die willentliche Diffamierung im Vordergrund steht, die jenseits polemischer und überspitzter Kritik in erster Linie herabsetzen will.

---

[185] EGMR NVwZ 2007, 314, 315 – *Aydin Tatlav/Türkei.*
[186] EGMR NVwZ 2007, 313 – *Odabasi u. Koçak/Türkei.* In Fortsetzung zu: EGMR, Slg. 1999-VIII Nr. 43 – *Nilsen u. Johnsen/Norwegen.*
[187] EGMR NVwZ 2007, 313, 314 – *Odabasi u. Koçak/Türkei.*
[188] BGH NJW 1987, 2225, 2227.
[189] BVerfG NJW 1990, 1980, 1981.
[190] BGH NJW 2000, 3421, 3422 – *Holocaust/Babycaust.*

69   Im Fall einer im politischen Meinungskampf getätigten Äußerung muss allerdings in der Abwägung besonders berücksichtigt werden, dass der **politische Meinungskampf,** dem eine gewisse Schärfe und das Ringen um Positionen immanent ist, einen **unerlässlichen Beitrag zur öffentlichen Meinungsbildung** und damit zum demokratischen Leben leistet. Der EuGH hat ausdrücklich betont, dass Politiker, die in ihrer öffentlichen Funktion auftreten, zwar auch Anspruch auf den Schutz ihres guten Rufes im Sinne des Art. 10 II EMRK haben. Dieser Schutz geht aber nicht so weit wie der von Privatpersonen, insbesondere wenn sie im Rahmen einer politischen Diskussion von allgemeinem Interesse Positionen vertreten, die geeignet sind, Kritik auf sich zu ziehen.[191]

70   So hat das BVerfG[192] der Verfassungsbeschwerde eines Schriftstellers und Journalisten, dem es durch das OLG München[193] untersagt worden war, den damaligen bayrischen Ministerpräsidenten Franz Josef Strauß als „Zwangsdemokrat" zu bezeichnen, stattgegeben. Der Schriftsteller hatte in Büchern sowie in einem Interview das Demokratieverständnis vieler Politiker kritisiert und in diesem Zusammenhang den Ministerpräsidenten Strauß als jemanden, der sich nur aus opportunistischen Beweggründen zwangsweise zur Demokratie bekehren ließe und diese allenfalls formal handhabe, daher ein „Zwangsdemokrat" sei, bezeichnet. Das BVerfG betonte,[194] dass Beiträge zur Auseinandersetzung in einer die Öffentlichkeit wesentlich berührenden Frage stärkeren Schutz genießen als Äußerungen, die lediglich der Verfolgung privater Interessen dienen. Insbesondere muss in der **öffentlichen Auseinandersetzung**, und insbesondere im **politischen Meinungskampf**, auch Kritik hingenommen werden, die in **sehr überspitzter und polemischer Form** geäußert wird, da andernfalls die Gefahr einer Lähmung oder Verengung des Meinungsbildungsprozesses droht.

71   In der nachfolgenden Entscheidung *Zwangsdemokrat II* beurteilte das OLG München[195] unter Anwendung dieser Grundsätze des BVerfG die Bezeichnung „Zwangsdemokrat" als vereinbar mit dem Persönlichkeitsrecht des Betroffenen. Zwar führt diese **scharfe und „ausfällige" Kritik** zu einer Herabsetzung und Kränkung der Persönlichkeit des Kritisierten. Da der bei der vorzunehmenden Gesamtbetrachtung festzustellende **sachliche Bezug** zu dem Grundanliegen des Schriftstellers, welches der Sorge um das Demokratieverständnis für die Zeit nach dem Nationalsozialismus in Deutschland galt, eine vorherrschende Diffamierungsabsicht nicht erkennen ließ, lag keine Schmähkritik vor, so dass der Betroffene die Bezeichnung trotz ihrer Schärfe hinnehmen musste.

72   Auch Äußerungen über eine **Stasi-Vergangenheit von Politikern** sind in der Regel als zulässig angesehen worden,[196] da ein **allgemeines öffentliches Interesse** an Information und Auseinandersetzung über und mit dem Thema der DDR Vergangenheit und der Funktion des Ministeriums für Staatssicherheit (MfS) in der DDR besteht. Das MfS war zentraler Bestandteil des totalitären Machtapparates der DDR. Es fungierte als Instrument der politischen Kontrolle und Unterdrückung der gesamten Bevölkerung und diente dazu, politisch Andersdenkende oder Ausreisewillige zu überwachen, abzuschrecken oder auszuschalten und war damit ein besonders abschreckendes Herrschaftsinstrument des Einparteisystems. Schon daraus ergibt sich ein **Aufklärungsinteresse,**[197] insbesondere dann, wenn ein Politiker zunächst Mitarbeiter des MfS in der DDR war.

73   Unzweifelhaft widerlegt ist die Vermutung der freien Rede jedoch dann, wenn **unwahre Tatsachenbehauptungen über die den politischen Gegner** geäußert werden, auch wenn dies im Wahlkampf unter Berücksichtigung der dort üblichen Polemik er-

---

[191] EGMR NJW 1992, 613 ff.

[192] BVerfG NJW 1991, 95, 96.

[193] OLG München NJW-RR 1990, 1435 ff.

[194] BVerfG NJW 1991, 95 ff.

[195] OLG München NJW 1992, 1323 ff.

[196] BVerfG NJW 2002, 356 ff; BVerfG NJW 2006, 207 ff; BGH NJW 1998, 3047 ff; KG NJW-RR 1994, 926 ff.

[197] BVerfG NJW 2000, 2413 ff.

folgt. Im Falle eines Lokalpolitikers, der in einer Wahlkampfrede unzutreffend behauptet hatte, sein Gegner habe zu Protest- und Störaktionen gegen ihn aufgerufen, um ihm die Abhaltung seiner Versammlung unmöglich zu machen, sah der BGH die Grenze der freien Rede überschritten.[198] Erforderliche polemische Überzeichnungen und vereinfachende Verkürzungen bei der Kritik „am anderen Lager" sind auch auf die Gefahr hinzunehmen, dass Zuhörer den Stellenwert solcher Polemik falsch verstehen. Wo der Sachverhalt allerdings nicht nur vereinfacht, sondern auch bei voller Berücksichtigung rednerischer Einkleidungen und Vergröberungen im Kern der Sachaussage falsch dargestellt ist, kann der Kritiker sich nicht darauf zurückziehen, er habe seine Äußerung nur polemisch überzogen.

II. Presseberichterstattung

Die mediale Berichterstattung kann sich mit unterschiedlichsten Themen befassen, in **74** verschiedenster Art und Weise aufbereitet sein und eine unterhaltende, investigative, referierende oder stark wertende Form haben. Grundsätzlich nimmt jede dieser Berichterstattungen am Grundrechtsschutz teil. Unbeschadet dessen lassen sich folgende Fallgruppen unterscheiden.

1. Investigative Berichterstattung

Der investigative Journalismus hat in der Regel die Darstellung und Veröffentlichung **75** **skandalöse Vorfälle oder demokratiegefährdenden Fehlverhaltens** Einzelner **aus Politik, Wirtschaft und Gesellschaft** zum Gegenstand. Naturgemäß stellt eine „enthüllende" kritische Berichterstattung für die betroffenen Personen bei regelmäßig **hohem öffentlichen Interesse** gleichzeitig eine Belastung dar.

Ist eine öffentliche Figur Gegenstand der investigativen Berichterstattung, so gelten in **76** der Regel die Abwägungskriterien wie bei Äußerungen im politischen Meinungskampf.[199] Auch öffentliche Personen haben jedoch Anspruch auf den Schutz ihres guten Rufes. Dieser Schutz reicht aber nicht so weit wie der von Privatpersonen, wenn die Berichterstattung unter Bezugnahme auf die **öffentliche Funktion** dieser Person erfolgt.

Umgekehrt kann eine Berichterstattung **ohne jeglichen Öffentlichkeitsbezug** das **77** Persönlichkeitsrecht eines Politikers verletzen. Da allerdings Politiker eine besondere öffentliche Vorbildfunktion übernehmen, können auch private und intime Gegebenheiten, die bei Privatpersonen in der Regel absoluten Schutz vor öffentlicher Berichterstattung genießen, von öffentlichem Interesse und deren Mitteilung daher gerechtfertigt sein. Allerdings stellt die Veröffentlichung einer **Mitschrift eines Telefongespräches** zwischen zwei Politikern, die ohne ihr Wissen abgehört worden waren, eine Verletzung ihres Persönlichkeitsrechts dar, da auch der in der Öffentlichkeit stehende und die Öffentlichkeit suchende Politiker in seinem Privatbereich vor Kontrolle und Zensur durch die Öffentlichkeit sicher sein muss.[200] Lässt sich die **Wahrheitslage nicht restlos aufklären**, muss der Äußernde hierauf bei der Art und Weise seiner Darstellung der Situation durch einen **Zweifelshinweis** in besonderer Form Rücksicht nehmen.[201]

Aber auch **Privatpersonen**, die kein öffentliches Amt bekleiden und damit grundsätz- **78** lich einen größeren Persönlichkeitsrechtsschutz genießen, müssen unter Umständen eine scharfe und abwertende Berichterstattung oder Kritik hinnehmen. So hatte das BVerfG

---

[198] BGH GRUR 1984, 231 ff. – *Wahlkampfrede.*

[199] Siehe oben Rn. 67.

[200] BGH GRUR 1979, 418 ff. – *Telefongespräch.*

[201] BVerfG AfP 2005, 544 ff. – *Stolpe/IM-Sekretär;* diese Entscheidung wird teilweise als „Umkehrung" der bisher zugunsten des Äußernden geltenden Zweifelsregel gesehen *Mann* AfP 2008, 6, 7; siehe auch oben Rn. 21.

gegen das Auslegen einer Liste, in dem ca. 4500 Namen angeblicher inoffizieller Mitarbeiter des ehemaligen MfS benannt wurden, grundsätzlich keine Bedenken.[202] Die bloße Benennung der einzelnen Personen in der Liste hat nicht eine Stigmatisierung der Benannten zur Folge, u. a. weil die Tätigkeit als inoffizieller Mitarbeiter des MfS strafrechtlich irrelevant ist. Insbesondere vor dem Hintergrund des allgemeinen Interesses an der Aufarbeitung dieses historisch-politisch wichtigen Themas muss in einem solchen Fall das Persönlichkeitsrecht der genannten Personen hinter dem öffentlichen Interesse zurückstehen.

79   Anders kann ein Fall zu bewerten sein, wenn die investigative Berichterstattung auf Basis **rechtswidrig erlangter Informationen** erfolgt. Zwar ist es der Presse nicht schlechthin verwehrt, Informationen zu veröffentlichen, die ein Informant auf rechtswidrigem Weg zugetragen hat. Denn das verfassungsrechtlich gewährleistete **Informationsrecht der Presse** geht über die Freiheit des Bürgers, sich aus allgemein zugänglichen Quellen zu unterrichten, hinaus. Die Presse unterliegt **keinem absoluten Verwertungsverbot** bezüglich solcher Informationen, die nach ihrer Kenntnis, aber ohne ihre Beteiligung in rechtswidriger Weise erlangt wurden. Dementsprechend ist die **bloße Verbreitung** illegal beschafften Materials grundsätzlich ein rechtmäßiges Mittel und fällt in den Schutzbereich des Art. 5 GG.[203] Anderenfalls könnte die Presse ihre Kontrollaufgabe nicht umfassend wahrnehmen, zu der es gehört, auf Missstände von öffentlicher Bedeutung hinzuweisen.[204]

80   Allerdings muss sich die Presse jedoch stets der Gefahr bewusst sein, dass sie durch den Zugriff auf solche Informationen und deren Veröffentlichung Dritte zu Einbrüchen in geschützte Sphären anderer Personen ermuntern kann. Insbesondere hat die Presse selbst eine **Verantwortung gegenüber dem Betroffenen**, über dessen schützenswerte Belange sie sich nicht rückhaltlos hinwegsetzen darf. Bei der Abwägung ist daher der **Zweck der Veröffentlichung** zu berücksichtigen. Die Verbreitung kann rechtswidrig sein, wenn sie gegen ein Rechtsgut Dritter im privaten oder wirtschaftlichen Verkehr und in Verfolgung eigennütziger Ziele geschieht sowie nicht zum geistigen Meinungskampf in einer wichtigen Frage beiträgt. Dies ist etwa dann der Fall, wenn von einem Konkurrenzunternehmen zugespielte, von diesem rechtswidrig erlangte Informationen über ein Unternehmen veröffentlicht werden.[205]

81   Vor diesem Hintergrund hat der BGH[206] die **Veröffentlichung von Gesprächsaufzeichnungen** eines Mitarbeiters des BND mit einem Journalisten gegen den Willen des Mitarbeiters als Verletzung seines Persönlichkeitsrechts qualifiziert. Zwar hatte der BND Mitarbeiter zunächst selbst das Gespräch mit dem Journalisten gesucht und diesem freiwillig und in der Absicht, diese dann auch veröffentlichen zu lassen, Tonband- bzw. Gesprächsaufzeichnungen über Interna des BND gestattet. Die Veröffentlichung der mitgeteilten Informationen hatte der Mitarbeiter schlussendlich aber verweigert. Dessen ungeachtet hatte der Journalist die Informationen veröffentlicht. Die Veröffentlichung führte zu der Suspendierung des Mitarbeiters von seiner Tätigkeit für den BND sowie zu einem Strafverfahren gegen ihn wegen Offenbarung von Staatsgeheimnissen. In der ungenehmigten Veröffentlichung der Aufzeichnungen sei trotz des öffentlichen Interesses eine Verletzung des Rechts auf **Selbstbestimmung über das gesprochene Wort** des BND Mitarbeiters zu sehen.[207]

82   Wird in der Presse über ein **Unternehmen oder einen Unternehmer** berichtet, so kann dies Auswirkungen auf den **Wettbewerb des betroffenen Unternehmens** bzw.

---

[202] BVerfG NJW 2000, 2413 ff.
[203] BVerfG NJW 2007, 1117 f. – *Cicero.*
[204] BGH GRUR 1979, 418 ff. – *Telefongespräch.*
[205] Löffler/*Ricker*, Handbuch des Presserechts, 5. Aufl., Kap. 42 Rn. 55.
[206] BGH GRUR 1987, 464 ff – *BND Interna.*
[207] BGH GRUR 1987, 464 ff– *BND Interna.*

des Unternehmers mit seinen Konkurrenten haben. Aus diesem Grund kann eine solche Berichterstattung nach §§ 3 ff. UWG zu beurteilen sein. Zwar entfaltet die Äußerungsfreiheit als wichtiges Verfassungsgut auch im Rahmen der durch Art. 5 Abs. 2 GG gesetzten Schranken der allgemeinen Gesetze, zu denen das UWG zu zählen ist, ihre Wirkung. Dennoch stößt die Äußerungsfreiheit im Bereich des Wettbewerbsrechts in Anbetracht der hier geltenden Grundsätze des fairen Wettbewerbs, insbesondere des Verbots der Irreführung, eher an ihre Grenzen.[208] Ist eine Äußerung nicht nur objektiv geeignet, den Wettbewerb zu fördern, sondern dient sie subjektiv dem Zweck, in den individuellen Bereich des wirtschaftlichen Wettbewerbs bestimmter Marktkonkurrenten einzugreifen, kann der Schutz des **Unternehmenspersönlichkeitsrechts**[209] überwiegen.[210]

Wann eine solche **Wettbewerbsförderungsabsicht** anzunehmen ist, ist eine Frage des   **83** Einzelfalles. Bei objektiv wettbewerbsrelevanten Äußerungen Marktaußenstehender, wozu in der Regel auch Journalisten zählen, die objektiv zwar den Wettbewerb fördern kann, kann auf das **erforderliche subjektive Element** der Förderungsabsicht nicht geschlossen werden, sondern ist **positiv festzustellen.**[211] Grundsätzlich ist festzuhalten, dass das bloße Bewusstsein, den fremden oder eigenen Wettbewerb zu fördern, zwar regelmäßig als ein Indiz für ein Handeln in Wettbewerbsabsicht angesehen werden kann. Es bedarf aber weiterer konkreter Anhaltspunkte. Dies gilt auch dann, wenn sich der Äußernde selbst grundsätzlich am Wettbewerb beteiligt.

In der Entscheidung *Gastrokritiker*[212] ging es um negativ kritische Äußerungen eines   **84** Gastronomiekritikers über ein Weinlokal. Der Gastronomiekritiker war auch selbst als Weinhändler tätig, wobei der Betreiber des kritisierten Lokals seine Weine auch von dem Kritiker bezog. Gleichwohl lehnte der BGH die subjektive Intention des Kritikers im Sinne eines Handelns zu Wettbewerbszwecken mit der Begründung ab, dass der Kritiker und Weinhändler hier allein in seiner Funktion als Kritiker berichtet hatte und aus dieser Tatsache noch nicht auf die Absicht gezielter Förderung des eigenen Weinvertriebs geschlossen werden könne. In der Entscheidung[213] *Frank der Tat* gab ein Redakteur im Rahmen eines redaktionellen Presseberichtes positive Äußerungen über einen Rechtsanwalt im Vergleich zu einem anderen Rechtsanwalt gleichen Namens am selben Ort wieder. Auch hier lag keine Wettbewerbsförderungsabsicht vor, da der Redakteur hier mehr von seiner Antipathie als von einer Wettbewerbsförderungsabsicht zugunsten des gelobten Anwalts motiviert war.

Die Frage, ob das Persönlichkeitsrecht des kritisierten Unternehmens[214] bzw. des Un-   **85** ternehmers die Äußerungsfreiheit überwiegt, ist dann wieder nach den bereits oben dargelegten Kriterien, insbesondere hinsichtlich der Unterscheidung zwischen Tatsachenbehauptung und Meinungsäußerung sowie zwischen Kritik und Schmähkritik zu beurteilen.

Im Rahmen der vorzunehmenden Abwägung ist auch zu berücksichtigen, dass eine   **86** Berichterstattung über ein Unternehmen oder einen Unternehmer diesen nur in seiner **Sozialsphäre** betrifft. Anders als Äußerungen zur Intimsphäre[215] oder zur Privatsphäre dürfen Äußerungen zu der Sozialsphäre nur bei **schwerwiegenden Auswirkungen auf das Persönlichkeitsrecht** mit negativen Sanktionen verknüpft werden, etwa dann, wenn eine Stigmatisierung, soziale Ausgrenzung oder Prangerwirkung zu besorgen ist.[216]

---

[208] OLG München NJW-RR 1993, 750, 752.
[209] Zum persönlichkeitsrechtlichen Schutz juristischer Personen siehe unten §§ 39 und 40.
[210] BGH NJW GRUR 1986, 812 ff. – *Gastrokritiker*; OLG München NJW-RR 1993, 750 ff.
[211] Vgl. Tillmann GRUR 1986, 900 Anmerkung zur Entscheidung *Frank der Tat*.
[212] BGH GRUR 1986, 812 ff. – *Gastrokritiker*.
[213] BGH GRUR 1986, 898 ff. – *Frank der Tat*.
[214] Zum Persönlichkeitsrecht von juristischen Personen siehe unten §§ 39 und 40.
[215] Vgl. unten unter Rn. 143 zur Veröffentlichung von Nacktaufnahmen.
[216] BGH NJW-RR 2007, 619 620.

2. Berichterstattung über prominente Persönlichkeiten

87   Gerade mit der Frage des Umfanges und der Einschränkung des Schutzes des Persönlichkeitsrechtes sogenannter „Promis" hat sich die Rechtsprechung vielfach befasst. Prominente Personen der Zeitgeschichte üben oft keine amtliche Funktion aus, sondern sind nur aufgrund ihrer gesellschaftlich herausgehobenen Stellung für das Publikum von Interesse. Im Unterschied zu reinen Nachrichtenmedien überwiegt bei diesen Themen im Rahmen der **Boulevardpresse** die **emotionalisierte Berichterstattung**, in der Informationen pauschalisiert und Sachverhalte verkürzt oder mitunter sogar verzerrt dargestellt werden. Katastrophen, Unfälle, Verbrechen, Mode, Prominenz und Konsumthemen stehen im Vordergrund.[217] Anders als Berichterstattungen, die der Auseinandersetzung mit Themen wie Politik und Wirtschaft dienen, befriedigt der Boulevardjournalismus die Neugier der Kunden an „Klatsch und Tratsch". Inwieweit aber ein solches Unterhaltungsinteresse das Interesse der Dargestellten an einem möglichst umfassenden Schutz ihres Persönlichkeitsrechtes überwiegen kann, war und ist immer wieder Gegenstand gerichtlicher Entscheidungen.

88   Die deutsche Rechtsprechung ist in ihren Entscheidungen[218] über die Darstellung insbesondere adeliger prominenter Personen vor dem Urteil des Europäischen Gerichtshofes[219] fast selbstverständlich von dem Status der „absoluten Person der Zeitgeschichte" ausgegangen. Da zudem nach der konsequenten Haltung der Rechtsprechung auch der **Boulevardjournalismus an dem Schutz aus Art. 5 Abs. 1 GG teilnimmt,**[220] wurde das **Interesse der Öffentlichkeit** an Informationen über Einzelheiten der Lebensführung der bekannten, insbesondere adeligen Personen oft als gegenüber dem Persönlichkeitsrecht der betroffenen Person überwiegend betrachtet.[221]

89   So hat der BGH[222] das öffentliche Interesse an einer Veröffentlichung der Scheidungsgründe von Prinz Ernst August von Hannover bejaht und betont, dass nicht nur „wertvolle" Informationen der Presse unter die Pressefreiheit fallen, sondern diese **Freiheit grundsätzlich auch zugunsten der Unterhaltungs- und Sensationspresse** besteht.

90   Die Privatsphäre umfasst einen **inhaltlichen und einen räumlichen Schutz**. Inhaltlich geschützt sind **Angelegenheiten und Themen, die wegen ihres Informationsinhalts typischerweise als privat** eingestuft werden.[223] Zum anderen erstreckt sich der Schutz der Privatsphäre auf einen **räumlichen Bereich**, in dem der Einzelne zu sich kommen, sich entspannen oder auch gehen lassen kann. Dieser Rückzugsbereich ist nicht auf den häuslichen Bereich begrenzt, da eine freie Entfaltung der Persönlichkeit in so engem Rahmen behindert wäre. Ausschlaggebend ist vielmehr, ob der Einzelne eine Situation vorfindet oder schafft, in der er begründetermaßen und für Dritte erkennbar davon ausgehen darf, den Blicken der Öffentlichkeit nicht ausgesetzt zu sein.

91   In einer Entscheidung über die **Zulässigkeit von Abbildungen**, die Caroline von Monaco zwar in öffentlichem Raum aber dennoch in privaten Alltagssituationen wie

---

[217] Die freie Internet Enzyklopädie Wikipedia zum Begriff „Boulevardpresse" (abgerufen am 29.1.2008).

[218] BGH NJW 1999, 2893ff; BVerfG NJW 2000, 1021ff.

[219] EGMR NJW 2004, 2647ff; kritisch zu dem Urteil des EGMR *Ohly* GRUR Int. 2004, 902, 910ff und *Gersdorf* AfP 2005, 221ff.

[220] Siehe oben Rn. 74.

[221] Anders dagegen jüngst das LG Hamburg AfP 2008, 97ff.: aufgrund der mit der Einstufung als „absolute Person der Zeitgeschichte" einhergehenden Einschränkung des Persönlichkeitsrechts der betroffenen Person dürfe diese Qualifizierung nur dann erfolgen, wenn die betroffene Person in der Öffentlichkeit bekannt sei (empirischer Faktor) und einen Einfluss auf den demokratischen Prozess ausübe (normativer Faktor). Trete eine Person überwiegend oder ausschließlich im Bereich der Unterhaltung in Erscheinung, spräche dies gegen eine Einordnung als „absolute Person der Zeitgeschichte".

[222] BGH NJW 1999, 2893ff.

[223] Siehe hierzu ausführlich oben (Caroline-Rechtsprechung) § 12 Rn. 50ff.

einem Restaurantbesuch zeigten, bekräftigte das BVerfG[224] dies und betonte, dass promi-nente Personen an sich für bestimmte Wertvorstellungen und Lebenshaltungen stehen. Als Kristallisationspunkte für Zustimmung und Ablehnung sowie als Leitbild und Kon-trastfunktion dienen Berichterstattungen über prominente Personen damit dem öffentli-chen Interesse und bilden ein wichtiges publizistisches Mittel zur Erregung der Aufmerk-samkeit und Förderung der öffentlichen Auseinandersetzung.

Gegen diese Entscheidung erhob Caroline von Monaco Klage vor dem EGMR. In **92** dem vieldiskutierten Urteil des EGMR vom 24. 6. 2004,[225] das teilweise als **Zäsur in der Rechtsprechung** zum Schutz des Persönlichkeitsrechts angesehen wird, stellte der EGMR fest, dass in dem der Entscheidung zugrunde liegenden Fall die von den deut-schen Gerichten entwickelten **Kriterien der Unterscheidung zwischen absoluten und relativen Personen der Zeitgeschichte** für einen wirksamen Schutz des Privatle-bens der Betroffenen **nicht ausreichen**. Zwar stimmen EGMR und BVerfG darin über-ein, dass für die Abwägung des Persönlichkeitsrechts gegen das Interesse der Allgemein-heit der Informationswert der Berichterstattung eine wichtige Rolle spielt.

Der EGMR sah jedoch als ausschlaggebendes Kriterium an, inwieweit die fragliche **93** Berichterstattung einen **Beitrag zu einer Diskussion in einer demokratischen Ge-sellschaft** leistet, insbesondere wird unterschieden, ob Gegenstand der Berichterstattung die Amtsführung (im weitesten Sinne) einer Person des politischen Lebens ist oder Ein-zelheiten aus dem Leben einer Person, die keine öffentliche Funktion ausübt, im Vorder-grund stehen. Im Gegensatz zur deutschen Rechtsprechung, die nach absoluten oder rela-tiven Person der Zeitgeschichte, nicht aber nach der Funktion und damit der öffentlichen Aufgabe der Person unterschieden hat, kann nach Auffassung des EGMR die Presse nur ein überwiegendes Informationsinteresse für sich in Anspruch nehmen, wenn die darge-stellte Person eine **öffentliche Funktion** innehat. Übt die dargestellte Person dagegen keinerlei öffentliche Funktion aus, entfällt – so der EGMR – die „Wachhund"-Aufgabe der Presse, so dass ist eine solche weitgehende Eingriffsmöglichkeit nicht mit dem be-rechtigten Interesse des Betroffenen am Schutz seines Privatlebens vereinbar sei.

Da Inhalt und Entwicklungsstand der Europäischen Menschenrechtskonvention zwar **94** hierarchisch nicht über dem Grundgesetz stehen, aber bei der Auslegung des Grundgeset-zes und der einfachen Gesetze zu berücksichtigen sind und auch die Rechtsprechung des EGMR als Auslegungshilfe für die Bestimmung von Inhalt und Reichweite von Grund-rechten dient, sind die **mittelbaren Auswirkungen der Entscheidung des EGMR** im Fall Caroline von Monaco unbestritten, wenngleich in ihrem genauen Ausmaß nicht ab-schließend geklärt.[226] Dennoch ist die teilweise im Anschluss an die Rechtsprechung des EGMR vorausgesagte starke Einschränkung der Möglichkeit der Berichterstattung über Prominente ohne öffentliche Funktion nicht, jedenfalls nicht in dem befürchteten Um-fang eingetreten. Die deutsche Rechtssprechung hat in den meisten Fällen aus unter-schiedlichen Gründen ein **Informationsbedürfnis der Allgemeinheit** an der Bericht-erstattung über Sachverhalte aus dem Leben Prominenter bejaht.

Auch die Einteilung in **absolute und relative Personen der Zeitgeschichte** ist bis- **95** lang von der deutschen Rechtssprechung nicht aufgegeben worden. Es wird viel-mehr ausdrücklich betont,[227] der Grundsatz, dass absolute Personen der Zeitgeschichte die Veröffentlichung ihrer Bildnisse vielfach auch dann hinnehmen müssen, wenn diese sie nicht bei der Wahrung einer öffentlichen Funktion zeigen, gelte weiterhin, da gerade bei Personen, die oft als Idol oder Vorbild angesehen werden, ein berechtigtes Interesse

---

[224] BVerfG NJW 2000, 1021, 1024.
[225] EGMR NJW 2004, 2647 ff.; ausführliche Urteilsbesprechung durch *Kaboth* ZUM 2004, 818 ff. und Stürner AfP 2005, 213 ff.
[226] *Heldrich* NJW 2004, 2634 ff.
[227] LG München I NJOZ 2006, 4633, 4635, KG Berlin ZUM-RD 2007, 53, 55; LG Berlin ZUM-RD 2007, 199, 200.

der Öffentlichkeit daran bestehe, zu erfahren, ob und inwieweit sie funktionales und persönliches Verhalten in Übereinstimmung bringen.[228]

96   Wann der Betroffene davon ausgehen kann, den Blicken der Öffentlichkeit entzogen zu sein, lässt sich nicht generell beantworten, sondern ist nach den **Umständen des konkreten Einzelfalls** festzustellen.[229] Vor diesem Hintergrund ist auch ein **überwiegendes öffentliches Interesse am Privatleben** von aus **dem Amt ausgeschiedenen Politikern** anerkannt worden. So war in einem Fall[230] eine Bildberichterstattung über die ehemalige Ministerpräsidentin von Schleswig- Holstein veröffentlicht worden, die diese am Tag ihres Ausscheidens aus dem Amt in einem Einkaufszentrum zeigte. In einem anderen Fall ging es die Abbildung des ehemaligen Bundesaußenministers Joschka Fischer beim Blumengießen auf seinem Balkon.[231] Das KG Berlin betonte ausdrücklich, dass ein erhöhtes Interesse der Öffentlichkeit am Alltagsleben eines Politikers auch an dem Verhalten des Politikers nach dessen (in diesem Fall abrupten) Karriereende besteht.

97   Auch wenn ein **Politiker nach Ausscheiden aus dem Amt** nicht mehr als absolute Person der Zeitgeschichte angesehen werden kann, so ist das Ausscheiden aus dem Amt Selbst jedoch ein **Ereignis von zeitgeschichtlicher Bedeutung** im Sinne von § 23 Abs. 1 Nr. 1 KUG. Aus diesem Grund sind auch nicht nur Bilder vom Tag des Ausscheidens zulässig, sondern es darf grundsätzlich auch über diesen Tag hinaus berichtet werden, wie sich der Übergang vom öffentlichen Politikerleben zum privaten Alltag vollzieht. Je mehr Zeit aber seit dem Ausscheiden aus dem Amt vergangen ist, desto weniger besteht ein berechtigtes öffentliches Interesse an dem Alltagsleben des ehemaligen Politikers. Während unmittelbar am Tag der Amtsniederlegung ein intensives Nachstellen durch Fotografen zulässig sein kann, so ist nach einiger Zeit eine Berichterstattung, die nur aufgrund einer lückenlosen Oberservation der betroffenen Person entsteht, unzulässig. Denn Recherchemaßnahmen, die für die betroffene Person eine **andauernde unerträgliche Dauerbelastung und Verfolgung** darstellen, sind mit dem wieder zunehmenden Anspruch auf den Schutz der Privatsphäre, die dem ehemaligen Politiker und der jetzigen Privatperson zusteht, unvereinbar.[232] Bleibt allerdings die Person eine öffentliche Figur, z. B. durch Vorträge, Auftritte oder andere öffentliche (Ehren-)Ämter, so bleibt das hohe Maß des öffentlichen Interesses bestehen. Je mehr der Politiker durch sein öffentliches Handeln Einfluss genommen hat, desto höher bleibt auch nach seinem Ausscheiden aus der aktiven Politik das öffentliche Interesse.

98   Bei der **Wort- und Bildberichterstattung** über private Erlebnisse, wie etwa den **Urlaub eines Prominenten**, kommt es für die Frage der Anwendbarkeit des § 23 Abs. 1 Nr. 1 KUG auf den Begriff des **„Zeitgeschehens"** an.[233] Im Hinblick auf den Informationsbedarf der Öffentlichkeit umfasst der Begriff des **„Zeitgeschehens"** nicht nur Vorgänge von historisch-politischer Bedeutung, sondern ganz allgemein das Zeitgeschehen, also alle **Fragen von allgemeinem gesellschaftlichen Interesse**. Er wird grundsätzlich vom Interesse der Öffentlichkeit bestimmt. Damit können **auch unterhaltende Beiträge** zur Meinungsbildung beitragen.

99   So hat der BGH[234] die Berichterstattung über die Verurteilung von Prinz Ernst August von Hannover zu einem Fahrverbot und einer Geldbuße wegen erheblicher Geschwindigkeitsüberschreitung als nicht persönlichkeitsrechtsverletzend angesehen. Hinsichtlich der Wortberichterstattung sah der BGH bereits in der **Verletzung der Rechtsordnung** durch die Geschwindigkeitsübertretung in Zusammenhang mit der Tatsache, dass der Betroffene

---

[228] LG Berlin ZUM- RD 2007, 199, 200.
[229] So zuletzt wieder ausdrücklich BGH ZUM 2008, 437: Kein vorbeugender Unterlassungsanspruch bei Urlaubsfotos Prominenter.
[230] KG Berlin BeckRS 2006, 08072.
[231] ZUM-RD 2008, 1 ff.
[232] KG Berlin BeckRS 2006, 08072.
[233] BGH GRUR 2007, 902 ff. – *Abgestuftes Schutzkonzept II*.
[234] BGH NJW 2006, 599 ff.

selbst durch sein früheres unbeherrschtes Verhalten in der Öffentlichkeit ein erhebliches Interesse an seiner Person verursacht hatte, ein begründetes anzuerkennendes und das Interesse des Betroffenen an seiner Privatsphäre überwiegendes Interesse der
Öffentlichkeit.[235] Auch die begleitende Bildberichterstattung war, da diese in zulässigem
Gesamtzusammenhang erfolgte, zulässig. So wird das **eigene mediale Verhalten** des Betroffenen immer wieder bei der Beurteilung seines Schutzinteresses herangezogen.

Auch das OLG Karlsruhe[236] hat in dem Fall der Wortberichterstattung über die zu die-   **100**
sem Zeitpunkt noch nicht bestätigte Vaterschaft des Fürsten Albert von Monaco sowie
über das Verhältnis des Fürsten zur Kindsmutter keine Verletzung des Persönlichkeitsrechts gesehen. Für die Interessenabwägung war danach weniger der Status des Betroffenen als absolute Person der Zeitgeschichte ausschlaggebend als vielmehr die Frage der
Existenz männlicher Nachkommenschaft in der konstitutionellen Erbmonarchie Monaco. Gerade weil zum Zeitpunkt der Veröffentlichung der Fotos die Vaterschaft noch
nicht bestätigt worden war, war auch eine Bildberichterstattung gerechtfertigt, die den
Betroffenen in sich seinem Sohn liebevoll zuwendender Weise und in häuslicher Atmo-
sphäre zeigte.

Das Urteil des BGH *Winterurlaub,*[237] das wieder eine Wort- und Bildberichterstattung   **101**
über Gegebenheiten des Lebens von Prinzessin Caroline von Monaco zum Gegenstand
hatte, stellt den Ausgangspunkt einer Reihe von verfassungsgerichtlichen Entscheidungen **im Anschluss an die jüngste Rechtssprechung des EGMR**[238] dar. Die Frage, ob
Caroline von Hannover als absolute Person der Zeitgeschichte oder nicht zu qualifizieren
sei, ließ der BGH dabei offen und stellte fest, dass grundsätzlich auch für bisher sogenannte **Personen der Zeitgeschichte die Interessenabwägung vor dem Hintergrund des Informationswertes der Berichterstattung vorzunehmen** ist.

Demnach können Abbildungen, die **Prominente in ihrem Urlaubsort** auf offener   **102**
Straße zeigten, als Verletzung der Privatsphäre der Abgebildeten zu qualifizieren sein.[239]
Zwar fehlt es von vornherein an den Voraussetzungen des Privatsphärenschutzes im Sinne
von Art. 2 Abs. 1 GG in Verbindung mit Art. 1 Abs. 1 GG, wenn sich der Einzelne an einem
Platz unter vielen Menschen befindet, da hier das Rückzugsbedürfnis nicht erfüllt werden kann.[240] Befindet sich der Betroffene aber auf offener Straße und hält sich dabei
nicht unter vielen Menschen auf, so kann auch hier von einer gewissen „Abgeschiedenheit" und damit von einer Verletzung der Privatsphäre in ihrem räumlichen Aspekt ausgegangen werden.[241] Dies gilt auch dann, wenn der Betroffene mit Hilfe eines Teleobjekti-
ves abgelichtet wird, als er sich zwar nicht allein auf offener Straße an seinem Urlaubsort,
aber eben auch nicht an prominenter Stelle eines vom Jetset vielbesuchten Ortes aufhält
und erkennbar nicht mit damit rechnet, den Blicken eines breiten Publikums ausgesetzt
zu sein.[242] Es besteht allerdings kein genereller und damit vorbeugender Anspruch, dass
die Presse die Abbildung Prominenter im Urlaub zu unterlassen habe.[243]

Der Schutz des Persönlichkeitsrechts erstreckt sich dabei auch auf die Veröffentlichung   **103**
von **Abbildungen von Wohngrundstücken**, wenn zugleich die Identität der Bewohner

---

[235] BGH NJW 2006, 599, 600.
[236] OLG Karlsruhe NJW 2006, 617 ff.
[237] BGH GRUR 2007, 527 ff. – *Winterurlaub.*
[238] Siehe oben § 12 Rn. 50 ff.
[239] KG Berlin ZUM-RD 2007, 53 ff.; OLG Hamburg ZUM 2006, 875 ff.
[240] BVerfG NJW 2000, 1021, 1023.
[241] OLG Hamburg ZUM 2006, 875, 876.
[242] BGH, Urteil v. 1. 7. 2008 (AZ.: VII ZR 67/08): Caroline v. Monaco muss Veröffentlichung eines
Urlaubsfotos hinnehmen, da der beanstandete Artikel sich mit deren Sozialverhalten befasste (Vermieten einer Ferienwohnung); anders BGH v. 1. 7. 2008 (Az.: VI ZR 243/06): Sabine Christiansen
muss Veröffentlichung eines Fotos beim einkaufen auf Mallorca nicht hinnehmen, da es eine völlig
belanglose Situation zeige und keinen Nachrichtenwert habe.
[243] BGH ZUM 2008, 437 – *Veröffentlichung von Urlaubsfotos.*

offengelegt und der Weg zu dem Anwesen beschrieben wird, und durch die Abbildungen ein Einblick in die räumliche Privatsphäre als einem von öffentlicher Kontrolle und Beobachtung freien Rückzugsbereich ermöglicht wird. Lässt eine Presseagentur Abbildungen von Häusern prominenter Personen aus der Luft anfertigen und veröffentlicht sie diese Abbildungen mit Angaben zur Identität der Betroffenen und zur Lage des Anwesens, so ist, liegt nicht ein besonders anzuerkennendes allgemeines öffentliches Interesse vor, hierdurch das Persönlichkeitsrecht der betroffenen Hauseigentümer verletzt.[244]

104   Während der EGMR in seinem Urteil den Informationswert einer Person an ihrer amtlichen Funktion festmacht und im Fall der Berichterstattung über tägliche Gegebenheiten einer Person ohne amtliche Funktion ablehnt,[245] können auch **weiterhin unterhaltende Beiträge Teil des öffentlichen und damit schützenswerten Meinungsbildungsprozesses** sein.[246] Abbildungen von Caroline von Hannover mit ihrem Ehemann Ernst August von Hannover im Urlaub zur Illustration eines Berichts über die Erkrankung des damals regierenden Fürsten Rainer III von Monaco und den zeitgleichen Skiurlaub seiner Tochter Caroline von Monaco, waren danach ohne Einwilligung der Abgebildeten zulässig.[247]

105   Die gegen dieses Urteil eingelegte Verfassungsbeschwerde von Caroline von Hannover wurde durch das BVerfG[248] zurückgewiesen und die vom BGH formulierten **geringen Anforderungen** an das **Vorliegen eines zureichenden Informationswertes** auch in Ansehung der Rechtsprechung des EGMR bestätigt.[249] Der EGMR habe zwar ausdrücklich die engeren Grenzen einer Berichterstattung über gewöhnliche Bürger im Vergleich zu einer Berichterstattung über sonstige Personen des öffentlichen Lebens betont. Dennoch habe der EGMR in verschiedenen anderen Entscheidungen[250] auch immer wieder klargestellt, dass ein von Art. 10 EMRK gewährleisteter **Beitrag von allgemeinem Interesse auch in der Ermöglichung der öffentlichen Kontrolle auch des Privaten Gebarens einflussreicher Personen etwa des Wirtschaftslebens, der Kultur oder des Journalismus** bestehen kann. Danach genügt es, wenn von der Berichterstattung politische oder sonst bedeutsame Fragen **jedenfalls in gewissem Umfang behandelt** werden.[251]

106   Allerdings wurde mit gleichem Beschluss[252] die Verfassungsbeschwerde eines Verlages gegen ein Urteil des BGH, in dem die Veröffentlichung von Abbildungen von Caroline von Hannover untersagt wurde, zurückgewiesen. Die hier streitgegenständlichen Abbildungen von Caroline von Monaco und ihrem Ehemann zeigten diese wiederum im Winterurlaub, allerdings **ohne jegliche weitere Information** bzw. unter Hinweis darauf, dass die Abgebildete wieder bald am Rosenball in Monaco teilnehmen werde. Der Argumentation, es komme auf das Gewicht des schützenswerten Informationswertes nicht an, wenn – wie bei den streitgegenständlichen Abbildungen auf öffentlichen Plätzen – schon keine schützenswerte Privatsphäre feststellbar sei, ist das BVerfG unter Hinweis auf das Urlaubsverhalten als einem „Kernbereich der Privatsphäre" nicht gefolgt.[253]

---

[244] BVerfG NJW 2006, 2836 ff.

[245] EGMR NJW 2004, 2647, 2650 Tz. 72.

[246] Zuletzt BVerfG ZUM- RD 2007, 1, 2.

[247] BGH GRUR 2007, 527 – *Winterurlaub*; BGH NJW 2007, 1981 ff.

[248] BVerfG 1BvR 1626/07 vom 26. 2. 2008.

[249] BVerfG 1BvR 1626/07 vom 26. 2. 2008 Absatz- Nr. 26.

[250] Vgl. EGMR, – 1. Sektion- Urteil vom 1. 3. 2007, Beschwerde Nr. 510/04, Tonsbergs Blad u. a. gegen Norwegen, § 87 f.; EGMR, – 1. Sektion –, Urteil vom 14. 12. 2006, Beschwerde Nr. 10520/02, Verlagsgruppe News GmbH gegen Österreich, § 35 ff.; EGMR, – 4. Sektion –, Beschluss vom 14. 6. 2005, Beschwerde NR. 14991/02, Minelli gegen Schweiz.

[251] BVerfG 1BvR 1626/07 vom 26. 2. 2008 Absatz – Nr. 99 – 101.

[252] BVerfG 1BvR 1602/07 vom 26. 2. 2008.

[253] BVerfG 1BvR 1602/07 vom 26. 2. 2008 Rn. 24, 91.

Wiederum im gleichen Beschluss[254] gab das BVerfG der Verfassungsbeschwerde eines **107** anderen Verlages gegen ein BGH-Urteil statt, mit welchem die Veröffentlichung von Abbildungen von Caroline von Monaco zur Illustrierung eines Berichtes über die Vermietung einer Ferienimmobilie untersagt worden war. Der Verlag hatte seine Leser darüber informiert, dass *„auch Angehörige von Adelshäusern einen Hang zu ökonomischem Denken entwickelt hätten und nun ebenfalls ihre Schlösser und Villen vermieteten"*, so auch Caroline von Hannover und ihr Mann eine Ferienimmobilie auf einer kenianischen Insel. Illustriert war diese Berichterstattung mit einer Abbildung Carolines, die diese und ihren Ehemann in Freizeitkleidung zeigte. Das BVerfG sah hierin einen erhöhten Informationswert.[255] Werden den Lesern im Gewand eines **unterhaltenden Beitrages** auch **Informationen über veränderte Verhaltensweisen einer kleinen Schicht wohlsituierter Prominenter** gegeben, so kann dies Anlass für eine die Allgemeinheit interessierende Sachdebatte geben, so dass es auch gerechtfertigt ist, die in dem Beitrag behandelten prominenten Vermieter bildlich darzustellen.[256]

Eine tatsächliche Zäsur durch das Urteil des EGMR lässt sich somit in Deutschland **108** nicht erkennen. Auch wenn die deutsche Rechtsprechung zumindest hinsichtlich der Berichterstattung über Prominente dem EGMR dergestalt folgt, dass die Qualifizierung des Status als absolute oder relative Person der Zeitgeschichte in den Hintergrund tritt, bleibt der Umfang der Berichterstattung über private Aspekte des Lebens durch Anwendung des großzügigen Maßstabes an den Inhalt des Informationswertes in vielen Entscheidungen nahezu unverändert.

3. Berichterstattung über Partnerschaft

In der Berichterstattung über **Begleiter prominenter Personen** stellt sich besonders **109** die Frage, inwieweit die Person, die Gegenstand der Berichterstattung ist, einen **eigenen Informationswert** für die Öffentlichkeit aufweist. Die Person selbst ist zunächst eine reine Privatperson und erlangt das **Interesse der Öffentlichkeit erst durch ihre Nähe zu einer prominenten Person**. Zu beurteilen ist damit, inwieweit diese Nähe selbst eine gewisse Prominenz bewirkt und dadurch ihrerseits Einschränkungen ihrer Persönlichkeitsrechte im Interesse der öffentlichen Berichterstattung hinnehmen muss.[257]

Die frühere Rechtsprechung ging davon aus, dass eine in der Öffentlichkeit als vertraute **110** **Begleiterin einer absoluten Person der Zeitgeschichte** auftretende Person als **relative Person** der Zeitgeschichte anzusehen sei.[258] **Bildnisse von Begleitpersonen** durften danach ohne Zustimmung der abgebildeten Person verbreitet werden, wenn diese zusammen mit dem betreffenden prominenten Partner in der Öffentlichkeit auftreten oder mit ihm zusammen oder an seiner statt öffentlich repräsentieren.[259]

In Fortführung dieser Linie hatte das KG Berlin[260] wenige Tage vor der Entscheidung **111** des EGMR[261] die Veröffentlichung von Abbildungen von Herbert Grönemeyer mit seiner Begleiterin in einem öffentlichen Straßencafé ohne Einwilligung für zulässig erachtet.[262]

---

254 BVerfG 1BvR 1606/07 vom 26. 2. 2008.
255 BVerfG 1BvR 1606/07 vom 26. 2. 2008; zum Urteil des BGH siehe BGH VI ZR 52/06 vom 6. 3. 2007.
256 BVerfG 1BvR 1606/07 vom 26. 2. 2008 Rn. 104f.
257 Vgl. hierzu auch *Soehring/Seelmann-Eggebert* NJW 2005, 571, 577 ff.
258 OLG Hamburg GRUR 1990, 35 ff.
259 BVerfG NJW 2001, 1921, 1923.
260 KG Berlin NJW 2005, 603 ff.
261 EGMR NJW 2004, 2647 ff. – *Caroline von Hannover*; siehe oben § 12 Rn. 54 ff.
262 KG Berlin NJW 2005, 603 ff. – Die Begleitperson sei in einer solchen Situation nicht weitergehend vor Bildveröffentlichungen zu schützen als die absolute Person der Zeitgeschichte (Herbert Grönemeyer) selbst. Wer eine enge persönliche Beziehung mit einem Prominenten eingehe und sich dabei den Blicken der Öffentlichkeit aussetze, müsse die Verbreitung grundsätzlich genauso hinnehmen wie der prominente Partner.

112   In den auf die Entscheidung des EGMR²⁶³ folgenden Urteilen wurden Berichterstattungen über Begleiter prominenter Personen differenzierter betrachtet.²⁶⁴ So entschied der BGH²⁶⁵ in einem gleich gelagerten Fall,²⁶⁶ dass hier über eine erkennbar private Situation berichtet wird. Bezugnehmend auf das Urteil des EGMR²⁶⁷ betonte der BGH das **Erfordernis eines Informationswertes** der Berichterstattung und stellte für den vorliegenden Fall fest, dass trotz des Bekanntheitsgrades Herbert Grönemeyers sowie seiner öffentlichen Auseinandersetzung mit dem Krebstod seiner ersten Frau sowie seines Bruders die **neue Beziehung** des Sängers **kein zeitgeschichtliches Ereignis** darstelle, so dass eine Veröffentlichung der Bilder ohne Einwilligung der abgebildeten Begleitperson nicht zulässig war.

113   Der Schutz der Privatsphäre vor öffentlicher Kenntnisnahme kann allerdings dort entfallen oder im Rahmen der Abwägung zurücktreten, wo der Betroffene sich selbst damit **ausdrücklich oder konkludent einverstanden erklärt** hat, dass bestimmte, gewöhnlich als privat geltende Angelegenheiten öffentlich gemacht werden. Hat jemand selbst **seine Privatsphäre der Öffentlichkeit geöffnet**, kann er sich danach nicht mehr unbeschränkt auf einen öffentlichkeitsabgewandten Privatsphärenschutz berufen. Vielmehr muss die Erwartung, dass die Umwelt die Angelegenheit oder die Verhaltensweisen im Bereich mit Rückzugsfunktion nur begrenzt oder gar nicht zur Kenntnis nimmt, situationsübergreifend und konsistent zum Ausdruck gebracht werden.²⁶⁸ Tritt jemand allerdings erst aufgrund einer bereits erfolgten und nicht mehr rückgängig zu machenden Berichterstattung an die Öffentlichkeit, gilt diese Einschränkung nicht in gleichem Maße. Es ist jedenfalls dem Umstand Rechnung zu tragen, in welchem Umfang der Betroffene Mitveranlassung für die Berichterstattung gegeben hat.²⁶⁹

4. Berichterstattung über Familienangehörige

114   Hinsichtlich der Berichterstattung über Familienangehörige und Kinder ist zu differenzieren, ob es sich um minderjährige oder erwachsen Personen handelt. Denn eine **Berichterstattung über minderjährige Kinder** von Personen der Zeitgeschichte hat die Rechtsprechung auch bereits vor der Entscheidung des EGMR²⁷⁰ nur in einem engeren Rahmen und unter strengeren Anforderungen an ein berechtigtes öffentliches Interesse als im Falle der Darstellung von erwachsenen Personen gestattet. Der Rechtsverlust, der sich aus § 23 Abs. 1 Nr. 1 KUG oder aus einem Überwiegen des öffentlichen Interesses an Information ergibt, gebietet es, Kinder von Personen der Zeitgeschichte nur dann in diesen Personenkreis mit einzubeziehen, wenn sie als Angehörige ihrer Eltern ebenfalls **in der Öffentlichkeit auftreten** oder im Pflichtenkreis ihrer Eltern **öffentliche Funktionen wahrnehmen**.²⁷¹ Nehmen Ehegatten und Kinder prominenter Personen gemeinsam mit diesen am öffentlichen Leben teil, ist die einwilligungsfreie Verbreitung eines Bildnisses zulässig, wenn im Zusammenhang mit dem konkreten zeitgeschichtlichen Ereignis ein berechtigtes Informationsinteresse der Öffentlichkeit besteht.²⁷²

---

²⁶³ EGMR NJW 2004, 2647 ff. – *Caroline von Hannover*.

²⁶⁴ Zu den Auswirkungen des Urteils des EGMR vgl. auch *Teichmann* NJW 2997, 1917, 1980.

²⁶⁵ BGH GRUR 2007, 899 – Grönemeyer.

²⁶⁶ Es ging wieder um eine illustrierte Wortberichterstattung über die neue Freundin des Sängers Herbert Grönemeyer und die Abbildung beider in einem Straßencafé.

²⁶⁷ EGMR NJW 2004, 2647 ff.– *Caroline von Hannover*.

²⁶⁸ BGH NJW 2005, 594, 595; LG Berlin ZUM-RD 353 ff.; BVerfG NJW 2006, 3406 ff. – *Lebenspartnerin von Bernd Teewag*.

²⁶⁹ BVerfG NJW 2006, 3406, 3407 – *Lebenspartnerin von Bernd Teewag*.

²⁷⁰ EGMR NJW 2004, 2647 ff. – *Caroline von Hannover*.

²⁷¹ BGH GRUR 1996, 227 ff. – *Wiederholungsveröffentlichung*; BGH NJW 2005, 215, 217; BVerfG NJW 2005, 1857 ff.

²⁷² BGH NJW 2004, 1795, 1796 = GRUR 2004, 592 ff. – *Charlotte Casiraghi*.

Grundsätzlich muss, wie in allen anderen Fällen auch, eine Abwägung der Interessen 115 des Dargestellten an einem Persönlichkeitsrechtsschutz mit den Interessen der Allgemeinheit an einer umfassenden Berichterstattung vorgenommen werden. Der Schutzumfang des Persönlichkeitsschutzes bestimmt sich dabei nach dem Schutzzweck, so dass bei Abbildungen von Kindern deren Entwicklungsphasen zu berücksichtigen sind: Kinder bedürfen hinsichtlich der Gefahren, die von dem Interesse der Medien und ihrer Nutzer an der Darstellungen ihres Lebens ausgehen, einen auf **ihre Entwicklung abgestimmten Schutz.**[273] Entscheidend ist danach, ob die Berichterstattung aufgrund ihrer Wirkung geeignet ist, die Entfaltungsinteressen des Kindes zu beeinträchtigen. Dies kann bei einer Veröffentlichung bereits im Babyalter eines Kindes der Fall sein. Das BVerfG[274] hat entschieden, dass eine Veröffentlichung eines Geburtshoroskops anlässlich der Geburt von Alexandra von Hannover, der Tochter von Ernst August und Caroline von Hannover, in dem Äußerungen über die Eigenschaften und die zukünftige Entwicklung des Kindes getroffen werden, das zukünftige Handeln des Kindes in der Öffentlichkeit beeinflussen kann und damit eine freie Entfaltung der Persönlichkeit des Kindes gefährdet ist.

Auch die Tatsache, dass eine **Berichterstattung von Wohlwollen** geprägt ist, lässt den 116 **Schutzbedarf nicht entfallen.** So hat das BVerfG eine Berichterstattung über die minderjährige *Charlotte Casiraghi,* einer anderen Tochter Caroline von Hannovers, für unzulässig erklärt, in der diese mit *„dem gleichen sinnlichen Mund"* und *„dem gleichen stolzen Blick der Mutter"* beschrieben worden war.[275] Liefern Kinder und Jugendliche sich den Bedingungen öffentlicher Auftritte und medialer Berichterstattung aber dadurch aus, dass sie im Mittelpunkt öffentlicher Veranstaltungen stehen, ist ihr Persönlichkeitsschutz entsprechend relativiert.[276]

Der verstärkte Schutz des Persönlichkeitsrechts kann, in Relation zum Schutzzweck, 117 nur während der Zeit des Heranwachsens der betroffenen Person geltend gemacht werden. Wird eine Abbildung oder **Darstellung des Kindes erst im Erwachsenenalter** der Person veröffentlicht, handelt es sich zwar inhaltlich um eine Berichterstattung über ein Kind. Da die Formung der Persönlichkeit, die einen geschützten Freiraum benötigt, aber bereits abgeschlossen ist, sind die Grundsätze der **Interessenabwägung der Darstellung erwachsener Personen** anzuwenden. Dementsprechend hat das OLG München[277] die Anwendung der Grundsätze der Darstellung minderjähriger Kinder im Falle der Tochter Ulrike Meinhofs, die als Erwachsene gegen ihre Darstellung als Kind in einem Film über das Leben ihrer Mutter vorgegangen war, abgelehnt.

Ebenso die scharfe und stark verkürzte Bezeichnung von Ulrike Meinhofs Tochter 118 Bettina Röhl als „Terroristentochter" hat der BGH[278] als zulässig erachtet, da trotz der gravierenden Belastung für die so Bezeichnete die Äußerung getätigt wurde, um zur Meinungsbildung anzuregen und die Betroffene selbst **durch eigene Publikationen** zuvor bestimmte, als **familiäre Angelegenheiten öffentlich gemacht** hat.

5. Berichterstattung über Straftäter

Straftäter, die aufgrund ihrer Taten in das Licht der öffentlichen Aufmerksamkeit getreten sind, wurden in der Literatur und Rechtsprechung **regelmäßig als relative Personen** 119 **der Zeitgeschichte** eingestuft, da die Bedeutung des Straftäters für die Öffentlichkeit untrennbar mit seinen Straftaten verknüpft ist.[279] Die Verletzung der allgemeinen Rechts-

---

[273] BVerfG NJW 2003, 3262, 3263; BGH NJW 2005, 215, 217.
[274] BVerfG NJW 2003, 3262 ff.
[275] BVerfG NJW 2005, 1857.
[276] BVerfG NJW 2005, 1857, 1858.
[277] OLG München AZ. 18 W 1902/07.
[278] BGH NJW 2007, 686 ff. – *Terroristentochter.*
[279] OLG Hamburg NJW- RR 1994, 1439, 1440.

ordnung und die Beeinträchtigung von Rechtsgütern begründet ein **anzuerkennendes Interesse der Öffentlichkeit** an näherer Information über Tat und Täter.[280]

120   Auf der anderen Seite hat eine Berichterstattung über eine Person, die diese als Straftäter benennt, meist erhebliche Auswirkungen auf das berufliche und private Umfeld der betroffenen Person. Nicht selten entfaltet die Berichterstattung eine **Prangerwirkung** und hat eine öffentliche (Vor-)Verurteilung zur Folge. Ausschlaggebend ist damit zunächst, inwieweit die Berichterstattung die Person überhaupt identifizierbar macht.

121   Erfolgt die Darstellung in **fiktionalisierter Form,**[281] z. B. einem Roman, einem Film oder Theaterstück, ergibt sich eine Verletzung des Persönlichkeitsrechts weder daraus, dass ein Straftäter überhaupt Gegenstand einer künstlerischen Auseinandersetzung ist, noch scheidet eine Verletzung des Persönlichkeitsrechts bereits aufgrund eines gewissen fiktiven Anteils[282] aus. Ausschlaggebend ist vielmehr, inwieweit die dargestellte Person auch ohne namentliche Nennung zumindest für einen **Teil des Adressatenkreises** (der auch aus dem sozialen Umfeld des Betroffenen bestehen kann) aufgrund der mitgeteilten Umstände **hinreichend erkennbar** wird, wobei die Wiedergabe von Teilinformationen genügt, aus denen sich die Identität für die sachlich interessierte Leserschaft ohne Weiteres ergibt.[283]

122   Bei einer Darstellung in **Romanform** ist der Fiktionscharakter der Gattung an sich noch nicht ausreichend, die Wirklichkeitstreue und damit Erkennbarkeit der dargestellten Figuren zu beseitigen. Denn das Kunstwerk „Roman" wirkt nicht nur als ästhetische Realität, sondern weist daneben ein Dasein in der Realität auf, die zwar in der Darstellung künstlerisch überhöht werden, damit aber ihre sozialbezogenen Wirkungen nicht verlieren.[284] Damit kann nur eine **hinreichende Verfremdung** der die Identifizierung der dargestellten Person ermöglichenden Details eine Persönlichkeitsrechtsverletzung durch den Roman verhindern.

123   Dem Medium **Theater** dagegen fehlt es an den Voraussetzungen, als Ort der nachrichtenartigen Dokumentation eines realen Geschehens zu erscheinen, so dass andere Maßstäbe als etwa bei Verfilmungen anzulegen sind. Im Theater ist sich der Zuschauer beständig bewusst, dass er außerhalb des Geschehens steht und dass die Gestalten, die er wahrnimmt, Schauspieler sind. Er weiß also um die „Künstlichkeit der Aufführung". Auch eine von der Realität – für die Betroffenen negativ – abweichende Darstellung des Tatvorganges, der Charaktereigenschaften oder des Verhaltens der dargestellten Person in einem Theaterstück bedeutet danach nicht notwendigerweise eine Persönlichkeitsrechtsverletzung.[285] Die Vermutung der Fiktionalität erstreckt sich demnach auch auf Theaterstücke und kann die Darstellung aus der Realität entlehnter intimer Details rechtfertigen.[286]

124   Die Kunst- bzw. Darstellungsform **Film** unterscheidet sich dabei in ihrer Wirkung von sonstigen Adaptionsformen, da das Geschehen in seiner Entwicklung und seinem Ablauf nachgespielt und dem Zuschauer ein unmittelbares Mit- bzw. Nacherleben ermöglicht werden kann. Nach Auffassung der Rechtsprechung führt dies regelmäßig zu stärkeren und nachhaltigeren emotionalen Reaktionen des Zuschauers, weswegen eher mit einer Verletzung des Persönlichkeitsrechts des Dargestellten zu rechnen ist.[287] Zwar kann auch im Rahmen eines Filmes ein meinungsbildender und damit besonders schützenswerter Inhalt transportiert werden, der im Rahmen der Abwägung der Interessen für ein Über-

---

[280] KG Berlin NJW-RR 2007, 345, 346.
[281] Zur sog. Docufiktion s. *v. Becker* ZUM 2008, 265 ff.; sowie *ders.* unten § 33 Rn. 41.
[282] Zum Verhältnis der Kunstfreiheit zum Persönlichkeitsrecht siehe unten § 33.
[283] BGH GRUR 2005, 788, 789 – *Esra*; BVerfG GRUR 2007, 1085, 1088.
[284] BVerfG NJW 2008, 39 – *Esra*; BGH GRUR 2005, 788, 791 – *Esra*. Vgl. hierzu unten § 33 Rn. 35, 37 ff.
[285] LG Hamburg ZUM-RD 2007, 94, 96.
[286] BVerfG ZUM 2008, 323 ff. – *Hagener Mädchenmord*.
[287] OLG Frankfurt a.M. GRUR-RR 2007, 123, 125 – *Rohtenburg*.

wiegen des Interesses der Allgemeinheit an Information sprechen kann. Dient der Film aber allein der Unterhaltung, so kann das allgemeine Informationsinteresse hinter das Persönlichkeitsrecht des Dargestellten zurückzutreten. Im Falle des ausdrücklich als „Horrorfilm" bezeichneten Films „Rohtenburg", in welchem die Tat und die Persönlichkeit des Armin *Meiwes* geschildert wird, der deutschlandweit als „Kannibale von Rothenburg" großes Aufsehen erregt hatte, entschied das OLG Frankfurt a.M,[288] dass eine solche reißerische und allein der Unterhaltung dienende Schilderung mit dem Persönlichkeitsrecht des Dargestellten nicht vereinbar ist und auch die Kunstfreiheit ihre Grenze dort findet, wo es um die einseitige Horrordarstellung der Tat und der Persönlichkeit des Täters geht.

Dient der **Film aber nicht nur der Unterhaltung**, sondern hat er auch **informatori- 125 schen Wert,**[289] so kann das öffentliche Interesse höher zu gewichten sein. Stellt demnach der Film ungeachtet seines unterhaltenden Charakters auch einen seriösen Beitrag zu einer öffentlichen Diskussion dar, und sind viele Teile des Filmes für den Zuschauer klar als fiktiv erkennbar, muss häufig von einem Überwiegen des allgemeinen Interesses an Information ausgegangen werden. So hat[290] das LG *Koblenz* auch die Verfilmung des Falles *Gäfgen* als mit dem Persönlichkeitsrecht der Betroffenen vereinbar angesehen. Dem Film lag eines der am meisten diskutierten Verbrechen in der Geschichte der Bundesrepublik Deutschland zu Grunde. Der Täter *Magnus Gäfgen* hatte den 11-jährigen *Jakob von Metzler* in seine Gewalt gebracht, um Lösegeld zu erpressen. Im Rahmen der auf die Festnahme *Gäfgens* erfolgende Vernehmung hatte der verhörende Beamte, der hoffte, das entführte Kind noch lebend zu finden, dem Täter die Zufügung von Schmerzen angedroht. Die im Anschluss hieran öffentlich geführte Diskussion über die Androhung von Folter bewegte die Öffentlichkeit lange und intensiv. Da für den Zuschauer zwar die dargestellte Person des Täters erkennbar war, die Darstellung aber ausreichend verfremdende Merkmale aufwies und neben dem Unterhaltungswert eine aktuelle Berichterstattung über eine schwere, die Öffentlichkeit bewegende Straftat darstellte, musste der dargestellte Täter diese Berichterstattung über seine Person dulden.

Der **Bildnisschutz** nach §§ 22 ff. KUG kommt nach Auffassung des OLG München 126 bei **Verfilmungen** grundsätzlich **nicht zur Anwendung**, wenn die dargestellte Person hierbei durch einen Schauspieler verkörpert wird und **identifizierende äußere Merkmale nicht in die Darstellung eingeflossen** sind. Unter einem „Bildnis" im Sinne des KUG ist die Darstellung der Person in ihrer wirklichen, dem Leben entsprechender Erscheinung zu verstehen.[291] Zwar kann auch die Abbildung eines Doppelgängers einer berühmten Person als Bildnis der Person anzusehen sein, wenn der Eindruck erweckt wird, dass es sich bei dem Doppelgänger um die berühmte Person selbst handelt.[292] Doch auch wenn die Wiedergabe der Gesichtszüge keine notwendige Voraussetzung des Bildnisschutzes ist, müssen doch Merkmale gezeigt werden, die gerade der dargestellten Person zu eigen sind und diese erkennen lassen. Wird die berühmte Person bzw. deren Familienangehörigen aber durch einen Schauspieler dargestellt, der keine besondere Ähnlichkeit zu der dargestellten Person aufweist, kommt gleichwohl eine **Verletzung des allgemeinen Persönlichkeitsrechts** in Betracht.[293]

Neben der Frage der Identifizierbarkeit ist auch der **Zeitpunkt der Berichterstat- 127 tung** über Straftaten von Relevanz. Dabei sind hinsichtlich des Schutzes der Persönlichkeitsrechte der betroffenen Person verschiedene Zeitabschnitte besonders relevant: die

---

[288] OLG Frankfurt a.M. GRUR-RR 2007, 123, 125 – *Rohtenburg.*

[289] Zur Problematik der Bewertung von Filmformaten im Segment zwischen Wirklichkeit und Fiktion vgl. *v. Becker*, NJW 2007, 662 ff. sowie unten § 33 Rn. 44 ff.

[290] LG Koblenz NJW 2007, 695, 697.

[291] Zum Bildnisschutz nach §§ 22 KUG siehe oben § 12 Rn. 4 ff.

[292] OLG München AZ. 18 W 1902/07.

[293] OLG München AZ. 18 W 1902/07.

Phase der Verdachtsberichterstattung, über die Hauptverhandlung bis hin zum Urteil so-wie anschließend während und nach einer eventuellen Strafhaft.

128   Die (mögliche) Verletzung der Rechtsordnung ist eine die Öffentlichkeit berührende Angelegenheit, so dass auch im Fall einer **wahrscheinlich verübten Straftat und eines Tatverdachts** ein anzuerkennendes öffentliches Interesse an Information besteht.[294] So ist eine Berichterstattung nicht erst dann zulässig, wenn sich der Verdacht bestätigt hat. Vielmehr muss es den Medien möglich sein, begleitend zu den stattfindenden Ermittlun-gen über die bestehenden Verdachtsmomente zu berichten, allerdings nur nach vorheriger sorgfältiger Recherche.[295] Dabei sind die Anforderungen an die **journalistische Sorg-faltspflicht** umso größer, je unsicherer der Verdacht ist und je schwerer die erhobenen Vorwürfe sind, die der betroffenen Person zur Last gelegt werden.[296] Insbesondere ob-liegt es dem berichtenden Journalisten sowie dem veröffentlichenden Medium, die Ge-fahr einer unzutreffenden Verbreitung von Informationen auszuschließen. Kann diese Gefahr nicht ausgeschlossen werden, insbesondere wenn nicht ein Mindestmaß an Be-weistatsachen vorliegt, so ist von einer Veröffentlichung Abstand zu nehmen.[297] Hinzu gekommen ist nach der *Stolpe*-Entscheidung des BVerfG[298] in Fällen **unaufklärbarer Beweislage** neben der Recherchepflicht (bei der Ermittlung der Tatsachenbasis) noch eine besondere – äußerst umstrittene[299] – **Formulierungspflicht**, indem der Äußernde auf die Zweifelhaftigkeit der eigenen Tatsachenbehauptung hinzuweisen hat.

129   Übernimmt der berichtende Journalist Tatsachenbehauptungen von einem Infor-manten, so sind die Äußerungen dieses Dritten dem Journalisten bzw. dem veröffent-lichenden Medium als eigene zuzurechnen, wenn aus der Berichterstattung keine aus-drückliche und ernsthafte Distanzierung von den verbreiteten Informationen zu entneh-men ist.[300]

130   Inwieweit eine **namentliche Nennung** bzw. eine **identifizierende Berichterstat-tung** in einem so frühen Stadium der Verdachtsberichterstattung zulässig ist, hängt von den Umständen des Einzelfalls ab. Zwar ist das **Interesse der Öffentlichkeit** an umfas-sender Information umso höher zu bewerten, **je schwerer die im Raum stehenden Vorwürfe** sind.[301] Meist ist in diesem Stadium angesichts der möglichen Auswirkungen einer Verdachtsberichterstattung auf das Leben der betroffenen Person sowie in Anbe-tracht der Unschuldsvermutung (Art. 6 Abs. 2 EMRK), Zurückhaltung bei der Namens-nennung geboten.[302] Eine grundsätzliche Unzulässigkeit der Identifizierung einer ver-dächtigen Person folgt daraus aber nicht.

131   Demnach ist die **identifizierende Berichterstattung in Wort und Bild** über die Festnahme eines Tatverdächtigen, der sich zuvor öffentlich selbst als „Unterweltkönig" bezeichnet hatte und dem erhebliche Drogendelikte vorgeworfen wurden, mit dem Per-sönlichkeitsrecht des Betroffenen vereinbar.[303] Auch wenn ein Tatverdächtiger noch nicht rechtskräftig verurteilt worden ist, ist ihm eine identifizierende Wortberichterstattung jedenfalls dann zumutbar, wenn er **durch sein bisheriges Verhalten in der Öffent-lichkeit selbst ein erhebliches Interesse an seiner Person auf sich gezogen hat**. In einem solchen Fall ist auch die Abbildung der im Rahmen der Festnahme entstandenen Fotos, die den Tatverdächtigen in einer Situation zeigen, in der dieser dem Zwang der Po-lizeibeamten ausgeliefert und mit entblößtem Oberkörper, mit verzerrtem Gesicht und

---

[294] Siehe zu den Grundsätzen der Verdachtsberichterstattung oben § 31 Rn. 31 ff.
[295] BVerfG NJW 1998, 1381 ff.
[296] BGH NJW 1977, 1288 ff.
[297] BGH NJW 1997, 1148 ff.
[298] BVerfG AfP 2005, 544 ff. – *Stolpe/IM-Sekretär*.
[299] *Seelmann-Eggebert* AfP 2007, 86 ff.; *Mann* AfP 2008, 6 ff.
[300] BGH NJW 1997, 1148 ff.
[301] BGH NJW 2000, 1036, 1038.
[302] BGH NJW 2000, 1036, 1038.
[303] KG Berlin NJW-RR 2007, 345 ff.

sichtbaren Verletzungen am Boden liegt, eine nach § 23 Abs. 1 Nr. 1 KUG zulässige Bildberichterstattung.[304]

In jedem Fall der Verdachtsberichterstattung ist darauf hinzuweisen, dass es sich um ei- **132**
nen Verdacht handelt. Es darf **nicht der Eindruck feststehender Tatsachen** erweckt
werden.[305] Zwar bindet der Grundsatz der Unschuldvermutung die Medien nicht unmittelbar. Mittelbar aber ist in die Abwägung des Persönlichkeitsrechts der betroffenen
Person gegenüber dem öffentlichen Interesse an umfassender Berichterstattung die
Unschuldsvermutung mit einzubeziehen. Auch ist hierbei zu berücksichtigen, dass die
Öffentlichkeit ein anzuerkennendes Interesse gerade auch an der Namensnennung hat, ob
eine Strafhaft von erheblicher öffentlicher Bedeutung in Frage steht und genügend Verdachtsmomente[306] oder Beweistatsachen[307] vorliegen.

Auch an einer **Berichterstattung über die Hauptverhandlung** besteht ein **grund-** **133**
sätzlich anzuerkennendes Interesse der Öffentlichkeit. Vor diesem Hintergrund findet nach § 169 GVG sowohl die Hauptverhandlung als auch die Urteilsverkündung
grundsätzlich öffentlich statt. Nach § 169 Satz 2 GVG sind allerdings **Ton- und Bildaufnahmen** zum Zweck der öffentlichen Vorführung **unzulässig.** Zwar soll das legitime
Interesse der Öffentlichkeit an Information befriedigt, der Angeklagte aber nicht zum
Schauobjekt degradiert werden.[308] Das BVerfG hat ausdrücklich bestätigt, dass dem
Grundsatz der Öffentlichkeit genügt ist, wenn jedermann ohne besondere Schwierigkeiten Zugang zu der Hauptverhandlung hat.[309] Dies ist dann der Fall, wenn ein angemessen großer Raum für die unmittelbar anwesende Öffentlichkeit zur Verfügung steht.
Eine Unzulässigkeit der Beteiligung der mittelbaren Öffentlichkeit durch die Übertragung von Rundfunk- und/oder Fernsehberichterstattung aus der Hauptverhandlung
dagegen ist mit der Informationsfreiheit der Öffentlichkeit vereinbar. Allerdings kann es
im Interesse der Meinungs- und Informationsfreiheit geboten sein, Journalisten bevorzugt Zugang zu der Hauptverhandlung zu gewähren.[310]

Vor und nach der Hauptverhandlung aber sind vom Regelungsumfang des § 169 Satz 2 **134**
GVG nicht umfasst, so dass in dieser Phase auch Ton- und Filmaufnahmen möglich sind.
Ausdrücklich hat das BVerfG Ton- und Filmaufnahmen in der Phase 15 Minuten vor und
10 Minuten nach der Hauptverhandlung für zulässig erachtet.[311]

Eine Berichterstattung über **länger zurückliegende Straftaten** ist grundsätzlich un- **135**
ter den gleichen Voraussetzungen zulässig, wobei das **Resozialisierungsinteresse** des
Straftäters mit fortschreitendem Zeitablauf zunehmend an Gewicht gewinnt. Aus dem
Umstand, dass die Berichterstattung eine lange zurückliegende Tat betrifft, darf nicht per
se auf eine Unzulässigkeit der Berichterstattung geschlossen werden. Denn auch lange zurückliegende Straftaten können Gegenstand des öffentlichen Interesses bleiben. Dennoch
kann eine Berichterstattung über **frühere Taten eines Straftäters**, die eine Namensnennung,[312] auch in abgekürzter Form, einschließt oder allgemein aufgrund der genannten
Angaben die dargestellte Person unschwer einer unbestimmten Anzahl von Personen
mühelos identifizierbar macht,[313] das Persönlichkeitsrecht eines Straftäters verletzen, auch
wenn der Straftäter selbst, beispielsweise in Zusammenhang mit einem Wiederaufnah-

---

[304] KG Berlin a.a.O.

[305] OLG Brandenburg NJW 1995, 886 ff; OLG München NJW-RR 1996, 1487, 1488; BGH
NJW 2000, 1036, 1037.

[306] OLG Brandenburg NJW-RR 2003, 919, 920.

[307] KG Berlin ZUM 2008, 58 f.

[308] Vgl. *Meyer/Goßner* StPO, § 169 GVG Rn. 5.

[309] BVerfG NJW 2002, 814 ff.

[310] *Wenzel/Burkhardt*, Das Recht der Wort- und Bildberichterstattung, Kapitel 10, Rn. 181.

[311] Vgl. unten Rn. 140: Pressemitteilung des BVerfG Nr. 9/2008 vom 29. 1. 2008: Beschluss vom
19. 12. 2007 – 1 BvR 620/07.

[312] OLG Hamburg NJW-RR 1994, 1439 ff; OLG Nürnberg ZUM-RD 2007, 133 f.

[313] OLG Hamburg AfP 2007, 228.

meverfahren, sich wiederholt unter voller Namensnennung der Öffentlichkeit präsentiert hat.[314]

136 Zwar existiert kein Grundsatz, dass ein Straftäter nach Ablauf einer bestimmten Zeitspanne überhaupt nicht mehr mit der Tat in der Öffentlichkeit konfrontiert werden darf.[315] Auch die Verbüßung der Strafhaft führt als solche noch nicht dazu, dass der Betreffende unter allen Umständen *„mit seiner Tat alleingelassen werden"* müsste.[316] Mit Ablauf der Strafhaft rückt aber der **Resozialisierungszweck** und damit das Ziel, dem Straftäter eine **Rückkehr in die Gesellschaft** zu ermöglichen, in den Vordergrund. Unter dem Aspekt der Re-Integration muss die Haftentlassung als wichtige Zäsur angesehen werden, mit der das öffentliche Berichterstattungsinteresse hinter das Interesse des Betroffenen an seiner Resozialisierung zurücktreten und damit eine Namensnennung oder eine identifizierende Berichterstattung eine Verletzung des Persönlichkeitsrechts darstellen kann. Das BVerfG hat in der grundlegenden *Lebach*-Entscheidung[317] klargestellt, dass zwar der verfassungsrechtliche Schutz der Persönlichkeit es nicht zulässt, dass über die aktuelle Berichterstattung hinaus zeitlich unbeschränkt über die Person eines Straftäters und seine Privatsphäre berichtet wird. Eine spätere Berichterstattung ist jedenfalls unzulässig, wenn sie geeignet ist, gegenüber der aktuellen Information eine erhebliche neue oder zusätzliche Beeinträchtigung des Täters zu bewirken, insbesondere seine Wiedereingliederung in die Gesellschaft (Resozialisierung) zu gefährden. Eine **Gefährdung der Resozialisierung** ist regelmäßig anzunehmen, wenn eine den Täter identifizierende Sendung über eine schwere Straftat nach seiner Entlassung oder in zeitlicher Nähe zu der bevorstehenden Entlassung ausgestrahlt wird. Nach einem Freispruch allerdings hat der Freigesprochene das Recht auf Anonymität, also einen Anspruch darauf, „in Ruhe gelassen zu werden".

6. Berichterstattung über Ereignisprominente (Opfer, Angehörige, Verfahrensbeteiligte etc)

137 Personen, die in Zusammenhang mit einem Ereignis in das Licht der Öffentlichkeit getreten sind und die damit lediglich in Bezug auf dieses bestimmte Geschehen ein sachentsprechendes Informationsinteresse erregen, werden nach der Unterscheidung, die *Neumann-Duesberg* 1960[318] aufgestellt hat, als **relative Personen der Zeitgeschichte**[319] eingeordnet. Da das anzuerkennende öffentliches Interesse an dem Ereignis, nicht aber an der Person an sich besteht, darf eine Bildberichterstattung über relative Personen der Zeitgeschichte nach § 23 Abs. 1 Nr. 1 KUG auch nur in Zusammenhang mit dem Ereignis erfolgen. Aber auch in einer Wortberichterstattung muss dem Umstand Rechnung getragen werden, dass ein öffentliches Interesse nur im Rahmen der Berichterstattung über das Ereignis besteht.

138 So können etwa im Falle einer Straftat nicht nur der Täter selbst, sondern auch **Opfer, Angehörige des Opfers**, sofern diese Tatzeugen sind,[320] **Angehörige des Täters** und weitere **Verfahrensbeteiligte Person der Zeitgeschichte** sein, da eine Straftat und die Verletzung der öffentlichen Ordnung für die Allgemeinheit wichtige Ereignisse darstellen. Demnach kann eine **Bildberichterstattung** auch ohne Einwilligung der betroffenen Person nach § 23 Abs. 1 Nr. 1, Abs. 2 KUG bei überwiegendem öffentlichem Interesse zulässig sein. Gerade bei Opfern von Straftaten sowie bei deren Angehörigen ist aber zu berücksichtigen, dass ihnen eine gewisse Zeit zugestanden werden muss, in der sie der

---

[314] OLG Nürnberg ZUM- RD 2007, 133 f.
[315] BVerfG NJW 2000, 1859 ff.
[316] OLG Hamburg AfP 2007, 228.
[317] BVerfG NJW 1973, 1226 ff.; siehe eingehend oben Rn. 43 ff.
[318] *Neumann-Duesberg* JZ 1960, 114 ff.
[319] Diese Begrifflichkeit ist trotz der EGMR-Entscheidung (NJW 2004, 2647 ff.) von der deutschen Rechtsprechung beibehalten worden, siehe oben Rn. 95.
[320] LG *Münster* NJW- RR 2005, 1065 ff.

Öffentlichkeit fernbleiben und das Erlebte ungestört verarbeiten können. Und auch nach dieser Phase ist Angehörigen von Verbrechensopfern und Tatzeugen zuzugestehen, dass ihre Trauer respektiert und nicht zum Gegenstand reißerischer Berichterstattung gemacht wird.[321] Unter Umständen kann auch die Tatsache, dass eine **Wortberichterstattung** ausgereicht hätte, um das grundsätzlich berechtigte Interesse der Öffentlichkeit an Information zu befriedigen, zu einer Rechtswidrigkeit der Veröffentlichung von Abbildungen führen.

Opfer von Straftaten, ihre Angehörigen und andere von einem besonderen Ereignis **139** Betroffene sind in der Regel nur in Zusammenhang mit diesem Ereignis von **besonderem öffentlichen Interesse**. Ob es sich bei dem Betroffenen um eine Person der Zeitgeschichte handelt oder nicht, ist eine Frage des Einzelfalls. Die Beurteilung dieser Frage ist bei der Bildberichterstattung nach dem **Normzweck des § 23 Abs. 1 Nr. 1 KUG** zu bestimmen.[322] Die bildliche Darstellung soll dem echten, sachgerechten Informationsinteresse der Allgemeinheit über Personen des öffentlichen Lebens Rechnung tragen. Von einer relativen Person der Zeitgeschichte ist danach dann auszugehen, wenn die Abbildung in Zusammenhang mit einem Ereignis steht, an dem ein **sachgerechtes Informationsinteresse und -bedürfnis** der Öffentlichkeit besteht.

So hatte jüngst eine Verfassungsbeschwerde des ZDF im Zusammenhang mit der **Be- 140 richterstattung über Gerichtsverhandlungen** Erfolg gegen den Beschluss eines Vorsitzenden Richters am LG *Münster*, der selbst bildlich nicht dargestellt werden wollte und daher Fernsehaufnahmen in der Zeit von 15 Minuten vor und 10 Minuten nach der Hauptverhandlung gegen Bundeswehrausbilder, die Rekruten in einer Kaserne misshandelt haben sollten, vollständig untersagt hatte. Das BVerfG[323] betonte, dass zwar die Gestaltung sitzungspolizeilicher Anordnungen im Ermessen des Vorsitzenden liege, dieser aber sein Ermessen unter Beachtung der Bedeutung der Rundfunkberichterstattung für die Gewährleistung öffentlicher Wahrnehmung und Kontrolle von Gerichtsverhandlungen ausüben müsse. Außerhalb der Hauptverhandlung, in der gesetzlich in verfassungsgemäßer Weise Ton- und Bildaufnahmen ausgeschlossen sind, dient die **Vermittlung der Erscheinung des Gerichtssaales und aller in ihm handelnden Personen** dem **berechtigten Informationsinteresse** der Allgemeinheit. Auch wenn dem Persönlichkeitsrecht der dargestellten Personen bei einer durch die Veröffentlichung von Bildern entstehenden erheblichen Belästigung oder Gefährdung beispielsweise durch eine Anonymisierung der Gesichter Rechnung zu tragen ist, so schließt das Interesse der Öffentlichkeit an bildlicher Dokumentation des Geschehens am Rande einer Hauptverhandlung die **mitwirkenden Richter einschließlich der Schöffen, der Staatsanwälte und Rechtsanwälte** im Grundsatz mit ein, so dass ein **vollständiger Ausschluss von Bildberichterstattung** am Rande der Hauptverhandlung die **Meinung- und Pressefreiheit verletzt**.

Vertritt ein Anwalt häufig Prominente in der Durchsetzung ihrer Persönlichkeitsrechte **141** und erlangt er hierdurch selbst einen Namen und eine gewisse Bekanntheit, so bewirkt dies für sich genommen grundsätzlich noch kein anzuerkennendes öffentliches Interesse an seiner Person selbst. Auch wenn das einzelne Ereignis, das seinen Mandanten betrifft, den Anwalt zur relativen Person der Zeitgeschichte machen kann, handelt es sich bei der beruflichen Rechtewahrnehmung an sich noch nicht um ein solches Ereignis der Zeitgeschichte, das eine Veröffentlichung einer Abbildung ohne Einverständnis des Betreffenden rechtfertigt.[324] Nur wenn die Bildberichterstattung in Zusammenhang mit einer

---

[321] LG *Münster* NJW-RR 2005, 1065, 1066.

[322] OLG München AfP 1995, 659, 660; es handelt sich danach bei § 23 Abs. 1 Nr. 1 KUG um eine einschränkend auszulegende Ausnahmebestimmung.

[323] Pressemitteilung des BVerfG Nr. 9/2008 vom 29. 1. 2008: Beschluss vom 19. 12. 2007 – 1 BvR 620/07.

[324] LG Berlin AfP 2007, 164, 165.

Verhandlung erfolgt, an der ein begründetes öffentliches Interesse besteht, muss auch der Anwalt als Organ der Rechtspflege grundsätzlich eine Darstellung seiner Person dulden.

142   Gleiches kann für die **Veröffentlichung eines Urteils** gelten, in dem die Kritik an der Berufsausübung einer der Parteien streitgegenständlich ist und das im Internet unter voller Namensnennung einer der Parteien und ihrer Privatanschrift veröffentlicht wird. Ohnehin sind an die private Urteilsveröffentlichung strenge Anforderungen zu stellen.[325] Enthält ein Urteil keine für die Öffentlichkeit erheblichen Informationen, sondern stellt dieses allein den Konflikt der Parteien untereinander dar, verstößt die Veröffentlichung unter Namensnennung regelmäßig gegen das Persönlichkeitsrecht der betroffenen Partei. Dabei begründet allgemein die Tatsache, dass eine der Parteien gegen die andere Partei gerichtlich vorgegangen ist, auch dann kein Informationsinteresse der Öffentlichkeit, wenn das Urteil die frühere berufliche Tätigkeit der betroffenen Partei beleuchtet.[326]

7. Veröffentlichung von Nacktaufnahmen

143   Die Veröffentlichung von Nacktaufnahmen stellt grundsätzlich einen so erheblichen **Eingriff in die Intimsphäre** der abgebildeten Person dar, dass in den meisten Fällen das Persönlichkeitsrecht ein eventuell bestehendes Interesse der Öffentlichkeit überwiegt.

144   Wird beispielsweise eine Künstlerin ohne ihr Einverständnis in nacktem und hochschwangerem Zustand in der Dusche abgebildet, ist, auch wenn sie eine absolute Person der Zeitgeschichte ist und durch einen vorangegangenen Rechtsstreit grundsätzlich ein gewisses Informationsinteresse der Öffentlichkeit besteht, ihre Intimsphäre in solchem Umfang verletzt, dass die Abwägung nach § 23 Abs. 2 KUG jedenfalls zugunsten der Abgebildeten ausfallen muss.[327]

145   Ebenso soll das Persönlichkeitsinteresse der Abgebildeten überwiegen, wenn **Fotografien** einer Schauspielerin veröffentlicht werden, die ohne deren Wissen und Zustimmung bei einer **Theateraufführung** aufgenommen wurden und auf denen diese nackt zu sehen ist. Auch wenn die Schauspielerin sich im Rahmen des Theaterstückes nackt dem Publikum gezeigt und damit der Öffentlichkeit zur Schau gestellt hat, mindert dies nicht die Schutzwürdigkeit des Rechts, über eine Veröffentlichung von Nacktfotos selbst entscheiden zu können. Allein die Tatsache, dass bei einer Abbildung im Gegensatz zum Theaterstück der Betrachter allein darüber entscheiden kann, wann und wie lange er den nackten Körper betrachtet, entzieht der Abgebildeten die Einflussmöglichkeit, inwieweit sie ihren nackten Körper der Betrachtung durch die Öffentlichkeit aussetzen möchte. Da der nackte Körper zum intimsten Persönlichkeitsbereich eines Menschen gehört, müsse die Entscheidung über die Veröffentlichung seines Nacktfotos daher stets dem Abgebildeten selbst vorbehalten bleiben.[328]

146   Dieser grundsätzliche **Anspruch auf Schutz der Intimsphäre entfällt** jedoch, wenn die abgebildete Person der Erstellung und Veröffentlichung der Bilder, wenn auch in einem anderen Rahmen, **zugestimmt** hat. So war eine Nacktaufnahme der Einkunstläuferin *Katharina Witt* in einer Sonntagszeitung unter der Rubrik *„Leute über die man spricht"* zulässig.[329] Das Bild stammte aus einer Reihe von Nacktaufnahmen, die mit **Einverständnis der Abgebildeten** für den deutschen und amerikanischen „Playboy" sowie für die Homepage des „Playboy" fotografiert worden waren. In der Würdigung der widerstreitenden Interessen kam das Gericht zu dem Ergebnis, dass auch unter Berücksichtigung des Grundsatzes, dass für die Präsentation von Bildern auf die Einwilligung auch einer absoluten Person der Zeitgeschichte nur dann verzichtet werden kann, wenn mit

---

[325] Siehe zu dieser Thematik *Hefermehl/Köhler/Bornkamm*, Wettbewerbsrecht, 28. Auflage, § 12 Rn. 4.1 f.; BGH GRUR 1979, 804 ff.

[326] OLG Hamburg ZUM 2008, 66.

[327] LG Berlin AfP 2001, 246, 247.

[328] LG Saarbrücken NJW-RR 2000, 1571.

[329] OLG Frankfurt a.M. NJW 2000, 594, 595.

der Veröffentlichung ein Informationszweck verfolgt wird, kein überwiegendes Interesse der Abgebildeten am Schutz ihres Persönlichkeitsrecht bestünde. Indem sie der Erstellung von Nacktaufnahmen von sich und deren Veröffentlichung zugestimmt hatte, hatte die Abgebildete auf den absoluten Schutz ihrer Privatsphäre hinsichtlich der Bilder verzichtet.[330]

III. Leistungs- und Warenkritik

Werden **Produkte getestet oder Leistungen kritisiert**, so fallen die Ergebnisse 147 häufig nicht so aus, wie sich die Betroffenen, z. B. die Hersteller, dies wünschen. Da aber gerade der deutsche Verbraucher sich in seinen Kaufentscheidungen sehr stark an Empfehlungen u. a. auch von Testinstituten orientiert und damit Testergebnisse sowie Leistungskritiken eine unmittelbare Auswirkungen auf den Umsatz der getesteten Produkte haben, verwundert es nicht, dass immer wieder die Veröffentlichung von Testergebnisses die Gerichte beschäftigt.

Das BVerfG[331] hat danach das JUVE Handbuch, in dem **Ranglisten über wirtschaft-** 148 **lich orientierte Kanzleien** veröffentlicht werden, als **Meinungsäußerung** der Redakteure beurteilt. Auch wenn die Ranglisten aufgrund zugrunde liegender Interviews zustande kommen, auf die auch am Ende verwiesen wird, und damit ein gewisser Tatsachenbezug vorliegt, so ändert dies aber nichts daran, dass in die Auswertung der Interviews und in die das Erstellen der Ranglisten die Meinung der Redakteure eingeflossen ist und damit Werturteile vorliegen. Auch die Überbewertung durch Schüler im Internat stellt – soweit dies nach vorgegebenen Kriterien erfolgt – eine zulässige Meinungsäußerung dar.[332]

Dabei bedürfen derartige **subjektive Meinungen und Werturteile**, auch wenn sie 149 sich als rechtliche Beurteilung darstellen, **nicht einer besonderen Klarstellung**, damit sie vom Rezipienten als solche qualifiziert werden können. Gerade solche Äußerungen, in denen das Tatsachensubstrat, mit dem sie sich befassen, für den Leser oder Hörer nicht hinreichend kenntlich wird, stellen sich für ihn, weil er ihnen eine Mitteilung über dem Beweis zugängliche Vorgänge nicht entnehmen kann, als bloße subjektive Meinungen und nicht als Tatsachenbehauptungen dar. Mit dieser Begründung hat der BGH[333] die Äußerung eines Vereines, der eine GmbH des **„illegalen" Handels** mit Tierfällen bezichtigt hatte, **als Meinungsäußerung** qualifiziert und betont, dass der Kritiker den Leser oder Hörer nicht an seinen Beurteilungsmaßstäben und seiner Urteilsfindung teilnehmen lassen muss, sondern seine Subsumtion **„schlagwortartig" verkürzen** kann.

Sind indessen **mehrere sich nicht gegenseitig ausschließende Deutungen** des In- 150 haltes einer Äußerung möglich, so ist im Interesse des Schutzes der Meinungsfreiheit der rechtlichen Beurteilung diejenige zugrunde zu legen, die der äußernden Person günstiger ist und die dargestellte Person weniger belastet.[334] Ob dieser Grundsatz angesichts der aktuellen *Stolpe*-Entscheidung des BVerfG unverändert Bestand haben wird, bleibt allerdings abzuwarten.[335] Keinesfalls muss ein Unternehmen sich aber gefallen lassen, dass über es falsche Tatsachen verbreitet werden.[336]

Findet die **Kritik** an einem anderen **mittels eines Zitats** statt, so muss dieses Zitat 151 richtig wiedergegeben werden.[337] Auch darf der Zitierende **seine Kritik nicht derart in**

---

[330] Vgl. hierzu Seitz NJW 2000, 2167, 2168.
[331] BVerfG NJW 2003, 277 ff; Vgl. auch BVerfG NJW 1992, 1439 – *Bayer*.
[332] OLG Köln NJW-RR 2008, 203 ff.
[333] BGH GRUR 1993, 409, 410 – *Illegaler Fellhandel*.
[334] BGH NJW 1998, 3047, 3048.
[335] Siehe oben Rn. 77; BVerfG AfP 2005, 544 ff. – *Stolpe/IM-Sekretär;* BGH AfP 2005, 506, 507 – *Stolpe/IM Sekretär*.
[336] BVerfG – RD 2008, 114, 117; BGH ZUM-RD 2008, 117 ff.
[337] BVerfG – RD 2008, 114; BGH ZUM-RD 2008, 117 ff.

das Zitat einfließen lassen, dass er den **Inhalt des Gesagten entstellt** wiedergibt. Weder Zeitdruck noch Schwierigkeiten der Nachprüfbarkeit spielen hier eine Rolle, so dass die öffentliche Meinungsbildung durch das Erfordernis korrekter Zitierung nicht eingeschränkt wird.[338] Dient ein Zitat aber als Beleg einer kritischen Wertung so darf der Zitierende nicht den Eindruck einer Tatsachenwiedergabe erwecken. Er ist vielmehr verpflichtet, die eigene Wertung als solche kenntlich zu machen und damit die Wiedergabe der Äußerung als Meinungsäußerung zu kennzeichnen. So hat das BVerfG[339] der Verfassungsbeschwerde des Schriftstellers Heinrich Böll stattgegeben, in der dieser sich gegen die Äußerungen des Fernsehkommentators *Walden* gewendet hatte, der *Böll* zitiert und diesen durch den Gesamtkontext seiner Äußerung in den Bereich der Sympathisanten des Terrorismus gerückt hatte. Dabei hatte *Walden* die Grenze zwischen Zitat und eigener Meinungsäußerung bzw. Schlussfolgerung nicht hinreichend deutlich gemacht.

1. Kritische Produktbewertungen (Warentests)

152   Warentests und ihre Veröffentlichung weisen vielfach, wenn nicht sogar in der Regel, ein Element des Dafürhaltens und Meinens auf und bewegen sich damit **meist im Bereich der Meinungsäußerung,**[340] so dass sie grundsätzlich von dem Privileg der Vermutung der freien Rede und damit dem Schutz nach Art. 5 Abs. 1 GG umfasst sind. Ist ein Testbericht nach seinem schwerpunktmäßigen Inhalt und der Verselbständigung seiner zugrunde gelegten Umstände als tatsächliche Behauptung zu behandeln, wie das beispielsweise im Falle eines **reinen Preisvergleiches** der Fall sein kann,[341] so gelten die oben[342] dargelegten Grundsätze über **Tatsachenbehauptungen**, insbesondere das Wahrheitserfordernis, gleichermaßen. Der vom Warentest betroffene Hersteller kann sich somit gegen unzutreffende Tatsachenbehauptungen wehren.[343]

153   Liegt aber der Schwerpunkt in der Bewertung und damit in der Meinungsäußerung, so muss sich der Gewerbetreibende **grundsätzlich der öffentlichen Kritik seiner Leistungen stellen** und diese hinnehmen. Zentrales Element im marktwirtschaftlichen Modell ist die Auswahlentscheidung des Abnehmers. Soll sie rational sein, setzt sie Marktübersicht und Markttransparenz voraus. Zu den wichtigsten Hilfen gehört hierbei die vergleichende Prüfung von Waren und Leistungen durch neutrale Stellen.[344] Eine solche Kritik kann nicht schon deshalb eine rechtswidrige Beeinträchtigung der gewerblichen Tätigkeit sein, weil sie ungünstig und dem Betroffenen nachteilig ist.[345] Die Veröffentlichung von Produkttestergebnissen stellt einen wichtigen Beitrag in der öffentlichen Auseinandersetzung dar, so dass an der Veröffentlichung derartiger Ergebnisse regelmäßig ein **hohes öffentliches Interesse** besteht.

154   Aber auch die kritische Produktbeurteilung ist **nicht schrankenlos zulässig.** In dem Urteil *Warentest II,* dem die Beurteilung von Ski-Bindungen durch die Stiftung Warentest zugrunde lag, hat der BGH[346] in einer Grundsatzentscheidung die **unerlässlichen Kriterien eines zulässigen Warentests** herausgearbeitet. Die Grenze der Schmähkritik ist auch der gewerblichen Leistung kritisierenden Meinungsäußerung gezogen, so dass eine Äußerung **dann als unzulässig anzusehen** ist, wenn diese nicht in Zusammenhang mit einer zum geistigen Meinungskampf gehörenden und einer die Öffentlichkeit wesentlich berührenden Frage gemacht wird, sondern die Äußerung **den Boden sachlich nicht**

---

[338] BVerfG NJW 1980, 2072, 2073.

[339] BVerfG NJW 1980, 2072 ff.

[340] Statt aller vgl. BGH GRUR 1976, 268 ff. – *Warentest II*; BGH GRUR 1989, 539 ff. – *Warentest V*; OLG Karlsruhe NJW- RR 2003, 177 ff.

[341] BGH NJW 1986, 981 ff.

[342] Siehe oben unter Rn. 5 ff.

[343] BGH GRUR 1989, 539 ff. – *Warentest V.*

[344] *Schricker,* GRUR 1976, 268, 274.

[345] BGH GRUR 1967, 113 ff. – *Leberwurst.*

[346] BGH GRUR 1976, 268 ff. – *Warentest II.*

gerechtfertigter Kritik verlässt. Als Anforderungen, die der Veranstalter der Warentests erfüllen muss, um eine sachliche und damit zulässige Beurteilung abzugeben, hat der BGH die **Neutralität der Untersuchung**, die **Sachkunde des Untersuchenden** sowie die **Objektivität der Untersuchung** genannt, wobei hinsichtlich dieses letzten Kriteriums nicht die objektive Richtigkeit eines gewonnenen Ergebnisses erforderlich ist, sondern das Bemühen um die Richtigkeit. Sind diese Anforderungen erfüllt, so ist dem Tester hinsichtlich der Auswahl der Testobjekte sowie der Darstellung der Untersuchungsergebnisse ein **erheblicher Spielraum** zuzubilligen. Gleichwohl dürfen keine bewusst unrichtigen Angaben gemacht oder eine bewusst einseitige Auswahl der zum Vergleich gestellten Waren und Leistungen getroffen werden. Eine einseitige Auswahl der Testkriterien ist aber an sich zulässig, solange hiermit nicht eine klare und deutliche Irreführung der Leser verbunden ist. Testergebnisse von Haarshampoos, die nur die ökologische und gesundheitliche Unbedenklichkeit der Erzeugnisse, nicht dagegen deren Wirkung berücksichtigten, durften demnach veröffentlicht werden.[347]

Das Gebot der Neutralität sah das OLG *München*[348] in einem Fall als verletzt an, wenn   **155** in dem zur Vorbereitung eines später veröffentlichten Warentests das Speziallabor eines Herstellers, dessen Produkte an dem Vergleichstest teilnehmen, in Anspruch genommen und dieser Umstand bei der Veröffentlichung verschwiegen wird.

Grenzen sind dem erheblichen Entscheidungsfreiraum in Bezug auf die Darstellung   **156** des Testergebnisses freilich insoweit gesetzt, als sie **nicht in verzerrender oder missverständlicher Weise** erfolgen darf.[349] Bei sehr selektiver Auswahl der Testkriterien kann die veröffentlichende Zeitschrift verpflichtet sein, die Warenhersteller, die mir einem Label der Zeitschrift und des Testergebnisses für ihre Ware werben wollen, darauf hinzuweisen, dass diese die Verbraucher über den eingeschränkten Testumfang informieren.[350]

Daneben sollen die **Grenzen der Zulässigkeit** aber auch dort überschritten sein, wo   **157** die Art des Vorgehens bei der Prüfung und die aus den durchgeführten Untersuchungen gezogenen **Schlüsse als nicht mehr vertretbar** („diskutabel") erscheinen. Denn dann, aber auch erst dann, verfehlt der vergleichende Warentest das von ihm angestrebte Ziel.[351] Ab wann aber genau ein Ergebnis in diesem Sinne als nicht mehr als „diskutabel" angesehen werden kann, muss nach den Gegebenheiten des Einzelfalls entschieden werden.

2. Boykottaufrufe

Aufrufe, die Waren oder Dienstleistungen eines Unternehmens nicht mehr zu erwer-   **158** ben, können einen **schwerwiegenden Eingriff** für das betroffenen Unternehmen darstellen. Für die Frage der Zulässigkeit eines Boykottaufrufs kommt es im Wesentlichen auf **Ziel und Zweck des Aufrufs** sowie die hierfür **eingesetzten Mittel** an.[352] Bei Ziel und Zweck des Aufrufs wird insbesondere darauf abgestellt, ob der Aufrufer in **eigenem (etwa wirtschaftlichem) oder öffentlichen Interesse** im Sinne politischer, wirtschaftlicher, sozialer oder kultureller Belange der Allgemeinheit[353] handelte. Schließlich müssen die Mittel der Durchsetzung des Boykottaufrufs verfassungsrechtlich zu billigen sein. Das ist grundsätzlich der Fall, *„wenn der Aufrufende sich gegenüber dem Adressaten auf den Versuch geistiger Einflussnahme und Überzeugung"*[354] beschränkt. Die damit verbundene **Prangerwirkung** kann insbesondere dann hinzunehmen sein, wenn es sich um appellierende Meinungsäußerungen handelt, wobei weiter Art und Grad des Vorwurfes in die Abwä-

---

[347] OLG Frankfurt a.M. GRUR-RR 2007, 16 ff. – *ÖKO Test.*
[348] OLG München NJW-RR 1997, 1330 ff.
[349] OLG Karlsruhe NJW-RR 2003, 177 ff.
[350] OLG Frankfurt a.M. GRUR-RR 2007, 16 ff. – *ÖKO Test.*
[351] BGH GRUR 1976, 268, 271 – *Warentest II.*
[352] BVerfG NJW-RR 2008, 200, 201 – *Scientolgy-Plakatierung*; GRUR 1999, 1031, 1033; NJW 1992, 1153, 1154.
[353] BVerfG NJW-RR 2008, 200, 201 – *Scientolgy-Plakatierung.*
[354] BVerfG NJW-RR 2008, 200, 201 – *Scientolgy-Plakatierung.*

gung einzufließen haben.[355] Unter diesem Gesichtspunkt hat es BVerfG sowohl den Boykottaufruf des Politikers *Lüth* für zulässig erachtet, keine Filme mehr des im Dritten
Reich als Propagandaregisseur tätigen Filmemachers *Veit Harlan* anzusehen, als auch den
öffentlichen Aufruf einer Parteiorganisation an Unternehmen, nicht für *Scientology* tätig
zu sein nebst der Ankündigung, für die umstrittene Sekte tätige Unternehmen öffentlich
bekannt zu machen.[356]

159   Handelt der Aufrufer demgegenüber im Wesentlichen aus **eigennützigen Motiven**,
sind die von der Rechtsprechung angelegten **Maßstäbe strenger**. Zwar gelten die oben
genannten Grundsätze im Allgemeinen auch für Boykottaufrufe von Wettbewerbern,[357]
allerdings ist die **Ausübung wirtschaftlichen Drucks**, der für die Adressaten eines Boy-
kottaurufs schwere Nachteile bewirkt und ihnen demgemäß die Möglichkeit nimmt, ihre
Entscheidung in voller innerer Freiheit zu treffen, nicht durch das Grundrecht auf Äußerungsfreiheit gedeckt.[358] Boykottaufrufe von Wettbewerbern sind aber regelmäßig geeignet, diesen wirtschaftlichen Druck auszuüben – stellt danach der Boykottaufruf letztlich
den Versuch dar, in einer partikularen Auseinandersetzung auf wirtschaftlichem Gebiet
die eigenen Interessen durchzusetzen, dann fehlt es regelmäßig an dem für einen zulässigen Boykottaufruf erforderlichen Versuch der Einwirkung auf die öffentliche Meinungsbildung. Weiteres Indiz hierfür kann sein, dass der Adressatenkreis auf die relevanten
Wettbewerbsgruppen beschränkt wird und damit vom Aufrufer dokumentiert wird, dass
es ihm nicht um öffentliche Aufklärung, sondern eigene Interessendurchsetzung geht.[359]
Umgekehrt kann eine öffentliche Protestaktion eines Wettbewerbers in einer wirtschaftlichen Frage gleichwohl zulässig sein, wenn sich seine Äußerung auf einen Aspekt mit
gesellschafts-politisch relevantem Hintergrund bezieht und nicht (nur) der Durchsetzung
eigener Interessen dient. Je mehr das Interesse des sich Äußernden auf politische, wirtschaftliche, soziale oder kulturelle Belange der Allgemeinheit gerichtet ist, desto eher ist
die Äußerung in Abwägung mit anderen Belangen gerechtfertigt.[360]

IV. Satirische Darstellungen[361]

160   Es ist anerkannt,[362] dass eine **satirische Wort- und Bildberichterstattung** regelmäßig in den Schutzbereich von Art. 5 Abs. 1 GG einbezogen ist und als Teil des demokratischen Grundverständnisses einem besonderen Verbotsschutz unterliegt. **Übertreibungen, Verzerrungen und Verfremdungen** sind der Satire wesenseigen und grundsätzlich vom Betroffenen hinzunehmen. Auch wenn im Rahmen der Satire die Grenzen
des guten Geschmacks und des einwandfreien Sprachgebrauches überschritten werden,
wird diese Darstellungsform regelmäßig als Meinung (und nicht als Tatsachenbehauptung)[363] von Art. 5 Abs. 1 GG geschützt. Grenze ist aber auch die Schmähkritik, etwa als
missachtende oder beleidigende Aussage.[364] Satirische Beiträge berühren fast schon definitionsgemäß die Persönlichkeitsrechte der dargestellten Personen, so dass Fallkonstel-

---

[355] BVerfG NJW-RR 2008, 200, 202 – *Scientolgy-Plakatierung*.
[356] BVerfGE 7, 198, 208 – *Lüth*; BVerfG NJW-RR 2008, 200, 201 – *Scientolgy-Plakatierung*.
[357] BVerfG NJW GRUR 2008, 81 ff.; NJW 1983, 1181, 1182.
[358] BVerfG NJW 1983, 1181, 1182.
[359] BVerfG NJW 1983, 1181, 1182.
[360] So wörtlich BVerfG NJW GRUR 2008, 81, 83.
[361] Siehe zur Konfliktlage zwischen Kunstfreiheit und Persönlichkeitsrecht auch unten § 33
Rn. 56 ff.
[362] BVerfG NJW 1992, 2073; BVerfG NJW 2005, 3271; BGH GRUR 1994, 391 ff – *Alle reden
vom Klima*; BGH GRUR 2004, 590 ff. – *Satirische Fotomontage* = NJW 2004, 596 ff.; BGH NJW
2006, 603 ff.
[363] Zur Unterscheidung siehe oben Rn. 5 ff.
[364] Statt aller BGH GRUR 2004, 590, 591 – *Satirische Fotomontage*.

lationen im Zusammenhang mit der Satire regelmäßig **Abgrenzungsprobleme** bereiten.[365]

Hinsichtlich der **Grenzen der Darstellung** einer Person in einer Glosse oder Satire 161
hat das BVerfG[366] in seinem Beschluss im Rahmen der Verfassungsbeschwerde gegen das
Urteil im Fall *Bonnbons*[367] Stellung genommen. Das OLG *München*[368] hatte noch eine
Abbildung des damaligen CSU Vorsitzenden und Bundesfinanzministers Theo Waigel in
Trachtenkleidung, ergänzt durch Sprechblasen, mit dem Abgebildeten „in den Mund gelegten" sinnentleerten Bemerkungen, die diesen als *„dummen lederbehosten Bayern"* erschei-
nen ließen, als Verletzung des Persönlichkeitsrechts angesehen. Nach Ansicht des BVerfG
waren die Grenzen der zulässigen satirischen Darstellung jedoch nicht überschritten.[369]
Das BVerfG stützt in seinen Urteilsgründen die **Abwägung** der Interessen allein auf das
Grundrecht der Meinungsfreiheit gem. Art. 5 Abs. 1 S. 1 GG gegenüber des **Persönlichkeitsrechts**, nicht jedoch auch auf das **Grundrecht der Kunstfreiheit** nach Art. 5
Abs. 3 GG. Satire könne zwar grundsätzlich auch Kunst sein, dies sei aber keineswegs
zwingend der Fall. Für die Abwägung kommt es auf die **Schwere des Eingriffs** in das
Persönlichkeitsrecht an.[370] Ist die **Äußerung mehrdeutig**, kommt eine Persönlichkeitsrechtsverletzung regelmäßig nur dann in Betracht, wenn eine alternative, nicht persönlichkeitsrechtsverletzende Interpretation unter Beachtung der satirischen oder karikatur-
haft übersteigerten Äußerungen, die als **„werkgerechte" Maßstäbe** an eine Satire anzulegen sind, ausscheidet.

Das Persönlichkeitsrecht räumt dem Einzelnen **kein allgemeines und umfassendes** 162
Verfügungsrecht über die Darstellung der eigenen Person ein. Ein Anspruch darauf, von der Umwelt nur so dargestellt zu werden, wie man sich selbst sieht oder gesehen
werden möchte, besteht nicht.[371] Im Einzelfall ist darüber hinaus aber auch zu beachten,
welche **Sphäre des Betroffenen**[372] durch die Darstellung tangiert wird und ob das Verhalten des Betroffenen im Vorfeld ein gewisses Maß an Mitwirkung und Einverständnis
erkennen lässt. Ist von der satirischen Darstellung lediglich die Sozialsphäre betroffen,
liegt eine Persönlichkeitsverletzung nur in Ausnahmefällen vor. Kommen gar **weitere
Umstände** hinzu, wie etwa, dass der Betroffene selbst der fotografischen Darstellung
zugestimmt hat, überwiegt auch bei scharfen, bissigen, überspitzt-ironischen oder pole-
mischen Äußerungen regelmäßig die Äußerungsfreiheit das Persönlichkeitsrecht des Betroffenen.[373]

Auch an einem Urteil des KG *Berlin*[374] wird die **hohe Eingriffsschwelle** bei satiri- 163
schen Beiträgen deutlich. Das Gericht hatte sich in diesem Fall mit der Veröffentlichung
einer Fotomontage zu befassen, die die Politikerin Heide Simonis im Dschungelcamp
zeigte. In der Überschrift war wahrheitswidrig eine baldige Teilnahme der Politikerin an
der bekannten Fernseh-Show suggeriert worden. In der Abwägung wurde einerseits berücksichtigt, dass die Darstellung zwar deutlich als Fotomontage zu erkennen war, aber
auch in herabsetzender und geschmackloser Weise die Würde der Dargestellten angriff.
Darüber hinaus lag mit der Überschrift eine unwahre Behauptung vor. Gleichwohl kam
das Gericht zu dem Ergebnis, dass keine Verletzung des Persönlichkeitsrechts vorlag.
Auch herabsetzende Fotomontagen stellen für sich genommen insbesondere dann keine
rechtswidrige Verletzung des Persönlichkeitsrechts dar, wenn die dargestellte Person die

---

[365] Vgl. allgemein zu Rechtsfragen der Satire *v. Becker* GRUR 2004, 908 ff.
[366] BVerfG NJW 2002, 3767 ff.
[367] OLG München NJW- RR 1998, 1036 ff. – *Bonnbons*.
[368] OLG München NJW- RR 1998, 1036 ff.
[369] Zu den Grenzen der Satire auch *Müller* ZRP 2006, 101 ff.
[370] BVerfG NJW 2002, 3767.
[371] BVerfG NJW 2002, 3767, 3768 mit Verweis auf BVerfGE 101, 361, 380.
[372] Zu der Sphärentheorie siehe Kap. 1 Rn. 5.
[373] BVerfG NJW 2002, 3767.
[374] KG Berlin BeckRS 2007, 15891.

karikierende Darstellung selbst herausgefordert hat.[375] Eine satirische Einkleidung unterliegt im Gesamten einem **weniger strengen Prüfungsmaßstab** als der Aussagekern als solcher, da es der Satire wesenseigen ist, mit **Übertreibungen, Verzerrungen und Verfremdungen** zu arbeiten. Auch geschmacklose Darstellungen können Satire sein, eine Niveaukontrolle findet nicht statt.

164   Es ist bei der Beurteilung regelmäßig auf eine **wertende Gesamtbetrachtung** des Beitrags abzustellen,[376] die allerdings nicht zu einer **undifferenzierten Gesamtbetrachtung der einzelnen Aspekte einer Satire** führen darf.[377] Allein der satirische Kontext dürfe bei Manipulationen fotografischer Abbildungen nicht zu einer grenzenlosen Äußerungsfreiheit führen.[378] Die Eröffnung des Schutzbereichs von Art. 5 Abs.1 GG für die Satire soll dazu dienen, diese nicht von vornherein aus den mit dem Persönlichkeitsrecht kollidierenden Kommunikationsgrundrechten auszuschließen, nicht aber den Persönlichkeitsrechtsschutz des Betroffenen auszuschalten. Insbesondere bei technischer Manipulation von Fotos der Betroffenen muss danach – auch im Rahmen einer Satire – geprüft werden, ob diese für den Betrachter als solche erkennbar ist oder nicht.[379]

165   **Weitere Kriterien** können bei der Beurteilung heranzuziehen sein. So kann für ein **Überwiegen der Äußerungsfreiheit** beispielsweise der Umstand sprechen, dass der Äußernde mit der Satire **keine eigennützigen Ziele** verfolgt, sondern ein Thema behandelt, das wegen seiner elementaren Bedeutung zu einer engagierten Meinungsäußerung herausfordert. Auch die Tatsache, dass der in der Satire Dargestellte bereits **von sich aus mit dem behandelten Thema an die Öffentlichkeit** getreten ist [380] kann zu in diesem Sinne zu berücksichtigen sein.

V. Werbung mit Persönlichkeitsmerkmalen

166   Von der satirischen Darstellung, die nur Informations- oder Unterhaltungszwecken dient, ist eine Darstellung, durchaus auch in satirischem Gewand, zu unterscheiden, die **ausschließlich oder zumindest überwiegend werbliche Zwecke** verfolgt. Denn eine Darstellung mit kommerziellem Hintergrund instrumentalisiert die dargestellte Person als **Werbeträger und Objekt der Geschäftsinteressen** des Werbenden. Grundsätzlich soll aber jedem selbst überlassen sein, ob und in welcher Weise die eigenen Persönlichkeitsmerkmale für Werbezwecke verwendet werden sollen.[381] Die unautorisierte Verwendung eines Bildnisses in einer Werbeanzeige stellt daher in der Regel eine Persönlichkeitsrechtsverletzung des Abgebildeten dar. Da andererseits aber auch kommerzielle Meinungsäußerungen einen Informationsgehalt und meinungsbildenden Inhalt aufweisen können, hat eine Abwägung im Einzelfall stattzufinden.[382]

---

[375] Dies hat das KG Berlin bei Frau *Simonis* durch die Teilnahme an einer im Vorfeld gesendeten Tanz-Show angenommen.

[376] BVerfG NJW 1992, 2073.

[377] BVerfG NJW 2005, 3271.

[378] Der BGH hatte zunächst die Fotomontage (*Ron Sommer*, der ehemalige Telekom-Vorstandsvorsitzende, auf einem bröckelnden „T" der *Telekom*) insgesamt im Gegensatz zu den Vorinstanzen für zulässig erachtet. Nach der Aufhebung dieses Urteils durch das BVerfG hat der BGH in seinem anschließenden Urteil „Satirische Fotomontage" vom 8. 11. 2005, NJW 2006, 603 ff., den Fall zur Entscheidung unter Berücksichtigung der Maßstäbe des BVerfG an das Berufungsgericht zurückverwiesen, allerdings im Wesentlichen zu der Frage der fotografischen Abbildung des im Wege der Bildbearbeitung manipulierten Kopfes von *Ron Sommer*. Das Berufungsgericht habe zu prüfen, in welchem Umfang Manipulationen des Originalfotos vorgenommen worden sind.

[379] BGH GRUR 2006, 255, 256 unter Hinweis auf die vom BVerfG geforderten Maßstäbe.

[380] BGH GRUR 1994, 391, 394 – *Alle reden vom Klima.*

[381] Vgl. hierzu *Wegner/Wallenfels/Kaboth*, Recht im Verlag, 3. Kapitel Rn. 17 f.

[382] BGH GRUR 2007, 139, 142 – *Rücktritt des Finanzministers.*

Der Schutzbereich von Art. 5 Abs. 1 GG, erstreckt sich danach **auch auf kommer-**   **167**
zielle Meinungsäußerungen sowie auf Wirtschaftswerbung mit meinungsbildendem
Inhalt. So hatte ein Autovermieter mit dem Slogan „S. verleast auch Autos für Mitarbeiter in der Probezeit" geworben, kurz nachdem der damalige Bundesfinanzminister Lafontaine zurückgetreten war. Der Slogan war unter den Portraitaufnahmen der Mitglieder
des damaligen Bundeskabinetts angeordnet, von denen das Bild des gerade zurückgetretenen Oskar Lafontaine durchgestrichen, aber weiterhin gut erkennbar war. Der BGH[383]
entschied in diesem Fall, dass der unbestreitbar auch vorliegende Werbezweck den meinungsbildenden Inhalt dieser satirischen Darstellung nicht verdrängte. Allerdings ist
auch hier eine sorgfältige Abwägung zwischen dem vermögenswerten Bestandteil des
Persönlichkeitsrechts des Betroffenen einerseits und der von dem Werbenden in Anspruch genommenen Äußerungsfreiheit unter Berücksichtigung der Eingriffsintensität
vorzunehmen. Nach diesen Maßstäben war die streitgegenständliche Werbung nach Auffassung des BGH zulässig.

Dies gilt auch bei bloßen **textlichen** (ironischen) **Anspielungen auf Persönlichkei-**   **168**
ten. Die Ausnutzung des Rufs eines anderen, dessen Ansehens und der öffentlichen
Wertschätzung zur Förderung eigener materieller Interessen ist grundsätzlich nicht ohne
Einwilligung des Betroffenen zulässig.[384] Wird jedoch ein aktueller Tagesbezug hergestellt, dann kann die Werbung trotz der persönlichkeitsrechlichen Beeinträchtigung zulässig sein. So wurde die Werbekampagne eines Zigarettenherstellers, in der eine eingedrückte
Zigarettenschachtel mit dem Slogan „*War das Ernst? Oder August?*" untertitelt war, letzt-
instanzlich nicht als Verletzung des Persönlichkeitsrechts von *Ernst August von Hannover* angesehen.[385] Bei *Ernst August von Hannover* handelt es sich um eine prominente Person, die
vor Erscheinen der Werbeanzeige wiederholt mit tätlichen Auseinandersetzungen auf-
gefallen war, so dass durch die Bezugnahme auf den Betroffenen eine meinungsbildende
Auseinandersetzung mit dessen Handgreiflichkeiten stattfand. Mit der gleichen Begründung wies der BGH die Klage Dieter Bohlens zurück, dessen juristische Auseinandersetzungen um das Buch „Hinter den Kulissen" in derselben Wertekampagne ironisiert aufgegriffen wurden.[386]

Dient die Abbildung **allein Werbezwecken** ohne wesentlichen meinungsbildenden   **169**
Beitrag sind die Grenzen einer zulässigen Darstellung überschritten. Der Verlag einer
kleinformatigen Tageszeitung hatte mit Abbildungen von Gesichtern bekannter Persönlichkeiten geworben, darunter auch das Portrait des Bundestagsabgeordneten und Au-
ßenministers a. D. Joschka Fischer, auf denen sie den betroffenen Personen die Gesichtszüge jüngerer Kinder gab. Die abgebildeten Personen blieben aber erkennbar. In seinem
Urteil betonte das Gericht[387] ausdrücklich, dass das grundsätzlich legitime Interesse der
Presse und anderer Publizierender, der Allgemeinheit über bedeutende Ereignisse und
Persönlichkeiten ohne deren Einwilligung bildlich zu berichten, im Fall einer inhaltslee-
ren Darstellung **ohne aktuellen Bezug**, die damit ausschließlich werblichen Interessen
dient, nicht in Betracht komme. Denn auch eine Person der Zeitgeschichte besitze ein berechtigtes Interesse daran, nicht zum Objekt der wirtschaftlichen Interessen eines Werbetreibenden gemacht zu werden. Dies gelte auch dann, wenn der Abgebildete ähnliche
Kampagnen bereits freiwillig und zum Zwecke des Gelderwerbes gemacht hatte.

Die Tatsache, dass der Betroffene nicht mit einer Abbildung oder unter seinem tatsäch-   **170**
lichen vollen Namen genannt wird, schließt eine Verletzung des Persönlichkeitsrechts

---

[383] BGH GRUR 2007, 139 ff. – *Rücktritt des Finanzministers.*

[384] BGH NJW 1959, 1269, 1270.

[385] BGH, Urteil vom 5. 6. 2008 (IZR 223/05); anders noch Vorinstanz OLG Hamburg ZUM
2007, 660 ff.

[386] BGH, Urteil vom 5. 6. 2008 (IZR 223/05).

[387] LG Hamburg GRUR 2007, 143 ff. – *Lizenzgebühr für Joschka Fischer*; ebenso in einem anderen
Fall auch LG München I NJOZ 2006, 4633 ff.

nicht aus, wenn der Betrachter der Werbeanzeige aufgrund anderer Hinweise eine **Assoziationskette zu dem Betroffenen** herstellen kann. So hatte eine Reifenfirma in ihrer Werbekampagne Bezug genommen auf einen bekannten finnischen Rennfahrer. Durch die Nennung des wirklichen, **bekannten Vornamens** sowie des **leicht veränderten Nachnamens**, drängte sich dem Verbraucher – auch aufgrund weiterer Bezugspunkte – eine Assoziation zu dem bekannten Rennfahrer auf. Kann der durchschnittliche Betrachter unweigerlich eine Assoziationskette zu einer bestimmten Person herstellen, ist das Persönlichkeitsrecht dieser Person gleichermaßen wie bei einer Abbildung oder einer namentlichen Nennung verletzt.[388]

171   Auch im Fall[389] eines Werbeslogans zu einem Hamburger „Royal TS", der in witziger Weise wie ein Bericht über einen Autotest gestaltet war und in dem der Werbende statt des vielen als früherer Rennfahrer und Autotester bekannten Huschke von Hanstein einen „Tester" mit Namen Huschke von Busch auftreten ließ, stellte das Gericht eine Persönlichkeitsrechtsverletzung des betroffenen Autotesters Huschke von Hanstein fest. Zwar fehlte es durch die Verwendung der erdichteten Person des „Testessers" an einer Identitätstäuschung, so dass ein Anspruch des Betroffenen aus § 12 BGB ausschied. Durch die Anspielung auf den „Tester", die Verwendung der an die Beschreibung eines Autotests angelehnten Sprache sowie durch die Nennung des seltenen Namens „Huschke" wurde der wirkliche Namensträger aber in der Werbung erkennbar gemacht und der Name und die Person des Betroffenen werblich genutzt.

172   Demgegenüber bedeutet auch die **Veröffentlichung eines Bildes auf dem Titelblatt einer Zeitschrift** nicht notwendigerweise eine unzulässige werbliche Vereinnahmung des Betroffenen. Zwar soll jedes Cover die Kaufentscheidung anregen, stellt aber seinerseits auch selbst einen besonders wichtigen Teil des Presseerzeugnisses dar, das insgesamt den besonderen Schutz des Art. 5 Abs. 1 GG genießt.[390] Voraussetzung für die zulässige Coverabbildung ist allerdings in der Regel, dass ein zugehöriger Beitrag im redaktionellen Teil der Zeitung bzw. Zeitschrift mit einem Mindestmaß an Informationsgehalt besteht.[391]

173   Auch **juristische Personen** können nach Art. 19 Abs. 3 GG **Träger des allgemeinen Persönlichkeitsrechts** sein, allerdings nur insoweit, als sie aus ihrem Wesen als Zweckschöpfung des Rechts und in ihren Funktionen dieses Rechtsschutzes bedürfen. Während eine natürliche Person eine Verwendung eines Bildes von sich zum Zwecke der Werbung oder auf andere Art im geschäftlichen Interesse grundsätzlich nicht zu dulden braucht, soll eine Kommerzialisierung der juristischen Person und damit eine Betroffenheit ihres allgemeinen Persönlichkeitsrechts nur dann vorliegen, wenn diese in ihrem **sozialen Geltungsanspruch als Arbeitgeber oder als Wirtschaftsunternehmen tangiert** wird.[392]

174   In der identischen **Wiedergabe des Firmenlogos** des bekannten Automobilherstellers BMW auf einem Scherzartikelaufkleber, auf dem neben dem Namen BMW die Aufschrift „*Bumms Mal Wieder*" angebracht war, hat der BGH[393] keine Verletzung des allgemeinen Persönlichkeitsrechts der Aktiengesellschaft gesehen. Anders aber als im Fall einer natürlichen Person soll eine juristische Person das Recht der wirtschaftlichen Selbstbestimmung nur dann in Anspruch nehmen können, wenn ihr der geschützte Bereich wirtschaftlicher Entfaltung nachhaltig streitig gemacht wird.[394]

---

[388] OLG Hamburg 7 U 57/07(nicht veröffentlicht).
[389] OLG Hamburg AfP 1993, 582 ff. – *Huschke von Busch.*
[390] LG Hamburg ZUM 2006, 658, 660.
[391] OLG Hamburg GRUR 1996, 123, 124 – *Schauspielerin.*
[392] BGH GRUR 1986, 759, 761 – *BMW.*
[393] BGH GRUR 1986, 759 ff. – *BMW.*
[394] BGH GRUR 1986m 759, 762 – *BMW.*

Anhang

Rechtsprechungsübersicht (Auswahl) nach Fall- und Personengruppen:

1) Politiker, gesellschafts-/politische Themen

19.12.1978	BGH	GRUR 1979, 418 ff. – Telefongespräch	Publikation eines heimlich abgehörten Telefongesprächs
22.06.1982	BVerfG	NJW 1983, 1415 ff.	Freie Meinungsäußerung im Hinblick auf herabsetzende Äußerungen über eine politische Partei im Wahlkampf
15.11.1983	BGH	GRUR 1984, 231 ff. – Wahlkampfrede	Schutzumfang des Art. 5 Abs. 1 GG bei Äußerungen eines Politikers im Wahlkampf
10.03.1987	BGH	GRUR 1987, 464 ff. – BND Interna	Veröffentlichung von nicht freigegebenen Informationen eines Presseinformanten
28.07.1998	OLG München	NJW-RR 1990, 1435 ff.	Schmähkritik an einem verstorbenen Politiker
19.04.1990	BVerfG	NJW 1990, 1980 ff.	Demonstration gegen ehemaligen bayr. Ministerpräsidenten unter Verwendung des Transparents „Strauß deckt Faschisten"
26.06.1990	BVerfG	NJW 1991, 95 ff.	Betitelung eines Politikers als „Zwangsdemokrat"
14.12.1990	OLG München	NJW 1992, 1323 ff.	Betitelung eines Politikers als „Zwangsdemokrat"
23.05.1991	EGMR	NJW 1992, 613 ff.	Pressefreiheit und Ehrenschutz von Politikern
10.12.1991	BGH	NJW 1992, 1312 ff.	Fernsehbericht über Korruptionsprozess
25.03.1992	BVerfG	NJW 1992, 2073 ff.	Bezeichnung eines querschnittgelähmten Reserve Offiziers als „geb. Mörder" und „Krüppel"
10.12.1993	KG Berlin	NJW-RR 1994, 926 ff.	Grenzen zulässiger Kritik an einem in seiner Funktion auftretenden Politiker
12.07.1994	BGH	GRUR 1994, 913 ff. – Namensliste	Auslegung von Namenslisten mit Benennung ehemaliger inoffizieller Stasi Mitarbeiter
05.12.1997	OLG München	NJW-RR 1998, 1036 ff.	Persönlichkeitsrechtsverletzung durch Satire in einer Zeitschrift-Bonnbon
16.06.1998	BGH	NJW 1998, 3047 ff.	Äußerung über Stasi Vergangenheit von Stolpe
15.01.1999	BVerfG	NJW 1999, 3326 ff.	Veröffentlichung der Gehaltsliste des MfS der DDR
23.02.2000	BVerfG	NJW 2000, 2413 ff.	Auslegung einer Liste mit Namen von inoffiziellen Mitarbeitern der MfS
24.08.2001	BVerfG	NJW 2002, 356 ff.	Recht auf Gegendarstellung
10.07.2002	BVerfG	NJW 2002, 3767 ff.	„Bonnbons" Grenzen der Meinungsfreiheit bei einer Glosse/Satire
16.07.2003	BVerfG	NJW 2004, 277 ff.	Journalistische Äußerung gegen Gewerkschaft
17.05.2005	OLG Köln	NJW 2005, 2554 ff.	Zulässige Meinungsäußerung mit Bezeichnung eines islamischen Predigers als „Hassprediger"
25.10.2005	BVerfG	NJW 2006, 207 ff. – Stolpe/IM Sekretär	Anspruch auf Unterlassung bei mehrdeutiger Tatsachenbehauptung

24.05.2006	BVerfG	NJW 2006, 3266 ff.	Persönlichkeitsrechtsverletzung durch Vergleich mit KZ Arzt Mengele
13.06.2006	KG Berlin	ZUM-RD 2006, 552 ff.	Berichterstattung über aus dem Amt geschiedene Ministerpräsidentin
26.10.2006	BGH	GRUR 2007, 139 ff. – Rücktritt des Finanzministers	Verwendung eines Portraits von Oskar Lafontaine zu Werbezwecken
27.10.2006	LG Hamburg	NJW 2007, 691 ff.	Verwendung des Bildes von Joschka Fischer zu Werbezwecken
15.05.2007	KG Berlin	BeckRS 2007, 15891 ff.	Fotomontage, die Heide Simonis im Dschungelcamp suggerierte
26.06.2007	KG Berlin	ZUM-RD 2008, 1 ff.	Foto eines Bundesaußenministers a.D.

2) Wirtschaftslenker, Unternehmer, Unternehmen, Produkte

11.01.1966	BGH	GRUR 1966, 386 ff. – Warentest	Störung der Firmentätigkeit durch negative Produktkritik in der Presse
18.10.1966	BGH	GRUR 1967, 113 ff. – Leberwurst	Grundsätzliche Zulässigkeit der Veröffentlichung vergleichender Warentests
09.12.1975	BGH	NJW 1976, 620 ff. = GRUR 1976, 268 ff. – Warentest II	Haftung der Stiftung Warentest für vergleichende Tests
01.02.1977	BGH	GRUR 1977, 801 ff. – Halsabschneider	Bezeichnung eines Glashüttenbetreibers als „Halsabschneider"
20.04.1982	BVerfG	NJW 1982, 2655 ff.	Presseveröffentlichung, die Kreditvermittler als „Kredithai" bezeichnet
22.06.1982	BGH	GRUR 1982, 631 ff. – Klinikdirektoren	Bezeichnung eines Verhaltens als „illegal"
15.11.1982	BVerfG	NJW 1983, 1181 ff.	Grenzen der Pressefreiheit bei Boykottaufrufen
03.12.1985	BGH	NJW 1986, 981 ff.	Veröffentlichung eines nicht repräsentativen Preisvergleichs durch die Stiftung Warentest
20.03.1986	BGH	GRUR 1986, 812 ff – Gastrokritiker	Gastronomiekritik
22.05.1986	BGH	GRUR 1986, 898 ff – Frank der Tat	Bewerbung einer Anwaltskanzlei durch einen Redakteur
12.05.1987	BGH	NJW 1987, 2225 ff.	Pressemäßige Sorgfalt bei Berichterstattung über Unternehmen
21.02.1989	BGH	GRUR 1989, 539 ff. – Warentest V	Unterlassungsklage gegen unwahre Tatsachenbehauptungen in Veröffentlichung von Warentestergebnis
09.10.1991	BVerfG	NJW 1992, 1439 ff.	Zum Begriff der Tatsachenbehauptung (Bayer)
22.10.1992	OLG München	NJW-RR 1993, 750 ff.	Freie Meinungsäußerung im Wettbewerb
17.11.1992	BGH	GRUR 1993, 409 ff. – Illegaler Fellhandel	Bezeichnung eines Fellhändlers und seiner Geschäftstätigkeit als „illegaler Fellhandel"
12.10.1993	BGH	GRUR 1994, 391 ff. – Alle reden vom Klima	Satirische Plakataktion von Greenpeace mit der Abbildung einer Vorstandsvorsitzenden
22.10.1992	OLG München	NJW-RR 1993, 750 ff.	Kritik an Medienkonzentration durch Geschäftsführer eines Privatsenders
24.02.1995	OLG Karlsruhe	NJW 1996, 1140 ff.	Kritik an Arzt als Anwender mittelalterlicher Heilkunst

13.02.1996	BVerfG	NJW 1996, 1529 ff.	Abgrenzung Tatsache und Meinung (Deutsche Gesellschaft für Humanes Sterben)
23.05.1996	OLG München	NJW-RR 1997, 1330 ff.	Anforderungen an Warentests
17.06.1997	BGH	GRUR 1997, 942 ff. – Druckertest	Sachgerechte Durchführung einer Produktprüfung bei Sachgesamtheit
08.04.1999	BVerfG	NJW 1999, 2358 ff.	Greenpeace lakataktion gegen FCKW-produzierende Unternehmen
30.05.2000	BGH	NJW 2000, 3421 ff.	Bezeichnung eines Arztes und einer Klinik mit dem Vergleich „Holocaust/Babycaust"
25.10.2002	OLG Karlsruhe	NJW-RR 2003, 177 ff.	ÖKO Test Bericht über Lebensmittelbelastungen
07.11.2002	BVerfG	NJW 2003, 277 ff.	Ranglisten als wertende Äußerungen, nicht als Tatsachenbehauptung
30.09.2003	BGH	GRUR 2004, 590 ff. – Ron Sommer I	Satirische Fotomontage mit einer Abbildung des ehemaligen Telekom-Chefs Ron Sommer
28.10.2004	OLG Köln	NJOZ 2005, 3518 ff.	Bezeichnung von Produkten eines Milchveredelungs-Konzerns als „Gen-Milch"
14.02.2005	BVerfG	NJW 2005, 3271 ff. – Ron Sommer II	Satirische Fotomontage mit einer Abbildung des ehemaligen Telekom-Chefs Ron Sommer
14.04.2005	LG Berlin	GRUR-RR 2005, 290 ff. – Hautnah Face Cream	Negativer Warentest der Crème von Uschi Glas
08.11.2005	BGH	NJW 2006, 603 ff. – Ron Sommer III	Satirische Fotomontage mit einer Abbildung des ehemaligen Telekom-Chefs Ron Sommer
09.02.2006	BGH	GRUR 2006, 875 ff. – Rechtsanwaltsranglisten	Rechtsanwaltsranglisten im JUVE Verlag
29.06.2006	OLG Frankfurt a.M.	GRUR-RR 2007, 16 ff. – ÖKO-Test	Test von Haarshampoos durch die Zeitung ÖKO Test
21.11.2006	BGH	NJW-RR 2007, 619 ff.	Namentliche Benennung eines abberufenen Geschäftsführers wegen Störung des Vertrauensverhältnisses
08.05.2007	BVerfG	ZUM-RD 2008, 114 ff.	Schutz eines Unternehmens vor unrichtigem Zitat
12.07.2007	BVerfG	GRUR 2008, 81 ff.	Einschränkung der Meinungsfreiheit bei Gefährdung des Leistungswettbewerbs
08.10.2007	BVerfG	NJW-RR 2008, 200 ff.	Verfassungsrechtliche Grenzen des Boykottaufrufs – Plakatieren für Scientology Bewegung
27.11.2007	OLG Köln	NJW-RR 2008, 303	Zulässigkeit der Webwerbung im Internet; Spidemich.de

3) Prominente

24.09.1992	OLG Hamburg	AfP 1993, 582 ff.	Werbliche Bezugnahme auf bekannte Persönlichkeit – Huschke von Hanstein
29.06.1999	BGH	NJW 1999, 2893 ff.	Veröffentlichung des Scheidungsgrundes von Ernst August von Hannover
15.12.1999	BVerfG	NJW 2000, 1021 ff.	Veröffentlichung von Fotografien aus dem Privatleben von Caroline von Monaco
26.04.2001	BVerfG	NJW 2001, 1921 ff.	Zulässigkeit von Bildveröffentlichungen von Ernst August von Hannover mit Caroline von Monaco

09.12.2003	BGH	GRUR 2004, 438 ff. – Feriendomizil I	Veröffentlichung von Luftbildaufnahmen von Feriendomizilen Prominenter
24.06.2004	EGMR	NJW 2004, 2647 ff.	Veröffentlichung von Fotoaufnahmen aus dem Privatleben von Caroline von Hannover
15.11.2005	BGH	NJW 2006, 599	Presseberichterstattung über Verkehrsverstoß von Ernst August von Hannover
19.11.2005	OLG Karlsruhe	NJW 2006, 617	Berichterstattung über unehelichen Sohn von Albert von Monaco
02.05.2006	BVerfG	NJW 2006, 2836	Persönlichkeitsschutz bei Veröffentlichung der Luftbilder von Wohngrundstücken Prominenter
06.06.2006	BVerfG	ZUM-RD 2007, 1 ff.	Geldentschädigung durch Presseunternehmen
09.06.2006	LG Hamburg	ZUM 2006, 658 ff.	Zulässige Abbildung eines bekannten Fernsehmoderators auf der Titelseite einer Fernsehzeitschrift
14.06.2005	EGMR	EGMR, – 4. Sektion-, Beschl. vom 14.06.2005, Beschwerde NR. 14991/ 02, Minelli gegen Schweiz.	Rechtssprechung des EGMR zum berechtigten allgemeinen Interesse
20.06.2006	OLG Hamburg	ZUM-RD 2006, 875 f.	Veröffentlichung von Bildern eines Strandspaziergangs
28.07.2006	KG Berlin	GRUR 2007, 80 ff. – Zärtliche Freundschaft	Kein genereller Ausschluss der Berichterstattung über Privates
17.08.2006	LG Berlin	ZUM-RD 2007, 199 ff.	Unzulässige Berichterstattung über Schauspieler nach Trennung von Ehefrau
06.11.2006	KG Berlin	ZUM-RD 2006, 53 ff.	Veröffentlichung von Bildnissen in privater Atmosphäre
14.12.2006	EGMR	1. Sektion- Urteil vom 14.12.2006, Beschwerde Nr. 10520/02, Verlagsgruppe News GmbH gegen Österreich, § 35 ff.	Rechtsprechung des EGMR zum berechtigten allgemeinen Interesse
01.03.2007	EGMR	1. Sektion- Urteil vom 01.03.2007, Beschwerde Nr. 510/04, Tonsbergs Blad u. a. gegen Norwegen, § 87 f; EGMR	Rechtsprechung des EGMR zum berechtigten allgemeinen Interesse
02.03.2007	LG Hamburg	AfP 2008, 97 ff.	Zur Auslegung des Begriffes der absoluten Person der Zeitgeschichte bei einer Person aus dem Unterhaltungsbereich
06.03.2007	BGH	GRUR 2007, 527 ff. – Winterurlaub	Veröffentlichung von Urlaubsfotos aus dem Winterurlaub von Caroline von Hannover
06.03.2007	BGH	GRUR 2007, 527 – Winterurlaub	Veröffentlichung von Urlaubsfotos aus dem Winterurlaub von Ernst August von Hannover
15.05.2007	OLG Hamburg	ZUM 2007, 660 ff.	Werbliche Nutzung des Vornamens von Ernst August von Hannover
03.07.2007	BGH	GRUR 2007, 902 ff. – Abgestuftes Schutzkonzept II	Bildveröffentlichung von Prominenten – Oliver Khan im Urlaub
13.11.2007	BGH	ZUM 2008, 437	Bildveröffentlichung Urlaubsfotos, kein vorliegender Unterlassungsanspruch

26.02.2008	BVerfG	BVerfG 1 BvR 1602/07 vom 26.02.2008	Bildveröffentlichung von Caroline von Hannover
26.02.2008	BVerfG	BVerfG 1 BvR 1606/07 vom 26.02.2008	Bildveröffentlichung von Caroline von Hannover
26.02.2008	BVerfG	BVerfG 1 BvR 1626/07 vom 26.02.2008	Bildveröffentlichung von Caroline von Hannover

4) Begleiter/ Angehörige prominenter Personen

31.03.1995	OLG München	AfP 1995, 658 ff.	Abbildung eines Kindes einer relativen Person der Zeitgeschichte
13.07.1998	OLG Hamburg	GRUR 2990, 35 ff. – Begleiterin	Auftritt in der Öffentlichkeit als Begleiterin
22.06.2004	KG Berlin	NJW 2005, 603 ff.	Veröffentlichung von Fotos der Begleiterin von Herbert Grönemeyer
19.10.2004	BGH	NJW 2005, 594 ff.	Zulässigkeit der erneuten Verbreitung rechtswidrig verbreiteteter Fotos
21.08.2006	BVerfG	NJW 2006, 3406 ff.	Bildberichterstattung über Privatperson ohne hervorgehobene Prominenz
05.12.20006	BGH	NJW 2007, 686 ff.	Zulässigkeit der Bezeichnung „Terroristentochter"
19.06.2007	BGH	GRUR 2007, 899 ff. – Grönemeyer	Abbildungen von Herbert Grönemeyer und seiner Freundin in einem Straßencafé

5) Ereignisprominente

01.12.2000	OLG München	NJW-RR 2001, 629 ff.	Geldentschädigung nach Bericht über Einzelheiten aus dem Intimleben – 140.000 DM für drei Bussis
30.07.2003	LG München I	NJW 2004, 617 ff.	Ungenehmigte Verwendung von Nacktaufnahmen in Fernsehsendung
24.03.2004	LG Münster	NJW-RR 2005, 1065 ff.	Schmerzensgeld wegen Veröffentlichung eines Fotos der Mutter eines Verbrechensopfers
09.07.2007	OLG Hamburg	ZUM 2008, 66.	Persönlichkeitsrechtsverletzung durch Veröffentlichung eines Gerichtsurteils unter Namensnennung und Angabe der Adresse
	BVerfG	ZUM 2008, 323 ff.	keine Persönlichkeitsrechtsverletzung bei Fiktionalisierung / Hegener Mädchenmord

6) Künstler

18.03.1959	BGH	NJW 1959, 1269 ff.	Erwähnung eines bekannten Künstlers in Werbeanzeige
24.02.1971	BVerfG	NJW 1971, 1645 ff.	Umfang der Kunstfreiheit bei Ehrverletzungen – Mephisto
03.06.1980	BVerfG	NJW 1980, 2072 ff.	Fernsehkommentator rückt Schriftsteller in den Bereich der Sympathisanten des Terrorismus
26.06.1990	BVerfG	NJW 1991, 95 ff.	Begriff der Schmähkritik (Zwangsdemokrat)

25.02.1993	BVerfG	NJW 1993, 1462 ff.	Bezeichnung eines Schriftstellers und Gewinners des Literaturnobelpreises u. a. als „steindummer, kenntnisloser und talentfreier Autor"
27.04.1995	OLG Hamburg	GRUR 1996, 123 ff. – Schauspielerin	Veröffentlichung von Nacktaufnahmen einer Schauspielerin
19.11.1996	LG Berlin	NJW 1997, 1155 ff.	Veröffentlichung über die Vergangenheit eines Moderators als Pornodarsteller
19.05.2000	LG Saarbrücken	NJW-RR 2000, 1571 ff.	Ungenehmigte Veröffentlichung einer Nacktszene im Rahmen einer Theaterbesprechung
21.12.2000	LG Berlin	AfP 2001, 246 ff.	Abdruck eines Nacktfotos in einer Buchveröffentlichung
14.05.2002	BGH	NJW 2002, 2317 ff.	Werbung für Presseerzeugnis mit Bild von Marlene Dietrich
21.06.2005	BGH	GRUR 2006, 788 ff. – Esra	Erkennbarkeit einer realen Person in einer Romanfigur
16.09.2005	KG Berlin	NJW 2006, 621 ff.	Berichterstattung über Scheidung einer bekannten Moderatorin
02.03.2007	KG Berlin	NJW-RR 2007, 1196 ff.	Bildveröffentlichung von bekanntem Schauspieler nach Trennung
13.06.2007	BVerfG	GRUR 2007, 1085 ff. – Roman „Esra"	Grenzen der Kunstfreiheit durch den Persönlichkeitsschutz

7) Straftäter

05.06.1973	BVerfG	NJW 1973, 1226 ff.	Dokumentarfilm über Soldatenmord von Lebach
03.05.1977	BGH	NJW 1977, 1288 ff.	Voraussetzungen der Namensnennung bei Verdachtsberichterstattung
25.02.1993	BVerfG	NJW 1993, 1463 ff.	Presseberichterstattung über getilgte Vorstrafe
10.02.1994	OLG Hamburg	NJW-RR 1994, 1439 ff.	Straftäter als Person der Zeitgeschichte
15.02.1995	OLG Brandenburg	NJW 1995, 886 ff.	Text- und Bildberichterstattung während eines laufenden Ermittlungsverfahrens
17.11.1995	OLG München	NJW-RR 1996, 1487 ff.	Rechtmäßigkeit einer Verdachtsberichterstattung
26.11.1997	BGH	NJW 1997, 1148 ff.	Zurechnung der Äußerungen Dritter bei fehlender Distanzierung
14.01.1998	BVerfG	NJW 1998, 1381 ff.	Pressemäßige Sorgfalt bei Verdachtsberichterstattung über einen möglichen Straftäter
25.11.1999	BVerfG	NJW 2000, 1859 ff.	Dokumentarfilm über Soldatenmord von Lebach
07.12.1999	BGH	NJW 2000, 1036 ff.	Voraussetzung der Namensnennung des Beschuldigten im strafrechtlichem Ermittlungsverfahren
10.10.2001	BVerfG	NJW 2002, 814 ff.	Öffentlichkeit von Gerichtsverhandlungen
05.02.2003	OLG Brandenburg	NJW-RR 2003, 919 ff.	Rundfunkberichterstattung über laufendes Strafverfahren
03.03.2006	OLG Frankfurt a.M.	GRUR-RR 2007, 123 ff. – Rothenburg	Horrorspielfilm über Straftäter ohne ausreichende Verfremdung
02.06.2006	LG Koblenz	NJW 2007, 695 ff.	Zulässigkeit der Verfilmung einer Straftat – Fall Gäfgen

15.06.2006	KG Berlin	NJW-RR 2007, 345 ff.	Zulässige Bildberichterstattung über Festnahme eines Tatverdächtigen
14.11.2006	OLG Hamburg	AfP 2007, 228 f.	Namentliche Erwähnung eines ehemaligen Straftäters
12.12.2006	OLG Nürnberg	ZUM-RD 2007, 133 f.	Berichterstattung über mögliche Freilassung eines verurteilten Mörders
02.07.2007	KG Berlin	ZUM 2008, 58 f.	Mindestmaß an Beweistatsachen bei Verdachtsberichterstattung

8) Sportler

21.09.1999	OLG Frankfurt a.M.	NJW 2000, 594 ff.	Veröffentlichung einer Nacktaufnahme von Katharina Witt
22.02.2006	LG München	NJOZ 2006, 4633 ff.	Dummy Werbung für Zeitung mit Foto von bekanntem Tennisspieler
12.09.2006	LG Berlin	GRUR-RR 2007, 198 ff. – Podolski	Unzulässige Strandfotos von Fußball-Nationalspieler
03.07.2007	BGH	AZ. VI ZR 164/06	Unzulässige Urlaubsfotos von Oliver Kahn

9) Kinder

12.12.1995	BGH	GRUR 1996, 227 ff. – Wiederholungsveröffentlichung	Wiederholte Veröffentlichung eines Bildes von Andrea Casiraghi
29.07.2003	BVerfG	NJW 2003, 3262 ff.	Veröffentlichung eines Horoskops anlässlich der Geburt von Alexandra von Hannover
09.03.2004	NJW 2004, 1795	NJW 2004, 1795 ff.	Veröffentlichung von Bildern von Charlotte Casiraghi
28.09.2004	BGH	GRUR 2005, 74 ff. – Charlotte Casiraghi II	Veröffentlichung von Bildern von Charlotte Casiraghi bei einem Reitturnier
05.10.2004	BGH	NJW 2005, 215 ff.	Berichterstattung über Alexandra von Hannover
14.02.2005	BVerfG	NJW 2005, 1857 ff.	Persönlichkeitsschutz Minderjähriger gegenüber Presseberichterstattung

10) Satire

17.12.1981	OLG Frankfurt	NJW 1982, 648 ff.	Vermarktung eines bekannten Firmennamens als Scherzartikel – Lusthansa
17.04.1984	BGH	NJW 1984, 1956 ff.	Satirische Verfremdung einer Zigarettenwerbung – Mordoro
03.06.1986	BGH	GRUR 1986, 759 ff. – BMW	Vermarktung eines bekannten Firmennamens als Scherzartikel – Bumms Mal Wieder
10.07.2002	BVerfG	NJW 2002, 3767 ff.	„Bonnbons" Grenzen der Meinungsfreiheit bei einer Glosse/Satire

§ 33. Kunstfreiheit

Inhaltsübersicht

Schrifttum:

Juristisches: *v. Becker*, Überlegungen zum Verhältnis von Kunstfreiheit und Persönlichkeitsrecht, AfP 2001, 466; *ders.*, Mephisto revisited – ein Rundblick zum Schlüsselroman aus aktuellem Anlaß, KUR 2003, 81; *ders.*, Rechtsfragen der Satire, GRUR 2004, 908; *ders.*, Neues zum Schlüsselfilm, AfP 2006, 124; *ders.*, Fiktion und Wirklichkeit im Roman – Der Schlüsselprozess um das Buch Esra, 2006; *ders.*, Dokufiction – ein riskantes Format, ZUM 2008, 265; *Bethge*, Mephistos Beitrag zur Erhaltung der Kunstfreiheit, ZUM 1989, 209; *Busch*, Romanverbote – Zu den Grenzen der Privatzensur, AfP 2004, 203; *Ebling/Schulze*, Kunstrecht, 2007; *Fischer/Reich*, Der Künstler und sein Recht, 2. Auflage, 2007; *Frey*, Die Romanfigur wider Willen, 2008; *Götting*, Persönlichkeitsschutz und

Kunstfreiheit, FS Raue, 2006, 427; *Gounalakis*, Freiräume und Grenzen politischer Karikatur und Satire, NJW 1995, 809; *Grimm*, Keine Trumpfkarte im Fall Esra, ZRP 2008, 29; *Henschel*, Die Kunstfreiheit in der Rechtsprechung des BVerfG, NJW 1990, 1937; *Hess*, Urheberrechtsprobleme der Parodie, 1993; *Keller*, Zum Verhältnis von Persönlichkeitsschutz und Kunstfreiheit, UFITA, Bd.79 (1977), 89; *Knies*, Schranken der Kunstfreiheit als verfassungsrechtliches Problem, 1967; *Ladeur*, Persönlichkeitsschutz und „Comedy", NJW 2000, 1977; *ders.*, Die Anpassung des privaten Medienrechts an die „Unterhaltungsöffentlichkeit", NJW 2004, 393; *ders./Gostomzyk*, Ein Roman ist ein Roman ist ein Roman, ZUM 2004, 426; *dies.*, Mephisto reloaded − Zu den Bücherverboten der Jahre 2003/2004 und der Notwendigkeit, die Kunstfreiheit auf eine Risikobetrachtung umzustellen, NJW 2005, 566; *Neumeyer*, Die „Esra"-Entscheidung des BVerfG und ihre Konsequenzen, AfP 2007, 509; *ders.*, Person-Fiktion-Recht, Verletzung des Persönlichkeitsrechts durch Werke fiktionaler Kunst, 2008; *Obergfell*, Dichtung oder Wahrheit? Anmerkungen zum Spannungsverhältnis zwischen Kunstfreiheit und Persönlichkeitsrecht sowie zum Beschluss des BVerfG − Esra, ZUM 2007, 910; *Otto*, Strafrechtlicher Ehrenschutz und Kunstfreiheit in der Literatur, NJW 1986, 1206; *Schack*, Kunst und Recht, 2004; *Schertz*, Die Verfilmung tatsächlicher Ereignisse, ZUM 1998, 760; *ders.*, Bildnisse, die einem höheren Interesse der Kunst dienen − Die Ausnahmevorschrift des § 23 I Nr. 4 KUG, GRUR 2007, 558; *v. Schildt-Lutzenburger*, Was ist Kunst?, KUR 2004, 81; *Karsten Schmidt*, Urheberrechtlicher Werkbegriff und Gegenwartskunst, UFITA Bd.77 (1976), 1; *Seifert*, Realität oder Fiktion? − Dichtung und allgemeines Persönlichkeitsrecht, FS Raue, 2006, 695; *ders.*, Dichtung und die Elle der Realität − Überlegungen anlässlich des BGH-Urteils „Esra", FS Ullmann, 2006, 111; *Seitz,* Gute Kunst war immer decouvrierend, NJW 2005, 141; *Senn*, Satire und Persönlichkeitsschutz, 1998; *Wanckel*, Der Schutz der Persönlichkeit bei künstlerischen Werken, NJW 2006, 578; *Wandtke*, Grenzenlose Freiheit der Kunst und Grenzen des Urheberrechts, ZUM 2005, 769; *Würkner*, Die Freiheit der Straßenkunst, NVwZ 1987, 841; *ders.*, Freiheit der Kunst, Persönlichkeitsrecht und Menschenwürdegarantie, ZUM 1988, 171; *ders.*, Wie frei ist die Kunst?, NJW 1988, 317; *Würtenberger*, Satire und Karikatur in der Rechtsprechung, NJW 1983, 1144; *Zechlin*, Gerichtliche Verbote zeitkritischer Kunst, KritJ 1982, 248; *ders.*, Kunstfreiheit, Strafrecht und Satire, NJW 1984, 1091; *Zöbeley*, Zur Garantie der Kunstfreiheit in der gerichtlichen Praxis, NJW 1985, 254; *ders.*, Warum läßt sich Kunst nicht definieren?, NJW 1998, 1372.

Nichtjuristisches: *Adorno,* Ästhetische Theorie, 10. Auflage, 2004; *Croce*, Was ist die Kunst?, 1978; *Daniels*, Kunst als Sendung, 2002; *Danto*, Kunst nach dem Ende der Kunst, 1996; *Demand,* Warum ist „Kunst" ein Singular?, Neue Rundschau, 116. Jhrg. (2005), 30; *Geulen*, Das Ende der Kunst, 2003; *Grasskamp*, Ist die Moderne eine Epoche?, 2202; *ders.*, Die unerträgliche Leichtigkeit des Zugriffs. Kunst im Zeitalter ihrer digitalen Allverfügbarkeit, NZZ v. 24. 3. 2007; *Harrison/Wood*, Kunsttheorie im 20.Jahrhundert, 1998; *Hauskeller,* Was ist Kunst?, 6. Auflage, 2002; *Henckmann/Lotter*, Lexikon der Ästhetik, 2. Auflage 2004; *v.Heppe*, Über die Kunst, kein Künstler zu sein, Kursbuch 99 (1990), 6; *Mäckler*, 1460 Antworten auf die Frage: was ist Kunst?, 2003; *Ohmer*, Gefährliche Bücher? Zeitgenössische Literatur im Spannungsfeld zwischen Kunst und Zensur, 2000; *Rauterberg*, Sehnsucht Leben. Von der verzweifelten Suche der Kunst nach sozialer und politischer Bedeutung, Neue Rundschau, 116. Jhrg. (2005), 40; *ders.*, Und das ist Kunst?!, 2007; *Sartre,* Was ist Literatur?, 1951; *Sontag*, Über Fotografie, 13. Auflage, 2002; *dies.*, Kunst und Antikunst, 24 literarische Analysen, 5.Auflage, 1999; *Thommes,* Was ist Kunst?, 1998; *Ullrich*, Prinzessin ohne Reich. Wir scheuen uns, Kunst zu definieren. Warum das so sein muss, du 747 (2004), 20; *ders.*, Was war Kunst? Biographien eines Begriffs, 2005; *ders.*, Vom Verhängnis autonomer Kunst, Neue Rundschau, 116. Jhrg (2005), 9; *Zinggl*, Was Kunst wird, Neue Rundschau, 116. Jhrg (2005), 54.

A. Allgemeines

Die Kunstfreiheit steht zunehmend im Fokus der Abwägung des Persönlichkeitsrechts **1** mit den Freiheitsrechten des Art. 5 GG. Das mag daran liegen, dass die sich hier ergebenden Problemkonstellationen etwas abseits des klassischen Presserechts liegen und sich daher auch dem direkten Zugriff der im Presserecht recht ausgefeilten Dogmatik entziehen. Anders als bei der Wort- und Bildberichterstattung durch Presse und sonstige Medien geht es bei der Kunst nicht darum, verifizierbare Aussagen zur Wirklichkeit zu machen oder Teile hiervon abzubilden, sondern darum, eine eigene **künstlerische Aussage** hervorzubringen, die **keinen unmittelbaren, direkten Bezug zur Wirklichkeit** herstellt, sondern vielmehr eine eigene, von ästhetischen Gesetzlichkeiten bestimmte, künstlerische Wirklichkeit schafft. Da jedoch auch Kunst sich nicht im rechtsfreien Raum bewegt, sondern neben der ästhetischen Realität auch ein Dasein in den Realien hat und damit sehr wohl auch Wirkungen auf der sozialen Ebene entfalten kann,[1] kann es zu Kollisionsfällen mit Belangen von betroffenen Personen kommen. Zwar ist die Kunstfreiheit in Art. 5 Abs. 3 GG anders als die meisten anderen Freiheitsrechte nicht mit einem Gesetzesvorbehalt ausgestattet, sie kann aber gleichwohl nicht schrankenlos in Anspruch genommen werden. Der Künstler muss, wenn er sich in seiner Arbeit mit Personen seiner Umwelt auseinandersetzt, deren verfassungsrechtlich ebenfalls geschütztes Persönlichkeitsrecht beachten.[2] So gesehen, **stehen beide Grundrechte in einem Spannungsverhältnis** und beschränken sich gegenseitig. Im konkreten Fall sind die kollidierenden Rechte zu einem Ausgleich zu bringen.

2   Der Sinn **der in Art. 5 Abs. 3 GG verbürgten Kunstfreiheit** besteht vor allem darin, die auf der Eigengesetzlichkeit der Kunst beruhenden, von ästhetischen Rücksichten bestimmten Prozesse und Verhaltensweisen von jeglicher Ingerenz öffentlicher Gewalt freizuhalten.[3] Das Grundrecht enthält zudem eine wertentscheidende Grundsatznorm und verpflichtet den Staat zur Pflege und Förderung der Kunst. Jegliche Kunst verdankt sich einer geistig-ästhetischen Auseinandersetzung mit Erscheinungen der wirklichen Welt und der Kunstwelt, mit denen sie sich schöpferisch auseinandersetzt. Bei der künstlerischen Behandlung realer Themen sind vor allem die Persönlichkeitsrechte lebender oder verstorbener[4] Zeitgenossen zu beachten. Die zunehmende Sensibilisierung für Belange des Persönlichkeitsschutzes verschärft die hier entstehenden Konfliktlagen.

B. Zum Begriff der Kunst

I. Positionen der Ästhetik-Theorie

3   Seit seiner bereits im 19. Jahrhundert vollzogenen Loslösung vom Begriff des Schönen und der zur gleichen Zeit aufkommenden Wirkungsmacht der Kunsttheorie wird die Diskussion um den Kunstbegriff von einer geradezu grenzenlosen **Pluralität** gekennzeichnet. Eine allgemeingültige **Definition** versucht heute fast niemand mehr. Allerdings trifft man nach wie vor auf eine als Arbeitshypothese durchaus brauchbare **formale Begriffserklärung**. So etwa diejenige, wonach Kunst alles sei, was in die Institution des Ausstellungsraumes aufgenommen und durch den Kunstbetrieb als Kunst legitimiert werde.[5] Neben dem etwas unorthodoxen Versuch, Qualitätskriterien zur Unterscheidung von guter und schlechter Kunst zu liefern,[6] wird ansonsten allenfalls noch der Versuch einer Sammlung der verschiedenen Definitionsversuche der Vergangenheit unternommen.[7]

4   Eine gewisse Rolle in der gegenwärtigen Kunsttheorie spielen immer noch Ansätze, die darauf zielen, die Diskussion um den Kunstbegriff gänzlich der Vergangenheit zuzurechnen[8] oder einfach das **Ende der Kunst** zu postulieren.[9] Allerdings gelten auch diese

---

[1] BGH NJW 2005, 2844, 2847 – *Esra*.

[2] BGH NJW 1983, 1194 – *Moritat*, BGH NJW 2005, 2844, 2847 – *Esra*.

[3] BVerfG NJW 1971, 1645 – *Mephisto*.

[4] Seit der *Mephisto*-Entscheidung des BVerfG gilt, dass das Persönlichkeitsrecht, soweit es auf Art. 1 Abs. 1 GG fußt, über den Tod hinaus wirkt, BVerfG NJW 1971, 1645, 1647. Vgl. dazu auch unten § 37.

[5] So eine Formel von *O'Doherty*, zitiert nach *Henckmann/Lotter*, S. 205.

[6] So neuerdings *Rauterberg*, Und das ist Kunst?!.

[7] Vgl. die entsprechenden Titel der Werke von *Mäckler* und *Hauskeller*.

[8] *Ullrich*, Was war Kunst?.

[9] Vgl. *Danto* und *Geulen*. Nach *Ullrich*, Was war Kunst?, S. 229, handelt es sich beim Schlagwort vom Ende der Kunst um den „vielleicht robustesten Topos der neueren Kunsttheorie", nach *Henckmann/Lotter*, S. 81, um eine „für die moderne Kunst konstitutive Form der Selbstreflexion".

Ansätze teilweise als überholt bei Vertretern der Neo-Avantgarde, die Sinn und Zweck der Kunst weniger in der Schaffung neuer Ausdrucksformen als in der Aneignung und Neuarrangierung vorgefundener Schöpfungen sieht (**Appropriation Art**).

Zwei Beispiele konkreten Kunstschaffens aus neuerer Zeit werden in der kunstwissen- **5** schaftlichen Literatur gerne angeführt, um exemplarisch die heute vorherrschende anscheinende **Beliebigkeit des Kunstbegriffs** anschaulich zu machen. Als revolutionierendes Schlüsselereignis[10] für das postmoderne Kunstverständnis wird die Ausstellung der *Brillo-Boxes* durch Andy Warhol im Jahre 1964 angesehen. Der Pop-Künstler hatte bedruckte Holzkisten zur Schau gestellt, die genauso aussahen wie die Verpackungen der gleichnamigen Topfreiniger, die es in allen Supermärkten zu kaufen gab. Es handelte sich mithin um eine maßstabsgenaue **Nachbildung eines Gebrauchsgegenstands,** von dem niemand je behauptet hätte, es handele sich um Kunst oder auch nur um einen ästhetisch ansprechenden Gegenstand. Es drängte sich daher die seither in der Kunsttheorie nicht mehr verstummte Frage auf, ob bzw. warum das Kunst sein solle.[11] In eine ähnliche Richtung, wenn auch mit Sicht auf das vom Künstler verfolgte Konzept vollständig unterschiedlich, zeigte der in den fünfziger/sechziger Jahren von Joseph Beuys entwickelte **erweiterte Kunstbegriff,** wonach jeder Mensch ein Künstler sei und es bei der Kunst nicht auf das ästhetische Ergebnis, sondern vielmehr auf den sozial und therapeutisch verstandenen schöpferischen Prozess ankomme.[12]

Jedenfalls kann man wohl davon ausgehen, dass die heute zu beobachtende gegensei- **6** tige **Durchdringung der Bereiche** Ästhetik und Alltag, Kunst und Kommerz, Ernsthaftigkeit und Unterhaltung, Qualität und Massenware, und einhergehend damit die Ubiquität künstlerischer Erscheinungsformen in unserer Mediengesellschaft[13] dazu geführt hat, dass eine Annäherung an das Phänomen Kunst jedenfalls auf der begrifflichen Ebene schwierig, wenn nicht unmöglich geworden ist. Auf der anderen Seite scheint das **Interesse an Kunst** eher zugenommen zu haben, wofür die steigenden Zahlen der Museumsbesuche[14] sowie das zunehmend ausdifferenzierte System von Kunstveranstaltungen, Kunstförderung und Kunstkritik sprechen. Im Übrigen scheint die Popularität solcher Erscheinungen wie „Die lange Nacht der Museen" zu belegen, dass der **Ort der Kunst** (sei es das Museum, der Konzertsaal oder das Literaturhaus) nicht mehr als elitärer Andachtsort angesehen wird, sondern primär als öffentlicher Raum.

II. Der juristische Kunstbegriff

Ungeachtet der oben aufgezeigten Schwierigkeiten, Kunst generell begrifflich zu de- **7** finieren, gebietet die verfassungsrechtliche Verbürgung der Kunstfreiheit, ihren Schutzbereich bei der konkreten Rechtsanwendung zu bestimmen. Es ist daher **durch Art. 5 Abs. 3 GG gefordert, die Grundanforderungen künstlerischer Tätigkeit festzulegen** und damit zwischen Kunst und Nicht-Kunst zu unterscheiden.[15]

Das **BVerfG** hat sich grundlegend und in einer bis heute durchaus gültigen Weise in **8** der Entscheidung *„Der anachronistische Zug"* mit dem verfassungsrechtlichen Kunstbegriff auseinandergesetzt.[16] Ausgangspunkt war dort die Überlegung, dass der Lebens-

---

[10] Für den Kunstphilosophen *Arthur Danto* war eingestandenermaßen gerade dieses Ausstellungserlebnis Anlass, seine These vom Ende der Kunst zu entwickeln.

[11] Vgl. zu den Brillo-Boxes *Ullrich,* Was war Kunst?, S. 248, *Hauskeller,* S. 99 ff.

[12] Zum erweiterten Kunstbegriff von Beuys vgl. *Ullrich,* Was war Kunst?, S. 209 ff.

[13] Vgl. hierzu *Rauterberg,* S. 11: „Die Künstler sind mitten in der Gesellschaft angekommen.".

[14] In Deutschland gab es 2004 rund 68 Millionen Museumsbesuche, davon rund 15 Millionen in Kunstmuseen, die Zahlen sind steigend, zitiert nach Ebling/Schulze-*Kirchmaier,* Kunstrecht, 2007, S. 199.

[15] BVerfG NJW 1987, 2661 – *Strauß-Karikaturen.*

[16] BVerfG NJW 1985, 261 – *Der anachronistische Zug.*

bereich Kunst, dem starre Formen und strenge Konventionen fremd seien, einen **weiten rechtlichen Kunstbegriff** nahelege. Das Gericht hat daraufhin **drei Wesensmerkmale der Kunst** unterschieden, die „in ihrer Gesamtheit im konkreten Einzelfall eine Entscheidung ermöglichen" sollen, ob ein Sachverhalt in den Schutzbereich des Art. 5 Abs. 3 GG falle. **Erstens** komme es darauf an, ob es sich um eine „**freie schöpferische Gestaltung**" handele, „in der Eindrücke, Erfahrungen, Erlebnisse des Künstlers durch das Medium einer bestimmten Formensprache zur unmittelbaren Anschauung gebracht werden". **Zweitens** könne entscheidend darauf abgestellt werden, ob „bei formaler, typologischer Betrachtung die Gattungsanforderungen eines **bestimmten Werktyps** erfüllt" seien wie Malerei, Bildhauerei, Dichtung etc. **Drittens** könne das entscheidende Merkmal künstlerischer Betätigung darin gesehen werden, dass „es wegen der Mannigfaltigkeit ihres Aussagegehalts möglich ist, der Darstellung im Wege einer **fortgesetzten Interpretation** immer weiterreichende Bedeutungen zu entnehmen".[17]

9   Diese Merkmale aufgreifend könnte man von einem **persönlichen**, einem **werktypologischen** und einem **kommunikativen Element** des Kunstbegriffs sprechen. Es ist offensichtlich, dass diese Definitionsversuche von dem Bemühen geprägt sind, für die juristische Dogmatik einen **offenen Kunstbegriff** zu etablieren, da alles andere in der Konsequenz zu einer Art von Kunstrichtertum führen würde, welches durch die Verfassungsgarantie der Kunstfreiheit gerade vermieden werden soll. In der **Praxis der verfassungsgerichtlichen Rechtsprechung** hat es sich durchgesetzt, primär das persönliche Element in der Definition hervorzuheben.[18]

10   Es bleibt nach alledem ein **dialektisches Verhältnis** zwischen dem ästhetischen und dem juristischen Kunstbegriff zu konstatieren. Primär wird sich die Rechtswissenschaft an einem vorherrschenden außerjuristischen Verständnis des Kunstbegriffs orientieren. Aber dieser Prozess ist keineswegs einseitig. Nach ihren ästhetischen Kategorien versucht Kunst stets, einer Bedeutungsfestlegung zu entfliehen. Dabei verlässt sie häufig auf provokante Art die anerkannten Grenzen des Begriffs des Kunstschaffens. Es wird nicht wenige Künstler geben, die das Auslösen einer juristischen Auseinandersetzung und das damit häufig verbundene sich aussetzen des Vorwurfs, es handele sich gar nicht um Kunst, geradezu als Moment eines Gelingens ihres Tuns ansehen werden. Gleichzeitig sind Künstler und Kunstvermarkter in der juristischen Konfrontation darauf angewiesen, auf den Kunstcharakter ihrer Hervorbringungen zu pochen. Wird Kunst im Einzelfall verboten, so verlässt sie den Bereich, der sie nach der formalen Betrachtungsweise (Teilnehmen am Kunstbetrieb etc.) überhaupt erst zu Kunst macht. Es erscheint daher keineswegs abwegig, aus diesen Gründen auch von einer Ausstrahlung des juristischen Kunstbegriffs bzw. der juristischen Bewertung von Kunst auf das Selbstverständnis von Kunst und den Kunstbegriff seinerseits Rückschlüsse zu ziehen.

III. Keine Niveaukontrolle

11   Erlaubt und notwendig, wenn auch schwierig, ist die Unterscheidung zwischen Kunst und Nicht-Kunst. Nicht statthaft dagegen ist die rechtlich-gerichtliche Bewertung des Niveaus bzw. der Qualität eines bestimmten Kunstwerks, also die Differenzierung zwischen höherer und niederer, guter und schlechter Kunst.[19] Dieses liefe sonst auf eine unzulässige staatliche Inhaltskontrolle hinaus. Außerdem spielt für den Kunstbegriff des Art. 5 Abs. 3 GG anders als etwa für die Norm des § 2 Abs. 2 UrhG die **Gestaltungshöhe keine Rolle**.[20] Eine wertende Einengung des Kunstbegriffs liegt Art. 5 Abs. 3 GG nicht

---

[17] BVerfG NJW 1985, 261 – *Der anachronistische Zug.*
[18] Vgl. zuletzt BVerfG NJW 2008, 39, 40 (Rn. 59) – *Esra.*
[19] BVerfG NJW 1987, 2661 – *Strauß-Karikaturen.*
[20] BGH NJW 1975, 1882, 1883 – *Theaterstück*; OLG Stuttgart NJW 1989, 396 – *Schlüsselroman.*

zugrunde.[21] Das in Art. 5 Abs. 3 GG festgelegte Verhältnis von Kunst und Staat will nach der Erfahrung staatlich gelenkter Kunst während des nationalsozialistischen Regimes dem Staat bewusst versagen, durch Bewertungen nach der künstlerischen Qualität das Kunstverständnis selbst festzulegen.[22] Geschützt wird also nicht das „wertvolle" Kunstwerk, sondern ein eigenständiger, je allein durch eigene Strukturmerkmale abgegrenzter Lebensbereich.

C. Der verfassungsrechtliche Schutz der Kunst

I. Kein Gesetzesvorbehalt

1. Die Rechtsprechung des BVerfG

Nach gefestigter Rechtsprechung handelt es sich bei der Kunstfreiheit um ein **vor-** 12 **behaltloses Grundrecht**, das heißt, die Schrankenbestimmung des Art. 5 Abs. 2 GG ist ebenso wenig anwendbar wie die des Art. 2 Abs. 1 GG.[23] Gleichwohl kann die Kunstfreiheit mit Verfassungsbestimmungen aller Art kollidieren, insbesondere mit Grundrechten Dritter. In allen diesen Fällen, in denen andere Verfassungsgüter mit der Ausübung der Kunstfreiheit in Widerstreit geraten, muss ein verhältnismäßiger **Ausgleich der gegenläufigen**, gleichermaßen verfassungsmäßig geschützten **Interessen** mit dem Ziel ihrer Optimierung gefunden werden. Es bedarf dann im Einzelfall einer Abwägung der widerstreitenden Verfassungsrechtsgüter.[24]

Andererseits darf die Kunstfreiheit weder durch die allgemeine Rechtsordnung noch 13 durch eine Klausel relativiert werden, die abstrakt auf eine Gefährdung der für den Bestand der staatlichen Gemeinschaft notwendigen Güter abhebt.[25]

2. Die Stufentheorie

Nach einer von *Starck* vertretenen Auffassung soll hinsichtlich der Einschränkbarkeit 14 der Kunstfreiheit insoweit zwischen Werkbereich und Wirkbereich unterschieden werden, als im Rahmen des Letzteren auch die allgemeine Rechtsordnung zu beachten sein soll. *Starck* differenziert zwischen dem „ob" und dem „wie" der Verbreitung und meint, jedenfalls bei der „Verbreitung in ihrem Wie" solle der Künstler nicht nur an die Beachtung der verfassungsrechtlich geschützten Rechtsgüter, sondern auch an die allgemeine Rechtsordnung gebunden sein.[26]

Dieser Theorie hat das **BVerfG** zwar eine Absage erteilt, gleichwohl aber festgestellt, 15 dass „staatliche Eingriffe umso weniger zuzulassen (seien), je näher die umstrittene Handlung dem Kern der Kunstfreiheit zuzuordnen ist und je mehr sie sich im Bereich des Schaffens abspielt".[27] Daraus ergebe sich „jedoch nur eine tatsächliche Vermutung dafür, dass die Kunstfreiheit im Werkbereich eher Vorrang genießt als im Wirkbereich".[28] Mit dieser Vermutung hat das BVerfG jedoch seither soweit ersichtlich nicht gearbeitet. Insbesondere in der Entscheidung „*Deutschland muss sterben*", der das Abspielen einer Musikkassette durch einen Demonstranten zugrunde lag, wo also der Wirkbereich betroffen war, hat das Gericht jedenfalls eine Einschränkbarkeit der Kunstfreiheit durch die Strafnorm des § 90a StGB für unzulässig erklärt.[29]

---

[21] BVerfG NJW 1971, 1645, 1646 – *Mephisto*.
[22] BGH NJW 1975, 1882, 1884 – *Theaterstück*.
[23] BVerfG NJW 1971, 1645, 1646 – *Mephisto*.
[24] BVerfG NJW 1990, 1982 – *Stahlhelm*.
[25] BVerfG NJW 1971, 1645 – *Mephisto*.
[26] *v. Mangold-Starck*, GG, 5. Auflage, Art. 5 Rdnr. 304 ff.
[27] BVerfG NJW 1988, 325, 326 – *Herrnburger Bericht*.
[28] BVerfG a.a.O., vgl. hierzu auch *Henschel* NJW 1990, 1937, 1942.
[29] BVerfG NJW 2001, 596 – *Deutschland muss sterben*.

II. Werk- und Wirkbereich, Werkmittler

16   Art. 5 Abs. 3 GG schützt die Freiheit künstlerischer Betätigung ebenso wie das Werk als Ergebnis dieser Betätigung.[30] Neben diesen so genannten „Werkbereich" tritt der „Wirkbereich" künstlerischen Schaffens, der die Darbietung und Verbreitung des Werks schützt. Auf den Wirkbereich der Kunstfreiheit kann sich auch der „Werkmittler" berufen, der daran beteiligt ist, das Kunstwerk – geschäftlich – zu vertreiben. Werkmittler ist beispielsweise auch die Sendeanstalt, die eine Filmproduktion herstellt oder ausstrahlt, oder der Verlag, der ein Buch veröffentlicht.

17   Bereits die Entscheidung „*Mephisto*" hat mit der begrifflichen Unterscheidung zwischen Werkbereich und Wirkbereich des künstlerischen Schaffens die Grundlage für die Betonung des kommunikativen Aspekts der Kunst gesetzt. Während dem **Werkbereich** die künstlerische Betätigung als solche und das Werk als Verkörperung dieser Betätigung zugeordnet wird, soll von dem **Wirkbereich** die Darbietung und Verbreitung des Werks als für die Begegnung mit dem Werk sachnotwendiger kunstspezifischer Vorgang umfasst sein.[31] Unter Hinweis auf die Kunstpolitik des Nationalsozialismus gibt das Gericht sogar zu erkennen, dass der Wirkbereich, in welchem der Öffentlichkeit Zugang zu dem Kunstwerk verschafft wird, zumindest aus grundrechtshistorischer Sicht der wichtigere Schutzbereich sei, wenn es ausführt, der Wirkbereich sei „der Boden, auf dem die Freiheitsgarantie des Art. 5 Abs. 3 GG vor allem erwachsen ist".[32]

18   Die **Grenze des Wirkbereichs** und damit des Schutzbereichs des Art. 5 Abs. 3 GG wird in der Regel bei solchen Handlungen gesehen, die nicht mehr ausschließlich der Verbreitung, sondern der wirtschaftlichen Verwertung des Kunstwerks ansonsten dienen. In diesem Bereich soll ausschließlich Art. 14 GG gelten. Freilich ist die Grenzziehung im Einzelfall nicht unproblematisch, was schon anhand des Umstands deutlich wird, dass das BVerfG in der Entscheidung „*Herrnburger Bericht*" auch die Werbung für ein Kunstwerk (eine Theateraufführung) als vom Wirkbereich erfasst sah.[33] Wenn man diesen Gedanken konsequent auch auf die Werbung eines Buch- (oder Schallplatten-)verlages anwendet, so wird deutlich, wie geradezu unmöglich die Abgrenzung in diesem Bereich wird. In der Entscheidung „*Stahlhelm*" hat das BVerfG weitergehend klargestellt, dass alle Personen, die eine unentbehrliche **Mittlerfunktion** zwischen Künstler und Publikum ausüben, **in den Wirkbereich des Grundrechtsschutzes einbezogen** sind und dass zu diesem Personenkreis auch diejenigen zählen, die daran mitwirken, das Kunstwerk geschäftsmäßig zu vertreiben.[34]

19   Unproblematisch **vom Wirkbereich erfasst** ist damit die klassische Verbreitungstätigkeit, wie sie etwa üblicherweise von Verlagen wahrgenommen wird, also die Herstellung von Vervielfältigungsstücken und deren Verbreitung. Fraglich ist, ob der Wirkbereich auch dann eröffnet ist, wenn die Vermittlung des Kunstwerks gegen den Willen des Künstlers erfolgt, wenn also etwa ein entsprechender Lizenzvertrag nicht vorliegt oder dieser die konkrete Nutzungshandlung nicht deckt. Unzweifelhaft unter den Schutzbereich fallen Presseunternehmen und Sendeanstalten, die etwa künstlerisch gestaltete Anzeigen oder Beiträge veröffentlichen. Die nähere Konkretisierung des persönlichen Geltungsbereichs kann freilich Probleme bereiten: Kann sich der Eigentümer eines Werkoriginals oder eines Vervielfältigungsstücks auf den Wirkbereich der Kunstfreiheit berufen, wenn er es seinen Mitmenschen kommunizieren will, es bespricht, aus ihm zitiert, es zum Kauf anbietet oder auf seinem Grundstück zur Schau stellt?[35]

---

[30] In letzterer Hinsicht kommt es zu Berührungspunkten mit Art. 14 GG.
[31] BVerfG NJW 1971, 1645 – *Mephisto*.
[32] BVerfG NJW 1971, 1645 – *Mephisto*. Ebenso BVerfG NJW 2008, 39, 40 (Rn. 63) – *Esra*.
[33] BVerfG NJW 1988, 325 – *Herrnburger Bericht*.
[34] BVerfGNJW 1990, 1982 – *Stahlhelm*.
[35] Zum letztgenannten Fall BVerwG NJW 1995, 2648 – *Monumentalfiguren*.

III. Verhältnis zur Meinungsfreiheit

1. Tatsachenbehauptung und Kunst

Das Verhältnis zwischen Kunstfreiheit und Meinungsäußerungsfreiheit ist deshalb von **20** großer Bedeutung, weil die Freiräume, welche die beiden Grundrechte in Anspruch nehmen, grundlegend verschieden sind und es dabei doch zu Konkurrenzproblemen kommen kann. Eine geäußerte Meinung muss sich, wenn sie **Tatsachenbehauptungen** enthält, grundsätzlich daran messen lassen, ob diese wahr sind. Die Äußerung nachweislich unwahrer Tatsachenbehauptungen genießt keinen grundrechtlichen Schutz.[36] Künstlerische Äußerungen dagegen enthalten regelmäßig keine direkten Tatsachenbehauptungen, so dass sie sich auch nicht am Wahrheitsgehalt messen lassen müssen. Allerdings gibt es auch künstlerische Äußerungen, die – wenn auch vielleicht künstlerisch eingekleidet und verhüllt – den Anspruch erheben, Tatsachen zu verbreiten **(Wahrheitsanspruch).** So wird der Satire zum Beispiel anerkanntermaßen ein Tatsachenkern beigemessen, der zu ermitteln ist; Gleiches gilt für Formate der Doku-Fiction.[37] In den Fällen, in denen nach den oben dargelegten[38] weiten Kriterien von Kunst auszugehen ist, sollten, auch wenn Elemente der Meinungsäußerung hinzutreten, nach den Maßgaben der Kunstfreiheit in Art. 5 Abs. 3 GG und einer kunstspezifischen Betrachtung differenziert die einzelnen Äußerungselemente danach geprüft werden, ob sie einen Wahrheitsanspruch aufstellen, der es rechtfertigt, sie – ausnahmsweise – als unwahre Tatsachenbehauptung zu behandeln.

Um einen gegebenenfalls erhobenen Wahrheitsanspruch geht es insbesondere in den **21** **Fällen der Namensnennung,** wenn also im Gewande eines Kunstwerks konkrete Personen mit Namen genannt werden. So hat etwa der BGH ein Aufführungsverbot für ein Theaterstück ausgesprochen, in welchem die Arbeitsverhältnisse in einem bestimmten Betrieb unter Nennung der Firmenkurzbezeichnung geschildert wurden. Dort sei, wenngleich die Kunsteigenschaft des Stücks nicht in Zweifel gezogen wurde, die Schilderung der Vorgänge nicht in ein künstlerisches Modell eingeflossen, sondern vielmehr sei auf der sozialen Wirklichkeitsebene verharrt worden ohne dass eine Verfremdung der sozialen oder ästhetischen Wirkungsebene kompensierend eingetreten sei.[39]

Um den Fall der **Nennung einer Firma** ging es auch bei dem Streit um das Buch von **22** Delius „Unsere Siemens-Welt", welches im Gewande einer – nicht autorisierten – Festschrift zahlreiche nicht belegbare bzw. unwahre Tatsachenbehauptungen über das Unternehmen enthielt. Das Buch wurde als Dokumentarsatire[40] angesehen, welche im Wesentlichen als Meinungsäußerung zu werten sei. Die Dokumentation falle, soweit sie Aussagen über die reale Wirklichkeit machen wolle, nicht unter den Kunstbegriff. Daher seien die in ihr enthaltenen Aussagen als Tatsachenbehauptungen auf ihren Wahrheitsgehalt überprüfbar.[41] In dem Streit um ein weiteres Werk von Delius, in welchem es um die **Nennung des Personennamens** eines bekannten Unternehmers im Zusammenhang mit einem satirischen Gedicht ging, hat der BGH ebenfalls ausgeführt, dass ein Künstler, der beansprucht, die soziale Wirklichkeit des Dargestellten wiederzugeben, so zu behandeln ist wie ein Kritiker, dem Art. 5 Abs. 1 GG nicht erlaubt, über den Kritisierten unwahre Behauptungen, die seinen Ruf schädigen, in Umlauf zu bringen.[42] Die werk-

---

[36] Vgl. hierzu oben § 32 Rn. 8.
[37] Vgl. zur Satire unten Rn. 56 ff.; zur Dokufiction unten Rn. 42 ff.
[38] Vgl. oben Rn. 8.
[39] BGH NJW 1975, 1882, 1884 – *Theaterstück.*
[40] Vgl. zur Satire unten Rn. 56 ff.
[41] OLG Stuttgart NJW 1976, 628, 630 – *Siemens-Delius.* Der Streit wurde nach dem Urteil außergerichtlich beendet. In einer späteren Entscheidung zum Schlüsselroman hat das OLG Stuttgart darauf abgestellt, ob die subjektive Absicht des Künstlers eine „berichterstatterische oder eine künstlerische" ist, OLG Stuttgart NJW 1989, 396, 397 – *Schlüsselroman.*
[42] BGH NJW 83, 1194 – *Moritat.*

gerechte Betrachtung erfordere es allerdings, diejenige Deutung einer bestimmten Aussage zu wählen, die sie ermöglicht.

2. Meinungsäußerung und Kunst

23   Die Rechtsprechungspraxis des BVerfG zum Verhältnis zwischen Kunstfreiheit und Meinungsäußerungsfreiheit ist von einer merkwürdigen Ambivalenz geprägt. Einerseits hat das Gericht mit klaren Worten bereits in der „*Mephisto*"-Entscheidung ausgeführt, dass **Art. 5 Abs. 3 GG gegenüber Art. 5 Abs. 1 GG lex specialis** sei,[43] mit der praktisch bedeutsamen Konsequenz, dass die Schrankenbestimmung des Art. 5 Abs. 2 GG auf die Kunstfreiheit nicht anwendbar ist und somit der Gesetzesvorbehalt des Art. 5 Abs. 2 GG für die Kunstfreiheit nicht gilt. Andererseits geht das Gericht der Prüfung der Frage, ob ein Werk der Kunst vorliegt, auffallend häufig aus dem Weg, indem es feststellt, dass auf diese Frage nicht eingegangen zu werden bräuchte, weil ein Verstoß gegen die Meinungsfreiheit in jedem Fall festgestellt werden könne.[44]

24   Es hat den Anschein, als folge das BVerfG in der Sache unausgesprochen einer Art Schwerpunkttheorie, wonach Äußerungen, die sowohl meinungsrelevante als auch kunstrelevante Merkmale aufweisen, an dem Grundrecht zu messen sind, zu welchem **im Einzelfall die größere Sachnähe** festgestellt werden kann.[45] Das BVerfG stellt darauf ab, dass künstlerisches Schaffen primär nicht Mitteilung, sondern unmittelbarster Ausdruck der individuellen Persönlichkeit des Künstlers sei.[46] Freilich ist auch bei dieser Unterscheidung zwischen Mitteilung und Ausdruck zu beachten, dass auch der Kunstfreiheit ein spezifisch kommunikativer Gehalt zukommt. Es kann also in der Tat nur um die Frage nach dem Schwerpunkt einer Äußerung gehen, nicht um ein Entweder-Oder.

25   Jedenfalls dürfte es als theoretisch geklärt gelten, dass beim Zusammentreffen von Meinungsäußerung und künstlerischer Äußerung, also insbesondere im Bereich der so genannten **„engagierten Kunst"** Art. 5 Abs. 3 GG das alleine einschlägige Grundrecht ist. Entgegen einer vor allem von *Peter Lerche* vertretenen Auffassung, wonach die so genannte „engagierte" Kunst tendenzmäßig eher der Meinungsfreiheit zuzurechnen ist,[47] hat das BVerfG eindeutig klargestellt,[48] dass die Tatsache, dass der Künstler mit seinem Werk eine bestimmte Meinung vertreten will, es nicht dem Schutz des Art. 5 Abs. 3 GG entzieht. Vielmehr könne eine Meinung durchaus in künstlerischer Form kundgegeben werden. Maßgebliches Grundrecht bleibe in diesem Fall Art. 5 Abs. 3 als das speziellere Grundrecht.

---

[43] BVerfG NJW 1971, 1645, 1648 – *Mephisto*: „Eine Verletzung des Grundrechts aus Art. 5 Abs. 1 GG entfällt schon deshalb, weil diese Bestimmung mangels Vorliegens einer Meinungsäußerung nicht anzuwenden ist. Künstlerische Aussagen bedeuten, auch wenn sie Meinungsäußerungen enthalten, gegenüber diesen Äußerungen ein aliud." Diese Auffassung, die in weiteren Entscheidungen (etwa BVerfG NJW 1990, 1982 – *Stahlhelm*) bestätigt wurde, entspricht auch der herrschenden Auffassung in der Literatur.

[44] So geschehen in den Fällen BVerfG NJW 1973, 1226 – *Lebach*, BVerfG NJW 1985, 787 – *Schwarze Sheriffs*, BVerfG NJW 1998, 1386 – *Münzen-Erna*, BVerfG NJW 2001, 591 – *Benetton*, BVerfG NJW 2005, 500 – *Telekom*.

[45] In diese Richtung auch Maunz/Dürig-*Scholz* (Stand 2008), Art. 5 Rdnr. 13, der von der Abgrenzung nach dem „Kriterium der konkret höheren Sachnähe oder größeren Sachzentralität" spricht.

[46] BVerfGE 67, 213 – *Der anachronistische Zug*.

[47] Werbung und Verfassung, 1967, S. 89, 90.

[48] BVerfG NJW 1990, 1982 – *Stahlhelm* zu einer durch Karikaturen und Collagen aufgelockerten Zusammenstellung antimilitaristischer Texte. Ebenso bereits ausdrücklich in der Entscheidung BVerfG NJW 1971, 1645 – *Mephisto* (zu einem zeitkritischen Roman).

IV. Die kunstspezifische Betrachtung

Bereits in der „*Mephisto*"-Entscheidung wurde ausgeführt, dass bei der Beurteilung der **26** sozialen Wirkungen eines Kunstwerks „kunstspezifischen Gesichtspunkten"[49] Rechnung zu tragen sei. In der Entscheidung „*Anachronistischer Zug*" wurde die Notwendigkeit einer **interpretatorischen „Gesamtschau des Werks** unter Berücksichtigung des künstlerischen Gesamtkonzepts"[50] betont. In der weiteren Entscheidung „*Strauß-Karikaturen*" wurde dieser Ansatz dahin konkretisiert, dass bei der Interpretation **„werkgerechte Maßstäbe"** anzulegen seien und bei der Ermittlung des Aussagegehalts eines Kunstwerks dessen **„prägende Eigenheiten und Strukturmerkmale"**[51] zu berücksichtigen seien.

Hieran schließt die „**Esra**"-Entscheidung an, in der eine kunstspezifische Betrachtung **27** gefordert wird, aus der sich insbesondere auch die Notwendigkeit ergebe, den **Wirklichkeitsbezug des Kunstwerks im konkreten Fall** herauszuarbeiten: „*Zu den Spezifika erzählender Kunstformen wie dem Roman gehört, dass sie zwar häufig – wenn nicht regelmäßig – an die Realität anknüpfen, der Künstler dabei aber eine neue ästhetische Wirklichkeit schafft. Das erfordert eine kunstspezifische Betrachtung zur Bestimmung des durch den Roman im jeweiligen Handlungszusammenhang dem Leser nahegelegten Wirklichkeitsbezugs, um auf dieser Grundlage die Schwere der Beeinträchtigung des allgemeinen Persönlichkeitsrechts bewerten zu können.*"[52]

D. Der Konflikt zwischen Kunstfreiheit und Persönlichkeitsrecht

Obwohl die Kunstfreiheit nicht mit einem ausdrücklichen Gesetzesvorbehalt versehen **28** ist, kann sie nicht schrankenlos gewährleistet sein, sondern findet ihre Grenzen unmittelbar in anderen Bestimmungen der Verfassung, die ein in der Verfassungsordnung des Grundgesetzes ebenfalls wesentliches Rechtsgut schützen.[53] Das **Persönlichkeitsrecht** ist ein solches Recht, dem in der Rechtsprechung des BVerfG ein besonders hoher Rang beigemessen worden ist, insbesondere was seinen Menschenwürdekern betrifft.[54] Deshalb **kommt** es auch **als Schranke für künstlerische Ausdrucksformen in Betracht.** Dabei ist zu beachten, dass die **Kunstfreiheit ihrerseits** dem **Persönlichkeitsrecht Grenzen zieht**, da sonst die Gefahr besteht, dass unter Berufung auf das Persönlichkeitsrecht öffentliche Kritik und die Diskussion von gesellschaftsrelevanten Themen unterbunden werden.[55]

Im **Konfliktfall** sind die nachteiligen Auswirkungen einer künstlerischen Hervorbrin- **29** gung (des Kunstwerks) für die Persönlichkeit des Betroffenen zu berücksichtigen, ebenso wie die durch ein eventuelles Verbot betroffenen Belange freier Kunst. Beide **Interessenbereiche** sind unter Berücksichtigung aller Umstände des Einzelfalls gegeneinander **abzuwägen**. Dabei kommt keinem der Rechtsgüter von vornherein Vorrang gegenüber dem anderen zu.[56] Dabei gilt der Grundsatz, dass eine schwere Beeinträchtigung des Per-

---

[49] BVerfG NJW 1971, 1645, 1647 – *Mephisto*.

[50] BVerfG NJW 1985, 261 – *Der anachronistische Zug*.

[51] BVerfG NJW 1987, 2661 – *Strauß-Karikaturen*.

[52] BVerfG NJW 2008, 39, 42 (Rn. 82) – *Esra*. In diesem Sinne auch neuerdings BVerfG ZUM 2008, 323, 324 (Rn. 11) – *Hagener Mädchenmord*.

[53] BVerfG NJW 2008, 39, 40 (Rn. 68) – *Esra*, BVerfG NJW 1971, 1645 – *Mephisto*, BVerfG NJW 1985, 261 – *Der anachronistische Zug*.

[54] BVerfG NJW 2008, 39, 41 (Rn. 70) – *Esra*, BVerfG NJW 1987, 2661 – *Strauß-Karikaturen*.

[55] BVerfG NJW 2008, 39, 41 (Rn. 79) – *Esra*.

[56] BVerfG NJW 1971, 1645 – *Mephisto*, BVerfG NJW 1985, 477 – *Wartezeitregelung*, BVerfG NJW 1991, 1471 – *Josefine Mutzenbacher*.

sönlichkeitsrechts nicht durch die Kunstfreiheit gerechtfertigt werden kann.[57] Jedoch ist die Prüfung, ob eine solche schwere Beeinträchtigung im Einzelfall vorliegt, unter Berücksichtigung der Besonderheiten des konkreten Kunstwerks vorzunehmen, wobei eine kunst- und werkspezifische Betrachtung vorzunehmen ist.[58]

30   Die Abwägung kann, soweit der Anwendungsbereich der Regeln des KUG eröffnet ist,[59] spezialgesetzlich im Rahmen des **§ 23 Abs. 1 Nr. 4, Abs. 2 KUG** erfolgen, wonach Bildnisse, die einem höheren Interesse der Kunst dienen, nicht der Einwilligung des Betroffenen bedürfen, wenn keine berechtigten Interessen des Abgebildeten verletzt werden.[60] Ansonsten greift direkt das verfassungsrechtliche Abwägungsgebot bei konkurrierenden Grundrechten.

E. Typische Fallkonstellationen

31   Die Vielfalt und Eigenart sowohl der künstlerischen Erscheinungsformen als auch der hierzu jeweils ergangenen Rechtsprechung legt es nahe, die Darstellung nach typisch auftretenden Konfliktsituationen zu untergliedern. Die meisten der persönlichkeitsrechtsrelevanten Kunstwerke unterfallen den **drei übergreifenden Gattungen** Fiktionale Werke (I.), Doku-Fiction (II.) und Satire (III.), wobei es selbstverständlich auch Überschneidungen geben kann. Systematisch wird nachfolgend beim „realitätsfernsten" Werk, nämlich dem fiktionalen Werk, begonnen, woraufhin dann – mit zunehmendem Bezug zur Realität (und das heißt regelmäßig auch mit zunehmendem Wahrheitsanspruch) – die Gattungen Doku-Fiction und Satire behandelt werden. Innerhalb dieser Werkgattungen wird nachfolgend teilweise noch differenziert zwischen den unterschiedlichen **Medien** wie Buch, Film und Theater, die jeweils eigenen Gesetzmäßigkeiten folgen, welche in der juristischen Bewertung zu berücksichtigen sind. Dabei wird deutlich, dass sich einige Gattungen/Formate eher für bestimmte Medien eignen als andere, so etwa die Doku-Fiction primär für Film- und Theaterproduktionen.

I. Fiktionale Werke

1. Allgemeines

32   Fiktionale Werke erzählen per definitionem Erdachtes, also nicht etwas, was sich in Wirklichkeit so zugetragen hat. Daraus folgt, dass fiktionale Werke **grundsätzlich keinen Wahrheitsanspruch** erheben und sich den für Tatsachenbehauptungen geltenden Kategorien wahr/falsch entziehen. Das heißt allerdings nicht, dass sie grundsätzlich rechtlich nicht belangbar seien. Denn auch fiktionale Werke können (offene oder verdeckte) Bezüge zur Wirklichkeit enthalten. Auch für sie gilt der Satz, dass Kunstwerke nicht nur als ästhetische Realität wirken, sondern daneben auch ein Dasein in den Realien führen und sozialbezogene Wirkungen entfalten kann.[61] Das ergibt sich schon daraus, dass literarische Figuren häufig reale Vorbilder haben. Es kommt dann entscheidend auf Art und Intensität der Verfremdung an, die der Autor gewählt hat.[62]

33   In der Praxis stellen sich besonders im Bereich erzählender fiktionaler Literatur Probleme, wenn sich reale Personen in den literarischen Figuren wiederzuerkennen glauben und sich gegen negative Darstellungen oder intime Details zur Wehr setzen. In den vergangenen Jahren ist es aus diesen Problemkonstellationen heraus zu einigen **Buch-**

---

[57] BVerfG NJW 2008, 39, 42 (Rn. 80) – *Esra*.

[58] BGH NJW 2005, 2844, 2847 – *Esra*.

[59] Vgl. hierzu oben § 12 Rn. 4 ff.

[60] Vgl. hierzu *Schertz* GRUR 2007, 558.

[61] BGH NJW 2005, 2844, 2847 – *Esra*, BVerfG NJW 1971, 1645, 1646 – *Mephisto*.

[62] Vgl. zum Begriff der Verfremdung anschaulich *Grimm* ZRP 2008, 29.

verboten gekommen, die vor dem Hintergrund der Kunstfreiheitsgarantie und der oben erwähnten Vermutung für die Fiktionalität eines Textes als nicht unproblematisch zu betrachten sind.

2. Fälle aus der Rechtsprechung

Um einen typischen **Schlüsselroman**[63] hat es sich im Falle „*Mephisto*" gehandelt. Sei- **34**
nerzeit war über den Roman von Klaus Mann „Mephisto. Roman einer Karriere" zu entscheiden gewesen, dessen zentrale Figur, der Schauspieler Hendrik Höfgen, in Charakter und Biographie deutliche Parallelen zu dem bekannten Schauspieler Gustaf Gründgens aufwies. Die Klage, die auf eine Entstellung des Lebensbildes von Gründgens gestützt war, hatte vor den Zivilgerichten Erfolg.[64] Der erste Senat des Bundesverfassungsgerichts konnte in einer Situation der Stimmengleichheit keine hiervon abweichende Entscheidung treffen und bestätigte das Veröffentlichungsverbot.[65] Es ging in dem Roman, der 1936 im Exil geschrieben wurde, im Wesentlichen darum, das zeitgeschichtliche Portrait einer mehr oder weniger entarteten Gesellschaft zu zeichnen, von der Gründgens in gewisser Weise ein Teil war. Man kann also von einem **zeitgeschichtlichen Werk der Exilliteratur** sprechen.

Anders gelagert sind die Fälle, in denen sich zum Beispiel ehemalige **Lebensge- 35
fährt(inn)en oder Bekannte des Autors** in den Schilderungen eines Romans, wenn auch unter anderem Namen, wiederfinden. Darum ging es in den Entscheidungen „*Esra*"[66] und „*Meere*".[67] In beiden Fällen wurde ein Roman, der eine Liebesgeschichte mit teilweise expliziten erotischen Darstellungen zum Gegenstand hatte, von einer ehemaligen Lebensgefährtin des jeweiligen Autors, die sich in dem Roman portraitiert sah, angegriffen. Beide Bücher wurden mit der Begründung **verboten**, dass eine Erkennbarkeit zumindest für einen bestimmten Leserkreis gegeben sei und durch teilweise intime Schilderungen eine schwere Persönlichkeitsrechtsverletzung gegeben sei, die durch die Kunstfreiheit nicht zu rechtfertigen sei. In diese Richtung geht auch die häufig zitierte, aber nicht veröffentlichte Entscheidung des LG Essen „*Als ich das erste Mal*"[68] (erlaubt).

Ähnlich den oben genannten Fällen sind diejenigen Fälle zu behandeln, in denen **36
Personen, die keine persönlichen Beziehungen zum Autor unterhalten,** sich in einem fiktionalen Werk unter fremdem Namen portraitiert finden, Beispiele: „*Wilsberg und der tote Professor*"[69] (erlaubt) und „*Schlüsselroman*"[70] (erlaubt). Wieder etwas anders stellen sich diejenigen Fälle dar, in denen reale (meist bekannte) **Persönlichkeiten unter ihrem wirklichen Namen** in einem Roman oder Theaterstück auftreten. Um solche Fälle ging es in den Entscheidungen „*Sabine Christiansen*"[71] (erlaubt), „*Tod des Kanzlers*"[72] (verboten).

3. Rechtliche Bewertung

a) Erkennbarkeit. Auf der **Tatbestandsebene** kann die für einen Eingriff in das Per- **37
sönlichkeitsrecht notwendige individuelle Betroffenheit nur dann vorliegen, wenn der Betroffene erkennbar dargestellt ist. **Erkennbarkeit** liegt nach Auffassung des BGH dann vor, wenn die Person ohne namentliche Nennung zumindest für einen Teil des Leser- oder Adressatenkreises auf Grund der mitgeteilten Umstände hinreichend erkennbar

---

[63] Vgl. zum Schlüsselroman *Frey*, Romanfigur, sowie *v. Becker*, KUR 2003, 81 ff.
[64] BGH NJW 1968, 1773 ff. – Mephisto.
[65] BVerfG NJW 1971, 1645 – *Mephisto*.
[66] BGH NJW 2005, 2844 ff., BVerfG NJW 2008, 39 – *Esra*.
[67] KG NJW-RR 2004, 1415 – *Meere*.
[68] Az.: 4 O 384/99; es handelte sich hier um ein Gedicht.
[69] LG Münster NJW-RR 2003, 692 ff. – *Wilsberg und der tote Professor*.
[70] OLG Stuttgart NJW 1989, 396 ff. – *Schlüsselroman*.
[71] LG Dresden AfP 2005, 83 – *Sabine Christiansen*.
[72] OLG Hamburg AfP 2004, 375 – *Tod des Kanzlers*.

wird.[73] Es kommt darauf an, dass ein Leser mit Einblick in das berufliche oder persönliche Umfeld des Betroffenen diesen auf Grund der mitgeteilten Lebensdaten erkennt, also von den Schilderungen im Roman auf diesen schließt.[74] Dieser Maßstab einer **Erkennbarkeit durch einen mehr oder minder großen Bekanntenkreis** wurde vom BVerfG bestätigt.[75] Die Identifizierung muss sich für den mit den Umständen vertrauten Leser aufdrängen. Das setzt regelmäßig eine **hohe Kumulation von Identifizierungsmerkmalen** voraus.[76]

38   **b) Verselbständigung der Kunstfigur.** Im Rahmen der **Rechtswidrigkeit** ist eine **Abwägung aller Umstände des Einzelfalls** vorzunehmen. Dabei ist auf einer **ersten Stufe** zu prüfen, „ob und inwieweit das *Abbild* gegenüber dem *Urbild* durch die künstlerische Gestaltung des Stoffs und seine Ein- und Unterordnung in den Gesamtorganismus des Kunstwerks so **verselbständigt** erscheint, dass das Individuelle, Persönlich-Intime zu Gunsten des Allgemeinen, Zeichenhaften der *Figur* objektiviert ist".[77] Es kommt darauf an, ob mit den Romanfiguren primär **Typen oder Personen in ihrem realen Bezug** dargestellt werden sollen. Der Grad der vom Künstler vorzunehmenden Verfremdung steigt mit der Sensibilität der dargestellten Persönlichkeitsdaten.[78] Eine ausreichende Verselbständigung ist regelmäßig nicht anzunehmen, wenn der Künstler ersichtlich ein **Portrait des Urbilds** zeichnen wollte. Man kann auch darauf abstellen, ob die subjektive Absicht des Künstlers primär eine berichterstatterische oder eine künstlerische war, bzw. ob die erzählten Geschehnisse einer künstlerischen Notwendigkeit folgen oder sich jenseits künstlerischer Gesichtspunkte sklavisch an die Realität halten.[79]

39   **c) Schwere Persönlichkeitsrechtsverletzung.** Mit Sicht auf die Belange der Kunstfreiheit ist auf einer **zweiten Stufe** der Rechtswidrigkeitsprüfung im Rahmen einer **Güterabwägung noch die Schwere** der Persönlichkeitsrechtsverletzung zu ermitteln. Es gilt der Grundsatz, dass eine schwere Persönlichkeitsrechtsverletzung nicht durch die Kunstfreiheit gerechtfertigt werden kann.[80] Dabei ist es von Bedeutung, ob der Roman **Schilderungen der Privat- oder Intimsphäre** enthält.[81] Denn es besteht die Gefahr, dass der Leser diese Schilderungen wegen der zahlreichen sonstigen Übereinstimmungen zwischen Roman und Leben mit der realen Person in Verbindung bringt, unabhängig davon, ob sie tatsächlich eine Entsprechung im Leben des Betroffenen finden oder nicht.[82] Eine schwere Persönlichkeitsrechtsverletzung kann aber auch durch eine **negative Entstellung in der Figurenzeichnung** erfolgen.[83] Denn auch in diesem Fall besteht die Gefahr, dass der Leser nicht mehr zwischen Fakt und Fiktion unterscheiden kann und die Figurenschilderung insgesamt, auch die entstellenden Teile, auf den Betroffenen bezieht. Der Betroffene muss nicht hinnehmen, dass sich der Leser die durch den Roman nahe-

---

[73] BGH NJW 2005, 2844, 2845 − *Esra*.

[74] BGH NJW 2005, 2844, 2846 − *Esra*.

[75] BVerfG NJW 2008, 39, 41 (Rn. 75) − *Esra*. Kritisch zum Begriff der Erkennbarkeit in künstlerischen Konfigurationen *v. Becker*, KUR 2003, 81, 87 ff. sowie *ders.*, Fiktion und Wirklichkeit, S. 65 ff.

[76] BVerfG NJW 2008, 39, 41 (Rn. 76) − *Esra*.

[77] BGH NJW 2005, 2844, 2847 − *Esra*, BVerfG NJW 2008, 39, 42 (Rn. 83) − *Esra*, ebenso schon BVerfG NJW 1971, 1645, 1647 − *Mephisto*.

[78] KG Berlin NJW-RR 2004, 1415, 1417 − *Meere*.

[79] So mit sorgsamer Begründung OLG Stuttgart NJW 1989, 396, 397 − *Schlüsselroman*.

[80] BVerfG NJW 2008, 39, 42 (Rn. 80) − *Esra*.

[81] BGH NJW 2005, 2844, 2848 − *Esra*.

[82] BGH NJW 2005, 2844, 2848 − *Esra*. Ähnlich mit Sicht auf intime Darstellungen in einem Roman auch KG Berlin NJW-RR 2004, 1415, 1416 − *Meere*: Im Leser werde „die Vorstellung erweckt…, es handele sich um tatsächlich Erlebtes".

[83] BGH NJW 2005, 2844, 2848 − *Esra*. Beide Gesichtspunkte, die Intimsphäre und die negative Entstellung, haben auch im *Mephisto*-Urteil eine Rolle gespielt, BVerfG NJW 1971, 1645, 1648 − *Mephisto*.

gelegte Frage stellt, ob sich die dort berichteten Geschehnisse auch in der Realität zugetragen haben.[84]

d) Je-Desto-Formel. Zwischen der ersten und der zweiten Stufe besteht eine **Wech-** 40
selwirkung: Je stärker Abbild und Urbild übereinstimmen, desto schwerer wiegt die Beeinträchtigung des Persönlichkeitsrechts. Je mehr die künstlerische Darstellung die besonders geschützten Dimensionen des Persönlichkeitsrechts berührt, desto stärker muss die
Fiktionalisierung sein, um eine Persönlichkeitsrechtsverletzung auszuschließen (**Je-desto-**
Formel).[85]

e) Vermutung der Fiktionalität. Aus der von Art. 5 Abs. 3 GG geforderten kunst- 41
spezifischen Betrachtung folgert eine **Vermutung für die Fiktionalität** eines Werks, zumindest dann, wenn es sich als fiktional ausgibt, wie etwa ein Roman oder ein Theaterstück.[86] Diese Vermutung der Fiktionalität kann allerdings **widerlegt** werden, **wenn der**
Nachweis erbracht wird, dass in der konkreten Passage des Werks Anhaltspunkte dafür
vorliegen, die es dem Leser nahe legen, bestimmte dargestellte Ereignisse als tatsächlich
geschehen anzusehen. Diese **Anhaltspunkte** können stilistischer oder dramaturgischer
Art sein und müssen bei kunstspezifischer Betrachtung ermittelt werden. Es muss sich die
nahe liegende Frage stellen, ob sich die geschilderten Handlungen (ausnahmsweise) als
Bericht über tatsächliche Ereignisse begreifen lassen. Im Falle *„Esra"* hat das BVerfG
solche Anhaltspunkte hinsichtlich der Klägerin zu 1. (dem Vorbild für die Figur Esra) darin gesehen, dass der Autor des Romans offensichtlich aus eigener direkter Erfahrung über
die in dem Buch beschriebenen Sexualkontakte geschrieben habe,[87] schon weil aus der
Perspektive des Romans eigenes Erleben des Ich-Erzählers geschildert werde.[88] Die Betroffene müsse es daher, weil ihr auf diesem Gebiet der Wahrheitsbeweis nicht möglich
oder auch nur zumutbar sei, nicht hinnehmen, dass sich der Leser die nahe gelegte Frage
stelle, ob die beschriebenen Geschehnisse sich auch in der Realität so zugetragen haben.[89]
Im Falle *„Hagener Mädchenmord"* hat das BVerfG solche die Vermutung der Fiktionalität
widerlegenden Anhaltspunkte dem Werk nicht entnehmen können, da in dem Theaterstück die Hauptfigur nicht deutlich als tatsächliche Intimpartnerin des Autors erkennbar
sei.[90]

II. Dokufiction

1. Allgemeines

Als Dokufiction bezeichnet man halbdokumentarische Formate, also Spielfilme oder 42
Theaterstücke (im Buchbereich kaum anzutreffen), die in erzählerisch-dramaturgischer
Form von realen, meist zeitgeschichtlichen Geschehnissen handeln. Dabei lässt sich wei-
ter **unterscheiden zwischen** dem so genannten **Dokumentarspiel** (auch „Doku-
Drama"),[91] welches – teilweise unter Verwendung von Originalaufnahmen – reale Vor-

---

[84] BVerfG NJW 2008, 39, 44 (Rn. 102) – *Esra*.
[85] BVerfG NJW 2008, 39, 42 (Rn. 90) – *Esra*.
[86] BVerfG NJW 2008, 39, 42 (Rn. 84) – *Esra*, ebenso BVerfG ZUM 2008, 323, 324 (Rn. 11) –
Hagener Mädchenmord.
[87] BVerfG NJW 2008, 39, 43 (Rn. 99) – *Esra*.
[88] BVerfG NJW 2008, 39, 43 (Rn. 101) – *Esra*.
[89] BVerfG NJW 2008, 39, 44 (Rn. 102) – *Esra*. Im Falle der Klägerin zu 2. (der Mutter) hat das
BVerfG solche Anhaltspunkte nicht erkennen können und an den BGH zurückverwiesen, der zwischenzeitlich in einem zweiten Urteil (ZUM 2008, 683) die Klage der Klägerin zu 2. endgültig
abgewiesen hat.
[90] BVerfG ZUM 2008, 323, 324 (Rn. 15) – *Hagener Mädchenmord*. Vgl. hierzu *v. Becker*, ZUM
2008, 265 ff.
[91] Vgl. hierzu etwa den klassischen Fall BVerfG NJW 1973, 1226 – *Lebach*, auch mit rechtstatsäch-
lichen Ausführungen zum Format des Dokumentarspiels.

gänge in authentischer Form nachspielt, **und** andererseits dem reinen **Spielfilm**, der sich an historische Vorgänge anlehnt.[92] Das Dokumentarspiel entspricht, transponiert auf literarische Kategorien, eher dem Sachbuch, der Spielfilm eher dem Roman. Die Übergänge zwischen den Formaten können fließend sein.

43   Die Besonderheit von Werken der Doku-Fiction besteht darin, dass sie, wie der Begriff schon sagt, **teilweise fiktionale** Elemente **und teilweise dokumentarische Elemente** enthalten. Es wird also einerseits der Anspruch erhoben, historische Vorgänge wahrheitsgetreu wiederzugeben, andererseits sind auch fiktionale Ausschmückungen enthalten. Bei der Bewertung ist daher für jede **Szene gesondert zu beurteilen**, ob jeweils für den Zuschauer erkennbar der Anspruch erhoben wird, authentisch und wirklichkeitsgetreu historische Vorgänge aus der Wirklichkeit wiederzugeben. Nur soweit das der Fall, muss sich der Film auch daran messen lassen, das heißt, die Darstellung muss den Tatsachen entsprechen.[93]

2. Fälle aus der Rechtsprechung

44   **a) Verfilmungen.** Die Leitentscheidung zum Filmformat des Dokumentarspiels ist die *„Lebach"*-**Entscheidung** des BVerfG.[94] Dort ging es um die Verfilmung einer schweren Straftat. Der Täter war wegen Beihilfe zum mehrfachen Mord verurteilt worden und wehrte sich – zuletzt erfolgreich durch Verfassungsbeschwerde – gegen eine dokumentarische Verfilmung der Tat, die rund zwei Jahre nach seiner rechtskräftigen Verurteilung im ZDF ausgestrahlt werden sollte. Die Entscheidung war maßgeblich auf den **Gesichtspunkt der Resozialisierung** gestützt worden, enthielt aber zahlreiche Abwägungskriterien zur Beurteilung derartiger Fälle, wie etwa Reichweite des Mediums, Intensität des öffentlichen Interesses, Dauer der seit der Tat vergangenen Zeit etc.

45   Dem **Fall „Rohtenburg"** lag ein Spielfilm über eine reale Straftat zugrunde, jedoch war hier zur Zeit der Entscheidung über das Filmverbot das Verfahren über die zugrunde liegende Straftat noch nicht rechtskräftig abgeschlossen.[95] Gegenstand des Films sind die Taten des als „Kannibale von Rotenburg" bekannt gewordenen Armin Meiwes. Die Verfilmung hielt sich recht genau an den Tathergang. Allerdings wurden die Namen der Beteiligten abgeändert und um die Tat herum wurde eine fiktive Rahmenhandlung gelegt. Das OLG Frankfurt/M hat in der Verfilmung eine schwere Persönlichkeitsrechtsverletzung des Täters gesehen, da dieser „zum Gegenstand eines als Real-Horrorfilm angekündigten Spielfilms" gemacht worden sei und der Film nicht in erster Linie ausgewogene Information, sondern Unterhaltung bezwecke.[96] Die filmische Wiedergabe komme nicht ohne Interpretation, dramaturgische Schwerpunktsetzung, und vor allen Dingen nicht ohne die **Verkürzung des Lebensbildes des Täters** auf die dargestellte Tat aus.[97] Gleichzeitig habe der Film im Sinne der einschlägigen Rechtsprechung (Mephisto, Esra[98]) keine verselbständigte Kunstfigur geschaffen, sondern den Täter und dessen Lebenssituation „im Wesentlichen detailgetreu ohne Verfremdung nachgestellt".[99]

46   Das LG Koblenz hat im Falle der **Verfilmung des Gäfgen-Falles** kein Verbot ausgesprochen.[100] Bei dem Film handelte es sich nach Ansicht der Kammer ungeachtet seines

---

[92] Dieses Format lag den neueren Fällen, OLG Frankfurt NJW 2007, 699 – *Rohtenburg*, LG Koblenz NJW 2007, 695 – *Gäfgen*, OLG Hamburg ZUM 2007, 483 ff. – *Contergan*, OLG München ZUM 2007, 932 – *Baader Meinhof Komplex*, zugrunde.

[93] Vgl. zum Format der Dokufiction *v. Becker*, ZUM 2008, 265 ff.

[94] Vgl. BVerfG NJW 1973, 1226 – *Lebach*.

[95] Der BGH hatte das erstinstanzliche Urteil wegen mangelhafter Prüfung der Mordmerkmale aufgehoben und zurückverwiesen.

[96] OLG Frankfurt/M NJW 2007, 699, 702 – *Rohtenburg*. Vgl. kritisch zu der Entscheidung *Kaboth* ZUM 2006, 412 und *v. Becker* AfP 2006, 124.

[97] OLG Frankfurt/M NJW 2007, 699, 702 – *Rohtenburg*.

[98] Vgl. oben Rn. 35, 38.

[99] OLG Frankfurt/M NJW 2007, 699, 701 – *Rohtenburg*.

[100] LG Koblenz NJW 2007, 695 – *Gäfgen*, mit Anmerkung *v. Becker* NJW 2007, 662 ff.

auch unterhaltenden Charakters um einen seriösen Beitrag zur öffentlichen Diskussion. Zwar handele es sich nicht um eine Berichterstattung im engeren Sinne oder auch nur um ein Dokumentarspiel, sondern um einen Spielfilm. Jedoch müsse die Abwägung bei einem Spielfilm erst recht zuungunsten des Betroffenen ausgehen, da der Eingriff in das Persönlichkeitsrecht in diesen Fällen deutlich geringer sei als bei Dokumentarspielen, die den Anspruch auf wahrheitsgetreue Schilderung erheben.[101] Die Unschuldsvermutung sprach nach Auffassung des LG Koblenz nicht gegen die Ausstrahlung. Zwar streite der Täter noch vor dem Europäischen Gerichtshof für Menschenrechte für eine Aufhebung der Verurteilung und die Wiederaufnahme des Verfahrens,[102] jedoch sei mit einer Aufhebung der Verurteilung aus Sicht der Kammer nicht zu rechnen.[103] Auch der Resozialisierungsgedanke greife nicht durch, da mit einer Haftentlassung frühestens im Jahre 2017 zu rechnen sei. Den Vorwurf einer verfälschenden Darstellung hält die Kammer nicht für begründet, da der Film gerade in den Punkten, in denen er von der Realität abweiche, eher ein freundlicheres Täterbild zeichne.[104]

Im Falle der **Verfilmung des Contergan-Skandals** hatte das OLG Hamburg in gesonderten Verfahren sowohl über Ansprüche des in dem Film dargestellten Herstellerunternehmens Grünenthal (aus dem Gesichtspunkt des Unternehmenspersönlichkeitsrechts) als auch über Ansprüche des seinerzeitigen Opferanwalts Schulte-Hillen zu entscheiden,[105] die beide gegen die Verfilmung vorgegangen waren. Der Senat ist davon ausgegangen, dass der Film für den Zuschauer erkennbar kein Dokumentar-, sondern ein Spielfilm sei. Hinsichtlich Schulte-Hillens hat das OLG die Verfilmung uneingeschränkt zugelassen, da er in keiner Szene nachteilig oder sonst schwer belastender Weise dargestellt sei.[106] Hinsichtlich des Unternehmens hat es einige Szenen für unzulässig erklärt, die frei erfunden und geeignet waren, das Ansehen des Unternehmens erheblich herabzusetzen.[107] Das OLG Hamburg hat dabei **drei verschiedene Kategorien von Szenen** unterschieden: Einblicke in das Familienleben und den Alltag der Filmfiguren, von denen der Zuschauer keine Wirklichkeitstreue erwartet wird, interne Besprechungen im Unternehmen, von denen ebenfalls keine wahrheitsgetreue Wiedergabe erwartet werde, da diese erkennbar nicht dokumentiert seien und daher notwendig erfunden, und drittens historische Vorgänge, bei denen wahrheitsgetreue Schilderung zu erwarten sei.[108] **47**

Das OLG München hat dem Versuch, die **Verfilmung** der RAF-Geschichte **„Der Baader Meinhof Komplex"** im Wege des Verfügungsverfahrens zu stoppen, nicht stattgegeben.[109] Eine Tochter von Ulrike Meinhof[110] war vorbeugend gegen die Verfilmung vorgegangen mit der Begründung, sie sei zusammen mit ihrer Zwillingsschwester in einigen Szenen des Films dargestellt. Das OLG München hat das KUG für nicht anwendbar erklärt, da die Antragstellerin zwar aufgrund des Kontextes erkennbar, aber nicht „in ihrer wirklichen, dem Leben entsprechenden äußeren Erscheinung wiedergegeben" worden sei.[111] Auch Ansprü- **48**

---

[101] LG Koblenz NJW 2007, 695, 697 – *Gäfgen.*

[102] Angestrebt wird dort eine Wiederaufnahme gemäß § 359 Nr. 6 StPO, gestützt auf Art. 3c (Versagung der Verteidigung) und Art. 6 Abs. 1 (faires Verfahren) der Menschenrechtskonvention.

[103] Kritisch hierzu: *v. Becker* NJW 2007, 662 ff.

[104] LG Koblenz NJW 2007, 695, 699 – *Gäfgen.*

[105] OLG Hamburg ZUM 2007, 479, 483 ff. – *Contergan.*

[106] OLG Hamburg ZUM 2007, 479 – *Contergan.*

[107] OLG Hamburg ZUM 2007, 483 – *Contergan.* Vgl. auch den Beschluss des BVerfG über die (erfolglose) Verfassungsbeschwerde der Firma Grünenthal gegen das Urteil des OLG Hamburg, BVerfG ZUM 2007, 730 ff.

[108] OLG Hamburg ZUM 2007, 483, 486 – *Contergan.*

[109] OLG München ZUM 2007, 932 – *Baader Meinhof Komplex.*

[110] In diesem Fall Regine Röhl, während ihre Schwester Bettina Röhl u. a. gegen die Bezeichnung als „Terroristentochter" (BGH NJW 2007, 686) und gegen die erste Fassung des Stücks „Ulrike Maria Stuart" (verglichen) vorgegangen war.

[111] OLG München ZUM 2007, 933 – *Baader Meinhof Komplex.*

che aus dem allgemeinen Persönlichkeitsrecht sah das OLG München nicht als gegeben, weil die Filmpassagen, die die Antragstellerin zeigten, von eher untergeordneter Bedeutung seien und auf der anderen Seite das öffentliche Interesse an einer politischen und historischen Auseinandersetzung mit den Verbrechen der RAF von enormer zeitgeschichtlicher Bedeutung sei.[112]

49   **b) Theaterinszenierungen.** Auch **Theateraufführungen** mit dokumentarischem Bezug nehmen an Häufigkeit zu. Allein aus Anlass des dreißigjährigen Jahrestages des „Deutschen Herbstes" im Jahr 2007 hat etwa das Schauspiel Stuttgart allein vier Uraufführungen zu diesem Thema gebracht.[113] Im Unterschied zu halbdokumentarischen Filmformaten besteht bei Theaterinszenierungen die Besonderheit, dass der Theaterzuschauer sich aufgrund der gesamten Begleitumstände der Rezeption viel eher bewusst sein wird, eine Kunstform zu erleben. Dem Medium Theater fehlt es in der Regel an den Voraussetzungen, als Ort einer nachrichtenartigen Dokumentation wahrgenommen zu werden.[114]

50   Gerichtlich verhandelt wurde der Fall der Inszenierung des *„Hagener Mädchenmordes"*. Interessant an diesem Fall ist, dass erstmalig im Falle der Bearbeitung einer Straftat aus dem **Persönlichkeitsrecht eines Opfers** vorgegangen wurde. Dem Stück liegt ein realer Fall zugrunde, nämlich die Ermordung eines türkischen Mädchens im Jahr 2004. Zunächst sind einige Aufführungen des Stücks auf den Antrag der Mutter der Ermordeten hin aus dem Gesichtspunkt des postmortalen Persönlichkeitsschutzes im Wege der einstweiligen Verfügung verboten worden.[115] Im Hauptsacheverfahren sind die Verbotsanträge dann nicht mehr durchgedrungen.[116] Das **BVerfG** hat die Verfassungsbeschwerde gegen die entsprechenden Urteile nicht zur Entscheidung angenommen.[117] Dem Bühnenstück, welches den zugrunde liegenden Kriminalfall dramaturgisch aufbereitet hat, sei es primär darum gegangen, eine gesellschaftliche Problematik zu veranschaulichen und nicht darum, die konkreten Persönlichkeiten der Akteure zu schildern. Das in dem Stück geschilderte Tatgeschehen erschiene dem Zuschauer deshalb eher als **„Archetyp"** **einer bestimmten Verbrechensbegehung**, die Tat werde als symptomatisch empfunden für eine aktuelle, vielfach in der Öffentlichkeit diskutierte Problematik. Nicht die individuellen Gefühle der Beteiligten würden herausgestellt, sondern die Typik ihrer Rollen.[118] Eine Beeinträchtigung der **Intimsphäre** der Ermordeten sei trotz der auch sexuellen Implikationen der Tat deshalb nicht gegeben, weil das Werk dem Zuschauer nicht die Frage nahelegen würde, ob sich die geschilderten Handlungen als Berichte über tatsächliche Ereignisse begreifen lassen, etwa weil es sich deutlich um die Intimpartnerin des Autors handeln würde oder der Autor sonst erkennbar unmittelbar Erlebtes wiedergeben haben würde.[119]

3. Rechtliche Bewertung

51   **a) Allgemeines.** Es **gelten grundsätzlich die oben bereits dargelegten Maßstäbe,** insbesondere was die zweistufige Prüfung (vgl. Rn. 38, 39), sowie die Geltung der Je-Desto-Formel (Rn. 40) und die Vermutung für die Fiktionalität (Rn. 41) angeht.

52   **b) Erkennbarkeit.** Die **Erkennbarkeit** spielt in diesen Fallkonstellationen meist keine große Rolle, da aufgrund des halbdokumentarischen Charakters der Doku-Fiction-Formate regelmäßig deutlich wird, wer gemeint ist, sonst ergäbe das (Film-)Werk keinen

[112] OLG München ZUM 2007, 935 – *Baader Meinhof Komplex*.

[113] „1977", „Der Umschluss", „Die dritte Generation", „Mogadischu Fensterplatz".

[114] So ausdrücklich LG Essen ZUM RD 2007, 92 und Hamburg ZUM RD 2007, 94 – *Hagener Mädchenmord*.

[115] OLG Hamm AfP 2006, 261 sowie LG Hagen ZUM 2006, 655 – *Hagener Mädchenmord*.

[116] LG Essen ZUM RD 2007, 92, LG Hamburg ZUM RD 2007, 94, OLG Hamm v. 16. 5. 2007 (Az.: 3 U 258/06) – *Hagener Mädchenmord*.

[117] BVerfG ZUM 2008, 323 – *Hagener Mädchenmord*.

[118] LG Hamburg ZUM RD 2007, 94 – *Hagener Mädchenmord*.

[119] BVerfG ZUM 2008, 323 – *Hagener Mädchenmord*, in Anknüpfung an das *Esra*-Urteil.

Sinn. Bei den meisten gerichtshängig gewordenen Fällen handelt es sich um Verfilmungen von einzelnen **Verbrechen** oder um **zeitgeschichtliche Episoden** mit zumindest kriminalistischem Einschlag. Bei den Betroffenen handelt es sich daher regelmäßig um die jeweiligen ehemaligen Täter, die sich in ihrem Persönlichkeitsrecht und in ihrem Recht auf Resozialisierung bzw. auf faires Verfahren verletzt sehen.[120]

c) Unschuldsvermutung, Resozialisierungsgedanke. Die beiden in diesen Fall- **53** konstellationen regelmäßig zugunsten der Betroffenen zu berücksichtigenden Gesichtspunkte der **Unschuldsvermutung** und der **Resozialisierung** stehen jeweils in einem Spannungsverhältnis zu dem grundsätzlich an Straftaten bestehenden öffentlichen Interesse: Ist die dargestellte Tat noch besonders aktuell, so besteht zwar ein besonders großes öffentliches Informationsbedürfnis, es kann aber zugunsten des Täters die Unschuldsvermutung greifen; liegt die Tat länger zurück, so kann zugunsten des Täters – wie im Falle „*Lebach*" – der Resozialisierungsgedanke greifen, außerdem ist dann das berücksichtigungsfähige Informationsinteresse der Öffentlichkeit möglicherweise nicht mehr so stark ausgeprägt.

Anders verhält es sich möglicherweise bei zeitgeschichtlich bedeutsamen Themen wie **54** der Geschichte der RAF, wo das **öffentliche Interesse** an einer tiefer greifenden **Interpretation der Tat**, ihrer Hintergründe und ihrer gesellschaftsbedingten Voraussetzungen mit der Zeit sogar noch zunehmen kann.[121] Es kommt immer darauf an, inwieweit **im Vordergrund** der Bearbeitung primär die **Schilderung persönlicher Schicksale oder** die Darstellung einer aktuellen, in der Öffentlichkeit diskutierten **gesellschaftlichen Problematik** steht. Da innerhalb eines Werks oft beides der Fall ist, muss gegebenenfalls Szene für Szene entschieden werden.

d) Intimbereich. Von Bedeutung ist weiter die Frage, ob die im Film dargestellten **55** Vorgänge den **Intimbereich** des Betroffenen berühren. Zwar begibt sich der Täter durch seine Tat regelmäßig in gewisser Weise selbst in die Öffentlichkeit.[122] Es bleibt aber der Grundsatz, dass der Intimbereich – auch des Verbrechers – als unantastbarer Kernbereich des Persönlichkeitsrechts gilt, dessen Zurschaustellung grundsätzlich unzulässig ist.[123] Deshalb darf zwar natürlich in sachlicher Form über die Tat berichtet werden, selbst wenn dabei notgedrungen intime Details aus dem Leben des Täters öffentlich werden. Eine über die notwendige Berichterstattung hinausgehende Verwendung dieser Details für Unterhaltungszwecke dürfte dagegen regelmäßig problematisch sein.

III. Satire/Boulevard

1. Allgemeines

Satirische Beiträge berühren fast schon definitionsgemäß die Persönlichkeitsrechte der **56** dargestellten Personen. Da die Satire gleichzeitig als meinungsbildende oder sogar künstlerische Ausdrucksform unter dem grundrechtlichen Schutz des Art. 5 GG steht, bereiten Fallkonstellationen im Zusammenhang mit der Satire regelmäßig schwierige Abwägungsprobleme. Die neuerdings zu beobachtende Beliebtheit und zunehmende Anzahl satirischer Fernsehformate und satirischer Magazine lassen vermuten, dass juristische Auseinandersetzungen um die Grenzen der Satire eher zunehmen werden.[124]

---

[120] Nur ausnahmsweise ist es vorgekommen, dass sich die Opfer gegen die Verfilmungen zur Wehr setzen (etwa im Falle *Contergan* auch der Opferanwalt und im Falle *Hagener Mädchenmord* die Mutter des Opfers, s.o).

[121] OLG München (unter Hinweis auf das *Lebach*-Urteil) ZUM 2007, 932, 935 – *Baader Meinhof Komplex*.

[122] BVerfG NJW 1973, 1226, 1230 – *Lebach*.

[123] OLG Frankfurt/M NJW 2007, 699, 702 – *Rohtenburg*.

[124] Vgl. zur Satire allgemein *v. Becker* GRUR 2004, 908.

57   Die Satire ist eine Literaturgattung, die durch Spott, Ironie oder Übertreibung bestimmte Personen, Anschauungen, Ereignisse oder Zustände kritisieren oder lächerlich
machen will.[125] Als die **drei wesentlichen Merkmale der Satire** werden der Angriff
auf ein erkennbares reales Objekt, die nicht rein private Motivation und die Indirektheit
dieses Angriffs angesehen.[126] In der juristischen Literatur wird die Satire als Darstellung
angesehen, die mit dem Mittel der Übertreibung bewusst ein Spott- oder Zerrbild der
Wirklichkeit vermittelt;[127] oder, wie es das OLG Düsseldorf unter Bezugnahme auf
Meyers Enzyklopädisches Lexikon formulierte: Satire ist eine Kunstform, in der sich der
an einer Norm orientierte Spott über Erscheinungen der Wirklichkeit nicht direkt, sondern indirekt durch die ästhetische Nachahmung ebendieser Wirklichkeit ausdrückt.[128]

2. Fälle aus der Rechtsprechung

58   **a) Karikatur, Fotomontage.** Einen klassischen Fall **politischer Satire** hatte das
BVerfG im Fall *„Strauß-Karikaturen"* zu entscheiden. Das Gericht verbot etwa ein Jahr
vor dem Tod des damaligen bayerischen Ministerpräsidenten mehrere Karikaturen des
Zeichners *Hachfeld* für das Magazin „Konkret", in welchen Strauß als Schwein dargestellt
war, das mit anderen, teilweise in Justiztracht gezeichneten Schweinen, kopulierte. Das
BVerfG[129] hat in diesen Zeichnungen eine durch die Kunstfreiheit nicht mehr zu rechtfertigende Verletzung des **Kernbereichs der menschlichen Ehre** gesehen.

59   Ein weiteres gerichtlich verhandeltes Beispiel politischer Satire ist der *Barschel/Eng-*
holm-Fall. Das OLG Hamburg[130] hat 1993 eine auf der Titelseite des Magazins „Titanic"
veröffentlichte Fotomontage verboten, die auf die bekannte Badewannen-Fotografie des
toten *Uwe Barschel* einen lächelnden Kopf von *Björn Engholm* gesetzt hatte mit der Text-
zeile „Sehr komisch, Herr Engholm !". Das OLG Hamburg hat, unabhängig von den verschiedenen Deutungsmöglichkeiten, bereits in der bildlichen Komposition eine die Menschenwürde von Herrn *Engholm* schwer beeinträchtigende Persönlichkeitsrechtsverletzung
gesehen.

60   Der **BGH**[131] hatte über eine **Foto-Montage** zu entscheiden, die den damaligen Vor-
standsvorsitzenden der Deutschen Telekom AG auf einem von Rissen durchzogenen
bröckelnden „T" sitzend darstellte, wobei der Kopf in einer Weise verändert wurde, dass
man ihn gleichwohl gut erkennen konnte. Anders als das OLG Hamburg als Vorinstanz
hat der BGH eine Verletzung des Persönlichkeitsrechts in dieser Foto-Montage nicht erkennen können, da der Betrachter eine in vollem Umfang realistische Abbildung gar
nicht erwarten würde.[132] Das **BVerfG**[133] hat die Entscheidung des BGH aufgehoben mit
der Begründung, der Träger des Persönlichkeitsrechts habe ein **Recht** darauf, dass ein
fotografisch erstelltes Abbild nicht manipulativ entstellt wird. Außerdem sugge-
rierten Fotos Authentizität, so dass das Abbild des Kopfes durch die Manipulation eine
unrichtige Aussage über das Aussehen des Dargestellten erhalte, die durch den Zweck der
Satire nicht gerechtfertigt würde.[134]

61   **b) Film.** Satire findet heute in beachtlichem Umfang nicht nur in den Printmedien,
sondern auch und gerade in den Sendemedien statt, insbesondere im Fernsehen. Aus letz-

---

[125] Brockhaus in 15 Bänden, 1999, Band 12.
[126] *Brummack* in: Kohlschmidt/Mohr, Reallexikon der deutschen Literaturgeschichte, Bd. 3,
S. 602.
[127] Vgl. etwa Wenzel-*Burkhardt*, Das Recht der Wort- und Bildberichterstattung, 5. Auflage 2003,
Kap. 3 Rn. 30.
[128] OLG Düsseldorf NJW-RR 1990, 1116, 1117 – *Die sieben peinlichsten Persönlichkeiten*.
[129] BVerfG NJW 1987, 2661 – *Strauß-Karikaturen*.
[130] NJW-RR 1994, 1373 – *Barschel/Engholm*.
[131] BGH NJW 2004, 596 – *Telekom*.
[132] BGH NJW 2004, 596, 597 – *Telekom*.
[133] BVerfG GRUR 2005, 500 ff. – *Telekom*.
[134] BVerfG GRUR 2005, 500, 502 – *Telekom*.

ter Zeit gibt es mehrere Urteile zu Fernsehsatiren. Dabei sind Opfer der Satire meist Repräsentanten der Medien- und Unterhaltungsbranche.

Das OLG Hamm[135] hat über den Fall eines 16-jährigen Mädchens entschieden, dessen **62** Äußerungen in einem Kurzinterview aus Anlass einer Miss-Allemagne-Wahl mehrfach in der Comedy-Sendung *„TV Total"* eingeblendet, kommentiert und bewusst dem Spott des Publikums preisgegeben wurden. Zunächst wurde in drei aufeinanderfolgenden Sendungen der Satz „Mein Name ist L. L. und ich bin 16 Jahre alt" wiedergegeben und in ironischer Weise kommentiert. Dann wurde in einer späteren Sendung das Interview erneut aufgegriffen und in Verbindung gebracht mit einer fiktiven „L. L.-Partei" und einem kurzen Filmausschnitt mit einem kopulierenden Paar unter Einbeziehung des Textes „L. für alle", wobei die Darstellerin der Klägerin ähnelte. Die gesamte Sequenz wurde dann noch etwa eine Woche lang auf der Internetseite von „TV Total" abrufbereit gestellt. Das OLG Hamm hat wegen **schwerer Verletzung des Persönlichkeitsrechts** eine **Entschädigung** von 70.000 EURO zugesprochen.[136]

Im Falle *„Münzen-Erna"* hatte der Moderator der „RTL-Nacht-Show" gegenüber **63** seinem Talkgast, der Prinzessin Erna von Sachsen, die Vermutung geäußert, diese sei der Öffentlichkeit auch unter dem Namen *„Münzen-Erna"* bekannt und hatte damit auf den Umstand angespielt, dass die Gemeinte keine geborene Adlige ist, sondern – möglicherweise aus finanziellen Motiven – in die Familie eingeheiratet habe. Das **BVerfG**[137] hat die landgerichtliche Verurteilung zur Zahlung eines Schmerzensgeldes wegen ungenügender Beachtung der Satirefreiheit aufgehoben.

Für unzulässig wurde dagegen ein satirischer Fernsehbeitrag über eine Fernsehmodera- **64** torin gehalten. In einer Sendung der „Harald Schmidt-Show" aus dem Jahr 1999 wurde die Hollywood-Pläne von *Susanne Stahnke* berichtet. Gezeigt wurden fiktive Dreharbeiten zu einer Fortsetzung des Films *„Basic Instinct"*, die Frau *Stahnke* (ersichtlich gespielt von einer Schauspielerin) bei einer bizarr überzogenen Sex-Szene mit anschließendem Mord zeigten. Das LG Hamburg[138] hielt den ermittelten Aussagekern (die unterstellte Naivität und mangelnde schauspielerische Begabung *Stahnkes*) zwar für zulässig, nicht aber die den Sexualbereich berührende Einkleidung, die als Verletzung des durch Art. 1 GG geschützten Kernbereichs menschlicher Ehre angesehen wurde.[139]

Das Hanseatische Oberlandesgericht hat sich 1996 mit dem Film *„Peanuts – Die Bank* **65** *zahlt alles"* auseinandersetzen müssen.[140] Gegen diesen Kinofilm, der in satirischer Form Szenen aus dem Leben des Immobilienspekulanten Jürgen Schneider erzählt, hat der Porträtierte versucht, eine einstweilige Verfügung zu erlangen. Sowohl das LG als auch das OLG haben den Antrag zurückgewiesen mit der Begründung, der Film erhebe als erkennbare Satire keinen Anspruch auf Wahrheit und sowohl Filmproduzent als auch Filmverleiher könnten sich auf das Grundrecht der Kunstfreiheit aus Art. 5 Abs. 3 GG berufen.

c) Werbung. In einer Mediengesellschaft, welche Aufmerksamkeit zu ihren kostbars- **66** ten Gütern zählt, verwundert es nicht, dass **Bildnisse von Prominenten** zunehmend auch für die **Produktwerbung** eingesetzt werden. Das ist grundsätzlich ohne entsprechende Einwilligung des Betroffenen unzulässig, da nach gängiger Rechtsprechung selbst Bildnisse aus dem Bereich der Zeitgeschichte (§ 23 Abs. 1 Nr. 1 KUG) **nicht für rein werblich-kommerzielle Zwecke** eingesetzt werden dürfen.[141] Schwieriger wird

---

135 OLG Hamm ZUM 2004, 388 – *TV Total*.
136 Der BGH hat die Revision gegen das Urteil am 20. 12. 2007 zurückgewiesen, AZ.: I ZR 42/05.
137 BVerfG NJW 1998, 1386 – *Münzen-Erna*.
138 LG Hamburg NJW RR 2000, 978 – *Susanne Stahnke*.
139 LG Hamburg NJW RR 2000, 978, 980 – *Susanne Stahnke*.
140 Az.: 7 U 61/96, Internetfundstelle bei *Neumeyer* AfP 2007, 509, 515 (Fn.116).
141 BGH NJW 2000, 2195 – *Marlene Dietrich*, BGH GRUR 2000, 715 – *Der blaue Engel*, BGH NJW 2007, 689, 690 – *Rücktritt des Finanzministers*. Vgl. hierzu auch oben § 12 Rn. 34.

die rechtliche Beurteilung, wenn neben dem reinen Werbezweck im Einzelfall auch noch eine politische Meinungsäußerung tritt, etwa in der Form der Satire. Zwei derartige Fälle, in denen es um Werbung mit Bildnissen bekannter Politiker ging, waren jüngst Gegenstand der Rechtsprechung.

67   Der BGH hat in einem Fall, in dem es um die Verwendung eines Bildnisses von **Oskar Lafontaine** für eine Werbekampagne der Autoverleihfirma Sixt ging, entschieden, dass trotz des im Vordergrund stehenden Werbezweckes keine Ansprüche des Betroffenen bestünden, da die in Reden Abbildungen auch eine auf ein aktuelles Ereignis bezogene politische Meinungsäußerung in Form der Satire dargestellt hätten.[142] Die Satire, die darin bestand, den Politiker als „Mitarbeiter in der Probezeit" zu bezeichnen, hat den erforderlichen unmittelbaren zeitlichen und inhaltlichen Bezug zu einem zeitgeschichtlichen Ereignis dadurch aufgewiesen, dass die entsprechenden Motive 10 Tage nach dem Rücktritt Lafontaines als Finanzminister im März 1999 verbreitet wurden. Der BGH hat offengelassen, ob es sich bei derartiger Satire um Kunst im Sinne des Art. 5 Abs. 3 GG handele. Entscheidungstragend war der Aspekt der **Meinungsäußerung zu einem zeitgeschichtlichen Ereignis**.[143]

68   In einer ähnlich gelagerten Auseinandersetzung hat das LG Hamburg entschieden, dass es nicht zulässig sei, für ein neues Presseprodukt mit dem karikaturartig manipulierten Abbild von **Joschka Fischer** (mit den Gesichtszügen eines Kleinkindes) zu werben.[144] Der Unterschied zur oben genannten Entscheidung des BGH besteht darin, dass ein aktueller Bezug zu einem zeitgeschichtlichen Ereignis fehlte. Dafür konnte die streitgegenständliche Veröffentlichung den Schutz der Pressefreiheit für sich in Anspruch nehmen. Auch diese Entscheidung hat offengelassen, ob durch die Art der Abbildung der Schutzbereich des Art. 5 Abs. 3 GG eröffnet worden ist.

3. Rechtliche Bewertung

69   Die Rechtsprechung geht davon aus, dass **Satire zwar Kunst sein kann, nicht aber jede Satire zugleich Kunst ist**.[145] Wird der Satire im Einzelfall die Kunsteigenschaft zugesprochen, so ist eine Beschränkung nur mit Sicht auf gleichrangige Verfassungsgüter, insbesondere das Persönlichkeitsrecht, möglich, was notwendig zu einer vom Verhältnismäßigkeitsgrundsatz gebotenen, um größtmöglichen Ausgleich bemühten Abwägung führt. Der Satire ist es als Ausdrucks- und Kunstform wesenseigen, ihren Gegenstand in **übertriebener, verzerrter Darstellung** zu kritisieren oder der Lächerlichkeit preiszugeben. Dabei dürfen die Grenzen des guten Geschmacks überschritten werden, da eine Niveaukontrolle nicht stattfindet. Unzulässig ist dagegen eine **Schmähkritik**. Eine solche liegt aber nur vor, wenn bei der Äußerung nicht mehr die Auseinandersetzung in der Sache, sondern die Diffamierung der Person im Vordergrund steht, die jenseits polemischer Kritik persönlich herabgesetzt und gleichsam an den Pranger gestellt werden soll.[146]

70   Die Rechtsprechung differenziert zwischen der als **Einkleidung** bezeichneten satirischen Verfremdung des Gegenstands und dem nach der Entkleidung gegebenenfalls verbleibenden **Aussagekern**.[147] Dabei sind sowohl die satirische Einkleidung als auch der

---

[142] BGH NJW 2007, 689/690. Kritisch hierzu: *Zagouras*, Satirische Politikerwerbung – Zum Verhältnis von Meinungsfreiheit und Persönlichkeitsschutz WRP 2007, 115 ff.

[143] Vgl. zur Abgrenzung zwischen Meinungsfreiheit und Kunstfreiheit oben Rn. 23.

[144] LG Hamburg NJW 2007, 691.

[145] OLG Hamm ZUM 2004, 388, 389, BGH NJW 2004, 596, BVerfG NJW 2002, 3767 – *Bonn Bons*, BVerfG NJW 1998, 1386 – *Münzen-Erna*.

[146] BGH NJW 2000, 1036, 1038 – *Behörde unter Verdacht*, BVerfG NJW 1991, 1475, 1477 – *Schmähkritik*.

[147] Diese Rechtsprechung geht zurück auf das Reichsgericht (RGSt 12, 141; 62, 183) und ist bis heute fester Bestandteil der Satire-Rechtsprechung von BGH und BVerfG. Vgl. zuletzt BGH NJW 2004, 596 – *Telekom*, BVerfG GRUR 2005, 500 – *Telekom*.

Aussagekern gesondert auf eine mögliche persönlichkeitsrechtsverletzende Kundgabe von Missachtung gegenüber der dargestellten Person zu überprüfen. Für die Bewertung der Einkleidung gelten dabei folgerichtig weniger strenge Maßstäbe als für die Bewertung des Aussagekerns.[148] Bei der Ermittlung von Einkleidung und Aussagekern sind **werkgerechte Maßstäbe** anzulegen.[149] Es sind diejenigen Deutungen vorzuziehen, die für die Ermöglichung der Satire sprechen würden.[150] Dabei dürfen die Einzelteile der Satire nicht isoliert betrachtet werden, sondern sind grundsätzlich im **Gesamtzusammenhang** zu bewerten.[151] Das entspricht einem generellen Grundsatz des Äußerungsrechts.[152]

Allerdings hat das *BVerfG* diesen Grundsatz dahin gehend eingeschränkt, dass bei einer **71** satirischen Darstellung, der eine **Fotomontage** zugrunde liegt, einzelne Bildbestandteile isoliert daraufhin zu überprüfen seien, ob ihnen ein eigenständiger Aussagengehalt zukomme.[153] Bei für den Betrachter nicht erkennbar vorgenommenen Bildmanipulationen könne eine unrichtige und daher gemäß Art. 5 GG nicht schützenswerte **Tatsachenbehauptung** über das Aussehen des Betroffenen enthalten sein.[154] Die Entscheidung des BVerfG verdient **Kritik**, da sie außer Acht lässt, dass der Betrachter einer satirischen Fotomontage ohnehin keine vollkommen realistische Abbildung erwarten wird.[155] Außerdem wird einer bildhaften Einkleidung ein Tatsachenkern zugeordnet, was in der Dogmatik der Satire ungewöhnlich ist; überdies werden Aspekte des Bildnisschutzes und des Wahrheitsschutzes vermengt.[156]

Bei der vorzunehmenden **Güterabwägung** sind auf der Seite der Persönlichkeits- **72** rechtsverletzung zu berücksichtigen die Schwere des Eingriffs, die Intensität der medialen Verbreitung,[157] aber ebenso das mediale „Vorleben" des Betroffenen[158] bzw. dessen Bekanntheit. Hier kann ins Gewicht fallen, wie stark der Betroffene in der Vergangenheit bewusst selbst die Medienöffentlichkeit gesucht und instrumentalisiert hat und ob die Satire seinem Bekanntheitsgrad oder Image geschadet oder eher sogar genutzt hat.[159] Zugunsten der Satire sind − soweit vorhanden − deren Sachgehalt oder deren künstlerischer Wert in Anschlag zu bringen. Abwägungsresistent und damit „tabu" ist grundsätzlich der Intimbereich, wobei auch hier Abstufungen nach dem medialen „Vorleben" des Betroffenen vorzunehmen sind.

---

[148] BVerfG NJW 1987, 2661 − *Strauß-Karikaturen*; BVerfG NJW 1998, 1386, 1387 − *Münzen-Erna*, BVerfG GRUR 2005, 500, 501 − *Telekom*.

[149] So ausdrücklich BGH NJW 1983, 1194 − *Satirisches Moritat*.

[150] BVerfG NJW 2002, 3767 − *Bonn Bons*. BGH NJW 1983, 1194 − *Satirisches Moritat*. Vgl. auch Wenzel-*Burkhardt*, Das Recht der Wort- und Bildberichterstattung, Kap. 3 Rn. 31.

[151] BGH NJW 2004, 596, 597 − *Telekom*.

[152] Wenzel-*Burkhardt*, Das Recht der Wort- und Bildberichterstattung, Kap. 4 Rn. 1.

[153] BVerfG GRUR 2005, 500, 502 − *Telekom*.

[154] BVerfG GRUR 2005, 500, 502 − *Telekom*.

[155] So der BGH in seiner Ausgangsentscheidung (BGH NJW 2004, 596, 597 − *Telekom*), die durch das BVerfG aufgehoben wurde.

[156] Kritisch zu der Entscheidung des BVerfG: *v. Becker* AfP 2005, 247 ff.

[157] Druckauflage, Sendezeit, Auffälligkeit etc.

[158] Hier können auch Wertungen des § 23 Abs. 1 Nr. 1 KUG einfließen.

[159] Auf diesen Gesichtspunkt weist *Ladeur* NJW 2004, 393, 398 hin.

13. Kapitel. Sonstige Einschränkungen

§ 34. Funktionsfähigkeit der Rechtspflege

Inhaltsübersicht

Schrifttum: *Bär,* Öffentlichkeitsfahndung im Internet, CR 1997, 422; *Bottke,* Strafprozessuale Rechtsprobleme massenmedialer Fahndung – zur Teilnahme von Strafverfolgungsorganen an der Fernsehsendung „Aktenzeichen XY…ungelöst", Zeitschrift für das gesamte Strafrechtswesen, Bd. 83 (1981), 425; *Benfer,* Die molekulargenetische Untersuchung (§§ 81e, 81g StPO), StrVert 1999, 402; *Deutsch,* Fernsehfahndung und öffentliche Tatbeschreibung, GRUR Int. 1973, 463; *Fischer,* Polizeiliche Videoüberwachung des öffentlichen Raums, VblBW 2002, 89; *Dreier,* Erkennungsdienstliche Maßnahmen im Spannungsfeld von Gefahrenabwehr und Strafverfolgung, JZ 1987, 1009; *Fugmann,* Erkennungsdienstliche Maßnahmen zu präventiv-polizeilichen Zwecken, NJW 1981, 2227; *v. Gamm,* Persönlichkeits- und Ehrverletzungen durch Massenmedien, 1969; *Götz,* Polizeiliche Bildaufnahmen von öffentlichen Versammlungen – zu den Neuregelungen in den §§ 12a, 19a Versammlungsgesetz, NVwZ 1990, 112; *Haas,* Der „Große Lauschangriff" – klein geschrieben, NJW 2004, 1232; *Helle,* Besondere Persönlichkeitsrechte im Privatrecht – Das Recht am eigenen Bild, das Recht am gesprochenen Wort und der Schutz des geschriebenen Wortes, 1991; *ders.,* Der Ausschluss privatrechtlichen Ehrenschutzes gegenüber Zeugenaussagen im Strafverfahren, NJW 1987, 233; *ders.,* Die Begrenzung des zivilrechtlichen Schutzes der Persönlichkeit und der Ehre gegenüber Äußerungen im rechtlich geordneten Verfahren, GRUR 1982, 207; *Hilger,* Zum Strafverfahrenrechtsänderungsgesetz 1999 (StVÄG 1999) – 1. Teil, NStZ 2000, 561; *Humberg,* Die Speicherung, Aufbewahrung und Nutzung erkennungsdienstlicher Unterlagen nach dem Strafverfahrensänderungsgesetz, VR 2004, 155; *Koch,* Die Verwertung rechtswidrig erlangter Beweismittel im Zivilprozess, in: *Erichsen/Kolhosser/Welp,* Recht der Persönlichkeit, 1996, 279; *Kramer,* Videoaufnahmen und andere Eingriffe in das Allgemeine Persönlichkeitsrecht aufgrund des § 163 StPO, NJW 1982, 2732; *Kutscha,* Verfassungsrechtlicher Schutz des Kernbereichs privater Lebensgestaltung – nichts neues aus Karlsruhe?, NJW 2005, 20; *Löffelmann,* Die Neuregelung der akustischen Wohnraumüberwachung, NJW 2005, 2033, *Paeffgen,* Fotografieren von Demonstranten durch die Polizei und Rechtfertigungsirrtum, JZ 1978, 739; *Pätzel,* Das Internet als Fahndungsmittel der Strafverfolgungsbehörden, NJW 1997, 3131; *Pape,* Der Konkursverwalter als Ehrverletzer, ZIP 1995, 1660; *Ranft,* Fahndung nach Beschuldigten und Zeugen gemäß dem StVÄG 1999, StrVert 2002, 38; *Peters/Prinz,* Medienrecht – Die zivilrechtlichen Ansprüche, 1999; *Schmidt,* Zum Notwehrrecht, wenn Polizeibeamte einen Demonstrationszug fotografieren, um mit Hilfe der Lichtbilder die unbekannten Täter früherer Straftaten zu ermitteln, JZ 1976, 32; *Soehring,* Presserecht – Recherche, Darstellung und Haftung im Recht der Presse, des Rundfunks und der neuen Medien, 3. Aufl. 2000; *Soiné,* Fahndung via Internet, 1. Teil, NStZ, 1997, 166; *Wenzel/Burkhardt/Gamer/Ritter von Stobl-Albeg,* Das Recht der Wort- und Bildberichterstattung – Handbuch des Äußerungsrechts, 5. Aufl. 2003.

Sonstige Einschränkungen des Persönlichkeitsrechts bestehen im Interesse einer funk- **1** tionierenden Rechtspflege. Dabei lassen sich solche im **engeren** von solchen im **weiteren Sinn** unterscheiden. Während Einschränkungen im engeren Sinn der **Sicherung des gerichtlichen Verfahrens** selbst dienen, ergeben sich Einschränkungen im weiteren Sinne im Zusammenhang mit der **Erfüllung der staatlichen Aufgaben der Strafverfolgung und der Gefahrenabwehr.** Die Erfüllung dieser Aufgaben dient zwar nicht primär der Absicherung des rechtlich geordneten Gerichtsverfahrens. Ihre Wahrnehmung ist jedoch ein zentraler Bestandteil der Rechtspflege und trägt zu deren Funktionsfähigkeit bei.

A. Einschränkungen zur Sicherung des gerichtlichen Verfahrens

2   Nach ständiger Rechtsprechung des BGH[1] und BVerfG[2] können Äußerungen im Zusammenhang der Rechtsverfolgung und Rechtsverteidigung in einem gesetzlich geregelten Gerichtsverfahren grundsätzlich nicht Gegenstand eines getrennten Verfahrens zum Schutz der Ehre und des Persönlichkeitsrechts sein. Ein entsprechendes Vorgehen erscheint auch nicht erforderlich, da der Schutz des Persönlichkeitsrechts durch Überprüfung der Prozessführung im bereits anhängigen Verfahren möglich ist. Es ist damit Aufgabe des jeweiligen Verfahrensrechts, Mittel zur Verfügung zu stellen, mit denen das Vorbringen einer Partei und die Aussagen von Zeugen und Sachverständigen auf ihren Wahrheitsgehalt oder die Einführung von Beweismitteln auf ihre Zulässigkeit hin überprüft werden können.[3] Gesondert geltend gemachte Unterlassungs- und auch Schadensersatzansprüche,[4] die sich auf einen entsprechenden Sachverhalt stützen, haben daher keine Aussicht auf Erfolg.

I. Gründe für die Einschränkungen

1. Praktikabilität

3   Zunächst sprechen praktische Aspekte für eine Begrenzung des Persönlichkeitsrechtsschutzes gegenüber Verletzungen in einem gerichtlichen Verfahren. So würde die Durchführung eines Verfahrens stark beeinträchtigt, wenn es den Verfahrensbeteiligten offenstünde, gegen die im Zusammenhang mit dem Verfahren gemachten Äußerungen klageweise vorzugehen. Eine solche Möglichkeit würde die Verfahrensbeteiligten angesichts dann drohender Schadensersatzansprüche aus einem zweiten Verfahren im ersten Prozess von einer offensiven Prozessführung und Rechtsverteidigung abschrecken. Unter Umständen könnte ein Urteil im Zweitprozess die jeweilige Partei sogar dazu zwingen, ihr Vorbringen im Erstprozess zu widerrufen.[5]

2. Effektivität des Rechtsschutzes

4   Auch vor dem Hintergrund des Art. 103 Abs. 1 GG und des aus dem Rechtsstaatsprinzip resultierenden Gebots des effektiven Rechtsschutzes[6] wäre eine solche Einschränkung der Rechtsverfolgung und -verteidigung mit den schutzwürdigen Belangen der Beteiligten nicht zu vereinbaren.[7]

3. Kompetenzordnung

5   Eine gerichtliche Kontrolle der Äußerungen aus dem Erstprozess in einem zweiten Verfahren würde zudem auch öffentliche Interessen tangieren. Zunächst würde die Kompetenz- und Zuständigkeitsverteilung von Gerichten und Behörden beeinträchtigt.[8] Entscheidend ist in dieser Hinsicht nicht, dass ein- und derselbe Verfahrensgegenstand von verschiedenen Gerichten und Behörden mehrmals geprüft und unter Umständen unterschiedlich bewertet würde, denn diese Konsequenz ist hinnehmbar und ergibt sich auch

---

[1] Vgl. u. a. BGH NJW 2005, 279; NJW 1999, 2736, NJW 1986, 2502 – *Vergewaltigung*; NJW 1977, 1681.

[2] BVerfG NJW 1991, 2074; NJW 1987, 1929.

[3] Vgl. hierzu unten Rn. 9 ff.

[4] BGH NJW 1986, 2502.

[5] *Helle* GRUR 1982, S. 207.

[6] BVerfG NJW 1981, 39, 41.

[7] BGH NJW 1995, 397 – *Konkursverwalter*.

[8] *Helle* GRUR 1982, S. 207, 211.

in anderen Zusammenhängen.[9] Vielmehr würde die Feststellung eines Anspruchs auf Unterlassung oder gar Widerruf in einem Zweitverfahren in Bezug auf Parteivorträge oder Zeugenaussagen dem im ersten Verfahren zuständigen Gericht die Grundlagen seiner Entscheidung entziehen und damit auf gravierende Weise die Kompetenz dieses Gerichts beschränken. Eine solche Beschränkung ist mit der rechtsstaatlichen Ordnung,[10] dem „sachgerechten Funktionieren der Rechtspflege",[11] „der gesetzlich geordneten Funktionsverteilung" und „der Kompetenzverteilung in der Rechtspflege"[12] nicht zu vereinbaren.

4. Rechtskraft

Darüber hinaus würde auch das unter anderem zur Gewährleistung der Rechtssicher- **6** heit und zur Schaffung von Rechtsfrieden bestehende Institut der Rechtskraft regelmäßig unterlaufen. Das Prinzip der Rechtskraft darf als zentraler Bestandteil des Rechtssystems nur in absoluten Ausnahmefällen durchbrochen werden. Neben den Wiederaufnahmemöglichkeiten nach §§ 578 ff ZPO ist die Rechtskraftdurchbrechung daher grundsätzlich nur unter den engen Voraussetzungen des § 826 BGB möglich. Voraussetzung dafür ist die materielle Unrichtigkeit des Urteils. Die hohe Bedeutung des Instituts der Rechtskraft wird auch am Spruchrichterprivileg des § 839 Abs. 2 Satz 1 BGB deutlich. Mit diesem Institut soll die Überprüfung von Urteilen in einem Amtshaftungsprozess verhindert und damit letztendlich die Rechtskraft abgesichert werden.[13]

II. Dogmatik

Diese im Ergebnis unbestrittene Einschränkung des Persönlichkeitsrechts wird dog- **7** matisch unterschiedlich abgeleitet. Die überwiegende Meinung in der Literatur und die neuere BGH-Rechtsprechung gehen davon aus, dass entsprechende Klageanträge aufgrund des fehlenden Rechtsschutzbedürfnisses jedenfalls unzulässig seien.[14] Andere Ansichten favorisieren eine materiell-rechtliche Lösung und gehen von einer Unbegründetheit aufgrund der Wahrnehmung berechtigter Interessen entsprechend § 193 StGB bzw. § 824 Abs. 2 BGB[15] oder einer Tatbestandsreduktion aus.[16] Auf prozessualer Ebene führen beide Lösungen zur Klageabweisung.

III. Voraussetzungen

Während die Rechtsfolge der Einschränkung des Persönlichkeitsrechts im Interesse der **8** Funktionsfähigkeit der Rechtspflege in Gestalt der Versagung zivilrechtlichen Rechtsschutzes eindeutig ist, so stellt es sich als ungleich schwieriger dar, deren **Tatbestandsvoraussetzungen** zu benennen. Dementsprechend oblag und obliegt es der Rechtsprechung, diese Voraussetzungen zu definieren und damit den Umfang der Einschränkungen des Persönlichkeitsrechts in sachlicher, zeitlicher und persönlicher Hinsicht festzulegen.

---

[9] *Helle* GRUR 1982, S. 207, 211.

[10] BGH NJW 1962, 243, 244 – *Kommanditgesellschaft.*

[11] BGH NJW 1992, 1314, 1315 – *Kassenarztrundschreiben.*

[12] BGH NJW 1977, 1681.

[13] Rebmann/Rixecker/Säcker/*Papier*, MünchKomm BGB Bd. 5, § 839 Rn. 323.

[14] BGH NJW 1995, 397 – *Konkursverwalter*; NJW 1993, 525, 526; NJW 1988, 1016 – *Tonbandaufnahme*; *Prinz*/Peters, Medienrecht, die zivilrechtlichen Ansprüche, S. 54; *Rixecker*/Säcker, MünchKomm BGB Bd. 1, Anhang zu § 12, Rn. 179.

[15] *Bamberger*/Roth, Beck'scher Onlinekommentar BGB, § 12, Rn. 190.

[16] *Helle* GRUR 1982, S. 207, 213.

1. Sachlicher Umfang

9   **a) Prozessualer Zusammenhang:** Einschränkungen des Persönlichkeitsrechts bestehen in erster Linie gegenüber Beeinträchtigungen im Rahmen der Verfahren vor den
staatlichen Gerichten. So sind insbesondere die Aussagen der Parteien und Zeugen im
Zivilprozess,[17] auch soweit es sich um ein Verfahren der **freiwilligen Gerichtsbarkeit**
handelt,[18] privilegiert. Auch gegenüber Äußerungen im **Strafverfahren** ist der Schutz
des Persönlichkeitsrechts eingeschränkt. [19] Hierzu zählen Äußerungen im Ermittlungsverfahren bzw. zu dessen Einleitung.[20] Für die Verfahren vor den **Arbeits-, Verwal-
tungs-, Finanz- und Sozialgerichten** gilt Entsprechendes. Darüber hinaus haben die
Einschränkungen in **allen rechtlich geordneten Verfahren** Bestand, die der Durchsetzung von Rechten dienen, soweit das jeweilige Verfahren Mechanismen für eine ausreichende Interessensabwägung vorsieht,[21] also etwa im Verwaltungsverfahren vor Behörden[22] und öffentlich-rechtlichen Körperschaften.[23] Für Beeinträchtigungen des Persönlichkeitsrechts im Rahmen von **parlamentarischen Untersuchungsausschüssen** und
durch Petitionen i.S. d. Art. 17 GG entfalten die beschriebenen Einschränkungen ebenso
ihre Wirkung.[24]

10   Regelmäßig **nicht privilegiert** sind Äußerungen **außerhalb des jeweiligen Verfahrens.**[25] Zwar ist der prozessuale Zusammenhang auch dann noch gewahrt, wenn die
jeweilige Behauptung gegenüber dem Betroffenen vor dem Gerichtsgebäude wiederholt wird.[26] Werden Prozessbehauptungen aber gegenüber Dritten, insbesondere der
Öffentlichkeit geäußert, kann sich der Betroffene hiergegen gerichtlich zur Wehr setzen.[27]

11   Für das **Insolvenzverfahren** gelten insoweit Beschränkungen, als ein Insolvenz-
verwalter, der in seinen Berichten an die Gläubiger nicht hinreichend geklärte Umstände
darstellt, nicht vor zivilrechtlichen Klagen des Schuldners wegen Verletzung des Persönlichkeitsrechts geschützt ist, da seine Berichte durch das Insolvenzgericht nicht auf ihren
Wahrheitsgehalt hin überprüft werden. Allerdings wird der Umstand, dass die Aufgaben
des Insolvenzverwalters es erfordern, auch nicht hinreichend geklärte Umstände anzu-
sprechen, im Rahmen einer Interessensabwägung berücksichtigt.[28]

12   Trotz Vorbringens innerhalb des Verfahrens sind solche Beeinträchtigungen, die **erkennbar** in keinem Zusammenhang mit der Rechtsverfolgung stehen, insbesondere
wenn sie etwa nur der **Diffamierung** dienen, nicht von der Privilegierung erfasst.[29] Die
Bezeichnung des Gegners in einem Zivilprozess als „geisteskrank" kann daher Gegenstand eines gesondert geltend gemachten Unterlassungsanspruchs sein, wenn jeder Anhaltspunkt für eine Geisteskrankheit fehlt.[30]

---

[17] BGH NJW, 1962, 243 – *Kommanditgesellschaft*; GRUR 1971, 175 – *Steuerhinterziehung*; OLG Düsseldorf NJW 1987, 3268.

[18] OLG Hamburg MDR 1969, 142.

[19] BGH NJW 1986, 2502 – *Vergewaltigung*.

[20] BGH NJW 1986, 2502 – *Vergewaltigung*; NJW 1962, 243 *Kommanditgesellschaft*.

[21] *Rixecker*/Säcker, MünchKomm BGB Bd. 1, Anhang zu § 12, Rn. 184.

[22] BGH AfP 1998, 215, 216 – *Bilanzanalyse Pro 7*; NJW 1992, 1314, 1315 – *Kassenarztrundschreiben*;
NJW 1987, 3138.

[23] BGH NJW, 1962, 243 – *Kommanditgesellschaft*; OLG Hamburg MDR 1969, 142.

[24] *Rixecker*/Säcker, MünchKomm BGB Bd. 1, Anhang zu § 12, Rn. 184.

[25] BVerfG NJW 1991, 2074, 2075.

[26] OLG Hamm NJW 1992, 1329, 1330.

[27] BGH NJW 1992, 1314, 1315 – *Kassenarztrundschreiben*.

[28] BGH NJW 1995, 397 – *Konkursverwalter*; *Rixecker*/Säcker, MünchKomm BGB Bd. 1, Anhang
zu § 12, Rn. 184.

[29] BGH NJW-RR 1999, 1251, 1253; *Rixecker*/Säcker, MünchKomm BGB Bd. 1, Anhang zu § 12,
Rn. 182.

[30] OLG-Köln NJW-RR 1992, 1247.

b) Art der Beeinträchtigung. aa) Bewusst unwahre Tatsachenbehauptungen: 13
Nicht abschließend durch die Rechtsprechung geklärt ist bislang, ob der zivilrechtliche
Rechtsschutz gegenüber das Persönlichkeitsrecht verletzenden Aussagen im Zusammenhang mit einem gerichtlichen Verfahren auch dann beschränkt ist, wenn die Behauptungen **bewusst oder leichtfertig unwahr** aufgestellt werden.[31] Für den Fall, dass die
Unwahrheit der Äußerung offenkundig ist, wird eine Einschränkung des Rechtsschutzes
teilweise abgelehnt.[32] Die Gegenansicht verweist darauf, dass auch in diesen Fällen im
Zweitverfahren die Wahrheit der vor dem Erstgericht aufgestellten Behauptung überprüft werden müsste.[33] Mit dem dargestellten Sinn und Zweck der Privilegierung, nämlich einer möglichst umfassenden Rechtsverfolgung und -verteidigung und der Sicherung der Rechtskraft, sei eine solche Lösung daher nur schwerlich zu vereinbaren. Nur
bei **Missbrauch** soll ausnahmsweise eine Überprüfung in einem Zweitverfahren möglich
sein.[34] In der **Praxis** dürften beide Ansätze zu ähnlichen Lösungen führen, da jedenfalls
im Zusammenhang mit wissentlich unwahren Behauptungen auch die Grenze zum Missbrauch regelmäßig erreicht sein wird.

bb) Werturteile: Werturteile, die in einem rechtlich geordneten Verfahren geäußert 14
werden, sind grundsätzlich vom zivilrechtlichen Persönlichkeitsschutz ausgenommen.
Solange die Grenze zur **Schmähkritik**[35] nicht überschritten ist, kann den Beteiligten eines Verfahrens nicht verwehrt werden, ihr Vorbringen auch mit „starken, eindringlichen
Ausdrücken und sinnfälligen Schlagworten" zu äußern, „selbst wenn diese dem Gegner
unangenehm ins Ohr klingen".[36] Allerdings beruht dieses Ergebnis bei Werturteilen, die
dem Beweis und einer Wahrheitsprüfung ja gerade nicht zugänglich sind, nicht auf den
Erfordernissen effektiven Rechtsschutzes und Sicherung der Rechtskraft, sondern vielmehr auf dem Grundrecht auf freie Meinungsäußerung.

cc) Beschaffung von Beweismitteln: Über mündliche oder schriftliche Äußerun- 15
gen hinaus sind auch andere Beeinträchtigungen des Persönlichkeitsrechts in einem prozessualen Zusammenhang denkbar: Persönlichkeitsrechtliche Auswirkungen haben z. B.
auch das **Aufzeichnen eines Gesprächs**, das **heimliche Fotografieren und Filmen**,
oder die **Nutzung fremder Daten und Dokumente**. Ob ein auf diese Weise erlangtes
Beweismittel verwertet werden kann, ist **Verfahrensfrage** und wird durch dasjenige Gericht geklärt, vor dem der Beweis erhoben werden soll.

Im **Grundsatz** ist dabei von dessen **Unverwertbarkeit** auszugehen.[37] Ausnahmsweise 16
kann die Herstellung und Verwendung eines Beweismittels durch Notrechte (§§ 227, 228
BGB, §§ 32, 34 StGB) legitimiert sein, etwa bei der Verteidigung gegen eine Erpressung.[38]
Ansonsten ist eine Verwertung nur dann möglich, wenn hierfür überwiegende rechtlich
geschützte Interessen sprechen. Diese sind im Rahmen einer **umfassenden Güter- und
Interessensabwägung** zu ermitteln.[39] Nicht ausreichend ist das bloße Interesse daran, den
Inhalt eines Vertrages bzw. das Bestehen vertraglicher Ansprüche zu beweisen.[40] Im

---

[31] BGH NJW 1986, 2502, 2503 – *Vergewaltigung*; AfP 1998, 215, 217 – *Bilanzanalyse Pro 7.*
[32] BVerfG NJW 1991, 1475, 1476; *Hager*/Horn/Staudinger, Staudinger BGB, § 823, Rn. C 140;
Peters/*Prinz*, Medienrecht, Die zivilrechtlichen Ansprüche, S. 55, Rn. 43.
[33] *Rixecker*/Säcker, MünchKomm BGB Bd. 1, Anhang zu § 12, Rn. 182; *Helle* GRUR 1982,
S. 207, 214, 215.
[34] *Rixecker*/Säcker, MünchKomm BGB Bd. 1, Anhang zu § 12, Rn. 182.
[35] Vgl. u. a. BVerfGE 93, 266 – *Soldaten sind Mörder*; 86, 1 – *geb. Mörder*; 82, 272 – *Zwangsdemokrat*;
61, 1 – *NPD-Europas*; BGH NJW 1987, 1400 – *Oberfaschist.*
[36] RGZ 140, 392, 398; BGH NJW 1962, 243 – *Kommanditgesellschaft.*
[37] BVerfG NJW 2002, 3619, 3624; BGH NJW 1998, 155; *Rixecker*/Säcker, MünchKomm BGB
Bd. 1, Anhang zu § 12, Rn. 185.
[38] BGHZ 27, 284, 290 – *Heimliche Tonbandaufnahmen.*
[39] BGH NJW 1995, 1955, 1957.
[40] BVerfG NJW 2002, 3619, 3624; BGHZ 27, 284, 290 – *Heimliche Tonbandaufnahmen.*

Zusammenhang mit zivilrechtlichen Ansprüchen bedarf es zusätzlicher Umstände, um eine Verwertung zu legitimieren. Solche Umstände können vorliegen, wenn die Ansprüche auf eine Straftat zurückzuführen sind, die sich auf andere Weise nicht beweisen lässt.[41]

17   Gegen eine Verwertung spricht auch in diesen Fällen die hohe Eingriffsintensität, etwa bei einer **heimlichen Videoüberwachung und -aufzeichnung,**[42] oder die Besonderheiten des Verhältnisses zwischen Verletzer und Verletztem, etwa im **Arbeitsrecht**.[43] Von vorneherein ausgeschlossen ist die Verwertung, wenn das Beweismittel unter Eingriff in die **Intimsphäre** erlangt wurde, etwa bei einer **heimlichen Analyse genetischer Informationen,**[44] der Erforschung der **Gesundheitsverhältnisse** oder **Ausspähung des Sexuallebens**.[45]

18   Da das zuständige Gericht im jeweils anhängigen Verfahren darüber entscheidet, ob das Beweismittel verwendet werden kann, wäre es zwar denkbar, die im Zusammenhang mit mündlichen und schriftlichen Äußerungen bestehenden Grundsätze auf die Verwertung anderer Beweismittel zu übertragen. Damit wäre eine Überprüfung der Herstellung bzw. Verwertung dieser Beweismittel in einem zweiten, rein persönlichkeitsrechtlichen Verfahren ausgeschlossen. Im Gegensatz zu Äußerungen im Verfahren kommt es aber bei anderen Beweismitteln allein durch deren Anfertigung und Existenz, unabhängig von der prozessualen Verwendung bereits im Vorfeld des Verfahrens zu einer Persönlichkeitsrechtsverletzung.[46] Hiergegen muss Rechtsschutz gewährt werden. Für entsprechende Unterlassungs- oder Schadensersatzklagen besteht daher ein Rechtsschutzbedürfnis. **Die oben dargestellten Grundsätze können somit nicht auf sonstige Beweismittel übertragen werden.** Der Verletzte kann die Vernichtung eines widerrechtlich erlangten Beweismittels auch dann in einem zweiten Verfahren durchsetzen, wenn über die Verwendung dieses Beweismittels im Erstverfahren noch nicht abschließend entschieden wurde.[47] Da der Beschluss über die Ablehnung bzw. Zulassung eines Beweismittels keine Bindungswirkung hat und somit auch keine materielle Rechtskraft entfaltet,[48] ist das Gericht des Zweitverfahrens darüber hinaus bei der Feststellung einer Persönlichkeitsrechtsverletzung auch dann nicht an die Beurteilung dieser Frage durch das Erstgericht gebunden, wenn das erste Verfahren bereits abgeschlossen wurde.

2. Zeitlicher Umfang

19   In zeitlicher Hinsicht wird der Schutz des Persönlichkeitsrechts ab **Einleitung des jeweiligen Verfahrens** eingeschränkt. Jedoch können auch Äußerungen oder Handlungen im **Vorfeld** bzw. zur **Vorbereitung** eines Prozesses privilegiert sein,[49] wenn der Äußernde später am Verfahren beteiligt ist, die Aussage tatsächlich der prozessualen Rechtsverfolgung diente[50] und tatsächlich Gegenstand des späteren Verfahren wird.[51]

20   Äußerungen, die **nach Abschluss** des Verfahrens erfolgen, kann ohne weiteres mit persönlichkeitsrechtlichen Abwehransprüchen begegnet werden, da die Funktionsfähigkeit der Rechtspflege zu diesem Zeitpunkt nicht mehr gefährdet ist.[52]

---

[41]   OLG Düsseldorf NJW-RR 1998, 241.
[42]   OLG Köln NJW 2005, 2997.
[43]   BAG BB 1988, 137.
[44]   BVerfG NJW 2007, 753 – *Heimlicher Vaterschaftstest*.
[45]   *Säcker/Rixecker*, MünchKomm BGB Bd. 1, Anhang zu § 12, Rn. 185.
[46]   BGH NJW 1995, 1955, 1957 – *Videoüberwachung* NJW 1988, 1016 – *Tonbandaufnahme*.
[47]   BGH NJW 1988, 1016 – *Tonbandaufnahme*.
[48]   Vgl. *Musielak* ZPO, § 329, Rn. 12, 17.
[49]   BGH NJW 1995, 397, 398 – *Konkursverwalter*; GRUR 1977, 745, 747 – *Heimstättengemeinschaft*.
[50]   BGH NJW 1995, 397, 398 – *Konkursverwalter*; NJW 1992, 1314, 1315 – *Kassenarztrundschreiben*.
[51]   BGH NJW 1984, 1104, 1105.
[52]   *Hager/Horn/Staudinger*, Staudinger BGB, § 823, Rn. C 141.

3. Erfasster Personenkreis

In erster Linie gelten die Einschränkungen des Persönlichkeitsrechtsschutzes gegenüber   21
den **Verfahrensbeteiligten**. Privilegiert sind insoweit die jeweiligen **Parteien** und die
von ihr mit der Wahrnehmung ihrer Interessen beauftragten Personen,[53] darüber hinaus
Zeugen, **Sachverständige** und der **Anzeigeerstatter** im Strafverfahren.[54]

Aber auch gegenüber Dritten können die beschriebenen Einschränkungen gelten. Dass
dritte Personen im Gegensatz zu den Beteiligten sich nicht im Verfahren gegen die Äußerungen zur Wehr setzen können, ist insoweit hinzunehmen, als nur auf diese Weise die
Funktionsfähigkeit der Rechtspflege umfassend gewährleistet werden kann.[55]

B. Einschränkungen im Interesse der Rechtspflege im weiteren Sinn

Neben der Absicherung des gerichtlichen Verfahrens als solchem unterliegt das Persön-   22
lichkeitsrecht im Interesse der Rechtspflege weiterer Einschränkungen, insbesondere im
Bereich der Strafverfolgung und der Gefahrenabwehr.

I. § 24 Kunsturhebergesetz (KUG)

Die Vorschrift des § 24 KUG dient vor allem unter historischen Gesichtspunkten, aber   23
auch im Hinblick auf ihre grundsätzliche Reichweite als **Ausgangspunkt** für die Einschränkungen im Interesse der Rechtspflege im weiteren Sinn.

1. Regelungsinhalt

§ 24 KUG enthält eine Ausnahme zu § 22 Satz 1 KUG. Hiernach bedarf die Vervielfäl-   24
tigung, Verbreitung und öffentliche Zurschaustellung eines Bildnisses grundsätzlich der
Einwilligung des Abgebildeten. Diese **Einwilligung** ist gem. § 24 KUG **entbehrlich**,
wenn eine Behörde das Bildnis zum Zwecke der Rechtspflege oder der öffentlichen
Sicherheit vervielfältigt, verbreitet oder öffentlich zur Schau stellt. Im Gegensatz zu den
Ausnahmen nach § 23 KUG liegt der Grund für die Einschränkungen nach § 24 KUG
damit nicht im Informationsinteresse der Öffentlichkeit und der Freiheit der Berichterstattung aus Art. 5 Abs. 1 GG, sondern im rein öffentlich-rechtlichen Interesse an der
Effektivität der Rechtspflege und Gefahrenabwehr. § 24 KUG beschränkt sich dem
Wortlaut nach auf Bildnisse, findet aber im Zusammenhang mit anderen Ausprägungen
des Persönlichkeitsrechts, etwa dem Recht an der eigenen Stimme oder dem Namensrecht, **analoge Anwendung**.[56]

2. Verhältnis zu anderen Vorschriften

Als Regelung aus der Zeit des deutschen Reiches ist § 24 KUG nicht ohne weiteres in   25
das bundesdeutsche Rechtssystem einzuordnen. Bestand vor Erlass des KUG keine gesetzliche Regelung des Bildnisschutzes und der in diesem Zusammenhang bestehenden
Befugnisse der Behörden, so werden staatliche Stellen heute durch eine ganze Reihe von
Spezialregelungen, insbesondere im Bereich der Strafverfolgung und der Gefahrenabwehr, zu Eingriffen in das Recht am eigenen Bild und in das Persönlichkeitsrecht im
Allgemeinen ermächtigt. Naheliegend und so in der Vergangenheit von der Rechtspre-

---

[53] OLG Düsseldorf AfP 1985, 139, 140.

[54] *Säcker/Rixecker*, MünchKomm BGB Bd. 1, Anhang zu § 12, Rn. 179; *Helle* GRUR 1982,
S. 207, 211.

[55] BGH NJW 1962, 243 – *Kommanditgesellschaft*; GRUR 1973, 550 – halbseiden; *Säcker/Rixecker*,
MünchKomm BGB Bd. 1, Anhang zu § 12, Rn. 181; *Helle* GRUR 1982, S. 207, 214; a.A. Staudinger/
Hager/Horn, Staudinger BGB, § 823, Rn. C 141.

[56] *Dreier*/Schulze, Urheberrechtsgesetz, § 24 KUG, Rn. 3.

chung teilweise vertreten[57] wäre es, § 24 KUG mit seiner allgemeinen und sehr weiten Regelung als **Auffangbefugnis** anzusehen, auf die Behörden Maßnahmen dann stützen können, wenn spezielle Vorschriften fehlen. Diese Sichtweise begegnet jedoch verfassungsrechtlichen Bedenken. Zum einen fällt auch heute die Gesetzgebungskompetenz für das Polizeirecht in die Zuständigkeit der Länder, so dass ein Reichs- bzw. Bundesgesetz wie das KUG Befugnisse für diesen Bereich nicht vorsehen kann. Problematisch ist zudem, dass § 24 KUG als Eingriffsbefugnis generalklauselartige Wirkung hätte. Denn spätestens seit dem **Volkszählungsurteil**[58] des BVerfG ist klargestellt, dass Eingriffe in das über Art. 2 Abs. 1 i.V.m. Art. 1 Abs. 1 GG grundrechtlich geschützte Persönlichkeitsrecht einer gesetzliche Grundlage bedürfen, die insbesondere dem rechtsstaatlichen Gebot der Normenklarheit entsprechen muss. Ob § 24 KUG angesichts seiner offenen Formulierung diese Anforderungen erfüllt, erscheint zumindest zweifelhaft.

26   Dementsprechend wird § 24 KUG heute weitgehend als **reine Begrenzung** des Rechts am eigenen Bild bzw. des allgemeinen Persönlichkeitsrechts angesehen.[59] Es handelt sich nicht um eine Eingriffsnorm, durch die staatliche Stellen positiv zu Eingriffen in das Recht am eigenen Bild bzw. das Persönlichkeitsrecht ermächtigt werden. Hierfür müssen die Voraussetzungen einer spezialgesetzlichen Befugnisnorm vorliegen. § 24 KUG wirkt sich demnach lediglich dahingehend aus, dass die Vorschrift als negative Bestimmung den Rahmen absteckt, in dem staatliche Maßnahmen nicht in das Recht am eigenen Bild eingreifen.[60] Da auf diese Weise letztlich ein Eingriff in ein Grundrecht durch eine einfachgesetzliche Definition des Schutzbereiches verneint wird, ist auch diese Bewertung nicht unproblematisch. Teilweise wird § 24 KUG daher sogar als rein **deklaratorische Vorschrift** eingeordnet.[61]

27   Letztendlich haben die Gesetzgeber des Bundes und der Länder im Bereich der Strafverfolgung und der Gefahrenabwehr gerade in den letzten Jahren zahlreiche neue Regelungen erlassen, durch die Eingriffe in das Persönlichkeitsrecht speziell geregelt wurden.[62] Daher können die Strafverfolgungs- und Sicherheitsbehörden mittlerweile nahezu jede praktisch relevante Maßnahme mit persönlichkeitsrechtlichem Bezug auf eine spezialgesetzliche Regelung mit ausreichender Normenklarheit stützen, so dass ein Rückgriff auf § 24 KUG grundsätzlich entbehrlich ist. Die Frage nach der genauen dogmatischen Einordnung des § 24 KUG ist somit zumindest für die Praxis der Strafverfolgungs- und Sicherheitsbehörden nicht erheblich.[63]

3. Voraussetzungen

28   **a) Rechtspflege.** Der Begriff der Rechtspflege betrifft in der Praxis meist die Strafrechtspflege, ist jedoch nicht auf diese begrenzt.[64] Erfasst ist damit in erster Linie die Verwendung von Bildnissen zur Identifizierung unbekannter Straftäter bzw. zur **Suche**

---

[57] BGH NJW 1975, 45 – *Fotografieren eines Demonstrationszuges.*

[58] Vgl.: BVerfGE 65, 1 – *Volkszählung.*

[59] *Dreier*/Schulze, Urheberrechtsgesetz, § 24 KUG, Rn. 2; *Helle,* Besondere Persönlichkeitsrechte im Privatrecht, S. 202.

[60] *Dreier*/Schulze, Urheberrechtsgesetz, § 24 KUG, Rn. 2.

[61] *Paeffgen* JZ 1978, 739.

[62] Vgl. unten Rn. 41ff.

[63] Neben Rechten des Abgebildeten können bei der Verwendung von Bildnissen durch Behörden auch Urheberrechte betroffen sein, etwa wenn bei Fahndungsmaßnahmen eigene Fotografien der Strafverfolgungsbehörden nicht vorliegen, sondern auf von Dritten hergestellte Bildnisse zurückgegriffen werden muss. Ursprünglich wurde durch § 24 KUG auch das Urheberrecht begrenzt. Mit Einführung des Urheberrechtsgesetzes (UrhG) 1962 findet sich die entsprechende Regelung in § 45 UrhG. Hiernach dürfen Gerichte und Behörden urheberrechtlich geschützte Werke und Bildnisse im Verfahren verwenden, vervielfältigen, verbreiten und öffentlich ausstellen und wiedergeben, ohne dass es der Zustimmung des Urhebers bedarf. In seinem Anwendungsbereich ersetzt § 45 UrhG den § 24 KUG.

[64] *Möhring*/Nicolini/*Gass,* Urheberrechtsgesetz, § 24 KUG, Rn. 9.

nach bekannten Straftätern mit Hilfe sog. Verbrecherkarteien, Steckbriefen oder im Rahmen sonstiger Maßnahmen der Öffentlichkeitsfahndung, etwa durch Ausstrahlung der Bilder im Fernsehen. Früher wurde auch das Fotografieren eines **Demonstrationszuges** zur Ermittlung unbekannter Täter vorangegangener Straftaten unter § 24 KUG subsumiert.[65] Heute **scheitert** eine solche Auslegung an den restriktiven Regelungen der §§ 12a, 19a VersG.

Zum Zweck der Rechtspflege kann die Maßnahme nur dann erfolgen, wenn ein **Ver-** 29 **fahren** zumindest **anhängig**, bzw. im Bereich des Strafrechts ein **Ermittlungsverfahren** eingeleitet ist.[66]

b) Öffentliche Sicherheit. Im Gegensatz zur Rechtspflege im Allgemeinen und der 30 Strafverfolgung im Besonderen handelt es sich bei den Maßnahmen im Interesse der öffentlichen Sicherheit um solche der Gefahrenprävention. Hierunter fallen etwa die Suche nach Vermissten oder die Identifizierung von unbekannten Toten mit Hilfe von Bildnissen.[67] Da es sich um Maßnahmen der Gefahrenabwehr handelt, bedarf es keines anhängigen Verfahrens.

c) Behörden. § 24 KUG berechtigt nur Behörden, d. h. Träger hoheitlicher Gewalt. 31 Nicht privilegiert werden grundsätzlich Privatpersonen.[68] Letztere können das Anfertigen bzw. Verwenden von Bildnissen ohne Einwilligung des Abgebildeten auch dann nicht über § 24 KUG rechtfertigen, wenn die Maßnahmen zum Zweck der Strafverfolgung bzw. Rechtsverfolgung durchgeführt werden. Vielmehr ist in diesen Fällen, unabhängig von der grundsätzlichen Vorentscheidung des § 24 KUG zu Lasten des Persönlichkeitsschutzes die Zulässigkeit der Anfertigung/Verwendung eines Bildnisses nach allgemeinen Grundsätzen zu ermitteln. Allerdings kann § 24 KUG das Anfertigen oder Verbreiten von Bildnissen durch Nicht-Behörden (und damit letztlich Medienunternehmen) dann legitimieren, wenn diese auf Ersuchen der Behörden zu deren Unterstützung tätig geworden sind.[69] So ist etwa die **Verbreitung von Filmaufnahmen** durch einen öffentlich-rechtlichen Rundfunksender ohne Einwilligung des abgebildeten Tatverdächtigen mit dem Zweck, weitere Beweismittel zu beschaffen, von § 24 KUG gedeckt, wenn dem ein Ersuchen der Staatsanwaltschaft zugrunde liegt.[70] Entsprechende Maßnahmen können auch zu Fahndungs- und Identifizierungszwecken erfolgen. Das Filmen von Straftätern mit **versteckter Kamera** zu Beweiszwecken und die Ausstrahlung dieses Films durch einen privaten **Fernsehsender** ist, soweit jedenfalls die Verbreitung auf Bitte der Ermittlungsbehörden erfolgte, von § 24 KUG erfasst.[71] Geht die Berichterstattung allerdings über das für die Fahndungsmaßnahme erforderliche Maß hinaus, ist § 24 KUG nicht mehr einschlägig. In diesen Fällen kann die Herstellung und Verbreitung der Bilder allenfalls über § 23 Abs. 1 KUG gerechtfertigt werden.

Die Rechtmäßigkeit des Ersuchens der Ermittlungsbehörden bzw. der eigentlichen 32 Anordnung der Medienfahndung bemisst sich dabei nach §§ 131 Abs. 3, 131b StPO. Soweit die entsprechenden Voraussetzungen nicht vorliegen, stellt die Durchführung der Maßnahme eine **Amtspflichtverletzung** der Ermittlungsbehörde dar, die zur **Staatshaftung** gem. § 839 BGB i.V.m. Art. 34 GG führen kann.[72] § 24 KUG bewirkt indes, dass zivilrechtliche Ansprüche gegen die das Bildnis verbreitende Nicht-Behörde (in den obigen Beispielen also die Rundfunksender) zu Lasten des Tatverdächtigen grundsätzlich

[65] BGH NJW 1975, 2075; vgl. auch kritisch: Bullinger/Wandtke, Praxiskommentar zum Urheberrecht, § 24 KUG, Rn. 4.
[66] Schricker/*Götting,* Urheberrecht, § 24 KUG, Rn. 3.
[67] Möhring/Nicolini/*Gass,* Urheberrechtsgesetz, § 24 KUG, Rn. 10.
[68] *Dreier*/Schulze, Urheberrechtsgesetz, § 24 KUG, Rn. 6.
[69] *Dreier*/Schulze, Urheberrechtsgesetz, § 24 KUG, Rn. 6.
[70] OLG Frankfurt NJW 1971, 47, 48 – *Aktenzeichen XY.*
[71] LG Köln ZUM 2004, 496, 497; *Helle,* Besondere Persönlichkeitsrechte im Privatrecht, S. 205.
[72] *Soehring,* Presserecht, S. 402, Rn. 19.38; vgl. auch: BGH NJW 1994, 1950.

ausgeschlossen sind. Legt man § 24 KUG hingegen als negative Begrenzung des Persönlichkeitsrechts aus, so kann der Anspruchsausschluss zugunsten des Rundfunksenders auch ohne weiteres direkt auf § 24 KUG gestützt werden.[73] Danach verbliebe für § 24 KUG ein eigenständiger Anwendungsbereich gegenüber den spezialgesetzlichen Eingriffsnormen, da diese zwar staatliches Handeln legitimieren können, sich jedoch grundsätzlich nicht auf zivilrechtliche Rechtsverhältnisse auswirken.

33   **d) Bildnisse.** § 24 KUG erfasst in erster Linie Bildnisse.[74] Analog wird die Norm aber auch im Zusammenhang mit anderen Schutzgegenständen des Persönlichkeitsrechts angewandt,[75] so dass etwa die Verbreitung einer Stimmaufnahme oder die Namensnennung eines Verdächtigen unter den gleichen Voraussetzungen zulässig ist wie die Bildnisveröffentlichung.

34   **e) Ohne Einwilligung des Abgebildeten oder seiner Angehörigen.** Liegen auch die sonstigen Voraussetzungen des § 24 KUG vor, so ist in Ausnahme zu § 22 KUG eine Einwilligung des Berechtigten, des Abgebildeten oder seiner Angehörigen für die Verbreitung des Bildnisses nicht erforderlich.[76] Zu den Angehörigen zählen nach § 22 S. 4 KUG der Ehegatte und die Kinder des Abgebildeten. Daneben sind alle weiteren Angehörigen in den Anwendungsbereich des § 24 KUG mit einzubeziehen, da Angehörige entfernter Verwandtschaftsgrade erst recht nicht in der Lage sein sollten, die Veröffentlichung des Bildnisses entgegen dem öffentlichen Interesse durch Einwilligungsverweigerung zu verweigern.[77] Letztlich ergibt sich dies bereits aus § 22 S. 4 KUG, da es für die Veröffentlichung von Bildern Verstorbener auf die Einwilligung weiter entfernter Verwandter gar nicht ankommt.

35   **f) Interessensabwägung und Verhältnismäßigkeit.** Der Wortlaut von § 24 KUG sieht **keine Verhältnismäßigkeitsprüfung** oder **Interessensabwägung** vor. Vielmehr scheint die Vorschrift eine grundsätzliche Entscheidung zu Lasten des Schutzes des eigenen Bildes bzw. des allgemeinen Persönlichkeitsrechts zu treffen. Soweit auf der Grundlage des § 24 KUG allerdings staatliche Eingriffe möglich sind, kann weder das staatliche Interesse an der Verfolgung und Aufklärung von Straftaten noch ein sonstiges öffentliches Interesse von vornherein einen solchen Eingriff legitimieren.[78] Vielmehr ist auch hier der Verhältnismäßigkeitsgrundsatz zu beachten.[79] Soweit § 24 KUG auf Beeinträchtigungen des Persönlichkeitsrechts durch Privatpersonen Anwendung findet, wirkt sich die gesetzliche Vorentscheidung zulasten des Persönlichkeitsrechts dahin gehend aus, dass eine zusätzliche Interessensabwägung der betroffenen Interessen nicht erforderlich ist.[80]

4. Rechtsfolgen

36   Soweit die Tatbestandsvoraussetzungen des § 24 KUG erfüllt sind, kann die jeweilige Behörde folgendermaßen tätig werden.

37   **a) Anfertigen.** Nach dem Wortlaut des § 24 KUG ist nur die Vervielfältigung, Verbreitung und öffentliche Zurschaustellung bereits existierender Bildnisse möglich. Die

---

[73] Offengelassen in OLG Frankfurt NJW 1971, 47, 48 – *Aktenzeichen XY; Helle,* Besondere Persönlichkeitsrechte im Privatrecht, S. 211.
[74] Siehe zum Begriff oben § 12 Rn. 5 ff.
[75] *Möhring/Nicolini/Gass,* Urheberrechtsgesetz, § 24 KUG, Rn. 8; *Schricker/Götting,* Urheberrecht, § 24 KUG, Rn. 1; *Bullinger/Wandtke/Fricke,* Praxiskommentar zum Urheberrecht, § 24 KUG, Rn. 1.
[76] Entsprechendes gilt für Berechtigte nach den Vorschriften des Urheberrechts, § 45 UrhG. Danach sind Berechtigte i. S. d. § 24 KUG der Eigentümer oder Besitzer des Bildes sowie der Besteller, der nach § 60 UrhG zur Verbreitung berechtigt ist.
[77] *Schricker/Gerstenberg/Götting* Urheberrecht, § 24 KUG, Rn. 8.
[78] BVerfGE 35, 220 – *Lebach;* 32, 381; 34, 248.
[79] BVerfGE 65, 1 – *Volkszählung; Dreier/Schulze,* Urheberrechtsgesetz, § 24 KUG, Rn. 7; *Wandtke/ Bullinger/Fricke,* Praxiskommentar zum Urheberrecht, § 24 KUG, Rn. 2.
[80] Vgl. OLG Frankfurt NJW 1971, 47 – *Aktenzeichen XY.*

erstmalige Herstellung eines Bildnisses wird nicht genannt. Grund hierfür ist, dass die bloße Anfertigung von Bildern zum Zeitpunkt des Erlasses des KUG in persönlichkeitsrechtlicher Sicht als unproblematisch angesehen wurde.[81] Heute ist die persönlichkeitsrechtliche Relevanz der Anfertigung von Bildnissen anerkannt und § 24 KUG daher entsprechend anwendbar.[82]

b) Vervielfältigen, Verbreiten, zur Schau stellen: Ist die Behörde in den Besitz eines Bildnisses gelangt oder hat sie es selbst angefertigt, so darf sie es zu Zwecken der Rechtspflege und öffentlichen Sicherheit zunächst auf jede mögliche technische Art vervielfältigen. Soweit keine datenschutzrechtlichen Vorschriften entgegenstehen, schließt dies die **Speicherung in einer Datenbank** mit ein.[83] **38**

Des Weiteren darf die Behörde das Bildnis verbreiten oder öffentlich zur Schau stellen. Hiervon ist neben der behördeninternen Verbreitung **jede Wiedergabe und Verbreitung in der Öffentlichkeit** i.S. d. § 15 Abs. 2 UrhG erfasst. Dabei kann die Behörde das Bildnis an Publikationsorgane wie etwa Presse und Fernsehen weitergeben. Auch das Einstellen von Bildern in das **Internet** ist von § 24 KUG erfasst.[84] Zu beachten ist, dass gerade die Veröffentlichung durch Publikationsorgane einen intensiven Eingriff in das Persönlichkeitsrecht darstellt und insofern besondere Anforderungen an die Verhältnismäßigkeit zu stellen sind. Wie bereits dargestellt, darf die mediale Darstellung nicht über das für die in § 24 KUG genannten Zwecke erforderliche Maß hinausgehen. Auch ist sie in zeitlicher Hinsicht auf die Dauer der zugrunde liegenden Maßnahme begrenzt.[85] So darf etwa die Presse die ihr überlassenen Bilder nur so lange veröffentlichen, wie die jeweilige Fahndung andauert.

Die Vervielfältigung, Verbreitung und das Zurschaustellen des Bildnisses soll **unabhängig** davon zulässig sein, ob das Bildnis in **rechtmäßiger Weise angefertigt** wurde.[86] Dies erscheint allerdings zumindest in solchen Fällen fraglich, in denen die rechtswidrige Herstellung durch staatliche Stellen erfolgt ist, da in diesen Fällen das Bestehen eines **Folgenbeseitigungsanspruchs**,[87] gerichtet auf die Vernichtung sämtlicher Exemplare des Bildnisses, denkbar ist. Ein solcher Anspruch würde jedoch durch eine Vervielfältigung, Verbreitung oder Veröffentlichung erschwert bzw. ganz vereitelt und die Rechtswidrigkeit der Herstellung des Bildnisses damit perpetuiert. **39**

c) Aufbewahren: Auch wenn nicht vom Wortlaut erfasst, so ist auch die bloße Aufbewahrung des Bildnisses von § 24 KUG erfasst. Verhältnismäßig ist die Aufbewahrung des Bildes allerdings nur, solange dies zum Zweck der Rechtspflege bzw. der Gefahrenabwehr noch erforderlich ist. **40**

II. Spezialgesetzliche Einschränkungen

Mit dem **Volkszählungsurteil** hat das BVerfG[88] das rechtsstaatliche Erfordernis spezialgesetzlicher Einzelermächtigungen für Eingriffe in das Persönlichkeitsrecht präzisiert. Der weite Schutzbereich des Grundrechts bringt es mit sich, dass eine Vielzahl staatlicher Maßnahmen persönlichkeitsrechtliche Relevanz hat. Insbesondere zur Erfüllung der Aufgaben der Strafrechtspflege und der Gefahrenabwehr haben die Gesetzgeber des Bundes und der Länder zahlreiche Einschränkungen des Persönlichkeitsrechts geschaffen. Die **41**

---

[81] Schricker/Gerstenberg/*Götting,* Urheberrecht, § 24 KUG, Rn. 9.

[82] BGH NJW 1975, 2075.

[83] *Dreier*/Schulze, Urheberrechtsgesetz, § 24 KUG, Rn. 9.

[84] *Bär* CR 1997, 422.

[85] *Dreier*/Schulze, Urheberrechtsgesetz, § 24 KUG, Rn. 9.

[86] *Dreier*/Schulze, Urheberrechtsgesetz, § 24 KUG, Rn. 9; Schricker/*Götting* Urheberrecht, § 24 KUG, Rn. 10.

[87] Vgl. VGH Mannheim NJW 1987, 2762; VGH München NJW 1984, 2235.

[88] BVerfGE 65, 1 – *Volkszählung.*

wichtigsten Maßnahmen und Befugnisse aus diesem Bereich – deren Erweiterung, Rechtfertigung und Auswirkungen Gegenstand fortwährender (rechts-)politischer Debatten und nicht zuletzt deshalb einem steten Wandel unterzogen sind – werden nachfolgenden dargestellt.

1. Erkennungsdienstliche Maßnahmen

42   **a) § 81b StPO:** Auf der Grundlage des § 81b StPO können von den Ermittlungsbehörden **Lichtbilder** und **Fingerabdrücke** des Beschuldigten auch gegen dessen Willen aufgenommen werden. Da die Maßnahmen ganz allgemein zu Zwecken des Erkennungsdienstes, also zur vorbeugenden Bekämpfung von Straftaten und somit unabhängig von der Verwendung im konkreten Strafverfahren zulässig sind, wird in § 81b StPO auch materielles Polizeirecht geregelt.[89]

43   **Beschuldigter** ist derjenige, gegen den aufgrund zureichender tatsächlicher Anhaltspunkte (§ 152 Abs. 2 StPO) ein Strafverfahren betrieben wird..[90] Nicht anwendbar ist § 81b StPO somit auf andere Personen, insbesondere auf Zeugen.

44   Die Aufzählung der möglichen Maßnahmen in § 81b StPO ist lediglich beispielhaft. Neben den genannten Maßnahmen kommen daher **weitere Identifizierungsmöglichkeiten** in Betracht, die der Feststellung der äußerlichen körperlichen Beschaffenheit dienen,[91] z. B. die Stimmaufnahme, die Abgabe von Schriftproben[92] oder Aufnahme der Gegenüberstellung des Beschuldigten mit Zeugen mittels Videogerät.[93] Die biochemische oder molekulargenetische Analyse von Körpersubstanzen ist nicht mehr auf die Feststellung äußerlicher Körpermerkmale gerichtet und daher nicht von § 81b StPO erfasst.

45   Die **Aufbewahrung der Unterlagen** ist nicht ausdrücklich in § 81b StPO geregelt. Allgemein anerkannt ist jedoch, dass Unterlagen aus dem Strafverfahren Bestandteil der Ermittlungsakten werden und ihre Entfernung, soweit sie rechtmäßig erstellt wurden, daher jedenfalls für die Dauer des konkreten Verfahrens nicht verlangt werden kann.[94]

46   Die rein erkennungsdienstlichen Unterlagen sind bei der Kriminalpolizei aufzubewahren.[95] Bei der Dauer der Aufbewahrung ist dabei der Verhältnismäßigkeitsgrundsatz zu beachten.[96]

47   **b) § 163b StPO:** Auch auf der Grundlage des § 163b StPO sind **erkennungsdienstliche Maßnahmen** möglich. Die Vorschrift ergänzt § 81b StPO insofern, als sie die Strafverfolgungsbehörden zur Durchführung entsprechender Maßnahmen zum Zweck der Identitätsfeststellung auch gegenüber bloß Verdächtigen und anderen Personen, insbesondere Zeugen ermächtigt. Dabei entsprechen die möglichen Mittel denen des § 81b StPO.[97] Die Voraussetzungen sind hingegen enger: Die erkennungsdienstliche Behandlung von **Verdächtigen** ist nur dann zulässig, wenn die Identifizierung anderweitig nicht oder nur unter erheblichen Schwierigkeiten möglich ist. Gegen den Willen von **Nichtverdächtigen** können erkennungsdienstliche Maßnahmen gem. § 163b Abs. 2 S. 2 StPO überhaupt nicht durchgeführt werden.

48   **c) Polizeigesetze:** Die Polizeigesetze des Bundes und der Länder enthalten Normen, nach denen die Polizei erkennungsdienstliche Maßnahmen durchführen kann.[98] Hin-

---

[89] BVerwG NJW 1961, 571, 572; Löwe/Rosenberg/*Krause*, StPO Band 2. § 81b, Rn. 3.

[90] BGH NJW 1957, 230.

[91] *Pfeiffer*, StPO, § 81b, Rn. 2.

[92] Löwe/Rosenberg/*Krause*, StPO Band 2. § 81b, Rn. 17.

[93] BGH NStZ 1993, 47.

[94] Löwe/Rosenberg/*Krause*, StPO Band 2. § 81b, Rn. 26; Pfeiffer/*Senge*, Karlsruher Kommentar StPO, § 81b, Rn. 7.

[95] BVerwG NJW 1967, 1192; NJW 1983, 1338.

[96] BVerwG NJW 1967, 1192; BayVerfGH DVBl. 1966, 902.

[97] Pfeiffer/*Wache*, Karlsruher Kommentar StPO, § 131b, Rn. 24.

[98] Bund: § 24 BPolG; § 21 Abs. 3 BKAG; Länder (z. B.): Art. 13 BayPAG; § 23 ASOG Bln; § 13 BbgPolG; § 7 HbgPolDVG; § 13 NdsSOG; § 11 POG RhPf.; § 20 SächsPolG; § 21 SOG SachsAnh.

sichtlich der verschiedenen Möglichkeiten der erkennungsdienstlichen Behandlungen besteht Übereinstimmung mit § 81b StPO, so dass nur Maßnahmen zur **Feststellung äußerlicher körperlicher Merkmale** zulässig sind.[99]

Die Maßnahmen können einerseits zur **Identitätsfeststellung** und andererseits zur **49** **vorbeugenden Bekämpfung von Straftaten** eingesetzt werden. Die Identitätsfeststellung ist dann auf die polizeirechtlichen Vorschriften und nicht auf § 163b StPO zu stützen, wenn die Maßnahme nicht der Durchführung eines strafrechtlichen Ermittlungsverfahrens dient.[100] Im Hinblick auf die vorbeugende Bekämpfung von Straftaten decken sich die polizeirechtlichen Regelungen in ihrer Zweckbestimmung vollständig mit der vorrangig anzuwendenden Vorschrift des § 81b StPO.[101] Auf Polizeirecht kann nur dann zurückgegriffen werden, wenn es sich bei dem Betroffenen nicht um einen Beschuldigten handelt. Praktisch relevant ist dabei die erkennungsdienstliche Behandlung strafunmündiger Kinder oder bereits Verurteilter.[102]

Die Identitätsfeststellung mit erkennungsdienstlichen Maßnahmen ist nach den jeweiligen Vorschriften nur dann zulässig, wenn andere Maßnahmen nicht möglich oder **50** nur unter Schwierigkeiten durchzuführen sind. Dienen die Maßnahmen der Bekämpfung von Straftaten, so müssen ein konkreter Tatverdacht und Wiederholungsgefahr vorliegen.

d) Regelungen in anderen Gesetzen: Im **Strafvollzug** sind erkennungsdienstliche **51** Maßnahmen auf der Grundlage von § 86 StVollzG möglich. Die Maßnahmen sollen die Wiederergreifung nach einer Flucht erleichtern.[103] Im **Ausländerrecht** ist die erkennungsdienstliche Behandlung in den § 49 AufenthG bzw. § 16 AsylVfG geregelt.

2. Untersuchung von Körpersubstanzen

a) § 81a Abs. 3 StPO. In § 81a StPO ist zunächst die einfache **körperliche Untersu-** **52** **chung des Beschuldigten** geregelt. Zudem werden die Ermittlungsbehörden zu körperlichen Eingriffen ermächtigt. In dieser Hinsicht ist vor allem das Grundrecht auf körperliche Unversehrtheit aus Art. 2 Abs. 2 S. 1 GG betroffen. Persönlichkeitsrechtlich ist dabei die Untersuchung der so gewonnenen **körperlichen Substanzen** relevant (Blut oder andere Körperzellen). In diesem Zusammenhang ist § 81a Abs. 3 StPO zu beachten. Demnach darf das Material nur für Zwecke des der Entnahme zugrundeliegenden oder eines anderen anhängigen Strafverfahrens verwendet werden. Damit ist eine Verwendung in einem Zivilverfahren, in künftigen Strafverfahren oder zur Gefahrenabwehr unzulässig. Auch die Untersuchung zu Forschungszwecken ist ausgeschlossen.[104] Sobald das entnommene Material nicht mehr benötigt wird, ist es unverzüglich zu vernichten.

b) § 81c StPO: Andere Personen als Beschuldigte dürfen nach § 81c StPO grundsätz- **53** lich nur **ohne körperliche Eingriffe** untersucht werden. Gem. Abs. 2 ist unter engen Voraussetzungen ausschließlich die **Entnahme von Blutproben** als körperlicher Eingriff zulässig. Die entnommenen Blutproben können zur Feststellung der Abstammung oder beispielsweise auch zum Nachweis der Infizierung mit einer Krankheit als Tatfolge untersucht werden.[105]

c) § 81e–81g StPO: Die **DNA-Analyse** ist heute eines der wichtigsten Werkzeuge **54** der Rechtsmedizin. Die für das Persönlichkeitsrecht besonders sensible Frage der Untersuchung der DNA-Struktur hat der Gesetzgeber speziell in den §§ 81e–81g StPO geregelt.

---

[99] Denninger/Lisken/*Rachor*; Handbuch Polizeirecht, S. 549, Rn. 447.
[100] Pfeiffer/*Wache*, Karlsruher Kommentar StPO, § 163b, Rn. 8.
[101] Denninger/Lisken/*Rachor*; Handbuch Polizeirecht, S. 553, Rn. 463.
[102] OVG Münster NJW 1999, 2689, 2690.
[103] Pfeiffer/*Senge*, Karlsruher Kommentar StPO, § 81b, Rn. 4.
[104] Löwe/Rosenberg/*Krause*, StPO Band 2. § 81a, Rn. 80.
[105] Löwe/Rosenberg/*Krause*, StPO Band 2. § 81c, Rn. 23.

Demnach darf nach §§ 81a StPO gewonnenes Körpermaterial des Beschuldigten bzw. aufgefundenes, sichergestelltes oder beschlagnahmtes Spurenmaterial molekulargenetisch untersucht werden, um die Abstammung festzustellen oder um zu überprüfen, ob das Material vom Beschuldigten oder vom Verletzten stammt. Abs. 1 S. 3 verbietet ausdrücklich, weitergehende Feststellungen, etwa in Hinsicht auf psychische, charakter- oder krankheitsbezogene Persönlichkeitsmerkmale oder Erbanlagen, zu treffen.[106]

55   Die DNA-Analyse ist unter den Voraussetzungen des § 81c Abs. 2 StPO und nach § 81e Abs. 1 S. 2 StPO auch an Körperzellen Nichtverdächtiger möglich. Hieraus ergibt sich auch die Rechtsgrundlage für sog. **„DNA-Massenscreenings"**.[107]

56   § 81f StPO regelt das Verfahren der Anordnung und Durchführung der DNA-Analyse. Danach gilt für die Anordnung ein Richtervorbehalt.

57   § 81g StPO ermöglicht über §§ 81a, 81e StPO hinaus unter bestimmten, engen Voraussetzungen (Straftat von erheblicher Bedeutung, Negativprognose) die Entnahme und **molekulargenetische Untersuchung** von Körperzellen des Beschuldigten zum Zweck der Identitätsfeststellung in künftigen Strafverfahren.

58   **d) Polizeigesetze:** Die körperliche Untersuchung ist im Polizeirecht nur vereinzelt vorgesehen. So lässt z. B. § 19 Abs. 3 HessSOG die DNA-Analyse zur Vorsorge der Strafverfolgung gegenüber Strafunmündigen zu. Die Vorschrift ist angesichts der umfassenden bundesgesetzlichen Regelung in der StPO im Hinblick auf die Gesetzgebungskompetenz bedenklich. Unproblematisch in dieser Hinsicht ist § 11a POG RhPf, der molekulargenetische Untersuchungen bei Verstorbenen oder bei sich erkennbar in einem die freie Willensbestimmung ausschließenden Zustand befindlichen Personen zu Identifizierungszwecken ermöglicht.

3. Einsatz von verdeckten Ermittlern und V-Leuten

59   **a) §§ 110a–110e StPO:** Der Einsatz verdeckter Ermittler berührt das Persönlichkeitsrecht in seiner Ausprägung als **Recht auf informationelle Selbstbestimmung** dahin gehend, dass der Betroffene aufgrund einer Täuschung Wissen in der Annahme preisgibt, dieses würde nicht, bzw. zumindest nicht an die Polizei oder die Staatsanwaltschaft weitergegeben. Die entsprechende strafprozessuale Ermächtigung enthält § 110a StPO. **Verdeckte Ermittler** sind demnach Beamte des Polizeidienstes, die unter einer ihnen verliehenen, auf Dauer angelegten, veränderten Identität (Legende) ermitteln. Der Einsatz verdeckter Ermittler ist im Zusammenhang mit bestimmten schweren Straftaten zulässig, wenn andere Ermittlungsmethoden nicht möglich sind oder keinen Erfolg versprechen.

60   Nicht davon erfasst sind **V-Leute**[108], für deren Einsatz eine gesetzliche Regelung in der StPO noch aussteht. In persönlichkeitsrechtlicher Hinsicht sind sie jedoch verdeckten Ermittlern gleichzustellen. In den §§ 110b–110e StPO werden das Verfahren, besondere Befugnisse des Ermittlers, die Benachrichtigung der Betroffenen und die Verwendung der ermittelten Daten geregelt.

61   **b) Polizeigesetze:** Die polizeigesetzlichen Bestimmungen[109] stimmen weitestgehend mit den Regelungen der StPO überein.[110] Darüber hinaus ist teilweise auch der Einsatz von V-Leuten geregelt.[111]

4. Observation

62   **a) § 163f StPO:** Unter **Observation** ist allgemein die systematische, meist heimliche Beobachtung einer Person mit dem Ziel zu verstehen, einen umfassenden Einblick in ihre

---

[106] BT-Dr. 13/667 S. 11.
[107] Pfeiffer/*Senge*, Karlsruher Kommentar StPO, § 81e, Rn. 3a.
[108] Pfeiffer/*Nack*, Karlsruher Kommentar StPO, § 110a, Rn. 9.
[109] Z. B. §§ 22, 24 PolG BadWürtt.; Art. 33, 35 BayPAG; § 26 ASOG Berl; § 16 HessSOG; § 20 PolG Nrw.
[110] Lisken/Denninger/*Rachor*; Handbuch Polizeirecht, S. 504, Rn. 302.
[111] Z. B. § 19 PolG NRW; § 34 BremPolG.

Lebensumstände zu gewinnen.[112] Längerfristig ist die Observation gem. § 163f StPO, wenn sie durchgehend länger als 24 Stunden oder mit Unterbrechungen an mehr als zwei Tagen stattfindet. Für die meisten einfachen und kurzfristigen Observationen aus aktuellem Anlass reichen die §§ 161, 163 Abs. 1 StPO als Rechtsgrundlage aus,[113] da sich hierbei kein Persönlichkeitsprofil erstellen und ein Eingriff in das Persönlichkeitsrecht daher vermeiden lässt.

Observationen i.S. d. § 163f StPO sind nur bei Verdacht des Vorliegens einer Straftat **63** von erheblicher Bedeutung und nur subsidiär zu weniger einschneidenden Maßnahmen zulässig. Soweit technische Observationsmittel zum Einsatz kommen, müssen zusätzlich die Voraussetzungen des § 100c StPO bzw. § 100f StPO gegeben sein.[114] Grundsätzlich ist nur die Beobachtung des Beschuldigten zulässig. Die Überwachung von **Kontaktpersonen** ist ausnahmsweise zulässig, wenn die Annahme begründet ist, dass die Kontaktperson mit dem Täter in Verbindung steht oder mit ihm in Verbindung treten wird.

b) Polizeigesetze: Parallele Regelungen finden sich in § 28 Abs. 2 Nr. 1 BPolG, § 23 **64** Abs. 2 Nr. 1 BKAG und den Landespolizeigesetzen.[115] Abweichungen zu § 163f StPO und zwischen den Regelungen untereinander bestehen hinsichtlich der Frage, ab wann eine längerfristige Observation vorliegt. So reicht der Rahmen bei der punktuellen Beobachtung von zwei Tagen bis zu einer Woche. Als Zweck der Beobachtung ist meist die Abwehr einer (gegenwärtigen) Gefahr für hochrangige Rechtsgüter oder die vorbeugende Bekämpfung von Straftaten vorgesehen.

5. Einsatz technischer Mittel

a) §§ 100c–100f StPO: Die Vorschriften regeln den Einsatz technischer Mittel zur **65** Überwachung des Beschuldigten ohne dessen Wissen. Neben dem Grundrecht aus Art. 13 GG ist durch diese Regelungen auch das Persönlichkeitsrecht in seinen besonderen Ausprägungen des Rechts am eigenen Bild, des Rechts am gesprochenen Wort, des Rechts auf informationelle Selbstbestimmung und des Schutzes der Privatsphäre besonders intensiv betroffen.[116]

Nachdem das BVerfG festgestellt hat, dass die in § 100c Abs. 1 Nr. 3 StPO a.F. geregel- **66** ten sehr weit gehenden Möglichkeiten des sog. „**großen Lauschangriffs**" nicht mit Art. 13 GG und Art. 2 Abs. 1 i.V.m. Art. 1 Abs. 1 GG vereinbar sind,[117] wurden die Vorschriften neu gefasst. Der **Einsatz technischer Mittel in Wohnungen** ist nunmehr in § 100c StPO geregelt, während die Überwachung außerhalb dieses Bereichs in § 100f StPO normiert wird.

Nach § 100c StPO ist die **akustische Wohnraumüberwachung** nur noch in engen **67** Grenzen möglich. Erforderlich ist der Verdacht einer Katalogstraftat i.S. d. Abs. 2. Auch darf sich die Maßnahme nur gegen den Beschuldigten richten und grundsätzlich nur in dessen Wohnung durchgeführt werden. Dem Schutz der Privatsphäre wird insbesondere durch Abs. 4 und 5 Rechnung getragen, die eine Überwachung im Kernbereich der privaten Lebensgestaltung verbieten. Demnach ist vor jeder Anordnung der Wohnraumüberwachung eine negative Prognoseentscheidung dahin gehend zu treffen, dass der private Lebensbereich mit ausreichender Wahrscheinlichkeit nicht betroffen wird.[118] Sobald sich während der Überwachung Anhaltspunkte dafür zeigen, dass in den Kernbereich des Persönlichkeitsrechts eingegriffen wird, muss die Maßnahme unterbrochen werden.

Außerhalb von Wohnungen dürfen nach § 100f Abs. 1 Nr. 1 StPO vom Beschuldigten **68** ohne dessen Wissen zur Erforschung des Sachverhalts oder der Ermittlung des Aufent-

---

[112] Lisken/Denninger/*Rachor*; Handbuch Polizeirecht, S. 512, Rn. 325.
[113] *Pfeiffer*, StPO, § 163f, Rn. 2.
[114] BGH NJW 2001, 1658; Hilger NStZ 2000, 561, 564; vgl. hierzu unten Rn. 65ff.
[115] Z.B. Art. 33 BayPAG, § 24 ASOG Berl.,§ 34 NdsSOG; § 14 ThüRhPf.AG.
[116] Pfeiffer/*Nack*, Karlsruher Kommentar StPO, § 100c, Rn. 7.
[117] BVerfG NJW 2004, 999.
[118] *Löffelmann* NJW 2005, 2033.

haltsortes Bildaufnahmen hergestellt werden. Voraussetzung ist nur der Anfangsverdacht einer Straftat.[119] Bei Straftaten von erheblicher Bedeutung können gem. § 100f Abs. 1 Nr. 2 StPO darüber hinaus sonstige besondere für Observationszwecke bestimmte technische Mittel eingesetzt werden. Hiezu zählt etwa der Einsatz von **Peilsendern**.[120] Eine akustische Überwachung ist gem. § 100f Abs. 2 StPO nur bei Verdacht einer Katalogstraftat nach § 100a StPO zulässig, wenn andere Maßnahmen keinen Erfolg versprechen.

69   Die Maßnahmen nach § 100f StPO sind grundsätzlich gegen den Beschuldigten zu richten. Nur in den Ausnahmefällen des § 100f Abs. 3 StPO können andere Personen in die Überwachung miteinbezogen werden.

70   **b) Polizeigesetze:** Mittlerweile finden sich in fast allen Polizeigesetzen des Bundes und der Länder[121] Befugnisse zur Überwachung von Personen mithilfe technischer Mittel und zur Aufzeichnung der so gewonnenen Bild- und Tondaten.[122] Da eine verdeckte Überwachung im Zusammenhang mit der Gefahrenprävention nur in Ausnahmefällen notwendig und zu rechtfertigen ist,[123] liegt der Schwerpunkt im Polizeirecht auf der **offenen (Bild-)Überwachung**. Offen ist die Überwachung, wenn sie für den Betroffenen erkennbar ist, etwa weil mit entsprechenden Hinweisschildern auf die Maßnahme hingewiesen wird. Aufgrund des Verhältnismäßigkeitsgrundsatzes unterliegen die Maßnahmen zahlreichen Begrenzungen. So ist die Überwachung idR auf besonders gefährdete Orte begrenzt. Entsprechende Maßnahmen sind daher insbesondere an solchen öffentlich zugänglichen Orten zulässig, die als Kriminalitätsschwerpunkte bekannt sind. Teilweise ist auch die Überwachung öffentlich zugänglicher Orte unabhängig von konkreten Anhaltspunkten für künftige Straftaten möglich.[124] Überwachungsfähig nach den meisten Polizeigesetzen sind zudem auch **gefährdete Objekte**, also solche Anlagen, Einrichtungen, Gebäude oder Verkehrsmittel, in oder an denen die Begehung von Straftaten zu befürchten ist bzw. die selbst als Ziel von Straftaten in Frage kommen.[125] Zudem sehen alle Polizeigesetze die Überwachung von Veranstaltungen und Ansammlungen vor, die nicht dem **Versammlungsgesetz** unterfallen, soweit in diesem Zusammenhang die Begehung von Straftaten oder auch Gefahren für die öffentliche Sicherheit zu befürchten sind.[126] Unverhältnismäßig ist in jedem Fall eine flächendeckende Überwachung.[127] Des Weiteren ist die Bildaufzeichnung in einigen Bundesländern nur in Ausnahmefällen zugelassen, während die bloße Bildübertragung den Regelfall darstellt.[128] Zur Gewährleistung der Verhältnismäßigkeit der Maßnahmen tragen darüber hinaus auch Verfahrensvorschriften in Form von **Behördenleiter- oder Zustimmungsvorbehalten**[129] und die Festlegung von **Lösch- und Höchstspeicherfristen**[130] bei.

71   Unter entsprechend engeren Voraussetzungen sehen die Polizeigesetze auch den **verdeckten Einsatz technischer Mittel** vor.[131] Die Überwachung umfasst grundsätzlich

---

[119] BGHSt 44, 13, 16, 17.

[120] Löwe/Rosenberg/*Schäfer*, StPO Band 2. § 100c, Rn. 25, 26.

[121] Aufgrund der Aufgabenstellung des BKA sieht das BKAG keine entsprechenden Befugnisse vor.

[122] Bund: § 26 BPolG, Länder (z. B.): § 21 PolG BadWürtt., Art. 32 BayPAG; § 32 Nds SOG; § 184 LVwG SH.

[123] Denninger/Lisken/*Petri*; Handbuch Polizeirecht, S. 887, Rn. 198.

[124] § 32 Abs. 3 S. 1 SOG MecklVorp; § 184 Abs. 3 SchlHLVerwG.

[125] Z. B. § 24a Abs. 1 ASOG Berl.; §§ 29 Abs. 2, 11 Abs. 1 Nr. 4 BremPolG; § 14 Abs. 3 HessSOG.

[126] Denninger/Lisken/*Petri*; Handbuch Polizeirecht, S. 890, Rn. 206.

[127] Vgl. *Fischer* VblBW. 2002, 89, 93.

[128] Z. B. § 31 Abs. 3 BbgPolG; § 32 Abs. 3 SOG MecklVorp, § 32 Abs. 3 NdsSOG.

[129] § 31 Abs. 3 S. 5 BbGPolG, § 28 Abs. 3 S. 2 BremPolG, § 15a Abs. 3 PolG NRW, § 32 Abs. 3 S. 3, Abs. 2 ThürPAG.

[130] Z. B. § 21 Abs. 4 PolG BadWürtt., Art. 32 Abs. 4 BayPAG, § 8 Abs. 1 S. 3 HbgPolDVG; § 38 Abs. 3 SächsPolG.

[131] Bund: § 28 Abs. 2 Nr. 2 BPolG; Länder (z. B.): Art. 33 Abs. 1 Nr. 2 BayPAG, § 25 Abs. 1 Nr. 2 ASOG Berl.; § 17 Abs. 1 PolG NRW; § 28 Abs. 2 Nr. 2 POG RhPf.

die Anfertigung und Aufzeichnung von Bild- und Tonaufnahmen. Teilweise ist auch der Einsatz sonstiger technischer Mittel, vor allem zur **Feststellung des Aufenthaltsortes** und der **Bewegungsmuster** vorgesehen. Außerhalb von Wohnungen ist der Einsatz dieser Mittel größtenteils an das Bestehen einer Gefahr für besonders wichtige Rechtsgüter oder die drohende Begehung von Straftaten von erheblicher Bedeutung geknüpft.[132] Teilweise sind Bildaufnahmen und -aufzeichnungen auch schon allgemein zur Erfüllung polizeilicher Aufgaben zulässig.[133] Die Maßnahmen sind gegen die potentiellen Straftäter bzw. Störer zu richten. Auch Begleitpersonen können mit überwacht werden, allerdings nur wenn diese Personen einen objektiven Tatbezug aufweisen und damit in die Begehung der Straftat miteinbezogen sind.[134]

Innerhalb von Wohnungen ist der Einsatz technischer Mittel idR nur zur Abwehr einer **72** gegenwärtigen Gefahr für Leib, Leben oder Freiheit einer Person zulässig.[135] Die Anordnung steht unter einem einfachen **Richtervorbehalt**, wobei bei Gefahr im Verzug meistens auch eine Anordnung durch den Behördenleiter möglich ist. Die Betroffenen sind bei jedem Einsatz verdeckter Mittel grundsätzlich nachträglich über die Maßnahmen zu informieren.

Im Hinblick auf den Schutz des Kernbereichs privater Lebensgestaltung gelten auch für **73** das Polizeirecht die Vorgaben des BVerfG.[136] Mittlerweile wurden die Polizeigesetze des Bundes und der Länder wie schon die StPO entsprechend angepasst.

c) VersG: Auf Grundlage der §§ 12a, 19a VersG ist die Polizei befugt, Bild- und Ton- **74** aufnahmen von Teilnehmern bei oder im Zusammenhang mit Versammlungen i.S.d. Art. 8 Abs. 1 GG herzustellen, wenn tatsächliche Anhaltspunkte dafür sprechen, dass von der Versammlung erhebliche Gefahren für die öffentliche Sicherheit und Ordnung ausgehen. Eine spezielle Rechtsgrundlage ist insofern erforderlich, als über das allgemeine Persönlichkeitsrecht hinaus auch das Grundrecht auf Versammlungsfreiheit tangiert wird. Ob die Maßnahmen verdeckt oder offen erfolgen müssen, ist in den Vorschriften nicht geregelt. **Verdeckte Maßnahmen** sind als grundrechtsintensivere Maßnahme allerdings nur im Ausnahmefall verhältnismäßig.[137] Die Überwachung ist gegen diejenigen Teilnehmer zu richten, von denen die Gefahr ausgeht. Unbeteiligte können nach § 12a Abs. 1 S. 2 VersG miterfasst werden, wenn dies unvermeidbar ist.

6. Fahndung

Die durch das Strafverfahrensänderungsgesetz vom 2. August 2000 neu gefassten bzw. **75** eingefügten §§ 131 bis 131c StPO tragen ebenfalls dem **Volkszählungsurteil**[138] Rechnung, indem sie für den Bereich der Fahndung im Strafverfahren die erforderlichen Einzelbefugnisse zur Verfügung stellen. Insbesondere die Öffentlichkeitsfahndung wurde erstmals explizit und detailliert geregelt, so dass in diesem Zusammenhang ein Rückgriff auf § 24 KUG nicht mehr erforderlich ist.

§ 131 StPO regelt die Ausschreibung des Beschuldigten zur Festnahme. Mögliche **76** Fahndungsmittel werden in Nr. 40 der **Richtlinien für das Strafverfahren und das Bußgeldverfahren (RiStBV)** aufgezählt.[139] Neben Auskünften von Behörden können daher vor allem Informationen aus verschiedenen Registern, dem Fahndungssystem der

---

[132] Z. B. § 28 Abs. 1, 2 Nr. 2 BPolG, § 25 Abs. 1 Nr. 2 ASOG Berl. § 15 Abs. 1 Nr. 2, Abs. 2 Nr. 1, 2 HessSOG; §§ 17 Abs. 1, 18 Abs. PolG NRW.

[133] Z. B. Art. 33 Abs. 1 Nr. 2, Abs. 2 S. 1 BayPAG.

[134] Vgl. BVerfG NVwZ 2001, 1261; Denninger/Lisken/*Petri*; Handbuch Polizeirecht, S. 898, Rn. 229.

[135] Z. B. Art. 34 Abs. 1 BayPAG; § 25 Abs. 4, 4a ASOG Berl.; § 33 Abs. 2, 3 BremPolG; §§ 17 Abs. 1, 2, 18 Abs. 1, 2 PolG NRW, §§ 39, 40 SächsPolG.

[136] BVerfG NJW 2004, 999.

[137] Denninger/Lisken/*Kniesel/Poscher*; Handbuch Polizeirecht, S. 1103, Rn. 371.

[138] BVerfGE 65, 1 – *Volkszählung*.

[139] Die RiStBV entfalten als Verwaltungsvorschriften nur justizinterne Bindungswirkung.

Polizei und dem **Schengener Informationssystem** eingeholt werden. Auch der in § 131 StPO a.F. geregelte Einsatz von Steckbriefen ist weiterhin möglich. Allerdings handelt es sich hierbei um eine besonders grundrechtsintensive Maßnahme, die gegenüber den anderen Fahndungsmitteln nur subsidiär zum Einsatz kommen kann.[140] Wendet sich der **Fahndungsaufruf** an einen nach Zahl und Individualität unbestimmten Kreis von Personen, wie dies regelmäßig auch beim Steckbrief der Fall ist, so handelt es sich um eine **Öffentlichkeitsfahndung**. Diese ist gem. § 131 Abs. 3 StPO nur im Zusammenhang mit Straftaten von erheblicher Bedeutung zulässig. Mittel der Öffentlichkeitsfahndung können die Einschaltung von Presse, Hörfunk und Fernsehen, die Benutzung elektronischer Medien, das Aushängen von Plakaten, Lautsprecherdurchsagen oder die Verbreitung der Stimme eines Verdächtigen über eine veröffentlichte Telefonnummer sein.[141] Dabei bestehen Vereinbarungen mit den Fernsehanstalten zur bundesweiten Ausstrahlung von Fahndungsaufrufen.

77   § 131a StPO regelt die Ausschreibung von Beschuldigten oder Zeugen zur Aufenthaltsermittlung sowie die Ausschreibung von Beschuldigten zu anderen strafprozessualen Zwecken Auch in diesem Zusammenhang ist eine **Öffentlichkeitsfahndung** möglich.

78   Gem. § 131b StPO ist die Veröffentlichung von Bildern von Beschuldigten oder Zeugen zur Aufklärung einer Straftat oder zur der Identitätsfeststellung möglich. Während die normale Öffentlichkeitsfahndung nur zu Zwecken der Festnahme und der Aufenthaltsermittlung möglich ist, können Bilder auch zur Aufklärungsfahndung und Identitätsfahndung eingesetzt werden. Voraussetzung ist auch in diesem Zusammenhang der Verdacht einer Straftat von erheblicher Bedeutung. Vorrangig sind zudem weniger intensive Maßnahmen durchzuführen.[142]

7. Informationsverarbeitung

79   Der Umgang mit personenbezogenen Daten durch staatliche Stellen tangiert das allgemeine Persönlichkeitsrecht vor allem in Form des **Rechts auf informationelle Selbstbestimmung**.[143] Die jeweiligen Maßnahmen bedürfen somit gesetzlicher Eingriffsermächtigungen, wie sie mittlerweile in zahlreichen Bundes- und Ländergesetzen vorgesehen sind. Aufgrund des sehr umfangreichen Regelungsbereiches soll hier nur überblicksartig auf die wichtigsten Vorschriften eingegangen werden.

80   **a) §§ 474–491 StPO:** Die Zwecke der Strafrechtspflege machen es erforderlich, personenbezogene Informationen aus dem Strafverfahren weiterzugeben und entsprechende Daten zu speichern, zu verändern, zu nutzen und zu übermitteln. Hierzu stellen die §§ 474–491 StPO die erforderlichen Eingriffsgrundlagen zur Verfügung. Dabei regeln die §§ 474–482 StPO die Einsicht in Akten und die Weitergabe personenbezogener Informationen aus dem Strafverfahren. Der Rechtspflege dient in erster Linie die in §§ 474, 477 StPO geregelte Einsichtnahme bzw. Weitergabe von Informationen an Gerichte, Staatsanwaltschaften und andere Justizbehörden. Die Datenverarbeitung und Datenübermittlung zu den Zwecken des Strafverfahrens, der künftigen Strafverfolgung und der Vorgangsverwaltung ist in den §§ 483–491 StPO geregelt.

81   **b) §§ 98a–98c StPO:** Die Vorschriften regeln den Datenabgleich (§ 98c StPO) und die sog. **Rasterfahndung** (§ 98a StPO). Der Datenabgleich ermöglicht den maschinellen Vergleich personenbezogener Daten aus einem Strafverfahren mit bereits bestehenden Datenbeständen aus der Strafverfolgung, Strafvollstreckung und der Gefahrenabwehr zur Aufklärung von Straftaten und zur Aufenthaltsermittlung. Die Ermittlungsbehörden können so in Erfahrung bringen, ob die Person oder ein Gegenstand (z. B. KFZ) im bereits bestehenden Datenbestand erfasst ist.

---

[140] Pfeiffer/*Boujong* Karlsruher Kommentar StPO, § 131, Rn. 9.
[141] Pfeiffer/*Boujong* Karlsruher Kommentar StPO, § 131, Rn. 9.
[142] Vgl. zu der Wechselwirkung mit § 24 KUG bei Verwendung der Aufnahmen durch Fernsehsender oben Rn. 31.
[143] BVerfGE 65, 1 – *Volkszählung.*

Die **Rasterfahndung** stellt eine Methode der Massendatenverarbeitung dar, bei der 82
automatisiert Informationen aus verschiedenen Datenbeständen miteinander verglichen
werden, um bestimmte Personen zu ermitteln.[144] Dabei werden die Datenabstände nach
bestimmten Merkmalen durchsucht, von denen angenommen wird, dass die gesuchte
Person sie erfüllt.[145] Die so gewonnenen Ergebnisse dienen als Anknüpfungspunkt für
weitere Ermittlungsmaßnahmen.

c) Polizeigesetze: Detaillierte Regelungen in Bezug auf die Speicherung, Verarbei-83
tung und Übermittlung personenbezogener Daten und Informationen einschließlich der
Rasterfahndung finden sich auch in den Polizeigesetzen des Bundes und der Länder.[146]

d) Datenschutzgesetze: Soweit keine bereichsspezifischen Regelungen bestehen, 84
sind bei der Datenspeicherung, -verarbeitung und -übermittlung zu Zwecken der
Rechtspflege die Datenschutzgesetze des Bundes und der Länder zu beachten.[147]

§ 35. Indemnität

Inhaltsübersicht

Schrifttum: *Friesenhahn*, Zur Indemnität der Abgeordneten in Bund und Ländern, DÖV 1981,
512; *Graul*, Indemnitätsschutz für Regierungsmitglieder?, NJW 1991, 1717; *Kewenig/Magiera*, Umfang und Regelung der Indemnität von Abgeordneten insbesondere bei schriftlichen Fragen an die
Regierung, ZParl 1981, 223; *Wurbs*, Regelungsprobleme der Immunität und Indemnität in der parlamentarischen Praxis, 1988.

Einschränkungen unterliegt das Persönlichkeitsrecht auch insofern, als gegenüber Ver-1
letzungen in einem bestimmten Zusammenhang oder durch eine bestimmte Personengruppe im Interesse übergeordneter Rechtsgüter der Rechtsschutz ausgeschlossen ist.
Wichtigster Fall dieser Beschränkung ist die **Indemnität** von Abgeordneten.

A. Begriff

Nach Art. 46 Abs. 1 S. 1 GG darf ein Abgeordneter wegen Äußerungen, die er im Parla-2
ment tätigt oder getätigt hat, nicht gerichtlich oder dienstlich verfolgt oder sonst außerhalb des Bundestages zur Verantwortung gezogen werden. Die Regelung des Art. 46 GG
wird zudem in § 36 StGB gespiegelt. Dieser als **Indemnität** bezeichnete Schutz dient der
Sicherung des freien Mandats und der **freien parlamentarischen Willensbildung**[1]
und somit letztlich der Funktionsfähigkeit der repräsentativen Demokratie.[2]

---

[144] Denninger/Lisken/*Petri*; Handbuch Polizeirecht, S. 1103, Rn. 371.
[145] Siehe zum genauen Verfahren: Pfeiffer/*Nack*, Karlsruher Kommentar StPO, § 98a, Rn. 2.
[146] Bund: §§ 7–14, 20, 25, 27–37 BKAG; §§ 29–37 BPolG; Länder (z.B.): Art. 37–49 BayPAG;
§§ 22–33 PolG NRW.
[147] Bund: § 1 Abs. 2, 3 BDSG, Länder (z.B.): Art. 2 Abs. 1, 7 BayDSG; Art. 2 Abs. 1, 3 BbgDSG.
[1] *Dürig/Maunz*, GG Bd. IV, Art. 46, Rn. 6.
[2] *Rixecker*/Säcker MünchKomm BGB Bd. 1, Anhang zu § 12, Rn. 178.

B. Anwendungsbereich

I. Persönlich

3   Art. 46 GG erfasst nur **Bundestagsabgeordnete**, wie sich aus der systematischen Stellung der Bestimmung im Abschnitt über den Bundestag ergibt.[3] Keinen Schutz nach Art. 46 GG genießen der Bundespräsident, Regierungsmitglieder, die nicht Abgeordnete sind oder nicht in dieser Eigenschaft auftreten, Mitglieder des Bundesrates, außerparlamentarische Mitglieder von Ausschüssen und Sachverständige.[4] Entsprechendes gilt für die Regelungen in den Landesverfassungen. § 36 StGB erfasst darüber hinaus auch die Mitglieder der Bundesversammlung. Da der Rechtsgedanke der Indemnität insofern übertragbar ist, genießen **Stadt- und Gemeinderäte** auch ohne explizite gesetzliche Regelung einen der Indemnität vergleichbaren Schutz.[5]

II. Sachlich

4   Vom Indemnitätsschutz erfasst sind **Abstimmungen** und **Äußerungen**. Unter Abstimmung ist die „Entscheidung über die dem Bundestag und seinen Ausschüssen zur Beschlussfassung überwiesenen Vorlagen" zu verstehen.[6] Entscheidungsgegenstand können dabei sowohl Personal- als auch Sachfragen sein. Der Begriff der Äußerungen ist weit zu verstehen und erfasst sowohl Meinungskundgaben als auch Tatsachenbehauptungen und Willensäußerungen.[7] Die Äußerung kann mündlich oder schriftlich erfolgen. Nicht erfasst sind gem. Art. 46 Abs. 1 S. 2 GG verleumderische Beleidigungen. Darüber hinaus greift der Schutz nicht bei **Tätlichkeiten**[8] und **Privatgesprächen**.[9]

5   Die Abstimmung oder Äußerung muss im **Bundestag** oder in seinen **Ausschüssen** erfolgen. Bundestag ist das Plenum der Abgeordneten unabhängig von Ort und Zweck des Zusammentritts. Ausschüsse sind alle Untergliederungen des Bundestages, also Ausschüsse im engeren Sinn, Präsidium, Ältestenrat, Untersuchungsausschüsse sowie gemischte Ausschüsse, an denen die Abgeordneten in dieser Funktion für den Bundestag teilnehmen,[10] und Fraktionen.[11] Grundsätzlich keinen Indemnitätsschutz genießen Äußerungen, die zwar im Zusammenhang mit der politischen Tätigkeit des Abgeordneten stehen, aber wie z. B. Äußerungen auf **Partei- oder Wahlveranstaltungen**[12] außerhalb des parlamentarischen Bereichs getätigt werden. Werden allerdings Äußerungen aus dem parlamentarischen Bereich lediglich in der Öffentlichkeit wiederholt, so können sie sowohl auf der Grundlage der Indemnität als auch unter dem Gesichtspunkt der **Freiheit der Parlamentsberichterstattung** (Art. 42 Abs. 3 GG) geschützt sein.[13] Soweit der Abgeordnete in diesem Zusammenhang die Medien aus eigener Initiative einschaltet, genießt er nur insoweit Indemnität, als die parlamentarische Debatte in der Öffentlichkeit ausgetra-

---

[3] *Dürig/Maunz,* GG Bd. IV, Art. 46, Rn. 7; Sachs/*Magiera,* GG, Art. 46, Rn. 2.
[4] BGH NJW 1981, 2117; Jarass/*Pieroth,* Grundgesetz, Art. 46, Rn. 1; Sachs/*Magiera,* GG, Art. 46, Rn. 2.
[5] OLG München AfP 1987, 440; LG Köln AfP 2002, 346; *Wenzel,* Das Recht der Wort- und Bildberichterstattung, S. 47, Rn. 24.
[6] *Dürig/Maunz,* GG Bd. IV, Art. 46 Rn. 12.
[7] *Dürig/Maunz,* GG Bd. IV, Art. 46 Rn. 13; Sachs/*Magiera,* GG, Art. 46, Rn. 3.
[8] Vgl. BVerwGE 83, 1, 16.
[9] Jarass/*Pieroth,* GG, Art. 46, Rn. 2.
[10] Jarass/*Pieroth,* GG, Art. 46, Rn. 2; Sachs/*Magiera,* GG, Art. 46, Rn. 3.
[11] *Dürig/Maunz,* GG Bd. IV, Art. 46 Rn. 16; Sachs/*Magiera,* GG, Art. 46, Rn. 3.
[12] BGH NJW 1982, 2246.
[13] BGH NJW 1980, 780, 781.

gen wird.[14] Eine schriftliche Äußerung in Form eines Antrages oder einer Anfrage ist dann innerhalb des parlamentarischen Bereichs getätigt und somit geschützt, wenn der Abgeordnete sie in den vorgesehenen Geschäftsgang eingebracht hat.[15]

III. Zeitlich

Der Schutz des Art. 46 GG beginnt mit **Erwerb** des Mandats. Er bleibt auch nach Ver-   6
lust des Mandats bestehen. Der Abgeordnete kann auf seine Indemnität weder verzichten, noch kann sie durch den Bundestag aufgehoben werden.[16]

C. Rechtsfolge

Art. 46 I GG führt zu einem lückenlosen Schutz des Abgeordneten vor Sanktionen.[17]   7
Ausgeschlossen ist jede gerichtliche oder dienstliche Verfolgung vor staatlichen (insbesondere Straf- und Zivil-) Gerichten oder Disziplinarbehörden. Auch sonst kann der Abgeordnete nicht zur Verantwortung gezogen werden. Damit sind auch sonstige Maßnahmen staatlicher Stellen, etwa der Polizei, der Staatsanwaltschaft oder des Verfassungsschutzes ausgeschlossen, selbst wenn es sich lediglich um interne oder rein tatsächliche Maßnahmen handelt.[18] Gegenüber internen Sanktionsmaßnahmen durch Private, etwa der Partei des Abgeordneten in Form eines Parteiausschlusses, greift der Schutz jedoch nicht.

Im Zusammenhang mit zivilrechtlichem Rechtsschutz gegenüber Verletzungen des   8
Persönlichkeitsrechts wirkt sich der Indemnitätsschutz dahin gehend aus, dass die entsprechenden Klagen und Anträge **unzulässig** sind.[19] Der Indemnitätsschutz stellt somit jedenfalls ein **prozessuales Hindernis** für die Geltendmachung persönlichkeitsrechtlicher Ansprüche dar. Keine Auswirkungen hat der Indemnitätsschutz jedoch in materieller Hinsicht, da die Rechtswidrigkeit der betreffenden Äußerung hiervon nicht beeinflusst wird.[20] Das Persönlichkeitsrecht des Betroffenen wird damit nicht in seinem Bestand, sondern nur hinsichtlich der Rechtsschutzmöglichkeiten eingeschränkt.

---

[14] BGH NJW 1980, 780, 781.
[15] Sachs/*Magiera*, GG, Art. 46, Rn. 3; a.A. Jarass/*Pieroth*, GG, Art. 46, Rn. 2.
[16] *Dürig/Maunz*, GG Bd. IV, Art. 46 Rn. 6; Sachs/*Magiera*, GG, Art. 46, Rn. 7.
[17] *Dürig/Maunz*, GG Bd. IV, Art. 46 Rn. 18.
[18] Sachs/*Magiera*, GG, Art. 46, Rn. 8.
[19] Vgl. BGH NJW 1980, 780, 781; Jarass/*Pieroth*, GG, Art. 46, Rn. 4.
[20] *Dürig/Maunz*, GG Bd. IV, Art. 46 Rn. 22; Sachs/*Magiera*, GG, Art. 46, Rn. 10.

6. Teil. Träger des Persönlichkeitsrechts

14. Kapitel. Natürliche Personen

§ 36. Lebende Personen

Inhaltsübersicht

Schrifttum: *Hoppe, T.*, Bildaufnahmen aus dem höchstpersönlichen Lebensbereich – der neue § 201a StGB, GRUR 2004, 990 ff.; *Müller, G.*, Probleme der Gerichtsberichterstattung, NJW 2007, 1617 ff.; *Reinhart, A.*, „wrongful life" – Gibt es ein Recht auf Nichtexistenz? – VersR 2001, 1081 ff.; *Schroth/König/Gutmann/Oduncu*, Transplantationsgesetz, 2005.

A. Grundsatz

Träger des Persönlichkeitsrechts sowohl in seiner verfassungsrechtlichen als auch seiner **1** zivilrechtlichen Bedeutung ist der **lebende Mensch** ohne Rücksicht auf sein Alter, seinen Gesundheitszustand, sein Geschlecht, seine Staatsangehörigkeit, Rasse, ethnische Herkunft, Religion oder soziale Stellung. Die Persönlichkeit eines jeden Menschen ist rechtlich geschützt. Schutzobjekt ist das Recht des Einzelnen auf Selbstbestimmung über seine Person, auf Achtung seiner personalen und sozialen Identität und ihr Erscheinungsbild in der Öffentlichkeit sowie auf Entfaltung seiner individuellen Fähigkeiten; der Trä-

ger des Persönlichkeitsrechts soll bewahrt werden vor Angriffen auf seine Menschenwürde, insbesondere durch Erniedrigung, Brandmarkung, Verfolgung, Ächtung, Ausgrenzung, Verspottung, Verächtlichmachung und Herabwürdigung; im gleichen Maße
soll ihm ermöglicht werden, sein individuelles Leistungspotential zu entwickeln und zur
Geltung zu bringen.[1]

B. Rechtsträger-spezifische Schutzwirkungen

I. Individuelle Bestimmung

2   Aus dem Wesen des Persönlichkeitsrechts folgt das Gebot individueller Differenzierung, denn der Schutz gilt jedem menschlichen Einzelwesen in seiner Einzigartigkeit
und Unwiederholbarkeit. Zwangsläufig äußert deshalb das Persönlichkeitsrecht nicht für
alle Träger gleiche Schutzwirkungen. Sie hängen vielmehr davon ab, wie der einzelne
Mensch sein Leben gestaltet und wie er sich seinem sozialen Umfeld präsentiert. Wer die
Öffentlichkeit sucht, um sich am öffentlichen Meinungskampf zu beteiligen, wer als
Künstler oder Sportler „in die Schlagzeilen" kommen will oder wer sich gar für entwür-
digende Darbietungen in bestimmten Sendeformaten zur Verfügung stellt, muss sich mit
geringeren Schutzwirkungen begnügen als jemand, der von der Öffentlichkeit in Ruhe
gelassen werden will und sie deshalb meidet. Jeder Mensch kann daher über die Schutzwirkungen seines Persönlichkeitsrechts weitgehend selbst bestimmen. Die Differenzierung der Schutzwirkungen nach der Individualität seines Trägers gehört gleichsam zum
Wesen des Persönlichkeitsrechts. Bei Eingriffen müssen deshalb notwendigerweise auch
sein Inhalt und Schutzumfang individuell bestimmt werden. Das gilt vor allem für den
ideellen Bereich des allgemeinen Persönlichkeitsrechts. Von der Individualität des
Rechtsträgers hängt aber auch ab, ob und in welchem Maße er seine geistigen oder
körperlichen Fähigkeiten und Eigenschaften zu kommerziell verwertbaren und damit
vermögenswerten Bestandteilen seines Persönlichkeitsrechts entwickelt, die er sogar
vererben kann (siehe § 37 Rn. 16).

II. Kernbereich

3   Es gibt einen unantastbaren Kernbereich sowohl des zivilrechtlichen als auch des verfassungsrechtlichen allgemeinen Persönlichkeitsrechts, den jeder lebende Mensch beanspruchen kann, weil er sich unmittelbar auf die Art. 1 Abs. 1 und 2 Abs. 1 GG gründet.[2]
Das Recht jedes Einzelnen auf Selbstbestimmung und Selbstverwirklichung seiner individuellen Persönlichkeit muss vom Staat und im privaten Rechtsverkehr respektiert werden. Daraus leiten sich einerseits Abwehransprüche – insbesondere das Recht, „in Ruhe
gelassen zu werden"[3] – andererseits aber auch „aktive Elemente",[4] also Leistungsansprüche
ab, ohne die das Recht auf personale und soziale Selbstbestimmung und -entfaltung nicht
verwirklicht werden könnte.[5] Auf der verfassungsrechtlichen Grundlage beruhen zahlreiche im einfachen Gesetzesrecht begründete spezielle Persönlichkeitsrechte, die ebenfalls jedem Menschen zustehen. Dazu zählen insbesondere der Ehrenschutz (§§ 185 ff.
StGB), das Namensrecht (§ 12 BGB) und das Recht am eigenen Bild (§ 22 KUG i.V.m.

---

[1] Vgl. BVerfG NJW 1973, 1226, 1230 – Lebach I; BVerfG NJW 1980, 2070; BVerfG NJW 1983,
1179; BVerfG NJW 2000, 1021; BVerfG NJW 2001, 2957, 2958 f; BVerfG NJW 2005, 883.
[2] BVerfG NJW 2006, 3409.
[3] BVerfG NJW 1973, 1226, 1230 f. – Lebach I; BVerfG NJW 2000, 2021; BGH NJW 1996, 1128.
[4] Vgl. BVerfG NJW 1980, 2070.
[5] Dazu gehören z.B. der aus dem Persönlichkeitsrecht abzuleitende Anspruch des Kindes auf
Kenntnis der eigenen Abstammung ebenso wie der Anspruch des Mannes auf Klärung, ob ein Kind
von ihm abstammt, vgl. BVerfG NJW 2003, 2151; BVerfG NJW 2007, 753, 754.

§ 141 UWG). Besonderen strafrechtlichen Schutz genießen ferner die Vertraulichkeit des Wortes, der höchstpersönliche Lebensbereich gegenüber Bildaufnahmen, das Brief- und Privatgeheimnis sowie persönliche Daten (§§ 201–203 StGB). Diese Vorschriften sind gleichzeitig Schutznormen im Sinne von § 823 Abs. 2 BGB.[6]

1. Intimsphäre

Die **Intimsphäre** ist der unantastbare Kernbereich des ideellen Persönlichkeitsrechts, dessen Schutzwirkungen **jeder lebende Mensch** beanspruchen kann. Sie umfasst die innere Gedanken- und Gefühlswelt mit ihren nicht für die Öffentlichkeit bestimmten Äußerungen (vertrauliche Briefe, Tagebuchaufzeichnungen),[7] Einzelheiten des Sexuallebens[8] sowie den Gesundheitszustand, soweit er Dritte nicht gefährden kann.[9] Zur Intimsphäre hat die Rechtsprechung z. B. Nacktfotos gerechnet,[10] desgleichen Fotoaufnahmen während einer kirchlichen Trauungszeremonie[11] und Telefongespräche zwischen Ehepartnern mit ganz persönlichem insbesondere sexuellem Inhalt.[12] Auf den Schutz seiner persönlichen, intimen Lebensgestaltung kann sich jeder berufen, soweit er auf diesen Schutz nicht wirksam verzichtet hat; selbst überwiegende Interessen der Allgemeinheit können einen Eingriff in diese Sphäre nicht rechtfertigen.[13] Allerdings wird die Intimsphäre von den Gerichten bisweilen zurückhaltend eng definiert. So hat das BVerfG die Verwertbarkeit von Tagebuchaufzeichnungen im Strafprozess bejaht, weil sie schriftlich niedergelegt und damit der Gefahr des Zugriffs preisgegeben worden seien.[14] Außerdem kann jeder geschäftsfähige Rechtsträger auch über die persönlichkeitsrechtlichen Schutzwirkungen seiner Intimsphäre in den Grenzen der §§ 134, 138 BGB selbst disponieren.

2. Privatsphäre

Innerhalb der **Privatsphäre** entfaltet das Persönlichkeitsrecht für jeden Rechtsträger ebenfalls einen besonders starken Schutz seiner idellen Bestandteile. Die Privatsphäre umfasst den häuslichen familiären und sonstigen der Öffentlichkeit entzogenen Lebensbereich,[15] ist aber bereits schon durch die individuell unterschiedlichen Kontakte zum sozialen Umfeld geprägt und bedarf deshalb für jeden Einzelfall einer gesonderten Bestimmung. Ein Politiker, der den öffentlichen Meinungskampf sucht, sowie bekannte Künstler oder Sportler, die aus ihrem öffentlichen Erscheinungsbild kommerziellen Nutzen zu ziehen trachten, müssen sich – insbesondere unter dem Gesichtspunkt der Meinungs- und Pressefreiheit (Art. 5 GG) – gefallen lassen, dass die von ihnen gesuchte Öffentlichkeit sich – auch kritisch – mit ihnen auseinandersetzt und ihre Biographie sowie ihr Verhalten, jedenfalls soweit es ihr Wirken in der Öffentlichkeit betrifft, „unter die Lupe nimmt". Ein tatbestandsmäßiger Eingriff in ihr allgemeines Persönlichkeitsrecht kann sich dadurch als gerechtfertigt erweisen. Andererseits hat jeder – also auch ein Prominenter –, der die Abgeschiedenheit sucht und jede öffentliche Selbstdarstellung vermeidet, Anspruch darauf, dass die Allgemeinheit dies respektiert. Sogar Personen der Zeitgeschichte, die sich vorübergehend in eine örtliche Abgeschiedenheit zurückgezogen haben,

---

[6] Soergel/*Spickhoff* BGB 13. Aufl., § 823 Rn. 237; *Hoppe* GRUR 2004, 990, 994.

[7] Vgl. BVerfG NJW 1972, 1123, 1124; BVerfG NJW 1973, 1226, 1230 – *Lebach I.*

[8] Vgl. BGH NJW 1988, 1984; BGH NJW 1999, 2893.

[9] Vgl. BVerfG NJW 1972, 1123, 1124.

[10] Vgl. BGH NJW 1985, 1617 f; LG Hamburg ZUM-RD 2004, 545: Keine Geldentschädigung für ein ungenehmigtes Nacktfoto, wenn die Verletzte sich zuvor wiederholt unbekleidet für Fotos im „Playboy" zur Verfügung gestellt hat.

[11] OLG Hamm GRUR 1971, 84 f.

[12] BGH NJW 1988, 1984 f.

[13] BVerfGE 34, 238, 245.

[14] BVerfG NJW 1990, 563 ff; weitere Nachweise dazu bei Soergel/*Beater* BGB, 13. Aufl., Anhang IV zu § 823 Rn. 43 bei Fußnote 187.

[15] BGHZ 131, 332, 338 f.

in der sie objektiv erkennbar für sich allein sein wollen und sich dort so verhalten, wie sie es in der Öffentlichkeit nicht tun würden, können erwarten, dass darauf Rücksicht genommen wird.[16] Straftäter, die ihre Strafe verbüßt haben oder begnadigt wurden und sich deshalb wieder auf freiem Fuße befinden, verdienen nach Ansicht des BVerfG Schutz vor einer Berichterstattung, die ihre Resozialisierung gefährdet[17] Der Schutzumfang des allgemeinen Persönlichkeitsrechts bedarf daher auch innerhalb der Privatsphäre nicht nur individuell, sondern auch situationsbezogen für jeden Rechtsträger einer gesonderten Bestimmung unter sorgfältiger Würdigung aller Umstände.[18] Dazu gehört stets vor allem eine Güter- und Interessenabwägung, die auch den Grundsatz der Verhältnismäßigkeit und insbesondere den Informationswert für die Öffentlichkeit berücksichtigen muss.[19]

In seiner jüngsten Rspr. hat das BVerfG wiederholt das dem verfassungsrechtlichen Persönlichkeitsrecht immanente Recht auf Integrität und informationelle Selbstbestimmung gegenüber staatlichen Organen betont und vor unverhältnismäßigen Gefährdungen durch Datenspeicherung und -weitergabe geschützt.[20]

3. Gesundheitszustand

6   Der **Gesundheitszustand** eines Menschen wird von der Rechtsprechung teils der Intimsphäre,[21] teils nur der Privatsphäre zugerechnet.[22] Richtig dürfte sein, danach zu differenzieren, ob sich aus dem Gesundheitszustand eines Menschen Gefahren und Risiken für andere ergeben können. Zweifellos hat die Allgemeinheit ein legitimes Interesse daran, zu erfahren, ob ein sich zur Wahl stellender Politiker an einer Krankheit leidet, die es fraglich erscheinen lässt, ob er das angestrebte Amt physisch oder psychisch meistern kann. Die Erkrankung eines regierenden Fürsten kann ein zeitgeschichtliches Ereignis sein, über das die Presse berichten darf.[23] Auch Angaben über die wirtschaftlichen Verhältnisse eines Bewerbers um ein Amt oder etwaige Vorstrafen können für die Allgemeinheit von so gewichtigem Interesse sein, dass eine sachliche Unterrichtung nicht mit Hilfe des Persönlichkeitsrechts vereitelt werden darf, solange der Grundsatz der Verhältnismäßigkeit gewahrt bleibt. Insbesondere bedarf es stets einer sorgfältigen Prüfung, ob die Interessen der Allgemeinheit nicht durch andere, mildere Mittel als ihre Unterrichtung, gewahrt werden können, beispielsweise also durch die befristete Quarantäne eines Menschen, der an einer gefährlichen ansteckenden Krankheit leidet.[24] Soweit eine Beeinträchtigung schutzwürdiger Interessen Dritter nicht droht, gehört aber der Gesundheitszustand eines Menschen zum Kernbereich seines Persönlichkeitsrechts und ist daher vor ungenehmigten Eingriffen schlechthin geschützt. Das gilt z.B. für den Inhalt von Akten über Patienten einer Beratungsstelle für Suchtkranke,[25] sowie für den Inhalt ärztlicher Patientenkarteien.[26] Auch insoweit kann der Schutz vor Indiskretionen allerdings eingeschränkt sein, wenn jemand um der öffentlichen Selbstdarstellung willen Einblicke in

---

[16] BVerfG NJW 2000, 1021; BGH NJW 1996, 1128.

[17] Vgl. BVerfG NJW 1973, 1226, 1231 – *Lebach I*; bedenklich bei politisch oder weltanschaulich motivierten schweren Straftaten, die nicht nur zeitgeschichtlicher Dokumentation, sondern auch rückschauender Aufarbeitung und historischer Bewertung bedürfen. Mit Recht einschränkend deshalb BVerfG NJW 2000, 1859 – *Lebach II*.

[18] BVerfG NJW 1980, 2572.

[19] BGHZ 171, 275, 285 zieht ihn enger als BVerfG Beschl. v. 26.2.2008, das schon dem „bloßen Unterhaltungswert" eine „wichtige gesellschaftliche Funktion" zubilligt (1 BvR 1602/07).

[20] Z.B. BVerfG Urteil v. 27.2.2008, 1 BvR 370/07 – *Onlinedurchsuchung*; BVerfG Beschl. v. 11.3.2008, 1 BvR 256/08 – *Vorratsdatenspeicherung*.

[21] BGHZ 24, 72, 79.

[22] BVerfG NJW 1996, 984 f.

[23] BGHZ 171, 275, 287; insoweit bestätigt durch BVerfG Beschl. v. 26.2.2008, 1 BvR 1602/07.

[24] Vgl. BVerfG NJW 1972, 1123, 1124.

[25] BVerfGE 44, 353, 372.

[26] BVerfGE 32, 373, 379 f.

seinen gesundheitlichen Zustand wissentlich duldet oder gar provozierend gewährt. Ferner muss geprüft werden, ob aufgrund wiederholter Duldung eine zumindest konkludent erklärte Einwilligung des Rechtsträgers vorliegt.[27] Einzelheiten dazu oben § 19 Rn. 25 ff.

III. Rechtsträgergruppen mit gemindertem oder gesteigertem Schutzbedürfnis

Von dem für alle Rechtsträger gleichen Kernbereich des Persönlichkeitsrechts abgesehen, lässt sich sein unterschiedlicher Schutzumfang vorbehaltlich der stets gebotenen Einzelfallprüfung nach Trägergruppen mit gemindertem oder gesteigertem Schutzbedürfnis unterteilen. Das gilt allerdings nur für die ideellen Bestandteile des allgemeinen Persönlichkeitsrechts. Innerhalb der vermögenswerten Bestandteile besteht für eine Abstufung des Schutzbedürfnisses nach einzelnen Rechtsträgergruppen kein Anlass. Denn wer seine Persönlichkeit vermarkten will, muss sich den für alle geltenden Regeln des erlaubten wirtschaftlichen Konkurrenzkampfes stellen. Mit dieser Beschränkung auf den ideellen Bereich des Persönlichkeitsrechts wird man unterscheiden müssen: **7**

1. Rechtsträger mit gemindertem Schutzbedürfnis

Rechtsträger, die ihre Persönlichkeit in der Öffentlichkeit präsentieren, um sich dadurch politisch, weltanschaulich, künstlerisch oder intellektuell zu profilieren oder um wirtschaftlich davon zu profitieren, können nur in einem eingeschränkten Ausmaß Schutz ihrer Individualsphären beanspruchen. Soweit sie mit ihrem Bildnis, ihrem Namen und ihrem individuellen Schaffen die Öffentlichkeit suchen, um ihr Interesse zu wecken, müssen sie es hinnehmen, innerhalb dieses Bereiches öffentlich beobachtet, analysiert, kommentiert und auch kritisiert zu werden.[28] **8**

Ebenfalls eingeschränkt sind die Schutzwirkungen des Persönlichkeitsrechts von Menschen, die einer Straftat von einigem Gewicht angeklagt sind und sich deshalb in einem gerichtlichen Verfahren in öffentlicher Verhandlung verantworten müssen. Tatsachen aus ihrer Privat- und Individualsphäre, die dabei zur Sprache kommen, sind damit auch der öffentlichen Berichterstattung und Erörterung preisgegeben, soweit die berechtigten Informationsinteressen der Allgemeinheit dies verlangen und rechtfertigen.[29] Die in allen Verfahrensordnungen enthaltene Möglichkeit, die Öffentlichkeit unter bestimmten Voraussetzungen auszuschließen, gewährleistet zusätzlich den gebotenen persönlichkeitsrechtlichen Schutz.[30] Die Verurteilung eines Straftäters und die Art und Weise des anschließenden Strafvollzuges können ebenfalls einen Vorgang mit einem erheblichen Informationswert für die Öffentlichkeit darstellen, der eine Berichterstattung – mit oder ohne Fotos des Straftäters – bei begründetem aktuellem Anlass rechtfertigen kann.[31]

2. Rechtsträger mit gesteigertem Schutzbedürfnis

a) Besonders schutzbedürftig sind **Kinder und Jugendliche**. Ihnen drohen durch Eingriffe in ihr Persönlichkeitsrecht besonders schwerwiegende Verletzungen, weil sie sich erst zu eigenverantwortlichen Personen entwickeln müssen. Ihre Persönlichkeitsent- **9**

---

[27] Vgl. BVerfG NJW 2000, 1021 = GRUR 2000, 446 – *Caroline von Monaco*.

[28] Vgl. BVerfG GRUR 2006, 1051, 1053 = NJW 2006, 3411 mit Anmerkung *Wanckel*.

[29] BVerfG NJW 1973, 1226 – *Lebach I*; BVerfG NJW 1993, 1463f.; BVerfG NJW 2000, 1859 – *Lebach II*; BGH NJW 2006, 599, 600; zu den Problemen der Gerichtsberichterstattung siehe auch *G. Müller* NJW 2007, 1617 ff.; zuletzt BVerfG v. 19. 12. 2007 – I BvR 620/07; zur Zulässigkeit der Verfilmung einer Straftat vgl. OLG Frankfurt, NJW 2007, 699 ff. „*Rohtenburg*"; LG Koblenz NJW 2007, 695 ff., *Fall Gäfken*.

[30] Vgl. z. B. § 172 GVG, § 48 JGG.

[31] Vgl. KG NJW 2007, 703 f; OLG Frankfurt/M. v. 30. 10. 2007 – 11 U 9/07.

faltung kann daher leichter, empfindlicher und nachhaltiger gestört werden als die von Erwachsenen.[32] Maßgeblich für den Umfang des Schutzes ist die Entwicklungsphase des Kindes bzw. Jugendlichen. Der Schutz ist in thematischer und räumlicher Hinsicht umfassender und kann bereits gegenüber persönlichkeitsbezogenen Informationen eingreifen, deren Verbreitung die Gefahr in sich birgt, dass dem Kind in Zukunft nicht mehr unbefangen begegnet wird oder dass es sich speziellen Verhaltenserwartungen ausgesetzt sieht.[33] Das Recht jedes Kindes/Jugendlichen auf Entwicklung seiner Persönlichkeit – also das Recht auf „Person werden" – umfasst sowohl die Privatsphäre als auch die kindgemäße Entfaltung in öffentlichen Räumen. Zur Entwicklung der Persönlichkeit gehört es, sich in der Öffentlichkeit angemessen bewegen zu lernen, ohne dadurch das Risiko einer Medienberichterstattung über das eigene Verhalten auszulösen. Dies gilt auch für Kinder, deren Eltern Personen von zeitgeschichtlicher Bedeutung sind.[34]

10   **b)** Ein gesteigertes Schutzbedürfnis haben – mit den oben Rn. 6 erwähnten Ausnahmen – auch **kranke** oder **behinderte** Menschen. Sie sind besonders verletzlich und weniger belastbar als gesunde Menschen, so dass sich auch schon geringfügige Eingriffe nachteilig auf ihre körperliche und seelische Befindlichkeit auswirken können. Dabei kommt es nicht darauf an, ob sie subjektiv in der Lage sind, eine ihnen zugefügte Verletzung zu begreifen, zu bewerten und darunter zu leiden; auch ein Wachkoma-Patient und erst recht **Sterbende**, die zur Selbstbestimmung über ihren eigenen Integritätsbereich nicht (mehr) in der Lage sind, werden gegen Verletzungen ihres Persönlichkeitsrechts (insbesondere durch die ungenehmigte Anfertigung von Bild- oder Tonaufnahmen) geschützt.[35]

3. Träger spezieller Persönlichkeitsrechte

11   Neben den jedem lebenden Menschen zustehenden besonderen Persönlichkeitsrechten (siehe oben Rn. 3) gibt es spezielle Persönlichkeitsrechte, die nur Rechtsträgern zustehen, wenn sie zusätzliche subjektive Voraussetzungen erfüllen. Dazu gehören die Urheberpersönlichkeitsrechte der §§ 12–14 UrhG, die nur der Inhaber eines Urheberrechts geltend machen kann und das Erfinderpersönlichkeitsrecht.[36] Es sichert die persönlichen Interessen des Erfinders an seiner Erfindung, insbesondere das Recht auf die Erfinderehre, auf Anerkennung der Erfinderschaft und das Selbstbestimmungsrecht über den Erfindungsgedanken. § 63 PatG ist eine ausdrückliche spezialgesetzliche Ausprägung des allgemeinen Persönlichkeitsrechts[37] und kann deshalb nur vom Erfinder selbst, nicht aber auch von einem Dritten gerichtlich geltend gemacht werden.[38] Außerhalb des im höchstpersönlichen Bereich jedem lebenden Menschen gewährleisteten Bildnisschutzes (§ 201a StGB) ist das Recht am eigenen Bild (§ 22 KUG) durch die in den §§ 23, 24 KUG normierten Ausnahmen relativiert.

Die besonderen Persönlichkeitsrechte sind leges speciales gegenüber dem allgemeinen Persönlichkeitsrecht, finden ihrem Wesen nach aber in ihm ihre Grundlage. Auch bei ihnen lässt sich daher die Rechtswidrigkeit von Eingriffen nur anhand einer konkreten Abwägung zwischen den Rechtsgütern des Trägers einerseits und des Verletzers andererseits feststellen.

---

[32] BVerfGE 101, 361, 385 = NJW 2000, 1021 ff; BVerfG NJW 2003, 3262 f; BVerfG vom 22. 3. 2007 – 1 BvR 2007/02; BGH NJW 2005, 216 f; BGHZ 160, 304 f.

[33] BVerfG NJW 2003, 3262 f. – Veröffentlichung eines Horoskops mit Ausführungen zu angeblichen gegenwärtigen und zukünftigen Eigenschaften einer Prinzentochter.

[34] BVerfG NJW 2000, 2191 f.

[35] OLG Karlsruhe NJW-RR 1999, 1699 ff.

[36] BGHZ 14, 72, 74; BGH GRUR 1978, 583 ff; BGH GRUR 1994, 104 f.

[37] BGH GRUR 2004, 272; Benkard/*Schäfers* PatG 10. Aufl., § 63 Rn. 2.

[38] Vgl. BPatG GRUR 1987, 234; Benkard/*Schäfers* a.a.O.

C. Das pränatale Persönlichkeitsrecht

I. Grundsatz

Auch der nasciturus ist persönlichkeitsrechtlich nicht schutzlos. Allerdings ist der **12** Schutz, der ihm vor seiner Geburt zuteil wird, begrenzt. Träger eines ausgereiften Persönlichkeitsrechts wird der nasciturus erst mit Vollendung seiner Geburt (§ 1 BGB).

II. Schutzwirkungen

Das **Recht auf Leben** befindet sich beim nasciturus im Spannungsverhältnis zum **13** Selbstbestimmungsrecht der Mutter.

Das Leben der Leibesfrucht steht zwar unter dem Schutz der Verfassung. Die Schutzpflicht hat ihren Grund in Art. 1 Abs. 1 GG. Ihr Gegenstand und ihr Maß werden durch Art. 2 Abs. 2 GG näher bestimmt. Die Rechtsordnung muss die rechtlichen Voraussetzungen der Entfaltung des ungeborenen menschlichen Lebens gewährleisten.[39] Diese Gewährleistung ist aber in dem durch die Regelung des legalen Schwangerschaftsabbruches geschaffenen Ausmaß eingeschränkt (§§ 218–219 b StGB). Dabei gelten Handlungen, deren Wirkungen vor Abschluss der Einnistung des befruchteten Eies in der Gebärmutter (Nidation) eintreten, nicht als Schwangerschaftsabbruch (§ 218 Abs. 1 Satz 2 StGB). Vor der Nidation wird der Embryo davor geschützt, aus der Gebärmutter seiner natürlichen Mutter entnommen, in die Gebärmutter einer anderen Frau übertragen, geschlechtlich verändert oder zu einem nicht seiner Erhaltung dienenden Zweck verwendet zu werden.[40] Schon vor dieser gesetzlichen Regelung war anerkannt, dass dem nasciturus deliktsrechtlicher Schutz nach § 823 Abs. 1 BGB, was seinen Körper und seine Gesundheit betrifft, zuteil wird. Verletzungen lösen allerdings erst mit der Vollendung der Geburt Schadensersatzansprüche aus.[41] Um gesundheitliche Beeinträchtigungen des nasciturus in seiner vorgeburtlichen Entwicklung abzuwehren oder nach seiner Geburt zu sanktionieren, bedarf es also keines Rückgriffs auf ein allgemeines Persönlichkeitsrecht.

2. Vorstellbar sind aber auch **ideelle vorgeburtliche Beeinträchtigungen**, die sich **14** auf die Entwicklung und soziale Stellung des Kindes nach seiner Geburt und damit auf seine spätere Persönlichkeitsentfaltung ungünstig auswirken können. So wird man einen aus dem allgemeinen Persönlichkeitsrecht abgeleiteten Abwehranspruch dem zur Nachfolge berufenen Abkömmling eines Fürstenhauses oder bekannten Familienunternehmens zubilligen können, wenn bereits vor seiner Geburt die Behauptung verbreitet wird, er sei in einem ehebrecherischen Verhältnis gezeugt worden oder werde vermutlich an einer unheilbaren Erbkrankheit leiden.[42] Einen eigenen Bildnisschutz wird man dem nasciturus hingegen nicht zubilligen können. Sonographieaufnahmen der im Mutterleib befindlichen Leibesfrucht können nur mit Zustimmung der Mutter verbreitet werden. Ihre Einwilligung wirkt auch für ihr noch nicht geborenes Kind.

---

[39] BVerfG NJW 1993, 1751.

[40] §§ 1–3 des Embryonenschutzgesetzes – ESchG vom 13. 2. 1990 – BGBl. I S. 2746; dazu *Harks* NJW 2002, 716.

[41] BGHZ 58, 48; 86, 240, 253; BGH NJW 1989, 1538.

[42] Zu den Ausprägungen des Persönlichkeitsrechts eines nasciturus siehe *Reinhart* VersR 2001, 1081, 1087 mit weiteren Nachweisen.

III. Beginn des Schutzes

15   Die Schutzwürdigkeit des nasciturus in persönlichkeitsrechtlicher Hinsicht hängt nicht von der Art seiner Zeugung (natürlich oder durch künstliche Insemination) ab. Die grundsätzliche Schutzwürdigkeit beginnt mit der Verschmelzung der Keimzellen.

IV. Rechtswahrnehmung

16   Die Wahrung und Verfolgung der Persönlichkeitsrechte ihres Kindes wegen vorgeburtlicher Beeinträchtigungen ist Sache der Eltern bzw. des Elternteils, dem die Personensorge obliegt (§§ 1626, 1626 a, 1671 BGB), notfalls des für die Personen- und Vermögenssorge des Kindes bestellten Pflegers (§ 1630 BGB). Die Bestellung eines Pflegers nach § 1912 BGB zugunsten des nasciturus zwecks Wahrung seines künftigen Persönlichkeitsrechts ist zwar theoretisch möglich, wird aber kaum in Betracht kommen. Denn soweit dieses Recht bereits vorgeburtlich einer Fürsorge z. B. gegenüber rufschädigenden Medienberichten bedarf, wird sie von den im Zweifel mitbetroffenen Eltern wahrgenommen werden (§ 1912 Abs. 2 BGB).

D. Wechsel des Rechtsträgers?

I. Grundsatz

17   Die mit einem Wechsel des Rechtsträgers des Persönlichkeitsrechts verbundenen Fragen sind vielschichtig, werfen zahlreiche Probleme auf und sind zum Teil noch ungeklärt. Bei der Frage, ob der Träger des Persönlichkeitsrechts wechseln kann, muss zunächst zwischen einem Wechsel durch Rechtsgeschäft unter Lebenden und einem Wechsel von Todes wegen unterschieden werden. In diesem Abschnitt werden nur die Möglichkeiten eines Trägerwechsels unter Lebenden erörtert, für einen Wechsel von Todes wegen wird auf § 37 – postmortales Persönlichkeitsrecht – verwiesen (dort insbesondere Rn. 11, 16, 27–32).

Die Beantwortung der Frage nach einem Rechtsträgerwechsel **unter Lebenden** hängt davon ab, ob die Übertragbarkeit ideeller oder vermögenswerter Bestandteile des Persönlichkeitsrechts in Rede steht.

II. Ideelle Bestandteile des Persönlichkeitsrechts

18   Soweit das Persönlichkeitsrecht dem Schutz ideeller Interessen dient, ist es unauflöslich an die Person seines Trägers gebunden und als höchstpersönliches Recht unveräußerlich, also unter Lebenden nicht übertragbar. Niemand kann sich seiner Menschenwürde, seines Anspruchs auf Selbstverwirklichung, seines Namens oder seines Bildnisses vollständig und endgültig entäußern.[43] Die Frage nach einer Übertragbarkeit des Persönlichkeitsrechts **in seiner Gesamtheit** unter Lebenden ist damit bereits zu **verneinen**.

III. Vermögenswerte Bestandteile des Persönlichkeitsrechts

19   In Betracht kommen kann somit nur eine Übertragbarkeit **nicht** ideeller Bestandteile des Persönlichkeitsrechts. Soweit Bestandteile des allgemeinen Persönlichkeitsrechts auch dem Schutz materieller Interessen dienen können, sind sie in Grenzen, die zum Teil noch der weiteren Klärung bedürfen, Gegenstand des Rechtsverkehrs.

---

[43] Vgl. BGHZ 50, 133, 137 – *Mephisto*; BGHZ 153, 214, 220 – *Marlene Dietrich*; jetzt ausdrücklich bestätigt durch BVerfG GRUR 2006, 1049, 1051 = NJW 2006, 3409 mit Anmerkung *Wanckel*.

1. Ausgeschlossen ist eine Übertragung, soweit **verbotene Nutzungen** in Rede stehen.   20
Verboten ist die Kommerzialisierung des eigenen Körpers. § 17 des Transplantations-
gesetzes untersagt den Organhandel und stellt ihn unter Strafe – auch soweit er die Veräußerung von Bestandteilen des eigenen Körpers betrifft. Unter „Handel treiben" verstehen der BGH und das BVerfG im Betäubungsmittelrecht jede eigennützige auf den Umsatz mit dem Verbotsgegenstand gerichtete Tätigkeit.[44] Diese weite Interpretation ist nach
dem Willen des Gesetzgebers auch der Auslegung von § 17 TPG zugrunde zu legen.[45]

2. Im Übrigen ist jedenfalls die **Überlassung von Nutzungsbefugnissen** zulässig.   21
Soweit kein gesetzliches Verbot eingreift, lassen sich gewichtige Argumente dafür finden,
dass die vermögenswerten Bestandteile des Persönlichkeitsrechts nicht in derselben Weise
unauflöslich an die Person ihres Trägers gebunden sind wie der Teil des Persönlichkeitsrechts, der dem Schutz ideeller Interessen dient. In seiner älteren Rechtsprechung hat der
BGH zwar eine Übertragbarkeit des Namens- oder Bildnisrechts schon im Grundsatz
verneint,[46] später[47] und auch noch in der „Marlene Dietrich"-Entscheidung[48] hat er diese
Frage offengelassen, aber immerhin angedeutet, dass eine partielle Übertragung nicht
von vornherein ausgeschlossen erscheine.

Die Lösung kann das Urheberrecht liefern: Es **schließt zwar eine Übertragung des**   22
Stammrechts aus, lässt aber die Einräumung von Nutzungsrechten zu. Auch für die
kommerziell verwertbaren Bestandteile des Persönlichkeitsrechts genügt es, die Einräumung obligatorischer Nutzungsrechte zu gestatten. Niemand kann seinen Namen
„verkaufen" oder sich seines Bildnisses entäußern, weil er damit einen Teil seiner Persönlichkeit verlieren würde. Er kann aber anderen gestatten, seinen Namen, sein Bildnis
oder andere Persönlichkeitsmerkmale in einer bestimmten Art und Weise zeitlich be-
grenzbar zu nutzen.[49]

Wie das Kunstwerk durch ein unauflösliches Band mit seinem Urheber, von dem es
stammt, verbunden bleibt, lassen sich auch die wirtschaftlich verwertbaren Bestandteile
des Persönlichkeitsrechts nicht vollständig von der Person ihres Trägers trennen und
schließen damit zwar eine dieses Band unwiderruflich auflösende Übertragung unter
Lebenden, nicht aber eine zeitlich begrenzte Überlassung aus. Eine zeitlich unbegrenzte
Einräumung von Nutzungsrechten wird man nur zulassen dürfen, wenn dem Träger des
Persönlichkeitsrechts die Befugnis verbleibt, die Nutzungsbefugnis zumindest dann zu
widerrufen, wenn sie die ideellen Elemente des Persönlichkeitsrechts nachhaltig und empfindlich beeinträchtigt. In der Lebenswirklichkeit sind Lizenzverträge über die entgeltliche Nutzung vermögenswerter Bestandteile des Persönlichkeitsrechts bekannter Sportler, Sänger und Schauspieler an der Tagesordnung. Soweit hierbei die Grenzen der §§ 134,
138 BGB eingehalten werden, besteht für Eingriffe in die Vertragsfreiheit kein Anlaß. Träger seines Persönlichkeitsrechts bleibt dabei in allen diesen Fällen der Lizenzgeber.

IV. Aktivlegitimation und Abtretbarkeit von Ansprüchen
aus der Verletzung des allgemeinen Persönlichkeitsrechts

1. **Aktiv legitimiert** zum Vorgehen gegen rechtswidrige Eingriffe in sein Persönlich-   23
keitsrecht ist **nur der unmittelbar Verletzte**. Das ist in erster Linie der Rechtsträger
selbst. Er muss allerdings erkennbar Gegenstand des beanstandeten Eingriffs sein. Seine
Abbildung ist dafür nicht erforderlich; ein „Double", das ihm zum Verwechseln ähnlich

---

[44] BGHSt NJW 2005, 3790; BVerfG NJW 2007, 1193.
[45] Schroth/König/Gutmann/Oduncu (*König*) Transplantationsgesetz, 2005 vor §§ 17, 18 Rn. 16,
kritisch a.a.O., §§ 17, 18, Rn. 22.
[46] BGHZ 8, 318, 324.
[47] BGHZ 50, 133, 137; BGH GRUR 1987, 128.
[48] BGHZ 143, 214, 221 f.
[49] So auch *Götting* GRUR 2004, 801, 805.

sieht, genügt.[50] Gleiches gilt für gefälschte Signaturen[51] oder Stimmimitationen.[52] Erkennbarkeit ist bereits dann gegeben, wenn die Person ohne namentliche Nennung
zumindest für einen Teil des Leser- oder Adressatenkreises aufgrund der mitgeteilten
Umstände hinreichend individualisiert und identifiziert werden kann. Dafür kann die
Wiedergabe von Teilinformationen genügen, aus denen sich die Identität für die sachlich
interessierte Leserschaft ohne weiteres oder mühelos ermitteln lässt.[53] Ausreichend ist
ebenfalls, wenn der Abgebildete nur von dem ihm bekannten Personenkreis, nicht aber
auch von außenstehenden Dritten identifiziert werden kann.[54] Wer von Fernwirkungen
eines Eingriffs lediglich mittelbar belastet wird, ist zur Geltendmachung von Abwehr-
und sogar Ersatzansprüchen nicht aktiv legitimiert.[55] Gegen Äußerungen, die sich gegen
eine allgemein umschriebene Gruppe richten, kann sich der Einzelne nur wenden, wenn
er damit zugleich individuell verletzt wird. Einzelheiten zum Persönlichkeitsschutz von
Personenmehrheiten gegenüber Kollektivbeleidigungen siehe bei § 38, Rn. 3–7. Zur
Aktivlegitimation bei Eingriffen in das postmortale Persönlichkeitsrecht siehe § 37,
Rn. 54–55.

24 2. Bei der **Abtretbarkeit** von Ansprüchen, die sich aus der Verletzung des allgemeinen
Persönlichkeitsrechts ergeben, ist zu unterscheiden: **Nicht abtretbar** – und daher auch
weder **pfänd- noch verpfändbar** – sind Unterlassungs- und sonstige Abwehransprüche, die durch Eingriffe in die **ideellen** Bestandteile des Persönlichkeitsrechts entstanden
sind. Denn sie sind wie das Stammrecht selbst höchstpersönlicher Natur (§ 399 BGB).[56]
Soweit für eine Verletzung ideeller Bestandteile des Persönlichkeitsrechts eine Geldentschädigung gefordert werden kann,[57] ist der entstandene Anspruch jedoch ohne Einschränkung übertragbar, vererblich, pfändbar und verpfändbar.[58] Auch gegen die Übertragung von Ansprüchen aus der Verletzung **vermögenswerter** Bestandteile des allgemeinen Persönlichkeitsrechts ist **nichts einzuwenden**, sofern sie sich vom Stammrecht
bereits gelöst haben und wirtschaftlich selbständig verwertbar sind. Das Gleiche gilt für
bereits entstandene Zahlungsansprüche aus Verwertungsverträgen, die z. B. die Nutzung
des Namens oder Bildnisses des Rechtsträgers betreffen. Sie können an Dritte abgetreten,
gepfändet oder verpfändet werden. Bei Zahlungsansprüchen, die erst künftig aus der
einem Dritten überlassenen Nutzung des Stammrechts entstehen werden, ist eine solche
Verselbständigung allerdings noch nicht eingetreten. Auch in solchen Fällen eine Abtretung oder Verpfändung zuzulassen, ist bedenklich, denn aus dem Persönlichkeitsrecht
abgeleitete Nutzungsbefugnisse könnten dadurch zum Mittel der Kreditsicherung werden und es dem Inhaber des Stammrechts erschweren, die Nutzungsüberlassung zu
beenden. Die im Mitgliedschaftsrecht entwickelten Grundsätze zur Abtretbarkeit von
Zahlungsansprüchen, die sich vom Stammrecht gelöst haben und dadurch selbständig
verkehrsfähig geworden sind,[59] können sinngemäß angewendet werden.

---

[50] Vgl. BGH GRUR 2000, 715 ff – *Der blaue Engel*; OLG München ZUM 2002, 744 ff – *Marlene Dietrich nackt.*

[51] Vgl. BGHZ 107, 384 = NJW 1990, 1986 = GRUR 1995, 668.

[52] OLG Hamburg NJW 1990, 1995 – *Heinz Ehrhardt.*

[53] BVerfG NJW 2004, 3619 f.; BGH NJW 1963, 1155; NJW 1966, 2010; NJW 1981, 1366; NJW 1992, 1312; 2005, 2844 f.

[54] BGH NJW 1974, 1947, 1948 f. – Veröffentlichung der Nacktaufnahme einer 16-Jährigen; dazu *Schmidt* JZ 1975, 98.

[55] BGH NJW 1980, 1790 f. Zum erhöhten Schutzbedarf eines Minderjährigen gegenüber einer ihn nur mittelbar betreffenden verletzenden Medienberichterstattung über ein Elternteil vgl. BVerfG vom 22. 3. 2007 – 1 BvR 2007/02.

[56] Vgl. BGHZ 50, 133, 139 f. – *Mephisto*; BGHZ 143, 214, 226 – *Marlene Dietrich.*

[57] BGH NJW 1996, 984; BGH NJW 2005, 215; BVerfG NJW 2006, 595.

[58] Vgl. BGH NJW 1995, 783.

[59] Vgl. z. B. *Hüffer* AktG 3. Aufl., § 58 Rn. 26 und 28; *Henze* im Großkommentar zum AktG 4. Aufl., § 58 Rn. 88 und 94.

§ 37. Das Persönlichkeitsrecht des Verstorbenen

Inhaltsübersicht

Schrifttum: *Ahrens, C.*, Öffentliche Leichensektionen und Körperwelten im Lichte des zivilrechtlichen Persönlichkeitsschutzes, GRUR 2003, 850 ff.; *Bender*, Das postmortale allgemeine Persönlichkeitsrecht – Dogmatik und Schutzbereich, VersR 2001, 815 ff.; *Beuthien, V.*, Postmortaler Persönlichkeitsschutz auf dem Weg ins Vermögensrecht, ZUM 2003, 261 ff.; *ders.*, Was ist Vermögenswert, die Persönlichkeit oder ihr Image NJW 2003, 1220 ff.; *Brändel, O.C.*, Das postmortale Persönlichkeitsrecht als Nachlassgegenstand, FS *Erdmann* (2002), S. 49 ff.; *Claus*, Sabine, Frist zur Geltendmachung des postmortalen Persönlichkeitsrechts, BGHReport 2007, 167 ff.; *Freitag*, Die Kommerzialisierung von Darbietung und Persönlichkeit des ausübenden Künstlers, 1993; *Frommeyer*, Persönlichkeitsrecht nach dem Tode und Schadensersatz – BGHZ 143, 214 ff. (*Marlene Dietrich*), Jus 2002, 13 ff.; *Götting, H.P.*, Persönlichkeitsrecht als Vermögensrecht, 1995; *ders.*, Sanktionen bei Verletzung des postmortalen Persönlichkeitsrechts GRUR 2004, 801 ff.; *ders.*, Die bereicherungsrechtliche Lizenzanalogie bei Persönlichkeitsverletzungen, FS *Ullmann* (2006), S. 65 ff.; *Gregoritza*, Die Kommerzialisierung von Persönlichkeitsrechten Verstorbener, 2002; *Hahn*, Das Recht am eigenen Bild – anders betrachtet, NJW 1997, 1348 ff.; *Helle, J.*, Besondere Persönlichkeitsrechte im Privatrecht, 1991; *Hillgruber, CH.*, Das Vor- und Nachleben von Rechtssubjekten, JZ 1997, 975 ff.; *Hoppe*, Bildaufnahmen aus dem höchstpersönlichen Lebensbereich – der neue § 201 a StGB, GRUR 2004, 990 ff.; *Jung*, Die Vererblichkeit des allgemeinen Persönlichkeitsrechts, 2005; *ders.*, Persönlichkeitsrechtliche Befugnisse nach dem Tode des Rechtsträgers, AfP 2005, 317 ff.; *Klippel*, Der zivilrechtliche Schutz des Namens, 1985; *Koos, St.*, Geldentschädigung bei Verletzung des postmortalen Würdeanspruchs, WRP 2003, 202 ff.; *Kübler, F.*, Perspektiven des Persönlichkeitsschutzes, AfP 2007, 7 ff. (Sonderheft); *Lakkis*, Die Exhumierung zur postmortalen Vaterschaftsfeststellung und -anfechtung, FamRZ 2006, 454 ff.; *Lausen, M.*, Der Schauspieler und sein Replikant, ZUM 1997, 86 ff.; *Lichtenstein*, Der Idealwert und der Geldwert des zivilrechtlichen Persönlichkeitsrechts vor und nach dem Tode, 2005; *Loewenheim*, Handbuch des Urheberrechts, 2003; *Lucas-Schloetter*, Die Rechtsnatur des Droit Moral, GRUR Int. 2002, 809 ff.; *Magold*, Personenmerchandising, 1994; *Müller, T.*, Rufausbeutung nach dem Tode?; *ders.*, Konkurrenz von Einwilligungsberechtigten in der Neufassung des § 22 KUG, ZUM 2002, 202; *ders.*, Vererblichkeit vermögenswerter Bestandteile des Persönlichkeitsrechts – die neueste Rechtsprechung des BGH zum postmortalen Persönlichkeitsrecht, GRUR 2003, 31 ff.; *Osenberg*, Die

Unverzichtbarkeit des Urheberpersönlichkeitsrechts, 1980; *Pabst,* Der postmortale Persönlichkeitsschutz in der neuen Rechtsprechung des BVerfG, NJW 2002, 999 ff.; *Paschke/Busch,* Hinter den Kulissen des medienrechtlichen Rückrufanspruches, NJW 2004, 2620; *Pietzko,* Die Werbung mit dem Doppelgänger eines Prominenten, AfP 1988, 209 ff. *Reber,* Marlene Dietrich – eine Prozessgeschichte zu den ideellen und kommerziellen Bestandteilen des postmortalen Persönlichkeitsrechts, ZUM 2004, 708 ff.; *Schack,* Weiterleben nach dem Tode – juristisch betrachtet, JZ 1989, 609 ff.; ders. zur Begrenzung der vermögenswerten Bestandteile des postmortalen Persönlichkeitsrechts, JZ 2007, 366 ff.; *Schertz,* Merchandising, 1997; *Schricker,* Urheberrecht 3. Aufl. (2006); *Schubert,* Von Kopf bis Fuß auf Verwertung eingestellt ? Die Dogmatik der Vermögensrechte der Persönlichkeit im Lichte der neuesten Rechtsprechung von BGH und BVerfG, AfP 2007, 60 ff.; *Schulze/Wessel,* Die Vermarktung Verstorbener, 2001; *Seifert,* Postmortaler Schutz des Persönlichkeitsrechts und Schadensersatz – zugleich ein Streifzug durch die Geschichte des allgemeinen Persönlichkeitsrechts, NJW 1999, 1889 ff.; *Ullmann,* Persönlichkeitsrechte in Lizenz? AfP 1999, 209 ff.; *Wenzel/Burkhardt/Gamer/ v. Strobl-Albeg,* Das Recht der Wort- und Bildberichterstattung, 5. Aufl. 2003; *Wortmann,* Die Vererblichkeit vermögensrechtlicher Bestandteile des Persönlichkeitsrechts, 2005.

A. Grundsätze

1   Die Würde des Menschen überdauert seinen Tod. Das Lebensende führt daher nicht zu einem Erlöschen der in Art. 1 Abs. 1 GG aller staatlichen Gewalt auferlegten Verpflichtung, dem Einzelnen Schutz gegen Angriffe auf seine Menschenwürde zu gewähren.[1] Der Verstorbene lebt in der Erinnerung seiner Angehörigen sowie seines mehr oder weniger großen Gesellschaftsumfeldes fort. Sein Andenken sowie seine Leistungen werden von der Verfassung und von der geltenden Zivil- und Strafrechtsordnung geachtet und vor Verletzungen bewahrt.[2]

I. Schutzbereiche

2   Sitte und Gesetz zollen seiner **sterblichen Hülle** Achtung: § 168 StGB stellt die Störung der Totenruhe unter Strafe. Die §§ 3, 4, 17, 18 TPG (Neufassung vom 4. 9. 2007 – BGBl. I, 2206) schützen den Verstorbenen davor, dass seinem Leichnam Organe zu Transplantationszwecken entnommen werden, ohne dass er oder seine Angehörigen darin eingewilligt haben. Einen „postmortalen" Schutz des ungeborenen Kindes begründet § 4a TPG; nach dieser Vorschrift bedarf es zur Entnahme von Organen oder Geweben eines toten Embryos oder Fötus der Einwilligung seiner Mutter. Nach § 1 Abs. 1 Ziffer 2 und § 4 Abs. 1 Ziffer 3 ESchG ist es verboten, den Samen bzw. die Eizelle eines/ einer Verstorbenen zur künstlichen Erzeugung eines Embryos zu verwenden. Obduktionen und Exhumierungen sind im Rahmen der §§ 87–91 StPO zulässig. Darüber hinaus – z. B. zur postmortalen Vaterschaftsfeststellung oder -anfechtung – sind sie nur bei überwiegendem aktuellen und ideellen Interesse des Antragstellers oder ausdrücklicher antizipierter Einwilligung des Verstorbenen vertretbar; die Zustimmung der Erben und/ oder Wahrnehmungsberechtigten/Angehörigen reicht nicht aus, ebenso wenig die Verfolgung rein vermögensrechtlicher Interessen.[3] Die Durchführung erfolgt analog § 372a ZPO.

Die Rechtsordnung schützt aber nicht nur die sterbliche Hülle des Verstorbenen, sondern auch seine in der Erinnerung seiner Zeitgenossen **fortwirkende Persönlichkeit** gegen Entstellungen, Herabwürdigungen, Erniedrigungen sowie dagegen, dass der Gel-

---

[1] BVerfGE 30, 173 = GRUR 1971, 461 = NJW 1971, 1645 – *Mephisto;* BVerfG NJW 2006, 3409 – *Der blaue Engel;* BVerfG ZUM 2007, 380 ff. – *Mordkommission Köln.*

[2] BGHZ 143, 214, 218 – *Marlene Dietrich;* BGH GRUR 2007, 168, 169 – *kinski.klaus.de.*

[3] *Lakkis* FamRZ 2006, 454 ff. Zu diesem Problemkreis siehe auch *Hansmann* JA 2007, 447 ff.

tungsanspruch, den er durch seine Lebensleistung erworben hat, in kränkender Weise missachtet wird.[4]

Zu den postmortal geschützten Rechtsgütern zählen insbesondere der **Name** und das **Bildnis** des Verstorbenen.[5] In ihnen – aber auch in anderen Persönlichkeitsmerkmalen, wie der **Stimme**[6] oder einem prägnanten **Schriftzug** kann sich – über ihren ideellen Wert hinaus – ein zu Lebzeiten erworbenes und wirtschaftlich verwertbares „Image" manifestieren. Es nach dem Tode seines Trägers davor zu bewahren, durch unbefugte Dritte zum eigenen Vorteil ausgebeutet zu werden, ist ebenfalls legitimes Ziel des postmortalen Persönlichkeitsschutzes.

Damit sind bereits die beiden grundlegenden Bestandteile und Schutzbereiche des postmortalen Persönlichkeitsrechts umrissen, nämlich sein **ideelles** und sein **materielles** Element.

II. Rechtsgrundlagen

1. Das **ideelle** postmortale Persönlichkeitsrecht findet seine Wurzel und Grundlage in   **3** Art. 1 Abs. 1 GG. Spezielle gesetzliche Bestimmungen konkretisieren den Inhalt des Rechts und seine Schutzfunktionen (z. B. §§ 168, 189 StGB, 17 TPG, 1 Abs. 1 Ziffer 2 und 4 Abs. 1 Ziffer 3 ESchG, 12–14 UrhG, § 22 KuG, §§ 12, 823 BGB). Sie sind Ausdruck des allgemeinen Rechtsgedankens, dass die seelisch-geistige Existenz eines Menschen seinen körperlichen Tod überdauert. Zugleich sind die Einzelbestimmungen Schutzgesetze im Sinne von § 823 Abs. 2 BGB.[7] § 201 a StGB gewährt allerdings keinen strafrechtlichen postmortalen Bildnisschutz; dies folgt wegen Art. 103 Abs. 2 GG im Umkehrschluss aus § 203 Abs. 4 StGB.[8]

a) Verfassungsrechtliche Grundlage des postmortalen Persönlichkeitsrechts ist nach der verbindlichen Auslegung des BVerfG nur Art. 1 Abs. 1 GG; ein Verstorbener könne durch das Grundrecht auf freie Entfaltung der Persönlichkeit (Art. 2 Abs. 1 GG) nicht geschützt werden, weil Träger dieses Grundrechts nur lebende Personen seien.[9] Der VI. Zivilsenat des BGH und die herrschende Meinung im Schrifttum sind ihm darin gefolgt.[10] Der I. Zivilsenat des BGH hat seine zuvor abweichende Meinung[11] inzwischen aufgegeben.[12]

b) Eingriffe in das Persönlichkeitsrecht, die die Menschenwürde verletzen, sind „per   **4** se" rechtswidrig; ihr Schutz kann nicht im Wege einer Güterabwägung relativiert werden.[13] Allerdings genügt es nicht, wenn der Eingriff die Menschenwürde nur „berührt"; Voraussetzung ist vielmehr eine ihr zugefügte „Verletzung", was z. B. bei groben Entstellungen der Fall ist. Diese Grundsätze gelten auch für den postmortalen Persönlichkeitsschutz.[14] Dem aus Art. 1 Abs. 1 GG abzuleitenden verfassungsrechtlichen Auftrag zum Schutz des postmortalen Persönlichkeitsrechts ist bei der Ausformung des einfachen Rechts Rechnung zu tragen. Dadurch wird der Schutzauftrag konkretisiert. Die Ausfor-

---

[4] BGHZ 50, 133, 137 f. – *Mephisto*; BGHZ 107, 384, 391 – *Emil Nolde*; BGHZ 143, 214, 223 – *Marlene Dietrich*; BGH GRUR 2007, 168, 169 – *kinski.klaus.de.*

[5] BGHZ 143, 214 – *Marlene Dietrich.*

[6] OLG Hamburg NJW 1990, 1995 – *Heinz Ehrhardt.*

[7] Müko/*Rixecker* BGB 5. Aufl. Anhang zu § 12 Allg.PersönlR, Rn. 31.

[8] Vgl. *Hoppe* GRUR 2004, 990, 993 f.

[9] BVerfGE 30, 173, 194 = NJW 1971, 1645 – *Mephisto*; BVerfG NJW 2006, 3409 – *Der blaue Engel.*

[10] BGH NJW 2006, 605, 606 – *Mordkommission Köln*, mit Nachweisen.

[11] BGHZ 50, 133, 138 f. – *Mephisto*; BGHZ 143, 214, 218, 220 – *Marlene Dietrich.*

[12] BGH GRUR 2007, 168, 169 linke Spalte – *kinski.klaus.de.*

[13] BVerG NJW 2001, 594 – *Willy Brandt*; BVerfG NJW 2001, 2957, 2958 f. – *Wilhelm Kaisen*; BVerfG NJW 2006, 3409 – *Der blaue Engel.*

[14] BVerfGE 93, 266 (293); BVerfG NJW 2001, 2957 (2959) – *Wilhelm Kaisen,* dazu kritisch *Pabst* NJW 2002, 999.

mung obliegt dem Gesetzgeber und den Gerichten in den Grenzen der Rechtsfortbildung.[15]

5   **2.** Das **vermögenswerte** postmortale Persönlichkeitsrecht hat eine noch stärker begrenzte verfassungsrechtliche Basis. Art. 2 Abs. 1 GG scheidet auch hier als Rechtsgrundlage aus, weil eine freie wirtschaftliche Selbstentfaltung ebenfalls nur zu Lebzeiten eines Menschen denkbar ist. Zwar kann auch ein Eingriff in die materiellen Bestandteile des postmortalen Persönlichkeitsrechts die Menschenwürde verletzen, wenn z. B. das Bildnis eines prominenten Verstorbenen in grob ehrverletzender Weise zur Erlangung kommerzieller Vorteile missbraucht wird. Im Regelfall wird aber die kommerzielle Ausbeutung die Menschenwürde des Verstorbenen nicht einmal berühren. Vielmehr wird im Gegenteil die Hervorhebung des Rufes und des Ansehens des Verstorbenen gerade als bevorzugtes Werbeargument dienen. In diesen – nach der Lebenserfahrung überwiegenden – Fällen scheidet Art. 1 Abs. 1 GG als Schutzgrundlage aus. Die Verfassung hindert aber den Gesetzgeber und die Zivilgerichte nicht, den Schutz der materiellen Bestandteile eines postmortalen Persönlichkeitsrechts weiter auszubauen, soweit dabei gegenläufige grundrechtliche Positionen Dritter gewahrt werden.[16]

B. Rechtsentwicklung

I. Die Rechtsprechung des Reichsgerichts

6   Ansätze eines postmortalen Persönlichkeitsschutzes lassen sich rechtshistorisch mehr als hundert Jahre zurückverfolgen. Die Anstoß erregende, ungenehmigte Anfertigung und Verbreitung von Fotografien, die „Bismarck auf dem Totenbett" zeigten, wurde vom Reichsgericht im Jahre 1899 untersagt; zugleich ordnete es die Herausgabe sowie die Vernichtung der Fotografien, sämtlicher Negative, Abzüge und sonstigen Reproduktionen an.[17] Da das Reichsgericht dem damals in Friedrichsruh noch geltenden Sachsenspiegel keine einschlägige Norm zu entnehmen vermochte, stützte es seine Entscheidung auf den Gesichtspunkt des Hausfriedensbruches und sprach den Kindern des Verstorbenen die Klagansprüche aufgrund des durch das Gemeine Recht rezipierten Römischen Rechts („condictio ob injustam causam") zu. Immerhin war jener spektakuläre Fall eines Eindringens in die Intimsphäre des toten ehemaligen Reichskanzlers Anlass, um im Jahre 1907 das Gesetz betreffend das Urheberrecht an Werken der bildenden Künste und der Fotografie (KUG) zu schaffen,[18] dessen §§ 22–24 noch heute in Kraft sind (§ 141 Nr. 5 UrhG) und sowohl der Lehre als auch der Rechtsprechung als Anknüpfungspunkt für die Entwicklung eines postmortalen Persönlichkeitsschutzes dienten.[19] Bereits 1913 und 1920 erklärte das Reichsgericht bei Streitigkeiten zwischen Angehörigen über Ort und Art der Beerdigung eines verstorbenen Familienmitgliedes dessen Willen als maßgeblich und führte aus, es entspreche der rechtlichen Anschauung, „wonach das Recht der Persönlichkeit eines Verstorbenen noch in seinem Leichnam als fortwirkend angesehen" werde; einer wirksamen letztwilligen Verfügung bedürfe es dafür nicht.[20]

II. Die Rechtsprechung des BGH

7   Aus der Reihe der – nicht sehr zahlreichen – Entscheidungen des BGH zum postmortalen Persönlichkeitsrecht ragen einige „Meilensteine" hervor, die die Entwicklung der

---

[15] BVerfG ZUM 2007, 380 ff. – *Mordkommission Köln.*
[16] BVerfG NJW 2006, 3409, 3410 – *Marlene Dietrich.*
[17] RGZ 45, 1170.
[18] Dazu BVerfGE 101, 361, 387 = NJW 2000, 1021, 1023 sowie BVerfG NJW 2006, 3409, 3410.
[19] Einzelheiten zur Rechtsentwicklung bei *Seifert* NJW 1999, 1889 ff.
[20] RG *Warneyer* 1913 Nr. 303; RGZ 100, 171, 173.

Rechtsprechung der letzten fünfzig Jahre geprägt haben. Es handelt sich dabei ausschließlich um Urteile des I. und VI. Zivilsenats.

1. Im Urteil „**Cosima Wagner**" von 1954 führte der I. Zivilsenat des BGH aus, die Fortwirkung des Persönlichkeitsrechts über den Tod des ursprünglichen Rechtsträgers gelte nicht nur – wie inzwischen „einmütig anerkannt" – für das Urheberpersönlichkeitsrecht, sondern in gleicher Weise auch für das allgemeine Persönlichkeitsrecht; denn die schutzwürdigen Werte der Persönlichkeit überdauerten die Rechtsfähigkeit ihres Subjektes, die mit dessen Tod erlösche. Eine von dem Verstorbenen zu Lebzeiten getroffene Bestimmung einer Vertrauensperson für die Obhut über seinen geistigen Nachlass sei zu beachten. Dem Schöpfer eines Geisteswerkes könne nicht verwehrt sein, unabhängig von der erbrechtlichen Regelung über seinen sonstigen Nachlass bereits zu Lebzeiten in einer auch seine Erben bindenden Weise einen Treuhänder für sein geistiges Erbe einzusetzen. Eine Schranke für dieses Bestimmungsrecht des Erblassers bilde nur der bei ihm verbleibende unverzichtbare Restbestand des Urheberpersönlichkeitsrechts, der durch seine Erben wahrgenommen werden könne – allerdings nicht in Widerspruch zu dem durch den Treuhänder artikulierten Willen des Erblassers.[21]

2. Vierzehn Jahre später stellte der I. Zivilsenat des BGH in seinem bahnbrechenden **8** „**Mephisto**"-Urteil die noch heute geltenden Grundsätze zum postmortalen Schutz der ideellen Bestandteile des Persönlichkeitsrechts auf.[22] Gegenstand des Rechtsstreits war der unter dem Titel „Mephisto" von Klaus Mann im Exil geschriebene Roman. In ihm stellte der Autor in der Figur des Hendrik Höfgen angeblich kaum verschlüsselt seinen zeitweiligen Schwager Gustav Gründgens dar, dem er das Taktieren mit den NS-Machthabern sowie sexuelle Perversionen vorwarf. Das 1936 in Amsterdam und 1956 in Ostberlin erschienene Buch sollte nach dem Tode von Gustav Gründgens auch in der Bundesrepublik erscheinen. Dagegen wandte sich mit Erfolg der Adoptivsohn des Verstorbenen.

Das „Mephisto"-Urteil konkretisiert den Inhalt der ideellen Elemente des postmortalen **9** Persönlichkeitsschutzes. Dabei konnte der BGH auf eine Reihe von Entscheidungen zurückgreifen, die das allgemeine Persönlichkeitsrecht lebender Personen bereits inhaltlich definiert hatten – angefangen mit den „Leserbriefen"[23] über den „Spätheimkehrer",[24] den „Herrenreiter",[25] „Caterina Valente",[26] „Paul Dahlke",[27] „Burschenschaft",[28] „Ginseng-Wurzel",[29] „Fernsehansagerin"[30] und „Gretna Green.[31] Den Fortbestand der in jener Rechtsprechung bereits entwickelten Schutzwirkungen des ideellen Persönlichkeitsrechts nach dem Tode des ursprünglichen Rechtsträgers zu konstatieren, gleichzeitig aber auch auf die Endlichkeit dieses fortbestehenden Schutzes hingewiesen zu haben, macht die besondere Bedeutung des „Mephisto"-Urteils aus. Vermutlich war die Bemerkung, dass das Bedürfnis nach einem postmortalen Rechtsschutz des Lebensbildes zeitlich nicht uferlos sei, sondern in dem Maße schwinde, in dem die Erinnerung an den Verstorbenen verblasse[32] die Ursache dafür, dass der Roman „Mephisto" 1980 – also 12 Jahre später – unbeanstandet in einem anderen Verlag erschien und in der Bundesrepublik Verbreitung fand.

---

21 BGHZ 15, 249 ff., 259–262.
22 BGHZ 50, 133 = GRUR 1968, 552 = NJW 1968, 1773 – *Mephisto*.
23 BGHZ 13, 334.
24 BGHZ 24, 200.
25 BGHZ 26, 349.
26 BGHZ 30, 7.
27 BGHZ 20, 345.
28 BGHZ 31, 308.
29 BGHZ 35, 363.
30 BGHZ 39, 124.
31 BGH GRUR 1965, 256.
32 Vgl. BGHZ 50, 133, 140.

10   Die mit der Person des Klägers – dem Adoptivsohn von Gustav Gründgens – zusammenhängende Frage nach dessen Aktivlegitimation konfrontierte den BGH im „Mephisto"-Fall auch mit dem Problem, wer das postmortale Persönlichkeitsrecht wahrnehmen, also ausüben könne. Der BGH entschied sich hierbei für eine pragmatische Lösung, die allerdings zum „Cosima Wagner"-Urteil in Widerspruch steht, ohne dass der BGH darauf einging. Ungeachtet des Hinweises, dass die „Cosima Wagner"-Entscheidung in Rechtsprechung und Schrifttum überwiegend Billigung gefunden habe,[33] erteilt der BGH der in jener Entscheidung zumindest angedeuteten Möglichkeit, jedenfalls ein Kernbereich des Urheberpersönlichkeitsrechts und damit auch des allgemeinen Persönlichkeitsrechts könne nach dem Tode des ursprünglichen Rechtsträgers von dessen Erben wahrgenommen werden,[34] eine klare Absage, ohne sich mit der früheren Entscheidung auch nur ansatzweise auseinanderzusetzen. Seitdem wird aber kaum mehr bezweifelt, dass aus der Unverzichtbarkeit und Unveräußerlichkeit der ideellen Bestandteile des Persönlichkeitsrechts auch deren Unvererbbarkeit folge.[35]

11   Die Frage, wer – wenn nicht die Erben – Rechtsträger eines postmortalen Persönlichkeitsrechts sei oder ob es sich um ein „subjektloses Recht" handele, beantwortete der BGH in seinem „Mephisto"-Urteil nicht. Er ließ offen, ob es eines solchen neuen Rechtsträgers überhaupt bedürfe.[36] Deshalb begnügte er sich mit der Feststellung, der klagende Adoptivsohn sei als „Angehöriger" im Sinne von § 22 KUG (analog) aktiv legitimiert, weil Gustav Gründgens zu Lebzeiten keinen anderen „Wahrnehmungsberechtigten" benannt habe. Damit war der Grundstein für eine Aufspaltung zwischen Trägerschaft und Wahrnehmungsberechtigung des postmortalen Persönlichkeitsrechts gelegt.

12   **3.** In dem Rechtsstreit, der dem Urteil **„Frischzellenkosmetik"** von 1984 zugrunde liegt, ging es um die unbefugte Verwendung des Namens eines mehr als 10 Jahre vor der Urteilsverkündung verstorbenen Wissenschaftlers in einer täuschenden Werbung; als Kläger traten unter anderem seine Tochter und Alleinerbin sowie eine Aktiengesellschaft auf, die der Verstorbene unter seinem Namen gegründet hatte, damit sie sein medizinisch-wissenschaftliches Erbe sowie sein Ansehen bewahre. Die Unterlassungsklage war nach Meinung des BGH möglicherweise unter dem Gesichtspunkt des postmortalen Persönlichkeitsschutzes begründet, wofür es allerdings weiterer tatsächlicher Feststellungen bedurfte. Beide Kläger sah der BGH als berechtigt an, das postmortale Persönlichkeitsrecht des Verstorbenen wahrzunehmen. Die Frage der Dauer des postmortalen Persönlichkeitsschutzes wurde in dem Urteil nicht angesprochen.[37]

13   **4.** Bis sich der I. Zivilsenat des BGH in seinem **„Emil-Nolde"**-Urteil von 1989 mit dem zeitlichen Ende des postmortalen ideellen Persönlichkeitsschutzes befassen musste, verstrichen wiederum einige Jahre. Als es darum ging, das allgemeine Persönlichkeitsrecht des Malers Emil Nolde gegen ihm untergeschobene und mit seiner Signatur versehene Bildfälschungen zu schützen, erkannte der BGH auch noch 30 Jahre nach dem Tode des Malers ein fortbestehendes Schutzbedürfnis an.[38] Hierfür war allerdings maßgeblich, dass sich die Verletzung des Persönlichkeitsrechts in einer Werkfälschung verfestigt und damit gleichsam verewigt hatte. Mit Recht differenzierte der BGH daher bei der Bemessung der Schutzdauer grundsätzlich zwischen ausübenden Künstlern einerseits, an die sich in der Regel nur ihre Zeitgenossen erinnern, und bildenden Künstlern andererseits, die ihrer Nachwelt bleibende Werke hinterlassen.[39] Für Fälle der letzteren Art müssten

---

33 Vgl. BGHZ 50, 133, 136.

34 Vgl. BGHZ 15, 249, 259.

35 BGHZ 143, 214, 220 – *Marlene Dietrich* – mit weiteren Nachweisen.

36 Vgl. BGHZ 50, 133, 137.

37 BGH GRUR 1984, 907, 908 f. – *Frischzellenkosmetik*.

38 BGHZ 107, 384 = NJW 1990, 1986 = GRUR 1995, 668 – *Emil Nolde*.

39 A.a.O. S. 393.

längere Schutzfristen gewährt werden, wobei es für deren konkrete Dauer auf die Umstände des Einzelfalles ankomme.

5. Im Urteil **„Fiete Schulze"**[40] versagte der VI. Zivilsenat des BGH der wahrneh- **14** mungsberechtigten Angehörigen des vom NS-Regime verfolgten und wegen Hochverrats hingerichteten Widerstandskämpfers einen Schmerzensgeldanspruch wegen eines die Ehre des Getöteten gröblich verletzenden Zeitungsartikels. Mit diesem Urteil nahm die restriktive Rechtsprechung des VI. Zivilsenats des BGH zu den Rechtsfolgen von postmortalen Verletzungen der ideellen Bestandteile des allgemeinen Persönlichkeitsrechts ihren Anfang. Nach Meinung des BGH stehen dem Wahrnehmungsberechtigten lediglich Abwehransprüche (insbesondere gerichtet auf Unterlassung oder Widerruf), nicht jedoch Schadensersatzansprüche oder sonstige Entschädigungsansprüche zu. Eine den Angehörigen des Verstorbenen gewährte Entschädigung könne die mit einem Schmerzensgeld bezweckte Genugtuungsfunktion nicht erfüllen, sofern die Angehörigen nicht auch in ihrem eigenen Persönlichkeitsrecht verletzt seien. Diese Rechtsprechung des VI. Zivilsenats hat sich inzwischen gefestigt; sie ist erst kürzlich erneut bestätigt und bekräftigt worden durch das Urteil **„Mordkommission Köln"**.[41] Diese Auffassung wird auch vom I. Zivilsenat des BGH[42] sowie – weitgehend – vom Schrifttum geteilt,[43] ist aber nicht unumstritten[44] und auch problematisch, weil das Schutzsystem auf dieser Grundlage lückenhaft bleibt (zu Lösungsvorschlägen siehe unten Randziffern 36–44).

Rechtslehre und Rechtsprechung zögerten lange anzuerkennen, dass postmortale Ver- **15** letzungen des allgemeinen Persönlichkeitsrechts häufig kommerziell motiviert sind, so dass Abwehransprüche, die meist zu spät kommen, derartige Eingriffe nicht verhindern können, für eine wirksame Sanktion vielmehr die Zubilligung von **Schadensersatzansprüchen** erforderlich ist. Obwohl die Vermarktung populärer Persönlichkeiten schon seit längerer Zeit ein nicht mehr infrage zu stellendes, sondern alltägliches Wirtschaftsfaktum ist,[45] lehnten Teile der Rechtslehre sowie der Instanzgerichte einen Schutz der **ökonomischen Seite** des postmortalen Persönlichkeitsrechts noch lange Zeit ab; sie meinten, der Ruf und das Ansehen eines Verstorbenen dürfe von seinen Angehörigen nicht zu einer „Verdienstquelle" gemacht werden. Aus der Unübertragbarkeit und Unvererblichkeit des allgemeinen Persönlichkeitsrechts wurde auch die Unübertragbarkeit der mit ihm verbundenen vermögensrechtlichen Befugnisse hergeleitet.[46]

Es fanden sich im Schrifttum aber auch schon seit längerem beachtliche Gegenstimmen.[47] Das OLG Hamburg schloss sich dieser Meinung an[48] und führte aus, dass es eine im Lichte des Grundgesetzes nicht mehr hinnehmbare Folge wäre, wenn die künstleri-

---

[40] BGH NJW 1974, 1371 = GRUR 1974, 797.

[41] BGH NJW 2006, 605, 606 mit – überwiegend kritischen – Anmerkungen von *Götting* in: FS Ullmann, S. 65 ff.; *ders.* in LMK 2006, I, 65–66; *Fischer* ZEV 2006, 273 f.; *Schmelz* ZUM 2006, 214 f.; *Stieper* MMR 2007, 108 f.

[42] BGHZ 143, 214 (223 f., 228) – *Marlene Dietrich*; BGH NJW 2000, 2201 – *Der blaue Engel*.

[43] Müko/*Rixecker* BGB 5. Aufl., Anhang zu § 12 AllgPersönlR, Rn. 37; *Soehring*, Presserecht, 3. Aufl. Rn. 13.10; *Götting* GRUR 2004, 801 (802); *Gregoritza*, Die Kommerzialisierung von Persönlichkeitsrechten Verstorbener 2002, S. 67; *Müller*, Rufausbeutung nach dem Tode, S. 63 f.

[44] OLG München, OLG-Report 2002, 416 (417); *Wenzel/v. Strobl-Albeg*, Das Recht der Wort- und Bildberichterstattung, 5. Aufl. Kapitel 9, Rn. 37; *Beuthien* ZUM 2003, 261 (262); *Seifert* NJW 1999, 1889 (1896).

[45] *Seifert* NJW 1999, 1889 (1895).

[46] Z.B. *Schack* AcP 195 – 1995 – S. 594 f. und 600; *Pietzko* AfP 1988, 209, 216 f.; *J. Helle*, Besondere Persönlichkeitsrechte im Privatrecht, 1991, S. 51 f.; OLG München ZUM-RD 1997, 449; KG AfP 1997, 926.

[47] Vgl. z. B. *Hubmann*, Persönlichkeitsrecht 2. Aufl. 1967, S. 132 f.; *Klippel*, der zivilrechtliche Schutz des Namens, 1985, S. 523 ff.; *Forkel* GRUR 1988, 491 ff.; *Freitag*, die Kommerzialisierung von Darbietung und Persönlichkeit des ausübenden Künstlers, 1993, S. 165 ff., *Magold*, Personenmerchandising 1994, S. 497, 506; *Schertz*, Merchandising, 1997, Rn. 380 und 388; *Hahn* NJW 1997, 1348 (1350); *Lausen* ZUM 1997, 86, 92; *Fromm/Nordemann/Hertin*, Urheberrecht, 9. Aufl. vor § 12 UrhG, Rn. 10; siehe

sche Persönlichkeit eines Sprachkünstlers sofort nach seinem Tode ungehindert zum Gegenstand werblicher Imitationen gemacht werden könnte; dies gelte sowohl im Hinblick auf seinen Wert- und Achtungsanspruch als auch im Hinblick auf die Notwendigkeit, derartige Verwertungsmöglichkeiten für die Erben zu schützen.

16   **6.** Geschlossen wurde die schon lange empfundene Schutzlücke erst durch die – sieben Jahre nach dem Tode der Künstlerin ergangenen – BGH-Urteile **„Marlene-Dietrich"** und **„Der blaue Engel"**[49] von 1999. Der I. Zivilsenat des BGH sprach aus, was schon „länger in der Luft lag": Das allgemeine Persönlichkeitsrecht schützt nicht nur immaterielle Interessen seines verstorbenen Trägers, sondern daneben und zusätzlich auch Vermögensinteressen. Dem BGH erschien es mit Recht unbillig, den durch die Leistungen des Verstorbenen geschaffenen und in seinem Bildnis, seinem Namen oder seinen sonstigen Persönlichkeitsmerkmalen verkörperten Vermögenswert nach seinem Tode dem Zugriff eines jeden beliebigen Dritten preiszugeben, statt diesen Vermögenswert seinen Erben oder Angehörigen oder anderen Personen zukommen zu lassen, die ihm zu Lebzeiten nahestanden.[50] Im Wege richterlicher Rechtsfortbildung befand der BGH, dass die **vermögenswerten** Bestandteile des Persönlichkeitsrechts **vererblich** sind mit der Konsequenz, dass bei Verletzungen dieser Rechtsbestandteile ihren neuen Trägern – den Erben – nicht nur Abwehr- sondern auch **Entschädigungsansprüche** zustehen. Mit dieser Begründung hob der BGH die vorinstanzlichen Entscheidungen des Kammergerichts sowie des OLG München, die Entschädigungsansprüche abgelehnt hatten (siehe oben Fn. 46), auf.

17   Dem Urteil „Marlene Dietrich" lag der Fall zugrunde, dass anlässlich der Aufführung eines Musicals über das Leben von Marlene Dietrich seitens des Produzenten verschiedene Merchandising-Artikel wie Telefonkarten, Uhren und Anstecker mit dem Bildnis der kurz zuvor verstorbenen Schauspielerin vermarktet wurden; außerdem hatte er einem Automobilhersteller eine Lizenz eingeräumt, ein Sondermodell „Marlene" geschmückt mit Bild und faksimilierter Unterschrift von Marlene Dietrich herauszubringen. Während die Unterlassungsklage von Marlene Dietrich's Tochter bereits in den Vorinstanzen Erfolg hatte, erkannte erst der BGH ihr den zusätzlich erhobenen Schadensersatzanspruch zu.

Im Falle des „Blauen Engel" versah ein Hersteller von Fotokopiergeräten eine Werbeanzeige mit der – nachgestellten – bekannten Szene aus dem 1930 gedrehten Film „Der blaue Engel", die Marlene Dietrich in der Rolle einer Barsängerin in aufreizender Pose darstellt, während sie das Lied „Ich bin von Kopf bis Fuß auf Liebe eingestellt" singt. Da der „blaue Engel" inzwischen auch eine bekannte Bezeichnung für umweltfreundliche Produkte ist, spielte die Werbeanzeige mit dem Foto durch die Aussage „vom blauen Engel schwärmen genügt uns nicht" auf den Doppelsinn dieser Bezeichnung an. Eine aus abgetretenem Recht der Tochter/Alleinerbin von Marlene Dietrich klagende Verwertungsgesellschaft verlangte von dem werbenden Unternehmen eine angemessene Lizenzgebühr. Die Klage wurde in I. und II. Instanz abgewiesen und hatte erst vor dem BGH Erfolg. Nach der Zurückverweisung an die Vorinstanz zwecks Feststellung der Anspruchshöhe setzte das OLG München eine Lizenzgebühr in Höhe von EUR 70.000 fest.[51] Eine dagegen zum BGH eingelegte Nichtzulassungsbeschwerde sowie die anschließende Verfassungsbeschwerde blieben ohne Erfolg (siehe Rn. 22).

18   Zutreffend wies der BGH im „Marlene Dietrich"-Urteil darauf hin, dass der Verstorbene nicht nur eines Schutzes gegenüber Dritten, sondern auch **gegenüber seinen Erben** bedürfe. Die postmortale kommerzielle Nutzung der vermögenswerten Bestandteile

---

dazu auch *Götting*, Persönlichkeitsrechte als Vermögensrechte, 1995, S. 66 ff. und 130 f.; *Ullmann* AfP 1999, 209, 210 ff.

48 OLG Hamburg, NJW 1990, 1995 – *Heinz Ehrhardt*.
49 BGHZ 143, 214 ff. – *Marlene Dietrich*; BGH GRUR 2000, 715 ff. – *Der blaue Engel*.
50 BGHZ 143, 214, 224 mit weiteren Nachweisen.
51 OLG München NJW-RR 2003, 767 ff.

seines Persönlichkeitsrechts dürfe andere Rechte, insbesondere nachwirkende Grundrechte des Verstorbenen, nicht verletzen. Die Erben dürften deshalb nur mit **Einwilligung** der vom Erblasser bestellten „**Wahrnehmungsberechtigten**" – ersatzweise seiner „Angehörigen" (§ 22 KUG) – aus einer Vermarktung seines Ansehens, Rufes, Namens, Bildnisses oder lebzeitig anderweitig erworbenen „Images" Kapital schlagen.[52] Denn ungeachtet ihrer Vererblichkeit blieben auch die vermögenswerten Bestandteile des Persönlichkeitsrechts zur Wahrung der ideellen Interessen ihres früheren Rechtsträgers mit den unveräußerlichen höchstpersönlichen Elementen seines Persönlichkeitsrechts verknüpft. Da diese nach dem Tode ihres Trägers von den von ihm zu Lebzeiten bestellten Vertrauenspersonen, ersatzweise von seinen „Angehörigen" wahrgenommen werden, soll diese „Kontrollinstanz" auch gegenüber der Verwertung der wirtschaftlichen Bestandteile des postmortalen Persönlichkeitsrechts erhalten bleiben. Die Erben sollen nicht befugt sein, die öffentliche Auseinandersetzung mit dem Leben oder dem Werk des Verstorbenen zu kontrollieren oder gar zu steuern.[53]

7. **Das Urteil „kinski.klaus.de" und die Dauer des postmortalen Vermögensschutzes.** **19**
Im Urteil „Marlene Dietrich" beantwortete der BGH die Frage, wie lange die vermögenswerten Bestandteile des postmortalen Persönlichkeitsrechts geschützt sind, lediglich negativ in dem Sinne, dass die Schutzfrist nicht länger sein dürfe als die der ideellen Bestandteile (Leitsatz b der Entscheidung). Mangels einer konkreten höchstrichterlichen Festlegung entwickelten sich im Fachschrifttum dazu sehr unterschiedliche Auffassungen. Sie reichen von der Forderung, den vermögenswerten Bestandteilen die gleiche Schutzdauer zuteil werden zu lassen wie den ideellen Bestandteilen,[54] bis zu der Auffassung, eine generelle Schutzdauer von 30,[55] bis hin zu 70 Jahren[56] zu gewährleisten.[57] In seinem Urteil vom 5. 10. 2006 „kinski.klaus.de"[58] hat der I. Zivilsenat des BGH diese Streitfrage dahin entschieden, dass er den Schutz für die vermögenswerten Bestandteile des postmortalen Persönlichkeitsrechts in entsprechender Anwendung der Schutzfrist für das postmortale Recht am eigenen Bild (§ 22 Satz 3 KUG) generell auf zehn Jahre begrenzte.[59] Die Begrenzung der Schutzdauer begründete der BGH einerseits mit dem nach dem Tod allmählich abnehmenden Schutzbedürfnis und dem Gebot der Rechtssicherheit sowie dem berechtigten Interesse der Öffentlichkeit, sich mit Leben und Werk einer zu Lebzeiten weithin bekannten Persönlichkeit auseinandersetzen zu können.[60] Allerdings stellt der BGH klar, dass der postmortale Schutz des allgemeinen Persönlichkeitsrechts nicht insgesamt mit Ablauf der 10-Jahres-Frist ende; vielmehr bestehe er für die ideellen Bestandteile darüber hinaus fort, sofern die dafür geltenden Voraussetzungen erfüllt seien.

---

[52] BGHZ 143, 214, 227; BVerfG NJW 2006, 3409 (3411).

[53] BGH GRUR 2007, 168 (169) – *kinski.klaus.de.*

[54] Vgl. *Staudinger/Schmidt* Jura 2001, 241 (246); *Frommeyer* Jus 2002, 13 (18).

[55] *Wenzel/Burkhardt*, Das Recht der Wort- und Bildberichterstattung, 5. Aufl., Kapitel 5, Rn. 124.

[56] *Schricker/Götting*, Urheberrecht 3. Aufl., Anhang zu § 60 UrhG, § 22 KUG, Rn. 63.

[57] Zum Meinungsstand im Übrigen vgl. *Wortmann*, Die Vererblichkeit vermögensrechtlicher Bestandteile des Persönlichkeitsrechts 2005, S. 306 ff.; *Lichtenstein*, Der Idealwert und der Geldwert des zivilrechtlichen Persönlichkeitsrechts vor und nach dem Tode 2005, S. 362 ff.; *Jung*, Die Vererblichkeit des allgemeinen Persönlichkeitsrechts, 2005, S. 256 ff.

[58] BGH GRUR 2007, 168 ff.

[59] Zustimmend *Magold*, Personenmerchandising, 1994, S. 573 f.; *Schulze/Wessel*, Die Vermarktung Verstorbener, 2001, S. 141 ff.; *Wortmann* a.a.O., S. 308 (311); *Ullmann* AfP 1999, 209 (214); *ders.* WRP 2000, 1049 (1053); *Eye* WuB IV A § 823 BGB 1.07; kritisch allerdings *Götting* GRUR 2007, 170 f., *Wanckel* NJW 2007, 684 ff. und *Claus*, BGHReport 2007, 167 ff.

[60] Vgl. dazu auch BGHZ 151, 26 ff.

III. Die Bestätigung der BGH-Rechtsprechung
durch das Bundesverfassungsgericht.

20   Das BVerfG hat die Rechtsprechung des I. und VI. Zivilsenats des BGH zum postmortalen Persönlichkeitsrecht zwar im Ergebnis ohne Einschränkung, in der Begründung aber mit deutlichen Nuancierungen gebilligt. Drei Entscheidungen des BVerfG sind in diesem Zusammenhang von besonderer Bedeutung. Durch sie wurden die Verfassungsbeschwerden der jeweils unterlegenen Parteien in den Streitfällen „Mephisto", „Der blaue Engel" und „Mordkommission Köln"[61] gegen die das Verfahren abschließenden Entscheidungen des BGH zurückgewiesen.

21   1. Mit seinem Beschluss **„Mephisto"**[62] bestätigte das BVerfG die gleichnamige Entscheidung des BGH[63] und erkannte damit einen postmortalen Schutz der ideellen Bestandteile des allgemeinen Persönlichkeitsrechts an. Diesen Schutz leitete es aus Art. 1 Abs. 1 GG ab. Träger des Grundrechts nach Art. 2 Abs. 1 GG könne hingegen nur eine lebende Person sein. Die gebotene Abwägung zwischen dem durch Art. 1 Abs. 1 GG geschützten Persönlichkeitsbereich des verstorbenen Schauspielers Gründgens und seines Adoptivsohnes und der durch Art. 5 Abs. 3 Satz 1 GG gewährleisteten Kunstfreiheit habe der BGH in verfassungsrechtlich nicht zu beanstandender Weise vorgenommen.

22   2. In seinem Beschluss **„Marlene Dietrich"/„Der blaue Engel"**[64] billigte das BVerfG die vom BGH in den gleichnamigen Entscheidungen rechtsfortbildend vorgenommene Ausweitung des postmortalen Persönlichkeitsschutzes bei einer Verletzung **vermögenswerter** Bestandteile.[65] Soweit der Eingriff die Menschenwürde des Verstorbenen (Art. 1 Abs. 1 GG) nicht verletze, habe der Schutz allerdings keine verfassungsrechtliche Grundlage, weil der Schutz aus Art. 2 Abs. 1 GG mit dem Tode seines Trägers erlösche. Das Verfassungsrecht stehe aber einer Fortentwicklung des **zivilrechtlichen** Persönlichkeitsrechts durch den Gesetzgeber und/oder die Gerichte nicht entgegen. Angesichts des gesellschaftlichen, wirtschaftlichen und technischen Wandels habe der BGH die sich aus dem KUG ergebende Rechtslage für ergänzungsbedürftig halten dürfen. Verfassungsrechtlich sei es nicht zu beanstanden, dass der BGH die üblich gewordene Vermarktung vermögenswerter Bestandteile des Persönlichkeitsrechts rechtlich respektiert und zugleich Vorkehrungen zum Schutz des Persönlichkeitsrechts getroffen habe. Die Entscheidung des BGH verstoße auch nicht gegen das grundrechtlich gewährleistete Persönlichkeitsrecht desjenigen, dessen Persönlichkeit kommerziell ausgebeutet werde.

23   3. Im Beschluss **„Mordkommission Köln"**[66] versagte das BVerfG auch der BGH-Entscheidung gleichen Namens[67] nicht die Zustimmung. Der aus der Garantie der Menschenwürde folgende Schutzauftrag gebiete nicht die Bereitstellung einer bestimmten Sanktion für Verletzungen; insbesondere gebe es keinen verfassungsrechtlichen Grundsatz des Inhalts, dass eine Verletzung der Menschenwürde stets einen Entschädigungsanspruch nach sich ziehen müsse. Deshalb könne dahingestellt bleiben, ob der Präventionsgedanke es rechtfertigen könnte, bei Verletzungen ideeller Bestandteile des postmortalen Persönlichkeitsrechts einen Anspruch auf eine Geldentschädigung zu gewähren. Verfassungsrechtlich geboten sei dies jedenfalls dann nicht, wenn die Rechtsordnung andere Möglichkeiten zum Schutz der postmortalen Menschenwürde bereithalte. Zivilrechtlich kämen dafür Unterlassungsansprüche der Wahrnehmungsberechtigten in Betracht. Da-

---

[61] Siehe Rn. 8, 16/17 und 14.
[62] BVerfG NJW 1971, 1645 ff.
[63] BGHZ 50, 133 ff.
[64] BVerfG NJW 2006, 3409 ff. mit Anmerkungen von *Wanckel* und *Schubert* AfP 2007, 20 ff.
[65] BGHZ 143, 214 ff. – *Marlene Dietrich*; BGH NJW 2000, 2201 – *Der blaue Engel*.
[66] BVerfG ZUM 2007, 380 ff.
[67] BGH NJW 2006, 605 ff.

rüber hinaus könne der postmortale Würdeschutz auch mit den Mitteln des Strafrechts sichergestellt werden (im konkreten Fall aufgrund von § 33 KUG).

IV. Ergebnisse

Die in der höchstrichterlichen Rechtsprechung zum postmortalen Persönlichkeitsrecht   **24** aufgestellten Grundsätze lassen sich nach gegenwärtigem Stand wie folgt zusammenfassen:

1. Für die **ideellen** Bestandteile des postmortalen Persönlichkeitsrechts gilt:
a) Sie sind **nicht vererblich**, werden aber nach dem Tode ihres Rechtsträgers durch von ihm zu Lebzeiten bestellte Personen, ohne eine solche Bestellung durch seine Angehörigen im Sinne von § 22 KUG wahrgenommen.
b) Den Wahrnehmungsberechtigten stehen gegenüber Eingriffen nur Abwehransprüche, aber **keine Ansprüche auf Geldentschädigung** zu, sofern sie nicht selbst unmittelbar verletzt sind.
c) Die Schutzdauer differiert nach den Umständen des Einzelfalles; bei Personen, deren Lebensleistung sich in dauerhaften Werken verfestigt hat, kann sie 30 Jahre und mehr betragen, also wesentlich länger sein als bei Personen, deren Wirken nur in der Erinnerung ihrer Zeitgenossen fortlebt.

2. Für die **vermögenswerten** Bestandteile des allgemeinen Persönlichkeitsrechts gilt: **25**
a) Sie sind **vererblich**, dürfen aber nicht gegen den mutmaßlichen Willen des Erblassers eingesetzt und deshalb nur mit Einwilligung der „Wahrnehmungsberechtigten" wirtschaftlich verwertet werden; die Erben sind nicht befugt, die öffentliche Auseinandersetzung mit dem Leben und dem Werk des Verstorbenen zu kontrollieren oder gar zu steuern.
b) Gegenüber rechtswidrigen Eingriffen stehen den Erben nicht nur Abwehransprüche, sondern auch Ansprüche auf **Geldentschädigung** zu.
c) Die **Schutzdauer** endet ohne Rücksicht auf Besonderheiten des Einzelfalles **10 Jahre** nach dem Tode des Rechtsträgers.

C. Kritische Analyse

I. Schwachpunkte der gegenwärtigen Rechtslage

Zahlreiche weiterführende Fragen lassen sich mit diesen Grundsätzen kaum zufrie-   **26** denstellend beantworten; die möglichen Lösungen sind schwer prognostizierbar. Die dogmatischen Grundlagen bleiben vage und bruchstückhaft. Um nur einige Beispiele herauszugreifen:

1. Eine klare **Abgrenzung** zwischen den ideellen und den vermögenswerten Bestandteilen des postmortalen Persönlichkeitsrechts ist **kaum möglich**, weil sich die Bereiche häufig (insbesondere im Rahmen des Namens- und Bildnisschutzes) überlagern.[68] Damit erweist sich die Abgrenzung zwischen den vererblichen und nicht vererblichen Bestandteilen des postmortalen Persönlichkeitsrechts als äußerst schwierig mit der Folge, dass in den Grenzbereichen zweifelhaft sein kann, wer zur Verfolgung von Verletzungen aktiv legitimiert ist – die Erben oder die „Wahrnehmungsberechtigten"/„Angehörigen".
2. Die Bestimmung des **Kreises** wahrnehmungsberechtigter **„Angehöriger"** kann **Schwierigkeiten** bereiten; ungeklärt ist, wie die Willensbildung zwischen mehreren „Wahrnehmungsberechtigten", die sich nicht einig sind, erfolgen soll; klärungsbedürftig ist weiterhin die Verteilung der Befugnisse und Pflichten zwischen den Wahrnehmungs-

---

[68] Vgl. OLG München ZUM 2002, 744 ff. – *„Marlene Dietrich nackt"*; ferner Staudinger/*Schmidt* Jura 2001, 241 (246); *Müller* GRUR 2003, 31 (33).

berechtigten einerseits und den Erben andererseits z. B. hinsichtlich der Finanzierung von Prozessen, die die Wahrnehmungsberechtigten entweder zur Abwehr rechtswidriger Eingriffe Dritter oder zur Verhinderung einer unangemessenen „Imageausbeutung" durch die Erben meinen führen zu müssen.

3. Ferner kann es vom **Ergebnis her nicht befriedigen**, dass Verletzern des ideellen postmortalen Persönlichkeitsrechts auch bei schwerwiegenden Eingriffen der dadurch erzielte (und von vornherein beabsichtigte) Ertrag verbleiben soll, weil man den Erben des Verstorbenen überhaupt keine und den „Wahrnehmungsberechtigten" nur Abwehransprüche zubilligt, die gegenüber bereits erfolgten Eingriffen versagen.

4. Schließlich widerspricht es dem Grundprinzip des Persönlichkeitsrechts, seine Schutzwirkungen nach der Individualität des konkreten Trägers zu bestimmen, die zeitliche Dauer des postmortalen vermögensrechtlichen Persönlichkeitsschutzes in den **starren Rahmen** von zehn Jahren zu zwingen, ohne den Umständen des Einzelfalles Rechnung zu tragen.

II. Lösungsvorschläge

1. Zum Wechsel des Rechtsträgers

27 Angesichts des Bekenntnisses zu einem den Tod seines Trägers überdauernden (postmortalen) Persönlichkeitsrecht stellt sich die Frage nach seinem neuen Rechtsträger.

a) Im Urheberrecht beantwortet das Gesetz diese Frage. Nach § 28 UrhG ist das Urheberrecht vererblich; § 29 Satz 1 UrhG dehnt die Übertragbarkeit sogar auf Rechtsgeschäfte unter Lebenden, die der Erfüllung einer Verfügung von Todes wegen oder der Erbauseinandersetzung dienen, aus. Die Vererblichkeit erstreckt sich damit zwangsläufig auf das dem Urheberrecht immanente Urheberpersönlichkeitsrecht, das nach herrschender Meinung als eine besondere Erscheinungsform des allgemeinen Persönlichkeitsrechts angesehen wird[69] und zumindest auch dem Schutz ideeller Interessen dient.[70] Dies gilt insbesondere für die vom Gesetz ausdrücklich als solche bezeichneten speziellen „Urheberpersönlichkeitsrechte" der §§ 12–14 UrhG, die das Veröffentlichungsrecht des Urhebers, sein Recht auf Anerkennung seiner Urheberschaft sowie seine Befugnisse, Entstellungen oder andere Beeinträchtigungen seines Werkes zu verbieten, regeln. Zu dieser erbrechtlichen Lösung des Gesetzgebers im Urheberrecht steht es in einem bislang nicht hinreichend begründeten Widerspruch, dass Rechtsprechung und Rechtslehre ganz überwiegend eine entsprechende Lösung für die „ideellen" Bestandteile des allgemeinen Persönlichkeitsrechts ablehnen, während sie andererseits die „vermögenswerten" Bestandteile des allgemeinen Persönlichkeitsrechts wiederum für vererblich erklären.

28 **b)** Deshalb liegt der Gedanke, die im Urheberrecht auch und gerade für die Urheberpersönlichkeitsrechte getroffene erbrechtliche Lösung auf die ideellen Bestandteile des allgemeinen Persönlichkeitsrechts zu übertragen, nahe. **Verfassungsrechtlich** ist diese Lösung **nicht** verschlossen. Denn das BVerfG verlangt lediglich, dass „der verfassungsrechtlich gewährleistete Kern der Persönlichkeits**entfaltung**" beim Rechtsträger verbleibt, insofern also unverzichtbar und unveräußerlich ist.[71] Die Möglichkeit einer Persönlichkeits**entfaltung** endet aber mit dem Tode.[72] Außerhalb des verfassungsrechtlich gewährleisteten Kernes ist die konkrete Ausgestaltung einer Übertragung persönlichkeitsrechtlicher Befugnisse **eine Frage des einfachen Rechts**.[73]

---

[69] Loewenheim/*Dietz*, Handbuch des Urheberrechts, 2003, § 15 Rn. 8; *Osenberg*, Urheberpersönlichkeitsrecht S. 10 ff.; *Seifert* NJW 1999, 1889 (1890); kritisch *Lucas-Schloetter* GRUR Int. 2002, 809 ff.

[70] Loewenheim/*Dietz* a.a.O., Rn. 4.

[71] BVerfG NJW 2006, 3409, 3411.

[72] BVerfG a.a.O., S. 3409 sowie BVerfG NJW 1971, 1645.

[73] BVerfG NJW 2006, 3411.

Die hier befürwortete **erbrechtliche Lösung** wird noch überzeugender dadurch, dass die bislang gegen sie ins Feld geführten Gesichtspunkte sich bei näherer Betrachtung eher als Argumente erweisen, die für das Gegenteil sprechen.

So ist es richtig, dass die §§ 28, 29 UrhG auf der besonderen, auch durch seinen Tod nicht beendeten Beziehung – dem „geistigen Band" des Urhebers zu dem von ihm geschaffenen Werk[74] – beruhen. Eine solche enge, den Tod überdauernde Verknüpfung besteht aber auch zwischen dem Träger des Persönlichkeitsrechts und seinem in der Nachwelt fortbestehenden Ansehen.

Richtig ist ferner, dass die Rechtsordnung objektive Verhaltenspflichten begründen **29** kann, ohne ihnen subjektive Rechte und damit individuelle Rechtsträger gegenüberzustellen.[75] Hier geht es aber nicht um eine allgemeine Verhaltenspflicht, sondern um die Achtung der Menschenwürde eines bestimmten Individuums. Sein Schutz wird nicht in die Hand einer staatlichen Institution, sondern einer Person seines Vertrauens gelegt. Nur sie ist Gläubigerin der gegen den Verletzer begründeten Abwehransprüche. Einen Anspruch ohne ein ihm zugrunde liegendes Recht begründen zu wollen, ist ein schwer vorstellbares und auch unnötiges Konstrukt. Mit der analogen Ausdehnung der in den §§ 28, 29 UrhG geschaffenen erbrechtlichen Lösung auf das **gesamte** postmortale Persönlichkeitsrecht – einschließlich seiner ideellen Bestandteile – lässt es sich unschwer vermeiden. Fällt das postmortale Persönlichkeitsrecht insgesamt in den Nachlass des Verstorbenen, erhält es für die Dauer seines Fortbestandes einen neuen Rechtsträger, ohne dass der ideelle Schutz dadurch beeinträchtigt oder erschwert wird. Denn die für die Verwertung der vermögenswerten Bestandteile mit Recht geforderte „Kontrollinstanz" (siehe oben Rn. 18) müssen sich die Erben selbstverständlich auch – und erst recht – im „ideellen Bereich" gefallen lassen.

c) Im Regelfall – wenn auch nicht notwendig – sind die Angehörigen des Verstor- **30** benen zugleich seine Erben. Es gibt zugegebenermaßen Fälle, in denen der Erblasser die Wahrung seines Rufes und Ansehens nach dem Tode anderen Personen als seinen Erben anvertrauen will. Diese Möglichkeit behält er aber auch bei der hier befürworteten erbrechtlichen Lösung. So kann z. B. der Erblasser durch Teilungsanordnung (§ 2048 BGB) einem ihm besonders vertrauenswürdig erscheinenden Miterben die Verwaltung des postmortalen Persönlichkeitsrechts mit seinen ideellen und materiellen Bestandteilen anvertrauen. Er kann durch Anordnung einer nur sein Persönlichkeitsrecht umfassenden Teil-Testamentsvollstreckung (§ 2208 Abs. 1 Satz 2 BGB) sicherstellen, dass seine die Verwaltung dieses Nachlassgegenstandes betreffenden Verfügungen von den Erben nicht unterlaufen werden (§ 2203 BGB). Auf diese Weise ist auch gewährleistet, dass Kosten, die durch die Verteidigung des postmortalen Persönlichkeitsrechts, insbesondere durch die Abwehr verletzender Eingriffe entstehen, vom Nachlass getragen werden müssen.

d) Versäumt es allerdings der Erblasser, Anordnungen dieser Art zu treffen, wird man **31** im Zweifel seine Erben auch als berechtigt ansehen dürfen, die ideellen Interessen des Erblassers nach seinem Tode wahrzunehmen. Denn nach der Lebenserfahrung wendet er sein Vermögen mangels anderweitiger Anhaltspunkte nur Personen zu, denen er vertraut. Die Erbeinsetzung kann daher im Zweifel als konkludente Bestellung eines Wahrnehmungsberechtigten – vorausgesetzt er ist geschäftsfähig[76] – ausgelegt werden. Eines Rückgriffs auf „Angehörige" bedarf es dann nicht mehr, zumal eine Mehrzahl von „Wahrnehmungsberechtigten" die Quelle neuer Streitigkeiten sein kann.[77] Einzelheiten siehe unten bei Rn. 33, 35.

---

[74] Loewenheim/*Dietz* a.a.O., Rn. 9.

[75] BGHZ 50, 133, 137; Müko/*Rixecker* BGB , 5. Aufl. nach § 12 – Allg.Persönl.R, Rn. 33.

[76] Vgl. Bamberger/Roth (*Bamberger*) BGB 2003 § 1, Rn. 36.

[77] Müko/*Bayreuther* BGB 5. Aufl., § 12 Rn. 91.

32   **e)** Der Widerstand der Rechtsprechung gegen die auch den ideellen Bereich des postmortalen Persönlichkeitsrechts umfassende „erbrechtliche Lösung" lässt ein gewisses
Misstrauen gegenüber den Erben erkennen. Dies mag darauf beruhen, dass man sie für
weniger geeignet hält, die ideellen Interessen des Erblassers wahrzunehmen, da sie ihr
Augenmerk in erster Linie auf die Erhaltung und Mehrung der materiellen Nachlass-
werte richten werden. Daran mag manches richtig sein. Indessen ist es eine Illusion anzunehmen, dass Angehörige, die der Erblasser nicht bedacht hat, sich mit Begeisterung der
Wahrnehmung seiner ideellen Belange widmen werden, noch dazu dann, wenn sie die
Kosten dieser Interessenwahrung selbst tragen müssen. Der Erblasser kann sich durch
noch so viele Kontrolleure letztlich nicht davor schützen, dass diese seinen Willen ignorieren oder gar mit den Erben „gemeinsame Sache" machen. Sieht man hingegen die Erben mangels anderweitiger Verfügung des Erblassers im Zweifel als berechtigt an, auch
seine ideellen postmortalen Interessen wahrzunehmen, lassen sich auch hier mit dem Erbrecht eindeutige Lösungen erzielen, die gleichzeitig der Rechtssicherheit dienen: Die
Wahrnehmungsbefugnisse stehen dann nämlich den Miterben nach § 2038 BGB zur gesamten Hand zu. Beschlüsse über die Erteilung oder Versagung einer Einwilligung in
eine bestimmte kommerzielle Nutzung oder über die Geltendmachung von Abwehransprüchen gegen das Persönlichkeitsrecht des Erblassers verletzende Eingriffe können
mit Stimmenmehrheit gefasst werden. Die Stimmenmehrheit berechnet sich nach der
Größe der Erbanteile (§ 2038 Abs. 2 Satz 1 i.V.m. § 745 Abs. 1 BGB). Eine Stimmabgabe,
die nachweislich dem Willen des Erblassers widerspricht, ist allerdings unbeachtlich. Die
abweichende zur Zeit noch in Geltung befindliche Regelung des § 22 Satz 3 und 4 KUG
sollte deshalb als gesetzlicher Anachronismus behandelt und möglichst bald durch eine
den Bedürfnissen des modernen Bildnisschutzes genügende Neuregelung ersetzt werden.[78]

2. Zum Problem der Aktivlegitimation

33   **a)** Auch für die Frage der **Aktivlegitimation bei Verletzungen** des postmortalen
Persönlichkeitsrechts bietet die hier vertretene erbrechtliche Lösung mehr Rechtssicherheit.

Lehnt man sie hingegen ab, sind mangels ausdrücklicher anderweitiger Bestellung die
„Angehörigen" des Verstorbenen zur Wahrnehmung seiner postmortalen ideellen Belange
berufen. Ihren Kreis definiert der BGH durch unmittelbare oder sinngemäße Anwendung von § 22 Satz 4 KUG.[79] Nach dem Gesetzeswortlaut gehören dazu der überlebende
Ehegatte oder Lebenspartner sowie die Kinder des Verstorbenen, ersatzweise seine Eltern.[80] Überlebender Ehegatte ist nur der Ehepartner einer bestehenden, nicht jedoch einer geschiedenen Ehe. Zu den „Kindern" gehören sowohl die ehelichen als auch die nichtehelichen Kinder (§§ 1591, 1592 BGB).[81] Mutter des Kindes ist die Frau, die es geboren
hat (§ 1591 BGB), also auch eine sogenannte „Leih-" oder „Ersatzmutter". Eine Verbots-
widrigkeit der Ersatzmutterschaft[82] ändert daran nichts. Je größer der Kreis „wahrnehmungsberechtigter" Angehöriger ist, desto eher kann es über die richtige Art und Weise
der Wahrung der ideellen Belange des Verstorbenen zum Streit kommen. Wie die Willensbildung zwischen mehreren Wahrnehmungsberechtigten zu erfolgen hat, ist bislang
ungeklärt.[83] Einige verlangen Einstimmigkeit,[84] andere wollen jedem einzelnen wahrnehmungsberechtigten Angehörigen ein Vetorecht bzw. die Befugnis zur Erteilung einer

---

[78]   In diesem Sinne wohl auch *Wanckel* NJW 2007, 686.

[79]   BGHZ 143, 214, 227; BGH GRUR 2007, 168 (170) – *kinski.klaus.de.*

[80]   § 22 Satz 4 KUG i.d.F. von § 31 des Gesetzes über Lebenspartnerschaften vom 16. 2. 2001 –
BGBl. I, S. 266.

[81]   So auch Schricker/*Götting*, Urheberrecht 3. Aufl., Rn. 25 zu § 60 UrhG/§ 22 KUG.

[82]   § 1 Abs. 1 EschG vom 13. 12. 1990 – BGBl I S. 2746.

[83]   Müko/*Bayreuther* BGB 5. Aufl, § 12, Rn. 91.

[84]   *Wanckel*, Foto- und Bildrecht 2. Aufl., Rn. 244; wohl auch *Müller* GRUR 2003, 31 (33).

wirksamen Einwilligung zubilligen.[85] Vereinzelt wird eine Rangfolge unter den Angehörigen nach ihrem Verwandtschaftsgrad befürwortet.[86] Möglicherweise ist eine differenzierte Lösung geboten, je nachdem, ob die Wahrnehmungsberechtigten in einen Eingriff einwilligen oder einen Abwehranspruch geltend machen wollen. Da sich § 22 KUG nicht entnehmen lässt, ob dafür unter mehreren Wahrnehmungsberechtigten Einstimmigkeit erforderlich ist oder ein Mehrheitsbeschluss genügt oder gar die Stimme eines Einzelnen ausreicht, besteht bis zu einer höchstrichterlichen Klärung in diesem Punkt erhebliche Rechtsunsicherheit. Sehr problematisch wäre es, auch einen (noch) nicht geschäftsfähigen Angehörigen als „wahrnehmungsberechtigt" anzusehen, weil dies dazu führen kann, dass die Ausführung des Erblasserwillens einem ihm völlig fremden Vormund – gegebenenfalls sogar dem Jugendamt (§ 1791 b BGB) – überlassen wird. „Wahrnehmungsberechtigt" können deshalb nur geschäftsfähige Angehörige sein.[87]

b)Eine **eindeutige Abgrenzung** zwischen ideellen und vermögenswerten Bestand-   **34**
teilen des postmortalen Persönlichkeitsrechts ist in vielen Fällen kaum möglich. Ob ein ideelles Persönlichkeitsmerkmal sich kommerziell nutzen lässt, hängt nämlich nicht unbedingt von der Prominenz des verstorbenen Trägers ab, sondern kann auch eine Frage situationsbedingter Umstände sein. Durch ein unvorhersehbares Geschehen kann dadurch ein Kategoriewechsel eines ideellen in einen vermögenswerten Bestandteil stattfinden (z. B. im Falle des Fotos eines zuvor unbekannten Mordopfers). Wer in solchen Fällen zur Verfolgung von Abwehransprüchen aktiv legitimiert ist – die Erben oder die „Wahrnehmungsberechtigten"/„Angehörigen" –, ist nach der herrschenden Lehre schwer zu bestimmen.

c) Auch bei der Auswertung der **vermögensrechtlichen** Bestandteile des postmorta-   **35**
len Persönlichkeitsrechts können Meinungsverschiedenheiten zwischen den Erben und ihren „Kontrolleuren", den vom Erblasser mit der Wahrung seiner Interessen betrauten Mandatsträgern bzw. (ersatzweise) seinen – nicht als Erben eingesetzten – „Angehörigen" auftreten.[88] Die Streitfragen im Hinblick auf die für eine wirksame Willensbildung mehrerer „Kontrolleure" zu fordernden Voraussetzungen (siehe dazu Rn. 33) treten somit hier in gleicher Weise auf. Der Erblasser ist deshalb gut beraten, bei der Mandatierung mehrerer „Wahrnehmungsberechtigter" diese Fragen in seiner Bestellungsverfügung zu regeln. Damit kann er die erforderliche Einigung zwischen den Erben und den „Kontrolleuren" über die von ihm selbst gewünschte oder gebilligte Nutzung seiner kommerziell verwertbaren Persönlichkeitsbestandteile erheblich erleichtern. Auch für die vermögenswerten Bestandteile des postmortalen Persönlichkeitsrechts sollte allerdings bedacht werden, dass nicht zu Erben berufene Angehörige des Erblassers nur dann in die Entscheidungen der Erben eingreifen dürfen, wenn es einen konkreten Anhaltspunkt dafür gibt, dass dies der Wille des Erblassers war. Ferner wird man auch in diesem Bereich im Zweifel die von ihm eingesetzten Erben gleichzeitig als „Wahrnehmungsberechtigte" ansehen dürfen.

3. Zur Verbesserung der Sanktionsmöglichkeiten

a) Eine **Verbesserung der Sanktionsmöglichkeiten** erscheint dringend erforderlich.   **36**
Dem **Präventionsgedanken** ist bei der Sanktion von Verletzungen des postmortalen Persönlichkeitsrechts größeres Gewicht zu verleihen. Ein Teil der Medien könnte die weitgehende Freistellung von Entschädigungspflichten als Freibrief für Rechtsverletzungen missverstehen.

Nach herrschender Meinung lösen rechtswidrige Eingriffe in die **ideellen** Bestandteile des postmortalen Persönlichkeitsrechts nur Abwehransprüche, aber keine Ansprüche auf

---

[85] So wohl BGHZ 50, 133 (140) – *Mephisto*; *Brändel* in: FS Erdmann S. 49 (59).

[86] Vgl. LG Bückeburg, NJW 1977, 1065; ebenso aber ohne nähere Begründung für den Bereich der Totenfürsorge: AG Wiesbaden NJW 2007, 2562.

[87] So auch *Bamberger* in Bamberger/Roth BGB, 2003, § 1, Rn. 36.

[88] BGHZ 143, 214 (227); BVerfG NJW 2006, 3409 (3411).

Geldentschädigung aus.[89] Begründet wird dies mit der Erwägung, bei der Zubilligung einer Geldentschädigung im Falle einer schweren Persönlichkeitsrechtsverletzung stehe der Gesichtspunkt der Genugtuung für das Opfer im Vordergrund. Einem Toten könne jedoch keine Genugtuung für die Verletzung seiner Persönlichkeit mehr verschafft werden. Deshalb könne eine an Angehörige bzw. Erben fließende Entschädigung wegen eines verletzenden Angriffs auf das Ansehen eines Verstorbenen die Genugtuungsfunktion nicht erfüllen.[90]

Bei einer Verletzung der **vermögenswerten** Bestandteile des postmortalen Persönlichkeitsrechts gewährt hingegen die seit der „Marlene Dietrich"-Entscheidung des BGH herrschende Meinung den Erben des Verstorbenen nicht nur Abwehr-, sondern auch Schadensersatzansprüche bzw. gegebenenfalls Bereicherungsansprüche. Dies beruht auf der Erwägung, dass Abwehransprüche allein wenig nützen, wenn die Rechtsverletzung – wie es häufig der Fall ist –, bereits beendet ist, bevor der Anspruchsberechtigte von ihr Kenntnis erlangt. Außerdem erscheint es unbillig, den durch die Leistungen des Verstorbenen geschaffenen und in seinen Persönlichkeitsmerkmalen verkörperten Vermögenswert nach seinem Tode dem Zugriff eines jeden beliebigen Dritten preiszugeben, statt diesen Vermögenswert seinen Erben oder anderen ihm zu Lebzeiten nahestehenden Personen zukommen zu lassen. Deshalb müssten den Erben grundsätzlich dieselben Ansprüche zugebilligt werden, die der Verstorbene zu Lebzeiten wegen rechtswidriger Eingriffe in die vermögenswerten Bestandteile seines Persönlichkeitsrechts hätte geltend machen können.[91]

37   **b)** Die ausnahmslose Versagung von Entschädigungsansprüchen bei Eingriffen in die **ideellen** Bestandteile des postmortalen Persönlichkeitsrechts ist auf lebhafte Kritik gestoßen, die auf einen unzureichenden Schutz insbesondere bei Bildveröffentlichungen hinweist.[92] Diese Kritik hat – obwohl sie die Rechtsprechung bislang noch nicht umstimmen konnte – gleichwohl Gewicht. Das zeigt sich an einigen in jüngerer Vergangenheit entschiedenen Fällen, die den postmortalen Persönlichkeitsschutz betreffen:

(1) Von besonderem Interesse sind in diesem Zusammenhang zwei Entscheidungen, die ebenfalls die Person der im Jahre 1992 verstorbenen Schauspielerin Marlene Dietrich betreffen. Werden verstorbene **Personen der Zeitgeschichte** ohne Einwilligung der dazu Berechtigten in den Medien abgebildet, sind meist sowohl die ideellen als auch die vermögenswerten Bestandteile des postmortalen Persönlichkeitsrechts betroffen. Die Rechtswidrigkeit solcher Eingriffe hängt vom Ergebnis der im Einzelfall vorzunehmenden Güter- und Interessenabwägung ab; die Veröffentlichung des Bildnisses muss hingenommen werden, wenn es dem berechtigten Informationsinteresse der Öffentlichkeit oder auch nur zulässiger presserechtlicher Eigenwerbung dient.[93] Eine rechtswidrige Beeinträchtigung kann sich aber aus anderen Umständen, etwa aus der Art des Bildnisses oder seinem Zustandekommen ergeben; insbesondere ist dies der Fall, wenn das

---

[89] Siehe oben Rn. 14 sowie *Götting* GRUR 2004, 801, 802 mit weiteren Nachweisen bei Fußnote 10; dazu auch Rn. 23.

[90] BGH NJW 2006, 605, 606 f. – *Mordkommission Köln* – mit umfangreichen Nachweisen, inzwischen bestätigt durch BVerfG ZUM 2007, 380 ff.

[91] BGHZ 143, 214, 225 f. – *Marlene Dietrich*; BVerfG NJW 2006, 3409; BGH NJW 2006, 605; BGH NJW 2007, 684 (685).

[92] OLG München, OLG-Report 2002, 416 (417); *Wenzel/v. Strobl-Albeg*, Das Recht der Wort- und Bildberichterstattung 5. Aufl., Kapitel 9, Rn. 37; *Beuthien* ZUM 2003, 261 (262); siehe auch die kritischen Urteilsanmerkungen zu BGH NJW 2006, 605 – oben Fußnote 41.

[93] BGHZ 151, 26 (30 f.): In dem TV-Werbespot einer Tageszeitung wurde ein kurzer Ausschnitt der Deutschen Wochenschau von 1959 gezeigt, in dem Marlene Dietrich zusammen mit anderen Personen bei einem öffentlichen Auftritt zu sehen war; im Gegensatz zu beiden Vorinstanzen wies der VI. ZS des BGH die von der Tochter der Schauspielerin erhobene Unterlassungs- und Schadensersatzklage ab.

Bildnis aus der Intim- oder Privatsphäre der abgelichteten Person der Zeitgeschichte stammt.[94]

(2) Unerlaubte Medienberichte über **spektakuläre Straftaten, Suizide oder tödliche Unglücksfälle** nichtprominenter Zeitgenossen, bei denen das Opfer eindeutig identifizierende Bilder veröffentlicht werden, lösen nach der Rechtsprechung selbst dann keine Entschädigungsansprüche der Erben/Angehörigen aus, wenn das Opfer in entwürdigender Lage abgebildet worden ist.[95]

(3) Das postmortale Persönlichkeitsrecht eines Mordopfers kann verletzt sein, wenn das Mordgeschehen in einem **Bühnenstück** ohne ausreichende Verfremdung des realen Mordgeschehens dargestellt wird; eine solche Verletzung kann sogar ein Aufführungsverbot rechtfertigen.[96]

c) Ungeachtet ihrer Besonderheiten veranschaulichen diese Fälle das Problem: Unternehmen der Medienbranche **befriedigen das Sensationsbedürfnis** von Teilen der Öffentlichkeit durch Berichte, die empfindlich und ohne durch den Schutz der Pressefreiheit gedeckt zu sein, in das Persönlichkeitsrecht Verstorbener eingreifen. Auf deren Kosten werden Auflagen und Einschaltquoten erhöht, also zur unzulässigen Eigenwerbung und Gewinnerzielung benutzt. Abwehrrechte der Betroffenen versagen, weil sie meist zu spät kommen. Die gegenteilige Auffassung des BVerfG[97] geht an der Lebenswirklichkeit vorbei, da das Ausmaß der Persönlichkeitsverletzung meist nicht schon bei der Aufnahme, sondern erst bei der Ausstrahlung der Sendung erkennbar wird. Eine Entschädigung ist nicht zu erlangen, wenn nur in „ideelle" Bestandteile der postmortalen Persönlichkeitsrechte eingegriffen wird oder wenn eine Abgrenzung „ideeller" und „vermögenswerter" Bestandteile praktisch unmöglich ist. Im Ergebnis verbleiben also die mit Hilfe des Eingriffs erwirtschafteten Erträge und Gewinne häufig in der Hand des Verletzers. Mit dem Gerechtigkeitsempfinden ist dieses Ergebnis schwerlich vereinbar.

d) Hätten der Verletzte zu Lebzeiten oder seine Angehörigen nach seinem Tode der Berichterstattung gegen Zahlung eines Entgelts zugestimmt, läge die Lösung auf der Hand: Die Beteiligten hätten einen zunächst ideellen Bestandteil des Persönlichkeitsrechts zu einem **„Produkt mit Marktwert" umfunktioniert**, daraus also einen vermögenswerten Bestandteil des Persönlichkeitsrechts gemacht und für die Gestattung seiner Verwertung einen vertraglichen Anspruch auf eine in einer Geldsumme bestehende Gegenleistung erworben. In den Grenzen der §§ 134, 138 BGB ist dies möglich. Fälle solcher Art sind nicht nur vorstellbar, sondern bereits Realität. Niemand ist gehindert, die Veröffentlichung intimer Fotografien nach seinem Tod zu gestatten, die Erlaubnis aber von der Zahlung einer vereinbarten Vergütung an seine Angehörigen abhängig zu machen. Die Erlaubnis, den eigenen Leichnam als plastifizierte Skulptur öffentlich zur Schau zu stellen, ist eine in den **„Körperwelten"** bereits praktizierte (fragwürdige) Form postmortaler „Selbstverwirklichung".[98] Vorstellbar ist auch, dass jemand aus religiösen oder weltanschaulichen Gründen den eigenen Suizid zum „Medienspektakel" machen und ein damit verdientes „Honorar" einer karitativen Organisation zukommen lassen möchte. Solche Inszenierungen sind aufgrund der Einwilligung des Betroffenen rechtmäßig, lösen aber in der Regel Honorarforderungen aus. Den ohne Einwilligung handelnden Verletzer in gleichartigen Fällen besser zu stellen, indem man ihm die kommerziellen Früchte seines Eingriffs überlässt, ist schwer zu begründen. Die Vertreter der herrschenden Meinung ziehen sich auf das eher formale Argument zurück, einem Toten könne keine Genug-

---

[94] OLG München GRUR-RR 2002, 341 – *„Marlene Dietrich nackt"*: Euro 5.000,– Entschädigung wegen der Veröffentlichung eines Aktfotos, das nach dem Begleittext die verstorbene Schauspielerin zeigte, in Wahrheit aber das Bildnis einer Doppelgängerin war. Dazu auch *Götting* GRUR 2004, 801 ff.

[95] BGH NJW 2006, 605 ff.; OLG Düsseldorf AfP 2000, 574; OLG Jena NJW-RR 2005, 1566.

[96] OLG Hamm AfP 2006, 261 f.

[97] BVerfG ZUM 2007, 380 ff. – *Mordkommission Köln*.

[98] Siehe dazu *Ahrens* GRUR 2003, 850 ff.

tuung für die Verletzung seiner Persönlichkeit mehr verschafft werden und der Präventionsgedanke allein könne die Gewährung einer Geldentschädigung für postmortale ideelle Verletzungen nicht rechtfertigen. Zwar komme die Prävention als Bemessungsfaktor bei der Zubilligung von Geldentschädigungen für an Lebenden begangene Persönlichkeitsrechtsverletzungen insbesondere zum Schutz gegen die „unerwünschte Zwangskommerzialisierung einer Person" in Betracht. Ob unerlaubte Sensationsberichte über eine verstorbene Person einer solchen Zwangskommerzialisierung vergleichbar seien und ähnliche Konsequenzen haben müssten, könne letztlich aber dahinstehen, weil es jedenfalls an einem Rechtsträger für einen Anspruch auf Geldentschädigung fehle. Denn der Anspruch auf immateriellen Schadensersatz wegen Verletzung des allgemeinen Persönlichkeitsrechts stehe nur dem Rechtsträger und nur zu dessen Lebzeiten zu.[99]

40   Bei Lichte betrachtet, handelt es sich bei dieser Argumentation um eine **petitio principii**: Der zu beweisende Rechtssatz (keine Entschädigungsansprüche) wird mit einem Rechtssatz begründet, dessen Richtigkeit seinerseits gerade des Beweises bedarf (Unvererblichkeit der immateriellen Bestandteile des Persönlichkeitsrechts) und dessen Geltung noch dazu höchst fraglich ist, weil bezüglich der Urheberpersönlichkeitsrechte sowie der materiellen Bestandteile des allgemeinen Persönlichkeitsrechts deren Vererblichkeit anerkannt wird.

Legt man daher die hier vertretene erbrechtliche Lösung zugrunde, gibt es den zu Unrecht vermissten Rechtsträger und es steht nichts im Wege, auch dem postmortalen ideellen Persönlichkeitsrecht Schutz gegen eine unbefugte **„Zwangskommerzialisierung"** durch Zubilligung von Ansprüchen auf Geldentschädigung zuteil werden zu lassen.

41   Zum gleichen Ergebnis gelangt man, wenn man den Begriff der (vererbbaren) „vermögenswerten Bestandteile" des allgemeinen Persönlichkeitsrechts nicht aus dem **Blickwinkel** des Verletzten, sondern **des Verletzers** definiert. Soll er damit belohnt werden, dass ihm die Früchte seiner skrupellosen Rücksichtslosigkeit verbleiben, weil weder der Verletzte zu Lebzeiten noch seine Erben/Angehörigen nach seinem Tode jemals auf die Idee gekommen wären, aus seinem Namen, Bildnis oder Ansehen „Kapital zu schlagen"? Geht man hingegen richtigerweise davon aus, dass jede rechtswidrige Persönlichkeitsrechtsverletzung, aus der der Verletzer wirtschaftlichen Nutzen zu ziehen beabsichtigt und auch tatsächlich zieht, bereits dadurch zu einer Beeinträchtigung vermögenswerter Bestandteile des vererbten Rechts wird, stehen den Erben dieser Rechtsposition auch Entschädigungsansprüche zu. Sie können entweder eine angemessene Lizenz,[100] die Herausgabe der vom Verletzer erlangten Vorteile (§§ 687 Abs. 2, 681 Satz 2, 667 BGB) oder einen Bereicherungsausgleich fordern. Dabei kommt es nicht darauf an, ob der Verletzte zu Lebzeiten bereit und in der Lage gewesen wäre, dem Verletzer den Eingriff zu gestatten. Denn der Zahlungsanspruch fingiert nicht eine Zustimmung des Betroffenen, er stellt vielmehr den Ausgleich für einen rechtswidrigen Eingriff in eine dem Betroffenen ausschließlich zugewiesene Dispositionsbefugnis dar.[101]

42   Bei der hier vertretenen Auffassung bleibt der **Wille des Erblassers** gewahrt. Hat er verfügt, dass seine Erben gegen postmortale Verletzungen seines Persönlichkeitsrechts nicht, nur begrenzt oder nur unter bestimmten Voraussetzungen vorgehen sollen, sind die Erben an eine solche Auflage (§ 1940 BGB) gebunden. Im Zweifel wird es allerdings kaum dem Willen des Erblassers entsprechen, dem Verletzer seines postmortalen Persönlichkeitsrechts die dadurch erlangten Vorteile zu belassen. Er wird sie lieber in der Hand seiner Erben sehen und entweder ihnen die weitere Verwendung überlassen oder dafür konkrete Weisungen erteilen. Einer unerwünschten Nutzung seiner Persönlichkeitsmerk

---

[99] BGH NJW 2006, 605, 607 – *Mordkommission Köln* mit weiteren Nachweisen.
[100] Siehe dazu insbesondere *Götting* in: FS Ullmann, S. 65 ff.
[101] Begrüßenswert daher BGH (I. ZS) NJW 2007, 689, 690 – *Lafontaine* und das dort zitierte herrschende Schrifttum; a. A. BGH (VI. ZS) NJW 2006, 605, 607 rechte Spalte unten – *Mordkommission Köln*.

male durch die Erben selbst kann der Erblasser durch Teilungsanordnung oder Bestellung eines Testamensvollstreckers begegnen (siehe oben Rn. 30).

Auch **verfassungsrechtliche Bedenken** stehen der hier befürworteten Lösung **nicht** 43 entgegen. Das BVerfG hat im Gegenteil betont, ein Anspruch auf Geldentschädigung für Verletzungen des postmortalen Persönlichkeitsrechts sei jedenfalls dann zu gewähren, wenn die Rechtsordnung andere Möglichkeiten zum Schutz der postmortalen Menschenwürde nicht bereit halte.[102] Ob die vorhandenen zivil- und strafrechtlichen Abwehrmöglichkeiten ausreichen, kann im Einzelfall mehr als zweifelhaft sein. Zumindest aber steht die Verfassung einer Ausdehnung der eine Geldentschädigung auslösenden Verletzungstatbestände nicht im Wege, da nachwirkende Grundrechte des Verstorbenen dadurch nicht beeinträchtigt werden können.

Bei der hier befürworteten **Gewichtung des Präventionsprinzips** können sogar zu 44 Erben eingesetzte juristische Personen wegen einer Verletzung ideeller Bestandteile des Persönlichkeitsrechts des Erblassers Entschädigungsansprüche geltend machen. Den Verletzer eines postmortalen Persönlichkeitsrechts nur deshalb besser zu stellen, weil der Verstorbene eine juristische Person zu seiner Erbin bestimmt hat, wäre kaum nachvollziehbar. Denn hier geht es um die Sanktion einer dem Verstorbenen zugefügten Verletzung. Der Grundsatz, dass juristische Personen wegen einer Verletzung des eigenen Persönlichkeitsrechts keinen Ausgleich immaterieller Schäden verlangen können (siehe § 39 Rn.10), steht dazu nicht in Widerspruch und bleibt unberührt.

4. Zur Schutzdauer

Auch die Rechtsprechung zur **Dauer des postmortalen Persönlichkeitsschutzes** 45 verdient nicht in allen Teilen Zustimmung.

a) Zwar sind die Schutzwirkungen des postmortalen Persönlichkeitsrechts zweifellos zeitlich begrenzt. Sie nehmen in dem Maße ab, in dem die Erinnerung an den Verstorbenen schwindet. Wie die inhaltlichen Schutzwirkungen ist auch die Dauer des Persönlichkeitsschutzes abhängig von den individuellen Merkmalen, die die Persönlichkeit ihres ursprünglichen Trägers prägten. Das Ausmaß seiner Bekanntheit entscheidet darüber, wann die Erinnerung an ihn verblasst. Wie rasch dies geschieht, hängt auch davon ab, ob das auf der Lebensleistung des Verstorbenen beruhende Ansehen sich in irgendeiner Form verfestigt hat und so nicht nur den Zeitgenossen, sondern auch weiteren Generationen in Erinnerung bleibt. Dies ist z.B. der Fall bei Künstlern, deren Ruhm in von ihnen geschaffenen **verkörperten Werken** wach gehalten wird. Bei ihnen können die Schutzwirkungen des postmortalen Persönlichkeitsrechts einen Zeitraum von 30 Jahren und mehr nach dem Tode überdauern.[103] Ihnen wird man ausübende Künstler, insbesondere Schauspieler, Sänger und Musiker gleichsetzen können, deren Bekanntheit auf Leistungen beruht, die auf Bild- oder Tonträgern festgehalten worden sind und weiterhin umfangreich Verbreitung finden. Die äußerste Grenze wird man allerdings bei den Schutzfristen des Urheberrechts ziehen müssen.[104] Der postmortale Persönlichkeitsschutz werkschaffender Künstler endet daher spätestens 70 Jahre nach ihrem Tod (§ 64 Abs. 1 UrhG) und für ausübende Künstler spätestens 25 Jahre nach dem Erscheinen der ihre Leistung konservierenden Bild- oder Tonträger (§ 82 UrhG). Der Bildnisschutz endet gemäß § 22 Satz 3 KUG 10 Jahre nach dem Tode des Abgebildeten. Nach Ablauf dieser Frist kann die unbefugte Verwertung des Bildnisses des Toten aber noch aufgrund des allgemeinen postmortalen Persönlichkeitsrechts verboten werden, wenn sie einen schwerwiegenden Eingriff in den allgemeinen Achtungsanspruch des Verstorbenen darstellt. Verneint hat das OLG Hamburg dies für einen Pressebericht mit dem Foto eines vor mehr als 10 Jahren getöteten Opfers einer Geiselnahme.[105]

---

[102] BVerfG ZUM 2007, 380 ff. – *Mordkommission Köln.*

[103] BGHZ 107, 384, 392 – *Emil Nolde.*

[104] Siehe dazu auch *Röthel* LMK 2007, 213345.

[105] OLG Hamburg AfP 2005, 76 f.

In Analogie zu § 22 Satz 3 KUG lässt der BGH auch außerhalb des Bildnisschutzes den Schutz der auf die Erben übergegangenen sonstigen **vermögenswerten** Bestandteile des postmortalen Persönlichkeitsrechts 10 Jahre nach dem Tode ihres ursprünglichen Rechtsträgers erlöschen.[106] Der BGH begründet dies nicht nur mit dem nach dem Tod allmählich abnehmenden Schutzbedürfnis, sondern auch mit dem Gebot der Rechtssicherheit sowie den berechtigten Interessen der Öffentlichkeit, sich mit Leben und Werk einer zu Lebzeiten weitbekannten Persönlichkeit auseinandersetzen zu dürfen.

46   **b)** Eine **starre Begrenzung** des postmortalen materiellen Persönlichkeitsschutzes auf zehn Jahre fordert in verschiedener Hinsicht zur **Kritik** heraus: Problematisch ist bereits eine extensive Auslegung und Anwendung des anachronistischen § 22 KUG. Außerdem vermisst man eine Auseinandersetzung des BGH mit seiner eigenen Entscheidung „Frischzellenkosmetik".[107] Dort hatte der I. Zivilsenat des BGH einem verstorbenen Wissenschaftler gegen die unbefugte Verwendung seines Namens in einer täuschenden Werbung aufgrund seines postmortalen Persönlichkeitsrechtes Schutz gewährt. Die 10 Jahres-Frist lief während des Rechtsstreites ab. Hätte der BGH schon damals die Schutzfrist für die vermögenswerten Bestandteile des postmortalen Persönlichkeitsrechts auf 10 Jahre (analog § 22 Satz 3 KUG) begrenzen wollen, hätte er die in die Zukunft gerichtete Unterlassungsklage mit dem Ablauf der Schutzfrist als unbegründet abweisen oder ausführen müssen, dass allein schon der ideelle Persönlichkeitsrechtsschutz die Verurteilung rechtfertigen könne.

47   Den vermögensrechtlichen Schutz des postmortalen Persönlichkeitsrechts ausnahmslos 10 Jahre nach dem Tod des ursprünglichen Rechtsträgers enden zu lassen, widerspricht insbesondere dem Gebot, die Schutzwirkungen des Persönlichkeitsrechts stets **bezogen auf den Einzelfall**, individuell zu ermitteln, weil nur auf diese Weise den Besonderheiten der zu schützenden individuellen Persönlichkeit Rechnung getragen werden kann. Durch die Ausbeutung des Namens oder des Ansehens einer berühmten Persönlichkeit lassen sich unter Umständen auch noch 10 Jahre nach ihrem Tode erhebliche Erträge erzielen, die billigerweise nicht dem rechtswidrigen Nutzer verbleiben sollten, sondern einen Nachlasswert darstellen. Würde beispielsweise die 10-jährige Wiederkehr des Todestages eines berühmten Schauspielers unbefugt für eine ertragreiche Werbekampagne missbraucht werden, wäre schwerlich einzusehen, dass die daraus gezogenen Früchte allein aus Fristgründen dem Verletzer verbleiben. Eindrucksvolle konkrete Beispiele nennt *Reber* (Fn 108, S. 497 f.).

Auch der Hinweis des BGH auf das Interesse der Öffentlichkeit, sich mit Leben und Werk des Verstorbenen auseinanderzusetzen, vermag nicht zu überzeugen. Denn berechtigte öffentliche Interessen, sich mit der Person und dem Leben des Verstorbenen zu befassen, müssen schon unmittelbar nach seinem Tode im Rahmen der gebotenen Güterabwägung unter Beachtung der Meinungs- und Pressefreiheit berücksichtigt werden und können einen Eingriff rechtfertigen. Dass hingegen an ausschließlich kommerziellen Verwertungshandlungen ein „öffentliches Interesse" bestehen kann, ist kaum anzunehmen.[108]

48   **c)** Da für den unmittelbaren Anwendungsbereich des § 22 Satz 3 KUG die Ansicht vertreten wird, dass auch nach Ablauf der 10-jährigen Schutzfrist jedenfalls in schwerwiegenden Verletzungsfällen Ansprüche aufgrund des Bildnisschutzes durchsetzbar bleiben,[109] wird man eine solche Ausnahme zumindest bei einer schwerwiegenden Verletzung auch anderer vermögenswerter Bestandteile des postmortalen Persönlichkeitsrechts

---

[106] BGH GRUR 2007, 168 ff. = NJW 2007, 684 ff. – *kinski.klaus.de* mit ablehnenden Anmerkungen von *Götting* bzw. *Wanckel*.

[107] BGH GRUR 1984, 907. Siehe dazu oben Rn. 12.

[108] Kritisch zum BGH-Urteil auch *Schubert* AfP 2007, S. 20 ff.; *Röthel* LMK 2007, 213345; *Claus*, BGHReport 2007, 167 ff.; *Reber* GRUR Int 2007, 492 ff.

[109] Siehe OLG Hamburg AfP 2005, 76 f.

zulassen müssen. Jedenfalls sollten wenigstens Abwehransprüche weiterhin gewährt werden, um zu verhindern, dass der Verletzer aus einer unbefugten Verwertung nach Ablauf der 10-Jahres-Frist noch weitere unerlaubte Früchte zieht. Nach der Rechtsprechung des BGH ist dafür Voraussetzung, dass zumindest auch ideelle Bestandteile des postmortalen Persönlichkeitsrechts künftig verletzt zu werden drohen.[110]

d) Die Hoffnung, das BVerfG werde die Rechtsprechung des BGH korrigieren und   **49** den postmortalen Vermögensschutz zumindest in Einzelfällen auf über zehn Jahre verlängern,[111] dürfte allerdings trügen. Denn nach Meinung des BVerfG ist der Schutz vermögenswerter Bestandteile des postmortalen Persönlichkeitsrechts nicht in der Verfassung verankert; weil aber die Verfassung der einfach-rechtlichen Anerkennung eines solchen Schutzes auch nicht entgegenstehe, könne er durch richterliche Rechtsfortbildung geschaffen und weiterentwickelt werden.[112] Damit darf die Zivilgerichtsbarkeit nach Meinung des BVerfG die Grenzen eines Schutzes vererblicher vermögenswerter Bestandteile des Persönlichkeitsrechts festlegen, also auch die Schutzdauer einschränken.

Solange der Europäische Gesetzgeber sich nicht zu einer Harmonisierung des Persönlichkeitsrechts entschließen kann, bleibt den an einer unbefristeten wirtschaftlichen Nutzung der vermögenswerten Bestandteile des Persönlichkeitsrechts ihres Erblassers interessierten und legitimierten Erben nur die Möglichkeit, seinen Namen und/oder sein Bild markenrechtlich nach § 4 MarkenG schützen zu lassen.

D. Das Anspruchssystem bei Verletzungen des postmortalen Persönlichkeitsrechts

I. Geltung der allgemeinen Grundsätze

1. Für die Ansprüche, die bei einer Verletzung des postmortalen Persönlichkeitsrechts   **50** von den Erben bzw. jeweils Wahrnehmungsberechtigten erhoben werden können, gelten die allgemeinen Grundsätze. Ein rechtswidriger Eingriff löst einen Unterlassungsanspruch aus, wenn Begehungs- oder Wiederholungsgefahr gegeben ist. Ferner kann die Beseitigung einer fortwirkenden Störung verlangt werden, etwa die Entfernung der die Echtheit eines Bildes vortäuschenden Signatur eines verstorbenen Malers auf einer Fälschung.[113] Die Fortwirkung unwahrer das allgemeine Persönlichkeitsrecht beeinträchtigender Tatsachenbehauptungen begründet in der Regel eine fortwirkende Störung, so dass Widerruf, Berichtigung oder Ergänzung gefordert werden kann. Zu den auf Beseitigung einer fortwirkenden Störung gerichteten Ansprüchen gehört auch der medienrechtliche Rückrufanspruch.[114] Mit ihm kann von einem Verlag der Rückruf bereits an den Handel ausgelieferter persönlichkeitsrechtsverletzender Medienerzeugnisse verlangt werden. Dieser Anspruch ist auch bei der rechtswidrigen Verletzung ideeller Bestandteile des postmortalen Persönlichkeitsrechts zu gewähren, selbst wenn man der herrschenden Meinung folgt, dass in diesem Bereich keine Entschädigungansprüche geltend gemacht werden können. Ergänzt wird der medienrechtliche Rückrufanspruch durch den analog § 98 UrhG und § 140a PatG zu gewährenden Anspruch auf Vernichtung der noch nicht ausgelieferten bzw. zurückgerufenen Exemplare des Verletzungsgegenstandes. Denn auch dieser Anspruch dient lediglich – wie das Reichsgericht bereits in seiner Entscheidung zu den „Bismarck auf dem Totenbett" zeigenden Fotografien zutreffend erkannt hat[115] – einer Beseitigung der Gefahr drohender künftiger Beeinträchtigungen.

---

[110] BGH GRUR 2007, 168 (170) – *kinski.klaus.de.*
[111] *Wanckel* NJW 2007, 686.
[112] BVerfG NJW 2006, 3409 f. = GRUR 2006, 1049 ff. – *Der blaue Engel.*
[113] BGHZ 107, 384 – *Emil Nolde.*
[114] Dazu *Paschke/Busch* NJW 2004, 2620.
[115] Siehe oben Rn. 6.

51   Abzulehnen ist die Auffassung des Kammergerichts,[116] der presserechtliche **Gegen-darstellungsanspruch** erlösche – weil nicht vermögensrechtlicher Art und daher nicht vererblich – mit dem Tode des Anspruchsinhabers, und zwar selbst dann, wenn er zu die-sem Zeitpunkt bereits tituliert sei. Wenn die angegriffene Rufschädigung einen ver-mögensrechtlichen Bestandteil des Persönlichkeitsrechts betrifft, sind die daraus folgen-den Ansprüche einschließlich ihrer Nebenansprüche, zu denen das Recht auf Gegen-darstellung gehört, vererblich. Selbst wenn es aber um eine nur ideelle Bestandteile des Persönlichkeitsrechts betreffende Ehrverletzung geht, ist nicht nachvollziehbar, dass die Wahrnehmungsberechtigten des Verstorbenen dagegen nicht schon mit einer Gegen-darstellung sollten vorgehen dürfen, bevor sie den ihnen nach einhelliger Meinung zu-stehenden Widerrufs- oder Unterlassungsanspruch geltend machen.

52   2. Soweit es zur Durchsetzung der Störungsbeseitigungsansprüche sowie etwaiger zu-sätzlich begründeter Schadensersatz- bzw. Bereicherungsansprüche der Wahrnehmungs-berechtigten/Erben erforderlich ist, können sie vom Verletzer **Auskunft** in Analogie zu den §§ 140b PatG, 242 BGB verlangen. Gewährt man den Wahrnehmungsberechtigten bei einer Verletzung ideeller Bestandteile des postmortalen Persönlichkeitsrechts mit der herrschenden Lehre keinen Anspruch auf Geldentschädigung, sollte ihnen zumindest die Befugnis zugesprochen werden, ein obsiegendes, rechtskräftiges (Unterlassungs-)Urteil auf Kosten des unterlegenen Verletzers **öffentlich bekannt** zu machen (analog § 103 UrhG).

53   3. Schadensersatzansprüche bei Verletzung vermögenswerter Bestandteile des postmor-talen Persönlichkeitsrechts können wahlweise nach den im Recht des gewerblichen Rechtsschutzes anerkannten **verschiedenen Schadensberechnungsarten** geltend ge-macht werden. Hierbei werden die Erben des Verstorbenen einen eigenen entgangenen Gewinn nur dann reklamieren können, wenn sie selbst die Vermarktung der Persönlich-keitsrechte des Erblassers aktiv betreiben. Anderenfalls haben sie nur die Wahl, vom Ver-letzer entweder die Zahlung einer angemessenen (fiktiven) Lizenz oder die Herausgabe seines durch die Verletzungshandlung erzielten Gewinnes zu fordern, wobei die Schwie-rigkeiten, einen Anspruch aufgrund der letztgenannten Berechnungsart durchzusetzen, bekanntermaßen erheblich sind.[117] Im Regelfall werden sich die Erben daher darauf be-schränken, die Zahlung einer angemessenen „Verletzerlizenz" einzufordern.[118] Die vor-handene Judikatur bietet dafür bislang nur wenige Präzedenzfälle. Für die nachgestellte Szene des „Blauen Engel" musste der verklagte Hersteller von Fotokopiergeräten an die Tochter von Marlene Dietrich im Ergebnis EUR 70 000 zahlen.[119] Für das angebliche – aber ebenfalls „nachgestellte" – Nacktfoto von Marlene Dietrich sprach das OLG Mün-chen ihrer klagenden Tochter EUR 5000 zu.[120]

II. Aktivlegitimation

54   1. Die durch eine Verletzung der „ideellen Bestandteile" des postmortalen Persönlich-keitsrechts ausgelösten Abwehr- und Beseitigungsansprüche können nach **herrschender Meinung** nur von den vom Verstorbenen benannten „Wahrnehmungsberechtigten", er-satzweise seinen „Angehörigen" geltend gemacht und verfolgt werden (siehe oben Rn. 11 und 33). Zur Verfolgung der durch eine Verletzung der „vermögenswerten Bestandteile" ausgelösten Ansprüche sind nach einhelliger Meinung die Erben aktiv legitimiert, wenn sie im Einvernehmen mit vom Erblasser benannten „Wahrnehmungsberechtigten" – er-

---

[116] KG AfP 2007, 137; differenzierend *Nink* AfP 2007, 97 f.
[117] Vgl. dazu Baumbach/Hefermehl/*Köhler*, Wettbewerbsrecht, 23. Aufl., § 9 UWG, Rn. 1.45 mit weiteren Nachweisen sowie *Götting* GRUR 2004, 801, 803 rechte Spalte bei Fußnote 28.
[118] Siehe dazu *Götting* in: FS Ullmann, S. 65 ff.
[119] LG München NJW-RR 2003, 767 ff. – vom BVerfG gebilligt in NJW 2006, 3409.
[120] OLG München ZUM 2002, 744 ff.

satzweise seinen „Angehörigen" handeln (siehe oben Rn. 18 und 35). Ob die „Wahrneh-mungsberechtigten" bzw. „Angehörigen" dabei jeweils einzeln oder nur im Kollektiv ak-tiv legitimiert bzw. mitwirkungsbefugt sind – ggf. in welcher Rangfolge –, ist streitig und noch nicht geklärt (siehe oben Rn. 35 mit 33).

2. Nach der **hier vertretenen** – vom UrhG inspirierten – **„erbrechtlichen Lösung"**   55 (siehe oben Rn. 27–32) sind zur Geltendmachung und Verfolgung der aus der Verletzung sowohl der ideellen als auch der vermögenswerten Bestandteile des postmortalen Persön-lichkeitsrechts entstehenden Ansprüche grundsätzlich nur die dazu nach dem Erbrecht berufenen Personen aktiv legitimiert, also der Alleinerbe bzw. die Erbengemeinschaft oder ein vom Erblasser eingesetzter Testamentsvollstrecker. Sie gelten im Zweifel als die vom Erblasser auch zur Wahrung seiner ideellen Interessen bestimmten Personen (siehe oben Rn. 31). Nur bei einer ausdrücklichen gegenteiligen Verfügung des Erblassers gelten andere Personen als seine „Wahrnehmungsberechtigten". Welche Befugnisse ihnen der Erblasser einräumen will und ob sich daraus Auswirkungen auf die Aktivlegitimation des/der Erben bzw. des Testamentsvollstreckers ergeben, ist durch Auslegung der Bestel-lungsverfügung zu ermitteln. Es ist somit allein Sache des Erblassers, für die erforderliche Rechtsklarheit zu sorgen.

III. Abtretung von Ansprüchen aus der Verletzung des postmortalen Persönlichkeitsrechts

Für die (eingeschränkte) Abtretbarkeit von Ansprüchen aus einer Verletzung des all-   56 gemeinen Persönlichkeitsrechts ist es ohne Bedeutung, ob in das Persönlichkeitsrecht eines Lebenden oder eines bereits verstorbenen Menschen eingegriffen wurde. Es kann daher auf die Ausführungen in § 36 Rn. 24 verwiesen werden. Weitere Einschränkungen können sich beim postmortalen Persönlichkeitsrecht aus vom Erblasser durch Auflage (§ 1940 BGB) verfügten Abtretungsverboten ergeben. Sie binden die Erben aber nur schuldrechtlich, weil ein dinglich wirksames Abtretungsverbot im Sinne von § 399 BGB dadurch nicht begründet werden kann.

E. Weiterübertragung des postmortalen Persönlichkeitsrechts

Mit der Frage einer **Übertragbarkeit** des postmortalen Persönlichkeitsrechts hat sich   57 die Rechtsprechung – soweit ersichtlich – noch nicht befasst.

Für die herrschende Lehre stellt sich diese Frage bei den **ideellen** Bestandteilen des   58 Persönlichkeitsrechts nicht, weil sie sie als schlechterdings unübertragbar und daher auch nicht als vererbbar ansieht (siehe oben Rn. 10). Insoweit kann das postmortale Persönlich-keitsrecht daher von vornherein niemals einem anderen als dem ursprünglichen Rechts-träger zustehen. Bei den auch nach herrschender Lehre vererblichen **vermögenswerten** Bestandteilen des Persönlichkeitsrechts (siehe oben Rn. 16) wird man davon ausgehen können, dass sie beim Tod des Erben durch letztwillige Verfügung oder aufgrund gesetz-licher Erbfolge auf den Erbeserben übertragen werden, wenn der Erblasser nicht etwas anderes verfügt hat. Für eine Weiterübertragung des postmortalen Persönlichkeitsrechts durch Rechtsgeschäft unter Lebenden fehlt dem Erben allerdings die Rechtsmacht, da auch der Erblasser selbst über sein Persönlichkeitsrecht nicht durch Rechtsgeschäft unter Lebenden hätte verfügen können (siehe § 36, Rn. 17 ff.). Durch die Universalsukzession rückt der Erbe nur in die Rechtsstellung des Erblassers ein, kann aber keine stärkeren Rechte erwerben, als dieser besaß. Allenfalls wird man analog § 29 UrhG Verfügungen der Erben über das ihnen zugefallene postmortale Persönlichkeitsrecht des Erblassers zu-lassen dürfen, die der Erfüllung einer letztwilligen Anordnung des Erblassers oder der Erbauseinandersetzung dienen. Folgt man der hier vertretenen, sich auf sämtliche Bestandteile des Persönlichkeitsrechts erstreckenden „erbrechtlichen" Lösung (siehe oben Rn. 27 ff.), wird man die nach der herrschenden Lehre für die vermögenswerten Bestandteile des postmortalen Persönlichkeitsrechts möglichen Fälle einer Weiterübertragung auch auf die ideellen Bestandteile ausdehnen können, allerdings nur unter dem Vorbehalt, dass dies mit dem Erblasserwillen vereinbar ist.

§ 38. Personenmehrheiten

Inhaltsübersicht

Schrifttum: *Gounalakis, G.,* „Soldaten sind Mörder" NJW 1996, 481 ff.; *Klippel, D.,* Der zivilrechtliche Persönlichkeitsschutz von Verbänden, JZ 1988, 625 ff.; *Lessner, J./Klebeck, U.,* Zur Arbeitgeberfähigkeit der GbR, ZIP, 2002, 1385 ff.; *Neidhardt/Gerlach,* Die Ehe im Presserecht, in: FS *Engelschall* 1996, S. 255 ff.; *Nolte, G.,* „Soldaten sind Mörder" – Europäisch betrachtet, AfP 1996, 313 ff.; *Scholz, R./Konrad, K.,* Meinungsfreiheit und allgemeines Persönlichkeitsrecht, AöR 123 (1998), 60 ff.

A. Schutzobjekte

1   Zwischen dem kollektiven Perönlichkeitsschutz einer Personenmehrheit einerseits und dem individuellen Schutz ihrer einzelnen Mitglieder andererseits muss scharf unterschieden werden. Das allgemeine Persönlichkeitsrecht ist – wie schon sein Name besagt – ein **individuelles** subjektives Recht. Eine Personenmehrheit, die sich nicht in der Rechtsform einer juristischen Person organisiert hat, kann daher nicht Träger eines eigenen Persönlichkeitsrechts sein; **teilrechtsfähigen** Personenmehrheiten wird aber unter bestimmten Voraussetzungen ein persönlichkeitsrechtlicher Schutz zuteil. Im Kollektiv sind die Persönlichkeitsrechte seiner Mitglieder zwar gebündelt. Dadurch erlangt das Kollektiv aber keine Aktivlegitimation zur Geltendmachung der Einzelrechte; denn die Persönlichkeitsrechte der einzelnen Mitglieder der Personenmehrheit sind höchstpersönlicher Natur und daher weder abtretbar, noch können sie durch den Verband wahrgenommen werden (siehe dazu § 36 Rn. 18–22).

2   Ein Angriff auf eine Personenmehrheit kann dem Kollektiv als solchem oder seinen einzelnen Mitgliedern gelten, bisweilen auch beiden. Nach dem Schutzobjekt richten sich die Schutzwirkungen. Wird eine Personengruppe unter einer Sammelbezeichnung gekränkt, geschmäht, verunglimpft oder beleidigt, bedarf es daher stets einer eingehenden Prüfung, ob dadurch Abwehr- und Entschädigungsansprüche einzelner Gruppenmitglieder oder auch der Gruppe selbst erwachsen. Diese Frage stellt sich vornehmlich beim zivilrechtlichen **Ehrenschutz**. Entscheidungen zum strafrechtlichen Ehrenschutz können hierbei nur mit Vorsicht herangezogen werden. Denn eine strafbare „Kollektiv-beleidigung" im Sinne von § 185 StGB besagt nicht unbedingt, dass damit auch die einzelnen Mitglieder des Kollektivs in ihren eigenen Persönlichkeitsrechten verletzt und zur Geltendmachung von Abwehransprüchen legitimiert werden. Das ist nur der Fall, wenn weitere besondere Voraussetzungen erfüllt sind. Dann allerdings ist es von **Verfassungs wegen** nicht zu beanstanden, eine herabsetzende Äußerung, die weder bestimmte Personen benennt, noch erkennbar auf bestimmte Personen bezogen ist, sondern ohne individuelle Aufschlüsselung ein Kollektiv erfasst, als einen Angriff auf die persönliche Ehre der einzelnen Mitglieder des Kollektivs zu werten; lässt sich bei herabsetzenden Äußerungen unter einer Sammelbezeichnung die Grenze zwischen einem Angriff auf die persönliche Ehre und einer Kritik an sozialen Phänomenen, staatlichen oder gesellschaftlichen Einrichtungen oder sozialen Rollen nicht scharf ziehen, bedarf der durch Art. 5 Abs. 1 GG gewährleistete Freiraum stets besonderer Beachtung.[1]

B. Der Persönlichkeitsschutz der Verbandsmitglieder

I. Voraussetzungen

Eine gegenüber einer durch Sammelbezeichnung gekennzeichneten Personenmehrheit **3** ausgesprochene Kränkung oder Schmähung verletzt die Persönlichkeitsrechte der **einzelnen Mitglieder des Kollektivs** nur, wenn mehrere − subjektive und objektive − Voraussetzungen erfüllt sind:

1. Die gewählte Bezeichnung

Ausgangspunkt ist die vom Verletzer **selbst gewählte Bezeichnung** und Umschreibung des angegriffenen „Kollektivs". Es muss eindeutig erkennbar sein, welche Personen dazu gehören und wodurch sich diese Gruppe von anderen Bevölkerungsteilen scharf abgrenzt.[2] Die Abgrenzung kann auf gesetzlichen Normen („Soldaten"),[3] rechtsgeschäftlichen Abreden (z. B. Gesellschaftsvertrag),[4] auf einem gemeinsamen Schicksal, einer bestimmten Weltanschauung, ethnischen Merkmalen, persönlichen Eigenschaften, Verhaltensweisen oder einem bestimmten sozialen Status beruhen. Je verschwommener die verletzende Äußerung das betroffene Kollektiv umschreibt, desto eher wird es an der **notwendigen eindeutigen Abgrenzung** fehlen („die Sozialisten");[5] ebenso wenig abgrenzbar sind Kollektivbezeichnungen für Personengruppen, die einer ständigen und häufigen Fluktuation unterliegen („alle BMW-Fahrer") oder deren Zusammensetzung überhaupt nicht vorhersehbar war („sämtliche Teilnehmer der x-Demonstration"). Eine das Persönlichkeitsrecht der Mitglieder der angegriffenen Gruppe verletzende herabsetzende Äußerung muss ferner an ein Merkmal anknüpfen, das bei allen Angehörigen des Kollektivs vorliegt. Wird an Merkmale angeknüpft, die zwar auf einige, offenkundig aber nicht auf alle Mitglieder zutreffen, wird die persönliche Ehre jedes einzelnen Mitgliedes des Kollektivs nicht gemindert. Denn jedem Adressaten einer solchen „Sammelkränkung" muss klar sein, dass nicht alle gemeint sein können. Dann wird durch eine solche Äußerung niemand beleidigt.[6]

---

[1] BVerfG NJW 1995, 3303, 3306 − *Soldaten sind Mörder.*
[2] BGHZ 75, 160; OLG Hamburg NJW 1967, 2314 f.
[3] BVerfG NJW 1994, 2943 ff. − *Soldaten sind Mörder.*
[4] BGH NJW 1980, 2807, 2810 − *Medizinsyndikat.*
[5] OLG Hamburg NJW 1967, 2314 f.; OLG Karlsruhe v. 13. 4. 2007 − 14 U 11/07.
[6] BGHSt 36, 83 = NJW 1989, 1365.

2. Die Zielrichtung

4   Von Bedeutung ist ferner die **Zielrichtung** der Äußerung. Der Verletzer muss beabsichtigen, nicht das Kollektiv als solches, sondern die Einzelpersonen, aus denen es besteht, zu beleidigen, zu kränken oder zu schmähen. Für eine solche Zielrichtung des Verletzers müssen besondere Umstände vorliegen, die die Deutung zulassen, mit der Verwendung der Bezeichnung eines Kollektivs sollten nicht dieses selbst, sondern seine Mitglieder herabgewürdigt werden.[7] Wird eine bestimmte soziale Funktion einer Personengruppe geschmäht („Ärzte", „Priester"), liegt nahe, dass die Äußerung nicht auf die Diffamierung der Einzelpersonen abgezielt, sondern an die von ihnen wahrgenommene Tätigkeit anknüpft. Die Äußerung kann dann gleichwohl ehrverletzend sein. Es bedarf aber sorgfältiger Prüfung, ob sie noch als Schmähkritik bewertet werden kann, die eine – sonst notwendige – konkrete Abwägung mit den Belangen der Meinungsfreiheit unter Berücksichtigung aller Umstände des Falles überflüssig macht.[8]

3. Spürbare Betroffenheit

5   Voraussetzung ist schließlich, dass die Personen, die das Kollektiv bilden, von der „Kollektivbeleidigung" nicht nur individuell, sondern auch **spürbar betroffen** werden. Das ist umso unwahrscheinlicher, je größer das angegriffene Kollektiv ist[9] und je weniger die kränkende Äußerung in einen nachvollziehbaren sachlichen Zusammenhang mit den das Kollektiv angeblich kennzeichnenden Merkmalen gebracht werden kann („alle rothaarigen Frauen sind Hexen"). Herabsetzende Äußerungen über unüberschaubar große Gruppen (wie „alle Katholiken" oder „die Protestanten", „alle Gewerkschaftsmitglieder", „die Frauen"[10]) können allenfalls in Ausnahmefällen auf die persönliche Ehre jedes einzelnen Angehörigen der Gruppe durchschlagen.[11] Allerdings ist nicht ausgeschlossen, dass auch bei herabsetzenden Äußerungen über große Kollektive die Diffamierung aller ihnen angehörigen Personen im Vordergrund steht. Das liegt insbesondere dann nahe, wenn die Äußerung an ethnische, rassische, körperliche oder weltanschauliche Merkmale anknüpft, aus denen die angebliche Minderwertigkeit einer ganzen Personengruppe und damit zugleich jedes einzelnen Angehörigen abgeleitet wird. Das aber sind Sonderfälle. In der Regel wird sich insbesondere Schmähkritik gegen bestimmte Personen oder überschaubare Personenvereinigungen richten („die Mitglieder der Besatzung des MS X sind Piraten"). Davon geht auch die Rechtsprechung des BVerfG und des BGH aus.[12]

4. Das Fehlen anderweitiger „Genugtuung"

6   Ob eine „spürbare" Persönlichkeitsrechtsverletzung des einzelnen Kollektivmitglieds vorliegt, kann auch davon abhängen, ob ihm die Rechtsordnung in anderer Weise **ausreichende Genugtuung** gewährt.[13] Das kann auch mit den Mitteln des Strafrechts geschehen.[14] Wer zum Beispiel einen zwar abgrenzbaren, aber zahlenmäßig kaum überschaubaren Teil der Bevölkerung durch eine öffentliche Äußerung, die den Tatbestand der Volksverhetzung erfüllt, kränkt oder verunglimpft, wird durch die Strafandrohung des § 130 StGB wirksamer und nachhaltiger gezügelt, als es ein von einem einzelnen Mitglied der Gruppe erwirkter zivilrechtlicher Unterlassungstitel vermag. Wer den Täter

---

[7] BVerfGE 93, 266, 300 f. = NJW 1995, 3303 – *Soldaten sind Mörder*; BVerfG NJW 2006, 3769, 3771 – *Babycaust*.

[8] BVerfG NJW 1995, 3303, 3306 – *Soldaten sind Mörder*.

[9] BVerfG NJW 2006, 3769, 3771 – *Babycaust*.

[10] LG Hamburg NJW 1980, 56 f.

[11] BVerfG NJW 1995, 3303, 3306 – *Soldaten sind Mörder*.

[12] BVerfG NJW 1983, 1415; BVerfG NJW 1991, 95; BGH NJW 1974, 1762; BGH NJW 1977, 626; BGH LM Nr. 42 zu § 847 BGB.

[13] BVerfG NJW 2006, 595, 596; BVerfG ZUM 2007, 380 ff. – *Mordkommission Köln*.

[14] BVerfG a.a.O.

durch eine Anzeige – oder gegebenenfalls durch ein Klageerzwingungsverfahren – seiner gerechten Strafe zuführen kann, erfährt dadurch hinreichende Genugtuung.[15]

II. Schutzwirkungen

Werden durch einen rechtswidrigen Eingriff die Persönlichkeitsrechte der einzelnen   7
Mitglieder einen Personenmehrheit unmittelbar verletzt, ist jedes betroffene Mitglied des
Kollektivs zur Geltendmachung und Verfolgung von Abwehr- und Beseitigungsansprüchen, gegebenenfalls auch von Schadensersatzansprüchen aktiv legitimiert. Schutzobjekt
ist in allen diesen Fällen nur das eigene Persönlichkeitsrecht des Mitglieds und nicht etwa
ein Persönlichkeitsrecht des Kollektivs.

C. Der Persönlichkeitsschutz des Verbandes

I. Ungeschützte Personengruppen

1. Zufallskollektive

Personengruppen, die weder untereinander durch rechtliche Beziehungen noch verti-   8
kal in einer organisierten Gemeinschaft verbunden sind („Zufallskollektive"), genießen
als solche keinerlei persönlichkeitsrechtlichen Schutz, da sie weder im Rechtsverkehr auftreten noch die Möglichkeit haben, sich durch ein Organ zu artikulieren. Mittelbarer
Schutz wird ihnen durch das Strafrecht zuteil, wenn öffentliche Sicherheitsinteressen bedroht sind. In Betracht kommen hierfür insbesondere die Straftatbestände des § 130
StGB. Der durch diese Vorschrift gewährleistete kollektive Persönlichkeitsschutz hat aber
keine zivilrechtlichen Auswirkungen.

2. Die Erbengemeinschaft

Ein Zufallskollektiv besonderer Art ist die **Erbengemeinschaft**, weil sie – nicht vor-   9
aussehbar – auf Blutsverwandtschaft und/oder dem Erblasserwillen beruht. Obwohl eine
Gesamthandsgemeinschaft, kann man ihr einen originären eigenen Persönlichkeitsschutz
nicht zubilligen. Ist eine Erbengemeinschaft unter einer Sammelbezeichnung Gegenstand
einer Schmähung oder Verunglimpfung, wird sich der ehrverletzende Angriff in der Regel unmittelbar gegen die wenigen, überschaubaren und identifizierbaren Mitglieder der
Gemeinschaft richten, so dass eine Verletzung deren eigener Persönlichkeitsrechte in Betracht kommt. Anders ist es, soweit die Erbengemeinschaft das **postmortale Persönlichkeitsrecht** des Erblassers wahrnimmt (siehe § 37, Rn. 16, 18, 27 ff.). Dies gehört zur
Verwaltung des Nachlasses, die der Erbengemeinschaft zur gesamten Hand obliegt.

3. Ehe und Familie

Die **Familie, die Ehegemeinschaft** sowie **Lebenspartnerschaften** sind zwar „orga-   10
nisierte" Kollektive. Die zwischen den Mitgliedern dieser Gemeinschaften bestehenden
Bande reichen aber nicht aus, der Gemeinschaft als solcher ein eigenständiges Persönlichkeitsrecht zuzuerkennen.[16] Das gilt auch unter Berücksichtigung von Art. 6 GG.[17] In der

---

[15] Die Entscheidung BGHZ 75, 160 ff., welche die Leugnung der Judenmorde des *„Dritten Reiches"*
als eine Verletzung des Persönlichkeitsrechts bzw. als eine Beleidigung jedes einzelnen Menschen
jüdischer Abstammung ansah, war zutreffend, weil es damals den § 130 StGB noch nicht gab, ist aber
nicht verallgemeinerungsfähig, vgl. dazu *E. Deutsch* NJW 1980, 1100; *Steffen* Anm. bei LM Nr. 49 zu
Art. 5 GG; Soergel/*Beater*, BGB 13. Aufl. § 823 Anh. IV, Rn. 20.

[16] BGH NJW 1970, 1599, 1600; BGH NJW 1980, 1790, 1791.

[17] Soergel/*Beater* BGB 13. Auflage § 823 Anhang IV, Rn. 21; anderer Ansicht wohl *Neidhardt/Gerlach* in: FS für Engelschall 1996, S. 255 ff.

Verletzung des Persönlichkeitsrechts eines einzelnen Familienmitglieds/Ehegatten kann aber ausnahmsweise zugleich eine Verletzung anderer Familienmitglieder bzw. des anderen Ehegatten liegen.[18] Allerdings gelten hierfür strenge Anforderungen. Beispielsweise reicht es nicht aus, dass sich jemand durch die Berichterstattung über seinen Bruder persönlich betroffen fühlt, weil Dritte die Berichterstattung zum Anlass nehmen, ihn zu belästigen oder anzufeinden.[19] Das Persönlichkeitsrecht erziehungsberechtigter Eltern kann durch eine Beleidigung ihres Kindes beeinträchtigt werden, wenn damit zugleich eine Missachtung der Eltern oder der Vorwurf, sie vernachlässigten ihre Erziehungspflichten, zum Ausdruck gebracht wird.[20] In besonders gelagerten Ausnahmefällen kann die Verletzung des Persönlichkeitsrechts eines Ehepartners zugleich die Ehre auch des anderen Ehepartners beeinträchtigen, wenn zum Beispiel der unberechtigte Vorwurf eines „sittlich verfehlten Lebenswandels" eines Ehepartners zugleich Rückschlüsse auf das Verhalten des anderen aufdrängt.[21]

II. Geschützte Verbände

11   Grundsätzlich wird **organisierten Personenmehrheiten**, insbesondere solchen, die sich in ihrer Struktur einer juristischen Person annähern, ein – wenn auch begrenzter – persönlichkeitsrechtlicher Schutz zuteil.

1. Schutzvoraussetzungen

12   Grundsätzlich gilt: Eine Organisation, die so straff strukturiert ist, dass ihr im Zivilprozess aktive und passive Parteifähigkeit zuerkannt wird, kann auch Schutzwirkungen des allgemeinen zivilrechtlichen Persönlichkeitsrechts in Anspruch nehmen. Anerkannt ist dies insbesondere

13   a) für die **politischen Parteien** und ihre **Unterorganisationen** (vgl. §§ 3, 4 ParteienG),[22]

14   b) für **nicht rechtsfähige Vereine**.

aa) Nachdem der II. Zivilsenat des BGH die (Außen)GbR im Wege richterlicher Rechtsfortbildung als **teilrechtsfähige** Personengruppe und damit als Trägerin von Rechten und Pflichten anerkannt[23] und im Zivilprozess für aktiv und passiv parteifähig erklärt hat, ist es wegen § 54 BGB folgerichtig und geboten, auch dem nach außen in Erscheinung tretenden **nicht rechtsfähigen Verein** diese begrenzte Rechtssubjektivität zuzubilligen.[24] Sie besteht nicht nur in vermögensrechtlichen Haftungsfragen, sondern auch in allen sonstigen Bereichen, in denen der nicht rechtsfähige Verein am Rechtsverkehr teilnimmt, dadurch seinerseits Rechte erlangt (z. B. das Namensrecht)[25] und andererseits Verhaltenspflichten Dritter begründet.

15   bb) Die grundsätzliche Anerkennung der Teilrechtsfähigkeit und der nicht nur passiven (§ 50 Abs. 2 ZPO) sondern auch aktiven Parteifähigkeit des nicht rechtsfähigen Vereins hat erhebliche Auswirkungen auf das gesamte deutsche Verbandswesen: Den traditionell in der Form nicht rechtsfähiger Vereine organisierten **Gewerkschaften und Arbeitgeberverbänden**, deren (aktive und passive) Parteifähigkeit schon seit langem anerkannt

---

[18] BGH NJW 1951, 531; Soergel/*Beater* BGB 13. Aufl. § 823, Anhang IV, Rn. 21; offengelassen in BGH NJW 1969, 1110, 1111; BGH NJW 1970, 1599, 1600.

[19] BGH NJW 1980, 1790, 1791.

[20] BGH NJW 1969, 1110, 1111. Schutz genießt auch die spezifisch elterliche Hinwendung zu den Kindern, vgl. BVerfG v. 9. 3. 2007 – 1 BvR 1946/04 sowie vom 22. 3. 2007 – 1 BvR 2007/02.

[21] Erörtert, aber im Ergebnis verneint wurde eine solche Fallgestaltung in den Entscheidungen BGH NJW 1969, 1110 f. und BGH NJW 1970, 1599 f.

[22] OLG München NJW 1996, 2515.

[23] BGHZ 146, 341 = NJW 2001, 1056.

[24] So auch *K. Schmidt* NJW 2001, 993, 1002; AnwK/*Eckhardt* § 54, Rn. 4; a. A. *Lessner/Klebeck* ZIP 2002, 1385 ff., 1389.

[25] So schon RGZ 78, 102.

ist,[26] wird im Rahmen ihrer satzungsgemäßen Funktionen und ihrer sozialen Wertgeltung persönlichkeitsrechtlicher Schutz zuteil. Gleiches gilt für die nicht rechtsfähigen **Sportvereine**,[27] Studentenorganisationen[28] und die Niederlassungen religiöser Orden.[29] Weitere Beispielsfälle: Die **Heilsarmee**,[30] freiwillige Feuerwehren,[31] Bürgerinitiativen,[32] Kegelclubs, Skatclubs und ähnliche Zusammenschlüsse.[33]

c) Für die nach außen im Rechtsverkehr auftretende **Gesellschaft bürgerlichen**   16
Rechts. Sie ist durch die vom BGH vorgenommene Rechtsfortbildung[34] den Personengesellschaften des Handelsrechts, also oHG und KG, im Wesentlichen gleichgestellt worden.

d) Für die **Personengesellschaften des Handelsrechts** – oHG und KG (§§ 124, 161   17
Abs. 2 HGB).

2. Schutzwirkungen

Eine organisierte Personenmehrheit, die die Schutzvoraussetzungen erfüllt, nimmt an   18
den zivilrechtlichen Schutzwirkungen des allgemeinen Persönlichkeitsrechts teil.

a) Soweit nicht rechtsfähige Personenmehrheiten Schutzwirkungen des allgemeinen Persönlichkeitsrechts genießen, geschieht dies nur insoweit, als sie „aus ihrem Wesen als Zweckschöpfung des Rechts, ihren satzungsgemäßen Funktionen und ihrer sozialen Wertgeltung innerhalb ihres Aufgabenbereiches" dieses Rechtsschutzes bedürfen.[35] Diese von der Rechtsprechung wiederholt verwendete Formel ist einerseits flexibel genug, um das Rechtsgefühl befriedigende Ergebnisse zu erzielen, andererseits aber auch so dehnbar, dass die Ergebnisse kaum prognostizierbar sind. Tendenziell wird sie im Sinne eines **extensiven Schutzes** ausgelegt. Es besteht ein offenkundiges und auch legitimes Bedürfnis, organisierte Personenmehrheiten vor Beeinträchtigungen zu schützen, die auch natürlichen Personen drohen und gegen die sich natürliche Personen aufgrund ihres Persönlichkeitsrechts verteidigen können. So können der **Name** oder die Embleme von Parteien, Gewerkschaften und anderen nicht rechtsfähigen Personenverbänden verunglimpft, missbraucht oder gefälscht werden, die „Vereinsehre" kann verletzt, die Geheimnisse eines Arbeitgeberverbandes können ausspioniert und eine karitative Organisation wie die „Heilsarmee" kann der Lächerlichkeit preisgegeben werden. Die Schutzwirkungen müssen auch gewährleisten, dass die Koalitionsfreiheit (Art. 9 GG) nicht durch Angriffe, die den Bestand eines Verbandes gefährden, infrage gestellt werden kann.

b) Konkret umfasst der Schutzbereich organisierter Personenmehrheiten insbesondere   19
den **Ehrenschutz**, die **Wahrung legitimer Geheimhaltungsinteressen** sowie das Recht, sich gegen den **unbefugten Gebrauch von Identitätsmerkmalen** oder die **entstellte öffentliche Wiedergabe** von Äußerungen zu wehren.[36] Weitere Schutzbereiche können hinzutreten, wenn sie sich aus der besonderen Funktion des betroffenen Personenverbandes ergeben. Festzuhalten ist auch hier, dass für alle Schutzbereiche – von reiner Schmähkritik abgesehen – die Rechtswidrigkeit nicht durch die Verletzungshandlung indiziert wird, sondern jeweils durch eine umfassende Interessen- und Güterabwägung festgestellt werden muss. Die „höhere Toleranzgrenze", die der VI. Zivilsenat

---

[26] BGHZ 42, 210; BGHZ 50, 325.

[27] OLG Koblenz NJW – RR 1993, 697.

[28] RGZ 78, 134, 135 ff.

[29] RGZ 97, 123; RGZ 113, 127.

[30] RAG JW 1935, 2228.

[31] OLG Dresden, SächsArch 1913, 526.

[32] LG Aachen NJW 1977, 255 für den Geltungsbereich von § 11 NRWPresseG.

[33] AG Grevenbroich NJW-RR 2001, 967.

[34] BGHZ 146, 341 = NJW 2001, 1056.

[35] Ständige Rechtsprechung vgl. BGH NJW 1971, 1655; BGH NJW 1974, 1762; BGH NJW 1975, 1882, 1884; BGH NJW 1980, 2807; BGH NJW 1981, 675; BGHZ 98, 94, 97; BGH NJW 1994, 1281, bestätigt durch BVerfG NJW 1994, 1784.

[36] *Klippel* JZ 1988, 625, 633.

des BGH von Wirtschaftsunternehmen gegenüber groben „Scherzen" mit ihren Namen oder Emblemen einfordert,[37] kann nach der Rechtsprechung des I. Zivilsenats des BGH allerdings nicht gelten, wenn der Verletzer mit der geschmacklosen Verballhornung eines fremden Emblems eigene kommerzielle Interessen befriedigen will.[38] Dem berechtigten Schutzbedürfnis von Wirtschaftsunternehmen wird es auch nicht gerecht, wenn der VI. Zivilsenat des BGH einer Personengesellschaft eine Geldentschädigung zum Ausgleich immaterieller Nachteile aus einer Rufschädigung schon deshalb versagt, weil dem Persönlichkeitsschutz bereits durch Gewährung einer Geldentschädigung an die persönlich betroffenen Gesellschafter genügt werden könne.[39] Diese Lösung versagt z. B. bei einer GmbH & Co. KG, da deren (oft anonyme) Kommanditisten kaum jemals persönlich von einer Rufschädigung betroffen werden und die GmbH als juristische Person ohnehin keinen Ausgleich immaterieller Nachteile fordern kann (siehe § 39 Rn. 10). In solchen Fällen können die Folgen einer Rufschädigung zwar auch nach Meinung des BGH durch Ersatz der dem Wirtschaftsunternehmen entstandenen materiellen Schäden ausgeglichen werden; dann dürfen aber die Anforderungen an die Wahrscheinlichkeit eines Schadenseintritts und an den vom Verletzten zu führenden Kausalitätsnachweis nicht so hoch geschraubt werden, wie der BGH es getan hat.

20   c) Vereinzelt wird bezweifelt, dass es eines Rückgriffs auf das allgemeine Persönlichkeitsrecht bedarf, um organisierte Personenmehrheiten vor ihnen drohenden Beeinträchtigungen zu schützen, oder ob dafür nicht die im positiven Recht normierten Bestimmungen (insbesondere §§ 823, 824 BGB, 185 ff. StGB) ausreichen.[40] Dass hierbei Lücken im Rechtsschutzsystem verbleiben, räumen aber die Vertreter dieser Auffassung selbst ein; ein Verband, der keinen Gewerbebetrieb unterhält, kann sich nicht auf eine Verletzung seines Rechts am „eingerichteten und ausgeübten Gewerbebetrieb" berufen; es gibt Verletzungshandlungen, die weder wettbewerbs- noch markenrechtlich erfasst werden[41] und die auch nicht unter den Tatbestand einer Formalbeleidigung subsumiert werden können. Verletzungshandlungen dieser Art unter Hinweis auf angeblich fehlende Rechtsgrundlagen sanktionslos zu lassen,[42] führt zu einem schwer begründbaren und nicht gerechtfertigten Täterschutz. Insbesondere lässt sich angesichts der eingeräumten Schutzlücke nicht argumentieren, dass es an einem Bedürfnis für die Anwendung der Grundsätze des allgemeinen Persönlichkeitsrechts auf organisierte Personenmehrheiten fehle. Die Schutzwirkungen des allgemeinen Persönlichkeitsrechts haben zumindest eine **lückenschließende Auffangfunktion**,[43] soweit organisierte Personenmehrheiten den erforderlichen Rechtsschutz nicht aus spezielleren Normen herleiten können.

21   d) Die Schutzwirkungen, die nicht rechtsfähige, aber organisierte Personenmehrheiten aus dem allgemeinen Persönlichkeitsrecht für sich ableiten können, entsprechen grundsätzlich denen, die auch den juristischen Personen des Privatrechts zustehen. Unterschiede im Schutzbedürfnis rechtsfähiger und nur teilrechtsfähiger Personenmehrheiten sind nicht erkennbar. Einem Verband können keine stärkeren persönlichkeitsrechtlichen Schutzwirkungen zuerkannt werden als seinen Mitgliedern. Aber auch schwächere Schutzwirkungen, als sie die Rechtsprechung den juristischen Personen des Privatrechts zubilligt, wären unangemessen, zumal organisierten Personenmehrheiten auch juristische Personen als Mitglieder angehören können. Der BGH differenziert ebenfalls nicht, denn er zählt in ständiger Rechtsprechung zu den „Unternehmen", die er als Träger des allge-

---

[37] BGHZ 98, 94, 99 – *Bums Mal Wieder.*
[38] BGH GRUR 1994, 808, 811 – *Markenverunglimpfung I* – bestätigt durch BVerfG NJW 1994, 3342; BGH GRUR 1995, 57, 59 – *Markenverunglimpfung II.*
[39] BGH NJW 1980, 2807, 2810 – *Medizinsyndikat.*
[40] In diesem Sinne Müko/*Rixecker*, BGB 5. Aufl., Anhang zu § 12, AllgPersönlR, Rn. 21, 22; ähnlich Staudinger/*Hager* BGB 13. Aufl., § 823, Rn. C 29 mit weiteren Nachweisen.
[41] Beispiel: BGHZ 98, 94 ff. – *Bums Mal Wieder.*
[42] Müko/*Rixecker* a.a.O.
[43] Vgl. BVerfG NJW 2002, 3619, 3621.

meinen Persönlichkeitsrechts anerkennt, nicht nur Kapitalgesellschaften, sondern auch die Personengesellschaften des Handelsrechts.[44] Deshalb kann bezüglich der Schutzwirkungen, die teilrechtsfähige Personenmehrheiten aus dem allgemeinen Persönlichkeitsrecht ableiten können, ergänzend auf die Ausführungen in § 39 verwiesen werden.

3. Ausländische Personenmehrheiten

Zu nicht rechtsfähigen Personenmehrheiten mit **Sitz im Ausland** siehe § 39 Rn. 11–12. 22

---

[44] BGH NJW 1974, 1962 − *Deutschland-Stiftung*; BGH NJW 1975, 1882 − *Der Geist von Oberzell*; BGH GRUR 1981, 80, 83 − *Das Medizin-Syndikat IV*; BGHZ 81, 75, 78 − *Carrera*.

15. Kapitel. Juristische Personen

§ 39. Das Persönlichkeitsrecht juristischer Personen des Privatrechts

Inhaltsübersicht

Schrifttum: *Hillgruber, Ch.*, Das Vor- und Nachleben von Rechtssubjeken, JZ 1997, 975; *Klippel,* Der zivilrechtliche Persönlichkeitsschutz von Verbänden, JZ 1998, 625 ff.; *Kübler,* Öffentliche Kritik an gewerblichen Erzeugnissen und beruflichen Leistungen, AcP 172, S. 177 ff.; *Meissner,* Persönlichkeitsschutz juristischer Personen im deutschen und US-amerikanischen Recht 1998, 43 ff.; *Sachs,* Kommentar zum Grundgesetz, 4. Aufl. 2007; *Wilms/Roth,* die Anwendbarkeit des Rechts auf informationelle Selbstbestimmung auf juristische Personen im Sinne von Art. 19 Abs. 3 GG, JuS 2004, 577 ff.

A. Grundsatz

1   Grundsätzlich kann Träger des allgemeinen Persönlichkeitsrechts nur sein, wer **rechtsfähig** ist. Juristische Personen sind eine Zweckschöpfung der Rechtsordnung.[1] Im Rahmen und zur Erfüllung ihres Zweckes wird ihnen Rechtsfähigkeit zuerkannt (§§ 21, 80, 89 BGB). In diesen Grenzen können sie auch **Träger des allgemeinen Persönlichkeitsrechts** sein. Die Ausdehnung der Schutzwirkungen dieses Rechts auf juristische Personen des Privatrechts ist gerechtfertigt und geboten, soweit diese nach ihrem Wesen und ihren Funktionen des Rechtsschutzes bedürfen.[2]

B. Verfassungsrechtliche Absicherung?

I. Verfassungsgerichtlicher Klärungsbedarf

2   Verfassungsgerichtlich ist die Anwendbarkeit des allgemeinen Persönlichkeitsrechts auf inländische juristische Personen des Privatrechts bislang nicht abschließend geklärt.[3]

---

[1] BVerfG NJW 2002, 3619, 3622.
[2] BGHZ 78, 24; BGHZ 98, 94, 97; BGH NJW 1994, 1281.
[3] BVerfG NJW 2002, 3619, 3622.

Nach Art. 19 Abs. 3 GG gelten die Grundrechte auch für inländische juristische Personen, soweit sie ihrem Wesen nach auf diese anwendbar sind. Die Erstreckung eines Grundrechts auf juristische Personen scheidet dort aus, wo der Grundrechtsschutz an Eigenschaften, Äußerungsformen oder Beziehungen anknüpft, die nur natürlichen Personen wesenseigen sind.[4] Demgegenüber kommt ein Schutz für juristische Personen in Betracht, wenn das Grundrecht auch korporativ ausgeübt werden kann. Für eine Erstreckung des verfassungsrechtlich verankerten allgemeinen Persönlichkeitsrechts auf juristische Personen ist entscheidend, ob es seinem Wesen nach auch auf von der Rechtsordnung nur fingierte Rechtssubjekte anwendbar ist oder ob sein enger Bezug zur Menschenwürde dem entgegensteht. Eine abschließende Klärung dieser Frage steht noch aus. Es bietet sich aber eine Differenzierung nach den beiden verfassungsrechtlichen Grundlagen des Persönlichkeitsrechts an. Soweit es aus Art. 2 Abs. 1 GG hergeleitet wird, steht es auch den juristischen Personen des Privatrechts zu; sie können es hingegen nicht in Anspruch nehmen, soweit es sich unmittelbar auf die Menschenwürde (Art. 1 Abs. 1 GG) gründet.[5]

II. Recht auf freie Entfaltung

Anerkannt ist, dass auch juristische Personen insoweit eine Verletzung von Art. 2 Abs. 1 **3**
GG geltend machen können, **als ihr Recht auf freie Entfaltung** im Sinne der wirtschaftlichen Betätigung betroffen ist.[6] Damit wird auch das Grundrecht auf **freie gewerbliche Betätigung** im Sinne der Art. 12, 14 GG berührt.[7] Folgerichtig hat das BVerfG entschieden, dass sich eine juristische Person des Privatrechts auch auf das durch Art. 2 Abs. 1 GG als Teil des allgemeinen Persönlichkeitsrechts gewährleistete **Recht am gesprochenen Wort** berufen könne.[8] Offengeblieben ist bislang, ob darüber hinaus einer juristischen Person des Privatrechts auch das aus dem allgemeinen Persönlichkeitsrecht abzuleitende Recht am Bild zuzubilligen ist; die bildliche Aufnahme einer Betriebsstätte genießt jedenfalls keinen verfassungsrechtlich gewährleisteten Persönlichkeitsschutz.[9] Schutzwirkungen des allgemeinen Persönlichkeitsrechts sind zugunsten juristischer Personen des Privatrechts ferner insoweit verfassungsrechtlich abgesichert, als sie erforderlich sind, um das **Grundrecht der Vereinigungsfreiheit** (Art. 9 Abs. 3 GG) zu gewährleisten. Auch was den Schutz der **Unverletzlichkeit der Wohnung** (Art. 13 Abs. 1 GG) und des **Fernmeldegeheimnisses** (Art. 10 Abs. 1 GG) anbelangt, befinden sich juristische Personen in der gleichen grundrechtstypischen Gefährdungslage wie natürliche Personen.[10] Soweit durch Verletzungen dieser Grundrechte interna einer juristischen Person unbefugt preisgegeben werden, kann sie solchen Verletzungen aufgrund ihres allgemeinen Persönlichkeitsrechts entgegentreten, sofern dies nicht bereits aufgrund anderer Spezialvorschriften möglich ist.

III. Lückenschließende Funktion

Die Bedeutung des allgemeinen Persönlichkeitsrechts liegt auch für juristische Personen **4**
des Privatrechts in seiner **lückenschließenden Gewährleistung**. Der durch Art. 2 Abs. 1 garantierte Schutz erfasst nämlich insbesondere auch solche Elemente der Persönlichkeit, die nicht schon Gegenstand besonderer Freiheitsgarantien des Grundgesetzes sind, diesen

---

⁴ BVerfG NJW 1997, 1841; BVerfG NJW 2002, 3619, 3622.
⁵ Vgl. *Sachs*, GG, 4. Aufl. 2007, Art. 19, Rn. 70.
⁶ BVerfG NJW 1984, 1741; BVerfG NJW 1994, 1784.
⁷ Soergel/*Hadding*, BGB 13. Aufl., vor § 21, Rn. 31.
⁸ BVerfG NJW 2002, 3619.
⁹ BVerfG NJW 2005, 883, 884.
¹⁰ BVerfG NJW 1987, 2499; BVerfG NJW 2000, 55.

aber in ihrer konstituierenden Bedeutung für die Persönlichkeit nicht nachstehen. Vor dem Hintergrund drohender neuartiger Gefährdungen der Persönlichkeitsentfaltung, wie sie in Begleitung des wissenschaftlich-technischen Fortschritts unvermeidbar sind, hat das BVerfG die lückenschließende Funktion des allgemeinen Persönlichkeitsrechts betont.[11] Soweit diese Gefahren auch der Persönlichkeitsentfaltung juristischer Personen des Privatrechts drohen, nehmen sie an dem lückenschließenden Persönlichkeitsschutz teil.

IV. Juristische Person und Menschenwürde

5   **Schutz der Menschenwürde** (Art. 1 Abs. 1 GG) kann ein von der Rechtsordnung nur fingiertes Rechtssubjekt **nicht** beanspruchen.[12] Schon aus diesem Grund kommt ein verfassungsrechtlich abgesicherter postmortaler Persönlichkeitsschutz, der sich nur auf Art. 1 Abs. 1 GG gründet,[13] für juristische Personen nicht in Betracht.

C. Zivilrechtlicher Persönlichkeitsschutz

I. Individualitätsprinzip

6   In der Rechtsprechung der Zivilgerichte wird eine weitgehende Gleichstellung des Persönlichkeitsschutzes von natürlichen und juristischen Personen befürwortet und praktiziert; dabei wird dem Grundgedanken Rechnung getragen, dass der Persönlichkeitsschutz auf die Individualität seines Trägers zugeschnitten sein muss.[14] Bezogen auf juristische Personen hat die Rechtsprechung dieses Grundprinzip in der flexiblen Formel zusammengefasst, rechtsfähige Verbände nähmen an den Schutzwirkungen des allgemeinen Persönlichkeitsrechts insoweit teil, als sie aufgrund ihres Wesens und ihrer individuellen Funktionen dieses Rechtsschutzes bedürften; insbesondere sei dies der Fall, wenn sie in ihrem sozialen Geltungsanspruch oder in ihrer Entfaltungsfreiheit als Wirtschaftsunternehmen betroffen würden.[15] Als Verletzung des allgemeinen Persönlichkeitsrechts eines in der Rechtsform eines eingetragenen Vereins tätigen privaten Schulträgers ist z. B. der Versuch eines Unbefugten gewertet worden, sich als gesetzlicher Vertreter des Vereins zu gerieren.[16] Individuelle Besonderheiten wirken sich vornehmlich im Ehrenschutz aus: Durch eine ätzende Verspottung ihrer Repräsentanten wird sich eine rechtsfähige Religionsgesellschaft eher verletzt fühlen als ein Verkehrsunternehmen; Zweifel an der Professionalität seines Finanzgebarens sind für einen Sportverein eher tolerabel als für eine Großbank.

II. Gewichtung bei der Güter- und Interessenabwägung

7   Der Persönlichkeitsschutz einer juristischen Person des Privatrechts reicht nur so weit, wie der schutzwürdige Vereins- oder Gesellschaftszweck geht.[17] Bei der Güter- und Interessenabwägung sind deshalb andere Maßstäbe anzulegen als bei natürlichen Personen. Denn die juristischen Personen des Privatrechts wirken in der Öffentlichkeit, die ein berechtigtes Interesse daran hat, dass Verbandstätigkeit transparent bleibt. Juristische Perso-

---

[11] BVerfG NJW 2002, 3619, 3621.
[12] Vgl. *Sachs*, GG, 4. Aufl. 2007, Art. 19, Rn. 68.
[13] Siehe § 37 Rn. 3.
[14] Siehe oben § 36 Rn. 2.
[15] Ständige Rechtsprechung des BGH vgl. z. B. BGH NJW 1975, 1882, 1884; BGHZ 98, 94, 97.
[16] Vgl. OLG Brandenburg vom 27. 3. 2007 – 6 W 35/07.
[17] OLG Stuttgart NJW-RR 1993, 733.

nen können daher keinen Schutz einer schlechthin unantastbaren „Intimsphäre"[18] beanspruchen.[19] Die für das Recht der Persönlichkeit eines Menschen geltenden Maßstäbe können für den Schutz unternehmerischer Betätigungen, bei denen es nicht um personale Inhalte, sondern um Sicherung wirtschaftlicher Funktionszusammenhänge geht, nicht herangezogen werden. In diesem Sinne ist die Tätigkeit juristischer Personen des Privatrechts immer „öffentliche Angelegenheit".[20] Eine „Privat"- oder „Geheimsphäre" von Verbänden kann nur im Rahmen der speziellen Schutznormen für Betriebs- und Geschäftsgeheimnisse anerkannt werden.[21] Von besonderer Bedeutung ist das Transparenzgebot für Religions- oder Weltanschauungsgemeinschaften, die in der Rechtsform einer juristischen Person organisiert sind. Bei ihnen ist das Interesse der Öffentlichkeit an einer Aufhellung und kritischen Beleuchtung innerer Strukturen und geschäftlicher Praktiken (z. B. bei der Mitglieder- oder Spendenwerbung) sehr hoch einzuschätzen und gegen das oft nur geringer zu bewertende Interesse der Organisation an einer Geheimhaltung ihrer inneren Strukturen abzuwägen.[22]

III. Gründungsstadium

Bereits in ihrem Gründungsstadium sind die künftigen juristischen Personen des Privatrechts körperschaftlich organisierte Personenverbände. Einem „nasciturus" vergleichbar genießen sie daher bereits vor ihrer Entstehung persönlichkeitsrechtlichen Schutz. Vor seiner die Rechtsfähigkeit begründenden Eintragung ist der „Vorverein" ein nicht rechtsfähiger Verein[23] und als solcher bereits in erheblichem Umfang teilrechtsfähig.[24] Für die Kapitalgesellschaften ist anerkannt, dass mit Abschluss des notariellen Gesellschaftsvertrages eine Vorgesellschaft entsteht, die bereits weitgehend dem Recht unterliegt, das nach Abschluss der Gründung gilt. Sie kann somit als Trägerin von Rechten und Pflichten im Verkehr auftreten und geht mit der Eintragung in der dadurch entstehenden juristischen Person auf.[25] Sogar im „Vorgründungsstadium", also vor Abschluss des Gründungsvertrages, sind sie als BGB-Gesellschaften – auch im Bereich des Persönlichkeitsrechtsschutzes – teilrechtsfähig, sobald sie im Rechtsverkehr nach außen in Erscheinung treten.[26]

8

IV. Kein „postmortaler" Persönlichkeitsschutz

Da juristische Personen nicht sterben können, stellt sich bei ihnen die Frage nach einem postmortalen Persönlichkeitsrecht nicht. Geht die juristische Person in einem anderen Rechtsträger auf, findet ihre Existenz in diesem ihre Fortsetzung. Wird sie abgewickelt, werden ihre Vermögenswerte einschließlich vorhandener Namens-, Kennzeichnungs-, und sonstiger Schutzrechte von Dritten übernommen und von diesen künftig genutzt und verteidigt oder sie werden gelöscht. Ideelle Werte, die nach einer Vollbeendigung der juristischen Person noch eines Schutzes bedürften (Ruf, Ansehen), gibt es nicht, zumindest ist kein Rechtsschutzinteresse an ihrer Wahrnehmung erkennbar.

9

---

[18] Siehe § 36 Rn. 4.
[19] BGHZ 80, 25, 32; Soergel/*Beater* BGB 13. Aufl., § 823 Anhang IV Rn. 23.
[20] *Kübler* AcP 172, 177, 196 mit weiteren Nachweisen.
[21] So mit Recht auch *Klippel*, JZ 1988, 625, 633; Soergel/*Beater*, BGB 13. Aufl., § 823 Anhang V, Rn. 7.
[22] Bedenklich daher BGHZ 78, 274, 280 = VersR 1981, 231 und OLG Stuttgart NJW-RR 1993, 733 betr. die sogenannte „*Scientology-Church*".
[23] BayObLG 1972, 29.
[24] Siehe § 38, Rn. 13.
[25] BGHZ 80, 129; 91, 148, 151.
[26] Siehe § 38, Rn. 15.

V. Schutzwirkungen

10   1. Der Persönlichkeitsschutz juristischer Personen des Privatrechts ist in erster Linie auf die Abwehr und den Ausgleich **materieller** Beeinträchtigungen ausgerichtet. Eine Minderung ihres Ansehens, ihrer Kreditwürdigkeit oder ihrer Wertschätzung findet vorwiegend in materiellen Dimensionen Ausdruck. Der Persönlichkeitsschutz juristischer Personen umfasst deshalb grundsätzlich **keinen Anspruch auf Geldentschädigung für immaterielle Beeinträchtigungen.**[27] Das gilt auch für rechtsfähige Idealvereine einschließlich der Religions- und Weltanschauungsgemeinschaften, weil nur die Mitglieder der Gemeinschaft, nicht aber die juristische Person selbst „Genugtuung" wegen einer erlittenen Verletzung empfinden können;[28] Anspruch auf eine Geldentschädigung haben die Mitglieder der Gemeinschaft jedoch nur, wenn sie selbst unmittelbar betroffen sind. Den Erwägungen, mit denen die h.L. und Rechtsprechung einen Ausgleich immaterieller Benachteiligungen durch Zahlung einer Geldentschädigung beim postmortalen Persönlichkeitsschutz ablehnt, weil dem Verstorbenen keine Genugtuung mehr widerfahren könne,[29] ist hier jedenfalls zuzustimmen, soweit es um Verletzungen geht, die einem nur fiktiven Rechtsträger zugefügt werden.

11   2. In einem gewissen Umfang kann allerdings auch juristischen Personen ein Schutz gegen ideelle Beeinträchtigungen nicht versagt werden. Zwar haben sie nicht die „persönliche" Ehre einer natürlichen Person. Gleichwohl müssen auch juristische Personen vor Angriffen geschützt werden, durch die ihr Ruf in der Öffentlichkeit in unzulässiger Weise herabgesetzt wird. Zivilrechtlichen Ehrenschutz der §§ 185 ff. StGB i.V.m. den §§ 1004, 823 Abs. 2 BGB genießen daher auch juristische Personen des Privatrechts[30] mit den daraus folgenden Abwehransprüchen (Unterlassung, ggf. Widerruf, Gegendarstellung).

12   3. Den juristischen Personen des Privatrechts wird auch **Namensschutz** zuteil, wie er natürlichen Personen gewährt wird.[31] Kapitalgesellschaften genießen ihn in Form des **Firmenschutzes.** Hingegen dürfte ein **Bildnisschutz** wegen der fehlenden Körperlichkeit eines nur fiktiven Rechtssubjektes nicht in Betracht kommen.

13   4. Zur Erfüllung ihrer Funktionen haben juristische Personen des Privatrechts Anspruch auf Schutz ihrer **Betriebs- und Geschäftsgeheimnisse.** Allerdings wird dieser Schutz in der Regel durch spezielle Vorschriften wie z. B. § 17 UWG i.V.m. § 823 Abs. 2 BGB gewährleistet, so dass es eines Rückgriffs auf persönlichkeitsrechtliche Schutzwirkungen nicht bedarf.

D. Ausländische juristische Personen des Privatrechts

14   1. Ausländische juristische Personen des Privatrechts mit Sitz in einem Mitgliedsland der EU dürfen aufgrund des **gemeinschaftsrechtlichen Diskriminierungsverbots** (Art. 12 EGV) nicht schlechter behandelt werden als die inländischen juristischen Personen.[32] Dies gilt auch hinsichtlich der aus dem allgemeinen Persönlichkeitsrecht abzuleitenden Schutzwirkungen.

---

[27] BGHZ 78, 24, 27 f.; zustimmend *Wild* GRUR 1980, 1111 f.; *Klippel* JZ 1988, 625, 635; Soergel/ *Beater* BGB 13. Aufl., § 823 Anhang IV, Rn. 23.

[28] Anderer Ansicht – aber abzulehnen – BGHZ 78, 274, 280 = VersR 1981, 231, 233.

[29] Siehe § 37, Rn. 14, kritisch dazu Rn. 36–43.

[30] BGH NJW 1975, 1882, 1883; BGHZ 78, 274, 278 f.; BGH NJW 1981, 2117, 2119.

[31] Ganz herrschende Meinung, vgl. BGH GRUR 1991, 157; Soergel/ *Heinrich*, BGB 13. Aufl., § 12, Rn. 29 mit weiteren Nachweisen; siehe dazu auch die in § 38, Rn. 18 und 19 zitierte Rechtsprechung.

[32] Vgl. *Sachs* GG, 4. Aufl. 2007, Art. 19, Rn. 55.

2. Ausländischen Vereinen und Stiftungen mit Sitz außerhalb der EU kann Rechts- 15 fähigkeit im Inland verliehen werden (§§ 23, 80 Satz 2 BGB). Sie sind dann juristischen inländischen Personen gleichgestellt. Im übrigen gilt, dass eine ausländische juristische Person im Inland als rechtsfähig „anerkannt" wird, wenn sie nach ihrem Personalstatut wirksam entstanden ist.[33] Dies gilt dann auch für die persönlichkeitsrechtlichen Schutzwirkungen. Sie werden unter den in § 38 genannten Voraussetzungen nicht rechtsfähigen ausländischen Personenmehrheiten ebenfalls zuteil.[34]

§ 40. Das Persönlichkeitsrecht juristischer Personen des Öffentlichen Rechts

Inhaltsübersicht

Schrifttum: *Hillgruber, Ch.*, Das Vor- und Nachleben von Rechtssubjekten, JZ 1997, 975 ff.; *Kleinevoss, T.*, Zum Umfang des Namensschutzes für städtische Namen bei der Nutzung als Domain, MMR 2001, 628 f.

A. Grundsatz

Ein auf die **Verfassung** gegründetes Persönlichkeitsrecht steht **juristischen Personen** 1 **des öffentlichen Rechts nicht** zu, da sie grundsätzlich keine Grundrechtsträger sind.[1] Sie befinden sich im Allgemeinen nicht in einer „grundrechtstypischen Gefährdungslage".[2] Juristische Personen des öffentlichen Rechts sind in erster Linie Adressaten, nicht aber Inhaber der in den Artikeln 1 Abs. 1, 2 Abs. 1 GG normierten Grundrechte, aus denen sich das verfassungsrechtliche allgemeine Persönlichkeitsrecht ableitet. Da ein Schutz der Menschenwürde für fiktive Rechtsträger ohnehin nicht in Betracht kommt,[3] scheidet Art. 1 Abs. 1 GG als Grundlage eines persönlichkeitsrechtlichen Schutzes öffentlich-rechtlicher Körperschaften oder Anstalten von vornherein aus. Allenfalls aus Art. 2 Abs. 1 GG lassen sich persönlichkeitsrechtliche Schutzwirkungen zugunsten juristischer Personen des öffentlichen Rechts ableiten, um deren zweckbedingte Funktion und Entfaltung zu gewährleisten. Das BVerfG hat dazu eng umrissene Ausnahmetatbestände entwickelt.

B. Ausnahmen

Die vom BVerfG zugelassenen Ausnahmen betreffen öffentlich-rechtlich organisierte 2 Rechtsträger, die in spezifischer Weise die Aufgabe haben, in einem Lebensbereich, dem

---

[33] Soergel/*Lüderitz* BGB 12. Aufl., Anhang zu Art. 10 EGBGB, Rn. 16.
[34] So auch Soergel/*Lüderitz* a.a.O., Rn. 64.
[1] BVerfG NJW 1982, 2173.
[2] *Sachs* GG, 4. Aufl. 2007, Art. 19, Rn. 91.
[3] Vgl. § 39, Rn. 5.

sie unmittelbar zugeordnet sind, bestimmte Grundrechtsinteressen der Bürger durch ihre Tätigkeit sicherzustellen.[4] Dazu gehören insbesondere die **öffentlich-rechtlichen Religionsgesellschaften**, **Universitäten** und **Hochschulen** und die **öffentlich-rechtlichen Rundfunkanstalten**.[5] Ungeachtet ihrer Rechtsform stehen diese juristischen Personen des öffentlichen Rechts außerhalb der staatlichen Sphäre. Sie nehmen deshalb am Grundrechtsschutz teil, und zwar nicht nur im Bereich ihrer durch die Art. 4 und 5 GG grundrechtlich besonders geschützten Interessen.[6] Soweit zu deren Wahrung ein Rückgriff auf das allgemeine Persönlichkeitsrecht – insbesondere in seiner „lückenschließenden" Funktion (§ 39 Rn. 4) – geboten ist, können diese besonderen Hoheitsträger auch daraus Rechte herleiten. Außerdem können alle inländischen juristischen Personen des öffentlichen Rechts einzelne Schutzwirkungen des allgemeinen **zivilrechtlichen** Persönlichkeitsrechts in Anspruch nehmen. Die gleichen Grundsätze gelten auch für juristische Personen des Privatrechts, wenn der Gegenstand ihres Unternehmens ausschließlich Aufgaben öffentlicher Daseinsvorsorge umfasst und ihre Anteile ausnahmslos in der Hand eines Hoheitsträgers liegen.[7]

I. Ehrenschutz

3   Juristische Personen des öffentlichen Rechts haben zwar weder eine „persönliche" Ehre noch kann die Anwendung der §§ 185 ff. StGB ihnen gegenüber auf das natürlichen Personen zustehende verfassungsrechtliche Persönlichkeitsrecht gegründet werden.[8] Gleichwohl wird ihnen sowohl strafrechtlicher als auch zivilrechtlicher Ehrenschutz zuteil. **Strafrechtlichen Ehrenschutz** können juristische Personen des öffentlichen Rechts beanspruchen, soweit dies erforderlich ist, um ihnen dasjenige Mindestmaß an öffentlicher Anerkennung zuteil werden zu lassen, das erforderlich ist, damit sie ihre Funktion erfüllen können.[9] **Zivilrechtlichen Ehrenschutz** können öffentlich-rechtliche Körperschaften und Anstalten gegenüber Angriffen in Anspruch nehmen, durch die ihr Ruf in der Öffentlichkeit in unzulässiger Weise herabgesetzt wird.[10] Der durch § 194 Abs. 3 StGB gewährleistete strafrechtliche Ehrenschutz von Hoheitsträgern kann über die §§ 1004, 823 Abs. 2 BGB auch zivilrechtliche Unterlassungsansprüche begründen.[11] Allerdings ist bei Bemessung des Umfanges des Ehrenschutzes, der Personen des öffentlichen Rechts zugebilligt wird, Zurückhaltung geboten. Kollidiert der Schutzzweck mit der Meinungsfreiheit, so ist deren Gewicht besonders hoch zu veranschlagen; denn das Grundrecht der Meinungsfreiheit leitet sich aus dem Bedürfnis ab, gerade Machtstrukturen des Staates und seiner Organisationen kritisch zu hinterfragen.[12] Auch im Bereich der Seelsorge und der Verbreitung und Vertretung von Glaubensinhalten tätige juristische Personen des öffentlichen Rechts müssen sich im Rahmen des ihnen zuzubilligenden Ehrenschutzes einer kritischen öffentlichen Auseinandersetzung stellen; gegenüber ehr-

---

[4] Vgl. *Sachs* GG, 4. Aufl. 2007, Art. 19, Rn. 95.

[5] BVerfG NJW 1977, 1960; BVerfG NJW 1982, 2173, 2174.

[6] Vgl. *Sachs* a.a.O., Rn. 95–97.

[7] Vgl. BVerfGE 45, 63, 80 – *Stadtwerke Hameln AG*; BVerfG NJW 1980, 1093; Soergel/*Hadding*, BGB 13. Aufl. vor § 21, Rn. 31.

[8] BVerfG NJW 1995, 3303, 3304 – *Soldaten sind Mörder*; BVerfG NJW 2006, 3769, 3771 – *Babycaust*; BGH NJW 2006, 601, 602.

[9] BVerfG NJW 2006, 3769, 3771 – *Babycaust*.

[10] BVerfG NJW 1995, 3303, 3304 – *Soldaten sind Mörder*; BVerfG NJW 2006, 3769, 3771 – *Babycaust*; BGH NJW 2006, 601, 602.

[11] BGH NJW 1982, 2246 – *Kassenärztliche Vereinigung*; BGH NJW 1983, 1183 – *Bundesanstalt für Arbeit*; BGH NJW 2000, 3421 – *Holocaust/Babycaust* (insoweit vom BVerfG NJW 2006, 3769 nicht korrigiert); BGH NJW 2006, 601, 602 – *Katholisches Erzbistum*.

[12] BVerfG NJW 1995, 3303, 3306 – *Soldaten sind Mörder*; BVerfG NJW 2006, 3769, 3771 – *Babycaust*.

verletzenden unwahren oder infolge ihrer Unvollständigkeit unzutreffenden Tatsachenbehauptungen sind allerdings auch sie geschützt.[13] Sie können mit einer Unterlassungsklage z. B. verlangen, dass mehrdeutige Äußerungen, die zumindest in einer nicht fernliegenden Deutungsvariante unwahr und ehrverletzend sind, für die Zukunft klargestellt werden.[14]

II. Geheimnisschutz

Um ihre Funktion erfüllen und insbesondere anstehende Entscheidungen unbeein- **4** flusst vorbereiten zu können, haben auch juristische Personen des öffentlichen Rechts Anspruch auf angemessenen Geheimnisschutz, der allerdings in erster Linie durch Spezialvorschriften des Strafrechts und des öffentlichen Rechts (insbesondere auch des Beamtenrechts) gewährleistet wird (vgl. z. B. §§ 93 ff. StGB, § 39 BRRG). Der Gewährung zivilrechtlicher Abwehransprüche bedarf es aber dann, wenn außenstehende Dritte rechtswidrig das Brief- oder Fernmeldegeheimnis einer juristischen Person des öffentlichen Rechts brechen oder in ihren anderweitigen geschützten Geheimbereich (z. B. Datenbestände) rechtswidrig eindringen, ohne dafür, insbesondere bei fehlender Strafmündigkeit, strafrechtlich zur Verantwortung gezogen werden zu können. In diesem Bereich können daher Schutzlücken auftreten, die einen Rückgriff auf persönlichkeitsrechtliche Positionen des Hoheitsträgers erfordern.

III. Schutz der Betätigungsfreiheit

Eines persönlichkeitsrechtlichen Schutzes ihrer wirtschaftlichen Betätigungsfreiheit **5** bedürfen Hoheitsträger grundsätzlich nicht. Der ihnen in entsprechender Anwendung der §§ 1004, 823 BGB, 185 ff. StGB zuteil werdende Ehrenschutz gegen Äußerungen, die in unzulässiger Weise ihr Ansehen in der Öffentlichkeit herabsetzen (siehe dazu Rn. 3), dient in erster Linie der Wahrung ihrer Autorität gegenüber den Bürgern. Einer Ausdehnung dieses Schutzes auf § 824 BGB bedarf es nur in Ausnahmefällen. Der Tatbestand der „Kreditgefährdung" ist grundsätzlich auf die Verhältnisse der Privatwirtschaft zugeschnitten. Die Vorschrift schützt die wirtschaftlichen Grundlagen für die berufliche und unternehmerische Betätigung und Entfaltung im Wirtschaftsleben. Deshalb lässt sich dieser Schutz grundsätzlich nicht auf die hoheitliche Betätigung des Staates übertragen. Denn der Interessenkonflikt, den § 824 BGB zum Gegenstand hat, ist mit der Lage, in der sich der Staat gegenüber ihn kritisierenden Behauptungen befindet, nicht vergleichbar.[15] Daraus folgt allerdings im Umkehrschluss, dass der Schutz des § 824 BGB der öffentlichen Hand nicht vorenthalten werden darf, wenn sie ausnahmsweise – gleichgültig in welcher Unternehmensform – am Wirtschaftsleben teilnimmt. Denn dann kann der Erfolg ihrer Unternehmungen durch rufschädigende Äußerungen, die öffentlich verbreitet werden, gefährdet werden. Dies kann sogar dort gelten, wo öffentliche Aufgaben mit den Mitteln wirtschaftlicher Unternehmungen zu erfüllen sind. Unwahren Behauptungen, die zu nachteiligen Auswirkungen auf das Unternehmen führen können, kann daher auch die öffentliche Hand mit Hilfe von § 824 Abs. 1 BGB begegnen.[16]

---

[13] BGH NJW 2006, 601, 602 – *Katholisches Erzbistum.*
[14] BVerfG NJW 2006, 207, 209; BVerfG NJW 2006, 3769, 3773.
[15] BGHZ 90, 113, 117 – *Verfolgung öffentlicher Aufgaben durch die Bundesbahn.*
[16] BGHZ 90, 113, 117 f.

IV. Namensschutz

6 Juristischen Personen des öffentlichen Rechts, insbesondere Gebietskörperschaften, steht an ihrer Bezeichnung auch ein eigenes Namensrecht zu (§ 12 BGB). Unter denselben Voraussetzungen wie jeder andere Namensträger können sie gegen einen nicht berechtigten Dritten vorgehen.[17] Bei der Bemessung des Schutzumfanges ist allerdings dem Umstand Rechnung zu tragen, dass der Name hier nicht der Identifikation seines Trägers dient und Ausdruck informationeller Selbstbestimmung ist, sondern dass im Vordergrund das Interesse der Öffentlichkeit an der Verhinderung von Namensmissbräuchen steht, insbesondere solchen, bei denen sich Unbefugte die Autorität des Hoheitsträgers rechtswidrig anmaßen.[18]

V. Bildnisschutz

7 Ein Bildnisschutz kommt für juristische Personen des öffentlichen Rechts ebenso wenig in Betracht wie für juristische Personen des Privatrechts (siehe § 39 Rn. 12); Hoheitszeichen, Wappen und sonstige Embleme von Hoheitsträgern werden durch Spezialvorschriften (z. B. die §§ 90 a, 132 a StGB) geschützt, so dass es eines Rückgriffs auf persönlichkeitsrechtliche Grundsätze nicht bedarf.

C. Ausländische juristische Personen des öffentlichen Rechts

8 **1.** Öffentlich-rechtliche juristische Personen der anderen EU-Mitgliedsländer genießen aufgrund des gemeinschaftsrechtlichen Diskriminierungsverbots (Art. 12 EGV) den gleichen persönlichkeitsrechtlichen Schutz wie die inländischen juristischen Personen des öffentlichen Rechts.

9 **2.** Den juristischen Personen des öffentlichen Rechts mit Sitz in Drittstaaten wird man im Inland die gleichen persönlichkeitsrechtlichen Schutzwirkungen zubilligen müssen, die im Inland anerkannte privat-rechtliche juristische Personen oder Personenmehrheiten dieser Staaten genießen (siehe § 39 Rn. 15). Weitergehende Rechte stehen ausländischen Hoheitsträgern aber nicht zu, soweit sich aus dem durch Staatsverträge konkretisierten Völkerrecht nicht etwas anderes ergibt.[19]

---

[17] Vg. BGH NJW 2006, 146 – *segnitz.de*; BGH NJW 2007, 682 ff. – *solingen.info*.

[18] LG Düsseldorf MMR 2001, 626 zur Verwendung der Domain „*duisburg-Info*.de" mit Anmerkung von *Kleinevoss*.

[19] Soergel/*Lüderitz* BGB 12. Aufl., Anhang zu Art. 10 EGBGB, Rn. 69.

7. Teil. Das Persönlichkeitsrecht im Rechtsverkehr

16. Kapitel. Persönlichkeitsrechtliche Verfügungen in Verträgen der Unterhaltungsindustrie

§ 41. Verträge mit Schauspielern, Moderatoren und Musikern

Inhaltsübersicht

Schrifttum: *Brehm*, Filmrecht, 2. Auflage, Konstanz 2008; *Bungert*, Dingliche Lizenzen an Persönlichkeitsrechten, Baden-Baden 2005; *Castendyk*, Lizenzvertrag und AGB-Recht, ZUM 2007, 169 ff.; *Diesbach*, Filmverträge, in: Berger/Wündisch, Handbuch des Urhebervertragsrechts, 2008, S. 579; *Freitag*, Die Kommerzialisierung von Darbietung und Persönlichkeit des ausübenden Künstlers, 1993; *Freudenberg*, Zwangsvollstreckung in Persönlichkeitsrechte, Baden-Baden 2006; *Gauß*, „Human Brands" – Markenschutz für Name, Bildnis, Signatur und Stimme einer Person, WRP 2005, 570 ff.; *ders.*, Oliver Kahn, Celebrity Deathmatch und das Right of Publicity – Die Verwertung Prominenter in Computer- und Videospielen in Deutschland, GRUR Int 2004, 558 ff.; *Götting*, Persönlichkeitsrechte als Vermögensrechte, 1995; *Henning-Bodewig*, Leitbildwerbung – haftet der „Star" für Wettbewerbsverstöße? GRUR 1982, 202 ff.; *Jacobshagen*, Filmrecht – Die Verträge, 2005, „Schauspielervertrag"; *Krüger*, Persönlichkeitsschutz und Werbung – zugleich eine Besprechung der BGH-Entscheidungen „White Christmas" und „Fußballtor", GRUR 1980, 628 ff.; *Lober/Weber*, Entgeltliche Nutzung der Persönlichkeit zu kommerziellen Zwecken im deutschen und englischen Recht ZU; 2003, 658 ff.; *Loewenheim*, Handbuch des Urheberrechts, München 2003; *Lou* in: Moser/Scheuermann*, Handbuch der Musikwirtschaft, 6. Auflage, München 2003, „Personality Licensing"; *Pfeifer*, Eigenheit oder Eigentum – wer schützt das Persönlichkeitsrecht? GRUR 2002, 495 ff.; *Rixecker*, Münchener Kommentar zum BGB, 5. Aufl. 2006, Anhang zu § 12, Das Allgemeine Persönlichkeitsrecht, Rn. 46 ff.; *Schack*, Urheberrecht, 3. Aufl., Tübingen 2005; *Schricker*, Urheberrecht, 2. Aufl., München 2007; *Zitelmann*, Ausschluss der Widerrechtlichkeit, AcP 99 (1906) 1 ff.

A. Einleitung

1   Im folgenden Abschnitt geht es um die **persönlichkeitsrechtlich relevanten** Vertragsbestandteile in Verträgen mit Moderatoren, Schauspielern, Musikern und Entertainern (im Folgenden auch gemeinsam „Kreative" genannt), die als Werbeträger einen ähnlichen Wert für die Vermarktung von Produkten und Dienstleistungen haben können wie Spitzensportler. Im Wesentlichen handelt es sich um vier Gruppen von Klauseln: (1) Klauseln, die die Herstellung und Auswertung der jeweiligen Produktion sicherstellen sollen und die in der Regel urheberpersönlichkeitsrechtliche Befugnisse, wie z. B. das Änderungsrecht, betreffen, (2) Klauseln, die den Kreativen aufgeben, sich an der Werbung für die jeweilige Produktion zu beteiligen, z. B. durch Promotionsveranstaltungen, und mit denen die Kreativen Nutzungsrechte an ihren Bildnissen, ihrer Stimme, ihrem Namen, etc. einräumen, um dem Auswerter ihrer Leistung zu ermöglichen, für die Produkte umfassend zu werben, (3) Klauseln, die den Vermarktungswert der Kreativen als Werbeträger abschöpfen, in dem umfassende Merchandisingrechte vergeben werden und (4) Klauseln, die die Verfügbarkeit und den Werbewert des Kreativen für die Produktion und die anschließende umfassende Vermarktung gegen die Gefahren eigenwilliger oder gefährlicher Lebensführung abzusichern versuchen, wie etwa durch das Verbot, Drogen zu nehmen oder gefährliche Sportarten auszuüben.

2   Diese **persönlichkeitsrechtlich relevanten Vertragsbestandteile** machen i.d.R. nur einen kleinen Teil der Verträge aus. Es handelt sich in der Regel um **Nebenleistungspflichten,** die nicht im Synallagma stehen.[1] Zentrale Vertragsbestandteile beziehen sich hingegen auf die vertragliche Gestaltung der Leistungs- und Gegenleistungspflichten, beim Moderator oder Schauspieler z. B. die Definition der Tätigkeit bzw. der Rolle[2], Zeit und Ort der Leistung (sog. Verfügbarkeitsdaten[3]), die Rechtseinräumung[4] und auf das Honorar.[5]

3   Insbesondere die **AGB** der Verträge mit Musikern und/oder Komponisten, die im Musikbereich **„Künstlerexklusivverträge"** genannt werden, enthalten bisweilen rechtlich problematische Klauseln.[6] In ihrer Gesamtheit können Vertragsklauseln derart einseitig die Verwerterinteressen begünstigen, dass sie nicht nur gem. § 307 Abs. 2 Nr. 1 BGB, sondern der gesamte Vertrag wegen Sittenwidrigkeit gem. § 138 Abs. 1 BGB nichtig ist, wie zuletzt das Beispiel des Künstlerexklusivvertrages von *Xavier Naidoo* gezeigt hat.[7]

---

[1] Zur Abgrenzung von Haupt- und Nebenleistungspflichten bei Lizenzverträgen vgl. Loewenheim/*Castendyk*, Handbuch des Urheberrechts, 2005, § 75 Sendeverträge, Rn. 21 f.

[2] Die auch aus persönlichkeitsrechtlicher Sicht bedeutsame Frage, ob und in welchem Ausmaß Rollenbeschreibungen in Drehbüchern Vertragsbestandteil werden und ob Schauspieler auch bei drastischen Veränderungen ihrer Rolle noch an ihre Leistungspflicht gebunden sind, vgl. neuerdings BAG ZUM 2008, 84; zum Umfang des Direktionsrechts des Arbeitgebers bei Rollenänderungen auch LAG Berlin vom 19.5.2006, Az: 6 Sa 118/06, iuris; zur auflösenden Bedingung, bei deren Eintritt das Arbeitsverhältnis einer Schauspielerin in einer Fernsehserie enden soll, weil ihre Rolle in der Serie nicht mehr enthalten ist, vgl. BAG ZUM 2003, 882 ff.; allgemein zu Arbeitsverträgen von Schauspielern *Joch*, Arbeitsrecht für Film und Fernsehen, ZUM 1999, 368 ff. Zur Frage, ob ein Fernsehmoderator eines Morgenmagazins freier Mitarbeiter sein kann, LAG Köln ZUM-RD 1998, 96 ff.

[3] Hier stellen sich vor allem sozialversicherungsrechtliche Probleme, vgl. *Diesbach*, in Berger/Wündisch, Urhebervertragsrecht, S. 579 ff.

[4] Vgl. zu den Rechtseinräumungen der verschiedenen Beteiligten in Loewenheim/*Rossbach*, § 69 Tonträgerverträge, 16 ff.; Loewenheim/*Schlatter*, § 72, Rn. 35; Loewenheim/*Schwarz/Reber*, § 74 Filmverträge, Rn. 25 ff.; Loewenheim/*Castendyk*, § 75 Sendeverträge, Rn. 183 ff. insbesondere auch zu urhebertarifrechtlichen Problemen.

[5] Zu den Möglichkeiten, Schauspielerhonorare zu berechnen (Umsatz- oder Gewinnbeteiligung, Pauschalhonorare, Rückstellungen, etc.), vgl. *Brehm*, Filmrecht, 2. Aufl. 2008, S. 161 ff.; *Moser/Scheuermann*, Musikwirtschaft, S. 1095 f.; *Reber* GRUR 2003, 393, 396.

[6] Loewenheim/*Rossbach*, § 69 Tonträgerverträge, 40 ff. mit Beispielen.

[7] BVerfG NJW 2006, 596 ff.; OLG Karlsruhe ZUM 2003, 785 ff. – *Xavier Naidoo*; siehe aber auch schon BGH GRUR 1989, 198 ff. – *Künstlerverträge*.

B. Persönlichkeitsrechtlicher Gegenstand des Rechtsgeschäfts

I. Schauspieler, Musiker und andere ausübende Künstler

Ein ausübender Künstler verfügt über eine Reihe von rechtlich geschützten Positio- 4
nen, die es aus Sicht des Auswerters erforderlich machen, Nutzungsvereinbarungen über
diese Positionen abzuschließen. Dazu gehören zunächst die werkbezogenen Persönlichkeitsrechte, das **Nennungsrecht** (§ 74 UrhG) und das **Recht gegen Entstellungen**
(§ 75 UrhG). Wird seine Leistung zur Herstellung eines Filmwerks verwendet, ist seine
Leistung allerdings nur gegen gröbliche Entstellung geschützt (§ 93 Abs. 1 und 2
UrhG).
Weiterhin gehören dazu das **Recht am eigenen Bild** aus §§ 22 ff. KUG, das **Namens-** 5
recht aus § 12 BGB, das Recht an der **eigenen Stimme**[8] und das **allgemeine Persön-**
lichkeitsrecht als gewohnheitsrechtliche Rechtspositionen aus §§ 823 Abs. 1 BGB i.V.m.
Art. 1 und 2 GG. § 23 Abs. 1 KUG ermöglicht zugunsten der Informations-, Meinungs-
und Kunstfreiheit wichtige Ausnahmen vom Schutz des Abgebildeten, die entsprechend
auch auf andere persönlichkeitsrechtliche Positionen außerhalb des Urheberrechts angewandt werden.[9] Die praktisch wichtigste Ausnahme ist die zugunsten von Abbildungen
aus dem Bereich der Zeitgeschichte (§ 23 Abs. 1 Nr. 1 KUG). Dazu wurde bisher zwischen
absoluten und relativen Personen der Zeitgeschichte differenziert.[10] Eine Ausnahme
entsprechend des § 23 Abs. 1 Nr. 1 KUG erfordert jedoch gem. § 23 Abs. 2 KUG eine Abwägung zwischen den allgemeinen Informationsinteressen und dem Interesse des Abgebildeten. Da es sich um eine Ausnahme von der Ausnahme handelt, ist es Sache des Abgebildeten die gegenläufigen Interessen darzulegen und zu beweisen.[11] Die werbliche Nutzung
dient i.d.R. **nicht dem Informationsinteresse**, sondern überwiegend kommerziellen
Interessen. Deshalb lässt § 23 Abs. 1 Nr. 1 KUG in diesen Fällen das in § 22 Satz 1 KUG
geregelte Einwilligungserfordernis nicht entfallen.[12]

II. Moderator

Sein werkbezogenes **Künstlerpersönlichkeitsrecht** kann *a maiore ad minus* nicht über 6
das Persönlichkeitsrecht des Schauspielers aus §§ 74, 75 und 83 i.V.m. 62 und 63 UrhG
hinausgehen. Dies gilt auch dann, wenn es sich bei den audiovisuellen Produktionen nur
um **Laufbilder** handelt, an denen mangels Vorliegens eines Werks keinerlei Leistungsschutzrechte bestehen. In diesen Fällen muss § 93 UrhG entsprechend angewendet werden. Im Übrigen gilt das oben zu den Rechtspositionen des Schauspielers Gesagte.

---

[8] OLG Hamburg GRUR 1989, 666 ff. – *Heinz Erhard.* Vgl. oben § 16.
[9] Vgl. im Einzelnen oben § 12 Rn. 25 ff.
[10] Diese seit dem Aufsatz von *Neumann-Duesberg* JZ 1960, 114 ff. und der BGH-Entscheidung
von ... verbreitete Unterscheidung könnte sich nunmehr als überholt erweisen, vgl. BVerfGE ZUM
2008, ... – *Caroline von Hannover.*
[11] Dreier/Schulze, § 23 KUG, Rn. 25.
[12] St. Rspr., OLG Hamburg, ZUM 1998, 579, 581; vgl. auch *Schertz*, AfP 2000, 495, 497–504,
wo Fallgruppen zur Frage des Einwilligungserfordernisses bei der wirtschaftlichen Nutzung von
Bildnissen Prominenter aufgeführt sind; BGHZ 20, 345 – *Paul Dahlke*; BGHZ 30, 7 – *Katherina
Valente*; BGH GRUR 1961, 138 – *Familie Schölermann*; BGH GRUR 1968, 652 – *Ligaspieler*; BGH
GRUR 1979, 425 – *Fußballspieler*; BGH GRUR 1979, 732 – *Fußballtor*; BGH GRUR 1987, 128 –
Nena; BGH AfP 1992, 149, 150 – *Joachim Fuchsberger*; KG UFITA Bd. 90 (1981) 163, 164 – *Udo Linden-
berg*; OLG Frankfurt ZUM 1988, 248 – *Boris Becker*; OLG Hamburg ZUM 1995, 240.

C. Vertragsarten

7 Im Rahmen der medialen Verwertung persönlichkeitsrechtlicher Befugnisse werden hier eine Reihe von Verträgen näher betrachtet.

I. Darstellervertrag[13]

8 Beim Darsteller- oder Schauspielervertrag verpflichtet sich der Darsteller, eine näher bezeichnete Rolle in einem Film zu übernehmen und in einer bestimmten Zeitperiode und gegen eine festgelegte Gage Schaupielleistungen zu erbringen. Die Hauptleistungspflicht kann vertraglich konkretisiert werden, indem die Rolle detailliert beschrieben wird. Ist sie es nicht und ist gleichzeitig ein weitgehendes, § 106 GewO entsprechendes Weisungsrecht des Filmproduzenten vorgesehen, kann die Rolle geändert werden, ohne dass der Schauspieler sich vom Vertrag lösen könnte. Bei Verwendung von AGB liegt ein Verstoß gegen das Transparenzgebot nicht vor.[14] Der Entschluss einer Produktionsfirma, eine Rolle in einer TV-Serie zu streichen, stellt einen sachlichen Grund dar, der eine auflösende Bedingung eines Darstellervertrags sein kann. Eine entsprechende Klausel verstößt nicht gegen arbeitsrechtliche Grundsätze.[15]

II. Moderatorenvertrag

9 Der Vertrag eines Moderators ähnelt dem des Schauspielers. Der Vertrag nennt die Sendung, die moderiert werden soll, Produktionsdaten und -orte, Rechtseinräumung, Honorar sowie eine Reihe von Nebenleistungspflichten. Teilweise wird vom Moderator erwartet, dass er die von ihm gesprochenen Texte selbst schreibt. Ob der Moderator Leistungsschutzrechte nach §§ 73 ff. UrhG erwirbt, hängt davon ab, ob die gesprochenen Texte urheberrechtlichen Schutz genießen und ob die Darbietung „künstlerischen" Charakter aufweist.[16] Dies ist beispielsweise bei Nachrichtentexten i.d.R. nicht der Fall.[17]

III. Künstlerexklusivvertrag[18]

10 In einem Künstlerexklusivvertrag verpflichtet sich der Künstler gegenüber dem Tonträgerhersteller/Musikproduzenten **exklusiv** zur Herstellung von Tonaufnahmen mit dem Ziel ihrer Veröffentlichung und Verbreitung auf Ton- bzw. Bildtonträgern.[19] Die vereinbarte Exklusivität kann sich auf dreierlei beziehen, auf die: (1.) Exklusivität der Tonaufnahme (exklusive Auswertungsrechte an der konkreten Tonaufnahme), (2.) die Titelexklusivität (auch nach Ende der Vertragszeit darf Künstler den Titel für eine gewisse Zeit nicht für andere Tonträgerhersteller aufnehmen) und (3.) die Künstlerexklusivität

---

[13] Beispiele für einen Darsteller- bzw. Schauspielervertrag finden sich bei *Hertin*, Münchener Vertragshandbuch, S. 1078; *Jacobshagen*, Filmrecht – Die Verträge, 2005, „Schauspielervertrag", S. 190 ff., 195 ff.

[14] BAG vom 13. 6. 2007, jurisPR-ArbR 15/2008.

[15] BAG ZUM 2003, 882 ff; LAG Brandenburg ZUM 2003, 164 ff; LG Köln ZUM 1999, 422 ff.

[16] BGH GRUR 1981, 419 – *Quizmaster*; *Castendyk/Schwarzbart*, UFITA Bd. 2007/II, S. 33 ff.

[17] Vgl. *Dreier/Schulze*, § 73 Rn. 10; *Schricker/Krüger*, § 73 Rn. 21 f.; *Castendyk/Schwarzbart*, UFITA Bd. 2007/II, S. 33 ff.

[18] Vertragsmuster finden sich bei *Hertin*, Münchener Vertragshandbuch, S. 1002; *Gilbert/Scheuermann* in: *Moser/Scheuermann*, Handbuch der Musikwirtschaft, S. 1119 ff.

[19] *Loewenheim/Rossbach*, § 69 Tonträgerverträge, Rn. 12; *Gilbert/Scheuermann* in: Moser/Scheuermann, Handbuch der Musikwirtschaft, S. 1119.

(Künstler darf während der Vertragslaufzeit nicht anderen Tonträgerherstellern für Tonaufnahmen zur Verfügung stehen). Es handelt sich oft um Verträge mit längerer Laufzeit, bei welchen der Tonträgerhersteller die Vertragsdauer über Optionsausübungen auf mehrere Jahre ausdehnen kann.[20] Um dem Tonträgerhersteller eine umfassende Auswertung der Tonträgeraufnahmen – in gewissem Rahmen – des Künstlers zu ermöglichen, enthalten die Verträge üblicherweise umfassende Rechtseinräumungen. Dazu gehören auch Rechte hinsichtlich aller Formen der Koppelung (z. B. in „best of"-Alben oder „compilations")[21] sowie neue Nutzungsformen, wie etwa Streaming, Download und Handyklingeltöne.[22] Um das Potential des Künstlers als Werbeträger zu nutzen, werden auch die **Merchandising-** und, wenn auch seltener, **Endorsement-Rechte**[23] eingeräumt.[24] Außerdem muss sich der Künstler in der Regel verpflichten, vom Tonträgerhersteller verabredete **Promotion-Termine** (z. B. Fernsehauftritte, Live-Auftritte) wahrzunehmen. Auch wenn ihre Musterverträge den Tonträgerherstellern oft die Wahl überlassen, ob sie einen Tonträger herausbringen oder nicht, kann sich ihre **Auswertungspflicht** aus allgemeinen Grundsätzen ergeben.[25] Die als Gegenleistung von den Tonträgerherstellern vereinbarten Umsatzbeteiligungen und Verrechnungsmöglichkeiten sind komplex.[26]

IV. Werbekooperations-, Endorsement- oder Testimonialvertrag

In einem Werbekooperations-, Endorsement- oder Testimonialvertrag verpflichtet **11** sich der Prominente, für ein bestimmtes Produkt oder eine bestimmte Dienstleistung zu werben. Der Begriff „testimonial" entstammt der Welt der Werbung und bezeichnet einen Menschen, der die Vorzüge eines Produkts anpreist.[27] Dieses Anpreisen wird auch „Endorsement" genannt. In der Regel handelt es sich um Exklusivvereinbarungen.[28] Der Prominente steht für eine Werbeaufnahme zur Verfügung, darüber hinaus häufig auch für die Herstellung von Printwerbemitteln (Plakate, Anzeigen, etc.) sowie Promotionsveranstaltungen. Ähnlich wie bei Darsteller- oder Moderationsverträgen werden Drehzeit und -ort bezeichnet, der Umfang der Rechtseinräumung bestimmt und das Honorar[29] festgelegt.

---

[20] Zu den Grenzen: OLG Karlsruhe ZUM 2003, 785 ff.; Loewenheim / *Rossbach*, Urheberrecht § 69, Rn. 45.

[21] vgl. OLG Frankfurt GRUR 1995, 215 ff. – *Springtoifel*.

[22] Zur urheberpersönlichkeitsrechtlichen Dimension der Klingeltöne vgl. *Hertin*, KUR 2004, 101 ff.; *Castendyk* ZUM 2005, 9 ff.

[23] Das Endorsement-Recht gewährt die Befugnis, Drittfirmen zu gestatten, den Namen des Künstlers im Zusammenhang mit Produktwerbung oder CI (Corporate Identity)-Werbung zu nutzen.

[24] Da diese Klauseln eine persönlichkeitsrechtliche Dimension haben, werden sie unten, siehe Rn. 12 ff. abgehandelt.

[25] Loewenheim / *Rossbach*, Urheberrecht, § 69, Rn. 28; Schricker / *Schricker*, Urheberrecht §§ 31/32, Rn. 12 ff.; dies kommt nach hier vertretener Ansicht dann in Betracht, wenn der Rückruf wegen Nichtausübung gem. § 41 UrhG, soweit wie gesetzlich zulässig, ausgeschlossen wurde.

[26] *Gilbert / Scheuermann* in: Moser / Scheuermann, Handbuch der Musikwirtschaft, S. 1107 ff.; Loewenheim / *Rossbach*, Urheberrecht § 69, Rn. 30 ff.; *Fischer / Reich*, Der Künstler und seine Rechte, § 10 Rn. 69 ff.

[27] Im Englischen würde man eher die Botschaft als „testimonial" (außerhalb der Werbung hat das Wort die Bedeutung von Zeugnis, Empfehlungsschreiben, u. Ä.) bezeichnen, nicht aber den „Botschafter".

[28] Loewenheim / *Rossbach*, Urheberrecht § 69, Rn. 22.

[29] Zur Höhe des Honorars vgl. OLG Karlsruhe ZUM-RD 1998, 453 f.

D. Allgemeine Grundsätze

12   Für Klauseln, die dem Lizenznehmer **persönlichkeitsrechtliche Befugnisse** einräumen, stellen sich Fragen nach Rechtsnatur, Umfang und Grenzen dieser Rechtseinräumung. Da diese Fragen mit Bezug auf derartige Gestattungen oft unabhängig von ihrem
jeweiligen Inhalt und unabhängig davon betreffen, ob es sich um Schauspieler-, Modera-
toren- oder Künstlerverträge handelt, können sie „vor die Klammer" gezogen werden.

I. Zweckübertragungsgrundsatz

13   Die für die Vertragsgestaltung wohl wichtigste Frage ist, wie weit eine Einwilligung in
die Nutzung oder Verletzung von Persönlichkeitsrechten reichen kann. Nach h.M. gilt
für persönlichkeitsrechtliche Einwilligungen der **Zweckübertragungsgedanke,** der für
die Einräumung von urheberrechtlichen Nutzungsrechten in § 31 Abs. 5 UrhG gesetzlich
verankert wurde.[30] Mit dieser Parallele zur urheberrechtlichen Einräumung von Nutzungsrechten ist zunächst gemeint, dass auch eine **Einwilligung** in aller Regel **zweck-
gebunden** ist. So rechtfertigt die Einwilligung eines Moderators auf einer Veranstaltung
fotografiert zu werden, nicht die Verwendung der Fotos zur Werbung für ein Produkt.[31]
Insbesondere Werbezwecke müssen **ausdrücklich** lizenziert sein.[32] Wer die Verwendung
einer Nacktaufnahme für ein Lehrbuch erlaubt, gestattet die Veröffentlichung der Nacktfotos in einer Berichterstattung über das Lehrbuch nicht.[33] Die Einwilligung des Betroffenen und ihr Umfang sind im Streitfall vom Verwerter darzulegen und zu beweisen.

14   Daneben stellt sich die Frage, ob persönlichkeitsrechtliche Befugnisse **pauschal,** d.h.
ohne spezifische Bezeichnung der konkret geplanten Eingriffe in das Persönlichkeitsrecht, wirksam sind. Könnte man also z.B. in einem Künstlerexklusiv-Vertrag für dessen
zweijährige Dauer „die Persönlichkeitsrechte abtreten"? Entsprechend der nach h.M. anwendbaren **Zweckübertragungstheorie** richtet es sich nach dem von beiden Seiten zu-
grundegelegten Vertragszweck, auf welche Nutzungsarten sich die Rechtseinräumung
tatsächlich erstrecken sollte. Eine pauschale Lizenzierung für sämtliche kommerziell verwertbaren Teile der Persönlichkeit ist allerdings zulässig, wenn, wie im Fall „Nena"[34],
sämtliche Merchandisingrechte bei einer Lizenznehmerin liegen. Ähnlich wie bei einer
richtigen Verwertungsgesellschaft nach dem Wahrnehmungsgesetz steht sie „im Lager"
der Berechtigten und hat eine quasi-fiduziarische Funktion.

15   Die **zweite urheberrechtliche Parallele** ist die beschränkte Gestattung von Eingriffen in das Urheberpersönlichkeitsrecht („UPR"). Für diese Art von Gestattung werden
zwei Ansätze − z.T. nebeneinander − vertreten, die **Kerntheorie** und die **Vorhersehbarkeitstheorie.** Die erstgenannte Ansicht postuliert einen unabtretbaren „Kern" persönlichkeitsrechtlicher Befugnisse.[35] Dabei ist allerdings nicht klar, welche Rechte und

---

[30] Schricker/*Götting*, Urheberrecht, 2. Auflage, § 22 KUG, Rn. 16; *Dreier/Schulze*, Urheberrechtsgesetz, § 22 KUG, Rn. 21; Wandtke/Bulliner/*Fricke*, § 22 KUG, Rn. 16; *Schertz*, Merchandising,
Rn. 382; OLG Köln AfP 1999, 377; KG ZUM-RD 1998, 554; OLG Hamburg ZUM 1996, 789,
790.
[31] BGH ZUM 1993, 140 − *Joachim Fuchsberger*.
[32] BGH NJW-RR 1995, 789; BGH NJW 1979, 2203 − *Fußballspieler*; BGHZ 20, 345, 348 − *Paul
Dahlke*; OLG Köln AfP 1999, 377
[33] BGH NJW 1985, 1617 − *Biologiebuch*.
[34] BGH GRUR 1989, 128 f. − NENA.
[35] Meinungsstand bei *Metzger* GRUR 2003, S. 18 f.; die Meinung beruft sich auf BGH GRUR
1954, 202, 205 „Eine Schranke für ihre Freiheit, über Art und Umfang der Auswertung der Tagebuchaufzeichnungen zu bestimmen, bildete nur der bei Cosima Wagner verbliebene unverzichtbare
Restbestand des Urheberpersönlichkeitsrechts, …", sowie auf BGH GRUR 1971, 269, 272 − *Das
zweite Mal*.

Befugnisse zu diesem Kern gehören.[36] Im Anschluss an *Schricker* gehen fast alle jüngeren Stellungnahmen in der urheberrechtlichen Literatur davon aus, dass auch im „Kernbereich" des UPR Dispositionen möglich sind[37]. Die Grenze zwischen zulässigen und unzulässigen Dispositionen verläuft in Anlehnung an die Zweckübertragungslehre zwischen der rechtlich wirksamen Vereinbarung über **konkret umschriebene,** im Voraus überblickbare Sachverhalte und dem **unzulässigen „Pauschalverzicht".** Ähnlich wie die Zweckübertragungstheorie fordert die Vorhersehbarkeit der Verwertungen eine detaillierte Darstellung der möglichen Nutzungen in der vertraglichen Vereinbarung. Allerdings gehen Kern- und die Vorhersehbarkeitstheorie weiter als § 31 Abs. 5 UrhG: eine pauschale Übertragung von Urheberpersönlichkeitsrechten ist nichtig und wird nicht nur einschränkend ausgelegt. Um es am Beispiel des Entstellungsverbots gem. § 14 UrhG deutlich zu machen: Klauseln, die ein umfassendes und vollständiges Änderungsrecht gewähren, sind unzulässig, selbst wenn es Individualvereinbarungen sind.[38] Werden **Hintergrund und Ausmaß der Änderungen** vertraglich festgelegt (z. B. die Befugnis zu Kürzungen eines Films bis maximal 5 min., um eine FSK-Freigabe zu erreichen), wäre die entsprechende Klausel hingegen zulässig. Hält man also die Parallele zu den Urheberpersönlichkeitsrechten für einschlägig, landet man also im Ergebnis ebenso bei einer Variante des Zweckübertragungsgedankens, wonach auch Eingriffe in allgemeine oder besondere Persönlichkeitsrechte konkret umschrieben werden müssen.

Diese Problematik wird auch nicht vermieden, wenn man, wie im US-amerikanischen **16** Recht, den Persönlichkeitsschutz in ein **Vermögensrecht** (right of publicity) und ein **ideelles Recht** (right of privacy) aufteilt und das erstgenannte Recht komplett lizenzieren könnte. Denn es ist durchaus vorstellbar, dass die Verwerterinteressen des Inhabers des „right of publicity" mit den ideellen Interessen des ursprünglichen Rechtsinhabers in Kollision geraten, etwa weil die Art und Weise der Nutzung grundlegenden Überzeugungen der Person widerspricht.[39] Dies gilt insbesondere dann, wenn man das „right of publicity" pauschal einräumen und weiter an Dritte übertragen kann, ohne dass die konkret geplante Nutzung näher spezifiziert wird.[40]

Im Ergebnis halte ich deshalb eine **Kombination aus Kern- und Vorhersehbar- 17 keitstheorie** für sinnvoll – sowohl für den Bereich des UPR als auch für allgemeine und spezielle Persönlichkeitsrechte: Richtet sich die Auswertung der Rechte gegen zentrale Interessen des Persönlichkeitsrechtsinhabers, so muss die Einwilligung sehr spezifisch die konkret geplanten Nutzungen bezeichnen. Noch anders formuliert: Je mehr die Nutzung den Kernbereich (die Privat- oder Intimsphäre) des Rechteinhabers berührt, desto umfassender muss die Aufklärung sein (Prinzip des „informed consent") und desto **spezifischer** muss die Einwilligung formuliert werden.[41]

II. Rechtsnatur der Einwilligung

Nach auch hier vertretener Ansicht muss zwischen der **schuldrechtlichen Abrede** – **18** dem Gestattungsvertrag – und der **Einwilligung** unterschieden werden, die den tat-

---

[36] So zu Recht die Kritik von *Metzger*, GRUR Int. 2003, S. 13.

[37] *Schricker*, FS. Hubmann, S. 409, 419; *Dreier/Schulze*, Vor § 12, Rn. 12; *Schricker/Dietz*, Vor §§ 12, Rn. 28; *Erdmann*, FS. Nirk, S. 209, 221; *Wedemeyer*, FS. Piper, S. 787, 792; *Peifer* GRUR Int. 1995, 41f.; einschränkend *Schack*, Urheberrecht, Rn. 563 ff.

[38] *Dreier/Schulze*, Vor § 12, Rn. 12; *Schricker/Dietz*, Vor §§ 12, Rn. 28.

[39] Beispiel nach *Götting*, Persönlichkeitsrechte als Vermögensrechte, 1995, S. 68: Ein von der Trinksucht geheilter Football-Spieler und überzeugter Gegner des Alkoholkonsums von Jugendlichen, der seine „Merchandisingrechte" pauschal „abgetreten" hat, muss erleben, dass mit seinem Namen und seinem Bildnis Werbung für Bier gemacht wird.

[40] So zu Recht *Götting*, Persönlichkeitsrechte als Vermögensrechte, 1995, S. 272.

[41] *Dreier/Schulze*, Urheberrecht, Vor § 12, Rn. 12; *Schricker/Dietz*, Vor §§ 12, Rn. 28.

sächlichen Eingriff in das Persönlichkeitsrecht ermöglicht, ähnlich wie auch bei ärztlichen Heileingriffen zwischen Behandlungsvertrag und Einwilligung in die Körperverletzung differenziert wird.[42] Insoweit gilt auch bei Verträgen über Persönlichkeitsrechte
das Trennungsprinzip. Die Rechtsnatur der Einwilligung ist umstritten.[43] Während der
BGH 1974 noch von einem Realakt ausging[44], geht man heute überwiegend von einer
rechtsgeschäftlichen Willenserklärung aus, auf die grds. die §§ 104 ff. BGB anwendbar sind. An diesem Punkt angekommen, kann man weiter fragen, ob es sich bei
der geschuldeten Einwilligung um einen zweiseitigen Vertrag handelt, z. B. einen Duldungsvertrag („pactum de non petendo"), ein Verfügungsgeschäft (wie bei der Eigen-
tumsübertragung[45]) oder eine einseitige, aber empfangsbedürftige Willenserklärung.[46]
Aus meiner Sicht macht es keinen Sinn, auf der Basis des Trennungsprinzips einen Gestattungsvertrag als causa und den Duldungsvertrag als im Rahmen des Gestattungsvertrags
geschuldete Leistung des Persönlichkeitsrechtsinhabers zu betrachten. Eine solche
Schachtelung von schuldrechtlichen Verpflichtungen wirkt gekünstelt.[47] Wenn man also
richtigerweise vom Trennungsprinzip ausgeht, dann kann man die Einwilligung nur als
einseitige empfangsbedürftige Willenserklärung sehen.[48]

19   Ähnlich wie urheberrechtliche Nutzungseinräumungen kann die Einwilligung **inhaltlich, zeitlich und räumlich beschränkt** erteilt werden. Dem Persönlichkeits-
rechtsinhaber steht nicht nur die Entscheidung über das „ob", sondern auch über das „wie"
der erlaubten Nutzung zu.

III. „Übertragung" von Persönlichkeitsrechten

20   Rechtspositionen aus einer Einwilligung können durch **einfache Abtretung** weiterübertragen werden. Hat der Berechtigte die Einwilligung im Rahmen eines Gestat-
tungs- oder Lizenzvertrags erteilt, hat der Einwilligungsempfänger einen Anspruch auf
Duldung der Persönlichkeitsrechtsnutzung erworben. Sieht man die Einwilligung als
einseitige empfangsbedürftige Willenserklärung (die in Erfüllung einer vertraglichen
Verpflichtung gegeben wird), wären die Abtretungsvorschriften nach § 413 BGB analog
anzuwenden. Aus § 399 BGB ergibt sich, dass eine Abtretung dieser Rechte ausgeschlossen sein kann.

21   Umstritten ist, ob – über die bloße Erlaubnis als nur obligatorisch und *inter partes* wirkenden Gestattung hinaus – Persönlichkeitsrechte mit dinglicher Wirkung eingeräumt
werden können wie urheberrechtliche Nutzungsrechte. Bejaht man dies, könnte der
Lizenznehmer einer exklusiven Lizenz **Rechte im eigenen Namen** geltend machen.[49]
Gestattet also beispielsweise der Inhaber eines Rechts am eigenen Bild einem Dritten, das
Bild auf eine bestimmte Weise exklusiv zu nutzen und dieses Recht an Dritte zu übertragen, hätte der Lizenznehmer des Lizenznehmers eine Rechtsposition gegen einen unberechtigten Verwerter. Außerdem könnte eine **weitere Lizenz an Dritte** nicht vergeben

---

[42] *Götting*, Persönlichkeitsrechte als Vermögensrechte, 1995, S. 158 f.; *Ohly*, Volenti non fit iniuria,
S. 167 f.; so schon *Zitelmann* Ausschluss der Widerrechtlichkeit, AcP 99 (1906) 1, 43 ff.; dagg. *Helle*,
AfP 1985, 93, 99; *Frömming/Peters* NJW 1996, 958 ff.; *Dasch*, Die Einwilligung zum Eingriff in das
Recht am eigenen Bild, München 1990, S. 60 nennt diese Theorie die „Einheitstheorie".
[43] Vgl. zum Meinungsstand *Ohly*, Volenti non fit iniuria, S. 16 ff.; *Dasch*, Die Einwilligung,
S. 12 ff.
[44] BGH NJW 1974, 1947 f.; dagg. u. a. *Dasch*, Die Einwilligung, S. 16.
[45] In diese Richtung scheint *Larenz* zu gehen, *ders.* SchR II, § 71 I c 1 (S. 594).
[46] Ausführlich diskutiert von *Ohly*, a.a.O.
[47] So zu Recht die o. g. (Fußnote 42) genannten Vertrete der Einheitstheorie.
[48] Vgl. ausführlich zu der Problematik *Ohly*, Volenti non fit iniuria, S. 167 ff.
[49] Dies ist allerdings in bestimmten Konstellationen auch bei schuldrechtlichen Gestattungen
möglich, vgl. BGH GRUR 1989, 128 f. – *NENA*.

werden.[50] Würde also ein Rechtsinhaber die Bildrechte ein zweites Mal lizenzieren, wäre die zweite Lizenz unwirksam, wenn man eine Art dingliche Wirkung bejaht.[51] Bei einer nur schuldrechtlich, nur die Parteien des Gestattungsvertrages bindenden Verpflichtung ginge der Sukzessionsschutz weniger weit.[52]

Die bisher h.M. ging von einer **schuldrechtlichen Gestattung** aus.[53] Der Bundes-   **22**
gerichtshof hat die Frage zuletzt ausdrücklich offengelassen und in einer späteren Entscheidung die Vererblichkeit der vermögenswerten Bestandteile des Persönlichkeitsrechts bejaht.[54]

Die inzwischen h. L. spricht sich für die Möglichkeit einer Einräumung von **Nut-**   **23**
zungsrechten auch zu Lebzeiten aus.[55] Dabei macht sie in der Regel jedoch zwei Einschränkungen: Ähnlich wie im Urheberrecht ist eine **komplette Übertragung des Persönlichkeitsrechts** (des allgemeinen oder auch eines besonderen Persönlichkeitsrechts, wie z. B. dem Recht am eigenen Bild) **ausgeschlossen.**[56] Außerdem wird versucht, mit unterschiedlichen **dogmatischen Konstruktionen**, z. B. der gebundenen Übertragung[57], einem Fruchtziehungsrecht (§§ 99, 956 I 1 BGB)[58] oder einer Analogie zur Ausübungsüberlassung, wie bei einer beschränkten persönlichen Dienstbarkeit[59], sicherzustellen, dass der „Mutter" – Rechtsinhaber – „gewisse Einwirkungsmöglichkeiten auf die wirtschaftliche Verwertung behält".[60]

IV. Widerruf der Einwilligung

Davon zu trennen ist die Frage, ob und ggfls. unter welchen Voraussetzungen eine ein-   **24**
mal gegebene Erlaubnis wieder zurückgenommen werden kann. Sieht man die Gestattung als *pactum de non petendo* und damit als eine Art Dauerschuldverhältnis an, welche gewissermaßen ständig geschuldet wird, wäre eine solche Einwilligung analog §§ 568, 621

---

[50] Anschauliches Beispiel ist Pelé, der seine Namens- und Bildrechte für die Fußballschuhvermarktung erst an Adidas und dann an Puma lizenziert, vgl. LG Nürnberg AfP 1970, 132.

[51] Ausführlich dazu *Helle*, Besondere Persönlichkeitsrechte im Privatrecht, S. 109 ff.; *Götting*, Persönlichkeitsrechte als Vermögensrechte, S. 60 ff.

[52] Räumt ein Berechtigter einer Produktionsfirma das Recht ein, seine Lebensgeschichte zu verfilmen und drei Wochen später einer weiteren Filmproduktion, so hätte die Erstlizenznehmerin nur einen wettbewerbsrechtlichen Anspruch wegen Behinderung gegen die Zweitlizenznehmerin, wenn weitere Voraussetzungen des Regelbeispiels vorliegen.

[53] BGHZ 32, 103, 105 ff – *Vogeler*; BGHZ 119,. 237, 240 – *Universitätsemblem*; *Helle*, Besondere Persönlichkeitsrechte im Privatrecht, S. 51 f., *Schack* AfP 195, 1995, 594, 600 f.; *von Gamm*, Urheberrechtsgesetz, Einführung, Rn. 109 f.; *Wenzel* S. 342; *Kmeta* GRUR Int. 1996, 298.

[54] BGH GRUR 1989, 128 f. – *NENA*; zur Vererblichkeit BGH GRUR 2000, 709 f. – *Marlene Dietrich*.

[55] *Götting*, Persönlichkeitsrechte als Vermögensrechte, 1995, S. 66 ff.; *Freitag*, Die Kommerzialisierung von Darbietung und Persönlichkeit des Künstlers, S. 165. *Wandtke* GRUR 2000, 942, 949; *Hubmann*, Persönlichkeitsrecht, 2. Aufl., 123 f.; *Magold*, Personenmerchandising, S. 511 ff.; *Lober/Weber* ZUM 2003, 659.; *Freudenberg*, Zwangsvollstreckung in Persönlichkeitsrechte, S. 96 ff.; *Dreier/Schulze*, Urheberrecht, § 22 KUG, Rn. 36; *Schertz*, Merchandising, S. 155 f.

[56] *Freudenberg*, Zwangsvollstreckung in Persönlichkeitsrechte, 2006, S. 25 und 92 m.w.N.

[57] *Forkel*, GRUR 1988, 491, 494 ff.; ihm folgend u. a. *Schertz*, Merchandising, Rn. 380; *Götting*, Persönlichkeitsrechte als Vermögensrechte, 1995, S. 65.

[58] *Bungert*, Dingliche Lizenzen an Persönlichkeitsrechten, Baden-Baden 2005, 128 ff.

[59] *Freudenberg* (Zwangsvollstreckung in Persönlichkeitsrechte, 2006, S. 96 ff) entscheidet sich für eine Analogie zur Ausübungsüberlassung, wie sie bei der beschränkten persönlichen Dienstbarkeit möglich ist. Er differenziert zwischen „Innenverhältnis" und „Außenverhältnis". Im Innenverhältnis zwischen Rechtsinhaber und Lizenznehmer sei die Rechtseinräumung schuldrechtlicher Natur und gelte nur *inter partes*. Dies solle unabhängig davon gelten, ob man die Gestattung als Einwilligung gemäß § 185 BGB, als *pactum de non petendo* und als Verzicht ansehen würde.

[60] So die Formulierung von *Götting*, a.a.O., S. 65.

BGB **jederzeit kündbar**.[61] Die überwiegende Meinung will **§ 42 UrhG analog** anwenden.[62] Danach ist ein Rückruf nur wegen gewandelter Überzeugung möglich und kann auch vertraglich nicht ausgeschlossen werden. Dabei ist der Vertrauensschaden des Lizenznehmers zu ersetzen, jedoch nur nach § 122 BGB und nicht entsprechend § 42 Abs. 3 UrhG.[63] Da die Einwilligung hier als einseitige empfangsbedürftige Willenserklärung gesehen wird und eine weitgehende Parallele der vermögenswerten Seite zur Nutzungseinräumung im Urheberrecht für richtig gehalten wird, ist die entsprechende Anwendung des § 42 Abs. 1 UrhG konsequent.

V. Vollstreckbarkeit

25   Unabhängig von der Rechtsnatur der persönlichkeitsrechtlichen Einwilligung ist fraglich, ob die Verpflichtungen aus dem Gestattungsvertrag (auf Abgabe einer Einwilligung) und aus der Einwilligung (auf Duldung) vollstreckbar sind.[64] Daran können z. B. aus § 888 Abs. 3 ZPO Zweifel bestehen. Es bliebe dann nur ein Anspruch auf Schadensersatz oder bei entsprechender vertraglicher Vereinbarung die Geltendmachung einer Vertragsstrafe.

E. Einzelne Klauseln

I. Urheberpersönlichkeitsrechtliche Befugnisse

26   Urheberpersönlichkeitsrechtliche Befugnisse betreffen vor allem das Änderungsrecht, das Nennungsrecht und das Veröffentlichungsrecht. Nach den oben dargestellten allgemeinen Grundsätzen müssen die Befugnisse nach dem **Kern- und Vorhersehbarkeitsgrundsatz** konkret im Vertrag bezeichnet werden. Die Spezifizierung muss um so deutlicher sein, je stärker in die Rechte eingegriffen wird.[65]

27   Beim **Veröffentlichungsrecht** reicht eine allgemeine Formulierung, wenn das Werk bereits fertig gestellt ist.[66] Anders ist diese Frage zu beurteilen, wenn das Werk noch unvollendet ist, z. B. bei einem Regievertrag, in dem der Regisseur den „final cut" dem Produzenten überlässt.[67] Allerdings ist bei Filmwerken ihr Charakter als Gemeinschaftswerk mehrerer Miturheber zu berücksichtigen; deshalb müssen die Urheber die Interessen der Miturheber nach Treu und Glauben berücksichtigen.[68] Da das Veröffentlichungsrecht im gesetzlichen Normalfall beim Urheber liegt, ist eine AGB-Klausel, die dieses Recht pauschal dem Vertragspartner einräumt, **unangemessen** i.S.d. § 307 Abs. 2 Nr. 1 BGB. Dieser Gedanke trifft auf ausübende Künstler nicht zu, da sie über ein solches Urheberpersönlichkeitsrecht nicht verfügen.

28   Auf das **Nennungsrecht** kann – etwa bei einem Ghostwriter-Vereinbarung – ohne weiteres verzichtet werden.[69] Beim **Änderungsrecht** muss hingegen Grund und Ausmaß der möglichen Änderung näher beschrieben werden.[70] Bei der Herstellung von

---

[61] In diese Richtung argumentiert *Freudenberg*, a.a.O.

[62] *Helle*, a.a.O., S: 118; *Dreier/Schulze*, § 22, Rn. 35; *Götting*, Persönlichkeitsrechte als Vermögensrechte, 1995, S. 280; *Ohly*, Volenti non fit iniuria, S. 353; OLG München NJW-RR 1990, 999; OLG Oldenburg GRUR 1988, 694 – *Grillfest*.

[63] So die h.L., vgl. *Götting*, a.a.O., S. 151; *Ohly*, Volenti non fit iniuria, S. 254 m.w.N.

[64] *Freudenberg*, Zwangsvollstreckung in Persönlichkeitsrechte, S. 55 ff.

[65] Siehe oben Rn. 15.

[66] *Dreier/Schulze*, Vor § 12, Rn. 12 und zu § 12, Rn. 9.

[67] Dreier/Schulze, § 12, Rn. 19; OLG München ZUM 2000, 767, 771 f.

[68] Vgl. Loewenheim/*Schwarz/Reber*, § 12, Rn. 40.

[69] *Dreier/Schulze* § 13, Rn. 24; Schricker/*Dietz*, § 13, Rn. 22.

[70] *Dreier/Schulze*, Vor § 12, Rn. 12; Schricker/*Dietz*, Vor §§ 12, Rn. 28.

Filmwerken und Laufbildern ist der Schutz von Urhebern und ausübenden Künstlern auf Ansprüche gegen **gröbliche Entstellung** beschränkt. Aus diesem Grund können bei diesen Werkarten die entsprechenden Klauseln allgemeiner gehalten werden.

Durch die Urheberrechtsreform aus dem Jahre 2003[71] wurde der persönlichkeitsrecht- **29** liche Schutz der **ausübenden Künstler** verstärkt und dem der Urheber fast schon angeglichen. Sie verfügen über das **Nennungsrecht** (§ 74 UrhG) und ein **Recht gegen Entstellungen** (§ 75 UrhG). Schwierigkeiten treten auf, wenn mehrere ausübende Künstler gemeinsam an einem Werk mitgewirkt haben. Wendet sich ein Beteiligter gegen eine (mögliche) Entstellung des Werks, gilt gem. § 74 Satz 2 UrhG das Gebot der Rücksichtnahme. Die in § 80 UrhG für Verwertungsrechte statuierte Gesamthand kann diesen Konflikt nicht lösen. Aus praktischer Sicht könnte es deshalb sinnvoll sein, vertraglich zu vereinbaren, dass derartige Ansprüche nur gemeinsam von allen ausübenden Künstlern ausgeübt werden könnten.

II. Persönlichkeitsrechtliche Befugnisse

1. Werbung für das künstlerische Produkt

Musiker, Schauspieler, Moderatoren und andere Kreative verpflichten sich häufig dazu, **30** **produktspezifische Werbung** mit ihrem Namen und ihrem Bild zu gestatten und sich an der Promotion für das jeweilige audiovisuelle Werk zu beteiligen. Eine insoweit typische Klausel lautet:

„Zur Bewerbung und Auswertung der Vertragsaufnahmen überträgt Künstler Produzent das übertragbare und örtlich und zeitlich unbeschränkte Recht, seine Namen, Marken, Symbole, Unterschriften, biographische Details sowie Abbildungen des Künstlers in allen Medien zu verwenden/verwenden zu lassen. Diese Befugnisse werdem Produzent für die Vertragszeit exklusiv und für die Zeit danach nicht-exklusiv eingeräumt, solange die Vertragsausnahmen ausgewertet werden. Außerdem steht Künstler für Werbemaßnahmen, die im Zusammenhang mit der Verwertung der Vertragsaufnahmen durchgeführt werden (z. B. Interviews, Autogrammstunden, TV-Auftritte, etc.), zur Verfügung. Zu diesem Zweck wird Künstler seine Termine und anderen, Verpflichtungen mit Produzent laufend abstimmen."

Auch wenn die Rechtseinräumung sehr weitgehend erscheint, ist sie doch dadurch be- **31** grenzt, dass die Genehmigung, Namen, Unterschriften, Stimme oder Bildnisse des Künstlers zu nutzen, **nur im Zusammenhang mit der Vermarktung** der vertragsgegenständlichen Produktion erfolgen darf. Sie ist deshalb im Sinne der oben dargestellten kombinierten Kern- und Vorhersehbarkeitstheorie auch als AGB-Klausel zulässig. Aus Sicht des Künstlers ist es jedoch sicherer, bestimmte Formen der Vermarktung zustimmungspflichtig auszugestalten. Dies gilt z. B. für eine Vermarktung im Rahmen von Werbekooperationsverträgen, bei denen letztlich nur Werbeleistungen ausgetauscht werden, etwas wenn ein Fahrzeughersteller mit dem Namen einer Musikgruppe wirbt und umgekehrt auf deren CD-Hüllen für das Fahrzeug geworben wird. In diesen Fällen wird nicht nur für die audio(-visuelle) Produktion geworben, sondern auch für das Kooperationsprodukt.

Sehr weit gehen die typischen Klauseln auch im Bereich der Verwertung von **biogra- 32 phischen Details**. In der Praxis wird dies zwar nicht ausgenutzt und es werden nur offizielle biographische Details verwendet, die in der Regel weder die Intim-, Geheim-, noch die engere Privatsphäre betreffen. Im Sinne der Kerntheorie ist die Klausel dennoch unwirksam, weil sie entsprechende Vorbehalte nicht enthält. Selbst wenn man sie für wirk-

---

[71] Gesetz zur Regelung des Urheberrechts in der Informationsgesellschaft vom 9. 10. 2003, BGBl. I S. 1774 ff., (sog. „1. Korb").

sam hält, ist sie jedoch einschränkend dahingehend auszulegen, dass sie den persönlichkeitsrechtlichen Kern nicht umfasst.[72]

2. Merchandising und Testimonials

33   Auf der Basis von **Merchandisingrechten** werden i.d.R. Produkte oder Dienstleistungen beworben und vermarktet und nicht die vertragsgegenständliche Produktion selbst. Der Begriff „Merchandising" ist gesetzlich nicht definiert. In der Regel handelt es sich um eine im weiten Sinne werbliche Verwertung von Abbildungen, Figuren, Namen und Motiven aus audiovisuellen Werken.[73] Eine Ausnahme des § 23 Abs. 1 Nr. 1 KUG erfordert die Wahrnehmung von Informationsinteressen bei der Nutzungshandlung.[74] Da Merchandising i.d.R. **nicht Informationsinteressen,** sondern überwiegend kommerziellen Interessen dient, lässt § 23 Abs. 1 Nr. 1 KUG für Bildnisse von Personen der Zeitgeschichte, also auch von berühmten Musikern, Sängern, Schauspielern oder Moderatoren, das in § 22 Satz 1 KUG geregelte Einwilligungserfordernis nicht entfallen.[75]

34   **Umfassende Merchandisingrechte** im oben definierten Sinne werden in Schauspieler-, Moderatoren- oder Künstlerverträgen eher selten lizenziert. Schauspieler oder Moderatoren erlauben allenfalls die Verwendung der Produktion und Teilen davon, nicht aber ihrer Person, zu Merchandisingzwecken. D. h., sie räumen ihre mit ihrer Person unmittelbar verbundenen Merchandising-Rechte nicht ein. Die Abgrenzung ist allerdings schwierig. Wird beispielsweise ihr Abbild allein für eine Keksdose verwendet, wäre dies sicherlich nicht von der Einwilligung gedeckt. Wie wäre aber der Fall zu beurteilen, bei dem die Darstellerin zusammen mit mehreren anderen Darstellern als Gruppenfoto für eine werbliche Maßnahme verwendet würde? Soweit nicht in den Kern des allgemeinen Persönlichkeitsrechts eingegriffen wird, wäre eine solche Rechtseinräumung zwar zulässig, aus Sicht des Prominenten jedoch sicherlich nicht zu empfehlen. Es ist deshalb vorzugswürdig, jede werbliche Maßnahme, die nicht die vertragsgegenständliche Produktion selbst betrifft und bei der Name, Bildnis, Stimme oder Marke des Künstlers verwendet werden, zustimmungspflichtig zu machen. Aus diesem Grunde sind unwiderrufliche und unbeschränkte Einräumungen von Merchandising-Rechten bei Künstlerverträgen auch nicht üblich.

35   Gerade in Verträgen mit unerfahrenen Künstlern am Beginn ihrer Karriere werden deren Merchandisingrechte jedoch gerne durch AGB **optioniert.** Eine typische Klausel sieht z. B. wie folgt aus:

> „Künstler räumt Produzent für die Vertragsdauer die Option ein, die Merchandisingrechte des Künstlers exklusiv wahrzunehmen oder wahrnehmen zu lassen, d. h. insbesondere den Namen des Künstlers, dessen Schriftzug oder seine Abbildung tragen, herzustellen und zu verbreiten bzw. herzustellen und verbreiten zu lassen. Macht Produzent von dieser Option Gebrauch, werden die Parteien auf der Basis der allgemeinen Marktüblichkeiten eine Vereinbarung über die Konditionen dieser Auswertung treffen."

---

[72] So auch BGH GRUR 1954, 202, 205 – *Cosima Wagner.*

[73] Schricker/*Schricker,* vor §§ 28 ff., Rn. 110. Näher zum Begriff des Merchandising mit umfangreichen weiteren Nachweisen unten § 43 Rn. 3.

[74] Dies wurde vom BGH nur sehr ausnahmsweise bejaht, BGH GRUR 1996, 195 ff. *Willy Brandt-Medaille.*

[75] St. Rspr., vgl. z. B. OLG Hamburg, ZUM 1995, ...; vgl. auch *Schertz* AfP 2000, 495, 497–504, wo Fallgruppen zur Frage des Einwilligungserfordernisses bei der wirtschaftlichen Nutzung von Bildnissen Prominenter aufgeführt sind; BGHZ 20, 345 – *Paul Dahlke*; BGHZ 30, 7 – *Katherina Valente*; BGH GRUR 1961, 138 – *Familie Schölermann*; BGH GRUR 1968, 652 – *Ligaspieler*; BGH GRUR 1979, 425 – *Fußballspieler*; BGH GRUR 1979, 732 – *Fußballtor;* BGH GRUR 1987, 128 – *Nena*; BGH AfP 1992, 149, 150 – *Joachim Fuchsberger*; KG UFITA Bd. 90 (1981) 163, 164 – *Udo Lindenberg*; OLG Frankfurt ZUM 1988, 248 – *Boris Becker*; OLG Hamburg ZUM 1995, 240.

Wie an dieser typischen Klausel ersichtlich, werden ausführliche Regelungen zur Aus-   **36** wertung von Merchandisingrechten des Künstlers häufig nicht im Künstlervertrag selbst getroffen, sondern einer eigenen und detaillierteren Vereinbarung vorbehalten. Diese entspricht den Inhalten, die in § 43 näher beschrieben werden.

Vertragsklauseln, in denen der Künstler sich im Künstlerexklusiv-, im Darsteller- oder   **37** im Moderatorenvertrag verpflichtet, als **Testimonial** für bestimmte Produkte zur Verfügung zu stehen, sind extrem selten. Testimonial-Verträge werden schon deshalb gesondert geschlossen, weil sie in aller Regel eine **weitere Leistung** des Künstlers erfordern – nämlich eine Aussage vor der Kamera bzw. vor einem Mikrophon, worin der Künstler ein bestimmtes Produkt empfiehlt („Endorsement"). Für derartige Verträge, deren Hauptleistungspflicht sich auf die Empfehlung eines Produkts oder einer Dienstleistung richtet, kann auf § 44 verwiesen werden.

Eine in Deutschland bisher wenig diskutierte Frage ist, ob ein Testimonial, der für ein   **38** bestimmtes Produkt wirbt, auch für **Mängel des Produktes** und **Mangelfolgeschäden** haftet.[76] In Betracht kommen Ansprüche aus Produkthaftungsgesetz, aus dem UWG und nach allgemeinem Deliktsrecht. Grundsätzlich trägt der Hersteller eines Produktes das mit dem Produkt verbundene Produkthaftungsrisiko. Eine Haftung des Testimonials gem. § 4 Abs. 1 Satz 1 ProdukthaftG ist nicht von vornherein ausgeschlossen, weil nach dem Wortlaut derjenige haftet, der sich durch das Anbringen seines Namens, seiner Marke oder anderer unterscheidungskräftiger Zeichen als Hersteller ausgibt. Es kann Fallgestaltungen geben, bei denen der Eindruck erweckt wird, der Prominente selbst sei Hersteller des Produktes, welches er bewirbt.[77] Eine Haftung aus dem UWG kann sich u. a. nach § 9 i.V.m. §§ 3, 5 UWG wegen irreführender Werbung ergeben.[78] Es ist deshalb empfehlenswert, eine Haftungsfreistellung oder eine entsprechende Versicherung zugunsten des Testimonials zu vereinbaren.

3. Lebensführung

Bei Darsteller- und Moderatorenverträgen sind Klauseln nicht unüblich, die den   **39** Künstler, Darsteller oder Moderator dazu verpflichten, **gefährliche Sportarten** für die Dauer der Vertragszeit nicht zu betreiben. Ähnliches gilt für die Verpflichtung, auf **Alkohol-** und **Drogenmissbrauch** zu verzichten. Der Grund dafür sind entsprechende Klauseln in den Ausfallversicherungen. Die Versicherungen übernehmen nur das „normale" Ausfallrisiko, bei der ein Darsteller bzw. Moderator aufgrund von Krankheit oder Unfall für die Produktion nicht zur Verfügung steht. Das gesteigerte Risiko, welches durch eine Sportart wie etwa Free Climbing entsteht, wäre nicht versichert. Mit einer solchen Klausel wird die **allgemeine Handlungsfreiheit** und – soweit man in einer Sportart oder im Alkohol- und Drogenkonsum auch einen Ausdruck der Persönlichkeit sehen möchte – das Allgemeine Persönlichkeitsrecht beschränkt. Fraglich ist, ob der Rahmen der Vertragsfreiheit, die selbst ein zentraler Bestandteil der allgemeinen Handlungsfreiheit ist, mit solchen Klauseln verlassen wird. Grundsätzlich muss man davon ausgehen, dass die private Lebensführung keinerlei Pflichten aus Arbeits-, Dienst- oder Werkverträgen unterliegt. Nur entgeltliche Nebenbeschäftigungen, die zu einer erheblichen Beeinträchtigung der Arbeitskraft eines Arbeitnehmers führen, sind unzulässig und müssen vom Arbeitgeber nicht genehmigt werden.[79] Lediglich ausnahmsweise berechtigen Handlungen

---

[76] Vgl. *Henning-Bodewig* GRUR 1982, 202 ff., die Ansprüche aus UWG (a. F.) prüft.

[77] Die Schauspielerin *Uschi Glas* bewarb eine Hautcreme, die von der Stiftung Warentest als mangelhaft bewertet wurde; vgl. Landgericht Berlin, Az: 27 O 922/04, vom 14. April 2005.

[78] Außerdem kommt bei vorsätzlichem Verhalten gem. § 10 Abs. 1 UWG noch eine Gewinnabschöpfung in Betracht; ein darauf gerichteter Anspruch ist leichter darzulegen als ein Schadensersatzanspruch, da beim Schadensersatzanspruch die Kausalität des Verhaltens für den Schaden schwer nachzuweisen ist.

[79] Schaub/*Schaub*, Arbeitsrechtshandbuch, München 2002, § 42 Rn. 12.

in der privaten Sphäre zur Kündigung.[80] Ein Grundgedanke von Arbeits-, Dienst- oder Werkverträgen besteht darin, dass die Verpflichtungen grundsätzlich nur die vertraglich geschuldeten Handlungen umfassen. Ein Verbot bestimmter außerhalb des vertraglichen Pflichtenkreises liegender Handlungen über ausgedehnte Nebenpflichten zu erreichen, geht daher weit über die gesetzlich geschuldeten Leistungs- und Nebenpflichten hinaus. Eine entsprechende AGB-Klausel könnte deshalb gegen § 307 Abs. 2 Nr. 1 BGB verstoßen und sich deshalb als **nichtig** erweisen.

40 Schwierig zu beurteilen sind auch die sehr allgemein gehaltene Klauseln, die dem Vertragspartner einen **Lebensstil** abverlangen, der den werblichen Interessen seines Auftraggebers nicht entgegensteht. Ein Beispiel ist ein Vertrag, den *Heiner Lauterbach* mit einem Werbepartner in einem Testimonial-Vertrag abgeschlossen hat: „Der Auftragnehmer verpflichtet sich, zu keiner Zeit irgendwelche objektiv nachweisbaren Handlungen oder Unterlassungen zu tätigen, welche unter Anlegung vernünftiger Gesichtspunkte und objektiver Kriterien als schädlich bzw. nachteilig in Bezug auf die Marke K- und die E-Brauereien angesehen werden können."[81] Die Gerichte haben den Vertrag nicht unter AGB-rechtlichen Gesichtspunkten geprüft, da es sich offenbar um eine Individualabrede handelte. Stattdessen hat das OLG München die vertragliche Nebenpflicht als erfolgsbezogene Pflicht gedeutet. Damit musste die Klägerin darlegen und beweisen, dass der Erfolg – ein Imageschaden für die Klägerin – tatsächlich eingetreten ist. Ein solcher Nachweis wurde nicht geführt, so dass die Klage abgewiesen wurde.[82]

§ 42. Verträge mit Spitzensportlern

Inhaltsübersicht

---

[80] Beispiele bei *Hänsch* in: Berscheid/Kunz/Brand, Praxis des Arbeitsrechts, S. 655 und 676.
[81] OLG München vom 27. 2. 2008 iuris; LG München ZUM-RD 2007, 542 ff.
[82] Vgl. dazu auch § 44 Rn. 23.

Schrifttum: *Bruhn/Mehlinger,* Rechtliche Gestaltung des Sponsoring, Band I: Allgemeiner Teil, 2. Auflage 1995; *Cherkeh,* Athletenvereinbarungen – Kontrahierungszwang oder Abschlussfreiheit?, SpuRt 2004, 89; *Fikentscher,* Kommerzialisierung von Persönlichkeitsrechten im Sport, in Nolte (Hrsg.), Persönlichkeitsrechte im Sport, Stuttgart 2006; *Fritzweiler/Pfister/Summerer,* Praxishandbuch Sportrecht, 2. Auflage 2007; *Fritzweiler/Schneider,* Grenzen der Vermarktung und Kollisionen von Rechten, in Fritzweiler (Hrsg.), Sportmarketing und Recht, Basel 2003; *Forkel,* Lizenzen an Persönlichkeitsrechten durch gebundene Rechtsübertragung, GRUR 1988,491; *Gitter,* Arbeitsverhältnisse der Sportler, Münchner Handbuch Arbeitsrecht, Band 2, Individualarbeitsrecht II, 2. Auflage 2000; *Götting,* Persönlichkeitsrechte als Vermögensrechte, Tübingen 1995; *Hoffmann,* Sponsoring zwischen Verbandsrecht und Berufsfreiheit, SpuRt, 1996, 73; *Ittmann,* Pflichten des Sportlers im Arbeitsverhältnis, Arbeits- und Sozialrecht 87 (2004); *Partikel,* Formularbuch für Sportverträge, 1. Auflage 2000; *Pfister,* Vermarktung von Rechten durch Vertrag und Satzung, in Fritzweiler (Hrsg.), Sportmarketing und Recht, Basel 2003; *Pfister/Steiner,* Beck-Rechtsberater: Sportrecht von A-Z, 1. Auflage; *Prinz/Peters,* Medienrecht, München 1999; *Schertz,* Merchandising, München 1997; *Schimke/Menke,* Vertragstypen-Freiheit im Profi-Mannschaftssport, SpuRt 2007, 182; *Vieweg,* Disziplinargewalt und Inhaltskontrolle – zum „Reiter-Urteil" des Bundesgerichtshofs, SpuRt 1995, 97; *ders.,* Sponsoring und Sportrecht (Teil II), SpuRt 1994, 73; *ders.,* zur Einführung: Sport und Recht, JuS 1983, 825; *Weiand,* Der Sponsoringvertrag, 2. Auflage 1999; *Wenzel,* Das Recht der Wort- und Bildberichterstattung, 5. Auflage 2003.

A. Einleitung

Spitzensportler gehören neben Film- und Fernsehstars zu denjenigen Persönlichkeiten **1** mit dem **höchsten Vermarktungspotential**. Die Gründe hierfür sind vielfältig. Sportliche Höchstleistungen sind Ausdruck von körperlicher bzw. mentaler Stärke, Ausdauer, Fleiß und Disziplin. Diese Charaktereigenschaften versucht sich die Werbewirtschaft in Form eines Imagetransfers zunutze zu machen. Sportliche Wettkämpfe haben eine eigene Dramaturgie mit offenem Ausgang, nicht selten verbunden mit überraschenden Ergebnissen in Form von Favoritenstürzen und Außenseitererfolgen. Vor diesem Hintergrund nimmt die Übertragung von sportlichen Wettkämpfen im Fernsehen einen breiten Raum ein. Hohe Einschaltquoten sind in der Regel garantiert, insbesondere bei sportlichen Großereignissen wie Fußball-Länderspielen, Europa- und Weltmeisterschaften oder den Olympischen Spielen. Selbst Randsportarten bekommen Sendezeiten, insbesondere in den dritten Programmen oder auf Spartenkanälen wie Eurosport oder DSF. Schließlich nimmt die Berichterstattung über sportliche Ereignisse auch in auflagenstarken Fachzeitschriften wie der „Sport-BILD" oder dem „Kicker" und in den Tageszeitungen breiten Raum ein. So weisen die täglichen Sport-Seiten der FAZ oder der SZ regelmäßig zwei bis drei Seiten auf.

Die **starke mediale Präsenz** macht den Spitzensportler zu einem attraktiven Werbe- **2** träger. Spitzensportler sind deshalb in der Lage, hohe Erlöse aus der Verwertung bzw. Vermarktung ihrer Persönlichkeitsrechte zu erzielen. Der Anteil dieser Einnahmen übersteigt häufig diejenigen Einnahmen, die der Sportler in unmittelbarem Zusammenhang mit seinen sportlichen Leistungen erzielt.[1]

B. Gegenstand der Vermarktung

Ein Recht kann nur dann Gegenstand eines auf Leistung und Gegenleistung beruhen- **3** den Vermarktungsvertrages sein, wenn sichergestellt ist, dass es dem Erwerber eine **ex-**

---

[1] So ermittelte das französische Magazin „France Football" im Jahr 2006, dass sich die geschätzten jährlichen Einnahmen des Fußballers Ronaldinho i.H.v. 23 Millionen EURO aus Gehaltszahlungen i.H.v. 9 Millionen EURO und Werbeeinnahmen von 14 Millionen EURO zusammensetzen. In der Rangliste der bestverdienenden Fußballer folgten David Beckham (18/6,4/11,6), Ronaldo (17,4/6,4/11), Wayne Rooney (16,1/5,3/10,8), Christian Vieri (16/13/3) und Zinedine Zidane (15/6,4/8,6), Quelle: Bild.de vom 26. 4. 2006.

klusive Rechtsposition gegenüber Dritten verschafft bzw. verschaffen kann.[2] Bei allen dogmatischen Schwierigkeiten im Zusammenhang mit der Frage nach der Übertragbarkeit von Persönlichkeitsrechten bzw. entsprechenden Verwertungsrechten besteht im Ergebnis doch Einigkeit, dass die vom Persönlichkeitsrecht geschützten Positionen hierzu grundsätzlich geeignet sind.

I. Name, Bildnis

4   Zu den Verwertungsformen des Persönlichkeitsrechts, die am häufigsten zum Leistungsgegenstand von Vermarktungsverträgen mit Spitzensportlern gehören, sind an erster Stelle das durch § 12 BGB geschützte **Namensrecht** und das durch die §§ 22, 23 KUG geschützte **Recht am eigenen Bild** zu zählen.[3] Schutzgegenstand des Namensrechts ist in erster Linie der bürgerliche Name des Sportlers. Daneben kommt bei Spitzensportlern häufig auch der bekannte Vorname oder sogar der Spitzname als lizenzfähiges Gut in Betracht. Voraussetzung für den entsprechenden Namensrechtsschutz ist jedoch, dass Vorname bzw. Spitzname einer bestimmten Person zugeordnet werden können. Hierfür verlangt die Rechtsprechung in der Regel so genannte Verkehrsgeltung, die bei äußerst populären Spitzensportlern häufig gegeben ist.[4] Bei (noch) weniger bekannten Sportlern kann der Namensrechtsschutz wegen der nicht eindeutigen Zuordnung des bloßen Vornamens oder des Spitznamens zum jeweiligen Sportler ausscheiden. So wurde dem Fußballer Sebastian Deisler Namensrechtsschutz für den ihm von der Presse verliehenen Spitznamen „Basti Fantasti" gegenüber dem Inhaber diverser „Basti Fantasti"-Marken verwehrt. Das mit dem Fall befasste Landgericht Berlin[5] ließ die Frage nach der Verkehrsbekanntheit des Spitznamens offen, hielt aber dem Kläger entgegen, dass dieser seinen Spitznamen nicht selber verwende. Zu Recht hat das LG München[6] in einem gleichgelagerten Fall zum **Spitznamen** des Fußballers Sebastian Schweinsteiger („Schweini") ausgeführt, dass es auf die aktive Ingebrauchnahme des Spitznamens durch den Namensträger nicht ankomme, da der Spitzname häufig ohne sein Zutun oder sogar gegen seinen Willen entstehe. Entscheidend sei allein die Zuordnung des Spitznamens zum jeweiligen Namensträger durch die Öffentlichkeit. Um rechtlichen Schwierigkeiten beim Schutz für Vornamen und Spitznamen entgegenzutreten, empfiehlt es sich, frühzeitig derartige Namen als Marke eintragen zu lassen (je nach Vermarktungspotential als Deutsche Marke beim Deutschen Patent- und Markenamt, als Europäische Marke beim Harmonisierungsamt in Alicante oder in den jeweiligen Einzelländern[7]). Im Hinblick auf das Recht am eigenen Bild bestehen keine sportspezifischen Besonderheiten. Auch wenn Bildnisverwendungen bekannter Sportler überdurchschnittlich häufig die Gerichte beschäftigt haben,[8] bedarf es hier keiner näheren Erläuterungen.

---

[2] *Schlindwein*, Vermarktbare Rechte und ihre Träger, in: Fritzweiler, Sportkmarketing und Recht, Basel 2003, S. 52.

[3] *Fikentscher*, Kommerzialisierung von Persönlichkeitsrechten im Sport, in: Nolte, Persönlichkeitsrechte im Sport.

[4] Für Schutz von Vornamen: BGH NJW 1983, 1185 – Uwe; LG Düsseldorf NJW-RR 1988, 748 – *Berti*; für Schutz von Spitznamen : OLG Hamburg GRUR-RR 2001, 308 – *Quick Nick*; LG München SpuRt 2007, 211 – *Schweini*.

[5] LG Berlin Urt. v. 15. 11. 2005 (AZ 15 O 312/05) – nicht veröffentlicht.

[6] LG München SpuRt 2007, 211, 212 – *Schweini*.

[7] Siehe hierzu die instruktiven Informationen des DPMA auf den Internetseiten www.dpma.de.

[8] RGZ 125, 80 – *Tull Harder*; BGH NJW 1968, 1091 – *Sammelbilder*; BGH NJW 1979, 732 – *Fußballtorwart*; BGH NJW 1979, 2203 – *Fußball-Wandkalender*; OLG Hamburg SpuRt 2004, 210 – *Oliver Kahn*.

II. Stimme, Unterschrift, Körper

Zu den geschützten Verwertungsformen des Persönlichkeitsrechts gehören auch die **5**
Stimme[9] und die **Unterschrift** des Sportlers. Insbesondere die Unterschrift spielt bei
Sportlern eine praktisch bedeutsame Rolle. Bekleidungsstücke, Ausrüstungsgegenstände
oder Fotos, die mit dem Autogramm eines prominenten Sportlers versehen sind, werden
zu beliebten Sammlerstücken und fördern somit den Verkauf insbesondere von **Mer-**
chandisingartikeln. Stimme und Unterschrift unterfallen dem Schutz des Allgemeinen
Persönlichkeitsrechts, hergeleitet aus § 823 Abs. 1 BGB. In diesen Schutzbereich fällt
schließlich auch eine für den Sportbereich besonders wichtige und praxisrelevante Ver-
wertungsform des Persönlichkeitsrechts, nämlich die Verwertung des eigenen Körpers als
Werbefläche.[10] Diese Vermarktungsmöglichkeit bietet sich insbesondere Sportlern, da sie
für die Wettkampfteilnahme regelmäßig spezielle **Sportbekleidung** benötigen. Diese
Sportbekleidung und die für den Wettkampf benötigten Ausrüstungsgegenstände stellen
ideale Werbeflächen dar, weshalb keine professionell betriebene Sportart auf deren Vermarktung verzichtet. Sponsorenlogos, Ausrüsterhinweise und sonstige Werbebotschaften
finden sich beispielsweise auf Fußballtrikots, Trainingsanzügen, Badeanzügen, Hosen,
Strümpfen, Schuhen, Mützen oder direkt auf dem Körper (so bspw. bei Boxern und
Beachvolleyballern in Form von Tattoos).

C. Beteiligte

Als Vertragspartner des Sportlers beim Abschluss von Vermarktungsverträgen kommen **6**
je nach Interessenlage unterschiedliche Verwerter in Betracht. Zu nennen sind der Sportverband, der Ausrüster, der Sponsor, der Verein, der Wettkampfveranstalter oder die Nationalmannschaft. Angesichts der Vielzahl der Vermarktungsmöglichkeiten schließt der
Sportler in der Regel Vermarktungsverträge nicht nur mit einem der vorgenannten Beteiligten ab, sondern mit mehreren oder teilweise sogar mit allen Beteiligten.

D. Überblick über die vertraglichen Gestaltungen

Die Verwertung der Persönlichkeitsrechte des Sportlers ist selten alleiniger Gegenstand **7**
des zwischen den Beteiligten abzuschließenden Vertrages. Fast immer wird die Verwertung der Persönlichkeitsrechte im Rahmen eines die wesentlichen Leistungspflichten
festlegenden **Hauptvertrages** in Form von Unterpunkten mitgeregelt, was der besonderen Bedeutung der Persönlichkeitsrechte nicht immer gerecht wird.

Welche Vertragsform für den Hauptvertrag gewählt wird, hängt u.a. vom **Status** des **8**
betreffenden Sportlers ab. Je nach Sportart erbringen Sportler ihre Leistungen als Arbeitnehmer, freie Unternehmer im Rahmen von Dienstverträgen oder im Rahmen ihrer
Vereinsmitgliedschaft. Dabei kommt es vor, dass Arbeitsvertrag bzw. Dienstvertrag
einerseits und Vereinsmitgliedschaft andererseits parallel zueinander bestehen. **Arbeits-**
verträge werden insbesondere in den beliebtesten **Mannschaftssportarten** eingegangen, beispielsweise beim Fußball, Handball, Eishockey oder Basketball.[11] Demgegenüber
erbringen die meisten **Einzelsportler** ihre Leistungen in Form **freier Dienstverträge**
mit unterschiedlichen Veranstaltern, so beispielsweise beim Tennis, Golf, in der Leichtath-
letik sowie den klassischen Wintersportarten (Alpinski, Biathlon, Langlauf, Bobfahren,
Eisschnelllauf, Eiskunstlauf etc.).[12] Während es in der Vergangenheit üblich war, stets

---

[9] OLG Hamburg GRUR 1989, 666 – *Heinz Erhard*.
[10] PHB Sportrecht-*Fritzweiler/Pfister*, 3/78.
[11] *Ittmann*, Pflichten des Sportlers im Arbeitsverhältnis, S. 39.
[12] MünchArbR/*Gitter*, 2. Aufl., § 202 Rn. 15 ff.; PHB SportR-*Fritzweiler*, 3/14.

auch Mitglied eines Sportvereins zu sein, ist hiervon vor allem in den professionell betriebenen Mannschaftsportarten eine Abkehr festzustellen. Dort, wo die Organisation des
Spielbetriebs nicht mehr durch den Sportverband, sondern durch eigenständige Kapitalgesellschaften erfolgt (DFL Deutsche Fußball Liga GmbH, BBL Basketball Bundesliga
GmbH oder DEL Deutsche Eishockey Liga Betriebsgesellschaft mbH), ist die Vereinsmitgliedschaft des Sportlers nicht mehr zwingende Voraussetzung, sondern allenfalls fa-
kultativ.

Beim **Vorliegen eines Arbeitsverhältnisses** werden einzelne Verwertungsrechte des
Persönlichkeitsrechts dem Arbeitgeber – in der Regel ist dies ein Verein – im Rahmen
eines Arbeitsvertrages eingeräumt. Beim Dienstverhältnis geschieht dies über den Dienstvertrag, der so aber selten bezeichnet wird. In beiden Fällen geht es um die Einräumung
von Persönlichkeitsrechten an den Sportveranstalter. Daneben treten Dritte, die ebenfalls
an der Verwertung der Persönlichkeitsrechte interessiert sind, beispielsweise ein Sportartikelhersteller oder ein Wirtschaftsunternehmen, welches mit dem Sportler werben
will.

E. Die Verträge im Einzelnen

9   Je nach Status des Sportlers und Interessenlage des Vertragspartners kommt es zum Abschluss der nachfolgend dargelegten Verträge. Darüber hinaus werden häufig weitere Verträge mit persönlichkeitsrechtlichen Bezügen abgeschlossen; diese weisen aber – wie der
Merchandisingvertrag – keine sportspezifischen Besonderheiten auf, weshalb auf deren
Darlegung an dieser Stelle verzichtet werden kann.

I. Athletenvereinbarung

10   Die so genannte Athletenvereinbarung, über die insbesondere in Einzelsportarten Verwertungsrechte an den Persönlichkeitsrechten **vom Sportler auf den Verband** übertragen werden, ist eine sportspezifische Besonderheit, die ihre Grundlage in der besonderen
Organisation der einzelnen Sportverbände hat.

1. Allgemeine Rechtsbeziehungen zwischen Verband und Sportler

11   **a) „Ein-Platz-Prinzip".** Fast alle Sportarten sind hierarchisch und monopolistisch
organisiert. Es herrscht das so genannte „Ein-Platz-Prinzip".[13] Es besagt, dass für jede
Sportart nur je **ein internationaler Weltfachverband** (beispielsweise FIFA), darunter
ein länderübergreifender Regionalverband (beispielsweise UEFA) und je ein nationaler
Fachverband (beispielsweise DFB) existieren. Auf nationaler Ebene existieren wiederum
regionale Landesverbände (beispielsweise Bayerischer Fußballverband). Die Basis der
Sportverbandsorganisation bilden die Sportvereine und deren Mitglieder, die Sport-
treibenden. Alle Verbandsebenen sind ausgehend vom Weltfachverband bis hin zum Verein durch Mitgliedschaften des nächstrangigen Verbandes bzw. Vereins miteinander verbunden[14]. Die Fachverbände, insbesondere der jeweilige Weltfachverband, stellen die
Wettkampfregeln auf und bestimmen die Voraussetzungen für eine Mitgliedschaft. Je
nachdem, auf welcher Ebene Wettkämpfe stattfinden (international oder regional), fungieren die Verbände auch als Veranstalter von Wettkämpfen (beispielsweise die FIFA für
die Fußballweltmeisterschaft oder die UEFA für die Champions League). Dabei kommt
den veranstaltenden Verbänden eine Monopolstellung zu, da es nach dem bereits oben erwähnten „Ein-Platz-Prinzip" keine weiteren Fachverbände gibt, die die jeweilige Sportart

---

[13]   PHB SportR-*Summerer*, 2/108; Vieweg, Normsetzung und -anwendung deutscher und internationaler Verbände, Berlin 1990, S. 61 ff.; *Geißelmann/Goetze*, Das Ein-Platz-Prinzip, in: Will, Sport
und Recht in Europa, Saarbrücken 1988, S. 15 ff.

[14]   *Vieweg*, Zur Einführung : Sport und Recht, JuS 1983, 825, 826.

anbieten.[15] Dadurch wird gewährleistet, dass die Wettkampfregeln für eine Sportart stets gleich sind und eine objektive Bestenermittlung erfolgen kann. Dort, wo das „Ein-Platz-Prinzip" nicht eingehalten wird, beispielsweise im Boxsport, gibt es zahlreiche, unterschiedliche Verbände mit unterschiedlichen Regelwerken und unterschiedlichen Weltmeistern.

b) Bindung des Sportlers an das Verbandsregelwerk. Um den Sportler als Mit- **12** glied seines Sportvereins an das Regelwerk der vorrangigen Fachverbände zu binden, müssten die entsprechenden Bestimmungen in die Satzungen sämtlicher Verbände wie auch des Vereins aufgenommen werden. Änderungen des Regelwerks würden jeweils aufwändige Satzungsänderungen notwendig machen.[16] Diese Form der Bindung an das Regelwerk des jeweiligen Fachverbandes wird deshalb selten umgesetzt. Stattdessen hat sich die **einzelvertragliche Unterwerfung** des Sportlers unter das Regelwerk des betreffenden Fachverbandes durchgesetzt. Dabei kommen im Wesentlichen drei unterschiedliche Vertragsformen in Betracht:

Mit Hilfe eines so genannten **„Teilnahme- oder Nominierungsvertrages"** (in der **13** Praxis häufig **„Wettkampfmeldung"** genannt)[17] wird die Teilnahme eines Sportlers zu einem konkreten Einzelwettkampf geregelt. Der „Teilnahme- oder Nominierungsvertrag" wird vom Veranstalter aufgesetzt und sieht für alle Sportler die gleichen Bedingungen vor. Der Sportler unterwirft sich hierbei dem Regelwerk des jeweiligen Fachverbandes, erklärt sich mit einer Schiedsgerichtsklausel einverstanden und gestattet dem Veranstalter in gewissem Umfang die Auswertung seiner Persönlichkeitsrechte.

Häufig besteht das Bedürfnis, die Teilnahmeberechtigung zu einer Vielzahl von Wett- **14** kämpfen zu regeln, z. B. für die **Dauer einer Saison** oder eine konkrete Wettkampfserie. Für diesen Fall bietet sich der Abschluss eines längerfristigen Vertrages an, der in der Regel zeitlich befristet wird (bspw. auf eine Saison). Diese Vertragswerke werden von den Verbänden aufgesetzt und halten für alle Sportler, die an der jeweiligen Wettkampfserie teilnehmen wollen, gleiche Bedingungen vor. Wie beim „Teilnahme- oder Nominierungsvertrag" erklärt sich der Sportler u. a. mit dem Regelwerk des Fachverbandes, einer Schiedsgerichtsklausel und einer Auswertung seiner Persönlichkeitsrechte einverstanden. Die Verbände haben für diese Verträge unterschiedliche Bezeichnungen eingeführt, beispielsweise „Lizenz", „Spielerlaubnis", „Athletenpass", „Aktivenerklärung" oder „Athletenvereinbarung". Für die hier interessierenden Spitzensportler, insbesondere die Mitglieder der Nationalmannschaften, hat sich, ausgehend von einer durch den Deutschen Sportbund (DSB)[18] im Jahr 1997 aufgestellten Mustervereinbarung, der **Begriff „Athletenvereinbarung"** durchgesetzt und soll hier stellvertretend für diese Vertragsform übernommen werden[19].

Die dritte Vertragsform zur Bindung an das Regelwerk ist der individuell ausgehandelte **15** **Einzelvertrag**. Bei dieser Vertragsform werden sämtliche Bestimmungen individuell mit dem jeweiligen Sportler ausgehandelt. Eine solche „Sonderbehandlung" erfahren nur absolute Spitzensportler, bei denen der Veranstalter bereit ist, sämtliche Einzelheiten mit dem jeweils betroffenen Sportler auszuhandeln[20].

---

[15] PHB SportR-*Summerer*, 2/108.
[16] PHB SportR-*Summerer*, 2/105f., 2/153f.
[17] PHB SportR-*Summerer*, 2/158.
[18] Heute: Deutsch Olympischer Sport Bund (DOSB).
[19] Bspw.: Athletenvereinbarung des Deutschen Kanu-Verbandes e.V., Athletenvereinbarung der Deutschen Eisschnelllauf Gemeinschaft e.V., Aktivenvereinbarung des Deutschen Ski-Verbandes e.V., Athletenvereinbarung des Deutschen Badminton Verbandes e.V., Athletenvereinbarung des Deutschen Tischtennis-Bundes e.V., Athletenvereinbarung des Deutschen Leichtathletik-Verbandes e.V.
[20] PHB SportR-*Summerer*, 2/160.

2. Interessenlage der Vertragsparteien

16   Im Hinblick auf die hier interessierenden Persönlichkeitsrechte können die drei Vertragsformen gemeinsam abgehandelt werden. Die Formulierungen sind häufig gleichartig; die Interessen von Veranstalter/Verband einerseits und Sportler andererseits sind ebenfalls gleichartig, nämlich gegenläufig. Beiden Parteien geht es darum, die Persönlichkeitsrechte des Sportlers möglichst umfangreich verwerten zu können. Anhand der üblichen „Athletenvereinbarung" soll dies nachfolgend dargestellt werden:

17   Der Verband schließt zwecks Refinanzierung der ihm entstehenden Ausgaben Verträge mit Sponsoren, so genannten **Verbandssponsoren**, ab. Die Verbandssponsoren wollen ihre Sponsorentätigkeit regelmäßig nicht nur wörtlich dokumentieren (Beispiel: „Offizieller Sponsor des Deutschen Skiverbandes"), sondern sind vor allem an der Verwertung von Bildnissen der Sportler interessiert. Für die entsprechenden Werbekampagnen kommen die jeweiligen Aushängeschilder der betreffenden Sportart in Betracht, regelmäßig also die Mitglieder der **Nationalmannschaft**.[21] Um dem jeweiligen Verbandssponsor die von diesem benötigten Rechte einräumen zu können, muss der Verband seinerseits entsprechende Gestattungen beim jeweiligen Sportler einholen. Fast alle Athletenvereinbarungen sehen deshalb vor, dass der jeweilige Sportler die Verwertung seiner Persönlichkeitsrechte durch die jeweiligen Verbandssponsoren gestattet. Dabei werden nicht selten umfangreiche Rechteeinräumungen verlangt. Demgegenüber steht das Interesse des Spitzensportlers, sich möglichst selbst und umfangreich vermarkten zu können. Gerade bei **Einzelsportlern**, die ihre Leistungen nicht im Rahmen eines Arbeitsverhältnisses erbringen, stellen Einnahmen aus der Vermarktung ihrer Persönlichkeitsrechte die wichtigste Einnahmequelle dar. In diesen Fällen hat der Sportler ein gesteigertes Interesse daran, dem Verband und dessen Sponsor möglichst wenig Rechte einzuräumen. Nicht selten unterliegen die Verbände der Versuchung, diese Konfliktlage durch Ausnutzung ihrer Monopolstellung für sich zu lösen. Dem Sportler wird angedroht, dass er an bestimmten Wettkämpfen nicht teilnehmen kann, bestimmte Einrichtungen nicht nutzen darf oder keine Aufnahme in der Nationalmannschaft findet, falls er sich weigert, die Athletenvereinbarung zu den vorgegebenen Bedingungen zu unterzeichnen. Da der Sportler auf Grund des „Ein-Platz-Prinzipes" auf den Verband angewiesen ist, wird er auf diesem Weg gezwungen, die vorgegebenen Klauseln zu akzeptieren oder gerichtliche Hilfe in Anspruch zu nehmen. Soweit Gerichtsverfahren öffentlich geworden sind, konnten sich die betroffenen Sportler häufig durchsetzen oder zumindest einen für sie akzeptablen Vergleich herausverhandeln.[22] Streitig ist dabei immer wieder, unter welchen Voraussetzungen und in welchem Umfang der Verband die Einräumung bestimmter Persönlichkeitsrechte durch den Sportler verlangen kann. Unter Heranziehung der §§ 242, 305 ff. BGB und – wegen der **Monopolstellung des Verbandes** – der kartellrechtlichen Bestimmungen der §§ 21 I, 33 GWB ist in jedem Fall eine umfassende Abwägung zwischen den sich gegenüberstehenden Interessen vorzunehmen.[23]

---

[21] *Cherkeh*, „Athletenvereinbarungen – Kontrahierungszwang oder Abschlussfreiheit?", SpuRt 2004, 89, 90.

[22] Im Jahr 1991 wurde der Skifahrer Armin Bittner vom Deutschen Ski-Verband aus der Nationalmannschaft ausgeschlossen, nachdem er darauf bestanden hatte, mit eigenen Sponsoren auf der Wettkampfkleidung anzutreten. Per einstweiliger Verfügung des Landgerichts München I erstritt er seine Startberechtigung. Hiernach schlossen Verband und Sportler einen Vergleich, mit dem die Parteien festlegten, in welchem Umfang der Sportler zukünftig Individualvermarktung vornehmen kann (Über diesen Fall berichtet Vieweg in „Sponsoring und Sportrecht (Teil II)", SpuRt 1994, 73, 75 unter Berufung auf FAZ vom 11. 9. 1995). Wegen Verletzung des vom Verband abgeschlossenen Ausrüstervertrages wurde die Leichtathletin Charlotte Teske vom Deutschen Leichtathletikverband von der Teilnahme an den Deutschen Meisterschaften 1982 ausgeschlossen. Per einstweiliger Verfügung des Landgerichts München I konnte die Sportlerin ihre Teilnahme durchsetzen (LG München I, Beschluss vom 20. 7. 1982, AZ 25 O 12841/82).

[23] Zu den kartellrechtlichen Gesichtspunkten siehe *Fritzweiler/Schneider*, „Grenzen der Vermark-

3. Persönlichkeitsrechtliche Verfügungen im Einzelnen

In fast allen Athletenvereinbarungen ist vorgesehen, dass der Sportler bei Trainings-   **18** maßnahmen und Einsätzen für die Nationalmannschaft des Verbandes, bei Siegerehrungen und Interviews am Wettkampfort oder anlässlich solcher Veranstaltungen, die im engen Zusammenhang mit den Nationalmannschaftseinsätzen stehen, in der vom Verband zur Verfügung gestellten Ausrüstung, Ausstattung und Bekleidung aufzutreten hat. **Hersteller- und Hauptsponsoren-Logos** dürfen dabei weder verändert noch ergänzt werden und sind vom Sportler gut sichtbar zu tragen. Diese Vorgaben sind grundsätzlich nicht zu beanstanden.[24] Es besteht ein Bedürfnis des Zuschauers, die einzelnen Nationalmannschaften anhand ihrer Bekleidung auseinanderzuhalten. Ästhetische Gründe sprechen ebenfalls dafür, nicht jeden Quadratzentimeter der Wettkampfkleidung für Werbung nutzen zu können. Hinzu kommt schließlich, dass Verbandssponsoren und -ausrüster zur Refinanzierung der an den Verband geleisteten Sponsorengelder darauf angewiesen sind, in Form von Sponsoren- und Ausrüsterlogos auf der Wettkampfkleidung der Sportler zu erscheinen. Dies kann nur dadurch sichergestellt werden, dass der Sportler die vom Verband gestellte Wettkampf- und Trainingsbekleidung auch trägt.

Regelungen, die dem Sportler verwehren, eigene Verträge mit Sponsoren (häufig „In-   **19** dividualsponsoren" genannt) abzuschließen, sind demgegenüber höchst bedenklich. Soweit es darum geht, dem Sportler Individualsponsoring außerhalb der Einsätze für die Nationalmannschaft zu verbieten, dürfte eine solche Regelung unzulässig sein. Es besteht kein sachlicher gerechtfertigter Grund, dem Sportler werbliche Aktivitäten zu verbieten, die nicht im eigentlichen Zusammenhang mit dem sportlichen Wettkampf stehen. Dem Sportler kann also grundsätzlich nicht verwehrt werden, für Anzeigenkampagnen zur Verfügung zu stehen, die ihn außerhalb seines Nationalmannschaftseinsatzes (also „in Zivil") zeigen. Der Profi-Sportler, der hinsichtlich der **Eigenvermarktung** als Unternehmer anzusehen ist,[25] kann sich insofern auf seine durch Artikel 12 Abs. 1 GG geschützte **Berufsfreiheit** berufen.[26]

Rechtlich bedenklich sind regelmäßig auch solche Regelungen, die dem Athleten un-   **20** tersagen, Individualsponsoring auf der Wettkampfkleidung zu betreiben. Auch hier muss aber im Einzelnen unterschieden werden. Als zulässig anzusehen ist es, wenn der Verband aus sportethischen oder politischen Gründen Werbeverbote für Tabak, Alkoholika oder politische Parteien ausspricht.[27] Unzulässig sind demgegenüber **Werbeverbote für Individualsponsoring** auf der Wettkampf- oder Trainingskleidung, soweit dort ausreichend Platz zur Verfügung steht.[28] Die Verbände sehen solche Regelungen häufig vor, um die Exklusivität der Verbandssponsoren abzusichern. Dabei wird jedoch übersehen, dass dem Sportler auf diese Weise eine wichtige Einnahmequelle verloren geht. Um insofern einen sachgerechten Interessenausgleich zu schaffen, sind die auf der Bekleidung zur Verfügung stehenden Werbeflächen für Verbandssponsoring einerseits und Individualsponsoring andererseits aufzuteilen. Auch bei der Aufteilung muss der **Verhältnismäßigkeitsgrundsatz** gewahrt bleiben. So kam es beispielsweise zwischen den Eisschnellläuferinnen Anni Friesinger und Claudia Pechstein und der Deutschen Eisschnelllauf Gemeinschaft im Jahr 2002 zum Rechtsstreit, weil der Verband von den sechs auf den Rennanzügen zur Verfügung stehenden Werbeflächen lediglich zwei Werbeflächen zugunsten des Individualsponsorings freigeben wollte.[29] Der Verband rechtfertigte diese Aufteilung mit dem Ar-

---

tung und Kollision von Rechten" in Fritzweiler, Sportmarketing und Recht, Basel 2003, S. 149 ff.; zur Interessenabwägung siehe *Vieweg*, Sponsoring und Sportrecht (Teil II), SpuRt 1994, 73, 76.

[24] *Hoffmann*, Sponsoring zwischen Verbandsrecht und Berufsfreiheit, SpuRt 1996, 73,7 5.
[25] *Schimke/Menke*, Vertragstypen-Freiheit im Profi-Mannschaftssport, SpuRt 2007, 182, 183.
[26] PHB SportR-*Summerer*, 2/204.
[27] PHB SportR-*Summerer*, 2/200.
[28] *Hoffmann*, Sponsoring zwischen Verbandsrecht und Berufsfreiheit, SpuRt 1996, 73, 75.
[29] „Die Welt" vom 11. 12. 2002.

gument, er habe für die langjährige Ausbildung und Karriereförderung der Athletinnen hohe Ausgaben gehabt, die nur durch entsprechende Einnahmen seitens der Verbandssponsoren refinanziert werden könnten. Die streitenden Parteien einigten sich vor einer gerichtlichen Entscheidung auf eine hälftige Aufteilung der zur Verfügung stehenden Werbeflächen. Eine derartige Partizipierung des Sportlers an der Verwertung seiner eigenen Persönlichkeitsrechte ist den Verbänden dringend anzuraten, da andernfalls eine erfolgreiche gerichtliche Inanspruchnahme durch den Sportler droht. Alternativ hierzu bestünde die Möglichkeit, den jeweiligen Sportler konkret an den Erlösen aus der Vermarktung der Verbandssponsorenflächen zu beteiligen.

21   Soweit sich in zahlreichen Athletenvereinbarungen die Regelung wiederfindet, der Sportler müsse vor Abschluss eines Individualsponsoringvertrages die **Zustimmung des Verbandes** einholen, dürfte eine derart pauschale Regelung ebenfalls unzulässig sein. Eine solche Regelung hat ihre Berechtigung allenfalls dort, wo eine Kollision branchengleicher Verbandssponsoren und Individualsponsoren vermieden werden soll. Der Zustimmungsvorbehalt ist also von vornherein auf derartige Kollisionsfälle und für den Fall, dass berechtigte Interessen des Verbandes tangiert werden, zu begrenzen. Da der Sportler häufig nicht absehen kann, mit welchen Unternehmen der Verband zukünftige Verbandssponsorenverträge abschließt, sollten regelmäßige Informationspflichten in die Athletenvereinbarung aufgenommen werden. Hierdurch kann sichergestellt werden, dass der Sportler über neue Verbandssponsoren regelmäßig und rechtzeitig unterrichtet wird.

22   Fast alle Athletenvereinbarungen sehen vor, dass der Sportler für **PR-Aktivitäten** des Verbandssponsors zur Verfügung zu stehen hat. Auch hierbei ist darauf zu achten, dass die Interessen des Sportlers nicht übermäßig eingeschränkt werden. Die Regelung dürfte deshalb nur dann wirksam sein, wenn eine Maximalanzahl solcher Aktivitäten vorgesehen ist. Zu regeln ist weiterhin, dass der Sportler solche Termine nur nach Abstimmung und unter Berücksichtigung seiner sportlichen Verpflichtungen wahrzunehmen hat und insbesondere eine angemessene Aufwandsentschädigung erhält.

23   Schließlich beanspruchen die Verbände in ihren Athletenvereinbarungen häufig eine umfangreiche Verwertung des Bildnisses des Sportlers, sei es für eigene Verbandszwecke (z. B. für die Internetpräsenz des Verbandes, Jahrbücher, Flyer, Wettkampfankündigungen etc.) oder für die Verbandssponsoren. Insbesondere die uneingeschränkte Bildnisverwertung für den Verbandssponsor dürfte unzulässig sein. Es besteht die Gefahr, dass der Verbandssponsor das Bildnis des Sportlers vermarktet, ohne dass dieser hieran beteiligt wird. Zudem kollidieren derartige Werbemaßnahmen häufig mit Werbekampagnen, die der Sportler individuell abgeschlossen hat, was auf Grund der **fortfallenden Exklusivität** zur Minderung des Werbewertes des Sportlers führt. Diese **Interessenkollision** haben die meisten Verbände mittlerweile erkannt und es finden sich mehr und mehr Regelungen, die die Bildnisverwertung durch oder über den Verband beschränken. So sehen beispielsweise die Athletenvereinbarungen der Deutschen Eisschnelllauf Gemeinschaft (DESG) bzw. des Deutschen Ski Verbandes (DSV) vor, dass nur Mannschaftsfotos mit mindestens drei gleichzeitig abgebildeten Nationalmannschaftsmitgliedern vom Verband bzw. Verbandssponsor genutzt werden dürfen. Eine weitere Einschränkung erfolgt beispielsweise in den DESG-Regelungen dadurch, dass Drucksachen des Verbandes mit dem freigegebenen Mannschaftsfoto nur in einer begrenzten Auflage verbreitet werden dürfen.

24   Für alle diese Regelungen gilt grundsätzlich, dass der Spitzensportler an der Verwertung seiner Persönlichkeitsrechte finanziell und in angemessenem Umfang zu beteiligen ist.[30] Dort, wo dies nicht geschieht, muss der Verband vorrangige Interessen nachweisen oder einen anderweitigen Ausgleich zugunsten des Sportlers vorsehen. Das immer wiederkehrende Argument der Verbände, sie hätten Ausbildung und Training des Sportlers finanziert und seien deshalb auf den ungeminderten Fluss von Einnahmen des Verbands-

---

[30] PHB SportR-*Summerer*, 2/204.

sponsors angewiesen, dürfte regelmäßig unzureichend sein, insbesondere dann, wenn es dem Verband nicht gelingt, Einnahmen und Ausgaben nachvollziehbar zu belegen.

Ist eine Regelung der Athletenvereinbarung nach Abwägung der sich gegenüberste- **25** henden Interessen treu- oder kartellrechtswidrig, muss die Athletenvereinbarung nicht unterzeichnet bzw. nicht beachtet werden. Auf die Nichtunterzeichnung bzw. -beachtung dürfen keine verbandsrechtlichen Sanktionen gestützt werden. Insbesondere kann der Verband kein **Startverbot** aussprechen oder die Nominierung eines für den Wettkampf qualifizierten Sportlers unterlassen. Geschieht dies dennoch, kann der Sportler gericht-liche Hilfe in Anspruch nehmen, in der Regel bietet sich ein **Eilverfahren** vor einem Sportschiedsgericht oder einem ordentlichen Gericht an. Erleidet der Sportler finanzielle Schäden, kann auch **Schadensersatz** geltend gemacht werden.[31]

II. Sponsoringvertrag, Vermarktungsvertrag, Werbevertrag

1. Allgemeines

Der Sport-Sponsoringvertrag ist ein zivilrechtlicher Vertrag zwischen einem Wirt- **26** schaftsunternehmen und einem Sportler, Verein oder Verband, der in der Regel darauf abzielt, den Gesponserten zu fördern und dem Sponsor im Gegenzug **werbliche Nut-zungsrechte** gegen Zahlung eines Entgelts einzuräumen.[32] Vom Mäzen oder dem Spen-der unterscheidet sich der Sponsor dadurch, dass er für seine Leistung eine Gegenleistung erwartet.[33] Vom klassischen Werbevertrag grenzt sich der Sponsoringvertrag dadurch ab, dass nach außen auch ideelle Motive kommuniziert werden, was der Imageförderung dienen soll. In Abhängigkeit der Vertragsparteien wird zwischen Gruppensponsoring mit einem Sportverein bzw. Sportverband und Personensponsoring mit einem konkreten Sportler unterschieden; hier soll nur letztere Vertragsform interessieren.

Aus Sicht des Sportlers stellt sich der Sponsoringvertrag als Vertrag über die Vermark- **27** tung seiner Person dar. Insofern besteht die gleiche Ausgangs- und Interessenlage wie beim Vermarktungsvertrag, Werbevertrag oder dem sogenannten **Testimonialvertrag**. Die Begriffe sind wenig aussagekräftig und spielen für die rechtliche Einordnung keine Rolle.[34] Deshalb soll nachfolgend und stellvertretend für die entsprechenden Vertragsfor-men der Sponsoringvertrag behandelt werden.

Beim Sponsoringvertrag handelt es sich um einen Austauschvertrag, der im BGB nicht **28** gesondert geregelt ist. Als Vertragstyp sui generis können auf ihn die Vorschriften des all-gemeinen Schuldrechts, also der §§ 241ff. und §§ 320ff. BGB, und des besonderen Schuldrechts – hinsichtlich der zu übertragenden Werberechte insbesondere der §§ 535ff. und §§ 581ff. BGB – angewandt werden, soweit die Parteien nichts anderes vereinba-ren.[35] Die inhaltliche Ausgestaltung des Sponsoringvertrages steht den Vertragsparteien grundsätzlich frei; **Grenzen** ergeben sich aus den Bestimmungen des § 134 BGB (Ver-stoß gegen ein gesetzliches Verbot), § 138 BGB (Sittenwidrigkeit) und § 242 BGB (Grundsatz von Treu und Glauben).

2. Persönlichkeitsrechtliche Verfügungen im Einzelnen

Im Zusammenhang mit den hier interessierenden Persönlichkeitsrechten, also der Ver- **29** gabe der Werberechte, ist Folgendes zu beachten: Der Sponsor verbindet mit Eingehung des Sponsoringvertrages häufig besondere Erwartungen an die sportlichen Erfolge und

---

[31] *Hoffmann*, Sponsoring zwischen Verbandsrecht und Berufsfreiheit, SpuRt 1996, 73, 76.
[32] *Weiand*, Der Sponsoringvertrag, 2. Auflage 1999, S. 3 f.; Partikel Formularbuch für Sportver-träge, D III 2 Anm. 1 zum Sportsponsoringvertrag; *Bruhn/Mehlinger*, Rechtliche Gestaltung des Sponsoring, Band I : Allgemeiner Teil, S. 3.
[33] *Bruhn/Mehlinger*, a.a.O.
[34] PHB SportR-*Summerer*, 3/73.
[35] PHB SportR-*Summerer*, 3/90, 91.

an die mediale Präsenz des Sportlers. So geht der Sponsor beispielsweise davon aus, dass der Sportler sich für bestimmte Wettkampfserien, Turniere, Meisterschaften etc. qualifiziert. Werden diese sportlichen Ziele nicht erreicht, besteht die Möglichkeit, den Vertrag wegen Störung der Geschäftsgrundlage nach § 313 BGB anzupassen. Dem Sponsor ist zu empfehlen, seine mit Abschluss des Sponsoringvertrages verbundenen Ziele und Erwartungen möglichst konkret festzulegen, wofür sich die **Präambel** anbietet. Geschieht dies nicht, bereitet eine **Vertragsanpassung** angesichts der sportimmanenten Unwägbarkeiten praktische Schwierigkeiten. Weitaus praktikabler ist es deshalb, eine **Grundvergütung** zu vereinbaren und die erhofften sportlichen Erfolge durch ein Prämiensystem zu belohnen. Bei klar definierten Prämienbedingungen verschafft eine derartige Vertragsgestaltung für beide Parteien mehr Rechtssicherheit.[36]

30   Für die Einräumung der Vermarktungsrechte kommen sämtliche bereits benannten Verwertungsformen des Persönlichkeitsrechts in Betracht. Diese können entweder in ihrer Gesamtheit oder einzeln dem Sponsor zwecks Vermarktung eingeräumt werden. In der Vertragspraxis wird der Umfang der einzuräumenden Vermarktungsrechte häufig **sachlich, örtlich und zeitlich eingeschränkt**. Insbesondere der Festlegung in sachlicher Hinsicht sollte besonderes Augenmerk geschenkt werden, da andernfalls Streitfälle vorprogrammiert sind. Soll beispielsweise unter Verwendung des Bildnisses und des Namens des Sportlers eine Werbekampagne durchgeführt werden, empfiehlt sich eine Festlegung der hierfür in Betracht kommenden Medien (Print-Medien, TV, Hörfunk, Kino-Trailer, Internet, Plakat- oder City-Light-Werbung, Flyer, Point-Of-Sales-Maßnahmen etc.). Jedes Medium kann seinerseits wieder eingeschränkt werden, was in der Vertragspraxis auch häufig anzutreffen ist. So kann festgelegt werden, dass für Werbekampagnen in Print-Medien nur bestimmte Zeitschriften (beispielsweise „SPIEGEL", „Stern", „Focus") oder Gattungen (beispielsweise überregionale Tageszeitungen) in Betracht kommen, bestimmte Auflagenzahlen nicht überschritten werden dürfen oder Werbeanzeigen eine bestimmte Maximalgröße einhalten müssen. Zweifel hinsichtlich der Reichweite der eingeräumten Vermarktungsrechte gehen in der Regel zu Lasten des Sponsors, da die im Urheberrecht geltende Zwecksübertragungsregel des § 31 Abs. 5 UrhG nach herrschender Meinung auch im Persönlichkeitsrecht gilt.[37] Will der Sponsor auf der Wettkampfkleidung des Sportlers werben (in der Regel durch Abbildung der zu seinen Gunsten eingetragenen Marke), empfiehlt es sich, konkret festzulegen, an welcher Stelle und in welcher Größe und zu welchen Anlässen das Logo bzw. die Bekleidungsstücke zu tragen sind. Die Kosten für spezielle Bekleidungsstücke oder das Anbringen der Werbemittel (so genanntes „Bepflocken") werden in der Regel vom Sponsor getragen.

31   Eine örtliche Beschränkung der Vermarktungsrechte findet häufig bei Print-, TV-, Kino- und Hörfunkwerbung statt. Statt einer weltweiten Verbreitung kann das **Verbreitungsgebiet** auf einzelne Regionen (beispielsweise Deutschland) begrenzt werden. Bei Werbung im Internet ist dies aus praktischen Gründen nicht möglich; eine Einschränkung kann dadurch erfolgen, dass das Zielpublikum durch Wahl einer bestimmten Sprache festgelegt wird.

32   Die **Vertragsdauer** wird in der Praxis regelmäßig befristet. Häufig anzutreffen sind Befristungen auf ein oder mehrere Kalenderjahre bzw. auf ein oder mehrere Wettkampfsaisons. Im letztgenannten Fall ist es vorzuziehen, ein konkretes Beendigungsdatum zu nennen, da häufig unklar ist, wann eine Saison tatsächlich beendet ist. Befristete Verträge können ordentlich vor Ablauf der Befristung nur gekündigt werden, wenn der entsprechende Sponsoringvertrag dies ausdrücklich vorsieht. Eine solche vorzeitige **Kündigungsmöglichkeit** ist jedoch eher selten anzutreffen, da beide Parteien in der Regel eine gewisse Planungssicherheit benötigen. Das Recht zur fristlosen Kündigung, welches grundsätzlich nicht ausgeschlossen werden kann, steht beiden Parteien zu, selbst wenn

---

[36] So auch PHB SportR-*Summerer*, 3/97.
[37] *Prinz/Peters*, Medienrecht, S. 557.

dies im Vertrag nicht ausdrücklich vorgesehen ist. Häufig anzutreffen sind Klauseln, die festlegen, wann aus Sicht des Sponsors ein Recht zur **fristlosen Kündigung** gegeben ist, so beispielsweise für den Fall, dass sich der Sportler eines Doping-Vergehens schuldig macht oder seine sportliche Karriere vorzeitig beendet. Werden langfristige Sponsoring-verträge abgeschlossen, besteht aus Sicht des Sponsors die Gefahr, dass die Länge der vertraglichen Bindung als sittenwidrig eingestuft wird. Ab welchem Zeitraum dies gilt, hängt vom Einzelfall ab. Gerichtsurteile, die eine pauschale Aussage hierzu treffen, sind Mangelware. Wird der Sponsoringvertrag in Form eines für eine Vielzahl von Vertrags-abschlüssen angedachten Musters abgeschlossen, ist die Bestimmung des § 309 Ziffer 9 BGB zu beachten, wonach eine Höchstlaufzeit von zwei Jahren gilt. An dieser Bestim-mung kann man sich auch orientieren, falls keine Allgemeinen Geschäftsbedingungen vorliegen. Eine Vertragslaufzeit von mindestens zwei Jahren ist also regelmäßig unbe-denklich. Im Übrigen sollte der Sponsor bei Vereinbarung einer längeren Laufzeit schon in der Präambel klarstellen, warum eine längere Laufzeit aus seiner Sicht notwendig ist (Beispiel: Notwendige Refinanzierung der Anfangsinvestitionen bei noch unbekannten Sportlern). Endet der Sponsoringvertrag, darf mit dem Sportler nicht mehr geworben werden. Dies betrifft auch zu diesem Zeitpunkt noch nicht verbrauchtes Werbematerial. Will der Sponsor dieses noch für einen Übergangszeitraum nutzen, ist eine so genannte Aufbrauchsfrist zu vereinbaren.

Für den Abdreh von Werbespots bzw. die Anfertigung von Werbefotos werden separate **33** Termine vereinbart, wobei der hierfür erforderliche Zeitaufwand häufig im Voraus fest-gelegt wird. Für die Wahrnehmung dieser Termine sind dem Sportler Reisekosten zu er-statten; zusätzlich kann auch versucht werden, eine separate Tagesgage zu vereinbaren. Absoluten Spitzensportlern gelingt es gelegentlich, sich ein Mitspracherecht bei der Aus-wahl des Regisseurs bzw. Fotografen auszubedingen. Somit kann der Sportler von vorn-herein Einfluss auf die Qualität des Bildmaterials nehmen. Hilfsweise kann der Sportler ein **Mitbestimmungsrecht** bei der Auswahl des Fotomaterials vereinbaren. Üblicher-weise wird dieses Auswahlrecht so gestaltet, dass der Sponsor eine Mindestanzahl von Fotos vorzulegen hat, von denen der Sportler wiederum eine bestimmte Mindestanzahl freigeben muss.

Besonderes Augenmerk ist darauf zu richten, ob und in welchem **Umfang** die Ver- **34** marktungsrechte einfach **(nicht-exklusiv)** oder ausschließlich **(exklusiv)** eingeräumt werden. Werden die Werberechte vom Sportler nicht exklusiv eingeräumt, ist er für den Abschluss weiterer Sponsoringverträge frei. Will der Sponsor, dass der Sportler aus-schließlich ihm als Werbepartner zur Verfügung steht, müssen die Vermarktungsrechte exklusiv eingeräumt werden. Eine exklusive Vermarktung für sämtliche Verwendungs-formen des Persönlichkeitsrechts findet selten statt, da alternative Vermarktungsmöglich-keiten für den Sportler entfallen und als Ausgleich hierfür eine hohe Lizenzgebühr zu zahlen ist. Exklusivität wird deshalb häufig nur für bestimmte Verwendungsformen ver-einbart, häufig auch über ein so genanntes **Konkurrenzverbot**. So kann beispielsweise geregelt werden, dass der Sportler keine Verträge mit Konkurrenzunternehmen des Spon-sors abschließt. Aus Sicht des Sportlers sollte die **Exklusivitätsvereinbarung** möglichst eng gefasst sein, um bei der Verhandlung mit weiteren Sponsoren genügend Spielraum zu haben. Für den Sponsor gilt das Gegenteil; durch eine weit gefasste Exklusivitäts- oder Konkurrenzschutzklausel wird verhindert, dass der Werbewert durch Fremdwerbung verwässert. Verstößt der Sportler gegen eine Exklusivitätsvereinbarung, macht er sich ge-genüber dem Sponsor schadensersatzpflichtig.[38]

Besonders beachtet werden muss beim Abschluss von Sponsoring-Verträgen mit **35** Sportlern, dass diese unter Umständen durch verbandsrechtliche Bestimmungen bei der Übertragung von Werberechten beschränkt sind. Dieses Problem stellt sich insbesondere in den Olympischen Sportarten. Nach Regel 53 der Olympischen Charta und der hierzu

---

[38] PHB SportR-*Fritzweiler/Pfister*, 3/127.

erlassenen Durchführungsbestimmung[39] ist dem Sportler während der Olympischen Spiele jegliche Werbung auf der Person, auf der Kleidung oder auf Ausrüstungsgegenständen untersagt. Dieses **Werbeverbot** gilt während der gesamten Laufzeit der olympischen Spiele und ist nicht auf den eigentlichen Wettkampf begrenzt. Eingeschränkt durch Verbandsbestimmungen ist häufig auch die so genannte „Werbung am Mann", also am Körper des Sportlers bzw. auf der Wettkampfkleidung. Fast alle Verbandsregularien sehen vor, dass bei Verbands-Wettkämpfen Werbung nur an bestimmten Stellen der Wettkampfkleidung bzw. des Körpers zulässig ist. Die Größe der zulässigen Werbung wird häufig detailliert vorgegeben, teils in Form von Quadratzentimetern. Beachtet werden müssen auch verbandsrechtliche Werbeverbote, beispielsweise für Tabak oder Alkohol. Schließlich ist zu berücksichtigen, dass der Sportler häufig (beispielsweise über eine so genannte Athletenvereinbarung) bestimmte Werbeflächen exklusiv dem Verband bzw. dessen Verbandssponsoren einzuräumen hat. Ob und in welchem Umfang solche verbandsrechtlichen Vermarktungsbeschränkungen zulässig sind, wurde bereits erörtert. Gewährt der Sportler seinem Sponsor Vermarktungsrechte, an deren Einräumung er durch die Verbandsbestimmungen gehindert ist, macht er sich gegenüber dem Sponsor **schadensersatzpflichtig**. Setzt er sich über die verbandsrechtlichen Werbebeschränkungen hinweg, riskiert er verbandsrechtliche Sanktionen, beispielsweise den Ausschluss aus dem Nationalkader oder die Nichtteilnahme an den Olympischen Spielen.[40] Sportlern und Sponsoren ist dringend anzuraten, sich über eventuelle verbandsrechtliche Werbebeschränkungen vor Abschluss des Sponsoringvertrages sachkundig zu machen.

III. Ausrüstervertrag

1. Allgemeines

36　　Über den so genannten Ausrüstervertrag verpflichtet sich ein Hersteller (meistens ein Sportartikel- oder Bekleidungshersteller), einem Sportler oder einem Verband bzw. Verein die vom Sportler benötigte Sportausrüstung zur Verfügung zu stellen.[41] Während sich im **Amateurbereich** die Leistung des Herstellers häufig auf die Zurverfügungstellung der Ausrüstung beschränkt und keine weiteren Leistungen, insbesondere Geldzahlungen, erbracht werden, ist dies bei den hier interessierenden Spitzensportlern anders. Der Hersteller versucht mit Hilfe der medialen Präsenz des Spitzensportlers, sich und die von ihm zur Verfügung gestellten Ausrüstungsgegenstände bekannt zu machen und zu vermarkten. Da in der Regel unterschiedliche Hersteller für die vom Sportler benötigten Ausrüstungsgegenstände zur Verfügung stehen, ist der Hersteller bereit, dem Sportler ein Entgelt für die Benutzung der vertragsgegenständlichen Ausrüstungsgegenstände zu zahlen. Im Gegenzug räumt der Sportler dem Ausrüster regelmäßig das Recht ein, mit dem Bildnis des Sportlers, dessen Namen oder anderen Verwendungsformen des Persönlichkeitsrechts zu werben.[42]

37　　Wie beim Sponsoringvertrag handelt es sich beim Ausrüstervertrag mit Spitzensportlern um einen im BGB nicht geregelten Vertragstyp, dessen Inhalte in der Regel **frei vereinbar** sind. Fehlen ausdrückliche Vereinbarungen, sind die Regelungen desjenigen Vertragstyps anzuwenden, der der jeweils streitgegenständlichen Leistung sachlich am nächsten kommt. Hinsichtlich der Einräumung der Vermarktungsrechte durch den Sportler kann auf die Ausführungen zum Sponsoringvertrag verwiesen werden. Hin-

---

[39] Abgedruckt in PHB SportR-*Fritzweiler*, Anhang B 1.

[40] PHB SportR-*Fritzweiler/Pfister*, 3/112.

[41] Entsprechende Vertragsmuster für einen Ausrüstervertrag finden sich bei Partikel, Formularbuch für Sportverträge, D III 3 und D III 4.

[42] *Pfister/Steiner*, Sportrecht von A–Z, Stichwort „Ausrüstervertrag"; PHB SportR-*Fritzweiler/Pfister*, 3/129.

sichtlich der Leistungen des Ausrüsters finden die kaufrechtlichen Bestimmungen Anwendung, insbesondere bei Sachmängeln.[43]

2. Persönlichkeitsrechtliche Verfügungen im Einzelnen

Beim Abschluss des Ausrüstervertrages ist aus Sicht des Sportlers darauf zu achten, dass **38** er sich an solche Hersteller bindet, die **konkurrenzfähiges Material** zur Verfügung stellen. Dies gilt insbesondere dort, wo die Qualität der Ausrüstungsgegenstände für den sportlichen Erfolg eine besondere Rolle spielt (beispielsweise Skisport, Biathlon). Grundsätzlich sollte es im Interesse beider Parteien des Ausrüstervertrages stehen, dass der Sportler jeweils die **neuesten Ausrüstungsgegenstände** zur Verfügung gestellt bekommt; aus Sicht des Sportlers ist es aber dennoch ratsam, eine entsprechende Verpflichtung in den Vertrag aufzunehmen. Aus Sicht des Ausrüsters sind wie beim Sponsoringvertrag verbandsrechtliche Vorgaben zu beachten. So sehen die meisten verbandsrechtlichen Regelungen vor, dass die **Marken-Signets** eine bestimmte Maximalgröße auf Bekleidungsstücken oder sonstigen Ausrüstungsgegenständen nicht überschreiten dürfen. Zu beachten ist weiterhin, dass die einzelnen Fachverbände für die Ausrüstung der Nationalmannschaften eigene Ausrüsterverträge abgeschlossen haben, die es dem Sportler häufig verwehren, individuelle Ausrüsterverträge mit einem Hersteller ihrer Wahl abzuschließen. Ob eine solche verbandsrechtliche Beschränkung rechtlich zulässig ist, orientiert sich wiederum an den bereits im Zusammenhang mit der Athletenvereinbarung besprochenen Grundsätzen. Das gleiche Problem stellt sich bei Mannschaftssportarten, wenn der jeweilige Verein für seine Mannschaften und damit auch für jeden Einzelspieler Ausrüsterverträge abgeschlossen hat. Prominentestes Beispiel aus jüngster Vergangenheit ist der als **„Schuhkrieg"** bekannt gewordene Streit zwischen den Fußballspielern der deutschen Nationalmannschaft und dem **Deutschen Fußball-Bund (DFB)** hinsichtlich der Schuhwahl der einzelnen Nationalspieler.[44] Seit Jahrzehnten besteht zwischen dem DFB und dem **Sportartikelhersteller Adidas** ein hoch dotierter Ausrüstervertrag, der dem DFB auferlegt, dass alle Nationalspieler mit Schuhen von Adidas anzutreten haben. Dies führte zu erheblichem Ärger bei den betroffenen Nationalspielern, die sich daran gehindert sahen, eigenständige Ausrüsterverträge abzuschließen. Vereinzelt wurden Klagen angedroht; im Streitfall hätten sich ähnliche Probleme gestellt wie bei entsprechenden Klauseln in so genannten Athletenvereinbarungen. Der Streit konnte letztendlich dadurch abgewendet werden, dass sich DFB und Adidas auf eine **Öffnungsklausel** hinsichtlich der Schuhwahl geeinigt haben. Dieses Zugeständnis musste sich der DFB gegenüber Adidas jedoch gegen Abschluss eines neuen, langfristigen Ausrüstervertrages „abkaufen" lassen, der sich nunmehr nur noch auf alle Bekleidungsstücke mit Ausnahme des Schuhwerks bezieht. Ein ähnlicher Streit könnte dem Fußballverein FC Bayern München und denjenigen Vereinen bevorstehen, die ihren Fußballspielern nach wie vor die freie Wahl des Schuhwerks verwehren.

IV. Arbeitsverträge mit Spitzensportlern

1. Allgemeines

Wie dargelegt, erbringen Spitzensportler ihre sportlichen Leistungen vor allem in den **39** populären Mannschaftssportarten wie Fußball, Eishockey, Basketball oder Handball im Rahmen von Arbeitsverhältnissen. Die entsprechenden Arbeitsverträge werden zwischen dem am Spielbetrieb teilnehmenden Verein und dem Spieler abgeschlossen, wobei Letzterer sich häufig von sogenannten Spielerberatern vertreten lässt. Stets sind die **Arbeitsverträge** befristet, was dem gegenseitigen Austauschbedürfnis geschuldet ist.[45] Die

---

43 PHB SportR-*Fritzweiler/Pfister*, 3/129.
44 Siehe bspw. „Sport-Bild" vom 27. 5. 2005, S. 28.
45 Die Befristung von Arbeitsverträgen mit Profisportlern wird aufgrund des „Austauschbedürf-

Befristung erfolgt in der Regel auf mindestens eine Saison, häufig aber länger, um hinsichtlich des Kaders eine gewisse Planungssicherheit zu haben. Die ordentliche **Kündigungsmöglichkeit** wird in der Vertragspraxis für beide Parteien ausgeschlossen, da andernfalls die Gefahr bestünde, dass der Spieler während der Saison zu einem anderen Verein wechselt. Ist ein solcher Wechsel vor Ablauf des befristeten Vertrages beabsichtigt, bedarf es der einvernehmlichen Vertragsaufhebung; das Einvernehmen lässt sich der abgebende Verein in der Regel durch eine Transferentschädigung (auch **„Ablösesumme"** genannt) des aufnehmenden Vereins bezahlen.[46]

40   In Abgrenzung zum freien Dienstverhältnis wird das Arbeitsverhältnis insbesondere durch die **persönliche Abhängigkeit** des Arbeitnehmers vom Arbeitgeber gekennzeichnet. Von einer persönlichen Abhängigkeit des Arbeitnehmers wird dann ausgegangen, wenn dieser seine Dienstleistung im Rahmen der vom Arbeitgeber bestimmten Arbeitsorganisation zu erbringen hat und hinsichtlich Zeit, Dauer und Ort der geschuldeten Dienstleistung einem umfassenden Weisungsrecht des Arbeitgebers unterliegt.[47] Diese Voraussetzungen sind im Verhältnis zwischen dem am Spielbetrieb teilnehmenden Verein und dem Sportler jedenfalls im Profi-Bereich regelmäßig gegeben.[48] In Form von zeitlichen, örtlichen und inhaltlichen Vorgaben (Trainingszeiten, Wettkampfzeiten etc.) unterliegen die betroffenen Sportler regelmäßig einem intensiven Weisungsrecht und können ihre Arbeitsleistung weder frei gestalten noch Dritten gegenüber anbieten.

41   Grundsätzlich sind die Parteien eines Arbeitsvertrages bei der Vertragsgestaltung im Rahmen der allgemeinen gesetzlichen Bestimmungen (insbesondere der §§ 611 ff. BGB) und der arbeitsrechtlichen Sonderregelungen frei. Tarifverträge haben für den Spitzensport keine Relevanz. Demnach finden sich in der Praxis zahlreiche unterschiedliche Vertragsgestaltungen. Nach amerikanischem Vorbild und im Wege zunehmender Professionalisierung sind einige der großen deutschen Sportverbände bzw. die für die Organisation des Spielbetriebs gegründeten Kapitalgesellschaften jedoch dazu übergegangen, den am Spielbetrieb teilnehmenden Vereinen **Muster-Arbeitsverträge** vorzugeben.[49] Diese dienen der Vereinheitlichung der arbeitsrechtlichen Regelungen, insbesondere der Unterwerfung der angestellten Spieler unter das Regelwerk des Verbandes. Ungeachtet dessen sollen die Muster-Arbeitsverträge natürlich auch dazu dienen, die für die Vermarktung des Vereins und die Gesamtvermarktung der jeweiligen Liga benötigten Persönlichkeitsrechte eingeräumt zu bekommen.

2. Darstellung der wichtigsten persönlichkeitsrechtlichen Verfügungen anhand des DFL-Musterarbeitsvertrages

42   Im Hinblick auf die hier interessierenden persönlichkeitsrechtlichen Verfügungen soll stellvertretend für ähnliche Vertragswerke der für den Spielbetrieb der 1. und 2. Fußball-Bundesliga vorgegebene Muster-Arbeitsvertrag der DFL Deutsche Fußball Liga GmbH (nachfolgend **„DFL-Mustervertrag"**) untersucht werden.[50] Dieser Muster-Arbeitsvertrag muss von allen Vereinen der 1. und 2. Fußball-Bundesliga beim Abschluss von Arbeitsverträgen herangezogen werden. Zusatzvereinbarungen zwischen Verein und Spieler sind jedoch möglich.

43   Die wichtigsten persönlichkeitsrechtlichen Regelungen befinden sich in § 3 DFL-Mustervertrag (Überschrift: **„Nutzung und Verwertung der Persönlichkeitsrechte im Arbeitsverhältnis"**). Dort heißt es zunächst unter § 3 lit.a):

---

nisses" und des anzunehmenden „Verschleißes" grundsätzlich als zulässig anerkannt und unter § 14 Abs. 1 Nr. 1 TzBfG subsumiert (KR-Lipke, § 620 BGB Rn. 194; APS/*Backhaus*, § 620 BGB Rn. 459; *Meinel/Heyn/Herms*, TzBfG 1. Aufl., § 14 Rn. 44).

[46] Zum Transfersystem insbes. im Fußball siehe näher PHB SportR-*Summerer*, 2/184 ff.
[47] BAG 15. 3. 1978 EzA § 611 BGB Arbeitnehmerbegriff Nr. 16, 17.
[48] Für Lizenzfußballspieler vgl. BAG AP Nr. 29 zu § 138 BGB.
[49] Bspw. Deutsche Fußball Liga GmbH (DFL) oder Deutsche Eishockey Liga GmbH (DEL).
[50] Abgedruckt in PHB SportR Anhang C, S. 845 ff.

„Der Spieler räumt dem Club, sofern und soweit seine Tätigkeit als Lizenzspieler und nicht ausschließlich seine Privatsphäre berührt ist, das ausschließliche Recht ein, sein Bildnis, seinen Namen (auch Spitz- und Künstlernamen), das von ihm gesprochene Wort sowie besondere fußballbezogene Persönlichkeitsmerkmale uneingeschränkt zu nutzen und zu verwerten.(. . .) Zu der ausschließlich der Privatsphäre des Spielers zugeordneten und bei diesem verbleibenden wirtschaftlichen Verwertung der Persönlichkeitsrechte gehören insbesondere schriftstellerische Tätigkeiten sowie die Testimonial-Werbung für nicht fußballbezogene Produkte. (. . .) Falls der Spieler die dem Club zur exklusiven Verwertung eingeräumten Persönlichkeitsrechte durch Eigenvermarktungsmaßnahmen auch selbst wirtschaftlich verwerten möchte, bedarf es dazu stets der vorherigen schriftlichen Zustimmung durch den Club. Diese ist zu erteilen, falls dem nicht ausnahmsweise ein besonderes berechtigtes Interesse des Clubs entgegensteht. Der Spieler erklärt, die wirtschaftliche Verwertung seiner Persönlichkeitsrechte, sofern und soweit seine Tätigkeit als Lizenzspieler berührt wird, keinem anderen eingeräumt zu haben."

Flankiert wird die vorstehende Regelung durch § 2 lit.g) DFL-Mustervertrag (Über-   **44** schrift: **„Pflichten des Spielers"**), wonach sich der Spieler verpflichtet,

„. . . Werbung für andere Partner als die des Clubs, auch durch oder auf der Bekleidung, nur mit vorheriger Zustimmung des Clubs zu betreiben. Der Club kann diese Zustimmung insbesondere dann verweigern, wenn durch Werbemaßnahmen des Spielers berechtigte Interessen des Clubs beeinträchtigt würden. Dies ist insbesondere dann der Fall, wenn der Spieler beabsichtigt, Werbung für Unternehmen zu betreiben, die in Konkurrenz zu dem Partner des Clubs stehen. Eine einmal gegebene Zustimmung kann widerrufen werden, sofern sachliche Gründe hierfür vorliegen."

Welche der in Betracht kommenden persönlichkeitsrechtlichen Positionen der Spieler   **45** seinem Club zur ausschließlichen Verwertung einräumt, ist nicht ganz eindeutig. Die Formulierung *„. . .sofern und soweit seine Tätigkeit als Lizenzspieler und nicht seine Privatsphäre berührt ist . . .",* ist auslegungsfähig. Für die Ermittlung bedarf es einer negativen Abgrenzung anhand der weiteren Regelungen. Danach verbleiben beim Spieler diejenigen persönlichkeitsrechtlichen Verwertungsrechte, die ausschließlich seine Privatsphäre berühren. Zum **Bereich der Privatsphäre** zählt der DFL-Mustervertrag insbesondere schriftstellerische Tätigkeiten sowie **Testimonial-Werbung** für nicht fußballbezogene Produkte. Hiernach verbleiben beim Spieler also zunächst die der so genannten Intim- und Privatsphäre zuzuordnenden persönlichkeitsrechtlichen Positionen. Dazu zählen Vorgänge aus dem Sexual- oder Gesundheitsbereich sowie der häusliche und familiäre Bereich.[51] Dem Verein ist es also beispielsweise verwehrt, Bildnisse aus dem privaten Alltag des Spielers oder Berichte über intime Beziehungen des Spielers zu veröffentlichen, zu verbreiten oder gar zu vermarkten. Auch **Krankheitsverläufe** zählen zur grundsätzlich geschützten Privatsphäre, wenngleich dieser Bereich bei Profi-Sportlern häufig auch den beruflichen Bereich tangiert und insoweit ein Mitteilungsbedürfnis des Vereins gegenüber der Öffentlichkeit anzuerkennen ist (welches sich nach hiesiger Auffassung allerdings auf das für die Information der Öffentlichkeit Notwendige beschränken muss). Wird der Sportler unternehmerisch bzw. geschäftlich tätig, verlässt er die geschützte Privatsphäre. Für die hier interessierende Vermarktung seines Persönlichkeitsrechts bedeutet dies, dass die Vermarktungsrechte grundsätzlich beim Verein liegen, soweit es sich nicht um *„Testimonial-Werbung für nicht fußballbezogene Produkte"* handelt. Auslegungsfähig ist wiederum, was unter *„nicht fußballbezogenen Produkten"* zu verstehen ist. Zweifellos gehören hierzu Werbe- und Anzeigenkampagnen, in denen der Sportler ohne Bezug zum Verein (also insbesondere nicht im Vereinstrikot) für ein Unternehmen wirbt, welches beispielsweise Nahrungsmittel herstellt (Bsp.: Michael Ballack für McDonalds) oder schnelle Internetverbindungen anbietet (Bsp.: Michael Ballack für T-Home).

---

[51] Zur Abgrenzung Wenzel/*Burkhardt*, Das Recht der Wort- und Bildberichterstattung, 5. Kap., Rn. 47 ff.

46 **Abgrenzungsschwierigkeiten** gibt es aber schon dann, wenn für bestimmte Sport-lernahrung (Bsp.: Nahrungsergänzungsmittel) oder sportliche Freizeitkleidung (Bsp.: Turnschuhe) geworben werden soll. Ob derartige Werbung *„fußballbezogen"* ist, kann durchaus streitig werden, wenngleich der Verein entsprechend den weiteren Regelungen im Mustervertrag ein besonderes berechtigtes Interesse nachweisen müsste, um derartige Werbung tatsächlich zu verbieten. In der Praxis wird die Individualvermarktung des Spielers auch durch die Regelung in § 2 lit.g weiter eingeschränkt, wonach Werbung für Unternehmen, die in Konkurrenz zu den Partnern des Clubs stehen, einem Zustim-mungsvorbehalt des Vereins unterliegt. Da Fußballvereine heutzutage mit zahlreichen Werbepartnern zusammenarbeiten, bleiben häufig nur noch wenige Branchen übrig, für die zustimmungsfrei geworben werden könnte. Unzulässig sind in jedem Fall Werbe-maßnahmen, die eine Verbindung zum Verein aufweisen, also beispielsweise den Spieler im **Vereinstrikot** zeigen, den Vereinsnamen ausdrücklich benennen oder ihn in fußballe-rischer Aktion zeigen. Derartige Werbemaßnahmen betreffen die *„Tätigkeit als Lizenzspie-ler"*; diesbezüglich liegen die Vermarktungsrechte nach § 3 lit. a) S. 1 beim Verein.

47 Soweit der DFL-Mustervertrag die individuellen Werbe- und Vermarktungsaktivitäten des Spielers recht umfangreich einschränkt, stellt sich natürlich die Frage, ob diese Ein-schränkungen einer gerichtlichen Überprüfung standhalten. Dies hängt vom zu entschei-denden Einzelfall ab, bei dem konkret die sich gegenüberstehenden Interessen gegen-einander abgewogen werden müssen. Zugunsten des Vereins kann das durch Art. 14 GG geschützte Interesse an der Vermarktung der Mannschaft bzw. des Vereins herangezogen werden, für den Spieler das durch Art. 12 GG und Art. 14 GG geschützte Interesse, seinen Beruf frei auszuüben und sich durch individuelle Vermarktung seiner Persönlichkeit un-ternehmerisch zu betätigen. Dabei ist allerdings zu berücksichtigen, dass insbesondere Profi-Fußballer von ihren Vereinen hohe Gehälter beziehen und insofern an der Vermark-tung ihrer dem Verein eingeräumten Persönlichkeitsrechte beteiligt werden. Soweit „fuß-ballbezogene" Vermarktungsrechte nach § 3 lit. a) beim Verein liegen, dürfte dies jeden-falls dann verhältnismäßig sein, wenn der Begriff nicht zu weit ausgelegt wird, also nicht jede Werbung umfasst, die allenfalls mittelbar sport- oder fußballbezogen ist.[52] Auch wenn dem Spieler nicht-fußballbezogene Werbung nach § 2 lit. g) unter Berufung auf den konkurrierenden Club-Partner verwehrt wird, muss unter Berücksichtigung des **Verhältnismäßigkeitsgrundsatzes** abgewogen werden. Dabei ist zusätzlich zu berück-sichtigen, ob die angebliche Konkurrenzlage tatsächlich besteht, ob es sich beim kon-kurrierenden Club-Partner um einen der Hauptsponsoren handelt und ob dem Spieler angesichts der Vielzahl der Club-Partner überhaupt noch die Möglichkeit einer Indivi-dualvermarktung verbleibt. Ist dies nicht der Fall, spricht vieles dafür, eine Beeinträchti-gung der Vereinsinteressen zu verneinen.

48 Der DFL-Mustervertrag sieht weiterhin vor, dass die dem Verein eingeräumten Per-sönlichkeitsrechte vom **Verein weiterübertragen** werden können. Hierzu heißt es unter § 3 lit. b):

> *„Der Club ist in dem Umfang der Einräumung berechtigt, das Bildnis, seinen Namen (auch Spitz-und Künstlernamen), das von ihm gesprochene Wort sowie besondere fußballbezogene Persönlich-keitsmerkmale des Spielers uneingeschränkt zu nutzen und zu verwerten, insbesondere sie dem DFB, dem Ligaverband oder der DFL Deutsche Fußball Liga GmbH zur Erfüllung ihrer vertrag-lichen Verpflichtungen einzuräumen.(. . .) Der Club kann die ihm von dem Spieler eingeräumten Rechte gegenüber Dritten auch gerichtlich geltend machen. Er ist berechtigt, bei der Übertragung der hier eingeräumten Rechte auf den DFB, den Ligaverband oder die DFL Deutsche Fußball Liga GmbH auch die Befugnis zu übertragen, die betreffenden Rechte gegenüber Dritten gerichtlich gel-tend zu machen."*

---

[52] Die notwendige enge Auslegung derartiger Klauseln mit persönlichkeitsrechtlichem Bezug betont auch das OLG Hamburg in der Oliver-Kahn-Entscheidung (OLG Hamburg, SpuRt 2004, 210, 212).

Die Klausel dient dazu, **Dritten**, insbesondere der DFL Deutsche Fußballliga GmbH **49** und dem Ligaverband, die für die Liga- oder Gruppenvermarktung der 1. und 2. Fußball-Bundesliga benötigten Persönlichkeitsrechte einräumen zu können. Die Erlaubnis zur weiteren **Überlassung dieser Rechte** wird benötigt, da zwischen dem Spieler einerseits und dem DFB, dem Ligaverband oder der DFL keine unmittelbaren Rechtsbeziehungen bestehen. Dass die schuldrechtliche Überlassung von Nutzungsbefugnissen jedenfalls hinsichtlich der vermögenswerten Bestandteile des Persönlichkeitsrechts zulässig ist, entspricht trotz streitiger Detailfragen der herrschenden Meinung.[53] Ob darüber hinaus eine Übertragung der vermögensrechtlichen Bestandteile des Persönlichkeitsrechts mit dinglicher Wirkung möglich ist, ist trotz der Marlene-Entscheidung des BGH[54] noch ungeklärt. Eine im Vordringen befindliche Auffassung[55] bejaht dies und zieht zur Begründung die Figur der gebundenen Rechtsübertragung aus dem Urheberrecht heran, nach welcher das Persönlichkeitsrecht als Stammrecht beim Inhaber verbleibt, dieser jedoch die Möglichkeit hat, Nutzungsrechte an seinem Namen, Bildnis etc zu übertragen.

Da der Streit in erster Linie dogmatischer Natur, kann an dieser Stelle auf die Kom- **50** mentierung an anderer Stelle verwiesen werden. Näher zu untersuchen ist aber, ob der Spieler durch die vorstehende Regelung sein Recht verliert, Ansprüche im eigenen Namen gegenüber Rechtsverletzern geltend zu machen. Diese Frage stellte sich in einem Verfahren vor dem Hanseatischen Oberlandesgericht, in dem der Nationaltorwart Oliver Kahn wegen der bildlichen Darstellung und Namensnennung in einem Computerspiel gegen den Spiele-Hersteller vorging.[56] Der Spiele-Hersteller wehrte sich gegenüber der Klage u.a. mit dem Argument, der ehemalige Nationaltorhüter habe über § 3 des zwischen ihm und dem FC Bayern München geschlossenen Arbeitsvertrages (der dem DFL-Mustervertrag entspricht) seine Persönlichkeitsrechte auf den Verein übertragen, weshalb der Spieler nicht mehr aktivlegitimiert sei. Das Hanseatische Oberlandesgericht ließ offen, ob und in welchem Umfang die Verwertungsbefugnisse an den Persönlichkeitsrechten von Oliver Kahn tatsächlich auf den Verein übertragen wurden; jedenfalls sei der Kläger trotz eventueller Übertragung der Verwertungsbefugnisse nach wie vor Träger des – abgesehen von seinen vermögensrechtlichen Bestandteilen – grundsätzlich nicht übertragbaren allgemeinen Persönlichkeitsrechts. Folgerichtig müsse er Unterlassungsansprüche aus der Verletzung des allgemeinen Persönlichkeitsrechts, soweit die ideellen Bestandteile betroffen sind, geltend machen können. Damit bleibt ungeklärt, ob der Spieler bei Unterzeichnung des auf dem DFL-Mustervertrag beruhenden Arbeitsvertrages auch dann gegenüber Verletzern gerichtlich vorgehen kann, wenn allein die vermögenswerten Bestandteile des Persönlichkeitsrechts verletzt werden.[57]

In § 3 lit.f) des DFL-Mustervertrages findet sich die aus Sicht des Vereins notwendige **51** Aufbrauchsklausel, die wie folgt lautet:

> *„Die Rechteinräumung ist grundsätzlich begrenzt auf die Laufzeit dieses Arbeitsvertrages. Diese Begrenzung gilt nicht für die mediale und multimediale Nachverwertung in Form von Archivbildern. Außerdem gilt für die Vermarktung und den Vertrieb von Produkten eine Abverkaufsfrist von fünf Jahren. Die Parteien sind sich einig, dass mit der vertraglichen Vergütung auch die Rechteeinräumung abgegolten ist.“*

Vor dem Hintergrund, dass Arbeitsverträge mit Berufsfußballern teilweise nur auf eine **52** Saison befristet sind und zudem auch kurzfristig einvernehmlich aufgehoben werden können, besteht ein anzuerkennendes Bedürfnis an der **vereinbarten Aufbrauchsfrist**

---

[53] Palandt/*Sprau*, BGB, 67. Auflage 2008, § 823 Rn. 86 m.w.N.
[54] BGH NJW 2000, 2195 – *Marlene Dietrich.*
[55] *Schertz*, Merchandising, Rn. 377; *Forkel*, GRUR 1988, 491, 493; *Götting*, Persönlichkeitsrechte als Vermögensrechte, S. 60, 65.
[56] OLG Hamburg, SpuRt 2004, 210 – *Oliver Kahn.*
[57] Verneinend PHB SportR-*Fritzweiler/Pfister*, 3/86 Fn. 331.

für Archivbilder und insbesondere **Merchandisingartikel**. Ob allerdings eine Abverkaufsfrist von fünf Jahren verhältnismäßig ist, unterliegt zumindest Zweifeln.

53   Zusammenfassend bleibt festzuhalten, dass die persönlichkeitsrechtlichen Regelungen im DFL-Mustervertrag – mit Ausnahme konkreterer Abgrenzungsdefinitionen – im Vergleich zu früher genutzten Vertragsklauseln weitaus umfangreicher und deshalb grundsätzlich zu begrüßen sind, wenngleich nur schwer vorherzusehen ist, ob sämtliche Klauseln einer gerichtlichen Überprüfung standhalten würden.

17. Kapitel. Merchandising- und Werbeverträge

§ 43. Merchandisingverträge

Inhaltsübersicht

Schrifttum: *Battersby/Grimes*, The Law of Merchandising and Characterlicensing, 1993; *Biene,* Starkult, Individuum und Persönlichkeitsgüterrecht, 2004; *Böll,* Licensing: Marketinginstrument und Umsatzkatalysator, in: *Böll* (Hrsg.), Handbuch Licensing, 2001, S. 27; *Böll*, Merchandising und Licensing, 1999; *Brandel,* Anmerkung zum OLG München, AfP 1981, 347; *Büchn*er, Merchandising License Agreement, in: *Pfaff* (Hrsg.), Lizenzverträge, 2. Aufl. 2004, S. 545; *Bungard*, Dingliche Lizenzen an Persönlichkeitsrechten, 2005; *Bunnenberg,* Namensmerchandising, 2007; *Delp*, Der Verlagsvertrag, 8. Aufl. 2008; *Dünnwald*, Namensrecht und Massenmedien, UFITA Bd. 49 (1967), 129 ff.; *Ehlgen,* Merchandising, ZUM-Sonderheft 1996, 1008; *Forkel*, Lizenz nach Persönlichkeitsrechten durch gebundene Rechtsübertragung, GRUR 1988, 491; *Freitag,* Die Kommerzialisierung von Darbietung und Persönlichkeit des ausübenden Künstlers, 1993; *Fromm/Nordemann, W.,* Urheberrecht, 9. Aufl.

1999; *v. Gam*m, Urheberrechtsgesetz, Kommentar, 1968; *ders.*, Wettbewerbsrecht, 5. Aufl. 1987; *ders.*, Geschmacksmustergesetz, 2. Aufl. 1989; *Gerstenberg,* Titelschutz von Fernsehsendungen, ZUM 1985, 346; *Götting,* Persönlichkeitsrechte als Vermögensrechte, 1995; *v. Hartlieb/Schwarz,* Handbuch des Film-, Fernseh- und Videorechts, 4. Aufl. 2004; *Helle,* Besondere Persönlichkeitsrechte im Privatrecht, 1991; *Jung,* Werbung mit Politikern, in: *Stiftung Haus d. Geschichte d. Bundesrepublik Deutschland* (Hrsg.), Prominente in der Werbung. Da weiß man, was man hat, 2001, 128; *v. Kirschhofer,* Promis im Blick der Werbeforschung, in: *Stiftung Haus d. Geschichte d. Bundesrepublik Deutschland* (Hrsg.), Prominente in der Werbung. Da weiß man, was man hat, 2001, 27; *Klinkert/Schwab,* Markenrechtlicher Raubbau an gemeinfreien Werken – ein richtungweisendes „Machtwort" durch den Mona Lisa-Beschluss des Bundespatentgerichts?, GRUR 1999, 1067; *Krüger, C.*, Persönlichkeitsschutz und Werbung – Zugleich eine Besprechung der beiden BGH-Entscheidungen „White-Christmas" und „Fußballtor" –, GRUR 1980, 628; *Loewenheim,* Handbuch des Urheberrechts, 2003; *Magold,* Personenmerchandising: der Schutz der Persona im Recht der USA und Deutschlands, 1994; *Moser,* Deutsche Lizenzthemen im Aufwind: Tigerente, Maus & Co. erobern den Lizenzmarkt, in: *Böll* (Hrsg.), Handbuch Licensing, 2001, S. 189; *Nordemann, W.*, Mona Lisa als Marke, WRP 1997, 389; *Osenberg,* Markenschutz für urheberrechtlich gemeinfreie Werkteile, GRUR 1996, 101; *ders.,* Die Unverzichtbarkeit des Urheberpersönlichkeitsrechts, 1985; *Pagenberg,* Ausstattung im Character Merchandising, in: *Schricker/Stauder* (Hrsg.), Handbuch des Ausstattungsrechts, 1986, 1073; *Peters,* Politik, Werbung, Entertainment, in: *Stiftung Haus d. Geschichte d. Bundesrepublik Deutschland* (Hrsg.), Prominente in der Werbung. Da weiß man, was man hat, 2001, S. 111; *Pietzko,* Die Werbung mit dem Doppelgänger eines Prominenten, AfP 1988, 209; *Poll,* Die Entwicklung des Rechts am eigenen Bild, ZUM 1988, 454; *Preis,* Die Werbung mit Persönlichkeiten und Figuren (Merchandising) nach Schweizerischer Praxis, in: FS Blum, 1978, 181; *Rehbinder,* Zum Urheberrechtsschutz für fiktive Figuren, in: Beiträge zum Film und Medienrecht, FS Wolf Schwarz, 1988, 163; *Ruijsenaars,* WIPO-Bundes-Studie über Character-Merchandising, GRUR-Int. 1994, 309; *ders.,* Character Merchandising, Eine rechtsvergleichende Untersuchung zum Schutz der Vermarktung fiktiver Figuren, 1997; *ders.,* Die Verwertung des Werbewertes bekannter Marken durch den Markeninhaber, Teil II: Die Rechtslage in den Vereinigten Staaten von Amerika, GRUR-Int. 1989, 280; *Ruijsenaars* GRUR Int. 1989, 280, 281; *ders.,* Merchandisingverträge, in: Urhebervertragsrecht, FS Schricker, 1995; *Schertz,* Merchandising, Rechtsgrundlagen und Rechtspraxis, 1997; *ders.* Die wirtschaftliche Nutzung von Bildnissen und Namen Prominenter, AfP 2000, 495; *ders.* Der Merchandisingvertrag – Zum Gegenstand des Vertrages, den Lizenzbedingungen und Vertragsinhalten, ZUM 2003, 631; *Schmidt,* Merchandising-Verträge, in: *Moser/Scheuermann* (Hrsg.), Handbuch der Musikwirtschaft, 6. Aufl. 2003, S. 1250; *Schneider,* Klassiker „Kommissar Rex" – er bellt und bellt und bellt, in: *Böll* (Hrsg.), Handbuch Licensing, 2001, S. 165; *Schricker* (Hrsg.), Urheberrecht, 3. Aufl. 2006; *Walter,* Die geschäftliche Verwertung von Werbefiguren durch Lizenzvergabe, 1980; *Wandtke/Bullinger,* Die Marke als urheberrechtlich schutzfähiges Werk, GRUR 1997, 573; *Wenzel, K.-E.*, Das Recht der Wort- und Bildberichterstattung, 5. Aufl. 2003; *Willi,* Merchandising mit fiktiven Figuren, WRP 1996, 652; *Wolf,* Der strafrechtliche Schutz der Persönlichkeit gegen unbefugte Kommerzialisierung, 1999.

1   Eine **eigenständige Vermarktungsform von Persönlichkeitsrechten** sind **Merchandisingverträge,** insbesondere mit Prominenten. Da die werbliche Nutzung von Bild, Name oder sonstigen Persönlichkeitsbestandteilen grundsätzlich zustimmungsbedürftig ist, haben die Beteiligten die Möglichkeit, hierüber auch Verträge abzuschließen und die konkreten Nutzungen gegen Lizenzentgelt zu gestatten. Die Rechtsgrundlagen derartiger Vermarktungsformen sind vielschichtig. Insofern wird zur Vervollständigung eine Übersicht über die verschiedenen Rechtsgrundlagen neben den Persönlichkeitsrechten gegeben, zumal nicht selten das Recht am eigenen Bild oder der Name zugleich als Marke geschützt ist, oder etwa wenn Bilder aus Filmszenen vermarktet werden, zugleich Leistungsschutzrechte einschlägig sind.

Nach hiesigem Verständnis fällt der **Werbevertrag** mit einem Prominenten unter den Oberbegriff des Merchandisingvertrages. Dennoch erfolgt die Darstellung der Regelungsinhalte dieser speziellen Form von Verträgen aus Gründen der Übersichtlichkeit in dem eigenen § 44 „Werbeverträge".

A. Übersicht

Neben den klassischen Urheberrechtsverwertungsverträgen in der Film-, Musik- und **2** Medienwirtschaft hat sich der **Merchandising-Vertrag** als eine **eigenständige Vertragsform** entwickelt. Merchandising ist daher in den genannten Branchen eine inzwischen geläufige Bezeichnung für eine bestimmte Form von Vermarktung. In seinen Erscheinungsformen reicht es von der ornamentalen Verwendung von Comicfiguren, Marken oder auch Werken der bildenden Kunst auf Schlüsselanhängern, Pappkaffeebechern, Bettwäsche und Armbanduhren, der Benennung eines Parfums oder eines anderen hochwertigen Produktes mit dem Namen eines Schauspielers, Sportlers oder Modemachers bis hin zum Vertrieb von Puppen bzw. sonstiger dreidimensionaler Figuren der in einem Film auftretenden Charaktere und Modellen der von ihnen im Film benutzten Fahrzeuge, Waffen und anderen Gegenständen. Lizenzgegenstände lassen sich nicht immer sauber trennen. Jedenfalls steht fest, dass **oftmals auch Persönlichkeitsrechte Gegenstand der Abreden** sind, wenn etwa gestattet wird, **das eigene Bildnis oder den Namen für Produkte Dritter** zu nutzen. Bei berühmten Modemachern, aber auch bei sonstigen Prominenten, sind nicht selten deren Bildnis oder Name auch als Marke geschützt. Insofern erfolgt die Lizenzierung hier aufgrund von mehreren Rechtsgrundlagen.

Im Ergebnis geht es bei Merchandising um die **Kapitalisierung von Beliebtheit** bzw. **die Ausnutzung des Bekanntheitsgrades** von einem „populären Gut".[1] Die Weltorganisation für Geistiges Eigentum (WIPO) hat Merchandising in einer eigens hierzu erstellten Studie als „eine der modernsten Methoden zur Erhöhung des Absatzes von Waren und Dienstleistungen bei potentiellen Verbrauchern bezeichnet".[2] Bereits diese Bewertung macht deutlich, welches enorme wirtschaftliche Potential hinter Merchandising-Geschäften steht.

I. Begriff und Gegenstand von Merchandisingverträgen

Der **Begriff Merchandising** stammt aus dem Englischen und stellt eine allgemeine **3** Bezeichnung für „Warenhandel treiben" dar. Auch in der Betriebswirtschaft wird der Begriff umfassend als Bezeichnung für die „Gesamtheit aller Maßnahmen der Absatzförderung"[3] verwendet. **Im juristischen Sprachgebrauch** wird er hingegen enger verstanden und auf bestimmte Arten von Lizenzverträgen bezogen. In diesem Rahmen wird der Begriff des Merchandising allerdings unterschiedlich verwendet, insbesondere seine Abgrenzung von anderen Verwertungsformen stößt auf Schwierigkeiten. Eine Legaldefinition des Merchandising existiert nicht.[4] In der Rechtsprechung wird der Begriff im allgemeinen als feststehend vorausgesetzt, ohne dass man sich näher mit ihm auseinandersetzt.[5] Die Stellungnahmen im Schrifttum lassen sich dahin zusammenfassen, dass unter

---

[1] *Ehlgen* ZUM-Sonderheft 1996, 1008.

[2] Zitiert nach *Ruijsenaars* GRUR Int. 1994, 309.

[3] Vgl. *Böll*, Merchandising und Licensing, S. 1; *Ehlgen* ZUM-Sonderheft 1996, 1008.

[4] S. a. *Büchner* in: *Pfaff*, Lizenzverträge, Rn. 1096; *Ruijsenaars*, Character Merchandising, S. 14.

[5] So hat der BGH in der *Guldenburg*-Entscheidung (GRUR 1993, 692) die kaufmännische Nutzung des Titels und seiner Bestandteile sowie anderer Elemente einer Fernsehsendung im Wege der Lizenzvergabe als Merchandising bezeichnet, in der *Nena*-Entscheidung (GRUR 1987, 128) einen Vertrag, der dem Lizenznehmer dazu ermächtigt, Dritten die wirtschaftliche Verwertung des Bildnisses der Sängerin gegen eine Vergütung zu gestatten. Das OLG Hamburg versteht unter Merchandising sinngemäß die Möglichkeit, ein Zeichen oder einen Namen durch Lizenzvergabe für Sekundärprodukte außerhalb des „Gleichartigkeitsbereichs" einzusetzen (GRUR 1988, 549 – Cats); s. ferner ZUM-RD 1999, 122. Das OLG München sieht in Merchandising die wirtschaftliche Nutzungsmög-

Merchandising im Allgemeinen die lizenzmäßige Vermarktung insbesondere von Figuren, Namen und Motiven verstanden wird.[6] Die **WIPO definiert Merchandising** als die Bearbeitung oder Sekundärnutzung der wesentlichen Persönlichkeitsmerkmale einer Figur durch den Schöpfer der fiktiven Figur bzw. durch die natürliche Person oder durch einen oder mehrere dazu berechtigte Dritte hinsichtlich verschiedener Waren und/oder Dienstleistungen zum Zwecke der Schaffung des Verlangens bei den in Betracht kommenden Verbrauchern aufgrund der Affinität des Verbrauches mit der Figur derartiger Waren zu erwerben und/oder derartige Dienstleistungen in Anspruch zu nehmen.[7]

4   Merchandisingverträge sind dadurch gekennzeichnet, dass ihr Gegenstand **außerhalb des eigentlichen Betätigungsfelds** bzw. Wirkungskreises des Merchandisingobjektes liegt, dass sie also im weitesten Sinne eine **Sekundärverwertung** darstellen. Die Primärnutzung der meisten Merchandising-Objekte erfolgt im Zusammenhang mit einer Unterhaltungs- oder Werbefunktion, die Sekundärnutzung im Rahmen des Merchandising baut dann auf der durch die Primärnutzung erlangten Popularität auf.[8] Gerade die Trennung zwischen Primär- und Sekundärnutzung spielt eine entscheidende Rolle bei der Frage, welche konkreten Nutzungsrechte in einem Vertrag unter dem Begriff „Merchandisingrechte" übertragen werden. So werden in einem Filmproduzentenvertrag grundsätzlich nur die Verfilmungs- und Fernsehsenderechte, nicht aber automatisch die Merchandisingrechte übertragen.[9] Gleiches gilt für Künstlerexklusivverträge im Tonträgerbereich, wobei zunehmend hier auch die Übertragung von Merchandisingrechten von den Tonträgerfirmen gefordert wird. Auch die Merchandisingauswertung eines Films, einer Fernsehsendung oder einer Musikgruppe (Boy-Groups etc.) ist von der Druckauswertung und damit der Übertragung von Drucknebenrechten sowie der Tonträger- und Bildträgerauswertung (Soundtrack/Video) abzugrenzen.[10] Solche Auswertungsvarianten werden branchenüblich jeweils als eigenständige Lizenzgeschäfte verstanden.

5   Die **Rechtseinräumung bei Merchandisingverträgen** beschränkt sich nicht nur auf urheberrechtliche Nutzungsrechte, sondern erstreckt sich auf Rechte aus Warenzeichen, Geschmacksmustern, Persönlichkeitsrechte einschließlich des Rechts am eigenen Bild, Namensrechte und wettbewerbsrechtliche Schutzpositionen (Good Will, Imagetransfer).[11]

---

lichkeit der Bekanntheit einer Fernsehsendung durch Nutzung des Titels zu anderen Zwecken als für die Sendung selbst (GRUR 1990, 43 – *Donnerlippchen*).

[6] So definiert *Schricker* auf das Urheberrecht bezogen Merchandising als die unternehmerische, insbesondere werbliche Verwertung von Figuren, Namen und Motiven aus urheberrechtlich geschützten Werken (*Schricker/Schricker*, Urheberrecht, vor §§ 28 ff. Rn. 110). Nach *Hertin* dient Merchandising als Sammelbezeichnung für die Vermarktung von fiktiven Figuren (Comic, Filmfiguren) und literarischen bzw. erdichteten Figuren, realen Personen (Schauspieler, Sportler, Musiker), Namen, Titeln, Signets, Logos, Ausstattungselementen, Filmszenen und sonstigen Bildern für die Absatzförderung von Waren und Dienstleistungen einschließlich Werbung im Wege der Lizenzvergabe (*Fromm/Nordemann/Hertin*, Urheberrecht, vor § 31 Rn. 61); *Reber* versteht unter Merchandising für den Bereich des Films die „sonstige Vermarktung von Filmfiguren, Filmbildern, Filmszenen, Filmtiteln, Filmslogans u. Ä. m. für Zwecke außerhalb der Verwertung des Filmwerks und der Werbung für diese Verwertung" (*v. Hartlieb/Schwarz/Reber*, Handbuch des Film-, Fernseh- und Videorechts, Kap. 42, Rn. 8). Vgl. ferner *Schmidt* in: *Moser/Scheuermann* (Hrsg.), Handbuch der Musikwirtschaft, S. 1250; *Ruijsenaars* GRUR Int. 1989, 280, 281; *Delp*, Verlagsvertrag, S. 207; *Pietzko* AfP 1988, 209, 210; *Forkel* GRUR 1988, 491.

[7] Vgl. Fußn. 2. Diese Definition bezieht sich indes nur auf den Unterfall des Character-Merchandising.

[8] Vgl. *Schertz*, Merchandising, Rn. 13.

[9] *Delp*, Verlagsvertrag, S. 42.

[10] Vgl. *Ehlgen* ZUM-Sonderheft 1996, 1008, 1013, der zwischen dem Merchandisingrecht, dem Herstellungs-, Vervielfältigungs- und Verbreitungsrecht in Printmedien und dem Recht zur Auswertung auf Videokassetten trennt; *Ruijsenaars* in: FS Schricker, S. 597, 600; *Schertz*, Merchandising, Rn. 399.

[11] *Fromm/Nordemann/Hertin*, Urheberrecht, vor § 31 Rn. 61.

Der **Gegenstand von Merchandisingverträgen** lässt sich daher definieren als die 6
umfassende, neben die jeweilige Primärverwertung tretende Sekundärvermarktung von
populären Erscheinungen, insbesondere fiktiven Figuren, realen Persönlichkeiten, Namen, Titeln, Signets, Logos, Ausstattungselementen, Designs und Bildern außerhalb ihres
eigentlichen Betätigungs- bzw. Erscheinungsfeldes durch den Berechtigten selbst oder
durch Einräumung von Rechten und sonstigen Besitzständen an Dritte zur wirtschaftlichen Verwertung zum Zwecke des Absatzes von Marken und Dienstleistungen einschließlich der Verkaufsförderung und Werbung mit Ausnahme der Auswertung in Printmedien und/oder auf Bild- oder Tonträger.[12] Für bestimmte Merchandisingformen haben sich **eigenständige Bezeichnungen** herausgebildet, so für die Vermarktung fiktiver
Figuren der Begriff **„Character Merchandising"**; für die Vermarktung natürlicher Personen **„Personality Merchandising"** bzw. **„Personenmerchandising"** sowie für die
merchandisingmäßige Auswertung von bekannten und berühmten Marken der Begriff
„Brand Merchandising".[13] Allen Formen des Merchandising ist eigen, dass sich die
(erhoffte) Anziehungskraft der Merchandising-Objekte aus einer rein emotionalen und
irrationalen Wertschätzung, nicht jedoch aus konkreten Qualitätsvorstellungen ergibt, die
mit einer bekannten Figur oder einem Symbol verbunden werden.[14]

II. Entwicklung des Merchandising

Frühformen des Merchandising finden sich bereits im 18. Jahrhundert. So gestatteten 7
britische Adelsdamen gegen Lizenzgebühr die Benutzung ihres Namens für Kosmetikprodukte.[15] Bereits Anfang des 19. Jahrhunderts wurden in Amerika Comicfiguren für
die verschiedensten Produkte lizenziert, etwa *„Buster Brown"*, *„Little Nemo"*.[16] 1913 lizenzierte Präsident *Roosevelt* seinen Vornamen zur Verwendung für die Bezeichnung eines
Plüschbären als „Teddy". Anfang der 30er Jahre begann dann *Walt Disney* mit der umfassenden Lizenzierung seiner Characters, insbesondere *„Micky Mouse"* für Waren und
Dienstleistungen jeglicher Art.[17] Auch in Deutschland gibt es bereits zu Anfang des
20. Jahrhunderts Frühformen von Merchandising, etwa der Vertrieb einer Zigarre unter
dem Namen *„Graf Zeppelin"* in Verbindung mit einer Banderole, welches ein Brustbild
des Grafen wiedergab.[18]

Seitdem hat sich Merchandising nicht nur in den USA, sondern auch in Deutschland 8
rasant zu einem **immer stärkeren Geschäftszweig** entwickelt, erfasste zunächst die
Filmindustrie und hier die Auswertung von Kinofilmen wie *„Star Wars"* und sodann die
gesamte Modebranche bzw. Musikindustrie durch Lizenzierung der Namen und Bildnisse ihrer bekanntesten Vertreter für jegliche Form von Produkten. Seit Beginn der 80er
Jahre ist Merchandising in den USA ein eigenständiger Wirtschaftszweig. In Deutschland
setzte eine strategisch geplante Vermarktung von Lizenzthemen allerdings erst Anfang
der 70er Jahre ein,[19] die konkret die Auswertung der Lizenzthemen *„Biene Maja"*, *„Sindbad
der Seefahrer"*, *„Pinochio"*, die *„Mainzelmännchen"*, *„Onkel Otto"* betraf. Eine weitere Dynami-

---

[12] Vgl. *Schertz*, Merchandising, Rn. 14; dem folgend sowie in *Fromm/Nordemann/Hertin*, Urheberrecht, vor § 31 Rn. 61; *Böll*, Merchandising und Licensing, S. 4. Nach *Ruijsenaars* (Character Merchandising, S. 17, Fußn. 26) entzieht sich Merchandising angesichts der besonders vielseitigen
Erscheinungsformen der Vermarktungspraxis einer endgültigen Definition.

[13] Vgl. hierzu *Büchner* in: *Pfaff*, Lizenzverträge, Rn. 1097; *Schertz*, Merchandising, Rn. 4.

[14] *Ruijsenaars*, GRUR Int. 1994, 309, 311; *Büchner* in: *Pfaff*, Lizenzverträge, Rn. 1098.

[15] *Battersby/Grimes*, The Law of Merchandising and Characterlicensing, S. 1–5.

[16] *Böll*, Merchandising und Licensing, S. 19.

[17] *Böll*, Merchandising und Licensing, S. 19; *Ehlgen* ZUM-Sonderheft 1996, 1008; *Schertz* Merchandising, Rn. 15.

[18] Vgl. die Entscheidung RGZ 74, 308.

[19] *Böll*, Merchandising und Licensing, S. 22.

sierung erfuhr der Merchandisingmarkt durch die Zulassung privater Rundfunkveranstalter wie SAT 1 und RTL und die von diesen Sendern betriebene umfassende Auswertung ihrer Sendungen in jedweder Form.

B. Merchandising in der Praxis

I. Marktdaten

9   Die **wirtschaftliche Bedeutung** von Merchandisinggeschäften wird an den Umsatz-
steigerungen der letzten Jahre deutlich. Während in den USA durch Merchandisingprodukte im Jahre 1977 noch ein Gesamtumsatz von 4,9 Mrd. US-Dollar erzielt wurde, lag
dieser 2000 bei 64 Mrd. US-Dollar.[20] In Deutschland wurden durch Merchandising-
lizenzgeschäfte 1991 lediglich 1 Mrd. Euro umgesetzt, neun Jahre später im Jahre 2000
verzeichnete die Branche einen Umsatz von 5,3 Mrd. Euro.[21] Bereits 1995 erzielten allein
die Privatsender RTL und SAT 1 mit senderbezogenem Marketing jeweils einen Umsatz
von 100–150 Mio. Euro.[22] Am beliebtesten unter den Lizenzprodukten sind Kleidungs-
stücke. Allein im deutschsprachigen Raum wurden 2000 ca. 1,8 Mrd. Euro mit lizenzge-
schmückten Pullovern, T-Shirts, Caps etc. umgesetzt.[23] Zu den erfolgreichsten deutschen
Lizenzen zählen die Janoschfiguren. Der Handelsumsatz der Janosch-Produkte hat sich
von 1993 bis 2000 auf 130 Mio. Euro ver37facht. Tiger-Bike, Janosch-Bügeleisen, Bettwäsche mit dem kleinen Bären und all die anderen Lizenzprodukte, bei deren Auswahl stets
auf eine hohe Qualität geachtete wird, sind beliebt wie nie zuvor.[24]
Aufgrund des wirtschaftlichen Potentials der Branche haben sich in Deutschland circa
30–40 **Agenturen** auf das Merchandisinggeschäft spezialisiert. Diese Agenturen sind entweder selber Rechteinhaber oder sie vermarkten Lizenzen im Auftrag der Lizenzgeber.[25]
Teilweise wird das Merchandising jedoch auch von den Rechteinhabern selbst betrieben,
wie bei dem Fußballverein Manchester United, der jährlich Einnahmen von ca. 29 Mio.
Pfund aus dem Verkauf von Fanartikeln verzeichnet. Zu den erfolgreichsten Merchandising-Auswertungen in Deutschland zählen die „Ottifanten", der Drache „Tabaluga", die
„Diddl-Maus", die „Tigerente", „Käpt'n Blaubär", der 1. FC Bayern München sowie das Michael
Schumacher-Licensing.[26]

II. Merchandising-Objekte als Vertragsgegenstände

10   Gegenstand von Merchandisingmaßnahmen sind die verschiedensten populären Erscheinungen. Die einschlägige rechtliche Schutzposition, die Gegenstand eines Merchandisingvertrages bzw. einer konkreten Rechteübertragung ist, hängt davon ab, welche Art
von Merchandising-Objekt Gegenstand der Vereinbarung ist. Einen Hauptfall von Merchandising bildet die Nutzung des Namens und des äußeren Erscheinungsbildes von
Comic-, Film- und literarischen Figuren, also fiktiven Figuren für andere Produkte
und in der Werbung. Daneben tritt die umfassende Merchandising-Auswertung **realer
Personen wie prominenter Sportler, Schauspieler, Pop-Stars.** Doch werden nicht
nur **die Namen fiktiver und realer Personen,** sondern auch die von Unternehmen, Ver-

---

[20] *Böll,* Merchandising und Licensing, S. 6; *Böll* in: *Böll,* Handbuch Licensing, S. 27, 31

[21] *Böll,* Merchandising und Licensing, S. 7; *Böll* in: *Böll,* Handbuch Licensing, S. 27, 31.

[22] *Schertz,* Merchandising, Rn. 18.

[23] *Böll* in: *Böll,* Handbuch Licensing, S. 27, 31.

[24] *Moser* in: *Böll,* Handbuch Licensing, S. 189, 196 ff.

[25] *Böll* in: *Böll,* Handbuch Licensing, S. 27, 33.

[26] Vergl. *Moser* in: *Böll,* Handbuch Licensing, S. 189, 192, Fallbeispiele bei *Böll,* Merchandising
und Licensing, S. 147 ff.

einigungen, Organisationen, **Titel** von Filmen und Fernsehsendungen, ferner **Signets, Logos** und andere bildliche Zeichen von Unternehmen, Körperschaften und Organisationen wie etwa das *„Coca-Cola"*-Logo, das *„Ferrari"*-Logo, oder auch der Name „Greenpeace" oder *„UNICEF"* umfassend merchandisingmäßig ausgewertet. Gleiches gilt für **Ausstattungselemente,** Designs und Dekorationen, insbesondere aus **Filmen und Fernsehserien,** wie etwa der Fernsehserie und Filmreihe *„Star Treck"* oder auch *„Star Wars",* bei denen jeweils nicht nur die Modelle der Raumschiffe, sondern auch jegliche Ausstattungselemente wie Funkgeräte, Waffen, Kulissen, Uniformen der Akteure als Nachbauten bzw. Modelle vertrieben wurden. Zudem werden zunehmend auch Werke der bildenden Kunst umfassend, insbesondere in Museums-Shops auf Lizenzbasis für jedwede Form von Produkten wie Schlüsselanhänger, Becher, Tassen, Halstücher, Badetücher, Notizblöcke etc. zu Merchandisingzwecken ausgewertet.

III. Formen der Merchandising-Auswertung

Merchandising-Auswertungen erfolgen im Allgemeinen in drei typischen Formen. Bei **11** der ersten Fallgruppe dient das Merchandising-Objekt, also Name oder Abbildung einer prominenten Person oder Comic-Figur, bekanntes Logo oder Filmtitel als **unmittelbares Genussobjekt** und ist Grund für den Kaufentschluss.[27] Die **prominente Figur** wird als **Plüschtier, Puppe** oder **sonstige Spielfigur dreidimensional** nachgebildet. **Bildnis und Name** werden für sonstige **Produkte ohne eigene Charakteristik** zur Steigerung der Attraktivität und damit der Aufmerksamkeitswirkung beim Verbraucher genutzt (insbesondere T-Shirts, Poster, Anstecker, Aufkleber, Schlüsselanhänger). Bei der zweiten Fallgruppe wird Merchandising in der Form betrieben, dass Bildnis, Name, Logo, Titel etc. zur Benennung oder **ornamentalen Aufwertung von Waren** mit eigenständiger Charakteristik verwendet werden. Im Unterschied zur ersten Fallgruppe bleibt hier das Produkt Hauptsache.[28] Als Beispiel sind die Verzierung von Nestle-Schokoladenartikeln mit Disney-Characters, *„Sabatini"*-Parfum, die VW Golf-Modelle *„Pink Floyd", „Rolling Stones", „Genesis"* oder das Opel Corsa-Modell *„Steffi", „Armani"*-Brillen etc. zu nennen. Die dritte Fallgruppe bildet der Einsatz des Merchandising-Objektes in der **klassischen Wirtschaftswerbung** und Verkaufsförderung in jedweder Form für andere, bereits vorhandene klassische Produkte, wie der Einsatz von Prominenten in der Fernseh- und Print-Werbung, etwa Thomas Gottschalk in der Werbung für *„Haribo"*-Goldbären, Götz George für *„Henkel Trocken"*-Sekt oder Verona Feldbusch für Spinat. Die Regelungsinhalte derartiger Werbeverträge werden gesondert im Kapitel „Werbeverträge" (§ 44) dargestellt, da sie sich von den Inhalten normaler Merchandisingverträge in entscheidenden Punkten unterscheiden.

C. Schutzrechte an Merchandising-Objekten

Als rechtliche **Grundlage für einen Merchandising-Vertrag** kommen bei den ge- **12** nannten Merchandising-Objekten das Urheberrecht, Leistungsschutzrechte, das Geschmacksmusterrecht, Markenrechte, wettbewerbsrechtliche Schutzpositionen sowie bei realen Personen das **Namensrecht,** das **Recht am eigenen Bild** sowie das **allgemeine Persönlichkeitsrecht** in Betracht.

---

[27] *Schertz,* Merchandising, Rn. 43.
[28] *Freitag,* Kommerzialisierung, S. 130.

I. Urheberrechtsschutz

13 Nutzungsrechte an Urheberrechten kommen als Gegenstand der Rechteeinräumung im Rahmen eines Merchandising-Vertrages in Betracht, soweit es sich bei dem Merchandising-Objekt um ein Werk der Literatur, Wissenschaft und Kunst im Sinne von § 1 UrhG handelt und dieses Werk eine persönliche geistige Schöpfung im Sinne von § 2 Abs. 2 UrhG darstellt.[29] Urheberrechtsschutz wird vor allem für das Erscheinungsbild (Äußeres, Eigenschaften) von **Comicfiguren** und anderen **bildnerisch gestalteten Figuren** bejaht, zu denen auch **für Filme geschaffene Puppen** und andere dreidimensionale Phantasiefiguren zählen.[30] Die Rechtsprechung hat Figuren wie dem *„Mecky-Igel",* *„Bambi", „Micky Mouse", „Donald Duck", „Goofi",* den *„Hummel-Figuren", „Alf",* den *„Schlümpfen", „Asterix"* Werkschutz zuerkannt.[31] Dagegen besitzen **Filmfiguren, die von Schauspielern dargestellt** werden, zumeist **keinen Werkschutz,** da **nach Abzug der schauspielerischen Darstellung durch den Schauspieler** nicht mehr die notwendige Gestaltungshöhe verbleibt, da sich die Figur dann als bloßes Handlungsvehikel in ihrer äußeren Erscheinung und Charakterisierung kaum von vorher bekannten Typen abhebt.[32] Gleiches gilt für literarische Figuren.[33]

14 Bei **Namen,** Titeln und anderen wörtlichen Zeichen gestattet es in den meisten Fällen deren Kürze nicht, mangels der erforderlichen Gestaltungshöhe von einer persönlich geistigen Schöpfung auszugehen.[34] Bei **Bildmarken, Logos, Signets** und sonstigen bildlichen Zeichen, die über bloße Schriftzeichen hinausgehen und keine naheliegende Lösung aus dem vorhandenen Formenschatz darstellen, kann hinsichtlich der graphischen bzw. künstlerischen Gestaltung Werkschutz bestehen. Allerdings hat die Rechtsprechung, etwa einem Bierflaschenetikett mangels eigenartigem Motiv, den verschnörkelten Buchstaben des bekannten Signets der Zigarettenmarke *„John Players Special"* oder auch der bekannten „ARD 1" Werkschutz versagt.[35] Bei **Ausstattungselementen, Designs und Dekorationen** ist auf den Einzelfall abzustellen. **Filmbauten, Kulissen** und Bühnenbilder genießen Werkschutz, wenn sie eine über die technisch bedingte Gestaltung hinausgehende ästhetische Wirkung aufweisen. Hinsichtlich der Gebrauchsgegenstände in einem Film wie Fahrzeuge, Waffen etc, welche später als Modelle durch Merchandising vermarktet werden, ist zunächst die Auffangfunktion des Geschmacksmusterrechts zu berücksichtigen und zudem, dass die Formgebung derartiger Gegenstände oftmals technisch bedingt ist.[36] An-

---

[29] Zu den Voraussetzungen des Urheberrechtsschutzes vgl. oben § 7.

[30] Siehe dazu *Walter,* Werbefiguren, S. 127; *Rehbinder* in: FS Wolf Schwarz, S. 166; *Preiss* in: FS Blum, S. 181, 189; *Pagenberg* in: *Schricker/Stauder,* Handbuch des Ausstattungsrechts, S. 1073, 1090; *Ruijsenaars,* Character Merchanding, S. 89 ff.; *Schertz,* Merchandising, Rn. 58; *Büchner* in: *Pfaff,* Lizenzverträge, Rn. 1111.

[31] Vgl. BGH GRUR 1958, 500, 501 – Mecki-Igel I; BGH GRUR 1960, 251, 252 – Mecky-Igel II; BGH GRUR 1960, 144, 145 – Bambi; BGH GRUR 1971, 588, 589 – Disney-Parodie; BGH GRUR 1970, 250, 251 – Hummel III; OLG Hamburg ZUM 1989, 305, 306 – Die Schlümpfe; BGH GRUR 1992, 697, 698 – Alf; OLG Hamburg GRUR 1991, 207, 208 – Alf; BGH GRUR 1994, 191, 192 – Asterix-Persiflagen; BGH GRUR 1994, 206, 207 – Alcolix; OLG München ZUM 1991, 251, 252 – Alcolix.

[32] Vgl. *Rehbinder* in: FS Wolf Schwarz, S. 173; *Willi* WRP 1996, 652, 658; *Preiss* in: FS Blum, S. 181, 189; *Pagenberg* in: *Schricker/Stauder,* Handbuch des Ausstattungsrechts, S. 1073, 1081; *Walter,* Werbefiguren, S. 125; *Schertz,* Merchandising, Rn. 60–64; *Büchner* in: *Pfaff,* Lizenzverträge, 1111.

[33] Näher *Schertz,* Merchandising, Rn. 65 – 69.

[34] *Schricker/Loewenheim,* Urheberrecht, § 2 Rn. 35 ff.; *Fromm/Nordemann/Vinck,* Urheberrecht, § 2 Rn. 44; *Gerstenberg* ZUM 1985, 346 ff.; *Schertz,* Merchandising, Rn. 73.

[35] OLG München GRUR 1956, 231 – Bildflaschenetikett; OLG München GRUR Int. 1981, 180, 183 – John Players Special; OLG Köln GRUR 1986, 889 ff. – ARD 1; *v. Gamm,* Urhebergesetz, § 2 Rn. 21 m. w. N.

[36] Näher *Schertz,* Merchandising, Rn. 85.

deres kann bei speziell für einen Film geschaffenen Phantasieobjekten und Gegenständen gelten, bei denen es allein auf die ästhetische Wirkung im Film und nicht auf die technische Funktion ankommt. **Werke der bildenden Kunst,** insbesondere Gemälde, Zeichnungen und Fotografien, sind gem. § 2 Abs. 1 Nr. 4 bzw. § 2 Abs. 1 Nr. 5 als Werk schutzfähig, sofern sie eine persönliche geistige Schöpfung darstellen.

II. Leistungsschutzrechte

Im Rahmen von Merchandisingauswertungen werden mitunter **Filmszenen mit be-** **15** **kannten Schauspielern** oder auch **Ausschnitte aus Konzerten von Popstars** in einem Werbespot etc. benutzt. Auch derartige Verwertungshandlungen fallen nach der hier vertretenen Auffassung[37] unter den Begriff des Merchandising. Sofern sich Merchandisingverträge hierauf beziehen, kommt als rechtliche Grundlage eines derartigen Lizenzvertrages der **Leistungsschutz des ausübenden Künstlers nach §§ 73 ff.** UrhG in Betracht. Hiernach ist der ausübende Künstler vor unerlaubter Nutzung und damit auch unerlaubter Merchandising-Nutzung seiner auf Bild- und/oder Tonträger fixierten Darbietungen geschützt. Unter den Begriff des ausübenden Künstlers fallen indes nicht Sportler, Politiker, Fernsehmoderatoren, Nachrichtensprecher oder sonstige Prominente, sondern nur Schauspieler, Musiker, Sänger und Quizmaster.[38] Ferner sind **Bilder aus Filmen und Fernsehsendungen** sowie **Fotografien,** die ebenfalls Gegenstand des Merchandising sein können, nach § 72 UrhG als Lichtbilder geschützt, auch soweit sie nicht die Voraussetzungen eines Lichtbildwerkes erfüllen. Daneben steht auch dem Filmhersteller an dem Bildträger bzw. Bild-Tonträger gem. §§ 94, 95 UrhG ein eigenes Leistungsschutzrecht zu, welches Gegenstand einer Rechteübertragung im Rahmen eines Merchandisingvertrages über die Nutzung entsprechender Ausschnitte aus Filmen sein kann.

III. Geschmacksmusterschutz

Geschmacksmusterrechte können Gegenstand einer Rechteeinräumung im Rahmen **16** eines Merchandisingvertrages sein, wenn das vertragsgegenständliche Merchandising-Objekt als Gebilde Muster- und Modellfähigkeit, gewerbliche Verwertbarkeit, ästhetische Funktion sowie Neuheit und Eigentümlichkeit besitzt und zudem in das Musterregister beim Deutschen Patentamt eingetragen ist. In der Praxis liegt der Vorteil einer solchen Eintragung vor allem in der **Beweiserleichterung,** insbesondere hinsichtlich des Nachweises der Priorität (§ 7 GeschmG). Allerdings erfolgt die Eintragung gem. § 10 GeschmG ohne Prüfung der materiellen Schutzvoraussetzungen. Gemäß Verordnung über das Gemeinschaftsgeschmacksmuster vom 12. Dezember 2001 kommt Musterschutz nunmehr auch europaweit für nicht eingetragene Gemeinschaftsgeschmacksmuster in Betracht. Das Schutzrecht für das nicht eingetragene Gemeinschaftsgeschmacksmuster entsteht automatisch durch das bloße Herstellen des Musters bzw. Modells. Daneben kann beim Harmonisierungsamt für den Binnenmarkt auch ein Gemeinschaftsgeschmacksmuster eingetragen werden.

Für die rechtliche Absicherung einer beabsichtigten Merchandisingauswertung eignet sich Geschmacksmusterschutz insbesondere für **zwei- und dreidimensionale Bildnisse von fiktiven Figuren,** etwa in Form von Abbildungen, Aufklebern, Postern, aber auch von dreidimensionalen Puppen und Plüschtieren.[39] Zum Zeitpunkt der Anmeldung muss

---

[37] Vgl. oben Rn. 3 ff.
[38] Dazu BGH GRUR 1981, 419, 420 – *Quizmaster*; *Fromm/Nordemann/Hertin*, Urheberrecht, § 73 Rn. 17; *Schricker/Krüger*, Urheberrecht, § 73 Rn. 10, 11, 41; *Magold*, S. 619; *Schertz*, Merchandising, Rn. 104–113.
[39] Zum Musterschutz fiktiver Figuren vgl. *Ruijsenaars*, Character Merchandising, S. 341 ff.

es sich um eine noch nicht bekannte Figur handeln, da sie ansonsten nicht das Neuheitserfordernis erfüllt. Insofern eignet sich ein Geschmacksmusterschutz insbesondere für die Absicherung etwa der Auswertung eines Films, namentlich der dort auftretenden Charaktere vor Veröffentlichung des Films, also zu einem Zeitpunkt, zu welchem die Figuren noch nicht bekannt sind. Auch die anderen Merchandising-Objekte wie Signets, Logos und bildliche Zeichen, Ausstattungselemente, Designs und Dekorationen (Kostüme, Fahrzeugdesigns, Waffen, Möbel, Uhren und andere Gebrauchsgegenstände) können geschmacksmusterschutzfähig sein.

IV. Markenschutz

17   Angesichts des Erfordernisses der Individualität im Urheberrecht, aber auch des Neuheitserfordernisses im Geschmacksmusterrecht, kommt dem Markenschutz als Grundlage für Merchandisingverträge **erhebliche praktische Bedeutung** zu.[40] Die registrierte Marke gewährt dem Inhaber eine **verkehrsfähige Schutzrechtsposition** und hat gegenüber dem Urheberrecht den Vorteil, dass sich zum einen die Priorität aus dem Anmeldezeitpunkt ergibt, zum anderen die Frage der Schutzfähigkeit als Marke bereits überprüft ist. Ein weiterer Vorteil ist die Möglichkeit, die Marke nicht nur beim Deutschen Patent- und Markenamt für das Gebiet der Bundesrepublik Deutschland, sondern für ganz Europa beim Harmonisierungsamt für den Binnenmarkt in Alicante/Spanien eintragen zu lassen. Gerade bei Filmen, die etwa europaweit ausgewertet werden, bietet sich eine Markenanmeldung möglicher Merchandisingobjekte aus dem Film in Alicante zur Absicherung der Merchandisingauswertung an. Darüber hinaus können über das Madrider Markenabkommen weitere Länder in den Schutzbereich einbezogen werden.

18   Nach § 3 MarkenG sind eintragungsfähig alle Zeichen, insbesondere **Wort-**, **Bild- und Wort/Bildzeichen**. Hierunter fallen Wörter einschließlich **Personennamen,** Abbildungen, Buchstaben, Zahlen, Hörzeichen, dreidimensionale Gestaltungen einschließlich der Form der Ware oder ihrer Verpackung sowie sonstige Aufmachungen einschließlich Farben und Farbzusammenstellungen. Damit können Abbildungen und **Namen** fiktiver wie auch **realer Personen,** sämtliche Formen von wörtlichen Zeichen wie insbesondere Namen und Titel, jede Art von bildlichen Zeichen wie Logos, Signets, Etiketten etc., aber auch Werke der bildenden Kunst wie Fotografien, Gemälde oder Zeichnungen **als Marke eingetragen** werden. Gerade im Bereich der bildenden Kunst werden zunehmend Werke, die aufgrund des Ablaufes der Schutzdauer von 70 Jahren post mortem autoris nicht mehr urheberrechtlich geschützt werden, als Marke für bestimmte Waren und Dienstleistungen angemeldet (Mona Lisa, Fotografien von Einstein, Marilyn Monroe, Max- und Moritz-Figuren etc.). Dabei ist noch nicht geklärt, inwieweit urheberrechtlich freigewordene Werke durch Markenschutz remonopolisierbar sind.[41]

19   Der **Markenschutz** entsteht grundsätzlich durch Eintragung in das vom Patent- und Markenamt geführte Register, kann aber auch **durch Benutzung des Zeichens** im geschäftlichen Verkehr aufgrund hinreichender **Verkehrsgeltung** erworben werden (§ 4 MarkenG). Die Eintragung einer Marke ist nur für bestimmte Klassen von Waren und Dienstleistungen möglich, die bei der Anmeldung angegeben werden müssen (§ 32 Abs. 2 Ziff. 3, Abs. 4 MarkenG). Zur Sicherung einer beabsichtigten **Merchandising–Auswertung des Namens** oder der Abbildung einer fiktiven oder **realen Figur**, eines Logos, Titels etc. sollte das Warenverzeichnis sämtliche Waren bzw. Dienstleistungen erfassen, für die die Vergabe von Merchandisinglizenzen im Rahmen von Merchandisingverträgen in

---

[40] Zum Markenschutz an fiktiven Figuren zum Zwecke der Merchandising-Auswertung *Ruijsenaars*, Character Merchandising, S. 375 ff.

[41] Kritisch dazu *Osenberg* GRUR 1996, 101; *Wandtke/Bullinger* GRUR 1997, 573 ff.; *Nordemann* WRP 1997, 389 ff.; *Klinkert/Schwab* GRUR 1999, 1067; vgl. auch BPatG GRUR 1998, 1021 – *Mona Lisa*.

Betracht kommt, also für alle Waren, für die ein Merchandisingpotential besteht.[42] Stehen an dem Merchandising-Objekt, welches als Marke eingetragen wurde, Dritten ältere Rechte wie insbesondere Namensrechte, das Recht an der eigenen Abbildung, Urheberrechte oder sonstige gewerbliche Schutzrechte zu, kommt ein Löschungsanspruch des tatsächlich Berechtigten gem. § 13 Abs. 2 MarkenG in Betracht. Insofern sollte sich eine **Markenanmeldung** immer **nur auf Merchandisingobjekte** beziehen, an denen Dritte keine gewerblichen Schutzrechte oder **Persönlichkeitsrechte** zustehen.

Die eingetragene **Marke schützt vor Verwertung** des Merchandising-Objekts für 20 diejenigen Waren, für die es als Marke eingetragen ist (§ 14 Abs. 2 Ziff. 1 MarkenG). Ferner ist das durch Markenschutz geschützte Merchandising-Objekt auch vor verwechslungsfähiger Benutzung geschützt (§ 14 Abs. 2 Ziff. 2 MarkenG). Eine derartige Verwechslungsgefahr kann auch dann vorliegen, wenn es sich zwar um verschiedene Waren handelt, der Verkehr aber aufgrund der inzwischen allseits bekannten Üblichkeit von Merchandising-Aktivitäten zumindest ein Lizenzverhältnis vermutet, welches tatsächlich nicht besteht.[43]

V. Titelschutz und Schutz als geschäftliche Bezeichnung

Merchandisingobjekte können ferner als geschäftliche Bezeichnung gem. §§ 5, 15 Mar- 21 kenG geschützt sein. Der Oberbegriff geschäftliche Bezeichnung umfasst Unternehmenskennzeichen (Name, Firma, besondere Bezeichnung eines Geschäftsbetriebes), Geschäftsabzeichen und **Werktitel.** Der Schutz von Unternehmenskennzeichen und Werktiteln entsteht bereits mit der ersten Benutzungsaufnahme, soweit die Bezeichnungen hinreichend unterscheidungskräftig sind, also nicht rein beschreibend. Werktitel nach § 5 Abs. 3 MarkenG sind Namen oder besondere Bezeichnungen von Druckschriften, Filmwerken, Tonwerken, Bühnenwerken und sonstigen vergleichbaren Werken.[44] Der **Schutz als Unternehmenskennzeichen** kommt insbesondere für die **Namen** fiktiver Figuren und **realer Personen** in Betracht, ferner für sämtliche sonstige wörtliche Zeichen.[45]

Für Abbildungen von fiktiven Figuren, **realen Personen,** Signets, Logos, Etiketten 22 und anderen bildlichen Zeichen kommt ein **Schutz aufgrund Verkehrsgeltung** als besondere Bezeichnung eines Geschäftsbetriebes bzw. Geschäftsabzeichens in Betracht. Zu erwähnen sind etwa die bekannten „*Mainzelmännchen*" als Hinweis auf das ZDF, die personifizierte Kaffeekanne von „*Kaisers Kaffee*", das Wort-/Bildzeichen „*Salamander*" oder „*Onkel Ben*". Zudem sind die Disney-Characters auch als Geschäftsabzeichen der Walt Disney-Company anzusehen, da sie zugleich auf diese hinweisen. Der Schutzumfang von Titeln und besonderen geschäftlichen Bezeichnungen entspricht denen von Marken. Insofern reicht auch ein vermutetes Lizenzverhältnis, welches tatsächlich nicht besteht, als Voraussetzung für einen Unterlassungsanspruch gem. § 15 Abs. 2 iVm. Abs. 4 MarkenG.

VI. Wettbewerbsschutz

Insbesondere für die Fälle, für die ein Sonderrechtsschutz aufgrund urheberrechtlicher 23 Schutzrechtspositionen mangels der erforderlichen Gestaltungshöhe nicht besteht, kommt ein **ergänzender wettbewerbsrechtlicher Leistungsschutz** in Betracht.[46] Dies gilt insbesondere für **Filmfiguren und literarische Figuren,** aber auch für wörtliche und bildliche Zeichen, bei denen mangels der erforderlichen Gestaltungshöhe urheberrecht-

---

[42] *Büchner* in: *Pfaff*, Lizenzverträge, Rn. 1113; *Schertz,* Merchandising, Rn. 186.
[43] Dazu *Schertz,* Merchandising, Rn. 205–212.
[44] Der Begriff des Werkes ist hier nicht im urheberrechtlichen Sinne zu verstehen.
[45] Dazu *Schertz,* Merchandising, Rn. 232, 234.
[46] Vgl. dazu *Ruijsenaars*, Character Merchandising, S. 551 ff. für den Bereich von fiktiven Figuren (Characters).

licher Werkschutz oftmals ausscheidet. Die hier genannten Merchandising-Objekte können unter dem Gesichtspunkt der unlauteren Ausbeutung eines guten Rufs bzw. einer
wettbewerblichen Eigenart wettbewerbsrechtlichen Schutz vor unerlaubter Ausnutzung
und Nachahmung genießen. Voraussetzung ist, dass sie einen guten Ruf bzw. im Falle der
Nachahmung eine wettbewerbliche Eigenart besitzen. Werden Merchandising-Objekte zu
Merchandisingzwecken unerlaubt benutzt, steht zumeist gerade die Ausbeutung eines solchen guten Rufs in Form eines Prestige- oder Imagewertes des Merchandising-Objektes
im Vordergrund. Mit realen Personen aber auch fiktiven Figuren wie Modemachern,
Sportlern, Entertainern, Filmhelden etc. verbindet das Publikum jeweils ein bestimmtes
Image. Gleiches kann für Titel von Film- und Fernsehsendungen, Logos, Signets bzw. Marken der Hersteller von Luxusartikeln („*Ferrari*", „*Rolls Royce*", „*Mercedes*") gelten.[47]

24   Zu der bloßen Benutzung eines solchen guten Rufs an einem Merchandising-Objekt
müssen **besondere die Sittenwidrigkeit begründende Umstände** hinzutreten. Als
die Unlauterkeit einer solchen Ausbeutung von Merchandising-Objekten begründende
Umstände kommen insbesondere die bewusste Ausnutzung von Gütevorstellung als Vorspann für den eigenen Absatz (Anlehnung), die Lizenzbehinderung für einen konkreten
Warenbereich oder auch die Verwechslungsgefahr bzw. Herkunftstäuschung in Betracht.[48]
Eine solche Verwechslungsgefahr liegt im Einklang mit der Rechtslage beim Markenrecht
bereits dann vor, wenn beim Publikum der irrige Eindruck erweckt wird, dass zwischen
dem das Merchandising-Objekt für seine wirtschaftlichen Zwecke benutzenden Unternehmen und dem Inhaber des guten Rufs rechtliche, geschäftliche, organisatorische oder
sonstige Beziehungen bestehen, die das Unternehmen zum Merchandising berechtigen
(Verwechslungsgefahr im weiteren Sinne). Eine solche Lizenzvermutung durch den Verkehr wird, da dem Publikum heutzutage weitgehend die Merchandising-Praxis bekannt
ist, bei der werblichen oder anderweitigen wirtschaftlichen Nutzung des Merchandising-
Objektes durch Dritte oftmals vorliegen.[49]

25   Der Bundesgerichtshof und die Oberlandesgerichte haben in der Vergangenheit unter
den genannten Voraussetzungen immer wieder merchandisingfähige Rechtspositionen
nach § 1 UWG (a. F.) geschützt, etwa die unerlaubte Benutzung der Bezeichnung
„*Bambi*"[50] für Schokolade, der Verwendung **des Namens *Lili Marleen*"**[51] in einem Lied,
welches nicht von dem Ursprungsautor stammt, der Anmeldung des Wortzeichens
„*Dimpl*"[52] für Wasch- und Bleichmittel, Parfümerien und sonstige Produkte ohne Zustimmung des Herstellers des bekannten unter dem Namen „*Dimpl*" vertriebenen Whiskys,
der Verwendung des Slogans „*Wetten dass*"[53] in einem Werbeprospekt als Vorspann für
Printwerbung für Autoreifen oder der Anmeldung des Titels einer geplanten Fernseh-
show durch einen Dritten vor Ausstrahlung der Sendung.[54]

---

[47] *Schertz*, Merchandising, Rn. 296.
[48] Vgl. *Schertz*, Merchandising, Rn. 263.
[49] Vgl. *Schertz*, Merchandising, Rn. 300.
[50] BGH GRUR 1960, 144, 146 – *Bambi*.
[51] BGH GRUR 1958, 402, 404 – *Lili Marleen*.
[52] BGH GRUR 1985, 550, 552 – *Dimpl*.
[53] LG München GRUR 1989, 60 – *Wetten dass?*
[54] OLG München GRUR 1990, 43 – *Donnerlippchen*. Demgegenüber hat der BGH in der Entscheidung BGH GRUR 1994, 732 – *McLaren* die Herstellung und den Vertrieb eines Spielzeugautos
in den Farben und der Formgebung eines weithin bekannten und angesehenen Formel-I-Rennwa-
gens aus einem bestimmten Rennstall als wettbewerbsneutrale Rufausnutzung gewertet bzw. in der
Entscheidung BGH GRUR NJW 1993, 852 – *Guldenburg* die Anmeldung eines Zeichens „Guldenburg" für Getränke und Nahrungsmittel vor Abschluss der Dreharbeiten für die gleichnamige Serie
„Das Erbe der Guldenburgs" durch einen Dritten für zulässig erachtet, da zum Zeitpunkt der
Anmeldung des Zeichens „Guldenburg" die für einen wettbewerbsrechtlichen Leistungsschutz
erforderlichen Voraussetzungen einer außergewöhnlichen Bekanntheit der Bezeichnung sowie eine
Ausstrahlung ihrer Bekanntheit und ihres Rufs auf den Warenbereich des Verletzers nicht erfüllt sei;
kritisch hierzu *Schertz*, Merchandising, Rn. 277, 285.

VII. Persönlichkeitsrechtlicher Schutz

Als weiterer Gegenstand einer Rechteeinräumung im Rahmen eines Merchandising- **26** vertrages kommen für **Merchandising-Maßnahmen, die reale Personen betreffen, das Recht am eigenen Bild, das Namensrecht und das allgemeine Persönlichkeitsrecht** in Betracht. § 22 Satz 1 KUG bestimmt, dass Bildnisse nur mit Einwilligung des Abgebildeten verbreitet und öffentlich zur Schau gestellt werden dürfen. Unter den Bildnisbegriff des § 22 fallen jegliche Darstellungen einer Person, die die äußere Erscheinung des Abgebildeten in einer für Dritte erkennbaren Weise wiedergeben.[55] **Sämtliche bekannten Formen von Merchandising mit Darstellungen realer Personen** werden von diesem Bildnisbegriff erfasst. Beispielhaft zu nennen sind **Fotos oder Zeichnungen von Stars oder ihrer Doubles auf T-Shirts, Buttons, Bettwäsche, Schlüsselanhänger** usw., auf Markenprodukten oder in der Printwerbung, als dreidimensionale Abbilder in **Form einer Puppe, Keramik oder Zinnfigur.** Da die meisten Fälle von Merchandising-Maßnahmen nicht Informationsinteressen, sondern allein kommerziellen Interessen des Merchandisers dienen, lässt § 23 Abs. 1 Nr. 1 KUG für Bildnisse von Personen der Zeitgeschichte, also Politikern, Künstlern, Sängern, Schauspielern, Moderatoren, Modemachern oder auch Sportlern, bei denen ein erhebliches Merchandisingpotential besteht, das in § 22 Satz 1 KUG geregelte Einwilligungserfordernis auch nicht entfallen. Die Ausnahme des § 23 Abs. 1 Nr. 1 KUG erfordert nämlich die Wahrnehmung von Informationsinteressen bei der Nutzungshandlung. **Beim Merchandising wird das Bildnis indes allein zu kommerziellen** bzw. zu Werbezwecken benutzt, was die Einwilligung des Prominenten nach wie vor erforderlich macht.[56]

Zustimmungspflichtig ist daher bereits **die Nutzung des Bildnisses in der klassischen Werbung für andere Produkte** (Wirtschaftswerbung) oder als Warenzeichen. Ebenfalls nicht von einem Informationsbedürfnis der Allgemeinheit gedeckt und damit zustimmungspflichtig ist bei Prominenten der Vertrieb von Bildnissen in Form von Sammelbildern, Kalendern, Fotos, Postkarten oder anderen Gebrauchsgegenständen wie Stoffaufnähern, Medaillon-Halsketten, Briefpapier, Fotoschlüsselanhängern, Fotozahnbürsten, Halstüchern usw.[57] Einen **Grenzfall bildet die Abbildung einer prominenten Person auf dem Umschlag eines Buches** bzw. der **Titelseite einer (Kunden)-Zeitschrift**, wenn ein sachlicher Bezug zum Inhalt besteht. In diesem Fall bejahte die Rechtsprechung die Voraussetzungen des § 23 Abs. 1 Nr. 1 und ließ das Einwilligungserfordernis entfallen.[58] Anders zu beurteilen ist die Bildnisverwendung auf einer CD-Hülle.[59]

---

[55] *Schricker/Götting*, Urheberrecht, § 22 KUG/60 UrhG Rn. 14; *Wenzel*, Wort- und Bildberichterstattung, S. 419; *Helle*, Persönlichkeitsrechte, S. 91.

[56] St. Rspr., vgl. etwa OLG Hamburg ZUM 1995; vgl. auch *Schertz* AfP 2000, 495, 497–504, in welchem Fallgruppen zur Frage des Einwilligungserfordernisses bei der wirtschaftlichen Nutzung von Bildnissen Prominenter aufgeführt sind; BGHZ 20, 345 – *Paul Dahlke*; BGHZ 30, 7 – *Caterina Valente*; BGH GRUR 1961, 138 – *Familie Schölermann*; BGH GRUR 1968, 652 – *Ligaspieler*; BGH GRUR 1979, 425 – *Fußballspieler*; BGH GRUR 1979, 732 – *Fußballtor*; BGH GRUR 1987, 128 – *Nena*; BGH AfP 1992, 149, 150 – *Joachim Fuchsberger*; KG UFITA Bd. 90 (1981) 163, 164 – *Udo Lindenberg*; OLG Frankfurt ZUM 1988, 248 – *Boris Becker*; OLG Hamburg ZUM 1995, 240.

[57] BGH GRUR 1968, 652, 653 – *Ligaspieler*; BGH GRUR 1987, 128 – *Nena*, wobei der BGH zu Unrecht den Vertrieb eines Kalenders und einer Münze mit dem Bildnis von *Willy Brandt* als noch vom Informationsinteresse der Allgemeinheit gedeckt bewertet hat und damit ohne Zustimmung des Betroffenen für zulässig erachtete; BGH GRUR 1979, 425 – *Fußballspieler*; BGH AfP 1996, 66, 68 – *Abschiedsmedaille*; kritisch hierzu *Schertz*, Merchandising, Rn. 336–341.

[58] BGH AfP 1995, 495, 496 – *Elmar Wepper*; KG UFITA Bd. 90 (1981) 163, 164 – *Udo Lindenberg*; OLG Frankfurt ZUM 1988, 248 – *Boris Becker*; vgl. auch *Schertz*, Merchandising, Rn. 343–347.

[59] *Schertz*, Merchandising, Rn. 348.

27 **Neben dem Bildnisschutz** nach §§ 22 ff. KUG schützt das **Namensrecht nach § 12 BGB** den Namensträger davor, dass jemand den gleichen Namen eines anderen unbefugt gebraucht und dadurch ein schutzwürdiges Interesse eines anderen verletzt. Für die unerlaubte Benutzung eines Namens gelten die gleichen Grundsätze wie beim Recht am eigenen Bild.[60] Das **allgemeine Persönlichkeitsrecht** kann als Schutzrecht zum Tragen kommen, wenn nicht ausdrücklich geregelte Persönlichkeitselemente wie die Stimme oder die Gestik unbefugt zu Merchandisingzwecken vermarktet werden.[61]

D. Vertragstypen im Merchandisinggeschäft

I. Übersicht

28 Bei Merchandisingverträgen handelt es sich um **gemischte Verträge,** die Elemente des Marken-, Urheber- und gegebenenfalls auch des Persönlichkeitsrechtslizenzvertrages enthalten.[62] In der Praxis finden sich vor allem drei typische Gestaltungsformen.[63] **Beim Standardmerchandising-Lizenzvertrag** überträgt der Rechteinhaber einem Lizenznehmer für eine konkrete Nutzung seines Merchandising-Objektes die Auswertungsrechte. Derartige Verträge können je nach konkreter Nutzung als Hersteller-, Werbe- oder Händlerverträge abgeschlossen werden.[64] Häufig ist zwischen Rechteinhaber (Lizenzgeber) und Lizenznehmer eine auf Merchandisingauswertung spezialisierte Agentur eingeschaltet. Hier ist zunächst zwischen Rechteinhaber und Agentur ein **Merchandising-Agenturvertrag** abzuschließen, auf Grundlage dessen dann die Merchandising-Agentur Einzelstandardmerchandising-Lizenzverträge mit Lizenznehmern abschließt.[65] Zudem finden sich Merchandisingregelungen in anderen Verträgen, insbesondere als **Rechteübertragung in Künstler-, Schauspieler-, Darsteller-, Verfilmungs- und sonstigen Verträgen**, in welchen urheberrechtliche, leistungsschutzrechtliche und **auch persönlichkeitsrechtliche Schutzpositionen** übertragen werden.[66]

II. Der Standardmerchandising-Lizenzvertrag

29 Bei einem Standardmerchandising-Lizenzvertrag geht es um die konkrete Nutzung eines Merchandisingobjektes für eine spezielle Merchandisingauswertungshandlung. Hier gestattet der am Merchandisingobjekt Berechtigte als Lizenzgeber dem Lizenznehmer die Merchandising-Nutzung der fiktiven Figur, realen Person, des Namens oder Titels für eine konkrete geregelte Verwendungsform. In der Regel ist dies die Verwendung des Merchandising-Objektes zur ornamentalen Zierde oder sonstigen Nutzung für ein bestimmtes Produkt (sog. Produktlizenz).[67] Die Rechteübertragung bezieht sich in der Regel auf einen konkreten Vertragsartikel, der ausdrücklich benannt wird.[68] Der Lizenz-

---

[60] BGHZ 30, 7, 13 – *Caterina Valente*; *Dünnwald*, UFITA Bd. 49 (1967), S. 129, 142 ff.; *v. Gamm*, Wettbewerbsrecht, Kap. 24 Rn. 17; *Schertz*, Merchandising, Rn. 369.

[61] OLG Hamburg GRUR 1989, 666 – *Heinz Erhardt*; *Krüger* GRUR 1980, 628, 635; *Götting*, Persönlichkeitsrechte als Vermögensrechte, S. 135 ff.; *v. Hartlieb/Schwarz/Reber,* Film-, Fernseh- und Videorecht, Kap. 28 Rn. 13; *Schertz*, Merchandising, Rn. 373.

[62] *Büchner* in: *Pfaff*, Lizenzverträge, Rn. 1127.

[63] Vgl. zu den Vertragtypen bei Merchandisingverträgen auch *Ruijsenaars* in: FS Schricker, S. 602 ff.

[64] Vgl. hierzu ausführlich *Ruijsenaars* in: FS Schricker, S. 597, 603 ff.

[65] Dazu *Böll*, Merchandising und Licensing, S. 14; *Ehlgen* ZUM-Sonderheft 1996, 1008, 1011; *Schertz*, Merchandising, Rn. 390.

[66] Vgl. zu derartigen Regelungen in Verträgen in der Musikbranche: *Ruijsenaars* in: FS Schricker, S. 597, 605 ff.

[67] Vgl. *Schertz*, Merchandising, Rn. 392.

[68] *Büchner* in: *Pfaff*, Lizenzverträge, Rn. 1117.

geber räumt z. B. einem Hersteller von Schulartikeln das Recht ein, eine fiktive Figur, ein Logo etc. für Federtaschen und Zeichenblöcke ornamental zu verwenden, einer Spielwarenfabrik das Recht, nach einem Comic-Character Plüschtiere herzustellen oder gestattet einem Textilunternehmen, T-Shirts mit dem Abbild der Figur zu bedrucken und zu vertreiben. Neben diesen **Herstellerverträgen** kommen beim Standardmerchandising-Lizenzvertrag auch **Werbe- und Händlerverträge** in Betracht, insbesondere über die werbliche Nutzung des Merchandising-Objektes in Werbeprospekten oder sonstigen Werbematerialien für ein Dienstleistungsunternehmen oder im Handel. Da es sich in der Regel um zeitlich begrenzte Rechteeinräumungen gegen wiederkehrende Gebühren handelt, sind im Zweifel miet- und pachtrechtliche Vorschriften für die Beurteilung des Vertrages einschlägig.[69] Bei allen genannten Konstellationen des Standardmerchandising-Lizenzvertrages schließt der Lizenzgeber mit einer Vielzahl von Lizenznehmern für eine jeweilige Merchandising-Nutzung des Merchandising-Objekts einzelne Lizenzverträge ab. Insofern können sie unter den Anwendungsbereich der Normen des Rechts der allgemeinen Geschäftsbedingungen, §§ 305 ff. BGB, fallen.

III. Der Merchandising-Agenturvertrag

Oftmals ist der Lizenzgeber mit der Vergabe von Rechten zu Merchandisingzwecken   **30** nicht vertraut, weil ihm die entsprechende Marktkenntnis fehlt. So haben Filmproduktionsfirmen und auch Tonträgerhersteller oft keine Kenntnis vom Merchandisinggeschäft, insbesondere keine Erfahrungen über Vertriebswege, Verwertungsformen eines bekannten Merchandising-Objektes für den Waren- und Dienstleisterbereich. Aus diesem Grunde kann zum Zwecke des Abschlusses vom Einzellizenzverträgen zwischen Lizenzgeber und Lizenznehmer eine Merchandising-Agentur eingeschaltet werden, die eine optimale Verwertung der Rechte sicherstellen soll.[70] Im Rahmen derartiger Merchandising-Agenturverträge überträgt der Lizenzgeber einer **Merchandising-Agentur** das zumeist **ausschließliche Recht der Merchandisingauswertung** des Merchandising-Objektes mit der ausdrücklichen Gestattung, diese Rechte auf dritte Einzellizenznehmer weiterzuübertragen.[71] Die Merchandising-Agentur schließt auf der Grundlage des Merchandising-Agenturvertrages sodann mit einzelnen Lizenznehmern über eine jeweils konkrete Verwendung des Merchandising-Objektes die soeben dargestellten Standardmerchandising-Lizenzverträge ab. Derartige Merchandising-Agenturverträge sind Vermittlungsverträge, die am ehesten mit Makler- und Handelsvertreterverträgen zu vergleichen sind. Die vermittelnde Agentur wird im Schrifttum als Handelsmakler im Sinne von § 93 HGB angesehen, da sie mit der Vermittlung von Merchandisingrechten „Gegenstände des Handelsverkehrs" vermittelt.[72]

IV. Merchandisingregelungen in Künstler-, Schauspieler- und Verfilmungsverträgen

Neben den Verträgen, die die Übertragung von Merchandisingrechten als Haupt-   **31** leistung zum Gegenstand haben, findet sich eine solche Rechtsübertragung auch als Nebenleistung in einer Vielzahl anderer Verträge, insbesondere in **Künstler-, Schauspieler-, Verfilmungs- und ähnlichen Verträgen.** Es ist branchenüblich geworden, auf Verwerterseite grundsätzlich auch die Übertragung der Merchandisingrechte in Künstlerexklusivverträgen im Tonträgerbereich sowie in Darsteller-, Drehbuch-, Verfilmungs-

---

[69] Vgl. *Büchner* in: *Pfaff*, Lizenzverträge, Rn. 1127.

[70] Dazu *Böll*, Merchandising und Licensing, S. 14; *Ehlgen* ZUM-Sonderheft 1996, 1108, 1111.

[71] Vgl. BGH GRUR 1987, 128 – *Nena*: Hier hatte die Sängerin exklusiv einer Agentur die Merchandising-Vermarktung ihrer Person übertragen.

[72] Vgl. *Ruijsenaars* in: FS Schricker, S. 597, 603.

und anderen Verwertungsverträgen im Film- und Fernsehbereich zu verlangen. Das Interesse der Verwerter, auch die Merchandisingrechte zu erhalten, liegt an dem enormen wirtschaftlichen Potential, welches mit diesen Rechten verbunden ist. **Auf Seiten des Berechtigten**, also des Urhebers oder ausübenden Künstlers, **sollte indes überprüft werden,** ob eine Übertragung von Merchandisingrechten auf einen Tonträgerhersteller im Rahmen eines Künstlerexklusivvertrages oder Filmproduzenten im Rahmen eines Darstellervertrages **sinnvoll und gewollt ist.** Die Alternative besteht darin, die Merchandising-Rechte von der Rechteübertragung auszunehmen und zur gesonderten Verfügbarkeit beim Berechtigten zu belassen, der sich dann einer speziell hierauf spezialisierten Agentur bedienen kann. In den Vereinigten Staaten ist es in der Musikbranche üblich geworden, die Merchandisingrechte nicht dem Tonträgerhersteller, sondern einer hierauf spezialisierten Agentur zu übertragen.

32   Sofern Gegenstand der Rechteübertragung urheberrechtliche oder leistungsschutzrechtliche Rechtspositionen sind, ergibt sich aus der **Zweckübertragungslehre,** dass die Auswertungsrechte zum Zwecke des Merchandising nur dann dem Lizenznehmer bzw. Verwerter übertragen werden, wenn diese ausdrücklich benannt sind. **Gleiches gilt im Ergebnis bei der Übertragung persönlichkeitsrechtlicher Schutzpositionen.** Typische Regelungen dieser Art in Künstlerexklusivverträgen und Darstellerverträgen lauten beispielsweise: "Der Künstler überträgt exklusiv auf die Firma während der Vertragsdauer das Recht, seinen Namen/Künstlernamen und auch seine Abbildung zu sog. Merchandising-Zwecken zu verwenden bzw. verwenden zu lassen" oder „Darsteller überträgt Firma das Recht, die Serie, einzelne Folgen oder Teile davon unter Einbeziehung von Name, Erscheinung, Abbildung einschließlich Fotografien und/oder Stimme des Darstellers, durch Herstellung und Vertrieb von Waren und Dienstleistungen aller Art auszuwerten und/oder auswerten zu lassen (Merchandising)".

E. Der Inhalt von Merchandisingverträgen

33   Naturgemäß hängt der Inhalt von Merchandisingverträgen von Art und Zweck der jeweiligen Rechtseinräumung ab. Die nachfolgend genannten Regelungskomplexe finden sich indes üblicherweise in Merchandisingverträgen und bilden die Eckdaten solcher Vereinbarungen.

I. Vertragsparteien

34   Vertragspartner sind auf **der einen Seite der Lizenzgeber als Inhaber der geschützten Rechtsposition,**[73] auf **der anderen Seite der Lizenznehmer,** der als Nutzer der entsprechenden Berechtigungen **für einen konkreten Merchandisingzweck** die Bekanntheit, Beliebtheit oder auch Aktualität des Lizenzthemas für seine Zwecke ausnutzen möchte.[74] Nimmt der Lizenzgeber die Merchandising-Auswertung nicht selbst vor, wird zwischen Lizenznehmer und Lizenzgeber eine die Einzelmerchandising-Lizenzverträge vermittelnde Agentur eingeschaltet. Hier wird zunächst zwischen Lizenzgeber und Lizenznehmer ein Merchandising-Agenturvertrag abgeschlossen. Bestandteil dieses Agenturvertrages ist in der Regel ein standardisierter Merchandising-Lizenzvertrag, welchen die Agentur mit dritten Lizenznehmern abzuschließen hat.[75]

---

[73] Also der Inhaber des Urheberrechts, des Leistungsschutzrechts, des Geschmacksmusterrechts, Markenrechts, der wettbewerbsrechtlichen Schutzposition oder auch der entsprechenden Persönlichkeitsrechte, insbesondere an dem Recht am eigenen Bild sowie Namensrecht.

[74] Vgl. auch *Böll,* Merchandising und Licensing, S. 14; *Ruijsenaars,* Character Merchandising, S. 80 ff.

[75] Zum Merchandising-Agenturvertrag vgl. oben Rn. 30.

II. Vertragsgegenstand

Als Vertragsgegenstand ist das **Geschäftsziel** zu bestimmen, **d. h. die beabsichtigte** 35 **Merchandising-Auswertung.** Das kann beispielsweise durch eine Formulierung geschehen wie „Gegenstand dieses Vertrages ist die Merchandising-Auswertung des … [Bezeichnung des Merchandising-Objektes] durch den Lizenznehmer im nachfolgend festgelegten Umfang: …". Die beabsichtigte Art der Nutzung (Produktgestaltung, werbliche Nutzung durch Dienstleister oder Händler, umfassende Auswertung durch eine Agentur) sollte konkret angegeben werden. Ebenso sollten die **Waren und Dienstleistungen,** für die die Rechtseinräumung erfolgt, möglichst genau bezeichnet werden; gegenüber allgemeinen Umschreibungen von Auswertungsbereichen und -branchen wie „Schulbedarf", „Sportartikel" ist Zurückhaltung geboten, wenn sie sich auch oft nicht vermeiden lassen wird.[76] Vorzuziehen ist eine **konkrete Benennung der Vertragsartikel,** z. B. „Kartenspiele" oder „dreidimensionale Figuren als Stell- und Handpuppen in Plüsch und Plastik" bei Herstellerverträgen; soll einer Agentur zum Zwecke des Abschlusses von Einzelverträgen die Befugnis zur umfassenden Merchandising-Auswertung verliehen werden, so bedarf es einer Auflistung sämtlicher in Frage kommender Vertragsartikel bzw. sämtlicher vorgesehener Verwendungsformen.[77]

Sollen an sich naheliegende Auswertungsmöglichkeiten von der Lizenzvergabe ausge- 36 nommen werden und dem Lizenzgeber vorbehalten bleiben (etwa beim Film die Video-, Buch- und Tonträger-/Soundtrack-Auswertung), so sollte dies ausdrücklich geregelt werden, z. B. durch folgende Formulierung „Die Vertragspartner sind sich darüber einig, dass unter den Begriff Merchandising-Auswertung nicht die Verwertung des Merchandising-Objektes im Zusammenhang mit Schallplatten, Büchern, Videos und anderen Bild-, Bildton- und Tonträgern fällt".

III. Berechtigung des Lizenzgebers

Bei der Berechtigung des Lizenzgebers am Merchandising-Objekt kann es Unsicher- 37 heiten über ihren Umfang, gegebenenfalls auch über ihr Bestehen geben, die sich oft erst in einem Verletzungsprozess endgültig klären lassen. Um eine daraus resultierende Haftung des Lizenzgebers gegenüber dem Lizenznehmer auszuschließen, kann im Merchandisingvertrag eine entsprechende Haftungsausschlussklausel vereinbart werden. In der Praxis kommt es auch häufig vor, dass **der Lizenznehmer die Rechtsinhaberschaft des Lizenzgebers vertraglich anerkennt.**[78] Ein Bestreiten der Rechtsinhaberschaft durch den Lizenznehmer im Nachhinein wird dadurch ausgeschlossen bzw. verstößt gegen den Grundsatz des venire contra factum proprium.

IV. Rechtseinräumung

Im Merchandisingvertrag ist zum einen eine Bestimmung darüber zu treffen, ob dem 38 Lizenznehmer **ausschließliche oder nichtausschließliche Rechte** eingeräumt werden sollen. Zum anderen ist eine Aussage **über den sachlichen, räumlichen und zeitlichen Umfang** der Rechtseinräumung zu treffen. Der sachliche Umfang der Rechtseinräumung hängt auch von der Art des Merchandisingvertrags ab. Beim Standardmerchandising-Lizenzvertrag wird die Rechtseinräumung regelmäßig auf eine bestimmte Merchandisingnutzung beschränkt. Beim Agenturvertrag soll die Agentur in aller Regel

---

[76] Siehe auch *Büchner* in: *Pfaff*, Lizenzverträge, Rn. 1117.

[77] Vgl. beispielsweise die Auflistung der Vertragsartikel in Anh. 2 bei *Schertz*, Merchandising, S. 189 ff.

[78] Vgl. *Delp*, Verlagsvertrag, S. 207; *Schertz*, Merchandising, Rn. 395.

ermächtigt werden, sämtliche Mechandising-Auswertungen eines Objektes durch Lizenzvergabe an Dritte zu betreiben. Daher muss sich hier die Rechtseinräumung auf alle in Frage kommenden Formen der Merchandising-Nutzung zur Weiterübertragung auf Dritte erstrecken; auszunehmen sind diejenigen Verwertungsarten, die der Lizenzgeber selbst wahrnehmen will, beispielsweise die Rechte für Druckerzeugnisse bzw. Ton- und Bildtonträger. Zumeist behält sich der Lizenzgeber das Recht vor, die Wirksamkeit der von der Agentur vermittelten Einzellizenzverträge von einer ausdrücklichen Genehmigung abhängig zu machen. Die Agentur ist dann verpflichtet, die mit den einzelnen Lizenznehmern ausgehandelten Verträge dem Lizenzgeber zur Genehmigung vorzulegen. Soll die Rechteübertragung an die einzelnen Lizenznehmer erst mit Genehmigung der Genehmigung durch den Lizenzgeber wirksam werden, so muss dies als Voraussetzung in den Verträgen zwischen Agentur und den einzelnen Lizenznehmern zum Ausdruck gebracht werden.

39   In **welcher rechtlichen Form die Lizenzvergabe** erfolgt, hängt davon ab, an welchen Rechten Lizenzen eingeräumt werden. Urheberrechte sind grundsätzlich nicht übertragbar (§ 29 S. 2 UrhG); an ihnen können nur Nutzungsrechte (§ 31 ff. UrhG) eingeräumt werden. Ebenso ist eine schuldrechtliche Gestattung möglich. Beim Leistungsschutzrecht des ausübenden Künstlers ist die Übertragbarkeit eingeschränkt.[79] Geschmacksmusterrechte und Marken sind übertragbar (§ 3 S. 2 GeschmG, § 27 Abs. 1 MarkenG), ebenso können Lizenzen erteilt werden. Bei wettbewerbsrechtlichen Rechtspositionen sind nur schuldrechtliche Gestattungen möglich. Bei Persönlichkeitsrechten wie Bild oder Name wird zunehmend die Möglichkeit der Einräumung von Nutzungsrechten anerkannt.[80]

V. Aufgaben des Lizenznehmers

40   Auch vom Lizenznehmer werden Aufgaben übernommen. Dies gilt vor allem für den **Merchandising-Agenturvertrag.** Hier ist zu regeln, ob und inwieweit die Entwicklung von Marketing-Strategien bzw. eines Marketing-Plans für die Lizenznehmer, die Akquisition, der Abschluss und die Abwicklung von Verträgen mit Lizenznehmern, die Durchführung der Qualitätskontrolle von Mustern und Endprodukten, die Durchführung der Abrechnung und ähnliche Aufgaben von der Merchandising-Agentur zu übernehmen sind. **Beim Standardmerchandising-Lizenzvertrag** ist der Lizenznehmer insbesondere zu verpflichten, nach Genehmigung der Entwürfe der Artikel durch den Lizenzgeber die Serienproduktion der vertragsgegenständlichen Artikel aufzunehmen und den Vertrieb der vertragsgegenständlichen Artikel in einem genau zu bestimmenden Umfang durchzuführen.

VI. Genehmigungsvorbehalt für Vertragsartikel, Qualitätskontrolle, Belegexemplare

41   Üblicherweise enthalten Merchandisingverträge Regelungen über eine Vorlage- und **Genehmigungspflicht** für die Vertragsartikel bzw. Werbemittel beim Lizenzgeber. Zu diesem Zweck legt der Lizenznehmer vor Aufnahme der Serienproduktion Muster bzw. Modelle dem Lizenzgeber zur Begutachtung und Genehmigung vor. Ferner wird vertraglich vereinbart, dass die tatsächlich vertriebenen Artikel bzw. Werbemittel, die das Merchandising-Objekt wiedergeben, in vollem Umfang den von dem Berechtigten bzw. von der Agentur im Auftrag des Berechtigten genehmigten Muster entsprechen.

---

[79] Näher *Schricker/Schricker*, Urheberrecht, vor §§ 28 ff. Rn. 34.
[80] *Götting*, Persönlichkeitsrechte, S. 65, 69; *Schertz*, Merchandising, Rn. 377, 381.

Oftmals wird weiter vereinbart, dass der Lizenzgeber berechtigt ist, während des Ver- **42** tragszeitraums Qualitätskontrollen durchzuführen.[81] Diese Regelung über eine **Qualitätskontrolle** trägt dem Interesse des Lizenzgebers Rechnung, dass nicht durch den Vertrieb minderwertiger Waren Schäden für das Image und den Marktwert des Merchandising-Objektes ausgelöst werden. Die mit dem Merchandisingobjekt oftmals vom Publikum verbundenen positiven Assoziationen können durch den Vertrieb von Waren geringer Qualität und wegen der insofern beim Publikum ausgelösten Enttäuschung negativ beeinflusst werden. Weiter wird meist vereinbart, dass der Lizenzgeber regelmäßig Belegexemplare aus der Serienproduktion erhält.

VII. Freistellung des Lizenzgebers von Produkthaftungsrisiken

Grundsätzlich haftet der Hersteller eines Produktes für das mit dem Produkt verbun- **43** dene Produkthaftungsrisiko. Der Lizenzgeber im Rahmen seines Merchandisingvertrages ist nicht Hersteller des Produktes. Eine Haftung nach § 4 Abs. 1 Satz 2 Produkthaftungsgesetz ist insofern nicht von vornherein auszuschließen, als derjenige haftet, der sich durch das Anbringen seines Namens, seiner Marke oder anderer unterscheidungskräftiger Kennzeichen als Hersteller ausgibt.[82] Es ist nicht immer auszuschließen, dass die konkrete Anbringung des Merchandisingobjekts auf dem Produkt den Eindruck erweckt, dass der Lizenzgeber Hersteller des Produktes ist. Deswegen kann es sich empfehlen, eine Haftungsfreistellung des Lizenzgebers durch den Lizenznehmer zu vereinbaren.

VIII. Gegenleistung

Üblicherweise erhält der Lizenzgeber für die Einräumung der Merchandising-Lizenz **44** in einem Standardmerchandising-Lizenzvertrag eine **prozentuale Beteiligung** an den mit den Vertragsartikeln erzielten Umsätzen. Die Beteiligung reicht hier von 7 bis 15 % des Nettohändlerabgabepreises, kann indes auch bei besonders hochwertigen Merchandising-Objekten erheblich darüber hinausgehen. Der Nettohändlerabgabepreis ist der Abgabepreis an den Groß- und Einzelhandel, abzüglich der gesetzlichen Mehrwertsteuer. Weitere Abzüge wie Rabatte oder Boni sollten ausgeschlossen werden.

Gerade bei begehrten Merchandising-Objekten verlangt der Lizenzgeber zudem eine **45** auf die zu abzuführenden Lizenzgebühren verrechenbare Vorauszahlung, die als **Garantiesumme** nicht an den Lizenznehmer zurückgezahlt werden muss. Durch eine derartige Vereinbarung soll das Risiko für den wirtschaftlichen Erfolg einer entsprechenden Merchandising-Auswertung dem Lizenznehmer auferlegt werden. Alternativ ist eine vertragliche Fallgestaltung denkbar, nach der eine verrechenbare Garantiesumme erst nach einem bestimmten Vertragszeitraum und unter Bezug auf die in dieser Zeit erzielten Umsätze vereinbart wird.

Beim **Merchandising-Agenturvertrag** behält die Merchandising-Agentur **einen** **46** **prozentualen Anteil an den Lizenzerlösen** ein, deren Einziehung ihr zumeist obliegt und zahlt den verbleibenden Betrag an den Lizenzgeber aus. Üblicherweise liegt die Beteiligung einer Agentur bei um die 30 % der vereinnahmten Summe. Die Lizenzbeteiligungen sind zuzüglich gesetzlicher Mehrwertsteuer zu leisten. Zu treffen sind auch Regelungen über die Abrechnungs- und Zahlungsbedingungen und die Fälligkeit der Lizenzgebühren. Nicht selten wird hier eine vierteljährliche Abrechnung innerhalb von

---

[81] Anders *Büchner* in: *Pfaff*, Lizenzverträge, Rn. 1147, nach dem detaillierte Regelungen zur Qualitätskontrolle in Merchandisingverträgen nicht typisch sind.

[82] Hierzu umfassend *Büchner* in: *Pfaff*, Lizenzverträge, Rn. 1148.

30 Tagen nach Ablauf des vorangegangenen Quartals unter gleichzeitiger Fälligkeit der Lizenzbeteiligung und entsprechender Zahlungspflicht vorgesehen.[83]

IX. Bucheinsichtsrechte

47   Um die Beteiligungsansprüche an den Lizenzgebühren überprüfen zu können, enthalten Merchandisingverträge in jedweder Form regelmäßig Bucheinsichtsrechte, die dem Lizenzgeber das Recht einräumen, **Einsicht in die Herstellungs-, Vertriebs- und Buchhaltungsunterlagen** zu nehmen, die der Lizenznehmer für den Vertragszeitraum zu führen hat. Alternativ kann vereinbart werden, dass ein neutraler vereidigter Buchprüfer die Einsicht in die Bücher vornimmt. Dabei pflegt vereinbart zu werden, dass die Kosten der Überprüfung den Lizenznehmer dann treffen, wenn sich Abweichungen zu den vom Lizenznehmer vorgenommenen Abrechnungen in Höhe von mehr als 5 % ergeben.

X. Nennung des Lizenzgebers; Schutzrechthinweis

48   Meist wird vereinbart, dass der Lizenzgeber auf dem Artikel bzw. im Rahmen der werblichen Nutzung des Merchandising-Objektes als solcher genannt wird. Da oft mehrere Schutzrechtspositionen bestehen, wird nicht selten ein allgemein **gehaltener Lizenzhinweis wie „Lizenz durch. . ."** gewählt. Sofern Markenrechte einschlägig sind, empfiehlt sich zudem, einen entsprechenden Schutzrechtshinweis durch ein „R" im Kreis – ® – und/oder den Hinweis „Geschützte Marke" bzw. „Registred Trademark" vorzusehen. Liegen urheberrechtliche Schutzrechtspositionen vor, sollte im Hinblick auf die entsprechende Regelung in den Vereinigten Staaten ein Copyright-Vermerk durch ein „C" im Kreis – © – auf allen Artikeln bzw. Werbemitteln vertraglich vereinbart werden, jeweils unter Hinzufügung der Jahreszahl der Erstveröffentlichung sowie des Namens des Lizenzgebers als Berechtigtem.

XI. Gemeinsame Rechtsverteidigung

49   Merchandisingverträge enthalten vielfach auch Regelungen über die Rechtsverteidigung für den Fall der Verletzung der Schutzrechtspositionen des Lizenzgebers durch Dritte. Vorgesehen werden insbesondere **Mitwirkungs- und Informationspflichten des Lizenznehmers.** Grundsätzlich erfolgt eine Rechtsverfolgung ausschließlich durch den Lizenzgeber, da er der materiell bzw. dinglich Berechtigte ist. Indes wird zumeist ergänzend vereinbart, dass der Lizenzgeber dem Lizenznehmer das Recht einräumen kann, die Rechtsverfolgung im eigenen Namen vorzunehmen. Dies bietet sich insbesondere dann an, wenn der Lizenznehmer in dem Bereich, in dem die Schutzrechtsverletzung erfolgt, über mehr Sachkenntnis als der Lizenzgeber verfügt.

XII. Vertragsdauer und Kündigung

50   Auch die Vertragsdauer ist zu regeln. Dabei ist zu berücksichtigen, dass sich der beabsichtigte Vermarktungserfolg oft nicht in kurzer Zeit einstellt, sondern dass Herstellung, Genehmigung, Werbung, Vertrieb eine gewisse Zeit in Anspruch nehmen. Deshalb sollten die Vertragslaufzeiten nicht zu kurz bemessen sein. Andererseits ist das Interesse des Lizenzgebers zu bedenken, nicht zu lange an einen Vertrag gebunden zu sein, der sich bei seiner Durchführung als unergiebig erweist. Dies trifft insbesondere bei ausschließlichen

---

[83] Näher zu den Zahlungsfälligkeits- und Abrechnungsbedingungen in Merchandisingverträgen *Büchner* in: *Pfaff*, Lizenzverträge, Rn. 1134 ff.

Lizenzen zu, bei denen der Lizenzgeber keine anderweitigen Lizenzen vergeben kann. Als Faustregel kann gelten, ein Merchandisingvertrag zunächst für eine Dauer von zwei Jahren geschlossen werden sollte. Mitunter werden auch außerordentliche Kündigungsrechte für den Lizenzgeber vertraglich vereinbart, die dann zum Tragen kommen, wenn innerhalb eines bestimmten Zeitraumes nicht bestimmte Umsätze erzielt wurden oder ausreichende Bemühungen des Lizenznehmers nicht erfolgt sind.

§ 44. Werbeverträge

Inhaltsübersicht

Schrifttum: *siehe § 43.*

A. Einleitung

Ein Unterfall von Personenmerchandising ist der **Einsatz von Stars in der Werbung** 1 für Produkte und/oder Dienstleistungen Dritter. Hier lizenziert der Star nicht seinen Namen und/oder sein Bildnis für hieraus abgeleitete Kaufgegenstände (Poster, Buttons, dreidimensionale Figuren etc.). Vielmehr **gestattet er, seine Persönlichkeitsdetails in der Wirtschaftswerbung für Produkte** einzusetzen. Zumeist hat die Werbung **Empfehlungscharakter,** d. h. dass der Star sich in Werbespots und/oder Anzeigen als jemand darstellt, der das Produkt befürwortet, empfiehlt, nutzt oder sonstwie konsumiert.

Bekannte Werbetestimonials in Deutschland sind etwa Franz Beckenbauer, Thomas Gottschalk, Boris Becker, Steffi Graf, Johannes B. Kerner. Zunehmend wird aber auch mit Politikern erlaubt oder auch unerlaubt Werbung betrieben.[1]

Fest steht, dass sich der **Einsatz von Prominenten in der Werbung in den letzten** 2 **Jahren erheblich dynamisiert** hat. In den USA wirbt ca. jeder fünfte TV-Spot mit einem berühmten Darsteller.[2] In Deutschland ist die Tendenz ebenso aufsteigend. Während 1993 lediglich 3 % der TV-Spots in Deutschland prominent besetzt waren, waren es 1996 schon 6 %, im ersten Halbjahr 2001 wurden bereits 12 % der Werbespots im Fernsehen mit prominenten Persönlichkeiten besetzt.[3]

Die **Gründe für den Einsatz** von zumeist prominenten Testimonials in der Werbung 3 sind nicht einfach zu benennen.[4] Anbieter neuer Produkte nutzen **nicht selten die be-**

---

[1] Vgl. *Jung* in: *Stiftung Haus d. Geschichte d. Bundesrepublik Deutschland* (Hrsg.), Prominente in der Werbung, 128; sowie die Fälle bei *Peters* in: *Stiftung Haus d. Geschichte d. Bundesrepublik Deutschland* (Hrsg.), Prominente in der Werbung, S. 111 ff.

[2] *v. Kirschhofer* in: *Stiftung Haus d. Geschichte d. Bundesrepublik Deutschland* (Hrsg.), Da weiß man, was man hat, S. 27.

[3] *v. Kirschhofer,* aaO.

[4] *Battersby/Grimes,* The Law of Merchandising and Characterlicensing, S. 1–12.

reits vorhandene Popularität eines Stars, um ein Produkt im Markt einzuführen. Ein weiterer Ansatz in der Werbeindustrie ist der sogenannte **Imagetransfer.**[5] Bringt der Verbraucher einem bekannten Schauspieler, Rockstar oder Sportler Sympathie entgegen, so tut er dies nach Ansicht von Werbepsychologen auch bei mit diesem in Zusammenhang gebrachten Produkten oder Unternehmen.[6] Zudem werden beim Verbraucher aufgrund der Empfehlung durch eine populäre Person für ein bestimmtes Produkt oder einen Dienstleister gewisse Gütevorstellungen ausgelöst, in dem Sinne, dass sie ein Mindestmaß an Qualität garantieren.[7]

B. Rechtliche Grundlagen für Werbeverträge

4   Grundsätzlich **bedarf die werbliche Nutzung von Namen, Bildnis, Stimme oder sonstigen Persönlichkeitsbestandteilen der Zustimmung** des jeweiligen Testimonials. Zwar ist die Rechtslage bei anderen Erscheinungsformen wirtschaftlicher Nutzung von Bildnissen und Namen Prominenter umstritten, so etwa bei Abdruck von Bildnissen auf und in Büchern, auf CD-Covern oder bei der Nutzung als eigene Ware bzw. deren wertbestimmender Bestandteil (Sammelbilder, Buttons, Aufkleber, Poster, Kalender etc.).[8] Im Wesentlichen einheitlich ist die Rechtsprechung jedoch in den Fällen der sogenannten klassischen Wirtschaftswerbung für andere Waren, bei denen der Name, das Bildnis oder sonstige Persönlichkeitsbestandteile des Prominenten nicht die Ware selbst bzw. deren wertbestimmender Faktor sind, sondern eine „dienende bzw. empfehlende Funktion gegenüber der Ware haben".[9]

5   Bereits im Jahre 1907 untersagte das Reichsgericht die **Verwendung des Brustbildes von** *Graf Zeppelin* als Warenzeichen oder zu Reklamezwecken.[10] Die Ausnahmeregelung des § 23 Abs. 1 Nr. 1 KUG greife hier nicht, da eine derartige Bildnisverwendung im Belieben des Dargestellten stehe. Es entspreche nicht dem Geschmack eines Jeden, sein Bildnis auf den Waren eines beliebigen Händlers zu sehen.[11] Während dieser Entscheidung aufgrund der **Betonung der Verletzung des Selbstbestimmungsrecht noch rein ideelle Ansätze** zugrunde lagen, sah der BGH in der *Paul Dahlke*-Entscheidung durch das Recht am eigenen Bild **auch kommerzielle Interessen des Abgebildeten** geschützt. Er bezeichnete die Befugnis, über die Verwendung seines Bildnisses in der Werbung zu entscheiden, ausdrücklich als **vermögenswertes Ausschließlichkeitsrecht** und billigte aufgrund der fehlenden Einwilligung eine **fiktive Lizenzgebühr nach bereicherungsrechtlichen Grundsätzen** zu.[12] In diesem Fall hatte ein Hersteller von Zweirädern ein Bildnis Paul Dahlkes auf einem Motorroller des Unternehmens sitzend in Werbeanzeigen mehrerer Zeitschriften verbreitet. Der BGH befand, dass diese Veröffentlichungsart allein den Geschäftsinteressen dem mit der Abbildung Kundenwerbung treibenden Unternehmen diene. Derartige Veröffentlichungen ließen sich nicht mit dem Informationsinteresse der Allgemeinheit rechtfertigen.

6   Ein weiterer Fall der Verwendung eines Bildnisses für fremde Waren lag der Entscheidung *Familie Schölermann* des BGH zugrunde.[13] Ein Fernsehgerätehersteller hatte hier in die Bildschirme der in seinen Werbeprospekten abgebildeten Fernsehgeräte eine Szene aus

---

[5] *Schertz*, Merchandising, Rn. 21.
[6] Vgl. *Schertz*, aaO.
[7] *Walter*, Werbefiguren, S. 5 f.
[8] Vgl. Übersicht bei *Schertz* AfP 2000, 495.
[9] Zu dieser Unterscheidung s. *Poll* ZUM 1988, 454, 456.
[10] RGZ 74, 308 ff. – *Graf Zeppelin*.
[11] RGZ 74, 308, 313 – *Graf Zeppelin*.
[12] BGHZ 20, 345 – *Paul Dahlke*.
[13] BGH GRUR 1961, 138 – *Familie Schölermann*.

der Fernsehsendung *„Familie Schölermann"* mit den Bildnissen der beteiligten Schauspieler einkopiert. Die Bildnisverwendung war nach Ansicht des Gerichts ebenfalls nicht von der Ausnahmebestimmung des § 23 Abs. 1 Nr. 1 KUG gedeckt. Eine derartige Verbreitung diene nicht einem schutzwürdigen Informationsinteresse der Allgemeinheit, sondern **allein eigennützigen gewerblichen Interessen des Herstellers.** Um die Verwendung eines Bildnisses − hier eine Rückenaufnahme − in Werbeprospekten eines Fernsehgeräteherstellers ging es auch in der **BGH-Entscheidung** *Fußballtor.*[14] Erneut stellte der Senat fest, dass sich auf § 23 Abs. 1 Nr. 1 KUG nicht berufen könne, wer ein Bildnis allein zur Werbung für eine Ware ausnutze. Entsprechend entschied der BGH in dem Fall *Joachim Fuchsberger.*[15] Hier hatte ein Optikergeschäft in örtlichen Tageszeitungen Anzeigen mit einer Portraitaufnahme des Schauspielers geschaltet.

Eine Ausnahme dieser Spruchpraxis **bei der Nutzung von Name und/oder Bild-** **7** **nis in Werbeanzeigen** für Unternehmen stellt die **BGH-Entscheidung** *Lafontaine* dar.[16] In diesem Fall hatte ein Autovermieter mit dem Bildnis des zurückgetretenen Bundesministers der Finanzen in doppelseitigen Anzeigen geworben. Die Anzeigen zeigten Portraitaufnahmen von 16 Mitgliedern der damaligen Bundesregierung einschließlich des Klägers Lafontaine, dessen Bild durchgestrichen, aber weiterhin erkennbar war. Unter den Portraitaufnahmen fand sich der folgende Text: „S. verleast auch Autos für Mitarbeiter in der Probezeit." Das Landgericht hatte hier die Beklagte noch zur Zahlung einer Entschädigung von 100 000,00 Euro verurteilt. Das Hanseatische Oberlandesgericht hatte die Berufung der Beklagten hiergegen zurückgewiesen, und die Rechtswidrigkeit der Nutzung bestätigt.[17] Zwar stellt der BGH in seiner Entscheidung auch fest, dass im Falle der Verwendung eines Bildnisses in einer Werbeanzeige **im Regelfall das allgemeine Persönlichkeitsrecht** des ohne seine Einwilligung Abgebildeten gegenüber dem Veröffentlichungsinteresse des Werbenden überwiegen würde. So stelle es einen wesentlichen Bestandteil des allgemeinen Persönlichkeitsrechts dar, selbst darüber zu entscheiden, ob und in welcher Weise das eigene Bildnis für Werbezwecke zur Verfügung gestellt werden soll. Auch hier habe aber eine Güteabwägung stattfinden, die dazu führen könne, dass die Verwendung des fremden Bildnisses in einer Werbeanzeige, die sich satirisch mit einem aktuellen Tagesereignis auseinandersetzt, vom Betroffenen hingenommen werden müsse. Der BGH erkannte konkret, so **werde im vorliegenden Fall nicht der Image- oder Werbewert** des Klägers für die beworbene unternehmerische Leistung **ausgebeutet.** Die Anzeige erwecke auch nicht den Eindruck, als empfehle der Kläger das beworbene Produkt. Die Abbildung des Klägers behalte im Rahmen der Werbeanzeige vielmehr ihre Zuordnung zu dem kommentierten politischen Zeitgeschehen und sei somit der Satire zuzuordnen.

Die Entscheidung wurde **auch vom BGH ausdrücklich als Ausnahme** bezeichnet; wenngleich der BGH in zwei Urteilen vom 5. 6. 2008 in zwei weiteren Fällen den satirischen Einsatz von Namen Prominenter in der Werbung erneut für zulässig erachtete.[17a] Darüber hinaus ist fraglich, ob sie nicht in Zukunft zu Umgehungen durch die Werbeindustrie führen wird. So lädt sie geradezu dazu ein, bei werblichen Nutzungen möglichst satirische Bezüge vorzunehmen, damit man sich gewissermaßen die Einwilligung des Prominenten und damit die Zahlung nicht unerheblicher Summen erspart.

Im Ergebnis ist diese Entscheidung zumeist ohne Einfluss auf andere Fälle der Unter- **8** gerichte geblieben. In zeitlicher Nähe mit der Lafontaine-Entscheidung sprach etwa das Landgericht Hamburg dem ehemaligen Bundesaußenminister Joschka Fischer für eine

---

[14] BGH GRUR 1979, 732 − *Fußballtor.*
[15] BGH AfP 1992, 149, 150 − *Joachim Fuchsberger.*
[16] BGH AfP 2006, 559 − *Lafontaine.*
[17] OLG Hamburg AfP 2004, 566.
[17a] BGH Urteile vom 5. 6. 2008 I ZR 223/05 − *Schau mal, lieber Dieter*; BGH I ZR 96/07 − *War es Ernst? Oder August?,* Urteilsgründe liegen noch nicht vor.

werbliche Nutzung eine Geldentschädigung in Höhe von 200.000,00 Euro zu.[18] Hier hatte ein Verlag im Rahmen einer gestarteten Einführungskampagne für ein Zeitschriftenprodukt Anzeigen mit den Abbildungen von Gesichtern bekannter Persönlichkeiten veröffentlicht, denen sie die Gesichtszüge jüngerer Kinder gegeben haben. Die abgebildeten Personen blieben hier erkennbar. Das Landgericht stellte fest, dass bei der Werbung für ein Presseprodukt das Persönlichkeitsrecht nur dann überwiege, wenn die Nutzung des Bildnisses einer Person auf eine konkrete Berichterstattung hinweist und nicht lediglich die Bekanntheit der abgebildeten Person für das beworbene Presseprodukt Aufmerksamkeit erzeugen soll. Ebenso erkannte das Landgericht München **bei dem Einsatz eines Bildnisses von Boris Becker** zur Bewerbung eines **noch nicht erschienenen Presseerzeugnisses** mit einem sogenannten Dummy und sprach Boris Becker insgesamt eine Schadensersatzleistung in Höhe von 1,2 Mio. Euro zu, das OLG München als Berufungsinstanz bestätigte das Urteil in vollem Umfang.[19] Aktuell entschied das Oberlandesgericht Hamburg in Bezug auf ein Werbemotiv mit der Überschrift „War das Ernst? Oder August?“, dass hierin eine werbliche Nutzung des Namens von Ernst August von Hannover vorliege und billigte ihm eine Geldentschädigung in Höhe von 50 000,00 Euro zu.[20] Diese Entscheidung wurde allerdings in einem Urteil vom 5. 6. 2008 durch den BGH aufgehoben.[20a]

C. Inhalt von Werbeverträgen

9   Im Folgenden sollen die wesentlichen und typischen Inhalte von Werbeverträgen aufgezeigt werden, insbesondere sofern sie sich von den Inhalten von Merchandisingverträgen unterscheiden.

I. Vertragsparteien

10   Im Regelfall kommt der Vertrag unmittelbar **zwischen der zumeist prominenten Person,** also der natürlichen Person und **dem Unternehmen** zustande, für welches die Werbung betrieben werden soll. In aller Regel handelt es sich hierbei um juristische Personen deutschen Rechts. Handelt es sich um weltweit agierende Konzerne, ist nicht selten das Mutterhaus Vertragspartner, also eine ausländische Körperschaft wie ein französischer Kosmetikkonzern, ein amerikanischer Getränkehersteller oder ein italienisches Bekleidungsunternehmen. Aus Sicht des Lizenzgebers empfiehlt es sich hier darauf zu drängen, den Vertrag mit der deutschen Tochterfirma abzuschließen, damit man unmittelbar bei Leistungsstörungen Zugriff auf einen deutschen Vertragspartner hat. Jedenfalls sollte in diesem Fall bei der Rechtswahl deutsches Recht vereinbart werden und ein deutscher Gerichtsstand.

11   Mitunter sind bei den Verhandlungen von Werbeverträgen Werbeagenturen dazwischengeschaltet, die als Vermittler auftreten und auch im fremden Namen für das Unternehmen abschließen. Auch in diesem Fall sollte der Vertrag indes zwischen der natürlichen Person und dem beworbenen Unternehmen zustande kommen. Hierauf ist bei der Vertragsauslegung zu achten, wenn die Werbeagentur den Vertrag übersendet. Insbesondere darauf, wer im dortigen Vertragsformular als Vertragspartner ausgewiesen ist.

---

[18] LG Hamburg AfP 2006, 585.
[19] Vgl. LG München AfP 2006, 382, OLG München GRUR-RR 2003, 292 (nicht rechtskräftig).
[20] OLG Hamburg AfP 2007, 371.
[20a] BGH I ZR 96/07, Urteilsgründe liegen noch nicht vor.

II. Vertragsgegenstand

Die Praxis zeigt, dass in vielen Werbeverträgen, da sie nicht von Juristen, sondern von   12
Marketingleuten der Werbeindustrie verhandelt und aufgesetzt werden, der **Vertragsgegenstand oft nicht hinreichend genau bestimmt** ist.
Die Leistungen des Testimonials sollten jedoch im Interesse einer klaren Regelung
genau bestimmt werden. Daher bedarf es einer **genauen Festlegung, für welches Produkt** oder für welche Dienstleistung (Banken, Versicherungen, Finanzberater etc.) die
Werbung erfolgt. Die meisten Unternehmen produzieren und vertreiben zahlreiche Produkte mit unterschiedlichen Marken. Die Unternehmen sind nicht selten daran interessiert, einen Prominenten allgemein an das Unternehmen zu binden und nicht auf ein
konkretes Produkt, welches beworben werden soll, festzulegen. Ziel muss jedoch eine
klare Definition sein, für welches Produkt die Werbung erfolgt. So sollte bei einem
Getränkehersteller das konkrete Getränk, beim Süßwarenhersteller der konkrete Schokoriegel oder bei einem Kosmetikkonzern nur ein Shampoo oder Lippenstift als zu bewer-
bendes Produkt benannt werden.
Weiterhin werden in den Verträgen die **Werbemittel genau definiert.** Werbliche Ein-   13
sätze sind in vielfacher Hinsicht denkbar. Die Werbung kann in Anzeigen, auf Plakaten,
sogenannten Citylights, am Point of Sale durch Aufsteller, in Hörfunk-, Fernseh- und
Kinospots, im Internet, auf Produktverpackungen oder im sogenannten Mobile-Bereich
erfolgen. Entsprechend der Zweckübertragungslehre im Urheberrecht, die auch bei persönlichkeitsrechtlichen Gestattungen Anwendung findet[21], dürfte als Auslegungsregel
gelten, dass der werbliche Einsatz des Bildnisses oder Namens **nur für die konkret enu-
merativ aufgeführten Werbemittel** gestattet ist. Insofern sollte auch aus Sicht des Lizenzgebers die Regelung so genau wie möglich aussehen.
Zusätzlich zu der Benennung der Werbemittel und des Produktes werden als Leistun-   14
gen vom Lizenzgeber sogenannte **Mindesteinsatztage** im Rahmen der werblichen Präsentation festgelegt, bei denen der Lizenzgeber als Markenbotschafter im Zusammenhang
mit der Werbung auftritt, Meet- & Greet-Veranstaltungen (Treffen von Fans) durchführt.
Weiterhin wird nicht selten der zeitliche Umfang des Shootings bzw. der Bild- und Tonaufnahmen durch Festlegung einer Anzahl sogenannter „Servicetage" festgelegt.

III. Rechteeinräumung

Umstritten ist, **welche Rechtsqualität die Gestattung** der werblichen Nutzung von   15
Namen, Bildnis und/oder anderen Persönlichkeitsdetails hat. Da die unerlaubte Werbung
eine Persönlichkeitsrechtsverletzung darstellt, kann der Inhaber von Persönlichkeitsrechten nach allgemeiner Ansicht Dritten Eingriffe in seine Persönlichkeitsrechte gestatten,
bzw. sich verpflichten, gegen einen solchen Eingriff keine Ansprüche geltend zu machen
(pactum de non petento).[22] Umstritten ist hingegen, ob über die bloße Gestattung als obligatorische Verpflichtung hinaus Persönlichkeitsrechte, hier konkret zur werblichen Nutzung, dinglich übertragen werden können. **Auf Seiten des werbenden Unternehmens
besteht ein besonderes Interesse an der Übertragbarkeit von Persönlichkeitsrechten** bzw. Einräumung entsprechender Nutzungsrechte, da ihnen hierdurch eine ungleich
sichere Position verliehen wird, als wenn sie lediglich Vertragspartner eines schuldrechtlichen Vertrages sind. Im Falle einer dinglichen Berechtigung der Nutzung eines Bildnisses
für ein konkretes Werbeprodukt stünde dem Lizenznehmer ein eigenes Klagerecht zu.
Nach einer Auffassung sind Persönlichkeitsrechte nicht übertragbar, da sie wegen ihrer   16
höchstpersönlichen Bedeutung nicht durch Übertragung von der Person, zu der sie ge-

---

[21] Vgl. *Schertz*, Merchandising, Rn. 382.
[22] BGH NJW-RR 1987, 231 – *Nena*; *Schertz*, Merchandising, Rn. 375 m.w.N.

hören, gelöst werden sollen.[23] Nach anderer Auffassung sollte eine Übertragbarkeit der verzichtbaren Bestandteile der Persönlichkeitsrechte in Betracht kommen.[24] Als praxisrelevante Lösung wird vielfach die dem Urheberrecht entlehnte Rechtsfigur der gebundenen Rechteübertragung vorgeschlagen.[25] Hiernach soll das Persönlichkeitsrecht wie das Urheberrecht nach § 29 Satz 2 UrhG als unveräußerliches Stamm- oder Mutterrecht beim Inhaber verbleiben, die Einräumung von Nutzungsrechten an Name und/oder Bildnis jedoch möglich sein. Auf diesem Wege wird die grundsätzliche Unveräußerbarkeit der Persönlichkeitsrechte und dem Schutz der höchstpersönlichen ideellen Interessen Rechnung getragen.[26] Bei der Rechteeinräumung im Rahmen von Werbeverträgen ist daher **die dem Urheberrecht entlehnte Rechtsfigur der gebundenen Rechtsübertragung** heranzuziehen. Insofern kann hier **der Träger des Rechts am eigenen Bild, des Namensrechts oder allgemeinen Persönlichkeitsrechts Dritten Nutzungsrechte** an seinem Bildnis, seinem Namen oder seiner Stimme **einräumen.** Die Persönlichkeitsrechte selbst sind nicht übertragbar und verbleiben als Stammrechte beim Inhaber.[27] Insofern kann im Rahmen von Werbeverträgen die Gestattung der werblichen Nutzung nach dieser Maßgabe erfolgen.

IV. Vergütung

17   Als Gegenleistung für die Gestattung der werblichen Nutzung für ein bestimmtes Produkt zahlt der Vertragspartner an den Lizenzgeber eine Vergütung. **Die Höhe der Vergütung** bestimmt sich nach **dem Markt- und Werbewert des jeweiligen Prominenten.** Nicht selten werden hier sechs- bis siebenstellige Beträge vereinbart. Unter Zugrundelegung des Marktwertes wurden daher Boris Becker bei der unerlaubten Nutzung seines Bildnisses in einer Werbung für eine Zeitschrift 1,2 Mio. Euro und Joschka Fischer für eine Printkampagne 200.000,00 Euro zugesprochen.[28] Die Höhe der vertraglichen Vergütung bestimmt sich auch nach Umfang der Nutzung. Je mehr Medien bedient werden (TV-Spot, Hörfunk, Straßenwerbung etc.), umso höher ist die Vergütung anzusetzen. Gleiches gilt für die Dauer der Nutzung. Je länger sie ist, umso hochpreisiger ist der Einsatz des Testimonials.

In der Praxis hat sich gerade bei prominenten Persönlichkeiten die Regel durchgesetzt, dass die Vergütung ungefähr 10 % des Gesamtbudgets für die beabsichtigte Werbung beträgt.

V. Exklusivität

18   Im Interesse des Werbetreibenden ist es, dass der jeweilige Prominente in dem Waren- und/oder Dienstleistungssegment des Beworbenen **exklusiv zur Verfügung** steht. Daher ist es üblich, in Werbeverträgen festzulegen, dass der Lizenzgeber ab Vertragsabschluss während der Vertragslaufzeit weder direkt noch indirekt als Werbeträger für unmittelbare oder mittelbare Konkurrenten des Beworbenen tätig ist. Hier empfiehlt es sich, die **Branchen genau festzulegen,** für die die Exklusivität gelten soll. Beispielsweise kann eine

---

[23] Vgl. *Helle,* Persönlichkeitsrechte, S. 110.

[24] Vgl. *Forkel* GRUR 1988, 491, 492 f.; *Freitag,* Kommerzialisierung, S. 165; *Magold,* Personenmerchandising, S. 506; *Götting,* Persönlichkeitsrechte als Vermögensrechte, S. 60, 65; *Brandel* AfP 1981, 349, 351; *Schertz,* Merchandising, Rn. 380.

[25] *Forkel* GRUR 1988, 491, 493, 496; *Magold,* Personenmerchandising, 511 ff.; *Götting,* Persönlichkeitsrechte als Vermögensrechte, S. 60, 65; *Schertz,* Merchandising, Rn. 377.

[26] *Götting,* Persönlichkeitsrechte als Vermögensrechte, S. 65.

[27] *Schertz,* Merchandising, Rn. 381.

[28] LG München AfP 2006, 382 bestätigt durch OLG München GRUR-RR 2003, 292 (nicht rechtskräftig); LG Hamburg AfP 2006, 585.

Exklusivität bei Getränken sich nur auf Alkoholika oder auch auf nicht alkoholische Getränke beziehen, wenn für einen der Getränketypen geworben wird. Auch sollten bei der Festlegung der Exklusivität allgemeine Begriffe wie „Exklusivität für Genussmittel" vermieden werden, da sich unter dem Begriff immer eine mannigfaltige Anzahl von Produkten auch aus verschiedenen Branchen subsumieren lässt, im konkreten Fall Kaffee, Zigaretten, Tee etc.

VI. Freistellung des Lizenzgebers

Grundsätzlich haftet der Hersteller eines Produktes für das mit dem Produkt verbun- **19** dene Produkthaftungsrisiko. Selbstverständlich ist der Prominente, der ein Produkt in einer Werbekampagne bewirbt, nicht Hersteller des Produktes oder Anbieter. Eine Haftung nach § 4 Abs. 1 Satz 1 Produkthaftungsgesetz ist jedoch nicht in jedem Fall von vornherein auszuschließen, weil nach dem Wortlaut derjenige haftet, der sich durch das Anbringen seines Namens, seiner Marke oder anderer unterscheidungskräftiger Zeichen als Hersteller ausgibt. Es ist nicht immer zu vermeiden, dass bei der konkreten Verwendung eines Namens oder Bildes auf dem Produkt der **Eindruck erweckt wird, der Prominente selbst sei Hersteller des Produktes,** welches er bewirbt. So gibt es etwa in Amerika Fertigsaucen unter dem Label „*Newmans Own*" und dem Gesicht von Paul Newman. Deshalb kann es sich empfehlen, eine Haftungsfreistellung des Lizenzgebers durch den Lizenznehmer zu vereinbaren.

VII. Zustimmungen und sonstige Freigaben

Mitunter wird in Verträgen mit berühmten Persönlichkeiten eine Autorisierung der **20** Werbemittel vereinbart. Die Stars wollen mitunter ihre öffentliche Wahrnehmung jedenfalls in den Fällen, auf die sie vertraglich Zugriff haben, mit beeinflussen. Zu diesem Zwecke werden sowohl die bei der Printkampagne benutzten Fotografien, die konkreten Layouts als auch die Bild- und Tonaufnahmen rechtzeitig vor der Verbreitung dem Betroffenen **zur Freigabe übermittelt.** Jedenfalls sind hier **Fristen** vorgesehen, innerhalb derer die Zustimmung als erteilt gilt. Aus Sicht des Unternehmens wird ein derartiges Vetorecht nicht selten nur aus wichtigem Grund anerkannt. Hierfür muss das Testimonial nachweisen, dass die konkrete Nutzung des Bildnisses oder Namens geeignet ist, seinen Ruf zu beeinträchtigen. Im Ergebnis sind also derartige Regelungen Verhandlungssache.

VIII. Laufzeit und Kündigung

Bei Werbeverträgen werden regelmäßig feste **Laufzeiten** vereinbart. D. h., dass der **21** Lizenzgeber, konkret das Testimonial, die im Vertragsgegenstand definierte Nutzung limitiert für einen bestimmten Zeitraum gestattet. In der Praxis werden entweder kurze Kampagnen von ca. drei Monaten vereinbart, die insbesondere bei einer Produkteinführung der Regelfall sind. Vielfach binden sich aber auch die prominenten Werbeträger für einen längeren Zeitraum von ein bis zwei Jahren an ein bestimmtes Unternehmen, für welches sie Werbung machen. Die werbenden Unternehmen sind vielfach wegen der erheblichen finanziellen Aufwendungen beim Aufbau der Kampagne mit einem Prominenten an einer **einseitigen Vertragsverlängerungsmöglichkeit** interessiert und bestehen dann darauf, dass man zu den Bedingungen des bereits abgeschlossenen Vertrages eine Option für einen weiteren Vertragszeitraum einräumt. Ob dieses sinnvoll ist, muss im Einzelfall von beiden Seiten geprüft und entschieden werden.

Eine **Kündigung** während der Vertragslaufzeit ist in der **Regel nur aus wichtigem** **22** **Grund** möglich. Hier wird im Regelfall vereinbart, dass ein wichtiger Grund dann vorliegt, wenn der Lizenzgeber durch sein Verhalten oder seine öffentlichen Auftritte in grober Weise gegen die guten Sitten verstößt oder Strafgesetze verletzt. Die werbenden Unternehmen befürchten in derartigen Fällen bei einer Fortführung der Kampagne mit dem jeweiligen Prominenten einen Imageschaden für das Unternehmen und fordern daher sogenannte Wohlverhaltenspflichten ein. So wurde in der Vergangenheit in einem Fall ein Werbevertrag gekündigt, in welchem der Werbeträger in Verdacht geraten war, Kokain genommen zu haben.

23   Das Landgericht München entschied im Zusammenhang mit den sogenannten „**Wohlverhaltenspflichten**" eines Testimonials im Rahmen eines Werbevertrages, dass der Nachweis der Verletzung einer vertraglichen Wohlverhaltenspflicht eines Testimonials nur mit dem Nachweis eines konkreten Schadens geführt werden könne.[29] Hier hatte ein Getränkehersteller den Werbevertrag mit einem Schauspieler außerordentlich gekündigt, da dieser eine Biografie über seine „wilde" Vergangenheit veröffentlicht hatte. Das Landgericht konnte hierin keine Pflichtverletzung erkennen, die zu einer Kündigung berechtigt. Entscheidend sei, ob durch die Veröffentlichung selbst tatsächlich ein Imageschaden entstanden sei und der Beklagte dadurch für den Rest der Vertragslaufzeit als Testimonial nicht mehr zu verwenden gewesen wäre. Dieses habe die Beklagte in dem konkreten Fall nicht darlegen können, zumal die Biografie kein aktuelles Bild des Beklagten schildere, sondern sich lediglich auf seine Vergangenheit beziehe. Zudem enthalte die Biografie einen ausdrücklichen Hinweis darauf, dass es bei dem Lebensstil des Beklagten nicht verblieben sei, sondern eine Wende eingetreten sei.[30] Das Oberlandesgericht München hat diese Entscheidung inzwischen bestätigt.

---

[29] LG München II ZUM-RD 2007, 542.
[30] LG München aaO, 545.

18. Kapitel. Die Vermarktung der Privatsphäre

§ 45. Die Privatsphäre als Vermögensrecht

Inhaltsübersicht

Schrifttum: *Baston-Vogt*, Der sachliche Schutzbereich des zivilrechtlichen allgemeinen Persönlichkeitsrechts, 1997; *Forkel*, Das Caroline-Urteil aus Straßburg – richtungweisend für den Schutz auch der seelischen Unversehrtheit, ZUM 2005, 192; *Götting*, Persönlichkeitsrechte als Vermögensrechte, 1995; *ders.*, Die bereicherungsrechtliche Lizenzanalogie bei Persönlichkeitsverletzungen, in: FS Ullmann, 2006, S. 65; *Helle*, Privatautonomie und kommerzielles Persönlichkeitsrecht, JZ 2007, 444; *Ladeur*, Schutz von Prominenz als Eigentum, ZUM 2000, 879; *Ohly*, „Volenti non fit iniuria" Die Einwilligung im Privatrecht, 2002.

A. Wirtschaftlicher Hintergrund

I. Das Recht auf Privatsphäre als Abwehrrecht

Das Recht auf Privatsphäre, das heißt der Schutz vor unerwünschter Publizität im **1** Sinne eines Right to be let alone,[1] bildet aus der historischen Rückschau auf die Entwicklung den wesentlichen Kern des Persönlichkeitsschutzes. Dies gilt nicht nur für die Anerkennung des Right of Privacy in den USA,[2] sondern auch für das kontinentaleuropäische Recht. Im französischen Code civil ist der Persönlichkeitsschutz vor allem in Art. 9 verankert, der folgenden Wortlaut hat: „Chacun a droit au respect de sa vie privée".[3] Auch in Deutschland spielt der Privatsphärenschutz die zentrale Rolle im Rahmen des allgemeinen Persönlichkeitsrechts. Zwar fand dieser in der „Leserbrief"-Entscheidung seine Anerkennung durch einen von der urheberrechtlichen Werkeigenschaft unabhängigen Schutz vor unautorisierter Veröffentlichung von Briefen oder sonstigen privaten Aufzeichnungen.[4] Gleichwohl war die Entwicklung sowohl vor der Anerkennung des allgemeinen Persönlichkeitsrechts durch die Rechtsprechung im Jahre 1954 als auch danach in der Praxis vor allem durch die Bestimmung von Inhalt und Grenzen des Privatsphärenschutzes geprägt. Dieser war das wesentliche Motiv für die Einführung des Bildnisschutzes im

---

[1] Siehe dazu unten § 69 Rn. 4, 17.
[2] Siehe dazu unten § 69 Rn. 3 ff.
[3] Siehe dazu unten § 63 Rn. 1 ff.
[4] BGH NJW 1954, 1404 – *Leserbrief*.

KUG im Jahre 1907, auch wenn dem Einzelnen ein von Inhalt und Kontext des Bildnisses unabhängiges Selbstbestimmungsrecht über Verbreitung seines Bildnisses zuerkannt wird.[5] Auch wenn der Privatsphärenschutz, soweit es um Bildnisse geht, in erster Linie durch § 22 KUG gewährleistet wird, so ist dieser als zentraler Aspekt des allgemeinen Persönlichkeitsrechts in einem davon unabhängigen, umfassenden Sinne zu verstehen. Das BVerfG hat hierzu ausgeführt: „Im Unterschied zum Recht am eigenen Bild bezieht sich der Schutz der Privatsphäre, der ebenfalls im allgemeinen Persönlichkeitsrecht wurzelt, nicht speziell auf Abbildungen, sondern ist thematisch und räumlich bestimmt. Er umfasst zum einen Angelegenheiten, die wegen ihres Informationsinhalts typischerweise als ‚privat‘ eingestuft werden, weil ihre öffentliche Erörterung oder Zurschaustellung als unschicklich gilt, das Bekanntwerden als peinlich empfunden wird oder nachteilige Reaktionen der Umwelt auslöst, wie es etwa bei Auseinandersetzungen mit sich selbst in Tagebüchern,[6] bei vertraulicher Kommunikation unter Eheleuten,[7] im Bereich der Sexualität,[8] bei sozial abweichendem Verhalten[9] oder bei Krankheiten[10] der Fall ist. Fehlte es hier an einem Schutz vor der Kenntniserlangung anderer, wären die Auseinandersetzung mit sich selbst, die unbefangene Kommunikation unter Nahestehenden, die sexuelle Entfaltung oder die Inanspruchnahme ärztlicher Hilfe beeinträchtigt oder unmöglich, obwohl es sich um grundrechtlich geschützte Verhaltensweisen handelt. Zum anderen erstreckt sich der Schutz auf einen räumlichen Bereich, in dem der Einzelne zu sich kommen, sich entspannen oder auch gehen lassen kann.[11] Zwar bietet auch dieser Bereich Gelegenheit, sich in einer Weise zu verhalten, die nicht für die Öffentlichkeit bestimmt ist und deren Beobachtung oder Darstellung durch Außenstehende für den Betroffenen peinlich oder nachteilig wäre. Im Kern geht es aber um einen Raum, in dem er die Möglichkeit hat, frei von öffentlicher Beobachtung und damit der von ihr erzwungenen Selbstkontrolle zu sein, auch ohne dass er sich dort notwendig anders verhielte als in der Öffentlichkeit."[12]

II. Das Recht auf Privatsphäre als Nutzungsrecht

2   Während es traditionell beim Privatsphärenschutz darum ging, sich mit negativer Zielrichtung gegen unerwünschte Publizität zur Wehr zu setzen, hat das Recht auf Privatsphäre im Zuge der systematischen Vermarktung der Publizität bekannter Persönlichkeiten aus dem Bereich von Unterhaltung und Sport den Charakter eines positiven, auf kommerzielle Verwertung ausgerichteten Rechts angenommen. Es besteht insofern eine Parallele zum Schutz vor unautorisierter Werbung mit Persönlichkeitsmerkmalen, wie insbesondere dem Namen oder dem Bildnis, der zum Teil als Komponente des Privatsphärenschutzes angesehen wird.[13] Auch hier dominierte zunächst der Schutz vor unerwünschter Kommerzialisierung, bevor gleichsam als andere Seite der Medaille der Schutz der Kommerzialisierung im Sinne eines wirtschaftlichen Persönlichkeitsrechts als ein positives Nutzungsrecht Gestalt annahm. Man fühlt sich an die Ausführungen erinnert, mit der der BGH in der grundlegenden „Paul Dahlke"-Entscheidung die Zuerkennung eines Schadensersatzes nach der Lizenzanalogie für die unautorisierte Verwendung des Namens und Bildnisses für Werbezwecke begründete: „Denn nach den aufgrund des Sachverstän-

---

[5] Siehe dazu oben § 2 Rn. 3.
[6] Unter Hinweis auf BVerfGE 80, 367 = NJW 1990, 563.
[7] Unter Hinweis auf BVerfGE 27, 344 = NJW 1970, 555.
[8] Unter Hinweis auf BVerfGE 47, 46 = NJW 1978, 807; BVerfGE 49, 286 = NJW 1979, 595.
[9] Unter Hinweis auf BVerfGE 44, 353 = NJW 1977, 1489.
[10] Unter Hinweis auf BVerfGE 32, 373 = NJW 1972, 1123.
[11] Unter Hinweis auf BVerfGE 27, 1, 6 = NJW 1969, 1707.
[12] BVerfG NJW 2000, 1021, 1022 – *Caroline von Monaco.*
[13] Siehe zur Fallgruppe der „Appropriation" als Teilaspekt des Right of Privacy im US-amerikanischen Recht unten § 69 Rn. 10 f.

digengutachtens getroffenen Feststellungen des BerG gestatten bekannte Künstler derartige Veröffentlichungen zumeist nur gegen eine nicht unerhebliche Vergütung. Es handelt sich somit um einen unzulässigen Eingriff in ein fremdes, vermögenswertes Ausschließlichkeitsrecht, für dessen Ausgleich die gleichen Billigkeitserwägungen zum Tragen kommen, die die Rechtsprechung bei Verletzung von Urheber- und Patentrechten zur Anerkennung einer Schadensberechnung nach der entgangenen Vergütung geführt haben."[14]

Diese Erwägungen lassen sich auch auf die kommerzielle Verwertung der Privatsphäre **3** durch Prominente übertragen. Homestories oder die Vermarktung von Hochzeiten oder Exklusivinterviews, in denen ein Einblick in das Privatleben gewährt wird, gehören heute zum Medienalltag. Entsprechende „Lizenzen" besitzen einen ganz erheblichen Marktwert. Die unautorisierte Berichterstattung stellt einen Eingriff in das Selbstbestimmungsrecht des Rechtsträgers dar, das auch wirtschaftliche Dispositionsmöglichkeiten beinhaltet.[15] Ansätze für die **„Vermarktung der Privatsphäre"** finden sich bereits im räumlich-gegenständlichen Schutzbereich. Es ist nicht ungewöhnlich, dass adlige Familien gegen ein entsprechendes Entgelt im unterschiedlichen Umfang Einblick in die Gemächer ihrer Schlösser oder Burgen gewähren. Auf der internationalen Bühne werden für die Exklusivberichterstattung von Hochzeiten wie von Liz Hurley und Arun Nayar Unsummen an „Lizenzgebühren" bezahlt.

B. Rechtliche Konsequenzen

I. Der vermögensrechtliche Zuweisungsgehalt des Rechts auf Privatsphäre

Angesichts der weitreichenden Kommerzialisierung, die das Recht auf Schutz der Pri- **4** vatsphäre durch die geschilderte Lizenzierungspraxis erfährt, besteht an dessen vermögensrechtlichen Charakter kein Zweifel. Ebenso wie bei der unautorisierten Verwendung des Namens oder des Bildnisses von Prominenten zu Werbezwecken werden auch bei Eingriffen in das Recht auf Privatsphäre sowohl ideelle als auch materielle Interessen tangiert. Beide sind eng miteinander verknüpft, und durch ein und dieselbe Handlung kann der Betroffene sowohl ideell als auch materiell beeinträchtigt werden. In beiderlei Hinsicht bildet das **Recht auf mediale Selbstbestimmung** den übergeordneten Bewertungsmaßstab: Der Einzelne hat grundsätzlich das Recht, darüber zu entscheiden, ob er und wie er in der Öffentlichkeit medial in Erscheinung tritt. Eine Einschränkung erfährt dieses Selbstbestimmungsrecht nur dann, wenn ein gewichtiges Informationsinteresse der Öffentlichkeit, das sich auf Themen von gesellschaftspolitischer Relevanz bezieht, die den Schutz des Art. 5 GG verdienen, ausnahmsweise den grundsätzlich vorrangigen Persönlichkeitsschutz verdrängt.

Das bloße Bedürfnis nach „Unterhaltung" stellt keine hinreichende Rechtfertigung für **5** Verletzungen der Privatsphäre dar.[16] Vor diesem Hintergrund hat der Rechtsträger grundsätzlich eine umfassende **Dispositionsbefugnis** über seine Privatsphäre. Er kann darüber entscheiden, ob er den Medien einen Einblick in seine Privatsphäre verwährt oder aber gewährt. Der Handel mit einer entsprechenden Erlaubnis, die konstruktiv über die deliktsrechtliche Konzeption der Einwilligung[17] erteilt wird, macht die Privatsphäre zu einem marktgängigen Gut, so dass das Recht auf Privatsphäre den Charakter eines Vermögensrechts annimmt. Ob ein Recht einen Vermögenswert besitzt und deshalb als Vermögensrecht anzuerkennen ist, ist nicht in erster Linie eine rechtliche, sondern eine faktische Frage, über die der Marktmechanismus entscheidet, da kein Recht an und für

---

[14] BGH GRUR 1956, 427, 429 – *Paul Dahlke*.
[15] *Götting*, FS Ullmann, S. 65, 72.
[16] Siehe dazu unten Rn. 10 ff.
[17] Siehe dazu umfassend *Ohly*, „Volenti non fit iniuria" Die Einwilligung im Privatrecht, passim.

sich einen „abstrakten wirtschaftlichen Wert" hat, sondern diesen erst zugewiesen bekommt. An diese ökonomische Wertentscheidung ist die Rechtsordnung grundsätzlich gebunden. Aus dem Prinzip der Privatautonomie folgt, dass es der freien Entscheidung von Anbietern und Nachfragern überlassen bleibt, ob sie Persönlichkeitsdetails zum Gegenstand wirtschaftlicher Verwertung machen oder nicht. Sie darf dagegen nur dann einschreiten, wenn höherrangige rechtliche oder ethische Prinzipien entgegenstehen. Ansonsten hat sie den rechtlichen Ordnungsrahmen zu schaffen und erforderlichenfalls korrigierend einzugreifen, um bei auftretenden Konflikten und Problemen sach- und interessengerechte Lösungen zu gewährleisten.[18] Entsprechendes gilt auch für das Recht auf Privatsphäre. Bildlich gesprochen bleibt es jedem überlassen, darüber zu entscheiden, ob er gegen ein entsprechendes Entgelt jemanden Zutritt zu seinem Haus gewährt. Werden diese Eintrittsgelder regelmäßig bezahlt, so eignet sich derjenige, der sich ohne Bezahlung Zutritt verschafft, einen Vermögenswert an.

6   Der Feststellung des BVerfG, dass der „verfassungsrechtliche Privatsphärenschutz aus Art. 2 Abs. 1 i.V.m. Art. 1 Abs. 1 GG nicht im Interesse einer Kommerzialisierung der eigenen Person gewährleistet" ist,[19] ist entschieden zu widersprechen.[20] Dies gilt umso mehr, als das BVerfG dieses Diktum nur behauptet, weil er es in keiner Weise begründet. Damit verschließt das Gericht die Augen vor den wirtschaftlichen Realitäten. Die unautorisierte Berichterstattung stellt einen Eingriff in das Selbstbestimmungsrecht des Rechtsträgers dar, das auch wirtschaftliche Dispositionsmöglichkeiten beinhaltet.

II. Lizenzanalogie

7   In Anbetracht dessen spricht nichts dagegen, die für die unautorisierte Ausnutzung des Werbewertes an Name oder Bildnis von der Rechtsprechung entwickelten Grundsätze zum Schadensersatz sowie zum Bereicherungsausgleich, die ihrerseits mit den für die Verletzung von Immaterialgüterrechten seit langem anerkannten Regeln übereinstimmen, auch auf Eingriffe in das Recht auf Privatsphäre zu übertragen. Sowohl unter dem Gesichtspunkt des Schadensersatzes als auch im Hinblick auf Bereicherungsausgleich geht es dabei in erster Linie um die Lizenzanalogie. Im Zentrum des Interesses besteht der Anspruch aus **Eingriffskondiktion** nach § 812 Abs. 1 S. 1 2. Alt. BGB, da dieser verschuldensunabhängig ist und daher praktisch die größte Bedeutung besitzt. Die unautorisierte Berichterstattung über das Privatleben Prominenter stellt einen Eingriff in den vermögensrechtlichen Zuweisungsgehalt des Rechts auf Privatsphäre dar. Das dem Rechtsträger zustehende mediale Selbstbestimmungsrecht wird hinsichtlich der damit verbundenen wirtschaftlichen Nutzungsmöglichkeiten beeinträchtigt, weil der Betroffene um des kommerziellen Profits willen einer medialen Fremdbestimmung ausgesetzt wird. Diese Zwangskommerzialisierung führt zu einer Bereicherung des Rechtsverletzers, die im Wege der Lizenzanalogie auszugleichen ist.[21]

8   Bei der konstruktiven Ableitung des Bereicherungsanspruchs nach Maßgabe der Lizenzanalogie ist aber nicht auf den Gesichtspunkt der Aufwendungsersparnis hinsichtlich der bei rechtmäßigem Verhalten zu zahlenden Vergütung abzustellen,[22] sondern der Bereicherte hat nach § 818 Abs. 2 BGB Wertersatz für das nach § 812 Abs. 1 S. 1 BGB „Erlangte" zu leisten, nämlich die kommerzielle Nutzung der Privatsphäre des Betroffenen, die im Wege der Eingriffskondiktion ohne rechtlichen Grund erfolgte.

---

[18] *Götting*, Persönlichkeitsrechte als Vermögensrechte, S. 66; idS. auch BGH GRUR 2000, 709, 713 – *Marlene Dietrich*; kritisch *Helle* JZ 2007, 444, 449 ff.

[19] BVerfG NJW 2000, 1021, 1023 – *Caroline von Monaco*.

[20] Siehe auch die Kritik von *Ladeur* ZUM 2000, 879, 887.

[21] *Götting*, FS Ullmann, S. 65, 72.

[22] So aber BGH GRUR 1956, 427, 430 – *Paul Dahlke*.

Das LG Hamburg hatte sich in einem Urteil, das die unautorisierte Berichterstattung **9**
über die Hochzeit eines der bekanntesten deutschen Fernsehmoderatoren betraf, soweit ersichtlich als erstes deutsches Gericht mit der Frage eines Bereicherungsausgleichs nach der
Lizenzanalogie bei Eingriffen in das Recht auf Privatsphäre auseinanderzusetzen. Die Entscheidung[23] leidet an erheblichen Widersprüchen und Ungereimtheiten. Einerseits wird
zwar konzediert, dass Honorarvereinbarungen über die Berichterstattung von gesellschaftlichen Ereignissen wie Hochzeiten vorkommen, andererseits wird aber die Behauptung in
den Raum gestellt, „dass nach der Verkehrssitte Honorarzahlungen an den Betroffenen gerade nicht vereinbart werden". Ein Anspruch nach der Lizenzanalogie wird mit folgender
Begründung abgelehnt: „Die konkret angegriffene Veröffentlichung erweckte aber gerade
nicht den Eindruck, erst durch eine mit der Klägern bzw. dem Brautpaar vereinbarte Zusammenarbeit ermöglicht worden zu sein. Vielmehr war schon wegen des folgenden Hinweises eingangs des Fließtextes für den durchschnittlichen Leser unmittelbar ersichtlich,
dass die Berichterstattung gegen den Willen des Brautpaares erfolgt sein musste."[24] Die Argumentation trägt geradezu absurde Züge. Die kaum nachvollziehbare Logik lautet, dass
ein Bereicherungsausgleich dann ausgeschlossen ist, wenn die Rechtswidrigkeit des Verhaltens des Bereicherten, nämlich der Eingriff in die Privatsphäre, wegen Fehlens einer
entsprechenden Vereinbarung offenkundig ist. Abstrakt gesprochen lautet die Botschaft
des LG Hamburg: „Wer sich offenkundig rechtswidrig verhält, haftet nicht."

C. Einwände

I. Unsicherheit über den Umfang des Privatsphärenschutzes

Ein naheliegender Einwand gegen die Anerkennung der Lizenzanalogie bei Eingriffen **10**
in das Recht auf Privatsphäre lautet, dass die Abgrenzung zwischen Erlaubtem und Uner-
laubtem aufgrund der diffizilen Abwägung zwischen dem Persönlichkeitsschutz und
dem Informationsinteresse der Öffentlichkeit eine solche Rechtsunsicherheit erzeugt,
dass die Medien nicht in der Lage sind, die Rechtmäßigkeit ihres Verhaltens zuverlässig zu
beurteilen. Auf dieser Linie liegt auch die Feststellung des LG Hamburg in seinem Urteil:
„Würde jede − nach Maßgabe des § 812 BGB nicht einmal notwendigerweise schuldhafte − Persönlichkeitsrechtsverletzung Lizenzansprüche des Betroffenen auslösen, wäre
dies für die Medien auch mit unzumutbaren wirtschaftlichen Risiken verbunden, zumal
der Grad zwischen rechtmäßiger und rechtswidriger Berichterstattung gerade im Presserecht mitunter äußerst schmal ist."[25]

Diese Argumentation ist zwar auf der Grundlage der bisherigen Rechtsprechungspraxis **11**
durchaus zutreffend, sie zeigt aber einmal mehr, dass es bisher an klaren und eindeutigen
Kriterien fehlt, die einen effektiven Privatsphärenschutz gewährleisten. In Wahrheit führen die Zweifel und die Unsicherheit über die Rechtslage, die durch ein hypertrophes Ausmaß an Einzelabwägungen hervorgerufen werden, dazu, dass dem angeblichen Informationsinteresse der Öffentlichkeit, das den Schutz des Art. 5 GG genießt, im Zweifel fast
immer der Vorrang gegenüber dem Persönlichkeitsschutz eingeräumt wird. Auch wenn
nicht zu bestreiten ist, dass auch abstrakte Maßstäbe bisweilen praktisch schwer umzusetzen sind und Zweifelsfälle nicht ausgeschlossen werden können, so ist es andererseits nicht
unmöglich, eine klare und in der Regel verlässliche Orientierung für die Abgrenzung zwischen dem Schutz der Privatsphäre und dem öffentlichen Informationsinteresse zu geben.
Den Maßstab für die Festlegung des Privatsphärenschutzes bildet dabei entgegen der
Rechtsprechung des BVerfG die vom EGMR in seinem Urteil „von Hannover/Bundes-
republik Deutschland" zugrunde gelegte Leitlinie, wonach eine Einschränkung der Privat-

---

[23] LG Hamburg AfP 2008, 100.
[24] LG Hamburg, a.a.O., S. 103.
[25] LG Hamburg AfP 2008, 100, 103.

sphäre nur in Bezug auf Vorgänge gerechtfertigt ist, die das öffentliche Wirken von Persönlichkeiten, insbesondere in einem politischen Kontext, betreffen.[26] Dagegen sind „Fotos
und Artikel, deren einziger Zweck die Befriedigung der Neugierde eines bestimmten Le-
serkreises über Einzelheiten aus dem Privatleben ist, nicht als Beitrag zu einer Diskussion
von allgemeinem gesellschaftlichem Interesse" zu erachten und verdienen keine Privilegierung durch die grundrechtlich geschützte Informationsfreiheit.[27]

12   Im Gegensatz dazu erstreckt die Rechtsprechung des BVerfG das von Art. 5 GG geschützte Informationsinteresse auch auf den Bereich der Unterhaltung und eröffnet damit
ein weites Feld der Ungewissheit, das kaum verlässliche Wegmarken aufweist. Wie der
Begriff der „Unterhaltung" in einer „Unterhaltungsgesellschaft" zu definieren ist, in
der Unterhaltung ein fast omnipräsentes, ubiquitäres Phänomen darstellt, das alle Lebensbereiche durchdringt, lässt das BVerfG völlig ungeklärt.[28] Stattdessen verschanzt es sich
hinter Allgemeinplätzen und Floskeln von wortreicher Unbestimmtheit. So heißt es in der
jüngst ergangenen Entscheidung „Caroline von Hannover": „Auch der bloßen Unterhaltung kann ein Bezug zur Meinungsbildung nicht von vornherein abgesprochen werden.
Unterhaltung ist ein wesentlicher Bestandteil der Medienbetätigung, die am Schutz der
Pressefreiheit in seiner subjektiv-rechtlichen wie objektiv-rechtlichen Dimension teil-
hat.[29] Der publizistische und wirtschaftliche Erfolg der in Konkurrenz zu anderen
Medienunterhaltungsangeboten stehenden Presse kann auf unterhaltende Inhalte und
entsprechende Abbildungen angewiesen sein."[30] Mit der Behauptung, die unterhaltende
Berichterstattung über Prominente erfülle für große Teile der Bevölkerung eine „Leitbild-
oder Kontrastfunktion" bzw. prominente Personen könnten auch Orientierung bei eigenen Lebensentwürfen bieten,[31] lässt sich jedes gewünschte Ergebnis und insbesondere ein
Vorrang der Medienfreiheit gegenüber dem Persönlichkeitsschutz begründen. Entweder
kann man sich darauf berufen, es gehe darum, einen Kontrast zwischen dem öffentlichen
Wirken und dem Privatleben zu belegen, oder aber es gehe darum, die Übereinstimmung
zwischen öffentlichem Wirken und Privatleben zu bestätigen. Warum, wie das BVerfG
meint, ein Bericht darüber, dass Prominente ihre Villen oder Schlösser vermieten, von einem den Privatsphärenschutz verdrängenden legitimen Informationsinteresse der Öffentlichkeit gedeckt sein soll,[32] bleibt rätselhaft. Das Argument, dass dieser Umstand geeignet
sei, „in einer demokratischen Gesellschaft Anlass für eine die Allgemeinheit interessierende
Sachdebatte zu geben und es grundsätzlich auch zu rechtfertigen [vermöge], die in dem
Beitrag behandelten prominenten Vermieter des Anwesens im Bild darzustellen,"[33] besitzt
keinerlei Substanz. Mit diesem Argument lässt sich einerseits jeder Eingriff in die Privatsphäre rechtfertigen, denn jede Information über das Leben Prominenter kann, in welche
Richtung auch immer, ein Anstoß für eine „die Allgemeinheit interessierende Sachdebatte" sein. Andererseits tendiert der Erkenntniswert, der sich aus dem Bericht über die
Vermietung von Villen durch Prominente abstrahieren lässt, gegen Null. Es ist eine Bin-
senweisheit, dass es Reiche und Prominente gibt, die sparsam sind und ökonomisch
denken, dass es andererseits Reiche und Prominente gibt, für die Sparsamkeit ein Fremd-
wort gibt. Zur Untermauerung dieser banalen Erkenntnis bedarf es nicht einer von einem
Bildnis begleiteten Berichterstattung über die Vermietung von Luxushäusern durch ihre
prominenten Eigentümer. Man fragt sich, wie derartige inhaltsleere Formeln den Instanz-

---

[26] Siehe *Götting*, FS Ullmann, S. 65, 72.

[27] EGMR JZ 2004, 1015, 1016 Rn. 65.

[28] Siehe zur Kritik schon oben § 1 Rn. 11.

[29] Unter Hinweis auf BVerfGE 35, 202, 222 = GRUR 1973, 541 = NJW 1973, 1226 – *Lebach-Fall*;
BVerfGE 101, 361, 390 = GRUR 2000, 446 = NJW 2000, 1021 – *Caroline von Monaco*.

[30] BVerfG GRUR 2008, 539, 542 Rn. 62 – *Caroline von Hannover*.

[31] BVerfG GRUR 2008, 539, 542 Rn. 60 – *Caroline von Monaco*.

[32] BVerfG, a.a.O., 547 Rn. 104f. – *Caroline von Hannover*; so nun auch BGH, Urt. v. 1.7.2008,
Az.: VI ZR 67/08; anders noch BGH ZUM 2007, 470.

[33] BVerfG GRUR 2008, 539, 547 Rn. 105 – *Caroline von Hannover*.

gerichten eine hinreichend klare justiziable Handhabe für die Abwägung zwischen dem Persönlichkeitsschutz und dem um das „Recht auf Unterhaltung" angereicherte Informationsinteresse der Öffentlichkeit geben sollen. Das „richtige Ergebnis" kennt nur das BVerfG selbst, und man erfährt es unter Umständen erst nach 6 Jahren.[34]

Mit der Einbeziehung des diffusen Begriffs der „Unterhaltung" entzieht sich das **13** BVerfG seiner Aufgabe, normative Kriterien für die Konturierung eines legitimen Informationsinteresses der Öffentlichkeit zu entwickeln, das es rechtfertigt, ausnahmsweise den Schutz der Privatsphäre einzuschränken. Statt entsprechend der Rechtsprechung des EGMR den Bezug auf Vorgänge, die das öffentliche Wirken von Persönlichkeit, insbesondere in einem politischen Kontext betreffen, zum entscheidenden Bewertungsmaßstab zu erklären, überlässt das BVerfG die Definition des schützenswerten Informationsinteresses weitgehend den Medien und damit dem freien Spiel der Kräfte des Marktes. *Stürner* beanstandet zu Recht, dass das BVerfG mit der Gleichsetzung von Information und Unterhaltung im Rahmen der Medienfreiheit die Definitionshoheit über das „öffentliche Interesse" als Rechtfertigung des Eingriffs in die Persönlichkeitssphäre an die Medien abgibt, die das öffentliche Informationsinteresse weithin selbst begründen dürfen und so definieren, wie der mediale Markt es verlangt.[35] Bei einer klaren Ausrichtung des von Art. 5 GG geschützten Informationsinteresses an der öffentlichen Rolle eines Prominenten, insbesondere im Hinblick auf seine gesellschaftspolitische Verantwortung, lässt sich der geschützte Bereich der Privatsphäre so klar und deutlich erkennen, dass bei Eingriffen eine Haftung nach der Lizenzanalogie gerechtfertigt erscheint. Wenn der Rest an Unsicherheit dazu führen sollte, dass die Medien im Zweifel von einer Berichterstattung absehen, so ist dies im Sinne des Persönlichkeitsschutzes nur zu begrüßen.

II. Verzichtstheorie

Soweit das BVerfG im Hinblick auf die Begrenzung des Privatsphärenschutzes auf das **14** mediale Vorverhalten abstellt, ist ihm im Grundsatz zuzustimmen.[36] Es ist einleuchtend, dass der Schutz der Privatsphäre vor öffentlicher Kenntnisnahme entfällt, wenn sich jemand selbst damit einverstanden zeigt, dass bestimmte, gewöhnlich als privat geltende Angelegenheiten öffentlich gemacht werden, etwa indem er Exklusivverträge über die Berichterstattung aus seiner Privatsphäre abschließt.[37] Selbstverständlich kann sich der Rechtsinhaber nicht auf den Schutz der Privatsphäre berufen, um die weitere Verbreitung der in dem Exklusivinterview offenbarten Informationen über seine Privatsphäre zu unterbinden. Abzulehnen ist aber die ebenfalls nicht näher begründete These des BVerfG, dass die Erwartung des Privatsphärenschutzes „situationsübergreifend" und konsistent zum Ausdruck gebracht werden muss.[38] Die Persönlichkeit befindet sich in einem dynamischen Entwicklungsprozess und ist in einem sich stetig verändernden sozialen Kontext eingebunden. Deshalb muss es ihr unbenommen bleiben, darüber zu entscheiden, welche Aspekte ihres Privatlebens sie den Medien preisgibt. Es macht einen Unterschied, ob sich jemand bereit erklärt, der Presse Zutritt zu einem „privaten Familienfest" anlässlich einer Hochzeit oder eines Geburtstages zu gewähren, oder ob er mit seinen Kindern ungestört und unbehelligt von Paparazzi einen Sonntagsausflug unternehmen möchte. Ob und inwieweit jemand auf seinen Privatsphärenschutz verzichtet, ist deshalb nicht situationsübergreifend, sondern „situationsdifferenzierend" zu beurteilen.

---

[34] Die Entscheidung des BVerfG GRUR 2008, 539 – *Caroline von Hannover*, die am 26. 2. 2008 erging, bezog sich auf Vorgänge, die bis in das Jahr 2002 zurückreichen.

[35] *Stürner* JZ 2004, 1018 (Anm. zu EGMR JZ 2004, 1015, 1016 – *von Hannover/Bundesrepublik Deutschland*).

[36] Siehe dazu und zum Folgenden *Götting*, FS Ullmann, S. 65, 73.

[37] So BVerfG NJW 2000, 1021, 1023 – *Caroline von Monaco*.

[38] BVerfG, ebenda.

D. Rechtspolitischer Ausblick

15   Die Anwendung der Lizenzanalogie bei Verletzungen der Privatsphäre bildet die einzige Möglichkeit, durch eine effektive Sanktion den permanenten und systematischen Persönlichkeitsrechtsverletzungen durch die Medien entgegenzutreten. Die Verpflichtung zur Zahlung einer fiktiven Lizenzgebühr, die gerade bei Prominenten mit großem Bekanntheitsgrad einen hohen Betrag erreichen kann, entfaltet eine präventive Wirkung. Der Verweis auf den Geldersatz für immaterielle Schäden geht zumeist ins Leere. Häufig fehlt es schon an der erforderlichen Eingriffsschwere, und selbst wenn diese erreicht wird, sind die zuerkannten Geldbeträge so gering, dass sie von den Medien billigend in Kauf genommen und einkalkuliert werden. Es gilt hier dieselbe Formel wie bei der unautorisierten Verwendung des Namens oder Bildnisses für Werbezwecke: „Schutz vor Kommerzialisierung durch Kommerzialisierung". Bei der Bestimmung des Umfangs des Privatsphärenschutzes ist nach Maßgabe der Rechtsprechung des EGMR das legitime Informationsinteresse der Öffentlichkeit iSd. Art. 5 GG auf Vorgänge zu beschränken, die das öffentliche Wirken von Persönlichkeiten, insbesondere in einem politischen Kontext, betreffen, während Informationen, die allein der Befriedigung der Neugierde dienen, nicht als Beitrag zu einer Diskussion von allgemeinem gesellschaftlichem Interesse zu erachten sind und dementsprechend keine Privilegierung durch die grundrechtlich geschützte Informationsfreiheit erhalten.[39] Beizupflichten ist der zustimmenden Kommentierung des Urteils des EGMR von *Forkel*, in der es mit Blick auf die psychischen (oder auch physischen) Beeinträchtigungen von Prominenten abschließend heißt: „Mit welcher Berechtigung können sich die Medien künftig dafür einsetzen, dass bei uns und überall die Menschenrechte beachtet werden, wenn sie sich dort, wo sie selbst handeln, um deren Wahrung nicht bemühen wollen?"[40] Die planmäßige Verfolgung von Prominenten durch Paparazzi und die Belagerung ihrer Häuser würde zu Recht zu einem Aufschrei in den Medien führen, wenn sich die Staatsmacht so verhielte. Es ist schwer verständlich, warum die „Medienmacht" mehr darf als man der Staatsmacht jemals zubilligen würde. Schwer verständlich ist es, mit welcher Leichtigkeit sich das BVerfG darüber hinwegsetzt, dass die permanente Verfolgung prominenter Persönlichkeiten durch Paparazzi zumindest eine massive Beeinträchtigung des durch Art. 2 Abs. 1 GG geschützten Rechts auf freie Entfaltung der Persönlichkeit darstellt, wenn nicht gar ein Verstoß gegen die von Art. 1 GG geschützte Menschenwürde.[41]

§ 46. Verträge über die Privatsphäre

Inhaltsübersicht

---

[39] Siehe EGMR JZ 2004, 1015, 1016 – *von Hannover/Bundesrepublik Deutschland.*
[40] *Forkel* ZUM 2005, 192, 194.
[41] *Götting*, FS Ullmann, S. 65, 72 f.

Schrifttum: *Brandl*, Anmerkungen zum Urteil des OLG München v. 20. 12. 1979, Az. 6 U 3430/79 – „Vera Brühne", AfP 1981, 349; *Forkel*, Lizenzen an Persönlichkeitsrechten durch gebundene Rechtsübertragung, GRUR 1988, 491; *Götting*, Persönlichkeitsrechte als Vermögensrechte, 1995; *Helle*, Besondere Persönlichkeitsrechte im Privatrecht: Das Recht am eigenen Bild, 1991; *Larenz*, Lehrbuch des Schuldrechts, Bd. 1: Allgemeiner Teil, 12. Auflage, 1980; *Lehmann/Rosendahl*, Zeppelin: The Story of Lighter-than-air Craft, 1937; *Löffler*, Gutachten zum Fall „Flade", ZVZV 1961, S. 500; *Löffler/Ricker*, Handbuch des Presserechts, 5. Auflage, 2005; *Magold*, Personenmerchandising, 1994; *Palandt*, Bürgerliches Gesetzbuch, 67. Auflage, 2008; *Pfeifer*, Individualität im Zivilrecht, 2001; *Prantl*, Die journalistische Information zwischen Ausschlußrecht und Gemeinfreiheit, in: Schriften zum Deutschen und Europäischen Zivil-, Handels- und Prozeßrecht, 1983; *Prantl*, Der journalistische Exklusivvertrag über Informationen aus der personalen Sphäre, AfP 1984, 17; *Prinz/Peters*, Medienrecht, 1999; *Runge*, in: Anm. zu Schulze LGZ 37 und 38, 19 f.; *Schertz*, Merchandising, 1997; *Schmidt-Osten*, Gutachten zum Fall „Flade", ZVZV 1961, S. 537; *Schütz*, Journalistische Tugenden: Leitplanken einer Standesethik, 2003; *Schwerdtner*, Der zivilrechtliche Persönlichkeitsschutz, JuS 1978, 289; *Soehring*, Presserecht, 3. Auflage, 2000; *Staudinger*, Kommentar zum Bürgerlichen Gesetzbuch, 12. Auflage, 1978; *Tillmanns*, Mediale Vermarktung von Verbrechen und Grundsätze eines fair trial, in: FS Schweizer, 1999, S. 227 ff.; *Troller*, Immaterialgüterrecht, Bd. 1, 2. Auflage, 1968–1971; *Vaunois*, Qualité d'auteur: celui dont les „initiatives" fournissent le sujet d'un film de cinéma est-il co-auteur?, in: DdA 1953, S. 117; *Wente*, Das Recht der journalistischen Recherche, UFITA-Schriftenreihe, Bd. 71, 1987; *Zöller*, ZPO, 26. Auflage, 2007.

A. Einleitung

In einem immer härter werdenden Konkurrenzkampf unter den Medien steigt insbe- **1** sondere der auf den Redaktionen lastende **Aktualitätsdruck**. War es immer schon von Bedeutung, der Erste zu sein, der eine *„Story"* bringen kann, hat sich die Jagd nach dem *„Knüller"* in geradezu hysterischem Maße verschärft. In diesem Zusammenhang spielt die Erlangung von Informationen eine entscheidende Rolle.

2   Da parallel zu der rasanten Entwicklung der Massenmedien auch ein immer stärkeres Interesse der Öffentlichkeit an privaten Vorgängen besteht, richtet sich die Aufmerksamkeit der Medien bei der Jagd nach Informationen immer mehr auf solche, die den persönlichen Lebens- und Erlebensbereich natürlicher Personen betreffen – seien es Informationen über sog. **„Prominente"** oder solche von Personen, die aufgrund ihrer Teilnahme oder Verwicklung in Aufsehen erregende Vorgänge über sonst kaum zugängliche Hintergrundinformationen auch in Form von Erlebnissen und Erfahrungen verfügen.

3   Die Möglichkeiten, worüber in diesem Bereich Verträge zwischen Medienunternehmen und Privatpersonen geschlossen werden können, sind unüberschaubar. Die verschiedenen Vertragstypen haben jedoch allesamt gemein, dass es im Kern um die Weitergabe von Informationen privater Natur und persönlichen Erfahrungen geht. Unterschiede bestehen lediglich in den verschiedenen Inhalten der Informationen und in den Formen, in welchen die Medien die Informationen ihrem Publikum präsentieren wollen. Nach der folgenden Übersicht über die besonders praxisrelevanten Variationen von Informationsvereinbarungen sollen daher Fragen nach der Rechtsnatur derartiger Verträge, den Vertragsinhalten und der Rechtsgültigkeit im Allgemeinen behandelt werden.

B. Vertragstypen

4   Bei dem Versuch, die verschiedenen Erscheinungsformen von Verträgen über persönlichkeitsrechtlich relevante Informationen aufzuzeigen, ist es hilfreich nach folgenden Kriterien zu unterscheiden: Zunächst kann eine Unterscheidung im Hinblick auf die Darstellungsform vorgenommen werden, in welcher das Medienunternehmen seinem Leser, Zuhörer oder Zuschauer die von dem Informationsträger übermittelten Informationen darbieten möchte. Dabei steht auf der einen Seite das **Interview** als direkteste Form der Mitteilung persönlicher Informationen.

5   Dem gegenüber stehen **Berichte**, die sich auf die Schilderungen/Hintergrundinformationen des Informationsträgers beziehen, ohne diesen direkt zu Wort kommen zu lassen, oder die lediglich eine Auswahl an Zitaten anbieten. Bei den letztgenannten Darstellungsformen kann dann eine weitere Differenzierung vorgenommen werden, indem man auf die unterschiedlichen Inhalte abstellt, die dem Publikum dargeboten werden:

6   Während die sog. **„Homestory"** der Öffentlichkeit einen Einblick in das häusliche Leben prominenter Persönlichkeiten geben soll, bezieht sich der **„Event-Vertrag"** auf ein bestimmtes Ereignis – bspw. die Hochzeit einer prominenten Persönlichkeit.

7   Die Übergänge zwischen den einzelnen Vertragstypen sind fließend. Eine klare Abgrenzung kann insofern nicht erfolgen. So tragen sowohl der hier als „Nachrichtenkauf" bezeichnete Vertrag als auch die *Homestory* oder der Eventvertrag naturgemäß auch Elemente des Interviewvertrages in sich, da in allen Fällen die Informationsvermittlung in der Regel durch Gespräche mit den Betreffenden erfolgt und diese Gespräche im Rahmen der Berichterstattung dann auch in Interviewform mitverwertet werden. Dennoch soll anhand der folgenden Übersicht versucht werden, die verschiedenen Erscheinungsformen der medialen Vermarktung der Privatsphäre aufzugliedern.

I. Das Interview

8   Das Interview ist der unmittelbarste Weg, persönliche Informationen zu veröffentlichen. Der Interviewte kommt selbst zu Wort und kann somit Inhalt und Form seiner Äußerungen selbst bestimmen. Der rechtliche Rahmen der Durchführung und Veröffentlichung von Interviews wird fast ausschließlich durch die jeweilige Absprache gezogen, die nicht selten ausdrücklich in Form eines Interviewvertrages, häufig aber auch konkludent, also durch **stillschweigende Übereinkunft** der Beteiligten und ggf. still-schweigende Bezugnahme auf die Usancen der Medien, zustande kommt.[1]

Während es aufgrund des in den Landespressegesetzen normierten Auskunftsanspruchs **9** der Presse in Verbindung mit dem Gleichheitsgrundsatz aus Art. 3 GG vom Einzelfall abhängig sein kann, ob und inwieweit gegenüber Behörden ein Anspruch auf Auskunftserteilung auch in Form eines Interviews besteht, ist die Rechtslage in Bezug auf Privatpersonen klarer: Nach dem eindeutigen Wortlaut der jeweiligen Vorschriften über den Auskunftsanspruch der Presse in den Landespressegesetzen (dort zumeist in § 4 geregelt) steht der Presse kein Auskunftsanspruch gegenüber Privaten zu.[2] Der Betreffende kann somit selbst entscheiden, ob und wenn ja in welchem Umfang er wem ein Interview gewährt (sog. **„negative Interviewfreiheit"**[3]). Jeden Versuch der Medien, sich gegenüber einer bestimmten Persönlichkeit zur Begründung eines Interview-Wunsches auf die mittelbare Drittwirkung des Grundrechts der Presse- und Rundfunkfreiheit zu berufen, wird daher der Anspruch des Betreffenden gegenüberstehen, sich gegenüber der Öffentlichkeit oder einem Teil derselben nicht äußern zu müssen.[4] Dieser Anspruch ist als Teil der allgemeinen Handlungsfreiheit gemäß Art. 2 Abs. 1 GG als Grundrecht geschützt.[5]

Bei der Ausgestaltung der Bedingungen, zu denen ein Interview geführt und ver- **10** öffentlicht werden soll, sind die Beteiligten weitgehend frei. Besonders häufig – und seitens des Interviewten auch grundsätzlich empfehlenswert – ist die Vereinbarung eines sog. Autorisierungsvorbehalts (auch **Genehmigungsvorbehalt** genannt).[6] Danach darf eine Veröffentlichung des Interviews erst erfolgen, wenn es zuvor dem Interviewten vorgelegt und von ihm „freigegeben", d. h. genehmigt wurde.

II. Das Hintergrundgespräch

Hintergrundgespräche spielen in der journalistischen Praxis vor allem im politischen **11** Bereich eine entscheidende Rolle. Möglich sind solche Gespräche, die sich dadurch auszeichnen, dass eine direkte Wiedergabe der Äußerungen des Gesprächspartners nicht veröffentlicht werden soll, jedoch auch jenseits der Politik. Bei derartigen Gesprächen steht zumeist der Wunsch des Gesprächspartners im Vordergrund, gänzlich unerkannt zu bleiben.

Auch hier kommt ein entsprechender Vertrag zustande, wenn Medienvertreter und **12** Gesprächspartner zwecks Übermittlung von Informationen miteinander reden. Auch hier sind die Vertragspartner in der Ausgestaltung des Vertragsinhalts weitgehend frei. Kern eines solchen Vertrages wird jedoch das Bedürfnis des Gesprächspartners nach **Vertraulichkeit** sein. Maßgebend ist somit, dass zwischen den Vertragsparteien von vornherein Klarheit darüber herrscht, dass eine entsprechende Vertraulichkeit vereinbart wurde. Auch wenn es in der Praxis nach wie vor üblich ist, derartige Gespräche zu führen, ohne dass zuvor eine schriftliche Vereinbarung geschlossen wird, empfiehlt es sich jedoch auch hier, insbesondere die Vertraulichkeitsabsprache schriftlich zu fixieren, um spätere Beweisprobleme zu umgehen.

In den „Publizistischen Grundsätzen des Deutschen Presserats" **(Pressekodex)** wird **13** zwar die Verpflichtung zur Achtung der Vertraulichkeit ausdrücklich genannt. Danach muss der Journalist es respektieren, wenn der Informant die Verwertung seiner Mitteilung davon abhängig gemacht hat, dass er als Quelle unerkennbar oder ungefährdet

---

[1] *Soehring*, Presserecht, 3. Auflage, 2000, Rn. 7.65.
[2] *Löffler/Ricker*, Handbuch des Presserechts, 5. Auflage, 2005, Kap. 19, Rn. 11; LG Frankfurt, AfP 1989, 572.
[3] *Soehring*, a.a.O., Rn. 7.69.
[4] *Soehring*, a.a.O., Rn. 7.67.
[5] *Soehring*, a.a.O., Rn. 7.67.
[6] Siehe hierzu unten Rn. 65 ff.

bleibt.[7] Ausnahmen von diesem Grundsatz sieht der Pressekodex nur dann vor, wenn die Information ein Verbrechen betrifft und die Pflicht zur Anzeige besteht bzw. wenn bei sorgfältiger Güter- und Interessenabwägung gewichtige staatspolitische Gründe überwiegen, insbesondere wenn die verfassungsmäßige Ordnung berührt oder gefährdet ist.[8] Der Pressekodex entfaltet jedoch keine rechtliche Bindung der Medien. Der Grund, warum es dennoch verhältnismäßig selten zu einer **Verletzung einer Vertraulichkeitsabsprache** kommt, wird eher im Praktischen zu finden sein: Es liegt im Interesse jedes Journalisten, in diesem Bereich keinen Regelverstoß zu begehen, da er sich dadurch als Teilnehmer weiterer Hintergrundgespräche disqualifiziert und ein Vertrauenskapital verspielt, auf das er für die erfolgreiche Ausübung seines Berufs angewiesen ist.[9]

14   Die Verletzung einer Vertraulichkeitsabrede führt zu einem **Verwertungsverbot**,[10] da die auf diesem Wege erfolgte Veröffentlichung oder Verbreitung die Privatsphäre des Gesprächspartners verletzt. Es kommt dabei nicht darauf an, ob die Privatsphäre des Gesprächspartners überhaupt Gegenstand des Gespräches war: Maßgebend ist allein die Privatheit der Gespräche mit dem Journalisten.[11] Werden Äußerungen im Vertrauen auf eine Vertraulichkeitsabrede getätigt, manifestiert sich in solchen Äußerungen die Privatsphäre des Sprechenden auch dann, wenn der Gesprächsinhalt seine Person nicht betrifft.[12] Deshalb greift die Preisgabe derartiger Äußerungen an die Öffentlichkeit unter Missachtung des Geheimhaltungswillens des sich Mitteilenden auch auf dessen Privatsphäre zu.[13] Das daraus resultierende Verwertungsverbot betrifft entsprechend auch nicht die in dem vertraulichen Gespräch gewonnenen Informationen, sondern die Weitergabe dieser Informationen als Äußerungen des Gesprächspartners.[14]

III. Der „Informations-/Nachrichtenkauf"

15   In der Praxis treten neben den reinen Interviewverträgen oder Hintergrundgesprächen auch häufig **Mischformen** dieser beiden Konstrukte auf: Medienunternehmen schließen mit Personen Vereinbarungen, nach denen sich die Betreffenden verpflichten, das Medium über bestimmte Ereignisse und Erlebnisse umfassend zu informieren. Dabei findet die Informationsvermittlung nicht nur in Form von Interviews statt – vielmehr erfolgt ein generelle Information des Mediums durch den Betroffenen, die das Medienunternehmen in die Lage versetzen soll, umfassend über ein bestimmtes Ereignis oder bestimmte Erlebnisse des Betroffenen zu berichten.

16   Was sich von der Warte der Medien als Information, als Ausgangspunkt ihrer journalistischen Arbeit darstellt, ist für den Informanten, den „Informationsträger", Teil seiner Erlebniswelt.[15] Aufsehen erregende Affären, Krankheiten, Unglücksfälle oder andere Schicksale haben ihn für die Medien interessant gemacht, so dass sein noch ungeformtes Wissen und seine Person selbst zum Gegenstand journalistischen Wettbewerbs wird.[16]

17   Eine besondere Rolle spielt diese Art von Vereinbarungen bei der Berichterstattung über **Strafverfahren**. Wie u. U. auch beim Interview besteht hier ein besonders starkes

---

[7] Publizistische Grundsätze des Deutschen Presserats (Pressekodex), Richtlinie zu Ziff. 5, 5.1 „Vertraulichkeit".

[8] Publizistische Grundsätze des Deutschen Presserats (Pressekodex), Richtlinie zu Ziff. 5, 5.1 „Vertraulichkeit".

[9] *Soehring*, Presserecht, 3. Auflage, 2000, Rn. 7.75.

[10] *Soehring*, a.a.O., Rn. 7.75.

[11] BGH, NJW 1987, 2667, 2668 – *Operation Eva*.

[12] BGH, a.a.O.

[13] BGH, a.a.O.

[14] BGH, a.a.O.

[15] *Prantl* AfP 1984, 17.

[16] *Prantl* AfP 1984, 17, 18.

Interesse der Medienunternehmen, Exklusivvereinbarungen mit den Betroffenen – seien es die Täter, Opfer, Zeugen oder andere Verfahrensbeteiligte – abzuschließen. Das Ziel des Medienunternehmens ist es auch hier, die persönlichen Erfahrungen, Informationen und Bewertungen aus „erster Hand" zu erhalten und zu versuchen, durch entsprechende Exklusivabreden der Konkurrenz diesen „ersten Zugriff" zu versperren.

Derartige Exklusivverträge, mit denen Nachrichten, Informationen, Erfahrungen **18** „eingekauft" werden, sind kein neues Phänomen. Bereits 1928 hatte die Reederei des Luftschiffs Zeppelin anlässlich der Amerikafahrt des Luftschiffs die „Europäischen Rechte der Berichterstattung" an die deutschen Verlage Scherl und Ullstein sowie die Frankfurter Zeitung verkauft; für die USA schloss die Reederei mit dem amerikanischen Zeitungs-könig Randolph Hearst einen Exklusivvertrag.[17] Hierdurch war die Funkberichterstat-tung von Bord aus ausschließlich den Vertragsunternehmen überlassen, während die übri-gen Mitfahrer, Mannschaft und Passagiere zum Schweigen verpflichtet und Meldungen über den Standort des Schiffs an die Nicht-Vertragspresse verweigert wurden. Jegliches zwischen Start und Landung liegende Ereignis wurde so zur Exklusivinformation der vertragsschließenden Verlage.[18] Da die gesamte deutsche Presse durch massive Unter-stützung und Aufrufe zu Spenden maßgeblich zum Bau des Luftschiffs **„Graf Zeppelin"** beigetragen hatte und die nachhaltige Pressepropaganda die Fahrt des Luftschiffs zu einer Angelegenheit nationaler Ehre erhoben hatte, bestand ein extrem gesteigertes Bedürfnis der Öffentlichkeit nach Informationen – um so härter traf die Presse das **„Zeppelin-Nachrichtenmonopol".**[19]

IV. Die „Home-Story"/das „Event"

Der Stellenwert, den das „Private" im Medien-Alltag einnimmt, ist stark angestiegen. **19** Zumeist geht es dabei um reine Unterhaltung, um eine Schlüsselloch-Mentalität und die öffentliche Inszenierung des Privaten.[20] Der – fast immer umfassend bebilderte – Bericht über prominente Persönlichkeiten in ihren eigenen vier Wänden, über Hochzeiten, Fami-lienfeiern, Urlaube von Prominenten ist aus der heutigen Medienlandschaft nicht mehr wegzudenken. Um nicht nur Paparazzi-Fotos von solchen „Events" veröffentlichen zu können, besteht für die Medien ein starker Anreiz auf diesem Gebiet Vereinbarungen mit den betreffenden Personen selbst zu schließen. Auch hier liegt ein besonderes Interesse darin, die Exklusivrechte an der Berichterstattung über ein derartiges – eigentlich priva-tes – Ereignis zu ergattern.

C. Rechtsnatur der Verträge

Eine pauschale Einordnung von Verträgen über persönliche Informationen in das Sys- **20** tem der gesetzlich geregelten Schuldverhältnisse lässt sich nicht vornehmen.[21] Man kann daher für diese Verträge nur die bei Juristen so beliebte Formulierung benutzen, dass es sich dabei um „aus verschiedenen Elementen zusammengesetzte Verträge sui generis"[22] handelt.

Da die Charakterisierung als „Vertrag sui generis" in der Praxis wenig hilfreich ist, stellt **21** sich die Frage nach der dogmatischen Struktur der Rechtsbeziehungen zwischen dem

---

[17] *Lehmann/Rosendahl*, Zeppelin: The Story of Lighter-than-air Craft, 1937, S. 267; *Prantl*, Die jour-nalistische Information zwischen Ausschlußrecht und Gemeinfreiheit, in: Schriften zum Deutschen und Europäischen Zivil-, Handels- und Prozessrecht, 1983, S. 118.

[18] *Prantl*, a.a.O., S. 118.

[19] *Prantl*, a.a.O., S. 118.

[20] *Schütz*, Journalistische Tugenden: Leitplanken einer Standesethik, 2003, S. 107.

[21] *Wente*, Das Recht der journalistischen Recherche, UFITA-Schriftenreihe, Bd. 71, 1987, S. 189.

[22] *Prantl* AfP 1984, 17, 19.

Träger des Persönlichkeitsrechts und dem Medienunternehmen im Einzelnen. In der nicht besonders umfangreichen Literatur zur Rechtsnatur derartiger Verträge wurden in der Vergangenheit verschiedene Konstruktionen erörtert.

I. Urheberrechtlicher Ansatz

22   Zum Teil wurde versucht, den Vertrag über persönliche Informationen in das urheberrechtliche Vertragssystem einzugliedern, in dem man in dem Träger des Persönlichkeitsrechts, der z. B. über persönliche Erlebnisse berichtet, einen **Werkschöpfer im Sinne des Urheberrechts** sieht.[23] Nach dieser Theorie handelt es sich bei den schriftlich oder auf Tonband fixierten Gesprächen, bei denen der Erlebnisträger seine Informationen abgibt, um Sprachwerke im Sinne von § 2 I Nr. 1 UrhG.[24]

23   Als weitere Möglichkeit, den Vertrag über persönlichkeitsrechtlich relevante Informationen urheberrechtlich zu verankern, wurde das Denkmodell eines **„Urheberrechts am gelebten Leben"** angeboten.[25] Wie *Prantl*[26] jedoch zu Recht feststellt, bietet das Urheberrecht für solche Überlegungen keinen Raum, da es als Regelung des Verhältnisses Person – Sache entwickelt wurde. Schutzgegenstand des Urheberrechts ist das Werk, das regelmäßig eine eigene, von der Person des Schöpfers unabhängige Existenz erhalten hat und dessen Wesen von nichts mehr berührt wird, was dem Urheber geschieht, nachdem es von ihm geschaffen und dauerhaft materialisiert ist.[27] Dem gelebten Leben fehlt es hingegen an einer derartigen – im Urheberrecht vorgesehenen – „Loslösung von der Person".[28, 29]

II. Verfügungsrechtlicher Ansatz

24   Eine andere Konsequenz aus der „Benutzbarkeit" des Persönlichkeitsrechts und damit der Privatsphäre einer Person als „handelsfähige Ware" wäre die Anerkennung eines **übertragbaren Nutzungsrechts** außerhalb der festgefügten, auf das „Werk" fixierten Ordnung des Urheberrechts.[30]

25   Der Schutz von Persönlichkeitsgütern und -interessen beabsichtigt, dem Menschen ein Leben in Freiheit und Selbstbestimmung zu ermöglichen.[31] Wenn Persönlichkeitsrechtsinteressen und -güter dem Menschen primär als von ihm unlösbar zugehörig sind, dürfte eine rechtliche Übertragung dieser Attribute von vornherein ausscheiden. Dennoch wird

---

[23] *Prantl*, Die journalistische Information zwischen Ausschlußrecht und Gemeinfreiheit, in: Schriften zum Deutschen und Europäischen Zivil-, Handels- und Prozeßrecht, 1983, S. 135 unter Verweis auf *Löffler*, Gutachten zum Fall „Flade", ZVZV 1961, S. 500; *Schmidt-Osten*, Gutachten zum Fall „Flade", ZVZV 1961, S. 537.

[24] *Prantl*, Die journalistische Information zwischen Ausschlußrecht und Gemeinfreiheit, in: Schriften zum Deutschen und Europäischen Zivil-, Handels- und Prozeßrecht, 1983, S. 135.

[25] *Prantl*, Die journalistische Information zwischen Ausschlußrecht und Gemeinfreiheit, in: Schriften zum Deutschen und Europäischen Zivil-, Handels- und Prozeßrecht, 1983, S. 137 unter Verweis auf Riedel bei Staudinger, 12. Auflage, Vorbem. 21 zu § 631; *Runge*, in Anm. zu *Schulze* LGZ 37 und 38, 19 f; *Vaunois*, Qualité d'auteur: celui dont les «initiatives» fournissent le sujet d'un film de cinéma est-il co-auteur?, in: DdA 1953, S. 117.

[26] *Prantl*, Die journalistische Information zwischen Ausschlußrecht und Gemeinfreiheit, in: Schriften zum Deutschen und Europäischen Zivil-, Handels- und Prozeßrecht, 1983, S. 137.

[27] *Troller*, Immaterialgüterrecht, Bd. 1, 2. Auflage, 1968–1971, 3. Kap., § 8 I (S. 95).

[28] *Troller*, a.a.O.

[29] *Prantl*, a.a.O. unter Verweis auf *Troller*, Immaterialgüterrecht, Bd. 1, 2. Auflage, 1968–1971, 3. Kap., § 8 I (S. 95).

[30] *Prantl*, a.a.O., S. 138.

[31] *Pfeifer*, Individualität im Zivilrecht, 2001, S. 270.

bereits seit längerem diskutiert, ob und inwieweit der Mensch über seine persönlichkeitsrechtlichen Interessen „verfügen" kann.[32]

Nach wie vor wird in Literatur und Rechtsprechung stets auf den Grundsatz der **26** Unübertragbarkeit des Persönlichkeitsrechts hingewiesen.[33] Dennoch ist die Frage der **Übertragbarkeit** im Einzelnen streitig. So mehren sich Stimmen in der Literatur, die insbesondere im Hinblick auf die sich verändernden tatsächlichen Vermarktungsmöglichkeiten realer Personen z. B. durch Merchandisingmaßnahmen eine dingliche Wirkung der Einwilligung des Rechtsträgers bzw. eine Übertragbarkeit der verzichtbaren Bestandteile der Persönlichkeitsrechte fordern.[34] Auffällig ist insofern, dass der BGH die Frage der Übertragbarkeit des Persönlichkeitsrechts in seiner „Nena"-Entscheidung[35] nicht nur offenlässt, sondern sogar von einer „umstrittenen Frage" spricht.

Als vermittelnde Lösung zwischen den gegensätzlichen Ansichten wurde in jüngerer **27** Zeit vermehrt die Möglichkeit der dinglich wirkenden Übertragung von Persönlichkeitsrechten nach der dem Urheberrecht entlehnten Rechtsfigur der gebundenen Rechtsübertragung angeboten.[36] Hiernach soll das Persönlichkeitsrecht wie das Urheberrecht nach § 29 S. 2 UrhG als unveräußerliches Stamm- oder Mutterrecht beim Inhaber verbleiben. Auf diesem Wege werde der grundsätzlichen Unveräußerbarkeit der Persönlichkeitsrechte und dem Schutz der höchstpersönlichen ideellen Interessen Rechnung getragen.[37] Im Ergebnis soll nach dieser Ansicht somit auch der Inhaber von Persönlichkeitsrechten anderen Nutzungsrechte etwa an seinem Namen oder Bildnis einräumen können, die im Hinblick auf die zu wahrenden unverzichtbaren ideellen Interessen jedoch als Tochterrechte an das beim Rechteinhaber verbleibende Stammrecht gebunden bleiben.[38]

Typisch für die im vorliegenden Kapitel behandelten Verträge über die Privatsphäre ist **28** jedoch, dass es dabei nicht nur um die Nutzung des Namens oder des Bildnisses des Betroffenen geht, sondern darüber hinaus gerade höchstpersönliche Erlebnisse bzw. Informationen genutzt werden sollen. Es erscheint daher sehr fraglich, ob auch für den insofern betroffenen Bereich des Persönlichkeitsrechts die Rechtsfigur der gebundenen Rechtsübertragung eine adäquate Möglichkeit darstellt.

III. Schuldrechtlicher Ansatz

Trotz des **Grundsatzes der Unübertragbarkeit** ist allgemein anerkannt, dass der **29** Rechtsträger über seine Persönlichkeitsrechte in begrenztem Umfang disponieren kann.[39] Da das allgemeine Persönlichkeitsrecht vermögenswerte Bestandteile hat und insoweit auch dem Schutz kommerzieller Interessen dient,[40] ist auch die Schlussfolgerung hieraus berechtigt, dass deren **Nutzung und Verwertung Dritten** überlassen werden kann.[41]

---

[32] *Pfeifer*, a.a.O.

[33] So z. B. Palandt/*Sprau*, Bürgerliches Gesetzbuch, 67. Auflage, 2008, § 823, Rn. 86; *Helle*, Besondere Persönlichkeitsrechte im Privatrecht: Das Recht am eigenen Bild, 1991, S. 51; BGH, GRUR 1978, 583, 585; BGH, MDR 1952, 92; *Schwerdtner*, Der zivilrechtliche Persönlichkeitsschutz, JuS 1978, 289.

[34] *Schertz*, Merchandising, S. 156 unter Verweis auf *Forkel*, GRUR 1988, 491, 492 f., 498 ff.; *Magold*, S. 506, *Götting*, S. 60, 65; *Brandl*, AfP 1981, 349, 351.

[35] BGH, GRUR 1987, 128 – Nena.

[36] *Schertz*, a.a.O.; *Forkel*, GRUR 1988, 491, 493 ff., 496 ff.; *Magold*, S. 511 ff., *Götting*, S. 60, 65; *Brandl*, AfP 1981, 349, 351.

[37] Vgl. *Magold*, S. 663; *Götting*, S. 65.

[38] *Schertz*, a.a.O., S. 156 f.; *Forkel*, GRUR 1988, 491, 494, 496, 501; *Magold*, S. 511 ff., *Götting*, S. 65; im Ergebnis auch *Brandl*, AfP 1981, 349, 351.

[39] *Götting*, a.a.O., S. 271.

[40] Palandt/*Sprau*, Bürgerliches Gesetzbuch, 67. Auflage, 2008, § 823, Rn. 86.

[41] Palandt/*Sprau*, Bürgerliches Gesetzbuch, 67. Auflage, 2008, § 823, Rn. 86 m.w.N.

Das Mittel hierzu bildet die Einwilligung, die der Rechtsträger erteilt und mit der er dem Empfänger Nutzungsbefugnisse hinsichtlich der kommerziellen Verwertung seiner Persönlichkeitsdetails einräumt.[42]

30   Schließt eine Person mit einem Medienunternehmen einen Vertrag über die Weitergabe persönlicher Informationen/Erfahrungen/Erlebnisse o. ä., so handelt es sich hierbei um einen rein schuldrechtlich verpflichtenden Vertrag.[43] In erster Linie werden daher die allgemeinen Bestimmungen des BGB, insbesondere die §§ 320 ff. BGB heranzuziehen sein.[44] Je nach individueller Vertragsgestaltung und Annäherung an die jeweiligen Vertragstypen kann es geboten sein, Bestimmungen des Kauf-, Pacht-, Dienst-, Werk- oder auch Gesellschaftsrechts heranzuziehen.[45]

31   Wird mit einem Vertrag über die Vermittlung privater/persönlicher Informationen eine längerfristige Zusammenarbeit zwischen Rechteinhaber und Medienunternehmen festgelegt, die somit wiederkehrende Leistungen des Rechtinhabers vorsieht, so wird ein solcher Vertrag als **Dauerschuldverhältnis** zu qualifizieren sein.[46]

D. Vertragsinhalt

I. Vertragsparteien

32   Vertragspartner der verschiedenen persönlichkeitsrechtlich relevanten Informationsverträge sind auf der einen Seite die Persönlichkeit, d. h. der Informationsträger, und auf der anderen das Medienunternehmen.

II. Vertragsgegenstand

33   Der Vertragsgegenstand ist die Übermittlung bestimmter Informationen durch den Rechtsträger, d. h. die Übermittlung von Informationen aus dem Privatleben des Betreffenden, über eigene Erfahrungen, Erlebnisse, etc. und die Einwilligung des Rechteinhabers in die Verwertung derselben.

34   Neben der mündlichen Information durch den Rechtsträger kommt dabei auch die Belieferung des Vertragspartners mit Unterlagen, Fotomaterial etc. in Betracht. Bei der Vertragsgestaltung ist möglichst detailliert zu regeln, was genau der Rechtsträger „liefern" soll. So sollte bereits im Vertrag festgelegt werden, über welche Themen sich der Informierende äußern soll und was von ihm darüber hinaus an weiterem Material zur Verfügung gestellt werden soll.[47]

35   Es empfiehlt sich zudem, bereits zu Beginn des Vertrages festzulegen, welche **Art der Veröffentlichung** (Interview/Bericht/Homestory etc.) geplant ist und ob es sich z. B. um eine mehrteilige Berichterstattung in Form einer Serie handeln soll. Nachdem dann im Folgenden festgelegt wird, was der Rechteinhaber wann und wo „liefert", sollte im Einzelnen geregelt werden, in welchem Medium, d. h. in welcher Zeitschrift, welcher Sendung etc. die Veröffentlichung erfolgen darf.[48]

---

[42] *Götting*, Persönlichkeitsrechte als Vermögensrechte, 1995, S. 271.

[43] Vgl. hierzu auch BGH, GRUR 1968, 209 – *Lengede*; Hanseatisches OLG, AfP 1979, 248, 249 – *Terroristenbilder*.

[44] *Brandl*, Anmerkungen zum Urteil des OLG München v. 20. 12. 1979, Az. 6 U 3430/79 – *Vera Brühne*, AfP 1981, 349, 350.

[45] *Brandl*, a.a.O.

[46] So z. B. OLG Frankfurt, ZUM-RD 1998, 277, 279 f.; OLG München, AfP 1981, 347, 348 – *Vera Brühne*.

[47] Siehe Rn. 35 ff.

[48] Siehe hierzu Rn. 38 ff.

III. Pflichten des Rechteinhabers

Mit dem Abschluss eines Vertrages über die Vermittlung von persönlichen Informatio- **36** nen geht der Rechtsträger – oftmals gegen Entgeltzahlung – verschiedene Verpflichtungen ein: Er verpflichtet sich, dem Vertragspartner bestimmte Informationen zu liefern (**„Mitwirkungspflicht"**[49]) und die Verarbeitung, Ausgestaltung und Verwertung dieser Informationen zu dulden (**„Nutzungsgestattung"**[50]). Oftmals verpflichtet er sich darüber hinaus, mit den betreffenden Informationen nur den Vertragspartner zu beliefern („Exklusivklausel"[51]).

1. Mitwirkungspflicht

Kernstück des Vertrages ist die Verpflichtung des Informierenden, „Material" aus seiner **37** Privatsphäre zu liefern. Wie bereits oben ausgeführt, ist zunächst möglichst detailliert zu regeln, worin dieses „Material" bestehen soll. Es empfiehlt sich des Weiteren, zeitlich festzulegen, wann die entsprechenden Gespräche/Interviews wo geführt werden sollen, und zudem eine Frist festzulegen, in der weiteres Material zur Verfügung gestellt werden soll.

Da eine Vielzahl der hier relevanten Vertragsverhältnisse eine **bebilderte Bericht- 38 erstattung** zum Ziel hat, kommt dann auch die Verpflichtung des Rechtsträgers hinzu, die Anfertigung derartiger Fotos nicht nur zu gestatten, sondern auch an ihr mitzuwirken, indem er sich fotografieren lässt. Es bietet sich insofern an, die gesonderte Verpflichtung des Rechtsträgers in den Vertrag aufzunehmen, an einem bestimmten Tag und Ort zu einem Fotoshooting zur Verfügung zu stehen. Soweit erforderlich sollte hierbei auch festgelegt werden, was genau Gegenstand des Fotoshootings sein soll. Zum Teil wird von demjenigen, der sich fotografieren lassen soll, auch die Anfertigung der Fotos durch einen bestimmten Fotografen verlangt, so dass dies an dieser Stelle ebenfalls Teil der vertraglichen Regelung werden kann.

2. Nutzungsgestattung

In dem zu schließenden Vertrag verpflichtet sich der Rechteinhaber nicht nur dazu, die **39** gewünschten Informationen, bzw. das gewünschte Material etc. zu liefern. Er willigt darüber hinaus auch in die Verwertung desselben inkl. etwaigem Bildmaterial von seiner Person ein.

Für den Umfang der Einwilligung in die Verwertung kommt es entscheidend auf die **40** Art und Weise an, in der die Verwertung stattfinden soll. Wie oben unter Rn. 35. („Vertragsgegenstand") ausgeführt, empfiehlt es sich, bereits zu Beginn des Vertrages festzulegen, welche **Art der Veröffentlichung** (Interview/Bericht/Homestory etc.) geplant ist und ob es sich z.B. um eine mehrteilige Berichterstattung in Form einer Serie handeln soll. Im Rahmen der Regelung des Umfangs der Einwilligung des Rechteinhabers in die Verwertung sollte dann im Einzelnen geregelt werden, in welchem Medium, d.h. in welcher Zeitschrift, welcher Sendung etc. die Veröffentlichung erfolgen darf.

Es sollte zudem festgelegt werden, wann die Veröffentlichung erfolgen soll („in der **41** nächsten, für den Druck noch nicht abgeschlossenen Ausgabe von XXX; in der Sendung XY – Sendetermin XXX"). Ist eine genaue Festlegung des Veröffentlichungsdatums noch nicht möglich, so empfiehlt es sich dennoch, z.B. einen **Zeitpunkt** festzulegen, zu dem die Veröffentlichung spätestens zu erfolgen hat, und zugleich klarzustellen, dass nach Zeitablauf keine Einwilligung in eine Veröffentlichung mehr besteht. Auf diese Weise kann der Rechteinhaber verhindern, dass erst Monate oder gar Jahre später eine Veröffentlichung erfolgt, die er zu diesem Zeitpunkt dann vielleicht nicht mehr wünscht.

---

[49] *Prantl*, AfP 1984, 17, 19.
[50] *Prantl*, a.a.O.
[51] *Prantl*, a.a.O.

42   Für den Rechteinhaber ist es zudem wichtig, festzulegen, wie oft das Medienunternehmen die geplante Veröffentlichung oder Teile von ihr **wiederholen** oder erneut in anderem Kontext veröffentlichen darf. Dies ist insbesondere dann von Bedeutung, wenn Fotos von dem Rechteinhaber angefertigt werden oder Fotomaterial von ihm zur Verfügung gestellt wird. Gerade bei Aufsehen erregenden Geschichten wird das Medienunternehmen ein Interesse daran haben, diese noch über einen Folgezeitraum weiterzuführen. Die Frage, ob im Rahmen einer Folgeberichterstattung erneut das Interview mit dem Rechteinhaber und Fotos von ihm veröffentlicht werden dürfen oder aber ob sich die Einwilligung des Rechteinhabers nur auf die einmalige Veröffentlichung bezieht, muss unbedingt ausdrücklich geklärt sein.

43   Im Rahmen der Nutzungsgestattung sollte zudem festgelegt werden, inwiefern das Medienunternehmen befugt ist, seine Rechte aus dem **Vertrag an Dritte** zu übertragen. Selbst wenn lediglich die (einmalige) Veröffentlichung in einem bestimmten Medium Vertragsgegenstand ist, sollte zur Vermeidung späterer Auseinandersetzungen ausdrücklich klargestellt werden, ob das Medienunternehmen befugt sein soll, seine Rechte – z. B. auch teilweise – an Dritte zu übertragen und zum Beispiel anderen Medien die Veröffentlichung von Fotos, die im Rahmen der Vereinbarung angefertigt wurden, zu gestatten. Hieran kann aufgrund des lohnenden **„Weiterverkaufs"** derartiger Veröffentlichungsrechte ein großes monetäres Interesse des Medienunternehmens bestehen. Sofern eine Exklusivstory von entsprechender Brisanz und öffentlichem Interesse veröffentlicht werden soll, hat das Medienunternehmen zudem ein Interesse daran, andere Medien im Vorfeld über das Erscheinen der Exklusivstory zu unterrichten, um auf diesem Weg Werbung für die eigene Veröffentlichung zu machen. Als Kompromiss kann sich hier anbieten, dem Medienunternehmen zu gestatten, eine zuvor festgelegte geringe Auswahl der Fotos zur Weitergabe an andere Medien zu nutzen, sofern dies lediglich zur Ankündigung der geplanten Exklusivstory geschieht. Obwohl das Medienunternehmen selbst das größte Interesse daran hat, dass die Vorveröffentlichung solcher Fotos lediglich zur Ankündigung seiner eigenen Veröffentlichung erfolgt, bleibt dabei dennoch ein Restrisiko bestehen, da für den Rechteinhaber eine Überprüfung der Verträge zwischen dem Medienunternehmen und den Konkurrenzunternehmen nicht möglich ist. Es bietet sich in solchen Fällen daher an, zusätzlich den Zeitrahmen einzugrenzen, in dem eine Veröffentlichung durch andere Medien erfolgen darf (z. B. kann es dem Medienunternehmen gestattet werden, ein bestimmtes Foto an bestimmte andere Medien zur Veröffentlichung freizugeben, sofern diese Veröffentlichung erst am Tag des Erscheinens der geplanten Veröffentlichung bei dem Vertragspartner erfolgt).

3. Exklusivklausel

44   Ziel einer Exklusivvereinbarung ist es, dem Medienunternehmen unter **Ausschluss Dritter** das Recht zu verschaffen, die von dem Rechteinhaber erhaltenen Informationen zu veröffentlichen.[52] Diese Klausel, die den Informierenden verpflichtet, ausschließlich den Vertragspartner zu bedienen, taucht in verschiedenen Varianten auf: Der **Verlag** lässt sich z. B. die Rechte „für den deutschsprachigen Raum" oder (mit entsprechend steigendem Preis) die „Weltrechte" sichern – das heißt, der Informant ist gehalten, sein Material, seine Informationen, keinem anderen Publikationsorgan mit Erscheinungsort im genannten Bereich zur Verfügung zu stellen.

45   Zu einer solchen örtlichen Beschränkung kann eine zeitliche Beschränkung kommen, indem festgelegt wird, dass das **Schweigegebot** nur bis zu einem bestimmten Datum oder Ereignis gilt oder dass weitere Verwertungsbefugnisse für Dritte erst nach erfolgter Veröffentlichung durch den Exklusivinformierten erteilt werden dürfen (das kann etwa dadurch geschehen, dass der Informant weitere Nutzungsgestaltungen nur aufschiebend bedingt erteilt) – um die ungestörte Vorbereitung und Priorität der Veröffentlichung zu

---

[52] OLG München, AfP 1981, 347, 348 – *Vera Brühne*.

sichern.[53] Ausnahmen von der Exklusivabrede werden zumeist nur nach entsprechender ausdrücklicher Genehmigung des Medienunternehmens zulässig.

Der aus der Exklusivabrede resultierende vertragliche **Unterlassungsanspruch**, die   **46** Informationen nicht auch Dritten zur Verfügung zu stellen, ist zwar per einstweiliger Verfügung durchsetzbar und über § 890 ZPO vollstreckbar, jedoch erweist sich dieses Vorgehen oftmals als zu langwierig. Eine einzige Zuwiderhandlung kann genügen, um die Exklusivität völlig zunichte zu machen. Wenn dann erst eine **einstweilige Verfügung** beantragt werden muss, bevor für die nächste Zuwiderhandlung ein Ordnungsgeld gemäß § 890 ZPO festgesetzt werden kann, geht für das Medienunternehmen zuviel wertvolle Zeit verloren. Eine Konventionalstrafenvereinbarung soll deshalb neben der Forcierung der Mitwirkungspflicht (vgl. dazu oben Rn. 36 „Mitwirkungspflicht") als strafbewehrte Unterlassungsverpflichtung vor allem die Beachtung der Exklusivklausel sicherstellen.[54] Die oft sehr hohen Vertragsstrafen können zwar vom Gericht gegebenenfalls auf das Maß des Angemessenen herabgesetzt werden (§ 343 BGB), eine „Abschreckungsfunktion" kommt ihnen jedoch allemal zu.

IV. Pflichten des Medienunternehmens als Vertragspartner

Zu den Pflichten, die im Rahmen eines Vertrages dem Medienunternehmen als Ver-   **47** tragspartner des Rechteinhabers auferlegt werden können, zählen neben der Pflicht zur Zahlung eines Honorars (**„Vergütungspflicht"**) auch die Pflicht, sich die Berichterstattung vor Veröffentlichung von dem Rechtinhaber ganz oder teilweise freigeben zu lassen (**„Autorisierungsvorbehalt"**). Teilweise wird auch eine Verpflichtung des Vertragspartners zur tatsächlichen Veröffentlichung (**„Veröffentlichungspflicht"**) vereinbart werden können.

1. Vergütungspflicht

Während Interviews in anderen Bereichen wie Politik, Kultur und Wirtschaft oftmals   **48** unentgeltlich gewährt werden, ist es bei der Gewährung insbesondere von exklusiven Informationen aus der Privatsphäre mittlerweile üblich, dass hierfür Vergütungen geleistet werden. Die **Höhe der Honorare** ist dabei in den letzten Jahrzehnten extrem gestiegen:

1963 schloss der *stern* mit den elf Bergleuten, die das Bergwerksunglück von **Lengede**   **49** überlebt hatten, einen Exklusivvertrag, nach dem das Magazin für die Weltrechte an den Erlebnisberichten ein Honorar von insgesamt 250000 DM zahlte.[55]

Marianne Bachmeier schmuggelte im März 1981 eine Pistole in den Gerichtssaal des   **50** Landgerichts Lübeck und erschoss den mutmaßlichen Mörder ihrer Tochter Anna auf der Anklagebank. Sie zielte mit der Waffe auf den Rücken des Angeklagten und drückte insgesamt acht Mal ab. Der 35-jährige Angeklagte war sofort tot. Dieser wohl bislang bekannteste Fall von Selbstjustiz in der Bundesrepublik löste ein großes Medienecho aus und wurde in der Öffentlichkeit kontrovers diskutiert. Fernsehteams aus aller Welt waren nach Lübeck gereist, um über diesen Fall zu berichten. Marianne Bachmeier verkaufte ihre Lebensgeschichte exklusiv an das Nachrichtenmagazin *stern*. Die Angaben über das Honorar, welches Frau Bachmeier hierfür erhielt, variieren zwischen 250 000 DM[56] und 100 000 DM[57].

---

[53] *Prantl*, Die journalistische Information zwischen Ausschlußrecht und Gemeinfreiheit, in: Schriften zum Deutschen und Europäischen Zivil-, Handels- und Prozessrecht, 1983, S. 146f.

[54] *Prantl*, a.a.O.

[55] BGH, GRUR 1968, 209 – *Lengede*.

[56] Wikipedia.org.

[57] *Tillmanns*, Mediale Vermarktung von Verbrechen und Grundsätze eines fair trial, in: FS Schweizer, 1999, S. 227 ff.

51   Der Immobilienkaufmann **Jürgen Schneider**, verfolgt wegen des Vorwurfs des betrügerischen Bankrotts und des Kreditbetruges in Millionenhöhe, befand sich nach seiner Festnahme 1995 offenbar in Liquiditätsproblemen. Sein Verteidiger hatte mit *Focus*, *stern*, *Spiegel* und *Sat1* verhandelt. Der *stern* sollte zunächst 300 000 DM, später 250 000 DM für ein sofortiges Gespräch mit Schneider zahlen. Für die fortlaufende Berichterstattung vor und während des zu erwartenden Prozesses, Akteneinsicht inklusive, verlangte der Verteidiger von Schneider angeblich sogar 1 Million DM.[58] Nachdem der *stern* schließlich verzichtete, schlossen *Focus* und *Sat1* den Exklusivvertrag ab und zahlten zusammen für das Exklusiv-Interview 250 000 DM.[59]

52   **Monika Böttcher**, geschiedene Weimar sollte nach ihrer Verurteilung wegen des Mordes an ihren beiden Töchtern vom *stern* 1994 als Honorar für exklusive Informationen über das Wiederaufnahmeverfahren und ein Exklusivinterview ein Honorar in Höhe von insgesamt 80 000 DM erhalten.[60]

53   Der Wettbewerb unter den Medien hat im Zusammenspiel mit dem oben beschriebenen, teilweise schon fast hysterischen Interesse an den „privaten" Seiten prominenter Persönlichkeiten zu einer Explosion der Preise geführt, die von den Medien für entsprechende Exklusivrechte an Homestories, Hochzeitsberichten etc. gezahlt werden. So berichtete bspw. das englische Boulevardblatt „The Sun", Englands Fußballstar Wayne Rooney habe die Fotorechte für seine Hochzeit für 1,5 Millionen Pfund verkauft und damit David und Victoria Beckham überrundet, die bei ihrer Hochzeit „nur" 900 000 Pfund für die Fotorechte erhielten.[61]

54   Die ersten Fotos von Heidi Klum mit ihrem Neugeborenen waren in der ersten Ausgabe der Zeitschrift „IN TOUCH" (20. 10. 2005) zu sehen – weltexklusiv – für ein Honorar von angeblich 800 000 Euro. Bei Heiner Lauterbach drehte „Bild.de" (8. 9. 2001) den exklusiven Hochzeitsfilm für rund 50 000 Euro, für Michael Schumachers Hochzeit (August 1995) blätterte „Bunte" rund 200 000 Euro hin, die Berichterstattung über Claudia Schiffers Hochzeit war dem spanischen Magazin „Hola" (25. 5. 2002) ca. 700 000 Euro wert (allen anderen blieb nur der Blick auf eine verhüllte Braut).[62]

55   Wie sich anhand dieser Beispiele ablesen lässt, wird die Vergütung in der Regel in Form eines **Pauschalhonorars** gezahlt. Seltener sind die Fälle, in denen die Parteien – ähnlich einem Lizenzvertrag – die Aufteilung des Gewinns aus der Verwertung der Informationen vereinbaren. Als alleinige Vergütungsberechnung dürfte dies grundsätzlich nur dann überhaupt in Betracht kommen, wenn der Rechteinhaber einen Vertrag mit einem Vertragspartner schließt, der nicht selbst veröffentlicht, sondern andere Medienunternehmen mit Inhalten versorgt. Dass dies jedoch vorkommt, zeigt der Fall, über den das OLG Hamm[63] 1979 zu entscheiden hatte: Eine ehemalige Skiweltmeisterin hatte nach einer Geschlechtsumwandlung geheiratet. Aus dieser Ehe sollte ein Kind hervorgehen. Die Eltern hatten mit einer Presseagentur zuvor einen Exklusiv-Vertrag geschlossen, nach dem das alleinige Veröffentlichungsrecht über die Geburt des erwarteten Kindes der Presseagentur zugesprochen wurde. Die Einnahmen aus der Verwertung der Rechte sollten zwischen den Parteien im Verhältnis 50:50 geteilt werden.[64]

56   Auch wenn die Gewinnverteilung somit als alleinige Vergütung selten in Betracht kommen wird, so bietet sie dennoch die Möglichkeit zu einer neben eine Pauschalver-

---

[58]   *Tillmanns*, a.a.O.

[59]   *Tillmanns*, a.a.O.

[60]   OLG Hamburg, NJW-WettbR 1999, 54 f.

[61]   Spiegel-Online v. 20. 3. 2007 – „Die Marke Rooney – Nachwuchsstar hängt die Beckhams ab".

[62]   NDR, „Zapp" vom 26. 10. 2005, 23:00 Uhr – Zusammenfassung unter www.ndr.de.

[63]   OLG Hamm, Urteil v. 20. 11. 1979, Az. 4 U 66/79 – *Geschlechtsumwandlung*, Quelle: juris Datenbank.

[64]   OLG Hamm, a.a.O. – *Geschlechtsumwandlung*.

gütung tretenden weiteren Vergütung in Fällen, in denen die Parteien ein beiderseitiges Interesse an einer über die vertraglich vereinbarte Veröffentlichung des Medienunternehmens hinausgehenden Verwertung der Informationen haben. In diesen Fällen kann der Rechteinhaber dem Medienunternehmen das **Recht zur Zweitverwertung** der Informationen, insbesondere der Bilder von seiner Person, einräumen und vereinbaren, entsprechende, hieraus erzielte Gewinne nach einem bestimmten Schlüssel zu teilen.

Im Hinblick auf die Fälligkeit der Vergütung sind verschiedene Regelungen denkbar. **57** Üblicherweise wird ein Teil der Vergütung bei Vertragsschluss und ein weiterer Teil bei Veröffentlichung gezahlt. Denkbar ist jedoch auch die Vereinbarung der Fälligkeit der Vergütung nach Erbringung der **Mitwirkungspflichten**.

2. Autorisierungsvorbehalt

Nicht nur bei reinen Interviewverträgen empfiehlt sich die Vereinbarung eines sog. **58** **Autorisierungsvorbehalts** (auch Genehmigungsvorbehalt oder Autorisierungsabrede genannt). Danach darf eine Veröffentlichung erst erfolgen, wenn sie zuvor dem Rechteinhaber vorgelegt und von ihm „freigegeben", d. h. genehmigt wurde. Der Autorisierungsvorbehalt ist somit die einzige Möglichkeit für den Informationsgeber, Form und Inhalt der Verwertung der von ihm zur Verfügung gestellten Informationen zu kontrollieren.

Bei der Ausgestaltung einer Vertragsklausel, die einen Autorisierungsvorbehalt vor- **59** sieht, muss zunächst festgelegt werden, was genau **Gegenstand der Autorisierung** sein soll. Bei einem Interviewvertrag wird in jedem Fall das vollständige Interview – also Fragen und Antworten – vorgelegt. Alles andere ist Verhandlungssache: Auf Seiten des Interviewten kann es sich anbieten, auch die Vorlage von Überschriften, Bildunterschriften etc. zu verlangen. Die größte Sicherheit bietet die Vereinbarung der Vorlage und Genehmigung der fertig gelayouteten Berichterstattung nebst Fotos, Überschriften, Unterüberschriften, Bildunterschriften etc. Dies wird jedoch in der Regel nicht auf Gegenliebe beim Vertragspartner treffen.

Bei Veröffentlichungen, die kein reines Interview darstellen, wie Reportagen, die auf **60** den persönlichen Informationen beruhen, Homestories, Berichterstattungen über ein bestimmtes Event, wird das Medienunternehmen zumeist nur anbieten, die sog. „O-Töne" zur Autorisierung vorzulegen. Hier kommt es maßgeblich darauf an, wie dringend das Medienunternehmen die jeweilige „story" haben will. Je spektakulärer die Geschichte ist, desto „kooperativer" wird das Medienunternehmen naturgemäß sein. Im Interesse des Rechteinhabers sollte dringend versucht werden, die Autorisierungsabrede in diesen Fällen so weit wie möglich zu fassen. Eine Autorisierung lediglich der O-Töne hat nur einen minimalen Kontrolleffekt – wenn der Gesamtzusammenhang, in dem die Zitate stehen, nicht bekannt ist, kann dies bei der Veröffentlichung zu bösen Überraschungen führen. Es empfiehlt sich daher in jedem Fall als „Ziel" anzustreben, dass die Veröffentlichung im Ganzen vorgelegt wird.

Werden Fotos vom Rechteinhaber zur Veröffentlichung angefertigt, so sollte ebenfalls **61** vereinbart werden, dass diese dem Rechteinhaber vor der Veröffentlichung zwecks Autorisierung vorgelegt werden (Beispiel: „Die aus dem Fotoshooting vom ... resultierenden Fotos werden XY vor Veröffentlichung zur Freigabe vorgelegt und dürfen erst nach ausdrücklicher schriftlicher Freigabe veröffentlicht werden"). Der Rechteinhaber kann dann die Fotos, die ihm gefallen, aussuchen und „freigeben". Da ein **Fotoshooting** für das Medienunternehmen mit Kosten verbunden ist und die Fotos zumeist dringend für die Veröffentlichung benötigt werden, begegnet man bei den Vertragsverhandlungen häufig der Befürchtung des Medienunternehmens, der Rechteinhaber könnte zu wenig oder überhaupt keine Fotos freigeben. In solchen Fällen ist es möglich, einen Kompromiss zu schließen, indem zwar eine grundsätzliche Autorisierung, d. h. eine Freigabe der Fotos vereinbart wird, der Rechteinhaber sich jedoch verpflichtet, mindestens einen bestimmten Prozentsatz der vorgelegten Fotos freizugeben.

62   Im Rahmen des Autorisierungsvorbehalts sollte der genaue Ablauf dieser „Abstimmung" geregelt werden. Wann legt das Medienunternehmen dem Rechteinhaber die vereinbarten Inhalte der Veröffentlichung vor? Wie lange hat der Rechteinhaber Zeit, um die Autorisierung zu erklären?

63   Erfolgt die Autorisierung, so ist der Veröffentlichende grundsätzlich an den damit genehmigten Wortlaut gebunden. Allenfalls kleine Änderungen, die den Sinn der Aussagen des Interviewten nicht berühren, können unbedenklich sein, insbesondere wenn sie sich im Rahmen der Schlussredaktion aus technischen Gründen als notwendig erweisen.[65]

64   Die Vereinbarung des Autorisierungsvorbehalts schließt, sofern nichts anderes vereinbart ist, das Recht des Rechteinhabers ein, die **Zustimmung** zur Veröffentlichung des Interviews auch ohne Gründe nachträglich **zurückzuziehen**, solange er es noch nicht autorisiert hat.[66] Um dem Interesse des Medienunternehmens als Vertragspartner an einer Veröffentlichung entgegenzukommen, können hier Vereinbarungen getroffen werden, die eine Verweigerung der Autorisierung nur unter Angabe von bestimmten Gründen ermöglichen („Die Autorisierung darf nur dann verweigert werden, wenn ihr berechtigte Interessen des XY entgegenstehen"). Wie bei vielen vertraglichen Vereinbarungen bergen jedoch auch solche stets auslegungsbedürftigen Klauseln das Risiko, dass darüber gestritten werden kann, wann die Gründe für die Verweigerung der Autorisierung „berechtigt" sind.

65   Unterbleibt bei vereinbartem Autorisierungsvorbehalt die Einholung der Freigabe oder wird ein ausdrücklich nicht autorisiertes Interview dennoch veröffentlicht, ist die **Veröffentlichung** selbst dann **unzulässig**, wenn die veröffentlichte Aufzeichnung den Verlauf des Interviews und die darin gefallenen Äußerungen des Interviewten vollständig und richtig wiedergibt.[67]

66   Wurde ein Autorisierungsvorbehalt nicht vereinbart, ergibt sich der Schutz des Rechteinhabers allein aus dem Allgemeinen Persönlichkeitsrecht. Bei Interviews spielt hier vor allem das „Recht, vor der Unterschiebung nicht getaner Äußerungen verschont zu bleiben",[68] auch als das **„Recht am eigenen Wort"**[69] bezeichnet, eine Rolle. Hierbei handelt es sich anerkanntermaßen um eine Ausprägung des durch Art. 2 Abs. 1 i.V.m. Art. 1 Abs. 1 GG gewährleisteten allgemeinen Persönlichkeitsrechts. Eine Verletzung dieses Rechts liegt bei einer unrichtigen, verfälschten oder bei einer entstellten Wiedergabe einer Äußerung vor.[70] Zwar können somit in Fällen des fehlenden Autorisierungsvorbehalts insbesondere Kürzungen durch den Journalisten zulässig sein – auch dabei muss jedoch der Sinn dessen gewahrt werden, was der Interviewte geantwortet hat. Auch eine nachträgliche Änderung der von dem Journalisten gestellten Fragen ist nicht zulässig, soweit dadurch auch die darauf folgende Antwort des Interviewten einen anderen Sinn erhält.

3. Veröffentlichungspflicht

67   Oftmals wird es schwer sein, das Medienunternehmen davon zu überzeugen, eine vertragliche Verpflichtung dahin gehend einzugehen, dass es auch tatsächlich zu einer Veröffentlichung kommt. Während es bei der Gewährung eines Interviews, bei einer *Homestory* und bei der Berichterstattung über ein bestimmtes Ereignis, wie z. B. eine „prominente" Hochzeit, in der Regel unproblematisch sein wird, sich auf einen tatsächlichen Veröffentlichungszeitpunkt und damit auch auf eine tatsächliche Veröffentlichung zu einigen, begegnet die Veröffentlichungspflicht in anderen Fällen Bedenken seitens des Medienunter-

---

[65] *Soehring*, Presserecht, 3. Auflage, 2000, Rn. 7.71.
[66] *Soehring*, a.a.O.
[67] *Soehring*, a.a.O.
[68] BVerfG, NJW 1980, 2070, 2071 – *Eppler*.
[69] BGH, NJW 1998, 1391, 1392 – *Rechte Professoren*.
[70] BVerfG, NJW 1980, 2072 – *Böll/Walden*; BGH, NJW 1978, 1797, 1798 – *Böll/Walden I*; *Prinz/Peters*, Medienrecht, Rn. 116.

nehmens. Dies kann z. B. der Fall sein, wenn sich die Vertragspartner auf eine längere Zusammenarbeit geeinigt haben, in deren Verlauf sich für das Medium erst herausstellen kann, ob es hier überhaupt eine „Story" gibt, die für sein Publikum von entsprechendem großen Interesse ist. Möglich ist auch, dass sich im Laufe der Gespräche und Recherchen herausstellt, dass eine Veröffentlichung aufgrund der Implikation von Dritten durch die „Story" und dem Fehlen hinreichenden Beweismaterials zu riskant ist, da sie in unzulässiger Weise die Rechte dieser dritten Personen verletzen könnte. In solchen Fällen ist dringend anzuraten, zumindest eine **bestimmte Frist** festzulegen, in welcher der Vertragspartner die Veröffentlichung mit der Einwilligung des Rechteinhabers vornehmen darf. Eine außerhalb dieser Frist erfolgte Veröffentlichung wäre damit unzulässig, da es an der erforderlichen Einwilligung des Rechteinhabers fehlen würde.

V. Freistellung von Haftungsrisiken

Werden Verträge über Informationen aus der Privatsphäre geschlossen, so bergen die 68 darauf basierenden Veröffentlichungen nicht selten das Risiko in sich, dass damit Rechte Dritter verletzt werden. Berichtet bspw. eine prominente Persönlichkeit einem Medienunternehmen exklusiv von ihrer Scheidung, so werden bei einer Veröffentlichung über dieses Thema in der Regel zwangsläufig auch die Persönlichkeitsrechte ihres „Noch-Ehepartners" tangiert. Sofern dieser einer Veröffentlichung nicht zugestimmt hat, könnte die Verbreitung von Informationen, die auch seine **Privatsphäre** betreffen, unzulässig sein.

So sehr es für das Medienunternehmen von Interesse sein dürfte, sich in derartigen Fäl- 69 len durch den Vertragspartner, d. h. den Informanten, **von einer Haftung** für die Verletzung von Rechten Dritter **freistellen zu lassen**, wird eine solche Vorgehensweise doch auf wenige Einzelfälle begrenzt sein. Da der Rechteinhaber, der das Medienunternehmen mit den entsprechenden Informationen versorgt, seinen Einfluss auf die Art und Weise der Veröffentlichung allein über einen Autorisierungsvorbehalt ausüben kann, bleibt die Verantwortung für die Veröffentlichung in der Form, wie sie am Ende erscheint, grundsätzlich bei dem Medienunternehmen. Eine vertragliche Klausel, nach der der Rechteinhaber das Medienunternehmen von der Inanspruchnahme durch Dritte freistellt, dürfte allerhöchstens in Fällen in Betracht kommen, in denen Inhalt der Mitwirkungspflicht gerade die Erbringung von Informationen über eine dritte Person ist. Selbst in solchen Fällen entspräche es jedoch der üblichen Praxis, dass sich das Medienunternehmen selbst vergewissern muss, ob durch die Veröffentlichung Rechte dieser dritten Person verletzt werden.

VI. Vertragsstrafeklauseln

1. Vertragsstrafeversprechen zugunsten des Rechteinhabers

Die wichtigsten Anliegen des Rechteinhabers beim Abschluss eines Vertrages über die 70 Bereitstellung privater Informationen sind die Art und Weise, in der die **Verwertung** dieser Informationen letztendlich erfolgt. Entsprechend sind für ihn die Einhaltung einer Autorisierungsabrede und die Beachtung des Umfangs der von ihm bzgl. der Nutzung und Verwertung erteilten Einwilligung von entscheidender Bedeutung. Beide Verpflichtungen des Medienunternehmens sollten daher mit einer Vertragsstrafeklausel abgesichert werden.

Bezüglich einer Verpflichtung zur Autorisierung bietet sich insofern die Vereinbarung 71 an, dass eine **Vertragsstrafe** fällig wird, wenn das Medienunternehmen gegen die Verpflichtung verstößt, dem Rechteinhaber die Veröffentlichung in dem vereinbarten Umfang zur Freigabe vorzulegen, bzw. wenn eine Veröffentlichung in einer nicht autorisierten Form erfolgt.

72   Entsprechendes gilt für die **Absicherung des Umfangs** der erteilten Nutzungsgestat-
      tung. Wird bspw. nur in die einmalige Veröffentlichung einer Berichterstattung eingewil-
      ligt, so sollte für jede darüber hinaus erfolgende Wiederholung der Veröffentlichung
      ebenfalls die Zahlung einer Vertragsstrafe vereinbart werden. Dies bietet sich insbeson-
      dere im Hinblick auf Fotos an, wenn vereinbart wurde, dass dem Medienunternehmen
      z. B. nur das Recht zur einmaligen Veröffentlichung eingeräumt wurde.

2. Vertragsstrafeversprechen zugunsten des Vertragspartners

73   Da insbesondere die Pflichten des Rechteinhabers oftmals aus unvertretbaren Hand-
      lungen im Sinne von § 888 Abs. 1 ZPO bestehen, wird es im Interesse des Vertragspart-
      ners liegen, sich dennoch so weit wie möglich dagegen abzusichern, dass der Vertrags-
      partner seine Mitwirkungspflichten nicht erfüllt. Als probates Mittel kommt hier die
      Vereinbarung einer Vertragsstrafe in Betracht. Laut *Prantl* erscheint die Vereinbarung
      einer Vertragsstrafe in diesem Zusammenhang rechtlich unbedenklich, da die wirtschaft-
      liche Nutzung den Persönlichkeitrechtwert aus engen sittlichen und ethischen Zusam-
      menhängen gelöst hat.[71] Hierfür spricht, dass die Vertragsstrafe gerade bei unvertretbaren
      Dienstleistungen (z. B. eines Vortragskünstlers) probat und üblich ist.[72]

74   Aufgrund der jeweiligen Besonderheiten wird es sich bei Verträgen über die Vermitt-
      lung persönlicher Informationen in der Regel um Individualvereinbarungen handeln.
      Sollten derartige Verträge bei Medienunternehmen jedoch in einer Form verwendet wer-
      den, die zu einer Anwendbarkeit der Vorschriften über **Allgemeine Geschäftsbedin-
      gungen** führt, ist zu beachten, dass ein Vertragsstrafeversprechen nur insoweit in AGB
      enthalten sein kann, als die §§ 307 ff. BGB nicht entgegenstehen.

VII. Vertragsdauer/Kündigung

1. Vertragsdauer

75   Für die jeweilige Dauer eines Vertrages über die Vermittlung und Verwertung persön-
      licher Informationen ist zum einen Art und Umfang der **Mitwirkungspflicht**[73] des
      Rechteinhabers und zum anderen Art und Umfang der Verwertung durch das Medien-
      unternehmen maßgebend. Während sich insofern bei reinen Interviewverträgen und Ver-
      trägen über Homestories und „Events" die Vertragszeit relativ einfach festlegen lassen
      wird, ist dies problematischer, wenn eine längerfristige Zusammenarbeit zwischen Me-
      dium und Informationsträger geplant ist. In diesen Fällen ist es jedoch zur Rechtssicher-
      heit beider Vertragsparteien umso wichtiger, klare Regelungen zu treffen.

76   Im **Fall „Vera Brühne"**[74], der die Gerichte nicht nur in strafrechtlicher Hinsicht be-
      schäftigt hat, fehlte es an einer konkreten Regelung der Vertragsdauer. Vera Brühne und
      ihr Bekannter sollen im April 1960 einen Münchner Arzt und seine Geliebte ermordet
      haben. Nach einem der aufsehenerregendsten Strafprozesse der Bundesrepublik wurde
      Vera Brühne 1962 wegen Mordes zu einer lebenslangen Freiheitsstrafe verurteilt. Wäh-
      rend die zuständige Strafkammer noch neue Beweise für die Zulassung der Wieder-
      aufnahme zu erheben hatte, begannen zwei Zeitschriften mit der Veröffentlichung von
      Fortsetzungsserien, die das Ziel verfolgten, aufgrund der von ihnen selbst angestellten
      Ermittlungen das Urteil gegen Vera Brühne als Fehlurteil erscheinen zu lassen.[75] Kurz

---

[71] *Prantl*, Die journalistische Information zwischen Ausschlußrecht und Gemeinfreiheit, in:
Schriften zum Deutschen und Europäischen Zivil-, Handels- und Prozessrecht, 1983, S. 141.

[72] *Prantl*, a.a.O. unter Hinweis auf *Larenz*, Lehrbuch des Schuldrechts, Bd. 1: Allgemeiner Teil,
12. Auflage, 1980, § 24 II a.

[73] Siehe oben Rn. 36 f.

[74] OLG München, AfP 1981. 347 – *Vera Brühne*.

[75] *Tillmanns*, Mediale Vermarktung von Verbrechen und Grundsätze eines fair trial, in: FS Schweizer, 1999, S. 227 f.

danach wurde bekannt, dass Vera Brühne mit dem Verlag der *Neue Revue* am 22. 6. 1967 einen Vertrag geschlossen hatte, mit dem sie sich verpflichtete, *„bis zum Abschluss der Serie, die ihre Lebensgeschichte betrifft, keinerlei Dokumentationsmaterial, wie Fotos etc. oder Interviews an eine andere Zeitung, Zeitschrift, Rundfunk, Film Fernsehen oder irgend einen anderen zu geben, – es sei denn, die Redaktion der „Neue Revue" habe hierzu vorher ausdrücklich ihre schriftliche Zustimmung erteilt".*[76]

Die unbestimmte Formulierung der Dauer des Vertrages „bis zum Abschluss der Serie", **77** die die Lebensgeschichte von Vera Brühne betrifft, sollte später für Frau Brühne zum Problem werden. Als ihr die Berichterstattung über ihre Person in der *Neue Revue* nicht mehr gefiel, wollte Vera Brühne ihre Verpflichtung aus dem Vertrag beenden. Die von ihr ein gutes halbes Jahr vor ihrer Entlassung im Dezember 1979 erklärte Kündigung wurde vom OLG München als unwirksam erklärt.[77] Mangels einer bestimmten Regelung zur Vertragsdauer blieb Frau Brühne daher auch nach über 12 Jahren an den Exklusivvertrag mit der *Neue Revue* gebunden. Um Derartiges zu vermeiden, sollte daher bei der Vertragsgestaltung darauf geachtet werden, die Dauer der Vertragsbeziehung – und zwar sowohl im Hinblick auf die Mitwirkungspflichten des Rechteinhabers als auch im Hinblick auf die Einwilligung zur Verwertung der übermittelten Informationen – konkret auszugestalten.

2. Kündigung

a) ordentliche Kündigung. Während bei einem Interviewvertrag oder einem Vertrag **78** über eine *Homestory* bzw. ein Ereignis aufgrund der zumeist kurzen Vertragsdauer die Vereinbarung eines vertraglichen, ordentlichen Kündigungsrechts kaum in Betracht zu ziehen sein wird, ist es denkbar, ein solches bei längerfristig geplanter Zusammenarbeit zwischen Rechteinhaber und Vertragspartner in den Vertrag aufzunehmen. Das Interesse des Medienunternehmens an einer – insbesondere exklusiven – Verwertung der Informationen wird jedoch verständlicherweise so groß sein, dass es der Aufnahme eines ordentlichen Kündigungsrechts kaum zustimmen wird.

Soweit es sich bei dem Vertrag über die Vermittlung privater Informationen um ein **79** **Dauerschuldverhältnis** handelt, wird man einem solchen aufgrund der von dem Rechteinhaber zu erbringenden Leistungen einen – zumindest auch – dienstrechtlichen Charakter nicht absprechen können. Es stellt sich somit die Frage nach der Anwendbarkeit der Vorschriften über die Beendigung von Dienstverhältnissen (§§ 620 ff.). Dabei käme insbesondere das jederzeitige Kündigungsrecht nach § 621 Nr. 5 BGB in Betracht, da die Vergütung des Rechteinhabers in der Regel nicht nach Zeitabschnitten bemessen sein wird. In den meisten Fällen wird die Anwendbarkeit dieser Vorschrift jedoch daran scheitern, dass der Vertrag über die Vermittlung privater Informationen zeitlich begrenzt sein wird und § 621 BGB nur in den Fällen anwendbar ist, in denen die Dauer des Dienstverhältnisses weder bestimmt noch aus der Beschaffenheit oder dem Zweck der Dienste zu entnehmen ist (§ 620 Abs. 2 BGB). Auch unter diesem Aspekt ist es somit seitens des Medienunternehmens wichtig, bei der Vertragsgestaltung darauf zu achten, dass die Vertragsdauer hinreichend klar bestimmt ist. Es verwundert insoweit, dass das OLG München bei seiner Entscheidung in dem Fall Vera Brühne[78] (Sachverhaltsschilderung siehe oben Rn. 3 ff.), noch nicht einmal prüft, ob die von Vera Brühne ausgesprochene Kündigung des Vertrages mit der „Neue Revue" als ordentliche Kündigung gemäß § 621 BGB angesehen werden könnte. Im Hinblick auf die doch eher unbestimmte Dauer des Vertrages zwischen Vera Brühne und der „Neue Revue" („bis zum Abschluss der Serie, die ihre Lebensgeschichte betrifft"[79]), wäre dies zumindest zu erwägen gewesen.

---

[76] OLG München, AfP 1981, 347 – *Vera Brühne.*
[77] OLG München, AfP 1981, 347, 348 – *Vera Brühne.*
[78] OLG München, AfP 1981, 347 – *Vera Brühne.*
[79] OLG München, AfP 1981, 347 – *Vera Brühne.*

80   **b) außerordentliche Kündigung.** Soweit der betreffende Vertrag auf eine längerfristige Zusammenarbeit bzw. auf die Erbringung wiederkehrender Leistungen seitens des Rechteinhabers ausgerichtet ist und man ihn somit als Dauerschuldverhältnis qualifizieren wird, kommt für beide Vertragsparteien die **Kündigung** gemäß § 314 BGB **aus wichtigem Grund** in Betracht. Ein wichtiger Grund ist gegeben, wenn Tatsachen vorliegen, die unter Berücksichtigung aller Umstände und unter Abwägung der beiderseitigen Interessen die Fortsetzung des Vertrages für den Kündigenden unzumutbar machen.[80]

81   Weder im **Fall „Vera Brühne"**[81] (Sachverhaltsschilderung siehe oben Rn. 73 ff.) noch im **Fall „Monika Weimar"**[82] (s. u. Rn. 80 ff.) haben die Oberlandesgerichte das Vorliegen eines außerordentlichen Kündigungsgrundes als gegeben angesehen: Vera Brühne hatte ihren Exklusivvertrag mit der *Neue Revue* nach fast zwölf Jahren gekündigt. Zur Begründung hatte sie sich auf eine Berichterstattung in der Zeitschrift *Quick* bezogen, die in demselben Verlag wie die „Neue Revue" verlegt wurde und mit deren Inhalt und Form sie nicht einverstanden war. Zudem hatte sie vorgebracht, die *Neue Revue* hätte sich in den letzten Jahren zu einem „Pornoblatt" gewandelt.[83] Das OLG München hat darin keinen außerordentlichen Kündigungsgrund gesehen, sondern es als entscheidend für die Frage der Zumutbarkeit oder Unzumutbarkeit einer weiteren Zusammenarbeit angesehen, inwieweit das Vertrauen des Kündigenden in eine ordnungsgemäße Vertragerfüllung durch den anderen Teil verloren gegangen oder erschüttert ist und ob bei notwendigem persönlichen Kontakt noch ein gedeihliches Zusammenarbeiten zu erwarten ist.[84]

82   Die Argumentation des OLG Frankfurt im **Fall „Monika Weimar"** war ähnlich: Monika Weimar wurde 1988 wegen der Ermordung ihrer beiden Töchter zu einer lebenslangen Freiheitsstrafe verurteilt. Nachdem der Bundesgerichtshof 1989 die von Monika Weimar eingelegte Revision verworfen hatte und auch eine Verfassungsbeschwerde erfolglos geblieben war, betrieb Frau Weimar seit 1992 ein Wiederaufnahmeverfahren. 1993 wandte sich der Verteidiger von Monika Weimar an die Redaktion des *stern* mit dem Vorschlag, Monika Weimar könne *„für ein Exklusivinterview innerhalb der ersten 14 Tage nach einer im Zuge des Wiederaufnahmeverfahrens erhofften Haftentlassung zur Verfügung stehen"* und dafür ein Informationshonorar in Höhe von insgesamt 80 000 DM zuzüglich Mehrwertsteuer erhalten.[85] Auf den Vorschlag des Verteidigers hin schlossen die Parteien am 6. 1. 1994 einen Exklusivvertrag. In diesem erklärten Monika Weimar und ihr Verteidiger die Bereitschaft, künftige Berichterstattung des *stern* nach *„dessen Wünschen bestmöglich zu unterstützen, solange und soweit hierdurch nicht das Wiederaufnahmeverfahren negativ beeinträchtigt werden könnte"* und *„die stern-Redaktion exklusiv und bestmöglich über das Wiederaufnahmeverfahren laufend"* zu informieren *„und dabei den Wünschen der Redaktion zu entsprechen, soweit im Einzelfall nicht Gründe des Wiederaufnahmeverfahrens entgegenstehen".*[86]

83   Als Hauptanliegen der *stern*-Redaktion war *„ein umfangreiches Exklusivinterview"* aufgeführt, in dem Frau Weimar *„über ihren Fall, ihr Leben und ihre Zukunftspläne berichtet"*. Teil des Exklusivinterviews sollten danach auch Fotos und Videoaufnahmen sein, für die sich Frau Weimar *„unmittelbar nach erhoffter Haftentlassung dem stern zur Verfügung stellen wird"*. Im Gegenzug verpflichtete sich der *stern*, an Frau Weimar 50 000 DM zuzüglich gesetzlicher Mehrwertsteuer innerhalb von 10 Tagen ab Datum des Vertrages zu zahlen sowie darüber hinaus weitere 30 000 DM zuzüglich gesetzlicher Mehrwertsteuer, fällig innerhalb von 10 Tagen nach Veröffentlichung des Interviews. Unter Ziff. 7 des Vertrages war festgehalten, dass Exklusivität nach dem Parteiwillen bedeutet, *„dass jede anderweitige Information*

---

[80] BGH, NJW 1981, 1264.
[81] OLG München, AfP 1981, 347 – *Vera Brühne.*
[82] OLG Frankfurt, ZUM-RD 1998, 277.
[83] OLG München, AfP 1981, 347, 348/349 – *Vera Brühne.*
[84] OLG München AfP 1981, 347, 348.
[85] OLG Frankfurt, ZUM-RD 1998, 277f. – *Monika Weimar.*
[86] OLG Frankfurt, a.a.O.

ohne ausdrückliche vorherige Zustimmung der stern-Redaktion gegen diese Vereinbarung verstößt".[87]
Nachdem der *stern* in der Folgezeit unter Verwendung der ihm zur Verfügung gestellten
Informationen über das Wiederaufnahmeverfahren berichtet hatte, kündigte Frau Weimar
im November 1995 den Exklusivvertrag.

Zur Begründung wurde eine mehrere Monate zurückliegende Berichterstattung des   **84**
stern mit der Überschrift *„Lohnt das alles noch?"*[88] angeführt, den Frau Weimar offenbar als
nicht positiv genug im Hinblick auf die Chancen ihres Wiederaufnahmeverfahrens empfunden hatte.   Kurz nach der Kündigungserklärung wurde die Wiederaufnahme des
Strafverfahrens angeordnet und Frau Weimar aus der Haft entlassen. Frau Weimar führte
daraufhin ein Interview mit dem Norddeutschen Rundfunk, welches in der ARD am
10. 12. 1995 ausgestrahlt wurde. Der Verlag des *stern* nahm daraufhin Frau Weimar auf
Schadensersatz in Anspruch. Das OLG Frankfurt, welches über diesen Anspruch in
zweiter Instanz zu entscheiden hatte, bestätigte zwar, dass ein solcher Exklusivvertrag als
Dauerschuldverhältnis grundsätzlich aus wichtigem Grund gekündigt werden kann, sah
die Kündigung von Frau Weimar jedoch als unwirksam an.

Ein wichtiger Grund für eine Kündigung sei nur dann gegeben, wenn Tatsachen vor-   **85**
liegen, die unter Berücksichtigung aller Umstände und unter Abwägung der beiderseitigen Interessen die Fortsetzung des Vertrages für den Kündigenden unzumutbar machen
(BGH, NJW 1981, 1264). Zwar könne der Kündigungsgrund insbesondere ein pflicht-
widriges Verhalten des anderen Teils sein, allerdings sei dann in der Regel zunächst eine
Abmahnung erforderlich.[89]

Ein wichtiger Grund zur Kündigung kann auch darin liegen, dass das Vertrauensver-   **86**
hältnis so schwerwiegend gestört ist, dass eine sofortige Beendigung des Vertrages gerechtfertigt erscheint. Ebenso stellt eine wesentliche Änderung der Verhältnisse einen
wichtigen Grund zur Kündigung dar, wobei jedoch die Störung nicht aus dem eigenen
Risikobereich begründet sein darf. Das Kündigungsrecht entfällt in diesem Fall auch
dann, wenn sich die Störung durch Anpassung des Vertrages an die veränderten Verhältnisse beseitigen lässt und beiden Parteien die Fortsetzung des Vertrages zuzumuten ist.[90]
Keiner dieser Gründe lag jedoch nach Ansicht des OLG Frankfurt im Fall Monika Weimar vor. Zwar könne kein Zweifel daran bestehen, dass die bisherige wohlwollende Berichterstattung des *stern* Hintergrund und Motiv für Monika Weimar gewesen sei, den
Exklusivvertrag abzuschließen. Hierbei handele es sich jedoch um eine Selbstverständ-
lichkeit, denn es sei kaum anzunehmen und wäre unverständlich, wenn sich Frau Weimar
einem Presseorgan zugewandt hätte, das früher in nachteiliger Weise über sie berichtet
hatte. Dies besage aber nicht, dass Monika Weimar nunmehr erwarten konnte, dass der
stern zwecks Unterstützung des Wiederaufnahmeverfahrens von einer objektiven, auf den
ihr zur Verfügung gestellten Informationen beruhenden Berichterstattung abrücken
würde. Eine irgendwie geartete, das Wiederaufnahmeverfahren betreffende Unterstüt-
zungspflicht ist dem Exklusivvertrag nicht zu entnehmen und wäre auch mit den Grundsätzen der Pressefreiheit nicht zu vereinbaren.[91]

Für das Vorliegen eines **wichtigen Grundes**, der den Rechteinhaber zur Kündigung   **87**
eines Exklusivvertrages berechtigt, reicht es somit nicht aus, wenn die Berichterstattung
dem Rechteinhaber nicht gefällt. Soweit die von ihm zur Verfügung gestellten Informationen als Grundlage einer wahrheitsgemäßen, objektiven Berichterstattung dienen, kann
im Hinblick auf die Pressefreiheit hierin kein außerordentlicher Kündigungsgrund gesehen werden. Etwas anderes mag gelten, wenn im Vertrag ein bestimmter Inhalt der
Berichterstattung festgelegt wurde und dies erkennbar eine der Hauptpflichten des Ver-

---

[87] OLG Frankfurt, a.a.O.
[88] Stern Nr. 15 vom 6. 4. 1995.
[89] OLG Frankfurt, ZUM-RD 1998, 277, 279 f. – *Monika Weimar.*
[90] OLG Frankfurt, a.a.O.
[91] OLG Frankfurt, a.a.O.

trages ist. Die Verletzung einer derartigen Vereinbarung könnte dann im Einzelfall zu einer außerordentlichen Kündigung berechtigen.

E. Vertragswirksamkeit

Marg›Bei Verträgen über die Bereitstellung von privaten Informationen stellt sich die Frage nach der Wirksamkeit insbesondere unter dem Aspekt der **Sittenwidrigkeit** (§ 138 BGB). Als Anknüpfungspunkt für eine mögliche Sittenwidrigkeit kommen dabei der Umfang der Mitwirkungspflichten des Rechteinhabers und die Auswirkungen von Exklusivvereinbarungen im Hinblick auf das Informationsinteresse der Öffentlichkeit in Betracht.

I. Sittenwidrigkeit aufgrund der Mitwirkungspflichten des Rechteinhabers

88   Fraglich ist, wieweit die in einem Vertrag über die Vermittlung privater Informationen vereinbarte Mitwirkungspflicht des Rechteinhabers gehen kann und darf, ohne dass eine Unwirksamkeit des Vertrages aufgrund von Sittenwidrigkeit droht.

89   Bei der hierbei erforderlichen Einzelfallbetrachtung ist die Würde der Person als Orientierung heranzuziehen.[92] Kritisch wird eine Vereinbarung z. B. dann, wenn sich der Informant dem Vertragspartner „ausliefert", sich einer schrankenlosen Durchleuchtung seiner Persönlichkeit in inquisitorischer Manier unterwirft, „gleichsam sich selbst verkauft".[93] Der Kern des allgemeinen Persönlichkeitsrechts „darf – weil der unantastbaren Würde des Menschen entspringend – nicht, auch nicht durch vertragliche Abmachungen, verletzt werden.[94] Die Grenze zum sittenwidrigen Rechtsgeschäft ist sicher dann überschritten, wenn der Informant sich etwa zur Einnahme von Drogen oder ähnlichem verpflichtet.[95] Wegen der Akzessorietät zur Hauptverpflichtung führt die Unwirksamkeit derselben dann auch zur Unwirksamkeit eines etwaigen Vertragsstrafeversprechens (§ 344 BGB).

90   Nimmt man die unantastbare Würde des Menschen als Maßstab für eine mögliche Sittenwidrigkeit eines Vertrages über die Bereitstellung privater Informationen, so kann man dabei jedoch kaum die Entwicklung der Medien in den letzten Jahrzehnten und die damit in Verbindung stehende weitere Lockerung der Moral außer Betracht lassen. *Prantls* Ausführungen stammen aus dem Jahr 1983 und liegen damit lange vor einer Zeit, in der Prominente sich freiwillig und gegen Honorar in ein Dschungelcamp begeben, um dort vor den Augen der Öffentlichkeit Ekel erregende „Mutproben" wie z. B. das Essen von Känguru-Hoden[96] auszuführen. In einer Gesellschaft, in der die Ausstrahlung von Live-Aufnahmen von der Darmspiegelung bei einer ehemaligen Tagesschau-Moderatorin[97] nur noch für kurzen medialen Wirbel sorgt, wird die Messlatte für die Sittenwidrigkeit eines Vertrages über die Übermittlung privater Informationen wohl relativ hoch anzusetzen sein.

---

[92] *Prantl*, Die journalistische Information zwischen Ausschlussrecht und Gemeinfreiheit, in: Schriften zum Deutschen und Europäischen Zivil-, Handels- und Prozessrecht, 1983, S. 142.

[93] LG Hamburg, Az. 74 O 193/74 – „*Schiffbrüchig*", S. 35.

[94] OLG Köln 13 U 36/75 – „*Affenleber*", S. 13.

[95] OLG Köln, a.a.O., S. 14.

[96] „Ich bin ein Star – holt mich hier raus", ursprünglich aus Großbritannien stammende Reality-Show, von der RTL bisher 3 Staffeln für das Deutsche Fernsehen produzierte.

[97] stern-tv, RTL 27. 3. 2002.

II. Sittenwidrigkeit aufgrund der Bildung
eines „Informationsmonopols"

Neben dem Umfang der Mitwirkungspflichten des Rechteinhabers kann auch das **91** **Verhalten des Medienunternehmens** Anhaltspunkte für eine Sittenwidrigkeit des zwischen beiden geschlossenen Vertrages bieten. Dies gilt insbesondere vor dem Hintergrund einer exklusiven Vertragsbindung. So führt *Prantl* hierzu aus:

> Abschirmende Maßnahmen, die Sequestration des Informanten durch seinen Vertragspartner, können die Bewertung des Vertrages als sittenwidrig indizieren. Unter diesem Gesichtspunkt erscheinen die Fälle „Flade" und ganz besonders der Fall „Steiner" bedenklich.[98]

Dem **Fall „Steiner"**, auf den *Prantl* Bezug nimmt, lag folgender Sachverhalt zugrun- **92** de: Am 27. April 1972 scheiterte ein konstruktives Misstrauensvotum der CDU/CSU-Opposition im Bundestag gegen den SPD-Bundeskanzler Brandt. Der CDU-Bundestagsabgeordnete Julius Steiner geriet in den Verdacht, seine Stimmenthaltung sei gekauft worden. Der Verlag der Illustrierten *Quick* schloss mit Steiner einen Exklusivvertrag. *Quick*-Reporter hielten den Abgeordneten sechs Wochen lang vor der Öffentlichkeit versteckt und fragten Detail-Informationen ab. Im Rahmen dieser Recherchen gestand Steiner, bestochen worden zu sein, außerdem offenbarte er eine Doppelagententätigkeit.[99]

Der **Fall „Flade"** erregte 1960 ebenfalls große Aufmerksamkeit: Im Dezember 1960 **93** wurde der ehemalige Oberschüler Hermann Josef Flade nach zehnjähriger Haft aus dem DDR-Zuchthaus Waldheim entlassen und traf mit einer für drei Wochen befristeten Reiseerlaubnis in der Bundesrepublik ein. Flade war ursprünglich zum Tode verurteilt worden. Als 17jähriger war er bei dem Versuch festgenommen worden, selbstgefertigte Plakate gegen die kommunistische Einheitsliste zu kleben. Er hatte sich der Festnahme widersetzt und dabei einen Polizisten leicht verletzt. Der Fall hatte in der ganzen Welt Aufsehen und Proteste erregt. Das Interesse aller Medien an einer umfänglichen Berichterstattung über Entlassung und Aufenthalt Flades wurde durch einen Exklusivvertrag, den der Verlag des *stern* mit den Eltern Flades und diesem selbst geschlossen hatte, blockiert. Rundfunkinterviews mit Flade genehmigte der *stern* nur mit der Auflage eines Werbehinweises auf seinen Exklusivbericht. Informationen und Fotos über Flade waren nur über den *stern* zu bekommen. Die ungestörte Aufnahme der Informationen für die geplante Artikelserie sicherte der *stern* durch eine Quarantäne seiner Vertragspartner. Es herrschte allgemeines Rätselraten um den Verbleib Flades.[100]

Ansatzpunkt für die Erörterung der Sittenwidrigkeit eines Vertrages zwischen einer **94** Privatperson und einem Medienunternehmen über die Bereitstellung privater Informationen ist an dieser Stelle somit der Umstand, dass insbesondere durch die Vereinbarung einer Exklusivität zwischen den Vertragspartnern der Öffentlichkeit die Möglichkeit einer umfassenden und ausgewogenen Berichterstattung genommen wird.

Weder der Fall „Flade" noch der Fall „Steiner" führten zu einer gerichtlichen Überprü- **95** fung der Wirksamkeit der geschlossenen Exklusivvereinbarungen mit den Medien. Der Fall „Steiner" führte jedoch immerhin 1973 zur Aufstellung einer Richtlinie durch den Deutschen Presserat. Dieser hatte sich auf Beschwerde der Industriegewerkschaft Druck und Papier mit den Informationsbeschaffungsmethoden der Zeitschrift *Quick* zu befassen. Nachdem sich der Deutsche Presserat schon mehrfach mit der berufsethischen Zulässig-

---

[98] *Prantl*, Die journalistische Information zwischen Ausschlußrecht und Gemeinfreiheit, in: Schriften zum Deutschen und Europäischen Zivil-, Handels- und Prozessrecht, 1983, S. 142.

[99] *Prantl*, Der journalistische Exklusivvertrag über Informationen aus der personalen Sphäre, AfP 1984, 17, 18.

[100] *Prantl*, Der journalistische Exklusivvertrag über Informationen aus der personalen Sphäre, AfP 1984, 17, 18.

keit von Exklusivvereinbarungen zu beschäftigen hatte,[101] nahm er die Beschwerde zum Fall „Steiner" zum Anlass, eine Richtlinie aufzustellen, nach der Exklusivverträge und abschirmende Maßnahmen nicht dazu führen dürften, dass die Unterrichtung der Öffentlichkeit über die Allgemeinheit interessierende Vorgänge oder Ereignisse eingeschränkt oder verhindert wird.[102]

96   Gerade zu dieser Problematik hatte der BGH in seiner **„Lengede"-Entscheidung**[103] erstmalig Stellung genommen. In dem Verfahren, über das der BGH zu entscheiden hatte, stritten der Verlag des Nachrichtenmagazins *stern* und der Verlag der *Bild*-Zeitung um einen Schadensersatzanspruch, den der *Stern* aus der Art herleitete, wie die *Bild*-Zeitung über das Bergwerksunglück von Lengede berichtet hat. Zu diesem Unglück war es dadurch gekommen, dass das Wasser eines Klärteichs, dessen Sohle gebrochen war, ein Bergwerk überflutete; zwei Wochen nach dem Unglück wurden elf Bergleute gerettet, die in einen Hohlraum hatten flüchten können, der in einem sogenannten „Alten Mann" oberhalb herabgebrochenen Gesteins entstanden war und die dort von den hereinflutenden Wassermassen nicht hatten erreicht werden können. Mit diesen elf Bergleuten schloss der *stern* am 7./9. 11. 1963 eine Vereinbarung, in der er sich gegen eine Vergütung von insgesamt 250 000,00 DM die Weltrechte an den Erlebnisberichten der elf in jener Höhle Eingeschlossenen vom Augenblick der Katastrophe bis zur Rettung übertragen ließ; die Bergleute verpflichteten sich, diese Erlebnisberichte weder im Inland noch im Ausland anderen Publikationsorganen zugänglich zu machen.[104]

97   Die *Bild*-Zeitung hatte sich ihrerseits bei den elf Bergleuten um Veröffentlichungsrechte bemüht, der *stern* war ihr jedoch zuvorgekommen. *Bild* war jedoch im Besitz von Fotos, die mit einer von ihr zur Verfügung gestellten und über eine Versorgungsbohrung in die Höhle niedergebrachten Kamera aufgenommen worden waren. Neun Tage bevor der *stern* seine Exklusiv-Serie über das Lengede-Unglück startete, brachte die *Bild* einen mehrtägigen Bericht über das Unglück unter der Überschrift „Unsere Höhle war die Hölle – Die Männer von Lengede berichten". Der Verlag des *stern* machte daraufhin im Klagewege einen Schadensersatzanspruch in Höhe von mindestens 100 000 DM gegen die Axel Springer AG als Verlegerin der *Bild* geltend. Die Klage blieb in allen drei Instanzen ohne Erfolg.

98   In seinem Urteil, mit welchem der BGH die Revision der Gruner + Jahr AG als Verlegerin des *stern* zurückwies, nahm der BGH erstmalig zu der Rechtsgültigkeit einer Vereinbarung Stellung, durch die jemand sich gegen Entgelt verpflichtet, über allgemein interessierendes Zeitgeschehen, an dem er unmittelbar beteiligt war, ausschließlich ein bestimmtes Medienunternehmen zu informieren.

99   In diesem Zusammenhang führte der BGH aus, dass die Rechtsgültigkeit von Exklusivvereinbarungen der in Rede stehenden Art nicht außer Zweifel stehe, da sehr wohl Fälle denkbar seien, in denen es im Allgemeininteresse nicht hingenommen werden kann, dass durch eine solche Vereinbarung die einzige Quelle der Information über ein Geschehen verstopft wird, über das zuverlässig unterrichtet zu werden die Öffentlichkeit ein erhebliches und berechtigtes Interesse hat.[105] In solchen Fällen müsse der Zugang zur Quelle der Information über das Zeitgeschehen jedermann grundsätzlich freigehalten werden. Besonders bedenklich sei in einem solchen Fall die Exklusivvereinbarung dann, wenn sie nicht einmal zum Zwecke des Informationsmonopols für einen Nachrichtenträger geschlossen würde, sondern wenn sie den Zweck hätte, das Schweigen der Betroffenen zu erkaufen und die in Betracht kommenden Nachrichten der Öffentlichkeit gänz-

---

[101] *Tillmanns*, Mediale Vermarktung von Verbrechen und Grundsätze eines fair trial, in: FS Schweizer) 1999, S. 227 f. unter Hinweis auf den Tätigkeitsbericht DPR, 1964 (Fall Brühne/Fehrbach) und Jahrbuch DPR 1987, S. 18 f. (Fall „Rust").

[102] *Tillmanns*, a.a.O. unter Hinweis auf Deutscher Presserat, Tätigkeitsbericht 1973, S. 23 f., 85.

[103] BGH, GRUR 1968, 209 – *Lengede*.

[104] BGH, GRUR 1968, 209/210 – *Lengede*.

[105] BGH, GRUR 1968, 209/210 – *Legende*.

lich vorzuenthalten.[106] So könnte es nach Ansicht des BGH bei einem dem Streitfall vergleichbaren Sachverhalt etwa liegen, wenn mit dem durch eine Exklusivvereinbarung erkauften Schweigen der Geretteten verhindert werden sollte, dass Vorwürfe gegen die für die Sicherheit des Betriebes verantwortlichen Organe in die Öffentlichkeit dringen.[107] Aber auch abgesehen von einer derartigen Absicht der Verheimlichung seien in derartigen Fällen Bedenken schon deshalb zu erheben, weil die Exklusivvereinbarung den Meistbietenden die Möglichkeit eröffnet, Informationsquellen zu verschließen.[108]

Während der BGH in der „Lengede"-Entscheidung letztendlich die Frage offenließ, ob **100** der Vertrag zwischen dem *stern* und den Bergleuten als sittenwidrig anzusehen sei, hat er dennoch durch die obigen Ausführungen mit dem Merkmal der „Verstopfungsgrenze"[109] einen ersten Maßstab gesetzt, an dem sich die Frage nach der Anwendbarkeit von § 138 BGB orientieren lässt.

In Anlehnung an die BGH-Rechtsprechung im „Lengede"-Fall haben sich in der Fol- **101** gezeit auch die Oberlandesgerichte mit der Frage der Sittenwidrigkeit von Verträgen über die Übermittlung privater Informationen auseinandergesetzt. Soweit bekannt, ist es dabei jedoch noch nie zur Feststellung der Sittenwidrigkeit einer solchen Vereinbarung gekommen. So führte das OLG München in seiner Entscheidung zum Fall „Vera Brühne"[110] (Sachverhaltsdarstellung siehe oben Rn. 73 ff.) in Übereinstimmung mit dem BGH aus, dass die Rechtsgültigkeit derartiger Verträge zwar zweifelhaft sein könne, der Vertrag im „Fall Brühne" jedoch keine üblicherweise allgemein zugänglichen Informationsquellen verstopfen würde, sondern vielmehr lediglich Material beträfe, hinsichtlich dessen Frau Brühne allein verfügungsberechtigt sei und gegen dessen unbefugte Veröffentlichung ihr Verbietungsrechte zustehen würden. Abgesehen davon hätte dieses Material nicht die einzige Quelle der Information über den „Fall Brühne" dargestellt. Zudem läge auf der Hand, dass der zwischen Frau Brühne und dem Verlag geschlossene Vertrag nicht darauf abziele, der Öffentlichkeit Informationen vorzuenthalten, sondern sie im Gegenteil mit größter Breitenwirkung zu publizieren.[111]

Und auch das OLG Hamburg stellte im Fall „Monika Weimar/Böttcher"[112] (Sachver- **102** haltsdarstellung siehe oben Rn. 79 ff.) fest:

Ein Vertrag, in dem eine wegen einer allgemeines Aufsehen erregenden Straftat verurteilte Person sich verpflichtet, die Redaktion einer Illustrierten exklusiv über ein beabsichtigtes Wiederaufnahmeverfahren zu informieren, und verspricht, im Falle einer Haftentlassung ein Exklusivinterview zu geben, in dem sie über ihren Fall, ihr Leben und ihre Zukunftspläne berichten will, ist rechtlich unbedenklich gültig.[113]

Zur Begründung für diese Entscheidung führte das OLG Hamburg aus: **103**

Wie das LG bereits zu Recht festgestellt hat, handelt es sich bei der Art von Information, wie sie von Frau B gegeben werden sollte, letztlich um ein gewöhnliches Handelsgut. An diesen Informationen bestand kein allgemeines Interesse in dem Sinne, dass es als bedenklich erschiene, wenn sie anderen Medien vorenthalten blieben. Es stand Frau B völlig frei, ob sie über ihren Fall, ihr Leben und ihre Zukunftspläne berichten und sich für Fotos und Videoaufnahmen zur Verfügung stellen wollte.[114]

Bei Verträgen über die Vermittlung privater Informationen, bei denen die persönlichen **104** Erfahrungen des Betroffenen eine maßgebliche Rolle spielen, wird man unter Zugrun-

---

[106] BGH, a.a.O.
[107] BGH, a.a.O.
[108] BGH, a.a.O.
[109] *Tillmanns*, Mediale Vermarktung von Verbrechen und Grundsätze eines fair trial, in: FS Schweizer) 1999, S. 227 f.
[110] OLG München, AfP 1981, 347 – *Vera Brühne*.
[111] OLG München, AfP 1981, 347 – *Vera Brühne*.
[112] OLG Hamburg, NJW E-WettbR 1999, 54 f. – *Monika Weimar*.
[113] OLG Hamburg, a.a.O.
[114] OLG Hamburg, a.a.O.

delegung dieser Maßstäbe in der Regel somit eine Unwirksamkeit aufgrund von Sittenwidrigkeit gemäß § 138 BGB verneinen müssen.

F. Ansprüche wegen Vertragsverletzung

105   Wie bei jedem Vertrag besteht auch bei dem Vertrag über persönliche Informationen die Gefahr, dass „Störfälle" im Zusammenhang mit dem Vertragsverhältnis auftreten. Verletzt eine der Vertragsparteien seine Vertragspflichten, so stehen dem jeweils anderen Vertragspartner die üblichen Ansprüche aus den §§ 320 ff. BGB zu. Dabei ergeben sich für Verletzungen eines Vertrages über die Übermittlung privater Informationen lediglich ein paar Besonderheiten:

106   Liegt die Vertragsverletzung darin, dass der Rechteinhaber seine Pflichten zur **Übermittlung der vereinbarten Informationen** nicht oder nicht hinreichend erfüllt, ist seitens des Medienunternehmens zu beachten, dass die Mitwirkungspflicht des Rechtsinhabers zwar echte Forderungsqualität hat, es sich bei ihr jedoch in der Regel um eine unvertretbare Handlung im Sinne des § 888 Abs. 1 ZPO handeln wird. Es ist daher das **Vollstreckungsverbot** des § 888 Abs. 3 ZPO zu beachten.[115] Danach ist eine Vollstreckung durch Verhängung eines Zwangsgeldes gemäß § 888 Abs. 1 ZPO nicht möglich bei der Verurteilung zur Leistung von unvertretbaren Diensten aus einem Dienstvertrag, entgeltlichem Geschäftsbesorgungsvertrag und Auftrag.[116] Dieses Vollstreckungsverbot dürfte damit auch für die Mitwirkungspflichten im Rahmen eines Vertrages über die mediale **Verwertung von Persönlichkeitsdetails** gelten,[117] jedenfalls soweit sie aus unvertretbaren Handlungen bestehen. Aufgrund dieser Schwierigkeit bietet sich die Vereinbarung einer Vertragsstrafe an, um auf diesem Weg die Erfüllung der Mitwirkungspflicht abzusichern (hierzu siehe oben Rn. 70 ff.).

107   Von großer Bedeutung für das Medienunternehmen ist auch die Frage nach der Konsequenz der Verletzung einer Exklusivvereinbarung. Wendet sich der Rechteinhaber trotz der exklusiven Bindung an ein bestimmtes Medienunternehmen einem Konkurrenten zu, kann dies zu einem hohen finanziellen Schaden führen. So hatte das Oberlandesgericht Frankfurt über den **Schadensersatzanspruch** zu entscheiden, den der Verlag des *stern* gegen Monika Weimar (später Böttcher) wegen Verletzung des zwischen ihnen ursprünglich geschlossenen Exklusivvertrages geltend machte, zu entscheiden[118] (Sachverhaltsdarstellung siehe oben Rn. 73 ff.). Obwohl sich Monika Weimar gegenüber dem *stern* zur exklusiven Information über das Wiederaufnahmeverfahren im Rahmen des gegen sie geführten Mordprozesses sowie zu einem Exklusivinterview nach der erhofften Haftentlassung verpflichtet hatte, führte Frau Weimar das erste große Interview nach ihrer Entlassung schließlich mit dem *NDR*. Der *stern* konnte nachweisen, dass dem Verteidiger von Frau Weimar Angebote diverser Medien vorgelegen hatten, die *„finanzielle Gegenleistungen"* in Höhe von bis zu 230 000 DM für die Gewährung von Interviews vorsahen. Vor diesem Hintergrund verurteilte das OLG Frankfurt Monika Weimar zur Zahlung eines Schadensersatzes an den Verlag des *stern* in Höhe von 200 000 DM.

108   Als Begründung wies das OLG Frankfurt darauf hin, dass Frau Weimar die ihr obliegende vertragliche Verpflichtung verletzt habe, indem sie sich im Anschluss an das Schreiben ihres Anwalts vom 6. November 1995 in der Folgezeit ernsthaft und endgültig geweigert hat, den Vertrag weiterhin zu erfüllen und insbesondere dem *stern* nach der

---

[115] *Prantl*, Die journalistische Information zwischen Ausschlußrecht und Gemeinfreiheit, in: Schriften zum Deutschen und Europäischen Zivil-, Handels- und Prozessrecht, 1983, S. 141.
[116] *Zöller*, ZPO, 26. Auflage, 2007, § 888, Rn. 18.
[117] *Prantl*, Die journalistische Information zwischen Ausschlußrecht und Gemeinfreiheit, in: Schriften zum Deutschen und Europäischen Zivil-, Handels- und Prozessrecht, 1983, S. 141.
[118] OLG Frankfurt, ZUM-RD 1998, 277 – *Monika Weimar*.

Haftentlassung das zugesagte Exklusivinterview mit Foto- und Videoaufnahmen zu gewähren.[119] Frau Weimar habe sich stattdessen in vertragsbrüchiger Weise nach ihrer Haftentlassung gegenüber anderen Medien persönlich geäußert und diesen die Veröffentlichung eines Interviews gestattet. Aufgrund des Exklusivvertrages mit dem *stern* sei Monika Weimar jedoch verpflichtet gewesen, vor einer Weitergabe an Dritte ihrerseits die Informationen dem *stern* anzubieten und abzuklären, ob dort eine Verwertungsbereitschaft besteht.[120] Dies habe sie vor ihrem Interview nach der Haftentlassung unstreitig nicht getan und sich daher nach den Grundsätzen der positiven Vertragsverletzung in Verbindung mit den Grundgedanken der §§ 326, 628 BGB schadensersatzpflichtig gemacht.[121] Dem Verlag des *stern* sei somit insbesondere der entgangene Gewinn zu ersetzen, der darin bestehe, dass das Exklusivinterview nebst Foto- und Videoaufnahmen nach der Haftentlassung nicht gewährt worden sei und daher nicht vermarktet werden konnte.[122]

Da der *stern* gemäß der **Exklusivvereinbarung** mit Monika Weimar hinsichtlich der   **109** Fotos und Videoaufnahmen von Frau Weimar, die im Rahmen des versprochenen Exklusivinterviews angefertigt werden sollten, auch zur anderweitigen Lizenzvergabe berechtigt sein sollte, legte das OLG Frankfurt für die Ermittlung der Höhe des entstandenen Schadens gemäß § 252 BGB die Angebote zugrunde, die Monika Weimar von anderen Medien unterbreitet wurden, und kam so zu einem dem *stern* entstandenen Schaden in Höhe von 200 000 DM.[123]

Angesichts der hohen Preise, die für die Vermittlung von Informationen aus der Privat-   **110** sphäre erzielt werden, droht somit dem Rechteinhaber, der eine Exklusivabrede verletzt, nicht nur die für einen solchen Fall gegebenenfalls vereinbarte Zahlung einer Vertragsstrafe. Er sieht sich zudem dem **Risiko einer hohen Schadensersatzzahlung** aufgrund der Vertragsverletzung gegenüber.

---

[119] OLG Frankfurt, ZUM-RD 1998, 277, 283 f. – *Monika Weimar*.
[120] OLG Frankfurt, a.a.O.
[121] OLG Frankfurt, a.a.O.
[122] OLG Frankfurt, a.a.O.
[123] OLG Frankfurt, a.a.O.

8. Teil. Rechtsfolgen der Verletzung des Persönlichkeitsrechts

19. Kapitel. Zivilrechtliche Rechtsfolgen und ihre Durchsetzung

§ 47. Der Unterlassungsanspruch

Inhaltsübersicht

Schrifttum: *Damm/Rehbock*, Widerruf, Unterlassung und Schadensersatz in den Medien, 3. Aufl. 2008; *Löffler*, Presserecht, 5. Aufl. 2006; *Löffler/Ricker*, Handbuch des Presserechts, 5. Aufl. 2005; *Palandt*, Bürgerliches Gesetzbuch, 67. Aufl. 2008; *Prinz/Peters*, Medienrecht, 1999; *Romatka*, Anmerkung zu LG Stuttgart, Urteil vom 13. Juli 1978 – 17 O 43/78, AfP 1978, 216; *Seelmann-Eggebert*, Im Zweifel gegen die Meinungsfreiheit?, AfP 2007, 86; *Seitz*, Die deutschen Instanzgerichte und die Pressefreiheit, in: FS 100. Arbeitstagung Verlagsjustiziare, 2008, 21; *ders.*, „Aussagegehalt“ – Überlegungen zur Bestimmung des Verständnisses von Äußerungen, in: FS Bub, 2007, 437; *Senfft*, Begehungsgefahr bei Recherchen der Presse, NJW 1980, 367; *Sobola/Kohl*, Haftung von Providern für fremde Inhalte, CR 2005, 443; *Soehring*, Presserecht, 3. Aufl. 2000; *Wenzel*, Das Recht der Wort- und Bildberichterstattung, 5. Aufl. 2003.

A. Bedeutung des Unterlassungsanspruchs

1   In der Praxis stellt der Unterlassungsanspruch neben dem Gegendarstellungsanspruch das am häufigsten bemühte Abwehrinstrumentarium Betroffener gegenüber Medienberichterstattungen dar. Ein Grund hierfür liegt zweifelsohne darin, dass der Unterlassungsanspruch genau wie der Gegendarstellungsanspruch im einstweiligen Verfügungsverfahren durchgesetzt werden kann und damit schnellen und effektiven Rechtsschutz ermöglicht.[1]

2   Darüber hinaus gibt der Unterlassungsanspruch dem Betroffenen eine vergleichsweise „geräuschlose“ Möglichkeit, dem Medium deutlich zu machen, dass eine bestimmte Berichterstattung nicht hingenommen wird: Anders als eine Gegendarstellung oder Richtigstellung wird ein Unterlassungsbegehren nicht veröffentlicht, der Betroffene kann also selbst entscheiden, wen er hiervon in Kenntnis setzen möchte und wen nicht.

3   Dogmatisch handelt es sich bei dem Unterlassungsanspruch um einen quasi-negatorischen Anspruch, der sich auf § 1004 BGB stützt.[2] Er ist als höchstpersönlicher Anspruch nicht übertragbar.[3]

B. Voraussetzungen des Unterlassungsanspruchs

4   Der von der Rechtsprechung entwickelte Unterlassungsanspruch bezweckt die Abwehr künftiger Störungen der Rechtsgüter- und Interessensphäre des Einzelnen. Er unterliegt den nachfolgenden Anspruchsvoraussetzungen:

I. Verletzung des allgemeinen Persönlichkeitsrechts

5   Das allgemeine Persönlichkeitsrecht ist durch § 823 Abs. 1 BGB geschützt. Zur Behauptung einer Rechtsverletzung gehört die Darlegung des Betroffenen, dass eine konkrete Darstellung tatsächlich unwahr oder aus sonstigen Gründen unzulässig ist und dass er dadurch objektiv in seinen Rechten verletzt ist.[4]

6   Der Anspruch kann sowohl gegen Tatsachenbehauptungen wie auch gegen Meinungsäußerungen gerichtet werden.[5]

---

[1] *Soehring*, Presserecht, Rn. 30.1.
[2] BGHZ 68, 331, 335; *Damm/Rehbock*, Widerruf, Unterlassung und Schadensersatz, Rn. 796; *Soehring*, Presserecht, Rn. 30.4; *Wenzel/Burkhardt*, Das Recht der Wort- und Bildberichterstattung, 12. Kap. Rn. 1.
[3] BGH NJW 1981, 1089, 1094 – *Der Aufmacher I*; 1981, 2062, 2063 – *Der Aufmacher II*.
[4] *Soehring*, Presserecht, Rn. 30.3.
[5] Ganz herrschende Meinung, vgl. statt vieler BGH GRUR 1975, 89 – *Brüning I*; *Löffler/Ricker/Ricker*, Handbuch des Presserechts, 44. Kap. Rn. 1; *Soehring*, Presserecht, Rn. 31.5; *Wenzel/Burkhardt*, Das Recht der Wort- und Bildberichterstattung, 12. Kap. Rn. 5. A.A. *Damm/Rehbock*, Widerruf,

II. Rechtswidrigkeit

Die Beeinträchtigung des allgemeinen Persönlichkeitsrechts des Betroffenen muss **7** rechtswidrig sein. Im Unterschied zu anderen Rechtsgütern des § 823 BGB wird bei Verletzungen des allgemeinen Persönlichkeitsrechts die Rechtswidrigkeit nicht bereits durch den Eingriffstatbestand indiziert, sondern muss positiv festgestellt werden.[6] Grund hierfür ist die Tatsache, dass das allgemeine Persönlichkeitsrecht eine generalklauselartige Weite besitzt und nicht in so starkem Maße abgegrenzt ist wie die übrigen Tatbestände.[7]

Die Rechtswidrigkeit entfällt bei Eingreifen eines Rechtfertigungsgrundes. In Be- **8** tracht kommt hier neben den Grundrechten der Meinungs-, Presse- und Rundfunkfreiheit des Artikel 5 Abs. 1 GG der Rechtfertigungsgrund der Wahrnehmung berechtigter Interessen gemäß § 193 StGB. Eine Rechtfertigung nach § 193 StGB kommt nur im Falle einer Meinungsäußerung in Betracht. Geht es um eine unwahre Tatsachenbehauptung, ist dem Äußernden ein Berufen hierauf versagt. Grund hierfür ist die Tatsache, dass mit dem Unterlassungsanspruch in der Regel für die Zukunft Rechtschutz begehrt wird, niemand jedoch ein berechtigtes Interesse an der Wiederholung einer tatsächlichen Behauptung haben kann, deren Unwahrheit feststeht.[8]

III. Begehungsgefahr

Die erfolgreiche Geltendmachung eines Unterlassungsanspruchs setzt materiell-recht- **9** lich voraus, dass die hinreichend konkrete Gefahr einer zukünftigen Rechtsverletzung besteht.[9] Beurteilt wird die Frage des Vorliegens der Begehungsgefahr für den Zeitpunkt der letzten mündlichen Verhandlung. Dabei muss die Rechtsverletzung für die Zukunft ernsthaft, d. h. mit großer Wahrscheinlichkeit, zu besorgen sein.[10] Auch in ihrer Ausgestaltung muss sich die drohende Verletzung in tatsächlicher Hinsicht so greifbar abzeichnen, dass eine zuverlässige Beurteilung unter rechtlichen Gesichtspunkten möglich ist.[11] Die Begehungsgefahr kann sich aus dem Gesichtspunkt der Wiederholungs- oder der Erstbegehungsgefahr ergeben.

1. Wiederholungsgefahr

Die Voraussetzungen der Wiederholungsgefahr wurden ursprünglich im Wettbewerbs- **10** recht entwickelt und dann von der Rechtsprechung für das Medienrecht übernommen.[12] Der BGH hält an dieser strengen Übernahme für das Medienrecht fest, obschon einige Stimmen in der Literatur wie auch verschiedene Gerichte aus nachvollziehbaren Gründen für eine Lockerung im Äußerungsrecht plädieren.[13] Sofern ein rechtswidriger Eingriff

---

Unterlassung und Schadensersatz, Rn. 799, die den Unterlassungsanspruch bei Meinungsäußerungen generell nicht für zulässig erachten. Nur ausnahmsweise soll ein Unterlassungsanspruch gegenüber Meinungsäußerungen denkbar sein, wenn diese eine Schmähkritik darstellen.

[6] BGHZ 24, 72, 80; 36, 77, 82.

[7] BGHZ 24, 72, 78.

[8] BVerfGE 61, 1, 8; 94, 1, 8; RGZ 140, 393, 402.

[9] BGH GRUR 1990, 687, 688 – *Anzeigenpreis II*; *Soehring*, Presserecht, 12. Kap. Rn. 30.6; *Prinz/ Peters*, Medienrecht, Rn. 327.

[10] BVerfGE 24, 278, 287 – *GEMA*; BGHZ 117, 264, 271.

[11] BGHZ 117, 264, 271; BGH GRUR 1990, 687, 688 – *Anzeigenpreis II*; 1992, 404, 405 – *Systemunterschiede*.

[12] BGH GRUR 1966, 157, 159 – *Wo ist mein Kind?*; BGH AfP 1994, 138, 139 – *Bilanzanalyse*; BGH AfP 1998, 218, 220 – *Klartext*; *Löffler/Steffen*, Presserecht, § 6 LPG Rn. 264; *Prinz/Peters*, Medienrecht, Rn. 334; *Wenzel/Burkhardt*, Das Recht der Wort- und Bildberichterstattung; 12. Kap. Rn. 8.

[13] *Soehring*, Presserecht, Rn. 30.8; *Wenzel/Burkhardt*, Das Recht der Wort- und Bildberichterstattung, 12. Kap. Rn. 8; OLG Frankfurt NJW 2002, 1277, 1278; OLG München NJW-RR 2003, 111.

einmal stattgefunden hat, **vermutet** die gerichtliche Praxis in aller Regel die Wiederholungsgefahr.[14] Das bedeutet, dass im Falle einer bereits erfolgten Veröffentlichung eine tatsächliche Vermutung für das Vorliegen der Wiederholungsgefahr besteht. Unabhängig von dieser Vermutung der Wiederholungsgefahr kommen auch Fälle in Betracht, in denen sich die Wiederholungsgefahr nicht aus einem Verhalten des Verletzers in der Vergangenheit, sondern aus einem konkreten gegenwärtigen Verhalten des Verletzers ergibt. Dies ist insbesondere dann der Fall, wenn der Verletzer im Prozess die Rechtmäßigkeit der umstrittenen Veröffentlichung verteidigt, ohne zugleich deutlich zu machen, dass dies ausschließlich zu Zwecken der Rechtsverteidigung und in der erklärten Absicht geschieht, die umstrittene Äußerung unabhängig vom Ausgang des Rechtsstreits nicht zu wiederholen.[15]

11 **Ausnahmsweise** scheidet die Vermutung der Wiederholungsgefahr dann aus, wenn eine erneute Äußerung unter Berücksichtigung der besonderen Umstände des Falles außerhalb vernünftiger Lebenswahrscheinlichkeit liegt.[16] Dies ist der Fall bei Leserbriefen, denen wesenseigen ist, dass sie nur einmal veröffentlicht werden. Hier **greift die Vermutung** der Wiederholungsgefahr **nicht,** vielmehr muss Letztere konkret festgestellt werden.[17] Die vermutete Wiederholungsgefahr entfällt hingegen nicht gegenüber dem Verfasser des Leserbriefs. Eine Vermutung der Wiederholungsgefahr scheidet ebenso aus, wenn das publizierende Organ zeitnah zur Erstmitteilung freiwillig einen Widerruf, eine Richtigstellung oder eine Folgeberichterstattung veröffentlicht hat, aus der sich ergibt, dass eine frühere Äußerung nicht mehr aufrechterhalten wird, weil sich herausgestellt hat, dass sich der Vorwurf insoweit als falsch erwiesen hat.[18]

12 War die Erstveröffentlichung ursprünglich wegen Wahrnehmung berechtigter Interessen gerechtfertigt, so kann die Wiederholungsgefahr ebenfalls nicht aufgrund der Erstveröffentlichung vermutet werden. Vielmehr muss auch in solchen Fällen die Gefahr einer erneuten Äußerung konkret dargelegt werden.[19] Nach richtiger Ansicht ist die Wiederholungsgefahr in dem Fall, in dem lediglich ein Publikationsorgan von mehreren in einem Verlag eine bestimmte Äußerung verbreitet, auch nur bei diesem Publikationsorgan ge-

---

[14] BGH GRUR 1966, 157, 159 – *Wo ist mein Kind?*; BGH GRUR 1975, 89, 92, BGH NJW 1998, 1391, 1392; *Soehring*, Presserecht, Rn. 30.7; Wenzel/*Burkhardt*, Das Recht der Wort- und Bildberichterstattung, 12. Kap. Rn. 8. Die automatische Ableitung der Wiederholungsgefahr aus der einmal erfolgten Rechtsverletzung bedeutet in der Regel eine Fiktion, zumal die Medienberichterstattung häufig von Flüchtigkeit geprägt ist mit der Konsequenz, dass die Wiederholung bestimmter Äußerungen in einer späteren Berichterstattung schon aus Gründen fehlender Aktualität fernliegend erscheint. Hiergegen steht der von der überwiegenden gerichtlichen Praxis gebrachte Einwand, dass dem Betroffenen nicht aufgebürdet werden könne, konkret darzulegen, dass eine Wiederholung bevorsteht oder zu befürchten ist. Als überwunden kann die gelegentlich früher vertretene Gegenposition gelten, dass die Gefahr der Wiederholung einer rechtswidrigen Äußerung besonders dargelegt werden müsse (so noch OLG Celle AfP 1977, 345, 346).

[15] BGH AfP 1998, 218, 220 – *Klartext.*

[16] *Soehring*, Presserecht, Rn. 30.9.

[17] BGH NJW 1986, 2503, 2505; Löffler/*Steffen*, Presserecht, § 6 LPG Rn. 266; *Soehring*, Presserecht, Rn. 30.9 a; Wenzel/*Burkhardt*, Das Recht der Wort- und Bildberichterstattung, 12. Kap. Rn. 16.

[18] Zur freiwilligen Veröffentlichung eines Widerrufs bzw. einer Richtigstellung: OLG Karlsruhe AfP 1989, 542, 543; OLG Köln AfP 1993, 744, 745; *Soehring*, Presserecht, Rn. 30.9 a; Wenzel/*Burkhardt*, Das Recht der Wort- und Bildberichterstattung, 12. Kap. Rn. 17; a.A. OLG Hamburg NJW-RR 1996, 90, 92 – *RTL aktuell*. Die Vermutung der Wiederholungsgefahr entfällt allerdings nicht schon dann, wenn der Verletzer dem Betroffenen eine förmliche schriftliche Entschuldigung aushändigt, noch bevor dieser einen förmlichen Unterlassungsanspruch geltend gemacht hat, auch wenn der Irrtum vom Betroffenen zweifelsfrei eingeräumt wird (zu weitgehend deshalb *Soehring*, Presserecht, Rn. 30.9 a).

[19] BGH NJW 1987, 2225 – *Pressemäßige Sorgfalt*; Löffler/*Steffen*, Presserecht, § 6 LPG Rn. 262, *Soehring*, Presserecht, Rn. 30.10. Selbiges muss für den Fall gelten, dass die Äußerung nach der zum Zeitpunkt der Veröffentlichung geltenden Rechtsprechung als zulässig angesehen wurde, sich diese Rechtsprechung aber später geändert hat.

geben. Voraussetzung ist allerdings die redaktionelle Freiheit dieses Organs und die Unabhängigkeit von den übrigen Publikationsorganen.[20]

Grundsätzlich kann die Wiederholungsgefahr nur durch die **Abgabe einer strafbe-** 13 **wehrten Unterlassungsverpflichtungserklärung** beseitigt werden.[21] Greift allerdings im konkreten Fall die Vermutung der Wiederholungsgefahr nicht oder ist diese Vermutung durch das Verhalten der Medien widerlegt, besteht keine Verpflichtung der Medien zur Abgabe einer Unterlassungserklärung.

2. Erstbegehungsgefahr

In Ausnahmefällen kommt zur Begründung des Unterlassungsanspruchs statt der Wie- 14 derholungsgefahr die Darlegung einer bevorstehenden erstmaligen Rechtsverletzung in Betracht.[22] Bei der Geltendmachung dieses sogenannten „vorbeugenden" Unterlassungsanspruchs handelt es sich um den härtesten Eingriff in die Äußerungsfreiheit bei gleichzeitig stärkstem Schutz desjenigen, der eine Verletzungshandlung seitens der Medien befürchtet. Berechtigterweise stellt die Rechtsprechung deshalb erhöhte Anforderung an die Darlegung einer Erstbegehungsgefahr und fordert für deren Bejahung konkrete Tatsachen, die die Verbreitung und die Absicht eines rechtswidrigen Eingriffs mit Sicherheit erkennen lassen, d.h. eine rechtswidrige Störung muss als unmittelbar bevorstehend anzusehen sein.[23] Aufgrund der strengen Anforderungen an die Erstbegehungsgefahr kann diese nicht mit Recherchemaßnahmen einer Redaktion begründet werden.[24] Ausreichende **Anhaltspunkte** für eine Erstbegehungsgefahr können deshalb nur dann vorliegen, wenn der Betroffene bereits den konkreten Inhalt eines Beitrags kennt und dem Gericht entsprechende Materialien vorlegen und diese glaubhaft machen kann.[25] Großzügigere Maßstäbe hinsichtlich des Vorliegens einer Erstbegehungsgefahr wendet die Rechtsprechung dann an, wenn mit einer Berichterstattung zu rechnen ist, die eine Gefährdung von Leben oder Gesundheit bedeuten könnte.[26]

---

[20] OLG Hamburg ArchPR 1975, 111, 112; OLG München AfP 1983, 276, 278 (a.A. allerdings LG München I NJW 1999, 2127; Wenzel/*Burkhardt*, Das Recht der Wort- und Bildberichterstattung, 12. Kap. Rn. 15). Es reicht deshalb nach der vorzugswürdigen Auffassung aus, die Unterlassungserklärung lediglich bezogen auf Veröffentlichungen dieses Publikationsorgans abzugeben und nicht für den gesamten Verlag bzw. das gesamte Rundfunkunternehmen. Die hiergegen vorgebrachten Bedenken, dass beispielsweise Verlage häufig ein gemeinsames Archiv benutzen, lassen sich insofern ausräumen, als es dem betroffenen Publikationsorgan obliegt, Vorkehrungen zu treffen, damit etwaige Sperrvermerke bzw. Unterlassungsverpflichtungserklärungen im Archiv bekannt sind.

[21] BGHZ 1, 241, 248 – *Piek Fein*; 14, 163, 167 – *Constanze II*; 105, 115 – *Anwaltswerbung, BGH* NJW 1985, 62, 63 – *Copy-Charge*; BGH GRUR 1990, 367, 369; Wenzel/*Burkhardt*, Das Recht der Wort- und Bildberichterstattung, 12. Kap. Rn. 17.

[22] *Damm/Rehbock*, Widerruf, Unterlassung und Schadensersatz, Rn. 803, 805; Löffler/*Wenzel*, Presserecht, § 6 LPG Rn. 269; Palandt/*Bassenge*, § 1004 Rn. 32; *Prinz/Peters*, Medienrecht, Rn. 329; *Soehring*, Presserecht, Rn. 30.12; Wenzel/*Burkhardt*, Das Recht der Wort- und Bildberichterstattung, 12. Kap. Rn. 33.

[23] BGHZ 2, 394, 395 – *Widia*; 23, 100, 103 – *Pertussin I*; BGH NJW 1975 1882, 1884 – *Geist von Oberzell*, BGH NJW 1992, 404, 405 – *Systemunterschiede*.

[24] OLG Hamburg AfP 1992, 279; OLG Hamburg AfP 2000, 188, 189; LG Frankfurt/Main AfP 1991, 545, 546; Löffler/*Ricker/Ricker*, Handbuch des Presserechts, 44. Kap. Rn. 5; Löffler/*Steffen*, Presserecht, § 6 LPG Rn. 269. Da die Redaktion schon aus Gründen der journalistischen Sorgfaltspflicht zur sorgfältigen Recherche und zur Konfrontation des Betroffenen verpflichtet ist, kann allein aus der Beachtung dieser Sorgfaltspflichten noch keine Erstbegehungsgefahr konstruiert werden.

[25] Einer der wohl bekanntesten Fälle, in denen eine solche Erstbegehungsgefahr bejaht wurde, ist der Fall Lebach; BVerfG NJW 1973, 1226. Anders hat das BVerfG jüngst im Zusammenhang mit der Ausstrahlung eines Fernsehfilms zum Contergan-Skandal entschieden, BVerfG NJW 2007, 3197.

[26] Vgl. *Senfft*, NJW 1980, 367 ff. zum Fall des LG Hamburg, das eine einstweilige Verfügung erlassen hatte, um mehreren Hamburger Verlagen für die Dauer einer polizeilichen Nachrichtensperre zu untersagen, über die Entführung eines vierjährigen Kindes zu berichten, weil die Kidnapper angekündigt hatten, den Jungen bei Bekanntwerden des Vorgangs zu töten.

IV. Anspruchsberechtigte[27]

15   Den Unterlassungsanspruch kann derjenige geltend machen, **der unmittelbar** von einer rechtsverletzenden medienrechtlichen Äußerung **betroffen** ist. Als Anspruchsberechtigte kommen zunächst natürliche und juristische Personen in Betracht.[28] Es kommen darüber hinaus aber auch der nichtrechtsfähige Verein, BGB-Gesellschaften und Partnergesellschaften, OHG und KG sowie öffentliche Institutionen in Betracht.[29] Auch juristische Personen können sich grundsätzlich auf eine Verletzung des allgemeinen Persönlichkeitsrechts berufen, soweit dieses nicht an Eigenschaften, Äußerungsformen oder Beziehungen anknüpft, die nur natürlichen Personen wesenseigen sind.[30] Nicht rechtsfähige Behörden sind nicht anspruchsberechtigt, hier kommt lediglich eine Anspruchsberechtigung für die übergeordnete juristische Person in Betracht, sofern es eine solche gibt.[31] Auch Glaubensgemeinschaften können unter besonderen Umständen anspruchsberechtigt sein.[32]

16   Betrifft eine Äußerung eine **Gruppe,** so sind die einzelnen Angehörigen dieser Gruppe letztlich nicht als Betroffene anzusehen und demzufolge auch nicht anspruchsberechtigt.[33] Auch im umgekehrten Fall, dass die Äußerung einige wenige Gruppenangehörige betrifft, ist die Betroffenheit der Gruppe und damit deren Anspruchsberechtigung in der Regel zu verneinen. Die vom BGH für eine Anspruchsberechtigung geforderte enge Beziehung zwischen einer Äußerung und den Verhältnissen des Betroffenen fehlt in der Regel auch für die nicht namentlich genannten Hersteller bei einer allgemeinen Kritik an Waren. Etwas anderes gilt ggf. dann, wenn ein Hersteller über einen sehr hohen Marktanteil verfügt und die Darstellung deshalb als Kritik hauptsächlich an seiner Leistung aufzufassen ist.[34]

17   Aufgrund des in Rechtsprechung und Literatur anerkannten postmortalen Achtungsanspruchs besteht grundsätzlich auch ein Unterlassungsanspruch bei ehrverletzenden Äußerungen über **Verstorbene.**[35] Anspruchsberechtigt sind solchenfalls die zur Wahrnehmung der ideellen Interessen des Verstorbenen vom Verstorbenen zu Lebzeiten hierzu Ermächtigten, hilfsweise die nächsten Angehörigen.[36]

---

[27] Siehe dazu auch oben §§ 36 ff.

[28] BGH NJW 1974, 1762 – *Deutschlandstiftung;* 1975, 1882, 1883 – *Geist von Oberzell.*

[29] BGHZ 42, 210, 216 f. – *Gewerkschaftspropaganda;* BGH NJW 1971, 1655 – *Sabotage;* 1974, 1762 – *Deutschlandstiftung.*

[30] BVerfG NJW 2002, 3619, 3622 – *Mitgehörtes Telefonat;* BGH NJW 1994, 1281, 1282 – *Jahresabschluss.*

[31] BGH NJW 1983, 1183 – *Vetternwirtschaft.* Der Fall betraf die Anspruchsberechtigung der Bundesanstalt für Arbeit, der eine solche Anspruchsberechtigung zugesprochen wurde. Ein einfaches Arbeitsamt hingegen wäre nicht anspruchsberechtigt.

[32] OLG Köln NJW 1998, 235 zur Anspruchsberechtigung der Zeugen Jehovas. Vgl. zur Übersicht über die Anspruchsberechtigten die ausführliche Darstellung bei Löffler/*Steffen,* Presserecht, § 6 LPG Rn. 275 ff.; Wenzel/*Burkhardt,* Das Recht der Wort- und Bildberichterstattung, 12. Kap. Rn. 42 ff.

[33] Vgl. Wenzel/*Burkhardt,* Das Recht der Wort- und Bildberichterstattung, 12. Kap. Rn. 51. Die insoweit geltende Strafrechtsprechung wegen Beleidigung unter einer Kollektivbezeichnung (vgl. BGHSt 2, 38; 11, 207) ist für das Zivilrecht nicht maßgeblich. In Ausnahmefällen erkennt der BGH allerdings die Betroffenheit eines jeden einzelnen Menschen an, obschon eigentlich eine gesamte Gruppe beleidigt wird (BGH NJW 1980, 45 zur Beleidigung jedes einzelnen Menschen jüdischer Abstammung bei Leugnen des Verfolgungsschicksals der Juden während der Zeit des Nationalsozialismus).

[34] Wenzel/*Burkhardt,* Das Recht der Wort- und Bildberichterstattung, 12. Kap. Rn. 52.

[35] BVerfGE 30, 173, 194 = BGHZ 50, 133, 137 – *Mephisto;* BGHZ 107, 384, 391 – *Nolde-Aquarelle;* 143, 214, 220 – *Marlene Dietrich I;* 151, 26, 29 – *Marlene Dietrich II.* Siehe hierzu auch oben § 37.

[36] BGHZ 50, 133, 137 – *Mephisto;* 143, 214, 220 – *Marlene Dietrich I;* 151, 26, 29 – *Marlene Dietrich II;* Löffler/*Steffen,* Presserecht, § 6 LPG Rn. 275; Wenzel/*Burkhardt,* Das Recht der Wort- und Bildberichterstattung, 12. Kap. Rn. 47.

Anspruchsberechtigt ist nur derjenige individuell Betroffene, der durch die streitige **18** Äußerung **erkennbar** ist. Dies ist der Fall, wenn der Name des Betroffenen genannt wird oder aber der Betroffene aufgrund sonstiger Umstände zu erkennen ist.[37] Eine Erkennbarkeit kommt beispielsweise in Betracht, wenn die Identität des Betroffenen aufgrund der Darstellung in anderen Medien erkennbar ist.[38] Nicht unmittelbar betroffen ist derjenige, der lediglich von bloßen Reflexwirkungen einer Berichterstattung betroffen ist. Hierum handelt es sich beispielsweise bei Familienangehörigen desjenigen, über den berichtet wird. Ein persönliches Sich-Betroffen-Fühlen reicht ebenso wenig aus.[39] Wird ein Mitglied einer Gruppe ohne Namensnennung angesprochen, kommt eine Erkennbarkeit jedenfalls dann in Betracht, wenn der Kreis der möglichen Betroffenen nur klein ist und sich auf wenige Personen beschränkt.

V. Anspruchsverpflichtete[40]

Anspruchsverpflichteter des Unterlassungsanspruchs ist prinzipiell jeder Störer, also **19** derjenige, der in irgendeiner Weise die Störung herbeigeführt hat, eine Störquelle beherrscht oder aber dessen Verhalten eine Beeinträchtigung befürchten lässt.[41] Anspruchsverpflichteter ist sowohl derjenige, der eine rechtsverletzende Behauptung selbst aufgestellt hat, als auch derjenige, der sich eine fremde Äußerung zu Eigen macht oder eine fremde Äußerung lediglich verbreitet. Eine Qualifikation als Täter, Anstifter oder Gehilfe ist ebenso wenig von Belang wie die Frage, ob es sich um eine vorsätzliche oder lediglich fahrlässige Störung handelt.[42]

1. Autor

Der Autor einer rechtsverletzenden Äußerung ist grundsätzlich Anspruchsverpflichte- **20** ter. Dies gilt auch für den Fall, dass er sich im Namen eines anderen äußert, z.B. als Geschäftsführer einer GmbH oder als Pressesprecher.[43] Behauptet ein Autor, eine unter seinem Namen erschienene Äußerung stamme tatsächlich nicht von ihm, besteht zunächst eine widerlegbare Vermutung dahin gehend, dass er auch tatsächlich Autor des Artikels ist. Ihm obliegt es im Prozess zu beweisen, dass die Äußerung tatsächlich nicht von ihm stammt und ohne sein Wissen und Wollen veröffentlicht wurde.[44]

2. Verleger

Anspruchsverpflichteter ist neben dem Autor auch der Verleger (Verlagsunternehmen), **21** also derjenige, der eine Publikation herausgibt.[45] In der Regel ist Verleger das Unternehmen, welches das wirtschaftliche Risiko trägt.[46] Mitunter ist es üblich, statt bzw. neben einem solchen juristischen Verleger noch eine natürliche Person als Verleger anzugeben. Der publizistische Verleger ist, anders als der juristische Verleger, nicht automatisch Anspruchsverpflichteter, sondern nur dann, wenn er sachlich mit dem rechtsverletzenden Beitrag befasst war.

---

[37] *Wenzel/Burkhardt*, Das Recht der Wort- und Bildberichterstattung, 12. Kap. Rn. 54.

[38] LG Berlin NJW-RR 1992, 1379, 1380 – *Die RAF-Stasi-Connection.*

[39] BGH NJW 1980, 1790, 1791 – *Familienname; Prinz/Peters*, Medienrecht, Rn. 306.

[40] Siehe dazu auch oben *Wenzel/Burkhardt*, 5. Aufl., Kap. 12 Rn. 58 ff.

[41] BGH NJW 1976, 799, 800 – *Alleinimporteur;* 2004, 762, 765 – *Luftbildaufnahme I; Löffler/Steffen*, Presserecht, § 6 LPG Rn. 276; *Prinz/Peters*, Medienrecht, Rn. 310; *Wenzel/Burkhardt*, Das Recht der Wort- und Bildberichterstattung, 12. Kap. Rn. 58.

[42] *Löffler/Steffen*, Presserecht, § 6 LPG Rn. 276; *Wenzel/Burkhardt*, Das Recht der Wort- und Bildberichterstattung, 12. Kap. Rn. 58.

[43] BGH NJW 1986, 2503; OLG Koblenz NJW 1992, 1330, 1331. *Prinz/Peters*, Medienrecht, Rn. 312.

[44] LG Berlin NJW 1997, 1373, 1375 – *Berlins gierigster Lehrer.*

[45] BGHZ 3, 270, 275 – *Constanze I;* 39, 124, 129 – *Fernsehansagerin;* BGH NJW 1974, 1371 – *Fiete Schulze;* 1986, 2503, 2504 – *Landesverrat.*

[46] Soehring, Presserecht, Rn. 28.2.

3. Herausgeber, Chefredakteur, Ressortleiter und verantwortlicher Redakteur

22   Herausgeber, Chefredakteur und Ressortleiter kommen lediglich dann als Anspruchs-
verpflichtete in Betracht, wenn sie mit einem Beitrag sachlich befasst waren, ihn selbst
verfasst haben oder aber veranlasst haben.[47] Ähnlich verhält es sich mit dem verantwortlichen Redakteur: Seine Benennung ist nach den verschiedenen Landespressegesetzen
mit Blick auf die strafrechtliche Verantwortlichkeit erforderlich, bedeutet jedoch nicht,
dass er automatisch auch Unterlassungsverpflichteter ist. Insofern ist der verantwortliche
Redakteur nur dann Anspruchsverpflichteter, wenn er auch inhaltlich mit einem rechtsverletzenden Beitrag befasst war.[48]

4. Informant

23   Sofern ein Informant rechtsverletzende Informationen weitergibt und diese veröffentlicht werden, kommt auch er als Anspruchsverpflichteter in Betracht, es sei denn, er hat
die Rechtsverletzung nicht adäquat verursacht.[49] In der Praxis wird eine Inanspruchnahme des Informanten allerdings häufig Schwierigkeiten begegnen, weil er zumeist
anonym bleiben möchte und von der Presse entsprechend nicht genannt wird.

5. Technischer Verbreiter

24   Sofern ein technischer Verbreiter wie Buchhändler, Grossist oder Drucker die Möglichkeit hat, eine Rechtsverletzung zu verhindern, ist auch er Unterlassungsverpflichteter.[50]

6. Anzeigenhaftung

25   Das Publikationsorgan, das Anzeigen Dritter veröffentlicht, haftet nur dann für
Rechtsverletzungen in diesen Anzeigen, wenn es sich um grobe, offensichtliche Wettbewerbsverstöße handelt.[51] Gleiches gilt für den Fall, dass beabsichtigt wird, eine Anzeige
trotz Kenntnis von deren Unzulässigkeit weiter schalten zu wollen.[52]

7. Mehrere Anspruchsverpflichtete

26   Der von einer rechtswidrigen Behauptung Betroffene hat grundsätzlich gegen jeden
Störer einen eigenen Unterlassungsanspruch. In der Praxis kann es sich empfehlen, ein
Vorgehen zunächst auf den Verleger und/oder Autoren zu beschränken und einen etwaig
erwirkten Unterlassungstitel bzw. eine freiwillig abgegebene Unterlassungserklärung
dann den anderen Störern in der begründeten Annahme zuzuleiten, dass diese die gewünschte Unterlassungserklärung ebenfalls abgeben werden.

---

[47] BGH NJW 1980, 994, 995 – *Wahlkampf-Illustrierte*; Löffler/Ricker/*Ricker*, Handbuch des Presserechts, 44. Kap. Rn. 8; Löffler/*Steffen*, Presserecht, § 6 LPG Rn. 278 ff.; *Soehring*, Presserecht,
Rn. 28.8; *Prinz/Peters*, Medienrecht, Rn. 313 ff.; Wenzel/*Burkhardt*, Das Recht der Wort- und Bildberichterstattung, 12. Kap. Rn. 65 ff. Anders Wenzel/*Burkhardt* a.a.O. für den Chefredakteur und Ressortleiter, die ebenfalls als Unterlassungsschuldner anzusehen sein sollen. Dem ist entgegenzusetzen,
dass diese Parteien nicht zwangsläufig auch Einfluss auf die inhaltliche Gestaltung eines Artikels
genommen haben, so dass eine Verantwortlichkeit nicht sachgerecht erscheint.
[48] Löffler/*Steffen*, Presserecht, § 6 LPG Rn. 279; Wenzel/*Burkhardt*, Das Recht der Wort- und Bildberichterstattung, 12. Kap. Rn. 66.
[49] BGH NJW 1983 1460, 1461 – *Kollo-Schlager*.
[50] BGH AfP 1994, 136, 137 – *Störerhaftung*. Ein Vorgehen gegen den technischen Verbreiter wird
nur dann in Betracht kommen, wenn ein Vorgehen gegen den Verleger oder Autoren aussichtslos
erscheint, beispielsweise weil von diesen argumentiert wird, dass die Publikationen schon ausgeliefert seien und man deshalb keinen Einfluss mehr nehmen könne. Allerdings hat das Gericht in einem
solchen Fall stets zu prüfen, ob die Zuerkennung eines Unterlassungsanspruchs tatsächlich verhältnismäßig wäre.
[51] BGHZ 14, 163, 164 – *Constanze II;* BGH NJW-RR 1990, 1184 – *Pressehaftung I*; NJW 1992,
2765 – *Pressehaftung II*.
[52] BVerfGE 102, 347, 362 – *Benetton-Werbung*; BGH NJW 1992, 2765, 2766 – *Pressehaftung II*; Löff-
ler/*Steffen*, Presserecht, § 6 LPG Rn. 277; *Prinz/Peters*, Medienrecht, Rn. 311.

VI. Kein Verschuldenserfordernis

Der Unterlassungsanspruch setzt kein Verschulden voraus.[53] Seinem Charakter als **27**
quasi-negatorischer Anspruch folgend ist nur die Darlegung der objektiven Rechtswidrigkeit, nicht jedoch die ansonsten bei unerlaubten Handlungen erforderliche Darlegung
der subjektiven Voraussetzungen (insbesondere des Verschuldens) erforderlich. Das bedeutet, dass der Unterlassungsanspruch auch dann berechtigt ist, wenn die Medien in
gutem Glauben an die Richtigkeit bzw. Zulässigkeit der beanstandeten Äußerung gehandelt haben.

C. Umfang des Unterlassungsanspruchs

Der Unterlassungsanspruch bedeutet eine nicht unwesentliche Einschränkung der **28**
grundgesetzlich geschützten Rechtsgüter aus Art. 5. Insofern ist es wichtig, den Verbots-
umfang klar zu begrenzen und zu definieren.

I. Konkrete Verletzungsform

Der Unterlassungsanspruch beschränkt sich auf die konkrete rechtsverletzende Äuße- **29**
rung.[54] Unzulässig wäre es deshalb, eine konkrete Äußerung zu verallgemeinern und ein
Verbot auch auf diese Verallgemeinerung beziehen zu wollen.[55] Ein Unterlassungsanspruch besteht ausnahmsweise auch für über die konkrete Verletzungsform hinausgehende Äußerungen dann, wenn die weiteren ebenfalls unterlassungsträchtigen Äußerungen zwingend notwendig sind, um die konkrete, verletzende Äußerung zu verstehen.
Fehlt eine solche gedankliche Verklammerung, bezieht sich der Anspruch lediglich auf
die losgelöst zu betrachtenden rechtsverletzenden Teile.[56]

II. Sinngemäße Behauptungen und Eindruckserweckungen

Das Unterlassungsverbot bezieht sich nicht nur auf wortgleiche Äußerungen, sondern **30**
ebenso auf sinngemäße Behauptungen. Nach der von der Rechtsprechung entwickelten
„Kerntheorie" sind alle im Kern wesensgleichen Verletzungformen untersagt.[57]
Enthält ein Text rechtsverletzende verdeckte Äußerungen oder aber wird durch eine **31**
bestimmte Formulierung ein rechtsverletzender Eindruck erweckt, so besteht auch insofern ein Unterlassungsanspruch. Entscheidend ist solchenfalls jedoch eine konkrete Her-

---

[53] BGH NJW 1986, 2503, 2504 – *Ostkontakte*; NJW 1976, 799, 800 – *Alleinimporteur*; *Soehring*,
Presserecht, Rn. 30.4; Wenzel/*Burkhardt*, Das Recht der Wort- und Bildberichterstattung, 12. Kap.
Rn. 1.

[54] BGH GRUR 1976, 210, 212 – *Geist von Oberzell;* OLG Hamburg AfP 1990, 128; *Damm/Rehbock*,
Widerruf, Unterlassung und Schadensersatz, Rn. 817; *Soehring*, Presserecht, Rn. 30.29; Wenzel/*Burkhardt*, Das Recht der Wort- und Bildberichterstattung, 12. Kap. Rn. 79.

[55] Vgl. hierzu auch BGH Urteil vom 13. 11. 2007, VI ZR 265/06 und 269/06. Etwas anderes gilt
allerdings dann, wenn das Verbot sich auf eine Äußerung in einer bestimmten Sprache bezieht und
die inhaltsgleiche Äußerung in einer anderen Sprache erneut verbreitet wird. Solchenfalls bezieht
sich die konkrete Verletzung auch auf eine Übersetzung der rechtsverletzenden Äußerung in andere
Sprachen.

[56] Wenzel/*Burkhardt*, Das Recht der Wort- und Bildberichterstattung, 12. Kap. Rn. 82; *Romatka*
AfP 1978, 216, 217.

[57] BGH GRUR 1973, 429 – *Idee-Kaffee*; GRUR 1996, 290, 291 – *Wegfall der Wiederholungsgefahr I*;
Prinz/Peters, Medienrecht, Rn. 347.

ausarbeitung der verdeckten Behauptung sowie des erweckten Eindrucks und dementsprechend eine konkrete Formulierung des Unterlassungsverbots.[58]

III. Mehrdeutige Äußerungen

32   Bei Vorliegen einer mehrdeutigen Äußerung hat der BGH in der Vergangenheit die von ihm entwickelte **Günstigkeitsformel** angewendet, nach der bei der rechtlichen Beurteilung auf die Variante abgestellt werden sollte, die dem auf Unterlassung in Anspruch Genommenen günstiger ist und den Betroffenen am wenigsten belastet. Nur wenn sich diese Deutungsvariante als persönlichkeitsrechtsverletzend erwies, sollte ein Unterlassungsanspruch gegeben sein.[59]

33   Diese Entscheidungspraxis ist seit dem **Stolpe**-Beschluss des BVerfG obsolet. Dort heißt es im Leitsatz: „Verletzt eine mehrdeutige Meinungsäußerung das Persönlichkeitsrecht eines anderen, scheidet ein Anspruch auf deren zukünftige Unterlassung – anders als eine Verurteilung wegen einer in der Vergangenheit erfolgten Äußerung, etwa zu einer Strafe, zur Leistung von Schadensersatz oder zum Widerruf – nicht allein deshalb aus, weil sie auch eine Deutungsvariante zulässt, die zu keiner Persönlichkeitsbeeinträchtigung führt."[60] Von den Instanzgerichten ist diese neue Rechtsprechung dahin gehend aufgegriffen worden, dass ein Unterlassungsanspruch dann bejaht wird, wenn die von dem Betroffenen vorgebrachte persönlichkeitsrechtsverletzende Deutungsvariante jedenfalls nicht fernliegend ist.[61]

34   Die Rechtsprechungspraxis bedeutet insofern einen massiven Eingriff in die Grundrechte der Meinungs-, Presse- und Rundfunkfreiheit des Art. 5 GG.[62]

IV. Gesamtverbot

35   Ausnahmsweise kann sich der Unterlassungsanspruch über die konkrete Verletzungsform hinausgehend auf ein gesamtes Werk (gesamter Artikel, gesamtes Buch, Theaterstück, Film etc.) beziehen. Dies setzt voraus, dass die unzulässigen Teile eines Gesamtwerkes derart miteinander verbunden sind, dass sie ohne gänzliche Veränderung des Sinnzusammenhangs nicht voneinander getrennt werden können bzw. derart viele unzulässige Äußerungen in einem Gesamtwerk vorhanden sind, dass diese nicht vom Rest getrennt werden können, so dass noch ein sinnvoller Rest verbleibt.[63]

V. Aufbrauchfrist

36   Betrifft eine Unterlassungsverpflichtung ein bereits fertig gestelltes Werk (beispielsweise ein bereits gedrucktes Buch, die bereits gedruckte Auflage einer Zeitschrift oder eine bereits fertig gestellte Sendung), kommt die Unterlassungsverpflichtung einem Verbreitungsstopp gleich und stellt damit einen massiven Eingriff in die grundgesetzlich

---

[58] *Soehring*, Presserecht, Rn. 30.29 a.

[59] BGH AfP 2000, 167 – *Sachbearbeiterin*; BGH NJW 2004, 598 – *Klinik-Monopoly*.

[60] BVerfG AfP 2006, 41 = NJW 2006, 207 – *Stolpe*. Das BVerfG (AfP 2006, 349 = NJW 2006, 3769) hat diese Rspr. im sog. „*Babycaust*-Fall" bestätigt.

[61] Vgl. hierzu *Seitz* in: FS 100. Tagung der Verlagsjustiziare, S. 21, 27 f.

[62] Zu der Frage, ob tatsächlich ein Anspruch auf Abgabe einer strafbewehrten Unterlassungserklärung besteht, s. u. D) II. 2.

[63] Zum Roman BGH in NJW 1968, 1773. – *Mephisto*. BGH NJW 2005, 2844, 2848 – Esra, hierzu BVerfG NJW 2008, 39, 44. Zum Theaterstück BGH NJW 1975, 1882 – *Geist von Oberzell*. Zum Film OLG Hamburg AfP 1975, 916 – *Aus nichtigem Anlass*. Zum Zeitschriftenartikel OLG Düsseldorf WRP 1984, 272, 276 – vgl. hierzu die umfassende Darstellung bei Wenzel/*Burkhardt*, Das Recht der Wort- und Bildberichterstattung, 12. Kap. Rn. 91.

geschützten Güter aus Artikel 5 dar. Aus diesem Grund wird der für strafrechtliche Beschlagnahmen geltende Grundsatz der Verhältnismäßigkeit (§§ 13 Abs. 3 LPG, 111 m StPO) auch für den zivilrechtlichen Unterlassungsanspruch herangezogen und führt dazu, dass im Einzelfall eine Abwägung zwischen der Verbreitung der rechtsverletzenden Äußerung einerseits und einer Verhinderung der Verbreitung andererseits stattzufinden hat.[64] Ergibt sich deshalb bei der Güterabwägung, dass der durch die Verhinderung der Verbreitung eines Werkes eintretende Schaden geringer ist als derjenige, der sich durch ein Verbot der Verbreitung des Werkes ergibt, so ist dem betreffenden Medium für das bereits fertig gestellte Werk grundsätzlich eine Aufbrauchfrist zu gewähren.

VI. Neuer Sachverhalt

Das Unterlassungsverbot bezieht sich grundsätzlich auf einen Sachverhalt zum Zeit-　**37** punkt der Abgabe der Unterlassungsverpflichtungserklärung. Die Unterlassungsverpflichtungserklärung bezieht sich deshalb nicht auf neue Ereignisse. Dementsprechend kann eine Behauptung, gegen die ein Unterlassungsanspruch bestanden hat, erneut aufgestellt werden, wenn ein neuer Sachverhalt sie rechtfertigt. Der Behauptende muss jedoch berücksichtigen, dass er das Risiko und die Beweislast dafür trägt, dass tatsächlich ein neuer Sachverhalt vorliegt bzw. neue Erkenntnisse gewonnen wurden.[65]

D. Unterlassungsverpflichtungserklärung

Mit der Unterlassungsverpflichtungserklärung steht den Beteiligten ein aus dem Wett-　**38** bewerbsrecht entlehntes Instrumentarium zur außergerichtlichen Streitbeilegung zur Verfügung.[66]

I. Bedeutung und Inhalt

Die Unterlassungserklärung soll den Betroffenen vor einer erneuten Rechtsverletzung　**39** schützen. Um die Begehungsgefahr zu beseitigen, muss deshalb grundsätzlich eine strafbewehrte, uneingeschränkte, bedingungslose und unwiderrufliche Unterlassungsverpflichtungserklärung abgegeben werden.[67] Das Vertragsstrafeversprechen kann unterschiedlich ausgestaltet werden. Entscheidend ist, dass für den Fall der Zuwiderhandlung eine angemessene Strafe normiert wird.

Angesichts der Schwierigkeit im Einzelfall, tatsächlich eine konkret angemessene　**40** Summe zu beziffern, empfiehlt es sich, bei der **Formulierung des Vertragsstrafeversprechens** eine allgemeine Formulierung zu wählen wie beispielsweise:

„Hiermit verpflichtet sich X gegenüber Y, es bei Meidung einer angemessenen Vertragsstrafe, deren Höhe im Einzelfall von Y festzusetzen ist und ggf. vom zuständigen Landgericht zu überprüfen ist, es zu unterlassen (. . .)".[68]

---

[64] OLG Hamburg ArchPR 1969, 58; OLG München AfP 1974, 631; OLG Düsseldorf AfP 1985, 51; *Soehring*, Presserecht, Rn. 30.30 ff.

[65] *Wenzel/Burkhardt*, Das Recht der Wort- und Bildberichterstattung, 12. Kap. Rn. 105. Einschränkend *Prinz/Peters*, Medienrecht, Rn. 348, dem die Auffassung von *Wenzel/Burkhardt* zu weit geht und der in vergleichbaren Fällen lediglich eine außerordentliche Kündigung der Erklärung bzw. ein Berufen auf den Aspekt des Wegfalls der Geschäftsgrundlage zulassen möchte.

[66] BGH AfP 1994, 138, 139 – *Jahresabschluss*; OLG Köln AfP 1995, 506, 507.

[67] BGH NJW-RR 2002, 608, 609 – *Weit-Vor-Winter-Schlussverkauf*; BGH GRUR 1997, 379, 380 – *Wegfall der Wiederholungsgefahr II*, *Wenzel/Burkhardt*, Das Recht der Wort- und Bildberichterstattung, 12. Kap. Rn. 20.

[68] Zur Überprüfung der Vertragsstrafe durch das Gericht: BGH GRUR 1978, 192 – *Hamburger Brauch*.

41   Mit der Abgabe der Unterlassungsverpflichtungserklärung und der damit verbundenen Beseitigung der Begehungsgefahr erlischt der materiellrechtliche Unterlassungsanspruch. Die Unterlassungsverpflichtungserklärung ist insofern ein abstraktes Schuldanerkenntnis, das den erloschenen gesetzlichen Anspruch durch einen vertraglichen ersetzt.[69]
Als ein solches unterliegt sie der gesetzlichen Schriftform des § 780 BGB.[70] Jedenfalls
dann, wenn die Unterlassungsverpflichtungserklärung nicht oder nicht ganz identisch
mit dem Abmahnungsbegehren ist, sollte sie ausdrücklich angenommen werden, damit
ein Vertrag gemäß § 311 BGB zustande kommt.[71]

II. Besonderheiten

42   Die Begehungsgefahr wird grundsätzlich allein durch eine uneingeschränkte, bedingungslose und unwiderrufliche Unterlassungsverpflichtungserklärung unter Übernahme
einer angemessenen Vertragsstrafe ausgeräumt.[72] Unter besonderen Umständen lässt die
Rechtsprechung jedoch Abweichungen von dieser starren Form zu:

1. Vorbehalte und Bedingungen

43   Für zulässig wird der Vorbehalt erachtet, eine bestimmte Äußerung zu wiederholen,
wenn dafür ein gerechtfertigter Anlass besteht.[73] Ebenfalls zulässig kann eine auflösende
Bedingung dergestalt sein, dass die Wirksamkeit der Unterlassungsverpflichtungserklärung gekoppelt wird an eine zweifelsfreie allgemein verbindliche Klärung der Rechtslage
durch Gesetz oder höchstrichterliche Rechtsprechung, die die angegriffene Äußerung für
rechtmäßig erklärt.[74] Von der überwiegenden Rechtsprechung als unzulässig angesehen
wird eine Koppelung der Unterlassungsverpflichtungserklärung an den Zusatz, dass „die
Verbindlichkeit der Erklärung in Zukunft ohne weiteres entfällt, wenn sich durch neu ergebende Umstände oder neu gewonnene Erkenntnisse oder Beweismittel jedenfalls die
Richtigkeit der beanstandeten Äußerung ergibt".[75]

2. Verzicht auf die Strafbewehrung

44   Ausnahmsweise kommt ein Entfallen der Begehungsgefahr auch bei einer Unterlassungserklärung in Betracht, die nicht durch ein Vertragsstrafeversprechen gesichert ist.
Denkbar ist dies, wenn ein Medium eine Richtigstellung veröffentlicht hat und das Vertragsstrafeversprechen unter Hinweis auf die Einhaltung der journalistischen Sorgfaltspflicht ablehnt.[76]

---

[69] BGH GRUR 1997, 386, 387 – *Altunterwerfung II*; NJW 1998, 2439, 2440 – *Altunterwerfung
III*; *Prinz/Peters*, Medienrecht, Rn. 340.

[70] Entsprechend ist eine Erteilung des Versprechens in elektronischer Form ausgeschlossen,
Palandt/Sprau, § 780 Rn. 6. Bei Erklärungen von Vollkaufleuten ist die Abgabe der Unterlassungsverpflichtungserklärung nach § 340 HGB auch formfrei möglich.

[71] Der BGH (GRUR 1995, 167, 169 – *Kosten bei unbegründeter Abmahnung*) geht zwar heute davon
aus, dass bereits mit der Abmahnung ein Angebot auf Abschluss eines Unterlassungsverpflichtungs-
vertrages erfolgt, insofern wäre in der wortgleichen Abgabe der Unterlassungsverpflichtungserklärung bereits die Annahme zu erblicken und hiermit ein Vertragsschluss gegeben. Dies kann allerdings dann nicht gelten, wenn die Unterlassungsverpflichtungserklärung, wie in der Praxis häufig,
mit Modifikationen abgegeben wird (BGH NJW-RR 2002, 1613 – *Teilunterwerfung*).

[72] BGH GRUR 1997, 379, 380 – *Wegfall der Wiederholungsgefahr II*.

[73] *Wenzel/Burkhardt*, Das Recht der Wort- und Bildberichterstattung, 12. Kap. Rn. 20.

[74] BGH GRUR 1993, 677, 679; NJW-RR 1993, 1000 – *Bedingte Unterwerfung*. Nicht ausreichend
ist es allerdings, lediglich auf die geänderte Rechtsprechung der Oberlandesgerichte bzw. des BGH
abzustellen, weil hierdurch nicht zwangsläufig eine zweifelsfreie Klärung erfolgt.

[75] BGH GRUR 1997, 382 – *Altunterwerfung I*; GRUR 1997, 386 – *Altunterwerfung II*.

[76] Hierzu *Wenzel/Burkhardt*, Das Recht der Wort- und Bildberichterstattung, 12. Kap. Rn. 26,
a.A. OLG Hamburg Entscheidung vom 5. 11. 2002 – 7 U 40/02 – *Schröders Haare*.

Auch im Falle von mehrdeutigen Äußerungen muss nach richtiger Interpretation des   **45**
Stolpe-Beschlusses die Abgabe einer nicht strafbewehrten Unterlassungserklärung ausreichend sein, in der der Äußernde ernsthaft erklärt, die mehrdeutige Aussage nicht mehr oder nur mit einer geeigneten Klarstellung zu wiederholen.[77]

3. Kündigung der Unterlassungsverpflichtungserklärung

Hat der Unterlassungsschuldner einmal eine Unterlassungsverpflichtungserklärung ab-   **46**
gegeben, so ist es ihm zu einem späteren Zeitpunkt nicht möglich, sich darauf zu berufen, dass seinerzeit die Voraussetzungen für das Vorliegen eines Unterlassungsanspruchs nicht vorgelegen hätten und ein Verhalten damit nicht rechtswidrig gewesen sei.[78] In Ermangelung eines Titels scheidet ein Vorgehen nach den §§ 323 (Abänderungsklage), 767 (Vollstreckungsabwehrklage) und 927 (Aufhebung wegen veränderter Umstände) ZPO ebenfalls aus. In Betracht kommt deshalb nur eine Lossagung von der Unterlassungsverpflichtungserklärung durch Kündigung wegen Wegfalls der Geschäftsgrundlage oder durch Kündigung aus wichtigem Grund.

a) Kündigung wegen Wegfalls der Geschäftsgrundlage. Die Rechtsprechung lässt   **47**
eine Lossagung des Schuldners von der Unterlassungsverpflichtungserklärung wegen Wegfalls der Geschäftsgrundlage nur in Ausnahmefällen zu. Diese Möglichkeit soll nur dann in Betracht kommen, wenn außerhalb des Vertrags liegende Umstände gegeben sind, die die Auflösung eines Vertrages zur Vermeidung untragbarer, mit Recht und Gerechtigkeit schlechthin unvereinbarer Folgen nachweislich erscheinen lassen.[79] Liegen diese Voraussetzungen vor, steht dem Unterlassungsschuldner ein Kündigungsrecht zu.

b) Kündigung aus wichtigem Grund. Auch eine Kündigung aus wichtigem Grund   **48**
kommt nur ausnahmsweise in Betracht, nämlich dann, wenn dem Schuldner das Festhalten an der Unterlassungsverpflichtungserklärung unter Berücksichtigung aller Umstände und Abwägung aller Interessen nicht zugemutet werden kann.[80] Denkbar ist eine solche Kündigung aus wichtigem Grund beispielsweise dann, wenn eine Änderung der höchstrichterlichen Rechtsprechung eingetreten ist.

Eine Kündigung, sei es unter Berufung auf den Wegfall der Geschäftsgrundlage oder   **49**
aus wichtigem Grund, wirkt lediglich ex nunc. Bis zum Wirksamwerden der Kündigung besteht die vertragliche Unterlassungspflicht fort. Etwaige Kündigungsfristen sind gesetzlich nicht festgelegt und unter Berücksichtigung des konkreten Falls angemessen zu bestimmen.[81]

E. Unterlassungsanspruch bei elektronischen Medien

Hinsichtlich des Unterlassungsanspruchs in elektronischen Medien ist zu differenzie-   **50**
ren zwischen Rundfunk und Internet.

I. Rundfunk

Der Unterlassungsanspruch gegenüber Äußerungen in Rundfunksendungen (Hörfunk   **51**
oder Fernsehen) unterliegt im Vergleich zu dem Unterlassungsanspruch gegenüber Printmedien bei den Anspruchsvoraussetzungen keinen Besonderheiten. Anspruchsverpflich-

---

[77] Vgl. hierzu *Seelmann–Eggebert* AfP 2007, 86, 90. Zu der Frage, wem die Kosten für eine Abmahnung solchenfalls aufzubürden sind, vgl. *Seitz* in: FS Bub, S. 437, 445 ff.
[78] BGH GRUR 1997, 386, 388 – *Altunterwerfung II*.
[79] BGH GRUR 1997, 382, 383 ff. – *Altunterwerfung I*.
[80] BGH GRUR 1997, 382, 383 – *Altunterwerfung I*.
[81] § 626 Abs. 2 Satz 1 BGB mit seiner Zwei-Wochen-Frist kann jedenfalls nach Auffassung des BGH (GRUR 1997, 386, 388 – *Altunterwerfung II*) nicht herangezogen werden.

tete sind hier der Autor einer rechtsverletzenden Äußerung sowie der Sender bzw. die Rundfunkanstalt, die diesen rechtsverletzenden Beitrag ausstrahlt.[82] Hat ein Dritter, beispielsweise eine Produktionsgesellschaft, die Sendung produziert, so kann diese ebenfalls auf Unterlassung in Anspruch genommen werden.[83] Genau wie bei Printmedien besteht ein Unterlassungsanspruch gegenüber dem Sender nach der Verbreiterhaftung auch dann, wenn lediglich Äußerungen Dritter verbreitet werden. Ähnlich wie der Unterlassungsanspruch bei Leserbriefveröffentlichungen nur in Ausnahmefällen besteht, so haftet ein Sender für Äußerungen Dritter in Live-Sendungen auch nur in Ausnahmefällen (Privilegierung des sog. „Markts der Meinungen").[84]

52 Die Anspruchsverpflichtung des Senders kann jedoch nur in Fällen verneint werden, in denen es sich um eine „echte" Live-Sendung handelt, also um eine solche, die tatsächlich parallel aufgezeichnet wird, denn bei den heute vielfach als Live-Sendungen deklarierten, tatsächlich jedoch vorproduzierten und insofern auch redigierten Sendungen kommt eine Privilegierung des Senders nicht in Betracht.[85] Auch in den Fällen, in denen zunächst eine Privilegierung vorhanden ist, wird zumindest eine weitere Verbreitung der rechtsverletzenden Äußerung (die angesichts der weit verbreiteten Zweitnutzung im Fernsehen durchaus nicht unwahrscheinlich ist) unzulässig sein und insofern ein einfacher Unterlassungsanspruch ohne Strafbewehrung zu bejahen sein.

II. Internet

53 Die Anspruchsvoraussetzungen des Unterlassungsanspruchs gelten grundsätzlich auch für Internetpublikationen, allerdings mit gewissen Modifikationen. Sofern es um etwaige Ansprüche gegenüber Onlinepublikationen als „verlängerte Ausgabe" eines Printproduktes geht, ergeben sich grundsätzlich keine Besonderheiten. Solche ergeben sich allerdings dann, wenn es um von einem Printprodukt losgelöste, eigenständige Publikationen sowie um Internetforen, Chatrooms etc. geht.

1. Anspruchsgrundlagen und Telemediengesetz (TMG)

54 Anspruchsgrundlage für den auf Verletzungen des allgemeinen Persönlichkeitsrechts gestützten Unterlassungsanspruch ist auch bei Internetpublikationen die Verletzung von § 823 BGB in Verbindung mit § 1004 Abs. 1 BGB analog. Eine gewisse Filterfunktion kommt den im Telemediengesetz enthaltenen Vorschriften zur Verantwortlichkeit von Diensteanbietern (§§ 7 bis 10 TMG) zu. Die am 1. März 2007 in Kraft getretenen Vorschriften des TMG sind an die Stelle des Teledienstegesetzes (TDG) und des Mediendienste-Staatsvertrages (MDStV) getreten und enthalten fast wortgleich die ursprünglichen Bestimmungen dieser Gesetze. Rechtsprechung und Literatur betonen, dass es sich bei den einschlägigen Vorschriften des TMG nicht um Anspruchsgrundlagen handelt und sich diese allein aus den allgemeinen Vorschriften ergeben.[86]

2. Haftung für eigene Inhalte

55 Der Content-Provider, also derjenige, der eigene Informationen zur Nutzung bereithält, beispielsweise in Form von Online-Publikationen journalistisch-redaktioneller Art, haftet gemäß § 7 Abs. 1 TMG nach den allgemeinen Gesetzen. Entsprechend ergeben sich keine wesentlichen Besonderheiten im Vergleich zum Unterlassungsanspruch gegenüber Printpublikationen. Gemäß § 5 TMG, § 55 Rundfunkstaatsvertrag unterliegen die An-

---

[82] BGH NJW 1976, 1198, 1199 – *Panorama*; LG Saarbrücken NJW-RR 1993, 730.
[83] OLG Frankfurt AfP 1996, 177, 179.
[84] BGH NJW 1976, 1198, 1199 – *Panorama*.
[85] *Prinz/Peters*, Medienrecht, Rn. 320.
[86] BGH NJW 2007, 2558, 2559 – *Meinungsforum*; *Sobola/Kohl* CR 2005, 443, 445. Zum Ausschluss der Anwendbarkeit des § 10 TMG s. u. E) II. 3. b).

bieter von Telemedien gewissen Informationspflichten. Diese Informationspflichten er-leichtern es dem Betroffenen, den jeweiligen Anspruchsverpflichteten zu finden: Parallel zur Rechtslage bei Printpublikationen ist neben dem Diensteanbieter bei journalistisch-redaktionellen Angeboten auch der Autor verantwortlich. Hinsichtlich der Verantwort-lichkeit von Chefredakteuren, Ressortleitern etc. gelten die gleichen Grundsätze wie im Printbereich.

3. Haftung für fremde Inhalte

Komplizierter wird die Rechtslage, wenn es um die Haftung für fremde Inhalte geht. **56** Hier sind verschiedene Sachverhalte und Beteiligte zu unterscheiden:

a) Access-Provider und Admin-C. Der sogenannte Access-Provider, der lediglich **57** den technischen Zugang zum Internet anbietet (beispielsweise Internetserviceprovider wie AOL, GMX oder T-Online) haftet für die von ihm vermittelten fremden Informatio-nen gemäß § 8 Abs. 1 TMG grundsätzlich nicht. Etwas anderes gilt nur dann, wenn der Access-Provider kollusiv mit dem Dienstenutzer zusammenarbeitet, um rechtswidrige Handlungen zu begehen (§ 8 Abs. 1 Satz 2 TMG).

Der vom Domain-Inhaber zu benennende administrative Kontakt, der sog. Admin-C, **58** haftet ähnlich wie der Access-Provider grundsätzlich ohne Vorliegen besonderer Umstände nicht auf Unterlassung rechtsverletzender Äußerungen.[87] Etwas anderes kann dann gelten, wenn der Domain-Inhaber nicht greifbar ist oder die Löschung der beanstandeten Inhalte verweigert.[88]

b) Host- und Service-Provider, Forenbetreiber. Host- oder Service-Provider **59** bzw. Forenbetreiber speichern Informationen für bzw. von Dritten dauerhaft auf eigenen Servern und halten diese fremden Informationen zur Nutzung bereit, ohne sie sich zu Ei-gen zu machen. Anspruchsgrundlage für einen Unterlassungsanspruch sind die allgemei-nen gesetzlichen Bestimmungen, also die allgemeinen Grundsätze der Störerhaftung.

Dabei betont die Rechtsprechung ausdrücklich, dass die in § 10 TMG normierte Haf- **60** tungsprivilegierung auf Unterlassungsansprüche keine Anwendung findet, sondern le-diglich eine etwaige strafrechtliche Verantwortlichkeit und eine Schadensersatzhaftung betrifft.[89]

Allerdings erkennen sowohl Rechtsprechung als auch Literatur an, dass diese Störerhaf- **61** tung aufgrund der Besonderheiten des Internets gewissen Modifikationen unterliegen muss. Bezüglich der Haftung des Forumsbetreibers für im Forum eingestellte Fremdbei-träge hat der BGH jüngst klargestellt, dass die für Fernsehsendungen aufgestellten Grund-sätze bei Live-Diskussionen auf Forumsbeiträge nicht übertragen werden können.[90]

In dem vom BGH zu entscheidenden Fall ging es um einen Betreiber, dem die erfolgte **62** Rechtsverletzung bekannt war und der den als unzulässig erkannten Beitrag dennoch nicht

---

[87] Vgl. OLG Hamburg ZUM 2007, 658. A.A. KG MMR 2006, 392; LG Düsseldorf ZUM 2007, 553.

[88] KG MMR 2006, 392, 393; *Damm/Rehbock*, Widerruf, Unterlassung und Schadensersatz, Rn. 751.

[89] BGH NJW 2007, 2558, 2559 – *Meinungsforum*; BGZ 158, 236, 246 ff. noch zu § 11 Satz 1 TDG; *Damm/Rehbock*, Widerruf, Unterlassung und Schadensersatz, Rn. 733, BGH NJW 2007, 2636 – *Internetversteigerung II*.

[90] BGH NJW 2007, 2558, 2559 – *Meinungsforum* unter Bezugnahme auf BGHZ 66, 182, 188 – *Panorama*. Der Senat hatte seinerzeit entschieden, dass eine Störerhaftung der Fernsehanstalt zu ver-neinen sein kann, wenn während der Live-Übertragung einer Fernsehdiskussion eine ehrverletzende Äußerung durch einen Dritten erfolgt oder wenn das Fernsehen die kritische Äußerung eines Drit-ten aufgreift, ohne sich mit ihr zu identifizieren. Der BGH hat nun klargestellt, dass diese Überle-gungen nicht auf ein im Internet veröffentlichtes Meinungsforum übertragbar seien, und verweist darauf, dass die für Live-Sendungen in Rundfunk und Fernsehen geltende mediale Privilegierung sich nicht auf Wiederholungen erstrecken könne, da dem Veranstalter hier die Möglichkeit offen-stehe, eine erneute Verbreitung zu verhindern. Entsprechendes gelte für Internetforen.

entfernt hat. Nicht klar ist damit jedoch, wie der Fall zu entscheiden wäre, dass nach Hinweis auf die Rechtsverletzung seitens des Betroffenen der Beitrag unverzüglich entfernt wurde. Ob dem Betroffenen über den Beseitigungsanspruch hinaus auch noch ein Anspruch auf Abgabe einer strafbewehrten Unterlassungserklärung zusteht, erscheint fraglich. Ein solcher Anspruch kann richtigerweise nur dann in Betracht kommen, wenn der betreffende Beitrag nach Kenntniserlangung von dessen Rechtswidrigkeit nicht unverzüglich entfernt wurde. Dies korrespondiert mit der bisherigen Linie der Rechtsprechung, **die Störerhaftung nicht** über Gebühr **auf Dritte zu erstrecken,** die weder Täter noch Teilnehmer sind, und insofern von einer Störerhaftung nur dann ausgehen, wenn Prüfungspflichten verletzt wurden oder aber schon im Vorwege hätte bekannt sein müssen, dass auf der Website bzw. in einem Forum rechtswidrige Beiträge eingestellt werden.[91]

63   Angesichts der praktischen Unmöglichkeit ist es jedenfalls abzulehnen, dem Diensteanbieter die Verpflichtung aufzuerlegen, jeden Beitrag in seinem Forum bzw. auf seiner Plattform vor Veröffentlichung auf eine mögliche Rechtsverletzung hin untersuchen zu müssen.[92]

64   **c) Links.** Sofern ein Diensteanbieter auf die Inhalte fremder Websites verweist und diese Inhalte rechtswidrig sind, stellt sich die Frage nach der Störerhaftung des Link-Setzers. Die Kriterien, die für das Bestehen oder Nichtbestehen eines Unterlassungsanspruchs angelegt werden, sind ähnliche wie im Falle einer Haftung des Betreibers im Rahmen von Forums-Beiträgen: Sofern der Betreiber durch das Setzen des Links Prüfungspflichten verletzt hat oder aber sofern für ihn leicht erkennbar war, dass auf rechtswidrige Inhalte verlinkt wird, ist eine Störerhaftung des Linksetzers und damit auch ein eventueller Unterlassungsanspruch zu bejahen.[93] Ist dies nicht der Fall, besteht seitens des Betroffenen lediglich ein Anspruch auf Löschung des entsprechenden Links gegenüber dem Linksetzer.

§ 48. Der Gegendarstellungsanspruch

Inhaltsübersicht

---

[91] Vgl. die Übersicht bei *Damm/Rehbock,* Widerruf, Unterlassung und Schadensersatz, Rn. 734ff. Welche Prüfungspflichten der Diensteanbieter im Einzelnen zu beachten hat, hängt stark von den Umständen des Einzelfalls und dem befassten Gericht ab: Vgl. BGH NJW 2004, 2158, 2159 – *Schöner Wetten;* NJW 2004, 3102, 3105 – *Internet-Versteigerung;* OLG Hamburg MMR 2006, 744 – *Forenhaftung;* Urteil vom 26. 9. 2007 – 5 U 165/06 – *chefkoch.de;* OLG Köln ZUM 2007, 927; LG Hamburg MMR 2006, 491, 492 – *Forenhaftung;* LG Berlin ZUM-RD 2007, 527.

[92] BGH NJW 2004, 3102, 3105 – *Internetversteigerung.*

[93] BGH NJW 2004, 2158 – *Schöner Wetten.*

Schrifttum: 1. Selbständige Werke (ohne Rechtsvergleichung): *Hassert,* Das Recht der Rundfunkgegendarstellung; *Löffler/Ricker,* Handbuch des Presserechts, 5. Aufl., 23. bis 29. Kapitel (= S. 161–197); *Löffler/Sedelmeier,* Presserecht, 5. Aufl, Kommentierung zu § 11 LPG (= S. 615-722); *Seitz/Schmidt/Schoener,* Der Gegendarstellungsanspruch, 3. Aufl., XLI, 493 S.; *Soehring,* Presserecht, 3. Aufl., § 29 (= S. 566–618); *Wenzel/Burkhardt,* Das Recht der Wort- und Bildberichterstattung, 5. Aufl., 11. Kapitel (= S. 665–823). **Österreich:** *Brandstetter/Schmid,* MedienG, 2. Aufl., §§ 9 ff.; *G. Hager,* Persönlichkeitsschutz im Straf- und Medienrecht, 4. Aufl., S. 68–97. **Schweiz:** *Bänninger,* Die Gegendarstellung in der Praxis (1998); *Kocian Elmaleh,* Gegendarstellungsrecht – Droit de réponse (1993). Speziell zum **Internet:** *Dürr,* Der Gegendarstellungsanspruch im Internet (2000); *Mahlke,* Gestaltungsrahmen für das Gegendarstellungsrecht am Beispiel des Internet (2005).
2. Aufsätze: *Groß,* Die Gegendarstellung im Spiegel von Literatur und Rechtsprechung, AfP 2003, 497; *Klute,* Das Recht der Gegendarstellung im Rundfunkrecht der neuen Länder, AfP 1993, 542; *Seitz,* Einführung in das Recht der Gegendarstellung, DtZ-Informationen 1992, 161. Speziell zum **Internet:** *Barton,* Der Gegendarstellungsanspruch nach § 10 MDStV, MMR 1998, 294; *J. Helle,* Begrenzung der Gegendarstellung im MDStV, CR 1998, 672; *Lerch,* Der Gegendarstellungsanspruch im Internet, CR 1997, 261; *Seitz,* Der Gegendarstellungsanspruch nach verletzenden Internetäußerungen, in Hoeren/Sieber, Handbuch Multimedia-Recht, Teil 8.2 Rn. 87 ff. (Stand 2006).

A. Grundlagen

1   Der Gegendarstellungsanspruch ist einer der **zentralen Ansprüche** zum Schutz der Persönlichkeit. Am häufigsten wird gerichtlich der Unterlassungsanspruch geltend gemacht. Der Gegendarstellungsanspruch folgt dann aber an zweiter Stelle. Im vorliegenden Beitrag können nur Grundzüge dargestellt werden. Ergänzend ist deshalb auf die Spezialliteratur zu verweisen, insbesondere auf *Seitz/Schmidt/Schoener*, Der Gegendarstellungsanspruch, 3. Auflage. Im Folgenden wird auf diese Darstellung nur für Sonderfälle hingewiesen.

I. Einführung in den Gegendarstellungsanspruch

2   Der Gegendarstellungsanspruch gibt einem von einem Bericht in einem Medium Betroffenen das Recht, dort mit vergleichbarem Aufmerksamkeitswert selbst zu Wort zu kommen. Er unterscheidet sich damit grundlegend vom Widerrufsanspruch. Mit diesem kann erreicht werden, dass der Verletzer eine unwahre beeinträchtigende Tatsachenbehauptung durch eigene Erklärung beseitigen muss, insbesondere durch einen eigenen Widerruf.

3   Der Gegendarstellungsanspruch ist zur Beseitigung einer Beeinträchtigung vergleichsweise wenig geeignet. Er ist zwar schnell durchsetzbar, in der Regel nur im Wege der einstweiligen Verfügung. Die Unwahrheit der Erstmitteilung wird ebensowenig geprüft wie die Wahrheit der Entgegnung. Weil mit der Gegendarstellung nur eine eigene, meist entgegengesetzte Behauptung des Betroffenen veröffentlicht wird, ist zweifelhaft, welchen ausgleichenden Effekt eine Gegendarstellung hat. Die Gegendarstellung hat zudem den Nachteil, dass die ursprüngliche belastende Behauptung erneut an die Öffentlichkeit gebracht wird. Oft wird deshalb auf eine Gegendarstellung verzichtet. Die Durchsetzung eines Gegendarstellungsanspruchs kann aber in manchen Fällen doch zeigen, dass der Betroffene ernsthaft um die Wahrheit kämpft.

4   In manchen Fällen ist der Betroffene sogar gezwungen, einen Gegendarstellungsanspruch durchzusetzen. Nach einer Entscheidung des BVerfG darf sich nämlich eine Privatperson unter Umständen auf „unwidersprochene" Presseberichte stützen.[1] Es verstößt gegen das Grundrecht der Meinungsfreiheit (Art. 5 Abs. 1 Satz 1 GG), wenn sich jemand, der eine herabsetzende Tatsachenbehauptung über Dritte aufstellt, die nicht seinem eigenen Erfahrungsbereich entstammt, zur Erfüllung seiner Darlegungslast nicht auf unwidersprochene Pressemitteilungen beziehen darf. Ein solcher Widerspruch kann sich auch aus einer Gegendarstellung ergeben. Hierzu würde selbstverständlich auch ein Widerruf genügen. Der Anspruch hierauf ist aber nur schwerer und nicht im Eilverfahren durchzusetzen.

II. Verfassungsrechtliche Grundlagen für den Gegendarstellungsanspruch

1. Gesetzgebungszuständigkeit

5   Der Bund könnte nach Art. 75 Abs. 1 Nr. 2 GG ein **Rahmengesetz** über die Rechtsverhältnisse der Presse erlassen. Dies würde auch die Regelung eines Gegendarstellungsanspruchs in rahmenförmiger Weise zulassen. Weil ein Rahmengesetz nur versucht, aber nicht erlassen worden ist, steht die Gesetzgebungsbefugnis im Bereich der Presse den Landesgesetzgebern zu. Insbesondere gilt für diesen Bereich nicht Art. 74 Abs. 1 Nr. 1 GG, wonach dem Bund die konkurrierende Gesetzgebungszuständigkeit für das bürgerliche Recht zusteht.[2]

---

[1] BVerfG BVerfGE 85, 1 = AfP 1992, 53 = NJW 1992, 1439 – *Kritische Bayer-Aktionäre*.
[2] Jarass/*Pieroth*, GG, 8. Aufl., Art. 74 Rn. 3.

Seitz

Streitig war, ob die **Befugnis der Landesgesetzgeber** es auch zuließ, das Verfahren **6** für die Durchsetzung des Gegendarstellungsanspruchs zu regeln. Solange der Bund ungeachtet der Befugnis aus Art. 75 Abs. 1 Nr. 2 GG keine Rahmenvorschriften für das Presserecht erlassen hat, war der Landesgesetzgeber gemäß Art. 70 Abs. 1 GG befugt, auch das Verfahren für die Durchsetzung des Gegendarstellungsanspruchs zu regeln.[3] Er hat dies durchwegs dadurch getan, dass er das Verfahren der Zivilprozessordnung für einstweilige Verfügungen – mit Änderungen – für anwendbar erklärt hat.

2. Regelungszwang kraft Verfassungsrechts

Das BVerfG hat entschieden, dass der Gesetzgeber verpflichtet ist, ein **effektives Ge-** **7** **gendarstellungsrecht** zu schaffen, mit folgender Begründung:[4]

„Das Gegendarstellungsrecht ist heute als ein den Gegebenheiten der modernen Mas- **8** senkommunikationsmittel angepasstes, für das Sondergebiet des Medienrechts näher ausgestaltetes Mittel zum Schutz des Einzelnen gegen Einwirkungen der Medien auf seine Individualsphäre anerkannt: Demjenigen, dessen Angelegenheiten in den Medien öffentlich erörtert werden, wird ein Anspruch darauf eingeräumt, an gleicher Stelle, mit derselben Publizität und vor demselben Forum mit einer eigenen Darstellung zu Wort zu kommen; er kann sich alsbald und damit besonders wirksam verteidigen, während etwaige daneben bestehende zivil- und strafrechtliche Mittel des Persönlichkeitsschutzes bei Durchführung des Hauptsacheverfahrens regelmäßig erst in einem Zeitpunkt zum Erfolg führen, in dem der zugrundeliegende Vorgang in der Öffentlichkeit bereits wieder vergessen ist.

Dieser Anspruch ist zwar selbst nicht unmittelbar verfassungsrechtlich gewährleistet. **9** Jedoch dient er dem Schutz der Selbstbestimmung des Einzelnen über die Darstellung der eigenen Person, die von der verfassungsrechtlichen Gewährleistung des allgemeinen Persönlichkeitsrechts in Art. 2 Abs. 1 i. V. m. Art. 1 Abs. 1 GG umfasst wird. Der Einzelne soll selbst darüber befinden dürfen, wie er sich gegenüber Dritten oder der Öffentlichkeit darstellen will, was seinen sozialen Geltungsanspruch ausmachen soll und ob oder inwieweit Dritte über seine Persönlichkeit verfügen können, indem sie diese zum Gegenstand öffentlicher Erörterung machen. Dem entspricht es, dass der von einer Darstellung in den Medien Betroffene die rechtlich gesicherte Möglichkeit haben muss, dieser mit seiner Darstellung entgegenzutreten; im anderen Fall wäre er zum bloßen Objekt öffentlicher Erörterung herabgewürdigt."

Selbst kann man dies nicht besser formulieren. Trotz dieser Entscheidung gibt es **Lü-** **10** **cken** im System der Gegendarstellungsansprüche. Nach der Wiedervereinigung gab es für die neuen Länder noch keine medienrechtlichen Regelungen. Deshalb stellte sich übergangsweise die Frage, auf welcher Rechtsgrundlage ein Gegendarstellungsanspruch zugesprochen werden kann. Diskutiert wurde eine Anwendung von § 11 Reichspressegesetz.[5] Das war aber eher abwegig. Das Berliner Landgericht wandte für den Bereich von Berlin das Berliner Pressegesetz an.[6] Diskutiert wurde auch, ob ein solcher Anspruch nicht auf der Grundlage von § 823 Abs. 1 BGB bestehen könnte. Das BVerfG hatte gegen eine entsprechende Anwendung dieser Norm keine verfassungsrechtlichen Bedenken.[7]

Leider gibt es immer noch Lücken im System der Regelungen. So ist es kaum möglich, **11** für Äußerungen im Fernsehsender „Phoenix" eine überzeugende Regelung für einen Gegendarstellungsanspruch zu finden. Für den Bereich der ARD ist – nach zu langem Zuwarten – in § 8 des ARD-StV eine eigene Regelung geschaffen worden, allerdings im Wesentlichen zur Klärung der Frage, gegen welche der Anstalten ein Gegendarstellungsanspruch geltend zu machen ist.

[3] BVerfG AfP 1975, 800 (mit krit. Anm. von *Wenzel* ebenda).
[4] BVerfG BVerfGE 63, 131 = AfP 1983, 334 (*Kühle* S. 337, zust.) = GRUR 1983, 316 = NJW 1983, 1179 – *NDR-Staatsvertrag*.
[5] BezG Schwerin DtZ 1991, 442.
[6] LG Berlin AfP 1991, 756 = NJW 1991, 2495.
[7] BVerfG AfP 1993, 474 = DtZ 1994, 67 = NJ 1993, 267.

B. Gesetzliche Regelungen zum Gegendarstellungsanspruch

12   Leider existieren zur Zeit in Deutschland etwa **50 gesetzliche Regelungen** zum Gegendarstellungsanspruch. Manche meinen zwar, dass diese Regelungen allenfalls unwesentlich voneinander abwichen. Aber ganz so einfach ist das nicht. Es gibt zum Teil deutliche Unterschiede in Voraussetzungen und Folgen. Deshalb muss in jedem Fall zuverlässig ermittelt werden, welche gesetzliche Regelung für den konkreten Fall gilt.

I. Übersicht

13   Es ist schon darauf hingewiesen worden, dass rechtlich für jedes Medium eine Regelung zum Gegendarstellungsanspruch bestehen müsste. Im Wesentlichen ist dem Rechnung getragen.

1. Presse

14   Im Jahr 1965 waren für die meisten der alten Bundesländer Pressegesetze nach einem Musterentwurf geschaffen worden. Nach der Wiedervereinigung verabschiedeten die neuen Bundesländer ebenfalls Pressegesetze. In all diesen Gesetzen waren Regelungen zum Gegendarstellungsanspruch enthalten. Inzwischen haben einige Länder, als Folge der „**Konvergenz der Medien**", die Pressegesetze mit Mediengesetzen verschmolzen. Es finden sich aber immer noch die meisten Regelungen in den Landespressegesetzen.

15   Für Rheinland-Pfalz[8] und Saarland[9] ergibt sich der Anspruch jedoch aus deren Mediengesetzen. In diesen wird – wegen der Verschiedenheit der erfassten Medien – mit Formulierungen gekämpft. Insbesondere die dortigen Gegendarstellungsregelungen sind zu einem Konglomerat verkommen. Sie zeigen, dass sich solche konvergenten Regelungen eher nicht empfehlen. Die faktische Konvergenz der Medien zwingt nicht zu einer Rechtskonvergenz.

2. Rundfunk

16   Der Begriff „Rundfunk" umfasst Hörfunk und Fernsehen. Er gilt für den öffentlich-rechtlichen und für den Privatrundfunk. Die Grundlagen für beide Bereiche sind im Rundfunkstaatsvertrag geregelt. Für einige Sender gibt es weitere Staatsverträge, insbesondere für ARD und ZDF, aber auch für MDR, NDR und SWR. Für die öffentlich-rechtlichen Rundfunkanstalten gelten zusätzlich besondere Landesgesetze. Für die privaten Rundfunkanstalten haben die Länder zum Teil eigene Mediengesetze erlassen. Maßgebend ist das Recht der Landesmedienanstalt, welche die Zulassung erteilt hat.

3. Internet

17   Der Gegendarstellungsanspruch zu Äußerungen im Internet ist seit 2007 in § 56 des Rundfunkstaatsvertrages geregelt. Das TDG ist durch Art. 5 des Elektronischer-Geschäftsverkehr-Vereinheitlichungsgesetzes (ElGVG) aufgehoben worden. An die Stelle der Regelung im Mediendienstestaatsvertrag (MDStV) ist die im Staatsvertrag für Rundfunk und Telemedien (Rundfunkstaatsvertrag – RStV) getreten. Inhaltliche Änderungen sind nicht vorgenommen worden.[10]

II. Ermittlung der im konkreten Fall anzuwendenden Regelung

18   Zur Ermittlung der im konkreten Fall anzuwendenden Regelung muss zuerst das Medium berücksichtigt werden (eben mit den soeben aufgezeigten Ausnahmen für Rhein-

---

[8] Rheinland-Pfalz: Landesmediengesetz (LMG) vom 4. 2. 2005, GVBl. S. 23.
[9] Saarländisches Mediengesetz vom 27. 2. 2002, Amtsbl. S. 498 (mit Änderungen).
[10] Vgl. *Hoeren,* Das Telemediengesetz, NJW 2007, 801.

land-Pfalz und Saarland). Für Printmedien gelten die Pressegesetze. Viele Länder haben ein eigenes Rundfunkgesetz.

Es wird folgendes **Vorgehen** empfohlen:

Geht es um einen Gegendarstellungsanspruch wegen einer Veröffentlichung in perio- **19** dischen Printmedien, dann ist das Pressegesetz aufzusuchen, das für den **Sitz des Unternehmens** gilt, welches das Medium verlegt. Denn auf dieses ist abzustellen (Art. 40 EGBGB analog). Der Verlag ist regelmäßig im Impressum des Mediums zu finden. Die Pressegesetze sind etwa abgedruckt in der Textsammlung „Presserecht",[11] bei *Seitz/Schmidt/ Schoener*[12] und bei *Wenzel/Burkhardt*.[13] Übersichtlich ist die Kommentierung der presserechtlichen Regelungen bei *Löffler/Sedelmeier*.[14] Man findet sie auch im Internet über Suchmaschinen. Hier sollte man möglichst eine der amtlichen Fundstellen anwählen.

Übersichten über die Regelungen für den Rundfunk findet man in den Darstellungen **20** zum Rundfunkrecht und ebenfalls bei *Seitz/Schmidt/Schoener*.[15] Für die öffentlich-rechtlichen Rundfunkanstalten ist die aktuellste Fassung in der Regel auf deren Homepage zu finden, aber auch im jeweils neuesten ARD-Jahrbuch (für deren Anstalten). Die Regelungen zu den privaten Rundfunkanstalten sind gut über die Homepage der Arbeitsgemeinschaft der Landesmedienanstalten zu erschließen.[16] Für Internet-Äußerungen gilt – wie soeben ausgeführt – seit dem 1. 3. 2007 § 56 RStV.

C. Anspruchsvoraussetzungen für den Gegendarstellungsanspruch

Der Gegendarstellungsanspruch hat materielle (inhaltliche) und formelle Vorausset- **21** zungen in seinen Tatbestandsmerkmalen. Zusätzlich enthalten die meisten gesetzlichen Regelungen eine Reihe von Ausschlusstatbeständen.

I. Materielle (inhaltliche) Voraussetzungen

Ganz kurz ausgedrückt besteht ein Gegendarstellungsanspruch dann, wenn auf eine **22** Tatsachenbehauptung in einem periodischen Medium mit einer entgegengesetzten Tatsache durch einen von der Ausgangsbehauptung Betroffenen erwidert werden soll. Dabei gibt die Gegendarstellung nur die Äußerung des Betroffenen wieder, nicht aber eine solche des Mediums.

1. Medium

Der Gegendarstellungsanspruch ist gegeben zu Äußerungen in periodisch erscheinen- **23** den **Printmedien**. Ferner grundsätzlich zu Äußerungen im Rundfunk (Hörfunk und Fernsehen) – unabhängig davon, ob es öffentlich-rechtlicher oder privater **Rundfunk** ist. Und schließlich gibt es den Gegendarstellungsanspruch zu Äußerungen im **Internet**, aber nur, soweit es sich um journalistisch-redaktionell gestaltete Angebote handelt, in denen insbesondere vollständig oder teilweise Inhalte periodischer Druckerzeugnisse in Text oder Bild wiedergegeben werden.

---

[11] Verlag C.H. Beck. Zur Zeit 9. Auflage, 2004.
[12] *Seitz/Schmidt/Schoener*, Der Gegendarstellungsanspruch, 3. Aufl., im Anhang (Stand 1998).
[13] Das Recht der Wort- und Bildberichterstattung, 5. Aufl., 11. Kapitel (S. 665 ff.; Stand 2003).
[14] *Löffler/Sedelmeier*, Presserecht (Kommentar), 5. Aufl., zu § 11 LPG (S. 615 ff.; Stand 2006).
[15] Zum Beispiel *Herrmann/Lausen*, Rundfunkrecht, 2. Aufl., § 3. Texte (Stand 1998) bei *Seitz/ Schmidt/Schoener*, Der Gegendarstellungsanspruch, 3. Aufl., im Anhang.
[16] Internet www.alm.de.

2. Grundvoraussetzungen

24   Ein Gegendarstellungsanspruch besteht nur, wenn auf eine Tatsachenbehauptung im Medium mit einer entgegengesetzten Tatsachenbehauptung erwidert wird. Weitere Voraussetzung ist (natürlich), dass der Sinn der Äußerung zutreffend erfasst ist.[17]

25   Der **Begriff** der Tatsachenbehauptung ist heftig umstritten. Die Rechtsprechung vertritt die **Beweiszugänglichkeitstheorie**. Danach ist von einer Tatsachenbehauptung auszugehen, wenn die Äußerung als etwas Geschehenes oder Geschehendes grundsätzlich dem Beweis offensteht,[18] oder ob die Aussage einer Überprüfung auf ihre Richtigkeit mit den Mitteln des Beweises zugänglich ist.[19] Dies ist im konkreten Fall durch eine Aspekte-Prüfung zu ergänzen. So kann die Nähe der Beweiszugänglichkeitslehre zur Tautologie verbessert werden. Folgende Prüfung ist vorzunehmen:[20]

- **Beweiszugänglichkeitsaspekt**: Kann über die Äußerung theoretisch Beweis erhoben werden, vor allem durch Zeugen? Wichtige Merkmale sind die Geschichtlichkeit und die Klärbarkeit.
- **Interpretationsaspekt**: Geht der durchschnittliche Empfänger der Mitteilung nach einem Verständnis der Äußerung im Kontext davon aus, das Behauptete sei wirklich geschehen oder gegeben?
- **Normzweckaspekt** (Art. 5 Abs. 1 GG): Ist die Äußerung so gestaltet, dass sie vom Empfänger eher als wahr angesehen wird und weniger als subjektive Schilderung vorgestellter Wirklichkeit? Dabei kann einem einhellig herrschenden Konsens eine wichtige Rolle zukommen.
- **Prägungsaspekt**: Ergibt eine wertende Betrachtung, auch unter Berücksichtigung von Art. 5 GG, dass die Äußerung nicht entscheidend von Elementen der Stellungnahme und des Dafürhaltens geprägt ist?

26   Die seit einiger Zeit vom BVerfG gerne verwendete Begriffsbestimmung für eine Abgrenzung ist für die zivilrechtliche Praxis nicht ergiebig. Hier wird wie folgt formuliert: „Während für Werturteile die subjektive Beziehung des sich Äußernden zum Inhalt seiner Aussage kennzeichnend ist, werden Tatsachenbehauptungen durch die objektive Beziehung zwischen der Äußerung und der Wirklichkeit charakterisiert."[21] Das liegt in der Nähe des Normzweckaspekts und wird teilweise durch Rückgriffe auf die Beweiszugänglichkeit ergänzt.

27   Einzelheiten können hier nicht dargestellt werden. Deshalb ist, führt die Aspekte-Prüfung nicht zu einem überzeugenden Ergebnis, auf Beispielsfälle aus der Rechtsprechung, auch mit den dort entwickelten Fallgruppen, zurückzugreifen.[22]

II. Formelle Voraussetzungen

28   Die formellen Voraussetzungen für das Geltendmachen des Gegendarstellungsanspruchs müssen im Einzelfall anhand der – wie dargestellt ermittelten – anwendbaren Regelungen herausgearbeitet werden. Die drei wichtigsten formellen Voraussetzungen sind:
- Unverzüglichkeit der Geltendmachung
- Geltendmachung innerhalb einer Ausschlussfrist
- Schriftlichkeit der Gegendarstellung.

---

[17] Siehe BVerfG AfP 2008, 58 = NJW 2008, 1654 – *Belege.*

[18] Grundlegend: BGH GRUR 1978, 258 (mit Anm. *Bielenberg* S. 261) = LM § 823 (Ah) BGB Nr. 60 (ausführlich) = NJW 1978, 751–753 – *Schriftsachverständiger*; st. RSpr.

[19] BGH AfP 2002, 169 = LM Art. 5 GG Nr. 95 = NJW 2002, 1192 – *Dem Autor in die Tasche gefasst.*

[20] Siehe hierzu *Seitz/Schmidt/Schoener*, Der Gegendarstellungsanspruch, 3. Aufl. Rn. 365.

[21] Zuletzt etwa BVerfGK, B. v. 8. 5. 2007, 1 BvR 193/05 – *Bauernfängerei.* Vorher z. B. BVerfGE 94, 1, 8 – *DGHS* und BVerfGK, B. v. 16. 3. 1999, NJW 2000, 199 – *vorgetäuscht.*

[22] Siehe hierzu ebenfalls *Seitz/Schmidt/Schoener*, Der Gegendarstellungsanspruch, 3. Aufl., Rn. 302 ff., insbesondere Rn. 364–414.

1. Unverzüglichkeit der Geltendmachung/Aktualität

Fast alle Regelungen verlangen, dass der Anspruch unverzüglich geltend gemacht **29** wird.[23] Er muss also (§ 121 BGB) ohne schuldhaftes Zögern geltend gemacht sein. Wird der Anspruch innerhalb von 2 Wochen seit der Veröffentlichung geltend gemacht, so wird hier kein Problem bestehen. Wird er später geltend gemacht, dann muss der Betroffene darlegen, weshalb er den Anspruch nicht früher geltend machen konnte.

Nur im Anwendungsbereich des **Bayerischen Pressegesetzes** gilt eine andere Zeit- **30** grenze: Der Anspruch muss innerhalb der „**Aktualitätsgrenze**" geltend gemacht sein. Das ist der Fall, wenn die mit der Gegendarstellung angegriffene Äußerung noch im Gedächtnis der Durchschnittsleser vorhanden ist. Das ist demgemäß eine objektive Grenze. Ist sie überschritten, dann ist der Anspruch ohne Rücksicht auf ein Verschulden des Betroffenen nicht mehr gegeben; ihm fehlt dann das berechtigte Interesse. Das OLG München sieht die Aktualitätsgrenze bei Tageszeitungen bei etwa 4 Wochen, bei Wochenzeitschriften bei etwa 4 bis 6 Wochen.

2. Geltendmachung innerhalb einer Ausschlussfrist. Alle Regelungen, welche auf **31** die Unverzüglichkeit abstellen, enthalten eine Frist, innerhalb derer der Anspruch jedenfalls geltend gemacht sein muss. Diese Frist liegt zwischen zwei und drei Monaten. Eine frühere Regelung im NDR-Staatsvertrag, wonach die Gegendarstellung innerhalb von zwei Wochen nach der Sendung verlangt werden musste, hat das BVerfG für verfassungswidrig und damit nichtig erklärt.[24]

Beispiele für solche Fristen: **32**

- **ARD-Sendung**: Maßgebend sind die Regelungen für die einbringende Anstalt (§ 8 Abs. 1 Satz 2 ARD-Staatsvertrag).
- **Berlin, Presse**: 3 Monate (§ 10 Abs. 2 Satz 4 BerlPresseG).
- **Hamburg, Presse**: 3 Monate (§ 11 Abs. 2 Satz 5 HambPresseG).
- **NDR-Sendung**: 2 Monate (§ 12 Abs. 2 Satz 1 NDR-Staatsvertrag)
- **WDR-Sendung**: 2 Monate (§ 18 Abs. 3 Satz 3 WDR-G)
- **ZDF-Sendung**: 2 Monate (§ 9 Abs. 3 Satz 3 ZDF-Staatsvertrag)

3. Schriftlichkeit der Gegendarstellung

Die meisten gesetzlichen Regelungen zum Gegendarstellungsanspruch verlangen, dass **33** die Gegendarstellung dem Anspruchsverpflichteten schriftlich und vom Betroffenen selbst oder seinem gesetzlichen Vertreter unterzeichnet zugeht.[25] Die Gegendarstellung muss also schriftlich veröffentlichungsreif abgefasst sein und sie muss grundsätzlich vom Betroffenen selbst unterzeichnet sein. **Vertretung** bei der Unterschrift ist im Regelfall nicht möglich. Anders ist es nur, wenn der Betroffene einen gesetzlichen Vertreter hat. Das ist insbesondere bei Minderjährigen der Fall (§§ 1626, 1629 BGB) oder aber bei Personen, für die ein Betreuer bestellt ist (§§ 1896, 1902 BGB).

III. Ausschluss des Anspruchs

Fast alle gesetzlichen Regelungen zum Gegendarstellungsanspruch enthalten Aus- **34** schlusstatbestände.[26] Diese sind öfter unsauber mit den inhaltlichen oder formellen Anforderungen vermengt. Die Darlegungs- und Glaubhaftmachungslast für solche echten Ausschlusstatbestände liegt grundsätzlich beim Medium (negative Formulierung). Die wichtigsten Ausschlusstatbestände sind:

- Fehlendes berechtigtes Interesse

---

[23] Beispiel § 11 Abs. 2 Satz 5 HambPresseG.
[24] BVerfG, B.v. 8. 2. 1983, BVerfGE 63, 131 = AfP 1983, 334 (mit Anm. *Kühle* S. 337) = NJW 1983, 1179.
[25] Beispiel § 11 Abs. 2 Satz 4 Bad-WürttPresseG.
[26] Beispiel Art. 17 Abs. 3 BayRundfunkG.

- Unangemessener Umfang der Gegendarstellung
- Strafbarer Inhalt der Gegendarstellung
- Wahrheitsgetreue Berichte über Vorgänge in normgebenden Organen.

1. Fehlendes berechtigtes Interesse

35   Das berechtigte Interesse ist auch in anderen Rechtsgebieten ein allgemeiner Ausschlusstatbestand.[27] Es fehlt im vorliegenden Bereich des Gegendarstellungsanspruchs etwa, wenn der Betroffene im angegriffenen Artikel schon selbst ausreichend zu Wort gekommen ist. Ob dies der Fall ist, kann nur im Einzelfall entschieden werden. Dabei wird gelten, dass sich das Ausmaß und die Tiefe des Zuwortgekommenseins nach der Schwere der Angriffe richten muss. Je schwerer der Angriff auf die Persönlichkeit des Betroffenen, desto mehr Raum musste ihm für seine Entgegnung schon im Ausgangsartikel zur Verfügung gestanden haben.

2. Unangemessener Umfang

36   Die Gegendarstellung darf über den Umfang der beanstandeten Tatsachenbehauptung hinausgehen, aber nicht unangemessen. Vergleichsmaßstab ist also nicht der gesamte Artikel oder die gesamte Sendung, welche die verletzende Äußerung enthalten. Es ist auf die **beanstandete Tatsachenbehauptung** abzustellen. Deren Umfang darf nicht „unangemessen" überschritten sein. Das ist ein **normatives Merkmal**, das eine Wertung verlangt. Maßgebend ist, welcher Raum für die Entgegnung objektiv erforderlich ist. Allerdings muss dem Betroffenen für seine Entgegnung ein Spielraum zugestanden werden.

37   Eine Besonderheit gilt wieder für den Bereich des **Bayerischen Pressegesetzes**. Hier muss, wird der Umfang der Erstmitteilung überschritten, für den überschreitenden Teil eine Annoncengebühr bezahlt werden.[28] Dies bedeutet aber nicht, dass dem Umfang keine absolute Grenze gesetzt wäre. Diese ist nur weiter hinausgeschoben. Wie weit, kann nicht allgemein gesagt werden. Auch dies ist eine Frage des berechtigten Interesses.

3. Strafbarer Inhalt der Gegendarstellung

38   Ein Anspruch auf Gegendarstellung ist nicht gegeben, wenn die Gegendarstellung einen strafbaren Inhalt hat. Das wäre etwa der Fall, wenn die Gegendarstellung eine strafbare Beleidigung enthielte. In der Praxis kommen solche Fälle kaum vor,[29] aber wohl deshalb, weil der Ausschlusstatbestand bekannt genug ist.

4. Wahrheitsgetreue Berichte über Vorgänge in normgebenden Organen[30]

39   Berichtet ein Medium über Äußerungen anderer, so läuft es Gefahr, einem Gegendarstellungsanspruch ausgesetzt zu sein, wenn die Äußerungen einen Dritten betreffen und dieser die Unwahrheit geltend macht. Bei Berichten über öffentliche Sitzungen von normgebenden Organen besteht diese Gefahr nicht. Hier ist allein auf die Wahrheitstreue des Berichts über die Äußerungen in solchen Sitzungen abzustellen. Dies gilt insbesondere für Berichte aus dem Bundestag und den Landesparlamenten. Es gilt aber auch für übernationale parlamentarische Organe und unter Umständen auch für Äußerungen in kommunalen Organen oder Stellen. Und ausgenommen sind schließlich auch wahrheitsgetreue Berichte über öffentliche Sitzungen von Gerichten.

---

[27] Vgl. etwa Palandt/*Heinrichs*, BGB, 67. Aufl., § 242 Rn. 50 ff.
[28] Beispielfall: OLG München AfP 1999, 72 = OLGR 1998, 297 – *Birgenair*.
[29] Beispielsfall OLG Hamburg ArchPR 1974, 111.
[30] Beispiel § 56 Abs. 4 RStV. Beispiel aus der Rechtsprechung: OLG Hamburg AfP 1977, 397 (mit Anm. Hans *Schmidt-Osten*, S. 399) – *Bundestagssitzung*.

D. Parteien des Gegendarstellungsanspruchs

Die gesetzlichen Regelungen zum Gegendarstellungsanspruch wollen eine Popular- **40** gegendarstellung verhindern. Einschränkungen finden sich deshalb vor allem auf der Seite der Anspruchsberechtigten. Aber auch der Kreis der Anspruchsverpflichteten ist – etwa im Vergleich zum Unterlassungsanspruch – deutlich kleiner.

I. Anspruchsberechtigung

Der Gegendarstellungsanspruch steht nur dem von einer Äußerung „**Betroffenen**" zu. **41** Das kann eine Person sein oder auch eine „Stelle" (z. B. Behörde). Nach den meisten Regelungen genügt auch ein nur mittelbares Betroffensein.[31] Hierfür reicht es aus, dass eine Person oder Stelle durch die Äußerung **individuell berührt** wird. Betroffen ist jede Person oder Stelle, deren eigene Interessensphäre durch die Behauptung berührt wird und die zu den mitgeteilten Tatsachen in einer individuellen Beziehung steht.[32] Dies setzt zumindest die objektive Erkennbarkeit des Betreffenden voraus.

In der Rechtsprechung ist eine Betroffenheit **z. B.** bejaht worden für den Theater- **42** intendanten, wenn Zustände in seinem Theater kritisiert werden, oder des Chefredakteurs, wenn die Arbeit seiner Redaktion angegriffen worden ist.

Im Bereich des **Bayerischen Pressegesetzes** wird der Anspruch nur dem unmittelbar **43** Betroffenen zugestanden. Dies ist für den Chefredakteur verneint worden, soweit es um den Umfang der Click-Zahlen zur Auflage der Zeitung geht.

II. Anspruchsverpflichtung

Bei der Frage, gegen wen sich der Anspruch richtet, ist nach den Medien zu unterschei- **44** den. Bei **Presseveröffentlichungen** richtet sich der Anspruch gegen den Verlag und den verantwortlichen Redakteur.[33] Jedoch ist nicht empfehlenswert, und auch nicht erforderlich, auch gegen Letzteren vorzugehen. Die örtliche Zuständigkeit richtet sich nämlich nach dem gewöhnlichen Gerichtsstand, also dem Wohnsitz des Beklagten (§§ 12, 13 ZPO). Der Wohnsitz des verantwortlichen Redakteurs ist in der Regel nicht bekannt. Außerdem könnte, weicht er vom Verlagssitz ab, eine Gerichtsstandsbestimmung erforderlich werden. Und schließlich kann es sein, dass er nach Erscheinen des Artikels ausgeschieden ist oder ausscheidet. Wie kann er dann einen Titel gegen ihn im Verlag durchsetzen?

Bei einem Gegendarstellungsanspruch wegen einer Sendung im **Rundfunk** ist der **45** Anspruch gegen die Sendeanstalt zu richten.[34] Hier gibt es keine Verpflichtung eines verantwortlichen Redakteurs.

Geht es um **Internetäußerungen**, dann richtet sich der Gegendarstellungsanspruch **46** gegen den „Anbieter" des Telemediums.[35] Das ist nach § 2 Satz 1 Nr. 1 TMG jede natürliche oder juristische Person, die eigene oder fremde Telemedien zur Nutzung bereithält oder den Zugang zur Nutzung vermittelt.

---

[31] Beispiel § 56 Abs. 1 Satz 1 RStV.
[32] Vgl. etwa *Seitz/Schmidt/Schoener*, Der Gegendarstellungsanspruch, 3. Aufl., Rn. 62.
[33] Beispiel § 11 Abs. 1 Satz 1 NdsPresseG.
[34] Beispiel § 10 Abs. 1 SWR-StaatsV.
[35] § 56 Abs. 1 Satz 1 RStV.

III. Praktische Hinweise

47   Gegendarstellungen scheitern oft. Hierzu einige wiederholende oder ergänzende Hinweise:

1. Verschiedenheit der Regelungen

48   Allgemein wird gesagt, dass sich die gesetzlichen Regelungen zum Gegendarstellungsanspruch nur geringfügig unterscheiden. Das ist schon angesprochen worden. Dies ist nicht ganz unzutreffend. Trotzdem kann der Anspruch auch an einem geringen Unterschied der Regelung scheitern. Deshalb ist große Sorgfalt geboten bei der Ermittlung der anzuwendenden gesetzlichen Regelungen.

49   Hinzu kommen muss aber auch ein Blick auf die **Rechtsprechung** der örtlichen Gerichte. Da kann es Besonderheiten geben. Gerade im Hinblick auf Bayern ist Vorsicht geboten. Die bayerische Regelung für den Pressebereich ist im Jahr 1949 begründet und seitdem kaum verändert worden.

2. Bündel oder Konglomerate

50   Viele Gegendarstellungen nehmen zu einer **Mehrzahl von Punkten** Stellung. Hieraus ergibt sich die erhebliche Gefahr, dass mindestens einer der Punkte als nicht zulässig angesehen wird, etwa weil er sich gegen eine Meinungsäußerung richtet. Bei manchen Gerichten gilt der Grundsatz des „**ganz oder gar nicht**", d. h., ist nur einer der Punkte einer mehrgliedrigen Gegendarstellung unzulässig, dann ist der Anspruch insgesamt abzuweisen. Bei wenigen Gerichten gilt die „**Bündeltheorie**", wonach auch ein Teil der Gegendarstellung zugesprochen werden kann. Der aktuelle Stand hierzu ist nicht ermittelbar. Beim OLG München gilt die sogenannte „**Münchner Schere**". Der Betroffene persönlich kann das Gericht ermächtigen, einzelne oder bestimmte Punkte aus der mehrgliedrigen Gegendarstellung herauszustreichen. Nicht zulässig ist allerdings ein Eingreifen in die einzelnen Punkte. Um die Möglichkeit zu Änderungen wahrnehmen zu können, sollte zur mündlichen Verhandlung die Partei selbst mitkommen.

3. Formalien

51   In Pressesachen nicht erfahrene Anwälte achten zum Teil nicht hinreichend auf Einhaltung der Formalien. Das kann zur Abweisung eines gerichtlichen Antrags führen. Die Gegendarstellung muss vor dem Gang zum Gericht beim Betroffenen konkret **geltend gemacht** worden sein. Umstritten ist die Frage, ob das Geltendmachen durch **Telefax** genügt. Deshalb empfiehlt es sich, ein Original der Gegendarstellung nach deren Übermittlung durch Telefax sogleich auch per Briefpost auf den Weg zu bringen.

52   Die Gegendarstellung muss vom Betroffenen selbst oder seinem gesetzlichen Vertreter **unterzeichnet** sein. Das Gegendarstellungsverlangen, das ist ein Begleitschreiben zur Gegendarstellung, kann von einem rechtsgeschäftlichen Vertreter gestellt werden. Für das Verlangen wird mindestens teilweise **§ 174 BGB** angewandt, wonach ein einseitiges Rechtsgeschäft unwirksam ist, wenn der Bevollmächtigte eine Vollmachtsurkunde nicht vorlegt und der andere das Rechtsgeschäft aus diesem Grund unverzüglich zurückweist. Deshalb muss dem Verlangen durch einen Bevollmächtigten unbedingt eine **Originalvollmacht** beigelegt werden.

4. Nachbesserungen im Rechtsstreit

53   Die Medien begründen eine Ablehnung der Veröffentlichung durchwegs nicht. Sie sind hierzu auch nicht gezwungen. Deshalb bleibt für den Betroffenen nichts anderes übrig als, ergibt die erneute Prüfung der Gegendarstellung nach Eingang einer Ablehnung nichts Neues, zu Gericht zu gehen. Hier kann auf einen Hinweis des Gerichts gehofft werden. Außerdem wird das Medium sich im Rechtsstreit substantiiert verteidigen.

Im Bereich der Unverzüglichkeitsregelung[36] kann die Gegendarstellung unverzüglich **54** nachgebessert werden, jedenfalls bis zum Ablauf der absoluten Ausschlussfrist. Das gibt eine weitere Chance. Im Anwendungsbericht des Bayerischen Pressegesetzes gibt es eine Nachbesserung nur innerhalb der Aktualitätsgrenze. Dies ermöglicht Nachbesserungen in der Regel nur in der ersten Instanz.

E. Inhalt und Erfüllung des Gegendarstellungsanspruchs

I. Platzierung der Gegendarstellung

Die Gegendarstellung muss im Printbereich in dem gleichen Teil des Druckwerks ver- **55** öffentlicht werden.[37] Was unter einem „**Teil des Druckwerks**" zu verstehen ist, ist nicht immer einfach zu beantworten. Es gibt aber herausgehobene Teile, wie etwa bei der Süddeutschen Zeitung „Die Seite drei". Umfasst der Teil mehrere Seiten der Zeitung oder Zeitschrift, dann muss die Gegendarstellung nicht auf derselben Seite veröffentlicht werden. Ihr muss aber ein vergleichbarer Öffentlichkeitswert zukommen.

War eine Äußerung auf dem **Titelblatt** der Zeitung oder Zeitschrift enthalten, dann **56** kommt auch eine Platzierung der Gegendarstellung auf dem Titelblatt in Betracht. Gegen eine entsprechende Verurteilung bestehen keine grundsätzlichen verfassungsrechtlichen Bedenken.[38]

Im Bereich des Rundfunks ist auf den gleichen **Programmbereich** abzustellen. Au- **57** ßerdem muss die Gegendarstellung zu einer Sendezeit veröffentlicht werden, welche der Zeit der beanstandeten Sendung gleichwertig ist.[39] Einige Regelungen verlangen nur die Veröffentlichung in einer gleichwertigen Sendezeit.[40]

Im Internet ist die Gegendarstellung mit der Erstmitteilung unmittelbar zu **verknüp- 58 fen**, solange diese noch im Angebot enthalten ist. Danach muss sie an vergleichbarer Stelle angeboten werden.

II. Zeitlicher Rahmen für die Erfüllung

Im **Printbereich** wird Veröffentlichung in der nach Empfang der Einsendung nächst- **59** folgenden, für den Druck nicht abgeschlossenen Nummer verlangt.[41] Gegendarstellungen zu **Rundfunksendungen** müssen unverzüglich, also ohne schuldhaftes Zögern der Anstalt, gesendet werden.[42] § 56 Abs. 1 Satz 1 RStV verlangt für die Gegendarstellung im **Internet** die unverzügliche Aufnahme.

III. Einzelfragen

1. Keine Änderungen durch das Medium

Das Medium ist nicht befugt, an der Gegendarstellung Änderungen vorzunehmen. **60** Insbesondere sind **Einschaltung und Weglassungen** verboten.[43] Ausgenommen sind etwa eindeutige Tippfehler. Die Gegendarstellung darf auch nicht etwa als **Leserbrief**

---

[36] Siehe dazu oben Rn. 29.
[37] Beispiel § 10 Abs. 4 SächsPresseG.
[38] BVerfG in BVerfGE 97, 125 = AfP 1998, 184 = NJW 1998, 1381 – *Titelgegendarstellung*.
[39] Beispiel § 11 Abs. 4 Satz 1 ORG-G; § 20 Abs. 3 PrivatrundfunkG von Sachsen-Anhalt.
[40] Beispiel § 15 MDR-StaatsV.
[41] Z. B. § 11 Abs. 3 Satz 1 HambPresseG.
[42] Z. B. Art. 17 Abs. 2 Satz 1 BayRfG.
[43] Beispiel § 10 Abs. 2 Satz 1 SaarlMedienG.

veröffentlicht werden. Veröffentlicht das Medium die Gegendarstellung mit einer unzulässigen Änderung, so ist der Gegendarstellungsanspruch nicht erfüllt. Es kann erneute Veröffentlichung ohne die Änderung verlangt werden, wenn der Anspruch hierauf an sich besteht.

2. Glossierung

61   Im Printbereich ist es ziemlich üblich, dass die Presse der Veröffentlichung die Bemerkung hinzufügt, dass die Veröffentlichung der Gegendarstellung unabhängig von deren Wahrheitsgehalt erfolgt. Eine solche Glossierung ist regelmäßig in gewissen Grenzen zulässig. Eine frühere Einschränkung für das Saarland ist eingeschränkt worden.[44]

62   Unzulässig ist aber eine Bemerkung, welche die Gegendarstellung entwertet. Es darf also nicht hinzugefügt werden, dass der Gegendarstellende eindeutig lügt. Dann ist der Anspruch nicht erfüllt. Enthält die Glosse eine weitere, nach Auffassung des Betroffenen unwahre Tatsachenbehauptung, dann kann dieser mit einer weiteren Gegendarstellung entgegnet werden.

3. Erfüllung im Übrigen

63   Wird die Gegendarstellung nicht an der Stelle oder – beim Rundfunk – zu der Sendezeit veröffentlicht, die geschuldet ist, so ist der Anspruch nicht erfüllt und der Veröffentlichungsanspruch besteht fort.

F. Durchsetzung des Gegendarstellungsanspruchs

64   Wird der Anspruch nicht freiwillig erfüllt, so kann er mit Hilfe des Gerichts regelmäßig in einem Eilverfahren tituliert und auf der Grundlage von § 888 ZPO durchgesetzt werden.

I. Erkenntnisverfahren

1. Verfahrensart

65   Fast alle gesetzlichen Regelungen sehen für die Durchsetzung eines nicht freiwillig erfüllten Gegendarstellungsanspruchs das Verfahren der einstweiligen Verfügung vor. Eine Gefährdung des Anspruchs braucht nicht glaubhaft gemacht zu werden.[45] Es ist schon dargestellt worden, dass nach Auffassung des BVerfG länderrechtliche Regelungen zum Verfahren grundsätzlich möglich sind. Diese Regelungen verweisen auf das Verfahren der einstweiligen Verfügung nach §§ 935 ff. ZPO. Auf der Grundlage des Bayerischen Pressegesetzes wäre auch ein Hauptsachverfahren möglich. Es kommt in der Praxis aber seit langem nicht mehr vor.[46]

2. Antragsfassung

66   Der Antrag muss die Gegendarstellung selbst und möglichst auch die Veröffentlichungsmodalitäten umfassen.

67   **Beispiel** eines Antrags/Tenors beim Gegendarstellungsanspruch (Fernsehen):

Dem Verfügungsbeklagten wird geboten, in der nächsten Sendung des X. Fernsehens „Reportage" folgende Gegendarstellung zu verlesen:

Gegendarstellung (folgt der Text)

---

[44] Vgl. die jetzige Regelung in § 10 Abs. 2 Sätze 3 und 4 SaarlMedienG.
[45] Beispiel § 11 Abs. 4 Satz 4 ThürPresseG; d. h. ein Verfügungsgrund besteht kraft Gesetzes.
[46] Früher ging die Revision in solchen Verfahren zum BayObLG.

Beispiel eines Antrags/Tenors beim Gegendarstellungsanspruch (Presse):   68

Die Verfügungsbeklagte wird verurteilt, in dem gleichen Teil des Magazins Z., in dem der Artikel „Neue Indizien" (Z. Nr. 50 vom 8.12. 2007) erschienen ist, unter Erwähnung im Inhaltsverzeichnis und mit gleicher Schrift unter Hervorhebung des Wortes „Gegendarstellung" als Überschrift durch drucktechnische Anordnung und Schriftgröße in der nächsten, zum Druck noch nicht abgeschlossenen Ausgabe des Z. folgende Gegendarstellung abzudrucken (folgt der Wortlaut samt Überschrift).

3. Zuständigkeiten

Die **örtliche Zuständigkeit** ergibt sich durchwegs aus §§ 12, 13, 17, 21 ZPO. Der An- 69
trag auf Erlass einer einstweiligen Verfügung ist also bei Printmedien beim Gericht des Verlagssitzes zu stellen oder beim Wohnsitzgericht für den verantwortlichen Redakteur. Entsprechendes gilt für Äußerungen im Rundfunk. Hier kann der Antrag nur beim für die Sendeanstalt zuständigen Gericht gestellt werden. Insbesondere gilt nicht § 32 ZPO (fliegender Gerichtsstand der Presse). Denn der Gegendarstellungsanspruch ist kein Anspruch aus unerlaubter Handlung, sondern ein Rechtsinstitut eigener Art. Ob dies im Bereich des Internationalen Privatrechts anders ist,[47] ist hier nicht zu diskutieren. Für das innerdeutsche Gegendarstellungsrecht wird die Anwendung des § 32 ZPO nicht mehr ernsthaft vertreten.

Die **sachliche Zuständigkeit** richtet sich nach dem Streitwert (§§ 23, 71 GVG). Dieser 70
wird meist über 5000 Euro liegen, so dass regelmäßig das Landgericht sachlich zuständig ist.

Die **funktionelle Zuständigkeit** innerhalb der Gerichte hängt von der Geschäftsver- 71
teilung ab. Bei größeren Gerichten gibt es oft eine Spezialzuständigkeit für äußerungsrechtliche Streitigkeiten. Dann ist beim Landgericht die Spezialkammer als Kammer originär zuständig (§ 348 Abs. 1 Nr. 2 a ZPO). Diese könnte die Sache auf den Einzelrichter übertragen (§ 348a Abs. 1 ZPO). Dies ist aber nur ausnahmsweise zweckmäßig. Bei Zweifeln, ob eine Sache aus der Sonderzuständigkeit vorliegt, entscheidet die Kammer durch unanfechtbaren Beschluss (§ 348 Abs. 2 ZPO). Bei Dringlichkeit kann der Vorsitzende alleine entscheiden (§ 944 ZPO).

Besteht eine Pressekammer, dann empfiehlt es sich, im Antrag darauf hinzuweisen, 72
dass es sich um eine Pressesache handelt, so dass die Pressekammer zuständig ist. Dies erleichtert der Einlaufstelle des Gerichts die Einordnung.

4. Verfahren

Über den Antrag kann durch Beschluss entschieden werden, positiv oder negativ 73
(§ 937 ZPO). Die positive Entscheidung ohne mündliche Verhandlung setzt Dringlichkeit voraus. Weil diese im Gegendarstellungsverfahren nach den meisten gesetzlichen Regelungen nicht zu prüfen ist, kann hier immer ohne mündliche Verhandlung auch positiv entschieden werden.

5. Rechtsmittel und Rechtsbehelfe

Wurde ohne mündliche Verhandlung entschieden, dann ist gegen die positive Entschei- 74
dung der Einspruch gegeben (§§ 936, 924 Abs. 1 ZPO). Wurde der Antrag ohne mündliche Verhandlung abgewiesen, dann findet hiergegen die Beschwerde statt (§§ 567 ff. ZPO).

Hat das Erstgericht nach mündlicher Verhandlung durch Urteil entschieden, dann 75
kann hiergegen mit der Berufung vorgegangen werden (§ 511 Abs. 1 ZPO). Eine Revision ist nicht möglich, wenn – wie in der Praxis immer – im Verfahren der einstweiligen Verfügung entschieden worden ist (§ 542 Abs. 2 Satz 1 ZPO).

Weil fast alle gesetzlichen Regelung, die Hauptsacheklage ausschließen, ist eine Anord- 76
nung der Klageerhebung (§§ 936, 926 ZPO) hier nicht möglich. Die Anwendung von § 926 ZPO ist in vielen gesetzlichen Regelungen ausdrücklich ausgeschlossen.

---

[47] Vgl. dazu *Herresthal*, unten § 58 Rn. 41.

6. Falle des § 929 Abs. 2 ZPO

77 Die Vollziehung eines Titels auf Veröffentlichung einer Gegendarstellung, erlassen im Verfahren der einstweiligen Verfügung, ist unstatthaft, wenn seit dem Tag, an dem die Verfügung verkündet oder der Partei, auf deren Antrag sie erging, zugestellt ist, ein Monat verstrichen ist (§§ 936, 929 Abs. 2 ZPO). Welche Anforderungen an eine ordnungsgemäße Vollziehung zu stellen sind, ist im Einzelnen vielfach streitig.[48] Zu empfehlen ist, um ganz sicherzugehen:
- Parteizustellung an den Antragsgegner
- Antrag auf Zwangsmittel gemäß § 888 ZPO.

78 Beides muss innerhalb der Monatsfrist geschehen sein. Problematisch ist die Parteizustellung, wenn, wie oft, sich auf Seiten des Antragsgegners ein Anwalt bestellt hat. An ihn ist zuzustellen, wenn er mitgeteilt hat, dass er den Antragsgegner auch im Fall eines gerichtlichen Verfahrens vertreten wird. Wird die Frist des § 929 Abs. 2 ZPO versäumt, so ist die einstweilige Verfügung aufzuheben. Wegen der zeitlichen Begrenzung des Gegendarstellungsanspruchs wird ein erneuter Antrag möglicherweise gar nicht mehr mit Erfolg gestellt werden können.

II. Zwangsvollstreckung

79 Wird die begehrte einstweilige Verfügung auf Veröffentlichung der Gegendarstellung erlassen, so kann sie gemäß § 888 ZPO vollstreckt werden. Es handelt sich um die Durchsetzung einer nicht vertretbaren Handlung.[49]

80 Ist ein Beschluss gemäß § 888 ZPO erlassen worden, dann ist hiergegen die sofortige Beschwerde gegeben (§ 793 ZPO). Das Medienunternehmen wird versuchen, die zwangsweise Veröffentlichung der Gegendarstellung vor Rechtskraft der Entscheidung zu verhindern. Ihm stehen hierfür zwei Wege offen:
- Antrag im Beschwerdeverfahren auf Aussetzung der Vollziehung gemäß § 570 Abs. 2 ZPO.
- Antrag auf einstweilige Einstellung der Zwangsvollstreckung im Berufungsverfahren gemäß § 719 Abs. 1 in Verbindung mit § 707 ZPO.

81 Zwar hat die Beschwerde aufschiebende Wirkung, wenn sie die Festsetzung von Zwangsmitteln zum Gegenstand hat (§ 570 Abs. 1 ZPO). Diese Bestimmung soll aber nach einer vertretenen Auffassung nicht für den Fall des § 888 ZPO gelten.[50] Dies erscheint nicht eindeutig. Man sollte aber den sichersten Weg gehen.

82 Unter welchen Voraussetzungen die Zwangsvollstreckung durch das Berufungsgericht einzustellen ist, ist für den Gegendarstellungsprozess nicht eindeutig geklärt. Jedenfalls sollte eingestellt werden, wenn die Berufung nach dem Stand bei Entscheidung über den Antrag nicht ohne Erfolgsaussichten ist. Dies wäre nicht der Fall, wenn das Berufungsgericht § 522 Abs. 2 ZPO für anwendbar hält, es also die Berufung ohne mündliche Verhandlung durch Beschluss zurückweisen will. Im Übrigen sollte eingestellt werden, weil auch für das Berufungsverfahren im Gegendarstellungsprozess der Beschleunigungsgrundsatz gilt und die Entscheidung des Berufungsgerichts also sehr schnell ergehen wird.

G. Besonderheiten des Gegendarstellungsanspruchs nach Rundfunkäußerungen[51]

83 Der Begriff „Rundfunk" umfasst Hörfunk und Fernsehen. Er gilt für den öffentlich-rechtlichen, aber auch für den privaten Rundfunk. Die Rechtsgrundlagen für den öffent-

---

[48] Siehe hierzu unten bei *Spangler*, § 55 Rn. 88 ff.
[49] So zu Recht z. B. Thomas/Putzo/*Hüßtege*, ZPO, 28. Aufl. § 888 Rn. 2.
[50] So Thomas/Putzo/*Hüßtege*, ZPO, 28. Aufl. § 570 Rn. 1.
[51] Siehe hierzu insbesondere *Hassert*. Das Recht der Rundfunkgegendarstellung.

lich-rechtlichen Rundfunk sind insbesondere im Staatsvertrag für Rundfunk und Telemedien (Rundfunkstaatsvertrag) enthalten.[52] Die privaten Sender beruhen auf unterschiedlichen Rechtsgrundlagen, in der Regel auf einem der Mediengesetze der Länder.

Alle diese Regelungen enthalten auch solche zum Gegendarstellungsanspruch.[53]   **84**

Rundfunkgegendarstellungen werden verlesen. In der Regel nach dem Ende einer ent-   **85** sprechenden nächsten Sendung. Die Verlesung ist flüchtig, sie wird auch nicht angekündigt. Wäre eine angegriffene Äußerung ihrerseits angekündigt worden, dann kann auch eine Ankündigung der Gegendarstellung verlangt werden. Hier würde Entsprechendes gelten wie für die Aufnahme einer Ankündigung im Inhaltsverzeichnis etwa einer Zeitschrift. Dies wird auch für Ankündigungen in Trailern gelten müssen.

H. Besonderheiten des Gegendarstellungsanspruchs nach Internetäußerungen[54]

Eine der Besonderheiten des Internet besteht darin, dass es nichts vergisst, wie man   **86** sagt. Deshalb darf auch die Gegendarstellung im Internet grundsätzlich nicht in Vergessenheit geraten. Außerdem ist das Internet unübersichtlich. Deshalb verlangt die gesetzliche Regelung in § 56 RStV, dass die Gegendarstellung in unmittelbarer Verknüpfung mit der Erstmitteilung anzubieten ist und so lange, wie die Erstmitteilung angeboten wird. Wird die Erstmitteilung gelöscht, so muss die Gegendarstellung so lange abrufbar sein, wie die Erstmitteilung angeboten worden ist.

I. Checkliste zum Gegendarstellungsanspruch

Eine ausführliche Checkliste zum Gegendarstellungsanspruch findet sich bei Seitz/   **87** Schmidt/Schoener, Der Gegendarstellungsanspruch, 3. Aufl., Seite 403–405. Hier können nur die wesentlichen Prüfpunkte angeführt werden:

- Welche Regelung gilt für das Medium, das die Erstmitteilung veröffentlicht hat?
- Was sind die Besonderheiten dieser Regelungen im Vergleich zum allgemeinen Standard?
- Sind die inhaltlichen Anforderungen an die Gegendarstellung erfüllt?
  - Eigene Checkliste für die anwendbare Regelung erstellen! Insbesondere:
  - Handelt es sich bei der vom Betroffenen anzugreifenden Äußerung um eine Tatsachenbehauptung?
  - Wird ihr mit einer entgegengesetzten Tatsachenbehauptung erwidert?
- Sind die formellen Anforderungen an die Gegendarstellung erfüllt?
  - Eigene Checkliste für die anwendbare Regelung erstellen! Insbesondere:
  - Ist die Fundstelle der Erstmitteilung in der Gegendarstellung konkret wiedergegeben?
  - Ist die Gegendarstellung vom Betroffenen selbst unterzeichnet?
  - Steht eine Fristenregelung dem Gegendarstellungsanspruch entgegen? Z. B. Unverzüglichkeit, Ausschlussfrist.
  - Sind Ausschlusstatbestände gegeben? Fehlt etwa das berechtigte Interesse?
  - Ist der Anspruch vorgerichtlich wirksam geltend gemacht?
- Welches Gericht ist örtlich und sachlich zuständig?
- NB: Vollziehungsfrist nach §§ 936, 929 Abs. 2 ZPO einhalten!

---

[52] Laufend mit Änderungsverträgen. Die 10. und 11. Änderung sind in Vorbereitung. Der 9. Änderungsvertrag ist am 1. 3. 2007 in Kraft getreten.

[53] Siehe dazu schon oben bei Rn. 16.

[54] Siehe hierzu insbesondere meinen Beitrag in Hoeren/Sieber, Teil 8.2.

§ 49. Der Anspruch auf Berichtigung und Widerruf

Inhaltsübersicht

Schrifttum: *Altenhain,* Negatorischer Ehrschutz, 2003; *Helle, Ernst,* Das Urteil auf Widerruf einer verletzenden Behauptung und seine Vollstreckung, NJW 1963, 129; *Hubmann,* Der Anspruch auf Widerruf ehrverletzender Pressedarstellungen, JuS 1963, 98; *Rötelmann,* Persönlichkeitsrechte, insbesondere der Widerruf ehrenrühriger Behauptungen, NJW 1971, 1636; *Schneider, Egon,* Der Anspruch auf Widerruf im Verfügungsverfahren, AfP 1984, 127; *Schnur,* Zum „uneingeschränkten" und „eingeschränkten" Widerruf von Behauptungen, GRUR 1979, 139.

A. Einführung

I. Rechtsgrundlage und Terminologie

Neben dem Anspruch auf Unterlassung und dem Anspruch auf Gegendarstellung[1] hat **1** die Rechtsprechung aus einer analogen Anwendung der Vorschriften der §§ 823 und 1004 BGB einen **Beseitigungs- bzw. Berichtigungsanspruch** entwickelt. Wie beim Unterlassungsanspruch und beim Anspruch auf Geldentschädigung existiert keine ausdrückliche gesetzliche Regelung, vielmehr handelt es sich bei der Ausgestaltung des Anspruchs um eine Schöpfung der Rechtspraxis. Der Anspruch steht grundsätzlich demjenigen zu, über den (erwiesen) unwahre Tatsachenbehauptungen verbreitet wurden, die das Persönlichkeitsrecht des Betroffenen fortdauernd beeinträchtigen. Die Berichtigung bezweckt den Schutz des Einzelnen vor verfälschenden oder entstellenden Darstellungen seiner Person und Beeinträchtigungen seines Persönlichkeitsbildes sowie die Beseitigung der fortdauernden Beeinträchtigung seiner Persönlichkeit.[2] Der Anspruch stützt sich – wie auch der Unterlassungs- und der Geldentschädigungsanspruch – auf das verfassungsrechtlich garantierte allgemeine Persönlichkeitsrecht aus Art. 2 Abs. 1 i.V.m. Art. 1 Abs. 1 GG. Aus rechtsdogmatischer Sicht handelt es sich um einen **Folgenbeseitigungsanspruch**, mit dem ein „Zustand fortwährender Rufbeeinträchtigung" beendet und so die rechtswidrige Störung abgestellt werden soll.[3]

Als Folgenbeseitigungsanspruch ist die Berichtigung **verschuldensunabhängig** aus- **2** gestaltet.[4] Zwar kommt als Anspruchsgrundlage für eine Berichtigung, insbesondere für den (förmlichen) Widerruf,[5] auch der deliktische Schadensersatz (§§ 823 ff. BGB i.V.m.

---

[1] Siehe dazu ausführlich die vorigen § 56 (Unterlassung) sowie § 57 (Gegendarstellung).

[2] Vgl. BVerfGE 54, 148, 155 – *Eppler;* 54, 208, 217 – *Böll;* 97, 125, 149 = NJW 1998, 1381, 1383 – *Caroline von Monaco I* (in der Literatur z.T. auch zitiert als *Gegendarstellung und Richtigstellung auf der Titelseite*); grundlegend: BGHZ (GSZ) 34, 99, 102 f. – *Sportanlagenbau;* vgl. auch BGHZ 128, 1, 7 = NJW 1995, 861, 862 – *Caroline von Monaco I.*

[3] BGHZ (GSZ) 34, 99, 102 – *Sportanlagenbau;* BGHZ 128, 1, 7 = NJW 1995, 861, 862 – *Caroline von Monaco I; Prinz/Peters,* Rn. 673; *Wenzel/Gamer,* Rn. 13.2 ff. Vgl. zur rechtsgeschichtlichen Entwicklung des Anspruchs ausführlich *Wenzel/Gamer,* Rn. 13.2 ff. sowie *Damm/Rehbock,* Rn. 845 ff.

[4] Vgl. z.B. BVerfGE 97, 125, 150 = NJW 1998, 1381, 1383 – *Caroline von Monaco I; Prinz/Peters,* Rn. 673, 682; *Löffler/Ricker,* Kap. 44 Rn. 16; *Damm/Rehbock,* Rn. 856 ff.; *Soehring,* Tz. 31.3; *Wenzel/Gamer,* Rn. 13.6a. Siehe auch unten Rn. 22.

[5] Siehe dazu unten Rn. 50 ff.

§ 249 BGB) in Betracht.[6] Die deliktische Anspruchsgrundlage birgt jedoch den Nachteil, dass – im Gegensatz zur Folgenbeseitigung in Anlehnung an § 1004 BGB – sowohl die Rechtswidrigkeit als auch die Schuldhaftigkeit des Handelns des Verletzers nachgewiesen werden müssen. Insbesondere der Nachweis des Verschuldens des Störers – in der Regel der Redaktion eines Presseorgans oder eines Senders – gestaltet sich aber oft schwierig. Zudem muss der urteilende Richter bei konkurrierenden Anspruchsgrundlagen ohnehin (zunächst) auf diejenige Norm zurückgreifen, welche die geringeren Anforderungen stellt, sodass ein Berichtigungsanspruch auf voller deliktischer Grundlage in der Rechtsprechung nur selten zum Tragen kommt.[7] Die nachfolgende Darstellung berücksichtigt dies und beschränkt sich daher darauf, die Voraussetzungen eines Berichtigungsanspruchs auf Grundlage der negatorischen Folgenbeseitigung zu erläutern.[8] Zu erwähnen ist schließlich, dass bei unlauteren Handlungen zum Zwecke des Wettbewerbs der nunmehr ausdrücklich in § 8 Abs. 1 S. 1 UWG geregelte **wettbewerbsrechtliche Widerrufsanspruch** im Wettbewerbsrecht als Anspruchsgrundlage in Betracht kommt.

3   Die **Terminologie** ist – nicht zuletzt aufgrund der von der Rechtsprechung entwickelten Anspruchsvielfalt – zunächst verwirrend, zumal insbesondere auch die Literatur in den Begrifflichkeiten der möglichen Ansprüche nicht einheitlich erscheint. Die Rechtsprechung verwendet als Oberbegriff in der Regel „Berichtigung" bzw. „Berichtigungsansprüche", worunter sie die von ihr entwickelten verschiedenen Ausformungen bzw. Abstufungen zusammenfasst: So den **„(förmlichen) Widerruf"**, die **„Richtigstellung"**, die **„Nichtaufrechterhaltung"**, die z. T. auch als **„eingeschränkter Widerruf"** bezeichnet wird,[9] die **„Ergänzung"** bzw. **„Folgeberichterstattung"**, sowie die **„Distanzierung"** bzw. das „Abrücken von übernommenen Äußerungen Dritter".[10] In der Literatur wurde die „Berichtigung" vielfach als Oberbegriff übernommen,[11] z. T. wird allerdings auch der „Widerrufsanspruch" als der übergeordnete Begriff angesehen.[12] So vertreten *Damm/Rehbock* die Auffassung, dass sich der Begriff „Widerruf" „allgemein so durchgesetzt" habe, „dass er beibehalten werden sollte, um keine unnötige Verwirrung zu stiften".[13] In Anlehnung an die rechtsdogmatische Begründung als Folgenbeseitigungsanspruch ist zudem allgemein immer wieder auch von der „Beseitigung" bzw. von „Beseitigungsansprüchen" die Rede.[14] Im Ergebnis ist *Damm/Rehbock* zuzustimmen, dass es letztlich unerheblich ist, welcher Oberbegriff gewählt wird, solange nur klar ist, dass für alle Formen der Berichtigung bzw. des Widerrufs die gleichen prozessualen Voraussetzungen vorliegen müssen.[15] Im Folgenden wird in Anlehnung an die höchstrichterliche Rechtsprechung insbesondere des Bundesverfassungsgerichts[16] sowie an die h. M. in der Literatur[17] von der

---

[6] Vgl. *Damm/Rehbock,* Rn. 852 ff.; Wenzel/*Gamer,* Rn. 13.6 ff.

[7] A. A. Wenzel/*Gamer,* Rn. 13.6b; vgl. auch *Damm/Rehbock,* Rn. 852 ff.

[8] Ebenso: *Prinz/Peters,* Rn. 673 ff.; *Löffler/Ricker,* Kap. 44 Rn. 16 ff.; *Soehring,* Tz. 31.1 ff.

[9] *Damm/Rehbock,* Rn. 891 f.; *Soehring,* Tz. 31.14; Wenzel/*Gamer,* Rn. 13.68 ff.

[10] Vgl. etwa BVerfGE 97, 125, 150 = NJW 1998, 1381, 1383 – *Caroline von Monaco I;* BGHZ 128, 1, 6 = NJW 1995, 861, 862 – *Caroline von Monaco I.* Siehe auch *Prinz/Peters,* Rn. 688 ff.; *Löffler/Ricker,* Kap. 44 Rn. 16; *Soehring,* Tz. 31.11; Wenzel/*Gamer,* Rn. 13.6c und 13.61 ff.

[11] *Prinz/Peters,* Rn. 673 f.; *Löffler/Ricker,* Kap. 44 Rn. 16; *Soehring,* Tz. 31.1 ff., insbes. Rn. 31.11; Wenzel/*Gamer,* Rn. 13.1.

[12] Vgl. z. B. *Damm/Rehbock,* Rn. 843.

[13] Ebda.

[14] Vgl. etwa *Prinz/Peters,* Rn. 673 f., 681; Palandt/*Sprau,* Einf. Vor § 823 BGB Rn. 26; Wenzel/*Gamer,* Rn. 13.39; siehe auch *Damm/Rehbock,* Rn. 843.

[15] *Damm/Rehbock,* Rn. 843.

[16] Vgl. BVerfGE 97, 125, 150 = NJW 1998, 1381, 1383 – *Caroline von Monaco I;* vgl. auch *Damm/Rehbock,* Rn. 843 Fn. 2782 sowie 2783, wobei der Auffassung von *Damm/Rehbock,* nach der das Bundesverfassungsgericht die Begriffe „Berichtigung" und „Widerruf" „nebeneinander quasi als Aufzählung der verschiedenen Ansprüche bringt", nicht gefolgt werden kann, vgl. dazu die vorgenannten Fundstellen in der *Caroline von Monaco I*-Entscheidung.

[17] S. o. Fn. 10.

„Berichtigung" bzw. von „Berichtigungsansprüchen" als Oberbegriff gesprochen, während der **„Widerruf"** und die weiteren vorgenannten Begriffe als Ausprägungen bzw. Abstufungen der Berichtigung verstanden werden.[18]

Der Berichtigungsanspruch hat nach ständiger Rechtsprechung **immateriellen Cha-** 4 **rakter**, es handelt sich daher um einen Anspruch nicht vermögensrechtlicher Art. Dies gilt jedenfalls dann, wenn es dem Anspruchsteller gerade (nur) um die Wiederherstellung seiner Ehre, d. h. um die Beseitigung der fortdauernden Rufbeeinträchtigung seiner Person geht.[19] Macht der Anspruchsteller geltend, dass er auch materielle Belange verfolgt, so muss er dies besonders darlegen und ggf. auch beweisen.[20]

II. Abgrenzung zu anderen Ansprüchen

1. Anspruch auf Unterlassung[21]

Der Anspruch auf Unterlassung zielt auf die (vorbeugende) Abwehr eines **zukünfti-** 5 **gen rechtswidrigen Verhaltens**, mithin einer zu erwartenden rechtswidrigen Behauptung, während der Berichtigungsanspruch auf die Beseitigung der Quelle einer in der Vergangenheit liegenden, aber noch fortdauernden Beeinträchtigung gerichtet ist.[22] Die Berichtigung wirkt insofern weiter als die Unterlassung, da sie die unwahre (noch fortwirkende) Tatsachenbehauptung vollständig aus der Welt schafft, wohingegen die Unterlassung lediglich ihre Wiederholung – oder im Falle der Erstbegehungsgefahr ihre erstmalige Aufstellung[23] – für die Zukunft verhindern kann.

2. Veröffentlichung des Unterlassungsurteils oder der Unterlassungserklärung

Es ist unbestritten, dass der Betroffene neben der Unterlassung vom Verletzer unter be- 6 stimmten Voraussetzungen zusätzlich verlangen kann, den Tenor eines unanfechtbaren Unterlassungsurteils oder aber eine (strafbewehrte) Unterlassungserklärung zu veröffentlichen.[24] Betrifft die Unterlassung eine Tatsachenbehauptung, wirkt eine solche Veröffentlichung der Unterlassungsverpflichtung für die Rezipienten faktisch ähnlich wie eine Berichtigung. Auch bei der Veröffentlichung der Unterlassungsverpflichtung handelt es sich um eine Folgenbeseitigungsmaßnahme, sodass, wie *Soehring* zu Recht feststellt,[25] auch in diesem Falle – wie bei der Berichtigung – die Unwahrheit der zu unterlassenden Tatsachenbehauptungen positiv feststehen muss.[26] Wird ein Unterlassungsurteil bzw. eine Unterlassungserklärung veröffentlicht, entfällt grundsätzlich das Bedürfnis für eine darüber hinaus geforderte Berichtigung.[27]

3. Anspruch auf Gegendarstellung[28]

Bei der Gegendarstellung handelt es sich um eine persönliche Erklärung des von einer 7 Tatsachenbehauptung Betroffenen, der seine „Sicht der Dinge" der Darstellung in der Erstmitteilung gegenüberstellt. Ob die Behauptungen in der Erstmitteilung wahr oder

---

[18] So auch BVerfG 97, 125, 150 – *Caroline von Monaco I.* Siehe dazu auch Rn. 48 ff.

[19] BGH NJW 1974, 1470; NJW 1983, 2572; BGHZ 89, 198 = NJW 1984, 1104 – *Aktionärsversammlung*; vgl. auch *Löffler/Ricker*, Kap. 44 Rn. 18; *Damm/Rehbock*, Rn. 857 f.; Wenzel/*Gamer*, Rn. 13.10 m.w.N.

[20] BVerfG NJW 1970, 651; BGH NJW 1974, 1470.

[21] Siehe zum Anspruch auf Unterlassung ausführlich § 56.

[22] *Prinz/Peters*, Rn. 674; Wenzel/*Gamer*, Rn. 13.6d.

[23] Siehe dazu § 47 Rn. 14.

[24] BGHZ 99, 133 = NJW 1987, 1400 f. – *Oberfaschist*; vgl. zu diesem Anspruch auch ausführlich § 53 Rn. 47 ff. sowie Wenzel/*Gamer*, Rn. 13.106 ff.

[25] *Soehring*, Tz. 31.7 u. 31.15 m.w.N.

[26] Siehe dazu unten Rn. 12 ff.

[27] BGHZ 99, 133 = NJW 1987, 1400 – *Oberfaschist*; *Prinz/Peters*, Rn. 676; *Soehring*, Tz. 31.7 u. 31.15 m.w.N.; Wenzel/*Gamer*, Rn. 13.42 und 13.106. Siehe dazu auch unten Rn. 32.

[28] Siehe zum Anspruch auf Gegendarstellung ausführlich § 48.

unwahr sind, wird in der Regel nicht geprüft.[29] Die Berichtigung hingegen ist eine Erklärung des Verletzers bzw. des für die unwahre Tatsachenbehauptung Verantwortlichen, wobei die Unwahrheit der Behauptungen positiv feststehen muss.[30] Aufgrund dieses grundlegenden Unterschieds lässt der Abdruck einer Gegendarstellung daher den Anspruch des Betroffenen auf Berichtigung grundsätzlich unberührt,[31] und zwar auch dann, wenn die Gegendarstellung wie die Erstmitteilung auf der Titelseite abgedruckt wurde.[32] Anders kann dies jedoch zu beurteilen sein, wenn die Redaktion die Gegendarstellung in einem Zusatz mit einer zustimmenden Anmerkung versieht.[33]

4. Feststellung der Unwahrheit bzw. Rechtswidrigkeit der Behauptung

8   Die Berichtigung ist grundsätzlich im Wege der Leistungsklage zu verfolgen. Einen Anspruch auf Feststellung der Unwahrheit bzw. einer rechtswidrigen Verletzung des Persönlichkeitsrechts mit der Möglichkeit, das Urteil mit einem solchen Tenor zu veröffentlichen, hat der BGH unter Hinweis auf die Grenzen des § 256 ZPO ausdrücklich verneint.[34]

B. Voraussetzungen des Berichtigungsanspruchs

9   Grundsätzlich gelten für alle von der Rechtsprechung entwickelten Ausformungen der Berichtigung[35] die gleichen Voraussetzungen. Im Folgenden werden daher zunächst die allgemein für jeden Berichtigungsanspruch notwendigen Voraussetzungen dargestellt, während im Anschluss in Abschnitt C.[36] die verschiedenen Ausformungen der Berichtigung dargelegt und dabei auch Besonderheiten in den Voraussetzungen erläutert werden.

I. (Erwiesen) unwahre Tatsachenbehauptung

1. Tatsachenbehauptung

10   Es können ausschließlich Tatsachenbehauptungen, d. h. Aussagen, die einer Überprüfung auf ihre Richtigkeit mit den Mitteln des Beweises zugänglich sind, nicht hingegen Meinungsäußerungen bzw. Werturteile Gegenstand einer Berichtigung sein.[37] Wegen Art. 5 Abs. 1 GG, der die Freiheit der Meinungsäußerung und –bildung garantiert, kann niemand durch Gerichtsurteile, mithin durch staatlichen Eingriff, gezwungen werden, seine Meinung zu berichtigen bzw. gar zu widerrufen und damit aufzugeben.[38]

---

[29] Vgl. § 48 Rn. 3; *Prinz/Peters*, Rn. 674; *Soehring*, Tz. 31.1.

[30] Siehe dazu ausführlich unten Rn. 12 ff.

[31] LG Nürnberg-Fürth AfP 1983, 420; *Soehring*, Tz. 31.1; *Wenzel/Gamer*, Rn. 13.41. Siehe auch unten Rn. 31.

[32] BVerfGE 97, 125, 155 = NJW 1998, 1381, 1383 – *Caroline von Monaco I; Löffler/Ricker,* Kap. 44 Rn. 32 m.w.N.

[33] OLG Hamburg AfP 1970, 968; OLG Köln AfP 1991, 427; *Soehring*, Tz. 31.10 a.E. m.w.N.; *Wenzel/Gamer*, Rn. 13.41; *Damm/Rehbock*, Rn. 874; vgl. dazu auch unten Rn. 31.

[34] BGHZ 68, 331 NJW 1977, 1288, 1299 – *Abgeordnetenbestechung*. Siehe auch *Damm/Rehbock*, Rn. 902.

[35] S.o. Rn. 3.

[36] S.u. Rn. 48 ff.

[37] St. Rspr., vgl. etwa BGH NJW 1974, 1371 – *Fiete Schulze*; BGHZ 66, 182 = AfP 1976, 75, 78 – *Panorama*; NJW 1982, 2246 – *Klinikdirektoren*; NJW 1989, 2941, 2942 – *Nervenärztliche Diagnose*; NJW 1994, 2614, 2616 – *Pleite gehen*; *Prinz/Peters*, Rn. 676 m.w.N.; *Löffler/Ricker*, Kap. 44 Rn. 19; *Soehring*, Tz. 31.5 ff.; *Wenzel/Gamer*, Rn. 13.13 ff. Zur Abgrenzung von Tatsachenbehauptungen und Meinungen vgl. ausführlich § 20 und § 48 Rn. 24 ff.

[38] BGH NJW 1974, 1371 – *Fiete Schulze*; NJW 1982, 2246, 2247 – *Klinikdirektoren*; *Löffler/Ricker*, Kap. 44 Rn. 19; *Prinz/Peters*, Rn. 676; *Löffler/Ricker*, Kap. 44 Rn. 19; *Damm/Rehbock*, Rn. 859 ff.; *Soehring*, Tz. 31.5; *Wenzel/Gamer*, Rn. 13.13 ff.

Grundsätzlich ist ein Berichtigungsanspruch auch gegen **Bildveröffentlichungen,** 11 beispielsweise bei Fotomontagen, anzuerkennen.[39] In Betracht kommt ein Anspruch auf Berichtigung gegen die Veröffentlichung eines Fotos auch dann, wenn aus der Kombination des Fotos mit der Bildunterschrift eine unwahre Aussage entsteht.[40] Beim Anspruch auf Gegendarstellung ist dies von der Rechtsprechung schon vielfach anerkannt worden.[41] Über einen Anspruch auf Richtigstellung bei Veröffentlichung eines Fotos hingegen haben die Gerichte bislang nur selten zu urteilen gehabt. Das OLG München hat in dem Fall *Telefon-Sex-Foto* einen Anspruch auf Veröffentlichung einer Richtigstellung dahingehend zugesprochen, dass die Veröffentlichung des streitgegenständlichen Fotos ohne Wissen und Einwilligung der Abgebildeten erfolgte. Darüber hinaus konnte die Abgebildete nach Auffassung des OLG München eine Richtigstellung des Inhalts verlangen, dass mit dem Artikel, zu dessen Illustration das Foto verwendet wurde, nicht zum Ausdruck gebracht werden sollte, dass die Abgebildete Telefonsex betreibe oder damit in Zusammenhang stehe.[42] Das OLG führt zur Begründung aus, dass ein Anspruch auf Richtigstellung zwar nur in Hinblick auf verbreitete Tatsachenbehauptungen geltend gemacht werden könne, wobei grundsätzlich erforderlich sei, dass die angegriffenen Tatsachenbehauptungen wörtlich aufgestellt worden sein müssten. Es müsse jedoch auch berücksichtigt werden, wie eine streitige Äußerung – hier die Veröffentlichung des Fotos unter Hinweis auf die Urheberschaft der Abgebildeten – in der Öffentlichkeit verstanden würde. Im konkreten Fall könne dies nur dahingehend verstanden werden, dass die Abgebildete der Veröffentlichung des Fotos in Zusammenhang mit Telefonsex zugestimmt habe oder sie tatsächlich Telefonsex betreibe. Da dies nicht der Fall war, wurde ein Anspruch auf Richtigstellung zuerkannt.[43]

2. Unwahrheit der Tatsachenbehauptung und Nachweis

Voraussetzung für die Zuerkennung eines Berichtigungsanspruchs ist, dass die **Un-** 12 **wahrheit** der aufgestellten Tatsachenbehauptungen **positiv feststeht.** Denn niemand darf durch ein Gericht zur Abgabe von Erklärungen gezwungen werden, die ihrerseits möglicherweise unwahr sind, weil, wie sich später herausstellt, die Erstmitteilung doch der Wahrheit entsprach.[44] Gegenüber Tatsachenbehauptungen, die zwar der Wahrheit entsprechen, die aber aus anderen Gründen eine Verletzung des allgemeinen Persönlichkeitsrechts darstellen – beispielsweise aufgrund eines Eingriffs in die Privat- oder Intimsphäre oder aufgrund des Zeitpunkts der Behauptung –, gibt es keinen Anspruch auf Berichtigung.[45]

In dem Fall, in dem die Unwahrheit einer Behauptung zwar nicht festgestellt werden 13 kann, bei objektiver Betrachtung aber **keine ernstlichen Anhaltspunkte für die Wahrheit** der Aussage zu erkennen sind, kann nach der Rechtsprechung ausnahmsweise auch ohne Nachweis der Unwahrheit eine Berichtigung in Form der Nichtaufrechterhaltung in Betracht kommen.[46] Ist eine Behauptung nur zum Teil bzw. in einem **Teilaspekt**

---

[39] So zu Recht Wenzel/*Gamer,* Rn. 13.47; siehe auch *Löffler/Ricker,* Kap. 44 Rn. 20.

[40] Wenzel/*Gamer,* Rn. 13.47.

[41] Siehe dazu Seitz/Schmidt/Schoener, Der Gegendarstellungsanspruch, 3. Aufl., Rn. 431.

[42] OLG München NJW-RR 1996, 539 – *Telefon-Sex-Foto.*

[43] OLG München NJW-RR 1996, 539, 540 – *Telefon-Sex-Foto.*

[44] BGH NJW 1962, 1438 – *Eheversprechen;* BGHZ 66, 182 = AfP 1976, 75, 78 – *Panorama; Prinz/ Peters,* Rn. 677; *Löffler/Ricker,* Kap. 44 Rn. 20; *Damm/Rehbock,* Rn. 862; *Soehring,* Tz. 31.6; Wenzel/ *Gamer,* Rn. 13.17 ff.

[45] *Prinz/Peters,* Rn. 677; *Löffler/Ricker,* Kap. 44 Rn. 20; *Damm/Rehbock,* Rn. 862; *Soehring,* Tz. 31.6; Wenzel/*Gamer,* Rn. 13.17 m.w.N.

[46] Siehe dazu unten Rn. 58 ff.; *Prinz/Peters,* Rn. 677, 679 – *Prinz/Peters* sprechen zwar von „Richtigstellung", verstehen darunter aber allgemein, dass die „Erklärung zwar nicht in vollem Umfang zu widerrufen, aber im Nachhinein doch einzuschränken ist". Dies umfasst mithin auch die „Nichtaufrechterhaltung", die allerdings nicht explizit genannt wird, vgl. *dies.,* Rn. 690; in der Terminologie exakter: Wenzel/*Gamer,* Rn. 13.17 und 13.68 ff. m.w.N.

unwahr, so kommt nach der Rechtsprechung des BGH kein Widerruf, sondern lediglich eine Richtigstellung dieses Teils bzw. Teilaspekts in Betracht.[47]

14   Zu beachten ist schließlich im Falle **mehrdeutige Äußerungen**, dass die Rechtsprechung bei mehreren möglichen Auslegungsmöglichkeiten einer Behauptung grundsätzlich derjenigen Deutung den Vorzug gibt, die den Betroffenen am wenigsten beeinträchtigt.[48] Kann demnach eine Äußerung nach dem Verständnis eines Durchschnittslesers nicht nur als (ggf. unzutreffende) Tatsachenbehauptung, sondern auch als Meinungsäußerung gedeutet werden, so ist sie als Meinung zu werten mit der Folge, dass ein Widerruf nicht möglich ist.[49]

15   Der Anspruchsteller, d.h. der von der (unwahren) Tatsachenbehauptung Betroffene, muss den **Nachweis der Unrichtigkeit** der Behauptungen führen. Dieser Nachweis wird ihm allerdings durch eine erweiterte Substantiierungsverpflichtung des Behauptenden etwas erleichtert. Zur Problematik der **Verteilung der Darlegungs- und Beweislast** für den Nachweis der Unrichtigkeit siehe ausführlich unten Rn. 81 f.

3. Behaupten oder Verbreiten

16   Welche Ausformung der Berichtigung im konkreten Fall in Betracht kommt ist u.a. davon abhängig, ob die Tatsachen vom Äußernden selbst behauptet wurden, oder ob er – wie es v.a. in Presse und Rundfunk sehr häufig der Fall ist – die von einem Dritten aufgestellten Tatsachenbehauptungen nur verbreitet hat. Ein Widerruf nämlich kann nur von demjenigen verlangt werden, der die unwahren Tatsachen selbst **behauptet**, d.h. als eigenes Wissen dargestellt oder sich die Behauptungen zu Eigen gemacht hat. Werden die Aussagen hingegen lediglich **verbreitet**, werden sie also erkennbar als „fremde Äußerung" bzw. Äußerung eines Dritten transportiert, ohne dass der Verbreiter sich diese zu Eigen macht, scheidet ein Widerrufsanspruch aus, es kommt in solchen Fällen lediglich eine Distanzierung in Betracht.[50]

II. Fortdauernde rechtswidrige Beeinträchtigung der Rechtsgüter des Betroffenen

17   Die unwahren Tatsachenbehauptungen müssen **deliktsrechtlich geschützte Rechtsgüter** des Betroffenen verletzen. Die sich daraus ergebende rechtswidrige **Beeinträchtigung** muss außerdem **noch fortdauern** und das Berichtigungsbedürfnis des Betroffenen darf nicht – beispielsweise durch bereits erfolgte berichtigende Erklärungen – entfallen sein.

1. Rechtsverletzung

18   **a) Geschützte Rechtsgüter.** Voraussetzung für einen Berichtigungsanspruch ist neben der Unwahrheit der behaupteten Tatsachen, dass dadurch Rechtsgüter des Betroffenen verletzt werden. Für den Berichtigungsanspruch kommen alle deliktsrechtlich geschützten Rechtsgüter in Betracht. Im **privaten Bereich** sind dies in der Praxis neben einer Verletzung des allgemeinen Persönlichkeitsrechts gem. § 823 Abs. 1 BGB v.a. die Ehre

---

[47] BGH NJW 1982, 2246, 2248 – *Klinikdirektoren;* AfP 1987, 502 – *Insiderwissen*. Siehe auch unten Rn. 54.

[48] *Soehring*, Tz. 31.6; Wenzel/*Gamer*, Rn. 13.17.

[49] BGH NJW 1998, 3047 – *IM Sekretär*; OLG Dresden AfP 1993, 496 mit Verweis auf BVerfGE 61, 1 – *Wahlkampfäußerung*. In dieser Entscheidung hatte das Bundesverfassungsgericht herabsetzende Äußerungen über eine politische Partei im Wahlkampf („CSU ist die NPD Europas") zu beurteilen, wobei zu berücksichtigen ist, dass bei Äußerungen im politischen Bereich, insbesondere im Wahlkampf, die grundsätzliche Redefreiheit eine gesteigerte Bedeutung erlangt, vgl. hierzu ausführlich auch Wenzel/*Burkhardt*, Rn. 10.65.

[50] *Prinz/Peters*, Rn. 680; *Damm/Rehbock*, Rn. 863 f.; *Soehring*, Tz. 31.5; Wenzel/*Gamer*, Rn. 13.15. Vgl. zur Distanzierung ausführlich unten Rn. 65 ff.

des Betroffenen beeinträchtigende Tatsachenbehauptungen gem. § 823 Abs. 2 BGB i.V.m. §§ 186 ff. StGB. Auch § 826 BGB kommt als Anspruchsgrundlage in Betracht. Über § 823 Abs. 1 BGB ist bei rufschädigenden Äußerungen **im wirtschaftlichen Bereich** auch das Recht am Unternehmen geschützt. Handelt es sich um kreditschädigende Äußerungen, kann auch § 824 BGB einschlägig sein.[51] Schließlich können nach ständiger Rechtsprechung auch Verstöße gegen Wettbewerbs- bzw. Urheberrechtstatbestände Berichtigungsansprüche auslösen.[52]

b) Rechtswidrigkeit. Da der aus § 1004 BGB hergeleitete Berichtigungsanspruch als **19** reine Folgenbeseitigung angesehen wird,[53] ist es nicht erforderlich, dass der Behauptende selbst rechtswidrig gehandelt hat. Es genügt vielmehr, dass die durch die unwahren Behauptungen entstandene Beeinträchtigung der Rechte des Betroffenen noch andauert und damit ein rechtswidriger Zustand besteht.[54] Anders ist dies, wenn die Berichtigung auf deliktischer Grundlage verfolgt wird;[55] in diesem Fall muss der volle Tatbestand erfüllt sein, müssen also auch Rechtswidrigkeit und Verschulden vorliegen.[56]

Ist aber die Rechtswidrigkeit des Handelns nicht Voraussetzung für einen (negato- **20** rischen) Berichtigungsanspruch, können sich Presse und Rundfunk im Fall seiner Geltendmachung – anders als bei einem Unterlassungs- oder einem Geldentschädigungsanspruch – zu ihrer Rechtfertigung grundsätzlich nicht auf die **Wahrnehmung berechtigter Interessen** gem. § 193 StGB berufen.[57] Nach dieser Norm entfallen deliktische Ansprüche, wenn die Handlung rechtmäßig war, also der Handelnde bei der Aufstellung bzw. Verbreitung der Tatsachen von der Richtigkeit seiner Mitteilung ausging und die journalistische Sorgfaltspflicht beachtet hat. Da die Berichtigung aber in der Regel gerade nicht auf deliktischer Grundlage, sondern als Folgenbeseitigungsanspruch verfolgt wird, entfällt der Rechtfertigungsgrund des § 193 StGB hier.

Relevant wird dies insbesondere in dem Fall, in dem sich die **Unwahrheit** der behaup- **21** teten Tatsachen erst **später herausstellt**: Da die Berichtigung die Beseitigung eines fortdauernden rechtswidrigen Zustands bezweckt, geht der BGH in ständiger Rechtsprechung davon aus, dass dem Betroffenen trotz der ursprünglichen Rechtmäßigkeit der Behauptung – nämlich weil sie in Wahrnehmung berechtigter Interessen getätigt wurde – ein Anspruch auf Berichtigung der nunmehr erwiesen unwahren Tatsachenbehauptungen zusteht.[58] Derjenige, der in Wahrnehmung berechtigter Interessen handele, sei nur so lange geschützt, wie er die Äußerung wiederholen könne, ohne dass sein Handeln rechtswidrig würde. Erweist sich demnach später die Unwahrheit der Äußerung, entfällt der Rechtfertigungsgrund der Wahrnehmung berechtigter Interessen und entsteht eine Beseitigungspflicht. Maßgeblich für die Beurteilung der Rechtfertigung ist daher nach Auffassung des BGH nicht die zum Zeitpunkt der Aufstellung bzw. Verbreitung der Tatsachen gegebene Lage, sondern die aktuelle nach Aufdeckung der Unwahrheit.[59] Dem ist zuzustimmen, da kein schutzwürdiges Interesse anzuerkennen ist, eine nunmehr rechtswidrige Beeinträchtigung der Rechtsgüter des Betroffenen fortwirken zu lassen.[60] Allerdings kann der Betroffene nach höchstrichterlicher Rechtsprechung in diesen Fällen keinen

---

[51] *Damm/Rehbock*, Rn. 865; *Soehring*, Tz. 31.2; *Wenzel/Gamer*, Rn. 13.21.

[52] BGH GRUR 1998, 415, 416 – *Wirtschaftsregister*; *Wenzel/Gamer*, Rn. 13.21 m.w.N.

[53] S.o. Rn. 1 f.

[54] *Prinz/Peters*, Rn. 681; *Damm/Rehbock*, Rn. 866.

[55] S.o. Rn. 2.

[56] *Damm/Rehbock*, Rn. 866; zur Problematik von Rechtswidrigkeit und Verschulden vgl. ausführlich *Wenzel/Gamer*, Rn. 13.20 ff.

[57] *Prinz/Peters*, Rn. 681; *Damm/Rehbock*, Rn. 866.

[58] BGH GRUR 1958, 448 – *Blankoverordnung*; NJW 1960, 672 – *La chatte*; NJW 1966, 647, 649 – *Reichstagsbrand*; AfP 1986, 333, 334 – *Kampfanzug unter der Robe.*

[59] BGH NJW 1960, 672 – *La chatte*; vgl. auch *Damm/Rehbock*, Rn. 866 f.; *Wenzel/Gamer*, Rn. 13.23.

[60] Vgl. zur Kritik an der rechtsdogmatischen Begründung *Soehring*, Tz. 31.4 sowie die Diskussion dieser Auffassung bei *Damm/Rehbock*, Rn. 869.

(vollen) Widerruf fordern, sondern nur eine Erklärung in Form der Richtigstellung bzw. Nichtaufrechterhaltung[61] verlangen.[62]

22   **c) Verschulden.** Ein Nachweis des Verschuldens des Behauptenden bzw. des Verbreiters ist nicht erforderlich, da der Anspruch auf Berichtigung als Folgenbeseitigung von der Rechtsprechung **verschuldensunabhängig** ausgestaltet wurde.[63] Das Bundesverfassungsgericht hat diesbezüglich in seiner *Caroline von Monaco I*-Entscheidung noch einmal ausdrücklich festgestellt, dass die Pressefreiheit durch diesen Umstand nicht unangemessen beschränkt werde, insbesondere, da ausreichend Raum für eine fallbezogene Abwägung der konkurrierenden Rechtsgüter bleibe und die Tatbestandsvoraussetzungen und Rechtsfolgen der zivilrechtlichen Grundlagen des Berichtigungsanspruchs jeweils grundrechtskonform konkretisiert werden könnten.[64]

2. Fortdauer der Beeinträchtigung

23   Die durch die Rechtsverletzung entstandene Beeinträchtigung der Rechtsgüter des Betroffenen muss weiterhin noch **fortdauern**, d.h. es muss ein Zustand geschaffen worden sein, der eine stetig sich erneuernde Quelle der Verletzung bildet.[65] Bei Äußerungen in den Medien, die in der Regel eine weite Verbreitung erfahren, ist grundsätzlich von einem solchen Fortwirken auszugehen.[66] Voraussetzung ist allerdings, dass objektiv eine Rufbeeinträchtigung erfolgt ist und der Betroffene dies nicht nur subjektiv („verletztes Ehrgefühl") empfindet.[67]

24   Allerdings verliert eine Behauptung nach einer gewissen Zeit an Aktualität und kann daher grundsätzlich auch **durch Zeitablauf** in Vergessenheit geraten und so die Fortdauer der Beeinträchtigung hindern. Hier gibt es jedoch keine absoluten Grenzen, es kommt vielmehr auf die Umstände des Einzelfalls an. Bei der Beurteilung kann z.B. der Verbreitungsgrad bzw. die Auflagenstärke des Mediums eine Rolle spielen, ebenso wie die Platzierung der Veröffentlichung (z.B. auf der Titelseite) und damit die Intensität des Eingriffs. Ebenfalls spielt der Gegenstand der Berichterstattung eine Rolle. Die Frage, nach welcher Zeit nicht mehr von einer Fortdauer der Beeinträchtigung ausgegangen werden kann, erfordert mithin eine **Interessenabwägung** zwischen den Interessen des Betroffenen und denjenigen des Verletzers.[68] So hat der BGH in der viel zitierten *Caroline von Monaco I*-Entscheidung eine Fortdauer noch **zweieinhalb Jahre** nach der Erstmitteilung angenommen, wobei das Gericht insbesondere auf die Auflagenstärke des veröffentlichenden Mediums hingewiesen hat.[69] In einem anderen Fall stellte der BGH fest, dass „auch die von der Veröffentlichung bis zur Klageerhebung abgelaufene Zeit von **sieben Monaten** nicht ausreicht, um den unwahren Behauptungen ihre die Klägerin verletzende Wirkung zu nehmen".[70] Auch in diesem Fall wurde der hohe Verbreitungsgrad der veröffentlichenden Zeitung („Bild") als Argument herangezogen. Außerdem spielte eine Rolle, dass die Veröffentlichung auf der Titelseite erfolgt war.[71] Das OLG Hamburg war

---

[61] So BGH NJW 1960, 672 – *La chatte*. Vgl. zur Nichtaufrechterhaltung unten Rn. 58 ff.

[62] BVerfG NJW 1999, 1322, 1324 – *Helnwein*; BGHZ 31, 308 – *Eheversprechen*; 34, 99 – *Sportanlagenbau*; 37, 187 – *Eheversprechen*; 128, 1 = NJW 1995, 861, 862 – *Caroline von Monaco I*. Vgl. dazu auch *Prinz/Peters*, Rn. 681; *Damm/Rehbock*, Rn. 867; *Soehring*, Tz. 31.4 a.E.; *Wenzel/Gamer*, Rn. 31.24. Siehe auch unten Rn. 56.

[63] S.o. Rn. 1 f.

[64] BVerfGE 97, 125, 150 = NJW 1998, 1381, 1383 – *Caroline von Monaco I*.

[65] BGH NJW 1960, 672 – *La chatte*; BGHZ 34, 99 – *Sportanlagenbau*; 128, 1 = NJW 1995, 861, 862 – *Caroline von Monaco I*.

[66] BGH GRUR 1966, 272 – *Arztschreiber*; *Wenzel/Gamer*, Rn. 13.43.

[67] *Wenzel/Gamer*, Rn. 13.27 und 13.38; siehe dazu auch unten Rn. 36.

[68] Vgl. dazu auch *Prinz/Peters*, Rn. 683; *Damm/Rehbock*, Rn. 870 f.; *Wenzel/Gamer*, Rn. 13.44 f.

[69] BGHZ 128, 1 = NJW 1995, 861, 862 – *Caroline von Monaco I*.

[70] BGH ZUM 2004, 211, 212 = NJW 2004, 1034, 1035.

[71] BGH ZUM 2004, 211, 212 = NJW 2004, 1034, 1035.

in einem Fall der Auffassung, dass jedenfalls **neun Monate** nach der Veröffentlichung ein anerkennenswertes Bedürfnis nach einem Widerruf nicht mehr bestehe.[72] Unter Bezugnahme auf dieses Urteil erkannte das LG Hamburg, dass ein Aktualitätsbezug nach **einem Jahr** nicht mehr gegeben sei.[73]

Die **Dauer des gerichtlichen Verfahrens** hat bei der Frage des Zeitablaufs außer Betracht zu bleiben, denn es kann dem Betroffenen nicht zum Nachteil gereichen, dass eine aufgrund des Erfordernisses des Nachweises der Unwahrheit gegebenenfalls erforderliche, umfangreiche Beweisaufnahme das Verfahren in die Länge zieht. Voraussetzung ist allerdings, dass der Betroffene selbst das Verfahren nicht verschleppt, sondern auf eine zügige Durchführung hinwirkt.[74]   **25**

3. Wegfall des Berichtigungsbedürfnisses

Der Betroffene hat keinen Anspruch, wenn sein Bedürfnis für eine Berichtigung entfällt. Dies ist insbesondere dann der Fall, wenn der Störer bereits von sich aus geeignete Maßnahmen zur Richtigstellung ergriffen hat. Eigene Erklärungen des Betroffenen, insbesondere in Form der Gegendarstellung, hingegen lassen das Berichtigungsbedürfnis unberührt. Weiter kann das Berichtigungsbedürfnis – und damit ein Berichtigungsanspruch – auch entfallen, wenn ein Unterlassungsgebot veröffentlicht wurde.   **26**

a) Redaktionelle Berichtigungserklärung.[75] Stellen Medien einen Fehler in ihrer Berichterstattung fest, so berichtigen sie diesen aufgrund der ihnen obliegenden journalistischen Sorgfaltspflicht vielfach freiwillig, ohne dass es dazu einer Aufforderung des Betroffenen bedarf. Da durch eine solche **freiwillige Erklärung** der Redaktion das Fortwirken der Beeinträchtigung u.U. beendet wird, kann auch Bedürfnis des Betroffenen, eine darüber hinaus gehende Berichtigung zu veröffentlichen, entfallen.[76] Ob dies der Fall ist, hängt von den Umständen des Einzelfalls ab.[77] Ist die freiwillig erfolgte redaktionelle Richtigstellung z.B. nicht eindeutig, lässt sie also Zweifel daran offen, ob die Behauptungen tatsächlich berichtigt werden sollen, bleibt das Berichtigungsbedürfnis unberührt.[78] Auch ist erforderlich, dass die Berichtigung ausdrücklich auf die Erstmitteilung Bezug nimmt, da nur so deutlich wird, dass die Erstmitteilung unrichtig war.[79] Werden bei der Berichtigung zusätzliche Fakten mitgeteilt, so ist dies unschädlich, wenn dadurch für das Publikum ein vollständigeres Bild entsteht, und zwar auch dann, wenn dies für den Betroffenen ungünstiger ist.[80]   **27**

Gamer[81] stellt zu Recht fest, dass freiwillige Berichtigungserklärungen, die unter dem Eindruck eines vom Betroffenen angestrengten Prozesses bzw. des sich abzeichnenden Erfolgs des Betroffenen vor Gericht veröffentlicht werden, nicht dazu führen können, dass das Berichtigungsbedürfnis des Klägers – und damit zugleich sein Anspruch – entfällt und er folglich im Prozess unterliegt.   **28**

Um eine Klage von vornherein abzuwenden, wird in der Praxis von den Medien häufig der Versuch unternommen, mit dem Betroffenen eine Berichtigungserklärung abzustimmen. Wird eine Übereinstimmung erzielt, entfällt das Berichtigungsbedürfnis des Betroffenen mit der Folge, dass er seine Forderung nicht auch noch gerichtlich durchset-   **29**

---

[72] OLG Hamburg ArchPR 1971, 105.
[73] LG Hamburg AfP 2007, 275; siehe dazu auch *Damm/Rehbock*, Rn. 870 f.
[74] Ebenso Wenzel/*Gamer*, Rn. 13.45.
[75] *Damm/Rehbock* diskutieren den Wegfall der Beeinträchtigung durch eine redaktionelle Berichtigung unter der Überschrift „Rechtsschutzinteresse", vgl. *dies.*, Rn. 872 ff.
[76] OLG Köln AfP 1989, 764.
[77] Wenzel/*Gamer*, Rn. 13.39 m.w.N.
[78] BGH NJW 1977, 1288, 1291 – *Abgeordnetenbestechung*; *Prinz/Peters*, Rn. 684; *Löffler/Ricker*, Kap. 44 Rn. 22.
[79] Wenzel/*Gamer*, Rn. 13.39.
[80] Wenzel/*Gamer*, Rn. 13.39 mit Bezug auf BGH GRUR 1969, 555, 558 – *Cellulitis*.
[81] Wenzel/*Gamer*, Rn. 13.39.

zen kann. Fraglich ist allerdings, was geschieht, wenn der Betroffene eine solche abgestimmte, freiwillige Erklärung kategorisch ablehnt, seinen Anspruch stattdessen lieber gerichtlich durchsetzen will und die Redaktion daraufhin eine unabgestimmte, freiwillige Berichtigungserklärung veröffentlicht. *Damm/Rehbock* gehen in einem solchen Fall davon aus, dass aufgrund der kategorischen Weigerung des Betroffenen sein Berichtigungsbedürfnis entfallen kann.[82]

30 Entscheidend ist schließlich, dass freiwillige Erklärungen des Störers das Berichtigungsbedürfnis nur dann entfallen lassen, wenn die Leser der (unwahren) Erstmitteilung auch von der Berichtigung seitens der Redaktion erfahren, diese also **denselben Adressatenkreis** erreicht.[83] Die Rechtsprechung greift – mangels gesetzlicher Regelung des Berichtigungsanspruchs – mit diesem Gedanken auf das in den Landespressegesetzen geregelte Gegendarstellungsrecht zurück.[84] Da jeder Leser bei der Lektüre einer Zeitung oder der Auswahl seines Programms andere Schwerpunkte setzt, muss bei der Veröffentlichung einer freiwilligen Berichtigungserklärung[85] gewährleistet werden, dass diese an derselben Stelle zu finden ist wie die Erstmitteilung[86] und dass sie auch in der „Aufmachung" der Erstmitteilung entspricht. Das bedeutet insbesondere, dass die Erklärung in gleicher Form, d. h. in einem Druckwerk insbesondere mit der gleichen Schriftgröße, und an gleicher Stelle, also in demselben redaktionellen Teil bzw. an derselben Platzierung im Sendeprogramm, veröffentlicht werden muss wie die Erstmitteilung. Eine Ausnahme gilt dabei allerdings für den Abdruck der Berichtigung auf der Titelseite eines Druckwerks: Hier muss nach Auffassung des Bundesverfassungsgerichts der Pressefreiheit aus Art. 5 Abs. 1 GG und der dadurch geschützten Funktion einer Titelseite für den Absatz des Druckwerks Rechnung getragen werden, sodass eine kleinere Schriftgröße ausreicht.[87] Die freiwillige Erklärung darf von der Redaktion auch nicht „versteckt", d. h. an einer Stelle abgedruckt bzw. gesendet werden, an der sie nur von wenigen Adressaten wahrgenommen wird.[88] Das OLG Düsseldorf hat demgegenüber den Abdruck einer Berichtigung im Leserbriefteil genügen lassen, obwohl die Erstmitteilung im redaktionellen Teil enthalten war.[89] Dies wird in der Literatur zu Recht abgelehnt,[90] denn damit ist nicht gewährleistet, dass der Adressatenkreis der Erstmitteilung auch von der Berichtigung Kenntnis erlangt.

31 **b) Abdruck einer Gegendarstellung.** Der Abdruck einer Gegendarstellung lässt die Beeinträchtigung des Betroffenen und damit sein Berichtigungsbedürfnis grundsätzlich **nicht entfallen.**[91] Dies gilt sogar dann, wenn die Gegendarstellung wie die Erstmitteilung auf der Titelseite abgedruckt wurde.[92] Aufgrund der unterschiedlichen Voraussetzungen und Zielrichtungen – persönliche Erklärung des von einer Tatsachenbehauptung

---

[82] *Damm/Rehbock*, Rn. 875; a. A. *Wenzel/Gamer*, Rn. 13.42.

[83] OLG Hamburg AfP 1995, 515; vgl. auch *Damm/Rehbock*, Rn. 876; *Wenzel/Gamer*, Rn. 13.40 m.w.N.

[84] OLG Hamburg AfP 1970, 968, 969; vgl. auch *Prinz/Peters*, Rn. 686.

[85] Das Gleiche gilt im Übrigen auch für eine gerichtlich zuerkannte Berichtigung, vgl. dazu unten Rn. 95 ff.

[86] A.A. OLG Düsseldorf, AfP 1997, 711, 712.

[87] BVerfGE 97, 125, 153 = NJW 1998, 1381, 1383 – *Caroline von Monaco I*, wobei zu berücksichtigen ist, dass die Entscheidung keine freiwillige Berichtigungserklärung des Verlags betrifft, sondern gerichtlich zuerkannte Berichtigungen (Widerruf und Richtigstellung); vgl. auch *Prinz/Peters*, Rn. 686.

[88] Vgl. dazu ausführlich *Prinz/Peters*, Rn. 685 f. m.w.N.; außerdem *Wenzel/Gamer*, Rn. 13.40 m.w.N.

[89] OLG Düsseldorf AfP 1997, 711, 712.

[90] *Prinz/Peters*, Rn. 685; *Wenzel/Gamer*, Rn. 13.40.

[91] LG Nürnberg-Fürth AfP 1983, 420; *Soehring*, Tz. 31.1; *Löffler/Ricker*, Kap. 44 Rn. 22; *Wenzel/Gamer*, Rn. 13.41. Vgl. auch oben Rn. 7.

[92] BVerfGE 97, 125, 155 = NJW 1998, 1381, 1383 – *Caroline von Monaco I*; *Löffler/Ricker*, Kap. 44 Rn. 32 m.w.N.

Betroffenen ohne Nachweis der Wahrheit bei der Gegendarstellung, Erklärung des Verletzers bzw. der für die unwahre Tatsachenbehauptung Verantwortlichen bei nachgewiesener Unwahrheit bei der Berichtigung – können beide Ansprüche daher nebeneinander geltend gemacht werden.[93] Versieht die Redaktion die Gegendarstellung in einem Zusatz mit einer zustimmenden Anmerkung, „gibt sie also zu", dass ihre zunächst veröffentlichte Mitteilung unrichtig war und die Darstellung des Betroffenen zutrifft, kann dies jedoch dazu führen, dass das Bedürfnis des Betroffenen an einer zusätzlich geforderten Berichtigung entfällt.[94]

c) Veröffentlichung des Unterlassungsurteils oder der Unterlassungserklärung. 32
Unter bestimmten Voraussetzungen kann der Betroffene neben einem Unterlassungsanspruch auch die Veröffentlichung des Tenors eines unanfechtbaren Unterlassungsurteils oder einer (strafbewehrten) Unterlassungserklärung fordern.[95] Wird der Störer dazu verurteilt, ein Unterlassungsurteil bzw. eine Unterlassungserklärung zu veröffentlichen, entfällt mit der Veröffentlichung grundsätzlich das Bedürfnis des Betroffenen an einer Berichtigung.[96] Eine solche Veröffentlichung wirkt für die Öffentlichkeit, d. h. den Leser bzw. den Zuschauer, faktisch ähnlich wie eine Berichtigung, indem deutlich wird, dass die Erstmitteilung des veröffentlichenden Mediums unrichtig war und der Störer, d. h. in der Regel das Medium, dies anerkennt bzw. – bei einer Verurteilung zur Veröffentlichung des Unterlassungsgebots – anerkennen muss. Da es sich bei der Veröffentlichung der Unterlassungsverpflichtung ebenfalls um eine Maßnahme der Folgenbeseitigung handelt, muss, wie *Soehring* zu Recht feststellt,[97] auch in diesem Falle – wie bei der Berichtigung – die Unwahrheit der zu unterlassenden Tatsachenbehauptungen positiv feststehen.[98]

III. Erforderlichkeit, Eignung und Zumutbarkeit der Berichtigung

1. Erforderlichkeit: Interessenabwägung

Die Berichtigung muss zur Beseitigung der noch fortdauernden Beeinträchtigung der 33
Rechtsgüter des Betroffenen **erforderlich** sein. Dies entspricht ständiger Rechtsprechung, die davon ausgeht, dass grundsätzlich niemand ein berechtigtes Interesse daran haben kann, eine von ihm verursachte Rufschädigung des Betroffenen aufrechtzuerhalten, wenn sich die behaupteten Tatsachen als unwahr erweisen.[99] Auf der anderen Seite muss jedoch auch berücksichtigt werden, dass es eine besondere Belastung für den Störer – im Regelfall ein Presseorgan oder ein Sender – bedeutet, eine einmal geäußerte Behauptung zurücknehmen und sich dadurch faktisch selbst ins Unrecht setzen zu müssen.[100]

Die Frage der Erforderlichkeit einer Berichtigung ist demnach das Ergebnis einer **Ab-** 34
wägung zwischen dem Interesse des Betroffenen am Schutz bzw. an der Wiederherstel-

---

[93] BVerfGE 97, 125, 155 = NJW 1998, 1381, 1383 – *Caroline von Monaco I*; *Prinz/Peters*, Rn. 674; *Damm/Rehbock*, Rn. 874; *Soehring*, Tz. 31.1.

[94] OLG Hamburg AfP 1970, 968; OLG Köln AfP 1991, 427; *Soehring*, Tz. 31.10 a.E. m.w.N.; *Wenzel/Gamer*, Rn. 13.41; *Damm/Rehbock*, Rn. 874.

[95] BGHZ 99, 133 = NJW 1987, 1400 – *Oberfaschist*; *Prinz/Peters*, Rn. 676; *Soehring*, Tz. 31.7 u. 31.15 m.w.N.; *Wenzel/Gamer*, Rn. 13.42 und 13.106. Siehe dazu auch oben Rn. 6.

[96] BGHZ 99, 133 = NJW 1987, 1400 f. – *Oberfaschist*; vgl. zu diesem Anspruch auch ausführlich § 53 Rn. 47 ff. sowie *Wenzel/Gamer*, Rn. 13.106 ff.

[97] *Soehring*, Tz. 31.7 u. 31.15 m.w.N.

[98] Siehe dazu ausführlich oben Rn. 12 ff.

[99] BVerfGE 97, 125, 149 = NJW 1998, 1381, 1383 – *Caroline von Monaco I*; BGH GRUR 1958, 448 – *Blankoverordnung*; GRUR 1960, 500, 502 – *Plagiatsvorwurf I*; BGHZ 69, 181 = NJW 1977, 1681 – *Wohnstättengemeinschaft*; BGHZ 89, 198 = NJW 1984, 1104 – *Aktionärsversammlung*; GRUR 1987, 189; NJW-RR 1992, 937 – *Plagiatsvorwurf II*. Vgl. auch *Soehring*, Tz. 31.8 f.; *Wenzel/Gamer*, Rn. 31.25.

[100] Vgl. z.B. BGHZ 89, 198 = NJW 1984, 1104, 1105 – *Aktionärsversammlung*; 99, 133 = NJW 1987, 1400, 1401 – *Oberfaschist*.

lung seiner Ehre und seines Rufs durch eine öffentliche Berichtigung und dem Interesse des Mitteilenden, einmal geäußerte bzw. veröffentlichte Behauptungen nicht öffentlich zurücknehmen zu müssen. Diese Abwägung hat sich an den konkreten **Umständen des Einzelfalls** sowie dem **Grundsatz der Verhältnismäßigkeit** orientieren.[101] Sie ist außerdem entscheidend für die Frage, welche Ausformung der Berichtigung im konkreten Einzelfall die richtige ist, ob also beispielsweise ein (voller) Widerruf verlangt werden kann oder „nur" eine Richtigstellung oder eine Nichtaufrechterhaltung.[102] In der Literatur wurde diesbezüglich zu Recht festgestellt, dass diese Abwägung bei unwahren Tatsachenbehauptungen in den Medien im Allgemeinen zugunsten des Betroffenen ausfällt, der für die Beseitigung seiner Rufbeeinträchtigung auf deren Mithilfe angewiesen ist.[103] Dies ist auch nur folgerichtig, denn angesichts der großen Verbreitung bzw. Reichweite, die die Medien in der heutigen Zeit erfahren, ist schlechthin keine andere Möglichkeit denkbar, wie eine über diese Medien verbreitete unwahre Tatsachen entstandene Beeinträchtigung des Rufs des Betroffenen wiederhergestellt werden soll.

35   Allerdings führt die Interessenabwägung nach der Rechtsprechung in einigen Fällen trotz der Verbreitung der Behauptungen über ein Medium und der fortwirkenden Rufbeeinträchtigung zur **Verneinung der Erforderlichkeit** einer Berichtigung. Auch bei unwahren Tatsachenbehauptungen, die nicht über die Medien verbreitet, sondern im sog. „kleinen Kreis" aufgestellt wurden, scheitert ein Berichtigungsanspruch in bestimmten Fällen. Diese Fälle werden nachfolgend kurz erläutert.

36   **a) Objektive Rufbeeinträchtigung.** Zunächst kann eine Berichtigung nur dann verlangt werden, wenn nach objektiver Beurteilung eine Rufbeeinträchtigung gegeben ist. Ein verletztes Ehrgefühl, mithin ein nur subjektives Empfinden des Betroffenen, reicht hingegen nicht aus.[104]

37   **b) Berichtigung als Genugtuung oder Demütigung.** Die Berichtigung dient nicht, dies hat der BGH mehrfach ausdrücklich festgestellt, der **Genugtuung** des Betroffenen.[105] Auch ist es nicht Aufgabe des Berichtigungsanspruchs, persönliche Rechthabereien zu befriedigen.[106] Geht es daher dem Betroffenen bei der Geltendmachung eines Berichtigungsanspruchs offensichtlich nur darum, den anderen ins Unrecht zu setzen, um sich dadurch Genugtuung zu verschaffen, fehlt es an einem Berichtigungsbedürfnis.[107] Dies wird häufig bei (persönlichen) Auseinandersetzungen im sog. „kleinen Kreis", also beispielsweise zwischen Vereinsmitgliedern oder anderen kleineren Gemeinschaften, z.B. auch einer Gesellschafterversammlung,[108] der Fall sein. Der BGH führt hierzu in seiner Entscheidung *Aktionärsversammlung*[109] aus, dass ein Widerruf in einem solchem Fall kein „geeignetes Mittel ist, einer noch fortbestehenden Ansehensminderung entgegenzuwirken, die der Verletzte auf Grund der ihn inkriminierenden Behauptungen gegenüber Personen ausgesetzt ist, denen die Äußerungen zur Kenntnis gelangt sind oder noch gelangen können. Sind dagegen solche den Betroffenen belastenden «Außenwirkungen» der Behauptungen nicht zu befürchten, dann besteht kein Anlass, dem Beklagten einen Wi-

[101] *Löffler/Ricker*, Kap. 44 Rn. 21; *Soehring*, Tz. 31.8 f.; *Wenzel/Gamer*, Rn. 31.25 m.w.N.

[102] Siehe dazu im Einzelnen unten ab Rn. 48 ff.

[103] *Soehring*, Tz. 31.9 (der auf die 4. Auflage von Wenzel verweist); *Wenzel/Gamer*, Rn. 13.26 m.w.N. aus der Rechtsprechung.

[104] *Wenzel/Gamer*, Rn. 13.27; siehe auch oben Rn. 23.

[105] Vgl. u.a. BGHZ 69, 181 = NJW 1977, 1681, 1682 – *Wohnstättengemeinschaft*; NJW 1984, 1104, 1105 – *Aktionärsversammlung*.

[106] BGHZ 69, 181 = NJW 1977, 1681, 1682 – *Wohnstättengemeinschaft*.

[107] BGHZ 69, 181 = NJW 1977, 1681, 1682 – *Wohnstättengemeinschaft*; BGHZ 89, 198 = NJW 1984, 1104, 1105 – *Aktionärsversammlung*; siehe auch *Damm/Rehbock*, Rn. 880; *Soehring*, Tz. 31.8; *Wenzel/Gamer*, Rn. 13.27.

[108] BGHZ 89, 198 = NJW 1984, 1104, 1105 – *Aktionärsversammlung*.

[109] BGHZ 89, 198 = NJW 1984, 1104, 1105 – *Aktionärsversammlung*. Die Entscheidung wird in der Literatur teilweise auch unter dem Namen *Kleiner Kreis* zitiert, vgl. z. B. *Damm/Rehbock*, Rn. 878 ff.

derruf abzufordern, der in diesem Fall in der Tat nur dazu dienen kann, dem Verletzten durch eine Ehrenerklärung Genugtuung zu verschaffen. Solches Verlangen zur Bereinigung seines Verhältnisses zum Verletzer würde auf eine vom Ehrenschutz nicht gebotene, unverhältnismäßige Demütigung des Beklagten hinauslaufen."[110]

Die Berichtigung, die ihrer Rechtsnatur nach eine Folgenbeseitigung darstellt, darf **38** auch nicht nur dem Wunsch des Betroffenen nach **Demütigung** desjenigen, der die unwahren Tatsachenbehauptungen aufgestellt bzw. verbreitet hat, dienen.[111] Ist offensichtlich, dass es dem Betroffenen darum geht, den Behauptenden zu demütigen, entfällt das Berichtigungsbedürfnis und ist eine Berichtigung im Rahmen der Interessenabwägung somit als nicht erforderlich anzusehen. Das Bundesverfassungsgericht hat in der viel zitierten *Korruptionsvorwurf*-Entscheidung[112] in einem obiter dictum festgestellt, dass der frühere Spiegel-Verleger Rudolf Augstein, der in einem von Franz-Josef Strauß angestrengten Prozess zu einer eigenhändig zu unterzeichnenden, privatschriftlichen Widerrufs- bzw. Nichtaufrechterhaltungserklärung und zu deren Veröffentlichung verurteilt wurde, nicht von der Unrichtigkeit der zu berichtigenden Behauptungen überzeugt sein müsse. Augstein solle nicht „gedemütigt", sein Wille nicht „gebrochen" werden. Es werde ihm nicht angesonnen, seine Überzeugung zu ändern, auch nicht, einen – nicht vorhandenen – Überzeugungswandel nach außen zu bekennen.[113] Das Bundesverfassungsgericht erachtet es daher als zulässig, in der Berichtigungserklärung zum Ausdruck zu bringen, dass diese in Erfüllung eines rechtskräftigen Urteils abgegeben wird, um einer Demütigung des Erklärenden entgegenzuwirken.

c) Kleiner Kreis der Erklärungsempfänger. Bei in den Medien aufgestellten **39** Behauptungen ist der Kreis der Erklärungsempfänger in der Regel so groß, dass eine Rufbeeinträchtigung unproblematisch angenommen werden kann und die Interessenabwägung[114] regelmäßig zugunsten des Betroffenen ausfällt, die Berichtigung also erforderlich im Sinne der Rechtsprechung ist. Es fehlt an der Erforderlichkeit einer Berichtigung jedoch dann, wenn die unwahre Behauptung nicht durch Medien aufgestellt bzw. verbreitet, sondern vielmehr **einzig dem Betroffenen gegenüber** geäußert wurde. In einem solchen Fall ist keine Rufbeeinträchtigung bzw. Ehrverletzung des Betroffenen bei Dritten eingetreten, eine Berichtigung würde demnach ausschließlich der Genugtuung des Betroffenen dienen.[115]

Bei Äußerungen im sog. **„kleinen Kreis"**, also nur wenigen Dritten gegenüber, ist – **40** mit Ausnahme von Äußerungen im engsten Familienkreis, der (nicht nur) im Rahmen von Berichtigungsansprüchen einen dem Ehrenschutz entzogenen Freiraum bildet – ein Berichtigungsbedürfnis grundsätzlich gegeben.[116] Es kann nicht entscheidend sein, dass die unwahren Behauptungen gegenüber einer nur kleinen Öffentlichkeit getätigt wurden, vielmehr kann es für den Betroffenen gerade auch bei nur wenigen Personen gegenüber geäußerten Beschuldigungen von erheblicher Bedeutung sein, dass diese berichtigt werden. Es kommt in einem solchen Fall auf die Umstände des Einzelfalls an, ob in diesem kleinen Kreis eine offene Aussprache der Berichtigung vorrangig ist oder nicht.[117] Der BGH erklärt in der *Aktionärsversammlung*-Entscheidung[118] dazu:

---

[110] BGHZ 89, 198 = NJW 1984, 1104, 1105 – *Aktionärsversammlung*.

[111] Siehe dazu ausführlich *Damm/Rehbock*, Rn. 878 f.; *Soehring*, Tz. 31.8.

[112] BVerfGE 28, 1 = NJW 1970, 651 – *Korruptionsvorwurf*; z.T. wird die Entscheidung auch unter dem Namen *Augstein* zitiert.

[113] BVerfGE 28, 1 = NJW 1970, 651, 652 – *Korruptionsvorwurf*.

[114] S.o. Rn. 34.

[115] BGH NJW 1953, 1386, 1387 – *Private Äußerung*; NJW 1989, 774 – *Diagnose*; *Wenzel/Gamer*, Rn. 13.29.

[116] Vgl. *Wenzel/Gamer*, Rn. 13.29 m.w.N.

[117] BGHZ 89, 198 = NJW 1984, 1104, 1105 – *Aktionärsversammlung; Damm/Rehbock*, Rn. 885.

[118] BGHZ 89, 198 = NJW 1984, 1104, 1105 – *Aktionärsversammlung* (z.T. auch zitiert als *Kleiner Kreis*).

„Das schutzwürdige Interesse des Betroffenen, sich mit einer Widerrufsklage gegen unwahre Behauptungen über seine Person zu wehren, ist nicht schon von vornherein deswegen geringer, weil die Äußerungen nicht in einer breiten Öffentlichkeit, sondern im kleinen Kreis gemacht worden sind. Im Gegenteil können ihn Beschuldigungen ‚unter vier Augen‘ oder in einem kleinen Kreis sachlich Interessierter unter Umständen nachhaltiger beeinträchtigen als öffentliche Kritik, von der er schneller Kenntnis erlangen und der er deshalb eher entgegentreten kann. Ein dem Ehrenschutz entzogener Freiraum für Beschuldigungen im kleinen Kreis wird deshalb in der Rechtsprechung nur als besonderer Ausnahmetatbestand für Äußerungen im engsten Familienkreis, im Schrifttum darüber hinaus für den engsten Freundeskreis sowie für Verhältnisse diskutiert, die – wie bei den Beziehungen zwischen Mandant und Rechtsanwalt oder zwischen Patient und Arzt – durch vom Gesetzgeber besonders abgesicherte Vertraulichkeit herausgehoben sind.“

41 **d) Zutreffender Tatsachenkern.** Trifft die angegriffene Äußerung in ihrem Tatsachenkern zu, d. h. sind lediglich **Nebensächlichkeiten** unrichtig oder ist die Darstellung **übertrieben**, ist kein Berichtigungsbedürfnis gegeben.[119]

42 **e) Prozessbehauptungen.** Prozessbehauptungen oder Behauptungen in einem behördlichen Verfahren sind grundsätzlich nicht berichtigungsfähig. Denn die in einem Gerichtsverfahren aufgestellten Behauptungen des Rechtsanwalts oder der Parteien sowie der Zeugen dienen lediglich der Rechtsverfolgung bzw. der Rechtsverteidigung und können vom Gegner erwidert werden. Allein maßgeblich ist die gerichtliche Entscheidung, eine zusätzliche Berichtigung ist daher nicht erforderlich.[120]

43 **f) Mittel zur Beeinflussung eines schwebenden Verfahrens.** Beabsichtigt der Betroffene, die Berichtigung als Mittel zur Beeinflussung eines schwebenden oder zukünftigen gerichtlichen Verfahrens einzusetzen, ist kein Berichtigungsbedürfnis anzuerkennen. Ein solcher Sachverhalt lag der *Wohnstättengemeinschaft*-Entscheidung des BGH zugrunde, in der die Berichtigungsklage im Wesentlichen deshalb angestrengt wurde, um ein Mietverhältnis beenden zu können.[121]

44 **g) Provokation des Verletzers.** Hat der Betroffene den Störer zur Behauptung der unwahren Tatsachen provoziert, entfällt das Berichtigungsbedürfnis des Betroffenen.[122]

2. Eignung der Berichtigung

45 Nach der Rechtsprechung des BGH muss der Widerruf „das geeignete Mittel sein, die Folgen der ehrverletzenden Beschuldigung zu beseitigen“.[123] Allerdings werden unter diesem Stichwort in Rechtsprechung[124] und Literatur[125] im Wesentlichen Fälle des fehlenden Berichtigungsbedürfnisses diskutiert, die im Rahmen der Interessenabwägung in Hinblick auf die Erforderlichkeit der Berichtigung vorstehend bereits dargestellt wur-

---

[119] BGHZ 69, 181 = NJW 1977, 1681, 1682 – *Wohnstättengemeinschaft*; *Löffler/Ricker*, Kap. 44 Rn. 21, die als Beispiel die Behauptung anführen, ein Prominenter sei mit 2,0 Promille Auto gefahren, tatsächlich waren es aber nur 1,9 Promille. Siehe außerdem Wenzel/*Gamer*, Rn. 13.27 und 13.36.

[120] BGH GRUR 1962, 242, 244 f. – *Prozessvortrag*; GRUR 1969, 236, 237 – *Ostflüchtlinge*; BGHZ 69, 181 = NJW 1977, 1681, 1682 – *Wohnstättengemeinschaft*; NJW 1992, 1314, 1315 – *Kassenarztrundschreiben*; vgl. auch *Löffler/Ricker*, Kap. 44 Rn. 21; ausführlich *Damm/Rehbock*, Rn. 883 f.; sowie Wenzel/*Gamer*, Rn. 13.30 m.w.N.

[121] BGHZ 69, 181 = NJW 1977, 1681, 1682 – *Wohnstättengemeinschaft*; vgl. auch Wenzel/*Gamer*, Rn. 13.28 m.w.N.

[122] BGH AfP 1992, 361, 362 – *Plagiatsvorwurf II*; Wenzel/*Gamer*, Rn. 13.37.

[123] BGHZ 69, 181 = NJW 1977, 1681, 1682 – *Wohnstättengemeinschaft*. Vgl. auch BGH NJW 1984, 1104, 1105 – *Aktionärsversammlung* mit ähnlicher Formulierung: „[…] wenn der Widerruf das geeignete Mittel ist, einer noch fortbestehenden Ansehensminderung entgegenzuwirken […]“.

[124] BGHZ 69, 181 = NJW 1977, 1681, 1682 – *Wohnstättengemeinschaft*; BGHZ 89, 198 = NJW 1984, 1104, 1105 – *Aktionärsversammlung*.

[125] Vgl. *Löffler/Ricker*, Kap. 44 Rn. 22; Wenzel/*Gamer*, Rn. 13.33.

den.[126] So prüft der BGH beispielsweise in der *Wohnstättengemeinschaft*-Entscheidung[127] unter dem Stichwort der „Eignung" des begehrten Widerrufs die Problematik des kleinen Empfängerkreises[128] sowie den Fall des zutreffenden Tatsachenkerns[129] und schließlich das Bedürfnis des Klägers nach Genugtuung.[130] Auch in der Entscheidung *Aktionärsversammlung* diskutiert der BGH die Problematik des Genugtuungsbedürfnisses bzw. der unverhältnismäßigen Demütigung des Beklagten sowie den kleinen Empfängerkreis unter dem Stichwort einer „Eignung" des Widerrufs.[131] Im Ergebnis ist daher auch die „Eignung" der Berichtigung zur Beseitigung der Beeinträchtigung eine Frage der Interessenabwägung zwischen dem Interesse des Betroffenen am Schutz bzw. an der Wiederherstellung seiner Ehre und seines Rufs, und dem Interesse des Mitteilenden, einmal geäußerte Behauptungen nicht öffentlich zurücknehmen zu müssen.

46 Die Berichtigung ist allerdings jedenfalls dann zur Beseitigung der Rufbeeinträchtigung **ungeeignet**, wenn die vom Betroffenen geforderte Erklärung ihrem Inhalt nach den erhobenen Vorwurf überhaupt nicht widerlegt.[132]

3. Zumutbarkeit

47 Die Berichtigung darf schließlich für den Erklärenden **nicht unzumutbar** sein. Nach der Rechtsprechung des BGH ist dies dann der Fall, wenn der Widerruf geeignet wäre, zum Nachteil des Widerrufenden ein unrichtiges oder entstelltes Bild vom wirklichen Sachverhalt hervorzurufen.[133]

C. Formen der Berichtigung

48 Der Anspruch auf Berichtigung ist, wie eingangs bereits dargelegt, gesetzlich nicht ausdrücklich geregelt, es handelt sich vielmehr um eine Schöpfung der Rechtsprechung, die den Anspruch in Anlehnung an § 1004 BGB als Folgenbeseitigungsanspruch ausgestaltet.[134] Es existiert daher keine vorgeschriebene Form, wie eine Berichtigung auszusehen hat. Aus dem von der Rechtsprechung entwickelten Grundsatz, dass der Anspruch dazu dienen soll, eine durch eine unwahre Tatsachenbehauptung hervorgerufene und noch fortdauernde Rufbeeinträchtigung zu beseitigen, haben sich in der Praxis verschiedene Ausformungen bzw. Abstufungen herausgebildet: der **„(förmliche) Widerruf"**, die **„Richtigstellung"**, die **„Nichtaufrechterhaltung"**, die z. T. auch als **„eingeschränkter Widerruf"** bezeichnet wird, die **„Ergänzung"** bzw. **„Folgeberichterstattung"**, sowie die **„Distanzierung"** bzw. das „Abrücken von übernommenen Äußerungen Dritter".[135]

49 Das Bundesverfassungsgericht hat dazu in seiner *Caroline von Monaco I*-Entscheidung festgestellt, dass die Regelung des Berichtigungsanspruchs durch die Rechtsprechung ausreichenden Raum für eine fallbezogene Abwägung der konkurrierenden Rechtsgüter lasse und die Tatbestandsvoraussetzungen und Rechtsfolgen der zivilrechtlichen Grundlagen des Berichtigungsanspruchs jeweils grundrechtskonform konkretisiert werden könnten.[136]

---

[126] S.o. Rn. 33 bis 44.
[127] BGHZ 69, 181 = NJW 1977, 1681 – *Wohnstättengemeinschaft*.
[128] Siehe dazu oben Rn. 39 f.
[129] Siehe dazu oben Rn. 41.
[130] Siehe dazu oben Rn. 37.
[131] BGHZ 89, 198 = NJW 1984, 1104, 1105 – *Aktionärsversammlung*.
[132] Wenzel/*Gamer*, Rn. 13.33.
[133] BGH GRUR 1966, 272 – *Arztschreiber*.
[134] S.o. Rn. 1–3.
[135] Vgl. etwa BVerfGE 97, 125, 150 = NJW 1998, 1381, 1383 – *Caroline von Monaco I*; BGHZ 128, 1, 6 = NJW 1995, 861, 862 – *Caroline von Monaco I*. Siehe auch *Prinz/Peters*, Rn. 688 ff.; *Löffler/Ricker*, Kap. 44 Rn. 16; *Soehring*, Tz. 31.11; Wenzel/*Gamer*, Rn. 13.6c und 13.61 ff.
[136] BVerfGE 97, 125, 150 = NJW 1998, 1381, 1383 – *Caroline von Monaco I*.

Die Frage, welche Ausformung der Berichtigung im konkreten Fall in Betracht kommt, ist daher eine **Einzelfallentscheidung auf Grundlage einer Interessenabwägung**: Inhalt und Form der Berichtigung müssen sich in den Grenzen halten, die unter Abwägung der beiderseitigen Belange – dem allgemeinen Persönlichkeitsrecht auf der einen und der Pressefreiheit auf der anderen Seite – zu ziehen sind. Die Berichtigung darf nicht über das hinausgehen, was zur Beseitigung der Beeinträchtigung erforderlich ist.[137]

I. Widerruf

50   Eine in der Praxis sehr häufig gewählte Form der Berichtigung ist der **(förmliche) Widerruf**.[138] Voraussetzung ist ohne Ausnahme, dass die Unwahrheit der behaupteten Tatsachen positiv feststeht.[139] Ein solcher förmlicher Widerruf erfolgt in der Regel in **zwei „Teilen"**: Zunächst wird die unwahre Tatsachenbehauptung wiederholt, um diese im Anschluss daran zu widerrufen:

„In der Ausgabe Nr. X vom X.X.200X haben wir behauptet, dass [...]. Diese Behauptung widerrufen wir hiermit (als unwahr/unrichtig)."[140]

Der Zusatz „als unwahr/unrichtig" ist nicht zwingend erforderlich, hängt vielmehr vom Antrag des Klägers ab.

51   Allerdings gibt es Fälle, in denen ein solcher Widerruf nicht ausreicht, da er zu weiteren Unklarheiten führen oder den Adressaten in die Irre führen, mithin die Rufbeeinträchtigung nicht bzw. nicht eindeutig beseitigen würde. Dann kann auch ein sog. **qualifizierter Widerruf** gefordert werden, in dem in kurzer Form der tatsächliche Sachverhalt mitgeteilt wird.[141] So kann ein qualifizierter Widerruf z. B. geboten sein bei der – sich später als unwahr erweisenden – Behauptung, jemand habe sich strafbar gemacht.[142] Die Unwahrheit dieser Tatsache kann nämlich zum einen darauf beruhen, dass der Betroffene mit der Angelegenheit überhaupt nichts zu tun hatte; zum anderen kann es aber auch sein, dass ein Ermittlungsverfahren eingestellt wurde. In beiden Fällen wird ein Bedürfnis des Betroffenen anzuerkennen sein, über den Widerruf hinaus mitzuteilen, warum er sich nicht strafbar gemacht hat.

52   Wird der Widerruf nicht auf eine Analogie zu § 1004 BGB, sondern auf § 823 BGB gestützt (deliktischer Widerrufsanspruch), ist außerdem erforderlich, dass der Störer schuldhaft gehandelt hat.[143]

II. Richtigstellung

53   Eine **Richtigstellung** ist im Vergleich zu einem förmlichen Widerruf die mildere Form einer Berichtigung. Wie beim qualifizierten Widerruf können bei der Richtigstellung über die bloße Negation der ursprünglichen Behauptungen hinaus weitere erläuternde Klarstellungen mitgeteilt werden.[144] Die Richtigstellung bietet außerdem gegenüber dem Widerruf den Vorteil, dass sie eine Demütigung des Verpflichteten, die von der Rechtsprechung ausdrücklich missbilligt wurde, in der Regel vermeidet.[145]

---

[137] BGH GRUR 1969, 555 – *Cellulitis*; *Damm/Rehbock*, Rn. 912.

[138] *Damm/Rehbock* bezeichnen diese Form der Berichtigung als „vollen Widerruf", vgl. *dies.*, Rn. 890.

[139] *Prinz/Peters*, Rn. 688; *Damm/Rehbock*, Rn. 890; *Soehring*, Tz. 31.12; *Wenzel/Gamer*, Rn. 13.62.

[140] Weitere Beispiele für einen Widerruf bei *Prinz/Peters*, Rn. 689.

[141] *Prinz/Peters*, Rn. 688; *Wenzel/Gamer*, Rn. 13.62.

[142] Beispiel nach *Prinz/Peters*, Rn. 688. Vgl. auch *Wenzel/Gamer*, Rn. 13.62 mit weiteren Beispielen.

[143] Vgl. dazu oben Rn. 2 und 22.

[144] *Soehring*, Tz. 31.13.

[145] BGHZ 31, 308, 318 – *Alte Herren*; BGHZ 57, 325 – *Freispruch*; BGHZ 69, 181 = NJW 1977, 1681 – *Wohnstättengemeinschaft*; BGHZ 89, 198 = NJW 1984, 1104 – *Aktionärsversammlung*; *Soehring*,

Die Rechtsprechung hat einen Anspruch auf Richtigstellung in **folgenden Fallgruppen** anerkannt:

1. Teilweise Unwahrheit

Ist die Erstmitteilung nicht vollständig, sondern nur in einem **Teilaspekt** unwahr,   **54** kann kein Widerruf, sondern (nur) eine Richtigstellung verlangt werden.[146] In der Entscheidung *Insiderwissen* etwa hat der BGH eine solche Unwahrheit in einem Teilaspekt angenommen, da behauptet wurde, in einem Buchclub würden die Verbraucher mindestens zwei Jahre gebunden, während in Wahrheit in etwa der Hälfte der Fälle nur eine Bindung von einem Jahr gegeben war.[147]

2. Vermittlung eines unzutreffenden Eindrucks

Vermittelt die Erstmitteilung einen unzutreffenden Eindruck, weil die behaupteten   **55** Tatsachen zwar nicht schlechthin unwahr, jedoch **unvollständig**, **übertrieben** oder **missverständlich** sind, ist ebenfalls nicht der Widerruf, sondern die Richtigstellung die geeignete Form der Berichtigung.[148] So hat der BGH in beiden *Caroline von Monaco*-Entscheidungen einen Anspruch auf Richtigstellung zuerkannt, da missverständliche Formulierungen einen unzutreffenden Eindruck vermittelten.[149] Das OLG Hamburg hat dem Betroffenen einen Anspruch auf Richtigstellung in einem Fall zuerkannt, in dem der unzutreffende Eindruck erweckt wurde, der Betroffene sei an Aids erkrankt.[150] Der BGH schließlich hat in der Entscheidung *Medizinsyndikat III* im Falle von **verdeckten Behauptungen** einen klarstellenden Zusatz in Form der Richtigstellung zuerkannt, da die Erstmitteilung missverständlich war.[151]

3. Rechtmäßigkeit der Behauptung zum Äußerungszeitpunkt

War eine Behauptung zum Zeitpunkt ihrer Äußerung rechtmäßig, weil die Presse die   **56** erforderlichen journalistischen Sorgfaltspflichten beachtet hat, wurde die Behauptung also in **Wahrnehmung berechtigter Interessen** veröffentlicht, kann die Presse zu einer Richtigstellung verpflichtet sein.[152] Dies wurde im Rahmen der Tatbestandsvoraussetzung der Rechtswidrigkeit bereits ausführlich erläutert, so dass an dieser Stelle auf die vorstehenden Ausführungen verwiesen wird.[153]

4. Namensidentität

Gamer will schließlich einen Anspruch auf Richtigstellung zuerkennen in Fällen, in   **57** denen aufgrund einer Behauptung über eine Person eine andere namensgleiche Person betroffen ist.[154] Dies kann nach hier vertretener Auffassung jedoch dann nicht in Betracht kommen, wenn offensichtlich ist, welche – namensgleiche – Person mit der Erstmitteilung gemeint war. Wird die Erstmitteilung beispielsweise durch Fotos der genannten Person illustriert, wird hinreichend deutlich, wer gemeint ist und kann eine namensgleiche

---

Tz. 31.13; Wenzel/*Gamer*, Rn. 13.63. Zur Problematik der Demütigung des Verpflichteten vgl. oben Rz. 38.

[146] BGH NJW 1982, 2246, 2248 – *Klinikdirektoren*; NJW-RR 1987, 754 – *Insiderwissen*; Prinz/Peters, Rn. 690; Löffler/Ricker, Kap. 44 Rn. 29; Wenzel/*Gamer*, Tz. 13.65.

[147] BGH NJW-RR 1987, 754 – *Insiderwissen*.

[148] BGHZ 31, 308 – *Alte Herren*; BGHZ 66, 182 AfP 1976, 75 – *Panorama*; 128, 1 = NJW 1995, 861 – *Caroline von Monaco I*; NJW 1996, 984 – *Caroline von Monaco II*; Prinz/Peters, Rn. 690; Löffler/Ricker, Kap. 44 Rn. 29; Damm/Rehbock, Rn. 891; Soehring, Tz. 31.13; Wenzel/*Gamer*, Rn. 13.65 f. m.w.N.

[149] BGHZ 128, 1 = NJW 1995, 861 – *Caroline von Monaco I*; NJW 1996, 984 – *Caroline von Monaco II*.

[150] OLG Hamburg AfP 1987, 703.

[151] BGH NJW 1980, 2801 – *Medizinsyndikat III*.

[152] Löffler/Ricker, Kap. 44 Rn. 28 m.w.N.; Wenzel/*Gamer*, Rn. 13.63.

[153] Siehe dazu ausführlich oben Rn. 19 ff.

[154] Wenzel/*Gamer*, Rn. 13.67.

Person daher keine Richtigstellung verlangen. Gleiches muss gelten, wenn die in der Erstmitteilung genannte Person so prominent ist, das eine Verwechslung ausgeschlossen ist – vorausgesetzt, es wird erkennbar, dass mit der Erstmitteilung gerade dieser Prominente gemeint war (so etwa bei einer Mitteilung, die beginnt mit dem Worten „Der Tennisspieler Boris Becker …"; hier ist offensichtlich, wer gemeint ist, sodass eine Person, die ebenfalls Boris Becker heißt, keine Richtigstellung verlangen könnte).

III. Nichtaufrechterhaltung

58   Die Berichtigung in Form der Nichtaufrechterhaltung, die gelegentlich auch als „eingeschränkter Widerruf" bezeichnet wird,[155] wurde von der Rechtsprechung hauptsächlich für all diejenigen Fälle entwickelt, in denen zwar der positive Nachweis der Unwahrheit nicht erbracht werden kann, ernstliche Anhaltspunkte für die Wahrheit der Behauptung jedoch fehlen. In diesen Fällen kommt ausnahmsweise auch ohne Nachweis der Unwahrheit eine Berichtigung in Form der Nichtaufrechterhaltung in Betracht.[156] Dies gilt auch, wenn der Betroffene bereits verstorben ist.[157]

59   Nach der Rechtsprechung des BGH reicht es jedoch nicht aus, dass die Wahrheit der Behauptung nicht bewiesen werden kann, vielmehr müssen **bei objektiver Betrachtung** ernstliche Anhaltspunkte für die Wahrheit fehlen. Eine Nichtaufrechterhaltung in der Form „wird nicht aufrechterhalten, weil die Behauptung nicht beweisbar ist", ist daher nicht möglich.[158] Bestehen Zweifel über die Frage der Wahrheit oder Unwahrheit der Behauptung, gehen diese grundsätzlich zu Lasten des Klägers.[159]

60   *Gamer* erkennt einen Anspruch auf Nichtaufrechterhaltung außerdem in Fällen an, in denen dem Verpflichteten ein Widerruf oder eine Richtigstellung nicht zuzumuten ist.[160]

IV. Ergänzende Berichterstattung

61   Grundsätzlich hat niemand gegenüber den Medien einen Anspruch auf Folgeberichterstattung bezüglich eines bestimmten, die eigene Person betreffenden Geschehens, über das in den Medien berichtet wurde. Ändert sich also nach der Berichterstattung etwas an der berichteten Situation, obliegt es den Medien zu entscheiden, ob sie auch darüber berichten wollen.[161]

62   In seltenen **Ausnahmefällen** hat die Rechtsprechung dem Betroffenen jedoch einen Anspruch auf eine nachträgliche ergänzende Berichterstattung zugebilligt. Diese Ausnahmen betrafen Fälle, in denen ein Presseorgan zunächst rechtmäßig über ein **strafrechtliches Ermittlungsverfahren** bezüglich schwerer strafrechtlicher Verfehlungen des Betroffenen berichtet hatte, dieses Verfahren später jedoch mit einem rechtskräftigen Freispruch abgeschlossen wurde.[162] Der BGH hat dazu in seiner *Freispruch*-Entscheidung[163] – seine bislang einzige, in der er einen Anspruch auf Folgeberichterstattung zu-

---

[155] Vgl. z.B. *Damm/Rehbock*, Rn. 891; *Soehring*, Tz. 31.14; außerdem *Wenzel/Gamer*, Rn. 13.68, der diese Bezeichnung zu Recht deshalb ablehnt, weil sie zu Missverständnissen führen kann, da unter sprachlichen Gesichtspunkten auch eine Richtigstellung ein eingeschränkter Widerruf ist.

[156] BGHZ 37, 187, 190 – *Eheversprechen*; BGH NJW 1960, 672 – *La chatte*; NJW 1966, 647, 649 – *Reichstagsbrand*; *Soehring*, Tz. 31.14; *Wenzel/Gamer*, Rn. 13.69 m.w.N.; siehe auch oben Rn. 13.

[157] BGH NJW 1974, 1371 – *Fiete Schulze*.

[158] BGH MDR 1970, 579, 580; BGHZ 69, 181 = NJW 1977, 1681, 1682 – *Wohnstättengemeinschaft*.

[159] BGHZ 66, 182 = AfP 1976, 75, 78 – *Panorama*; *Wenzel/Gamer*, Rn. 13.69. Vgl. zur Frage der Beweislast ausführlich unten Rn. 81f.

[160] *Wenzel/Gamer*, Rn. 13.70 mit Beispielen.

[161] *Prinz/Peters*, Rn. 694; *Soehring*, Tz. 31.16 m.w.N. aus der Rspr.

[162] BVerfG NJW 1997, 2589 – *Folgenbeseitigungsanspruch*; BGHZ 57, 325 – *Freispruch*; vgl. auch *Löffler/Ricker*, Kap. 44 Rn. 30 m.w.N.; *Soehring*, Tz. 31.16 m.w.N.; *Wenzel/Gamer*, Rn. 13.74ff. m.w.N.

[163] BGHZ 57, 325 – *Freispruch*.

gesprochen hat – aber ausdrücklich festgestellt, dass „eine solche Pflicht zur Ergänzung [...] auf Fälle wie den vorliegenden zu beschränken" sei. Nach Auffassung des BGH sei keinesfalls „ein Anspruch des durch eine Veröffentlichung Betroffenen auf Ergänzung anzuerkennen, sofern die veröffentlichte Tatsachenmitteilung infolge späterer Veränderung des Sachverhalts überholt wird". Der in der *Freispruch*-Entscheidung zu beurteilende Sachverhalt liege jedoch anders: Darin nämlich werde die Nachricht nicht deshalb „überholt", weil sich der berichtete Sachverhalt später verändere, vielmehr ändere sich lediglich dessen Beurteilung durch die Strafgerichte. Es gehe damit um die Frage der Maßgeblichkeit der letzten strafgerichtlichen Beurteilung desselben Lebenssachverhalts.[164]

Ein Anspruch auf Folgeberichterstattung ist demnach auf extreme Ausnahmefälle und 63 auf schwere strafrechtliche Verfehlungen wie beispielsweise die Mitteilung über den nachträglich eingetretenen Freispruch eines Mannes vom Vorwurf des sexuellen Missbrauchs von Kindern[165] zu beschränken. Dabei muss in jedem Fall **sorgfältig abgewogen** werden, ob eine derart gravierende und noch fortdauernde Verletzung des Persönlichkeitsrechts des Betroffenen vorliegt, dass diese nur durch eine Folgeberichterstattung beseitigt werden kann.[166] Ein Beispiel für die Formulierung einer Folgeberichterstattung findet sich bei *Prinz/Peters*, Rn. 695.

Gamer hält darüber hinaus die Folgeberichterstattung in Form der berichtigenden Er- 64 gänzung für möglich in Fällen, in denen infolge fehlerhafter Auswahl oder Weglassungen ein falsches oder verzerrtes Bild entstanden ist.[167] Er führt als Beispiel an, dass bei einer Berichterstattung über eine Strafe nicht mitgeteilt wurde, dass diese zur Bewährung ausgesetzt wurde. Die von *Gamer* diesbezüglich angeführten Fälle sind jedoch eher als Richtigstellungen anzusehen.

V. Distanzierung

Verbreiten die Medien **Aussagen Dritter**, v. a. als Zitat, ohne sich diese zu Eigen zu 65 machen, kommt als Berichtigungsform lediglich die Distanzierung in Betracht.[168] Denn wer sich eine Behauptung nicht zu Eigen gemacht hat, kann sie auch nicht widerrufen, da ein Widerruf schon dem Wortsinn nach nur bei eigenen Behauptungen möglich ist. *Damm/Rehbock* sehen in der Distanzierung daher auch lediglich eine Erklärung, dass die Redaktion sich die verbreitete unwahre Tatsachenbehauptung nicht zu Eigen macht.[169]

Der Anspruch auf Distanzierung scheidet aus, wenn das verbreitende Medium sich be- 66 reits bei der Erstmitteilung **ausreichend** von den Behauptungen **distanziert** hat. Hieran stellt die Rechtsprechung jedoch hohe Anforderungen.[170] Ob die Distanzierung ausreicht, hängt von den Umständen des Einzelfalls ab. In der Regel reichen bei Nachrichtensendungen, Presseschauen und im Leserbriefteil ausdrückliche Zusätze aus, dass die dort dargestellten Auffassungen nicht von der Redaktion stammen und mit diesen nicht übereinstimmen.[171]

---

164 BGHZ 57, 325 – *Freispruch*.

165 Ein solcher Sachverhalt lag der Entscheidung des Bundesverfassungsgerichts BVerfG NJW 1997, 2589 – *Folgenbeseitigungsanspruch* zugrunde. Vorinstanzen: OLG Hamburg, Urteil vom 18. 2. 1997 – 7 U 136/96 (nicht veröffentlicht) und LG Hamburg, Urteil vom 10. 5. 1996 – 324 O 84/96 (nicht veröffentlicht).

166 *Soehring*, Tz. 31.16.

167 *Wenzel/Gamer*, Rn. 13.72 f. m.w.N.

168 BGHZ 66, 182 = AfP 1976, 75 – *Panorama*; *Damm/Rehbock*, Rn. 895; *Wenzel/Gamer*, Rn. 13.79. Siehe auch oben Rn. 16.

169 *Damm/Rehbock*, Rn. 895.

170 *Wenzel/Gamer*, Rn. 13.80 m.w.N. aus der Rspr., die jedoch Unterlassungsansprüche zum Gegenstand hatten.

171 *Damm/Rehbock*, Rn. 895; *Wenzel/Gamer*, Rn. 13.80.

67   Neben dem Anspruch auf Distanzierung gegen das verbreitende Medium kommt überdies gegen den zitierten Dritten selbst ein Anspruch auf Widerruf oder Richtigstellung in Betracht. Hat der Dritte seine Aussagen widerrufen bzw. richtiggestellt, kann der Betroffene vom verbreitenden Medium statt einer Distanzierung auch den Abdruck der Erklärung des Dritten verlangen.[172]

D. Anspruchsberechtigung und -verpflichtung

I. Der Anspruchsberechtigte

68   Einen Berichtigungsanspruch kann nur geltend machen, wer durch die unwahren Tatsachenbehauptungen **unmittelbar und individuell** in seinen Rechten verletzt wird.[173]

69   Dies kann nicht nur eine **natürliche Person** sein, auch **juristische Personen** können gegen unwahre Tatsachenbehauptungen, die ihren Ruf fortdauernd beeinträchtigen, im Wege der Berichtigungsklage vorgehen.[174] Das Gleiche gilt für eine **Personenmehrheit**, soweit sie einen einheitlichen Willen bilden kann und damit beleidigungsfähig ist, sowie für **Personengesellschaften**.[175] Auch einer **Körperschaft des öffentlichen Rechts** kann ein Berichtigungsanspruch zugebilligt werden, allerdings ist dies nach der jüngsten Rechtsprechung auf Fälle der fortwirkenden Rufbeeinträchtigung „mit erheblichem Gewicht" zu beschränken. So hat das OLG Hamburg in einem Fall dem Bundeskriminalamt (BKA) einen Anspruch auf Richtigstellung bezüglich Behauptungen in einem Artikel über ein „Leck" beim BKA zugebilligt, da seiner Auffassung nach die Rufbeeinträchtigung ein erhebliches Gewicht aufwies.[176]

70   **Unmittelbar und individuell betroffen** ist derjenige, dessen Persönlichkeitsrecht bzw. dessen Ehre durch die unwahren Tatsachenbehauptungen verletzt ist. Dies setzt nicht zwingend eine volle Namensnennung voraus, es genügt vielmehr, dass der Betroffene auch nur für seinen Bekanntenkreis unzweifelhaft **erkennbar** ist.[177] Dieselben Grundsätze gelten auch für **Bildveröffentlichungen**.[178] Eine individuelle Betroffenheit ist dann nicht gegeben, wenn eine Person lediglich als Angehöriger einer Gruppe – z.B. eines Vereins oder einer Partei – von einer Behauptung berührt wird.

71   Bei einer **Mehrheit von Betroffenen** reicht grundsätzlich eine (einzige) Berichtigungserklärung des Störers aus.[179] Dies ist anders als im Gegendarstellungsrecht, nach dem jeder Betroffene eine eigene Gegendarstellung verlangen kann. Da es sich bei der Gegendarstellung um (höchst-)persönliche Erklärungen und damit die eigene Sicht des bzw. eines jeden Betroffenen handelt, bei einer Mehrheit von Betroffenen also jeder von ihnen seine Sichtweise des Geschehens mitteilen kann, ist dies selbstverständlich.

72   Ist die betroffene (natürliche) Person verstorben, können dessen **Angehörige** in Wahrnehmung des postmortalen Persönlichkeitsrechts einen Berichtigungsanspruch geltend machen.[180]

---

[172] *Löffler/Ricker*, Kap. 44 Rn. 27; *Wenzel/Gamer*, Rn. 13.79 f.

[173] *Wenzel/Gamer*, Rn. 13.48 m.w.N.

[174] BGH NJW 1982, 2246 – *Klinikdirektoren*.

[175] OLG Hamburg AfP 1971, 35, 36; *Damm/Rehbock*, Rn. 886; *Wenzel/Gamer*, Rn. 13.48.

[176] OLG Hamburg AfP 2007, 488.

[177] OLG Düsseldorf MDR 1971, 661 – *Sexorgie*; *Wenzel/Gamer*, Rn. 13.48.

[178] *Damm/Rehbock*, Rn. 886.

[179] *Prinz/Peters*, Rn. 703; *Wenzel/Gamer*, Rn. 13.49.

[180] BGH NJW 1974, 1371 – *Fiete Schulze*; zum Persönlichkeitsschutz Verstorbener vgl. grundlegend BVerfGE 30, 173 – *Mephisto*; BGHZ 50, 133 – *Mephisto*; 107, 384, 390 – *Emil Nolde*; siehe auch oben § 43. Vgl. auch *Prinz/Peters*, Rn. 703 m.w.N.; *Wenzel/Gamer*, Rn. 13.48.

II. Der Anspruchsverpflichtete

Grundsätzlich ist derjenige zur Berichtigung verpflichtet, der die unwahren Be- **73** hauptungen als eigene aufgestellt, d. h. diese **selbst behauptet** oder sich diese **zu Eigen** gemacht hat. Wer die Tatsachen erkennbar lediglich als Äußerungen Dritter verbreitet hat, indem er den Dritten beispielsweise zitiert oder dessen Aussage nur anführt, kann nicht zu einem Widerruf, sondern allenfalls zu einer Distanzierung verpflichtet werden.[181]

Die Klage auf Berichtigung kann bei von den Medien veröffentlichten Tatsachenbe- **74** hauptungen gegen den **Verlag** bzw. die **Sendeanstalt** gerichtet werden. Grundsätzlich ist aber auch der **Verfasser** eines Artikels bzw. Beitrags passivlegitimiert, ebenso wie der **verantwortliche Redakteur**.[182] Jeder Verpflichtete muss eine eigene Erklärung abgeben, es handelt sich nicht um eine gesamtschuldnerische Haftung. Allerdings wird in der Praxis bei Veröffentlichungen in den Medien die Berichtigung meist (nur) vom Verlag bzw. der Sendeanstalt gefordert, denn in der Regel wird ein Beitrag weniger mit der Person des Verfassers als vielmehr mit dem veröffentlichenden Medium in Verbindung gebracht.[183]

Wurden die unwahren Behauptungen **von einem Beamten** aufgestellt, kommt es für **75** die Frage der Passivlegitimation darauf an, ob der Beamte sich in dienstlicher Eigenschaft geäußert hat. Ist dies der Fall, ist die Berichtigungsklage nicht gegen ihn, sondern gegen den Staat bzw. die Anstellungskörperschaft zu richten.[184]

E. Durchsetzung der Berichtigung

I. Rechtsweg

Für Berichtigungsklagen gegen Privatpersonen, insbesondere gegen (privatrechtliche) **76** Verlage oder Sender, ist grundsätzlich der **Zivilrechtsweg** eröffnet. Auch Klagen gegen öffentlich-rechtliche Rundfunkanstalten sind ausschließlich im Zivilrechtsweg geltend zu machen.[185] Der Weg zu den **Arbeitsgerichten** ist eröffnet, wenn es um Behauptungen geht, die sich gem. § 2 Abs. 1 Nr. 3 ArbGG auf ein Arbeitsverhältnis beziehen. Handelt es sich um dienstrechtliche Äußerungen eines Beamten und ist die Klage demnach gegen den Staat bzw. die jeweilige Anstellungskörperschaft zu richten,[186] ist der **Verwaltungs-rechtsweg** eröffnet.[187]

II. Verfahrensart

Ein Anspruch auf Berichtigung kann grundsätzlich nur im Wege eines **Hauptsache-** **77** **verfahrens**, nicht hingegen in einem einstweiligen Verfügungsverfahren verfolgt werden.[188] Zum einen muss bei der Frage, welche Verfahrensart für den Berichtigungsan-

---

[181] *Prinz/Peters*, Rn. 704; sehr ausführlich zum Anspruchsverpflichteten Wenzel/*Gamer*, Rn. 13.50 ff.; zur Abgrenzung von Behaupten und Verbreiten siehe oben Rn. 16. Vgl. zur Distanzierung oben Rn. 65 ff.

[182] *Prinz/Peters*, Rn. 704; *Damm/Rehbock*, Rn. 888 f.

[183] So auch *Damm/Rehbock*, Rn. 889.

[184] BVerwGE 59, 319; 82, 76 f.; VGH Mannheim NJW 1990, 1808; *Prinz/Peters*, Rn. 705 m.w.N.; Wenzel/*Gamer*, Rn. 13.50 m.w.N.

[185] BGHZ 66, 182 = AfP 1976, 75 – *Panorama*; BVerwG NJW 1994, 2500.

[186] S.o. Rn. 75.

[187] BGHZ (GSZ) 34, 99 – *Sportanlagenbau*; VGH Mannheim AfP 1993, 605; Wenzel/*Gamer*, Rn. 13.101 m.w.N.

[188] OLG Bremen AfP 1979, 355; OLG Köln AfP 1981, 358; *Prinz/Peters*, Rn. 707; *Löffler/Ricker*, Kap. 44 Rn. 31; *Damm/Rehbock*, Rn. 899 f.; *Soehring*, Tz. 31.17 ff; Wenzel/*Gamer*, Rn. 13.102.

spruch in Betracht kommt, berücksichtigt werden, dass eine Berichtigung nach gefestigter Rechtsprechung nur dann zuerkannt werden kann, wenn die Unwahrheit der behaupteten Tatsachen (rechtskräftig) erwiesen ist.[189] Dies aber ist nur in einem Hauptsacheverfahren möglich, in dem die Frage der Unwahrheit der Behauptung mit den Mitteln des Beweises überprüft werden kann. Die Möglichkeiten der Glaubhaftmachung in einem Verfügungsverfahren hingegen sind beschränkt und können die Unwahrheit einer Behauptung nicht mit derjenigen Sicherheit positiv feststellen, die für einen Berichtigungsanspruch erforderlich ist.[190] Zum anderen liegt der Sinn und Zweck einer einstweiligen Verfügung nach der ZPO grundsätzlich nur in der Sicherung und vorläufigen Regelung, nicht hingegen in der Erfüllung eines Anspruchs. Ist aber eine Berichtigung aufgrund einer auch nur vorläufigen Entscheidung durch einstweilige Verfügung erst einmal veröffentlicht, kann sie nicht mehr rückgängig gemacht werden und würde damit die Hauptsache vorwegnehmen.

78   Daneben wird in Rechtsprechung und Literatur z. T. die Auffassung vertreten, dass in bestimmten Fällen eine **(vorläufige) Berichtigung** auch in einem **einstweiligen Verfügungsverfahren** durchgesetzt werden kann.[191] *Soehring* ist der Auffassung, dass „nur in extremen Ausnahmefällen" eine Ausnahme von dem Grundsatz, dass Berichtigungen nur im Wege eines Hauptsacheverfahrens durchgesetzt werden können, möglich sei, nämlich wenn die Unwahrheit der veröffentlichten Behauptung und ihre nachteiligen Auswirkungen auf schützenswerte Belange des Betroffenen offenkundig seien, insbesondere also, wenn die Unwahrheit unstreitig sei. Selbst dann sei aber ein Streit über die konkrete Ausgestaltung und Platzierung der Berichtigung nicht im Verfügungsverfahren zu klären.[192] *Gamer* schließt sich dieser Auffassung an und fordert, dass sich die Abgabe einer vorläufigen Erklärung ausnahmsweise auch im Verfügungsverfahren durchsetzen lassen muss, wenn aufgrund der Umstände des Falles dafür „ein unabweisbares Bedürfnis" bestehe. Ein solches bestehe unter den von *Soehring* genannten Voraussetzungen der Offenkundigkeit der Unwahrheit und der nachteiligen Auswirkungen auf die zu schützenden Belange des Betroffenen. Allerdings könne auch in derartigen Fällen eine (vorläufige) Berichtigung nur in Form der Nichtaufrechterhaltung zuerkannt werden.[193] Die von *Soehring* und *Gamer* geforderten Voraussetzungen werden in der Praxis tatsächlich nur in sehr seltenen, extremen Ausnahmefällen erfüllt sein, denn in der Regel wird gerade um die Unwahrheit der Behauptungen heftig gestritten. Da ein (förmlicher) Widerruf für den Behauptenden vor dem Hintergrund des Art. 5 Abs. 1 aa eine sehr einschneidende Maßnahme ist, ist *Gamer* zuzustimmen, dass in einem Verfügungsverfahren jedenfalls kein Widerruf, sondern allenfalls eine Nichtaufrechterhaltung durchgesetzt werden kann. Um nicht Gefahr zu laufen, dass ein Antrag auf Erlass einer einstweiligen Verfügung wegen Vorwegnahme der Hauptsache zurückgewiesen und dadurch wertvolle Zeit vergeudet wird, sollte der Anspruch daher grundsätzlich sogleich in einem Hauptsacheverfahren geltend gemacht werden.

III. Klageantrag

79   Der Klageantrag muss die Behauptung, bezüglich derer die Berichtigung gefordert wird, **dem Wortlaut nach** enthalten. Außerdem muss im Antrag angegeben werden, wer **Erklärungsempfänger** ist, d. h. wem gegenüber die Berichtigung erfolgen soll.[194] War

---

[189] Vgl. ausführlich oben Rn. 12 ff.

[190] *Löffler/Ricker*, Kap. 44 Rn. 31; *Soehring*, Tz. 31.19.

[191] OLG Stuttgart MDR 1961, 1024; OLG Hamburg AfP 1971, 35; OLG Köln AfP 1972, 331; vgl. in der Literatur v. a. Wenzel/*Gamer*, Rn. 13.102 und 13.84 f. m. w. N.; *Soehring*, Tz. 31.20. Siehe weiter auch *Helle* NJW 1963, 133; *Schneider* AfP 1984, 129. A. A. *Damm/Rehbock*, Rn. 900. Siehe außerdem unten § 55 Rn. 6.

[192] *Soehring*, Tz. 31.20.

[193] Wenzel/*Gamer*, Rn. 13.102.

[194] BGH GRUR 1966, 272, 274 – *Arztschreiber*.

die Erstmitteilung von einem Medium, beispielsweise einer Zeitschrift, aufgestellt bzw. verbreitet worden, so muss die Berichtigung in demselben Medium erfolgen, da nur auf diese Weise dieselben Erklärungsempfänger erreicht werden. Im Antrag muss dementsprechend angegeben werden, wo die Berichtigung veröffentlicht werden soll.

Das Gericht kann gemäß § 139 ZPO auf eine geeignete Formulierung des Antrags hin- **80** wirken,[195] allerdings ist es anders als beim Unterlassungsantrag – jedenfalls wenn dieser im Wege der einstweiligen Verfügung verfolgt wird – beim Anspruch auf Berichtigung letztlich **an den Antrag des Klägers gebunden**. Der Richter kann diesen mithin nicht von sich aus an das aus seiner Sicht Erforderliche anpassen und darf vom klägerischen Antrag weder abweichen, noch darüber hinausgehen. Dies trägt dem Umstand Rechnung, dass der Klageantrag bei der Berichtigung notwendig auf eine bestimmte, unrichtige und damit widerrufsfähige Tatsachenbehauptung beschränkt werden muss.[196] Das Gleiche gilt auch für die **Abdruckanordnung**, so dass das Gericht eine Klage abweisen muss, wenn es die vom Kläger geforderte Platzierung für nicht angemessen hält. In einem vom OLG Hamburg entschiedenen Fall hatte der Kläger den Abdruck der Richtigstellung auf der Titelseite gefordert, was das Gericht jedoch als übermäßig empfand. Es entschied, dass es von sich aus keine Möglichkeit habe zu bestimmen, in welcher Form der Verletzte seine Rechte angemessen wahrnimmt.[197] In der Praxis sollte daher in einem Hilfsantrag eine Platzierung gefordert werden, die derjenigen der Erstmitteilung entspricht.

IV. Darlegungs- und Beweislast

Nach ständiger Rechtsprechung liegt die **Beweislast** für die Unwahrheit der Behaup- **81** tung **beim Kläger**.[198] Allerdings ist es für den Betroffenen oft schwierig, wenn nicht gar unmöglich, einen solchen Negativbeweis zu führen, d. h. nachzuweisen, dass der erhobene Vorwurf nicht zutrifft, er also beispielsweise eine ihm unterstellte Handlung tatsächlich nicht getätigt hat. Dem Betroffenen muss nach Auffassung der Rechtsprechung daher die Chance gegeben werden, sich auf konkrete, vom Verletzer genannte Fakten zu beziehen, um sich auf diese Weise rechtfertigen zu können. Aus diesem Grund trifft den Verletzer, in der Regel also den Verlag oder die Sendeanstalt, eine **erweiterte Darlegungslast bzw. Substantiierungspflicht**, d. h. er muss die von ihm aufgestellten Tatsachenbehauptungen konkretisieren und so dem Betroffenen die Möglichkeit geben, dem im Einzelnen zu widersprechen.[199] Kommt der Verletzer dieser Pflicht nicht nach, kann gem. § 138 Abs. 3 ZPO die Unwahrheit der behaupteten Tatsache als zugestanden angesehen werden.[200]

Nach der Rechtsprechung und der h.M. in der Literatur findet die **Beweisregel des** **82** **§ 186 StGB**, die über § 823 Abs. 2 BGB in das Deliktsrecht übernommen wird, bei Berichtigungsverlangen für Fälle der üblen Nachrede **keine Anwendung**. Dies bedeutet, dass der Kläger, der aufgrund übler Nachrede eine Berichtigung fordert, trotz § 186 StGB die Beweislast trägt und dem Beklagten in Bezug auf seine Vorwürfe lediglich eine erweiterte Darlegungslast obliegt.[201] Eine Ausnahme gilt für den Fall, dass die Unwahrheit

---

[195] Siehe *Löffler/Ricker*; Kap. 44 Rn. 25 m.w.N.

[196] BGH AfP 1992, 361, 362 – *Plagiatsvorwurf II*; *Soehring*, Tz. 31.17.

[197] OLG Hamburg NJW 1995, 885; *Soehring*, Tz. 31.17.

[198] BGHZ 66, 182 = AfP 1976, 75 – *Panorama*; vgl. auch *Löffler/Ricker*; Kap. 44 Rn. 20, 34; *Damm/Rehbock*, Rn. 903; *Soehring*, Tz. 31.22; *Wenzel/Gamer*, Rn. 31.103.

[199] *Prinz/Peters*, Rn. 678; *Löffler/Ricker*; Rn. 34; *Soehring*, Tz. 31.22.

[200] Vgl. z. B. BHG AfP 1987, 502 – *Insiderwissen*; siehe auch *Wenzel/Gamer*, Rn. 13.18.

[201] BGHZ 69, 181 = NJW 1977, 1681, 1683 – *Wohnstättengemeinschaft*; *Prinz/Peters*, Rn. 679; *Damm/Rehbock*, Rn. 903 m.w.N. insbesondere zur a.A.; *Soehring*, Tz. 31.22; *Wenzel/Gamer*, Rn. 13.19, ebenfalls mit Nachweisen zur a.A.

der Behauptungen zwar nicht erwiesen ist, bei objektiver Betrachtung aber keine ernsthaften Anhaltspunkte für die Wahrheit zu erkennen sind; hier kommt eine Berichtigung in Form der Nichtaufrechterhaltung in Betracht.[202]

V. Streitwert

83   Beim Berichtigungsanspruch handelt es sich, wie ein gangs bereits dargelegt,[203] nach ständiger Rechtsprechung um einen Anspruch nicht vermögensrechtlicher Art. Der Streitwert eines gerichtlich geltend gemachten Berichtigungsanspruchs ist in der Regel ebenso hoch anzusetzen wie der des entsprechenden Unterlassungsanspruchs.[204]

VI. Zwangsvollstreckung

84   Nach h.M. handelt es sich bei der Abgabe einer Berichtigungserklärung um eine **unvertretbare Handlung** i.S.d. § 888 ZPO, sodass die Zwangsvollstreckung nicht nach § 894 ZPO, sondern **nach § 888 ZPO** erfolgt.[205] Umstritten ist jedoch die Frage der **vorläufigen Vollstreckbarkeit** eines auf Berichtigung lautenden Urteils, dessen Rechtskraft noch nicht eingetreten ist. Aufgrund der Tatsache, dass ein Anspruch auf Berichtigung nur dann gegeben ist, wenn die Unwahrheit der behaupteten Tatsache(n) positiv feststeht, dies sicher bzw. endgültig aber erst nach rechtskräftigem Abschluss des Verfahrens der Fall ist, verdient die Auffassung den Vorzug, die den Eintritt der Rechtskraft für eine Vollstreckung voraussetzt.[206]

VII. Verjährung

85   Die Verjährung des Berichtigungsanspruchs richtet sich nach §§ 195, 199 BGB.[207] Bis zum 31. 12. 2001 war § 852 BGB a.F. einschlägig, da der auf Grundlage des § 1004 BGB entwickelte negatorische Berichtigungsanspruch nach Auffassung des BGH aufgrund seiner Zielrichtung dem Recht der unerlaubten Handlung zuzurechnen ist.[208] Die früher in § 852 BGB a.F. enthaltenen Regelungen finden sich nunmehr in § 199 Abs. 3 BGB und sind daher anwendbar.

86   Demnach verjährt der Berichtigungsanspruch gemäß §§ 195, 199 Abs. 1 BGB in **drei Jahren**, beginnend mit dem Schluss des Jahres, in dem der Anspruch entstanden ist (§ 199 Abs. 1 Nr. 1 BGB) und der Betroffene von den den Anspruch begründenden Tatsachen Kenntnis erlangt oder ohne grobe Fahrlässigkeit erlangen müsste (§ 199 Abs. 1 Nr. 2 BGB). Der Berichtigungsanspruch entsteht in dem Zeitpunkt, in dem die (fortdauernde) Beeinträchtigung, d. h. also die Verletzung des Persönlichkeitsrechts des Betroffenen, beginnt. Bei einer von Beginn an unwahren Tatsachenbehauptung ist dies der Zeitpunkt der Äußerung. Ist eine Behauptung hingegen zunächst wahr bzw. ist deren Wahrheit zum Zeitpunkt der Äußerung unklar, kann erst auf den Zeitpunkt abgestellt werden, in dem

---

[202] Vgl. oben Rn. 13 und 58 ff.; *Prinz/Peters*, Rn. 679 m.w.N. aus der Rspr.; Wenzel/*Gamer*, Rn. 13.18 f.

[203] Siehe oben Rn. 4.

[204] Siehe dazu § 55 Rn. 119; Wenzel/*Gamer*, Tz. 31.12.

[205] BVerfGE 28, 1 = NJW 1970, 651, 652 – *Korruptionsvorwurf*; BGH NJW 1962, 1438 – *Eheversprechen*; BGHZ 68, 331 = NJW 1977, 1288 – *Abgeordnetenbestechung*; *Prinz/Peters*, Rn. 712; *Damm/Rehbock*, Rn. 906; Wenzel/*Gamer*, Rn. 13.105 m.w.N.

[206] Vgl. OLG Frankfurt NJW 1982, 113; so auch *Damm/Rehbock*, Rn. 906; *Soehring*, Tz. 31.18; a.A. Wenzel/*Gamer*, Rn. 13.105 und 13.98 f.

[207] *Löffler/Ricker*, Kap. 44 Rn. 34; *Damm/Rehbock*, Rn. 907; Wenzel/*Gamer*, Rn. 13.105a.

[208] BGH GRUR 1969, 236, 238 – *Ostflüchtlinge*.

die Unwahrheit objektiv festgestellt wird, da erst mit diesem Zeitpunkt eine Persönlichkeitsrechtsverletzung eintritt.[209]

Zur Frage der Konkurrenz der Verjährung nach §§ 195, 199 BGB mit der des § 11   **87** UWG – in Fällen, in denen eine Verletzung des § 823 Abs. 2 BGB i.V.m. einem Schutzgesetz aus UWG vorliegt – siehe bei *Wenzel*.[210]

F. Erfüllung des Berichtigungsverlangens

Wird dem Betroffenen ein Anspruch auf Berichtigung zugesprochen, kann er vom   **88** Verpflichteten die Abgabe der geforderten Erklärung verlangen. Bei der Erfüllung dieses Berichtigungsverlangens stellen sich für den Verpflichteten häufig mehrere Fragen: Muss er die Erklärung selbst („höchstpersönlich") abgeben? Wem gegenüber muss er sie abgeben? Wo und in welcher Form sowie zu welchem Zeitpunkt muss die Erklärung veröffentlicht werden? Und wer trägt die Kosten der Veröffentlichung?

I. Abgabe der Erklärung

Der Verpflichtete muss die geforderte Berichtigungserklärung selbst, d. h. höchstper-   **89** sönlich, abgeben, es handelt sich um eine **unvertretbare Handlung**.[211] Weigert er sich, so kann das Gericht gem. § 888 ZPO Zwangsgeld bzw. Zwangshaft gegen ihn verhängen.[212] Die in einem Urteil aus dem Jahre 1974 zum Tragen gekommene Ansicht des OLG Frankfurt, die Berichtigung gelte als mit der Rechtskraft des Urteils abgegeben, ist verfehlt.[213]

II. Öffentliche – privatschriftliche Berichtigung

Eine Berichtigung kann – dies wird bei Veröffentlichung der unwahren Tatsachen in   **90** den Medien der Regelfall sein – **öffentlich**, d. h. also in einem Medium, welches die Erstmitteilung verbreitet hat, erfolgen. Möglich ist aber auch, dass eine **mündliche** oder **privatschriftliche** Berichtigung ausreicht. Das Bundesverfassungsgericht hat es außerdem für zulässig erachtet, den Verletzer zu einem öffentlichen, eigenhändig unterzeichneten Widerruf zu verurteilen.[214]

Die Frage, wie die Berichtigung zu erfolgen hat, hängt davon ab, wer die **Empfänger**   **91** **der Erstmitteilung** waren. Denn grundsätzlich muss die Berichtigung gegenüber denjenigen erfolgen, die schon Adressaten der Erstmitteilung waren. Der Kläger muss in seinem Antrag außerdem angeben, wem gegenüber die Berichtigung erklärt werden soll.[215] Wurden die unwahren Tatsachen in einem Druckwerk oder in einer Rundfunksendung veröffentlicht, erfolgt auch die Berichtigung in der Regel **öffentlich**, nämlich durch Veröffentlichung in demselben Medium, d. h. demselben Druckwerk bzw. demselben Sender, welches auch die Erstmitteilung verbreitet hatte. Wurden die Behauptungen dagegen

---

[209] Vgl. ausführlich Wenzel/*Gamer*, Rn. 13.105b m.w.N.

[210] Wenzel/*Gamer*, Rn. 13.105c, der sich auf § 21 UWG bezieht, in dem vor der Reform des UWG die Verjährung geregelt war.

[211] BGH GRUR 1966, 272, 273 – *Arztschreiber*.

[212] Zur Zwangsvollstreckung s.o. Rn. 84.

[213] OLG Frankfurt JZ 1974, 62 mit zust. Anmerkung von *Leipold*, der aber § 256 ZPO bevorzugt. Vgl. dazu ausführlich Wenzel/*Gamer*, Rn. 13.87.

[214] BVerfGE 28, 1 = NJW 1970, 651 – *Korruptionsvorwurf*. Siehe dazu auch ausführlich oben Rn. 38; außerdem *Damm/Rehbock*, Rn. 909, die den Widerruf von Augstein im Wortlaut wiedergeben.

[215] S.o. Rn. 79.

nur einem **kleinen Empfängerkreis** gegenüber aufgestellt, muss auch die Berichtigung nur den Personen dieses Kreises gegenüber erklärt werden („kleiner Kreis").[216]

92   Der Betroffene kann hingegen nicht verlangen, dass der Störer seine **Erklärung (ausschließlich) an den Betroffenen selbst** richtet. Der BGH geht in ständiger Rechtsprechung davon aus, dass ein Berichtigungsanspruch nur dann gerechtfertigt ist, wenn die beanstandeten Behauptungen „Außenwirkungen" haben, d. h. die Ehre bzw. der Ruf des Betroffenen in den Augen Dritter beeinträchtigt ist.[217] Denn Sinn und Zweck einer Berichtigung ist es, die in der Öffentlichkeit eingetretene und fortdauernde Rufbeeinträchtigung zu beseitigen. Eine Erklärung (nur) an den Betroffenen selbst aber vermag dies nicht zu tun, vielmehr würde eine solche Erklärung nach Auffassung des BGH ausschließlich dazu dienen, dem Betroffenen Genugtuung zu verschaffen.[218]

93   Von diesem – in späteren Entscheidungen aufgestellten – Grundsatz abweichend hatte der BGH in seiner *Reichstagsbrand*-Entscheidung[219] aus dem Jahr 1966 dem Betroffenen eine Erklärung an sich selbst zugesprochen, damit er diese verwenden könne, um künftigen Rufbeeinträchtigungen entgegenzutreten. In seinen späteren Urteilen hat der BGH diese Entscheidung nicht einmal erwähnt, vielmehr ohne Bezugnahme darauf festgestellt, dass eine Berichtigung an sich selbst nicht möglich sei.[220] In der Literatur hingegen wird z. T. die Auffassung vertreten, dass in bestimmten Fällen der Betroffene auch eine Erklärung an sich selbst verlangen können müsse.[221] Die Erklärung müsse dazu geeignet sein, dass der Betroffene sie Dritten seiner Wahl, die Adressaten der Erstmitteilung waren und in deren Augen daher eine Beeinträchtigung des Rufes des Betroffenen eingetreten ist, vorzulegen, um diese Rufbeeinträchtigung zu beenden. Auch *Damm/Rehbock*[222] vertreten die Auffassung, dass Fälle denkbar seien, in denen ein privatschriftlicher Widerruf an den Betroffenen in Betracht komme, wenn dieser beispielsweise nicht möchte, dass der Sachverhalt noch einmal in die Medien getragen werde. In der Rechtsprechung des BGH findet diese Auffassung bislang kein Echo. Eine Erklärung an sich selbst scheidet dagegen auch nach Auffassung der Literatur in denjenigen Fällen aus, in denen die unwahre Tatsachenbehauptung nur gegenüber dem Betroffenen erfolgt ist. In einem solchen Fall ist keine Rufbeeinträchtigung bei Dritten eingetreten und besteht somit kein Anspruch auf Berichtigung.[223]

94   Ist **nicht feststellbar**, wer die Empfänger der Erstmitteilung waren, wie z. B. bei einer öffentlichen Wahlkampfrede, so müssen geeignete Maßnahmen getroffen werden, um den Adressatenkreis der Erstmitteilung zu erreichen. Möglich sind in derartigen Fällen beispielsweise Anzeigen in Druckwerken, die an dem Ort der Rede erscheinen.[224]

III. Platzierung und Form der Berichtigung

95   Wie eine Berichtigung genau auszusehen hat, ist – anders als im Gegendarstellungsrecht – gesetzlich nicht geregelt. Um möglichst viele Rezipienten der Erstmitteilung zu erreichen, ist v. a. bei öffentlichen Berichtigungen in den Medien von entscheidender Bedeutung, an welcher Stelle und in welcher Form die Berichtigung veröffentlicht werden

---

[216] BGHZ 89, 198 = NJW 1984, 1104, 1105 – *Aktionärsversammlung* (z. T. auch zitiert als *Kleiner Kreis*). Siehe dazu auch oben Rn. 39 f.
[217] BGH NJW 1989, 774 – *Diagnose*; BGHZ 89, 198 = NJW 1984, 1104, 1105 – *Aktionärsversammlung*; Wenzel/*Gamer*, Rn. 13.89.
[218] *Prinz/Peters*, Rn. 697.
[219] BGH NJW 1966, 647, 649 – *Reichstagsbrand*.
[220] BGHZ 89, 198 = NJW 1984, 1104, 1105 – *Aktionärsversammlung* NJW 1989, 774 – *Diagnose*.
[221] *Prinz/Peters*, Rn. 697 f.; Wenzel/*Gamer*, Rn. 13.89. Siehe außerdem auch *Löffler/Ricker*, Kap. 44 Rn. 32.
[222] *Damm/Rehbock*, Rn. 909.
[223] *Prinz/Peters*, Rn. 698.
[224] BGH NJW 1984, 1102, 1104 – *Wahlkampfrede*.

muss. Von Rechtsprechung und Literatur wird in diesem Zusammenhang auf das aus dem Gegendarstellungsrecht bekannte **„Prinzip der Waffengleichheit"** verwiesen.[225] Dies bedeutet, dass eine Berichtigung grundsätzlich **an der gleichen Stelle** veröffentlicht werden muss wie die Erstmitteilung. Zudem muss die Berichtigung **die gleiche Gestaltung**, d. h. grundsätzlich die gleiche Drucktype und Buchstabengröße wie die Erstmitteilung erhalten. Beide Voraussetzungen sollen sicherstellen, dass derselbe Adressatenkreis erreicht wird wie bei der Erstmitteilung.

1. Platzierung

Die Berichtigung muss grundsätzlich **an gleicher Stelle** wie die Erstmitteilung ver- **96** öffentlicht werden. Bei einer Druckschrift muss die Berichtigung also im gleichen Teil, bei einem (Hörfunk- oder Fernseh-)Sender auf dem gleichen Sendeplatz erfolgen. Dies entspricht ständiger Rechtsprechung des BGH und gilt grundsätzlich auch für die Veröffentlichung auf der Titelseite.[226]

Zu beachten ist jedoch, dass die Frage, an welcher Stelle im Heft bzw. im Programm **97** die Berichtigung veröffentlicht werden muss, stets eine nach sorgfältiger **Interessenabwägung** zu treffende **Einzelfallentscheidung** darstellt, d. h. ‘es kann nicht starr auf die Veröffentlichung an der exakt gleichen Stelle der Erstmitteilung bestanden werden. Inhalt und Form sowie Platzierung der Berichtigung müssen sich in den Grenzen halten, die unter Abwägung der beiderseitigen Belange − dem allgemeinen Persönlichkeitsrecht auf der einen und der Pressefreiheit auf der anderen Seite − zu ziehen sind. Die Berichtigung darf nicht über das hinausgehen, was zur Beseitigung der Beeinträchtigung erforderlich ist.[227] Meist wird diese Abwägung zwar dazu führen, dass die Berichtigung an der gleichen Stelle, d. h. in der gleichen Rubrik bzw. auf dem gleichen Sendeplatz, zu veröffentlichen ist wie die Erstmitteilung. Unter Umständen kann aber auch eine Veröffentlichung an anderer Stelle ausreichen.[228]

Insbesondere bei einem Abdruck der Erstmitteilung auf der **Titelseite** muss sorgfältig **98** geprüft werden, ob die Berichtigung zwingend ebenfalls auf der Titelseite veröffentlicht und ob sie dort in der gleichen Schriftgröße gedruckt[229] werden muss. Bundesverfassungsgericht und BGH haben in ihren *Caroline von Monaco I*-Entscheidungen die Möglichkeit der Veröffentlichung einer Berichtigung auf der Titelseite in Anlehnung an die Rechtsprechung zum Gegendarstellungsrecht zwar ausdrücklich bestätigt.[230] Jedoch ist den Entscheidungen nicht zu entnehmen, dass bei Veröffentlichung der Erstmitteilung auf der Titelseite auch die Berichtigung zwingend dort abzudrucken ist. Vielmehr kann es nach Abwägung der Interessen u. U. auch genügen, dass die Berichtigung auf der Titelseite lediglich angekündigt und auf eine bestimmte Seite im Heftinneren hingewiesen wird.[231] Schließlich kann es, wenn bereits eine Gegendarstellung auf dem Titelblatt abgedruckt wurde, auch ausreichend sein, die Berichtigung im Heftinneren zu veröffentlichen.[232]

---

[225] BGHZ 128, 1 = NJW 1995, 861, 862 f. − *Caroline von Monaco I*; OLG Hamburg AfP 1970, 968, 969 − *Prinzessin von Preußen*; NJW 1995, 885, 886 − *Caroline von Monaco*; *Prinz/Peters*, Rn. 699; *Damm/Rehbock*, Rn. 915; *Soehring*, Tz. 31.23. Zum Prinzip der Waffengleichheit im Gegendarstellungsrecht vgl. ausführlich *Seitz/Schmidt/Schoener*, Rn. 415 ff.

[226] BGH NJW 1968, 644; BGHZ 128, 1 = NJW 1995, 861, 864 − *Caroline von Monaco I*. Siehe auch BVerfGE 97, 125 = NJW 1998, 1381 − *Caroline von Monaco I* (z. T. auch zitiert als *Gegendarstellung und Richtigstellung auf der Titelseite*). Siehe auch *Prinz/Peters*, Rn. 699; *Damm/Rehbock*, Rn. 912 ff.; *Soehring*, Tz. 31.23; *Wenzel/Gamer*, Rn. 13.91.

[227] BGH GRUR 1969, 555 − *Cellulitis*; *Damm/Rehbock*, Rn. 912.

[228] Vgl. z. B. BGH GRUR 1969, 555, 559 − *Cellulitis*; OLG Düsseldorf AfP 1997, 711, 712; siehe dazu auch ausführlich *Damm/Rehbock*, Rn. 913 ff.

[229] Siehe dazu sogleich Rn. 102.

[230] BVerfGE 97, 125, 152 f. = NJW 1998, 1381, 1383 − *Caroline von Monaco I*; BGHZ 128, 1 = NJW 1995, 861, 864 − *Caroline von Monaco I*.

[231] *Damm/Rehbock*, Rn. 919.

[232] *Soehring*, Tz. 31.23 mit Verweis auf OLG Hamburg NJW 1995, 885.

99   Bei der Entscheidung, ob die Berichtigung auf der Titelseite bzw. in welcher Form sie dort veröffentlicht werden muss, ist nach höchstrichterlicher Rechtsprechung insbesondere das durch Art. 5 Abs. 1 GG geschützte berechtigte Interesse des Verlags zu berücksichtigen, die Titelseite frei zu gestalten, um auf die Inhalte des Heftes zu verweisen und so die Kaufentscheidung der Leser entscheidend zu beeinflussen.[233] So kann es nach Bundesverfassungsgericht und BGH geboten sein, dass die Berichtigung zwar auf der Titelseite veröffentlicht, dass sie aber nicht direkt unter der Titelmarkette der Zeitschrift sowie außerdem in deutlich kleinerer Schrift als die Erstmitteilung abgedruckt werden muss.[234]

100   Nach der Rechtsprechung des OLG Hamburg kann es erforderlich sein, die Berichtigung **im Inhaltsverzeichnis anzukündigen**, um zu gewährleisten, dass auch derjenige Leser die Berichtigung wahrnimmt, der die Zeitung bzw. Zeitschrift nicht von vorne bis hinten durchliest.[235]

101   Die Gerichte treffen eine exakte **Platzierungsanordnung** im Urteilstenor nur dann, wenn dies vom Kläger ausdrücklich beantragt wurde. Üblich ist es zu beantragen, die Berichtigung „in der nächsten, für den Druck noch nicht abgeschlossenen Ausgabe der Zeitung XY in einer der Schriftgröße und Aufmachung des Artikels entsprechenden Weise zu veröffentlichen".

2. Form

102   Die Berichtigung muss grundsätzlich in der gleichen Weise gestaltet sein wie die Erstmitteilung. Dies bedeutet, dass grundsätzlich gefordert werden kann, dass auch die Überschrift in der **gleichen Schriftgröße und -type** gedruckt wird wie die Überschrift des Ursprungsartikels. Ausnahmen gelten jedoch für den Abdruck einer Berichtigung auf der **Titelseite**: Unter Berücksichtigung der durch Art. 5 Abs. 1 GG garantierten Pressefreiheit und der besonderen Bedeutung, die die Gestaltung einer Titelseite einer Zeitschrift für den Absatz derselben hat, kann es nach der Rechtsprechung ausreichen, dass die Berichtigung dort in einer deutlich kleineren Schrift abgedruckt wird.[236] Der BGH hat dies in der *Caroline von Monaco I*-Entscheidung ausdrücklich festgestellt und auf die erforderliche Güterabwägung zwischen dem allgemeinen Persönlichkeitsrecht und der Pressefreiheit verwiesen.[237]

103   Die Berichtigung kann entweder mit „Widerruf" bzw. „Richtigstellung" überschrieben werden oder mit der Schlagzeile, unter der auch die Erstmitteilung veröffentlicht war.[238]

3. Gegenäußerungen und redaktionelle Zusätze

104   Setzt die Redaktion der Veröffentlichung der Berichtigung in Form eines redaktionellen Zusatzes etwas hinzu („Redaktionsschwanz"), kann dies u. U. die Erfüllung der Berichtigungsforderung hindern. Zwar hat das Bundesverfassungsgericht in seiner *Korruptionsvorwurf*-Entscheidung Rudolf Augstein in einem obiter dictum zugebilligt, seiner eigenhändig zu unterzeichnenden Erklärung einen Zusatz hinzuzufügen, in dem er zum Ausdruck bringt, dass er den Widerruf in Erfüllung eines gegen ihn ergangenen Urteils abgibt.[239] Redaktionelle Zusätze sind demnach grundsätzlich möglich. Doch muss der Betroffene, bei Veröffentlichung in den Medien in der Regel die Redaktion, darauf

---

[233] *Prinz/Peters*, Rn. 700; *Soehring*, Tz. 31.23; *Wenzel/Gamer*, Rn. 13.91.

[234] BVerfGE 97, 125, 153 = NJW 1381, 1383 – *Caroline von Monaco I*; BGHZ 128, 1 = NJW 1995, 861, 864 – *Caroline von Monaco I*.

[235] OLG Hamburg AfP 1997, 477, 479. Vgl. auch *Prinz/Peters*, Rn. 700.

[236] BGHZ 128, 1 = NJW 1995, 861, 864 – *Caroline von Monaco I*; OLG Hamburg AfP 1999, 68; *Damm/Rehbock*, Rn. 918; *Soehring*, Tz. 31.23; *Wenzel/Gamer*, Rn. 13.94 m.w.N.

[237] BGHZ 128, 1 = NJW 1995, 861, 864 – *Caroline von Monaco I*.

[238] OLG Hamburg AfP 1970, 968, 969.

[239] BVerfGE 28, 1 = NJW 1970, 651 – *Korruptionsvorwurf*. Siehe dazu ausführlich oben Rn. 38.

achten, dass die Berichtigung durch den Zusatz **nicht entwertet**, also nicht der Eindruck erweckt wird, dass die Verpflichtung zur Berichtigung ungerechtfertigt ist und die Erstmitteilung doch zutraf. In einem solchen Fall kann die Veröffentlichung einer Berichtigung nicht als Erfüllung des gerichtlichen Gebots anerkannt und eine erneute Veröffentlichung – ohne den Zusatz – verlangt werden.[240] Vermerkt die Redaktion die Veröffentlichung der Berichtigung mit dem Zusatz „Urteil noch nicht rechtskräftig", kommt es ebenfalls darauf an, ob der Eindruck erweckt wird, dass das Urteil keinen Bestand haben werde. Ist dies der Fall, kann ein erneuter Abdruck verlangt werden.[241]

IV. Zeitpunkt der Abgabe bzw. Veröffentlichung der Erklärung

Die Veröffentlichung einer Berichtigung muss **zum nächstmöglichen Zeitpunkt** er-   **105** folgen. Da die Unwahrheit der Behauptungen positiv feststehen muss,[242] dies aber endgültig erst mit Rechtskraft des Urteils der Fall ist, erfolgt die Verurteilung zur Veröffentlichung bei einem Druckwerk für die nächste für den Druck noch nicht abgeschlossene Ausgabe des Periodikums nach Eintritt der Rechtskraft.[243] Wurden die unwahren Behauptungen in einer Hörfunk- oder Fernsehsendung aufgestellt, muss die Berichtigung in der nächsten auf die Rechtskraft des Urteils folgenden Sendung dieses Formats erfolgen.[244] Zur Frage der Durchsetzbarkeit eines gerichtlich festgestellten Berichtigungsanspruchs vor Eintritt der Rechtskraft siehe oben Rn. 84.

V. Kosten der Verbreitung

Die Kosten der Verbreitung sind Bestandteil der Folgenbeseitigungspflicht des Ver-   **106** pflichteten und sind daher auch von ihm zu tragen. Gegebenenfalls können ihm auch die Kosten für Anzeigen auferlegt werden, wenn diese erforderlich waren, um die fortdauernde Beeinträchtigung zu beseitigen.[245]

§ 50. Der Anspruch auf materiellen Schadensersatz

Inhaltsübersicht

---

[240] *Soehring*, Tz. 31.25; *Wenzel/Gamer*, Rn. 13.95.

[241] *Wenzel/Gamer*, Rn. 13.96, der sich allerdings zusätzlich darauf beruft, dass bereits aus einem für vorläufig vollstreckbar erklärten Urteil vollstreckt werden kann. Da diese Auffassung hier nicht geteilt wird (s.o. Rn. 84), kann dies folgerichtig auch hier nicht als Argument herangezogen werden.

[242] S.o. Rn. 12.

[243] *Prinz/Peters*, Rn. 701; *Wenzel/Gamer*, Rn. 13.97.

[244] *Wenzel/Gamer*, Rn. 13.97.

[245] *Prinz/Peters*, Rn. 702; *Wenzel/Gamer*, Rn. 13.100.

Schrifttum: *Balthasar,* Eingriffskondiktion und Lizenzbereitschaft bei der unerlaubten Nutzung von Persönlichkeitsmerkmalen in Werbung und Berichterstattung, ZUM 2005, 874; *Beuthien,* Postmortaler Persönlichkeitsrechtsschutz auf dem Weg ins Vermögensrecht, ZUM 2003, 261; *Beuthien/Schmölz,* Persönlichkeitsschutz (1999) S. 41 ff.; *Canaris,* Verstöße gegen das verfassungsrechtliche Übermaßverbot im Recht der Geschäftsfähigkeit und im Schadensersatzrecht, JZ 1987, 793; *ders.,* Gewinnabschöpfung bei Verletzung des allgemeinen Persönlichkeitsrechts, in: FS Deutsch (1999) S. 85; *Ehmann,* Zum kommerziellen Interesse an Politikerpersönlichkeiten, AfP 2007, 81; *Götting,* Persönlichkeitsrechte als Vermögensrechte (1995) S. 50; *ders.,* Sanktionen bei Verletzung des postmortalen Persönlichkeitsrechts, GRUR 2004, 801; *Gounalakis,* Persönlichkeitsschutz und Geldersatz, AfP 1998, 10; *Gregoritza,* Kommerzialisierung von Persönlichkeitsrechten (2002) S. 67; *Kleinheyer,* Rechtsgutverwendung und Bereicherungsausgleich, JZ 1970, 471; *Koos,* Geldersatz bei Verletzung des postmortalen Würdeanspruchs, WRP 2003, 202; *Löffler/Steffen,* Presserecht, 5. Aufl. (2006); *Looschelders,* Verfassungsrechtliche Grenzen der Haftung Minderjähriger – Grundsatz der Totalreparation und Übermaßverbot, VersR 1999, 141; *Loschelder,* Rechtsfortbildung der Schadensberechnungsmethode „Herausgabe des Verletzergewinns", NJW 2007, 1503; *Müller,* Möglichkeiten und Grenzen des Persönlichkeitsrechts, VersR 2000, 797; *dies.,* Alles oder nichts?, VersR 2005, 1461; *dies.,* Neue Perspektiven beim Schadensersatz, VersR 2006, 1289; *Schaub,* Äußerungsfreiheit und Haftung, JZ 2007, 548; *Schertz,* Verletzung des höchstpersönlichen Lebensbereichs durch Bildaufnahmen, AfP 2005, 421; *Schricker/Götting,* Urheberrecht, 3. Aufl. (2006); *Seifert,* Postmortaler Schutz des Persönlichkeitsrechts und Schadensersatz, NJW 1999, 1898; *Siemes,* Gewinnabschöpfung bei Zwangskommerzialisierung, AcP 201 (2001) S. 202; *Soehring,* Presserecht 3. Aufl. (2000); *ders.,* Zur Haftung des verantwortlichen Redakteurs für Persönlichkeitsrechtsverletzungen durch Presseartikel, AfP 1977, 330; *Steffen,*

Schmerzensgeld bei Persönlichkeitsrechtsverletzung durch Medien, NJW 1997, 10; *Ullmann,* Persönlichkeitsrechte in Lizenz?, AfP 1999, 209; *Wagner,* Verhandlungen des 66. DJT Bd. I Gutachten A (2006); *ders.,* Prominente und Normalbürger im Recht der Persönlichkeitsrechtsverletzungen, VersR 2000, 1305; *ders.,* Geldersatz für Persönlichkeitsrechtsverletzungen, ZEuP 2000, 200; *Wenzel,* Das Recht der Wort- und Bildberichterstattung – Handbuch des Äußerungsrechts, 5. Aufl. (2003).

A. Übersicht

I. Rechtsnatur der Ansprüche

1. Schadensersatzansprüche

Die Bedeutung des Persönlichkeitsrechts verlagert sich zunehmend vom bloßen Abwehrrecht zum Wirtschaftsgut bzw. vermögenswerten Recht[1] und damit zur Anspruchsgrundlage für **Schadensersatzansprüche** und sonstige Geldansprüche. Häufig zieht eine erfolgreiche Unterlassungsklage eine weitere Klage nach sich, mit der materieller und/oder immaterieller Schadensersatz oder Herausgabe eines Gewinns[2] gefordert wird. Beim Verlangen nach Schadensersatz ist aus haftungsrechtlicher Sicht eine grundsätzliche Unterscheidung zwischen **materiellem** und **immateriellem Schaden** geboten.[3] Zwar sind beide Ersatzansprüche auf Geld gerichtet, wie das für den Schadensersatz typisch ist; denn auch bei Persönlichkeitsrechtsverletzungen kommt eine Wiederherstellung in Natur nur ausnahmsweise in Betracht.[4] Zur Unterscheidung zwischen materiellem und immaterielle Schadensersatz zwingt aber vor allem der Umstand, dass es „immateriellen Schadensersatz" – also eine Entschädigung in Geld für die erlittene immaterielle Beeinträchtigung – grundsätzlich nur bei besonders schweren Eingriffen gibt[5] (dazu unten Kap. 59 Rn. 11 ff.), während diese Einschränkung beim materiellen Schadensersatz nicht gilt.   **1**

Weil etwaige **Schadensersatzforderungen** von der Presse bereits im Vorfeld einer Berichterstattung berücksichtigt werden müssen, hat der Schadensersatzanspruch neben dem Ausgleich im konkreten Schadensfall auch eine erhebliche **präventive Bedeutung**.[6] Das Spannungsverhältnis, das typischerweise zwischen dem Persönlichkeitsrecht des Einzelnen aus Art. 1 und 2 GG und dem Informationsinteresse der Öffentlichkeit bzw. dem Grundrecht der Presse- und Äußerungsfreiheit aus Art. 5 GG besteht, macht nicht nur beim Unterlassungs-, sondern auch beim Schadensersatzanspruch regelmäßig eine **Abwägung** dieser Rechtsgüter erforderlich, die den Anspruch beeinflussen und im Einzelfall sogar ausschließen kann.[7]   **2**

2. Bereicherungsansprüche

Erfolgt der Eingriff in ein fremdes Persönlichkeitsrecht zum Zweck einer unberechtigten Vermarktung dieses Rechts, so können sich auch **Bereicherungsansprüche** ergeben, die von Schadensersatzansprüchen begrifflich zu unterscheiden sind und insbesondere kein Verschulden voraussetzen.[8] Diese Ansprüche werden an späterer Stelle erörtert (unten Rn. 35).   **3**

---

[1] Vgl. *Götting* oben § 45; *Seifert* NJW 1999, 1889, 1895; *Wagner* VersR 2000, 1305, 1307.

[2] Hierzu *Seitz* unten § 52.

[3] BGHZ 26, 349, 353, 368 – *Herrenreiter; Müller* VersR 2000, 797, 799; *dies.* VersR 2006, 1289, 1292; *Steffen* NJW 1997, 10.

[4] Hierzu unten Rn. 30.

[5] BGHZ 128, 1, 12 – *Caroline;* BGH VersR 1988, 405 – *kath. Geistlicher; Müller* VersR 2000, 797, 800; *dies.* VersR 2006, 1289, 1292; *Wagner* Gutachten A 18. ff.; *ders.* VersR 2000, 1305, 1308.

[6] *Wagner* VersR 2000, 1305, 1306 f.

[7] Hierzu unten Rn. 43.

[8] BGH in st. Rspr. seit BGHZ 20, 345, 354 – *Paul Dahlke.*

II. Anspruchsgrundlagen für den Schadensersatz

4 Hinsichtlich des Schadensersatzes sind die Entschädigungsansprüche im Gesetz nur rudimentär geregelt. Die Zentralvorschrift im Bereich der unerlaubten Handlung – die Vertragshaftung spielt hier kaum eine Rolle – ist für den **materiellen Schaden** § 823 BGB. Dass weder die Ehre noch das Persönlichkeitsrecht unter den einzeln aufgezählten Rechtsgütern des § 823 Abs. 1 BGB zu finden sind, erklärt sich aus der Entstehungszeit des BGB, in der man glaubte, den Ehrenschutz dem Strafrecht überlassen zu können. Im Hinblick auf den Wandel der Anschauungen ist die Unzulänglichkeit dieser Rechtslage in zunehmendem Maß erkannt worden.[9] Das hat dazu geführt, dass sich unter dem Einfluss der Wertentscheidung in Art. 1 und 2 GG das sog. **allgemeine Persönlichkeitsrecht** herausgebildet hat und von der Rechtsprechung dem erforderlichen zivilrechtlichen Schutz unterstellt worden ist. Es ist seit langem als „**sonstiges Recht**" im Sinn des § 823 Abs. 1 BGB anerkannt[10] und stellt damit die hauptsächliche Anspruchsgrundlage für den materiellen Schadensersatz dar.

5 Daneben kommen als haftungsbegründende Tatbestände die Verletzung des **Rechts am Unternehmen**[11] oder eines **Schutzgesetzes** nach § 823 Abs. 2 BGB – insbesondere der Vorschriften des Strafrechts zum Ehrenschutz –,[12] die Gefährdung von Kredit, Erwerb oder Fortkommen nach **§ 824 BGB** sowie die vorsätzliche sittenwidrige Schädigung nach **§ 826 BGB** in Betracht. Weitere Voraussetzungen der Haftung sind die Rechtswidrigkeit, der Eintritt eines Schadens und dessen ursächlicher Zusammenhang mit der geltend gemachten Rechtsgutsverletzung.

Der Anspruch auf Ersatz von **immateriellem Schaden** ist ausschließlich durch Richterrecht entwickelt worden[13] und wird unten in § 59 dargestellt.

III. Voraussetzungen der Haftung

1. Rechtswidrigkeit

6 Ist ein haftungsbegründender Tatbestand gegeben, so stellt sich die Frage, ob der Eingriff in das Persönlichkeitsrecht **rechtswidrig** ist. Geht es um eine Berichterstattung, so kommt als Rechtfertigungsgrund häufig die Wahrnehmung berechtigter Interessen[14] in Betracht, etwa nach § 193 StGB oder § 824 Abs. 2 BGB. Eine Rechtfertigung kann sich auch aus Art. 5 Abs. 1 und 3 GG unmittelbar ergeben, wenn es bei der Berichterstattung um eine die Öffentlichkeit wesentlich berührende Frage geht. Voraussetzung ist allerdings, dass die Presse mit den ihr zu Gebote stehenden Mitteln sorgfältig recherchiert hat. Die Beachtung der **pressemäßigen Sorgfalt** bei der Recherchierungspflicht[15] kann bei Ansprüchen, die z. B. auf eine Berichterstattung durch Medien gestützt werden, Einfluss sowohl auf die Rechtswidrigkeit als auch auf das Verschulden haben.[16] Jedenfalls kann ihre Verletzung zur Haftung führen. Die Recherchierungspflicht ist umso höher anzusetzen, je schwerer und nachhaltiger das Ansehen des Betroffenen durch die Veröffentlichung beeinträchtigt wird.[17] Der Beklagte kann sich, wenn er die entsprechenden Sorgfaltspflichten nicht beachtet hat, nicht auf den Grundsatz der Wahrnehmung berechtigter Interessen

---

[9] Hierzu *Müller* VersR 2000, 797, 801.

[10] Palandt/*Sprau* BGB § 823 Rn. 84.

[11] Hierzu Löffler/*Steffen* Presserecht LPG § 6 Rn. 235 und 304.

[12] Aber auch des neuen § 201a StGB – Verletzung des höchstpersönlichen Lebensbereichs durch Bildaufnahmen, hierzu *Schertz* AfP 2005, 421.

[13] Löffler/*Steffen* Presserecht LPG § 6 Rn. 303; *Müller* VersR 2005, 1461, 1470.

[14] Hierzu *Schmelz* oben § 31.

[15] Hierzu BGHZ 132, 13, 24 – *Lohnkiller* sowie BGH VersR 1988, 405 – *kath. Geistlicher*.

[16] Wenzel/*Burkhardt* Äußerungsrecht Kap. 14 Rn. 21.

[17] BGH NJW 1977, 1288, 1289; VersR 1988, 405 – *kath. Geistlicher*.

(§ 193 StGB) als einen Rechtfertigungsgrund berufen. Vielmehr ist es dann infolge der über § 823 Abs. 2 BGB in das Zivilrecht transformierten Beweisregel des § 186 StGB seine Sache, die Wahrheit einer von ihm aufgestellten Behauptung nachzuweisen.[18]

2. Verschulden

Die zivilrechtliche Haftung setzt neben Tatbestandsmäßigkeit und Rechtswidrigkeit **7** auch **Verschulden** voraus, das gem. § 276 Abs. 1 BGB in Vorsatz oder Fahrlässigkeit bestehen kann. Der Grad der Fahrlässigkeit spielt jedenfalls beim materiellen Schadensersatz keine Rolle, weil auch leichte Fahrlässigkeit grundsätzlich die volle Haftung nach sich zieht.[19] Ein Korrektiv kann insoweit jedoch das Mitverschulden bzw. die Mitverursachung des Schadens durch den Geschädigten gem. § 254 BGB sein. Für das Zivilrecht ist der **objektive Fahrlässigkeitsbegriff** maßgeblich, da § 276 Abs. 2 BGB das Verschulden an die Verletzung der im Verkehr erforderlichen Sorgfalt knüpft.[20] Soweit es um die Verletzung besonderer Verkehrspflichten im presserechtlichen Bereich geht, sind bei Prüfung des Verschuldens auch die jeweiligen Aufgaben bzw. Zuständigkeitsbereiche der in Frage kommenden Personen zu beachten.[21] Das Verschulden muss sich lediglich auf die Verletzung des Rechtsguts bzw. des jeweiligen Interesses beziehen. Nur für die Haftung nach § 826 BGB muss es sich auch auf die vorsätzliche Zufügung eines Schadens beziehen, weil diese dort zum Tatbestand gehört.

IV. Äußerungsrechtliche Besonderheiten

1. Besondere Haftungsausschlüsse

Einen besonderen **Haftungsausschluss** regelt § 824 Abs. 2 BGB, wonach durch eine **8** Mitteilung, deren Unwahrheit dem Mitteilenden unbekannt ist, dieser nicht zum Schadensersatz verpflichtet wird, wenn er oder der Empfänger der Mitteilung an ihr ein berechtigtes Interesse hat. Einen Bedarf für eine analoge Anwendung[22] dieser Vorschrift auf Fälle des § 823 Abs. 1 BGB hat der BGH bisher nicht gesehen.

2. Vorrang anderer Verfahren

Ehrenkränkende Äußerungen, die der Rechtsverfolgung oder Rechtsverteidigung in **9** einem **gerichtlichen Erkenntnisverfahren** dienen, in dem auch Beweise erhoben werden, können in aller Regel nicht mit Ehrenschutzklagen abgewehrt werden, weil ihre Berechtigung in dem betreffenden Verfahren geklärt werden kann[23] und es deshalb für eine Ehrenschutzklage an dem erforderlichen Rechtsschutzinteresse fehlt. Diese Ausnahme dürfte allerdings im Bereich der Geldansprüche kaum von Bedeutung sein.

V. Aktiv- und Passivlegitimation

1. Anspruchsberechtigter

Aktiv legitimiert ist der unmittelbar Geschädigte, nämlich der Inhaber des von dem **10** Eingriff betroffenen Rechtsguts.[24] Geschützt ist also nicht, wer durch den Eingriff in das Rechtsgut eines anderen einen nur mittelbaren Schaden erleidet. Dieser Grundsatz wirkt sich vor allem bei mittelbaren Schäden am Vermögen aus wie etwa im Fall eines Landwirts, der wegen des Unfalltodes seines Sohnes seinen Betrieb aufgeben musste und für die hier-

---

[18] BGHZ 132, 13, 24 m.w.N. – *Lohnkiller.*
[19] Hierzu *Canaris* JZ 1987, 793; *Looschelders* VersR 1999, 141, 143; *Müller* VersR 2005, 1461, 1462f.
[20] BGHZ 113, 297, 303; BGH NJW 2003, 2311.
[21] Hierzu unten Rn. 12–16.
[22] Vgl. hierzu Wenzel/*Burkhardt* Äußerungsrecht Kap. 14 Rn. 23, 24.
[23] Deshalb gilt dieser Grundsatz nicht für den Konkursverwalter, BGH NJW 1995, 397.
[24] *Müller* VersR 2006, 1289; vgl. auch Wenzel/*Burkhardt* Äußerungsrecht Kap. 14 Rn. 52 m.w.N.

durch verursachten Vermögensschäden aus Rechtsgründen keinen Schadensersatz erhalten konnte.[25] Aber auch im Bereich des Persönlichkeitsrechts kann die erforderliche **Unmittelbarkeit des Eingriffs** Probleme bereiten. Gerade bei einem so sensiblen Rechtsgut wie dem Persönlichkeitsrecht mit der ihm eigentümlichen Ausstrahlung in die Rechtsbereiche Dritter muss in jedem Einzelfall geprüft werden, ob es sich um einen ersatzpflichtigen Eingriff in eine geschützte Rechtsposition des Anspruchstellers handelt. Nur auf diese Weise kann eine unübersehbare Ausuferung dieses Rechts vermieden werden. Insbesondere muss zwischen einem unmittelbaren Eingriff und einer bloßen **Reflexwirkung** unterschieden werden, die für einen Entschädigungsanspruch nicht ausreichend ist.[26] Aus diesem Grund hat der BGH eine ersatzpflichtige Rechtsgutverletzung in einem Fall verneint, in dem bei dem Bericht über eine Familientragödie sich der Bruder des Täters durch die Nennung des Familiennamens verletzt fühlte.[27] Der BGH hat die erforderliche unmittelbare Betroffenheit bejaht[28] bei der Berichterstattung über den Rauschgifttod eines erwachsenen Kindes, weil unter Beifügung eines nicht genehmigten Familienfotos suggeriert wurde, für die Tragödie sei familiäres Versagen erforderlich. Verneint hat er sie im Fall der Veröffentlichung eines Obduktionsfotos der getöteten Mutter des Klägers,[29] weil es an tatsächlichen Feststellungen bezüglich des Fotos fehlte[30] und diese infolge der Verfahrenslage (Sprungrevision) auch nicht nachgeholt werden konnten.

11   Die Aktivlegitimation ist auch bei der Haftung für schädigende Äußerungen über **Unternehmen** zu prüfen. Hier können sich, auch wenn Unternehmen im Prinzip Träger von Grundrechten sein können,[31] im Einzelfall bei der erforderlichen Abwägung mit entgegenstehenden Grundrechten Unterschiede zwischen Individual- und Unternehmensschutz ergeben.[32]

2. Anspruchsverpflichteter

12   **Passiv legitimiert** ist grundsätzlich, wer den Schaden rechtswidrig und schuldhaft verursacht hat, wobei Mitursächlichkeit ausreichen kann. Im Hinblick auf das Verschuldenserfordernis beim Schadensersatzanspruch[33] kommt es im Einzelfall auf interne Zuständigkeiten und Kontrollbefugnisse an.[34] Als Adressat der Haftung kommt jedenfalls der **Autor** des schädigenden Beitrags in Betracht, daneben auch der **Herausgeber**,[35] wobei es auf dessen jeweilige Stellung im Unternehmen ankommt.[36] Haften kann je nach Lage des Falles auch der **Verleger**[37] bzw. der **Verlag**, der „Herr" der betreffenden Zeitschrift ist.[38] Auch für die Haftung des **Redakteurs**[39] bzw. Chefredakteurs kommt es regelmäßig auf die interne Zuständigkeit an.[40] Die Haftung kann sich auch aus der Übernahme eines Zeitungsmantels ergeben.[41]

---

[25] BGH VersR 2001, 648; hierzu *Müller* VersR 2006, 1289 ff.

[26] Vgl. auch BGH NJW 1954, 72 – *Gesellschafter*; NJW 1974, 797, 800 – *Fiete Schulze*.

[27] BGH NJW 1980, 1790 – *Familientragödie*.

[28] BGH VersR 1974, 758 – *Todesgift*.

[29] BGHZ 165, 203, 212 Tz. 25 – *Obduktionsfoto*.

[30] Anders deshalb die Fälle OLG Düsseldorf AfP 2000, 574 und LG Berlin AfP 2002, 540 (Betroffenheit bejaht).

[31] Zum Grundrecht des Unternehmens auf Berufsfreiheit BVerfGE 106, 275, 298 sowie Beschluss vom 8. Mai 2007 – 1 BvR 193/05.

[32] Dazu ausführlich *Schaub* JZ 2007, 548, 556.

[33] Zum Unterlassungsanspruch vgl. BGH NJW 2004, 762, 765 – *Luftbildaufnahmen*.

[34] *Löffler/Steffen* Presserecht LPG § 6 Rn. 325 mit Beispielen Rn. 326–331 sowie Rn. 219 ff.

[35] OLG Frankfurt ZUM 1992, 361; OLG Celle AfP 1992, 295.

[36] BGH NJW 1954, 1682 – *Constanze II*; NJW 1980, 994, 996 – *Wahlkampfillustrierte*.

[37] Einzelheiten bei *Wenzel/Burkhardt* Äußerungsrecht Kap. 14 Rn. 60.

[38] BGHZ 39, 124, 129 – *Fernsehansagerin*.

[39] BGH NJW 1977, 626, 627 – *konkret*; zur Haftung des verantwortlichen Redakteurs vgl. auch *Soehring* AfP 1977, 330.

[40] BGH NJW 1979, 1041 – *Exdirektor*; OLG Düsseldorf NJW 1980, 559.

[41] OLG München NJW-RR 2002, 1339.

Haften kann auch ein **Informant** für die Vollständigkeit und Richtigkeit seiner Infor- **13** mation.[42] Schadensersatzpflichtig kann unter dem Gesichtspunkt der Verbreitung eines Berichts auch eine **Nachrichtenagentur** sein. In einem kürzlich entschiedenen Fall[43] scheiterte deren Haftung allerdings daran, dass der Kläger die unerwünschte Berichterstattung über Missstände in einer Krankenhausverwaltung unter Nennung seines Namens wegen des öffentlichen Interesses an solchen Vorkommnissen dulden musste. Zur Haftung bei mehreren Verbreitern (z. B. von Nacktfotos)[44] vgl. unten Rn. 25 und 26.

Die **Organhaftung** nach § 31 BGB findet Anwendung auf sämtliche juristische Per- **14** sonen des Privatrechts und damit auch auf **Rundfunkanstalten**.[45] Verfassungsmäßig berufener Vertreter ist, wem bedeutsame Funktionen als eigenverantwortliche Aufgaben zugewiesen sind.[46] Natürlich dürfen auch **private Rundfunkanstalten** keine rechtswidrigen Sendungen ausstrahlen und haften ggf. für Persönlichkeitsrechtsverletzungen nach § 823 BGB.[47]

Die Haftung für **Verrichtungsgehilfen** ist Verschuldenshaftung, wobei es auf das Ver- **15** schulden des Geschäftsherrn bzw. von durch § 831 Abs. 2 BGB gleichgestellten Personen ankommt. An den an sich möglichen Entlastungsbeweis sind vor allem dann strenge Anforderungen zu stellen, wenn der Bericht ein „heißes Eisen" betrifft. Aber auch sonst kann mangelnde Überprüfung des Berichts ein Organisationsverschulden darstellen.[48] Es kann jedoch zur Entlastung ausreichen, wenn der falsche Bericht von einem bisher zuverlässigen freien Mitarbeiter stammt.[49]

Beim **Bereicherungsanspruch** haften mehrere am Eingriff Beteiligte nicht als Ge- **16** samtschuldner, sondern nur wegen ihrer eigenen Bereicherung.[50] Die für die Gesamtschuld geltenden Grundsätze können nämlich nicht auf das Recht der ungerechtfertigten Bereicherung übertragen werden, weil mehrere an einer rechtsgrundlosen Vermögensverschiebung Beteiligte als Bereicherungsschuldner nicht für die gesamte Entreicherung einzustehen haben, sondern nur für das, was sie selbst auf Kosten des Entreicherten erlangt haben.[51] Das gilt auch für die sog. **Ersparnisbereicherung**[52] bei Eingriffen in das Recht am eigenen Bild.[53]

B. Der Anspruch auf materiellen Schadensersatz

I. Übersicht

1. Grundsätze

Grundlegende Voraussetzung ist die Entstehung eines **Vermögensschadens**. Ob ein **17** solcher entstanden ist, lässt sich regelmäßig anhand der Verkehrsanschauung feststellen. In Betracht kommen sowohl Minderungen des Aktivvermögens, etwa in Gestalt eines Erwerbsschadens oder eines entgangenen Gewinns (unten Rn. 20) sowie Aufwendungen

---

[42] BGH GRUR 1964, 392 – *Weizenkeimöl*; NJW 1968, 1419 – *Pelzversand*; Löffler/*Steffen* Presserecht LPG § 6 Rn. 229, 329; vgl. auch Wenzel/*Burkhardt* Äußerungsrecht Kap. 14 Rn. 65 m.w.N.
[43] BGH VersR 2007, 511 Tz. 14 f. – *Klinikgeschäftsführer*.
[44] BGH NJW 1985, 1617, 1620 – *Nacktfotos*; hierzu krit. Wenzel/*Burkhardt* Äußerungsrecht Kap. 14 Rn. 32, 68.
[45] BGH NJW 1963, 484 – *Maris*.
[46] BGH NJW 1968, 391; 1977, 2259.
[47] Vgl. BGH NJW 1963, 484 – *Maris*; vgl. auch OLG Köln ArchPR 1970, 95.
[48] BGHZ 39, 124, 129 – *Fernsehansagerin*; BGH NJW 1980, 2809, 2810 f. – *Medizin-Syndikat II*.
[49] OLG München AfP 1990, 222.
[50] BGH NJW 1979, 2205 – *Fußballtor*.
[51] BGH WM 1973, 71.
[52] Hierzu BGH NJW 1964, 1365; 1973, 703, 705.
[53] BGH NJW 1979, 2205, 2207 – *Fußballtor*.

zur Schadensabwehr (unten Rn. 31) oder zur Rechtsverfolgung (unten Rn. 33), aber auch Belastungen des Vermögens mit Verbindlichkeiten, die durch das Schadensereignis verursacht worden sind. Ein Schaden kann auch darin bestehen, dass der Geschädigte infolge der Schädigung gezwungen wird, sein Vermögen entgegen früherer Planung einzusetzen. Dies hat der BGH in einem Fall entschieden, in dem zweckgebundene öffentliche Mittel infolge falscher Angaben der Beklagten zweckwidrig eingesetzt worden waren.[54]

2. Die Ermittlung des Schadens

18   Die Entstehung eines materiellen Schadens ist vom Geschädigten **darzulegen** und nach der **Differenzhypothese**[55] grundsätzlich aus einem Vergleich zwischen der Vermögenslage des Geschädigten im tatsächlichen Zustand gegenüber dem hypothetischen Zustand ohne das Schadensereignis zu **ermitteln**.[56] Maßgeblicher Zeitpunkt ist im Regelfall die letzte mündliche Verhandlung vor dem Tatrichter.[57] Wenn eine falsche Berichterstattung zu Gesundheitsschäden führt – wie etwa im Fall des Prokuristen, der in einer unrichtigen und ehrverletzenden Gerichtsberichterstattung als „Hauptdrahtzieher" einer Diebesbande bezeichnet worden war[58] und dadurch einen Herzinfarkt mit körperlichen Folgeschäden erlitt –, kann sich aus dieser Verletzung eines Rechtsguts im Sinn des § 823 Abs. 1 BGB neben dem **materiellen** Anspruch auf Ersatz von Heilungskosten etc. auch ein Anspruch auf Entschädigung wegen der **immateriellen** Beeinträchtigung ergeben.

3. Wahrscheinlichkeit des Schadenseintritts

19   Weitere Voraussetzung für eine Schadensersatzklage (etwa in Form eines Feststellungsantrags) ist eine – freilich summarisch zu prüfende – **Wahrscheinlichkeit des Schadenseintritts**.[59] Aufschlussreich hierfür ist der Fall des Börsenjournalisten.[60] Auch wenn dort zunächst die Möglichkeit eines Schadenseintritts im Raum stand, hatte der Kläger es im weiteren Prozessverlauf versäumt, trotz Bestreitens der Beklagten seinen Vortrag zu einem eingetretenen oder drohenden Schaden unter Beweis zu stellen. Andererseits dürfen für **künftige Schäden** die Anforderungen nicht zu hoch sein, um dem Betroffenen nicht die Möglichkeit zur Geltendmachung eines später wirklich entstehenden Schadens abzuschneiden.[61] Wenn bereits ein Teilschaden entstanden ist, kann die Möglichkeit der späteren Verwirklichung eines weiteren Schadens in absehbarer Zeit ausreichen.[62]

4. Entgangener Gewinn

20   Der **Ersatz des entgangenen Gewinns** richtet sich nach § 252 BGB, so dass es je nach Lage des Falles auf den gewöhnlichen Lauf der Dinge oder auf besondere Anstalten und Vorkehrungen ankommt, die der Geschädigte zur Erzielung eines Gewinns getroffen hat, den er ohne das Schadensereignis mit Wahrscheinlichkeit erzielt hätte. Maßgeblich ist grundsätzlich die Entwicklung vom Standpunkt eines objektiven Beobachters aus. Ersatzfähig sind auch Aufwendungen, die durch das Schadensereignis ihren Sinn verfehlt haben.[63] Ausschlaggebend ist, ob der Vermögenswert dem Geschädigten ohne das Schadensereignis zugeflossen wäre, ohne dass es darauf ankommt, ob er einen Rechtsanspruch hierauf gehabt hätte.[64] Freilich besteht keine Ersatzpflicht, wenn der Anspruchsteller den

---

[54] BGHZ 161, 361, 368.
[55] BGHZ 27, 181, 183; vgl. auch BGHZ 98, 212, 217.
[56] BGHZ 99, 182, 196; BGH, NJW 1994, 2357.
[57] BGHZ 5, 138, 142; 55, 329, 331.
[58] BGH NJW 1963, 904 – *Hauptdrahtzieher.*
[59] BGH NJW 1993, 648, 653; 1994, 2614 – *Börsenjournalist.*
[60] BGH NJW 1994, 2614 – *Börsenjournalist.*
[61] BGH GRUR 1974, 661 – *St. Pauli-Nachrichten.*
[62] BGH NJW 1993, 648, 653.
[63] Vgl. BGH NJW 1997, 1148 – *Chefarzt/Stern-TV.*
[64] Löffler/*Steffen* Presserecht LPG § 6 Rn. 308.

betreffenden Vorteil nur mit rechtswidrigen Mitteln hätte erlangen können,[65] etwa unter Verstoß gegen § 3 UWG.[66]

Der Schaden ergibt sich aus der Differenz zwischen dem hypothetischen und dem tat- 21 sächlich erzielten Gewinn.[67] In prozessualer Hinsicht wird § 252 BGB durch **§ 287 ZPO** ergänzt, wonach das Gericht die **Höhe des Gewinns schätzen** kann. Hier wird oftmals an den hypothetischen Umsatz bzw. die mutmaßliche Geschäftsentwicklung angeknüpft werden können.[68] In Betracht kommt auch die Schätzung eines Mindestschadens. Zwar muss das Gericht von jeder Schätzung absehen, wenn diese mangels greifbarer Anhaltspunkte „in der Luft hängen" würde.[69] Steht aber fest, dass ein Schaden in einem der Höhe nach nicht bestimmbaren, jedenfalls aber erheblichen Ausmaß entstanden ist, dann wird sich in der Regel aus den Umständen, die die Annahme eines erheblichen Schadens begründen, eine ausreichende Grundlage für die Ermittlung eines gewissen (Mindest-) Schadens gewinnen lassen.[70] Hier ist breiter Raum für die Würdigung des Tatrichters, der die Entwicklung des Schadensverlaufs im Rahmen des § 287 ZPO zu beurteilen und dabei auch das Erfordernis des haftungsrechtlichen Zurechnungszusammenhangs zu beachten hat.[71]

Geht es um die Verletzung des Rechts am Unternehmen, so dürften für die Ermittlung 22 des **Verletzergewinns** die Grundsätze der sog. Gemeinkostenanteil-Entscheidung[72] entsprechend anzuwenden sein. Diese hat der BGH in einer neuen Entscheidung[73] weiter präzisiert. Danach ist bei der Bemessung des Schadensersatzes zwischen den Kosten zu unterscheiden, die unmittelbar der Produktion und dem Vertrieb des betreffenden Gegenstandes zugerechnet werden können, und denjenigen Kosten, die hiervon unabhängig durch die Unterhaltung des Betriebs entstanden und deshalb nicht erstattungsfähig sind.

II. Der Nachweis des Schadens

1. Kausalitätsnachweis

Der **Kausalitätsnachweis** obliegt dem Geschädigten, so dass Zweifel grundsätzlich zu 23 seinen Lasten gehen.[74] Um eine uferlose Ausweitung der Haftung zu vermeiden, ist Ursächlichkeit im Sinn der Adäquanztheorie zu verstehen.[75] Eine Begrenzung der Zurechnung ergibt sich aus Art. 5 Abs. 1 Satz 2 GG hinsichtlich von Schäden, die nur gelegentlich einer rechtwidrigen Presseberichterstattung entstanden sind.[76] Für den Nachweis der **haftungsbegründenden** Kausalität, also des Ursachenzusammenhangs zwischen der schädigenden Handlung und dem ersten Verletzungserfolg, gilt der sog. Strengbeweis nach § 286 ZPO, so dass dieser Beweis zur vollen Überzeugung des Tatrichters geführt werden muss. Dabei bedarf es allerdings keiner unumstößlichen Gewissheit; vielmehr reicht nach einer vom BGH entwickelten Formel[77] ein „für das praktische Leben brauchbarer Grad von Gewissheit" aus.

Für die **haftungsausfüllende** Kausalität, also den Zusammenhang zwischen dem 24 schädigenden Ereignis und dem konkreten Schaden bzw. einem einzelnen Schadens-

---

[65] BGH GRUR 1964, 392 – *Weizenkeimöl.*
[66] BGH NJW 1968, 1419 – *Pelzversand.*
[67] BGH NJW 1963, 484 – *Maris.*
[68] BGH NJW 1987, 909.
[69] BGHZ 91, 243, 256.
[70] BGH NJW 1964, 589; 1987, 909.
[71] Löffler/*Steffen* Presserecht LPG § 6 Rn. 309, 310.
[72] BGHZ 145, 366, 371; GRUR 2006, 419 Tz. 14 f. – *Noblesse.*
[73] BGH NJW 2007, 1524; hierzu *Looschelder* NJW 2007, 1503 f.
[74] OLG Stuttgart NJW 1983, 1203.
[75] Zur Adäquanz vgl. Löffler/*Steffen* Presserecht LPG § 6 Rn. 310.
[76] BVerfG NJW 2001, 1639 – *Verbandsvorsteherwahl.*
[77] BGHZ 53, 245, 246 – *Anastasia*; ebenso BGH, NJW 1994, 801.

posten, reicht eine Darlegung und Beweisführung nach dem sog. Freibeweis des § 287 ZPO aus.[78] Hier ist der Richter bei der Überzeugungsbildung deutlich freier gestellt und muss auch nicht alle Beweisanträge berücksichtigen, sondern kann sich ggf. mit einer Schätzung begnügen. Vor allem aber ist eine volle Überzeugung im Gegensatz zu § 286 ZPO nicht erforderlich. Vielmehr reicht eine deutlich überwiegende, auf gesicherter Grundlage beruhende Wahrscheinlichkeit aus.[79] Erforderlich ist aber jedenfalls eine ausreichende Darlegung durch den Geschädigten, wonach er mit **hoher Wahrscheinlichkeit** einen nachvollziehbaren Schaden erlitten hat.[80] Hierbei wird man gerade im Bereich des Äußerungsrechts keine zu geringen Anforderungen an die Wahrscheinlichkeit eines Schadens stellen dürfen, damit nicht von wenig substantiierten Schadensersatzansprüchen ein **Einschüchterungseffekt** ausgeht, der im Hinblick auf die Grundrechte aus Art. 5 GG vermieden werden muss.[81]

2. Kausalitätsprobleme

25   Ein wichtiges Kausalitätsproblem ist die Abgrenzung zwischen **Mitursächlichkeit** und **Teilursächlichkeit**. Nach allgemeinen zivilrechtlichen Grundsätzen ist die bloße Mitursächlichkeit ausreichend, um die volle Haftung nach sich zu ziehen.[82] Der Geschädigte muss folglich nachweisen, dass die beanstandete Äußerung zumindest mitursächlich für die Schadensfolge geworden ist, etwa für die Eröffnung eines Konkursverfahrens aufgrund eines negativen Berichts über ein Unternehmen.[83] Insofern können sich Abgrenzungsfragen stellen, wenn mehrere Presseorgane den gleichen Bericht verbreiten[84] und der Geschädigte geltend macht, dass gerade die Häufung von negativen Berichten sich schädigend ausgewirkt habe, während sich die Schädiger darauf berufen, dass ihr Bericht allenfalls einen Teil des Schadens verursacht haben könne.

26   Die Anwendung der **Beweisregel des § 830 Abs. 1 Satz 2 BGB** setzt voraus, dass jede Veröffentlichung geeignet war, für sich allein den gesamten Schaden herbeizuführen.[85] Wenn das zu bejahen ist, kann der Geschädigte **alle Verursacher** des Schadens bzw. Verbreiter der schädigenden Äußerung als **Gesamtschuldner** auf Ersatz des gesamten Schadens in Anspruch nehmen. In solchen Fällen besteht eine andere Sachlage als bei der Entscheidung des BGH zum Nacktfoto,[86] das in mehreren Illustrierten abgedruckt worden war. Hier hat der BGH – und zwar mit Recht – in jeder Veröffentlichung einen selbständigen Eingriff in das Persönlichkeitsrecht des Abgebildeten gesehen. Wenn demgegenüber im Schrifttum die Auffassung vertreten wird,[87] dass auch in einem solchen Fall die Verursacher nach § 840 BGB als Gesamtschuldner haften müssten, wird hierbei nicht hinreichend berücksichtigt, dass bei einem derartigen Eingriff in das Persönlichkeitsrecht anders als etwa in dem zuvor erörterten Fall einer durch mehrere negative Berichte veranlassten Konkurseröffnung nicht das kumulative Moment, also die Häufung der Veröffentlichungen, im Vordergrund steht, sondern der **jeweilige selbständige Einbruch** in die Privatsphäre des Betroffenen.

3. Verjährung

27   Für die **Verjährung** gelten die allgemeinen Vorschriften, also §§ 195, 199 BGB, wonach die Verjährung grundsätzlich drei Jahre nach Schluss des Kalenderjahres eintritt, in

---

[78] BGH, NJW 1994, 801.
[79] BGH NJW 1992, 3298.
[80] BGHZ 74, 221, 226; BGH NJW 1998, 1634; 2000, 3287.
[81] Vgl. BVerfG NJW 2001, 1639 – *Verbandsvorsteherwahl*.
[82] BGH NJW 1997, 796; 2000, 2741, 2742 und 3423, 3424.
[83] BGH NJW 1987, 1403, 1404 – *Türkol II*.
[84] Hierzu Wenzel/*Burkhardt* Äußerungsrecht Kap. 14 Rn. 32.
[85] Vgl. hierzu Löffler/*Steffen* Presserecht LPG § 6 Rn. 311–315.
[86] BGH NJW 1985, 1617, 1620 – *Nacktfoto*.
[87] Wenzel/*Burkhardt* Äußerungsrecht Kap. 14 Rn. 32, 68.

dem der Anspruch entstanden ist und der Betroffene von dem Schaden und dem Schädiger Kenntnis erlangt hat oder ohne grobe Fahrlässigkeit hätte erlangen müssen. Ohne diese Kenntnis oder grob fahrlässige Unkenntnis beträgt die Verjährungsfrist zehn Jahre, bei Ersatzansprüchen wegen Verletzung des Lebens, der Gesundheit oder der Freiheit – die im Bereich des Äußerungsrechts selten sein dürften – dreißig Jahre ab Entstehung des Anspruchs.

III. Die Ersatzleistung

1. Geldersatz

Nach § 249 Abs. 1 BGB ist der Schadensersatzanspruch in erster Linie auf Natural- **28** restitution gerichtet.[88] Bei Verletzung einer Person oder Beschädigung einer Sache kann jedoch der Geschädigte gem. § 249 Abs. 2 BGB statt der Herstellung den dazu erforderlichen Geldbetrag verlangen. Verlangt er **Geldersatz**, ist er grundsätzlich an die Wahl gebunden.[89] Auch wenn bei Verletzungen des Persönlichkeitsrechts im Prinzip Naturalrestitution in Betracht kommen kann, steht bei den in der Praxis geltend gemachten Ansprüchen derjenige auf Geldersatz durchaus im Vordergrund.

Dies gilt insbesondere für **Erwerbsschäden**, wie sie vielfach als Folge einer Persön- **29** lichkeitsrechtsverletzung geltend gemacht werden, so etwa im Fall des Fernsehberichts über einen Chefarzt.[90] Hier hatte die kritische Berichterstattung über angebliche ärztliche Fehler des Gynäkologen u.a. zur Kündigung von dessen Belegarztvertrag mit dem Krankenhaus geführt. Indessen fehlte es für einen derartigen Bericht an dem erforderlichen Mindestbestand an Beweistatsachen, weil einzige fachliche Grundlage eine Liste mit Vorwürfen der Assistenz- und Oberärzte war. Der Arzt verlangte und erhielt neben immateriellem Schadensersatz nicht nur den **entgangenen Gewinn** (§ 252 BGB), sondern auch **Ersatz** von **Aufwendungen**, die wegen der Kündigung ihren Zweck verfehlt hatten. In einem anderen Fall[91] war ein Lehrer wegen angeblich ausländerfeindlicher Äußerungen von Mitgliedern der Elternvertretung unter Hinzuziehung der Lokalpresse ohne Grund derart hart angegriffen worden, dass er eine schwere Neurose entwickelte und berufsunfähig wurde. Da die Ursächlichkeit aufgrund der ärztlichen Gutachten feststand, wurden die betreffenden Eltern verurteilt, dem Kläger neben einer Geldentschädigung für die immaterielle Beeinträchtigung auch die **Differenz** zwischen Gehalt und Ruhegehalt als **materiellen Schaden** zu zahlen.

2. Naturalrestitution

Daneben kann in besonders gelagerten Fällen auch eine **Naturalrestitution** im eigent- **30** lichen Sinn in Betracht kommen,[92] also eine Wiederherstellung des Zustandes, wie er ohne das Schadensereignis bestanden hätte, etwa durch Widerruf, Richtigstellung[93] oder die Berichtigung einer unwahren Behauptung durch Abdruck eines Leserbriefs.[94] Der vom BGH in der sog. Alkoholtest-Entscheidung[95] erwogene Gedanke, den presserecht-

---

[88] BVerfG NJW 1973, 1221 – *Soraya*.

[89] BGHZ 121, 22, 26.

[90] BGHZ 30, 7, 15 – *Caterina Valente*; BGH NJW 1997, 1148 – *Chefarzt/ Stern-TV* m. Anm. *Helle* JZ 1997, 786.

[91] OLG Schleswig, Urt. v. 9.10.1998 – 1 U 86/95 – mit Nichtannahmebeschluss des BGH VI ZR 339/98.

[92] Hierzu Löffler/*Steffen* Presserecht LPG § 6 Rn. 317; Wenzel/*Burkhardt* Äußerungsrecht Kap. 14 Rn. 72 ff.

[93] BGH NJW 1979, 2197 – *Falschmeldung*; zum Richtigstellungsanspruch einer Behörde BGH Urt. v. 22.4.2008 – VI ZR 83/07.

[94] OLG Hamburg NJW 1962, 2062.

[95] BGH NJW 1978, 210 – *Alkoholtest*.

lichen Gegendarstellungsanspruch zu einem weniger formalen und damit wirksameren Recht des Betroffenen auszubauen, hat sich bisher in der Praxis nicht durchgesetzt. Auch sonstige Anregungen im Schrifttum,[96] Verletzungen des Persönlichkeitsrechts auf andere Weise als durch Geldersatz auszugleichen, scheinen gegenüber dem allgemeinen **Trend** zum **Schadensersatz in Geld** keinen Anreiz zu bieten, so dass der BGH schon seit längerem keinen Anlass mehr hatte, sich mit diesen Fragen zu beschäftigen.

3. Aufwendungen zur Schadensabwehr

31   Auch die einschlägigen Entscheidungen des BGH zur Erstattungsfähigkeit von **Aufwendungen zur Schadensabwendung** liegen schon einige Zeit zurück. Dabei geht es um Fälle, in denen z. B. der Geschädigte Anzeigen veröffentlicht, die einen vom Schädiger bewirkten negativen Eindruck aufheben sollen.[97] Derartige Aufwendungen können je nach Lage des Falles erstattungsfähig sein, zumal der Geschädigte durch § 254 BGB verpflichtet ist, den Schaden möglichst gering zu halten. In der grundlegenden *Panorama*-Entscheidung[98] hat der BGH offengelassen, ob die Kosten einer durch einen kritischen Fernsehbericht veranlassten Anzeigenaktion als **Ersparnisbereicherung** oder nach **Deliktsgrundsätzen** bzw. als **Ersatz des Herstellungsaufwandes** im Sinn des § 249 Abs. 2 Satz 1 BGB ersatzfähig sein könnten, weil die Erstattungsfähigkeit in jedem Fall von der Erforderlichkeit der Aufwendungen abhänge.

Deren Grenze richtet sich nach denjenigen Maßnahmen, die ein vernünftiger Mensch in der Lage des Geschädigten im maßgeblichen Zeitpunkt ergriffen hätte,[99] so dass grundsätzlich eine **ex-ante-Betrachtung** geboten ist, bei der (so die an den meinungsbildenden Aufgaben des Fernsehens und damit an Art. 5 GG orientierte *Panorama*-Entscheidung des BGH) auch die Interessenlage des Äußernden zu berücksichtigen sein kann.[100] Das Problem solcher Ansprüche besteht typischerweise darin, dass der eigentliche bzw. messbare finanzielle **Schaden** erst durch die **Gegenaktion** des Geschädigten entsteht. Von daher ist bei der Anerkennung derartiger Aufwendungen als erstattungsfähig schon deshalb **Zurückhaltung** geboten,[101] um nicht einem Einschüchterungseffekt Vorschub zu leisten, der im Hinblick auf den durch Art. 5 GG gewährleisteten Schutz der Äußerungsfreiheit bedenklich wäre. Deshalb kann sich im Einzelfall die Frage stellen, ob sich der Geschädigte mit dem presserechtlichen **Gegendarstellungsanspruch** begnügen muss.[102]

32   Das ist dann nicht der Fall, wenn der Schädiger die erforderliche **Gegendarstellung** verzögert hat[103] oder ein ungewöhnlich hoher Schaden droht, dem durch eine Gegendarstellung nicht ausreichend begegnet werden kann.[104] Als **ersatzfähige Maßnahme** zur Schadensminderung ist beispielsweise die Beauftragung eines Managers mit Recherchen und Maßnahmen zur „Imagepflege" gegen ein Honorar von 10 000 DM anerkannt worden.[105] Insgesamt ist die **Ersatzfähigkeit** derartiger Aufwendungen – insbesondere von Anzeigenkampagnen –[106] im Voraus nur **schwer zu beurteilen**, so dass in solchen

---

[96] Vgl. Wenzel/*Burkhard* Äußerungsrecht Kap. 14 Rn. 74.

[97] BGH NJW 1978, 210 – *Alkoholtest*; vgl. auch BGH NJW 1979, 2197 – *Falschmeldung*.

[98] BGHZ 66, 182, 192 – *Panorama*.

[99] BGHZ 66, 182, 192 – *Panorama*; BGH NJW 1978, 210 – *Alkoholtest*; 1979, 2197 – *Falschmeldung*; 1986, 981 – *Preisvergleich*.

[100] BGHZ 66, 182, 195 – *Panorama*.

[101] Vgl. Löffler/*Steffen* Presserecht LPG § 6 Rn. 319; krit. Wenzel/*Burkhardt* Äußerungsrecht Kap. 14 Rn. 45, 46.

[102] Hierzu ausführlich BGHZ 66, 182, 193 – *Panorama*; BGH NJW 1979, 2197 – *Falschmeldung*.

[103] BGHZ 66, 182, 192 – *Panorama*.

[104] BGH NJW 1978, 210 – *Alkoholtest*; NJW 1979, 2197 – *Falschmeldung*; NJW 1986, 981 – *Preisvergleich*.

[105] OLG München AfP 1990, 45.

[106] Hierzu Wenzel/*Burkhardt* Äußerungsrecht Kap. 14 Rn. 44 ff.

Fällen dem Geschädigten größte **Vorsicht** anzuraten ist, damit er nicht Aufwendungen macht, die sich später als nicht erstattungsfähig erweisen. Insoweit ist auch § 251 Abs. 2 BGB in Betracht zu ziehen, wonach die Aufwendungen nicht unverhältnismäßig sein dürfen.[107] Jedenfalls kann es zur **Begrenzung des Kostenrisikos** zweckmäßig sein, dass der Geschädigte dem Schädiger sein Vorhaben vor dessen Ausführung ankündigt, um – auch im Hinblick auf § 254 BGB – Einwendungen gegen Art und Höhe der Kosten schon im Vorfeld zu begegnen.

4. Kosten der Rechtsverfolgung

Da der Schadensersatzanspruch – anders als der bloße Gegendarstellungsanspruch[108]   **33** – eine Rechtsverletzung voraussetzt, sind die **Kosten der Rechtsverfolgung** und damit auch Anwaltskosten grundsätzlich erstattungsfähig.[109] Sind die Beklagten Gesamtschuldner, so trägt jeder Gesamtschuldner die Kosten der Rechtsverfolgung selbst.[110] Anders kann es jedoch sein, wenn der eine Gesamtschuldner den Geschädigten durch falsche Angaben zu einem Vorgehen gegenüber dem anderen veranlasst hat.[111]

C. Die Vermarktung fremder Persönlichkeitsrechte

I. Übersicht

Häufig besteht der Eingriff in ein fremdes Persönlichkeitsrecht darin, dass der Eingrei-   **34** fende es ohne Erlaubnis des Rechtsträgers verwertet, etwa durch Berichterstattung, Werbung oder auch durch die Verwendung fremder Persönlichkeitsmerkmale im Rahmen eigenen künstlerischen Schaffens.[112] Jedenfalls für solche Fälle, in denen der Eingreifende das fremde Persönlichkeitsrecht für eigene **kommerzielle Zwecke** ausbeutet,[113] besteht Einigkeit darüber, dass der Geschädigte dies nicht ohne Entschädigung hinnehmen muss. Entsprechend den vielfältigen Ausstrahlungen des Persönlichkeitsrechts einerseits und den vielgestaltigen Eingriffsmöglichkeiten andererseits können die rechtlichen Grundlagen für einen Entschädigungsanspruch unterschiedlich sein und insbesondere davon abhängen, ob es um den **Ersatz materiellen** oder **immateriellen Schadens** geht. Für diese Abgrenzung ist maßgeblich, ob materielle (vermögenswerte) oder immaterielle (ideelle) Bestandteile des Persönlichkeitsrechts betroffen sind, wobei auch **beides zugleich** der Fall sein kann. Wenn im Schrifttum insoweit eine Ambivalenz der Rechtsprechung angenommen wird,[114] erklärt sich diese tatsächlich aus der Ambivalenz des Persönlichkeitsrechts, das in beide Richtungen ausstrahlt. Geht es um die vermögenswerten Bestandteile dieses Rechts, so kommt außer dem Anspruch auf **Schadensersatz** auch ein **Bereicherungsanspruch** in Frage, der bei gleicher Stoßrichtung den beträchtlichen Vorzug hat, dass er kein Verschulden voraussetzt.[115]

---

[107] BGHZ 66, 182 – *Panorama*; BGH NJW 1978, 210 – *Alkoholtest*; NJW 1979, 2197 – *Falschmeldung*; BGH NJW 1986, 918 – *Preisvergleich*.

[108] Hierzu Wenzel/*Burkhardt* Äußerungsrecht Kap. 11 Rn. 211.

[109] MünchKomm-*Rixecker* BGB § 12 Anh. Rn. 219.

[110] LG Stuttgart AfP 1983, 292, 294; Wenzel/*Burkhardt* Äußerungsrecht Kap. 14 Rn. 70.

[111] BGH NJW 1971, 134; vgl. auch *Soehring* Presserecht 29.48.

[112] Zu einer unerlaubten Verwendung von Persönlichkeitsmerkmalen vgl. BGH NJW 2005, 2844 – *Esra*, wobei dort nur über den Unterlassungsanspruch zu entscheiden war.

[113] Hierzu oben *Götting* § 18.

[114] So *Wagner* VersR 2000, 1305, 1307.

[115] Zuletzt BGHZ 169, 340 Tz. 12 – *Lafontaine;* zum Anspruch auf Herausgabe des Erlangten unten *Seitz* § 61.

1. Bereicherungsansprüche

35   Bei Eingriffen in das Recht am eigenen Bild[116] oder Namen[117] hat die Rechtsprechung schon frühzeitig eine Parallele zu den Eingriffen in Immaterialgüterrechte gezogen und für die **unberechtigte kommerzielle Verwertung** eines solchen Rechts Entschädigungsansprüche nach den Grundsätzen gewährt, die bei der Verletzung von Urheber- und Patentrechten gelten. In der grundlegenden *Paul-Dahlke*-Entscheidung[118] aus dem Jahr 1956 hat der BGH hervorgehoben, dass dieser vom Reichsgericht für die Schadensliquidation aus Urheber- und Patentrechtsverletzungen entwickelte gewohnheitsrechtliche Grundsatz der Interessenlage bei allen Eingriffen in vermögenswerte Ausschließlichkeitsrechte entspreche, die üblicherweise nur gegen Entgelt gestattet würden. Dabei hat der BGH den Anspruch als **Bereicherungsanspruch** im Sinn einer Eingriffskondiktion qualifiziert[119] mit der Folge, dass kein Verschulden der Beklagten erforderlich war und es auch nicht darauf ankam, ob dem Kläger ein Urheberrecht an dem Bild zustand, ob er es anderweitig hätte verwerten können und ob die Beklagte es auch bei Kenntnis des Vergütungsanspruchs verwendet hätte. Maßgeblich ist vielmehr der grundlose Vermögenszuwachs im Vermögen des Bereicherten, der gegenüber dem Kläger durch Zahlung der für eine Erlaubnis üblichen Vergütung auszugleichen ist. Diese kann nach Art einer **Lizenzgebühr** geschätzt werden und sich an dem ersparten Honorar orientieren.[120]

2. Schadensersatzansprüche

36   Die Unterscheidung zwischen Bereicherungs- und **Schadensersatzanspruch** betrifft hauptsächlich das **Verschulden**.[121] So hatten im Fall *Fuchsberger*,[122] in dem ein Optiker mit einem Foto des bebrillten Klägers geworben hatte, die Vorinstanzen die auf Zahlung von 120 000 DM gerichtete Klage abgewiesen, weil dem Verwender des Fotos die **fehlende Genehmigung nicht bekannt** gewesen sei. Demgegenüber wies der BGH darauf hin, dass dieser Umstand nur einen Schadensersatzanspruch ausschließe, nicht jedoch einen Anspruch aus ungerechtfertigter Bereicherung. Danach könne dem Abgebildeten eine angemessene Vergütung zustehen, für deren Höhe darauf abzustellen sei, welches Entgelt vernünftige Vertragspartner als angemessenes Honorar für die werbemäßige Verwertung des Fotos ausgehandelt hätten. Dem Einwand des Beklagten, er hätte keinesfalls eine solche Vergütung vereinbart, hielt der BGH auch hier entgegen, dass der Kläger seine Einwilligung nur gegen Zahlung dieser Summe erteilt hätte und der Beklagte sich an der von ihm eigenmächtig geschaffenen Sachlage festhalten lassen müsse.[123]

37   Soweit es um **Schadensersatzansprüche** geht, muss zwischen den **vermögenswerten** und den **ideellen** Bestandteilen des Persönlichkeitsrechts unterschieden werden. Diese Unterscheidung liegt bereits der bekannten *Herrenreiter*-Entscheidung[124] zugrunde und wird vom BGH auch in den neuesten Entscheidungen des I.[125] und des VI.[126] Zivilsenats

---

116 Hierzu oben § 12.
117 Hierzu oben § 13.
118 BGHZ 20, 345, 353 – *Paul Dahlke*; vgl. auch BGHZ 5, 116, 123; 15, 338, 348 – *GEMA*.
119 BGHZ 20, 345, 354 – *Paul Dahlke*.
120 BGHZ 20, 345, 355 – *Paul Dahlke;* 160, 340 Tz. 12 – *Lafontaine* m.w.N.; ebenso BGH NJW 1979, 2205 – *Fußballtor*; vgl. auch BVerfG WRP 2006, 1361; Beispiele zur Höhe: OLG Karlsruhe AfP 1998, 326 – *Iwan Rebroff* – 155 000 DM; OLG München AfP 2003, 71 – *Boris Becker* – 150 000 DM; NJW–RR 2003, 767 – *Der blaue Engel* – 70 000 DM.
121 Vgl. auch BGH NJW 1979, 2205, 2207 – *Fußballtor*.
122 BGH NJW 1992, 2084 – *Joachim Fuchsberger*.
123 Zur kommerziellen Verwertung vgl. auch BGH NJW 1979, 2203 – *Fußballkalender*; 2205 – *Fußballtor*; 1997, 1152 – *Bob Dylan*; NJW-RR 1987, 231 – *Nena*; GRUR 1990, 353 – *Raubkopien*; 1008 – *Lizenzanalogie*; OLG München AfP 1995, 658, 661.
124 BGHZ 26, 349, 353.
125 BGHZ 143, 214 – *Marlene Dietrich I*; 169, 193 – *Kinski*; 169, 340 – *Lafontaine*.
126 BGHZ 165, 203 – *Obduktionsfoto*.

strikt durchgehalten. Sind die vermögenswerten Bestandteile dieses Rechts betroffen,[127] so wird regelmäßig ein Schadensersatzanspruch materieller Art geltend gemacht.[128] In diesen Fällen kann der Geschädigte nach den für Immaterialgüterrechtsverletzungen geltenden Grundsätzen seinen Schaden auf **dreifache Weise berechnen,**[129] nämlich entweder die ihm entstandenen Nachteile – einschließlich des entgangenen Gewinns – **konkret** beziffern und ihren Ersatz verlangen, oder er kann in **Lizenzanalogie** einen abstrakten Wertausgleich anhand der hypothetisch erzielbaren Lizenzgebühr fordern oder aber **Herausgabe** des vom Schädiger durch die Rechtsverletzung erzielten **Gewinns** beanspruchen, wobei ihm zu diesem Zweck Ansprüche auf Auskunft und Rechnungslegung zustehen. Dieser Gewinnabschöpfungsanspruch setzt nur schuldhaftes, nicht aber vorsätzliches Verhalten voraus.[130]

II. Verwertungsbereitschaft

1. Einverständnis

Die im Schrifttum[131] umstrittene Frage, ob ein Schadensersatz- oder Bereicherungsanspruch eine **Verwertungsbereitschaft** des Anspruchstellers hinsichtlich seines eigenen Persönlichkeitsrechts im Sinn eines **grundsätzlichen Einverständnisses** mit der **Vermarktung** seines Rechts am eigenen Bild voraussetzt, hat der BGH nunmehr im *Lafontaine*-Urteil[132] für solche Fälle verneint, in denen ein Schadens- oder Bereicherungsausgleich auf der Grundlage einer angemessenen Lizenzgebühr verlangt wird. Dem liegt eine pragmatische Betrachtungsweise zugrunde, die der typischen Interessenlage bei derartigen Sachverhalten Rechnung trägt. Dass das Persönlichkeitsrecht nicht im Interesse einer Kommerzialisierung der eigenen Persönlichkeit gewährleistet ist,[133] kann es nicht ausschließen, die vermögenswerten Bestandteile dieses Rechts in angemessener Weise zu schützen. Freilich kommen solche Ansprüche nur dann in Betracht, wenn es sich tatsächlich um **vermögenswerte Bestandteile** des Persönlichkeitsrechts handelt, weil nur solche der kommerziellen Verwertung zugänglich sind.[134] Ist dies der Fall, so gibt der Geschädigte im Regelfall bereits durch sein Verlangen nach Ersatz des Marktwerts seiner Abbildung auf der Grundlage einer angemessenen Lizenzgebühr hinreichend zu erkennen, dass er in der Verletzung seines Persönlichkeitsrechts eine vermögensmäßige Beeinträchtigung sieht und dass er deren Ausgleich begehrt. Hierfür ist es **nicht erforderlich,** dass er bei der Geltendmachung dieses Anspruchs gegen den Verletzer seines Rechtsguts eine **allgemeine Verwertungsbereitschaft** zum Ausdruck bringt. Insbesondere kann ihm keine dahin gehende Erklärung abverlangt werden, zumal er schon nach der bisherigen Rechtsprechung des BGH **nicht verpflichtet** war, eine anderweitige **konkrete Verwertungsmöglichkeit** nachzuweisen.[135]

38

---

[127] Hierzu *Götting* Persönlichkeitsrechte als Vermögensrechte S. 50 ff.

[128] Vgl. BGH NJW-RR 1987, 231 – *Nena*; NJW 1997, 1152 – *Bob Dylan*.

[129] BGHZ 143, 214, 232 – *Marlene Dietrich I*; vgl. aber auch BGH NJW 2008, 373 – *Festlegung auf Schadensberechnung.*

[130] BGH NJW 1962, 1507; *Wagner* VersR 2000, 1305, 1308.

[131] Verneinend *Balthasar* ZUM 2005, 874, 878; *Beuthien/Schmölz* Persönlichkeitsschutz S. 41 f.; *Canaris* in: FS *Deutsch* S. 85, 89; *Kleinheyer* JZ 1970, 471, 476; *Siemens* AcP 201 (2002) S. 202, 230; *Wagner* ZEuP 2000, 200, 224; bejahend *Gounalakis* AfP 1998, 10, 19; *Steffen* NJW 1997, 10, 13; zum Bereicherungsanspruch Staudinger/*Lorenz* BGB § 812 Rn. 24; aus der Rspr. OLG München NJW-RR 1996, 539 – *Telefonsex* (keine Verwertungsbereitschaft erforderlich).

[132] BGHZ 169, 340 – *Lafontaine.*

[133] BVerfG NJW 2001, 1021, 1023.

[134] Löffler/*Steffen* Presserecht LPG § 6 Rn. 320.

[135] BGHZ 20, 345, 355 – *Paul Dahlke*; BGH NJW 1992, 2084 – *Joachim Fuchsberger.*

2. Ablehnung

39   Damit ist allerdings noch nicht die Frage beantwortet, ob die **ausdrückliche Ablehnung** bzw. eine Erklärung des Geschädigten, er lehne prinzipiell eine **kommerzielle Verwertung** seines Bildes bzw. seiner Person ab, einer Entschädigung nach Lizenzanalogie entgegensteht. Der BGH hat in einer älteren Entscheidung[136] die Auffassung vertreten, angesichts der vom Tatrichter getroffenen Feststellung, dass die klagende Künstlerin den Einsatz ihrer Person bzw. ihres Bildes für Werbezwecke (dort: Zahnprothese) nicht in Erwägung ziehe, könne ihre Zustimmung nicht unterstellt werden, so dass eine Entschädigung nicht im Wege der Lizenzanalogie erfolgen könne, sondern das Vorliegen eines konkreten Vermögensschadens – etwa durch Gewinnentgang – ermittelt werden müsse. Auch in einer späteren Entscheidung hat der BGH[137] erwogen, ob (was nach Lage des Falles offenbleiben konnte) ein Widerspruch darin bestehen könne, dass der Geschädigte eine Verwertung ausdrücklich ablehne und dennoch Ersatzansprüche materieller Art geltend mache.

3. „Selbstkommerzialisierung"

40   An dieser Auffassung will der I. Zivilsenat ausweislich des *Lafontaine*-Urteils[138] nicht festhalten, weil der Zahlungsanspruch nicht die Zustimmung des Betroffenen fingiere, sondern vielmehr den Ausgleich für den rechtswidrigen Eingriff in eine dem Betroffenen ausschließlich zugewiesene Dispositionsbefugnis darstelle.[139] Das kann sich – auch wenn bei den „aufgegebenen" Entscheidungen das vom gleichen Senat stammende *Herrenreiter*-Urteil erwähnt wird, das zweifellos eine immaterielle Beeinträchtigung betrifft[140] – nur auf Fallgestaltungen beziehen, die **vermögenswerte Bestandteile** des Persönlichkeitsrechts betreffen und in denen der Geschädigte mit dem Verlangen nach Schadensersatz- oder Bereicherungsausgleich auf der Grundlage einer Lizenzgebühr den Ersatz eines materiellen Schadens verlangt. Für solche Fälle verdient die Entscheidung Zustimmung. Wenn der Geschädigte den Ersatz **materiellen Schadens** verlangt und gleichwohl eine Erklärung abgibt, wonach er grundsätzlich nicht mit einer Kommerzialisierung seiner Person einverstanden sei, wird man eine solche Erklärung nach heutigen Anschauungen in der Regel nicht als widersprüchliches Verhalten von rechtlicher Relevanz zu verstehen haben, sondern im Sinn einer ausdrücklichen Verwahrung gegen den Einbruch in seine persönliche Sphäre, aus dem jedoch der Schädiger keinen geldwerten Vorteil ziehen soll, den der Geschädigte vielmehr für sich selbst beansprucht. Ob dieser damit im Ergebnis eine „**Selbstkommerzialisierung**" des eigenen Persönlichkeitsrechts vornimmt, dürfte aus rechtlicher Sicht ohne Bedeutung sein und letztlich nur Wertungsfragen betreffen, die der eigenen Entscheidung des Geschädigten überlassen werden sollten.[141] Das wird wohl auch für die Frage gelten, ob **Politiker** ihren in Ausübung ihres öffentlichen Amtes erworbenen „Marktwert" selbst abschöpfen dürfen.[142]

---

[136] BGHZ 30, 7, 16 – *Caterina Valente* (IV. Zivilsenat).

[137] BGH NJW 1979, 2205, 2207 – *Fußballtor* (VI. Zivilsenat).

[138] BGHZ 169, 340 Tz. 12 – *Lafontaine*.

[139] So auch MünchKomm-*Rixecker* BGB § 12 Anh. Rn. 226; Schricker/*Götting* UrhR § 60 UrhG/§§ 33–50 KUG Rn. 10 u. 14; Wenzel/*v. Strobl-Albeg* Äußerungsrecht Kap. 9 Rn. 10 m.w.N.

[140] *Ehmann* AfP 2007, 81, 84 und *Helle* JZ 2007, 444, 447 sehen deshalb insoweit ein obiter dictum.

[141] So auch *Wagner* VersR 2000, 1305, 1308.

[142] LG Hamburg AfP 2006, 285 – 200 000 € für *Joschka Fischer*; kritisch *Ehmann* AfP 2007, 81, 83 f.

III. Grenzen der Lizenzanalogie

1. Immaterielle Beeinträchtigung

Die **Lizenzanalogie** findet allerdings ihre **Grenze**, wo ein Anspruch auf Ersatz mate-   **41** riellen Schadens schon begrifflich nicht in Betracht kommt, wenn nämlich das Entschädigungsverlangen **allein** auf Ausgleich einer **immateriellen Beeinträchtigung** gerichtet ist und nach Lage des Falles auch ausgeschlossen erscheint, dass der Betroffene eine Lizenz erteilt, also gegen Zahlung einer Vergütung in die Veröffentlichung seiner Abbildung eingewilligt hätte.[143] Besteht die Beeinträchtigung des Geschädigten gerade darin, dass er der konkreten Veröffentlichung keinesfalls zugestimmt hätte, so fehlt es an dem erforderlichen Ansatz für einen **vermögensmäßigen Schaden**, wenn die Beeinträchtigung ausschließlich ideeller bzw. immaterieller Natur ist. Das muss jedoch nicht bedeuten, dass in solchen Fällen eine Geldentschädigung geringer ausfallen müsste als eine vergleichbare Lizenzgebühr. Vielmehr sollte es dem Geschädigten nicht zum Nachteil gereichen, wenn die Veröffentlichung oder Abbildung derart ungehörig oder kränkend ist, dass seine Einwilligung undenkbar ist.

Auch sind **Grenz-** bzw. **Mischfälle** von materieller und immaterieller Beeinträchtigung denkbar, in denen sich die Geldentschädigung insoweit an einer **fiktiven Lizenzgebühr** orientieren könnte, als es um die Abgeltung der fehlenden Einwilligung geht,[144] während eine über den materiellen Aspekt hinausgehende immaterielle **Beeinträchtigung** – etwa durch die Art des Zustandekommens der Abbildung, die Veröffentlichung eines intimen Fotos oder eines Fotos in kränkendem oder ehrenrührigem Zusammenhang – bei der Bemessung des Gesamtbetrags zu berücksichtigen wäre. Jedenfalls kann gegenüber Eingriffen bzw. Abbildungen, mit denen lediglich der **Werbewert** einer Person ausgebeutet und damit in die Dispositionsfreiheit des Geschädigten über sein Persönlichkeitsrecht eingegriffen wird, bei solchen, die darüber hinaus auch **inhaltlich anstößig** sind, eine Geldentschädigung gerechtfertigt sein, die höher ist als ein materieller Ersatzanspruch nach dem Lizenzgedanken.

Für die Frage, ob der Geschädigte materiellen Schadensersatz oder eine Geldentschädi-   **42** gung verlangt, ist ausschlaggebend, ob er der Sache nach die Einbuße eines materiellen Vorteils oder eine immaterielle Beeinträchtigung geltend macht. Kann diese in den oben angesprochenen Fällen sogar höher zu entschädigen sein als die bloße Ausbeutung des Werbewerts, so wird für den Geschädigten die rechtliche Einordnung seines Klagebegehrens meist keine Rolle spielen. Nimmt er diese durch die Formulierung seines Klagebegehrens selbst vor und verlangt ausdrücklich Entschädigung für eine immaterielle Beeinträchtigung, so wird sich das Gericht darüber nicht hinwegsetzen können,[145] sondern eine **Geldentschädigung** zuzusprechen haben, wenn eine immaterielle Beeinträchtigung vorliegt und deren Gewicht eine Geldentschädigung erforderlich macht.[146] Bestehen hingegen keinerlei Anhaltspunkte für eine immaterielle Beeinträchtigung, sondern wird eindeutig der Ersatz einer finanziellen Einbuße geltend gemacht, so fehlt es an einer grundlegenden Voraussetzung für eine Geldentschädigung im Sinne dieses besonderen Anspruchs.[147]

---

[143] *Müller* VersR 2000, 797, 803; a.A. *Ullmann* AfP 1999, 209, 213.

[144] Hierzu näher unten § 51.

[145] Vgl. BGH NJW 1996, 985 – *Andrea Casiraghi*; hierzu *Müller* VersR 2000, 797, 805; zweifelnd *Wagner* VersR 2000, 1305, 1309.

[146] Vgl. hierzu unten § 51 Rn. 5, 13 ff. und 34.

[147] Verneinend OLG Stuttgart NJW 1981, 2817; OLG München NJW-RR 2000, 472; vgl. auch unten § 51 Rn. 34.

2. Abwägungsgebot

43   Eine weitere **Begrenzung** der Lizenzanalogie ergibt sich aus dem **Abwägungsgebot**, das auch in den Fällen mit kommerziellem Einschlag zu beachten ist. Weil das Persönlichkeitsrecht ein sog. offener bzw. **Rahmentatbestand**[148] ist, indiziert nicht bereits der Eingriff die Rechtswidrigkeit, sondern muss in jedem Einzelfall durch **Güterabwägung** ermittelt werden, ob der Eingriff nicht durch schutzwürdige Interessen Dritter gerechtfertigt ist.[149] Insbesondere kann das Interesse der Allgemeinheit an der Veröffentlichung eines Bildes einen Entschädigungsanspruch des Abgebildeten zurücktreten lassen bzw. ausschließen.[150] So hat der BGH im Fall „Chris-Revue"[151] geprüft, ob die Abbildung des Schauspielers auf der Titelseite als – entschädigungspflichtige – Werbung für die in der Zeitschrift angebotenen Waren zu verstehen sei. Das wurde im Ergebnis verneint, weil dem Abdruck des Bildes im Innern des Blattes ein kurzer redaktioneller Beitrag über den Schauspieler folgte. Dieser Beitrag war zwar derart inhaltsarm, dass dies sogar im Leitsatz des Urteils erwähnt wird; das schloss jedoch das **Eingreifen der Pressefreiheit** nicht aus, weil deren durch Art. 5 GG gewährleistete Garantie nicht von der Qualität des jeweiligen Presseerzeugnisses abhängen kann.[152] Dieses Beispiel zeigt, dass auch bei Geltendmachung von materiellem Schadensersatz, der aus einer Verletzung des Persönlichkeitsrechts hergeleitet wird, im Einzelfall eine Abwägung mit anderen grundrechtlich geschützten Rechtspositionen erforderlich werden und einen Ersatzanspruch ausschließen kann, wenn etwa die Rechtswidrigkeit des Eingriffs im Hinblick auf ein **Informationsbedürfnis** der Öffentlichkeit zu verneinen ist. Ein kommerzieller Zusammenhang bzw. die mitwirkende **Absicht der Gewinnerzielung**[153] schließt nämlich nicht aus, dass die Veröffentlichung auch der Information der Allgemeinheit dient[154] oder andere grundrechtlich geschützte Rechtspositionen[155] entgegenstehen, so dass in solchen Fällen ein Anspruch nicht auf den Lizenzgedanken gestützt werden kann.[156] Deshalb muss eine prominente Persönlichkeit aus dem Bereich der Zeitgeschichte[157] zwar regelmäßig nicht dulden, dass das eigene Bildnis von Dritten für deren **Werbezwecke** eingesetzt wird.[158] Doch findet auch hier eine Güterabwägung statt, die dazu führen kann, dass die Verwendung des fremden Bildnisses in einer Werbeanzeige, die sich satirisch mit einem aktuellen Tagesereignis auseinandersetzt, vom Betroffenen hingenommen werden muss, wenn damit nicht eine **Beschädigung seines Ansehens** verbunden ist.[159] Jedenfalls wird ein etwaiger meinungsbildender Inhalt von Äußerungen nicht bereits durch deren Werbezweck verdrängt.[160]

---

[148] BGHZ 169, 340 Tz. 18 – *Lafontaine*.
[149] BGHZ 169, 183 Tz. 14 – *Kinski*; 340 Tz. 21 – *Lafontaine*; BGH NJW 2004, 762, 764 – *Luftbildaufnahmen*; NJW 2005, 2766, 2770.
[150] BGH NJW 1979, 2205, 2206 – *Fußballtor*.
[151] BGH VersR 1995, 667 – *Chris-Revue*.
[152] BVerfGE 34, 269, 283 – *Soraya*; BGH NJW 2007, 1977 Tz. 32; 1981 Tz. 26 – *Prominentenfotos*.
[153] BGHZ 169, 183 Tz. 14 – *Kinski*; BGH NJW 1996, 593 – *Willi-Brandt-Medaille*.
[154] BGHZ 151, 26, 30 – *Marlene Dietrich II*; 169, 340 Tz. 15 – *Lafontaine*; BGH NJW 1997, 1152 – *Bob Dylan;* vgl. auch BVerfG NJW 2001, 594.
[155] BGHZ 169, 183 Tz. 14 – *Kinski*; 340 Tz. 21 – *Lafontaine*.
[156] BGHZ 169, 340 Tz. 12 – *Lafontaine*; so auch schon BGH NJW 1979, 2205, 2206 – *Fußballtor*.
[157] Zur Abbildung solcher Personen vgl. auch BGH NJW 2007, 1977; 1981 – *Prominentenfotos*.
[158] Vgl. auch BGHZ 151, 26 – *Marlene Dietrich II*; BGH NJW 1997, 1152 – *Bob Dylan*.
[159] Zur Abwägung bei satirischem Gehalt vgl. auch BGHZ 143, 199, 208 ff. – *Horaz*; BGH NJW 1994, 124 – *Greenpeace*.
[160] BVerfG NJW 2001, 591 – *Benetton I*; BGHZ 169, 340 Tz. 15 f.– *Lafontaine*.

D. Das postmortale Persönlichkeitsrecht

I. Übersicht

Beim postmortalen Persönlichkeitsrecht[161] setzt sich die grundlegende Unterscheidung **44** zwischen **vermögenswerten** und **ideellen** Bestandteilen dieses Rechts fort und wirkt sich hier noch stärker aus, weil die Verletzung der ideellen Bestandteile nur zu einem **Abwehrrecht**, nicht aber zu einem **Entschädigungsanspruch** führt. Da die ideellen Bestandteile des Persönlichkeitsrechts untrennbar mit der Person des Rechtsträgers verbunden sind, kommt anders als bei den vermögenswerten Bestandteilen dieses Rechts eine Zuordnung zum Wahrnehmungsberechtigten bzw. Rechtsnachfolger nicht in Betracht (hierzu unten Rn. 46), so dass nach dem Tod des Rechtsträgers als **immaterieller Schutzbereich** nur noch der aus Art. 1 GG herrührende Achtungsanspruch verbleibt. Deshalb kann die Unterscheidung zwischen den ideellen und den vermögenswerten Bestandteilen des Persönlichkeitsrechts zu einem gewissen Defizit im Schutzbereich führen,[162] weil bloße Abwehransprüche meist weniger wirksam sind als Ansprüche auf Entschädigung in Geld. Indessen ist dieses Defizit systembedingt, weil das **Leben** nicht zu den durch § 253 Abs. 2 BGB (vormals § 847 BGB) geschützten Rechtsgütern zählt und infolgedessen zugleich mit diesem Rechtsgut auch der Anspruch auf Ersatz immateriellen Schadens verloren geht.[163]

1. Immaterieller Schutzbereich

Zwar wird die Persönlichkeit des Menschen auch über den Tod hinaus geschützt. Das **45** folgt aus dem Grundrecht des Art. 1 GG, wonach die Würde des Menschen unantastbar ist.[164] Hieraus erwachsen jedoch bei der Verletzung von **ideellen Bestandteilen** des Persönlichkeitsrechts dem Wahrnehmungsberechtigten lediglich **Abwehransprüche** und keine Schadensersatzansprüche.[165] Diese Rechtsprechung hat der BGH in einer neuen Entscheidung bestätigt. Hier hatte der Kläger Schadensersatz verlangt, weil ein Obduktionsfoto seiner gewaltsam getöteten Mutter im Fernsehen gezeigt worden war.[166] Dass er aus dem postmortalen Persönlichkeitsrecht seiner Mutter keinen Schadensersatzanspruch herleiten konnte, hat der BGH mit der **Funktion des Anspruchs auf Geldentschädigung** bei einer schweren Verletzung des Persönlichkeitsrechts begründet, weil hier regelmäßig der Gesichtspunkt der **Genugtuung** für das Opfer im Vordergrund steht.[167] Diese Funktion kann eine an Angehörige fließende Geldentschädigung schlechterdings nicht erfüllen.[168] Auch ein **Ausgleich** der erlittenen Beeinträchtigung kommt gegenüber einem Verstorbenen nicht in Betracht, weil **kein Rechtsträger** mehr vorhanden ist.[169] Hieran vermag auch der Gedanke der Zwangskommerzialisierung nichts zu ändern, weil auch unter diesem Blickpunkt ein Anspruch auf Geldentschädigung wegen Verletzung

---

[161] Hierzu oben § 37.

[162] OLG München OLGR 2002, 416, 417; *Wenzel/v. Strobl-Albeg* Äußerungsrecht Kap. 9 Rn. 37; *Beuthien* ZUM 2003, 261, 262; krit. *Koos* WRP 2003, 202, 203.

[163] Hierzu *Müller* VersR 2006, 1289, 1290.

[164] BVerfGE 30, 173, 194 = NJW 1971, 1645 – *Mephisto*; BGHZ 107, 384, 391 – *Emil Nolde*; 165, 203, 205 Tz. 9 – *Obduktionsfoto*.

[165] BGH VersR 1974, 758 – *Todesgift*; NJW 1974, 1371 – *Fiete Schulze*; BGHZ 143, 214, 223 f. – *Marlene Dietrich I*; BGH VersR 2000, 1160, 1161 – *Der blaue Engel*; ebenso OLG Düsseldorf AfP 2000, 574; MünchKomm-*Rixecker* BGB § 12 Anh. Rn. 25; *Soehring* Presserecht Rn. 13.10; *Götting* GRUR 2004, 801, 802; *Gregoritza* Kommerzialisierung von Persönlichkeitsrechten S. 67.

[166] BGHZ 165, 203 – *Obduktionsfoto*.

[167] BGHZ 128, 1, 15 – *Caroline I*; 160, 298, 302 – *Babyglück*; vgl. auch BVerfG NJW 2000, 2187, 2188 – *Unfalltod der Kinder*.

[168] BGHZ 165, 203, 207 Tz. 17 – *Obduktionsfoto*.

[169] BGHZ 165, 203, 205 Tz. 9 – *Obduktionsfoto*; 169, 183 Tz. 10 – *Kinski*.

des immateriellen Persönlichkeitsrechts nur dem Rechtsträger und nur zu dessen Lebzeiten zustehen kann.[170] Deshalb wäre eine **Geldentschädigung an Erben** oder nahestehende Personen für postmortale Verletzungen der Würde einer anderen Person **systemwidrig** und würde einer unerwünschten Kommerzialisierung des Persönlichkeitsrechts im nicht kommerziellen Bereich Vorschub leisten.[171]

2. Materieller Schadensersatz

46   Anderes gilt für den Anspruch auf **materiellen Schadensersatz** bei Verletzung **vermögenswerter Bestandteile** des Persönlichkeitsrechts, wie ihn der BGH in der *Marlene-Dietrich*-Entscheidung[172] entwickelt hat. Ein solcher Anspruch kann auf den Erben übergehen, weil ein wirkungsvoller postmortaler Schutz der vermögenswerten Bestandteile des Persönlichkeitsrechts nur gewährleistet ist, wenn der Erbe in die Rolle des Trägers des Persönlichkeitsrechts treten und ebenso wie dieser gegen eine unbefugte Nutzung vorgehen kann. In derartigen Fällen erfährt der in den Persönlichkeitsmerkmalen des Verstorbenen liegende Vermögenswert mithin eine **Verselbständigung** und wird dem Vermögen des nach seinem Tod Wahrnehmungsberechtigten zugeordnet, so dass diesem bei unberechtigter Ausbeutung des ihm zustehenden Vermögenswerts ein Anspruch auf Geldentschädigung zuzubilligen ist. In dieser **vermögensmäßigen Zuordnung** der materiellen Bestandteile des Persönlichkeitsrechts zum Rechtsnachfolger des ursprünglichen Rechtsträgers liegt der eigentliche Unterschied zu den ideellen Bestandteilen dieses Rechts, bei denen eine solche Zuordnung begrifflich nicht in Betracht kommt.

II. Schutzzweck und Schutzdauer

47   Von seinem **Schutzzweck** her dient das vermögenswerte postmortale Persönlichkeitsrecht allein finanziellen Belangen und soll es nicht etwa den Erben ermöglichen, die öffentliche Auseinandersetzung mit Leben oder Werk des Verstorbenen zu kontrollieren oder gar zu steuern. Dies hat der BGH in einem neuen Urteil[173] ausgesprochen und zugleich die **Schutzdauer** der vermögenswerten Bestandteile des postmortalen Persönlichkeitsrechts wie bei dem Recht am eigenen Bild (§ 22 Satz 3 KUG) auf zehn Jahre nach dem Tod der Person begrenzt mit dem Hinweis, dass die im Schrifttum favorisierte Grenze von 30 Jahren zu lang sei, weil das Schutzbedürfnis nach dem Tod mit zunehmendem Zeitablauf abnehme.[174] Zugleich hat er klargestellt, dass der postmortale Schutz der ideellen Bestandteile dieses Rechts über diesen Zeitraum hinaus fortbestehen könne. Mit dieser Entscheidung hat der BGH erneut die Unterscheidung zwischen vermögenswerten und ideellen Bestandteilen des Persönlichkeitsrechts ebenso bestätigt wie das Erfordernis einer **Abwägung** mit den Grundrechten des in Anspruch Genommenen – etwa der Freiheit der Meinungsäußerung nach Art. 5 Abs. 1 GG oder der Freiheit der Kunst nach Art. 5 Abs. 3 GG – (oben Rn. 43) und schließlich auch den Grundsatz, dass die mitwirkende Absicht der Gewinnerzielung die Unbedenklichkeit des Vorgehens nicht ohne weiteres ausschließt.[175]

---

[170] BGHZ 50, 133, 137 – *Mephisto*; 107, 384, 388f. – *Emil Nolde*; 143, 214, 220 – *Marlene Dietrich I*; zur Zwangskommerzialisierung vgl. unten § 51 Rn. 22, 33.

[171] BGHZ 165, 203, 210 Tz. 17 – *Obduktionsfoto*; vgl. auch BVerfGE 101, 361, 385; *Beuthien* ZUM 2993, 261, 262; *Schack* JZ 2000, 1060, 1061.

[172] BGHZ 143, 214 – *Marlene Dietrich I*.

[173] BGHZ 169, 183 Tz. 15 f. – *Kinski*.

[174] So auch BVerfGE 30, 173 = NJW 1971, 1645, 1647 – *Mephisto*.

[175] Vgl. auch BGHZ 169, 183 Tz. 19 f. – *Lafontaine* sowie BGH NJW 1996, 593 – *Willy-Brandt-Medaille*.

§ 51. Der Anspruch auf Geldentschädigung

Schrifttum: *v. Bar,* Schmerzensgeld und gesellschaftliche Stellung des Opfers bei Verletzungen des allgemeinen Persönlichkeitsrechts, NJW 1980, 1724; *Bollweg/Hellmann,* Neues Schadensersatzrecht (2002); *Canaris,* Gewinnabschöpfung bei Verletzung des allgemeinen Persönlichkeitsrechts, in FS Deutsch (1999) S. 85; *Däubler,* Sachen und Menschen im Schadensrecht, NJW 1999, 1611; *Ehmann,* Zum kommerziellen Interesse an Politikerpersönlichkeiten, AfP 2007, 81 ff.; *Foerste,* Schmerzensgeldbemessung bei brutalen Verbrechen, NJW 1999, 2951; *Funkel,* Schutz der Persönlichkeit durch Ersatz immaterieller Schäden in Geld, 2001; *Göbel,* Geldentschädigung und Schmerzensgeld – Konvergenz oder Divergenz, (2004); *Gounalakis,* Persönlichkeitsschutz und Geldersatz, AfP 1998, 10; *Hartmann,* Persönlichkeitsrecht und Schmerzensgeld, NJW 1962, 12 und 1964, 793; *J. Helle,* Privatautonomie und kommerzielles Persönlichkeitsrecht, JZ 2007, 444 ff.; *Honsell,* Die Funktion des Schmerzensgeldes, VersR 1974, 295; *Hoppe,* Persönlichkeitsschutz durch Haftungsrecht (2001); *Katzenmeier,* Schuldrechtsmodernisierung und Schadensersatzrechtsänderung – Umbruch in der Arzthaftung, VersR 2002, 1066; *Körner,* Zur Aufgabe des Haftungsrechts – Bedeutungsgewinn präventiver und punitiver Elemente, NJW 2000, 241; *Koppehele,* Voraussetzungen des Schmerzensgeldanspruchs bei prominenten Personen aus dem Showgeschäft, AfP 1981, 337 ff.; *Lange,* Schutz des allgemeinen Persönlichkeitsrechts durch zivilrechtliche Prävention, VersR 1999, 274; *Löffler,* Die Grenzen richterlicher Rechtsfindung beim immateriellen Schadensersatz, NJW 1962, 225; *Löffler/ Steffen,* Presserecht, 5. Aufl. (2006); *Mincke,* Der Ersatz des immateriellen Schadens bei Persönlichkeitsrechtverletzungen, JZ 1980, 86 ff.; *Müller,* Zum Ausgleich des immateriellen Schadens nach § 847 BGB, VersR 1993, 909; *dies.,* Möglichkeiten und Grenzen des Persönlichkeitsrechts, VersR 2000, 797; *dies.,* Das reformierte Schadensersatzrecht, VersR 2003, 1; *dies.,* Alles oder nichts?, VersR 2005, 1461; *dies.,* Neue Perspektiven beim Schadensersatz, VersR 2006, 1289; *dies.,* Abschied von der absoluten Person der Zeitgeschichte?, ZRP 2007, 173; *Prinz,* Geldentschädigung bei Persönlichkeitsrechtsverletzungen durch die Medien, NJW 1996, 953; *Prinz/Peters,* Medienrecht – die zivilrechtlichen Ansprüche (1999); *Schaub,* Äußerungsfreiheit und Haftung, JZ 2007, 548; *Schulze/Stippler-Birk,* Schmerzensgeldhöhe in Presse- und Medienprozessen (1992); *Seitz,* Prinz und Prinzessin – Wandlungen des Deliktsrechts durch Zwangskommerzialisierung der Persönlichkeit, NJW 1996, 2848; *Soehring,* Presserecht 3. Aufl. (2000); *Siemes,* Gewinnabschöpfung bei Zwangskommerzialisierung, AcP 201 (2001) S. 202; *Soehring/Seelmann-Eggebert,* Die Entwicklung des Presse- und Äußerungsrechts in den Jahren 2000–2004, NJW 2005, 571; *Steffen,* Schmerzensgeld bei Persönlichkeitsrechtsverletzung durch Medien, NJW 1997, 10; *Stürner,* Die verlorene Ehre des Bundesbürgers – Bessere Spielregeln für die öffentliche Meinungsbildung?, JZ 1994, 274; *Wagner,* Verhandlungen des 66. DJT Bd. I Gutachten A (2006); *ders.,* Prominente und Normalbürger im Recht der Persönlichkeitsrechtsverletzungen, VersR 2000, 1305; *Wenzel,* Das Recht der Wort- und Bildberichterstattung – Handbuch des Äußerungsrechts, 5. Aufl. (2003); *Westermann,* Geldentschädigung bei Persönlichkeitsrechtsverletzungen: Aufweichung der Dogmatik des Schadensrechts?, in: *ders.,* Einheit und Folgerichtigkeit im juristischen Denken (1998) S. 125.

A. Grundlagen des Anspruchs

I. Entstehungsgeschichte

1   Die **Entstehungsgeschichte** dieses besonderen Anspruchs ist komplizierter als beim Anspruch auf Ersatz des materiellen Schadens, für den das Persönlichkeitsrecht seit langem als „sonstiges" Recht im Sinn des § 823 Abs. 1 BGB anerkannt ist und damit ohne weiteres eine Anspruchsgrundlage für den materiellen Schadensersatz bietet (oben § 58 Rn. 4). Für den **immateriellen Schaden** bedurfte es einer besonderen rechtlichen Konstruktion, weil dessen Ersatz nach § 253 BGB nur in den vom Gesetz bestimmten Fällen gefordert werden kann. Die maßgebliche Anspruchsgrundlage für den immateriellen Schaden – bisher § 847 BGB a.F., nunmehr § 253 Abs. 2 BGB – enthält jedoch anders als § 823 Abs. 1 BGB kein „sonstiges" Recht, sondern zählt nur einzelne Rechtsgüter auf, so dass die Herleitung des Anspruchs aus einem „sonstigen" Recht für die Entschädigung wegen immaterieller Beeinträchtigung nicht möglich ist. Dass weder unter den sog. absoluten Rechtsgütern des § 823 Abs. 1 BGB noch in § 847 BGB die Ehre oder das Persönlichkeitsrecht genannt sind und deshalb im Gesetz für Verletzungen des Persönlichkeitsrechts weder materieller noch immaterieller Schadensersatz vorgesehen war, entsprach der damaligen Auffassung der „besseren Volkskreise",[1] dass man sich die Ehre nicht „abkaufen" lassen könne und deshalb der Ehrenschutz durch das Strafrecht hinreichend sei.

2   Die Unzulänglichkeit dieser Rechtslage wurde in zunehmendem Maß erkannt[2] und hat zur Herausbildung des allgemeinen Persönlichkeitsrechts geführt.[3] Nachdem das Reichsgericht für dieses Recht zunächst negatorische Schutzansprüche entwickelt hatte[4] und es sodann für den materiellen Schadensersatz als „sonstiges" Recht im Sinn des § 823 Abs. 1 BGB anerkannt worden war,[5] galt es, eine **Anspruchsgrundlage** für den Ersatz bzw. Ausgleich **immaterieller Beeinträchtigungen** zu finden. Der Versuch des I. Zivilsenats, in der sogenannten *Herrenreiter*-Entscheidung[6] einen solchen Entschädigungsanspruch mit einer analogen Anwendung des § 847 BGB wegen einer „Freiheitsberaubung im Geistigen" zu begründen, ist im Schrifttum vielfach kritisiert worden.[7] Der VI. Zivil-

---

[1] Vgl. *Mugdan* Materialien zum BGB Bd. II S. 517.
[2] Zum Wandel der Anschauungen ausführlich BGHZ 39, 124, 130 f. – *Fernsehansagerin.*
[3] Hierzu oben § 2.
[4] RGZ 60, 6, 7.
[5] Palandt/*Sprau* BGB § 823 Rn. 84.
[6] BGHZ 26, 349, 356 – *Herrenreiter.*
[7] *Larenz* NJW 1958, 828; *Löffler* NJW 1962, 225; *Hartmann* NJW 1962, 12; 1964, 793.

senat ist von dieser Begründung alsbald abgerückt und hat in der *Ginseng*-Entscheidung[8] dargelegt, dass gegenüber dem in erster Linie am Schutz der Sachgüter orientierten Standpunkt des Bürgerlichen Gesetzbuchs auch der menschlichen Persönlichkeit ein ausreichender Rechtsschutz gebühre, wie dies durch Art. 1 und 2 GG gefordert werde. Die unter dem Einfluss der Wertentscheidung des Grundgesetzes erfolgte Ausbildung eines allgemeinen Persönlichkeitsrechts sei lückenhaft und unzureichend, wenn eine schwere Verletzung des Persönlichkeitsrechts keine der ideellen Beeinträchtigung adäquate Sanktion auslöse, so dass es hierfür eines **besonderen Entschädigungsanspruchs** bedürfe. Damit war die dogmatische Trennung vom eigentlichen Schmerzensgeldanspruch der Sache nach vollzogen,[9] auch wenn sie erst später mit der Bezeichnung des neu geschaffenen Anspruchs als „Geldentschädigung" terminologisch festgeschrieben wurde.[10]

Das BVerfG hat die Auffassung des BGH, wonach bei schweren Verletzungen des Persönlichkeitsrechts auch der Ersatz immateriellen Schadens verlangt werden könne,[11] in der *Soraya*-Entscheidung[12] ausdrücklich gebilligt und damit wesentlich zur Beruhigung der Diskussion über diesen Anspruch beigetragen. Zuvor hatte es Unbehagen erregt,[13] dass dieser Anspruch allein auf **Richterrecht** beruht. Das hat vielfältige Diskussionen ausgelöst und dazu geführt, dass im Jahr 1959 aufgrund einer Empfehlung des 42. DJT (1957) der Versuch unternommen wurde, den Anspruch auf immaterielle Entschädigung bei Verletzungen des allgemeinen Persönlichkeitsrechts gesetzlich zu regeln.[14] Das Scheitern dieser wie auch späterer Versuche[15] dürfte an der Komplexität der Materie und den unterschiedlichen Standpunkten liegen.[16] Jedenfalls hat der Gesetzgeber bei der **Reform des Schadensersatzrechts** im Jahr 2002 dieses Thema nicht mehr aufgegriffen und in der Gesetzesbegründung durchblicken lassen, dass eine umfassende Regelung dieses Rechtsgebiets im vorliegenden Rahmen nicht geleistet werden könne,[17] zumal die Rechtsentwicklung auf dem schwierigen und in stetem Wandel begriffenen Gebiet des allgemeinen Persönlichkeitsrechts noch nicht abgeschlossen und im Übrigen bei der Rechtsprechung – deren Terminologie er auch für die Bezeichnung des Anspruchs als Geldentschädigung gefolgt ist – gut aufgehoben sei.[18]

II. Rechtsnatur des Anspruchs

Bezüglich der **Rechtsnatur** des Anspruchs auf **Geldentschädigung** für eine immaterielle Beeinträchtigung hat der BGH in zahlreichen Entscheidungen hervorgehoben, dass es sich – entgegen landläufiger Bezeichnung – **nicht** um ein **Schmerzensgeld** im Sinn des § 847 BGB a. F. handelt, sondern um einen besonderen Anspruch, der auf den Schutzauftrag aus Art. 1 und 2 GG zurückgeht und seine Grundlage im allgemeinen Per-

---

[8] BGHZ 35, 363 – *Ginseng*.

[9] So deutlich BGHZ 35, 363, 368 – *Ginseng*; ebenso BGH NJW 1962, 1004 – *Doppelmörder*; 1963, 904 – *Hauptdrahtzieher*; 1965, 685 – *Soraya*; 1965, 1374 – *Satter Deutscher*; 1965, 2395 – *Mörder unter uns*; GRUR 1965, 256 – *Gretna Green*; 1966, 157 – *Wo ist mein Kind?*

[10] BGHZ 128, 1, 14 ff. – *Caroline I*. Diese Terminologie hat auch das BVerfG übernommen, NJW 2000, 2187 f. – *Unfalltod der Kinder*; ebenso Löffler/*Steffen* Presserecht LPG § 6 Rn. 334; Prinz/*Peters* 738; *Soehring* Rz. 32.15.

[11] So auch BGHZ 39, 124, 130 ff. – *Fernsehansagerin*.

[12] Vgl. BGH NJW 1965, 685 – *Soraya*; BVerfGE 34, 269 = NJW 1973, 1221 – *Soraya*.

[13] Noch immer bei *Gounalakis* AfP 1998, 10, 18; vgl. demgegenüber *Wagner* VersR 2000, 1308 Fn. 46.

[14] Hierzu näher BVerfGE 34, 269 – *Soraya*.

[15] Zu den Entwürfen im Einzelnen Wenzel/*Burkhardt* Äußerungsrecht Kap. 14 Rn. 89–92.

[16] Vgl. Wenzel/*Burkhardt* Äußerungsrecht Kap. 14 Rn. 89 ff.

[17] Amtl. Begründung BT-Drs. 14/8780 S. 58.

[18] Vgl. *Bollweg/Hellmann* Neues Schadensersatzrecht S. 57; *Müller* VersR 2003, 1, 5; krit. *Katzenmeier* VersR 2002, 1066, 1073.

sönlichkeitsrecht hat.[19] Von daher ist klar, dass es sich **nicht** um eine **Strafe** im Sinn des Art. 103 GG handelt.[20] Gegenüber Stimmen in der Literatur, wonach sich aus dem Präventionszweck dieses Anspruchs (hierzu unten Rn. 10) pönale Elemente ergäben und jedenfalls unter diesem Aspekt der Anspruch Strafcharakter habe,[21] ist darauf hinzuweisen, dass nach modernem Verständnis der Schadensersatz im Allgemeinen über seine Ausgleichsfunktion im konkreten Schadensfall hinaus auch ein Mittel der **Verhaltenssteuerung** – nämlich durch **Prävention** – darstellt, um zur Vermeidung ähnlicher Schadensfälle das künftige Verhalten sowohl des Schädigers als auch Dritter zu beeinflussen.[22] Wieso sich daraus eine strafrechtliche Funktion ergeben soll, ist nicht ersichtlich und wohl eher ein theoretischer Streit ohne praktische Relevanz.

1. Abgrenzung zum Schmerzensgeld

5   Die Abgrenzung gegenüber dem Schmerzensgeld hat nicht nur in terminologischer, sondern auch in sachlicher Hinsicht Bedeutung. Der Entschädigungsanspruch hat nämlich von vornherein eine höhere Schwelle. Im Gegensatz zum eigentlichen Schmerzensgeldanspruch des § 847 BGB a.F., der – mit Ausnahme kleinster Bagatellschäden[23] – grundsätzlich bei jeglicher Verletzung von Körper, Gesundheit oder Freiheit entsteht,[24] setzt ein Anspruch auf Geldentschädigung wegen Verletzung des allgemeinen Persönlichkeitsrechts bereits für seine Entstehung voraus, dass es sich um einen schwerwiegenden Eingriff handelt und die Beeinträchtigung nicht in anderer Weise befriedigend aufgefangen werden kann (hierzu unten Rn. 24 f.). Dieses zusätzliche Merkmal unterscheidet den Anspruch auf Geldentschädigung deutlich vom Anspruch auf materiellen Schadensersatz, für den der allgemeine Grundsatz der Totalreparation ohne Rücksicht auf den Grad des Verschuldens gilt.[25]

6   Auch betrifft dieser Anspruch mit dem Persönlichkeitsrecht eine **andere Kategorie** von immateriellen Beeinträchtigungen als bei den durch § 847 BGB a.F. bzw. nunmehr § 253 Abs. 2 BGB geschützten Rechtsgütern von körperbezogener Art, für deren Verletzung typischerweise ein Schmerzensgeld anhand von sog. Gliedertaxen ermittelt werden kann,[26] während sich die Geldentschädigung für Verletzungen des Persönlichkeitsrechts als eines höchst subjektiven Rechts mit vielfältiger Ausstrahlung meist einer schematischen Beurteilung entzieht. Wesentlich ist, dass die meisten Körperverletzungen – etwa im Straßenverkehr – nicht **vorsätzlich** oder in **Gewinnerzielungsabsicht** zugefügt werden. Das aber ist für Eingriffe in das Persönlichkeitsrecht geradezu **typisch** und gibt Rechtsverletzungen dieser Art ein besonderes Gepräge, das einem unmittelbaren Vergleich mit dem Schmerzensgeld bei Körperverletzungen entgegensteht. Mit dieser Begründung hat das BVerfG eine Verfassungsbeschwerde zurückgewiesen,[27] mit der ein Elternpaar, dessen drei Kinder bei einem Verkehrsunfall zu Tode gekommen waren, die ihm zuerkannten Schmerzensgelder als zu niedrig gegenüber Geldentschädigungen bei Verletzungen des Persönlichkeitsrechts beanstandet hatte. Damit hat das BVerfG erneut

---

[19] BGHZ 128, 1, 15 – *Caroline I*; 165, 204, 205 – *Obduktionsfoto*; BGH, NJW 1996, 985, 986 – *Andrea Casiraghi*.

[20] BVerfGE 34, 269, 294 – *Soraya*; BGHZ 160, 298, 303 – *Babyglück; Körner* NJW 2000, 241 ff.; *Steffen* NJW 1997, 10; zur Unterscheidung zwischen kriminellem Unrecht und zivilrechtlicher Verurteilung vgl. BVerfG NJW 1977, 799 – *Flugblatt*.

[21] *Funkel* Schutz der Persönlichkeit S. 164 ff; *Gounalakis* AfP 1998, 10, 14 ff.; *Hoppe* Persönlichkeitsschutz durch Haftungsrecht S. 123 ff.; *Seitz* NJW 1996, 2848.

[22] *Müller* VersR 2006, 1289, 1294; *Wagner* Gutachten A 18 ff.; *ders.* VersR 2000, 1305, 1306 f.

[23] BGH NJW 1992, 1043 – *Bagatellschaden*; hierzu *Müller* VersR 1993, 909, 913.

[24] Nunmehr ist durch § 253 Abs. 2 BGB auch die sexuelle Selbstbestimmung geschützt – veraltet § 847 Abs. 2 BGB a.F.

[25] Vgl. oben § 50 Rn. 7 m.w.N.

[26] Für die Geldentschädigung (auf dem Stand von 1992) vgl. Schulze/*Stippler-Birk* Schmerzensgeldhöhe in Presse- und Medienprozessen.

[27] BVerfG NJW 2000, 2187 – *Unfalltod der Kinder*.

die **Eigenständigkeit** dieser Ansprüche bestätigt und hierbei offengelassen, ob zwischen den beiden Anspruchskategorien überhaupt ein Missverhältnis der von den Beschwerdeführern gerügten Art bestehe,[28] weil die unterschiedliche Behandlung jedenfalls sachlich gerechtfertigt sei.[29]

2. Funktionen des Anspruchs

Hierfür ist maßgeblich, dass der Anspruch auf Geldentschädigung wegen Verletzung des 7 Persönlichkeitsrechts durch die besonderen **Funktionen** dieses Anspruchs geprägt wird, weil er neben dem **Ausgleich** der konkreten Beeinträchtigung dem Geschädigten **Genugtuung** verschaffen und zugleich mit seiner **Präventionswirkung** künftigen Rechtsverletzungen vorbeugen soll.[30] Diese Funktionen dürfen nicht isoliert betrachtet werden, sondern können je nach Lage des Falles mehr oder weniger Bedeutung entfalten.[31]

a) Ausgleich. Auch bei der Verletzung des Persönlichkeitsrechts ist die **Ausgleichs-** 8 **funktion** zu beachten.[32] In einer Entscheidung, die den hohen Stellenwert des Persönlichkeitsrechts betont, hat der BGH seine bisherige Rechtsprechung zu einem lediglich symbolischen Schmerzensgeld bei Schwerstverletzungen mit weitgehender Zerstörung der Persönlichkeit zugunsten eines möglichst vollständigen Ausgleichs für diese Beeinträchtigung aufgegeben und hierbei klargestellt, dass auch das Persönlichkeitsrecht im Grundsatz einem Ausgleich zugänglich ist.[33] Auch wenn im Bereich des Persönlichkeitsrechts die durch einen Eingriff verursachten Einbußen oder Nachteile wohl noch schwerer messbar sind als beim Schmerzensgeld, ist doch in den meisten Fällen eine **vernünftige Bewertung** möglich. Allerdings lässt der Parteivortrag zur **konkreten Beeinträchtigung** gerade in diesen Fällen häufig zu wünschen übrig und bietet oft nur wenig Ansatz für eine angemessene Bewertung[34] – wohl nicht zuletzt deshalb, weil die Anspruchsteller diese Komponente des Anspruchs oft unterschätzen und ihn zwar auf eine immaterielle Beeinträchtigung stützen, zu dieser aber nur unzureichend vortragen und manchmal auch der Sache nach eine Einbuße materieller Art geltend machen.[35]

b) Genugtuung. Die **Genugtuungsfunktion** ist in der neueren Rechtsprechung des 9 BGH[36] für das eigentliche Schmerzensgeld gegenüber der früheren Rechtsprechung[37] zugunsten der Ausgleichsfunktion weitgehend zurückgedrängt worden, weil zivilrechtliche Entschädigungsansprüche nach modernem Verständnis in erster Linie auf einen objektiven und möglichst vollständigen Ausgleich des erlittenen Schadens gerichtet sind und der am subjektiven Empfinden des Geschädigten orientierte Genugtuungsgedanke nur bei **besonderen Fallgestaltungen** am Platze ist.[38] Zu diesen gehört nach der Rechtsprechung[39] insbesondere der Eingriff in ein fremdes **Persönlichkeitsrecht**. Die Gründe hierfür sind, dass sich Verletzungen des Persönlichkeitsrechts im geistigen bzw. immateriellen Bereich noch schwerer am allgemeinen Wertmesser des Geldes abschätzen lassen

---

[28] Hierzu *Däubler* NJW 1999, 1611; *Foerste* NJW 1999, 2951; *Seitz* NJW 1996, 2848, 2849; *Wagner* VersR 2000, 1305.

[29] Hierzu *Müller* VersR 2003, 1, 5; einen Wertungswiderspruch sieht *Wagner* VersR 2000, 1305 f.

[30] BVerfG NJW 2000, 2187, 2188 – *Unfalltod der Kinder*; BGHZ 128, 1, 16 – *Caroline I*.

[31] BGHZ 160, 298, 303 – *Babyglück*.

[32] MünchKomm-*Rixecker* BGB § 12 Anh. Rn. 223, 224; *Westermann*, Geldentschädigung bei Persönlichkeitsrechtsverletzung S. 130.

[33] BGH NJW 1993, 781; zust. BVerfG NJW 2000, 2187, 2189 – *Unfalltod der Kinder*; vgl. auch *Müller* VersR 1993, 909, 912.

[34] *Müller* VersR 2000, 797, 803.

[35] Hierzu näher unten Rn. 34.

[36] BGH NJW 1993, 781.

[37] BGHZ 18, 149, 157.

[38] Hierzu *Müller* VersR 1993, 908, 912 ff.

[39] BGHZ 35, 363, 369 – *Ginseng*; 39, 124, 133 – *Fernsehansagerin*; 128, 1, 15 – *Caroline I*; *Larenz* NJW 1958, 828; kritisch MünchKomm-*Rixecker* BGB § 12 Anh. Rn. 223; *Honsell* VersR 1974, 205, 206 Fn. 16; *Mincke* JZ 1980, 86 ff.

als die Folgen körperlicher Beeinträchtigungen und dass es für die Ermittlung der zum Ausgleich der Beeinträchtigung erforderlichen Entschädigung oft an konkreten Anhaltspunkten fehlt, es aber gleichwohl geboten sein kann, dem Geschädigten hierfür **Genugtuung** zu verschaffen. Gerade dieser Gesichtspunkt ist maßgeblich dafür, dass eine Entschädigung nur bei schweren Eingriffen in das Persönlichkeitsrecht in Betracht kommt, während unbedeutende Beeinträchtigungen keine Genugtuung erforderlich machen[40] (hierzu unten Rn. 12 f.).

10   c) **Prävention.** In seiner neueren Rechtsprechung hat der BGH die **Präventionsfunktion** des Anspruchs in den Vordergrund gerückt, insbesondere im Hinblick auf den erforderlichen **Hemmungseffekt** gegenüber Einbrüchen in das Persönlichkeitsrecht, die **vorsätzlich** zum Zweck der **Gewinnerzielung** erfolgen.[41] Die anfängliche Kritik an der Betonung dieser Funktion[42] ist schwächer geworden, nachdem das BVerfG[43] ebenfalls die Bedeutung der Prävention für solche Fälle hervorgehoben hat, in denen der Eingriff besonders hartnäckig und nachhaltig ist und **keine andere Abhilfe** erfolgen kann. Wichtig ist also die erzieherische Wirkung im Sinn einer **Verhaltenssteuerung durch Abschreckung.** Ob die Präventionsfunktion konstitutiv für den Anspruch ist oder nur einen Bemessungsfaktor darstellt, dürfte letztlich nur ein Streit um Worte sein, zumal auch der BGH in seiner grundlegenden Entscheidung[44] die Prävention nur als einen unter mehreren Faktoren für die Bemessung der Geldentschädigung angesehen hat (hierzu unten Rn. 32). Was dem entgegenstehen könnte, ist im Hinblick auf den hohen Stellenwert, den Prävention und Verhaltenssteuerung in einem zeitgemäßen Schadensersatzrecht haben,[45] nicht ersichtlich. Sicherlich sind Fälle denkbar, in denen die Prävention keine Rolle spielt, sondern die Geldentschädigung nur eine Ausgleichs- und Genugtuungsfunktion erfüllt.[46] Indessen ist zu bedenken, dass die Rechtsprechung der merklich **erhöhten Verletzlichkeit des Persönlichkeitsrecht** durch neue Techniken – etwa durch das Internet, Fotografieren mit dem Handy oder heimliche Manipulationen im Rahmen einer Fotomontage[47] – Rechnung tragen muss[48] und deshalb der Präventionseffekt besonders wichtig ist, um weiteren Auswüchsen vorzubeugen.

B. Voraussetzungen des Anspruchs

I. Übersicht

11   Entsprechend seiner Herkunft aus dem Deliktsrecht setzt der Entschädigungsanspruch eine **rechtswidrige und schuldhafte** Verletzung des Persönlichkeitsrechts voraus. Der BGH war sich der richterlichen Verantwortung und der hohen Anforderungen, die ein praeter legem geschaffener Anspruch – zumal bei einem so wenig scharf konturierten Recht wie dem allgemeinen Persönlichkeitsrecht – zur Folge hat.[49] Deshalb wird

---

[40] BGHZ 35, 363, 369 – *Ginseng*.

[41] BVerfG NJW 2000, 2187, 2188 – *Unfalltod der Kinder*; BGHZ 128, 1, 15 f. – *Caroline I*; BGH NJW 1985, 1617 – *Nacktfoto*; BGH NJW 1996, 984 – *Caroline II*; 1996, 985 – *Andrea Casiraghi*; v. Bar NJW 1980, 1724, 1727; *Löffler/Steffen* Presserecht LPG § 6 Rn. 333; *Müller* VersR 2000, 797, 800; *dies.* VersR 2006, 1289; *Wagner* VersR 2000, 1305, 1306; *Wenzel/Burkhardt* Äußerungsrecht Kap. 14 Rn. 97.

[42] *Seitz* NJW 1996, 2848; MünchKomm-*Rixecker* BGB § 12 Anh. Rn. 225; einschränkend zur Prävention *Wenzel/Burkhardt* Äußerungsrecht Kap. 14 Rn. 116, 127 sowie *Soehring* Rn. 32.26 – nicht bei fehlendem schwerem Verschulden.

[43] BVerfG NJW 2000, 2187, 2188 – *Unfalltod der Kinder*.

[44] BGHZ 128, 1, 15 f. – *Caroline I*.

[45] *Müller* VersR 2006, 1289, 1294 f.; *Wagner* VersR 2000, 1305 ff. sowie Gutachten A 18.

[46] OLG München NJW-RR 2002, 1045.

[47] BVerfG NJW 2005, 3271 – *Ron Sommer*; BGH NJW 2006, 603 – *Ron Sommer II*.

[48] *Müller* ZRP 2007, 173 f.

[49] BGHZ 139, 124, 133 – *Fernsehansagerin*.

in den einschlägigen Entscheidungen stets betont, dass dieser im Gesetz nicht vorgesehene **Entschädigungsanspruch** nur **ausnahmsweise gerechtfertigt** sein könne, wenn nämlich die Verletzung des Persönlichkeitsrechts wegen ihres **besonderen Gewichts** bzw. der **Intensität des Eingriffs** nicht ohne Entschädigung bleiben könne.[50] Zudem ist das Persönlichkeitsrecht nach seiner Grundkonstruktion ein Abwehrrecht, das die Persönlichkeit gegen Beeinträchtigungen von außen schützen soll. Da sich hierfür zunächst einmal die negatorischen Ansprüche anbieten – insbesondere Unterlassung und Widerruf –, kommt ein finanzieller Entschädigungsanspruch nur bei einer Rechtsverletzung in Betracht, die durch solche Ansprüche nicht ausgeglichen werden kann.[51] Der Entschädigungsanspruch muss also die „**ultima ratio**" sein.[52]

II. Schwere Persönlichkeitsrechtsverletzung

1. Rechtswidriger schuldhafter Eingriff

Da es sich beim Persönlichkeitsrecht um einen offenen bzw. Rahmentatbestand han- **12** delt,[53] wird allein durch den Eingriff noch nicht dessen **Rechtswidrigkeit** indiziert, sondern muss in jedem Einzelfall geprüft werden, ob der Eingriff nicht durch schutzwürdige Interessen Dritter gerechtfertigt ist.[54] Diese Prüfung ist erforderlich, weil der Tatbestand wesentlich unbestimmter ist als beim Schmerzensgeld,[55] die Ausstrahlungen des nicht näher definierten und schon deshalb „allgemeinen" Persönlichkeitsrechts oft schwer zu erfassen sind und dieses Recht auch häufiger als andere absolute Rechte mit den Rechten Dritter – etwa der Freiheit der Meinungsäußerung – kollidiert. Deshalb muss zunächst festgestellt werden, ob die Tatbestandsmerkmale eines rechtswidrigen und schuldhaften Eingriffs vorliegen. Hierzu bedarf es, wenn konkurrierende Rechte Dritter in Betracht kommen, einer **Güterabwägung** wie bei der Prüfung des Unterlassungsanspruchs. Führt diese zur Bejahung eines rechtswidrigen Eingriffs, so reicht für die Zubilligung einer Geldentschädigung allein das **Verschulden** des Eingreifenden nicht aus, auch wenn ein schweres Verschulden Anhaltspunkt für eine **schwere Beeinträchtigung** sein kann (unten Rn. 20).

2. Merkmale des schweren Eingriffs

Nach den vom BGH aufgestellten Grundsätzen hängt die Entscheidung, ob das **Ge- 13 wicht der Rechtsverletzung** eine Geldentschädigung erforderlich macht, von der Bedeutung und der Tragweite des Eingriffs ab, ferner auch von Anlass und Beweggrund des Handelnden sowie von dem Grad seines Verschuldens, wobei alle Umstände des Einzelfalls zu würdigen sind.[56]

a) Bedeutung und Tragweite. Maßgeblich sind in erster Linie **Bedeutung und 14 Schwere** bzw. Tragweite des Eingriffs.[57] Dieses Merkmal ist für den Entschädigungs-

---

[50] BGHZ 35, 363, 369 – *Ginseng*; 39, 124, 133 – *Fernsehansagerin*; 95, 212, 215 – *Nachtigall II*; 128, 1, 12 – *Caroline I*; 132, 13, 27 – *Lohnkiller*; BGH NJW 1971, 698, 700 – *Pariser Liebestropfen*; 1982, 635, 636 – *Heinrich Böll*; 1996, 984, 985 – *Caroline II*; 1996, 985, 987 – *Andrea Casiraghi*; 1997, 1148 – *Chefarzt/Stern-TV.*

[51] BGHZ 128, 1, 12 f. – *Caroline I*; vgl. auch *Steffen* NJW 1997, 10, 12.

[52] So Löffler/*Steffen* Presserecht LPG § 6 Rn. 338.

[53] BGHZ 169, 340 Tz. 18 – *Lafontaine*.

[54] BGHZ 169, 183 Tz. 14 – *Kinski*; BGH NJW 2004, 762, 764 – *Luftbildaufnahmen*.

[55] BGHZ 35, 363, 370 – *Ginseng*.

[56] BGHZ 128, 1, 12 – *Caroline I*; 132, 13, 27 – *Lohnkiller*; 160, 298, 306 – *Babyglück*; BGH NJW 1971, 698, 700 – *Pariser Liebestropfen*; 1985, 1617, 1619 – *Nacktfoto*; 1996, 985, 986 – *Andrea Casiraghi*; VersR 1988, 405 – *kath. Geistlicher*; OLG Hamburg NJW 1996, 2870; OLG München NJW-RR 2002, 1045; OLG Karlsruhe NJW-RR 2003, 410.

[57] BGHZ 128, 1, 15 – *Caroline I*; 132, 12, 27 – *Lohnkiller*; BGH NJW 1985, 1617 – *Nacktfoto*; NJW 1989, 2941 – *ärztliche Diagnose*; VersR 1988, 405 – *kath. Geistlicher*.

anspruch schlechthin konstituierend, da geringfügige Grenzüberschreitungen keinen Ersatzanspruch geben.[58] Nicht ausreichend sind deshalb in der Regel bloße Übertreibungen oder Überzeichnungen.[59] Die Schwere des Eingriffs kann sich bei einer Mitteilung über den Betroffenen aus deren **Inhalt** ergeben, etwa dem Vorwurf **anrüchigen oder kriminellen** Verhaltens,[60] etwa der Beteiligung an Zuhälterei,[61] dem Vorwurf eines **ehrenrührigen beruflichen** Verhaltens[62] oder der Beteiligung an Sterilisierungsplänen des NS-Regimes.[63] Schwerwiegend kann auch die Darstellung eines **Verdachts als Tatsache** sein.[64] Bei Fehlen eines öffentlichen Interesse kann auch die Mitteilung einer **schweren Krankheit**[65] oder von intellektuellen oder charakterlichen Mängeln[66] unzulässig sein und Entschädigungsansprüche auslösen. Auch das **Andichten** einer schweren Krankheit kann Beeinträchtigung sein,[67] insbesondere dann, wenn damit wie bei AIDS eine Stigmatisierung des Betroffenen verbunden ist.[68] Schwerwiegende Persönlichkeitsrechtsverletzung ist auch eine **Verfälschung des Persönlichkeitsbildes** durch erfundene Interviews[69] oder falsche Zitierung.[70] Ein schwerwiegender Eingriff in die **Geheim- bzw. persönliche Eigensphäre** ist das Abhören des Telefons.[71] Auch eine gewichtige **Beeinträchtigung des künstlerischen**[72] oder **politischen Rufs**[73] kann zu einer Geldentschädigung führen.

15   **Unwahre Mitteilungen** über eine Person führen in der Regel zu einem Unterlassungsanspruch. Für die Zubilligung einer **Geldentschädigung** kommt es darauf an, ob sie das Persönlichkeitsbild wesentlich beschädigen bzw. geeignet sind, den Ruf des Betroffenen **ernstlich zu beeinträchtigen**. Wird die Geldentschädigung aus § 823 Abs. 2 BGB i.V.m. § 186 StGB begehrt, also wegen einer nicht erweislich wahren rufschädigenden Behauptung, ist die stets offen bleibende Möglichkeit zu berücksichtigen, dass die inkriminierte Behauptung wahr sein kann. Wenn das auch der Zubilligung einer Geldentschädigung nicht grundsätzlich entgegensteht,[74] dürfen doch solche Fälle nicht schlechthin stets so gewichtet werden, als ob die **Unwahrheit erwiesen** wäre.[75] Ist die Darstellung im Wesentlichen wahr und nur in Details falsch, wird die Beeinträchtigung meist nicht schwerwiegend sein.[76] Die für eine Geldentschädigung **erforderliche Schwere** kann auch fehlen, wenn unter besonderen Umständen die wirkliche Situation hinreichend bekannt ist[77] oder wenn neben belastenden Unwahrheiten auch positive

---

[58] BGHZ 35, 363, 368 – *Ginseng.*

[59] OLG Düsseldorf AfP 1980, 108.

[60] BGHZ 132, 12 ff. – *Lohnkiller.*

[61] OLG Saarbrücken NJW 1997, 1376.

[62] OLG Hamburg NJW-RR 1994, 1176; OLG München NJW-RR 2000, 472.

[63] BGH NJW 1980, 2801 – *Medizin-Syndikat III.*

[64] BGH NJW 1997, 1148, 1150 – *Chefarzt/SternTV.*

[65] BGH NJW 1989, 2941 – *ärztliche Diagnose.*

[66] BGH NJW 1979, 1041 – *Exdirektor;* OLG Saarbrücken OLGR 2000, 96.

[67] BGH NJW 1996, 984 – *Caroline II.*

[68] OLG Hamburg AfP 1987, 703 – anders bei Andichtung einer „harmloseren" Krankheit Ufita 78/1977, 252.

[69] BGHZ 128, 1 ff. – *Caroline I;* BGH NJW 1965, 685 – *Soraya.*

[70] BGH NJW 1982, 635, 636 – *Heinrich Böll.*

[71] BGH JZ 1979, 351 – *Telefongespräch II.*

[72] LG München I AfP 2001, 420.

[73] BGH NJW 1980, 994 – *Wahlkampfillustrierte;* vgl. aber BVerfG ZUM 2001, 584 – *Kaisen.*

[74] BGHZ 95, 212, 215 – *Nachtigall II;* 132, 13, 27 – *Lohnkiller;* OLG München NJW-RR 2002, 1045; OLG Köln NJW-RR 2000, 470.

[75] BGHZ 95, 212, 215 – *Nachtigall II.*

[76] OLG Karlsruhe AfP 1993, 586; 1998, 639; OLG Brandenburg NJW 1995, 886; OLG München NJW-RR 2000, 472; OLG Nürnberg ArchPR 1968, 57; 1978, 57; OLG Düsseldorf AfP 1980, 108; vgl. auch KG ArchPR 1971, 81; OLG Düsseldorf GRUR 1970, 194.

[77] OLG Düsseldorf GRUR 1970, 194.

Umstände geschildert werden, die geeignet sind, den Bericht insgesamt in ein dem Betroffenen günstigeres Licht zu rücken.[78]

Als **zu wenig schwerwiegend** für eine Entschädigung wurde angesehen ein falscher 16
Bericht über die Heiratspläne einer Prinzessin,[79] ein Bericht über ein Scheidungsopfer,
das wie eine Weihnachtsgans ausgenommen werde,[80] sowie (in erster Linie wohl wegen
fehlenden Vorsatzes) der Vergleich eines bekannten Konkursverwalters mit einem unqualifizierten Abkassierer.[81]

Die Schwere des Eingriffs ist auch bei der ungenehmigten **Veröffentlichung von Bil-** 17
dern zu prüfen. Eine solche führt regelmäßig zu einem Unterlassungsanspruch,[82] zu einer
Geldentschädigung aber nur dann, wenn die Veröffentlichung nach den Umständen des
Falles **von besonderem Gewicht** für den Betroffenen ist bzw. diesen in besonderem Maß
beeinträchtigt.[83] Das wird sich häufig aus Besonderheiten der Abbildung – etwa in einer
intimen oder für den Betroffenen unangenehmen oder gar peinlichen Situation – ergeben,
kann sich aber auch bei inhaltlich harmlosen Bildern aus einer wiederholten und hartnäckigen Verletzung des Rechts am eigenen Bild ergeben, die um des wirtschaftlichen Vorteils willen erfolgt.[84] Soweit hieran Kritik geübt wird,[85] ist darauf hinzuweisen, dass bei
der Veröffentlichung von Bildern regelmäßig keine anderen Abwehrmöglichkeiten wie
etwa Widerruf oder Richtigstellung in Frage kommen und der Unterlassungsanspruch
vielfach nicht respektiert wird, so dass bei dieser Fallgruppe der Präventiveffekt der Geldentschädigung besondere Bedeutung hat. Das gilt insbesondere, wenn Bilder von **Min-**
derjährigen ohne Zustimmung der Eltern veröffentlicht werden.[86]

Mitteilungen bzw. Abbildungen aus der **Intim- oder Sexualsphäre**[87] des Betroffe- 18
nen stellen meist einen schweren Eingriff dar, wenn sich nicht der Betroffene bewusst der
Öffentlichkeit preisgegeben hat. Insofern kann der Aspekt der **Selbstvermarktung**
ebenso wenig außer Acht gelassen werden wie die zunehmende „Symbiose" zwischen bestimmten Personen und der Boulevardpresse sowie vergleichbaren Fernsehsendungen.[88]
Das kann dazu führen, dass selbst eine erfundene „Intimstory" keine Geldentschädigung
erforderlich macht.[89] Im Übrigen führt die Veröffentlichung von Nacktfotos oder Bildern
in sexuellem Zusammenhang meist zu einer Geldentschädigung, deren Höhe ganz maßgeblich von der Lage des Einzelfalls abhängt, wobei sich entsprechend der allgemeinen
Entwicklung eine leicht steigende Tendenz abzeichnet.[90]

---

[78] BGH GRUR 1974, 794 – *Todesgift*; KG ArchPR 1971, 81.
[79] OLG Hamburg NJW–RR 1999, 1701.
[80] OLG Karlsruhe AfP 2002, 42.
[81] OLG München NJW 1997, 62.
[82] Hierzu BGH NJW 2007, 1977; 1981 sowie BVerfG Beschl. v. 26. 2. 2008 – 1 BvR 1602, 1606,
1626/07 – *Prominentenfotos*.
[83] BGHZ 26, 349 – *Herrenreiter*; 35, 363 – *Ginseng*; BGH NJW 1965, 1374 – *Satter Deutscher*; 1971,
698 – *Pariser Liebestropfen*; 1980, 994, 995 – *Wahlkampfillustrierte*; 1985, 1617 – *Nacktfoto*; 1996, 985 –
Andrea Casiraghi; GRUR 1974, 794 – *Todesgift*; OLG Köln OLGR 1997, 274; OLG München AfP
1995, 658, 661; OLG Karlsruhe NJW–RR 1994, 95.
[84] BGHZ 160, 298, 306 –*Babyglück*; BGH NJW 1996, 985 – *Andrea Casiraghi*; vgl. auch Wenzel/
Burkhardt Äußerungsrecht Kap. 14 Rn. 103.
[85] Löffler/*Steffen* Presserecht LPG § 6 Rn. 337.
[86] BVerfG NJW 2000, 1021, 1023 – *Paparazzi-Fotos*; BGHZ 160, 298, 305 – *Babyglück*.
[87] BGH NJW 1971, 698, 700 – *Pariser Liebestropfen*; 1985, 1617 – *Nacktfoto*; 1988, 1984 – *Telefonsex*;
VersR 1988, 405 – *kath. Geistlicher*; OLG München AfP 2001, 135; OLG Köln NJW-RR 2000, 470;
OLG Karlsruhe ZUM 2003, 504; OLG Oldenburg NJW 1989, 400.
[88] Hierzu OLG Köln AfP 1982, 181; den Begriff „Symbiose" verwendet *Koppehele* AfP 1981, 336.
[89] OLG Stuttgart NJW 1981, 2817.
[90] Zur Entwicklung vgl. unten Rn. 38 sowie OLG Oldenburg AfP 1989, 556 (4000 DM); OLG
Hamburg NJW-RR 1995, 220 (5000 DM); OLG München NJW-RR 1996, 539 (12 000 DM); OLG
Koblenz NJW 1997, 1375 (20 000 DM); OLG Köln NJW-RR 2000, 470 (45 000 DM); OLG München AfP 2001, 135 (15 000 DM).

19   Es kann die Schwere des Eingriffs vermindern, wenn der Ruf des Betroffenen bereits **vorgeschädigt** war[91] oder dieser die Berichterstattung selbst **herausgefordert** hat.[92] Auch bei der Öffentlichmachung einer fremden Privatsphäre kann es darauf ankommen, ob und inwieweit der Betroffene diese selbst der Öffentlichkeit **zugänglich** gemacht hat.[93] Eine Entschädigung kommt auch nicht in Betracht, wenn die Befassung mit der Person des Betroffenen im Rahmen einer Satire erfolgt.[94] Bei einer Schmähkritik gibt es Geldentschädigung nur, wenn sie ein besonderes Maß an Rücksichtslosigkeit erkennen lässt.[95] Jedenfalls kann auch insoweit die Ausstrahlung der Grundrechte Dritter eine Rolle spielen.

20   **b) Grad des Verschuldens.** Von wesentlicher Bedeutung ist der **Grad des Verschuldens.** Zwar setzt der Anspruch auf Geldentschädigung nicht notwendig schweres Verschulden voraus.[96] Dessen Schwere kann aber bei der Gesamtbewertung einen schweren Eingriff ergeben,[97] während andererseits das Fehlen eines schweren Verschuldens zur Versagung einer Geldentschädigung führen kann.[98] Auch ein **Mitverschulden** des Betroffenen kann im Rahmen der gebotenen Abwägung zur Versagung oder Ermäßigung einer Geldentschädigung führen.[99] Maßgeblich ist letztlich die **Schwere des Eingriffs**. Sie kann auch bei nur fahrlässiger Verbreitung einer falschen Mitteilung zu bejahen sein, wenn diese den Betroffenen im Kern seiner Persönlichkeit oder Existenz berührt[100] und deshalb bereits das objektive Gewicht des Eingriffs eine Kompensation erforderlich macht. Verneint wurde im Hinblick auf fehlenden Vorsatz ein schwerer Eingriff im Fall des Konkursverwalters, der mit einem unqualifizierten Abkassierer verglichen wurde.[101] Besonderer Prüfung bedarf das Verschulden bei Journalisten[102] sowie in Fällen, die den Abdruck von Polizeiberichten betreffen.[103]

21   **c) Anlasss und Beweggrund.** Bei **Anlass und Beweggrund** des schädigenden Verhaltens kommt als Grund für die Zubilligung einer Geldentschädigung insbesondere die **kommerzielle Ausbeutung** eines fremden Persönlichkeitsrechts in Betracht, etwa zum Zweck der Auflagensteigerung einer Zeitschrift oder anderweitiger Gewinnerzielung.[104] Zwar ist die Geldentschädigung nicht eigentlich ein Instrument zur **Gewinnabschöpfung**,[105] weil sie die immaterielle Beeinträchtigung ausgleichen soll. Nach dem vom BGH entwickelten Konzept soll die Geldentschädigung nämlich eine der immateriellen

---

[91] OLG Stuttgart NJW 1981, 2817, 2818; OLG Oldenburg AfP 1988, 138; KG NJW 1968, 1969.

[92] BGH NJW 1965, 1476 – *Glanzlose Existenz*; GRUR 1965, 157 – *Wo ist mein Kind?*; VersR 1988, 405 – *kath. Geistlicher*; OLG Köln OLGR 1997, 274.

[93] BGH NJW 1964, 1471 – *Sittenrichter*; 1965, 1476 – *glanzlose Existenz*; 1970, 1077 – *Nachtigall I*; GRUR 1966, 157 – *Wo ist mein Kind?*; 1969, 301 – *Spielgefährtin II*; 1971, 529 – *Dreckschleuder*; AfP 1982, 181 – *Rudi Carell*; OLG Stuttgart, NJW 1981, 2817; OLG Köln AfP 1982, 181; OLG München AfP 1990, 214.

[94] BVerfG NJW 2002, 3767 – *Bonnbons;* vgl. auch BGHZ 169, 340 Tz. 21 – *Lafontaine*.

[95] BVerfG 51, 129 – *Kunstkritik*; BGH NJW 1979, 1041 – *Exdirektor*.

[96] BGH NJW 1971, 698 – *Pariser Liebestropfen*; 1980, 2801, 2807 – *Medizin-Syndikat III*; OLG Köln NJW-RR 2000, 470, 471; aA. OLG Koblenz NJW 1997, 1375.

[97] BGHZ 132, 13, 27 – *Lohnkiller*.

[98] BGH NJW 1970, 1077 – *Nachtigall I*; 1980, 2801, 2807 – *Medizin-Syndikat III*.

[99] Zur Ermäßigung OLG Hamburg MDR 1964, 514; OLG Celle NJW 1965, 1338; zum Wegfall in einem besonderen Fall vgl. OLG Stuttgart ArchPR 1971, 104.

[100] BGH NJW 1963, 904 – *Hauptdrahtzieher*.

[101] OLG München NJW 1997, 62.

[102] BGH JZ 1979, 351 – *Telefongespräch II*.

[103] Vgl. hierzu Wenzel/Burkhardt, Äußerungsrecht Kap. 6 Rn. 136.

[104] BGHZ 35, 363, 370 – *Ginseng*; BGHZ 128, 1, 15 – *Caroline I*; 160, 298, 307 – *Babyglück*; BGH NJW 1996, 984 – *Caroline II*; 985 – *Andrea Casiraghi*.

[105] *Müller* VersR 2000, 797, 803; *dies.* VersR 2006, 1289, 1293; *Löffler/Steffen* Presserecht LPG § 6 Rn. 341; befürwortend *Seitz* NJW 1996, 2848, 2850; *Wagner* VersR 2000, 1305, 1308.

Beeinträchtigung adäquate Sanktion darstellen,[106] und es ist nicht zu verkennen, dass zwischen dieser Beeinträchtigung und dem durch die Rechtsverletzung erzielten Gewinn kein messbarer Zusammenhang besteht. Auch stehen für die eigentliche Gewinnabschöpfung andere Möglichkeiten zur Verfügung, etwa Bereicherungsansprüche oder der Anspruch auf Herausgabe des Erlangten,[107] wobei je nach Lage des Falles sowohl ein Ersatzanspruch materieller Art als auch ein Anspruch auf Geldentschädigung wegen immaterieller Beeinträchtigung gegeben sein kann.[108]

Es spricht jedoch nichts dagegen, die Höhe des erzielten Gewinns im Rahmen einer **22** Gesamtabwägung jedenfalls als **Bemessungsfaktor**[109] in die Bestimmung der Geldentschädigung einfließen zu lassen. Insoweit ist neben der Ausgleichs- auch die Genugtuungsfunktion dieses Anspruchs zu berücksichtigen, die es in Fällen schwerer und hartnäckiger Persönlichkeitsrechtsverletzung erforderlich machen kann, dem Betroffenen eine Geldentschädigung zuzubilligen, die dem Verletzer den von ihm gegen den Willen des Betroffenen erlangten Vorteil nimmt. Dass dem Betroffenen damit eine Art **Zwangskommerzialisierung** aufgedrängt wird, verstärkt die Schwere des Eingriffs und macht dessen besondere Rücksichtslosigkeit deutlich, kann aber nicht dazu führen, sein Persönlichkeitsrecht der Ausbeutung durch einen Dritten freizugeben. Ein zusätzlicher Aspekt ist bei derartigen Eingriffen die **Präventivfunktion**, die es ebenfalls erforderlich macht, den Eingreifenden durch eine beträchtliche und jedenfalls für ihn deutlich fühlbare Geldentschädigung von weiteren Eingriffen abzuhalten und somit einen **Hemmungseffekt** auszuüben, wie er im Interesse eines ausreichenden Schutzes der Persönlichkeit erforderlich ist.[110]

d) Weitere Merkmale. Zusätzliche Merkmale können das **Ausmaß der Verbrei-** **23** **tung**[111] und/oder die **Art der Darstellung**[112] sein, ferner eine besondere **Nachhaltigkeit** und Fortdauer der Interessen- oder Rufschädigung[113] oder die Hartnäckigkeit der Rechtsverletzung[114] sowie eine unangemessene **Verzögerung** der Berichtigung oder korrekten Meldung, wenn etwa das Blatt sein Erscheinen einstellt.[115] Eine **besondere Hartnäckigkeit** hat der BGH bejaht in einem Fall, wo Bilder eines Kindes trotz zeitnaher Abmahnung durch die Eltern, Abgabe von Unterlassungsverpflichtungen und Erlass von einstweiligen Verfügungen veröffentlicht worden waren.[116] In diesem Bereich besteht ein weites Spektrum, das viel Raum für die tatrichterliche Wertung lässt.[117] Die Wiederholung einer bereits verbreiteten Meldung in einem überregionalen Blatt kann, wenn sie nur beiläufig erfolgt, eine Geldentschädigung entbehrlich machen.[118]

---

[106] BGHZ 35, 363, 370 – *Ginseng.*

[107] Hierzu unten § 62.

[108] BGH NJW 1997, 1148 – *Chefarzt/Stern-TV*; *Müller* VersR 2006, 1289, 1293; *Ehmann* AfP 2007, 81, 83 f.; *Wenzel/Burkhardt* Äußerungsrecht Kap. 14 Rn. 113.

[109] BGHZ 160, 298, 307 – *Babyglück*; anders noch *v. Bar* NJW 1980, 1724, 1727; Näheres unten Rn. 32 f.

[110] BVerfG NJW 2000, 2187 – *Unfalltod der Kinder.*

[111] BGHZ 39, 124 – *Fernsehansagerin*; BGH NJW 1996, 984 – *Caroline II*; BGH NJW 1963, 904 – *Hauptdrahtzieher*; BAG NJW 1999, 1988 – *Faulste Mitarbeiterin*; OLG Karlsruhe NJW-RR 1999, 103; AG Wiesbaden NJW-RR 2000, 28.

[112] BGH NJW 1980, 2069 – *Kunstkritik*; zu OLG München AfP 1999, 71 vgl. BVerfG NJW 2002, 3767 – *Bonnbons.*

[113] BGHZ 95, 212, 215 – *Nachtigall II.*

[114] BGH NJW 1996, 985, 986 – *Andrea Casiraghi.*

[115] KG NJW-RR 1995, 479.

[116] BGHZ 160, 298, 306/307 – *Babyglück*; vgl. auch BGH NJW 1996, 985 – *Andrea Casiraghi.*

[117] Vgl. die Beispiele bei *Wenzel/Burkhardt* Äußerungsrecht Kap. 14 Rn. 108–110 sowie dort die unterschiedliche Bewertung von OLG Zweibrücken AfP 1999, 362 gegenüber *Löffler/Steffen* Presserecht LPG § 6 Rn. 337 a.E.

[118] BGH NJW 1970, 1077 f. – *Nachtigall I.*

III. Fehlen anderweitiger Ausgleichsmöglichkeit

24   Dass ein Anspruch auf Geldentschädigung nur besteht, wenn keine anderweitige Ausgleichsmöglichkeit in Betracht kommt, führt zu einer gewissen **Subsidiarität** dieses Anspruchs.[119] In der Praxis hat er jedoch beträchtliche Bedeutung, zumal nach der Rechtsprechung des BGH[120] eine Klage auf Feststellung der Unwahrheit einer Tatsachenbehauptung oder der Rechtswidrigkeit einer Persönlichkeitsrechtsverletzung zum Zweck des zivilrechtlichen Ehrenschutzes nicht gegeben ist. Hervorzuheben ist, dass sich der Betroffene grundsätzlich selbst um eine **anderweitige Ausgleichsmöglichkeit** bemühen muss.[121] Andernfalls kann ein Entschädigungsanspruch entfallen.[122] Zweck der Geldentschädigung ist nämlich, eine Lücke im Personenschutz zu schließen. Deshalb ist auch bei ihrer Bemessung allen Möglichkeiten nachzugehen, die dem Betroffenen sonst zur Wahrung seiner Interessen eröffnet sind.[123] Von daher ist das Spektrum der anderweitigen Ausgleichsmöglichkeiten beträchtlich und lässt durchaus Raum für unterschiedliche richterliche Wertungen,[124] so dass die Heranziehung etwaiger Präzedenzfälle besonders sorgfältiger Prüfung bedarf.

25   In Betracht kommen insbesondere **Widerruf** und **Richtigstellung**. Erfolgen sie unverzüglich und ordnungsgemäß, können sie einer Geldentschädigung entgegenstehen,[125] nicht jedoch, wenn sie erst durch mehrere Instanzen erkämpft werden mussten.[126] Auch ist beim Widerruf zu prüfen, inwieweit er die Rezipienten der ursprünglichen Veröffentlichung erreicht,[127] was bei Buchform regelmäßig nicht der Fall sein wird.[128] Eine „Fundgrube" zu diesem Komplex sind die drei Urteile des BGH zum *Medizin-Syndikat*,[129] auf die hier wegen der Einzelheiten verwiesen werden muss. Jedenfalls kann ein klarer Widerruf in einer der Falschmeldung entsprechenden Aufmachung eine etwa doch noch erforderliche Geldentschädigung mindern.[130] Erfolgt die Gegendarstellung freiwillig und ein Widerruf erst nach Verurteilung, kann das als anderweitiger Ausgleich der Beeinträchtigung genügen.[131] Ob Widerruf oder Gegendarstellung einen anderweitigen Ausgleich darstellen, ist eine Frage des Einzelfalls und kann bei einem Eingriff in die Grundlagen des Persönlichkeitsrechts zu verneinen sein.[132]

26   Ob die **presserechtliche Gegendarstellung** einen ausreichenden Ausgleich darstellt, ist im Hinblick auf ihren formalen Inhalt umstritten. Differenzierend hierzu der BGH:[133] auch eine presserechtliche Gegendarstellung kann je nach Sachlage ins Gewicht fallen, wenn sie alsbald und ohne abschwächende Zusätze („Redaktionsschwanz") erfolgt. Hat

---

[119] Löffler/*Steffen* Presserecht LPG § 6 Rn. 338; MünchKomm-*Rixecker* BGB § 12 Anh. Rn. 232; Wenzel/*Burkhardt* Äußerungsrecht Kap. 14 Rn. 120.

[120] BGHZ 68, 331, 333 f. – *Abgeordnetenbestechung*.

[121] BGH NJW 1979, 1041 – *Exdirektor*.

[122] OLG Köln AfP 1971, 170; KG NJW 1974, 720; OLG Celle NJW 1997, 819; OLG München NJW-RR 2000, 472.

[123] BGH NJW 1979, 1041 – *Exdirektor*.

[124] Vgl. die Beispiele bei Wenzel/*Burkhardt* Äußerungsrecht Kap. 14 Rn. 120–126.

[125] BGH NJW 1970, 1077 – *Nachtigall I*; OLG Köln AfP 1991, 427; OLG Karlsruhe NJW-RR 1999, 103.

[126] BGHZ 128, 1, 13 – *Caroline I*.

[127] BGH NJW 1970, 1077 – *Nachtigall I*; OLG München NJW-RR 2000, 472.

[128] BGHZ 132, 13, 29 – *Lohnkiller*; BGH NJW 1980, 2810 – *Medizin-Syndikat II*.

[129] Jeweils vom 8. 7. 1980 – VI ZR 159/78 – NJW 1980, 2801 – *Medizin-Syndikat III*; VI ZR 177/78 – NJW 1980, 2807 – *Medizin-Syndikat I*; VI ZR 158/78 – tw. abgedr. NJW 1980, 2810 – vollst. GRUR 1980, 1099 – *Medizin-Syndikat II*.

[130] BGH NJW 1963, 904 – *Hauptdrahtzieher*.

[131] OLG Hamburg NJW-RR 1999, 1701.

[132] BGHZ 128, 1, 13 – *Caroline I*; vgl. auch BGH NJW 1982, 635, 636 – *Heinrich Böll*.

[133] BGH NJW 1965, 685; 1976, 1198; 1979, 1041 – *Exdirektor*.

der Betroffene sich nicht darum bemüht, kann das Rückschlüsse auf das Fehlen eines Genugtuungsbedürfnisses zulassen. Jedenfalls besteht wohl keine Pflicht des Betroffenen, sich hierum zu bemühen.[134] Im Übrigen schließt die Gegendarstellung eine Geldentschädigung nicht aus, wenn sie erst nach einem gerichtlichen Verfahren und mit negativem Kommentar abgedruckt[135] oder die Wirkung der Gegendarstellung durch die Verbindung mit einer neuen Reportage beeinträchtigt wird.[136] Unterschiedliche Auffassungen gibt es zu der Frage, ob ein Unterlassungstitel eine Geldentschädigung beeinflussen oder ausschließen kann.[137]

Auch eine **eigene Richtigstellung** durch den Betroffenen selbst kann eine Geldent-　27 schädigung ausschließen.[138] Andererseits kann trotz **Entschuldigung** durch den Verletzer eine Geldentschädigung angemessen sein, wenn die Persönlichkeitsrechtsverletzung in der Öffentlichkeit und die Entschuldigung nur intern erfolgt ist.[139] Unter dem Aspekt der Genugtuungsfunktion dürfte eine Geldentschädigung entbehrlich sein, wenn der Betroffene sich erkennbar nicht beeinträchtigt fühlt.

IV. Anspruchsberechtigte und -verpflichtete

Für die **Anspruchsberechtigung** gelten die gleichen Grundsätze wie beim materiel-　28 len Schadensersatzanspruch (vgl. oben § 50 Rn. 10 f.). Der Anspruch ist nicht übertragbar und nicht vererblich.[140] Im Hinblick auf das Erfordernis eines Genugtuungsbedürfnisses wird eine Geldentschädigung regelmäßig nur für natürliche Personen in Betracht kommen.[141] Sind diese in einem Interessenverbund zusammengeschlossen, so kann ihnen ein eigener Entschädigungsanspruch zustehen, wenn sich der Angriff gegen den Interessenverbund richtet.[142] Für einen aus dem postmortalen Persönlichkeitsrecht hergeleiteten Entschädigungsanspruch kann hier auf die Ausführungen oben § 37 Rn. 44–46 verwiesen werden.

Auch für die **Anspruchsverpflichtung** kann auf die entsprechenden Ausführungen　29 oben § 50 Rn. 12–16 verwiesen werden. Die Verpflichtung zur Zahlung einer Geldentschädigung kann auch durch die Übernahme eines Zeitungsmantels begründet werden.[143] Eine Persönlichkeitsrechtsverletzung durch mehrere Presseveröffentlichungen unterschiedlicher Presseorgane führt nicht zur gesamtschuldnerischen Haftung, weil eine solche – nämlich Befreiung der übrigen Gesamtschuldner durch die Leistung eines von ihnen – mit der Funktion des Entschädigungsanspruchs aus der jeweils eigenständigen Verletzung des informativen Selbstbestimmungsrechts des Betroffenen nicht vereinbar wäre.[144]

---

[134] OLG Hamburg NJW-RR 1994, 1176, 1177; OLG Karlsruhe NJW 1995, 479; OLG Köln NJW-RR 2000, 470; vgl. auch BGH NJW 1979, 1041 – *Exdirektor.*

[135] BGHZ 66, 182 – *Panorama.*

[136] BGH NJW 1965, 685, 686 – *Soraya.*

[137] Hierzu BGH GRUR 1971, 529, 531 – *Dreckschleuder*; vgl. auch OLG Köln NJW-RR 2000, 470; bejahend Löffler/*Steffen* Presserecht LPG § 6 Rn. 339.

[138] OLG Hamburg Ufita 78/1977, 252.

[139] BGH NJW 1980, 994, 996 – *Wahlkampfillustrierte.*

[140] Wenzel/*Burkhardt* Äußerungsrecht Kap. 14 Rn. 140. Für Zulässigkeit der Einräumung einer Ausübungs- oder Nutzungsbefugnis *Götting,* Persönlichkeitsrechte als Vermögensrechte, S. 142 ff. und 271 ff.; Staudinger/*Hager* BGB 13. Aufl., § 823 Rn. C 50 und MünchKomm-BGB/*Rixecker* 5. Aufl., Anhang zu § 12 Rn. 25 ff. (mit Darstellung weiterer Ansichten).

[141] Vgl. *Schaub* JZ 2007, 548 ff.

[142] BGH NJW 1980, 2807, 2810 – *Medizin-Syndikat I.*

[143] OLG München NJW-RR 2002, 1339.

[144] BGHZ 160, 298, 308 – *Babyglück*; BGH NJW 1985, 1617, 1629 – *Nacktfoto*; OLG Köln NJW-RR 1993, 31; OLG Hamburg NJW-RR 1994, 1176; vgl. auch Löffler/*Steffen*, Presserecht LPG § 6 Rn. 345.

C. Bemessung des Anspruchs

I. Grundsätze

1. Hauptsächliche Bemessungsfaktoren

30 Die Kriterien, die für das Bestehen des Anspruchs von Bedeutung sind, sind naturgemäß auch von Bedeutung für seine Höhe. Maßgeblich sind in erster Linie die **Schwere der Beeinträchtigung**,[145] also Bedeutung und Tragweite des Eingriffs für die Person des Betroffenen sowie **Anlass** und **Beweggrund**[146] des Handelnden und der Grad seines **Verschuldens**[147]. Im Leitsatz einer neuen Entscheidung[148] hat der BGH als Bemessungsfaktoren den Gesichtspunkt der **Genugtuung** des Opfers, den **Präventionsgedanken** und die **Intensität** der Persönlichkeitsrechtsverletzung hervorgehoben, die sich je nach Lage des Falles unterschiedlich auswirken können.[149] Im Übrigen kommt es für die Berücksichtigung zusätzlicher Faktoren auf die Besonderheiten des Einzelfalles an. Wird eine **Geldentschädigung** wegen immaterieller Beeinträchtigung durch ungenehmigte Verwendung eines Fotos des Geschädigten bei einer Werbekampagne begehrt,[150] so kann nicht etwa ein Prozentsatz der Kosten dieser Kampagne verlangt werden, sondern hat eine Schätzung nach § 287 ZPO stattzufinden, für die sowohl die Bekanntheit des Betroffenen, sein Sympathie- und Imagewert, der Aufmerksamkeitswert sowie die Rolle des Abgebildeten in der Werbung wie auch der Verbreitungsgrad des Mediums von Bedeutung sein können.

2. Gewinnabschöpfung und Lizenzanalogie

31 Daneben kommt in derartigen Fällen als wesentlicher Bemessungsfaktor die **Gewinnerzielungsabsicht** des Schädigers in Betracht.[151] Auch wenn die Geldentschädigung nicht eigentlich ein Mittel zur Gewinnabschöpfung ist, sondern hierfür andere rechtliche Möglichkeiten zu Gebote stehen,[152] kann bei Bemessung der Entschädigung durchaus die Absicht des Schädigers berücksichtigt werden, durch die unberechtigte **Ausbeutung** eines fremden Persönlichkeitsrechts Gewinn zu erzielen, etwa durch die Nutzung eines besonderen Werbewerts[153] oder durch die Abbildung von Prominenten als Blickfang zum Zweck der Auflagensteigerung einer Zeitschrift.[154]

32 Besteht die Verletzung des Persönlichkeitsrechts darin, dass ein fremdes Persönlichkeitsrecht unberechtigt ausgebeutet wird, so muss von der **Höhe der Entschädigung** ein echter **Hemmungseffekt** im Sinn einer Präventionswirkung ausgehen.[155] Es soll nämlich durch die Zahlung einer fühlbaren Entschädigung nicht nur die konkrete Beeinträchtigung des Betroffenen ausgeglichen, sondern daneben auch das **Verhalten des Schädigers** für die Zukunft beeinflusst werden.[156] Deshalb kann auch der Gedanke der **Prävention** wesentliche Bedeutung für die Bemessung der Entschädigung

---

145 Vgl. oben Rn. 14–19.

146 Vgl. oben Rn. 20.

147 Vgl. oben Rn. 19.

148 BGHZ 160, 298 – *Babyglück*.

149 BGHZ 160, 298 – *Babyglück*.

150 LG Hamburg AfP 2006, 585, 586.

151 Anders noch *v. Bar* NJW 1980, 1724, 1727.

152 Hierzu oben Rn. 21 m.w.N.

153 Vgl. BGHZ 169, 340 Tz. 15 – *Lafontaine*, wo allerdings die Abwägung zugunsten der Satirefreiheit zur Versagung eines Anspruchs führte.

154 BGHZ 128, 1, 12 – *Caroline I*.

155 BGHZ 128, 1, 16 – *Caroline I*; 160, 298, 307 – *Babyglück*.

156 *Löffler/Steffen* Presserecht LPG § 6 Rn. 341; *Steffen* NJW 1997, 10 f.

haben.[157] Das ist insbesondere dann erforderlich, wenn es um den Schutz von Minderjährigen gegen Störungen ihrer Persönlichkeitsentwicklung durch die Medien geht.[158] Insoweit reicht die konkrete Gefährdung aus, ohne dass der Geschädigte darlegen müsste, dass bereits eine Störung eingetreten ist.[159] Aber auch bei Erwachsenen kann sich der Präventionsgedanke auswirken, wenn etwa prominente Personen sich der Aufmerksamkeit bzw. einer besonders hartnäckigen Verfolgung durch die Medien nicht anders erwehren können. Das dürfte auch den Anforderungen entsprechen, die der **EGMR** in seinem Urteil vom 24. 6. 2004[160] an einen **wirksamen Schutz des Persönlichkeitsrechts** gestellt hat. Auch wenn es dort um Unterlassungsansprüche ging, ist doch zu bedenken, dass fühlbare Geldentschädigungen den Verletzer durchweg stärker beeindrucken und eher von künftigen Eingriffen abhalten als ein bloßer Unterlassungsausspruch.

Die Zuerkennung einer Geldentschädigung kann dazu führen, dass dem Geschädigten   **33** eine Art von **Zwangskommerzialisierung**[161] seines eigenen Persönlichkeitsrechts aufgenötigt wird, weil er – auch bei grundsätzlicher Ablehnung einer eigenen kommerziellen Verwertung dieses Rechts – andernfalls schutzlos dem Einbruch in seine Persönlichkeitssphäre ausgeliefert wäre. Indessen kann sich gerade unter diesem Aspekt einer besonderen Zumutung auch das rücksichtslose Vorgehen des Schädigers auf die Höhe der Entschädigung auswirken.[162]

Wenn auch bei Bemessung der Entschädigung nicht im Sinn einer Gewinnabschöp-   **34** fung berücksichtigt werden kann, welchen Gewinn der Schädiger durch die Rechtsgutsverletzung erzielt hat, so wird sich doch in geeigneten Fällen die Entschädigung an dem Betrag orientieren können, der dem Betroffenen unter dem **Lizenzgedanken** für eine Einwilligung zugestanden hätte. Zwar gilt für die Bemessung des „eigentlichen" Schmerzensgeldes der Grundsatz, dass ausschließlich die immaterielle Beeinträchtigung zu bewerten ist, so dass hierbei vermögensmäßige Aspekte außer Betracht zu bleiben haben.[163] Indessen sind Ansprüche wegen Verletzung des Persönlichkeitsrechts vielschichtiger. Hier kann es erforderlich sein, einen ausreichenden Schutz gegen unerlaubte Ausbeutung bzw. gegen den Eingriff in die Dispositionsbefugnis des Betroffenen über sein Persönlichkeitsrecht zu gewährleisten.[164] Dieser Aspekt könnte jedenfalls in den **Grenz-** bzw. **Mischfällen** zwischen materieller und immaterieller Beeinträchtigung zu einer differenzierenden Beurteilung führen, wenn nämlich der Geschädigte „Schmerzensgeld" bzw. Geldentschädigung wegen immaterieller Beeinträchtigung verlangt, daneben aber auch einen entgangenen Vorteil materieller Art geltend macht.[165] Wenn in derartigen Fällen überhaupt eine fiktive **Lizenzgebühr** denkbar ist, könnte sich die Geldentschädigung hieran im Sinne einer Untergrenze insoweit orientieren, als das bloße Fehlen der Einwilligung abzugelten ist, während ein **übersteigender Unrechtsgehalt** – etwa durch die Art des Zustandekommens oder den Inhalt der Veröffentlichung – bei der endgültigen Bemessung der Entschädigung zu berücksichtigen wäre.[166] Es sind aber auch Fallgestaltungen denk-

---

[157] BVerfG NJW 2000, 2187; BGHZ 128, 1, 15 – *Caroline I*; 165, 203, 207 – *Obduktionsfoto*; BGH NJW 1996, 984 – *Caroline II*; 985 – *Andrea Casiraghi*; *Göbel* Geldentschädigung und Schmerzensgeld S. 35 f.; *Lange* VersR 1999, 274, 277; *Soehring/Seelmann-Eggebert* NJW 2005, 571, 572 f.; *Steffen* NJW 1997, 10, 13.

[158] BGHZ 160, 298, 305 f. – *Babyglück*.

[159] BGHZ 160, 298, 305/306 – *Babyglück*.

[160] EGMR NJW 2004, 2647 ff.

[161] BGHZ 128, 1, 12 – *Caroline I*; 165, 203, 208 Tz. 14 – *Obduktionsfoto*; BGH NJW 1996, 984 – *Caroline II*.

[162] BGHZ 128, 1, 18 – *Caroline I*.

[163] BGH NJW 1982, 1589.

[164] Vgl. BGHZ 169, 340 ff. – *Lafontaine*.

[165] Vgl. LG Hamburg AfP 2006, 585; ein Grenzfall wohl auch OLG München NJW-RR 1996, 539.

[166] Vgl. oben § 50 Rn. 41 u. 42.

bar, in denen sowohl materieller Schadensersatz als auch Geldentschädigung für eine immaterielle Entschädigung verlangt werden kann.[167]

Ist nach Lage des Falles – etwa bei allzu intimen oder besonders geschmacklosen Abbildungen – eine Lizenzgebühr undenkbar, so muss ein derart grober Eingriff auch ohne Anwendung des Lizenzgedankens dazu führen, dem Geschädigten eine Entschädigung in einer Höhe zuzusprechen, die dem besonderen Unrechtsgehalt Rechnung trägt. Trägt hingegen der Betroffene keinerlei Anhaltspunkte für eine immaterielle Beeinträchtigung vor, sondern macht ausschließlich eine finanzielle Einbuße geltend, so wird es im Zweifel an einer grundlegenden Voraussetzung für den besonderen Anspruch auf Geldentschädigung fehlen.[168]

II. Verhältnismäßigkeit

1. Wahrung der Pressefreiheit

35   Die Entschädigung darf die Pressefreiheit nicht unverhältnismäßig beschränken.[169] Bei Prüfung der Entschädigung unter diesem Gesichtspunkt können auch die faktischen wirtschaftlichen Verhältnisse der hinter dem betreffenden Presseorgan stehenden Konzerngruppe bzw. Wirtschaftsmacht berücksichtigt werden. Wenn geltend gemacht wird, dass im konkreten Fall durch die Höhe der verlangten Entschädigung die Pressefreiheit beeinträchtigt werde, sollte das Gericht auch zu diesem Punkt näheren Parteivortrag verlangen und sich nicht mit allgemeinen Floskeln begnügen.[170]

2. Zahlung an Dritte?

36   Soweit im Schrifttum[171] die Möglichkeit erwogen wird, dass die **Entschädigung an Dritte** gezahlt werden sollte, etwa zu wohltätigen Zwecken, ist nicht von der Hand zu weisen, dass damit einer zunehmenden Kommerzialisierung des Persönlichkeitsrechts gesteuert werden könnte. Gleichwohl konnte die Rechtsprechung solchen Überlegungen bisher schon mangels einer gesetzlichen Grundlage nicht nähertreten. Auch ist zu bedenken, dass eine derartige „Entschädigung" dem Verletzten **keinen Ausgleich** für seine Beeinträchtigung böte, sondern ihm allenfalls eine gewisse Genugtuung verschaffen könnte und von daher eher einer strafrechtlichen Verurteilung als einem zivilrechtlichen Anspruch vergleichbar ist. Angesichts dieses unverkennbar **punitiven Elements** ist eine solche Lösung deshalb im derzeitigen Haftungssystem nur schwer vorstellbar.

III. Beispiele zur Höhe

1. Vorbemerkung

37   Ob bei Bemessung der Geldentschädigung eine steigende Tendenz zu verzeichnen ist, die über die allgemeine Preisentwicklung hinausgeht, muss angesichts der großen Unterschiede bei den einzelnen Fallgestaltungen hier offenbleiben. Insgesamt erscheinen die zuerkannten Beträge durchweg maßvoll, teilweise (insbesondere bei zahlreichen Entscheidungen der Amtsgerichte)[172] sogar derart niedrig, dass sich die Frage nach einer sinnvollen

---

[167] OLG München NJW-RR 1996, 539.
[168] OLG Stuttgart NJW 1981, 2817; OLG München NJW-RR 2000, 472.
[169] BVerfGE 34, 269, 285 – *Soraya*; 54, 208, 222 – *Böll*; BGHZ 128, 1, 16 – *Caroline I*; *Löffler/Steffen*, Presserecht LPG § 6 Rn. 341; *Stürner* JZ 1994, 865, 874; *Wenzel/Burkhardt* Äußerungsrecht Kap. 14 Rn. 133.
[170] BGHZ 160, 298, 307 – *Babyglück*.
[171] Vgl. *Wenzel/Burkhardt* Äußerungsrecht Kap. 14 Rn. 133 m.w.N.
[172] Als Beispiel AG Düsseldorf NJW-RR 1998, 1481 – 1000 DM wegen geschmackloser Werbung.

Untergrenze stellen könnte.[173] Allerdings ist unverkennbar, dass die Entschädigungen für die hartnäckige Verfolgung prominenter Personen infolge der Rechtsprechung des BGH merklich angestiegen sind, nachdem der BGH im Fall der Prinzessin Caroline die vom Tatrichter zugebilligte Entschädigung von 30 000 DM für zu niedrig erachtet hatte[174] und das OLG Hamburg hierauf im zweiten Durchgang 180 000 DM zuerkannt hat,[175] wobei allerdings auch dieser Betrag weit gegenüber dem am Gewinn der Beklagten orientierten Klagebegehren zurückgeblieben ist.[176] Nachstehend werden einige Beispielsfälle aus der neueren Rechtsprechung angeführt, während für die ältere Rechtsprechung auf Zusammenstellungen im Schrifttum verwiesen werden kann.[177]

2. Fallbeispiele

„Puff-Politiker" – KG Urt. v. 27. 7. 07 – 9 U 211/06 – BGH NZB v. 22. 4. 2008 – VI **38** ZR 227/07 – 20 000 €

Vorwurf der Manipulation und Falschbeurkundung gegenüber einer Notarin – KG 10 U 52/05 v. 10. 3. 2006 mit Nichtzulassungsbeschluss des BGH VI ZR 91/06 vom 23. 1. 2007 – Entschädigung 7.500 €

Telefonwerbung mit verfälschtem Bild[178] von Joschka Fischer – LG Hamburg AfP 2006, 585 – 200 000 €

Vergleich eines Doping-Arztes mit Mengele – BVerfG NJW 2006, 3266 – 5000 DM
Hartnäckige Veröffentlichung mehrerer Babyfotos – BGHZ 160, 298 – 150 000 DM
Verunglimpfung im TV (Lisa Loch) – OLG Hamm NJW-RR 2004, 919 – 70 000 €
Caroline im Bett mit Udo Jürgens? – BGH NJW 2004, 1034 – 20 000 €
Vorzimmeraffäre – LG Berlin AfP 2004, 150 – 5000 €
Verwechslung von Foto aus Strafprozess – OLG München NJW 2004, 959 – 10 000 €
Ausstrahlung von Tonbandaufnahmen – OLG Karlsruhe NJW-RR 2003, 410 – 3000 €
Beleidigung in satirischer Fernsehsendung – LG Köln ZUM 2003, 325 – 5000 €
Ehrverletzung im Flugblatt (kath. Drecksack) – OLG München NJW-RR 2002, 1045 – 5000 DM
Fotobericht (betrügerischer Akademiker) – OLG München NJW-RR 2002, 404 – 20 000 DM
Persönlichkeitsrechtsverletzendes Computerspiel – LG München NJW-RR 2002, 689 – 90 000 DM
Paparazzi-Nacktfoto – LG Hamburg ZUM 2002, 68 – 150 000 DM
Bericht über Untreueverdacht – OLG Koblenz NJW-RR 2000, 1356 – 10 000 DM
Angebliche Brandt-Freundin – OLG Köln NJW-RR 2000, 470 – 45 000 DM
Faulste Mitarbeiterin – BAG NJW 1999, 1988 – 4000 DM
Foto mit negativem Test – KG NJW-RR 1999, 1703 – 15 000 DM
Foto eines Unfallopfers – OLG Düsseldorf AfP 2000, 574 – 8000 DM
Fernsehbericht über Chefarzt (Stern-TV) – BGH NJW 1997, 1148 – 80 000 DM
Sexuelle Verfehlung eines Priesters – OLG Koblenz NJW 1997, 1375 – 20 000 DM
Teilakt auf Titelbild – OLG Hamm NJW-RR 1997, 1044 – 20 000 DM
Bezeichnung als Kinderschänder – LG Ansbach NJW-RR 1997, 978 – 75 000
Fernsehbericht über Drogenkartell – OLG Hamburg NJW-RR 1996, 90 – 50 000
Persönlichkeitsrechtsverletzung in Memoiren – OLG Braunschweig NJW 1996, 1000 – 30 000 DM

---

[173] Vgl. hierzu BGH NJW 1979, 1041 – *Exdirektor* sowie *Steffen* NJW 1997, 10, 11 und Wenzel/*Burkhardt* Äußerungsrecht Kap. 14 Rn. 143.

[174] BGHZ 128, 1, 16 – *Caroline I*; vgl. auch BGHZ 160, 298 – *Babyglück* – 150 000 DM.

[175] OLG Hamburg NJW 1996, 2870.

[176] Hierzu *Prinz* NJW 1996, 953, 955.

[177] Löffler/*Steffen* Presserecht LPG § 6 Rn. 341; Wenzel/*Burkhardt*, Äußerungsrecht Kap. 14 Rn. 149.

[178] Vgl. hierzu auch BVerfG NJW 2005, 3271 sowie BGH NJW 2006, 603 – *Ron Sommer II*.

Entstellung einer wissenschaftlichen Abhandlung in Herrenmagazin – OLG München NJW 1996, 135 – 10 000 DM

Telefonsex – OLG München NJW-RR 1996, 539 – 8000 DM Geldentschädigung sowie 4000 DM Bereicherung

Unwahre Behauptung – OLG Hamburg VersR 1996, 1285 – 10 000 DM

Wahrheitswidriger Bericht mit Namensnennung – OLG Karlsruhe NJW-RR 1996, 477 – 10 000 DM

Steffi-Graf-Song – OLG Karlsruhe NJW 1994, 1176 – 60 000 DM

Barschel in Badewanne mit Engholm-Kopf – OLG Hamburg WRP 1994, 889 – 40 000 DM

RAF-Anwalt – OLG Hamburg NJW-RR 1994, 1176 – 15 000 DM

Pressebericht über Tätigkeit eines Rechtsanwalts – BGH NJW 1994, 1950 – 10 000 DM

§ 52. Der Anspruch auf Herausgabe des Erlangten

Inhaltsübersicht

Schrifttum: *Balthasar,* Eingriffskondiktion und Lizenzbereitschaft bei der unerlaubten Nutzung von Persönlichkeitsmerkmalen in Werbung und Berichterstattung, ZUM 2005, 874; *ders.,* Eingriffskondiktion bei unerlaubter Nutzung von Persönlichkeitsmerkmalen – Lafontaine in Werbeannonce, NJW 2007, 664; *Beuthien,* Postmortaler Persönlichkeitsschutz auf dem Weg ins Vermögensrecht, ZUM 2003, 261; *ders.,* Was ist vermögenswert, die Persönlichkeit oder ihr Image?, NJW 2003, 1220; *Beuthien/Hieke,* Unerlaubte Werbung mit dem Abbild prominenter Personen, AfP 2001, 353; *Beuthien/Schmölz,* Persönlichkeitsschutz durch Persönlichkeitsgüterrechte, 1999; *dies.,* Persönlichkeitsschutz durch Gewinnherausgabe, K&R 1999, 396; *Canaris,* Gewinnabschöpfung bei Verletzung des allgemeinen Persönlichkeitsrechts, in FS Deutsch, 1999, 85; *ders.,* Der Vorrang außerbereicherungsrechtlicher, insbesondere dinglicher Wertungen gegenüber der Saldotheorie und dem Subsidiaritätsdogma, JZ 1992, 1114; *Ebert,* Bereicherungsausgleich im Wettbewerbs- und Immaterialgüterrecht, 2001; *Erlanger,* Die Gewinnabschöpfung bei Verletzung des allgemeinen Persönlichkeitsrechts, 2000; *Fest,* Bereicherungs- und Schadensausgleich bei der Verletzung von Immaterialgüterrechten, 1997; *Götting,* Persönlichkeitsrechte als Vermögensrechte, 1995; *ders.,* Die bereicherungsrechtliche Lizenzanalogie bei Persönlichkeitsverletzungen, FS Ullmann, 2006, 65; *v. Holleben,* Geldersatz bei Persönlichkeitsverletzungen durch die Medien, 1999; *Kläver,* Bereicherungsrechtliche Aspekte bei einer Verletzung des allgemeinen Persönlichkeitsrechts, 1999; *dies.,* Vermögensrechtliche Aspekte des zivilrechtlichen allgemeinen Persönlichkeitsrechts, ZUM 2002, 205; *Kleinheyer,* Eingriffsbereicherung durch unbefugte Nutzung und Wertersatz, JZ 1961, 473; *Krneta,* Kommerzielle Aspekte des Rechts am eigenen Bild, GRUR Int. 1996, 298; *Ladeur,* Fiktive Lizenzentgelte für Politiker? ZUM 2007, 111; *Magold,* Personenmerchandising, 1994; *Marwitz,* Zwangskommerzialisierung vermögenswerter immaterieller Rechte, AfP 2003, 405; *Peukert,* Persönlichkeitsbezogene Immaterialgüterrechte?, ZUM 2000, 710; *Redant,* Bereicherungsansprüche und Schadensersatz bei Ausbeutung des guten Rufes, 2000; *Schlechtriem,* Bereicherung aus fremdem Persönlichkeitsrecht, FS Hefermehl, 1976, 445; *Siemes,* Gewinnabschöpfung bei Zwangskommerzialisierung der Persönlichkeit durch die Presse, AcP 201 (2001) 202; *Szalata,* Der zivilrechtliche Schutz des Familiennamens im Rahmen von Werbemaßnahmen, 1996; *Ullmann,* Persönlichkeitsrechte in Lizenz?, AfP 1999, 209; *ders.,* Caroline v., Marlene D., Eheleute M. – ein fast geschlossener Kreis, WRP 2000, 1049.

A. Grundsätzliches

I. Sachverhalte

Der Bereicherungsanspruch nach unberechtigtem Eingriff in Persönlichkeitsrechte **1** spielt in der Praxis in zwei Richtungen eine bedeutende Rolle. Am häufigsten sind Entscheidungen zur werblichen Verwertung von fremden Persönlichkeitsrechten. Nicht selten geht es auch um Aufwendungsersatz zur Beseitigung oder Minderung von Schäden nach rechtswidrigen Eingriffen in solche Rechte. Andere Probleme – etwa die Frage, ob ein Anspruch auf Rückgabe einer Widerrufserklärung besteht – spielen daneben kaum eine Rolle.

II. Bereicherungsrechtliche Ansprüche

§§ 812 ff. BGB regeln nicht einen einheitlichen Anspruch auf Herausgabe einer Berei- **2** cherung. § 812 Abs. 1 Satz 1 BGB enthält zwar, wie in einem Atemzug, die Leistungs- und die Nichtleistungskondiktion. Aber schon dies sind grundsätzlich und wesentlich zu unterscheidende Ansprüche. Daneben gibt es dann noch einige ganz spezielle Anspruchssachverhalte, wie etwa das Nichterreichen eines besonderen Zwecks. Für den vorliegend zu erörternden Bereich spielt praktisch nur die Nichtleistungskondiktion nach § 812 Abs. 1 Satz 1 Fall 2 eine Rolle.

III. Abgrenzungen und Konkurrenzen

3   § 812 Abs. 1 Satz 1 Fall 2 BGB (**Nichtleistungskondiktion**) gibt einen eigenständigen Anspruch, der vor allem neben einem solchen aus § 823 Abs. 1 oder Abs. 2 BGB stehen kann. Grundsätzlich ist hier der Unterschied in der Betrachtungsweise. Nach Bereicherungsrecht sollen ungerechtfertigte Vermögensvorteile bei einer Seite (hier dem Anspruchsgegner) abgeschöpft werden. Nach einer unerlaubten Handlung ergeben sich aus §§ 823 ff. BGB Ansprüche auf Ausgleich von Schäden, die beim Opfer entstanden sind. Gerade auch im Bereich der Nichtleistungskondiktion wird zwar von manchen im Rahmen des Merkmals „auf dessen Kosten" auch die Frage geprüft, ob beim Opfer eine Entreicherung eingetreten ist. Solches ist aber mit den Grundgedanken der gesetzlichen Regelungen in §§ 812 ff. BGB einerseits und §§ 823 ff. BGB andererseits kaum verträglich.

4   Im vorliegenden Bereich der Verletzung von Persönlichkeitsrechten sind für Ersatzansprüche **drei Ansätze** denkbar: §§ 812 ff. und §§ 823 ff. BGB regeln grundsätzlich nur die Folgen von Eingriffen in Vermögensrechte. Es geht also um den Ausgleich von Vermögensverschiebungen oder -änderungen. Immaterielle Nachteile von Persönlichkeitsrechtsverletzung können nur mit Hilfe des Anspruchs auf Geldentschädigung ausgeglichen werden.[1]

5   §§ 823 ff. BGB setzten ein Verschulden des Täters voraus. Hierfür genügt zwar auch leichte Fahrlässigkeit. Trotzdem gibt es Fälle, in welchen gesagt worden ist und auch gesagt werden muss, dass ein Verschulden nicht festgestellt werden kann. Dann bleiben im vorliegenden Bereich nur die Ansprüche aus §§ 812 ff. BGB. Denn diese setzen ein Verschulden gerade nicht voraus. Bösgläubigkeit kann hier zu einer verschärften Haftung führen. Dieser Begriff deckt sich aber mit dem Begriff des Verschuldens nicht.

6   Von dieser Struktur her sind zur Feststellung der Anspruchsgrundlagen stets folgende **Fragen** zu stellen:
- Liegt ein Verschulden (Vorsatz oder Fahrlässigkeit) des Täters/Anspruchsgegners vor? Wenn ja, dann kommen grundsätzlich alle hier soeben angedeuteten Ansprüche in Betracht.
- Geht es um vermögens- und um nichtvermögensrechtliche Beeinträchtigungen? Dann kommen ebenfalls alle hier soeben angedeuteten Ansprüche in Betracht.
- Geht es um eine nur vermögensrechtliche Beeinträchtigung? Wenn ja, dann kommen Ansprüche aus §§ 812 ff. und aus §§ 823 ff. BGB in Betracht. Wenn nein, dann kann allenfalls ein Anspruch auf Geldentschädigung bestehen (Anspruchsgrundlage: Art. 1 und 2 GG; Schutzauftrag des Grundgesetzes).
- Geht es um den Ausgleich eines Schadens beim Opfer? Wenn ja, dann sind die Anspruchsgrundlagen aus §§ 823 ff. BGB zu entnehmen. Wenn es um die Abschöpfung einer nicht gerechtfertigten Vermögensmehrung beim Täter geht, dann sind §§ 812 ff. BGB zu prüfen. Liegt beides vor, dann stehen §§ 812 ff. und §§ 823 ff. BGB nebeneinander.

---

[1] So schon BGHZ 26, 349, 353 f. = GRUR 1958, 408 = LM § 847 BGB Nr. 12 = NJW 1958, 827 – *Herrenreiter.*

IV. Leitentscheidungen

1. Grundlegende Entscheidungen

Die wesentlichen Grundlagen für die Rechtsfolgen einer nicht gerechtfertigten Ver- **7** wendung von Persönlichkeitsmerkmalen sind gelegt worden in
BGH, BGHZ 20, 345 = GRUR 1956, 427 = LM § 249 (A) BGB Nr. 1 = NJW 1956, 1554 – *Paul Dahlke*
BGH, AfP 1992, 149 = GRUR 1992, 557 = LM § 812 BGB Nr. 226 = NJW 1992, 2084 – *Joachim Fuchsberger*.
Die Grundsätze für den Ersatz von Aufwendungen zum Ausgleich oder zur Verringerung von Schäden nach Verletzungen des Persönlichkeitsrechts sind enthalten in
BGH, BGHZ 66, 182 = AfP 1976, 75 = GRUR 1976, 651 = LM § 823 (Ah) BGB Nr. 55 (LS; *Steffen*) = NJW 1976, 1198 – *Panorama*.

2. Marlene-Entscheidungen

Die beiden Entscheidungen des BGH in Sachen *Marlene Dietrich* vom 1. 12. 1999[2] befas- **8** sen sich explizit nur mit Ansprüchen auf Schadensersatz nach § 823 BGB. Sie sind aber insofern grundlegend, als sie umfassend anerkannt haben, dass das Persönlichkeitsrecht auch vermögensrechtliche Bestandteile hat. Dies wurde zwar schon in der *Paul-Dahlke*-Entscheidung so gesehen. Einen Durchbruch haben aber erst die beiden Entscheidungen zu *Marlene Dietrich* gebracht – auf der Grundlage der Arbeit von *Götting*.[3] Die Entscheidung des BVerfG ist Sachen *Caroline von Monaco* vom 15. 12. 1999 steht dem nicht entgegen. Dort ging es um die Frage, ob das Persönlichkeitsrecht von Verfassungs wegen im Interesse der Kommerzialisierung der eigenen Person gewährt worden ist.[4]

3. Die Herrenreiter-Entscheidung

Unabdingbar ist auch ein Blick auf die Herrenreiter-Doktrin. In der sogenannten Her- **9** renreiter-Entscheidung[5] hat der BGH damals die Auffassung vertreten, dass ein Anspruch aus ungerechtfertigter Bereicherung in Fällen der vorliegenden Gestaltung dann nicht bestehen kann, wenn keine Bereitschaft zu einer Vermarktung bestand. Diese Auffassung hat der BGH jetzt aufgegeben: „Soweit sich der RSpr. des BGH entnehmen lässt, dass ein Schadens- oder Bereicherungsausgleich auf der Grundlage einer angemessenen Lizenzgebühr ein grundsätzliches Einverständnis des Abgebildeten mit der Vermarktung seines Rechts am eigenen Bild voraussetze (folgen Zitate), wird daran nicht festgehalten."[6]

B. Herausgabe des Erlangten nach Eingriffskondiktion

Nach § 812 Abs. 1 Satz 1 Fall 2 BGB hat, wer etwas nicht durch Leistung, sondern „in **10** sonstiger Weise" auf Kosten eines anderen ohne rechtlichen Grund erlangt hat, das Er-

---

[2] BGH BGHZ 143, 214 = AfP 2000, 356 = GRUR 2000, 709–715 (mit Anm. *Wagner* S. 717 – zu beiden Entscheidungen) = NJW 2000, 2195 (hierzu *Götting* NJW 2001, 585 – zu beiden Entscheidungen) und BGH AfP 2000, 354 = GRUR 2000, 715 = LM § 823 (Ah) BGB Nr. 132 (mit Anm. *Forkel*) = NJW 2000, 2201.

[3] Persönlichkeitsrechte als Vermögensrechte.

[4] BVerfG BVerfGE 101, 361 = AfP 2000, 76 = GRUR 2000, 446 = NJW 2000, 1021 – *Caroline von Monaco*. Die hierzu ergangene Entscheidung des EGMR ist für die hier diskutierte Frage ohne Bedeutung.

[5] BGH BGHZ 26, 349 = GRUR 1958, 408–411 (mit Anm. *Bußmann* S. 411). = LM § 847 BGB Nr. 12 (mit Anm. *Greuner*) = NJW 1958, 827–830 (mit Anm. *Larenz* S. 827).

[6] BGH BGHZ 169, 340 = AfP 2006, 559 = GRUR 2007, 139 = NJW 2007, 689 (Bespr. *Balthasar* NJW 2007, 664) – *Lafontaine*. Hierzu *Balthasar* NJW 2007, 664.

langte an diesen herauszugeben. Daraus ergibt sich die Grundstruktur des Anspruchs einigermaßen deutlich. Es sind folgende Tatbestandsmerkmale zu prüfen:

- Hat der Anspruchsgegner „etwas erlangt"?
- Ist dies nicht durch „Leistung" eines anderen geschehen?
- Ging dieser Erwerb „auf Kosten" des möglichen Anspruchstellers?
- Fehlt dem Erwerb der „rechtliche Grund"?

I. Etwas erlangt?[7]

11   Ein Herausgabeanspruch aus § 812 Abs. 1 Satz 1 BGB besteht nur, wenn und soweit der Anspruchsgegner etwas erlangt hat. Wie schon angedeutet, umfasst dies nur vermögensrechtliche Positionen. Das **wirtschaftliche Vermögen** muss vermehrt worden sein. Lediglich persönliche (immaterielle) Vorteile, wie etwa eine schriftliche Ehrenerklärung, genügen nicht.[8] Der BGH hat deshalb einen Anspruch auf Herausgabe eines Widerrufs abgewiesen, soweit er auf Bereicherungsrecht gestützt war.[9] Dem kann gefolgt werden, soweit der Widerruf ausschließlich Bedeutung für die persönliche Ehre hat. Er muss hierauf aber nicht beschränkt werden. Mindestens wäre anders zu entscheiden, wenn der Widerruf in wesentlicher Weise auch wirtschaftliche Belange betrifft. Die Grundgedanken der Rechtsprechung zur Abgrenzung zwischen vermögensrechtlichen und nichtvermögensrechtlichen Streitigkeiten können hier entsprechend herangezogen werden.[10]

12   Das Merkmal legt auch den **Anspruchsverpflichteten** fest. Nur wer etwas erlangt hat, ist zur Herausgabe verpflichtet. Sind dies mehrere, so gibt es keine gesamtschuldnerische Haftung. Jeder hat nur das herauszugeben, was er selbst erlangt hat.[11]

II. Nicht durch Leistung erlangt?

13   Leistung im Sinn des Bereicherungsrechts ist jede Zuwendung, die bewusst und zweckgerichtet fremdes Vermögen vermehrt.[12] Es gilt der Grundsatz des Vorrangs der Leistungskondiktion – **Subsidiaritätsdogma**. In den vorliegend zu erörternden Fällen geht es wohl kaum je um Vermögensmehrung durch Leistung. Durch Eingriffe in ein fremdes Persönlichkeitsrecht wird Vermögen vermehrt – dann gelten die Grundsätze der Eingriffskondiktion. Oder aber es werden Aufwendungen getätigt, um die Folgen der Verletzung von Persönlichkeitsrechten zu mindern oder zu beseitigen. Dann können Ansprüche aus Aufwendungs- oder Rückgriffskondiktion bestehen. Dies deckt die beiden als typisch bezeichneten Fallgestaltungen ab. Entweder werden Persönlichkeitsmerkmale für Werbung oder Auflagensteigerung rechtswidrig verwendet oder aber es wird das Persönlichkeitsrecht durch unerlaubte Handlung verletzt und es werden Annoncen geschaltet, um eine möglichst rasche Gegenposition darzustellen.

14   Jedenfalls in Mehrpersonenverhältnissen können sich hier Fragen ergeben.[13] Im *Fuchsberger*-Fall hatte ein Optiker-Einkaufsverband ein Foto von Fuchsberger mit der Brille aus einer neuen Kollektion gutgläubig an alle ihre Optiker zur Werbung hinausgegeben. Fuchsberger hatte aber das Foto, aufgenommen bei einer Einweihungsfeier eines Mode-

---

[7] Genauere Definition bei der Höhe des Anspruchs.

[8] Palandt/*Sprau*, BGB, 67. Aufl., § 812 Rn. 16.

[9] BGH LM § 812 BGB Nr. 6 = NJW 1952, 417 – *Nadelfabrikanten*.

[10] Vgl. hierzu z. B. BGH AfP 2000, 88 = GRUR 2000, 247 = NJW 2000, 656 – *Der Schmiergeldmann*.

[11] BGH AfP 1979, 345 = GRUR 1979, 732 (mit Anm. *Wild* S. 734) = LM § 812 BGB Nr. 142 = NJW 1979, 2205 – *Fußballtor*. Ebenso etwa Palandt/*Sprau*, BGB, 67. Aufl., Einf. vor § 812 Rn. 9.

[12] Palandt/*Sprau*, BGB, 67. Aufl., § 812 Rn. 3.

[13] Siehe dazu auch *Canaris* JZ 1992, 1114, 1119; Staudinger/*Hager*, BGB 13. Aufl., § 812 Rn. C 251, die auf die Wertungen von §§ 932 ff. BGB hinweisen.

hauses, nur dem befreundeten Inhaber überlassen, damit dieser für sich Werbung treibt. Hier war ernsthaft die Frage zu diskutieren, ob nicht der beklagte Optiker – einer von denen, die das Foto vom Einkaufsverband erhalten hatten – das Foto durch Leistung des Einkaufsverbandes erhalten hatte. Dies Auffassung hatte in dem Fall das Berufungsgericht vertreten. Seine andere Auffassung nur etwas dunkel begründet. Sie beruht wohl darauf, dass die Einwilligung von Fuchsberger auf die Verwendung durch den Inhaber des Modehauses beschränkt war und dass die „Einwilligung" des Einkaufsverbandes kein Eingriffsrecht begründen konnte. Niemand kann mehr Rechte übertragen, als er selbst hat – dies wird der eigentliche Grund gewesen sein. *Canaris*[14] weist zu Recht darauf hin, dass der BGH die gängige Definition des Begriffs der Leistung hier nicht aufgegriffen hat. Aus dem hierin enthaltenen Merkmal der Mehrung fremden Vermögens könne man entnehmen, dass es auf die Wirksamkeit der Mehrung ankomme – wenngleich der BGH dies nicht ausgesprochen habe.

Im Fall *Fuchsberger* kann überlegt werden, ob überhaupt ein Dreiecksverhältnis vorliegt. Aber auch hierzu weist *Canaris* völlig zu Recht darauf hin, dass solche formalen Betrachtungsweisen nicht weiterführen. Entscheidend sind die Wertungen des Gesetzes. Diese können aus § 1004 BGB entnommen werden. Systematisch gehört diese Frage allerdings nicht zum Tatbestandsmerkmal „in sonstiger Weise".   **15**

III. Auf Kosten des Anspruchstellers?

Es ist fraglich, welche Bedeutung dieses Merkmal hat. Im Rahmen der Leistungskondiktion ist seine Bedeutung eher gering, wenn man die gängige Definition der Leistung akzeptiert. Verlangt man beim Anspruchsteller keinen Vermögensnachteil, dann ist das Merkmal bei dieser Kondiktionsart ohne Bedeutung.[15]   **16**

1. Verhältnis zur Rechtsgrundlosigkeit

Geht man von der Rechtsprechung des BGH aus, wonach beim Schadensersatzanspruch auf die Lage des Opfers, beim Bereicherungsanspruch aber auf die Vermögenslage des Täters abzustellen ist,[16] dann bedarf das Merkmal einer einschränkenden Interpretation. Im Entwurf des BGB stand zunächst anstelle des Merkmals „auf Kosten" das Merkmal „aus dem Vermögen". Dies hat man geändert, um eine erweiterte Anwendung der Norm zu ermöglichen. Der Annahme, Voraussetzung sei – zusätzlich zur **Vermögensmehrung** beim Täter – auch eine Minderung des Vermögens beim Opfer, sollte man nicht folgen. Sie verwässert die Unterschiede zum Schadensersatzanspruch. Sie ist auch nicht erforderlich. Entscheidend ist vielmehr, dass der Vermögenszuwachs beim Täter durch Ausnutzung eines fremden Ausschließlichkeitsrechts erfolgt ist.[17] Die Schwäche einer solchen Auffassung liegt darin, dass damit das weitere Tatbestandsmerkmal „ohne rechtlichen Grund" etwas undeutlich oder unselbständig wird. Es dient dann der Frage des Behaltendürfens, während das Merkmal „auf Kosten" die Frage der rechtlichen Zuordnung dem Grunde nach betrifft.   **17**

2. Eingriff in ein Ausschließlichkeitsrecht

Auf Kosten des Anspruchstellers ist damit ein Eingriff erfolgt, wenn er ein Ausschließlichkeitsrecht trifft. Deshalb stellt sich hier die Frage nach dem Rechtscharakter des Persönlichkeitsrechts. Und diese Frage ist von der Rechtsprechung vielfach beantwortet: Es   **18**

---

[14] *Canaris* JZ 1992, 1114/1119.

[15] *Palandt/Sprau*, BGB, 67. Aufl., § 812 Rn. 31.

[16] So schon BGH, BGHZ 20, 345 = GRUR 1956, 427, 430 = LM § 249 (A) BGB Nr. 1 = NJW 1956, 1554 – *Paul Dahlke*. Ebenso BGH in BGHZ 81, 75 = GRUR 1981, 846 (mit Anm. *Wild*) = LM Art. 1 GG Nr. 32 = NJW 1981, 2402, 2403 – *Carrera*.

[17] Vgl. BGH BGHZ 81, 75 = GRUR 1981, 846 (mit Anm. *Wild*) = LM Art. 1 GG Nr. 32 = NJW 1981, 2402, 2403 – *Carrera*.

handelt sich um ein sonstiges Recht im Sinn von § 823 Abs. 1 BGB, und zwar um ein absolutes Recht. Es hat nicht nur im Bereich der besonderen Persönlichkeitsrechte Ausschlusscharakter, sondern im gesamten Bereich des Persönlichkeitsrechts, also auch im Bereich des allgemeinen Persönlichkeitsrechts.

19 Dies bedeutet zweierlei:

- Das Persönlichkeitsrecht hat einen „**Zuweisungscharakter**"; die Rechte und Befugnisse aus dem Persönlichkeitsrecht stehen ausschließlich der Person selbst zu.
- Das Persönlichkeitsrecht wird durch Unterlassungsansprüche geschützt; wird es rechtswidrig beeinträchtigt, dann stehen dem Träger **Unterlassungsansprüche** gemäß § 1004 Abs. 1 Satz 2 BGB zu.[18] Diese Anspruchsnorm gilt zwar wörtlich nur für das Eigentum und andere dingliche Rechtes. Das Persönlichkeitsrecht ist aber kein dingliches Recht. Jedoch ist § 1004 Abs. 1 Satz 2 BGB für den Schutz des Persönlichkeitsrechts analog heranzuziehen. Ergänzt wohl durch den Katalog der Rechte und Rechtspositionen in § 823 Abs. 1 BGB.

3. Verstoß gegen den Zuweisungsgehalt

20 Geht es um die Ausfüllung des Tatbestandsmerkmals „auf Kosten", ist deshalb zu prüfen, ob die Vermögensmehrung beim Anspruchsgegner unter Verstoß gegen den Zuweisungsgehalt des verletzten Rechts erfolgt ist.[19] Dies ist dann der Fall, wenn das verletzte Recht einen konkreten Zuweisungsgehalt hat und wenn dieses Recht dem Anspruchsteller ausschließlich zugewiesen ist. Diese Voraussetzung liegt im Bereich der Persönlichkeitsrechte vor, wenn der Vermögensvorteil aus einer Nutzung oder Benutzung des Persönlichkeitsrechts des Anspruchstellers entstanden ist. Es geht deshalb vorliegend im Merkmal „auf Kosten" um die Reichweite des Persönlichkeitsrechts. Diese ist grundsätzlich weit. Es steht dem Träger umfassend zu.[20] Probleme ergeben sich deshalb schwerpunktmäßig im anderen, noch fehlenden Tatbestandsmerkmal, nämlich bei der Frage, ob der Erwerb ohne rechtlichen Grund erfolgt ist.

4. Hypothetische Betrachtung?

21 Nicht erforderlich ist die Feststellung, dass der Verletzte ohne den ungerechtfertigten Eingriff, also bei einwandfreiem Verhalten der Verletzers, eine Vergütung vereinbart hätte oder vereinbaren hätte können.[21] Es ist ausschließlich auf den Vermögenszuwachs beim Verletzer abzustellen.

5. Anspruchsberechtigter wird festgelegt

22 Allerdings legt das Merkmal „auf Kosten" auch den Anspruchsberechtigten fest. Bemerkenswert hierzu ist, dass der BGH in der Abtretung „sämtlicher Schadensersatzansprüche ... aus den ... unrichtigen Veröffentlichungen" auch eine Abtretung von Ansprüchen aus ungerechtfertigter Bereicherung gesehen hat.[22] Eine sehr großzügige Auslegung der Erklärung. Im Bereich der Bestimmung des Streitgegenstandes wird heute nicht so locker verfahren.

---

[18] So auch BGH BB 1962, 198 = GRUR 1962, 261 (mit Anm. *Harmsen* S. 263) – *Öl regiert die Welt.*

[19] So auch *Kleinheyer* JZ 1961, 473, 475.

[20] So auch Staudinger/*Hager*, BGB 13. Aufl., § 812 Rn. C 248 f.

[21] BGH, BGHZ 20, 345 = GRUR 1956, 427, 430 = LM § 249 (A) BGB Nr. 1 = NJW 1956, 1554 – *Paul Dahlke;* BGHZ 26, 349, 352 = GRUR 1958, 408 = LM § 847 BGB Nr. 12 = NJW 1958, 827 – *Herrenreiter;* BGH BGHZ 81, 75 = GRUR 1981, 846 (mit Anm. *Wild*) = LM Art. 1 GG Nr. 32 = NJW 1981, 2402, 2403 – *Carrera.*

[22] BGH BB 1962, 198 = GRUR 1962, 261 (mit Anm. *Harmsen* S. 263) – *Öl regiert die Welt.*

IV. Erwerb ohne rechtlichen Grund

1. Grundsätzliches

Geht man von einem umfassenden Schutzbereich des Persönlichkeitsrechts aus, dann 23
bedarf es doch einer Abgrenzung zu anderen Rechten und Rechtspositionen. Ein Eingriff
kann durch konträre Normen oder durch berechtigte Interessen (vor allem der Öffentlichkeit) gerechtfertigt sein. Hieraus können sich rechtliche Gründe im Sinn von § 812
Abs. 1 Satz 1 BGB ergeben. Und hier besteht eine Weiche zu anderen Kapiteln des vorliegenden Handbuchs.

2. Nutzung von Bildnissen

Geht es um die Frage, ob die Nutzung eines Bildnisses erlaubt ist, dann sind §§ 22, 24
23 KUG zu prüfen. Die hier sich ergebenden Fragen sind in § 20 des vorliegenden Handbuchs im Einzelnen dargestellt. Entsprechendes gilt etwa für das Namensrecht[23], das
Recht an der eigenen Stimme[24], das Recht am Lebensbild[25] und das Recht an Slogans
oder Gestik.[26] Die Reichweite des allgemeinen Persönlichkeitsrechts wird ebenfalls an
anderer Stelle erörtert, nämlich in §§ 19 ff.

Dementsprechend befassen sich die Entscheidungen, welche einen Anspruch aus unge- 25
rechtfertigter Bereicherung aus fremdem Persönlichkeitsrecht prüfen, oft mit der Frage,
ob die Verwendung eines fremden Bildnisses – natürlich in der Regel des Bildnisses einer
prominenten Person – rechtlich zulässig war.[27]

Im *Paul-Dahlke*-Fall hat der BGH einen Anspruch aus ungerechtfertigter Bereicherung 26
gegen den Hersteller des Motorrollers mit der Begründung bejaht, dass die Einwilligung
von Paul Dahlke auf die konkret vereinbarte Verwendung beschränkt war und dass deshalb seine Einwilligung nicht die werbliche Verwendung des Fotos umfasste.[28] Im *Fuchsberger*-Fall[29] lag die Sache nicht anders. *Fuchsberger* hatte seine Einwilligung nur dem Inhaber des Modehauses B. erteilt, zu Verwendung des Fotos für eine Werbung für dieses
Modehaus. Keinesfalls lag eine Einwilligung zur Verwendung durch alle Mitglieder des
Einkaufsverbandes vor. Damit hatte auch der Beklagte des Falles das Bildnis ohne Einwilligung für eine Werbung benutzt. Zwar war Fuchsberger als Person der Zeitgeschichte
im Sinn von § 23 Abs. 1 Nr. 1 KUG anzusehen. Die werbliche Verwendung des Bildnisses
widersprach aber seinem berechtigten Interesse (§ 23 Abs. 2 KUG).

3. Zuweisungstheorie[30]

Einen etwas griffigeren Ansatzpunkt liefert die Auffassung, wonach ein Erwerb unter 27
Verstoß gegen den Zuweisungsgehalt dann gegeben ist, wenn er durch einen Unterlassungsanspruch (§ 1004 Abs. 1 Satz 2 BGB) bekämpft werden konnte.[31] Dieser Auffassung
ist zu folgen. Die Eingriffskondiktion darf – so zu Recht *Canaris* – nicht schwächer sein
als der negatorische Anspruch. Es ist daher im Rahmen des Tatbestandsmerkmals „ohne
rechtlichen Grund" bei der Eingriffskondiktion zu prüfen, ob dem Opfer gegen den

---

[23] Oben § 20. Vgl. vor allem BGH BGHZ 81, 75 = GRUR 1981, 846 (mit Anm. *Wild*) = LM
Art. 1 GG Nr. 32 = NJW 1981, 2402 – *Carrera.*

[24] Oben § 16.

[25] Oben § 17.

[26] Oben § 18.

[27] Etwa auch LG Berlin AfP 2004, 455 = ZUM 2002, 929 – *GZSZ.*

[28] BGH, BGHZ 20, 345 = GRUR 1956, 427 = LM § 249 (A) BGB Nr. 1 = NJW 1956, 1554 – *Paul
Dahlke.*

[29] BGH, AfP 1992, 149 = GRUR 1992, 557 = LM § 812 BGB Nr. 226 = NJW 1992, 2084 – *Joachim
Fuchsberger.*

[30] Eingehend hierzu *Siemes* AcP 201 (2001) S. 203, 215 ff.

[31] *Canaris* JZ 1992, 1114/1119. Diesen Weg ging BGH BB 1962, 198 = GRUR 1962, 261 (mit
Anm. *Harmsen* S. 263) – *Öl regiert die Welt* für die Aufwendungskondiktion.

Täter ein Unterlassungsanspruch wegen dessen Handlung zusteht oder zugestanden hätte. Damit wird eine systematische Einheit im Bereich des Persönlichkeitsschutzes hergestellt. Im Paul-Dahlke-Fall stand dem Schauspieler gegen das Herstellerunternehmen ein Unterlassungsanspruch wegen der Verwendung seines Bildnisses für die Werbung zu. Seine Einwilligung deckte diese werbliche Verwendung nicht. Und die Einwilligung des Fotografen konnte die Verwendung nicht abdecken, weil diesem allenfalls ein Urheberrecht an der Fotografie zustand. Er war aber nicht befugt, über das Persönlichkeitsrecht von *Paul Dahlke* zu verfügen.

28   Entsprechend stand *Joachim Fuchsberger* ein Unterlassungsanspruch gegen den Optiker zu, der sein Foto für Werbung verwendete. Der Inhaber des Modehauses B. konnte über das Persönlichkeitsrecht von Fuchsberger nicht wirksam verfügen. Dies konnte auch der Einkaufsverband nicht. Es gibt keinen gutgläubigen Erwerb in diesem Bereich. Für die Entscheidung des Fuchsberger-Falles kommt es deshalb nicht darauf an, ob den das Foto verwendenden Optiker ein Verschulden trifft (dann bestünden auch Schadensersatzansprüche), und es ist für die Entscheidung ohne erhebliche Bedeutung, dass der Erwerb unentgeltlich und deshalb (§ 816 Abs. 1 Satz 2, § 822 BGB) weniger geschützt war.

V. Widersprüchliches Verhalten des Verletzten

29   Es ist fraglich, ob dem Verletzten der Anspruch mit der Begründung verweigert werden kann, er verhalte sich widersprüchlich: Einerseits stimme er einer Verwendung seiner Persönlichkeitsmerkmale zur Werbung nicht zu. Andererseits verlange er aber nach der Verwendung durch den Eingreifer die Herausgabe des Erlangten. Ein solcher Einwand kann nicht berechtigt sein. Er liefe darauf hinaus, dass in solchen Fällen die Verletzung des Persönlichkeitsrechts für den Verletzer ohne wirtschaftliche Folgen bliebe, jedenfalls dann, wenn keine schwerwiegende Verletzung vorliegt, die einen Geldentschädigungsanspruch ergeben würde. Hier ist dem Schutz der Persönlichkeit der Vorzug zu geben; die Bereicherung des Verletzers ist von diesem herauszugeben.[32]

VI. Hypothetische Nichtverwendung durch den Eingreifer

30   Schon im *Paul-Dahlke*-Fall hatte der Beklagte versucht, mit seinem Einwand durchzudringen, bei Kenntnis der Nichtberechtigung hätte er nicht in das Persönlichkeitsrecht des Verletzten eingegriffen. Er hätte sich vielmehr **„anders beholfen“**. Damit ist etwa gemeint, er hätte das Bildnis einer Person verwendet, die kein Entgelt hierfür verlangt hätte.

31   Dieser Einwand wird in der Regel schon am Tatsächlichen scheitern. Einen entsprechenden Werbewert kann der Verletzer nur unter Einsatz einer entsprechend werbewirksamen Person erzielen. Und jedenfalls heute ist es selbstverständlich, dass die werbewirksamen Personen für ihr Einverständnis eine Gegenleistung in Geld verlangen.

32   Der Einwand scheitert nach der Rechtsprechung des BGH rechtlich daran, dass sich der Verletzer an der von ihm geschaffenen Lage festhalten lassen muss.[33] Die dogmatische Einordnung dieser Frage ist nicht einfach. Man wird sagen müssen, dass es bei aktivem Verhalten des Verletzers nicht auf ein hypothetisches Vorgehen ankommen kann. Es ist zutreffend, auch hier auf die Wertung des Gesetzgebers in §§ 932 ff. BGB zu verweisen.[34]

---

[32] Ebenso Staudinger/*Hager*, BGB 13. Aufl., § 812 Rn. C 255. Etwas unklar BGH AfP 1979, 345 = GRUR 1979, 732 = LM § 812 BGB Nr. 142 = NJW 1979, 2205, 2206 – *Fußballtor*.

[33] BGH, BGHZ 20, 345 = GRUR 1956, 427, 430 = LM § 249 (A) BGB Nr. 1 = NJW 1956, 1554 – *Paul Dahlke; AfP* 1979, 345 = GRUR 1979, 732 = LM § 812 BGB Nr. 142 = NJW 1979, 2205, 2206 – *Fußballtor*.

[34] So *Canaris*, JZ 1992, 1114; Staudinger/*Hager*, BGB 13. Aufl., § 812 Rn. C 257 für Dreiecksverhältnisse.

VII. Höhe des Anspruchs aus Eingriffskondiktion

Der Bereicherungsanspruch geht auf Herausgabe des aus dem ungerechtfertigten Ein- 33
griff „Erlangten".

1. Grundsätzliches

Der Anspruch aus § 812 Abs. 1 Satz 1 Fall 2 BGB geht auf Herausgabe des Erlangten. 34
Der Begriff des „Erlangten" wird bei dieser Form der Kondiktion diskutiert.[35] Die
Rechtsprechung des BGH geht davon aus, dass die ersparten Aufwendungen erlangt und
damit herauszugeben sind.[36] Eher ist zutreffend, weil dem **System von §§ 812 ff. BGB**
wohl eher entsprechend, dass die Nutzung des fremden Persönlichkeitsrechts oder Persönlichkeitsmerkmals erlangt ist.[37] Weil diese nicht hausgegeben werden kann, ist gemäß
§ 818 Abs. 2 BGB der Wert zu ersetzen. Dieser Wert entspricht der Lizenzgebühr, als dem
Betrag, den vernünftige Vertragspartner in der Lage der Beteiligten für die Nutzung des
Persönlichkeitsrechts oder des Persönlichkeitsmerkmals vereinbart hätten. Oder anders
formuliert: auf die Vergütung ist abzustellen, die nach der in den beteiligten Kreisen
herrschenden Übung für die Erlaubniserteilung zu zahlen gewesen wäre.[38] Dieser Betrag
ist vom Gericht gemäß § 286 ZPO festzustellen. Ihm kommt allerdings die Erleichterung
des § 287 Abs. 2 ZPO zu Hilfe.[39] Es ist Sache des Klägers, zur Höhe der üblichen Lizenzgebühr substanziiert vorzutragen und diesen Vortrag, wird er bestritten, zu beweisen. In
der Regel wird zur Ermittlung des gerechtfertigten Betrages ein Sachverständigengutachten eingeholt werden müssen. Die eigenen Sachkenntnisse des Gerichts werden für
eine Schätzung ohne sachverständige Hilfe nicht ausreichen. Wird ein Aktfoto nur wenige
Tage vorzeitig veröffentlicht, dann kann der Abschöpfungsbetrag geringer ausfallen.[40]

2. Sachverständigengutachten

Es empfiehlt sich für das Gericht, einen Sachverständigen herauszufinden, der mit sol- 35
chen Fragen schon gerichtliche Erfahrungen gesammelt hat, der also so ein Gutachten für
ein Gericht nicht zu ersten Mal schreibt. Problematisch kann hier sein, dass der Sachverständige selbst im Bereich des Marketing tätig ist und deshalb ein Interesse haben kann, die
Lizenzpreise nach oben zu treiben oder zu beschränken. Zu diesem Problem ist der Sachverständige anzuhören. Das Gutachten muss sich mit der konkreten Werbung substanziiert
befassen; eine pauschale Behauptung unter Berufung auf die Berufserfahrungen des Sachverständigen wird nicht genügen. Insbesondere ist auch der Umfang der Werbung mit ein-
zubringen. Waren es nur Zeitungsannoncen, oder wurden auch andere Werbemittel eingesetzt, wie etwa Hüte, Hemden, Plastiktüten, Kugelschreiber usw. Die Substanziierung
wird nicht notwendig so weit gehen müssen, dass für jedes Einzelfeld der Werbung ein
Marktpreis anzugeben ist. Geht es um Werbeprospekte, dann kann es akzeptiert werden,
wenn der Sachverständige einen Preise pro Stück begründet begutachtet.

---

[35] Siehe dazu etwa Staudinger/*Hager*, BGB 13. Aufl., § 812 Rn. C 252.

[36] BGH BGHZ 81, 75 = GRUR 1981, 846 (mit Anm. *Wild*) = LM Art. 1 GG Nr. 32 = NJW
1981, 2402, 2403 – *Carrera*; erlangt ist danach die Vergütung, die der Verletzte für die Erteilung der
Erlaubnis angemessenerweise hätte verlangen können.

[37] So auch *Kleinheyer* JZ 1961, 473, 474.

[38] BGH, BGHZ 20, 345 = GRUR 1956, 427 = LM § 249 (A) BGB Nr. 1 = NJW 1956, 1554 – *Paul
Dahlke*.

[39] BGH BB 1962, 198 = GRUR 1962, 261 (mit Anm. *Harmsen* S. 263) – *Öl regiert die Welt*; der
BGH hat die Entscheidung des Berufungsgerichts aufgehoben, weil die Voraussetzungen von § 287
Abs. 2 ZPO nicht vorgelegen hätten. Siehe die Einzelheiten zur Frage des § 287 Abs. 2 ZPO sogleich
zur Aufwendungskondiktion.

[40] LG Berlin AfP 2004, 455 = ZUM 2002, 929 – *GZSZ*. Hier Vorabveröffentlichung eines Fotos
aus dem Playboy zwei Tage vor Beginn der zulässigen Verwendung. Das LG hat 5000 Euro zugesprochen.

3. Gewinnherausgabe[41]

36 Die Herausgabe eines Gewinns aus der ungerechtfertigten Nutzung ist nach Bereicherungsrecht nicht geschuldet. Nach **§ 818 Abs. 2 BGB** ist der „Wert" zu ersetzen. Das ist ein objektiver Wert, unabhängig von den subjektiven Fähigkeiten des Eingreifers. Dieser kann daher nicht geltend machen, er habe – etwa infolge seiner Fehler – nicht den Marktwert herausholen können. Deshalb kann auch Herausgabe eines Gewinns nicht verlangt werden. Auch dieser folgt auch einer persönlichen Tüchtigkeit des Eingreifers.

37 Eine andere Frage ist es, ob eine Gewinnherausgabe nach **§ 687 Abs. 2 BGB** geschuldet sein kann. Diese Frage ist streitig.[42] Sie ist aber eher zu verneinen. Der Verletzer führt mit der Nutzung des fremden Persönlichkeitsrechts nur ein objektiv eigenes Geschäft. Etwas anderes folgt nicht aus dem Zuweisungscharakter des allgemeinen Persönlichkeitsrechts. Aus diesem folgt allein die rechtliche Zuordnung. Ein Argument im Bereich der Bestimmung des Merkmals „fremd" im Sinn von § 687 Abs. 2 BGB lässt sich hieraus nicht gewinnen. Das „Geschäft", das zu beurteilen ist, ist die Werbung des Verletzers mit dem Persönlichkeitsmerkmal, also insbesondere die Werbung mit einem fremden Bildnis. Allerdings ist zu bemerken, dass der BGH in der Blauer-Engel-Entscheidung am Ende auf die Möglichkeit, den Verletzergewinn herauszuverlangen, hingewiesen hat.[43] Von dieser Möglichkeit hat die Klägerin nach Zurückverweisung keinen Gebrauch gemacht; sie hat die entgangene Lizenzgebühr verlangt und erhalten.

4. Maßgeblicher Zeitpunkt

38 Der Wert des Erlangten ist grundsätzlich aus der Sicht bei dem ungerechtfertigten Eingriff zu ermitteln („**ex ante**"). Allerdings ist nicht auszuschließen, dass Erkenntnisse aus späterer Zeit („ex post") in eine Begutachtung mit einfließen können. Dies aber nur als Rechtfertigung für eine Festlegung ex ante.

5. Wegfall der Bereicherung

39 Ist der Eingreifer nicht mehr bereichert, so ist der Herausgabeanspruch ausgeschlossen, soweit nicht § 818 Abs. 4 oder § 819 Abs. 1 BGB eine andere Entscheidung ergeben. Gerade letztere Norm wird oft anzuwenden sein. Kennt der Empfänger den Mangel des rechtlichen Grundes, so haftet er so, als wäre der Herausgabeanspruch rechtshängig geworden. Maßgeblicher Zeitpunkt ist der der Kenntniserlangung. Die Haftung nach den allgemeinen Vorschriften, auf welche beide Normen verweisen, ergibt sich aus §§ 292, 987 ff. BGB. Diese Normen werden aber im vorliegend zu erörternden Bereich kaum eine greifbare Verbesserung der Stellung des Gläubigers bringen.

6. Sittenwidrigkeit einer möglichen eigenen Vermarktung

40 Fraglich ist, ob der Schuldner einwenden könnte, eine eigene Vermarktung durch den Verletzten wäre wegen Sittenwidrigkeit nicht in Betracht gekommen. Diese Einwand kann nicht durchschlagen. Es ist nicht vertretbar, die Nutzungen aus einer solchen Verwendung dem Täter zu belassen. Eine andere Auffassung würde zur Verletzung von Persönlichkeitsrechten in solchen Fällen geradezu herausfordern.[44]

---

[41] Siehe dazu auch Staudinger/*Hager*, BGB 13. Aufl., § 812 Rn. C 254; *Siemes* AcP 201 (2001) S. 202, 228 f.

[42] Siehe etwa Palandt/*Sprau*, BGB 67. Aufl., § 687 Rn. 5 (skeptisch). Für eine Anwendung von § 687 Abs. 2 BGB etwa *Beuthien* NJW 2003, 1220, 1222 und *v. Gerlach* VersR 2002, 917/924.

[43] BGH AfP 2000, 354 = GRUR 2000, 715 = LM § 823 (Ah) BGB Nr. 132 = NJW 2000, 2201. Ebenso in der Parallelentscheidung BGH BGHZ 143, 214 – *Marlene Dietrich*.

[44] Zutreffend daher Staudinger/*Hager*, BGB 13. Aufl., § 812 Rn. C 250 (m. w. Nachw.).

C. Besonderheiten der Aufwendungskondiktion

Ein weiterer Schwerpunkt der Rechtsprechung im Bereich der Kondiktionen ist schon **41** angedeutet worden. Opfer/Verletzte schalten zum Teil **Annoncen**, um Schäden zu begrenzen oder auszugleichen. Hier könnten – eventuell ergänzend zu §§ 823 ff. BGB – Ansprüche auf Ersatz der Aufwendungen bestehen. Diese könnten aus angemaßter Eigengeschäftsführung (§ 687 Abs. 2 BGB) oder aus § 812 Abs. 1 Satz 1 Fall 2 BGB folgen. Auf die Ansprüche aus § 687 Abs. 2 BGB braucht auch nicht zurückgegriffen zu werden, weil sich der Anspruch auf Aufwendungsersatz jedenfalls (auch) aus § 812 Abs. 1 Satz 1 Fall 2 BGB ergibt. Weitere Anspruchsgrundlagen können sich aus unerlaubter Handlung (§§ 823 ff. BGB) und etwa aus Verzug ergeben.[45]

I. Tatbestandsmerkmale

Der nach § 1004 BGB Berechtigte, der die Störung selbst beseitigt, kann den Störer, **42** soweit dieser Aufwendungen für die ihm obliegende Beseitigung erspart hat, nach § 812 BGB in Anspruch nehmen.[46] In anderen Entscheidungen des BGH – insbesondere in der Panorama-Entscheidung – war diese Frage dem Grunde nach noch offengelassen worden. Die aus § 812 Abs. 1 Satz 1 Fall 2 BGB konkretisierten Tatbestandsmerkmale sind wie folgt herauszuarbeiten:
- Bestehen eines Beseitigungsanspruchs etwa aus § 1004 Abs. 1 Satz 1 BGB.
- Minderung oder Selbstbeseitigung der Störung oder des Schadens durch den Betroffenen, die mit Kosten verbunden ist.

Liegen diese Voraussetzungen vor, so besteht ein Anspruch auf Aufwendungs-/Kosten- **43** ersatz, soweit der Störer Aufwendungen für die ihm obliegende Beseitigung erspart hat. Das klingt einfach, ist es aber nicht.

1. Bestehen eines Beseitigungsanspruchs

Im Bereich des Persönlichkeitsschutzes geht der Beseitigungsanspruch meist auf Wi- **44** derruf oder Berichtigung.[47] Die Voraussetzungen dieses Anspruchs sind in § 58 dieses Handbuchs herausgearbeitet.

2. Selbstbeseitigung der Störung durch den Betroffenen

a) Möglichkeiten. Es sind sehr verschiedene Möglichkeiten einer Selbstbeseitigung **45** der Störung denkbar. In Betracht kommen vor allem:
- „Presserechtliche" (medienrechtliche) Gegendarstellung
- Berichtigende Anzeigen durch den Betroffenen
- Positive Werbeanzeigen durch den Betroffenen

Grundsätzlich ist mit Selbstbeseitigung gemeint, dass der Betroffene das selbst tut, was **46** der Täter/Störer tun müsste, aber nicht oder nicht rechtzeitig tut. Das könnte ein Widerruf sein oder eine Berichtigung, Richtigstellung oder Klarstellung. Übernimmt das Opfer diese Aufgabe, dann wäre es nicht ein Widerruf. Aber es kann eine Berichtigung sein, eine Richtigstellung oder eine Klarstellung. In die Printmedien bringt das Opfer so etwas nur durch eine Annonce.

b) Gegendarstellung als Ausgleich. Zuerst stellt sich aber die Frage, ob nicht eine **47** Gegendarstellung ausreicht, um die Störung zu beseitigen. Nach der Rechtsprechung des

---

[45] In der Panorama-Entscheidung des BGH (BGHZ 66, 182, 192) ist die Frage der Anspruchsgrundlage ausdrücklich offengelassen worden.

[46] So der Leitsatz von BGH BB 1962, 198 = GRUR 1962, 261 (mit Anm. *Harmsen* S. 263) – *Öl regiert die Welt.*

[47] Oder ähnliche Formen, wie Richtigstellung, Klarstellung oder Abrücken.

BGH wird die Erstattungsfähigkeit der Aufwendungen des Opfers von ihrer Erforderlichkeit bestimmt. Die Grenze für die Erstattungsfähigkeit richtet sich nach den Maßnahmen, die ein **vernünftiger, wirtschaftlich denkender Mensch** nach den Umständen des Falles zur Beseitigung der Störung oder zur Schadensverhütung nicht nur als zweckmäßig, sondern als erforderlich ergriffen haben würde; dabei ist auf die Betrachtung „**ex ante**" abzustellen.[48] In manchen Fällen soll nach Auffassung des BGH eine bloße Gegendarstellung ausreichen. Nur unter besonderen Umständen kann der durch eine unrichtige Darstellung im Fernsehen in seinem Persönlichkeitsrecht Verletzte, dem das Recht die Möglichkeit zur Gegendarstellung gibt, von der Fernsehanstalt oder ihren Mitarbeitern seine Aufwendungen für eine Anzeigenaktion erstattet verlangen, mit der er in der Presse eine berichtigende Darstellung anstelle oder neben der Gegendarstellung hat veröffentlichen lassen.

48   Die gerichtliche Durchsetzung des Gegendarstellungsanspruchs ist mit Absicht einfach und formal gestaltet worden, um vor allem dem Bedürfnis des Betroffenen nach schneller Verwirklichung seines Anspruchs Rechnung zu tragen. Dann aber ist es ihm regelmäßig zuzumuten, sich sogar auf das Verlangen nach einer gerichtlichen Klärung aufgeworfener Fragen einzulassen – so der BGH.[49] Ausnahmen bestehen etwa, wenn ein ungewöhnlich hoher Schaden droht, dem durch eine Gegendarstellung nicht so zeitig oder so gezielt wie etwa durch Rundschreiben oder Anzeigen insbesondere in Fachblättern begegnet werden kann, oder wenn das Verfahren der Gegendarstellung sich hinzieht oder wenn deren Wirkungen, wie dies häufig geschieht, durch Hinzufügungen des Angreifers abgeschwächt werden.[50] Deshalb ist die Möglichkeit, die Störung durch Annoncen zu beseitigen, eingeschränkt. Zwar gilt im Bereicherungsrecht nicht § 254 BGB.[51] Ersetzt werden durch § 812 BGB nur die Aufwendungen, die der Täter durch die Selbstbeseitigung erspart hat.

49   **c) Positivwerbung.** Grundsätzlich nicht ersetzt werden die Kosten für rein werbliche Anzeigen des Opfers. Der Bereicherungsanspruch dient nicht dessen Besserstellung. Aufwendungen für eine zusätzliche Werbung, die nicht im Dienst der sachlichen Richtigstellung steht, sind nicht grundsätzlich ausgeschlossen, sie müssen aber nur in besonderen Fällen vom Schädiger erstattet werden.[52]

50   **d) Unklare Anzeigen.** Und ebenso werden nicht ersetzt die Kosten von Anzeigen, die für den orientierten Leser die Zusammenhänge nicht erkennen lassen.[53] Denn Zweck solcher Anzeigen soll die Richtigstellung unwahrer Behauptungen sein. Sie können dieses Ziel nicht erreichen, sie sind hierzu nicht geeignet, wenn sie die Zusammenhänge nicht erkennen lassen.

II. Höhe des Anspruchs

1. Materiell-rechtliche Fragen

51   Die Frage der Höhe des Anspruchs vermischt sich zum Teil mit der nach dem zulässigen Ausmaß einer Selbstbeseitigung. Wegen der Begrenzung des Anspruchs auf das Erforderliche kann der Anspruch vollständig ausgeschlossen sein. Es ist aber auch denkbar,

---

[48] BGH BGHZ 66, 182, 192 – *Panorama*.
[49] BGH BGHZ 66, 182, 197 – *Panorama*.
[50] BGH BGHZ 66, 182, 194 – *Panorama*.
[51] Ebenso *Kleinheyer* JZ 1961, 473, 476.
[52] BGH BGHZ 70, 39 = AfP 1978, 29 = GRUR 1978, 187 (mit Anm. *Fezer*) = LM § 824 BGB Nr. 21 (LS; Anm. *Steffen*). = NJW 1978, 210 – *Alkoholtest*; AfP 1979, 343 = GRUR 1979, 804 = LM § 824 BGB Nr. 23 = NJW 1979, 2197 – *Idee-Kaffee*.
[53] BGH AfP 1979, 343 = GRUR 1979, 804 (mit Anm. *Bauer* S. 806) = LM § 824 BGB Nr. 23 = NJW 1979, 2197 – *Idee-Kaffee*. Die Frage der Eignung hat der BGH, mangels Feststellungen der Tatsachengerichte, selbst beurteilt.

dass er auf die erforderlichen Aufwendungen der Höhe nach beschränkt ist. Zwar gilt – wie ausgeführt – im Bereicherungsrecht nicht § 254 BGB (Mitverschulden). Auch dort kann der Anspruch beschränkt oder ausgeschlossen sein. Aus der Beschränkung des Anspruchs auf das Erforderliche ergeben sich aber ähnliche Ergebnisse – nämlich völliger Ausschluss oder Beschränkung des Anspruchs.

Kommt man nach dem oben Gesagten überhaupt zu einem Anspruch aus ungerecht- **52** fertigter Bereicherung, so ist zu entscheiden, welche Aufwendungen ein **verständiger Mensch** in der Lage der Täters hätte machen müssen, um die Störung hinreichend zu beseitigen. Dabei geht es nicht darum, festzustellen, wie weit die Beeinträchtigung gerade noch zulässig war. Es kommt vielmehr darauf an, was ein vernünftiger, wirtschaftlich denkender Mensch nach den Umständen des Falles aufgewendet hätte, um die Störung zu beseitigen. Zu ersetzen sind nur die „erforderlichen" Aufwendungen für eine Selbstbeseitigung, nicht etwa die „zweckmäßigen".[54]

2. Prozessuale Fragen

Die Frage nach der Höhe des Bereicherungsanspruchs hat ein angerufenes Gericht nach **53** seiner Überzeugung zu beantworten (§ 286 ZPO). Hierbei kommt ihm die Regelung in § 287 Abs. 2 ZPO zu Hilfe. Nach der Rechtsprechung des BGH gilt zwar nicht § 287 Abs. 1 ZPO.[55] Dies ist zutreffend, weil es nicht um einen Schadensersatzanspruch geht. Diese Regelung ist aber gemäß § 287 Abs. 2 ZPO unter folgenden Voraussetzungen entsprechend anzuwenden:

- Es muss sich um eine vermögensrechtliche Streitigkeit handeln
- Die Höhe der Forderung muss unter den Parteien streitig sein
- Die vollständige Aufklärung der Umstände muss mit größeren Schwierigkeiten verbunden sein.

a) Vermögensrechtliche Streitigkeit. Es ist schon ausgeführt worden, dass der An- **54** spruch nur in Betracht kommt, soweit vermögensrechtliche Teile des Persönlichkeitsrechts berührt worden sind. Nur in solchen Fällen ergibt sich ein Anspruch auf Ersatz von Aufwendungen. Dieser Ersatzanspruch ist zweifellos vermögensrechtlicher Art. Denn es geht um Zahlung des vom Opfer aufgewendeten Betrages.

b) Streitigkeit der Forderungen unter den Parteien. Das ist prozessual eine selbst- **55** verständliche Voraussetzung. Nur über bestrittene Forderungen ist Beweis zu erheben. Nach der zivilprozessualen Regelung ist zwar zunächst nicht auf die Forderung abzustellen, sondern auf die Tatsachen, aus denen sich die Höhe der Forderung ergibt. Wird Tatsachenvortrag des Opfers zur Höhe der Forderung vom Beklagten nicht bestritten, dann gilt es gemäß **§ 138 Abs. 3 ZPO** als zugestanden und damit als unstreitig. Das Gericht hat ihn dann ungeprüft als wahr zugrunde zu legen. Dies folgt auch aus der im deutschen Zivilprozessrecht geltenden Parteimaxime. Ebenso denkbar ist aber, dass der Beklagte pauschal die Höhe der Forderung nicht bestreitet. Das ist dann zwar kein direkter Fall von § 138 Abs. 3 ZPO. Seine Folge gilt dann aber erst recht.

c) Schwierigkeiten einer vollständigen Aufklärung. § 287 Abs. 2 ZPO lässt die **56** Schätzung (§ 287 Abs. 1 ZPO) nur zu, wenn „die vollständige Aufklärung aller hierfür maßgebenden Umstände mit Schwierigkeiten verbunden ist, die zu der Bedeutung des streitigen Teiles der Forderung in keinem Verhältnis stehen". Grundsätzlich ist das Gericht gezwungen, erhebliche, aber streitige Tatsachen im förmlichen Beweisverfahren zu klären. § 287 ZPO erlaubt die Abweichung hiervon nur ganz ausnahmsweise. Er verlangt in

---

[54] BGH BGHZ 66, 182, 192 – *Panorama*. Dies ist schon ausgeführt. Ebenso BGH AfP 1979, 343 = GRUR 1979, 804 = LM § 824 BGB Nr. 23 = NJW 1979, 2197 – *Idee-Kaffee*.

[55] BGH BB 1962, 198 = GRUR 1962, 261 (mit Anm. Harmsen S. 263) – *Öl regiert die Welt*. Ebenso etwa Thomas/Putzo/*Reichold*, ZPO, 28. Aufl. § 287 Rn. 2. NB: Der BGH kommt durch eine revisionsrechtlich veranlasste Unterstellung zur Berücksichtigung des Annoncenpreises für einen Dritten.

den „anderen Fälle" des Abs. 2 eine Verhältnismäßigkeitsprüfung. Anlass für eine Schätzung durch das Gericht in solchen Fällen könnten insbesondere hohe Kosten einer Beweisaufnahme sein.

57   In der Regel werden die tatsächlich entstandenen Kosten einer Beseitigungsannonce feststehen. Sie können durch Vorlage einer **Rechnung** belegt werden und der Beklagte wird die Höhe der Kosten dann kaum bestreiten können. Er wird sich aber gegen die Erforderlichkeit wenden. Diese richtet nach dem Effekt der Gegenannonce. Es ist fraglich, ob das Gericht in der Lage ist, diesen Effekt selbst zu beurteilen. Hierzu ist zunächst auf § 286 ZPO abzustellen. Kann des Gericht diesen Effekt im Rahmen der freien Beweiswürdigung nicht zuverlässig und nachvollziehbar entscheiden, dann kann es § 287 Abs. 2 ZPO ergänzend heranziehen und überlegen, was ein Sachverständigengutachten zur Klärung der Effektfragen kosten würde. Danach sind diese Kosten mit dem Klagebetrag zu vergleichen und es ist die Frage zu beantworten, wann die Unverhältnismäßigkeitsgrenze überschritten ist. Die Frage der **Unverhältnismäßigkeit** ist nach § 286 ZPO zu entscheiden. Denkbar ist auch, dass die Effektfrage durch sachverständige Zeugen geklärt werden könnte. Deren Kosten werden in der Regel nicht so hoch sein, dass auf § 287 Abs. 2 ZPO zurückgegriffen werden könnte.

58   **d) Schätzung durch das Gericht.** Ohne diese besonderen Voraussetzungen in § 287 Abs. 2 ZPO ist eine Schätzung durch das Gericht nicht zulässig. Grundsätzlich ist an sich im Zivilprozess auch Voraussetzung, dass der Kläger die tatsächlichen Voraussetzungen für seinen Anspruch, und auch die zur Höhe des Anspruchs, substanziiert darlegt und unter Beweis stellt. Im Bereich von § 287 Abs. 2 ZPO sind aber auch hier die Anforderungen gelockert. Die Klage darf nicht wegen lückenhaften Vorbringens abgewiesen werden, solange greifbare Anhaltspunkte für die Ausübung des **Ermessens** durch das Gericht vorhanden sind.[56]

59   Die tatsächlich entstandenen Kosten für die vorgenommene **Selbstbeseitigung** hat der Kläger zu belegen. Es ist aber zu prüfen, ob Art und Umfang der Selbstbeseitigung sich im Rahmen des Vorgehens eines verständigen Verletzten halten. Hier sind beide Parteien aufgefordert, Tatsachenstoff vorzutragen. Das Gericht schätzt dann den erforderlichen Aufwand für die berechtigte Selbstbeseitigung nach freier Überzeugung, aber in Anwendung pflichtgemäßen Ermessens. Es muss dabei den feststehenden Tatsachenstoff berücksichtigen, aber – natürlich – auch das Ergebnis eines eingeholten Sachverständigengutachtens. Reicht der feststellbare Tatsachenstoff für eine Schätzung nicht vollständig aus, so muss das Gericht versuchen, eine Mindestschätzung anzustellen.

§ 53. Ergänzende Ansprüche (Der Auskunftsanspruch u.a.)

---

[56] Thomas/Putzo/*Reichold*, ZPO, 28. Aufl. § 287 Rn. 9.

Schrifttum: 1. Selbständige Werke: *Damm/Rehbock,* Widerruf, Unterlassung und Schadensersatz in den Medien, 3. Aufl. 2008; *Hefermehl/Köhler/Bornkamm,* Wettbewerbsrecht, 26. Aufl. 2008; *Helle J.,* Besondere Persönlichkeitsrechte im Privatrecht: das Recht am eigenen Bild, das Recht am gesprochenen Wort und der Schutz des geschriebenen Wortes, 1991; *Löffler/Bearbeiter,* Presserecht, 5. Aufl. 2006; *ders./Ricker,* Handbuch des Presserechts, 5. Aufl. 2005; *Palandt/Bearbeiter,* Bürgerliches Gesetzbuch, 67. Aufl. 2008; *Piper/Ohly,* Gesetz gegen den unlauteren Wettbewerb, 4. Aufl. 2006; *Prinz/Peters,* Medienrecht: die zivilrechtlichen Ansprüche, 1999; *Schricker/Bearbeiter,* Urheberrecht Kommentar, 3. Aufl. 2006; *Soehring,* Presserecht: Recherche, Darstellung und Haftung im Recht der Presse, des Rundfunks und der Neuen Medien, 3. Aufl. 2000; *Staudinger/Bearbeiter,* BGB §§ 255–304, Neubearbeitung 2004; *Wenzel/Bearbeiter,* Das Recht der Wort- und Bildberichterstattung, 5. Aufl. 2003. **2. Aufsätze:** *Burhenne,* Der Anspruch auf Veröffentlichung von Gerichtsentscheidungen im Lichte wettbewerblicher Betrachtung, GRUR 1952, 84; *Flechsig/Hertel/Vahrenhold,* Die Veröffentlichung von Unterlassungsurteilen und Unterlassungserklärungen – Unterlassungsurteilsveröffentlichung in Presse und Rundfunk, NJW 1994, 2441; *Köhler,* Der Schadensersatz-, Bereicherungs- und Auskunftsanspruch im Wettbewerbsrecht, NJW 1992, 1477; *Ladeur,* Die Anpassung des privaten Medienrechts an die „Unterhaltungsöffentlichkeit", NJW 2004, 393; *Lindner,* Der Rückrufanspruch als verfassungsrechtlich notwendige Kategorie des Medienprivatrechts, ZUM 2005, 203; *Meyer-Bohl,* Aufbrauchfrist bei Untersagung von Äußerungen in Büchern, NJW 2000, 2135; *Paschke/Busch,* Hinter den Kulissen des medienrechtlichen Rückrufanspruchs, NJW 2000, 2620; *Raabe,* Der Auskunftsanspruch nach dem Referentenentwurf zur Verbesserung der Durchsetzung von Rechten des geistigen Eigentums, ZUM 2006, 439; *Seydel,* Einzelfragen der Urteilsveröffentlichung, GRUR 1965, 650; *ders./Seelmann-Eggebert,* Die Entwicklung des Presse- und Äußerungsrechts in den Jahren 2000 bis 2004, NJW 2005, 571.

A. Ansprüche auf Auskunft und Rechnungslegung

I. Auskunftsanspruch

1. Allgemeines

a) Der Auskunftsanspruch spielt zur **Durchsetzung von Hauptansprüchen** wie de- 1 nen auf Unterlassung, Berichtigung, Schadensersatz und Geldentschädigung im Bereich von Persönlichkeitsrechtsverletzungen eine wichtige Rolle. Damit diese Ansprüche gerichtlich durchgesetzt werden können, müssen sie nach Inhalt und Umfang substanziiert dargelegt und bewiesen werden. Die Informationen, die hierfür erforderlich sind, liegen dem Verletzten vielfach nicht vor, so dass er gezwungen ist, diese vom Verletzer, Störer oder Dritten mittels entsprechender Auskunftsansprüche in Erfahrung zu bringen.

2   Üblicherweise wird dabei zwischen **selbständigem und unselbständigem Auskunftsanspruch** unterschieden.[1] Der selbständige Auskunftsanspruch dient der Durchsetzung eines Hauptanspruchs gegen einen Dritten (sog. „Drittauskunft"), der unselbständige und damit akzessorische Auskunftsanspruch der Vorbereitung und Durchsetzung eines Hauptanspruchs gegen den Auskunftspflichtigen selbst.

3   **b)** Mittels des **selbständigen Auskunftsanspruchs** kann der Verletzte Namen und Adressen Dritter in Erfahrung bringen, um einen gegen sie bereits bestehenden Hauptanspruch, z. B. auf Unterlassung, Beseitigung oder Schadensersatz, durchsetzen zu können.[2] Diese **Drittauskunft** kommt vor allem in Fällen der Verbreitung von rechtswidrigen Äußerungen Dritter in Betracht und zielt darauf ab, die Quelle rufschädigender Äußerungen zu verstopfen und der Gefahr weiterer künftiger Beeinträchtigungen vorzubeugen.[3]

4   **c)** Im Rahmen von Persönlichkeitsrechtsverletzungen kann der **unselbständige Auskunftsanspruch** zudem in zwei Richtungen zielen: Zum einen kann es erforderlich sein, Auskunft über den **Inhalt einer Rechtsverletzung** zu erhalten, also z. B. bei mündlichen Äußerungen oder nicht zugänglichen Rundschreiben. Daneben ist für den Verletzten meist auch der **Umfang der Verbreitung** einer Rechtsverletzung von Belang.

5   **d)** Nicht zu verwechseln sind die Auskunftsansprüche aufgrund von Persönlichkeitsrechtsverletzungen mit den sog. **medien- bzw. presserechtlichen Auskunftsansprüchen**. Aufgrund der meisten Landesmediengesetze sind die Behörden verpflichtet, den Vertretern der Presse oder Rundfunkveranstalter die der Erfüllung ihrer öffentlichen Aufgabe dienenden Auskünfte zu erteilen.[4] Diese Ansprüche sind ausschließlich im Verwaltungsrechtsweg durchsetzbar.[5]

2. Auskunft über den Inhalt der Rechtsverletzung

6   **a)** Sofern eine Rechtsverletzung durch die Presse, den Rundfunk oder das Fernsehen verbreitet wird, bereitet die Beschaffung der **Einzelheiten der Rechtsverletzung** für den Verletzten meist keine großen Schwierigkeiten. In all diesen Fällen kann der Verletzte eine verkörperte Fassung der Rechtsverletzung meist selbst beschaffen und ist nicht darauf angewiesen, diese Auskünfte gerichtlich geltend zu machen.

7   **aa)** Einzelne Exemplare von **Zeitungen und Zeitschriften** können regelmäßig ohne größeren bürokratischen Aufwand – meist sogar über das Internet – bei den Verlagen oder deren Vertriebspartnern nachbestellt werden. Auch bieten viele Verlage inzwischen die Möglichkeit, online im Archiv nach älteren Veröffentlichungen zu recherchieren.

8   **bb)** Gegenüber **Rundfunkanstalten** besteht hingegen ein gesetzlicher Auskunftsanspruch des Verletzten gegen den Sender.[6] Die Anstalten sind regelmäßig verpflichtet, Sendungen aufzuzeichnen und je nach Rundfunk- bzw. Landesmediengesetz für die Dauer von vier Wochen bis zu drei Monaten aufzubewahren.[7] Der Verletzte kann innerhalb dieser Frist Einsicht nehmen oder auf eigene Kosten Mitschnitte (sog. Mehrfertigungen) anfordern.[8] Hierfür reicht es in der Regel aus, wenn der Verletzte schriftlich glaub-

---

[1] Hefermehl/*Köhler*/Bornkamm, Wettbewerbsrecht, § 9 Rn. 4.1; *Piper*/Ohly, UWG, § 9 Rn. 44.

[2] BGH GRUR 2001, 841, 842 – *Entfernung der Herstellungsnummern II*.

[3] BGH GRUR 1995, 427, 429 – *Schwarze Liste*.

[4] Löffler/*Ricker*, Handbuch des Presserechts, Kap. 18 Rn. 1 ff.; *Soehring*, Presserecht, Rn. 4.8 ff.; Wenzel/*Burkhardt*, Das Recht der Wort- und Bildberichterstattung, Rn. 10.1 ff.

[5] Wenzel/*Burkhardt*, Das Recht der Wort- und Bildberichterstattung, Rn. 10.3.

[6] *Damm*/Rehbock, NJW-Schriften 53, Rn. 704 ff.; Wenzel/*Burkhardt*, Das Recht der Wort- und Bildberichterstattung, Rn. 11.312 ff.

[7] Siehe die Regelungen abgedruckt z. B. bei: Wenzel/*Burkhardt*, Das Recht der Wort- und Bildberichterstattung, Rn. 11.312 ff.

[8] Siehe die Regelungen abgedruckt z. B. bei: Wenzel/*Burkhardt*, Das Recht der Wort- und Bildberichterstattung, Rn. 11.312 ff.

haft macht, dass er durch die Sendung in seinen Rechten betroffen ist.[9] Hiervon ist jedenfalls dann auszugehen, wenn der Antragsteller im Fernsehen gezeigt wurde oder namentlich über diesen berichtet worden ist. Sofern dem Verletzten aufgrund eines rechtswidrigen Eingriffs ein Schadensersatzanspruch zusteht, kann er die Kosten für den Mitschnitt vom Verletzer ersetzt verlangen.

b) Handelt es sich demgegenüber um eine Rechtsverletzung, die nur mündlich verbrei-   **9** tet wurde oder deren verkörperte Fassung für den Verletzten nicht ohne weiteres zugänglich ist, so ist dieser auf einen Auskunftsanspruch über den **Inhalt der Rechtsverletzung** angewiesen. Da dem deutschen Recht eine allgemeine Auskunftspflicht fremd ist,[10] kann sich ein solcher Auskunftsanspruch nur aus dem **Grundsatz von Treu und Glauben gemäß § 242 BGB** ergeben.[11] Danach kann der Verletzte Auskunft verlangen, wenn eine besondere rechtliche Beziehung zwischen ihm und dem Inanspruchgenommenen besteht und wenn es das Wesen des Rechtsverhältnisses mit sich bringt, dass der Verletzte in entschuldbarer Weise über Bestehen und Umfang seiner Rechte im Ungewissen, der Inanspruchgenommene aber in der Lage ist, die verlangte Auskunft unschwer zu erteilen.[12]

Problematisch ist indes, dass mittels des Auskunftsanspruchs überhaupt erst festgestellt   **10** werden soll, ob ein rechtswidriger Eingriff und damit das **Bestehen eines Rechtsverhältnisses** in Form einer unerlaubten Handlung vorliegt. Auch dürfen durch einen solchen Auskunftsanspruch nicht die **allgemeinen Beweisgrundsätze** unterlaufen werden, nach denen der Verletzte seinen Schaden darzulegen und zu beweisen hat.[13] Der BGH hat in diesem Zusammenhang klargestellt, dass der Auskunftsanspruch nicht dazu dienen kann, dem Verletzten insoweit die Beweislast für die haftungsbegründenden Voraussetzungen abzunehmen.[14] Regelmäßig wird aus diesem Grund ein Anspruch dahingehend, ob, wann, wo, in welcher Form und wem gegenüber welche Äußerungen getätigt wurden, ins Leere laufen.[15]

c) Vereinzelt wurde darüber nachgedacht, einen Auskunftsanspruch im Hinblick auf   **11** den Inhalt einer Rechtsverletzung auf **§§ 809, 810 BGB** zu stützen.[16] Nach § 809 BGB kann derjenige, der sich Gewissheit verschaffen will, ob ihm gegen den Besitzer einer Sache in Ansehung dieser Sache ein Anspruch zusteht, bei vorhandenem Interesse verlangen, dass der Besitzer ihm die Sache zur Besichtigung vorlegt oder die Besichtigung gestattet. § 810 BGB regelt ein entsprechendes Einsichtsrecht in Urkunden, die im Interesse des an der Einsichtnahme Interessierten errichtet worden sind. Im Rahmen von Persönlichkeitsrechtsverletzungen dürfte ein Auskunftsanspruch aus §§ 809 oder 810 BGB indes meist an den tatbestandlichen Voraussetzungen scheitern.

3. Auskunft über den Umfang der Verbreitung

a) Sofern ein rechtswidriger Eingriff und demzufolge ein entsprechendes Rechtsver-   **12** hältnis hingegen bereits feststeht und lediglich der **Umfang der Verbreitung** unklar ist, ist allgemein anerkannt, dass der Verletzte einen entsprechenden Auskunftsanspruch auf **§ 242 BGB** stützen kann.[17] Voraussetzung ist auch hier, dass die zwischen den Parteien

---

[9] Siehe die Regelungen abgedruckt z. B. bei: Wenzel/*Burkhardt*, Das Recht der Wort- und Bildberichterstattung, Rn. 11.312 ff.

[10] BGH NJW 1978, 1002; OLG Nürnberg NJW-RR 2002, 1471, 1472.

[11] *Prinz/Peters*, Medienrecht Rn. 776; Wenzel/*Burkhardt*, Das Recht der Wort- und Bildberichterstattung, Rn. 15.4.

[12] BGH NJW 1962, 731 – *Konstruktionsbüro*; BGH NJW 1980, 2463; BGH NJW 1986, 1244, 1245 – *GEMA-Vermutung I*; BGH NJW 1990, 1358; BGH NJW 2002, 3771.

[13] BGH NJW 1980, 2801, 2807 – *Medizin-Syndikat*; BGH NJW 1990, 1358.

[14] BGH NJW 1980, 2801, 2807 – *Medizin-Syndikat*.

[15] *Damm/Rehbock*, NJW-Schriften 53, Rn. 1031.

[16] Wenzel/*Burkhardt*, Das Recht der Wort- und Bildberichterstattung, Rn. 15.4 m.w.N.

[17] BGH NJW 1962, 731 – *Konstruktionsbüro*; BGH NJW 1990, 1358; OLG München AfP 1983, 278, 279; AfP 1995, 658, 660.

bestehenden Rechtsbeziehungen es mit sich bringen, dass der Verletzte in entschuldbarer Weise über Bestehen und Umfang seines Rechts im Ungewissen ist, er sich die zur Vorbereitung und Durchsetzung seines Anspruchs notwendigen Auskünfte nicht auf zumutbare Weise selbst beschaffen kann und der Verletzer sie unschwer, d. h. ohne unbillig belastet zu sein, zu geben vermag.[18]

13   Der Auskunftsanspruch dient also nur dazu, den dem Grunde nach bereits bestehenden Hauptanspruch zu konkretisieren. Als **unselbständiger Hilfsanspruch** ist er danach akzessorisch zum Hauptanspruch. Ist der Hauptanspruch noch nicht entstanden, besteht auch noch kein Auskunftsanspruch. Dies ist maßgeblich beim **echt vorbeugenden Unterlassungsanspruch** relevant. Da hier noch keine Rechtsverletzung eingetreten ist, besteht auch kein Auskunftsanspruch bezüglich möglicher zukünftiger Rechtsverletzungen.[19] Das Gleiche gilt für Hauptansprüche, die nicht mehr bestehen, z. B. aufgrund einer wirksam erhobenen Verjährungseinrede.[20]

14   b) Sofern der Verletzte Auskunft darüber begehrt, ob eine unwahre Behauptung an mehr als eine Person verbreitet wurde, setzt diese nicht voraus, dass die Verbreitung an mehr als eine Person bereits feststeht.[21] In diesen Fällen genügt es, dass der Verletzte einen **begründeten Verdacht** dafür darlegt, dass die Behauptung auch gegenüber weiteren Personen verbreitet worden ist. Andererseits kann vom Verletzer auch nicht zuviel erwartet werden. Bei der Bemessung von **Art und Umfang der Auskunft** ist zwar auf das Bedürfnis des Verletzten abzustellen, aber eben auch unter schonender Rücksichtnahme auf die Belange des Verletzers.[22] So braucht eine Nachrichtenagentur, die eine falsche Nachricht weitergeleitet hat, dem Verletzten nur Auskunft darüber zu erteilen, an welche Zeitungen die Meldung gegangen ist, nicht aber, welche Zeitungen sie übernommen haben.[23] Auch ist regelmäßig keine namentliche Benennung der Abonnenten einer Zeitschrift erforderlich.[24]

15   c) Auch wenn dem Verletzten im Fall eines rechtswidrigen Eingriffs grundsätzlich ein entsprechender Auskunftsanspruch im Hinblick auf den Umfang der Verbreitung dieses Eingriffs zusteht, besteht für den Verletzten die Möglichkeit, bei Rechtsverletzungen durch Medien auf die **IVW-Meldungen** oder andere Anbieter von **Media-Daten** zurückzugreifen.[25] Bei diesen Anbietern kann, z. B. im Hinblick auf Presseerzeugnisse nach der Auflagenhöhe, recherchiert werden. Zu beachten ist hier, dass ein Auskunftsanspruch des Verletzten scheitern kann, wenn er die für die Vorbereitung und Durchsetzung des Hauptanspruchs erforderlichen Informationen aus anderen Quellen in Erfahrung bringen kann. Da der Auskunftsanspruch nach § 242 BGB eine **einzelfallbezogene Interessenabwägung** voraussetzt, werden auch die Interessen des Verletzers berücksichtigt und seine Auskünfte sind dann nicht erforderlich, wenn diese auf anderem Wege zumutbar beschafft werden können.[26]

4. Voraussetzungen des Auskunftsanspruchs

16   Nach Treu und Glauben gemäß § 242 BGB besteht im Einzelnen – wie schon angedeutet – eine Auskunftspflicht, wenn die zwischen den Parteien bestehenden Rechtsbeziehungen es mit sich bringen, dass der Verletzte in entschuldbarer Weise über Bestehen

---

[18] BGH GRUR 2001, 841, 842 – *Entfernung Herstellungsnummer II.*

[19] BGH GRUR 2001, 849, 851 – *Remailing*-Angebot; *Köhler* NJW 1992, 1477, 1481.

[20] OLG Düsseldorf NJW 1988, 2389, 2390.

[21] BGH NJW 1962, 731, 732 – *Konstruktionsbüro.*

[22] BGH NJW 1954, 70.

[23] OLG Frankfurt NJW 1971, 245, 246.

[24] BGH NJW-RR 1987, 1521 – *Briefentwürfe.*

[25] Informationsgemeinschaft zur Feststellung der Verbreitung von Werbeträgern e.V. (vgl. www.ivw.de); Media Daten Verlag (www.media-daten.com).

[26] BGH NJW 1980, 2463, 2464; Wenzel/*Burkhardt*, Das Recht der Wort- und Bildberichterstattung, Rn. 15.8.

und Umfang seines Rechts im Ungewissen ist, er sich die zur Vorbereitung und Durchsetzung seines Anspruchs notwendigen Auskünfte nicht auf zumutbare Weise selbst beschaffen kann und der Verpflichtete sie unschwer, d. h. ohne unbillig belastet zu sein, zu geben vermag.[27]

a) Bestehen eines Rechtsverhältnisses. Die Rechtsprechung fordert für die Zuer- **17** kennung eines Auskunftsanspruchs zunächst das **Bestehen eines Rechtsverhältnisses** in Form einer bereits existierenden besonderen rechtlichen Beziehung zwischen dem Berechtigten und dem Verpflichteten.[28] Diesem Erfordernis genügen bestehende Verträge oder gesetzliche Schuldverhältnisse, die gesteigerte Verhaltenspflichten oder besondere Schutzpflichten zum Gegenstand haben. Im Rahmen von Persönlichkeitsrechtsverletzungen wird sich dieses Schuldverhältnis regelmäßig aus einer unerlaubten Handlung ergeben. In Fällen dieser Art ist für die Annahme einer rechtlichen Sonderbeziehung und damit für die Bejahung eines Auskunftsanspruchs ausreichend, dass ein Leistungsanspruch dem Grunde nach besteht und nur der Anspruchsinhalt noch offen ist.[29]

Auch die grundsätzlich nur auf Unterlassung und Beseitigung, nicht aber auf Scha- **18** densersatz, gerichtete **Haftung des Störers** ist geeignet, eine Auskunftspflicht nach § 242 BGB zu begründen.[30]

Schon hier also ist der volle Tatbestand der Anspruchsnorm zum Hauptanspruch dar- **19** zulegen und vom Gericht zu prüfen.

b) Unverschuldete Unkenntnis des Verletzten. Daneben ist für einen Auskunftsan- **20** spruch nach § 242 BGB die unverschuldete Unkenntnis des Verletzten erforderlich. Hiervon ist auszugehen, wenn die zur Vorbereitung und Durchsetzung des Hauptanspruchs nötigen Informationen zweifelsfrei in die Sphäre des Verletzers fallen und für den Verletzten nicht zugänglich sind. Die Unkenntnis ist hingegen verschuldet, wenn der Verletzte andere Informationsmöglichkeiten nicht genutzt oder vorhandene Informationen vorwerfbar nicht gesichert hat.[31]

Im Bereich von Persönlichkeitsrechtsverletzungen kann ein Auskunftsanspruch also **21** insbesondere dann scheitern, wenn der Verletzte es schuldhaft unterlässt, auf öffentlich zugängliche Media-Daten, wie z. B. die Auflagenhöhe einer Zeitschrift bei den IWV-Meldungen, zurückzugreifen.[32]

c) Unmöglichkeit oder Unzumutbarkeit der eigenen Informationsbeschaf- 22 fung. Neben der unverschuldeten Unkenntnis des Verletzten muss die eigene Informationsbeschaffung für diesen unmöglich oder unzumutbar sein. Grundsätzlich muss der Verletzte alle ihm zur Verfügung stehenden Informationsmöglichkeiten ausschöpfen, es sei denn, der Aufwand hierfür wäre unverhältnismäßig hoch oder die Informationen könnten nur mit gesetzes- oder sittenwidrigen Mitteln erlangt werden.[33]

d) Unschwere Erteilung der Auskunft. Auch muss der Verletzte die Auskunft un- **23** schwer erteilen können. Dies ist dann der Fall, wenn der Verletzer die begehrten Auskünfte geben kann, ohne unbillig belastet zu sein. Es muss sich also um Informationen handeln, die überhaupt in der Sphäre des Verletzers liegen und deren Beschaffung nicht einen unbilligen tatsächlichen oder finanziellen Arbeitsaufwand für diesen bedeuten.[34] Davon ist beispielsweise auszugehen, wenn die geforderten Informationen mittels der eigenen EDV unschwer zusammengestellt werden können.

---

[27] BGH NJW 1978, 1002; BGH NJW 1986, 1244, 1245 – *GEMA-Vermutung I*; BGH NJW-RR 1987, 1521 – *Briefentwürfe*.
[28] BGH NJW 1978, 1002.
[29] BGH NJW 1986, 1244, 1245 – *GEMA-Vermutung I*.
[30] BGH NJW 1995, 1965, 1966 – *Schwarze Liste*.
[31] BGH NJW 1980, 2463, 2464.
[32] Vgl. dazu oben Rn. 7 und 15.
[33] Hefermehl/*Köhler*/Bornkamm, Wettbewerbsrecht, § 9 Rn. 4.9.
[34] OLG Frankfurt NJW 1971, 245, 246.

24   **e) Interessenabwägung.** Insgesamt erfordert die Zuerkennung des Auskunftsanspruchs nach § 242 BGB eine einzelfallbezogene und umfassende **Interessenabwägung**.

25   **aa)** Bei dieser Interessenabwägung stehen sich die Interessen des Verletzten an den für die Durchsetzung seiner Hauptansprüche **erforderlichen Informationen** und die Interessen des Verletzers an der **Geheimhaltung dieser Informationen** gegenüber. Dementsprechend erstreckt und beschränkt sich die Verpflichtung zur Auskunftserteilung auf den Umfang und die Intensität der Verletzungshandlungen und bedarf regelmäßig keiner näheren Angaben über Geschäftsinterna.[35] Begrenzt wird das Bestehen des Auskunftsanspruchs daher durch den **Grundsatz der Verhältnismäßigkeit**.[36]

26   **bb)** Entscheidend ist, ob die begehrte Auskunft zur Vorbereitung und Durchsetzung überhaupt **geeignet und erforderlich** ist. Auch muss dem Verletzer die geforderte Auskunft **zumutbar** sein. Je schwerer die Persönlichkeitsrechtsverletzung in die Rechtsposition des Verletzten eingreift, desto eher ist die Auskunftserteilung auch zumutbar.[37]

27   **cc)** Der Auskunftsanspruch darf auch nicht der **Ausforschung** dienen, sondern soll dem Verletzten Aufklärung über die Art und den Umfang eines festgestellten rechtswidrigen Eingriffs verschaffen. Auch darf dem Verletzten nicht die Beweislast für die erst haftungsbegründenden Anspruchsvoraussetzungen seiner Hauptansprüche abgenommen werden.[38]

5. Inhalt des Auskunftsanspruchs

28   **a)** Inhaltlich richtet sich der Auskunftsanspruch auf eine **Mitteilung von Tatsachen**, die zur Vorbereitung und Durchsetzung der Hauptansprüche des Verletzten erforderlich sind. Bei der Mitteilung dieser Tatsachen handelt es sich um eine **Wissenserklärung**, d. h. es kann grundsätzlich nur dasjenige mitgeteilt werden, was an präsentem Wissen vorhanden ist. Allerdings ist es dem Auskunftspflichtigen zumutbar, dass er dieses Wissen anhand seiner Geschäftsunterlagen oder sonst zugänglicher Informationsquellen wie Mitarbeitern oder Lieferanten vervollständigt.[39] Andernfalls bestünde die Gefahr, dass sich dieser auf bestehende Erinnerungslücken beruft.

29   Die Auskunft ist vom Auskunftspflichtigen **persönlich, auf dessen Kosten und schriftlich** zu erteilen. Grundsätzlich ist die Vorlage von den die Auskünfte stützenden Belegen – anders als bei der Drittauskunft oder dem Rechnungslegungsanspruch – entbehrlich.[40] Gleichwohl muss der Auskunftspflichtige die Auskunft **richtig und vollständig** abgeben.[41] Ob dies der Fall ist, beurteilt sich nach objektiven Umständen unter Berücksichtigung der Lebenserfahrung.[42] Liegen berechtigte Zweifel an der Richtigkeit oder Vollständigkeit der Auskünfte vor, besteht zugunsten des Verletzten ein Anspruch auf Ergänzung.[43] Im Einzelfall kann sich die Auskunft aber auch auf eine verneinende Erklärung beschränken.[44]

30   **b)** Der **Umfang der Auskunft** bestimmt sich danach, was erforderlich und zumutbar ist. Mitgeteilt werden müssen daher Daten, die zur Vorbereitung und Durchsetzung des Hauptanspruchs unentbehrlich sind. Für die Ermittlung des Störungsumfangs sind beispielsweise die Empfänger von rechtswidrigen Materialien mitzuteilen. Die Ermittlung des konkreten Schadens wie Art, Zeitpunkt oder Dauer sowie Umfang und Intensität der Rechtsverletzungen erfordern die Mitteilung von z. B. Auflagenhöhe, Verbreitungsgebiet

---

[35] BGH NJW-RR 1987, 1521 – *Briefentwürfe*.
[36] Hefermehl/*Köhler*/Bornkamm, Wettbewerbsrecht, § 9 Rn. 4.12.
[37] BGH NJW 1986, 1244, 1245 – *GEMA-Vermutung I*.
[38] BGH NJW 1980, 2801, 2807 – *Medizin-Syndikat*.
[39] BGH GRUR 1994, 630, 632 – *Cartier-Armreif*; BGH GRUR 2003, 433, 434 – *Cartier-Ring*.
[40] *Piper*/Ohly, UWG, § 9 Rn. 55.
[41] Hefermehl/*Köhler*/Bornkamm, Wettbewerbsrecht, § 9 Rn. 4.32.
[42] BGH GRUR 1994, 630, 632 – *Cartier-Armreif*.
[43] BGH GRUR 1974, 53, 54 – *Nebelscheinwerfer*.
[44] BGH NJW 1959, 1219.

oder Liefermengen. Ebenfalls können für die Berechnung des Schadensersatzanspruchs die Mitteilung von Umsatz oder Gewinn erforderlich sein, wobei Letzterer naturgemäß eine entsprechende Rechnungslegung erfordert.

In welchem Umfang die Auskunft zumutbar ist, ist durch eine Interessenabwägung an- **31** hand der oben genannten Kriterien wie Arbeitsaufwand und Geheimhaltungsinteresse des Auskunftspflichtigen zu ermitteln.[45]

c) Ein entsprechender **Urteilstenor** könnte folgendermaßen aussehen: **32**
Die Beklagte hat dem Kläger
1. *unverzüglich nach Rechtskraft des Urteils Auskunft darüber zu erteilen, in welchem Umfang die Beklagte die zu I. beschriebenen Handlungen begangen hat, insbesondere wo, wann und wem ge-genüber sie diese Behauptungen aufgestellt und/oder verbreitet hat;*
2. *erforderlichenfalls die Richtigkeit und Vollständigkeit ihrer Angaben an Eides statt zu versichern.*

6. Erfüllung und Durchsetzung des Auskunftsanspruchs

a) Im Rahmen von Persönlichkeitsrechtsverletzungen wird der Auskunftsanspruch re- **33** gelmäßig mit einem Zahlungsanspruch verbunden und im Wege der **Stufenklage nach § 254 ZPO** geltend gemacht. Im Einzelfall kann es sich jedoch anbieten, den Auskunfts-anspruch separat geltend zu machen, um so zeitnah zu einem Urteil zu kommen. Ist der Zeitfaktor hingegen sekundär, kann es sich aus taktischen Gründen anbieten, die Durch-setzung des Auskunftsanspruchs zumindest mit einem Feststellungsanspruch zu verbin-den, um hier eine **Bindungswirkung** für den Zahlungsanspruch zu erreichen. Auch dürfte der Eintritt der Verjährung der Ansprüche eine Rolle bei diesen taktischen Über-legungen spielen. Der Auskunftsanspruch nach § 242 BGB ist grundsätzlich im Wege der **Hauptsacheklage** anhängig zu machen, da die im Wege einer Leistungsverfügung er-teilte Auskunft nicht mehr zurückgewährt bzw. durch einen Schadensersatzanspruch nach § 945 ZPO kompensiert werden kann.[46]

Etwas anderes kann im Ausnahmefall nur dann gelten, wenn ohne die vorläufig er- **34** teilte Auskunft besonders schwere oder existenzielle Rechtsbeeinträchtigungen beim Ver-letzten drohen,[47] oder die Geltendmachung im Wege des einstweiligen Rechtsschutzes spezialgesetzlich erlaubt ist. Dies ist beispielsweise in **§ 19 Abs. 3 MarkenG** oder **§ 101 a Abs. 3 UrhG** der Fall. Eine analoge Anwendung dieser Ausnahmevorschriften wurde bislang mangels Regelungslücke abgelehnt.[48]

b) Der Auskunftsanspruch ist erfüllt, wenn der Auskunftsverpflichtete die zur Durch- **35** setzung des Hauptanspruchs erforderlichen Informationen schriftlich, richtig und voll-ständig gegenüber dem Verletzten mitgeteilt hat. Verweigert der Auskunftspflichtige die Auskunft, kann der rechtskräftige Auskunftsanspruch nach **§ 888 ZPO**, d.h. im Wege von Zwangsgeld oder Zwangshaft, vollstreckt werden. Erteilt der Auskunftspflichtige die Auskunft hingegen unrichtig oder unvollständig, kann **Ergänzung** verlangt werden und wiederum mit den Zwangsmitteln nach § 888 ZPO durchgesetzt werden.

aa) Wenn Grund zur Annahme besteht, dass die Auskünfte nicht mit der erforder- **36** lichen Sorgfalt erteilt wurden, kann vom Verletzten die Abgabe einer **Versicherung an Eides statt** nach §§ 259 Abs. 2, 260 Abs. 2 BGB verlangt werden. Es handelt sich bei den §§ 259 Abs. 2, 260 Abs. 2 BGB um materiellrechtliche Anspruchsgrundlagen, die über den Gesetzeswortlaut hinaus grundsätzlich bei Auskunftsansprüchen bestehen.[49] Ob ein Grund zur Annahme besteht, dass die Auskünfte ohne Sorgfalt unvollständig abgegeben wurden, ist vom Verletzten zu beweisen. Hierfür ist es ausreichend, dass er Tatsachen vor-trägt, die die Annahme der Unvollständigkeit begründen.[50]

---

[45] Vgl. dazu oben Rn. 24 ff.
[46] OLG Hamburg GRUR-RR 2007, 29 – *Cerebro Card.*
[47] OLG Hamburg GRUR-RR 2007, 29 – *Cerebro Card.*
[48] OLG Hamburg MMR 2005, 453.
[49] Staudinger/*Bittner*, BGB, § 259 Rn. 2.
[50] Staudinger/*Bittner*, BGB, § 259 Rn. 36.

37   **bb) Mangelnde Sorgfalt** ist insbesondere anzunehmen, wenn die Auskunft mehrfach berichtigt oder ergänzt wurde oder ihre Unvollständigkeit erwiesen ist oder widersprüchliche Einlassungen vorliegen oder die Lebenserfahrung oder objektive Umstände Zweifel an der Glaubhaftigkeit der Auskunft hervorrufen.[51] Wichtig ist die eidesstattliche Versicherung vor allem in Fällen der Drittauskunft, da hier die Richtigkeit und Vollständigkeit vom Willen des Auskunftsverpflichteten abhängt und regelmäßig nicht ohne Weiteres widerlegt werden kann.

38   **c)** Es kommt vor, dass die Angabe einzelner Daten ausschließlich deshalb erforderlich ist, um die Richtigkeit und Vollständigkeit einer Auskunft, z. B. des Umsatzes, überprüfen zu können. In diesen Fällen bietet es sich für einen gerechten Interessenausgleich an, einen sog. **Wirtschaftsprüfervorbehalt** in das Urteil aufzunehmen.

39   Ein solcher Wirtschaftsprüfervorbehalt im **Tenor** könnte folgendermaßen aussehen:
Die Beklagte kann diese Angaben einem von ihr zu bezeichnenden, zur Verschwiegenheit verpflichteten vereidigten Wirtschaftsprüfer mitteilen, sofern sie die Kosten seiner Einschaltung trägt und ihn gleichzeitig ermächtigt und verpflichtet, dem Kläger auf Antrag die Höhe des Gewinns durch den Verkauf des Buches „xyz" mitzuteilen.

40   Nicht dagegen kann eine Überprüfung der Richtigkeit und Vollständigkeit durch einen Wirtschaftsprüfer verlangt werden, wenn die Auskunft tatsächlich unvollständig ist. In diesen Fällen kann vielmehr Ergänzung der erteilten Auskunft verlangt werden.[52]

7. Bedeutung des Auskunftsanspruchs

41   **a)** Die Bedeutung des Auskunftsanspruchs im Rahmen von Persönlichkeitsrechtsverletzungen wird häufig unterschätzt, was sich auch in der entsprechenden juristischen Literatur widerspiegelt, die den Auskunftsanspruch nur peripher behandelt. Tatsächlich wird der Auskunftsanspruch zur Vorbereitung und Durchsetzung von Beseitigungs-, Schadensersatz- und Geldentschädigungsansprüchen aufgrund von Persönlichkeitsrechtsverletzungen immer wichtiger.

42   **b)** Dies liegt z. B. daran, dass heute Presseveröffentlichungen nicht nur in gedruckter Form verbreitet werden, sondern zudem noch über das Internet abrufbar sind oder auch via Newsletter verbreitet werden. Eine persönlichkeitsrechtsverletzende Behauptung wird so innerhalb kürzester Zeit weltweit und mit großer Intensität weitergetragen. Für den Verletzten ist es zur Vorbereitung und Durchsetzung seiner Ansprüche also unerlässlich, den Umfang der Verbreitung von rechtswidrigen Behauptungen in Erfahrung zu bringen. Aber auch in Fällen, in denen z. B. ohne Einwilligung mit einem Bildnis eines Prominenten geworben wird, ist es angesichts der heute schier unbegrenzten Werbeformen für den Verletzten unentbehrlich, zu erfahren, in welchem Umfang mit seinem Bildnis Werbung betrieben wurde, um zu einer angemessenen Lizenzgebühr zu kommen.

43   **c)** Diesen Fakten trägt auch der **Gesetzentwurf zur Verbesserung der Durchsetzung von Rechten des geistigen Eigentums** Rechnung.[53] Obwohl im Bereich des geistigen Eigentums der Auskunftsanspruch in allen Bereichen spezialgesetzlich bereits vorgesehen ist, hat der Gesetzgeber erkannt, dass die praktische Durchsetzung des Auskunftsanspruchs noch verbesserungswürdig ist. So soll der neue Gesetzentwurf auch Defizite bei der faktischen Durchsetzung der Ansprüche beseitigen und es sollen Probleme im Zusammenhang mit der Drittauskunft vermieden werden.[54]

---

[51] BGH GRUR 2001, 841, 845 – *Entfernung Herstellungsnummer II.*
[52] BGH GRUR 1974, 53, 54 – *Nebelscheinwerfer.*
[53] www.bmj.bund.de/files/-/1727/RegE%20Durchsetzungsrichtlinie.pdf (Abruf am 11. 1. 2008); *Raabe* ZUM 2006, 439.
[54] www.bmj.bund.de/files/-/1727/RegE%20Durchsetzungsrichtlinie.pdf, S. 78 (Abruf am 11. 1. 2008).

II. Rechnungslegungsanspruch

Der **Rechnungslegungsanspruch** ist die gesteigerte Form des Auskunftsanspruchs.[55] **44**
Gemäß § 256 Abs. 1 BGB umfasst die Rechnungslegung über die bloße Auskunft hinaus
die weitergehende Information durch Vorlage einer „die **geordnete Zusammenstellung**
der Einnahmen oder der Ausgaben enthaltenden Rechnung" und von Belegen, soweit solche erteilt zu werden pflegen. Unter geordneter Zusammenstellung ist dabei eine zweckmäßige und übersichtliche Aufgliederung in Abrechnungsposten zu verstehen.[56] Diese
Aufgliederung soll aus sich heraus verständlich und der Nachprüfung zugänglich sein.

Wie der unselbständige Auskunftsanspruch auch dient der Rechnungslegungsanspruch **45**
als **Hilfsanspruch** der Vorbereitung und Durchsetzung eines Hauptanspruchs. Über die
bloße Mitteilung von Angaben für die Konkretisierung des Hauptanspruchs hinaus ist er
aber auf die Erteilung einer Abrechnung gerichtet.

Der Anspruch auf Rechnungslegung ist wie der Auskunftsanspruch nur für Einzelfälle **46**
ausdrücklich gesetzlich geregelt (z. B. § 666 BGB) und wird sich ebenfalls regelmäßig
aufgrund des zwischen den Parteien bestehenden Rechtsverhältnisses i.V.m. **§ 242 BGB**
ergeben. Er kommt in Fällen der objektiven Schadensberechnung in Betracht, also bei
der Herausgabe des Verletzergewinns oder der Zahlung einer angemessenen Lizenzgebühr.[57] Verlangt der Verletzte hingegen nur den Ersatz des konkreten Schadens, erfordert
dies keine Rechnungslegung.

B. Urteilsveröffentlichungsanspruch

I. Veröffentlichung von Unterlassungsurteilen

1. Allgemeines

a) Im **wettbewerblichen Bereich** ist die Veröffentlichungsbefugnis eines Unterlas- **47**
sungsurteils in **§ 12 Abs. 3 UWG** (vgl. auch § 23 Abs. 2 UWG a.F.) als besondere Form
des Folgenbeseitigungsanspruchs ausdrücklich geregelt. Aber auch für Verletzungen, die
nicht unmittelbar unter das Gesetz gegen den unlauteren Wettbewerb fallen, hat der BGH
eine solche Veröffentlichungsbefugnis schon früh anerkannt und diese auf eine **analoge
Anwendung von § 1004 bzw.** § 249 BGB im Falle einer schuldhaften Verletzung gestützt.[58]

b) In Anlehnung an den wettbewerblichen Bereich wurde eine Veröffentlichungsbe- **48**
fugnis auch im **Urheberrecht** gesetzlich normiert und ist in **§ 103 UrhG** ausdrücklich
geregelt. Diese Regelung erfüllt gleichzeitig **Art. 15 der Richtlinie 2004/48/EG zur
Durchsetzung der Rechte des geistigen Eigentums**,[59] die die Mitgliedsstaaten verpflichtet sicherzustellen, dass in Verfahren wegen Verletzung geistigen Eigentums auf Antrag des Verletzten und auf Kosten des Verletzers geeignete Maßnahmen zur Verbreitung
von Informationen über die betreffende Entscheidung, einschließlich der Bekanntmachung und der vollständigen oder teilweisen Veröffentlichung, angeordnet werden.

Eine Novellierung von § 103 UrhG ist durch den **Gesetzentwurf zur Verbesserung** **49**
der Durchsetzung von Rechten des geistigen Eigentums geplant, wobei aber keine
wesentlichen inhaltlichen Änderungen erfolgen, sondern mit einer Ausnahme nur eine

---

[55] Hefermehl/*Köhler*/Bornkamm, Wettbewerbsrecht, § 9 Rn. 4.6.

[56] BGH NJW 1982, 573, 574.

[57] *Piper*/Ohly, UWG, § 9 Rn. 66.

[58] BGH GRUR 1956, 558, 563 – *Regensburger Karmelitengeist*; BGH GRUR 1957, 231, 237 – *Taesch-
ner*.

[59] Richtlinie 2004/48/EG des Europäischen Parlaments und des Rates vom 29. 4. 2004 zur Durchsetzung der Rechte des geistigen Eigentums (Abl. EU Nr. L195 S. 16).

Anpassung an die Regelungen des Entwurfs zu den anderen Schutzrechten vorgenommen werden soll.[60]

50   c) Aber auch im Rahmen von **Persönlichkeitsrechtsverletzungen** ist ein solcher Urteilsveröffentlichungsanspruch – wenn auch nur vereinzelt – durchaus anerkannt.[61] Erstmals hat der BGH einen solchen Anspruch außerhalb des Wettbewerbsrechts in der **Entscheidung *Oberfaschist*** zugebilligt.[62] In dieser Entscheidung hat der BGH die Befugnis zur Bekanntmachung einer strafbewehrten Unterlassungsverpflichtung aufgrund einer **rufschädigenden Meinungsäußerung** (sog. „Schmähkritik") bejaht, da dem Verletzten – wie beim Widerruf von Tatsachenbehauptungen – auch im Falle der Schmähkritik eine Möglichkeit zur Beseitigung der Störung eingeräumt werden müsse.[63]

51   aa) Der BGH hat in dieser Entscheidung nicht abschließend darüber entschieden, ob ein solcher Veröffentlichungsanspruch auch im Fall von **Tatsachenbehauptungen** bejaht werden kann, bei denen die Unwahrheit der Behauptung nicht bewiesen werden kann und ein Widerrufsanspruch folglich scheitert. Gleichwohl hat der BGH aber in diesem Zusammenhang darauf hingewiesen, dass in einem solchen Fall die Gefahr bestünde, dass die Beweislastschranke beim Widerrufsanspruch vom Verletzten durch die Veröffentlichung einer vom Verletzer geschuldeten Unterlassung übersprungen werden und damit auf anderem Wege ein dem Widerruf gleiches Ergebnis erzielt werden könnte.[64] Es ist daher allgemein anerkannt, dass ein Anspruch auf Veröffentlichung eines Unterlassungsurteils oder einer strafbewehrten Unterlassungserklärung bei Tatsachenbehauptungen abzulehnen ist.[65]

52   bb) Im **Wettbewerbsrecht** wird eine solche Differenzierung zwischen Meinungsäußerung und Tatsachenbehauptung indes im Rahmen des § 12 Abs. 3 UWG nicht vorgenommen und ein Urteilsveröffentlichungsanspruch grundsätzlich auch bei **irreführenden Werbebehauptungen** bejaht.[66] Im Einzelfall wird dann allerdings im Rahmen der Interessenabwägung zu entscheiden sein, ob ein Widerruf die weniger einschneidende aber gleichermaßen wirksame Beseitigungsmöglichkeit darstellt.[67]

2. Voraussetzungen des Urteilsveröffentlichungsanspruchs

53   Die Voraussetzungen eines Urteilsveröffentlichungsanspruchs im Rahmen von Persönlichkeitsrechtsverletzungen gemäß §§ 249, 1004 BGB entsprechen mit einigen Abweichungen den gesetzlichen Vorgaben in § 12 Abs. 3 UWG oder § 103 UrhG.

54   a) **Öffentliche rufschädigende Meinungsäußerung.** Nach herrschender Auffassung kommt ein Anspruch auf Urteilsveröffentlichung nur bei öffentlich erfolgten rufschädigenden Meinungsäußerungen in Betracht.[68] Bei Tatsachenbehauptungen ist hingegen der Anspruch auf Widerruf die einzige und dogmatisch richtige Lösung zur Beseitigung der Störung. Auch muss die Schähkritik öffentlich erfolgt sein, weil andernfalls eine Urteilsveröffentlichung zur Beseitigung der Beeinträchtigung unverhältnismäßig wäre.

---

[60] www.bmj.bund.de/files/-/1727/RegE%20Durchsetzungsrichtlinie.pdf (Abruf am 11.1.2008).

[61] BGH GRUR 1987, 189 – *Oberfaschist*; OLG München ZUM 1990, 195; Palandt/*Sprau*, Bürgerliches Gesetzbuch, Einf v § 823 Rn. 30; Wenzel/*Gamer,* Das Recht der Wort- und Bildberichterstattung, Rn. 13.106 ff.; *J. Helle*, Besondere Persönlichkeitsrechte im Privatrecht, S. 216.

[62] BGH GRUR 1987, 189 – *Oberfaschist*;

[63] BGH GRUR 1987, 189, 191 – *Oberfaschist.*

[64] BGH GRUR 1987, 189, 190 – *Oberfaschist.*

[65] BGH GRUR 1987, 189 – *Oberfaschist*; OLG München ZUM 1990, 195; *Damm/Rehbock*, NJW-Schriften 53, Rn. 835; *Flechsig/Hertel/Vahrenhold* NJW 1994, 2441, 2445; a.A. Wenzel/*Gamer,* Das Recht der Wort- und Bildberichterstattung, Rn. 13.42; 13.107.

[66] BGH GRUR 1967, 362 – *Spezialsalz*.

[67] Vgl. dazu unten Rn. 60.

[68] Vgl. dazu oben Rn. 50; BGH GRUR 1987, 189 – *Oberfaschist*; OLG München ZUM 1990, 195; *Damm/Rehbock*, NJW-Schriften 53, Rn. 835; *Flechsig/Hertel/Vahrenhold* NJW 1994, 2441, 2445; a.A. Wenzel/*Gamer*, Das Recht der Wort- und Bildberichterstattung, Rn. 13.42; 13.107.

b) Beseitigungs- oder Unterlassungsanspruch. Auch muss aufgrund dieser Per-   55
sönlichkeitsrechtsverletzung ein Beseitigungs- oder Unterlassungsanspruch bestehen
bzw. Unterlassungs- oder Beseitigungsklage erhoben worden sein. Im Bereich des Wettbewerbsrechts ist allerdings anerkannt, dass eine analoge Anwendung von § 12 Abs. 3
UWG auch auf **Schadensersatzklagen** möglich ist,[69] da der Verletzte ansonsten gezwungen wäre, immer auch eine Unterlassungsklage einzureichen. Es bestehen keine Bedenken, diese Vorgehensweise auch auf den Bereich von Persönlichkeitsrechtsverletzungen anzuwenden.[70]

c) Antrag. Daneben setzt der Urteilsveröffentlichungsanspruch einen entsprechenden   56
Antrag voraus, da eine automatische Verknüpfung von Unterlassungs- und Veröffentlichungsanspruch gerade nicht besteht.[71] Dabei ist anerkannt, dass nur der obsiegenden
Partei eine Urteilsveröffentlichung zugesprochen werden kann,[72] wobei die unterliegende Partei in der Regel sowieso kein Interesse an einer solchen Veröffentlichung haben
wird.

Sofern die unterliegende Partei während des Verfahrens eine Unterlassungserklärung   57
abgibt, ist die Hauptsache jedenfalls hinsichtlich des Unterlassungsantrags erledigt. Dem
Verletzten bleibt sodann die Möglichkeit, bei fortdauernder Störung eine Veröffentlichung der Unterlassungserklärung zu beantragen.[73]

d) Berechtigtes Interesse. aa) Auch muss der Verletzte ein **berechtigtes Interesse** an   58
der Urteilsveröffentlichung darlegen, da die negativen Folgen einer solchen Veröffentlichung für die unterlegene Partei im Einzelfall erheblich ausfallen können. Denn die
öffentliche Bekanntgabe einer Verurteilung bzw. der freiwilligen Verpflichtung zur
Unterlassung kann, vor allem wenn sie dem Verletzer selbst abverlangt wird, in ihren
Wirkungen für diesen stark einem öffentlichen Widerruf unwahrer Behauptungen ange-
nähert sein.[74]

Deshalb ist es erforderlich, dass ein solcher Anspruch unter **Abwägung der beidersei-**   59
tigen Belange, vor allem der Schwere des Vorwurfs, zur Beseitigung der Beeinträchtigungen erforderlich und dem Verletzer zumutbar ist.[75] Dabei darf die Veröffentlichung
nicht der Satisfaktion des Verletzten dienen.[76] Bei der Interessenabwägung kommt es dabei nicht allein auf die Interessen der Parteien an, sondern es können im Einzelfall auch
die Interessen der Allgemeinheit für eine Urteilsveröffentlichung sprechen.[77]

bb) Ein solches berechtigtes Interesse liegt regelmäßig dann vor, wenn im Einzelfall   60
keine weniger einschneidenden Beseitigungsmöglichkeiten bestehen, wobei im Rahmen
von Wettbewerbsverletzungen umstritten ist, ob eine solche in einem **Widerruf** zu sehen
ist.[78] Es wird in diesem Zusammenhang aber von den Umständen des Einzelfalls abhängen, ob die Befugnis zur Urteilsveröffentlichung oder die Verurteilung zum Widerruf die
unterlegene Partei härter trifft.[79] Wurden die rechtsverletzenden Äußerungen lediglich
gegenüber einem begrenzten Adressatenkreis getätigt, wird ein Widerruf gegenüber diesen Adressaten üblicherweise die weniger einschneidende aber gleichwohl wirksame
Maßnahme zur Folgenbeseitigung darstellen.

---

[69] Hefermehl/Köhler/*Bornkamm*, Wettbewerbsrecht, § 12 Rn. 4.3.
[70] Löffler/*Steffen*, Presserecht, LPG § 6 Rn. 351.
[71] BGH GRUR 1987, 189, 190 – *Oberfaschist*.
[72] Hefermehl/Köhler/*Bornkamm*, Wettbewerbsrecht, § 12 Rn. 4.6.
[73] Vgl. dazu unten Rn. 72 ff.
[74] BGH GRUR 1987, 189, 190 – *Oberfaschist* m.w.N.
[75] BGH GRUR 1987, 189, 190 – *Oberfaschist*; BGH GRUR 1998, 568, 570 – *Beatles-Doppel-CD*.
[76] BGH GRUR 1987, 189, 191 – *Oberfaschist*.
[77] BGH GRUR 1972, 550, 552 – *Spezialsalz II*.
[78] BGH GRUR 1954, 337 – *Radschutz*; BGH GRUR 1962, 315 – *Deutsche Miederwoche*.
[79] BGH GRUR 1962, 315, 318 – *Deutsche Miederwoche*; BGH GRUR 1966, 272 – *Arztschreiber*.

61　　**cc)** Ein berechtigtes Interesse liegt hingegen nicht vor, wenn seit der Rechtsverletzung schon geraume Zeit verstrichen ist oder wenn der Betroffene inzwischen verstorben ist.[80] Denn bei der Beurteilung des berechtigten Interesses kommt es auf den Zeitpunkt der **letzten mündlichen Verhandlung** an.[81] Bei langwierigen Verfahren dürfte zu diesem Zeitpunkt ein berechtigtes Interesse des Verletzten nicht mehr gegeben sein, da sich die Empfänger der Schmähkritik regelmäßig an selbige nicht mehr erinnern und keine negativen Beeinträchtigungen mehr vorliegen, die es zu beseitigen gilt.

62　　**dd)** Es ist anerkannt, dass der strenge **Prüfungsmaßstab** bei der Interessenabwägung in Wettbewerbssachen im Bereich von Persönlichkeitsrechtsverletzungen nicht angemessen erscheint.[82] Die Urteilsveröffentlichung bedeutet hier – gerade bei rufschädigenden Meinungsäußerungen – die einzige Möglichkeit, den durch die Rechtsverletzung verursachten Störungszustand zu beseitigen, denn die Gegendarstellung gibt lediglich die eigene Sicht des Verletzten wider und wird zudem regelmäßig vom Verletzer kommentiert.

3. Inhalt der Urteilsveröffentlichung

63　　**a)** Nach Abwägung der Interessen der Parteien und/oder der Allgemeinheit kann das Gericht die Urteilsveröffentlichung **durch Beschluss oder Urteil** anordnen. Eine entsprechende Anordnung kann daher grundsätzlich auch im Rahmen des **einstweiligen Rechtsschutzes** erfolgen.[83] Um eine Vorwegnahme der Hauptsache auszuschließen, ist in diesem Fall die Erforderlichkeit jedoch einem besonders strengen Maßstab zu unterwerfen.

64　　**b)** Inhaltlich wird die Anordnung des Gerichts zur Urteilsveröffentlichung die Maßgabe enthalten, dass das Urteil auf Kosten der unterliegenden Partei öffentlich bekannt zu machen ist. Die **Einzelheiten der Veröffentlichung** werden ebenfalls durch das Gericht festgelegt. Art und Umfang der Veröffentlichung bestimmen sich dabei wiederum nach der vorgenommenen Interessenabwägung, also wie oft bzw. wie lange, in welcher Aufmachung und in welchem Medium die Veröffentlichung zu erfolgen hat. Grundsätzlich gilt hier – ebenso wie im Gegendarstellungsrecht – das Prinzip der Waffengleichheit.[84]

65　　**aa)** Allerdings ist auch denkbar, das Urteil in einem **anderen Medium** als dem streitgegenständlichen veröffentlichen zu lassen, etwa wenn andere Zeitungen die Erstmeldung aufgenommen haben oder wenn der Vorfall sich in einem Ort abgespielt hat, in dem das die Rechtsverletzung enthaltende Blatt nicht oder nur geringfügig verbreitet ist.[85] In Fällen, in denen die Rechtsverletzung nicht in einer periodischen Schrift erfolgt ist, kann das Urteil auch durch ein **Rundschreiben** oder ein entsprechendes **Inserat** bekannt gemacht werden. Auch bestimmt das Gericht anhand der Interessenlage, ob das **Urteil im Ganzen oder lediglich in Teilen** veröffentlicht werden darf. So kann sogar eine Beschränkung der Veröffentlichung auf die Urteilsformel ausreichend sein, wenn dies anhand der Interessenabwägung für den Verletzten ausreichend ist.[86]

66　　**bb)** Ein entsprechender **Urteilstenor** könnte folgendermaßen aussehen:

Dem Kläger wird die Befugnis zugesprochen, obige Nr. 1 dieser Urteilsformel nach Rechtskraft des Urteils auf Kosten der Beklagten in der Zeitung … in gleicher Schrift und Größe wie die streitgegenständliche Äußerung der Beklagten bekannt zu machen.

67　　**c)** Anders als in § 103 Abs. 1 UrhG ist die Urteilsveröffentlichung nach § 1004 oder § 249 BGB analog regelmäßig **nicht vorläufig vollstreckbar.** Problematisch in diesem Zusammenhang ist, dass eine Urteilsveröffentlichung nach Jahren des Rechtsstreits und

---

[80] OLG München ZUM 1990, 195, 198 (aus anderen Gründen aufgehoben durch BVerfG in BVerfGE 82, 272 – *Zwangsdemokrat*).

[81] BGH GRUR 2002, 799, 801 – *Stadtbahnfahrzeug*.

[82] Wenzel/*Gamer*, Das Recht der Wort- und Bildberichterstattung, Rn. 13.109.

[83] Wenzel/*Gamer*, Das Recht der Wort- und Bildberichterstattung, Rn. 13.108.

[84] Wenzel/*Gamer*, Das Recht der Wort- und Bildberichterstattung, Rn. 13.113.

[85] OLG Stuttgart NJW 1972, 2320, 2321 f.

[86] BGH GRUR 1992, 527, 529 – *Plagiatsvorwurf II*.

bis das Urteil rechtskräftig wird, unter Umständen nicht mehr geboten ist[87], da auf die Interessenlage im **Zeitpunkt der letzten mündlichen Verhandlung** abzustellen ist.[88] Die Urteilsveröffentlichung hätte in diesem Fall ausschließlich **Genugtuungsfunktion**, die als berechtigtes Interesse aber ausscheidet, da der Anspruch allein der Störungsbeseitigung dient.[89] Eine zeitnahe Veröffentlichung kann daher nur im Wege einer **einstweiligen Verfügung** erreicht werden, für die aber gewichtige Gründe vorliegen müssen,[90] und bei der nach Veröffentlichung des Urteils unter Umständen ein Schadensersatzanspruch nach § 945 ZPO droht.

d) Eine andere Möglichkeit für eine zeitnahe Veröffentlichung zugunsten des Verletz- **68** ten können **Eigenmaßnahmen auf eigene Kosten** sein.[91] So ist die Veröffentlichung des Tenors einer einstweiligen Verfügung in sachlich gebotener Form denkbar. Um sich nicht selbst zum Gegenstand von Gegenansprüchen zu machen, sollte dabei allerdings darauf hingewiesen werden, dass es sich bei der einstweiligen Verfügung nur um eine vorläufige, nicht rechtskräftige Regelung handelt. Grundsätzlich sind die Kosten für die Veröffentlichung, z. B. in Form von Anzeigen, sogar dem Grunde nach erstattungsfähig,[92] es ist jedoch anerkannt, dass die Kosten nur in wirklich schwerwiegenden Ausnahmefällen zu erstatten sind.[93]

4. Bedeutung des Urteilsveröffentlichungsanspruchs

a) Aufgrund der vorgenannten Probleme, insbesondere der Tatsache, dass der Urteils- **69** veröffentlichungsanspruch im Rahmen von Persönlichkeitsrechtsverletzungen nicht vorläufig vollstreckbar ist und ein solcher Anspruch nach Rechtskraft möglicherweise nicht mehr opportun ist, hat der Anspruch auf Urteilsveröffentlichung heute – im Gegensatz zu den 50er und 60er Jahren – in der Praxis nur **geringe Bedeutung**. Ein weiterer Grund hierfür ist, dass die Gerichte von der Möglichkeit, einen solchen Urteilsveröffentlichungsanspruch im Wege des einstweiligen Rechtsschutzes zu gewähren, nur sehr restriktiv Gebrauch machen.

b) Problematisch ist weiter, dass die betroffenen Medien – sofern sie nicht selbst Ver- **70** letzer sind – trotz gerichtlicher Anordnung der Veröffentlichung einer entsprechenden Anzeige nicht verpflichtet sind und nicht verpflichtet werden können, diese Anzeige auch abzudrucken. Bei Persönlichkeitsrechtsverletzungen via Hörfunk und Fernsehen dürfte eine Veröffentlichung sogar noch abwegiger sein.

c) Wie die europäische **Richtlinie 2004/48/EG** zur Durchsetzung der Rechte des geis- **71** tigen Eigentums und der deutsche **Gesetzentwurf zur Verbesserung der Durchsetzung von Rechten des geistigen Eigentums** zeigen,[94] halten der europäische und auch der deutsche Gesetzgeber grundsätzlich an der Möglichkeit einer Urteilsveröffentlichung zur Störungsbeseitigung jedenfalls im **Bereich des geistigen Eigentums** fest. Eine Ausweitung der Möglichkeit der vorläufigen Vollstreckbarkeit außerhalb von § 103 UrhG ist indes bislang nicht geplant,[95] dabei könnte dies zu einer Renaissance dieser Maßnahme zur Störungsbeseitigung führen, die sich auch auf die Beseitigung von Beeinträchtigungen aufgrund von Persönlichkeitsrechtsverletzungen positiv auswirken könnte.

---

[87] BGH GRUR 2002, 799, 801 – *Stadtbahnfahrzeug.*
[88] BGH GRUR 2002, 799, 801 – *Stadtbahnfahrzeug.*
[89] BGH GRUR 1954, 337, 342 – *Radschutz.*
[90] OLG Düsseldorf GRUR 1954, 72, 73 – *Haarlemer Öl.*
[91] Hefermehl/Köhler/*Bornkamm*, Wettbewerbsrecht, § 12 Rn. 4.20; Schricker/*Wild*, Urheberrecht, § 103 Rn. 9; Wenzel/*Gamer*, Das Recht der Wort- und Bildberichterstattung, Rn. 13.115; *Burhenne* GRUR 1952, 84; *Seydel* GRUR 1965, 650f.
[92] BGH GRUR 1962, 261 – *Öl regiert die Welt.*
[93] BGH GRUR 1976, 651 – *Der Fall Bittenbinder*; BGH GRUR 1986, 330, 332 – *Warentest III.*
[94] Richtlinie 2004/48/EG des Europäischen Parlaments und des Rates vom 29. 4. 2004 zur Durchsetzung der Rechte des geistigen Eigentums (Abl. EU Nr. L195 S. 16); www.bmj.bund.de/files/-/1727/RegE%20Durchsetzungsrichtlinie.pdf (Abruf am 11. 1. 2008).
[95] www.bmj.bund.de/files/-/1727/RegE%20Durchsetzungsrichtlinie.pdf (Abruf am 11. 1. 2008).

II. Veröffentlichung von Unterlassungserklärungen

72   Gibt der Verletzer gerichtlich oder außergerichtlich eine strafbewehrte Unterlassungserklärung ab, so ist ebenfalls anerkannt, dass dem Verletzten die Befugnis eingeräumt werden kann, die **Unterwerfungserklärung veröffentlichen zu lassen**.[96] Denn im Fall der
Erledigung der Hauptsache des Unterlassungsbegehrens besteht die für eine Veröffentlichungsbefugnis erforderliche Störung fort und der Verletzer könnte sich andernfalls
durch die Abgabe einer Unterlassungserklärung der Veröffentlichungspflicht entziehen.

73   Der Verletzte ist insofern befugt, unter dem Gesichtspunkt des Beseitigungsanspruchs
nach **§§ 249, 1004 BGB** eine der Unterlassungserklärung angepasste Form der Veröffentlichung zu fordern.[97] Er kann den Antrag auf Urteilsveröffentlichung umstellen und im
Wege der Klageänderung die Befugnis zur Veröffentlichung der Unterlassungserklärung
beantragen. Es ist sogar denkbar, dass das Gericht, da es sich insoweit nur um eine Anpassung des gestellten Antrags an die den Unterlassungsantrag erledigende Erklärung handelt, auch von sich aus die Veröffentlichungsbefugnis entsprechend abwandeln kann.[98]

74   Es ist demnach für Bekanntmachungsbefugnis nicht erforderlich, dass der Verletzte zur
Unterlassung verurteilt wurde. Die Möglichkeit, eine Unterlassungserklärung bekannt
zu machen, beruht vielmehr auf der Verpflichtung des Verletzers, die rechtswidrig verursachte Störung zu beseitigen und gegebenenfalls einen schuldhaft herbeigeführten Schaden auszugleichen.[99]

75   Inhaltlich muss die veröffentlichte Unterlassungserklärung nicht notwendigerweise
den gleichen Wortlaut haben wie die abgegebene Unterlassungserklärung.[100] Genauso
wie bei der Bekanntmachung eines Unterlassungsurteils bestimmt auch hier vorgenommene Interessenabwägung die **Einzelheiten der Veröffentlichung**. So wird das Vertragsstrafeversprechen wohl regelmäßig nicht zu veröffentlichen sein.[101]

C. Sonstige Hilfsansprüche

I. Ansprüche zur Sicherung des Unterlassungsanspruchs

76   Neben den Ansprüchen zur Auskunft und zur Urteilsveröffentlichung gibt es noch
weitere ergänzende Ansprüche, die im Rahmen von Persönlichkeitsrechtsverletzungen
eine Rolle spielen können. Dies sind vor allem solche, die den wichtigsten Anspruch in
diesem Bereich, den Unterlassungsanspruch, sichern sollen. Auf den ersten Blick scheint
der Verletzte mit einer strafbewehrten Unterlassungserklärung oder einem obsiegenden
Unterlassungsurteil ausreichend vor weiteren Rechtsverletzungen geschützt zu sein,
droht dem Verletzer ja für jeden Fall der Wiederholung eine empfindliche Vertragsstrafe
oder Ordnungsgeld bzw. Ordnungshaft. In manchen Fällen aber reicht die abschreckende
Wirkung dieser Zwangsmittel nicht aus, etwa weil der Verletzer durch eine Weiterverbreitung trotz Vertragsstrafe oder Ordnungsgeld Mehreinkünfte erzielt.[102] Um den
Druck auf den Verletzer zu erhöhen, wurden deshalb den Unterlassungsanspruch sichernde Ansprüche entwickelt.

---

[96] BGH GRUR 1967, 362 – *Spezialsalz*; Wenzel/*Gamer*, Das Recht der Wort- und Bildbericht-
stattung, Rn. 13.42.
[97] BGH GRUR 1967, 362, 366 – *Spezialsalz*.
[98] BGH GRUR 1967, 362, 366 – *Spezialsalz*.
[99] BGH GRUR 1987, 189, 190 f. – *Oberfaschist*.
[100] Wenzel/*Gamer*, Das Recht der Wort- und Bildberichterstattung, Rn. 13.117.
[101] Wenzel/*Gamer*, Das Recht der Wort- und Bildberichterstattung, Rn. 13.117.
[102] *Paschke/Busch* NJW 2004, 2620.

1. Vernichtungsanspruch

a) Der **Anspruch auf Vernichtung und ähnliche Maßnahmen**, wie z. B. die Un-   **77**
kenntlichmachung, ist spezialgesetzlich z. B. in § 98 Abs. 1 UrhG oder § 18 Abs. 1 MarkenG geregelt. Aber auch § 37 KUG i.V.m. §§ 43 und 50 KUG sieht im Bereich des Bildnisschutzes einen Vernichtungsanspruch vor und umfasst die widerrechtlich hergestellten,
verbreiteten oder vorgeführten Exemplare und die zur widerrechtlichen Vervielfältigung
oder Vorführung ausschließlich bestimmten Vorrichtungen. Eine Vernichtung oder ähnliche Maßnahmen können als solche der Störungsbeseitigung aber auch auf § 1004 BGB
gestützt werden.[103]

b) Was die **Voraussetzungen des Vernichtungsanspruchs** angeht, wird teilweise ne-   **78**
ben den tatbestandlichen Voraussetzungen das Vorliegen eines endgültigen Unterlassungsanspruchs gefordert, z. B. aufgrund eines rechtskräftigen Hauptsacheurteils.[104] Auch
sei die Besorgnis zu fordern, der so zur Unterlassung Verpflichtete werde sich über das
Unterlassungsgebot hinwegsetzen.[105] An anderer Stelle wird ausgeführt, dass der Vernichtungsanspruch nach § 37 KUG keine Wiederholungsgefahr voraussetze.[106] In jedem
Fall aber dürfte – jedenfalls nach § 1004 BGB – eine umfassende und einzelfallorien-
tierte Interessenabwägung zu fordern sein.[107]

Ein entsprechender **Urteilstenor** könnte folgendermaßen aussehen: **79**

*Die Beklagte wird verurteilt, unverzüglich nach Rechtskraft des Urteils alle in ihrem Besitz befind-
lichen Exemplare des unter Ziffer I bezeichneten Rundschreibens zu vernichten und dem Kläger innerhalb dieser Zeit den Nachweis der Vernichtung zu führen.*

c) Auch dieser Anspruch ist regelmäßig im **Hauptsacheverfahren** und nicht im einst-   **80**
weiligen Rechtsschutz geltend zu machen, da eine Vernichtung endgültige Tatsachen
schaffen würde und dies damit eine unzulässige Vorwegnahme der Hauptsache bedeuten
würde.[108] Die Vollstreckung erfolgt wiederum nach §§ 887, 888 ZPO.

d) Im Bereich von Persönlichkeitsrechtsverletzungen ist der Vernichtungsanspruch in   **81**
der **Praxis** kaum relevant.[109] Dies mag darin begründet liegen, dass angesichts der heutigen Vervielfältigungs- und Verbreitungsmethoden die Vernichtung einzelner Buch- oder
Zeitungsexemplare sowie deren Druckvorlagen als wenig effektiv erscheint, können diese
– anders als z. B. Markenpiraterieprodukte – doch innerhalb kürzester Zeit neu erstellt
werden. Zu Zeiten der Schaffung des KUG 1907 waren die Vervielfältigungs- und Verbreitungsmethoden noch deutlich aufwendiger, so dass an der Vernichtung rechtswidriger Exemplare oder Druckstöcke noch ein sinnvolles Bedürfnis bestand.

2. Rückrufanspruch

a) Ein weiterer den Unterlassungsanspruch sichernder Anspruch ist der **Rückrufan-**   **82**
spruch. Hierunter ist der gegen einen Verleger gerichtete Anspruch zu verstehen, bereits
an Grossisten oder Einzelhändler ausgelieferte Druckerzeugnisse zurückzufordern, um
weitere unzulässige Verbreitungshandlungen zu vermeiden. Indes besteht für die Weiterverkäufer trotz einer Rückrufaufforderung des Verlegers keine Verpflichtung, dieser
Aufforderung auch nachzukommen. Gleichwohl ist der Rückrufanspruch nicht gänzlich
wirkungslos, da die Weiterverkäufer ein Interesse haben dürften, dem Rückruf nachzukommen, da sie andernfalls als Störer an der Rechtsverletzung mitwirken.[110] Ein solcher
– überwiegend aus § 1004 BGB abgeleiteter – Rückrufanspruch wird dem Grunde nach

---

[103] BGH NJW 1957, 827 – *Dauerstärke*.
[104] Wenzel/*Burkhardt*, Das Recht der Wort- und Bildberichterstattung, Rn. 15.16.
[105] Wenzel/*Burkhardt*, Das Recht der Wort- und Bildberichterstattung, Rn. 15.16.
[106] BGH GRUR 1961, 138, 140 – *Familie Schölermann*.
[107] BGH NJW 1957, 827 – *Dauerstärke*; BGH GRUR 1963, 539, 542 – *echt skai*.
[108] *Prinz/Peters*, Medienrecht, Rn. 779.
[109] *Soehring/Seelmann-Eggebert* NJW 2005, 571, 580.
[110] *Lindner* ZUM 2005, 203, 206.

bejaht,[111] in der Praxis aber nur selten angewandt.[112] Dies liegt wohl vor allem auch daran, dass die dogmatische Einordnung des Rückrufanspruchs Schwierigkeiten bereitet,[113] wobei überwiegend von einem **(quasi-)negatorischen Rechtsbehelf** ausgegangen wird.[114]

83   **b)** Angesichts dieser dogmatischen Schwierigkeiten bleiben auch die **Voraussetzungen des Rückrufanspruchs** unklar. Unstreitig dürfte sein, dass ein Rückrufanspruch nur in Fällen **schwerer Beeinträchtigungen durch Veröffentlichung in Büchern** in Frage kommt.[115] Ob darüber hinaus ein dem Schadensersatzrecht – im Gegensatz zur bloßen Störungsbeseitigung – immanentes **Verschulden** zu fordern ist, hängt hingegen von der dogmatischen Einordnung ab.

84   Ein entsprechender **Urteilstenor** könnte wie folgt aussehen:
Die Beklagte wird verurteilt, unverzüglich nach Rechtskraft des Urteils das bereits an Grossisten und Buchhändler ausgelieferte Buch „xyz" von „abc" zurückzufordern.

85   **c)** Übereinstimmung dürfte dagegen dahin gehend vorliegen, dass auch der Rückrufanspruch nur im **Hauptsacheverfahren** durchsetzbar ist.[116] Je nach dogmatischer Einordnung erfolgt die **Vollstreckung** nach §§ 887, 888 ZPO oder nach § 890 ZPO.

86   **d)** Auch wenn der Rückrufanspruch im Rahmen von Persönlichkeitsrechtsverletzungen sowohl in der Rechtsprechung als auch in der Literatur keine nennenswerte Rolle spielt, wird zunehmend dessen Anwendung in der Rechtspraxis gefordert.[117] Dies gilt umso mehr, als zunehmend Medienerzeugnisse auf den Markt gebracht werden, in denen Persönlichkeitsrechtsverletzungen billigend in Kauf genommen und sogar bewusst zur Umsatzsteigerung eingesetzt werden.[118] Aus diesem Grund wird sogar die Schaffung eines Rückrufanspruchs in Form eines **medienrechtlichen Sonderrechtsbehelfs** in Anwendung richterlicher Rechtsfortbildung gefordert.[119] Vereinzelt wird in diesem Zusammenhang betont, ein solcher medienrechtlicher Sonderrechtsbehelf sei von Verfassungs wegen geboten.[120] Es bleibt abzuwarten, ob die höchstrichterliche Rechtsprechung diesen Forderungen Folge leisten wird.

3. Herausgabeanspruch

87   **a)** Ähnlich wie der Rückrufanspruch soll auch der **Herausgabeanspruch** die Weiterverbreitung von Druckschriften trotz eines existierenden Unterlassungsgebots verhindern.

88   **aa)** Es ist anerkannt, dass das Gericht in entsprechender Anwendung vom **§ 847 ZPO** zur Sicherung des Unterlassungsgebots anordnen kann, dass Druckschriften an den **Gerichtsvollzieher als Sequester** herauszugeben sind.[121] Nach Ermessen des Gerichts kann eine solche Anordnung auch entsprechend § 938 ZPO in einer einstweiligen Verfügung getroffen werden.[122]

---

[111] BGH GRUR 1963, 539, 542 – *echt skai*; OLG Stuttgart AfP 1964, 105; *Prinz/Peters*, Medienrecht, Rn. 780; *Wenzel/Burkhardt*, Das Recht der Wort- und Bildberichterstattung, Rn. 15.17 ff.; *Meyer-Bohl* NJW 2000, 2135, 2137; *Paschke/Busch* NJW 2004, 2620 m.w.N.

[112] *Paschke/Busch* NJW 2004, 2620, 2621 f.

[113] *Lindner* ZUM 2005, 203, 205; *Paschke/Busch* NJW 2004, 2620, 2622 ff.

[114] *Paschke/Busch* NJW 2004, 2620, 2622 f.

[115] *Prinz/Peters*, Medienrecht, Rn. 780; *Wenzel/Burkhardt*, Das Recht der Wort- und Bildberichterstattung, Rn. 15.18.

[116] *Prinz/Peters*, Medienrecht, Rn. 780; *Wenzel/Burkhardt*, Das Recht der Wort- und Bildberichterstattung, Rn. 15.22; a.A. *Paschke/Busch* NJW 2004, 2620, 2626 f.

[117] *Prinz/Peters*, Medienrecht, Rn. 780; *Lindner* ZUM 2005, 203; *Paschke/Busch* NJW 2004, 2620.

[118] *Ladeur* NJW 2004, 393; *Paschke/Busch* NJW 2004, 2620.

[119] *Paschke/Busch* NJW 2004, 2620; zustimmend: *Lindner* ZUM 2005, 203, 211.

[120] *Lindner* ZUM 2005, 203, 211.

[121] OLG Celle AfP 1984, 236; *Löffler/Steffen*, Presserecht, LPG § 6 Rn. 349; *Schricker/Götting*, Urheberrecht, § 60/§§ 33–50 KUG Rn. 7; *Wenzel*, Das Recht der Wort- und Bildberichterstattung, Rn. 15.11.

[122] OLG Celle AfP 1984, 236.

bb) Neben dem Herausgabeanspruch nach § 847 ZPO analog kann der Verletzte statt **89** der Vernichtung auch Herausgabe sämtlicher im Besitz des Verletzers befindlichen Fotos, Dias, Abzüge, Negative und sonstige Vervielfältigungen von unzulässigen Aufnahmen aufgrund von **§ 38 KUG** verlangen. Hierfür ist ein angemessener Betrag zu zahlen, der die Herstellungskosten nicht übersteigen darf.

cc) Auch kann zugunsten des Verletzten auch ein Herausgabeanspruch als Folgenbesei- **90** tigungsanspruch nach **§ 1004 BGB** oder Schadensersatzanspruch nach **§ 823 BGB** bestehen.[123]

b) Die Anordnung der Herausgabe gemäß § 847 ZPO analog kommt einer Beschlag- **91** nahme gleich, weshalb in diesem Zusammenhang die in **§ 111 m StPO** geregelten **Beschränkungen der Beschlagnahmemöglichkeit von Druckwerken** zu berücksichtigen sind. Danach darf eine Beschlagnahme von Druckwerken nicht angeordnet werden, wenn ihre nachteiligen Folgen, insbesondere die Gefährdung des öffentlichen Interesses an unverzögerter Verbreitung, offenbar außer Verhältnis zu der Bedeutung der Sache stehen. Auch sind ausscheidbare Teile der Schrift von der Beschlagnahme auszunehmen. Zwar regelt § 111 m StPO allein die strafrechtlichen Voraussetzungen einer Beschlagnahme von Druckschriften, gleichwohl ist anerkannt, dass diese Beschränkungen auf zivilprozessuale Maßnahmen, die einer solchen Beschlagnahme entsprechen, entsprechend anzuwenden sind.[124] Damit ist offensichtlich, dass eine Herausgabe gemäß § 847 ZPO analog nur nach einer umfassenden einzelfallorientierten Interessenabwägung und nur im absoluten Ausnahmefall angeordnet werden kann. Zudem ist dem Verletzer die Möglichkeit zu geben, die Herausgabe durch Unkenntlichmachung der rechtswidrigen Teile, z. B. durch Schwärzungen, abzuwenden.[125]

c) Ein entsprechender **Urteilstenor** könnte wie folgt aussehen: **92**
Die Beklagte wird verurteilt, sämtliche noch in ihrem Besitz befindlichen Exemplare des Buches „xyz" von „abc" an einen vom Kläger zu beauftragenden Gerichtsvollzieher als Sequester herauszugeben.

d) Aufgrund der zu Recht strengen Beschränkungen der Beschlagnahme von Druck- **93** werken in § 111m StPO dürfte der an diesen Vorgaben zu messende Herausgabeanspruch nach § 847 ZPO analog in der Praxis kaum vorkommen. Aber auch alternative Herausgabeansprüche aus § 38 KUG oder §§ 823, 1004 BGB werden im Rahmen von Persönlichkeitsrechtsverletzungen selten gerichtlich geltend gemacht.[126]

II. Sonstige Ansprüche: Anspruch auf Archivaufnahme

Einem durch die periodischen Medien in seinem Persönlichkeitsrecht Verletzten steht **94** zudem die Möglichkeit offen, seine **berichtigende Darstellung** in das Archiv des entsprechenden Mediums aufnehmen zu lassen.[127] Dies ist insbesondere dann wichtig, wenn der Verletzte befürchtet, dass zukünftig erneut über ihn berichtet wird. In diesem Fall gebietet es die journalistische Sorgfaltspflicht, dass die Darstellung des Verletzten hierbei berücksichtigt wird. In Betracht kommt ein solcher Anspruch auf Archivaufnahme, wenn der Verletzte beispielsweise auf einen Anspruch wie dem Gegendarstellungsanspruch verzichtet, um eine erneute öffentliche Auseinandersetzung mit der Thematik zu vermeiden, er aber gleichwohl gegenüber der Redaktion an einer klarstellenden Darstellung interessiert ist.

---

[123] KG NJW 1980, 894; OLG Stuttgart NJW-RR 1987, 1434; OLG Oldenburg NJW-RR 1998, 951; OLG Nürnberg NJW-RR 2002, 1471; Löffler/*Steffen*, Presserecht, LPG § 6 Rn. 349.
[124] *Prinz/Peters*, Medienrecht, Rn. 778; *Wenzel*, Das Recht der Wort- und Bildberichterstattung, Rn. 15.11.
[125] *Wenzel*, Das Recht der Wort- und Bildberichterstattung, Rn. 15.15.
[126] *Soehring/Seelmann-Eggebert* NJW 2005, 571, 580.
[127] Wenzel/*Burkhardt*, Das Recht der Wort- und Bildberichterstattung, Vor 11 Rn. 8.

§ 54. Gesonderte Sanktionen bei Verletzung des Pressekodex

Inhaltsübersicht

Schrifttum: *Baum,* Lernprozess und Interessenkonflikt – Die freiwillige Selbstkontrolle der Presse dient der ganzen Gesellschaft, in: Handbuch Medienselbstkontrolle, 2005, 112; *Bermes,* Der Streit um die Presse-Selbstkontrolle: Der Deutsche Presserat, 1991; *Bismarck von,* Geben Sie Orientierung – 50 Jahre Presserat, in: Deutscher Presserat, Jahrbuch 2007, 27; *Bölke,* Das Gesetz allein kann nicht für Anstand sorgen, in: *Gerhard/Pfeiffer,* Wer die Medien bewacht – Medienfreiheit und ihre Grenzen im internationalen Vergleich, 2000, 43; *Bullinger,* Bedeutungsverlust der Pressefreiheit, AfP-Sonderheft 2007, 21; *Dietrich,* Der Deutsche Presserat – eine Untersuchung aus rechtlicher Sicht, 2002; *di Fabio,* Medienfreiheit: Kontinuität und Wandel, AfP-Sonderheft 2007, 3; *ders.,* Persönlichkeitsrechte im Kraftfeld der Medienwirkung, AfP 1999, 126; *Gottzmann,* Möglichkeiten und Grenzen der Freiwilligen Selbstkontrolle in der Presse und der Werbung, 2005; *Hauss,* Presse-Selbstkontrolle – Aufgaben und Grenzen, AfP 1980, 178; *Löffler,* Presserecht, 5. Aufl. 2006; *ders.,* Das Standesrecht der Massenmedien in weltweiter Sicht, AfP 1971, 16; *Löffler/Ricker,* Handbuch des Presserechts, 5. Aufl. 2005; *Maruhn,* Der Deutsche Presserat, in: FS Oppenberg, 1987, 170; *Mauchenheim von,* Der Deutsche Presserat – Organisation und Tätigkeit, in: FS Löffler, 1980, 253; *Münch,* Freiwillige Selbstkontrolle bei Indiskretionen der Presse, 2002; *Müntinga,* Die journalistischen Wahrheits- und Sorgfaltspflichten und die Möglichkeiten ihrer Durchsetzung, 1999; *Peters,* Die publizistische Sorgfaltspflicht, NJW 1997, 1334; *Prinz/Peters,* Medienrecht, 1999; *Ricker,* Rechte und Pflichten der Medien unter Berücksichtigung des Rechtsschutzes des Einzelnen, NJW 1990, 2097; *Protze,* Mangelnde Sorgfalt, in: Deutscher Presserat, Jahrbuch 2000, 58; *Scholz,* Pressefreiheit und presserechtliche Selbstkontrolle, in: FS Maunz, 1981, 337; *Schulz/Held,* Regulierte Selbstregulierung als Form modernen Regierens, 2002; *Schweizer,* Selbstkontrolle der Printmedien, in: FS Herrmann, 2002, 121; *ders.,* Pluralistische Wirklichkeit, 2. Aufl. 1998; *Schwetzler,* Persönlichkeitsrechtsschutz durch Presseselbstkontrolle, 2005; *C.-H. Soehring,* Vorverurteilung durch die Presse, 1999; *Stapf,* Medienselbstkontrolle, 2006; *Stürner,* Pressefreiheit und Persönlichkeitsrechtsschutz im Selbstverständnis der Printmedien, in: Bitburger

Gespräche, Jahrbuch 1999/I, 105; *ders.*, „Fair trial" und öffentliche Meinung, JZ 1980, 1; *Suhr, Europäische Presse-Selbstkontrolle*, 1998; *Ukrow*, Die Selbstkontrolle im Medienbereich in Europa, 2000; *Ulmer/Niemeier*, Die freiwillige Selbstkontrolle durch Organisationen, AfP 1975, 829.

Die Berufsethik, so die Präambel zum Pressekodex, räumt jedem das Recht ein, sich **1** über die Presse zu beschweren. Dabei sind Beschwerden begründet, wenn die Berufsethik verletzt wird. Der Deutsche Presserat beschäftigt sich schon seit seiner Gründung mit der Prüfung von **Verstößen gegen die Berufsethik.** Er versteht dabei die Prüfung von Beschwerden, mit denen man sich an den Presserat wenden kann mit der Behauptung, der Pressekodex sei verletzt, als eine Aufgabe der Wahrung des Ansehens der Presse.[1] Diese allgemeine Beschwerdearbeit ist ein klassisches Beispiel reiner Selbstregulierung.[2] Im Falle möglicher Persönlichkeitsrechtsverletzungen einschließlich des Rechts auf Datenschutz stellt deshalb das System der Freiwilligen Selbstkontrolle durch die Gewährung eines Beschwerderechts ein zusätzliches Instrument zur Verfolgung des Persönlichkeitsschutzes zur Verfügung. Als Bestandteil des Systems freiwilliger Selbstkontrolle ist das Beschwerderecht auch nicht abhängig von der vorherigen oder parallelen Verfolgung der Persönlichkeitsrechte vor Gericht. Wie weit es dem Gerichtsverfahren vergleichbar und möglicherweise für den Betroffenen wirkungsvoller sein kann, wird im Folgenden näher erläutert.

Das Beschwerdeverfahren beim Deutschen Presserat bzw. vor einem seiner Beschwer- **2** deausschüsse und – bei grundsätzlicher Bedeutung eines Vorganges – vor dem Plenum richtet sich nach der Beschwerdeordnung.[3] Es weist im Vergleich zum Zivilgerichtsverfahren einige Besonderheiten hinsichtlich der Verfahrensbeteiligung, des Verfahrensgegenstands, aber auch im Ablauf und Sanktionssystem aus.

A. Verfahrensbeteiligte und Beschwerdegegenstand

I. Beschwerdeführer

Beschwerdeberechtigt ist nach § 1 Abs. 1 S. 1 BO „jeder", d. h. nicht nur diejenige Per- **3** son, die von der Berichterstattung betroffen ist. Eine Beschwer „im prozessualen Sinne" verlangt der Presserat also nicht. Es handelt sich mithin um eine **„Popularbeschwerde".**[4] Neben der jeweiligen Person, die unmittelbar betroffen ist, können sich also sowohl unbeteiligte Leserinnen und Leser als auch Journalisten eines möglicherweise konkurrierenden Verlags an den Presserat wenden. Circa 80 % der Beschwerdeführer treten als Privatpersonen an den Presserat heran. Davon sind wiederum ca. 30 % in eigener Person betroffen.[5] Als Beschwerdeführer treten daher auch Unternehmen, Parteien, Verbände oder Behörden auf. Entsprechendes gilt für den Fall, dass jemand wegen einer möglichen Verletzung des Datenschutzes Beschwerde erhebt. § 1 Abs. 1 S. 2 BO verlangt lediglich, dass das Recht auf Datenschutz als verletzt angesehen wird und nicht der Beschwerdeführer persönlich in seinem Recht auf informationelle Selbstbestimmung betroffen ist.

Der Deutsche Presserat bzw. seine Mitglieder können auch von sich aus ein Beschwer- **4** deverfahren einleiten. Von diesem in § 1 Abs. 2 BO umschriebenen Initiativrecht des Presserats wird allerdings nur sehr selten Gebrauch gemacht. Um den Vorwurf der Willkür zu

---

[1] Vgl. §§ 1 Abs. 1 und 9 Nr. 2 der Satzung des Trägervereins des Deutschen Presserats e.V., beschlossen am 25. 2. 1985, i.d.F. vom 7. 12. 2005.

[2] *Schulz/Held*, Regulierte Selbstregulierung als Form modernen Regierens, 2002, S. A-12.9.

[3] Beschwerdeordnung des Deutschen Presserats, beschlossen am 15. 12. 2006.

[4] *C.-H. Soehring*, Vorverurteilung durch die Presse, 1999, S. 137; Schwetzler, Persönlichkeitsschutz, S. 178; „Popularklage" bezeichnet dies *Stürner*, Bitburger Gespräche, Jahrbuch 1999/I, S. 111.

[5] Vgl. aktuelle Statistik zum Beschwerdeaufkommen 2007, in: Deutscher Presserat, Jahrbuch 2008, S. 216.

vermeiden, müsste der Presserat dafür systematisch und flächendeckend nach Verstößen gegen den Pressekodex suchen. Dies setzte ihn dem Vorwurf der systematischen Nachprüfung, möglicherweise der **Zensur**, aus.[6] Aus Sicht des Presserats genügt hier die Möglichkeit, bei Indizien für einen Missstand im Pressewesen (§ 9 Nr. 1 Satzung Trägerverein) eigeninitiativ tätig werden zu können.

II. Beschwerdegegner

5   Beschwerdegegner ist in der Regel die betroffene Zeitung bzw. Zeitschrift, deren Veröffentlichung für die Beschwerde Anlass gab. Den Regelungen der Beschwerdeordnung ist allerdings nicht explizit zu entnehmen, wer Beschwerdegegner in einem Beschwerdeverfahren sein kann. Weder § 9 Nr. 2 Satzung Trägerverein („Beschwerden über einzelne Zeitungen, Zeitschriften oder Pressedienste zu prüfen"), die Präambel zum Pressekodex („Verleger, Herausgeber und Journalisten müssen sich bei ihrer Arbeit der Verantwortung gegenüber der Öffentlichkeit […] bewusst sein") noch die Beschwerdeordnung (sie spricht in § 6 ff. nur von „Beschwerdegegner" bzw. „Beteiligte") liefern hier ein eindeutiges Ergebnis.

6   Demgegenüber ergibt sich allerdings aus dem **Pressekodex** unmittelbar ein Hinweis auf den möglichen Adressatenkreis einer Beschwerde. Der Kodex bildet den Maßstab, nach dem sich bestimmt, ob eine Beschwerde als begründet anzusehen ist oder nicht. Korrespondierend mit der Präambel richten sich die einzelnen Verhaltensregeln des Pressekodex sowohl gegen Verleger/Herausgeber als auch gegen den einzelnen Journalisten. So betrifft beispielsweise **das Verbot unlauterer Recherchemethoden** (Ziffer 4), die Wahrung des **Berufsgeheimnisses** (Ziffer 5), die Grundsätze der Trennung von Werbung und Redaktion (Ziffer 7) und das Verbot der Inanspruchnahme von Vergünstigungen (Ziffer 15) sowohl das Publikationsorgan, bzw. den dahinterstehenden Verlag/Verleger, als auch ad personam den beteiligten Journalisten. Wenn aber einzelne Journalisten durch ihr Verhalten gegen den Pressekodex verstoßen können, dann muss es auch möglich sein, ein Beschwerdeverfahren gegen sie durchzuführen, in dem es gerade um die Ahndung entsprechender Verstöße geht.[7]

7   Es ist daher nicht davon auszugehen, dass nur Zeitungen, Zeitschriften und Pressedienste Beschwerdegegner sein können und die an einer beanstandeten Publikation beteiligten Journalisten dabei durch ihr Medium repräsentiert werden.[8] Zwar wird es in der Praxis regelmäßig so gehandhabt, dennoch hat der Presserat auch schon einzelne Beschwerdeverfahren gegen Journalisten geführt.[9] Hierbei lagen jedoch keine konkreten Veröffentlichungen vor, mit denen die presseethische Verantwortung ausschließlich auf das Presseorgan gelenkt wären. Ob in diesen Fällen allerdings ein Verstoß mit einer öffentlichen Rüge geahndet werden kann, begegnet grundsätzlichen Bedenken. Zu einer solchen Sanktion hatte der Presserat bislang auch noch keinen Anlass.

III. Form der Beschwerde

8   Die Beschwerde muss schriftlich erfolgen, sie muss einen **Beschwerdegrund** angeben und kann einen Antrag enthalten (§ 2 Abs. 1 Satz 1 und 2 BO). Zudem verlangt die Be-

---

[6] Vgl. *Protze*, in: Deutscher Presserat, Jahrbuch 2000, S. 68; mit der Selbstbeschränkung setzt sich kritisch auseinander *Münch*, FSK bei Indiskretionen, S. 219.

[7] So auch *Gottzmann*, Möglichkeiten und Grenzen der FSK, S. 126.

[8] *Suhr*, Presse-Selbstkontrolle, S. 60.

[9] Vgl. z. B. die Beschwerdefälle B 62/96 – Informantenschutz unter zwei journalistischen Berufskollegen (Ziffer 5 Pressekodex); B 155d-2/97 – Recherchemethoden eines Fotografen (Ziffer 4 Pressekodex); BK1-95/05 – Journalist nutzt Status für private Geschäfte (Ziffer 6 Pressekodex); anderer Ansicht aber *Schwetzler*, Persönlichkeitsschutz, S. 179.

schwerdeordnung, dass der Beschwerde eine entsprechende Veröffentlichung im Original oder in Kopie beigefügt wurde. Mittels der Notwendigkeit der Schriftform wird eine gewisse Ernsthaftigkeit der Beschwerden erreicht. Sinn und Zweck dieses Formerfordernisses ist aber vor allem in der Beweisfunktion zu sehen. So verfolgt der Presserat keine anonymen Beschwerden weiter (§ 2 Abs. 1 Satz 4 BO). Neu in die Beschwerdeordnung aufgenommen ist die Regelung, dass der Presserat auch keine offensichtlich missbräuchlichen Beschwerden behandelt (vgl. § 2 Abs. 1 Satz 4 BO). Der Presserat entschloss sich 2006 zu dieser Maßnahme des Eigenschutzes, ohne einen solchen Fall bislang angenommen zu haben. Verfahrensrechtlich wurde diese Maßnahme des Selbstschutzes allerdings flankiert mit der Auflage, dass ausschließlich das Plenum als oberstes Beschlussorgan des Presserats den Fall eines offensichtlichen Missbrauchs des Beschwerderechts feststellen kann (vgl. § 4 Abs. 1 Satz 2 BO).

Festgelegte **Ausschlussfristen** für die Beschwerde existieren nicht. Dennoch nimmt **9** der Presserat gemäß § 2 Abs. 2 Satz 1 BO „in der Regel" keine Beschwerden über Vorgänge an, die selbst oder deren Erstveröffentlichung länger als ein Jahr zurückliegen. Mit dieser Verfahrensweise berücksichtigt der Presserat den Aktualitätsbezug der journalistischen Arbeit. Eine Einschränkung lässt die Verfahrensordnung zu: Im Falle von Beschwerden, die auf Verstöße gegen das Recht auf Datenschutz gestützt werden, wird auf den Zeitpunkt der Kenntnis durch den Beschwerdeführer abgestellt.

Ein Beschwerdeführer kann seine Beschwerde jederzeit zurückziehen. Die entschei- **10** denden Gremien sind nach § 12 Abs. 1 BO an die Anträge der am Beschwerdeverfahren Beteiligten jedoch nicht gebunden. Im Einzelfall kann also ein Beschwerdeverfahren auch aus presseethischen Gründen dann fortgesetzt werden, wenn der Beschwerdeführer seine Beschwerde zurückzieht (vgl. § 12 Abs. 1 Satz 2 BO). Auf diesen Aspekt, der für die Entscheidung erheblich ist, müssen beide Seiten vom Presserat hingewiesen sein (§ 12 Abs. 1 Satz 3 BO). Die Unterlassung dieses Hinweises begründet im Übrigen einen Wiederaufnahmeantrag gemäß § 16 Satz 2 Nr. 2 BO.

IV. Gegenstand der Beschwerde

Als Beschwerdegegenstand kommen neben einzelnen Veröffentlichungen auch „Vor- **11** gänge in der deutschen Presse" in Betracht, § 1 Abs. 1 Satz 1 BO. Hierunter fallen persönliche Verhaltensweisen von Journalisten oder Verlegern, die gegen die **Berufsethik** verstoßen.[10] Inzidenter kann ein solcher Verstoß für einen betroffenen Dritten eine Verletzung seiner Persönlichkeitsrechte bedeuten. Denkbar sind in diesem Zusammenhang die Anwendung einer unlauteren Recherchemethode, ohne dass damit gleichzeitig eine Veröffentlichung in Rede steht, oder die Preisgabe eines Informanten an die Behörden.

Gegenstand einer Beschwerde kann auch eine fremdsprachige Veröffentlichung in der **12** Presse sein, solange das Presseorgan in Deutschland erscheint. Beschwerden über Publikationen aus dem Ausland – auch deutschsprachige – leitet der Presserat dagegen zuständigkeitshalber an den im jeweiligen Nachbarland tätigen Presserat weiter.

Neben der Print-Veröffentlichung ist der Presserat auch zuständig für Beschwerden **13** über journalistisch-redaktionelle digitale Beiträge, die von Verlagen online gestellt und gleichzeitig zeitungs- oder zeitschriftenidentisch sind.[11] In die Zuständigkeit des Presserats fallen bislang allerdings noch nicht printunabhängige und damit originäre Online-Inhalte. Derzeit planen die Träger des Deutschen Presserats aber, die Anwendung des Pressekodex und damit die Zuständigkeit des Presserats auf reine journalistisch-redaktio-

---

[10] Vgl. hierzu die Ausführungen zu I. 2.

[11] Digitale Beiträge sind nach § 9 Nr. 2 Satz 3 Satzung Trägerverein insbesondere dann zeitungs- oder zeitschriftenidentisch, wenn sie vollständig oder teilweise Inhalte von Zeitungen oder Zeitschriften wiedergeben, bzw. Inhalte von Zeitungen oder Zeitschriften als Vorabmeldungen verbreitet haben.

nelle Onlineinhalte auszudehnen. Die Erweiterung wird unmittelbare Folgen haben auch für den Kreis der betroffenen Beschwerdegegner. Ausgeschlossen von der Selbstkontrolle sind hingegen die nicht-periodische Presse, Rundfunksendungen sowie Werbung und Eingaben mit rechtlichem Schwerpunkt. Bei Anzeigenblättern beschränkt sich der Presserat auf eine summarische Prüfung der Vorgänge.

B. Ablauf des Beschwerdeverfahrens

14   Beschwerden beim Deutschen Presserat durchlaufen ein in der Beschwerdeordnung[12] und in der Geschäftsordnung[13] im Einzelnen geregeltes Verfahren, das sich vor allem in eine Vorprüfung, eine ggf. stattfindende Vermittlung, das ordentliche Verfahren vor dem Beschwerdeausschuss bzw. Plenum und ggf. ein Wiederaufnahmeverfahren unterteilt.

I. Vorprüfung

15   Dem förmlichen Verfahren vor dem Beschwerdeausschuss oder dem Plenum vorgeschaltet ist zunächst ein Vorprüfungsverfahren, § 5 Abs. 1 BO. Zuständig hierfür ist der Geschäftsführer des Presserats. Er bestätigt den Eingang und veranlasst die entscheidungsvorbereitenden Maßnahmen. Des Weiteren wirkt er darauf hin, dass unschlüssige Beschwerden konkretisiert werden. Für den Fall, dass der Presserat offensichtlich unzuständig ist, unterrichtet er den Beschwerdeführer und teilt ihm ggf. die zuständige Stelle mit. Sodann erfolgt die summarische Prüfung der Beschwerde, die durch den zuständigen Vorsitzenden des Beschwerdeausschusses gemeinsam mit dem Geschäftsführer bzw. einem den Vorgang bearbeitenden Referenten vorgenommen wird. Auf der **Basis des Pressekodex** wird dabei summarisch geprüft, ob ein Verstoß gegen die presseethischen Regeln vorliegen könnte.

16   Beschwerden, die nach Abschluss der Vorprüfung als offensichtlich unbegründet bewertet werden (vgl. § 5 Abs. 2 BO), gelangen nicht in den Beschwerdeausschuss. In diesem Fall erhält der Beschwerdeführer einen schriftlichen Bescheid, in dem die tragenden Gründe für die Ablehnung dargestellt werden (§ 9 Abs. 3 GO). Gemäß § 5 Abs. 3 BO hat der Beschwerdeführer in diesem Fall noch die Möglichkeit, innerhalb von zwei Wochen nach Absendung der Zurückweisung Einspruch einzulegen. Über den Einspruch entscheidet sodann der Beschwerdeausschuss. Er kann entweder die Zurückweisung aufgrund der summarischen Prüfung bestätigen oder die Einleitung des förmlichen Beschwerdeverfahrens nach §§ 6 ff. BO beschließen.

II. Vermittlung

17   Seit 2006 sieht die Beschwerdeordnung ausdrücklich das **Instrument der Vermittlung** vor. In § 6 Abs. 2 Satz 1 BO wird dazu ausdrücklich bestimmt, dass der Presserat zwischen den Beteiligten vermitteln kann. Die Vermittlung ist als Alternative zum Beschwerdeverfahren ausgestaltet und dennoch fest in den Verfahrensablauf integriert. Angesiedelt am Ende der Vorprüfung einer Beschwerde, eröffnet sie die Möglichkeit, Konflikte zwischen den Verfahrensbeteiligten frühzeitig aus der Welt zu schaffen. Um die Einigung durch das Fortschreiten des Beschwerdeverfahrens nicht zu gefährden, wird das reguläre Verfahren für die Zeit des Vermittlungsversuchs ausgesetzt. Fristabläufe werden unterbrochen. Bei einer erfolgreichen Vermittlung ist das Beschwerdeverfahren beendet, schlägt sie fehl, wird es fortgesetzt. Damit wird sichergestellt, dass dem Beschwerdefüh-

---

[12] Fassung vom 18. 9. 2006.
[13] Fassung vom 13. 12. 2007.

rer für den Fall des Scheiterns der Vermittlung keine Nachteile entstehen und er mit einer Entscheidung des Gremiums rechnen kann.

Insbesondere bei möglichen Verletzungen des Persönlichkeitsrechts kann sich eine Ver- **18** mittlung unter Moderation des Presserats eignen.[14] Das setzt voraus, dass die Beteiligten – Beschwerdeführer wie Beschwerdegegner – mit einer Vermittlung durch den Presserat einverstanden sind und sich das Anliegen auch aus Sicht des Presserats für eine Vermittlung eignet. Dabei versteht sich von selbst, dass dieser Versuch nur gestartet wird, wenn die Beschwerde nicht ohnehin offensichtlich unbegründet ist. Der Presserat hat bislang den Ablauf der Vermittlung noch nicht in einer Verfahrensordnung verankert und befindet sich insofern noch in einer Erprobungsphase.[15] Erste Erfolge stellen sich hier bereits ein.[16]

III. Verfahren vor dem Beschwerdeausschuss

Das förmliche Beschwerdeverfahren findet vor dem Beschwerdeausschuss statt. Dabei **19** bestimmt schon das bei Eingang der Beschwerde vergebene Aktenzeichen über die **Zuständigkeit** des jeweiligen Beschwerdeausschusses.[17] Soweit nicht schon im Laufe des Vorverfahrens geschehen, erhält die Chefredaktion der betroffenen Zeitung/Zeitschrift unter Fristsetzung Gelegenheit zur schriftlichen Stellungnahme (§ 6 Abs. 1 BO). Der Beschwerdegegner wird sogleich auf die Möglichkeit hingewiesen, selbst zu prüfen, ob ein Verstoß gegen den Pressekodex vorliegt und ob er ihn selbst – möglichst in öffentlicher Form (§ 6 Abs. 4 BO) – durch Wiedergutmachung in Ordnung gebracht hat oder in Ordnung bringen will (§ 6 Abs. 3 BO). **Wiedergutmachungsbemühungen** werden vom zuständigen Beschwerdeausschussvorsitzenden und dem Geschäftsführer geprüft (§ 9 Abs. 4 GO). Falls sie für ausreichend gehalten werden, endet hier das Beschwerdeverfahren. Andernfalls entscheidet der Beschwerdeausschuss, ggf. unter Verzicht auf eine Maßnahme (vgl. § 12 Abs. 5 Satz 2 BO).

Die mündliche Beratung unter Leitung des Ausschussvorsitzenden erfolgt nicht-öffent- **20** lich (§ 10 Abs. 1 BO). Für eine Entscheidung des Beschwerdeausschusses – er kann eine Beschwerde entweder für begründet erklären (§ 12 Abs. 5 BO) oder als unbegründet zurückweisen (§ 12 Abs. 3 BO) – reicht die einfache Mehrheit der Anwesenden (§ 12 Abs. 2 GO). Während der Beratungen und Entscheidung sind selbstverständlich Regeln zur Befangenheit von Mitgliedern zu beachten (vgl. § 9 BO). Gemäß § 12 Abs. 1 BO ist der Beschwerdeausschuss an die Anträge der Beteiligten nicht gebunden. Er kann zusätzliche Auskünfte, Zeugenaussagen und Sachverhaltsaufklärungen veranlassen. Die eingereichten Unterlagen, eingeholten Auskünfte und Aussagen wertet der Ausschuss sodann nach freier Überzeugung (§ 12 Abs. 2 BO). Ein laufendes Beschwerdeverfahren kann auch eingestellt werden, soweit sich der Sachverhalt nicht aufklären lässt (§ 12 Abs. 4 BO).

Bei Beschwerden wegen möglicher Persönlichkeitsrechtsverletzungen kommt es nicht **21** selten vor, dass der Betroffene gerichtlichen Schutz einholt und parallel ein Beschwerdeverfahren beim Presserat initiiert. Für diese Fälle kann der Beschwerdeausschuss gemäß § 12 Abs. 6 BO das Verfahren aussetzen, wenn konkrete Anhaltspunkte dafür vorliegen, dass die Behandlung der Beschwerde den Ausgang eines anhängigen Ermittlungs- oder

---

[14] Von verschiedenen Autoren wird dieses Schlichtungsverfahren in Form der Mediation als wichtiger Teil einer Reform der Presseselbstkontrolle vorgeschlagen. Zurück gehen die Überlegungen v. a. auf *Münch*, FSK bei Indiskretionen, S. 286 ff. In die gleiche Richtung weisen *Stürner*, AfP 2002, 285 mit Fn. 39; *Schwetzler*, Persönlichkeitsschutz, S. 390 f. und *Gottzmann*, Möglichkeiten und Grenzen der FSK, S. 132.

[15] *Führ*, Vermittlung im Beschwerdeverfahren, in: Deutscher Presserat, Jahrbuch 2007, S. 59 ff.

[16] *Kremer*, in: Deutscher Presserat, Jahrbuch 2008, S. 39 ff.

[17] Unterschiedliche Beschwerden über identische Veröffentlichungen laufen federführend in einem Ausschuss, vgl. § 10 Satz 3 GO.

Gerichtsverfahrens beeinflussen könnte. Einer solchen Aussetzung dürfen allerdings nicht grundlegende presseethische Erwägungen entgegenstehen. Im letzteren Fall besteht daher die Möglichkeit, dass ein Betroffener vor Erlangung eines Gerichtsurteils eine Entscheidung des Beschwerdeausschusses erhält.

22   Zur **Beschleunigung des Verfahrens** sowie Entlastung der Gremien gibt die Beschwerdeordnung in § 7 Abs. 2 die Möglichkeit, einfach gelagerte Beschwerden im Wege der Entscheidung des Vorsitzenden als unbegründet zurückzuweisen oder für begründet zu erklären und maximal einen Hinweis zu erteilen. Bei diesem Verfahren handelt es sich um ein vollständiges Beschwerdeverfahren, bei dem allerdings das Votum des Ausschusses durch dasjenige des Vorsitzenden ersetzt ist. Es versteht sich von selbst, dass der Beschwerdeausschuss in diesen Fällen über die Entscheidungsgründe zu unterrichten ist (vgl. § 7 Abs. 2 Satz 2 BO).

IV. Besondere Verfahren

23   Gesonderter Erwähnung bedürfen einzelne Verfahrensgestaltungen, die gerade im Falle der Verletzung des Persönlichkeitsrechts für den Betroffenen von Bedeutung sein können.

1. Beschwerde zum Datenschutz

24   Eine Zuweisung an den Beschwerdeausschuss **Redaktionsdatenschutz** erfolgt, wenn der zu behandelnde Fall ein datenschutzspezifisches Gewicht besitzt.[18] Hierfür ist vorausgesetzt, dass der Beschwerdeführer ausführt, die Verarbeitung von personenbezogenen Daten zu journalistisch-redaktionellen Zwecken im Rahmen der Recherche oder der Veröffentlichung habe sein Recht auf Datenschutz verletzt (§ 1 Abs. 1 Satz 2 BO). Bei unklaren Fällen entscheiden über die Zuweisung zum Beschwerdeausschuss *Redaktionsdatenschutz* nach § 10 Satz 5 GO die Vorsitzenden der Ausschüsse mit dem Geschäftsführer. Für solche Beschwerden ist nach § 3 Abs. 2 BO der bereits 2002 eigens gebildete Beschwerdeausschuss zum Redaktionsdatenschutz zuständig. Dieser Ausschuss, der anders als die allgemeinen Ausschüsse aus sechs Mitgliedern besteht, arbeitet nach den gleichen Verfahrensgrundsätzen wie die allgemeinen Beschwerdeausschüsse. Von Bedeutung für das Verfahren ist allerdings, dass hier auch Beschwerden über Veröffentlichungen und Vorgänge bei Anzeigenblättern behandelt werden, denen ein datenschutzrechtliches Gewicht zukommt. Die Verlagsbranche im Bereich der Anzeigenblätter hat sich hierauf 2001 verständigt und dem Deutschen Presserat das Mandat zur **Selbstkontrolle** eingeräumt.[19]

25   In der Startphase sah sich der Beschwerdeausschuss Redaktionsdatenschutz vor die schwierige Aufgabe gestellt, Kriterien zu entwickeln, um bei Überschneidungen zwischen Redaktionsdatenschutznormen und den allgemeinen Verhaltensregeln, wie sie insbesondere im Bereich der Persönlichkeitsrechte vorkommen, eine nachvollziehbare Zuordnung vornehmen zu können. Der Presserat entschied sich dafür, den allgemeinen Regeln Vorrang vor den speziellen Datenschutzvorschriften einzuräumen. Die Behandlung einer Beschwerde durch den Beschwerdeausschuss Redaktionsdatenschutz kommt danach nur dann in Betracht, wenn der zu behandelnde Fall ein datenschutzspezifisches Übergewicht besitzt. Andernfalls besteht die Gefahr, dass die selbsterklärte Verpflichtung der Presse auf bestimmte Verhaltensregeln in einem wesentlichen Teil der täglichen Praxis auf Datenschutzregeln mit ursprünglich staatlicher Herkunft reduziert werde.[20] Damit

---

[18] Vgl. zur Frage der Zuweisung ausführlich *Protze*, Start des neuen Beschwerdeausschusses Redaktionsdatenschutz, in: Deutscher Presserat, Jahrbuch 2003, S. 55 ff.

[19] Vgl. *Rosenhayn*, Organisatorische Umsetzung und damit verbundene Rechtsfragen der FSK-Redaktionsdatenschutz, in: Deutscher Presserat, Erster Bericht zum Redaktionsdatenschutz 2004, S. 55, 58 f.; *Gottmann*, Möglichkeiten und Grenzen der FSK, S. 137.

[20] Vgl. *Gottmann*, a.a.O.

würde die Selbstkontrolle in der öffentlichen Wahrnehmung jedoch in die Nähe eines Ausführungsorgans für staatliche Regelungen kommen, was es zu vermeiden gilt.[21]

2. Verfahren vor dem Plenum

Das Plenum des Deutschen Presserats ist für Beschwerden von grundsätzlicher Bedeu- **26**
tung zuständig (§ 4 Abs. 1 BO). Die Einschätzung als „grundsätzlicher" Fall geschieht regelmäßig aus der Mitte des Presserats. Anlass kann dazu auch der Hinweis eines Beschwerdeführers sein; initiativ werden müssen dagegen die Akteure des Presserats. Auf Verlangen von zwei Mitgliedern eines Beschwerdeausschusses kann eine Beschwerde außerdem gemäß § 3 Abs. 3 BO an das Plenum abgegeben werden. Davon unabhängig kann das Plenum auch gemäß § 4 Abs. 3 BO eine Beschwerde bis zur abschließenden Entscheidung durch den Beschwerdeausschuss an sich ziehen.

Tritt die Situation ein, dass ein Beschwerdeausschuss in der Bewertung einer **ethi-** **27**
schen Frage von der in einer Entscheidung eines anderen Ausschusses enthaltenen Auffassung abweichen will, entscheidet hierüber gem. § 13 GO ebenfalls das Plenum. In dem Falle handelt es sich qua definitionem um einen grundsätzlichen Fall im Sinne von § 4 Abs. 1 BO. Jede Übernahme einer Beschwerde durch das Plenum ist den Beteiligten schriftlich mitzuteilen. Für das Verfahren im Plenum gilt sodann die Beschwerdeordnung entsprechend (vgl. § 4 Abs. 5 BO).

3. Wiederaufnahme des Verfahrens

Die Beschwerdeordnung sieht auch eine Art Rechtsmittelinstanz vor, mit der die Ent- **28**
scheidung über eine Beschwerde angefochten werden kann. § 16 BO ermöglicht hierfür die Wiederaufnahme eines abgeschlossenen Beschwerdeverfahrens. Diese ist dann zulässig, wenn eine der Beschwerdeparteien einen entsprechenden Antrag stellt und neue Fakten – nicht lediglich ethische Bewertungen – vortragen kann, die allein oder in Verbindung mit den früheren Entscheidungsgrundlagen eine wesentlich andere Entscheidung zu begründen geeignet sind. Unabhängig davon ist das **Wiederaufnahmeverfahren** dann zulässig, wenn seitens des Presserats entscheidungserhebliche Gesichtspunkte nicht rechtzeitig mitgeteilt oder berücksichtigt wurden.

C. Entscheidung und Sanktionssystem

Der Presserat versteht es als seine Aufgabe, Publikationen auf Verstöße gegen den Pres- **29**
sekodex zu überprüfen und sie gegebenenfalls zu ahnden. Daher sind Beschwerden dann begründet, wenn publizistische Grundsätze des Pressekodex verletzt wurden. Die Ahndung der Verletzung kann ohne und ebenso mit Einschaltung der Öffentlichkeit geschehen. Im Folgenden sollen diese Maßnahmen bzw. Sanktionen vorgestellt und ihre Wirkung erläutert werden. Sodann ist ihre rechtliche Einordnung vorzunehmen.

I. Entscheidung des Beschwerdeausschusses

Die Entscheidung des Beschwerdeausschusses erfolgt in zwei Stationen. Nach der Wer- **30**
tung der eingereichten Unterlagen mit den Stellungnahmen und Anträgen, eingeholten Auskünften und gegebenenfalls erbetenen Zeugenaussagen befinden die Mitglieder des Ausschusses (gem. § 12 Abs. 2 Geschäftsordnung bei Beschlussfassung mit einfacher Mehrheit der Anwesenden) über die Begründetheit der Beschwerde. Konkret bedeutet dies, zu entscheiden, ob eine Zeitung bzw. Zeitschrift gegen den Pressekodex verstoßen hat. Falls diese Frage nicht beantwortet werden kann, weil sich ein Sachverhalt nicht aufklären lässt, muss das Verfahren nach § 12 Abs. 4 BO eingestellt werden. Liegt kein

---

[21] Vgl. *Protze* in: Deutscher Presserat, Jahrbuch 2003, S. 55–57.

Kodexverstoß vor, ist die Beschwerde unbegründet und wird gem. § 12 Abs. 3 BO zurückgewiesen, anderenfalls ist sie begründet, und es „kann" eine Maßnahme nach § 12 Abs. 5 S. 1 BO ausgesprochen werden.

31   Die Entscheidung über die Maßnahme – dies ist der Regelfall bei begründeten Beschwerden – oder aber der Verzicht auf dieselbe (vgl. § 12 Abs. 5 S. 2 BO) erfolgt mit einem weiteren Beschluss. Sodann ist nach § 12 Abs. 7 BO die abschließende, schriftlich abgefasste Entscheidung auch zu begründen und den Beteiligten binnen drei Wochen zuzusenden.

II. Bekanntgabe der Entscheidung

32   In sämtlichen Beschwerdeverfahren wird der Beschluss des Beschwerdeausschusses bzw. Plenums mit der Feststellung über den Kodexverstoß, der verhängten Maßnahme, der Information über die mitwirkenden Mitglieder und versehen mit einer Begründung, den Verfahrensbeteiligten schriftlich zur Kenntnis gebracht. Als Konsequenz aus dem Beschwerderecht soll der Presserat also gezwungen werden, Stellung zu einem ethisch bedenklichen Sachverhalt zu beziehen und dem Beschwerdeführer sowie der betroffenen Redaktion mitzuteilen, ob und inwieweit die vorgebrachte Beschwerde als berechtigt angesehen wird.

33   Der Anspruch auf Bescheidung verpflichtet den Presserat also zu einer materiellen Auseinandersetzung mit dem Gegenstand der Beschwerde und zur Mitteilung der Prüfungsergebnisse. Die Entscheidung über die mögliche Pressekodex-Verletzung sowie die darauf verhängte Maßnahme ist **begründungspflichtig.** Um eine Akzeptanz des Entscheidungsinhalts oder zumindest des Beschwerdeverfahrens zu erreichen, ist es unabdingbar, dass die Beteiligten – der Beschwerdeführer und die redaktionell Verantwortlichen als Beschwerdegegner – erkennen, dass ihre Interessen in die Entscheidung eingeflossen sind und dass im Rahmen des ethisch, rechtlich und faktisch Möglichen ein fairer Interessenausgleich gesucht wurde. Die Begründung erhöht damit die Akzeptanz der Selbstkontrolltätigkeit.[22] Die Verfahrensregelungen in ihrer Gesamtheit verstehen sich somit als Ausprägung des Grundsatzes auf Gewährleistung eines rechtsstaatsgemäßen Verfahrens.

34   Unabhängig von dieser Bekanntgabe an die Verfahrensbeteiligten informiert der Presserat nach jeder Ausschusssitzung mit einer Pressemitteilung die Öffentlichkeit über die ausgesprochenen Rügen und sonstige interessante Beschwerdefälle. Die gerügten Presseorgane werden dabei auch konkret genannt. Diese Information erhalten alle Presse- und Rundfunkredaktionen sowie Nachrichtenagenturen in Deutschland. Bei wichtigen Anlässen veranstaltet der Presserat auch auf einer eigens berufenen **Pressekonferenz** über das Beschwerdeaufkommen. Zudem sind die Daten über die Website des Presserats zu erhalten und werden in den Jahrbüchern dokumentiert.

III. Die Maßnahmen nach der Beschwerdeordnung

35   Nach § 12 Abs. 3 BO kann eine begründete Beschwerde mit einem Hinweis, einer Missbilligung oder einer Rüge geahndet werden. Bei der Wahl der Maßnahme hat das entscheidende Gremium u. a. die Schwere des Verstoßes, seine Folgen für den oder die durch die Veröffentlichung Betroffenen sowie eventuelle Schritte des Publikationsorgans zur Minderung solcher Folgen und zur Vermeidung von Wiederholungen zu berücksichtigen (§ 13 Satz 1 BO). Die Entscheidung des Beschwerdeausschusses bzw. Plenums ist schriftlich abzufassen. Sie muss Entscheidungsgründe enthalten, ist vom Vorsitzenden zu unterschreiben und soll den Beteiligten spätestens drei Wochen nach Ende der mündlichen Beratung zugesandt werden (vgl. § 12 Abs. 7 BO).

---

[22] Vgl. *Müntinga*, Journalistische Wahrheits- und Sorgfaltspflichten, S. 97 f.

1. Redaktioneller Hinweis

Der Hinweis ist die **schwächste Sanktionsmöglichkeit** des Presserats. Der Umkehr- **36** schluss aus § 15 BO, nach welchem Rügen von den betroffenen Publikationsorganen ab- zudrucken sind, ergibt, dass ein redaktioneller Hinweis nicht veröffentlicht werden muss. Auf eine solche Veröffentlichung wirkt auch der Presserat nicht selbst hin. Die Beschwer- deordnung sieht keine weiteren Folgen für die Adressaten eines Hinweises vor. Eine Frage der Durchsetzbarkeit stellt sich hier daher nicht weiter. Bei einer Änderung der Spruch- praxis des entscheidenden Gremiums darf nach § 13 Satz 2 stets nur ein redaktioneller Hinweis ausgesprochen werden.

2. Missbilligung

Die **nächst stärkere Sanktion** des Presserats bei Verletzung der Regeln des Presseko- **37** dex ist der Ausspruch einer Missbilligung. Auch diese muss nicht veröffentlicht werden. Allerdings verfährt hier der Presserat anders als bei redaktionellen Hinweisen. Da es um schwerwiegendere Kodexverletzungen geht, weist der Presserat das jeweilige Publika- tionsorgan zwar darauf hin, dass nach der Beschwerdeordnung keine Pflicht besteht, Missbilligungen in den Organen abzudrucken. Als Ausdruck fairer Berichterstattung empfiehlt der Beschwerdeausschuss jedoch eine redaktionelle Veröffentlichung. Dieses wird von Zeitungen und Zeitschriften auch verstärkt praktiziert.

3. Rüge

Eine Rüge ist das **schärfste Sanktionsmittel** des Presserats auf einen konkreten Ver- **38** stoß gegen den Pressekodex. Öffentliche Rügen sind in dem betroffenen Publikations- organ bekannt zu machen. Dies sieht Ziffer 16 des Pressekodex als publizistische Verbind- lichkeit vor, diese ethische Pflicht ist allerdings auch als verfahrensrechtliche Regelung in § 15 Satz 1 BO behandelt. Die Veröffentlichung einer Rüge soll **aktualitätsnah** erfol- gen[23] sowie unter Angabe des zugrunde liegenden Sachverhalts und des verletzten publi- zistischen Grundsatzes.[24] Formelle Vorgaben, z. B. hinsichtlich Platzierung und Aufma- chung, bestehen nicht. Auch eine Kommentierung – der sog. Redaktionsschwanz – ist zulässig, oft sogar im Hinblick auf die Streitkultur der Selbstregulierung sinnvoll.

Dem Interesse des in seinem Persönlichkeitsrecht Verletzten käme wohl die Feststel- **39** lung eines Verstoßes gegen den Pressekodex mit einer entsprechenden Veröffentlichungs- pflicht am nächsten. Der Sinn des Rügenabdrucks wird darin gesehen, in den Dialog mit der Öffentlichkeit zu treten, das ernsthafte Bemühen der Medien um die Beachtung des journalistischen Standards zu dokumentieren und durch das öffentliche Bekenntnis zu der Verfehlung auch eine Art Genugtuung zu bieten.[25]

Um den Abdruck der Rügen sicherzustellen, haben inzwischen ca. 1.000 Verlagshäuser **40** in Deutschland eine Erklärung unterzeichnet, in der sie sich u. a. zum Abdruck gegebe- nenfalls gegen ihre Organe ausgesprochener öffentlicher Rügen verpflichten. Auch die Trägerorganisationen des Presserats haben die öffentlichen Rügen in ihren Verbandsorga- nen zu publizieren, § 10 Abs. 3 der Satzung. Daneben benennt der Presserat sämtliche ge- rügten Blätter in seinen Pressemitteilungen. Die sonstigen Maßnahmen, die das Plenum bzw. die Ausschüsse verhängen können, werden hingegen grundsätzlich anonymisiert dargestellt. Der Presserat gibt allerdings seit 2003 regelmäßig einen Newsletter heraus, in dem er zu interessanten Fällen unter Namensnennung der Beteiligten einzelne Beschwer- deentscheidungen der Ausschüsse vorstellt. Zudem werden in den Jahrbüchern die wich- tigsten Entscheidungen unter Angabe von Sachverhalt und wesentlichen Entscheidungs- gründen veröffentlicht. Eine vollständige Dokumentation der Spruchpraxis nimmt der

---

[23] § 10 Abs. 1 S. 2 Satzung Trägerverein.
[24] Vgl. Richtlinie 16.1.
[25] *Müntinga*, Journalistische Wahrheits- und Sorgfaltspflichten, S. 96 f.

Presserat vor in den CD-Roms, die den Jahrbüchern des Presserats seit 2005 beigelegt werden.

4. Nicht-öffentliche Rügen

41   Gemäß § 15 Satz 2 BO kann der Beschwerdeausschuss auf die **Abdruckverpflichtung** einer Rüge verzichten, wenn es der Schutz eines Betroffenen erfordert. In diesem Fall lautet die Maßnahme auf „nicht-öffentliche Rüge". Dabei handelt es sich um eine echte Sanktion aufgrund einer schwerwiegenden Verletzung des Pressekodex. Bei **Verletzungen der Persönlichkeit** und damit Fälle des Verstoßes gegen Ziffer 8 des Pressekodex kommt der Presserat häufiger dazu, diese Maßnahme zu wählen. Verschiedentlich bittet ein Beschwerdeführer darum, im Falle einer Rüge auf den Ausspruch einer öffentlichen Sanktion zu verzichten. In anderen Fällen entschließt sich das jeweilige Spruchgremium zu dieser Maßnahme, um Betroffene nicht ein weiteres Mal der Gefahr einer öffentlichen Berichterstattung mit Namen auszusetzen.

5. Verzicht auf Maßnahme bei begründeter Beschwerde

42   Vereinzelt sieht der Beschwerdeausschuss trotz einer Verletzung des Pressekodex auch von jeglicher Maßnahme ab. Das ist insbesondere der Fall, wenn das betroffene Publikationsorgan den Verstoß bereits im Sinne des Pressekodex – in der Regel öffentlich – bereinigt hat, z. B. durch Abdruck eines Leserbriefes oder einer redaktionellen Richtigstellung. Diese Verfahrensweise sieht jetzt § 12 Abs. 5 Satz 2 BO ausdrücklich vor.

IV. Verhältnis zwischen Presserats- und gerichtlichen Sanktionen

43   Besteht der Verdacht einer **Persönlichkeitsrechtsverletzung,** existieren für den Betroffenen verschiedene Optionen: Er kann den Rechtsweg beschreiten, gegenüber den Verantwortlichen presserechtliche Ansprüche geltend machen und hierfür gegebenenfalls gerichtliche Hilfe in Anspruch nehmen. Vor- und nachgeschaltet – aber auch parallel betreiben – kann er sich wegen behaupteter Verletzung etwa der Ziffern 8 oder 9 des Pressekodex beim Presserat beschweren. In solchen Konstellationen, die vor dem Presserat nicht selten auftreten, tritt die Wechselwirkung zwischen rechtlichem und ethischem Normengefüge offen zutage. Bis 1996 enthielt die Präambel des Pressekodex noch die Feststellung, „diese publizistischen Grundsätze dienen der Wahrung der Berufsethik, sie stellen keine rechtlichen Haftungsgründe dar".[26] Der Verzicht auf diese Passage ändert nichts an der Grundfrage zum Verhältnis der Normen zueinander.

44   Die ethischen Standesregeln einschließlich der Presseratssanktionen sind von den rechtlichen Verhaltensnormen einschließlich der Gerichtsurteile prinzipiell zu trennen. Sie stehen nebeneinander, wenn auch nicht völlig beziehungslos.[27] Bildlich betrachtet kann man sich die Systeme wie zwei teilweise überlappende Normkreise vorstellen, die dabei eine gemeinsame Schnittmenge aufweisen.[28] Die berufsethischen Grundsätze und deren Bewertung durch den Presserat können durchaus mittelbar rechtlich beachtlich sein.

45   Verfahrensrechtlich zieht der Presserat daraus die Konsequenz, **kollisionsträchtige Entscheidungen** nach Möglichkeit zu vermeiden. § 12 Abs. 6 BO stellt dem Beschwerdeausschuss daher eine Aussetzung des Verfahrens zur Verfügung, um der gerichtlichen Auseinandersetzung unter den Beteiligten am Presserats-Beschwerdeverfahren den Vortritt zu lassen. Während hierfür bis 1988 noch dem Gerichtsverfahren generell der Vortritt gewährt wurde, entscheidet heute der Beschwerdeausschuss autonom nach Prüfung einzelner Voraussetzungen.[29] Der Presserat will mit dieser Regelung vermeiden, dass er vom

---

[26]   Vgl. Deutscher Presserat, Jahrbuch 1996, S. 29 f.
[27]   *Stürner*, Bitburger Gespräche, 1999/I, S. 110.
[28]   *Schwetzler*, Persönlichkeitsschutz, S. 270.
[29]   Vgl. § 12 Abs. 6 Nr. 1 bis 3 BO.

Beschwerdeführer als Gutachter im Zivilprozess instrumentalisiert wird. Die Regelung kann allerdings nicht verhindern, dass ein Sachverhalt nacheinander den Gerichten und dem Presserat vorgelegt wird.

Unterlässt der Betroffene die Geltendmachung der Presseratsbeschwerde, kann ihm **46** dies zwar nicht als Verstoß gegen die **Schadensminderungspflicht** (§ 254 Abs. 2 S. 1 BGB) zugerechnet werden.[30] Der gerichtliche Rechtsschutz ist gegenüber dem Beschwerdeverfahren keinesfalls subsidiär.[31] Dies widerspräche zudem dem Selbstverständnis der freiwilligen Selbstkontrolle.

Für den Presserat ist ferner zu beobachten, dass laufende Beschwerdeverfahren vor dem **47** Ausschuss von den Beschwerdeführern mit anwaltlicher Unterstützung gelegentlich als Druckmittel zur Durchsetzung von Schadensersatzansprüchen gegen die Verlage benutzt werden. So wurden mehrere Beschwerden von Prominenten vor der Entscheidung im Beschwerdeausschuss nach einer **außergerichtlichen Einigung** zurückgezogen. Hier drängt sich der Verdacht auf, dass die Beschwerdeführer mit bereits erstrittenen Rügen und neuen zur Entscheidung anstehenden Fällen die jeweiligen Verlage unter Druck zu setzen versuchen. Ziel ist dabei die Durchsetzung von Entschädigungszahlungen – nach Möglichkeit ohne zivilgerichtliches Verfahren. Haben die Verlage dann eingelenkt und akzeptiert, wird als „Gegenleistung" die Presseratsbeschwerde zurückgezogen.[32]

Nach Ansicht des Presserats stellt dieses Vorgehen eine fragwürdige Instrumentalisie- **48** rung der freiwilligen Selbstkontrolle dar. Denn in diesen Fällen geht es den Beschwerdeführern nicht um die ethische Beurteilung von Veröffentlichungen, sondern ausschließlich um finanzielle Entschädigung. Dies steht nach Ansicht des Presserats aber seinen Zielen konträr gegenüber. Auch insoweit soll die neue Regelung in § 12 Abs. 6 BO Mechanismen zur Gegensteuerung bereitstellen.

V. Gerichtliche Überprüfbarkeit der Sanktionen

Die Tätigkeit des Deutschen Presserats, insbesondere die Beschwerdearbeit, kann zu **49** **Verletzungen des einfachen Rechts** führen. Öffentliche Rügen, aber auch Missbilligungen und redaktionelle Hinweise, die von einem Beschwerdeausschuss des Presserats unter voller Namensnennung des betroffenen Presseorgans ausgesprochen werden, sind unter Umständen dem Ansehen des Verlages abträglich und können zu materiellen Einbußen führen.[33] Während der wettbewerbsrechtliche Rechtsschutz regelmäßig nicht

---

[30] So diskutiert von *Suhr*, Presse-Selbstkontrolle, S. 63; ablehnend aber *Münch*, FSK bei Indiskretionen, S. 220 und *Gottzmann*, Möglichkeiten und Grenzen der FSK, S. 139 unter Hinweis auf BGHZ 90, 17, 32; 110, 323, 330.

[31] Eine Subsidiarität des Gegendarstellungsanspruchs wegen der Richtigstellungsverpflichtung nach Ziffer 3 des Pressekodex lehnte jüngst das Landgericht Koblenz in seinem Urteil vom 20. 7. 2007 ab, vgl. LG Koblenz, AfP 2007, 584.

[32] Mögliche Konstellationen, in denen die Gefahr einer Instrumentalisierung des Presserats gegeben sind:
– Beschwerde vor Gerichtsverfahren: In diesem Fall reicht der Beschwerdeführer seine Beschwerde beim Presserat vor der Erhebung einer gerichtlichen Klage ein. Allein die Existenz einer Beschwerde kann den betroffenen Verlag dann schon zu einer außergerichtlichen Einigung bewegen. Daraufhin wird die Beschwerde zurückgezogen. Sollte es dazu nicht kommen, wartet der Beschwerdeführer ab, wie die Entscheidung des Presserats ausfällt und setzt sie dann bei Begründetheit im Zuge eines Gerichtsverfahrens als zusätzliches Argument ein.
– Beschwerde parallel zu Gerichtsverfahren: Hier fährt der Beschwerdeführer von Anfang an zweigleisig. Er beschwert sich beim Presserat und geht gleichzeitig vor Gericht.
– Beschwerde nach abgeschlossenem Gerichtverfahren: Hier benutzt der Beschwerdeführer die Presseratsbeschwerde in der Erwartung, eine abgewiesene Klage in der zweiten Instanz mit der Entscheidung des Presserats unterstützen zu können.

[33] Vgl. *Dietrich*, Deutscher Presserat, S. 114 ff.

greift, da der Presserat nicht in Wettbewerbsabsicht handelt, kommt das allgemeine Äußerungsrecht zur Anwendung. Daraus könnten sich Rechtsfolgen wie Unterlassungs-, Widerrufs- und Schadensersatzansprüche oder – zumindest in einigen Bundesländern – auch Gegendarstellungsansprüche ergeben. In Betracht kommen die Tatbestände der §§ 823 BGB (sittenwidrige vorsätzliche Schädigung), 824 BGB (Kreditgefährdung), 823 Abs. 2 BGB i.V.m. 185 ff. StGB (Beleidigung) und 823 Abs. 1 BGB (Verletzung des allgemeinen Persönlichkeitsrechts und des Rechts am eingerichteten und ausgeübten Gewerbebetrieb).[34]

50   Diese Ansprüche werden jedoch regelmäßig nicht gegeben sein, weil die durch den Deutschen Presserat öffentlich geäußerte Kritik eine Meinungsäußerung in einer die Allgemeinheit interessierenden Frage darstellt. Daher fehlt es bei Maßnahmen normalerweise an dem von den genannten Ansprüchen vorausgesetzten Tatbestandsmerkmalen. Bei der im Rahmen von § 823 Abs. 1 BGB vorzunehmenden Güter- und Interessenabwägung werden die in der Vorschrift verankerten Rahmenrechte regelmäßig ebenfalls zugunsten der **Meinungsfreiheit** zurücktreten müssen.[35] Diese Position wird durch die wenigen bislang vorliegenden Entscheidungen der Zivilgerichte bestärkt.

1. Auffassungen OLG Hamburg und OLG Köln

51   Das Oberlandesgericht Köln hatte 2006 Anlass, sich mit dieser Fragestellung näher zu befassen. Anlass für die gerichtliche Auseinandersetzung war die Reaktion des *Öko-Test*-Verlags, der sich gegen eine vom Presserat im Jahr 2004 ausgesprochene Missbilligung wegen eines Verstoßes gegen den Pressekodex gewehrt hatte.[36] In dem Urteil vom 11. 7. 2006[37] hat das OLG klargestellt, dass der Deutsche Presserat Verlage missbilligen und auf journalistische Sorgfaltsverstöße hinweisen darf. Die Berechtigung des Presserats folge aus der verfassungsrechtlich verankerten Vereinigungsfreiheit, das Recht seiner Mitglieder zur **freien Meinungsäußerung** aus Artikel 5 GG. Die Entschließung des Presserats, ob er einen Verstoß gegen presseethische Grundsätze annimmt und ggf. welche Maßnahme er ergreift, sind nach Ansicht des Gerichts ausschließlich durch ideelle, im Pressekodex wiedergegebene ethische Vorstellungen geprägt.[38] Damit bestätigte das Gericht erstmals ein Grundsatzurteil des Oberlandesgerichts Hamburg aus dem Jahr 1959[39] zur Beschwerdearbeit des Presserats.

52   In dem sog. *Stern*-Urteil zum Deutschen Presserat von 1959, mit dem das OLG Hamburg, wie vorher die erste Instanz, die Klage des *Nannen*-Verlags abgewiesen hat, setzte sich das Gericht ausführlich mit der Stellung und Tätigkeit des Deutschen Presserats auseinander.[40] Die Klage war auf Unterlassung einer scharfen Missbilligung des Presserats gegenüber einem *Stern*-Artikel über die Scheidung des Schahs von Persien gerichtet. Sie wandte sich auch gegen die Tätigkeit des Presserats insgesamt und verlangte weiter die Feststellung einer Schadensersatzpflicht des Presserats. Sowohl der Unterlassungsanspruch aus § 1 UWG wurde abgewiesen wegen Nichtbestehens einer Wiederholungsgefahr und fehlender Wettbewerbsabsicht, als auch ein Schadensersatzanspruch aus § 823 Abs. 1 BGB mangels Nachweises eines materiellen Schadens.

53   Das Gericht führte hierzu aus, dass ein Handeln in Wettbewerbsabsicht durch die organisatorische Struktur des Presserats ausgeschlossen werde. Die pluralistische Zusammen-

---

[34] Dazu ausführlich *Dietrich*, Deutscher Presserat, S. 123 ff.

[35] So *Schwetzler*, Persönlichkeitsschutz, S. 262 mit weiteren Nachweisen, u. a. *Ulmer/Niemeier* AfP 1975, S. 840 ff.

[36] Vgl. Beschwerdeentscheidung BK1-40/04, in: Deutscher Presserat, Jahrbuch 2005, S. 197 f.; Deutscher Presserat, Jahrbuch 2007, S. 47.

[37] OLG Köln AfP 2006, S. 374.

[38] OLG Köln, a.a.O..

[39] OLG Hamburg, Urteil vom 17. 12. 1959 (unveröffentlicht); auszugsweise zitiert in: AfP 1960, 28.

[40] Vgl. dazu *Löffler* AfP 1960, 151 f.

setzung des Presserats aus Vertretern der Zeitungs- und Zeitschriftenverleger sowie der Journalisten lege kein gezielt wettbewerbsförderndes Vorgehen nahe. Auch die rein ideelle Zielsetzung, die gemeinsamen Interessen der Presse nach außen zu vertreten, lasse keine wettbewerbsgerichtete Intention erkennen.

2. Ansicht LG Frankfurt a. M.

Wegen einer vermeintlich ungerechtfertigten Rüge des Presserats[41] klagte die Zeit- **54** schrift Öko-Test erneut gegen den Deutschen Presserat. Mit Urteil des Landgerichts Frankfurt a. M.[42] hat sodann erstmals ein Gericht dem Presserat als Instanz der freiwilligen Selbstkontrolle verboten, über diese Rüge zu berichten. Der Verlag nahm den Presserat auf Unterlassung der Aussage in Anspruch, die Zeitschrift habe die journalistische Sorgfalt verletzt, indem sie in einem Beitrag über Neurodermitis-Cremes für Kleinkinder nicht deutlich genug auf einen bestehenden Krebsverdacht bei drei der Cremes aufmerksam gemacht hatte. Tatsächlich wird, entgegen der Darstellung im einleitenden Text, in der ausführlichen Tabelle nicht mehr auf den Verdacht hingewiesen. Außerdem enthält die Tabelle eine Creme, die für Kleinkinder gar nicht zugelassen ist.

Das Landgericht stufte die Bewertung des Beitrags durch den Beschwerdeausschuss als **55** Tatsachenbehauptung ein. Damit setzt es sich in Widerspruch zur Rechtsauffassung sowohl des OLG Köln in dem o. g. Verfahren aus dem Jahr 2006 und auch dem *Stern*-Urteil des OLG Hamburg von 1959. Das Landgericht Frankfurt stellt darauf ab, dass sich die Rüge auf Ziffer 2 des Pressekodex stützt, eine Vorschrift, die den **Wahrheitsgehalt der Berichterstattung** avisiert. Mit der Rüge bezweifle der Ausschuss unzutreffend den Wahrheitsgehalt einzelner Behauptungen des Artikels, so dass er damit wiederum eine Tatsache behaupte.[43] Der Presserat hat gegen das Urteil Berufung beim OLG Frankfurt eingelegt. Das OLG Frankfurt a. M. stellte jüngst in seinem Urteil vom 30. 6. 2008[44] fest, der Deutsche Presserat dürfe weiter veröffentlichen, dass die Zeitschrift wegen eines Sorgfaltspflichtverstoßes gerügt worden ist. Nach Auffassung des OLG, das gleichzeitig das erstinstanzliche Urteil aufgehoben hat, stellt die Auslegung des Pressekodex sowie die Begründung einer Sanktion durch den Beschwerdeausschuss eine Meinungsäußerung dar.

VI. Wirkung der Presseratssanktionen

Presseratssanktionen, insbesondere öffentliche Rügen, wirken sich zunächst sowohl für **56** den betroffenen Verlag, als auch auf das Ansehen seiner Redaktion aus. Verlag und Redaktion sehen sich mit ihrer publizistischen Arbeit einer öffentlichen Kritik ausgesetzt. Kodexverletzungen werden eben auch als Beleg mangelhafter journalistischer Qualität bewertet und wirken sicherlich nicht verkaufsfördernd. Zudem nehmen die Konkurrenzmedien die Presseratskritik zum Anlass für eine begleitende, medienkritische Berichterstattung. Die Pressebranche befindet sich immerhin auch in einem publizistischen Wettbewerb um Marktanteile. Hinzu tritt die Kritik, die sich in den letzten Jahren verstärkt von Seiten der Verbraucher über das Internet artikuliert. **Netzwerke und Blogs** greifen die Arbeit von Selbstkontrolleinrichtungen auf und thematisieren sie intensiv. Ergebnis dieser Publikums-Kommunikation ist ein mitunter stärkerer Druck auf die produzierende Seite, also die verantwortlichen Verlage und Redaktionen. Beispielhaft soll hier lediglich auf die Aktivitäten von BildBlog und die diskussionsstarken Blogs und Foren der Qualitätszeitungen und politischen Magazine verwiesen werden.[45]

---

[41] S. Beschwerdeentscheidung BK2-36/06, in: Deutscher Presserat, Jahrbuch 2007, S. 95 f.

[42] LG Frankfurt a. M., Urteil vom 5. 6. 2007, AfP 2007, 390.

[43] Vgl. die kritische Rezension der Entscheidung von *Wiggenhorn* AfP 2007, 416 ff.; *Rieg*, Schaukampf, in: Journalist 8/2007, S. 60 ff.

[44] Az. 16 U 126/07, bislang unveröffentlicht.

[45] Vgl. www.bildblog.de; *Welt*-Blog; *SZ*-Blog etc.

57   Daneben tritt die individuelle Wirkung von Presseratssanktionen auf der journalistischen Seite. Ein Redakteur, der wegen eines Verstoßes gegen den Pressekodex eine Presseratsrüge (mit)verursacht hat, ist zuweilen auch Maßnahmen seines Verlages ausgesetzt. Für freie Journalisten gilt Entsprechendes im Verhältnis zu ihren Auftraggebern. Der Bruch des Pressekodex stellt als Verstoß gegen einen branchenüblichen Sorgfaltsstandard in der Regel auch eine Verletzung der vertraglichen Leistungspflicht des Journalisten dar. Dies kann arbeits- und honorarvertragsrechtliche Folgen indizieren.

D. Statistische Angaben zum Beschwerdeaufkommen des Presserats

58   Zum Abschluss sollen einige statistische Daten das Beschwerdeaufkommen des Deutschen Presserats näher quantifizieren. Dabei soll auch aufgezeigt werden, wie hoch die Anzahl der Sprüche liegt, die sich mit dem APR befasst haben.

59   Seit 1956 erhielt der Presserat ca. 12.000 Eingaben insgesamt, 11.000 alleine seit seiner Neugründung 1985. Von den 12.000 Eingaben wurden 4.175 Fälle als Beschwerden von den Beschwerdeausschüssen (und vereinzelt vom Plenum) geprüft und entschieden, seit 1985 immerhin 3.605 Fälle. Seither sprach der Presserat insgesamt 496 Rügen (seit 1985: 446) und 693 Missbilligungen (seit 1985: 664) aus.

60   Von den Rügen seit 1985 befassten sich 216 mit den in § 10 unter Abschnitt D. skizzierten Aspekten des allgemeinen Persönlichkeitsrechts. Die seit 1985 in den Beschwerdeausschüssen (insgesamt 3.605 Fälle) Fälle mit Bezug zu Ziffer 8 (Persönlichkeitsrechte) belaufen sich auf 812, mit Bezug zu Ziffer 9 (Schutz der Ehre) auf 336 und mit Bezug zu Ziffer 13 Pressekodex (Unschuldsvermutung) auf insgesamt 242 Fälle.

20. Kapitel. Verfahrensrechtliche Fragen

§ 55. Einstweiliger Rechtsschutz

Literatur: *Berger,* Zur Statthaftigkeit der auf Feststellung gerichteten einstweiligen Verfügung, ZZP 110 (1997) 287; *Berneke,* Die einstweilige Verfügung in Wettbewerbssachen 2. Auflage; *Beyerlein,* (K)eine zweite Chance – wiederholter Antrag auf Erlass einer einstweiligen Verfügung als Dringlichkeitsproblem, WRP 2005, 1463; *Borck,* Buchbesprechung zu Schuschke/Walker, Vollstreckung und vorläufiger Rechtsschutz, WRP 1998, 231; *Groß,* Die Gegendarstellung im Spiegel von Literatur und Rechtsprechung, AfP 2003, 497; *Grunsky,* Grundlagen des einstweiligen Rechtsschutzes, Jus 1976, 277; *Haberstumpf,* Die Aktualitätsgrenze im bayerischen Presserecht, AfP 1990, 274 ff.; *Hirte,* Darlegungs- und Glaubhaftmachungslast im einstweiligen Rechtsschutz, NJW 1986, 110; *Leipold,* Strukturfragen des einstweiligen Rechtsschutzes, ZZP 90 (1977), 258; *Schmidt,* Die mündliche Verhandlung in Gegendarstellungssachen AfP 1992, 31; *Schmidt/Seitz,* Zur Reform des Gegendarstellungsrechts, NJW 1992, 2400; *Schuschke, Walker,* Vollstreckung und vorläufiger Rechtsschutz, 2. Auflage; *Stein, Jonas,* ZPO, 22. Auflage; *Seitz,* Richterliches Plädoyer für mündliche Verhandlung in Gegendarstellungssachen, AfP 1991, 581; *Teplitzky,* Arrest und einstweilige Verfügung, Jus 1980, 882; *Vogg,* Einstweilige Feststellungsverfügung?, NJW 1993, 1357.

1   Gesetzliche Grundlage für zivilrechtliche Unterlassungsverfügungen sind die Vorschriften der ZPO für das einstweilige Verfügungsverfahren (§§ 935 ff. i.V.m. §§ 920 ff. ZPO), für die gerichtliche Anordnung der Veröffentlichung einer Gegendarstellung die durch die Landespressegesetze angeordneten Verfahren in Verbindung mit den Vorschriften der ZPO für das einstweilige Verfügungsverfahren bzw. die Vorschriften der ZPO für das einstweilige Verfügungsverfahren, sofern nicht in den Landespressegesetzen Ausnahmen geregelt sind.[1] Soweit der Verwaltungsrechtsweg eröffnet ist,[2] kommt einstweiliger Rechtsschutz nach Maßgabe von § 123 VwGO in Betracht. In § 123 Abs. 3 VwGO wird auf die entsprechende Anwendung von §§ 920, 921, 923, 926, 928 bis 932, 938, 939, 941 und § 945 ZPO verwiesen. Für die Sicherung eines Anspruchs auf Geldentschädigung oder Schadensersatz kann ein Arrest (§§ 916 ff. ZPO) nach allgemeinen Regeln in Betracht kommen.

A. Grundsätzliches

I. Der Streitgegenstand der Leistungs- oder Befriedigungsverfügung

Wenn ein Anspruchsberechtigter durch eine Unterlassungsverfügung einstweiligen **2** Rechtsschutz zur Sicherung eines Unterlassungsanspruchs erlangt,[3] wird im Ergebnis die Durchsetzung seines Anspruchs nicht nur gesichert, sondern der Gläubiger wird befriedigt, solange der Schuldner die Verpflichtung aus der Unterlassungsverfügung befolgt.

Nach der üblichen Terminologie unterscheidet man bei einstweiligen Verfügungen zwi- **3** schen Sicherungsverfügungen (§ 935 ZPO), Regelungsverfügungen (§ 940 ZPO) und **Leistungs- oder Befriedigungsverfügungen.** Bei Letzteren stimmen der Antrag und der Tenor zur Verfügungssache mit dem Klageantrag und der stattgebenden Urteilsformel zur Hauptsache überein. Es ist strittig, ob es sich bei der Leistungs- oder Befriedigungsverfügung um eine eigene Verfügungsart handelt, insbesondere ob sie sich von der Regelungsverfügung nach Rechtsgrundlage, Voraussetzungen und Rechtsfolgen trennen lässt.[4] Die Rechtspraxis hat aber anerkannt, dass über die Sicherung eines Anspruchs und die vorläufige Regelung eines streitigen Rechtsverhältnisses hinaus ausnahmsweise eine teilweise – unter besonderen Umständen auch endgültige – Befriedigung des Gläubigers ermöglicht werden muss.[5] Nach überwiegender Meinung handelt es sich bei einstweiligen Verfügungen zur Sicherung von Unterlassungsansprüchen wegen nicht vermögensrechtlicher Eingriffe in das Persönlichkeitsrecht um Leistungs- bzw. Befriedigungsverfügungen.[6] Auch bei der Leistungs- oder Befriedigungsverfügung ist der Streitgegenstand des summarischen Eilverfahrens nicht mit dem des Hauptsacheverfahrens identisch. Es wird auch dann nicht über den zu sichernden materiellen Anspruch, sondern nur über den Anspruch auf Sicherung der Zwangsvollstreckung wegen des materiellen Anspruchs entschieden, wenn die zeitlich nicht beschränkte Unterlassungsverfügung[7] wie eine endgültige Regelung hingenommen wird, obwohl die Durchführung des Hauptsacheverfahrens möglich und durchsetzbar wäre.[8] Die wegen § 927 ZPO nicht bis zu einem bestimmten Zeitpunkt oder bis zur Hauptsacheentscheidung befristeten Unterlassungsverfügungen[9] bleiben vorläufige Maßnahmen, weil hinsichtlich des gesicherten Anspruchs ein Hauptsacheverfahren stattfinden kann,[10] weil die Eilmaßnahme der Aufhebung wegen veränderter Umstände gem. §§ 936, 927 ZPO unterliegt[11] und weil auch für die Vollziehung einer ungerechtfer-

---

[1] Vgl. Rn. 5.

[2] Vgl. Rn. 43.

[3] Vgl. Rn. 89.

[4] Schuschke/*Walker*, Vor § 916 Rn. 11; Musielak/*Huber*, § 940 Rn. 1 ff.

[5] Z.B. Zöller/*Stöber/Vollkommer*, § 940 Rn. 1; Thomas/Putzo/*Reichold*, § 940 Rn. 6.

[6] *Berneke*, Rn. 29; Schuschke/Walker/*Schuschke*, Vorbemerkung zu § 935 Rn. 17 und 18; MünchKommZPO/*Heinze*, § 935 Rn. 251; Stein/Jonas/*Grunsky*, vor § 935 Rn. 46; Löffler/*Steffen*, § 6 Rn. 282.

[7] Zum Anspruch auf Gegendarstellung siehe § 48.

[8] Stein/Jonas/*Grunsky*, vor § 935 Rn. 36.

[9] Presserechtliche Eilmaßnahmen werden ganz überwiegend nicht befristet. Schuschke/Walker/*Schuschke*, § 938 Rn. 13; MünchKommZPO/*Heinze*, vor § 916 Rn. 19 befürwortet bei Leistungsverfügungen, von Amts wegen eine Frist im Sinn von §§ 936, 926 Abs. 1 ZPO zu setzen. Zöller/*Vollkommer*, § 940 Rn. 6 befürwortet, Leistungsverfügungen zeitlich zu begrenzen.

[10] Zum Gegendarstellungsanspruch siehe § 48.

[11] Vgl. Rn. 76.

tigt angeordneten oder auf Grund der §§ 936, 926 Abs. 2 ZPO aufgehobenen Leistungs-
oder Befriedigungsverfügung die Haftung nach § 945 ZPO besteht.[12]

II. Die zulässige Verfahrensart

1. Unterlassunganspruch

4   Es kommen sowohl das Eilverfahren als auch das Hauptsacheverfahren in Betracht.[13]
Auf die sofortige Unterlassung einer Äußerung oder der Veröffentlichung eines Bildnisses
ist der Antragsteller meist so dringend angewiesen, dass er einen Titel im ordentlichen
Verfahren nicht abwarten kann, ohne unverhältnismäßig großen oder irreparablen Schaden zu erleiden. Soweit der Anspruchsgegner vorprozessual keine ausreichende strafbewehrte Unterlassungsverpflichtungserklärung abgibt,[14] wird die Mehrzahl der Unterlassungsansprüche im Verfahren der einstweiligen Verfügung durchgesetzt. Oft wird
durch das Eilverfahren die endgültige Streitbereinigung erreicht, weil vom Gegner im
Verlauf des Verfügungsverfahrens eine Unterlassungserklärung oder nach Abschluss des
Verfügungsverfahrens eine Abschlusserklärung[15] abgegeben wird. Vor allem bei unstreitigen Sachverhalten haben die Parteien wenig Interesse an der Durchführung des Hauptsacheverfahrens, wo es naheliegt, dass das Gericht über denselben Sachverhalt in der
Hauptsache nicht anderes entscheiden wird als im Eilverfahren. Die große Bedeutung des
einstweiligen Rechtsschutzes liegt daher auch darin, dass das Eilverfahren den Haupt-
sacherechtsschutz nicht nur sichert, sondern im Ergebnis oft ersetzt, so dass der im summarischen Verfahren erstrittene Titel im Ergebnis eine endgültige Wirkung hat. Wenn
zugleich das Eilverfahren und das Hauptsacheverfahren beschritten werden und nicht abgewartet wird, ob nach der einstweiligen Verfügung eine Abschlusserklärung abgegeben
wird, hängt es von den Umständen ab, ob die Erhebung der Hauptsacheklage rechtsmiss-
bräuchlich ist.[16] Zum Hauptsacheverfahren kommt es meistens nur, wenn die Abschlusserklärung abgelehnt worden ist, wenn gem. §§ 936, 926 Abs. 1 ZPO eine Frist zur Klageerhebung gesetzt worden ist oder wenn der Antragsteller mit seinem Gesuch auf einstweilige Verfügung unterlegen ist.

2. Gegendarstellungsanspruch

5   Bei den in den Landespressegesetzen[17] geregelten Ansprüchen auf Gegendarstellung
ergibt sich überwiegend unmittelbar aus dem Gesetz,[18] dass sie im Eilverfahren endgültig
durchgesetzt werden können, so dass insoweit die dogmatischen Bedenken zur Leis-
tungs- oder Befriedigungsverfügung keine Rolle spielen. In den meisten Bundesländern[19] ist ein eigenes, besonders ausgestaltetes Verfahren auf Anordnung des Abdrucks
einer Gegendarstellung zur Verfügung gestellt, welches die Vorschriften der ZPO über
das Verfahren auf Erlass einer einstweiligen Verfügung für entsprechend anwendbar erklärt. In Bayern, Hessen und Sachsen ist ein besonderes Eilverfahren auf Anordnung der
Veröffentlichung einer Gegendarstellung nicht vorgesehen. Soweit in Landespressegesetzen keine Regelung über das Eilverfahren getroffen oder keine ausdrückliche Verweisung
auf die Vorschriften ZPO erfolgt ist, lässt die Rechtsprechung das Verfahren der einstweiligen Verfügung nach §§ 935 ff. i.V.m. §§ 920 ff. ZPO zu.[20] In den meisten Landespresse-

---

[12] Vgl. Rn. 115.
[13] Vgl. § 56; Löffler/*Steffen*, § 6 Rn. 282.
[14] Vgl. Rn. 24.
[15] Vgl. Rn. 70.
[16] BGH GRUR 2000, 1089, 1091; GRUR 2001, 82, 83; GRUR 2002, 715, 716.
[17] Siehe § 48; *Seitz/Schmidt/Schoener*, Rn. 2 ff.; Löffler/*Sedelmeier*, § 11 Rn. 1 ff.
[18] Siehe die Übersicht bei *Seitz/Schmidt/Schoener*, Rn. 568.
[19] Siehe *Seitz/Schmidt/Schoener*, Rn. 567 ff.
[20] Siehe die Übersicht bei *Seitz/Schmidt/Schoener*, Rn. 568 und Rn. 570 ff.; Löffler/*Ricker*, 28. Kapitel Rn. 9 ff.

gesetzen besteht keine Wahlmöglichkeit zwischen dem Eilverfahren und dem Hauptsacheverfahren, da das Hauptsacheverfahren gesetzlich ausgeschlossen oder § 926 ZPO für unanwendbar erklärt ist. Bei den Landespressegesetzen von Hamburg und Mecklenburg-Vorpommern ist ein an den vorläufigen Rechtsschutz anschließendes Hauptverfahren nicht ausdrücklich ausgeschlossen. Die Rechtsprechung geht jedoch davon aus, dass sich aus der Verweisung auf die Vorschriften über den Erlass der einstweiligen Verfügung der gesetzgeberische Wille entnehmen lässt, die Durchsetzung des Gegendarstellungsanspruchs auf diese Verfahrensart zu beschränken.[21] Ob das Landespressegesetz von Hessen die Hauptsacheklage in jedem Fall ausschließt, ist nicht ganz unstreitig. Überwiegend wird vertreten, dass die Hauptsacheklage ausgeschlossen ist, weil die einstweilige Verfügung auch für den Fall zugelassen ist, dass die „Gefahr der Wiederholung nicht begründet ist" (§ 10 Abs. 4 ff. PresseG).[22] In Bayern ist neben dem Verfügungsverfahren auch das ordentliche Klageverfahren zulässig.[23] Das Landespressegesetz von Sachsen lässt die Geltendmachung des Abdruckverlangens auch im Verfahren der einstweiligen Verfügung zu (§ 10 Abs. 5 SächsPresseG). Bei den Landespressegesetzen von Hessen, Bayern und Sachsen wird jedoch in der Regel nur das Verfahren der einstweiligen Verfügung der besonderen Eilbedürftigkeit der Anspruchsdurchsetzung gerecht werden und jedenfalls für die im Eilverfahren rechtskräftig obsiegende Partei kein Rechtsschutzbedürfnis bestehen, das Hauptsacheverfahren durchzuführen.[24] Streitig ist ferner, ob in Baden-Württemberg das ordentliche Klageverfahren zur Durchsetzung eines auf ein vertragliches Anerkenntnis gestützten Anspruchs gegeben ist. Das wird überwiegend zu Recht abgelehnt.[25] Die landesrechtlich eingeführten Verfahren auf Anordnung der Veröffentlichung einer Gegendarstellung sind verfassungsrechtlich zulässig.[26] Abweichungen zum einstweiligen Verfügungsverfahren der ZPO bestehen darin, dass es der Glaubhaftmachung der Dringlichkeit (Verfügungsgrund) nicht bedarf, da die Pressegesetze, die das besondere Verfahren vorsehen, bestimmen, dass eine Gefährdung des Anspruchs nicht glaubhaft gemacht werden muss.[27] Auch bei den Bundesländern, wo der Hinweis, dass es einer Glaubhaftmachung der Gefährdung nicht bedarf, fehlt, geht die Rechtsprechung davon aus, dass die Dringlichkeit keiner Glaubhaftmachung bedarf. Soweit in § 10 Abs. 4 PresseG die einstweilige Verfügung auch ohne „Gefahr der Wiederholung" zugelassen ist, ist dies nach herrschender Meinung dahin auszulegen, dass die Dringlichkeit nicht glaubhaft gemacht werden muss.[28] Streitig ist, ob eine negative Feststellungsklage des Inhalts, dass eine Verpflichtung zum Abdruck einer Gegendarstellung nicht besteht, zulässig ist, weil der durch Zuleitung einer zweifelhaften Gegendarstellung scheinbar Verpflichtete sonst keine Möglichkeit hat, von sich aus die Rechtslage klären zu lassen.[29] Diese Argumentation hat vieles für sich.

3. Anspruch auf Berichtigung (Widerruf; Richtigstellung)

Der Berichtigungsanspruch kann grundsätzlich nur im Wege der Hauptsacheklage **6** durchgesetzt werden.[30] Da es der Bundesgerichtshof wegen des besonderen Eingriffs in die Interessen des Verletzers als Voraussetzung für den Berichtigungsanspruch ansieht,

---

[21] OLG Hamburg MDR 1972, 333; NJW 1968, 2383; *Seitz/Schmidt/Schoener*, Rn. 573 m.w.N.

[22] *Löffler* NJW 1957, 715; *Seitz/Schmidt/Schoener* Rn. 574; a.A. OLG Frankfurt NJW 1957, 714.

[23] OLG München NJW 1965, 2161; AfP 1973, 483.

[24] Siehe Löffler/Ricker, 28. Kapitel Rn. 3; Löffler/*Sedelmeier*, § 11 Rn. 187.

[25] Bejahend: OLG Karlsruhe AfP 1986, 1967; ablehnend: *Seitz/Schmidt/Schoener* Rn. 106; Löffler/ *Sedelmeier*, § 11 Rn. 187; Wenzel/*Burkhardt*, 11. Kapitel Rn. 360.

[26] BGH NJW 1965, 1230; *Seitz/Schmidt/Schoener* Rn. 500; Löffler/Ricker 28. Kapitel Rn. 3.

[27] Siehe die Übersicht *Seitz/Schmidt/Schoener*, Rn. 589; Löffler/Ricker 28. Kapitel Rn. 9.

[28] Siehe *Seitz/Schmidt/Schoener*, Rn. 593 ff.

[29] Für Unzulässigkeit: BGH GRUR 1968, 214; verneinend: Löffler/*Sedelmeier*, § 11 Rn. 186.

[30] OLG Köln AfP 1981, 358; OLG Bremen AfP 1979, 355; Löffler/*Steffen*, § 6 Rn. 302; *Soehring*, Rn. 31.17 ff.; anderer Ansicht OLG Düsseldorf AfP 1979, 711; OLG Hamburg AfP 1971, 35; OLG Köln AfP 1972, 331.

dass die Unwahrheit feststeht, bzw. im Strengbeweisverfahren festgestellt wird,[31] ist der Berichtigungsanspruch nur im Wege der Hauptsacheklage durchsetzbar, weil nur in dieser Verfahrensart die Unwahrheit ausreichend festgestellt werden kann. Ausnahmsweise wird bei einem unabweisbaren Bedürfnis eine Leistungsverfügung für zulässig gehalten, wenn sowohl die Unwahrheit der Behauptung als auch ihre nachteiligen Auswirkungen für den Betreffenden offenkundig sind.[32] Nur bei besonderen, im Presserecht in der Regel nicht vorliegenden Fallgestaltungen wird die einstweilige Verfügung auf Widerruf für zulässig erachtet, vor allem in Form eines vorläufig eingeschränkten Widerrufs, etwa des Inhalts, die Behauptung werde derzeit nicht aufrechterhalten.[33]

4. Antrag auf Feststellung

7   Es ist streitig, inwieweit – in engen Grenzen – auch einstweilige Verfügungen auf Feststellung anzuerkennen sind. Es wird u.a. zutreffend eingewandt, dass eine Feststellungsverfügung mangels materieller Rechtskraftwirkung im Hinblick auf das Hauptsacheverfahren die Ungewissheit über die Folgen der ins Auge gefassten Handlungen nicht beheben kann.[34] Soweit aber ausnahmsweise das Eilverfahren für zulässig erachtet wird, sind andere Fallgestaltungen als im Presserecht betroffen.[35]

5. Anspruch auf Auskunft

8   Soweit zivilrechtliche Auskunftsansprüche in Betracht kommen,[36] sind einstweilige Verfügungen, durch die der Schuldner zur Auskunft verurteilt wird, grundsätzlich als Vorwegnahme der Hauptsache unzulässig.[37] Ausnahmsweise kommt eine einstweilige Verfügung für vorbereitende Auskünfte in Betracht, wenn die Realisierung des Hauptanspruchs für den Gläubiger von existenzieller Bedeutung ist und von der umgehenden Auskunft abhängt oder wenn ohne alsbaldige Auskunft ein endgültiger Rechtsverlust einträte.[38]

III. Rechtshängigkeit

9   Da beim Verfügungsverfahren für das Gericht die Möglichkeit eröffnet ist, in einem einseitigen Verfahren durch Beschluss zu entscheiden, treten die Wirkungen der Rechtshängigkeit nach ganz überwiegender Auffassung bereits mit Einreichung des Verfügungsantrags ein.[39] Die Antragswiederholung während der Rechtshängigkeit des 1. Antrags scheitert an § 261 Abs. 3 Nr. 1 ZPO. Ob nach Rücknahme des Antrags ein neuer – gleicher – Antrag am fehlenden Rechtsschutzbedürfnis oder an der fehlenden Dringlichkeit schei-

---

[31] BGH GRUR 1987, 397, 399; AfP 1992, 361, 363; GRUR 1987, 397, 398; NJW 1987, 1400, 1401; *Prinz/Peters*, Rn. 707; *Löffler/Ricker*, 44. Kapitel Rn. 31.

[32] OLG Hamburg AfP 1971, 35; 1979, 396; OLG Köln AfP 1972, 331; 1981, 358; *Soehring* Rn. 31.20; *Wenzel/Gamer* Kapitel 13 Rn. 102.

[33] OLG Stuttgart WRP 1989, 202/204 ff.; *Berneke*, Rn. 34; *Zöller/Vollkommer*, § 940 Rn. 8 Stichwort „Presserecht" m.w.N.

[34] *Zöller/Vollkommer*, § 935 Rn. 2; *Vogg* NJW 1993, 1357; ablehnend: *Berger* ZZP 110, 287 m.w.N. zur Gegenansicht.

[35] *Zöller/Vollkommer*, § 940 Rn. 8 Stichwort „Gesellschaftsrecht" aE; *Harte/Henning/Retzer*, § 12 Rn. 283.

[36] Zum Rechtsweg für Auskunftsansprüche der Presse nach den Landespressegesetzen siehe *Löffler/Ricker*, 22. Kapitel Rn. 1 ff.

[37] *Zöller/Vollkommer*, § 940 Rn. 8 Stichwort „Auskunft".

[38] *Zöller/Vollkommer*, § 940 Rn. 8 Stichwort „Auskunft"; *MünchKommZPO/Heinze*, Vor § 916 Rn. 86.

[39] BGH GRUR 2003, 549; *Stein/Jonas/Grunsky*, Vor § 916 Rn. 11; *Zöller/Vollkommer*, Vor § 916 Rn. 5; *Teplitzky*, 55. Kapitel Rn. 1; *Ahrens/Ahrens*, 55. Kapitel Rn. 13 mit ausführlicher Darstellung des Streitstandes; a.A. *MünchKommZPO/Heinze*, § 935 Rn. 166.

tert, ist streitig.[40] Dass die vorgezogene Rechtshängigkeit zur Folge hat, dass bereits durch die Einreichung des Verfügungsantrags ein Prozessrechtsverhältnis zwischen dem Antragsteller und dem – formell noch nicht beteiligten – Antragsgegner entsteht, wird überwiegend bejaht.[41] Ob ein Prozessrechtsverhältnis entstanden ist, ist u.a. von Bedeutung, ob für die Kosten der Schutzschrift ein prozessualer Kostenerstattungsanspruch des Antragsgegners gegeben ist.[42]

IV. Rechtskraft

1. Formelle Rechtskraft

a) Urteile im Eilverfahren (Verfügungsurteile oder Urteile, die den Verfügungs- 10 antrag zurückweisen) werden nach allgemeinen Regeln gem. § 705 ZPO formell rechtskräftig,[43] also Versäumnisurteile mit Ablauf der Einspruchsfrist (§ 339 ZPO), erstinstanzielle Endurteile mit Ablauf der Berufungsfrist (§ 517 ZPO). Zweitinstanzielle Endurteile werden mit Verkündung (§ 310 ZPO) formell rechtskräftig, da die Revision nicht statthaft ist (§ 542 Abs. 2 Satz 1 ZPO). Wurde die Rechtsbeschwerde entgegen § 574 Abs. 1 Satz 2 ZPO zugelassen, ist die Zulassung wirkungslos,[44] so dass formelle Rechtskraft ebenfalls mit Verkündung eintritt.[45]

Das Urteil, das auf den Widerspruch hin eine Beschlussverfügung aufhebt, lässt die 11 Wirkungen der einstweiligen Verfügung nach ganz überwiegender Meinung sofort entfallen und nicht erst mit Eintritt der formellen Rechtskraft des Urteils. Mit dem Wesen und der Funktion einer ohne rechtliches Gehör ergangenen Entscheidung ist es unvereinbar, die formelle Rechtskraft des im zweiseitigen Verfahren ergangenen Urteils abzuwarten.[46] Enthält die Abschlusserklärung einen Rechtsmittel- oder Rechtsbehelfsverzicht, führt dies nicht unmittelbar zum Eintritt der formellen Rechtskraft, weil die Erklärung nicht gegenüber dem Gericht, sondern – insoweit wirksam – gegenüber dem Gegner abgegeben wird. Im Prozess kann der Gegner jedoch die Einrede des Verzichts auf das Rechtsmittel/den Rechtsbehelf erheben. Der Verzicht erlangt Wirkung mit der Erhebung der Einrede im Prozess und führt zur Unzulässigkeit des Rechtsmittels.[47]

b) Beschlussverfügungen werden nicht formell rechtskräftig. Sie können – bis zur 12 Verwirkung – mit dem nicht fristgebundenen Rechtsbehelf des Widerspruchs (§ 924 ZPO) angegriffen werden.

Wurde der Verfügungsantrag durch **Beschluss zurückgewiesen**, ist die sofortige Be- 13 schwerde gem. § 567 Abs. 1 Nr. 2 ZPO statthaft. Formelle Rechtskraft tritt mit Fristablauf ein.[48] Die Gehörsrüge (§ 321 a ZPO) hemmt den Eintritt der formellen Rechtskraft nicht.

2. Materielle Rechtskraft

a) Jede materielle Rechtskraftwirkung des **Eilverfahrens gegenüber dem Haupt-** 14 **sacheverfahren** scheidet nach einhelliger Ansicht aus.[49] Im Schadensersatzprozess gem. § 945 ZPO ist das Gericht im Rahmen der materiellen Rechtskraft gem. § 322 Abs. 1 ZPO nur an die im Hauptsacheprozess ergangenen Entscheidungen gebunden.[50] Von der

[40] Zöller/*Vollkommer,* § 916 Rn. 14; *Beyerlein* WRP 2005, 1463.
[41] Zöller/*Vollkommer,* Vor § 916 Rn. 5 b; *Teplitzky,* 55. Kapitel Rn. 1.
[42] Ahrens/*Ahrens,* 55. Kapitel Rn. 13; Zöller/*Vollkommer,* Vor § 916 Rn. 5b.
[43] MünchKommZPO/*Heinze,* Vor § 916 Rn. 48.
[44] BGH NJW 2003, 1531; Zöller/*Gummer,* § 574 Rn. 9.
[45] Thomas/Putzo/*Putzo,* § 705 Rn. 6.
[46] *Berneke,* Rn. 195; ausführlich zum Streitstand *Teplitzky,* 55. Kapitel Rn. 14 ff.
[47] BGH NJW 2002, 2108; Zöller/*Vollkommer,* § 515 Rn. 9.
[48] BGH NJW 92, 2296; Zöller/*Stöber,* § 705 Rn. 1.
[49] MünchKommZPO/*Heinze,* vor § 916 Rn. 49.
[50] BGH NJW 1993, 2685; Thomas/Putzo/*Reichold,* § 945 Rn. 8.

Rechtskraftwirkung zu trennen ist die Frage, ob das Gericht des Schadensersatzprozesses an ein Urteil im Eilverfahren gebunden ist, das die einstweilige Verfügung wegen des von Anfang an fehlenden Anspruchs aufgehoben hat. Dies ist zwar nach überwiegender Meinung der Fall, es handelt sich insoweit aber um keine Rechtskraftwirkung.[51]

15 b) Für **Verfügungsverfahren untereinander** gilt im Ergebnis eine eingeschränkte materielle Rechtskraftwirkung. Insoweit wird zwar die Frage aufgeworfen, ob es sich nicht um eine sinnlose Anwendung von Verfahrenskategorien handelt, da im Eilverfahren nicht über den zu sichernden materiellen Anspruch, sondern nur über den Anspruch auf Sicherung entschieden werde.[52] Es besteht aber letztlich Übereinstimmung, dass auch in Eilverfahren wegen der Gefahr widersprechender Entscheidungen ein berechtigtes Interesse besteht, über denselben Antrag und über dieselbe Begründung nicht wiederholt zu prozessieren. [53] Die Regelung in § 929 Abs. 1 ZPO, die eine Vollziehung gegen den Rechtsnachfolger des Schuldners ermöglicht und auf §§ 727, 325 ZPO verweist, stellt ein Indiz dar, dass das Gesetz von der Anwendbarkeit der Rechtskraftregeln ausgeht.[54] Ob im Verfahren der einstweiligen Verfügung formell rechtskräftige Entscheidungen in materielle Rechtskraft erwachsen, wird überwiegend wie folgt beantwortet:

16 aa) Bei **ablehnenden Entscheidungen** wird beschränkte materielle Rechtskraft bejaht.[55] Bei unveränderten Verhältnissen ist eine Antragswiederholung daher in der Regel unzulässig.[56] Problemlos kann der neue Verfügungsantrag auf neue Tatsachen gestützt werden, die der Antragsteller im ersten Verfahren noch nicht vorbringen konnte.[57] Streitig ist, ob die materielle Rechtskraft entgegensteht, wenn Gefährdungstatsachen schon im ersten Verfahren hätten beigebracht werden können. Überwiegend wird vertreten, es sei nicht erforderlich, dass die neuen Tatsachen nachträglich entstanden sind, sondern es genüge, dass die Tatsachen dem Antragsteller erst nachträglich bekannt geworden sind oder wegen der Eile nicht mit der gebotenen Sorgfalt ermittelt bzw. beigebracht werden konnten.[58] Ebenfalls nicht ganz einheitlich wird die Frage beurteilt, ob bei unverändertem Tatsachenvortrag, aber neuen Mitteln der Glaubhaftmachung der zweite Antrag wegen entgegenstehender Rechtskraft unzulässig ist. Teilweise wird vertreten, die materielle Rechtskraft stehe nur dann nicht entgegen, wenn die neuen Mittel der Glaubhaftmachung im 1. Verfahren nicht vorgebracht werden konnten, nicht aber wenn der Antragsteller sich die Glaubhaftmachungsmittel bei Aufschub der Antragstellung schon für das erste Verfahren hätte beschaffen können.[59] Auch hier wird man wegen des charakteristischen Zeitdrucks des Eilverfahrens vom Antragsteller nicht die gleiche Sorgfalt bei der Beschaffung der Beweismittel verlangen können wie im Hauptsacheverfahren, so dass die Einschränkung der Rechtskraft gerechtfertigt ist.[60]

17 bb) Stattgebenden **Beschlussverfügungen** kommt keine materielle Rechtskraft zu, da sie nicht formell rechtskräftig werden. Stattgebenden **Urteilsverfügungen** kommt in

[51] BGH NJW 92, 2297; Thomas/Putzo/*Reichold*, § 945 Rn. 9; Zöller/*Vollkommer*, § 945 Rn. 9; *Berneke*, Rn. 413.

[52] MünchKommZPO/*Heinze*, vor § 916 Rn. 30 und Rn. 50; Ahrens/*Ahrens*, 55. Kapitel Rn. 7.

[53] Zöller/*Vollkommer*, § 916 Rn. 13; Schuschke/*Walker*, § 922 Rn. 24 ff.; Ahrens/*Ahrens*, 55. Kapitel Rn. 7 und Literaturübersicht bei *Berneke*, Rn. 94.

[54] Ahrens/*Ahrens*, 55. Kapitel Rn. 7.

[55] BGH NJW 2005, 436; OLGR Hamburg 2005, 215; Stein/Jonas/*Grunsky*, § 916 Rn. 14; Zöller/*Vollkommer*, § 916 Rn. 13.

[56] OLG Frankfurt NJW 2005, 3222; ähnlich BVerfG NJW 2005, 3273 für § 32 BVerfGG.

[57] Stein/Jonas/*Grunsky*, § 916 Rn. 17; Zöller/*Vollkommer*, § 916 Rn. 13.

[58] KG Berlin MDR 1979, 64; MünchKommZPO/*Heinze*, vor § 916 Rn. 17 a (dagegen); Ahrens/*Ahrens*, 55. Kapitel Rn. 17; *Berneke*, Rn. 94.

[59] KG Berlin MDR 1979, 64; OLG Karlsruhe GRUR 1978, 116: OLG Stuttgart WRP 1981, 668; Stein/Jonas/*Grunsky*, § 916 Rn. 16, vor § 935 Rn. 15; MünchKommZPO/*Heinze*, Vor § 916 Rn. 53; Ahrens/*Ahrens*, 55. Kapitel Rn. 19; *Berneke*, Rn. 94.

[60] Ahrens/*Ahrens*, 55. Kapitel Rn. 19.

den Grenzen von §§ 936, 927 ZPO materielle Rechtskraft zu.[61] Urteilsverfügungen kön-nen wegen veränderter Umstände, die den Verfügungsanspruch oder den Verfügungs-grund betreffen, jederzeit aufgehoben werden.[62] § 927 ZPO ist eine im Vergleich zu § 323 ZPO weitergehende Vorschrift, die eine Abänderung formell rechtskräftiger und formell nicht rechtskräftiger Entscheidung ermöglicht. Bei nachträglicher Veränderung maßgeblicher Umstände kommt eine Abänderung der einstweiligen Verfügung auch im Rahmen des Widerspruchsverfahrens (Beschlussverfügung) oder des Berufungsverfah-rens (Urteilsverfügung) in Betracht.[63]

Kann eine einstweilige Verfügung wegen Ablaufs der Vollziehungsfrist nicht mehr **18** vollstreckt werden (§§ 936, 929 Abs. 2, Abs. 3 ZPO), kann der Gläubiger grundsätzlich bei Fortbestehen von Grund und Anspruch eine neue einstweilige Verfügung mit glei-chem Inhalt erwirken, es sei denn die frühere Anordnung ist im Rechtsmittelzug oder nach §§ 936, 927 ZPO aufgehoben worden oder der Gläubiger hat ausdrücklich erklärt, er werde daraus keine Folgerungen mehr herleiten.[64]

B. Das Verfahren auf Anordnung der einstweiligen Verfügung

I. Systematik

Das summarische Erkenntnisverfahren ist zwar im 5. Abschnitt des 8. Buches (Zwangs- **19** vollstreckung) geregelt. Das summarische Erkenntnisverfahren gehört jedoch, anders als die Vollziehung der einstweiligen Verfügung, nicht zur Zwangsvollstreckung.[65] Der Titel „einstweilige Verfügung" sichert daher auch nicht „automatisch" den Anspruch, sondern er muss – auch beim Unterlassungsanspruch – erst vollzogen werden, um den erwünschten Sicherungseffekt zu haben.[66] Soweit sich nicht aus §§ 936, 928 ff. ZPO oder den Eigen-arten des einstweiligen Rechtsschutzes Besonderheiten ergeben, gelten für das summa-rische Erkenntnisverfahren die Vorschriften für das streitige Hauptsacheverfahren.[67]

II. Der Ablauf des Verfahrens

Es ist zu unterscheiden, ob eine einstweilige Verfügung auf Unterlassung oder auf **20** Gegendarstellung betroffen ist.

Bei einem **Unterlassungsanspruch** sollte vorprozessual aus Kostengründen eine **21** Abmahnung des Verletzers[68] durch den Verletzten erfolgen.[69] Beim **Gegendarstellungs-anspruch** müssen die Gegendarstellung und das Veröffentlichungsverlangen unverzüg-lich bzw. innerhalb der Aktualitätsgrenze zugeleitet werden.[70] Rechnet der Anspruchs-gegner mit einer einstweiligen Verfügung, weil er die verlangte strafbewehrte Unterlas-sungserklärung nicht abgeben oder dem Veröffentlichungsverlangen nicht entsprechen will, kann er eine Schutzschrift beim zuständigen Gericht einreichen.[71] Nach Eingang

---

[61] Vgl. Zöller/*Vollkommer,* § 916 Rn. 13.
[62] Vgl. Rn. 76.
[63] Vgl. Rn. 80.
[64] OLG Frankfurt NJW 1968, 2112; OLG Hamburg MDR 1970, 936; Zöller/*Vollkommer,* § 916 Rn. 13.
[65] BGH NJW 1991, 496 ff.; Schuschke/*Walker,* Vor § 916 Rn. 7; *Grunsky* Jus 1976, 277, 280; *Leipold* ZZP 90, 258, 261; *Teplitzky* Jus 1980, 882; *Wenzel* MDR 1967, 889, 891.
[66] Ausführlich Ahrens/*Berneke,* 57. Kapitel Rn. 4 ff.
[67] Schuschke/*Walker,* Vor § 916 Rn. 7.
[68] BGH NJW-RR 2007, 856.
[69] Vgl. Rn. 23.
[70] Vgl. Rn. 40.
[71] Vgl. Rn. 35.

des Antrags auf Erlass einer einstweiligen Verfügung bei Gericht prüft dieses, ob das Beschlussverfahren oder das Urteilsverfahren beschritten wird. Überwiegend wird die einstweilige Verfügung durch Beschluss erlassen, weil sie dringend im Sinn von § 937 Abs. 2 ZPO ist. Im Rahmen des Beschlussverfahrens wird der Antragsgegner grundsätzlich nicht gehört.[72] Das Vorbringen in der Schutzschrift ist bei der Entscheidung – ausnahmsweise nachdem dem Antragsteller rechtliches Gehör gewährt worden ist – zu berücksichtigen.[73] Ist die Entscheidung besonders eilig (dringlich), kann beim Landgericht auch der Vorsitzende durch Beschluss eine einstweilige Verfügung erlassen (§ 944 ZPO). Der Antrag kann ohne mündliche Verhandlung durch Beschluss verworfen oder zurückgewiesen werden. Es ist allerdings strittig, ob bei der Zurückweisung eines Antrags auf Erlass einer Gegendarstellungsverfügung nicht trotz des Wortlauts von § 937 Abs. 2 ZPO mündlich verhandelt werden muss, weil andernfalls das Problem der „Nachbesserung" einer Gegendarstellung in die zweite Instanz verlagert wird.[74]

22 Entscheidet sich das Gericht nicht für das Beschlussverfahren, muss es mündliche Verhandlung anberaumen und einen möglichst nahen Termin bestimmen, da ein weit hinausgeschobener Termin einer unzulässigen verdeckten Ablehnung des Antrags gleichkommen kann.[75] Die Urteilsverfügung wird den Parteien von Amts wegen (§ 317 ZPO), die Beschlussverfügung wird nur dem Antragsteller von Amts wegen zugestellt. Der ablehnende Beschluss ist dem Gegner vom Gericht grundsätzlich nicht von Amts wegen mitzuteilen (§§ 936, 922 Abs. 3 ZPO).

III. Vorprozessuale Maßnahmen bei Unterlassungsansprüchen

1. Die Abmahnung

23 a) Der **Begriff** „Abmahnung" ist nicht ganz unmissverständlich. Nach überwiegender Meinung handelt es sich bei der Abmahnung einerseits um eine **Warnung** und **Aufforderung zur außergerichtlichen Streitbeilegung**. Anderseits handelt es sich bei der „Abmahnung" regelmäßig nicht nur um eine Aufforderung des Abmahnenden an den Abgemahnten zu einem Angebot, sondern um **Angebot des Abmahnenden** an den Abgemahnten zum Abschluss eines **strafbewehrten Unterlassungsvertrages**.[76] Eine § 12 Abs. 1 UWG vergleichbare Regelung für die Abmahnung gibt es zwar für äußerungsrechtliche Unterlassungsansprüche nicht. Gleichwohl ist eine Abmahnung nach heute herrschender Auffassung auch bei äußerungsrechtlichen Unterlassungsansprüchen grundsätzlich unter Kostengesichtspunkten erforderlich und zur Streitbeilegung sinnvoll.[77]

24 Der auf Unterlassung in Anspruch Genommene kann im Allgemeinen die Wiederholungsgefahr durch die **Abgabe** einer – ausreichenden – uneingeschränkten, bedingungslosen und unwiderruflichen **Unterlassungsverpflichtungserklärung**, die mit einem ausreichenden Vertragsstrafeversprechen verbunden ist, ausräumen. Die Unterlassungsverpflichtungserklärung muss nach Inhalt und Umfang dem Unterlassungsanspruch entsprechen. Dabei ist der Vorbehalt des Abgemahnten zulässig, dass die Äußerung wiederholt wird, wenn dafür ein gerechtfertigter Anlass besteht.[78] Für den Wegfall der Wiederholungsgefahr ist es unerheblich, ob ein ausreichendes Angebot vom Verletzten ange-

---

[72] Vgl. Rn. 37.
[73] Vgl. Rn. 38.
[74] *Seitz/Schmidt/Schoener*, Rn. 633 ff.
[75] *Zöller/Stöber*, § 216 Rn. 21.
[76] BGH NJW-RR 2006, 501; Harte/Henning/*Brüning*, § 12 Rn. 20 ff. und Rn. 120 ff.; *Teplitzky*, 41. Kapitel Rn. 4 ff.
[77] OLG Celle AfP 1997, 820; 1995, 507; Wenzel/*Burkhardt*, 12. Kapitel Rn. 106; *Soehring*, Rn. 30.15; Löffler/Ricker, 44. Kapitel Rn. 9.
[78] BGH AfP 1994, 139; NJW 1996, 723; NJW-RR 2002, 608, 609; Wenzel/*Burkhardt*, § 12 Rn. 20 ff.

nommen wird. Andererseits entfällt die Wiederholungsgefahr bzw. das Rechtsschutzbedürfnis auch dann, sobald der Abgemahnte ein entsprechendes **Angebot** des Abmahnenden **annimmt**.

b) Rechtsnatur der Abmahnung, Zugang, Vollmacht. Die Abmahnung ist nach **25** allgemeiner Meinung **keine Prozessvoraussetzung**.[79] Die Abmahnung ist aber grundsätzlich erforderlich, um eine Kostenentscheidung gem. § 93 ZPO zu verhindern, wenn der Antragsgegner im nachfolgenden Prozess[80] ein Anerkenntnis abgibt.[81]

Über die **materiell-rechtliche Doppelnatur** der Abmahnung besteht überwiegend **26** Einigkeit.[82] Die herrschende Meinung geht davon aus, dass die Abmahnung nicht lediglich eine Aufforderung des Verletzten an den Verletzer zur Abgabe eines Vertragsangebots darstellt, sondern ein Angebot des Verletzten an den Verletzer zum Abschluss eines Unterlassungsvertrages.[83] **Zweck der Abmahnung** ist es, den Interessen beider Beteiligter zu dienen. Mit der Abmahnung soll erreicht werden, dass zügig und kostengünstig eine einverständliche Regelung herbeigeführt und ein teures gerichtliches Verfahren vermieden wird. Der Gläubiger erhält eine Sicherung, die einem Titel gleichwertig ist, wenn der Schuldner das Angebot auf die strafbewehrte Unterlassungsverpflichtungserklärung annimmt. Es wird außerdem für den Gläubiger die ungünstige Kostenfolge von § 93 ZPO verhindert, wenn der Schuldner die geforderte Unterwerfungserklärung zwar zunächst nicht abgibt, im späteren Prozess aber anerkennt. Der Schuldner bekommt die Gelegenheit, einen teuren Prozess im Verhältnis zum Gläubiger abzuwenden, wenn er die ausreichende Unterwerfungserklärung abgibt, weil dadurch die Begehungsgefahr entfällt.[84]

Soweit das **Angebot** zum Abschluss eines **Unterlassungsvertrages** betroffen ist, muss **27** das Angebot des Gläubigers als empfangsbedürftige Willenserklärung dem Abgemahnten **zugehen**. Wenn der Gegner das Angebot nicht annimmt, sondern dem Gläubiger eine abweichende Unterwerfungserklärung anbietet, beinhaltet die Übersendung der Unterwerfungserklärung nur dann den Verzicht auf den Zugang der Annahmeerklärung im Sinn von § 151 Satz 1 BGB, wenn die Unterwerfungserklärung nicht wesentlich von dem abweicht, was der Anspruchsteller verlangt hat.[85] Soweit die Natur der Abmahnung als **Warnung** und **Aufforderung zur außergerichtlichen Streitbeilegung** betroffen ist, kann dahingestellt bleiben, ob es sich um eine – zugangsbedürftige – geschäftsähnliche Handlung[86] oder um eine „Funktion mit ausschließlich kostenrechtlichen Auswirkungen" handelt.[87] Den Antragsgegner, der im Verfahren eine strafbewehrte Unterlassungsverpflichtungserklärung abgibt und geltend macht, ihm sei die Abmahnung des Antragstellers nicht zugegangen, trifft nämlich grundsätzlich die Darlegungs- und Beweislast für die Voraussetzungen einer dem Antragsteller die Prozesskosten auferlegenden Entscheidung nach § 93 ZPO. Im Rahmen der sekundären Darlegungslast ist der Antragsteller lediglich gehalten, substantiiert darzulegen, dass das Abmahnschreiben abgesendet worden ist. Kann nicht festgestellt werden, ob das Abmahnschreiben dem Antragsgegner zugegangen ist oder nicht, ist für eine Kostenentscheidung nach § 93 ZPO kein Raum.[88] Stehen dem Antragsteller Mittel der Glaubhaftmachung für die Absendung zur Ver-

---

[79] *Prinz/Peters,* Rn. 362; zum Wettbewerbsrecht z. B. *Teplitzky,* 41. Kapitel Rn. 1.

[80] Dieselben Erwägungen gelten für das Hauptsacheverfahren.

[81] OLG Celle AfP 1997, 820; OLG Köln AfP 1995, 506; OLG München NJW-RR 2001, 42, das damit im Ergebnis seine gegenteilige Ansicht in NJW-RR 1992, 731 aufgegeben hat; Wenzel/*Burkhardt,* 12. Kapitel Rn. 106; *Soehring,* Rn. 30.15.

[82] *Teplitzky,* 41. Kapitel Rn. 6 ff. mit ausführlicher Darstellung.

[83] BGH NJW 1993, 721; GRUR 1995, 167, 168; GRUR 2002, 824 ff.

[84] Harte/Henning/*Brüning,* § 12 Rn. 3.

[85] BGH GRUR 2002, 824 ff.

[86] Palandt/*Heinrichs,* § 174 Rn. 1; *Prinz/Peters,* Rn. 366.

[87] *Teplitzky,* 41. Kapitel Rn. 6.

[88] BGH GRUR 2007, 629.

fügung, schadet es nichts, diese dem Gericht vorzulegen.[89] Bei der im Hinblick auf die Rechtsnatur der Abmahnung dogmatisch nicht ganz überzeugend diskutierten Frage, ob ein Rechtsanwalt der Abmahnung eine **Vollmacht** nach § 174 BGB beilegen muss, gibt es verschiedene Auffassungen. Teilweise wird vertreten, dass § 174 BGB nicht entsprechend anwendbar sei.[90] Nach einer anderen Meinung kann der Abgemahnte die Vollmacht verlangen, mit der Konsequenz, dass die Abmahnung ohne Nachweis der Vollmacht nicht wirksam ist.[91] Nach einer weiteren Meinung hat der Verletzer Anlass zur Klageerhebung gegeben, wenn er eine Vollmacht verlangt, ohne eine Verpflichtungserklärung in Aussicht zu stellen.[92] Zur Sicherheit sollte eine Vollmacht im Sinn von § 174 BGB der Abmahnung beigelegt werden.

28   c) Der **Inhalt** der Abmahnung orientiert sich an dem − ihrer Doppelnatur entsprechenden − Zweck, dem Anspruchsteller eine, einem Titel gleichwertige Sicherung zu schaffen[93] und eine Kostenentscheidung gem. § 93 ZPO zu verhindern, falls es dennoch zum Prozess kommt.

29   Die Abmahnung sollte demgemäß folgende Voraussetzungen erfüllen:
− Die **Bezeichnung der Parteien** und des **Streitgegenstandes**, insbesondere die **konkrete** Angabe der **Verletzungshandlung**. Durch die Angaben wird dem Schuldner die Möglichkeit eingeräumt, die Berechtigung des geltend gemachten Unterlassungsanspruchs zu prüfen und durch Abschluss eines Unterwerfungsvertrages ein gerichtliches Verfahren zu vermeiden.
− Die **Androhung gerichtlicher Schritte**. Durch die Androhung soll der Schuldner gewarnt werden. Das Fehlen der Androhung ist entbehrlich, wenn der Schuldner aus sonstigen Umständen erkennen konnte, dass gerichtliche Schritte drohen. [94]
− Das **Angebot** an den Abgemahnten, einen strafbewehrten Unterlassungsvertrag zu schließen. In der Abmahnung liegt ein Angebot des Abmahnenden auf Abschluss eines Unterlassungsvertrages, wenn sie eine vorformulierte Unterlassungserklärung enthält, die nur noch vom Schuldner unterschrieben und zurückgesandt werden muss, und wenn kein abweichender Wille des Abmahnenden erkennbar ist.[95] Nimmt der Abgemahnte das Angebot an oder gibt er eine abweichende, aber ausreichende strafbewehrte Unterlassungsverpflichtungserklärung ab, entfällt die materiell-rechtliche Anspruchsvoraussetzung der **Begehungsgefahr**.
− Die Setzung einer **bestimmt bezeichneten, angemessenen Frist**.[96] Soweit die Annahme des Angebots des Abmahnenden auf Abschluss eines strafbewehrten Unterlassungsvertrages betroffen ist, wäre wegen § 147 Abs. 2 BGB eine Fristsetzung zur Wirksamkeit nicht erforderlich. Allerdings sollte eine Fristsetzung erfolgen, um zu verhindern, dass der Schuldner mit der Folge von § 93 ZPO im nachfolgenden Prozess anerkennen kann. Bei der Bemessung der Frist sind die Interessen des Verletzten und des Verletzers zu berücksichtigen.[97] Nur unter seltenen Umständen wird auch die Setzung einer Frist von Stunden ausreichen.

30   d) Soweit der Aspekt der Abmahnung als **Warnung** und **Aufforderung zur außergerichtlichen Streitbeilegung** betroffen ist, ist eine bestimmte **Form** nicht vorgeschrieben. Jedoch sollte aus Beweisgründen von der Form der §§ 126 ff. BGB Gebrauch gemacht werden. Ob für den **Unterlassungsvertrag** ein Schriftformerfordernis besteht,

---

[89] OLG Köln AfP 1993, 590; *Prinz/Peters*, Rn. 364.
[90] OLG Karlsruhe NJW-RR 1990, 1323.
[91] OLG Nürnberg NJW-RR 1991, 1393.
[92] OLG Hamburg NJW 1986, 2119.
[93] *Prinz/Peters*, Rn. 360; *Harte/Henning/Brüning*, § 12 Rn. 3.
[94] OLG Hamburg WRP 1986, 292.
[95] OLG Köln WRP 2000, 226; *Harte/Henning/Brüning*, § 12 Rn. 125.
[96] *Harte/Henning/Brüning*, § 12 Rn. 47.
[97] KG Berlin AfP 1993, 749; *Prinz/Peters*, Rn. 364.

ist nicht unstreitig. Auch wenn es sich bei der Unterwerfungsverpflichtungserklärung um ein abstraktes Schuldversprechen oder Schuldanerkenntnis im Sinn von § 780 BGB oder § 781 BGB (streitig) handelt,[98] ist Schriftform nicht erforderlich, wenn man davon ausgeht, dass zugleich ein Vergleich vorliegt, weil der Gläubiger nicht mehr die Titulierung seines Titels anstrebt. Es gilt dann Formfreiheit gem. § 782 BGB. Zur Sicherheit und jedenfalls zu Beweiszwecken ist die Schriftform jedoch unbedingt anzuraten.[99]

e) Entbehrlich ist die Abmahnung, wenn ihre Erfolglosigkeit vorauszusehen ist, weil **31** die Unterwerfungserklärung des Schuldners angesichts seiner bisherigen Haltung ausgeschlossen werden kann oder wenn sie unzumutbar ist, weil eine schwere Persönlichkeitsverletzung unmittelbar droht.[100] Entbehrlichkeit der Abmahnung wurde in folgenden Fällen bejaht:

Die Veröffentlichung steht unmittelbar bevor, so dass bei vorheriger Abmahnung das **32** gerichtliche Unterlassungsgebot zu spät kommen könnte.[101] Aufgrund des bisherigen Verhaltens des Schädigers muss der Verletzte davon ausgehen, ohne Inanspruchnahme des Gerichts werde er sowieso nicht zu seinem Recht kommen.[102] Unwahre Tatsachenbehauptungen beruhen auf vorsätzlicher oder grober Verletzung der journalistischen Sorgfaltspflicht.[103] Eine offensichtliche Schmähkritik stellt eine so gravierende Ehrverletzung dar, dass bei vernünftiger Betrachtung das Bemühen um eine außergerichtliche Klärung unzumutbar erscheint.[104] Unter Missachtung eines bereits ausgesprochenen Verbotes, einer schon erfolgten Mahnung oder einer Unterlassungsverpflichtungserklärung begeht der Verletzer eine identische oder im Kern gleiche Verletzungshandlung.[105]

f) Schließen die Parteien nach den Grundsätzen von §§ 145 ff. BGB einen **Unter- 33 lassungsvertrag,** wollen sie in der Regel eine neue selbständige Unterlassungsverpflichtung schaffen, die vom gesetzlichen Unterlassungsanspruch unabhängig ist und ihn ersetzt.[106] Der gesetzliche Anspruch erlischt, wenn die materiell-rechtliche Anspruchsvoraussetzung der Wiederholungsgefahr entfällt. Der Verstoß begründet eine neue Wiederholungsgefahr und einen neuen gesetzlichen Unterlassungsanspruch.[107] Ob die Wiederholungsgefahr entfällt, hängt neben der Abgabe einer ausreichenden Unterlassungsverpflichtungserklärung davon ab, ob eine angemessene Vertragsstrafe angeboten wurde, die geeignet erscheint, den Verletzer ernsthaft von Wiederholungen abzuhalten. In äußerungsrechtlichen Streitigkeiten kommen in der Regel Beträge zwischen 5000,00 EUR und 10 000,00 EUR in Betracht.[108]

g) Die notwendigen **Kosten der Abmahnung** hat grundsätzlich der Schädiger zu zah- **34** len. Nach überwiegender Meinung gehören Kosten der Abmahnung nicht zu den Prozesskosten des nachfolgenden Rechtsstreits und können daher auch nicht im Kostenfestsetzungsverfahren berücksichtigt werden.[109] Unter den Voraussetzungen von §§ 823 ff. BGB gehören die Kosten der **Abmahnung** als adäquat verursachter Schaden zu den gem. § 249 BGB zu ersetzenden Herstellungskosten. Der Schädiger hat jedoch nicht schlecht-

---

[98] BGH NJW-RR 1996, 106.
[99] Harte/Henning/*Brüning,* Rn. 120 ff., 130.
[100] KG AfP 1993, 749; OLG Köln AfP 1995, 506, 507; Wenzel/*Burkhardt,* 12. Kapitel Rn. 107.
[101] OLG Karlsruhe WRP 1986, 166; OLG Düsseldorf AfP 1988, 44.
[102] OLG Köln AfP 1995, 506, 507.
[103] OLG Köln AfP 1990, 51, 52; AfP 1985, 61, 62.
[104] LG Oldenburg, AfP 1987, 725, 726.
[105] OLG Köln AfP 1995, 506.
[106] BGH GRUR 1996, 678, 679; GRUR 2001, 85, 86, Harte/Henning/*Brüning,* § 12 Rn. 120.
[107] BGH GRUR 1996, 291; GRUR 1997, 380; GRUR 1998, 1943; AfP 1994, 139; GRUR 2000, 605, 607; GRUR 2001, 453, 455.
[108] Wenzel/*Burkhardt,* 12. Kapitel Rn. 21; zur Festlegung der Höhe der Vertragsstrafe und Bestimmung der Vertragsstrafe durch Dritte vgl. Löffler/Steffen, § 6 Rn. 267.
[109] BGH NJW-RR 2006, 501; Zöller/*Vollkommer* § 91 Rn. 13; Schuschke/Walker/*Schuschke,* Anh. zu § 935 A. Rn. 37.

hin alle durch das Schadensereignis adäquat verursachten Anwaltskosten zu ersetzen, sondern nur solche, die aus der maßgeblichen Sicht des Geschädigten mit Rücksicht auf seine spezielle Situation (subjektbezogene Schadenbetrachtung) zur Wahrnehmung seiner Rechte erforderlich und zweckmäßig waren. Ob Erstattung von Anwaltskosten für eine Abmahnung gem. § 823 Abs. 1, § 249 Abs. 1 BGB oder nach den Grundsätzen der Geschäftsführung ohne Auftrag verlangt werden kann, hängt davon ab, ob aus Sicht des Geschädigten die sofortige Einschaltung eines Anwalts erforderlich war.[110] Liegt kein schuldhaftes Verhalten vor, kommt ein Anspruch aus Geschäftsführung ohne Auftrag gem. §§ 683, 677, 670 BGB in Betracht.

2. Die Schutzschrift

35   **a) Zweck** der Schutzschrift ist es, dem Antragsgegner vor der Entscheidung rechtliches Gehör zu verschaffen, auch wenn das Gericht das „einseitige" Beschlussverfahren wählt. Die Schutzschrift ist gesetzlich nicht geregelt, sondern wurde von der Praxis entwickelt. Hält das Gericht die Entscheidung für dringend im Sinn von § 937 Abs. 2 ZPO, erlässt es die einstweilige Verfügung ohne mündliche Verhandlung durch Beschluss. Regelmäßig wird im Beschlussverfahren dem Antragsgegner die Antragsschrift nicht zur schriftlichen Stellungnahme zugeleitet, da sich das „zweiseitige" schriftliche Beschlussverfahren und die Dringlichkeit im Sinn von § 937 Abs. 2 ZPO grundsätzlich ausschließen, so dass über einen Verfügungsantrag, der nicht dringlich im Sinn von § 937 Abs. 2 ZPO ist und der nicht sogleich zurückgewiesen werden kann, mündlich verhandelt werden muss.[111] Ohne die Schutzschrift wäre der Antragsgegner mit seinem Verteidigungsvorbringen auf den Widerspruch beschränkt und müsste zunächst hinnehmen, dass der Titel in einem summarischen und zudem einseitigen Verfahren auf Grund einer möglicherweise unzutreffenden Tatsachengrundlage ergeht. Wurde er vorprozessual vergeblich abgemahnt oder hat er das Veröffentlichungsverlangen abgelehnt, kann der Antragsgegner davon ausgehen, dass der Antragsteller eine – regelmäßig auch angedrohte – einstweilige Verfügung beantragen wird. Er kann daher vorsorglich sein Verteidigungsvorbringen in einer Schutzschrift vortragen. Ist wegen des fliegenden Gerichtsstandes von § 32 ZPO unklar, bei welchem Gericht der Antrag auf Erlass einer einstweiligen Verfügung gestellt werden wird, empfiehlt es sich, bei jedem in Betracht kommenden Gericht eine Schutzschrift einzureichen.

36   **b) Der Inhalt** der Schutzschrift entspricht dem einer Antragserwiderung. Der Schuldner erwidert auf die hypothetische Antragsschrift. Wichtig ist die vollständige Bezeichnung der Parteien des zu erwartenden Verfügungsverfahrens, damit die Schutzschrift dem Verfügungsantrag zugeordnet werden kann. Wird die Schutzschrift durch einen Rechtsanwalt eingereicht, sollte eine ausdrückliche Bestellungsanzeige im Sinn von § 172 Abs. 1 ZPO enthalten sein, aus der sich ergibt, dass und inwieweit sich der Rechtsanwalt für den Antragsgegner bestellt.[112] Es empfiehlt sich, förmliche Anträge zu stellen, auch wenn diese nur Anregungen an das Gericht sind. Üblicherweise wird beantragt, den Antrag auf Erlass einer einstweiligen Verfügung zurückzuweisen und hilfsweise – mangels Dringlichkeit im Sinn von § 937 Abs. 2 ZPO – nicht ohne mündliche Verhandlung zu entscheiden. Die Anträge sind substanzvoll zu begründen. Die Begründung sollte erhebliche Umstände tatsächlicher oder rechtlicher Art zum Verfügungsgrund und/oder zum Verfügungsanspruch und/oder zur Glaubhaftmachung enthalten, die dem Erlass einer einstweiligen Verfügung entgegenstehen könnten. Die entsprechenden Unterlagen und Glaubhaftmachungsmittel sollten der Schutzschrift ebenso beigefügt sein wie Abschriften im Sinn von § 133 ZPO.

---

[110] BGH NJW-RR 2007, 856.
[111] *Berneke*, Rn. 169.
[112] *Berneke*, Rn. 128.

c) Die Schutzschrift erfährt folgende **Behandlung:** Geht die Schutzschrift vor dem An- 37
trag auf Erlass einer einstweiligen Verfügung bei Gericht ein, wird sie dort gem. § 8 Abs. 1
Satz 1 AktO in das Allgemeine Register eingetragen, erhält ein AR-Aktenzeichen und wird
im Namensverzeichnis EDV-mäßig erfasst. Geht später der Antrag auf Erlass einer einstweiligen Verfügung bei Gericht ein, wird die Schutzschrift zusammen mit dem Antrag auf
Erlass einer einstweiligen Verfügung dem zuständigen Richter/der zuständigen Kammer
vorgelegt. Da mit Eingang des Verfügungsantrags nach überwiegender Meinung ein Prozessrechtsverhältnis begründet wird,[113] kann der Antragsteller gem. § 299 Abs. 1 ZPO eine
Abschrift der Schutzschrift verlangen, soweit ihm nicht schon aus anderen Gründen rechtliches Gehör zur Schutzschrift zu gewähren ist. Anfragen von Seiten des Antragsgegners
nach Eingang des Verfügungsantrags müssen vom Gericht grundsätzlich beantwortet werden. Dass ausnahmsweise der Überraschungszweck dagegen spricht, wird im Presserecht
selten der Fall sein.[114] Wird kein Antrag auf Erlass einer einstweiligen Verfügung gestellt,
geht die Schutzschrift ins Leere. Der vermeintliche Antragsteller wird nicht informiert.
Nach 6 Monaten wird die Schutzschrift entweder nach § 7 Abs. 3 AktO weggelegt oder
zurückgesandt. Geht die Schutzschrift nach dem Antrag auf Erlass einer einstweiligen Verfügung ein, ist sie gem. § 8 Abs. 4 Satz 1 AktO zu den Akten zu nehmen.

Kommt es zu einem Verfügungsverfahren, muss der Inhalt der Schutzschrift berück- 38
sichtigt werden und zwar nicht nur im Hinblick darauf, ob mündlich zu verhandeln
ist.[115] Die Schutzschrift kann sich auch zu Lasten des Antragsgegners auswirken, wenn
durch das Vorbringen in der Schutzschrift ein Sachvortrag des Antragstellers unstreitig
wird und deswegen eine fehlende oder unzureichende Glaubhaftmachung des Antragstellers ohne Auswirkungen bleibt.[116] Soll der Verfügungsantrag unabhängig vom Inhalt der
Schutzschrift zurückgewiesen werden, muss dem Antragssteller zur Schutzschrift kein
rechtliches Gehör gewährt werden. Hält das Geicht das Vorbringen in der Schutzschrift
für beachtlich, kann es nach herrschender Meinung den Inhalt nicht ohne rechtliches Gehör des Antragstellers verwerten. Würde das Vorbringen in der Schutzschrift unberücksichtigt gelassen, würden die Rechte des Antragsgegners ohne Notwendigkeit eingeschränkt.[117] Wäre mit der Anberaumung des Termins zur mündlichen Verhandlung eine
nicht hinnehmbare Verzögerung verbunden, wird es überwiegend als zulässig angesehen,
dem Antragsteller die Schutzschrift zuzuleiten und nach Setzung einer Frist durch Beschluss zu entscheiden.[118] Andernfalls muss Termin zur mündlichen Verhandlung bestimmt und dem Antragsteller durch Übersendung der Schutzschrift rechtliches Gehör
gewährt werden.

d) Bei den **Kosten** der Schutzschrift ist zu unterscheiden, ob es zu einem Verfügungs- 39
verfahren gekommen ist oder nicht. Wurde **kein Antrag auf Erlass einer einstweiligen Verfügung** gestellt, besteht grundsätzlich kein Kostenerstattungsanspruch. Die
Einreichung einer Schutzschrift begründet kein Prozessrechtsverhältnis, so dass ein prozessualer Kostenerstattungsanspruch ausscheidet. Ob ein materiell-rechtlicher Kostenerstattungsanspruch des zu Unrecht Abgemahnten gegen den Abmahnenden besteht, ist
streitig. Nur ausnahmsweise wird ein Schadensersatzanspruch nach § 678 BGB in Betracht kommen.[119] Wird **ein Verfügungsantrag gestellt**, hat grundsätzlich der unterlegene Antragsteller die Kosten der Schutzschrift zu erstatten, wenn die Schutzschrift bis
zum Zeitpunkt der Abweisung oder Rücknahme des Antrags auf Erlass einer einstweili-

---

[113] Vgl. Rn. 9.
[114] Vgl. Harte/Henning/*Retzer*, § 12 Rn. 624.
[115] BGH GRUR 2003, 456.
[116] BGH GRUR 2003, 162; *Teplitzky*, 55. Kapitel Rn. 52.
[117] *Berneke*, Rn. 129; *Borck* WRP 1998, 231, 233; *Teplitzky*, 55. Kapitel Rn. 52; Harte/Henning/*Retzer*, § 12 Rn. 624.
[118] *Teplitzky*, 55. Kapitel Rn. 52 mwN; Ahrens/*Spätgens*, 6. Kapitel Rn. 15 und Rn. 18.
[119] *Berneke*, Rn. 388; *Teplitzky*, 41. Kapitel Rn. 78 ff. m.w.N.

gen Verfügung bei Gericht eingegangen ist. Unerheblich ist nach heute herrschender Meinung, ob die Schutzschrift vor oder erst nach dem Antrag auf Erlass einer einstweiligen Verfügung bei Gericht eingegangen ist. Nach überwiegender Meinung wird bereits mit der Stellung des Verfügungsantrags und nicht erst mit einer Verfahrensbeteiligung des Antragsgegners das Prozessrechtsverhältnis zwischen den Parteien begründet, so dass ein prozessualer Kostenerstattungsanspruch gegen den unterlegenen Antragsteller besteht. Soweit die Anwaltskosten nicht in den Prozesskosten des Verfügungsverfahrens aufgehen, ist deren Notwendigkeit nach überwiegender Meinung grundsätzlich erst im Kostenfestsetzungsverfahren zu prüfen.[120] Es kommt auch ein materiell-rechtlicher Kostenerstattungsanspruch nach §§ 823 ff. BGB oder § 678 BGB in Betracht.

IV. Vorprozessuale Maßnahmen bei der Gegendarstellung

40   Hinsichtlich der **Formulierung der Gegendarstellung**, der **Zuleitung der Gegendarstellung** und des **Veröffentlichungsverlangens** wird auf Kapitel 57 Bezug genommen. Für die Schutzschrift gilt das oben Gesagte.

41   Die Kosten für die Formulierung der Gegendarstellung, die Zuleitung und das außergerichtliche Abdruckverlangen sind nicht als Kosten des Verfahrens erstattungsfähig, sondern können nur unter den Voraussetzungen von §§ 823, 249 BGB erstattet werden.[121]

V. Der Antrag auf Erlass einer einstweiligen Verfügung

1. Zur Zulässigkeit des Verfügungsantrags

42   Der Verfügungsantrag ist zulässig, wenn die allgemeinen Prozessvoraussetzungen vorliegen und ein durch einstweilige Verfügung sicherbarer Anspruch behauptet wird, für den der ordentliche Rechtsweg offen ist.[122]

   a) Zum Rechtsweg wird auf Kapitel 16 § 40 Rn. 54 verwiesen.

43   **b) Die Zuständigkeit. aa) Bei einstweiligen Verfügungen auf Unterlassung** sind Gerichtsstandsvereinbarungen unzulässig (§ 40 Abs. 2 Nr. 2, § 937 Abs. 1, § 802 ZPO). Bei **Unterlassungsverfügungen** hängt die Zuständigkeit davon ab, ob die Hauptsache bereits anhängig ist.

44   Ist die **Hauptsache bereits anhängig**, ist das Gericht der Hauptsache das für das Eilverfahren örtlich und sachlich ausschließlich zuständige Gericht (§ 937 Abs. 1, § 802 ZPO). Ob das Gericht, bei dem die Hauptsache anhängig ist, tatsächlich zuständig ist, ist grundsätzlich unerheblich.[123] Ob nach der Verweisung der Hauptsache (§ 281 ZPO) das im Rahmen des Eilverfahrens zunächst angegangene Gericht der Hauptsache gem. § 261 Abs. 3 Nr. 2 ZPO zuständig bleibt, ist nicht unstrittig und wird teilweise als nicht sachgerecht angesehen.[124] Ist in der Hauptsache Berufung eingelegt, ist Gericht der Hauptsache das Berufungsgericht (§ 943 ZPO). Das Berufungsgericht bleibt zuständig bis zur Rechtskraft des Berufungsurteils oder bis zur Einlegung der Revision.[125]

45   Ist die **Hauptsache nicht anhängig**, kann der Antrag bei jedem Gericht erhoben werden, das für eine entsprechende Hauptsacheklage zuständig wäre. Es besteht ein Wahlrecht (§ 35 ZPO). Durch die Ausübung des Wahlrechts wird nach ganz herrschender Meinung keine Festlegung für das Hauptsacheverfahren getroffen. Die nachträgliche Erhebung der Hauptsacheklage bei einem anderen Gericht hat wegen § 261 Abs. 3 Nr. 2

---

[120] *Berneke*, Rn. 389; Rn. 91; Harte/Henning/*Retzer,* § 12 Rn. 625 ff. m.w.N.

[121] Löffler/*Sedelmeier*, § 11 Rn. 228.

[122] Thomas/Putzo/*Reichhold*, § 935 Rn. 1.

[123] Stein/Jonas/*Grunsky,* § 919 Rn. 5.

[124] *Teplitzky*, 54. Kapitel Rn. 5; *Berneke*, Rn. 114.

[125] Stein/Jonas/*Grunsky,* § 919 Rn. 5.

ZPO keine Auswirkungen auf die Zuständigkeit. Hinsichtlich der **örtlichen Zuständigkeit** und **sachlichen Zuständigkeit** des Gerichts der Hauptsacheklage wird auf die Ausführungen in Kapitel 16 § 40 Rn. 29 ff. verwiesen.

bb) Soweit für den Anspruch auf Veröffentlichung einer **Gegendarstellung** nur das **46** Eilverfahren eröffnet ist, hängt die Zuständigkeit nicht vom Prozess der Hauptsache ab, sondern beurteilt sich nach den Vorschriften der ZPO und des GVG. In diesen Fällen dürfte nach der Neufassung von § 40 ZPO eine Gerichtsstandsvereinbarung zulässig sein, da weder ein nichtvermögensrechtlicher Anspruch betroffen ist, der den Amtsgerichten ohne Rücksicht auf den Wert des Streitgegenstandes zugewiesen ist (§ 40 Abs. 2 Satz 1 Nr. 1 ZPO), noch die Voraussetzungen von § 40 Abs. 2 Satz 1 Nr. 2, § 937 Abs. 1, § 802 ZPO vorliegen.

Hinsichtlich der **örtlichen Zuständigkeit** gelten mangels besonderer Regelungen die Vorschriften der ZPO. Die herrschende Meinung vertritt den Standpunkt, dass nur am **allgemeinen Gerichtsstand** geklagt werden kann, d.h. am Sitz der Verlagsgesellschaft (§ 17 ZPO), gegebenenfalls am Sitz der gewerblichen Niederlassung (§ 21 ZPO) oder am Wohnsitz des verantwortlichen Redakteurs (§§ 12, 13 ZPO, § 7 BGB).[126] Beim verantwortlichen Redakteur kommt es nicht auf den Geschäftssitz der Redaktion an, sondern auf den **Wohnsitz** des Redakteurs. Insoweit ist § 13 ZPO eindeutig, mag es auch teilweise schwierig sein, die im Impressum nicht anzugebende Adresse des verantwortlichen Redakteurs zu ermitteln.[127] Die Inanspruchnahme des Gerichtsstandes der **Niederlassung** ist möglich, wenn der Verlag an dem betreffenden Ort tatsächlich eine Niederlassung unterhält. Umstritten ist, ob die Unterhaltung einer Teilredaktion genügt. Für Meldungen im regionalen Teil einer Zeitung ist der Gerichtsstand von § 21 ZPO zu bejahen, wenn der Verlag Hauptniederlassungen unterhält, die Verlagsgeschäfte betreiben, indem sie zum Beispiel Regionalausgaben vervielfältigen und/oder verbreiten. Ob der Bericht identisch oder verändert auch überregional erschienen ist, ändert am Ergebnis nichts. Soll die Gegendarstellung allerdings in der Gesamtausgabe erscheinen, ist das Gericht am Ort der Regionalausgabe unzuständig. Dass dem Anspruchsteller damit in einem gewissen Rahmen ein Wahlrecht eingeräumt wird, ist hinzunehmen, zumal dadurch kein „fliegender Gerichtsstand" eröffnet wird.[128] Hat ein Verlag zwei Firmensitze, kommen beide als Gerichtsstand in Betracht.[129]

Bei der **sachlichen Zuständigkeit** ist zu berücksichtigen, dass es sich in der Regel um **47** nichtvermögensrechtliche Streitigkeiten handelt. Zur Höhe des Streitwerts wird auf Rn. 120 verwiesen.

c) Keine Prozessvoraussetzungen sind beim Antrag auf Unterlassung die Abmah **48** nung[130] und beim Antrag auf Gegendarstellung das vorgerichtliche Abdruckverlangen.[131]

d) Die Bestimmtheit des Verfügungsantrags. Es wird zunächst auf Kapitel 16 **49** § 40 Rn. 5 verwiesen. Wie im Hauptsacheverfahren bestimmt der Antragsteller im Verfügungsverfahren u.a. mit seinem Antrag (§§ 936, 920 Abs. 1 ZPO) den Streitgegenstand. Auch im Verfügungsverfahren ist das Gericht gem. § 308 Abs. 1 ZPO an den Verfügungsantrag gebunden und darf nicht mehr oder etwas anderes zusprechen als beantragt.[132] Wegen § 938 Abs. 1 ZPO muss der Antragsteller bei Sicherungs- oder Regelungsverfü

---

[126] Löffler/*Sedelmeier*, § 11 Rn. 192; *Seitz/Schmidt/Schoener*, Rn. 510; Wenzel/*Burkhardt*, 11. Kapitel Rn. 231.

[127] OLG Frankfurt AfP 1985, 288; LG Leipzig AfP 93, 674. Löffler/*Sedelmeier* a.a.O und Wenzel/ *Burkhardt* a.a.O haben ihre abweichenden Meinungen aufgegeben.

[128] OLG Stuttgart AfP 2002, 340; OLG München ArchPR 1969, 76; *Seitz/Schmidt/Schoener*, Rn. 514; Löffler/*Sedelmeier*, § 11 Rn. 192; Wenzel/*Burkhardt*, 11 Kapitel Rn. 234.

[129] LG Berlin AfP 2004, 148.

[130] Siehe Rn. 23.

[131] Löffler/*Sedelmeier*, § 11 Rn. 195.

[132] OLG Karlsruhe WRP 2001, 1328; Stein/Jonas/*Grunsky*, Vor § 935 Rn. 11 m.w.N.

gungen jedoch nur das erstrebte Rechtsschutzziel bezeichnen, nicht die erstrebte Maßnahme. Das Gericht bestimmt bei Sicherungs- und Regelungsverfügungen nach freiem
Ermessen, welche Anordnungen zur Erreichung des Zwecks erforderlich sind. Nur wenn
der Antragsteller ausdrücklich erklärt, andere Maßnahmen als die beantragte Maßnahme
abzulehnen, hat das Gericht keine Wahl und muss den Antrag zurückweisen, wenn eine
ungeeignete Maßnahme beantragt wurde. Nach ganz überwiegender Meinung muss bei
Leistungs- oder Befriedigungsverfügungen, zu denen auch die Unterlassungsverfügung zählt, der Antrag dem **Bestimmtheitserfordernis von § 253 Abs. 2 Nr. 2 ZPO**
entsprechen. Davon ist der Antragsteller durch § 938 ZPO, der auf echte Sicherungsmaßnahmen und nicht auf eine zeitweilige Befriedigung des zu sichernden Anspruchs abstellt, nicht entbunden. Das Gericht kann vom Antrag nicht unter Hinweis auf § 938 ZPO
abweichen und Entscheidungen treffen, die über redaktionelle Umformulierungen
hinausgehen.[133] Das Gericht hat vielmehr gem. § 139 Abs. 1 ZPO auf die Stellung eines
sachdienlichen Antrags hinzuwirken und zu beurteilen, ob eine Antragsänderung im Sinn
von § 263 ZPO oder eine privilegierte Änderung im Sinn von § 264 ZPO vorliegt.

50   Die Rechtsprechung im Verfahren der einstweiligen Verfügung auf **Gegendarstellung**
zur Frage, inwieweit gerichtliche Anordnungen im Sinn von § 938 ZPO und **Änderungen der Gegendarstellung** möglich sind, ist sehr differenziert. Insoweit wird auf
die Kommentierung zur Gegendarstellung verwiesen.

51   e) Soweit die Landespressegesetze bestimmen, dass die Gegendarstellung „unverzüglich" zugeleitet werden muss, stellt dies keine **Frist zu Einleitung des Verfügungsverfahrens** dar.[134] Einigkeit besteht, dass sich aus dem Zweck der Gegendarstellung, auf
die Erstmitteilung zu erwidern, solange sie aktuell ist, Folgerungen für die verzögerte
Rechtsverfolgung ergeben müssen. Welche dies sind, wird nicht ganz einheitlich beantwortet. Teilweise wird vertreten, dass die Rechtsverfolgung nach Ablauf einer unangemessen langen Zeit wegen **Rechtsmissbrauchs** zur **Unzulässigkeit** des Antrags auf
Erlass einer einstweiligen Verfügung führt,[135] teilweise wird vertreten, dass der materielle
Anspruch **verwirkt** wird.[136] Nach Ablauf von jedenfalls 3 Monaten, oftmals auch nach
erheblich kürzerer Zeit wird im Allgemeinen von einem Wegfall des Rechtsschutzbedürfnisses bzw. der Verwirkung des Anspruchs ausgegangen. Enthält das anzuwendende
Landespressegesetz kein Fristerfordernis für die Zuleitung der Gegendarstellung (Bayern)
oder lediglich das Unverzüglichkeitsgebot ohne Ausschlussfrist (Hessen) ist die **Aktualitätsgrenze** als materielle Voraussetzung zu beachten. Der Anspruchsteller hat die Gegendarstellung und das Abdruckverlangen dem Antragsgegner so rechtzeitig zuzuleiten und
das gerichtliche Verfahren so rechtzeitig einzuleiten, dass eine erste Entscheidung noch
innerhalb der Aktualitätsfrist möglich ist. Bei einer Tageszeitung liegt die Aktualitätsgrenze bei etwa vier Wochen, bei wöchentlich erscheinenden Zeitschriften bei etwa vier
bis sechs Wochen.[137]

2. Zur Begründetheit des Verfügungsantrags

52   a) Wie sich die **Glaubhaftmachungslast** beim einstweiligen Verfügungsverfahren
grundsätzlich verteilt, ist teilweise streitig. Nach ganz überwiegender Meinung trifft
beim **„einseitigen Verfahren"** den Antragsteller die volle Glaubhaftmachungslast.[138]

---

[133] OLG Karlsruhe WRP 2001, 1328; OLG Köln ZUM-RD 2002, 487; a.A. München WuWE-
DE-R 964; *Harte/Henning/Retzer*, § 12 Rn. 367; *Teplitzky*, 54. Kapitel Rn. 38 mit umfangreichen
Nachweisen in Fußnote 147; *Berneke*, Rn. 157; *Ahrens/Jestaedt*, 49. Kapitel Rn. 2 ff.; Stein/Jonas/
Grunsky, Vor § 935 Rn. 10.
[134] OLG Hamburg ArchPR 1977, 50; *Löffler/Sedelmeier*, § 11 Rn. 197.
[135] OLG Hamburg AfP 1980, 210; 1987, 434.
[136] *Wenzel/Burkhardt*, 11. Kapitel Rn. 225 ff.; *Löffler/Sedelmeier*, § 11 Rn. 197.
[137] BayObLG NJW 1970, 1927; OLG München AfP 1990, 311; NJW-RR 2002, 1271; AfP 2001,
137; *Seitz/Schmidt/Schoener*, Rn. 150; *Wenzel/Burkhardt*, 11. Kapitel Rn. 172,
[138] Stein/Jonas/*Grunsky*, § 920 Rn. 11 ff; Schuschke/*Walker*, § 920 Rn. 22.

Der Antragsteller muss daher nicht nur die Prozessvoraussetzungen und alle materiell-rechtlichen Anspruchsvoraussetzungen glaubhaft machen, sondern auch, dass eine Einwendung, für die konkrete Hinweise vorliegen, nicht besteht. Ohne Anhörung des Gegners darf der Verfügungsantrag allerdings aus Beweislastgründen nicht zurückgewiesen werden.[139] Nach überwiegender Meinung entspricht die Glaubhaftmachungslast **bei Anhörung** des Gegners, also beim **„zweiseitigen Verfahren"**, der Beweislast im streitigen Verfahren.[140] Der Antragsteller muss daher die Prozessvoraussetzungen und grundsätzlich alle anspruchsbegründenden streitigen Tatsachen, für die keine Vermutung spricht, glaubhaft machen. Nach der Mindermeinung trifft den Antragsteller auch beim „zweiseitigen Verfahren" immer die volle Glaubhaftmachungslast.[141] Letzteres ist abzulehnen, da kein überzeugender Grund ersichtlich ist, bei der Beteiligung des Antragsgegners die Beweislastregeln des streitigen Verfahrens nicht anzuwenden. Die bloße Einreichung einer Schutzschrift ist keine Beteiligung des Antragsgegners.[142]

     b) Für die **Glaubhaftmachungslast bei Unterlassungsansprüchen** gilt Folgendes: **53**
Soweit Unterlassungsansprüche im Wege der einstweiligen Verfügung geltend gemacht werden, muss nach überwiegender Meinung zwischen dem „einseitigen" Verfahren ohne Anhörung des Antragsgegners und dem „zweiseitigen" Verfahren mit Beteiligung des Antragsgegners unterschieden werden. Nach überwiegender Meinung gilt zum Schutz des Antragsgegners im **„einseitigen Verfahren"** eine erweiterte Darlegungs- und Glaubhaftmachungslast des Antragstellers. Der Antragsteller muss die seinen Anspruch begründenden Tatsachen darlegen und glaubhaft machen, also auch die Unwahrheit der beanstandeten Äußerung.[143] Naheliegende Einwendungen muss er entkräften.[144] Dafür reicht allerdings das geringere Beweismaß der Glaubhaftmachung aus.[145] Beim **„zweiseitigen Verfahren"**, d.h. wenn der Antragsgegner am Verfahren beteiligt ist, weil ihm der Verfügungsantrag zur Stellungnahme zugeleitet worden ist oder weil Termin zur mündlichen Verhandlung anberaumt worden ist, gelten nach überwiegender Meinung die Darlegungs- und Beweislastregeln des Hauptsacheverfahrens auf Unterlassung.[146] Hinsichtlich der Einzelheiten der Darlegungs- und Beweislast für die im **Hauptsacheverfahren** geltend gemachten **Unterlassungsansprüche** wird auf Kapitel 16 § 40 Rn. 84 Bezug genommen.

     c) Für die **Glaubhaftmachungslast** bei der einstweiligen Verfügung auf **Gegendar-**   **54**
stellung gelten wenige **Besonderheiten**: Wer die Glaubhaftmachungslast trägt, ergibt sich zumeist aus den gesetzlichen Regelungen und zwar aus der Gestaltung der den Gegendarstellungsanspruch regelnden Normen in positive und negative Voraussetzungen. Außer für Hessen, wo das berechtigte Interesse gem. § 10 Abs. 2 Satz 1 HPresseG als positive Voraussetzung eingestuft ist, trägt daher der Antragsgegner die Darlegungs- und Glaubhaftmachungslast für das Nichtvorliegen des berechtigten Interesses. Im Bayerischen Pressegesetz fehlt zwar eine entsprechende Regelung. Nach allgemeiner Meinung handelt es sich bei dem Einwand, das berechtigte Interesse fehle, um den Einwand der unzulässigen Rechtsausübung, für den der Antragsgegner nach allgemeinen Grundsätzen die Darlegungs- und Glaubhaftmachungslast trägt.[147] Im **„einseitigen"** Verfahren muss

---

[139] Stuttgart WRP 98, 433; Zöller/*Vollkommer*, Vor. § 916 Rn. 6a.

[140] OLG Brandenburg, NJW-RR 2002, 1269; Zöller/*Vollkommer*, Vor § 916 Rn. 6; Wenzel/*Burkhardt*, 12. Kapitel Rn. 145; a.A. *Hirte* NJW 1986, 110 m.w.N.

[141] OLG Düsseldorf, FamRZ 1980, 158; Baumbach/Lauterbach/*Hartmann*, § 920 Rn. 11.

[142] *Teplitzky*, 54. Kapitel Rn. 46.

[143] KG Berlin AfP 1994, 220; OLG Düsseldorf GRUR 1959, 550; a.A. OLG Celle WRP 1969, 448 ff.; Löffler/*Ricker*, 44. Kapitel Rn. 15; Harte/Henning/*Retzer*, § 12 Rn. 416 ff.

[144] Vgl. Rn. 52.

[145] OLG Frankfurt ZUM 2001, 323; OLG Celle NJW-RR 1987, 448.

[146] OLG Brandenburg NJW-RR 2002, 1269; OLG Stuttgart WRP 1991, 269; OLG Frankfurt, NJW-RR 1991, 175; Wenzel/*Burkhardt*, 12. Kapitel Rn. 145; Löffler/*Ricker*, 44. Kapitel Rn. 15.

[147] OLG München AfP 98, 515; 99, 498; *Seitz/Schmidt/Schoener*, Rn. 668 ff.

der Antragsteller nach allgemeinen Grundsätzen nicht darlegen und/oder beweisen, dass die Gegendarstellung nicht unwahr ist oder dass sie nicht irreführend ist oder dass keine gleiche Gegendarstellung eines Dritten veröffentlicht worden ist, wenn sich aus seinem sonstigen Vorbringen keine konkreten Anhaltspunkte für derartige Einwendungen des Antragsgegners ergeben. Ist der Antragsgegner am Verfahren beteiligt und erhebt er eine solche Einwendung, trägt er die Darlegungs- und Glaubhaftmachungslast. Allerdings wird die Unwahrheit der Entgegnung grundsätzlich nicht geprüft.[148]

55   d) Für die **Mittel der Glaubhaftmachung** gelten die **allgemeinen Regeln**. Eine Tatsache ist glaubhaft gemacht, wenn für sie wenigstens die überwiegende Wahrscheinlichkeit spricht. Da der Antragsteller damit rechnen muss, dass durch Beschluss ohne mündliche Verhandlung entschieden wird, sind die schriftlichen Mittel der Glaubhaftmachung gem. § 294 ZPO oder Augenscheinsobjekte schon mit dem Antrag auf Erlass einer einstweiligen Verfügung vorzulegen (§§ 936, 920 Abs. 2 ZPO). Erst wenn es zur mündlichen Verhandlung kommt, kann die Beweisführung auch durch präsente Beweismittel erfolgen (§ 294 Abs. 2 ZPO). Soweit für den Antragsteller eine Vermutung streitet, bedarf es keiner Glaubhaftmachung. Offenkundige Tatsachen müssen nicht glaubhaft gemacht werden (§ 291 ZPO). Steht aufgrund der Vorkorrespondenz ausnahmsweise fest, dass der Antragsgegner bestimmte Tatsachen nicht bestreitet, bedarf es auch im „einseitigen" Verfahren keiner Glaubhaftmachung dieser Tatsachen. Der Antragsteller muss sich bei der Antragstellung weder äußern noch glaubhaft machen, dass bei keinem weiteren Gericht ein identischer Verfügungsantrag gestellt worden ist.[149]

VI. Die Erledigung der Hauptsache

1. Anwendbarkeit im Verfügungsverfahren

56   Die zur Erledigung der Hauptsache geltenden Grundsätze finden im Eilverfahren entsprechende Anwendung, so dass sich der zum Zeitpunkt des erledigenden Ereignisses zulässige und begründete Verfügungsantrag erledigt, wenn er durch das Ereignis unzulässig oder unbegründet wird. Schließt sich der Antragsgegner der Erledigterklärung des Antragstellers nicht an, so ist nach allgemeinen Grundsätzen über den gem. § 264 Nr. 2 ZPO in einen Erledigungsfeststellungsantrag geänderten Antrag zu entscheiden. Schließt sich der Antragsgegner der Erledigterklärung an, ist nach allgemeinen Grundsätzen gem. § 91a ZPO durch Beschluss über die Kosten zu entscheiden. Nach überwiegender Meinung ist die Erledigterklärung ab Antragstellung und schon vor der Beteiligung des Antragsgegners möglich. Der Antragsgegner muss dann aber schriftlich gehört werden.[150] Das erledigende Ereignis kann auch als veränderter Umstand im Aufhebungsverfahren gem. §§ 936, 927 ZPO geltend gemacht werden. Das Verfahren erledigt sich nicht, wenn der Verfügungsanspruch oder -grund von Anfang an gefehlt haben.

2. Erledigende Ereignisse

57   Streitig ist, ob der Verfügungsgrund nachträglich wegfällt, wenn der Antragsteller im Lauf des Verfahrens, z. B. durch die Ausschöpfung einer von ihm beantragten verlängerten Berufungsbegründungsfrist, zu erkennen gibt, dass ihm die Sache nicht so eilig ist. Es wird teilweise vertreten, die Verzögerung lasse den Schluss zu, ein Verfügungsgrund habe von Anfang an nicht bestanden, so dass keine Erledigung eintrete. Überzeugender ist es, auf den objektiven Eintritt des erledigenden Ereignisses abzustellen und ein erledigendes Ereignis zu bejahen.[151] Die Versäumung der Vollziehungsfrist nach §§ 936, 929 Abs. 2

---

[148] Löffler/*Sedelmeier*, § 11 Rn. 60; *Schmidt/Seitz* NJW 1992, 2400.

[149] Ahrens/*Ahrens*, 55. Kapitel Rn. 20.

[150] Stein/Jonas/*Grunsky*, § 922 Rn. 17; *Berneke*, Rn. 238.

[151] Erledigung verneinend: *Berneke*, Rn. 241; Schuschke/Walker/*Schuschke*, § 935 Rn. 30; Erledigung bejahend: *Teplitzky*, 55. Kapitel Rn. 26; Ahrens/*Schmukle*, 54. Kapitel Rn. 14.

ZPO stellt kein erledigendes Ereignis dar, da davon auszugehen ist, dass der Verfügungsgrund von Anfang an gefehlt hat. Nach Versäumung der Vollziehungsfrist kann sich das Verfügungsverfahren auch nicht mehr aus anderen Gründen erledigen, selbst wenn eine strafbewehrte Unterlassungsverpflichtungserklärung abgegeben wird.[152] Entsprechendes gilt bei der Versäumung der Frist zur Klageerhebung nach §§ 936, 926 Abs. 1 ZPO.[153] Wird ein Leistungsurteil zur Hauptsache rechtskräftig, das mit der einstweiligen Verfügung übereinstimmt, entfällt der Verfügungsgrund nachträglich, da der Antragsteller einen Hauptsachetitel hat. Allerdings gelten Einschränkungen für weitergehende Wirkungen nach § 890 ZPO.[154] Erklärt der Verletzer gegenüber dem Verletzten durch eine strafbewehrte Unterlassungsverpflichtungserklärung (entweder durch Annahme eines Angebots des Antragstellers oder durch Abgabe eines ausreichenden Angebots) uneingeschränkt, bedingungslos und unwiderruflich und unter Übernahme einer angemessenen Vertragsstrafe für jeden Fall der Zuwiderhandlung, weitere Verletzungshandlungen zu unterlassen, ist die Vermutung der Wiederholungsgefahr widerlegt.[155] Der Antragsteller muss den Rechtsstreit für erledigt erklären, da andernfalls der Antrag kostenfällig zurückgewiesen würde.

Streitig ist, ob in dem noch rechtshängigen Verfahren der Antragsteller für erledigt er-   **58** klären kann, wenn die **Gegendarstellung** unter dem Druck der drohenden Zwangsvollstreckung veröffentlicht wird. Der Streit entzündet sich an der Frage, ob der Abdruck der Gegendarstellung mit der Konstellation vergleichbar ist, dass eine Leistung aufgrund eines nur vorläufig vollstreckbaren Titels ohne Leistungswillen lediglich unter dem Druck der Zwangsvollstreckung erbracht wird und deswegen weder zur **Erfüllung** im Sinn von § 362 BGB führt noch ein erledigendes Ereignis darstellt.[156] Dies wird nach weit verbreiteter Ansicht bejaht.[157] Die Gegenmeinung ist der Auffassung, der Rechtsstreit müsse in der Berufung für erledigt erklärt werden, wenn die antragsgemäße Gegendarstellung auf Grund des erstinstanziellen Urteils ordnungsgemäß veröffentlicht worden ist. Beantrage der Antragsteller gleichwohl Zurückweisung der Berufung, dann sei auf die Berufung das erstinstanzielle Urteil aufzuheben und der Antrag zurückzuweisen, weil der Anspruch infolge Erfüllung nicht mehr bestehe. Die Mindermeinung verwirft die Ansicht, die Veröffentlichung einer Gegendarstellung unter dem Druck der Zwangsvollstreckung stelle keine Erledigung dar. Sie ist der Ansicht, dies sei nur zutreffend, wenn es – wie nicht – zulässig und sinnvoll wäre, die unter dem Druck der Zwangsvollstreckung veröffentlichte Gegendarstellung „unter Vorbehalt" abzudrucken, was im Fall rechtskräftiger Verurteilung den erneuten „endgültigen" Abdruck der Gegendarstellung erforderlich machen würde.[158] Die Mindermeinung hat vieles für sich. Der Abdruck der Gegendarstellung ohne Vorbehalt schafft auch ohne Erfüllungswillen des Anspruchsgegners ein nicht rückgängig zu machendes Faktum. Die einmal erfolgte Veröffentlichung kann über § 945 ZPO nicht „rückabgewickelt" werden. Einen bloß vorläufigen Abdruck der Gegendarstellung gibt es de facto nicht. Der Abdruck der Gegendarstellung hat eine ganz eigene, unumkehrbare Öffentlichkeitswirkung. Der Anspruch auf Gegendarstellung ist aus Sicht des durchschnittlichen Lesers der veröffentlichten Gegendarstellung objektiv erfüllt. Der Titel sollte

---

[152] BGH NJW 1991, 496; OLG Hamm GRUR 1989, 931; Stein/Jonas/*Grunsky*, § 929 Rn. 19; OLG Köln GRUR-RR 2001, 71; *Berneke*, Rn. 241.

[153] *Berneke*, Rn. 241; Pastor/*Schmukle*, 54. Kapitel Rn. 16.

[154] OLG Düsseldorf GRUR 1990, 547; OLG Stuttgart WRP 1979, 134; Zöller/*Vollkommer*, § 927 Rn. 6

[155] Ständige Rechtsprechung: BGH GRUR 1983, 127, 128; OLG München NJW-RR 2003, 1487; Löffler/*Steffen*, § 6 Rn. 267.

[156] BGH NJW 1983, 1111; NJW 1994, 268, 274.

[157] OLG Hamburg ArchPR 1976, 54; AfP 1977, 240; OLG Karlsruhe AfP 1998, 65 und AfP 99, 288 offengelassen; OLG Brandenburg NJW-RR 2000, 325; OLG München NJW 1988, 349; *Seitz/Schmidt/Schoener*, Rn. 666 ff.

[158] Löffler/*Sedelmeier*, § 11 Rn. 225.

daher nicht – noch einmal – vollstreckt werden können, wenn die erste Veröffentlichung die verlangte Gegendarstellung zum Inhalt hatte und der Abdruck ordnungsgemäß erfolgt ist. Für die Erledigungsfeststellungsklage besteht nach allgemeinen Grundsätzen ein Rechtsschutzbedürfnis. Der Antragsgegner kann die Zustimmung mit der Begründung verweigern, er habe die Gegendarstellung ohne rechtlichen Grund vorgenommen, weil das Gegendarstellungsverlangen von Anfang an unbegründet gewesen ist.[159]

59   Einigkeit besteht, dass das Erfüllungserfordernis grundsätzlich **formal** zu prüfen ist. Eine Erfüllung liegt beispielsweise nicht vor, wenn die Gegendarstellung in einer anderen Größe als die Erstmitteilung abgedruckt wurde und andere als unwesentliche orthographische oder grammatikalische Druckfehler vorliegen.[160]

VII. Rechtsmittel/Rechtsbehelfe

1. Zurückweisung des Verfügungsantrags

60   Gegen die erstinstanzielle Zurückweisung des Verfügungsantrags durch **Beschluss** ist die sofortige Beschwerde statthaft (§ 567 Abs. 1 Nr. 2 ZPO). Die Beschwerde kann wahlweise beim Gericht, dessen Entscheidung angefochten wird oder beim Beschwerdegericht eingelegt werden (§ 569 Abs. 1 Satz 1 ZPO). Wegen der Abhilfebefugnis nach § 572 ZPO ist es aber sinnvoll, die Beschwerde beim Gericht einzulegen, dessen Entscheidung angefochten wird (iudex a quo). Richtet sich die Beschwerde gegen eine Entscheidung des Landgerichts, besteht Anwaltszwang (§ 78 Abs. 1 ZPO). Eine Ausnahme vom Anwaltszwang gem. § 569 Abs. 3 Nr. 1 ZPO kommt nur in Betracht, wenn die angefochtene Entscheidung vom Amtsgericht erlassen wurde. Einer Zulassung bei einem bestimmten Oberlandesgericht bedarf es aufgrund des Gesetzes zur Stärkung der Selbstverwaltung der Rechtsanwaltschaft vom 26. 3. 3007 seit 1. 6. 2007 nicht mehr. Ein bestimmter Beschwerdewert muss nur bei Beschwerden gegen Kostenentscheidungen erreicht sein (§ 567 Abs. 2 ZPO). Zulässig ist auch die sofortige Beschwerde, mit der vom Antragsteller geltend gemacht wird, das Verfahren habe sich in der Hauptsache erledigt.[161]

61   Gegen die erstinstanzielle Zurückweisung des Verfügungsantrags durch **Endurteil** ist die Berufung statthaft (§§ 511 ff. ZPO), gegen die Zurückweisung durch **Versäumnisurteil** der Einspruch (§ 338 ZPO).

2. Stattgebende Beschlussverfügung

62   **a)** Gegen den Beschluss, durch den eine einstweilige Verfügung erlassen wurde, kann der Antragsgegner den Rechtsbehelf des **Widerspruchs** (§§ 936, 924 Abs. 1 ZPO) einlegen. Für dessen Statthaftigkeit ist es nicht erforderlich, dass der Beschluss zugestellt oder vollzogen wurde oder dass die Vollziehungsfrist noch nicht abgelaufen ist.[162] Die Erhebung des Widerspruchs führt zur mündlichen Verhandlung durch das örtlich und sachlich ausschließlich (§ 802 ZPO) zuständige Gericht. Das ist grundsätzlich dasjenige, das die einstweilige Verfügung erlassen hat. Auch wenn die einstweilige Verfügung vom Beschwerdegericht erlassen wurde, ist nach überwiegender Meinung das Gericht erster Instanz für den Widerspruch zuständig.[163] Der Widerspruch gegen eine Beschlussverfügung des Landgerichts ist schriftlich unter Anwaltszwang einzulegen. Gegen eine Entscheidung des Amtsgericht kann der Widerspruch – ohne Anwaltszwang – schriftlich oder zu Protokoll der Geschäftsstelle eingelegt werden (§§ 936, 924 Abs. 2 ZPO). Der Widerspruch ist

[159] Wenzel/*Burkhardt,* 11. Kapitel Rn. 254; OLG Karlsruhe Die Justiz 1999, 339; OLG Frankfurt AfP 1983, 279.

[160] *Seitz/Schmidt/Schoener,* Rn. 778,

[161] Zöller/*Vollkommer,* § 922 Rn. 4.

[162] Zöller/*Vollkommer,* § 924 Rn. 4.

[163] OLG Düsseldorf MDR 1984, 324; OLG Hamm MDR 1987, 593; Stein/Jonas/*Grunsky,* § 924 Rn. 18, Rn. 9; a.A. z. B. KG Berlin NJW-RR 2004, 165; Schuschke/*Walker,* § 924 Rn. 9.

an keine Frist gebunden. Verwirkung ist jedoch möglich, wenn das ausreichende Zeit- und das ausreichende Umstandsmoment gegeben sind.[164] Die Rücknahme des Widerspruchs ist bis zur formellen Rechtskraft der Widerspruchsentscheidung ohne Zustimmung des Antragsgegners möglich.[165] Wenn mit der Rücknahme des Widerspruchs kein Verzicht verbunden ist, kann der Widerspruch bis zur Verwirkung jederzeit erneut eingelegt werden.[166] Für die Kostenfolge der Rücknahme des Widerspruchs gilt § 515 Abs. 3 ZPO analog.

b) Der **Widerspruch** kann **beschränkt** werden, entweder auf einen abtrennbaren Teil **63** der Entscheidung oder auf die Kostenentscheidung (sogenannter Kostenwiderspruch).[167] Beim **Kostenwiderspruch** beschränkt der Antragsgegner das Widerspruchsverfahren auf das Vorbringen, er habe mangels wirksamer Abmahnung keine Veranlassung zum Antrag auf Erlass einer einstweiligen Verfügung gegeben. Die Beschränkung hat das Ziel, eine Kostenentscheidung gem. § 93 ZPO herbeizuführen und das Kostenrisiko durch einen niedrigen Streitwert zu begrenzen.[168] Nach einhelliger Meinung kann der Widerspruch abweichend von dem in § 99 Abs. 1 ZPO zum Ausdruck kommenden Rechtsgedanken beschränkt werden.[169] Im Kostenwiderspruch liegt ein bindender Teilverzicht auf den Widerspruch in der Sache.[170] Nach ganz herrschender Meinung muss schon bei der Widerspruchseinlegung eindeutig erkennbar sein, dass sich der Schuldner ausschließlich gegen die Kostentragungspflicht wendet.[171] Ein späterer Übergang zum Vollwiderspruch ist unzulässig.[172] Die Kostenentscheidung ergeht auch im Fall von § 128 Abs. 3 ZPO durch Urteil, gegen das entsprechend § 99 Abs. 2 ZPO die sofortige Beschwerde statthaft ist.

Wird die einstweilige Verfügung im Widerspruchsverfahren **bestätigt**, bedarf es keiner **64** neuen Vollziehung nach §§ 936, 929 Abs. 2 ZPO. Kommt es zu einer qualitativen und nicht bloß redaktionellen Änderung, ist eine neue Vollziehung erforderlich.[173]

3. Urteilsverfahren

Statthaftes Rechtsmittel ist die Berufung gem. §§ 511 ff. ZPO. Die Revision ist nicht **65** statthaft (§ 545 Abs. 2 Satz 1 ZPO). Problematisch ist, wie viel Zeit der unterlegene Antragsteller bis zur Begründung der Berufung verstreichen lassen darf, ohne die Dringlichkeitsvermutung zu widerlegen. Das Ausschöpfen der nicht verlängerten Berufungsbegründungsfrist lässt die Dringlichkeitsvermutung grundsätzlich unberührt.[174] Das gilt auch im Rahmen des Gegendarstellungsverfahrens.[175] Wird eine wesentliche Verlängerung der Berufungsbegründungsfrist beantragt und die verlängerte Frist ausgeschöpft, kann die Dringlichkeitsvermutung widerlegt sein.[176]

---

[164] Zöller/*Vollkommer,* § 924 Rn. 10.

[165] Zöller/*Vollkommer,* § 924 Rn. 8.

[166] Zöller/*Vollkommer,* § 924 Rn. 10.

[167] BGH NJW 1986, 1815; BGH WRP 2003, 1001.

[168] OLG Düsseldorf WRP 1979, 863; OLG Hamburg WRP 1996, 442; Harte/Henning/*Retzer,* § 12 Rn. 480 ff.

[169] Vgl. z. B. die umfangreichen Nachweise bei Ahrens/*Scharen,* 51. Kapitel Rn. 41 ff.

[170] BGH MDR 2003, 955, 956; OLG Hamburg NJW-RR 2000, 1238.

[171] Ahrens/*Scharen,* 51. Kapitel Rn. 46; *Teplitzky,* 55. Kapitel Rn. 11.

[172] OLG Hamburg NJW-RR 2000, 1238.

[173] OLG Hamm WRP 1991, 406; OLG Hamburg NJW-RR 2000, 1238; MünchKommZPO/ *Heinze,* § 929 Rn. 5; Zöller/*Vollkommer,* § 929 Rn. 15.

[174] OLG München NJW-RR 1991, 624; OLG Hamm NJW-RR 1992, 622; *Berneke,* Rn. 88 m.w.N.

[175] *Seitz/Schmidt/Schoener,* Rn. 754.

[176] OLG München NJW-RR 1991, 624; *Berneke,* Rn. 88.

VIII. Das Abschlussschreiben und die Abschlusserklärung

66   Die Abschlusserklärung lässt nach überwiegender Meinung das Rechtsschutzinteresse für die Hauptsacheklage entfallen.[177] Verzichtet der Antragsgegner gegenüber dem Antragsteller im Abschlussschreiben auf Rechtsmittel, führt dies nicht unmittelbar zur formellen Rechtskraft der im Eilverfahren ergangenen Entscheidung. Der Verzicht muss im Rechtsmittelverfahren als Einrede geltend gemacht werden.[178]

1. Begriffe

67   Das **Abschlussschreiben** und die **Abschlusserklärung** sind von der wettbewerbsrechtlichen Praxis entwickelte und von der presserechtlichen Praxis übernommene Rechtsinstitute, mit dem Ziel auf rechtsgeschäftlichem Wege einer einstweiligen Verfügung auf Dauer die gleichen Wirkungen wie einem Hauptsachetitel beizulegen. Die Erwirkung eines Hauptsachetitels soll überflüssig und die erwirkte Unterlassungsverfügung ebenso effektiv und dauerhaft werden wie ein im Hauptsacheverfahren erwirkter Titel.[179] Die Aufforderung des Verfügungsgläubigers an den Verfügungsschuldner, eine solche Erklärung abzugeben, wird als **Abschlussschreiben** bezeichnet. Die vom Verfügungsschuldner abgegebene Erklärung an den Verfügungsgläubiger wird als **Abschlusserklärung** bezeichnet.

2. Das Abschlussschreiben

68   **a) Inhalt.** Das Abschlussschreiben, mit dem der Verfügungsgläubiger den Verfügungsschuldner zur Abgabe der Abschlusserklärung auffordert, soll dem Verfügungsgläubiger Klarheit verschaffen, ob er eine Hauptsacheklage erheben muss. Dem Verfügungsschuldner soll die Möglichkeit verschafft werden, den Rechtsstreit insgesamt zu beenden. Erhebt der Verfügungsgläubiger in der Folgezeit die Hauptsacheklage, ohne dass ein Abschlussschreiben vorherging, muss er im Falle eines sofortigen Anerkenntnisses durch den früheren Verfügungsschuldner/jetzigen Beklagten eine Kostenentscheidung gem. § 93 ZPO befürchten.[180] Mit dem Abschlussschreiben wird der Verfügungsschuldner aufgefordert, innerhalb einer bestimmten Frist die – nicht zwingend – vorformulierte Abschlusserklärung abzugeben. Zur Sicherheit sollte das Abschlussschreiben eine Androhung der Klageerhebung enthalten, um seine Warnfunktion zu erfüllen.[181] Bei ungenauen oder zu weit gehenden Aufforderungen besteht die Gefahr, dass im nachfolgenden Hauptsacheverfahren eine Kostenentscheidung nach § 93 ZPO ergeht, wenn im Prozess vom Beklagten sofort anerkannt wird. Eine Pflicht zur Begründung des Abschlussschreibens kommt allenfalls gegenüber rechtlich unerfahrenen, nicht über eine Rechtsabteilung verfügenden oder nicht anwaltlich vertretenen Schuldnern in Betracht.[182]

69   **b) Die Kosten des Abschlussschreibens.** Die Kosten des Abschlussschreibens gehören nach einhelliger Meinung nicht zu den Kosten des Verfügungsverfahrens. Kommt es zum Hauptsacheverfahren, sind sie dem obsiegenden Kläger als notwendige Vorbereitungskosten zu erstatten, andernfalls gem. §§ 823 ff, § 249 BGB oder nach den Grundsätzen der Geschäftsführung ohne Auftrag.[183] Um keine notwendigen Kosten handelt es

---

[177] BGH GRUR 1991, 76; GRUR 2005, 692; a.A. z.B. MünchKommZPO/*Heinze,* § 935 Rn. 172 ff.

[178] Siehe Rn. 11.

[179] BGH GRUR 1989, 115; GRUR 1991, 76; GRUR 2005, 692.

[180] OLG Celle GRUR-RR 2001, 200; OLG Frankfurt GRUR-RR 2003, 274; Harte/Henning/*Retzer,* § 12 Rn. 652 m.w.N.

[181] Ob die Androhung enthalten sein muss, ist streitig. Dafür z.B. Harte/Henning/*Retzer,* § 12 Rn. 655; *Teplitzky,* 43. Kapitel Rn. 24; a.A.z.B. OLG Zweibrücken GRUR-RR 2002, 344.

[182] *Teplitzky,* 43. Kapitel Rn. 20.

[183] BGH GRUR 1973, 384; *Teplitzky,* 43. Kapitel Rn. 30 Fußnote 102; *Teplitzky,* a.a.O. Rn. 20.

sich, wenn für das Abschlussschreiben keine Veranlassung bestanden hat. Das ist der Fall, wenn dem Schuldner keine Möglichkeit gegeben worden war, von sich aus die einstweilige Verfügung bestandskräftig zu machen. Um keine notwendigen Kosten handelt es sich ferner, wenn dem Gläubiger zugemutet werden konnte, das Abschlussschreiben ohne Hilfe eines Rechtsanwalts zu formulieren. Wann dies der Fall ist, beurteilt sich anhand des Einzelfalls.[184]

3. Die Abschlusserklärung

a) Welchen **Inhalt** die Abschlusserklärung haben sollte, ist nicht ganz unstreitig. Jedenfalls müssen im Ergebnis bestimmte Verzichte vom Antragsgegner erklärt werden. Bei einer **Beschlussverfügung** muss die Abschlusserklärung den Verzicht auf den Rechtsbehelf des Widerspruchs (§§ 924, 936 ZPO) enthalten. Wurde Widerspruch eingelegt, muss die Verpflichtung zu dessen Rücknahme enthalten sein.[185] Bei einer **Urteilsverfügung**, bei der die Berufungs- oder Einspruchsfrist noch nicht abgelaufen ist, ist ein Rechtsmittel-/Rechtsbehelfsverzicht erforderlich. Der Verzicht muss im Rechtsmittel-/Rechtsbehelfsverfahren einredeweise geltend gemacht werden,[186] da die Abschlusserklärung keine Erklärung gegenüber dem Gericht darstellt. Sowohl bei **Beschluss- als auch bei Urteilsverfügungen** muss auf das Antragsrecht nach §§ 936, 926 Abs. 1 ZPO bzw. – bei erfolgter Fristsetzung – auf das Antragsrecht nach §§ 936, 926 Abs. 2 ZPO verzichtet werden. In welchem Umfang vom Antragsgegner auf den Rechtsbehelf aus §§ 936, 927 ZPO verzichtet werden muss, ist streitig.[187] Übereinstimmung besteht, dass eine Abschlusserklärung solche Einwendungen nicht ausschließen muss, die der Schuldner einem rechtskräftigen Hauptsachetitel nach § 767 ZPO entgegenhalten kann, dass jedoch ein ausdrücklicher Verzicht auf die Aufhebung wegen Verjährungseintritts aufgenommen werden sollte.[188] Da nicht unstreitig ist, ob diese Verzichte die Rechte des Verfügungsgegners unberührt lassen, den Verfügungsanspruch durch eine negative Feststellungsklage oder Inzidentfeststellungsklage im Rahmen eines Schadensersatzprozesses gem. § 945 ZPO anzugreifen und anschließend über §§ 936, 927 ZPO die Aufhebung der einstweiligen Verfügung zu betreiben, wird der Verzicht auf diese Klagen für notwendig erachtet.[189] Kontrovers wird diskutiert, ob in der Abschlusserklärung jedenfalls konkludent ein Anerkenntnis des materiellen Anspruchs enthalten sein muss.[190]

70

Von Teplitzky[191] wird überzeugend vorgeschlagen, eine Erklärung zu wählen, die notwendigerweise alle erforderlichen Einzelverzichte einschließt. Er schlägt vor, die Abschlusserklärung dahin zu formulieren, dass der in Frage stehende Verfügungstitel jedenfalls nach Bestandskraft und Wirkung einem entsprechenden Hauptsachetitel gleichwertig anerkannt wird und demgemäß auf alle Möglichkeiten eines Vorgehens gegen diesen Titel und/oder gegen den durch ihn gesicherten Anspruch verzichtet wird, die auch im Falle eines rechtskräftigen Hauptsachetitels ausgeschlossen wären.

71

b) Nach allgemeiner Meinung ist für die Abschlusserklärung **Schriftform** erforderlich. In der mündlichen Verhandlung ist auch eine Erklärung zu Protokoll möglich. Zur Sicherheit sollte der Antragsteller im erstinstanziellen Verfahren dann aber auch gleich verlangen, dass der Antragsgegner gegenüber dem Gericht den förmlichen Rechtsmittelverzicht erklärt.

72

184　*Teplitzky*, 43. Kapitel Rn. 32.
185　*Ahrens* WRP 1997, 907; Schuschke/Walker/*Schmukle*, Anh. zu § 935 D Rn. 4.
186　Vgl. Rn. 11.
187　*Teplitzky*, 12. Kapitel Rn. 639; *Berneke*, Rn. 338.
188　Ahrens/*Ahrens*, 58. Kapitel Rn. 15 ff.; *Teplitzky*, 43. Kapitel Rn. 7.
189　*Teplitzky*, 43. Kapitel Rn. 5.
190　Ahrens/*Ahrens*, 58. Kapitel Rn. 22.
191　*Teplitzky*, 43. Kapitel Rn. 8.

73   **c)** Die Abschlusserklärung muss dem Antragsteller **zugehen**. Das hat der Schuldner zu beweisen.[192] Soll mit der Abschlusserklärung auch die Erklärung verbunden werden, dass die Regelung als materiell-rechtliche Vereinbarung zwischen den Parteien anerkannt wird, bedarf es einer – zumindest konkludenten – vertraglichen Vereinbarung durch Annahme eines im Abschlussschreiben zu sehenden Angebots oder gem. § 151 BGB.[193]

IX. Die Anordnung der Klageerhebung
gem. §§ 936, 926 Abs. 1 ZPO

74   Für Unterlassungsverfügungen kommt **die Anordnung der Klageerhebung** nach §§ 936, 926 Abs. 1 ZPO in Betracht, wenn ein Hauptsachverfahren weder anhängig noch rechtskräftig abgeschlossen ist und ein entsprechender Antrag gestellt wurde. Es gelten die allgemeinen Regelungen. War der Antrag schon vor Erlass der einstweiligen Verfügung gestellt, wird die Anordnung vom Richter (§ 6 RPflG) in die einstweilige Verfügung aufgenommen. Ist der Antrag, der keinem Anwaltszwang unterliegt (§ 13 RPflG), nachträglich gestellt worden, entscheidet der Rechtspfleger (§ 20 Nr. 14 RPflG) nach Anhörung des Gegners durch Beschluss. Die **Kostenentscheidung** nach §§ 91 ff. ZPO umfasst bei der Aufhebung der einstweiligen Verfügung gem. §§ 936, 926 Abs. 2 ZPO das ganze einstweilige Verfügungsverfahren einschließlich des Berufungsverfahrens.[194]

X. Die Aufhebung der einstweiligen Verfügung
gem. §§ 936, 926 Abs. 2 ZPO

75   Auf schriftlichen Antrag entscheidet das Gericht nach notwendiger mündlicher Verhandlung durch Urteil. Zuständig ist das erstinstanzielle Gericht. Das Berufungsgericht ist zuständig, wenn der Verfügungsprozess schon aus anderen Gründen dort schwebt.[195]

XI. Die Aufhebung der einstweiligen Verfügung wegen veränderter
Umstände gem. §§ 936, 927 ZPO

1. Abgrenzung

76   Bei einstweiligen Verfügungen auf Unterlassung findet § 323 ZPO keine Anwendung. Ob der Schuldner gegen Unterlassungstitel, die im Wege der einstweiligen Verfügung erlassen wurden, ausschließlich nach §§ 936, 927 ZPO vorgehen kann, ist streitig. Eine beachtliche Meinung ist der Auffassung, der Schuldner könne zwischen §§ 936, 927 ZPO und § 767 ZPO wählen. Diese Meinung argumentiert, das den Regeln des summarischen Erkenntnisverfahrens unterliegende Aufhebungsverfahren gem. §§ 927, 936 ZPO biete keine Gewähr für eine erschöpfende Aufklärung des Sachverhalts und sei daher kein gleichwertiger einfacherer Weg.[196] Die Gegenmeinung anerkennt zwar, dass Unterlassungsverfügungen den möglichen Hauptsachetenor vorwegnehmen und auf Befriedigung gerichtet sind. Sie argumentiert jedoch, §§ 936, 927 ZPO stelle ein ausreichendes Äquivalent zu § 767 ZPO dar, so dass die Vollstreckungsabwehrklage daher ausscheide.[197]

---

[192] *Teplitzky*, 43. Kapitel Rn. 9.
[193] Harte/Henning/*Retzer*, § 12 Rn. 646.
[194] Thomas/Putzo/*Reichold*, § 926 Rn. 168.
[195] OLG Koblenz NJW-RR 95, 443; Thomas/Putzo/*Reichold*, Rn. 10.
[196] *Teplitzky*, 57. Kapitel Rn. 52; MünchKommZPO/K. *Schmidt*, § 767 Rn. 37; MünchKomm-ZPO/*Heinze*, § 938 Rn. 44 f.; Stein/Jonas/*Münzberg*, § 767 Rn. 58; Stein/Jonas/*Grunsky*, § 938 Rn. 41; Zöller/*Herget*, § 767 Rn. 7.
[197] OLG Hamburg MDR 1960; OLG Karlsruhe GRUR 1979, 571; *Berneke*, Rn. 274; Ahrens/*Ahrens*, 59. Kapitel Rn. 3.

Das Vorgehen nach §§ 936, 927 ZPO ist das raschere, zumeist kostengünstigere und einfachere Verfahren, so dass ganz überwiegend dieser Weg zur Geltendmachung veränderter Umstände zu wählen sein wird.

2. Anwendungsbereich

Gegenstand des Aufhebungsverfahrens ist die Fortdauer der einstweiligen Verfü- **77** gung.[198] Es können sowohl Urteilsverfügungen (grundsätzlich ist es unerheblich, ob diese formell rechtskräftig sind) als auch Beschlussverfügungen wegen veränderter Umstände gem. §§ 936, 927 ZPO aufgehoben werden.

Im Aufhebungsverfahren kann nur geltend gemacht werden, dass die Voraussetzungen **78** für die Eilmaßnahme nachträglich (**ex nunc**) entfallen sind.

Das Verfahren entspricht mit notwendiger mündlicher Verhandlung dem Urteilsver- **79** fahren gem. §§ 936, 922 Abs. 1 ZPO, aber mit veränderten Parteirollen. Es handelt sich nach einhelliger Meinung ebenfalls um ein summarisches Verfahren.[199]

3. Das Verhältnis des Aufhebungsverfahrens zum Widerspruchs- und Berufungsverfahren

Mit dem Widerspruch gegen die Beschlussverfügung und mit der Berufung gegen ein **80** – noch nicht formell rechtskräftiges – Verfügungsurteil kann nicht nur geltend gemacht werden, dass die einstweilige Verfügung **von Anfang an** nicht gerechtfertigt war. Es kann auch geltend gemacht werden, dass sie wegen veränderter Umstände **nachträglich** unrichtig geworden ist. Der Antragsteller hat nach ganz überwiegender Meinung grundsätzlich die Wahl, ob er die veränderten Umstände im Widerspruchs- bzw. im Berufungsverfahren oder im Aufhebungsverfahren geltend machen will. Die Möglichkeit, den umfassenderen Rechtsbehelf Widerspruch/das umfassendere Rechtsmittel Berufung zu ergreifen, nimmt dem Antragsgegner nicht das Rechtsschutzbedürfnis für den Antrag nach §§ 936, 927 Abs. 1 ZPO.[200] Ist bereits ein Widerspruchs- oder Berufungsverfahren anhängig oder wird es zugleich anhängig gemacht, fehlt das Rechtsschutzbedürfnis für das besondere Aufhebungsverfahren nach §§ 936, 927 ZPO, wenn der Widerspruch oder die Berufung auch auf die veränderten Umstände gestützt werden können. Entscheidungserheblich ist nicht, ob der Widerspruch oder das Berufungsverfahren bereits auf die veränderten Umstände gestützt worden ist. Mit der Einlegung des Widerspruchs oder der Berufung wird das vorher eingeleitete Aufhebungsverfahren nach §§ 936, 927 ZPO unzulässig. Nach rechtskräftigem Abschluss des Berufungs-, Widerspruchs- oder Aufhebungsverfahrens zuungunsten des Schuldners kann dieser wegen entgegenstehender Rechtskraft die Aufhebung nicht mit dem jeweils anderen Rechtsbehelf weiter betreiben, sofern nicht ein neuer Aufhebungsgrund vorliegt, der im ersten Verfahren noch nicht geltend gemacht werden konnte.[201]

4. Die veränderten Umstände

Ist die einstweilige Verfügung formell rechtskräftig, kann der Aufhebungsantrag nicht **81** auf Tatsachen gestützt werden, die ihm bei der abschließenden Entscheidung bekannt waren und hinsichtlich derer er über Glaubhaftmachungsmittel verfügte. Mit solchen Aufhebungsgründen ist der Antragsgegner für die Zukunft ausgeschlossen.[202] Die veränderten Umstände können den Verfügungsanspruch und den Verfügungsgrund betreffen. Es genügt eine neue Beweislage, selbst wenn sich der Antragsgegner auf Beweismittel beruft, die im Zeitpunkt des Erlasses der einstweiligen Verfügung schon vorlagen, damals

---

[198] Thomas/Putzo/*Reichold,* § 927 Rn. 1.

[199] *Berneke,* R. 288.

[200] Schuschke/*Walker,* § 924 Rn. 4; *Berneke,* Rn. 28 m.w.N.

[201] Schuschke/*Walker,* § 924 Rn. 5.

[202] Stein/Jonas/*Grunsky,* vor § 916 Rn. 14; § 924 Rn. 5; Zöller/*Vollkommer,* § 924 Rn. 3; *Berneke,* Rn. 276.

aber nicht benutzt werden konnten.[203] Ist zur Hauptsache ein mit der einstweiligen Verfügung übereinstimmendes rechtskräftiges Urteil ergangen, ist der Antragsgegner durch den Fortbestand der überflüssig gewordenen einstweiligen Verfügung belastet. Vor Rechtskraft der Entscheidung zur Hauptsache wird die einstweilige Verfügung noch nicht für entbehrlich gehalten. Der Antragsteller kann auf sie noch angewiesen sein, wenn die Hauptsacheentscheidung nur gegen Sicherheitsleistung vorläufig vollstreckbar ist. Die klageabweisende Hauptsacheentscheidung lässt die einstweilige Verfügung nach ganz überwiegender Meinung nicht wirkungslos werden. Es bedarf der Aufhebung der Eilmaßnahme.[204] Bei einem Feststellungsurteil zur Hauptsache erübrigt sich die einstweilige Verfügung nicht.[205] Die Änderung der Rechtsprechung, auf der die einstweilige Verfügung beruht, kann als veränderter Umstand anzusehen sein. Eine Aufhebung der einstweiligen Verfügung aus diesem Grund kommt aber nur ausnahmsweise in Betracht, etwa bei Erlass einer höchstrichterlichen Entscheidung, nach der ein Obsiegen des Antragstellers zur Hauptsache ausgeschlossen erscheint. Regelmäßig ist zunächst eine den Verfügungsanspruch verneinende Entscheidung zur Hauptsache herbeizuführen.[206] Die Abgabe einer ausreichenden strafbewehrten Unterlassungsverpflichtungserklärung stellt ebenfalls einen veränderten Umstand dar.[207] Ein veränderter Umstand ist es auch, wenn der Antragsteller die Vollziehungsfrist nach §§ 936, 929 Abs. 2 ZPO oder die Frist zur Erhebung der Hauptsacheklage gem. §§ 936, 926 Abs. 2 ZPO versäumt hat.[208] Ohne dass es noch der Erhebung einer – aussichtslos gewordenen – Klage zur Hauptsache bedürfte, bedeutet es einen die Aufhebung der einstweiligen Verfügung rechtfertigenden veränderten Umstand, wenn der Verfügungsanspruch nachträglich erlischt, zum Beispiel weil der Anspruch auf Gegendarstellung erfüllt wurde. Allerdings ist der Erfüllungseinwand auch im Zwangsvollstreckungsverfahren gem. § 888 ZPO zu berücksichtigen.[209] Zum Streit, inwieweit die unter dem Druck der Zwangsvollstreckung erfolgte Veröffentlichung einer Gegendarstellung eine Erfüllung darstellt, siehe Rn. 58.

5. Die Entscheidung

82   Über den Aufhebungsantrag wird aufgrund mündlicher Verhandlung durch Endurteil entschieden (§§ 936, 927 Abs. 2 ZPO). Da das Aufhebungsverfahren nach einhelliger Meinung den Regeln des Urteilsverfahrens auf Erlass einer einstweiligen Verfügung folgt, erfolgt die Beweisführung durch Glaubhaftmachung. Der Antragsgegner muss die veränderten Umstände darlegen und glaubhaft machen.[210] Da im Aufhebungsverfahren die Parteirollen vertauscht sind, kann nur der Antragsgegner das Aufhebungsverfahren für erledigt erklären oder den Aufhebungsantrag zurücknehmen, und zwar nach überwiegender Auffassung ohne Einwilligung des Antragstellers.[211] Aufhebende Urteile erster Instanz sind nach § 708 Nr. 6 ZPO für vorläufig vollstreckbar zu erklären. Wegen des Rechtszugs und der Rechtskraft gelten die Ausführungen zur einstweiligen Verfügung. Grundsätzlich entfaltet die Entscheidung keine Rückwirkung.[212]

6. Kosten

83   Die Kostenentscheidung bezieht sich – anders als bei der Kostenentscheidung über den Widerspruch oder über den Aufhebungsantrag nach §§ 936, 926 Abs. 2 ZPO – grund-

---

[203] Zöller/*Vollkommer*, § 927 Rn. 4.
[204] BGH NJW-RR 1987; NJW 1993, 2685.
[205] Stein/Jonas/*Grunsky*, § 927 Rn. 8.
[206] OLG Köln GRUR 1985, 458; Stein/Jonas/*Grunsky*, § 927 Rn. 4; *Teplitzky*, 56. Kapitel Rn. 34.
[207] Vgl. Rn. 24.
[208] Vgl. Rn. 74.
[209] Zöller/*Stöber*, § 888 Rn. 11; *Seitz/Schmidt/Schoener*, Rn. 778.
[210] OLG Hamburg NJW-WettbR 1997, 92; *Berneke*, Rn. 289.
[211] *Berneke*, Rn. 290; Stein/Jonas/*Grunsky*, § 927 Rn. 11; Zöller/*Vollkommer*, § 927 Rn. 9b.
[212] Thomas/Putzo/*Reichold*, § 927 Rn. 6.

sätzlich nur auf die Kosten des Aufhebungsverfahrens. Erfolgt die Aufhebung ausnahmsweise als von Anfang unrechtmäßig, weil die Hauptsacheklage als von Anfang an unbegründet abgewiesen wurde, wird ausnahmsweise auch über die Kosten des Anordnungsverfahrens entschieden.[213] Überwiegend wird vertreten, dass auch über die Anordnungskosten zu entscheiden ist, wenn die Vollziehungsfrist versäumt wurde.[214]

XII. Der Verzicht auf die titulierte Forderung

Für das Aufhebungsverfahren gem. §§ 936, 926 Abs. 2 ZPO oder §§ 936, 927 ZPO **84** fehlt nach überwiegender Meinung das Rechtsschutzbedürfnis, wenn der Gläubiger gegenüber dem Schuldner auf die Rechte aus der einstweiligen Verfügung einschließlich der Kostenentscheidung verzichtet und den Titel an den Antragsgegner ausgehändigt hat. Will der Gläubiger allerdings auf die Rechte aus der Kostenentscheidung nicht verzichten, entfällt das Rechtsschutzbedürfnis nicht.[215]

XIII. Einstweilige Einstellung der Zwangsvollstreckung

Grundsätzlich kommt ein Antrag auf einstweilige Einstellung der Zwangsvollstre- **85** ckung in Betracht beim **Widerspruch** gem. §§ 936, 924 Abs. 3 Satz 2, § 707 Abs. 1 Satz 1, Abs. 2 ZPO, bei der **Berufung** gegen ein stattgebendes Urteil gem. § 719 Abs. 1, § 707 ZPO und bei dem auf §§ 936, 926 Abs. 2 ZPO oder §§ 936, 927 ZPO gestützten Antrag auf **Aufhebung** gem. §§ 936, 924 Abs. 3 Satz 2, § 707 Abs. 1 Satz 1, Abs. 2 ZPO analog. Nach überwiegender Meinung unterbricht eine einstweilige Einstellung der Zwangsvollstreckung die Vollziehungsfrist nach gem. §§ 936, 929 Abs. 2 ZPO.[216] Soweit die einstweilige Einstellung der Zwangsvollstreckung in Betracht kommt, erfolgt sie grundsätzlich gegen Sicherheitsleistung.

1. Die Einstellung der Zwangsvollstreckung beim Widerspruch und beim Aufhebungsverfahren

Weder der Widerspruch noch der Antrag auf Aufhebung hemmen die Vollziehung **86** (§§ 936, 924 Abs. 3 Satz 1 ZPO). Bei der Unterlassungsverfügung schließt die Gefahr des zeitweiligen oder endgültigen Verlustes des Verfügungsanspruchs die einstweilige Einstellung nicht schlechthin aus. Obwohl §§ 936, 924 Abs. 3 Satz 2 ZPO die einstweilige Einstellung erlaubt, hält die überwiegende Meinung die Einstellung bei einer Unterlassungsverfügung – anders als bei der Gegendarstellungsverfügung – für unzulässig, weil die Einstellung auf eine zeitweilige Aufhebung der Eilmaßnahme hinauslaufe und der Unterlassungsanspruch für diese Zeit endgültig vereitelt werde. Diese Auffassung hält der Bundesgerichtshof nicht für greifbar gesetzeswidrig. Wenn in Ausnahmefällen feststeht, dass die Unterlassungsverfügung keinen Bestand hat, kann die Zwangsvollstreckung vorläufig eingestellt werden.[217]

2. Die Einstellung der Zwangsvollstreckung im Berufungsverfahren

Die Einlegung der Berufung berührt die Vollstreckbarkeit des Verfügungsurteils nicht. **87** Auch insoweit wird überwiegend vertreten, dass die Einstellung der Zwangsvollstre-

---

[213] MünchKommZPO/*Heinze*, § 927 Rn. 20; Thomas/Putzo/*Reichhold*, § 927 Rn. 8.

[214] Thomas/Putzo/*Reichhold*, § 927 Rn. 8 m.w.N.; a.A. Schuschke/*Walker*, § 927 Rn. 22 m.w.N.

[215] BGH NJW 1993, 2687; OLG Frankfurt NJW 68, 2112; Zöller/*Vollkommer*, § 927 Rn. 3; a.A. OLG Hamm GRUR 92, 889.

[216] OLG Hamburg AfP 1982, 35; OLG München AfP 1988, 269; OLG Frankfurt AfP 1980, 225; *Seitz/Schmidt/Schoener*, Rn. 763; Löffler/*Sedelmeier*, § 11 Rn. 222.

[217] BGH NJW-RR 1997, 1155; OLG Koblenz NJW-RR 90, 1535; a.A. z.B. OLG Celle NJW-RR – 1987, 190; Zöller/*Vollkommer* § 924 Rn. 13; *Berneke*, Rn. 196 ff.

ckung aus Unterlassungsverfügungen nicht zulässig ist. Hinzu kommt, dass die summarische Entscheidung, die zur einstweiligen Verfügung geführt hat, nicht in einem noch summarischeren Verfahren wieder abgeändert werden darf. Ist im Widerspruchsverfahren die einstweilige Verfügung aufgehoben worden, kann der Antragsteller, der sich mit der Berufung gegen das Urteil wendet, nicht die Wiederherstellung der Eilmaßnahme erreichen, indem er die einstweilige Einstellung des angefochtenen Urteils verlangt. Eine wiederherstellende Wirkung wird abgelehnt, auch wenn es dem Antragsteller wegen anderweitiger Rechtshängigkeit verwehrt ist, bei inzwischen gegebener Erfolgsaussicht eine neue einstweilige Verfügung zu beantragen.[218] Beim Gegendarstellungsverfahren sollte die Zwangsvollstreckung – grundsätzlich gegen Sicherheitsleistung – eingestellt werden, wenn die Berufung nicht völlig aussichtslos ist und davon auszugehen ist, dass das Berufungsgericht zügig entscheiden wird.[219]

C. Die Vollziehung der einstweiligen Verfügung

88   Die einstweilige Verfügung muss innerhalb eines Monats nach Verkündung der Urteilsverfügung oder Zustellung der Beschlussverfügung **vollzogen** werden. Vollzogen wird die einstweilige Verfügung, wenn der Gläubiger durch Vollziehungsmaßnahmen[220] zum Ausdruck bringt, dass er von der einstweiligen Verfügung Gebrauch machen will und eine Nichtbeachtung nicht hinnehmen wird.[221] Der Ablauf der Vollziehungsfrist rechtfertigt die Aufhebung der einstweiligen Verfügung wegen veränderter Umstände gem. §§ 936, 927 ZPO, denn nach Ablauf eines Monats wird kraft Gesetzes unwiderlegbar vermutet, dass sich die für die Anordnung der einstweiligen Verfügung maßgeblichen Umstände verändert haben.[222]

I. Die Situation nach Erlass einer einstweiligen Verfügung

1. Erfordernis der Sicherung des Titels

89   Der obsiegende Antragsteller muss damit rechnen, dass der Antragsgegner die zu unterlassende Äußerung weiterhin tätigt oder dass die Gegendarstellung nicht veröffentlicht wird. Der Antragsteller muss daher den Titel vollziehen, um erforderlichenfalls auch nach Ablauf eines Monats die Unterlassung der Äußerung oder die Veröffentlichung der Gegendarstellung erzwingen zu können. Auch Unterlassungsverfügungen sind der Vollziehung fähig,[223] so dass nach h.M. auch bei diesen innerhalb der Monatsfrist eine Gläubigerinitiative erforderlich ist. Nur eine Mindermeinung ist der wenig überzeugenden Auffassung, für solche Fälle passe die Regelung in §§ 936, 929 Abs. 2 ZPO nicht, eine besondere Vollziehungshandlung des Gläubigers sei überflüssig, auch ohne sie könne nach Ablauf der Frist des §§ 936, 929 Abs. 2 ZPO ein Vollstreckungsantrag gestellt werden. Schon im Hinblick auf den Anspruch aus § 945 ZPO muss der Schuldner wissen, ob der Gläubiger von der einstweiligen Verfügung Gebrauch machen will.[224] Die einstweilige Verfügung, die eine Unterlassung anordnet, enthält meistens eine Ordnungsmittelandrohung gem. § 890 Abs. 2 ZPO, da ein entsprechender Antrag meistens zugleich mit dem Unterlassungsantrag gestellt worden ist. Die einstweilige Verfügung, die eine Gegendarstellung anordnet, enthält keine Zwangsgeldandrohung, da eine Androhung des Zwangs-

---

[218] *Berneke*, Rn. 224.
[219] *Seitz/Schmidt/Schoener*, Rn. 752.
[220] Siehe Rn. 93.
[221] BGH, NJW 1991, 496 ff.; BGH NJW-RR 1997, 1155.
[222] BVerfG NJW 1988, 3141; BGH NJW 1991, 496 ff.; Schuschke/*Walker*, § 927 Rn. 17.
[223] BGH NJW 1993, 1076.
[224] Schuschke/Walker/*Schuschke*, § 929 Rn. 25.

mittels nicht stattfindet (§ 888 Abs. 2 ZPO). Diese ist allerdings auch nicht unzulässig.[225] Soweit mit dem Antrag auf Erlass einer einstweiligen Verfügung auf Gegendarstellung ein bedingter Zwangsgeldantrag gestellt worden sein sollte, bedeutet das keine wesentliche Verfahrensvereinfachung. Der Zwangsmittelbeschluss (§ 891 Satz 1 ZPO) ist ein Titel gem. § 794 Nr. 3 ZPO, der dann nicht nur einer einfachen Klausel (§ 724 ZPO), sondern einer qualifizierten Klausel gem. § 726 ZPO bedarf.

2. Die Zustellung der Beschlussverfügung

Vom **Beschluss**, durch den eine einstweilige Verfügung angeordnet wird, erlangt der **90** Schuldner, der am Verfahren grundsätzlich nicht beteiligt wird, zunächst keine Kenntnis. Der stattgebende Beschluss wird vom Gericht ausschließlich dem Antragsteller zugestellt, diesem jedoch förmlich und von Amts wegen, da durch diese Zustellung die Vollziehungsfrist in Lauf gesetzt wird (§ 329 Abs. 2 Satz 2, Abs. 3, §§ 936, 929 Abs. 2, § 166 Abs. 2 ZPO). Erst wenn der Antragsteller im Wege der Parteizustellung (§§ 191 ff. ZPO) dem Antragsgegner die einstweilige Verfügung zustellt, wird sie gegenüber dem Antragsgegner überhaupt **wirksam**. Der Bundesgerichtshof bezeichnet die Zustellung der Beschlussverfügung **gem. §§ 936, 922 Abs. 2 ZPO** daher als „**Wirksamkeitszustellung**".[226] Für die Wirksamkeitszustellung ist es unerheblich, ob der Beschluss eine Ordnungsmittelandrohung gem. § 890 Abs. 2 ZPO enthält.

Die Regelung gem. §§ 936, 922 Abs. 2 ZPO geht von einer Beschlussfassung ohne **91** Beteiligung des Antragsgegners aus. Ob dem Antragsgegner, der am schriftlichen Verfahren durch Anhörung beteiligt wurde, der Beschluss von Amtswegen zugestellt wird und welche Wirkungen das hat, ist nicht geklärt.[227] Eine Zustellung von Amts wegen an den Antragsgegner widerspräche jedenfalls dem Gesetzeswortlaut.

3. Die Zustellung der Urteilsverfügungen

Am Verfahren, das zur Urteilsverfügung führte, war der Schuldner beteiligt. Das Ur- **92** teil wird mit Verkündung wirksam und beiden Parteien durch das Gericht von Amts wegen zugestellt (§ 317 Abs. 1 Satz 1, § 166 Abs. 2 ZPO). Einer Wirksamkeitszustellung bedarf es daher nicht.

II. Die in Betracht kommenden Vollziehungsmaßnahmen

Innerhalb der Vollziehungsfrist muss der Gläubiger durch Vollziehungsmaßnahmen **93** zum Ausdruck bringen, dass er von der einstweiligen Verfügung Gebrauch machen will. Wie dies bei Unterlassungsverfügungen und Gegendarstellungsverfügungen zu geschehen hat, ist nicht ganz unproblematisch. Einigkeit besteht darin, dass die vom Amts wegen bewirkte Urteilszustellung eine Unterlassungsverfügung, wenn im Tenor keine Ordnungsmittelandrohung enthalten ist, keine Vollziehung im Sinn von §§ 936, 929 Abs. 2 ZPO ist, da durch eine solche Zustellung nicht sicher der Wille des Gläubigers zum Ausdruck gebracht wird, von der einstweiligen Verfügung Gebrauch machen zu wollen. Eine von Amts wegen durchzuführende Maßnahme ist nicht geeignet, den Vollziehungswillen des Antragstellers auszudrücken.[228] Einigkeit besteht ferner, dass eine Parteizustellung der Urteilsverfügung auf Unterlassung mit Ordnungsmittelandrohung jedenfalls dann eine ausreichende Vollziehung ist, wenn die Beantragung eines Ordnungsmittels gem. § 890 Abs. 1 ZPO – noch – nicht in Betracht kommt. Überwiegend wird angenommen, dass eine Vollziehung nicht vorliegt, wenn die im Wege der Parteizustellung zugestellte einstweilige Verfügung auf Unterlassung keine Ordnungsmittelandrohung enthält.[229]

---

[225] OLG Hamm NJW-RR 1988, 767.
[226] BGH NJW 1991, 496.
[227] *Teplitzky*, 55. Kapitel Rn. 5; *Zöller/Vollkommer*, § 922 Rn. 1; *Berneke*, Rn. 172.
[228] BGH NJW 1991, 496 ff.; *Berneke*, Rn. 312 ff.
[229] Offengelassen in BGH NJW 1993, 1076, 1078; *Zöller/Vollkommer*, § 929 Rn. 18.

Von einer Mindermeinung wird angenommen, ausnahmsweise könne auch lediglich die von Amts wegen erfolgte Urteilszustellung mit Ordnungsmittelandrohung ausreichend sein, wenn nach den Umständen an der Ernstlichkeit des Vollziehungswillens des Gläubigers kein Zweifel bestehe und die zusätzliche Parteizustellung bloßer Formalismus wäre.[230] Die Bitte des Antragstellers an das Gericht, ihm eine abgekürzte Ausfertigung des Urteils zu erteilen, ist noch keine Vollziehung, auch wenn der Antragsgegner eine Abschrift dieser Eingabe enthält.[231] Eine mündliche Leistungsaufforderung unter Bezugnahme auf den vorläufigen Titel reicht nicht. Auch die Versendung eines Abschlussschreibens verbunden mit der Androhung eines Ordnungsmittelsantrags ist zur Vollziehung nicht ausreichend.[232]

94   Es hängt somit von verschiedenen Voraussetzungen ab, welche Vollziehungsmaßnahme geeignet ist. Grundsätzlich – **nicht automatisch wahlweise** – kommen als sicherste Vollziehungsmaßnahmen **in Betracht**,
   – die **Zustellung des Titels**, bei der Unterlassungsverfügung mit Ordnungsmittelandrohung **im Parteiwege**. Vergleiche dazu im Einzelnen Rn. 95.
   – **Vollstreckungsmaßnahmen**, wie die Beantragung der Festsetzung eines Zwangsmittels gem. § 888 ZPO oder die Beantragung der Festsetzung eines Ordnungsmittels nach § 890 Abs. 1 ZPO. Vergleiche dazu im Einzelnen Rn. 95.

III. Die Vollziehung der Unterlassungsverfügungen

1. Der Schuldner verstößt innerhalb der Vollziehungsfrist gegen die einstweilige Verfügung auf Unterlassung

95   **a) Urteilsverfügung.** Hier muss man sich zunächst klar machen, dass die Urteilsverfügung durch Verkündung wirksam geworden ist und beiden Parteien von Amts wegen zugestellt wird. Enthält der **Titel keine Ordnungsmittelandrohung** im Sinn von § 890 Abs 2 ZPO, stellt einerseits die Parteizustellung des Urteils keine Vollziehung dar, andererseits handelt der Schuldner auch nicht der einstweiligen Verfügung im Sinn von § 890 ZPO zuwider, weil das Ordnungsmittel vorher angedroht gewesen sein muss.[233] Stellt der Gläubiger noch innerhalb der Vollziehungsfrist den Antrag auf nachträgliche Ordnungsmittelandrohung, so wahrt er die Vollziehungsfrist und die Möglichkeit, einen Ordnungsmittelantrag stellen zu können, wenn der Schuldner – jetzt auch nach Ablauf der Vollziehungsfrist – eine Verletzungshandlung begeht.[234] Enthält der **Titel eine Ordnungsmittelandrohung** im Sinn von § 890 Abs. 2 ZPO, genügt als Vollziehungshandlung die Beantragung des Ordnungsmittels gem. § 890 Abs. 1 ZPO innerhalb der Vollziehungsfrist.[235] Ob die Parteizustellung als Vollziehungsmaßnahme ausreicht, obwohl der Gläubiger noch innerhalb der Vollziehungsfrist Ordnungsmittelantrag nach § 890 Abs. 1 ZPO stellen kann, weil der Schuldner nach Titelerlass das ihm untersagte Verhalten fortgesetzt hat, ist streitig. Die Frage muss aufgrund von Zweckmäßigkeitserwägungen und Gründen der Rechtssicherheit bejaht werden. Es ließe sich selten objektiv feststellen, wann der Gläubiger tatsächlich von der Verletzungshandlung Kenntnis erlangt hat und ob diese Kenntnis noch innerhalb der Vollziehungsfrist erlangt wurde. Ist die Parteizustellung zur Vollziehung einer einstweiligen Verfügung erfolgt, muss der Antragsteller die Anordnung nicht zusätzlich durch eigentliche Vollstreckungsmaßnahmen innerhalb der Frist vollziehen, wenn der Antragsgegner ihm hierzu durch alsbaldige Verstöße Gelegenheit

---

[230] BGH NJW 1991, 496 ff.; OLG Celle 1999, 363; Stuttgart WRP 97, 352 ff.; Zöller/*Vollkommer*, § 929 Rn. 12.

[231] OLG Düsseldorf NJW-RR 1987, 763.

[232] BGH NJW 1993, 1076 ff.; OLG Hamburg GRUR 2000, 167.

[233] Thomas/Putzo/*Hüßtege*, § 890 R. 13.

[234] SchuschkeWalker/*Schuschke*, § 929 Rn. 28.

[235] *Berneke*, Rn. 313.

gibt.[236] Möglicherweise lässt aber der Verzicht auf die sofortige Durchsetzung der Anordnung einen Rückschluss auf fehlende Dringlichkeit zu.[237]

b) Liegt eine Beschlussverfügung vor, ist allein die Beantragung einer Ordnungs- **96** mittelandrohung oder eines Ordnungsmittels innerhalb der Vollziehungsfrist keine ausreichende Vollziehungsmaßnahme. Wenn die Beschlussverfügung nicht innerhalb der Vollziehungsfrist durch Parteizustellung gem. §§ 936, 922 Ab. 2 ZPO wirksam geworden ist, kann auch keine Zuwiderhandlung im Sinn von § 890 ZPO vorliegen. Enthielt der Beschluss allerdings eine Ordnungsmittelandrohung gem. § 890 Abs. 2 ZPO, ist die Wirksamkeitszustellung zugleich die Vollziehungszustellung. Im Übrigen gilt a).

2. Der Schuldner verstößt innerhalb der Vollziehungsfrist nicht gegen den Titel

Eine Vollziehung durch Beantragung von Ordnungsmitteln kommt für den Gläubiger **97** nicht in Betracht, weil sich der Schuldner an die Unterlassungsanordnung hält.

a) Beschlussverfügung. Bei der Beschlussverfügung muss die **Wirksamkeitszustel-** **98** **lung** im Wege der Parteizustellung gem. §§ 936, 922 Abs. 2 ZPO innerhalb der Monatsfrist erfolgen. Enthält der Beschluss eine Ordnungsmittelandrohung, so ist diese Zustellung zugleich die Vollziehungszustellung gem. §§ 936, 929 Abs. 2 ZPO. Falls eine Androhung nicht enthalten ist, ist die Androhung eines Ordnungsmittels nach § 890 Abs. 2 ZPO zu beantragen.

b) Urteilsverfügung. Auch bei Urteilsverfügungen mit Ordnungsmittelandrohung **99** ist sicherheitshalber das Urteil im Wege der Parteizustellung zu vollziehen. Falls das Urteil keine Ordnungsmittelandrohung enthält, muss die Androhung des Ordnungsmittels beantragt werden.

IV. Die Vollziehung der Gegendarstellungsverfügung

Die im Verfahren nach den Landespressegesetzen oder durch einstweilige Verfügung erlassene Entscheidung bedarf der Vollziehung, auch wenn eine Veröffentlichungszusage besteht.[238]

1. Beschlussverfügung

Es ist problematisch, ob die im Parteibetrieb zugestellte Beschlussverfügung den Voll- **100** ziehungswillen des Gläubigers ausreichend zum Ausdruck bringt und deswegen die Wirksamkeitszustellung gem. §§ 936, 922 Abs. 2 ZPO „automatisch" auch eine Vollziehungszustellung im Sinn von §§ 936, 929 Abs. 2 ZPO ist. Die Gegendarstellungsverfügung enthält wegen § 888 Abs. 2 ZPO keine Zwangsmittelandrohung, aus der sich für den Schuldner ableiten ließe, dass der Gläubiger die Nichtbeachtung nicht hinnehmen will. Die Beschlussverfügung muss auf jeden Fall innerhalb der Vollziehungsfrist gem. §§ 936, 922 Abs. 2 ZPO vom Antragsteller an den Antragsgegner zugestellt werden, damit sie diesem gegenüber überhaupt wirksam wird. Vor der Wirksamkeitszustellung ist eine Nichtbeachtung der einstweiligen Verfügung im Sinn von § 888 ZPO nicht denkbar. Knüpft man daran an, dass der Gläubiger den Titel erlangt, nachdem er vorprozessual den Gegner zum Abdruck einer Gegendarstellung aufgefordert hat, verdeutlicht er durch die Parteizustellung ausreichend, dass es ihm mit der Vollziehung ernst ist, so dass ein Antrag nach § 888 ZPO zusätzlich zur Parteizustellung nicht erforderlich ist.[239] Folgt man dieser Meinung nicht, muss neben der Wirksamkeitszustellung gem. §§ 936, 922 Abs. 2 ZPO innerhalb der Vollziehungsfrist noch ein Zwangsmittelantrag gem. § 888 Abs. 1

---

[236] *Berneke*, Rn. 299.
[237] *Berneke*, Rn. 299 a.
[238] OLG Hamburg AfP 1982, 35.
[239] OLG München AfP 2002, 528; *Seitz/Schmidt/Schoener*, Rn. 764; Löffler/*Sedelmeier*, § 11 Rn. 222.

ZPO gestellt werden.[240] Es empfiehlt sich, im Rahmen der Parteizustellung der Beschlussverfügung einen Schriftsatz zuzustellen, aus dem sich ergibt, dass die Zustellung
der Beschlussverfügung auch zum Zweck der Vollziehung erfolgt.

2. Urteilsverfügung

101   Liegt eine Urteilsverfügung vor, so muss an den Antragsgegner von Amts wegen zugestellt werde. Einer Wirksamkeitszustellung gem. §§ 936, 922 Abs. 2 ZPO bedarf es daher nicht mehr. Durch die Parteizustellung kommt zwar der Vollziehungswille zum Ausdruck. Aus den unter 1. dargestellten Gründen ist es fraglich, ob es ausreicht, dass die Partei nur die Urteilsverfügung noch einmal zustellt, obwohl sie Zwangsmittelantrag stellen
könnte. Zur Sicherheit sollte daher ein Antrag nach § 888 Abs. 1 ZPO gestellt werden.

V. Die Parteizustellung und die Heilung von Zustellungsmängeln

1. Die Form der Parteizustellung

102   Die Parteizustellung einer einstweiligen Verfügung erfolgt nach §§ 191–195 ZPO. Dies
gilt sowohl für die Wirksamkeitszustellung gem. §§ 936, 922 Abs. 2 ZPO als auch für die
Vollziehungszustellung gem. §§ 936, 929 Abs. 2 ZPO. Der Gläubiger muss entweder dem
Gerichtsvollzieher einen Zustellungsauftrag erteilen und das zuzustellende Schriftstück
mit den erforderlichen beglaubigten Abschriften übergeben (§ 192 Abs. 2 ZPO) oder er
muss die Zustellung von Anwalt zu Anwalt bewirken (§ 195 ZPO). Gem. § 174 Abs. 1,
Abs. 2 ZPO ist die Übermittlung durch Telekopie zulässig Die Zustellung durch den Gerichtsvollzieher darf nur dann an den Schuldner selbst bewirkt werden, wenn sich noch
kein Verfahrensbevollmächtigter bestellt hat (§ 172 Abs. 1 ZPO). Waren dem Gläubiger die
Schutzschrift und die in deren Rahmen erfolgte Anwaltsbestellung unbekannt, weil
weder das Gericht noch der Schuldner ihm dies mitgeteilt haben, kann die Zustellung
weiterhin wirksam an die Partei selbst erfolgen. Es besteht auch dann keine Nachforschungspflicht für den Gläubiger, ob der Schuldner etwa durch einen Rechtsanwalt eine
Schutzschrift hat hinterlegen lassen, wenn vor Stellung des Verfügungsantrags mit dem
Schuldner persönlich eine Korrespondenz stattgefunden hat, die erkennen ließ, der
Schuldner werde sich gegen eine einstweilige Verfügung in jedem Fall verteidigen.[241] Zugestellt werden muss eine ordnungsgemäße Ausfertigung der gerichtlichen Entscheidung, bei der der Ausfertigungsvermerk der Gerichtsstelle angebracht ist, nicht nur eine
vom Gläubiger hergestellte Abschrift.[242] Dem Antragsgegner ist die vollständige gerichtliche Entscheidung zuzustellen. Es darf keine Seite fehlen.[243] Anlagen, die zum Bestandteil der einstweiligen Verfügung gemacht wurden, müssen ebenfalls zugestellt werden.[244]
Es kann auch die dem Antragsteller erteilte abgekürzte Ausfertigung gem. § 750 Abs. 1
Satz 2 ZPO zugestellt werden. Eine wirksame Zustellung liegt nicht vor, wenn die Abschrift eines Verhandlungsprotokolls, das die verkündete Urteilsformel enthält und bei
dem der Ausfertigungsvermerk vor der als Anlage beigefügten Urteilsformel angebracht
wurde, übergeben wird.[245] Anders kann es sein, wenn das ausgefertigte Protokoll auch
eine Ausfertigung der in der mündlichen Verhandlung verkündeten und mit den Unterschriften der erkennenden Richter versehenen Urteilsformel enthält.

---

[240] OLG Hamburg WRP 1996, 1047.
[241] OLG Frankfurt GRUR 1988, 858.
[242] OLG München MDR 1998, 1243; OLG Koblenz, WRP 1980, 643; Schuschke/Walker/
Schuschke, § 929 Rn. 29.
[243] BGH NJW 1998, 1959.
[244] BGH NJW 1998, 1959.
[245] BGH NJW-RR 1993, 956; OLG Frankfurt WRP 1995, 54.

2. Die Heilung von Zustellungsmängeln

Gem. § 191 ZPO gilt § 189 ZPO auch für die Heilung von Zustellungsmängeln bei der **103** Parteizustellung.[246] Wenn das Urteil dem Schuldner, getragen vom Zustellungswillen des Gläubigers, zugegangen ist, werden Zustellungsmängel nach den allgemeinen Grundsätzen geheilt. Heilung kommt aber nur dann in Betracht, wenn der Antragsgegner trotz des Mangels sichere Kenntnis vom Erlass und vom Inhalt der einstweiligen Verfügung erlangt. Es ist sehr strittig, ob § 189 ZPO auf den **Mangel der Zustellungsart** Anwendung findet oder ob keine Heilung eintritt, wenn die einstweilige Verfügung von Amts wegen statt von Partei wegen zugestellt worden ist.[247] Letzteres ist zu bejahen. Eine Heilung würde dem Zweck der Parteizustellung, den Vollziehungswillen des Antragstellers auszudrücken, widersprechen.

VI. Die Vollziehungsfrist, §§ 936, 929 Abs. 2 ZPO

1. Fristart

Die Vollziehungsfrist ist keine Notfrist im Sinn von § 224 Abs. 1 ZPO.[248] Bei Frist- **104** versäumung ist daher keine Wiedereinsetzung in den vorigen Stand nach § 233 ZPO statthaft. Wiedereinsetzung in den vorigen Stand kann auch dann nicht gewährt werden, wenn die Frist aus Gründen nicht eingehalten werden konnte, die allein in der Sphäre des Gerichts liegen, etwa weil das verkündete Urteil den Parteien nicht innerhalb der Frist von §§ 936, 929 Abs. 2 ZPO zugestellt worden ist.[249] Der Gläubiger muss sich daher um Erteilung der Ausfertigung bemühen und gegebenenfalls eine abgekürzte Ausfertigung des Urteils nach § 750 Abs. 1 Satz 2 ZPO (ohne Tatbestand und Entscheidungsgründe) beantragen. Die Vollziehungsfrist kann nicht durch Parteivereinbarung verlängert werden. Ob die Parteien im Rahmen einer zulässigen Vollstreckungsvereinbarung gem. § 224 Abs. 1 ZPO die Vollziehungsfrist abkürzen können, ist nicht ganz unstreitig,[250] wird aber vom Gesetzeswortlaut gedeckt. Eine Fristverlängerung durch richterliche Verfügung ist wirkungslos.[251] Die Vollziehungsfrist gilt nicht für die Zwangsvollstreckung aus dem Kostenfestsetzungsbeschluss, der aufgrund der Kostenentscheidung der einstweiligen Verfügung ergangen ist. Diese kann so lange betrieben werden, wie die titulierte Kostengrundentscheidung Bestand hat.[252] Hat der Gläubiger durch eine geeignete Handlung die Frist des §§ 936, 929 Abs. 2 ZPO gewahrt, kann er auch nach Fristablauf die begonnene Vollstreckung fortsetzen.

2. Fristbeginn

Der Lauf der Vollziehungsfrist wird nicht berührt durch einen Antrag auf Tatbestands- **105** berichtigung, den Widerspruch gegen eine Beschlussverfügung, die Berufung gegen eine Urteilsverfügung oder den Antrag auf Aufhebung gem. §§ 936, 927 ZPO.[253] Auch eine

---

[246] OLG Dresden NJW-RR 2003, 1721 Thomas/Putzo/*Hüßtege*, § 189 Rn. 3.

[247] Stein/Jonas/*Roth*, § 187 Rn. 10; *Berneke*, Rn. 315; a.A. Zöller/*Stöber*, § 189 Rn. 3; Zöller/*Vollkommer*, § 929 Rn. 3.

[248] Schuschke/Walker/*Schuschke*, § 929 Rn. 7; MünchKommZPO/*Heinze*, § 929 Rn. 6; Stein/Jonas/*Grunsky*, § 929 Rn. 8.

[249] BVerfGE NJW 88, 3141: verfassungsrechtlich unbedenklich; OLG Düsseldorf NJW-RR 1987, 763; OLG Zweibrücken JurBüro 1986, 626: OLG Frankfurt NJW-RR 1987, 764; OLG Hamm GRUR 1987, 853; NJW 1888, 3141; Thomas/Putzo/*Reichold*, § 929 Rn. 3; Schuschke/Walker/*Schuschke*, § 929 Rn. 7.

[250] Bejahend: Schuschke/Walker/*Schuschke*, § 929 Rn. 7; Stein/Jonas/*Grunsky*, § 929 Rn. 8; verneinend: *Berneke*, Rn. 305.

[251] Schuschke/Walker/*Schuschke*, § 929 Rn. 7; Musielak/*Huber*, ZPO, § 929 Rn. 3.

[252] Schuschke/Walker/*Schuschke*, § 929 Rn. 8.

[253] Schuschke/Walker/*Schuschke*, § 929 Rn. 10; *Berneke*, Rn. 306 m.w.N.

Berichtigung des Urteils gem. § 319 ZPO setzt keine neue Frist in Lauf.[254] Nicht mehr vollzogen werden muss die Beschlussverfügung, die innerhalb der Vollziehungsfrist durch ein auf einen Widerspruch hin ergehendes Urteil derart abgeändert wurde, dass das Urteil seinerseits der Vollziehung bedarf.[255] Wann die Vollziehungsfrist beginnt, hängt davon ab, ob die einstweilige Verfügung durch Urteil oder durch Beschluss erlassen wurde.

106   a) Bei **Urteilsverfügungen** beginnt die Vollziehungsfrist mit der Verkündung des Urteils (§ 310 ZPO). Die Verkündung ist auch dann für den Fristbeginn maßgeblich, wenn der Antragsteller bei der Urteilsverkündung nicht anwesend bzw. nicht vertreten war oder wenn die Urteilsausfertigung aus vom Gericht zu vertretenden Gründen nicht innerhalb der einmonatigen Vollziehungsfrist erteilt wurde.[256] Das ist verfassungsrechtlich unbedenklich.[257] Es ist Sache des Antragstellers, den Fristenlauf zu überwachen und sich gegebenenfalls rechtzeitig um eine abgekürzte Ausfertigung des Urteils nach § 750 Abs. 1 Satz 2 ZPO zu bemühen. Die Amtszustellung des Urteils an den Antragsteller oder den Antragsgegner gem. § 317 Abs. 1 Satz 1, § 166 Abs. 2 ZPO ist für den Lauf der Vollziehungsfrist ohne Bedeutung.[258]

107   b) Bei **Beschlussverfügungen** beginnt die Vollziehungsfrist mit der Zustellung der einstweiligen Verfügung an den Antragsteller. Nach § 329 Abs. 2 Satz 2, §§ 936, 929 Abs. 2 ZPO ist eine förmliche und gem. § 166 Abs. 2 ZPO von Amts wegen zu bewirkende Zustellung an den Antragsteller erforderlich. Der Beschluss wird vom Gericht nicht an den Antragsgegner zugestellt. Wird dem Antragsteller der Beschluss auf der Geschäftsstelle übergeben und damit durch Aushändigung an der Amtsstelle gem. § 173 ZPO zugestellt, beginnt die Frist bereits zu diesem Zeitpunkt.[259] Der frühere Streit, ob und wann eine unwirksame Zustellung, die Vollziehungsfrist in Lauf setzt, ist wegen der Neufassung von § 189 ZPO (§ 187 ZPO a.F.) obsolet.[260] Maßgeblich ist nur, ob die Zustellung des Dokuments von Zustellungswillen getragen war und ob ein tatsächlicher Zugang des zuzustellenden Dokuments in die Hände des Zustellungsadressaten bzw. seines Vertreters erfolgte (§§ 170 bis 172 ZPO).[261] Die Vollziehungsfrist wird daher nicht in Lauf gesetzt, wenn der Inhalt der Beschlussverfügung telefonisch übermittelt wurde oder auf der Geschäftsstelle in das Original des Titels nur Einsicht genommen wurde.

VII. Die Zwangsvollstreckung zur Erwirkung von Unterlassungen

108   Die Zwangsvollstreckung zur Erwirkung von Unterlassungen erfolgt nach § 890 ZPO. Die Ordnungsmittel gem. § 890 Abs. 1 ZPO sind nicht nur Maßnahmen zur Beugung des Willens des Schuldners, wie auch im Falle von § 888 ZPO, sondern enthalten strafrechtliche repressive Elemente.[262] Die Verhängung eines Ordnungsmittels setzt daher **Verschulden** voraus. Die Verhängung ist beim zuständigen Gericht des ersten Rechtszugs (§ 890 Abs. 1 Satz 1 ZPO) schriftlich zu beantragen. Es besteht Anwaltszwang, wenn als Prozessgericht der 1. Instanz das Landgericht zuständig ist.[263] Im Übrigen gelten die allgemeinen Regeln, d.h. es müssen die allgemeinen und besonderen Voraussetzungen

---

[254] OLG Düsseldorf DB 1981, 1926; Thomas/Putzo/*Reichold*, § 929 Rn. 3.
[255] *Berneke*, Rn. 300.
[256] Siehe Rn. 104.
[257] BVerfG NJW 88, 3141.
[258] Siehe Rn. 104.
[259] OLG Düsseldorf GRUR 1984, 76; Schusche/Walker/*Schuschke*, § 929 Rn. 2; Münch-KommZPO/*Heinze*, § 929 Rn. 4; Stein/Jonas/*Grunsky*, § 929 Rn. 3; Zöller/*Vollkommer*, § 929 Rn. 5.
[260] OLG Koblenz WRP 1981, 286; Schuschke/Walker/*Schuschke*, § 929 Fußnoten 26 und 27; *Berneke*, Rn. 176; Stein/Jonas/*Grunsky*, § 922 Rn. 5a; Zöller/*Vollkommer*, § 922 Rn. 11.
[261] BGH NJW 2003, 1192; Thomas/Putzo/*Hüßtege*, § 189 Rn. 7.
[262] BVerG NJW 1967, 195; BGH NJW 2004, 506.
[263] Zöller/*Stöber*, § 890 Rn. 13.

der Zwangsvollstreckung gegeben sein. Es wird – bei freigestellter mündlicher Verhandlung – durch Beschluss entschieden.

1. Allgemeine Voraussetzungen der Zwangsvollstreckung

a) Der **Titel** muss **vollstreckungsfähig** sein. Der Tenor der Beschluss-/Urteilsverfü- **109** gung muss – wie beim streitigen Erkenntnisverfahren – inhaltlich bestimmt sein, damit die einstweilige Verfügung vollstreckungsfähig ist. Dies ist wichtig, da die Entscheidung, durch die die einstweilige Verfügung angeordnet wird, nicht begründet werden muss, wenn die einstweilige Verfügung nicht im Ausland geltend gemacht werden soll (§§ 936, 922 Abs. 1 ZPO). Zumeist enthalten Beschlussverfügungen keine Begründung. Zur Auslegung des Tenors kann daher nicht auf den Tatbestand und die Entscheidungsgründe zurückgegriffen werden. Ist die einstweilige Verfügung nicht vollstreckbar, weil bei der Tenorierung der Bestimmtheitsgrundsatz nicht beachtet wurde, kann in der Regel keine neue einstweilige Verfügung wegen der zwischenzeitlich entfallenen Dringlichkeit erlangt werden. Soweit – wie häufig – im Urteil/Beschluss, mit dem eine einstweilige Verfügung auf Unterlassung angeordnet worden ist, bereits eine Ordnungsmittelandrohung gem. § 890 Abs. 2 ZPO enthalten ist und diese Mängel aufweist, berührt dies die Wirksamkeit des Titels nicht. Die Ordnungsmittelandrohung ist vielmehr eine besondere Vollstreckungsvoraussetzung.[264]

b) Einer **Vollstreckungsklausel** (§ 725 ZPO) für die dem Antragsteller erteilte Aus- **110** fertigung bedarf es grundsätzlich nicht (§§ 936, 929 Abs. 1 ZPO). Für die Verwendung des Titels im Ausland gilt § 31 AVAG.

c) Eine Wirksamkeits- oder Vollziehungszustellung ist zugleich die **Zustellung** im **111** Sinn von § 929 Abs. 3, § 750 ZPO.

2. Besondere Vollstreckungsvoraussetzungen

a) Das **Vollziehungserfordernis im Sinn von §§ 936, 929 Abs. 2 ZPO** ist eine be- **112** sondere Voraussetzung der Zwangsvollstreckung. Es gelten die oben unter Rn. 88 ff. dargestellten Erwägungen.

b) Das Ordnungsmittel muss **angedroht** sein. Falls es an der nötigen Bestimmtheit **113** der Androhung fehlt, weil die Angabe der Art des für jeden Fall der Zuwiderhandlung festzusetzenden Ordnungsmittels und seines Höchstmaßes fehlt, berührt dies zwar die Vollziehungsmaßnahme, nicht jedoch die Wirksamkeit des Titels, wenn die Androhung im Urteil enthalten war. Es muss dann eine wirksame Androhung nachgeholt werden.

c) Es muss eine vom Schuldner **verschuldete Zuwiderhandlung** vorliegen. Insoweit **114** gelten die allgemeinen Grundsätze.

IX. Der Schadensersatzanspruch gem. § 945 ZPO

Wenn sich die Vollziehung der einstweiligen Verfügung als **von Anfang an** ungerecht- **115** fertigt erweist, steht dem Verfügungsschuldner gegen den Verfügungsgläubiger ein Schadensersatzanspruch gem. § 945 ZPO zu. Der Schadensersatzanspruch ist **verschuldensunabhängig**. Es wird nur der durch die **Vollziehung** der einstweiligen Verfügung adäquat kausal verursachte, zurechenbare Vermögensschaden ersetzt. Der durch die **Anordnung** der einstweiligen Verfügung entstandene Schaden ist dagegen grundsätzlich nicht ersatzfähig. Ob der Schuldner eine einstweilige Verfügung freiwillig erfüllt, ist von Bedeutung dafür, ob dem Schuldner im Rahmen von § 945 ZPO ein Schaden ersetzbar ist. Ohne Vollziehung kann dem Antragsgegner der Schutz des § 945 ZPO allenfalls dann zuteil werden, wenn die Vollstreckung bereits droht und der Antragsgegner sich mit der Erfüllung dem Vollstreckungsdruck beugt.[265]

---

[264] BGH NJW 1993, 1076 ff.
[265] Zöller/Vollkommer, § 945 Rn. 14.

1. Einstweilige Verfügungen auf Unterlassung

116 Es gelten die allgemeinen Regelungen. Nicht ersatzfähig ist daher der aus der freiwilligen Befolgung von Unterlassungsgeboten ohne Ordnungsmittelandrohung gem. § 890 Abs. 2 ZPO entstandene Schaden.[266] Bei **Unterlassungsverfügungen** entsteht meistens kein im Sinn von § 249 BGB relevanter Schaden, weil anstelle dessen, was dem Verbot unterfällt, meist eine andere Veröffentlichung erfolgt wäre, so dass es an einer Vermögenseinbuße fehlt. Soweit die Sachlage ausnahmsweise anders ist, weil beispielsweise die Auslieferung eines Buches betroffen ist, wird in der Regel eine Aufbrauchfrist eingeräumt worden sein.

2. Einstweilige Verfügung auf Gegendarstellung

117 Nach überwiegender Auffassung findet § 945 ZPO auch im **Gegendarstellungsverfahren** Anwendung. § 945 ZPO setzt nicht voraus, dass ein Hauptsacheverfahren eröffnet ist.[267] Die Anzeigengebühren sind als Schaden zu erstatten, wenn wegen der Veröffentlichung der Gegendarstellung Anzeigenaufträge nicht ausgeführt werden konnten. Es wird allerdings selten dargelegt und bewiesen werden können, dass konkrete Anzeigenaufträge gerade wegen des Abdrucks der Gegendarstellung nicht ausgeführt werden konnten.[268] In Betracht kommt ferner Ersatz der eigenen Aufwendungen, die in der Regel kaum messbar sein werden.[269] Es ist streitig, ob als unmittelbar entstandener Schaden, der durch die Erzwingung einer unzulässigen Gegendarstellung entstanden ist, auch der dem Antragsteller kostenlos zugeflossene Wert der Gegendarstellung nach den üblichen Einrückungsgebühren verlangt werden kann.[270]

X. Der Streitwert

118 Der Gebührenstreitwert des Verfahrens auf Erlass einer einstweiligen Verfügung ist nach freiem Ermessen festzusetzen (§ 53 Abs. 1 Satz 1 Nr. 1 GKG, § 3 ZPO). Der Wert des Streitgegenstandes ist unter Berücksichtigung aller Umstände des Einzelfalls bezogen auf den Zeitpunkt der den jeweiligen Streitgegenstand bestimmenden Antragstellung (§ 40 GKG) festzusetzen. Es ist grundsätzlich vom Wert der Hauptsache auszugehen und durch einen Abschlag dem vorläufigen Charakter des Verfahrens Rechnung zu tragen. Der Wert der fiktiven Hauptsache kann nur zugrunde gelegt werden, wenn bei Einleitung des Verfahrens zweifelsfrei vorhersehbar ist, dass die einstweilige Verfügung endgültigen Charakter haben wird.[271]

1. Unterlassung

119 Der Streitwert ist auch bei mehreren Äußerungen, deren Unterlassung begehrt wird, einheitlich zu bemessen, wenn sie im Kern denselben Gegenstand betreffen.[272] Häufig sind Streitwerte zwischen 5000,00 EUR und 10 000,00 EUR je Äußerung.

2. Gegendarstellung

120 Als Bemessungskriterien kommen in Betracht: Der Bekanntheitsgrad des Antragstellers; die Erheblichkeit des Eingriffs in dessen persönlichen und wirtschaftlichen Ruf; der Umfang; die Bedeutung und die Aufmachung des Artikels; das Interesse der Allgemeinheit am Artikel und der Gegendarstellung; die Auflage des Druckwerks; dessen Bekannt-

---

[266] BGH NJW 1981, 2579; OLG Köln NJW 1996, 1292.

[267] BGH NJW 1974, 642, der sich der entgegenstehenden Auffassung OLG Hamburg, MDR 72, 333 nicht angeschlossen hat; *Seitz/Schmidt/Schoener*, Rn. 792; *Löffler/Sedelmeier*, § 11 Rn. 226.

[268] BGH NJW 1974, 642, 644; *Löffler/Ricker*, 28. Kapitel Rn. 19.

[269] *Wenzel/Burkhardt*, 11. Kapitel Rn. 282; AfP 197, 682; *Löffler/Sedelmeier*, § 11 Rn. 226.

[270] *Seitz/Schmidt/Schoener*, Rn. 793.

[271] *Wenzel/Burkhardt*, § 12 Rn. 144 a.

[272] *Wenzel/Burkhardt*, § 12 Rn. 124.

heitsgrad/Überregionalität; die Beschränkung des Empfängerkreises. Bei der Multiplikation eines Grundbetrages mit der Zahl der Gegendarstellungspunkte müssen die verschiedene Bedeutung der einzelnen Punkte und Überschneidungen berücksichtigt werden. Der Antrag auf Aufnahme der Gegendarstellung in das Inhaltsverzeichnis sollte streitwerterhöhend berücksichtigt werden. Jede Fassung der Gegendarstellung stellt einen besonderen Streitgegenstand dar.[273] Häufig sind Streitwerte zwischen 20 000,00 und 50 000,00 EUR.

§ 56. Hauptsacheverfahren[1]

Inhaltsübersicht

---

[273] *Seitz/Schmidt/Schoener*, Rn. 623.
[1] Ausführlich zum gesamten Bereich *Hendricks*, Zivilprozessuale Geltendmachung von Widerrufs- und Unterlassungsansprüchen im Medienrecht, 2001. Zu den verfahrensrechtlichen Problemen speziell des Unterlassungsanspruchs z. B. Wenzel/*Burkhardt*, Das Recht der Wort- und Bildberichterstattung, 5. Aufl., Rn. 12.106 ff. und *Soehring*, Presserecht, 3. Aufl., Rn. 30.15 ff. Eingehend zu den Problemen des Rechtsstreits um den Gegendarstellungsanspruch *Seitz/Schmidt/Schoener*, Der Gegendarstellungsanspruch, 3. Aufl., Rn. 500 ff. (= S. 234–288; allerdings v.a. zum Eilverfahren). Speziell zu verfahrensrechtlichen Fragen bei Vorgehen gegen Äußerungen im Internet *Seitz* in Hoeren/Sieber, Handbuch Multimedia-Recht, Teil 8.2, Rn. 130 ff.

A. Zulässige Verfahrensart

1 Nur für die Durchsetzung einiger der Ansprüche im Bereich des Persönlichkeitsschutzes ist das Eilverfahren der einstweiligen Verfügung zulässig.² Eindeutig nur die Hauptsacheklage gibt es beim Geldentschädigungs- und beim Schadensersatzanspruch. Auch der Widerrufsanspruch kann grundsätzlich nur im Hauptsacheverfahren verfolgt werden. Es mag Extremfälle geben, in denen wenigstens ein vorläufiges Abrücken von Behauptungen erreicht werden kann. Im Regelfall ist aber das Eilverfahren ausgeschlossen.³

2 Für den Gegendarstellungsanspruch sehen fast alle der gesetzlichen Regelungen den Ausschluss eines Hauptsacheverfahrens vor. Auch dort, wo dieses Verfahren nicht ausgeschlossen ist,⁴ wurde in den letzten 35 Jahren nur das Verfügungsverfahren gewählt.⁵

3 Beim Unterlassungsanspruch ist die Praxis nicht so einseitig. Hier kommt auch die Hauptsacheklage vor, auch die nach Fristsetzung gemäß § 926 ZPO. Jedoch werden die meisten dieser Verfahren ebenfalls nur im Verfügungsverfahren durchgeführt.

B. Zulässigkeit der Hauptsacheklage⁶

4 Für die Zulässigkeit der Hauptsacheklage nach Persönlichkeitsrechtsverletzungen gelten wenig Besonderheiten. Nur auf diese wird im Folgenden eingegangen.

I. Ordnungsmäßigkeit der Klageerhebung; hier: Zulässigkeit des Antrags

5 Nach § 253 Abs. 2 Nr. 2 ZPO muss die Klage einen „bestimmten Antrag" enthalten. Außerdem ist die Angabe des Gegenstandes und des Grundes des erhobenen Anspruchs erforderlich. Fehlen diese Voraussetzungen, dann ist die Klage als unzulässig abzuweisen.⁷ Allerdings verpflichtet § 139 ZPO das Gericht, auf das Stellen „sachdienlicher Anträge" hinzuwirken. Ohne Erfüllung dieser Verpflichtung ist die Abweisung als unzulässig nicht möglich. Dieser Verpflichtung muss das Gericht rechtzeitig, in der Regel also schon vor einem Termin zur mündlichen Verhandlung, nachkommen (§ 273 Abs. 1 und 2 ZPO). Und der Antrag ist vom Gericht notfalls anhand der Begründung auszulegen. Dies nicht nur zur Festlegung des Streitgegenstandes, sondern schon zur Bestimmung des konkreten Inhalts. Grundsätzlich darf ein unklarer Antrag nicht so ausgelegt werden, dass er unzulässig ist. Er ist so auszulegen, dass das verlangt wird, was nach den Maßstäben der Rechtsordnung vernünftig ist und was der recht verstandenen Interessenlage entspricht.⁸

6 Anträge müssen so bestimmt sein, dass ein ihnen stattgebendes Urteil ohne Verlagerung eines Streits in die Zwangsvollstreckung vollstreckt werden kann. Außerdem müssen ihnen die Grenzen des § 308 ZPO (das Gericht darf nicht mehr zusprechen, als beantragt ist) entnommen werden können. Ein Verstoß gegen § 308 ZPO wäre im Rechtsmittelverfahren von Amts wegen zu beachten.⁹

---

² Siehe hierzu oben § 55.

³ Siehe dazu oben § 55 Rn. 6.

⁴ Hauptbeispiel BayPresseG Art. 10.

⁵ Letzte Entscheidung des BayObLG hierzu (in Zivilsachen): BayObLG BayObLGZ 1970, 151 = NJW 1970, 1927 – *Mordfall Sch.* Für den Bereich der Gegendarstellung hat sich also die zu Recht so heftig bekämpfte Abschaffung des BayObLG nicht ausgewirkt.

⁶ Vgl. die Zusammenstellung der Zulässigkeitsvoraussetzungen bei Thomas/Putzo/*Reichold*, ZPO, 28. Aufl., Vorbem. Rn. 15 ff. vor § 253. Vgl. auch § 15a EG ZPO als Grundlage möglicher Schlichtungsregelungen.

⁷ Thomas/Putzo/*Reichold*, ZPO, 28. Aufl. § 253 Rn. 20.

⁸ Thomas/Putzo/*Reichold*, ZPO, 28. Aufl. Einleitung II Rn. 16a.

⁹ BGH GRUR 1954, 404 – *Fachmann.*

Für **Unterlassungsansprüche** bedeutet dies, dass möglichst die konkrete Verletzungs- 7
form zugrunde zu legen ist. Umformulierungen begründen zum einen die Gefahr, dass
der Sinn der angegriffenen Äußerung verfehlt wird; in solchen Fällen wird die Klage als
unbegründet abgewiesen. Wird der Antrag entsprechend einem Hinweis des Gerichts
umformuliert, dann liegt eine Klageänderung vor; deren Zulässigkeit ist anhand von
§§ 263, 264 ZPO zu prüfen.[10] Als unzulässig ist der Unterlassungsantrag abzuweisen,
wenn er zu unbestimmt ist. Hier hat die Rechtsprechung des BGH enge Grenzen gesetzt.
Konkrete Verletzungsform bedeutet, dass möglichst die konkrete Äußerung mit ihrem
Wortlaut in den Verbotsantrag mit aufzunehmen ist.

Ein Unterlassungsantrag, der auf das Verbot gerichtet ist, Zeitungsanzeigen zu ver- 8
öffentlichen, wenn dies „ähnlich wie" bei einer bereits veröffentlichten Anzeige geschieht, genügt den Bestimmtheitsanforderungen des § 253 Abs. 2 Nr. 2 ZPO nicht. Er
entspricht aber auch nicht den an die materiell-rechtliche Begründetheit eines Unterlassungsbegehrens zu stellenden Anforderungen, weil er sich weder auf die Darstellung der
konkreten Verletzungsform noch auf eine zulässig-abstrahierende Beschreibung des charakteristischen Kerns der Verletzungshandlung beschränkt.[11] Auch ein Unterlassungsantrag, der auf das Verbot der Werbung „mit Anzeigen der nachfolgend eingeblendeten Art"
gerichtet ist, ist in der Regel nicht hinreichend bestimmt.[12] Andererseits gilt: Verlangt ein
Gläubiger unter Verzicht auf die Angabe konkret beanstandeter Textpassagen und/oder
grafischer Elemente in einer Publikation die Unterlassung von Aussagen wie in dem
„nachfolgend wiedergegebenen" Volltext der Veröffentlichung, begegnet dies im Hinblick auf die Bestimmtheitsanforderungen des § 253 Abs. 2 Nr. 2 ZPO keinen Bedenken,
wenn sich aus der Antragsbegründung Reichweite und Vollstreckungsmöglichkeiten hinreichend deutlich ergeben.[13]

Ein Verbotsantrag darf nicht derart undeutlich gefasst sein, dass sich der Beklagte nicht 9
erschöpfend verteidigen kann und es in der Zwangsvollstreckung, wenn dem gestellten
Antrag im Erkenntnisverfahren Rechnung getragen würde, die Entscheidung darüber,
was verboten ist, dem Vollstreckungsgericht überlassen wäre. Das bedeutet nicht, dass die
Verwendung auslegungsbedürftiger Begriffe im Antrag und in der Urteilsformel unzulässig wäre. Auch der Gebrauch solcher Begriffe kann hinnehmbar oder im Interesse einer
sachgerechten Verurteilung zweckmäßig oder sogar geboten sein, wenn über den Sinngehalt der verwendeten Begriffe oder Bezeichnungen kein Zweifel besteht, so dass die
Reichweite von Antrag und Urteil feststeht. Etwas anderes gilt aber dann, wenn im Einzelfall der Parteienstreit gerade darum geht, ob das angegriffene Verhalten unter einen bestimmten, auslegungsfähigen Begriff fällt.[14] Nach § 253 Abs. 2 Nr. 2 ZPO darf ein Unterlassungsantrag und nach § 313 Abs. 1 Nr. 4 ZPO eine darauf beruhende Verurteilung nicht
derart undeutlich gefasst sein, dass der Streitgegenstand und der Umfang der Prüfungs-
und Entscheidungsbefugnis des Gerichts nicht mehr klar umrissen sind, sich der Beklagte
deshalb nicht erschöpfend verteidigen kann und im Ergebnis dem Vollstreckungsgericht
die Entscheidung überlassen bleibt, was dem Beklagten verboten ist. Ein auf die Verurteilung zur Unterlassung gerichteter Klageantrag, der sich darauf beschränkt, die Tatbestandsmerkmale des Gesetzes, auf das er sich stützt, wiederzugeben, ist grundsätzlich
unbestimmt.[15]

---

[10] Vgl. OLG Nürnberg AfP 2007, 127 = ZUM-RD 2007, 133 – *S.-Mörder.*

[11] BGH GRUR 1991, 254 = LM § 1 UWG Nr. 564 = LM § 253 ZPO Nr. 94 = NJW 1991, 1114
– *Unbestimmter Unterlassungsantrag I.*

[12] BGH LM HeilmittelwerbeG Nr. 63 (mit Anm. *Busche*) = GRUR 2001, 453 = NJW-RR
2001, 684 – *TCM-Zentrum.*

[13] OLG Köln AfP 2001, 332 = NJW-RR 2001, 1486 – *Telekom-dominiert.*

[14] BGH AfP 1998, 212 = GRUR 1998, 489–493 (mit Foto) = NJW-RR 1998, 835 – *Unbestimmter
Unterlassungsantrag III.*

[15] BGH GRUR 2000, 438 = NJW 2000, 1792 – *Gesetzeswiederholende Unterlassungsanträge.*

10 Der Antrag, es zu unterlassen, einen näher beschriebenen „Eindruck zu erwecken", ist mangels Bestimmtheit unzulässig, wenn nicht zugleich in ihn die konkreten Umstände einbezogen werden, auf denen der Eindruck beruht (hier Äußerung des Antragsgegners, dem Antragsteller gehe es nicht um Verbraucherschutz, sondern darum, selbst Versicherungen zu vermitteln).[16]

11 Liegen unterschiedliche, voneinander abgrenzbare Tatbeiträge **mehrerer Störer** vor, ist dem bei Formulierung der Antrags- und Verbotsfassung Rechnung zu tragen. Das betrifft indessen nur die Frage der materiellen Begründetheit, nicht jedoch die prozessuale Frage, ob ein bestimmter Klageantrag vorliegt. Ein Unterlassungsantrag, aus dem sich ergibt, dass einem Access-Provider untersagt werden soll, unzulässige Faxwerbung durch seine Nutzer dadurch zu fördern, dass er diesen eine Fax-Nummer als Bestelladresse für die Versendung von Fax-Werbeanzeigen zur Verfügung stellt, ist ausreichend bestimmt.[17]

12 Ein Klageantrag, in dem das gegen einen **Netzbetreiber** erstrebte Unterlassungsgebot davon abhängig gemacht ist, dass ein Anspruch gegen den Versender der Telefaxwerbung „kurzfristig" nicht gerichtlich durchsetzbar ist, ist zu unbestimmt.[18] Nach Auffassung des OLG Köln ist ein Unterlassungsantrag, der darauf gerichtet ist, es zu verbieten, „ohne aktuellen Anlass" über den Betroffenen öffentlich zu berichten, ist nicht an einer konkreten Verletzungshandlung orientiert und daher nicht ausreichend deutlich gefasst; es werde damit ein von der konkreten Verletzungshandlung abstrahierter Verbotsantrag gestellt.[19] Dem kann nicht ohne weiteres gefolgt werden. Denn die Einschränkung ist erforderlich und sie ergäbe sich entweder von selbst, oder aber das Gericht müsste auf eine entsprechende Änderung hinwirken. Ohne die Einschränkung wäre der Antrag wohl eher zu weit gefasst.

13 Als **bestimmt genug** ist folgender Antrag angesehen worden: Es wird beantragt, die Beklagte zu verurteilen, es bei Vermeidung von Ordnungsmitteln zu unterlassen, Bildnisse des Klägers aus seinem privaten Alltag zu veröffentlichen und/oder zu verbreiten und/oder veröffentlichen und/oder verbreiten zu lassen, wie in „Das Neue Blatt" Nr. 7 vom 9. 2. 2005 auf der Seite 14 in dem Artikel „Thomas Gottschalk Wo geht's denn hier ins Dschungel-Camp?" geschehen.[20] Das erscheint nicht unproblematisch; eine andere Fassung ist allerdings nur schwer zu finden. Das Gericht meint: Dass künftig in einem konkreten Zusammenhang die Veröffentlichung entsprechender privater Bildnisse erlaubt sein könnte, spielt für die Frage der Zulässigkeit keine Rolle, sondern hat lediglich Einfluss auf die Frage, ob im vorliegenden Fall ein Anspruch auf eine entsprechende Tenorierung besteht, ist also eine Frage der Begründetheit. Diese Argumentation ist eher unglücklich, weil ein entscheidender Unterschied zwischen der Verpflichtung, einen bestimmten Antrag zu stellen, und dem „Anspruch auf eine entsprechende Tenorierung" nicht besteht. Richtig deshalb das KG: Eine bekannte Komikerin und Showmoderatorin kann, auch wenn sie durch die Veröffentlichung von Fotos in ihrem Recht am eigenen Bild verletzt worden ist, nicht generell eine Verbreitung von Bildern aus ihrem privaten Alltag untersagen. Vielmehr muss das Unterlassungsgebot an die konkrete Verletzungshandlung anknüpfen.[21] Der Antrag hatte hier gelautet:

„Bildnisse der Antragstellerin aus ihrem privaten Alltag zu veröffentlichen und/oder zu verbreiten und/oder veröffentlichen und/oder verbreiten zu lassen, wie in „d. n." Nr. 21 vom 21. 5. 2005 auf Seite 7 in dem Artikel „Zärtliche Freundschaft" geschehen."

---

[16] OLG Hamburg NJW-RR 1994, 290 – *Verbraucherschutz*.

[17] OLG Karlsruhe CR 2002, 751 = OLGR 2002, 275 = WRP 2002, 1090 = ZUM-RD 2003, 32 – *Fax-Werbung*.

[18] OLG Köln MMR 2004, 406 – *Netzbetreiberhaftung*. Das OLG diskutiert die Frage im Urteil vertiefend.

[19] OLG Köln NJW-RR 2005, 1711 – *Ex-Minister*.

[20] LG Berlin AfP 2007, 257 – *Fernsehmoderator*.

[21] KG AfP 2006, 477 (dazu *Neben* AfP 2006, 533) = GRUR 2007, 80 = NJW-RR 2007, 47 – *Zärtliche Freundschaft*.

Und dementsprechend ist auch die Möglichkeit, den Unterlassungsantrag auf Bilder 14
aus dem privaten Alltag auszudehnen, vom KG nicht zuerkannt worden.[22]

Zulässig ist ein **Antrag** „Bildnisse der Antragstellerin zu veröffentlichen und/oder zu 15
verbreiten und/oder veröffentlichen und/oder verbreiten zu lassen, wie in der S. Nr. 3
vom 12. Januar 2006 auf der Seite 78 links oben geschehen". Der Antrag beschränkt sich
zwar nicht auf das eine genannte Foto, er umfasst vielmehr auch den Kern der Verletzungshandlung. Um diesen Verletzungskern zu bestimmen, muss der Inhalt der Antragsschrift mit herangezogen werden, auf den in der einstweiligen Verfügung Bezug genommen worden ist. Dort hat die Gläubigerin geltend gemacht, das genannte Foto sei gegen
ihren Willen aufgenommen worden. Soweit in der Erstmitteilung weitere Fotos veröffentlicht worden sind, welche die Gläubigerin mit Herrn S. oder bei einem Auftritt als
Tänzerin zeigen, ist die Gläubigerin hiergegen nicht vorgegangen. Als Charakteristikum
der ursprünglichen Verletzungshandlung muss daher die ungenehmigte Fertigung der
Aufnahme angesehen werden.[23]

Nicht beanstandet hat der BGH die Zulässigkeit des folgenden **Antrags**: „die Beklagte 16
unter Androhung der gesetzlichen Ordnungsmittel zu verurteilen, es zu unterlassen, in
identifizierender Weise im Zusammenhang mit der Abberufung des Klägers als Geschäftsführer der Klinikum N. GmbH in S. die in ihrem Wortlaut wiedergegebene Pressemeldung wörtlich oder sinngemäß zu veröffentlichen und/oder zu verbreiten und/oder
veröffentlichen und/oder verbreiten zu lassen."

Der Unterlassungsantrag umfasst nach Auffassung des BGH[24] durch den Zusatz „in 17
identifizierender Weise" in Verbindung mit „wörtlich oder sinngemäß" lediglich auch
sonstige leicht abgewandelte Verletzungshandlungen, die im Kern und Wesen der konkret
genannten Verletzungshandlung entsprechen und deshalb ebenfalls von einem Unterlassungsanspruch aufgrund der konkreten Verletzungshandlung getragen werden können.
Der Begriff der identifizierenden Berichterstattung sei, so der BGH, ein durch die Rechtsprechung des Bundesverfassungsgerichts und des Bundesgerichtshofs geprägter allgemeiner Rechtsbegriff, dessen Sinngehalt jedenfalls im vorliegenden Kontext nicht zweifelhaft
oder zwischen den Parteien streitig ist und deshalb als Verallgemeinerung der konkreten
Verletzungsform im Interesse einer sachgerechten Titulierung unbedenklich ist.

Interessant ist auch folgende Entscheidung des KG.[25] Der Antragsteller hat eine einst- 18
weilige Verfügung erwirkt, mit der der Antragsgegnerin unter Androhung der gesetzlichen Ordnungsmittel untersagt worden ist, wörtlich oder sinngemäß die **Filmsequenz**
von der Verhaftung des Antragstellers am 26. April 2005 in Berlin zu verbreiten, wie in
der „S.-T."-Sendung der „P. v. B.-S." vom 1. Mai 2005 geschehen. Hierzu das KG: Der
Verbotstenor ist nicht zu unbestimmt. Aus ihm ergibt sich hinreichend deutlich, dass die
weitere Verbreitung der gesamten Filmsequenz von der Verhaftung des Antragstellers, die
nach den Angaben der Antragsgegnerin 57 Sekunden dauert und aus 9 verschiedenen
Einstellungen besteht, untersagt worden ist. Einer Auseinandersetzung mit einzelnen Ka-
meraeinstellungen bedurfte es nicht, da aus den oben genannten Gründen ein berechtigtes Interesse des Antragstellers an der Untersagung all dieser Einstellungen besteht.

Verlangt der Kläger die Verpflichtung des Beklagten, es **gegenüber jedweden Drit-** 19
ten zu unterlassen, streitgegenständliche Äußerungen zu tätigen, fehlt dem Antrag das
materiell-rechtliche Erfordernis der Wiederholungs- und Erstbegehungsgefahr.[26] Das
heißt, eine solche Klage ist nicht wegen Verstoßes gegen § 253 Abs. 2 Nr. 2 ZPO als unzulässig, sondern als unbegründet abzuweisen.

---

[22] KG AfP 2006, 479 = NJW-RR 2007, 109 – *Privater Alltag*; insoweit bestätigt durch BGH AfP
2008, 187 = NJW-RR 2008, 1593 – Almsick, der aber noch enger ist.

[23] KG ZUM 2007, 60 – *Silhouette* (Entscheidung nach § 890 ZPO).

[24] BGH AfP 2007, 44 = GRUR 2007, 350 = NJW-RR 2007, 619 – *Geschäftsführer*.

[25] KG ZUM-RD 2007, 115 – *Festnahmefilm*.

[26] LG Berlin NJW-RR 2003, 765 – *Intensive Kontakte*.

20   Besonderheiten können bei objektiver **Klagenhäufung** bestehen. Werden mit einer Klage Verbote verschiedener Handlungen begehrt, deren Ausspruch jeweils von unterschiedlichen tatsächlichen und rechtlichen Voraussetzungen abhängt, erfordert es das Gebot, einen bestimmten Klageantrag zu stellen, dass die einzelnen Handlungen in gesonderten Anträgen als konkrete Verletzungsformen umschrieben werden.[27]

21   Beim **Gegendarstellungsanspruch** ist das Gericht deshalb besonders eingeengt, weil die Gegendarstellung selbst eine persönliche Erklärung des Betroffenen darstellt. Sie ist zwar Gegenstand des Antrags, wird aber von der Verpflichtung des § 139 ZPO, auf sachdienliche Anträge hinzuwirken, nicht erfasst. Dem steht nicht entgegen, dass das Gericht auf die Unbegründetheit eines Gegendarstellungsverlangens hinweist, wenn hierfür die materiell-rechtlichen Voraussetzungen nicht gegeben sind. Es ist dem Gericht in diesem Bereich aber nicht erlaubt, Vorschläge zur Formulierung der Gegendarstellung zu machen.

22   **Zahlungsansprüche** verlangen zwar grundsätzlich eine Bezifferung. Die Höhe eines Geldentschädigungsanspruchs hängt allerdings von einer Festlegung des Anspruchs durch das Gericht ab. Dem Grunde nach ist der **Geldentschädigungsanspruch** ein Schadensersatzanspruch. Deshalb gilt für die Entscheidung des Gerichts § 287 Abs. 1 Satz 1 ZPO: Das Gericht entscheidet unter Würdigung aller Umstände des konkreten Einzelfalles nach freier Überzeugung. Dem Kläger wird deshalb in solchen gestattet, einen unbezifferten Zahlungsantrag zu stellen. Allerdings wird in solchen verlangt, dass der Kläger dem Gericht die Tatsachen, die für die Schätzung erforderlich, unterbreitet.[28] Wegen der Notwendigkeit, den Streitwert festzusetzen, wird es sich mindestens empfehlen, die ungefähre Vorstellung zur Größenordnung des Anspruchs anzugeben. Ob dies notwendig ist, ist eher noch nicht geklärt. Nach Auffassung von Reichold[29] ist die Angabe nicht Voraussetzung für die Zulässigkeit der Klage.

23   Entsprechendes gilt für einen Anspruch auf Ersatz des durch eine Persönlichkeitsverletzung entstandenen **materiellen Schadens**, sofern streitig ist, ob und in welcher Höhe ein Schaden entstanden sei (§ 287 Abs. 1 Satz 1 ZPO). Und es gilt dies auch für andere vermögensrechtliche Ansprüche, sofern die Höhe der Forderung streitig ist und die vollständige Aufklärung aller hierfür maßgebenden Umstände mit Schwierigkeiten verbunden ist, die zu der Bedeutung des streitigen Teils der Forderung in keinem Verhältnis steht (§ 287 Abs. 2 ZPO). In solchen Fällen ist das Gericht auch nicht an das strenge Beweisverfahren der ZPO gebunden (zulässig ist z. B. eine „Schätzungsvernehmung" (§ 287 Abs. 1 Satz 3 ZPO).

II. Wirksamkeit der Klageerhebung

24   Immer wieder werden Klagen durch Anwälte eingereicht, deren Prozessvollmacht deshalb zweifelhaft sein kann, weil diese durch Personen aus Institutionen unterzeichnet sind, deren Vertretungsmacht zweifelhaft ist.

25   Insbesondere bestehen Probleme im Bereich der **öffentlichen Verwaltung**. Es ist auch hier stets genau zu prüfen, auf Grund welcher Regelung die Person, welche die Prozessvollmacht unterzeichnet, hierzu befugt ist. Dem Anwalt wird empfohlen, sich die Vertretungsregelung genau und nachvollziehbar erklären und nachweisen zu lassen. Dabei geht es im öffentlich-rechtlichen Bereich um folgende Fragen:
- Welche Behörde kann die klagende Körperschaft vertreten?
- Welche Person in dieser Behörde ist zur Vertretung der Behörde befugt?
- Besteht Einzel- oder Gesamtvertretung?

---

[27] BGH BGHZ 156, 1 = AfP 2003, 545 = GRUR 2003, 958 (mit Anm. *Hoeren* GRUR 2004, 1) = MMR 2003, 719 (mit Anm. *Wiebe*, S. 724) = NJW 2003, 3406 (Besprechung *Heydn* NJW 2004, 1361) – *Paperboy*.

[28] Thomas/Putzo/*Reichold*, ZPO, 28. Aufl. § 253 Rn. 12.

[29] A.a.O. (Fn. 28).

Klagt eine **privatrechtliche Gesellschaft**, dann ist jedenfalls den beiden letzten Fra- **26** gen nachzugehen.

Das Problem kann hier nicht umfassend erörtert werden. Es ist kein solches speziell des **27** Persönlichkeitsschutzes. Einige Beispiele aus diesem Bereich seien hier angeführt. Die Bundesrepublik als Antragsteller in einem Verfahren der einstweiligen Verfügung auf Abdruck einer Gegendarstellung zu einem Wahlkampfinserat kann nicht durch den stellvertretenden Chef des Bundespresseamts vertreten werden.[30] Das bayerische Landesamt für Verfassungsschutz ist eine nicht-rechtsfähige Behörde. Einen Prozess muss deshalb der Freistaat Bayern führen. Die Vertretungsbefugnis ergibt sich aus der Vertretungsverordnung für den Freistaat Bayern.[31] Hiernach kann dieser jedenfalls durch den Präsidenten des Landesamts vertreten werden. Ob Personen aus diesem Amt ebenfalls vertreten dürfen, kann sich aus der Geschäftsverteilung dieses Amts ergeben. Das Land Berlin wird gemäß Art. 58 Abs. 1 der Verfassung von Berlin nach außen durch den Regierenden Bürgermeister vertreten. Fraglich ist etwa, ob der Polizeipräsident das Land Berlin vertreten kann. Die Frage ist in einem Zusammenspiel von AZG, ASOG und GGO zu beantworten.[32] Glasklare Regelungen zur Beantwortung der Frage, ob der Polizeipräsident das Land Berlin vertreten darf, sind dies nicht. Hinzu kommt im Einzelfall die Frage, ob es sich nicht um eine Leitungsaufgabe handelt und ob ein Zeichnungsvorbehalt gemäß § 54 GGO I besteht. Auch ein Fall aus Nordrhein-Westfalen hat Schwierigkeiten bereitet. Das Land Nordrhein-Westfalen kann im Gegendarstellungsrechtsstreit nicht kraft Gesetzes durch den Regierungspräsidenten einer Bezirksregierung vertreten werden. Dessen Vertretungsmacht folgt für solche Fälle insbesondere nicht aus § 8 des Landesorganisationsgesetzes.[33]

Im Bereich **juristischer Personen des Privatrechts** gibt es Schwierigkeiten bei der **28** Gesamtvertretung. Hier soll nach Auffassung des OLG Düsseldorf[34] die Unterschrift eines Vorstandsmitglieds, trotz gemäß § 78 AktG bestehender Gesamtvertretung, allein genügen, wenn dieser zur Vornahme bestimmter Geschäfte durch gesamtvertretungsbefugte Vorstandsmitglieder ermächtigt worden ist. Das ist eine Entscheidung zur materiell-rechtlichen Frage, wer eine Gegendarstellung unterzeichnen muss. Ein Transfer zur formell-rechtlichen Frage, wer im Rechtsstreit handeln darf, liegt aber nicht fern. Jedoch begegnet diese Entscheidung Bedenken. Eine solche Ermächtigung wird zwar von der Literatur zum AktG als zulässig und wirksam angesehen. Jedoch öffnet ein solches Verfahren Tür und Tor für Manipulationen. Mindestens müsste verlangt werden, dass eine solche Ermächtigung schriftlich und datiert erteilt wird. Auch ist der Einfluss des Europarechts wohl nicht ausreichend berücksichtigt.[35]

III. Örtliche Zuständigkeit

Für die örtliche Zuständigkeit gilt der fliegende Gerichtsstand gemäß § 32 ZPO, wenn **29** es um verletzende Äußerungen in Medien geht.[36] Die Klage kann dann überall dort

---

[30] OLG München AfP 1976, 188 (mit Anm. *v. Holstein* S. 189) – Presse- und Informationsamt.

[31] Verordnung über die gerichtliche Vertretung des Freistaates Bayern (Vertretungsverordnung – VertrV) in der Fassung der Bekanntmachung vom 4. Oktober 1995, Fundstelle: GVBl 1995, S. 733, mit späteren Änderungen.

[32] AZG = Allgemeines Zuständigkeitsgesetz mit dem Allgemeinen Zuständigkeitskatalog; ASOG = Allgemeines Gesetz zum Schutz der öffentlichen Sicherheit und Ordnung in Berlin; GGO I = Gemeinsame Geschäftsordnung für die Berliner Verwaltung, Allgemeiner Teil.

[33] OLG München AfP 2000, 360 = NVwZ-RR 1999, 548 – *Regierungspräsident*.

[34] OLG Düsseldorf AfP 2006, 473.

[35] Siehe dazu, mit Zweifeln zur Regelung des deutschen Rechts, *Schwarz*, Vertretungsregelungen durch den Aufsichtsrat (§ 78 Abs. 3 S. 2 AktG) und durch Vorstandsmitglieder (§ 78 Abs. 4 S. 1 AktG), ZHR 166 (2002), S. 625 ff.

[36] Vgl. dazu etwa *V. Deutsch* MDR 1967, 88 ff.

erhoben werden, wo die Verletzung begangen wurde. Handelt es sich um eine über-regionale Zeitung oder Zeitschrift oder eine Rundfunkanstalt (Hörfunk und Fern-sehen), dann wird in der Regel jedes Gericht in Deutschland (also im Geltungsbereich der ZPO) zuständig sein. Können Zweifel über die Verbreitung einer solchen Äußerung be-stehen, dann empfiehlt es sich, hierfür einen Nachweis zu schaffen. Dies kann insbeson-dere durch Kauf etwa der Zeitung im Bereich des avisierten Gerichts gegen Quittung ge-schehen.

IV. Sachliche Zuständigkeit

30   Die Abgrenzung zwischen Amts- und Landgericht ergibt sich aus dem Streitwert der Hauptsacheklage. Dieser bestimmt sich nach § 3 ZPO und orientiert sich vor allem an der eigenen Angabe in der Klage. Wird ein Geldentschädigungsanspruch erhoben, dann kann der Antrag die Höhe der Entschädigung in das Ermessen des Gerichts stellen. Es muss aber die Vorstellung über die Höhe in etwa angegeben werden. Diese Angabe ergibt dann auch den Streitwert.

31   Es ist ungünstig, einen Streitwert von z. B. 5000 Euro vorzuschlagen. Denn hier ist die Abgrenzung zwischen Amts- und Landgericht schwierig und es besteht die Gefahr von Verweisungen zwischen diesen Gerichten.

V. Funktionelle Zuständigkeit

32   Hier ist die Frage der Geschäftsverteilung innerhalb des angerufenen Gerichts zu erör-tern. Diese richtet sich nach der internen Geschäftsverteilung des Gerichts. Hier sind die Formulierungen verschieden. Oft ist etwa fraglich, ob Klagen gegen Leserbriefveröffent-lichungen oder gegen Informanten noch zur Zuständigkeit der Pressekammer gehören. Gleiches gilt für Klagen wegen Internetveröffentlichungen.

33   Formulierung in der **Geschäftsverteilung** des OLG München:

Rechtsstreitigkeiten, die Ansprüche – gleich aus welchem Rechtsgrund – aus bereits bewirkten oder erst bevorstehenden Veröffentlichungen durch Druckerzeugnisse, Bild- und Tonträger jeder Art, insbe-sondere Presse, Rundfunk (Hörfunk, Fernsehen), Film und Internet zum Gegenstand haben (soweit nicht die Zuständigkeit des 6. oder 29. Zivilsenats gegeben ist).[37]

34   Ist der Rechtsweg zu den ordentlichen Gerichten gegeben,[38] dann kann es Unsicher-heiten bei Bestimmung der Zuständigkeit innerhalb des Gerichts geben. Auch hier ist auf die Geschäftsverteilung des Gerichts zurückzugreifen. Von Bedeutung kann dies etwa sein, wenn es um Äußerungen von Ministern oder Beamten geht. Hier ist zu prüfen, ob Anspruchsgrundlage §§ 823, 824, 826 BGB sind oder § 839 BGB. In manchen Geschäfts-verteilungen ist für Ansprüche gegen den Fiskus aus Amtspflichtverletzungen ein Spe-zialsenat zuständig, der nicht mit dem Pressesenat identisch sein muss. Über Streitigkei-ten in dieser Beziehung entscheidet das Präsidium dieses Gerichts.

35   Die Frage, ob der **Einzelrichter** oder die Kammer zuständig ist, bestimmt sich eben-falls nach der Geschäftsverteilung i. V. mit § 348 Abs. 1 Nr. 2 a ZPO. Die Kammer ist pri-mär zuständig, wenn die Geschäftsverteilung eine spezielle Zuständigkeit innerhalb des Gerichts für äußerungsrechtliche Sachen vorsieht. Ist die Kammer zuständig, dann kann diese die Sache einem ihrer Mitglieder gemäß § 348a ZPO übertragen (obligatorischer Einzelrichter). Handelt es sich um eine aus der Sicht des Klägers wichtige oder schwierige

---

[37] Der 6. und der 29. ZS sind für gewerblichen Rechtsschutz (u.a.) zuständig. Die Abgrenzung zum Pressesenat erfolgt nach dem Schwerpunkt des Rechtsstreits.

[38] Das kann bei Handlungen etwa von Beamten durchaus zweifelhaft sein; siehe hierzu sogleich bei der Zulässigkeit des Rechtswegs, Rn. 56 f.

Sache, dann sollte man gleich in der Klageschrift beantragen, die Sache nicht auf den Einzelrichter zu übertragen.[39]

Besteht bei dem anzugehenden Gericht eine **Pressekammer**, dann sollte man mög- **36** lichst gleich zu Beginn der Klageschrift deutlich darauf hinweisen, dass es sich um eine Pressesache handelt und dass die Sache dort eingetragen werden solle.

VI. Prozessführungsbefugnis[40]

Gewöhnlich wird ein Recht vom Rechtsträger im eigenen Namen geltend gemacht. **37** Ein fremdes Recht kann nur im eigenen Namen geltend gemacht werden, wenn die Prozessführungsbefugnis gegeben ist. Das ist eine Prozessvoraussetzung, welche in jedem Stadium des Verfahrens, also auch in der Revisionsinstanz zu prüfen ist.[41] Dies setzt dreierlei voraus:[42]
- Ermächtigung zur Prozessführung durch den Rechtsträger
- Eigenes schutzwürdiges Interesse des Klägers
- Abtretbarkeit des Anspruchs.

Im Bereich des Persönlichkeitsschutzes kann vor allem die dritte Voraussetzung pro- **38** blematisch sein. Zahlungsansprüche sind **abtretbar**. Dies gilt auch für den Geldentschädigungsanspruch. Selbst wenn man früher hieran zweifeln konnte, ist dies heute, nach Abschaffung des Abtretungsverbots in dem früheren § 847 Abs. 1 Satz 2 BGB[43] problemlos.[44] Dies gilt z. T. auch für andere Ansprüche wegen Verletzung des Persönlichkeitsrechts. Das allgemeine Persönlichkeitsrecht und seine besonderen Erscheinungsformen wie das Recht am eigenen Bild und das Namensrecht dienen dem Schutz nicht nur ideeller, sondern auch kommerzieller Interessen der Persönlichkeit. Werden diese vermögenswerten Bestandteile des Persönlichkeitsrechts durch eine unbefugte Verwendung des Bildnisses, des Namens oder anderer kennzeichnender Persönlichkeitsmerkmale schuldhaft verletzt, steht dem Träger des Persönlichkeitsrechts unabhängig von der Schwere des Eingriffs ein Schadensersatzanspruch zu. Die vermögenswerten Bestandteile des Persönlichkeitsrechts bestehen nach dem Tode des Trägers des Persönlichkeitsrechts jedenfalls fort, solange die ideellen Interessen noch geschützt sind. Die entsprechenden Befugnisse gehen auf den Erben des Trägers des Persönlichkeitsrechts über und können von diesem entsprechend dem ausdrücklichen oder mutmaßlichen Willen des Verstorbenen ausgeübt werden.[45] Dies gilt aber nur für die Ansprüche aus Verletzung der kommerziellen Bestandteile des Persönlichkeitsrechts. Die Ansprüche aus Verletzung der ideellen Bestandteile sind grundsätzlich nicht übertragbar.[46]

Deshalb wird eine **Prozessstandschaft** zur Geltendmachung eines Unterlassungs- **39** anspruchs grundsätzlich abgelehnt. Einem solchen Klagerecht steht nach Auffassung des

---

[39] Was natürlich konkret begründet werden muss.

[40] Siehe hierzu für Unterlassungsansprüche *Fritzsche*, Unterlassungsanspruch und Unterlassungsklage, 2000, S. 460 ff. (allerdings mit Schwerpunkt mehr im Bereich des gewerblichen Rechtsschutzes).

[41] BGH BGHZ 119, 237 = GRUR 1993, 151 = LM § 12 BGB Nr. 59 = NJW 1993, 918 – *Universitätsemblem.*

[42] Vgl. Thomas/Putzo/*Hüßtege*, ZPO, 28. Aufl. § 51 Rn. 31 ff.

[43] Hierzu etwa Staudinger/*Schäfer*, BGB, 11./12. Aufl., § 847 Rn. 97 ff.

[44] BGH GRUR 1969, 426 (mit Anm. *Micheli* S. 429) = LM § 847 BGB Nr. 34 = NJW 1969, 1110 – *Detektei* – ist deshalb überholt. Danach war auch eine Geltendmachung in Prozessstandschaft ausgeschlossen.

[45] So die Leitsätze von BGH BGHZ 143, 214 = AfP 2000, 356 = GRUR 2000, 709–715 (mit Anm. *Wagner* S. 717) = NJW 2000, 2195 (mit Anm. *Götting* NJW 2001, 585) – *Marlene Dietrich.*

[46] Vgl. dazu für einen Unterlassungsanspruch BGH BGHZ 119, 237 = GRUR 1993, 151 = LM § 12 BGB Nr. 59 = NJW 1993, 918 – *Universitätsemblem.*

BGH[47] schon die Unübertragbarkeit des in Frage stehenden Unterlassungsanspruchs entgegen. Ansprüche aus der Verletzung der persönlichen Eigensphäre, wie sie hier in Rede sind, stehen als höchstpersönliche Rechte in einem unlösbaren Zusammenhang mit der betroffenen Persönlichkeit. Deswegen würde nicht nur die Wiedergutmachung des Eingriffs durch eine Geldentschädigung, sondern auch ein Verwertungsverbot in der Hand eines anderen den Leistungsinhalt des Anspruchs verändern, zumal er für andere Interessen eingesetzt werden könnte, als er schützen soll.

40   Bei den **ideellen Bestandteilen** des Persönlichkeitsrechts fragt sich allerdings, ob nicht – soweit es nicht um Zahlung geht – wenigstens die Ausübung übertragen werden kann.[48] Dies kann zwar nicht dazu führen, dass – wie im NENA-Fall – dem Ausübungsbefugten ein eigener Anspruch (hier: aus Bereicherung) zusteht.[49] Es muss aber, jedenfalls nach den beiden Marlene-Entscheidungen des BGH vom 1. 12. 1999, zulässig sein, nur die Ausübung des Anspruchs aus Verletzung der ideellen Bestandteile des Persönlichkeitsrechts zu übertragen.[50] Das ist dann aber nichts anderes, als die Ermächtigung zum Vorgehen im Wege der Prozessstandschaft. Hier ist dann das eigene schutzwürdige Interesse des Prozessstandschafters zusätzlich zu prüfen. Dieses wird etwa dann gegeben sein, wenn dieser für seine Tätigkeit eine Vergütung erhält. Allerdings kann sich hier eine Begrenzung aus dem RBerG ergeben. Bejaht wurde die Möglichkeit eines Vorgehens in Prozessstand auch für einen Verein von Kreditvermittlern wegen einer Warnung in der Presse vor Kredithaien.[51] Ebenso bejaht wurde die Möglichkeit für das Vorgehen einer unternehmerischen Verwertung der Fotos von Bundesligaspielern. Ein Unternehmen, welches mit Fußballbundesligaspielern, -trainern und -managern Verträge über die gewerbliche Verbreitung ihrer Bilder abgeschlossen hat, ist berechtigt, gegen behauptete Rechtsverletzungen Dritter gemäß § 22 KUG im Weg gewillkürter Prozessstandschaft im eigenen Namen gerichtlich vorzugehen.[52] Bejaht wurde die Befugnis ferner für eine Stiftung, welche die Aufgabe hat, dem allgemeinen Nutzen durch Förderung der Liebe zur Kunst zu dienen und den Nachlass des Stifters gebührend zu pflegen und zu verwalten.[53]

41   Die Befugnis steht aber nicht einem **Verein** von Heilpraktikern gegen einen Verlag wegen eines Heilpraktiker allgemein schädigenden Artikels zu.[54] Nicht zu folgen ist einer Entscheidung des OLG München,[55] wonach die Stadt in gewillkürter Prozessstandschaft wegen einer Ehrverletzung eines Stadtratsmitglieds vorgehen kann. Hier wäre allenfalls zu überlegen, ob nicht im Einzelfall die Stadt durch eine solche Persönlichkeitsverletzung selbst und unmittelbar betroffen ist und deshalb aus eigenem Recht klagen kann. Verneint wurde die Prozessführungsbefugnis für den Kreisverband einer politischen Partei. Die Pflicht der Mitglieder des Vorstandes eines Kreisverbandes einer politischen Partei, die Angelegenheiten des Vereins wahrzunehmen, begründet kein schutzwürdiges Interesse, Ansprüche des Vereins in gewillkürter Prozessstandschaft geltend zu

---

[47] BGH BGHZ 80, 25 = AfP 1981, 270 (mit Anm. *Schmitt Glaeser* AfP 1981, 314; *G. Küchenhoff* S. 395) = GRUR 1981, 437 = NJW 1981, 1089 (hierzu Aufsatz *Bettermann* NJW 1981, 1065) – *Der Aufmacher I*.

[48] Offengelassen für einen Gegendarstellungsanspruch in OLG Koblenz AfP 1993, 592 = NJW-RR 1993, 697 – *Verein*.

[49] So aber BGH GRUR 1987, 128 (mit Anm. *Forkel* 1988, 491) = LM § 812 Nr. 187 = NJW-RR 1987, 231 – *NENA* (kritisch hierzu *J. Helle* RabelsZ 1996, 448/466.

[50] So schon BGH GRUR 1983, 379 (mit Anm. *Jacobs*) = LM § 13 UWG Nr. 38 = NJW 1983, 1559 – *Geldmafiosi*.

[51] OLG Zweibrücken NJW 1981, 129 – *Kredithaie*.

[52] OLG München ZUM 1985, 448 – *Fußballsammelbilder*.

[53] BGH BGHZ 107, 384 = AfP 1989, 728 = GRUR 1995, 668 = LM Art. 1 GG Nr. 41 = NJW 1990, 1986 – *Emil Nolde*.

[54] OLG Köln AfP 1973, 482 – *Heilpraktiker als Gefahr*.

[55] OLG München ArchPR 1973, 164 – *Stadtratskränkung*.

machen.[56] Etwas weitgehend ist wohl die Auffassung von OLG München: Bei unerlaubter Anfertigung einer Personenabbildung kann ein Unterlassungsanspruch auch bei einem nicht exklusiven und nicht dinglich wirkenden Nutzungsrecht durch einen Dritten in Prozessstandschaft für den Rechtsinhaber geltend gemacht werden.[57] Nicht zuzustimmen ist einer Entscheidung des LG München I, wonach der Landesverband einer politischen Partei im Wege einer gesetzlichen Prozessstandschaft (§ 3 Satz 2 PartG) einen Gegendarstellungsanspruch eines Ortsverbandes gerichtlich geltend machen kann; dies gilt keinesfalls dann, wenn dieser Ortsverband rechtlich verfasst ist.[58]

Nicht entsprechend angewendet werden können die Grundsätze für die Rechtswahr-   **42** nehmung nach **Urheber- oder Wettbewerbsrecht**. Deshalb gehört die im vorliegenden Zusammenhang z.T. zitierte Entscheidung des BGH[59] zur Befugnis eines Anwaltsvereins zum Vorgehen gegen Verletzung des RBerG nicht hierher.

Einen etwas anderen Ansatzpunkt hat das OLG Frankfurt a.M. für die Entscheidung   **43** zur Frage der Prozessstandschaft bei einer **Glaubensgemeinschaft** gewählt. Der Träger des Namens einer rechtlich nicht verfassten Glaubensgemeinschaft ist danach juristisch nicht mit dieser gleichzusetzen und somit nicht aktivlegitimiert zur Wahrnehmung von Rechten der Gemeinschaft. Die Geltendmachung rechtlicher Ansprüche im Wege der Prozessstandschaft scheidet nach Auffassung des Gerichts mangels juristischer Organisiertheit der Glaubensgemeinschaft ebenfalls aus.[60]

VII. Rechtsschutzbedürfnis[61]

Es gibt einige Fallkonstellationen, in welchen Ehrenschutzklagen ausgeschlossen sind.[62]   **44** Dies gilt insbesondere für
- Klagen gegen Äußerungen in gerichtlichen oder behördlichen Verfahren.
- Klagen gegen potentielle Zeugen für Ehrenschutzklagen.

Dies beruht auch auf verfassungsrechtlichen Überlegungen. Dem Rechtsstaat ent-   **45** spricht ein wirkungsvoller gerichtlicher Rechtsschutz in bürgerlich-rechtlichen Streitigkeiten. Ein solcher Rechtsschutz verlangt nicht nur institutionelle Vorkehrungen, sondern setzt auch voraus, dass der Rechtsuchende gegenüber den Organen der Rechtspflege, ohne Rechtsnachteile befürchten zu müssen, jene Handlungen vornehmen kann, die nach seiner von gutem Glauben bestimmten Sicht geeignet sind, sich im Prozess zu behaupten.[63]

Handelt es sich um eine Äußerung in einem **gerichtlichen Verfahren**, die der Rechts-   **46** verfolgung oder Rechtsverteidigung dient, so sind bei der Anwendung des § 193 StGB auch die Auswirkungen des Rechtsstaatsprinzips auf die durch Art. 2 Abs. 1 GG grundrechtlich geschützte Betätigungsfreiheit zu berücksichtigen. Seine Ausstrahlungswirkung ist über den engeren Gewährleistungsinhalt des Art. 103 Abs. 1 GG hinaus zu beachten, wenn es um die Frage geht, inwieweit ein Prozessbeteiligter wegen ehrverletzender

---

[56] OLG Celle NJW 1989, 2477 – *Kreisverband*.
[57] OLG München OLGR 1997, 128 = ZUM 1997, 388 – *Schwarze Sheriffs*.
[58] LG München I AfP 2006, 279 = Rpfleger 2006, 483; die Sache wurde im Berufungsverfahren verglichen.
[59] BGH BGHZ 48, 12 = NJW 1967, 1558 – *Anwaltsverein*; GRUR 1981, 658 (mit Anm. *Schulze zur Wiesche* S. 661) = LM § 1 UWG Nr. 352 = NJW 1981, 2304 – *Preisvergleich*.
[60] OLG Frankfurt a.M. NJW 1995, 876.
[61] Sehr eingehend hierzu *J. Helle*, Die Begrenzung des zivilrechtlichen Schutzes der Persönlichkeit und der Ehre gegenüber Äußerungen in rechtlich geordneten Verfahren, GRUR 1982, 207; *Walter*, Ehrenschutz gegenüber Parteivorbringen im Zivilprozess, JZ 1986, 614.
[62] Vgl. hierzu etwas vertieft: *Hendricks*, Zivilprozessuale Geltendmachung von Widerrufs- und Unterlassungsansprüchen im Medienrecht, 2001, S. 73 ff.
[63] BVerfGK (2. Senat) NJW 1991, 29 – *Angriff auf Zeugen*.

Äußerungen, die er in einem gerichtlichen Verfahren zur Wahrung seiner Rechtsposition abgegeben hat, strafrechtlich zur Verantwortung gezogen werden darf. Denn die Gefahr einer Strafverfolgung wirkt mittelbar auf die Wahrnehmung des Rechts zurück. Der strafrechtliche Ehrenschutz darf jedenfalls nicht dazu zwingen, eine rechtserhebliche Tatsachenbehauptung aus Furcht vor Bestrafung nach § 186 StGB zu unterlassen, weil nicht vorauszusehen ist, ob die behauptete Tatsache bewiesen werden kann. Deshalb darf die in einem Zivilprozess vorgetragene Behauptung einer ehrverletzenden Tatsache, die nicht der Stimmungsmache gegen einen anderen Prozessbeteiligten dient, sondern aus der Sicht der Partei als rechts-, einwendungs- oder einredebegründender Umstand prozesserheblich sein kann, nicht schon deshalb strafrechtlich geahndet werden, weil sich später nicht aufklären lässt, ob die Behauptung wahr ist. Eine solche Behauptung muss freilich mit Blick auf die konkrete Prozesssituation zur Rechtswahrung geeignet und erforderlich erscheinen sowie der Rechtsgüter- und Pflichtenlage angemessen sein. Insbesondere die Art und Weise des Vortrags muss auf die Ehre des Betroffenen Rücksicht nehmen.[64]

47   In manchen Entscheidungen wird die **rechtliche Einordnung** solcher Ausschlüsse offen formuliert.[65] Es gibt auch Entscheidungen, welche den Anspruch wegen Fehlens des berechtigten Interesses verneinen. Richtigerweise wird man hier aber schon das prozessuale Rechtsschutzbedürfnis zu verneinen haben.[66] Das Rechtsschutzbedürfnis ist Prozessvoraussetzung. Das bedeutet, dass die Klage in solchen Fällen schon als unzulässig abzuweisen ist. Das Gericht kommt dann nicht über die Zulässigkeitsprüfung hinaus.[67]

48   Nicht verwechselt werden darf die vorliegende Frage mit der anderen, ob und wie gegen **vertrauliche Äußerungen** vorgegangen werden kann. Das ist eine Frage des materiellen Rechts. Die Rechtsprechung hat anerkannt, dass ein Freiraum für Äußerungen im engsten Familienkreis besteht; ein Teil des Schrifttums dehnt dies aus auf Äußerungen im engsten Freundeskreis und andere Verhältnisse, die durch eine vom Gesetzgeber besonders abgesicherte Vertraulichkeit herausgehoben sind.[68] Dem Bereich der materiell-rechtlichen Fragen gehört auch die Frage an, ob Äußerungen rechtswidrig sind; diese Frage ist durch Abwägung zu lösen.[69]

49   Grundvoraussetzung für ein Eintreten in die Prüfung des Rechtsschutzbedürfnisses ist hier, dass ein **Sachbezug** zwischen dem Vortrag und dem Gegenstand des gerichtlichen und behördlichen Verfahrens besteht,[70] ein innerer Zusammenhang gegeben ist.[71] Außerdem gilt die Einschränkung nur für Äußerungen in dem betreffenden gerichtlichen oder behördlichen Verfahren,[72] also etwa nicht für ein Rundschreiben an Kassenärzte.[73] Sie gelten auch nicht unbedingt nach Abschluss solcher Verfahren. Bejaht wurde der Ausschluss auch für die Zeit danach für ein Vorgehen gegen eine Zeugenaussage in einem

---

[64] BVerfGK (1. Senat) NJW 1991, 2074 – *Strafmandate*, mit weiteren Vertiefungen.

[65] Unklar etwa BGH LM § 1004 BGB Nr. 58 = NJW 1962, 243 – *Überwachungsausschuss*; GRUR 1965, 381 – *Weinbrand* (neigt wohl eher zu Unbegründetheit); GRUR 1969, 236 (mit Anm. *v. Falck* S. 239) = LM § 852 BGB Nr. 38 = NJW 1969, 463 – *Ostflüchtlinge*.

[66] Eindeutig etwa BGH GRUR 1987, 568 = LM Vorbem. zu § 253 ZPO Nr. 10 = NJW 1987, 3138 (Anm. *Walter*) – *Gegenangriff*; OLG Hamm NJW-RR 1990, 1405 = VersR 1991, 435 – *Sie sind eine Lügnerin*.

[67] Thomas/Putzo/*Hüßtege*, ZPO, 28. Aufl. Vorbem. vor § 253 Rn. 26, unter Hinweis auf BGH WM 1978, 935, welcher auch eine Sachabweisung zulassen will.

[68] BGH AfP 1993, 703 = GRUR 1993, 412 = LM § 823 (Ah) BGB Nr. 107 = NJW 1993, 525 = WM 1993, 69 – *Ketten-Mafia*; LG Aachen NJW 1990, 1544 – *Nicht befähigt, Dialyse zu führen*.

[69] Beispiel: BGH GRUR 1971, 175 (mit Anm. *v. Falck*). = LM § 1004 BGB Nr. 112 = NJW 1971, 284 – *Steuerhinterziehung*.

[70] BGH LM § 836 BGB Nr. 26 = NJW-RR 1999, 1251 – *Bestechungsvorwurf*.

[71] OLG Bamberg NJW-RR 1999, 322 – *Lug und Trug*.

[72] OLG Frankfurt a.M. (Senat Darmstadt) NJW-RR 1996, 1113 – *Geldversprechen*.

[73] BGH AfP 1992, 75 = LM § 1004 BGB Nr. 201 = NJW 1992, 1314 – *Kassenarztrundschreiben*.

Strafverfahren.[74] Und schließlich gilt die Beschränkung nicht für ein Vorgehen gegen bewusst unwahren Vortrag.[75]

Mit dieser Frage haben sich bisher über 50 Entscheidungen befasst. Sie können nicht **50** alle angesprochen werden.

Verneint wurde das Rechtsschutzbedürfnis für ein Vorgehen gegen Einträge in einem **51** Schiedsrichterbericht,[76] bei einem Vorgehen gegen die Bezeichnung in einem Schriftsatz als Arschloch,[77] bei einem Vorgehen gegen Vorwürfe in einem Vereins-Disziplinarverfahren.[78] Ein der Rechtsverfolgung dienendes Prozessvorbringen soll regelmäßig auch dann nicht verboten werden können, wenn ein anderes Gericht die Unrichtigkeit der dem Vorbringen zugrunde liegenden Behauptung festgestellt hat.[79] Die Eingabe eines Sendeunternehmens gegenüber den Landesmedienanstalten, mit der – nicht zuletzt im Interesse der Wahrung der Meinungsvielfalt – ein Einschreiten gegen einen Mitbewerber verlangt wird, kann grundsätzlich nicht mit einem wettbewerbsrechtlichen Abwehranspruch unterbunden werden. Etwas anderes kann lediglich bei bewusst unwahren oder leichtfertig aufgestellten falschen Behauptungen in Betracht kommen, wenn das aufgrund der Eingabe eingeleitete Verwaltungsverfahren keine Gewähr für eine Klärung der erhobenen Vorwürfe bietet.[80] Auch im Verfahren vor einer Schlichtungsstelle ist es dem Rechtsuchenden erlaubt, in gleicher Weise wie in einem Zivilprozess Behauptungen aufzustellen, die die Ehre eines anderen berühren.[81] Entsprechendes gilt für Vorbringen gegenüber der Rechtsanwaltskammer.[82] Ein Arzt und Mitglied einer kassenärztlichen Vereinigung kann in der Regel nicht Unterlassung bzw Widerruf einer an die kassenärztliche Vereinigung mit der Bitte um Überprüfung übermittelte Beschwerde einer Kreishandwerkerschaft verlangen, in der die angeblich leichtfertige Ausstellung von Arbeitsunfähigkeitsbescheinigungen gerügt wird.[83] Ehrenschutzklagen gegenüber kränkenden Äußerungen, die der Rechtsverfolgung oder Rechtsverteidigung dienen, sind unzulässig, solange das Ausgangsverfahren nicht abgeschlossen ist; das gilt auch dann, wenn die Ehre eines Dritten (hier: des gegnerischen Anwalts) betroffen ist.[84]

Das Rechtsschutzbedürfnis wurde z. B. **bejaht** bei Vorgehen gegen die Bezeichnung **52** eines Dritten in einem Schriftsatz als „geistesgestört"[85] oder gegen die Bezeichnung des Prozessgegners selbst als „geisteskrank".[86] Ein Unterlassungsanspruch kann auch bei der Rüge angeblicher Missstände der zuständigen Behörde bestehen, wenn die Anzeige allein auf persönliche Gründe zurückgeht und nicht auf die Sorge um die Behebung von Missständen.[87] Äußerungen des Konkursverwalters in seinem Erstbericht gegenüber der Gläubigerversammlung sind nicht nach den von der Rechtsprechung für Äußerungen in einem gerichtlichen Erkenntnisverfahren entwickelten Grundsätzen einer Ehrenschutz-

---

[74] BGH AfP 1987, 490 = LM § 1004 BGB Nr. 170 = NJW 1986, 2502 (mit Anm. *J. Helle* NJW 1987, 233) – *Strafverfahren*.

[75] OLG Düsseldorf AfP 1987, 626 = NJW 1987, 2522 – *Zwangsvollstreckungsverfahren*.

[76] LG Traunstein, NJW-RR 2003, 39 = SpuRt 2003, 71.

[77] LG Köln NJW-RR 2002, 688 – mindestens bedenklich.

[78] OLG Saarbrücken NJW-RR 1994, 1549; LG Heilbronn SpuRt 2001, 166 – *Eishockeyspieler*; LG Oldenburg JZ 1989, 593.

[79] OLG Celle NJW-RR 1999, 385; bedenklich.

[80] BGH AfP 1998, 215 = GRUR 1998, 587 = LM § 1 UWG Nr. 765 = NJW 1998, 1399 – *Bilanzanalyse Pro 7*.

[81] OLG München (18. ZS) NJW-RR 1995, 1215.

[82] OLG Hamburg MDR 1971, 1009.

[83] OLG Frankfurt a.M. NJW-RR 1994, 416 = OLGR Frankfurt 1994, 51 – *Arbeitsunfähigkeitsbescheinigung*.

[84] OLG Hamm NJW 1992, 1329 – *Prozess ohne Vollmacht geführt*.

[85] OLG München NJW-RR 2001, 765.

[86] OLG Köln NJW-RR 1992, 1247.

[87] OLG München NJW 1991, 499 – *Datenbekanntgabe*.

klage entzogen.[88] Entsprechendes gilt für Äußerungen bei einem parlamentarischen Anhörungsverfahren für das Vorgehen für einen Sachverständigen.[89] Als eine etwaige Ausnahme vom Ausschluss des Rechtsschutzbedürfnisses wurde auch erwogen, dass eine Partei in einem Rechtsstreit leichtfertige Behauptungen aufstellt, deren Unhaltbarkeit ohne weiteres auf der Hand liegt, oder wenn sie gar bewusst unwahre Behauptungen vorträgt.[90] Die Grundsätze über den Ausschluss gesonderter Ehrenschutzklagen gegenüber Parteivorbringen und Zeugenaussagen im gerichtlichen Verfahren sind schließlich nicht auf Abwehransprüche gegen widerrechtlich erlangte Beweismittel zu übertragen.[91]

53 ● Zu überlegen sind danach insbesondere folgende Fragen:
- Handelt es sich um eine Äußerung in einem privilegierten Verfahren (v.a. vor Gericht oder Behörde)?
- Steht die Äußerung in innerem Zusammenhang mit der Rechtsverfolgung oder -verteidigung in diesem Verfahren?
- Besteht ausnahmsweise kein Interesse an dieser Äußerung (z. B. weil sie ausschließlich beleidigend oder bewusst unwahr ist)?

VIII. Zulässigkeit des Zivilrechtswegs

54   Vor die ordentlichen Gerichte (hier also: die Zivilgerichte) gehören alle bürgerlichen Rechtsstreitigkeiten, für die nicht entweder die Zuständigkeit von Verwaltungsbehörden oder Verwaltungsgerichten begründet ist oder auf Grund von Vorschriften des Bundesrechts besondere Gerichte bestellt oder zugelassen sind (§ 13 GVG). Ob diese Voraussetzungen vorliegen, ist vom Gericht erster Instanz von Amts wegen zu prüfen. Ob der beschrittene Rechtsweg zulässig ist, wird im Rechtsmittelverfahren nicht mehr geprüft (§ 17a Abs. 5 GVG).

55   Völlig eingespielt hat sich die Auffassung, dass für ein Vorgehen gegen die öffentlichrechtlichen **Rundfunkanstalten** der Rechtsweg zu den ordentlichen Gerichten gegeben ist.[92] Im Übrigen wird auf den Einzelfall abgestellt. Bei der Klage gegen eine Äußerung eines Beamten etwa kommt es für die Entscheidung, ob eine bürgerlich-rechtliche oder eine öffentlich-rechtliche Streitigkeit vorliegt, nicht darauf an, mit welchem Sachverhalt sich die Äußerung befasst, sondern nur darauf, ob der Akt der Äußerung selbst bürgerlich-rechtlich oder öffentlich-rechtlich zu beurteilen ist. Auch wenn die Äußerung des Beamten höchstpersönlichen Charakter hat, ist für ein Widerrufs- und Unterlassungsbegehren der Verwaltungsrechtsweg gegeben, wenn die beanstandete Äußerung des Beamten öffentlich-rechtlich zu beurteilen ist.[93]

56   **Bejaht** worden ist der Rechtsweg für ein Vorgehen gegen **Äußerungen eines Beamten** im „fiskalischen Bereich" der öffentlichen Verwaltung. Für eine Klage aus Verletzung von Amtspflichten, gerichtet auf den Widerruf dienstlicher Äußerungen eines Beamten im „fiskalischen" Bereich seines Dienstherrn, ist der Rechtsweg vor den Zivilgerichten nicht unzulässig.[94] Der ordentliche Rechtsweg ist zulässig, wenn eine politische Partei

---

[88] BGH GRUR 1995, 66 = LM § 823 (Ah) BGB Nr. 117 (mit Anm. *Pape*) = NJW 1995, 397.

[89] BGH GRUR 1981, 616 = LM § 823 (Ah) BGB Nr. 74. (sehr ausführlich) = NJW 1981, 2117 – *Parlamentarisches Anhörungsverfahren*.

[90] BGH GRUR 1973, 550 = LM § 823 (Ah) BGB Nr. 46 (ausführlich) – *halbseiden*.

[91] BGH GRUR 1988, 399 = NJW 1988, 1016 – *Tonbandaufnahme*.

[92] BGH BGHZ 66, 182 = AfP 1976, 75 (mit Anm. *Mathy* S. 85 u. *Gehrhardt* S. 87) = GRUR 1976, 651 (mit Anm. *Katzenberger* S. 656) = LM § 823 (Ah) BGB Nr. 55 (LS; *Steffen*) = NJW 1976, 1198 (mit Anm. *Eschenlohr* S. 1202; kritisch hierzu Bettermann NJW 1977, 513) – *Panorama*. Ebenso schon z.B. KG Ufita Bd. 54, 291 (1969 III) – *Der Fall Angelika*; OLG Koblenz AfP 1972, 328 = GRUR 1973, 42 = NJW 1973, 251 – *Lebach*; OLG Köln AfP 1973, 390 – *Linus Kather*.

[93] LG Oldenburg AfP 1984, 247 – *Beamtenäußerung*.

[94] BGH LM § 13 GVG Nr. 70 = DÖV 1961, 755 (mit Anm. *Jesch* S. 755) = VersR 1961, 558 – *Amtsbaumeister II*.

gemäß § 12 BGB auf Unterlassung des Gebrauchs der von ihr gewählten Abkürzung ihres Namens in Anspruch genommen wird.[95] Erlässt eine Behörde gegenüber einem Handelsvertreter ein Hausverbot, um ihn von der Vermittlung von Lieferungsaufträgen auszuschließen, so ist für eine Klage auf Aufhebung oder Rücknahme dieser Maßnahme der Zivilrechtsweg gegeben. Im Zivilrechtsweg ist auch über die beantragte Aufhebung einer innerdienstlichen Anordnung zu entscheiden, die einen Bürger vom privatrechtlichen Geschäftsverkehr mit der Behörde ausschließt oder ihn in Bezug auf diesen Geschäftsverkehr in ehrkränkender Weise belastet.[96] Rechtsweg zu den Verwaltungsgerichten wurde verneint wegen Äußerungen zur Benotung einer Dissertation an einer norddeutschen Universität.[97] Für den Anspruch auf Unterlassung ehrverletzender Äußerungen, die eine Behörde über die Nützlichkeit oder Schädlichkeit der Krebsvorsorgeuntersuchung getan hat, ist der Rechtsweg zu den ordentlichen Gerichten gegeben.[98] Die Klage eines Bürgermeisters auf Widerruf persönlicher Vorwürfe, welche ein Mitglied des Gemeinderats ihm gegenüber in einer Gemeinderatssitzung erhoben hat, ist bürgerlichrechtlicher Natur.[99] Äußerungsrechtliche Streitigkeiten sind grundsätzlich bürgerlich-rechtliche Streitigkeiten i.S. von § 13 GVG. Mitteilungen eines Gemeinderatsmitglieds über die ihm in dieser Funktion bekannt gewordenen beamtenrechtlichen Personalangelegenheiten gegenüber der Presse machen hiervon keine Ausnahme.[100] Für eine Klage gegen eine Kirche auf Unterlassung von Äußerungen über andere Religionsgemeinschaften ist der Rechtsweg zu den Zivilgerichten eröffnet.[101] Für einen Unterlassungsanspruch wegen Äußerungen in einer Gemeinderatsfraktion in der Rubrik des nichtamtlichen Teils eines Amtsblatts, die Fraktionen des Gemeinderats vorbehalten ist, ist der Verwaltungsrechtsweg nicht gegeben.[102] Für einen Unterlassungsanspruch, der sich gegen ehrverletzende Äußerungen richtet, die ein Mitglied einer Gemeindevertretung in einem Parteigremium macht, ist der Zivilrechtsweg gegeben.[103] Wendet sich eine Krankenkasse mit einer Presseerklärung gegen ein von ihr beanstandetes Verhalten einer Kassenärztlichen Vereinigung, ist für die Unterlassungsklage der Kassenärztlichen Vereinigung der Rechtsweg zu den ordentlichen Gerichten eröffnet.[104]

Verneint wurde der Rechtsweg zu den ordentlichen Gerichten bei einem Widerrufs- **57** anspruch gegen in einer Dienstanweisung enthaltene Behauptungen,[105] bei einem Vorgehen gegen eine Handelskammer wegen behaupteten Aufrufs zu einem Boykott,[106] für ein Vorgehen gegen Herausgabe und Vertrieb einer Broschüre über die richtige Abgabe von Steuererklärungen durch eine Behörde,[107] für eine Klage wegen Äußerungen einer Justizpressestelle.[108] Werden Äußerungen des Vorsitzenden einer vom Staat eingerichteten Forschungskommission, die in engem Zusammenhang mit der Verhandlungsleitung und Beschlussfassung über öffentlich-rechtliche Organisationsfragen stehen, unter dem Gesichtspunkt der Ehrverletzung beanstandet, so ist für die Entscheidung über den vom Kläger geltend gemachten Anspruch auf Unterlassung und Rücknahme der Verwal-

---

[95] BGH BGHZ 43, 245 = BB 1965, 392 = JZ 1965, 524 = NJW 1965, 859 – *GdP*.

[96] BGH LM § 13 GVG Nr. 106 = NJW 1967, 1911 – *Handelsvertreter*.

[97] VGH Mannheim ArchPR 1975, 112.

[98] OLG Düsseldorf AfP 1980, 46 – *Abkehr von Vorsorgeuntersuchungen*.

[99] OLG Frankfurt a.M. NVwZ-RR 1999, 814 – *Bürgermeister*.

[100] OLG Köln NVwZ 2000, 351 – *Gemeinderat*.

[101] OLG Bremen NVwZ 2001, 957 – *Kirche*.

[102] VGH Mannheim DÖV 2002, 348 = Justiz 2002, 516 = NVwZ-RR 2002, 525 – *Gemeinderatsfraktion*.

[103] BGH LM § 13 GVG Nr. 74 = NJW 1961, 1625 – *Stadtratsäußerung*.

[104] BGH AfP 2003, 55 = NJW 2003, 1192 – *KÄV*.

[105] BGH BGHZ 14, 222 = JZ 1954, 642 = LM § 13 GVG Nr. 27 = NJW 1954, 1486 – *Baubehörde*.

[106] BGH LM § 549 ZPO Nr. 29 = NJW 1956, 711 – *Handelskammer*.

[107] KG GRUR 1957, 298 = NJW 1957, 1076 (mit abl. Anm. *Schneider*, S. 1076) – *Steuer-Broschüre*.

[108] LG Kiel ArchPR 1959, 27 = JZ 1958, 258 – *Justizpressestelle*.

tungsrechtsweg gegeben.[109] Verneint wurde des Rechtsweg zu den ordentlichen Gerichten für eine Klage gegen Äußerungen des Präsidenten des BKA in der BILD-Zeitung. Sein Anliegen war es nach den Feststellungen des Gerichts, die von der B.-Zeitung erwartete Darstellung als unrichtig zurückzuweisen, das BKA habe gegen die Spitze der Gewerkschaft der Polizei den Vorwurf des sorglosen Umganges mit geheimhaltungsbedürftigem Material erhoben.[110] Ansprüche auf Widerruf oder Unterlassung rufgefährdender Erklärungen einer Behörde gegenüber der Presse sind auch dann im Verwaltungsrechtsweg zu verfolgen, wenn die Äußerungen zwar Vorgänge aus dem fiskalischen Bereich zum Gegenstand haben, aber zur Darstellung oder Rechenschaft über hoheitliche Verwaltungstätigkeit abgegeben werden.[111] Für Abwehransprüche gegen Äußerungen des Sektenbeauftragten einer Kirche, die dem Kernbereich kirchlichen Wirkens zuzuordnen sind, ist der Verwaltungsrechtsweg gegeben (hier: Vorgehen der Zeugen Jehovas wegen Broschüre der Ev. Kirche „Destruktive Kulte in Bremen, Band 5: Die Zeugen Jehovas.").[112]

58   Entsprechende Grundsätze gelten auch, hierauf sei nur kurz hingewiesen, im Bereich des **Wettbewerbsrechts**. Für die Klage eines privaten Unternehmens gegen eine Körperschaft des öffentlichen Rechts (Vereinigung von Wettbewerbern des Unternehmens) a) auf Unterlassung eines Verwaltungshandelns gegenüber den ihrer öffentlichen Gewalt Unterworfenen, b) auf Erteilung der Auskunft zur Vorbereitung eines auf das Verwaltungshandeln gestützten Schadensersatzanspruchs, ist der Rechtweg vor den ordentlichen Gerichten gegeben, wenn und soweit die Körperschaft dem Unternehmen auf dem Boden der Gleichordnung gegenübersteht und nach dem Vorbringen des Klägers das Verwaltungshandeln ihm gegenüber wettbewerbswidrig ist.[113]

59   Auch eine Abgrenzung von den **Arbeitsgerichten** kommt in Betracht. Wird der Widerruf von ehrkränkenden Behauptungen begehrt, so reicht es für die Begründung der Zuständigkeit der Arbeitsgerichte nicht aus, wenn die beanstandeten Behauptungen nur gelegentlich eines Arbeitsverhältnisses gemacht wurden. Es muss vielmehr ein innerer Zusammenhang mit den arbeitsvertraglichen Pflichten bestehen.[114] Die Zuständigkeit der Arbeitsgerichte ist verneint worden, wenn die Unterlassung einer auf einer Kundgebung vor Gewerkschaftsmitgliedern abgegebenen Äußerung eines Gewerkschaftsfunktionärs verlangt wird. Nach Auffassung des BGH handelt es sich hierbei weder um eine unerlaubte Handlung im Rahmen von Maßnahmen zum Zwecke des Arbeitskampfes noch geht es um Fragen der Vereinigungsfreiheit einschließlich des hiermit in Zusammenhang stehenden Betätigungsrechts der Beklagten als tariffähige Vereinigung.[115]

IX. Feststellungsinteresse bei einer Feststellungsklage[116]

60   Die Voraussetzungen für eine Feststellungsklage sind in § 256 ZPO niedergelegt. Mit einer solchen Klage kann die Feststellung des Bestehens, aber auch des Nichtbestehens eines Rechtsverhältnisses begehrt werden (positive und negative Feststellungsklage). Auch kann es sich um eine selbständige Feststellungs- oder eine Zwischenfeststellungsklage handeln. Die Voraussetzungen für die Letztere sind in § 256 Abs. 2 ZPO geregelt.

---

[109] BGH LM § 13 GVG Nr. 88 = NJW 1963, 1203 – *Forschungskommissionsvorsitzender*.
[110] OLG Hamburg AfP 1976, 142 – *Behördenleiter*.
[111] BGH GRUR 1978, 448 (mit Anm. *Nordemann* S. 449) = LM § 13 GVG Nr. 147 = NJW 1978, 1860 – *Umgehungsgründung*.
[112] BGH BGHZ 148, 307 = NJW 2001, 3537 – *Sektenbeauftragter*.
[113] BGH (GZS) BGHZ 67, 81 = GRUR 1977, 51 = JZ 1976, 787 = NJW 1976, 1941 – *Auto-Analyzer*.
[114] OLG Hamm NJW-RR 1988, 1022 – *Krimineller*.
[115] BGH NJW 2000, 2358 = NZA 2000, 735 – *Rettungswache*.
[116] Allgemein hierzu – aber vom BGH nicht akzeptiert: *Leipold*, Wirksamer Ehrenschutz durch gerichtliche Feststellung von Tatsachen, ZZP Bd. 84 (1971) S. 150.

Als besondere Voraussetzung für eine Feststellungsklage ist das Bestehen eines Feststel- **61** lungsinteresses gefordert. Ein **Feststellungsinteresse** ist grundsätzlich nur anzunehmen, wenn sich der Streit der Parteien nicht auf einem einfacheren prozessualen Weg klären lässt.[117] Ein Feststellungsinteresse ist gegeben, wenn ein Schadensersatzanspruch behauptet wird, der sich im Zeitpunkt der Klageerhebung noch nicht vollständig beziffern lässt, jedoch eine gewisse Wahrscheinlichkeit für das Bestehen der Schadensersatzansprüche besteht.[118] Zweifel an der Zulässigkeit einer negativen Feststellungsklage bestehen z. B. dann nicht, wenn sich die Beklagte des im Feststellungsantrag genannten Unterlassungsanspruchs berühmt und der Kläger nicht auf die Verbreitung des streitigen Kalenderblatts (in einem Anti-Raucher-Kalender) verzichten will.[119]

Auch kann nur die Feststellung des Bestehens oder Nichtbestehens eines „**Rechtsver-** **62** **hältnisses**" verlangt werden. Eine Feststellungsklage dahin, der Kläger sei berechtigt, künftig in bestimmt bezeichneten Fällen eine ehrenkränkende Behauptung „in Wahrnehmung berechtigter Interessen" aufzustellen, ist nicht zulässig, da damit ein künftiges Rechtsverhältnis zum Gegenstand der Klage gemacht wird, das infolge der gegenwärtigen Ungewissheit über die entscheidungserheblichen Umstände derzeit nicht festgestellt werden kann.[120] Für eine Klage auf Feststellung der Unwahrheit einer Tatsachenbehauptung oder der Rechtswidrigkeit einer Persönlichkeitsverletzung zum Zwecke des (zivilrechtlichen) Ehrenschutzes ist nach geltendem Recht kein Raum.[121]

Und schließlich kann nicht mit einer negativen Feststellungsklage der **Weg zum BGH** **63** erzwungen werden, wenn er gegen Entscheidungen im positiven Antrags- oder Klageverfahren (hier: Durchsetzung eines Gegendarstellungsanspruchs) nicht gegeben ist. Verleger und Redakteur können nicht mit der negativen Feststellungsklage eine Entscheidung des Gerichts im ordentlichen Verfahren darüber erreichen, ob sie zum Abdruck einer ihnen vorgelegten Gegendarstellung verpflichtet sind. Diese Entscheidung kann ausschließlich in dem besonders geregelten Verfahren des § 11 Abs. 4 Bad-Württ.PresseG getroffen werden.[122]

C. Streitgegenstand

Die Bestimmung des Streitgegenstands ist insbesondere wichtig für den Streitwert **64** (§ 2 ZPO), für die Rechtshängigkeit (§ 261 ZPO), für die Frage der Zulässigkeit von Änderungen (Klageänderung; §§ 263, 264 ZPO), für die Bindung des Gerichts an die Anträge (§ 308 Abs. 1 ZPO) und für den Umfang der Rechtskraft (§ 322 ZPO).[123]

---

[117] BGH LM § 926 ZPO Nr. 4 = NJW 1974, 503 – *Flugblattverbot*.

[118] Interessanter Fall hierzu BGH BGHZ 166, 84 = AfP 2006, 150 = NJW 2006, 830 – *Kirch gegen Deutsche Bank*.

[119] BGH BGHZ 91, 117 = AfP 1984, 151 = GRUR 1984, 684–687 (mit Anm. *Schulze zur Wiesche* S. 687) = LM § 823 (Ai) BGB Nr. 63 = NJW 1984, 1956 (mit Anm. *Moench* NJW 1984, 2920) – *Mordoro*.

[120] BGH GRUR 1960, 500 (mit Anm. *Fischötter* S. 504) = LM § 1004 BGB Nr. 49 – *La chatte*.

[121] BGH BGHZ 68, 331–339. = AfP 1977, 340 (mit Anm. *Sedelmeier*, AfP 1977, 377) = GRUR 1977, 674 (mit Anm. *Hoth*, S. 678, zust.) = LM § 823 (Ah) BGB Nr. 58 (LS; mit Anm. *Steffen*) = NJW 1977, 1288 – *Abgeordnetenbestechung*.

[122] BGH GRUR 1968, 214 (mit Anm. *Runge* S. 216) = LM Bad.Württ.PresseG Nr. 3. = NJW 1968, 792 (mit Anm. *Beyer* S. 1138) – *Südkurier*.

[123] BGH BGHZ 166, 253 = GRUR 2006, 421 = NJW-RR 2006, 1118 – *Markenparfümverkäufe*.

I. Grundsätzliches

65   Es gilt der **zweigliedrige Streitgegenstandsbegriff**. Der Streitgegenstand wird durch den Antrag und den ihm zugrunde liegenden Lebenssachverhalt bestimmt.[124] Welche Anforderungen an die Konkretisierung des Streitgegenstands in einem Klageantrag zu stellen sind, hängt auch von den Besonderheiten des anzuwendenden materiellen Rechts und den Umständen des Einzelfalls ab.[125] An die Formulierung des Antrags sind deshalb besondere Anforderungen zu stellen.[126]

66   Nicht zum vorliegend zu erörternden Problemkreis gehört die Unterscheidung der drei Berechnungsarten für einen Schadensersatzanspruch wegen Verletzung des Persönlichkeitsrechts. Hierbei handelt es sich nur um Berechnungsarten im Rahmen eines einheitlichen Streitgegenstandes.[127]

II. Abgrenzungen

67   Hiernach ist eindeutig, dass der gerichtlich geltend gemachte Unterlassungsanspruch einen anderen Streitgegenstand bildet als der ebenfalls geltend gemachte Gegendarstellungsanspruch. Das Ziel des **Unterlassungsanspruchs** ist das Verbot einer Wiederholung von Äußerungen, das des **Gegendarstellungsanspruchs** die Veröffentlichung einer eigenen Erklärung des von einer Äußerung Betroffenen. Davon ist wiederum ein Widerrufsanspruch (als Teil des Beseitigungsanspruchs) zu unterscheiden. Dieser zielt auf die Verurteilung des Äußernden zur Abgabe einer eigenen Erklärung auf Widerruf einer früheren Äußerung ab. Einen unterschiedlichen Streitgegenstand bildet ein Unterlassungs- zu einem Widerrufsanspruch. Dies gilt auch, wenn der Unterlassungsanspruch nur hilfsweise nach dem Widerrufsanspruch geltend gemacht wird.[128]

III. Speziell zu den Schadensersatzansprüchen

68   Eindeutig ist auch, dass ein Anspruch auf Zahlung von **Schadensersatz** einen anderen Streitgegenstand bildet als ein solcher auf Zahlung von **Geldentschädigung**. Der Schadensersatzanspruch gleicht materielle Schäden aus; für seine Bestimmung gelten §§ 249 ff. BGB mit dem Prinzip der Naturalrestitution. Der Geldentschädigungsanspruch gleicht immaterielle Schäden aus; er folgt aus dem Schutzauftrag des Grundgesetzes. Ein Übergang vom Anspruch auf Schadensersatz auf den Geldentschädigungsanspruch ist daher als Klageänderung anzusehen. In der Klage ist jeweils konkret anzugeben, ob Schadensersatz oder Geldentschädigung verlangt wird. Entsprechendes gilt für einen Anspruch auf Zahlung einer entgangenen Lizenzgebühr (etwa wegen unerlaubter Verwendung eines Bildnisses für Werbezwecke). Die Anspruchsgrundlage ist hier zwar streitig; jedoch ist die Anspruchsgrundlage nicht Teil des Streitgegenstandsbegriffs. Entscheidend ist deshalb, was sachlich der Grund für einen Zahlungsanspruch ist. Dies gilt auch für den postmortalen Bereich; auch hier sind die ideellen Bestandteile des Persönlichkeitsrechts von den wirtschaftlich verwertbaren Teilen zu unterscheiden.[129]

---

[124] Eingehend hierzu etwa Thomas/Putzo/*Reichold*, ZPO, 28. Aufl., Einleitung II Rn. 3–33.

[125] BGH BGHZ 153, 69 = GRUR 2003, 228 = NJW 2003, 668 – *P-Vermerk*.

[126] Vgl. etwa BGH GRUR 2000, 438 = NJW 2000, 1792 – *gesetzeswiederholende Unterlassungsanträge*; NJW-RR 2001, 684 – *TCM-Zentrum*.

[127] So zu Recht BGH BGHZ 119 = GRUR 1993, 55 (mit Anm. *Rohnke* S. 60) = LM UWG § 1 Nr. 608 = NJW 1992, 2753 – *Tchibo/Rolex II*.

[128] Vgl. BGH AfP 1994, 309 = MDR 1994, 1143 = NJW-RR 1994, 1404 – *Unsittlich berührt*.

[129] BGH BGHZ 143, 214 = AfP 2000, 356 = GRUR 2000, 709 (mit Anm. *Wagner*, S. 717) = NJW 2000, 2195 (mit Anm. *Götting* NJW 2001, 585) – *Marlene Dietrich*; AfP 2000, 354 = GRUR 2000, 715 = LM § 823 (Ah) BGB Nr. 132 *(Forkel)* = NJW 2000, 2201 – *Der blaue Engel*.

IV. Speziell zum Gegendarstellungsanspruch

Jede **neue Fassung** einer Gegendarstellung bildet einen neuen Streitgegenstand.[130] Für **69** die Abgrenzung ist nicht die Länge der Gegendarstellungen entscheidend, sondern der Aussagegehalt.[131] Allerdings kann eine gekürzte Gegendarstellung einen neuen Streitgegenstand bilden, so dass ihrer gerichtlichen Geltendmachung nicht entgegensteht, dass die ursprüngliche Fassung rechtskräftig abgewiesen worden ist.[132] Ob Änderungen der Gegendarstellung den Streitwert berühren, lässt sich nicht allgemein sagen. Sofern es sich nur um eine unbedeutende, nicht in den Kern- und Aussagegehalt des Gegendarstellungstextes eingreifende Änderung handelt, soll nach Auffassung des OLG Köln keine Änderung des Streitgegenstandes vorliegen.[133] Die sog. „Bündeltheorie" sieht in jedem selbständigen Punkt einer Gegendarstellung einen eigenen Streitgegenstand, so dass, wenn mehrere selbständige Punkte in einer Gegendarstellung zusammengefasst geltend macht werden, eine objektive Antragshäufung vorliegt.[134] Diese Auffassung wird allerdings von den meisten anderen Oberlandesgerichten nicht geteilt. Vielmehr bildet jede Gegendarstellung insgesamt einen einzigen Streitgegenstand.[135] Wird (etwa hilfsweise) eine um einen selbständigen Punkt gekürzte Gegendarstellung verlangt, so bildet diese einen neuen Streitgegenstand.

V. Speziell zum Unterlassungsanspruch

Streitgegenstand ist bei der Geltendmachung eines **Unterlassungsanspruchs** gegen **70** persönlichkeitsverletzende Äußerungen in einem Presseartikel die in dem Antrag näher bezeichnete Äußerung über den Kläger, die der Beklagte unterlassen soll. Wenn der Kläger nicht nur die Unrichtigkeit dieser Äußerung behauptet, sondern weitergehende Behauptungen aufstellt, die sich ihrerseits als unwahr herausstellen, so berührt das den Streitgegenstand nicht. Wenn die in dem Antrag wiedergegebene Äußerung zwar in ihrem Wortlaut, nicht aber in ihrer Substanz geändert wird, so ist das keine Änderung des Streitgegenstandes und damit keine Klageänderung.[136] Eine Störerhaftung der DENIC für die Inhalte auf der Website eines Dritten besteht bei der Erstregistrierung der Domain mangels Prüfungspflicht nicht, etwaige Versäumnisse der DENIC nach positiver Kenntnis von Verstößen betreffen einen anderen Streitgegenstand.[137] Stützt der Kläger sein Unterlassungsbegehren (hier: aus UWG) sowohl auf Wiederholungsgefahr wegen der behaupteten Verletzungshandlung als auch auf Erstbegehungsgefahr wegen Erklärungen des Beklagten bei der Rechtsverteidigung im gerichtlichen Verfahren, so handelt es sich um zwei verschiedene Streitgegenstände.[138] Der Umfang der Rechtskraft wird durch die konkrete(n) Verletzungshandlung(en) begrenzt, aus der das Klagebegehren hergeleitet worden ist. In Rechtskraft erwächst der in die Zukunft gerichtete Verbotsausspruch nicht als solcher, sondern nur in seinem Bezug auf die festgestellte(n) Verletzungshandlung(en).[139]

---

[130] OLG Hamburg AfP 1984, 155 – *Hilfsantrag.*

[131] OLG Hamburg NJW 1970, 2029 – *Serviler Fürsprecher.*

[132] OLG Hamburg AfP 1978, 158 – *Bonner Überwategate.*

[133] OLG Köln AfP 1985, 64 – *Kniefall vor der Industrie.*

[134] OLG Frankfurt a.M. AfP 1985, 288 (mit Anm. *Wilde*) = NJW-RR 1986, 606 – *Redaktionsleiter.*

[135] OLG Hamburg AfP 1993, 591 – *Hilfsanträge.*

[136] OLG Köln AfP 1985, 66 – *Staatssekretär;* OLG Koblenz NJW-RR 1998, 23 – *Akte 96/46.*

[137] OLG Hamburg ZUM 2005, 392 – *DENIC* (die Stelle zur Registrierung von Domains).

[138] BGH AfP 2006, 242 = GRUR 2006, 429 = NJW-RR 2006, 1044 – *Schlank-Kapseln.*

[139] BGH BGHZ 166, 253 = GRUR 2006, 421 = NJW-RR 2006, 1118 – *Markenparfümverkäufe.*

D. Verfahren der Hauptsacheklage[140]

71 Das Verfahren in einer Hauptsacheklage folgt den allgemeinen Regeln, d.h. es gelten insbesondere §§ 253 ff. ZPO. Auch gelten (selbstverständlich) auch die Regelungen des 1. Buches der ZPO (§§ 1 bis 252). Hier seien nur einige Bereiche erörtert, in welchen das Persönlichkeitsrecht eine besondere Rolle gespielt hat.

I. Prozesskostenhilfe

72 Prozesskostenhilfe kommt u.a. nur in Betracht, wenn die betreffende Partei nicht in der Lage ist, die Kosten der Prozessführung aufzubringen (§§ 114 ff. ZPO). Hier kann im Bereich des Persönlichkeitsschutzes fraglich sein, ob eine (vorher) erzielte Zahlung einer Geldentschädigung wegen Verletzung des Persönlichkeitsrechts als Vermögen i.S. von § 114 ZPO zählt. Der BGH hält den Einsatz einer solchen Entschädigung nicht für in jedem Fall unzumutbar. Die Frage sei nicht pauschal und allgemein zu entscheiden. Vielmehr ist zu prüfen, ob mit der Entschädigung beispielsweise ein Ausgleich für fortdauernde Einbußen in der Lebensführung gewährt, ob damit eine besondere Genugtuung geleistet oder ob vor allem eine rücksichtslose Vermarktung im oben dargelegten Sinn unterbunden werden sollte. Auch kann nicht außer Betracht bleiben, in welchem Verhältnis die Höhe der Entschädigungszahlung zu dem Betrag steht, der zur Vermeidung der Inanspruchnahme staatlicher Hilfe eingesetzt werden soll.[141]

II. Hinweispflichten

73 § 139 ZPO regelt die materielle Prozessleitung. Er enthält auch einigermaßen differenzierte Bestimmungen über die Pflichten des Gerichts zu Hinweisen und Erörterungen. Dies betrifft folgende Bereiche:
- Pflicht, das Sach- und Streitverhältnis mit den Parteien zu erörtern
- Pflicht, Fragen zu stellen
- Pflicht, auf Vollständigkeit des Sachvortrags hinzuwirken
- Pflicht, Beweismittel anzugeben
- Pflicht, auf sachdienliche Antragsstellung hinzuwirken
- Pflicht, rechtliches Gehör zu gewähren
- Pflicht auf Bedenken hinweisen bezüglich von Amts wegen zu berücksichtigender Punkte

74 All dies hat transparent zu geschehen. Hinweise müssen stets an beide Parteien gehen, in die Erörterungen müssen beide Parteien einbezogen sein.

75 Hinweise müssen so früh wie möglich gegeben werden. Wird ein Hinweis zu spät gegeben, dann kommt der Grundsatz rechtlichen Gehörs besonders zum Tragen. Wird also ein Hinweis etwa erst in der mündlichen Verhandlung gegeben, dann besteht ein Anspruch der Parteien auf Unterbrechung der Sitzung, notfalls ein Anspruch auf Vertagung (§ 139 Abs. 5 ZPO).

76 Die Hinweispflicht geht nicht so weit, dass einer Partei ihre Anträge umformuliert werden. Rügt also das Gericht einen Antrag als unzulässig (z.B. weil zu unbestimmt), dann hat das Gericht dies zu begründen. Es darf aber grundsätzlich nicht einen Vorschlag zur Neuformulierung machen. Denn es würde damit einseitig einer der beiden Parteien helfen.

---

[140] Zu Fragen der Beweislast siehe oben zum Verfahren der einstweiligen Verfügung, § 55 Rn. 52 ff.

[141] BGH AfP 2006, 240 = NJW 2006, 1068.

III. Beweisverfahren

Einige Besonderheiten im Bereich des Persönlichkeitsschutzes gibt es im Beweisver- **77** fahren.[142]

Der grundrechtliche Schutz des gesprochenen Wortes kann nicht durch die bloße **78** Kenntnis von einer **Mithörmöglichkeit** beseitigt werden. Die Benutzung eines Diensttelefons allein rechtfertigt daher nicht den Schluss, damit sei dem Sprechenden eine Erweiterung des Adressatenkreises gerade um den Arbeitgeber oder dessen Vertreter gleichgültig. In der gerichtlichen Verwertung von Kenntnissen und Beweismitteln, die unter Verstoß gegen das Persönlichkeitsrecht erlangt sind, liegt regelmäßig ein Eingriff in das Grundrecht aus Art. 2 Abs. 1 i.V.m. Art. 1 Abs. 1 GG.[143] Es ist mit dem allgemeinen Persönlichkeitsrecht unvereinbar, dass dem von einer Tatsachenbehauptung nachteilig Betroffenen die Möglichkeit, die Unwahrheit der Behauptung im gerichtlichen Verfahren geltend zu machen, unter Berufung darauf abgeschnitten wird, der sich Äußernde habe im Prozess für seine Behauptung Belegtatsachen beigebracht.[144] Im entschiedenen Fall hatte die Rüge beim BVerfG allerdings zu diesem Punkt keinen Erfolg, weil die angefochtene Entscheidung nicht auf diesem Fehler beruhte.

Sehr weitreichend ist der Schutz **vor heimlichen Zeugen** – im geschäftlichen Be- **79** reich wohl zu weitgehend. Die Gewährleistung des Rechts am gesprochenen Wort als Teil des allgemeinen Persönlichkeitsrechts in Art. 2 Abs. 1 in Verbindung mit Art. 1 Abs. 1 GG schützt vor der Nutzung einer Mithöreinrichtung, die ein Gesprächsteilnehmer einem nicht an dem Gespräch beteiligten Dritten bereitstellt. Wird hiergegen verstoßen, so ist der angebotene Zeuge schon gar nicht zu vernehmen. Ist er – regelwidrig – vernommen worden, so ist die Aussage nicht verwertbar.[145]

Dies entspricht auch der Rechtsprechung des BGH zum Schutz des Persönlichkeits- **80** rechts. Hat ein Ehegatte den anderen in dessen Wohnung heimlich durch einen Dritten beobachten lassen, um ihm im Ehescheidungsprozess ehewidrige Handlungen nachweisen zu können, so darf der Dritte in diesem Prozess über seine Beobachtungen nicht vernommen und eine von ihm darüber gemachte Aussage nicht verwertet werden.[146] Zu dem von Art. 2 Abs. 1 i.V. mit Art. 1 Abs. 1 GG u.a. geschützten Recht am gesprochenen Wort gehört auch die Befugnis, selbst zu bestimmen, ob der Kommunikationsinhalt einzig dem Gesprächspartner, einem bestimmten Personenkreis oder der Öffentlichkeit zugänglich sein soll. Der Schutz des Rechts am gesprochenen Wort hängt weder davon ab, ob es sich bei den ausgetauschten Informationen um personale Kommunikationsinhalte oder gar um besonders persönlichkeitssensible Daten handelt, noch kommt es auf die Vereinbarung einer besonderen Vertraulichkeit des Gesprächs an. Allein das Interesse, sich ein Beweismittel für zivilrechtliche Ansprüche zu sichern, reicht nicht aus, um die Verletzung des Persönlichkeitsrechts der anderen Prozesspartei zu rechtfertigen.[147] Diese Rechtsprechung ist wegen des Persönlichkeitsschutzes zu begrüßen. Sie gewichtet aber das Interesse im Einzelfall zu wenig. Zum einen ist es im Geschäftsverkehr sehr weit-

---

[142] Thomas/Putzo/*Reichold*, ZPO, 28. Aufl. § 284 Rn. 5 und § 286 Rn. 7–8.

[143] BVerfGK NJW 1992, 815 – *Dienstgespräch*. Ebenso BGH GRUR 1988, 399 = LM § 823 (Ah) BGB Nr. 96 = NJW 1988, 1016 – *Tonbandaufnahme*.

[144] BVerfGK NJW 2004, 592 – *Belegtatsachen*.

[145] Zu allem BVerfG BVerfGE 106, 28 = AfP 2003, 36 = NJW 2002, 3619 – *Mithören am Telefon*. Ebenso BGH LM § 286 (A) ZPO Nr. 39 = NJW 1982, 1397 – *Telefonverstärker*; BGHSt 39, 335 = NJW 1994, 596 (für Mithören im Rahmen eines Ermittlungsverfahrens). Auch OLG Karlsruhe MDR 2000, 847 = NJW 2000, 1577 – *Beweismittel*.

[146] BGH FamRZ 1970, 589 = LM § 373 ZPO Nr. 6 = NJW 1970, 1848 – *Spion im Nebenzimmer*; NJW 1991, 1180 = WM 1991, 566 – *Lauschzeuge*; GRUR 1995, 693 = LM § 826 (B) BGB Nr. 14 = NJW 1994, 2289 – *Indizienkette*.

[147] BGH NJW 2003, 1727 – *Mithören am Telefon*.

gehend üblich, Telefonate mithören zu lassen. Und zum anderen muss eine Ausnahme gelten, wenn etwa Betrüger (zivilrechtlich) überführt werden sollen.

81   Besonders im medienrechtlichen Prozess um den Schutz von Persönlichkeitsrechten kommt die Vernehmung von **Journalisten** als Zeugen in Betracht. Es gibt kein allgemeines Recht der Presse, ihre Informanten umfassend zu schützen. Allerdings gibt § 383 Abs. 1 Nr. 5 ZPO Personen aus dem Bereich der Medien ein Zeugnisverweigerungsrecht aus einem Vertrauensverhältnis zum Informanten heraus. Dieses Vertrauensverhältnis ist nur im Rahmen der tatbestandlichen Voraussetzungen des § 383 Abs. 1 Nr. 5 ZPO geschützt; es ist nicht ein umfassendes Recht der Geheimhaltung von Tatsachen eingeräumt worden, die zur Rechtsverfolgung der von einer Presseveröffentlichung nachhaltig getroffenen Personen erheblich sind.[148] Im Fall der Nr. 5 ist der Zeuge über sein Verweigerungsrecht nicht zu belehren (§ 383 Abs. 2 ZPO). Auch wenn der Journalist das Zeugnis nicht verweigert, könnten im Einzelfall die Voraussetzungen von § 383 Abs. 3 ZPO vorliegen. Danach dürfen Fragen nicht gestellt werden, deren Beantwortung eine Verschwiegenheitspflicht offenbar verletzen würde. Eine Entbindung von einer Schweigepflicht ist auf das Zeugnisverweigerungsrecht nach § 383 Abs. 1 Nr. 5 ZPO ohne Einfluss (§ 385 Abs. 2 ZPO).

IV. Richterliche Sachkunde

82   Wegen des Grundsatzes der freien Beweiswürdigung entscheidet das Gericht nach freier Überzeugung darüber, ob eine tatsächliche Behauptung für wahr oder für nicht wahr zu erachten sei (§ 286 ZPO). Im Bereich des Persönlichkeitsschutzes kann dies etwa von Bedeutung sein, wenn über **fremdsprachliche Texte** zu entscheiden ist. Hier kann das Gericht eigene Kenntnisse einbringen; es wird wohl auf diese Kenntnisse hinweisen müssen. Im Einzelfall wird sich allerdings empfehlen, einen Sachverständigen mit einer Übersetzung zu beauftragen. Dies gilt insbesondere dann, wenn schon die Parteien widersprüchliche Übersetzungen vorgelegt haben. Zum Tragen gekommen ist dies im „Lateinzitatfall". Hier ging es über das Verständnis folgender Äußerung (hier nur im Ausschnitt wiedergegeben):

Ego quidem illud iudaeorum gentis excidium, ratione institutum et in „castris extinctionis" gaso pernicioso methodice peractum, veram fabulam esse nego.

83   Eine eindeutige Übersetzung dieses Satzes ist − wie Sachverständige bekundet haben − nicht möglich. Entweder es wird hier der Holocaust geleugnet oder er wird bestätigt. Wird hier in einer Veröffentlichung nur eine der denkbaren Verständnismöglichkeiten angegeben, dann ist die Veröffentlichung zu untersagen; es müsste ein Hinweis darauf beigefügt werden, dass es sich um eine Interpretation handelt.[149] Eine solche Entscheidung setzt voraus, dass die verschiedenen Möglichkeiten einer Übersetzung zuverlässig festgelegt worden sind.

V. Beweislast

84   Im Bereich der Beweislast gelten Besonderheiten bei einem Vorgehen gegen üble Nachrede und Verleumdung. Hier ist nach allgemeiner Meinung die Beweisregel des § 186 StGB auch im Zivilrecht anwendbar. Die Voraussetzungen dieser Norm werden in vielen Fällen von Persönlichkeitsverletzungen vorliegen, sind aber im Einzelfall gründlich zu prüfen. Liegen sie vor, dann dreht sich die Beweislast wieder auf den Normalstand

---

[148] BVerfGK AfP 2001, 500 = NJW 2002, 592 – *200 Bauern von LPG betrogen.*
[149] BGH AfP 1998, 218 = GRUR 1998, 504 = NJW 1998, 1391 – *Lateinzitat.*

zurück, wenn das Medium sorgfältig recherchiert hat. Das ergibt sich aus einer recht verstandenen Anwendung von Art. 5 Abs. 1 Satz 2 GG.[150]

VI. Anwaltliche Standespflichten

Nicht empfehlenswert ist es, einem Richter, der einen Verkündungstermin wiederholt **85** wegen Überlastung verlegt, eine Packung Traubenzucker zu schicken, vielleicht gar verbunden mit einer Dienstaufsichtsbeschwerde, zur Stärkung. Dies kann faktischen Ärger bringen. Allerdings verletzt ein solches Verhalten nach Auffassung des BVerfG nicht das anwaltliche **Sachlichkeitsgebot**.[151]

E. Entscheidung über eine Hauptsacheklage

Die Entscheidung zur Hauptsache erfolgt grundsätzlich durch Urteil (§ 300 ZPO). **86** Dies geschieht entweder aufgrund mündlicher Verhandlung oder im schriftlichen Verfahren nach § 128 ZPO.

I. Parteianträge[152]

Das Gericht ist an die Parteianträge gebunden (§ 308 ZPO). Die Ausnahmeregelung in **87** § 938 ZPO gilt im Hauptsacheverfahren nicht. Deshalb ist die Formulierung der Anträge so wichtig, und deshalb ist das Gericht verpflichtet, auf eine sachdienliche Antragstellung hinzuweisen.

Wegen § 308 Abs. 1 ZPO besteht auch eine Bindung an den **Klagegrund**, d. h. den **88** Streitgegenstand. Das Gericht darf nur über den unterbreiteten Lebenssachverhalt in Verbindung mit den konkreten Anträgen entscheiden. Ein Gericht entscheidet unter Verstoß gegen § 308 Abs. 1 ZPO über etwas anderes als beantragt, wenn es seinem Urteilsausspruch über einen Unterlassungsantrag einen anderen Klagegrund zugrunde legt als denjenigen, mit dem der Kläger seinen Antrag begründet hat. Wird mit einem Antrag die Untersagung einer bestimmten geschäftlichen Tätigkeit begehrt, stellt das Verbot eines Teils dieser geschäftlichen Tätigkeit prozessual kein Minus zu dem gestellten Unterlassungsantrag dar, wenn seine Begründung von tatsächlichen Voraussetzungen abhängt, die nicht zum Inhalt des Antrags erhoben worden sind.[153] Der Streitgegenstand (der prozessuale Anspruch) wird durch den Klageantrag bestimmt, in dem sich die vom Kl. in Anspruch genommene Rechtsfolge konkretisiert, und dem Lebenssachverhalt (Klagegrund), aus dem der Kl. die begehrte Rechtsfolge herleitet.

II. Teilabweisungen

Für den **Gegendarstellungsanspruch** gilt bei vielen Gerichten der Grundsatz des **89** „ganz oder gar nicht", d. h., es sind Teilabweisungen verboten. Zum Teil wird aber auch die Bündeltheorie vertreten, wonach jeder selbständige Punkt einer Gegendarstellung eine eigene Gegendarstellung bildet. Hier wird die Teilabweisung als zulässig angesehen.

---

[150] Umfassende Übersicht hierzu etwa bei Thomas/Putzo/*Reichold*, ZPO, 28. Aufl., Vorbem. Rn. 17 ff. vor § 284. Zum Einfluss des Verfassungsrechts hierauf siehe BVerfG AfP 2008, 163 (mit Anm. Knop S. 172).

[151] BVerfGK AnwBl 1989, 339 = BRAK-Mitt 1989, 112 = NJW 1989, 3148 – *Traubenzucker*.

[152] Siehe zum Tenor der gerichtlichen Entscheidung bei Verbot der Veröffentlichung von Bildnissen: *J. Helle*, Besondere Persönlichkeitsrechte im Privatrecht, 1991, S. 214.

[153] BGH BGHZ 154, 342 = GRUR 2003, 716 = NJW 2003, 2317.

Bei anderen Gerichten wird die Möglichkeit akzeptiert, das Gericht zur Streichung einzelner Punkte zu ermächtigen.[154] Nähere Einzelheiten hierzu finden sich im Kapitel zur Gegendarstellung.[155]

90   Beim **Widerrufsanspruch** ist eine Teilabweisung dann möglich, wenn der Streitgegenstand teilbar ist. Dies kann der Fall sein, wenn mehrere selbständige Behauptungen widerrufen werden sollen. Die Selbständigkeit ist aber im Einzelfall zu prüfen. Sie ist gegeben, wenn die einzelne Äußerung eine vollständige Aussage enthält, die auch ohne die anderen Punkte aus sich heraus verständlich ist.

91   Für **Zahlungsansprüche** gelten die allgemeinen Grundsätze. Allerdings ist eine Teilabweisung nicht erforderlich, wenn ein solcher Anspruch (also etwa einer auf Geldentschädigung) unbeziffert gestellt worden ist und sich der Urteilsspruch im Bereich der Vorstellung des Klägers hält. Hat der Kläger einen Mindestbetrag genannt, dann ist ein Ausspruch über eine teilweise Abweisung erforderlich, mit entsprechender Kostenentscheidung, wenn dieser Betrag um mehr als etwa 20 % unterschritten wird.[156]

III. Festsetzung des Streitwerts

92   Für die Bestimmung des Streitwerts für Zuständigkeit und Gebühren gelten §§ 2 ff. ZPO. Für Streitigkeiten um Persönlichkeitsrechte ist vor allem auf §§ 3 und 5 ZPO abzustellen. Nach § 3 ZPO bestimmt das Gericht den Streitwert nach **freiem Ermessen**. Spezialisierte Richter und Spruchkörper haben in der Regel eine einigermaßen eingespielte Praxis für die Entscheidung über Streitwerte. Für Ansprüche auf Unterlassung, Widerruf und Gegendarstellung ist vor allem auf das Interesse des Klägers am Erfolg seiner Klage abzustellen. Hier sind auch seine Angaben zum Streitwert mit zu berücksichtigen, weil sich in diesen in der Regel seine Beschwer ausdrückt.

93   Für den Gebührenstreitwert ist zwischen vermögensrechtlichen und nichtvermögensrechtlichen Streitigkeiten zu unterscheiden. Für Letztere gilt vor allem die Regelung in § 48 Abs. 2 GKG:

In nichtvermögensrechtlichen Streitigkeiten ist der Streitwert unter Berücksichtigung aller Umstände des Einzelfalls, insbesondere des Umfangs und der Bedeutung der Sache und der Vermögens- und Einkommensverhältnisse der Parteien, nach Ermessen zu bestimmen. Der Wert darf nicht über eine Million Euro angenommen werden.

94   Für vermögensrechtliche Streitigkeiten gilt Entsprechendes, eben über die Anwendung von § 3 ZPO. Hier ist allerdings die in § 48 Abs. 2 GKG genannte Obergrenze nicht anzuwenden.

95   Werden mit einer Klage **mehrere Behauptungen** angegriffen, so wird in der Regel § 5 ZPO gelten, d.h. die Streitwerte für die einzelnen Angriffe sind zu addieren. Anders kann es sein, wenn – weshalb auch immer – die gleiche oder ähnliche Behauptung in einer Äußerung mehrfach vorkommt und sie deshalb mehrfach in die Anträge aufgenommen worden ist. Allerdings wird man in der Regel davon ausgehen müssen, dass eine Partei oder ein Anwalt bewusst eine Mehrheit von Anträgen stellt, und man wird deshalb meist doch § 5 Halbsatz 1 ZPO anwenden müssen. Wird die Klage dann von mehreren Klägern erhoben und gegen mehrere Beklagte gerichtet, dann kann sich schnell ein erheblicher Streitwert ergeben. In einem (nicht veröffentlichten) Beispielsfall hatten zwei Kläger Klage gegen zwei Beklagte erhoben mit 5 Unterlassungs- und 6 Widerrufsanträgen. Jeder Unterlassungsantrag wurde mit 5000 Euro, jeder Widerrufsantrag wurde mit 7.500 Euro bewertet. Für Unterlassungs- und Widerrufsansprüche gibt es keine Gesamtschuldnerschaft. Deshalb ergab die Rechnung hier einen Streitwert von 280 000 Euro –

---

[154] Nötig, wenn und weil eine Vertretung bei Unterzeichnung der Gegendarstellung gesetzlich ausgeschlossen ist.
[155] Siehe dazu oben § 48 Rn. 50.
[156] So auch Thomas/Putzo/*Hüßtege*, ZPO, 28. Aufl. § 92 Rn. 9 für die Kostenentscheidung.

für die Kläger eine Katastrophe, für den Anwalt erfreulich. Das Gericht ist aber an eine solche Vorgehensweise gebunden.

F. Rechtsmittel gegen Entscheidungen im Hauptsachverfahren

I. Grundsätzliche Zulässigkeit

Die Unterscheidung zwischen vermögensrechtlichen und nichtvermögensrechtlichen **96** Ansprüchen ist zwar zum Teil entfallen. Für die Frage der Zulässigkeit von Rechtsmitteln ist sie aber zum Teil geblieben.

Die Berufung ist – ohne Rücksicht auf die Einordnung als vermögensrechtlich oder **97** nicht – zulässig, wenn der Wert des Beschwerdegegenstandes 600 Euro übersteigt. Ist dies nicht der Fall, dann ist die Zulässigkeit der Berufung an ihre Zulassung gebunden (§ 511 Abs. 2 ZPO). Die Revision ist nach § 543 ZPO an einen Beschwerdewert nicht gebunden. Vielmehr entscheidet die Zulassung der Revision durch das Berufungsgericht. Wird die Revision nicht zugelassen, so ist hiergegen zwar grundsätzlich die Nichtzulassungsbeschwerde gegeben (§ 544 ZPO). Jedoch wird diese durch § 26 Nr. 8 Satz 1 EGZPO bis einschließlich 31. 12. 2011 ausgeschlossen, wenn der Wert der mit der Revision geltend zu machenden Beschwer 20 000 Euro nicht übersteigt.[157]

II. Begründungszwang

§ 520 Abs. 3 ZPO enthält ins Einzelne gehende Vorschriften über den Umfang des **98** Begründungszwangs für die Berufung. Entsprechendes gilt für die Revision (§ 551 ZPO).

Besondere Probleme bestehen bei **Doppelbegründungen** oder Doppelangriffen. **99** Werden in einem Urteil mehrere verschiedene Ansprüche abgewiesen, so muss eine hiergegen im Ganzen gerichtete Berufung grundsätzlich alle tragenden Erwägungen beanstanden, mit denen im Urteil die Abweisung der einzelnen Ansprüche begründet worden ist. Beruht diese Abweisung jedoch auf einem einheitlichen, allen Ansprüchen gemeinsamen Grund, so genügt es, wenn die Berufungsbegründung nur diesen einheitlichen Rechtsgrund insgesamt angreift; ein rein vorsorgliches Eingehen auch auf solche Anspruchshindernisse, die von der Vorinstanz nicht behandelt worden sind, ist nach Sinn und Zweck des § 520 ZPO nicht erforderlich.[158] Stützt der Kläger sein Unterlassungsbegehren sowohl auf Wiederholungsgefahr wegen der behaupteten Verletzungshandlung als auch auf Erstbegehungsgefahr wegen Erklärungen des Beklagten bei der Rechtsverteidigung im gerichtlichen Verfahren, so handelt es sich um zwei verschiedene Streitgegenstände. Weist das LG die Klage insgesamt ab, so muss die Berufungsbegründung, wenn der Kläger das erstinstanzliche Urteil insgesamt anfechten will, für jeden dieser beiden prozessualen Ansprüche den Anforderungen des § 520 Abs. 3 Satz 2 ZPO genügen.[159]

---

[157] Die ursprünglich auf den 31. 12. 2006 begrenzte Ausnahme wurde durch das Justizmodernisierungsgesetz bis zum 31. 12. 2011 verlängert.

[158] BGH GRUR 1995, 693 = LM § 826 (B) BGB Nr. 14 = NJW 1994, 2289 – *Indizienkette*, zum alten § 519 ZPO.

[159] BGH AfP 2006, 242 = GRUR 2006, 429 = NJW-RR 2006, 1044 – *Schlankkapseln*.

§ 57. Vollstreckungsrechtliche Fragen

A. Systematischer Überblick

Die ZPO enthält im 8. Buch die Vorschriften über die Zwangsvollstreckung. In einem **1** allgemeinen Teil (§§ 704 ff. ZPO) sind die allgemeinen, auf alle besonderen Arten der Zwangsvollstreckung anzuwendenden Vorschriften enthalten.

Titel auf Zahlung, wie die auf Schadensersatz und auf Geldentschädigung, aber auch **2** solche auf Zahlung einer Lizenzgebühr wegen unerlaubter Verwendung von Bildnissen für Werbung, sind nach den Vorschriften über die Vollstreckung von Geldforderungen durchzusetzen (§§ 803 ff. ZPO).

Die anderen Titel über Ansprüche im Bereich des Persönlichkeitsschutzes sind solche **3** auf Erwirkung von Handlungen und Unterlassungen. Hier gelten – neben den allgemeinen Vorschriften – insbesondere §§ 887 ff. ZPO.

Eine Kollision von Unterlassungspflichten mit solchen auf Geldzahlung ist kaum denk- **4** bar. Schwierigkeiten kann aber die Abgrenzung von Pflichten zum Handeln und zum Unterlassen bereiten. Weil §§ 887, 888 ZPO zwischen vertretbaren und nicht vertretbaren Handlungen unterscheiden, muss auch hierfür eine Abgrenzung gefunden werden.

B. Zwangsvollstreckung von Titeln wegen Äußerungen in Printmedien und im Rundfunk

Die wesentlichen äußerungsrechtlichen Titel sind solche auf **5**
- Unterlassung von Äußerungen
- Gegendarstellung zu Äußerungen
- Widerruf von Äußerung
- Zahlung von Schadensersatz
- Zahlung einer Geldentschädigung wegen Verletzung des Persönlichkeitsrechts
- Zahlung einer Lizenzgebühr wegen unerlaubter Verwendung von Bildnissen für Werbung

Vergleichsweise selten werden ergänzende Ansprüche geltend gemacht und durchge- **6** setzt, etwa
- Ansprüche auf Auskunft oder
- Ansprüche auf Veröffentlichung eines Unterlassungstenors.[1]

Es ist eigentlich nicht schwer, die Grundlagen für die Vollstreckung solcher äußerungs- **7** rechtlicher Titel zu finden; sie ergeben sich aus dem Entscheidungssatz der gerichtlichen Entscheidung regelmäßig von selbst.[2] Nichts anderes gilt für die Durchsetzung von solchen Ansprüchen, soweit sie im Wege eines vollstreckbaren Vergleichs erzielt worden sind.

I. Zwangsvollstreckung von Unterlassungstiteln

Schrifttum: *Backsmeier,* Das „Minus" beim unterlassungsrechtlichen Globalantrag, Berlin 2000; *Böhm,* Die Zwangsvollstreckung nach § 890 ZPO, Berlin 1971; *Hans-Günther Borck,* Probleme bei der Vollstreckung von Unterlassungstiteln, GRUR 1991, 428 ff.; *ders.,* Der Weg zum „richtigen" Unterlassungsantrag, WRP 2000, 824 ff.; *Reinhard Bork,* Ab wann ist die Zuwiderhandlung gegen eine Unterlassungsverfügung sanktionierbar gem. § 890 ZPO?, WRP 1989, 360 ff.; *Nieder,* Die vertragsstrafenbewehrte Unterwerfung im Prozessvergleich, WRP 2001, 117 ff.; *Schuschke,* Wiederholte Ver-

---

[1] Beispiel für einen Entscheidungssatz hierzu in Beck'sches Richter-Handbuch, 2. Aufl., Abschnitt B VIII Rn. 86.

[2] Schwankend erstaunlicherweise OLG München ArchPR 1972, 105 (Beschluss aus der Zeit kurz nach Gründung des Pressesenats).

letzungshandlungen: Natürliche Handlungseinheit, Fortsetzungszusammenhang und Gesamtstrafe im Rahmen des § 890 ZPO, WRP 2000, 1008 ff.; *Volkmann*, Die Unterlassungsvollstreckung gegen Störer aus dem Online-Bereich, CR 2003, 440.

1. Grundlagen

8   Vollstreckungstitel auf Unterlassung können sich aus gerichtlichen Entscheidungen ergeben oder aus vollstreckbaren Vergleichen i. S. von § 794 Nr. 1 oder Nr. 4a ZPO.[3] Solche gerichtliche Entscheidungen ergehen oft im Verfahren der einstweiligen Verfügung (§§ 935 ff. ZPO), ohne oder nach mündlicher Verhandlung. Zur Vorbereitung solcher Titel ist es wichtig, auf die Vollstreckbarkeit zu achten. Zwar ist es Aufgabe des Gerichts, auf das Stellen sachdienlicher Anträge hinzuwirken (§ 139 Abs. 1 Satz 2 ZPO). Außerdem bestimmt das Gericht im Verfahren der einstweiligen Verfügung von Amts wegen, welche Anordnungen zur Erreichung des erkennbaren Zwecks der gestellten Anträge erforderlich sind (§ 938 Abs. 1 ZPO). Der erfahrene Anwalt wird aber schon von sich aus versuchen, den Unterlassungsantrag so zu formulieren, dass ihn das Gericht ohne Änderung übernehmen kann.

9   Als zu weitgehend und nicht mehr im Rahmen von § 253 Abs. 2 Nr. 2 ZPO liegend hat etwa das KG[4] folgende Formulierung angesehen:

Dem Antragsgegner wird untersagt ... „Bildnisse der Antragstellerin aus ihrem privaten Alltag zu veröffentlichen und/oder zu verbreiten und/oder veröffentlichen und/oder verbreiten zu lassen, wie in „d. n." Nr. 21 vom 21. 5. 2005 auf Seite 7 in dem Artikel „Zärtliche Freundschaft" geschehen."

10   Insbesondere hat sich hier das KG an der Formulierung „Bildnisse aus dem privaten Alltag" gestoßen. Die Reichweite des Verbots sei unklar; dies erzeuge einen unzulässigen Einschüchterungseffekt.

11   Grundlegende Einschränkungen wegen der Meinungsfreiheit ergeben sich aus der Rechtsprechung des BVerfG[5] für verdeckte Behauptungen:

1. Die Verurteilung zur Unterlassung einer Äußerung muss im Interesse des Schutzes der Meinungsfreiheit auf das zum Rechtsgüterschutz unbedingt Erforderliche beschränkt werden. Um überschießende Wirkungen, insbesondere eine rechtlich nicht gebotene Zurückhaltung oder gar eine Einschüchterung bei weiteren Äußerungen auszuschließen, muss die Verurteilung klar erkennen lassen, welche Aussage der Grundrechtsträger unterlassen soll. Wird eine durch Auslegung anderer Äußerungen ermittelte „verdeckte" Aussage untersagt, muss der Beklagte zweifelsfrei erkennen können, welche Teile der ursprünglichen Äußerung von dem Unterlassungsgebot erfasst sind. Andernfalls ist er dem Druck ausgesetzt, zur Vermeidung einer Vollstreckungsmaßnahme nach § 890 ZPO auch Äußerungen zu unterlassen, die unbedenklich sind. 2. Da für die Ermittlung des Inhalts einer Aussage auf die Sicht eines unvoreingenommenen und verständigen Publikums abzustellen ist, muss bei mehreren Beiträgen ihr jeweiliger Inhalt in der Regel für jeden Beitrag eigenständig ermittelt werden. Eine Gesamtwürdigung unterschiedlicher Beiträge, wie sie das Oberlandesgericht vorgenommen hat, ist nur möglich, wenn für sämtliche Beiträge von einem gemeinsamen Publikum auszugehen ist.

2. Abgrenzungen

12   § 890 ZPO gilt nur für die Durchsetzung von Unterlassungen. Geht es um die Erzwingung von Handlungen, dann sind §§ 887, 888 ZPO einschlägig. Weil sich auch aus Unterlassungstiteln Handlungspflichten ergeben können, ist die Abgrenzung zu § 888 ZPO nicht immer einfach.[6] Sie ergibt sich aber für den konkreten Einzelfall in der Regel aus dem Vollstreckungstitel.

---

[3] Beispiel für einen Vergleich als Grundlage: OLG München ArchPR 1972, 175.
[4] KG AfP 2006, 477 (dazu *Neben* AfP 2006, 533 ff.) = NJW-RR 2007, 47 – *Zärtliche Freundschaft* und AfP 2006, 479 = NJW-RR 2007, 109.
[5] BVerfG NJW 2004, 1942 = ZUM 2004, 560 – *sexuelle Kontakte* (Leitsätze).
[6] Siehe hierzu etwa *Böhm*, S. 20 ff. und S. 75 ff. Wird etwa die Bezeichnung als Möbel„lager" verboten, dann ist der Schuldner verpflichtet, eine etwa angebrachte Bezeichnung an seinem Ladengeschäft zu ändern. In solchen Fällen geschieht die Vollstreckung über § 890 ZPO.

Hat sich der Schuldner in einem gerichtlichen Vergleich zur Unterlassung verpflichtet **13** und für den Fall der Zuwiderhandlung eine Vertragsstrafe versprochen, dann steht der Festsetzung von Ordnungsmitteln nicht entgegen, dass der Gläubiger auch die Zahlung einer Vertragsstrafe verlangt und sogar eingeklagt hat.[7] Es handelt sich um zwei verschiedene Sanktionen mit unterschiedlichen Zielrichtungen.

3. Antrag und Zuständigkeiten

Die Zwangsvollstreckung nach § 890 ZPO setzt einen Antrag des Gläubigers voraus **14** (§ 890 Abs. 1 Satz 1 ZPO). Der Gläubiger hat es in der Hand, ob er die Erfüllung erzwingen will. Die Konsequenz ist, dass er haftet, wenn er einen im Wege des Eilverfahrens erreichten Titel durchsetzt, der später als von Anfang an ungerechtfertigt aufgehoben wird (§ 945 ZPO). Außerdem unterliegt er im Eilverfahren der Vollziehungsfrist des § 929 Abs. 2 ZPO (anzuwenden über § 936 ZPO).

Zuständig für die Entscheidung ist das Prozessgericht erster Instanz (§ 890 Abs. 1 Satz **15** 1 ZPO). Die Zuständigkeit deckt sich also mit der Zuständigkeit für die Schaffung des Titels. Für Eilverfahren gelten also auch die Bestimmungen der §§ 943, 944 ZPO. Beim Landgericht richtet sich die Abgrenzung zwischen Einzelrichter und Kammer nach der Geschäftsverteilung dieses Gerichts.

Beispiel eines Antrags:[8] **16**
An das
Landgericht München I . . .
zu AZ 9 O . . .

In der Sache . . . – Gläubiger –
vertreten durch den Unterfertigten
gegen
. . . AG – Schuldnerin

ist der Schuldnerin mit Beschluss der Kammer vom . . . verboten worden, ein Bildnis des Gläubigers in der . . . Illustrierten erneut zu veröffentlichen. Trotz dieses Verbots ist in der Ausgabe vom . . . genau dieses Bildnis erneut erschienen.

Es wird deshalb beantragt, der Schuldnerin wegen des Verstoßes gegen den Unterlassungstitel ein spürbares Ordnungsgeld, mindestens in Höhe von 20 000 Euro, aufzuerlegen.

(Unterschrift)
– Anlagen –

4. Vollstreckbarer Unterlassungstitel

Der Wortlaut des Titels ergibt, ob er einer Unterlassungsvollstreckung zugänglich ist. **17** Für den Gläubiger ist es zweckmäßig, mit dem Antrag auf Erlass des Titels zugleich den Antrag nach § 890 Abs. 2 ZPO auf Androhung der Ordnungsmittel zu stellen. Ein anderes Vorgehen wäre ein Kunstfehler, weil der Antrag sonst nachgeholt werden muss und deshalb eine Verzögerung eintritt. War der Antrag gestellt und ist die Androhung im Titel enthalten, dann ergibt sich schon hieraus, dass sich um einen Unterlassungstitel handelt. Fehler der Gerichte kommen hier – anders als in den Fällen von § 888 ZPO – eigentlich nicht vor. Auch ohne dies ergibt sich die Einordnung in § 890 ZPO aus dem Wortlaut des Titels. Es wird etwas „verboten" oder der Schuldner wird verurteilt, etwas (die Wiederholung einer Äußerung) zu „unterlassen".

---

[7] BGH AfP 1999, 111 = GRUR 1998, 1053 = NJW 1998, 1138 – *Vertragsstrafe/Ordnungsgeld.*
[8] Beispiel eines Verbotstenors in Beck'sches Richter-Handbuch, 2. Aufl., Abschnitt B VIII Rn. 84. Siehe auch die Muster in: *Mes* (Hrsg.), Münchener Prozessformularbuch. Band 4: Gewerblicher Rechtsschutz, Urheber- und Presserecht, 2. Aufl., insbesondere S. 998 ff. Hier auch ein Muster für den Antrag auf Festsetzung von Ordnungsmitteln S. 1001.

18   Ganz allgemein wird gesagt, dass Probleme der Durchsetzung von Unterlassungstiteln so wenig wie möglich in die Zwangsvollstreckung verlagert werden sollen. Deshalb muss schon im Erkenntnisverfahren um die zweckmäßige Antragstellung gerungen werden.

19   Darüber hinaus ist zu bedenken, dass die Fassung des gerichtlichen Entscheidungssatzes oder der vertraglichen Unterlassungsverpflichtungserklärung die Reichweite der Unterlassungsverpflichtung begrenzen. Es muss deshalb vorausschauend überlegt werden, welche Formen von Verstößen vernünftigerweise in Betracht kommen und wie man diese Formen antragsmäßig erfassen kann. Das titulierte Verbot etwa, bestimmte in einem Buch enthaltene Äußerungen „zu vervielfältigen und zu verbreiten", erstreckt sich nicht auf die Verletzungsform, sie durch Dritte „verbreiten zu lassen". Denn die Verpflichtung eines Verlages, ein Druckwerk nicht zu verbreiten – es also nicht in den Buchhandel gelangen zu lassen –, ist nicht vergleichbar mit einer Verpflichtung, das bereits ausgelieferte, nicht mehr im Eigentum des Verlages stehende Druckwerk nicht weiter „verbreiten zu lassen".[9]

20   Die Rechtsprechung behandelt die Frage der Vollstreckbarkeit von Unterlassungstiteln ziemlich eng. Jedoch ist hierbei immer mit zu bedenken, dass im Bereich von § 890 ZPO die Vollstreckung durch richterliche Entscheidung geschieht, nicht etwa durch den Gerichtsvollzieher. Deshalb muss es grundsätzlich möglich sein, Schwächen von Titeln auf Unterlassung auch noch in der Zwangsvollstreckung auszugleichen.

21   Die Strategie des Gläubigers verlangt, dass er diese Voraussetzungen schafft oder erwirkt. Der Schuldner wird prüfen, ob alle diese Voraussetzungen kumulativ gegeben sind.

5. Vollstreckungsklausel

22   Erforderlich ist ein vollstreckbarer Titel – vorläufig oder endgültig vollstreckbar. Handelt es sich um einen Titel im Verfahren der einstweiligen Verfügung, so bedarf der Titel grundsätzlich keiner Vollstreckungsklausel. § 724 ZPO gilt insoweit nicht uneingeschränkt. Die Vollstreckungsklausel ist nur erforderlich, wenn die Vollziehung (= hier Vollstreckung) für einen anderen Gläubiger oder gegen einen anderen Schuldner erfolgen soll (§§ 936, 929 Abs. 1 ZPO). Das wird z. B. der Fall sein, wenn ein Verbot gegen eine GmbH erlassen worden ist, das betreffende Blatt danach aber von einer KG verlegt wird, deren Geschäftsführerin die GmbH ist.[10]

23   Dementsprechend kann zur Vollstreckung auch keine Sicherheit verlangt werden, wenn es sich um einen im Verfahren der einstweiligen Verfügung erwirkten Titel handelt. Das wäre nur im Zusammenhang mit einer Vollstreckbarerklärung zulässig.

6. Wirksamkeit des Titels – Zustellung, Aufhebung

24   Ist der Titel ohne mündliche Verhandlung im Wege der einstweiligen Verfügung erlassen, so bedarf er der Zustellung. Diese Zustellung bewirkt nicht das Gericht; vielmehr hat der Gläubiger sie zu veranlassen (§§ 936, 922 Abs. 2 ZPO). Ergeht die Entscheidung nach mündlicher Verhandlung (im Verfügungsverfahren ohne Anwendung von § 937 Abs. 2 ZPO, oder im Hauptsachverfahren), so bedarf es, weil die Entscheidung dann verkündet wird, keiner Parteizustellung. Die Amtszustellung genügt dann, soweit es um die Frage der Wirksamkeit des Titels als Voraussetzung für die Zwangsvollstreckung geht.[11]

25   Der Titel bleibt wirksam bis zu seiner Aufhebung. Wegen Verstößen während des Bestehens können deshalb Ordnungsmittel festgesetzt werden. Die Festsetzung von Ordnungsmitteln wegen Zuwiderhandlung gegen ein gerichtliches Verbot (hier: Veröffentlichung unwahrer Tatsachenbehauptungen in der Presse) ist auch dann noch zulässig, wenn der Vollstreckungstitel nach der Zuwiderhandlung für die Zukunft entfallen ist, weil die Hauptsache wegen Wegfalls der Wiederholungsgefahr übereinstimmend erledigt erklärt

---

9 OLG Frankfurt a.M. OLGR 1998, 150 – *Bonzen, Banken und Behörden*.
10 OLG Hamm BB 1990, 585.
11 BGH LM § 750 ZPO Nr. 3 = NJW 1990, 122.

worden ist; das gilt jedenfalls dann, wenn die Festsetzung des Ordnungsmittels vor der Erledigungserklärung beantragt worden ist.[12] Anders ist es demgemäß, wenn der Titel als von Anfang an unrichtig aufgehoben wird.

7. Androhung nach § 890 Abs. 2 ZPO

In der Praxis wird der gerichtliche Unterlassungsantrag in der Regel mit dem Antrag **26** auf Ausspruch der Androhung nach § 890 Abs. 2 ZPO verbunden und diesem Antrag wird auch in dieser Verbindung stattgegeben, wenn dem Unterlassungsantrag stattgegeben wird. Dabei ist es gleichgültig, ob die Androhung in den Verbotstenor integriert oder ob sie gesondert ausgesprochen wird. Die Praxis schwankt hier; häufig wird der Antrag so übernommen, wie er gestellt wird. Zum besseren Verständnis sollte die Androhung vom Unterlassungsantrag abgesondert werden.

Beispiel: **27**
Dem Antragsgegner wird bei Meidung einer Ordnungsstrafe von . . . verboten . . . . Oder: Dem Antragsgegner wird verboten . . . . . Ihm wird für jeden Fall der Zuwiderhandlung angedroht . . . . .

Die Wirksamkeit der Androhung wird nicht dadurch in Frage gestellt, dass – fehlerhaf- **28** ter Weise – Ordnungsgeld und Ordnungshaft kumulativ und nicht alternativ angedroht worden sind.[13]

8. Sicherheitsleistung

Ist der Titel im Hauptsacheverfahren erwirkt worden, dann richtet sich die Frage, ob er **29** ohne oder gegen Sicherheit für vorläufig vollstreckbar zu erklären ist, nach §§ 708 ff. ZPO. Ist er nur gegen Sicherheitsleistung für vorläufig vollstreckbar erklärt worden, dann kann ein Ordnungsmittel nur verhängt werden, wenn diese Sicherheit erbracht und die Leistung der Sicherheit dem Schuldner in formalisierter Form nachgewiesen ist.[14] Dieser Nachweis erfolgt in der Form des § 751 Abs. 2 ZPO durch – spätestens gleichzeitige – Zustellung des Nachweises der Sicherheitsleistung.

9. Zuwiderhandlung gegen den Titel – materielle Prüfung

Einigermaßen einfach sind aktive Verstöße gegen Unterlassungstitel festzustellen. Hier **30** geht es oft um die Frage, wie der Titel auszulegen ist und was seinen Kern bildet. Das Verbot umfasst nämlich nicht nur wörtliche Verstöße, sondern alle Handlungen (hier: Äußerungen), die gegen den Kern des Verbots verstoßen – Kerntheorie.[15] Dies – die Ausdehnung des Begriffs der Zuwiderhandlung im Sinn von § 890 ZPO auf gleichwertige Äußerungen – ist verfassungsrechtlich nicht zu beanstanden.[16]

Etwas zu weit geht wohl OLG München[17] mit seiner Auffassung, das Verbot des Be- **31** hauptens umfasse auch das Verbreiten. Das sind zwei ganz verschiedene Formen von Äußerung, die nicht vermischt werden dürfen. Es folgt dies auch daraus, dass es sich um zwei verschiedene Streitgegenstände handelt. Ohne Bedeutung ist grundsätzlich – wenn nicht der Titel hier Einschränkungen ergibt – wo die untersagte Äußerung wiederholt wird. Ein Verstoß ist z. B. bei Äußerungen in einer Pressekonferenz angenommen worden[18] oder in einem Redaktionsschwanz zu einer Gegendarstellung.[19]

---

[12] OLG Düsseldorf AfP 1985, 56 – *Schwarze Kassen.*

[13] BGH in BGHZ 156, 335 = GRUR 2004, 264 = NJW 2004, 506 – *Euro-Einführungsrabatt.*

[14] BGH in BGHZ 131, 233 = GRUR 1996, 812 = NJW 1996, 397 – *Nachbildung dreiteiligen Rades.*

[15] BGH in BGHZ 166, 253 = GRUR 2006, 421 = NJW-RR 2006, 1118 – *Markenparfümverkäufe.* Etwas anders BGH AfP 2008, 187 = NJW 2008, 1593 – *Almsick* – für den Bereich des Bildungsrechts. Beispiel für eine sinngemäße Wiederholung: OLG München ArchPR 1973, 167.

[16] BVerfG EuGRZ 1997, 446 – *Viel Glück*; BVerfGK GRUR 2007, 618 = NJW-RR 2007, 860 – *Organisationsverschulden.*

[17] OLG München ArchPR 1976, 132: Jede Verbreitung sei eine Wiederholung der Äußerung.

[18] OLG Köln AfP 1987, 422 = GRUR 1987, 570 = NJW-RR 1987, 356 – *Lohnsteuerzahler.*

[19] OLG Hamburg AfP 1989, 464.

32   Im Einzelfall kann die Auslegung des Titels Schwierigkeiten bereiten. So ist etwa streitig gewesen, ob die Wiedergabe einer Silhouette als Verstoß gegen das Verbot, Bildnisse zu verbreiten, angesehen werden kann.[20] In derselben Entscheidung des KG ist die Frage diskutiert worden, welche Bedeutung die Einschränkung

„wie in der S. Nr. 3 vom 12. Januar 2006 auf der Seite 78 links oben geschehen"

hat. Damit knüpft der Titel nach Auffassung des KG an das Charakteristische des konkreten Verletzungstatbestandes an. Um diesen Verletzungskern zu bestimmen, muss der Inhalt der Antragsschrift mit herangezogen werden, auf den in der einstweiligen Verfügung Bezug genommen worden ist.

33   Wird verboten, eine Äußerung „erneut zu verbreiten und/oder verbreiten zu lassen", so wird damit zum Ausdruck gebracht, dass es sich um ein neues Verhalten des Schuldners handeln muss, das darauf gerichtet ist, die alte Äußerung zu verbreiten oder verbreiten zu lassen. Deshalb müsste, um den gesamten Bereich zu erfassen, ein Tenor dahin erwirkt werden, zu verbieten, dass eine Äußerung weiterhin und/oder erneut verbreitet wird. Beispielsweise könnte der Antrag lauten

Dem Antragsgegner wird . . . verboten, die [z. B. Pressemitteilung vom . . .] weiterhin und/oder erneut zu verbreiten und/oder diese weiterhin und/oder erneut verbreiten zu lassen.

34   Grundsätzlich ist Voraussetzung, dass der Schuldner selbst gegen den Titel verstoßen hat. Es genügt aber ein Verstoß durch einen Angestellten des Schuldners oder durch einen sonst Beauftragten oder Abhängigen, sofern er dem Schuldner zuzurechnen ist.

35   Richtet sich der **Titel gegen eine Handelsgesellschaft oder eine juristische Person,** so gilt das Verbot zuerst für deren gesetzliche Vertreter. Allerdings ist dieser verpflichtet, Verstöße in seinem Unternehmen zu verhindern. Er muss durch geeignete Anweisungen sicherstellen, dass im Unternehmen nicht Handlungen vorgenommen werden, welche objektiv einen Verstoß gegen den Unterlassungstitel darstellen. Bei Presseunternehmen etwa, oder bei Rundfunkveranstaltern müssen alle Personen unterrichtet und angewiesen werden, Handlungen zu unterlassen, welche gegen den Titel verstoßen. Der Schuldner muss nicht nur alles unterlassen, was zu einer Verletzung führen könnte, sondern auch alles tun, was im konkreten Fall erforderlich und zumutbar ist, um künftige Verletzungen zu vermeiden.[21]

36   Wird die erneute Veröffentlichung eines Bildnisses verboten, so muss im Archiv mit dem Bildnis ein konkreter Vermerk verbunden werden, dass die erneute Verbreitung des Bildnisses verboten ist.[22] Werden Äußerungen in einem Wortbeitrag verboten, so hat Entsprechendes für den Wortbeitrag zu geschehen. An diese Organisationspflichten werden hohe Anforderungen gestellt.[23] Als Maßstab muss die besondere Verantwortung herangezogen werden, die der Verlag dafür trägt, dass der in dem gerichtlichen Unterlassungstitel verkörperte Schutz des grundrechtlich verbrieften Persönlichkeitsrechts des von der Presseberichterstattung Betroffenen gewahrt bleibt.[24]

37   Zu den nach Unterlassungsurteil gegen Äußerungen in einem Buch erforderlichen und zumutbaren Maßnahmen des Schuldners kann es gehören, dass der Verleger zumindest die Barsortimente zur Rückgabe der betroffenen Bücher auffordert, auch wenn er insoweit keinen Anspruch auf Rückgabe hat. Dies bedeutet nicht, dass der Unterlassungs-

---

[20] KG ZUM 2007, 60 – *Silhouette.*

[21] BGH in BGHZ 120, 73 = GRUR 1993, 415 (mit Anm. *Teplitzky* S. 419–420) =LM § 945 ZPO Nr. 27 (mit Anm. *Grunsky*) = NJW 1993, 1076 – *Straßenverengung.*

[22] Vgl. OLG Hamburg NJW-RR 1993, 1392 zu den Pflichten eines Presseverlags.

[23] *Ahrens/Spätgens,* Der Wettbewerbsprozess, 5. Aufl. Rn. 63.7; *Teplitzky,* Wettbewerbsrechtliche Ansprüche, 8. Aufl. Rn. 57.26). Etwas weniger streng noch OLG München ArchPR 1976, 133.

[24] OLG Frankfurt a.M. NJW-RR 1993, 1392. Beispiel für unzureichende Bemühungen durch Versenden eines Einschreibebriefs: OLG München ArchPR 1974, 170.

anspruch automatisch als **Rückrufanspruch** aufzufassen wäre.[25] Anders wohl für Zeitschriften: Ist ein Verlag zur Unterlassung des Vertriebs einer Zeitschrift verurteilt worden, so ist er im Regelfall verpflichtet, bereits ausgelieferte Zeitschriften zurückzurufen, wenn ihm dies rechtlich und tatsächlich möglich ist und wenn Art. 5 GG dem Rückruf nicht entgegensteht.[26] Solche Anforderungen für ein Tätigwerden gegenüber außenstehenden Dritten sind verfassungsrechtlich nicht zu beanstanden.[27]

Häufig wird vom Gläubiger sehr bald nach Wirksamwerden des Unterlassungstitels **38** überprüft, ob das Verbot beachtet wird. Dann wird zum Beispiel der verbotene Artikel oder das verbotene Buch bestellt (dieses etwa über den Buchhandel oder direkt beim Verlag).[28] Dies bedeutet für den Schuldner, dass er auch unverzüglich handeln muss, um das Verbot im eigenen Unternehmen durchzusetzen. Das wird am besten durch E-Mail oder Rundschreiben im Unternehmen geschehen. Es wird sich empfehlen, eine erfahrene Person mit der Verbreitung und Durchsetzung des Verbots im Unternehmen zu beauftragen.

Art. 5 Abs. 1 GG ändert hieran nichts. Jedenfalls im Regelfall gebietet Art. 5 Abs. 1 **39** Satz 1 GG nicht, dass eine Eigenberichterstattung, die durch wörtliche Wiedergabe der untersagten Äußerung den eingetretenen Verletzungserfolg wieder auffrischt, hingenommen wird.[29]

Trotz eines allgemein gefassten Verbots kann im Einzelfall einer Wiederholung diese **40** vom Unterlassungstitel nicht erfasst sein. Verallgemeinernde Verbote der Veröffentlichung von Abbildungen enthalten stets eine immanente Schranke dahin gehend, dass solche Abbildungen nicht erfasst sind, deren Verbreitung ausnahmsweise nicht rechtswidrig ist. Von einem Abbildungsverbot sind auch Fotos nicht erfasst, in deren Verbreitung der Abgebildete eingewilligt hat oder die in Situationen entstanden sind, in denen sich der Abgebildete bewusst der Öffentlichkeit zugewandt hat oder die als zeitgeschichtliche Ereignisse zu werten sind.[30]

Ein Verstoß liegt unter Umständen auch dann nicht vor, wenn im Medium über das **41** Verbot berichtet wird. Die bloß referierende Wiederholung eines Unterlassungstenors begründet keinen Verstoß gegen das Wiederholungsverbot, wenn der referierende Charakter deutlich zum Ausdruck kommt.[31] In einem solchen Fall liegt keine Wiederholung der Behauptung, sondern die Mitteilung eines wahren Geschehens, nämlich des Verbots, vor. Es bedeutet auch keinen Verstoß gegen den Unterlassungstenor, wenn der referierenden Wiederholung Einschränkungen hinzugefügt werden, sofern hierin keine Wiederholung der Behauptung, sondern eine Stellungnahme zum Verbotstenor zu sehen ist.[32]

10. Mehrfache Verstöße

Jeder Verstoß gegen eine Ordnungsmittelandrohung kann zur Festsetzung der Ord- **42** nungsmittel führen. Fraglich ist, ob mehrfache Verstöße zu einer Einheit zusammenzufassen sind. Im Strafrecht ist die Figur des Fortsetzungszusammenhangs aufgegeben worden. Dies wirkt sich aber auf die zivilrechtliche Frage der Behandlung mehrfacher Verstöße nicht aus.[33] Deshalb können grundsätzlich mehrere Handlungen, auch wenn sie nur fahr-

---

[25] OLG München OLGR 2000, 86.

[26] OLG München OLGR 1993, 27 = WRP 1992, 809 (entschieden für das Wettbewerbsrecht).

[27] BVerfGK GRUR 2007, 618 = NJW-RR 2007, 860 – *Organisationsverschulden.*

[28] Die Auffassung des OLG Hamburg (6. ZS) in ArchPR 1961, 83, in einem solchen Fall liege ein Verstoß nicht vor, ist vereinzelt geblieben. Hiergegen etwa OLG Hamburg (3 ZS) in ArchPR 1972, 174.

[29] BVerfG EuGRZ 1997, 446 – *Viel Glück.*

[30] So die Leitsätze von OLG Hamburg AfP 2006, 369 – *FC-Bayern-Foto.*

[31] OLG Frankfurt a. M. NJW-RR 2001, 187 = OLGR Frankfurt 1999, 303 – *Schwund durch Repräsentation.*

[32] OLG München OLGR 1995, 165 – *Flugblatt gegen Kanalbau*; AfP 2001, 322 = K&R 2001, 367 = ZUM-RD 2001, 232 – *Beweise liegen vor.*

[33] OLG München OLGR 2000, 86.

lässig begangen wurden,[34] zu einem einzigen Verstoß zusammengefasst werden, wenn sie auf einem einheitlichen Entschluss oder einer einzigen Verhaltensweise beruhen. Dies gilt auch für vertragliche Unterlassungsverpflichtungserklärungen. Jedoch stellt hier die Auslegung dieser Verpflichtung die entscheidende Weiche. Mangels einer besonderen Abrede wird die Frage, ob und gegebenenfalls in welcher Weise mehrfache Verstöße gegen die Unterlassungsverpflichtung zu einer rechtlichen Einheit zusammenzufassen sind, wegen des typischen Charakters von Unterlassungsverträgen regelmäßig nach den Grundsätzen des Fortsetzungszusammenhangs zu beurteilen sein.[35] Ein bestehender Fortsetzungszusammenhang wird durch den Erlass eines Ordnungsmittelbeschlusses unterbrochen.[36]

11. Verschulden[37]

43   Ein Ordnungsmittel kommt nur in Betracht, wenn den Schuldner selbst ein Verschulden trifft, wenn er also zumindest fahrlässig gehandelt hat.[38] Liegt ein Verstoß durch einen Angestellten im Unternehmen vor, so ist ebenfalls maßgebend, ob dieser Verstoß dem Schuldner anzulasten ist. Hier gelten §§ 31, 831 ZPO. Die Verpflichtung des Unternehmens geht nicht so weit, dass ein Organ für die Durchsetzung der Verpflichtung im Unternehmen zuständig sein muss (die Grundsätze für die Fiktionshaftung, wie sie für kritische Äußerungen gelten, sind deshalb hier nicht heranzuziehen). Aber es bestehen die von § 831 BGB angesprochenen Pflichten zur Auswahl, Anleitung und Überwachung. Der – unzutreffende – Rat eines Anwalts steht eigenem Verschulden grundsätzlich nicht entgegen. Dies kann im Einzelfall aber anders sein, wenn es sich um einen in äußerungsrechtlichen Sachen erfahrenen Anwalt handelt und der Titel einer Auslegung bedarf.[39] Auch ist es nicht dem Schuldner zuzurechnen, wenn der Anwalt die Information über den Erlass des Titels pflichtwidrig verzögert. So hat das OLG München wie folgt entschieden: Für die Verhängung von Ordnungsmitteln nach § 890 Abs. 1 ZPO ist strafrechtliche Schuld, also etwa Vorsatz oder Fahrlässigkeit, erforderlich. Ein etwaiges Verschulden des Prozessbevollmächtigten des Schuldners kann die Verhängung von Ordnungsmitteln nicht rechtfertigen. Insbesondere ist in diesem Bereich die Vorschrift des § 85 Abs. 2 ZPO nicht anwendbar, weil eine strafrechtliche Ahndung einer Tat ohne eigene Schuld des Täters rechtsstaatwidrig wäre.[40]

12. Art und Höhe des Ordnungsmittels

44   Die Entscheidung des Gerichts ergeht durch Beschluss (§ 891 Satz 1 ZPO). Das Ordnungsmittel muss sich nach Art und Umfang innerhalb der Androhung nach § 890 Abs. 2 ZPO halten. Grundsätzlich wird zunächst einmal ein Ordnungsgeld verhängt werden (nur ersatzweise Ordnungshaft). Der Höhe nach ist wesentlich auf das Gewicht der Verletzung des Persönlichkeitsrechts abzustellen. Das Gewicht des Ehrenschutzanspruches ist an der Bedeutung des Gegenstandes zu messen, der Anlass und Umfang der öffentlichen Diskussion bestimmt hat.[41] Eine nähere Konkretisierung ist allgemein nicht möglich. Ein außerordentlich hohes Ordnungsgeld wurde mit (damals) 100 000 DM im Fall Schuster verhängt.[42] Für einen dritten Verstoß hat das OLG Hamburg ein Ordnungsgeld von 40 000 DM für angemessen angesehen.[43]

---

[34] Thomas/Putzo/*Hüßtege*, ZPO, 28. Aufl. § 890 Rn. 27.
[35] BGH in BGHZ 146, 318 = GRUR 2001, 758 = NJW 2001, 2622 – *Trainingsvertrag*.
[36] OLG Stuttgart WRP 1989, 544 für die Mehrfachveröffentlichung einer Anzeige.
[37] Ausführlich hierzu *Böhm* S. 81 ff.
[38] BVerfG in BVerfGE 84, 82 = AfP 1991, 737 = NJW 1991, 3139 – *Heilpraktiker*; BVerfGK GRUR 2007, 618 = NJW-RR 2007, 860 – *Organisationsverschulden*.
[39] Beispiel für fehlendes Verschulden des Schuldners in einem solchen Fall: OLG Hamburg ArchPR 1973, 168 = MDR 1974, 52.
[40] OLG München OLGR 1996, 195.
[41] OLG München AfP 1972, 275 (Fall *Finck gegen Kronawitter*; Leitsatz mit Anm. *Kuner* S. 275).
[42] OLG Köln AfP 1983, 402 – *Das große Finale*.
[43] OLG Hamburg NJW-RR 1993, 1392.

13. Kosten mit Streitwert

Der Streitwert richtet sich nach dem Interesse des Gläubigers an der Durchsetzung des **45** Titels. Dieses ist nach § 3 ZPO zu schätzen.[44] Der Wert wird in der Regel dem der Hauptsache entsprechen. Die Höhe des Ordnungsgeldes etwa ist nicht ausschlaggebend für den Streitwert.

Über die Kosten wird von Amts wegen in Anwendung von §§ 91 ff. ZPO entschieden **46** (§ 891 Satz 2 ZPO). Die Gerichtsgebühren ergeben sich aus Nr. 2110 KV-GKG. Die Anwaltsgebühren sind in § 19 Abs. 2 Nr. 4 RVG i.V. mit VV 3309 zum RVG geregelt.

14. Rechtsbehelfe

Gegen die Festsetzung eines Ordnungsmittels oder seine Ablehnung ist die sofortige **47** Beschwerde gegeben (§ 793 ZPO). Hierbei sind die formellen und materiellen Voraussetzungen von § 890 ZPO zu prüfen. Die Frage, ob die sofortige Beschwerde in diesem Bereich aufschiebende Wirkung hat, ist streitig. Deshalb empfiehlt es sich für den Schuldner, mit der Beschwerde zugleich die Aussetzung der Vollziehung zu beantragen (§ 570 Abs. 3 ZPO). Wird die zugrundeliegende Entscheidung angefochten (Widerspruch gegen eine ohne mündliche Verhandlung erlassene einstweilige Verfügung, Berufung gegen eine nach mündlicher Verhandlung erlassene einstweilige Verfügung oder gegen eine im Hauptsacheverfahren erlassene Verbotsverfügung), dann sollte vorsorglich auch die einstweilige Einstellung der Zwangsvollstreckung gemäß §§ 719, 707 ZPO beantragt werden. Dies erfordert allerdings Ausführungen auch zur Begründetheit des Rechtsbehelfs oder Rechtsmittels und ebenso die Vorlage der angefochtenen Entscheidung. In manchen Fällen wird diese aber noch nicht vorliegen. Dann ist auf diese Tatsache hinzuweisen. In solchen Fällen wird man auf die nach dem Gang der mündlichen Verhandlung zu erwartenden Entscheidungsgründe eingehen müssen. Jedenfalls das Berufungsgericht kann nicht wissen, wie die Entscheidung begründet werden wird.

II. Zwangsvollstreckung von Titeln auf Gegendarstellung.

Spezialliteratur: *Bischoff*, Der Erfüllungseinwand in der Zwangsvollstreckung gem. §§ 887–890 ZPO, NJW 1988, 1957 f.; *Löffler/Ricker*, Handbuch des Presserechts, 5. Aufl., Rn. 28.14–16 (S. 195); *Löffler/Sedelmeier*, Presserecht, 5. Aufl., § 11 LPG Rn. 222–228 (S. 707–710); *Loh*, Gegendarstellung über Satellit. Oder: Wie man einfache Dinge schwierig macht, AfP 2000, 429 ff.; *Seitz/Schmidt/Schoener*, Der Gegendarstellungsanspruch, 3. Aufl., Rn. 775–794 (S. 381–393); *Soehring*, Presserecht, 3. Aufl, Rn. 29.63 (S. 611); *Wenzel/Burkhardt*, Das Recht der Wort- und Bildberichterstattung, 5. Aufl., Rn. 11.278–282 (S. 775-777).

1. Abgrenzungen

Titel auf Veröffentlichung einer Gegendarstellung sind nach § 888 ZPO durchzuset- **48** zen. § 890 ZPO ist gerade nicht anzuwenden. Er gilt nur für Unterlassungsverpflichtungen. Es handelt sich um die Durchsetzung einer nicht vertretbaren Handlung. Nur der Verlag kann bestimmen, welchen Inhalt ein Printmedium hat, nur die Rundfunkanstalt (gleich ob öffentlich-rechtlich oder privat-rechtlich organisiert) kann entscheiden, was gesendet wird. Die vorzunehmende Handlung hängt danach ausschließlich vom Willen des Verlags oder der Rundfunkanstalt ab.

2. Voraussetzungen für die Festsetzung

§ 888 Abs. 1 ZPO setzt einen entsprechenden Antrag des Gläubigers voraus. Wird zur **49** Durchsetzung der Veröffentlichung einer Gegendarstellung und nach Wirksamwerden eines Titels ein Antrag auf Verhängung eines Ordnungsmittels gestellt, so kann dieser Antrag im Einzelfall in einen solchen auf Festsetzung eines Zwangsmittels umgedeutet werden.[45]

---

[44] Thomas/*Putzo*/*Hüßtege*, ZPO, 28. Aufl. § 3 Rn. 115.

[45] Beispiel für den umgekehrten Fall: OLG München OLGR 2000, 86 (Zwangsgeld im Unterlassungsrechtsstreit).

50   Die allgemeinen Voraussetzungen der Zwangsvollstreckung müssen vorliegen: Titel, Klausel, Zustellung (§§ 750, 751 ZPO).[46] Die Festsetzung von Zwangsgeld ist nur möglich, wenn der Titel wirksam geworden und mindestens vorläufig vollstreckbar ist. Hier gilt das zum Unterlassungstitel Ausgeführte entsprechend.[47]

51   Nach fast allen Regelungen zum Gegendarstellungsanspruch ist für dessen Durchsetzung nur das Verfahren der einstweiligen Verfügung gegeben; ein Hauptsacheverfahren findet nicht statt. Deshalb ist Voraussetzung für die Zwangsvollstreckung nicht die Leistung einer Sicherheit. Verweist der Titel wegen der Einzelheiten einer Gegendarstellung auf eine Anlage, dann ist diese Anlage mit zuzustellen. Es besteht deshalb immer Anlass, den Titel genau zu prüfen.

52   Beispiel eines Antrags:[48]

An das Landgericht München I

. . .

zu AZ 9 O . . .

In der Sache . . . – Gläubiger –
vertreten durch den Unterfertigten
gegen
. . . AG – Schuldnerin –

ist der Schuldner durch Beschluss der Kammer vom . . . zur Veröffentlichung einer Gegendarstellung verurteilt worden. Bis heute ist diese nicht veröffentlicht worden.

Es wird deshalb beantragt, Zwangsmittelbeschluss mit folgendem Inhalt zu erlassen:

I. Der Schuldner wird zur sofortigen Veröffentlichung der durch Beschluss der Kammer vom . . . angeordneten Gegendarstellung in der dort bestimmten Form in der nächsten, noch nicht zum Druck abgeschlossenen Ausgabe der X-Zeitung durch Festsetzung von Zwangsgeld in Höhe von 10 000 Euro angehalten.

II. Für den Fall, dass das Zwangsgeld nicht beigetrieben werden kann, wird eine Zwangshaft von zwei Wochen, zu vollziehen am gesetzlichen Vertreter des Schuldners, festgesetzt.

III. Der Schuldner kann die Vollziehung dieses Beschlusses bis zur Beitreibung oder Verhaftung durch Veröffentlichung der Gegendarstellung abwenden.

Ich erlaube mir den Hinweis, dass die Sache sehr eilbedürftig ist.

(Unterschrift)
– Anlagen –

3. Bedingte Festsetzung

53   § 888 ZPO dient der Durchsetzung des Titels auf Veröffentlichung der Gegendarstellung. Das Zwangsmittel wird deshalb nur für den Fall festgesetzt, dass die Gegendarstellung nicht innerhalb einer im Beschluss des Gerichts zu bestimmenden Frist ordnungsgemäß veröffentlicht wird. Die Ordnungsmäßigkeit der Veröffentlichung bestimmt sich nach dem Titel. Erfolgt die Veröffentlichung innerhalb der Frist in einer Form, die keine Erfüllung darstellt, dann ist damit das Zwangsgeld verfallen.

54   Im Einzelfall kann die Beurteilung, ob der Anspruch, wie im Titel festgelegt, erfüllt ist, Schwierigkeiten bereiten.[49] Das OLG Karlsruhe hat sich veranlasst gesehen, wie folgt

---

[46] Vgl. Thomas/Putzo/*Hüßtege*, ZPO, 28. Aufl. Vorbem. vor § 704 Rn. 13 ff.

[47] Siehe oben in Rn. 24 f.

[48] In Anlehnung an das Muster bei *Seitz/Schmidt/Schoener*, Der Gegendarstellungsanspruch, 3. Aufl., S. 410 und 411. Weiteres Beispiel in Beck'sches Richter-Handbuch, 2. Aufl., Abschnitt B VIII Rn. 86. Siehe auch die Muster in *Mes* (Hrsg.), Münchener Prozessformularbuch. Band 4: Gewerblicher Rechtsschutz, Urheber- und Presserecht, 2. Aufl., insbesondere S. 975 ff.

[49] Siehe hierzu im Einzelnen die Spezialliteratur.

zu entscheiden: Ist in der Abdruckanordnung die Mindestfläche der Gegendarstellung in Relation zur Fläche des Textteils der Erstmitteilung gesetzt worden, so ist damit zum Ausdruck gebracht, dass bei der Flächenberechnung lediglich die vom Text bedeckte Fläche – einschließlich der horizontalen und vertikalen Abstände zwischen den einzelnen Schriftzeichen – zu berücksichtigen ist. Außerhalb des Textumrisses liegende Flächen sind der Berechnung nicht zugrunde zu legen.[50] Ein Fall von Nichterfüllung ist auch gegeben, wenn der Gegendarstellung eine unzulässige Glosse beigefügt worden ist. In solchen Fällen ist deshalb die Frage der Zulässigkeit einer Glossierung anhand der konkreten gesetzlichen Regelung zu prüfen.[51] Ergibt die Prüfung, dass der Anspruch nicht erfüllt ist, so kann die erneute Veröffentlichung verlangt und, falls nötig, im Wege des § 888 ZPO durchgesetzt werden. Im Bereich das Bayerischen Pressegesetzes gibt es keine konkrete Regelung zur Frage der Glossierung. Nur nach den allgemeinen Regeln in §§ 226, 242, 826 BGB kann deshalb von einer Unzulässigkeit ausgegangen werden.[52] Entsprechende Grundsätze gelten für die Verlesung einer Gegendarstellung im Rundfunk.[53]

4. Keine Androhung

§ 888 ZPO setzt – im Gegensatz zu § 890 ZPO – keine Androhung der Verhängung **55** eines Zwangsmittels voraus (§ 888 Abs. 2 ZPO).[54] Sie schadet allerdings auch nichts, ist aber nicht korrekt. Der erfahrene Anwalt wird deshalb im Rahmen von § 888 ZPO keinen Antrag auf Aufnahme einer Androhung stellen. Wird die Androhung in einem gesonderten Beschluss ausgesprochen, so ist hiergegen die sofortige Beschwerde gegeben. Die Beschwer ergibt sich aus dem Kosteninteresse.[55]

5. Art und Höhe des Zwangsmittels

Das Zwangsgeld kann für den Einzelfall bis zu 25 000 Euro gehen (§ 888 Abs. 1 Satz **56** 2). Für die Zwangshaft gelten die Vorschriften der §§ 901 bis 913 ZPO entsprechend. Zwangshaft spielt in der Praxis keine Rolle. Das Zwangsgeld wird zweckmäßigerweise in der Höhe (bedingt) festgesetzt, die eine Erfüllung ohne Verfall erwarten lässt. Dabei wird auch die wirtschaftliche Potenz des Verlages oder der Rundfunkanstalt eine Rolle spielen. Aber nicht nur diese. Auch die Bedeutung der Gegendarstellung für den Betroffenen muss mit einbezogen werden. Schließlich kann auch die Hartnäckigkeit einer Verweigerung berücksichtigt werden.[56]

6. Durchführung der Zwangsvollstreckung nach Verfall

Wird der Anspruch nicht innerhalb der im Beschluss gesetzten Frist erfüllt, dann kann **57** der Gläubiger die Zwangsvollstreckung (Beitreibung des verfallenen Betrages) betreiben.[57] Diese geschieht nach der Rechtsprechung des BGH nicht von Amts wegen.[58] Der Beschluss über den Verfall ist dem Schuldner zuzustellen (§ 329 Abs. 3 ZPO). Dies geschieht vom Amts wegen gemäß §§ 166 ff. ZPO. Der Beschluss stellt einen Vollstreckungstitel dar (§ 794 Nr. 3 ZPO), weil er mit der Beschwerde angefochten werden kann.

---

[50] OLG Karlsruhe AfP 2007, 54 = ZUM-RD 2007, 131.

[51] Beispielsfälle: OLG Brandenburg NJW-RR 2000, 832 (kritisch hierzu *Groß* AfP 2003, 497/506 Fn. 137); OLG Dresden AfP 2001, 523 = ZUM 2002, 295.

[52] OLG München AfP 1999, 496 = NJW-RR 1999, 965.

[53] LG Frankfurt a.M. AfP 1987, 723 = NJW-RR 1988, 1022.

[54] Nicht mehr anwendbar deshalb OLG München ArchPR 1977, 117, das als Möglichkeit des „Anhaltens" i.S. von § 888 ZPO auch die Androhung angesehen hat. Dem steht aber jetzt § 888 Abs. 2 ZPO entgegen (eingefügt im Jahr 1997).

[55] OLG Hamm NJW-RR 1988, 767.

[56] OLG Karlsruhe NJW-RR 2000, 1312 (hier Zwangsgeld von 15 000 DM).

[57] Beispielsfall zu diversen Problemen in diesem Bereich: OLG München AfP 2001, 331 = ZUM 2001, 601.

[58] Thomas/Putzo/*Hüßtege*, ZPO, 28. Aufl. § 888 Rn. 14.

Weil die Erfüllung erzwungen werden soll, kann der verfallene Betrag nicht mehr beigetrieben werden, wenn (inzwischen) ordnungsgemäß erfüllt wurde. Beigetriebene Beträge stehen der Staatskasse, nicht etwa dem Gläubiger zu. Es handelt sich nicht um eine Vertragsstrafe, sondern um die Ausübung staatlichen Zwangs.

7. Erledigung der Hauptsache

58 Wird der Anspruch nach Stellung eines Antrags nach § 888 ZPO erfüllt, so erledigt dies die Hauptsache des Zwangsmittelverfahrens. Geschieht die Veröffentlichung erst nach (bedingter) Festsetzung des Zwangsmittels oder gar erst nach dem Verfall, dann erledigt dies die Hauptsache des Zwangsmittelverfahrens ebenfalls. Es geht dann nur noch um die Frage, wer die Kosten zu tragen hat. Entscheidend hierfür ist, ob der Zwangsgeldantrag Erfolg gehabt hätte (1. Variante) oder ob die Anordnung des Zwangsmittels (Variante 2) rechtsfehlerfrei erfolgt war oder nicht. Vorläufige Entscheidungen im Rahmen von §§ 775, 776 ZPO sind hierfür in der Regel ohne Bedeutung.

8. Streitwert und Kosten

59 Für die Kostenentscheidung im Festsetzungsbeschluss gelten § 891 S. 3 i.V. mit §§ 91 ff. ZPO.

60 Die Kostenerstattung nach Durchführung des Zwangs richtet sich nach § 788 ZPO: Die notwendigen Kosten der Zwangsvollstreckung werden erstattet. Für die Gerichtsgebühren gilt die Nr. 2110 KV-GKG, für die Anwaltsgebühren § 18 Nr. 15 RVG.

61 Für den Streitwert gelten die allgemeinen Regeln. Er ist von Amts wegen festzusetzen. Entscheidend ist das Interesse des Gläubigers an der Durchsetzung des Titels (§ 3 ZPO); auch sind die Umstände des konkreten Einzelfalles einzubeziehen.

9. Rechtsbehelfe

62 Gegen den Beschluss, welcher das Zwangsmittel (bedingt) festsetzt, ist die sofortige Beschwerde gegeben (§ 793 ZPO). Diese soll keine aufschiebende Wirkung haben.[59] Jedoch kann diese durch das Beschwerdegericht angeordnet werden (§ 570 Abs. 3 ZPO). Hierbei spielt eine wesentliche Rolle, ob das Beschwerdegericht die Festsetzung als rechtsfehlerhaft ansieht oder nicht.[60] Eine aufschiebende Wirkung kann auch durch Einstellung der Zwangsvollstreckung im Berufungsverfahren erzielt werden (§§ 719, 707 ZPO). Die sofortige Beschwerde (hier des Gläubigers) kann auch das Ziel haben, das Zwangsmittel zu verschärfen.[61] Im Übrigen gelten die allgemeinen Rechtsbehelfe in der Zwangsvollstreckung. Insbesondere kann – wegen einer angenommenen Erfüllung – auch Vollstreckungsgegenklage erhoben werden (§ 767 ZPO). Dies kann erforderlich sein, wenn die Erfüllung nicht mit den Mitteln von § 775 ZPO nachgewiesen werden kann. In Betracht kommt hier eigentlich nur der Fall, dass die Erfüllung unstreitig ist.[62]

III. Zwangsvollstreckung von Titeln auf Widerruf

Spezialliteratur: *Ernst Helle*, Das Urteil auf Widerruf einer verletzenden Behauptung und seine Vollstreckung, NJW 1963, 129 ff.; *ders.* Muß der Beleidiger den Widerruf seiner ehrenrührigen Behauptung eigenhändig unterzeichnen?, DRiZ 1970, 157 f.; *Hendricks*, Zivilprozessuale Geltendmachung von Widerrufs- und Unterlassungsansprüchen im Medienrecht, St. Augustin 2001 (insbes. S. 161 ff.).

---

[59] Streitig; zweifelnd OLG München OLGR 2002, 483. Gegen die Annahme einer aufschiebenden Wirkung etwa Thomas/Putzo/*Hüßtege*, ZPO, 28. Aufl. § 570 Rn. 1.

[60] OLG München AfP 2003, 165 = NJW-RR 2002, 1271 – *SterniPark.*

[61] OLG München OLGR 2000, 86.

[62] OLG Köln NJW-RR 1989, 188.

1. Abgrenzungen

Inhalt eines Widerrufsanspruchs kann der bloße Widerruf dem Betroffenen gegenüber **63** sein, in der Regel in Schriftform, also mit Unterschrift des Widerrufenden. Der Anspruch kann aber auch auf Veröffentlichung des Widerrufs gehen. Diese Form des Anspruchs ist meist gegeben, wenn die angegriffene Ausgangsäußerung ebenfalls veröffentlicht, wenn sie insbesondere in Massenmedien enthalten war. Entscheidend im Rahmen der Zwangsvollstreckung ist auch hier die Fassung des Vollstreckungstitels.

Inhaltlich kann der Anspruch auf einfachen oder qualifizierten[63] Widerruf gehen oder **64** nur auf Richtigstellung[64] oder auf Nichtaufrechterhaltung.[65] Denkbar ist auch die Verurteilung zur Richtigstellung verbunden mit der Ermächtigung des Klägers, Rubrum und Tenor in einer Zeitung oder Zeitschrift auf Kosten des Beklagten veröffentlichen zu lassen.[66]

Im Gegensatz zum Gegendarstellungsanspruch kann der Widerrufsanspruch grund- **65** sätzlich nur im Hauptsacheverfahren durchgesetzt werden.[67] Es mag Fälle geben, in welchen ein vorläufiger Widerruf im Eilverfahren unabweisbar angeordnet werden kann. Solche Fälle sind aber bisher eher nicht aufgetreten. Hier wird oft eine Gegendarstellung schon ausreichend Schutz gewähren. Deshalb gelten für den Ausspruch über die Vollstreckbarkeit die allgemeinen Regeln für Urteile im gewöhnlichen Hauptsacheverfahren.

2. Grundlagen für die Zwangsvollstreckung

Die Zwangsvollstreckung von Titeln auf Widerruf ist nach § 888 ZPO durchzuführen. **66** Frühere Überlegungen zur Anwendung von § 894 ZPO[68] sind vom BGH[69] nicht übernommen worden. Entsprechendes gilt für den Vorschlag, das Bestehen des Widerrufsanspruchs mit Feststellungsurteil samt Veröffentlichungsbefugnis zu titulieren (§ 256 ZPO).[70] Die Rechtsprechung des BGH ist vom BVerfG nicht beanstandet worden.[71] Nicht vertretbar ist es, den Widerruf als vertretbare Handlung einzuordnen.[72]

Insbesondere: § 888 ZPO setzt einen Antrag des Gläubigers auf Festsetzung des Zwangs- **67** geldes voraus. Die Höhe des Zwangsgeldes kann durch einen entsprechenden Antrag im Erkenntnisverfahren beeinflusst werden. In diesem Antrag sollten zudem die Einzelheiten

---

[63] Qualifiziert ist der Widerruf dann, wenn er nicht nur verneint, sondern zusätzlich die Wahrheit nennt.

[64] Bekannter neuerer Fall: BGH AfP 2004, 124 =NJW 2004, 1034 – *Im Bett mit Caroline?*

[65] Beispielsfall: BGH GRUR 1960, 500 (Anm. *Fischötter* S. 504–505) = LM § 1004 BGB Nr. 49 – *La Chatte/Plagiatsvorwurf.*

[66] So BGH AfP 1984, 28 = GRUR 1984, 231 = LM § 823 (Ah) BGB Nr. 83 = NJW 1984, 1102 – *Oberstadtdirektor.*

[67] Vgl. etwa Löffler/*Ricker*, Handbuch des Presserechts, 5. Aufl., Rn. 44.31; *Soehring*, Presserecht, 3. Aufl., Rn. 31.19 f.; Löffler/*Steffen*, Presserecht, 5. Aufl., § 6 LPG Rn. 102.

[68] Z.B. *Ernst Helle* NJW 1963, 129/131 ff. und im Anschluss hieran OLG Frankfurt a.M. JZ 1974, 62 (mit Anm. *Leipold* S. 63–65) und NJW 1982, 113. Ebenso OLG Hamm NJW-RR 1992, 634 = OLGZ 1992, 64.

[69] BGH in BGHZ 37, 187 = GRUR 1962, 652 (Anm. *Bußmann* S. 653–653) = NJW 1962, 1438 (Anm. *E. Helle* S. 1813–1814; *Lüderitz* S. 2143; *Erdsiek* 1963, 1965) – *Eheversprechen*; BGHZ 68, 331 = AfP 1977, 340 (Anm. *Sedelmeier* AfP 1977, 377 ff.) = GRUR 1977, 674 (Anm. *Hoth*, S. 678 zust.) = NJW 1977, 1288 – *Abgeordnetenbestechung.* Ebenso OLG Zweibrücken JurBüro 1990, 1367 = MDR 1990, 730 = NJW 1991, 304 und OLG Nürnberg OLGR 2001, 329. Eingehende Diskussion hierzu bei *Hendricks* S. 163 ff.

[70] Z.B. *Leipold* ZZP Bd. 84 (1971) S. 150/155 ff.

[71] BVerfG in BVerfGE 28, 1 = NJW 1970, 651 – *Korruptionsvorwurf*, unter B 1 c zur Entscheidung des OLG München. Ausgangsartikel im „SPIEGEL“ Nr. 14 vom 1. 4. 1964; Widerruf durch Augstein im „SPIEGEL“ Nr. 12 vom 16. 3. 1970, S. 25.

[72] Insofern ist der Leitsatz des OLG Köln in MDR 1993, 184 falsch. Das OLG wendet § 888 ZPO an, nicht § 887 ZPO.

der begehrten Veröffentlichung, ähnlich wie beim Gegendarstellungsanspruch, aufgelistet werden. Die allgemeinen Voraussetzungen der Zwangsvollstreckung – Titel, Klausel, Zustellung – müssen gegeben sein.

3. Rechtskraft des Titels

68 Die ZPO verbietet nicht ausdrücklich die Durchsetzung von Titeln auf Widerruf, die nur vorläufig vollstreckbar sind. Allerdings wird vertreten, dass solche Titel nur nach Rechtskraft vollstreckbar sein sollen.[73] Die für diese Auffassung vorgebrachten Argumente überzeugen nicht.[74] Man kann mit den doch sehr allgemeinen Argumenten nicht die klare gesetzliche Regelung in §§ 708 ff. ZPO aushebeln. In der Praxis muss aber die Möglichkeit einkalkuliert werden, dass das zuständige Gericht der Auffassung folgt, dass ein nur vorläufig vollstreckbarer Titel nicht genügt.

4. Verfahren

69 Das zur Durchsetzung des Gegendarstellungsanspruchs über § 888 ZPO Dargestellte gilt entsprechend. Siehe deshalb zunächst oben unter Rn. 48 ff. Der Inhalt des Widerrufsanspruchs ist im Titel festgehalten.

70 Zuständig für die Entscheidung ist das Prozessgericht erster Instanz (so ausdrücklich § 888 Abs. 1 Satz 1 ZPO), also nicht etwa das Vollstreckungsgericht. Funktionell ist der Richter zuständig, nicht der Rechtspfleger. Ob beim Landgericht die Kammer zu entscheiden hat oder ein Einzelrichter, ist eine Frage der Geschäftsverteilung des Landgerichts. Grundlage ist § 348 ZPO, hier insbesondere dessen Abs. 1 Nr. 2 a für medienrechtliche Streitigkeiten.

71 Beispiel eines Antrags:[75]

An das Landgericht München I

. . .

zu AZ 9 O . . .

In der Sache . . . – Gläubiger –
vertreten durch den Unterfertigten
gegen
. . . AG – Schuldnerin

ist der Schuldner durch Beschluss der Kammer vom . . . zur Veröffentlichung eines Widerrufs verurteilt worden. Bis heute ist diese nicht veröffentlicht worden.

Es wird deshalb beantragt, Zwangsmittelbeschluss mit folgendem Inhalt zu erlassen:

I. Der Schuldner wird zur sofortigen Veröffentlichung des durch Beschluss der Kammer vom . . . angeordneten Widerrufs in der dort bestimmten Form in der nächsten, noch nicht zum Druck abgeschlossenen Ausgabe der X-Zeitung durch Zwangsgeld in Höhe von 10 000 Euro angehalten.

II. Für den Fall, dass das Zwangsgeld nicht beigetrieben werden kann, wird eine Zwangshaft von zwei Wochen, zu vollziehen am gesetzlichen Vertreter des Schuldners, festgesetzt.

III. Der Schuldner kann die Vollziehung dieses Beschlusses bis zur Beitreibung oder Verhaftung durch Veröffentlichung des Widerrufs abwenden.

(Unterschrift)
– Anlagen –

---

[73] *Hendricks* S. 172; *Löffler/Steffen*, Presserecht, 5. Aufl., § 6 LPG Rn. 302
[74] Ebenso *Wenzel/Gadamer*, Das Recht der Wort- und Bildberichterstattung, 5. Aufl., Rn. 13.105.
[75] Weiteres Beispiel in Beck'sches Richter-Handbuch, 2. Aufl., Abschnitt B VIII Rn. 86.

5. Materielle Prüfung: Erfüllung

Die Frage der Erfüllung des Widerrufsanspruchs (§ 362 BGB) ist am Titel zu messen. **72** In diesem ist der Wortlaut des Widerrufs festgehalten. Außerdem müssen die Veröffentlichungsmodalitäten genau festgelegt sein. Ist dies nicht geschehen, dann ergibt sich aus allgemeinen Überlegungen (Waffengleichheit), dass dem Widerruf eine vergleichbare Aufmerksamkeit zukommen muss wie der Ausgangsbehauptung. Es wird in einem solchen Fall zweckmäßig sein, die Regelungen zum Gegendarstellungsanspruch ergänzend heranzuziehen.[76]

Zusätze zum Widerruf dürfen diesen nicht aushebeln, also insbesondere nicht entwerten. Ob dies der Fall ist, ist unter Heranziehung aller Umstände des Einzelfalles zu beurteilen. Vom BVerfG ist entschieden, dass dem Widerruf der Zusatz beigefügt werden darf, dass der Schuldner ihn in Erfüllung des gegen ihn ergangenen rechtskräftigen Urteils abgebe. Der Schuldner soll durch den Widerruf nicht gedemütigt werden. Es wird ihm auch nicht angesonnen, seine Überzeugung zu ändern. Er bekundet mit dem Widerruf lediglich seine Achtung vor dem geltenden Recht.[77] **73**

6. Entscheidung des Gerichts

Die erforderliche Entscheidung erster Instanz ergeht durch Beschluss (§ 891 Satz 1 **74** ZPO). Ergänzend gelten deshalb die Regelungen in § 329 ZPO. Vor der Entscheidung ist dem Schuldner zwingend rechtliches Gehör zu gewähren (§ 891 Satz 2 ZPO). Die Kostenentscheidung ist gemäß §§ 91 ff. ZPO zu treffen.

7. Rechtsbehelfe

Auch hierfür gilt das zur Durchsetzung des Gegendarstellungsanspruchs Ausgeführte **75** entsprechend. Dem Schuldner steht gegen die Anordnung des Zwangsmittels, dem Gläubiger gegen die Ablehnung seines Antrags die sofortige Beschwerde zu (§§ 793, 567 ff. ZPO).

IV. Vollstreckung von Titeln auf Auskunftserteilung

Auch hierfür gilt § 888 ZPO.[78] Die zum Gegendarstellungs- und Widerrufsanspruch **76** dargestellten Grundsätze gelten deshalb entsprechen.

Beispiel eines Antrags: **77**

An das
Landgericht München I . . .
zu AZ 9 O . . .

In der Sache . . . – Gläubiger –
vertreten durch den Unterfertigten
gegen
. . . AG – Schuldnerin

ist der Schuldnerin mit Urteil der Kammer vom . . . auferlegt worden, dem Gläubiger detaillierte Auskunft über das Ausmaß der Verbreitung des Artikels in . . . vom . . . zu erteilen. Diesem Urteil ist die Schuldnerin bis zum heutigen Tage nicht nachgekommen.

Es wird deshalb beantragt, die Schuldnerin durch Zwangsgeld, ersatzweise Zwangshaft, zur Erfüllung ihrer Auskunftsverpflichtung bis spätestens . . . anzuhalten. Angemessen ist mindestens ein

---

[76] Ebenso Löffler/*Ricker*, Handbuch des Presserechts, 5. Aufl., Rn. 44.32.

[77] BVerfG in BVerfGE 28, 1 = NJW 1970, 651 – *Korruptionsverdacht*. Ebenso OLG Nürnberg OLGR 2001, 329.

[78] Thomas/Putzo/*Hüßtege*, ZPO, 28. Aufl. § 888 Rn. 2. Vgl. etwa auch Palandt/*Heinrichs*, BGB, 67. Aufl., § 261 Rn. 28; Schricker/*Wild*, Urheberrecht, 3. Aufl., § 112 Rn. 18.

Zwangsgeld von 20 000 Euro. Die Auskunft soll einen Anspruch auf entgangene Lizenzgebühr vorbereiten.

(Unterschrift
– Anlagen –)

78   Spezielle Rechtsprechung zur Vollstreckung eines Auskunftsanspruchs gibt es kaum. Einzige passende Entscheidung: Ein unersetzlicher Nachteil i.S. des § 719 Abs. 2 ZPO ist auch dann, wenn es um die Vollstreckung eines presserechtlichen Auskunftsanspruchs geht, in der Regel nicht gegeben, wenn es der Vollstreckungsschuldner unterlassen hat, in der Vorinstanz einen Antrag auf Abwendung der Zwangsvollstreckung nach § 712 ZPO zu stellen.[79]

79   Der Inhalt des Auskunftsanspruchs ist im Titel konkret festzulegen. Dies gilt insbesondere für deren Umfang, aber auch für deren Form.

C. Zwangsvollstreckung von Titeln wegen Äußerungen im Internet

80   Die Zwangsvollstreckung aus Titeln im Onlinebereich folgt grundsätzlich den allgemeinen Regeln.[80] Es ist also zu unterscheiden nach Vollstreckung im Inland, im EU-Ausland und im übrigen Ausland. Wird in Deutschland aus einem deutschen Titel vollstreckt, dann entscheidet der Inhalt der Titel – insbesondere Zahlungs-, Handlungs- oder Unterlassungstitel. Ansprüche auf Unterlassung werden gemäß § 890 ZPO mittels Ordnungsmitteln durchgesetzt. Ansprüche auf Veröffentlichung einer Gegendarstellung folgen den Regeln in § 888 ZPO, als unvertretbare Handlungen. Verantwortlichkeitsbefreiungen aus dem TMG bestehen hierfür nicht.

I. Anerkennung ausländischer Titel

81   Ausländische Titel können im Inland nur nach Durchführung eines besonderen Anerkennungsverfahrens vollstreckt werden (vgl. §§ 722 f ZPO). Eine Ausnahme besteht für bestimmte Titel aus dem EU-Ausland (Regelung in der EuGVVO). Besonderheiten für den Bereich des Persönlichkeitsschutzes im Internet bestehen insoweit nicht.[81]

II. Titelauslegung

82   Für die Auslegung etwa von Unterlassungstiteln im Onlinebereich gelten die allgemeinen Regeln.[82] Der Antrag des Kl. zur Verurteilung des Bekl., es „bei Zahlung einer Vertragsstrafe von EUR 2000,- für jeden Fall der Zuwiderhandlung zu unterlassen", E-Mails an seine Adresse zu senden oder senden zu lassen, ist am ehesten als Antrag zur Verurteilung zum Unterlassen unter gleichzeitiger Androhung eines Ordnungsgelds i.H.v. EUR 2000,- für jeden Fall der Zuwiderhandlung gem. § 890 ZPO auszulegen, wenn eine „Vertragsstrafe" zwischen den Parteien nicht vereinbart ist und es dem Kläger darum geht, das Unterbleiben von E-Mail-Werbung und die Durchsetzung seines Unterlassungsanspruchs zu erreichen.[83]

---

[79] BVerwG NVwZ 1998, 1177.

[80] Zur Behandlung einer Internetäußerung wie eine Presseäußerung: *BVerfGK,* EuGRZ 1997, 446 – *Viel Glück.*

[81] Vgl. dazu im Einzelnen Thomas/Putzo/*Hüßtege,* ZPO 26. Aufl., Anhang nach § 723.

[82] Dazu z. B. in Thomas/Putzo/*Hüßtege,* ZPO 26. Aufl., Rn. 22 vor § 704.

[83] So LG Leipzig, CR 2004, 943 = MMR 2004, 263 = ZUM-RD 2004, 367 – *erosxxx.de*

III. Unterlassungspflichten

Die öffentlich-rechtliche Körperschaft Studentenschaft einer Hochschule verletzt das **83**
gerichtlich ausgesprochene Verbot, allgemeinpolitische, nicht spezifisch und unmittelbar
hochschulbezogene Äußerungen abzugeben sowie derartige Tätigkeiten Dritter zu unterstützen, wenn sie auf ihrer Internetseite einen Link zum Internetauftritt eines Dritten
setzt, deren Inhalte sich als für die Vollstreckungsschuldnerin verbotene Inhalte darstellen.[84]

IV. Handlungspflichten

Der Vollstreckungsschuldner hat grundsätzlich alles ihm Mögliche und Zumutbare zu **84**
unternehmen, um einen Titelverstoß zu vermeiden. Ist er zur Unterlassung verurteilt,
dann können ihn auch Handlungspflichten treffen. Nach Verurteilung zur Beseitigung
einer Rechtsbeeinträchtigung gilt dies ohnehin.[85]

1. Löschung bei der DENIC

Wer zur Unterlassung einer Domainnutzung verurteilt ist, der muss auch die Regis- **85**
trierung bei der zuständigen Registrierungsstelle (DENIC) löschen lassen. Auch das Aufrechterhalten der Registrierung ist als Verstoß gegen den Unterlassungstitel im Sinn von
§ 890 ZPO aufzufassen.[86]

2. Einschaltung von informierten Spezialisten

Wer verurteilt worden ist, bestimmte (urheberrechtswidrige) Inhalte aus seinem Inter- **86**
netangebot zu entfernen, ist gehalten, wenn er die Dateien nicht selbst löscht, einem zuverlässigen Techniker den Urteilstenor vorzulegen. Der Techniker ist über dessen Bedeutung, insbesondere die Ordnungsmittelandrohung aufzuklären. Ihm ist ferner zu erklären, dass jede einzelne Seite sofort und in Gänze aus dem Internet verschwinden muss,
und er ist bei Androhung von Regress und Vertragsstrafe dazu anzuhalten, dass er dies
auch bewirkt. Er ist weiterhin gehalten, sich danach sofort höchstpersönlich durch unmittelbare Eingabe sämtlicher Adressen davon zu überzeugen, dass die Seiten tatsächlich
aus dem Internet verschwunden sind.[87]

3. Reichweite der Handlungspflichten

Die bloße einmalige Anweisung an den Systemadministrator, eine Äußerung zu lö- **87**
schen, genügt zum Ausschluss der Verantwortung aus § 890 ZPO ebenfalls nicht; damit
hat der Schuldner nicht die ihm möglichen und zumutbaren Anstrengungen unternommen, seiner Verpflichtung nachzukommen. Der Schuldner hat sich zu vergewissern, ob
seiner Anweisung Folge geleistet wurde.[88] Zur Erfüllung eines solchen Gebots reicht es
nicht aus, den Link von der Hauptseite auf die Unterseite zu entfernen, auf welcher sich
die verbotene Äußerung befindet. Vielmehr muss auch die Äußerung selbst entfernt werden.[89] Über Suchmaschinen (etwa Google) sind auch Unterseiten auffindbar; außerdem
können Nutzer schon Bookmarks gesetzt haben.

---

[84] VG Berlin, MMR 2005, 63 – *FAU-IAA*.
[85] Hierzu z. B. Thomas/Putzo/*Hüßtege*, ZPO 26. Aufl., § 888 Rn. 7 für den Fall unvertretbarer
Handlungen.
[86] LG Berlin, MMR 2001, 323 – *Domain-Pfändung*.
[87] LG Berlin, MMR 2002, 399.
[88] OLG München, AfP 2003, 76 = MMR 2003, 179 = OLGR München 2003, 412 – *Online-
Archiv*.
[89] LG Berlin, MMR 2002, 399; LG Hamburg, MMR 2004, 195 – *weinlust*.

4. Einwirkung auf Dritte

88   Der Durchsetzung eines durch Unterlassungsverfügung ausgesprochenen Verbots, Behauptungen aufzustellen, steht nicht entgegen, dass die Behauptungen vom Verfügungsbeklagten auf einer Internetseite aufgestellt sind, deren Domain einem anderen zusteht. In einem solchen Fall ist der Behauptende verpflichtet, alles zu tun, um den Domaininhaber zur Löschung der Behauptungen zu veranlassen. Dazu genügt nicht ein einziges Schreiben, dessen Vollzug der Verfügungsbeklagte nicht überprüft.[90] Nach Auffassung des *OLG Köln* soll ein schuldhaftes Zuwiderhandeln gegen einen Unterlassungstitel (Domainnamenverwendung) nicht vorliegen, wenn später noch über Suchmaschinen auf den Domainnamen verwiesen wird.[91] Hier, meine ich, sollte man wenigstens ein Schreiben des Vollstreckungsschuldners an die führenden Suchmaschinenbetreiber verlangen. Dass – worauf das OLG hinweist – Suchmaschinenbetreiber nicht bereit seien, sofort zu aktualisieren, steht dem nicht entgegen (und scheint mir auch zweifelhaft zu sein).

5. Überwachungspflichten

89   Wird ein Diensteanbieter zur Unterlassung einer fremden Internetäußerung verurteilt, so stellt sich das Problem, dass er dann die (fremden) Angebote überwachen muss, um seinen Pflichten im Rahmen von § 890 ZPO nachzukommen. *Spindler*[92] plädiert hierzu für eine enge Fassung des Tenors, etwa indem der Inhalt und seine Adresse auf dem Rechner genau benannt werden. Er will die Zumutbarkeitsgrenze der Verantwortlichkeitsregeln für Provider auch in diesem Bereich anwenden. Diese Auffassung ist zwar mit § 890 ZPO und seinen eher strengen Anforderungen schwer in Einklang zu bringen; sie deckt sich aber mit den gesetzgeberischen Zielen im Bereich insbesondere des TDG, das seinerseits auf der E-COMMERCE-RL beruht. Dem Appell von *Volkmann* zu weitergehenden Freistellungen der Provider[93] ist nicht zu folgen. Den Interessen wird durch die angesprochene enge Fassung von Unterlassungsverpflichtungen in Unterlassungsverpflichtungserklärungen und Unterlassungsgeboten ausreichend Rechnung getragen. Die völlige Ausschaltung von § 890 ZPO überbetont die Interessen der Provider und stellt den Persönlichkeitsschutz zu weit zurück. *Volkmann* weist zu Recht darauf hin, dass jedenfalls die E-COMMERCE-RL der Anwendbarkeit von § 890 ZPO nicht entgegensteht.

90   Wird zur Unterlassung der Werbung für eine das Persönlichkeitsrecht verletzende Buchveröffentlichung verurteilt, so erstreckt sich diese Verpflichtung auch darauf, eine Werbung im Internet zu entfernen. Geschieht dies nicht, so liegt ein Verstoß gegen den Unterlassungstitel vor, der zur Verhängung von Ordnungsmitteln führt.[94]

6. Fortsetzungszusammenhang bei Internetäußerungen

91   Nach Auffassung des OLG Hamm liegt Fortsetzungszusammenhang vor, wenn ein Schuldner einer Verpflichtung, bestimmte Äußerungen über die Gläubigerin zu unterlassen, nicht nachkommt, indem er eine sog. Homepage im Internet nicht mindestens anonymisiert. Dieser Zusammenhang werde erst durch die Zustellung eines Ordnungsmittelbeschlusses unterbrochen.[95] Im Bereich des Zivilprozesses hat man an der Figur des Fortsetzungszusammenhangs festgehalten, obwohl der *BGH* sie für den Bereich des

---

[90]   OLG München, B. v. 2. 5. 2002, Aktenzeichen 21 W 1323/02 – *forum.foren.net.de* (nicht veröffentlicht).

[91]   OLG Köln, K&R 2002, 257 = MMR 2001, 695 = ZUM-RD 2002, 6 – *fi-von-g.de.*

[92]   *Spindler*, Das Gesetz zum elektronischen Geschäftsverkehr – Verantwortlichkeit der Diensteanbieter und Herkunftslandprinzip, NJW 2002, 921/925.

[93]   *Volkmann*, Die Unterlassungsvollstreckung gegen Störer aus dem Online-Bereich, CR 2003, 440 ff. mit eingehender, lesenswerter Argumentation.

[94]   OLG München, B. v. 18. 7. 2003, Aktenzeichen 21 W 1487/03 – *Esra* (nicht veröffentlicht); Ordnungsgeld 2000 Euro.

[95]   OLG Hamm, MMR 2001, 559 (LS) = OLGR Hamm 2001, 92. Homepage-Anonymisierung. Ebenso etwa Thomas/Putzo/*Hüßtege*, ZPO 26. Aufl., § 890 Rn. 27.

Strafrechts aufgegeben hat. Nur mit Hilfe dieser Rechtsfigur glaubt man, im Rahmen etwa von § 890 ZPO angemessene Entscheidungen treffen zu können.

7. Vollstreckung deutscher Titel im Ausland

Probleme können sich bei der internationalen Durchsetzung von Titeln ergeben. So 92 scheint etwa die Durchsetzung eines französischen Titels auf Sperrung des Zugriffs auf Neonazi-Webseiten gegen Yahoo in den USA nicht möglich zu sein.[96] Entsprechendes wird für Titel auf Veröffentlichung einer Gegendarstellung gelten. Im Bereich der EU gilt die EuGVVO; im Übrigen ist Vollstreckung im Ausland nur möglich, wenn dies durch Staatsverträge eröffnet wird.

---

[96] So *US District Court for the Northern District of California*, MMR 2002, 26 – *Yahoo v. LICRA*.

9. Teil. Grenzüberschreitende Persönlichkeitsrechtsverletzungen, Europäisches Recht, Völkerrecht

21. Kapitel. Grenzüberschreitende Persönlichkeitsrechtsverletzungen

§ 58. Anwendbares materielles Recht

Inhaltsübersicht

Schrifttum: *Ahrens*, Vermögensrechtliche Elemente postmortaler Persönlichkeitsrechte im Internationalen Privatrecht, in: FS Erdmann, 2002, 3; *v. Bar*, Internationales Privatrecht, Bd. II, 1991; *ders.*, Persönlichkeitsrechtsschutz im gegenwärtigen und zukünftigen deutschen internationalen Privatrecht, in: FS Waseda Universität, 1988, 575; *Busse*, Die geplante Kodifikation des Internationalen Bereicherungsrechts in Deutschland, RIW 1999, 16; *V. Fricke*, Der Unterlassungsanspruch gegen Presseunternehmen zum Schutze des Persönlichkeitsrechts im Internationalen Privatrecht, 2003; *Friedrich*, Internationaler Persönlichkeitsrechtsschutz bei unerlaubter Vermarktung, 2003; *Gleichauf*, Das postmortale Persönlichkeitsrecht im internationalen Privatrecht unter besonderer Berücksichtigung des französischen Rechts, 1999; *Heiderhoff*, Eine europäische Kollisionsregel für Pressedelikte, EuZW 2007, 428; *Heldrich*, Persönlichkeitsrechtsverletzungen im Internationalen Privatrecht, in: FS Zajtay, 1982, 215; *v. Hinden*, Persönlichkeitsverletzungen im Internet. Das anwendbare Recht, 1999; *v. Hoffmann/Thorn*, Internationales Privatrecht, 9. Aufl. 2007; *Hohloch*, Neue Medien und Individualrechtsschutz. Kollisionsrechtliche Aspekte grenzüberschreitender Rundfunksendungen, ZUM 1986, 165; *Kegel/Schurig*, Internationales Privatrecht, 9. Aufl. 2004; *Kropholler*, Internationales Privatrecht, 6. Aufl. 2006; *Kropholler/v. Hein*, Der postmortale Persönlichkeitsschutz im geltenden und künftigen Internationalen Privatrecht, in: FS Heldrich, 2005, 793; *M. Löffler*, Das internationale Gegendarstellungsrecht, NJW 1972, 2161; *Looschelders*, Persönlichkeitsschutz in Fällen mit Auslandsberührung, ZVglRWiss 95 (1996) 48; *Pfister*, Kollisionsrechtliche Probleme bei der Vermarktung von Persönlichkeitsrecht, in: FS für Georgiades, 2006, 869; *Romatka*, Gegendarstellung in Presse und Rundfunk unter Berücksichtigung der Vorstellungen der EG-Kommission, ZUM 1985, 400; *Sonnenberger*, Der Persönlichkeitsrechtsschutz nach den Art. 40–42 EGBGB, in: FS Henrich, 2000, 575; *Stoll*, Handlungsort und Erfolgsort im internationalen Deliktsrecht, in: GS Lüderitz, 2000, 733; *Thümmel/Schütze*, Zum Gegendarstellungsanspruch bei ausländischen Presseveröffentlichungen, JZ 1977, 786; *G. Wagner*, Internationales Deliktsrecht, die Arbeiten an der Rom II-Verordnung und der Europäische Deliktsgerichtsstand, IPRax 2006, 372; *R. Wagner*, Das deutsche internationale Privatrecht bei Persönlichkeitsrechtsverletzungen. Unter besonderer Berücksichtigung der Eingriffe durch die Massenmedien, 1986; *ders.*, Zur Anknüpfung der Frage nach dem Bestehen von Persönlichkeitsrechten im außervertraglichen Schuldrecht, JZ 1993, 1034.

A. Übersicht

I. Rechtsgrundlagen

1   Im deutschen Internationalen Privatrecht findet sich weder auf staatsvertraglicher Ebene noch im autonomen Recht eine spezielle Kollisionsnorm für Persönlichkeitsrechtsverletzungen.

2   Internationale Bemühungen durch die Haager Konferenz für Internationales Privatrecht den Bereich des Persönlichkeitsrechtsschutzes zu vereinheitlichen, blieben bislang ohne Erfolg.[1] Auf europäischer Ebene wurde zwar nunmehr nach jahrelangen Verhandlungen am 11. Juli 2007 die Verordnung über das auf außervertragliche Schuldverhältnisse anzuwendende Recht, die sog. **Rom-II-Verordnung**, verabschiedet, die zum 11. Januar 2009 in Kraft treten soll.[2] Allerdings verzichtet die Rom-II-Verordnung auf eine Kollisionsnorm für Persönlichkeitsrechtsverletzungen: Nach Art. 1 Abs. 2 lit. g sind außervertragliche Schuldverhältnisse aus der Verletzung der Privatsphäre oder der Persönlichkeitsrechte, einschließlich der Verleumdung, aus dem Anwendungsbereich der Verordnung vollständig herausgenommen. Grund ist, dass über die kontroverse Frage des Ausgleichs der widerstreitenden Interessen der Verletzten auf der einen Seite und der Presse auf der anderen Seite keine Einigung zwischen den Mitgliedstaaten erzielt werden konnte. Diese Begrenzung des sachlichen Anwendungsbereichs der Verordnung hat zur Konsequenz,

---

[1] Näher dazu *Chenaux*, Droit de la personnalité, S. 15 f.; allgemein zur Haager Konferenz für Internationales Privatrecht *Kropholler*, IPR, § 9 I.

[2] VO (EG) 2007/847 des Europäischen Parlaments und des Rates vom 11. Juli 2007 über das auf außervertragliche Schuldverhältnisse anzuwendende Recht („Rom II"), ABl. EU 2007, Nr. L 199/40.

dass die nationalen Kollisionsnormen des außervertraglichen Schuldrechts *nur* für den Bereich der Persönlichkeitsrechtsverletzungen fortbestehen; denn selbst im Verhältnis zu Drittstaaten ist ausweislich des Art. 3 der Rom-II-Verordnung diese anzuwenden.[3] Maßgeblich für die Ermittlung des auf Persönlichkeitsrechtsverletzungen anwendbaren Rechts ist damit weiterhin das autonome Recht. Allerdings soll gem. Art. 30 Abs. 2 der Rom-II-Verordnung bis Ende 2008 eine Studie zum Bereich der Persönlichkeitsrechtsverletzungen durchgeführt werden, auf deren Grundlage sodann über die Aufnahme einer speziellen Kollisionsnorm für diesen Bereich entschieden werden soll.

Auch der deutsche Gesetzgeber verzichtete bei der Kodifikation des Internationalen 3 Privatrechts für außervertragliche Schuldverhältnisse im Jahr 1999 auf eine eigenständige Rechtsanwendungsregel für Persönlichkeitsrechtsverletzungen.[4] Er verwies den Rechtsanwender zur Ermittlung des in diesen Fällen anwendbaren Rechts auf die allgemeinen Kollisionsnormen.

II. Die Qualifikation

Erster Schritt bei der Ermittlung des anwendbaren Rechts ist auch bei Persönlichkeits- 4 rechtsverletzungen die Qualifikation, also die **Subsumtion unter eine Kollisionsnorm**.[5] Der Anwendungsbereich einer Kollisionsnorm wird durch den von ihr geregelten Anknüpfungsgegenstand festgelegt. Um feststellen zu können, ob der Anwendungsbereich einer Kollisionsnorm eröffnet ist, bedarf es ihrer Auslegung, also der Bestimmung des Anknüpfungsgegenstands. Dies muss aus Sicht der deutschen Rechtsordnung erfolgen, denn sie hat die Kollisionsnorm aufgestellt. Für die Qualifikation maßgeblich ist daher grundsätzlich die *lex fori*. Allerdings kann die *lex fori* lediglich den Ausgangspunkt bilden, denn die deutschen Kollisionsnormen müssen auch Rechtserscheinungen erfassen, die das deutsche Sachrecht nicht kennt. Entscheidend ist daher, welche Lebenssachverhalte der in der Kollisionsnorm geregelte Anknüpfungsgegenstand seiner Funktion oder seinem Zweck nach erfasst. Man spricht daher auch von **funktioneller oder teleologischer Qualifikation**. Sie ermöglicht, identische Lebenssachverhalte, die von den verschiedenen nationalen Rechtsordnungen sachrechtlich unterschiedlich eingeordnet werden, jedenfalls kollisionsrechtlich einheitlich zu behandeln.

Ausgehend von der rechtlichen Einordnung des in den Blick genommenen Lebenssachverhalts durch die *lex fori* ist also nach jener Kollisionsnorm zu suchen, deren Anknüpfungsgegenstand funktionell mit den sachrechtlichen Normen übereinstimmt, die den fraglichen Lebenssachverhalt regeln.[6] Überträgt man dies auf die Verletzung des Persönlichkeitsrechts, so ist also eine Kollisionsnorm zu ermitteln, deren Funktion der des deutschen Sachrechts entspricht, das den Persönlichkeitsrechtsschutz regelt.

III. Die Anknüpfung

Zweiter Schritt zur Ermittlung des anwendbaren Rechts ist die Anknüpfung. Der deut- 5 sche Gesetzgeber hat mit den Art. 38 ff. EGBGB ein ausdifferenziertes Anknüpfungssystem für Ansprüche aus außervertraglichen Schuldverhältnissen geschaffen. Gleichzeitig hat er aber Rechtsprechung und Literatur einen erheblichen Spielraum zur Konkretisierung seines Anknüpfungssystems eingeräumt (vgl. die allgemeine Ausweichklausel in Art. 41 Abs. 1 EGBGB). Rechtsprechung und Literatur haben von diesem Spielraum Ge-

---

[3] Vgl. dazu und zur Historie der Rom-II-Verordnung nur *G. Wagner* IPRax 2006, 372 ff.

[4] Vgl. BT-Drucks. 14/343, S. 10.

[5] Vgl. nur MünchKomm/*Sonnenberger*, Einl. IPR Rn. 493 ff.

[6] Vgl. Palandt/*Heldrich*, Einl. vor Art. 3 EGBGB Rn. 27; Erman/*Hohloch*, Einl. Art. 3 EGBGB Rn. 38 f.; MünchKomm/*Sonnenberger*, Einl. IPR Rn. 493 ff.; *v. Hoffmann/Thorn*, IPR, § 6 Rn. 27 ff.; *Kropholler*, IPR, § 17.

brauch gemacht und das System weiter konkretisiert. Auch die vor der Kodifikation der Art. 38 ff. EGBGB ergangene Rechtsprechung behält jedoch weiterhin ihre Gültigkeit, denn der Gesetzgeber hat überwiegend nur die Rechtsprechungsregeln kodifiziert. Das gilt auch für die Stellungnahmen der Literatur aus der Zeit vor dem Tätigwerden des Gesetzgebers.

Im Folgenden wird der Weg zur Ermittlung des anwendbaren Rechts, jeweils ausgehend vom Anspruchsziel, aufgezeigt. Dabei wird das Anknüpfungssystem für deliktisch qualifizierte Ansprüche zentral beim Anspruch auf Geldentschädigung erläutert. Denn die kollisionsrechtliche Behandlung von Persönlichkeitsrechtsverletzungen setzt sich bis heute schwerpunktmäßig mit der Qualifikation und Anknüpfung von Ansprüchen auf Geldentschädigung auseinander und ist als Folge besonders tiefgehend. Die übrigen Anspruchsziele werden hier – wie in der Literatur – in Abgrenzung zum Anspruch auf Geldentschädigung behandelt.

B. Der Anspruch auf Geldentschädigung

6   Der Anspruch auf Geldentschädigung nimmt in der kollisionsrechtlichen Literatur die zentrale Stellung ein. Die Ausführungen hierzu präjudizieren aufgrund des kollisionsrechtlichen Gebots der einheitlichen Behandlung systematisch zusammenhängender Rechtsfragen weitgehend die kollisionsrechtliche Behandlung der übrigen Ansprüche, die aus einer Persönlichkeitsrechtsverletzung resultieren können.

I. Die Qualifikation

7   Die **hM** unterstellt den Anspruch auf Geldentschädigung aus einer Persönlichkeitsrechtsverletzung insgesamt dem **Deliktsstatut**.[7] Lediglich bei der **Verletzung des Namensrechts** wird die Frage, ob dem Verletzten der Name zusteht, nach Art. 10 Abs. 1 EGBGB als Vorfrage gesondert angeknüpft[8], während die Frage des Namensschutzes nach hM ebenfalls dem Deliktsstatut unterliegt.[9] Ein nicht unerheblicher Teil der Literatur will dagegen zumindest die Frage nach dem Bestand des Persönlichkeitsrechts dem Personalstatut unterstellen, über die Frage des Schutzes aber das Deliktsstatut entscheiden lassen.[10] Nur noch wenige Stimmen in der Literatur plädieren dafür, den Persönlichkeitsrechtsschutz insgesamt dem Personalstatut zu unterstellen.[11] Vereinzelt wird in der Literatur schließlich aus Praktikabilitätsgründen für eine Anwendung der *lex fori* im Internationalen Persönlichkeitsrechtsschutz eingetreten, womit Qualifikation und Anknüpfung entbehrlich werden.[12] Die Bestimmung des anwendbaren Rechts in Abhängigkeit von der Zuständigkeitsordnung ist indes abzulehnen, da sich die Interessen, die für die Be-

---

[7] Vgl. BGHZ 131, 332, 335 = NJW 1996, 1128 – *Caroline von Monaco IV*; Palandt/*Heldrich*, Art. 40 EGBGB Rn. 14; Staudinger/*v. Hoffmann*, Art. 40 EGBGB Rn. 53; Erman/*Hohloch*, Art. 40 EGBGB Rn. 53; *v. Bar*, IPR, Bd. II, Rn. 662, 664; *Kropholler*, IPR, § 53 V 4; *Looschelders* ZVglRWiss 95 (1996) 48, 65 ff.; *R. Wagner* JZ 1993, 1034, 1040 f.; siehe auch BT-Drucks. 14/343, S. 10.

[8] Vgl. BT-Drucks. 14/343, S. 10; Palandt/*Heldrich*, Art. 40 EGBGB Rn. 14; Staudinger/*v. Hoffmann*, Art. 40 EGBGB Rn. 55; *Looschelders*, Internationales Privatrecht – Art. 3–46 EGBGB, Praxiskommentar, 2004, Art. 10 EGBGB Rn. 36; *Kropholler*, IPR, § 53 V 4.

[9] Vgl. BVerfG DtZ 1991, 27; Palandt/*Heldrich*, Art. 10 EGBGB Rn. 11; *Looschelders*, (Fn. 8), Art. 10 EGBGB Rn. 35; *Kropholler*, IPR, § 53 V 4; *Henrich* in: FS Großfeld, S. 355, 357 f.

[10] Aus jüngerer Zeit: BaRo/*Spickhoff*, Art. 40 EGBGB Rn. 47; vor der Reform von 1999 *Ferid*, IPR, Rn. 7–116; *Gleichauf*, Postmortales Persönlichkeitsrecht, S. 332 ff.; *Riegl*, Streudelikte, S. 100; MünchKomm/*Kreuzer*, Art. 38 EGBGB Rn. 207 (Namensrecht), Rn. 209 (Recht am eigenen Bild), Rn. 210 b (Ehre).

[11] Vgl. *Danckwerts*, Persönlichkeitsrechtsverletzungen, S. 182 ff.

[12] Vgl. *G. Wagner* RabelsZ 62 (1998), 243, 284 sowie jüngst *Heiderhoff* EuZW 2007, 428, 432.

gründung einer Zuständigkeit sprechen, deutlichst von denen unterscheiden, die für die Anwendung eines bestimmten Rechts sprechen.[13]

Für die deliktische Qualifikation durch die hM spricht die **Neutralität der Tatort-** 8 **anknüpfung** der Deliktskollisionsnorm in Art. 40 Abs. 1 EGBGB. Dagegen kann die personale Qualifikation und Anknüpfung an die Staatsangehörigkeit zu einer vor dem Gleichheitsgrundsatz des Art. 3 Abs. 1 GG verfassungsrechtlich bedenklichen Ungleichbehandlung von Deutschen und ausländischen Staatsangehörigen führen.[14] Darüber hinaus vermeidet die neutrale Tatortanknüpfung im Gegensatz zur personalen Qualifikation und Anknüpfung eine einseitige Bevorzugung des Persönlichkeitsrechtsträgers. Sie ist vielmehr neutral gegenüber den divergierenden Rechtsanwendungsinteressen der Beteiligten.[15]

II. Die Anknüpfung

Grundanknüpfungsmoment des deliktischen Anküpfungssystems ist der Tatort gem. 9 Art. 40 Abs. 1 EGBGB. Auf die Tatortregel darf freilich dann nicht zurückgegriffen werden, wenn eine der vorrangigen Ausnahmen von der Tatortregel (Art. 40 Abs. 2, 41, 42 EGBGB) zur Anwendung kommt.[16] In der Praxis wird allerdings regelmäßig mangels Einschlägigkeit der Ausnahmetatbestände der Tatort als Anknüpfungsmoment zur Anwendung kommen.[17]

1. Die Tatortanknüpfung gem. Art. 40 Abs. 1 EGBGB

Die *lex loci delicti commissi* des Art. 40 Abs. 1 EGBGB knüpft an den Handlungs- und 10 den Erfolgsort an: Liegen Handlungs- und Erfolgsort im selben Staat (Platzdelikt), ist das Recht dieses Staates anzuwenden; liegen sie in verschiedenen Staaten (Distanzdelikt), ist vorrangig an den Handlungsort anzuknüpfen. Der Erfolgsort ist dagegen nur maßgeblich, wenn der Verletzte die Anwendung des Rechts am Erfolgsort verlangt.

a) Die Bestimmung des Handlungsorts. Ausgangspunkt der Anknüpfung ist gem. 11 Art. 40 Abs. 1 Satz 1 EGBGB das Recht des Orts, an dem der Verletzer gehandelt hat. Der Gesetzgeber hat von einer Legaldefinition des Handlungsorts abgesehen. Allgemein wird als Handlungsort der Ort bezeichnet, an dem die unerlaubte Handlung ausgeführt wurde.[18] Gerade bei Persönlichkeitsrechtsverletzungen durch die Medien erweist sich aber die Bestimmung des Handlungsorts nach dieser Definition als problematisch. Denn es gibt in diesen Fällen nicht *die* unerlaubte Handlung, von der die Handlungsortdefinition ausgeht; der Tatbestand der unerlaubten Handlung setzt sich bei diesen Persönlichkeitsrechtsverletzungen vielmehr aus einer Vielzahl von Teilabschnitten zusammen: So besteht zum Beispiel ein Pressedelikt aus der Recherche, dem Schreiben des Artikels, der Aufnahme von Photos, der Billigung des Artikels durch den Verleger, dem Druck der Zeitschrift sowie dem Vertrieb.

Bei der Bestimmung der relevanten Elemente besteht Einigkeit dahingehend, dass bloße 12 **Vorbereitungshandlungen** als **kollisionsrechtlich unbeachtlich** auszuscheiden sind.[19]

---

[13] Vgl. *Heldrich*, Internationale Zuständigkeit, S. 63; *Coester-Waltjen* in: FS Schütze, S. 175.

[14] Vgl. Staudinger/*v. Hoffmann,* Art. 40 EGBGB Rn. 54; *Heldrich* in: FS Zajtay, S. 215, 227; *Looschelders* ZVglRWiss 95 (1996), 48, 66.

[15] Vgl. Staudinger/*v. Hoffmann,* Art. 40 EGBGB Rn. 2; *Kegel/Schurig*, IPR, § 2 II 2; *Looschelders* ZVglRWiss 95 (1996), 48, 68.

[16] Vgl. dazu unten § 42 Rn. 22 ff.

[17] Zur Vereinbarkeit des Anknüpfungssystems für Persönlichkeitsrechtsverletzungen mit den Grundfreiheiten vgl. *v. Hinden*, Internet, S. 212 ff.; *Fricke*, Unterlassungsanspruch, S. 329 ff., *Friedrich*, Unerlaubte Vermarktung, S. 190 ff.; *Schaub* RabelsZ 66 (2000), 18, 43 ff.

[18] Vgl. nur *Kegel/Schurig*, IPR, § 18 IV 1 a bb.

[19] Vgl. BGHZ 126, 252, 258 = NJW 1994, 2888, 2890; Palandt/*Heldrich*, Art. 40 EGBGB Rn. 3; Staudinger/*v. Hoffmann*, Art. 40 EGBGB Rn. 18; *v. Bar*, IPR, Bd. II, Rn. 661; *Kegel/Schurig*, IPR, § 18 IV 1 a bb; *Kropholler*, IPR, § 53 IV 1 a.

Allerdings erfolgt die Abgrenzung der Vorbereitungshandlungen von kollisionsrechtlich beachtlichen Ausführungshandlungen nicht einheitlich. Die **Rechtsprechung** und ein Teil der Literatur stufen als Handlungsort den **Erscheinungsort** des Pressemediums ein, bei Hörfunk- und Fernsehsendungen den **Ausstrahlungsort** der Sendung.[20] Die wohl überwiegende Literaturansicht betrachtet den Ort des Sitzes eines Medienunternehmens als Handlungsort und führt regelmäßig zum selben Ergebnis.[21] Die Anknüpfung an den Sitz dieser Unternehmen wird dogmatisch mit einer Schwerpunktbetrachtung begründet.[22] Sie ist Ausfluss des Prinzips der engsten Verbindung, jenem Leitgedanken des Internationalen Deliktsrechts, der in Art. 41 Abs. 1 EGBGB gesetzlich verankert wurde. Berücksichtigt man nämlich die Funktion der Handlungsortanknüpfung, verhaltenssteuernd auf den Verletzer einzuwirken, so wird am Sitz des Medienunternehmens letztverantwortlich über die Veröffentlichung des persönlichkeitsrechtsverletzenden Inhalts entschieden; man spricht insoweit auch vom Ort der „Verhaltenszentrale".[23]

13   Abweichend von diesen – regelmäßig zum selben Ergebnis führenden Ansichten – wollen vereinzelte Stimmen der Literatur an *jeden* Ort anknüpfen, an dem Mitarbeiter des Medienunternehmens tätig werden.[24] Gewissermaßen entgegengesetzt dazu wird vereinzelt erst der Ort der Verbreitung des Presseerzeugnisses als kollisionsrechtlich relevanter Handlungsort angesehen.[25]

14   **b) Die Bestimmung des Erfolgsorts.** Gem. Art. 40 Abs. 1 Satz 2 EGBGB kann der Verletzte verlangen, dass nicht das Handlungsortrecht, sondern das Recht des Erfolgsorts angewendet wird. Erfolgsort ist nach allgemeiner Meinung der **Ort der Rechtsgutsverletzung.**[26] Davon zu unterscheiden ist der **Ort des Schadenseintritts,** der nach hM als Anknüpfungspunkt nicht in Betracht kommt. Grund hierfür ist, dass der Ort des Eintritts der Schadensfolgen außerhalb jeglicher Einflussnahmemöglichkeit des potentiellen Verletzers liegt, so dass dessen legitimes Interesse an der Vorhersehbarkeit des anwendbaren Rechts vollkommen unberücksichtigt bliebe.[27]

15   **aa) Die Lokalisierung des Erfolgsorts.** Anders als bei der Beschädigung einer Sache oder der Verletzung der körperlichen Integrität einer Person bereitet die Ermittlung des Erfolgsorts bei Persönlichkeitsrechtsverletzungen mangels eines physischen Substrats Schwierigkeiten.

Aufgrund der fehlenden Verkörperung halten es einzelne Vertreter der Literatur für ausgeschlossen, Persönlichkeitsrechtsverletzungen räumlich zu fixieren; bei einer Persönlichkeitsrechtsverletzung handelt es sich nach dieser Ansicht um ein „erfolgsortloses Delikt", so dass als einziges Anknüpfungsmoment der Handlungsort verbleibe.[28] Zwar lassen

---

[20] Vgl. BGHZ 131, 332, 335 = NJW 1996, 1128 – *Caroline von Monaco IV*; OLG München NJW 2004, 224, 226; Erman/*Hohloch*, Art. 40 EGBGB Rn. 53; *Stoll* in: GS Lüderitz, S. 733, 744, 749.

[21] Vgl. Staudinger/*v. Hoffmann*, Art. 40 EGBGB Rn. 58; MünchKomm/*Junker*, Art. 40 EGBGB Rn. 162; BaRo/*Spickhoff*, Art. 40 EGBGB Rn. 48; *Kropholler*, IPR, § 53 V 4; *Ehmann/Thorn* AfP 1996, 20, 23.

[22] So Staudinger/*v. Hoffmann*, Art. 40 EGBGB Rn. 20; MünchKomm/*Junker*, Art. 40 EGBGB Rn. 162; *v. Hinden*, Internet, S. 60 f.; *Ehmann/Thorn* AfP 1996, 20, 23; allgemein bei einer Mehrzahl von Handlungsorten für ein Wahlrecht des Verletzten Palandt/*Heldrich*, Art. 40 EGBGB Rn. 3; Erman/*Hohloch,* Art. 40 EGBGB Rn. 24.

[23] Vgl. Staudinger/*v. Hoffmann*, Art. 40 EGBGB Rn. 20; *Ehmann/Thorn* AfP 1996, 20, 23.

[24] Vgl. Soergel/*Lüderitz*, Art. 38 EGBGB Rn. 4, 6; *Kegel/Schurig*, IPR, § 18 IV 1 a bb.

[25] Vgl. *v. Bar*, IPR, Bd. II, Rn. 662; *Sonnenberger* in: FS Henrich, S. 575, 583; *Schack* UFITA 108 (1988), 51, 65.

[26] Vgl. nur Staudinger/*v. Hoffmann*, Art. 40 EGBGB Rn. 24; Palandt/*Heldrich*, Art. 40 EGBGB Rn. 4; Erman/*Hohloch*, Art. 40 EGBGB Rn. 25; *Kegel/Schurig*, IPR, § 18 IV 1 a bb.

[27] Vgl. BGH NJW 1977, 1590, 1590; Staudinger/*v. Hoffmann*, Art. 40 EGBGB Rn. 24; Palandt/*Heldrich*, Art. 40 EGBGB Rn. 4; Erman/*Hohloch*, Art. 40 EGBGB Rn. 25; *Kegel/Schurig*, IPR, § 18 IV 1 a bb; *Kropholler*, IPR, § 53 IV 1 c.

[28] Vgl. *v. Bar*, IPR, Bd. II, Rn. 662; *Schack* UFITA 108 (1988), 51, 56. Allerdings legen die Vertreter

sich Persönlichkeitsrechtsverletzungen aufgrund der Unkörperlichkeit der Persönlichkeitsrechte nicht abstrakt lokalisieren. Dies ist aber nicht entscheidend. Maßgeblich ist vielmehr die Lokalisierbarkeit der konkreten Konfliktsituation der Interessen, denn für diese ist das anwendbare Recht zu bestimmen. Bei Persönlichkeitsrechtsverletzungen treffen die Persönlichkeitsschutzinteressen des Rechtsträgers und die Freiheitsrechte des Medienunternehmens aufeinander. Am Ort dieser Interessenkollision lässt sich der Erfolgsort räumlich fixieren.[29] Mit der **hM** ist daher der **Verbreitungsort** bzw. der **Ausstrahlungsort als Erfolgsort** anzusehen.[30]

Nach der Rechtsprechung des BGH sind dabei nur solche Verbreitungsorte als Erfolgs- **16** orte zu berücksichtigen, an denen das Presseerzeugnis *bestimmungsgemäß*, also vom Presseunternehmen gesteuert, verbreitet worden ist.[31] Grund für diese Einschränkung ist das Anliegen des BGH, dem kollisionsrechtlichen Interesse des Verletzers an der **Vorhersehbarkeit** des anwendbaren Rechts zu genügen. Dem ist zuzustimmen; denn ohne ausreichende Möglichkeit, das anwendbare Recht vorauszusehen, wäre das Presseunternehmen genötigt, sich von vornherein nach dem strengsten Recht zu richten, um der nur sehr schwer kalkulierbaren Gefahr einer Haftung zu entgehen. Konsequenz wäre eine weitreichende Beeinträchtigung der Pressefreiheit.[32] Erfolgsorte sind mithin nur die Orte, an denen der Verletzer nach seiner – freilich objektiviert verstandenen – konkret-individuellen Sicht mit der Verbreitung des Presseerzeugnisses rechnen konnte.

bb) Zur Konkurrenz mehrerer Erfolgsorte. Trotz der Begrenzung der Erfolgsorte **17** auf die für den Verletzer vorhersehbaren Verbreitungsorte lässt sich bei Persönlichkeitsrechtsverletzungen häufig eine Vielzahl von Erfolgsorten identifizieren. Wie mit dieser zu verfahren ist, lässt sich dem Gesetz nicht ausdrücklich entnehmen; Art. 40 Abs. 1 Satz 2 EGBGB geht seinem Wortlaut nach von nur einem einzigen Erfolgsort aus.

Rechtsprechung und hL befürworten bei einer Mehrzahl von Erfolgsorten zutref- **18** fend die sog. **Mosaikbetrachtung**.[33] Danach entscheidet jedes Erfolgsortrecht lediglich über die in seinem Geltungsbereich erfolgte Persönlichkeitsrechtsverletzung. Erst die Zusammenschau aller Ansprüche, die nach den jeweiligen Erfolgsortrechten bestehen – daher „Mosaik" –, führt zum Ausgleich des weltweit entstandenen Schadens. Die Mosaikbetrachtung gewährleistet die **Freiheitsrechte** des Verletzers nach dem Maßstab des jeweiligen Verbreitungsstaats. Käme hingegen das Recht *eines* Erfolgsorts auf den gesamten Schaden zur Anwendung, so kann dies die Freiheitsrechte des Verletzers deutlich beschneiden, weil sich das Medienunternehmen zur Vermeidung möglicher Schadensersatzansprüche an die Vorgaben des strengsten Rechts halten müsste.

Gleichwohl wird in der Literatur vereinzelt weiterhin vertreten, dem Verletzten bei ei- **19** ner Mehrheit von Erfolgsorten die Möglichkeit zu gewähren, aus den Erfolgsortrechten

---

dieser Auffassung den Handlungsortbegriff weit aus und verstehen darunter auch den Verbreitungsort.

[29] Vgl. *v. Hein*, Günstigkeitsprinzip, S. 325; *v. Hinden*, Internet, S. 80.

[30] BGH NJW 1977, 1590, 1591; BGHZ 131, 332, 335 = NJW 1996, 1128 – *Caroline von Monaco IV*; EuGH v. 7. 3. 1995, Rs. C-68/93 – *Shevill/Press Alliance*, Slg. 1995 I 415, 461, Tz. 29 zu Art. 5 Nr. 3 EuGVÜ; Palandt/*Heldrich*, Art. 40 EGBGB Rn. 4; MünchKomm/*Junker*, Art. 40 Rn. 163; *Kropholler*, IPR, § 53 V 4; *Looschelders* ZVglRWiss 95 (1996), 48, 75 ff.; *G. Wagner* RabelsZ 62 (1998), 243, 276.

[31] Vgl. BGHZ 131, 332, 335 = NJW 1996, 1128 – *Caroline von Monaco IV*.

[32] So auch *v. Hein*, Günstigkeitsprinzip, S. 329; *v. Hinden*, Internet, S. 98 ff.; *v. Bar* in: FS Waseda, S. 575, 588 f.; *Heldrich* in: FS Zajtay, S. 215, 224; *Schack* UFITA 108 (1988), 51, 63; für eine Berücksichtigung erst auf sachrechtlicher Ebene Staudinger/*v. Hoffmann*, Art. 40 EGBGB Rn. 62; MünchKomm/*Junker*, Art. 40 EGBGB Rn. 163; *Looschelders* ZVglRWiss 95 (1996), 48, 73.

[33] Vgl. BGHZ 131, 332, 335 = NJW 1996, 1128 – *Caroline von Monaco IV*; EuGH v. 7. 3. 1995, Rs. C-68/93 – *Shevill/Press Alliance*, Slg. 1995 I 415, 461, Tz. 33 zu Art. 5 Nr. 3 EuGVÜ; MünchKomm/*Junker*, Art. 40 Rn. 163; BaRo/*Spickhoff*, Art. 40 Rn. 48; *Kegel/Schurig*, IPR, § 18 IV 1 a bb; *Kropholler*, IPR, § 53 V 4; *v. Hein*, Günstigkeitsprinzip, S. 337 ff.; *Looschelders* ZVglRWiss 95 (1996), 48, 81.

jenes Recht zu wählen, das ihn am günstigsten stellt.[34] Dies ist abzulehnen, weil dadurch der *Verletzte* übermäßig begünstigt wird; er könnte auf diese Weise sämtliche ihm entstandenen Schäden nach der für ihn **günstigsten Rechtsordnung** liquidieren.[35] Die Freiheitsrechte des Verletzers blieben dagegen völlig unberücksichtigt; er müsste sein Handeln immer an der strengsten Rechtsordnung ausrichten, unabhängig davon, ob an den übrigen Verbreitungsorten ein weitergehendes Handeln rechtmäßig wäre.

20   Schließlich will ein Teil der Literatur mittels einer wertenden Betrachtung aus sämtlichen Verbreitungsorten jenen als maßgeblichen Erfolgsort auswählen, an dem schwerpunktmäßig der Verletzungserfolg eingetreten ist. Dies sei bei Persönlichkeitsrechtsverletzungen typischerweise der **gewöhnliche Aufenthalt des Verletzten**.[36] Begründet wird diese **Schwerpunktbildung** damit, dass dort die Beziehungen des Verletzten zu seiner sozialen Umwelt am stärksten beeinträchtigt werden. Dies mag für weniger Prominente zutreffen, bei international bekannten Personen gibt es dagegen keinen nationalen Schwerpunkt des Verletzungserfolgs[37]; erst recht kann diese Erfolgsortkonzentration dann nicht überzeugen, wenn z. B. der gewöhnliche Aufenthalt allein aus steuerrechtlichen Gründen gewählt wurde.

21   **c) Das Verhältnis von Handlungs- und Erfolgsortanknüpfung.** Gem. Art. 40 Abs. 1 Satz 1 EGBGB kommt grundsätzlich das Handlungsortrecht zur Anwendung. Das Recht des Erfolgsorts wird gem. Art. 40 Abs. 1 Satz 2 EGBGB nur auf Verlangen des Verletzten angewendet. Allerdings kann der Verletzte sein **Bestimmungsrecht**[38] gem. Art. 40 Abs. 1 Satz 3 EGBGB nur im ersten Rechtszug bis zum Ende des frühen ersten Termins oder dem Ende des schriftlichen Vorverfahrens ausüben. Macht der Verletzte von seinem Wahlrecht nicht oder nicht rechtzeitig Gebrauch, bleibt es bei der ausschließlichen Anwendung des Rechts des Handlungsorts.

2. Die weiteren Anknüpfungsmomente nach Art. 40 ff. EGBGB

22   Auf die Tatortregel darf nur zurückgegriffen werden, wenn keine der vorrangigen **Ausnahmen von der Tatortregel**, sog. **Auflockerungen** der Tatortregel, zur Anwendung kommt. In erster Linie ist dies der Fall, wenn die Parteien von ihrer nachträglichen Rechtswahlmöglichkeit gem. Art. 42 EGBGB Gebrauch gemacht haben (vgl. unten a.). An zweiter Stelle ist das Vorliegen einer sonstigen engeren Verbindung i.S.d. Art. 41 EGBGB zu prüfen (vgl. b.). Drittens ist festzustellen, ob ein gemeinsamer gewöhnlicher Aufenthalt von Verletzer und Verletztem zum Zeitpunkt des haftungsbegründenden Ereignisses vorlag (Art. 40 Abs. 2 EGBGB) (vgl. c.). Greift keine dieser vorrangigen Sonderregeln, ist das Recht des Tatorts i.S.v. Art. 40 Abs. 1 EGBGB maßgeblich (vgl. dazu oben Rn. 10 ff.).

23   **a) Die nachträgliche Rechtswahl durch die Parteien, Art. 42 EGBGB.** Art. 42 Abs. 1 EGBGB sieht die Möglichkeit einer nachträglichen Rechtswahl der Parteien vor. Das von den Parteien gewählte Recht geht den übrigen Anknüpfungen der Art. 40 und 41 EGBGB vor, also sowohl den übrigen Auflockerungen (vgl. b. und c.) sowie der Tatortregel (vgl. oben Rn. 10 ff.).

24   Vor der Kodifikation des Internationalen Deliktsrechts befürwortete die herrschende Ansicht in der Literatur neben der nachträglichen Rechtswahl, auch eine **vorausgehende**

---

[34] Vgl. *Nixdorf* GRUR 1996, 842, 844; im Hinblick auf die Mehrheit von Handlungsorten *v. Bar,* IPR, Bd. II, Rn. 662; *Schack* UFITA 108 (1988), 51, 66 f.

[35] So auch *v. Hein,* Günstigkeitsprinzip, S. 331; *Ehmann/Thorn* AfP 1996, 20, 23; *Looschelders* ZVglRWiss 95 (1996) 48, 81 f.; *G. Wagner* RabelsZ 62 (1998), 243, 263 ff.

[36] Vgl. Staudinger/*v. Hoffmann,* Art. 40 EGBGB Rn. 61; *v. Hinden,* Internet, S. 168 ff.; *Hohloch* ZUM 1986, 165, 178.

[37] So auch *v. Bar* in: FS Waseda, S. 585, 588; vgl. ferner *G. Wagner* RabelsZ 62 (1998), 243, 273.

[38] Die Rechtsnatur des Bestimmungsrechts ist umstritten, vgl. nur MünchKomm/*Junker,* Art. 40 EGBGB Rn. 34 mit weiteren Nachweisen.

Rechtswahl zuzulassen.[39] Trotz des Wortlauts von Art. 42 Abs. 1 EGBGB und der Gesetzesbegründung, wonach ausdrücklich nur eine Rechtswahl *nach* Eintritt des schädigenden Ereignisses zulässig sein soll[40], plädieren einzelne Stimmen in der Literatur weiterhin
für eine umfassende vorausgehende Rechtswahlmöglichkeit.[41] Begründet wird dies damit, dass aufgrund der steigenden Zahl an Distanz- und Streudelikten ein Bedürfnis bestehe, die Summe der potentiell anwendbaren Rechtsordnungen zu begrenzen, um so
dem Verletzerinteresse an der Vorhersehbarkeit gerecht zu werden.[42] Hiergegen spricht
freilich, dass zumindest in Bezug auf Persönlichkeitsrechtsverletzungen die praktische
Relevanz einer vorherigen Rechtswahl im Deliktsrecht fehlt. Denn Fallgestaltungen, in
denen sich Verletzer und Verletzter vor der Verletzung des Persönlichkeitsrechts über das
anzuwendende Deliktsrecht unabhängig von einem sonstigen Vertrag zwischen beiden
einigen, sind allenfalls von theoretischem Interesse. Im Übrigen würde der Persönlichkeitsrechtsträger durch die Zulassung einer vorherigen Rechtswahl erheblichen Nachtei-
len ausgesetzt, da es für ihn zumeist nur schwer überschaubar ist, welche Rechte er sich
durch eine vorherige Rechtswahl abschneidet.[43]

Eine vorherige Rechtswahl ist jedoch mittelbar über die akzessorische Anknüpfung **25**
nach Art. 41 Abs. 2 Nr. 1 EGBGB möglich. Insoweit ist sie auch sachgerecht und zuzulassen. Besteht also zwischen Verletzer und Verletztem ein Vertrag und unterliegt dieser Vertrag einem vorab vereinbarten Recht, so kann dieses mittelbar über die akzessorische Anknüpfung nach Art. 41 Abs. 2 Nr. 1 EGBGB auch das Deliktsstatut bestimmen.[44]

b) Die wesentlich engere Verbindung, Art. 41 EGBGB. Sofern zu einem Recht eine **26**
wesentlich engere Verbindung als zum Tatortrecht bzw. zum Recht des gemeinsamen gewöhnlichen Aufenthalts besteht – z. B. aufgrund einer bestehenden Vertragsbeziehung –,
ist nach Art. 41 Abs. 1 EGBGB dieses Recht anzuwenden. Der Gesetzgeber hat diese Ausweichklausel ausweislich der Gesetzesbegründung gerade auch im Hinblick auf Persönlichkeitsrechtsverletzungen eingeführt.[45] Er hat damit die Möglichkeit eröffnet, im Fall
von Distanz- oder Streudelikten, wie sie bei Persönlichkeitsrechtsverletzungen häufig
vorkommen, bei einer solchen wesentlich engeren Verbindung zu einer Reduzierung der
anwendbaren Rechtsordnungen zu gelangen.[46] Allerdings ist im Interesse der Vorhersehbarkeit des anwendbaren Rechts Zurückhaltung bei der Anwendung der Ausweichklausel
geboten;[47] dies legt schon der Wortlaut nahe, der eine *wesentlich* engere Verbindung verlangt.

In der Literatur wird insoweit vorgeschlagen, analog zum aus dem Internationalen **27**
Wettbewerbsrecht bekannten Spürbarkeitskriterium Orte, an denen keine **spürbare Ver-
breitung des persönlichkeitsrechtsverletzenden Mediums** stattgefunden hat, gem.
Art. 41 Abs. 1 EGBGB als kollisionsrechtlich irrelevant auszuscheiden.[48]

c) Der gemeinsame gewöhnliche Aufenthalt, Art. 40 Abs. 2 EGBGB. Sofern **28**
keine nachträgliche Rechtswahl vorliegt (vgl. a.), noch sonst eine wesentlich engere Verbindung besteht (vgl. b.), soll gem. Art. 40 Abs. 2 EGBGB im Fall eines gemeinsamen gewöhnlichen Aufenthalts von Verletzer und Verletztem im Zeitpunkt des Haftungsereig-

---

[39] Vgl. dazu die Nachweise bei Staudinger/*v. Hoffmann,* Art. 42 EGBGB Rn. 3.

[40] Vgl. BT-Drucks. 14/343, S. 14.

[41] Vgl. Staudinger/*v. Hoffmann,* Art. 42 EGBGB Rn. 4; *v. Hein* RabelsZ 64 (2000) 595, 606 ff.

[42] Vgl. Staudinger/*v. Hoffmann,* Art. 42 EGBGB Rn. 4; aus europarechtlichen Gründen für eine
vorherige Rechtswahl: *v. Hein* RabelsZ 64 (2000) 595, 606 ff.

[43] Vgl. *v. Hinden,* Internet, S. 227.

[44] Vgl. MünchKomm/*Junker,* Art. 42 EGBGB Rn. 17; *v. Hinden,* Internet, S. 227; *v. Hein* RabelsZ
64 (2000), 595, 600 f.

[45] Vgl. BT-Drucks. 14/343, S. 13.

[46] Vgl. Staudinger/*v. Hoffmann,* Art. 41 EGBGB Rn. 33; *Spickhoff* IPRax 2000, 1, 3.

[47] Siehe auch BT-Drucks. 14/343, S. 13.

[48] Dafür *Friedrich,* Unerlaubte Vermarktung, S. 178 f.; kritisch: *v. Hinden,* Internet, S. 146 ff.; *Mankowski* RabelsZ 63 (1999), 203, 272.

nisses anstelle des Tatortrechts das Recht des Staates zur Anwendung kommen, in dem der gemeinsame gewöhnliche Aufenthaltsort liegt. Dem gewöhnlichen Aufenthalt entspricht bei Unternehmen gem. Art. 40 Abs. 2 EGBGB der Sitz der Hauptverwaltung oder, wenn eine Niederlassung beteiligt ist, der Sitz dieser Niederlassung.

29   Vor der Kodifikation des Internationalen Privatrechts für außervertragliche Schuldverhältnisse in den Art. 38 ff. EGBGB beschränkte die Rechtsprechung diese Auflockerung der Tatortregel auf Straßenverkehrsunfälle.[49] Dem Wortlaut der kodifizierten Auflockerungsregel in Art. 40 Abs. 2 EGBGB lässt sich indes keine Begrenzung ihres Anwendungsbereichs auf Straßenverkehrsunfälle entnehmen. Dies bestätigt auch die Gesetzesbegründung: Der Gesetzgeber wollte die Durchbrechung der Tatortregel auch auf Persönlichkeitsrechtsverletzungen angewendet wissen.[50]

3. Der Renvoi

30   Der Gesetzgeber hat von der Aufnahme einer speziellen Regel über die **Beachtlichkeit von Rück- und Weiterverweisungen** im Internationalen Deliktsrecht abgesehen.[51] Nach der damit eigentlich anwendbaren **allgemeinen Regel des Art. 4 Abs. 1 EGBGB** wäre somit grundsätzlich von einer Gesamtnormverweisung auszugehen.

Allerdings nimmt bereits der Gesetzgeber ausweislich der Gesetzesbegründung in den Fällen der **akzessorischen Anknüpfung** nach Art. 41 Abs. 2 Nr. 1 EGBGB eine Sachnormverweisung an, denn eine Rück- oder Weiterverweisung ist hier gem. Art. 4 Abs. 1 Satz 1 HS. 2 EGBGB schon nach dem „Sinn der Verweisung" ausgeschlossen.[52] Darüber hinaus soll in den Fällen der **Rechtswahl** (Art. 42 EGBGB) der Renvoi gem. Art. 4 Abs. 2 EGBGB ausgeschlossen sein.[53]

31   Hinsichtlich der übrigen Anknüpfungen im Internationalen Deliktsrecht verweist der Gesetzgeber auf die Grundregel, von der mangels zwingendem Anlass nicht abzuweichen sei.[54] Gerade an dieser Grundregel, insbesondere der sog. Sinnklausel des Art. 4 Abs. 1 Satz 1 HS. 2 EGBGB entzündet sich aber der Streit in der Literatur über die Beachtlichkeit von Rück- und Weiterverweisungen. Die Sinnklausel wird zu Recht von der Rechtsprechung und hL eng ausgelegt;[55] anderenfalls müsste man den Renvoi im Allgemeinen verneinen, denn jede Kollisionsnorm im EGBGB will das Recht bestimmen, zu dem der Sachverhalt die engste Verbindung aufweist.

Unter Beachtung dieser einschränkenden Auslegung des Art. 4 Abs. 1 EGBGB ist zwischen den übrigen Verweisungen der Art. 40 f. EGBGB zu differenzieren:

32   **a) Die Verweisung des Art. 40 Abs. 1 EGBGB.** Bei einem **Platzdelikt** ist die Verweisung in Art. 40 Abs. 1 EGBGB auf das Recht des Handlungsorts, der beim Platzdelikt zugleich Erfolgsort ist, gem. Art. 4 Abs. 1 EGBGB eine **Gesamtnormverweisung**.[56] Die Tatortregel verfolgt beim Platzdelikt keinen über die Bestimmung des räumlich angemessensten Rechts hinausgehenden besonderen Zweck i.S.d. Art. 4 Abs. 1 Satz 1 HS. 2 EGBGB.

---

[49] Vgl. BGHZ 119, 137, 142 = NJW 1992, 3091, 3092; BHGZ 120, 87, 90 f. = NJW 1993, 1007, 1008.

[50] Vgl. BT-Drucks. 14/343, S. 10. Vor der Kodifikation des außervertraglichen Schuldrechts äußerten Teile der Literatur Zweifel an der Anwendung der Auflockerungsregel auf Persönlichkeitsrechtsverletzungen, vgl. *R. Wagner,* Persönlichkeitsrechtsverletzungen, S. 91 f.; *Looschelders* ZVglRWiss 95 (1996), 48, 83.

[51] Vgl. BT-Drucks. 14/343, S. 8.

[52] Vgl. BT-Drucks. 14/343, S. 8; differenzierend *v. Hein* ZVglRWiss 99 (2000), 251, 274.

[53] Vgl. BT-Drucks. 14/343, S. 8.

[54] Vgl. BT-Drucks. 14/343, S. 8.

[55] Vgl. statt vieler Palandt/*Heldrich,* Art. 4 EGBGB Rn. 6; a.A. *Mäsch* RabelsZ 61 (1997), 285, 307 ff., der für eine Sachnormverweisung gem. Art. 4 Abs. 1 Satz 1 HS. 2 EGBGB bei allen Anknüpfungen plädiert, die nicht auf die Staatsangehörigkeit abstellen.

[56] So auch Erman/*Hohloch,* Art. 40 EGBGB Rn. 13; MünchKomm/*Junker,* Art. 40 EGBGB Rn. 236; für eine Sachnormverweisung Staudinger/*v. Hoffmann,* Vorbem. zu Art. 40 EGBGB Rn. 70.

Bei **Distanzdelikten** gehen die Auffassungen über die Einordnung der Verweisungen 33
auseinander: Art. 40 Abs. 1 Satz 1 EGBGB verweist auf das Recht des Handlungsorts,
Art. 40 Abs. 1 Satz 2 EGBGB auf das Recht des Erfolgsorts, sofern der Verletzte dessen
Anwendung begehrt. Ob diese Verweisungen als Gesamt- oder Sachnormverweisungen
einzuordnen sind, hängt von dem Verständnis der Tatortregel ab: Geht man davon aus,
dass gesetzgeberische Intention der **Wahlmöglichkeit** die Begünstigung des Verletzten
war, dann liegt ein über die Bestimmung des räumlich angemessensten Rechts hinausgehender materieller Zweck i.S.d. Art. 4 Abs. 1 Satz 1 HS. 2 EGBGB vor, der eine **Sachnormverweisung** rechtfertigt.⁵⁷ Wird dagegen in der Wahlmöglichkeit lediglich eine
Verlegenheitslösung gesehen, weil der Gesetzgeber sich nicht zu entscheiden vermochte, ob er den Rechtsanwendungsinteressen des Verletzten oder des Verletzers den
Vorrang gewähren soll, fehlt eine materielle Zielsetzung, die durch einen Renvoi beeinträchtigt sein könnte, so dass eine **Gesamtnormverweisung** anzunehmen ist.⁵⁸

   b) Die Verweisung des Art. 40 Abs. 2 EGBGB. Bei der Verweisung nach Art. 40 34
Abs. 2 EGBGB auf das **Recht des gemeinsamen gewöhnlichen Aufenthalts** bleibt es
beim Grundsatz der **Gesamtnormverweisung** gem. Art. 4 Abs. 1 EGBGB. Zwar beruht
diese Verweisung auf einer gegenüber der Tatortregel besonderen Interessenabwägung,
jedoch geht es dabei ausschließlich um die Verwirklichung des Prinzips der engsten Ver-
bindung.⁵⁹

   c) Die Verweisung des Art. 41 Abs. 1 EGBGB. Die Verweisung in Art. 41 Abs. 1 35
EGBGB, wonach das Recht der **wesentlich engeren Verbindung** zur Anwendung
kommt, ist eine **Sachnormverweisung.** Das Recht der wesentlich engeren Verbindung
wird durch Würdigung sämtlicher Umstände des Einzelfalls ermittelt und das für den konkreten Fall sachnächste Recht berufen. Die Beachtlichkeit einer Rück- bzw. Weiterverweisung würde der nach Einzelfallgerechtigkeit strebenden Regelung widersprechen.⁶⁰

4. Der ordre-public-Vorbehalt

   Der Gesetzgeber hat in Art. 40 Abs. 3 EGBGB eine spezielle ordre-public-Klausel für 36
das Internationale Deliktsrecht aufgenommen. Danach kommt ausländisches Recht nicht
zur Anwendung, wenn der nach dem ausländischen Recht zu gewährende Schadensersatz
das zur angemessenen Entschädigung Erforderliche wesentlich überschreitet oder andere
Zwecke als die angemessene Entschädigung verfolgt. Ersteres ist im Fall des mehrfachen
Schadensersatzes gegeben, Letzteres im Fall des Strafschadensersatzes. Bei Persönlichkeitsrechtverletzungen erlangt diese spezielle ordre-public-Klausel im Hinblick auf
Rechtsordnungen Bedeutung, die bei diesen Rechtsgutsverletzungen Strafschadensersatz
zuerkennen. Die Bestrafung und Abschreckung des Täters sind dem deutschen Haftungsrecht als Primärzweck fremd; es zielt vorrangig auf den Ausgleich des Schadens. Aus
diesen Gründen hat der IX. Zivilsenat, der über die Anerkennungsfähigkeit eines auf punitive damages lautenden US-amerikanischen Urteils zu befinden hatte, die Vollstreck-

---

⁵⁷ So Staudinger/*v. Hoffmann,* Vorbem. zu Art. 40 EGBGB Rn. 70; MünchKomm/*Junker,* Art. 40
EGBGB Rn. 237; *Kreuzer* RabelsZ 65 (2001), 383, 424; i.E. ebenfalls eine Sachnormverweisung bejahend Erman/*Hohloch,* Art. 40 EGBGB Rn. 13; *Kropholler,* IPR § 24 II 6 c; *Freitag/Leible* ZVglRWiss
99 (2000) 101, 140.
   ⁵⁸ So BaRo/*Spickhoff,* Art. 40 EGBGB Rn. 51; *v. Hein* ZVglRWiss 99 (2000), 251, 270 ff.; *Looschelders* VersR 1999, 1316, 1324; i.E. ebenfalls eine Gesamtnormverweisung bejahend Palandt/*Heldrich,*
Art. 40 EGBGB Rn. 1; *Dörner* in: FS Stoll, S. 491, 495; *Schurig* in: GS Lüderitz, S. 699, 708 f.
   ⁵⁹ So auch MünchKomm/*Junker,* Art. 40 EGBGB Rn. 238; *Schurig* in: GS Lüderitz, S. 699, 709 f.;
v. Hein ZVglRWiss 99 (2000), 251, 272 f.; *Kreuzer* RabelsZ 65 (2001), 383, 421; *Looschelders* VersR
1999, 1316, 1324; a.A. Staudinger/*v. Hoffmann,* Vorbem. zu Art. 40 EGBGB Rn. 70; *Kropholler,* IPR,
§ 24 II 6 c.
   ⁶⁰ So auch Palandt/*Heldrich,* Art. 41 EGBGB Rn. 2; MünchKomm/*Junker,* Art. 41 EGBGB
Rn. 25 f.; *Kropholler,* IPR, § 24 II 6 c; *v. Hein* ZVglRWiss 99 (2000), 251, 274 ff.; *Kreuzer* RabelsZ 65
(2001), 383, 431; a.A. *Dörner* in: FS Stoll, S. 491, 499 f.

barkeitserklärung wegen Unvereinbarkeit mit dem materiellen ordre public abgelehnt.[61] Hingegen hat sich der VI. Zivilsenat bei der *Caroline von Monaco I*-Entscheidung bei der Bemessung des angemessenen Ausgleichs für immaterielle Schäden ausdrücklich auf die Präventionsfunktion des Haftungsrechts berufen.[62] Angesichts der zuletzt genannten Entscheidung dürfte ausländisches Recht, das weitere Zwecke neben der Entschädigung des Verletzten verfolgt, nicht als ordre-public-widrig angesehen werden.[63]

37   Neben der speziellen Vorbehaltsklausel in Art. 40 Abs. 3 EGBGB kann auch auf die allgemeine ordre-public-Klausel des Art. 6 EGBGB zur Vermeidung gravierender Wertungswidersprüche zu Grundvorstellungen des deutschen Rechts zurückgegriffen werden. Während Art. 40 Abs. 3 EGBGB die summenmäßige Begrenzung von ausländischen Schadensersatzansprüchen bezweckt, kann nach Art. 6 EGBGB ausländischen Haftungsregeln insgesamt die Anwendung versagt werden.[64]

C. Der Unterlassungsanspruch

38   Unterlassungsansprüche sind nach allgemeiner Meinung ebenso wie Schadensersatzansprüche[65] deliktisch zu qualifizieren; demnach sind die Art. 40 ff. EGBGB anzuwenden.[66] Auch der Gesetzgeber befürwortete ausweislich der Gesetzesbegründung bei der Kodifikation des Internationalen Privatrechts für außervertragliche Schuldverhältnisse eine deliktische Qualifikation.[67] Dies ist auch angesichts des kollisionsrechtlichen Gebots der **einheitlichen Behandlung systematisch zusammenhängender Rechtsfragen** sachgerecht. Nur eine einheitliche Qualifikation und Anknüpfung kann widersprüchliche Ergebnisse verhindern, die sich aus der Anwendung unterschiedlicher Rechtsordnungen auf den Schadensersatzanspruch einerseits und den Unterlassungsanspruch andererseits ergeben könnten.

Zur Anknüpfung nach Art. 40 ff. EGBGB wird auf Rn. 9 ff. verwiesen.[68]

D. Der Anspruch auf Gegendarstellung

39   Zahlreiche Rechtsordnungen gewähren dem durch eine Medienveröffentlichung in seinem Persönlichkeitsrecht Verletzten einen Anspruch auf Gegendarstellung. Allerdings ist dieser Anspruch in den verschiedenen Rechtsordnungen sehr unterschiedlich ausgestaltet.[69] Im deutschen Sachrecht finden sich die einschlägigen Anspruchsgrundlagen in den Landespresse-, den Landesrundfunk- bzw. Landesmediengesetzen sowie in den Rundfunkstaatsverträgen.[70] Dies hat zur Konsequenz, dass neben dem anwendbaren nationalen Recht ggf. auch noch das interlokal anwendbare Recht zu bestimmen ist.

---

[61] Vgl. BGHZ 118, 312, 338 = NJW 1992, 3096, 3103 – *punitive damages*.

[62] Vgl. BGHZ 128, 1, 16 = NJW 1995, 861, 865 – *Caroline von Monaco I*.

[63] Vgl. Staudinger/*v. Hoffmann*, Art. 40 EGBGB Rn. 420; *Fuchs* JuS 2000, 879, 882.

[64] Vgl. Staudinger/*v. Hoffmann*, Art. 40 EGBGB Rn. 428 f.

[65] Vgl. dazu oben Rn. 7 f.

[66] Vgl. BGHZ 131, 332, 335 = NJW 1996, 1128 – *Caroline von Monaco IV*; NJW 1999, 2893, 2894; *Fricke*, Unterlassungsanspruch, S. 172; *R. Wagner*, Persönlichkeitsrechtsverletzungen, S. 68 f.; *Heldrich* in: FS Zajtay, S. 215, 226 f.; *Hohloch* ZUM 1986, 165, 176; *Looschelders* ZVglRWiss 95 (1996), 48, 67; zweifelnd *Sonnenberger* in: FS Henrich, S. 575, 587; a. A. noch *Lüderitz* NJW 1962, 2142, 2143, der für eine Sonderanknüpfung an das Personalstatut des Verletzten plädierte.

[67] Vgl. BT-Drucks. 14/343, S. 10.

[68] Vgl. dazu ausführlich *Fricke*, Unterlassungsanspruch, S. 217 ff., 282 f,

[69] Vgl. den Überblick bei *Seitz/Schmidt/Schöner*, Gegendarstellungsanspruch, Rn. 795 ff.; *Romatka* ZUM 1985, 400, 404 f.

[70] Siehe dazu § 48.

Internationale sachrechtsvereinheitlichende Abkommen greifen nicht ein. Das UN- **40** Abkommen vom 31. 3. 1953, betreffend das Internationale Gegendarstellungsrecht, sieht nur eine Übermittlungspflicht der Vertragsparteien vor[71]; es wurde von Deutschland nicht ratifiziert. Die Richtlinie über audiovisuelle Mediendienste[72] enthält zwar kollisionsrechtliche Regelungsvorgaben, allerdings lediglich für den Bereich der audiovisuellen Mediendienste. Gem. Art. 2 der Richtlinie ist das Recht am Sitz bzw. der Niederlassung des Mediendiensteanbieters maßgeblich. Im Übrigen zielt die Richtlinie vornehmlich auf die Schaffung einheitlicher Mindeststandards ab.

Im autonomen deutschen Recht findet sich weder im Bundes- noch im Landesrecht **41** eine ausdrückliche Kollisionsnorm zur Bestimmung des auf den Gegendarstellungsanspruch anwendbaren Rechts. Die wohl **hM** plädiert sowohl **interlokal**[73] als auch **internationalprivatrechtlich**[74] für die Anwendung des **Rechts des Erscheinungsorts** der Presseveröffentlichung bzw. des Rechts am Sitz der ausstrahlenden Rundfunkanstalt. Unter dem Erscheinungsort wird regelmäßig der Verlagsort verstanden;[75] fallen Verlagsort und Erscheinungsort auseinander, so wird teilweise auf das Recht des Verlagsorts abgestellt,[76] teilweise dagegen das Recht des Erscheinungsorts für ausschlaggebend gehalten.[77] Abweichend hiervon qualifiziert die vorzugswürdige Gegenansicht den Gegendarstellungsanspruch deliktisch und kommt damit zur Tatortanknüpfung.[78]

Hintergrund des Meinungsstreits sind unterschiedliche Auffassungen über die Rechts- **42** natur des Gegendarstellungsanspruchs. Die Befürworter einer deliktischen Qualifikation ordnen den Gegendarstellungsanspruch als einen privatrechtlichen Anspruch ein. Die Pflicht zur Duldung der Gegendarstellung wird als Teil der schadensrechtlichen Naturalrestitution betrachtet. Zugleich weisen sie zu Recht darauf hin, dass die Anwendung der Regeln des Internationalen Deliktsrechts auch auf den Gegendarstellungsanspruch die missliche Aufspaltung eines einheitlichen Sachverhalts verhindert. Die hM sieht dagegen im Gegendarstellungsanspruch kein Mittel des privatrechtlichen Schadensausgleichs, sondern ein **spezifisches Institut des Presserechts**. Sie nimmt insbesondere praktische Gründe für sich in Anspruch: Die Anwendung fremden Sachrechts ist zeitaufwändig (Rechtsermittlung und -durchsetzung) und widerspricht damit dem Zweck des Verfahrens der einstweiligen Verfügung, in dem der Gegendarstellungsanspruch regelmäßig geltend gemacht wird.

---

[71] „Convention on the International Right of Correction", United Nations Treaty Series Nr. 6280, Bd. 435, S. 192; näher zum Übereinkommen *Löffler* NJW 1972, 2161, 2162 f.

[72] Richtlinie 2007/65/EG des Europäischen Parlaments und des Rats vom 11. 12. 2007 zur Änderung der Richtlinie 89/552/EWG des Rates vom 3. 10. 1989 zur Koordinierung bestimmter Rechts- und Verwaltungsvorschriften der Mitgliedstaaten über die Ausübung der Fernsehtätigkeit, ABl. EU 2007 Nr. L/332/27. Die Richtlinie über audiovisuelle Mediendienste ist bislang noch nicht in deutsches Recht umgesetzt.

[73] Vgl. OLG München, Urt. v. 18. 12. 1969, ArchPR 1969 (XIV) 76; OLG Hamburg, Urt. v. 22. 1. 1976, ArchPR 1976 (XXI) 29, 30; *Seitz/Schmidt/Schöner*, Gegendarstellungsanspruch, Rn. 44, 47; *Wenzel*, Wort- und Bildberichterstattung, Rn. 11.32.

[74] Vgl. *Staudinger/v. Hoffmann*, Art. 40 EGBGB Rn. 75 f.; *MünchKomm/Junker*, Art. 40 EGBGB Rn. 171; *Kropholler*, IPR, § 53 V 4; *Seitz/Schmidt/Schöner*, Gegendarstellungsanspruch, Rn. 53 ff.; *Wenzel*, Wort- und Bildberichterstattung, Rn. 11.32; *Sonnenberger* in: FS Henrich, S. 575, 587 f.

[75] *Seitz/Schmidt/Schöner*, Gegendarstellungsanspruch, Rn. 45.

[76] Vgl. *Seitz/Schmidt/Schöner*, Gegendarstellungsanspruch, Rn. 45.

[77] Vgl. OLG Hamburg, Urt. v. 22. 1. 1976, ArchPR 1976 (XXI) 29, 30; *Wenzel*, Wort- und Bildberichterstattung, Rn. 11.32.

[78] Vgl. *MünchKomm/Kreuzer*, Art. 38 EGBGB Rn. 38; *BaRo/Spickhoff*, Art. 40 EGBGB Rn. 47; *Riegl*, Streudelikte, S. 229 f.; *R. Wagner*, Persönlichkeitsrechtsverletzungen, S. 105 ff.; *Wiesener*, Gegendarstellungsanspruch, S. 145 ff., 199 f.; *v. Bar* in: FS Waseda-Universität, S. 575, 595; *Heldrich* in: FS Zajtay, S. 215, 227; *Hohloch* ZUM 1986, 165, 176; *Looschelders* ZVglRWiss 95 (1996), 48, 80; *Stadler* JZ 1994, 642, 644 ff.; *Thümmel/Schütze* JZ 1977, 786, 786 f.

E. Der Anspruch auf Beseitigung und Widerruf

43 Zur Ermittlung des anwendbaren Rechts bei Beseitigungs- und Widerrufsansprüchen wird auf die Ausführungen zur kollisionsrechtlichen Behandlung von Unterlassungsansprüchen verwiesen.[79] Aufgrund des kollisionsrechtlichen Gebots der **einheitlichen Behandlung systematisch zusammenhängender Rechtsfragen** sind die Beseitigungs- und Widerrufsansprüche sowie Schadensersatzansprüche einheitlich zu qualifizieren und anzuknüpfen.

F. Der Anspruch auf materiellen Schadensersatz

44 Mangels höchstrichterlicher Anerkennung *vermögenswerter* Bestandteile des Persönlichkeitsrechts hat sich die kollisionsrechtliche Rechtsprechung und Literatur in der Vergangenheit ausschließlich mit der kollisionsrechtlichen Behandlung von Persönlichkeitsrechtsverletzungen in *ideeller* Hinsicht, z. B. Verletzungen der Ehre, des Ansehens oder der Privatsphäre, befasst. Die *Marlene-Dietrich*-Entscheidung markiert die Wende in der Rechtsprechung des BGH auf sachrechtlicher Ebene, indem er anerkennt, dass das allgemeine Persönlichkeitsrecht auch vermögenswerte Bestandteile enthält.[80] Zugleich hätte der BGH in der *Marlene-Dietrich*-Entscheidung zur Frage des anwendbaren Rechts auf materielle Schadensersatzansprüche infolge der Verletzung vermögenswerter Bestandteile des Persönlichkeitsrechts Stellung nehmen müssen.[81] Diese Stellungnahme ist er schuldig geblieben. Allerdings nahm die kollisionsrechtliche Literatur diese Entscheidung zum Anlass, sich mit der Qualifikation und Anknüpfung von Ansprüchen aus der Beeinträchtigung vermögenswerter Bestandteile des Persönlichkeitsrechts auseinanderzusetzen.[82] Eine zentrale Rolle nimmt dabei der Anspruch auf materiellen Schadensersatz ein.[83]

I. Die Qualifikation

45 Sofern sich die Literatur mit der kollisionsrechtlichen Behandlung jenes Anspruchs auf materiellen Schadensersatz befasst, der aus der Verletzung vermögenswerter Bestandteile des Persönlichkeitsrechts resultiert, qualifiziert sie diesen zutreffend **deliktisch**.[84] Eine personale Qualifikation, die bei der Verletzung ideeller Persönlichkeitsrechtsbestandteile zumindest hinsichtlich des Bestands des Persönlichkeitsrechts teilweise von der Literatur befürwortet wird[85], ist bei der Verletzung vermögenswerter Bestandteile abzulehnen. Denn die personale Qualifikation ist ausschließlich an der Person des Betroffenen ausgerichtet; sie wird daher dem sachrechtlichen Persönlichkeitsrechtsschutz, der nicht nur

---

[79] Vgl. oben § 42 Rn. 38.

[80] Vgl. BGHZ 143, 214 = NJW 2000, 2195 – *Marlene Dietrich*; vgl. ferner die Parallelentscheidung BGH NJW 2000, 2201 – *Blauer Engel*. Grundlegend *Götting*, Persönlichkeitsrechte als Vermögensrechte, 1995, S. 136 ff.

[81] *Marlene Dietrich* war zum Zeitpunkt ihres Todes US-amerikanische Staatsbürgerin und hatte ihren gewöhnlichen Aufenthalt in Frankreich; eine kurze Begründung der Anwendbarkeit deutschen Rechts angesichts ihrer nicht konsentierten Vermarktung in Deutschland wäre daher erforderlich gewesen.

[82] Siehe *Ahrens* in: FS Erdmann, S. 3; ausführlich *Friedrich*, Unerlaubte Vermarktung, S. 103 ff.; *Kropholler/v. Hein* in: FS Heldrich, S. 793; *Pfister* in: FS Georgiades, S. 869.

[83] Zu den Ansprüchen aus Eingriffskondiktion sowie angemaßter Eigengeschäftsführung vgl. unten § 42 Rn. 52 ff.

[84] Vgl. *Ahrens* in: FS Erdmann, S. 3, 8 f.; *Friedrich*, Unerlaubte Vermarktung, S. 114 f.; *Kropholler/v. Hein* in: FS Heldrich, S. 793, 795 f.; *Pfister* in: FS Georgiades, S. 869, 876.

[85] Vgl. dazu § 42 Rn. 7.

zum Schutz höchstpersönlicher ideeller Interessen des Rechtsträgers bestimmt ist, nicht gerecht. Die Persönlichkeitsrechte sind vielmehr auch Vermögensrechte; dies ist auch auf kollisionsrechtlicher Ebene zu berücksichtigen.

Etwas anderes gilt freilich, wenn ein Name bzw. ein Unterschriftszug als Wort- oder **46** Bildmarke eingetragen wird. Dann sind die aus einer Verletzung dieser Wort- oder Bildmarke resultierenden Ansprüche immaterialgüterrechtlich zu qualifizieren und mithin dem Schutzlandprinzip zu unterstellen.[86]

II. Die Anknüpfung

Die deliktische Qualifikation des Anspruchs auf Ersatz materieller Schäden führt zur **47** Anknüpfung nach den Art. 40 ff. EGBGB. Ein **Teil der Literatur** knüpft die Verletzung vermögenswerter Bestandteile des Persönlichkeitsrechts parallel zur Verletzung seiner ideellen Bestandteilen an[87]: Grundanknüpfungsmoment ist gem. Art. 40 Abs. 1 EGBGB der Tatort. Nach Satz 1 der Norm kommt damit **grundsätzlich das Recht des Handlungsorts** zur Anwendung. Der Handlungsort wird durch eine wertende Schwerpunktbetrachtung bestimmt. Sie orientiert sich an der Funktion der Handlungsortanknüpfung: die Umsetzung der Verhaltenssteuerungsfunktion des materiellen Deliktsrechts. Ermittelt wird mithin der Ort, an dem das Ziel, verhaltenssteuernd auf den potentiellen Verletzer einzuwirken, am besten erreicht wird. Nach diesem Maßstab ist Handlungsort regelmäßig der **Ort, an dem die letztverantwortliche Entscheidung getroffen wird**, die **sog. Verhaltenszentrale**.[88]

Alternativ zum Recht am Handlungsort kann der Verletzte gemäß Art. 40 Abs. 1 Satz 2 **48** EGBGB das **Recht des Erfolgsorts** wählen. Erfolgsort bei einer Verletzung vermögenswerter Bestandteile des Persönlichkeitsrechts ist nach dieser Ansicht der **Verbreitungsort**, also jeder Ort, an dem das Medium verbreitet wird. Denn hier wird der Persönlichkeitsrechtsträger gegen seinen Willen zu Vermarktungszwecken genutzt bzw. seine Möglichkeit zu eigener Vermarktung beschränkt.[89]

Offenkundig kann es durch die Verbreitung heutiger Medien leicht zu einer **Vielzahl** **49** **von Erfolgsorten** kommen. In diesen Fällen soll die sog. **Mosaikmethode** zur Anwendung kommen: Das Recht jedes Erfolgsorts entscheidet über einen Anspruch auf materiellen Schadensersatz nur insoweit, als die Persönlichkeitsrechtsverletzung im jeweiligen Land erfolgt ist. Erst die Zusammenschau aller nach den jeweiligen Erfolgsortrechten bestehenden Ansprüche des Verletzten führt zum Ausgleich des weltweit entstandenen Schadens. Grund für die Anwendung der Mosaikmethode ist, dass nur sie eine ungerechtfertigte Verkürzung der Freiheitsrechte des vermeintlichen Verletzers zuverlässig vermeidet.[90]

Die **Gegenansicht** lehnt die Anwendung der Tatortanknüpfung ab und gelangt über **50** Art. 41 Abs. 1 EGBGB zur Anwendung des **Rechts am Ort der Vermarktung oder des Schutzlands** entsprechend dem Internationalen Immaterialgüterrecht und Internationalen Wettbewerbsrecht.[91] Da der Ort der Vermarktung bzw. das Schutzland regelmäßig mit dem Verbreitungsort übereinstimmt, differieren die Ansichten hinsichtlich des anwendbaren Rechts im Ergebnis grundsätzlich nicht. Die zuletzt genannte Ansicht verwehrt es aber dem Verletzten, mittels der Handlungsortanknüpfung die ihm aus der Persönlichkeits-

---

[86] Vgl. *Ahrens* in: FS Erdmann, S. 3, 15; *Kropholler/v. Hein* in: FS Heldrich, S. 793, 812.

[87] Vgl. *Friedrich*, Unerlaubte Vermarktung, S. 222 f.; *Kropholler/v. Hein* in: FS Heldrich, S. 793, 802 f.; zur Verletzung ideeller Bestandteile des Persönlichkeitsrechts vgl. § 42 Rn. 9 ff.

[88] Vgl. *Friedrich*, Unerlaubte Vermarktung, S. 146; in Bezug auf die Verletzung ideeller Bestandteile des Persönlichkeitsrechts Staudinger/*v. Hoffmann*, Art. 40 EGBGB Rn. 20 und *Ehmann/Thorn* AfP 1996, 20, 23.

[89] Vgl. *Friedrich*, Unerlaubte Vermarktung, S. 159.

[90] Vgl. *Friedrich*, Unerlaubte Vermarktung, S. 169; *Kropholler/v. Hein* in: FS Heldrich S. 793, 802; allgemein zur Mosaikmethode § 42 Rn. 18.

[91] Vgl. *Pfister* in: FS Georgiades S. 869, 880.

rechtsverletzung zustehenden Ansprüche umfassend *einem* Recht, nämlich dem Handlungsortrecht, zu unterstellen und nimmt ihm die damit verbundenen Vorteile einer erleichterten Durchsetzung.[92] Darüber hinaus hat die Handlungsortanknüpfung den praktischen Vorteil, dass es in einer Vielzahl von Fällen zu einem Gleichlauf von anwendbarem Recht und Internationaler Zuständigkeit kommt; die nationalen Gerichte können damit bei Klagen am Handlungsort den Fall nach dem ihnen vertrauten eigenen Recht beurteilen. Hingegen ist die Anwendung des Rechts am Ort der Vermarktung bzw. des Schutzlandrechts ebenso wie die Anwendung des Rechts des Verbreitungsorts immer auch mit der Anwendung ausländischen Rechts durch die nationalen Gerichte verbunden.[93]

51   Auch die Anwendbarkeit der **sog. Auflockerungen des Deliktsstatuts**[94] ist **umstritten**. Nach **zutreffender Ansicht** gelten die Auflockerungen des Deliktsstatuts der Art. 40 Abs. 2, 41 Abs. 1 und 42 EGBGB bei der Verletzung *vermögenswerter* Bestandteile des Persönlichkeitsrechts ebenso wie bei der Verletzung ideeller Bestandteile.[95] Die **Gegenansicht** lehnt hingegen die vorrangige Anknüpfung an den gemeinsamen gewöhnlichen Aufenthalt gem. Art. 40 Abs. 2 EGBGB ab, da anderenfalls die Reichweite des Rechtsschutzes allein von dem Recht des zufälligen gemeinsamen gewöhnlichen Aufenthalts abhinge.[96] Mit dieser Überlegung müsste man konsequenter Weise auch bei der Verletzung *ideeller* Persönlichkeitsrechtsbestandteile die Anknüpfung an den gemeinsamen gewöhnlichen Aufenthalt verneinen. Dagegen spricht aber der ausdrückliche Wille des Gesetzgebers. Dieser wollte die Durchbrechung der Tatortregel zugunsten einer Anknüpfung an den gemeinsamen gewöhnlichen Aufenthalt auch auf Persönlichkeitsrechtsverletzungen angewendet wissen.[97] Um einen Gleichlauf des Persönlichkeitsrechtsschutzes bei der Verletzung ideeller und vermögenswerter Bestandteile zu gewährleisten, ist die Auflockerung durch Anknüpfung an den gemeinsamen gewöhnlichen Aufenthalt in beiden Fällen zu bejahen.

G. Der Anspruch auf Herausgabe des Erlangten

52   Die Herausgabe des Erlangten kann sachrechtlich im Wege der Eingriffskondiktion gem. § 812 Abs. 1 Satz 1 Alt. 2 BGB oder nach den Grundsätzen der angemaßten Eigengeschäftsführung (§ 687 BGB) verlangt werden.[98]

I. Die Qualifikation

1. Der Anspruch aus Eingriffskondiktion

53   Ansprüche aus Eingriffskondiktion (§ 812 Abs. 1 Satz 1 Alt. 2 BGB) sind **bereicherungsrechtlich zu qualifizieren** und unter Art. 38 Abs. 2 EGBGB zu subsumieren.[99] Wie sich aus der Gesetzesbegründung zu Art. 38 Abs. 2 EGBGB ergibt, hat der Gesetzgeber mit dem Tatbestandsmerkmal „geschütztes Interesse" bewusst eine offene Umschreibung des Schutzgehalts gewählt, um damit gerade auch Eingriffe in nicht verkörperte Rechte wie Persönlichkeitsrechte zu erfassen.[100]

---

[92] Vgl. *Friedrich*, Unerlaubte Vermarktung, S. 173; *v. Hein*, Günstigkeitsprinzip, S. 340.

[93] Vgl. *v. Hein*, Günstigkeitsprinzip, S. 339; *v. Hinden*, Internet, S. 210; *Friedrich*, Unerlaubte Vermarktung, S. 174.

[94] Vgl. allgemein zu diesen oben Rn. 22 ff.

[95] Vgl. *Friedrich*, Unerlaubte Vermarktung, S. 174 ff.; *Kropholler/v. Hein* in: FS Heldrich, S. 793, 803.

[96] Vgl. *Ahrens* in: FS Erdmann, S. 3, 15; *Pfister* in: FS Georgiades, S. 869, 879 f.

[97] Vgl. BT-Drucks. 14/343, S. 10.

[98] Vgl. dazu oben § 52.

[99] Vgl. *Friedrich*, Unerlaubte Vermarktung, S. 126; *Kropholler/v. Hein* in: FS Heldrich, S. 793, 797.

[100] Vgl. BT-Drucks. 14/343, S. 9.

2. Der Anspruch aus angemaßter Eigengeschäftsführung

Aufgrund des systematischen Regelungszusammenhangs von angemaßter Eigenge- **54** schäftsführung und Geschäftsführung ohne Auftrag scheint es auf den ersten Blick naheliegend, Ansprüche aus angemaßter Eigengeschäftsführung unter Art. 39 Abs. 1 EGBGB zu subsumieren, also unter die Kollisionsnorm für Ansprüche aus Geschäftsführung ohne Auftrag. Bei näherem Hinsehen ist dies jedoch abzulehnen und eine **deliktische Qualifikation** zu befürworten. Als Folge ist das auf Ansprüche aus angemaßter Eigengeschäftsführung anwendbare Recht gem. den Art. 40 ff. EGBGB zu ermitteln.[101]

Hintergrund ist folgende Überlegung: Art. 39 Abs. 1 EGBGB soll nach seinem Sinn **55** und Zweck nur die echte Geschäftsführung ohne Auftrag erfassen. Eine Geschäftsführung ohne Auftrag i.S.d. Art. 39 Abs. 1 EGBGB ist daher nur gegeben, wenn ein Fremdgeschäftsführungswille vorliegt.[102] Dieser fehlt aber gerade bei der angemaßten Eigengeschäftsführung; der bösgläubige Geschäftsführer handelt vielmehr in eigennütziger Absicht. Die angemaßte Eigengeschäftsführung stellt funktionell eine unerlaubte Handlung dar und keine Geschäftsführung ohne Auftrag. Zutreffend wird die angemaßte Eigengeschäftsführung deshalb auch als „unechte" Geschäftsführung ohne Auftrag bezeichnet. Sie hat die Funktion, den Schutz gegen vorsätzliche Eingriffe Dritter in absolute Rechte zu erweitern. Sie ergänzt damit das Deliktsrecht.[103] Die systematische Einordnung in § 687 Abs. 2 BGB ist auf historische Zufälligkeiten zurückzuführen.[104] Die Ansprüche aus angemaßter Eigengeschäftsführung sind daher bei funktionaler Qualifikation als deliktische Ansprüche einzuordnen, so dass das anwendbare Recht gem. Art. 40 ff. EGBGB zu bestimmen ist.

II. Die Anknüpfung

1. Der Anspruch aus Eingriffskondiktion

Die Anknüpfung des bereicherungsrechtlich qualifizierten Anspruchs aus Eingriffs- **56** kondiktion richtet sich nach Art. 38 Abs. 2 EGBGB. Danach unterliegen Eingriffskondiktionen dem **Recht des Staates, „in dem der Eingriff geschehen ist".** Der Gesetzgeber hat bewusst diese offene Formulierung gewählt, um so einen **Gleichlauf** des Statuts der Eingriffskondiktion und des Deliktsstatuts zu ermöglichen.[105] Da die Unterscheidung zwischen Eingriffskondiktion und deliktischen Ansprüchen nicht in allen Ländern einheitlich erfolgt, vermeidet dieser Gleichlauf Widersprüche, die auftreten können, wenn Ansprüche aus Eingriffskondiktion einer anderen Rechtsordnung unterworfen werden als die deliktisch qualifizierten Ansprüche.

Allerdings ist die dogmatische Umsetzung des Gleichlaufs umstritten: Die herrschende **57** Lehre wendet Art. 40 Abs. 1 EGBGB analog an, d.h. grundsätzlich kommt das Recht des Orts zur Anwendung, an dem die Eingriffshandlung stattgefunden hat; das Erfolgsortrecht gilt jedoch, wenn der Betroffene von seinem Bestimmungsrecht analog Art. 40 Abs. 1 Satz 2 und 3 EGBGB Gebrauch gemacht hat.[106] Dagegen soll nach der von der Bundesregierung im Gesetzgebungsverfahren geäußerten Rechtsauffassung der bereicherungs-

---

[101] Vgl. Staudinger/*v. Hoffmann*/*Thorn*, Art. 39 EGBGB Rn. 2; *Friedrich*, Unerlaubte Vermarktung, S. 126 f.; *Kropholler*/*v. Hein* in: FS Heldrich, S. 793, 810 f.

[102] Vgl. Staudinger/*v. Hoffmann*/*Thorn*, Art. 39 EGBGB Rn. 2; MünchKomm/*Junker*, Art. 39 EGBGB Rn. 4; BaRo/*Spickhoff*, Art. 39 EGBGB Rn. 3.

[103] Ausführlich zur dogmatischen Einordnung im materiellen Recht *Wenckstern* AcP 200 (2000), 240.

[104] Vgl. Staudinger/*Bergmann*, § 687 BGB Rn. 10; *Wenckstern* AcP 200 (2000), 240, 244 ff.

[105] Vgl. BT-Drucks. 14/343, S. 9.

[106] So Staudinger/*v. Hoffmann*/*Fuchs*, Art. 38 EGBGB Rn. 15; Palandt/*Heldrich*, Art. 38 EGBGB Rn. 3; MünchKomm/*Junker*, Art. 38 EGBGB Rn. 16; BaRo/*Spickhoff*, Art. 38 EGBGB Rn. 9; *Friedrich*, Unerlaubte Vermarktung, S. 203 f.; *Fischer* IPrax 2002, 1, 4.

rechtlich qualifizierte Anspruch abweichend von Art. 38 Abs. 2 EGBGB über die Ausweichklausel des Art. 41 EGBGB entsprechend dem konkurrierenden deliktsrechtlich qualifizierten Anspruch angeknüpft werden. Der nur auf Abschöpfung der Bereicherung gerichtete und damit „schwächere" Bereicherungsanspruch soll in kollisionsrechtlicher Hinsicht dem „stärkeren" deliktsrechtlichen Anspruch folgen.[107] Letztlich hat die Beantwortung dieser dogmatischen Frage aber keine Auswirkung auf das konkrete Ergebnis.[108]

58   Auch im Internationalen Bereicherungsrecht sind die **Anknüpfungen nach Art. 40 Abs. 2, 41 und 42 EGBGB** vorrangig; es gelten die Ausführungen zum Internationalen Deliktsrecht entsprechend.[109] Entscheidend bei der Anwendung der Art. 40 Abs. 2, 41 und 42 EGBGB auf bereicherungsrechtlich qualifizierte Ansprüche ist, dass der Gleichlauf mit dem Internationalen Deliktsrecht gewährleistet wird.

59   Über die Beachtlichkeit von **Rück- oder Weiterverweisungen** des ausländischen Rechts beim Internationalen Bereicherungsrecht entscheidet Art. 4 Abs. 1 EGBGB. Um einen Gleichlauf mit dem Deliktsstatut zu gewährleisten, ist eine zu diesem parallele Einordnung der einzelnen Verweisungen als Sach- oder Gesamtnormverweisung vorzunehmen.[110] Sofern das Recht des Eingriffsorts Delikts- und Bereichungsrecht unterschiedlich anknüpft und somit die isolierte Rück- oder Weiterverweisung des Bereicherungsanspruchs zur Folge hätte, ist dieser Verweisung gem. Art. 4 Abs. 1 Satz 1 HS. 2 EGBGB nicht zu folgen. Denn eine isolierte Rück- bzw. Weiterverweisung widerspricht dem Sinn der Verweisung des Art. 38 Abs. 2 EGBGB auf das Recht des Eingriffsorts.[111]

60   Zur Verwirklichung des Gleichlaufs von Internationalem Delikts- und Bereicherungsrecht will ein Teil der Literatur auch den **ordre-public-Vorbehalt** des Art. 40 Abs. 3 EGBGB auf das Internationale Bereicherungsrecht erstrecken.[112] Dies ist abzulehnen: Art. 40 Abs. 3 EGBGB ist speziell auf das Schadensersatzrecht zugeschnitten; er regelt die Frage der ordre-public-Widrigkeit von überkompensierenden Schadensersatzansprüchen. Anzuwenden ist auf bereicherungsrechtliche Ansprüche daher der allgemeine ordre-public-Vorbehalt (Art. 6 EGBGB); dieser ist jedoch im Lichte des Art. 40 Abs. 3 EGBGB auszulegen, um den Gleichlauf mit den deliktisch qualifizierten Ansprüchen sicherzustellen.[113]

2. Der Anspruch aus angemaßter Eigengeschäftsführung

61   Die Anknüpfung der Ansprüche aus angemaßter Eigengeschäftsführung beurteilt sich nach den Art. 40 ff. EGBGB. Insoweit wird auf die obigen Ausführungen unter Rn. 9 ff. verwiesen.

H. Ergänzende Ansprüche

62   Bei Persönlichkeitsrechtsverletzungen hat vor allem der **Auskunftsanspruch** als ergänzender Anspruch besondere Relevanz: Der Verletzte muss zum Beispiel die Absatzzahlen eines Presseprodukts kennen, um seine Ansprüche im Rahmen des Klageantrags konkretisieren zu können.

---

[107] Vgl. BT-Drucks. 14/343, S. 22.

[108] Vgl. *v. Hoffmann/Thorn*, IPR, § 11 Rn. 5; *Kropholler/v. Hein* in: FS Heldrich, S. 793, 808.

[109] Vgl. oben Rn. 22 ff.

[110] Vgl. Staudinger/*v. Hoffmann/Fuchs*, Art. 38 EGBGB Rn. 36; Erman/*Hohloch*, Art. 38 EGBGB Rn. 36; *v. Bar*, IPR, Bd. II Rn. 744; *Busse* RIW 1999, 16, 21; *Kreuzer* RabelsZ 65 (2001), 383, 408.

[111] Vgl. MünchKomm/*Junker*, Art. 38 Rn. 37; Prütting/Wegen/Weinreich/*Leupertz*, Art. 38 EGBGB Rn. 2; *v. Bar*, IPR, Bd. II Rn. 744; *Fischer* IPRax 2002, 1, 9; a.A. Palandt/*Heldrich*, Art. 38 Rn. 1.

[112] Dafür *Busse* RIW 1999, 16, 20.

[113] So auch Staudinger/*v. Hoffmann/Fuchs*, Art. 38 EGBGB Rn. 11; Palandt/*Heldrich*, Art. 38 EGBGB Rn. 5; Erman/*Hohloch*, Art. 38 EGBGB Rn. 4.

Diese Auskunftsansprüche sind als Nebenansprüche zu den Schadensersatzansprüchen **63**
aus der Persönlichkeitsrechtsverletzung grundsätzlich ebenfalls **deliktisch zu qualifizieren**. Kennt jedoch die ausländische Rechtsordnung keine materiellen Auskunftsansprüche,
sondern sieht verfahrensrechtliche Pflichten des Beklagten zur Mitwirkung bei der Tatsachenfeststellung vor, so ist eine deliktische Qualifikation problematisch. Nach dem
Grundsatz der funktionellen Qualifikation[114] ist in diesem Fall zu prüfen, inwieweit die
ausländischen Vorschriften nicht nur prozessrechtlich, sondern auch materiellrechtlich
qualifiziert werden können.

Enthält das ausländische Recht keinerlei Entsprechung zu den Auskunftsansprüchen, **64**
so ist die Lücke mittels des ordre-public-Vorbehalts des Art. 6 EGBGB zu schließen, es ist
also ein Auskunftsanspruch gemäß § 242 BGB zu gewähren, falls ansonsten der Verletzte
schutzlos bliebe.[115]

I. Postmortaler Persönlichkeitsrechtsschutz

Wie für den lebzeitigen Persönlichkeitsrechtsschutz **fehlt** auch bei postmortalen Per- **65**
sönlichkeitsrechtsverletzungen eine **ausdrückliche Kollisionsnorm**:

Art. 25 Abs. 1 EGBGB kann zur Bestimmung des auf postmortale Persönlichkeits- **66**
rechtsverletzungen anwendbaren Rechts nicht herangezogen werden. Denn das mit dieser Norm ermittelte Erbstatut bestimmt nur, wer Erbe wird. Die Frage, ob ein Recht vererblich ist, oder, ob es sich um ein höchstpersönliches Recht handelt, das mit dem Tod des
Rechtsträgers untergeht, beantwortet hingegen die Rechtsordnung, der dieses Recht
auch im Übrigen unterliegt (sog. Sachstatut).[116] Ordnet man die Anerkennung eines postmortalen Persönlichkeitsrechts und dessen Schutz als ein Element der Rechtsfähigkeit des
Verstorbenen ein, wie dies von einem Teil der sachrechtlichen Literatur vertreten wird[117],
kann die Anwendung von Art. 7 Abs. 1 Satz 1 EGBGB erwogen werden. Diese Vorschrift
betrifft jedoch nur die „Rechtsfähigkeit (…) einer Person". Ob dem Verstorbenen eine
(Teil-)Rechtsfähigkeit zukommt, unterfällt nicht dem Regelungszweck des Art. 7 Abs. 1
EGBGB, sondern muss vom Sachstatut beantwortet werden.[118] Schließlich ist auch Art. 9
Satz 1 EGBG sachlich nicht einschlägig. Nach seinem ausdrücklichen Wortlaut regelt er
lediglich, welches Recht für die Feststellung des Todes eines Menschen anzuwenden
ist.[119]

Mithin fehlt es an einer ausdrücklichen kollisionsrechtlichen Regelung, so dass wie **67**
beim lebzeitigen Persönlichkeitsrechtsschutz auf die allgemeinen Kollisionsnormen zurückzugreifen ist.

---

[114] Vgl. oben Rn. 4.

[115] Vgl. Staudinger/*v. Hoffmann,* Vorbem. zu Art. 40 EGBGB Rn. 37; MünchKomm/*Junker,*
Art. 40 EGBGB Rn. 166; *Sonnenberger* in: FS Henrich S. 575, 586 f. Umgekehrt kann man Auskunftsansprüche, die das maßgebliche Deliktsstatut vorsieht, nicht mit der Begründung ausschließen, sie
seien prozessuale Instrumente der Durchsetzung des Anspruchs.

[116] So die allgemeine Meinung *v. Bar,* IPR, Bd. II, Rn. 382; *Kegel/Schurig,* IPR, § 21 II; *Friedrich,*
Unerlaubte Vermarktung, S. 119 f.; *Kropholler/v. Hein* in: FS Heldrich, S. 793, 796.

[117] Vgl. MünchKomm/*Gitter,* 3. Aufl., § 1 BGB Rn. 58; MünchKomm/*Schmitt,* 4. Aufl., § 1 BGB
Rn. 55.

[118] So Erman/*Hohloch,* Art. 7 EGBGB Rn. 5; BaRo/*Mäsch,* Art. 7 EGBGB Rn. 15; *v. Bar,* IPR,
Bd. II, Rn. 23; *Friedrich,* Unerlaubte Vermarktung, S. 120; *Gleichauf,* Postmortales Persönlichkeitsrecht, S. 304; *Kropholler/v. Hein* in: FS Heldrich, S. 793, 796; anders MünchKomm/*Birk,* Art. 7
EGBGB Rn. 15 und Staudinger/*Hausmann,* Art. 7 EGBGB Rn. 68, die eine kumulative Anknüpfung
befürworten, d. h. sowohl das Personalstatut als auch das Deliktsstatut müssen Persönlichkeitsrechte
Verstorbener anerkennen, sowie Staudinger/*Dörner,* Art. 25 EGBGB Rn. 26, der eine Anwendung
allein des Personalstatuts befürwortet.

[119] So *v. Bar,* IPR, Bd. II, Rn. 23; *Friedrich,* Unerlaubte Vermarktung, S. 120; *Gleichauf,* Postmortales Persönlichkeitsrecht, S. 304; *Kropholler/v. Hein* in: FS Heldrich, S. 793, 796.

I. Die Qualifikation

68 Parallel zum lebzeitigen Persönlichkeitsrechtsschutz sind die **Ansprüche auf Unterlassung, Beseitigung und Widerruf sowie auf Ersatz materieller Schäden deliktisch zu qualifizieren**. Dies entspricht der **Rechtsprechung des BGH**. In seiner *Frischzellenkosmetik*-Entscheidung qualifizierte er das Begehren auf Unterlassung einer postmortalen Persönlichkeitsrechtsverletzung deliktisch.[120] Er stellte ausdrücklich klar, dass die Staatsangehörigkeit des Verstorbenen keine Rolle spiele. Auch hier gelten die bereits für die deliktische Qualifikation von Unterlassungs-, Beseitigungs- und Widerrufs- sowie Schadensersatzansprüchen bei *lebzeitigen* Persönlichkeitsrechtsverletzungen vorgebrachten Argumente[121]: So werden bei einer deliktischen Anknüpfung an den neutralen Tatort mit Blick auf Art. 3 Abs. 1 GG bedenkliche Ungleichbehandlungen, wie sie die personale Qualifikation und Anknüpfung an die Staatsangehörigkeit zur Folge haben, vermieden.[122] Zudem wäre die Anknüpfung an die Staatsangehörigkeit zumindest hinsichtlich der vermögenswerten Bestandteile des Persönlichkeitsrechts gem. Art. 12 EGV offenkundig primärrechtswidrig.[123] Darüber hinaus ermöglicht die Tatortanknüpfung, dem Schutzbedürfnis des verstorbenen Persönlichkeitsrechtsträgers und den Freiheitsrechten des Medienunternehmens zu einem angemessenen Ausgleich zu verhelfen.[124]

69 Abzulehnen ist demnach die Ansicht, wonach der Bestand des postmortalen Persönlichkeitsrechts als selbständige Vorfrage nach dem Personalstatut des Verstorbenen zu beurteilen ist und nur die Hauptfrage des Schutzes nach dem Deliktsstatut.[125] Begründet wird diese Aufspaltung der Qualifikation mit der Möglichkeit, die kulturelle Identität des Verstorbenen zu berücksichtigen und gleichzeitig der sachrechtlichen Zuordnung von Persönlichkeitsrechtsverletzungen zum Deliktsrecht zu entsprechen. Indes ist die Trennung der Qualifikation nach Bestand und Schutz mit denselben Argumenten abzulehnen, die gegen eine Trennung bei *lebzeitigen* Persönlichkeitsrechtsverletzungen sprechen.[126]

70 Anerkennt man einen **Gegendarstellungsanspruch** bei einer postmortalen Persönlichkeitsrechtsverletzung[127] gelten die im Bereich des lebzeitigen Persönlichkeitsrechtsschutzes dargestellten Besonderheiten bei der Qualifikation entsprechend.[128]

71 Soweit von den Erben **Ansprüche aus Eingriffskondiktion**, zum Beispiel auf Herausgabe des Verletzergewinns, geltend gemacht werden, sind diese parallel zum lebzeitigen Persönlichkeitsrechtsschutz bereicherungsrechtlich zu qualifizieren und damit unter Art. 38 Abs. 2 EGBGB zu subsumieren.[129] **Ansprüche aus angemaßter Eigengeschäfts-**

---

[120] Vgl. BGH GRUR 1984, 907 – *Frischzellenkosmetik*. In der *Marlene-Dietrich*-Entscheidung, BGHZ 143, 214 = NJW 2000, 2195 – *Marlene Dietrich*, hätte der BGH Gelegenheit gehabt sich mit Qualifikation und Anknüpfung materieller Schadensersatzansprüche aufgrund postmortaler Persönlichkeitsrechtsverletzungen auseinanderzusetzen, der BGH unterließ dies jedoch und entschied ohne weitere Stellungnahme zur Frage des anwendbaren Rechts nach deutschem Recht. Für eine deliktische Qualifikation von Unterlassungs-, Beseitigungs- und Widerrufs- sowie Schadensersatzansprüchen *v. Bar*, IPR, Bd. II, Rn. 23; *Friedrich*, Unerlaubte Vermarktung, S. 123 f.; *Kropholler/v. Hein* in: FS Heldrich, S. 793, 796, 801; *R. Wagner* JZ 1993, 1034, 1040.

[121] Vgl. dazu oben Rn. 7 f.

[122] Vgl. *Friedrich*, Unerlaubte Vermarktung, S. 123 f.

[123] Vgl. *Kropholler/v. Hein* in: FS Heldrich, S. 793, 796.

[124] Vgl. *Friedrich*, Unerlaubte Vermarktung, S. 124.

[125] So *Gleichauf*, Postmortales Persönlichkeitsrecht, S. 332 ff.

[126] Siehe oben Rn. 7 f.

[127] In entsprechender Anwendung der Presse-, Rundfunk- und Mediengesetze bzw. der einschlägigen Staatsverträge.

[128] Siehe oben Rn. 39 ff.

[129] Vgl. oben Rn. 53.

führung sind deliktisch zu qualifizieren, so dass Art. 40 Abs. 1 EGBGB zur Anwendung gelangt.[130]

Art. 38 Abs. 2 EGBGB und Art. 40 Abs. 1 EGBGB bestimmen auch darüber, ob und **72** inwieweit das **Persönlichkeitsrecht vererblich** ist. Sie bestimmen kraft Sachzusammenhangs auch, wer das Persönlichkeitsrecht des Verstorbenen geltend machen kann (Erbe, Angehöriger).[131] Wer **Rechtsnachfolger der vermögenswerten Bestandteile des Persönlichkeitsrechts** geworden ist, bestimmt sich nach dem über Art. 25 Abs. 1 EGBGB zu ermittelnden Erbstatut.[132]

II. Die Anknüpfung

Die Stellungnahmen in der Rechtsprechung zum Anknüpfungssystem für postmortale **73** Persönlichkeitsrechtsverletzungen sind sehr knapp. Der *Frischzellenkosmetik*-Entscheidung lässt sich für den deliktisch qualifizierten Unterlassungsanspruch lediglich entnehmen, dass nicht die Staatsangehörigkeit des verstorbenen Persönlichkeitsrechtsträgers maßgeblich ist, sondern der Tatort der postmortalen Persönlichkeitsrechtsverletzung.[133]

Die Literatur hat sich bislang nur vereinzelt mit der Anknüpfung postmortaler Persön- **74** lichkeitsrechtsverletzungen befasst.[134] Richtigerweise ist parallel zur Lösung bei lebzeitigen Persönlichkeitsrechtsverletzungen bzgl. der deliktisch qualifizierten Ansprüche die **Mosaikbetrachtung** heranzuziehen.[135] Hinsichtlich bereicherungsrechtlich qualifizierter Ansprüche ist wie beim lebzeitigen Persönlichkeitsrechtsschutz auf das Anknüpfungssystem des Art. 38 Abs. 2 EGBGB abzustellen.[136]

Abweichend hiervon soll nach einer Literaturmeinung der Bestand nach dem Recht **75** der Staatsangehörigkeit beurteilt werden und der Schutz nach dem Recht des Tatorts. Handlungsort sei der Ort, an dem sich der Täter bei der Begehung der Persönlichkeitsrechtsverletzung befindet; der Erfolgsort wird durch eine **Schwerpunktbetrachtung** ermittelt. Der Schwerpunkt sei am **Ort des letzten gewöhnlichen Aufenthalts des Verstorbenen** zu lokalisieren, da hier die Beziehung des Verstorbenen zu seiner Umwelt am stärksten gewesen sei.[137] Diese Literaturansicht vermag – wie die von Teilen der Literatur für *lebzeitige* Persönlichkeitsrechtsverletzungen befürwortete Schwerpunktbetrachtung – nicht zu überzeugen. Denn gerade bei international bekannten Personen ist ein nationaler Schwerpunkt oft nicht auszumachen. Erst recht scheitert die Annahme eines Schwerpunkterfolgsorts am Ort des letzten gewöhnlichen Aufenthalts dann, wenn dieser allein aus steuerlichen Gründen gewählt wurde, ohne dass dort soziale Beziehungen des Verstorbenen erkennbar sind.[138]

---

[130] Vgl. *Friedrich*, Unerlaubte Vermarktung, S. 126, 131; *Kropholler/v. Hein* in: FS Heldrich, S. 793, 797; vgl. dazu oben Rn. 54 ff.

[131] Vgl. *Erman/Hohloch*, Art. 7 EGBGB Rn. 5; *BaRo/Mäsch*, Art. 7 EGBGB Rn. 15; anders *Kropholler/v. Hein* in: FS Heldrich, S. 793, 796, die zur Bestimmung des Wahrnehmungsberechtigten das Erbstatut heranziehen sowie MünchKomm/*Birk*, Art. 7 Rn. 15 und Staudinger/*Dörner*, Art. 25 EGBGB Rn. 26, die hierzu das Personalstatut befragen..

[132] Vgl. *Friedrich*, Unerlaubte Vermarktung, S. 131.

[133] Vgl. BGH GRUR 1984, 907 – *Frischzellenkosmetik*.

[134] *Gleichauf*, Postmortale Persönlichkeitsrechtsverletzungen, S. 308, 313 f., 318 ff.; nunmehr auch *Kropholler/v. Hein* in: FS Heldrich, S. 793.

[135] Vgl. *Friedrich*, Unerlaubte Vermarktung, S. 190; *Kropholler/v. Hein* in: FS Heldrich, S. 793, 801 ff.; siehe oben Rn. 49.

[136] Vgl. *Friedrich*, Unerlaubte Vermarktung, S. 205; *Kropholler/v. Hein* in: FS Heldrich, S. 793, 807 f.; siehe oben Rn. 56 ff.

[137] Vgl. *Gleichauf*, Postmortale Persönlichkeitsrechtsverletzungen, S. 308, 313 f., 318 ff.

[138] Vgl. mit weiteren Argumenten *Friedrich*, Unerlaubte Vermarktung, S. 189 f.; siehe oben Rn. 20.

§ 59. Internationale gerichtliche Zuständigkeit

Schrifttum: 1. Selbständige Werke: *Kubis,* Internationale Zuständigkeit bei Persönlichkeits- und Immaterialgüterrechtsverletzungen, Bielefeld 1999; *Leonhard,* Mediendelikte zwischen Globalität und Territorialität, Regensburg 2001, insbes. S. 25 ff.; *S. Löffler,* Mediendelikte im IPR und IZPR, Frankfurt a.M. 2000, insbes. S. 177 ff.; *Schwarz,* Der Gerichtsstand der unerlaubten Handlung nach deutschem und europäischem Zivilprozeßrecht, Frankfurt a.M. 1991; *R. Wagner,* Das deutsche internationale Privatrecht bei Persönlichkeitsrechtsverletzungen. Unter besonderer Berücksichtigung der Eingriffe durch die Massenmedien, Frankfurt a.M. 1986, insbes. S. 52 ff.
2. Aufsätze: *Basedow,* Der kollisionsrechtliche Gehalt der Produktfreiheiten im europäischen Binnenmarkt: favor offerentis, RabelsZ Bd. 59 (1995), 1 ff.; *Bauer,* Grundsätze der internationalen Zuständigkeit inländischer Gerichte im französischen Privatverfahrensrecht, RabelsZ Bd. 30 (1966) S. 483 ff.; *Coester-Waltjen,* Internationale Zuständigkeit bei Persönlichkeitsrechtsverletzungen, in: FS Schütze, 1999, S. 175 ff.; *Fuchs,* Der praktische Fall – Internationales Privat- und Verfahrensrecht: Caroline von M., JuS 2000, 879 ff.; *Hohloch,* Neue Medien und Individualrechtsschutz, ZUM 1986,

165 ff.; *ders.*, Schnellverfahren im Medienrecht bei grenzüberschreitenden Sendungen, in: FS Ule, 1988, S. 71 ff.; *ders.*, Erfolgsort und Schadensort – Abgrenzung bei Ansprüchen auf Ersatz von (primären und sonstigen) Vermögensschäden, IPRax 1997, 312 ff.; *P. Huber*, Verleumdungsklagen und Art. 5 Nr. 3 EuGVÜ vor englischen Gerichten, IPRax 1993, 263 ff.; *ders.* Persönlichkeitsschutz gegenüber Massenmedien im Rahmen des Europäischen Zivilpozeßrechts, ZEuP 1996, 300 ff.; *Kreuzer/Klötgen*, Die Shevill-Entscheidung des EuGH: Abschaffung des Deliktsgerichtsstands des Art. 5 Nr. 3 EuGVÜ für ehrverletzende Streudelikte, IPRax 1997, 90 ff.; *Looschelders*, Persönlichkeitsschutz in Fällen mit Auslandsberührung, ZVglRWiss Bd. 95 (1996), 48 ff.; *Mankowski*, Die ausgebliebene Revolutionierung des Internationalen Privatrechts, CR 2005, 758 ff.; *Reinmüller*, Gesamtschaden und internationale Deliktszuständigkeit nach dem EuGVÜ, IPRax 1985, 233 ff.; *Schack*, Die grenzüberschreitende Verletzung allgemeiner und Urheberpersönlichkeitsrechte, UFITA Bd. 108, 51 ff. (1988 II); *Stadler*, Die internationale Durchsetzung von Gegendarstellungsansprüchen, JZ 1994, 642 ff.; *Thümmel/Schütze*, Zum Gegendarstellungsanspruch bei ausländischen Presseveröffentlichungen, JZ 1977, 786 ff.; *G. Wagner*, Ehrenschutz und Pressefreiheit im europäischen Zivilverfahrens- und Internationalen Privatrecht, RabelsZ Bd. 62 (1998), 243 ff.; *Wernicke*, Rechtsschutz bei grenzüberschreitenden Verletzungen des Privatlebens durch die Presse in Frankreich. Ein Vergleich mit deutschem Recht, 2002; *Wiesener*, Der Gegendarstellungsanspruch im internationalen Privat- und Verfahrensrecht, 1999 (insbes. S. 55 ff.).

Nach der internationalen Zuständigkeit wird gefragt, wenn entschieden werden soll, **1** in welchem der souveränen Staaten der Erde geklagt werden soll. Diese Frage wird sich grundsätzlich nur bei internationalen Sachverhalten stellen. Dies gilt jedenfalls für die deutsche Sicht. Von internationalen Sachverhalten kann gesprochen werden, wenn sie grenzüberschreitend sind. Im Bereich des Rundfunks bestehen diese Bezüge deshalb sehr oft, weil Sendungen grenzüberschreitend empfangen werden können. Im Bereich des Internet besteht der internationale Bezug ohnehin und fast uneingeschränkt.[1] Aber auch Printmedien sind sehr oft nicht nur im Herstellungsland zu erhalten. Viele Zeitungen und Zeitschriften etwa sind international zu haben. Die großen deutschen Zeitungen und Zeitschriften sind fast überall in der Welt zu kaufen. Und umgekehrt sind viele ausländische Journale in Deutschland erhältlich. Schließlich spielen grenzüberschreitende Sachverhalte auch im Bereich des gewerblichen Rechtsschutzes eine große Rolle.[2]

A. Die Shevill-Entscheidung des EuGH[3]

Für die Frage der internationalen Zuständigkeit ist die Shevill-Entscheidung des EuGH **2** als grundlegend zu beachten.[4] Sie muss deshalb hier vorgestellt werden. Ihr lag ein Fall zugrunde, in welchem eine französische Zeitung (France-Soir) über einen Verdacht über den Verdacht von Geldwäsche berichtet hatte. Die im Artikel genannte Angestellte und drei Unternehmen klagten in London auf Schadensersatz gegen die Presse Alliance S.A. (welche die Zeitung „herausgibt").

I. Sachverhalt

Neben der Angestellten (Fiona Shevill; Wohnsitz in North Yorkshire in England) **3** klagten folgende Unternehmen: Firma „Chequepoint SARL" (Gesellschaft französischen

---

[1] Siehe speziell zu Fragen der Persönlichkeitsverletzungen im Internet im § 60 und *Pichler,* Internationale Gerichtszuständigkeit im Online-Bereich, in Hoeren/Sieber, Handbuch Multimedia-Recht, Teil 25.

[2] Dieser Bereich wird im vorliegenden Handbuch nicht abgedeckt. Siehe dazu etwa bei Harte/Henning/*Glöckner,* UWG, Einl. D – Internationales Lauterkeitsprozessrecht (S. 164 ff.).

[3] EuGH Slg. 1995, 415 = EuGRZ 1995, 305 = EuZW 1995, 248 = NJW 1995, 1881 – *Fiona Shevill.*

[4] Sehr kritisch zur Entscheidung des EuGH *Kreuzer/Klötgen* IPRax 1997, 90.

Rechts mit Sitz in Paris; seit 1988 Betreiberin von Wechselstuben in Frankreich – es wird nicht behauptet, dass sie sich in England oder Wales betätige; bei diesem Unternehmen war Fiona Shevill im Sommer 1989 drei Monate beschäftigt.

4   Firma Ixora Trading Inc., keine Gesellschaft englischen Rechts; sie betreibt seit 1974 in England Wechselstuben unter der Bezeichnung „Chequepoint".

5   Firma Chequepoint International Limited, eine Holdinggesellschaft belgischen Rechts mit Sitz in Brüssel (sie kontrollierte die Chequepoint SARL und die Ixora Trading Inc.).

6   Die Kläger hielten den angegriffenen Artikel in France-Soir insofern für ehrverletzend, als er angeblich den Eindruck erweckte, dass sie einem Drogenhändlerring angehörten, für den sie Geldwäsche betrieben.

7   Die Zeitung France-Soir wurde mit einer in Frankreich verkauften Auflage von etwa 237.000 Exemplaren verbreitet. In den übrigen europäischen Ländern wurden etwa 15.500 Stück verkauft, davon 230 in England und Wales (und wiederum hiervon 5 in Yorkshire).[5]

8   Frau Sheville und die genannten Unternehmen erhoben Klage in London auf Schadensersatz. Das englische Recht sieht (Stand 1993) bei Ehrverletzungen eine Schadensvermutung vor; deshalb brauchten die Kläger keinen Beweis für den aus der Veröffentlichung des fraglichen Artikels entstandenen Schadens zu erbringen.

II. Vorlagefragen

9   Die Streitigkeit gelangte schließlich in England zum House of Lords. Dieses legte die Sache dem Europäischen Gerichtshof mit folgenden Fragen vor:

10   1) Ist im Falle der Ehrverletzung durch einen Zeitungsartikel mit der Formulierung „Ort, an dem das schädigende Ereignis eingetreten ist", im Sinne von Artikel 5 Nr. 3 des Übereinkommens

a) der Ort, an dem die Zeitung gedruckt und in den Verkehr gebracht worden ist, oder

b) der Ort oder die Orte, an denen die Zeitung von bestimmten Personen gelesen worden ist, oder

c) der Ort oder die Orte, an denen der Kläger ein erhebliches Ansehen genießt, gemeint?

2) Wenn und soweit auf die erste Frage die Antwort b zutrifft, hängt dann das „schädigende Ereignis" davon ab, ob es einen oder mehrere Leser gab, die den Kläger kannten (oder von ihm wussten) und den Text so verstanden, dass er sich auf ihn bezog?

3) Wenn und soweit ein Schaden in mehr als einem Land entstanden ist (weil Exemplare der Zeitung in mindestens einem anderen Mitgliedstaat als demjenigen vertrieben wurden, in dem sie gedruckt und in den Verkehr gebracht wurden), finden dann ein oder mehrere gesonderte schädigende Ereignisse in jedem Mitgliedstaat, in dem die Zeitung vertrieben wurde, statt, für die der jeweilige Mitgliedstaat nach Artikel 5 Nr. 3 gesondert zuständig ist, und falls ja, wie schädigend muss das Ereignis sein, oder welchen Anteil am Gesamtschaden muss es haben?

4) Umfasst die Formulierung „schädigendes Ereignis" ein Ereignis, auf das nach nationalem Recht ohne Nachweis eines Schadens eine Klage gestützt werden kann, wenn das Vorliegen eines Schadens nicht erwiesen ist?

5) Muss das örtlich zuständige Gericht bei der Entscheidung der Frage nach Artikel 5 Nr. 3, ob (oder wo) ein „schädigendes Ereignis" eingetreten ist, diese Frage anders als nach den für es selbst geltenden Rechtsvorschriften beantworten und, wenn ja, nach welchen anderen Rechtsvorschriften oder nach welchem anderen materiellen, formellen oder Beweisrecht?

---

[5]   Etwas andere Zahlen bei *Peter Huber,* Verleumdungsklagen und Art. 5 Nr. 3 EuGVÜ vor englischen Gerichten, IPRax 1992, 264 zur Entscheidung des Court of Appeal: 200.000 Gesamtauflage in Frankreich, 15.000 Exemplare außerhalb Frankreichs, davon 250 in England und 10 in Yorkshire.

6) Wenn bei einer Ehrverletzung das örtlich zuständige Gericht zu der Schlussfolgerung gelangt, dass eine als Grundlage einer Klage geeignete Veröffentlichung (oder Verbreitung) von Angaben stattgefunden hat, aufgrund deren eine Vermutung zumindest für eine gewisse Schädigung des Ansehens gilt, ist es dann für die Annahme der Zuständigkeit von Bedeutung, dass andere Mitgliedstaaten in Bezug auf vergleichbare Angaben, die in ihrem Zuständigkeitsbereich veröffentlicht wurden, zu einer anderen Schlussfolgerung gelangen könnten?

7) Welche Anforderungen muss das Gericht bei der Entscheidung der Frage, ob es nach Artikel 5 Nr. 3 des Übereinkommens zuständig ist, an den vom Kläger zu erbringenden Beweis, dass die Voraussetzungen des Artikels 5 Nr. 3 erfüllt sind, stellen, und zwar

a) allgemein und

b) in Bezug auf Gegenstände, die (falls das Gericht seine Zuständigkeit bejaht) in der Verhandlung über die Klage nicht erneut geprüft werden?

Das sind zentrale Fragen zur internationalen Zuständigkeit, soweit das EuGVÜ anwendbar ist. Es besteht Einigkeit darüber, dass das Inkrafttreten der EuGVVO am 1. 3. 2002 daran nichts geändert hat. **11**

Vorsorglich muss klargestellt werden, dass es hier nur um die Frage der internationalen gerichtlichen Zuständigkeit geht, also gerade nicht um die Frage der Bestimmung des anzuwendenden Sachrechts. Dieses Kapitel behandelt Fragen des internationalen Zivilprozessrechts, nicht solche des internationalen Privatrechts. **12**

Schon in den Jahren 1982 und 1984 hatte der Cour d'appel von Paris so entschieden, wie es der EuGH dann im Jahr 1995 getan hatte. Im Fall Caroline von Monaco ging es um den Schaden, den diese durch eine Veröffentlichung der deutschen Zeitschrift „BUNTE" in Deutschland und in Frankreich erlitten zu haben glaubte. Der Cour d'appel sah für Frankreich nur eine Zuständigkeit für in Frankreich erlittene Schäden.[6] Der Gedanke der zuständigkeitsmäßigen Aufteilung des Schadensersatzes ist auch dem deutschen Recht nicht fremd. Schon im Jahr 1905 hatte das Reichsgericht den Schadensersatzanspruch nach Veröffentlichung einer Druckschrift innerhalb Deutschlands so aufgeteilt.[7] **13**

B. Internationale Zuständigkeit deutscher Gerichte[8]

Die Frage einer internationalen Zuständigkeit stellt sich nicht, wenn in Deutschland Klage erhoben wird wegen einer Persönlichkeitsverletzung durch ein in Deutschland verlegtes Medium und wenn auch der Kläger seinen Wohnsitz in Deutschland hat. Für den Fragenkreis der internationalen Zuständigkeit ist, wie schon angedeutet, ein grenzüberschreitender Sachverhalt Voraussetzung. Soll Klage in einem anderen Land der EU erhoben werden, dann können landesrechtliche Besonderheiten bestehen. Grundsätzlich gilt aber in allen Mitgliedstaaten der EU dieselbe Regelung.[9] **14**

I. Grundsachverhalte und internationale Regelungen

Grenzüberschreitungen kann es in vielfältigen Konstellationen geben. Die Zuständigkeitsnormen sind demgemäß sehr differenziert. Sonderregelungen für die internationale Zuständigkeit enthalten **15**

---

[6] Cour d'appel von Paris GRUR Int. 1986, 555 (mit der Entscheidung 1. Instanz und Anm. *Stauder*; hierzu auch Anm. *Reinmüller* IPRax 1985, 233). Die Entscheidung von 1982 betraf eine Persönlichkeitsverletzung von *Romy Schneider* durch die Zeitschrift „Neue Revue"; siehe dazu ebenfalls *Reinmüller*.

[7] RG RGZ 60, 363 – *Jena oder Sedan?*

[8] *Geimer* rügt eine solche Ausdrucksweise als „zumindest terminologisch unscharf"; es gehe um die Frage, ob die Bundesrepublik international zuständig sei. Das ist wohl etwas zu sehr zugespitzt.

[9] Vgl. etwa für Italien *Kindler*, RabelsZ Bd. 61 (1997) S. 227.

- die EuGVVO, die Verordnung (EG) Nr. 44/2001 des Rates über die gerichtliche Zuständigkeit und die Anerkennung und Vollstreckung von Entscheidungen in Zivil- und Handelssachen, vom 22. 12. 2000, in Kraft seit dem 1. 3. 2002,[10]
- das EuGVÜ – das Übereinkommen von Brüssel über die gerichtliche Zuständigkeit und die Vollstreckung gerichtlicher Entscheidungen in Zivil- und Handelssachen vom 27. 9. 1968 – Brüsseler Übereinkommen,[11] und
- das LGVÜ – Das Übereinkommen von Lugano über die gerichtliche Zuständigkeit und die Vollstreckung gerichtlicher Entscheidungen in Zivil- und Handelssachen vom 16. 9. 1988 (Übereinkommen der Mitgliedstaaten der EU und der EFTA-Staaten) – Luganer Abkommen.[12]

16   Die EuGVVO hat im Wesentlichen das EuGVÜ ersetzt. Sie stellt als Verordnung unmittelbar geltendes Recht auch in Deutschland dar.[13] Das EuGVÜ gilt noch im Verhältnis zu Dänemark, weil das erforderliche Abkommen zum Beitritt noch nicht in Kraft getreten ist.[14] Für alle anderen Mitgliedstaaten der EU ist sie aber geltendes Recht, also auch für die neu beigetretenen Staaten Bulgarien und Rumänien.

17   Soweit Vertragsstaaten des LGVÜ nicht Mitglied der EU sind, gilt für diese noch das LGVÜ; das sind Island, Norwegen und die Schweiz. Hierzu ist allerdings für Streitigkeiten aus der Verletzung von Persönlichkeitsrechten zu bemerken, dass die Regelungen hierzu in diesen drei Verfahrensregelungen zum Teil gleich, jedenfalls aber sehr ähnlich sind.[15] Deshalb hat die Unterscheidung der Anwendungsbereiche eine mehr dogmatische Bedeutung. Sie dient aber auch der Bildung von Verfahrensstrukturen.

18   Die EuGVVO ist anwendbar, wenn kein reiner innerstaatlicher Bezug vorliegt und die Klage in einem Mitgliedstaat der EU erhoben werden soll. Sie gilt also insbesondere auch für Klagen, die in Deutschland erhoben werden, wenn sie nicht rein innerstaatlich sind. Sie gilt danach auch, wenn sie nur einen Bezug zu irgendeinem Staat der Welt aufweist, aber eben in Deutschland erhoben wird. Zunächst ist also nur eine Abgrenzung zwischen rein innerstaatlichen Rechtsstreitigkeiten und anderen zu treffen. Der erforderliche Bezug wird schon hergestellt, wenn der Kläger seinen Wohnsitz nicht in Deutschland hat.

19   Hierzu der EuGH: Auch wenn die Anwendung der Zuständigkeitsregeln des Übereinkommens einen Auslandsbezug verlangt, muss sich dieser Bezug des fraglichen Rechtsverhältnisses, um Artikel 2 (EuGVVO) anwenden zu können, jedoch nicht unbedingt daraus ergeben, dass durch den Grund der Streitigkeit oder den jeweiligen Wohnsitz der Parteien mehrere Vertragsstaaten mit einbezogen sind. Die Einbeziehung eines Vertragsstaats und eines Drittstaats z. B. durch den Wohnsitz des Klägers oder eines Beklagten im erstgenannten Staat und den im zweitgenannten Staat belegenen Ort der streitigen Ereignisse kann ebenfalls einen Auslandsbezug des fraglichen Rechtsverhältnisses herstellen.[16]

---

[10] ABl. L 12/01, S. 1 – mit späteren Änderungen. Siehe hierzu den Kommentar bei Thomas/Putzo/*Hüßtege*, ZPO, 28. Aufl. S. 1485.

[11] Ursprüngliche Fassung im Übereinkommen vom 27. 9. 1968, BGBl 1972 II S. 773; dann Fassung durch Übereinkommen vom 29. 11. 1996, BGBl II 1998, S. 1411, in dieser Fassung in Kraft seit dem 1. 1. 1999. Hierzu die Kommentierung von *Hüßtege* in Thomas/Putzo, ZPO, 23. Aufl.

[12] Vom 16. 9. 1988, ABl L 319, S. 9 = BGBl 1994 II S. 2658, 3772; für Deutschland in Kraft getreten am 1. 3. 1995. Die beiden ersten Regelungen werden für den Bereich der Anerkennung und Vollstreckung durch das (deutsche) AVAG, das Anerkennungs- und Vollstreckungsausführungsgesetz, ergänzt; Kommentierung auch hierzu bei Thomas/Putzo/*Hüßtege*, ZPO, 28. Aufl. S. 1571 ff.

[13] Art. 249 Abs. 2 EG. Deklaratorisch § 1 Abs. 2 AVAG.

[14] Art. 1 Abs. 3 EuGVVO. Siehe dazu etwa Thomas/Putzo/*Hüßtege*, ZPO, 28. Aufl. Vorbem. Rn. 2 zu EuGVVO (S. 1485). Siehe auch die Erwägungsgründe 21 und 22 zur EuGVVO.

[15] Im Übrigen bestehen erhebliche Unterschiede; so Zöller/*Geimer*, ZPO 26. Aufl., Anh I, Art. 1 EuGVVO Rn. 7 ff.

[16] EuGH EuGHE I 2005, 1388–1464 = EuZW 2005, 345–349 = IPRax 2005, 244–248 = JZ 2005, 887–890 = ZEuP 2006, 459–463 = ZZPInt 2006, 277–285 – *Andrew Owusu gegen N. B. Jackson*, Inhaber der Firma „Villa Holidays Bal-Inn Villas" und andere, betreffend einen Badeunfall in Jamaika.

Es genügt danach in Streitigkeiten um Verletzungen des Persönlichkeitsrechts unter an- **20**
derem, wenn diese Verletzung sich auch außerhalb Deutschlands ausgewirkt hat, wenn
also etwa der verletzende Presseartikel bestimmungsgemäß auch in einem anderen Staat
verbreitet wurde.[17] Denn dies ist ein „Grund der Streitigkeit" im Sinne dieser Entscheidung.

Allerdings ist wegen der Spezialregelung im EuGVÜ die EuGVVO auch dann nicht **21**
anzuwenden, wenn der erforderliche Auslandsbezug zu Dänemark besteht. Denn in solchen Fällen gilt – weil die EuGVVO für Dänemark noch nicht anwendbar ist – das
EuGVÜ. Dessen Regelungen stimmen allerdings im Bereich des Persönlichkeitsschutzes
mit denen der EuGVVO überein.

Wegen der speziellen Regelung im LGVÜ ist die EuGVVO auch nicht anzuwenden, **22**
wenn der Auslandsbezug zu den Vertragsstaaten des LGVÜ gegeben ist, die nicht Mitgliedstaaten der EU sind. Besteht also ein Bezug zu Island, Norwegen oder zur Schweiz,
dann ist bei einer Klage etwa in Deutschland nicht die EuGVVO anzuwenden. Für die
Bestimmung der internationalen Zuständigkeit gilt dann das LGVÜ.

Keine dieser drei Regelungen gilt nur dann, wenn die Klage in keinem der Mitglied- **23**
staaten der Union und auch nicht in Dänemark (EuGVÜ), Island, Norwegen und
Schweiz (LGVÜ) erhoben werden soll, wenn also der Beklagte seinen Sitz etwa in Brasi-
lien oder den USA hat.[18]

II. Kein Einfluss der Rom-II-Verordnung

Mit der Verordnung über das auf außervertragliche Schuldverhältnisse anzuwendende **24**
Recht („Rom II") vom 11. Juli 2007[19] ist das internationale Privatrecht im Bereich der Europäischen Union geregelt worden. Diese Verordnung ist unmittelbar für den vorliegenden Bereich nicht von Bedeutung. Dies aus zwei Gründen:

Sie regelt nur die Frage des anwendbaren materiellen Rechts; sie gilt nicht für den Be- **25**
weis und das Verfahren (Art. 1 Abs. 3 der Verordnung).

Von ihrem Anwendungsbereich ausgenommen sind außervertragliche Schuldverhält- **26**
nisse aus der Verletzung der Privatsphäre oder der Persönlichkeitsrechte, einschließlich
der Verleumdung (Art. 1 Abs. 1 lit. g der Verordnung).

Wegen des Beweises und des Verfahrens werden allerdings die Regelungen in Art. 21 **27**
und 22 der Verordnung ausgenommen. Dies ist für den Bereich der Persönlichkeitsrechte
allerdings deshalb nicht von Bedeutung, weil sie hierfür ja überhaupt nicht anzuwenden
ist. Zusätzlich ist darauf hinzuweisen, dass sie für Dänemark schon gar nicht gilt.[20]

III. Internationale Zuständigkeit deutscher Gerichte

Die internationale Zuständigkeit ist zu prüfen, wenn irgendein Auslandsbezug vor- **28**
liegt, wenn es also nicht um eine rein innerstaatliche Angelegenheit geht. Es ist zu fragen,
ob über einen Rechtsstreit deutsche Gerichte entscheiden dürfen/müssen, oder ob in
einem solchen Fall ausschließlich die Gerichte eines anderen Staats zuständig sind. Die internationale Zuständigkeit deutscher Gerichte folgt aus der örtlichen Zuständigkeit.[21]
Wird also ein deutsches Gericht mit einer Klage angegangen, dann prüft es mit der ört-

---

[17] Siehe die Darstellung bei *Kubis*, Internationale Zuständigkeit bei Persönlichkeits- und Immaterialgüterrechtsverletzungen, 1999, S. 146 ff. und 157 ff. und bei *Leonhard*, Mediendelikte zwischen
Globalität und Territorialität, 2001, S. 33 ff.

[18] So für die USA *Piltz* NJW 2002, 789, 790.

[19] Verordnung (EG) Nr. 864/2007 des Europäischen Parlaments und des Rates, ABl. L 199 vom
31. 7. 2007, S. 40.

[20] Erwägungsgrund Nr. 40.

[21] Vgl. *Heldrich*, Internationale Zuständigkeit und anwendbares Recht, 1969, insbes. S. 14 ff.

lichen auch die internationale Zuständigkeit.[22] Die örtliche Zuständigkeit deutscher Gerichte ist insbesondere in §§ 12 ff. ZPO geregelt. Hat also der Beklagte seinen Wohnsitz in Deutschland, dann ergibt sich die Zuständigkeit deutscher Gerichte an sich aus §§ 12, 13 ZPO. Jedoch ist zu berücksichtigen, dass dies nur bei ausschließlich innerstaatlichen Rechtsstreitigkeiten gilt.

29   Besteht ein Bezug zum Ausland, dann greifen, wie dargelegt, die Regelungen der EuGVVO, des EuGVÜ und des LGVÜ ein, soweit sie die örtliche Zuständigkeit betreffen. Für den Bereich der Persönlichkeitsverletzungen ist dies in erster Linie Art. 5 Nr. 3 EuGVVO, der mit Art. 5 Nr. 3 EuGVÜ im Wesentlichen übereinstimmt. Diese regeln auch die örtliche Zuständigkeit, so dass ein Rückgriff auf §§ 12 ff. ZPO nicht zulässig ist.[23] Letztere Regelungen gelten danach nur für rein innerstaatliche Streitigkeiten. Besteht irgendein Auslandsbezug, dann ergibt sich bei Streitigkeiten über die Verletzung des Persönlichkeitsrechts die Zuständigkeit ausschließlich aus Art. 5 Nr. 3 EuGVVO.

30   Das EuGVÜ gilt nur für Klagen in Dänemark mit Auslandsbezug oder für Klagen von Dänen in Deutschland. Und das LGVÜ gilt – wie dargelegt – nur für Klagen in Island, in Norwegen oder in der Schweiz oder für Klagen in Deutschland mit Bezug zu diesen Staaten. Beide Regelungsbereiche gelten auch für Klagen solcher Staatsangehöriger in einem der anderen Mitgliedstaaten der EU, und zwar allen Mitgliedstaaten, mit Ausnahme von Dänemark.

31   Dies bedeutet, dass Anwalt und Gericht immer auch einen Blick auf die EuGVVO und die beiden anderen Regelungen werfen müssen, geht es um die Entscheidung über die örtliche Zuständigkeit innerhalb Deutschlands.

IV. Internationale Zuständigkeit als Prozessvoraussetzung

32   Die internationale Zuständigkeit gilt in Deutschland als **Prozessvoraussetzung.**[24] Sie ist in jeder Lage des Verfahrens von Amts wegen zu prüfen; dies gilt auch für Berufungs-[25] und Revisionsverfahren.[26] Im Berufungsverfahren ist die Zuständigkeit nicht zu prüfen, wenn sie bejaht worden ist (§ 513 Abs. 2 ZPO). Entsprechendes gilt für die Revision (§ 545 Abs. 2 ZPO). Hierbei handelt es sich allerdings um vom Gesetzgeber als minder wichtig angesehene Fragen. Es ist für einen deutschen Beklagten ein großer Unterschied, ob er in Deutschland oder in einem für ihn fremden Staat verklagt werden kann. Gleiches gilt für einen Nichtdeutschen; er würde, wenn es nicht zu vermeiden ist, natürlich lieber in seinem Heimatstaat verklagt, als in Deutschland. Die beklagte Partei hat, wie der BGH betont hat, an einer Entscheidung durch ihr Heimatgericht das natürliche Interesse jedes Staatsangehörigen, dass sein Staat, dessen Organisation und Funktionsweise er kennt, dessen Sprache er spricht und dem er auf mannigfache Weise verbunden ist, sich auch seiner Rechtssache annimmt, und nicht ein fremder Staat.[27]

33   Hinzu kommt, worauf der BGH in der soeben zitierten Entscheidung ebenfalls hingewiesen hat, dass aus der internationalen Zuständigkeit auch das anwendbare materielle

---

[22] Thomas/Putzo/*Hüßtege*, ZPO, 28. Aufl. Vorbem. vor § 1 Rn. 6; speziell für § 32 ZPO: *G. Wagner* RabelsZ Bd. 62 (1998), S. 243/250.

[23] Thomas/Putzo/*Hüßtege*, ZPO, 28. Aufl., Vorbem. EuGVVO Rn. 4 und Art. 5 EuGVVO Rn. 1. Ebenso *Geimer/Schütze*, Europäisches Zivilverfahrensrecht, 2. Aufl., Art. 5 Rn. 268; *Kropholler*, Europäisches Zivilprozessrecht, 5. Aufl., vor Art. 2 Rn. 15 ff.

[24] Vgl. Thomas/Putzo/*Reichold*, ZPO, 28. Aufl. Vorbem. vor § 253 Rn. 18. Von BGH in BGHZ 44, 46 (Großer Senat in Zivilsachen), ausdrücklich offen gelassen.

[25] OLG Saarbrücken NJW-RR 2003, 176 – *Arglistiger Täuscher*.

[26] Ausdrücklich entschieden vom Großen Senat in Zivilsachen des BGH in BGHZ 44, 46 = NJW 1965, 1665. Ebenso wieder für § 545 Abs. 2 ZPO nach der ZPO-Reform BGH in BGHZ 153, 82 = IPRax 2003, 346 (mit Anm. *Piekenbrock/Schulze*, IPRax 2003, 328) = JZ 2003, 850 (mit Anm. *Staudinger* S. 852) = NJW 2003, 426 (mit Anm. *Leible* S. 407) – *Gewinnzusage*.

[27] BGH in BGHZ 44, 46/50 = NJW 1965, 1665/1666.

Recht folgen kann.[28] „Wird die deutsche internationale Zuständigkeit bejaht, so bestimmt das deutsche internationale Privatrecht, nach welchem materiellen Recht das streitige Rechtsverhältnis zu beurteilen ist; wird aber die deutsche internationale Zuständigkeit verneint (und ruft deshalb der Kläger ein ausländisches Gericht an), so entscheidet dieses nach dem internationalen Privatrecht seines Landes über die anzuwendende Rechtsnorm. Demgemäß kann die Entscheidung über die internationale Zuständigkeit – im Gegensatz zur Entscheidung über die örtliche – *schon die sachliche Entscheidung des Prozesses vorwegnehmen.* Dies kann ferner – abgesehen von der Übereinstimmung oder Nichtübereinstimmung des internationalen Privatrechts – auch schon dann zutreffen, wenn die Rechtsordnung des anderen Staates von einer ganz anderen Auffassung vom Wesen und Zweck des Rechts oder von einer von der deutschen wesentlich verschiedenen Methode der Rechtsanwendung ausgeht."[29]

V. Methodik des Vorgehens

Ist die internationale Zuständigkeit zu für Rechtsstreitigkeit wegen Verletzung des Per- **34** sönlichkeitsrecht zu prüfen (also vom Anwalt vor Klageerhebung, vom Gericht nachher), so empfehlen sich folgende Prüfungspunkte:[30]
1. Liegt ein rein innerdeutscher Rechtsstreit vor? Wird die Frage bejaht, dann gelten §§ 12 ff. ZPO uneingeschränkt. Irgendwelche internationalen Regelungen sind nicht heranzuziehen.
2. Besteht ein Auslandsbezug und soll in Deutschland geklagt werden oder ist Klage in Deutschland erhoben, dann ist zu prüfen, zu welchen Staaten der Bezug besteht:
   a) Besteht ein Bezug zu Dänemark? Wenn ja, dann ist das EuGVÜ heranzuziehen.
   b) Besteht ein Bezug zu Island, zu Norwegen oder zur Schweiz? Wenn ja, dann ist das LGVÜ zu prüfen.
3. Sind die Fragen zu 1. und 2. verneint worden, dann ist die Frage der internationalen Zuständigkeit an Hand der EuGVVO zu prüfen.

VI. Wesentliche Interessenlagen im Bereich der internationalen Zuständigkeit

Fast mehr als im deutschen Recht werden im Bereich der internationalen Zuständig- **35** keit die Interessenlagen ausgiebig diskutiert. Für die Praxis kann dies nur in unscharf geregelten Fragen von einer gewissen Bedeutung sein. Allerdings fördert der Blick auf die denkbaren Interessenlagen den Blick auf die Grundlagen. Deshalb seien hier die zu berücksichtigenden Interessen kurz vorgestellt.[31]

1. Favor actoris

Gesetzliche Regelungen sollen grundsätzlich einen Ausgleich zwischen den Interessen **36** beider Parteien von Rechtsstreitigkeiten anstreben. Art. 2 Abs. 1 EuGVVO gibt zunächst den Interessen des Täters einen Vorrang. Er begründet den Gerichtsstand am Handlungsort (favor defensoris). Art. 5 Nr. 3 EuGVVO kehrt dies zugunsten des Verletzten um und lässt auch eine Klage am Erfolgsort zu.

---

[28] Sehr eingehend hierzu *Heldrich,* Internationale Zuständigkeit und anwendbares Recht, Berlin und Tübingen 1969.

[29] BGH a.a.O., S. 50 f. = NJW 1965, 1665/1666.

[30] Ein umfassenderes Schema (für Fälle von Persönlichkeitsverletzungen nicht erforderlich) bei Thomas/Putzo/*Hüßtege,* ZPO, 28. Aufl. Art. 2 EuGVVO Rn. 2.

[31] Ausführlich hier *Heldrich,* Internationale Zuständigkeit und anwendbares Recht, Berlin und Tübingen 1969, insbes. S. 102 ff., und dann im Einzelnen im III. Kapitel.

2. Gleichlauf

37 Es soll möglichst gewährleistet sein, dass jedes Gericht nicht nur sein Verfahrens-, sondern auch sein eigenes Sachrecht anwenden kann. Die Feststellung fremden Rechts ist für jedes Gericht eine oft nur schwer zu erledigende Sonderaufgabe. Sehr oft sind nicht nur die Regelungen ihrem Wortlaut nach maßgebend. Vielmehr entscheiden oft auch Grundsätze und Rechtsanwendung in der Praxis. Im Bereich des Persönlichkeitsschutzes (Art. 5 Nr. 3 EuGVVO) besteht dieser Gleichlauf nach Auffassung von *Geimer*[32] nicht. So pauschal kann man dies aber nicht sagen. Denn immerhin knüpft auch Art. 40 EGBGB für das deutsche internationale Privatrecht an den Begriff der unerlaubten Handlung an. Und es ist dann grundsätzlich das Sachrecht des Tatorts anzuwenden. Der Verletzte kann jedoch verlangen, dass stattdessen das Recht des Erfolgsorts anzuwenden ist.[33]

3. Nähe zum Sachverhalt

38 Die Gerichte kennen ihr eigenes Land aus eigener Anschauung, sie kennen Sitten und Gewohnheiten. Sie kennen die Eigenart der Sprache und deshalb auch die der Gesetzessprache.[34] Die Anwendung fremden Rechts bereitet in der Regel erhebliche Schwierigkeiten. Eigentlich ist es immer erforderlich, das Gutachten eines in der ausländischen Rechtsordnung erfahrenen Experten einzuholen.

4. Schutz anderer Verfahrensbeteiligter

39 Das Interesse der einen Partei, einen Rechtsstreit vor den Gerichten des Heimatlandes führen zu können, konfligiert mit dem Interesse der Gegenpartei, wenn es sich um einen grenzüberschreitenden Sachverhalt handelt. Diese Interessen müssen möglichst schonend zum Ausgleich gebracht werden. Die Regelungen des internationalen Zivilprozesses schränken den Grundsatz des „favor defensoris", begründet durch die allgemeine Wohnsitzzuständigkeit, ein.[35] Dies gilt insbesondere auch für den Persönlichkeitsschutz.

5. Konzentration/Konnexität

40 Es besteht ein großes Interesse daran, Streitigkeiten um einen einheitlichen Lebenssachverhalt auch einheitlich vor ein einziges Gericht zu bringen. Es ist deshalb eher unerwünscht, wenn Verfahrensregeln Klagen zum selben Sachverhalt in verschiedenen Staaten zulassen. Deshalb wird die h. M. kritisiert, die den Gegendarstellungsanspruch nicht der Zuständigkeit nach Art. 5 Nr. 3 EuGVVO unterwirft. Das Interesse an der Konzentration allein kann aber nicht genügen.

6. Wirksamkeit

41 Entscheidungen staatlicher Gerichte müssen möglichst wirksam effektiv sein. Dies gilt für die Wirkung im Inland, aber auch für eine solche im Ausland. Bei Entscheidungen über internationale Zuständigkeiten ist deshalb immer auch ein Blick auf die Anerkennung von Entscheidungen im Ausland zu werfen. In der EuGVVO ist die Anerkennung im Bereich des EU in Art. 33 ff., die Vollstreckung in Art. 38 ff. geregelt. Grenzen setzt hier insbesondere die Ordre-public-Klausel im Bereich der Anerkennung (Art. 34 Nr. 1 EuGVVO). Das bedeutet aber nicht, dass die internationale Zuständigkeit des Gerichts, das entschieden hat, nachzuprüfen wäre (Art. 35 Abs. 3 EuGVVO). Ist die Entscheidung anerkannt, dann ist für die Vollstreckung Art. 34 EuGVVO nicht mehr zu prüfen (Art. 41 EuGVVO).

---

[32] *Geimer/Schütze*, Europäisches Zivilverfahrensrecht, 2. Aufl., Art. 5 Rn. 235.
[33] Siehe dazu oben § 58 sowie *Friedrich*, Internationaler Persönlichkeitsrechtsschutz bei unerlaubter Vermarktung, 2003.
[34] Näher hierzu *S. Löffler*, Mediendelikte im IPR und IZPR, 2000, S. 205 ff.
[35] *G. Wagner* RabelsZ Bd. 62 (1998) S. 243/262. Auch *Hohloch* ZUM 1986, 165/173 betont das schützenswerte Interesse des Betroffenen.

7. Kein „forum shopping"[36]

Wahlgerichtsstände sind nicht sehr beliebt. Viele fordern hier Einschränkungen.[37] **42** Jedoch lassen die hier zu erörternden Regelungen die Wahl von Gerichtsständen ausdrücklich zu. Dogmatisch ist die Frage interessant, ob die grundsätzliche Ablehnung eines „forum shopping" die ausdrücklichen Regelungen in Staatsverträgen oder Rechtsverordnungen der EU aushebeln kann. Auch ohne eine solche Aushebelung wird bei internationalen Wahlgerichtsständen wohl oft der Gerichtsstand gewählt werden, der zu dem strengsten materiellen Persönlichkeitsschutz führt. Eindeutig ist dies aber nicht, weil die Erschwerungen durch die Anrufung ausländischer Gerichte mit in die Überlegungen einbezogen werden müssen. Einen gewissen Ausgleich bildet hier – im Bereich der EMRK – die Möglichkeit, den Europäischen Gerichtshof für Menschenrechte anzurufen.

C. Rein innerdeutsche Rechtsstreitigkeiten wegen Verletzung von Persönlichkeitsrechten

Es gelten, wie soeben dargestellt, ausschließlich §§ 12 ff. ZPO. Beschränkungen er- **43** geben sich nicht aus internationalen Regelungen. Die Klage (oder der Eilantrag) kann daher entweder am Wohnsitz des Beklagten (§§ 12, 13 ZPO) oder am Sitz des Unternehmens (§ 17 ZPO) oder der Niederlassung (§ 21 ZPO) erhoben werden. Oder aber es wird der besondere Gerichtsstand der unerlaubten Handlung (§ 32 ZPO) gewählt. Keiner der genannten Gerichtsstände ist ausschließlich, so dass ein Wahlrecht (§ 35 ZPO) besteht.

Besonderheiten unter dem Blickwinkel des internationalen Rechts bestehen daher **44** nicht. Es gelten die zum Eilverfahren (oben § 64) oder zum Hauptsacheprozess (oben § 65) dargelegten Grundsätze.

D. Rechtsstreitigkeiten im Anwendungsbereich der EuGVVO

Besteht ein Auslandsbezug, besteht aber kein solcher zu Dänemark, Island, Norwegen **45** oder zur Schweiz, dann gelten die Regelungen der EuGVVO insbesondere auch zur örtlichen Zuständigkeit. In erster Linie ist dann auf Art. 2 Abs. 1 EuGVVO abzustellen. Personen, die ihren Wohnsitz im Hoheitsgebiet eines Mitgliedstaates der EU haben, sind ohne Rücksicht auf ihre Staatsangehörigkeit vor den Gerichten dieses Staates zu verklagen. In einem anderen Mitgliedstaat können sie nur verklagt werden, wenn dies die Vorschriften der Abschnitte 2 bis 7 des Kapitels II der Verordnung ergeben.

Für Rechtsstreitigkeiten um Verletzungen des Persönlichkeitsrechts wird hier vor allem **46** Art. 5 Nr. 3 EuGVVO eingreifen:

Dessen Regelung wirft eine Reihe von Fragen auf. Jedoch spiegelt sich das Ausmaß der **47** Diskussion in der Literatur nicht in der Rechtsprechung wider. Das heißt, die Bedeutung der Frage der internationalen Zuständigkeit für die Praxis in Deutschland im Bereich des Persönlichkeitsschutzes ist eher gering. In den neun Jahren, in welchen ich den Vorsitz des Pressesenats des Oberlandesgerichts München hatte, ist mir nur ein Fall mit einer derartigen Frage untergekommen; in diesem einen Fall bestand aber kein Problem.[38] Aus der

---

[36] Beispiel für einen Extremfall des „forum shopping" in den USA bei *G. Wagner* (soeben Fn. 21) S. 265: Der Fall *Keeton v. Hustler Magazine, Inc.*

[37] So etwa auch *Leonhard*, Medienkonflikte zwischen Globalität und Territorialität, 2001, S. 41 ff.; *S. Löffler*, Mediendelikte im IPR und IZPR, 2000, S. 203.

[38] OLG München AfP 2001, 404 = NJW-RR 2002, 186 – *Bestechungsvorwürfe.*

Zeit nach dem zweiten Weltkrieg sind in Deutschland etwa 5000 Entscheidungen zum Äußerungsrecht veröffentlicht worden. Nur 11 hiervon befassen sich mit der Frage der internationalen Zuständigkeit, z.T. ohne Problematisierung. In manchen weiteren Entscheidungen hätte die Frage angesprochen werden können. Dies geschah aber nicht, wohl deshalb, weil für diesen Bereich kein Problem aufgeworfen wurde. Dies gilt insbesondere für die Caroline-Fälle. Wenn Prinzessin Caroline (von Monaco oder von Hannover) in Deutschland eine Klage wegen Verletzung ihrer Persönlichkeit erhoben hat, dann war über die örtliche Zuständigkeit, wegen des gegebenen Auslandsbezugs (Wohnsitz in Monaco), nicht nach § 32 ZPO, sondern nach Art. 2 des EuGVÜ, und ab dem Inkrafttreten der EuGVVO (1. 3. 2002) nach dessen Art. 2 zu entscheiden.[39] Weil aber Deutschland Mitglied der EU ist, und auch kein Bezug zu Dänemark, Island, Norwegen oder der Schweiz bestand, waren die Gerichte in Deutschland selbstverständlich zuständig. Es bestand deshalb kein Anlass, hierauf einzugehen, oder Ausführungen eines Gerichts hierzu mit zu veröffentlichen.

I. Anwendungsbereich von Art. 2 EuGVVO

48   Art. 2 Abs. 1 EuGVVO regelt den allgemeinen Gerichtsstand des Wohnsitzes:
Vorbehaltlich der Vorschriften dieser Verordnung sind Personen, die ihren Wohnsitz im Hoheitsgebiet eines Mitgliedstaats haben, ohne Rücksicht auf ihre Staatsangehörigkeit vor den Gerichten dieses Mitgliedstaats zu verklagen.

49   Entscheidend ist hier zunächst, wo die Person ihren Wohnsitz hat, die verklagt werden soll oder verklagt ist. Der Begriff des Wohnsitzes ist nicht autonom, sondern nach dem Recht der lex fori zu beantworten, also nach dem materiellen Recht des angerufenen oder anzurufenden Gerichts (Art. 59 Abs. 1 EuGVVO). Der Begriff des Wohnsitzes ist demgemäß bei Klagen in Deutschland nach §§ 7 ff. BGB zu bestimmen. Auf die Staatsangehörigkeit kommt es wegen Art. 2 Abs. 2 EuGVVO nicht an.

50   Bei einer Klage gegen eine Gesellschaft oder juristische Person (also etwa gegen einen Verlag oder eine Rundfunkanstalt mit dieser Rechtsform) ist für die Bestimmung der Zuständigkeit auf der Grundlage von Art. 2 EuGVVO nach Art. 60 Abs. 1 EuGVVO der Ort maßgebend, an dem sich ihr satzungsmäßiger Sitz, ihre Hauptverwaltung oder ihre Hauptniederlassung befindet.

51   Beispiel einer EuGH-Entscheidung zu Art. 2 Abs. 1 EuGVÜ (identisch mit Art. 2 Abs. 1 EuGVVO): Das Übereinkommen vom 27. September 1968 über die gerichtliche Zuständigkeit und Vollstreckung gerichtlicher Entscheidungen in Zivil- und Handelssachen in der Fassung vom 26. Mai 1989 verwehrt es einem Gericht eines Vertragsstaats, seine Zuständigkeit nach Art. 2 dieses Übereinkommens mit der Begründung zu verneinen, dass ein Gericht eines Nichtvertragsstaats geeigneter sei, um über den betreffenden Rechtsstreit zu befinden, selbst wenn keine Zuständigkeit eines Gerichts eines anderen Vertragsstaats in Betracht kommt oder das Verfahren keine Anknüpfungspunkte zu einem anderen Vertragsstaat aufweist.[40]

52   Art. 2 EuGVVO enthält keinen ausschließlichen Gerichtsstand. Das ergibt schon sein Wortlaut, wonach andere Vorschriften dieser Verordnung vorbehalten sind.

---

[39] Art. 5 beider Regelungen gilt nicht, weil Monaco nicht Mitglied der EU ist.
[40] EuGH EuGHE I 2005, 1388 = EuZW 2005, 345 = IPRax 2005, 244 = JZ 2005, 887 = ZEuP 2006, 459 = ZZPInt 2006, 277 – *Badeunfall auf Jamaika.*

II. Anwendungsbereich von Art. 5 Nr. 3 EuGVVO

Die Bestimmung lautet insoweit: 53
Art. 5 „Eine Person, die ihren Wohnsitz im Hoheitsgebiet eines Mitgliedstaats hat, kann in einem anderen Mitgliedstaat verklagt werden:
. . .

Nr. 3 wenn eine unerlaubte Handlung oder eine Handlung, die einer unerlaubten Handlung gleichgestellt ist, oder wenn Ansprüche aus einer solchen Handlung den Gegenstand des Verfahrens bilden, vor dem Gericht des Ortes, an dem das schädigende Ereignis eingetreten ist oder einzutreten droht."

Nach Art. 3 Abs. 1 EuGVVO kann eine Klage gegen eine Person, die ihren Wohnsitz im   54
Hoheitsgebiet eines Mitgliedstaats hat, vor den Gerichten eines anderen Mitgliedstaats nur gemäß den Vorschriften der Abschnitte 2 bis 7 des Kapitels II, also nur gemäß Art. 5 ff. EuGVVO, erhoben werden. Diese Voraussetzung wiederholt Art. 5 EuGVVO. Wird die Klage in dem Mitgliedstaat erhoben, in welchem der betroffene Beklagte auch seinen Wohnsitz hat, dann gilt Art. 2; ein Rückgriff auf Art. 5 Nr. 3 EuGVVO ist nicht zulässig.

1. Voraussetzungen von Art. 5 Nr. 3 EuGVVO

Die erforderliche Verschiedenheit von Wohnsitz- und Gerichtsstaat ist schon angespro-   55
chen. Diese Konstellation wird nicht so oft vorkommen. Ein bekanntes Beispiel ist der Shevill-Fall des EuGH. Hier hatte die von einem Artikel einer französischen Zeitung betroffene Engländerin (und einige Unternehmen) in England Klage erhoben gegen den in Paris sitzenden Verlag.

Weitere Voraussetzung ist, dass Gegenstand des Verfahrens sind: 56
● Eine unerlaubte Handlung
● Eine Handlung, die einer unerlaubten Handlung gleichgestellt ist
● Ansprüche aus einer solchen Handlung.

Diese Begriffe sind **autonom auszulegen**; es ist also nicht auf das Recht des Gerichts-   57
orts zurückzugreifen.[41] Er umfasst alle Klagen, mit denen eine Schadenshaftung des Beklagten geltend gemacht wird, die nicht an einen Vertrag im Sinne von Art. 5 Nr. 1 EuGVVO anknüpft.[42] Für Klagen wegen Verletzung von Persönlichkeitsrechten ist nach Anspruchszielen zu unterscheiden.

Unterlassungsansprüche folgen nach deutschem Recht aus einer entsprechenden An-   58
wendung von §§ 823, 1004 BGB; sie sind deshalb (auch) Ansprüche aus unerlaubter Handlung.[43] Dem steht nicht entgegen, dass Verschulden nicht Voraussetzung ist. Erfasst sind auch Ansprüche aus Handlungen, die einer unerlaubten Handlung gleichgestellt sind.

Entsprechendes gilt für **Widerrufsansprüche**. Solche können zwar – als presserecht-   59
liche Widerrufsansprüche – auch ohne Verschulden des Verletzers durchgesetzt werden. Aber schon dies würde genügen für die Anwendung von Art. 5 Nr. 3 EuGVVO. Wider-

---

[41] BGH in BGHZ 153, 82 = IPRax 2003, 346 (mit Anm. *Piekenbrock/Schulze*, IPRax 2003, 328) = JZ 2003, 850 (mit Anm. *Staudinger* S. 852) = NJW 2003, 426 (mit Anm. *Leible* S. 407) – Gewinnzusage. *Geimer/Schütze*, Europäisches Zivilverfahrensrecht, 2. Aufl., Art. 5 Rn. 204 f.

[42] Thomas/Putzo/*Hüßtege*, ZPO, 28. Aufl. Art. 5 EuGVVO Rn. 17 unter Hinweis auf EuGH NJW 2005, 811.

[43] Slg. I 2002, 8111 = EuZW 2002, 657 = IPRax 2003, 341 = NJW 2002, 3617 = ZZPInt 2002, 277 – *Verein für Konsumenteninformation* (Klage eines Verbraucherschutzvereins); BGH GRUR 2006, 351 = NJW 2006, 689 =WM 2006, 350 = WRP 2006, 374 – *Eigentumsberühmung* (also nicht Persönlichkeitsschutz); Thomas/Putzo/*Hüßtege*, ZPO, 28. Aufl. Art. 5 EuGVVO Rn. 17; Zöller/*Geimer*, ZPO, 26. Aufl., Anh I, Art. 5 EuGVVO Rn. 25; *Geimer/Schütze*, Europäisches Zivilverfahrensrecht, 2. Aufl., Art. 5 Rn. 228 f. und 234. Für den Bereich des IPR: BGH BGHZ 131, 332 = AfP 1996, 140 = GRUR 1996, 923–927 (mit Anm. *Nixdorf* S. 842) = LM Art. 2 GG Nr. 66 (mit Anm. *Vinck*) = NJW 1996, 1128 – *Caroline von Monaco III*.

rufsansprüche können aber auch direkt auf der Grundlage von § 823 Abs. 1 oder 2 BGB geltend gemacht werden. Dann liegen die Voraussetzungen von Art. 5 Nr. 3 EuGVVO erst recht vor.[44]

60 Entsprechendes gilt schon nach dem Wortlaut der Regelung für **Ansprüche auf Ersatz von materiellen Schäden.** Es ist eine Frage des deutschen Rechts, auf welcher Grundlage Ansprüche aus der Verletzung des Rechts am eigenen Bild zugesprochen werden. Nach der derzeitigen Rechtsprechung des BGH sind die §§ 823 ff. BGB Anspruchsgrundlage. In der Regel wird sich der Anspruch nicht aus einer Vertragsverletzung ergeben. Denkbar wäre solches, wenn die Begrenzungen eines Lizenzvertrages überschritten sind. Für solche Ansprüche aus Vertragsverletzung gilt Art. 5 Nr. 3 EuGVVO nicht. In diesem Gerichtsstand kann daher nur der hiermit konkurrierende Anspruch aus unerlaubter Handlung geltend gemacht werden.

61 Es muss dies aber auch für den **Geldentschädigungsanspruch** gelten. Dieser Anspruch folgt zwar aus dem Schutzauftrag von Art. 2 Abs. 1 i.V. mit Art. 1 Abs. 1 GG. Gleichwohl muss für den Anspruch der volle Tatbestand einer der Anspruchsnormen in §§ 823 ff. BGB erfüllt sein. Es bestehen nur zwei zusätzliche Voraussetzungen, nämlich dass es sich um eine schwere Verletzung des Persönlichkeitsrechts handeln muss und dass kein hinreichender anderer Ausgleich erreicht werden kann. Auch dieser Anspruch ist also ein Anspruch aus unerlaubter Handlung.

62 Schwieriger ist die Einordnung des **Gegendarstellungsanspruchs.** Hier wird zum Teil vertreten, dass auch er unter Art. 5 Nr. 3 EuGVVO (oder EuGVÜ) fällt.[45] Dieser Anspruch ist aber im deutschen Recht schon seiner Konstruktion nach kein solcher auf Schadensersatz. Es wäre schon zweifelhaft, ob die Landesgesetzgeber für die Regelung solcher Ansprüche überhaupt zuständig wären. Außerdem ist Verschulden keine Voraussetzung des Anspruchs. Der Anspruch wird vom BGH als ein spezifisch presserechtliches Instrument eingeordnet.[46] Und – dies ist zusätzlich zu beachten – die Wahrheit oder Unwahrheit von Erstmitteilung und Entgegnung werden vom Gericht gerade nicht geprüft. Das wäre für einen Anspruch aus unerlaubter Handlung nicht denkbar.[47] Außerdem ist schon aus der Sicht des Vollstreckungsrechts nicht zu empfehlen, gegen eine von einem ausländischen Sender ausgestrahlte Behauptung vor einem deutschen Gericht eine Gegendarstellung zu erwirken. Hier kann es Probleme schon bei der Anerkennung geben, etwa wenn im Ausland für ein Vorgehen in solchen Fällen eine ausschließliche Zuständigkeit der Gerichte am Sitz des Senders vorgesehen ist.[48] Für den Gegendarstellungsanspruch ist deshalb Art. 5 Nr. 3 EuGVVO nicht anzuwenden.[49] Deshalb stellt sich das Problem der Zulässigkeit von Eilverfahren hier nicht. Es gilt Art. 5 Nr. 1 EuGVVO. Zusätzlich be-

---

[44] Siehe hierzu bei Rundfunksendungen *Hohloch* ZUM 1986, 165/170.

[45] So insbesondere *Stadler* JZ 1994, 642; *Hohloch* ZUM 1986, 165/174 f.; *Leonhard*, Mediendelikte zwischen Globalität und Territorialität, 2001, S. 69 f. und *Thümmel/Schütze* JZ 1977, 786. Ebenso mit eingehender Diskussion *S. Löffler*, Mediendelikte im IPR und IZPR, 2000, S. 221 ff. und *Wiesener*, Der Gegendarstellungsanspruch im deutschen internationalen Privat- und Verfahrensrecht, 1999, insbes. S. 116 ff. – jedoch beide mit kaum überzeugenden Argumenten. Ohne Diskussion und ohne Hinweis auf die h. M. *Geimer/Schütze*, Europäisches Zivilverfahrensrecht, 2. Aufl., Art. 5 Rn. 231.

[46] BGH AfP 1965, 526 (mit Anm. *Bappert*) = GRUR 1965, 553 (mit Anm. *Runge* S. 554) = LM Bad. Württ. LandespresseG Nr. 2 = NJW 1965, 1230 – Bamfolin II.

[47] Siehe zu dieser Frage eingehend *Seitz* bei Seitz/Schmidt/Schoener, Der Gegendarstellungsanspruch, 3. Aufl., Rn. 522 f.

[48] Beispielhaft angesprochen von *R. Wagner*, Das deutsche internationale Privatrecht bei Persönlichkeitsverletzungen, 1986, S. 57 in Fn. 33.

[49] So *Kropholler*, Europ. Zivilprozeßrecht, 8. Aufl.; Art. 5 EuGVVO Rn. 74; *Kubis*, Internationale Zuständigkeit bei Persönlichkeits- und Immaterialgüterverletzungen, 1999, S. 114 ff. Gegen eine Einordnung bei § 32 ZPO Löffler/*Sedelmeier*, Presserecht, 5. Aufl., § 11 LPG Rn. 192; Palandt/*Sprau*, BGB, 67. Aufl., Rn. 36 vor § 823; *Romatka* ZUM 1985, 400/407 f.; *J. Soehring*, Gegendarstellungsrecht: Deliktsrecht?, AfP 1978, 81; *ders.*, Presserecht, 3. Aufl., Rn. 29.44; Wenzel/*Burkhardt*, Recht der Wort- und Bildberichterstattung, 5. Aufl., Rn. 11.235.

stimmt Art. 31 EuGVVO, dass sich aus dieser Zuständigkeit kein Einwand gegen die Anrufung eines Gerichts des Staates ergibt, der einen solchen Rechtsschutz anbietet. Diese Regelung gilt aber nur für vorläufige und sichernde Verfahren. Für Leistungsverfügungen gilt sie nur ausnahmsweise, keinesfalls für die Durchsetzung von Gegendarstellungsansprüchen. D. h., solche Ansprüche können auch aus der Sicht des internationalen Verfahrensrechts nur am Sitz des Medienunternehmens geltend gemacht werden.

2. Grundsätzliche Wirkung der Anwendung

Art. 5 EuGVVO begründet keine ausschließliche Zuständigkeit. Allerdings schließt das **63** Vorliegen des Anwendungsbereiches der EuGVVO insgesamt einen Rückgriff auf die Regelungen der ZPO über die Gerichtsstände aus.[50] Insbesondere gilt also nicht § 35 ZPO mit der Möglichkeit der Wahl von Gerichtsständen. Jedoch ist Art. 2 EuGVVO neben Art. 5 EuGVVO anwendbar, so dass insoweit Wahlrecht besteht.[51]

Nach Art. 5 Nr. 3 EuGVVO ist das Gericht des Ortes zuständig, an dem das schädi- **64** gende Ereignis eingetreten ist oder einzutreten droht. Für den Bereich der Persönlichkeitsverletzungen ist zwischen solchen durch Printmedien und Rundfunk einerseits und durch Äußerungen im Internet andererseits zu unterscheiden. Im vorliegenden Kapitel werden nur die beiden zuerst genannten Möglichkeiten erörtert.[52]

Vier Ansatzpunkte können bestehen: **65**
- Ort der Äußerung (Ort des ursächlichen Geschehens)
- Ort der Persönlichkeitsverletzung (Beeinträchtigung des Ansehens)
- Ort des Eintritts von Folgeschäden
- Ort, an welchem das schädigende Ereignis einzutreten droht.

Der **EuGH** hat seine Entscheidung im Fall Shevill wie folgt zusammengefasst: **66**
1. Die Wendung „Ort, an dem das schädigende Ereignis eingetreten ist", in Artikel 5 Nr. 3 [EuGVÜ] ist bei Ehrverletzungen durch einen in mehreren Vertragsstaaten verbreiteten Presseartikel so auszulegen, dass der Betroffene eine Schadensersatzklage gegen den Herausgeber sowohl bei den Gerichten des Vertragsstaats, in dem der Herausgeber der ehrverletzenden Veröffentlichung niedergelassen ist, als auch bei den Gerichten jedes Vertragsstaats erheben kann, in dem die Veröffentlichung verbreitet und das Ansehen des Betroffenen nach dessen Behauptung beeinträchtigt worden ist; dabei sind die erstgenannten Gerichte für die Entscheidung über den Ersatz sämtlicher durch die Ehrverletzung entstandener Schäden und die letztgenannten Gerichte nur für die Entscheidung über den Ersatz der Schäden zuständig, die in dem Staat des angerufenen Gerichts verursacht worden sind.
2. Die Voraussetzungen für die Beurteilung des schädigenden Charakters des streitigen Ereignisses und für den Beweis des Vorliegens und des Umfangs des Schadens, den der von der Ehrverletzung Betroffene geltend macht, sind nicht im Übereinkommen enthalten, sondern bestimmen sich nach dem gemäß den Kollisionsnormen des nationalen Rechts des aufgrund des Übereinkommens angerufenen Gerichts maßgeblichen materiellen Recht, soweit dessen Anwendung die praktische Wirksamkeit des Übereinkommens nicht beeinträchtigt.[53] Der Umstand, dass das auf das Verfahren anwendbare nationale Recht bei Ehrverletzungen eine Schadensvermutung vorsieht, die den Kläger von der Beweislast für dessen Vorliegen und Umfang befreit, kann daher nicht der Anwendung von Artikel 5 Nr. 3 des Übereinkommens entgegenstehen.

---

[50] Thomas/Putzo/*Hüßtege*, ZPO, 28. Aufl. Art. 5 EuGVVO Rn. 1.

[51] EuGH Slg. 1995, 415 = EuGRZ 1995, 305 = EuZW 1995, 248 = NJW 1995, 1881 – *Fiona Shevill*. Thomas/Putzo/*Hüßtege*, ZPO, 28. Aufl. Art. 5 EuGVVO Rn. 19. Ebenso *Geimer/Schütze*, Europäisches Zivilverfahrensrecht, 2. Aufl., Art. 5 Rn. 269.

[52] Zu Letzteren siehe § 60.

[53] Diskussion der Bedeutung dieser Sätze bei *Kubis*, Internationale Zuständigkeit bei Persönlichkeits- und Immaterialgüterrechtsverletzungen, 1999, S. 126 ff.

67   Dieser Entscheidung ist zu folgen, trotz der vielfach geäußerten Kritik. Sie betrifft insbesondere die Reduzierung des Handlungsorts auf den Sitz des „Herausgebers" und die Zerstückelung des Schadensersatzanspruchs auf die einzelnen Territorien.[54] Die Rechtslage für den angesprochenen Bereich ist daher wie folgt darzustellen:

3. Einzelheiten der Wirkung

68   Der EuGH spricht hier von eine „Herausgeber". Damit ist nicht der Herausgeber deutscher Begriffsbildung gemeint. **„Ort, an dem das schädigende Ereignis eingetreten ist"**, in Artikel 5 Nr. 3 des Übereinkommens[55] ist bei Ehrverletzungen durch einen in mehreren Vertragsstaaten verbreiteten Presseartikel so auszulegen, dass der Betroffene eine Schadensersatzklage gegen den Herausgeber (Verleger) sowohl bei den Gerichten des Vertragsstaats, in dem der Herausgeber der ehrverletzenden Veröffentlichung niedergelassen ist, als auch bei den Gerichten jedes Vertragsstaats erheben kann, in dem die Veröffentlichung verbreitet worden ist und in dem das Ansehen des Betroffenen nach dessen Behauptung beeinträchtigt worden ist.[56] Dabei sind die erstgenannten Gerichte für die Entscheidung über den Ersatz sämtlicher durch die Ehrverletzung entstandener Schäden und die letztgenannten Gerichte nur für die Entscheidung über den Ersatz der Schäden zuständig, die in dem Staat des angerufenen Gerichts verursacht worden sind.[57]

69   Ort der Äußerung ist damit bei Persönlichkeitsverletzungen durch Printmedien oder Rundfunk der Sitz des Unternehmens. Dabei wird zwar diskutiert, ob auf den rechtlichen oder den faktischen Sitz abzustellen ist, oder gar (bei Printmedien) auf den Druckort. Bei Rundfunksendungen könnte man erweiternd auch auf den Ort der Produktion, etwa einer Fernsehsendung, blicken. Richtigerweise ist hier der Ort maßgeblich, von dem die Verletzung beherrschend gesteuert wird.

70   Das ist der tatsächliche Sitz des Verlags oder der Rundfunkanstalt. Art. 60 Abs. 1 EuGVVO nennt zwar auch den satzungsmäßigen Sitz, dies aber nur zur Bestimmung des „Wohnsitzes" im Sinn von Art. 2 EuGVVO. Es ist deshalb, ähnlich wie im nationalen Bereichs bei der Auslegung von § 32 ZPO, nach dem „Tatort"[58] zu fragen, nach dem Sitz der Täters oder Gehilfen der Persönlichkeitsverletzung. Das ist der faktische Verlagssitz und der Sitz der Rundfunkanstalt.

71   Die Auswirkungen der Persönlichkeitsverletzung bestimmen den zweiten Ansatzpunkt für die Zuständigkeitsfestlegung. Gerichtsstand nach Art. 5 Nr. 3 EuGVVO ist auch überall dort, wo sich die verletzende Handlung ausgewirkt hat, **wo der durch das ursächliche Geschehen hervorgerufene Schaden eingetreten ist**.[59] Das können alle Orte sein, wo das Printmedium verbreitet worden ist[60] und die Orte, wo die Rundfunksendung empfangen werden kann.[61] Sind dies mehrere Orte, so spricht man von einem Streudelikt. Bei Printmedien wird überlegt, ob man dies nicht auf die Orte beschränken kann,

---

[54] Vgl. z. B. *Kreuzer/Klötgen* IPRax 1997, 90. Zustimmend aber *G. Wagner* RabelsZ Bd. 62 (1998) S. 243, 277 ff. und *Leonhard*, Mediendelikte zwischen Globalität und Territorialität, 2001, S. 64 ff. Zur Entscheidung des Court of Appeal *P. Huber*, Verleumdungsklagen und Art. 5 Nr. 3 EuGVÜ vor englischen Gerichten, IPRax 1992, 263.

[55] Diskussion dieses Merkmals bei *Kubis*, Internationale Zuständigkeit bei Persönlichkeits- und Immaterialgüterrechtsverletzungen, 1999, S. 131 ff.

[56] Vgl. BGH in BGHZ 153, 82 = IPRax 2003, 346 (mit Anm. *Piekenbrock/Schulze*, IPRax 2003, 328) = JZ 2003, 850 (mit Anm. *Staudinger* S. 852) = NJW 2003, 426 (mit Anm. *Leible* S. 407) – *Gewinnzusage*.

[57] EuGH Slg. 1995, 415 = EuGRZ 1995, 305 = EuZW 1995, 248 = NJW 1995, 1881 – *Fiona Shevill*.

[58] Deshalb der Ausdruck „lex loci delicti commissi".

[59] Hierzu ausführlich *Ehmann/Thorn*, Erfolgsort bei grenzüberschreitenden Persönlichkeitsverletzungen, AfP 1996, 20 (S. 24 f. kurz zur Zuständigkeit).

[60] EuGH Slg. 1995, 415 = EuGRZ 1995, 305 = EuZW 1995, 248 = NJW 1995, 1881 – *Fiona Shevill* – wenn der Betroffene dort bekannt ist.

[61] So auch *Geimer/Schütze*, Europäisches Zivilverfahrensrecht, 2. Aufl., Art. 5 Rn. 251.

wo sie bestimmungsgemäß ausgeliefert werden. Dem ist zu folgen. Auch wird weiter überlegt, ob man nicht völlig unbedeutende Verbreitungen ebenfalls ausschließen kann. Auch dem wird zu folgen sein. Es wäre wohl übertrieben, Art. 5 Abs. 3 EuGVVO auch für eine Klage etwa in Spanien heranzuziehen, wenn in dem betreffenden Gerichtsort nur ein Exemplar, und dies nur auf ausdrückliche Bestellung, ausgeliefert worden war. Es mag sein, dass die Diskussion um die beteiligten Interessen bei solchen Gerichtsstandsbestimmungen dogmatisch zu weit gehen. Eine gewisse Einschränkung auf das vernünftige Maß sollte aber akzeptiert werden. Weitere Voraussetzung ist hier noch, dass an dem Gerichtsort insbesondere Schäden am Ansehen der klagenden Person entstanden sind.[62]

Auf den Ort des Eintritts von **Folgeschäden** soll nicht abgestellt werden können.[63] **72** Das ist problematisch, weil die Unterscheidung zwischen Erst- und Folgeschäden kaum griffig möglich ist. Dies hat sich im deutschen Recht etwa bei der Abgrenzung im Bereich der Mängelhaftung beim Werkvertrag gezeigt. Allerdings ist wohl eine normative Wertung zulässig. Mit ihr können deutlich weit entfernte Folgeschäden ausgeschlossen werden. Dies dient den Interessen des Beklagten an einer Vorhersehbarkeit auch des Gerichtsstandes. Jedoch sind hier auch die Interessen des Verletzten in die erforderliche Abwägung mit einzubeziehen.

Umgekehrt kann auch nicht auf Handlungen abgestellt werden, die als **Vorbereitungs-** **73** **handlungen** eingeordnet werden können, jedenfalls dann nicht, wenn diese Handlungen rechtmäßig sind. Werden also von einer Person Pornoaufnahmen mit seiner Einwilligung gefertigt, und werden diese Fotos dann ohne Einwilligung in eine nicht in Deutschland erscheinenden Zeitschrift aufgenommen, durch diese also verbreitet, so sind die Gerichte in Deutschland für eine Klage auf Zahlung einer Geldentschädigung eher nicht zuständig.[64] Denn die Vorbereitungshandlung war rechtmäßig. Gegen rechtswidrige Aufnahmen könnte wegen Verletzung des allgemeinen Persönlichkeitsrechts vorgegangen werden. Deshalb wird in solchen Fällen auch gegen die Veröffentlichung der rechtswidrig hergestellten Fotos im Gerichtsstand nach Art. 5 Nr. 3 EuGVVO vorgegangen werden können.

Entsprechendes gilt für **Rundfunksendungen**. Begründung des OLG München[65]: **74** Das Interview mit dem Beklagten hat zwar unstreitig an seinem Wohnort Paris stattgefunden, der Eingriff in das Persönlichkeitsrecht der Kläger ist aber erst mit der Ausstrahlung seiner Äußerungen im Rahmen der Sendung „M..." vollendet worden. Der Schadenserfolg, den die Kläger geltend machen, hat sich dort verwirklicht, wo die Fernsehsendung verbreitet worden ist. Damit ist die internationale Zuständigkeit des angerufenen Gerichts gemäß Art. 5 Nr. 3 EuGVÜ begründet.

Neu ist die Regelung in Art. 5 Nr. 3 EuGVVO, dass auch dort gerichtliche Hilfe in Anspruch **75** genommen werden kann, wo das schädigende Ereignis **einzutreten droht**. Das zielt auf Unterlassungsansprüche bei Erstbegehungsgefahr. Hier muss nach dem Ort gefragt werden, bei dem geklagt werden könnte, wenn sich das schädigende Ereignis schon verwirklicht hätte.

Fraglich ist, ob die Grundsätze der Shevill-Entscheidung auch für **Ansprüche auf** **76** **Unterlassung** gelten könnten.[66] Die Entscheidung betrifft unmittelbar nur Ansprüche auf Schadensersatz. Zum Unterlassungsanspruch wird vertreten, dass er sich auch dann, wenn er beim Gericht des Handlungsorts geltend gemacht wird, auf das Gebiet des Staats

---

[62] EuGH Slg. 1995, 415 = EuGRZ 1995, 305 = EuZW 1995, 248 = NJW 1995, 1881 – *Fiona Shevill.*

[63] Thomas/Putzo/*Hüßtege*, ZPO, 28. Aufl., Art. 5 EuGVVO Rn. 19. Ebenso *Geimer/Schütze*, Europäisches Zivilverfahrensrecht, 2. Aufl., Art. 5 Rn. 255.

[64] So AG Hamburg IPRspr. 1989 Nr. 179, S. 392 = RIW 1990, 319; kritisch hierzu *Kubis*, Internationale Zuständigkeit bei Persönlichkeits- und Immaterialgüterrechtsverletzungen, 1999, S. 123 f.

[65] OLG München IPRspr. 1986, 336 (Nr. 142) = OLGZ 1987, 216–221 = RIW/AWD 1988, 647 – *Opus Drei.*

[66] Nicht zu verwechseln mit der Frage, ob Art. 5 Nr. 3 EuGVVO auf solche Ansprüche an sich anwendbar ist.

dieses Gerichts beschränkt.[67] Diese Frage wird man verneinen müssen. Der Unterlassungsanspruch ist also nicht etwa im Entscheidungssatz auf das eigene Staatsgebiet zu beschränken. Eine andere Frage ist, ob und inwieweit eine solche Entscheidung in einem anderen Mitgliedstaat anerkannt und inwieweit sie vollstreckt werden kann.

4. Einschränkung der Anwendung[68]

77 Die ganz wesentliche Aussage des EuGH in der Shevill-Entscheidung geht dahin, dass am Erfolgsort nur die dort eingetretenen Schäden geltend gemacht werden können. Ersatz des gesamten Schadens – wie er am Handlungs- und am Erfolgsort eingetreten ist – kann nur beim Gericht des Handlungsorts, des Orts des ursächlichen Geschehens, verlangt werden. Das ist die sogenannte „Mosaiktheorie".[69] Auch insoweit ist der Entscheidung des EuGH zu folgen. Sie bewirkt eine Einschränkung des eher unerwünschten „forum shopping" und konzentriert den Rechtsstreit auf ein zentrales Gericht. Man kann dem zwar entgegenhalten, dass damit die Wirkung von Art. 5 Nr. 3 EuGVVO verpufft, weil diese Zuständigkeit auch gemäß Art. 2 Abs. 1 EuGVVO erhoben begründet ist. Nach letzterer Norm kann aber der verstreute Teilschaden nicht bei dem dem Geschädigten günstigsten Gericht geltend gemacht werden. *Peter Huber* sieht in dieser Beschränkung eine materiell-rechtliche Begrenzung des Anspruchs.[70] Dem wird nicht zu folgen sein. Es fehlt für eine Entscheidung über die in anderen Staaten entstandenen Schäden an der Zuständigkeit. Nach Auffassung von *Huber* müsste eine Klage, die auch solche Schäden umfasst, oder gar alle, zum Teil als unbegründet abgewiesen werden, mit der Folge, dass diese Ansprüche rechtskräftig abgewiesen wären.

III. Verfahrensrechtliche Besonderheiten

1. Anforderungen an den Vortrag

78 In einer Klage im Gerichtsstand von Art. 5 Nr. 3 EuGVVO muss auch zum Gerichtsstand vorgetragen werden. Das Ausmaß dieses Vortrags ist unklar und streitig.[71] Hier ist der Rechtsprechung des BGH zu folgen. Danach reicht es zur Begründung der internationalen Zuständigkeit deutscher Gerichte nach Art. 5 Nr. 3 EuGVÜ aus, dass die Verletzung des geschützten Rechtsguts im Inland behauptet wird und diese nicht von vornherein ausgeschlossen ist. Die Zuständigkeit ist nicht davon abhängig, dass eine Rechtsverletzung tatsächlich eingetreten ist.[72]

79 Im Shevill-Fall des EuGH bestand eine Besonderheit des englischen Rechts. Zur Stützung ihrer Klage mussten die Kläger nicht nachweisen, dass eines der 5 oder 10 Exemplare in Yorkshire, oder eines der in England vertriebenen 230 oder 250 Exemplare in England tatsächlich gelesen und (Text in französischer Sprache) auch verstanden worden war.[73]

---

[67] Vgl. dazu *Leonhard*, Mediendelikte zwischen Globalität und Territorialität, 2001, S. 70 ff., der die Zuständigkeit des Tatortgerichts uneingeschränkt bejaht, unabhängig davon, ob die Entscheidung Wirkung im Ausland entfaltet.

[68] Eingehend hierzu *Kubis*, Internationale Zuständigkeit bei Persönlichkeits- und Immaterialgüterrechtsverletzungen, 1999, S. 134 ff.; *S. Löffler*, Mediendelikte im IPR und IZPR, 2000, S. 186 ff.

[69] Sie wird auch für den Bereich des IPR vertreten; siehe Palandt/*Heldrich*, BGB, 67. Aufl., Art. 40 EGBGB Rn. 4.

[70] *P. Huber*, Verleumdungsklagen und Art. 5 Nr. 3 EuGVÜ vor englischen Gerichten, IPRax 1992, 263/265.

[71] Vgl. etwa *Geimer/Schütze*, Europäisches Zivilverfahrensrecht, 2. Aufl., Art. 5 Rn. 263 (auch zur Prüfung der Zuständigkeit).

[72] BGH GRUR Int 2005, 433 = JZ 2005, 736 = K&R 2005, 178 = MMR 2005, 239 = WRP 2005, 493 – *Hotel Maritime*.

[73] so *P. Huber*, Verleumdungsklagen und Art. 5 Nr. 3 EuGVÜ vor englischen Gerichten, IPRax 1992, 263/264 f.

2. Mehrere Verfahren

Werden bei Gerichten verschiedener Mitgliedstaaten Klagen wegen desselben An- 80
spruchs zwischen denselben Parteien anhängig gemacht, so setzt das später angerufene
Gericht das Verfahren von Amts wegen aus, bis die Zuständigkeit des zuerst angerufenen
Gerichts feststeht. Ist dies der Fall, dann erklärt sich das später angerufene Gericht für unzuständig (Art. 27 EuGVVO).

Der Begriff desselben Anspruchs ist zwar nicht identisch mit dem deutschen Begriff 81
desselben Streitgegenstands. Er ist vielmehr autonom auszulegen. Es wird eine weite
Auslegung befürwortet. Zweck der Vorschrift ist es, ein Vollstreckungshindernis im Sinn
von Art. 34 Nr. 3 EuGVVO zu vermeiden.[74] Ein solches Hindernis besteht, wenn die angestrebte Entscheidung mit einer anderen Entscheidung unvereinbar wäre, die zwischen
denselben Parteien in dem Mitgliedstaat, in dem die Anerkennung geltend gemacht
wird, ergangen ist. Dies wäre der Fall, wenn sich die jeweils festgelegten Rechtsfolgen
wechselseitig ausschließen, wobei die Entscheidungen mit gleicher Wirkung zu gleichen
Fragen ergangen sein müssen.

Hat also das Model S. wegen der Veröffentlichung von Oben-ohne-Fotos in den Zeit- 82
schriften mehrerer Mitgliedstaaten der EU Klage in allen diesen Staaten erhoben, dann
wird dem Art. 27 EuGVVO nicht entgegenstehen. Es sind zwar die Fotos desselben. Sie
sind aber in verschiedenen Blättern verschiedener Verlage veröffentlicht worden. Es handelt sich nicht um dieselben Ansprüche im Sinn von Art. 27 EuGVVO.

Man kann überlegen, ob in dem zuletzt genannten Beispiel nicht wenigstens die Vor- 83
aussetzungen von Art. 28 EuGVVO vorliegen. Danach kann, sind Klagen erhoben, die
„im Zusammenhang" stehen, jedes später angerufene Gericht sein Verfahren aussetzen.
Der erforderliche Zusammenhang ist gemäß Art. 28 Abs. 3 EuGVVO gegeben, wenn
zwischen den Verfahren eine so enge Beziehung besteht, dass eine gemeinsame Verhandlung und Entscheidung geboten erschiene, um zu vermeiden, dass in getrennten Verfahren widersprechende Entscheidungen ergehen. Für die Beurteilung dieser Frage wird vor
allem entscheidend sein, ob für die Entscheidung dieselbe Rechtsordnung materiellrechtlich anzuwenden ist. Dies wird bei einem Vorgehen gegen Veröffentlichungen in
verschiedenen Mitgliedstaaten eher nicht anzunehmen sein.

Sollte das Recht des zuerst angegangen Mitgliedstaats eine Verbindung mit einem spä- 84
ter, in einem anderen Mitgliedstaat erhobenen Rechtsstreit zulassen, so kann jedes später
angegangene Gericht sich auf Antrag einer der Parteien für unzuständig erklären (Art. 28
Abs. 2 EuGVVO). Dies würde dazu führen, dass die im späteren Rechtsstreit anhängig
gemachte Sache durch Verbindung in den früheren Rechtsstreit einbezogen wird. Das
deutsche Recht sieht eine solche Möglichkeit allerdings nicht vor. § 147 ZPO lässt nur
eine Verbindung von mehreren bei ihm anhängigen Sachen zu und auch nur, wenn bestimmte weitere Voraussetzungen vorliegen.

3. Anspruchskonkurrenz[75]

Im besonderen Gerichtsstand des Art. 5 Nr. 3 EuGVVO können die Ansprüche aus 85
unerlaubter Handlung geltend gemacht werden. Es stellt sich die Frage, ob hiermit auch
andere Ansprüche (im Zusammenhang mit dem schädigenden Ereignis) geltend gemacht
werden können. Für die Beantwortung kann nicht auf § 17 GVG zurückgegriffen werden.[76] Die Regelungen in der EuGVVO sind autonom und abschließend. Deshalb können z. B. Ansprüche aus ungerechtfertigter Bereicherung – diese Fallen nicht in den
Anwendungsbereich von Art. 5 Nr. 3 EuGVVO – auch nicht im Wege der Anspruchshäu-

---

[74] Zu allem: Thomas/Putzo/*Hüßtege*, ZPO, 28. Aufl., Art. 27 EuGVVO Rn. 5; *Kropholler*, Europäisches Zivilprozessrecht, 5. Aufl., Einl. Rn. 45.

[75] Vgl. dazu ausführlich *Geimer* IPRax 1986, 80; Zöller/*Geimer*, ZPO, 26. Aufl., Anh I, Art. 5
EuGVVO Rn. 34, dem die Rspr. allerdings nicht folgt. Ebenso *Geimer/Schütze*, Europäisches Zivilverfahrensrecht, 2. Aufl., Art. 5 Rn. 222f. in Auseinandersetzung mit der a. A. des EuGH.

[76] Thomas/Putzo/*Hüßtege*, ZPO, 28. Aufl., Art. 5 EuGVVO Rn. 19.

fung in den Rechtsstreit nach Art. 5 Nr. 3 EuGVVO mit einbezogen werden. In einem, dem Paul-Dahlke-Fall gleichstehenden Fall, würde dies Schwierigkeiten bereiten. Hier hatte der BGH[77] gegen einen Fotografen einen Anspruch aus § 823 Abs. 1 BGB bejaht, insbesondere auch, weil Verschulden zu bejahen war. Im Verhältnis zum Werbenden hatte er aber die Frage des Verschuldens offen gelassen, mit der Bemerkung, gegen diesen bestünde der Anspruch jedenfalls aus § 812 Abs. 1 Satz 1 BGB. Im Bereich der EuGVVO müssten die Ansprüche an sich getrennt geltend gemacht werden. Für den Bereicherungsanspruch gilt Art. 5 Nr. 3 EuGVVO nicht.[78] Jedoch könnte an eine Anwendung wenigstens von Art. 28 EuGVVO gedacht werden.[79]

4. Mehrere Beklagte[80]

86   Sind mehrere Personen passiv legitimiert, dann können sie mit einer einzigen Klage (in Klagenverbindung) in Anspruch genommen werden. Für den Fall, dass beide (oder mehrere) Haftende verklagt werden, sieht Art. 6 Nr. 1 EuGVVO vor, dass sie vor dem Gericht des Ortes verklagt werden können, an dem einer der Beklagten seinen Wohnsitz hat.[81] Voraussetzungen sind:[82]

- Einer der Beklagten hat seinen Wohnsitz im Hoheitsgebiet eines der Mitgliedstaaten.
- Es sollen mehrere Personen zusammen verklagt werden.
- Es muss eine so enge Beziehung zwischen den Klagen gegeben sein, dass eine gemeinsame Verhandlung und Entscheidung geboten erscheint.

87   Diese Regelung vermeidet die im deutschen Recht für solche Fälle erforderliche Gerichtsstandbestimmung nach § 36 ZPO.

5. Eilverfahren[83]

88   Der internationale Gerichtsstand für Hauptsacheklagen steht dem Vorgehen bei einem anderen Gericht nicht entgegen, wenn einstweilige Maßnahmen erwirkt oder zugelassen werden sollen (Art. 31 EuGVVO). Dies hätte im Shevill-Fall praktisch werden können, weil die Regelung auch eingreift, wenn eine Hauptsacheklage schon erhoben worden war. Auch dann hätten die Betroffenen in Frankreich eine vorläufige Regelung erreichen können.

6. Vorlage an den EuGH

89   Grundsätzlich ist nach Art. 2 f. des Protokolls vom 3. 6. 1971 eine Vorlage an den EuGH erforderlich, wenn eine Auslegungsfrage in der für einen Rechtsstreit erheblichen Form noch nicht Gegenstand einer Entscheidung des EuGH war. Hierdurch soll die Einheitlichkeit der Anwendung der Regelung in Europa gewährleistet werden. Eine Vorlage an den EuGH ist nicht erforderlich, wenn die richtige Anwendung des Gemeinschaftsrechts so offenkundig ist, dass für vernünftige Zweifel kein Raum bleibt.[84]

---

[77] BGH BGHZ 20, 345 = GRUR 1956, 427 = LM § 249 (A) BGB Nr. 1 = NJW 1956, 1554 – *Paul-Dahlke*.

[78] Thomas/Putzo/*Hüßtege*, ZPO, 28. Aufl., Art. 5 EuGVVO Rn. 17 a.E.; Zöller/*Geimer*, ZPO, 26. Aufl., Anh I, Art. 5 EuGVVO Rn. 22. Ausführlich hierzu *Kubis*, Internationale Zuständigkeit bei Persönlichkeits- und Immaterialgüterverletzungen, 1999, S. 107 ff.

[79] Hierzu soeben unter a).

[80] Thomas/Putzo/*Hüßtege*, ZPO, 28. Aufl., Art. 5 EuGVVO Rn. 20; vgl. auch EuGH NJW 2007, 3702 – Freeport/Arnoldsson für den Fall unterschiedlicher Rechtsgrundlagen.

[81] Beispiel hierzu bei *Geimer* IPRax 1986, 80/81 f. (nicht Persönlichkeitsschutz).

[82] Hierzu auch *Kubis*, Internationale Zuständigkeit bei Persönlichkeits- und Immaterialgüterrechtsverletzungen, 1999, S. 183 f.

[83] Siehe näher hierzu *Geimer/Schütze*, Europäisches Zivilverfahrensrecht, 2. Aufl., Art. 5 Rn. 231 und *Kubis*, Internationale Zuständigkeit bei Persönlichkeits- und Immaterialgüterrechtsverletzungen, 1999, S. 183 ff.

[84] BGH in BGHZ 153, 82 = IPRax 2003, 346 (mit Anm. *Piekenbrock/Schulze*, IPRax 2003, 328) = JZ 2003, 850 (mit Anm. *Staudinger* S. 852) = NJW 2003, 426 (mit Anm. *Leible* S. 407) – *Gewinnzusage*.

E. Rechtsstreitigkeiten im Anwendungsbereich von Art. 5 Nr. 3 EuGVÜ und LGVÜ[85]

I. Grundlagen[86]

Art. 5 Nr. 3 von EuGVÜ und LGVÜ stimmen dem Wortlaut nach überein. Sie wei- **90** chen von Art. 5 Nr. 3 der EuGVVO nur insoweit ab, als Letzte auch das drohende Ereignis einer Schädigung mit ein. Grundsätzlich wäre nicht auszuschließen, dass die (autonome) Auslegung der drei Regelungen verschiedene Wege gegangen sein könnte. Jedoch besteht jedenfalls Einigkeit dahin, dass die Rechtsprechung zum EuGVÜ auch für die EuGVVO weiter gilt. Deshalb ist der unterschiedliche Anwendungsbereich beider Regelungen nicht von erheblicher Bedeutung. Diskutiert wurde allerdings die Frage, ob die Regelung in Art. 5 Nr. 3 EuGVÜ auch für Unterlassungsansprüche aufgrund Erstbegehungsgefahr gilt.[87] Von der herrschenden Ansicht wurde sie aber bejaht.[88]

Das LGVÜ lässt gemäß seiner ausdrücklichen Regelung in Art. 54 b das EuGVÜ **91** (Brüsseler Abkommen) unberührt. Es wird, wie schon angedeutet, in jedem Fall angewendet, in dem Fragen der gerichtlichen Zuständigkeit gestellt sind und der Beklagte seinen Wohnsitz in dem Hoheitsgebiet eines Vertragsstaates hat, der nicht Mitglied der Europäischen Gemeinschaften (jetzt: der Europäischen Union) ist. Das gilt für Island, für Norwegen und für die Schweiz.

Das EuGVÜ galt bis Ende Februar 2002, als bis zum Inkrafttreten der EuGVVO. Aber **92** nur für die Mitgliedstaaten der Europäischen Gemeinschaften und dann der Europäischen Union.

II. Zuständigkeitsfragen in anderen Ländern

In diesem Handbuch wird der Persönlichkeitsschutz in ausländischen Rechtsordnun- **93** gen im 10. Teil angesprochen. Dies kann nur für einige ausgewählte Staaten geschehen. Einen guten Überblick über Regelungen für die internationale Zuständigkeit in Österreich, Schweiz, Frankreich, England und die USA gibt Kubis.[89]

III. Keine Vorlage an den EuGH zur Auslegung des LGVÜ

Für den Bereich des LGVÜ besteht keine direkte Möglichkeit, Auslegungsfragen dem **94** EuGH vorzulegen. Für diesen besteht insoweit keine Entscheidungskompetenz.[90] Diese ergibt sich für die EuGVVO aus Art. 68 EG.[91]

---

[85] Hierzu die Kommentierung von *Hüßtege* in *Thomas/Putzo*, ZPO, 23. Aufl. und etwa *Kubis*, Internationale Zuständigkeit bei Persönlichkeits- und Immaterialgüterverletzungen, 1999, S. 21 ff.

[86] Eingehende Darstellung für diese Regelungen bei *Kubis*, Internationale Zuständigkeit bei Persönlichkeits- und Immaterialgüterverletzungen, 1999, S. 102 ff.

[87] Manche sprechen hier – unscharf – von vorbeugenden Unterlassungsansprüchen. Siehe zu solchen Begriffsbildungen *Fritz Baur*, Zu der Terminologie und einigen Sachproblemen der „vorbeugenden Unterlassungsklage", JZ 1966, 381.

[88] Siehe *Kubis*, Internationale Zuständigkeit bei Persönlichkeits- und Immaterialgüterverletzungen, 1999, S. 113 mit Fn. 142.

[89] *Kubis*, Internationale Zuständigkeit bei Persönlichkeits- und Immaterialgüterverletzungen, 1999, S. 34 ff.

[90] BGH IPRspr. 2004 Nr. 98 b, S. 204.

[91] Ausführlich zur Frage der Vorlegung Thomas/Putzo/*Hüßtege*, ZPO, 28. Aufl., EuGVVO Vorbem. Rn. 14.

§ 60. Persönlichkeitsrechtsverletzungen im Internet

Inhaltsübersicht

Schrifttum: Literaturangaben im Folgenden sind auf Sonderliteratur zum Bereich des Internet beschränkt! Zusätzlich können die Angaben in den vorigen Kapiteln und stets auch die allgemeinen Handbücher zum Presserecht herangezogen werden.
Selbständige Werke: Als grundsätzliche Spezialliteratur zum hier zu diskutierenden Bereich (schon die selbständigen Werke sind fast unübersehbar) ist etwa hinzuweisen auf: *Gounalakis/Rhode,* Persönlichkeitsschutz im Internet, München 2002 und *dieselben* in Rechtshandbuch Electronic Business, München 2003, § 22 und § 34 (S. 785 ff. und 1173 ff.); *Hoeren,* Grundzüge des Internetrechts, 2. Aufl., München 2001; *ders.,* Handbuch Multimedia-Recht, Stand 2008; *Lütcke,* Persönlichkeitsverletzungen im Internet, München 2000. *Schwarz,* Recht im Internet, Teil 6: Presse und Persönlichkeitsrecht, bearbeitet von *Freys* (Stand 2003).
Aufsätze: *Bachmann,* Der Gerichtsstand der unerlaubten Handlung im Internet, IPRax 1998, 179 ff.; *Hoeren,* Das Telemediengesetz, NJW 2007, 801 ff. (sehr kritisch).; *ders.,* Zoning und Geolocation – Technische Ansätze zu einer Reterritorialisierung des Internet, MMR 2007, 3 ff.; *Jandt,* Das neue TMG – Nachbesserungsbedarf für den Datenschutz im Mehrpersonenverhältnis, MMR 2006, 652 ff.; *Kitz,* Das neue Recht der elektronischen Medien in Deutschland – sein Charme, seine Fallstricke, ZUM 2007, 368 ff.; *Frank A. Koch,* Internationale Gerichtszuständigkeit und Internet, CR 1999, 121 ff.; *Kuner,* Internationale Zuständigkeitskonflikte im Internet, CR 1996, 453 ff.; *Rüßmann,* Wettbewerbshandlungen im Internet – Internationale Zuständigkeit und anwendbares Recht, K&R 1998, 422 ff.; *ders.,* Internationale Urheber-, Marken- und Wettbewerbsrechtsverletzungen im Internet – Internationales Zivilprozessrecht, MMR 2000, 135 ff.; *Schmitz,* Übersicht über die Neuregelungen des TMG und des RStV, K&R 2007, 135 ff.; *Sieber/Liesching,* Die Verantwortlichkeit der Suchmaschinenbetreiber nach dem Telemediengesetz, MMR 2007, Beilage 8; *Spindler,* Deliktsrechtliche Haftung im Internet – nationale und internationale Rechtsprobleme, ZUM 1996, 533 ff.; *ders.,* Das neue Telemediengesetz – Konvergenz in sachten Schritten, CR 2007, 239 ff.; *Witzleb,* Internationale Zuständigkeit für Ehrverletzungen im Internet. Die australische Perspektive, RabelsZ Bd. 69 (2005) S. 124 ff.; *Wegner,* Rechtlicher Schutz von Internetdomains. Kollisionsrecht, CR 1998, 676 ff.

A. Grundsätzliches zum Persönlichkeitsschutz gegenüber Äußerungen im Internet

I. Neuregelung des Internetrechts durch das TMG

Am 1. 3. 2007 ist das neue Telemediengesetz in Kraft getreten. Es ist als Artikel 1 Teil **1** des Gesetzes zur Vereinheitlichung von Vorschriften über bestimmte elektronische Informations- und Kommunikationsdienste (Elektronischer-Geschäftsverkehr-Vereinheitlichungsgesetz – ElGVG).[1] Dieser Artikel 1 dient der Umsetzung der Richtlinie 2000/31/EG des Europäischen Parlaments und des Rats vom 8. 6. 2000 über bestimmte rechtliche Aspekte der Dienste der Informationsgesellschaft, insbesondere des elektronischen Geschäftsverkehrs, im Binnenmarkt.[2] Mit Inkrafttreten dieses Gesetzes sind das TDG und der MDStV weggefallen. Die Regelung wird durch den RStV i. d. Fassung des 9. Rundfunkänderungsstaatsvertrags ergänzt. Dies wird noch näher darzustellen sein.

---

[1] BGBl I S. 179.
[2] ABl. EG Nr. L 178 S. 1.

II. Begriff der Telemedien

2   Mit Inkrafttreten des TMG und des mit ihm verschränkten RStV in der Fassung des 9. Rundfunkänderungsstaatsvertrags sind die Abgrenzungsprobleme zwischen den verschiedenen Medien verringert worden. Nach § 2 Abs. 1 Satz 3 RStV[3] sind Telemedien grundsätzlich alle elektronischen Informations- und Kommunikationsdienste. § 2 Abs. 1 Satz 4 RStV stellt klar, dass zu den Telemedien auch gehören
- Fernsehtext
- Radiotext[4]
- Teleshoppingkanäle.

3   In der Gesetzesbegründung werden hierfür auch genannt die Online-Angebote von Waren und Dienstleistern mit unmittelbarer Bestellmöglichkeit, die elektronische Presse, News-Clubs, Chatrooms und das Teleshopping.

4   Ausgenommen nach wie vor die Individualkommunikation und der Rundfunk. Hierzu wird wohl auch das „live-streaming" gehören.[5] Selbstverständlich wird auch die Presse nicht in die Regelung des TMG mit einbezogen.[6]

5   Einzelne Dienste können diskutiert werden.[7] Dies gilt z. B. für Access-Provider; sie werden wohl doch im Wesentlichen dem TMG unterliegen.[8] Die Internet-Telefonie gehört mehr zum Bereich des TKG.[9]

6   Das vorliegende Kapitel behandelt den zivilrechtlichen Persönlichkeitsschutz im Internet. Dies umfasst Äußerungen im World Wide Net, aber auch in Newsdiensten,[10] Chat-Foren (auch in Form der Echtzeitkommunikation), Blogs, Podcasts und in Mailing-Lists. Auch in sonstigen Internetdiensten können Persönlichkeitsverletzungen vorkommen, etwa in Streaming Media-Angeboten oder in File Sharing-Diensten. Zudem gibt es ständig neue Angebote und Formen, wie etwa VOIP (Voice Over Internet Protocol – Internet-Telefonie) oder VPN (Virtual Private Networks). Im Handy-Bereich bringt UMTS ein eigenes Netz.

III. Begriffe „Diensteanbieter" und „Provider"

7   Das Gegenstück zum Nutzer ist der **„Diensteanbieter".** Das ist nach § 2 Nr. 1 TMG jede natürliche oder juristische Person, die eigene oder fremde Telemedien zur Nutzung bereithält oder den Zugang zur Nutzung vermittelt. Insgesamt sei zur Begriffsbildung auf die weiteren Legaldefinitionen in § 2 TMG hingewiesen (z. B. auch die Begriffe „Verteildienste" und „kommerzielle Kommunikation").

8   Eine Definition der häufig gebrauchten Begriffe „Access-**Provider**", „Service-Provider" oder „Host-Provider" oder ähnlicher Begriffe ist im Grunde für den vorliegend zu erörternden Bereich nicht nötig. Es ist allerdings erforderlich, bei Anwendung der Vorfilterregelungen in §§ 7 ff. TMG zwischen „eigenen" und „fremden" Inhalten abzugrenzen und zwischen Diensteanbietern,
- die eigenen Informationen zur Nutzung bereithalten,
- die fremden Informationen in einem Kommunikationsnetz übermitteln,

---

[3] Ebenso § 1 Abs. 1 TMG.

[4] Eine etwas merkwürdige Bezeichnung; besser ist wohl Hörfunktext.

[5] So zu Recht *Bender/Kahlen* MMR 2006, 591, 592.

[6] So § 1 Abs. 3 TMG.

[7] Vgl. zu einzelnen Abgrenzungsfragen auch *Kitz* ZUM 2007, 368, 369 ff. und *Spindler* CR 2007, 239.

[8] So *Hoeren* NJW 2007, 801, 802.

[9] *Hoeren*, a.a.O.

[10] Dazu etwa *M. Bergmann,* Die Haftung gem. § 5 TDG am Beispiel des News-Dienstes unter Berücksichtigung des EU-Richtlinienvorschlags über den elektronischen Geschäftsverkehr, 2000.

- die den Zugang zur Nutzung von fremden Informationen vermitteln,
- die Informationen automatisch und kurzfristig zwischenspeichern
- die fremde Informationen für einen Nutzer speichern.

Das sind die für die Anwendung der Vorfilterregelung maßgebenden Begriffe. Die Be- **9** zeichnung des zuletzt genannten Diensteanbieters als „Host-Provider" ist für die Anwendung der gesetzlichen Haftungsfreistellungen nicht von erheblicher Bedeutung.

IV. Verantwortlichkeiten

Die Frage der Verantwortlichkeit im Bereich der Telemedien ist anhand der ins Ein- **10** zelne gehenden Regelungen in §§ 7 ff. TMG zu beantworten. An der Neuregelung ist bemerkenswert, dass sie keine neuen Regelungen bringt. Es bleibt alles beim Alten.[11] Das bedeutet insbesondere zweierlei:

1. Unterlassungsansprüche

Nach § 7 Abs. 2 Satz 2 TMG bleiben Verpflichtungen zur Entfernung oder Sperrung **11** der Nutzung von Informationen nach den allgemeinen Gesetzen auch im Fall der Nichtverantwortlichkeit des Diensteanbieters nach §§ 8 bis 10 TMG unberührt. Dies hat der BGH in der *ROLEX/Ricardo-Entscheidung*[12] dahin interpretiert, dass die Befreiung von Host-Providern aus der Verantwortlichkeit nicht für Unterlassungsansprüche gilt. Hieran ändert die Neuregelung nichts. Das gilt in Fortführung dieser Rechtsprechung auch für den „echt vorbeugenden" Unterlassungsanspruch, also für den Unterlassungsanspruch, der einer erstmaligen Rechtsverletzung vorbeugen soll.[13]

2. Betreiber von Foren und Suchmaschinen, Linkhaftung

In Anlehnung an die soeben dargestellte Rechtsprechung des BGH hat die Praxis die **12** Verantwortlichkeiten im Netz für Unterlassungsansprüche auch für Betreiber von Foren[14] und für Suchmaschinenbetreiber[15] verschärft. Entsprechendes gilt für eine Haftung aufgrund des Setzens von Hyperlinks,[16] jedenfalls, wenn auf „gefährliche" oder offensichtlich persönlichkeitsverletzende Seiten verwiesen wird.[17] Die Neuregelung gibt keinen Anlass, hieran etwas zu ändern.

B. Bedeutung der Besonderheiten des Mediums „Internet" für den Persönlichkeitsschutz

Es gibt wenige spezielle Regelungen zu Rechtsfragen des zivilrechtlichen Schutzes der **13** Persönlichkeit im Bereich von Internetäußerungen. Insbesondere sind die Fragen der

---

[11] So zu Recht *Hoeren* NJW 2007, 801, 805 f. Wegen der Einzelheiten wird deshalb hier auf die bisherigen Darstellungen zum TDG und zum MDStV verwiesen.

[12] BGH BGHZ 158, 236 = GRUR 2004, 860 = MMR 2004, 668 (mit Anm. *Hoeren* S. 672) = NJW 2004, 3102 (Besprechung durch *Leible/Sosnitza* in NJW 2004, 3225 ff.) – *Internet-Versteigerung I.* Hierzu auch *Bender/Kahlen* MMR 2006, 591/593.

[13] BGH GRUR 2007, 708–712 (mit Anm. *Lehment* S. 713 f.) – *Internet-Versteigerung II.*

[14] Z.B. BGH GRUR 2007, 724 = MMR 2007, 518; OLG Hamburg AfP 2006, 565 = ZUM 2006, 754–756 (mit Anm. *Schmelz* S. 756 ff.); LG Hamburg AfP 2007, 277 (mit Anm. *Jürgens/Veigel* S. 279 ff.) = MMR 2007, 518 (mit Anm. *Meckbach/Weber* S. 451 f.).

[15] KG CR 2007, 263 = KGR 2007, 330 = MMR 2006, 817 – *Platzhalter.* Vgl. auch OLG Hamburg MMR 2007, 315 = ZUM 2007, 490 – *Snippets.* Sehr ausführlich hierzu *Sieber/Liesching* MMR 2007, Beilage 8.

[16] Vgl. BGH BGHZ 158, 343 = AfP 2004, 357 = GRUR 2004, 693 = NJW 2004, 2158 – *Schöner Wetten*: Keine Regelung der Haftung im TDG; also gelten die allgemeinen Grundsätze. Insbesondere wird bei einer Verletzung von Prüfpflichten gehaftet.

[17] So OLG München AfP 2003, 70 = NJW-RR 2002, 1048 – *Kauft Kalaschnikows.*

Haftung zum Teil durch Bestimmungen über die „Verantwortlichkeit" von Providern etwas mühsam geregelt und zu Äußerungen in den dem TMG unterfallenden Medien gibt § 56 RStV einen speziellen Gegendarstellungsanspruch. Die allgemeine Bezugnahme in Regelungen zu den neuen Medien (§ 54 TMG) auf die „allgemeinen Gesetze" oder auch auf „die allgemeinen Bestimmungen zum Schutz der persönlichen Ehre"[18] bringen keine verwertbaren rechtlichen Erkenntnisse.

14   Weitgehend sind jedoch Rechtsfragen im vorliegend zu erörternden Bereich der Äußerungen im Internet auf der Grundlage der gesetzlichen Regelungen für die bisherigen Medien zu entscheiden. Das bedeutet eine doppelte Schwierigkeit: Schon für die Printmedien und für den Rundfunk gibt es kaum spezielle Bestimmungen zum Schutz der Persönlichkeit; schon in diesem Bereich muss mit Analogien gearbeitet werden. Grundlage sind hier im Wesentlichen §§ 823 ff. BGB. Diese sind nicht speziell auf den Persönlichkeitsschutz zugeschnitten, sie decken durch Ausdehnung des „sonstigen Rechts" auch die Voraussetzungen von Persönlichkeitsschutz. Sie geben aber nicht das klassische Instrumentarium des Äußerungsrechts. Anspruchsziel der §§ 823 ff. BGB ist Schadensersatz, der dem Inhalt nach näher in §§ 249 ff. BGB geregelt ist. Die wesentlichen äußerungsrechtlichen Instrumente sind aber Unterlassung, Gegendarstellung, Beseitigung, vor allem in Form von Widerruf von Äußerungen, und Geldentschädigung. Der Unterlassungsanspruch wird heute wohl so sehr als Gewohnheitsrecht angesehen, dass seine Grundlagen in der Regel nicht mehr zitiert werden. Grundlagen waren zunächst §§ 12, 862, 1004 BGB in analoger Anwendung (Gesamtanalogie). Heute wird meist nur noch § 1004 BGB zitiert. Aber auch dieser kann nur analog angewendet werden, weil er nur für dingliche, nicht für alle absoluten Rechte unmittelbar gilt. Der klassische Ansatzpunkt für den äußerungsrechtlichen Unterlassungsanspruch ist deshalb heute wohl am ehesten § 823 (z. B. Abs. 1) i. V. mit § 1004 Abs. 1 Satz 2 BGB – je in analoger Anwendung. Und für Äußerungen im Internet stellt sich die Frage, ob diese Analogie auch hierher transferiert werden kann. Entsprechendes gilt für viele andere Bereiche des Persönlichkeitsschutzes nach Äußerungen im Internet.

15   Der Transfer der Rechtslage bei den bisherigen (alten) Medien in den Bereich von Äußerungen im Internet setzt voraus, dass die Besonderheiten von Äußerungen in diesen neuen Medien herausgearbeitet werden. Nur auf der Basis einer solchen Untersuchung kann überzeugend entschieden werden, ob ein Transfer unverändert stattfinden kann, oder ob die Besonderheiten des Internet eine Transferanpassung bedingen oder gar einen solchen ausschließen.

16   Es ist schwer, die Besonderheiten des Mediums „Internet" griffig zu kategorisieren.[19] Die Schwerpunkte werden wohl nicht einheitlich gesehen werden können. Die folgende Darstellung ist deshalb auch subjektiv, von meinen eigenen Erfahrungen mit diesem Medium geprägt. Die Ausführungen werden an Stichworten aufgehängt. Diese können die Besonderheiten aber nicht exklusiv beschreiben, d. h., es gibt Überschneidungen. Die Stichworte sind in alphabetischer Reihenfolge des jeweiligen Hauptbegriffs diskutiert. Das ist keine sachlich bedingte Überlegung, zumal die Stichworte durch Synonyme ersetzt werden können. Diese Art der Darstellung strebt nur an, die Übersichtlichkeit zu verbessern.

17   Aus Raumgründen können die Besonderheiten des Internet, soweit sie für den Persönlichkeitsschutz von Bedeutung sind, hier nur (alphabetisch) aufgelistet werden:[20]

---

[18] Beide in § 54 Abs. 1 Satz 2 TMG.

[19] Einen Versuch unternimmt BVerfG, BVerfGE 104, 65 = CR 2002, 363 = MMR 2002, 89 = NJW 2002, 741 = ZUM-RD 2003, 6 – *Schuldnerspiegel*. Eine kurze Darstellung findet sich etwa auch bei *Fiedler*, Meinungsfreiheit in einer vernetzten Welt, 2002, S. 32 ff.; *J. Helle*, Persönlichkeitsverletzungen im Internet, JZ 2002, 593 unter dem Stichwort Gefährdungspotential des Internet; *Pichler*, Teil 25 in Hoeren/Sieber, Handbuch Multimedia-Recht, Teil 25 Rn. 2 ff.; *Wanckel*, Persönlichkeitsschutz in der Informationsgesellschaft, 1999.

[20] Nähere Erläuterung dieser Besonderheiten in meinem Beitrag bei *Hoeren/Sieber*, Handbuch Multimedia-Recht, Teil 8.2.

- Bildschirmgebundenheit – beschränkte Wahrnehmung
- Digitalisierung – Verbesserung der Verfügbarkeit
- Konvergenz der Medien
- Kurzweiligkeit
- Marktoffenheit
- Multimediale Darstellung – Erhöhung der Wirkungen
- Niedrige Kosten
- Schnelligkeit
- Ständige Verfügbarkeit
- Umfassendheit und Vielfalt
- Weltweitheit
- Zugang für jedermann.

C. Grundrechtliche Besonderheiten des Persönlichkeitsrechtsschutzes im Internet[21]

Das Grundgesetz enthält – natürlich – keine Sonderregeln zum Grundrechtsschutz im **18** Bereich von Äußerungen im Internet. Es handelt sich um ein neues Medium. Diese Qualität spielt bei der Anwendung von Art. 1 und Art. 2 GG keine Rolle. Die Menschenwürde und die freie Entfaltung der Persönlichkeit sind auch insoweit geschützt, als es um die aktive oder passive Nutzung des Internet geht. Der Persönlichkeitsschutz ist nicht vom Medium abhängig.[22]

I. Meinungsfreiheit

Selbstverständlich steht dem Internetnutzer auch das Grundrecht der Meinungsäuße- **19** rungsfreiheit nach Art. 5 Abs. 1 Satz GG zu und das Grundrecht der Informationsfreiheit aus Art. 5 Abs. 1 Satz 3 GG. Entsprechendes gilt für die (Grund-)Rechte aus Art. 5 Abs. 3 GG.

In den USA war die überragende Geltung der Äußerungsfreiheit für das Medium Inter- **20** net zeitweise umstritten. Insbesondere war diskutiert worden, ob der „Communications Decency Act" nicht dem First Amendment mit der Gewährung der Meinungsfreiheit widerspricht. Durch dieses Gesetz waren auch Aufklärungen von Krankenhäusern und wohltätigen Organisationen über Aids, Safer-sex und etwa Brustkrebs verboten. Der Oberste Gerichtshof hat das Gesetz für verfassungswidrig erklärt. Auch in den USA gilt also das Grundrecht der Äußerungsfreiheit auch für Äußerungen im Internet.[23] Auch der Child Online Protection Act (COPA) wird der verfassungsrechtlichen Prüfung möglicherweise nicht standhalten. Der US Supreme Court hat hiergegen am 29. 6. 2004 schon eine einstweilige Verfügung erlassen.[24]

---

[21] Eingehend hierzu *Determann*, Kommunikationsfreiheit im Internet, 1999.

[22] Vgl. *Schröder*, Das Recht auf freie Meinungsäußerung im Internet – ein Vergleich der Rechtslage in der Bundesrepublik Deutschland und den Vereinigten Staaten von Amerika, 1999.

[23] US Supreme Court, U. v. 16. 4. 2002, Nr. 00–795.

[24] Laut SZ 18. 2. 2005 ist ein neuer Anlauf gemacht worden. Anlass war der „nipplegate" von Janet Jackson (Zeigen ihrer Brustwarze mit einem Schmuckstück beim Football-Finale 2004 bei der Übertragung im Fernsehen). Das neue US-Gesetz sieht für das Zeigen von „Obszönem" im Fernsehen eine Strafe von (umgerechnet) bis zu 500.000 Euro vor.

II. Rundfunkfreiheit

21   Für die Rundfunkfreiheit aus Art. 5 Abs. 1 Satz 2 GG wird die Anwendbarkeit auf Internetdienste diskutiert.[25] Man wird hier, für einen Transfer, Ähnlichkeiten zu Aufgaben und Wirkungen des Rundfunks verlangen müssen. *Jarass* hat herausgearbeitet, dass die Rundfunkfreiheit keine bloße Wiederholung der Meinungsfreiheit für einen bestimmten Teilbereich ist. Sie betrifft vielmehr die massenkommunikativen Prozesse „zwischen" der Meinungsfreiheit und der Informationsfreiheit (er nennt dies „Brückenfunktion").[26] Die Rundfunkfreiheit dient der Aufgabe, freie und umfassende Meinungsbildung durch den Rundfunk zu gewährleisten.[27] Für Internetangebote gilt die Rundfunkfreiheit dementsprechend nur, wenn sie ebenfalls die beschriebene Brückenfunktion wahrnehmen, also für rundfunkähnliche Angebote, solche mit redaktioneller Gestaltung.[28] Das können direkte Übernahmen von Rundfunkangeboten in das Internet sein. Es kann sich aber auch um besonders eigenständige Gestaltungen im Internet handeln.

III. Träger der Grundrechte aus Art. 5 GG[29]

22   Im Übrigen gelten für den Bereich des Art. 5 GG keine Besonderheiten für Internetangebote. Subjektiv sind Träger der Grundrechte aus Art. 5 GG natürliche und grundsätzlich auf juristische Personen – Letztere beschränkt auf inländische. Ausgedehnt wird dies auch auf juristische Personen im Bereich der EU-Mitgliedstaaten.[30] Hier wirkt sich die Internationalität des Internet aus: Ausländische juristische Personen außerhalb der EU sind nicht Träger etwa der Rundfunkfreiheit. Die Grundrechte gelten nach der ausdrücklichen Regelung in Art. 19 Abs. 3 GG auch für inländische juristische Personen, aber nur insoweit, als sie ihrem Wesen nach auf diese anwendbar sind.

23   Die Meinungsfreiheit steht jeder natürlichen Person zu, also – unbeschränkt – auch Ausländern. Art. 5 Abs. 1 Satz 1 GG gewährt sie ausdrücklich „jedem". Jeder in diesem Sinn sind auch Minderjährige; das ist auch und vor allem für Internetaktivitäten von Bedeutung. Und „jeder" ist selbstverständlich auch eine Person, der ein Betreuer bestellt worden ist, unabhängig von der Geschäftsfähigkeit.

IV. Internationaler Anwendungsbereich von Art. 5 GG

24   Für den Bereich des Internet bleibt immer die Frage, inwieweit das GG auf weltweite Angebote überhaupt anzuwenden ist. Sicher etwa nicht auf die Beurteilung deutscher Beiträge, die in den USA abgerufen werden.

---

[25] Vgl. etwa *Jarass* in AfP 1998, 133.

[26] *Jarass* a.a.O. S. 135.

[27] BVerfGE 57, 295, 320 = NJW 1981, 1774 – *FRAG-Urteil*; BVerfGE 74, 297, 324 = NVwZ 1987, 573 – *SDR*.

[28] Ebenso Wenzel/*Burkhardt,* Das Recht der Wort- und Bildberichterstattung, 5. Aufl., Rn. 1.31 unter Hinweis auf *Jarass.*

[29] Siehe dazu schon oben Rn. 19.

[30] Vgl. etwa Jarass/Pieroth/*Jarass,* GG 7. Aufl., Art. 5 Rn. 41 und Art. 19 Rn. 13 ff., insbesondere Rn. 17a.

D. Einfluss des Europarechts auf den Persönlichkeitsschutz im Internet[31]

I. Besonderheiten nach Art. 10 EMRK

Art. 10 EMRK gibt einen Anspruch auf freie Meinungsäußerung. Dieses Recht schließt **25** nach dessen Abs. 1 Satz 2 die Freiheit der Meinung und die Freiheit zum Empfang und zur Mitteilung von Nachrichten und Ideen ohne Eingriffe öffentlicher Behörden und ohne Rücksicht auf Landesgrenzen (für Internetäußerungen besonders interessant) ein.[32]

1. Subjektiver Anwendungsbereich von Art. 10 EMRK

Es ist schon dargestellt, dass die Grundrechte des Grundgesetzes jedenfalls für Angehö- **26** rige von Mitgliedstaaten der EU gelten. Die EMRK greift weiter; sie ist von fast allen Mitgliedstaaten des Europarats unterzeichnet worden. Hierbei ist insbesondere auch die Türkei. Nach Art. 6 Abs. 2 EU-Vertrag achtet die Union die Grundrechte, wie sie in der am 4. November 1950 in Rom unterzeichneten Europäischen Konvention zum Schutze der Menschenrechte und Grundfreiheiten gewährleistet sind und wie sie sich aus den gemeinsamen Verfassungsüberlieferungen der Mitgliedstaaten als allgemeine Grundsätze des Gemeinschaftsrechts ergeben. Art. 10 EMRK ist also ausdrücklich auch zum Gegenstand der Grundlagen der Europäischen Union gemacht worden.

2. Einschränkungsmöglichkeiten im Rahmen von Art. 10 EMRK

Allerdings gibt Art. 10 EMRK eine Reihe von Einschränkungsmöglichkeiten. Art. 10 **27** EMRK schließt nicht aus, dass Staaten Rundfunk-, Lichtspiel- oder Fernsehunternehmen einem Genehmigungsverfahren unterwerfen (so Art. 10 Abs. 1 Satz 2 EMRK). Für Internetaktivitäten ist Derartiges nicht vorgesehen. Man wird die Regelung auch kaum auf rundfunkähnliche Angebote übertragen können, jedenfalls solange nicht, also nicht, wegen des Gesamtkonzepts von einem Rundfunkunternehmen gesprochen werden kann. Gemäß dessen Abs. 2 können im Interesse gewisser, konkret genannter Schutzgüter, Einschränkungen national statuiert werden, etwa zum Schutz der Moral, des guten Rufes oder der Rechte anderer und ferner auch, um die Verbreitung von vertraulichen Nachrichten zu verhindern. Inwieweit hier auch Internetdienste betroffen sind, ist nicht ausreichend erörtert.[33] Die Rechte aus Art. 10 EMRK stehen jeder Person zu, auch juristischen Personen.[34]

3. Verhältnis von Art. 5 GG und Art. 10 EMRK

Eine Entscheidung des EGMR hat Unsicherheiten zum Verhältnis zwischen Art. 8 und **28** 10 EMRK und Art. 1, 2 und 5 GG gebracht.[35] Diese Frage wird in Deutschland heftig diskutiert. Der EGMR folgt in der Entscheidung der französischen Linie zum Persönlichkeitsschutz. Richtig daran ist wohl, dass das *BVerfG* bisher den Ehrenschutz im Interesse der freien Rede zu stark zurückgedrängt hat. Auch Prominente haben ein Recht auf Privatleben. Das endet nicht erst in abgeschlossenen Bereichen.[36] Ich halte es allerdings

---

[31] Vgl. dazu auch *Holznagel/Kibele* in Hoeren/Sieber, Handbuch Multimedia-Recht, Teil 5 Rn. 13 ff.

[32] Eingehend hierzu etwa *Kühling,* Die Kommunikationsfreiheit als europäisches Grundrecht, Berlin, 1999; *Laeuchli Bosshard,* Die Meinungsäußerungsfreiheit gemäß Art. 10 EMRK unter Berücksichtigung der neueren Entscheide und der neuen Medien, 1990; *Probst,* Art. 10 EMRK – Bedeutung für den Rundfunk in Europa, 1996.

[33] *Laeuchli Bosshard* befasst sich naturgemäß noch nicht hiermit.

[34] *Meyer-Ladewig,* EMRK, 2003, Art. 10 Rn. 4 unter Hinweis auf EGMR v. 20. 11. 1989, EuGRZ 1996, 302 – *markt intern* (für eine GmbH).

[35] EGMR, E.v. 24. 6. 2004, AfP 2004, 348 = NJW 2004, 2647 – *Caroline von Hannover*; über den EGMR im Internet abrufbar.

[36] Vgl. dazu schon *Seitz,* Promischutz vor Pressefreiheit? Oder: Die Presse als unkontrollierte Gewalt, NJW 1997, 3216.

für fraglich, dem Unterhaltungsinteresse der Bürger jeden Rang abzusprechen. Umso mehr, also es mit dem Publizitätsinteresse vieler Prominenter korrespondiert. All dies sind allerdings zuerst Fragen, welche Printmedien betreffen. Besonderheiten für das Internet ergeben sich aus dieser Entscheidung nicht.

II. Wirtschaftsrecht der EU

29   Europarecht der EU ist vor allem Wirtschaftsrecht. Über diese Schiene wird aber auch auf das Persönlichkeitsrecht Einfluss genommen. Hier gibt es wettbewerbsrechtliche Besonderheiten zur Online-Werbung für den Vertrieb von Produkten aus EG-Ländern.[37] Die Regelungen erfassen aber das Werberecht in der EU insgesamt.[38] Durch eine Beschränkung der Anbieterseite ergibt sich von selbst ein Schutz der Persönlichkeit im Bereich der EU.

III. Die E-Commerce-Richtlinie

30   Einfluss ergeben hat aber auch die E-Commerce-Richtlinie.[39] Sie hat eine Neugestaltung der Haftung von Providern erzwungen. Diese Haftung begünstigt zwar zunächst die Anbieter und schränkt auf diese Weise den Persönlichkeitsschutz eher ein. Sie schafft aber Klarheit über die Grenzen des E-Commerce auch in Bezug auf den Persönlichkeitsschutz. Der Schutz natürlicher Personen bei der Verarbeitung personenbezogener Daten ist durch Datenschutz-Richtlinien gesichert.[40] Die Vertraulichkeit der Kommunikation ist durch Art. 5 der soeben in der Fußnote zitierten Richtlinie 97/66/EG gewährleistet. Darin wird den Mitgliedstaaten jede Art des Abfangens über Überwachens dieser Kommunikation durch andere Personen als Sender und Empfänger untersagt, es sei denn, diese Personen seien gesetzlich dazu ermächtigt.

31   Für den vorliegend zu diskutierenden Bereich bedeutsam halte ich den Erwägungsgrund 25 der E-Commerce-Richtlinie:

(25) Nationale Gerichte, einschließlich Zivilgerichte, die mit privatrechtlichen Streitigkeiten befasst sind, können im Einklang mit den in dieser Richtlinie festgelegten Bedingungen Maßnahmen ergreifen, die von der Freiheit der Erbringung von Diensten der Informationsgesellschaft abweichen.

32   Für den Schutz vor E-Mail-Spam sieht der Erwägungsgrund 31 der E-Commerce-Richtlinie folgendes vor:

(31) Mitgliedstaaten, die in ihrem Hoheitsgebiet niedergelassenen Diensteanbietern die Versendung nicht angeforderter kommerzieller Kommunikation mit elektronischer Post ohne vorherige Zustimmung des Empfängers gestatten, müssen dafür Sorge tragen, dass die Diensteanbieter regelmäßig sog. Robinson-Listen konsultieren, in die sich natürliche Personen eintragen können, die keine derartigen Informationen zu erhalten wünschen, und dass die Diensteanbieter diese Listen beachten.

33   Diese Richtlinie will ferner Beschränkungen der Diensteanbieter reglementieren (vereinheitlichen), soweit es um unerlaubte Inhalte geht. Hierzu aus Erwägungsgrund 40:

---

[37] Vgl. dazu eingehend *Glöckner* in: Harte/Henning, UWG 1. Aufl. 2004, Einleitung B (= S. 41 ff.).

[38] Näher dazu *Marwitz* in: Harte/Henning, UWG 1. Aufl. 2004, Teil 11.2 Rn. 47 ff.

[39] Richtlinie 2000/31/EG des Europäischen Parlaments und des Rates vom 8. Juni 2000, ABl. L 178 (vom 17. 7. 2000).

[40] Richtlinie 95/46/EG des Europäischen Parlaments und des Rates vom 24. Oktober 1995 zum Schutz natürlicher Personen bei der Verarbeitung personenbezogener Daten und zum freien Datenverkehr, ABl. L 281 vom 23. 11. 1995, S. 31 und ferner Richtlinie 97/66/EG des Europäischen Parlaments und des Rates vom 15. Dezember 1997 über die Verarbeitung personenbezogener Daten und den Schutz der Privatsphäre im Bereich der Telekommunikation, ABl. L 24 vom 30. 1. 1998, S. 1.

Die Bestimmungen dieser Richtlinie sollten eine geeignete Grundlage für die Entwicklung rasch und zuverlässig wirkender Verfahren zur Entfernung unerlaubter Informationen und zur Sperrung des Zugangs zu ihnen bilden. Entsprechende Mechanismen könnten auf der Grundlage freiwilliger Vereinbarungen zwischen allen Beteiligten entwickelt und sollten von den Mitgliedstaaten gefördert werden.

Mit den Beschränkungsmöglichkeiten im Einzelnen befassen sich die Erwägungs- **34** gründe 41 ff. und die Art. 12 ff. der Richtlinie. Die Nachteile der Freiheiten in diesem Bereich werden in der Richtlinie gesehen. Erwägungsgrund 52 verlangt deshalb, den Opfern dieser Freiheiten einen wirksamen Zugang zu Möglichkeiten einer Beilegung von Streitigkeiten zu gewährleisten. Verlangt wird, dass angemessene Klagemöglichkeiten zur Verfügung gestellt werden.[41]

IV. Die Rom-II-Verordnung

Ohne unmittelbare Bedeutung für die Frage der Persönlichkeitsrechtsverletzungen im **35** Internet ist die Verordnung über das auf außervertragliche Schuldverhältnisse anzuwendende Recht, die Rom-II-Verordnung, vom 11. 7. 2007.[42] Von deren Anwendungsbereich ausgenommen sind nach Art. 1 Abs. 2 lit g ausdrücklich „außervertragliche Schuldverhältnisse" aus der Verletzung der Privatsphäre oder der Persönlichkeitsrechte, einschließlich der Verleumdung.

E. Internationales Privatrecht zum Persönlichkeitsschutz im Internet

I. Grundsätzliche Ausgangslage

Die Grundsätze für die Anwendung der Haftungsregelungen sind im vorliegenden **36** Handbuch durch *Herresthal*[43] eingehend dargestellt.[44] Hierauf sei verwiesen. Hier können nur Grundzüge, fokussiert auf den Persönlichkeitsschutz, erörtert werden. Auch zur Beantwortung dieser Fragen ist zunächst auf die Regelungen zum herkömmlichen Äußerungsrecht zurückzugreifen. Allerdings gibt es hierzu nicht sehr viele Entscheidungen. Interessant ist etwa eine Entscheidung des *BGH* zu einem Caroline-Fall.[45]

Nach § 3 TMG[46] gilt das **Herkunftslandprinzip**. In der Bundesrepublik Deutschland **37** niedergelassene Diensteanbieter und ihre Telemedien unterliegen danach den Anforderungen des deutschen Rechts, unabhängig davon, wo die Telemedien geschäftsmäßig angeboten oder erbracht werden.

Anspruchsgrundlagen bei Verletzung des Allgemeinen Persönlichkeitsrechts sind im **38** deutschen Recht überwiegend die §§ 823 ff. BGB. Es ist davon auszugehen, dass deutsche Gerichte das deutsche Internationale Privatrecht heranziehen, wenn es um die Bestimmung des anwendbaren materiellen Rechts geht.[47] Der *BGH* (a.a.O.) weist in diesem Zu-

---

[41] Zu einem weiteren Richtlinienpaket s. *Holznagel/Kibele*, Multimedia-Recht, Teil 5 Rn. 17.

[42] Verordnung (EG) Nr. 864/2007 des Europäischen Parlaments und des Rates, ABl. L 199, vom 31. 7. 2007, S. 40.

[43] Oben § 67.

[44] Dazu etwa auch *Gounalakis/Rhode*, Rechtshandbuch Electronic Business, 2003, § 22 Rn. 7 ff.; *von Hinden*, Persönlichkeitsverletzungen im Internet. Das anwendbare Recht, 1999.

[45] *BGH* BGHZ 131, 332 = AfP 1996, 140 = GRUR 1996, 923 (Anm. *Nixdorf* S. 842) = LM Art. 2 GG Nr. 66 (Anm. *Vinck*) = NJW 1996, 1128 – *Caroline von Monaco*. Siehe hierzu auch die Anm. von *J. Helle* in EWiR 1996, 371 f.

[46] Bienenschwarmregelung! 5 Absätze, viele Nummern.

[47] *BGH* (Großer Senat in Zivilsachen) in BGHZ 44, 46, 50 = JZ 1966, 237 (mit Anm. *Neuhaus* S. 239) = NJW 1965, 1665. Siehe etwa oben *Hoeren*, Teil 7.10 Rn. 4 und unten *Pichler*, Teil 31 Rn. 4 zu

sammenhang zu Recht darauf hin, dass deshalb, und auch, weil das deutsche Gericht das eigene Verfahrensrecht anzuwenden hat, der Rechtsstreit durch diese Rechtswahl eventuell schon im Vorfeld entschieden wird. Das ist gerade bei Internetäußerungen gut denkbar, wenn die deutsche Rechtsordnung von den anderen, möglicherweise anwendbaren, deutlich abweicht. Wer sich gegen eine aus Frankreich kommende Internetäußerung wendet, wird eher nicht in Deutschland klagen. Der deutsche Persönlichkeitsschutz ist nicht so strikt, wie der in Frankreich. Umgekehrt wird man sich gegen eine aus England stammende Verletzung des Persönlichkeitsrechts im Internet eher an deutsche Gerichte wenden, weil in England der Persönlichkeitsschutz nicht (noch nicht?) sehr ausgeprägt ist. Im Bereich der EU gilt grundsätzlich das Herkunftslandprinzip.[48]

II. Anwendbares Recht bei Rechtsstreit in Deutschland

39   Soweit es um die Bestimmung des anwendbaren Rechts vor deutschen Gerichten geht, sind vor allem **Art. 40 bis 42 EGBGB** heranzuziehen. In der Regel geht es um unerlaubte Handlungen; deshalb ist auf das deutsche Deliktsstatut abzustellen. Dies gilt insbesondere auch für Ansprüche aus Verletzungen des allgemeinen Persönlichkeitsrechts,[49] insbesondere Unterlassungs-, Widerrufs- und Schadensersatzansprüche.[50]

40   Danach gilt das „Tatortprinzip" – anders als im Urheberrecht, wo das Schutzlandprinzip vorherrscht.[51] Tatort ist der Handlungs- und auch der Erfolgsort.[52]

41   Soweit es um grenzüberschreitende Persönlichkeitsrechtsverletzungen innerhalb der EU im Internet geht, ist für die Bestimmung der **gerichtlichen Zuständigkeit**[53] Art. 5 Nr. 3 EuGVVO anzuwenden. Dieser ist zwar autonom auszulegen; er führt aber zu ähnlichen Ergebnissen wie Art. 40 EGBGB. Allerdings sind in diesem Gerichtsstand die Gerichte am Erfolgsort nur für die in dem betreffenden Mitgliedstaat entstandenen Schäden zuständig (Mosaiktheorie).[54] Soweit es um die Frage der Anwendbarkeit von Verantwortlichkeitsregelungen geht, wird im Bereich der EU vom Herkunftslandprinzip auszugehen sein.[55]

F. Grundfragen des Persönlichkeitsschutzes im Internet

42   Im Bereich der Printmedien stellen sich bei nahezu allen Streitfällen drei Grundfragen: die Bestimmung des Aussagegehalts von Äußerungen, die Abgrenzung von Tatsachenbehauptung und Meinungsäußerungen und schließlich die Frage, ob Äußerungen als

---

Fn. 5 (m.w.Nachw.). Ferner etwa *Katzenberger* in Schricker, Urheberrecht, 2. Aufl., Rn. 128 vor §§ 120 ff.

[48] Vgl. z. B. auch *Gounalakis/Rhode*, Rechtshandbuch Electronic Business, 2003, § 22 Rn. 22 ff.

[49] Vgl. etwa Palandt/*Heldrich*, BGB 67. Aufl., Art. 40 EGBGB Rn. 14 und – für Internetdelikte außerhalb des Wettbewerbsrechts v.a. daselbst Rn. 12; *Kristin,* Das Deliktsstatut bei Persönlichkeitsrechtsverletzungen über das Internet, 2001.

[50] Zur Frage der Anknüpfung bei Gegendarstellungsansprüchen siehe § 48 Rn. 69.

[51] Siehe unten *Hoeren* Teil 7.10, insbes. Rn. 11–20 und – mit Diskussion anderer Anknüpfungsmöglichkeiten Rn. 33–47. Ebenso *Heldrich* in Palandt, BGB 67. Aufl., Art. 40 EGBGB Rn. 13.

[52] Einzelheiten bei *Spindler* in Hoeren/Sieber, Handbuch Multimedia-Recht, Teil 29 Rn. 436 ff. Für das Strafrecht: *BGH* BGHSt 46, 212 = NJW 2001, 624 (Besprechung *Vec* NJW 2002, 1535 ff.) – *Auschwitz-Lüge.*

[53] Zu dieser ausführlich oben § 59.

[54] EuGH Slg. 1995, 415 = NJW 1995, 1881 – *Fiona Shevill/Presse Alliance S. A.* Siehe auch *Hüßtege* in Thomas/Putzo, ZPO 26. Aufl., Art. 5 EuGVVO Rn. 19; *S. Löffler,* Mediendelikte im IPR und IZPR, Frankfurt a.M., 2000, insbes. S. 262 ff.

[55] So *Spindler* NJW 2002, 921/925 ff.; *Wenzel/Burkhardt*, Das Recht der Wort- und Bildberichterstattung, 5. Aufl., Rn. 10.250 ff. Zum Berichtigungsanspruch *Wenzel/Gamer*, Das Recht der Wort- und Bildberichterstattung, 5. Aufl., Rn. 13.136 ff.

rechtswidrig anzusehen sind. Im Folgenden soll versucht werden, diese Fragen – und einige weitere – speziell für den Bereich der Internet-Äußerungen zu beleuchten.

I. Bestimmung des Aussagegehalts von Äußerungen im Internet[56]

Die Bestimmung des Aussagegehalts von Äußerungen stellt schon Weichen für deren   **43** rechtlicher Behandlung. Deshalb müssen die angewandten Maßstäbe schon hier den Anforderungen von Art. 5 Abs. 1 Satz 1 GG genügen. Das Folgende gilt aber nur, soweit deutsches materielles Recht anzuwenden ist. Dies ist als Vorfrage immer zuerst zu klären.

1. Grundsätzliche Ausgangslage

Abzustellen für die Bestimmung des Aussagegehalts ist auf den durchschnittlichen   **44** Empfänger der Äußerung. Die Einzelheiten hierzu für Printmedien sind oben[57] schon dargelegt. Entscheidend ist der objektive Sinn, den die Äußerung hat; § 133 BGB ist hier gerade nicht anzuwenden. Abzustellen ist auf das Verständnis des Durchschnittsempfängers, gerade für die zu beurteilende Äußerung. Danach sind Äußerungen in Boulevardzeitungen möglicherweise anders zu interpretieren als solche in wissenschaftlichen Aufsätzen. Entscheidend sind immer die konkreten Umstände des Einzelfalles. Diese müssen herausgearbeitet und erörtert werden.

2. Aussagegehalt speziell von Internetäußerungen

Rechtsprechung zur Interpretation von Äußerungen im Internet ist bisher kaum ver-   **45** öffentlicht worden.[58] Ausdrücklich angesprochen wird diese Frage vom *BVerfG:*[59]

> Es wird von den Zivilgerichten daher zu prüfen sein, ob die mit der im Internet erfolgenden öffentlichen Anprangerung einer Person als Schuldner verbundenen nachteiligen Wirkungen Besonderheiten bei der rechtlichen Würdigung, insbesondere bei der Abwägung mit den ebenfalls grundrechtlich geschützten Kommunikationsinteressen der Domain-Inhaber, bewirken.

Die oben genannten Grundsätze für die herkömmlichen Medien gestatten eine Über-   **46** tragung auf Internetäußerung, unter Berücksichtigung der Besonderheiten des Internet. Hauptaufgabe ist es hier, den maßgeblichen Nutzerkreis festzustellen. Dies ist bei E-Mails eher einfach. Hier wird man entsprechend der Rechtsauffassung zur Interpretation von Fernschreiben vorgehen können. Bei den Angeboten im World Wide Web bestehen erhebliche Schwierigkeit. Niemand weiß, wer welche Seiten nutzt. Bei Pornoseiten kann man sich vielleicht noch vorstellen, dass dies vielleicht eher Männer sind, aber das ist natürlich nicht sicher. Bei deutschsprachigen Seiten, sind es mehr die deutschsprachigen Leute. Chinesischsprachliche Seiten werden am ehesten nur Chinesen nutzen – und die eher wenigen Ausländer, welche diese Sprache so beherrschen, dass sie aus Angeboten in dieser Sprache Nutzen ziehen können.

Am schwersten wird es sein, die Nutzer von **englischsprachigen Seiten** zu konkreti-   **47** sieren. Die Zahl der Klicks kann man ja oft feststellen, sie lässt sich auch nachträglich technisch ermitteln. Diese Zahlen können aber manipuliert sein – was leider schon vorgekommen ist. Und außerdem folgt aus dem Anklicken noch lange nichts für das Verständnis des Nutzers. Hat er das Angebot, die Äußerung, überhaupt zur Kenntnis ge-

---

[56] Siehe dazu für die alten Medien im Einzelnen *Seitz* in *Seitz/Schmidt/Schoener*, Der Gegendarstellungsanspruch, 3. Aufl., Rn. 324 ff. und *Soehring/Seelmann-Eggebert* NJW 2005, 571, 572 ff. (Rechtsprechungsbericht zum Presserecht).

[57] Oben § 20.

[58] Zur Auslegung eines (irreführenden) Formulars im wettbewerblichen Bereich siehe BGH, GRUR 2004, 961 = MMR 2004, 816 = NJW 2005, 67 = WRP 2004, 1479 – *Online Grundeintrag.* Zur selben Frage auch AG Miesbach, MMR 2001, 837.

[59] BVerfG, BVerfGE 104, 65 = CR 2002, 363 = MMR 2002, 89 = NJW 2002, 741 = ZUM-RD 2003, 6 – *Schuldnerspiegel.*

nommen? Spezielle Seiten kann man allerdings herausheben. Sportmeldungen wird im Wesentlichen der Sportfan öffnen, Fußballmeldungen im Wesentlichen der Fußballfan. In Deutschland wird man eher Fußballseiten aufschlagen, als solche über Baseball. Seiten von terroristischen Vereinigen werden am ehesten deren Anhänger – und vielleicht noch die Kriminalpolizei – anklicken.

48   Für Seiten, die den Inhalt von **Zeitungen und Zeitschriften** digital wiedergeben, wird man am ehesten vielleicht doch einen den Papierausgaben ähnlichen Nutzerkreis annehmen können. Allerdings werden dies eher die jüngeren Leute sein, welche die Papierausgaben eher meiden. Allein aber aus dieser Änderung des Nutzerkreises können konkrete rechtliche Folgerungen wohl kaum gezogen werden können.

3. Konkrete Umstände des Einzelfalls

49   Dabei ist zu beachten, dass im konkreten Fall alle **Umstände des Einzelfalles** heranzuziehen sind. Da ist es auch Aufgabe der Streitparteien, konkrete Umstände zu ermitteln und vorzutragen. Geht es um einen Antrag auf Erlass einer einstweiligen Verfügung, wird der Antragsteller hierzu vortragen und den Vortrag glaubhaft machen müssen.

50   Ergebnis dieser Überlegungen ist folgendes: Es ist Aufgabe der Gerichte, den Aussagegehalt von Äußerungen im Internet unter Beachtung von Art. 5 Abs. 1 Satz 1 GG unter Heranziehung aller konkreten Umstände des Einzelfalles zu ermitteln. Dabei handelt es sich nach der herkömmlichen Auffassung um eine Rechtsfrage. Trotzdem habe ich Zweifel, ob nicht Fälle denkbar sind, in welchen eine Umfrage unter den möglichen Nutzern überzeugendere Ergebnisse bringen kann.

4. Weitere Besonderheiten bei der Interpretation von Onlineäußerungen

51   Auf zwei weitere Besonderheiten ist noch hinzuweisen.

52   Äußerungen sind auch mit Hilfe des **Kontextes** auszulegen. Hier stellt sich für das Internet die Frage, was zu diesem Kontext gehört. Dies kann etwa fraglich sein für Texte, die von der Verletzungsseite aus erst durch Scrollen erreichbar sind.[60] Es ist eher nicht bekannt, wie viele Nutzer bei längeren Texten auch die Teile lesen, die nicht vom ersten Bildschirm gedeckt sind (auch wenn sie auf derselben Site stehen). Ich meine, man müsste eher den gesamten Text berücksichtigen, solange nicht feststeht, dass nicht bis dahin gescrollt wird. Bei ersichtlich langweiligen Texten, die nicht geradezu zum Scrollen auffordern, wird man aber wohl anders entscheiden.

53   Kennzeichnend für das Internet sind auch die sogenannten **Hyperlinks**. Das sind Zeilen, über die man (durch Anklicken) zu anderen Seiten kommt – sei es zu weiteren Seiten desselben Angebots oder aber zu fremden Seiten. Über den Hyperlink kann man zu anderen Eröffnungsseiten kommen, oder aber auch gleich zu tieferliegenden Seiten des anderen Anbieters (deep-links). Wird in einer solchen Linkzeile eine verletzende Aussage gemacht, so stellt sich die Frage, ob die Aussage allein aufgrund dieser Zeile zu interpretieren ist, oder ob auch die verlinkten Inhalte heranzuziehen sind. Dies wird im Einzelfall verschieden sein.[61] Es ist Aufgabe der Gerichte, hierzu konkrete Feststellungen zu treffen. Grundsätzlicher Ausgangspunkt wird zwar die Rechtsprechung zur Interpretation von Schlagzeilen sein oder von Bildunterschriften. Hier ist man sich im Bereich der „alten" Medien dahin einig, dass in der Regel auch der von der Schlagzeile abgedeckte Text zu berücksichtigen ist. Anders kann es bei Titelschlagzeilen sein, die vor allem die „Kioskleser" ansprechen. Im Onlinebereich ist fraglich, ob der Nutzer weitere Schritte vollzieht, die ihm ein Verständnis des schlagzeilenartig aufgemachten Hyperlinktexts erschließen.[62]

---

[60] Sofern sich der Nutzer nicht den Text ausdruckt.

[61] Vgl. dazu auch *Köster/Jürgens,* Haftung professioneller Informationsvermittler im Internet, MMR 2002, 420, 422 ff.; *Spindler,* Verantwortlichkeit und Haftung für Hyperlinks im neuen Recht, MMR 2002, 495.

[62] Eher verneinend OLG München, AfP 2002, 522 = K&R 2002, 550 = MMR 2002, 611 = NJW 2002, 2398 = OLGR 2002, 377 = ZUM-RD 2002, 357 – *Online-Verlag hat Prozess verloren.*

II. Abgrenzung von Tatsachenbehauptungen und Meinungsäußerungen im Internet[63]

Die Unterscheidung von Tatsachenbehauptungen und Meinungsäußerungen ist ein **54** weiterer Kernbereich des Äußerungsrechts.

1. Beweiszugänglichkeitstheorie

Es gilt in der Rechtsprechung[64] vor allem die Beweiszugänglichkeitstheorie des *BGH*. **55** Dies aber nur, soweit deutsches materielles Recht anzuwenden ist. Das ist als Vorfrage auch hier immer zuerst zu klären. Von einer Tatsachenbehauptung ist danach auszugehen, wenn eine Äußerung grundsätzlich dem Beweise offen steht. Dies ist nicht als Zirkelschluss zu verstehen, auch wenn es in diese Richtung geht: Beweisbar sind nur Tatsachen, nur über Tatsachen kann Beweis erhoben werden. Es ist mehr zu fragen, ob es sich um etwas Geschehenes oder Geschehendes handelt.

Für Internetäußerungen gilt grundsätzlich nichts anderes. Es kommt aber auch hier – **56** wie ich meine – zusätzlich darauf an, ob der maßgebliche Kreis der Nutzer die Mitteilung als die Mitteilung von etwas Tatsächlichem versteht. Die Gefährlichkeit von Tatsachenaussagen folgt aus ihrer erhöhten Glaubwürdigkeit. Wird eine Äußerung für den Empfänger als Meinung erkennbar, dann wird sie subjektiviert und relativiert. Sie ist weniger gefährlich, weil ihr Effekt eher von der Glaubwürdigkeit des Äußernden abhängt als bei einer Mitteilung mit überwiegend tatsächlichem Gehalt. Wird geäußert, einer habe den A beim Stehlen beobachtet, dann hat das einen anderen Stellenwert, als wenn gesagt wird, man würde dies dem A zutrauen.

Kommt es danach auch auf das Verständnis der Nutzer an, dann wiederholt sich das **57** Problem der Interpretation auch in diesem Abgrenzungsbereich. Das macht die Interpretation weiter schwer: Man kennt den wirklichen Nutzer kaum, und man kann ihn – nicht nur deshalb – auch kaum berechnen. Deshalb stellt sich die Frage, ob nicht – entgegen der h.M. im klassischen Äußerungsbereich[65] – für Äußerungen im Internet zumindest *auch* die sprachwissenschaftliche Bedeutung mit in die Interpretation aufzunehmen ist. Das wäre ein deutlich besser berechenbarer Maßstab, als das Verständnis des eher unbekannten Internetnutzers.

2. Übersetzungsprobleme als Interpretationsfragen

Gerade bei verletzenden Internetäußerungen können auch Übersetzungsprobleme auf- **58** treten. Diese bestehen auch im Printbereich, sie werden aber im weltweiten Internet umso mehr auftreten. Kein Problem bereitete im Bereich der alten Medien die Interpretation des *Steffi-Graf*-Songs der Gruppe „Angefahrene Schulkinder". Sie wurden deshalb zur Zahlung eines erheblichen Betrages an Geldentschädigung wegen Verletzung des Persönlichkeitsrechts verurteilt.[66] Erhebliche Schwierigkeiten bereitete ein in lateinischer Sprache abgefasster Teil einer Anmerkung; es ging um die Frage, ob der Verfasser den Holocaust leugnete oder bestätigte.[67] Schon dies zeigt, dass die Notwendigkeit einer Übersetzung in die deutsche Gerichtssprache zusätzliche Schwierigkeiten bereiten kann. Der Übersetzer wird die sprachwissenschaftliche Bedeutung wiedergeben; man wird ihm nicht erlauben können, die Auffassung der potentiellen Nutzer in seine Übersetzung hineinzuinterpretieren. Wie aber kann dann – nach dieser Übersetzung – die Bedeutung

---

[63] Siehe dazu im Einzelnen *Seitz* in: Seitz/Schmidt/Schoener, Der Gegendarstellungsanspruch, 3. Aufl., Rn. 301 bis 414 – eine sehr umfassende Erörterung (nicht nur für den Gegendarstellungsanspruch!).

[64] Siehe Hoeren/Sieber/*J. Helle*, Multimedia-Recht, Teil 8.1. Rn. 8 ff.

[65] Siehe Hoeren/Sieber/*J. Helle*, Multimedia-Recht, Teil 8.1. Rn. 31.

[66] OLG Karlsruhe NJW 1994, 1963 – *I Wanna Make Love To Steffi Graf . . .*

[67] BGH AfP 1998, 218 = GRUR 1998, 504 = NJW 1998, 1391–1393 – *Lateinzitat.*

durch das Abstellen auf einen Nutzerkreis verändert werden? Für das Internet sollte man hiervon eher Abstand nehmen.

III. Beurteilung der Rechtswidrigkeit von Äußerungen im Internet

59   Ein dritter großer Problembereich des Äußerungsrechts ist die Beurteilung der Rechtswidrigkeit von Äußerungen. Sie ist nur für den Gegendarstellungsanspruch keine gesetzliche Voraussetzung.

1. Sonderregelungen im allgemeinen Recht

60   Es gibt einige Sonderregelungen zur Beurteilung der Rechtswidrigkeit von „Äußerungen" im weiteren Sinn. Dies sind insbesondere § 824 Abs. 2 BGB, § 23 KUG und § 201 Abs. 2 StGB. Diese Sonderregeln kommen in der Praxis (mit Ausnahme von § 23 KUG) eher selten zur Anwendung.

2. Grundsätzliche Darstellung

61   Ausgangspunkt für die Beurteilung im Übrigen ist die Rechtsprechung, wonach bei Eingriffen in das Allgemeine Persönlichkeitsrecht die Rechtswidrigkeit nicht, wie sonst bei Verletzung der in § 823 Abs. 1 BGB genannten Rechte, indiziert wird. Vielmehr liege, so wird gesagt, insoweit ein offener Tatbestand vor, die Rechtswidrigkeit müsse positiv begründet werden.[68] Dies folgt aus der Ausstrahlung der Grundrechte in Art. 5 GG auf alle Bereiche des Rechts. Auch über die Hereinnahme des in § 193 StGB normierten Grundsatzes der Wahrung berechtigter Interessen kommt man zum selben Ergebnis. Hierzu wird zwar die Frage diskutiert, ob die Wahrung berechtigter Interessen als Rechtfertigungsgrund anzusehen ist.[69] Für die Bereiche des Äußerungsrechts wird dies aber gerade wegen der Rechtsprechung zum offenen Tatbestand des § 823 Abs. 1 BGB nicht angenommen werden können. Andererseits ist die Rechtsfigur der Wahrnehmung berechtigter Interessen mit dem Ansatzpunkt in § 193 StGB durch Art. 5 Abs. 1 Satz 1 GG nicht etwa ersetzt, jedoch umgeformt worden.[70]

62   Bei der Diskussion der Rechtswidrigkeit sind grundsätzlich zwei Bereiche scharf zu unterscheiden, nämlich der von Äußerungen, die als Tatsachenbehauptungen einzuordnen sind, und der von Meinungsäußerungen.

63   **a) Tatsachenbehauptungen.** Die Wahrheit einer tatsächlichen Äußerung ist für die Beurteilung der Rechtswidrigkeit von entscheidender Bedeutung. An der Wiederholung unwahrer Behauptungen besteht grundsätzlich kein berechtigtes Interesse. Daran ändert grundsätzlich auch die Auffassung des *BVerfG* nichts, dass auch Tatsachenbehauptungen in den Schutzbereich von Art. 5 Abs. 1 Satz 1 GG fallen, sofern sie Voraussetzung für die Meinungsbildung sind.

---

[68] Siehe dazu *Seitz* in: Beck'sches Richter-Handbuch, 2. Aufl., Abschnitt B VIII Rn. 28 ff. – je m.w.Nachw. Auch die allgemeinen Handbücher zum Presse- und Äußerungsrecht befassen sich ausführlich mit diesem Problem, z. B. *Damm/Rehbock,* Widerruf, Unterlassung und Schadensersatz in Presse und Rundfunk, 2. Aufl., Rn. 496 ff. (= S. 222 ff.); *Soehring,* Presserecht, 3. Aufl., Rn. 15.1 ff. (= S. 312 ff.); *Wenzel/Burkhardt,* Das Recht der Wort- und Bildberichterstattung, 5. Aufl., Rn. 6.27 ff. (= S. 366 ff.). Gut auch immer noch *E. Helle,* Die Rechtswidrigkeit ehrenrühriger Behauptungen, NJW 1961, 1896 ff.

[69] Sehr interessant hierzu immer noch *Eser,* Wahrnehmung berechtigter Interessen als allgemeiner Rechtfertigungsgrund, Bad Homburg v.d.H. 1969 und *Eike Schmidt,* Wahrnehmung berechtigter Interessen ein Rechtfertigungsgrund? JZ 1970, 8 ff.

[70] Vgl. zur Verschränkung von Art. 5 Abs. 1 S. 1 GG und § 193 StGB v.a. *J. Hager,* Der Schutz der Ehre im Zivilrecht, AcP 196 (1996), S. 168, 182 f. Zur Wahrnehmung berechtigter Interessen und ihrer Bedeutung im Äußerungsrecht siehe Hoeren/Sieber/*J. Helle,* Multimedia-Recht, Teil 8.1 Rn. 102 ff.; für den Bereich von Kunst und Wissenschaft *ders.* Rn. 113 ff.

Die Entscheidung über die Rechtswidrigkeit von tatsächlichen Äußerungen fällt da- 64
nach grundsätzlich zusammen mit der Entscheidung über deren Wahrheit. Diese hängt
oft von Darlegungs-, Glaubhaftmachungs- und Beweislast ab. Diese Fragen sind im Bereich des Verfahrensrechts näher zu erörtern.[71] Dort wird vor allem auf die Frage einzugehen sein, ob und unter welchen Voraussetzungen Internetäußerungen die Privilegien
von Presse- und Rundfunkäußerungen für sich in Anspruch nehmen können. Steht nach
den für Internetäußerungen anwendbaren Regeln die Unwahrheit der angegriffenen
Äußerung fest, so ist sie grundsätzlich als rechtswidrig einzustufen. Das bedeutet, dass sie
außer mit Gegendarstellungs- auch mit Unterlassungs- und Widerrufsansprüchen bekämpft werden können. Auch können Schadens- und Geldersatzansprüche bestehen. Besonderheiten für Internetäußerungen ergeben sich bei der Beurteilung der Rechtswidrigkeit nicht.

b) Meinungsäußerungen/Werturteile. Auch für den Bereich der Meinungsäuße- 65
rungen bestehen keine Besonderheiten für Internetäußerungen. Auch hier entscheidet –
wie im klassischen Bereich – die Abwägung aller Umstände des konkreten Einzelfalls.
Allenfalls der Kontext, der zur Beurteilung auch der Rechtswidrigkeit mit heranzuziehen
ist, könnte anders beurteilt werden. Als Kontext wird in der Regel nur der Inhalt derselben Bildschirmseite anzusehen sein. Es ist völlig offen, ob Onlinenutzer erst durch
Scrolling zu findende Teile der Site zur Kenntnis nehmen. Können dazu keine Feststellungen für den konkreten Fall getroffen werden, so wird dies zu Lasten des Verletzers
gehen müssen. Schon gar nicht kann auf den Inhalt weiterer Seiten desselben Angebots
oder gar auf verlinkte Inhalte abgestellt werden.

Beispielsfall einer Entscheidung zur Frage der Einordnung einer Äußerung auf einer 66
Homepage als Schmähkritik:[72]

Der Vorwurf des Vordenkertums und derjenige, Lieferant einer bestimmten Ideologie zu sein, die
als Deckmäntelchen für Gewalt dient, hat in erster Linie wertenden Charakter, darin enthaltene
tatsächliche Elemente treten hinter der subjektiven Wertung gänzlich zurück (vgl. dazu *BVerfG*
NJW 1998, 3047, 3048 – *Stolpe*). Denn die von dem Ast. zu 1) herausgegebene Zeitschrift „Junge
Freiheit" befasst sich größtenteils mit politischen Themen, wie sich aus ihrem Untertitel und einer
oberflächlichen Durchsicht des von den Ast. vorgelegten Exemplars unzweifelhaft ergibt; auch
verficht sie eine bestimmte politische Linie, die die Ast. als „liberal-konservativ" bezeichnen.
Wenn diese als „krude" bezeichnet wird, kommt darin ausschließlich eine Bewertung zum Ausdruck. Dies gilt auch insoweit, als eine Nähebeziehung zu Parteikadern, nationalen Kameraden
und sonstigen, ebenfalls namentlich genannten Publizisten hergestellt wird. Auch der Vorwurf
des Vordenkertums für die rechtsextreme Szene ist dem Beweise kaum zugänglich und ist in
erster Linie von subjektiven Einschätzungen getragen. Denn darunter muss nicht notwendig verstanden werden, dass Rechtsextremen durch Presseäußerungen bestimmte Verhaltensmuster vorgegeben werden oder dass ihnen ein unmittelbar ihre Haltung rechtfertigender ideologischer
Oberbau geliefert wird. Vielmehr kann darunter auch verstanden werden, dass das angesprochene
Presseorgan nur mittelbar und in Randbereichen gewissermaßen unterstützend rechtsextremes
Gedankengut fördert. Ob dies der Fall ist, ist gleichfalls Wertungsfrage.

3. Online-Anprangerung

Eine an sich noch zulässige Anprangerung des politischen Gegners kann sich im Inter- 67
net, wegen dessen Besonderheiten, als unzulässige Schmähung darstellen. Aus der Verbreitung im Internet folgt nach Auffassung des OLG Jena eine Potenzierung der Gefahr
für Leib und Leben des Angeprangerten, welche dieser nicht hinzunehmen verpflichtet
ist.[73]

---

[71] Siehe oben § 55 Rn. 52 ff.

[72] OLG Braunschweig, MMR 2001, 163 = OLGR 2000, 316 – *Vordenker der rechten Szene*.

[73] OLG Jena, AfP 2001, 78 = MMR 2001, 52–53 = OLG-NL 2001, 78 (hier wohl mit falschem
Datum) = OLGR Jena 2001, 472 – *Anprangerung*.

4. Angabe tatsächlicher Grundlagen für Meinungsäußerungen im Onlinebereich

68   Nach der Rechtsprechung des *BGH* ist es nicht erforderlich, Meinungsäußerungen die tatsächlichen Grundlagen beizufügen.[74] Dieser Auffassung kann man unter dem Stichwort „substanzarme Pauschalbehauptung" kritisch gegenüberstehen.[75] Ist aber eine Äußerung eindeutig als Meinungsäußerung zu erkennen, so kann diese Auffassung des *BGH* deshalb hingenommen werden, weil Meinungsäußerungen weniger gefährlich sind.

69   Werden der Meinungsäußerung aber die tatsächlichen Grundlagen beigegeben, so verlangt die Rechtsprechung, dass sie vollständig sein müssen, in dem Sinn, dass die zur Beurteilung der Meinungsäußerung wesentlichen Tatsachen mitgeteilt werden müssen.[76] Unter dem Blickwinkel der Pressefreiheit mag diese Auffassung nicht unbedenklich sein, weil die Frage, welche Tatsachen für die Beurteilung „wesentlich" sind, diskutiert werden kann. Sie ist aber jedenfalls dann zutreffend, wenn über die Wesentlichkeit kein Streit herrschen kann. Hierzu stellt sich im Onlinebereich die Frage, an welcher Stelle diese Tatsachen zu stehen haben. Auch stellt sich das Scrollproblem und auch die Frage weiterer Seiten desselben Angebots und der Hyperlinks. Enthält die Bildschirmseite, auf welcher sich die verletzende Äußerung befindet, nur einen Teil der zu Grunde liegenden Tatsachen, nicht aber aller wesentlichen, so wird die Meinungsäußerung als rechtswidrig zu qualifizieren sein. Es ist – wie schon in den anderen Bereich angedeutet – völlig offen, ob und unter welchen Voraussetzungen Nutzer scrollen. Allerdings kann die Seite so gestaltet sein, dass der Nutzer zum Scrollen geradezu gezwungen wird (psychisch natürlich). Das könnte auch dadurch erreicht werden, dass zum (Weiter-)Scrollen wörtlich aufgefordert wird. Nicht ausreichend wird es sein, einen Hyperlink mit und unter dem Wort „... weiter" zu setzen oder gar einen besonderen Hyperlink mit einem eher undeutlichen Text.

5. Disclaimer

70   Häufig wird versucht, eine Haftung für Äußerungen im Onlinebereich durch sogenannte „Disclaimer" auszuschließen oder zu beschränken. Das sind Texte, nach denen der Äußernde keine Haftung für die Richtigkeit der Texte auf seiner Homepage übernimmt. Solche Disclaimer werden zum Teil mit dem Impressum verbunden.

71   Aus mehreren Gründen vermögen die Disclaimer das von ihnen Erwartete nicht zu leisten. In der Regel sind sie mit der verletzenden Information nicht so verbunden, dass der Nutzer nur über den Disclaimer zur Information gelangen, oder dass er die Information nur zusammen mit dem Disclaimer wahrnehmen kann. Deshalb sind ohne weiteres Wahrnehmungen durch Nutzer denkbar, ohne dass diesem die Einschränkung der Informationshaftung auffällt. Jedenfalls solche Disclaimer reichen zum Haftungsausschluss nicht aus, weil sie oft ihre Wirkung verfehlen.

72   Zweifel an der Wirkung bestehen aber auch dann, wenn die soeben beschriebenen Platzierungsfehler nicht gemacht wurden, wenn also der Weg zur Information nur über den Disclaimer führt oder wenn die Information zusammen mit dem Disclaimer sichtbar wird.[77] Kommt man zur Information nur über den Disclaimer, so kann das Weiterklicken nicht als Einverständnis mit dem Haftungsausschluss angesehen werden. Und noch viel mehr: Selbst wenn ein Haftungsausschluss dem Nutzer gegenüber gegeben wäre, so würde dies die Haftung des Diensteanbieters dem Verletzten gegenüber nicht einschränken können[78] – und darum geht es im vorliegenden Beitrag. Denkbar wäre es allenfalls,

---

[74] So BGH AfP 1974, 702 = GRUR 1975, 208 (Anm. *Harmsen*, abl. S. 211) = LM Art. 5 GG Nr. 36 = NJW 1974, 1762 – *Kritischer Katholizismus*.

[75] Wie z. B. *Papier* in: Bitburger Gespräche, Jahrbuch 1995/II, S. 25/33.

[76] Vor allem BGH AfP 2000, 88 = GRUR 2000, 247 = NJW 2000, 656 – *Der Schmiergeldmann*.

[77] Zum ganzen Problem eingehend OLG München AfP 2002, 522 = CR 2003, 141 (LS) = K&R 2002, 550 = MMR 2002, 611 = NJW 2002, 2398 = OLGR München 2002, 377 = ZUM-RD 2002, 357 – *Online-Verlag hat Prozess verloren*.

[78] Ebenso *Podehl* MMR 2001, 17, 22 (allerdings für die Haftung gegenüber dem Nutzer).

den Disclaimer als Hinweis darauf aufzufassen, dass der Beitrag auf der Site als Beitrag zum Markt der Meinungen aufzufassen ist. Das könnte die Haftung dem Verletzten gegenüber aber wirksam allenfalls ausschließen, wenn der Text auch die Gegenargumente ausreichend darstellen würde. Geht es um verletzende Tatsachenbehauptungen so müsste sich aus dem am Bildschirm erreichbaren Gesamttext ergeben, was für die Unwahrheit der Information vorgebracht wird. Ohnehin nicht ausreichen würde diese Überlegung bei rechtswidriger Information über geschützte Bereiche, etwa den Intimbereich. Dann würde jedenfalls die Verbreiterhaftung greifen und es könnten allenfalls die Verantwortlichkeitsbegrenzungen durch §§ 7 ff. TMG die Haftung ausschließen. Das wären aber nicht die Disclaimer-Fälle. Denn Disclaimer gebrauchen die Diensteanbieter für eigene Inhalte. Der Access-Provider taucht in den Inhalten des Onlinebereichs nicht auf.

Auch Disclaimer zu oder vor Hyperlinks werden den Linksetzer nicht entlasten. Hier **73** ist der Auffassung des LG Hamburg[79] zu folgen, wonach in einem derart gebrauchten Disclaimer keine Distanzierung, sondern eine nicht verantwortete Weitergabe und damit eine Verbreitung vorliegt. Das *OLG Hamburg* soll diese Ansicht in der mündlichen Verhandlung geteilt haben,[80] und in dieser Richtung hat das *OLG München* entschieden.[81]

6. Veröffentlichung von Bildnissen im Onlinebereich

a) Rechtlicher Ansatzpunkt. Ansatzpunkt für die Beurteilung der Rechtmäßigkeit **74** oder Rechtswidrigkeit der Veröffentlichung von Bildnissen im Onlinebereich sind die §§ 22, 23 KUG, falls deutsches materielles Recht überhaupt anwendbar ist, falls also das anzuwendende Internationale Privatrecht auf deutsches Sachrecht verweist. Ist ein deutsches Gericht international zuständig, so wird es berechtigt auch deutsches IPR anwenden. Für die Entscheidung der Frage der Rechtswidrigkeit gelten grundsätzlich die für die herkömmlichen Medien herausgearbeiteten Grundsätze. Das gilt auch für die Verwendung von Bildnissen für ein Computer-Spiel.[82]

b) Intimsphäre. Wegen der Besonderheiten des Internet ist wohl ein Fall abweichend **75** zu behandeln. Nach einer Entscheidung des OLG Frankfurt a. M.[83] war die Veröffentlichung eines Aktfotos einer bekannten Eiskunstläuferin in der Frankfurter Rundschau äußerungsrechtlich zulässig, das einer Veröffentlichung im „Playboy" entnommen war. Dies ergab sich nach Auffassung des Gerichts aus einer Abwägung im Bereich von § 23 Abs. 1 Nr. 1 KUG, hätte sich aber auch im Rahmen der Beurteilung berechtigter Interessen (§ 23 Abs. 2 KUG) ergeben. Die äußerungsrechtliche Richtigkeit dieser Entscheidung kann hier nicht diskutiert werden.[84] Jedenfalls für den Onlinebereich wird man anders entscheiden müssen. Wäre der Artikel (auch) im Internet erschienen, so wäre bei der Abwägung (gleichgültig ob im Bereich von § 23 Abs. 1 Nr. 1 oder im Rahmen von § 23 Abs. 2 KUG) zu berücksichtigen, dass das Foto digital veröffentlicht ist, was bedeutet, dass es kopiert, beliebig vervielfältigt und auch beliebig versandt werden könnte. Das bedeutete eine erhebliche Erschwerung des Eingriffs und würde die Abwägung entscheidend beeinflussen. Man kann nicht davon ausgehen, dass der Verzicht auf den Schutz der Intimsphäre durch Einwilligung in die Veröffentlichung in einem Printmedium (wie er

---

[79] LG Hamburg AfP 1998, 421 = CR 1998, 565 = K&R 1998, 367 (mit Anm. *Gabel* S. 367) = MMR 1998, 547 = NJW 1998, 3650 = ZUM-RD 1998, 389 – *Steinhövel*; hierzu auch *Hoeren* in der Anm. hierzu in EWiR 1998, 735.

[80] So *Hufnagel* AfP 1999, 44, 45 und die Bemerkung der Schriftleitung in MMR Heft 2/1999 S. XIII.

[81] OLG München, AfP 2002, 522 = K&R 2002, 550 = MMR 2002, 611 = NJW 2002, 2398 = OLGR 2002, 377 = ZUM-RD 2002, 357 – *Online-Verlag hat Prozess verloren*.

[82] OLG Hamburg, CR 2004, 459 = MMR 2004, 413 = SpuRt 2004, 210 = ZUM 2004, 309 – FIFA *Fußballweltmeisterschaft 2002*.

[83] OLG Frankfurt a.M., AfP 2000, 185 = NJW 2000, 594 = ZUM-RD 2000, 119 – *Katharina Witt*.

[84] Vgl. dazu im Einzelnen *Seitz*, Einmal nackt, immer frei, NJW 2000, 2167.

vom OLG Frankfurt a. M. angenommen wird) auch den Onlinebereich mit seinen erweiterten Möglichkeiten mit umfasst. Man wird die Grundsätze der Zweckübertragungstheorie des Urheberrechts entsprechend heranziehen müssen.

76   **c) Konkludentes Verhalten.** Korrespondierend stellt sich eine weitere Frage: Liegt im Einstellen eines eigenen Fotos in das Internet – etwa auch bei einer „Foto-Community" – die Einwilligung in das Kopieren und Weiterverwenden durch andere? Hier wird man unterscheiden müssen. In der bloßen Verweisung auf das Foto auf der Ausgangsseite liegt keine Verletzung des Rechts am eigenen Bild vor. Die Übernahme in ein journalistisch-redaktionell gestaltetes Angebot, insbesondere in einen Bericht über die Einstellung durch den Betreffenden in sein Angebot, bewirkt keine Rechtsverletzung. Grundsätzlich ist allerdings das Recht am eigenen Bild geschützt (§§ 22, 23 KUG), auch im Bereich des Internet. In der Einstellung des Fotos durch den Abgebildeten liegt aber unter Umständen die Einwilligung in die Weiterverwendung vor. Dies wird man nicht grundsätzlich bejahen können. Im Einzelfall kann die Interpretation aber ergeben, dass die Weiterverwendung gestattet, also durch die Einwilligung des Betreffenden gedeckt ist. Die Reichweite dieser Einwilligung ist an Hand der Umstände des konkreten Einzelfalls zu ermitteln. Eine Verwendung in zweifelhaftem Umfeld, etwa im Bereich der Werbung für Pornoseiten, wird nur ausnahmsweise von einer generellen Einwilligung gedeckt sein.[85] Ebenso wenig dürfen Fotos etwa von Lehrpersonen, die zur Information der Lernenden in das Netz gestellt wurden, für andere Zwecke ohne Einwilligung übernommen werden.

77   **d) Begriff der „Verbreitung":** Eine „Verbreitung" im Sinn von § 22 KUG hat zu Recht das OLG Frankfurt a. M.[86] für den Fall eines Online-Fotoservice angenommen. Dort konnte man – im Ergebnis zum Teil ohne Schutz durch Passwort – fremde Fotos abrufen und sich von dort auch Papierabzüge schicken lassen.

IV. Sorgfaltspflichten im Onlinebereich

1. Bedeutung der Sorgfaltspflichten

78   Sorgfaltspflichten können im Rahmen der Wahrnehmung berechtigter Interessen von Bedeutung sein. § 193 StGB etwa kann eine Haftung für verletzende Äußerungen nur bei Wahrung der Sorgfaltspflichten ausschließen.

79   Außerdem sind die Sorgfaltspflichten Maßstab für die Frage eines Verschuldens, auf welches es für Schadensersatz- und Geldentschädigungsansprüche ankommt und ebenso für den vom OLG München kreierten Zahlungsanspruch wegen Verletzung der postmortalen Würde.[87] Der Umfang der zivilrechtlichen Sorgfaltspflichten von Presse und Rundfunk ist durch die Rechtsprechung im Einzelnen herausgearbeitet worden. Auf die allgemeinen Darstellungen hierzu sei verwiesen.[88]

2. Die Regelung in § 54 Abs. 2 RStV

80   Die Regelung der Sorgfaltspflichten in § 54 Abs. 2 RStV[89] i.V. mit § 1 Abs. 4 TMG ist den Regelungen im Presse- und Rundfunkbereich nachgebildet. Die Länder sind, weil das Bürgerliche Recht zur konkurrierenden Gesetzgebung gehört, an sich zu einer Regelung befugt, soweit der Bund nicht von seiner Kompetenz Gebrauch gemacht hat.[90]

---

[85] Ähnlich auch *Legler* CR 1998, 439, 442, etwa für Fotos von nackten oder gefolterten Personen oder für Unfallopfer. Diese werden allerdings selten von den Betroffenen selbst eingestellt sein.

[86] OLG Frankfurt a.M., MMR 2004, 683 (mit Anm. *Stopp*, S. 685) = ZUM-RD 2004, 576. Der Sachverhalt ist hier etwas vereinfacht dargestellt.

[87] OLG München, GRUR-RR 2002, 341 = ZUM 2002, 744 – *Nackte Marlene*.

[88] Etwa Löffler/*Steffen*, Presserecht, 5. Aufl., § 6 LPG Rn. 252 ff.

[89] RStV i.d.F. des 9. Rundfunkänderungs-StV, in Kraft seit 1. 3. 2007.

[90] Vgl. *Lerche*, Die Gesetzgebungskompetenz von Bund u. Ländern auf dem Gebiet des Presserechts, AfP 1972, 242.

Allein eine Kodifikation reicht hierfür an sich nicht aus.[91] Im Bereich des bürgerlichen Rechts wird eine erschöpfende Regelung etwa für den Bereich der beschränkt dinglichen Sachenrechte angenommen.

Trotzdem ist man sich aber auch darüber einig, dass die presse- und die rundfunkrecht- **81** lichen Länderregelungen den zivilrechtlichen Pflichtenkatalog nicht beeinflussen, sie ihn weder abmildern, noch ihn verschärfen.[92] Auch für den Bereich des „Schadensersatzes" wird nämlich die Erschöpfung der Bundeszuständigkeit bejaht.[93] Auch über § 823 Abs. 2 BGB können diese Regelungen keine Bedeutung gewinnen. Entsprechendes muss auch für die Regelung in § 54 Abs. 2 RStV gelten. Länderstaatsverträge werden rechtlich durch Landesgesetze umgesetzt, begründen also ebenfalls (nur) Landesrecht, auch im Sinne von Art. 31 GG.

V. Verschulden als Haftungsvoraussetzung bei Onlinehaftung

1. Grundsätzliche Ausgangslage

Die klassischen Anspruchsziele des Äußerungsrechts setzen Verschulden überwiegend **82** nicht voraus. Dies gilt für Unterlassungs-, Gegendarstellungs- und Widerrufsansprüche. Verschulden ist aber Voraussetzung für Schadensersatz- und für Geldentschädigungs- ansprüche und ebenso für den Zahlungsanspruch wegen Verletzung der postmortalen Würde.[94] Im Internetbereich stellt sich die Frage, inwieweit sich Verletzer auf andere In- ternetäußerungen verlassen dürfen. Bei der Erörterung der Rechtswidrigkeit ist schon auf die Bayer-Entscheidung des *BVerfG* hingewiesen worden. Diese wird auch dahin ver- standen werden können, dass es dann jedenfalls an einem Verschulden fehlt, wenn sich der Verletzer auf unwidersprochene Presseberichte beruft.[95]

2. Internetbereich

Eine Übertragung dieser Grundsätze auf Fälle, in welchen „unwidersprochene" Äuße- **83** rungen im Internet aufgegriffen worden sind, wird eher nur eingeschränkt möglich sein. Befürworten kann man dies bei der Onlineübernahme von Presse- oder Rundfunkäuße- rungen, also bei Übernahme von Behauptungen in E-Paper- oder Online-Ausgaben von Printmedien oder Rundfunksendungen. Im Übrigen muss die Übertragung abgelehnt werden. Das Internet besitzt nicht die Glaubwürdigkeit der klassischen Medien. Auch bei diesen muss man ja schon unterscheiden, je nach Seriosität des Mediums. Die Herkunft von Internetmeldungen ist oft kaum nachprüfbar; die Einschränkung der Glaubwürdig- keit ist für den Nutzer erkennbar. Vielleicht kann auch die räumliche Herkunft der Äuße- rung eine Rolle spielen. Greift man in Deutschland eine deutschsprachige Äußerung aus dem fernen Ausland auf, so wird man sich fragen müssen, weshalb sie aus dem Ausland kommt. Dies könnte darauf beruhen, weil sich der Äußernde der Strafverfolgung in Deutschland (z. B. wegen Leugnung des Holocaust) entziehen will.[96] Auch kann nicht nachgeprüft werden, ob eine Angabe zum Äußernden, auf den man sich berufen will, zu- trifft. Herkunftsangaben sind leicht zu fälschen.

---

[91] Vgl. etwa Jarass / *Pieroth*, GG 7. Aufl., Art. 72 Rn. 2.

[92] Hoeren / Sieber / *J. Helle*, Handbuch Multimedia-Recht, Teil 8.1 Rn. 111 f., m. w. N.

[93] Vgl. etwa Jarass / *Pieroth*, GG. 7. Aufl., Art. 72 Rn. 3 m. w. N.

[94] OLG München, GRUR-RR 2002, 341 = ZUM 2002, 744 – *Nackte Marlene*. Vgl. hierzu auch *Annette Fischer*, Die Entwicklung des postmortalen Persönlichkeitsschutzes, 2004, insbes. S. 183 f.

[95] BVerfG BVerfGE 85, 1 = AfP 1992, 53 = NJW 1992, 1439 – *Kritische Bayer-Aktionäre*.

[96] Dem steht nicht entgegen, dass der BGH die Strafbarkeit auch solcher Äußerungen bejaht hat: BGH BGHSt 46, 212 = MMR 2001, 228 = NJW 2001, 624 – *Auschwitzlüge im Internet*.

G. Zivilprozess um Fragen des Persönlichkeitsschutzes im Internet

I. Internationale Zuständigkeit[97]

84 Die internationale Zuständigkeit ergibt sich in der Regel aus der innerstaatlichen örtlichen Zuständigkeit. Die Entscheidung über die internationale Zuständigkeit wird also auf der Grundlage deutschen Rechts getroffen.[98] Die Fragen der internationalen Zuständigkeit sind im vorliegenden Handbuch schon dargestellt.[99] Auf diesen Teil sei verwiesen. Er umfasst auch die Zuständigkeiten nach Verletzungen des Persönlichkeitsrechts, und damit auch Unterlassungsklagen.[100]

85 Dort sind auch die Besonderheiten im Bereich des Art. 5 Nr. 3 EuGVÜ, der mit der jetzt geltenden EuGVVO insoweit übereinstimmt, erörtert. Die Normen auch der EuGVVO sind autonom auszulegen.

86 Speziell im Hinblick auf das Internet besteht wohl folgende Rechtslage: Auch hier gilt die **Shevill-Entscheidung des EuGH**.[101] Danach ist zwischen dem Handlungs- und dem Erfolgsort zu unterscheiden. Bei Internetäußerungen ist als Handlungsort jedenfalls der der „Verhaltenszentrale" anzusehen,[102] das ist der Ort, wo die Einspeisung in das Netz geistig gesteuert wird. In der Regel wird das, bei Unternehmensäußerungen, der Sitz des Unternehmens sein. Bei Äußerungen von privaten Einzelpersonen ist es ihr Wohnsitz oder der Sitz ihres ständigen Aufenthalts. Erfolgsort ist jeder Ort, wo die Internetäußerung bestimmungsgemäß abzurufen ist. Das wird bei englischsprachigen Äußerungen wohl die ganze Welt sein. Bei speziellen Sprachen ist es nur der spezielle Sprachraum. Wegen der weltweiten Abrufbarkeit („ubiquität") ist eine weitere Einschränkung nötig. Auch diese ergibt sich aus der Shevill-Entscheidung des EuGH. Ein Schaden wegen Verletzung der Persönlichkeit kann – wertend betrachtet – nur dort auftreten, wo die betroffene Person bekannt ist. Man kann zwar auch überbekannte Personen negativ denken. Dies hat aber keine fassbaren Auswirkungen auf das Recht dieser Person.[103]

87 Für die gerichtliche Zuständigkeit ergibt sich als Folge, dass der gesamte aus der Verletzung der Persönlichkeit sich ergebende Schaden nur am Handlungsort geltend gemacht werden kann. An einem Erfolgsort kann nur der dort entstandene Schaden eingeklagt werden („Mosaik-Theorie").[104]

II. Einschränkungen bei der Tenorierung

88 Fraglich ist, wieweit eine eventuelle **Gestaltungsfreiheit des Diensteanbieters** im Internet besteht und bei der Ausgestaltung des Widerrufsanspruchs zu beachten ist. Geht es um eine verletzende Internetäußerung im Rahmen eines journalistisch-redaktionell gestalteten Angebots, so wird man die Grundsätze heranzuziehen haben, welche die

---

[97] Sehr eingehend zur Frage der internationalen Gerichtszuständigkeit im Online-Bereich: Hoeren/Sieber/*Pichler*, Handbuch Multimedia-Recht, Teil 25; speziell zu den Gerichtsständen bei unerlaubten Handlungen im Internet Rn. 170 ff. Auch *F. A. Koch,* Internationale Zuständigkeit und Internet, CR 1999, 121 ff.

[98] Palandt/*Heldrich*, BGB 67. Aufl., Einl. 33 zu EGBGB Art. 3.

[99] Oben § 59.

[100] Thomas/Putzo/*Hüßtege*, ZPO, 26. Aufl., Art. 5 EuGVVO Rn. 17.

[101] EuGH Slg. 1995, 415 = EuGRZ 1995, 305 = EuZW 1995, 248 = NJW 1995, 1881 – *Fiona Shevill.* Vertiefende Erläuterung dieser Entscheidung oben § 59 Rn. 3 ff. und Rn. 66 ff.

[102] *Pichler*, Handbuch Multimedia-Recht, Teil 25 Rn. 261.

[103] Kritisch hierzu *Pichler*, Handbuch Multimedia-Recht, Teil 25 Rn. 262 ff.

[104] Einen interessanten Versuch zu einer anderen Eingrenzung unternimmt *Hoeren*, Zoning und Geolocation – Technische Ansätze zu einer Reterritorialisierung des Internet, MMR 2007, 3 ff.

Rechtsprechung für die Verurteilung zur Veröffentlichung von Gegendarstellung und Widerruf auf Titelseiten entwickelt hat.[105]

Besonderheiten lassen sich auch für **Suchmaschinenbetreiber** vorstellen.[106] Solche **89** Angebote rechnen sich, weil sie Werbung unterbringen können. Die Nutzung der Suchmaschine selbst ist meist unentgeltlich. Für solche Angebote wird man Einschränkungen ähnlich wie bei den soeben angesprochenen journalistisch-redaktionellen Angeboten machen müssen. Allerdings wird dieser Fall wohl eher nicht praktisch werden.

Im Übrigen lassen sich kaum Einschränkungen begründen. Hat die verletzende Äuße- **90** rung den ganzen Bildschirm eingenommen, so spricht kaum etwas dagegen, auch den Widerruf entsprechend zu gestalten. Es geht darum, das Fortwirken der Beeinträchtigung zu verringern oder zu beseitigen.

---

[105] Hierzu schon oben § 48 Rn. 56 und § 49 Rn. 98.

[106] Vgl. hierzu auch *Köster/Jürgens,* Haftung professioneller Informationsvermittler im Internet, MMR 2002, 420, 424 f.

22. Kapitel. Völker- und europarechtliche Grundlagen

§ 61. Völkerrecht

Inhaltsübersicht

Schrifttum: *Berka,* „Public Figures" und „Public Interest", in: FS Schäffer, Wien 2006, S. 91; *ders.*, Persönlichkeitsschutz und Massenmedien im Lichte der Grundfreiheiten und Menschenrechte, in: Koziol/Warzilek, Persönlichkeitsschutz gegenüber Massenmedien, Wien 2005, S. 493; *Friauf/Höfling* (Hrsg.), Berliner Kommentar zum Grundgesetz, Berlin, Stand: 22. Erg.-Lfg. XII/07; *Beuthien,* Das Recht auf nichtmediale Alltäglichkeit, K&R 2004, 457; *Calliess,* Zwischen staatlicher Souveränität und europäischer Effektivität: zum Beurteilungsspielraum der Vertragsstaaten im Rahmen von Art. 10 EMRK, EuGRZ 1996, 293; *Cremer,* Zur Bindungswirkung von EGMR-Urteilen, EuGRZ 2004, 683; *Frowein/Peukert,* Europäische Menschenrechtskonvention, 2. Aufl., Kehl/Strassburg 1996; *Giegerich,* Schutz der Persönlichkeit und Medienfreiheit nach Art. 8, 10 EMRK im Vergleich mit dem Grundgesetz, RabelsZ 1999, 471; *Götting,* Anm. zu BGH, Urt. v. 6. 3. 2007 – Winterurlaub, GRUR 2007, 530; *ders.,* Die bereicherungsrechtliche Lizenzanalogie bei Persönlichkeitsverletzungen, in: FS Ullmann, Saarbrücken 2006, S. 65; *Grabenwarter,* Europäische Menschenrechtskonvention, 3. Aufl., München 2008; *ders.,* Schutz der Privatsphäre versus Pressefreiheit: Europäische Korrektur eines deutschen Sonderweges?, AfP 2004, 309; *Grote/Marauhn,* EMRK/GG – Konkordanzkommentar, Tübingen 2006; *Halfmeier,* Privatleben und Pressefreiheit: Rechtsvereinheitlichung par ordre de Strasbourg, AfP 2004, 417; *Heldrich,* Persönlichkeitsschutz und Pressefreiheit nach der Europäischen Menschenrechtskonvention, NJW 2004, 2634; *ders.,* Persönlichkeitsschutz und Pressefreiheit nach der Europäischen Menschenrechtskonvention, in: Koziol/Warzilek, Persönlichkeitsschutz gegenüber Massenmedien, Wien 2005, S. 479; *Jarass/Pieroth,* Grundgesetz für die Bundesrepublik Deutschland, 9. Aufl., München 2007; *Kaboth,* Der EGMR und Caroline von Hannover: Mehr Schutz vor der Veröffentlichung von Fotoaufnahmen aus dem Privatleben Prominenter?, ZUM 2004, 818; *Kadelbach,* Der Status der Europäischen Menschenrechtskonvention im deutschen Recht, Jura 2005, 480; *Karpen,* Persönlichkeitsschutz und Meinungsfreiheit, DVBl. 2001, 1191; *Klein,* Anm. zu BVerfG, Beschluss v. 14. 10. 2004 – Görgülü, JZ 2004, 1176; *Laeuchli Bosshard,* Die Meinungsäußerungsfreiheit gemäß Art. 10 EMRK unter Berücksichtigung der neueren Entscheide und der neuen Medien, Bern u.a. 1990; *Marks/Clapham,* International Human Rights Lexicon, Oxford 2005; *Meyer-Ladewig/Petzold,* Die Bindung deutscher Gerichte an Urteile des EGMR – Neues aus Straßburg und Karlsruhe, NJW 2005, 15; *Neukamm,* Bildnisschutz in Europa, Berlin 2007; *Nowak,* Manfred, U.N. Covenant on Civil and Political Rights – CCPR Commentary, 2. Aufl., Kehl 2005; *ders.,* Einführung in das internationale Menschenrechtssystem, Wien 2002; *Ohly,* Harmonisierung des Persönlichkeitsrechts durch den Europäischen Gerichtshof für Menschenrechte?, GRUR Int. 2004, 902; *Pache,* Die Europäische Menschenrechtskonvention und die deutsche Rechtsordnung, EuR 2004, 393; *Polakiewicz,* Die Verpflichtungen der Staaten aus den Urteilen des Europäischen Gerichtshofs für Menschenrechte, Berlin/Heidelberg 1993; *Schmalz,* Die Rechtsfolgen eines Verstoßes gegen die Europäische Menschenrechtskonvention für die Bundesrepublik Deutschland, Frankfurt 2007; *Schmitt,* Auswirkungen der Caroline-Entscheidung auf die Reichweite des Persönlichkeitsschutzes von Begleitpersonen?, ZUM 2007, 186; *Schricker* (Hrsg.), Urheberrecht, 3. Aufl., München 2006; *Starck,* Das Caroline-Urteil des EGMR und seine verfassungsrechtlichen Konsequenzen, in: Prütting (Hrsg.), Das Caroline-Urteil des EGMR und die Rechtsprechung des Bundesverfassungsgerichts, München 2005, S. 23; *Stürner,* Anmerkung zu EGMR, Urt. v. 24. 6. 2004 – von Hannover/Deutschland, JZ 2004, 1018; *Teubel,* Die Rechtsprechung zur Berichterstattung über Prominente nach der Caroline-Entscheidung des EGMR, AfP 2006, 116; *Zöller,* Zivilprozessordnung, 26. Aufl., Köln 2007.

In seiner Entscheidung vom 24. 6. 2004 wertete der EGMR die Veröffentlichung von **1** Fotos, die *Prinzessin Caroline von Hannover* in Alltagssituationen in der Öffentlichkeit zeigten, als Verstoß gegen das Recht auf Achtung der Privatsphäre aus Art. 8 EMRK.[1] Dies belegt, dass der Schutz der Privatsphäre nicht nur auf der Ebene des nationalen Verfassungsrechts, sondern auch auf der völkerrechtlichen Ebene eine feste Verankerung gefunden hat. Im Folgenden wird die Gewährleistung des Schutzes der Privatsphäre durch die wichtigsten internationalen Menschenrechtsverträge dargestellt (A.) und sodann vertieft auf die Rechtslage unter der EMRK eingegangen (B.).

---

[1] EGMR, Urt. v. 24. 6. 2004, Nr. 59320/00 – *von Hannover/Deutschland.* Nichtamtliche deutsche Übersetzung von *Mayer-Ladewig/Petzold* in NJW 2004, 2647 = GRUR 2004, 1051 = ZUM 2004, 651 = AfP 2004, 348 = JZ 2004, 1015. Dazu s.u. Rn. 60 ff.

A. Schutz des Privatlebens durch die wichtigsten Menschenrechtsverträge

2   Anders als das Grundgesetz enthalten die Menschenrechtsverträge eine umfassende Gewährleistung der Privatsphäre, die den Schutz des Privatlebens, der Familie, der Wohnung, des Schriftverkehrs sowie der Ehre und des Rufs in einem Grundrecht zusammenfasst.

3   So darf nach Art. 12 der **Allgemeinen Erklärung der Menschenrechte** vom 10. 12. 1948 niemand willkürlichen Eingriffen in sein Privatleben, seine Familie, seine Wohnung und seinen Schriftverkehr sowie Angriffen auf seine Ehre und seinen Ruf ausgesetzt werden. Die Allgemeine Erklärung der Menschenrechte, die formell eine Resolution der Generalversammlung ist, ist zwar völkerrechtlich nicht verbindlich. Sie ist jedoch eine autoritative Interpretation des Begriffs der Menschenrechte in der UNO-Satzung und stellt damit indirekt Völkervertragsrecht dar.[2]

4   Analog hierzu statuiert Art. 17 Abs. 1 des **Internationalen Pakts für Bürgerliche und Politische Rechte** das Verbot von Eingriffen in die Privatsphäre.[3] Abs. 2 gewährt einen Anspruch auf rechtlichen Schutz gegen Eingriffe oder Beeinträchtigungen. Nach einer interpretativen Stellungnahme des Menschenrechtsausschusses (Art. 28 IPBPR) verpflichtet dies die Vertragsstaaten zur Unterlassung eigener Eingriffe sowie dazu, einen rechtlichen Rahmen zu schaffen, der Eingriffe durch Private verhindert.[4] Der Begriff der Privatsphäre (*„privacy“*) entspricht dem des Privatlebens (*„private life“*) in Art. 8 EMRK.[5]

5   Wie Art. 12 der Allgemeinen Erklärung der Menschenrechte und anders als Art. 8 EMRK erwähnt Art. 17 Abs. 1 IPBPR explizit auch die Ehre und den Ruf. Während nach dem Wortlaut willkürliche oder rechtswidrige Eingriffe in das Privatleben verboten sind, werden im Hinblick auf Beeinträchtigungen der Ehre und des Rufs jedoch nur rechtswidrige Eingriffe untersagt. Dieser schwächere Schutz wird mit dem Spannungsverhältnis zwischen der Meinungsfreiheit und dem Persönlichkeitsschutz begründet.[6] Aus historischen Gründen erfasst Art. 17 Abs. 1 IPBPR überdies nur rechtswidrige und vorsätzliche Eingriffe durch falsche Tatsachenbehauptungen.[7]

6   Dem Internationalen Pakt für Bürgerliche und Politische Rechte kommt insofern große Bedeutung zu, weil er über ein internationales Durchsetzungsinstrumentarium verfügt. Hierzu trägt der Menschenrechtsausschuss bei, der auf Grundlage des 1. Fakultativprotokolls u. a. als quasi-judizielles Überwachungsorgan auch über **Individualbeschwerden** entscheidet.[8] Die bisher ergangenen Entscheidungen zu dem Schutz von Ruf und Ehre durch Art. 17 betrafen im Wesentlichen staatliche Eingriffe.[9]

7   Hinzuweisen ist schließlich auf das von der UN-Vollversammlung am 20. 11. 1989 verabschiedete **Übereinkommen über die Rechte des Kindes**, das in Art. 16 ein gleichlautendes Recht enthält.

8   Mit Art. 8 enthält die **Europäische Menschenrechtskonvention** – ebenso wie die anderen völkerrechtlichen Konventionen und anders als das Grundgesetz – eine zentrale und explizite Gewährleistung des Schutzes der Privatsphäre. Aufgrund der Bedeutung dieses Grundrechts für den Persönlichkeitsschutz wird es im folgenden Abschnitt vertieft

---

[2] *Nowak,* Einführung in das internationale Menschenrechtssystem, S. 90.

[3] *Nowak,* CCPR-Commentary, Art. 17 Rn. 16.

[4] Ziff. 9 des CCPR General Comment No. 16, 32nd session, 1998, abrufbar unter: www.unhchr.ch/tbs/doc.nsf/(Symbol)/23378a8724595410c12563ed004aeecd?Opendocument (Stand: 6. 2. 2008).

[5] *Nowak,* CCPR-Commentary, Art. 17 Rn. 16.

[6] *Nowak,* CCPR-Commentary, Art. 17 Rn. 52.

[7] *Nowak,* CCPR-Commentary, Art. 17 Rn. 54.

[8] *Nowak,* Einführung in das internationale Menschenrechtssystem, S. 95.

[9] Die Entscheidungen sind abrufbar unter www.unhchr.ch/tbs/doc.nsf (Stand: 6. 2. 2008); s. dazu auch *Nowak,* CCPR-Commentary, Art. 17 Rn. 55.

dargestellt. Dagegen stellt Art. 11 der **Amerikanischen Menschenrechtskonvention** vom 22. 11. 1969 das Recht auf Achtung der Ehre und Anerkennung der Würde einer Person in den Vordergrund.[10]

Darüber hinaus wurden von Regierungs- bzw. Nicht-Regierungsorganisationen Leit- **9** linien zu der Abwägung zwischen dem Persönlichkeitsschutz und den Kommunikationsfreiheiten erarbeitet. Wie die Rechtsprechung des EGMR zeigt, können auch solche unverbindlichen Standards als Auslegungshilfen von Bedeutung sein.[11] Dies gilt hier insbesondere für die Resolution 428 (1970) der Parlamentarischen Versammlung des Europarats über Massenmedien und Menschenrechte sowie die Resolution 1165 (1998) der Parlamentarischen Versammlung des Europarats zur Achtung des Privatlebens, die als Reaktion auf den Unfalltod der Prinzessin von Wales verabschiedet wurde.[12]

Zu nennen sind in diesem Zusammenhang auch die so genannten „London-Islingtoner **10** Prinzipien über Meinungsfreiheit und Persönlichkeitsschutz" der Menschenrechtsorganisation *„Article 19 – International Centre against Censorship".*[13] Hierbei handelt es sich um auf der Grundlage rechtsvergleichender Untersuchungen erarbeitete Leitlinien.

B. Europäische Menschenrechtskonvention

Der noch vor den Europäischen Gemeinschaften gegründete Europarat versteht sich als **11** eine Wertegemeinschaft, die verfassungsstaatliche Grundsätze fördert und verwirklicht.[14] Eine seiner großen Errungenschaften ist die Konvention zum Schutz der Menschenrechte und Grundfreiheiten vom 4. 11. 1950, der mittlerweile 47 Staaten beigetreten sind. Mit den nach Art. 34 EMRK möglichen Individualbeschwerden steht ein effektives Instrumentarium zur Rechtsdurchsetzung zur Verfügung.

Im Folgenden wird zunächst der Schutz des Privatlebens sowie der Meinungsfreiheit **12** durch die EMRK dargestellt (I.) und sodann auf die Auflösung des Spannungsverhältnisses zwischen dem Persönlichkeitsschutz und den Kommunikationsfreiheiten eingegangen (II.). Die Wirkung der EMRK innerhalb der deutschen Rechtsordnung wird im nachfolgenden Abschnitt (C.) dargestellt.

I. Rechtsgrundlagen

1. Schutz des Privatlebens durch Art. 8 EMRK

a) Schutzbereich. Art. 8 Abs. 1 EMRK statuiert das Recht auf Achtung des Privatle- **13** bens, des Familienlebens, der Wohnung und der Kommunikation, wobei sich diese vier Bereiche nicht eindeutig voneinander abgrenzen lassen.[15] Damit wird ein umfassender Freiraum geschaffen, der dem Grundrechtsträger die freie Entfaltung seiner Persönlichkeit ermöglichen soll.

Durch seinen umfassenden Gewährleistungsumfang kommt Art. 8 EMRK auch eine **14** lückenfüllende Funktion zu; das Schutzrecht ermöglicht außerdem die Reaktion auf neue Gefährdungslagen. So wird das Recht der körperlichen Integrität, das in der EMRK

---

[10] *Marks/Clapham*, International Human Rights Lexicon, S. 262.

[11] *Berka* in: Koziol/Warzilek, Persönlichkeitsschutz, S. 493, Rn. 78, Fn. 77.

[12] Die Resolutionen können unter http://assembly.coe.int abgerufen werden (Stand: 6. 2. 2008). Die Resolution 1165 (1998) wurde von dem EGMR in der *Caroline*-Entscheidung als Auslegungshilfe herangezogen, EGMR, Urt. v. 24. 6. 2004, Nr. 59320/00, Ziff. 67 – *von Hannover/Deutschland*; vgl. auch EGMR, Entsch. v. 1. 7. 2003, Nr. 66910/01 – *Société Prisma Presse/Frankreich* (unveröff.).

[13] Sie können unter www.article19.org/publications/law/standard-setting.html abgerufen werden (Stand: 6. 2. 2008). Dazu *Berka* in: Koziol/Warzilek, Persönlichkeitsschutz, S. 493, Rn. 78; *Karpen*, DVBl. 2001, 1191.

[14] Art. 1 der Satzung des Europarats v. 5. 5. 1949.

[15] Frowein/Peukert/*Frowein*, EMRK, Art. 8 Rn. 1.

nicht ausdrücklich erwähnt wird, ebenso aus dem Schutz des Privatlebens abgeleitet[16] wie der Schutz vor Bedrohungen durch umweltverschmutzende Tätigkeiten.[17]

15   Als Kontrapunkt zu den Kommunikationsfreiheiten wird insbesondere die Ausprägung des Schutzes des **Privatlebens** relevant; wenn die veröffentlichten Informationen auch die Beziehung der betroffenen Person zu Familienangehörigen betrifft, kann zudem der Schutz des **Familienlebens** einschlägig sein.

16   Die Rechtsprechung des EGMR zum Schutz des Privatlebens lässt sich in drei Fallgruppen zusammenfassen. Die Gewährleistung des Privatlebens umfasst das Selbstbestimmungsrecht über den eigenen Körper, die freie Gestaltung der persönlichen Lebensführung, wie z. B. den Schutz des besonderen Lebensstils von Minderheiten, sowie den Schutz der **Privatsphäre**.[18]

17   Aus Letzterem folgen neben dem Schutz gegen staatliche Beobachtung und dem Schutz von persönlichen Daten[19] auch der Schutz der physischen und psychologischen Integrität einer Person[20] sowie der persönlichen Ehre. Zwar erwähnt Art. 8 EMRK anders als beispielsweise Art. 12 der Allgemeinen Erklärung der Menschenrechte den Schutz der Ehre nicht explizit, was darauf zurückgeführt wird, dass der sachliche Schutzbereich des Art. 8 EMRK im Fall eines Grundrechtskonflikts mit dem Recht auf freie Meinungsäußerung weder in die eine noch in die andere Richtung eingegrenzt werden sollte.[21] Der EGMR hat aber anerkannt, dass auch die Ehre durch Art. 8 EMRK geschützt wird.[22]

18   Der Gewährleistungsgehalt umfasst nach der Rechtsprechung des EGMR auch „Elemente der Identität einer Person", wie z. B. das Recht am eigenen Bild,[23] sowie das Recht, die Darstellung der eigenen Person in der Öffentlichkeit zu bestimmen.[24]

19   Art. 8 EMRK setzt einen umfassenden Begriff des Privatlebens voraus: Die Interaktion mit Mitmenschen kann auch dann zum geschützten Privatleben gehören, wenn sie in den öffentlichen Raum hineinreicht. Auch berufliche oder gesellschaftliche Aktivitäten fallen in den Schutzbereich.[25] Geschützt wird damit auch eine **„Privatheit in der Öffentlichkeit"**.

20   Außerdem folgen aus Art. 8 EMRK bestimmte Verfahrensgarantien. Dies gilt insbesondere für den Schutz des Familienlebens, da Verfahren in diesem Bereich häufig zu irreversiblen Entscheidungen führen,[26] betrifft aber auch den Gewährleistungsgehalt der Achtung des Privatlebens. So kann das Fehlen von Rechtsmitteln gegen die Veröffent-

---

[16] Grote/Marauhn/*Marauhn/Meljnik*, EMRK/GG, Kap. 16 Rn. 17, 32; *Meyer-Ladewig*, Art. 8 Rn. 5.

[17] Grote/Marauhn/*Marauhn/Meljnik*, EMRK/GG, Kap. 16 Rn. 13, 31; *Meyer-Ladewig*, Art. 8 Rn. 17. So stützte der BGH beispielsweise das aus dem allgemeinen Persönlichkeitsrecht abgeleitete Selbstbestimmungsrecht in Bezug auf Genom-Analysen u. a. auch auf Art. 8 EMRK, BGH FamRZ 2005, 342, 343.

[18] *Grabenwarter*, EMRK, § 22 Rn. 6 ff.

[19] Dazu *Meyer-Ladewig*, Art. 8 Rn. 11 ff.

[20] EGMR, Urt. v. 24. 6. 2004, Nr. 59320/00, Ziff. 50 – *von Hannover/Deutschland*.

[21] *Neukamm*, Bildnisschutz, S. 210.

[22] EGMR Urt. v. 29. 6. 2004, Nr. 64915/01, Ziff. 70 – *Chauvy/Frankreich*; EGMR, Urtl. v. 30. 3. 2004, Nr. 53984/00, Ziff. 31 – *Radio France/Frankreich*.

[23] EGMR, Urt. v. 24. 6. 2004, Nr. 59320/00, Ziff. 50 – *von Hannover/Deutschland*; EGMR Entscheidung v. 21. 2. 2002 – Beschw. Nr. 42409/98 – *Schüssel/Österreich* (unveröff.).

[24] *Grabenwarter*, EMRK, § 22 Rn. 9.

[25] EGMR, Urt. v. 24. 6. 2004, Nr. 59320/00, Ziff. 50 – *von Hannover/Deutschland*; EGMR, Urt. v. 28. 1. 2003, Nr. 44647/98, Ziff. 57 – *Peck/VK*; EGMR, Urt. v. 16. 12. 1992, Nr. 13710/88, Ziff. 29 – *Niemietz/Deutschland*. S. aber auch Richter *Cabral Barreto* und Richter *Zupancic*, die in ihren zustimmenden Sondervoten maßgeblich darauf abstellen, ob eine Person die berechtigte Erwartung haben darf, vor den Medien geschützt zu sein, was aufgrund der tatsächlichen Umstände des Einzelfalls, insbesondere angesichts des konkreten Aufenthaltsort, zu entscheiden sei. So auch noch EGMR, Urt. v. 27. 5. 1997, Nr. 20605/92, Ziff. 45 – *Halford/VK*.

[26] *Grabenwarter*, EMRK, § 22 Rn. 51 m. w. N.

lichung von Informationen, die der Privatsphäre angehören, eine Verletzung von Art. 8 EMRK darstellen.[27]

b) Schutzrichtung. Art. 8 EMRK schützt in seiner **abwehrrechtlichen Dimension** 21 den Einzelnen gegenüber Eingriffen des Staates. Wie schon der Wortlaut der Vorschrift nahelegt, die vom „Recht auf Achtung des Privatlebens" spricht, enthält sie darüber hinaus auch **positive Verpflichtungen** der Konventionsstaaten, angemessene Maßnahmen zur Gewährleistung der durch die Vorschrift garantierten Rechte zu ergreifen. Zum Schutz des Privatlebens können dazu nach der Rechtsprechung des Gerichtshofs sogar „Maßnahmen im Verhältnis zwischen Privatpersonen untereinander" gehören. Die Grenze zwischen positiven und negativen Verpflichtungen des Staates lasse sich nicht genau ziehen; die anwendbaren Grundsätze seien aber ähnlich.[28] So sind die Konventionsstaaten dazu verpflichtet, das Recht am eigenen Bild gegen Missbrauch durch Dritte angemessen zu schützen,[29] wobei der Umfang dieser Schutzpflicht in Abwägung mit der durch Art. 10 EMRK geschützten Meinungsfreiheit zu bestimmen ist.[30]

c) Schrankenvorbehalt des Art. 8 Abs. 2 EMRK. Nach dem Schrankenvorbehalt 22 des Abs. 2 darf in die in Abs. 1 verbürgten Rechte nur eingegriffen werden, soweit der Eingriff gesetzlich vorgesehen und in einer demokratischen Gesellschaft notwendig ist für die nationale oder öffentliche Sicherheit, für das wirtschaftliche Wohl des Landes, zur Aufrechterhaltung der Ordnung, zur Verhütung von Straftaten, zum Schutz der Gesundheit oder der Moral oder zum Schutz der Rechte und Freiheiten anderer. Damit ist der Schrankenvorbehalt parallel zu denen der Art. 9–11 EMRK aufgebaut.

Allerdings ordnet der EGMR die Missachtung positiver Verpflichtungen der Konven- 23 tionsstaaten nicht als Eingriff ein und überprüft ihre Rechtfertigung dementsprechend nicht anhand von Art. 8 Abs. 2 EMRK; in diesen Fallkonstellationen geht er nach der Feststellung, dass das Grundrecht anwendbar ist, unmittelbar auf die Abwägung der entgegenstehenden Interessen über.[31]

aa) Gesetzliche Grundlage. Eingriffe in die Rechte des Art. 8 Abs. 1 EMRK sind 24 nur dann gerechtfertigt, wenn sie auf einer gesetzlichen Regelung beruhen. Diesem Gesetzesvorbehalt genügt unter Berücksichtigung der *common law*-Systeme auch ungeschriebenes Recht, sofern es für die Bürger hinreichend zugänglich und vorhersehbar ist.[32]

bb) Legitimes Ziel. Die Ziele, die einen Eingriff in das Privatleben rechtfertigen 25 können, sind in Abs. 2 abschließend aufgezählt[33] und selten streitig. Wenn die Darstellung einer Person in der Öffentlichkeit, durch die in die Privatsphäre gemäß Art. 8 EMRK eingegriffen wird, der von Art. 10 EMRK garantierten Freiheit der Meinungsäußerung dient, kommt der Schutz der Rechte und Freiheiten anderer als rechtfertigendes Eingriffsziel in Betracht.

---

[27] Vgl. Europäische Kommission für Menschenrechte, Nr. 28851/95 and No. 28852/95 – *Earl Spencer and Countess Spencer/VK*; in diesem Fall hatten die Beschwerdeführer jedoch von dem Rechtsmittel des „*breach of confidence*" (dazu s.u. § 64 Rn. 63 ff.) nicht in dem ausreichenden Maß Gebrauch gemacht und seine Ineffektivität nicht dargelegt, so dass die Kommission den innerstaatlichen Rechtsweg als nicht erschöpft ansah.

[28] EGMR, Urt. v. 24. 6. 2004, Nr. 59320/00, Ziff. 57 – *von Hannover/Deutschland*; EGMR, Urt. v. 25. 11. 1994, Nr. 18131/91, Ziff. 38 – *Stjerna/Finnland*; EGMR, Urt. v. 13. 2. 2003, Nr. 42326/98, Ziff. 40 – *Odièvre/Frankreich*.

[29] EGMR, Urt. v. 24. 6. 2004, Nr. 59320/00, Ziff. 57 – *von Hannover/Deutschland*; EGMR Entscheidung v. 21. 2. 2002 – Beschw. Nr. 42409/98 – *Schüssel/Österreich* (unveröff.)

[30] *Grabenwarter*, EMRK, § 22 Rn. 55; zu den Abwägungskriterien s.u. Rn. 40 ff.

[31] Vgl. z.B. EGMR, Urt. v. 24. 6. 2004, Nr. 59320/00, Ziff. 56 ff. – *von Hannover/Deutschland*; EGMR, Entscheidung v. 21. 2. 2002, Nr. 42409/98 – *Schüssel/Österreich* (unveröff.); EGMR, Urt. v. 7. 7. 1989, Nr. 10454/83, Ziff. 42 – *Gaskin/VK*. S. auch Frowein/Peukert/*Frowein*, EMRK, Art. 8 Rn. 11.

[32] *Meyer-Ladewig*, Art. 8 Rn. 38; Grote/Marauhn/*Marauhn/Meljnik*, EMRK/GG, Kap. 16 Rn. 79.

[33] Grote/Marauhn/*Marauhn/Meljnik*, EMRK/GG, Kap. 16 Rn. 84.

26   **cc) Notwendigkeit in einer demokratischen Gesellschaft.** Als dritter Schritt ist im Rahmen der Rechtfertigung zu überprüfen, inwieweit die jeweilige Maßnahme zur Verfolgung eines der in Abs. 2 aufgezählten Ziele in einer demokratischen Gesellschaft notwendig ist. Dieses Erfordernis umschreibt der EGMR häufig mit der Frage, inwieweit ein dringendes soziales Bedürfnis (*„pressing social need"*) gegeben ist. Im Kern erfolgt hierbei eine **Verhältnismäßigkeitskontrolle**, bei der eine Abwägung zwischen den betroffenen Rechtsgütern und den entgegenstehenden öffentlichen Interessen erfolgt.

27   Wie im Rahmen der anderen geschützten Rechte räumt der EGMR den Konventionsstaaten auch im Rahmen des Art. 8 EMRK einen **Beurteilungsspielraum** (*„margin of appreciation"*) bei der Einschätzung ein, ob ein Eingriff legitimen Zielen dient und in einer demokratischen Gesellschaft notwendig ist. Dies gilt insbesondere dann, wenn die Wertvorstellungen in den Konventionsstaaten so weit voneinander abweichen, dass kaum Ansätze für einen gemeinsamen Regelungsstandard auszumachen sind.[34] Bei Eingriffen in den Schutz des Privatlebens besteht grundsätzlich ein weiter Beurteilungsspielraum, wobei aber nach dem Eingriffsziel differenziert wird; so besteht eine geringere Kontrolldichte bei Maßnahmen zum Schutz der nationalen Sicherheit und eine höhere Kontrolldichte bei Eingriffen in den Kern des Rechts auf informationelle Selbstbestimmung.[35] Der Gerichtshof deutet allerdings an, dass insbesondere bei Fallkonstellationen im Rahmen des Art. 8 EMRK, in denen es um positive Verpflichtungen der Konventionsstaaten geht, der Beurteilungsspielraum möglicherweise weiter als bei anderen Rechten sein könne, da das Konzept des „Rechts auf Achtung des Privatlebens" unklar sei.[36]

28   Abweichend von diesen Grundsätzen nahm der EGMR in der *Caroline*-Entscheidung eine sehr intensive Überprüfung vor. Im Ergebnis sah er eine einschränkende Auslegung des Kunsturhebergesetzes für erforderlich an, damit die Bundesrepublik ihre positive Verpflichtung zum Schutz des Privatlebens und des Rechts am eigenen Bild erfülle.[37] Dies ist angesichts des fehlenden europäischen Standards beim Schutz des Rechts am eigenen Bild gegenüber Veröffentlichungen erstaunlich.[38]

2. Schutz der Meinungsfreiheit durch Art. 10 EMRK

29   Die Darstellung einer Person in den Medien, durch die in die Privatsphäre gemäß Art. 8 EMRK eingegriffen wird, geschieht in der Regel in Ausübung der von Art. 10 EMRK garantierten Freiheit der Meinungsäußerung.

30   **a) Schutzbereich.** Art. 10 EMRK schützt neben der Meinungsäußerungsfreiheit i.e.S. auch die Freiheit der Kommunikation durch Massenmedien, die Informationsfreiheit sowie Kommunikationsprozesse im Rahmen der **Kunst- und Wissenschaftsfreiheit**.[39] Die Vorschrift umfasst auch die Veröffentlichung von Bildaufnahmen.[40]

31   Der EGMR hat die Bedeutung der **Freiheit der Meinungsäußerung** als eine der wesentlichen Grundlagen einer demokratischen Gesellschaft in vielen Fällen unterstrichen und die Rolle der Medien als „Wachhund" der Öffentlichkeit gewürdigt. Nach der ständigen Rspr. des Gerichtshofs gilt sie vorbehaltlich des Art. 10 Abs. 2 EMRK „nicht nur für ,Informationen' oder ,Ideen', die zustimmend aufgenommen oder als unschädlich oder un-

---

[34] Grote/Marauhn/*Marauhn/Meljnik*, EMRK/GG, Kap. 16 Rn. 92; *Calliess*, EuGRZ 1996, 293, 294.

[35] Grote/Marauhn/*Marauhn/Meljnik*, EMRK/GG, Kap. 16 Rn. 24, 92.

[36] EGMR, Urt. v. 11. 7. 2002, Nr. 28957/95, Ziff. 72 – *Goodwin*; EGMR, Urt. v. 17. 10. 2006, Nr. 71678/01, Ziff. 38 – *Gourguenidze/Georgien*.

[37] EGMR, Urt. v. 24. 6. 2004, Nr. 59320/00, Ziff. 57, 72 – *von Hannover/Deutschland*.

[38] Kritisch *Grabenwarter* AfP 2004, 309, 315; Grote/Marauhn/*Marauhn/Meljnik*, EMRK/GG, Kap. 16 Rn. 99; *Halfmeier* AfP 2004, 417, 418; *Ohly* GRUR Int. 2004, 902, 911.

[39] EGMR, Urt. v. 24. 5. 1988, Nr. 10737/84, Ziff. 27 – *Müller*; EGMR, Urt. v. 25. 1. 2007, Nr. 68354/01, Ziff. 26 f. – *Vereinigung Bildender Künstler/Österreich*; *Grabenwarter*, EMRK, § 23 Rn. 1.

[40] EGMR, Urt. v. 24. 6. 2004, Nr. 59320/00, Ziff. 59 – *von Hannover/Deutschland*; EGMR, Urt. v. 14. 12. 2006, Nr. 10520/02, Ziff. 29 – *Verlagsgruppe News GmbH (Nr. 2)*.

wichtig angesehen werden, sondern auch für Meinungsäußerungen, die verletzen, schockieren oder beunruhigen. So wollen es Pluralismus, Toleranz und offene Geisteshaltung, ohne die es eine **demokratische Gesellschaft** nicht gibt." Wenn die Presse „auch gewisse Grenzen nicht überschreiten darf, insbesondere hinsichtlich des Schutzes des guten Rufs und der Rechte anderer, hat sie doch die Pflicht, in einer Weise, die mit ihren Verpflichtungen und ihrer Verantwortung vereinbar ist, Informationen und Ideen über alle Fragen von öffentlichem Interesse zu vermitteln".[41] Zur journalistischen Freiheit gehört im Übrigen auch die Möglichkeit einer gewissen Übertreibung oder sogar Provokation.[42] Geschützt wird nicht nur der Inhalt, sondern auch die freie Wahl der Darstellungsform.[43]

Bezüglich der **Meinungsäußerungsfreiheit** i.e.S. differenziert Art. 10 EMRK im **32** Unterschied zu Art. 5 Abs. 1 S. 1 GG auf Schutzbereichsebene nicht zwischen Meinungen und Tatsachen; diese Unterscheidung ist erst für die Rechtfertigung von Eingriffen relevant.[44] Art. 10 EMRK schützt daher neben Werturteilen auch Tatsachenmitteilungen, selbst wenn es sich um unrichtige handelt. Geschützt wird ferner auch die politische und kommerzielle Werbung.[45]

In den Schutzbereich der **Pressefreiheit** fallen periodisch erscheinende Druckschriften; andere Druckwerke, z. B. Bücher[46] oder Plakate, werden der Meinungsäußerungsfreiheit i.e.S. zugerechnet.[47]

Die **Rundfunkfreiheit** bezieht sich auf den Hörfunk und das Fernsehen in allen zum **33** jeweiligen Zeitpunkt technisch möglichen Übertragungsformen. Sie umfasst daher nicht die Kommunikation über das Internet, die der allgemeinen Meinungsäußerungs- und Informationsfreiheit zuzurechnen ist.[48]

b) Schrankenvorbehalt des Art. 10 Abs. 2 EMRK. Anders als Art. 5 GG enthält **34** Art. 10 in Abs. 2 eine einheitliche **Grundrechtsschranke**; Modifikationen gelten allerdings für den Bereich der Rundfunkfreiheit, Abs. 1 S. 3. Parallel zu der Schranke des Art. 8 Abs. 2 EMRK sind Eingriffe in die Freiheiten des Art. 10 zulässig, wenn sie auf einer gesetzlichen Grundlage beruhen, einem legitimen Zweck dienen, wobei der Schutz des guten Rufes oder der Rechte anderer explizit erwähnt wird, und in einer demokratischen Gesellschaft notwendig sind.

aa) Gesetzliche Grundlage. Ebenso wie im Rahmen des Art. 8 Abs. 2 EMRK wird **35** dem Erfordernis einer gesetzlichen Grundlage Genüge getan, wenn die maßgeblichen rechtlichen Vorschriften hinreichend zugänglich und so präzise formuliert sind, dass der Bürger daran sein Verhalten ausrichten kann. Unter diesen Voraussetzungen wird auch ungeschriebenes Recht wie das britische *common law* von dem Begriff des Gesetzes i.S. von Art. 10 Abs. 2 EMRK erfasst.[49] Auch die im deutschen Recht durch Rechtsfortbildung aus Art. 1, 2 Abs. 1 GG entwickelte Verpflichtung zur Leistung einer Geldentschädigung für eine erhebliche, auf schwerwiegendem Verschulden beruhende und auf andere Weise nicht befriedigend aufzufangende **Persönlichkeitsrechtsverletzung** sowie der aus §§ 823 Abs. 1, 1004 BGB abgeleitete Berichtigungsanspruch erfüllen dieses Tatbestandsmerkmal.[50]

Für Regelungen über die Höhe des Schadensersatzes bei **Beleidigungsdelikten** gilt **36** das Gebot der Vorhersehbarkeit jedoch nur eingeschränkt. Hier darf der Gesetzgeber den

---

41 EGMR, Urt. v. 24. 6. 2004, Nr. 59320/00, Ziff. 58 – *von Hannover/Deutschland* m.w.N.
42 EGMR, Urt. v. 26. 4. 1995, Nr. 15974/90, Ziff. 38 – *Prager und Oberschlick/Österreich*.
43 EGMR, Urt. v. 23. 5. 1991, Nr. 11662/85, Ziff. 57 – *Oberschlick/Österreich Nr. 1.*
44 Dazu s.u. Rn. 75.
45 Zum Vorstehenden s. *Grabenwarter*, EMRK, § 23 Rn. 3 f.
46 EGMR, Urt. v. 13. 7. 1995, Nr. 18139/91, Ziff. 35 – *Tolstoy Miloslavsky*.
47 *Grabenwarter*, EMRK, § 23 Rn. 7.
48 *Grabenwarter*, EMRK, § 23 Rn. 9.
49 *Grabenwarter*, EMRK, § 23 Rn. 20.
50 *Giegerich* RabelsZ 63 (1999), 471, 480.

nationalen Gerichten größere Spielräume einräumen, um die flexible Anwendbarkeit der Regelung auf eine Vielzahl von Sachverhalten zu ermöglichen, sofern prozessuale Garantien und ermessensbegrenzende Kriterien vorhanden sind.[51]

37 **bb) Legitimes Ziel.** Als legitimes Eingriffsziel nennt Art. 10 Abs. 2 EMRK u.a. den **Schutz des guten Rufes** oder der Rechte anderer; der Eingriff kann damit auch dem Schutz des Privatlebens gemäß Art. 8 EMRK dienen. Abweichend von der deutschen Grundrechtsdogmatik benennt der EGMR dieses Grundrecht im Rahmen der Rechtfertigungsprüfung nicht immer, sondern belässt es zum Teil bei der Zuordnung zu den in Art. 10 Abs. 2 EMRK genannten legitimen Zielen.[52]

38 **cc) Notwendigkeit in einer demokratischer Gesellschaft.** Auch hier nimmt der EGMR im Rahmen der Frage, ob ein dringendes soziales Bedürfnis (*„pressing social need"*) für die beanstandete Maßnahme vorlag, eine **Verhältnismäßigkeitsprüfung** vor, bei der eine Abwägung zwischen den betroffenen Rechtsgütern und den entgegenstehenden öffentlichen Interessen erfolgt. Dabei berücksichtigt der EGMR alle Umstände des Einzelfalls, den Inhalt der Äußerung und den Zusammenhang, in dem sie gefallen ist, und stellt maßgeblich darauf ab, ob die von dem Konventionsstaat zu seiner Rechtfertigung angeführten Gründe „stichhaltig und ausreichend" sind.[53] Hierbei gesteht der Gerichtshof den Vertragsstaaten einen **Beurteilungsspielraum** zu. Wenn allerdings die politische Diskussion oder Fragen von öffentlichem Interesse betroffen sind, legt der EGMR Art. 10 Abs. 2 EMRK eng aus, da für Einschränkungen der Meinungsfreiheit in diesen Fällen wenig Raum sei.[54]

39 Aus dem Vorbehalt in Art. 10 Abs. 2 S. 1 EMRK, demzufolge die Ausübung der Kommunikationsfreiheiten mit Pflichten und Verantwortung verbunden ist, leitet der EGMR u.a. das Erfordernis journalistischer Sorgfaltspflichten ab und berücksichtigt ihre Einhaltung im Rahmen der Interessenabwägung.[55]

II. Persönlichkeitsschutz und Meinungsäußerungsfreiheit in der Rechtsprechung des EGMR

40 Zu dem Spannungsfeld zwischen Persönlichkeitsschutz und Pressefreiheit existiert zwar eine recht umfangreiche Rechtsprechung. Bislang hatte der Gerichtshof aber mit Ausnahme der Entscheidungen *Caroline von Hannover/Deutschland* und *Schüssel/Österreich* nur über Beschwerden von Journalisten und Presseunternehmen zu entscheiden, die sich aufgrund staatlicher Maßnahmen in ihrer durch Art. 10 EMRK geschützten Pressefreiheit verletzt sahen. Die Mehrzahl der Entscheidungen betrafen damit Abwehransprüche gegen staatliche Maßnahmen, nicht positive Verpflichtungen des Staates zum Schutz seiner Bürger vor Eingriffen durch Private.

---

51 EGMR, Urt. v. 13. 7. 1995, Nr. 18139/91, Ziff. 41 ff. – *Tolstoy Miloslavsky*.

52 S. z. B. EGMR, Urt. v. 22. 2. 2007, Nr. 5266/03, Ziff. 20 – *Nikowitz u. Verlagsgruppe News Gesellschaft m.b.H.*; EGMR, Urt. v. 7. 12. 2006, Nr. 35841/02, Ziff. 60 – *Österreichischer Rundfunk/Österreich*; EGMR, Urt. v. 8. 7. 1986, Nr. 9815/82, Ziff. 38 – *Lingens/Österreich*. Dagegen wird Art. 8 ausdrücklich erwähnt in EGMR, Urt. v. 14. 6. 2007, Nr. 71111/01, Ziff. 43 – *Hachette Filipacchi Associés*; EGMR, Urt. v. 29. 6. 2004, Nr. 64915/01, Ziff. 70 – *Chauvy/Frankreich*; EGMR, Urt. v. 14. 12. 2006, Nr. 10520/02, Ziff. 40 – *Verlagsgruppe News GmbH/Österreich (Nr. 2)*; EGMR, Urt. v. 16. 11. 2004, Nr. 53678/00, Ziff. 42 – *Karhuvaara und Iltalehti/Finnland*.

53 *Meyer-Ladewig*, Art. 10 Rn. 27.

54 EGMR, Urt. v. 6. 2. 2001, Nr. 41205/98, Ziff. 59 – *Tammer/Estland* m.w.N.

55 EGMR, Urt. v. 29. 6. 2004, Nr. 64915/01, Nr. 77 – *Chauvy/Frankreich*; EGMR, Urt. v. 26. 4. 1995, Nr. 15974/90, Ziff. 37 – *Prager und Oberschlick/Österreich*; EGMR, Urt. v. 14. 6. 2007, Nr. 71111/01, Z. 42 – *Hachette Filipacchi Associés*; dazu *Grote/Marauhn/Grote/Wenzel*, EMRK/GG, Kap. 18 Rn. 71 f.

1. Berichterstattung über Personen des öffentlichen Lebens

Ebenso wie im Grundgesetz ist das Spannungsverhältnis zwischen den Kommunika- **41** tionsfreiheiten und dem Schutz der Privatsphäre in der EMRK nicht abschließend geregelt. Es obliegt daher dem EGMR, im Einzelfall eine Abwägung von Art. 8 und 10 EMRK vorzunehmen. Als Kriterien berücksichtigt der Gerichtshof hierbei neben der grundlegenden Bedeutung der Medien für eine demokratische Gesellschaft maßgeblich, welche Position die betroffene Person innehat und ob die Veröffentlichung einen Beitrag zu einer öffentlichen Diskussion von allgemeinem Interesse liefert.[56] Allerdings werden diese Kriterien nicht in jeder Entscheidung ausdrücklich benannt.

a) Gesellschaftliche Position und Funktion der betroffenen Person. Als ein die **42** Abwägung konkretisierendes Element stellt der EGMR darauf ab, inwieweit die betroffene Person „die öffentliche Arena betreten"[57], sich also selbst durch ihre Funktion, ihre gesellschaftliche Position oder ihr sonstiges Verhalten in die Öffentlichkeit begeben hat. In seiner Judikatur unterscheidet der Gerichtshof der Sache nach zwischen **Politikern,** sonstigen **im Blickpunkt der Öffentlichkeit stehenden Personen** sowie **„normalen"** **Privatpersonen.** Soweit sie im Rahmen ihrer Funktion handeln, müssen Politiker stärkere Eingriffe in ihr Recht auf Achtung des Privatlebens hinnehmen als andere Personen.[58] Auch Personen des öffentlichen Lebens ohne öffentliches Amt genießen einen schwächeren Schutz als „normale" Privatpersonen.[59] Allerdings hat der Gerichtshof die Kriterien für eine Zuordnung zu den einzelnen Personengruppen nicht näher definiert; in der Mehrzahl der Entscheidungen fand bislang auch keine begriffliche Einordnung statt. Terminologisch hat der EGMR in einigen Entscheidungen die Bezeichnung der *„public figure"* bzw. *„personnalité publique"* verwendet,[60] wobei jedoch unklar bleibt, ob es sich hierbei um eine Bezeichnung für in der Öffentlichkeit stehende Personen ohne öffentliches Amt[61] oder um einen Oberbegriff handelt, der auch Politiker umfasst.[62]

In seiner Rechtsprechung hat der Gerichtshof einen **Großindustriellen**, obgleich er **43** die Öffentlichkeit eher mied und der breiteren Bevölkerung unbekannt war, aufgrund seiner Position in der Gesellschaft als Person des öffentlichen Lebens angesehen.[63] Die Lebensgefährtin eines der Untreue beschuldigten österreichischen Parlamentariers, die selbst nicht unter dem Verdacht einer Straftat stand, sah der EGMR aufgrund ihrer Eigenschaft als Begleiterin und von ihr gegebener Interviews über die gemeinsame Flucht ebenfalls als Person an, die sich in die Öffentlichkeit begeben hatte.[64]

Dagegen bleibt die Einordnung von *Caroline von Hannover*, die als Mitglied der mone- **44** gassischen Fürstenfamilie gewisse repräsentative Verpflichtungen wahrnimmt, jedoch kein offizielles Amt bekleidet, durch den EGMR unklar. In der *Caroline*-Entscheidung findet keine eindeutige Zuordnung statt; der Gerichtshof bezeichnet sie sogar als *„‚private'*

---

[56] Vgl. z. B. EGMR, Urt. v. 14. 12. 2006, Nr. 10520/02, Ziff. 34 – *Verlagsgruppe News GmbH/Österreich (Nr. 2)*; EGMR, Urt. v. 7. 12. 2006, Nr. 35841/02, Ziff. 63 – *Österreichischer Rundfunk/Österreich.*

[57] EGMR, Urt. v. 26. 2. 2002, Nr. 34315/96, Ziff. 37 – *Krone Verlag GmbH & Co. KG/Österreich.*

[58] EGMR, Urt. v. 26. 2. 2002, Nr. 34315/96, Ziff. 35 ff. – *Krone Verlag GmbH & Co. KG/Österreich.*

[59] S. z. B. EGMR, Urt. v. 17. 10. 2006, Nr. 71678/01, Ziff. 40 – *Gourguenidze/Georgien*; EGMR, Ent. v. 14. 6. 2005, Nr. 14991/02 – *Minelli/Schweiz.*

[60] Vgl. z. B. EGMR, Urt. v. 14. 12. 2006, Nr. 10520/02, Ziff. 36 – *Verlagsgruppe News GmbH/Austria (Nr. 2)*; EGMR, Urt. v. 24. 6. 2004, Nr. 59329/00, Ziff. 62 f., 72 – *von Hannover/Deutschland.*

[61] So wohl das BVerfG, GRUR 2008, 539, 546, Ziff. 99.

[62] So nennt der EGMR in seinem Urt. v. 17. 10. 2006, Nr. 71678/01, Ziff. 40 – *Gourguenidze/Georgien* als Beispiel für eine *„personnalité publique"* sein einen Politiker betreffendes Urt. v. 8. 7. 1986, Nr. 9815/82 – *Lingens/Österreich.*

[63] EGMR, Urt. v. 14. 12. 2006, Nr. 10520/02, Ziff. 36 – *Verlagsgruppe News GmbH/Österreich (Nr. 2)*; vgl. auch EGMR, Urt. v. 1. 3. 2007, Nr. 510/04, Ziff. 87 – *Tønsbergs Blad A/S/Norwegen.*

[64] EGMR, Urt. v. 13. 12. 2005, Nr. 58547/00, Ziff. 44, 47 – *Wirtschafts-Trend Zeitschriften-Verlagsgesellschaft m.b.H. (Nr. 3)/Österreich.*

individual".[65] In späteren Entscheidungen wird die Entscheidung jedoch als Beispiel für den Schutz des Privatlebens von *"public figures"* zitiert.[66] Auch dies zeigt, dass der EGMR keine Zuordnung zu bestimmten, trennscharf voneinander abzugrenzenden Fallgruppen vornimmt, sondern im Wege der Gesamtschau als inhaltliches Kriterium in die Abwägung einbezieht, inwieweit eine Person aufgrund ihrer Funktion oder ihres Verhaltens oder sonstiger Umstände in der Öffentlichkeit steht.

45   Aus der *Caroline*-Entscheidung wird im Schrifttum zum Teil abgeleitet, dass der EGMR die Rechtsfigur der Person des öffentlichen Lebens für Amtsträger reserviere und dass sonstige prominente Personen, z. B. aus der Sport- und Unterhaltungsbranche, den gleichen Schutz genössen wie (normale) Privatpersonen.[67] Diese Schlussfolgerung lässt sich der Entscheidung jedoch nicht entnehmen, die nur zu dem konkreten Sachverhalt Stellung nimmt. Die bisherige Rechtsprechung des EGMR zeigt vielmehr, dass der Umstand, ob die betroffene Person ein öffentliches Amt innehat, nur ein in die Abwägung einzustellender Faktor ist; zusätzlich kommt es darauf an, inwieweit sie, auch ohne eine offizielle Funktion zu bekleiden, die "öffentliche Arena betreten hat"[68] und ob eine Frage von allgemeinem Interesse erörtert wird.

46   Auch bei Berichterstattungen im Zusammenhang mit **Straftaten** lässt sich das Kriterium, inwieweit eine Person in der Öffentlichkeit steht, häufig nicht trennscharf von dem weiteren Kriterium abgrenzen, inwieweit die Berichterstattung einen Beitrag zur öffentlichen Diskussion von allgemeinem Interesse leistet. So wurde eine Person deshalb als in der Öffentlichkeit stehend angesehen, weil sie der rechtsextremen Szene angehörte und einer Straftat beschuldigt wurde, die von öffentlichem Interesse war.[69]

47   **b) Beitrag zu einer öffentlichen Diskussion von allgemeinem Interesse.** Als zentrales Kriterium berücksichtigt der EGMR, ob die Berichterstattung einen Beitrag zur öffentlichen Diskussion von allgemeinem Interesse leistet,[70] und lehnt sich damit, ohne dies zu sagen, an die im französischen Recht entwickelten Kriterien an.[71] Dieses Kriterium gilt für Text- und Bildbeiträge gleichermaßen.[72]

48   In der *Caroline*-Entscheidung stellt der EGMR den Grundsatz auf, dass Informationen aus dem Privatleben einer prominenten Privatperson, trotz der möglicherweise bestehenden Neugier bestimmter Bevölkerungskreise, nicht als Beitrag zu einer Diskussion von allgemeinem Interesse angesehen werden können; in diesen Fällen überwiege der Schutz des Privatlebens.[73] Ähnlich hatte der Gerichtshof auch schon in früheren Zulässigkeitsentscheidungen argumentiert.[74] Damit versteht der Gerichtshof den Begriff des "allge-

---

[65] EGMR, Urt. v. 24. 6. 2004, Nr. 59329/00, Ziff. 62 f., 72 – *von Hannover/Deutschland.*

[66] EGMR, Urt. v. 17. 10. 2006, Nr. 71678/01, Ziff. 57 – *Gourguenidze/Georgien*; EGMR, Urt. v. 11. 1. 2005, Nr. 50774/99, Ziff. 27 – *Sciacca/Italien.*

[67] *Neukamm*, Bildnisschutz, S. 230 f.; wohl auch *Halfmeier* AfP 2004, 417, 419.

[68] In diesem Sinne auch Ziff. 7 der Resolution 1165 (1998) der Parlamentarischen Versammlung des Europarats zur Achtung des Privatlebens.

[69] EGMR, Urt. v. 11. 1. 2000, Nr. 31457/96, Ziff. 54 – *News Verlags GmbH & Co. KG/Österreich*; EGMR, Urt. v. 7. 12. 2006, Nr. 35841/02, Ziff. 65 – *Österreichischer Rundfunk/Österreich* (Neo-Nazi).

[70] EGMR, Urt. v. 24. 6. 2004, Nr. 59320/00, Ziff. 60, 76 – *von Hannover/Deutschland*; EGMR, Urt. v. 11. 1. 2000, Nr. 31457/96, Ziff. 54 – *News Verlags GmbH & Co. KG/Österreich*; EGMR, Urt. v. 26. 2. 2002, Nr. 34315/96, Ziff. 35. – *Krone Verlag GmbH & Co. KG/Österreich*; EGMR, Urt. v. 6. 2. 2001, Nr. 41205/98, Ziff. 68 – *Tammer/Estland.*

[71] *Götting* GRUR 2007, 530, 531; *Ohly*, GRUR Int. 2004, 902, 911; zum französischen Recht s. u. § 63.

[72] *Neukamm*, Bildnisschutz, S. 234 f. unter Hinweis auf EGMR, Urt. v. 24. 6. 2004, Nr. 59320/00, Ziff. 64 – *von Hannover/Deutschland* (*"accompanying commentaries"*).

[73] EGMR, Urt. v. 24. 6. 2004, Nr. 59320/00, Ziff. 65 – *von Hannover/Deutschland.*

[74] EGMR, Entsch. v. 12. 12. 2000, Nr. 54224/00 – *Campmany y Diez/Spanien* (unveröff.); EGMR, Entsch. v. 13. 5. 2003, Nr. 14929/02 – *Bou Gibert/Spanien* (unveröff.); EGMR, Entsch. v. 1. 7. 2003, Nr. 66910/01 – *Société Prisma Presse/Frankreich* (unveröff.).

meinen Interesses" **normativ**. Ein bloß faktisch vorhandenes Interesse der Öffentlichkeit kann eine Einschränkung von Art. 8 EMRK nicht rechtfertigen, sondern das öffentliche Interesse muss eine bestimmte Qualität aufweisen.[75] Bei der Berichterstattung über eine aktuelle politische Diskussion bejahte der EGMR bislang ein (berechtigtes) Informationsinteresse der Öffentlichkeit.[76] Welche Kriterien hierfür in sonstigen Fällen maßgeblich sind, bleibt allerdings offen.[77]

Hierin liegt ein wesentlicher Unterschied zu der bisherigen Rechtsprechung des **49** BVerfG. Dieses überlässt im Wesentlichen der Presse die Definitionshoheit darüber, was eine Angelegenheit von öffentlichem Interesse darstellt; hierzu können neben politischen oder sonstigen Informationen auch rein unterhaltende Beiträge zählen.[78] Das Interesse der betroffenen Personen an dem Schutz der Privatsphäre wird primär im Rahmen der Endabwägung im Rahmen des § 23 II KUG berücksichtigt.[79]

Das Informationsinteresse ist eng mit der gesellschaftlichen Position und der Funktion **50** der betreffenden Person verbunden. Die Berichterstattung über Amtsträger, die in Ausübung ihres Amtes handeln, ist in der Regel zulässig. Allerdings haben auch Personen des öffentlichen Lebens Anspruch auf einen Schutz ihrer Privatsphäre, während andererseits auch Personen ohne öffentliches Amt eine Berichterstattung hinnehmen müssen, sofern ein berechtigtes Informationsinteresse der Öffentlichkeit besteht. Erforderlich ist stets eine Abwägung im Einzelfall.[80]

c) Zusätzliche Kriterien bei der Bildberichterstattung. Die Veröffentlichung von **51** Bildaufnahmen beeinträchtigt die Privatsphäre in der Regel ungleich intensiver als eine bloße Wortberichterstattung. Daher kommt in Fällen der Bildberichterstattung dem Schutz des guten Rufs und der Rechte anderer nach der Rechtsprechung des EGMR eine besondere Bedeutung zu. Dies gelte umso mehr, soweit es um die Verbreitung von Bildern aus dem Privatleben einer Person in den Massenmedien geht, die allein dem Unterhaltungsinteresse dienten.[81]

Bei der Veröffentlichung von **Fotoaufnahmen** stellen die Umstände, unter denen die **52** Fotoaufnahmen angefertigt wurden, einen weiteren Gesichtspunkt dar, den der EGMR in seine Abwägung einbezieht. Hier berücksichtigte der EGMR in der *Caroline*-Entscheidung insbesondere, dass die Fotos heimlich und ohne Wissen der Betroffenen aufgenommen wurden. Außerdem sei zu beachten, dass Fotos, die in der **Sensationspresse** erscheinen, häufig unter ständigen Belästigungen entstanden seien, die von den Betroffenen als schwerwiegendes Eindringen in die Privatsphäre und sogar als Verfolgung empfunden würden.[82] Eine gesteigerte Wachsamkeit sei aufgrund des technischen Fortschritts auch bei der Speicherung und Wiederverwendung von persönlichen Daten sowie dem systematischen Aufnehmen bestimmter Fotos und ihrer Verbreitung in der breiten Öffentlichkeit geboten.[83] Außerdem berücksichtigt der EGMR die Schwere des Eingriffs, d. h. ob die Fotoaufnahmen der Öffentlichkeit zugänglich gemacht werden sollen.[84]

---

[75] *Halfmeier* AfP 2004, 417, 419; *Stürner* JZ 2004, 1018 f.; *Starck* in: Prütting, Caroline-Urteil, S. 23, 27.

[76] *Neukamm*, Bildnisschutz, S. 231 f.

[77] Kritisch *Ohly* GRUR Int. 2004, 902, 910 f.; *Beuthien* K&R 2004, 457, 458; *Grabenwarter* AfP 2004, 309, 311.

[78] Vgl. z. B. BVerfG GRUR 2004, 446, 452 – *Caroline von Monaco*.

[79] Dazu s. *Stürner* JZ 2004, 1018.

[80] *Neukamm*, Bildnisschutz, S. 231; *Berka* in: FS Schäffer, S. 91, 104.

[81] EGMR, Urt. v. 24. 6. 2004, Ziff. 59320/00, Ziff. 59 – *von Hannover/Deutschland*. Vgl. auch EGMR Urt. v. 14. 6. 2007, Nr. 71111/01, Ziff. 42 – *Hachette Filipacchi Associés*.

[82] EGMR, Urt. v. 24. 6. 2004, Nr. 59320/00, Ziff. 59, 68 – *von Hannover/Deutschland*.

[83] EGMR, Urt. v. 24. 6. 2004, Nr. 59320/00, Ziff. 70 – *von Hannover/Deutschland*.

[84] EGMR, Urt. v. 24. 6. 2004, Nr. 59320/00, Ziff. 52 – *von Hannover/Deutschland*; EGMR, Urt. v. 28. 1. 2003, Nr. 44647/98, Ziff. 61 – *Peck/VK*.

53   Dagegen ließ der EGMR das Argument, dass eine Bildberichterstattung nicht erforderlich gewesen sei, da der Pressefreiheit im konkreten Einzelfall durch die Möglichkeit der bloßen Wortberichterstattung Genüge getan worden wäre, nicht gelten, da die Pressefreiheit andernfalls hinsichtlich der Wahl der Mittel eingeschränkt würde. Wenn ein Informationsinteresse der Öffentlichkeit an der Information besteht, dann ist grundsätzlich auch die Veröffentlichung von im Zusammenhang mit der Berichterstattung stehenden oder kontextneutralen Fotos zulässig. Abbildungen, die zusätzliche Informationen aus dem Privatleben des Abgebildeten enthüllen, sind dagegen nur dann zulässig, wenn sich das (berechtigte) Informationsinteresse der Öffentlichkeit auch hierauf erstreckt.[85]

54   **d) Weitere Kriterien.** Neben den genannten zieht der EGMR im Einzelfall auch weitere Abwägungskriterien heran.

    Berücksichtigt wird auch das **mediale Vorverhalten**. Der Gerichtshof stellt insbesondere in Fällen, in denen Aspekte aus dem Privatleben einer Person betroffen sind, darauf ab, inwieweit die Person selbst die Öffentlichkeit gesucht hat.[86]

55   Als Auslegungshilfe hat der EGMR in der Caroline-Entscheidung die **Resolution** 1165 (1998) der Parlamentarischen Versammlung des Europarats zur Achtung des Privatlebens herangezogen.[87] Die Resolution wurde als Reaktion auf den Unfalltod der Prinzessin von Wales verabschiedet.[88] Sie konzediert zwar, dass auch in Bezug auf Personen, die kein öffentliches Amt ausüben, ein berechtigtes Informationsinteresse der Allgemeinheit bestehen kann, z. B. an Sportlern oder Künstlern, so dass diese zu *„personnes publiques"* werden. Aus der Meinungsäußerungsfreiheit folge jedoch, anders als einige Medien meinten, nicht das Recht der Öffentlichkeit, alles über Personen des öffentlichen Lebens zu erfahren.[89] Zwar handelt es sich bei der Resolution nur um eine Empfehlung ohne Rechtsverbindlichkeit an das Ministerkomitee des Europarats, die Leitlinien mit dem Ziel einer Stärkung des Schutzes der Privatsphäre gegenüber Massenmedien aufstellt. Ihre Heranziehung als Auslegungshilfe durch den EGMR verleiht ihr jedoch faktisch eine darüber hinausgehende Bedeutung.[90]

56   Bei der Berichterstattung über strafrechtliche Ermittlungsverfahren oder verurteilte Personen kommt es auf den Bekanntheitsgrad der betroffenen Person, die seit der Verurteilung und der Haftentlassung vergangene Zeit und die Schwere der Tat an; bei der Veröffentlichung von Fotos in diesem Zusammenhang ist außerdem zu berücksichtigen, inwieweit ein Zusammenhang zwischen dem Inhalt des Berichts und dem Bild besteht,

---

[85] Vgl. u.a. EGMR, Urt. v. 11.1.2000, Nr. 31457/96, Ziff. 54, 59 – *News Verlags GmbH & Co. KG.* Vgl. auch EGMR, Urt. v. 26.2.2002, Nr. 34315/96, Ziff. 38 – *Krone Verlag GmbH & Co. KG/Österreich*; EGMR, Urt. v. 13.12.2005, Nr. 58547/00, Ziff. 47 – *Wirtschafts-Trend Zeitschriften-Verlagsgesellschaft m.b.H. (Nr. 3)/Österreich*; vgl. auch EGMR, Urt. v. 17.10.2006, Nr. 71678/01, Ziff. 60 f. – *Gourguenidze/Georgien.*

[86] EGMR, Urt. v. 6.2.2001, Nr. 41205/98, Ziff. 66 – *Tammer/Estland*; EGMR, Urt. v. 13.12. 2005, Nr. 58547/00, Ziff. 44 – *Wirtschafts-Trend Zeitschriften-Verlagsgesellschaft m.b.H. (Nr. 3)/Österreich*; s. auch EGMR, Entsch. v. 12.12.2000, Nr. 54224/00 – *Campmany y Diez/Spanien* (unveröff.). Vgl. auch schon die Resolution der Parlamentarischen Versammlung des Europarats über Massenmedien und Menschenrechte 428 (1970) unter C. 2. Dazu s. *Neukamm*, Bildnisschutz, S. 236 ff. Allerdings wird dieser Aspekt in der *Caroline*-Entscheidung nicht angesprochen.

[87] EGMR, Urt. v. 24.6.2004, Nr. 59320/00, Ziff. 67 – *von Hannover/Deutschland*; vgl. auch EGMR, Entsch. v. 1.7.2003, Nr. 66910/01 – *Société Prisma Presse/Frankreich* (unveröff.). Die Resolution kann unter http://assembly.coe.int abgerufen werden.

[88] Vgl. zu den Hintergründen auch den Bericht des Ausschusses für rechtliche Angelegenheiten und Menschenrechte von W. Schwimmer, Dok. Nr. 8130 vom 3.6.1998. Der zunächst vorgeschlagene Abschluss einer eigenständigen Konvention zum Schutze des Privatlebens wurde für nicht erforderlich gehalten, da die EMRK einen ausreichenden Schutz gewährleiste, vgl. Ziff. 13 Resolution 1165 (1998).

[89] Ziff. 7 f. Resolution 1165 (1998).

[90] *Heldrich*, in: Koziol/Warzilek, Persönlichkeitsschutz, S. 486 Fn. 34. Kritisch *Halfmeier* AfP 2004, 417 f.

ob der Begleittext vollständig und richtig ist und ob andere Medien die Bilder veröffentlichen durften.[91]

e) Beispiele aus der Rechtsprechung. aa) Politiker: Die Entscheidungen *Schüssel,* **57** *Plon* **und** *Tammer.* Auf der Grundlage dieser Kriterien sah der EGMR eine im Rahmen des österreichischen Wahlkampfs verwendete Fotomontage, auf der sich die Gesichter von ÖVP-Spitzenkandidat *Schüssel* und FPÖ-Spitzenkandidat *Haider* teilweise überschnitten und von dem Text „Sozialabbau und Bildungsklau haben ein Gesicht" begleitet wurden, nicht als Verletzung von *Schüssels* Recht auf Privatleben i.S. von Art. 8 EMRK an. Denn bei der Abwägung des allgemeinen Interesses an einer offenen politischen Debatte, das von Art. 10 EMRK geschützt werde, gegen das Interesse des Beschwerdeführers auf Schutz vor der Veröffentlichung seines Bilds sei zu berücksichtigen, dass Politiker schärfere Kritik hinnehmen müssten als Privatpersonen. Ohne nähere Begründung stellte der EGMR fest, dass die Darstellung nicht die Grenzen dessen überschritten habe, was in politischen Auseinandersetzungen und insbesondere im Wahlkampf als legitim anzusehen sei.[92]

Restriktiver ist die Rechtsprechung, soweit Aspekte aus dem Privatleben von Politi- **58** kern betroffen sind. Auch hier wird jedoch anerkannt, dass unter bestimmten Umständen ein legitimes Interesse der Öffentlichkeit an den Informationen bestehen kann.[93] Bezüglich einer Biographie, die u. a. der frühere Leibarzt des französischen Staatspräsidenten *Mitterrand* über diesen verfasst hatte, vertrat der Gerichtshof die Ansicht, dass das öffentliche Interesse an Informationen über den Gesundheitszustand des Präsidenten während seiner Amtszeit mit zunehmendem Zeitabstand zu seiner Amtszeit gegenüber der ärztlichen Schweigepflicht überwiege.[94] Dagegen ist eine Berichterstattung über Aspekte, die allein das Privatleben von Politikern betreffen, unzulässig, soweit kein öffentliches Interesse besteht. So wurde die Veröffentlichung eines Zeitungsartikels, in dem der Lebensgefährtin eines Politikers, die selbst auch ein öffentliches Amt bekleidet hatte, Ehebruch und Vernachlässigung ihrer Pflichten als Mutter vorgeworfen wurden, als unzulässig eingestuft.[95]

bb) Unternehmer: *Verlagsgruppe News GmbH.* Auch sofern Personen betroffen sind, **59** die kein öffentliches Amt innehaben, kommt es auf die Umstände des jeweiligen Einzelfalls an. Die Berichterstattung über die mutmaßliche Hinterziehung von Steuern in Höhe von 36 Mio. Euro durch einen als *public figure* angesehenen Großindustriellen wurde als Beitrag zu einer Diskussion von allgemeinem Interesse eingeordnet.[96]

cc) Prominente Privatpersonen: *Caroline von Hannover.* Wie dargestellt, sah der **60** EGMR in einer einstimmigen Entscheidung der mit sieben Richtern besetzten Kleinen Kammer die Veröffentlichung von Fotos, die die monegassische Prinzessin bei alltäglichen Szenen in der Öffentlichkeit zeigten, z.B. beim Reiten, beim Einkaufen und am Strand, als Verletzung ihres Rechts auf Achtung ihres Privatlebens an.

Tragend für die Entscheidung waren im Wesentlichen drei Gesichtspunkte: Zum einen **61** berücksichtigte der EGMR maßgeblich, dass die Beschwerdeführerin zwar als Mitglied der monegassischen Fürstenfamilie gewisse repräsentative Verpflichtungen wahrnimmt, jedoch kein offizielles Amt bekleidet.[97] Zum anderen maß der Gerichtshof durch das Kriterium, inwieweit ein Beitrag zu einer Diskussion von allgemeinem Interesse geleistet wird, der Qualität des entgegenstehenden Informationsinteresses der Öffentlichkeit ent-

---

[91] EGMR, Urt. v. 7. 12. 2006, Nr. 35841/02, Ziff. 69 ff. – *Österreichischer Rundfunk/Österreich*; *Grabenwarter,* EMRK, § 23 Rn. 44.

[92] EGMR, Entscheidung v. 21. 2. 2002, Nr. 42409/98 – *Schüssel/Österreich* (unveröff.).

[93] EGMR, Urt. v. 16. 11. 2004, Nr. 53678/00, Ziff. 45 – *Karhuvaara und Iltalehti/Finnland*; EGMR, Urt. v. 24. 6. 2004, Nr. 59329/00, Ziff. 64 – *von Hannover/Deutschland*.

[94] EGMR, Urt. v. 18. 5. 2004, Nr. 58148/00, Ziff. 53 – *Editions Plon/Frankreich*.

[95] EGMR, Urt. v. 6. 2. 2001, Nr. 41205/98, Ziff. 68 – *Tammer/Estland*.

[96] EGMR, Urt. v. 14. 12. 2006, Nr. 10520/02, Ziff. 40 – *Verlagsgruppe News GmbH*.

[97] EGMR, Urt. v. 24. 6. 2004, Nr. 59329/00, Ziff. 62 f., 72 – *von Hannover/Deutschland*.

scheidende Bedeutung bei – und sah diese im konkreten Fall nicht als ausreichend an, um den Schutz aus Art. 8 EMRK einzuschränken.[98] Der Gerichtshof vermied in dieser Entscheidung eine Aussage darüber, ob die Beschwerdeführerin als *personne publique* einzuordnen ist,[99] sondern stellte maßgeblich darauf ab, dass sich die betroffenen Bilder auf ihr Privatleben bezogen und keinen Beitrag zu einer Diskussion von allgemeinem Interesse darstellten. Schließlich berücksichtigte der EGMR die besondere Eingriffsintensität der Bild- im Vergleich zur Wortberichterstattung.[100]

62   Zugleich übte der EGMR in der *Caroline*-Entscheidung ungewöhnlich scharfe Kritik an der Auslegung des KUG durch die deutschen Gerichte. So lehnte der Gerichtshof die Einordnung der Beschwerdeführerin als absolute Person der Zeitgeschichte ab,[101] die zur Folge habe, dass sie nur dann Schutz für ihr Privatleben in der Öffentlichkeit in Anspruch nehmen könne, wenn sie sich in „örtlicher Abgeschiedenheit"[102] befinde und dies auch beweisen könne. Der EGMR ließ offen, ob dieser eingeschränkte Schutz im Ergebnis für Personen des politischen Lebens, die amtliche Funktionen wahrnehmen, ausreichen kann; für Privatpersonen ohne amtliche Funktion lasse sich eine solche Einschränkung des Schutzes des Privatlebens jedenfalls nicht rechtfertigen. Zur Erfüllung der Verpflichtungen aus der EMRK sei eine einschränkende Auslegung des KUG geboten.[103] Auch das Kriterium der „örtlichen Abgeschiedenheit" sah der EGMR nicht als taugliches Instrument an, um einen ausreichenden Schutz zu gewährleisten, da es in der Praxis zu unbestimmt und für den Betroffenen unter Umständen schwer zu beweisen sei.[104] Hierbei übersah der EGMR allerdings, dass die Einordnung als absolute Person der Zeitgeschichte bereits das Ergebnis einer Abwägung der betroffenen Interessen, also keine schematische Einordnung ist, die automatisch zur Schutzlosigkeit der betroffenen Person führt.[105] Zudem entging dem EGMR hierbei wohl die Bedeutung der Interessenabwägung im Rahmen des § 23 Abs. 2 KUG als Korrektiv.[106]

63   Als weiterer Kritikpunkt führte der EGMR an, dass die Unterscheidung zwischen absoluten und relativen Personen der Zeitgeschichte klar und eindeutig sein müsse, damit der Einzelne genau wisse, wie er sich zu verhalten habe und wo er sich in einem geschützten Raum bewege.[107] Hierbei handelt es sich um ein *obiter dictum*, da diese Abgrenzung nicht Gegenstand der Entscheidung war; es war vielmehr unstreitig, dass es sich bei Caroline von Hannover um eine absolute Person der Zeitgeschichte handelte.[108]

64   Nach Art. 41 EMRK spricht der EGMR der verletzten Partei im Falle der Verletzung der EMRK bzw. der Protokolle eine **gerechte Entschädigung** zu, wenn dies notwendig ist und das innerstaatliche Recht dem Vertragsstaat nur eine unvollkommene Wiedergutmachung für die Folgen dieser Verletzung gestattet. Im Fall *Caroline von Hannover* war dies nicht erforderlich, da sich die Bundesrepublik im Wege der gütlichen Einigung dazu bereiterklärte, der Beschwerdeführerin einen immateriellen Schadensersatz in Höhe von 10.000 Euro zu zahlen sowie die Anwaltskosten zu erstatten.[109]

---

[98] EGMR, Urt. v. 24. 6. 2004, Nr. 59320/00, Ziff. 65 – *von Hannover/Deutschland*. Zur Qualität des öffentlichen Interesses s. *Stürner* JZ 2004, 1018 f.

[99] Bejahend Richter *Cabral Barreto* in seinem zustimmenden Sondervotum; s. auch *Grabenwarter* AfP 2004, 309, 310 f. S. o. Rn. 42 ff.

[100] EGMR, Urt. v. 24. 6. 2004, Nr. 59320/00, Ziff. 59, 68 – *von Hannover/Deutschland*.

[101] Hierzu oben § 12 Rn. 37 ff.

[102] Hierzu s. BGH NJW 1996, 1128, 1129 sowie oben § 12 Rn. 52.

[103] EGMR, Urt. v. 24. 6. 2004, Nr. 59329/00, Ziff. 72 – *von Hannover/Deutschland*.

[104] EGMR, Urt. v. 24. 6. 2004, Nr. 59329/00, Ziff. 75 – *von Hannover/Deutschland*.

[105] *Götting* GRUR 2007, 530, 531.

[106] *Ohly* GRUR Int. 2004, 902, 905.

[107] EGMR, Urt. v. 24. 6. 2004, Nr. 59320/00, Ziff. 73 – *von Hannover/Deutschland*. Richter *Zupančič* bezeichnet diese Abstufungen in seinem zustimmenden Sondervotum als „too *Begriffsjurisprudenz*-like".

[108] *Kaboth* ZUM 2004, 818, 822 f.

[109] EGMR, Urt. v. 28. 7. 2005, Nr. 59320/00 – *von Hannover/Deutschland*.

Die durch den EGMR in die Abwägung eingestellten Kriterien sind der deutschen **65** Rechtsprechung nicht fremd; so bezogen einzelne Entscheidungen des BVerfG schon früher den Informationswert mit in die Entscheidung ein.[110] Die Differenzen zwischen dem EGMR und dem BVerfG sind primär auf eine unterschiedliche Gewichtung der einzelnen Gesichtspunkte zurückzuführen.[111] Vor diesem Hintergrund ist das Verdikt der Konventionswidrigkeit, auch wenn dem Urteil im Ergebnis zuzustimmen ist, auf den ersten Blick angesichts der Differenziertheit der deutschen Rechtsprechung und des unterschiedlichen persönlichkeitsrechtlichen Schutzniveaus in den Konventionsstaaten erstaunlich.

Die zum Teil geäußerten Befürchtungen, dass nun das Ende des investigativen Journa- **66** lismus gekommen sei, sind jedoch unbegründet. Zu berücksichtigen ist, dass die *Caroline*-Entscheidung nur einen bestimmten – und zugleich extrem gelagerten – Sachverhalt betrifft, nämlich die Bildberichterstattung über alltägliche Aktivitäten einer prominenten Privatperson, denen keine oder allenfalls eine äußerst geringe gesellschaftspolitische Bedeutung zukommt. Hieraus kann nicht die Schlussfolgerung abgeleitet werden, dass von nun an die Berichterstattung über Fußballspieler, die in der Disko Gäste anpöbeln,[112] oder über Sport, Kultur und Gesellschaft, soweit sich die Berichterstattung auch auf das Leben konkreter Individuen bezieht,[113] unzulässig sei. Auch gelten großzügigere Maßstäbe hinsichtlich der Wortberichterstattung als hinsichtlich der Veröffentlichung von Fotoaufnahmen.[114]

Wie vom BVerfG im *Görgülü*-Beschluss gefordert,[115] berücksichtigen die deutschen **67** Gerichte die *Caroline*-Entscheidung in der seither ergangenen Rechtsprechung. So hebt der BGH nunmehr – wenngleich unter Betonung der Kontinuität seiner Rechtsprechung – das durch §§ 22, 23 KUG vorgegebene **abgestufte Schutzkonzept** hervor. Ohne dies explizit klarzustellen, verzichtet der BGH auf die Einordnung einer Person als absolute bzw. relative Person der Zeitgeschichte. Auch das Kriterium erkennbarer örtlicher Abgeschiedenheit wird relativiert. Stattdessen stellt der BGH die Abwägung der widerstreitenden Persönlichkeitsrechte und Kommunikationsfreiheiten in den Mittelpunkt, die schon bei der Zuordnung eines Bildnisses zum Bereich der Zeitgeschichte i.S. von § 23 Abs. 1 Nr. 1 KUG erforderlich sei.[116]

Stärker als bislang wird auch der **Informationswert** des jeweiligen Beitrags für die **68** Allgemeinheit in der Interessenabwägung berücksichtigt, wobei allerdings sowohl der BGH als auch das BVerfG daran festhalten, dass die Presse zur Wahrnehmung ihrer meinungsbildenden Aufgaben nach publizistischen Kriterien selbst darüber entscheiden dürfe, was eine Angelegenheit von öffentlichem Interesse ist.[117] Im Rahmen der Interessenabwägung nimmt die Rechtsprechung jedoch eine qualitative Bewertung des Informationsgehalts vor: Je größer der Informationswert für die Öffentlichkeit ist, desto stärker müssen die Persönlichkeitsrechte der abgebildeten Person zurücktreten; ein bloßes

---

[110] Vgl. z. B. BVerfG NJW 2000, 1021, 1024 und BGH NJW 2004, 762, 764; dazu *Heldrich* NJW 2004, 2634, 2636.

[111] *Starck*, in: Prütting, Caroline-Urteil, S. 23, 29; *Stürner* JZ 2004, 1018.

[112] So zu Recht *Stürner* JZ 2004, 1018, 1019.

[113] So aber *Halfmeier* AfP 2004, 417, 419.

[114] Ebenso *Halfmeier* AfP 2004, 417, 421.

[115] Dazu s.u. Rn. 84 ff.

[116] S. z. B. BGH GRUR 2007, 527 – *Veröffentlichung von Urlaubsfotos von Prominenten*; BGH GRUR 2007, 523 – *Abgestuftes Schutzkonzept*; BGH GRUR 2007, 902 – *Abgestuftes Schutzkonzept II*; BGH GRUR 2006, 257 – *Ernst August von Hannover*; BGH GRUR 2005, 76 – *„Rivalin" von Uschi Glas*. Das BVerfG bejahte die Vereinbarkeit dieses modifizierten Schutzkonzepts mit den verfassungsrechtlichen Vorgaben, GRUR 2008, 539. Zu der Rezeption der *Caroline*-Entscheidung durch die deutschen Gerichte s. ausführlich oben etwa § 6 Rn. 20 ff., § 19 Rn. 3, 5 ff., § 49 Rn. 22 ff.

[117] Vgl. z. B. BGH GRUR 2007, 527, 528 f. – *Veröffentlichung von Urlaubsfotos von Prominenten*; BGH GRUR 2007, 902, 903 – *Abgestuftes Schutzkonzept II*; BVerfG, GRUR 2008, 539, 543, Ziff. 67. Kritisch hierzu *Götting*, GRUR 2007, 530, 531.

Unterhaltungsinteresse hat dagegen gegenüber dem Schutz der Privatsphäre regelmäßig nur ein geringes Gewicht.[118] Allerdings betonen der BGH und das BVerfG, dass auch die bloße Unterhaltung eine meinungsbildende Funktion erfüllen könne; außerdem hebt das Verfassungsgericht die Leitbild- oder Kontrastfunktion prominenter Persönlichkeiten hervor.[119] Freilich bleibt eine erhebliche Rechtsunsicherheit, wann der Informationsgehalt im konkreten Einzelfall so gering ist, dass dem Schutz der Privatsphäre Vorrang einzuräumen ist.[120]

2. Abbildungen von Opfern von Gewalttaten

69   Auch die Kriterien, die der EGMR bezüglich der Veröffentlichung von Fotoaufnahmen von Opfern von Gewalttaten anwendet, unterscheiden sich erheblich von denen der deutschen Gerichte. In der Entscheidung *Hachette Filipacchi Associés* hatte der EGMR über die Rechtmäßigkeit der Veröffentlichung eines Fotos der Leiche des ermordeten korsischen Präfekten *Erignac* am Tatort durch die französische Wochenzeitung *Paris Match* auf einer Doppelseite unter der Überschrift „La République assassinée" zu entscheiden. Ebenso wie die französischen Gerichte sah der EGMR hierin einen unzulässigen Eingriff in das Recht auf Privatleben. Der Gerichtshof maß dem Schutz des Privatlebens hier ähnlich wie in der *Caroline*-Entscheidung eine große Bedeutung bei, weil und soweit es um die Veröffentlichung sehr persönlicher Informationen in den Massenmedien ging.[121] Dies gelte insbesondere in Todesfällen und umso mehr, wenn der Abgebildete Opfer eines Gewaltverbrechens geworden sei und die Veröffentlichung des Fotos die Traumatisierung der Angehörigen durch die Tat verstärke.[122]

70   Bemerkenswert an dieser Entscheidung ist u.a., dass der EGMR nur die Rechte der Angehörigen aus Art. 8 EMRK im Rahmen der Abwägung berücksichtigt. Er geht – im Gegensatz zu dem abweichenden Sondervotum von Richterin *Vajic* – nicht auf die Frage ein, ob das Recht des Ermordeten auf Achtung seiner Privatsphäre *post mortem* fortbesteht. Die Rechte der Angehörigen auf Achtung ihres Privatlebens sieht der EGMR deswegen als verletzt an, weil das Foto, das den Ermordeten nicht in einer die Menschenwürde verletzenden Art und Weise zeigt, die traumatischen Folgen des Anschlags für die Angehörigen intensiviere. Bei der Anerkennung der Verletzung eigener Rechte der Angehörigen legt der EGMR somit großzügigere Maßstäbe an als der BGH, der dies nur dann annimmt, wenn das Persönlichkeitsrecht der Angehörigen – z. B. durch die Offenbarung von Informationen aus ihrer Persönlichkeitssphäre – unmittelbar tangiert wird.[123]

71   Damit ist die Veröffentlichung von Fotos von Opfern von Gewaltverbrechen nach der Rechtsprechung des EGMR faktisch nur mit Zustimmung der Angehörigen möglich. Anders als in der *Caroline*-Entscheidung wurde dagegen nicht in die Abwägung einbezogen, ob das Foto einen Beitrag von allgemeinem Interesse zur öffentlichen Diskussion darstellt, was bei der Ermordung des korsischen Präfekten in der Öffentlichkeit grundsätzlich der Fall sein dürfte.[124] Es wäre vorzugswürdig, auch in diesen Fällen das Informa-

---

[118] BGH GRUR 2007, 527, 529 – *Veröffentlichung von Urlaubsfotos von Prominenten*; BVerfG GRUR 2008, 539, 540 u. 543, Ziff. 42, 67.

[119] BGH GRUR 2007, 902, 903 – *Abgestuftes Schutzkonzept II*; BVerfG, a.a.O., 542, Ziff. 60, 62 ff.

[120] So sah der BGH den Informationsgehalt einer Wortberichterstattung über die Vermietung einer Ferienvilla durch *Caroline von Hannover* und ihren Ehemann nicht als ausreichend an, um die Veröffentlichung eines Urlaubsbildes des Paares zu rechtfertigen ZUM 2007, 470; anders nun BVerfG GRUR 2008, 539, Ziff. 102 ff. sowie BGH Az. VI ZR 67/08 v. 1. 7. 2008.

[121] EGMR Urt. v. 14. 6. 2007, Nr. 71111/01, Ziff. 42 – *Hachette Filipacchi Associés*.

[122] EGMR Urt. v. 14. 6. 2007, Nr. 71111/01, Ziff. 46–50 – *Hachette Filipacchi Associés*.

[123] BGH GRUR 2006, 252, 255 – *Postmortaler Persönlichkeitsschutz*. Dazu *Götting* in: FS Ullmann, S. 65, 74.

[124] Kritisch auch das abweichende Sondervotum von Richterin *Vajic*. Anders auch das deutsche Recht, wenn „der Tod und seine Begleitumstände Teil eines Ereignisses sind, das ein berechtigtes

tionsinteresse der Öffentlichkeit im Rahmen einer Abwägung zu berücksichtigen, um bei zeitgeschichtlichen Ereignissen – wie z. B. dem Kennedy-Mord – im Einzelfall eine Bildberichterstattung bei strikter Achtung der Würde der Opfer zu ermöglichen. Diese Rechtsprechung hat massive Kritik bei Journalistenverbänden ausgelöst, die in dem sogenannten „Appell von Perpignan" für die Freiheit der Bildberichterstattung plädieren. Es bleibt abzuwarten, wie die deutsche Rechtsprechung diese den Persönlichkeitsschutz verstärkende Entscheidung des EGMR berücksichtigen wird.

3. Schutz der persönlichen Ehre

Wie dargestellt, folgt aus Art. 8 EMRK auch der Schutz der persönlichen Ehre gegen   **72** eine ehrverletzende Wort- oder Bildberichterstattung. Diese Fallgruppe überschneidet sich teilweise mit dem oben dargestellten Schutz von Personen des öffentlichen Lebens.

Bei der Abwägung zwischen Meinungsäußerungsfreiheit und dem Schutz der Privat-   **73** sphäre stellt der EGMR ebenfalls auf **Stellung und Position der betroffenen Person** ab. So sind die Grenzen der zulässigen Kritik an Politikern weiter als an Privatpersonen.[125] Dies gilt auch für Personen, die zwar keine offizielle Funktion erfüllen, sich aber durch die Teilnahme an der öffentlichen Diskussion aus dem Privaten herausbegeben, wie z. B. von der Regierung ernannte Experten. Entscheidend ist hier der inhaltliche Bezug zur öffentlichen Debatte.[126]

Darüber hinaus kommt es auch hier maßgeblich auf den **Wert der Information** für   **74** die allgemeine Öffentlichkeit an.[127]

In Bezug auf den Schutz vor Beleidigungen ist außerdem zwischen Meinungs- und Tat-   **75** sachenäußerungen zu unterscheiden. Wie dargestellt, fallen sowohl Meinungen als auch Tatsachen in den Schutzbereich des Art. 10 EMRK, unterliegen jedoch unterschiedlichen Maßstäben im Rahmen der Rechtfertigungsprüfung. Während bei **Tatsachenbehauptungen** die Wahrheit zu beweisen ist, sind **Werturteile** einem Wahrheitsbeweis nicht zugänglich.[128] Entscheidend ist aber, inwieweit ein Werturteil durch eine hinreichende Tatsachengrundlage gestützt wird. Werturteile sind jedenfalls dann unzulässig, wenn für sie überhaupt keine faktische Basis gegeben ist.[129] Problematisch bleibt jedoch, wie auch im nationalen Recht, die Einordnung einer Äußerung als Tatsache oder Werturteil.[130]

Der EGMR bezieht auch in die Abwägung ein, inwieweit **journalistische Sorgfalts-**   **76** **pflichten** beachtet wurden. So entschied er, dass die Verurteilung wegen Verleumdung des Autors einer historischen Untersuchung der Résistance-Bewegung in Lyon 1943, in der die Möglichkeit erwogen wird, dass zwei bekannte Widerstandskämpfer einen Verrat an ihrer Gruppe begangen hätten, nicht konventionswidrig war. Denn der Autor habe bei dem Umgang mit Quellen gegen grundlegende Regeln der geschichtswissenschaftlichen Methodik verstoßen.[131]

Interesse der Öffentlichkeit hervorgerufen hat (...)", Schricker/*Götting*, UrhR, 3. Aufl., § 22 KUG/ § 60 Rn. 61.

[125] EGMR, Urt. v. 8. 7. 1986, Nr. 9815/82, Ziff. 42 – *Lingens/Österreich*; EGMR Entscheidung v. 21. 2. 2002, Nr. 42409/98 – *Schüssel/Österreich* (unveröff.); EGMR, Urt. v. 6. 2. 2001, Nr. 41205/98, Ziff. 63 – *Tammer/Estland*; EGMR, Urt. v. 25. 6. 1997, Nr. 20834/92, Ziff. 29 – *Oberschlick/Österreich Nr. 2.*

[126] EGMR, Urt. v. 25. 1. 2007, Nr. 3138/04, Z. 25 f. – *Arbeiter/Österreich*; s. auch *Grabenwarter*, EMRK, § 23 Rn. 29.

[127] EGMR, Urt. v. 6. 2. 2001, Nr. 41205/98, Ziff. 66, 68 – *Tammer/Estland*. Vgl. auch EGMR, Urt. v. 26. 2. 2002, Nr. 28525/95, Ziff. 43 – *Unabhängige Initiative Informationsvielfalt.*

[128] EGMR, Urt. v. 8. 7. 1986, Nr. 9815/82, Ziff. 46 – *Lingens/Österreich*; EGMR, Entscheidung v. 21. 2. 2002, Nr. 42409/98 – *Schüssel/Österreich* (unveröff.).

[129] EGMR, Urt. v. 26. 2. 2002, Nr. 28525/95, Ziff. 47 – *Unabhängige Initiative Informationsvielfalt.*

[130] *Grabenwarter*, EMRK, § 23 Rn. 26.

[131] EGMR Urt. v. 29. 6. 2004, Nr. 64915/01, Nr. 77 – *Chauvy/Frankreich*. S. auch EGMR, Urt. v. 26. 4. 1995, Nr. 15974/90, Ziff. 37 – *Prager und Oberschlick/Österreich*; EGMR, Urt. v. 17. 10. 2006, Nr. 71678/01, Ziff. 53 – *Gourguenidze/Georgien.*

77 Anerkannt ist, dass Journalisten auch polemische oder übertriebene Äußerungen veröffentlichen dürfen. Aus der journalistischen Freiheit folgt, dass sie in einem gewissen Maß auf Mittel der Übertreibung und Provokation zurückgreifen dürfen. Hier ist insbesondere auch der Zusammenhang der Äußerung zu beachten.[132]

78 Hinsichtlich der **Bildberichterstattung** sind außerdem die oben dargestellten Gesichtspunkte zu berücksichtigen.

4. Satire und Parodie

79 Bei satirischen Äußerungen im Spannungsfeld zwischen dem Persönlichkeitsschutz und den Kommunikationsfreiheiten berücksichtigt der EGMR im Rahmen der Verhältnismäßigkeitsprüfung zugunsten des durch Art. 10 EMRK Berechtigten, dass die Übertreibung und die verzerrte Darstellung der Realität der Satire als künstlerischer Ausdrucksform und sozialkritischem Kommentar immanent sind. So sah der Gerichtshof ein Gemälde des österreichischen Malers Otto Mühl, das verschiedene Personen des öffentlichen Lebens in einer Gruppensex-Szene zeigte, wobei die nackten Körper gemalt, Köpfe und Gesichter Abbildungen in Zeitungen entnommen waren, nicht als Verletzung des Persönlichkeitsrechts eines abgebildeten Politikers an.[133] Eine satirische Kolumne, in der einem bekannten Skifahrer unterstellt wurde, dass er sich über den verletzungsbedingten Ausfall seines schärfsten Konkurrenten freue, aus der aber auch hervorging, dass er solche Gedanken nicht in der Realität geäußert hatte, ordnete der EGMR ebenfalls als zulässig ein; die Verurteilung des Autors wegen Verleumdung sei daher ein Verstoß gegen Art. 10 EMRK.[134]

80 Auch der der *Schüssel*-Entscheidung zugrundeliegende Sachverhalt, der eine die Gesichter *Schüssels* und *Haiders* teilweise verschmelzend darstellende Fotomontage betraf, könnte als satirische Äußerung eingeordnet werden. Dieser Gesichtspunkt wurde vom Gerichtshof jedoch nicht angesprochen; diese stellte nur fest, dass die Darstellung nicht die Grenzen dessen überschritten habe, was in politischen Auseinandersetzungen und insbesondere im Wahlkampf als legitim anzusehen sei.[135]

C. Wirkungen der EMRK im deutschen Recht

I. Die EMRK im Rang eines Bundesgesetzes

81 Anders als das europäische Gemeinschaftsrecht enthält die EMRK keine Vorgaben über ihre Stellung im nationalen Recht der Konventionsstaaten.[136] Die Konvention überlässt es den Vertragsparteien, in welcher Weise sie ihrer Pflicht zur Beachtung der Konvention nachkommen.[137] Die Stellung der EMRK ergibt sich somit aus dem nationalen Verfassungsrecht.

82 Soweit die in der EMRK garantierten Menschenrechte nicht gleichzeitig zu den allgemeinen Regeln des Völkerrechts gehören und nach Art. 25 GG übergesetzlichen Rang genießen,[138] gilt hier wie für jeden anderen völkerrechtlichen Vertrag Art. 59 Abs. 2 GG.

---

[132] EGMR, Urt. v. 25. 6. 1997, Nr. 20834/92, Ziff. 32 ff. – *Oberschlick Nr. 2*; EGMR, Urt. v. 26. 2. 2002, Nr. 28525/95, Ziff. 43 – *Unabhängige Initiative Informationsvielfalt*; EGMR, Urt. v. 26. 4. 1995, Nr. 15974/90, Ziff. 38 – *Prager und Oberschlick/Österreich*.

[133] EGMR, Urt. v. 25. 1. 2007, Nr. 68354/01, Ziff. 32 ff. – *Vereinigung Bildender Künstler/Österreich*.

[134] EGMR, Urt. v. 22. 2. 2007, Nr. 5266/03, Ziff. 25 f. – *Nikowitz u. Verlagsgruppe News Gesellschaft m.b.H.*

[135] EGMR Entscheidung v. 21. 2. 2002, Nr. 42409/98 – *Schüssel/Österreich* (unveröff.); dazu s.o. Rn. 57.

[136] Grote/Marauhn/*Giegerich*, EMRK/GG, Kap. 16 Rn. 4 und 15 ff.; *Grabenwarter*, EMRK, § 3 Rn. 1.

[137] EGMR, Urt. v. 21. 2. 1986, Nr. 8793/79, Ziff. 84 – *James/VK*.

[138] *Giegerich*, in: Grote/Marauhn/EMRK/GG, Kap. 16 Rn. 50 ff. Dagegen soll Art. 25 GG jedenfalls nicht für die Rechtsprechung des EGMR gelten, *Starck* in: Prütting, Caroline-Urteil, S. 23, 31.

Der Gesetzgeber hat der Konvention und ihren ratifizierten Zusatzprotokollen mit förmlichem Bundesgesetz gemäß Art. 59 Abs. 2 GG zugestimmt, und – wie nach der in Deutschland überwiegend vertretenen dualistischen Ansicht erforderlich – hierdurch ihre unmittelbare Anwendung in der deutschen Rechtsordnung ermöglicht.[139] Damit kommt der EMRK der Rang eines **einfachen Bundesgesetzes** zu.[140]

Eine **Verfassungsbeschwerde** kann daher nicht auf eine Verletzung der EMRK ge-   **83** stützt werden, da im Rahmen des Art. 93 a Abs. 1 Nr. 4 a) GG allein eine Verletzung der durch das GG geschützten Rechte gerügt werden kann.[141] In früheren Entscheidungen hat das BVerfG einen Verstoß gegen grundlegende Vorschriften der EMRK allerdings als Verstoß gegen die Menschenwürde angesehen[142] und später darauf hingewiesen, dass eine Nichtbeachtung der EMRK gegen das Willkürverbot verstoßen könne.[143] Im *Görgülü*-Beschluss vom 14. 10. 2004, in dem das BVerfG sich grundlegend zu der Wirkung von Entscheidungen des EGMR im deutschen Recht äußert, vertrat das Verfassungsgericht nun die Auffassung, dass ein Urteil eines Fachgerichts, das sich nicht mit der EMRK auseinandersetzt, zugleich gegen Art. 20 Abs. 3 GG verstößt, und dass hiergegen die Verfassungsbeschwerde offensteht; Maßstab sei das jeweils betroffene Einzelgrundrecht des Grundgesetzes und nicht das Willkürverbot des Art. 101 Abs. 1 S. 2 GG. Insofern sorgt die Entscheidung für eine prozessuale Stärkung der EMRK gegenüber der bisherigen Rechtsprechung.[144]

II. Pflicht zur Berücksichtigung der EMRK bei der Auslegung

1. Grundsatz der konventionsfreundlichen Auslegung

Die relativ schwache Stellung der EMRK innerhalb der Normenhierarchie wird jedoch   **84** teilweise dadurch kompensiert, dass die Gewährleistungen der Konvention nach der Rechtsprechung des BVerfG als **Auslegungsmaxime** bei der Interpretation der Grundrechte und rechtsstaatlichen Grundsätze des Grundgesetzes zu berücksichtigen sind, sofern dies nicht zu einer – von der Konvention selbst nicht gewollten (vgl. Art. 53 EMRK) – Einschränkung oder Minderung des Grundrechtsschutzes nach dem Grundgesetz führt. Wie von dem BVerfG im *Görgülü*-Beschluss nochmals bestätigt, gilt dies sowohl für den **Konventionstext** als auch für die **Rechtsprechung des EGMR**, in der sich der aktuelle Entwicklungsstand der Konvention und ihrer Protokolle widerspiegelt.[145]

Dies wird mit der **Völkerrechtsfreundlichkeit** des Grundgesetzes begründet, die sich   **85** insbesondere aus seiner Präambel sowie Art. 1 Abs. 2 und 23–26 ergibt.[146] Daher sei das Grundgesetz nach Möglichkeit so auszulegen, dass kein Konflikt mit völkerrechtlichen Verpflichtungen der Bundesrepublik entstehe.[147] Allerdings betont das BVerfG „die in

---

[139] Zu Einzelheiten s. *Fastenrath/Groh* in: Friauf/Höfling, Berliner Kommentar, Art. 59 Rn. 91 ff.; *Kadelbach*, Jura 2005, 480, 483; *Klein* JZ 2004, 1176.

[140] StRspr., vgl. nur BVerfGE 111, 307, 317 = NJW 2004, 3407, 3408 m.w.N.; BVerfGE 74, 358, 370; *Jarass/Pieroth*, Art. 25 Rn. 1 a; Grote/Marauhn/*Giegerich*, EMRK/GG, Kap. 16 Rn. 43 m.w.N., s. aber auch Rn. 47 ff. zu verschiedenen Versuchen, einen Übergesetzesrang der EMRK zu begründen; *Schmalz*, Rechtsfolgen eines Verstoßes gegen die EMRK, S. 9 ff; *Kadelbach* Jura 2005, 480.

[141] BVerfG NJW 2004, 3407, 3408 m.w.N.; zu abweichenden Ansichten im Schrifttum s. *Grabenwarter*, EMRK, § 3 Rn. 7.

[142] BVerfGE 15, 245 (255).

[143] BVerfGE 64, 135 (157) = NJW 1983, 2762.

[144] BVerfG NJW 2004, 3407, 3411; *Kadelbach* Jura 2005, 480, 484 f.; *Cremer* EuGRZ 2004, 683, 698.

[145] S. z. B. BVerfG NJW 2004, 3407, 3408 f.; BVerfGE 74, 358, 370; BVerfGE 83, 119, 128; BVerfG, NJW 2001, 2245; *Grabenwarter*, EMRK, § 3 Rn. 6. Allerdings weist Grote/Marauhn/*Giegerich*, EMRK/GG, Kap. 2 Rn. 67 darauf hin, dass dieser konventionsfreundliche Ansatz vom BVerfG nicht immer konsequent durchgehalten wurde.

[146] *Kadelbach* Jura 2005, 480 f.

[147] BVerfG NJW 2004, 3407, 3408; Grote/Marauhn/*Giegerich*, EMRK/GG, Kap. 2 Rn. 45.

dem letzten Wort der deutschen Verfassung liegende Souveränität"; die Völkerrechtsfreundlichkeit entfaltet ihre Wirkung somit nur im Rahmen des demokratischen und rechtsstaatlichen Systems des Grundgesetzes.[148]

86   Wie das BVerfG in dem *Görgülü*–Beschluss weiter ausführte, können sich Gerichte und Behörden nicht unter Berufung auf eine Entscheidung des EGMR von der rechtsstaatlichen Kompetenzordnung und der Bindung an Recht und Gesetz (Art. 20 Abs. 3 GG) lösen. Aus Art. 20 Abs. 3 GG folgt aber zugleich auch die Verpflichtung der staatlichen Organe, die EMRK und die Entscheidungen des EGMR im Rahmen methodisch vertretbarer Gesetzesauslegung zu berücksichtigen.[149] Erforderlich sei, dass sie zur Kenntnis genommen würden und in den Willensbildungsprozess des zu einer Entscheidung berufenen Gerichts, der zuständigen Behörde oder des Gesetzgebers einflössen. Sofern einschlägige Entscheidungen des EGMR vorliegen, seien grundsätzlich auch die vom Gerichtshof in seiner Abwägung berücksichtigten Aspekte in die verfassungsrechtliche Würdigung, namentlich die Verhältnismäßigkeitsprüfung, einzubeziehen, und es habe eine Auseinandersetzung mit den vom Gerichtshof gefundenen Abwägungsergebnissen stattzufinden.[150]

87   Als Konsequenz des **Souveränitätsvorbehalts** des Grundgesetzes besteht jedoch keine absolute Bindung der deutschen Behörden und Gerichte an die Gewährleistungen der EMRK und die Entscheidungen des EGMR, sondern lediglich eine Verpflichtung, diese zu berücksichtigen. So schließt das BVerfG nicht aus, dass die deutschen Behörden und Gerichte im Einzelfall einen durch den Gerichtshof festgestellten Verstoß gegen die EMRK anders bewerten; in diesem Fall sei eine erkennbare Auseinandersetzung mit der Entscheidung und gegebenenfalls eine nachvollziehbare Begründung erforderlich, warum der völkerrechtlichen Rechtsauffassung nicht gefolgt werde.[151]

2. Berücksichtigung von EGMR-Entscheidungen in anderen Verfahren

88   Zwar ist die materielle Rechtskraft von Entscheidungen des EGMR im Individualbeschwerdeverfahren nach Art. 34 EMRK durch die personellen, sachlichen und zeitlichen Grenzen des Streitgegenstands begrenzt. Aus Art. 1, 46 Abs. 1 EMRK folgt nach Auffassung des BVerfG daher nur eine Bindung der beteiligten Vertragspartei an das endgültige Urteil in Bezug auf einen bestimmten Streitgegenstand. Für die anderen Vertragsstaaten ist das Urteil völkerrechtlich nicht verbindlich. Allerdings stellt das BVerfG klar, dass die Entscheidungen des EGMR in Verfahren gegen andere Vertragsparteien den deutschen Gerichten, auch wenn die Bundesrepublik formal nicht gebunden ist, Anlass dazu gibt, ihre nationale Rechtsordnung zu überprüfen und sich bei einer möglicherweise erforderlichen Änderung an der einschlägigen Rechtsprechung des Gerichtshofs zu orientieren (sog. **Orientierungswirkung**).[152]

3. Einschränkungen

89   Allerdings schränkte das BVerfG seine konventionsfreundlichen Ausführungen wieder ein, soweit „mehrpolige Grundrechtsverhältnisse", bei denen es regelmäßig auf sensible

---

[148] BVerfG NJW 2004, 3407, 3408. Kritisch dazu *Meyer-Ladewig/Petzold* NJW 2005, 15, 19; *Cremer* EuGRZ 2004, 683, 688.

[149] BVerfG NJW 2004, 3407, 3408. Das OLG Naumburg, dessen Entscheidung durch den *Görgülü*–Beschluss des BVerfG aufgehoben wurde, hatte dagegen die Ansicht vertreten, dass nur eine völkerrechtliche Bindung der Bundesrepublik bestehe, nicht jedoch ihrer Organe, Behörden und nach Art. 97 Abs. 1 GG unabhängigen Gerichte, EuGRZ 2004, 749, 751.

[150] BVerfG NJW 2004, 3407, 3410; s. auch BVerfG NJW 2005, 1765 f. und BVerfG NJW 2005, 2685, 2688.

[151] BVerfG NJW 2004, 3407, 3410. Kritisch *Cremer* EuGRZ 2004, 683, 688 f.

[152] BVerfG NJW 2004, 3407, 3409; vgl. auch BVerfG-K, NJW 2007, 499, 501 f.; BVerwG JZ 2000, 1050, 1052 und *Pache* EuR 2004, 393, 405 ff. Dagegen wird im Schrifttum z.T. aufgrund von Effektivitätserwägungen für eine *erga-omes*-Wirkung der Entscheidungen des EGMR plädiert, s. *Polakiewicz*, Verpflichtungen der Staaten, S. 350 ff.

Abwägungen zwischen verschiedenen subjektiven Rechtspositionen ankomme, sowie „durch eine differenzierte Kasuistik geformte nationale Teilrechtssysteme" betroffen sind; beides ist bei Eingriffen in den Persönlichkeitsschutz in der Regel der Fall.

a) Mehrpolige Grundrechtsverhältnisse. Der bezüglich mehrpoliger Grundrechts-   **90** verhältnisse geäußerte Vorbehalt wird damit begründet, dass das Individualbeschwerdeverfahren vor dem Gerichtshof, insbesondere bei zivilrechtlichen Ausgangsverfahren, die beteiligten Rechtspositionen und Interessen möglicherweise nicht vollständig abbilde, da Verfahrensbeteiligter vor dem Gerichtshof neben dem Beschwerdeführer nur der jeweilige Konventionsstaat sei, nicht aber der andere Grundrechtsträger. Bei der erforderlichen wertenden Berücksichtigung durch die nationalen Gerichte müsse dem Umstand Rechnung getragen werden, dass der „unterlegene" und möglicherweise nicht im Verfahren vor dem Gerichtshof beteiligte Grundrechtsträger gar nicht als Verfahrenssubjekt wirksam in Erscheinung treten konnte.[153]

Hiergegen wird jedoch zu Recht eingewendet, dass die EMRK in Art. 36 Abs. 2 die   **91** Möglichkeit einer Beteiligung Dritter vorsieht, die das BVerfG allerdings nicht als institutionelles Äquivalent ansieht. Der EGMR berücksichtigt im Rahmen der Abwägungsentscheidung die widerstreitenden Interessen, die über den Verfahrensbevollmächtigten der Regierung Eingang in das Verfahren finden und sich überdies aus den herangezogenen Urteilen der Gerichte ergeben. Außerdem besteht eine parallele Situation bei Verfassungsbeschwerden vor dem BVerfG. Zudem haben in den *Caroline*-Verfahren sowohl das BVerfG als auch der EGMR die Beklagte des Ausgangsverfahrens angehört, der EGMR überdies auch noch den Verband Deutscher Zeitungsverleger.[154]

b) Kasuistisch geprägte Teilrechtssysteme. Zum anderen betonte das BVerfG, dass   **92** die staatlichen Organe bei der Berücksichtigung von Entscheidungen des EGMR die Auswirkungen auf die nationale Rechtsordnung einzubeziehen hätten. Dies gelte „insbesondere dann, wenn es sich um ein in seinen Rechtsfolgen ausbalanciertes Teilsystem des innerstaatlichen Rechts" handelt, das widerstreitende Grundrechtspositionen „durch die Bildung von Fallgruppen und abgestuften Rechtsfolgen zu einem Ausgleich" bringe; als Beispiel nennt das BVerfG neben dem Familien- und Ausländerrecht auch das Recht zum Schutz der Persönlichkeit unter Hinweis auf die *Caroline*-Entscheidung des EGMR. Es sei „die Aufgabe der nationalen Gerichte, eine Entscheidung des EGMR in den betroffenen Teilrechtsbereich der nationalen Rechtsordnung einzupassen, weil es weder der völkervertraglichen Grundlage noch dem Willen des Gerichtshofs entsprechen kann, mit seinen Entscheidungen gegebenenfalls notwendige Anpassungen innerhalb einer nationalen Teilrechtsordnung unmittelbar selbst vorzunehmen".[155] Zu Recht wird im Schrifttum darauf hingewiesen, dass eventuelle Schwierigkeiten hierbei die Bundesrepublik jedenfalls nicht dazu berechtigen, das Urteil nicht durchzuführen; zugleich verlangt aber der Grundsatz der Subsidiarität, dem die Konvention verpflichtet ist, grundsätzlich den Vertragsstaaten die Entscheidung über die Art und Weise der Durchführung zu überlassen.[156]

---

153 BVerfG NJW 2004, 3407, 3410.

154 *Starck* in: Prütting, Caroline-Urteil, S. 23, 32; *Meyer-Ladewig/Petzold*, NJW 2005, 15, 17; *Schmalz*, Rechtsfolgen eines Verstoßes gegen die EMRK, S. 28 ff.; *Cremer* EuGRZ 2004, 683, 69 ff.; *Kadelbach* Jura 2005, 480, 485.

155 BVerfG NJW 2004, 3407, 3411. Kritisch zu den Vorbehalten *Klein* JZ 2004, 1176, 1177 f.; *Kadelbach* Jura 2005, 480, 485; *Cremer* EuGRZ 2004, 683, 697, der darauf hinweist, dass sich eigentlich gerade ein durch „Kasuistik" und Richterrecht geprägtes Teilrechtsgebiet wie der Persönlichkeitsrechtsschutz besonders gut dazu eignet, die Gehalte von EGMR-Urteilen aufzunehmen.

156 *Meyer-Ladewig/Petzold* NJW 2005, 15, 18.

III. Korrektur rechtskräftiger Entscheidungen deutscher Gerichte

93   Problematisch waren bislang Fälle, in denen der EGMR feststellte, dass die Entscheidung eines deutschen Gerichts gegen die Konvention verstieß, die Entscheidung aber bereits in Rechtskraft erwachsen war. Denn aus Art. 46 Abs. 1 EMRK folgt zwar die Verpflichtung der Konventionsstaaten zur Befolgung der Urteile des EGMR. Diese haben jedoch keine kassatorische Wirkung. Das die Konventionsverletzung feststellende Urteil des EGMR durchbricht damit nicht die **Rechtskraft der Entscheidung**. Aus der Reparationspflicht gemäß Art. 41 EMRK und dem hierin implizit statuierten Vorrang der Naturalrestitution vor der Entschädigung in Geld folgt nur die Verpflichtung, konventionswidrige Urteile im Rahmen der verfahrensrechtlichen Möglichkeiten zu beseitigen.[157]

94   Bislang kannte nur die StPO mit § 359 Nr. 6 einen spezifischen **Wiederaufnahmegrund** für den Fall, dass der Europäische Gerichtshof für Menschenrechte eine Verletzung der Europäischen Konvention zum Schutz der Menschenrechte und Grundfreiheiten oder ihrer Protokolle festgestellt hat und das (rechtskräftige) Urteil auf dieser Verletzung beruhte.

95   Dagegen bestand im Zivilprozessrecht kein spezifischer Wiederaufnahmegrund mit der Folge, dass ein die Konvention verletzendes rechtskräftiges Urteil u. U. nicht mehr aus der Welt geschafft werden konnte.[158] Der Beschwerdeführer musste sich in diesen Fällen mit der Feststellung der Rechtsverletzung und einer etwaigen gerechten Entschädigung nach Art. 41 EMRK begnügen.[159]

96   Durch das am 31. 12. 2006 in Kraft getretene Zweite Justizmodernisierungsgesetz wurde mit § 580 Nr. 8 ZPO im Zivilprozessrecht eine parallele Regelung zu § 359 Nr. 6 StPO eingeführt. Dank dieses spezifischen Wiederaufnahmegrunds besteht nunmehr die Möglichkeit zur Erhebung einer **Restitutionsklage**, sofern der EGMR eine Verletzung der Konvention oder ihrer Protokolle festgestellt hat und das nationale Urteil auf dieser Verletzung beruht. Ausweislich der Gesetzesbegründung ist eine Restitutionsklage nach § 580 Nr. 8 ZPO auch dann zulässig, wenn der EGMR dem Beschwerdeführer eine Entschädigung nach Art. 41 EMRK zugesprochen hat. Im Falle einer Schmerzensgeldklage hat das nationale Gericht, vor dem das Wiederaufnahmeverfahren stattfindet, nach den allgemeinen schuldrechtlichen Grundsätzen zu prüfen, inwieweit die durch den EGMR zugesprochene Entschädigung bereits einen angemessenen Ausgleich darstellt.[160]

97   Wenn das Gericht in verfahrensrechtlich zulässiger Art und Weise erneut mit der Sache befasst wird, zum Beispiel wegen eines neuen Antrags oder veränderter Umstände, muss es das Urteil des EGMR selbstverständlich berücksichtigen.[161]

IV. Das Spannungsverhältnis zwischen den Entscheidungen des EGMR und des BVerfG

98   Wenn – wie in der *Caroline*-Entscheidung geschehen – die vom BVerfG vertretene Auslegung des Grundgesetzes von dem EGMR für konventionswidrig erklärt wird, stellt sich die Frage, ob dies Auswirkungen auf die **Bindung der Gerichte und Behör-**

---

[157] BVerfG, Vorprüfungsausschuss, EuGRZ 1985, 654; *Kadelbach* Jura 2005, 480, 481.

[158] Die im Schrifttum befürwortete analoge Anwendung, insbesondere des Wiederaufnahmegrunds, des § 580 Nr. 7 lit. b ZPO (*Zöller*, ZPO, Einl. Rn. 136) wurde von der Rechtsprechung abgelehnt, s. OLG Dresden VIZ 2004, 459.

[159] Entwurf der Bundesregierung eines Zweiten Gesetzes zur Modernisierung der Justiz, BT-Drucks. 16/3038, S. 38 f.

[160] Entwurf der Bundesregierung eines Zweiten Gesetzes zur Modernisierung der Justiz, BT-Drucks. 16/3038, S. 40.

[161] BVerfG NJW 2004, 3407, 3411.

den gemäß § 31 Abs. 1 BVerfGG an die Entscheidung des BVerfG entfaltet. Gemäß § 31 Abs. 1 BVerfGG sind die tragenden Gründe der Entscheidungen des BVerfG, deren Rechtskraft durch die Entscheidung des EGMR nicht beseitigt wird, über den konkreten Streitgegenstand hinaus auch für weitere Verfahren verbindlich.[162] Tragend für eine Entscheidung sind diejenigen Aussagen, die nicht hinweggedacht werden können, ohne dass das konkrete Entscheidungsergebnis nach dem in der Entscheidung zum Ausdruck gebrachten Gedankengang entfiele.[163]

Vorgeschlagen wird zum einen, § 31 Abs. 1 BVerfGG konventionsfreundlich auszulegen **99** und in diesen Fällen von einer Lockerung der Bindungswirkung auszugehen.[164]

Nach anderer Ansicht besteht die Bindungswirkung des § 31 Abs. 1 BVerfGG jedoch **100** fort mit der Folge, dass die Gerichte und Behörden weiterhin an die tragenden Gründe der Entscheidung des BVerfG gebunden sind und „sehenden Auges" konventionswidrige Entscheidungen fällen müssen.[165] Eine Anpassung der Rechtsprechung an die EMRK könne nur durch das BVerfG geschehen, das selbst nicht durch § 31 Abs. 1 BVerfGG gebunden wird. Unterinstanzliche Entscheidungen können nach dieser Ansicht nur dann von der Rechtsprechung des BVerfG abweichen, wenn das Urteil des Verfassungsgerichts einen Auslegungs- und Abwägungsspielraum offen lässt. Diese Ansicht wird mit der Rolle des BVerfG als Hüter der Verfassung mit einem Letztentscheidungsrecht über ihre Auslegung begründet. Eine (wünschenswerte) Änderung der Rechtslage könnte nur *de lege ferenda* durch den Gesetzgeber erfolgen.

Auch die im Nachgang zu der *Caroline*-Entscheidung des EMRG ergangene deutsche **101** Rechtsprechung hat diese grundsätzliche Frage nicht zu klären vermocht. Die unterinstanzliche Rechtsprechung ergibt kein einheitliches Bild. Während das KG unter Betonung der Völkerrechtsfreundlichkeit des Grundgesetzes von einer Lockerung der Bindungswirkung ausging,[166] sah sich das OLG Hamburg an die Rechtsprechung des BVerfG gebunden.[167] Der BGH hat eine Stellungnahme zu dieser Frage vermieden, indem er auf den abweichenden Sachverhalt – d. h. den im konkreten Einzelfall geringeren Informationswert für die Öffentlichkeit, der entsprechend in der Interessenabwägung zu berücksichtigen sei – abstellte.[168] Das BVerfG hat nunmehr ohne explizite Auseinandersetzung mit dieser Frage festgestellt, dass es verfassungsrechtlich grundsätzlich nicht zu beanstanden sei, dass der BGH von seiner bisherigen Rechtsprechung abgewichen sei und nunmehr insbesondere auf die von ihm in Anlehnung an die Literatur entwickelte Rechtsfigur der Person der Zeitgeschichte verzichte. Zugleich betont das BVerfG, dass es als Verfassungsgericht lediglich überprüfe, ob die Entscheidungen der Fachgerichte den verfassungsrechtlichen Vorgaben gerecht würden. Der Umstand, dass die vom BGH früher angewandten Kriterien vom BVerfG nicht beanstandet worden seien, besage nur, dass sie verfassungsrechtlichen Maßstäben standhielten, bedeute aber nicht, dass nicht auch ein modifiziertes Schutzkonzept den verfassungsrechtlichen Anforderungen ent-

---

[162] BVerfGE 1, 14, 37; 96, 375, 404; OLG Hamburg AfP 2006, 179, 180.

[163] BVerfGE 96, 375, 404.

[164] *Cremer* EuGRZ 2004, 683, 697 f.; so auch *Starck* in: Prütting, Caroline-Urteil, S. 23, 34 f. unter Hinweis auf die Autorität des EGMR.

[165] *Schmalz*, Rechtsfolgen eines Verstoßes gegen die EMRK, S. 38; *Teubel* AfP 2006, 116, 118.

[166] KG Berlin GRUR 2005, 79 – *Lebenspartnerin von Herbert Grönemeyer II*.

[167] So OLG Hamburg AfP 2006, 179, 180 und AfP 2006, 180, 181 f. ohne nähere Begründung. Dazu s. *Schmitt* ZUM 2007, 186, 192.

[168] Wenig überzeugend ist auch sein Hinweis, das BVerfG habe eine diesen Grundsätzen entsprechende Interessenabwägung bereits gebilligt (BGH GRUR 2007, 899, 901 – *Grönemeyer*; BGH GRUR 2007, 902, 903 f. – *Abgestuftes Schutzkonzept II*; BGH GRUR 2007, 523 – *Abgestuftes Schutzkonzept I*). Denn die vom BGH angeführte Entscheidung des BVerfG betraf einen gravierenden Verkehrsverstoß des Angehörigen eines bedeutenden Adelshauses und damit jedenfalls nach Einschätzung des Verfassungsgerichts (BVerfG NJW 2006, 2835, 283, Ziff. 14) einen andes gelagerten Sachverhalt als die *Caroline*-Entscheidung.

sprechen könne.[169] Damit hat das BVerfG implizit zum Ausdruck gebracht, dass die durch die frühere Rechtsprechung erarbeiteten Abwägungs- und Auslegungskriterien wie die Rechtsfigur der absoluten und relativen Person der Zeitgeschichte sowie das Kriterium der örtlichen Abgeschiedenheit keine tragenden Gründe der Entscheidungen des BVerfG darstellten, auf die sich die Bindungswirkung des § 31 Abs. 1 BVerfGG erstreckte.

§ 62. Recht der Europäischen Union

Inhaltsübersicht

Schrifttum: *Beverley-Smith/Ohly/Lucas-Schloetter*, Privacy, Property and Personality, Cambridge 2005; *Calliess/Ruffert* (Hrsg.), EUV/EGV, 3. Aufl., München 2007; *Ehlers* (Hrsg.), Europäische Grundrechte und Grundfreiheiten, 2. Aufl., Berlin 2005; *Fricke*, Der Unterlassungsanspruch gegen Presseunternehmen zum Schutze des Persönlichkeitsrechts im Internationalen Privatrecht, Tübingen 2003; *Grote/Marauhn* (Hrsg.), EMRK/GG − Konkordanzkommentar, Tübingen 2006; *Klein*, Einwirkungen des europäischen Menschenrechtsschutzes auf Meinungsäußerungsfreiheit und Pressefreiheit, AfP 1994, 9; *Meyer* (Hrsg.), Charta der Grundrechte der Europäischen Union, 2. Aufl., Baden-Baden 2006; *Ohly*, Harmonisierung des Persönlichkeitsrechts durch den Europäischen Gerichtshof für Menschenrechte?, GRUR Int. 2004, 902; *Rehm*, Persönlichkeitsschutz Prominenter und Pressefreiheit der Unterhaltungsmedien, AfP 1999, 416; *Schaub*, Die Neuregelung des Internationalen Deliktsrechts in Deutschland und das europäische Gemeinschaftsrecht, RabelsZ 66 (2002), 18; *Seitz*, Staatsehrengrenzen in Europa?, NJW 1997, 1346.

A. Schutz des Privatlebens durch die Unionsgrundrechte

I. Grundlagen

1   Bis zur Proklamation der Grundrechte-Charta kannte das Unionsrecht keinen geschriebenen Grundrechtskatalog.[1] Bereits seit dem Ende der 60er Jahre sah der EuGH die Grundrechte jedoch als **allgemeine Rechtsgrundsätze des Gemeinschaftsrechts** an. Die erste Entscheidung, in der die Existenz von Grundrechten innerhalb der Gemeinschaftsrechtsordnung anerkannt wurde, betraf sogar einen i.w.S. persönlichkeitsrechtlichen Sachverhalt, nämlich die Frage, ob eine gemeinschaftsrechtliche Regelung zulässig war, die die Abgabe von Butter an Sozialhilfeempfänger zu herabgesetzten Preisen von der Offenlegung des Namens des Begünstigten gegenüber dem Verkäufer abhängig machte.[2]

---

[169] BVerfG, GRUR 2008, 539, 544 f., Ziff. 78 ff.
[1] Allerdings hatte das Europäische Parlament schon im Jahr 1989 eine „Erklärung der Grundrechte und Grundfreiheiten" verabschiedet, ABl. 1989 Nr. C 120/51.
[2] EuGH, Rs. 29/69, Slg. 1969, 419, Ziff. 7 − *Stauder*.

Die ungeschriebenen Unionsgrundrechte werden durch eine **wertende Rechtsver-** 2
gleichung der gemeinsamen Verfassungsüberlieferungen der Mitgliedstaaten ermittelt;
als weitere Rechtserkenntnisquelle zieht der EuGH die von den Mitgliedstaaten abgeschlossenen Verträge über den Schutz der Menschenrechte, insbesondere die EMRK und
ihre Auslegung durch den EGMR, heran. Auf dieser Grundlage haben der EuGH und
das Gericht erster Instanz einen umfangreichen Katalog ungeschriebener Unionsgrundrechte entwickelt.[3] Durch den Vertrag von Maastricht wurde diese Rechtsprechung in
Art. 6 Abs. 2 EUV verankert, der bestimmt, dass die Union die Grundrechte achtet, wie
sie sich aus der EMRK und den gemeinsamen Verfassungsüberlieferungen der Mitgliedstaaten ergeben.[4]

Die durch einen Konvent unter Leitung von *Roman Herzog* erarbeitete und auf dem 3
Europäischen Rat von Nizza am 7.12.2000 proklamierte **Grundrechte-Charta** fasst
den gegenwärtigen europäischen Grundrechtsstandard zusammen. Sie ist jedoch zurzeit
lediglich eine politische Erklärung ohne rechtliche Bindung der Gemeinschaftsorgane.
Die gescheiterte Verfassung für Europa hätte ihr eine verbindliche Geltung verschafft.
Nunmehr soll die Grundrechte-Charta im Rahmen der Reform durch den Vertrag von
Lissabon zwar nicht in die Verträge integriert werden, jedoch durch einen Verweis in
Art. 6 EUV dieselbe Rechtsverbindlichkeit wie die Verträge erhalten.[5]

Die Unionsgrundrechte dienen dem Ziel, die **Hoheitsgewalt der EU**, ihrer Organe 4
sowie der Mitgliedstaaten in Vollzug des Unionsrechts zu begrenzen (vgl. auch Art. 51
GC). In diesen Fällen werden die nationalen Grundrechte durch den Anwendungsvor-
rang des Gemeinschaftsrechts verdrängt.[6] Die **Schaffung von Unionsgrundrechten**
war somit notwendig, um keinen grundrechtsfreien Raum entstehen zu lassen. Dagegen
bezwecken die Gemeinschaftsgrundrechte nicht primär die Harmonisierung der nationalen Grundrechtsstandards. Insofern unterscheidet sich die Funktion der Gemeinschaftsgrundrechte wesentlich von der der EMRK: Während erstere dort, wo die nationalen
Grundrechte nicht gelten, die supranationale Hoheitsgewalt bändigen sollen, statuiert
letztere Mindeststandards für das nationale Recht. Eine Bindung der Mitgliedstaaten an
die Unionsgrundrechte besteht somit nur dann, wenn diese in Vollzug des Unionsrechts
tätig werden.[7]

Eingriffe in das Recht auf Achtung des Privatlebens durch die EU sind in vieler- 5
lei Hinsicht denkbar, angefangen von der Schaffung von Regelungen über die Verarbeitung und Speicherung persönlicher Daten über den Bereich der inneren Sicherheit im
Rahmen der Zweiten Säule bis hin zu dem Einsatz von Zwangsmitteln wie der Durchsuchung von Geschäftsräumen im Rahmen der Kartellaufsicht. Die EU entfaltet auch
Aktivitäten im Bereich des Medienrechts, z.B. bezüglich der **Medienkonzentration**.[8]
Derzeit gibt es jedoch wenig Ansatzpunkte für Maßnahmen der EU, die das Spannungsfeld zwischen der Medienfreiheit und dem Persönlichkeitsschutz betreffen, da die Zuständigkeit für den Schutz der Persönlichkeitsrechte wie z.B. das Recht am eigenen Bild
und den Ehrschutz bei den Mitgliedstaaten liegt; dies gilt grundsätzlich auch für die hier
relevanten Bereiche des Medienrechts, sofern sie keine Binnenmarktrelevanz aufweisen.

---

[3] *Walter* in: Ehlers, EuGR, § 1 Rn. 23 ff.; *Ehlers* in: Ehlers, EuGR, § 14 Rn. 6 ff.

[4] Zur Diskussion des Beitritts der EU zur EMRK s. *Walter* in: Ehlers, EuGR, § 1 Rn. 28 f.

[5] Vgl. Art. 1 Ziff. 8 des Vertrags von Lissabon vom 13.12.2007, ABl. C 306 v. 17.12.2007, S. 13.

[6] St. Rspr., EuGH, Rs. 11/70, Slg. 1970, 1125, Ziff. 4 – *Internationale Handelgesellschaft*. S. auch *Ehlers*
in: Ehlers, EuGR, § 14 Rn. 4 f.

[7] Der EuGH hat hier zwei Fallgruppen anerkannt: zum einen den Vollzug von unmittelbar
anwendbarem Gemeinschaftsrecht durch die Behörden der Mitgliedstaaten (EuGH, Rs. 5/88, Slg.
1989, 2609, Ziff. 19 – *Wachauf*) und zum anderen bei zulässigen Einschränkungen der durch das
Gemeinschaftsrecht gewährleisteten Grundfreiheiten (EuGH, Rs. C-260/89, Slg. 1991, I-2925,
Ziff. 42 f. – *ERT*). Vgl. nun auch Art. 51 Abs. 1 Grundrechte-Charta.

[8] *Klein* AfP 1994, 9, 14 ff.

Insofern dürften Maßnahmen der EU, die zugleich die Geltung der Gemeinschaftsgrundrechte nach sich ziehen, in diesem Gebiet zurzeit äußerst selten sein.

II. Schutz des Privatlebens durch Unionsgrundrechte

6   Der EuGH hat in seiner Rechtsprechung einzelne Grundrechte zum Schutz der Persönlichkeit unter dem „Dach" des Schutzes des Privatlebens gemäß Art. 8 EMRK entwickelt.[9] Hierzu zählen zum Beispiel das Recht auf Unverletzlichkeit der Wohnung,[10] das Recht auf Geheimhaltung des Gesundheitszustands[11] sowie der Schutz personenbezogener Daten.[12] Anerkannt ist auch das Recht auf freie Meinungsäußerung sowie die Presse- und Rundfunkfreiheit.[13] Erwähnenswert ist zudem, dass der EuGH im Zusammenhang mit der Biotechnologie-Richtlinie[14] ausdrücklich den Schutz der Menschenwürde als Unionsgrundrecht anerkannt hat.[15] Rechtsprechung zu dem Spannungsverhältnis im Bereich von Persönlichkeitsschutz und Medienfreiheit existiert bislang aber nicht.

III. Schutz des Privatlebens durch die Grundrechte-Charta

7   Art. 7 GC statuiert das Recht auf Achtung des Privat- und Familienlebens, der Wohnung und der Kommunikation, während Art. 8 GC eine spezielle Regelung zum Schutz personenbezogener Daten enthält und Art. 1 GC den **Schutz der Menschenwürde** statuiert. Aus den Erläuterungen des Präsidiums des Grundrechtekonvents[16] wird deutlich, dass Art. 7 GC Art. 8 EMRK[17] nachgebildet ist und zumindest den gleichen Schutzumfang aufweisen soll (vgl. auch Art. 52 Abs. 3 GC). In diesem Zusammenhang wurde kritisch angemerkt, dass sich die Besonderheiten des Unionsrechts in der Formulierung des Art. 7 GC nicht wiederfänden.[18] Der Vorschlag, den Schutz der Ehre und des Rufs explizit festzuschreiben, konnte sich nicht durchsetzen, da die Delegierten befürchteten, dass sich hierdurch im Falle eines Grundrechtskonflikts mit dem Recht auf **freie Meinungsäußerung** das Gleichgewicht zu Lasten der Meinungsfreiheit verschieben könne.[19] Den Erläuterungen des Präsidiums des Grundrechtekonvents zufolge soll die Schrankenregelung des Art. 8 Abs. 2 EMRK auf Art. 7 GC übertragen werden (vgl. auch Art. 52 Abs. 3 S. 1 GC).

8   Die Kommunikationsfreiheiten werden durch Art. 11 GC geschützt. Anders als Art. 10 EMRK differenziert Art. 11 GC zwischen der Meinungsäußerungs- und der Medienfreiheit. Für Erstere gilt die Schranke des Art. 10 Abs. 2 EMRK entsprechend, für Letztere die allgemeine Schrankenregelung des Art. 52 Abs. 1 GC.[20]

---

[9] *Schorkopf* in: Ehlers, EuGR, § 15 Rn. 20.

[10] EuGH, Rs. 46/87, Slg. 1989, 2859, Ziff. 17 – *Hoechst.*

[11] EuGH, Rs. C-404/92, Slg. 1994, I-4737, Ziff. 17 – *X/Kommission.*

[12] *Schorkopf* in: Ehlers, EuGR, § 15 Rn. 39 ff.

[13] Dazu *Schorkopf* in: Ehlers, EuGR, § 15 Rn. 59 ff.

[14] RL 98/44/EG vom 6. 7. 1998 über den rechtlichen Schutz biotechnologischer Erfindungen, ABl. L 213 v. 30. 7. 1998, S. 13.

[15] EuGH, Rs. C-377/98, Slg. 2001, I-7079, Ziff. 70 – *Niederlande/Parlament und Rat.* Vgl. auch EuGH, Rs. C-36/02, Slg. 2004, I-9609, Ziff. 34 – *Omega.*

[16] ABl. C 303 vom 14. 12. 2007, S. 20.

[17] Zu Art. 8 EMRK s. o. § 61 Rn. 13 ff.

[18] Grote/Marauhn/*Marauhn/Meljnik,* EMRK/GG, Kap. 16 Rn. 9.

[19] Dazu Meyer/*Bernsdorff,* Charta der Grundrechte, Art. 7 Rn. 11, 13.

[20] Meyer/*Bernsdorff,* Charta der Grundrechte, Art. 11 Rn. 14, 20.

B. Schutz von Persönlichkeitsrechten durch das Sekundärrecht

Die soweit ersichtlich einzige Gewährleistung des Persönlichkeitsrechts zum Schutz 9 vor Presseveröffentlichungen auf der Ebene des Sekundärrechts findet sich in der Richtlinie der audiovisuelle Mediendienste (AVMS), der früheren Fernseh-Richtlinie,[21] die in Art. 23 ein **Recht auf Gegendarstellung** bei Behauptung falscher Tatsachen in einem Fernsehprogramm statuiert. Weitere persönlichkeitsrechtliche Verbürgungen existieren selbstverständlich in anderen Rechtsgebieten, z. B. im Bereich der Datenschutz-Richtlinie,[22] aber auch in der Biotechnologie-Richtlinie,[23] die in Erw. 26 voraussetzt, dass bei der Patentanmeldung einer Erfindung, die auf biologischem Material menschlichen Ursprungs beruht, der Träger des Materials der Entnahme zugestimmt haben muss.

C. Nationale Persönlichkeitsrechte im Konflikt mit Art. 28, 30 EG

I. Problemstellung

Ein Konflikt zwischen dem nationalen Persönlichkeitsschutz und dem Gemeinschafts- 10 recht kann dann entstehen, wenn das nationale Recht zum Schutz der Persönlichkeit die Einfuhr von Presseerzeugnissen aus einem anderen Mitgliedstaat untersagt.

Ihre kollisionsrechtliche Grundlage hat diese Fallkonstellation darin, dass auf in 11 Deutschland vertriebene Presseerzeugnisse nicht das Recht des Herkunftslands, sondern das deutsche Recht anwendbar ist. Nach Art. 40 Abs. 1 S. 1, 2 EGBGB gilt zwar das Recht des Handlungsorts (Erscheinungsort des Presseerzeugnisses). Art. 40 Abs. 1 S. 2 EGBGB räumt dem Geschädigten aber die Option ein, auch das Recht des Erfolgsorts (z. B. Verbreitungsort des Presseerzeugnisses) zu wählen. **Pressedelikte** sind „Streudelikte", bei denen eine Vielzahl von Erfolgsorten besteht. Nach h.M. kommt dem Verletzten hier nicht das Wahlrecht zu, aus den Erfolgsortrechten das Recht zu wählen, das ihn am günstigsten stellt. Stattdessen sind die Rechte der Erfolgsorte nach der sogenannten **„Mosaiktheorie"** kumulativ anzuwenden; allerdings entscheidet jedes Erfolgsortrecht lediglich über die in seinem Geltungsbereich erfolgte Persönlichkeitsrechtsverletzung. Die Addition aller Ansprüche, die nach den jeweiligen Erfolgsortrechten bestehen, führt zum Ausgleich des weltweit entstandenen Schadens.[24]

II. Vereinbarkeit mit der Freiheit des Warenverkehrs

1. Art. 28 EG

Art. 28 EG verbietet mengenmäßige Einfuhrbeschränkungen sowie alle Maßnahmen 12 gleicher Wirkung zwischen den Mitgliedstaaten. Unter Waren i.S. dieser Vorschrift fallen alle Erzeugnisse, die einen Geldwert haben und daher auch Gegenstand von Handelsge-

---

[21] Richtlinie 89/552/EWG des Rates vom 3.10.1989 zur Koordinierung bestimmter Rechts- und Verwaltungsvorschriften der Mitgliedstaaten über die Ausübung der Fernsehtätigkeit (ABl. L 298 v. 17.10.1989, S. 23) idF der Richtlinie 97/36/EG des Europäischen Parlaments und des Rates vom 30.6.1997 (ABl. L 202 v. 30.7.1997, S.60) und der Richtlinie 2007/65/EG des Europäischen Parlaments und des Rates vom 11.12.2007 (ABl. L 332 vom 18.12.2007, S. 27).

[22] Richtlinie 95/46/EG des Europäischen Parlaments und des Rates vom 24.10.1995 zum Schutz natürlicher Personen bei der Verarbeitung personenbezogener Daten und zum freien Datenverkehr, ABl. L 281 v. 23.11.1995, S. 31.

[23] Richtlinie 98/44/EG des Europäischen Parlaments und des Rates vom 6.7.1998 über den rechtlichen Schutz biotechnologischer Erfindungen, ABl. L 213 vom 30.7.1998, S. 13.

[24] Vgl. BGHZ NJW 1996, 1128 – *Caroline von Monaco IV* sowie oben § 58 Rn. 18 ff.

schäften sein können. Sie sind in der Regel, aber nicht zwingend körperliche Gegenstände; auch unkörperliche Gegenstände wie Strom werden als Waren eingeordnet.[25] Von der Warenverkehrsfreiheit wird daher jedenfalls die Einfuhr von Zeitungen oder Zeitschriften erfasst;[26] Gleiches dürfte für von einer Presseagentur verkaufte Fotoaufnahmen gelten. Bloße Informationen sind dagegen wohl keine Waren.[27] Letztlich kommt diesen Abgrenzungsfragen aber keine große Relevanz zu, da andernfalls die Dienstleistungsfreiheit gemäß Art. 49 EG zum Zuge käme.[28]

13   Persönlichkeitsrechtliche Regelungen, die z. B. die Einfuhr von Presseerzeugnissen verhindern, sind zwar keine Einfuhrbeschränkungen, jedoch **Maßnahmen gleicher Wirkung**. Hierunter fallen nach der *Dassonville*-Formel des EuGH alle Handelsbeschränkungen der Mitgliedstaaten, die geeignet sind, den innergemeinschaftlichen Handel unmittelbar oder mittelbar, tatsächlich oder potentiell zu behindern.[29] Die in der *Keck*-Entscheidung[30] entwickelte Beschränkung ist hier nicht einschlägig, da es sich um produktbezogene Regelungen handelt.[31]

2. Rechtfertigung einer Beschränkung

14   Fraglich ist aber, ob die Beschränkung der Warenverkehrsfreiheit durch persönlichkeitsrechtliche Regelungen gerechtfertigt ist. Als Schranken kommen hier neben Art. 30 EG auch die vom EuGH entwickelten ungeschriebenen „zwingenden Erfordernisse"[32] sowie die Grundrechte in Betracht.

15   Art. 30 EG gestattet Beschränkungen zur Verwirklichung der in dieser Regelung aufgezählten Schutzgüter. Der persönlichkeitsrechtliche Schutz kann jedoch nicht unter den Schutz des gewerblichen und kommerziellen Eigentums, auch wenn dieses das Urheberrecht umfasst,[33] und wohl nur in absoluten Extremfällen unter den Schutz der öffentlichen Sittlichkeit subsumiert werden.[34]

16   Neben den kodifizierten Rechtfertigungsgründen des Art. 30 Abs. 1 EG sieht der EuGH bestimmte, aus Allgemeininteressen abgeleitete **„zwingende Erfordernisse"** als dazu geeignet an, Beschränkungen des Art. 28 EG zu rechtfertigen. Ihre normative Begründung, ihre systematische Einordnung – als tatbestandsausschließende Gründe oder Rechtfertigungstatbestände – sowie ihr Anwendungsbereich sind allerdings unklar. Als zwingende Erfordernisse anerkannt wurden z. B. der Verbraucherschutz und die Lauterkeit des Handelsverkehrs sowie der Schutz kultureller Zwecke, insbesondere der Medienvielfalt.[35] Unklar ist in diesem Zusammenhang auch die Einordnung der **Grundrechte**.

---

[25] Vgl. Calliess/Ruffert/*Kingreen*, EUV/EGV, Art. 28–30, Rn. 120.

[26] OLG Hamburg, AfP 1998, 643, 644; *Rehm* AfP 1999, 416, 422.

[27] BGH NJW 1999, 2893, 2894 – *Veröffentlichung des Scheidungsgrunds eines Angehörigen des Hochadels*.

[28] *Epiney* in: Ehlers, EuGR, § 8 Rn. 8. Zu Unrecht verneint der BGH das Eingreifen der Dienstleistungsfreiheit bei der Übermittlung bloßer Informationen, BGH NJW 1999, 2893, 2894 – *Veröffentlichung des Scheidungsgrunds eines Angehörigen des Hochadels*; die Vorlage vor den EuGH gemäß Art. 234 EG wurde in dieser Entscheidung jedoch im Ergebnis zu Recht abgelehnt, da es sich um einen rein innerstaatlichen Sachverhalt handelte, *Rehm* AfP 1999, 416, 423. Da für die Dienstleistungsfreiheit im Wesentlichen die gleichen Grundsätze wie für die Warenverkehrsfreiheit gelten, wird hier auf eine gesonderte Darstellung verzichtet. Zu Persönlichkeitsrechten im Internet s. o. § 60.

[29] EuGH, Rs. 8/74, Slg. 1974, 837, 852, Ziff. 5 – *Dassonville*.

[30] EuGH, Rs. C-267/91, Slg. 1993, I-6097, Ziff. 16 – *Keck und Mithouard*.

[31] *Fricke*, Unterlassungsanspruch gegen Presseunternehmen, S. 334 ff.; *Rehm* AfP 1999, 416, 423.

[32] Grundlegend EuGH, Rs. 120/78, Slg. 1979, 649, Ziff. 8 – *Cassis de Dijon*.

[33] EuGH, Rs. 55/80, Slg. 1981, 147, Ziff. 12 f. – *Musik-Vertrieb membran/GEMA*.

[34] *Fricke*, Unterlassungsanspruch gegen Presseunternehmen, S. 341 f.; *Rehm* AfP 1999, 416, 423. Für die Einführung eines zusätzlichen Rechtfertigungsgrunds plädiert *Schaub* RabelsZ 66 (2002), 18, 45.

[35] Calliess/Ruffert/*Kingreen*, EUV/EGV, Art. 28–30, Rn. 80–82, 210 ff.; *Epiney* in: Ehlers, EuGR, § 8 Rn. 56 ff.

Während der EuGH in früheren Entscheidungen die Grundrechte zur Begründung eines „zwingenden Erfordernisses" heranzog,[36] verwendet der EuGH die Grundrechte in neueren Entscheidungen als eigenständige Schranken.[37] Maßgeblich sind nach Ansicht des EuGH hierbei nicht die nationalen Grundrechte, sondern die Unionsgrundrechte. Dies ist schlüssig, wenn man wie der Gerichtshof davon ausgeht, dass sich die Mitgliedstaaten auch bei der Beschränkung der Grundfreiheiten im Anwendungsbereich des Gemeinschaftsrechts befinden und daher das nationale Recht verdrängt wird und eine Bindung an die Unionsgrundrechte besteht.[38] Der Gerichtshof nimmt eine Abwägung zwischen den betroffenen Interessen vor und prüft, inwieweit die Einschränkung der Warenverkehrsfreiheit in einem angemessenen Verhältnis zu dem Schutz des jeweiligen Grundrechts steht.[39]

Unter Berücksichtigung dieser Grundsätze können auch Eingriffe in Art. 28 EG zum **17** Schutz der Persönlichkeitsrechte gerechtfertigt sein. Der Schutz der Privatsphäre ist wie dargestellt auch im Gemeinschaftsrecht als Grundrecht anerkannt, auch wenn mangels einschlägiger Rechtsprechung des EuGH der Schutzumfang gegenüber Presseveröffentlichungen unklar ist.[40] Da der EuGH neben den gemeinsamen Verfassungsüberlieferungen der Mitgliedstaaten auch die EMRK und die Rechtsprechung des EGMR als Rechtserkenntnisquellen heranzieht, ist zu vermuten, dass das Unionsgrundrecht in seinem Schutzniveau dem von Art. 8 EMRK entspricht.

D. Perspektiven einer Harmonisierung

Wie sich auch aus den anschließenden Länderberichten[41] ergibt, weist der Persönlich- **18** keitsschutz innerhalb der Europäischen Union erhebliche Unterschiede auf. Angesichts des grenzenlosen Internets und der zunehmenden Verflechtung der Medienunternehmen stellt sich die Frage, ob hier in näherer Zukunft eine Vereinheitlichung der rechtlichen Rahmenbedingungen zu erwarten ist. Im Schrifttum wird zudem zu Recht darauf hingewiesen, dass grundsätzlich auch persönlichkeitsrechtliche Normen dem **Herkunftsland-Prinzip** der E-Commerce-Richtlinie,[42] umgesetzt in § 3 TMG, unterfallen, das in anderen Bereichen den Druck zur Rechtsangleichung erhöht hat.[43]

Allerdings können weder aus den Unionsgrundrechten noch aus einer in Zukunft **19** eventuell rechtsverbindlichen Grundrechts-Charta (vgl. Art. 51 GC) eine Kompetenzgrundlage abgeleitet werden. Die Zuständigkeit für **Harmonisierungsmaßnahmen** könnte sich daher nur aus Art. 94 ff. sowie Art. 47, 55 EG ergeben, die der Gemeinschaft Maßnahmen zur Errichtung bzw. zur Sicherung der Funktionsfähigkeit des Binnenmarktes gestatten. Damit kommt eine Rechtsangleichung theoretisch in Bereichen in Betracht, in denen spürbare Wettbewerbsverzerrungen bestehen oder in denen die nationa-

---

[36] So wurde in EuGH, Rs. C-368/95, Slg. 1997, 3689, Rn. 18 – *Familiapress* als „zwingendes Erfordernis" die Meinungsvielfalt anerkannt und mit dem Schutz der durch Art. 10 EMRK garantierten Meinungsfreiheit begründet.

[37] EuGH, Rs. C-112/00, Slg. 2003, I-5659, Rn. 73 ff. – *Schmidberger*; EuGH, Rs. C-36/02, Slg. 2004, I-9609 – *Omega*. Vgl. auch EuGH, Rs. 415/93, Slg. 1995, I-4921, Ziff. 79 – *Bosman*. Dazu Calliess/Ruffert/*Kingreen*, EUV/EGV, Art. 28–30, Rn. 79, 218.

[38] EuGH, Rs. C-260/89, Slg. 1991, I-2925, Ziff. 42 f. – *ERT*. Kritisch zu dieser Prämisse aber Calliess/Ruffert/*Kingreen*, EUV/EGV, Art. 28–30, Rn. 79, 100.

[39] EuGH, Rs. C-112/00, Slg. 2003, I-5659, Rn. 81 f. – *Schmidberger*.

[40] Dazu s. o. Rn. 6.

[41] S. u. §§ 63–68.

[42] Richtlinie 2000/31/EG des Europäischen Parlaments und des Rates vom 8. 6. 2000, ABl. L 178 v. 17. 7. 2000, S. 1.

[43] *Ohly* GRUR Int. 2004, 902, 912. Für einheitliche Grundlinien eines europäischen Presserechts schon *Seitz*, NJW 1997, 1346, 1347.

len persönlichkeitsrechtlichen Regelungen, wie im Fall der Einfuhr von Presseerzeugnissen, ein Hindernis für die Verwirklichung der Grundfreiheiten darstellen, das jedoch gerechtfertigt ist. Dennoch ist es angesichts der kulturellen, rechtspolitischen und rechtsdogmatischen Unterschiede sehr unwahrscheinlich, dass es in näherer Zukunft zu substantiellen Harmonisierungsbemühungen kommen wird.

20   Größer dürfte dagegen die harmonisierende Wirkung der *Caroline*-Entscheidung des EGMR sein. Hier bleibt abzuwarten, wie dieses Urteil in das deutsche Recht integriert und inwieweit es auch von den anderen Vertragsstaaten der Menschenrechtskonvention berücksichtigt wird. Bereits vor der *Caroline*-Entscheidung ließ sich eine Entwicklung ausmachen, die sich bei optimistischer Betrachtung als „graduelle Konvergenz"[44] charakterisieren lässt. Durch die Anerkennung einer **„Privatheit in der Öffentlichkeit"** durch die deutsche Rechtsprechung findet eine schrittweise Annäherung der deutschen Rechtsordnung an den stärker ausgeprägten Persönlichkeitsschutz des französischen Rechts in diesem Bereich statt, die sich durch die Umsetzung der *Caroline*-Entscheidung noch verstärken dürfte. Auch im britischen Recht lässt sich insbesondere mit der Entscheidung *Campbell v. MGN*[45] eine ähnliche Tendenz beobachten.

---

[44] So *Beverley-Smith/Ohly/Lucas-Schloetter*, Privacy, Property and Personality, S. 224 ff.
[45] Dazu s. u. § 64 Rn. 82.

10. Teil. Persönlichkeitsschutz in ausländischen Rechtsordnungen

23. Kapitel. Europäische Länder

§ 63. Frankreich

Schrifttum: *Acquarone,* L'ambiguïté du droit à l'image, D. 1985. Chr. 129; *Altenburg,* Die neuere Entwicklung des Urheberpersönlichkeitsrechts in Deutschland und Frankreich, 1993; *Balthasar,* Der Schutz der Privatsphäre im Zivilrecht, 2006; *Bartnik,* Der Bildnisschutz im deutschen und französischen Zivilrecht, 2004; *Becourt,* Image et vie privée, 2004; *Bormann,* Die Praxis des Persönlichkeitsschutzes in Frankreich, 1974; *Bourgeois,* La personne objet de contrat, 2005; *Carval,* La responsabilité civile dans sa fonction de peine privée, 1995; *Chavanne,* Juris-Classeur pénal annexes, Presse-Diffamation, Fasc. 90, 1996; *Cornu,* Droit civil, Introduction, Les personnes, Les biens, 11. Aufl. 2003; *Derieux,* Droit de la communication, 3. Aufl. 1999; *Ferid/Sonnenberger,* Das französische Zivilrecht, Band 1/1, 2. Aufl. 1994; *Frémont,* Droit de la photographie, droit sur l'image, 3. Aufl. 1983; *Gaillard,* La double nature de droit à l'image et ses conséquences en droit positif français, D. 1984. Chr. 161; *von Gerlach,* Der Schutz der Privatsphäre von Personen des öffentlichen Lebens in rechtsvergleichender Sicht, JZ 1998, 741; *Goubeaux,* Traité de droit civil, Les personnes, 1989; *Greffe,* La publicité et la loi, 9. Aufl.

2000; *Hauser*, Werbung und Recht am eigenen Bild in Frankreich, GRUR Int. 1988, 839; *Huet-Weiller*, La protection juridique de la voix humaine, RTD civ. 1982, 497; *Kayser*, La protection de la vie privée par le droit, protection du secret de la vie privée, 3. Aufl. 1995; *ders.*, Les droits de la personnalité, aspectes théoriques et pratiques, RTDC 1971, 445; *Koch*, Rechtsschutz durch Gegendarstellung in Frankreich und Deutschland, 1995; *Lindon*, Dictionnaire juridique, Les droits de la personnalité, 1983; *ders.*, La presse et la vie privée, JCP 1965.I.1887; *Loiseau*, Des droits patrimoniaux de la personnalité en droit français, McGill Law Journal, 1997, 319; *ders.*, Le nom objet d'un contrat, 1997; *Lucas/Lucas*: Traité de la proprieté littéraire et artistique, 1994; *Lucas-Schloetter*, Droit moral et droits de la personnalité, Tome I und II, 2002; *Marino*, Responsabilité civile, activité d'information et médias, 1997; *Metzger*, Rechtsgeschäfte über das Droit moral im deutschen und französischen Urheberrecht, 2002; *MPI-Gutachten* über den zivilrechtlichen Schutz der Persönlichkeit in der Schweiz, Frankreich und im englischen Recht, Deutscher Bundestag, 3. Wahlperiode, Drucksache 1237, 1960, 64; *Ohly*, Harmonisierung des Persönlichkeitsrechts durch den Europäischen Gerichtshof für Menschenrechte? GRUR Int. 2004, 902; *Ravanas*, Juris-Classeur Civil, Art. 9, Fascicule 1–20, 1996; *ders.*: La protection des personnes contre la réalisation et la publication de leur image, 1978; *Rigeaux*, La protection de la vie privée et des autres biens de la personnalité, 1990; *Simon*, Persönlichkeitsschutz gegen herabsetzende Karikaturen in Deutschland und Frankreich, 1995; *Tafforeau*, Droit de la Propriété intellectuelle, 2004; *Tallon*, Répertoire de droit civil, Encyclopédie Dalloz, Band VII, Personnalité (droits de la), 1981; *Terré/Fenouillet*, Droit civil, Les personnes, la famille, les incapacités, 7. Aufl. 2005; *Teyssié*, Droit civil, Les personnes, 9. Aufl. 2005; *Trebes*, Zivilrechtlicher Schutz der Persönlichkeit vor Presseveröffentlichungen in Deutschland, Frankreich und Spanien, 2002.

A. Grundlagen des Persönlichkeitsrechts

1   Die verfassungsrechtlichen Grundlagen der Persönlichkeitsrechte finden sich in Frankreich in der noch heute gültigen **Erklärung der Menschenrechte von 1789**, in der die Freiheitsrechte des Einzelnen proklamiert sind.[1] In einem obiter dictum hat der Conseil constitutionnel in einer Entscheidung von 1999 festgehalten, dass das Recht auf Achtung des Privatlebens in Art. 2 der Erklärung der Menschenrechte enthalten ist.[2]

2   Anders als der BGH in Deutschland haben die Gerichte in Frankreich aus den Menschenrechten zunächst jedoch kein Privatrecht abgeleitet. Das war auch nicht nötig, denn ihnen steht mit **Artt. 1382 und 1383 C. civ.** seit 1804 eine deliktsrechtliche Norm zur Verfügung, die einen relativ umfassenden Schutz der Persönlichkeitsrechte ermöglicht. Nach Artt. 1382, 1383 C. civ. muss jeder, der einem anderen durch rechtswidrig-schuldhaftes Verhalten *(faute)* einen Schaden *(préjudice)* zufügt, diesen ersetzen. Ersetzt wird nicht nur der materielle, sondern auch der immaterielle Schaden.[3] Die Generalklausel setzt – anders als § 823 BGB – keine Verletzung eines subjektiven Rechts voraus, so dass die Verletzung jedes schutzwürdigen Interesses einen Schadensersatzanspruch nach sich zieht.

3   Die **Entwicklung zu einzelnen Persönlichkeitsrechten** hat damit begonnen, dass die Rechtsprechung den Eingriff in bestimmte Bereiche eines anderen ohne dessen Zustimmung automatisch als *faute* angesehen hat – ohne ein schuldhaftes Verhalten und den Nachweis eines Schadens zu verlangen. Damit verwandelte sie mit der Zeit verschiedene Schutzsphären in subjektive Persönlichkeitsrechte.[4] Die Anerkennung subjektiver Rechte hatte den Vorteil, dass der Verletzte neben dem Schadensersatz auch verschuldensunabhängig präventive Unterlassungsansprüche geltend machen konnte.[5]

---

[1] MPI-Gutachten, S. 64, 79; *Hubmann*, Das Persönlichkeitsrecht, S. 104.
[2] Conseil constitutionnel vom 23. 7. 1999, D. 2000. J. 265.
[3] *Zweigert/Kötz*, Einführung in die Rechtsvergleichung, S. 700.
[4] *Badinter* JCP 1968. I. 2136, n° 24; Der Begriff „droit de la personnalité" ist zum ersten Mal von der Cour de Cassation in ihrem Bericht an das Justizministerium aus den Jahren 1968–1969 verwendet worden, vgl. *Kayser* RTDC 1971, 445, 447.
[5] *Kayser*, vie privée, Rn. 67.

1970 hat der französische Gesetzgeber das **Recht auf Achtung des Privatlebens** als er-   **4**
stes Persönlichkeitsrecht in **Art. 9 C. civ.** normiert.[6] Hintergrund dieser Gesetzesnovellierung waren Eingriffe in das Privatleben insbesondere von Prominenten durch die Presse, die in den 60er Jahren durch neue technische Möglichkeiten (Teleobjektive etc.) stark zunahmen. Der Gesetzgeber wollte diesen Personen einen verbesserten Schutz ihres Privatlebens über die Deliktshaftung hinaus ermöglichen. Zwar hatte die Rechtsprechung sich dieser Aufgabe bereits angenommen, indem sie einstweilige Maßnahmen, wie zum Beispiel die Beschlagnahme, anordnete. Doch war dies letztlich nur durch eine Rechtsfortbildung legitimiert. Daher wurde in der Literatur der Ruf nach dem Gesetzgeber laut.[7] Durch die gesetzliche Anerkennung des Rechts auf Achtung des Privatlebens als subjektives Recht wurde im Wesentlichen nur eine von der Rechtsprechung bereits vorgezeichnete Entwicklung nachvollzogen. 1993 schließlich wurde durch die Einfügung des Art. 9-1 C. civ. der **Schutz auf die strafrechtliche Unschuldsvermutung** erweitert.

Während diese zwei Schutzbereiche nunmehr als subjektive Persönlichkeitsrechte   **5**
normiert sind, herrscht noch kein Konsens darüber, welche anderen Schutzbereiche als Persönlichkeitsrechte zu qualifizieren sind.[8] Folgende Rechte sind heute von der Rechtsprechung anerkannt: das Recht auf physische Integrität *(intégrité physique de la personne)*, das Namensrecht *(droit au nom)*, das Recht am eigenen Bild *(droit à l' image)* und das Urheberrecht *(droit moral de l' auteur)*. Im Gegensatz zur deutschen Rechtsprechung, die ein allgemeines Persönlichkeitsrecht entwickelt hat, erkennt die Rechtsprechung in Frankreich eine Vielzahl von Persönlichkeitsrechten an, wobei diese Entwicklung nicht abgeschlossen ist. Die Persönlichkeitsrechte sind unübertragbar, unverjährbar und nicht vererblich.[9]

B. Ausprägungen des Persönlichkeitsrechts

I. Das Recht auf Achtung des Privatlebens

„Jeder hat ein Recht auf Achtung des Privatlebens", normiert Art. 9 C. civ. Die Recht-   **6**
sprechung fügt zumeist noch hinzu: „unabhängig von seinem Bekanntheitsgrad" *(quelle que soit sa notoriété)*. Doch darüber hinaus hat die Rechtsprechung dieses Recht nicht weiter definiert, sondern nur einzelne Elemente des Privatlebens aufgezählt.

Auch in Frankreich gibt es einen **räumlichen und einen thematischen Schutz.** Un-   **7**
ter dem räumlichen Schutz wird nicht nur das Haus, sondern auch ein Hotelzimmer oder das Innere eines Autos subsumiert.[10] Von einigen Autoren wird auch die **Unverletzlichkeit der Wohnung** als eigenständiges Persönlichkeitsrecht betrachtet.[11]

Zu dem thematischen Schutz zählt die **körperliche Intimität**, denn in Frankreich ist   **8**
der menschliche Körper der „Tempel der Intimität."[12] Zu diesem Bereich werden zumeist die Sexualität, die Nacktheit, die Gesundheit, die Schwangerschaft und der Tod gerechnet. So darf über eine berühmte Schauspielerin in der Presse nicht berichtet werden, dass sie schwanger ist, wenn sie sich bemüht hat, diesen Zustand geheim zu halten.[13]

---

[6] Zur gesetzgeberischen Entwicklung siehe *Bormann*, Die Praxis des Persönlichkeitsschutzes in Frankreich, S. 73 f.

[7] *Lindon* JCP 1965. I. 1887; *Badinter* JCP 1968. I. 2136, Rn. 44.

[8] Der in Frankreich relativ wirkungsvolle Schutz der Persönlichkeitsrechte über die Generalklausel des Art. 1382 C. civ. hat dazu geführt, dass in der Literatur keine großen dogmatischen Konstruktionen der Persönlichkeitsrechte entwickelt wurden; vgl. dazu *Tallon*, Rép. civ. Dalloz, personnalité, Rn. 2.

[9] Statt vieler: *Goubeaux*, Traité de droit civil, Les personnes, S. 256 ff.; *Kayser* RTDC 1971, 445, 493 ff., Rn. 37 ff.

[10] Cass.crim. vom 12. 4. 2005, D. 2005. IR. 1885.

[11] *Cornu*, Droit civil, Rn. 506.

[12] *Ravanas*, Juris-Classeur Civil, Art. 9, Fasc. 10, Rn. 35.

[13] CA Paris vom 27. 2. 1981, D. 1981. 457 – *Adjani*.

9 Darüber hinaus genießt das **Privat- und Familienleben** einen umfassenden Schutz.[14] Unter das Familienleben fallen insbesondere Geburten[15], Liebesbeziehungen, Eheschließungen, Ehestreitigkeiten, Trennungen und Scheidungen[16]. Weiterhin sind die Freizeitaktivitäten Teil des Privatlebens. Schließlich zählen auch die politischen, philosophischen und religiösen Überzeugungen zum Privatleben.[17]

10 Die neueste Rechtsprechung unterstellt darüber hinaus die **Bilder von Eigentum** dem Recht auf Achtung des Privatlebens.[18]

11 Als **Formen der Beeinträchtigung** des Privatlebens kommen in Frankreich sowohl das Eindringen in den Privatbereich („*immixtion*") als auch die Ausforschung und Verbreitung privater Angelegenheiten („*révélation*") in Frage.

12 Auch der **Schutz personenbezogener Daten** wird der Achtung der Privatsphäre unterstellt.[19] Das Gesetz n° 78.17 vom 6. 1. 1978[20] regelt, dass keine Datenverarbeitung einen Angriff auf die menschliche Identität, die Menschenrechte und das Privatleben darstellen darf.[21] Durch das Gesetz wurde auch eine Kommission ins Leben gerufen (Commission nationale informatique et liberté – C.N.I.L.), die vor allem informieren und kontrollieren soll. Das Gesetz unterscheidet zwischen sehr sensiblen, sensiblen und neutralen Informationen. Sehr sensible Informationen – zum Beispiel die Religionszugehörigkeit – dürfen nur mit der ausdrücklicher Zustimmung des Betroffenen und Kenntnis der C.N.I.L. gespeichert werden.

II. Das Recht auf Achtung der strafrechtlichen Unschuldsvermutung

13 „Jeder hat das Recht auf Achtung der strafrechtlichen Unschuldsvermutung", bestimmt Art. 9-1 C. civ., der 1993 eingeführt wurde. Nachdem die strafrechtliche Unschuldsvermutung bereits durch Art. 9 der Erklärung der Menschenrechte anerkannt war, von dem Conseil constitutionnel auf dieser Grundlage zum Verfassungsprinzip erhoben und schließlich durch die Europäische Menschenrechtskonvention in Art. 6 verankert wurde, stellt sie nunmehr in Frankreich auch ein **subjektives Persönlichkeitsrecht** dar.[22] Ziel des französischen Gesetzgebers bei der Einführung dieser Norm war es, den Einzelnen vor der Presse zu schützen und das Verhältnis zwischen Meinungsfreiheit und Unschuldsvermutung zu regeln.[23]

14 Ein Eingriff in das Recht auf Achtung der strafrechtlichen Unschuldsvermutung liegt vor, wenn eine Person öffentlich – etwa in der Presse – als schuldig hingestellt wird, gegen die zu der Zeit ermittelt wird.[24] Das ist zum Beispiel der Fall, wenn eine Zeitung nicht im Konjunktiv über die Tatsachen berichtet, deren die betreffende Person angeklagt ist.[25]

---

[14] Vgl. *Kayser*, vie privée, Rn. 145 ff.

[15] CA Paris vom 17. 11. 1983, D. 1985, IR. 165–166.

[16] CA Paris vom 7. 10. 1981, D. 1982, IR. 180; vgl. weitere Beispiele bei *Kayser*, vie privée, Rn. 145.

[17] *Gridel*, D. 2005. Chr. 391, 392; *Ravanas*, Juris-Classeur Civil, Art. 9, Fasc. 10, Rn. 43.

[18] Cass. Civ. vom 7. 11. 2006, D. 2007. 700 mit Anm. *Bruguière*.

[19] *Kayser*, vie privée, Rn. 333 ff.; *Ferid/Sonnenberger*, Das französische Zivilrecht, Band 1/1, Rn. D 246; *Teyssié*, droit civil, Rn. 47.

[20] Geändert durch loi n° 2004-801 vom 6. 8. 2004.

[21] *Kayser*, Rn. 251 ff. Interessanterweise stützte sich die Cour d'Appel de Besançon auf dieses Gesetz, um die Verletzung ider Privatsphäre im Internet zu sanktionieren, CA Basançon vom 31. 1. 2007, besprochen in D.2007.2771.

[22] *Bureau* JCP 1998. I. 166, Rn. 8; *Auvret* JCP 1994. I. 3802, Rn. 3; *Kayser*, vie privée, Rn. 84-1.

[23] *Bureau* JCP 1998. I. 166, Rn. 33.

[24] Cass. civ. vom 6. 3. 1996, JCP 1996. IV. 1005. CA Toulouse vom 5. 7. 1993, D. 1994. 382.

[25] CA Toulouse vom 5. 7. 1993, D. 1994. 382. Ein Verstoß gegen die Unschuldsvermutung liegt nicht vor, wenn jeweils von dem „mutmaßlichen" Täter gesprochen wird: Cass. civ. vom 8. 1. 1992, JCP 1992. IV. 700.

Durch das Gesetz 2000–516 ist der Anwendungsbereich etwas erweitert worden.[26] Zuvor war er beschränkt auf Personen, gegen die ein Verfahren lief.

Es handelt sich im Wesentlichen um einen **speziellen Angriff auf die Ehre** der Per- 15 son. Der Vorteil der Anerkennung als subjektives Recht wird in der Literatur darin gesehen, dass der Betroffene sich bei Vorliegen der Voraussetzungen durch einstweilige Maßnahmen wehren kann, zu denen auch die Veröffentlichung eines Kommuniqués in dem Verletzermedium zählt, das geeignet ist, den Angriff auf die Unschuldsvermutung zu beenden.[27]

III. Das Recht am eigenen Bild

Im Gegensatz zu Deutschland ist das Recht am eigenen Bild in Frankreich **nicht** 16 **gesetzlich geregelt**.[28] Sofern durch die Veröffentlichung eines Bildnisses zugleich ein Eingriff in das Privatleben erfolgt, findet Art. 9 C. civ. Anwendung.[29] Darüber hinaus genießt es nicht nur Schutz über die zivilrechtliche Generalklausel des Art. 1382 C. civ., sondern ist weitgehend als subjektives Recht anerkannt. Das hat den Vorteil, dass der Betroffene gegen jede Verbreitung vorgehen kann, die ohne Einwilligung erfolgt ist; das rechtswidrig-schuldhafte Verhalten *(faute)* besteht in dem Eingriff, und ein Schaden *(préjudice)* wird vermutet.[30]

Das Recht am eigenen Bild gibt jeder Person die **ausschließliche Befugnis**, sich der 17 Verbreitung ihres Bildnisses ohne Einwilligung zu widersetzen.[31] Voraussetzung ist die Erkennbarkeit der Person, an die jedoch keine allzu hohen Anforderungen gestellt werden. Die Rechtsprechung hat das Recht am eigenen Bild in Frankreich seit Mitte des 19. Jahrhunderts anerkannt. In einem Fall wurde das Bildnis der gefeierten Schauspielerin Rachel auf ihrem Sterbebett gezeichnet, diese Zeichnung sodann fotografiert und verbreitet. Der Tribunal de la Seine bestätigte in seiner Entscheidung die Beschlagnahme der Fotografien durch das Instanzgericht und befand, dass „niemand das Recht hat, ohne Einwilligung der Familie das Gesicht einer Person auf ihrem Sterbebett aufzunehmen und an die Öffentlichkeit gelangen zu lassen, gleichgültig, wie berühmt die Person ist".[32]

IV. Das Namensrecht

Das Namensrecht wird, wie in Deutschland, heute als Persönlichkeitsrecht gesehen. 18 Zwar enthält der Code Civil keine dem § 12 BGB vergleichbare Vorschrift. Dennoch ist

---

[26] Loi n° 2000–516 du 15 juin 2000 renforcant la protection de la présomption d'innocence et les droits des victimes, LP n° 174 – IV, 83 ff.

[27] *Kayser,* vie privée, Rn. 84-2.

[28] Ausführlich zum Bildnisschutz: *Bartnik,* Bildnisschutz im deutschen und französischen Zivilrecht.

[29] CA Paris vom 5. 6. 1979, JCP 180. II. 19343 (Fotografie von Romy Schneider nackt auf einem weit entfernten Boot); CA Paris vom 15. 6. 1981, Gaz. Pal. 1982. 2. 34 (Fotografie von Jacques Brel durch Krankheit gezeichnet). Auch wenn heute zwischen dem Recht am eigenen Bild und dem Recht auf Achtung des Privatlebens unterschieden wird (statt vieler: Cass. Civ. vom 12. 12. 2000, D. 2001. Jur 2434; Cass. civ. vom 18. 1. 1980, Bull. civ. I, n° 18; *Kayser,* vie privée, Rn. 94 ff.), hat die Rechtsprechung dies anfangs nicht getan.

[30] TGI Paris vom 24. 9. 1976, JCP 1977. IV. 257: „Toute atteinte au droit à l' image doit être sanctionnée et réparée alors même que la victime ne ferait pas la preuve de son préjudice."

[31] Aus der Rechtsprechung vgl. statt vieler: CA Paris vom 19. 9. 1997, LP n° 156 – I, 139: „Toute personne, quelle que soit sa notoriété, a le droit de s'opposer à la publication, sans son autorisation, de faits touchant à sa vie privée, comme à celle de son image."

[32] Trib. Civ. Seine vom 16. 6. 1858, D.P. 1858. 3. 62. In Frankreich gibt es eine umfassende Rechtsprechung zur Fotografie berühmter Personen auf ihrem Sterbebett: vgl. nur TGI Paris (réf.) vom 11. 1. 1977, JCP 1977. II. 18711 (Jean Gabin); TGI Paris vom 13. 1. 1997, D. 1997. 255 (Mitterrand).

anerkannt, dass der Namensträger das Recht hat, seinen Namen zu gebrauchen und Dritten die unbefugte Verwendung des Namens zu untersagen.[33]

19   Die **Rechtsnatur des Namensrecht** war lange umstritten. Ursprünglich wurde das Namensrecht als Eigentumsrecht verstanden, das dem Individuum ein Eigentum an seinem Namen zugesteht. Das würde aber bedeuten, dass der Eigentümer über den Namen frei verfügen kann und ein absolutes Benutzungs- und Abwehrrecht hätte. Die Rechtsprechung hat aber jeweils den Nachweis eines Schadens verlangt, etwa wenn ein Autor einen Namen benutzt hat, um eine erfundene Person zu bezeichnen. Damit hat sich die Rechtsprechung eher auf die Grundsätze der responsabilité civile gestützt.[34]

20   Heute wird das Namesrecht überwiegend als ein **nichtvermögensrechtliches Persönlichkeitsrecht** gesehen.[35] Allerdings finden die in Frankreich geltenden Grundsätze der übrigen Persönlichkeitsrechte – unübertragbar, unverjährbar, nicht vererblich – nur eingeschränkt Anwendung. So wird zum Beispiel dem Handelsnamen (*nom commercial*) ein vermögensrechtlicher Charakter zugebilligt.[36] Bei dem Handelsnamen handelt es sich um den Namen, den der Kaufmann seinem Unternehmen gibt. Aber nicht nur der Handelsname, auch der Name einer Person besitzt einen vermögensrechtlichen Aspekt. Das zeigt allein schon die Tatsache, dass der Name gemäß L. 711 Abs. 1 CPI als Marke eingetragen werden kann.[37]

V. Das Urheberpersönlichkeitsrecht

21   Das Urheberrecht (*droit d'auteur*) ist in Frankreich in Art. L. 111-1 CPI geregelt. Gemäß Art. L.111-1 Abs. 1 CPI ist der Autor eines Werkes Inhaber eines ausschließlichen und absoluten Eigentumsrechts am Werk. Dieses Recht beinhaltet gemäß L. 111-1 Abs. 2 CPI sowohl geistig-moralische als auch vermögensrechtliche Befugnisse. Das Urheberrecht hat damit in Frankreich einen persönlichkeitsrechtlichen und einen vermögensrechtlichen Aspekt, wobei die ideellen Interessen des Urhebers den vermögensrechtlichen vorangestellt werden. In Frankreich bilden nach der vorherrschenden **dualistischen Urheberrechtstheorie** das Persönlichkeitsrecht (*droit moral*) und die Verwertungsrechte allerdings zwei nebeneinanderstehende selbständige Rechte.[38]

22   Nach dieser dualistischen Sicht beschränkt sich das **Droit moral** auf die **ideellen Befugnisse** des Urhebers.[39] Der Urheber hat das Recht auf Achtung seines Namens und seiner Urheberschaft (Art. L. 121-1 Abs. 1 CPI). Er kann über die Art und Bedingungen der Veröffentlichung entscheiden. Es steht ihm auch ein Rückrufsrecht zu (Art. 121-4 CPI).

23   Nach Art. L. 121-1 Abs. 3 CPI ist das Droit moral **ewig, unübertragbar und unverjährbar**. Da das Recht unübertragbar ist, kann der Autor nicht völlig auf sein Recht verzichten. Das bedeutet aber nicht, dass der Urheber keinerlei Dispositionen über das Recht treffen kann.[40] Vielmehr muss er vertragliche Bindungen beachten und ist zur loyalen Vertragsdurchführung verpflichtet. Verpflichtet sich der Urheber etwa zur Veröffentlichung eines unveröffentlichten Werkes und verweigert er hinterher die Herausgabe des Werkes, so kann der Vertragspartner die Herausgabe zwar nicht mit den Mitteln der Zwangsvollstreckung durchsetzen. Der Urheber ist aber gemäß Art. 1142 C. civ. zum Schadensersatz verpflichtet. Das bedeutet, dass das Recht zur Veröffentlichung allein

---

33 *Terré/Fenouillet*, Droit civil, Rn. 177.
34 *Terré/Fenouillet*, Droit civil, Rn. 179.
35 *Cornu*, Droit civil, Rn. 621; *Terré/Fenouillet*, Droit civil, Rn. 179.
36 *Terré/Fenouillet*, Droit civil, Rn. 182.
37 Ausführlich: *Loiseau*, le nom objet d'un contrat, Rn. 384 ff.
38 *Metzger*, Rechtsgeschäfte über das Droit moral, S. 130; *Altenburg*, Neuere Entwicklungen des Urheberpersönlichkeitsrechts, S. 85.
39 *Metzger*, Rechtsgeschäfte über das Droit moral, S. 129; siehe auch *Lucas/Lucas*, S. 299 ff.
40 *Metzger*, Rechtsgeschäfte über das Droit moral, S. 162.

beim Urheber bleibt. Wegen des eingegangenen Vertrages macht er sich aber schadensersatzpflichtig.[41]

Der Autor kann sogar das Recht vererben (Art. L.121-1 Abs. 4 CPI), wobei damit in ers- 24
ter Linie die Übertragung der Wahrnehmung der Persönlichkeitsrechte gemeint ist.[42]

VI. Sonstige Aspekte der Persönlichkeit

Neben den bereits erwähnten Rechten schützt die französische Rechtsordnung noch 25
weitere Aspekte der Persönlichkeit. So wird zum Beispiel ein **Recht an der Stimme** anerkannt[43], als *„image sonore de la personne".* Die Gerichte haben bisher allerdings das Recht
an der Stimme eher als eine Ausprägung des Rechts auf Achtung des Privatlebens nach
Art. 9 C.civ. gesehen, denn als eigenständiges Persönlichkeitsrecht.[44] Allerdings hat so
auch die Entwicklung beim Recht am eigenen Bild begonnen. Die Aufnahme und Übertragung der Stimme ohne Einwilligung ist darüber hinaus strafrechtlich sanktioniert
(Art. 226-1 Code pénal).

Anerkannt ist in Frankreich auch der **Schutz vor falschem Lebensbildnis** (*protection* 26
contre l'altération publique de la personnalité). Dieser Schutz wird allerdings nur über die Generalklausel der Artt. 1382, 1383 C. civ. gewährleistet. Demnach muss eine rechtswidrige
Pflichtverletzung bestehen. Sie kann in einer schuldhaft falschen Darstellung von Fakten
über eine Person liegen, aber auch in einem Unterlassen. So handelt ein Journalist schuldhaft, wenn er es unterlässt, eine Tatsache der Öffentlichkeit bekannt zu machen, die im
Rahmen einer objektiven Information hätte erteilt werden müssen.[45] Ein Schaden liegt
nach überwiegender Meinung nur dann vor, wenn die Darstellung über die Person auch
negativ war.

VII. Ehrschutz

Strittig ist in Frankreich, ob es sich bei der Ehre um ein subjektives Persönlichkeits- 27
recht handelt.[46] Bei presserechtlichen Eingriffen kann sich der Verletzte jedenfalls nicht
mehr auf Artt. 1382, 1383 C. civ. berufen.[47] Der Ehrschutz wird in diesen Fällen allein
durch das **Pressegesetz von 1881** *(loi du 29 juillet de 1881)* gewährleistet. Dort sind die
Tatbestände der *diffamation* (üble Nachrede) und der *injure* (Beleidigung) geregelt.[48]

Eine ***diffamation*** besteht gemäß Art. 29 Abs. 1 des Pressegesetzes von 1881 in der öffent- 28
lichen Verletzung der Ehre oder des Rufes einer Person durch Tatsachenbehauptungen.[49]
In subjektiver Hinsicht muss der Verletzer bösgläubig gehandelt haben (*mauvaise foi*).[50]

---

[41] Cass. D. 1900, 497 – *Eden/Whistler.*

[42] *Ferid/Sonnenberger*, Das französische Zivilrecht, Band 1/1, Rn. 1 D 252.

[43] Teyssié, Droit civil, Rn. 42 ; *Cornu*, Droit civil, Rn. 522 bis; *Huet-Weiller*, La protection juridique de la voix humaine, RTD civ. 1982, 497.

[44] TGI Paris vom 27. 9. 2004: Le droit au respect de la vie privée « couvre notamment le droit à
l'image, au nom et à la voix » in D. 2005. 2644.

[45] *Kayser*, vie privée, Rn. 81.

[46] Gegen die Anerkennung eines subjektiven Persönlichkeitsrechts: *Kayser*, RTDC 1971, 445, 455,
Rn. 10; *Beigner*, L'honneur et le droit, 1995, S. 91; dafür: *Cornu*, Droit civil, Rn. 523 *Marino*, Responsabilité civile, activité d'information et médias, S. 208.

[47] Cass. Civ. vom 27. 9. 2005, D. 2006. 485 mit Anm. *Hassler.*

[48] Da sich die Begriffe „diffamation" mit übler Nachrede und „injure" mit Beleidigung nur unzureichend übersetzen lassen, werden sie im Folgenden erklärt und dann als französische Begriffe weiter verwendet.

[49] *Chavanne*, Juris-Classeur pénal, Presse-Diffamation, Fasc. 90, Rn. 11 ff.; *Derieux*, Droit de la
communication, S. 410 ff.

[50] *Chavanne*, Juris-Classeur pénal, Presse-Diffamation, Fasc. 90, Rn. 104.

Obwohl auch im französischen Strafrecht die Unschuldsvermutung gilt, wird im Verfahren wegen diffamation die Bösgläubigkeit vermutet.

29   Neben der diffamation ist in Art. 29 Abs. 2 des Pressegesetzes von 1881 die *injure* geregelt. Dabei handelt es sich um Ehr- und Rufverletzungen, die keinen Tatsachenvorwurf enthalten. Dieser Tatbestand kann durch eine beleidigende Äußerung *(expression outrageante)* oder einen Ausdruck der Verachtung oder der Schmähung *(terme de mépris ou d'une invective)* verwirklicht werden. Nicht jeder Angriff stellt eine Beleidigung dar, sondern nur derjenige, der eine gewisse Schärfe der Vorwürfe enthält.[51] In subjektiver Hinsicht muss der Verletzer mit *„intention de nuire"* gehandelt haben. Die Rechtsprechung verlangt allerdings nur das Bewusstsein, einen Ausdruck der Verachtung zu gebrauchen.

C. Grenzen des Persönlichkeitsschutzes durch Meinungs-, Presse und Kommunikationsfreiheit sowie das Recht auf Information

30   Wie in Deutschland, so werden auch in Frankreich die Persönlichkeitsrechte insbesondere von der **Meinungs- und Pressefreiheit** begrenzt. Allerdings enthält die Französische Verfassung von 1958 keinen Grundrechtskatalog. Das Konzept der Grundrechte *(droits fondamentaux)* war in Frankreich bis vor 30 Jahren noch völlig unbekannt.[52] Hingegen existiert in Frankreich eine Reihe von *libertés publiques*. Sie sind allerdings keine den Grundrechten vergleichbaren subjektiven öffentlichen Rechte.[53] Die libertés publiques werden als Befugnisse definiert, die das Recht anerkennt und die, da sie als wesentlich betrachtet werden, einen besonderen Schutz genießen.[54] Rechtsgrundlage für die libertés publiques ist unter anderem die Erklärung der Menschenrechte von 1789, auf die die Präambel der Verfassung verweist. Die Erklärung wird heute als geltendes Recht anerkannt[55] und von den Gerichten direkt angewandt.[56] Bei den in Art. 10 und 11 der Erklärung der Menschenrechte enthaltenen Freiheiten handelt es sich um die Meinungsfreiheit, die Pressefreiheit, die Kommunikationsfreiheit, und seit neuerer Zeit wird auch ein Recht des Bürgers auf Information aus der Erklärung herausgelesen.

31   Wenn diese Rechte in Konflikt mit den Persönlichkeitsrechten treten, dann muss in Frankreich in erster Linie der Zivilrichter eine Interessenabwägung vornehmen. Als letzte nationale Instanz entscheidet die Cour de Cassation. Es handelt sich mithin um eine **zivilrechtlich geprägte Interessenabwägung**, denn eine Verfassungsbeschwerde ist dem System fremd. Früher hat die Rechtsprechung insbesondere geprüft, ob es ein legitimes Interesse an der Information *(intérêt légitime à l'information)* gab. Damit bedurfte ein Eingriff in die Persönlichkeitsrechte immer einer begründeten Rechtfertigung. Heute stellt die Cour de Cassation – insbesondere seit 2003[57] – stärker auf eine Interessenabwägung zwischen den Rechten ab und räumt damit der Meinungs- und Pressefreiheit ein stärkeres Gewicht ein.

---

[51] *Simon*, Persönlichkeitsschutz gegen herabsetzende Karikaturen, S. 176.

[52] *Favoreu*, Droit constitutionel, Rn. 1189. Nach Ansicht des Autors wurde das Konzept der Grundrechte in Frankreich zum ersten Mal durch einen Artikel von *Michel Fromont* „Droits fondamentaux dans l'ordre juridique de la RFA", in: Mélanges Eisenmann, 1975, eingeführt.

[53] Siehe zu den Unterschieden zwischen liberté public und liberté fondamentale: *Favoreu*, Droit constitutionel, Rn. 1196.

[54] So die Definition von *Dubouis/Peiser*, Droit public, 1997, S. 98. Eine Legaldefinition gibt es nicht.

[55] *Morange*, RIDC 2–1990, 771, 774.

[56] *Favoreu*, Droit constitutionel, Rn. 1216; vgl. insbesondere die Ausführungen bei *Favoreu*, Droit constitutionel, Rn. 1187 ff., 1196.

[57] Cass.civ. vom 23. 4. 2003, D. 2003. J. 1854.

I. Grenzen des Rechts auf Achtung des Privatlebens

Die Frage, welche Tatsachen über eine Person verbreitet werden dürfen, hängt auch in 32
Frankreich davon ab, ob es sich um eine private oder öffentliche Person handelt. Als **öffentliche Personen** werden diejenigen angesehen, die Bekanntheit erlangt haben oder
im Begriff sind, eine solche zu erlangen.[58] Darunter fallen in erster Linie Politiker und
andere Personen, die ein öffentliches Amt bekleiden, aber auch Sportler, Schriftsteller,
Sänger und Schauspieler.[59] Nicht hingegen werden Personen dazu gerechnet, die durch
ein Ereignis in den Blickpunkt der Öffentlichkeit gelangen, wie etwa Straftäter oder
Opfer einer Straftat. Diese gelten weiter als Privatpersonen.

Die Gerichte stellen aber nicht in erster Linie darauf ab, ob es sich um eine öffentliche 33
oder private Person handelt, sondern prüfen, ob ein **legitimes Interesse an der Verbreitung der Information** besteht. Festzustellen ist, dass das legitime Interesse an der
Verbreitung der Information bei einer öffentlichen Person größer ist als bei einer Privatperson, doch was genau unter einem legitimen Interesse zu verstehen ist, entscheiden die
Gerichte höchst unterschiedlich. Zum Teil wird für ein legitimes Interesse verlangt, dass
sich die Zeitung auf die Notwendigkeit einer Information *(nécessités de l'information)* berufen kann.[60] Hier wird das legitime Interesse restriktiv ausgelegt: Schlichte Neugier und
kommerzielle Interessen rechtfertigen eine Berichterstattung nicht. Vielmehr ist eine
Information nur dann gerechtfertigt, wenn sie dem Leser ein Nachdenken und die Bildung einer Meinung über aktuelle Ereignisse erlaubt.[61] Dagegen wird zum Beispiel vom
Tribunal de Grande Instance de Nanterre ein legitimes Interesse der Öffentlichkeit auch
dann anerkannt, wenn lediglich über ein *„fait divers d'actualité"* berichtet wird, wie z. B.
über die Scheidung einer Schauspielerin[62] oder über die Beziehungen der Prinzessin
Stephanie von Monaco zu ihrem Ex-Mann. Mit dem Artikel, so das Gericht, würde eine
„legitime Erwartung der Öffentlichkeit befriedigt".[63]

Seit 2002 hat die Cour de Cassation ein weiteres Kriterium eingeführt: So entschied 34
sie, dass der **harmlose, unbedeutende oder unverfängliche Charakter einer Information** keinen Eingriff in das Privatleben darstellt[64] (*Le caractère anodin de l'élement
révélé*). Die subjektiven Rechte werden nicht durch unbedeutende Details verletzt. So
durfte über zwei bekannte Persönlichkeiten, die sich in Scheidung befanden, berichtet
werden, dass sie zusammen in einem sehr besuchten Restaurant gefrühstückt haben. Nach
Ansicht der Gerichte findet hier der Grundsatz des „minimis non curat preator" Anwendung.[65]

Auch bei der Frage, ob eine Einwilligung über die Veröffentlichung des Privatlebens 35
auf die Person und die kundgegebene Tatsache beschränkt ist oder ob die einmal veröffentlichte und damit bekannte Tatsache **wieder veröffentlicht** werden kann, ohne dass
dies einen Eingriff in das Privatleben bedeutet, hat die Rechtsprechung eine Wende vollzogen. Während die Cour de Cassation in den 70er Jahren noch klar gestellt hat, dass „die
Toleranz oder gar das Entgegenkommen einer Person in der Vergangenheit gegenüber
der Presse nicht darauf schließen lässt, dass diese Person definitiv und ohne Einschrän-

---

[58] *Ravanas*, La protection des personnes, S. 157.
[59] *Ravanas*, La protection des personnes, S. 161.
[60] TGI Paris vom 29. 5. 1996, LP n° 135 – I, 122.
[61] TGI Paris vom 28. 4. 1998, LP n° 156 – III, 158.
[62] TGI Nanterre vom 3. 7. 1997, nicht veröffentlicht, zit. nach *Bigot*, D. 1998. Chr. 235, 238,
Rn. 17.
[63] TGI Nanterre vom 28. 7. 1998, LP n° 156 – I, 138: „L'article répond pour sa part à une légitime
attente de public sans pour autant excéder les limites de la liberté d'expression."
[64] Cass. civ. vom 3. 4. 2002, D. 2002. J. 3164.
[65] Siehe auch Cass. civ. vom 19. 2. 2004, D. 2004. J. 1633 mit Obs. *Caron*.

kungen allen Zeitschriften die Veröffentlichung der Behauptungen erlaubt"[66], stellt das höchste Gericht seit 2002 fest, dass Tatsachen, die öffentlich geworden sind, sei es durch eine ursprüngliche Einwilligung, sei es gerechtfertigt durch eine frühere Aktualität, wieder veröffentlicht werden können.[67]

36   Zusammenfassend lässt sich sagen, dass im französischen Recht eine Art zweistufige Prüfung stattfindet: Sofern die in Rede stehende Information nicht bereits bekannt und auch nicht harmlos ist, hat das Recht auf Achtung des Privatlebens Vorrang, wenn der Artikel keinen Beitrag zu einer Debatte von öffentlichen Interesse für die Gesellschaft liefert (*„contribution à un débat d'intérêt général pour la société"*).[68]

II. Grenzen des Rechts am eigenen Bild

37   Wie in Deutschland darf das Bildnis einer Person grundsätzlich nur mit **Einwilligung** des Betroffenen veröffentlicht werden. Die Einwilligung erfolgt zumeist durch Vertrag, wobei die Einwilligung jeweils in seinem Inhalt und seiner Reichweite beschränkt werden kann.[69] Darüber hinaus ist die Einwilligung grundsätzlich auf die Person beschränkt, der sie gegeben wurde.[70] Die Einwilligung bedeutet keine endgültige Verfügung über das Persönlichkeitsrecht, sondern erlaubt nur deren Nutzung. Während die Rechtsprechung in Frankreich früher nur eine ausdrückliche Zustimmung erlaubt hat, hat die Cour de Cassation nunmehr entschieden, dass die Einwilligung auch stillschweigend erfolgen kann.[71]

38   Allerdings macht die Rechtsprechung Ausnahmen von dem Erfordernis der Einwilligung, sofern ein **legitimes Interesse** *(intérêt légitime)* der Öffentlichkeit an der Information besteht. Die Kriterien sind ähnlich wie die für das Recht auf Achtung des Privatlebens.

39   Die Veröffentlichung eines Bildes ist rechtmäßig, wenn die betreffende Person an einem **aktuellen Ereignis** *(un événement d'actualité)* teilgenommen hat und die Publikation des Fotos dazu dient, dieses zu illustrieren.[72] Die Veröffentlichung des Photos muss in **direkter Verbindung** mit dem Ereignis stehen (*„en relation directe avec l'événement"*).[73]

40   Zu aktuellen Ereignissen werden in Frankreich nicht nur politische und historische Begebenheiten gezählt, sondern genauso tagtägliche Ereignisse *(faits divers)*, an denen die Öffentlichkeit ein legitimes Interesse haben kann, wie etwa Unfälle oder lokale und kulturelle Ereignisse.[74] Zum Teil verlangt die Rechtsprechung, dass die Veröffentlichung des Bildes für die übermittelte Information notwendig ist[75], in anderen Fällen sieht sie es für

---

[66] Cass. civ. vom 6.1.1971, JCP 1971. II. 16723 – *Gunther Sachs*; So auch Cass. civ. vom 30. 5. 2000, JCP. II. 10524. Doch konnte aus einer solchen Toleranz gefolgert werden, dass keine Eile hinsichtlich einer einstweiligen Verfügung bestand. Auch der Schadensersatz konnte sich auf einen symbolischen Franc verringern. Vor der nun vorliegenden Entscheidung der Cour de Cassation hatte der Tribunal de Grande Instance de Paris entschieden, dass kein Schaden entsteht, sofern von einer Zeitschrift Tatsachen aus dem Privatleben verbreitet werden, die der Betroffene selber vorher veröffentlicht hat und die er damit aus der Privatsphäre ausgeschlossen hat; so TGI Paris vom 8. 9. 1999, D. 2000. J. 271.

[67] Cass. civ. vom 3. 4. 2002, D. 2002. J. 3164; Cass. civ. vom 3. 6. 2004, D. 2005. J. 2647.

[68] CA Paris vom 25. 1. 2006, zit. nach *Bigot*, D. 2006. 2702. 2706.

[69] TGI Paris vom 23. 10. 1996, LP n° 141 – I, 52, siehe zur Einwilligung auch: *Hauser* GRUR Int. 1988, 839, 840 f.; Frémont, Rn. 369 ff.

[70] *Kayser*, Rn. 139.

[71] Cass. Civ. vom 7. 3. 2006, JCP 2006. IV. 1739.

[72] Cass. civ. vom 25. 1. 2000, LP n° 170 – III, 46; TGI Paris vom 5. 10. 1994, LP n° 117 – I, 133; TGI Paris vom 24. 3. 1997, LP n° 144 – I, 99; TGI Paris vom 30. 6. 1997, LP n° 144 – I, 100.

[73] Cass. civ. vom 20. 2. 2001, D. 2001. J. 1199. Zu den Erfordernissen der Verbindung: Cass. civ. vom 30. 6. 2004, D. 2004. IR 2350 und 2478.

[74] *Ravanas*, La protection des personnes, S. 146.

[75] CA Paris vom 14. 6. 1985, D. 1986, IR 50; TGI Nanterre vom 17. 3. 1998, LP n° 154 – I, 107.

ausreichend an, wenn die Veröffentlichung für die Information angemessen oder zweckmäßig ist.[76] Sind diese Voraussetzungen gegeben, hat das Informationsinteresse im Allgemeinen Vorrang.

Doch ähnlich wie bei beim Recht auf Achtung des Privatlebens, scheint die Rechtsprechung auch beim Recht am eigenen Bild einen Wandel zu vollziehen. Grundsätzlich sahen die Richter bisher ein legitimes Informationsinteresse nur gegeben, wenn das Bildnis das offizielle Leben *(vie officielle)* dieser Person abbildet und nicht das Privatleben, das sich auch in der Öffentlichkeit abspielen kann.[77] So konnte sich die Kaiserin Farah Diba noch erfolgreich gegen die Veröffentlichung von Bildern wehren, die sie in einem Badeanzug auf einem Felsen zeigte. Die Cour de Cassation befand, dass „ein Monarch, wie jede andere Person, ein Recht auf Privatleben hat und sich gegen jede Verbreitung seines Bildnisses wehren kann, sofern es ihn nicht bei der **Wahrnehmung des öffentlichen Lebens** *(„dans l' exercice de la vie publique')* zeigt".[78] Auch die Fotoreportage über den Urlaub eines Filmstars[79] oder einer Monarchenfamilie war nicht erlaubt, da die Bilder die Personen weder in Ansehung ihrer Funktionen zeigten noch für die legitime Information der Öffentlichkeit notwendig waren.[80] Genauso hat der Tribunal de Grande Instance de Paris die Veröffentlichung eines Fotos verboten, das Prinzessin Diana in Begleitung von M. Emad Fayed Hände haltend auf einem Schiff zeigte.[81] Damit bestand in Frankreich für öffentliche Personen ein Schutz in der Öffentlichkeit solange sie dort privaten Tätigkeiten nachgingen.[82] Doch in jüngster Zeit wird dem Informationsinteresse Vorrang eingeräumt, wenn z. B. ein **banales oder unverfängliches Foto** veröffentlicht wird[83] oder wenn das Foto ein Prinzenpaar bei einem Tennismatch zeigt.[84]

Unzulässig ist die Verbreitung auch, wenn die **Würde des Menschen** verletzt wird **42** *(respect à la dignité humaine)*. So war die Veröffentlichung eines Fotos unzulässig, das den auf der Straße erschossenen Präfekten von Korsika zeigte.[85] Hingegen durfte ein Foto veröffentlicht werden, auf dem einzelne verletzte Opfer eines Bahnattentates abgebildet waren. Das Foto war in einen Artikel eingebettet, der weder skandalträchtig noch kommerziell aufgemacht war.[86]

---

[76] Siehe z. T. nicht veröffentlichte Rechtsprechungsnachweise bei *Bigot*, D. 1998. Chr. 235, 239.

[77] CA Paris vom 27. 2. 1981, D. 1981. 457: „La vie privée d' une actrice peut se dérouler en un endroit public."

[78] Cass. civ. vom 13. 4. 1988, JCP 1989. II. 21320; vgl. dazu auch *von Gerlach* JZ 1998, 741, 746; ähnlich TGI Paris vom 28. 4. 1998, LP n° 156 – III, 158.

[79] TGI Nanterre, 17. 3. 1998, LP n° 154 – I, 107; siehe auch TGI Nanterre vom 25. 4. 2000, LP n° 174 – I, 110 (Urlaubsfotos von G. Depardieu).

[80] TGI Nanterre vom 10. 9. 1997, LP n° 148 – I, 10 über Urlaubsfotos der Monarchenfamilie Grimaldi: „Dès lors que les documents publiés ne concernent en rien la vie officielle et les fonctions de membres d'une famille principière, qu'ils ne sont nécessités ni par la légitime information du public, ni par les impératifs de l'actualité, mais révèlent et relatent une activité privée de loisir exercée dans l'intimité du cercle familial, leur publication non autorisée excède ce qu'une personnalité publique doit s'attendre à voir publier sur elle."

[81] TGI Paris vom 28. 4. 1998, LP n° 156 – III, 158.

[82] Amson, LP n° 175 – II, 106, 108.

[83] Zit. nach *Hassler*, D. 2004, Chr. 1611, 1612.

[84] TGI Paris vom 13. 1. 2000, D. 2000. J. 272. Auch in der Literatur werden prominente Stimmen laut, die dem Informationsinteresse Vorrang vor dem Recht am eigenen Bild einräumen, wenn das Bild an einem öffentlichen Ort aufgenommen wurde und eine öffentliche Person betrifft: *Becourt, Image et vie privée*, 2004, S. 106, 287.

[85] Cass. civ. vom 20. 12. 2000, JCP 2001. II. 10488 – *Affaire Érignac*. Bestätigt vom EuGHMR im Urteil vom 14. 6. 2007 Hachette Filipacchi Associés gegen Frankreich.

[86] Cass. civ. vom 20. 2. 2001, JCP 2001. II. 10533.

43   Nach neueren Entscheidungen ist die Publikation eines Bildes immer erlaubt, wenn es zur Illustration einer öffentlichen Debatte dient und nicht die Würde des Menschen verletzt.[87]

44   Dient das Foto **Werbezwecken** und nicht Informationszwecken, so ist die Verbreitung ohne Einwilligung stets unzulässig.[88] So ist zum Beispiel die Veröffentlichung eines Fotos des Staatspräsidenten in Zusammenhang mit einem Werbetext rechtswidrig.[89]

III. Grenzen des Ehrschutzes

45   Der in der Praxis – insbesondere beim Konflikt mit dem Presserecht – häufigste Rechtfertigungsgrund bei einem Eingriff in die Ehre ist die **Darlegung des guten Glaubens** (*bonne foi*).[90] Dieser Rechtfertigungsgrund gilt sowohl für die diffamation als auch für die injure. Er ist im Gesetz nicht geregelt, sondern wurde von der Rechtsprechung anerkannt.[91] Der Verletzer muss darlegen, er habe „aufrichtig" gehandelt. Dabei reicht es nicht aus, dass er behauptet, er habe an die Richtigkeit der Tatsachen geglaubt.[92] Die Rechtsprechung verlangt vielmehr vier Voraussetzungen: die Verfolgung eines legitimen Zieles, das Fehlen von persönlichem Hass oder Feindseligkeit, Zuverlässigkeit der Quelle und eine vorsichtige Ausdrucksweise.[93]

46   Doch lässt sich feststellen, dass das Fehlen einer vorsichtigen Ausdrucksweise weder bei Themen, die für die Öffentlichkeit sehr wichtig sind, noch bei politischen Debatten verlangt wird, sofern sich die Angriffe nicht auf bestimmte Personen beziehen. Die französische Rechtsprechung scheint, nicht zuletzt unter dem Einfluss des EuGMR[94], eine immer schärfere Ausdrucksweise zuzulassen.[95]

D. Das Subjekt des Persönlichkeitsrechts

47   Rechtsträger der Persönlichkeitsrechte sind **lebende, natürliche Personen**. Mit dem Tod erlischt die juristische Persönlichkeit und damit erlöschen auch die Persönlichkeitsrechte.[96] Diese Rechtsprechung hat die Cour de Cassation unlängst bestätigt.[97]

48   Verwandte können nach der französischen Rechtsprechung das **Andenken des Verstorbenen** mittelbar schützen, indem sie einen Eingriff in das Recht auf ihr Privatleben geltend machen. Das setzt allerdings voraus, dass die Tatsachen auch in *ihr* Privatleben eingreifen. Das hat die Cour de Cassation in dem Fall „Le grand secret" verneint. Der Leibarzt Dr. Gubler hatte in einem Buch über die Krankheiten des verstorbenen Präsi-

---

[87] Cass. civ. vom 4. 11. 2004, D. 2005. J. 696: « Le principe de la liberté de la presse implique le libre choix des illustrations d'un débat général de phénomènes de société sous la seule réserve du respect de la dignité de la personne. » Wobei die Entscheidung so zu verstehen ist, dass auch eine Verbindung zwischen dem Bildnis und dem Ereignis bestehen muss.

[88] Cass. civ. vom 12. 6. 1990, LP n° 79 – I, 14; CA Paris vom 21. 1. 1998, LP n° 158 – I, 2; siehe dazu auch *Hauser* GRUR Int. 1988, 839, 841.

[89] TGI Paris, 4. 4. 1970, JCP 1970. II. 16328.

[90] *Derieux*, Droit de la communication, S. 419.

[91] *Ader*, LP n° 159 – II, 17, 24.

[92] Cass. crim. vom 18. 5. 1954, JCP 1954. II. 8247; *Chavanne*, Juris-Classeur pénal, Presse-diffamation, Fasc. 90, n° 106 mit weiteren Beispielen aus der Rechtsprechung.

[93] So z. B. TGI Paris vom 25. 9. 1991, LP n° 187 – III, 125: La bonne foi „suppose la légitimité du but poursuivi, l'absence d'animosité personelle, la prudence et la mesure dans l'expression, la vérification des sources el le caractère sérieux de l'enquête".

[94] EuGMR vom 8. 7. 1986, Rec. CEDH, série A, n° 113 – *Lingens*.

[95] CA Paris vom 14. 12. 1993, D. 1995. Somm. 272; CA Lyon vom 7. 12. 1998, D. 2000. J. 405.

[96] *Tallon*, Rép. civ. Dalloz, personnalité, Rn. 153.

[97] Cass. Civ. vom 15. 2. 2005, D. 2005. IR. 597.

denten Mitterrand berichtet. Einen Eingriff in das Privatleben der Angehörigen sah die Cour nicht gegeben und ein Recht auf ein familiäres Privatleben (*vie privée familiale*) lehnte das Gericht – im Gegensatz zum TGI Paris in der Vorinstanz – auch ab. Allerdings sah die Cour das Arztgeheimnis verletzt.[98]

Juristische Personen (*personne morale*) können Träger einiger Persönlichkeitsrechte 49 sein. So steht ihnen das Namensrecht zu. Der Name der juristischen Person genießt Schutz gegen Anmaßung durch eine andere juristische Person sowie gegen rechtswidrige Verwendung.[99] Den juristischen Personen wird auch ein Recht auf Achtung ihrer Ehre zuerkannt. In einer neueren Entscheidung sah die Cour de Cassation den Ruf einer Fluggesellschaft durch die Benutzung ihres Bildes beeinträchtigt.[100]

E. Das Persönlichkeitsrecht im Rechtsverkehr

I. Vertragliche Vereinbarungen

In Frankreich können die Rechte der Personen an ihrem Bildnis, ihrem Namen, ihrer 50 Stimme oder ihrer Privatsphäre Gegenstand von Vereinbarungen bilden.[101] Bei dieser Vereinbarung handelt es sich um die **Einwilligung**, etwa ein Bildnis zu veröffentlichen. Dieser Vertrag stellt mithin keine Verfügung über das Persönlichkeitsrecht dar, sondern erlaubt nur deren Nutzung. Die Einwilligung kann – und muss sogar – in ihrem Inhalt und ihrer Reichweite beschränkt werden.[102] So dürfen Fotos, die für eine Filmreklame aufgenommen wurden, nicht für andere Werbezwecke verwendet werden.[103]

Die Einwilligung ist auch grundsätzlich auf die Person beschränkt, der sie gegeben 51 wurde. So hat die Cour de Paris entschieden, dass France-Dimanche einen Artikel über Jean Ferrat ohne dessen Zustimmung nicht publizieren durfte, selbst wenn die besagten Tatsachen bereits publiziert waren.[104] Sofern allerdings die Gerichte in der Wiederveröffentlichung in Zukunft keine vermögensrechtlichen Aspekte betroffen sehen, dürfte diese Rechtsprechung überholt sein, da nach der neuesten Rechtsprechung der Cour de Cassation die Wiederveröffentlichung von Tatsachen aus dem Privatleben keinen Eingriff in das Privatleben darstellt.[105]

Da die Persönlichkeitsrechte nicht übertragbar sind, muss die Einwilligung beschränkt 52 werden. Wo genau die Grenzen liegen, ist indes nicht vollständig klar. Als Grenze wird die Würde des Menschen genannt[106]; nicht gerade ein konturenscharfes Kriterium. Eine Person darf jedenfalls nicht absolut und unwiderruflich, in Zeit und Reichweite unbeschränkt, die Einwilligung erteilen.

Die **Beweislast für das Vorliegen der Einwilligung** trägt grundsätzlich derjenige, 53 der sich auf die Einwilligung beruft.[107] Daher trifft Werbe- und Presseagenturen die

---

[98] Cass. civ. vom 16.7.1997, JCP 1997. II. 22964; siehe auch Massis, D. 1997. Chr. 291ff. Der EuGMR schließlich befand, dass neun Monate nach dem Tod des Präsidenten das Informationsinteresse Vorrang habe, EuGMR vom 18.5.2004, D. 2004. J. 1838.

[99] *Ferid/Sonnenberger*, Das französische Zivilrecht, Band 1/1, Rn. 1 D 334.

[100] Cass. Civ. vom 30.5.2006, D. 2006. IR. 1636.

[101] *Bourgeois*, La personne objet de contrat, Rn. 102.

[102] TGI Paris vom 23.10.1996, LP n° 141 – I, 52.

[103] TGI Paris vom 13.2.1971, JCP 1971. I. 16774. Zu der umfangreichen Rechsprechung zur Verwendung von Fotos zu Werbezwecken, siehe auch Frémont, Rn. 400; Zur Unzulässigkeit der kommerziellen Ausnutzung eines Bildnisses: *Bartnik*, Bildnisschutz, S. 207.

[104] Cour d'Appel Paris vom 15.5.1970, D. 1970. J. 466.

[105] Cass. civ. vom 3.4.2002, D. 2002. J. 3164.

[106] *Bourgeois*, La personne objet de contrat, Rn. 108.

[107] Cour d'Appel Paris vom 14.5.1975, D. 1976. J. 291.

Pflicht, sich die Zustimmung der abgebildeten Person einzuholen. So bestimmt zum Beispiel der Mustervertrag für Werbetreibende und Werbeagenturen in Ziffer 4 Absatz 2, dass „in einem Falle, in dem die genannten Rechte an einem für die Werbung geschaffenen Werk ganz oder teilweise nicht Eigentum der Werbeagentur sind, diese verpflichtet ist, ihrem Kunden die Grenzen ihrer Rechte an diesem Werk mitzuteilen und Letztere wissen zu lassen, unter welchen Bedingungen diese Rechte für Frankreich (…) übertragen werden können".[108] Andernfalls haftet die Werbeagentur.

54   **Mannequins** und Minderjährige werden in Frankreich durch ein spezielles Gesetz geschützt (Loi n° 90–603 vom 12. 7. 1990). Es modifiziert das Arbeitsrecht.[109] Verträge zwischen Mannequins und einem Dritten sind demnach Arbeitsverträge und müssen schriftlich abgeschlossen werden.[110]

II. Persönlichkeitsrechte als Vermögensrechte

55   Die Frage, ob ein Vermögensrecht an Persönlichkeitsmerkmalen besteht, wird in Frankreich erst in neuerer Zeit ausführlicher diskutiert.[111] Die Cour de Cassation hat bisher die Verwertung vermögensrechtlicher Aspekte des Persönlichkeitsrechts nicht anerkannt.

56   Vielmehr hat die **Cour de Cassation** die Vererbung vermögensrechtlicher Bestandteile des Rechts am eigenen Bild in ihrer Entscheidung vom 15. 2. 2005 **ausdrücklich abgelehnt**.[112] In dem Fall verlangten die Kinder des verstorbenen Vaters Schadensersatz für die kommerzielle Nutzung seines Bildes auf einem Plattencover. Die Cour de Cassation hat die Klage abgewiesen. Der Fall zeigt Parallelen zur Marlene-Dietrich-Entscheidung des BGH.[113] In beiden Fällen ging es um die Verwendung eines Bildnisses einer verstorbenen Persönlichkeit zu Werbezwecken. Während allerdings der BGH einen vermögensrechtlichen Aspekt des Persönlichkeitsrechtes anerkennt, der auf die Erben übertragbar ist, lehnt die Cour de Cassation diese Sichtweise ab und befindet kategorisch, dass sowohl das Recht auf Achtung des Privatlebens als auch das Recht am eigenen Bild mit dem Tod enden. Obwohl vermögensrechtliche Bestandteile der Persönlichkeitsrechte kaum zu negieren sind, bleibt die Cour de Cassation bei der „klassischen" Sichtweise der Persönlichkeitsrechte als Nichtvermögensrechte. In Frankreich ist diese Sicht noch verbreitet.[114]

57   Dennoch wird die Rechtsprechung, insbesondere in der neueren Literatur, kritisch gesehen. Es wird bemängelt, dass die Cour de Cassation nicht zwischen den nichtvermögensrechtlichen und den vermögensrechtlichen Aspekten des Rechts am eigenen Bild – die hier in Rede standen – trennt.[115]

---

[108] Formularsammlung Lamy droit économique: Concurrence – Distribution – Consommation, III-5.

[109] So wird die Arbeit der Mannequins in Art. 763-1 Code du travail definiert: « est considérée comme exerçant une activité de mannequin toute personne que es chargée soit de présenter au public, directement ou indirectement par reproduction de son image sur tout support visuel ou audiovisuel, un produit, un service ou un message publicitaire, soit de poser comme modèle, avec ou sans utilisation ultérieure de son image, même si cette activité n'est exercée qu'à titre occasionnel. »

[110] Siehe dazu auch *Kayser*, Rn. 136.

[111] Allerdings schon *Acquarone*, D. 1985. Chr. 129 ff.; Siehe auch *Loiseau*, Le nom objet d'un contrat, Rn. 425 ff. m. w. N.

[112] Cass. Civ. vom 15. 2. 2005, D. 2005. IR. 597: « Le droit d'agir pour le respect de la vie privée ou de l'image s'éteint au décès de la personne concernée. »

[113] NJW 2000, 2195.

[114] Siehe z. B. *Cornu*, Droit civil, S. 251, der von einer „dénaturation" schreibt; im Übrigen nur in einer Fußnote am Ende des Kapitels, nach dem Literaturverzeichnis.

[115] *Marino*, D. 2005. 2643, 2645. Der TGI Aix-en-Provence hatte 1988 in einem Fall einen Vermögensschaden für die Verletzung des Rechts am eigenen Bild anerkannt. Er sprach der Witwe eines verstorbenen Schauspielers Schadensersatz für die Verwendung zu Werbezwecken des Bildes zu. Siehe: *L'affaire Raimu* JCP 1989. II. 21329.

Einige **unterinstanzliche Gerichte** und Teile der Literatur **erkennen vermögens-**   **58**
rechtliche Bestandteile des Persönlichkeitsrechts an.[116] Aus der neueren Rechtsprechung ist ein Urteil der Cour d'Appel de Versailles vom 22. 9. 2005 erwähnenswert. In einem Kalender wurde ein Foto des Künstlers Johnny Hallyday veröffentlicht. Dagegen
wehrte sich Universal Music, die die exklusiven vertraglichen Rechte an dem Gebrauch
des Bildes hatten.[117] Die Cour d'Appel erkannte die Gültigkeit des Vertrages – sowie vermögenswerte Aspekte des Rechts am eigenen Bild – an und verurteilte den Herausgeber
nach den Grundsätzen des unlauteren Wettbewerbes.[118] Die Entscheidung ist rechtskräftig. Die Cour de Cassation wird daher nicht darüber entscheiden. Einen anderen Weg ist
der TGI Paris gegangen. Er hat die Verletzung vermögensrechtlicher Aspekte des Rechts
am eigenen Bild über die Generalklausel des Art. 1382 C. Civ. sanktioniert. Art. 9 C. Civ.
sei nur auf die immateriellen Aspekte anwendbar.[119]

Auch **Teile der Literatur** erkennen den vermögensrechtlichen Charakter der Persön-   **59**
lichkeitsrechte an.[120] Dies gilt insbesondere für das Recht am eigenen Bild, an der
Stimme und dem Namen[121]. Dem Inhaber wird ein *„monopole d'exploitation*"[122] – also ähnlich wie vom BGH formuliert – ein **vermögensrechtliches Ausschließlichkeitsrecht**
zugestanden. Sofern einer Person ein vermögenswertes Ausschließlichkeitsrecht an ihrem
Bildnis zusteht, wird in der Veröffentlichung des Bildes ohne Zustimmung eine Verletzung der Vermögensrechte gesehen, ohne dass es darauf ankommt, ob auch das Privatleben verletzt ist.[123] In der Literatur ist auch anerkannt, dass der vermögensrechtliche Teil
Gegenstand von Verträgen sein kann.[124]

Dogmatisch wird zum Teil ein Recht mit einem **„double aspect**"[125] gesehen: mit ei-   **60**
ner materiellen und einer immateriellen Seite. Zum Teil allerdings werden zwei verschiedene Rechte konstruiert: Ein nichtvermögensrechtliches Persönlichkeitsrecht (*droit de la
personnalité extrapatrimonial*) und ein Vermögensrecht (*droit sur l'image patrimonial*).[126] Die
Vertreter dieser Ansicht befürworten das dualistische Urheberrecht auch als Vorbild für
die Verwertung der vermögenswerten Rechte.[127]

---

[116] Zuerst: TGI Lyon vom 17. 12. 1980, D. 1981. J. 202; TGI Paris vom 28. 9. 2006, LP 2007. III. 54;
siehe weitere Nachweise bei *Loiseau*, Le nom objet d'un contrat, Rn. 427.

[117] L'artiste « concède au licencié le droit exclusif de reproduire de quelque manière que se soit
(…) son image (…). », zit. nach Marino, D. 2006. 2705.

[118] « … dès lors que le droit à l'image revêt les caractéristiques essentielles de l'attribut d'ordre
patrimonial, il peut valablement donner lieu à l'établissement de contrats, soumis au régime général
des obligations, entre le cédant, lequel dispose de la maîtrise juridique sur son image, et le cession-
naire, lequel devient titulaire des prérogatives attachés à ce droit. » D. 2006. 2705. Zuvor hatte bereits
der TGI Aix-en-Provence die Vererbbarkeit des vermögensrechtlichen Teils des Rechts am eigenen
Bild anerkannt, *L'affaire Raimu* JCP 1989. II. 21329.

[119] TGI Paris vom 28. 9. 2006, LP 2007. III. 54.

[120] *Acquarone*, D. 1985. Chr. 129 ff.; *Loiseau*, McGill Law Journal, 1997, 319 ff. ; *Malaurie*, Droit civil,
Rn. 334, 338; *Bourgeois*, La personne objet de contrat; kritisch zur Kommerzialisierung von Persön-
lichkeitsrechten: *Cornu*, Droit civil, les personnes, Rn. 529: « En Europe aussi, et à la traîne des
U.S.A., tout devient monnaie. Ce n'est pas un importation glorieuse. »

[121] *Loiseau*, Le nom objet d'un contrat, Rn. 427 ff., wobei der Autor in Rn. 429 feststellt: « Le droit
patrimonial au nom est inconnu en droit positif francais. »

[122] So z.B. *Malaurie*, Droit civil, Rn. 334.

[123] *Malaurie*, Droit civil, Rn. 334.

[124] *Malaurie*, Droit civil, Rn. 338: « La voix peut en effet, comme l'image ou le nom de famille,
faire l'objet d'un monopole d'expoitation susceptible d'être organisé par des contrats. »

[125] *Malaurie*, Droit civil, Rn. 338.

[126] Siehe z. B.: *Loiseau*, McGill Law Journal 1997, 319. *Kayser*, vie privée, Rn. 182-1 spricht vom
« double nature », scheint aber zwei verschiedene Rechte zu meinen.

[127] *Acquarone*, D. 1984, Chr. 129, 134.

F. Rechtsfolgen der Verletzung des Persönlichkeitsrechts
und verfahrensrechtliche Fragen

I. Überblick über das Sanktionssystem

61   Der Schutz der Persönlichkeit gegenüber Presseveröffentlichungen ist in Frankreich in mehreren Gesetzen geregelt. Zu nennen sind insbesondere Vorschriften aus dem Pressegesetz von 1881, dem Strafrecht und dem Zivilrecht. Ein Presserat ist in Frankreich nicht bekannt.[128]

62   Eine der wichtigsten Regelungen im Pressegesetz von 1881 ist das **Gegendarstellungsrecht in Art. 13** *(droit de reponse)*.[129] Es ist in Frankreich umfassender ausgestaltet als in Deutschland. Jeder, der einen vernünftigen Grund hat, sich durch den Inhalt einer Veröffentlichung unmittelbar oder mittelbar betroffen zu fühlen, kann seine Rechte geltend machen. Dabei spielt es keine Rolle, ob die Veröffentlichung eine Tatsachenbehauptung oder eine Meinungsäußerung enthält. Allerdings verjährt der Anspruch innerhalb von drei Monaten.

63   Darüber hinaus finden sich im **Pressegesetz von 1881** Ansprüche aus den **Beleidigungsdelikten** (Art. 29 Abs. 1 und Art. 29 Abs. 2 Pressegesetz von 1881). Dem Täter einer *diffamation* oder einer *injure* droht eine Geldstrafe von 12.000 Euros (Art. 32 Abs. 1 Pressegesetz von 1881). Mit Freiheitsstrafe und/oder Geldstrafe von 45.000 Euros wird bestraft, sofern die Beleidigung aus fremdenfeindlichen Gründen begangen wurde (Art. 32 Abs. 2 Pressegesetz von 1881). Auch wenn das Opfer der Präsident oder Mitglied einer staatlichen Behörde ist, wirkt dies strafverschärfend. Der Strafrichter kann im Falle der Verurteilung die Bekanntmachung der Entscheidung *(affichage)* anordnen.

64   Neben diesen spezifischen Regelungen im Pressegesetz schützen die **Artikel 226-1 bis 226-9 des neuen Strafgesetzbuches** (NCP)[130] den Einzelnen vor einem Angriff auf sein Privatleben.[131] Mit Geldstrafe in Höhe von 45.000 Euro wird bestraft, wer private Gespräche aufnimmt oder Bildnisse von Menschen reproduziert, die sich an privaten Orten befinden (Art. 226-1 NCP). Gleichfalls bestraft wird die Weitergabe dieser Aufnahmen an einen Dritten oder deren Veröffentlichung (Art. 226-2 NCP). Nach Art. 226-8 NCP macht sich derjenige strafbar, der eine Montage eines Bildes oder Wortes einer Person veröffentlicht, ohne dass der Betroffene zugestimmt hat oder dass es offensichtlich ist, dass es sich um eine Montage handelt. Damit besteht ein strafrechtlicher Schutz gegen ein falsches Bildnis in der Öffentlichkeit.

65   Doch trotz dieser Regelungen ist der **zivilrechtliche Schutz** in Frankreich vorherrschend.

II. Zivilrechtliche Rechtsfolgen

66   Die Opfer eines Angriffs auf das Persönlichkeitsrecht können in Frankreich insbesondere **Unterlassung** und **Schadensersatz** verlangen. Bei einem Angriff auf ihr Intimleben können sie sich auf Art. 9 Abs. 2 C. civ. stützen, ansonsten auf die deliktische Generalklausel der Artt. 1382, 1383 C. civ.

---

[128] *Kayser*, vie privée, Rn. 168.

[129] Ausführlich zum Gegendarstellungsrecht in Frankreich: *Koch*, Rechtsschutz durch Gegendarstellung in Frankreich und Deutschland, 1995, S. 20 ff.; *Derieux*, Droit de la communication, S. 387 ff.

[130] Nouveau code Pénal, in Kraft seit dem 1. 3. 1994.

[131] Ausführlich zum strafrechtlichen Schutz: *Lolies*, La protection pénale de la vie privée, 1999.

Allerdings hat die Cour de Cassation klar gestellt, dass Artt. 1382, 1383 C. civ. keine **67**
Anwendung finden, wenn Tatbestände des Pressegesetzes von 1881 einschlägig sind.[132]
Damit kommt eine zivilrechtliche Haftung nach Artt. 1382, 1383 C. civ. neben der strafrechtlichen Verantwortung nach dem Pressegesetz von 1881 nicht in Betracht. Die Cour
de Cassation hat somit den Vorrang des Spezialgesetzes vor dem allgemeinen Gesetz postuliert.

Hintergrund dieser Entscheidung war, dass sich die Anwälte – zum Beispiel bei Belei- **68**
digungsdelikten – lieber vor den Zivilgerichten auf die deliktische Generalklausel stütz-
ten. Das Pressegesetz von 1881 ist nämlich zum einen pressefreundlicher und zum anderen hat es so zahlreiche Verfahrensvorschriften, so dass sich niemand gerne auf dieses
„prozessrechtlich verminte Terrain"[133] begeben wollte. Art. 9 C. civ. bleibt aber, so scheint
es, neben dem Pressegesetz anwendbar.[134]

1. Die Unterlassungsklage

Bei einen Angriff auf das Intimleben kann sich der Betroffene auf Art. 9 Abs. 2 C. civ. **69**
stützen, wonach „die Richter alle Maßnahmen ergreifen (können), um einen Angriff auf
das Intimleben zu verhindern oder zu beenden". Hierbei muss der Betroffene weder einen
Schaden noch ein schuldhaftes Verhalten nachweisen. Einen Unterlassungsanspruch normiert auch Art. 9-1 C. civ. hinsichtlich des Rechts auf Achtung der Unschuldsvermutung.
Aber auch bei Verletzung anderer Persönlichkeitsrechte – so zum Beispiel des Rechts am
eigenen Bild – kann der Betroffene Unterlassung verlangen.[135]

Zwar kennt das französische Recht, anders als das deutsche, keinen allgemeinen Unter- **70**
lassungsanspruch. Negatorischer Schutz kann in Frankreich aber grundsätzlich über
Art. 1382 C. civ. gewährleistet werden. Diese Möglichkeit ist eröffnet, da der Richter als
Rechtsfolge dieser Norm neben Schadensersatz auch Maßnahmen erlassen kann, die auf
Unterlassung gerichtet sind: Er kann ein bestimmtes Verhalten untersagen, die Wiederholung verbieten oder auch die Richtigstellung in einer Zeitung anordnen. Er kann
demzufolge eingetretene Schäden durch Geldersatz liquidieren und zukünftige Schäden
durch die Anordnung der Unterlassung verhindern. Die Tatsache, dass der Schaden im
letzteren Fall noch nicht eingetreten ist, bringt einen Anspruch aus Art. 1382 C. civ. nicht
zu Fall, denn für das Vorliegen der Voraussetzungen reicht es aus, dass es sich um einen
zukünftigen sicheren Schaden (*préjudice futur certain*) handelt.

Voraussetzung für Unterlassungsmaßnahmen ist neben dem **Schaden** das Vorliegen ei- **71**
nes **rechtswidrig-schuldhaften Verhaltens** *(faute)* und der zwischen beiden bestehende
Kausalzusammenhang *(lien de causalité)*. Die Rechtsprechung hat aber bei subjektiven
Rechten – und damit auch bei den anerkannten Persönlichkeitsrechten – auf das Vorliegen eines schuldhaften Verhaltens verzichtet, so dass jeder unbefugte Eingriff in ein Persönlichkeitsrecht dem Betroffenen das Recht gibt, Unterlassungsmaßnahmen einzukla-
gen. Damit kennt auch die französische Rechtsprechung eine **verschuldensunabhän-
gige Unterlassungsklage**. Zwar fußt sie noch auf Art. 1382 C. civ., doch hat sie sich
letztlich in ihren Voraussetzungen davon entfernt.[136]

---

[132] Cass. Ass. Plén. vom 12.7.2000, D. 2000, IR. 218: « Les abus de la liberté d'expression prévus
et réprimés par al loi du 29 juillet 1881 ne peuvent être réparés sur le fondement de l'article 1382 du
code civil. » kritisch dazu *Ravanas*, D. 2000. Chr. 459. Siehe auch Cass. Civ. vom 27.9.2005: « Les
abus de la liberté d'expression envers les personne ne peuvent être poursuivis sur le fondement de l'art.
1382 du code civil », D. 2006. 485 mit Anm. *Hassler*.

[133] Siehe *Hassler*, D. 2006. J. 485, 486.

[134] So auch *Malaurie*, Droit civil, Rn. 342.

[135] *Kayser*, vie privée, Rn. 173.

[136] Vgl. zu der Entwicklung des Rechts am eigenen Bild: *Stoufflet* JCP 1957. I. 1474.

2. Beseitigungsmaßnahmen

72 Beseitigungsmaßnahmen gründen sich in Frankreich auf Art. 1382 C. civ., für den Tatbestand des Eingriffs in die Intimsphäre auf Art. 9 Abs. 2 C. civ. Dabei richtet sich die Art der Beseitigungsmaßnahme nach der Art der Verletzungshandlung und nach der Wirkungsweise des Mediums, das die Verletzung verbreitet hat. Als Maßnahmen kommen insbesondere die **Streichung von Textstellen** oder die Einziehung von Zeitungen in Betracht. Die Einziehung erfolgt durch die **Beschlagnahme**. In der Beseitigungsanordnung ist in solchen Fällen zugleich ein Unterlassungsgebot für die Zukunft enthalten.

73 Der Widerrufsanspruch, wie ihn das deutsche Recht kennt, ist in Frankreich nicht verbreitet. Das liegt zum Teil daran, dass man sich mit der **Urteilsveröffentlichung** einer Maßnahme bedienen kann, die einen ähnlichen Zweck erfüllt wie der Widerrufsanspruch, nämlich die Rufrestitution.

74 Darüber hinaus ist in Frankreich auch die **„contre-information"** bekannt. Dazu gehört die Verurteilung zu einer Richtigstellung oder zur Einfügung einer Beilage.[137] Diese Maßnahmen werden allerdings als Schadensersatzmaßnahmen angesehen.

3. Die Schadensersatzklage

75 Als weitere Möglichkeit kann der Betroffene Schadensersatz gemäß Artt. 1382, 1383 C. civ. verlangen. Voraussetzung dafür ist grundsätzlich, dass er ein **rechtswidrig-schuldhaftes Verhalten** (*faute*) und einen **Schaden** (*dommage*) nachweist. Um Schadensersatz zu erlangen, muss der Betroffene beweisen, dass dem anderen ein Fehlverhalten vorzuwerfen ist und dieses bei ihm einen Schaden verursacht hat. Allerdings hat die Entwicklung von subjektiven Persönlichkeitsrechten auch hier – ähnlich wie bei den Unterlassungsansprüchen – die Voraussetzungen verändert. Im Jahre 1996 hat die Cour de Cassation entschieden, dass gemäß Art. 9 C. civ. „die alleinige Feststellung eines Angriffs auf das Privatleben ein Recht auf Schadensersatz begründet".[138] Es kommt also nicht mehr darauf an, ob der Verletzer fahrlässig oder vorsätzlich gehandelt hat. Allein die Tatsache, dass ein Eingriff in das Privatleben stattgefunden hat, stellt eine faute dar.[139] Der Schaden und der Kausalzusammenhang werden vermutet. Damit erkennt das Gericht in Frankreich einen **verschuldensunabhängigen Schadensersatzanspruch** bei Verletzung des Privatlebens an. Weder Verschulden noch das Vorliegen eines zukünftigen sicheren Schadens müssen bewiesen werden, sondern nur – wie bei der Unterlassungsklage – der rechtswidrige Eingriff.

76 Schadensersatz wird für materielle und immaterielle Schäden gewährt. Da der Gesetzgeber den Schaden nicht definiert hat, konnte die Rechtsprechung problemlos bereits 1833 den Ersatz **immaterieller Schäden** anerkennen.[140] Welche Kriterien die Recht-

---

[137] CA Dijon vom 12. 1. 1988, D. 1988. IR. 134.

[138] Cass. civ. vom 5. 11. 1996, JCP 1997. II. 22805: «Selon l'article 9 du Code civil, la seule constatation de l' atteinte à la vie privée ouvre droit à réparation.»; siehe auch Kommentar von *Laulom*, in D. 1997. 403 ff. sowie von *Jourdain*, in D. 1997. Somm. 289 und *Viney*, in JCP 1997. I. 4025; bestätigend: Cass. civ. vom 25. 2. 1997, JCP 1997. II. 22873.

[139] In dem ersten von der Cour de Cassation entschiedenen Fall wurden Prinzessin Caroline von Monaco für einen Artikel, in dem über ihre Beziehung zu einem Schauspieler berichtet wurde, 80.000 Francs (ca. 13.300 Euros) zugesprochen. (Hingegen erhielt der Schauspieler nur einen symbolischen Franc.) In dem zweiten Fall hatte eine Autorin einen Roman geschrieben, der eine verdeckte Autobiografie darstellte. Die Familienmitglieder hatten zwar andere Namen, es war aber möglich, dass sie von den Lesern erkannt wurden. Die Autorin selber hatte mit äußerster Sorgfalt gehandelt. Sie hatte das Manuskript von einem spezialisierten Pariser Anwaltsbüro auf Rechtsverstöße hin prüfen lassen, die keine Bedenken erhoben hatten. Das Gericht hingegen sah einen Eingriff in das Privatleben der Familienangehörigen als gegeben an und verurteilte die Autorin – trotz sorgfältigen Verhaltens und trotz der Tatsache, dass nicht sicher festgestellt werden konnte, ob die Familienmitglieder von den Lesern tatsächlich erkannt wurden und mithin ein Schaden vorlag – zu 25.000 Francs (ca. 4.200 Euro) Schadensersatz.

[140] *Bormann*, Die Praxis des Persönlichkeitsschutzes in Frankreich, S. 118.

sprechung anwendet, um die jeweilige Höhe des Schadensersatzes festzusetzen, ist nicht immer klar erkennbar, so dass von der Literatur zum Teil „mehr Stringenz in der Berechnung des Schadensersatzes" angemahnt wird.[141] Doch können einige Kriterien genannt werden: So z. B. bemisst sich die Höhe des Schadensersatzes insbesondere nach der **Schwere des Eingriffs** und der **Auflage**.[142] Darüber hinaus spielt auch das **Verhalten des Geschädigten** eine Rolle. War er zuvor der Presse gegenüber hinsichtlich seines Privatlebens sehr entgegenkommend, kann dies den Schadensersatz schmälern.

In den Fällen, in denen Schadensersatz in Geld zugesprochen wird, liegen die Beträge **77** in der Regel zwischen 3.500 Euro und 9.000 Euro.[143] 50.000 Francs (ca. 8.300 Euro) – statt der eingeklagten 400.000 Francs (ca. 67.000 Euro) – wurden für die Veröffentlichung eines Fotos zugesprochen, das Prinzessin Diana und M. Emad Fayed Hände haltend auf einem Boot zeigten.[144] Das Gericht befand, dass die Prinzessin selbst die Medienöffentlichkeit auf sich gelenkt habe, die Fotos bereits in der internationalen Presse verbreitet worden waren und sie weder skandalös noch schockierend waren. In einzelnen Fällen, in denen ein schwerer Eingriff vorliegt, neigen die Gerichte zu höheren Summen.[145] Die Ausurteilung dieser eher **moderaten Beträge** durch den Tribunal de Grande Instance – die von der Cour d'Appel zum Teil noch herabgesetzt werden[146] – ist in der Literatur auf Kritik gestoßen.[147] Mit so niedrigen Schadensersatzsummen könnten künftige Verletzungen nicht verhindert werden.[148]

Um diesen Zustand zu verändern, wird von Teilen der Literatur für die Einführung eines **Strafschadens** (*„amende civil"*) plädiert.[149] Dieser soll nach dem Nutzen, den die Zeitung von dem Eingriff hatte, kalkuliert werden. Auch wenn die Beträge, die die Rechtsprechung auswirft, zum Teil steigen, hat sie die Einführung eines Strafschadens bisher abgelehnt.[150] Allerdings hat der Tribunal de Grande Instance de Nanterre die wiederholte Verletzung des Rechts am eigenen Bild als Bemessungsgrundlage für die Höhe des Schadensersatzes berücksichtigt.[151] Damit besteht eine gewisse Tendenz in der Rechtsprechung, eine Präventivfunktion des Schadensersatzes anzuerkennen.

Ein **materieller Schaden** wird – sofern überhaupt die Unterscheidung in materiellen **79** und immateriellen Schaden getroffen wird – insbesondere in den Fällen der ungenehmigten bildlichen Werbung anerkannt.[152] Der Schaden besteht dann in dem **entgangenen Gewinn** (*„manque à gagner"*).[153] Der entgangene Gewinn, der in Deutschland über das Institut der ungerechtfertigten Bereicherung ausgeglichen wird, kann in Frankreich mühelos über die deliktische Generalklausel repariert werden. Als Berechnungsgrundlage

---

[141] So zum Beispiel *Lindon*, Anmerkung zu CA Paris vom 26. 4. 1983, D. 1983. 376: « ... plus de rigueur au calcul des domages et intérêts. » Allerdings sind die Instanzgerichte sehr frei, da die Cour de Cassation die Höhe nicht nachprüft.

[142] Zu den Kriterien der Schadensberechnung siehe *Bormann*, Die Praxis des Persönlichkeitsschutzes in Frankreich, S. 119 ff.; *Marino*, Responsabilité civile, activité d'information et médias, S. 276 ff.; Rn. 458 ff.

[143] *Bigot*, LP n° 126 – II, 83, 87.

[144] TGI Paris vom 28. 4. 1998, LP n° 156 – III, 158.

[145] TGI Paris vom 17. 12. 1986, Gaz. Pal. 1987. 1. 238 (200.000 Francs = ca. 33.500 Euro); CA Paris vom 4. 1. 1988, D. 1989. Somm. 92 (250.000 Francs = ca. 42.000 Euro); TGI Paris vom 1. 3. 1989, Gaz. Pal. 1989. 1. 120 (450.000 Francs = ca. 75.000 Euro); weitere Beispiele bei *Stürner*, FS Großfeld, S. 1201, 1204.

[146] Siehe *Kayser*, vie privée, Rn. 202 mit einzelnen Nachweisen aus der Rechtsprechung.

[147] *Kayser*, vie privée, Rn. 202; *Carval*, La responsabilité civile, S. 32.

[148] So auch *Beigner*, L'honneur et le droit, S. 216.

[149] Dafür: *Carval*, La responsabilité civile, S. 43; mit gewisser Vorsicht: *Beigner*, L'honneur et le droit, S. 214 ff.; dagegen: *Marino*, Responsabilité civile, S. 298 ff.; Rn. 504 ff.

[150] CA Versailles vom 16. 1. 1998, D. 1999. Somm. 168.

[151] TGI Nanterre vom 15. 4. 2000, LP Rn. 174 – I, 110.

[152] *Acquarone*, D. 1985, Chr. 129, 132.

[153] CA Nîmes vom 7. 1. 1988, JCP 1988. II. 21059; CA Versailles vom 2. 5. 2002, LP n° 192 – I, 69.

wird – zum Teil implizit, zum Teil explizit – der Gewinn herangezogen, den der Betroffene erzielt hätte.[154]

80   Darüber hinaus ist der Schadensersatz in Form eines **symbolischen Francs** – nunmehr eines symbolischen Euro – in Frankreich nicht unüblich. Zumeist ist der symbolische Franc mit weiteren Maßnahmen gepaart, wie z. B. mit der Veröffentlichung eines Communiqués, in dem die Verletzung genannt ist. Der symbolische Franc wird von den Gerichten vor allem in zwei Situationen zugesprochen: Zum einen, wenn zwar die Voraussetzungen des Schadensersatzanspruches gegeben sind, aber kein nennenswerter Schaden entstanden ist. Das ist zum Beispiel der Fall, wenn ein Angriff auf das Privatleben einer berühmten Person vorliegt, die selbst Tatsachen aus ihrem Privatleben zu veröffentlichen pflegt.[155] Zum anderen wird auch von berühmten Personen zum Teil nur ein Franc symbolique eingeklagt.[156] Das Gericht kann dann – nach dem Grundsatz des ne ultra petita – auch nicht mehr zusprechen. Die Forderung nach einem symbolischen Franc wird in Frankreich als ein elegantes Mittel verstanden, sich gegen Persönlichkeitsverletzungen zur Wehr zu setzen, ohne den Geruch des „gold-diggings" hervorzurufen.[157]

81   Häufig kommt es auch vor, dass Richter die **Urteilsveröffentlichung** anordnen.[158] Dies beantragen die Kläger insbesondere dann, wenn sie nur einen Franc Schadensersatz gefordert haben. Die Urteilsveröffentlichung eignet sich vor allem bei Ehrverletzungen. Hier erfahren die Leser, dass dem Beklagten sowohl der Wahrheitsbeweis misslungen ist als auch die Berufung auf den guten Glauben. In den meisten Fällen wird die Veröffentlichung in dem Medium angeordnet, in dem die Persönlichkeitsverletzung begangen wurde.[159] Dabei wird genau die Größe, Aufmachung und die Seite bestimmt. Zum Teil wird auch auf Kosten des Beklagten die Veröffentlichung in einem anderen Medium angeordnet. Dabei lässt das Gericht dem Kläger zumeist die Wahl, wo er veröffentlichen will, da einzelne Medien auch die Veröffentlichung verweigern können, denn die gerichtliche Entscheidung wirkt nur inter partes.[160] Der Richter kann die Veröffentlichung der gesamten Entscheidung oder des Tenors anordnen; er kann die Verbreitung eines Auszuges oder einer Zusammenfassung verfügen.[161] Zugleich wird in der Regel für eine Zuwiderhandlung ein **Zwangsgeld** angedroht (*astreinte*).

III. Verfahrensrechtliche Fragen

1. Einstweiliger Rechtsschutz

82   Gemäß Art. 9 Abs. 2 C. civ. können Richter „ungeachtet des Schadensersatzes, alle Maßnahmen ergreifen (...), die geeignet sind, einen Eingriff in die Intimsphäre zu verhindern oder zu beenden; diese Maßnahmen können im Falle der Dringlichkeit im **Verfügungsverfahren** angeordnet werden". Die Rechtsprechung interpretiert diese Vorschrift in zweifacher Hinsicht großzügig: Zum einen können alle Eingriffe in die Persön-

---

154 *Bartnik,* Bildnisschutz, S. 258 m.w.N.

155 *Carval,* La responsabilité civil, S. 30.

156 Das gilt insbesondere für Personen aus der Politik, weniger für Personen aus dem Showgeschäft, vgl. *Marino,* Responsabilité civile, S. 281, Rn. 471. So haben z. B. die Erben von Präsident Mitterrand nur einen Franc (sowie die Verbreitung der Entscheidung) eingeklagt und zugesprochen bekommen für die Veröffentlichung eines Fotos, das den Präsidenten auf seinem Totenbett zeigte: TGI Paris vom 13. 1. 1997, D. 1997. 255.

157 *Kayser,* vie privée, Rn. 199.

158 *Kayser,* vie privée, S. 374, Fn. 253.

159 *Carval,* La responsabilité civil., S. 34.

160 *Kayser,* vie privée, Rn. 204, Fn. 254; *Marino,* Responsabilité civil, S. 301, Rn. 513.

161 *Marino,* Responsabilité civil, S. 301, Rn. 513.

lichkeitsrechte, nicht nur der Eingriff in die Intimsphäre, von dem Verfügungsrichter gestoppt werden. Zum anderen ist ein Eingriff stets dringlich.[162]

Gesetzlich normiert ist seit 1993 der einstweilige Rechtsschutz auch für das Recht auf **83** Achtung der strafrechtlichen Unschuldsvermutung in Art. 9-1 C. civ. Wird eine Person, gegen die noch ein Strafverfahren läuft, öffentlich bereits als schuldig dargestellt, kann der juge des référés anordnen, dass eine Berichtigung abgedruckt wird, die geeignet ist, den öffentlichen Angriff auf die Unschuldsvermutung des Betroffenen zu beenden.

Sofern weder Persönlichkeitsrechte noch die Unschuldsvermutung betroffen sind, **84** kann der einstweilige Schutz nur über Art. 809 NCPC gewährleistet werden. Danach kann der juge des référés gemäß Art. 809 Abs. 1 NCPC zur Abwendung eines drohenden Schadens oder bei einer eindeutig rechtswidrigen Störung stets wiederherstellende und sichernde Maßnahmen treffen. Nach Art. 809 Abs. 2 NCPC kann er bei unstreitigen Sachverhalten endgültige Maßnahmen wie eine Abschlagszahlung oder die Erfüllung einer Verpflichtung anordnen.

Liegt eine Persönlichkeitsrechtsverletzung vor, steht dem juge des référés ein **breites 85 Maßnahmeninstrumentarium** von der Beschlagnahme über die Beseitigung und Streichung, der Zusprechung einer Abschlagszahlung bis hin zur Einfügung einer Mitteilung zur Verfügung. Dabei ist zwischen den eindeutigen und den streitigen Fällen zu unterscheiden. Im ersten Fall kann der Richter alle Maßnahmen – auch rechtsverwirklichende – anordnen, im zweiten Fall nur streitregelnde.

Hinsichtlich des **Verfahrens** sind wesentliche Unterschiede zum deutschen Recht zu **86** erkennen: Zuständig ist in der Regel der Gerichtspräsident, der im Allgemeinen über eine besondere Autorität verfügt. Darüber hinaus ist das Verfahren rein mündlich. Die Anwälte haben kurze Plädoyers zu halten, bevor der Richter die Sach- und Rechtslage mit ihnen erörtert. Schließlich gelten im Gegensatz zum deutschen Recht die allgemeinen Beweisregeln, so dass der volle Beweis zu erbringen ist. Zu erwähnen ist auch, dass im Verfügungsverfahren Berufung und Revision zugelassen sind.

2. Hauptsacheverfahren

Zuständig für das Hauptsacheverfahren ist der **Tribunal de Grande Instance**. In **87** Frankreich sind das référé-Verfahren und das Hauptsacheverfahren zwei getrennte Verfahren. Es findet ein Verfahren in der Hauptsache statt, wenn es von einer Partei beantragt wird. Da die Anordnungen des juge des référés vorläufiger Natur sind, ist der Hauptsacherichter nicht an dessen Beurteilung gebunden. Doch wird die Entscheidung des juge des référés den Richter in der Hauptsache beeinflussen, zumal der juge des référés der Präsident des jeweiligen Gerichts ist.

Eine **Verbindung zwischen dem Verfügungsverfahren und dem Hauptsache- 88 verfahren** besteht in der *passarelle*. Danach kann der juge des référés im référé-Verfahren gemäß Art. 788 Abs. 4 NCPC bei einer unsicheren Rechtslage dem Antragsteller genehmigen, den Antragsgegner zu einem kurzfristig stattfindenden Termin im Hauptsacheverfahren zu laden.[163] Dadurch erhält der Antragsteller relativ schnell ein endgültiges Urteil. Die Entscheidung des juge des référés kann statt einer Maßnahme erfolgen und wird vor allem dann erlassen, wenn die Rechtslage unsicher ist und der Richter sich nicht in der Lage sieht, eine streitregelnde Maßnahme anzuordnen.[164] Die passarelle kann jedoch auch gemeinsam mit einer anderen Maßnahme erfolgen, in Ausnahmefällen sogar mit einer Abschlagszahlung.[165]

Dennoch spielt das Hauptsacheverfahren bei Verletzung der Persönlichkeitsrechte eine **89** untergeordnete Rolle. Auf dem Wege des Verfügungsverfahrens kann der Kläger seine

---

[162] Cass. civ. vom 12. 12. 2000, D. 2001. J. 2434: « La seule constatation de l'atteinte au respect de la vie privée et à l'image par voie de presse caractérise l'urgence et ouvre droit à réparation. »

[163] CA Paris vom 12. 7. 1984, D. 1984. 603.

[164] *Estoup*, procedures rapides, Rd. 460.

[165] TGI Paris (réf.) vom 4. 3. 1996, LP n° 130 – I, 43.

Ansprüche schneller durchsetzen. Denn bei Verletzung von Persönlichkeitsrechten wird eine Dringlichkeit stets angenommen. Auch entspricht die vom juge des référés im Verfügungsverfahren angeordnete Abschlagszahlung oftmals der geforderten Schadensersatzsumme oder kommt ihr zumindest nahe.[166] Und da – anders als im deutschen Recht – Berufung und Revision zugelassen sind, besteht kaum Veranlassung, das Hauptsacheverfahren anzustrengen. Das Verfügungsverfahren ersetzt somit häufig das ordentliche Verfahren.

§ 64. Persönlichkeitsschutz in Großbritannien (England und Wales)

Inhaltsübersicht

---

[166] *Kayser*, vie privée, Rn. 193.

Schrifttum: *Aplin,* The Development of the Action for Breach of Confidence in a Post-HRA ERA [2007] IPQ 19; *Arnold,* Confidence in Exclusives: Douglas v Hello! in the House of Lords [2007] EIPR 339; *Barendt,* Freedom of Speech, Oxford 1985; *Beddard,* Photographs and the Right of the Individual [1995] MLR 771; *Bentley/Sherman,* Intellectual Property, 2. Aufl., Oxford 2005; *Beverley-Smith/Ohly/Lucas-Schloetter,* Privacy, Property & Personality: Civil Law Perspectives on Commercial Appropriation, Cambridge 2005; *Beverley-Smith,* The Commercial Appropriation of Personality, Cambridge 2002; *Bingham,* Should there be a Law to Protect Rights of Personal Privacy? [1996] EHRLR 450; *Blom-Cooper/Pruitt,* Privacy Jurisprudence of the Press Complaints Commission [1994] Anglo-American Law Review 133; *Boyd,* Does English Law recognise the concept of an image or personality right? [2002] Ent.L.R, 1; *Boyd/Jay,* Image Rights and the Effect of the Data Protection Act 1998 [2004] Ent.L.R. 159; *Brittan,* The Right of Privacy in England and the United States [1963] Tulane Law Review 235; *Buchanan,* A Comparative Analysis of Name and Likeness Rights in the United States and England, 18 [1998] Golden Gate U. L. Rev. 301; *Buxton,* The Human Rights Act and Private Law [2000] LQR 48; *Calcutt Committee,* Report of Press Self Regulation, Cm. 2135, London 1993; *Calcutt Committee,* Report of the Committee on Privacy and Related Matters, London 1990; *ders,* Advertising, publicity rights and English Law [2004] IPQ 209; *ders.,* Character Merchandising and the Limits of Passing Off [1993] LS 289; *ders.,* Heads of Damage in Passing Off [1996] EIPR 629; *Clayton/Tomlinson,* Privacy and Freedom of Expression, Oxford 2001; *Coppel,* The Human Rights Act 1998: Enforcing the European Convention in the Domestic Courts, Chichester 1999.; *Cornish/Llewelyn,* Intellectual Property: Patents, Copyright, Trade Marks and Allied Rights, 6. Aufl., London 2007; *Davies,* The Cult of Celebrity and Trade Marks: The Next Installment [2004] SCRIPT-ed 230, ‹http://www.law.ed.ac.uk/ahrc/script-ed/docs/agents.asp›; *Delany,* Breach of Confidence or Breach of Privacy: The Way Forward [2005] Dublin Univ. LJ 151; *Drysdale/Silverleaf,* Passing Off Law and Practice, 2. Aufl. London 1994; *Garnett/Davies/Harbottle,* Copinger and Skone James on Copyright, 15. Aufl., London 2004 (zit.: Copinger/Skone James on Copyright); *Fenwick/Phillipson,* Media Freedom under the Human Rights Act Oxford, 2006; *Giliker,* A 'New' Head of Damages: Damages for Mental Distress in the English Law of Torts [2000] LS 19; *Gutteridge,* The Comparative Law of the Right to Privacy I [1931] LQR 203; *Henry* (Hrsg.), International Privacy, Publicity and Personality Laws, London 2001; *Hobbs,* Passing Off and the Licensing of Merchandising Rights (1980) EIPR 47; *Holdsworth,* Defamation in the Sixteenth and Seventeenth Century [1924] LQR 302; *Holyoak/Torremans,* Intellectual Property, 4. Aufl., London 2004; *Howell,* Character Merchandising: The Marketing Potential Attaching to a Name, Persona or Copyright Work [1991] IPJ 149; *Isaac,* Merchandising or Fundraising?: Trade Marks and the Diana, Princess of Wales Memorial Fund [1998] EIPR 441; *Jaffey,* Merchandising and the Law of Trade Marks [1998] IPQ 240; *Kitchin/Llewelyin/Mellor/Meade,* Kerly's Law of Trade Marks and Trade Names, 14. Aufl., London 2005; *Laddie/Prescott/Vitoria,* The Modern Law of Copyright and Designs, 4. Aufl., London 2007; *Law Commission,* Breach of Confidence (Law Com No.110, Cmnd 8388, Oct 1981), London 1981; *Lord Chancellor's Department,* Infringement of Privacy: A Consultation Paper, London 1993; *Markesinis* (Hrsg.), Protecting Privacy, Oxford 1999; *Markesinis,* Privacy, Freedom of Expression and the Horizontal Effect of the Human Rights Bill: Lessons from Germany [1999] LQR 47; *Markesinis/O'Cinneide/Fedtke/Hunter-Henin,* Concerns and Ideas About the Developing English Law of Privacy (And How Knowledge of Foreign Law Might Be of Help) (2004) 52 Am. J. Comp. L. 133; *McGregor,* McGregor on Damages, 17. Aufl., London 2003; *Morcom,* Character Merchandising – a Right or a Mere Opportunity [1978] EIPR 7; *Morcom/Roughton/Graham/Malynicz,* The Modern Law of Trade Marks, 2. Aufl., London 2005; *Moreham,* Privacy in the Common Law: A Doctrinal and Theoretical Analysis [2005] LQR 628; *Morgan,* Privacy in the House of Lords, Again [2004] LQR 563; *Munro,* Self-Regulation in the Media [1997] PL 6; *Phillips,* Copyright in Spoken Words: Some Potential Problems [1989] EIPR 231; *Phillipson,* Breach of Confidence? Towards a Common Law Right of Privacy under the Human Rights Act (2003) 66 Modern Law Review 726; *ders.* Judicial Reasoning in Breach of Confidence Cases under the Human Rights Act: Not Taking Privacy Seriously? (2003) EHRLR 53; *Phillipson,/Fenwick,* Breach of Confidence as a Private Remedy in the Human Rights Act Era [2000] 63 MLR 660; *Prescott,* Kaye v Robertson: A Reply [1991] MLR 451; *Ricketson,* Confidential Information – A New Proprietary Interest? [1977] University of Melbourne Law Review 223; *Rogers,* Winfield & Jolowicz on Tort, 17. Aufl., London 2006; *Scanlan,* Personality, Endorsement and Everything: The Modern Law of Passing Off and the Myth of the Personality Right [2003] E.I.P.R. 563; *Scott*, "Confidentiality" in *Beatson/Cripps* (Hrsg.), Freedom of Expression and Freedom of Information, Oxford 2000, 267; *Scott-Bayfield*: Defamation: Law and Practice, London 1996; *Seipp*, English Judicial Recognition of a Right to Privacy (1983) Ox. J. Leg. S. 325; *Sims*, A Shift in the Centre of Gravity: the Dangers of Protecting Privacy through Breach of Confidence [2005] IPQ 27; *Skinner*, You're a celebrity, madam. So do we have a right to share your privacy in a public place? [2004] Comm. L. 118; *Toulson/Phipps*, Confidentiality, 2. Aufl., London 2006; *Tugendhat/Christie*, The Law of Privacy and the Media, Oxford 2002; *Wacks*, Privacy and Media Intrusion; a New Twist? [1999] Privacy Law and Policy Reporter 48; *Wacks*, Privacy and Press Freedom, Oxford 1995; *Wadlow*, The Law of Passing Off: Unfair Competition by Misrepresentation 3. Aufl., London 2003; *Walker/Busuttil/Milmo/Rogers*, Gatley on Libel and Slander, 10. Aufl., London 2005 (zit. Gatley); *Wei*, Surreptitious Taking of Confidential Information [1992] 12 Legal Studies 302.

A. Einleitung

I. Allgemeines; Fehlen eines allgemeinen Persönlichkeitsrechts

1   Weder dem britischen Gesetzgeber noch dem Richterrecht ist es bislang gelungen, einen eigenständigen Persönlichkeitsschutz zu etablieren. Die Rechtsprechung hat deutlich, und zum Teil kritisch, betont, dass es für die Anerkennung eines allgemeinen Persönlichkeitsrechts an einer Grundlage im Fall- bzw. Gesetzesrecht fehle. Dessen Einführung sei Sache des Gesetzgebers.[1] Dies betraf sowohl staatliche Eingriffe[2] wie auch die Rechtsbeziehung Privater. Demnach existiert kein ‚right of privacy‘.[3] Erst der Human Rights Act hat Anlass dazu gegeben, über die Etablierung eines ‚right of privacy' nachzudenken. Vorangegangen waren zwar Reformbemühungen, die jedoch keinen weiteren Einfluss auf die Rechtsentwicklung hatten.[4]

2   Der **Human Rights Act 1998**[5] hat die Rechtsprechung allerdings nachhaltig beeinflusst. Der Act setzt die EMRK in (einfaches) nationales Recht um. Seitdem ist in jüngeren Entscheidungen eine Tendenz erkennbar, persönlichkeitsrechtlichen Aspekten größere Beachtung zu schenken. Ohne ausdrücklich ein allgemeines Persönlichkeitsrecht zu etablieren, haben die Gerichte existierende Präjudizien zum Teil extensiv ausgedehnt. Die Einzelheiten sind noch unklar. Es lässt sich aber recht sicher prognostizieren, dass das britische Recht auf dem Weg zu einem allgemeinen Persönlichkeitsrecht ist, wenn auch zögernd und rechtssytematisch fragmentarisch.

II. Überblick über die Rechtssystematik; Rechtsquellen und Klagearten

3   Wer Persönlichkeitsrechte durchsetzen möchte, sieht sich damit einer verwirrenden Vielzahl spezifischer Klagen und Rechtsanalogien ausgesetzt. Im Grundsatz kann beinahe jede der hier behandelten Klagen sowohl Ansprüche gegen Verletzungen der Privatsphäre wie auch gegenüber der Übernahme vermögenswerter Elemente der Persönlichkeit begründen, so dass insoweit **keine Trennung** stattfindet. Nach wie vor haben die Gerichte

---

[1] So ausdrücklich *Denning* J. in Re X (A Minor) [1975] Fam. 47, 58; Malone v Metropolitan Police Officer [1979] Ch. 344, 372.

[2] Re X (A Minor) [1975] Fam 47, 58 (Lord *Denning*); Malone v Metropolitan Police Commissioner [1979] Ch. 344, 372; R v Khan [1997] AC 558.

[3] Kaye v Robertson [1991] FSR 62; näher *Prescott* [1991] MLR 451.

[4] Zu nennen sind insbesondere die Private Members Bill 1961, der Report des Younger Committee 1972, der Breach of Confidence Report 1981, der Report des Committee on Privacy and Related Matters 1990, der Calcutt-Report zur Press Self Regulation 1993 und das Infringement and Piracy Consultation Paper 1993.

[5] C. 42; Die entscheidenden Vorschriften sind am 2. 10. 2000 in Kraft getreten.

die Präjudizien zu den einzelnen Klagen zu ermitteln und nach den traditionellen Auslegungsmethoden anzuwenden.

Rechtsquellen sind zunächst **Acts of Parliament**, die verfassungsrechtlich dem   4 Richterrecht vorgehen und ab dem Zeitpunkt ihrer Verkündung das Richterrecht als geltendes Recht ablösen. Im hier nicht vertieften öffentlichen Recht ist der Persönlichkeitsschutz durch verschiedene Gesetze gesichert.[6] **Zivilrechtlich** wurden lediglich im **Urheber- und Erfinderrecht** bestimmte besondere Persönlichkeitsrechte eingeführt (s.u. Rn. 28 unten).

Ansonsten müssen die Gerichte in den durch das Fallrecht gezogenen Grenzen der je-   5 weils anzuwendenden **Klagen des** *common law* verbleiben. Am weitesten entwickelt ist der zivilrechtliche Ehrenschutz (*defamation*). Daneben können **Eingriffe in die Privatsphäre** mit der Klage aus *breach of confidence* abgewehrt werden; Ähnliches gilt für **kommerzielle Übernahmen**, die mit der Klage aus *passing off* eingeschränkt verfolgt werden können.

Nach dem Verständnis des *common law* können – als Ausfluss der umfassend verstan-   6 denen **Vertragsfreiheit** – vertraglich Aspekte der Persönlichkeit in dem Sinne übertragen werden, dass ein ausschließliches kommerzielles Ausübungsrecht (bzw. eine *exclusive license*) eingeräumt wird. Dies führt jedoch lediglich dazu, dass dem Lizenznehmer ein Schadensersatzanspruch zusteht, sofern der Lizenzgeber Dritten abredewidrig weitere Lizenzen einräumt. Eine dingliche Wirkung in dem Sinn, dass der Lizenznehmer auch Dritten gegenüber das eingeräumte Recht mit absoluter Wirkung geltend machen kann, besteht jedoch nicht.

III. Abwägung mit der Presse- und Informationsfreiheit; Selbstregulierung der Presse und des Rundfunks

Die **Freiheit der Medien** hat nach dem Verständnis des britischen Rechts einen im-   7 mens hohen Stellenwert. Die **allgemeine Presse- und Informationsfreiheit** wird heute in einer Reihe von common law defences, insbesondere der *public interest defence*, gewährleistet. Die Interessen der Medien sind und waren grundsätzlich bei allen Klagen relevant, allerdings in unterschiedlichem Maße und abhängig von der Abwägung der spezifischen zugrunde liegenden Interessen. Insofern gibt es keine geschlossene *public interest doctrine*. Im Bereich des Rundfunks und der Presse setzt man vor allem auf **Selbstregulierung**.[7]

B. Persönlichkeitsschutz im Human Rights Act 1998

Inzwischen ist nach Inkrafttreten des Human Rights Act 1998 die Existenz eines **ge-**   8 **genüber dem Staat durchsetzbaren** allgemeinen Persönlichkeitsrechts auf der Grundlage des Art. 8 EMRK geklärt. Der Human Rights 1998 wurde mit dem Ziel eingeführt, die Europäische Menschenrechtskonvention (EMRK) zu implementieren. Es handelt sich um einfaches Recht; die geschützten Rechte sind nicht im verfassungsrechtlichen Sinne höherrangig. Das Gesetz sieht in Sec. 8 HRA einen **allgemeinen Schutz der Persönlichkeit** vor. Der Human Rights Act implementiert die Rechte aus der EMRK un-

---

  [6] 2000 Ch. 23.
  [7] Im Hinblick auf Rundfunk und Fernsehen normiert im *Broadcasting Act 1994*, Part IV. Zuständig ist das *Broadcasting Standards Council*, welches einen *Code of Fairness and Privacy* unterhält, der entsprechende Verhaltensmaßstäbe der Medien normiert. Daneben gibt es für den Bereich der Printmedien die *Press Complaints Commission*, eine öffentliche Behörde, die einen *Code of Practice* unterhält, in dem nähere Verhaltensregeln von Presseorganen aufgestellt sind.

mittelbar und wortgetreu in britisches Recht.[8] Hinsichtlich der **Auslegung** des Human Rights Act 1998 bzw. der Vorschriften der EMRK besteht allerdings Unsicherheit.[9] Ebenso herrscht Unsicherheit, inwieweit dem Human Rights Act **Drittwirkung** im Rahmen privatrechtlicher Beziehungen zukommt.[10] **Prozessual** ist zu beachten, dass der Human Rights Act in sec. 12 besondere Bestimmungen zum Verfahren im Rahmen einer einstweiligen Unterlassungsverfügung (*injunction*) enthält. [11]

C. Durchsetzung und prozessuale Aspekte

9   Im Folgenden werden die allgemeinen prozessualen Aspekte kurz erläutert. Hinzuweisen ist darauf, dass bei einzelnen Klagen zum Teil erhebliche Abweichungen bestehen können, die jeweils dort dargestellt werden.

I. Zuständigkeit und Rechtsweg

10   Bei der Durchsetzung der einzelnen Klagen gilt grundsätzlich der traditionelle Gerichtsweg. Danach sind für Streitigkeiten mit einem Streitwert unter £ 25000 grundsätzlich die County Courts, darüber der High Court of Justice in London zuständig, wobei die Chancery Division grundsätzlich für wirtschaftsrechtliche Streitigkeiten (einschließlich aller Klagen aus Intellectual Property), die Queens Bench Division für allgemeine zivilrechtliche Streitigkeiten zuständig ist. Die Parteien können jedoch auch unmittelbar die Zuständigkeit des High Court of Justice vereinbaren, wenn der Streitwert unter £ 25000 liegt. Vom High Court besteht die Möglichkeit der Berufung zum Court of Appeals und von dort – sofern grundlegende Rechtsfragen zu entscheiden sind – zum House of Lords. Eine Berufung zum Court of Appeals ist ebenfalls nach einer Entscheidung der County Courts statthaft. Die prozessrechtlichen Regelungen sind in den *Civil Procedure Rules* niedergelegt.[12]

II. Einstweiliger Rechtsschutz; Unterlassung

11   Der Oberbegriff ‚injunction‘ erfasst mehrere Formen der Entscheidung, durch die ein Gericht ein bestimmtes Handeln (endgültig) verbieten oder einschränken kann. Die injunction kann auch in der Form der mandatory injunction ergehen, indem dem Beklagten aufgegeben wird, etwa Bestimmtes zu tun oder zu unterlassen. In dringlichen Fällen ergeht die injunction einstweilig; die Rechtswirkung dieser Entscheidung kann auch auf einen bestimmten Zeitraum begrenzt werden (interlocutory injunction), zumeist bis zum Abschluss des Hauptsacheverfahrens. Die einstweilige Anordnung kann alternativ mit dauerhafter Wirkung ergehen. In diesem Fall obliegt es dem Beklagten, das Hauptsacheverfahren anzustrengen und Aufhebung (discharge) zu beantragen. Sofern sich der Kläger auf eine Verletzung seiner Rechte aus dem Human Rights Act beruft, ist, wie dargelegt, eine (summarische) Prüfung der Erfolgsaussichten unter Abwägung mit den Grundsätzen der Presse- und Meinungsfreiheit durch das Gericht vorgesehen.

---

[8] Sec. 1 HRA 1998. Die entsprechenden Rechte sind in der Schedule 1 zum Human Rights Act 1998 aufgeführt, abrufbar unter ‹http://www.opsi.gov.uk/acts/acts1998/80042–d.htm#sch1›.

[9] Hinsichtlich der Auslegung von Art. 8 Abs. 2 EMRK im britischen Recht vgl. schon X Ltd. v Morgan-Grampian (Publishers) Ltd. [1991] 1 AC 1.

[10] Dazu *Buxton*; *Clayton/Tomlinson*, 64 ff.

[11] Human Rights Act 1998, se. 12 (3).

[12] Die offizielle Version ist erhältlich unter: http://www.hmcourts-service.gov.uk/cms/legalprofessional.htm›.

III. Damages (Schadenersatz)

Schadensersatz umfasst nach allgemeinen Regeln den entstandenen und bezifferbaren **12**
Schaden und den durch die Rechtsverletzung erzielten Gewinn (account of profits). Ob
Schadenersatz für mentale Beeinträchtigungen gewährt wird, hängt vom Einzelfall und
vom Ermessen des Gerichts ab. Ansonsten sind die jeweiligen, auf die entsprechende
Klage zugeschnittenen Besonderheiten zu beachten, die jeweils dort erläutert werden.

IV. Verjährung

Ansprüche aus *tort* verjähren nach sec. 2 Limitation Act 1980 nach Ablauf von sechs Jah- **13**
ren ab dem Zeitpunkt, zu dem die Handlung begangen wurde.

D. Allgemeiner Ehrenschutz: Defamation

Die wichtigste Anspruchsgrundlage bietet die Klage aus defamation.[13] ,*Defamation*' be- **14**
zeichnet allgemein eine **ehrenrührige** oder **verleumderische** und **unwahre Aussage**
über einen anderen. Die Klage unterfiel ursprünglich in zwei verschiedene Klagen, *libel*
und *slander*. Die Aufteilung beider Kategorien ist heute aufgehoben, so dass beide nunmehr einen Unterfall einer einheitlichen Klage aus *defamation* darstellen.

Maßgeblich ist zunächst, dass eine diffamierende Äußerung vorliegt. Die Klage kann **15**
damit nicht gegen sonstige Eingriffe in Persönlichkeitsrechte oder gegen das Eindringen
in die Privatsphäre genutzt werden.

I. Auslegung des Begriffs ,defamatory'

Der Begriff der ,defamation' lässt sich etwa mit einer **diffamierenden, bloßstellen-** **16**
den oder **entwürdigenden Äußerung** übersetzen. Maßgeblich ist, dass die Äußerung
zumindest tendenziell geeignet ist, den guten Ruf des Verletzten in der Einschätzung seiner redlichen Mitmenschen herabzusetzen[14] oder ihn zu diskreditieren[15].

II. Hinreichende Identifizierbarkeit

Die Aussage muss den Verletzten **erkennen** lassen. Hierzu genügt es, wenn die Aussage **17**
auch ohne ausdrücklichen Bezug auf die Person von der Öffentlichkeit erkannt wird und
der Verletzte zumindest für die angesprochene Personengruppe **identifizierbar** ist.[16]

III. Veröffentlichung und Haftung Dritter

Voraussetzung der defamation-Klage ist **Veröffentlichung**. Mindestanforderung ist, **18**
dass die Äußerung vom Beklagten zumindest an eine andere Person kommuniziert
wurde.[17] Für die Veröffentlichung reicht jedes Kommunikationsmedium aus.

Die **Haftung** für die Äußerung trifft neben dem Beklagten auch diejenigen, unter deren **19**
Kontrolle die Äußerung publiziert wurde. In diesem Sinne ist jeder, der am Produktions-

---

[13] Bei besonders böswilligen oder feindseligen Eingriffen in die Intimsphäre kommt daneben
die – hier nicht näher behandelte – Klage aus *malicious falsehood* in Betracht: Vgl. Kaye v Robertson
[1991] FSR 62.

[14] Sim v Stretch [1936] 52 T.L.R. 699.

[15] Youssoupoff v Metro Goldwyn Mayer [1934] 50 T.L.R. 581, 584.

[16] I'Anson v Stuart (1787) 1 T.R. 748; Morgan v Oldhams Press Ltd [1971] 1 WLR 1239.

[17] Vgl. *Rogers*, Winfield and Jolowitz on Tort, S. 425, para. 12.21.

und Distributionsprozess beteiligt ist, ‚publisher', und haftet dem Grunde nach ganz.[18] **Ausnahmen** bestehen für Personen, die lediglich mechanisch am Produktionsprozess beteiligt sind, etwa Büchereien oder sonstige Verteiler, allerdings mit der Einschränkung, dass sie keine Kenntnis der ‚libel' hatten und dies auch nicht, den Umständen nach, hätten erkennen müssen. Ferner wurde für eine **Haftungsfreistellung** nach common law gefordert, dass ebenfalls ein fahrlässiges Nichterkennen ausgeschlossen werden konnte.[19] Weitere Einschränkungen wurde durch den Defamation Act 1996 eingeführt.[20]

20   Nach dem Limitation Act 1980[21] verjährt der Anspruch aus *defamation* nach Ablauf von zwölf Monaten seit Veröffentlichung. Der Begriff der Veröffentlichung bezieht sich auf jede erneute Veröffentlichung.[22, 23]

IV. Rechtfertigung

21   Das englische Recht kennt im Rahmen der Klage aus *defamation* zwei **Rechtfertigungsgründe, Wahrheit und *fair comment*.** Letzteres ist schon dann ausgeschlossen, wenn die Äußerung böswillig ist.[24] Die Äußerung muss **objektiv** als **fair** bezeichnet werden können.[25]

V. Rechtsfolgen

22   Rechtsfolge ist u.a. **Schadensersatz**. Ersetzt werden kann der tatsächlich entstandene Schaden. Weiter ist der immaterielle Schaden zu ersetzen.[26] Die Höhe des Schadenersatzes wird vom Gericht nach Ermessen festgelegt.

VI. Prozessuales

23   Für Klagen aus *defamation* gelten die allgemeinen Zuständigkeitsregeln. Zuständig ist in aller Regel der High Court of Justice. Klagen aus defamation werden grundsätzlich noch vor einer Jury gehört (*trial by jury*), sofern eine der beiden Parteien dies beantragt. Dies hat meist eine erhebliche Verlängerung des Verfahrens und höhere Kosten zur Folge. In bestimmten Fällen kann der Richter den Antrag nach seinem Ermessen daher ablehnen.[27]

E. Persönlichkeitsschutz im Gesetzesrecht

24   Abwehrrechte bestehen sowohl gegenüber dem Staat in einer Reihe einzelgesetzlicher Vorschriften, die hier nicht näher vertieft werden, wie auch gegenüber Privaten. Zivil-

---

[18] Ebd. S. 427.

[19] Vgl. demgegenüber Sec. 1 Defamation Act.

[20] Defamation Act 1996, Sec. 1 (1).

[21] Limitation Act 1980, sec. 4A (a).

[22] Duke of Brunswick v Hamer [1849] 14 QB 185; Godfrey v Demon Internet Ltd. [1999] EMLR 542, 550 (jeder einzelne Zugriff auf eine Newsgroup im Internet durch einen neuen Nutzer stellt eine neue Kommunikation an Dritte dar); Berezovsky v Michaels [2000] AllER 986; vgl. ferner Law Commission [2002] Defamation and the Internet: A Preliminary Investigation, para. 3.16.

[23] Näher dazu *Sutter* [2005–2006] CIL 375, 378.

[24] Kemsley v Foot [1952] AC 2345, 2358.

[25] Merivale v Carson [1887] 20 QBD 275, 281; Turner v Metro-Goldwyn-Mayer [1950] 1 AllER 449, 461.

[26] Dazu näher *McGregor*, McGregor on Damages, Ch. 37, S. 1212ff.

[27] Defamation Act 1996, Sec. 8 (2); Civil Procedure Rules, Practice Direction 53, Sec. 5. Danach kann zunächst ein summarisches Verfahren durchgeführt werden, in dem bei fehlender Erfolgsaussicht die Klage bereits abzuweisen ist.

rechtliche Schutzinstrumente lassen sich aufteilen in **gesetzliche** und solche des *common law* und der *equity*.

Das hier dargestellte **Gesetzesrecht** (*statutory law*) betrifft vor allem das Datenschutz-   25
recht. Daneben bietet vor allem das **Immaterialgüterrecht**, vor allem im Urheber- und Markenrecht – Ansätze eines Persönlichkeitsschutzes.

I. Schutz personenbezogener Daten

Das britische **Datenschutzgesetz** von 1998 (Data Protection Act) löst den Data Pro-   26
tection von 1984 in Umsetzung der Richtlinien 95/46/EG[28] und 97/66/EG[29] ab. Die Kernbegriffe finden sich in Sec. 1 (1), wonach **data subject** jede natürliche Person ist; nach sec. 3 muss die Verarbeitung personenbezogener Daten durch Datenverarbeiter (data comptroller) erfolgen. Als Daten werden dabei sämtliche Informationen aufgefasst, die Rückschlüsse auf eine bestimmte Person ermöglichen, unabhängig davon, ob sie elektronisch oder anderweitig gespeichert werden. Dies sind zumindest solche Daten, die den Kernbereich der Persönlichkeit betreffen.[30] Als Konzession an die **Presse** enthält sec. 32 Data Protection Act 1998 eine Bereichsausnahme zugunsten der Verarbeitung persönlicher Daten für journalistische Zwecke.[31] Die Rechtsfolgen der Verletzung der datenschutzrechtlichen Bestimmungen kann Schadensersatzansprüche auslösen. Diese sind allerdings begrenzt. Zugesprochen wurden *nominal damages*.[32]

II. Urheber- und Erfinderrecht

Das britische Urheberrecht ist im Copyright, Designs und Patents Act 1988 geregelt. Es   27
gewährt dem Inhaber (nicht notwendig dem Urheber) allgemeine Abwehransprüche gegenüber der Verwertung geschützter Werke, die zum Teil persönlichkeitsrechtliche Züge tragen. Ein eigenständiges **Erfinderpersönlichkeitsrecht** wird – Art. 62 EPÜ folgend – in Sec. 13 (1) Patents Act 1977 gewährt.

1. Besondere Persönlichkeitsrechte (Moral Rights)

Einen Schutz des **Urheberpersönlichkeitsrechts** sehen die Secs. 39–41 CDPA 1988   28
vor. Die Vorschriften gehen auf Art. 6bis der Berner Übereinkunft zurück und stellen letztlich ein Zugeständnis an internationales Urheberkonventionsrecht dar. Demgemäß ist der Anwendungsbereich von vornherein **beschränkt**. Dem Urheber steht es frei, auf die Ausübung der moral rights vertraglich im Voraus zu **verzichten**, wovon in der Praxis extensiv Gebrauch gemacht wird. Die ‚moral rights' geben ein Namensnennungsrecht (s. 77 CDPA) sowie ein Integritätsrecht (s. 80 CDPA). Ausübende Künstler haben nunmehr identische Rechte.[33]

2. Indirekte Abwehrrechte: Schutz durch das Copyright

Praktisch relevant werden können Ansprüche aus dem Urheberrecht daneben vor   29
allem in den Fällen, in denen einzelne Aspekte der Persönlichkeit auf einem Datenträger fixiert sind. Dies betrifft sowohl Fälle der Verwertung geschützter Werke, wozu auch pri-

---

[28] Richtlinie 95/46/EG, Abl. EG L 281, 23. 11. 1995, 31–50.
[29] Richtlinie 97/66/EG Abl. EG L 24, 30. 1. 1998, 1–8.
[30] Douglas v Hello! #3 [2005] QB 125; Campbell v MGN [2003] EMLR 2, 7.
[31] Campbell v Mirror Group Newspapers [2003] EMLR 2, 15. Voraussetzung ist u. a, dass die Verarbeitung im öffentlichen Interesse geschieht und die Einhaltung sämtlicher Datenschutzprinzipien im Hinblick auf das öffentliche Interesse im Einzelfall mit dem besonderen journalistischen Zweck inkompatibel wäre.
[32] Campbell v Mirror Group Newspapers [2003] EMLR 2, 20.
[33] S. 205 ff. CDPA.

vate **Tagebücher**, **Briefe**, **Korrespondenzen** oder **Photographien** zählen, wie auch Fälle der Aufnahme der **Stimme**. Der Schutz ist allerdings eher ein Reflex aus der Kombination zwischen der geringen Schutzanforderung des britischen Urheberrechts, der fehlenden Trennung zwischen Werken und Leistungsschutzrechten sowie dem zentralen Begriff der Kopie, der jede Übernahme fremder Werke und Leistungen erfasst. In der **Praxis** ist der Copyrightschutz daher bei unbefugter Übernahme persönlichkeitsrechtlicher Elemente von erheblicher Bedeutung.[34]

30   Hinsichtlich der Schranken ist zunächst die allgemeine Schranke gem. Sec. 30 (1) CDPA (Zitatrecht) sowie die verwandte Schranke zugunsten tagesaktueller Neuigkeiten gem. sec. 30 (2) CDPA 1988, maßgeblich.[35] Nach s. 29 CDPA besteht eine weitere Schranke zugunsten der Forschung und des privaten Studiums.

31   Zu prüfen ist, ob die Nutzung im Einzelfall ‚**fair**‘ ist. Die *fair dealing*-Doktrin wird nicht als Generalklausel, sondern als **zusätzliche Einzelfallprüfung** verstanden.[36] Was *fair* ist, hängt von mehreren Faktoren ab. Maßgeblich sind etwa der verfolgte Zweck und der objektiv zu prüfende Umgang des Beklagten mit dem Werk.[37]

32   Fraglich bleibt, ob sich die Medien weiter auf **ungeschriebene Schranken** berufen können. Bereits vor den Kodifizierungen des Copyright gab es eine aus dem *common law* entwickelte *public interest defence*. Die Anwendbarkeit der *public interest defence* als Instrument des *common law* ist im CDPA 1988 nicht ausdrücklich kodifiziert, allerdings nimmt das Gesetz auf die allgemeine Schranke Bezug.[38] Es handelt sich dogmatisch im Wesentlichen um die gleiche Schranke, wie sie die Gerichte auch in Fällen der *breach of confidence* entwickelt haben[39].

33   Nunmehr wird die Frage der Anwendbarkeit der *public interest defence* vor allem im Hinblick auf **unveröffentlichte** Werke relevant. Nach Umsetzung der europäischen Richtlinie zum Urheberrecht in der Informationsgesellschaft im Jahre 2003 werden nur noch veröffentlichte Werke von sec. 30 (1) erfasst.[40] Sofern es sich also weder um tagesaktuelle Nachrichten noch um veröffentlichte Werke handelt, kann die *common law defence* nur eingreifen, wenn sie mit der Richtlinie in Einklang steht.

34   Die Rechtsprechung geht davon aus, dass der **Human Rights Act 1998** keine **erweiterten Privilegien der Presse** nach Art. 10 Abs. 1 der EMRK zur Folge hatte.[41]

3. Bildnisschutz gem. Sec. 85 CDPA 1988

35   Daneben enthält der CDPA in Sec. 85 eine den §§ 22–23 KUG entfernt verwandte Regelung. Danach kann der **Auftraggeber einer Photographie**, die ihn selbst abbildet, gegenüber dem Photographen einen Anspruch aus Schadensersatz und Unterlassung gegen die Veröffentlichung derartiger Ablichtungen geltend machen.

III. Markenrecht

36   Das Markenrecht ist im Trade Marks Act 1994 geregelt. Allgemein kann die Eintragung einer Marke, die sich auf bestimmte Merkmale einer Persönlichkeit bezieht, einen Abwehranspruch vor allem bei einer wirtschaftlichen Verwertung bieten. Markenrechte stehen in einem engen Zusammenhang mit der wettbewerbsrechtlich geprägten *passing-off*- Doktrin.

---

[34] *Cornish/Llewelyn*, Intellectual Property, 14-02 ff.
[35] Der Copyright Act 1911 bezog sich lediglich auf ‚press summaries‘ vg. Sec. 2 (1) (i).
[36] Näher *Cornish/Llewelyn*, Intellectual Property (6. Aufl., Oxford: OUP 2007), 534ff.
[37] Pro Sieben Media AG v Carlton [1999] EMLR 109 (CA).
[38] Sec. 171 (3) CDPA 1988.
[39] Ashdown v Telegraph Group [2002] Ch. 149.
[40] Art. 5 Abs. 3 c) Richtlinie 2001/29/EG.
[41] Ashdown v Telegraph Group [2002] Ch. 149.

1. Eintragungsfähigkeit: allgemeine Voraussetzungen

Als Marke können auch der Name oder sonstige Persönlichkeitsaspekte eingetragen **37** werden, d. h. es können sowohl **Wort-** wie auch **Bildmarken** geschützt werden. Voraussetzung ist Unterscheidungskraft[42]. Das britische Markenrecht schützt neben eingetragenen Marken auch berühmte und bekannte Marken im Sinne des Art. 6bis der Pariser Übereinkunft[43] und des Art. 16 des TRIPs-Abkommens. Eine Alternative bieten **Zertifizierungsmarken**.[44]

2. Unterscheidungskraft

Eine Einschränkung folgt daraus, dass das einzutragende Persönlichkeitsmerkmal **Un-** **38** **terscheidungskraft** besitzen muss. Grundsätzlich fehlt es daran,[45] sofern sich die Herkunftfunktion nach Auffasung der angesprochenen Verkehrkreise nicht auf bestimmte Waren oder Dienstleistungen, sondern auf eine bestimmte prominente Persönlichkeit bezieht. Maßgeblich ist, dass die angesprochenen Verbraucher ihre Kaufentscheidung aufgrund der Herkunftfunktion treffen, wenn etwa ein Name **rein beschreibend** gebraucht wird.[46] Bei **Memorabilien** liegt daher in der Regel keine Unterscheidungskraft vor, da im Vordergrund nicht die Vermarktung des Produkts, sondern die Vermarktung des entsprechenden Person steht.[47]

Etwas großzügiger wird bei sonstigen Persönlichkeitsaspekten entschieden. So kann **39** etwa eine **Unterschrift** unter den allgemeinen Voraussetzungen als **Bildmarke** eingetragen werden. Hinsichtlich der Unterscheidungskraft derartiger Bildmarken besteht jedoch keine Einigkeit.[48] Unterschriften können eingetragen werden, sofern sie als **graphisches Zeichen** Unterscheidungskraft besitzen.[49]

Bildmarken können sich ebenso auf **Abbildungen** von Personen beziehen. Der Schutz **40** ist allerdings begrenzt. Die Eintragung gibt daher keinen Schutz gegenüber der Verwendung sonstiger Abbildungen.[50]

Ein Schutz als nicht registrierte Marke kann nur dann erlangt werden, wenn der Name **41** als berühmte Marke qualifiziert werden kann. So hat die Rechtsprechung die unautorisierte Verwendung des Bandnamens *Abba* auf diversen Fanartikeln gestattet.[51]

Der Versuch **Nichtberechtigter**, Abbildungen prominenter Personen über das Mar- **42** kenrecht kommerziell zu nutzen, kann am Eintragungshindernis der Bösgläubigkeit scheitern.[52]

3. Rechtsverletzung

Hinsichtlich der Rechtsverletzung gelten die allgemeinen Grundsätze. Nach sec. 10 (1) **43** und 10 (2) des Trade Mark Act 1994 liegt eine Rechtsverletzung vor, wenn ,**likelihood of confusion**‘ gegeben ist, also die Wahrscheinlichkeit der **Verwirrung des Verbrauchers**.

Zentral für die Frage der Rechtsverletzung ist die Frage des markenmäßigen Gebrauchs **44** („trade mark use"). Nach Sec. 9 Trade Marks Act 1994 wird das Recht ,by the use of the trade mark‘ verletzt. Diese Umschreibung beruht auf traditionellem britischen Marken-

---

[42] Vgl. s. 32 (2) Trade Marks Act 1994.
[43] Sec. 56 Trade Marks Act 1994.
[44] Dazu *Isaac* [1998] EIPR 441.
[45] Definiert als Namen, die mehr als einhundert Mal im Londoner Telefonbuch vorkommen: Trade Marks Registry, Work Manual, Chapter 6, sec. 3.12.
[46] Elvis Presley TM [1999] RPC 567.
[47] Tarzan Trade Mark [1970] RPC 450.
[48] Für eine generelle Unterscheidungskraft von Unterschriften vgl. Re Fanfold Ltd's Application [1928] RPC 199.
[49] BACH and BACH FLOWER TM Application [1999] RPC 1, 43.
[50] Dazu näher *Blanco White/Jacobs*, Kerly on Trade Marks, 13. Aufl., para. 8–58.
[51] Lyngstad v Anabas [1977] FSR 62.
[52] S. 3 (6) TMA; Trade Marks Registry Work Manual 1998, Ch. 6, para (11) (3).

rechtsverständnis. Grundsätzlich stellte der ‚trade mark use' die Eingangsvoraussetzung für die Feststellung einer Verletzung des Markenrechts dar. Ob ein markenmäßiger Gebrauch noch immer eine solch allgemeine Voraussetzung des Markenschutzes darstellt, wird uneinheitlich beantwortet[53]. Die Rechtsprechung hat sich nach der Entscheidung in Arsenal v Reed[54] geändert, so dass auch Fälle erfasst werden, in denen etwa die Garantiefunktion der Marke beeinträchtigt wird, so dass nicht mehr nur Fälle, in denen die Herkunftsfunktion betroffen ist, erfasst weden[55] Allerdings ist auch hier vieles im Fluss, da der Fall Arsenal einen Fall der sog. ‚Doppelidentität' betraf. Die Voraussetzung eines markenmäßigen Gebrauchs ist weiter schon im Erfordernis einer ‚likelihood of confusion' angelegt[56] und es in der Regel auch dann, wenn keine markenmäßige Nutzung gefordert wird, an der Herkunftsfunktion fehlen wird. In *R v Johnstone* war etwa zu entscheiden, ob die Nutzung des Bandnamens- und Logos ‚Bon Jovi' auf nicht autorisierten Aufnahmen (‚bootlegs') eine Rechtsverletzung darstellt[57] Der Beklagte meinte, der Name sei lediglich im Sinne einer Beschreibung der Künstler gebraucht und daher fehle es an einem markenmäßigen Gebrauch. Das Huose of Lords verneinte im Ergebnis eine Strafbarkeit. Voraussetzung sei die Feststellung einer Rechtsverletzung im Sinne des Secs. 9–10. Hier käme es auf die Frage an, inwieweit die Herkunftsfunktion der Marke beeinträchtigt sei. Die Nutzung auf Tonträgern habe keine solche Qualität, sondern sei beschreibender Gebrauch im Sinne von Sec. 11 (2) TMA. Dabei sollte die Wahrscheinlichkeit ausreichen, dass die angesprochenen Verbraucher keine Assoziation mit einem bestimmten Hersteller machten, da das Zeichen nicht die Herkunft anzeige[58].

45   Dabei ist abzuwägen, ob der Verbraucher seine Kaufentscheidung aufgrund der Herkunftsfunktion trifft oder lediglich deshalb, weil er das Produkt als Memorabilie erwerben möchte und sich über die Herkunft keine Gedanken macht. Insofern besteht eine Wechselwirkung. Je eher die Funktion als Memorabilie in den Vordergrund tritt, umso geringer ist die Wahrscheinlichkeit einer Rechtsverletzung.

46   Nach sec. 11 (2) (a) TMA liegt keine Verletzung einer eingetragenen Marke vor, wenn die Marke durch einen **Gleichnamigen** benutzt wird.

4. Rechtsfolgen

47   Bei Markenrechtsverletzungen hat der Geschädigte ein Wahlrecht zwischen dem Ersatz des entstandenen Schadens, einer hypothetischen Lizenzgebühr sowie der Herausgabe des durch die Verletzung entstandenen Gewinns (*account of profits*).

F. Allgemeiner Persönlichkeitsschutz im Common Law

I. Passing Off

1. Allgemeine Voraussetzungen

48   Eine Klage aufgrund potentieller Verletzungen persönlichkeitsrechtlicher Ansprüche kann auf ***passing off*** gestützt werden. Bei der passing-off-Klage handelt es sich um ein wettbewerbsrechtliches Rechtsinstitut, das dem Schutz des im Wettbewerb erworbenen guten Rufes dient. Hinsichtlich persönlichkeitsrechtlicher Aspekte stellen sich dabei grundsätzliche Fragen des ***character merchandising*** (s.u., Rn. 48 ff.). Ein Anspruch kann

---

[53] British Sugar plc v James Robertson & Sons Ltd. [1996] RPC 281.

[54] Arsenal Football Club plc v Reed [2003] EWCA 696 (CA), nach Vorlage ds High Court of Justice zur Auslegung der Markenrechtsrichtlinie durch den EuGH.

[55] So noch der High Court, Arsenal Football Club plc v Reed [2001] RPC 46.

[56] Vgl. Bravado Merchandising Services v Mainstream Publishing (Edinburgh) Ltd. [1996] FSR 205.

[57] R v Johnstone [2003] UKHL 28 = [2003] FSR 42.

[58] Kritisch Parker, 'A Raw Deal for Performers: Part 2 – Anti-Piracy' [2006] Ent.L.R. 204.

vor allem gegenüber der unbefugten Nutzung des **natürlichen Namens** einer Person wie auch eines **fiktionalen Charakters** geltend gemacht werden. Letztlich dient die Klage vor allem dazu, Schutzdefizite auszugleichen, die sich bei fehlender Eintragung eines Namens als Marke oder bei Zurückweisung des Antrags auf Markenregistrierung ergeben. Versuche, die passing-off-Klage gegenüber der Nutzung von Persönlichkeitsbestandteilen zu unterbinden, zielen dabei fast immer auf die unbefugte Vermarktung etwa des Namens oder sonstiger identifizierender Merkmale auf Produkten.

Eine passing-off-Klage setzt **drei Elemente** voraus. Der Kläger muss zunächst dar- **49** legen, dass er entweder eine **Reputation**, einen besonders guten Ruf im Handelsverkehr, oder aber **Goodwill** erworben hat, der durch ein Verhalten des Beklagten beschädigt wurde und damit zu einem Schaden für den Goodwill geführt hat. Bindeglied zwischen beiden Merkmalen ist der zentrale Begriff der *misrepresentation*, d. h. der bewussten Irreführung des Verbrauchers, indem sich der Beklagte den Goodwill[59] zu Eigen macht und dabei vortäuscht, die von ihm angebotenen Produkte stammten vom Kläger. Schließlich ist ein durch die Irreführung entstandener Schaden oder Schadenswahrscheinlichkeit nachzuweisen. Die Klage setzt zudem voraus, dass der gute Ruf im Inland besteht und der Name im Inland gewerbsmäßig genutzt wurde.

2. Herkunftstäuschung und Persönlichkeitsrechte

a) Merchandising. Bis zum Jahre 2002 wurde hinsichtlich persönlichkeitsrechtlicher **50** Wertungen im Rahmen der passing-off-Klage nicht zwischen der Vermarktung etwa des Namens oder von Bildnissen zu Merchandisingzwecken und der unbefugten Nutzung zu sonstigen Zwecken unterschieden. Sowohl für die Vermarktung fiktionaler Charaktere wie für die gewerbliche Nutzung persönlichkeitsrechtlicher Aspekte galten die gleichen – hohen – Anforderungen.

Als problematisch haben sich dabei die Merkmale der Irreführung und der Schadens- **51** wahrscheinlichkeit erwiesen. Unter **Irreführung** wird allgemein ein Verhalten verstanden, das nach außen den Anschein eines **Herkunftsnachweises** erweckt. Dieser Herkunftsnachweis bezieht sich auf den Goodwill, und damit auf einen bearbeiteten oder zumindest reservierten Markt. Bei Persönlichkeitsrechten stellt sich dabei das Problem, dass trotz eines hohen Bekanntheitsgrades die Rechtsprechung einen bestehenden Markt verlangt.

Dementsprechend geht die Rechtsprechung davon aus, dass die Nutzung des Namens **52** dann eine Irreführung darstellt, wenn ohne entsprechende Erlaubnis der Eindruck erweckt wird, der Kläger habe zugestimmt oder sei mit der Nutzung einverstanden. In diesem Fall liegt die Irreführung darin, dass die Produkte den **Anschein eines ,offiziellen'** **Merchandising** erwecken. Daran werden allerdings recht hohe Anforderungen gestellt. So kann es etwa schon dann an einer Irreführung fehlen, wenn hinsichtlich der Autorisation überhaupt keine Angaben gemacht werden[60] bzw. sich der durchschnittliche Käufer nach Auffassung des Gerichts dazu keine Gedanken machen wird.

Handelt es sich um **fiktionale Charaktere**, kann der Beweis der Irreführung ein- **53** facher geführt werden als im Falle natürlicher Personen, sofern ein erheblicher Teil der Öffentlichkeit weiß und erwartet, dass die Charaktere im Normalfall aufgrund einer Lizenz vermarktet werden.[61] Bei **berühmten Persönlichkeiten** kann dies ähnlich sein. Allerdings zeigen sich hier Schwierigkeiten:

Ohne weiteres liegt eine *misrepresentation* vor, wenn an den Produkten **Sonderrechts-** **54** **schutz** (urheber- oder markenrechtlicher Schutz) besteht, da in diesem Fall eine Ver-

---

[59] Der Begriff ,goodwill' ist nicht einfach zu übersetzen. Definiert wird er als ,the attractive force which brings in custom', was nach gängigem Verständnis sämtliche mit einem Gewerbebetrieb verbundene Werte beschreibt, die zur Kundenbindung beitragen, etwa der Name und der gute Ruf. Vgl. näher *Kitchin/Llewellyn/Mellor/Meade/Moody-Stuart*, Kerly's Law of Trade Marks and Trade Names, Rn. 14–38.

[60] Harrison and Starkey v Polydor [1977] FSR 1.

[61] Mirage Studios v Counter-Feat [1991] FSR 145.

marktung ohne entsprechende Lizenz rechtswidrig wäre. Dabei liegt der Vorwurf im Rahmen der passing-off-Klage allerdings nicht in der Verletzung der Sonderrechte, sondern in der Irreführung der Verbraucher. Demnach scheint die Rechtsprechung davon auszugehen, dass bei bestehendem Sonderrechtsschutz die damit verbundene Ausschließlichkeitswirkung zugleich eine Verwertungsbefugnis und damit einen reservierten Markt begründet, und dass dies der Öffentlichkeit auch bewusst ist.

55   Problematisch wird es, wenn ein **nichtgeschützter Name** oder ein sonstiges identifizierendes Merkmal verwendet wird. Die frühere Rechtsprechung ging bei Merchandising-Artikeln davon aus, dass regelmässig keine Irreführung vorlag, sofern kein Sonderrechtsschutz bestand.[62]

56   In späteren Entscheidungen zeigt sich allerdings eine gewisse **Aufweichung** dieser Grundsätze. So gab der Court of Appeal zu erkennen, dass zumindest dann, wenn der Kläger bereits selbst seinen Namen vermarktet, ein Anspruch auf Unterlassung bestehen könnte. Allerdings sei Voraussetzung, dass der Kläger zumindest eine entsprechende Verwertung beabsichtigen würde.[63] Später reichte es aus, dass der Name des Klägers allgemein mit einem besonderen Ruf im Geschäftsverkehr ausgestattet war,[64] der entsprechend kommerziell nutzbar war.

57   Sofern eine geschäftliche Verwertung des eigenen Namens durch den Kläger vorliegt, stellt sich die Frage, ob und inwieweit Kläger und Beklagter zueinander in Wettbewerb stehen müssen. Im allgemeinen passing-off-Recht wurde lange darüber gestritten, ob der Begriff des Irreführung die Feststellung eines *common field of activity* beinhaltet. Kernfrage war daher, ob ein **unmittelbares Wettbewerbsverhältnis** vorliegen muss oder ob für passing off jede Herkunftstäuschung reicht. Die frühere Rechtsprechung ging regelmäßig davon aus, dass ein entsprechendes Wettbewerbsverhältnis vom Kläger darzulegen ist, da es ansonsten an einer Schädigung – verstanden als einer **tatsächlichen Wahrscheinlichkeit eines Schadens** – fehlen müsse. Im Hinblick auf die Nutzung von Persönlichkeitsbestandteilen wurde eine Klage aus *passing off* bis 2002 noch mit dem Hinweis abgewiesen, dass ein Schaden nur dann angenommen werden könne, wenn zumindest eine Nähe zwischen den betroffenen Märkten bestehe.[65]

58   **b) Endorsement.** Von diesen strikten Überlegungen sich der High Court of Justice inzwischen gelöst.[66] Sofern der Kläger der Nutzung nicht zugestimmt hat, schützt die passing off – Klage den erworbenen goodwill nunmehr auch dann, wenn die Parteien **nicht miteinander** in **Wettbewerb stehen**. Das Gericht ging davon aus, dass der erworbene goodwill allgemein gegen die **Verminderung**, **Verwässerung** oder **sonstige Beeinträchtigung** durch passing off zu schützen sei und als essentielle Voraussetzungen der passing-off-Klage nur *goodwill* sowie ein irreführendes *false endorsement* nachgewiesen werden müssten. Die Besonderheit der Entscheidung liegt darin, dass zum ersten Mal zwischen allgemeinen passing-off-Klagen und Klagen aufgrund endorsement differenziert wurde. Während die allgemeine passing-off-Klage für den Bereich der kommerziellen Verwertung persönlichkeitsrechtlicher Aspekte etwa auf Memorabilia in ihren Voraussetzungen nicht geändert wurde, wurden für Fälle der unbefugten Nutzung etwa des

---

[62] Vgl. kritisch *Hobbs* [1980] EIPR 47. Die australische Rechtsprechung sah hingegen auch in nicht markenrechtlich oder urheberrechtlich geschützten Charakteren – hier: den ‚Ninja Turtles‘ – einen Wert und untersagte die Vermarktung: Surge Licensing v Pearson 21 IPR 228 (Federal Court of Australia).

[63] An der es im konkreten Verfahren fehlte: Stringfellow v McCain Foods [1984] RPC 501, per Slade J.

[64] Womble v Womble Skip Hire [1975] FSR 488; IPC Magazines v Black and White Music [1983] RPC 348 (‚Judge Dredd‘).

[65] McCulloch v Lewis A. May Ltd. [1947] 2 AllER 845 ("Uncle Mac").

[66] Edmund Irvine v Talksport [2002] AllER 414. In dem Fall ging es um eine manipulierte Bildaufnahme eines prominenten Rennfahrers, die zu Werbezwecken von einer Radiostation benutzt wurde.

Namens oder des Abbilds berühmter Personen durch Dritte vereinfachte Durchsetzungsmöglichkeiten geschaffen. Wesentliches Unterscheidungsmerkmal sei die Befugnis, den eigenen Namen etc. zu Werbezwecken einzusetzen und Lizenzverträge abzuschließen. Damit verlagert sich die Frage, ob ein Anspruch besteht, dahin, dass eine **Billigung** des Klägers **nicht vorliegt.** Die **Irreführung** liegt daher schon darin begründet, dass die Öffentlichkeit allgemein davon ausgehe, dass in der Regel für derartige Nutzungen schon aus Gründen der Lauterkeit zumindest eine Erlaubnis eingeholt werde. In der Entscheidung wurde ebenfalls angedeutet, dass die Nutzung fremder Persönlichkeitsmerkmale auch durch unmittelbare Anwendung von **Art. 8 EMRK** unterbunden werden könne.[67]

Ebenso ist hinsichtlich des **Schadens** weder ein Verkaufsrückgang noch ein sonstiger **59** materiell zu beziffernder Marktschaden bzw. dessen Wahrscheinlichkeit nachzuweisen. Hierin liegt die vielleicht wichtigste Tendenz der Entscheidung, denn der Schaden, den die passing-off-Klage voraussetzt, liegt bereits in der unbefugten Ausnutzung des mit der Persönlichkeit verbundenen Wertes. Dementsprechend geht die Entscheidung von der Existenz eines allgemeinen und ausschließlichen Rechts auf Achtung des mit der Persönlichkeit verbundenen guten Rufes und des goodwill aus. Bei der unbefugten Nutzung dieser Rechte würde sich der Beklagte den mit der Popularität verbundenen goodwill zu Eigen machen.

Die Klage setzt erstens einen gewissen **Ruf** voraus, was der Fall ist, wenn er wirtschaft- **60** lich in der Lage wäre, entsprechende Lizenzverträge abzuschließen. Zweitens muss der Kläger beweisen, dass der Beklagte diese Rechtsposition verletzt hat, indem aufgrund seines Verhaltens ein nicht unerheblicher Teil der angesprochenen Öffentlichkeit den Schluss zieht, der Kläger würde die betreffenden Produkte oder Dienstleistungen **gutheißen**, **empfehlen** oder **billigen**.

Ob sich aus den jüngeren Entscheidungen eine Tendenz zu einem verstärkten Schutz **61** der Privatsphäre, vor allem im Hinblick auf die Kontrolle der Vermarktung von Persönlichkeitsaspekten ableiten lässt, bleibt indes zweifelhaft. Die Interpretation der Entscheidung ist uneinheitlich. Zum Teil wird von der Etablierung eines eigenständigen Vermögensrechts ausgegangen.[68]

3. Rechtsfolgen

Rechtsfolge ist grundsätzlich **Schadenersatz.** Im Recht des passing off gilt allgemein **62** eine Analogie zu den im Immaterialgüterrecht anerkannten Berechnungsmethoden. Danach hat der Geschädigte ein **Wahlrecht** zwischen einem Ausgleich des tatsächlichen Schadens, einer Gewinnherausgabe (*account of profits*) oder − in der Praxis am häufigsten − einer hypothetischen Lizenzgebühr.[69]

II. Persönlichkeitsschutz und Breach of Confidence

Breach of confidence bezeichnet ein **eigenständiges Rechtsgebiet**, das sich mit dem **63** **Schutz vertraulicher Informationen** befasst. Es handelt sich um einen vom *common law* entwickelten Tatbestand, der sich gegen die Offenbarung vertraulicher Informationen wendet und einen erheblichen Stellenwert in der Rechtspraxis hat. Das Gebiet ist eng mit dem Immaterialgüterrecht verwandt, vor allem, weil die früheren prägenden Präjudizien sich auf wirtschaftlich verwertbare Informationen bezogen und die Klage oft gegenüber Mitbewerbern durchgesetzt wurde. Die Klage ist allerdings nicht auf im Wettbewerb verwertbare Informationen beschränkt; nach und nach wurden weitere Kategorien, ins-

---

[67] Ebd., Abs. 14.
[68] *Laddie* J. spricht diesbezüglich von einem ‚property right‘, vgl. Abs. 45 ff.
[69] Näher *Carty* [1996] EIPR 629.

besondere persönlichkeitsrechtliche, anerkannt. Maßgebliche Leitentscheidung ist die 2007 ergangene Entscheidung in Sachen *Douglas* v *Hello!*.[70]

1. Allgemeines

64   *Breach of confidence* stellte ursprünglich eine wenig beachtete Klage des allgemeinen *Common Law* dar, die sich zunächst als Klage gegenüber der unbefugten Weitergabe von geheimen Informationen entwickelt hatte. Der Anwendungsbereich war dabei ursprünglich recht eng. **Schutzgut** ist nicht das Geheimnis, was englische Gerichte nicht als solches schützen wollen, sondern die sich aus der Offenbarung vertraulicher Informationen ergebende **Vertrauensbeziehung**. Die Klage wurde im Jahre 1848 ‚entdeckt'.[71]

65   Die **Leitentscheidung** für das zumindest bis zum Inkrafttreten des Human Rights Act geltende Recht ist *Coco* v *Clarke*,[72] wonach **drei Elemente** für eine erfolgreiche Klage aus breach of confidence vorliegen müssen: eine **vertrauliche Information** und deren **Offenbarung**, eine entsprechende **Pflicht des Empfängers**, die Informationen nicht zu offenbaren; schließlich kann sich der Beklagte auf bestimmte **Einwände** stützen.

2. Persönlichkeitsschutz und Breach und Confidence

66   Nach Inkrafttreten des Human Rights Act 1998 ist eine **eindeutige Wende** in der Rechtsprechung zu erkennen. Mehrere Entscheidungen haben sich ausdrücklich auf ein ‚right of privacy' bezogen, das aus Art. 8 EMRK folgen soll[73]. Für den derzeitigen Rechtszustand kann angenommen werden, dass sich die Klage zu einer deutlich stärkeren Berücksichtigung auch kommerzieller Persönlichkeitsaspekte entwickelt hat. Im Kern hat die Entscheidung in *Douglas* v *Hello!* sowohl einen Schutz der Privatsphäre wie auch einen indirekten Schutz vor der Kommerzialisierung von Persönlichkeitsaspekten etabliert, da nunmehr auch **Lizenznehmern** selbst ein Anspruch zusteht. Der Court of Appeal hatte einen solchen Anspruch zuvor abgelehnt.

67   Hinsichtlich persönlichkeitsrechtlicher Schutzfunktionen setzt die Klage zunächst die Feststellung, dass vertrauliche Informationen an einen Dritten übermittelt wurde, und dieser Dritte die Information ohne Einwilligung verbreitet hat.

68   **a) Charakter der Information.** Die Klage setzt zunächst eine gewisse **Qualität** der Informationen voraus, die je nach Fallgestaltung im Einzelnen festgestellt wird. Die Gerichte haben dabei etwa gefragt, ob die Informationen hinreichend originell sind und als vom Berechtigten stammend identifizierbar sind, oder ob es sich um unmoralische Informationen handelt. **Ausgeschlossen** ist grundsätzlich alles, was trivial oder lediglich Gegenstand von Gerüchten ist.

69   Im Hinblick auf Informationen, welche die **Privatsphäre** betreffen, wurden vor Geltung des Human Rights Act 1998 keine besonderen Voraussetzungen aufgestellt. Insbesondere musste jede Information als vertraulich eingestuft werden, um Schutz zu erlangen. Dies ist nach der Entscheidung in Douglas v Hello! zumindest im Hinblick auf kommerziell verwertbare Informationen auch weiterhin der Fall. Demnach muss eine besondere **pflichtbegründende Vertrauensbeziehung** nachgewiesen werden.

---

[70] Douglas v Hello! [2007] UKHL 21. Der Sachverhalt ist wie folgt: Die Eheleute Douglas hatten einen Exklusivvertrag mit dem Verlag des ‚OK Magazine' geschlossen, nach dem dem Lizenznehmer das ausschließliche Recht zustehen sollte, Fotos von deren Hochzeit gegen Zahlung von 1 Mio. zu verwerten. Während der Hochzeitsfeier gelang es einem freien Fotografen, sich einzuschleichen und fünfzehn Fotos zu machen, die er am nächsten Tag dem Magazin „Hello!" anbot. Das Magazin druckte schließlich sechs Photographien. Nach einer einstweiligen Verfügung, die es ‚Hello' untersagte, die Photographien vor Abdruck der von den Eheleuten Douglas autorisierten Bilder zu publizieren, wurden insgesamt sechs nicht genehmigte Photographien veröffentlicht. Mit verschiedenen Klagen forderten sowohl die Eheleute Douglas wie auch der Lizenznehmer erfolgreich Schadensersatz.

[71] Prince Albert v Strange [1849] Mac. & G. 25.

[72] Coco v A N Clarke (Engineers) Ltd [1968] FSR 415.

[73] A v B and C [2002] EMLR 7; Campbell v MGN [2004] 2 AC 457.

b) Schutz der Privatsphäre. Bei die Privatsphäre betreffenden Informationen wird **70** nunmehr vermutet, dass diese zugleich vertraulichen Charakter haben. Das strenge Erfordernis der Vertraulichkeit ist unter Geltung des Art. 8 EMRK und nach Inkrafttreten des Human Rights Act 1998 gelockert worden. Hier zeigen sich Tendenzen zu einem ‚right of privacy', worauf in einigen jüngeren Entscheidungen auch deutlich Bezug genommen wurde.[74] In diesem Fall kommt es nunmehr auf eine **Abgrenzung** zwischen privaten und öffentlichen Informationen an. Letztlich gibt es hierzu derzeit drei verschiedene Abgrenzungsansätze. Zum einen soll es ausreichen, wenn es sich um ‚offensichtlich' private Informationen handelt.[75] Daneben wird darauf abgestellt, ob sich die Offenbarung der Informationen für einen verständigen Dritten als in hohem Maße anstößig oder beleidigend darstellt.[76] Schließlich soll sich die Abgrenzung danach richten, ob der Berechtigte vernünftigerweise erwarten darf, dass die ihn betreffende Information rechtlich geschützt wird.[77] Diese Abgrenzungsversuche werden kritisiert.[78] Die Kritik richtet sich vor allem gegen die undeutliche Wertung, die nicht mit der vom EuGHMR vorgegebenen Auslegung des Art. 8 EMRK übereinstimme und sich vielmehr auf Präjudizien aus anderen Commonwealth-Rechtsordnungen stütze.

In einem weiteren Schritt ist nach wie vor zu prüfen, ob die Informationen bereits Be- **71** standteil der *public domain* sind und damit als Gemeingut unbeschränkt verwendet werden dürfen.[79] Allgemein wird danach gefragt, ob die Informationen für die Öffentlichkeit **zugänglich** sind.[80] Eine Kundgabe an einen begrenzten Personenkreis reicht nicht aus.[81] Der ‚geheime' Charakter entfällt auch, wenn z. B. Einzelheiten bereits in der Presse kommentiert wurden[82] oder eine Geheimhaltungspflicht aufgrund Zeitablaufs oder veränderter Umstände nicht mehr anzunehmen ist.[83] Umgekehrt können Informationen, die bereits ‚common knowledge' waren, durch Zeitablauf wieder die entsprechende Qualität erreichen.[84]

Im Hinblick auf private Informationen und den oben umrissenen neuartigen Schutz **72** der Privatsphäre bestehen Abrenzungsschwierigkeiten vor allem im Hinblick darauf, inwieweit nach Veröffentlichung noch Rechte geltend gemacht werden können und ob ein Schutz in Betracht kommt, wenn etwa Aufnahmen an öffentlichen Plätzen unterbunden werden sollen.

Für **Abbildungen Prominenter** galt bislang, dass veröffentlichte Details aus dem Pri- **73** vatleben stets dazu führten, dass die notwendige Vertraulichkeit entfiel.[85] Inwieweit sich nach der Entscheidung in der Sache *Douglas v Hello!* eine trennscharfe Unterscheidung zwischen Klagen aus einem *right of privacy* und sonstigen, kommerziell geprägten Anwendungsbereichen ergibt, ist derzeit offen. Im Rahmen des *Douglas v Hello!*-Verfahrens hatte die Beklagte vorgetragen, dass später veröffentlichte Fotografien der Klage hätten ausschließen müssen, da es sich allgemein um zur Veröffentlichung bestimmte Informationen handele. Der Court of Appeal sah dies anders, da jedenfalls im Falle solcher Photographien, die den intimen Kernbereich der Persönlichkeit tangierten, jede **neue Weiter-**

---

[74] A v B and C [2002] EMLR 7, 11; Campbell v MGN [2004] 2 AC 457.

[75] Campbell v MGN [2004] 2 AC 457, H.L.

[76] A v B and C [2002] EMLR 7, per Jack J., unter Berufung auf die australische Entscheidung in Australian Broadcasting Corp. v Lenah Game Meats Pty. Ltd [2001] 208 CLR 199.

[77] Douglas v Hello! # 3 [2006] QB 125.

[78] *Philippson* [2003] 66 MLR 726, 734; *Moreham* [2005] 121 LQR 628, 645f.

[79] Coco v A N Clarke (Engineering) Ltd [1969] RPC 41, 47.

[80] So Saltman Engineering v Campbell Engineering [1948] RPC 203, 215; Coco v A N Clarke (Engineering) Ltd [1969] RPC 41, 47.

[81] Prince Albert v Strange [1848] Mac. & G. 25.

[82] Lennon v News Group Newspapers [1978] FSR 573 (CA).

[83] Attorney General v Jonathan Cape Ltd [1976] 1 QB 752 (Vertraulichkeit von Diskussionen im Kabinett entfällt nach zehn Jahren).

[84] R v Broadcasting Complaints Commission ex parte Granada TV [1995] EMLR 163, 168.

[85] Attorney General v Guardian Newspapers Ltd # 2 [1990] 1 AC 109.

gabe einen **erneuten Eingriff** in die Privatsphäre darstelle.[86] Insofern wird der Schutz deutlich über den traditionellen Schutzbereich erweitert. Dieses Argument dient letztlich dazu, ein ‚right of privacy' trotz entgegenstehender Präjudizien zu etablieren.[87] Nach einer weiteren instanzgerichtlichen Entscheidung soll ausschlaggebend sein, inwieweit die **erneute Veröffentlichung** privater Informationen zumindest **hypothetisch einen Schaden** verursacht.[88]

74   Das House of Lords war der Auffassung, dass die Frage des Schutzes der *autorisierten* Fotografien unabhängig davon bewertet werden musste, inwieweit die Kläger gegen die nicht genehmigten Aufnahmen vorgehen konnten.[89] Das Gericht bewertete die nicht genehmigten Aufnahmen im Hinblick auf den **ausschließlichen Lizenznehmer** als Eingriff in *dessen* Position. Zu diesem Ergebnis gelangte es, indem es als Schutzobjekt die **wirtschaftliche Nutzung durch den Lizenznehmer** wertete und auf dieser Grundlage eine entsprechende Qualität der nicht genehmigten Aufnahmen annahm, und zwar unabhängig davon, dass allgemeine Informationen über die Hochzeitsfeier selbstverständlich bereits veröffentlicht waren. Die nicht genehmigten Aufnahmen waren hingegen nie Teil der ‚public domain'.[90]

75   Werden Aufnahmen von Privatpersonen an **öffentlichen Plätzen** gemacht, gilt, dass solche Aufnahmen in der Regel **keinen vertraulichen Charakter** haben.[91] Dies steht in Widerspruch zur Rechtsprechung des EuGHMR.[92]

76   **c) Geheimhaltungspflicht und Vertrauensbeziehung.** Wichtigste grundsätzliche Haftungsvoraussetzung ist eine Geheimhaltungspflicht des Empfängers. Eine Geheimhaltungspflicht entsteht entweder bei einem ausdrücklichen Hinweis des Berechtigten, kann sich aber auch aus den äußeren Umständen ergeben, unter denen eine vertrauliche Information offenbart wurde, oder dem Charakter der Information. In **Sonderbeziehungen** wie zwischen Arzt und Patient, Eheleuten[93] oder in intimen Beziehungen ist eine Geheimhaltungspflicht anzunehmen.[94]

77   Ansonsten wird eine **allgemeine Abwägung** vorgenommen. Dies hängt vor allem davon ab, inwieweit ein objektives Interesse anerkannt werden kann.[95] Hier wird, mit Ausnahmen, gefragt wie ein verständiger Dritter (*reasonable man*) die Situation aufgefasst hätte. Dabei muss der verständige Dritte grundsätzlich sowohl die Qualität der Informationen als vertraulich wie auch die tatsächlichen Umstände, die eine Geheimhaltungspflicht begründen, erkennen können.[96]

78   Fraglich ist, ob der Anspruch auch gegenüber einem **Dritten** besteht, der die Informationen indirekt erhaltem hat. Die frühere Rechtsprechung hat eine derartige Pflicht Dritter **abgelehnt**. Später wurde eine Pflicht Dritter, die Informationen nicht ihrerseits weiterzugeben, unter bestimmten Voraussetzungen bejaht, sofern ihm sowohl der vertrauliche Charakter der Information bekannt war oder er dies hätte erkennen können. Ferner musste der Dritte auch erkennen, dass der ursprüngliche Empfänger seinerseits die

---

[86] Douglas v Hello! #3 [2006] QB 125, 133.

[87] So bereits die Ausführungen von Lord Keith in Attorney General v Guardian Newspapers [1990] 1 AC 109, 259ff, der ebenfalls auf die wiederholte Rechtsverletzung abstellt.

[88] Green Corns Ltd v Claverly Group Ltd. [2005] EMLR 31.

[89] Douglas v Hello! [2007] UKHL 21.

[90] Douglas v Hello [2007] UKHL 21, para 122 (per Lord Hoffman); para 329 (per Lord Brown).

[91] Campbell v MGN [2004] 2 AC 457.

[92] Vgl. EuGHMR, von Hannover v Germany [2005] EHRR 1; näher dazu Phillipson, The Right of Privacy in England and Strasbourg Compared, in: Kenyon/Richardson, New Dimensions in Privacy Law, 184 ff.

[93] Duchesse of Argyll v Duke of Argyll [1967] 1 Ch. 302; W v Edgell [1990] 1 Ch 359; Attorney General v Mulholland [1963] 2 QB 477.

[94] Michael Barrymore v News Group Newspapers [1997] FSR 600.

[95] A v. B plc [2002] EWCA Civ 337 = [2002] 3 WLR 542, § 11 (vii).

[96] Coco v A N Clarke (Engineering) Ltd. [1969] RPC 41, 48.

Informationen aufgrund einer ‚breach of confidence‘ weitergibt.[97] Nach der Entscheidung im *Spycatcher*-Fall[98] soll es ausreichen, wenn dem Empfänger schon **den Umständen nach** die vertrauliche Qualität der Informationen hätte einleuchten oder auffallen müssen (sog. *springboard doctrine*).

Wurden die Informationen von einem **Unbeteiligten** empfangen, besteht lediglich ein **79** aus der *equity* folgender Unterlassungsanspruch, sofern der Empfänger positiv wusste, dass die Informationen vertraulich waren[99] oder die Informationen unter **tadelnswerten Umständen erlangt** wurden.[100]

Diese Fallgruppe ist im Hinblick auf den Persönlichkeitsschutz **ausgeweitet** worden. **80** Nach der Entscheidung in Sachen *Venables*[101] soll es nunmehr ausreichen, dass der Schutz der Persönlichkeit im Sinne des Human Rights Act als im **Einzelfall** höher einzustufen ist als etwa das Informationsinteresse der Presse. Sofern diese Voraussetzungen erfüllt sind, kann eine **Pflicht** bestehen, die Informationen nicht zu offenbaren, was letztlich auf eine allgemeine Haftung hinausläuft.[102] Voraussetzung ist die Kenntnis, dass es sich um die Privatsphäre tangierende Informationen handelt.[103]

Dritte Voraussetzung ist grundsätzlich ein **Missbrauch** der vertraulichen Information. **81** Dieser liegt in der entsprechenden **Art der Weitergabe** begründet[104]. Ein Nachteil für den Betroffenen ist keine zwingende Voraussetzung,[105] wird aber im Rahmen des Persönlichkeitsschutzes geprüft.[106]

In weiteren Entscheidungen wurde das Erfordernis einer bestehenden Beziehung zwi- **82** schen Berechtigtem und Empfänger aufgegeben.[107] Sofern **Persönlichkeitsrechte** betroffen sind, sei lediglich zu prüfen, ob ein *misuse of private information* vorliege.[108] Darin liegt ein **Paradigmenwechsel**, verbunden mit einer künftigen Trennung zwischen persönlichkeitsrechtlich und rein wirtschaftlich geprägten Fallgruppen. Die Gerichte haben damit jeden **Eingriff in Persönlichkeitsrechte** als im Rahmen der Klage aus *breach of confidence* prima facie als Rechtsverletzung einzustufen und erst in einem folgenden Prüfungsschritt eine Abwägung mit gegenläufigen Interessen vorzunehmen. Daraus folgt auch, dass die Klage in dieser Hinsicht nicht allein auf aus der equity stammende Billigkeitserwägungen gestützt werden muss; vielmehr reicht schon jede persönlichkeitsbezogene, die Privatsphäre betreffende Information aus, um einen Schadensersatzanspruch zu begründen.

Diese Etablierung eines zumindest potentiellen allgemeinen Persönlichkeitsrechts über **83** das Vehikel der Vertraulichkeitsklage führt unmittelbar auch zur Frage, inwieweit sich

---

[97] Malone v Metropolitan Police Commissioner [1979] Ch. 344, 361.

[98] Attorney General v Guardian Newspapers Ltd # 2 [1990] 1 AC 109, 281.

[99] Hellewell v The Chief Constable of Derbyshire [1995] 1 WLR 804, 807; Creation Records v News Group Newspapers [1997] EMLR 444, 455.

[100] Francome v Mirror Group Newspapers [1984] 2 AllER 408.

[101] Venables Thompson v News Groups Newspapers and Others [2001] 2 WLR 1038, 1054; es ging um den Versuch der Presse, persönliche Details über zwei wegen Mordes verurteilte Jugendliche nach Ablauf der Haftzeit zu veröffentlichen. Dazu näher Delany [2005] Dublin Univ. LJ 151, 156.

[102] So *Collins* J. in Mills (Heather) v News Group Newspapers Ltd [2001] EMLR 41.

[103] A v B and C [2002] EMLR 7, 11.

[104] Coco v A N Clarke (Engineering) Ltd [1969] RPC 41.

[105] S. die Ausführungen von Lord *Keith* in Attorney General v Guardian Newspapers Ltd' # 2 [1990] 1 AC 109, 255–256.

[106] Campbell v MGN [2004] 2 AC 457, 466.

[107] Nach Auffassung von *Richardson/Hitchens* war ein Schutz der Privatsphäre bereits in der Prince Albert v Stange Entscheidung angelegt, in der das Gericht bemerkte, der Prinz habe das Recht, seine persönlichen Werke vertraulich zu halten. Vgl. *Richardson/Hitchens*, Celebrity Privacy and Benefits of Simple History, in: *Kenyon/Richardson*, New Dimensions in Privacy Law, 250, 252 ff.

[108] Campbell v MGN [2004] 2 AC 457, 465 (HL); ebenso in Green Corns Ltd v Claverly Group Ltd [2005] EMLR 31, 52; Douglas v Hello! #3 [2006] Q.B. 125, 157, (Lord *Phillips* M.R.); Douglas v Hello! # 1 [2001] Q.B. 967, 1012 (*Keene* L.J.).

kommerzielle Interessen über eine Anerkennung eines ,right of privacy' schützen lassen. Diese Frage war grundsätzlich ungeklärt. In der Entscheidung in Sachen *Douglas* v *Hello!* sind die Gerichte zwar zu dem Ergebnis gekommen, dass sowohl die Eheleute Douglas wie auch der lizenzierte Verlag Schutz beanspruchen können. Im Hinblick auf den Anspruch der Eheleute wurde dies unmittelbar aus dem privaten Charakter der nicht genehmigten Aufnahmen gefolgert. Dieser sei schützenswert, da nicht autorisierte Aufnahmen das Image der Schauspieler beeinträchtigen könne. Insofern erscheint es zumindest plausibel, dass zukünftig auch so genannte ,image rights' im Rahmen eines allgemeinen Persönlichkeitsrechts anerkannt werden. Damit ist jedoch zumindest für absehbare Zeit **keine Wende** zu einem eigenständigen ,publicity right' verbunden.

84   Im Hinblick auf den Anspruch des Lizenznehmers ging das House of Lords, wie ausgeführt, jedoch davon aus, dass sich der vertrauliche Charakter der Aufnahmen aus dem zwischen den Eheleuten Douglas und dem Verlag geschlossenen **ausschließlichen Lizenzvertrag** ergab. Das Schutzgut war, bei näherer Betrachtung, demnach die wirtschaftliche Verwertungsmöglichkeit der Aufnahmen, die durch die beabsichtigte Veröffentlichung beeinträchtigt wurde. Im Hinblick auf dieses Schutzgut stellte das House of Lords in seiner Mehrheitsentscheidung maßgeblich darauf ab, dass es dem unbefugten Fotografen wie auch dem beklagten Verlag bekannt war, dass die Hochzeitsfeier nur solchen Fotografen zugänglich war, bei denen die Eheleute zugestimmt hatten. Aus dieser Kenntnis konstruierte das House of Lords eine entsprechende Geheimhaltungspflicht und sprach einen eigenen Anspruch auf Grundlage des **allgemein** für die **Verletzung kommerziell verwertbarer vertraulicher Informationen** geltenden Rechts zu. Demnach steht zumindest fest, dass auch wirtschaftliche Interessen, welche sich auf die Vermarktung der Persönlichkeit Dritter beziehen, unter die *breach-of-confidence*-Klage fallen können, allerdings nicht aus abgeleitetem Recht. Ob sich hieraus weiter eine Annahme eines ,property right' – einem **Vermögenswert** mit Ausschließlichkeitscharakter – ergibt, ist umstritten. Grundsätzlich gilt, dass eine vertrauliche Information keinen eigenständigen Vermögenswert hat, der eine solche dem Urheberrecht angenäherte Ausschließlichkeitsbefugnis vermittelt. Das House of Lords hat eine Charakterisierung vertraulicher oder privater Informationen als Immaterialgüterrecht abgelehnt.[109] Richtigerweise soll lediglich darauf abgestellt werden, ob der Dritte die Umstände der Vertraulichkeit erkennen konnte.

3. Gegenläufige Interessen: Der ,public-interest'-Einwand

85   Dem Beklagten steht der Einwand des ,public interest' zur Seite. Die englischen Gerichte haben recht früh festgestellt, dass der Schutz vertraulicher Informationen die **Meinungsäußerungsfreiheit** beschränkt.[110] Dementsprechend wird eine **allgemeine Abwägung** vorgenommen.

86   Unter diese Rubrik fallen zunächst Versuche des Klägers, **eigenes Fehlverhalten** geheim zu halten. In diesem Zusammenhang steht die Rechtsprechung auf dem Standpunkt, dass Presse und Rundfunk uneingeschränkt die Möglichkeit haben müssen, über das Fehlverhalten Prominenter oder öffentlicher Stellen zu berichten. Dies betrifft Straftaten wie sonstige Übertretungen, auch moralischer oder sonstiger gesellschaftlich missbilligter Art. Vorausgesetzt wird aber, dass ein **öffentliches Interesse** dargelegt wird, welches die Veröffentlichung rechtfertigt.[111]

87   Ansonsten kommt es letztlich auf eine **Abwägung** an, die sich zum einen am Wert der offenbarten Informationen und zum anderen am Grade der moralischen Vorwerfbarkeit orientiert.[112] Dabei soll vor allem die Vorbildfunktion Prominenter entscheidend sein.[113] Die nach Inkrafttreten des Human Rights Act entschiedenen Fälle zeigen zum Teil eine

---

[109] Douglas v Hello! [2007] UKHL 21, para 120.
[110] Beloff v Pressdram Ltd. [1973] 1 AllER 241, 260.
[111] Initial Services v Putterrill [1968] 1 QB 398, 405.
[112] Stephens v Avery [1988] Ch. 449.
[113] Campbell v Mirror Group Newspapers [2004] AC 457, 461.

Abkehr von der alten Regel, wonach die Presse uneingeschränkt berichten darf. Unklar ist allerdings, wie im Rahmen der Abwägung der Begriff des öffentlichen Interesses unter Geltung der EMRK auszulegen ist und ob das traditionelle Presseprivileg im Hinblick auf das Fehlverhalten Prominenter überhaupt Bestand haben kann.[114] In der Praxis der Gerichte wird die Abwägung sowohl anhand des traditionellen ‚public interest'-Einwandes vorgenommen, zum Teil wird jedoch bereits eine Abwägung anhand des Human Rights Act vorgenommen. Im beiden Fällen gehen die Gerichte davon aus, dass **jedes öffentliche Interesse** die Berichterstattung zu rechtfertigen vermag und dass eine **öffentliche Person** dies regelmäßig zu dulden hat.[115] Art. 10 Abs. 1 EMRK stellt demnach **keine enge Bereichsausnahme** zugunsten der Medien im Rahmen des Art. 8 EMRK dar.[116] Dies soll auch für **triviale Informationen** gelten,[117] so dass nach wie vor eher moralisierende Erwägungen eine Rolle spielen dürften.[118] Sytematischere Abwägungen finden sich jedoch in jüngeren Entscheidungen.[119] Danach habe die Abwägung allein im Hinblick auf Art. 10 EMRK stattzufinden. Demnach ist zunächst festzustellen, ob überhaupt ein **legitimes öffentliches Interesse** an der fraglichen Berichterstattung bestehe;[120] erst in einem zweiten Schritt sei eine **Verhältnismäßigkeitsprüfung** vorzunehmen.

4. Rechtsfolgen

Rechtsfolge ist Schadenersatz oder alternativ einstweilige Unterlassung.[121] Was tatsäch- **88** lich zugesprochen wird, richtet sich nach den Umständen des Einzelfalls. Schadenersatz wird gewährt, wenn ein **tatsächlicher Schaden** eingetreten und bezifferbar ist.[122] Das Gericht kann daneben auch sog. nominal damages zusprechen, was auf die Zahlung einer symbolischen Geldbetrages (in der Regel £ 2) hinausläuft.[123] Daneben können Ansprüche auf Schadenersatz aufgrund eines **breach of contract** hinzutreten.[124] Ansonsten kann der Verletzte grundsätzlich den tatsächlich entstandenen Schaden beziffern. Da dieser in Fällen eines reinen Vertrauensbruchs bzw. eines Eingriffs in die Privatsphäre meist immaterieller Natur ist, besteht nur dann Aussicht auf Erfolg, wenn die Rechtsverletzung zu einer messbaren **psychischen Beeinträchtigung** geführt hat oder der Kläger verletzte Gefühle nachvollziehbar darlegen kann.[125] Dies kann vom Gericht nunmehr nach freinem Ermessen festgelegt werden.[126] Ebenso kann nach allgemeinen Regeln Schadenersatz in Form der Herausgabe des durch die Beeinträchtigung des Persönlichkeitsrechts **erzielten Gewinns** verlangt werden, allerdings wohl nicht, wenn – so in *Douglas v Hello!* – der Kläger selbst z. B. Aufnahmen vermarkten will.[127]

---

[114] Vgl. dazu *Phillipson* [2003] EHRLR 53, 61, 64.

[115] Theakston v Mirror Group Newspapers [2002] EMLR 22.

[116] Ebd.

[117] Vgl. Lion Laboratories v Evans [1985] QB 526; A v B & C [2002] EMLR 7, 43: Außereheliche Beziehung eines bekannten Fussballers, dessen Vorbildfunktion für ‚die Jugend' die Berichterstattung rechtfertige. Folge ist, dass erst die Inanspruchnahme des Presseprivilegs dazu führt, dass die moralisch zu schützende Jugend erst durch die so verstandene Freiheit der Presse vom Lebenswandel des Vorbildes erfährt.

[118] Kritisch *Phillipson* [2003] EHRLR 53, 68–71; *Aplin* [2007] 1 IPQ 19, 46.

[119] McKennitt v Ash [2006] EMLR 10; Campbell v MGN [2004] 2 AC 457.

[120] Campbell v MGN [2004] 2 AC 457.

[121] *Cornish/Llewelyn*, Intellectual Property, 8–47.

[122] Seager v Copydex # 2 [1969] RPC 250 (unter bestimmten Umständen sind auch absehbare künftige Schäden erstattungsfähig).

[123] S. allgemein *McGregor*, On Damages, 474 ff.

[124] Allgemein: Indata Equipment v ACL [1998] FSR 248 (CA).

[125] Campbell v Mirror Group Newspapers [2002] EMLR 617: £ 2500 für verletzte Gefühle.

[126] Cornelius v De Taranto [2002] EWCA Civ 1150 (Schadenersatz für die Veröffentlichung eines vertraulichen ärztlichen Gutachtens); Douglas v Hello! # 3 [2006] QB 125, paras. 251–259; Archer v Williams [2003] EMLR 869.

[127] Douglas v Hello! # 3 [2006] QB 125.

89 Im Hinblick auf **kommerzielle Schäden** kann grundsätzlich – nach der Entscheidung des House of Lord – der tatsächlich entstandene und bezifferte Schaden verlangt werden. Dieser Schaden ist, wie dargelegt, unabhängig davon, ob Grundlage der Vermarktung bestimmte Persönlichkeitsrechte waren.[128] Der Verletzte hat daneben grundsätzlich auch dann einen eigenen Schadenersatzanspruch, wenn ihm etwa durch die erfolgte Veröffentlichung die eigene Vermarktung verwehrt oder erschwert wurde. In diesem Fall können erhebliche Schadenersatzforderungen bestehen.[129]

§ 65. Österreich

Inhaltsübersicht

Schrifttum: *Berka*, Das Recht der Massenmedien, 1989; *Bydlinski*, Die Grundrechte in Relation zur richterlichen Gewalt, RZ 1965, 67; *Dillenz/Gutmann*, UrhG & VerwGesG, 2. Aufl. 2004; *Dittrich/Tades*, ABGB, 21. Aufl. 2005; *Drobesch/Grosinger*, Das neue österreichische Datenschutzgesetz, 2000; *Gschnitzer*, Allgemeiner Teil des bürgerlichen Rechts, 2. Aufl. 1992; *Hager/Zöchmeier*, Persönlichkeitsschutz im Straf- und Medienrecht, 4. Aufl. 2000; *Halfmeier*, Die Veröffentlichung privater Tatsachen als unerlaubte Handlung, 2000; *Handler*, Haben juristische Personen Persönlichkeitsrechte?, Symposium der Wittgenstein Gesellschaft, Kirchberg 2002, 79; *Hubmann*, Das Persönlichkeitsrecht, 2. Aufl. 1967; *Koos*, Der Name als Immaterialgut, GRUR 2004, 808; *Koziol/Warzilek*, Persönlichkeitsschutz gegenüber Massenmedien in Österreich, in: Koziol/Warzilek (Hrsg.), Persönlichkeitsschutz gegenüber Massenmedien, 2005, 3; *Koziol/Bydlinski/Bollenberger*, Kurzkommentar zum ABGB, 2. Aufl. 2007; *Koziol/Welser*, Grundriss des bürgerlichen Rechts, Band 1, 13. Aufl. 2006; *Kucsko*, Stars als Werbung für Klingeltöne, MR 2004, 181; *Lazarakos*, Gemeinsame europäische Prinzipien zum Schutz des allgemeinen Persönlichkeitsrechts am Beispiel Deutschlands, Österreichs, Griechenlands und Großbritanniens, ZfRV 2002, 1; *Lukas*, Schadenersatz bei Verletzung der Privatsphäre, RZ 2004, 33; *Mayer-Schönberger*, Information und Recht, Vom Datenschutz bis zum Urheberrecht, Wien 2001; *Rummel* (Hrsg.), Kommentar zum Allgemeinen Bürgerlichen Gesetzbuch, Band 1, §§ 1–1174 ABGB, 3. Aufl. 2000; *Rummel* (Hrsg.), Kommentar zum Allgemeinen Bürgerlichen Gesetzbuch, Band 2, Teilband 1, §§ 1175–1502 ABGB, 3. Aufl. 2007; *Schumacher*, Medienberichterstattung und Schutz der Persönlichkeitsrechte, 2001; *Schwimann*, Praxiskommentar zum ABGB, Band 1, 3. Aufl. 2005; *Stahlschmidt*, Der Schutz des allgemeinen Persönlichkeitsrechts in Österreich und die Rechtsfolgen bei Verletzungen, AfP 2001, 106; *Zöchbauer*, Das neue Medienrecht, 1993; *Zöchbauer*, MedienG-Nov 2005 – Was ist neu?, MR 2005, 164.

---

[128] Sowohl der High Court wie das House of Lords nahmen offenbar an, dass der dem ausschließlichen Lizenznehmer entstandene Schaden (neben den Kosten der Rechtsverfolgung) mit der gezahlten Lizenzgebühr iHv £ 1 Mio. identisch war. S. Douglas v Hello # 3 [2005] QB 125, 127 (H.C.); [2007] UKHL 21, para 118.

[129] Vgl. *Cornish/Llewelyn*, Intellectual Property, 9–22.

A. Grundlagen der Persönlichkeitsrechte

Die Persönlichkeitsrechte dienen dem **unmittelbaren Schutz der menschlichen** 1 **Person**, seiner Achtung und Unversehrtheit.[1] Ebenso wie in Deutschland finden die Persönlichkeitsrechte in Österreich ihre Ausprägung in unterschiedlichen Einzelgesetzen. Regelungen finden sich hierzu vor allem in strafrechtlichen Vorschriften wie § 111 StGB zum Schutz gegen üble Nachrede, in § 78 UrhG zum Bildnisschutz, in den §§ 6 ff. MedienG gegen Verletzungen durch die Medien, in § 43 ABGB zum Namensschutz und in § 1330 ABGB zum Schutz gegen Ehrverletzungen. Der Schutz der körperlichen Integrität im Zivilrecht wird weitgehend durch die §§ 1325 ff. ABGB gewährleistet. Als **persönlichkeitsschützende Zentralnorm** und als **Generalklausel** ist allerdings § 16 ABGB anzusehen.[2] Die Vorschrift ordnet der Person Rechte zu, die nicht im Einzelnen aufgeführt werden. Nach § 16 ABGB S. 1 hat „jeder Mensch angeborene, schon durch die Vernunft einleuchtende Rechte und ist daher als eine Person zu betrachten". Hieraus ergibt sich, dass die nähere Ausgestaltung des Schutzbereichs sowohl in Spezialvorschriften, als auch durch die Rechtsprechung zu erfolgen hat. Insoweit ergeben sich aus der Generalklausel subjektive Rechte, welche gegenüber jedermann durchgesetzt werden können.[3] In der österreichischen Literatur ist allerdings umstritten, inwieweit von **einem allgemeinen Persönlichkeitsrecht** nach deutschem Vorbild gesprochen werden kann. Einig ist man sich insoweit, als dass die verfassungsrechtlich garantierten Grundrechte durch eine **mittelbare Drittwirkung** über § 16 ABGB auch im Privatrecht Geltung beanspruchen. Allerdings wird zugunsten eines allgemeinen Persönlichkeitsrechts angeführt, dass es ansonsten zu Schutzlücken und Wertungswidersprüchen kommen könnte, da die Person in ihrer Gesamtheit geschützt werden müsse.[4] Demgegenüber lehnt die Rechtsprechung ein derartiges Rahmenrecht ab und spricht vielmehr von **einzelnen Persönlichkeitsrechten**, die sich entweder aus der **Generalklausel des § 16 ABGB** oder aus Spezialvorschriften ergeben.[5] Allerdings ist der OGH insoweit begrifflich teilweise unklar, wenn er z. B. aus „dem in § 16 ABGB normierten allgemeinen Persönlichkeitsrecht" ein Recht am gesprochenen Wort ableitet.[6]

Dieser theoretische Streit hat allerdings keine großen praktischen Auswirkungen, da 2 sich auch bei dem einfachgesetzlichen Schutz der Persönlichkeit in Österreich weitgehend die gleichen Schutzbereiche wie im deutschen Recht herausgebildet haben. Dies bedeutet, dass im **Kernbereich der Persönlichkeit**, der z. B. durch das Recht auf Leben, körperliche Unversehrtheit und Freiheit bestimmt wird, ein eindeutiger Schutz besteht und eine Verletzung zumeist die Rechtswidrigkeit des Eingriffs indiziert.[7] Je weiter sich ein Persönlichkeitsrecht von diesem Kernbereich entfernt, desto eher lässt sich im Einzelfall eine Rechtfertigung des Eingriffs finden.

Von größerer Bedeutung ist somit – wie auch im deutschen und schweizerischen Recht 3 – die Frage, wie bei sich **widerstreitenden Interessen** zwischen rechtlich geschützten Positionen eine Güter- und Interessenabwägung vorzunehmen ist. Wurde eine Schutzrechtsverletzung festgestellt, sind die widerstreitenden Interessen gegeneinander abzuwägen, um einen Ausgleich herzustellen. Gerade bei der Abwägung zwischen Pressefreiheit auf der einen und Persönlichkeitsrechten auf der anderen Seite wird deutlich, dass im österreichischen Recht ein **zumeist strengerer Maßstab** zur Rechtfertigung eines Eingriffs in das

---

[1] So *Koziol/Welser*, Grundriss des bürgerlichen Rechts, S. 73.

[2] S. *Dittrich/Tades*, ABGB, S. 11; *Koziol/Bydlinski/Bollenberger*, ABGB, § 16 Rn. 3.

[3] S. *Aicher* in: Rummel, ABGB, § 16 Rn. 9: § 16 ABGB gewährt absolute Rechte.

[4] Vgl. *Gschnitzer*, Allgemeiner Teil, S. 183; ausführlich *Posch* in: Schwimann, ABGBG, § 16 Rn. 13.

[5] OGH, Urteil v. 14. 3. 2000, ÖBl 2000, 214 – *Werbesendung als Privatpost*; vgl. *Lazarakos* ZfRV 2002, 1, 2.

[6] Zutreffend *Posch* in: Schwimann, ABGB, § 16 Rn. 16 m.w.N.; OGH, SZ 59, 182.

[7] *Koziol/Warzilek* in: Koziol/Warzilek, Persönlichkeitsschutz, S. 5.

Persönlichkeitsrecht angelegt wird als in Deutschland. Dies zeigt sich insbesondere bei der gesetzlich normierten Ausdifferenzierung der Sanktionen. So sieht der **strafrechtliche Ehrenschutz** in § 113 StGB vor, dass die Berichterstattung über ein Strafverfahren oder eine Straftat selbst strafbar sein kann, wenn das Verfahren bereits beendet oder die Strafe verbüßt wurde.[8] Noch augenfälliger sind die gesetzlichen Vorgaben zur Sanktionierung von Persönlichkeitsrechtsverletzungen im MedienG. Das bereits 1981 in Kraft getretene Gesetz legt ausführlich dar, wie und in welchem Umfang Ansprüche auf Entschädigung gegen den jeweiligen „Medieninhaber" bestehen und durchgesetzt werden können.[9]

4   Diese Ansprüche werden vor dem Strafgericht geltend gemacht, wodurch ihr Sanktionscharakter besonders hervorgehoben wird (vgl. §§ 8, 8a MedienG). Somit lässt sich – wie auch die Judikatur vielfach zeigt – feststellen, dass bei der Abwägung zwischen Presse- und Meinungsfreiheit und dem Persönlichkeitsrecht des jeweils Betroffenen für ein Überwiegen der Presse- und Meinungsfreiheit tendenziell **ein höherer Begründungsaufwand** erforderlich ist als z. B. im deutschen Recht. Bei der Abwägung ist in allen Fällen stets derjenige beweispflichtig, der ein berechtigtes Interesse als Rechtfertigungsgrund anführt. Hierzu gehört z. B. auch die Frage, ob eine ergriffene Maßnahme überhaupt geeignet ist, **ein angestrebtes Ziel** zu erreichen.[10] Handelt es sich hierbei um „bloße Informationsinteressen", so handelt es sich nur dann um ein anerkanntes Ziel, wenn die fraglichen Informationen einem legitimen Zweck dienen.

5   Als Rechtsfolge einer Persönlichkeitsrechtsverletzung kommt bei einem eingetretenen Schaden eine **Naturalrestitution** („Naturalherstellung") in Frage. Da der Eingriff an sich zumeist nicht rückgängig gemacht werden kann, kommt hierbei zumeist nur der Widerruf in Betracht. Dieser ist z. B. bei der **Beeinträchtigung des wirtschaftlichen Rufes** eines Rechtsträgers nach § 1330 Abs. 2 ABGB vorgesehen, um den vorigen Zustand wiederherzustellen.[11] Weiterhin spielt der Widerruf als Rechtsfolge auch innerhalb des MedienG eine große Rolle. Im Übrigen kommt als Rechtsfolge der **Ersatz des Vermögensschadens** in Betracht, wie es z. B. § 1330 ABGB bei Ehrverletzungen vorsieht. Besonderheiten ergeben sich bei dem Ersatz von Nichtvermögensschäden, die bei Ehrverletzungen nunmehr ihre eigene Regelung in § 1328a ABGB gefunden haben. Auch hier bestehen abweichende Voraussetzungen im MedienG, wie § 6 MedienG zeigt. Hier zeigt sich wiederum das teilweise noch **ungeklärte Verhältnis**[12] zwischen den allgemeinen Regelungen des ABGB und den Sonderregelungen im Medienrecht, die noch auszuführen sind.

6   Entsprechend der Rechtslage in Deutschland wird auch in Österreich ein **postmortaler Persönlichkeitsschutz** angenommen. Es wird angenommen, dass höchstpersönliche Rechte wie das Recht auf Ehre nicht mit dem Tod eines Menschen erlöschen, sondern in gewissem Umfang weiter bestehen.[13] So ist ein Verstorbener im Hinblick auf den Ehrenschutz dahin gehend geschützt, dass sein Lebensbild nicht **nachhaltig in grober Weise** negativ entstellt wird.

---

[8] Hierzu www.drb-brandenburg.de/pressefreiheit; s. auch *Stahlschmidt* AfP 2001, 106, 107.

[9] Vgl. *Koziol/Warzilek* in: Koziol/Warzilek, Persönlichkeitsschutz gegenüber Massenmedien, S. 21 ff.

[10] So OGH, 19. 12. 2005, MR 2006, 132 – *Videoüberwachung zu Beweiszwecken*.

[11] So OGH, 11. 12. 2003, MR 2004, 8 – *Büro des Bürgermeisters*; vgl. auch *Mayer-Schönberger*, Information und Recht, S. 31.

[12] Zu dem Spannungsverhältnis zwischen ABGB und MedienG s. zuletzt OLG Wien, 26. 7. 2007, MR 2007, 254 – *Kinderwunsch*.

[13] OGH MR 2006, 38 – *Zwangssterilisation*; *Aicher* in: Rummel, ABGB, § 16 Rn. 28.

B. Die Ausprägungen der Persönlichkeitsrechte

I. Der Schutz der Privat- und Geheimsphäre

1. Schutzbereich des Persönlichkeitsrechts

Das Recht auf Achtung der Privat- und Geheimsphäre wird ebenfalls aus § 16 ABGB 7 abgeleitet und in einigen Spezialvorschriften weiter konkretisiert. So findet gerade der Schutz der Privatsphäre eine ausführliche Regelung in den §§ 7 ff. MedienG. Diese Normen gehen zwar grundsätzlich der Generalklausel des § 16 ABGB vor, doch vermag dieser im Einzelfall den medienrechtlichen Schutz zu unterstützen.[14] Ebenso verhält es sich bei dem Schutz nach § 1 Datenschutzgesetz (DSG). Ausdrückliche Erwähnung fand dieses absolute Recht zuerst in einer Entscheidung des OGH von 1978, in der es um die **Weitergabe persönlicher Daten** in einem Betrieb ging.[15] Durch diese Entscheidung wurde deutlich, dass der Schutz der Privatsphäre nicht mehr nur als Teil des allgemeinen Ehrschutzes angesehen wird, sondern vielmehr einen höchstpersönlichen Kernbereich selbständig zu schützen hat. Der **Begriff der Privatsphäre** entspricht dabei den Vorgaben des Art. 8 Abs. 1 EMRK und deckt sich ebenfalls mit dem **höchstpersönlichen Lebensbereich** nach § 7 Abs. 1 MedienG. Als Privatsphäre kann dabei der Bereich der Lebensführung betrachtet werden, in dem der Einzelne von anderen Menschen abgeschieden „sein **Leben nach eigenen Wünschen** gestaltet".[16] Zu diesem Bereich zählen nach der Rechtsprechung z. B. die Gesundheit, das Intimleben einschließlich der geschlechtlichen Orientierung sowie das Leben in und mit der Familie.[17] Hierbei kann der absolute Charakter des Rechts dazu führen, dass ein **Eingriff in den höchstpersönlichen Kernbereich** nicht gerechtfertigt werden kann. So verhält es sich z. B. bei wiederholten anonymen Telefonanrufen oder unerwünschter Überwachung und Verfolgung.[18]

Allerdings hat bei Eingriffen in den Intimbereich ebenfalls eine Abwägung mit widerstreitenden Interessen zu erfolgen. So bestehen Spannungen zwischen dem privaten Integritätsinteresse und den Interessen anderer, die im Einzelfall zu gewichten sind. Dabei gilt: je näher ein Eingriff an den **innersten Lebensbereich** herankommt, desto schwerer wiegen die Interessen des Betroffenen.[19] Dies zeigt sich z. B. in Fällen der Videoüberwachung, in denen ein abgestuftes Schutzniveau durch die Rechtsprechung entwickelt wurde. So hatte der OGH zu unterscheiden, wie eine **Videoüberwachung über einen längeren Zeitraum** zu beurteilen ist.[20] Dabei handelte es sich um eine systematische, durchgehende Videoüberwachung, durch die zu privaten Beweiszwecken festgestellt werden sollte, ob ein Dritter eine Liegenschaft regelmäßig aufsucht. Eine Auswertung des Materials und die Identifizierung sollten erst im Anschluss an die Aufzeichnung stattfinden.

Darin sah der OGH eine **eindeutige Verletzung** des Schutzbereichs des § 16 ABGB 9 iVm Art. 8 EMRK. Die Geheimsphäre sei nicht geachtet worden, obwohl die Videoüberwachung von einer Stelle erfolgte, von der auch unbeteiligte Passanten das Geschehen hätten beobachten können. Nach Auffassung des Gerichts besteht der Unterschied darin, dass eine Videokamera beim Aufzeichnen eines „**kompletten Gesamtbildes**" der Person im Unterschied zum menschlichen Beobachter wegen der umfassenden „**Wahrneh-**

---

[14] *Koch* in: Koziol/Bydlinski/Bollenberger, ABGB, § 16 Rn. 7; OGH, 23. 5. 1984, SZ 57, 98.

[15] OGH, 24. 10. 1987, SZ 51, 146; vgl. *Halfmeier*, Veröffentlichung, S. 140.

[16] So *Mayer-Schönberger*, Information und Recht, S. 42 unter Berufung auf *Hubmann*, Persönlichkeitsrecht, S. 320.

[17] OLG Wien, 26. 7. 2007, MR 2007, 254, 255 – *Kinderwunsch*; *Aicher* in: Rummel, ABGB, § 16 Rn. 24.

[18] OGH, 18. 10. 1994, RdW 1995, 61 – *Telefonterror*; s. auch *Dittrich/Tades*, ABGB, S. 11.

[19] Zutreffend OGH, 30. 1. 1997, MR 1997, 150 – *Videoüberwachung*; vgl. *Mayer-Schönberger*, Information und Recht, S. 44, der das Ergebnis der Entscheidung ablehnt.

[20] OGH, 19. 12. 2005, MR 2006, 132, 134 – *Videoüberwachung zu Beweiszwecken*.

mungs- und Erinnerungsfähigkeit" der Aufzeichnung keinerlei Beeinträchtigung unterliegt.[21] Im Ergebnis versucht der OGH somit den Gefahren der modernen Überwachungstechnik zu begegnen, indem er nur in Ausnahmefällen eine derartige Überwachung zulässt, z. B. bei der Überwachung eines Hauseingangs oder bei der Verfolgung überragender Interessen.[22] Allein die Verfolgung zivilrechtlicher Ansprüche im vorliegenden Fall reichte hierzu nicht aus.

10   Eine Abwägung widerstreitender Interessen hat dann zu unterbleiben, wenn der Eingriff in die Privatsphäre **durch Täuschung** vorgenommen wurde. So verhält es sich z. B., wenn eine Urlaubspostkarte mit privatem Inhalt tatsächlich von einem Unternehmen zu Werbezwecken verschickt wurde. Hier kommt es zu einer den Privatbereich verletzenden Belästigung, bei der nicht die Interessen des Werbetreibenden mit denen des Adressaten abzuwägen sind.[23] Allein die Täuschung indiziert hier eine Verletzung der Achtung der Privatsphäre. Ein ebenfalls aus dem Schutz der Privatsphäre fließendes Recht stellt das Recht auf **„Namensanonymität"** dar, soweit es nicht durch das Namensrecht aus § 43 ABGB erfasst wird. So verhält es sich z. B., wenn Daten von sog. „Hausbesorgern" mit Adresse und Telefonnummer in das Internet eingestellt werden, um den Mietern einen schnelleren Kontakt mit diesen zu ermöglichen.[24] Das Gericht sah vorliegend kein überwiegendes Interesse der Mieter an einer Veröffentlichung, da der Betroffene **ein Interesse an einer Geheimhaltung** seiner Daten habe und die Website eine weltweite Veröffentlichung an einen unbekannten Personenkreis darstelle. Eine entsprechende Argumentation wäre ebenfalls bei der Veröffentlichung anderer personenbezogener Daten auf Firmen- oder Behördenwebsites möglich. Dies würde im Ergebnis allerdings dazu führen, dass Mitarbeiter nicht mehr namentlich erwähnt werden dürften. Durch eine Abwägung im Einzelfall ist hier somit stets zu prüfen, inwieweit ein überwiegendes Interesse einer großen Anzahl an Interessierten besteht. Zu berücksichtigen ist, dass es sich stets um firmeneigene Adressen handeln wird und die Veröffentlichung **im engen Zusammenhang mit der beruflichen Tätigkeit** steht.

2. Ersatz des materiellen und immateriellen Schadens

11   Der Ersatz des materiellen Schadens bei einer Verletzung der Privatsphäre folgt aus den allgemeinen Regelungen der **§§ 1293 ff. ABGB**. Hierzu gehört nicht nur der Ausgleich finanzieller Einbußen durch die Zahlung einer Geldsumme oder das Beseitigen der Folgen, sondern auch das **Unterlassen rechtswidriger Handlungen** und das Veröffentlichen von Widerrufen etc. Eine detaillierte Ausformung ergibt sich insoweit nur innerhalb des MedienG, in welchem die einzelnen Rechtsfolgen ausführlich vorgegeben werden.

12   Eine Besonderheit ergibt sich bei einer Verletzung der Privatsphäre allerdings hinsichtlich des **Ersatzes immaterieller Schäden**. Diese wurden nur ausnahmsweise im Rahmen der §§ 7 ff. MedienG, § 33 Datenschutzgesetz 2000 und in §§ 77, 88 UrhG gewährt. Diese Rechtslage wurde bis 2004 als unbefriedigend angesehen, da der von einer rechtswidrigen Verletzung der Privatsphäre betroffene Bürger „wegen der damit verbundenen Beeinträchtigungen nicht einmal dann Ersatz verlangen" könne, „wenn der **Eingriff intime und privateste Belange** betreffen" würde, die **niemanden zu interessieren** hätten.[25] Daher schafft die insoweit konsolidierte Fassung des § 1328a ABGB zunächst in Abs. 1 S. 1 einen allgemeinen Anspruch auf **Ausgleich des bei einem Eingriff in die Privatsphäre** eines Menschen entstandenen Schadens. Nach den allgemeinen Regeln

---

[21] Hierzu s. auch BGH, NJW 1995, 1955 mit gleicher Argumentation, worauf sich der OGH stützt.

[22] Vgl. *Koziol/Warzilek* in: Koziol/Warzilek, Persönlichkeitsschutz, S. 13.

[23] OGH, 14. 3. 2000, ÖBl 2000, 214 – *Werbesendung als Privatpost.*

[24] OLG Innsbruck, Beschl. v. 27. 9. 1999, MR 2000, 148 – *Hausbesorgerdaten im Internet*; s. auch *Berka*, Recht der Massenmedien, S. 232 zur Frage der Selbstbestimmung des Einzelnen im Informationszeitalter.

[25] So die Begründung zum Zivilrechts-Änderungsgesetz (ZivRÄG 2004), BGBl 91/2003.

reicht hierzu **leichte Fahrlässigkeit** aus, juristische Personen werden durch den Verweis auf Menschen ausgeschlossen. Neu ist insoweit aber **§ 1328a Abs. 1 S. 2 ABGB**, wonach nunmehr bei **erheblichen Verletzungen** auch der immaterielle Schaden zu ersetzen ist. Als Beispiel nennt die Vorschrift Fälle, bei denen Umstände aus der Privatsphäre in der Öffentlichkeit in einer bloßstellenden Weise verwendet werden. Allerdings ist die Regelung auch in anderen Bereichen anwendbar, so z. B. bei der Verletzung von **Geheimhaltungsverpflichtungen** durch Angehörige bestimmter Berufsgruppen.[26] Jedoch hat der Eingriff stets rechtswidrig zu sein, wobei wiederum eine Abwägung der verschiedenen Interessen vorzunehmen ist. Die Regelung des § 1328a ABGB **erweitert insoweit nur die Rechtsfolgen** einer Verletzung der Privatsphäre, nicht aber den **Anwendungsbereich**.

Eine **Einschränkung seines Anwendungsbereichs** erfährt § 1328a ABGB allerdings   **13** in Abs. 2. Danach ist § 1328a ABGB nicht anwendbar, wenn besondere Bestimmungen eingreifen. Dies gilt insbesondere für die bereits erwähnten Vorschriften der §§ 77 ff. UrhG und § 33 DSG 2000. Insbesondere schließt § 1328a Abs. 2 S. 2 ABGB die Anwendbarkeit im Rahmen des §§ 7 ff. MedienG aus. Dies wird vielfach kritisiert, da zum einen keine einheitliche Regelung geschaffen wurde, zum anderen aber vor allem im MedienG weiterhin die **niedrigen Höchstbeträge** des § 7 MedienG gelten.[27] Diese Privilegierung bei Verletzungen durch die Presse rechtfertigt sich allerdings durch den verfassungsrechtlichen Schutz der Medien. Die nunmehr bestehende **Dissonanz zwischen § 7 MedienG und § 1328a ABGB** privilegiert die Medien auch insoweit, als nach dieser Vorschrift nur der Medieninhaber belangt werden kann, nicht aber z. B. der einzelne Journalist. Fraglich ist allerdings, inwieweit § 1328a Abs. 1 ABGB dennoch neben § 7 MedienG Anwendung finden kann. Dies ist insbesondere hinsichtlich **Unterlassungsansprüchen** von Bedeutung, da diese nicht von § 7 MedienG umfasst werden. Verlangt also der Kläger **neben einem Widerruf** bei inkriminierenden Äußerungen in der Presse auch eine Unterlassungserklärung, ist er auf § 1328a Abs. 1 ABGB angewiesen. Diese Frage wurde vom Gesetzgeber nicht geregelt.[28]

Das **OLG Wien** führte hierzu aus, dass nach § 1328a Abs. 2 ABGB nur Ansprüche auf   **14** Schadensersatz im Verhältnis zu § 7 MedienG ausgeschlossen würden, nicht jedoch Unterlassungsansprüche.[29] Dies folgerte das Gericht aus systematischen und teleologischen Argumenten. Allerdings ist nicht abzusehen, ob diese Ansicht haltbar ist. Insbesondere ist zu bedenken, dass § 1328a Abs. 2 ABGB die **Privilegierung in Spezialgesetzen** ausdrücklich aufrechtzuerhalten gedenkt. Um diese nicht auszuhöhlen, ist es aber wohl auch erforderlich, weitergehende Ansprüche außerhalb der Spezialregelungen wie im MedienG vollständig auszunehmen. Anderenfalls würde man den Willen des Gesetzgebers, keinen erweiterten Tatbestand zu schaffen, missachten.[30]

II. Der Schutz der Ehre und des wirtschaftlichen Rufes

Ein weiteres bedeutsames Persönlichkeitsrecht stellt der Schutz der Ehre dar. Diese   **15** kann als ein **Anspruch auf achtungsvolle Behandlung** durch andere verstanden werden, wobei auf den Maßstab des Durchschnittsbürgers abzustellen ist.[31] Dieses Persönlichkeitsrecht wird in strafrechtlicher Hinsicht durch die §§ 111 ff. StGB geschützt, im

---

[26] Beispiele hierfür bei *Dittrich/Tades*, ABGB, S. 511. Weiterhin kommen auch strafrechtliche Handlungen in Betracht wie die Verletzung des Fernmeldegeheimnisses nach § 120 StGB.

[27] *Koziol/Warzilek* in: Koziol/Warzilek, Persönlichkeitsschutz, S. 15.

[28] Hierzu *Reischauer* in: Rummel, ABGB, § 1328a Rn. 11.

[29] OLG Wien, 26. 7. 2007, MR 2007, 254, 255 – *Kinderwunsch*.

[30] S. auch die Begründung zum Zivilrechts-Änderungsgesetz (ZivRÄG 2004), BGBl 91/2003.

[31] Ausführlich *Koziol/Warzilek* in: Koziol/Warzilek, Persönlichkeitsschutz, S. 8; OGH, 25. 1. 1996, MR 1997, 202.

Medienbereich durch § 6 MedG (hierzu unten). Im allgemeinen Zivilrecht ist **§ 1330 Abs. 1 ABGB** einschlägig, wonach bei einer „**Ehrbeleidigung**" Schadensersatz oder der entgangene Gewinn gefordert werden kann. Zu bedenken ist hinsichtlich des **entgangenen Gewinns** allerdings, dass nach den allgemeinen Regeln der **§§ 1323 f. ABGB** ein solcher erst ab grober Fahrlässigkeit verlangt werden kann.³² Den Schutz vor Kreditschädigung konkretisiert § 16 ABGB, wobei der Ehrbegriff vorausgesetzt, nicht aber genauer definiert wird. Dies bedeutet, dass der aus dem Strafrecht stammende Ehrbegriff des OGH zwar auch im Zivilrecht Anwendung findet, jedoch in seinem Anwendungsbereich sehr viel weiter gefasst wird.³³ Somit ist Voraussetzung für einen Anspruch aus § 1330 Abs. 1 ABGB nicht, dass eine **strafbare Handlung** vorliegt, sondern lediglich ein zumindest fahrlässiger Eingriff in den geschützten Persönlichkeitsbereich (vgl. §§ 1293, 1294 ABGB). Weiterhin wird durch § 1330 Abs. 2 ABGB auch der **wirtschaftliche Ruf einer Person** geschützt. Im Gegensatz zum deutschen Recht kommt bei einer Ehrbeleidigung nur ein **Ersatz des materiellen Schadens** in Betracht. Es ist nicht möglich, über § 16 ABGB auch einen Ersatz des immateriellen Schadens herzuleiten.³⁴ Eine generelle Pflicht hierzu kann aus der Zentralnorm nicht abgeleitet werden, da § 1330 ABGB als lex specialis anzusehen ist und ausschließlich einen materiellen Anspruch vorsieht. Etwas anderes kommt nur in Betracht, wenn das MedienG Anwendung findet, da dort auch immaterielle Ansprüche vorgesehen sind.

16   Bei der Bestimmung, ob eine Ehrbeleidigung iSd § 1330 Abs. 1 ABGB vorliegt, ist auf die jeweiligen Tatbestände des Strafrechts zurückzugreifen. Nach **§ 111 Abs. 1 StGB** liegt eine **üble Nachrede** vor, wenn jemand einem Dritten eine verächtliche Eigenschaft oder Gesinnung vorwirft und diese geeignet ist, den Betroffenen in der Öffentlichkeit verächtlich zu machen. Weiterhin liegt im Vorwurf einer schon bereits verbüßten oder aufgehobenen strafbaren Handlung nach **§ 113 StGB** ebenfalls eine Ehrverletzung, wie auch in den Fällen einer Beleidigung nach **§ 115 StGB**. Zu bedenken ist dabei stets, dass ein Vorsatz des Handelnden nicht vorliegen muss, sondern er lediglich hätte erkennen müssen, dass es sich um eine ehrrührige Äußerung handelt. Grundsätzlich kommt eine Verletzung sowohl bei **Werturteilen** als auch bei **unwahren Tatsachen** in Betracht.³⁵ Fraglich ist, inwieweit auch bei **wahren Tatsachenbehauptungen** eine Ehrenbeleidigung angenommen werden kann. Dies wird man nur in wenigen Ausnahmefällen annehmen können, wenn die **Art und Weise des Darbringens** der Tatsachen als ehrenrührig angesehen werden kann. Insbesondere gilt dies, wenn die Interessen des Betroffenen unnötig verletzt werden.³⁶

17   Von der Rechtsprechung wurde es auch als ehrverletzend angesehen, wenn ein Fernsehsender eine Reportage über die Produktion eines Pornofilmes dreht und hierbei eine Gaststätte, die keine Erlaubnis zur Pornoproduktion erteilt hatte, immer wieder zu sehen ist.³⁷ Ebenfalls reicht eine wahre Tatsache aus, wenn es iSd **§ 113 StGB** um den Vorwurf einer schon „abgetanenen" gerichtlich strafbaren Handlung geht. Hierdurch wird in das Persönlichkeitsrecht eingegriffen, womit auch ein Schadensersatzanspruch nach § 1330 Abs. 1 ABGB verbunden ist. Allerdings ist hierbei zu beachten, dass die vorzunehmende Abwägung mit dem **Interesse der Öffentlichkeit an einer ordnungsgemäßen Rechtspflege** im Ergebnis einen Eingriff zu rechtfertigen vermag. So verhält es sich

---

³² *Schuhmacher*, Medienberichterstattung, S. 56; *Reischauer* in Rummel, ABGBG, § 1330 Rn. 3.

³³ St. Rspr. des OGH, vgl. nur OGH, 4. 10. 1994, MR 1994, 244 – *Exklusivinterview II*; 7. 7. 1992, MR 1992, 205 – Disziplinaranzeige. Ausführlich *Mayer-Schönberger*, Information und Recht, S. 28 f.

³⁴ *Aicher* in: Rummel, ABGB, § 16 Rn. 18; für das deutsche Recht BVerfGE 34, 269.

³⁵ S. *Posch* in: Schwimann, ABGBG, § 16 Rn. 30; s. OGH, MR 2000, 22 – *Skandalmüll*, wonach eine Tatsache dann unwahr ist, wenn ihr sachlicher Kern im Zeitpunkt der Äußerung nicht mit der Wirklichkeit übereinstimmt.

³⁶ Vgl. *Stahlschmidt* AfP 2001, 106, 107 ff. m.w.N.

³⁷ OGH, 26. 1. 2006, MR 2006, 36 – *Tabubruch*, wobei nicht klar wird, inwieweit auch § 1330 Abs. 2 ABGB einschlägig ist, wobei grundsätzlich dort nur unwahre Tatsachen erfasst werden (s.u.).

z. B., wenn einem Mandatsträger eine bereits länger zurückliegende Geldbuße wegen Verletzung des Amtsgeheimnisses vorgehalten wird.[38] In diesem Fall überwiegt das **Recht der freien Meinungsäußerung**, da auf die Gewichtigkeit des Themas für die Allgemeinheit und auf die herausragende Stellung eines Politikers abzustellen ist. Anderenfalls würde man außerdem auch mit Art. 10 EMRK in Konflikt geraten.

Im **geschäftlichen Verkehr** von besonderer Bedeutung ist der Anspruch aus § 1330 **18** Abs. 2 ABGB bei **Verletzung des wirtschaftlichen Rufes durch Kreditschädigung**. Der Anspruch kann sowohl Einzelpersonen als auch juristischen Personen zustehen. Ein Eingriff ist nur durch unwahre Tatsachen möglich; handelt es sich hingegen um reine Werturteile, so ist lediglich § 1330 Abs. 1 ABGB einschlägig.[39] So ist das Aufstellen und Verbreiten wahrer kreditschädigender Tatsachenbehauptungen grundsätzlich zulässig, kann aber unter § 1330 Abs. 1 ABGB fallen. Die Unterscheidung zwischen **Tatsachenbehauptung und Werturteil** ist dabei nach ständiger Rechtsprechung danach zu treffen, ob die Behauptung in ihrem Tatsachenkern erwiesen werden kann, oder ob es sich um eine **unüberprüfbare Meinungskundgebung** handelt.[40] Im vorliegenden Fall wurde es als kreditschädigend angesehen, dass öffentlich fälschlicherweise behauptet wurde, **eine Tageszeitung** habe einen bedeutsamen Sachverhalt als wahrheitsgemäß bestätigt. Weiterhin ist von besonderer Bedeutung, dass für einen Anspruch nach § 1330 Abs. 2 ABGB die Tatsache **verbreitet** worden sein muss. Hierzu reicht es aus, wenn **Tatsachen auf eine Homepage** oder in deren Unterverzeichnisse aufgenommen werden, auch wenn lediglich Behauptungen Dritter wiederholt werden.[41] Hierzu ist es nicht erforderlich, dass eine „intellektuelle Beziehung" des Verbreitenden zu dem weitergegebenen Gedankeninhalt besteht. Aber auch hier ist innerhalb einer Abwägung zu ermitteln, inwieweit widerstreitende Interessen wie die Meinungsfreiheit ein entsprechendes Handeln rechtfertigen.

Als **Rechtsfolge** kommt wie in § 1330 Abs. 1 ABGB Schadensersatz in Betracht, nach **19** § 1330 Abs. 2 S. 2 ABGB ebenfalls **Widerruf und dessen Veröffentlichung**. Teilweise wird vertreten, dass es für den Widerruf entgegen der Regelung in S. 1 nicht auf ein Verschulden ankomme. Demgegenüber weist die Rechtsprechung einen **verschuldensunabhängigen Widerrufsanspruch** zurück, da dies am klaren Wortlaut des Gesetzes scheitere.[42] Zu beachten ist weiterhin, dass nach **§ 1330 Abs. 2 S. 3 ABGB** der Handelnde für eine nicht öffentlich vorgebrachte Mitteilung, deren Unwahrheit er nicht kannte, nicht zu haften braucht, wenn er oder der Empfänger hieran ein berechtigtes Interesse hatten.

III. Der Namensschutz

Der Schutz des Namens ergibt sich aus **§ 43 ABGB**. Danach stehen dem Namensinha- **20** ber bei Bestreiten seiner Namensinhaberschaft und bei unbefugtem Gebrauch seines Namens Unterlassungs- und bei Verschulden auch Schadensersatzansprüche zu. Somit gewährt § 43 ABGB dem Namensträger ein subjektives Recht, wenn **ein Nichtberechtigter den Namen** führt. Dieses Recht steht auch juristischen Personen zu, soweit ihnen ein eigener Namensschutz zukommt. Ebenfalls geschützt sind **Künstlernamen**, wovon auch Musikgruppen umfasst sein können.[43] Zu unterscheiden ist jeweils, ob es sich um eine **Namensanmaßung iSd § 43 ABGB** handelt oder aber um eine **Namensnennung**. Eine Anmaßung setzt voraus, dass sich ein Dritter als berechtigter Träger eines fremden

---

[38] OGH, 26. 8. 2004, MR 2004, 325 – *nicht lernfähig*; s. schon *Berka*, Recht der Massenmedien, S. 211 ff.

[39] *Reischauer* in: Rummel, ABGB, § 1330 Rn. 15 m. w. N.

[40] So OGH, 15. 12. 2004, MR 2005, 93 – *EU-Sanktionen*.

[41] OGH, 25. 2. 2004, MR 2005, 95 – *Unsere Klestils II*.

[42] OGH SZ 50/86, 4 17 ff.; *Lazarakos* ZfRV 2002, 1, 9.

[43] Vgl. *Kucsko*, MR 2004, 181 ff.

Namens geriert. Es wird somit die Kennzeichnungsfunktion des Namens verletzt.[44] Unbefugt ist dabei der Gebrauch des fremden Namens, wenn er nicht auf einem eigenen Namensrecht beruht und der wirkliche Namensträger den Gebrauch nicht gestattet hat.[45] Demgegenüber ist in der Praxis die Namensanmaßung von größerer Bedeutung. Hier wird dem Rechtsverkehr vorgespiegelt, dass der Handelnde **zum Tragen des Namens berechtigt** ist. Hierdurch wird der Name unbefugt und u.U. in rufschädigender Weise verwendet, was allerdings von § 16 ABGB erfasst wird, nicht von § 43 ABGB. Solche Fälle treten besonders bei der Verwendung eines Namens **zu Werbezwecken** auf.[46]

21   Hierbei handelt es sich um das sog. **Recht auf Namensanonymität**, wodurch sich der Einzelne gegen die Verwendung seines Namens in einem **sachlich nicht gerechtfertigten** Zusammenhang wehren kann.[47] Somit dient der Schutz des Namens nach § 16 ABGB vorrangig dem **Schutz der Privatsphäre**, der Schutz nach § 43 ABGB vorrangig dem Schutz der Stellung des **Einzelnen in der Öffentlichkeit**. In beiden Fällen ist wiederum eine umfassende Abwägung der widerstreitenden Interessen vorzunehmen. So kann gerade in Fällen, in denen es um die Berichterstattung geht, eine Namensnennung aufgrund des **Informationsinteresses** der Allgemeinheit durchaus überwiegen.[48] Im Bereich der neuen Verwertungsformen wird diskutiert, inwieweit eine Namensanmaßung bei der **Werbung für Klingeltöne** mit dem Namen des Künstlers vorliegt. Diese wird teilweise damit begründet, dass der Name eines Produkts irrigerweise einem bestimmten Namensinhaber zugeordnet werde.[49] Hierbei könne von einer Verletzung des § 43 ABGB ausgegangen werden, da der jeweilige Künstler bei **fehlender Einwilligung** ideell oder wirtschaftlich mit einem Dritten in Verbindung gebracht werde. Allerdings ist hierbei zu berücksichtigen, dass die Frage sich vielmehr im Urheberrecht als im Namensrecht stellt. Daher ist vielmehr nach der Einräumung von Nutzungsrechten zu fragen. In diesem Zusammenhang ist ebenfalls zu erwähnen, dass der OGH durchaus einen **Gestattungsvertrag zur Namensverwendung** erlaubt, da eine Veräußerung des Namens wegen seiner höchstpersönlichen Eigenschaft nicht möglich ist.[50]

22   Streitig ist hierbei nur, inwieweit diesem Gestattungsvertrag auch **dingliche Wirkung** zukommt, also der Vertrag nicht nur inter partes wirkt. Zwar nimmt der OGH in der Radetzky-Entscheidung die Dinglichkeit eines solchen Vertrages an, freilich ohne ausreichende Begründung.[51] Andererseits wird teilweise angenommen, bei dem Vertrag handele es sich lediglich um den Verzicht, **Unterlassungsansprüche** gegenüber dem Vertragspartner geltend zu machen.[52] Der Unterschied der Ansichten wird dort deutlich, wo es um die **Fälle der Gleichnamigkeit** geht. Hier hilft lediglich ein Verzichtsvertrag dem Dritten nicht weiter, er ist weiterhin auf eine Geltendmachung durch den Namensinhaber angewiesen. Durch die Rechtsprechung des OGH nähert sich das allgemeine Persönlichkeitsrecht, hier in Form des Namensrechts, immer mehr dem Urheberrecht mit seiner **Möglichkeit der dinglichen Übertragung** urheberrechtlicher Befugnisse an. Diese Entwicklung ist auch in Deutschland festzustellen und führt im Ergebnis zu einer weiteren **Kommerzialisierung von Persönlichkeitsrechten**.[53]

---

[44] S. *Posch* in: Schwimann, ABGBG, § 16 Rn. 24; *Halfmeier*, Die Veröffentlichung privater Tatsachen, S. 140.

[45] *Koziol/Welser*, Grundriss des bürgerlichen Rechts, S. 80; OGH, RdW 1992, 371.

[46] OLG Wien, MR 1989, 19 – *Fröhlich im Lokal*; vgl. *Posch* in: Schwimann, ABGBG, § 16 Rn. 25.

[47] OGH, 22. 10. 1986, JBl 1987, 37, 38; *Koziol/Bydlinski/Bollenberger*, ABGB, § 43 Rn. 6. Dazu auch OLG Innsbruck, Beschl. v. 27. 9. 1999, MR 2000, 148 – *Hausbesorgerdaten im Internet*.

[48] *Mayer-Schönberger*, Information und Recht, S. 34; *Koziol/Warzilek* in: Koziol/Warzilek, Persönlichkeitsschutz, S. 16.

[49] Ausführlich hierzu *Kucsko* MR 2004, 181 ff.

[50] Grundlegend OGH, 15. 6. 2000, MR 2000, 368 – *Radetzky*.

[51] Vgl. *Posch* in: Schwimann, ABGBG, § 43 Rn. 23.

[52] So vor allem *Zöchauer* MR 2001, 353, 354.

[53] Ausführlich *Koos* GRUR 2004, 808, 811, wo die Marlene-Rechtsprechung des BGH der Entwicklung der OGH-Rechtsprechung gegenübergestellt wird.

IV. Das Recht am eigenen Bild

Der Bildnisschutz wird ausdrücklich in § 78 UrhG geregelt und verbietet die öffentli- **23** che Ausstellung, Zugänglichmachung und Verbreitung, wenn dadurch berechtigte Interessen des Abgebildeten oder eines verstorbenen Angehörigen verletzt werden. Hierzu ist es erforderlich, dass der Abgebildete erkennbar ist, wodurch **die Identifizierung** durch aufgrund eines dazugehörigen Textes ausreicht.[54] Besondere Bedeutung kommt dem Bildnisschutz im Bereich der Medien zu. Hier ist insbesondere **§ 7a MedienG** zu nennen, neben dem § 78 UrhG weiterhin Anwendung finden kann (dazu unten). Besondere Bedeutung kommt im Rahmen des § 78 UrhG der Bestimmung der **berechtigten Interessen** zu. Deren Verletzung wird vor allem dann angenommen, wenn der Betroffene durch die Abbildung bloßgestellt, entwürdigt, herabgesetzt oder sein Privatleben preisgegeben wird.[55] Dies hat auch für Personen der Zeitgeschichte zu gelten, deren Schutz insgesamt wie in Deutschland eingeschränkt ist.

Die vorzunehmende Interessenabwägung hat insoweit einem **objektiven Prüfungs- 24 maßstab** zu folgen, wobei auch der Text einer Bildberichterstattung heranzuziehen ist. Bietet dieser **Anlass zu Missdeutungen** und ist dadurch entwürdigend und herabsetzend, ist eine Verletzung des § 78 UrhG anzunehmen.[56] Die vorzunehmende Abwägung innerhalb der Norm stellt insoweit keine Schwierigkeit dar, weil sich über die Jahre eine gefestigte Rechtsprechung entwickelt hat, insbesondere auch im Rahmen des § 7a UrhG. Vor neuen Problemen steht die Judikatur allerdings bei der Verwendung von **Bildnissen im Internet**. So stellt sich die Frage, wann z. B. ein Arbeitgeber **Fotos seiner Mitarbeiter** in seine Website inkorporieren darf. Hierzu entschied der OGH, dass dieses ohne Einwilligung des Arbeitnehmers nicht erlaubt sei und insbesondere nicht mit einer Treuepflicht gerechtfertigt werden könnte.[57] Ebenfalls als unzulässig wurde es angesehen, wenn Nacktfotos trotz einmal **erteilter Veröffentlichungsermächtigung** nach Aufforderung nicht aus dem Netz genommen werden. Dies wurde mit dem **höchstpersönlichen Intimbereich** des Abgebildeten gerechtfertigt, weswegen eine Interessenabwägung zu seinen Gunsten auszufallen hätte.[58] Allerdings hatte die Betroffene einen Ersatz für die vorangegangenen Aufwendungen zu leisten.

Die Rechtsfolgen bei einer Verletzung des Schutzes aus § 78 UrhG ergeben sich **25** weitgehend ebenfalls aus dem Urheberrecht. So steht dem Abgebildeten nach § 81 Abs. 1 UrhG ein Unterlassungsanspruch zu, außerdem ein Anspruch auf Beseitigung des rechtswidrigen Zustandes (§ 82 Abs. 1 UrhG), auf Urteilsveröffentlichung (§ 85 UrhG) und bei Verschulden auf Schadensersatz (§ 87 UrhG). Allerdings kommt ein Verwendungsanspruch in Form eines Entgeltes nach § 1041 ABGB in Betracht, wenn das **Bild einer Person zu Werbezwecken** verwendet wird.[59] Allerdings muss hierzu ein **geldwerter Bekanntheitsgrad** des Abgebildeten vorliegen. Der Verwendungsersatz stützt sich somit nicht auf die Verwendung des Bildes als Sache.[60] Der OGH sieht nämlich grundsätzlich alle **Rechtsfolgen der Verletzung** des § 78 UrhG als vom UrhG abschließend geregelt an. Dies bedeutet allerdings nicht, dass eine privatrechtliche Vereinbarung auch dann Bestand hat, wenn kein derartiger Bekanntheitsgrad gegeben ist.

---

[54] *Stahlschmidt* AfP 2001, 106, 108; vgl. insbesondere OGH, MR 1995, 16, MR 2003, 90.

[55] So *Koziol/Warzilek* in: Koziol/Warzilek, Persönlichkeitsschutz, S. 20.

[56] So OGH, Beschl. v. 16. 3. 2004, Az. 4 Ob 43/04h; s. auch *Gschnitzer*, Allgemeiner Teil, S. 209.

[57] OGH, 5. 10. 2000, RdW 2001, 254 – *Arbeitnehmerfoto im Internet*.

[58] OGH, Beschl. v. 16. 12. 2003, MR 2001, 314 – *U-Bahn-Express*.

[59] OGH, 4. 10. 1994, MR 1995, 25 – *Berufsfußballer*; *Stahlschmidt* AfP 2001, 106, 109.

[60] OGH, JBl 1989, 786 – *Aids-Reportage*; *Gschnitzer*, Allgemeiner Teil, S. 210.

V. Der Schutz sonstiger Persönlichkeitsrechte

1. Der Datenschutz

26   Das österreichische Datenschutzgesetz (DSG) von 2000 enthält in § 1 ein **verfassungs-rechtliches Grundrecht** auf Datenschutz. Danach hat jedermann, insbesondere im Hinblick auf die **Achtung seines Privat- und Familienlebens**, Anspruch auf Geheimhaltung personenbezogener Daten, sofern er ein schutzwürdiges Interesse daran hat und keine Zustimmung iSd § 1 Abs. 2 DSG vorliegt. Weiterhin enthält § 1 Abs. 3 und 4 ein Recht auf **Auskunft, Richtigstellung und Löschung** personenbezogener Daten bei automationsunterstützt verarbeiteten Daten. Dieses Verfassungsrecht kann sowohl gegenüber staatlichen Stellen, als auch **gegen Private** durchgesetzt werden (vgl. § 1 Abs. 5 DSG). Neben diesen verfassungsrechtlich garantierten Rechten bestehen einfachgesetzliche Ansprüche, z. B. auf Rechtmäßigkeit der Ermittlung und Verarbeitung, Datensicherheit und Auskunft (vgl. §§ 17 ff. DSG). Im Ergebnis zeigt sich, dass durch die eingeräumten Rechte das DSG – ähnlich wie im deutschen Recht – ein **„Recht auf informationelle Selbstbestimmung"** gewährt.[61] Dies stellt sich somit als **besonderes Persönlichkeitsrecht** iSd § 16 ABGB dar.

27   Geschützt werden insoweit nicht nur natürliche, sondern **auch juristische Personen** und Personengemeinschaften (s. § 4 Ziff. 3 DSG). Der Begriff des **schutzwürdigen Interesses in § 1 Abs. 1 DSG** wird insoweit weiter präzisiert, als dass dieses ausgeschlossen ist, wenn Daten allgemein verfügbar sind oder wegen ihrer mangelnden Rückführbarkeit auf den Betroffenen ein Geheimhaltungsanspruch nicht besteht. Die **Schutzwürdigkeit des Interesses** ist außerdem nach objektiven Maßstäben zu beurteilen, wobei es darauf ankommt, ob bei einer Durchschnittsbetrachtung ein schutzwürdiges **Geheimhaltungsinteresse** einer Datenermittlung oder Datenübermittlung entgegensteht.[62] Das **Grundrecht auf Datenschutz** kann bei Daten, die im Zeitpunkt ihrer Ermittlung allgemein verfügbar waren, wieder aufleben, wenn diese allgemeine Verfügbarkeit wieder verloren geht.[63] Die Verwendung von personenbezogenen Daten ist jedoch auch dann zulässig, wenn gem. § 1 Abs. 2 DSG ein **überwiegendes berechtigtes Interesse** eines anderen besteht. Dies entspricht der Abwägung iRd § 16 ABGB. So sah es der OGH als einen Verstoß gegen das Grundrecht aus § 1 DSG an, wenn ein Rechtsanwalt in eine **Warnliste der österreichischen Banken** aufgenommen wird.[64] Zwar könne hierdurch dem Gläubigerschutz Rechnung getragen werden, doch sei dies dennoch ein unverhältnismäßiger Eingriff in die Rechte des Betroffenen.

28   Als Rechtsfolge bei Verletzungen des Grundrechts aus § 1 DSG steht dem Betroffenen ein **Schadensersatzanspruch aus § 33 DSG** zu, wenn ein Verschulden gegeben ist. Hierbei wird grundsätzlich nur der Vermögensschaden ersetzt, wobei auch ein **Unterlassen** der betreffenden Handlungen in Betracht kommt. Weiterhin sieht § 33 Abs. 1 S. 3 DSG den **Ersatz des immateriellen Schadens** für diejenigen Fälle vor, in denen durch schwerwiegende Verstöße bestimmte Datenarten verwendet werden, wie z. B. **sensible Daten** betreffend der ethnischen Herkunft, der religiösen oder politischen Überzeugung. Die Vorschrift ist allerdings nicht anwendbar auf Medienunternehmen und ihre Mitarbeiter, soweit es sich um ihre publizistische Tätigkeit handelt (s. § 48 DSG). Hier greifen wiederum nur die §§ 6 ff. MedienG.[65]

---

[61] Zutreffend *Posch* in: Schwimann, ABGBG, § 16 Rn. 41.
[62] *Mayer-Schönberger*, Information und Recht, S. 46 mit Verweis auf Art. 8 EMRK.
[63] So *Drobesch/Grosinger*, DSG, S. 99; s. schon *Berka*, Recht der Massenmedien, S. 248 zum alten DSG.
[64] OGH, 15. 12. 2005, 6 Ob 275/05t; s. auch Anmerkung *Knyrim* MR 2006, 86.
[65] Vgl. dazu *Hager/Zöchbauer*, Persönlichkeitsschutz, S. 38.

2. Das Urheberpersönlichkeitsrecht

In den §§ 19–21 UrhG wird das **Urheberpersönlichkeitsrecht** geregelt. Dabei ent- **29** spricht der Schutz weitgehend demjenigen des deutschen Rechts. Auch in Österreich wird die **monistische Theorie** vertreten, also die Verbindung der ideellen und wirtschaftlichen Interessen in einem einheitlichen Urheberrecht.[66] Dieses ist unübertragbar, da das Urheberpersönlichkeitsrecht stets beim Urheber verbleibt. Allerdings können Dritten **Nutzungsrechte** an einem Werk eingeräumt werden. Nach § 19 UrhG steht dem Urheber das unverzichtbare Recht zu, die Urheberschaft für sich in Anspruch zu nehmen. Ebenfalls kann er über das Anbringen der Urheberbezeichnung bestimmen (§ 20 UrhG) und hat in Veränderungen des Werkes bei der Verbreitung grundsätzlich einzuwilligen (§ 21 UrhG). Allerdings geht das Urheberpersönlichkeitsrecht über die normierten Tatbestände hinaus und ist **im Einzelfall** zu bestimmen.

VI. Der Schutz der Persönlichkeit durch das MedienG

Es wurde bereits darauf hingewiesen, dass das österreichische Recht mit dem Medien- **30** gesetz eine detaillierte Regelung zur Tätigkeit der Medien und den Schutz der Persönlichkeit besitzt. Hierbei werden sämtliche **bekannten Medienformen** einschließlich derjenigen im Onlinebereich erfasst, vgl. § 1 MedienG.[67] Das MedienG soll die **publizistische Tätigkeit der Medien** in genereller Form regeln, insbesondere auch den Schutz der journalistischen Berufsausübung in den §§ 2–5 MedienG. Für den Schutz der Persönlichkeit gegenüber Eingriffen durch Medienunternehmen und -inhabern werden in **§§ 6 ff. MedienG** unterschiedliche Persönlichkeitsrechte einer eigenen Regelung zugeführt. Hierbei hat allerdings stets eine Abwägung mit der **Meinungs- und Pressefreiheit** stattzufinden, um dieses Grundrecht nicht in unzulässiger Weise einzuschränken.[68]

Die Besonderheit besteht außerdem darin, dass entgegen dem allgemeinen zivilrecht- **31** lichen Grundsatz bei jeglicher Form der Persönlichkeitsrechtsverletzung iSd MedienG eine Entschädigung für den **immateriellen Schaden** verlangt werden kann. In sachlicher Hinsicht gibt es vielfältige **Überschneidungen mit dem allgemeinen Persönlichkeitsrecht**, wie es bereits dargestellt wurde. Lediglich § 1328a Abs. 2 ABGB sieht die Spezialität des § 7 MedienG bei Verletzungen der Privatsphäre vor. Ansonsten bestehen beide Regelungsbereiche grundsätzlich nebeneinander und ergänzen sich, wobei allerdings bislang das genaue Verhältnis noch ungeklärt ist.[69] Zum einen versucht das MedienG **eine Privilegierung der Medien** herzustellen, zum anderen aber auch den Schutz des Einzelnen zu stärken. Dies gelingt nur begrenzt und führt dazu, dass kein geschlossenes Konzept erkennbar erscheint. Jedenfalls sind zur Bestimmung der Persönlichkeitsrechte in den §§ 6 ff. MedienG die **allgemeinen Grundlagen**, wie sie oben dargestellt wurden, heranzuziehen. Diese werden in vielfältiger Weise lediglich modifiziert. Im Mittelpunkt wird vielfach wiederum die **Abwägung der widerstreitenden Interessen** stehen, die im Rahmen der Meinungs- und Pressefreiheit besonderer Aufmerksamkeit bedürfen.[70]

1. Der Ehrenschutz nach § 6 MedienG

In **§ 6 Abs. 1 MedienG** wird ein Entschädigungsanspruch des Betroffenen bei übler **32** Nachrede, Beschimpfung, Verspottung und Verleumdung festgeschrieben. Hierzu reicht die objektive Verwirklichung **der** objektiven **Tatbestände der §§ 111, 115, 297 StGB** aus. Dieser Anspruch besteht gegen **das Medienunternehmen** iSd § 1 Abs. 1 Ziff. 6 Me-

---

[66] Ausführlich *Dillenz/Gutmann*, UrhG & VerwGesG, § 1 Rn. 1 ff.

[67] Zu den Änderungen durch die MedienG-Nov 2005 s. *Zöchbauer* MR 2005, 164, 165.

[68] *Koziol/Warzilek* in: Koziol/Warzilek, Persönlichkeitsschutz, S. 26.

[69] Vgl. ausführlich *Schumacher*, Medienberichterstattung, S. 137 ff. zur Abwägung der Interessen in den unterschiedlichen Regelungsbereichen.

[70] Ausführlich *Schumacher*, Medienberichterstattung, S. 51 ff.

dienG unabhängig davon, ob sich der einzelne Verfasser ebenfalls wegen einer Ehrverletzung zu verantworten hat.[71] Als typisches Beispiel für einen Anspruch nach § 6 Abs. 1 MedienG kann der Fall „Waltraud Wagner" des OGH herangezogen werden.[72] Hier wurde in einer Boulevardzeitung eine Krankenschwester des Mordes an Patienten verdächtigt und ihr ein Doppelleben als Prostituierte nachgesagt. Der Artikel enthielt weiterhin die Behauptung, sie sei bei ihrer Kundschaft „als Schweinchen, das alles macht" bekannt gewesen.[73] Nach allgemeinen Grundsätzen des § 1130 Abs. 1 ABGB liegt hierin eine Ehrenverletzung der Betroffenen vor. **Als Entschädigungsbetrag sieht § 6 Abs. 1 S. 3 MedienG** einen Betrag von höchstens 20 000 Euro vor, bei Verleumdung oder besonders schwerwiegenden Auswirkungen einer üblen Nachrede einen Betrag von höchstens 50 000 Euro.

33   Allerdings werden zum **Schutz der Meinungs- und Pressefreiheit** durch § 6 Abs. 2 MedienG einige Einschränkungen der Haftung nach § 6 Abs. 1 MedienG vorgenommen. So besteht der Anspruch nicht, wenn eine **wahrheitsgetreue Parlamentsberichterstattung** gegeben ist oder wenn es sich um eine wahrheitsgetreue Wiedergabe von Äußerungen Dritter handelt, an deren Zitierung die Allgemeinheit ein **überwiegendes Interesse** hat (§ 6 Abs. 2 Ziff. 4 MedienG). Eine Privilegierung greift ferner, wenn die **gebotene journalistische Sorgfalt** aufgewendet wurde und dennoch eine unwahre Tatsache für wahr gehalten wurde (§ 6 Abs. 2 Ziff. 2b) MedienG). Gleiches gilt für Livesendungen und für das Bereithalten zur **Abrufbarkeit auf einer Website** (vgl. § 6 Abs. 2 Ziff. 3a).[74] Im Ergebnis zeigt sich, dass der Schutz der Ehre **gegenüber wahren Veröffentlichungen** geringer ist als gegenüber unwahren. Außerdem kommt der Abwägung mit den öffentlichen Interessen eine herausragende Bedeutung zu.[75] Die **starren Höchstgrenzen des § 6 Abs. 1 MedienG** sind allerdings dergestalt problematisch, als dass Medienunternehmen im Voraus berechnen können, in welcher Höhe sie zur Haftung herangezogen werden können. Dies führt im Ergebnis dazu, dass die **Caroline-Rechtsprechung des BGH**, in welcher das Gericht – unabhängig von zuvor ergangenen Entscheidungen – ein hohes Schmerzensgeld gewährt hat, in diesem Umfang in Österreich nicht möglich wäre. Dies führt zu einer **Einschränkung des Betroffenenschutzes.**

2. Der Schutz der Privatsphäre nach § 7 MedienG

34   Nach § 7 MedienG wird der **Schutz der Privatsphäre** eines Betroffenen durch die Medienberichterstattung geregelt. Hierzu wird festgelegt, dass bei Erörterung des **höchstpersönlichen Lebensbereichs** einer Person in einer Art und Weise, die geeignet ist, denjenigen in der Öffentlichkeit bloßzustellen, ebenfalls ein Anspruch auf Ersatz des immateriellen Schadens besteht. Dieser darf 20 000 Euro nicht übersteigen. Der Begriff des höchstpersönlichen Lebensbereiches deckt sich dabei mit demjenigen der **Privat- und Geheimsphäre** des Art. 8 Abs. 1 EMRK und demjenigen, der im Rahmen des § 16 ABGB anwendbar ist.[76]

35   In § 7 Abs. 2 MedienG werden wiederum Ausnahmen von dieser Regelung festgeschrieben, die sich weitgehend mit denen in § 6 Abs. 2 MedienG decken. Von besonderer Bedeutung ist hierbei vor allem § 7 Abs. 2 Ziff. 2 MedienG. Danach ist eine Veröffentlichung auch dann zulässig, wenn sie wahr ist und im **unmittelbaren Zusammenhang** mit dem öffentlichen Leben steht. Dies könnte dahin gehend verstanden werden, dass in diesen Fällen **keine Abwägung der widerstreitenden Interessen** (vor allem dem In-

---

[71] *Hager/Zöchbauer*, Persönlichkeitsschutz, S. 41; vgl. OLG Wien, 12. 7. 1995, 18 Bs 136/95.

[72] OGH, JBl 1996, 112.

[73] Ausführlich zu diesem exemplarischen Fall s. *Koziol/Warzilek* in: Koziol/Warzilek, Persönlichkeitsschutz, S. 29 ff.

[74] Letzteres wurde eingefügt durch die MedienG-Nov 2005, um den Gegebenheiten der modernen Informationsgesellschaft zu entsprechen, vgl. *Zöchbauer* MR 2005, 164.

[75] Ausführlich *Koziol/Warzilek* in: Koziol/Warzilek, Persönlichkeitsschutz, S. 26.

[76] Hierzu bereits oben; vgl. OLG Wien, 26. 7. 2007, MR 2007, 254 – *Kinderwunsch*.

teresse der Allgemeinheit an einer Veröffentlichung) vorzunehmen ist. Dem kann allerdings nicht gefolgt werden, da der **Begriff des unmittelbaren Zusammenhangs** ebenfalls erfordert, dass eine Güterabwägung vorgenommen wird.[77] Dies ergibt sich ebenfalls aus der entsprechenden Gesetzesbegründung.

3. Der Schutz vor Bekanntgabe der Identität nach § 7a MedienG

Nach § 7a Abs. 1 MedienG sollen bestimmte Personengruppen davor geschützt werden, **36** dass ihr Name, ihr Bild oder andere Angaben veröffentlicht werden, die zu einer **Identifizierung** führen könnten. Hiervon umfasst werden nach § 7a Abs. 2 MedienG Opfer einer Straftat oder einer Straftat verdächtigten Person oder ein bereits verurteilter Täter. Eine Rechtfertigung ist wiederum nur aufgrund einer **Abwägung mit überwiegenden Interessen der Öffentlichkeit** möglich. Ein **überwiegendes Interesse des Betroffenen** kann z.B. dann angenommen werden, wenn durch die Namensnennung unmittelbare Auswirkungen auf die berufliche Tätigkeit des Betroffenen zu erwarten sind, die vom Autoritätsverlust bis zum Verlust des Arbeitsplatzes reichen können.[78] Hierbei ist allerdings stets zu bedenken, dass eine **nicht identifizierende Darstellung** ohne Aufgabe des Informationszweckes kaum möglich ist.[79] Außerdem ist erforderlich, dass **schutzwürdige Interessen des Betroffenen** vorliegen müssen. Wie bei §§ 6, 7 MedienG kommt eine Rechtfertigung u.a. bei wahren Tatsachen in Betracht, wenn die journalistische Sorgfalt eingehalten wurde und die Veröffentlichung im unmittelbaren Zusammenhang mit dem öffentlichen Leben steht.

Ebenfalls zu erwähnen ist in diesem Zusammenhang **§ 7b MedienG**. Diese betrifft **37** Personen, die als Verdächtige einer strafbaren Handlung zu gelten haben, aber noch nicht verurteilt wurden. Auch hier besteht ein Anspruch auf Ersatz des immateriellen Schadens. Neben den bereits bekannten Rechtfertigungsgründen kommt nach **§ 7b Abs. 2 Ziff. 2 MedienG** eine Rechtfertigung in Betracht, wenn es sich um die Berichterstattung über ein erstinstanzliches Urteil handelt und ein Verweis darauf gemacht wird, dass dieses Urteil noch nicht rechtskräftig ist.

4. Rechtsfolgen

Zur Geltendmachung der Ansprüche enthält **§ 8 MedienG gemeinsame Bestim-** **38** **mungen**. Nach dieser Vorschrift darf in den Fällen der §§ 6 ff. MedienG nur ein einziger Entschädigungsbetrag zuerkannt werden, es kommt also **nicht zu einer Addition**, falls mehrere Tatbestände erfüllt wurden.[80] Der Gesamtbetrag darf die vorgegebenen Höchstbeträge nicht übersteigen. Weiterhin von Bedeutung ist, dass es sich um ein **selbstständiges Entschädigungsverfahren** nach § 8a MedienG handelt. In den Fällen, in denen kein strafrechtliches Verfahren vorliegt, werden die Ansprüche **im Wege der Privatklage** vor dem nach § 41 Abs. 2 MedienG zuständigen Landesgericht geltend gemacht.

Von besonderer Bedeutung ist neben dem Anspruch auf Schadensersatz derjenige auf **39** **Gegendarstellung** im Rahmen der **§§ 9–20 MedienG**. Hierfür darf nach § 9 Abs. 1 MedienG der Betroffene durch eine Tatsachenbehauptung nicht nur allgemein betroffen sein. Ansonsten steht jedem Betroffenen das **Recht auf Gegendarstellung** zu, es sei denn, diese ist unwahr oder die Veröffentlichung aus anderen Gründen ausgeschlossen.[81] Es muss sich bei der angegriffenen Veröffentlichung um eine Tatsachenmitteilung handeln, wobei dieses Angaben sind, die einer **Prüfung auf Richtigkeit und Vollständigkeit** zugänglich sind (§ 9 Abs. 2 MedienG). Es darf sich mithin nicht nur um eine Meinungsäußerung oder Wertung handeln. Die zu veröffentlichende Darstellung ist an keine

---

[77] Ausführlich *Halfmeier*, Veröffentlichung, S. 140.
[78] OGH, 14. 1. 1997, 11 Os 173, 174/96; 17. 3. 1998, 14 Os 17, 18/98.
[79] Zutreffend daher OLG Innsbruck, 31. 7. 2003, MR 2004, 6 – *Namentliche Berichterstattung*.
[80] Ausführlich *Hager/Zöchbauer*, Persönlichkeitsschutz, S. 64; s. bereits *Zöchbauer*, Das neue Medienrecht, S. 105 ff.
[81] Vgl. *Stahlschmidt* AfP 2001, 106, 109.

bestimmte Form gebunden, es muss aber nach § 13 Abs. 3 MedienG der gleiche „**Ver-öffentlichungswert**" gegeben sein. Dies bedeutet, dass die Gegendarstellung nicht lediglich an einer versteckten Stelle zu veröffentlichen ist, sondern geeignet sein muss, **der Öffentlichkeit zur Kenntnis** zu gelangen, und dies in einem Umfang, wie es dem angegriffenen Artikel oder Beitrag möglich war.[82] Das zur Gegendarstellung verpflichtete Medienunternehmen kann allerdings im Anschluss an diese auf seine ursprüngliche Tatsachenmitteilung beharren, so steht dem Betroffenen kein Antrag nach § 20 MedienG auf Verhängung einer Geldbuße zu. Dem Betroffenen kommt kein „**Recht auf das letzte Wort**" zu.[83] Etwas anderes kann allerdings dann gelten, wenn eine Glosse veröffentlicht wird, die den Betroffenen beleidigt.

40   Ebenfalls besteht u.U. ein **Recht auf Urteilsveröffentlichung** nach § 34 MedienG. Dabei soll die Urteilsveröffentlichung sicherstellen, dass der Medienkonsument mit jenem Veröffentlichungswert, mit dem ein Medieninhaltsdelikt publiziert wurde, davon Kenntnis erhält, dass diese Veröffentlichung zumindest **objektiv einen strafrechtswidrigen Inhalt** hatte.[84] Hierbei ist zu beachten, dass der Anspruch aus § 34 MedienG mit dem Anspruch auf Widerruf nach § 1330 Abs. 2 ABGB kollidieren kann. Das **Rechtsschutzinteresse auf einen Widerruf** gem. § 1330 Abs. 2 ABGB entfällt allerdings, wenn bereits ein Anspruch aus § 34 MedienG geltend gemacht wird. Beide Ansprüche zielen auf das gleiche Rechtsschutzziel. Weiterhin besteht nach **§ 10 Abs. 1 MedienG** dann ein Anspruch auf **nachträgliche Mitteilung**, wenn sich im Nachhinein ein Verdacht auf eine strafbare Handlung als unberechtigt herausgestellt hat. Die nachträgliche Mitteilung kann dabei nicht die Gegendarstellung ersetzen, da **ein unterschiedlicher Informationsgehalt** besteht.[85]

41   Im Ergebnis zeigt sich, dass die Regelungen des MedienG aufgrund ihrer teilweise unklaren Rechtsbegriffe **nicht unbedingt** einen stärkeren Schutz des Einzelnen im Vergleich mit der deutschen Rechtslage bieten. Gerade auch die oftmals als zu gering anzusehenden Höchstgrenzen bei der Entschädigung verhindern hier oftmals eher einen stärkeren Schutz der Betroffenen. Lediglich im Rahmen des **§ 7c MedienG** sind Entschädigungen bis 100 000 Euro vorgesehen, allerdings nur bei verbotenen Veröffentlichungen, die durch bestimmte Überwachungsmethoden ermöglicht wurden. Ein Heraufsetzen der Regelsätze wird zwar diskutiert, scheiterte bislang aber am **fehlenden politischen Willen**.[86]

§ 66. Polen

Inhaltsübersicht

---

[82] Vgl. *Hager/Zöchbauer*, Persönlichkeitsschutz, S. 176 ff.
[83] OLG Wien, 22.12.2003, MR 2003, 8.
[84] So OGH, 11.12.2003, MR 2004, 108 – *Büro des Bürgermeisters*; s. auch *Lazarakos* ZfRV 2002, 1, 9.
[85] *Stahlschmidt* AfP 2001, 106, 109.
[86] S. auch *Koziol/Warzilek* in: Koziol/Warzilek, Persönlichkeitsschutz, S. 46.

Schrifttum: *Barta/Markiewicz,* Bezprawność naruszenia dobra osobistego wobec rozpowszechnienia w prasie nieprawdziwych informacji [Rechtswidrigkeit der Persönlichkeitsgutverletzung im Kontext der Veröffentlichung von falschen Informationen in der Presse] in: *Ogiegło/Popiołek/M. Szpunar* (Hrsg.) Rozprawy prawnicze. Księga pamiątkowa Maksymiliana Pazdana, 2005 [FS Pazdan]; *dies.,* in: Ustawa o prawie autorskim i prawach pokrewnych. Komentarz, 2005 [Gesetz über das Urheberrecht und verwandte Schutzrechte. Kommentar]; *dies.,*Wokół prawa do wizerunku, ZNUJ PWOWI 2002, Nr 80 [Um das Recht an eigenem Bilde herum]; *Bidzinski/Serda,* Cywilnoprawna ochrona dóbr osobistych w praktyce sądowej [Zivilrechtlicher Schutz von Persönlichkeitsgütern in der gerichtlichen Praxis] in: *Piątkowski* (Hrsg.) Dobra osobiste i ich ochrona w polskim prawie cywilnym, 1986 [Persönlichkeitsgüter und ihr Schutz im polnischen Zivilrecht]; *Braciak,* Prawo do prywatności, 2004 [Das Recht auf Privatheit]; *Cisek,* Dobra osobiste i ich niematerialna ochrona w kodeksie cywilnym, 1989 [Persönlichkeitsgüter und ihr immaterieller Schutz im ZGB]; *ders.* in: *Gniewek* (Hrsg.) Kodeks cywilny. Komentarz, 2006 [Zivilgesetzbuch. Kommentar]; *Czachórski,* Dobra osobiste i ich ochrona *de lege ferenda* w prawie cywilnym [Persönlichkeitsgüter und ihr Schutz *de lege ferenda*] in: Problemy kodyfikacji prawa cywilnego. Księga pamiątkowa ku czci Prof. Z. Radwanskiego, 1990 [FS Radwański]; *Czajkowska-Dąbrowska,* Kilka uwag na temat praw podmiotowych osobistych, PiP 7/1987 [Einige Bemerkungen zu Persönlichkeitsrechten]; *Dyka,* Zasady przyznawania i ustalania wysokości zadośćuczynienia pieniężnego w razie naruszenia dobra osobistego, KPP 3/2001 [Grundsätze der Gewährung und Feststellung der Wiedergutmachung im Geld im Falle der Verletzung eines Persönlichkeitsguts]; *Gawlik* (Hrsg.) Dobra osobiste. Zbiór orzeczeń Sądu Apelacyjnego w Krakowie, 1999 [Persönlichkeitsgüter. Sammlung von Entscheidungen des Berufungsgerichts in Kraków]; *ders.,* Ochrona dóbr osobistych. Sens i nonsens tzw. praw podmiotowych osobistych, ZNUJ DCC LXXI, 1985 [Persönlichkeitsgüterschutz. Sinn und Unsinn der so genannten subjektiven Persönlichkeitsrechte]; *Granecki,* Dobra osobiste – zagadnienie dóbr osobistych osób prawnych, PS 5/2002 [Persönlichkeitsgüter – die Frage der Persönlichkeitsgüter von juristischen Personen]; *Grzeszak,* Reklama a ochrona dóbr osobistych, PPH 2/2000 [Werbung und der Schutz von Persönlichkeitsgütern]; *dies* in: *Barta* (Hrsg.) System prawa prywatnego. Tom 13. Prawo autorskie, 2007 [System des Privatrechts. T. 13. Das Urheberrecht]; *Grzybowski,* Ochrona dóbr osobistych według przepisów ogólnych prawa cywilnego, 1957 [Schutz von Persönlichkeitsgütern nach den allgemeinen Vorschriften des Zivilrechts]; *ders.* in: *Grzybowski (Hrsg.)* System prawa cywilnego. T. 1, 1985 [System des Zivilrechts]; *Kędzia,* Prawo człowieka do integralności, RPEiS 3/1989 [Das Recht auf Integrität]; *Kopff,* Koncepcja prawa do intymnosci i do prywatności życia osobistego (zagadnienia konstrukcyjne), SC XX/1972 [Die Konzeption der Rechte auf Intimität und Privatheit des persönlichen Lebens (Konstruktionsfragen)]; *ders.,* Ochrona sfery życia prywatnego jednostki w świetle doktryny i orzecznictwa, ZNUJ Prace prawnicze 100/1982 [Schutz der Privatsphäre des Einzelnen im Lichte der Lehre und der Judikatur]; *Kordasiewicz,* Cywilnoprawna ochrona prawa do prywatności, KPP 1/2000 [Zivilrechtlicher Schutz der Privatheit]; *ders.*, Jednostka wobec środków masowego przekazu, 1991 [Ein Mensch gegenüber Massenmedien]; *ders.* W sprawie obiektywnych i subiektywnych kryteriów naruszenia dóbr osobistych [Subjektive und objektive Kriterien der Persönlichkeitsgüterverletzungen] in: *Kordasiewicz/Łętowska* (Hrsg.), Prace z prawa cywilnego wydane dla uczczenia pracy naukowej prof. J.S. Piątkowskiego, 1986 [FS Piątkowski]; *Kubiak-Cyrul,* Dobra osobiste osób prawnych, 2005 [Persönlichkeitsgüter von juristischen Personen]; *Lewaszkiewicz-Petrykowska,* W sprawie wykładni art. 448 k.c., PS 1/1997 [Die Auslegung des Art. 448 ZGB]; *Lijowska,* Koncepcja ogólnego prawa osobistości w niemieckim i polskim prawie cywilnym, KPP 4/2001 [Die Konzeption des allgemeinen Persönlichkeitsrechts in deutschem und in polnischem Zivilrecht]; *Matlak,* Cywilnoprawna ochrona wizerunku, KPP 2/2002 [Zivilrechtlicher Schutz des Bildes]; *Mączyński,* Zadośćuczynienie pieniężne za krzywdę spowodowaną naruszeniem dobra osobistego. Geneza, charakterystyka i ocena obowiązującej regulacji [Wiedergutmachung im Geld für den durch Persönlichkeitsgüterverletzungen verursachten immateriellen Schaden. Genese, Charakteristik und Bewertung der Regulation] in: Odpowiedzialność cywilna. Księga pamiątkowa ku czci Profesora Adama Szpunara, 2004 [FS Szpunar]; *Panowicz-Lipska,* Majątkowa ochrona dóbr osobistych, 1975 [Vermögensrechtlicher Schutz der Persönlichkeitsgüter]; *Pazdan* in: *Safjan* (Hrsg.) System prawa prywatnego. T 1 Prawo cywilne – część ogólna, 2007 [System des Privatrechts. T 1. Allgemeiner Teil]; *Piątkowski,* Ewolucja ochrony dóbr osobistych [Evolution des Schutzes der Persönlichkeitsgüter] in: *Łętowska* (Hrsg.) Tendencje rozwoju prawa cywilnego, 1983 [Tendenzen der Entwicklung des Zivilrechts]; *Puwalski,* Prawo do prywatności osób publicznych, 2003 [Das Rechts auf Privatheit von öffentlichen Personen]; *Radwański,* Koncepcja praw podmiotowych osobistych, RPEiS 2/1988 [Konzeption der subjektiven Persönlichkeitsrechte]; *ders.* Zadośćuczynienie pieniężne za szkodę niemajątkową. Rozwój i funkcja społeczna, 1956 [Wiedergutmachung im Geld für immaterielle Schäden. Entwicklung und soziale Funktion]; *ders.* Prawo cywilne – część ogólna, 2005 [Zivilrecht. Allgemeiner Teil]; *Sadomski,* Naruszenie dóbr osobistych przez media. Analiza praktyki sądowej, 2003 [Persönlichkeitsgüterverletzungen durch die Medien. Analyse der gerichtlichen Praxis]; *Rudnicki,* Wybrane problemy z zakresu ochrony dóbr osobistych na tle orzecznictwa Sadu Najwyższego [Ausgewählte Probleme aus dem Bereich der Persönlichkeitsgüter in der Rechtssprechung des Obersten Gerichts], in: Prawo prywatne czasu przemian. Księga pamiątkowa dedykowana profesorowi Stanisławowi Sołtysińskiemu, 2005 [FS Sołtysiński]; *Safjan,* Ochrona majątkowa dóbr osobistych po zmianie przepisów kodeksu cywilnego, PPH 1/1997 [Vermögensrechtlicher Schutz der Persönlichkeitsgüter nach der Änderung der Vorschriften des ZGB]; *ders.* Prawo do prywatności osób publicznych [Das Recht auf Privatheit von öffentlichen Personen], in: *Banaszczyk* (Hrsg.) Prace z prawa prywatnego. Księga pamiątkowa ku czci Sędziego Janusza Pietrzykowskiego, 2000 [FS Pietrzykowski]; *ders.* Refleksje wokól konstytucyjnych uwarunkowań rozwoju ochrony dóbr osobistych, KPP 1/2002 [Reflexionen über die verfassungsrechtlichen Dimensionen der Entwicklung des Persönlichkeitsgüterschutzes]; *Sakowicz,* Prywatność jako samoistne dobro prawne (*per se*), PiP 1/2006 [Privatheit als selbstständiges Persönlichkeitsgut]; *Sieńczyło-Chlabicz,* Naruszenie prywatności osób publicznych przez prasę. Analiza cywilnoprawna, 2006 [Verletzungen der Privatheit der öffentlichen Personen]; *dies.* Prawo do ochrony sfery intymności jednostki, PiP 11/2004 [Das Recht auf den Schutz der Intimität]; *dies.* Rozpowszechnianie wizerunku osób powszechnie znanych PPH 9/2003 [Veröffentlichung des Bildes von allgemein bekannten Personen]; *Sośniak,* Znaczenie zgody uprawnionego w zakresie cywilnej odpowiedzialności odszkodowawczej, ZNUJ Prace Prawnicze 6/1959 [Bedeutung der Einwilligung des Berechtigten im Bereich der zivilrechtlichen Schadenshaftung]; *Stefanicki,* Orzecznictwo Europejskiego Trybunału Praw Człowieka w sprawie granic wolności wypowiedzi dziennikarskiej, PiP 4/2003 [Rechtssprechung des EGMR bezüglich der Grenzen der Meinungsäußerungsfreiheit der Journalisten], *A. Szpunar,* Ochrona dóbr osobistych, 1979 [Schutz von Persönlichkeitsgütern]; *ders.* Ochrona prawna kultu osoby zmarlej, Palestra 8/1978 [Schutz der Verehrung einer verstorbenen Person]; *ders.,* Zadośćuczynienie za szkodę niemajątkową, 1998 [Wiedergutmachung im Geld für immaterielle Schäden]; *ders.* Zgoda uprawnionego w zakresie ochrony dóbr osobistych, RPEiS 1/1990 [Einwilligung des Berechtigten im Bereich des Persönlichkeitsgüterschutzes]; *Traple,* in: *Traple* (Hrsg.) Prawo reklamy i promocji, 2007 [Werbungsrecht]; *Wierciński,* Niemajątkowa ochrona czci, 2002 [Immaterieller Schutz der Ehre]; *Wojciechowska,* Czy autorskie dobra osobiste są dobrami osobistymi, KPP 3/1994 [Sind urheberrechtliche Persönlichkeitsgüter Persönlichkeitsgüter]; *Wojcieszke,* Katalog dóbr osobistych w świetle przepisów konstytucji i Kodeksu cywilnego, Gdańskie Studia Prawnicze t. VII, 2000 [Katalog der Persönlichkeitsgüter im Lichte der Vorschriften der Verfassung und des ZGB]; *Wolter/Ignatowicz/Stefaniuk,* Prawo cywilne. Zarys części ogólnej 2001 [Zivilrecht. Grundriß des Allgemeinen Teils].

A. Grundlagen des Persönlichkeitsrechts

I. Normative Grundlagen

Die zentralen Vorschriften über die Persönlichkeitsrechte finden sich im polnischen **1**
Zivilgesetzbuch (ZGB),[1] während das Gesetz über das **Urheberrecht** und verwandte
Schutzrechte[2] zusätzliche Vorschriften über das Recht am eigenen Bild und das Recht auf
Vertraulichkeit der Korrespondenz enthält.

Im ZGB werden Persönlichkeitsrechte an zwei Stellen geregelt. In dem allgemeinen **2**
Teil des Gesetzbuches (Titel II: Personen) hat der Gesetzgeber zwei fundamentale Normen platziert. Nach Art. 23 ZGB genießen **menschliche Persönlichkeitsgüter**, wie
z. B. **Gesundheit, Freiheit, Ehre, Gewissensfreiheit, Vertraulichkeit der Korrespondenz, Unantastbarkeit der Wohnung, wissenschaftliches, artistisches, erfin-
derisches oder rationalisierendes Schaffen** den zivilrechtlichen Schutz, der von einem
eventuellen Schutz in anderen Rechtsgebieten unabhängig ist. Art. 24 ZGB statuiert die
Rechtsfolgen der Verletzung der Persönlichkeitsgüter. Der Verletzte darf nämlich auf
Unterlassung und Beseitigung der Folgen der Verletzung Anspruch erheben. Die Vorschrift macht klar, dass der Unterlassungsanspruch schon bei der Gefahr der Verletzung
besteht.[3] Für beide Ansprüche ist die Rechtswidrigkeit der Verletzung erforderlich, wobei
die Beweislast umgekehrt ("es sei denn") wurde.[4] Darüber hinaus gewährt das Gesetz
dem Verletzten den Anspruch auf Genugtuung, der jedoch "gemäß den im Gesetzbuch
bestimmten Regeln" berücksichtigt werden kann. Das polnische Recht sieht auch vor,
dass der Verletzte die Zahlung einer entsprechenden Summe für den von dem Kläger gewählten gesellschaftlichen Zweck fordern kann. Sollte als Folge der Persönlichkeitsgutverletzung ein Schaden eintreten, steht dem Verletzten ein Anspruch auf Schadensersatz
zu,[5] der nach allgemeinen Regeln realisiert werden soll. Damit sind die Haftungsvoraussetzungen im Deliktsrecht gemeint.[6]

In Kapitel 10 des polnischen UrhG[7] wird der Schutz des **Bildnisses, des Briefadres-** **3**
saten und des Geheimnisses von Informationsquellen behandelt. Die Veröffentlichung
eines Bildnisses erfordert nach Art. 81 Abs. 1 UrhG die Einwilligung der darauf dargestellten Person. Beim Fehlen eines ausdrücklichen Vorbehalts ist die Einwilligung nicht
erforderlich, wenn diese Person für die Abbildung die vereinbarte Bezahlung erhalten
hat. Die Einwilligung zur Veröffentlichung des Bildnisses ist ferner nicht erforderlich,
wenn es sich um eine allgemein bekannte Person handelt und das Bildnis im Zusammenhang mit der Erfüllung öffentlicher, insbesondere politischer, gesellschaftlicher oder beruflicher Funktionen durch diese Person hergestellt wurde, oder wenn das Bildnis einer
Person lediglich das Detail einer Gesamtheit, wie etwa einer Versammlung, einer Landschaft oder einer öffentlichen Veranstaltung darstellt.[8]

Gemäß Art. 82 UrhG erfordert die Veröffentlichung der **Korrespondenz** innerhalb **4**
von 20 Jahren nach dem Tod des Adressaten die Einwilligung des Ehegatten, und beim
Fehlen eines solchen der Abkömmlinge, der Eltern oder Geschwister, es sei denn, der
Adressat der Korrespondenz hat einen anderen Willen (bezüglich der Veröffentlichung)
ausgedrückt.[9]

---

1 Zivilgesetzbuch v. 23. 4. 1964 (Dz.U. 1964 Nr. 16, Pos. 93).
2 Gesetz über Urheber- und verwandte Schutzrechte v. 4. 2. 1994 (Dz.U. 1994 Nr. 24, Pos. 83).
3 Gniewek/*Cisek*, 59; *Pazdan*, System, 1154.
4 *Radwański*, Prawo, 173.
5 Art. 24 § 2 ZGB; *Szpunar*, Ochrona, 229 f.
6 *Radwański*, Prawo, 180.
7 S. die Übersetzung des polnischen UrhG: *Dietz* GRUR Int, 1994, 479.
8 Dazu *Grzeszak*, System, 559 ff.
9 Dazu *Barta*/*Markiewicz*, Komentarz, 639 f., *Grzeszak*, System, 545 ff.

5   Was die Ansprüche im Falle einer Verletzung des Rechts am eigenen Bild oder der Vertraulichkeit der Korrespondenz betrifft, verweist Art. 83 UrhG auf die Ansprüche, die für
Urheberpersönlichkeitsrechte geltend gemacht werden können, d. h. **Unterlassung, Beseitigung und Genugtuung**. Letztere aber nur dann, wenn die Verletzung verschuldet
war. Das Gericht kann auch den Täter dazu verpflichten, einen angemessenen Geldbetrag
für einen vom Verletzten angegebenen gesellschaftlichen Zweck zu entrichten (Art. 78
Abs. 1 UrhG). Es lässt sich also feststellen, dass es grundsätzlich dieselben Ansprüche sind,
die gemäß Art. 24 ZGB für alle Persönlichkeitsgüter ohnehin gelten.

6   Persönlichkeitsrechtliche Ansprüche im UrhG können noch **20 Jahren nach dem
Tode** der Rechtsträger geltend gemacht werden (Art. 83 UrhG). Das ZGB kennt keine
vergleichbare Lösung. Der postmortale Schutz bereitet aber viele theoretische Probleme,
denn das polnische Recht geht grundsätzlich von der Erlöschung aller Rechte nach dem
Todes einer Person aus.[10]

7   Persönlichkeitsgüterschutz ist in Polen **verfassungsrechtlich verankert**.[11] Art. 30 der
polnischen Verfassung geht von dem Prinzip der Untastbarkeit der menschlichen **Würde**
aus. Art. 47 schützt die Sphäre des Privat- und Familienlebens, die Ehre und Reputation.

II. Das Modell des Persönlichkeitsschutzes

1. Theoretische Grundlagen des Persönlichkeitsschutzes

8   Aus dem Art. 23 ZGB ergibt sich nach herrschender Meinung, dass das polnische
Recht auf dem Schutz **einzelner Persönlichkeitsgüter**[12] basiert. Ein Persönlichkeitsgut
(Gesundheit, Ehre, Bild, Name, usw.) ist immateriell und immanent mit jeder menschlichen Person verbunden.[13] Persönlichkeitsgüter sind also von der Rechtsordnung anerkannte Werte.[14] Sie unterscheiden sich von Immaterialgütern des geistigen Eigentums
darin, dass sie im Verhältnis zum Rechtsträger nicht äußerlich sind.[15] Ganz im Gegenteil,
die Natur jedes Persönlichkeitsgutes besteht in der unvermeidbaren und untrennbaren
Verbindung mit der *Person*.

9   Die herrschende Meinung geht also von der **Pluralität**[16] der Persönlichkeitsgüter aus.
Anders als in Deutschland hat sich die Konzeption des allgemeinen Persönlichkeitsrechts
nicht durchgesetzt, obwohl sie in der Vergangenheit sehr prominente Befürworter
hatte.[17]

10   Alle Persönlichkeitsgüter sind **ideal**.[18] Sie sind also **nicht Vermögenswerte**. Der
Prozess der Kommerzialisierung hat dennoch einen Teil der Lehre dazu veranlasst, die
vermögensrechtliche Natur einiger Persönlichkeitsgüter anzuerkennen, was zu einer Kategorie von „gemischten" Gütern führen würde. Es geht vor allem um Bildnisschutz.[19]
Trotzdem bleiben diese Versuche eine Mindermeinung.

11   Die Pluralität der Persönlichkeitsgüter bedeutet, dass man mit diesem Begriff sehr **unterschiedliche Werte** bezeichnet (Ehre und Name, Bild und Gesundheit). Die Tatsache,

---

[10] Gniewek/*Cisek*, 56 f.

[11] *Pazdan*, System, 1115; *Safjan*, KPP 1/2002, 225, *Braciak*, Prawo do prywatności, 146 f.

[12] *Szpunar*, Ochrona, 105 f.; *Kordasiewicz*, Jednostka, 152 f.; *Panowicz-Lipska*, Majątkowa ochrona,
6 f., *Piątkowski*, Ewolucja, 25 f, 38 f.; Gniewek/*Cisek*, 57.

[13] *Radwański*, Prawo, 161.

[14] *Radwański*, Prawo, 161.

[15] Anders in Bezug auf das Recht am eigenen Bilde *Grzeszak*, System, 541, 549.

[16] Gniewek/*Cisek*, 57; *Wolter/Ignatowicz/Stefaniuk*, Prawo, 182 f.

[17] *Grzybowski*, System, 297; *Kopff*, Koncepcja, 4 ff.

[18] *Szpunar*, Ochrona 106; *Panowicz-Lipska*, Majątkowa ochrona, 29; *Cisek*, Dobra osobiste, 39;
Radwański, Prawo, 161.

[19] *Grzeszak*, System, 541 f.; *Barta/Markiewicz*, Wokół, 11 ff.; *dies.* Komentarz, 635; *Sieńczyło-Chlabicz*, Ekonomiczna eksploatacja oznaczeń osób powszechnie znanych, PiP 7/2003, 86 ff.

dass einzelne Güter unterschiedlicher Natur sind, beeinflusst in der Praxis die Intensität ihres Schutzes. Es werden z. B. andere Voraussetzungen für die Gültigkeit der Einwilligung verlangt, wenn sie für Eingriffe in die Privatheit erteilt werden soll oder wenn Eingriffe in die Körperintegrität (strengere Voraussetzungen) unternommen werden sollen.[20]

Persönlichkeitsgüter müssen **objektiv**[21] als schutzwürdige Werte anerkannt werden. **12** Die subjektive Theorie, nach der Persönlichkeitsgüter individuelle Werte der Gefühlswelt oder psychische Erlebnisse jeder Person seien,[22] wird ganz allgemein abgelehnt. Im Ergebnis sollen Persönlichkeitsgüter den moralischen und sittlichen Normen und Standards der Gesellschaft entsprechen.

Die Persönlichkeitsgüter werden durch Persönlichkeitsrechte geschützt.[23] Jedem Per-   **13** sönlichkeitsgut entspricht also ein Persönlichkeitsrecht. Damit realisiert das polnische Recht auch das Prinzip der **Pluralität der Persönlichkeitsrechte**.[24]

2. Absolute Rechte

Persönlichkeitsrechte sind **absolute subjektive Rechte** mit *erga-omnes*-Wirkung.[25]   **14** Das Paradigma eines solchen Rechtstyps ist natürlich das Eigentum. Persönlichkeitsrechte sind aber auch ideale Rechte. Sie dürfen deswegen **nicht übertragen werden**.[26] Ebenso wenig wäre es zulässig, solche Rechte zu „lizenzieren" oder Nutzungsrechte für andere Personen zu gewähren. Persönlichkeitsrechte nehmen also viele Eigenschaften von Persönlichkeitsgütern an. Wegen der untrennbaren Verbindung mit der Person des Rechtinhabers sind sie konsequenterweise **nicht vererblich**.[27]

Die herrschende Lehre hat dennoch **theoretische Schwächen**. Erstens setzt der Be-   **15** griff des subjektiven Rechts voraus, dass das Recht ein **externes Zurechnungsobjekt** hat.[28] Daran fehlt es aber gerade bei Persönlichkeitsrechten. Es wird ferner gezeigt, dass das Schutzmodell nicht immer stimmt. Wenn man etwas mit absoluten Rechten schützt, hat dies regelmäßig zur Folge, dass alle Eingriffe rechtswidrig sind und die Haftungsbefreiung besonderer Rechtfertigung bedürfte. Der Schutz der Persönlichkeitsgüter folgt diesem Modell nur scheinbar. In Wirklichkeit geht es immer um die **Abwägung von gegenläufigen Interessen** und erst danach wird eine **Verhaltensnorm** konstruiert, die entweder verletzt oder eingehalten werden kann.[29] Diese Konzeption, die von ihrem Urheber, *Gawlik* als **institutioneller Schutz**[30] von Persönlichkeitsgütern genannt wurde, hat einige Nachfolger gefunden,[31] aber sie hat keinen Wandel der Rechtsanschauung herbeigeführt.

Wird ein Persönlichkeitsrecht verletzt, entstehen persönlichkeitsrechtliche **Ansprüche**   **16** (Unterlassung, Beseitigung, Genugtuung, Schadensersatz). Die Ansprüche sind natürlich nicht absolut, sondern nur relativ (gegen den konkreten Verletzer) rechtskräftig.

---

[20] *Pazdan,* System, 1158.

[21] SN vom 28. 5. 1971, III PZP 33/70, OSN 11/1971, Pos. 188; SN vom 16. 1. 1976 II CR 692/75, OSN 11/1976, Pos. 251; SN vom 22. 4. 1989, I CR 143/89, OSP 9/1990, Pos. 330 (Anm. *Szpunar*); SN vom 23. 5. 2002, IV CKN 1076/00, OSN 9/2003, Pos. 121; *Pazdan,* System, 1117 f.

[22] *Grzybowski,* Ochrona, 78; *Wolter/Ignatowicz/Stefaniuk,* Prawo, 182; SN vom 19. 9. 1968, II CR 291/68, OSN 11/1969, Pos. 200 (Anm. *Kędzierska-Cieślak,* PiP5/1970, 818 f.).

[23] *Radwański,* Koncepcja, 4 f., 15 ff.

[24] Gniewek / *Cisek,* 58.

[25] *Radwański,* Koncepcja, 5; *ders.* Prawo, 172, *Pazdan,* System, 1149.

[26] SA Lublin vom 5. 4. 1991, I ACr 50/91, OSA 3/1991, Pos. 15; Gniewek / *Cisek,* 57.

[27] Art. 922 ZGB; *Radwański,* Prawo; 172; Gniewek / *Cisek,* 56 f.

[28] *Gawlik,* Ochrona, 126 f.

[29] *Gawlik,* Ochrona, 132 ff.

[30] *Gawlik,* Ochrona, 137 ff. in Anlehnung an *Raiser,* Rechtsschutz und Institutionenschutz im Privatrecht, 1963.

[31] *Czajkowska-Dąbrowska,* Kilka uwag, 87 f.; *Kordasiewicz,* Jednostka, 154 f.; *Lijowska,* Koncepcja, 795 ff.

3. Anerkennung „neuer" Persönlichkeitsgüter

17   Der Katalog von Persönlichkeitsgütern ist **nicht abgeschlossen**.[32] Deswegen darf die Rechtsprechung „neue" Persönlichkeitsgüter (im Verhältnis zu den im ZGB oder UrhG ausdrücklich genannten) anerkennen und sie hat es auch mehrmals getan, obwohl zu betonen ist, dass die Judikatur von dieser Möglichkeit mit Vorsicht Gebrauch macht.[33] Jedes „neue" Persönlichkeitsgut ergänzt die gesetzliche Liste, so dass die von der Rechtsprechung entwickelten Güter genau denselben Regeln unterliegen. Die wichtigsten „entdeckten" Persönlichkeitsgüter sind Privatheit und die Sphäre des Gedächtnisses der verstorbenen Person.[34]

4. Postmortaler Schutz von Persönlichkeitsrechten

18   Im polnischen Recht wird der postmortale Schutz von Persönlichkeitsgütern dadurch gewährt, dass man ein eigenes Persönlichkeitsgut lebender Personen schafft.[35] Mit diesem Instrument wird die **Beziehung** der lebenden zu der verstorbenen Person geschützt.[36] Rechtsträger kann nur eine solche Person sein, die in einer ausreichend **dichten** Beziehung zum Verstorbenen stand.

19   Die Beziehung bestimmt nicht nur das Vorhandensein des Persönlichkeitsgutes und des Persönlichkeitsrechts, sondern auch ihre **Länge**. Präzise Grenzen lassen sich nicht leicht definieren und es wird auch keine übliche Dauer angenommen. Selbstverständlich ist aber, dass die Intensität der Beziehung mit dem Laufe der Zeit nachlässt. Die bloße Tatsache, dass jemand zu derselben Familie gehört wie eine berühmte Person aus der Geschichte, ist nicht immer ausreichend,[37] um den persönlichkeitsrechtlichen Schutz zu gewähren. Nach der Beziehung bestimmt sich schließlich auch der **Inhalt** des Persönlichkeitsrechts. Da die Beziehung der Gegenstand des Schutzes ist (das Persönlichkeitsgut), besteht die Aufgabe des Persönlichkeitsrechts darin, das ungestörte Bild der verstorbenen Person in dem Bewusstsein der Berechtigten zu bewahren und die ungestörte Verehrung des Gedächtnisses des Verstorbenen zu garantieren.[38] Daraus ergeben sich sehr unterschiedliche Rechte, wie z.B. die Befugnis zur Beerdigung oder Exhumierung, das Recht auf Zugang zu dem Grab,[39] aber auch dass Recht auf Respekt bezüglich der Beziehung des Berechtigten und des Verstorbenen.

20   Das Oberste Gericht (OG) hat in einer Entscheidung vom Jahre 2003[40] die **Familientradition** zum Status eines Persönlichkeitsgutes erhoben. Das OG versteht unter Familientradition die Bindung zu den Ahnen, Identifikation mit ihren Werten, Erbschaft und Angehörigkeit zu einer bestimmten Familie. So wird dieses Persönlichkeitsgut, wie ersichtlich, ähnlich zu der oben dargestellten Sphäre der Verehrung der verstorbenen Person konstruiert.

5. Abweichungen im Urheberrecht

21   Das Recht am eigenen Bild wurde vom polnischen Gesetzgeber sowohl im Art. 23 ZGB erwähnt als auch in Art. 81, 83 UrhG näher bestimmt. Praktisch führt diese Lösung zu Pro-

---

[32] *Pazdan,* System, 1118.

[33] A. A. *Radwański,* Prawo, 162 „ständige Erweiterung", der aber nur 4 „ungeschriebene" Persönlichkeitsgüter erwähnt.

[34] SN v. 13. 1. 1965, I CR 464/64, OSNCP 10/1965, Pos. 171; SN v. 12. 7. 1968, I CR 252/68, OSN 1/1970, Pos. 18, Anm. *Kędzierska-Cieślak,* PiP 8–9/1970, 417; SN v. 25. 5. 1975, II CR 851/74, OSPiKA 1/1977, Pos. 5 mit Anm. *Grzybowski).*

[35] Gniewek/*Cisek,* 56 f.

[36] SA Warszawa v. 14. 2. 2006, VI ACa 683/2005, Rzeczpospolita 2006/39 S. C2.

[37] SA Warszawa v. 14. 2. 2006, VI ACa 683/2005, Rzeczpospolita 2006/39 S. C2.

[38] SA Kraków v. 10. 6. 1992 r., I ACr 190/92, in: *Gawlik,* Dobra osobiste, 63 ff.

[39] SN v. 13. 2. 1979, I CR 25/79, OSNCP 10/1979, Pos. 195; *Pazdan,* System, 1141 f., *Radwanki,* Prawo, 167.

[40] SN v. 28. 2. 2003, V CK 308/2002, OSNC 5/2004, Pos. 82.

blemen, weil das **Verhältnis beider Regelungen** zueinander kontrovers bleibt.[41] Es werden in der Literatur drei Meinungen vertreten. Nach der ersten stellen die Vorschriften des UrhG ein *lex specialis* gegenüber der allgemeinen Regelung im ZGB dar.[42] Nach der zweiten Ansicht besteht zwischen den Art. 81 UrhG und 23 ZGB eine **Normenkonkurrenz**.[43] Die Begründung der Unabhängigkeit beider Regelungen voneinander wird in der dritten Theorie in den **spezifischen Eigenschaften des Bildes** gesehen.[44] Anders als übliche Persönlichkeitsgüter wird das Bild von der Person des Rechtsträgers emanzipiert, so dass es als ein externer Rechtsgegenstand funktionieren kann. Daraus ergibt sich, dass dem Berechtigten nicht nur negative, sondern auch positive Befugnisse[45] (vor allem das Recht auf Veröffentlichung) zugesprochen werden können.

Kontrovers bleibt der **postmortale Schutz des Bildes**.[46] Der Art. 83 UrhG beschränkt   **22** die Geltendmachung von Ansprüchen auf 20 Jahre nach dem Tode des Abgebildeten, erklärt aber nicht, wem diese Ansprüche zustehen und was ihre theoretische Begründung ist. Es gibt in diesem Bereich keine absolut herrschende Meinung. M.E. sollte *per analogiam* Art. 82 UrhG angewandt werden (wodurch der Kreis der Berechtigten bestimmt) wird.

III. Die Voraussetzungen der klagbaren Verletzung

Die Beurteilung von Verletzungen der Persönlichkeitsrechte erfolgt in dem polnischen   **23** Recht nach einem **zweistufigen Modell**. Der erste Schritt besteht darin, die Verletzung eines Persönlichkeitsrechts festzustellen. Danach wird geprüft, ob die Verletzung rechtswidrig war. Andere Haftungsvoraussetzungen, vor allem Verschulden, sind für Unterlassungs- und Beseitigungsansprüche nicht nötig, wohl aber für Genugtuung und (i.d.R.) Schadensersatz.

1. Verletzung

Die Beeinträchtigung eines mit der Person des Berechtigten eng verbundenen Interes-   **24** ses wird erst dann als „Verletzung" von einem Persönlichkeitsgut verstanden, wenn sie als solche **objektiv angesehen** wird.[47] Es reicht daher nicht aus, dass sich jemand in seinen Persönlichkeitsgütern beeinträchtigt fühlt. Es muss objektiv (d.h. anhand der in der Gesellschaft akzeptierten Kriterien) festgestellt werden, dass eine solche Beeinträchtigung eine Persönlichkeitsgutsverletzung darstellt.[48] Wenn also jemand eine Aussage als beleidigend und ehrverletzend begreift, muss dieses Gefühl noch mittels objektiver Kriterien gefiltert werden, damit die Rechtsverletzung bejaht werden kann.[49]

2. Rechtswidrigkeit

Wegen des dinglichen Modells des Persönlichkeitsgüterschutzes mit absoluten Rech-   **25** ten gilt eine **Vermutung**, dass jede Persönlichkeitsgutverletzung rechtswidrig ist.[50] Der Beklagte muss also beweisen, dass sein Verhalten rechtskonform war.

3. Verschulden

Verschulden ist **keine generelle Voraussetzung** für die Haftung für Persönlichkeits-   **26** güterverletzungen. Sowohl Unterlassungs- als auch Beseitigungsansprüche sind vom Verschulden des Verletzers unabhängig. Das Verschulden ist aber grundsätzlich dann er-

---

[41] *Pazdan,* System, 1130.
[42] *Barta/Markiewicz,* Komentarz, 636 f.; *Matlak,* Cywilnoprawna ochrona, 331.
[43] *Sieńczyło-Chlabicz,* Przedmiot, 18.
[44] *Grzeszak,* System, 540 ff.
[45] *Grzeszak,* System, 541.
[46] *Grzeszak,* System, 567 f.
[47] SA Kraków, v. 13. 12. 1991 r., I ACr 363/91.
[48] SN v. 11. 3. 1997, III CKN 33/97, OSNC 6-7/1997, Pos. 93 Gniewek/*Cisek,* 59.
[49] Vgl. auch SN v. 23. 5. 2002, IV CKN 1076/00, OSNC 9/2003, Pos. 121.
[50] Art. 24 § 1 ZGB .

forderlich, wenn der Kläger Genugtuung oder Schadensersatz erhalten will.[51] Das polnische Zivilrecht differenziert bei den Rechtsfolgen nicht nach dem Grad des Verschuldens. Grundsätzlich ist es also belanglos, ob eine Vertragsverletzung oder unerlaubte Handlung mit Vorsatz oder nur fahrlässig begangen worden ist.

27   Die allgemeinen Regeln bezüglich des Verschuldens kennen zwei wichtige Ausnahmen. Erstens wird der Grad der erforderlichen Sorgfalt für **professionelle Verkehrsteilnehmer erhöht**. Art. 355 § 2 ZGB: „Die erforderliche Sorgfalt des Schuldners im Bereich der von ihm ausgeübten wirtschaftlichen Tätigkeit bestimmt sich unter Berücksichtigung des beruflichen Charakters dieser Tätigkeit." Zweitens führt Art. 12 Abs. 1 Pkt. 1 des Pressegesetzes für die Journalisten die Pflicht ein, bei der Sammlung und Verwendung von Pressematerialien eine **besondere** Sorgfalt und Gediegenheit zu beachten.[52]

B. Die wichtigsten einzelnen Persönlichkeitsgüter

I. Gesundheit, Körperintegrität

28   Gesundheit, Leben und körperliche Integrität gelten im polnischen Recht als Persönlichkeitsgüter. Sie werden also als immaterielle, ideale Werte betrachtet.[53] In diesem Bereich ist die Verbindung des Persönlichkeitsgüterschutzes mit dem Deliktsrecht am stärksten. Besondere Bedeutung kommt den Entschädigungsansprüchen und dem Schmerzensgeld zu. Geschützt werden das **Leben**[54] (Ansprüche stehen den Angehörigen des Verstorbenen zu), die **Gesundheit** und **körperliche Integrität**[55] sowie **sexuelle Integrität**[56] (einige behaupten, sie sei ein eigenständiges Persönlichkeitsgut[57]). Beispiele von Gesundheits- und Körperverletzungen sind z.B. Körperverletzungen wegen eines Verkehrsunfalls, Verursachung einer Krankheit, aber auch ärztliche Heileingriffe,[58] die ohne Genehmigung des Patienten vorgenommen wurden.

II. Ehre, Reputation

29   Die Lehre unterscheidet zwischen der **inneren und äußeren Ehre**.[59] Innere Ehre kann mit persönlicher Würde gleichgesetzt werden. Der zivilrechtliche Schutz richtet sich hier nach der Vorstellung vom Wert der eigenen Person.[60] Zu den typischen Fällen von Ehrverletzungen in diesem Sinne gehören Beleidigungen und Beschimpfungen. Bei der äußeren Ehre ist die Vorstellung vom Wert einer Person in den Augen von anderen Personen (**Reputation**) der Schutzgegenstand.[61]

30   Ehrverletzungen können zwei Formen annehmen. Entweder werden **Meinungen** geäußert oder Tatsachenbehauptungen verbreitet.[62] Der Unterschied besteht darin, dass

---

[51] Vgl. unten Rn. 84 ff., 90 ff.

[52] SN v. 8. 10. 1987, II CR 269/87, OSNCP 4/1989, Pos. 66; vgl. auch unten Rn. 44.

[53] Solche Güter können juristischen Personen nicht zugesprochen werden.

[54] Art. 38 der polnischen Verfassung (Verfassung der Republik Polen – Konstytucja Rzeczypospolitej Polskiej; Dz.U. 1997 Nr. 78, Pos. 483).

[55] *Grzybowski*, Ochrona, 82; *Szpunar*, Ochrona, 122; *Piątkowski*, Ewolucja, 29; *Pazdan*, System, 1119.

[56] *Piątkowski*, Ewolucja, 29.

[57] *Grzybowski*, Ochrona, 90; *Szpunar*, Ochrona, 154; *Radwański*, Prawo, 168.

[58] *Safjan*, Prawo i medycyna. Ochrona jednostki a dylematy współczesnej medycyny [Recht und Medizin. Der Schutz des Einzelnen und die Dilemmas der gegenwärtigen Medizin], 1998, 9 ff.

[59] *Wierciński*, Niemajątkowa, 60 f.

[60] *Radwański*, Prawo, 163.

[61] SN v. 29. 10. 1971, II CR 455/71, OSNCP 4/1972, Pos. 77.

[62] *Szpunar*, Ochrona, 34, *Wierciński*, Niemajątkowa, 108 f.; SA Kraków v. 12. 1. 1994, I ACr 314/93 in; *Gawlik*, Dobra, 100 ff.; SA Kraków v. 8. 3. 1995, I ACr 80/95, in: *Gawlik*, Dobra, 146 ff.; SA

bloße Meinungen nicht verifizierbar sind.[63] Wenn also jemand als Idiot bezeichnet wird, geht es nicht darum, die Wahrheit dieser Aussage zu prüfen. Die Rechtswidrigkeit des Verhaltens ergibt sich schon aus der Verwendung der beleidigenden Bezeichnung.[64] **Informationen über Fakten**, die jemanden in ein schlechtes Licht stellen und deswegen seine Reputation gefährden, sind dagegen entweder wahr oder falsch. Die Wahrheit von Fakten schließt die Rechtswidrigkeit des Verhaltens nicht automatisch aus,[65] stellt aber den ersten Schritt zur Haftungsbefreiung dar. Zudem muss der Beklagte beweisen, dass die Verbreitung der reputationsschädigenden Information der Verfolgung eines wichtigen öffentlichen oder privaten Interesses diente.[66]

III. Name

Der Name wird in Art. 23 ZGB ausdrücklich als Persönlichkeitsgut anerkannt. Da- **31** neben haben die Lehre und die Rechtsprechung auch das **Pseudonym** dem zivilrechtlichen Schutz unterstellt.[67] Das Namensrecht schützt nicht den Namen als solchen, sondern **vor täuschenden Verwendungen des Namens**[68] durch unbefugte Personen, die die Individualisierungsfunktion des Namens beeinträchtigen. Daraus ergibt sich, dass die korrekte Benutzung eines Namens (zur Identifikation der richtigen Person) grundsätzlich keine Namensverletzung sein kann[69] (was nicht ausschließt, dass andere Persönlichkeitsgüter, wie Ehre oder Privatheit, verletzt werden können).[70] Anders soll aber entschieden werden, wenn der Name im Rahmen einer kommerziellen Tätigkeit benutzt wird (z. B. ohne Zustimmung des Namensträgers in der Werbung).[71] Dann kommt es tatsächlich zur Namensverletzung, da gerade die Individualisierungsfunktion des Namens tangiert ist.

IV. Bild

Die polnische Lehre ist nicht einig, wie das Bild definiert werden soll. Nach verbreite- **32** ter Ansicht geht es um das **physische Bild** einer Person, d. h. ihr **Aussehen**.[72] Anders ausgedrückt könnte das Bild als „erkennbare, physische Eigenschaften des Menschen, die sein Aussehen ausmachen und ihn unter anderen Menschen identifizieren lassen"[73] verstanden werden. Andere meinen, das Bild sei „ein immaterielles Gebilde, das durch plastische Mittel ein erkennbares Konterfrei einer Person darstelle".[74] Noch andere weisen auf „solche Eigenschaften des Gesichts und der ganzen Gestalt einer natürlichen Person sowie ihre Stimme hin, die es erlauben, diese Person als ein bestimmtes physisches Individuum

---

Kraków v. 19. 11. 1996, I ACr 515/96 in: *Gawlik*, Dobra, 193 ff.; SA Kraków v. 13. 5. 1997, I ACa 185/97, in; *Gawlik*, Dobra, 232 ff.

[63] *Pazdan*, System, 1122.

[64] Vgl. SN v. 8. 11. 2006, III CSK 276/2006, Rzeczpospolita 2006/268 str. C3.

[65] SA Kraków v. 29. 10. 1991, I ACr 314/91, in: *Gawlik*, Dobra, 37 ff.

[66] *Sadomski*, Naruszenie, 62 f.; *Kordasiewicz*, Cywilnoprawna ochrona, 32.

[67] *Pazdan*, System, 994.

[68] *Barta/Markiewicz* in: *Barta/Markiewicz/Matlak*, Prawo mediów [Medienrecht], 2006, 457; *Grzeszak*, Reklama, 12.

[69] SA Kraków, 11. 12. 1998, I ACa 776/98, in: *Gawlik*, Dobra, s. 359.

[70] *Pazdan*, System, 1125.

[71] *Barta/Markiewicz* in: *Barta/Markiewicz/Matlak*, Prawo mediów [Medienrecht], 2005, 458.

[72] *Grzybowski*, Ochrona, 96.

[73] *Wojnicka*, Prawo do wizerunku w ustawodawstwie polskim [Das Recht am eigenen Bild in der polnischen Gesetzgebung] ZNUJ 1990, Heft 56, 107.

[74] *Barta/Markiewicz*, Komentarz, 628.

zu identifizieren".[75] *Grzeszak* meint man solle zwischen dem physischen Aussehen, verstanden als Attribut der Identität, und dem Bild, als Konkretisierung des physischen Aussehens, unterscheiden. Das erste sei das Persönlichkeitsgut und der Schutzgegenstand,[76] das zweite sei der Verkehrsgegenstand.[77] Darüber hinaus könnte man ein neues Rechtsgut anerkennen – die Persona.[78] Die Persona würde auch verschiedene **Assoziationen** mit der Person erfassen, wie z. B. Stimme, Redensarten, charakteristische Art der Bewegung, charakteristische Kleidung, usw., was besonders wegen der zunehmenden Kommerzialisierung von Persönlichkeitsgütern an Bedeutung gewinnt. Das OG hat dagegen diese weiteren Elemente unter einen **breiteren Begriff des Bildes** subsumiert.[79]

33   Die allgemeine Voraussetzung des Schutzes ist die **Erkennbarkeit**[80] der Person, deren Bild verbreitet wird. Zu dem **Inhalt des Rechts** am eigenen Bilde gehört die **Verbreitung**[81] des Bildes. Eine **Fixierung** oder sogar **Verzerrung** des Bildes verletzt das Recht auf Privatheit oder Ehre,[82] nicht dagegen das Recht am eigenen Bilde.

V. Privatheit

34   Die Sphäre des Privatlebens wird seit der grundlegenden Arbeit von *Kopff*[83] als Persönlichkeitsgut anerkannt. Schon *Kopff* hat Privatheit in zwei Unterkategorien eingeteilt: **Sphäre der Intimität** und **Privatheit** *sensu stricto*.[84] Die Sphäre der Intimität erfasst solche Erlebnisse und Gefühle, die man normalerweise mit anderen Menschen nicht teilt,[85] und wenn schon, dann nur mit den engsten Familienangehörigen. Eine Offenbarung solcher Informationen durch Dritte verursacht Scham, Leiden oder zumindest Verlegenheit. Zu der Privatheit gehören demgegenüber die Umstände des Persönlichen und Familienlebens, die normalerweise nur engen Angehörigen oder Freunden zugänglich gemacht werden.[86] Der Sinn der oben skizzierten Unterscheidung spiegelt sich auf der Ebene der Feststellung der Verletzung bzw. der Rechtswidrigkeit wider. Die Sphäre der Intimität genießt einen strengeren Schutz[87] als die „normale" Privatheit.[88]

35   Der Schutz der Privatheit unterscheidet sich von dem Schutz der Ehre (Reputation) darin, dass Eingriffe in die Privatheit keine negativen Folgen für den Ruf des Berechtigten haben müssen.[89] Selbst wenn die Information aus der gesperrten Sphäre das Ansehen des Berechtigten erhöhen würde, bleibt der Eingriff eine Persönlichkeitsgutverletzung.

---

[75] *Sieńczyło-Chlabicz*, Rozpowszechnianie wizerunku na gruncie ustawy o prawie autorskim i prawach pokrewnych [Verbreitung des Bildes nach dem Gesetz über Urheberrecht und verwandte Schutzrechte] Radca Prawny 2/2001, 94.

[76] *Grzybowski*, Ochrona, 95; *Matlak*, Cywilnoprawna ochrona, 320; *Grzeszak*, System, 539.

[77] *Grzeszak*, System, 539.

[78] *Grzeszak*, System, 540.

[79] SN v. 20. 5. 2004, II CK 330/03, MoP 2/2005, 111 f.

[80] *Grzeszak*, System, 542 f.

[81] *Dietz* übersetzt aber den polnische Begriff „rozpowszechniać" nicht mit „verbreiten", sondern mit „veröffentlichen": siehe GRUR Int 1994, 479.

[82] *Grzybowski*, Ochrona, 95; *Grzeszak*, System, 547.

[83] *Kopff*, Koncepcja, 3 ff.; siehe auch SN v. 18. 1. 1984, I CR 400/83, OSNCP 1984 Nr. 11, Pos. 195 mit Anm. *Kordasiewicz*, NP 4/1987, 126.

[84] Vgl. auch *Radwański*, Prawo, 170.

[85] *Kopff*, Koncepcja, 32 ff.

[86] *Kopff*, Koncepcja 35.

[87] SA Kraków v. 11. 4. 2001, I ACa 244/01, TPP 3/2002, 125 ff.

[88] Einige behaupten sie sei ein eigenständiges Persönlichkeitsgut: *Sut*, Czy sfera intymności jest dobrem osobistym chronionym w prawie polskim? (Ist die Intimsphäre ein Persönlichkeitsgut, das im polnischen Recht geschützt wird?), Palestra, 7–8/1995, 49 ff. A.A. *Kordasiewicz*, Jednostka, 217; *Szpunar*, Ochrona, 152.

[89] *Radwański*, Prawo, 169.

Allgemein wird angenommen, dass der Schutz der Privatheit nicht für jeden identisch   **36**
ist.[90] Personen, die **wichtige öffentliche Funktionen** erfüllen, müssen mit dem Interesse an ihrem Privatleben zu einer gewissen Grenze rechnen.[91] Auch die so genannten *Celebrities* (berühmte Sportler, Schauspieler, Musiker usw.) können den Schutz der Privatheit genießen, obwohl in diesen Fällen die Toleranzschwelle größer[92] ist.

C. Rechtswidrigkeit der Verletzung und gegenläufige Interessen

Es wird allgemein angenommen, dass sich mögliche Rechtfertigungsgründe (die der   **37**
Beklagte wegen der umgekehrten Beweislast beweisen muss) **kategorisieren** lassen.[93]

I. Gesetzliche Anerkennung von gegenläufigen Interessen

Es gibt Situationen, in denen das Recht **zu Eingriffen** in fremde Persönlichkeitsgüter   **38**
und Persönlichkeitsrechte **befugt**. Die Abwägung von gegenläufigen Interessen wurde also schon von dem Gesetzgeber vorgenommen und solange das verletzende Verhalten im Rahmen der gesetzlichen Voraussetzungen bleibt, ist die Rechtswidrigkeit der Verletzung ausgeschlossen. Die wichtigsten Beispiele sind: Eingriffe der Polizei, anderer öffentlicher Staatsorgane, Eingriffe im **Strafverfahren, Offenbarungspflichten**, wie z. B. Offenbarung von Informationen über das Vermögen der öffentliche Funktionen erfüllenden Personen, **Offenbarungsrechtfertigungen,** z. B. Art. 14 Abs. 6 des Pressegesetzes, der es erlaubt, Informationen von der Privatsphäre zu veröffentlichen, wenn sie unmittelbar mit der öffentlichen Tätigkeit des Betroffenen in Verbindung stehen; **gesetzliche Kollisionsnormen** wie die Vorschriften über die Selbsthilfe (Art. 343 § 2 ZGB) oder Selbstverteidigung (Art. 423 ZGB).

II. Einwilligung

Die Einwilligung des Berechtigten wird von der herrschenden Meinung als ein die   **39**
Rechtswidrigkeit des Verhaltens ausschließender Umstand betrachtet.[94] Daraus ergibt sich, dass gestattete Eingriffe in die geschützten Persönlichkeitsgüter Verletzungen von diesen Gütern darstellen, die aber erst auf der Rechtfertigungsebene „legalisiert" werden, indem man sie als rechtmäßig qualifiziert. Besonders *Grzybowski* hat die Ansicht vertreten, die Einwilligung beseitige schon die Verletzung[95] und nicht erst ihre Rechtswidrigkeit. Dem ist zuzustimmen.

Die Rechtsnatur der Einwilligung ist ebenfalls strittig. Manche Autoren behaupten,   **40**
Einwilligung sei eine „normale Willenserklärung",[96] während andere meinen, sie sei eher eine der Willenserklärung ähnliche Deklaration.[97] Auf jeden Fall darf man annehmen,

---

[90] *Radwański,* Prawo, 168 f.

[91] SN v. 11. 5. 2007, I CSK 47/2007, Rzeczpospolita 2007/111, C4.

[92] SA Warszawa, 29. 9. 2006., I ACa 385/2006, Rzeczpospolita 2006/229, C2.

[93] Vgl. *Szpunar,* Ochrona, 155 ff.; *Radwański,* Prawo, 173 ff.; *Pazdan,* System, 1156 ff.

[94] *Radwański,* Koncepcja, 13 f.; *Szpunar,* Ochrona, 161; *Piątkowski,* Ewolucja, 44; *Sośniak,* Funkcje i skuteczność zgody osoby uprawnionej w zakresie ochrony dóbr osobistych [Funktionen und Wirksamkeit der Einwilligung der berechtigten Person im Bereich des Persönlichkeitsgüterschutzes] in: FS Piątkowski, 66; *Wierciński,* Niemajatkowa, 155; *Sadomski,* Naruszenie, 77; *Gniewek/Cisek,* 61.

[95] *Grzybowski,* Ochrona 120; *ders.* System, 301 f.

[96] *Grzybowski,* Ochrona, 120 ff.; siehe auch *Szpunar,* Ochrona, 160.

[97] *Sośniak,* Funkcje, 63; *Szpunar,* RPEiS 1/1990, 41 f.; *Cisek,* Dobra, 97, 100; *Matlak,* Cywilnoprawna ochrona, 338.

dass die Einwilligung eine Willenserklärung sein *kann*.[98] Daraus ergibt sich, dass Einwilligungen in **Verträgen** erteilt werden können.[99]

41   Eine Einwilligung ist deswegen nur *inter partes* **wirksam**. Sie darf nicht generell erfasst werden, sondern muss konkrete Eingriffe betreffen.[100] Auch andere Beschränkungen der Wirkung der Einwilligung (z. B. territoriale, nach den „Nutzungsarten" usw.) werden ganz allgemein akzeptiert.[101] Die Voraussetzungen der Zulässigkeit der Einwilligung **sind von dem konkret betroffenen Persönlichkeitsgut abhängig**. Die Einwilligung in einen schweren Eingriff in die Gesundheit oder Freiheit wurde von vornherein als unwirksam betrachtet. Eine Einwilligung bezüglich Eingriffe in solche Persönlichkeitsgüter wie das Bild, der Name oder sogar Privatheit stößt dagegen nicht auf großen Widerstand.[102]

42   Die Einwilligung ist nach der herrschenden Ansicht **zu jeder Zeit widerrufbar**[103] (es sei denn, der Eingriff hat schon stattgefunden). Auf der anderen Seite sollte es möglich sein, sich vertraglich zur Nichtwiderrufung zu verpflichten.[104] Die Verletzung einer solchen Verpflichtung würde Schadensersatzansprüche des anderen Teils auslösen.[105]

III. Schutz von gewichtigen öffentlichen oder privaten Interessen

43   Einige Autoren lehnen die Ansicht ab, dass ein Handeln, dessen Ziel im Schutz von wichtigen öffentlichen oder privaten Interessen besteht, eine eigenständige Kategorie unter den die Rechtswidrigkeit der Verletzung ausschließenden Rechtfertigungsgründen darstellt.[106] Die Opponenten weisen vor allem auf die daraus resultierende Schwächung des Schutzes der Persönlichkeitsgüter hin.[107] Trotz wichtiger Vorbehalte muss man aber konstatieren, dass besonders in der gerichtlichen Praxis und besonders in Fällen von Persönlichkeitsgüterverletzungen in den Medien genau dieser Rechtfertigungsgrund[108] die erste Geige spielt. In jedem Rechtssystem, das Persönlichkeitsrechte umfassend schützt, sind Konflikte mit anderen von der Rechtsordnung anerkannten Werten unvermeidbar. Das wichtigste Beispiel im Bereich des zivilrechtlichen Schutzes der Persönlichkeit ist das verfassungsrechtlich verankerte Prinzip der **Meinungsäußerungsfreiheit**.[109] Solche Konflikte müssen durch **Interessenabwägung**[110] gelöst werden, die die Stärke und Schutzwürdigkeit der kollidierenden Werte *in casu* berücksichtigt.

44   Die oben dargestellten Regeln des Persönlichkeitsschutzes im Zivilrecht haben zur Folge, dass ein Journalist auch dann haftbar gemacht werden kann, wenn er zwar im öf-

---

[98] *Pazdan,* System, 1133, 1157.

[99] *Grzeszak,* System, 557 f., *Pazdan,* System, 1133.

[100] *Sośniak,* Funkcje, 69; *Szpunar,* RPEiS 1/1990, 55; *Sieńczyło-Chlabicz,* Naruszenie, 442; *Pazdan,* System, 1156.

[101] SA Warszawa, 24. 2. 2005, VI ACa 721/2004.

[102] *Szpunar,* Ochrona, 161; *Pazdan,* System, 1158; *Radwański,* Prawo, 174.

[103] *Szpunar,* RPEiS 1/1990, 55; *Grzeszak,* System, 556; *Pazdan,* System, 1133, 1156. Siehe aber *Barta/Markiewicz,* Komentarz, 635.

[104] *Grzeszak,* System, 557, *Pazdan,* System, 1133.

[105] Auch eine Vertragsstrafe darf vereinbart werden: *Pazdan,* System, 1133.

[106] *Grzybowski,* Ochrona, 127; *Cisek,* Dobra, 102; *Radwański, Prawo,* 175; *Pazdan,* System, 1161. A.A. *Szpunar,* Ochrona, 161, *Piątkowski,* Ewolucja, 44 und die Rechtsprechung, z. B. SN v. 19. 1. 1987, I CR 337/86; SN v. 25. 5. 1989, I CR 231/89; SN v. 19. 10. 1989, II CR 419/89, OSP 11–12/1990, Pos. 377; SA Warszawa v. 27. 10. 2005, VI ACa 123/2005.

[107] *Radwański,* Prawo, 175.

[108] *Sadomski,* Naruszenie, 49 ff.

[109] Art. 54 Abs. 1 der polnischen Verfassung.

[110] Dagegen *Radwański,* Koncepcja, 11; *Cisek,* Dobra, 102. Diese Ansicht ist aber m.E. unrealistisch.

fentlichen Interesse und mit höchster möglicher Sorgfalt handelte, aber doch im Ergebnis falsche Informationen publizierte.[111] Das OG hat in seiner Entscheidung aus dem Jahre 2003[112] den Befürchtungen der Presse Rechnung getragen. Die vom OG unternommene Rechtsentwicklung besteht darin, dass eine Publikation von unwahren Informationen **nicht rechtswidrig** ist, wenn der Journalist die Absicht hatte, das **gesellschaftlich begründete Interesse** zu wahren, und bei der Sammlung und Nutzung von Pressematerialien eine **besondere Sorgfalt und Gediegenheit** walten ließ. In einer weiteren Entscheidung (ein Beschluss aus dem Jahre 2005[113]) wurde diese Rechtsentwicklung bestätigt. Dazu führte das OG aus, der Journalist sei verpflichtet, den **Vorwurf zu widerrufen**, wenn er sich als falsch erweise.

D. Persönlichkeitsrechte und juristische Personen

Nach Art. 43 ZGB sind die Vorschriften über den Schutz der Persönlichkeitsgüter **45** entsprechend auf juristische Personen anzuwenden. Das ganze Modell des Schutzes ist also ähnlich wie bei natürlichen Personen.[114] Die **entsprechende**[115] Anwendung begründet aber einige Abweichungen. Erstens unterscheidet sich der Katalog der Persönlichkeitsgüter von juristischen Personen von dem **Katalog,** der für natürliche Personen gilt,[116] weil einige Persönlichkeitsgüter juristischen Personen nicht zustehen können. Andere Persönlichkeitsgüter sollen aus demselben Grunde anders genannt werden. So hat eine juristische Person selbstverständlich kein Recht auf Leben oder Gesundheit und ebenso wenig darf sie sich über die Eingriffe in das Privatleben beschweren (obwohl die letzte Ansicht strittig ist[117]). Juristische Personen genießen auch keinen Ehrenschutz, doch aber den Schutz ihres **guten Rufes.**[118] Das Bild einer juristischen Person ist schon auf begrifflicher Ebene unmöglich, der Name[119] aber (die **Firma**) wird zweifellos geschützt.

E. Kommerzialisierung von Persönlichkeitsrechten

Die Kommerzialisierung von Persönlichkeitsrechten ist auch in Polen ein unbestreitba **46** res soziales Phänomen.[120] Bis jetzt ist aber die Kommerzialisierung eher eine faktische als eine rechtliche Erscheinung. Es gibt in der Lehre nur wenige Stimmen, die **Vermögens-**

---

[111] *Radwański,* OSP 2/2004, 94 ff.

[112] SN v. 14. 5. 2003, I CKN 463/2001, OSP 2/2004 Pos. 22. Ähnlich schon *Bidziński/Serda,* FS Piątowski, 43.

[113] SN. V. 18. 2. 2005, III CZP 53/2004, OSNC 7–8/2005 Pos. 114, Anm. *Radwański* OSP 9/2005, 493, Anm. *Sobolewski* OSP 5/2005, 654., *Sieńczylo-Chlabicz,* PiP 2/2005, 113 .

[114] *Frąckowiak,* in: *Safjan* (Hrsg.) System prawa prywatnego. T 1. Prawo cywilne część ogólna, 2007, 1075 f.

[115] *Kubiak-Cyrul,* Dobra osobiste, 128 ff.

[116] *Frąckowiak,* System, 1078 f.

[117] Pro: *Koczanowski,* Ochrona dóbr osobistych osób prawnych [Schutz der Persönlichkeitsgüter von juristischen Personen], 1999, 127; *Kubiak-Cyrul,* Ochrona, 187 f; *Frąckowiak,* System, 1083. Kontra: *Szpunar,* Ochrona, 64; *Cisek,* Dobra, 64.

[118] SN v. 14. 11. 1986, II CR 295/86, OSNCP 2–3/1988, Pos. 40.

[119] Vgl. SN v. 26. 9. 1991, II CR 753/90, PS 1/1993, 91; SN v. 28. 10. 1998, II CKN 25/98, OSNC 4/1999, Pos. 80. Monografisch: *Stefanicki,* Prawo do nazwy (firmy) i jego ochrona [Das Recht auf die Firma und sein Schutz] 1999; *Sołtys,* Nazwy handlowe i ich ochrona w prawie polskim [Handelsnamen und ihr Schutz im polnischen Recht] 2003; *Klapaczyńska,* Firma i jej ochrona [Firma und ihr Schutz], 2004.

[120] *Barta/Markiewicz,* Wokół, 11; *Grzeszak,* System, 550.

elemente in Persönlichkeitsrechten anerkennen wollen.[121] Die Praxis der Rechtanwendung hat diese Idee aber noch nicht aufgegriffen.

47 Das wichtigste rechtliche Instrument der Kommerzialisierung stellt die **Einwilligung** dar[122]. Eine gegen Entgelt erteilte, offen rechtsgeschäftliche[123] Einwilligung, die nach Nutzungsarten oder Dauer differenziert werden kann,[124] erlaubt im Bereich der Persönlichkeitsgüter zu kontrahieren. Die in der Praxis üblichen Verträge übernehmen die Terminologie des Rechts des geistigen Eigentums (es ist von Lizenzen, Nutzungsarten, Entgelt, usw. die Rede).[125] Freilich muss darauf hingewiesen werden, dass die Einwilligung mit ihrer Widerrufbarkeit und lediglich relativer Wirkung kein echter Ersatz von genuinen Vermögensrechten sein kann.

48 Auf der Rechtsfolgenebene trifft man auf Beispiele der Kommerzialisierung bei der Feststellung der **Entschädigung**. Es gibt Entscheidungen, in denen die Gerichte den Maßstab der angemessenen **Lizenzgebühr** anwenden.[126] Es ist leider häufiger der Fall, dass sie dazu die Institution der Wiedergutmachung im Geld verwenden, was aber dogmatisch verfehlt ist.[127]

F. Rechtsfolgen der Verletzung

I. Zivilrechtliche Ansprüche

1. Unterlassungsanspruch

49 Unterlassungsansprüche setzen eine Verletzung des Persönlichkeitsgutes und ihre Rechtswidrigkeit voraus. Auf Verschulden kommt es nicht an.[128] Die zusätzliche Haftungsvoraussetzung ist aber die **Gefahr** der Verletzung oder die Gefahr der **Wiederholung**.[129] Unterlassungsansprüche beziehen sich immer auf ein **konkretes Verhalten**,[130] das von dem Kläger bestimmt werden muss. Unterlassungsansprüche sind nicht Vermögensansprüche. Deshalb **verjähren** sie nicht.

2. Beseitigungsanspruch

50 Im polnischen Recht wird unter dem Begriff „Beseitigungsanspruch" ein Anspruch verstanden, dessen Ziel es ist alle **Folgen der Verletzung** (mit der Ausnahme vom Vermögensschaden) zu beseitigen.[131] Der wichtigste Unterfall dieser Kategorie ist der Anspruch auf Abgabe „einer **Erklärung** entsprechenden Inhalts und in entsprechender Form",[132] wie z. B. einer Entschuldigung oder eines Widerrufs von unwahren Fakten. Solche Erklärungen können z. B. in Zeitschriften oder Zeitungen veröffentlicht werden, vor allem dann, wenn die Verletzung auch eine mediale Form hatte.[133] Das Gericht

---

121 Vgl. oben, Rn. 32.
122 Vgl. oben. Rn. 39 ff.
123 *Barta/Markiewicz,* Wokół, 29.
124 SA Kraków v. 19. 12. 2001, I ACa 957/01, TPP 3/2002, 107.
125 SA Warszawa, 24. 2. 2005, VI ACa 721/2004.
126 SA Kraków v. 7. 2. 1995, I ACr 697/94, in: *Gawlik,* Dobra, 136.
127 *Sadomski,* Naruszenie, 110 f.
128 *Radwański,* Prawo, 172.
129 SN v. 26. 2. 1965, II CR 13/65, OSNCP 10/1965, Pos. 174; *Pazdan,* System, 1163.
130 *Grzybowski,* Ochrona, 133, *Pazdan,* System, 1163; *Szpunar,* Ochrona, 238, Gniewek/Cisek, 63; *Sadomski,* Naruszenie, 100; SN. v. 9. 7. 1971, II CR 220/71, OSNCP 1/1972, 19; SN v. 22. 12. 1997, II CKN 546/97, OSN 7–8/1998, Pos. 119 mit Ann. *Wiercinski,* PiP 3/1999, 98.
131 *Szpunar,* Ochrona, 242 ff.; *Pazdan,* System, 1164 f.
132 *Kordasiewicz,* Jednostka, 119 f.
133 Vgl. *Radwański,* OSP 2/2004, 94; *Sadomski,* Naruszenie, 85 ff.; SA Katowice v. 24. 9. 1992, I ACr 340/92, OSAiSN 6/1993 Pos. 39.

kann den Kläger **zur Veröffentlichung auf Kosten des Beklagten ermächtigen**,[134] falls Letzterer seiner Pflicht in der von dem Gericht gesetzten Form nicht nachkommt. Der Beseitigungsanspruch ist ebenfalls **vom Verschulden unabhängig** und verjährt nicht.

3. Genugtuung/Schmerzensgeld

Das polnische Recht verwendet denselben Begriff für die Wiedergutmachung im Geld   51 in Fällen von Gesundheits- oder Körperverletzungen (Art. 445 ZGB) und in Fällen von anderen Verletzungen von Persönlichkeitsgütern, wie z. B. Ehre, Privatleben, Bild (Art. 448 ZGB). Die Funktion des Anspruchs besteht in den aus selbstverständlichen Gründen unvollkommenen[135] **Ausgleich des immateriellen Schadens**.[136] Mittels der Geldzahlung sollen die negativen Folgen der Verletzung im Bewusstsein des Betroffenen gemindert werden.[137] Das Geld macht es für den Berechtigten möglich seine anderen Bedürfnisse zu befriedigen,[138] und die Tatsache, dass es von dem Täter gezahlt wird, gibt dem Verletzten Satisfaktion.

Die Wiedergutmachung im Geld darf nur[139] in Fällen von **verschuldeten Verletzun-**   52 **gen** gewährt werden.[140] Das Gericht hat bei der Beurteilung dieses Anspruchs viel **Ermessen**.[141] Alle Vorschriften, die diese Form von Wiedergutmachung vorsehen, machen es klar, dass die Genugtuung gewährt werden *kann*, und nicht dass sie gewährt *wird*.[142] Die **Höhe der Genugtuung** hängt von vielen Faktoren ab. Entscheidend ist die Stärke des Leidens (physisches oder psychisches);[143] aber auch solche Umstände wie der Charakter des verletzten Persönlichkeitsgutes, der Grad des Verschuldens des Verletzers,[144] seine Rücksichtslosigkeit, die Tatsache dass er von der Verletzung profitiert hat, oder generell seine Vermögensverhältnisse dürfen berücksichtigt werden.[145] Es wird angenommen, dass die Höhe der Genugtuung **mäßig**[146] sein und den üblichen Vermögensverhältnissen in der Gesellschaft entsprechen soll. Deswegen sind sehr hohe Summen eher selten, obwohl sich seit einigen Jahren eine Gegentendenz bemerken lässt.[147]

Art. 448 ZGB (der für alle andere als Lebens-, Gesundheits-, Körper-, Freiheitsverlet-   53 zungen sowie Verletzungen sexueller Integrität relevant ist) gibt dem Betroffenen das Recht eine bestimmte Summe für einen gewählten **gesellschaftlichen Zweck** zu ver-

---

[134] SN v. 28. 6. 2006, III CZP 23/06, Biul.SN 6/2006, Pos. 5. *Jakubecki*, Postepowanie zabezpieczajace w sprawach z zakresu prawa wlasnosci intelektualnej, [Einstweiliges Verfahren in Streiten über Imaterialgüterrechte] 2000, 301; *Sadomski*, Naruszenie, 95: *Radwański*, OSP 2/2004, 94.

[135] *Kędzierska*, Polemika w sprawie zadośćuczynienia za krzywdę moralną [Polemik zum Thema Entschädigung für den moralischen Schaden] PiP 2/1955, 268 ff.

[136] *Szpunar*, Zadośćuczynienie, 64 ff., 77 ff., 84 ff.

[137] *Radwański*, Prawo, 178.

[138] *Pazdan*, System, 1166.

[139] Nach Art. 448 ZGB. Wenn Art. 445 ZGB die Haftungsgrundlage ist, entscheiden die allgemeinen Voraussetzungen der Haftung (z. B. Gefährdungshaftung).

[140] SN v. 12. 12. 2002, V CKN 1581/00, OSN 4/2004, Pos. 53; *Lewaszkiewicz-Petrykowska*, PS 1/1997, 6 f.; *Safjan*, PPH 1/1997, 13 f.; *Kordasiewicz*, KPP 1/2000, 48; *Szpunar*, Zadośćuczynienie, 211.

[141] *Szpunar*, Zadośćuczynienie, 81 ff.

[142] Grundsätzlich soll sie aber dem Kläger beim Vorliegen immateriellen Schadens zugesprochen werden: Gniewek/*Cisek*, 755.

[143] *Grzybowski*, Ochrona, 155 ff.; *Sadomski*, Naruszenie, 102 ff.; *Dyka*, KPP 3/2001, 613 ff, 623 ff.; *Szpunar*, Zadośćuczynienie, 182 ff.

[144] SA Kraków v. 9. 3. 2001, I ACa 124/01, PS 10/2002, Pos. 130.

[145] Vgl. Gniewek/*Cisek*, 756 f.

[146] SN v. 24. 6. 1965, I PR 203/65, OSPiKA 4/1966, Pos. 92; *Szpunar*, Zadośćuczynienie, 184; Gniewek/*Cisek*, 756; *Sadomski*, Naruszenie, 111 f.

[147] SA Kraków v. 5. 11. 2002, I ACa 869/02, TPP 3/2003, 109; *Sadomski*, Naruszenie, 110 f.; *Sieńczyło-Chlabicz*, Ekonomiczna eksploatacja oznaczeń osób powszechnie znanych [Wirtschaftliche Exploitation der Bezeichnungen von bekannten Personen] PiP 7/2003, 95 f.

langen. Die Funktion dieses Anspruches ist der klassischen Genugtuung ähnlich, indem dem Verletzten Satisfaktion gegeben ist.[148] Sein Sinn besteht darin, dass es für einige Leute taktlos und ungeschickt erscheint, das Geld für sich selbst zu verlangen.[149] Nach herrschender Meinung muss der Berechtigte zwischen Genugtuung und der Zahlung für einen gesellschaftlichen Zweck wählen, d. h. die Ansprüche dürfen nur **alternativ**[150] geltend gemacht werden. Das OG hat es aber anders gesehen. Die Kumulation beider Ansprüche soll nämlich dann zulässig sein, wenn das Verhalten des Beklagten vorsätzlich war.[151]

4. Schadensersatz

54   Das ZGB enthält viele praktisch wichtige Erleichterungen für den Geschädigten in Fällen von **Lebens-, Gesundheits- und Körperverletzungen**. Die Entschädigung umfasst alle Kosten, was dem Prinzip **voller Entschädigung**[152] entspricht. Der Geschädigte darf eine **Vorauszahlung** zur Deckung von Heilungskosten verlangen und wenn er Invalide geworden ist, sollen auch die für die **Vorbereitung auf einen anderen Beruf** erforderlichen Kosten ausgelegt werden. Art. 444 § 2 ZGB gewährt das Recht auf eine angemessene **Rente**.

55   Verletzungen von solchen Persönlichkeitsgütern wie Ehre oder Reputation (guter Ruf) können einen materiellen Schaden herbeiführen,[153] indem das gesellschaftliche Ansehen des Geschädigten gesenkt wird, was seine Vermögensverhältnisse beeinflusst (z. B. ein Arzt verliert Patienten). Solche Schäden sind ersatzfähig, obwohl die Höhe des Schadens schwierig zu beweisen ist.

II. Presserecht

56   Das Presserecht regelt erstens die **Passivlegitimation**. Nach Art. 38 Abs. 1 des Pressegesetzes sind im Bereich des Zivilrechts die folgenden Personen für Rechtsverletzungen verantwortlich: der Autor (meistens ein Journalist), der Redakteur oder eine andere Person, die die Publikation veranlasst hat, und der Verleger. Sie haften als Gesamtschuldner.

57   Das Presserecht kennt zwei von den im ZGB geregelten unabhängigen Instrumenten, die für den Schutz der Persönlichkeitsgüter verwendet werden können: das Recht auf **Berichtigung** und das Recht auf **Antwort**.[154] Die Berichtigung muss sich auf Fakten beziehen und muss rationell sein. Mittels Berichtigung dürfen falsche oder unpräzise Informationen korrigiert werden, unabhängig davon ob sie etwas mit Persönlichkeitsgütern haben. Die Antwort bezieht sich dagegen nur auf Aussagen, die Persönlichkeitsgüter gefährden.

---

[148] *Radwański*, Prawo, 178.

[149] *Radwański*, Prawo, 178.

[150] *Lewaszkiewicz-Petrykowska*, PS 1/1997, 9; *Szpunar*, Zadośćuczynienie, 219 ff.; *Radwański*, Prawo, 179; *Safjan*, PPH 1/1997, 11; *Mączyński*, FS Szpunar, 243 f.

[151] SN v. 17. 3. 2006, I CSK 81/2005, OSP 3/2007, Pos. 30 mit Anm. *Sieńczyło-Chlabicz*, OSP 3/2007, 195 (kritisch).

[152] *Szpunar*, Zasada pełnego odszkodowania w prawie cywilnym [Das Prinzip voller Enschädigung im polnischen Zivilrecht], PiP 5/1973, 28 ff.

[153] *Szpunar*, Ochrona, 233 f.

[154] Dazu *Tomczyk*, Sprostowanie Prasowe [Presseberichtigung] ZNUJ PWiOWI Nr 69, 1997, 131 ff.

§ 67. Schweiz

Inhaltsübersicht

Schrifttum: *Bächli*, Das Recht am eigenen Bild, 2002; *Brückner*, Personenrecht des ZGB, 2000; *A. Bucher*, Natürliche Personen und Persönlichkeitsschutz, 3. Aufl. 1999; *Büchler*, Die Kommerzialisierung Verstorbener, AJP 2003, 3; *Egger*, Das Personenrecht, 2. Aufl. 1930; *Forkel*, Ehrenschutz gegen Presseangriffe, SJZ 92 (1996), 97; *Frank*, Persönlichkeitsschutz heute, 1983; *Fricke*, Der Unterlassungsanspruch gegen Presseunternehmen zum Schutze des Persönlichkeitsrechts im IPR, 2003; *Geiser*, Die Persönlichkeitsverletzung insbesondere durch Kunstwerke, 1990; *Geiser*, Persönlichkeitsschutz: Pressezensur oder Schutz vor Medienmacht?, SJZ 92 (1996), 73; *Glaus*, Das Recht am eigenen Wort, 1997; *Gloor*, Kopftuch an der Kasse – Religionsfreiheit im Privatrecht, ARV 2006, 1; *Halfmeier*, Die Veröffentlichung privater Tatsachen als unerlaubte Handlung, 2000; *Hausheer/Aebi-Müller*, Persönlichkeitsschutz gegenüber Massenmedien in der Schweiz, in: Koziol/Warzilek (Hrsg.), Persönlichkeitsschutz gegenüber Massenmedien, 2005, 341; *Honsell/Vogt/Geiser*, Basler Kommentar, Art. 1–456 ZGB, 3. Aufl. 2006; *Hort*, Der finanzielle Ausgleich bei Verletzungen des Persönlichkeitsrechts in Deutschland und in der Schweiz, 2003; *Jäggi*, Fragen des privatrechtlichen Schutzes der Persönlichkeit, ZSR 101 II (1960), 133a; *Knellwolf*, Postmortaler Persönlichkeitsschutz – neuere Tendenzen der Rechtsprechung, ZUM 1997, 783; *Pedrazzini/Oberholzer*, Grundriss des Personenrechts, 4. Aufl. 1993; *Riemer*, Persönlichkeitsrechte und Persönlichkeitsschutz gemäss Art. 28 ff. ZGB im Verhältnis zum Datenschutz-, Immaterialgüter- und Wettbewerbsrecht, sic! 1999, 103; *Riklin*, Vorsorgliche Massnahmen im privatrechtlichen Persönlichkeitsschutz gegenüber periodisch erscheinenden Medien gemäss §§ 28c–28f ZGB aus der Sicht des Gesetzgebers, in: Juristische Maulkörbe für die Medien?, 1995; *Seemann*, Prominenz als Eigentum, Baden-Baden 1996; *Senn*, Satire und Persönlichkeitsschutz, 1998; *Tercier*, Le nouveau droit de la personnalité, 1984; *Teßmer*, Der privatrechtliche Persönlichkeitsschutz von Prominenten vor Verletzungen durch die Medien, 2000; *Tuor/Schnyder/Schmid/Rumo-Jungo*, Das Schweizerische Zivilgesetzbuch, 12. Aufl. 2002; *Weber/Unternäher/Zulauf*, Schweizerisches Filmrecht, 2003.

A. Grundlagen des Persönlichkeitsrechts

1   Der Persönlichkeitsschutz in der Schweiz findet seine **privatrechtliche Regelung** in **Art. 28 ff. ZGB**. In Art. 28 Abs. 1 ZGB heißt es: „Wer in seiner Persönlichkeit widerrechtlich verletzt wird, kann zu seinem Schutz gegen jeden, der an der Verletzung mitwirkt, das Gericht anrufen." Durch diese **Generalklausel** wird abstrakt bestimmt, welche Abwehransprüche natürlichen und juristischen Personen bei Persönlichkeitsrechtsverletzungen zustehen.[1] Dieser **externe Persönlichkeitsschutz** ist im Verhältnis zum sog. **internen Schutz** des Art. 27 ZGB zu sehen, der die Unverzichtbarkeit der Rechts- und Handlungsfähigkeit des Einzelnen festschreibt. Hieraus folgt gem. Art. 27 Abs. 2 ZGB, dass sich niemand seiner Freiheit völlig entäußern kann. Seine aktuelle Formulierung erhielt Art. 28 ZGB durch eine Gesetzesrevision 1985, bei der auch die Regelungen der Art. 28 a-l ZGB ergänzt wurden.[2] Ein zivilrechtlicher Persönlichkeitsschutz bestand aber bereits in der Fassung des Art. 28 ZGB von 1907, in welcher bestimmt war: „Wer in seiner Persönlichkeit widerrechtlich verletzt wird, kann zu seinem Schutz gegen jeden, der an der Verletzung mitwirkt, den Richter anrufen." Schon diese Vorgängernorm konnte sich auf eine entsprechende Regelung des Obligationenrechts von 1881 stützen, die ihre Ausprägung dann in der zeitgenössischen Rechtsprechung fand.[3] So zeigt sich, dass in der Schweiz weit vor der Entwicklung in Deutschland ein umfassendes Persönlichkeitsrecht anerkannt war, ohne sich lediglich auf einzelne absolute Rechte zu beschränken.

2   Demgemäß war es auch nicht erforderlich, aus bestimmten Normen der Bundesverfassung (BV) eine Rechtsgrundlage für einen umfänglichen Schutz zu konstruieren. Entgegen der in Deutschland angenommenen Notwendigkeit, die persönlichen Freiheitsrechte verfassungsrechtlich abzusichern, wurde lange Zeit in der Schweiz die Kodifizierung eines umfassenden Verfassungsrechts der persönlichen Freiheit für unnötig erachtet.[4] Da die Regelungen der Art. 28 ff. ZGB fest in der privatrechtlichen Ordnung verwurzelt sind, war eine verfassungsrechtliche Herleitung nur im Rahmen ungeschriebenen Verfassungsrechts möglich, welches aus allgemeinen Prinzipien folgte. Eine „moderne" Normierung unterschiedlicher und differenzierter Grundrechte erfolgte erst mit der Verabschiedung einer **neuen Verfassung**, die am 1. 1. 2000 in Kraft trat. Diese hat allerdings keine große Wirkung auf die weitere Entwicklung des Art. 28 ZGB, da bereits zuvor durch die Rechtsprechung ein breiter Kanon an Freiheitsrechten gewährt wurde.[5] Im Übrigen bedeutete das in Art. 28 ZGB und seinen Vorgängernormen bestehende privatrechtliche Abwehrrecht, dass eine Drittwirkung von Grundrechten bereits festgeschrieben war, bevor nunmehr eine ausdrückliche Kodifizierung dieses Grundsatzes in Art. 35 Abs. 3 BV aufgenommen wurde. Nach dieser Norm haben die Behörden dafür zu sorgen, dass die Grundrechte, soweit sie sich dazu eignen, auch unter Privaten wirksam werden. Allerdings könnte gerade im Medienrecht bei der Auslegung des Art. 28 ZGB

---

[1] *Brückner*, Personenrecht des ZGB, Rn. 371.

[2] Vgl. BBl 1982 II 636 (in Kraft seit 1. 1. 1985); hierzu auch Honsell/Vogt/Geiser/*Meili*, Zivilgesetzbuch I, Art. 28 Rn. 1.

[3] Zur Entwicklungsgeschichte s. *Hausheer/Aebi-Müller* in: Koziol/Warzilek, Persönlichkeitsschutz, S. 342 ff.

[4] So zutreffend *Glaus*, Das Recht am eigenen Wort, S. 14; s. auch BGE 89 I 92 ff.; 90 I 29, 36.

[5] Zur Entwicklung s. *Fricke*, Unterlassungsanspruch, S. 76 ff.; s. bereits *Egger*, Das Personenrecht, S. 237.

die Pressefreiheit als Grundrecht, welches bei der Abwägung mit dem öffentlichen Interesse zu beachten ist, in diesem Zusammenhang weiter an Bedeutung gewinnen.

Aufgrund **fehlender Verfassungsgerichtsbarkeit** gegenüber Bundesgesetzen sind die   **3** verfassungsrechtlichen Vorgaben durch das Bundesgericht zu prüfen. Dieses hat stets betont, dass sich der grundrechtliche Schutz auf elementare Erscheinungen der Persönlichkeitsentfaltung beschränkt.[6] **Es besteht somit kein verfassungsrechtlicher Schutz einer allgemeinen Handlungsfreiheit**, wie sie sich aus Art. 2 Abs. 1 GG ergibt. Hieran wird sich auch in naher Zukunft nichts ändern, weswegen keine allgemeine Handlungsfreiheit bei der Auslegung des Art. 28 ZGB herangezogen werden kann, sondern lediglich in Einzelfällen eine verfassungskonforme Auslegung der Norm zu beachten ist. Somit haben die verfassungsrechtlichen Grundrechte zwar nach der Revision der Bundesverfassung in ihrer privatrechtlichen Bedeutsamkeit zugenommen, haben aber noch nicht die exponierte Stellung wie im deutschen Recht. Dies erklärt sich aus der Geschichte, welche eine umfassend ausdifferenzierte Grundrechtsdogmatik in Deutschland als unabdingbar erscheinen lässt und die darlegt, warum in der Schweiz die Anerkennung von Grundrechten seit langem als tief in der Gesellschaft verwurzelt angesehen wird. In den letzten Jahren findet hier allerdings auch in der Schweiz ein Umdenken in Richtung einer weiteren Auffächerung von Grundrechten statt.

Von weit größerer Bedeutung für die Entwicklung des privatrechtlichen Persönlich-   **4** keitsrechts stellt sich **die Ergänzung des Art. 28 ZGB durch das Einfügen der Art. 28 a ff. ZGB** im Jahr 1985 dar. Zwar gab es bereits zuvor **Unterlassungs-, Gegendarstellungs- und Genugtuungsansprüche**, doch war ihre Durchsetzung aufgrund uneindeutiger Anspruchsgrundlagen stets mit Unsicherheiten behaftet.[7] Durch die Regelungen der §§ 28 a ff. ZGB werden die **nicht-finanziellen Rechtsfolgen** bei Verletzungen erfasst, so u.a. die Abwehr und spezielle Verfahrensregeln. Außerdem werden Regelungen des **vorbeugenden Rechtsschutzes** normiert, die gerade im Medienbereich eine große Rolle spielen.[8] Demgegenüber werden die **finanziellen Folgen** durch das Obligationenrecht abgedeckt. In diesem Zusammenhang sei vor allem auf die §§ 41, 46, 47, 49 OG verwiesen, auf die noch vertieft einzugehen sein wird. Neben der Zahlung von Schadensersatz kann in besonderen Fällen auch „Genugtuung" verlangt werden, mithin Schmerzensgeld. Für einen derartigen Anspruch war bis zur Revision 1985 eine besondere Schwere der Schuld erforderlich, wobei nunmehr nur noch eine besondere Schwere der Verletzung vorzuliegen hat. Unabhängig davon ist aber für die Erfüllung des Art. 28 ZGB ein Verschulden seit jeher nicht erforderlich, was bereits aus der Absolutheit des Persönlichkeitsrechts folgt. Abzugrenzen sind hiervon die Bestimmungen über Schadensersatz und Genugtuung. Durch die Absenkung des Verschuldensmaßstabes wurde der Kreis der Anspruchsberechtigten erheblich erweitert.[9] Ebenfalls sind bei den Rechtsfolgen weitere spezialgesetzliche Regelungen zu beachten, wie z.B. das **Datenschutz- und Urheberrecht**.

Die Struktur des Persönlichkeitsrechts in der Schweiz ist geprägt durch seine **Rechts-**   **5** **natur als bloßes Abwehrrecht gegen Dritte**, ohne dem Einzelnen neue Werte oder Güter zuzuordnen. Nur bei der Verletzung des Persönlichkeitsrechts als Abwehrrecht können sich finanzielle und sonstige Ansprüche ergeben, **weswegen z.B. ein postmortales Persönlichkeitsrecht abgelehnt wird** (hierzu ausführlich s. unten). Das Persönlichkeitsrecht an sich kann nicht vererbt und nicht übertragen werden, ebenso unterliegt es nicht der Verjährung (anders allerdings die daraus fließenden wirtschaftlichen Folgen).

---

[6] So *Hausheer/Aebi-Müller* in: Koziol/Warzilek, Persönlichkeitsschutz, S. 345 unter Bezugnahme auf BGE 124 I 86 f.

[7] Honsell/Vogt/Geiser/*Meili*, Zivilgesetzbuch I, Art. 28 Rn. 3.

[8] Diese sind seit ihrer Verabschiedung allerdings rechtspolitisch auch sehr umstritten; s. *Riklin*, Persönlichkeitsschutz, S. 16 ff.

[9] S. *Hort*, Der finanzielle Ausgleich, S. 35 ff.

Aus der Ausgestaltung des Persönlichkeitsschutzes als rein repressiv wirkendem Rechtsbehelf gegen jedermann ergibt sich, dass die §§ 28 ff. ZGB wenig hilfreich bei der Begründung einer vertragsrechtlichen Lizenzierung von Teilaspekten des Persönlichkeitsrechts sind. Vielmehr ist der Lizenznehmer in diesem Zusammenhang – vor allem bei der Vermarktung von Bildern einer Person (hierzu ausführlich unten) – auf ein Tätigwerden des Rechtsträgers angewiesen.[10] Allerdings versucht die Lehre hier zu neuen Rechtskonstruktionen zu kommen. Somit bleiben für die Praxis und Wissenschaft einige Unsicherheiten, die nur anhand der bisherigen Kasuistik gemildert werden können. Insbesondere ist hierzu eine nähere Bestimmung des Umfangs des Persönlichkeitsrechts erforderlich.

B. Umfang des persönlichkeitsrechtlichen Schutzes

I. Schutzobjekt

6   Das Schutzobjekt des Art. 28 ZGB wurde bis zur Revision 1985 dergestalt definiert, dass Verletzungen in „persönlichen Verhältnissen" erfasst wurden. Nunmehr wird explizit von einer „widerrechtlichen Verletzung des Persönlichkeitsrechts" gesprochen, ohne dieses jedoch näher zu definieren.[11] Somit handelt es sich weiterhin um einen unbestimmten Rechtsbegriff, der durch die Rechtsprechung auszufüllen ist. In diesem Zusammenhang spielen die Grundrechte der Bundesverfassung eine Rolle, da die in ihnen enthaltenen Wertungen zu berücksichtigen sind.[12] Aus der Rechtsnatur des **Persönlichkeitsrechts als absolutes Abwehrrecht** wird gefolgert, dass es sich um den Schutz der Gesamtheit des Individuellen handelt, soweit es Gegenstand eines verletzenden Verhaltens sein kann.[13] In eine ähnliche Richtung weist die Definition, die auf den rechtlichen Schutz der Werte abstellt, die das Wesentliche der persönlichen Sphäre des Einzelnen ausmachen.[14] Das Bundesgericht betrachtet in diesem Zusammenhang die Persönlichkeit als Inbegriff der Rechte, die untrennbar mit der Person verknüpft sind.[15] Im Ergebnis zeigen die verschiedenen rechtlichen Herleitungen, dass es sich um einen natur- und vorrechtlichen Schutz handelt, der von der Rechtsordnung unabhängig von seiner konkreten Ausgestaltung zu gewähren ist.

7   Eine dergestalt in ihrer Gesamtheit geschützte Persönlichkeit wird in verschiedenen Facetten geschützt. Allgemein hat sich eine Dreiteilung durchgesetzt, die allerdings keine Auswirkungen auf die konkrete Ausgestaltung der daraus fließenden Rechte hat. Sie dient lediglich der Systematisierung und der Einordnung der persönlichkeitsrechtlichen Ausprägungen, der einzelnen sog. **„Persönlichkeitsgüter"**. Es wird insoweit der **physische, psychische** (auch seelisch bzw. affektiv genannte) und **soziale Schutzbereich** abgegrenzt.[16] Dies macht deutlich, dass anders als im deutschen Recht auch das Recht auf Leben und körperliche Unversehrtheit als Teil des Persönlichkeitsrechts aufgefasst wird. Dieser physische Schutzbereich wird ergänzt von dem Recht auf seelische Integrität als typische Ausprägung des psychischen Schutzbereichs. Von der sozialen Sphäre umfasst werden dann z. B. das Recht am eigenen Bild oder Namen. Diese dritte Gruppe ist am umfangreichsten, da sie darauf ausgerichtet ist, die harmonische Gestaltung der sozialen

---

[10] *Bächli*, Das Recht am eigenen Bild, S. 130 ff.; *Hausheer/Aebi-Müller* in: Koziol/Warzilek, Persönlichkeitsschutz, S. 343.

[11] Botschaft BBl 1982 II 636, 680; *Brückner*, Personenrecht des ZGB, Rn. 378.

[12] BBl 1982 II 685.

[13] So *Jäggi* ZSR 101 II (1960), 133a, 164a.

[14] *A. Bucher*, Natürliche Personen, Rn. 413, der den Persönlichkeitsschutz von der Rechts- oder Handlungsfähigkeit abgrenzt.

[15] So z. B. BGE 84 II 573; *Tuor/Schnyder/Schmid/Rumo-Jungo*, Zivilgesetzbuch, S. 94; *Frank*, Persönlichkeitsschutz, S. 42 ff.

[16] So die h.M.; vgl. Honsell/Vogt/Geiser/Meili, Zivilgesetzbuch I, Art. 28 Rn. 17.

Beziehungen von natürlichen und auch juristischen Personen zu gewährleisten.[17] Von dieser Dreiteilung abweichende Systematisierungen, wie die zweistufige Kategorisierung nach Lebensbereichen, haben im Ergebnis keine Auswirkungen auf die jeweilige Fallgestaltung.[18] Da es keinen numerus clausus der „Persönlichkeitsgüter" gibt, ist die Rechtsprechung gehalten, auf durch Veränderungen der gesellschaftlichen und sozialen Gegebenheiten bedingte neue Verletzungshandlungen angemessen zu reagieren.

II. Grenzen des Persönlichkeitsrechts

Nach der Regelung des Art. 28 Abs. 2 ZGB ist eine Persönlichkeitsverletzung dann widerrechtlich, wenn sie nicht durch Einwilligung des Verletzten, durch ein überwiegendes privates oder öffentliches Interesse oder durch Gesetz gerechtfertigt ist. Es ist dabei zu fragen, inwieweit in ein „Persönlichkeitsgut" eingegriffen wurde. Ein Verletzungstatbestand wird nur dann vorliegen, wenn eine gewisse Intensität der Verletzung und somit ein Eindringen in den geschützten Bereich der Persönlichkeit gegeben ist. Hierdurch sollen leichte Fälle, wie sie im gesellschaftlichen Umgang vorkommen, aus dem Anwendungsbereich ausgenommen werden.[19] Dies ist im Einzelfall schwer zu bestimmen, weswegen sich gerade im Medienrecht eine reichhaltige Kasuistik herausgebildet hat. Jedenfalls wird in diesem Bereich angenommen, dass die Persönlichkeit dann von Medien als verletzt zu betrachten ist, wenn das gesellschaftliche Ansehen einer Person vom Standpunkt des Durchschnittskonsumenten aus beeinträchtigt erscheint.[20] Hieraus ergibt sich, dass das subjektive Empfinden des Betroffenen nicht den Maßstab bei der Beurteilung der Wesentlichkeit darstellt, sondern dieser vielmehr objektiv zu bestimmen ist. Die Grenze der Persönlichkeitsverletzung liegt dort, wo ein **Rechtfertigungsgrund** zum Tragen kommt. Es obliegt somit dem Verletzer der Nachweis, dass sein Verhalten als gerechtfertigt i.S.d. Art. 28 Abs. 2 ZGB einzuordnen ist. 8

Für das Vorliegen eines überwiegenden privaten oder öffentlichen Interesses ist eine **Interessenabwägung** vorzunehmen, bei der das **Entfaltungsinteresse** des Verletzers dem **Integritätsinteresse** des Verletzten gegenüberzustellen ist.[21] Hierbei gilt, dass ein überwiegendes privates Interesse gegeben ist, wenn das Schutzbedürfnis einer bestimmten Einzelperson überwiegt, wohingegen ein öffentliches Interesse vorliegt, wenn Drittinteressen einer Vielzahl von Personen bzw. der Allgemeinheit überwiegen.[22] Als derartige Interessen sind insbesondere die Meinungsäußerungs- und Pressefreiheit sowie das öffentliche Informationsinteresse der Allgemeinheit anzusehen. Diese spielen eine gewichtige Rolle insbesondere bei der Begrenzung von Persönlichkeitsrechten durch die Medienberichterstattung oder durch die Wissenschafts- und Kunstfreiheit.[23] Diese zweistufige Prüfung im Rahmen des § 28 ZGB findet eine eigene Ausprägung in anderen Spezialgesetzen, die teilweise wiederum auf § 28 ZGB verweisen. Dies gilt z. B. für das Urheberrecht und das Datenschutzrecht, worauf noch einzugehen sein wird. Keine besonderen Abweichungen zum deutschen Rechte ergeben sich im Bereich des sog. physischen Schutzbereiches, der insbesondere die körperliche Unversehrtheit umfasst. Hier handelt es sich um die typischen Fallgruppen, die auch § 823 BGB abdeckt, indem das „Leben, der Körper und die Gesundheit" geschützt werden. Daher sind sie vorliegend nicht vertieft zu behandeln. 9

---

17 *Weber/Unternäher/Zulauf*, Filmrecht, S. 157; *Geiser*, Persönlichkeitsverletzung, S. 35 ff.

18 *Brückner*, Personenrecht des ZGB, Rn. 391.

19 Honsell/Vogt/Geiser/*Meili*, Zivilgesetzbuch I, Art. 28 Rn. 38 unter Bezugnahme auf BGE 125 III 70 ff.

20 BGE 105 II 161, 163 ff.; dazu *Weber/Unternäher/Zulauf*, Filmrecht, S. 161 f.

21 *Hausheer/Aebi-Müller* in: Koziol/Warzilek, Persönlichkeitsschutz, 355.

22 *Geiser*, Persönlichkeitsrechtsverletzung, S. 136 mit zahlreichen Beispielen.

23 *Brückner*, Personenrecht des ZGB, Rn. 451 f.

C. Die Ausprägungen des Persönlichkeitsrechts

I. Das Namensrecht

1. Das Recht am eigenen Namen nach Art. 29 ZGB

10   Als ein klassisches Persönlichkeitsrecht ist insbesondere das Recht am eigenen Namen zu nennen. Hierbei sind zwei Bereiche gegeneinander abzugrenzen. Auf der einen Seite enthält das Privatrecht in Art. 29 ZGB einen ausdrücklichen Schutz des Namens. Diese Norm überträgt die allgemeinen Grundsätze des Persönlichkeitsrechts auf dessen besondere Ausprägung im Namensrecht.[24] Hierdurch wird spezialgesetzlich insbesondere die Namensanmaßung geregelt, wie sie auch von § 12 BGB erfasst wird. In Art. 29 Abs. 1 ZGB heißt es hierzu, dass bei Bestreiten der Namensführung durch jemanden diesem ein Feststellungsanspruch zusteht. Bei Namensanmaßung besteht nach Art. 29 Abs. 2 ZGB ein Unterlassungsanspruch und bei Verschulden ein Anspruch auf Schadensersatz und ggf. auf Genugtuung. Als Sonderfall des Art. 28 ZGB gilt auch für das Namensrecht, dass es ein absolutes Abwehrrecht gewährt. Dies ist gegen jedermann durchsetzbar.[25] Ebenfalls folgt aus dem Spezialitätsgrundsatz, dass die prozessualen Regelungen der Art. 28a ff. ZGB ebenfalls auf Art. 29 ZGB Anwendung finden. So kann auch im Rahmen des Art. 29 ZGB ein Anspruch auf vorsorgliche Maßnahmen gem. Art. 28c ZGB bestehen.[26] Grundsatz des Art. 29 ZGB ist, dass es dem Berechtigten erlaubt ist, seinen Namen in jedwedem sozialen und gesellschaftlichen Kontext als Identifizierungsmerkmal zu nutzen, so auch zur Kennzeichnung im Geschäftsverkehr. Diese Benutzung des Namens zu gewerblichen Zwecken gewährt somit ein Recht zur wirtschaftlichen Persönlichkeitsentfaltung.[27] Ob eine wie in Art. 29 ZGB geforderte **Namensanmaßung oder –verwirrung** vorliegt und somit die Unterscheidungs- und Kennzeichnungsfunktion verletzt wurde, ist nach der Verkehrsauffassung zu bestimmen. Der persönlichkeitsrechtliche Kern des Namensrechts besteht somit in der Individualisierung einer Person, aber auch in der individuellen Bezeichnung und Unterscheidung.[28]

11   Die Verwendung des Namens im Geschäftsverkehr stellt außerdem einen besonderen Konfliktfall dar. Auch **juristischen Personen** stehen die Rechte aus Art. 29 ZGB zu, wobei eine zur Zuordnungsverwirrung führende Namensanmaßung im Mittelpunkt steht. Gleichzeitig kommt aber auch eine Beurteilung nach Art. 956 OR in Betracht, wonach eine im Handelsregister eingetragene Firma allein dem Berechtigten zum Gebrauch zusteht. Auch durch diese Norm besteht ein Schutz gegen die Verwechselung von Personen und Unternehmen aufgrund eines Identitäts- oder Zuordnungsirrtums.[29] Hierzu wird allerdings teilweise angenommen, dass bei juristischen Personen des OR Art. 29 ZGB nur sekundär gelte, das Firmenrecht also Vorrang habe.[30] Anders bei Namen von Stiftungen und Vereinen, bei denen beide Regelungen gleichwertig Anwendung finden.[31] Im Weiteren stellt sich nunmehr die Frage, inwieweit trotz der Regelung des Art. 29 ZGB ein Schutz des Namens nach Art. 28 ZGB bestehen kann.

---

[24] *A. Bucher*, Natürliche Personen, Rn. 804; *Seemann*, Prominenz, S. 120 f.

[25] BGE 117 II 7 f. – *ASTAG*; 95 II 486 – *Club Méditerranée*.

[26] S. auch *Hort*, Der finanzielle Ausgleich, S. 121 ff.

[27] Honsell/Vogt/Geiser/*Bühler*, Zivilgesetzbuch I, Art. 29 Rn. 18 f. mit Verweis auf BGE 108 II 243 – *Wagons-Lits*.

[28] BGE 108 II 162; *Tuor/Schnyder/Schmid/Rumo-Jungo*, Zivilgesetzbuch, S. 113.

[29] *Brückner*, Personenrecht des ZGB, Rn. 960.

[30] BGE 102 II 165; *Tuor/Schnyder/Schmid/Rumo-Jungo*, Zivilgesetzbuch, S. 113.

[31] *Brückner*, Personenrecht des ZGB, Rn. 961; BGE 102 II 161 – *Otto Naegeli-Stiftung*.

2. Das Recht auf den eigenen Namen nach Art. 28 ZGB

Die Fälle der **Namensanmaßung und -verwirrung** sind zu unterscheiden von den-   **12**
jenigen, bei denen eine **bloße Namensnennung** vorliegt. Hier wird der Name nicht zur
Kennzeichnung einer natürlichen oder juristischen Person verwendet. Sind schutzwürdige Interessen des berechtigten Namensträgers betroffen, so kommt ein Eingreifen von
Art. 28 ZGB in Betracht.[32] Auch ist Art. 28 ZGB subsidiär bezüglich Geschäftsfirmen anwendbar.[33] In Betracht kommt eine Anwendung von Art. 28 ZGB im Zusammenhang
mit einer Namensanmaßung immer dann, wenn der Namensträger nicht mit der Namensnennung in Verbindung gebracht werden will, so z.B. in der Werbung oder in der
Berichterstattung. Gerade bei der Berichterstattung ist allerdings bei der Abwägung insbesondere das öffentliche Informationsinteresse zu würdigen. Teilweise wird allerdings
vertreten, dass die Verwendung geschützter Namen im kommerziellen Zusammenhang
allein nach Art. 29 ZGB zu beurteilen sei.[34] Auch in diesen Fällen würde eine Namensanmaßung und -verwirrung vorliegen, da der Eindruck vermittelt werde, zwischen dem
Verletzer und dem Namensträger gäbe es geschäftliche Beziehungen. Hier wird jedoch
verkannt, dass Art. 28 ZGB als Generalklausel des Persönlichkeitsrechts gerade Fälle fehlender Namensanmaßung erfasst und anderenfalls sein Anwendungsbereich unnötig beschränkt werden würde.

Gerade der Verwendung **prominenter Namen** kommt besondere Beachtung im Rah-   **13**
men des Art. 28 ZGB zu. So wird ein Eingriff dann vorliegen, wenn für die Zielgruppe
einer **Werbung** erkennbar ist, welcher Prominente gemeint ist, und dieser nicht sein Einverständnis in die Verwendung erteilt hat.[35] In diesem Fall wird der persönlichkeitsrechtlich geschützte Name einer Person unmittelbar als Mittel der Persönlichkeitsverletzung
eingesetzt. Schwieriger ist allerdings zu beurteilen, inwieweit die Verwendung prominenter Namen in der Werbung bei einer satirischen Werbeaussage zulässig ist. Seit der
deutschen Entscheidung zur Verwendung des Bildes eines zurückgetretenen Politikers für
die Werbung eines Autovermieters ist es möglich, eine auf ein aktuelles Ereignis bezogene
politische Meinungsäußerung als erlaubt anzusehen.[36] Als Abgrenzungskriterium zu
einer unerlaubten Verwendung des Namens einer prominenten Persönlichkeit wird hier
abgewogen, ob letztlich die Steigerung der Bekanntheit und des Absatzes der bewor-
nen Produkte im Mittelpunkt steht.[37] Im Schweizer Recht sind derartige Tendenzen bislang nicht festzustellen. Die Verwendung des Namens oder Bildes einer Persönlichkeit
wird grundsätzlich als widerrechtlicher Eingriff angesehen. Ausgangspunkt ist hierbei
allein die Handlung des Verletzers, **nicht die satirische oder politische Aussage einer
Werbung**. Eine andere Frage stellt sich im Zusammenhang mit der **Kommerzialisierung** von Prominenz bei vorliegender Einwilligung des Rechtsträgers. Hier ist von Bedeutung, inwieweit Persönlichkeitsrechte einer vertraglichen Auswertung zugänglich
sind. Ein ähnliches Problem stellt sich auch bei der Verwertung von Bildnissen, die das
Recht am eigenen Bild betreffen.

II. Das Recht am eigenen Bild

Anders als im deutschen Recht, in dem der Schutz des Rechts am eigenen Bild im   **14**
Kunsturhebergesetz (KUG) verankert ist, wird er in der Schweiz ebenfalls von Art. 28

---

[32] *Hort*, Der finanzielle Ausgleich, S. 120; *Geiser*, Persönlichkeitsverletzung, S. 37.
[33] BGE 97 II 153, 159; *Honsell/Vogt/Geiser/Meili*, Zivilgesetzbuch I, Art. 28 Rn. 18; *Riemer*, sic!
1999, 103, 105.
[34] *Seemann*, Prominenz, S. 183.
[35] Vgl. BGE 95 II 481, 487 – *Club Méditerranée*; *Glaus*, Das Recht am eigenen Wort, S. 56.
[36] BGHZ 169, 340 – *Rücktritt des Finanzministers*.
[37] So z.B. Urteil des OLG Hamburg v. 15.5.2007 – *Erst August*, ZUM 2007, 660 ff. zum satirischen Wortspiel einer Zigarettenwerbung mit der Überschrift: „War das Ernst? Oder August?".

ZGB erfasst. Lange Zeit wurde in der Literatur hierzu vertreten, das Recht am eigenen Bild sei lediglich eine Ausprägung des **Rechts auf Privatsphäre** und hätte keine eigene Bedeutung.[38] Mittlerweile kann allerdings davon ausgegangen werden, dass ein **eigenes Persönlichkeitsrecht in ähnlicher Ausprägung wie von den §§ 23, 24 KUG besteht**. Teilweise wird dieses Recht als Ausprägung eines umfassenden informationellen Selbstbestimmungsrechts angesehen.[39] Somit unterliegen dem Schutz die Veröffentlichungen von Personenbildern; es darf also niemand ohne seine Einwilligung abgebildet werden. Erfasst werden insoweit Fotografien, Fotomontagen, Zeichnungen, Gemälde, Karikaturen, Filmaufnahmen u.ä.[40] Umstritten ist allerdings, ob bereits die **Beschaffung eines Bildes** unter dieses besondere Persönlichkeitsrecht fällt. Dies wird teilweise nur dann angenommen, wenn bereits das Erstellen von Fotos etc. eine gezielte, auf Identifikation und Ausforschung gerichtete Handlung darstellt.[41] Im Ergebnis wird man bereits die Beschaffung als Verletzung anzusehen haben, soweit sie **zielgerichtet** ist. Anders ist es nur in Fällen, in denen der Rechtsträger als „Teil der Landschaft, der Umgebung oder des Ereignisses" erscheint, da hier bereits ein Eingriff abzulehnen ist.[42] Ebenso wird im schweizerischen Recht bislang auch ohne nähere Differenzierung davon ausgegangen, dass Fotos von Personen der Zeitgeschichte regelmäßig zulässig sind. Die Rechtsprechung hat insoweit noch nicht die neuesten Entwicklungen nach den Caroline-**von-Monaco-Entscheidungen des Europäischen Gerichtshofes für Menschenrechte** nachvollzogen. Allerdings ist zu vermuten, dass eine ähnliche Rechtsentwicklung stattfinden wird.

15   Es liegt außerdem ein nicht gerechtfertigter Eingriff in das Persönlichkeitsrecht vor, wenn ein **Rechtsträger in einer misslichen Situation abgebildet wird**, wie z. B. eine Person in einer Gefahrensituation oder die Aufnahme von trauernden Personen.[43] Inwieweit in diesen Fällen allerdings das Informationsinteresse der Allgemeinheit zu beachten ist, wurde bislang nicht entschieden. Unzulässig ist die Verwendung eines Bildes zu **Werbezwecken** nach den Grundsätzen, die sich für das Namensrecht herausgebildet haben. Dies hat ebenso für andere Darstellungen zu gelten, in denen eine Person in einem falschen Licht dargestellt wird. Inwieweit in einer Werbeaussage auch eine gerechtfertigte Meinungsäußerung liegen kann, wurde auch in diesem Zusammenhang noch nicht entschieden, würde aber wohl abgelehnt werden. Die obigen Grundsätze sind ebenfalls auf den **Schutz der eigenen Stimme und des eigenen Wortes** anzulegen.[44] In wirtschaftlicher Hinsicht ergibt sich aus dem Umstand, dass das Recht am eigenen Bild keine Regelung außerhalb des Art. 28 ZGB gefunden hat, dass dieses keinen selbständigen Vermögenswert darstellt. Vielmehr wird ein Entgelt für die Einwilligung in die Verwendung eines geschützten Bildes gezahlt, was in prozessualer Hinsicht dazu führt, dass ein Dritter nicht aktivlegitimiert sein kann.[45] Dieser Grundsatz des Rechts am eigenen Bild als rein ideeller Wert führt zu heftigen Diskussionen in der Rechtspraxis.

III. Der Schutz der Ehre

16   Der **zivilrechtliche** Ehrschutz geht weiter als der **strafrechtliche** in den §§ 173, 174 StGB, wobei es im Kernbereich bei beiden um die sittliche Geltung des Menschen geht,

---

[38] Ausführlich zur Diskussion vgl. *Bächli*, Das Recht am eigenen Bild, S. 5 ff.

[39] So z. B. *Glaus*, Das Recht am eigenen Wort, S. 53.

[40] BGE 127 III 492 – *Minelli*; *Weber/Unternäher/Zulauf*, Filmrecht, S. 158.

[41] *Brückner*, Personenrecht des ZGB, Rn. 628; *Geiser*, Persönlichkeitsverletzung, S. 38 ff.

[42] S. dazu *Honsell/Vogt/Geiser/Meili*, Zivilgesetzbuch I, Art. 28 Rn. 20; ähnlich wie in § 23 Abs. 1 Nr. 2 KUG.

[43] BGE 127 III 494 – *Minelli*; *Pedrazzini/Oberholzer*, Grundriss, S. 136.

[44] Ausführlich zum Recht am eigenen Wort z. B. *Glaus*, Das Recht am eigenen Wort, S. 84 ff.

[45] Vgl. *Hausheer/Aebi-Müller* in: Koziol/Warzilek, Persönlichkeitsschutz, S. 343 und unten zur wirtschaftlichen Verwertung.

auf die dieser in der Gesellschaft einen Anspruch hat. Weitergehend als der strafrechtliche Schutz umfasst das zivilrechtliche Persönlichkeitsrecht auch die Bereiche des beruflichen, wirtschaftlichen und gesellschaftlichen Ansehens.[46] Zur Beurteilung der Frage, ob eine Beeinträchtigung des Ansehens einer Person gegeben ist, kommt es auf objektive Kriterien an, also z. B. auf die Sicht des Durchschnittsnutzers eines Mediums.[47] Gerade bei dem Ehrschutz gegenüber Medien ist zu berücksichtigen, inwieweit sich der Rechtsträger selbst mit extremen Ansichten hervorgetan hat und insoweit mit Kritik umzugehen hat. Diese darf selbstverständlich selbst wiederum nicht überzogen oder unnötig verletzend sein.[48] Im Bereich der Medien ist ohnehin wiederum zu beachten, inwieweit die geäußerte Ansicht nicht vom Allgemeininteresse an Information gedeckt wird. In diesem Zusammenhang kann es im Übrigen auch zu einer Verletzung der Ehre durch eine Bildveröffentlichung kommen, womit gleichfalls das Recht am eigenen Bild verletzt wird.[49] Aber auch juristische Personen können in ihrem öffentlichen Ansehen herabgewürdigt werden und somit Objekt einer Ehrverletzung sein.[50]

Bezüglich des **wirtschaftlichen Ehrenschutzes** ist im Übrigen zu beachten, dass die- **17** ser noch durch **Art. 3 lit. a UWG** erweitert wird. Nach dieser Vorschrift ist die Herabsetzung anderer Wirtschaftsteilnehmer im Geschäftsverkehr durch unrichtige oder irreführende Aussagen unlauter. Die genaue **Abgrenzung zwischen dem Schutz nach Art. 28 ZGB und dem Lauterkeitsrecht** ist noch ungenügend definiert.[51] Dies hat insbesondere Auswirkungen auf die möglichen Rechtsbehelfe nach Art. 28a ff. ZGB. Zu fragen ist bei der Abgrenzung stets, inwieweit das UWG als lex specialis eine mögliche persönlichkeitsrechtsverletzende Handlung als zulässig ansieht. In diesen Fällen kann auch der Ehrschutz nach Art. 28 ZGB keine Erweiterung des Schutzumfangs rechtfertigen. Einschlägig könnte hier nur noch der Schutz des Einzelnen sein, seine Persönlichkeit im Bereich der Wirtschaft zu betätigen.[52] Hierzu sind allerdings hohe Eingriffshürden zu überwinden.

Gemeinhin wird zwischen Ehrverletzungen durch unwahre Tatsachenbehaup- 18 tungen, durch Werturteile und durch sog. gemischte Werturteile unterschieden.[53] Auch die Verbreitung wahrer Tatsachen kann eine Ehrverletzung darstellen, wenn die Tatsachen verkürzt dargestellt werden oder in einer herabwürdigenden Art und Weise.[54] Sind die unwahren Tatsachen allerdings nebensächlich und können sie nicht dazu führen, dass der betroffene Rechtsträger in seinem Persönlichkeitsrecht verletzt wird, so liegt keine Verletzungshandlung vor. Bei Werturteilen ist zu beachten, dass das Bundesgericht diese insoweit für zulässig erachtet, wie sie aufgrund des Sachverhalts als vertretbar erscheinen.[55] Allerdings stellt das Gericht klar, dass bezüglich des Tatsachenkerns eines Werturteils die gleichen Maßstäbe zu gelten hätten wie bei reinen Tatsachenbehauptungen. In verfahrensrechtlicher Hinsicht ist in diesem Zusammenhang zu beachten, dass das Recht auf Gegendarstellung nur bei Tatsachenbehauptungen besteht, vgl. Art. 28g Abs. 1 ZGB.

---

[46] BGE 107 II 4; *A. Bucher*, Natürliche Personen, Rn. 486.

[47] Vgl. BGE 105 II 161, 163 – *Frischknecht*; BGE 106 II 92, 96 – *Minelli*.

[48] BGE 106 II 98.

[49] BGE in: SemJud (La Semaine Judiciaire) 1995, 669 f.; *Bächli*, Das Recht am eigenen Bild, S. 39.

[50] Wenn auch mit einem inzwischen veralteten, da zu strengen Satireverständnis: BGE 95 II 486 – *Club Méditerranée*; *Brückner*, Personenrecht des ZGB, Rn. 958.

[51] Honsell/Vogt/Geiser/*Meili*, Zivilgesetzbuch I, Art. 28 Rn. 29; s. auch BGE 118 IV 160.

[52] BGE 82 II 302; s. z. B. beim Ausschluss aus einem wirtschaftlich bedeutsamen Verein: BGE 123 III 197.

[53] *Geiser*, Persönlichkeitsrechtsverletzung, S. 73; *Hort*, Der finanzielle Ausgleich, S. 121.

[54] BGE 103 II 161, 164; *A. Bucher*, Natürliche Personen, Rn. 486 ff.; BGE 126 III 209, 213.

[55] BGE 126 III 308.

IV. Der Schutz der Privatsphäre

19   Der Persönlichkeitsschutz des Art. 28 ZGB umfasst auch den gesamten Bereich der Privatsphäre einer Person. Der Schutz des Privatlebens wird dabei teilweise als ein Teilbereich der **informationellen Selbstbestimmung** verstanden.[56] Zwar hat dieser Begriff noch keinen allgemeinverbindlichen Eingang in das schweizerische Persönlichkeitsrecht gefunden und wird gerade im Bereich des Schutzes des Privatlebens wenig beachtet, doch ist er durchaus hilfreich, um diesen Schutzbereich näher zu bestimmen.[57] Im Kern geht es nämlich in der Tat um die Frage, inwieweit Informationen über einen Rechtsträger beschafft und verbreitet werden dürfen. Dies ist gerade auch im Zusammenhang mit dem Fehlen eines Schutzes der allgemeinen Handlungsfreiheit für die Abgrenzung zwischen Erlaubtem und Verbotenem von großer Bedeutung. Hierzu wird oftmals wenig hilfreich für die genauere Auslegung ausgeführt, dass die soziale Persönlichkeit betroffen sei, wenn die am Leben der Gemeinschaft teilnehmende Person Tatsachen, die sich auf ihr Privatleben beziehen, nicht von der Gesellschaft fernhalten könne.[58]

20   Dieser Grundsatz bedarf selbstverständlich einer genaueren Ausgestaltung, da ansonsten überhaupt keine Tatsachen über den Privatbereich eines anderen verbreitet werden dürften und somit bereits auf der Tatbestandsebene z. B. die Medienberichterstattung über sich auf das politische Handeln auswirkende Privatleben von Politikern verbieten würde. Daher wird seit längerem die geschützte Privatsphäre des Rechtsträgers in drei Teilbereiche eingeteilt. Dies geschieht nach der sog. **„Drei-Sphären-Theorie".** Unterschieden wird zwischen der **Intim- bzw. Geheimsphäre** als der innersten Beziehung des Rechtsträgers zu den in Frage stehenden Informationen sowie der **Privatsphäre und der Gemein- bzw. Öffentlichkeitssphäre.**[59] Die Sphären-Theorie folgt einem überkommenen Ansatz aus der deutschen Rechtslehre und versucht damit den Persönlichkeitsschutz nach den Empfindlichkeitsstufen des menschlichen Lebens zu bestimmen.[60] Diese Theorie vermag zwar einen groben Anhaltspunkt für die Bestimmung der Rechtsschutzintensität bei Verletzungen der Privatsphäre zu bieten, doch hilft sie nur wenig weiter, wenn es um die Kommerzialisierung von Persönlichkeitsgütern geht. Die Abgrenzung der verschiedenen Lebensbereiche verschwimmt hier zusehend.[61] Weiterhin ist zu beachten, dass es durchaus Sinn macht, erst auf der Ebene der Widerrechtlichkeit zu prüfen, ob eine zu sanktionierende Handlung vorliegt. Nach dieser in der Literatur vertretenen Ansicht werden zunächst alle Äußerungen als Persönlichkeitsrechtsverletzung angesehen. Erst bei der Widerrechtlichkeit wird durch Abwägung ermittelt, ob eine in Frage stehende Äußerung von einem überwiegenden Interesse gedeckt wird.[62] Im Ergebnis führen beide Ansätze dazu, dass es darauf ankommt, verschiedene Fallgruppen herauszuarbeiten, wofür die Sphärentheorie zumindest ein grobes Raster bieten kann.

21   Auf der Ebene der Geheim- und Intimsphäre werden alle persönlichen Angelegenheiten erfasst, die der Kenntnis aller Mitmenschen entzogen oder nur mit ausgewählten geteilt werden sollen.[63] Der Schutz hinsichtlich des Verschweigens einer Tatsache ist aller-

---

[56] So z. B. *Brückner*, Personenrecht des ZGB, Rn. 480.

[57] Zur klassischen Lehre s. *Geiser*, Persönlichkeitsverletzung, S. 50 ff.; *Riklin*, Persönlichkeitsschutz, S. 195 ff.

[58] *A. Bucher*, Natürliche Personen, Rn. 77. Das Bundesgericht führt dazu aus, dass der Privatbereich alle Lebensäußerungen umfasse, die der Einzelne mit einem begrenzten, ihm verbundenen Personenkreis teilen wolle, jedoch auch nur mit diesem; vgl. BGE 97 II 97, 101.

[59] Vgl. BGE 97 II 100; 118 IV 45; 119 II 222; *Brückner*, Personenrecht des ZGB, Rn. 482.

[60] Honsell/Vogt/Geiser/Meili, Zivilgesetzbuch I, Art. 28 Rn. 23. Im schweizerischen Strafrecht wurde sie sogar ausdrücklich in Art. 179 StGB verankert.

[61] Vgl. dazu nur *Seemann*, S. 176 ff.; *Weber/Unternäher/Zulauf*, Filmrecht, S. 160 f.

[62] So insbesondere *Geiser*, Persönlichkeitsverletzung, S. 124.

[63] Grundlegend dazu BGE 118 IV 45.

dings dann hinfällig, wenn diese allgemein bekannt ist. Als Beispiel für diese Sphäre sind z. B. Personendaten einer Patientenkartei zu nennen oder die sexuelle Orientierung einer Person.[64] Gerade bei der Zurechnung von Personendaten zu dem schützenswertesten Bereich der Persönlichkeit zeigt sich, dass sich hier enge Verknüpfungen mit dem Datenschutzrecht ergeben, welches die gleiche Zielrichtung verfolgt.

Durch die Privatsphäre werden diejenigen Informationen über Lebensvorgänge ge-   **22** schützt, die der Einzelne typischerweise nur mit einem kleinen Kreis von Personen teilt, so z. B. bei Tagesereignissen.[65] Hierbei handelt es sich nach der Sphärentheorie nicht um geheime Informationen, da es von einer größeren Anzahl Personen wahrgenommen wird. Jedoch handelt es sich nach der Rechtsprechung um solche Lebenserscheinungen, die nicht dazu bestimmt seien, einer breiten Öffentlichkeit zugänglich gemacht zu werden, weil die betreffende Person für sich bleiben und in keiner Weise öffentlich bekannt werden wolle.[66] An dieser Stelle zeigt sich erneut die Schwierigkeit, eine genaue Abgrenzung zur Geheimsphäre vorzunehmen. Denn zur Privatsphäre, die eine größere Intensität eines Eingriffs erfordert, um zu einer Rechtsverletzung zu kommen, gehören z. B. das Recht einer Person darauf, dass ihre privaten Briefe nicht veröffentlicht werden[67] oder Informationen über die politische Orientierung einer Person. Im Einzelfall ist hier schwer zu sagen, inwieweit es sich nicht doch um den Geheimbereich handelt, was vor allem auch von der Stellung der Person in der Gesellschaft abhängen wird.

Schließlich beschreibt der **Gemeinbereich** diejenigen Lebensäußerungen einer Per-   **23** son, mittels derer sie sich in der Öffentlichkeit darstellt. Eine Verletzung scheidet hier grundsätzlich aus, da diese Tatsachen jedermann zugänglich sind und deswegen auch weiterverbreitet werden dürfen.[68] In diesen Fällen kann dann nur noch eine Ehrverletzung vorliegen, wenn die Darstellungsweise der Informationsvermittlung als eine solche anzusehen ist. Vereinzelt wird in der Literatur versucht, die Grenze des Gemeinbereichs durch das informationelle Selbstbestimmungsrecht des Einzelnen zu bestimmen.[69] Dabei wird davon ausgegangen, dass der Einzelne über seine Erlebnisse grundsätzlich frei berichten dürfe und dadurch auch Dritte betroffen sein könnten. Im Ergebnis ist allerdings fraglich, inwieweit hier tatsächlich gegenüber der Sphärentheorie ein verlässlicherer Maßstab zur Bestimmung des Eingriffs geschaffen werden kann. Es wird weiterhin davon auszugehen sein, dass unterschiedliche Bereiche mit unterschiedlicher Intensität des Persönlichkeitseingriffs abzugrenzen sein werden. So ist es z. B. Teil des Persönlichkeitsrechts, dass einem Straftäter nach Verbüßung seiner Strafe auch ein **„Recht auf Vergessen"** zukommen kann.[70]

V. Der Schutz der wirtschaftlichen Betätigung

Es wurde bereits festgestellt, dass auch die wirtschaftliche Betätigung in gewissem   **24** Umfang dem Schutz nach Art. 28 ZGB unterfällt. Hier ist allerdings ein strenger Maßstab anzulegen und insbesondere auf die Sondernormen im Wettbewerbsrecht zu achten, die der Regelung des Art. 28 ZGB vorgehen. Allerdings ergeben sich außerhalb dieser spezialgesetzlichen Regelungen noch weitere Bereiche, in denen es zu persönlichkeitsrechtsverletzenden Eingriffen kommen kann. So verhält es sich z. B. bei einem Aufruf zu

---

[64] BGE 119 II 225; *A. Bucher*, Natürliche Personen, Rn. 478.

[65] *Brückner*, Personenrecht des ZGB, Rn. 484; vgl. auch BGE 118 IV 45.

[66] So z. B. BGE 97 II 101.

[67] BGE 127 III 481 – *Minelli*.

[68] *Hausheer/Aebi-Müller* in: Koziol/Warzilek, Persönlichkeitsschutz, S. 359; BGE 118 IV 45.

[69] So z. B. *Brückner*, Personenrecht des ZGB, Rn. 490; Ansätze auch in BGE 127 III 481 – *Minelli*.

[70] BGE 122 III 449, 454; *A. Bucher*, Natürliche Personen, Rn. 136. Vgl. auch BG v. 8. 8. 2003, sic! 2003, 965 – *„Seltsame Methoden"* zur Berichterstattung aus Gerichtsverfahren unter Namensnennung.

einem Boykott, der außerdem nach Art. 7 KG (Kartellgesetz) untersagt ist, dort aber wohl nicht abschließend den Individualschutz des einzelnen Unternehmens gewährleistet.[71] Art. 28 ZGB kommt eine eigene Bedeutung vor allem im Bereich des Ausschlusses aus einem Berufsverband oder einer ähnlichen Vereinigung zu, die eine dominierende Stellung im Wirtschaftsleben innehat.[72] In diesen Fällen sind dem Verein enge Grenzen gesetzt, wenn er gegen potentielle oder aktuelle Mitglieder vorgeht. Anderenfalls läge es nämlich in der vollständigen Autonomie des Vereins, inwieweit die Folgen der Vertretung durch den Verein dem Einzelnen zugute kommen. Es wird somit die wirtschaftliche Entfaltungsfreiheit des Einzelnen berührt.

25 Gleiches soll auch bei der Vertretung durch die **Gewerkschaften** gelten.[73] Hinsichtlich Persönlichkeitsrechtsverletzungen in **Arbeitsverhältnissen** gilt generell, dass insbesondere Art. 328 OG eine Spezialregelung enthält. Nach dieser Norm obliegt es dem Arbeitgeber, im Arbeitsverhältnis die Persönlichkeit des Arbeitnehmers zu schützen und hierbei insbesondere vor sexuellen Belästigungen zu schützen. Ebenso verhält es sich bei Mobbing oder bezüglich der Fragen, die der Arbeitgeber bei einer Einstellung stellen darf.[74] Bezüglich des zu beachtenden Datenschutzes ist Art. 328b OR einschlägig. Danach dürfen persönliche Daten im Arbeitsverhältnis nur insoweit verarbeitet werden, wie sie das Arbeitsverhältnis oder die Durchführung des Arbeitsvertrages betreffen. Daneben besteht kein besonderes Bedürfnis, auch Art. 28 ZGB im Verhältnis zwischen Arbeitgeber und Arbeitnehmer anzuwenden. Teilweise wird vertreten, Art. 28 ZGB in seiner privatrechtlichen Ausprägung des Verfassungsrechts würde in Fallgestaltungen wie das Verbot des Tragens von Kopftüchern im Arbeitsalltag neben den Art. 328 ff. OR eingreifen.[75] Etwas anderes ergibt sich nur im Verhältnis zu anderen Arbeitnehmern, was nach den allgemeinen Regelungen zu beurteilen ist.

VI. Der Schutz sonstiger Persönlichkeitsrechte

1. Der Datenschutz

26 Im schweizerischen Datenschutz zeigt sich eine enge Verzahnung mit dem privatrechtlichen Persönlichkeitsschutz nach Art. 28 ZGB. Bei der Bearbeitung von Daten durch Private wird Art. 28 ZGB nicht verdrängt, sondern lediglich präzisiert.[76] Das **DSG (Datenschutzgesetz)** bedient sich hierzu einer den Art. 28 ff. ZGB entsprechenden Regelungstechnik. In der Generalklausel des Art. 12 Abs. 1 DSG stellt das Gesetz zunächst klar, dass derjenige, der Personendaten bearbeitet, dabei die Persönlichkeit der betroffenen Personen nicht verletzen darf. Des Weiteren enthält Art. 13 DSG hierzu Rechtfertigungsgründe, die in Abs. 1 der Regelung des Art. 28 Abs. 2 ZGB entsprechen. Beispielhaft führt hierzu Art. 12 Abs. 2 DSG Fallgruppen auf, bei denen eine Rechtfertigung nötig ist. Hierunter fällt nach Art. 12 Abs. 2 lit. b. DSG z. B. die Bearbeitung von persönlichen Daten gegen den ausdrücklichen Willen einer Person oder die Bekanntgabe besonders schützenswerter Personendaten Dritten gegenüber gem. Art. 12 Abs. 2 lit. c. DSG. Weiterhin wird die enge Verzahnung mit dem allgemeinen persönlichkeitsrechtlichen Schutz nach Art. 28 ZGB dadurch deutlich, dass für entsprechende Klagen die Art. 28–28l ZGB in vollem Umfang gelten. Hierunter fallen auch – was von besonderer Bedeutung ist – die Bestimmungen über vorsorgliche Maßnahmen und das Gegendarstel-

---

[71] BGE 86 II 376; 102 II 221; vgl. Honsell/Vogt/Geiser/Meili, Zivilgesetzbuch I, Art. 28 Rn. 31.

[72] BGE 123 III 193 – *Verband der Schweizerischen Uhrenindustrie gegen Titoni*.

[73] So *Brückner*, Personenrecht des ZGB, Rn. 642.

[74] BGE 125 III 70; 122 V 267.

[75] So z. B. angedeutet bei *Gloor*, ARV (Zeitschrift für Arbeitsrecht und Arbeitslosenversicherung) 2006, 1, 4.

[76] *Tuor/Schnyder/Schmid/Rumo-Jungo*, Zivilgesetzbuch, S. 101; *Hort*, Der finanzielle Ausgleich, S. 143; *Senn*, Satire, S. 149.

lungsrecht.[77] Weiterhin greift das ZGB immer dann ein, wenn eine persönlichkeitsverletzende Handlung nicht vom DSG erfasst wird. Handelt es sich demgegenüber um eine Verletzung im öffentlich-rechtlichen Bereich, so kommt beim Vorliegen einer Lücke eine analoge Anwendung der Art. 28 ff. ZGB im Rahmen der Art. 16–25 DSG in Betracht.[78]

2. Das Urheberpersönlichkeitsrecht

Das Urheberrecht bezweckt zum einen den Schutz der **vermögensrechtlichen Inter-**   **27** **essen** des Urhebers, zum anderen aber auch den Schutz des **Urheberpersönlichkeits-rechts**. Dieses ist darauf gerichtet, die persönlichen und geistigen Beziehungen des Urhebers zu seinem Werk zu erfassen und ihm das Recht zu gewähren, gegen Verletzungen vorzugehen. Hierbei wird im schweizerischen Recht ein **dualistischer Ansatz** verfolgt, bei dem beide Teile des Urheberrechts als vielfältig miteinander verklammert angesehen werden, aber dennoch kein einheitliches Recht bilden.[79] Um urheberrechtlichen Schutz zu erhalten, muss es sich um ein Werk gem. Art. 2 URG handeln, also eine geistig-individuelle Schöpfung vorliegen. Zwischen dem Urheberpersönlichkeitsrecht und dem privatrechtlichen Persönlichkeitsrecht, wie es von Art. 28 ff. ZGB geschützt wird, gibt es etliche Verzahnungen. Dies zeigt sich besonders bei der Durchsetzung des Urheberrechts, für die in Art. 65 URG neben den speziellen Vorschriften im Übrigen auf die Art. 28c–f ZGB verwiesen wird. Aber auch in **materiellrechtlicher Hinsicht** ergeben sich enge Verbindungen. So hat das Bundesgericht ausgeführt, dass das Urheberpersönlichkeitsrecht als Teil oder besondere Seite des allgemeinen Persönlichkeitsrechts zu sehen sei.[80] Da es sich beim Urheberrecht um ein werkbezogenes Recht handelt, stehen allein dem Urheber die Befugnisse der Verwertung und Nutzung des urheberrechtlich geschützten Werkes nach den Art. 9 ff. URG zu. Hierzu gehören z. B. das Veröffentlichungsrecht, das Recht auf Anerkennung der Urheberschaft und das Recht auf Integrität des Werkes. Dennoch sind beide Arten von Persönlichkeitsrechten nicht deckungsgleich. Da das URG als lex specialis dem Art. 28 ZGB vorgeht, ist ein Anspruch aus Art. 28 ZGB immer dann ausgeschlossen, wenn eine Rechtsausübung nach dem URG ausdrücklich erlaubt wird.[81]

Ein Rückgriff auf die allgemeine Norm des Art. 28 ZGB wird somit immer dann   **28** möglich sein, wenn dieser gerechtfertigt erscheint und wenn er der näheren Auslegung des Urheberpersönlichkeitsrechts dienen kann. Hierunter fällt z. B. das Recht eines Urhebers, dass seine wissenschaftliche Leistung anerkannt wird.[82] **Ebenfalls hat Art. 28 ZGB ergänzende Funktion**, wenn ein Sachverhalt zwar eine gewisse **Nähe zum Urheberrecht** hat, von diesem aber nicht geregelt werden soll. So verhält es sich z. B. im Bereich der Fotografie hinsichtlich des Persönlichkeitsrechts der fotografierten Personen. Das Urheberrecht des Fotografen findet dann darin seinen Niederschlag, als dass es innerhalb des Art. 28 Abs. 2 ZGB als Rechtfertigungsgrund eines Eingriffs in das allgemeine Persönlichkeitsrecht dienen kann.

---

[77] *Riemer*, sic! 1999, 103, 105 unter Verweis auf VPB (Verwaltungspraxis der Bundesbehörden) 57 (1993) Nr. 39, 334 ff.; s. auch *Glaus*, Das Recht am eigenen Wort, S. 37 ff.

[78] So BGE 106 Ia 30 bzgl. eines öffentlich-rechtlichen Dienstverhältnisses; vgl. *Riemer*, sic! 1999, 103, 105.

[79] Ausführlich *Rehbinder*, URG, 2. Aufl. 2001, S. 66. Im Gegensatz dazu findet im deutschen Recht die monistische Theorie Anwendung, wonach von einem einheitlichen (Urheber-)Recht ausgegangen wird.

[80] So BGE 96 II 409 – *Goldrausch*.

[81] *Riemer*, sic! 1999, 103, 108; vgl. auch *Glaus*, Das Recht am eigenen Wort, S. 34. Außerdem s. BGE 129 III 715, wonach hinsichtlich vermögensrechtlicher Ansprüche aus dem Urheberrecht die Art. 62 i.V.m. Art. 33 f. URG maßgeblich sein sollen.

[82] BGE 113 II 311; so auch BGE 114 II 370.

D. Grenzen des persönlichkeitsrechtlichen Schutzes

I. Die Widerrechtlichkeit des Eingriffs

29   Es wurde bereits ausgeführt, dass jede Verletzung widerrechtlich ist, soweit sie nicht nach Art. 28 Abs. 2 ZGB als gerechtfertigt angesehen werden kann. Eine Verletzung ist immer dann gegeben, wenn nach objektiven Maßstäben ein Eingriff vorliegt.[83] Es muss das gesellschaftliche Ansehen einer Person vom **Standpunkt eines Durchschnittsbetrachters** aus als beeinträchtigt anzusehen sein.[84] Hierbei reicht nicht jede noch so unbedeutende Verletzung aus, sondern es muss ein gewisser Grad an **Intensität** erreicht worden sein. Diese Voraussetzungen für das Vorliegen einer Verletzung wurden namentlich vor allem für den Medienbereich entwickelt.[85] Zu beachten ist hierbei stets die **Drittwirkung** der verfassungsmäßig garantierten Freiheitsrechte. Diese grenzt bereits den Verletzungstatbestand ein und spielt daher bei der Widerrechtlichkeit keine entscheidende Rolle mehr. Nicht erforderlich ist im Rahmen des Art. 28 ZGB ein **Verschulden des Verletzers**. Er kann sich somit nicht auf Umstände beziehen, die ein Verschulden seinerseits ausschließen. Aus der absoluten Natur des Persönlichkeitsrechts ergibt sich bereits, dass es allein auf ein Handeln des Verletzers ankommt. Das Verschulden spielt jedoch beim Schadensersatz und der Genugtuung eine Rolle.

30   Es reicht aus, dass der Rechtsträger die Tatsachen der Persönlichkeitsverletzung vorträgt, wodurch die Widerrechtlichkeit indiziert wird. **Den Verletzer trifft zur Entlastung insoweit der Nachweis eines Rechtfertigungsgrundes.** Hierbei kommt ein überwiegendes privates oder öffentliches Interesse oder ein gesetzlicher Rechtfertigungsgrund in Betracht. In der Praxis ist insoweit vor allem das private oder öffentliche Interesse von herausragender Bedeutung. Es ist für ein überwiegendes Interesse erforderlich, dass das Entfaltungsinteresse des Verletzers und das Integritätsinteresse des Rechtsträgers einander gegenübergestellt werden.[86] Ergibt diese Gewichtung, dass dem Verletzer ein stärkeres Recht als dem Verletzten zukommt, so ist der Eingriff in das Persönlichkeitsrecht als gerechtfertigt anzusehen.

II. Einwilligung des Rechtsträgers und überwiegendes privates Interesse

31   Es ist möglich, die Widerrechtlichkeit eines Eingriffs durch eine Einwilligung des Rechtsträgers entfallen zu lassen. Hierbei ist allerdings zu bedenken, dass es einige Rechtsgüter gibt, bei denen von vornherein **keine Rechtfertigung möglich** ist, so z. B. beim Recht auf Leben.[87] Das überwiegende private Interesse ist mit der Einwilligung eng verbunden und greift dann, wenn entweder auf Verletzerseite oder auf Verletztenseite ein schützenswertes Eigeninteresse vorliegt. Hier handelt es sich also jeweils um ein privates Interesse im weiteren Sinne. So kommen als Rechtfertigungsgründe auf Verletzerseite zum einen die gesetzlich normierten in Betracht, wie Notwehr nach Art. 52 Abs. 1 OR, erlaubte Selbsthilfe nach Art. 52 Abs. 3 OR oder pflichtgemäße Ausübung eines Amtes.[88] Weiterhin kommt auf Verletzerseite die Kunstfreiheit oder die Wissenschaftsfreiheit in Betracht. Hier ist z. B. an die Satire zu denken, die gewisse Eingriffe in

---

[83] *Pedrazzini/Oberholzer*, Grundriss, S. 131.

[84] BGE 105 II 161, 163 – *Frischknecht*; 100 II 177 – *Siegenthaler*; *Weber/Unternäher/Zulauf*, Filmrecht, S. 162.

[85] Ausführlich zusammenfassend vgl. BGE 126 III 305 – *Ringier AG*.

[86] Vgl. *Hausheer/Aebi-Müller* in: *Koziol/Warzilek*, Persönlichkeitsschutz, S. 355 unter Bezug auf BGE 120 II 225; 109 II 362.

[87] BGE 101 II 177, 197 – *Gautschi*; *A. Bucher*, Natürliche Personen, Rn. 523.

[88] Ausführlich Honsell/Vogt/Geiser/*Meili*, Zivilgesetzbuch I, Art. 28 Rn. 47.

den Persönlichkeitsbereich des Rechtsträgers erlaubt, machen diese doch gerade den Inhalt der Satire aus.[89] Allerdings herrscht im Bereich der **Satire** in der Schweiz noch eine gewisse Unsicherheit, so hat sich hierzu doch noch keine gefestigte Rechtsprechung entwickelt. Ebenso verhält es sich bei der Beschreibung lebender Personen in Romanen, die unter engen Bedingungen möglich ist. Hier gilt zunächst der Grundsatz des Bundesgerichts, wonach im Geheim- und Intimbereich grundsätzlich das Interesse des Einzelnen gegenüber dem Interesse an der künstlerischen Entfaltung überwiegt.[90] Allerdings können hier zusätzlich zur Kunstfreiheit des Verletzers das Interesse der Öffentlichkeit an Kunst und Kultur rechtfertigende Wirkung entfalten. Dies hängt allerdings vom Einzelfall ab.

Eine **Einwilligung** des Verletzten liegt immer dann vor, wenn entweder eine entsprechende ausdrückliche oder stillschweigende Willensäußerung gegeben ist. Eine mutmaßliche Einwilligung spielt insbesondere bei medizinischen Eingriffen eine Rolle. Hier kann in Ausnahmefällen sogar die Einwilligung naher Verwandter genügen. Allerdings gilt eine Einwilligung nur für den intendierten Zweck, so dass z. B. die Einwilligung zur Verwendung eines bestimmten Fotos nicht auch dessen Abbildung in einem pornographischen Magazin rechtfertigt.[91] Dies bedeutet, dass eine generelle Einwilligung nicht möglich ist. Es ist somit erforderlich, in jedem Einzelfall zu prüfen, inwieweit eine Widerrechtlichkeit des Eingriffs ausgeschlossen werden kann.[92] **32**

Insbesondere ist hier erforderlich, die Grenzen von Art. 27 Abs. 2 ZGB zu beachten. Danach kann sich niemand seiner Freiheit vollständig entäußern oder sich in dieser sittenwidrig einschränken lassen. **Somit sind unklare, zeitlich und sachlich unbegrenzte sowie unwiderruflich erklärte Einwilligungen unwirksam.**[93] Inwieweit die Einwilligung präzisiert sein muss, entscheidet sich am Einzelfall. Je schwerer die Verletzung, desto konkreter muss die Einwilligung gefasst werden.[94] Ein privates Interesse überwiegt immer dann, wenn ein Einzelinteresse betroffen ist, welches von der Rechtsordnung als besonders schützenswert angesehen wird und dem Integritätsinteresse des Rechtsträgers im Einzelfall vorgeht. In extremen Fällen kann es sogar erlaubt sein, medizinische Experimente vorzunehmen, wenn diese allein im therapeutischen Bereich angesiedelt sind.[95] **33**

Eine bedeutende Fallgruppe innerhalb der überwiegenden persönlichen Interessen besteht im Bereich der Kunst. Hier stellt sich die Frage, inwieweit das verfassungsrechtlich garantierte **Recht der Kunstfreiheit** Eingriffe in das Persönlichkeitsrecht zu rechtfertigen vermag. Weitgehend besteht Einigkeit darüber, dass die Freiheit der künstlerischen Betätigung nicht in den Bereich der innersten persönlichen Verhältnisse des Rechtsträgers eingreifen darf.[96] Dementsprechend ist das Bundesgericht auch grundsätzlich restriktiv bei Eingriffen in die Geheim- und Intimsphäre des Rechtsträgers. In diesem Bereich überwiege das Integritätsinteresse des Verletzten das Recht auf künstlerische Entfaltung.[97] Allerdings kann im künstlerischen Bereich die Abwägung mit dem Allgemeininteresse an Kunst und Kultur dazu führen, dass die Veröffentlichung eines Filmes über den Privatbereich einer Person gerechtfertigt erscheint, wenn keine besonderen Umstände dagegen **34**

---

[89] So *Senn*, Satire, S. 161; vgl. auch BGE 95 II 481 – *Club Méditerranée.*

[90] BGE 70 II 127, 134 – *Hodler;* 120 II 255; *Weber/Unternäher/Zulauf*, Filmrecht, S. 164 insbesondere zu Verwendung von Zeitgenossen in Verfilmungen.

[91] S. Entscheidung in sic! 2002, 34 – *Okay Media;* Honsell/Vogt/Geiser/Meili, Zivilgesetzbuch I, Art. 28 Rn. 48.

[92] *Bächli*, Das Recht am eigenen Bild, S. 51; *A. Bucher*, Natürliche Personen, Rn. 523.

[93] So *Hort*, Der finanzielle Ausgleich, S. 131; *Geiser*, Persönlichkeitsverletzung, S. 124.

[94] *Weber/Unternäher/Zulauf*, Filmrecht, S. 163: Eine Einwilligung in einen Zeitungsartikel umfasst nicht zwingend auch die Veröffentlichung im Fernsehen.

[95] BGE 101 II 177 – *Gautschi, A. Bucher*, Natürliche Personen, Rn. 528.

[96] *Pedrazzini/Oberholzer*, Grundriss, S. 149; *A. Bucher*, Natürliche Personen, Rn. 546.

[97] BGE 70 II 127 – *Hodler*, 120 II 225: Publikation eines Romans, der eine lebende Person negativ darstellt.

sprechen. Hierbei wird allerdings zu beachten sein, welche Aussage mit dem filmischen Werk getroffen werden soll und welche Bedeutung dieser in der Abwägung zuzukommen hat. Es kommt bei dem Werk auch nicht auf den Wahrheitsgehalt der Aussage an, steht doch die künstlerische Freiheit des Schaffenden im Vordergrund. Allerdings kann dies im Einzelfall zurückzutreten haben. Besonders problematisch ist dies bei Berichten aus laufenden Gerichtsverfahren. Wird hierbei auch ein künstlerischer Aspekt bei der Aussage angestrebt, so sind besondere Sorgfaltspflichten bei der Recherche zu erfüllen.[98] Geht es bei einem Bericht vor allem aber um die Vermittlung von Fakten und Hintergrundinformationen, so ist zu fragen, inwieweit sich aus einem überwiegenden öffentlichen Interesse eine Rechtfertigung des Eingriffs ergibt.

III. Überwiegendes öffentliches Interesse bei Eingriffen durch die Medien

35   Bei den zu beachtenden öffentlichen Interessen handelt es sich im Rahmen des Art. 28 Abs. 2 ZGB um den bedeutendsten Rechtfertigungsgrund. Er greift fast ausschließlich im Bereich der Medien und dient hier dem **Interesse der Allgemeinheit an ungehinderter Information**.[99] Schon dieser Ansatz zeigt, dass es sich um eine im Vergleich zum deutschen Recht unterschiedliche Stellung der Pressefreiheit im Zivilrechtssystem handelt. Nach deutschem Verständnis ist z. B. beim Ehrenschutz nach § 823 BGB durch die mittelbare Drittwirkung der Grundrechte die Wertung des Art. 5 Abs. 1 GG bereits auf der Tatbestandsebene zu berücksichtigen.[100] Somit ist bereits auf der Tatbestandsebene der § 823 BGB im Geiste des Art. 5 GG auszulegen. In der Schweiz wird zwar die Presse in einem ähnlichen Umfang wie in Deutschland in Art. 16 BV geschützt. Außerdem wird eine Drittwirkung der Grundrechte durch Art. 35 Abs. 3 BV in dem Sinne verwirklicht, als dass die Behörden dafür zu sorgen haben, dass diese auch im Verhältnis zwischen Privaten soweit wie möglich Anwendung finden. Allerdings wird innerhalb des Art. 28 ZGB davon ausgegangen, dass die Pressefreiheit nach Art. 16 BV nicht zu einer Privilegierung der Medien führt.[101]

36   Somit nimmt die Presse zivilrechtlich keine Sonderstellung ein. In Deutschland wird die Pressearbeit als **„öffentliche Aufgabe"** qualifiziert und hat dementsprechend auch direkte Auswirkungen auf das Verhältnis zu Dritten. In der Schweiz hingegen ergibt sich eine Rechtfertigung allein innerhalb des Art 28 Abs. 2 ZGB. Daher gelten die gleichen Abwägungsmaßstäbe wie bei anderen Persönlichkeitsrechtsverletzungen. Es ist zunächst zu fragen, ob mit der in Frage stehenden Handlung – wie z. B. der Veröffentlichung persönlichkeitsverletzender Details aus dem Privatleben – das Informationsinteresse der Allgemeinheit befriedigt werden kann und dies hierzu auch erforderlich ist. Weiterhin ist entscheidend, ob der Vorteil für das verfolgte Interesse als höherwertig anzusehen ist als die Persönlichkeitsrechtsverletzung.[102] In den praktischen Auswirkungen ergeben sich nur geringe Abweichungen von der deutschen Rechtsprechung. Es ist nämlich anerkannt, dass der Presse die Aufgabe zukommt, den öffentlichen Meinungsaustausch über Fragen von allgemeinem Interesse anzuregen.[103] Hierzu kann es auch erforderlich sein, in die Privatsphäre von Personen einzugreifen, die im öffentlichen Leben eine Rolle spielen, soweit dies für die Stellung dieser Person bedeutsam ist.

---

[98] Zum Ganzen ausführlich *Weber/Unternäher/Zulauf*, Filmrecht, S. 164 f.

[99] *Brückner*, Personenrecht des ZGB, Rn. 458; *Geiser*, Persönlichkeitsschutz, SJZ 1996, 73, 75.

[100] *Forkel*, Ehrenschutz, SJZ 1996, 97 ff.: auch BVerfG, NJW 1983, 1415 – *NPD Europas*.

[101] *Teßmer*, Persönlichkeitsschutz, S. 96 ff.; in diese Richtung auch BGE 95 II 481 - *Club Méditerranée*.

[102] BGE 120 II 225, 227; *Pedrazzini/Oberholzer*, Grundriss, S. 145; zusammenfassend *Hort*, Der finanzielle Ausgleich, S. 135 ff.

[103] BGE 95 II 481, 492 – *Club Méditerranée*; *Teßmer*, Persönlichkeitsschutz, S. 98.

Ob eine Berichterstattung in den Medien als persönlichkeitsverletzend anzusehen ist, **37** hängt zunächst vom **Wahrheitsgehalt** einer Veröffentlichung ab. Das Bundesgericht stellte hierzu fest, dass eine unwahre Behauptung niemals rechtmäßig sein könne.[104] Im Umkehrschluss bedeutet dies allerdings nicht, dass jegliche wahre Tatsachenbehauptung rechtmäßig ist. Hier kommt es auf die Art der Berichterstattung an und der in Art. 28 Abs. 2 ZGB geforderten Abwägung. Um von einer unwahren Tatsachenbehauptung auszugehen, reicht es nach allgemeiner Auffassung und der Rechtsprechung nicht aus, dass lediglich unwichtige Details falsch sind. Das Bundesgericht führt hierzu aus, dass unter unwahren Tatsachen nicht bereits jede journalistische Ungenauigkeit, Verallgemeinerung oder Verkürzung falle.[105] Es kommt vielmehr darauf an, ob eine Veröffentlichung in wesentlichen Punkten nicht zutrifft und sich daraus ein spürbar verfälschtes Bild des betroffenen Rechtsträgers in der Öffentlichkeit ergibt.[106] Im Einzelfall handelt es sich jedoch um oftmals schwer zu entscheidende Abgrenzungsfragen.

Es gilt hierbei, dass **je schwerwiegender der Eingriff in das Persönlichkeitsrecht** **38** **ist, desto strengere Maßstäbe** sind an die Darstellung in der Berichterstattung zu legen. Es reicht hier nicht, dass lediglich eine branchenübliche Sorgfalt beachtet wird. Vielmehr ist nach der Rechtsprechung des Bundesgerichtes erforderlich, dass die Berichterstattung „hinreichend der Wahrheit verpflichtet" sei und somit der Rechtsträger insgesamt nicht in einem derart falschen Licht gezeigt werde, dass er im Ansehen der Mitmenschen verglichen mit dem tatsächlich gegebenen Sachverhalt empfindlich herabgesetzt würde.[107] Dies gilt z. B. bei einer besonders reißerischen Darstellung eines Gerichtsverfahrens, die eine Ehrverletzung bedeuten kann, obwohl die erhobenen Anschuldigungen sich als zutreffend herausstellen. Es ist außerdem zu beachten, welche Stellung der in Frage stehende Rechtsträger im öffentlichen Leben einnimmt. Handelt es sich um eine prominente Person, so ist eher von einer Rechtfertigung des Eingriffs auszugehen als bei solchen, die in der Regel nicht im Licht der Öffentlichkeit stehen.

1. Eingriffe bei absoluten und relativen „Personen der Zeitgeschichte"

Entsprechend der deutschen Lehre wird auch in der Schweiz zwischen **relativen und** **39** **absoluten Personen der Zeitgeschichte** unterschieden, wenn es um die Rechtfertigung eines Eingriffs durch die Medien geht. Allerdings ist auch hier zu beachten, dass eine Berichterstattung nur dann gerechtfertigt sein kann, wenn sie verhältnismäßig ist. Dies heißt, dass das Informationsbedürfnis der Allgemeinheit im Einzelfall größer sein muss als das Bedürfnis nach Schutz der Person.[108] Als absolute Personen der Zeitgeschichte werden diejenigen Rechtsträger angesehen, die sich regelmäßig in der Öffentlichkeit exponieren, wie z. B. Politiker, Künstler, Unternehmer. Demgegenüber spricht man von **relativen Personen der Zeitgeschichte**, wenn diese durch ein bestimmtes Ereignis das Interesse der Öffentlichkeit auf sich ziehen.[109] Hier ist im Einzelfall nachzuweisen, ob ein ausreichendes öffentliches Interesse an einer Veröffentlichung besteht. Das Bundesgericht geht hierbei von einer Abstufung zwischen beiden Arten von Personen-

---

104 BGE v. 17. 5. 1994, Urteil 5 C.249/1992 – *Tages-Anzeiger gegen Hans W. Kopp*; in dieser Entscheidung ging es um die satirische Darstellung der nicht bewiesenen Tatsache, dass der Gatte der Bundesrätin Kopp an Geldwäsche beteiligt sei. Ausführlich die Besprechung bei *Forkel*, Ehrenschutz, SJZ 1996, 97 ff.

105 Bundesgericht v. 13. 11. 2002 – *Schächtverbot*, sic! 2003, 225; s. schon BGE 119 II 101 – *Schnüffler*.

106 Ausführlich *Geiser*, Persönlichkeitsschutz, SJZ 1996, 73, 76 ff.; Bundesgericht v. 13. 11. 2002 – *Schächtverbot*, sic! 2003, 225, 226.

107 So BGE 126 III 307; vgl. *Hausheer/Aebi-Müller* in: Koziol/Warzilek, Persönlichkeitsschutz, S. 364 ff.

108 *Geiser*, Persönlichkeitsschutz, SJZ 1996, 73, 76; s. auch *A. Bucher*, Natürliche Personen, Rn. 543 f.

109 Auch Honsell/Vogt/Geiser/*Meili*, Zivilgesetzbuch I, Art. 28 Rn. 52.

gruppen aus, wobei zu fragen sei, ob an der Berichterstattung über die betroffene relativ prominente Person ein schutzwürdiges Informationsinteresse bestehe, das deren Anspruch auf Privatsphäre überwiege.[110] Aber auch bei absoluten Personen der Zeitgeschichte ist nicht jeder Eingriff gerechtfertigt, wobei die Auswirkungen der **Caroline-Rechtsprechung des EGMR** auf die Rechtspraxis bislang nicht abzusehen sind. Aufgrund der erforderlichen Abwägung in Art. 28 Abs. 2 ZGB, bei der ein überwiegendes Informationsinteresse festzustellen ist, und den dazu vom Bundesgericht entwickelten Grundsätzen stellt sich allerdings auch das Problem eines zu geringen Ehrenschutzes von Prominenten in ihrer Privatsphäre nicht in der Deutlichkeit wie im deutschen Recht.[111]

40   Wie im deutschen Recht wird auch in der Schweiz grundsätzlich ein sog. „**Recht auf Vergessen**" angenommen. Dieses bedeutet, dass nach einer gewissen Zeit einer für einen bestimmten Zeitpunkt in der Öffentlichkeit stehenden Person das Recht auf Anonymität zuzubilligen ist.[112] So verhält es sich z. B. bei straffällig gewordenen Personen, deren Verbüßung der Strafe schon lange Zeit zurückliegt und die seitdem nicht mehr auffällig geworden sind. Die Nennung des Namens oder die Verwendung von Fotografien neueren Datums können in diesem Fall widerrechtlich sein.[113] Anders verhält es sich hingegen bei Personen **des öffentlichen Lebens**, wenn ihre zuvor begangenen Vergehen oder politischen Ansichten weiterhin in Verbindung mit ihrer Tätigkeit stehen. Hier kommt es auf den Einzelfall an, inwieweit das private Interesse des Betroffenen das Informationsinteresse der Öffentlichkeit überwiegt.[114] Im Ergebnis ergibt sich für die Medien, dass diese zwar innerhalb des Art. 28 Abs. 2 ZGB keine Sonderstellung einnehmen, es aber zumeist bei der Abwägung darauf ankommt, inwieweit ein überwiegendes Informationsinteresse angenommen werden kann.

2. Das Informationsinteresse der Öffentlichkeit

41   Den Medien kommt ein wichtiger Informationsauftrag im öffentlichen Interesse zu.[115] Hierbei geht es darum, „die Allgemeinheit interessierende Tatsachen zur Kenntnis zu bringen und Missbräuche im Gemeinwesen aufzudecken".[116] Dieses Informationsinteresse kann aber nur dann gegeben sein, wenn es sich um wahre Tatsachen handelt. Es muss hierzu ermittelt werden, wie das durchschnittliche Publikum eine Aussage versteht, wobei unerheblich ist, inwieweit der betreffende Medienhandelnde dies auch so wollte oder welche Kenntnisse er hatte. Ein etwaiges Unwissen des Handelnden ist nur bei der Frage des Verschuldens erheblich, wenn es insbesondere um die Höhe des Schadensersatzes geht; vgl. Art. 28a Abs. 3 ZGB.[117] Bei der Äußerung von Meinungen ist zu bedenken, dass diese nur dann per se widerrechtlich sind, wenn sie unter keinen Umständen vertretbar erscheinen. Allerdings sind sie dann nicht vom öffentlichen Interesse gedeckt, wenn sie unverhältnismäßig in die Privatsphäre des Betroffenen eingreifen. Es gilt somit, dass der vorgenommene Eingriff in das Persönlichkeitsrecht das am wenigsten einschneidende Mittel zu sein hat, um dem öffentlichen Informationsinteresse Genüge zu tun.[118] **Diese Abwägung bedeutet im Kern, dass über die Art der Berichterstattung zu entscheiden ist, ohne aber qualitative Maßstäbe anzulegen.**

---

[110] BGE 127 III 492 – *Minelli*.
[111] So auch *Forkel*, Ehrenschutz; SJZ 1996, 97, 100 zum Bundesgerichtentscheid Kopp gegen Tages-Anzeiger.
[112] Vgl. *Teßmer*, Persönlichkeitsschutz, S. 47; *Geiser*, Persönlichkeitsschutz, SJZ 1996, 77.
[113] BGE 122 III 449; ausführlich *Halfmeier*, Veröffentlichung, S. 136 ff.
[114] Honsell/Vogt/Geiser/*Meili*, Zivilgesetzbuch I, Art. 28 Rn. 52.
[115] So BGE 122 III 457: „Wächteramt der Presse".
[116] So BGE 109 II 358; s. auch *Senn*, Satire, S. 160.
[117] Ausführlich *A. Bucher*, Natürliche Personen, Rn. 531.
[118] *Hausheer/Aebi-Müller* in: Koziol/Warzilek, Persönlichkeitsschutz, S. 363.

E. Die Adressaten des Persönlichkeitsrechts

I. Berechtigter aus einer Verletzung

1. Aktivlegitimation

Es kann sich derjenige auf eine Persönlichkeitsverletzung berufen, der Rechtsträger ist. **42** Dabei kommen sowohl natürliche als auch juristische Personen in Betracht, insoweit ihnen Persönlichkeitsrechte zukommen. Letzteres ergibt sich bereits aus Art. 53 ZGB, wonach juristische Personen aller Rechte und Pflichten fähig sind, die nicht die natürlichen Eigenschaften des Menschen zur notwendigen Voraussetzung haben. Dies kann aber im Einzelfall durchaus bedeuten, dass auch diesen eine Geheim- und Privatsphäre zukommt.[119] Bei nicht rechtsfähigen Personenmehrheiten, wie einfachen Gesellschaften, Erbengemeinschaften, Verwaltungsratsgremien, können die Rechte nur vom jeweils betroffenen Mitglied geltend gemacht werden. **Solche Personenmehrheiten sind nämlich nicht klagebefugt.**[120] Hinsichtlich von Vereinen und Verbänden ist allerdings umstritten, ob eine **Prozessstandschaft** möglich ist, also der Verein für ein Mitglied Klage erheben kann. Dies soll nach der Rechtsprechung dann zulässig sein, wenn die Ausübung eines Klagerechts zu den statutarischen Aufgaben des Vereins gehört und die Mitglieder berechtigt sind, in eigenem Namen zu klagen.[121] Nicht anerkannt wird allerdings ein entsprechendes Klagerecht für Ansprüche, die auf Schadensersatz und Genugtuung gerichtet sind.

2. Postmortaler Persönlichkeitsschutz

Grundsätzlich gilt, dass Ansprüche auf Abwehr oder Beseitigung von Persönlichkeits- **43** rechtsverletzungen **höchstpersönlich** sind und daher auch nicht übertragbar. Nach Art. 31 Abs. 1 ZGB beginnt die Persönlichkeit mit dem Leben nach der vollendeten Geburt und endet mit dem Tod. Hieraus wird allgemein gefolgert, dass niemand als Vertreter eines Verstorbenen in dessen Namen einen Anspruch aus Art. 28 ZGB durchsetzen kann. Dies gilt folgerichtig auch für die Erben des Rechtsträgers. Das Bundesgericht führte hierzu aus, dass die Anwendung einer Theorie des postmortalen Persönlichkeitsschutzes wie in Deutschland einer Änderung **von Art. 31 ZGB bedürfe.**[122] Hierdurch kommt es selbstverständlich zu erheblichen Schutzlücken, die die Praxis und Lehre zu verkleinern versuchen.

Zu unterscheiden sind hier verschiedene Fallgestaltungen. Zum einen geht es um die **44** **Vererblichkeit von Ansprüchen**, die aus einem Persönlichkeitsrecht des Erblassers fließen. Die Höchstpersönlichkeit des Rechtes hindert hier eine Geltendmachung nach dessen Tod. Allerdings behilft sich die Rechtsprechung und Lehre in Ausnahmefällen mit zwei Rechtskonstruktionen. Zum einen ist hier die **Theorie des Andenkenschutzes** von Bedeutung.[123] Nach Ansicht des Bundesgerichtes ist es zulässig, dass nahe Angehörige für den Schutz der den Tod überdauernden Persönlichkeitsgüter sorgen, indem sie sich hierfür auf ihr eigenes Persönlichkeitsrecht stützen.[124] Dies könne in einem gewissen Umfang auch die Wahrung des Ansehens naher Verwandter oder Freunde mitumfassen. Hierbei ist geschütztes Rechtsgut das **Pietätsgefühl** der Angehörigen, also alles, was die

---

[119] Honsell/Vogt/Geiser/*Meili*, Zivilgesetzbuch I, Art. 28 Rn. 33.

[120] *Weber/Unternäher/Zulauf*, Filmrecht, S. 167; *Geiser*, Persönlichkeitsverletzung, S. 216.

[121] So BGE 121 III 176; BGE 73 II 65 – *Schweizerischer Coiffeurmeisterverband*; *A. Bucher*, Natürliche Personen, Rn. 540.

[122] BGE 127 III 492 – *Minelli*; a.A. *Büchler*, Die Kommerzialisierung, AJP 2003, 3, 9 ff.

[123] Ausführlich dazu *Knellwolf*, Postmortaler Persönlichkeitsschutz, ZUM 1997, 783, 786 ff.

[124] Eingehend BGE 127 III 492 – *Minelli*; vgl. auch BGE 97 I 221.

innere Verbundenheit mit dem Verstorbenen und die darauf beruhende geistig-ideelle Beziehung ausmacht.[125]

45 Die Schwierigkeit bei dieser Ansicht besteht in zweierlei, weswegen im Ergebnis die Rechtsentwicklung noch wenig gefestigt erscheint. Zum einen kann oftmals nicht eindeutig genug zwischen den eigenen Ansprüchen des Anverwandten aus der Verletzung seiner „affektiven Persönlichkeit"[126] und der Persönlichkeitsverletzung des Verstorbenen unterschieden werden. Zum anderen stellt sich die Frage, inwieweit jemand ein solches Andenken überhaupt zukommt. Allein die Hinterbliebenen- oder Freundeseigenschaft wird hier nicht ausreichen können. Diese kann in Ausnahmefällen auf eine sehr große Anzahl an Personen zutreffen.[127]

46 Eine weitere Möglichkeit für die Erben, Ansprüche aus Persönlichkeitsverletzungen des Erblassers geltend zu machen, hat die Rechtsprechung für solche Ansprüche eröffnet, die **bereits zu Lebzeiten des Erblassers anhängig** waren.[128] Die dargestellten Ausnahmen für die Geltendmachung von Ansprüchen bei Versterben des Rechtsträgers können aber nicht darüber hinwegtäuschen, **dass sich im Bereich des postmortalen Schutzes von Persönlichkeitsrechten weiterhin große Lücken auftun.** Solange sich aber das Bundesgericht an einer Änderung seiner Rechtsprechung gehindert sieht, werden diese hinzunehmen sein.

II. Haftung für eine Verletzung

47 Als passivlegitimiert gilt bei einer Persönlichkeitsverletzung zunächst der unmittelbare Verletzer selbst. Weiterhin sind aber auch all diejenigen erfasst, die an einer Verletzung mitgewirkt haben, wie z. B. auch **Anstifter und Gehilfen.** Dies bedeutet in der Praxis, dass bei einer Beeinträchtigung durch einen Presseartikel Klage gegen den Herausgeber, Redakteur, Journalisten, Drucker oder jeden anderen an der Produktion Beteiligten erhoben werden kann.[129] Es kommt dabei auf ein Verschulden nicht an, auch nicht auf den jeweiligen Verletzungsbeitrag. So entschied das Bundesgericht, dass eine Haftung des Presseunternehmens für Leserbriefe, die in ihren Publikationen abgedruckt werden, infrage kommt.[130] Gleiches gilt für Inserate und Interviews. Bei Interviews **kann eine Haftung allerdings dann entfallen, wenn sich der Redakteur ausreichend vom Inhalt distanziert.**

F. Übertragbarkeit persönlichkeitsrechtlicher Befugnisse

48 Auch in der Schweiz stellt sich verstärkt die Frage, wie die Vermarktung von persönlichkeitsrechtlichen Befugnissen rechtlich auszugestalten ist. Dies spielt insbesondere beim **Merchandising** und bei der Vermarktung der Privatsphäre von Prominenten eine Rolle. Aus der Rechtsnatur des Persönlichkeitsrechts als höchstpersönlich ergibt sich, dass Verfügungen über dieses Recht nicht möglich sind. So wird auch dem Bild einer Person als Teil seiner Persönlichkeit kein selbständiger Vermögenswert zugeordnet.[131] Um dem

---

[125] So *Büchler,* Die Kommerzialisierung, AJP 2003, 3, 7; s. auch *Pedrazzini/Oberholzer,* Grundriss, S. 178 f.

[126] Zutreffend Honsell/Vogt/Geiser/*Meili,* Zivilgesetzbuch I, Art. 28 Rn. 63.

[127] *Knellwolf,* Postmortaler Persönlichkeitsschutz, ZUM 1997, 783, 786; vgl. auch Bundesgericht, sic! 2003, 888.

[128] Bezirksgericht Zürich v. 24. 9. 2002, sic! 2003, 127 – *Malbuner; Brückner,* Personenrecht des ZGB, Rn. 421; *Pedrazzini/Oberholzer,* Grundriss, S. 178 ff.

[129] *Hausheer/Aebi-Müller* in: Koziol/Warzilek, Persönlichkeitsschutz, S. 366.

[130] BGE 106 II 92 ff.; *Glaus,* Das Recht am eigenen Wort, S. 25.

[131] *Bächli,* Das Recht am eigenen Bild, S. 130 ff.; *Glaus,* Das Recht am eigenen Wort, S. 105 ff.

allseits bestehenden Bedürfnis an der Vermarktung von Persönlichkeitsgütern zu entsprechen, gehen Rechtsprechung und Lehre von der Zulässigkeit **schuldrechtlicher Gestat-
tungsverträge** aus.[132] In diesen räumt der Rechtsträger Dritten die Befugnis ein, ihm
zugeordnete Identitätsmerkmale z. B. **in der Werbung** zu nutzen. Dies ist soweit zulässig,
wie die betreffenden Persönlichkeitsgüter (Bild, Stimme, Name etc.) nicht zum Kernbereich der menschlichen Existenz gehören.[133] Diese Verträge unterliegen keiner bestimmten Form und enthalten eine Vergütung für die jeweilige Nutzung. Durch diese Verträge
entfällt die **Widerrechtlichkeit** eines Eingriffs oder im Einzelfall sogar die Tatbestandsmäßigkeit des Art. 28 Abs. 1 ZGB.

Da es sich bei dem Gestattungsvertrag nur um eine schuldrechtliche Vereinbarung han- **49**
delt, wirkt sie lediglich zwischen den Parteien. Gegenüber Dritten kann sich der „Lizenznehmer" nicht auf diesen Vertrag berufen und nicht aus eigenem Recht vorgehen.[134] Benutzt somit ein Dritter z. B. ein Bild des Rechtsträgers entgegen der zwischen diesem und
dem Lizenznehmer getroffenen Vereinbarung, so ist **allein der Rechtsträger** zur Geltendmachung von Unterlassungs- und Beseitigungsansprüchen berechtigt. Dies ergibt
sich nach schweizerischer Dogmatik aus der Unübertragbarkeit. Entgegen der deutschen
Ansicht kann derartigen Ansprüchen kein dinglicher bzw. quasi-dinglicher Charakter
zukommen. Da in der Schweiz eine **gewillkürte Prozessstandschaft** nur in den gesetzlich normierten Fällen möglich ist, bleibt dem Lizenznehmer auch diese Möglichkeit versagt.[135] Im Ergebnis steht der Lizenznehmer somit gegenüber Dritten relativ schutzlos da.
Deswegen wird in der Literatur angenommen, dass es schuldrechtlich eine Verpflichtung
des Rechtsträgers gibt, dem Lizenznehmer den Genuss am eingeräumten Nutzungsrecht
zu erhalten.[136] Dies hilft dem Nutzungsberechtigten aber nur mittelbar gegen Rechtsverletzungen Dritter. Diese **Schutzrechtslücken** – gerade auch im Zusammenspiel mit
einem fehlenden postmortalen Persönlichkeitsschutz – werden aber als Folge der Ausgestaltung der Persönlichkeitsrechte hingenommen. Der zwischen den Parteien vereinbarte
Gestattungsvertrag kann sowohl hinsichtlich seines Umfangs als auch seiner zeitlichen
und räumlichen Geltung ausgestaltet werden und hat die Grenzen des Art. 27 Abs. 2 ZGB
zu beachten.

G. Ansprüche und Rechtsbehelfe bei Verletzungen der Persönlichkeit

I. Ansprüche auf Schadensersatz und Genugtuung

Obwohl Art. 28 ZGB in seinem Kern auf die Beseitigung der Persönlichkeitsrechtsver- **50**
letzung gerichtet ist und weniger auf den Ausgleich von Vermögensschäden, können
diese dennoch im Zusammenhang mit Verletzungshandlungen geltend gemacht werden.
Dies stellt Art. 28a Abs. 3 ZGB klar, indem entsprechende Klagen neben den Rechtsbehelfen der Art. 28a ff. ZGB für zulässig erklärt werden. Ein entsprechender Schadensersatzanspruch kann sich insoweit vor allem auf **Art. 41 OR** und auf die Regelungen zur
Geschäftsführung ohne Auftrag nach **Art. 423 OR** stützen. Letzterer Anspruch bietet
sich insbesondere bei Klagen auf Gewinnherausgabe an und bedarf keines Verschuldens
seitens des Verletzers. Der deliktische Anspruch nach Art. 41 OR verlangt grundsätzlich
ein Verschulden des Verletzers, wobei aber gerade bei Presseunternehmen eine **Organ-
und Geschäftsherrenhaftung** nach Art. 55 ZGB und Art. 55 OR in Frage kommt.[137]

---

132 BGE 52 II 276 – *Hotel Breuer*; *Seemann*, Prominenz, S. 203 ff.
133 *Brückner*, Personenrecht des ZGB, Rn. 449.
134 *Hausheer/Aebi-Müller* in: *Koziol/Warzilek*, Persönlichkeitsschutz, S. 343.
135 *Glaus*, Das Recht am eigenen Wort, S. 105.
136 Ausführlich dazu *Bächli*, Das Recht am eigenen Bild, S. 130 ff.
137 S. dazu *Hort*, Der finanzielle Ausgleich, S. 164 ff.

Als Organe juristischer Personen kommen hier insbesondere Herausgeber und leitende Redakteure in Betracht.[138] Außerdem trägt der Verletzte die **Beweislast** nach Art. 42 Abs. 1 OR, wobei nach Art. 42 Abs. 2 OR bei „ziffernmässig nicht nachweisbaren Schäden" ein Ermessen des Richters vorgesehen ist. Nichtsdestotrotz verbleibt die Beweislast des Kausalverlaufs und des Verschuldens beim Verletzten.

51   Vermögensschäden bei Persönlichkeitsrechtsverletzungen können unstreitig darin bestehen, dass aufgrund von Ehrverletzungen z. B. Geschäftsbeziehungen beendet werden, der Arbeitsplatz verloren wird o. ä. In diesen Fällen ist es oft schwierig, die erforderliche Kausalität nachzuweisen, wobei Art. 42 Abs. 2 OR eine gewisse Erleichterung darstellt. Umstrittener sind allerdings die Fälle, in denen eine **kommerzielle Nutzung** von Persönlichkeitsgütern vorliegt. Eine solche ist z. B. bei widerrechtlicher Werbung mit dem Bild eines Prominenten gegeben. Der hierbei zu ermittelnde Schaden richtet sich ebenfalls nach Art. 42 Abs. 2 OR, ist also im Wege des richterlichen Ermessens zu bestimmen. Es wird hierzu in der Literatur diskutiert, inwieweit wie im deutschen Recht die sog. **dreifache Schadensberechnung** eingreift.[139] Die aus dem Immaterialgüterrecht stammende Berechnung nach der **Lizenzanalogie** wird vielfach auch im Persönlichkeitsrecht angewandt, hat sich aber nicht allgemeinverbindlich in der Schweiz durchgesetzt. Die Rechtsprechung nimmt die in Deutschland entwickelten Grundsätze gerade auch bezüglich fiktiver Lizenzgebühren lediglich als Indiz für den nach Art. 42 Abs. 2 OR zu schätzenden Schaden.[140] Insbesondere hat es das Bundesgericht abgelehnt, einen **Verletzerzuschlag** auf eine fiktive Lizenzgebühr aufzuschlagen, da mit dem Schadensrecht kein pönaler Zweck verfolgt werde.[141] Übertragen auf die Schadensermittlung im Persönlichkeitsrecht bedeutet dies, dass im Einzelfall durchaus die deutsche Rechtspraxis herangezogen wird, es aber innerhalb des richterlichen Ermessens auch zu Abweichungen davon kommen kann. Dies gilt insbesondere beim Heranziehen sonstiger Umstände wie die Schwere der Schuld, einen entfernten Kausalzusammenhang o. ä., die bei der Feststellung des Schadens nach Art. 43 OR berücksichtigt werden können.

52   Hiervon unabhängig sind die Voraussetzungen für einen Anspruch auf **Genugtuung** zu prüfen. Dieser kommt nach Art. 49 Abs. 1 OR dann in Betracht, wenn die **Schwere der Verletzung** es rechtfertigt und diese nicht anders wiedergutgemacht worden ist. Eine schwere Verletzung wurde in jüngster Vergangenheit z. B. darin gesehen, dass ein Angestellter die privaten Emails seines Vorgesetzten in seinen Account umleitete.[142] Der Richter kann außerdem nach Art. 49 Abs. 2 OR anstatt oder neben einer Geldzahlung auch eine andere Art der Genugtuung bestimmen. Eine Genugtuung in Geld kommt immer dann in Betracht, wenn „das Wohlbefinden anderweitig gesteigert oder dessen Beeinträchtigung erträglicher gemacht wird".[143] Man wird hierbei auch eine zumindest fahrlässige Handlung des Verletzers verlangen müssen. Außerdem kommt als sonstige Form der Genugtuung z. B. die **Veröffentlichung des Urteils** infrage. Da in der Schweiz bislang die Höhe der Genugtuung nicht das Maß erreicht hat, das nunmehr auch in Deutschland (s. Caroline-Entscheidungen) möglich ist, hat diese Sanktionsmöglichkeit nur geringe praktische Bedeutung.[144]

---

[138] So z. B. schon BGE 72 II 65; 95 II 481; vgl. auch *A. Bucher*, Natürliche Personen, Rn. 565.

[139] *Seemann*, Prominenz, S. 208; *Geiser*, Persönlichkeitsverletzung, S. 177: Nach dieser Berechnungsmethode kann der Verletzte zwischen dem Ersatz des konkreten Schadens und des entgangenen Gewinns, der Zahlung einer angemessenen Lizenzgebühr und der Herausgabe des Gewinns wählen.

[140] *Hort*, Der finanzielle Ausgleich, S. 167 ff.; vgl. BGE 97 II 169; Bundesgericht, sic! 1997, 148, 151.

[141] Bundesgericht, sic! 1997, 148, 151; SMI (Schweizerische Mitteilung über Immaterialgüterrecht) 1987, 78, 84.

[142] BGE 130 III 28 ff.

[143] BGE 123 III 15; ausführlich *Hausheer/Aebi-Müller* in: Koziol/Warzilek, Persönlichkeitsschutz, S. 373 ff.

[144] Vgl. auch *Halfmeier*, Veröffentlichung, S. 27 f.

II. Die Unterlassungs-, Beseitigungs- und Feststellungsansprüche

In den **Art. 28a ff. ZGB** werden die unterschiedlichen Ansprüche und Rechtsbehelfe   53
bei Persönlichkeitsverletzungen aufgeführt. Dem Verletzten stehen zunächst nach Art. 28a
ZGB Unterlassungs-, Beseitigungs- und Feststellungsansprüche zu. Hinzu kommt ein
Anspruch auf Mitteilung eines insoweit ergangenen Urteils gegenüber Dritten. Nach
Art. 28a Abs. 1 Ziff. 1 ZGB kann im Wege einer Unterlassungsklage eine drohende Verletzung verboten werden. Dies bedeutet, dass über den Wortlaut des Art. 28 Abs. 1 ZGB
hinaus ein Unterlassungsanspruch schon gegeben ist, wenn eine Verletzung **unmittelbar
bevorsteht**. Allerdings hat der Verletzte eine drohende ernsthafte Gefahr nachzuweisen.[145]
Hierbei muss das drohende Verhalten des Verletzers genau umschrieben werden. Außerdem reicht eine **Wiederholungsgefahr** aus. Allerdings ist jede in Frage kommende Maßnahme an ihrer Verhältnismäßigkeit zu messen.

Vor allem kann ein Anspruch auf **Beseitigung der Verletzung** nach Art. 28a Abs. 1   54
Ziff. 2 ZGB bestehen. Hierzu muss die Verletzung oder Störung noch weiterhin bestehen
und somit zu beseitigen sein. Der Verletzte hat hierbei genau anzugeben, welche Maß-
nahmen zur Beseitigung ergriffen werden sollen.[146] Als Beispiele kommen hier z. B. die
Vernichtung von Vorlagen oder Vervielfältigungsmaterial in Betracht oder aber auch ein
Herausgabeanspruch von persönlichkeitsrechtsverletzenden Gegenständen.[147]

Außerdem wird in Art. 28 Abs. 1 Ziff. 3 ZGB ein **Feststellungsanspruch** normiert.   55
Danach kann das Gericht feststellen, dass eine Verletzung widerrechtlich ist, wenn sich
diese weiterhin störend auswirkt. Hierzu bedarf es eines schutzwürdigen Interesses des
Verletzten an der Beseitigung eines bestehenden Störungszustandes.[148] Es ist nicht erforderlich, dass der Eingriff in das Persönlichkeitsrecht eine besondere Schwere aufweist. Im
Zusammenhang mit Veröffentlichungen in den Medien war bislang umstritten, inwieweit ein veröffentlichter Artikel oder eine veröffentlichte Fernsehsendung als **weiterhin
störend** angesehen werden können, um einen entsprechenden Feststellungsanspruch auszulösen. Hierzu wurde auf der einen Seite vorgetragen, dass allein ein Störungszustand
durch das faktische Bestehen eines verletzenden Artikels nicht ausreicht, sondern weitere
Tatsachen hinzutreten müssten,[149] auf der anderen Seite wurde vertreten, dass allein **ein
Störungszustand** ausreiche.[150] Letztere Ansicht vermochte sich am Bundesgericht
durchzusetzen und führt im Ergebnis dazu, dass allein ein Feststellungsinteresse des Verletzten ausreicht. Für alle Ansprüche gilt, dass ergänzend nach Art. 28 Abs. 1 S. 2 ZGB
eine **Veröffentlichung des Urteils** gegenüber Dritten verlangt werden kann, wenn
hieran ein Interesse besteht.

III. Die vorsorglichen Maßnahmen

Ein Anspruch auf vorsorgliche Maßnahmen **nach Art. 28c–f ZGB** kann immer dann   56
gegeben sein, wenn aus einer bestehenden oder unmittelbar bevorstehenden Verletzung
ein nicht leicht wiedergutzumachender Nachteil droht. Hierzu ist es erforderlich, dass der
Verletzte sowohl die Verletzung als auch den Nachteil **glaubhaft** macht, s. Art. 28c ZGB.
Als Rechtsfolge kann das Gericht nach Art. 28c Abs. 2 ZGB die Verletzung vorsorglich
verbieten oder beseitigen, oder aber die notwendigen Maßnahmen ergreifen, um Beweise

---

[145] *Tuor/Schnyder/Schmid/Rumo-Jungo*, Zivilgesetzbuch, S. 105.
[146] *Geiser*, Persönlichkeitsverletzung, S. 56; *Brückner*, Personenrecht des ZGB, Rn. 695.
[147] *Honsell/Vogt/Geiser/Meili*, Zivilgesetzbuch I, Art. 28a Rn. 5; BGE 96 II 423; 97 II 107.
[148] *Tuor/Schnyder/Schmid/Rumo-Jungo*, Zivilgesetzbuch, S. 105.
[149] So z. B. BGE 120 II 373; 122 III 451 ff.
[150] So z. B. BGE 123 III 385; nunmehr gefestigte Rechtsprechung: BGE 127 III 483 – *Minelli*.

zu sichern.[151] Kann eine vorsorgliche Maßnahme dem Verletzten schaden, so kann das Gericht nach **Art. 28d Abs. 3 ZGB** eine Sicherheitsleistung verlangen.

57   Eine besondere Ausgestaltung haben vorsorgliche Maßnahmen gegenüber **periodisch erscheinenden Medien** in Art. 28c Abs. 3 ZGB erfahren. Hier können nur dann solche Maßnahmen angeordnet werden, wenn ein besonders schwerer Nachteil droht, offensichtlich kein Rechtfertigungsgrund vorliegt und die Maßnahme nicht unverhältnismäßig erscheint. Hierdurch will der Gesetzgeber sicherstellen, dass der besonderen **verfassungsrechtlichen Stellung** der Presse ausreichend Rechnung getragen wird und keinerlei Art von Vorzensur stattfindet.[152] Außerdem hat der Gesuchsteller, also der behauptete Verletzte, bei Nichtbestehen des Anspruchs an den Gegner Schadensersatz nach Art. 28l ZGB zu leisten. Hiervon kann das Gericht allerdings bei geringer oder fehlender Schuld absehen.

IV. Das Gegendarstellungsrecht

58   In den Art. 28g–l ZGB wird das **Gegendarstellungsrecht** eines durch periodisch erscheinende Medien in seinem Persönlichkeitsrecht Verletzten geregelt. Diese detaillierten Ausführungen gerade auch zu der Form und dem Inhalt der Gegendarstellung in Art. 28h ZGB sowie die Fristenregelung des Art. 28i ZGB machen es dem Verletzten einfach, einen eindeutigen Antrag an das Gericht zu stellen. Bei dem Gegendarstellungsrecht handelt es sich um einen **selbständigen privatrechtlichen Anspruch** zum Schutz der Persönlichkeit.[153] Er besteht nur hinsichtlich **Tatsachenbehauptungen**, nicht bzgl. Werturteilen oder Meinungen. Die fragliche Tatsache muss hierbei im engen Verhältnis zur Persönlichkeit des Verletzten stehen und insoweit seine Ehre oder Ansehen verletzen. Die weiteren Voraussetzungen ergeben sich unmittelbar aus dem Gesetzestext und sind vorbildlich, was ihre genaue Handlungsanleitung betrifft. Ein Gegendarstellungsanspruch bedarf insoweit auch nicht notwendigerweise der Anrufung des Gerichts.

§ 68. Spanien

Inhaltsübersicht

---

[151] Ausführlich s. *Pedrazzini/Oberholzer*, Grundriss, S. 132.
[152] Kritisch dazu Honsell/Vogt/Geiser/*Meili*, Zivilgesetzbuch I, Art. 28c Rn. 6.
[153] *Tuor/Schnyder/Schmid/Rumo-Jungo*, Zivilgesetzbuch, S. 108.

Schrifttum: *Adomeit/Frühbeck,* Einführung in das spanische Recht: Das Verfassung-, Zivil-, Wirtschafts- und Arbeitsrecht des Königreichs Spaniens, 1993; *Amat Llari,* El derecho a la propia imagen y su valor publicitario, 1992; *Ángel Yágüez,* Tratado de responsabilidad civil, 1993; *Azurmendi Adarraga,* El derecho a la propia imagen: Su identidad y aproximación al derecho a la información, 1997; *Casas Vallés,* Honor, intimidad e imagen. Su tutela en la LO 1/82, Revista Jurídica de Catalunya 1989, 285; *Castán Tobeñas,* Los derechos de la personalidad, RGLJ 1952, II, 5; *Cremades,* Das Grundrecht der Meinungsfreiheit in der spanischen Verfassung, 1994; *ders.,* Los límites de la libertad de expresión en el ordenamiento jurídico español, 1995; *de Castro y Bravo,* Los llamados derechos de la personalidad, ADC 1959, 1237; *de la Válgoma,* Comentario a la Ley Orgánica de protección civil del derecho al honor, a la intimidad personal y familiar y a la propia imagen, ADH 1983, 647; *Dietz,* Das Urheberrecht in Spanien und Portugal, 1990; *Estrada Alonso,* El derecho al honor en la Ley Orgánica 1/1982, de 5 de Mayo, 1989; *Fernández-Nóvoa,* Der Schutz von Name, Stimme und eigenem Bild gegen eine Verwendung in der Werbung (Right of Publicity) im spanischen Recht, GRUR Int 1983, 494; *Franquet Sugrañes,* El contrato de „personality merchandising", 2005; *García García,* El derecho a la intimidad y dignidad en la doctrina del Tribunal Constitucional, 2003; *Grimalt Servera,* La protección civil de los derechos al honor, a la intimidad y a la propia imagen, 2007; *Gitrama González,* El derecho a la propia imagen, hoy, in: Homenaje a J.B. Goytisolo, 1990, 203; *ders.,* Imagen (derecho a la propia), Nueva Encyclopedia jurídica 1962, Tomo XI, 301; *González López,* El derecho moral del autor en la ley española de propiedad intelectual, 1993; *Herrero-Tejedor,* Honor, intimidad y propia imagen, 2. Aufl., 1994; *ders.,* La intimidad como derecho fundamental, 1998; *Hückel,* Persönlichkeitsschutz und Geldersatz im deutschen und spanischen Zivilrecht, 2006; *Igartua Arregui,* La apropiación comercial de la imagen y del nobre ajenos, 1991; *Knothe,* Einstweiliger Rechtsschutz im spanischen und deutschen Zivilprozess, 1999; *Lasarte,* Parte General y Derecho de la persona, Principios de Derecho civil I, 11. Aufl. 2005; *López-Mingo Tolmo,* El derecho a la propia imagen – actores y actrices – publicitarios, Ventiún años de pleitos que podían haber sido evitados, 2005; *Martín Muñoz,* El contenido patrimonial del derecho a la propia imagen, Revista de derecho mercantil Nr. 242, 2001, S. 1711; *ders.,* El Merchandising, Contrato de Reclamo Mercantil, 1999; *Müller,* Das neue spanische Urheberrecht im Vergleich zum deutschen Recht unter besonderer Berücksichtigung der europäischen Urheberrechtsharmonisierung, 1997; *O'Callaghan Muñoz,* Compendio de Derecho civil, Tomo 1, parte general, 1986; *ders.:* Libertad de expresión y sus límites: honor, initimidad e imagen, 1991; *Pantaleón,* La Constitución, el honor y el espectro de la censura previa, in: Derecho privado y Constitución, núm. 10, 1996, 209; *ders.:* La Constitución, el honor y unos abrigos, La Ley 1996, D-162, 1689; *ders.* in: Comentario del Código civil, Art. 1902, Tomo II, 1993, 1971; *Pérez del Blanco,* La ejecución no dineraria en la nueva Ley de Enjuiciamiento Civil, 2001; *Peso Navarro,* Ley de protección de Datos. La nueva LORTAD, 2000; *Quintero Olivares,* Libertad de expresión y honor en el código penal de 1995, in: Estudios sobre el Código Penal de 1995, 151; *Ramos Méndez,* Derecho Procesal civil, Tomo II, 5. Aufl. 1992; *Romero Coloma,* Honor, intimidad e imagen de las personas famosas, 2001; *Royo Jara,* La protección del derecho a la propia imagen: actores y personas de notoriedad pública según la ley 5 de mayo de 1982, 1987; *Salvador Coderch,* El derecho de la libertad, 1993; *ders./Castiñeira Palou,* Prevenir y castigar, libertad de información y expresión, tutela del honor y funciones del derecho de daños, 1997; *Santos Briz,* La responsabilidad civil, 1993; *Trebes,* Zivilrechtlicher Schutz der Persönlichkeit vor Presseveröffentlichungen in Deutschland, Frankreich und Spanien, 2002.

A. Grundlagen des Persönlichkeitsrechts

I. Historische Grundlagen

1   In Spanien überließ man, ähnlich wie in Deutschland, den Schutz der Persönlichkeit vorwiegend dem **Strafrecht**.[1] Da die Verletzung von Persönlichkeitsrechten in erster Linie immaterielle Schäden zur Folge hatte, sah man das Strafrecht als geeignetes Instrument, diese zu kompensieren. Mithin fanden sich dort die Vorschriften zum Ehrschutz.

Das Zivilrecht hingegen spielte keine große Rolle; seine Aufgabe war es, Vermögensschäden zu kompensieren. Doch bereits im Jahre 1912 hat der Tribunal Supremo (TS) durch Rechtsfortbildung einem 15-jährigen Mädchen immateriellen Schadensersatz für die Verletzung ihrer Ehre zugesprochen.[2] Als Rechtsgrundlage diente **Art. 1902 CC**. Danach hat derjenige, der einem anderen vorsätzlich oder fahrlässig einen Schaden zufügt, diesen zu reparieren. Das spanische System der zivilrechtlichen Haftung folgt damit nicht dem deutschen Enumerationsprinzip. Es muss nicht ein bestimmtes Rechtsgut verletzt sein. Vielmehr folgt Spanien dem französischen System der Generalklausel: Erforderlich ist ein Schaden, schuldhaftes oder fahrlässiges Verhalten und Kausalität. Grundsätzlich kann jeder Schaden entschädigt werden, es sei denn, dass das verletzte Interesse rechtswidrig ist oder gegen die sozialen Sitten verstößt.[3]

Obwohl der TS klargestellt hatte, dass ein zivilrechtlicher Schutz der Ehre möglich war, hat er keine entscheidende Wende im Persönlichkeitsschutz eingeleitet. Nur eine Handvoll zivilrechtlicher Urteile ergingen in der Folgezeit, während das Strafrecht weiter vorherrschend blieb.[4]

2   Das **Recht am eigenen Bild** wurde 1967 zum ersten Mal von der Audiencia Territorial de Zaragoza anerkannt und systematisch unter die Persönlichkeitsrechte eingeordnet.[5] Dabei stützt sich die Entscheidung in Ermangelung von Gesetzes- oder Gewohnheitsrecht auf die „principios generales del derecho".[6] Zuvor hatten bereits einige Autoren, insbesondere 1952 Castán[7] und 1959 De Castro[8], Grundlagen für die Anerkennung der Persönlichkeitsrechte in Spanien gelegt.[9]

II. Die Verfassung von 1978

3   Die entscheidende – wenn auch nicht unmittelbare – Wende brachte die **Verfassung von 1978**. Art. 18 Abs. 1 der Constitución Española (CE)[10] garantiert das Recht auf Ehre,

---

[1] *Muñoz Machado,* Libertad de prensa y procesos por difamacion, S. 50.

[2] Jurisdiccion civil, tomo (Band), S. 582; auszugsweise bei *Herrero-Tejedor,* Honor, intimidad y propia imagen, S. 144 ff.; siehe auch Kommentierung der Entscheidung bei *O'Callaghan,* Libertad de expresión y sus limites, S. 39 f.

[3] Zu den spanischen Standardwerken zum Deliktsrecht gehören *de Angel Yagüez,* Tratado de responsabilidad civil; *Santos Briz,* La responsabilidad civil; siehe auch Kommentierung zu Art. 1902 CC von *Pantaleón,* Comentario del Código Civil, Band II, S. 1971 ff.

[4] *Casas Vallés,* Revista Jurídica de Catalunya 1989, 285, 292.

[5] ADC 1968, 195 ff. – „Pregonero de Zaragoza". Ausführlich kommentiert bei: *Azurmendi Adarraga,* El derecho a la propia imagen, S. 154 ff.; *Amat Llari,* El derecho a la propia imagen y su valor publicitario, S. 68 ff.; Eine kurze Zusammenfassung der Entscheidung in deutscher Sprache findet sich in RabelsZ 33 (1969), 153 f.

[6] Damals Art. 6 Abs. 2 des Código Civil, heute Art. 1 Abs. 6 Código Civil.

[7] *Castán Tobeñas,* Los derechos de la personalidad, RGLJ 1952, S. 5 ff.

[8] *De Casto y Bravo,* Los llamados derechos de la personalidad, ADC 1959, 1237 ff.

[9] Für das Recht am eigenen Bild grundlegend: *Gitrama Gonzalez,* Imagen (derecho a la propia), Nueva Encyclopedia jurídica 1962, Tomo XI, S. 301 ff.

[10] Eine Übersetzung der spanischen Verfassung findet sich bei *Kimmel,* Die Verfassungen der EG-Mitgliedstaaten, 1996.

persönliche und familiäre Privatsphäre und das Recht am eigenen Bild als Grundrechte.[11] Trotz der Tatsache, dass in der Verfassung von *dem Recht* auf Ehre, auf Privatsphäre und am eigenen Bild gesprochen wird, geht die Rspr. und hM nicht von einem allgemeinen Persönlichkeitsrecht aus (monistische Theorie) wie in Deutschland, sondern folgt dem französischen Beispiel **(pluralistische Theorie)**. Sie unterscheidet mithin zwischen den verschiedenen Persönlichkeitsrechten.[12]

Die verfassungsrechtlich normierten Persönlichkeitsrechte leiten sich aus der **menschlichen Würde** ab und sind auf den nichtvermögensrechtlichen Schutz gerichtet.[13] Jedes dieser Rechte hat einen „eigenen und spezifischen Inhalt".[14]

III. Das Organgesetz 1/1982

Die Verfassung war noch nicht ein Jahr in Kraft, da brachte die Regierung einen Geset- **4** zesentwurf ein,[15] der die Grundrechte des Art. 18 zivilrechtlich ausgestalten sollte. Nachdem einzelne Persönlichkeitsrechte in die Verfassung als Grundrechte aufgenommen wurden, war man der Ansicht, dass ein rein strafrechtlicher Schutz zum einen unzureichend, zum anderen aber auch hinsichtlich der garantierten Meinungsfreiheit unangemessen sein würde. Somit wird der Schutz der Persönlichkeitsrechte heute in Spanien in erster Linie durch das Organgesetz 1/1982 vom 5. Mai[16] gewährleistet.

Ziel dieses Gesetzes ist es, das **Grundrecht auf Ehre, Privatsphäre und am eigenen Bild**, garantiert in Art. 18 der spanischen Verfassung von 1978 (CE), **zivilrechtlich gegen jeglichen rechtswidrigen Eingriff zu schützen** (Art. 1 Abs. 1).[17] Die Persönlichkeitsrechte wurden dadurch als subjektive Rechte anerkannt.[18] Diese Rechte sind unverzichtbar, unübertragbar und unverjährbar (Art. 1 Abs. 3).[19]

Neben dem Organgesetz 1/1982 bietet auch die zivilrechtliche Generalklausel des **5** Art. 1902 CC Schutz. Danach hat derjenige, der einem anderen vorsätzlich oder fahrlässig einen Schaden zufügt, diesen zu ersetzen.[20]

---

[11] Art. 18 Abs. 1 CE lautet: „Se garantiza el derecho al honor, a la intimidad personal y familiar y a la propia imagen." Die Übersetzung des Begriffs „intimidad" mit „Privatsphäre" entspricht der Auslegung, die er durch den TC erfahren hat.

[12] STC 28/2004 vom 6. 2. 2004 (FJ 2); STC 14/2003 vom 28. 1. 2003; 115/2000 vom 10. 5. 2000 (FJ 8); alle Entscheidungen des Tribunal Constitucional ab 1980 unter: http://www.boe.es/g/es/bases_datos/tc.php.

[13] STC 127/2003 vom 30. 6. 2003 (FJ 6): „... derivados de la dignidad humana y dirigidos a la protección del patrimonio moral de las personas ...".

[14] STC 156/2001 vom 2. 7. 2001 (FJ 3).

[15] Über den Gang der Gesetzgebung siehe Documentación Jurídica, núms. 29–32, enero–diciembre 1981, S. 789–859; Eine gute Zusammenfassung findet sich bei *Casas Vallés,* Revista Jurídica de Catalunya, 1989, 285, 293 ff.; siehe auch: *Herrero Tejedor,* Honor, intimidad y propia imagen, S. 161–164.

[16] Da es sich um ein Gesetz handelt, das ein Grundrecht ausgestaltet, muss es gemäß Art. 81 der spanischen Verfassung (CE) als Organgesetz (Ley Orgánica) erlassen werden. Erforderlich ist eine absolute Mehrheit des Parlaments.

[17] Artikel ohne Bezeichnung sind solche des Organgesetzes 1/1982.

[18] Auch in Spanien herrschte Streit darüber, ob es sich bei den Persönlichkeitsrechten um subjektive Rechte handelt (so bereits früher die hM, *Delgado Echevarría, Beltrán de Heredia, Díez-Picazo, Castán,* zit. nach *Estrada Alonso,* El derecho al honor, S. 44) oder „nur" um Persönlichkeitsgüter, da die Person nicht zugleich Subjekt und Objekt des Rechts sein kann (so v.a.: *De Castro,* ADC 1959, S. 1237 ff). In der neueren Literatur wird dem dogmatischen Streit keine große Bedeutung mehr beigemessen, da das Konzept des subjektiven Rechtes ohnehin relativiert worden sei. Insofern könne man Persönlichkeitsrechte unter diese Kategorie einordnen, auch wenn sie einige Besonderheiten aufweisen (*Lacruz Berdejo,* Elementos de derecho civil, S. 58; *Estrada Alonso,* El derecho al honor, S. 45, der die Persönlichkeitsrechte als subjektive Rechte *sui generis* charakterisiert).

[19] Zur Kritik des Gesetzes, siehe: *Trebes,* Zivilrechtlicher Schutz, S. 173 ff.

[20] In der Literatur wird kritisiert, dass das Organgesetz 1/1982 in der Sache nichts Neues gebracht

B. Ausprägungen des Persönlichkeitsrechts

I. Das Recht auf Ehre

6   Zwar wird die Ehre weder in der Verfassung noch in dem Organgesetz 1/1982 definiert, doch herrscht weitgehend Einigkeit darüber, dass sie sich aus einem subjektiven und einem objektiven Element zusammensetzt.[21] In subjektiver Hinsicht ist es die **Wertschätzung**, die jeder Mensch von sich selbst hat, und in objektiver Hinsicht die **Anerkennung seines Rufes** durch die anderen.[22] Den Schwierigkeiten einer positiven Bestimmung des Schutzbereiches ist das Organgesetz 1/1982 ausgewichen und hat Handlungen bestimmt, die einen rechtswidrigen Eingriff darstellen. Danach ist die Verbreitung von Tatsachen aus dem Privatleben einer Person oder Familie unzulässig, die den guten Ruf oder Namen beeinträchtigen (Art. 7 Abs. 3). Gemäß Art. 7 Abs. 7 ist auch die Äußerung von Tatsachen und Meinungen rechtswidrig, die „die Würde einer anderen Person verletzen, indem sie ihren Ruf in Misskredit bringen oder ihre eigene Wertschätzung beeinträchtigen". Nach dem neuen Strafgesetzbuch[23] ist die Beleidigung nicht mehr eine Verletzung der Ehre, sondern der **Würde**; doch wird die Würde im Wesentlichen mit den bekannten Kriterien der Ehre – eigene Wertschätzung und Rufschädigung – definiert.[24]

II. Das Recht auf die Privatsphäre

7   Die spanischen Gerichte definieren das Recht auf die Privatsphäre nach der in den Vereinigten Staaten geltenden Definition für das **right of privacy** als das Recht, allein gelassen zu werden *(the right to be let alone)*: „Das Recht auf persönliche Intimität setzt einen eigenen und gegenüber Einwirkungen und dem Wissen anderer reservierten Bereich voraus, der notwendig ist, um ein Minimum an humaner Lebensqualität zu bewahren."[25] Ohne ein solches Recht wäre die von der Verfassung postulierte menschliche Würde nicht realisierbar.[26] Dabei erstreckt sich das Recht nicht nur auf Aspekte des eigenen Lebens, sondern auch auf verschiedene **Aspekte anderer Personen**, mit denen eine spezielle und enge Verbindung besteht, mithin auf Familienangehörige. Das Gericht leitet eine solche Auslegung aus der in der Verfassung und dem Organgesetz verankerten Formulierung der „*intimidad personal y familiar*" ab.[27] Als Teil der Privatsphäre sind in der spanischen

---

habe, da der zivilrechtliche Persönlichkeitsschutz über Art. 1902 CC bereits gewährleistet sei, siehe *de la Valgoma*, ADH 1983, 647, 657.

[21]   STC 49/2001 vom 26. 2. 2001; Zu diesen und weiteren Konzepten der Ehre siehe die Zusammenfassung bei *Cremades*, Los límites de la libertad de expresión, S. 178 ff.

[22]   STS 2029/1987 vom 23. 3. 1987, AC 359/87; STS 5978/1997 vom 9. 10. 1997, RJ 1997/7613, alle Entscheidungen des TS auch unter http://www.poderjudicial.es/jurisprudencia/; st. Rspr. Aus der Literatur vgl. *Rodriguez Mourullo/Barreiro*, Comentarios al Código Penal, S. 607 ff.

[23]   Art. 208 NCP lautet: „Beleidigungen sind Handlungen oder Ausdrücke, die die Würde einer anderen Person verletzen, indem sie ihren Ruf in Mißkredit bringen oder ihre eigene Wertschätzung beeinträchtigen."

[24]   Kritisch dazu: *Quintero Olivares* in: Estudios sobre el Código Penal de 1995, S. 151. Positiv beurteilen *Salvador Coderch/Castiñeira Palou*, Prevenir y castigar, S. 87 ff. die Reform, nach deren Ansicht die Definition der Beleidigung nunmehr präziser sei.

[25]   STC 231/1988 vom 2. 12. 1988 (FJ 3) – *Paquirri*; st. Rspr., siehe u.a.: STC 89/2006 vom 27. 3. 2006; STC 127/2003 vom 30. 6. 2003 (FJ 7); STC 83/2002 vom 22. 4. 2002 (FJ 4); STC 115/2000 vom 10. 5. 2000; STC 197/1991 vom 17. 10. 1991 (FJ 1) – *Sara Montiel*; STC 20/1992 vom 14. 2. 1992 (FJ 3) – *SIDA*; STC 117/1994 vom 25. 4. 1994 – *Ana García Obregón*.

[26]   STC 16/2004 vom 23. 2. 2004; STC 127/2003 vom 30. 6. 2003; STC 20/1992 vom 14. 2. 1992 (FJ 3) – *SIDA*.

[27]   STC 231/1988 vom 2. 12. 1988 (FJ 4) – *Paquirri*. Der Tribunal Constitucional hat damit der Witwe eines Stierkämpfers, die sich gegen die Vertreibung von Videos zur Wehr setzte, auf denen ihr

Rechtsprechung unter anderem folgende Bereiche anerkannt: die körperliche Integrität, die Gesundheit[28], Familienbeziehungen,[29] das Berufsgeheimnis, das Bankgeheimnis,[30] aber auch die informationelle Selbstbestimmung.[31]

Ähnlich wie in Deutschland ist auch in Spanien die Privatsphäre zum einen **räumlich,**   **8** aber auch **thematisch** bestimmt. Gemäß Art. 7 Abs. 1 wird der räumlich-gegenständliche Bereich der Privatsphäre geschützt.

Als „leading case" im spanischen Recht wird man den Fall *„Paquirri"* ansehen:[32] Die   **9** Witwe des berühmten andalusischen Toreros Francisco Rivera Perez, genannt *„Paquirri",* klagte gegen den Verkauf einer Videokassette. Ihr Mann, der während eines Stierkampfes schwere Verletzungen erlitt, wurde in die Krankenstation der Arena gebracht. Dorthin folgten ihm Journalisten und filmten, wie er den Sanitätern einzelne Auskünfte über seine Verletzungen gab. Wenig später, noch in der Krankenstation, verstarb er. Die Aufnahmen seines Todeskampfes wurden in den Nachrichten verbreitet,[33] von der Beklagten auf Video aufgenommen und – ohne die Einwilligung der Witwe – als Kassette vertrieben. Der TC war – anders als der TS – der Ansicht, dass die vom Fernsehen ausgestrahlten Bilder Ereignisse über die Gesundheit und das Leben des Stierkämpfers betrafen und strikt privater Natur seien, die keine Veröffentlichung rechtfertigten. Dann aber sei auch bei dem Vertrieb der Bilder auf Video keine andere Beurteilung angemessen.[34]

Auf die Presse zielen schließlich vor allem die Fälle in Art. 7 Abs. 3 und 4. Art. 7 Abs. 3,   **10** 1. HS setzt die **Verbreitung von peinlichen Tatsachen aus dem Privatleben** voraus. Einen Eingriff in Art. 7 Abs. 3 hat der TC in folgendem Fall bejaht: Eine Zeitschrift berichtete über die Tatsache, dass ein Architekt aus Palma Aids habe. Zwar wurde er nur mit den Initialen benannt, doch wurden noch weitere Merkmale veröffentlicht, die eine Identifikation ermöglichten.[35] Grundsätzlich rechtswidrig ist es auch, wenn eine Zeitung über die Herkunft adoptierter Kinder einer Schauspielerin berichtet.[36]

---

von einem Stier verwundeter und sterbender Mann zu sehen war, ein *eigenes* Recht auf Verletzung der Privatsphäre zugestanden. Das Persönlichkeitsrecht des Stierkämpfers war mit dem Tode erloschen. Doch das Andenken an den Verstorbenen ist ein Element der Privatsphäre der Witwe. Ebenso ist die Frage der Herkunft von Adoptivkindern ein Element der Privatsphäre der Eltern, vgl. STC 197/1991 vom 17. 10. 1991 – Sara Montiel.

[28] STC 231/1988 vom 2. 12. 1988 – *Paquirri*; STC 20/1992 vom 14. 2. 1992 – *SIDA*.

[29] STC 197/1991 vom 17. 10. 1991 – *Sara Montiel*.

[30] STC 110/1984 vom 26. 11. 1984.

[31] Siehe dazu ausführlich: *Cremades,* Límites en la libertad de expresión, S. 208 ff.; diese Rechtsfigur ist von Deutschland übernommen worden.

[32] STC 231/1988 vom 2. 12. 1988 - *Paquirri*.

[33] In dem Urteil ist von geschätzten 17 Millionen Fernsehzuschauern die Rede.

[34] Dieses Urteil gab Anlass zu einem abweichenden Votum zweier Richter. Sie wiesen richtigerweise darauf hin, dass hier die Kommerzialisierung der Videos in Frage stand. Hinsichtlich der Ausstrahlung der Bilder im Fernsehen sahen sie das Grundrecht auf Privatsphäre nicht verletzt. Der Beruf des Opfers, das diesem Beruf innewohnende Risiko bei seiner Ausübung und der öffentliche Charakter der Vorstellung rechtfertigten diese Information. Wenn das Recht auf Privatsphäre nicht bei der Ausstrahlung im Fernsehen verletzt sei, sei es auch nicht bei der Verbreitung der Videos verletzt. Eine andere Frage sei es, ob auch die Kommerzialisierung des Videos gerechtfertigt sei. Darüber hätten sie wegen der „zivilrechtlichen Natur und des vermögensrechtlichen Inhalts" dieses Rechts jedoch nicht zu entscheiden.

[35] STC 20/1992 vom 14. 2. 1992 – *SIDA*.

[36] STC 197/1991 vom 17. 10. 1991 – *Sara Montiel*, wobei in diesem Fall das Gericht befand, dass die Schauspielerin selbst, indem sie über die Adoption eine Pressekonferenz abgehalten hatte, diese Tatsache aus ihrer Privatsphäre ausgeschlossen habe und mithin das Risiko eingegangen sei, dass die Wahrheit von Journalisten überprüft werde.

III. Das Recht am eigenen Bild

11   Das Recht am eigenen Bild gibt dem Abgebildeten die **exklusive Befugnis**, sein Bildnis zu verbreiten oder zu veröffentlichen, und somit gleichzeitig das Recht, seine Vervielfältigung ohne Einwilligung zu verbieten.[37] Von dem grundsätzlichen Erfordernis der
Einwilligung werden allerdings Ausnahmen gemacht, die wegen des **Informationsbedürfnisses der Öffentlichkeit** bestehen. Für das Recht am eigenen Bild hat der Gesetzgeber die Grenzen in Art. 8 Abs. 2 genannt.

IV. Das Namensrecht

12   Das Namensrecht wird in Spanien als **Persönlichkeitsrecht** gesehen.[38] Art. 53 der Ley
de Registro Civil schützt den Namen **gegenüber jedermann**, mithin erga omnes. Obwohl das Recht keine konkreten Schutzmechanismen nennt, ist anerkannt, dass der
Namensträger das Recht hat, seinen Namen zu gebrauchen und Dritten die unbefugte
Verwendung des Namens zu untersagen.[39]

13   Das Namensrecht ist unübertragbar, unverjährbar, unverzichtbar und unabänderlich.[40]
Allerdings finden diese Grundsätze der Persönlichkeitsrechte nur eingeschränkt Anwendung. Insbesondere gilt dies für den Grundsatz der Unübertragbarkeit. So kann jemand
einen Dritten erlauben, seinen Namen als Handelsnamen zu nutzen.

Zudem untersagt Art. 7 Abs. 6 des Organgesetzes 1/1982 ausdrücklich Dritten den
Gebrauch des Namens zu **Werbe- oder Geschäftszwecken** ohne Einwilligung. Bei dieser Norm stehen nicht die ideellen, sondern die kommerziellen Aspekte des Persönlichkeitsrechtes im Vordergrund.[41] Eine Verletzung des Rechts am eigenen Namen hat der TS
in dem Fall bejaht, in dem ein Unternehmen mit dem Namen eines Tänzers für eine
Whiskeymarke geworben hat.[42]

V. Das Urheberpersönlichkeitsrecht

14   Gemäß Art. 2 der Ley de Propiedad Intelectual (LPI) handelt es sich beim spanischen
Urheberrecht um eine Gesamtheit von Rechten persönlichen wie patrimonialen Charak-
ters, die dem Urheber die volle Verfügung und das Ausschlussrecht an der Verwertung des
Werkes mit den im Gesetz niedergelegten Schranken gewährt.[43]

Das Urheberpersönlichkeitsrecht *(derecho moral)* ist in Art. 14 LPI geregelt. Der Urheber
kann über die **Art und Bedingung der Veröffentlichung** entscheiden (Art. 14 Abs. 1
LPI). Ihm steht das Recht auf **Anerkennung der Urheberschaft** zu (Art. 14 Abs. 3 LPI).
Er hat ein Recht auf **Unversehrtheit des Werkes** (Art. 14 Abs. 4 LPI). Er kann sich mithin jeder Entstellung, Änderung oder sonstigen Beeinträchtigungen des Werkes widersetzen. Schließlich steht ihm auch ein **Rückrufsrecht** wegen gewandelter Überzeugung zu
(Art. 14 Abs. 6 LPI). Allerdings ist er beim Rückruf zur vorherigen Entschädigung der

---

[37] STC 28/2004 vom 6. 2. 2004 (FJ 3); STC 14/2003 vom 28. 1. 2002 (FJ 5); STC 83/2002 vom
22. 4. 2002 (FJ 4); STS vom 3. 10. 1996, RJ 1996/7012; STC 117/1994 vom 25. 4. 1994 – *Ana García
Obregón*; st. Rspr.

[38] Siehe z. B. *Lasarte*, Parte General, S. 206.

[39] *Diéz-Picazo/Gullón*, Sistema de Derecho civil, S. 368.

[40] *Diéz-Picazo/Gullón*, Sistema de Derecho civil, S. 363.

[41] Dazu auch *Martín Muñoz*, El Merchandising, S. 74.

[42] STS 190/1988 vom 21. 1. 1988.

[43] Das spanische Urheberrecht ist relativ neu und stammt von 1987. Die spanische Verfassung
von 1978 erkennt in Art. 20 Abs. 1 b das Recht auf literarische, künstlerische, wissenschaftliche und
technische Produktion und Schöpfung an. Zur historischen Entwicklung siehe *Müller*, Das neue spanische Urheberrecht, S. 1 ff.

Inhaber der Verwertungsrechte verpflichtet. Nach einem neuerlichen Sinneswandel ist er verpflichtet, sein Werk dem ursprünglichen Vertragspartner erneut zu vergleichbaren Bedingungen anzubieten. Darüber hinaus stehen dem Urheber das **Recht auf Änderung des Werkes** (Art. 14 Abs. 4 LPI) und das **Recht auf Zugang** (Art. 14 Abs. 7 LPI) zu.

Diese Rechte sind unverzichtbar und unverjährbar. Allerdings unterstehen sie einer **15** **unterschiedlichen Schutzdauer.**[44]

VI. Sonstige Aspekte der Persönlichkeit

Neben den bereits erwähnten Rechten schützt die spanische Rechtsordnung auch das **16** **Recht an der Stimme.** Gemäß Art. 7 Abs. 6 Organgesetz 1/1982 stellt der Gebrauch des Namens, der Stimme oder des Bildnisses einer Person zu Werbe-, Geschäfts- oder analogen Zwecken einen Eingriff in den Schutzbereich dar. Damit wird gerade auch der Stimme eine kommerzialisierbare Komponente zugeschrieben.

Auch die **persönliche Identität** *(identidad personal)* wird anerkannt. In dem betreffen- **17** den Fall hatte ein Unternehmen mit einem Slogan geworben, der den Schauspieler Emilio Aragón zweifelsfrei identifizierte.[45] Der TC erkannte zwar grundsätzlich einen Schutz an, wenn die Person identifiziert werden kann, auch wenn weder das Gesicht gezeigt noch der Name genannt wird, sah aber im betreffenden Fall nur die vermögenswerten Aspekte als verletzt an, über die er nicht zu entscheiden habe.[46]

Darüber hinaus regelt das Organgesetz 15/1999 den **Schutz personenbezogener Da-** **18** **ten.**[47] Es setzt damit Art. 18 Abs. 4 der spanischen Verfassung um, wonach ein Gesetz den Einsatz der Datenverarbeitung beschränkt, um die Ehre sowie die persönliche und familiäre Intimsphäre der Bürger und die volle Ausübung ihrer Rechte zu gewährleisten.

C. Grenzen des Persönlichkeitsschutzes

I. Begrenzung durch das Organgesetz 1/1982

Die Persönlichkeitsrechte werden zum einen durch Art. 8 begrenzt. Dabei dienen alle **19** in Art. 8 Abs. 2 genannten Ausnahmen dem **Informationsinteresse.** Gemäß Art. 8 Abs. 2 a) sind Aufnahmen und Veröffentlichungen von Bildnissen zulässig, wenn es sich um Personen handelt, „die ein Amt oder einen Beruf ausüben, der sie öffentlich bekannt gemacht hat, und das Bild während einer öffentlichen Handlung oder an einem öffentlichen Ort aufgenommen wurde".

Zum einen muss es sich um eine öffentliche Person handeln. Das Gesetz knüpft zur **20** Definition der **„öffentlichen Person"** an die objektiven Kriterien „Amt" und „Beruf" an. Doch wird dies allgemein als eine beispielhafte Aufzählung[48] – oder schlichtweg als schlechte Formulierung[49] – verstanden. Entscheidend ist letztlich die Popularität im politischen, künstlerischen, sozialen oder auch finanziellen Umfeld oder die Popularität durch ein wichtiges Ereignis.[50]

---

[44] Kritisch zu der unterschiedlichen zeitlichen Schutzdauer der Urheberpersönlichkeitsrechte *Müller*, Das neue spanische Urheberrecht, S. 113 f.

[45] STS 535/1998 vom 30. 1. 1998.

[46] STC 81/2001 vom 26. 3. 2001 – *Emilio Aragón*.

[47] Ley Orgánica 15/1999, de 13 de diciembre, de Protección de Datos de Carácter Personal, BOE núm. 298, vom 14. 12. 1999, S. 43088–43099. Dieses Gesetz hebt die bis dahin geltende Ley Orgánica 5/1992, de 29 de octubre, de Regulación del Tratamiento Automatizado de los Datos de Carácter Personal (L.O.R.T.A.D) auf.

[48] O'Callaghan, Libertad de expresión y sus límites, S. 149.

[49] *Gitrama*, Homenaje Goytisolo, 203, 229.

[50] STS 7765/1997 vom 17. 12. 1997, RJ 1997/9100 (FJ 4).

21   Als **öffentlicher Ort** gilt jeder Ort, der öffentlich zugänglich ist. Die Veröffentlichung von Bildern einer „öffentlichen Person" an „öffentlichen Orten" ist grundsätzlich
zulässig, es sei denn, dass dadurch ein Eingriff in die Privatsphäre vorliegt. Auch in Spanien ist eine **„Privatheit in der Öffentlichkeit"** anerkannt. Geschützt ist die öffentliche
Person jedenfalls dann, wenn sie sich an einem zwar öffentlichen, aber abgeschiedenen
Ort aufhält und sich dort so verhält, wie sie es vor den Augen der Öffentlichkeit nicht
tun würde.[51] Darüber hinaus hat der TS den Schutz sehr restriktiv ausgelegt und sah keine
Verletzung des Rechts am eigenen Bild, wenn ein bekannter Bankier in einem Jagdrevier
in Kenia photographiert wird. Erlaubt seien auch Bilder, die den Bankier an einem Strand
zeigen, wo er seine Freundin küsst, da nicht bewiesen sei, dass es sich bei dem Strand um
einen „isolierten und geheimen Platz" gehandelt habe.[52] Der TC hob beide Entscheidungen auf und stellte maßgeblich darauf ab, dass die Bilder privater Natur gewesen seien. Sie
wurden von einem Verwandten gemacht.[53] Der TC neigt dazu, öffentlichen Personen an
öffentlichen Orten Schutz zu gewähren, wenn sie dort privaten Tätigkeiten nachgehen.
Diese Rechtsprechung dürfte sich nach dem EuGHMR-Urteil zu Caroline von Monaco
weiter verfestigen.

22   Ist das Bild einer öffentlichen Person an einem öffentlichen Ort aufgenommen worden, so muss es einem „allgemeinen Interesse" dienen und darf nicht zu **kommerziellen
Zwecken** genutzt werden.[54] Diese Einschränkung, die expressis verbis nicht im Gesetz
steht, lesen die Gerichte aus Art. 8 Abs. 2, dessen einzelne Tatbestände dem Informationsinteresse gelten. Darüber hinaus ist die Veröffentlichung von **Karikaturen** öffentlicher
Personen zulässig sowie Bildnisse, auf denen eine Person als **Beiwerk** erscheint (Art 8
Abs. 2 b und c).[55]

23   Schließlich führt das Gesetz noch eine **„innere Grenze"** auf. Gemäß Art. 2 Abs. 1 ist
der zivilrechtliche Schutz der Persönlichkeitsrechte durch die Gesetze, die Verkehrssitte
und das eigene Verhalten begrenzt. Mithin kann der Richter den Schutzbereich variabel
je nach Zeit und betroffener Person festlegen.[56] Auch nach der Ansicht des TC ist es Aufgabe der Gerichte, den Kern der Persönlichkeitsrechte festzulegen, da „in ideologisch heterogenen und pluralistischen Gesellschaften der Umfang des Rechts von jeder Gesellschaft in jedem historischen Moment bestimmt wird".[57]

II. Begrenzung durch die Meinungs-,
Presse- und Kommunikationsfreiheit

24   Die eigentliche Begrenzung der Persönlichkeitsrechte findet durch die in Art. 20 CE
geschützten Freiheiten statt, die man zusammenfassend als **Kommunikationsfreiheiten**

---

[51] Das ist der Fall, wenn eine Schauspielerin mit einem Teleobjektiv „oben-ohne" (Verhalten) an
einem einsamen Strand (Ort) photographiert wird, auch wenn dieser grundsätzlich für jedermann
zugänglich ist, STS 2317/1988 vom 29. 3. 1988, RJ 1988/2480 – *Silvia Munt*.

[52] STS 7765/1997 vom 17. 12. 1997, RJ 1997/9100 (FJ 5).

[53] STC 139/2001 vom 18. 6. 2001 und STC 83/2002 vom 22. 4. 2002. Siehe auch STC 300/2006
vom 23. 10. 2006.

[54] STS 344/2003 vom 1. 4. 2003 – *Panini*; STS vom 9. 5. 1988, RJ 1988/4049 – *Cromos*. In dem Fall
hatte ein Unternehmen gegen den ausdrücklichen Willen der Fußballspieler Aufkleber, auf denen sie
abgebildet waren, nach Ablauf des Vertrages mit dem Fußballverband weiter vertrieben. Der Tribunal stellte klar, dass der „öffentliche Charakter einer Person die Verbreitung von Bildern ohne seine
Einwilligung nur zu Informationszwecken, aber nicht für reine Werbe- oder Geschäftszwecke
gestattet".

[55] Siehe dazu: *Grimalt Servera*, La protección civil de los derechos al honor, a la intimidad y a la
propia imagen, S. 129 ff.

[56] So ausdrücklich die Motive des Gesetzes. (Dies ist eine vom spanischen Gesetzgeber verwendete Technik, wonach er vor einem Gesetz die Motive erläutert.)

[57] STC 171/1990 vom 12. 11. 1990 (FJ 4) – *Piloto I*.

bezeichnen könnte. Da es sich bei dem Konflikt zwischen Persönlichkeitsrechten und Meinungsfreiheit um einen grundrechtlichen Konflikt handelt, ist es der TC, der die Kriterien für die Lösung vorschreibt.

In der spanischen Verfassung sind Meinungs- und Informationsfreiheit getrennt ge- **25**
regelt.[58] Gegenstand der Freiheit in Art. 20 Abs. 1 a) CE sind **Gedanken, Ideen und Meinungen**.[59] Die Freiheit des Art. 20 Abs. 1 d) beinhaltet das Recht, **Informationen über Tatsachen** mitzuteilen und zu empfangen, „oder, vielleicht eingeschränkter, über Tatsachen, die nachrichtenswert sind".[60]

Sowohl die Meinungs- als auch die Informationsfreiheit nehmen eine besondere **26**
Stellung innerhalb der Rechtsordnung ein, da sie einen **„doppelten Charakter"** *(doble cáracter)* haben: Einerseits sind sie individuelle Freiheiten, andererseits beinhalten sie die Garantie für die freie öffentliche Meinung.[61] Diese Funktion, die Garantie der freien öffentlichen Meinung, haben die anderen Grundrechte nicht.[62] Aus dieser Funktion folgt die „vorrangige, aber nicht übergeordnete oder absolute" Stellung der Meinungs- und Informationsfreiheit *(posición prevalente, pero no jerárquica o absoluta)*.[63] Diese **vorrangige Stellung der in Art. 20 CE genannten Freiheiten** besteht allerdings nur, wenn die Information eine öffentliche Relevanz hat.

Wenn die Freiheiten des Art. 20 CE dann in Konflikt mit anderen Grundrechten ge- **27**
raten, müssen die Einschränkungen dergestalt interpretiert werden, dass der fundamentale Inhalt angesichts der institutionellen Hierarchie nicht denaturalisiert oder inkorrekt relativiert wird.[64] Die Gerichte müssen sodann eine **Güterabwägung** *(ponderación)* vornehmen, wobei der TC überprüft, ob bei dieser Abwägung der Wert eines jeden Grundrechts hinreichend berücksichtigt wurde.[65] Ist das nicht der Fall, wird durch die gerichtliche Entscheidung ein Grundrecht verletzt. Für diese Abwägung hat das Gericht im Laufe seiner Rechtsprechung Kriterien erarbeitet.

Der TC unterscheidet zwischen **Meinungen** und **Tatsachen**. Dabei stellt das Gericht **28**
darauf ab, welches Element vorherrschend erscheint *(elemento que aparece como preponderante)*.[66] Handelt es sich um eine Tatsache, so ist nach dem TC folgende „allgemeine Regel" zu beachten: Die Informationsfreiheit hat immer dann Vorrang, wenn die verbreitete **Information wahr** ist und sich auf eine **öffentliche Angelegenheit** bezieht, die von allgemeinem Interesse ist und somit konsequenterweise zur Bildung einer öffentlichen Meinung beiträgt. In diesem Falle erreicht der Inhalt der Informationsfreiheit seinen höchsten Grad an rechtfertigender Effektivität gegenüber den Persönlichkeitsrechten *(máximo nivel de eficacia justificadora)*.[67] Wahrheit und öffentliches Interesse fungieren mithin als Rechtfertigungsgrund.

---

[58] Ausführlich dazu *Cremades,* Das Grundrecht der Meinungsfreiheit, S. 65 ff. m.w.N.

[59] STC 6/1988 vom 21. 1. 1988 (FJ 5); STC 107/1988 vom 8. 6. 1988 (FJ 2); st. Rspr.

[60] STC 6/1988 vom 21. 1. 1988 (FJ 5); STC 107/1988 vom 8. 6. 1988 (FJ 2).

[61] St. Rspr. STC 132/1995 vom 11. 9. 1995 (FJ 4); (ausdrücklich seit STC 104/1986 vom 17. 7. 1986 (FJ 5), aber bereits in STC 6/1981 vom 16. 3. 1981 (FJ 3 und 4) entwickelt).

[62] STC 104/1986 vom 17. 7. 1986 (FJ 5).

[63] St. Rspr., siehe nur STC 40/1992 vom 30. 3. 1992 (FJ 1). Auch in der Literatur ist diese Ansicht weitgehend anerkannt, vgl. *Cremades,* Das Grundrecht der Meinungsfreiheit, S. 79 m.w.N.

[64] STC 159/1986 vom 16. 12. 1986 (FJ 6). Hier klingt ganz deutlich die vom BVerfG entwickelte „Wechselwirkungstheorie" an.

[65] STC 159/1986 vom 16. 12. 1986 (FJ 6); STC 40/1992 vom 30. 3. 1992 (FJ 1).

[66] STC 6/1988 vom 21. 1. 1988 (FJ 5); STC 105/1990 vom 6. 6. 1990, JC 1990 (FJ 4); STC 200/1998 vom 14. 10. 1998 (FJ 3).

[67] STC 171/1990 vom 12. 11. 1990 (FJ 5). Um diesen höchsten Grad an rechtfertigender Effektivität zu erreichen, wird in einigen Entscheidungen noch verlangt, dass die Meinungsfreiheit von „Berufsständigen ausgeübt wird", da die Presse als Institution ein Garant für die Bildung einer öffentlichen Meinung ist; STC 105/1990 vom 6. 6. 1990 (FJ 4). Zum Teil wird darauf nicht eingegangen, da in den meisten Fällen ohnehin die Presse involviert ist.

29   Doch fordert der TC nicht, dass die Wahrheit der Tatsachen im Prozess tatsächlich bewiesen wird. Nur Tatsachen, die in **Kenntnis der Unwahrheit** oder mit **rücksichtsloser Missachtung der Wahrheit** verbreitet werden, genießen keinen verfassungsrechtlichen Schutz.[68] Diese Formel entspricht dem vom amerikanischen Supreme Court[69] entwickelten Haftungsmaßstab für öffentliche Personen.

30   Der Sorgfaltsmaßstab – auch für öffentliche Personen – kann im Einzelfall auch höher sein.[70] Die Faustregel lautet: Je heikler die Information und je „privater" die Person, desto höher muss der Sorgfaltsmaßstab sein. Er ist am höchsten, wenn die verbreitete Nachricht die betreffende Person in Misskredit bringen kann.[71] Der Tribunal verlangt von dem Informierenden in seinen Entscheidungen zumeist eine **„angemessene"** oder **„vernünftige" Sorgfalt** (*diligencia razonable*).[72]

31   Allerdings hat das Kriterium der Wahrheit eine unterschiedliche Bedeutung, je nachdem, ob das Recht auf Ehre oder das Recht auf Privatsphäre betroffen ist. Während im ersten Fall die Berufung auf die Wahrheit die Ehrverletzung ausschließt, kommt es bei einem Eingriff in die Privatsphäre entscheidend darauf an, ob die Information **öffentliche Relevanz** hat. Das hängt zum einen davon ab, ob es sich um Informationen handelt, die eine **öffentliche Person** oder eine **private Person** betreffen.[73] Öffentliche Personen sehen unweigerlich ihre Privatsphäre reduziert.[74]

32   Doch nicht jede Information über eine öffentliche Person darf verbreitet werden. Neben diesem *subjektiven* Element des öffentlichen Charakters der Person muss auch *objektiv* ein legitimes **öffentliches Interesse** an der Information bestehen.[75] Das Recht auf Information hat Vorrang, wenn die verbreitete Tatsache wegen ihres Objektes *und* ihres Wertes die öffentliche Sphäre berührt. Lediglich fremde Neugier ist nicht ausreichend.[76] Ein Bankier muss es sich danach nicht gefallen lassen, mit seiner Freundin am Strand fotografiert zu werden, auch wenn der Strand öffentlich zugänglich ist. Die öffentliche Relevanz ergibt sich nach Ansicht des Gerichts nicht allein aus der Tatsache, dass es sich um eine öffentliche Person handelt, sondern die öffentliche Relevanz muss objektiv festgestellt werden. Damit gesteht der TC öffentlichen Personen eine Privatsphäre in der Öffentlichkeit zu.

33   Unstrittig ist, dass über **private Personen**, die durch ein öffentliches Ereignis in die Schlagzeilen geraten sind, keine Tatsachen verbreitet werden dürfen, die „unwichtig oder irrelevant für das öffentliche Interesse an der Information sind"[77] und lediglich „fremde Neugier befriedigen".[78] So durfte über einen Piloten, der ein Flugzeug zum Absturz gebracht hatte, nicht berichtet werden, dass er mit einer Flugbegleiterin lebte, die im siebten Monat schwanger war.

---

[68] STS 123/1993 vom 19. 4. 1993 (FJ 4); STC 178/1993 vom 31. 5. 1993 (FJ 5).

[69] New York Times vs. Sullivan – 37 U.S 254.

[70] Vgl. z. B. STC 200/1998 vom 14. 10. 1998.

[71] STC 178/1993 vom 31. 5. 1993 (FJ 5); STC 200/1998 vom 14. 10. 1998 (FJ 4), wobei der Tribunal dabei nicht ausdrücklich zwischen privater und öffentlicher Person unterscheidet.

[72] STC 69/2006 vom 13. 3. 2006; STC 61/2004 vom 19. 4. 2004 (FJ 4); STC 200/1998 vom 14. 10. 1998 (FJ 4); STC 123/1993 vom 19. 4. 1993 (FJ 4).

[73] In manchen Entscheidungen führt der Tribunal Constitucional auch zwei Kriterien an: zum einen das allgemeine Interesse an der Information und zum anderen die Frage, ob es sich um eine öffentliche oder private Person handelt, so z. B. STC 46/1998 vom 2. 3. 1998.

[74] STC 115/2000 vom 10. 5. 2000 (FJ 9) – *Isabel Preysler*.

[75] STC 83/2002 vom 22. 4. 2002 (FJ 5), STC 115/2000 vom 10. 5. 2000 (FJ 9) – *Isabel Preysler*.

[76] STC 83/2002 vom 22. 4. 2002 (FJ 5): „Pues hemos declarado que la preservación de ese reducto de inmunidad sólo puede ceder, cuando del derecho a la información se trata, si lo difundido afecta, por su objeto y su valor, al ámbito de lo público, que no coincide, claro es, con aquéllo que pueda suscitar o despertar, meramente, la curiosidad ajena." Siehe auch: STC 89/2006 vom 27. 3. 2006; STC 127/2003 vom 30. 6. 2003.

[77] STC 127/2003 vom 30. 6. 2003 (FJ 9); STC 171/1990 vom 12. 11. 1990 (FJ 5) – *Piloto I*.

[78] STC 127/2003 vom 30. 6. 2003 (FJ 8); STC 20/1992 vom 14. 2. 1992 (FJ 3) – *SIDA*.

Hinsichtlich des Verhältnisses von **Meinungsfreiheit** und den Persönlichkeitsrechten **34** attestiert der Tribunal den Freiheiten des Art. 20 CE eine Vorrangstellung, wenn bei ihrer Ausübung ein Beitrag zur öffentlichen Meinung geleistet wird.[79] Die **Grenze ist bei Formalbeleidigungen** sowie beleidigenden Ausdrücken erreicht, „die in keiner Verbindung mit den Ideen und Meinungen stehen und unnötig erscheinen, um die jeweiligen Gedanken vorzutragen".[80]

Sonstige Begrenzungen der Persönlichkeitsrechte sind nur durch Gesetz möglich, das verhältnismäßig sein muss.[81]

D. Das Subjekt des Persönlichkeitsrechts

Rechtsträger der Persönlichkeitsrechte sind **lebende, natürliche Personen**. Mit dem **35** Tod erlischt die juristische Persönlichkeit und erlöschen auch die verfassungsrechtlich garantierten Persönlichkeitsrechte.[82]

Die Präambel des Organgesetzes 1/1982 (*Exposición de Motivos*) stellt jedoch klar, dass **36** auch das **Andenken an den Verstorbenen** durch das Recht geschützt werden müsse. Ausführlich regelt das Gesetz in Artt. 4, 5 und 6 folglich die Frage, wer im Falle des Todes die Ansprüche der verstorbenen Person geltend machen kann: zunächst die Person, die im Testament bestimmt wurde, in Ermangelung derselben die Verwandten und schließlich die Staatsanwaltschaft. Der postmortale Schutz beträgt 80 Jahre. Da allerdings die Persönlichkeitsrechte nicht übertragbar sind, ist hiermit nur die Übertragung der Wahrnehmung der Persönlichkeitsrechte gemeint.[83] Dabei beschränken sich die Regelungen auf den Schutz gegen die Verletzung von Persönlichkeitsrechten. Sie geben den Erben nicht die Befugnis, die Persönlichkeitsrechte kommerziell zu verwerten.[84]

Darüber hinaus können Verwandte – ähnlich wie in Frankreich – das Andenken des **37** Verstorbenen mittelbar schützen, wenn ein Eingriff in ihr Privatleben vorliegt. Auch hier ist einmal wieder der Fall „Paquirri" zu zitieren. Der TC stellte klar, dass das Andenken des verstorbenen Ehemannes ein Element des Intimlebens der Witwe ist.[85]

In der Literatur und Rechtsprechung war lange umstritten, ob **juristische Personen** **38** Träger von Persönlichkeitsrechten sein können.[86] Das Organgesetz 1/1982 erwähnt juristische Personen nur bei der Geltendmachung von Ansprüchen Verstorbener, nicht aber als Träger eigener Rechte. Der TC hat jedoch das Recht auf Ehre juristischer Personen anerkannt.[87] Auch Personengruppen, wie etwa der jüdischen Gemeinde, werden Persönlichkeitsrechte zuerkannt.

---

[79] STC 107/1988 vom 8. 6. 1988 (FJ 2).

[80] St. Rspr. STC 9/2007 vom 15. 1. 2007 (FJ 4); STC 6/2000 vom 17. 1. 2000 (FJ 5); STC 107/1988 vom 8. 6. 1988 (FJ 2); STC 105/1990 vom 6. 6. 1990 (FJ 4); STC 200/1998 vom 14. 10. 1998 (FJ 6); STC 99/2002 vom 6. 5. 2002 (FJ 6).

[81] STC 89/2006 vom 27. 3. 2006 (FJ 3).

[82] STC 231/1988 vom 2. 12. 1988 – *Paquirri*.

[83] Siehe dazu auch *Azurmend Adarragi*, El derecho a la propia imagen, S. 171 ff. Kritisch zu den Regelungen *Fernández-Nóvoa*, GRUR Int. 1983, 494, 496.

[84] So auch *Fernández-Nóvoa*, GRUR Int. 1983, 494, 496.

[85] STC 231/1988 vom 2. 12. 1988 (FJ 4) – *Paquirri*.

[86] Zu dem Streit siehe *Herrero-Tejedor*, Honor, intimidad y propia imagen, S. 276 ff.; *Salvador Coderch*, El mercado de las ideas, S. 214 ff.; *Azurmendi Adarraga*, El derecho a la propia imagen, S. 175 ff.

[87] STC 139/1995 vom 26. 9. 1995 und STC 183/1995 vom 11. 12. 1995. In einer früheren Entscheidung war der Tribunal Constitucional noch der Ansicht, dass das Recht auf Ehre grundsätzlich nur natürlichen Personen zustehen könne, und es aus verfassungsrechtlicher Sicht angemessen sei, bei juristischen Personen von Dignität, Prestige oder moralischer Autorität (*dignidad, prestigio y autoridad moral*) zu sprechen, STC 107/88 vom 8. 6. 1988.

E. Das Persönlichkeitsrecht im Rechtsverkehr

I. Vertragliche Vereinbarungen

39   Auch in Spanien werden in zunehmendem Maße Verträge abgeschlossen, die die Nutzung etwa des Bildes oder anderer Persönlichkeitsrechte zu kommerziellen Zwecken regeln.[88] Dabei handelt es sich um eine **Einwilligung**.

Strittig ist, wie diese Einwilligung zu verstehen ist. Zunächst einmal muss die Einwilligung im Zusammenhang mit Art. 1 Abs. 3 gesehen werden, wonach Persönlichkeitsrechte nicht übertragbar sind. Nach einer Ansicht ist damit aber nur die unbeschränkte Übertragbarkeit verboten. Die Einwilligung stelle daher eine **beschränkte Übertragung** dar, durch die der Inhaber des Persönlichkeitsrechts einem anderen Teilbefugnisse überlassen kann, z. B. die Befugnis ein bestimmtes Foto zu publizieren und zu reproduzieren. Das gilt vor allem für Persönlichkeitsgüter, die eine Vergegenständlichung erfahren haben, wie z. B. wenn eine Person abgebildet wird oder Worte aufgezeichnet werden.[89] In diesem Sinne ist wohl auch der TC zu verstehen, der von der „freiwilligen Übertragung des Bildes oder bestimmter Bilder" spricht.[90] Nach anderer Ansicht beinhaltet die Einwilligung lediglich den **Verzicht auf die Ausübung** einiger der umfassten Befugnisse.[91]

40   Die Einwilligung muss **ausdrücklich** erteilt werden. Doch auch eine stillschweigende Einwilligung reicht, zum Beispiel durch ein bestimmtes Verhalten.[92] Wenn eine Person für ein Foto Modell steht, folgt daraus, dass sie ihre Einwilligung für die Aufnahme der Fotos gegeben hat – jedoch nicht notwendigerweise auch für die Veröffentlichung derselben.[93]

41   Um den Interessen der Parteien gerecht zu werden, hat der Gesetzgeber normiert, dass die Einwilligung **jederzeit widerruflich** ist, der Widerrufende aber den Schaden ersetzen muss, der auch die „gerechtfertigten Erwartungen" umfasst (Art. 2 Abs. 3). Die hier einschlägige Entscheidung betrifft den Fall „Ana García Obregón".[94] Eine Schauspielerin hatte einem Fotografen hinsichtlich einiger von ihr selbst ausgesuchter Fotos das Recht eingeräumt, diese „in der ganzen Welt zu journalistischen Zwecken zu veröffentlichen". Der Fotograf trat seine Rechte an den Verlag des „Playboy" ab. 20 Tage vor Veröffentlichung des Heftes mit den Bildern wandte sich die Schauspielerin gegen jede Veröffentlichung. Der TC befand, dass ein Widerruf zwar gemäß Art. 2 Abs. 3 jederzeit möglich sei, seine Wirkungen – wie im vorliegenden Fall – allerdings später eintreten können. In Teilen der Literatur wird der Widerruf als nicht interessengerecht angesehen, wenn die kommerzielle Nutzung im Vordergrund steht. Sofern die Verträge über die kommerzielle

---

[88] Die Asociación Española de Agencias de Modelos de España (gegründet 1986) benutzt den Vertrag 003. In der Praxis allerdings werden immer noch wenige Verträge schriftlich abgeschlossen. Dazu ausführlich *López-Mingo Tolmo*, El derecho a la propia imagen de los modelos – actores y actrices – publicitarios, S. 59 ff., S. 185.

[89] *O' Callaghan*, Libertad de expresión y sus límites, S. 136 f.; *Clavería Gosalbez*, ADC 1983, 1243, 1256.

[90] STC 117/1994 vom 25. 4. 1994 – *Ana García Obregón*: „cesión voluntaria de la imagen o de ciertas imagens". In diesem Sinne wohl auch der TS in STS 344/2003 vom 1. 4. 2003: "La propia Ley Orgánica 1/82 contempla e incluye en su ámbito, la protección del derecho patrimonial de la imagen, al (…) reconocer la posibilidad de disposición parcial del derecho a la imagen, mediante el consentimento expreso de su titular (…)."

[91] *Cremades*, Das Grundrecht der Meinungsfreiheit, S. 168; bereits *Gitrama*, Imagen (derecho a la propie), Nueva Encyclopedia jurídica 1962, Tomo XI, 301, 338 ff.

[92] STS 7859/2002 vom 25. 11. 2002; *O'Callaghan*, Libertad de expresión y sus límites, S. 137.

[93] STS 7689/1988 vom 3. 11. 1988 (FJ 2); so auch: STS 769/2006 vom 22. 2. 2006.

[94] STC 117/1994 vom 25. 4. 1994 – *Ana García Obregón*.

Nutzung eines Persönlichkeitsrechtes geschlossen wurden, sei hier das right of publicity betroffen. Daher fänden auf diese Verträge nur die allgemeinen Regelungen des Código Civil Anwendung und nicht die des Organgesetzes 1/1982, das nur das right of privacy regele.[95]

Die Diskussion zeigt, dass in Spanien noch keine endgültigen und befriedigenden Lösungen hinsichtlich der kommerziellen Nutzung der Persönlichkeitsrechte gefunden worden sind. Da allerdings die spanische Literatur und Rechtsprechung stark von der US-amerikanischen beeinflusst ist, ist eine Entwicklung zu einem right of publicity durchaus denkbar.

Minderjährige können die Einwilligung selbst erteilen, sofern sie die notwendige   42
Einsichtsfähigkeit besitzen (Art. 3). Doch ist in diesem Zusammenhang das Organgesetz 1/1996 über den juristischen Schutz des Minderjährigen zu beachten, wonach ein Eingriff trotz Einwilligung besteht, wenn der Gebrauch von Bild oder Name gegen die Interessen des Minderjährigen verstößt oder seine Ehre verletzt. Damit sollen Minderjährige vor der Manipulation ihrer eigenen Eltern oder von Gruppen, in denen sie sich aufhalten, geschützt werden.[96]

II. Persönlichkeitsrechte als Vermögensrechte

In Spanien ist in Rechtsprechung[97] und Literatur[98] weitestgehend anerkannt, dass Per-   43
sönlichkeitsrechte über einen **vermögensrechtlichen Inhalt** verfügen. Das erklärt sich nicht zuletzt, wie bereits erwähnt, durch den Einfluss der US-amerikanischen Rechtstradition.

Nach **Ansicht des TC** wird das Recht auf kommerzielle Nutzung der Persönlichkeits-   44
rechte insbesondere durch das Organgesetz 1/1982 garantiert.[99] Allerdings dürfe dieses Recht nicht mit dem Grundrecht am eigenen Bild, garantiert in Art. 18 Abs. 1 der spanischen Verfassung, verwechselt werden. Die vermögensrechtlichen Bestandteile des Rechts am eigenen Bild seien nicht Teil des Grundrechts und ihre Verletzung könne nicht verfassungsrechtlich überprüft werden. Das Grundrecht diene nur dem Schutz der ideellen Werte, die mit der menschlichen Würde verbunden sind.[100]

Wenn der TC einerseits einen vermögensrechtlichen Inhalt der Persönlichkeitsrechte anerkennt, andererseits diesen Inhalt aber nicht als Teil der von der Verfassung geschützten Persönlichkeitsrechte ansieht, deutet das darauf hin, dass das Gericht zwischen zwei

---

[95] *Martín Muñoz,* RDM Nr. 242 (2001) 1711, 1762 ff. mit weiteren von der Literatur vorgeschlagenen Lösungsmöglichkeiten; ähnlich auch *Franquet Surañes,* El contrato de personality merchandising, S. 277.

[96] *Lacruz Berdejo,* Elementos de derecho civil, S. 95.

[97] STC 81/2001 vom 26. 3. 2001 – *Emilio Aragón,* zuvor schon in STC 117/1994 vom 25. 4. 1994 (FJ 3) – *Ana García Obregón* und STC 231/1988 vom 2. 12. 1988 – *Paquirri.* Siehe auch STS 344/2003 vom 1. 4. 2003: "La propia Ley Orgánica 1/82 contempla e incluye en su ámbito, la protección del derecho patrimonial de la imagen (…)."

[98] *Azurmendi Adarraga,* El derecho a la propia imagen, S. 194; *Fernandez-Novóa,* GRUR Int. 1983, 494, 495; *Igartua Arregui,* in: Mercado de las ideas, S. 323; *Amat Llari,* El derecho al la propia imagen, S. 50; *Martín Muñoz,* RDM Nr. 242 (2001), 1711, 1751 ff.

[99] STC 81/2001 vom 26. 3. 2001 – *Emilio Aragón,* zuvor schon in STC 117/1994 vom 25. 4. 1994 (FJ 3) – *Ana García Obregón* und STC 231/1988 vom 2. 12. 1988 – *Paquirri.*

[100] STC 81/2001 vom 26. 3. 2001 – *Emilio Aragón.* Bereits in dem abweichenden Votum der Paquirri-Entscheidung hatten die Richter deutlich gemacht, dass es sich bei der Kommerzialisierung der Videos, auf denen u.a. die Szene des sterbenden Stierkämpfers in der Krankenstation festgehalten wurde, um ein privates Recht mit vermögensrechtlichem Inhalt handele, über das der Tribunal nicht entscheiden könne, weil es keine verfassungsrechtliche Dimension habe, STC 231/1988 vom 2. 12. 1988 – *Paquirri.*

Rechten unterscheidet; dass es demzufolge zwischen einem verfassungsrechtlichen „right of privacy" und einem zivilrechtlichen „right of publicity" trennt.[101]

45   Auch in der **Literatur** ist umstritten, ob es sich um jeweils ein Persönlichkeitsrecht mit vermögensrechtlichen Inhalten handelt[102] oder um zwei getrennte Rechte nach amerikanischem Vorbild.[103] Die Vertreter eines right of publicity befürworten konsequenterweise auch eine Übertragbarkeit des right of publicity inter vivos und mortis causa.[104]

46   Das **Organgesetz 1/1982** erkennt den vermögensrechtlichen Charakter einiger Persönlichkeitsrechte an, indem es in Art. 7 Abs. 6 bestimmt, dass „der Gebrauch des Namens, der Stimme oder des Bildes einer Person für Werbe-, Geschäftszwecke oder ähnliches" einen rechtswidrigen Eingriff darstellt. Ob die Vorschrift im Sinne eines „right of publicity" verstanden werden kann, ist umstritten.[105] Da die Einwilligung jederzeit widerruflich ist und die Rechte gemäß Art. 1 Abs. 3 unverzichtbar und unübertragbar sind, spricht dies dafür, dass der Gesetzgeber die vermögensrechtlichen Aspekte als integralen Bestandteil der Persönlichkeitsrechte gesehen und nicht zwei getrennte Rechte geregelt hat.

F. Rechtsfolgen der Verletzung des Persönlichkeitsrechts und verfahrensrechtliche Fragen

I. Überblick über das Sanktionssystem

47   Die Verletzung der Persönlichkeitsrechte in Spanien ist zum einen zivil- und zum anderen strafrechtlich sanktioniert. Einen **Presserat** gibt es in Spanien nicht. Lange Zeit war der Schutz durch das Strafrecht in Spanien vorherrschend. Noch 1989 wurden 73 Prozent der Ehrschutzfälle vor den Strafgerichten verhandelt. 1995 hatte sich dieses Verhältnis umgekehrt. Nunmehr fanden 70 Prozent der Fälle vor den Zivilgerichten statt,[106] da es sich als die effektivere Schutzmöglichkeit darstellte und der Verletzte Schadensersatz erlangen konnte.

48   Das **Strafrecht** ist durch das Organgesetz 10/1995 vom 23. November 1995 umfassend reformiert worden.[107] Dabei ist in Titel X (Artikel 197 bis 204 NCP) der Schutz der Privatsphäre, des Rechts am eigenen Bild und der Unverletzlichkeit der Wohnung strafrechtlich verankert worden. Die Beleidigung ist neu in Artt. 205 ff. NCP geregelt worden. Nur Beleidigungen, die in der öffentlichen Auffassung als schwerwiegend (*„graves"*) betrachtet werden, erfüllen den Straftatbestand. Die Beleidigung mittels falscher Tatsachen ist nur bei Kenntnis oder Unrichtigkeit oder rücksichtslosen Missachtung der Wahrheit strafbar. Damit ist letztlich die Rechtsprechung des TC zum Verhältnis von Ehre und Meinungs- und Informationsfreiheit in Gesetz gegossen worden.

---

[101] Ausdrücklich aber offengelassen in der Entscheidung STC 81/2001 vom 26. 3. 2001. Für ein „right of publicity" O'Callaghan in seinem abweichenden Votum in der Entscheidung des TS, STS 535/1998 vom 30. 1. 1998.

[102] *Azurmendi Adarraga*, El derecho a la propia imagen, S. 194.

[103] *Fernandez-Novóa*, GRUR Int. 1983, 494, 495; *Igartua Arregui* in: Mercado de las ideas, S. 323; *Amat Llari*, El derecho al la propia imagen, S. 50; *Martín Muñoz*, RDM Nr. 242 (2001), 1711, 1751 ff.

[104] So z. B. *Martín Muñoz*, RDM Nr. 242 (2001), 1711, 1772 ff.; ähnlich: *Franquet Surañes*, El contrato de personality merchandising, S. 337 ff.

[105] Dafür: *Fernandez-Novóa*, GRUR Int. 1983, 494, 495; a.A.: *Azurmendi Adarraga*, El derecho a la propia imagen, S. 194; Für eine Trennung von Persönlichkeits- und Vermögensrecht *Igartua Arregui*, in: Mercado de las ideas, S. 323, nach dessen Ansicht sich diese Unterscheidung im Gesetz allerdings nicht finden lässt.

[106] *Salvador Coderch*, Derecho Privado y Constitución, núm 10, 1996, 329, 343.

[107] BOE 281 vom 24. 11. 1995; Fehlerberichtigungen in BOE 54 vom 2. 3. 1996.

Der **Anspruch auf Gegendarstellung**, den Art. 9 Abs. 2 als zweiten Punkt aufzählt, **49**
ist im Organgesetz 2/1984 vom 26. 3. 1984 geregelt.[108] Dieses Gesetz ersetzt im Wesentlichen das Pressegesetz von 1966.[109] Der Anspruch hat die gleiche Funktion wie in
Deutschland: Er dient zum einen dem Schutz der Persönlichkeit und zum anderen der
öffentlichen Meinungsbildung.[110] Das Recht auf Gegendarstellung steht jeder natürlichen oder juristischen Person zu, die eine sie betreffende Information als unrichtig betrachtet und deren Verbreitung ihr einen Schaden oder Nachteil („perjuicio") zufügen
könnte (Art. 1 Organgesetz 2/1984). Eine Persönlichkeitsverletzung wird nicht vorausgesetzt. Auch hier gilt, wie in Deutschland, das Prinzip „Tatsachen gegen Tatsachen"
(Art. 2 Organgesetz 2/1984).

In der Praxis werden die Maßnahmen des Organgesetzes 1/1982 – Veröffentlichung des
Urteils, zumeist verbunden mit der Geltendmachung von Schadensersatz – überwiegend
der Gegendarstellung vorgezogen.[111]

II. Zivilrechtliche Rechtsfolgen

Die zivilrechtlichen Sanktionen bei Verletzung der Persönlichkeitsrechte umfassen ge- **50**
mäß Art. 9 Abs. 2 „alle Maßnahmen, die notwendig sind, um dem rechtswidrigen Eingriff ein Ende zu machen und den Verletzten in den vollen Genuss seiner Rechte wieder-
einzusetzen, sowie um weiteren Eingriffen vorzubeugen oder diese zu verhindern. Darunter fallen **einstweilige Maßnahmen**, die den rechtswidrigen Eingriff unmittelbar
beenden, sowie die Anerkennung der **Gegendarstellung**, die **Veröffentlichung des
Urteils** und die Verurteilung zum **Ersatz des verursachten Schadens**." Die Aufzählung
ist nicht abschließend; alle Maßnahmen, die den rechtswidrigen Eingriff beenden, können ergriffen werden.[112] In der Praxis wird in der überwiegenden Zahl der Fälle auf
Schadensersatz und Urteilsveröffentlichung geklagt.

1. Der Unterlassungsanspruch

Der Unterlassungsanspruch spielt eine untergeordnete Rolle. Voraussetzung dafür ist **51**
ein rechtswidriger Eingriff. Er kann durch Meinungen erfolgen oder durch Tatsachen.
Wahre Tatsachen stellen einen rechtswidrigen Eingriff dar, wenn sie das Recht auf die
Privatsphäre verletzen. Falsche Tatsachen hingegen stellen nach der Rechtsprechung nur
dann einen rechtswidrigen Eingriff in die Persönlichkeitsrechte dar, wenn die Tatsachen
nicht mit der erforderlichen pressemäßigen Sorgfalt („razonable diligencia")[113] ermittelt
wurden. Anders ausgedrückt: Ein rechtswidriger Eingriff liegt nur dann vor, wenn der
Verletzer fahrlässig gehandelt hat. Tatsachen, die objektiv unwahr sind – und somit nach
der deutschen Rechtsprechung ganz unabhängig von der angewandten Sorgfalt einen
Unterlassungsanspruch begründen – stellen in Spanien noch keinen Eingriff dar und begründen mithin auch keinen Unterlassungsanspruch, wenn sie mit der erforderlichen
Sorgfalt recherchiert wurden. Die negativen Konsequenzen für den Betroffenen liegen

---

[108] Ein kurzer Überblick über das Gegendarstellungsrecht in deutscher Sprache findet sich bei *Cremades,* Grundrecht der Meinungsfreiheit, S. 93 ff.; vgl. auch *Gimeno Sendra* in: Cortes Dominguez,
Derecho Procesal, proceso civil, S. 450 ff.; *Almagro Nosete*, Derecho Procesal, Tomo I, S. 501 ff.

[109] Ley de Prensa e Imprenta vom 18. 3. 1966. Darin wurde zwischen dem „derecho de réplica",
das den Privatpersonen zustand, und dem „derecho de rectificación", das für Funktionsträger galt,
unterschieden. Vgl. zu der Rechtslage vor 1984 *Desantes* in: Löffler/Golsong/Frank, Das Gegen-
stellungsrecht in Europa (1974), S. 87.

[110] STC 168/86 vom 22. 12. 1986.

[111] *Casas Vallés*, Revista Jurídica de Catalunya, 1989, 285, 321. Problematisch bei der Gegendarstellung ist auch, dass der Betroffene innerhalb von sieben Tagen an den Direktor des Kommunikations-
mediums eine Gegendarstellung leiten muss.

[112] *Casas Vallés*, Revista Jurídica de Catalunya, 1989, 285, 315.

[113] STC 200/1998 vom 14. 10. 1998.

auf der Hand: Er hat keine Möglichkeit, sich gegen eine objektiv falsche Information zu wehren, die mit der erforderlichen Sorgfalt verbreitet wurde.[114]

2. Der Schadensersatzanspruch

52   Der Schadensersatzanspruch setzt – wie alle anderen Ansprüche – einen **rechtswidrigen Eingriff** voraus. Das Gesetz regelt jedoch nicht die Frage der Schuld. Die Rechtsprechung fordert, wie bereits oben erwähnt, wegen der verfassungsrechtlichen Stellung der Meinungs- und Informationsfreiheit *immer* ein zumindest fahrlässiges Verhalten des Verletzers. Damit fallen praktisch Rechtswidrigkeit und Schuld zusammen. Ein Eingriff ist nur dann rechtswidrig, wenn der Verletzer nicht mit der pressemäßigen Sorgfalt gehandelt hat.[115]

Liegt ein rechtswidriger Eingriff vor, so wird ein **Schaden vermutet** (Art. 9 Abs. 3). Dabei ist der immaterielle Schaden gemeint; sollten materielle Schäden entstanden sein, müssten diese vor Gericht bewiesen werden.[116]

53   Die **Ermittlung des immateriellen Schadens** erfolgt nach den „Umständen des Einzelfalles" und der „Schwere der effektiv hervorgerufenen Verletzung", wobei die Verbreitung oder das Publikum des Mediums berücksichtigt wird. Als drittes Kriterium nennt das Gesetz den Nutzen *(„beneficio")*, den der Verursacher als Folge des Eingriffs erhalten hat (Art. 9 Abs. 3).[117]

54   Einen **Strafschaden** haben die Gerichte bisher abgelehnt.[118] Zwar misst der TS bei der Festsetzung der Höhe des Schadensersatzes dem Gewinn des Verletzers eine „signifikante Relevanz" zu, „ohne dass dies eine Befürwortung der These ist, die dem beispielhaften Schadensersatz zuneigt, welcher abschreckend wirken soll".[119] Der Schadensersatz habe keinen Sanktionscharakter, so das Gericht, sondern lediglich wiederherstellende Funktion.

55   Die **Höhe des Schadensersatzes** ist in Spanien kontinental moderat.[120] Bei der unerlaubten Nutzung eines Bildes zu Werbezwecken wird den Mandanten zum Teil von einem Verfahren abgeraten, da der Schadensersatz kaum die Anwalts- und Gerichtskosten ersetzen würde.[121] Die Gerichte setzen zumeist eine Gesamtsumme fest, ohne ausdrücklich zwischen dem materiellen und dem immateriellen Schaden zu unterscheiden. Dies ist in Spanien auch nicht nötig, da Art. 1902 CC nur von *„daño"* und auch Art. 9 Abs. 3 des Organgesetzes 1/1982 nur von einem Nachteil spricht, der entschädigt werden muss. Die Höhe des Schadensersatzes wird zwar von den Instanzgerichten festgesetzt, kann aber vom TS geändert werden, wenn die Bemessungskriterien des Art. 9 Abs. 3 „nicht richtig oder rein willkürlich, unverhältnismäßig oder irrational" angewandt wurden.[122] In den

---

[114] Sehr kritisch insbesondere *Salvador Coderch*, El derecho de la libertad (1993), S. 74 f.; *Pantaleón*, La Ley 1996, D-162, 1689 ff.; *ders.,* Derecho Privado y Constitución, núm. 10, 1996, 209 ff., wonach die in der Verfassung erforderliche Voraussetzung der „wahren Information" durch „sorgfältig recherchierte Information" ersetzt wurde.

[115] So auch die Entscheidung STS 1608/2000 vom 29. 2. 2000; siehe aber STS 1366/2006 vom 7. 3. 2006, wo der Tribunal von „una responsabilidad objetiva" spricht: sowohl die Schuld als auch der Schaden würden vermutet.

[116] STS 3130/1999 vom 8. 5. 1999; siehe auch *Salvador Coderch,* Mercado de las ideas, S. 384 ff.

[117] Indem der Verletzergewinn im Gesetz als Kriterium für die Höhe des Schadensersatzes genannt wird, wird einmal mehr deutlich, dass den Persönlichkeitsrechten auch ein Vermögenswert zuerkannt wird.

[118] STS 3130/1999 vom 8. 5. 1999.

[119] STS 6226/1995 vom 7. 12. 1995 (FJ 3).

[120] Siehe beispielsweise die Zusammenstellung von *Salvador Coderch* u. a. in: Derecho Privado y Constitución, núm. 10, 1996, S. 329 ff. Die Schadensersatzsummen liegen dort zwischen 500 und 60 000 Euro.

[121] So der Anwalt López-Mingo Tolmo in einem Gespräch mit der Verf. Eine Lösung sieht er in der Gewinnabschöpfung. Dem ist die Rechtsprechung bisher allerdings nicht gefolgt.

[122] STS 787/2000 vom 20. 7. 2000.

meisten Fällen, in denen der TS die Höhe verändert, vermindert er den Schadensersatz. So zum Beispiel im Fall um Isabel Presyler, wo der Tribunal den Schadensersatz für einen Eingriff ins Privatleben durch Veröffentlichungen von 10 Millionen Peseten auf 25 000 reduzierte. Dieses Urteil hob der TC mit der Begründung auf, durch diesen niedrigen Schadensersatz würde kein effektiver Rechtsschutz gemäß Art. 24 CE gewährt.[123]

Als weitere Maßnahme nennt das Organgesetz 1/1982 ausdrücklich die *„difusión de la* **56** *sentencia"*, mithin die **Urteilsveröffentlichung**. Sie dient neben dem Schadensersatz der Wiedergutmachung.[124] Sie wirkt sich wegen ihrer Entschädigungsfunktion auf die Höhe des Schadensersatzes aus, wobei die Gerichte in einigen Fällen die Veröffentlichung als hinreichende Entschädigung angesehen haben.[125] Anerkannt ist, dass entweder das gesamte Urteil oder nur die Entscheidungsgründe mit dem Tenor oder der Tenor allein im „Verletzermedium" veröffentlicht werden können.[126]

III. Verfahrensrechtliche Fragen

Gemäß Art. 9 Abs. 2 des Organgesetzes 1/1982 sind in Spanien vom Gericht alle erfor- **57** derlichen vorläufigen Maßnahmen zu erlassen, um den rechtswidrigen Eingriff zu unterbinden. Damit ist grundsätzlich der Weg zum **vorläufigen Rechtsschutz** eröffnet. Darüber hinaus kann der Verletzte **Klage im Hauptverfahren** erheben.

1. Einstweiliger Rechtsschutz

Das Organgesetz 1/1982 regelt die konkrete Ausgestaltung des einstweiligen Rechts- **58** schutzes nicht, so dass auf die allgemeinen Regeln der Art. 721 ff. LEC zurückzugreifen ist. Danach setzt der Erlass einer einstweiligen Maßnahme voraus, dass ein Verfügungsanspruch **glaubhaft** gemacht wird und **Dringlichkeit** besteht. Schließlich ist auch eine **Sicherheitsleistung** zu erbringen (Art. 728 Abs. 3 LEC). Das Gericht kann sodann alle Maßnahmen erlassen, die den rechtswidrigen Eingriff unmittelbar beenden.

In der Praxis hat das einstweilige Verfahren bisher keine entscheidende Rolle gespielt. Das hat mehrere Gründe: Der Unterlassungsanspruch ist nur gegeben, wenn der Verletzer unter Missachtung der Wahrheit gehandelt hat, was ihm kaum nachzuweisen ist. Und Schadensersatz kann nur im Hauptsacheverfahren erlangt werden. Darüber hinaus könnte auch die zu zahlende Sicherheitsleistung den Kläger abschrecken.[127]

Ähnlich wie in den USA und ganz anders als in Frankreich ist demzufolge in Spanien bei Persönlichkeitsrechtsverletzungen das Hauptsacheverfahren entscheidend.

2. Hauptsacheverfahren

Dem Betroffenen steht für den Schutz der Persönlichkeitsrechte das **ordentliche Ver-** **59** **fahren** *(juicio ordinario)* offen, wobei die Besonderheit besteht, dass in den Prozessen zum Schutz der Persönlichkeitsrechte immer auch der **Staatsanwalt** *(Ministerio Fiscal)* „Partei in dem Verfahren ist", und das **Verfahren vorrangig behandelt** werden soll *(„tramitación tendra carácter preferente")*, Art. 249 Abs. 1 Nr. 2 LEC. Aufgabe des Staatsanwaltes ist es, die

---

[123] STC 186/2001 vom 17. 9. 2001 (FJ 9). So auch STC 300/2006 vom 23. 10. 2006: Hier hatte der TS den Schadensersatz von 20 Millionen Peseten (120.202 €) auf 200 Euro reduziert.

[124] *O' Callaghan*, Libertad de expresión y sus límites, S. 200 spricht von „reparación moral", von moralischer Reparation; *Casas Vallés*, Revista Jurídica de Catalunya, 1989, 285, 321 nennt die Urteilsveröffentlichung eine „reparación específica", mithin spezifische Reparation. Kritisch zu der Einordnung *Knothe/Penadés*, GRUR Int. 1998, 667, 669, nach deren Ansicht es sich um eine Form der Folgenbeseitigung handelt.

[125] STS 7694/1987 vom 1. 12. 1987.

[126] *O'Callaghan*, Libertad de expresión y sus límites, S. 200. In der Rechtsprechung wird zumeist die Veröffentlichung des Tenors angeordnet: so z. B. STS 3640/1989 vom 19. 6. 1989 (Rubrum und Tenor), STS 128/1991 vom 16. 1. 1991 (Tenor).

[127] Ausführlich zum einstweiligen Verfahren: *Trebes,* Zivilrechtlicher Schutz der Persönlichkeit, S. 210 ff.

Rechte der Bürger und das öffentliche Interesse in den Prozessen zu wahren.[128] Das Prinzip der Priorität besagt, dass die Verfahren vorrangig durchgeführt werden sollen.

Der Ablauf des juicio ordinario entspricht einem ordentlichen Verfahren: Einleitung des Verfahrens durch schriftliche Klage, schriftliche Klageerwiderung, mündliches Vorverfahren mit Einigungsversuch (audiencia previa), Haupttermin mit Beweisaufnahme, Urteil.[129]

Nach Erschöpfung des Rechtsweges steht den Betroffenen die **Verfassungsbeschwerde** vor dem TC offen – allerdings nur insoweit die ideellen Aspekte des Persönlichkeitrechts betroffen sind, nicht jedoch wenn die Kommerzialisierung des Persönlichkeitsrechts in Frage steht.

---

[128] Genaueres legt die Ley 50/1981 de 30 de Diciembre por la que se regula el Estatuto Orgánico del Ministerio Fiscal fest; BOE de 13. 1. 1982, núm. 11. Siehe auch *Herrero-Tejedor*, Honor, intimidad y propia imagen, S. 341ff.

[129] Das *juicio ordinario* ist mit der Reform der Zivilprozessordnung 2001 eingeführt worden. Hintergrund für den Erlass einer neuen Zivilprozessordnung war die Tatsache, dass der Rechtsschutz in Spanien absolut ineffektiv war, gleichzeitig die Verfassung einen „öffentlichen Prozess ohne angemessene Verzögerungen" in Art. 24 CE fordert. Da diese Vorgaben nicht eingehalten wurden, kam es zu unzähligen Verfassungsbeschwerden. Heute gibt es nur noch zwei Verfahrensarten: Das *juicio ordinario* und das *juicio verbal*.

24. Kapitel. USA

§ 69. Vereinigte Staaten von Amerika (USA)

Inhaltsübersicht

Schrifttum: *Albano*, Nothing to "Cheer" about: A Call for Reform of the Right of Publicity in Audiovisual Characters, Note, 90 Georgetown Law Journal 253 (2001); *Ausness*, The Right of Publicity: A „Haystack" in a "Hurricane", 55 Temple Law Quarterly 977 (1982); *Bala*, The Right of Publicity vs. the First Amendment: Reconciling the Conflict Between a Proprietary Interest of the Plaintiff and the Constitutional Guarantee of Free Speech, 27 Villanova L. Rev. 1205 (1981–82); *Barnett*, The Right of Publicity versus Free Speech in Advertising: Some Counterpoints to Professor McCarthy, 18 Hastings Communication and Entertainment Law Journal 593 (1996); *Bartholomew*, Protecting the Performers: Setting a New Standard for Character Copyrightability, 41 Santa Clara Law Review 341 (2001); *v. Bassewitz*, Prominenz® und Celebrity™ – Die Vermarktung bekannter Persönlichkeiten in Deutschland, England und den USA, 2008; *Berkmann*, The Right of Publicity: Protection for Public Figures and Celebrities, 42 Brooklyn L. Rev. 527 (1976); *Bloom*, Preventing the Misappropriation of Identity: Beyond the "Right of Publicity", 13 Hasting Comm./Ent. L.J. 489 (1991); *Böhmer*, Spannungen im deutsch-amerikanischen Rechtsverkehr in Zivilsachen, NJW 1990, 3049; *Dawson*, The Final Frontier: Right of Publicity in Fictional Characters, University of Illinois Law Review 635 (2001); *Felcher/Rubin*, Privacy, Publicity and the Portrayal of Real People by the Media, 88 Yale L.J. 1577 (1979); *Fernández-Nóvoa*, Der Schutz von Name, Stimme und eigenem Bild gegen Verwendung in der Werbung (Right of Publicity) im spanischen Recht, GRUR Int. 1983, 494; *Fikes*, The Right of Publicity: A Descendible and Inheritable Property Right, 14 Cumberland L. Rev. 347 (1984); *Ford*, The Price of Fame: The Celebrity Image as a Commodity and the Right of Publicity, 3 Vanderbilt Journal of Entertainment Law and Practice 26 (2001); *Goldstein*, Copyright, Patent, Trademark And Related State Doctrines, 3. Aufl. 1990; *Gorden*, Right of Property in: Name, Likeness, Personality and History, 55 Nw. U. L. Rev. 553 (1960); *Götting*, Persönlichkeitsrechte als Vermögensrechte, 1995; *Gross*, The Right of Publicity Revisited: Reconciling, Fortune, and Constitutional Rights, 62 Boston, U. L. Rev. 965 (1982); *Halpern*, The Right of Publicity: Commercial Exploitation of the Associative Value of Personality, 39 Vand. L. Rev. 1199 (1986); *ders.*, The Right of Publicity: Maturation of an Independent Right Protecting the Associative Value of Personality, 46 Hastings Law Journal 853 (1995); *Hartmann*, Parody (of Celebrities, in Advertising), Parity (between Advertising and Other Types of Commercial Speech), and (the Property Right of) Publicity, 17 Hastings Communication and Entertainment Law Journal 633 (1995); *Heberer*, Comment, The Overprotection of Celebrity: a Comment on White v. Samsung Electronics America, Inc., 22 Hofstra Law Review 729 (1994); *Hill*, Defamation and Privacy Under the First Amendment, 76 Colum L. Rev. 1205 (1976); *E. v. Hippel*, Persönlichkeitsschutz und Pressefreiheit im amerikanischen und deutschen Recht, RabelsZ 33 (1969), 277; *R. B. Hoffmann*, The Right of Publicity: An Update for Counseling Athletes and Other Celebrities, 2 Merchandising Rep. 5 (1983); *ders.*, The Right of Publicity – Heirs' Right, Advertisers' Windfall or Courts' Nightmare?, 31 de Paul L. Rev. 1 (1981); *S. J. Hoffmann*, Limitations on the Right of Publicity, 28 Bull. Cr. Soc. 111 (1981); *Hofstadter/Horowitz*, The Right of Privacy, 1964; *Kalven*, Privacy in Tort Law – Were Warren and Brandeis Wrong?, L. & Contemp. Prob. 326 (1966); *Kamlah*, Right of Privacy – Das allgemeine Persönlichkeitsrecht in amerikanischer Sicht unter Berücksichtigung neuer technologischer Entwicklungen, 1969; *Kwall*, Is Independence Day Dawning for the Right of Publicity?, 17 U. C. Davis L. Rev. 191 (1983); *Langvardt*, The Troubling Implications of a Right of Publicity "Wheel" Spun Out of Control, 45 Kansas Law Review 329 (1997); *Lucas*, California's Right of Publicity: A Ninth Circuit Favorite, 3 Journal of Legal Advocacy and Practice 82 (2001); *McCarthy*, The Rights of Publicity and Privacy, März 2008; *ders.*, Trademarks and Unfair Competition 2. Bd., 2. Aufl. 1984; *Meyer*, Privatrechtliche Persönlichkeitsrechte im kommerziellen Rechtsverkehr, Diss. Basel, 2008; *Meiklejohn*, The First Amendment is an Absolute, Sup. Ct. Rev. 245 (1961); *Moses*, Performer's Right of Publicity: A Limitation on News Privilege, Cleveland State L. Rev. 587 (1977); *Michnal*, Tiger's Paper Tiger: The Endangered Right of Publicity, Washington and Lee Law Review 1155 (2001); *Moore*, Putting the Brakes on the Right of Publicity, 9 UCLA Entertainment Law Review 45 (2001); *Nimmer*, The Right of Publicity, 19 L. & Contemp. Prob. 203 (1954); *ders./Nimmer D.*, On Copyright, 4 Bd. (Loseblatt), 1978 ff.; *Pagenberg*, Die amerikanische Schadensersatzpraxis in gewerblichen Rechtsschutz und Urheberrecht – Mehrfacher Schadensersatz für Patentverletzungen als Modell für Europa?, GRUR Int. 1980, 286; *Phillips*, A Haystack in a Hurricane? Divergent Case Law on the Right of Publicity and the Copyright Act of 1976, 63 JPOS 296 (1981); *Pinckaers*, From Privacy Toward a New Intellectual Property Right in Persona, 1996; *Pilpel*, The Right of Publicity, 27 Bull. Cr. Soc. 249 (1980); *Post*, Yellow Press and Privacy: Die Rechtsprechung des US Supreme Court, GRUR Int. 2006, 283; *Prosser*, Privacy, 48 Cal. L. Rev. 383 ff. (1960); *Prosser/Keeton*, Torts, 5. Aufl. 1984; *Reber*, Die Schutzdauer des postmortalen Persönlichkeitsrechts in Deutschland und den USA (von Marlene Dietrich über Klaus Kinski zu Marilyn Monroe) – ein Irrweg des Bundesgerichtshofs, GRUR Int. 2007, 492; *Ropski*, The Right of Publicity

- The Trend Towards Protecting a Celebrity's Celebrity, 72 TMR 251 (1982); *Ropski/Cooperman*, Schadensersatz in Rechtsstreitigkeiten über geistiges Eigentum in den Vereinigten Staaten, GRUR Int. 1990, 411; *Saret/Stern*, Publicity and Privacy: Distinct Interest on the Misappropriation Continuum, 12 Loyala U. (Chi.) L. J. 675 (1981); *Schwenk*, Das allgemeine Persönlichkeitsrecht in amerikanischer Sicht, in: Rechtsvergleichung und Rechtsvereinheitlichung, 1967; *Siehr*, Zur Anerkennung und Vollstreckung ausländischer Verurteilungen zu „punitive damages", RIW 1991, 705; *Sims*, Right of Publicity: Survivability Reconsidered, 49 Fordham L. Rev. 453 (1981); *Smolla and Nimmer*, Freedom of Speech – Treaties on the Theory of the First Amendment, 1984; *Stadler*, Persönlichkeitsrecht contra Medienfreiheit – Zivilrechtliche Aspekte der Kontroverse in den USA, JZ 1989, 1084; *Stiefelmann*, Community Property Interests in the Right of Publicity; Fame and/or Fortune, 25 U.C.L.A. L. Rev. 1095 (1978); *Stock*, Meinungs- und Pressefreiheit in den USA – Das Grundrecht, seine Schranken und seine Anforderungen an die Gesetzesgestaltung, 1986; *Strömholm*, Right of Privacy and Rights of the Personality – A Comparative Survey, 1967; *Tampe*, Der Schutz gegen die kommerzielle Ausnutzung von Identitätsmerkmalen im US-amerikanischen Recht, 2006; *Thompson*, The Current State of Actors' Rights in Characters They Portray, 12 Journal of Contemporary Legal Issues 611 (2001); *Thümmel*, Neues zu den Punitive Damages in den USA, RIW 1988, 613; *Treece*, Commercial Exploitation of Names, Likenesses and Personal Histories, 51 Texas L. Rev. 637 (1973); *Waller*, The Right of Publicity: Preventing the Exploitation of a Celebrity's Identity or Promoting the Exploitation of the First Amendment?, 9 UCLA Entertainment Law Review 59 (2001); *Warren/Brandeis*, The Right of Privacy, 4 Harv. L. Rev. 193 (1890); *Wohl*, The Right of Publicity and Vocal Larceny, Sounding Off On Sound-Alikes, 57 Fordham L. Rev. 445 (1988); *Yankwich*, The Right of Privacy, 27 Notre Dame Law 499 (1952); *Zimmermann*, Requiem for a Heavyweight: A Farewell to Warren and Brandeis's Privacy Tort, 68 Cornel L. Rev. 291 (1983); *Zweigert/Kötz*, Einführung in die Rechtsvergleichung, Bd. II, 1984.

A. Einleitung

Das **Konzept des Right of Privacy** hat in vielen Ländern und ganz besonders auch   1
in Deutschland einen prägenden Einfluss auf die Entwicklung des Persönlichkeitsschutzes ausgeübt. Dies hat in der deutschen Rechtsprechung zum allgemeinen Persönlichkeitsrecht seinen deutlichen Niederschlag gefunden. Nicht nur im allgemeinen Rechtsbewusstsein, sondern auch in der Rechtsdogmatik wird in direkter Anknüpfung an das amerikanische Recht häufig der Schutz der Privatsphäre als die hinter den Persönlichkeitsrechten stehende Maxime angesehen. Dabei wird als selbstverständlich angenommen, dass Persönlichkeitsrechte auf den Schutz ideeller Interessen, die Ehre, das Ansehen, etc. ausgerichtet sind. Gleichzeitig wird aus der unauflöslichen Verknüpfung dieser Rechtsgüter mit der Person, also ihrer Höchstpersönlichkeit, das Prinzip abgeleitet, dass sie unverzichtbar, unveräußerlich und demzufolge auch unübertragbar seien. Als Reaktion auf die zunehmende Kommerzialisierung hat man in einigen Bundesstaaten der USA mit traditionellen persönlichkeitsrechtlichen Grundsätzen in radikaler Weise gebrochen. Auf der Grundlage des für seine Flexibilität häufig gerühmten Common Law hat die Rechtsprechung in Gestalt des Right of Publicity ein „kommerzielles Persönlichkeitsrecht" geschaffen, das als Immaterialgüterrecht uneingeschränkt übertragbar ist und selbständig neben dem auf den Schutz ideeller Interessen ausgerichteten Right of Privacy steht.[1]

Im Folgenden soll die Entstehungsgeschichte sowie Inhalt und Grenzen des Right of   2
Publicity skizziert werden.[2] Um den Hintergrund der Entwicklung auszuleuchten und die Tragweite der Veränderungen deutlich zu machen, erscheint es jedoch erforderlich, zunächst eine kurze Darstellung des Right of Privacy voranzustellen.[3] Abschließend sol-

---

[1] Der Beitrag ist eine aktualisierte und überarbeitete Fassung des Aufsatzes des Verfassers, Vom Right of Privacy zum Right of Publicity, in GRUR Int. 1995, 656 ff., der den U.S.-amerikanischen Teil der Monographie Persönlichkeitsrechte als Vermögensrechte, 1995, S. 168 ff., zusammenfasst.

[2] Siehe unten Rn. 16 ff.

[3] Siehe unten Rn. 3 ff.

len in groben Zügen die Rechtsfolgen der Verletzung des Right of Privacy oder Right of Publicity dargestellt werden.[4]

B. Das Right of Privacy

I. Die Entstehungsgeschichte

1. Der Aufsatz von Warren und Brandeis

3   Dem Common Law, auf dem das Recht der nordamerikanischen Bundesstaaten beruht, ist traditionell ein Right of Privacy unbekannt.[5] Im englischen Recht hat sich hieran bis heute im Prinzip wenig geändert, auch wenn der Human Rights Act zunehmend Einfluss auf die Rechtsprechung zu gewinnen scheint und über dem Umweg des Rechtsinstituts „breach of confidence" ein begrenzter persönlichkeitsrechtlicher Schutz erreicht wird.[6] Lange Zeit hielt das amerikanische Recht an den Überlieferungen des englischen Rechts fest und gewährte nur in einem eng begrenzten Umfang einen Persönlichkeitsschutz. Dieser beschränkte sich im Wesentlichen auf den Bereich des Ehrenschutzes durch die unter dem Oberbegriff „defamation" zusammengefassten torts libel und slander, die nur gegen schriftliche und mündliche Äußerungen diffamierenden Inhalts schützen.

4   Der erste Anstoß, den Persönlichkeitsschutz auf eine breitere Grundlage zu stellen, ging von den Bostoner Anwälten *Samuel D. Warren* und *Louis D. Brandeis* aus, mit deren Namen sich die Entwicklung des Persönlichkeitsschutzes in den USA bis heute untrennbar verknüpft. Der 1890 in der Harvard Law Review[7] erschienene Aufsatz „Right to Privacy" wird noch heute als einer der einflussreichsten Beiträge bezeichnet, der jemals in einer amerikanischen Rechtszeitschrift veröffentlicht wurde.[8] Die für damalige Verhältnisse revolutionäre These von *Warren* und *Brandeis*, die den entscheidenden Anstoß für die weitere Entwicklung des Persönlichkeitsschutzes gab, lautete, dass das Common Law das übergeordnete Rechtsprinzip eines „Right of Privacy" anerkennt, dessen wesentlicher Gehalt in dem „right to be let alone" besteht.[9] Die Bemühungen, einen rechtlichen Schutz gegen Eingriffe in die Privatsphäre zu gewährleisten, war eine Reaktion auf die damals um sich greifenden Praktiken der Sensationspresse, mit immer neuen Enthüllungen aus dem Privatleben mehr oder weniger bekannter Persönlichkeiten des öffentlichen Lebens aufzuwarten.[10] *Warren* und *Brandeis* gelangten zu ihrer Auffassung, dass das Common Law ein Right of Privacy anerkennt, aufgrund einer eingehenden Analyse einer Reihe englischer und amerikanischer Urteile, in denen die Gerichte den Klägern mit Hilfe traditioneller Rechtsinstitute Schutz gegen Eingriffe in ihre Privatsphäre gewährten. Als Quintessenz stellten sie fest, dass allen Entscheidungen gemeinsam das Prinzip des Rechts jedes Einzelnen auf den Schutz seiner Privatsphäre zugrunde lag.

---

[4] Siehe unten Rn. 41 ff.

[5] Siehe dazu und zum Folgenden *Prosser/Keeton*, Torts, S. 785 ff.; *v. Hippel*, RabelsZ 33 (1969), 277 ff.; *v. Bassewitz*, Prominenz, S. 52 ff.; *Meyer*, Privatrechtliche Persönlichkeitsrechte, § 10.

[6] Siehe zum englischen Recht unten § 64.

[7] 4 Harv. L. Rev. 193 ff. (1890). Siehe dazu und zum Folgenden *Prosser*, 48 Cal. L. Rev. 383 ff. (1960); *Prosser/Keeton*, Torts, S. 849 ff.; *Hofstadter/Horowitz*, The Right of Privacy, S. 17 ff.; *Kamlah*, Right of Privacy, S. 58 ff.; *Strömholm*, Right of Privacy and Rights of the Personality, S. 45 f.; *McCarthy*, The Rights of Publicity and Privacy, § 1:10 ff.; *Schwenk*, in: Rechtsvergleichung und Rechtsvereinheitlichung, S. 236 f.; *Tampe*, Der Schutz gegen die kommerzielle Ausnutzung von Identitätsmerkmalen im US-amerikanischen Recht, S. 25 ff.

[8] IdS *Prosser*, a.a.O., 383; *Prosser/Keeton*, a.a.O., S. 849, *McCarthy*, a.a.O., § 1:14; *Zweigert/Kötz*, Einführung in die Rechtsvergleichung, Bd. II, 1984, S. 457.

[9] *Warren/Brandeis* 4 Harv. L. Rev. 193, 196 (1890).

[10] Siehe *Warren/Brandeis* 4 Harv. L. Rev. 193 ff. (1890).

2. Die Reaktion der Rechtsprechung

Anfänglich wurden die Thesen von *Warren* und *Brandeis* nur sehr zögerlich aufgegriffen. **5** Zumeist standen die Gerichte ihnen ablehnend gegenüber. Begründet wurde dies mit der Befürchtung, dass bei Anerkennung eines solchen Rechts eine unabsehbare Fülle von Rechtsstreitigkeiten drohe und die Freiheit der Presse in unannehmbarer Weise beschnitten würde.[11] Seine Anerkennung als allgemeines Rechtsprinzip fand das Right of Privacy erst im Jahre 1905, als sich der **Supreme Court of Georgia** in dem Fall „Pavesich v. New England Life Insurance Co." mit folgendem Fall zu befassen hatte: Die Beklagte, eine Versicherungsgesellschaft, verwendete den Namen und das Bild des Klägers ohne seine Genehmigung für eine Werbeaktion. Der Supreme Court of Georgia gab der Klage statt und erkannte unter Berufung auf die Thesen von *Warren* und *Brandeis* die Existenz eines unabhängigen und umfassenden Right of Privacy an. Die Entscheidung wurde zum leading case, und obwohl der Streit um das Right of Privacy noch geraume Zeit anhielt und die Rechtsprechung schwankte, wuchs die Zahl der Stimmen der Befürworter immer mehr. Seinen endgültigen Durchbruch erlebte das Right of Privacy, als es 1939 als selbständiger tort in den Restatement of Torts Eingang fand.[12] Heute erkennen bis auf einen alle amerikanischen Bundesstaaten, wenn auch in unterschiedlichem Umfang, ein Right of Privacy an, entweder aufgrund des Common Law, aufgrund einer speziellen gesetzlichen Regelung oder aufgrund von beidem.[13]

II. Inhalt und Grenzen

1. Die Fallgruppenbildung durch Prosser

In der Erkenntnis, dass sich das Right of Privacy wegen seiner Unbestimmtheit nicht **6** eindeutig definieren lässt, sondern dass sich eine Vorstellung von seinem konkreten Gehalt nur auf empirischem Wege durch eine Strukturierung und Systematisierung der entschiedenen Rechtsfälle gewinnen lässt, hat Prosser, eine der bedeutendsten Autoritäten auf dem Gebiet des Tort Law, im Jahre 1960 in einem berühmt gewordenen Aufsatz die Rechtsprechung einer eingehenden Analyse unterzogen.[14] Nach seiner inzwischen klassisch gewordenen Einteilung, der in Rechtsprechung und Literatur heute allgemein gefolgt wird, sind beim Right of Privacy die nachfolgend kurz dargestellten vier Fallgruppen zu unterscheiden:[15]

a) Kennzeichnend für die erste Gruppe der sog. **„intrusion cases"** („intrusion upon **7** the plaintiff's seclusion or solitude, or into his private affairs") ist das Eindringen in die Privatsphäre einer Person, z. B. durch Abhören von Telefongesprächen oder unbefugte Tonbandaufnahmen.

b) Die zweite Kategorie Prossers, die sog. **„public disclosure cases"** („public disclo- **8** sure of embarrassing private facts about the plaintiff"), betrifft den Schutz vor der unerwünschten Veröffentlichung peinlicher Tatsachen aus dem Privatleben und zielt vor allem auf die Presse. Die Fallgruppe schützt den Ruf und stellt eine Erweiterung der traditionellen torts libel und slander dar. Anders als bei diesen ist aber nicht die Unrichtigkeit der

---

[11] So etwa die berühmt gewordene Entscheidung des New Yorker Court of Appeals *Roberson v. Rochester Folding Box Co.*, 64 N. E. 442, 443 (1902).

[12] Restatement of Torts, § 867 (1939).

[13] Siehe zur Rechtslage in den einzelnen Bundesstaaten die eingehende Darstellung bei *McCarthy*, The Rights of Publicity and Privacy, § 6:1–133.

[14] *Prosser*, 48 Cal. L. Rev. 383 ff. (1960).

[15] Siehe dazu und zum Folgenden *Prosser*, a.a.O., S. 339 ff.; *Prosser/Keeton*, Torts, S. 851 ff.; *McCarthy*, The Rights of Publicity and Privacy, § 1.19–24; *Strömholm*, Right of Privacy and Rights of the Personality, S. 46 f.; *Kamlah*, Right of Privacy, S. 71 f.; *Zweigert/Kötz*, Einführung in die Rechtsvergleichung, Bd. II, S. 458 f.; *Schwenk*, in: Rechtsvergleichung und Rechtsvereinheitlichung, S. 237; siehe auch *Post* GRUR Int. 2006, 283, 288 f.

behaupteten Tatsachen das haftungsbegründende Merkmal, sondern ihre herabsetzende Wirkung.

9   c) Die dritte Gruppe, die sog. **„false light cases";** umfasst Fälle, in denen die Person durch unrichtige Tatsachenbehauptungen in ein falsches Licht gestellt wird, ohne dass dies notwendigerweise ehrenrührigen Charakter haben muss („publicity which places the plaintiff in false light in the public eye"). Der Zweck dieser Fallgruppe besteht in erster Linie darin, den auf den Ehrenschutz im engeren Sinne beschränkten Anwendungsbereich der wegen seiner undurchsichtigen und komplexen Regeln oftmals unlogischen und willkürlichen defamation torts[16] zu erweitern. Gleichwohl besteht erhebliche Unklarheit darüber, wie die Kategorie der „false light cases" von den defamation torts abzugrenzen ist.[17]

10   d) Die vierte und letzte Fallgruppe, die sog. **„appropriation cases";** welche die unerlaubte Ausnutzung fremder Persönlichkeitsmerkmale, wie insbesondere des Bildnisses oder des Namens, für eigennützige Zwecke betrifft („appropriation for the defendant's benefit and advantages of the plaintiff's name or likeness"), ist gemessen an der Zahl der Entscheidungen die praktisch wichtigste. Auch die „Pavesich"-Entscheidung,[18] in der das Right of Privacy erstmals von einem Gericht anerkannt wurde, fällt in diese Kategorie. Ihre Bedeutung lässt sich auch daran ablesen, dass viele Bundesstaaten vornehmlich oder gar ausschließlich diesen Aspekt des Right of Privacy spezialgesetzlich geregelt haben. Als Vorbild diente dabei vielfach die als Reaktion auf die ablehnende Haltung der Rechtsprechung im Jahre 1903 erlassene Regelung des Staates New York.[19] Diese Fallgruppe steht in engster Verwandtschaft zu dem später ausführlich zu behandelnden Right of Publicity und ist gleichsam als die Keimzelle dieses heute als unabhängig und selbständig anerkannten Rechts anzusehen. *Prosser* selbst betonte, dass der „appropriation"-Tatbestand des Right of Privacy einen erheblichen kommerziellen Einschlag aufweise und verglich das „eigentumsähnliche", exklusive Bestimmungsrecht der Person über die wirtschaftliche Verwertung ihrer Persönlichkeitsmerkmale mit dem Recht an einem Handelsnamen oder Warenzeichen.[20] Er erwähnt in diesem Zusammenhang auch den Begriff „Right of Publicity", den er aber als Synonym für den appropriation-Tatbestand und nicht zur Bezeichnung eines eigenständigen Rechts nach heutigem Verständnis verwandte.[21]

11   Abgesehen von wenigen Ausnahmen wurde im Allgemeinen davon ausgegangen, dass sich auch die Kategorie der „appropriation" entsprechend der allgemeinen Zielsetzung des Right of Privacy ausschließlich gegen die aus der Aneignung fremder Persönlichkeitsmerkmale fließenden „seelischen Beeinträchtigungen" richtet. Dies hatte bedeutsame

---

[16] Vgl. *Prosser/Keeton*, a.a.O., S. 771; *Zweigert/Kötz*, a.a.O., S. 454, die im Hinblick auf die mannigfachen und subtilen, kaum mehr nachvollziehbaren Differenzierungen von „Irrationalität" bzw. „Absurdität" sprechen.

[17] Siehe zu der Streitfrage eingehend *McCarthy*, The Rights of Publicity and Privacy, § 1:22. Üblicherweise wird der wesentliche Unterschied gegenüber den Deliktstatbeständen *libel* und *slander* darin gesehen, dass bei der „false light"-Fallgruppe keine ehrenrührige Behauptung vorzuliegen braucht. Es genügt vielmehr, dass die Behauptung von einer vernünftigen Person als „in hohem Maße anstößig" empfunden wird. Hiergegen wird in der Literatur der Einwand erhoben, dass sich dieses Kriterium praktisch mit dem für die *defamation torts* kennzeichnenden Merkmale der „Ehrenrührigkeit" deckt; es wird daher die Ansicht vertreten, dass dem „false light"-Aspekt des Right of Privacy jedenfalls bei einer großzügigen, zweckorientierten Auslegung der Deliktstatbestände *libel* und *slander* keine selbständige Bedeutung zukommt. I.d.S. *Kalven* L. & Contemp. Prob. 326, 340 (1966). In einigen amerikanischen Bundesstaaten wurde deshalb dem „false light"-Tatbestand die Anerkennung versagt, siehe dazu die Nachweise bei *McCarthy*, a.a.O., § 1:22. Auch im englischen Recht geht man davon aus, dass die „false light cases" unter die *defamation torts* fallen. Siehe Report of the Younger Committee on Privacy CNND. 5012 (1972) No. 633, S. 23.

[18] 50 S. E. 68 (Sup. Ct. Ga. 1905).

[19] Siehe dazu die ausführliche Zusammenstellung und Kommentierung der gesetzlichen Regelungen in den einzelnen Bundesstaaten bei *McCarthy*, The Rights of Publicity and Privacy, § 6.

[20] 48 Cal. L. Rev. 383, 406 (1966); *Prosser/Keeton*, Torts, S. 854.

[21] Siehe ebenda.

Konsequenzen für den praktisch wichtigsten Fall, nämlich der unbefugten Verwertung des Namens oder Bildnisses Prominenter für Werbezwecke,[22] denen eine Entschädigung regelmäßig mit der Begründung versagt wurde, dass demjenigen, der sich freiwillig in die Öffentlichkeit begebe und die Publizität geradezu suche, kein Right of Privacy zustehe, weil er hierauf konkludent verzichtet habe.

2. Die Begrenzung des Right of Privacy durch das „Right of Free Speech"

Unter den verschiedensten Interessen, gegen die das Right of Privacy abzuwägen ist und **12** die es inhaltlich begrenzen, ragt ein Interesse wegen seiner grundlegenden gesellschaftspolitischen Bedeutung besonders heraus, nämlich das im **First Amendment** der amerikanischen Verfassung statuierte Recht der Meinungs- und Pressefreiheit.[23] Zu einer Kollision zwischen dem Privatsphäreninteresse des Einzelnen und dem Informationsbedürfnis der Öffentlichkeit kommt es naturgemäß vor allem in Fällen, die unter die zweite Gruppe der Prosserschen Einteilung fallen, also der Veröffentlichung peinlicher Tatsachen aus dem Privatleben. Im Allgemeinen neigen die Gerichte dazu, den Persönlichkeitsschutz den Interessen der Allgemeinheit an freier Berichterstattung unterzuordnen.[24]

Dies gilt zumindest dann, wenn es sich um Informationen über Personen handelt, die **13** im öffentlichen Leben stehen, sog. **„public figures",** worunter solche Personen verstanden werden, die aufgrund ihrer gesellschaftlichen Stellung oder ihrer Bekanntheit die Aufmerksamkeit der Öffentlichkeit auf sich ziehen. Gerechtfertigt wird diese Haltung mit der Erwägung, dass diejenigen, die sich freiwillig den Blicken der Öffentlichkeit aussetzen, in weitem Umfang auf den Schutz ihrer Privatsphäre verzichten und es sich deshalb gefallen lassen müssen, dass über Vorgänge aus ihrem Privatleben berichtet wird. Soweit es sich um Personen handelt, die gegen ihren Willen in das Licht der Öffentlichkeit geraten sind, wie etwa Überlebende von Naturkatastrophen, Flugzeugunglücken u. Ä., wird ihr Recht auf den Schutz der Privatsphäre weitgehend von dem Informationsrecht der Öffentlichkeit („right to know") verdrängt, das nach amerikanischer Auffassung weit auszulegen ist und sich nicht auf das Ereignis als solches beschränkt, sondern auch auf Details aus dem Privatleben der Beteiligten erstreckt.[25] Ob und in welchem Umfang Informationen aus dem Privatleben enthüllt werden dürfen, richtet sich letztlich danach, ob ihre Verbreitung von einem legitimen Interesse der Öffentlichkeit gedeckt ist (… „matters of legitimate concern to the public"…). Entgegen dem Eindruck, den diese Begriffe vermitteln, handelt es sich hierbei allerdings nicht um Bewertungskriterien, die dem faktisch grenzenlosen Informationsbedürfnis der Öffentlichkeit eine normative Grenze setzen. In der Literatur wird vielmehr resignierend festgestellt, dass sich die Rechtsprechung in aller Regel den tatsächlichen Gegebenheiten beugt und das als berichtenswert anerkennt, worüber die Presse berichtet.[26]

Ein weiterer Bereich, in dem das verfassungsmäßig garantierte Recht der Presse- und **14** Informationsfreiheit zu einer wesentlichen Einschränkung des Persönlichkeitsschutzes

---

[22] Siehe dazu eingehend unten Rn. 16 ff.

[23] Siehe dazu allgemein *Stock*, Meinungs- und Pressefreiheit in den USA – Das Grundrecht, seine Schranken und seine Anforderungen an die Gesetzesgestaltung, 1986.

[24] Siehe dazu und zum Folgenden *Prosser/Keeton*, Torts, S. 860; *McCarthy*, The Rights of Publicity and Privacy, § 8:43; *E. von Hippel* RabelsZ 33 (1966), 277, 278 f.; *Schwenk*, in: Rechtsvergleichung und Rechtsvereinheitlichung, S. 242 f.; vgl. auch *Stadler* JZ 1989, 1084, 1085 ff.

[25] *McCarthy*, a.a.O., § 8:43.

[26] Siehe *Zimmerman* 68 Cornel L. Rev. 291, 353 (1983), die im Hinblick auf die Entscheidung über das Vorliegen eines legitimen Informationsbedürfnisses der Öffentlichkeit von einem „leave it to the press approach" der Rechtsprechung spricht. In welchem Maße der Pressefreiheit der Vorrang gegenüber dem Intimitätsinteresse des Einzelnen eingeräumt wird, zeigt sich darin, dass der U.S. Supreme Court die gesetzliche Regelung eines Bundesstaates, welches das Medienverbot, in identifizierender Weise über weibliche Opfer von Sittlichkeitsverbrechen zu berichten, für verfassungswidrig erklärte; zustimmend *McCarthy*, The Rights of Publicity and Privacy, § 8:43; siehe *Cox Broadcasting Corp. v. Cohn*, 420 U.S. 469 (1975).

geführt hat, sind die sog. „false light cases".[27] Es gelten hier dieselben Grundsätze wie bei den defamation torts. Danach haften die Medien für falsche oder verzerrende Berichterstattung über eine Persönlichkeit des öffentlichen Lebens nur dann, wenn sie ein grobes Verschulden (malice) trifft, das heißt, wenn die Veröffentlichung der falschen Tatsachenbehauptung in Kenntnis ihrer Unrichtigkeit oder aufgrund einer „rücksichtslosen Missachtung der Wahrheit" erfolgte („with knowledge of falsity or in reckless disregard of the truth").[28] Sofern es sich um Privatpersonen handelt, genügt bereits einfache Fahrlässigkeit, um eine Haftung zu begründen.[29] Eine Einschränkung aufgrund der im First Amendment der Verfassung garantierten Meinungs- und Pressefreiheit ergibt sich auch im Hinblick auf die Fallgruppe der „appropriation", welche die Verwertung des Bildnisses oder Namens für kommerzielle Zwecke betrifft. In Umsetzung des genannten Grundrechts wird die Verwendung des Bildnisses oder Namens einer Person im Rahmen der Berichterstattung durch die Medien für zulässig gehalten, auch wenn sich dies absatzfördernd auswirkt und somit ein wirtschaftlicher Nutzen gezogen wird.[30]

III. Rechtsnatur – Unübertragbarkeit – Unvererblichkeit

15   Ebenso wie die Persönlichkeitsrechte in Deutschland wird auch das amerikanische Right of Privacy als ein höchstpersönliches Recht angesehen und daraus die Folgerung der Unübertragbarkeit gezogen.[31] Zur Begründung wird darauf verwiesen, dass das Right of Privacy den Schutz gegen psychische Beeinträchtigung bezwecke und daher so untrennbar mit dem Individuum verknüpft ist, dass kein anderer als der Betroffene selbst dieses Recht wahrnehmen kann.

C. Das Right of Publicity

I. Die Entstehungsgeschichte

1. Charakterisierung des Right of Privacy

16   Das Right of Publicity ist kurz gesagt das exklusive Recht, die Ausnutzung des kommerziellen Wertes seiner Persönlichkeitsmerkmale zu kontrollieren. Es beinhaltet die negative Befugnis, anderen die unautorisierte Verwertung von Identitätsmerkmalen zu untersagen, und die positive Befugnis, anderen ihre Verwertung zu gestatten, um den mit ihnen verknüpften Vermögenswert zu realisieren.[32] Das Right of Publicity ist ein property right, das übertragbar und nach herrschender Ansicht auch vererblich ist.[33] Den historischen Nährboden des Right of Publicity bildet das Right of Privacy, denn es ist

---

[27] Siehe dazu zum Folgenden *Prosser/Keeton*, Torts, S. 865 f.; *McCarthy*, a.a.O., § 8:44; *E. von Hippel*, RabelsZ 33 (1969), 277, 279 ff.; *Schwenk*, in: Rechtsvergleichung und Rechtsvereinheitlichung 1967, S. 243 f.

[28] Siehe *Post* GRUR Int. 2006, 283, 291.

[29] Grundlegend *Time, Inc. v. Hill*, 385 U.S. 374, wo vom U.S. Supreme Court ausgesprochen wurde, dass die in der Entscheidung *New York Times v. Sullivan* (37 U.S. 2054) für den *defamation tort* niedergelegten Grundsätze in gleicher Weise auf die „false light"-Fallgruppe des Right of Privacy Anwendung finden.

[30] *Prosser* 48 Cal. L. Rev. 383, 405 (1960); *Prosser/Keeton*, Torts, S. 853, m. umf. Rechtsprechungsnachw.

[31] Siehe *McCarthy*, The Rights of Publicity and Privacy, § 10:2; vgl. auch Restatement of Torts, § 652 I, comment a (1977, 2nd).

[32] Siehe dazu und zum Folgenden *McCarthy*, a.a.O., § 1:25 ff.; *Tampe*, Der Schutz gegen die kommerzielle Ausnutzung von Identitätsmerkmalen im US-amerikanischen Recht, S. 27 ff.; *v. Bassewitz*, Prominenz, S. 58 ff.; *Meyer*, Privatrechtliche Persönlichkeitsrechte, §§ 11 ff.

[33] Siehe dazu unten Rn. 34 ff.

ein Ableger der Fallgruppe „invasion of privacy by appropriation".[34] Trotz dieser historischen Verwurzelung ist das Right of Publicity keine organische, evolutionäre Weiterentwicklung des Right of Privacy, sondern bricht in radikaler Weise die für dieses Recht
geltenden dogmatischen Prinzipien. Es stellt gleichsam das antithetische Gegenstück des
Right of Privacy dar, weil es anders als dieses nicht auf den Schutz ideeller, sondern ökonomischer Interessen ausgerichtet ist.

2. Gründe für die Entstehung des Right of Privacy

a) Schutzzweck des Right of Privacy. Der Grund für diese dualistische Aufspal-   **17**
tung des Persönlichkeitsschutzes ist darin zu sehen, dass sich das Right of Privacy als ungeeignet erwies, einen effektiven Schutz gegen die unbefugte Verwertung der Identität
bekannter Persönlichkeiten für Werbezwecke zu gewährleisten und auch andere rechtliche Instrumente versagten. Dies mag überraschend erscheinen, weil es ja gerade diese
Fallkonstellation war, die das Fundament für die Anerkennung des Right of Privacy
durch die Rechtsprechung legte.[35] Dass sich das Right of Privacy gerade in dem Bereich,
in dem seine Keimzelle lag, zunehmend als unzulänglich erwies, findet seinen Grund in
der Zielrichtung seines Schutzes, mit dem sich die in der Praxis auf dem Spiele stehenden
Interessen nicht erfassen ließen. Der Zweck des Right of Privacy, wie er auch von seinen
Vertretern Warren und Brandeis nachdrücklich postuliert wurde, ist es, den Einzelnen
vor unerwünschter Publizität (**right to be let alone**) zu schützen und ihm im Falle einer
Rechtsverletzung für die erlittenen immateriellen Schäden einen Ersatz zu gewähren.[36]
Das Right of Privacy bot eine geeignete Handhabe gegen die unbefugte kommerzielle
Verwertung von Persönlichkeitsmerkmalen, solange davon ausgegangen wurde, dass es
für jeden Menschen entwürdigend ist, gegen seinen Willen ins grelle Licht der Öffentlichkeit gezerrt zu werden und als „Werbeobjekt" in den Dienst der wirtschaftlichen Interessen eines anderen gestellt zu werden.[37] Diese ethisch-moralische Prämisse, auf die
sich der Schutz gegen eine unerwünschte Verwendung von Persönlichkeitsmerkmalen in
der Werbung stützte, geriet im Zuge des Ausbaus von Film, Rundfunk und später des
Fernsehens in immer schrofferen Gegensatz zu den wirtschaftlichen und gesellschaftlichen Realitäten und dem damit einhergehenden Wertewandel. Diese Kluft blieb auch
den Gerichten nicht verborgen. Sie hielten es immer weniger für überzeugend, wenn Berühmtheiten (celebrities) wie Filmstars aus Hollywood, die sich bewusst vor den Augen
eines Millionenpublikums präsentierten und die von der Popularität geradezu lebten, behaupteten, sie seien ein Opfer der Öffentlichkeit und sie erlitten seelische Pein, wenn ihr
Name oder Bildnis in einer Werbeanzeige erscheine. Wie es *McCarthy* etwas salopp, aber
treffend formuliert hat, geht es den betroffenen Berühmtheiten nicht um den Schutz
ihrer Seele, sondern um den Schutz ihrer Brieftasche.[38]

Vor dem Hintergrund dieser Interessenlage etablierte sich in der Rechtsprechung der   **18**
feststehende Grundsatz, dass Prominenten bei einer unerlaubten werbemäßigen Verwertung ihrer Bekanntheit keine Ansprüche wegen Verletzung ihres Right of Privacy zustehen,
weil sie sich zielbewusst der Öffentlichkeit aussetzen und Publizität geradezu anstreben.[39]

---

[34] Siehe dazu oben Rn. 10 f.
[35] Siehe dazu oben Rn. 3 ff.
[36] Siehe dazu oben a.a.O.
[37] Vgl. *Pavesich v. New England Life ins. Co.*, 50 S.E. 68, 79 f.: "The knowledge that one's features
and form are being used for such a purpose, and displayed in such places as such advertisements are
often liable to be found, brings not only the person of an extremely sensitive nature, but even the
individual of ordinary sensibility, to realization that his liberty has been taken away from him; . . .
he is for the time being under the control of another, that he is no longer free, he is in reality a slave,
. . . held to service a merciless master; . . .".
[38] *McCarthy*, The Rights of Publicity and Privacy, § 1:25.
[39] Siehe *Yankwich* 27 Notre Dame Law 499 ff. (1952); *Nimmer* 19 L. & Contemp. Prob. 203, 204 ff.
(1954); *Treece* 51 Texas L. Rev. 637, 641 (1973); *Ausness* 55 Temple Law Quarterly 977, 981 f. (1982);
jeweils m. umf. Rechtsprechungsnachw.

Begründet wurde dies mit der sogenannten „waiver"-Theorie, wonach derjenige, der sich um Publizität bemüht, konkludent auf sein Right of Privacy verzichtet.[40]

19   **b) Fehlender Schutz materieller Interessen.** Damit waren Prominente in aller Regel der werbemäßigen Verwertung ihrer Persönlichkeitsmerkmale wehrlos ausgeliefert, denn sie befanden sich in einer Zwickmühle: Stützen sie ihre Klage auf die Verletzung ideeller Interessen, so wurde ihnen entgegengehalten, in Wahrheit seien nur ihre materiellen Interessen beeinträchtigt. Machten sie eine Verletzung ihrer materiellen Interessen geltend, so wurde ihnen entgegnet, das Right of Privacy sei darauf nicht zugeschnitten, sondern schütze nur ideelle Interessen. Ein besonders anschauliches Beispiel dafür, zu welch fragwürdigen Ergebnissen die Haltung der Rechtsprechung führen konnte, liefert die Entscheidung **„O'Brien v. Pabst Sales Co."** aus dem Jahre 1941.[41] Der Kläger, ein berühmter professioneller Football-Spieler, wehrte sich mit seiner Klage dagegen, dass die Beklagte, eine Brauerei, sein Bildnis ohne seine Erlaubnis für den „Pabst Blue Ribbon-Bierwerbekalender" verwendete. Er fühlte sich hierdurch vor allem deswegen besonders nachhaltig beeinträchtigt, weil er aktives Mitglied einer Organisation war, die sich zum Ziel gesetzt hatte, Jugendliche durch Aufklärungskampagnen vom Alkoholgenuss abzubringen. Wegen dieses Engagements hatte er schon mehrfach Angebote anderer Brauereien zum Abschluss von Werbeverträgen abgelehnt. Das Gericht ließ sich hierdurch nicht beeindrucken, sondern stützte seine Entscheidung auf die in der Rechtsprechung allgemein anerkannten Grundsätze. Es unterschied nicht zwischen der Publizität, der sich der Kläger als Sportler freiwillig ausgesetzt hatte, und der Publizität, der er durch die Werbung unfreiwillig ausgesetzt wurde, sondern stellte beides auf eine Stufe. Dementsprechend führte es aus, der Kläger wäre durch die Verbreitung seines Bildnisses in keiner Weise geschädigt, denn die damit verbundene Publizität sei genau das, was er durch sein Auftreten in der Öffentlichkeit ständig anstreben und auch bekommen würde.[42] Die Tatsache, dass der Kläger mit Bier in Verbindung gebracht werde, rechtfertige auch nicht die Annahme eines „anstößigen Gebrauchs" (offensive use), der auch bei Prominenten ausnahmsweise die Verletzung des Right of Privacy zu begründen vermochte, denn, so das Gericht, Bier brauen sei ein „legitimes und in höchstem Maße achtenswertes Geschäft".[43] Die Frage, ob dem Kläger nicht wenigstens vermögensrechtliche Ansprüche wegen der Ausnutzung des beträchtlichen Werbewerts seines Bildnisses zustehen, hielt die Mehrheit der Richter für unbeachtlich. Nach ihrer Auffassung habe der Kläger auf diese jedenfalls konkludent verzichtet, indem er unzweideutig zum Ausdruck gebracht habe, er lehne es ab, für Bier zu werben, da dies mit seiner grundsätzlichen Einstellung gegenüber dem Alkoholgenuss unvereinbar sei.[44] Das zunehmende Unbehagen an diesem als ungerecht empfundenen Schutzdefizit bereitete den Boden für die Entstehung des Right of Publicity.

---

[40] IdS. etwa *Paramount Pictures Inc. v. Leader Press, Inc.*, 24 F. Supp. 1004 (W.D. Okla. 1938); *Gautiert v. Pro-Football, Inc.*, 124 F. 2d 167 (5th Cir. 1941). Eine Berufung auf das Right of Privacy kommt nur in besonders gelagerten Ausnahmefällen in Betracht, wenn die Art und Weise der Benutzung der Identitätsmerkmale in der Werbung herabwürdigenden Charakter hatte (sog. „offensive use"), da dies von dem unterstellten Verzicht nicht erfasst war. I.d.S. etwa *Gill v. Hearst Publishing Co.*, 40 Cal. 2nd 224, 253 (1953).

[41] 124 F. 2d 167 (5th Cir. 1941).

[42] A.a.O., S. 170: „... the publicity he got was only that which he had been constantly seeking and receiving".

[43] A.a.O.: „... because making beer is a legitimate and eminently respectable business ..." „any association of O'Brien's picture with a glass of beer could not possible disgrace or reflect upon him or cause him damage".

[44] A.a.O.: „... the whole burden of his pleading and brief is the repeated assertion that he would not and did not endorse beer, and the complaint is that he was damaged by the invasion of his privacy in so using his picture to create the impression that he was endorsing beer".

c) Höchstpersönlichkeit des Right of Privacy. Ein weiterer und der letztlich ent-　**20**
scheidende Auslöser für seine weitere Entwicklung war aber die Höchstpersönlichkeit
und der damit zwingend verbundene Grundsatz der Unübertragbarkeit des Right of Privacy, der ebenso wie im deutschen Recht als elementares Wesensmerkmal der Persönlichkeitsrechte gilt, weil sie sich hierdurch essentiell von einem verkehrsfähigen Eigentums-
bzw. Immaterialgüterrecht unterscheiden. Ebenso wie nach deutschem Recht wurde vor
Anerkennung des Right of Publicity eine Vereinbarung über die Nutzung von Persönlichkeitsmerkmalen lediglich als ein Verzicht auf die Geltendmachung von Ansprüchen
aus der Rechtsverletzung gedeutet, der nur eine obligatorische Wirkung inter partes entfaltete. Diese **„Unveräußerlichkeit"** des Right of Privacy geriet in einen immer schärferen Kontrast zu den wirtschaftlichen Gegebenheiten, je mehr sich Persönlichkeitsgüter
zu Handelsgütern entwickelten. Sie widersprach insbesondere auch den praktischen Bedürfnissen von „Lizenznehmern", aus eigenem Recht gegen Wettbewerber vorzugehen,
die sich ohne Genehmigung des Namens oder des Bildnisses bedienten.

d) Die Anerkennung des Right of Publicity durch die „Healen"-Entscheidung.　**21**
Den ersten Anstoß, diese Diskrepanz zwischen den rechtlichen Gegebenheiten und wirtschaftlichen Bedürfnissen zu überwinden, gab *Judge Jerome Frank*, der sich in den Annalen
der amerikanischen Rechtsgeschichte verewigte, als er im Jahre 1953 in der bahnbrechenden Entscheidung „Healen Laboratories, Inc. v. Topps Chewing Gum, Inc."[45] erstmals ein
Recht des Einzelnen an dem „Publizitätswert" seiner Persönlichkeitsmerkmale anerkannte, das er als **„Right of Publicity"** bezeichnete und als ein property right charakterisierte.[46] Der Fall betraf den Streit zweier Kaugummihersteller um die Rechte an Bildnissen mehrerer prominenter Basketball-Spieler, die sie als Sammelstücke ihren Produkten zugaben, um vor allem Jugendliche zu Wiederholungskäufen anzureizen. Der Kläger
hatte mit den Spielern Verträge geschlossen, worin ihm die ausschließlichen Nutzungsrechte eingeräumt wurden. Der Beklagte verwendete die Bildnisse und Namen einiger
Spieler, ohne hierfür eine Erlaubnis zu besitzen. Der Kläger sah hierin einen Eingriff in
das ihm zustehende Exklusivrecht und verlangte Unterlassung und Schadensersatz. Der
Beklagte verteidigte sich mit dem Einwand, dass dem Kläger kein Recht zustehe, da das
Right of Privacy ein höchstpersönliches und daher unübertragbares Recht sei. Dementsprechend bleibe die dem Kläger erteilte Nutzungsbewilligung in ihrer Rechtswirkung
zwangsläufig auf sein Verhältnis zu den Spielern beschränkt und sei lediglich als ein
Verzicht zu deuten, ihnen gegenüber möglicherweise bestehende Ansprüche wegen Verletzung ihres Right of Privacy geltend zu machen. Da sich diese Argumentationen in
Übereinstimmung mit den bis dahin unangefochtenen Grundsätzen der Rechtsprechung
befand, schien die Abweisung der Klage unausweichlich. Völlig überraschend setzte sich
das Gericht aber über diese Grundsätze hinweg, indem es den zu eng gewordenen Rahmen des Right of Privacy überwand und der Klage statt gab. Ohne auf einschlägige Präzedenzfälle verweisen zu können, stellte Judge Jerome Frank in seiner Urteilsbegründung
fest, dass neben und unabhängig vom Right of Privacy ein Right of Publicity existiere,
das den kommerziellen Wert der Persönlichkeitsmerkmale schütze und über das sein Inhaber in gleicher Weise wie über ein Eigentumsrecht verfügen könne.[47] Dementspre-

---

45　202 F. 2d 866 (2d Cir. 1953).
46　A.a.O., S. 868.
47　A.a.O., S. 868: "We think that, in addition to and independent of that Right of Privacy (which
in New York derives from statute), a man has a right in the publicity value of his photograph, i.e. the
right to grant the exclusive privilege of publishing his picture, and that such a grant may be validly
made 'en gross', i.e., without any accompanying transfer of a business or anything else... This right may
be called a 'Right of Publicity'. For its common knowledge that many prominent persons (especially
actors and ballplayers), far from having their feelings bruised through public exposure of their likeness,
would feel sorely deprived if they no longer received money for authorizing advertisements, populariz-
ing their countenances. This Right of Publicity would usually yield no money unless it could be made
the subject of an exclusive grant which barred any other advertiser from using their pictures".

chend habe der Kläger aufgrund der vertraglichen Vereinbarung mit den Spielern eine ausschließliche Lizenz erworben und könne aus eigenem Recht gegen die unbefugte Nutzung ihrer Bildnisse und Namen durch den Beklagten vorgehen.

22   **e) Die Rezeption des Right of Publicity.** Damit war der Grundstein für das Right of Publicity gelegt. Die Tragweite dieser revolutionären Neuschöpfung wurde schnell erkannt.[48] Entsprechend der im Common Law häufig zu beobachtenden Tendenz, sich im Bemühen um Kontinuität grundlegend neuen Rechtsprinzipien zunächst nur widerstrebend zu öffnen, verlief die Rezeption des Right of Publicity zäh und langwierig und war von erheblichen Unsicherheiten begleitet. Die Haltung in der Rechtsprechung und Literatur war anfänglich gespalten. Erst im Laufe der 70er Jahre nahm die Anzahl von Gerichtsentscheidungen, die ein Right of Publicity anerkannten, immer mehr zu. Seinen endgültigen Durchbruch erzielte es im Jahre 1977, als sich der **U.S. Supreme Court** in dem Urteil „Zacchini v. Scripps-Howard Broadcasting Co."[49] nachdrücklich zu ihm bekannte. Obwohl der Fall allenfalls einen Randbereich des Right of Publicity betraf, nutzte das Gericht die sich bietende Gelegenheit für eine grundsätzliche Stellungnahme, indem es sich in seinen Ausführungen weitgehend von den Besonderheiten des zu entscheidenden Einzelfalls löste und ganz allgemein feststellte, dass das Right of Publicity ein anerkanntes und etabliertes Rechtsprinzip sei. Es betonte, dass es klar und deutlich von dem auf die Abwehr seelischer Beeinträchtigungen zielenden Right of Privacy abzugrenzen sei und charakterisierte es als ein „Eigentumsrecht an der menschlichen Identität".[50] Obwohl die Entscheidung des Supreme Court de jure den einzelnen Bundesstaaten gegenüber keine Bindungswirkung erzeugt, hatte sie de facto doch eine wichtige psychologische Signalwirkung und gab dem Right of Publicity erheblichen Auftrieb. Ende der 70er und Anfang der 80er Jahre etablierte es sich in zunehmendem Maße und seine Existenz wurde nun kaum mehr angezweifelt.

23   Heute nimmt es einen festen Platz im amerikanischen Recht ein und stellt einen eigenständigen Teilbereich des Intellectual Property dar.[51] In nahezu allen Bundesstaaten wird es als Bestandteil des Common Law oder aufgrund gesetzlicher Regelungen anerkannt.[52] **Zusammenfassend** lässt sich feststellen, dass das Right of Publicity heute so fest etabliert ist, dass es trotz verbleibender Unklarheiten und offener Fragen im Detail keinen Weg mehr zurück gibt. Seine wirtschaftliche Bedeutung lässt sich in einem Land, das wie kein anderes durch Medien und Werbung geprägt ist, kaum hoch genug einschätzen. Inzwischen ist die Rechtsprechung von Kanada und Japan dem amerikanischen Beispiel gefolgt und erkennt ebenfalls die Existenz eines Right of Publicity an.[53] Auch

---

[48] Siehe die Anmerkung zu der Entscheidung von *Grodin*, The Right of Publicity: A Doctrinal Innovation, 62 Yale L. J. 1123 (1953).

[49] 433 U.S. 564 (1977).

[50] A.a.O., S. 571.

[51] Hiervon zeugt nicht nur das Handbuch zum Right of Publicity von *McCarthy*, das schon jetzt ca. 2000 Seiten umfasst und dessen Umfang stetig wächst. Auch die Standardlehrbücher zum Intellectual Property Law behandeln eingehend das Right of Publicity. Siehe etwa *Goldstein*, Copyright, Patent, Trademark And Related State Doctrines, S. 170 ff.

[52] Für die Entwicklung und Ausgestaltung des Right of Publicity spielen die Kodifikationen nur eine untergeordnete Rolle, weil sie entsprechend der in angelsächsischen Ländern allgemein feststellbaren Charakteristik der Gesetzgebungstechnik nicht im eigentlichen Sinne rechtsschöpfend sind, sondern nur nachträglich die von der Rechtsprechung niedergelegten Grundsätze festschreiben. Vereinzelt griff der Gesetzgeber auch ein, um nach seiner Einschätzung fehlerhafte Entscheidungen der Rechtsprechung zu korrigieren. Die Gesetze der einzelnen Bundesstaaten stimmen im Wesentlichen überein. Größere Unterschiede bestehen hinsichtlich der Frage der Vererblichkeit, siehe dazu unten D. Die bisher eingehendste und umfassendste Regelung findet sich im Staat Kalifornien, wo der größte Teil der amerikanischen Film- und Unterhaltungsindustrie seinen Sitz hat und dem Right of Publicity deshalb besondere praktische Bedeutung zukommt. Siehe dazu eingehend *McCarthy*, § 6:10 ff.

[53] Siehe dazu den Überblick bei *McCarthy*, § 6:160, 162.

in Spanien hat sich der Gesetzgeber bei der Regelung des Persönlichkeitsschutzes an der amerikanischen Entwicklung orientiert.[54]

II. Inhalt und Grenzen des Right of Publicity

1. Der Kreis der Rechtsinhaber

a) Prominente. Wie schon dem Begriff zu entnehmen ist, bezweckt das Right of **24** Publicity den Schutz der Publizität und des damit verbundenen Vermögenswertes. Dementsprechend ist es seinem Grundgedanken nach auf Prominente (celebrities) zugeschnitten, das heißt Personen, die zumindest in einem nicht unerheblichen Teil der Öffentlichkeit einen gewissen Bekanntheitsgrad erlangt haben. Dass das Right of Publicity diesen Personenkreis im Auge hat, ergibt sich aus seiner Entwicklungsgeschichte, denn es ist eine Reaktion darauf, dass das Right of Privacy bekannten Persönlichkeiten keinen Schutz gegen die Ausnutzung ihrer Persönlichkeitsmerkmale für Werbezwecke bot.[55] Da die kommerzielle Verwertung des Bildnisses oder Namens vor allem darauf angelegt ist, die in ihnen verkörperte Bekanntheit und das Image auszunutzen, sind es auch in der Praxis in aller Regel Prominente, die hiervon betroffen sind.

b) Nicht-Prominente. Wie Beispiele aus der Rechtsprechung zeigen, kommt es aber **25** immer wieder vor, dass auch in der Öffentlichkeit unbekannte Personen gegen ihren Willen für Werbezwecke eingespannt werden. Während ein Teil der Rechtsprechung[56] und Literatur[57] eine Beschränkung auf Prominente annimmt, geht die heute in Rechtsprechung[58] und Literatur[59] vorherrschende Auffassung davon aus, dass das Right of Publicity jedermann zusteht, unabhängig davon, ob er bekannt ist oder unbekannt. Unter Rückgriff auf naturrechtliche Prinzipien gründet sich diese Haltung auf die Annahme, dass jeder Mensch ein „natürliches Eigentumsrecht" an seinen Identitätsmerkmalen habe und er demzufolge im Falle einer „Enteignung" auch vermögensrechtliche Ansprüche geltend machen könne. Dem hiergegen vorgebrachten Einwand, dass Bildnis, Name und andere Identitätsmerkmale Nicht-Prominenter mangels Publizität keinerlei Vermögenswert besäßen, der Gegenstand einer Enteignung sein könne, wird mit dem Argument begegnet, dass der Vermögenswert gleichsam durch die Rechtsverletzung entstehe. Aus der Tatsache, dass jemand die Identitätsmerkmale einer Person kommerziell verwerte, sei zu schließen, dass diese ungeachtet ihrer geringen Bekanntheit einen kommerziellen Wert hätten.[60] Aus diesem Grunde wird die Bekanntheit nicht als Voraussetzung für die Ent-

---

[54] Siehe dazu *Fernández-Nóvoa* GRUR Int. 1983, 494 ff.

[55] Siehe dazu oben Rn. 16 ff.

[56] Siehe etwa *Ali v. Playgirl, Inc.*, 447 F. Supp. 723, 729 (S.D. N.Y. 1978); *Martin Luther King Jr., Center for Social Change, Inc. v. American Heritage Products, Inc.*, 296 S.E. 2d 697; *Jackson v. Playboy Enterprises Inc.*, 574 F. Supp. 10, 13 (S.D. Ohio 1983).

[57] *Felcher/Rubin* 88 Yale L. J. 1577, 1591 ff. (1979); *S. J. Hoffmann* 28 Bull. Cr. Soc. 111, 112 ff. (1981); *R. Hoffmann*, 2 Merchandising Rep. 5, 9 (1983).

[58] Siehe etwa *Motschenbacher v. R. J. Reynolds Tobacco Co.*, 498 F. 2d 821, 824 (9th Cir. 1974); *Onassis v. Christian Dior/New York, Inc.*, 472 N.Y.S. 2d 254, 260 (1984), aff'd. 488 N.Y.S. 2d 843 (1985); *Cohen v. Herbal Concepts, Inc.*, 473 N.Y.S. 2d 426, 431 (1984), aff'd. 482 N.Y.S. 2d 457 (1984); *Tellado v. Time-Life Books*, 643 F. Supp. 904, 913 (D.N.J. 1986); *Ainsworth v. Century Supply Co.*, 693 NE 2d 610, 614 (IU APP 1998).

[59] *Nimmer* 19 L. & Contemp. Prob. 203, 217 (1954); *Kalven* 31 L. & Contemp. Prob. 326, 331 (1966); *Treece* 51 Texas L. Rev. 637, 648 (1973); *Pilpel* 27 Bull. Cr. Soc. 249, 257 (1980); *Sims* 49 Fordham L. Rev. 453, 467 (1981); *Gross* 62 Boston, U. L. Rev. 965, 988 (1982); *Kwall* U.C. Davis L. Rev. 191, 203 (1983); *McCarthy*, The Rights of Publicity and Privacy, § 4:18–20.

[60] So *Gorden* 55 Nw. U. L. Rev. 553, 611 (1960). Untermauert wird diese Schlussfolgerung mit dem Hinweis auf eine im Markenrecht anerkannte Regel, wonach der identische Gebrauch eines fremden Zeichens die unwiderlegbare Vermutung begründet, dass der Verletzer hiervon profitiert und sich den kommerziellen Wert des Zeichens „angeeignet" hat. Siehe *McCarthy*, a.a.O., § 4:20.

stehung des Right of Publicity angesehen, sondern lediglich als maßgeblicher Faktor für die Bemessung der Höhe des Schadensersatzes, da von ihr der zu ermittelnde maßgebliche „Marktwert" abhängt.[61]

2. Gegenstand des Schutzes

26   **a) Bildnis und Name.** Ursprünglich ging es bei dem vom Right of Publicity gewährten Schutz gegen die Ausnutzung des Publizitätswertes einer Person in der Praxis ausschließlich um das Bildnis und den Namen. In der Rechtsprechung wurde hieraus vereinzelt der Schluss gezogen, dass sich der Anwendungsbereich des Rechts auf den Bildnis- und Namensschutz beschränkt.[62] Bestätigt fühlen konnte sich diese Auffassung dadurch, dass auch die meisten gesetzlichen Regelungen, die in einigen Bundesstaaten erlassen wurden, ausdrücklich nur den Schutz dieser beiden wichtigsten Identitätsmerkmale vorsehen.[63] Die weitere Entwicklung hat aber gezeigt, dass es auch andere mit der Persönlichkeit eng verknüpfte Erkennungsmerkmale gibt, die ihren Publizitätswert verkörpern und sich als Werbemittel einsetzen lassen. Es besteht deshalb heute weitgehend Einigkeit darüber, dass sich das Right of Publicity auf alle irgendwie gearteten Merkmale erstreckt, welche die Person repräsentieren und daher geeignet sind, sie zu identifizieren. Als Schutzgegenstand werden nicht einzelne Identitätskennzeichen angesehen, sondern die Identität der Person als solche, auf die sie hinweisen.[64] Entscheidend ist nicht das Mittel, sondern die Wirkung, das heißt nicht wie, sondern ob die Identität der Person kommerziell verwertet wird. Die zentrale Schlüsselfrage bildet die Identifizierbarkeit.[65]

27   **b) Andere Identitätsmerkmale.** Als geschütztes Identitätsmerkmal ist neben dem Bildnis und dem Namen auch die Stimme anerkannt.[66] Nach der „Johnny Carson"-Entscheidung,[67] die nicht zuletzt wegen der Prominenz des Klägers Berühmtheit erlangte, genießen auch Slogans, die mit einer Person assoziiert werden, den Schutz des Right of Publicity. Dem Urteil lag folgender Sachverhalt zugrunde: Johnny Carson, einer der berühmtesten Showmaster der USA, dessen seit 1962 fast täglich ausgestrahlte Talkshow zu einer Institution geworden ist, wird zu Beginn jeder Sendung von einem unsichtbaren

---

[61] *McCarthy,* The Rights of Publicity and Privacy, § 4:20.

[62] Siehe etwa *Lahr v. Adell Chemical Co.*, 300 F. 2d 256, 258 (1st Cir. 1962); *Lombardo v. Doyle, Dane, Bernbach, Inc.*, 396 N.Y.S. 2d 661, 664 (1977); *Carson v. Here's Johnny Portable Toiletts, Inc.*, 498 F. Supp. 71, 78 E.D. Mich. (1980); *Onassis v. Christian Dior/New York, Inc.*, 472 N.Y.S. 2d 254, 259 (1984), siehe *Tampe,* Der Schutz gegen die kommerzielle Ausnutzung von Identitätsmerkmalen im US-amerikanischen Recht, S. 97 ff.

[63] So etwa das New Yorker Civil Rights Law (§ 50), welches das Verbot der Nutzung für Werbezwecke auf die Persönlichkeitsmerkmale „name, portrait or picture" beschränkt. Eingehend zu den in einigen Staaten bestehenden gesetzlichen Regelungen *McCarthy,* The Rights of Publicity and Privacy, § 6:84. Die Frage, ob neben den gesetzlichen Bestimmungen ein darüber hinausgehender ergänzender Schutz nach Common Law eingreifen kann, wird unterschiedlich beantwortet. Während dies beispielsweise in Kalifornien bejaht wird – siehe *Weinstein* 52 L.A. B.J. 430, 432 (1977) –, wird es in New York verneint, weil das Gesetz von der Rechtsprechung als eine abschließende Regelung angesehen wird. Siehe dazu die Grundsatzentscheidung des New Yorker Court of Appeals *Stephano v. New Group Publications, Inc.*, 485 N.Y.S. 2d (1984).

[64] I.d.S. etwa *Ali v. Playgirl, Inc.*, 447 F. Supp. 723, 728 (S.D. N.Y. 1978); *Lerman v. Chuckleberry Publishing, Inc.*, 521 F. Supp. 228, 232 (S.D. N.Y. 1981); *Carson v. Bloom,* 13 Hastings Comm./Ent. L. J. 489, 524 (1991); *McCarthy,* The Rights of Publicity and Privacy, § 4:46; siehe auch *Tampe,* Der Schutz gegen die kommerzielle Ausnutzung von Identitätsmerkmalen im US-amerikanischen Recht, S. 39, jeweils m.w.N.

[65] Eingehend dazu *McCarthy,* a.a.O., § 3:17 ff.

[66] *Midler v. Ford Motor Co.*, 849 F. 2d 460 (9th Cir. 1988) = GRUR Int. 1989, 338. Eingehend zu dem Urteil *Wohl* 57 Fordham L. Rev. 445, 461 f. (1988); *Bloom* 13 Hasting Comm./Ent. L. J. 489, 499 ff. (1991).

[67] *Carson v. Here's Johnny Portable Toilets, Inc.*, 698 F. 2d 831 (6th Cir. 1983) = GRUR Int. 1985, 64. Eingehend zu der Entscheidung *Bloom* 13 Hastings Comm./Ent. L. J. 489, 492 ff. (1991); *McCarthy,* The Rights of Publicity and Privacy, § 4:52.

Sprecher feierlich mit den Worten angekündigt: „Here's Johnny"! Der Beklagte verwendete den Slogan „Here's Johnny" als Unternehmens- und Warenbezeichnung für die von ihm hergestellten tragbaren Toiletten. Angeregt wurde er hierzu auch deshalb, weil „John" im amerikanischen Slang eine Bezeichnung für Toilette ist. In der Werbung wurde der Slogan mit dem Zusatz versehen: „The world's foremost Commodian". Commodian ist ein Synonym für Toilette und gleichzeitig eine Anspielung auf comedian und damit auf Johnny Carson. Die Mehrheit der Richter sah hierin einen Eingriff in das Right of Publicity des Klägers. Da der Slogan aufs Engste mit seiner Person verbunden sei, habe sich der Beklagte unrechtmäßig seine Identität angeeignet und für kommerzielle Zwecke ausgenutzt.[68]

　　c) Gegenstände. Auch die Verwendung von Gegenständen in der Werbung, die eine　**28** gedankliche Verbindung zu einer Person herstellen, kann wegen der darin liegenden kommerziellen Ausnutzung der Identität des Betreffenden eine Verletzung des Right of Publicity darstellen. Bejaht wurde dies etwa hinsichtlich eines für einen bestimmten Fahrer charakteristischen Rennwagens[69] sowie hinsichtlich eines Roboters, der aufgrund seines Erscheinungsbildes auf die berühmte Spielshow-Moderatorin Vanna White[70] hindeutete.

3. Die Begrenzung des Right of Publicity durch das „Right of Free Speech"

　　a) Werbung. Der U.S. Supreme Court hatte in seiner Grundsatzentscheidung, in der　**29** er das Right of Publicity anerkannte, die Ansicht geäußert, dass dieses Recht nicht in demselben Maße in einem Spannungsverhältnis zum Right of Free Speech stehe wie das Right of Privacy, weil es nicht in demselben Maße die Verbreitung von Informationen und Meinungen über die Person betrifft.[71] Diese Einschätzung ist zutreffend, soweit es um den klassischen Anwendungsfall des Right of Publicity, nämlich der Verwendung von Persönlichkeitsmerkmalen für Werbezwecke, geht. Es ist zwar anerkannt, dass unter das vom First Amendment geschützte Grundrecht der Meinungsfreiheit auch die Werbung fällt. Die sog. „commercial speech"[72] rangiert in der Hierarchie der verschiedenen Arten geschützter Rede am untersten Ende und unterliegt wesentlich stärkeren Beschränkungen als die „politische Rede", die ein fast absolutes Privileg genießt.[73] Geschützt wird das Recht auf **„commercial speech"** vom First Amendment der Verfassung nur insoweit, als es um die grundsätzliche Möglichkeit geht, Informationen über ein Produkt oder eine Dienstleistung zu verbreiten. Zur Wahrnehmung dieses Rechts ist der Werbende aber nicht darauf angewiesen, sich der Persönlichkeitsmerkmale eines anderen zu bedienen. An dieser Beurteilung ändert sich auch dann nichts, wenn die Identi-

---

[68] In der Literatur ist die Entscheidung zum Teil heftig kritisiert worden. Siehe etwa *Goldstein*, Copyright, Patent, Trademark And Related State Doctrines, S. 176. Siehe auch das Minderheitsvotum von *Judge Kennedy* 698 F. 2d, S. 839, siehe auch die zusammenfassende Wiedergabe in GRUR Int. 1985, 67.

[69] *Motschenbacher v. R.J. Reynolds Tobacco Co.*, 498 F. 2d 821 (9th Cir. 1974).

[70] *White v. Samsung Elec. Am., Inc.*, 971 F. 2d 1395 (9th Cir. 1992); siehe auch *Tampe*, Der Schutz gegen die kommerzielle Ausnutzung von Identitätsmerkmalen im US-amerikanischen Recht, S. 124, 128 f.

[71] *Zacchini v. Scripps-Howard Broadcasting Co.*, 33 U.S. 562, 573 (1977).

[72] Grundlegend das Urteil des U.S. Supreme Court in *Virginia State Board of Pharmacy v. Virginia Citizens Consumer Council, Inc.*, 425 U.S. 748 (1976), in der die Metapher des „free market place of ideas", die schon seit jeher allgemein zur Charakterisierung der Funktion des First Amendment herangezogen wurde, gleichsam wörtlich genommen und erstmals anerkannt wurde, dass das Recht auf freie Rede auch das „right of commercial speech" einschließt. Begründet wird dies mit der Überlegung, dass Werbung ungeachtet ihrer unsachlichen und persuasiven Elemente der Information über die Existenz und die Eigenschaften von Produkten diene und deshalb im Sinne der Zielsetzung eines vollkommenen Marktes dazu beitrage, dass die Abnehmer eine „informierte, rationale Entscheidung" treffen können, *Virginia State Board of Pharmacy v. Virginia Citizens Consumer Council, Inc.*, a.a.O., S. 765; *Stock*, Meinungs- und Pressefreiheit in den USA, S. 42 ff., insbes. 49–51.

[73] Vgl. *Central Hudson Gas & Electric Corp. v. Public Service Commission*, 447 U.S. 557 (1980).

tät einer Person für Werbezwecke ausgenutzt wird und dies mit einer politischen Meinungsäußerung verbunden wird.[74] Bedeutung hat dies vor allem für das Right of Publicity von Politikern. Niemand hat das Recht, ihr Bildnis oder ihren Namen in einer Werbung zu verwenden, nur weil er darin gleichzeitig eine Meinung über sie abgibt. Zwar hat jedermann ein Recht auf „political speech" und auch „commercial speech". Es besteht aber keine Notwendigkeit, beides miteinander zu verknüpfen, um eines dieser Rechte auszuüben. Sofern, wie dies in der Praxis häufig vorkommt, die unautorisierte Werbung mit der Identität eines Prominenten irreführende Wirkungen hervorruft, weil die Verbraucher davon ausgehen, dass dies mit Billigung des Betroffenen geschieht, liefert das Right of Commercial Speech auch deshalb keinen Rechtfertigungsgrund, weil von ihm nur die Verbreitung wahrer Informationen geschützt wird.[75]

30   **b) Medienprivileg.** Die einzige Ausnahme von dem Grundsatz, dass die unautorisierte Verwendung von Persönlichkeitsmerkmalen in der Werbung keine Rechtfertigung in dem Right of Free Speech findet, besteht nach dem sog. Medienprivileg.[76] Danach ergibt sich aus dem First Amendment ein Recht der Medien, mit den Identitätsmerkmalen von Personen für ihre Erzeugnisse zu werben, die sich mit diesen in legitimer Weise beschäftigen. Dies bedeutet, dass eine Zeitschrift oder eine Fernsehanstalt, die über eine bekannte Persönlichkeit berichtet oder ein Filmproduzent, der einen biographischen Film über ihr Leben und Wirken gedreht hat, mit ihrem Namen und Bildnis werben darf, da dies im weitesten Sinne der Verbreitung von Informationen und Meinungen dient.[77] Dabei darf allerdings nicht der unzutreffende Eindruck erweckt werden, die Person unterstütze oder empfehle das Erzeugnis.[78] Eine Berufung auf das Right of Free Speech scheidet auch dann aus, wenn die Identitätsmerkmale einer Person nicht als Werbemittel zur Absatzförderung einer Ware eingesetzt, sondern selbst zur Ware oder zu einem ihrer Bestandteile gemacht werden, wie etwa bei der Verwendung des Bildnisses oder Namens auf Postern, T-Shirts oder Souvenirartikeln.[79]

31   **c) Biografische Darstellungen.** Der Konflikt zwischen dem Right of Publicity und dem Right of Free Speech ist in der Praxis bisher in zwei Bereichen aufgetreten, wobei es jeweils ausschließlich um Prominente ging. Die Entscheidungen betrafen zum einen die aktuelle Berichterstattung in Zeitschriften und in Illustrierten und zum anderen dokumentarische oder fiktive biographische Darstellungen in Büchern. In beiden Fallgruppen wird das Right of Publicity fast vollständig vom Right of Free Speech verdrängt.[80]

---

[74] IdS. *Bolger v. Youngs Drug Prods. Corp.*, 463 U.S. 60, 67 f. (1983): "We have made it clear that advertising which 'links the product to a current public debate' is not thereby entitled to the constitutional protection afforded non-commercial speech. *Central Hudson Gas & Electric Corp. v. Public Service Comm'n*, 447 U.S. at 563, n. 5. A company has the full panoply of protections available to its direct comments on public issues, so there ins no reason for providing similar constitutional protection when such statements are made in the context of commercial transactions". Siehe dazu auch *McCarthy,* The Rights of Publicity and Privacy, § 7:2 ff.

[75] *Virginia State Board of Pharmacy v. Virginia Citizens Consumer Council, Inc.*, 425 U.S. 748 (1976); *Central Hudson Gas & Electric Corp. v. Public Service Comm.*, 447 U.S. 557, 571 (1980).

[76] Siehe *McCarthy,* The Rights of Publicity and Privacy, § 7:12.

[77] Siehe etwa *Guglielmi v. Spelling-Goldberg Productions*, 25 Cal. 3d 860, 873, 160 Cal. Rptr. 352, 360 (Sup. Ct. 1979).

[78] Siehe *Cher v. Forum International, Ltd.*, 692 F. 2d 634.

[79] Siehe etwa *Uhlaender v. Henrickson*, 316 F. Supp. 1277 (D. Minn. 1970); *Rosemont Enterprises, Inc. v. Urban Systems, Inc.*, 340 N.Y.S. 2d 144, 146 (1973); *Factors etc., Inc. v. Pro Arts, Inc.*, 496 F. Supp. 1090, 1103 (S.D. N.Y. 1980).

[80] Siehe dazu und zum Folgenden *Moses* Cleveland State L. Rev. 587, 605 ff. (1977); *Felcher/Rubin* 88 Yale L. J. 1577, 1596 ff. (1979); *Bala,* 27 Villanova L. Rev. 1205, 1223 ff. (1981–82); *R. J. Hoffmann* 31 De Paul L. Rev., 1, 21 f. (1981); *Phillips* 63 JPOS 296, 304 ff. (1981); *Sims* 49 Fordham L. Rev. 453, 485 ff. (1981); *McCarthy,* The Rights of Publicity and Privacy, § 8.64, 73 f.

Was die Berichterstattung über Prominente in Zeitschriften und Illustrierten anbe- **32**
langt, so folgt die Rechtsprechung dem auch für die Begrenzung des Right of Privacy
maßgeblichen Grundsatz, dass sich das Right of Free Speech nicht auf politische Angelegenheiten beschränkt, sondern sich im umfassenden Sinne auf Vorgänge aus allen
Lebensbereichen erstreckt, an denen ein wenn auch nur kleiner Teil der Öffentlichkeit Interesse hat.[81] Bei Beurteilung der Frage, was als schutzwürdiges Interesse anzuerkennen
ist, besteht die Tendenz, sich den faktischen Gegebenheiten zu beugen und das als
berichtenswert ("newsworthy") zu akzeptieren, worüber die Presse üblicherweise berichtet.[82] Dementsprechend fällt unter das First Amendment auch die Berichterstattung über
Prominente, selbst wenn sie sich vornehmlich auf deren Privatleben bezieht und mit
ihrem öffentlichen Wirken kaum etwas zu tun hat. Eine Ausnahme gilt nur dann, wenn
von den Identitätskennzeichen einer Person Gebrauch gemacht wird, ohne dass zwischen
ihr und dem Inhalt der Berichterstattung irgendein erkennbarer sachlicher Zusammenhang besteht.[83] So wurde die Verwendung des Bildnisses eines berühmten Schauspielers
in einer Zeitschriftenreportage über aktuelle Modetrends als Verletzung seines Right of
Publicity angesehen, weil es an jeglicher sachlichen Beziehung zwischen ihm und den
Themen des Artikels fehlte und sein Bildnis nur als Blickfang diente, um die Aufmerksamkeit der Leser zu wecken.[84]

Unterschiedliche Auffassungen bestehen hinsichtlich der Darstellung von Lebens- **33**
geschichten von zumeist verstorbenen Berühmtheiten, die zwar im Kern auf wahren Begebenheiten aufbauen, diese aber sehr frei wiedergeben und aus künstlerischen Gründen
oder um das Publikumsinteresse zu steigern, variieren und verfremden oder aber mit zusätzlichen dramatischen Effekten versehen sind. Die New Yorker Rechtsprechung[85] folgte
lange Zeit dem Grundsatz, dass derartige **„fiktive Biographien"** nicht vom Right of Free
Speech gedeckt seien, weil sie objektiv falsch seien. Durch die Verwendung einer tatsächlich existierenden Person in einem Stoff, der mehr durch die Phantasie des Autors als durch
die Realität geprägt ist, werden deren Identität für kommerzielle Zwecke ausgenutzt.[86] An

---

[81] So etwa *Red Lion Broadcasting Co. v. F.C.C.*, 395 U.S. 367, 390/1969. Siehe dazu auch *Smolla and Nimmer*, Freedom of Speech, § 3.01. Nach einer in der Literatur vereinzelt vertretenen Gegenansicht bezieht sich das vom First Amendment gewährleistete Recht auf Meinungs- und Pressefreiheit nur auf politische Vorgänge, die für den demokratischen Entscheidungsprozess von Bedeutung sind. I.d.S. etwa *Meiklejohn* Sup. Ct. Rev. 245, 255 (1961).

[82] Siehe *Time, Inc. v. Hill*, 385 U.S. 374, 388 (1967); *Ann-Marget v. High Society-Magazine, Inc.*, 498 F. Supp. 401, 405 (S.D. N.Y. 1980): "It is not for the Courts to decide what matters are of interest to the general public". IdS. auch *Prosser* 48 Cal. L. Rev. 383, 412 (1960): "To a very great extent the press, with its experience and instinct as to what its readers will want, has succeeded in making its own definition on news". Eingehend zu diesem sog. "leave it to the press"-Modell *Zimmermann* 68 Cornell L. Rev. 291, 353 (1983).

[83] Siehe etwa *Ali v. Playgirl Inc.*, 447 F. Supp. 723, 727 (S.D. N.Y. 1978); *Delean by Delean v. CBS, Inc.*, 458 N.Y.S. 2d 608, 613 (1983); *Barrows v. Rozansky*, 489 N.Y.S. 2d 481, 485 (1985).

[84] *Grant v. Esquire, Inc.*, 367 F. Supp. 876, 878 (S.D. N.Y. 1973).

[85] Eingehend dazu *Sims* 49 Fordham L. Rev. 453, 488 ff. (1981); *McCarthy*, The Rights of Publicity and Privacy, § 8:75 ff.

[86] Grundlegend *Spahn v. Julian Messner*, 286 N.Y.S. 2d 832 (1967). Mitbestimmend für diese Hal-
tung dürfte der von der New Yorker Rechtsprechung in der „Binns"-Entscheidung, *Binns v. Vitagraph Co.*, 210 N.Y. 51 (1913), aufgestellte Grundsatz gewesen sein, dass Unterhaltung nicht den Schutz des First Amendment verdiene. Diese Auffassung wurde zwar später vom U.S. Supreme Court mit Hinweis auf die Schwierigkeit, „Information" und „Unterhaltung" voneinander zu unterscheiden,
zurückgewiesen. Siehe *Winters v. New York*, 333 U.S. 507, 510 (1984): "The line between the informing and the entertaining is too elusive for the protection of that basic right (gemeint ist das Right of Free Speech, Anm. d. Verf.). Everyone is familiar with instances of propaganda through fiction. What is one man's amusement, teaches another's doctrine". Gleichwohl haben die in der „Binns"-Entschei-
dung geäußerten Vorbehalte gegenüber einem Schutz von Unterhaltung durch das First Amendment
lange Zeit nachgewirkt und die Gerichte maßgeblich beeinflusst; siehe aus jüngerer Zeit *Messenger ex rel. Messenger v. Gruner + Jahr Printing and Dub.* 94 N.Y.S.2d 436, 441, 706, N.Y.S.2d. 52, 727 N.E.2d 549,

dieser Einschätzung wurde auch dann festgehalten, wenn deutlich auf den fiktiven Charakter hingewiesen wurde. Der Standpunkt der New Yorker Gerichte hat mit gewissen Einschränkungen auch in der Literatur Anhänger gefunden.[87] Aus dem Kreis der eigenen Richterschaft ist die New Yorker Rechtsprechung als eine untragbare Einschränkung der künstlerischen Freiheit kritisiert worden, da es gerade dem Wesen künstlerischen Schaffens entspräche, Realität und Phantasie miteinander zu verbinden und die Verfremdung und dramatische Überhöhung realer Vorgänge oftmals von größerem Erkenntniswert seien als ihre dokumentarische Darstellung.[88] Unter dem Eindruck zunehmender Kritik ist die New Yorker Rechtsprechung Ende der 60er Jahre von ihrer Haltung abgerückt und geht heute ebenso wie die übrige amerikanische Rechtsprechung davon aus, dass auch fiktive Darstellungen über bekannte Personen vom First Amendment gedeckt sind, sofern mit hinreichender Deutlichkeit darauf hingewiesen wird, dass es sich nicht um eine realitätsgetreue dokumentarische Schilderung handelt.[89]

III. Die Übertragbarkeit und Vererblichkeit des Right of Publicity

1. Übertragbarkeit

34   Es unterliegt keinem Zweifel, dass das Right of Publicity in vollem Umfang übertragbar ist. Schließlich war es ja gerade die im Widerspruch zu den wirtschaftlichen Verhältnissen und praktischen Bedürfnissen stehende Unübertragbarkeit des Right of Privacy, die den entscheidenden Anstoß zur Anerkennung des Right of Publicity gab.[90] Der inhaltliche Umfang wie auch die territoriale Reichweite der Rechtsübertragung richtet sich allein nach der vertraglichen Vereinbarung der Parteien.[91] Das Right of Publicity kann in der Weise aufgespalten werden, dass es nur partiell, das heißt bezüglich bestimmter Nutzungsarten übertragen wird, es kann aber auch als Ganzes übertragen werden.[92] Letzteres ist vor allem deshalb bedenklich, weil generell davon ausgegangen wird, dass der Veräußerer in demselben Maße, in dem er über sein Right of Publicity verfügt, sich auch seines Right of Privacy begibt, weil er stillschweigend eine Einwilligung zum Eingriff erteilt hat.[93] Die konsequente Anwendung dieser Regel hätte einen Totalverzicht auf das Right of Privacy zur Folge, so dass der Übertragende auch jeglichen Schutz seiner persönlichkeitsrechtlichen Interessen verlieren würde, soweit es um die kommerzielle Verwertung seiner Identität geht. Dies bedeutet, er könnte sich nicht dagegen zur Wehr set-

---

28 Media L. Rep. (BNA) 1491 (2000). Siehe dazu *McCarthy*, The Rights of Publicity and Privacy, § 8:76.

[87] *Berkmann* 42 Brooklyn L. Rev. 527, 554 (1976): "The fictionalized biography constitutes an infringement of his Right of Publicity as would any other unauthorized use of his name or commercial purpose". I.d.S. auch *Hill* 76 Colum L. Rev. 1205, 1299 (1976); *Ausness* 55 Temple L.Q. 877, 1037 (1982).

[88] *Spahn v. Julian Messner, Inc.*, 286 N.Y.S. 2d 832, 837 f. (1967) (Bergan, J. and Fuld, J. dissenting).

[89] Siehe etwa *Estate of Hemmingway v. Random House, Inc.*, 296 N.Y.S. 2d 771, 782 (1968); *Hicks v. Casablanca Records*, 464 F. Supp. 426 (S.D. N.Y. 1978); *Frosch v. Grosset & Dunlap*, 427 N.Y.S. 2d 828, 829 (1980).

[90] Grundlegend *Healan Laboratories, Inc. v. Topps Chewing Gum, Inc.*, 202 F. 2d 866, 868 (2d Cir. 1953). Siehe dazu auch oben A.

[91] Eingehend zur Übertragung und Lizenzierung sowie zur Vertragsgestaltung *McCarthy*, The Rights of Publicity and Privacy, § 10:10 ff.

[92] Siehe als Beispiel für solche Gesamtübertragungen *Factors, etc., Inc. v. Pro Arts, Inc.*, 579 F. 2d 215, 221 (2d Cir. 1981); *Acme Circus Operating Co. v. Kuperstock*, 711 f. 2d 1538 (11th Cir. 1983); *Corps Ltd. v. Adirondacks Group*, 476 N.Y.S. 2d 716, 717 (Sup. Ct. N.Y. 1983); *Apple Corps. V. Button Master P.C.P. Inc.*, 47 U.S.P.Q. 2d 1236, 1988 WL 126935 (E.D. Pa. 1998); siehe auch *Tampe*, Der Schutz gegen die kommerzielle Ausnutzung von Identitätsmerkmalen im US-amerikanischen Recht, S. 35 ff.

[93] Siehe dazu *Stiefelmann* 25 U.C.L.A. L. Rev. 1095, 1121 (1978), m. Nachw.

zen, wenn sein Bildnis oder sein Name in der Werbung in herabwürdigender oder auch nur seinen grundlegendsten Überzeugungen widersprechenden Weise verwendet würde. Zu der Frage, wie ein solcher Konflikt zwischen den ideellen Interessen der betroffenen Person und den kommerziellen Interessen des Erwerbers des Right of Publicity zu lösen ist, finden sich bisher weder in der Rechtsprechung noch in der Literatur grundsätzliche Aussagen. Es wird vielmehr davon ausgegangen, dass die vollständige Übertragbarkeit und damit die gänzliche Loslösung von der Person des ursprünglichen Rechtsträgers, dessen Persönlichkeitsmerkmale den Gegenstand des Right of Publicity bilden, aus der eigentumsrechtlichen Qualifizierung folgen.[94]

Die, soweit ersichtlich, bisher einzige, diesen Problemkreis tangierende Entscheidung **35** des New Yorker Court of Appeals deutet allerdings darauf hin, dass die Rechtsprechung kaum geneigt ist, funktionsspezifische Ausnahmen zuzulassen, um ideellen Interessen Rechnung zu tragen und aus diesem Grunde den im Common Law üblicherweise sehr streng eingehaltenen Grundsatz des „pacta sunt servanda" zu durchbrechen. Das Urteil betraf die auch im deutschen Recht[95] umstrittene Frage, ob und inwieweit ein Minderjähriger an Dispositionen gebunden ist, die seine gesetzlichen Vertreter über die kommerzielle Verwertung seiner Persönlichkeitsmerkmale getroffen haben.[96] Die Mutter der später international bekannt gewordenen Schauspielerin Brooke Shields erteilte einem Zeitschriftenverlag eine Exklusivlizenz für ein Nacktfoto ihrer damals 10-jährigen Tochter. Als diese 17 Jahre alt wurde und bereits Filmerfolge hinter sich hatte, kündigte sie den Lizenzvertrag auf und verlangte von dem Verlag künftig jegliche Verbreitung des Fotos zu unterlassen. Das New Yorker Gericht wies die hierauf gerichtete Klage in einer 1983 mit vier zu drei Richterstimmen ergangenen Entscheidung ab. Zur Begründung führt die Mehrheitsmeinung aus, § 51 des New Yorker Civil Rights Law gäbe den gesetzlichen Vertretern eine uneingeschränkte Vertretungsmacht, die auch die Befugnis umfasse, Verträge über die kommerzielle Verwertung des Bildnisses des ihrer Fürsorge anvertrauten Minderjährigen abzuschließen. Hieran sei dieser auch dann gebunden, wenn er dies später missbillige, nachdem er die für die Selbstbestimmung notwendige Einsichtsfähigkeit gewonnen oder gar die Geschäftsfähigkeit erlangt hat.[97] Die Mehrheit der Richter stellte den Gesichtspunkt der Verpflichtung zur Vertragstreue in den Vordergrund. Die dissertierenden Richter hielten dem entgegen, ein Kind dürfe nicht aufgrund einer einmal von seinem gesetzlichen Vertreter getroffenen Entscheidung auf Dauer dazu gezwungen werden, die Veröffentlichung eines Bildnisses zu dulden, die es später als peinlich und entwürdigend empfindet und ihm „seelischen" Schaden zufügt.[98] Es bleibt abzuwarten, ob die Rechtsprechung auch künftig an dem in dem Mehrheitsvotum hervortretenden Dualismus von Right of Publicity und Right of Privacy festhalten wird, der die tatsächlich bestehende Verflechtung von ideellen Integritätsinteressen und kommerziellen Verwertungsinteressen ignoriert.

2. Vererblichkeit

a) Ableitung von Vererblichkeit aus der eigentumsrechtlichen Natur. Während **36** die Übertragbarkeit unter Lebenden von vorneherein unangefochten bejaht wurde, bildete die Frage der Übertragbarkeit von Todes wegen, also die Vererblichkeit des Right of Publicity den Gegenstand einer heftig geführten Diskussion.[99] Dies erscheint verständlich, weil mit der eventuellen Anerkennung der Vererblichkeit in ganz fundamentaler Weise von einem traditionell als unumstößlich angesehenen Axiom der Persönlichkeits-

---

[94] Siehe *McCarthy*, The Rights of Publicity and Privacy, § 10:6 f.
[95] Siehe dazu eingehend *Götting*, Persönlichkeitsrechte als Vermögensrechte, S. 153 ff.
[96] *Shields v. Gross* 461 N.Y.S. 2d 254 (1983). Siehe dazu *Ropski* 72 TMR 251, 258 (1982).
[97] A.a.O., S. 257.
[98] A.a.O., S. 258.
[99] Siehe den Überblick bei *Tampe*, Der Schutz gegen die kommerzielle Ausnutzung von Identitätsmerkmalen im US-amerikanischen Recht, S. 35 f.

rechte abgerückt wird. An den Gedanken, dass die Person trotz des Grundsatzes der Unübertragbarkeit über ihre Identitätsmerkmale zu Lebzeiten zum Zwecke ihrer wirtschaftlichen Verwertung disponieren kann, hatte man sich seit langem gewöhnt. Die Vererblichkeit eröffnet aber eine völlig neue Dimension und stellt einen radikalen Bruch mit traditionellen Prinzipien dar. Ein Recht, das sich so weit von seinem Rechtsinhaber löst und verselbständigt, dass es ihn überlebt, ist kein Persönlichkeitsrecht, sondern ein „property right", ein Immaterialgüterrecht. Beim Streit um die Vererblichkeit des Right of Publicity, der bis heute noch nicht völlig abgeschlossen zu sein scheint, sind drei verschiedene Positionen zu Tage getreten.

37   **b) Ablehnung der Vererblichkeit.** Ein Teil der Gerichte[100] und vereinzelte Stimmen in der Literatur[101] lehnten trotz des grundsätzlichen Bekenntnisses zur eigentumsrechtlichen Natur des Right of Publicity seine Vererblichkeit ab. Gerechtfertigt wurde dies mit der Erwägung, dass die Zuerkennung eines postmortalen Schutzes nicht den mit dem Right of Publicity verfolgten Zweck der Förderung von Kreativität und Leistung diene, da die Aussicht, dass seine Erben einmal in den Genuss des Right of Publicity kommen, keinen wesentlichen zusätzlichen Leistungsanreiz auf den Erblasser ausübe.[102] Diese Begründung hat zu Recht Widerspruch erfahren,[103] denn das zur Fundierung des Right of Publicity herangezogene Argument, es bilde einen Anreiz zu Kreativität und Leistung, steht ganz grundsätzlich auf wackligen Beinen.[104] Zum einen ist es kaum wahrscheinlich, dass die Zuerkennung des Right of Publicity eine wesentliche Triebfeder für die Erzielung künstlerischer oder sportlicher Leistungen darstellt. Zum anderen beruht der geschützte Publizitätswert nicht notwendigerweise und kaum jemals ausschließlich auf einer Leistung. Offen bleibt dabei außerdem die Frage, was überhaupt als eine anerkennenswerte und deshalb förderungswürdige Leistung anzusehen ist.

38   **c) Erfordernis lebzeitiger Verwertung.** Einen Mittelweg beschreitet eine zweite Auffassung, die zwar die Vererblichkeit des Right of Publicity grundsätzlich bejaht, diese aber an die Bedingung knüpft, dass der Erblasser den aufgrund seiner Bekanntheit in seinen Identitätsmerkmalen steckenden Vermögenswert auch tatsächlich ausgenutzt hat. Eine Begründung für dieses sogenannte „lifetime exploitation requirement", das eher zufällig durch ein *obiter dictum*[105] in die Rechtsprechung geraten ist, findet sich in den Entscheidungen nicht. Der Grund hierfür dürfte daran liegen, dass es praktisch keine Bedeutung erlangt hat, weil es immer ohne weiteres als erfüllt angesehen wurde.[106] In der Literatur wird

---

[100] Siehe etwa *Memphis Development Foundation v. Factors, etc., Inc.*, 616 F. 2d 956 (6th Cir. 1980), cert. denied 449 U.S. 953. Die Entscheidung erging zum Common Law des Staates Tennessee und betraf das Right of Publicity des 1977 verstorbenen Sängers und Schauspielers Elvis Presley. Nach einer Reihe sich widersprechender Urteile zur Vererblichkeit griff 1984 der Gesetzgeber ein und erließ eine Regelung (Personal Rights Protection Act), die ein auf zehn Jahre post mortem befristetes Right of Publicity vorsieht. Siehe dazu *McCarthy*, The Rights of Publicity and Privacy, § 9:8.

[101] *S. J. Hoffmann* 28 Bull. Cr. Soc. 111, 136 ff. (1980).

[102] IdS. *Memphis Development Foundation v. Factors, etc., Inc.*, 616 F. 2d 956, 958 f. (6th Cir. 1980), *S.J. Hoffmann* a.a.O., S. 136.

[103] *Felcher/Rubin* 89 Yale L. J. 1125, 1132 (1980); Comment, 33 Vand. L. Rev. 1251, 1261 (1980); *Sims*, 49 Fordham L. Rev. 453, 473 ff. (1981).

[104] Siehe zu den rechtspolitischen Gründen für die Anerkennung des Right of Publicity grundsätzlich *Götting*, Persönlichkeitsrechte als Vermögensrechte, S. 204 ff.

[105] Siehe *Factors, Etc., Inc. v. Pro. Arts, Inc.*, 444 F. Supp. 836, 844 (S.D. N.Y. 1977). Das in dieser Entscheidung erstmals beiläufig erwähnte Erfordernis einer „lebzeitigen Ausnutzung" wurde in anderen Urteilen unreflektiert übernommen. Siehe etwa *Hicks v. Casablanca Records*, 464 F. Supp. 426, 429 (S.D. N.Y. 1978). Eingehend zur Entwicklung Comment 96 Harvard L. Rev. 1703 ff. (1983); *Sims* 49 Fordham L. Rev. 453, 472 ff. (1981); *Ausness* 55 Temple L.Q. 977, 1005 ff. (1982); *McCarthy*, The Rights of Publicity and Privacy, § 9:11.

[106] Als eine Ausnahme könnte allenfalls die 1979 ergangene Grundsatzentscheidung des California Supreme Court in *Lugosi v. Universal Pictures*, 25 Cal. 3d 813, 160 Cal. Rptr. 323, gedeutet werden, aus

dieses einschränkende Erfordernis mit der Überlegung gerechtfertigt, dass derjenige, der seinen Namen oder sein Bildnis zu Lebzeiten nicht kommerziell verwertet habe, damit dokumentiere, dass das Right of Publicity keinen leistungsfördernden Anreiz auf ihn ausgeübt habe.[107] Auf die generelle Fragwürdigkeit dieses „Anreiz"-Arguments wurde bereits hingewiesen. Darüber hinaus wird zur Begründung angeführt, bei einer ungenehmigten Verwertung von Persönlichkeitsmerkmalen für kommerzielle Zwecke trete nur dann ein identifizierbarer Schaden ein, wenn diese vom Betroffenen überhaupt schon kommerzialisiert worden sind.[108] Hiergegen wird zutreffend eingewandt, dass es schon aus logischen Gründen nicht angehe, die Anerkennung eines Rechts vom Eintritt eines konkreten Schadens abhängig zu machen, sondern dass vielmehr umgekehrt die Zuerkennung eines Schadens von der Anerkennung des Rechts abhängig sei.[109]

d) Die Anerkennung der Vererblichkeit. Die nunmehr ganz herrschende Meinung   **39** in Rechtsprechung[110] und Literatur[111] tritt für eine uneingeschränkte Vererblichkeit des Right of Publicity ein. Zumeist wird die Vererblichkeit ohne weiteres aus der eigentumsrechtlichen Natur des Right of Publicity abgeleitet.[112] Außerdem wird darauf verwiesen, dass es gerechter sei, die dem Verstorbenen nahestehenden Erben von dem Ruhm profitieren zu lassen, den dieser sich durch seine Leistung erworben habe, als es beliebigen Dritten zu gestatten, sich an dem Publizitätswert seiner Identitätsmerkmale zu bereichern.[113] Als Ergebnis der lange Zeit geführten Diskussion über die Vererblichkeit ist festzuhalten, dass sich die Befürworter eines postmortalen Right of Publicity heute weitgehend durchgesetzt haben. In 14 Staaten[114] bestehen gesetzliche Regelungen, die dies ausdrücklich festschreiben; in 5 Staaten[115] haben die Gerichte dies auf der Grundlage des

---

der nicht klar hervorgeht, ob das Gericht ein postmortales Right of Publicity gänzlich ablehnt oder ob es im gegebenen Fall das Erfordernis einer Kommerzialisierung inter vivos nicht als erfüllt ansah. Siehe a.a.O., 25 Cal. 3d, S. 822, 160 Cal. Rptr. 328. Die Zweideutigkeit wird auch konstatiert in *Groucho Marx Productions, Inc. v. Day & Night Co.*, 689 F. 2d 317 (2d Cir. 1982). Dem Urteil des California Supreme Court kommt heute keine praktische Bedeutung mehr zu, weil der Gesetzgeber die von ihm aufgehende Rechtsunsicherheit beseitigte, indem in § 990 des zum 1. 1. 1985 in Kraft getretenen neuen California Civil Code ausdrücklich die Vererblichkeit des Right of Publicity geregelt und seine Dauer auf 50 Jahre post mortem festgelegt hat. Siehe dazu *McCarthy*, The Rights of Publicity and Privacy, § 9:13.

[107] *Felcher/Rubin* 88 Yale L. J. 1577, 1619 (1979); dies., 89 Yale L. J. 1125, 1131 (1980).

[108] *Felcher/Rubin* a.a.O., 1613 f.

[109] *Sims* 49 Fordham L. Rev. 453, 482 (1981).

[110] Siehe etwa *Martin Luther King, Jr. Center for Social Change v. American Heritage Products, Inc.*, 296 S.E. 2d 697, 706 (Sup. Ct. Ga. 1982), wo das Erfordernis einer „lebzeitigen Verwertung" ausdrücklich zuückgewiesen wird. In den meisten anderen Urteilen wird auf die Frage nicht mehr eingegangen, sondern ganz selbstverständlich von einer unbedingten Vererblichkeit ausgegangen.

[111] Siehe etwa *Pilpel* 27 Bull. Cr. Soc. 249, 257 (1980); *R. B. Hoffmann* 31 De Paul L. Rev. 1, 29 (1981); Comment 96 Harvard L. Rev. 1703, 1717 (1983), *Kwall* 17 U.C. Davis L. Rev. 191, 223 (1983), *Halpern* 39 Vand. L. Rev. 1199, 1235 (1986).

[112] Siehe etwa *Price v. Hal Roach Studios, Inc.*, 400 F. Supp. 836, 844 (S.D. N.Y. 1975): "When determining the scope of the Right of Publicity, however, one must take into account the purely commercial nature of the protected right. Courts and commentators have done just that in recognizing the Right of Publicity as assignable. There appears to be no logical reason to terminate this right upon death of the person protected. It is for this reason, assembly, that this publicity right has been deemed a property right".

[113] Comment 33 Vand. L. Rev. 1254, 1261 (1980): „Thus, it seems more equitable for the celebrity's heirs, rather than outside parties to benefit from the celebrity's hard-earned success".

[114] Kalifornien, Florida, Illinois, Indiana, Kentucky, Nebraska, Nevada, Ohio, Oklahoma, Pennsylvania, Tennessee, Texas, Virginia, eingehend dazu der Überblick bei *McCarthy*, The Rights of Publicity and Privacy, § 9:14 ff.

[115] Connecticut, Georgia, Michigan, New Jersey und Utah. Siehe dazu *McCarthy*, The Rights of Publicity and Privacy, § 9:18.

Common Law anerkannt. Nur vereinzelt wird die Vererblichkeit von der Rechtsprechung ausdrücklich verneint.[116]

40 **e) Schutzdauer.** Unterschiedliche Standpunkte werden zur Frage der Schutzdauer
eingenommen. Fast einhellig wird davon ausgegangen, dass das Right of Publicity nicht
ewig andauern dürfe, sondern zeitlich begrenzt werden müsse, weil eine verstorbene
Berühmtheit immer mehr zum kulturellen Allgemeingut werde und irgendwann der
Zeitpunkt erreicht sei, zu dem das individuelle Interesse der Erben, die kommerzielle
Verwertung ihrer Persönlichkeitsmerkmale zu kontrollieren und daraus einen finanziellen Nutzen zu ziehen, vollständig zurückzutreten habe.[117] Im Schrifttum plädiert man
ganz überwiegend dafür, in Anlehnung an das Urheberrecht die Dauer des postmortalen
Right of Publicity auf 50 Jahre festzusetzen.[118] In Übereinstimmung hiermit befinden
sich die in den Bundesstaaten Illinois, Kentucky, Nevada und Texas ergangenen speziellen
gesetzlichen Regelungen, die das Right of Publicity auf **50 Jahre post mortem** begrenzt.[119] Die in den gesetzlichen Bestimmungen anderer Staaten vorgesehenen Schutzfristen weisen ein breites Spektrum auf und betragen hundert,[120] vierzig,[121] dreißig,[122]
zwanzig[123] Jahre oder so lange, wie es kontinuierlich benutzt wird.[124] In einem Staat ist
nur die Vererblichkeit gesetzlich anerkannt, es fehlt aber an der Festlegung einer bestimmten Schutzdauer.[125] Ob hieraus zu schließen ist, dass das Right of Publicity keinerlei zeitlichen Befristungen unterliegt, ist bisher nicht entschieden. Ungeklärt ist die
Dauer des postmortalen Schutzes auch in den beiden Staaten,[126] in denen sich das Right
of Publicity ausschließlich auf das Common Law stützt.

---

[116] Dies gilt insbesondere für den Staat New York, wo das Right of Publicity erhebliche praktische Bedeutung besitzt, weil er neben Kalifornien der wichtigste Sitz der amerikanischen Film-
und Unterhaltungsindustrie ist. Zwar wird die auf den Schutz ideeller Interessen zugeschnittene
gesetzliche Regelung (Civil Rights Law §§ 50, 51) aus dem Jahre 1903, welche die ungenehmigte
Verwendung des Namens oder Bildnisses einer Person für kommerzielle Zwecke verbietet, als ausreichende Grundlage für die nachträgliche Anerkennung eines lebzeitigen Right of Publicity angesehen, ein postmortales Right of Publicity wird hingegen abgelehnt, da es insoweit an einer ausdrücklichen Bestimmung des Gesetzes fehlt. Ein darüber hinausgehender Schutz nach dem Common Law wird generell nicht anerkannt, weil die gesetzliche Regelung als abschließend betrachtet
wird. Siehe dazu *McCarthy*, The Rights of Publicity and Privacy, § 9:31.

[117] Zum Teil wird allerdings dafür plädiert, keinerlei Befristung vorzunehmen. So etwa *Fikes* 14
Cumberland L. Rev. 347, 367 (1984). Ähnlich auch *R. B. Hoffmann* 31 De Paul L. Rev. 1, 42 (1981) und
Saret/Stern 12 Loyala U. (Chi.) L. J. 675, 698 (1981), die dafür eintreten, das Right of Publicity so lange
andauern zu lassen, solange es kommerziell verwertet wird, was praktisch auf einen unbegrenzten
Schutz hinausläuft, da das Recht dann, wenn es darauf ankommt, nämlich im Falle einer wirtschaft-
lichen Nutzung, wieder auflebt.

[118] Siehe Comment 22 U.C.L.A. Rev. 1101, 1127 (1975); *Felcher/Rubin* 89 Yale L. J. 1125, 1131
(1980); Comment 33 Vand. L. Rev. 1251, 1264 (1980). Zum Teil wird auch vorgeschlagen, dem Right
of Publicity keine allgemein gültige, einheitliche zeitliche Grenze zu setzen, sondern diese individuell unter Berücksichtigung aller Umstände, wie insbesondere der Bekanntheit des Verstorbenen,
festzulegen. So etwa *Kwall* 17 U.C. Davis L. Rev. 191, 252 (1983). Wegen der damit verbundenen
Rechtsunsicherheit wird dieser Vorschlag aber ganz überwiegend abgelehnt. Siehe *McCarthy*, The
Rights of Publicity and Privacy, § 9:16; siehe auch den Überblick bei *Reber* GRUR Int. 2007, 497.

[119] Siehe *McCarthy*, The Rights of Publicity and Privacy, § 9:18.

[120] Indiana, Oklahoma. Siehe *McCarthy*, ebenda.

[121] Florida. Siehe *McCarthy*, The Rights of Publicity and Privacy, § 9:18.

[122] Pennsylvania. Siehe *McCarthy*, ebenda.

[123] Virginia. Siehe *McCarthy*, The Rights of Publicity and Privacy, § 9:18.

[124] Tennessee. Siehe *McCarthy*, ebenda.

[125] Nebraska. Siehe *McCarthy*, The Rights of Publicity and Privacy, § 9:18.

[126] Georgia, Michigan, New Jersey, Utah. Siehe *McCarthy*, ebenda.

D. Rechtsfolgen

I. Rechtsfolgen der Verletzungen des Right of Privacy

Die Sanktionen, die eine Verletzung des Right of Privacy nach sich ziehen, entspre- **41** chen im Wesentlichen denen, die für die defamation torts gelten. Entsprechend des unterschiedlichen Schutzzwecks knüpft die Haftung aber anders als bei diesen nicht an die Schädigung des guten Rufes, sondern an die Zufügung seelischen Schmerzes an. Unabhängig vom Nachweis eventueller materieller Schäden hat der Betroffene einen Anspruch auf **Ersatz der general damages,** das heißt auf eine Kompensation für die mit einer Verletzung des Right of Privacy regelmäßig verbundenen seelischen Beeinträchtigungen, dessen Höhe sich nach der Schwere des Eingriffs richtet.[127] Ungeachtet der praktischen Schwierigkeiten ist der Kläger für die von ihm erlittenen immateriellen Schäden beweispflichtig. Allerdings bleibt die Bestimmung der Schadenshöhe letztlich dem weit gespannten Ermessen des Gerichts überlassen, da für die Berechnung der immateriellen Schäden objektive Kriterien fehlen. Hinzu kommt, dass stets die Besonderheiten des Einzelfalles, insbesondere die individuellen Empfindungen des Betroffenen, zu berücksichtigen sind. Dies hat dazu geführt, dass auch in gleich gelagerten Fällen die Höhe des von den Gerichten zugesprochenen Schadensersatzes oft erhebliche Diskrepanzen aufweist. Nach den speziellen gesetzlichen Bestimmungen einiger Bundesstaaten steht dem Geschädigten auch ohne Nachweis der Art und des Umfangs der psychischen Beeinträchtigung ein Mindestschadensersatz zu.[128] Fehlen derartige Sonderbestimmungen, so erfolgt zum Teil nur eine Verurteilung zu einem symbolischen Schadensersatz von 1 Cent oder 1 Dollar, wenn sich eine spürbare Störung des seelischen Wohlbefindens nicht nachweisen lässt. Neben diesen general damages, welche die erlittenen immateriellen Schäden ausgleichen sollen, kann der Betroffene bei entsprechendem Nachweis auch spezial damages verlangen. Hierunter fallen alle Vermögensschäden, die aus der Verletzung des Right of Privacy resultieren, wie beispielsweise Aufwendungen für notwendige Heilbehandlung oder entgangene Verdienstmöglichkeiten wegen beruflicher Nachteile. Außerdem können nach dem Recht vieler Bundesstaaten punitive damages verlangt werden, wenn dem Eingriff ein schwerwiegendes Verschulden (malice) zugrunde lag. Zweck dieses Schadensersatzes, dessen Höhe im Ermessen des Gerichts liegt, ist es, den Schädiger für das begangene Unrecht zu bestrafen und ihn und andere künftig von der Begehung derartiger Delikte abzuschrecken.[129]

Neben dem auf die Kompensation bereits begangenen Unrechts ausgerichteten Scha- **42** densersatz steht dem Betroffenen grundsätzlich auch der auf die Unterbindung zukünftigen Unrechts gerichtete Unterlassungsanspruch zu.[130] Allerdings kommt dieser in der Praxis nur bei der ersten Fallgruppe, den sog. „intrusion cases", also dem Eindringen in den räumlich-gegenständlichen Bereich der Privatsphäre, und der vierten Fallgruppe, den sog. „appropriation cases", also der Aneignung von Persönlichkeitsmerkmalen für wirtschaftliche Zwecke, zum Tragen. Bei der zweiten Fallgruppe, den sog. „public disclosure cases", das heißt der Veröffentlichung peinlicher Tatsachen aus dem Privatleben, und der dritten Fallgruppe, den sog. „false light cases", das heißt der Verbreitung falscher oder herabsetzender Tatsachenbehauptungen in der Öffentlichkeit, steht der Geltendmachung von Unterlassungsansprüchen regelmäßig die sog. „prior restraint rule" entgegen, wonach die nur schwer zu widerlegende Vermutung gilt, dass die Unterbindung der Verbreitung

---

[127] Siehe dazu und zum Folgenden *McCarthy*, The Rights of Publicity and Privacy, § 11:26 f.
[128] Beispielsweise sieht § 3344 (a) California Civil Code einen Mindestschadensersatz in Höhe von 750 Dollar vor. Siehe dazu *McCarthy*, a.a.O., § 6:46.
[129] Siehe *McCarthy*, The Rights of Publicity and Privacy, § 11:35.
[130] Siehe dazu und zum Folgenden *McCarthy*, a.a.O., § 11:23 f.

von Informationen und Meinungen gegen das im First Amendment der Verfassung geschützte Right of Free Speech verstößt. Dementsprechend wird regelmäßig davon ausgegangen, dass einer „nachträglichen Bestrafung" (subsequent punishment) der Vorzug gegenüber einer vorherigen „Zensur" zu geben ist.[131]

II. Rechtsfolgen der Verletzung des Right of Publicity

43   Ist ein Eingriff in das Right of Publicity gegeben, das heißt, wird die Identität einer
Person ohne ihre Erlaubnis kommerziell, insbesondere zu Werbezwecken ausgenutzt,
ohne dass dies ausnahmsweise durch das Right of Free Speech gerechtfertigt ist, so stehen
dem Rechtsinhaber gegen den Rechtsverletzer Ansprüche auf Schadensersatz und Unterlassung zu. Zur Geltendmachung berechtigt ist neben dem ursprünglichen Rechtsinhaber
oder seinem Rechtsnachfolger auch ein exklusiver Lizenznehmer, nicht aber der einfache
Lizenznehmer.[132]

1. Schadensersatz

44   **a) Voraussetzungen der Haftung.** Ebenso wie bei anderen Immaterialgüterrechten
wird auch beim Right of Publicity davon ausgegangen, dass die Zuerkennung eines
Schadensersatzanspruchs dem Grunde nach nicht vom Vorliegen eines Verschuldens abhängig ist. Bedeutung wird dem Verschulden lediglich für die Festsetzung der Schadenshöhe beigemessen Es bildet aber keine Voraussetzung für die Begründung der Schadensersatzpflicht.[133] Der für den Ehrenschutz im Rahmen des defamation law und des Right
of Privacy[134] von der Rechtsprechung unter Berufung auf das Right of Free Speech des
First Amendment der Verfassung aufgestellte Grundsatz, wonach der Rechtsverletzer für
die Verbreitung unrichtiger ehrenrühriger Tatsachenbehauptungen bei Prominenten nur
hei Vorsatz oder grober Fahrlässigkeit (actual malice) und bei Privatpersonen bei einfacher Fahrlässigkeit haftet, findet auf den typischen Fall der Verletzung des Right of
Publicity, nämlich der ungenehmigten Ausnutzung der Identität für Werbezwecke,
keine Anwendung.[135] Zur Begründung wird darauf hingewiesen, dass es in diesem
Zusammenhang im Unterschied zum Ehrenschutz nicht um die Frage der Falschheit
oder Richtigkeit einer Tatsachenbehauptung gehe und dementsprechend das Recht auf
freie Meinungsäußerung, das eine solche Haftungsprivilegierung rechtfertigt, nicht tangiert ist.[136] Zwar umfasst der First Amendment auch das Recht auf „commercial
speech",[137] dieses genießt aber einen wesentlich geringeren Schutz als insbesondere die
politische Rede und gibt dem Werbenden lediglich das Recht, Informationen über sein
Produkt oder seine Leistung an die Öffentlichkeit zu bringen; es legitimiert ihn aber
nicht dazu, in Rechte anderer wie das Right of Publicity einzugreifen oder irreführende
Angaben zu machen, was bei einer ungenehmigten Verwendung von Persönlichkeitsmerkmalen regelmäßig der Fall ist, weil bei den Werbeadressaten der unzutreffende Eindruck erweckt wird, dies geschehe mit Genehmigung des Betroffenen. Eine Ausnahme

---

[131] Grundlegend *Near v. Minnesota*, 283 US 697 (1931). Siehe dazu *Smolla and Nimmer*, Freedom of
Speech, § 4.03, § 4.04.

[132] Siehe *Bi-Rite Enterprises, Inc. v. Button Master*, 555 F. Supp. 1188, 1200 (S.D. N.Y. 1983); *McCarthy*,
The Rights of Publicity and Privacy, § 10:35.

[133] Siehe *Welch v. Mr. Christmas, Inc.*, 454 N.Y.S. 2d 971 (1982); *Grover Washington Jr. v. Brown & Wil-
liamson Tobacco Corp.*, 223 USPQ 1116 (E.D. Pa. 1984); *Douglass v. Hustler Magazine, Inc.*, 769 F. 2d 1128,
1140 (7th Cir. 1985); *McCarthy*, a.a.O., § 11:30 f.

[134] Siehe dazu oben Rn. 13.

[135] Siehe etwa *Hustler Magazine v. Falwell*, 108 S.Ct. 876, 880 (1988): "... the 'actual malice' standard
does not apply to the tort of appropriation of a Right of Publicity."

[136] *Ausness*, 55 Temple L.Q. 977, 1028 (1982).

[137] Siehe dazu oben Rn. 29.

vom Grundsatz, dass die Haftung für Verletzungen des Right of Publicity kein Verschulden voraussetzt, gilt dann, wenn man davon ausgeht, dass das Right of Publicity auch dann eingreift, wenn in den Medien im Rahmen der Berichterstattung oder in angeblich authentischen Biographien in Büchern oder Filmen unwahre Tatsachen verleumderischen Inhalts veröffentlicht werden. Während zum Teil die Auffassung vertreten wird, dass diese Fälle allein im Anwendungsbereich des Right of Privacy, nicht aber des Right of Publicity liegen, weil Letzteres insoweit generell durch das First Amendment begrenzt wird, nimmt die Gegenmeinung an, dass auch hier tatbestandlich ein Eingriff in das Right of Publicity vorliegt, weil die Identität der Person kommerziell ausgenutzt wird.[138] Allerdings soll eine Verpflichtung zum Schadensersatz für etwaige Vermögensschäden nur dann bestehen, wenn das bezüglich der Haftung für Ehrverletzung durch falsche Tatsachenbehauptungen im Defamation und Privacy Law geltende Verschuldenserfordernis erfüllt ist, das heißt, wenn dem Schädiger hinsichtlich der Unwahrheit der von ihm in Umlauf gebrachten Behauptungen bei Prominenten zumindest grobe Fahrlässigkeit und bei Privatpersonen zumindest einfache Fahrlässigkeit zur Last fällt.

Unabhängig von den genannten Meinungsverschiedenheiten zur Reichweite des **45** Right of Publicity gilt eine Einschränkung der verschuldensunabhängigen Haftung zugunsten von **„passiven" Verletzern,** die auf Veranlassung anderer verletzendes Material verbreiten, wie insbesondere Verlage von Zeitungen und Zeitschriften, die im Auftrag von Firmen oder Werbeagenturen Werbeanzeigen drucken und vertreiben, die in das Right of Publicity einer Person eingreifen. In Anlehnung an die für das defamation law anerkannten Regeln[139] haften diejenigen, die nur eine Funktion als Verteiler oder Vermittler erfüllen, nur dann, wenn ihnen nachgewiesen werden kann, dass klare und eindeutige Anzeichen für das Vorliegen einer Verletzung des Right af Publicity sprachen und sie sich gleichwohl achtlos darüber hinwegsetzten.[140] Eine Nachforschungspflicht besteht nicht generell, sondern nur in Ausnahmefällen unter ganz besonders außergewöhnlichen Umständen.[141] In einigen Staaten wird für eine Haftung sogar der Nachweis positiver Kenntnis vom Rechtsverstoß verlangt.[142] Ihren Grund findet diese vor allen auf die Medien zugeschnittene Privilegierung in der Erwägung, dass es unzumutbar ist, etwa von einer Zeitung eine Prüfung der Rechtmäßigkeit aller von ihr abgedruckten Werbeanzeigen zu verlangen.[143]

b) Inhalt und Umfang der Haftung. Liegen die Haftungsvoraussetzungen vor, so **46** hat der Geschädigte Anspruch auf Ersatz aller aus der Rechtsverletzung resultierenden Vermögensschäden,[144] deren Bemessung sich im Wesentlichen nach den bei Eingriffen in gewerbliche Schutzrechte und das Copyright geltenden Regeln richtet.[145] Da diese aber lediglich eine grobe Leitlinie darstellen und den Gerichten bei ihrer Umsetzung im Einzelfall ein weiter Beurteilungsspielraum zusteht, lassen sich verlässliche Vorhersagen über

---

[138] Siehe dazu oben Rn. 26.

[139] Siehe dazu *Prosser/Keeton*, Torts, S. 810 ff.

[140] Siehe *Brinkley v. Casablancas*, 212 USPQ 783 (N.Y. App. Div. 1981), *Lerman v. Flynt Distributing Co., Inc.*, 745 F. 2d 123, 135 (2d Cir. 1984).

[141] Siehe *Lerman v. Flynt Distributing Co., Inc.*, a.a.O., S. 141. Vgl. zum defamation law auch *Pittman v. Down Jones & Co., Inc.*, 662 F. Supp. 921 922 (E.D. La. 1987).

[142] So etwa die gesetzliche Regelung §§ 990 (1), 3334 (f) California Civil Code; siehe *McCarthy*, The Rights of Publicity and Privacy, § 6:48, 50.

[143] Vgl. *Pittman v. Dow Jones & Co., Inc.*, 662 F. Supp. 921, 922 (E.D. La. 1987).

[144] Daneben kann dem Betroffenen gleichzeitig ein Anspruch auf Ersatz für immaterielle Schäden wegen Verletzung des Right of Privacy zustehen, wenn durch die kommerzielle Verwertung, wie insbesondere ihre Art und Weise, auch ideelle Interessen berührt werden. Siehe zur kumulativen Anwendbarkeit des Right of Publicity und Right of Privacy *McCarthy*, The Rights of Publicity and Privacy, § 4:21, 11:31.

[145] Siehe dazu *Pagenberg* GRUR Int. 1980, 286 ff.; *Ropski/Cooperman* GRUR Int. 1990, 411 ff.

die zu erwartende Festsetzung der Schadenshöhe kaum treffen.[146] Entsprechend der für das amerikanische Schadensrecht generell charakteristischen Tendenz neigen die Gerichte auch bei der Verletzung von Immaterialgüterrechten dazu, für europäische Verhältnisse exorbitant **hohe Schadensersatzsummen** zuzusprechen.[147] Einen wesentlichen rechtspolitischen Grund findet dies darin, dass neben der Kompensation auch auf die spezial- und generalpräventive Funktion des Schadensersatzes besonderes Gewicht gelegt wird, das heißt, der aktuelle und potentielle Schädiger soll durch empfindliche Sanktionen davon abgeschreckt werden, zukünftig weitere Rechtsverletzungen zu begehen.[148] Entsprechend der oben genannten Grundsätze kann der Geschädigte den ihm durch die Rechtsverletzung entgangenen Gewinn verlangen, der sich allerdings häufig nur schwer nachweisen lässt.[149]

47   Wegen der relativ einfachen Berechenbarkeit steht in der Praxis die alternativ anwendbare Schadensberechnung nach der angemessenen Lizenzgebühr im Vordergrund.[150] Die Höhe dieses Wertersatzes für die unbefugte Nutzung eines Identitätsmerkmals richtet sich nach dem Marktwert, der je nach der Person des Verletzten und den Umständen des Einzelfalls auf verschiedene Weise ermittelt wird. Handelt es sich um Prominente oder Modelle, die ihre Identität regelmäßig vermarkten, so ist als Bewertungsmaßstab der Betrag heranzuziehen, den sie bei früheren Gelegenheiten für vergleichbare Nutzungsarten erzielt haben.[151] Hat ein Prominenter bisher aus seiner Popularität kein Kapital geschlagen, so dient als Berechnungsgrundlage das Honorar, welches Personen vergleichbaren Bekanntheitsgrades für die in Frage stehende Verwertung erhalten.[152] Bei besonders bekannten Persönlichkeiten kann die Tatsache, dass die Nutzung zum ersten Mal erfolgte, als ein werterhöhender Faktor in Ansatz zu bringen sein, wenn Anzeichen dafür bestehen, dass für ein bisher nicht am Markt erhältliches und nicht ohne weiteres austauschbares Persönlichkeitsgut tatsächlich ein höherer Preis bezahlt wird.[153] Soweit es um Privatpersonen geht, die sich im Regelfall nicht für kommerzielle Zwecke zur Verfügung stellen, ist zur Schadensberechnung auf die Honorarsätze abzustellen, die von Agenturen in ihren Verträgen mit Laien für die entsprechende Nutzung üblicherweise zugrunde gelegt werden.[154]

48   Anstelle des nach Maßgabe der angemessenen Lizenz zu berechnenden Ersatzes für die Nutzung seines Rechts kann der Geschädigte auch die **Herausgabe des Verletzergewinns** beanspruchen.[155] Voraussetzung hierfür ist allerdings nach allgemeinen Grundsätzen, dass ein schuldhafter Eingriff vorliegt. Gerechtfertigt wird diese Form des Schadensersatzes vor allem mit dem Gedanken, dass der Gewinn eine ungerechtfertigte Bereicherung des Schädigers darstellt, weil er ihn durch die unbefugte Nutzung eines dem Geschädigten zustehenden Rechts erzielt hat. Zur Berechnung wird auf die für Waren-

---

[146] Vgl. *McCarthy*, Trademarks and Unfair Competition, § 30:24 B, S. 495, der Prognosen über die Höhe des Schadensersatzes bei Verletzung von Immaterialgüterrechten als ein „dangerous undertaking" bezeichnet.

[147] Siehe die Angaben bei *Ropski/Cooperman* GRUR Int. 1990, 411.

[148] Vgl. *Playboy Enterprises, Inc. v. Baccarat Clothing Co.*, 692 F. 2d 1271, 1274 f. (9th Cir. 1982): "Trough the employment of such ineffective remedies the counterfeiter escapes without suffering the economic harm necessary to serve as a deterrent to future infringing activities ... For these reasons, it is essential that the trial courts carefully fashion remedies which will take all the economic incentive out of trademark infringement."

[149] Siehe dazu und zum Folgenden *Treece* 51 Texas L. Rev. 637, 648 ff. (1973); *McCarthy*, The Rights of Publicity and Privacy, § 11:32 ff. Siehe auch *R. B. Hoffmann* 31 De Paul L. Rev. 1, 13 (1981).

[150] Siehe dazu die Aufzählung der Beispielsfälle bei *McCarthy*, a.a.O., § 11:32.

[151] Siehe etwa *Hogan v. A. S. Barnes & Co., Inc.*, 114 USPQ 314 (Pa. Tr. Ct. 1957); *Clark v. Celeb Publishing, Inc.*, 530 F. Supp. 979, 983 (S.D. N.Y. 1981).

[152] Siehe etwa *Uhlaender v. Henrickson*, 316 F. Supp. 1277 (D. Minn. 1970).

[153] *Grant v. Esquire, Inc.*, 367 F. Supp. 876, 881 (S.D. N.Y. 1073).

[154] *Treece* 51 Texas L. Rev. 637, 651 f. (1973); *McCarthy*, The Rights of Publicity and Privacy, § 11:31. Entscheidungen der Rechtsprechung scheinen hierzu noch nicht vorzuliegen.

[155] Siehe dazu und zum Folgenden *McCarthy*, a.a.O., § 11:34.

zeichen- und Urheberrechtsverletzungen geltenden Regeln[156] zurückgegriffen, wie sie im Lanham Trademarks Act und im Copyright Act niedergelegt sind.[157] In einigen Staaten wurden sie ausdrücklich in die dort geschaffenen gesetzlichen Bestimmungen zum Right of Publicity aufgenommen,[158] in anderen werden sie als Bestandteil des Common Law angesehen. Danach hat der Geschädigte lediglich den Nachweis über den seit der unbefugten Nutzung des Rechts erzielten Umsatz zu führen. Es obliegt dann dem Verletzer, den Beweis anzutreten, welcher Anteil des Umsatzes nicht kausal auf die Rechtsverletzung zurückzuführen ist. Desgleichen ist es seine Sache, die abziehbaren Kosten zu belegen, um den effektiven Gewinn zu ermitteln. Das Gericht ist aber bei der Schadensfeststellung an die Darlegungen der Parteien nicht gebunden, sondern kann nach eigenem Ermessen die Schadenshöhe nach unten oder oben revidieren. Außer für die unbefugte Verwertung als solche hat der Rechtsverletzer auch für eine daraus eventuell resultierende Beeinträchtigung künftiger Verwertungsmöglichkeiten aufzukommen.[159] Ein solcher in einer Wertminderung der Persönlichkeit liegender Folgeschaden kann etwa dann eintreten, wenn durch deren unerlaubten Einsatz Lizenzierungsmöglichkeiten für gleiche oder ähnliche Produkte oder Dienstleistungen vereitelt werden oder wenn das Image der Person beschädigt wird, weil sie mit qualitativ schlechten oder anrüchigen Erzeugnissen in Verbindung gebracht wurde oder weil sie mit ihrem Persönlichkeitsprofil nicht kompatibel sind und dadurch ein Glaubwürdigkeitsverlust hervorgerufen wird. Die Höhe des hierfür zu leistenden Schadensersatzes bestimmt sich nach den zu erwartenden Einnahmeverlusten, die der Rechtsinhaber zukünftig erleiden wird.[160]

Wird in das Right of Publicity durch eine unbefugte Verwendung von Persönlich- **49** keitsgütern in der Werbung eingegriffen, so liegt zumeist gleichzeitig auch eine **irreführende Werbung** vor, weil die Werbeadressaten zu der unzutreffenden Annahme verleitet werden, die Person habe die Verwendung ihres Namens oder Bildnisses genehmigt. Dem Betroffenen steht dann gemäß dem Irreführungsverbot nach § 43 (a) Lanham Act ein Schadensersatzanspruch zu, der sich inhaltlich im Wesentlichen mit dem deckt, der wegen der Verletzung des Right of Publicity besteht und ebenso wie dieser einen Ausgleich der vom Geschädigten erlittenen Verluste und eine Herausgabe des vom Schädiger erzielten Gewinns umfasst. Speziell zur Berechnung des dem Kläger bei Irreführungen und bei Markenverletzungen aufgrund von Verwechslungsgefahren zu ersetzenden Schadens ist von der Rechtsprechung eine neue Methode, der sog. „corrective advertising award", entwickelt worden,[161] die sich auf die Idee der Folgenbeseitigung und Wiederherstellung des status quo ante stützt und auch schon in einem Fall der unbefugten werbemäßigen Nutzung von Persönlichkeitsmerkmalen angewendet wurde.[162] In Anlehnung an die von der

---

[156] Siehe zum Markenrecht *McCarthy*, Trademarks and Unfair Competition, § 30:25, § 30:26; zum Urheberrecht *Nimmer*, Copyright, § 14.03 [C]. Siehe auch den Überblick zum Schadensersatz bei Eingriffen in das geistige Eigentum in den USA von *Ropski/Cooperman* GRUR Int. 1990, 411 ff. Vgl. auch Pagenberg GRUR Int. 1980, 286 ff. Bei Zugrundelegung der für das Copyright (17 U.S.C. § 504 [b] Copyright Act) und das Markenrecht (15 U.S.C. § 1117 [a] Lanham Trademarks Act) geltenden Regeln kann der Verletzergewinn neben dem tatsächlich entstandenen Verlust, wie insbesondere dem entgangenen Gewinn, verlangt werden.

[157] Siehe als Beispiel für die Übertragung dieser Grundsätze auf das Right of Publicity *Factors, Inc. v. Pro Arts*, 496 F. Supp. 1090, 1104 (S.D. N.Y. 1980).

[158] So in Kalifornien, siehe *McCarthy*, The Rights of Publicity and Privacy, § 6:48; Illinois § 6:56, Indiana § 6:59, Tennessee § 6:116, Texas § 6:120, siehe *McCarthy*, a.a.O., Wisconsin, siehe *McCarthy*, a.a.O., § 6:132.

[159] Siehe *McCarthy*, The Rights of Publicity and Privacy, § 11:33.

[160] Siehe etwa *Clark v. Celeb Publishing, Inc.*, 530 F. Supp. 979, 984 (S.D. N.Y. 1981); *Douglass v. Hustler Magazine, Inc.*, 769 F. 2d 1128, 1138 (7th Cir. 1985).

[161] Siehe dazu und zum Folgenden *McCarthy*, The Rights of Publicity and Privacy, § 5:19 ff.; *ders.*, Trademarks and Unfair Competition, § 30:27 [C].

[162] *Cher v. Forum International, Ltd.*, 213 USPQ 96, 103 (C.D. Cal. 1982), modified and aff'd 692 F. 2d 934 (9th Cir. 1982).

F.T.C. in Irreführungsfällen gelegentlich geübte Praxis erhält der Geschädigte 25 Prozent der Aufwendungen als Schadensersatz zugesprochen, die der Schädiger für die irreführende Werbung, im vorliegenden Zusammenhang also der unbefugten werbemäßigen Nutzung von Identitätsmerkmalen, gemacht hat.[163] Dabei wird angenommen, dass mit dieser Pauschale die Kosten abgegolten werden, die erforderlich wären, um die Werbeadressaten über die Unrichtigkeit und den täuschenden Charakter der Werbung aufzuklären und damit ihre negativen wirtschaftlichen Folgen für den Geschädigten wieder zu beseitigen.

50   Neben dem auf den Ausgleich für erlittene Einbußen und Verluste gerichteten Schadensersatz, der nach den genannten Methoden berechnet wird, kann der Geschädigte nach dem Deliktsrecht der meisten Bundesstaaten unter besonderen Voraussetzungen **„punitive damages"**[164] verlangen. Diese einschneidende Sanktion, die in dieser Form eine Besonderheit des amerikanischen Deliktsrechts darstellt und wegen ihrer unkalkulierbaren, häufig astronomisch hohen Schadenssummen allenthalben gefürchtet ist, dient nicht der Kompensation, sondern trägt eindeutig Züge einer Privatstrafe. Der Rechtsbrecher soll für sein schuldhaftes Verhalten sühnen und gleichzeitig soll ein Exempel[165] statuiert werden, wodurch er und andere von künftigen Rechtsverletzungen abgeschreckt werden sollen. Voraussetzung für die Verhängung von „punitive damages" ist nach dem Recht der meisten Bundesstaaten, dass der Rechtsverletzer mit „malice", wörtlich übersetzt mit „böser Absicht" gehandelt hat.[166] Allerdings klingt dieser Verschuldensvorwurf im Deutschen härter als er in der amerikanischen Rechtspraxis verstanden wird[167]. Welche Anforderungen erfüllt sein müssen, damit der Beklagte „guilty of malice" ist, lässt sich allgemein nicht festlegen, da sie nicht nur von Staat zu Staat, sondern oft genug von Gericht zu Gericht divergieren und hierüber das Gericht, genauer gesagt die Jury, im Lichte der Umstände des Einzelfalles nach freiem Ermessen entscheidet.[168] Aus demselben Grund ist auch die Höhe der „punitive damaltes" unkalkulierbar. Maßgeblich für ihre Berechnung sind zum einen der Grad des Verschuldens und zum anderen die Vermögensverhältnisse des Schädigers.[169] Da dieser entsprechend des Strafzwecks empfindlich getroffen werden soll, ist die Summe um so höher festzusetzen, je wohlhabender er ist. Ebenso wie bei Eingriffen in die gewerblichen Schutzrechte und das Urheberrecht[170] fällt

---

[163] Grundlegend *Big O Tire Dealers, Inc. v. Goodyear Tire & Rubber Co.*, 408 F. Supp. 1219 (D.C. Colo, 1976), modified 561 F. 2d 1365. 195 USPQ 417 (19th Cir. 1977), cert. dismd. 434 U.S. 1052.

[164] Siehe dazu allgemein *Prosser/Keeton*, Torts, S. 9 ff. Siehe auch *Thümmel* RIW 1988, 613 f.; *Böhmer* NJW 1990, 3049 ff.; *Siehr* RIW 1991, 705 ff. Siehe zur Anwendung bei Verletzungen des Right of Publicity *McCarthy*, § 11:36.

[165] Im Hinblick auf diese Zweckbestimmung ist zum Teil auch die Bezeichnung „exemplary damages" üblich.

[166] Abweichend hiervon können nach den gesetzlichen Bestimmungen zum Right of Publicity in einigen Staaten „punitive damages" schon dann verhängt werden, wenn der Beklagte die Identität des Klägers „wissentlich" („knowingly") verwertet hat. Siehe dazu *McCarthy*, The Rights of Publicity and Privacy, § 6:65 (New York), § 6:95 (Oklahoma), § 6:96 (Rhode Island), § 6:109 (Virginia).

[167] *Siehr* RIW 1991, 705, 707.

[168] Zwar verlangen die Gerichte zum Teil, dass die Höhe der „punitive damages" zu dem tatsächlich eingetretenen Schaden in einem "vernünftigen Verhältnis" (reasonable relationship) stehen muss. Die praktische Bedeutung dieser Maxime ist allerdings äußerst gering, da es sich um einen sehr flexiblen und subjektiven Standard handelt, der die Ermessensfreiheit aufgrund des Fehlens greifbarer und verbindlicher objektiver Vorgaben kaum einschränkt. Auf den Verhältnismäßigkeitsgrundsatz greifen die Berufungsgerichte zumeist nur in Extremfällen als Begründung zurück, wenn es darum geht, „astronomisch" anmutende Schadensersatzsummen zu reduzieren. Siehe *Prosser/Keeton*, Torts, S. 14 f.

[169] *Prosser/Keeton*, Torts, S. 15; *McCarthy*, The Rights of Publicity and Privacy, § 11:36.

[170] Hier sehen die einschlägigen Gesetze die Möglichkeit einer Verdreifachung des Schadensersatzes vor (sog. „treble damages"). Siehe dazu vor allem *Pagenberg* GRUR Int. 1980, 286 ff., der für eine Übernahme dieser Praxis ins deutsche und europäische Recht plädiert (a.a.O., S. 286, Fn. 7).

„punitive damages" vor allem dann eine wichtige Rolle zu, wenn der Geschädigte lediglich einen nach der angemessenen Lizenzgebühr berechenbaren Schaden nachweisen kann.[171] Dann wird durch die zumeist übliche Verdreifachung des Schadensersatzes einer „Zwangslizenzierung" durch den Schädiger entgegengetreten, indem verhindert wird, dass dieser für die unrechtmäßige Nutzung des Rechts letztlich nicht wesentlich mehr bezahlt als ein rechtmäßiger Lizenznehmer.

2. Unterlassung

Neben dem auf die Vergangenheit bezogenen repressiven Schadensersatzanspruch kann **51** der Inhaber des Right of Publicity auch einen auf die Zukunft gerichteten Unterlassungsanspruch geltend machen.[172] Dieser kann, was in der Praxis allerdings selten geschieht, auch vorbeugend erhoben werden. Voraussetzung ist nach allgemeinen Grundsätzen, dass nach prognostischer Abwägung aller Umstände eine ganz überwiegende Erfolgsaussicht besteht und dem Rechtsinhaber ein schwerwiegender, irreparabler Schaden droht, so dass es unzumutbar erscheint, ihn auf nachträgliche Schadensersatzansprüche zu verweisen.[173]

Ob die für den Ehrenschutz geltende sogenannte **„prior restraint rule",** wonach jede **52** Unterdrückung der Meinung durch eine behördliche Maßnahme wie eine vorbeugende Unterlassungsanordnung die Vermutung der Verfassungswidrigkeit in sich trägt,[174] auch auf das Right of Publicity Anwendung findet, ist in den wenigen zu diesem Problemkreis ergangenen Entscheidungen bisher nicht zur Sprache gekommen. Im Schrifttum wird davon ausgegangen, dass diese Regel bei dem Kerntatbestand des Right of Publicity, nämlich der unbefugten Verwendung von Persönlichkeitsmerkmalen in der Werbung, dem Erlass einer vorbeugenden Unterlassungsanordnung ebenso wenig entgegensteht wie bei Verletzungen anderer Immaterialgüterrechte, insbesondere des Markenrechts.[175] Begründet wird diese Auffassung mit dem Argument, dass derartige Rechtsverletzungen „inhaltsneutral" (content neutral) sind und daher durch ihre Unterbindung keine durch das First Amendment geschützte Meinungsäußerung unterdrückt werde.[176] Auch das Recht auf „commercial speech" ändert an dieser Beurteilung nichts, weil es dem Gewerbetreibenden lediglich das Recht garantiert, Informationen über Qualität und Preis seiner Produkte oder Dienstleistungen zu vermitteln.[177] Bedeutung gewinnt die „prior restraint rule" allerdings dann, wenn man wie ein Teil der Rechtsprechung und Literatur den Schutzbereich des Right of Publicity auch auf Fälle erstreckt, in denen die Medien aus der Verbreitung unwahrer Tatsachenbehauptungen über eine Person kommerziellen Nutzen ziehen.[178] Unter diesen Voraussetzungen läuft das Right of Publicity parallel mit dem Ehrenschutz nach dem defamation law oder dem Right of Privacy und es kommt das aus dem First Amendment abgeleitete Prinzip zum Tragen, dass eine nachträgliche Sanktio-

---

[171] Noch bedeutsamer sind punitive damages naturgemäß dann, wenn der Kläger, was allerdings selten vorkommen dürfte, keinerlei tatsächlichen Schaden nachweisen und lediglich einen symbolischen Schadensersatz (nominal damages) zugesprochen bekommt. Vgl. *Cohen v. Hallmark Cards, Inc.*, 396 N.Y.S. 2d 397 (1977), rev'd 410 N.Y.S. 2d 282 (1978), wo dem Kläger „nominal damages" in Höhe von $ 1, aber punitive damages in Höhe von $ 50.000 zuerkannt wurden, die allerdings nach Berufung und Zurückverweisung auf $ 15.000 reduziert wurden (siehe *Cohen v. Hallmark Cards, Inc.*, 415 N.Y.S. 2d 657 [1979]).

[172] Siehe dazu und zum Folgenden *McCarthy,* The Rights of Publicity and Privacy, § 11:21.

[173] Siehe etwa *Ali v. Playgirl, Inc.*, 447 F. Supp. 723, 729 (S.D. N.Y. 1978).

[174] Grundlegend *Near v. Minnesota*, 293 U.S. 697 (1931). Siehe dazu *Smolla and Nimmer*, Freedom of Speech, § 4.03.

[175] Siehe *McCarthy,* The Rights of Publicity and Privacy, § 11:24.

[176] I.d.S. bezüglich einer vorbeugenden Unterlassungsanordnung gegen eine Markenverletzung *Dallas Cowboys Cheerleaders v. Scoreboard Poster, Inc.*, 604 F. 2d 200, 206 (2d Cir. 1979).

[177] Siehe oben Rn. 29.

[178] Siehe *McCarthy,* The Rights of Publicity and Privacy, § 11:24.

nierung mittels Schadensersatz (subsequent punishment) der Vorzug gegenüber der vorherigen Untersagung der Verbreitung von Informationen zu geben ist, und zwar selbst
dann, wenn diese unwahr sind.[179]

---

[179] Vgl. *Southeastern Promotions, Ltd. v. Conrad*, 420 U.S. 546, 559 (1975): "... a free society prefers
to punish the few who abuse rights of speech after they break the law then to throttle them and all
others beforehand. It is always difficult to know in advance what an individual will say, and the line
between legitimate and illegitimate speech is often so finely drawn that the risks of freewheeling
censorship are formidable."; siehe auch *Gilbert v. National Enquirer, Inc.*, 43 Cal. App. 4th 1135, 1149, 51
Cal. Rptr. 2nd 91, 24 Media L. Rep. (BNA) 2377 (2d Dist. 1996).

Sachregister

Die halbfetten Ziffern bezeichnen den jeweiligen Paragraphen,
die mageren die jeweilige Randnummer.

Sachregister

Sachregister

magere Zahlen verweisen auf Randnummern

Sachregister

Sachregister

Sachregister

Sachregister

Sachregister